6., vollständig überarbeitete Auflage

W0064620

Jo James, Alison Mudd, Helen Ochyra
und Paul Whitfield

NEUSEELAND

Reiseziele und Routen

Travelinfos von A bis Z

Land und Leute

Auckland und Umgebung

Northland

Westliche Nordinsel

Zentrale Nordinsel

Coromandel Peninsula,
Bay of Plenty und East Cape

Poverty Bay, Hawke's Bay
und das Wairarapa

Wellington und Umgebung

Marlborough, Nelson
und Kaikoura

Von Christchurch nach
Süden

Zentrale Südinsel

Von Dunedin nach
Stewart Island

Westküste

Queenstown, Wanaka und
Central Otago

Fiordland

STEFAN LOOSE
TRAVEL HANDBÜCHER

Inhalt

Themen

NEUSEELAND
Die Highlights

Neuseeland hat so viel zu bieten, dass es unmöglich ist, alles auf einer einzigen Reise zu sehen. Die folgenden Seiten bieten einen Ausblick auf die Highlights der Inseln wie die grandiosen Nationalparks, Naturwunder, Abenteueraktivitäten und die spannendsten Städte.

1

1 AUCKLAND Polynesische Kultur, eine sehr gemächliche Lebensart und eine beständige Meeresbrise prägen die von erloschenen Vulkanen umgebene City of Sails. Die Kultur der Maori und der Pazifikinseln lässt sich im herausragenden Auckland Museum erkunden. S. 131

2 GREAT BARRIER ISLAND
Die größte Insel im Hauraki Gulf wartet mit goldenen Surfständen und bewaldeten Bergen auf. S. 198

3 BAY OF ISLANDS Der Fischreichtum in den klaren, blauen Gewässern zieht Taucher und Angler an. S. 226

4 HÖHLENABENTEUER IN WAITOMO Das von Glühwürmchen beleuchtete Höhlenlabyrinth bietet Gelegenheit für verschiedenste Arten der Erkundung. S. 283

5 WHANGANUI RIVER
Ein dreitägiger Kanutrip auf dem geschichtsträchtigen Fluss führt durch wunderschöne Landschaft abseits der Zivilisation. S. 306

6 WAI-O-TAPU, ROTORUA

Das beste Geothermalfeld in der Umgebung von Rotorua beeindruckt mit schönen, von Mineralien bunt gefärbten Seen, einem pünktlich emporspritzenden Geysir und blubbernden Schlammlöchern. S. 347

7 TONGARIRO ALPINE CROSSING

Die Tageswanderung durch die Vulkanlandschaft des Tongariro National Park führt am Kegel des Mount Ngauruhoe und am Ufer türkisfarbener Seen entlang. S. 367

8 NAPIER

Die geschlossene Ansammlung von Art-déco-Architektur verdankt ihre Existenz dem verheerenden Erdbeben von 1931, nach dem Napier wieder aufgebaut wurde. S. 459

9

9 WELLINGTON Die kosmopolitische Hauptstadt Neuseelands besticht durch eine lebendigen Kulturszene. S. 488

10 ABEL TASMAN NATIONAL PARK Die Küste des wunderschönen Nationalparks lässt sich hervorragend zu Fuß oder im Kajak erkunden. S. 557

11 KAIKOURA Die Wale vor der Küste der Kaikoura Peninsula sind ein echter Besuchermagnet. Als Alternative zur Bootstour gibt es Flugzeug- und Hubschrauberflüge hinaus aufs Meer. S. 589

12 AORAKI/MOUNT COOK NATIONAL PARK (Abb. Folgeseite) Der mit 3754 m höchste Gipfel Neuseelands gehört zum Weltnaturerbe der Unesco. S. 678

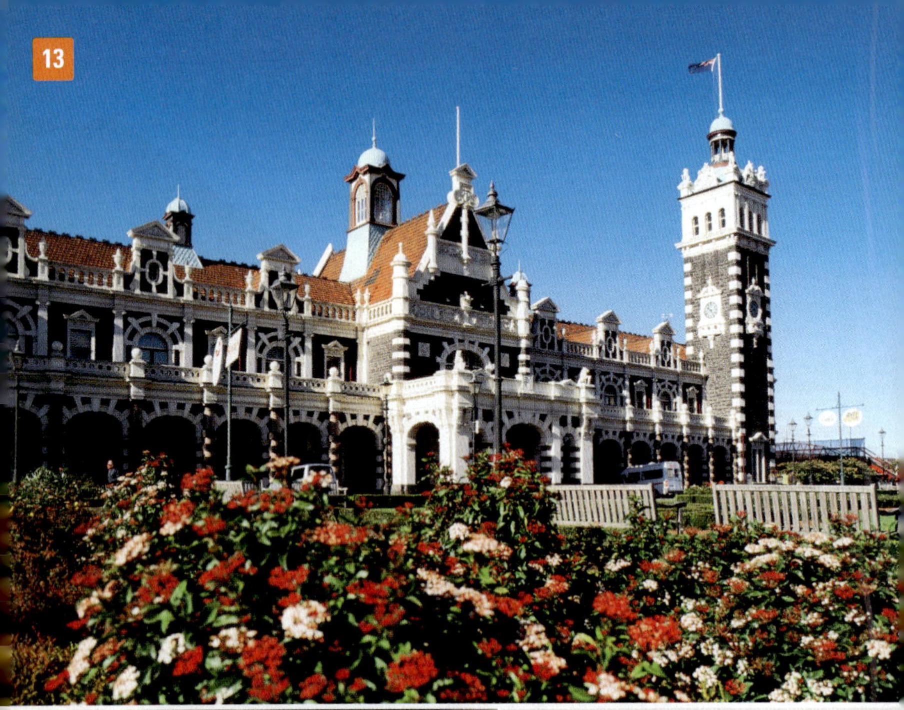

13 **DUNEDIN** Die historischen Bauwerke der schottisch geprägten Unistadt sind bestens erhalten. S. 693

14 **OTAGO PENINSULA** Pinguine, Königsalbatrosse und andere Seevögel fühlen sich hier wohl. S. 710

15 **CATLINS COAST** Robben und Delphine sowie ein entspannter Lebensrhythmus machen die Catlins zu einem tollen Ziel abseits des Touristentrubels. S. 716

16 **STEWART ISLAND** Die Wildnis der größtenteils unbewohnten Insel zieht Naturliebhaber an. S. 733

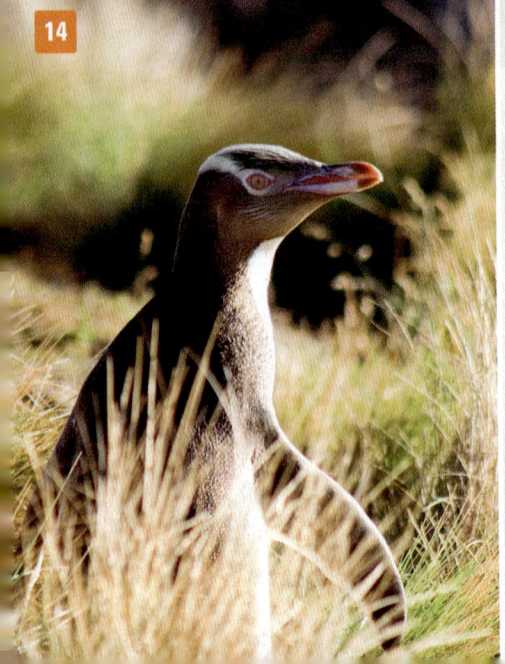

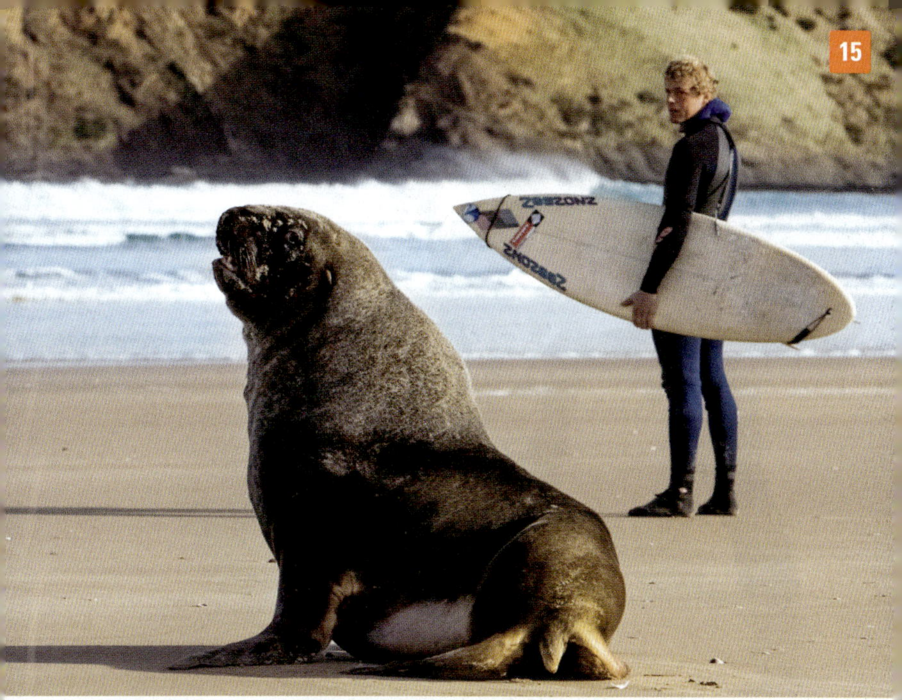
15

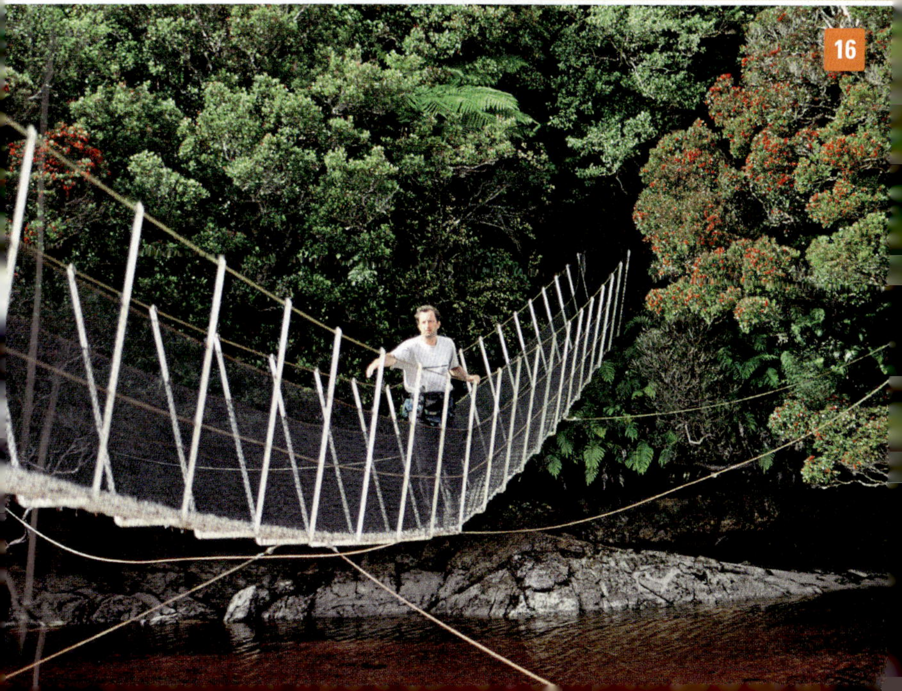
16

17

17

GLETSCHER Die eindrucksvollen Gletscher Fox und Franz Josef können im Rahmen von Gletscherbegehungen oder Hubschrauberflügen mit Landung erforscht werden. S. 781 und 786

18 **QUEENSTOWN** Die selbst ernannte Hauptstadt des Abenteuertourismus bietet Adrenalin-Junkies jede Menge Spaß. S. 801

19 **ROUTEBURN TRACK** Bewaldete Täler, eine reiche Vogelwelt und eine herrliche Bergkulisse machen den Routeburn Track zu einem der schönsten Wanderwege des Landes. S. 827

20 **MILFORD SOUND** (Abb. Folgeseite) Der Fjord beeindruckt mit Wasserfällen und senkrechten Felswänden. S. 887

18

19

Reiseziele und Routen

Die „Kiwis" – benannt nach dem liebenswerten, flugunfähigen Vogel, der zum Nationalsymbol wurde – wähnen sich im Paradies, in „Godzone" *(God's own country)*, wie sie ihr Land nennen. Auch im Ausland rangiert das Land Jahr um Jahr unter den zehn Traumzielen – und nur selten trifft man jemanden, der in Neuseeland war und nicht begeistert ist. Was sollte man auch nicht daran mögen? Mit ihren zerklüfteten Küsten, urzeitlichen Wäldern, schneebedeckten Hochgebirgen, gletschergespeisten Seen und eindrucksvollen Geysiren ist die Landschaft schlichtweg atemberaubend. Durch die Wälder streift eine einmalige Vogelwelt, und an den Küsten tummeln sich Pinguine, Wale und Robben. Gerade einmal 4,5 Millionen Menschen leben in Neuseeland, auf einer Fläche größer als Großbritannien. Die Maori besiedelten das Land erst vor rund 800 Jahren. Und sie pflegen bis heute faszinierende Bräuche.

So ist die schier grenzenlose Vielfalt an Aktivitäten wenig überraschend – vom stimmungsvollen Spaziergang am windgepeitschten Strand über mehrtägige Wanderungen bis zu Adrenalin fördernden Unternehmungen wie Bungy-Jumping, Skifahren und Seekajak- oder Wildwasserfahrten. Einige Besucher betrachten das Land als überdimensionalen Abenteuerspielplatz, auf dem es in möglichst kurzer Zeit so viele Feuerproben wie möglich zu bestehen gilt.

Viele Naturphänomene sind tektonischen oder vulkanischen Kräften geschuldet, woran die Einwohner von Canterbury bei den **Erdbeben von Christchurch** 2010 und 2011 schmerzlich erinnert wurden. Die Beben richteten schwere Verwüstungen in der Stadt an, doch der Wiederaufbau ist in vollem Gange. Dennoch haben so viele Bewohner Christchurch verlassen, dass Wellington nun die zweitgrößte Stadt des Landes ist – mit großem Abstand zu Auckland.

Andernorts fährt man durch wunderschönes Farmland und begegnet dabei keiner Menschenseele: Einige Gebiete sind so schwer zugänglich, dass sie mit großer Wahrscheinlichkeit noch nie ein Mensch betreten hat.

Die neuseeländische Landmasse spaltete sich schon früh vom Superkontinent Gondwanaland ab. So entwickelte sich ein einzigartiges **Ökosystem**, in dem die Vögel die Lücke der fehlenden Säugetiere füllten und, da sie keine natürlichen Feinde hatten, ihre Flugfähigkeit ein-

Schon gewusst?

- **Wellington** liegt auf dem 41. südlichen Breitengrad und ist damit die am weitesten südlich gelegene Hauptstadt der Welt. Mit dem 2000 km entfernten Canberra teilt es sich zudem den Ruhm, die abgelegenste Hauptstadt zu sein.

- **Possums** sind eine landesweite Plage. Wenn diese eingeführten Beuteltiere auf der Straße auftauchen, werden selbst die sanftmütigsten Kiwis zu Killern. Überall sieht man überfahrene Exemplare.

- Die Maori und ehemalige Prostituierte Georgina Beyer wurde 1999 die **erste transsexuelle Parlamentsabgeordnete** der Welt.

- In Neuseeland gibt es **keine Schlangen**, nur ein paar giftige Spinnen, die man aber selten zu Gesicht bekommt.

- Die vielen **Maori-Wörter**, die sich in die Alltagssprache eingeschlichen haben, können Besucher leicht verwirren: *aroha* heißt „Liebe"; *kia kaha* bedeutet „sei stark"; *kia ora* kann „Hallo" heißen oder Zustimmung bedeuten; und *koha* ist eine Spende oder ein Geschenk.

- **Neuseeländische Aale** können 80 Jahre alt werden, laichen aber nur einmal, am Ende ihres Lebens – und dafür schwimmen sie bis nach Tonga.

Autorentipps

Unsere Autoren sind mit Bus, Auto, zu Fuß und per Boot kreuz und quer durch Neuseeland gereist. Hier stellen sie einige ihrer persönlichen Highlights vor.

Entspannung im Hot Pool Kerosene Creek hat keine Umkleidekabinen, kein Café, keinen Souvenirladen – nur einen natürlich beheizten Bach, der sich über einen kleinen Wasserfall in ein Becken ergießt. Himmlisch! S. 347

Der diebische Kea Es fällt schwer, ihn nicht zu mögen, selbst wenn einer dieser trickreichen Bergpapageien einem gerade die Scheibenwischer zerpflückt hat. S. 662

Höhlenerkundung auf eigene Faust Es ist ein großes Abenteuer, ganz auf sich allein gestellt den Cave Stream zu erkunden, einen 600 m langen Tunnel, der von einem Bergbach ausgehöhlt wurde. S. 660

Der spannendste Spaziergang Neuseeland von einer ganz anderen Seite erlebt man auf einem nächtlichen Bummel über Aucklands Karangahape Road, eine etwas verrufene, aber anziehende Gegend mit Cafés und Läden, die ein buntes Publikum aus angeheiterten Angestellten, schwulen Pärchen, zum Abendessen verabredeten Vorstädtern und aufgebrezelten Transen zusammenbringen. S. 138

Seafood-Paradies In Fleur's Place, einem gemütlichen Restaurant am Meer südlich von Christchurch, wissen die Gäste, dass der Fisch frisch ist. Denn Fleurs Fischerboot dümpelt draußen in der Bucht. S. 649

Die beste Küstenstrecke Auf der Route Picton–Kaikoura locken Sauvignon-Blanc-Weingüter, Ausblicke auf die überwältigenden Kaikoura Ranges und eine zerklüftete Küste, an die azurblaue Wellen krachen. S. 588

Der Sternenhimmel auf der Südhalbkugel Für Sternengucker werden exzellente Touren zum Gipfel des Mt John nahe Lake Tekapo angeboten. Oder man legt sich einfach vors Zelt und schaut in den Nachthimmel. S. 674

Hump Ridge Track Dichter Wald, subalpine Berghöhen, Küstenlandschaften und Zeugnisse aus der Holzfällerzeit machen den Hump Ridge Track zu einer wunderbaren Wanderung. Wer ein bisschen mehr zahlt, bekommt abends eine warme Dusche und kann sein Gepäck auf dem steilsten Anstieg per Hubschrauber transportieren lassen. S. 902

Das sind längst nicht alle **unsere Empfehlungen**. Wir haben unsere Lieblingsorte – herrlich gelegene Unterkünfte, stimmungsvolle Cafés, besondere Restaurants – im gesamten Buch mit dem Loose-Koffer gekennzeichnet.

büßten. Dies änderte sich vor etwa 800 Jahren mit der Ankunft polynesischer Seefahrer, als das Land, das sie **Aotearoa** – „Land der langen weißen Wolke" – nannten, als letzte größere Landmasse der Erde von Menschen besiedelt wurde. Mit der Ankunft der Maori wurde das fragile Ökosystem empfindlich gestört; so starb der straußengroße Laufvogel Moa, der einen wichtigen Teil der Ernährung der Maori bildete, schließlich gänzlich aus. Dann erreichte das Land zwischenzeitlich wieder ein prekäres Gleichgewicht, bis Mitte des 19. Jhs. die vom kolonialen Eifer erfüllten ersten Europäer, vor allem Briten, ankamen – die **Pakeha**. Sie sollten das Land auf ewig verändern.

Die fragile Koexistenz von maori- und europäischstämmigen Neuseeländern prägt die gegenwärtigen Auseinandersetzungen um kulturelle Identität und die Rechte an Land und natürlichen Ressourcen. Die Briten eroberten die Inseln nicht im eigentlichen Sinne und zögerten in gewisser Weise eher, 1840 den **Treaty of Waitangi**, das Gründungsdokument des Landes, abzuschließen. Mit dem Vertrag traten die Maori im Prinzip Neuseeland an die britische Krone ab, auch wenn ihnen der Besitz ihres Landes und ihre traditionellen Jagd- und Fischereirechte garantiert wurden. Im Laufe der Zeit kamen jedoch immer mehr neue Siedler ins Land und verlangten von den Maori immer mehr Land, was schließlich zu gewalttätigen Auseinandersetzungen führte. Nachdem die Maori unterworfen worden waren, wurde **Maoritanga**, die Kultur und Lebensweise der Maori, durch eine Politik der teilweisen Integration weitgehend zerstört. Doch blieben die Maori von einer wirklichen Teilhabe an der neuen europäischen Ordnung so gut wie ausgeschlossen – die aufkeimende nationale Identität sollte nicht durch zu große Unterschiede gefährdet werden. Dies trifft zum Teil auch heute noch zu, und die alten Werte der Anglikaner und Presbyterianer haben sich oft als sehr hartnäckig erwiesen. Doch hat die Großzügigkeit und Gastfreundschaft der Maori auch auf die Mehrheitsgesellschaft abgefärbt. Die koloniale Erfahrung hat außerdem nicht nur einen gewissen kumpelhaften Umgang unter Neuseeländern gefördert, sondern auch den festen Glauben daran, dass sich alles irgendwie regeln lässt.

Erst in den letzten 40 Jahren ist Neuseeland wirklich den Kinderschuhen entwachsen und hat ein wahres nationales Selbstbewusstsein ausgebildet, u. a. weil Großbritannien die kolonialen Verbindungen weitgehend kappte und die Maori ein neues Bewusstsein für ihre Kultur entwickelten. Den Forderungen der Maori ist durch die Pakeha, die sich mehrheitlich für eine Wiedergutmachung des in den letzten 175 Jahren begangenen Unrechts aussprachen, so weit nachgegeben worden, wie es den hohen Lebensstandard und die Dominanz der Pakeha nicht beeinträchtigte. Dabei ist das Bemühen um Integration durch das nicht ganz unproblematische Konzept des **Bikulturalismus** ersetzt worden, bei dem zwei Kulturen nebeneinander existieren, aber gleichzeitig möglichst viele Berührungspunkte haben. Diese Anschauung ist durch den verstärkten Zuzug von **Einwanderern** aus China, Korea und Südasien in jüngster Zeit jedoch etwas unterhöhlt worden.

Obwohl sie so viel Gutes besitzen und leisten, leiden die Neuseeländer im Gegensatz zu ihren australischen Nachbarn unter mangelndem Selbstvertrauen: So werden Besucher unter Umständen noch vor dem Verlassen des Flughafens schon nach ihrer Meinung über das Land gefragt. Den Ausgleich bildet eine grenzenlose **Begeisterung für Sport und Kultur**; besonders stolz sind die Kiwis, wenn sie es als kleine Nation mit den Großen der Welt aufnehmen und diese sogar besiegen.

Reiseziele

Neuseeland lockt mit viel Sehenswertem auf relativ begrenztem Raum. Für die wichtigsten Stationen braucht man nur wenige Wochen. Wer sich jedoch etwas eingehender umsehen möchte, sollte schon einen oder zwei Monate einplanen (S. 32).

Die Nordinsel

Das moderne **Auckland** (S. 131) breitet sich zunehmend um den glitzernden Waitemata Harbour aus, einen Meeresarm des mit Inseln gespickten Hauraki-Golfs. Von hier fahren die meisten Touristen nach Süden weiter und verpassen dabei **Northland** (S. 206), die in herrlichen subtropischen Wald mit den größten Kauri-Bäumen Neuseelands gebettete Wiege der Einwanderung von Maori und Pakeha.

Östlich von Auckland ragt die lang gezogene **Coromandel Peninsula** (S. 388) ins Meer, eine grüne, von Sandstränden gesäumte Halbinsel. Südöstlich davon liegen die Strandorte der **Bay of Plenty** (S. 413); unmittelbar südlich erstreckt sich die von ständigem Schwefelgeruch durchzogene Gegend um **Rotorua** (S. 329) mit ihren spuckenden Geysiren und wabernden Schlammtümpeln.

In der vulkanischen Hochebene im Zentrum der Nordinsel breiten sich die reichen Forel-lenfanggründe um den **Lake Taupo** (S. 350) aus, der im Schatten dreier schneebedeckter Vulkane liegt. Freunde der Unterwelt begeben sich westlich von Taupo zu den unheimlichen Kalksteinhöhlen von **Waitomo** (S. 283). Weiter südlich bietet der **Whanganui River** (S. 306), ein breiter, smaragdgrüner und von undurchdringlicher Wildnis gesäumter Fluss, hervorragende Bedingungen zum Kanufahren. Wer sich die Füße nicht nass machen möchte, fährt nach Westen zum Egmont National Park mit dem beinahe perfekt geformten Vulkankegel des **Mount Taranaki** (S. 290).

Östlich von Taupo erheben sich die Bergketten, die das Rückgrat der Nordinsel bilden, jenseits davon liegt das Weinanbaugebiet von **Hawke's Bay** (S. 442) mit der Art-déco-Stadt Napier als Zentrum. Weiter südlich erstreckt sich die aufstrebende Weinregion **Martinborough** (S. 483). Rund eine Autostunde von hier entfernt ist die neuseeländische Hauptstadt **Wellington** (S. 488). Ihr Zentrum ist auf ein dem Meer abgerungenes Stück Land begrenzt, während die Vororte sich an steile Hänge schmiegen und schöne Ausblicke auf die glitzernden Buchten eröffnen. Politiker und Bürokraten verleihen Wellington eine hübsch polierte und urbane Atmosphäre, die durch eine ständig wachsende Café- und Nachtszene weitere Belebung erfährt.

Die Südinsel

Die Südinsel beginnt im Norden mit den weltbekannten Weinkellereien von **Marlborough** (S. 582) und der hübschen, kompakten Stadt **Nelson** (S. 542) mit reizenden Stränden vor der Haustür. Von hier aus leicht zu erreichen ist das hügelige Land in der Umgebung des **Nelson Lakes National Park** (S. 578) und das fabelhafte Seekajakrevier des **Abel Tasman National Park** (S. 562).

Auf der anderen Seite der Südinsel liegen das Walbeobachtungsrevier um **Kaikoura** (S. 589) und, weiter südlich, die größte Stadt der Südinsel – das puritanische und fest mit den traditionellen Werten von „Good Old England" verbundene **Christchurch** (S. 601). Die alten englischen Bauwerke mögen von Erdbeben zerstört

Heiße Quellen, Geysire und blubbernder Schlamm

Eines der sinnlichsten Vergnügen in Neuseeland besteht darin, sich im Busch in einem heißen Naturbecken zu aalen und zu den Sternen hinaufzuschauen. Da Neuseeland am „Feuerring" des Pazifiks liegt, gehören Erdbeben und vulkanische Aktivität zur Normalität. Vielerorts bahnt sich überhitzter Dampf seinen Weg an die Erdoberfläche – in Form von Geysiren (nur in der Umgebung von Rotorua), kochenden Schlammtümpeln (Rotorua und Taupo) oder heißen Quellen. Allein in den nördlichen zwei Dritteln der Nordinsel gibt es etwa 80 heiße Quellen, weitere 15 konzentrieren sich in einem schmalen Streifen an der Westseite der Neuseeländischen Alpen.

Über 30 kommerzielle Resorts locken mit lauwarmen Schwimmbecken, fast brühheißen Bädern, Schlammpackungen und Verwöhnprogramm. Alle anderen sind natürliche Becken, entweder im Busch, an einem Bach oder sogar am Strand – als blubbernder Tümpel im Sand. Einige sind nicht so leicht zu finden, denn die Neuseeländer behalten die besten Stellen für sich. Vor dem Aufbruch zu einer Tour lohnt ein Besuch auf der Website 🖥 www.nzhotpools.co.nz. Auch empfiehlt es sich, die Hinweise über Amöbenmeningitis auf S. 51 in diesem Buch zu lesen.

Als Starthilfe folgt eine Auswahl einiger der besten Orte (von Norden nach Süden):

- **Polynesian Spa** Die kommerzielle Anlage in Rotorua bietet für jeden etwas: Mineralbecken, Familienbad, einen Komplex unter freiem Himmel nur für Erwachsene und alle möglichen Packungen und Anwendungen. S. 333
- **Hot Water Beach** Den Strand bei Ebbe aufsuchen, einen Spaten ausleihen und ein heißes Becken neben dem kühlen Meerwasser graben. S. 405
- **Maruia Springs** Das kleine Resort in den Bergen 200 km nördlich von Christchurch ist im Winter besonders zauberhaft. S. 657
- **Welcome Flat Hot Springs** Vier Naturbecken in einer Berglandschaft unmittelbar südlich des Fox-Gletschers. Die Wanderung dorthin dauert 6–7 Stunden, übernachten kann man in der benachbarten DOC-Hütte. S. 791

worden sein – und die Einwohner immer noch unter dem Schock der Katastrophe stehen –, doch da der Wiederaufbau ernsthaft losgeht, ist die Stadt nun eine der spannendsten des Landes. Eine der landschaftlich schönsten Zugfahrten Neuseelands führt von hier durch das Landesinnere über den **Arthur's Pass** (S. 661) bis an die Westküste. Südwestlich von Christchurch breitet sich die wie ein Flickenteppich anmutende Schwemmlandebene Canterbury Plains aus, bevor die Landschaft wieder hügeliger wird und schließlich die 3000 m hoch aufragenden Neu-

Sagenhafte Wanderungen

Acht der schönsten Wanderwege Neuseelands und eine Flussreise wurden als sogenannte Great Walks ausgewiesen. Selbst die viel begangenen bestechen durch unverfälschte, herrliche Natur. Weitere Infos über die Great Walks und andere Wanderrouten gibt's auf 🖥 www.tramper.co.nz.

Nordinsel

- Der **Tongariro Northern Circuit** (3–4 Tage, S. 371) führt durch eine fantastische Landschaft aus Vulkanen und Halbwüste.
- Der sanfte **Lake Waikaremoana Track** (3–4 Tage, S. 454) umrundet einen der schönsten Seen des Landes.
- Die **Whanganui River Journey** (2–4 Tage, S. 306) lässt sich am besten in einer Kombination aus Kajaktouren und kurzen, stimmungsvollen Wanderungen genießen.

Südinsel

- Der beliebte **Abel Tasman Coast Track** (2–4 Tage, S. 562) erschließt unberührte Strände und kristallklare Buchten, die sich toll per Seekajak erkunden lassen.
- Der **Heaphy Track** (4–5 Tage, S. 575) durch den Kahurangi-Nationalpark vereinigt subalpine Höhenlagen und von Brandung gepeitschte Strände.
- Der **Kepler Track** (4 Tage, S. 879) ist berühmt für seine Wanderwege über Bergkämme und durch jungfräulichen Buchenwald.
- Der weltberühmte **Milford Track** (4 Tage, S. 892) führt durch eine atemberaubend vergletscherte Bergwelt mit grandiosen Wasserfällen.
- Der **Rakiura Track** (3 Tage, S. 738) auf Stewart Island folgt der von Regenwald gesäumten Küste und bietet Gelegenheit zum Beobachten von Kiwis in freier Wildbahn.
- Der **Routeburn Track** (3 Tage, S. 827) zählt zu den schönsten Wanderwegen des Landes und sorgt für ein fantastisches Naturerlebnis oberhalb der Buschgrenze.

seeländischen Alpen mit dem **Aoraki/Mount Cook** (S. 678) erreicht. Von hier schaffen die fantastischen, wenn auch rasant schrumpfenden **Gletscher Fox und Franz Josef** (S. 784 und 788) eine Verbindung zur Küste.

Folgt man von Christchurch dagegen der Ostküste, kommt man durch das Farmland von Canterbury in die von schöner Architektur gekennzeichnete Stadt **Oamaru** (S. 641) und schließlich ins unverkennbar schottisch beeinflusste **Dune-**

din (S. 693). Letzteres eignet sich gut als Ausgangspunkt für eine Erkundung der Tierwelt der **Otago Peninsula** (S. 710), die mit einer Albatros-Kolonie, Robben, Seelöwen und Pinguinen aufwartet. Mitte des 19. Jhs. kamen hier die ersten Goldsucher an und machten sich auf den Weg, um im Landesinneren von Otago ihr Glück zu suchen. Dort liegt in atemberaubender Lage die Stadt **Queenstown** (S. 801), die sich inzwischen zu einem geschäftstüchtigen Zentrum für Abenteueraktivitäten entwickelt hat, vor allem Bungy-Jumping, Rafting, Jetboottouren und Skifahren. Nicht weit davon entfernt ist **Glenorchy** (S. 824) ein Paradies für Wanderer. Hier nimmt der **Routeburn Track** (S. 827) ins regenverwöhnte Fiordland seinen Anfang. Bei **Te Anau** (S. 872), dem Tor zum Fiordland, beginnen einige der berühmtesten Wanderwege des Landes wie der Milford Track. Weiter südlich wird der aus der Antarktis blasende Wind beißender. Seine größte Kraft entfaltet er auf der drittgrößten Insel Neuseelands, der abgelegenen **Stewart Island** (S. 733). Hier besteht die Vegetation größtenteils aus dichtem Küstenregenwald, und die Chance, einen Kiwi in freier Natur zu Gesicht zu bekommen, ist groß.

Die Maori

Die Maori tragen ihre traditionellen Trachten nur bei besonderen Anlässen, Gesichtstätowierungen sind selten, und einen *haka* bekommt man wohl nur bei einem Rugbyspiel oder einer Kulturveranstaltung zu sehen, denn Maori sind längst in der Moderne angekommen. Aber wer hinter die Fassade der Musik-, Tanz- und Hangi-Shows blickt, kann eine Parallelwelt entdecken, über die Nicht-Maori kaum etwas wissen.

Die Kenntnis des persönlichen **Stammbaums** *(whakapapa)* ist wichtig, um ein Gefühl für die eigene Identität zu bekommen. Spirituell fühlen Maori sich mit dem Berg oder Fluss ihrer Heimatregion verbunden. **Redekunst** und die Fähigkeit, spontan ein Lied zum Besten zu geben, werden in der Maori-Kultur hoch geschätzt. Alle Neuseeländer wissen, was *mana* ist, eine Mischung aus Prestige, Charisma und Einfluss, die durch mutige oder selbstlose Taten vermehrt wird.

Maori-Kultur hautnah

Die unmittelbarste und beliebteste Einführung in die Maori-Kultur ist eine Kombination aus Konzert und Hangi (Festschmaus), am besten zu erleben in Rotorua. Konzert und Hangi fanden früher auf einem *marae* statt, einem traditionellen Versammlungsplatz, doch heute gibt's dafür eigene Veranstaltungsorte oder sie finden gar in einem Hotel statt.

Die **Kawa** (Verhaltensregeln) schreiben vor, *manuhiri* (Besucher) zuerst auf die Probe zu stellen, um ihre freundlichen Absichten zu testen, bevor man sie auf den *marae* lässt.

Die Besucher müssen sich einen „Häuptling" wählen, der sie während dieses *wero* genannten Rituals vertritt. Dabei kommt ein furchterregender Krieger, einen *taiaha* (Speer) schwingend, wild züngelnd und mit hervorquellenden Augen auf die Gäste zu. Nach Annahme eines rituellen Geschenks stoßen die Frauen den *karanga* (Willkommensruf) aus und brechen damit das *tapu*, dann folgt der *powhiri* (Begrüßungsgesang). Dies ist der Auftakt zum zeremoniellen „Nasenkuss", **Hongi** genannt, der *manuhiri* (Besucher) und *tangata whenua* (Gastgeber) körperlich und spirituell verbindet.

Dann beginnt das Konzert in traditioneller Tracht. Höhepunkte sind der *haka* der Männer und der *poi*-Tanz der Frauen. Auf das Konzert folgt der Hangi-Festschmaus, der traditionell im Erdofen gedämpft wird oder, in Rotorua, über einer Erdwärmequelle.

Über die kommerziellen Konzerte und Hangi hinaus bieten die folgenden Tourveranstalter und Unterkünfte die Möglichkeit, tiefer in die Kultur der Maori einzutauchen. Die Website 🖳 inz.maori.nz liefert einen Zugang zu Maori-Tourismusbetrieben im ganzen Land.

- **Footprints Waipoua**, Northland. S. 259
- **Kapiti Island**, nahe Wellington. S. 324
- **Maori Tours**, Kaikoura. S. 593
- **TIME Unlimited Tours**, Auckland S. 140
- **Maraehako Bay Retreat**, East Cape. S. 437
- **Tipuna Tours**, East Cape. S. 440

Leider wird die Maori-Gemeinde von sozialen Problemen gebeutelt: Das Durchschnittseinkommen liegt unter dem der Pakeha; fast die Hälfte aller Gefängnisinsassen sind Maori; und die Gesundheitsstatistiken sind erschreckend.

Hoffnung auf Besserung machen bikulturelle Bemühungen, die Gleichberechtigung und Integration betonen, aber Nicht-Maori und Maori trotzdem ihre unterschiedliche Identität lassen.

Was es bedeutet, ein Maori zu sein, wird im Kapitel „Land und Leute" (S. 119) behandelt.

Reiserouten

Die folgenden Reiserouten führen zu den wichtigsten Attraktionen Neuseelands. Die erste kombiniert Strände, Maori-Kultur, Stadtleben und grandiose Landschaften. Die zweite konzentriert sich auf die Vogelwelt, Thermalquellen und den Sternenhimmel und die dritte auf Abenteueraktivitäten. Unsere Empfehlungen lassen sich natürlich auch völlig anders kombinieren – ein Einblick in Aotearoas erstaunliche Vielfalt ist auf jeden Fall garantiert!

Neuseeland für Eilige

Neuseeland ist nicht besonders groß, aber dafür gibt es erstaunlich viele Sehenswürdigkeiten. Um alles zu sehen, braucht man mindestens drei Wochen.

Northland Der winterlose Norden bietet weite Strände, riesige Sanddünen und idyllische kleine Häfen. S. 206

Rotorua Der Geruch nach faulen Eiern sollte einen nicht davon abhalten, das geothermale Wunderland voller Geysire und blubbernder Schlammteiche zu erkunden, wo Haka, Tanz und ein im Erdofen zubereitetes Hangi in die Maori-Kultur einführen. S. 329

Napier Die Art-déco-Architektur ist der passende Rahmen für das gute Essen in der Hawke's Bay und für einige der besten Rotweine des Landes. S. 459

Wellington Die Hauptstadt ist die attraktivste Stadt Neuseelands, mit einem überschaubaren Zentrum, dessen Museen, Cafés und muntere Bars einen eleganten Bogen um den malerischen Hafen bilden. S. 488

Nelson und Golden Bay Goldene Sandstrände, alternative Märkte und die Freizeitaktivitäten an der Küste des Abel Tasman National Park machen die Gegend zur reizvollsten Ecke des Landes. S. 578 und S. 567

Die West Coast Entlang der wilden und atemberaubend schönen Küste fallen tiefgründer, üppiger Urwald und eisige weiße Gletscher schroff zur tosenden Brandung hinab. S. 177

Aoraki/Mount Cook Neuseelands höchster Gipfel thront wie ein schneebedeckter Wächter über den unglaublich blauen Seen und goldenen Gräsern des Mackenzie Country. S. 678

Queenstown Die traumhafte Berglandschaft, die ungeheure Palette an Abenteueraktivitäten, tolle Wanderrouten und einige der besten Restaurants und Bars der Südinsel sollte man nicht verpassen. S. 801

Fiordland Zwischen mehrtägigen Wanderungen auf dem Kepler Track oder dem Milford Track kann man im Milford und Doubtful Sound eine Kreuzfahrt unternehmen, Kajak fahren oder sogar tauchen. S. 868

Neuseeland ganz natürlich

Geysire, Fjorde, Bergpapageien, Pinguine, Wale und mehrere Delphinarten bereichern die atemberaubende neuseeländische Landschaft.

Kiwi-Beobachtung im Kauri-Wald Wer sich nachts im Kauri-Wald ruhig verhält, hört die klagenden Rufe des Kiwis und bekommt die scheuen Vögel – mit viel Glück – auch zu sehen. S. 261

Hot Water Beach Man gräbt sich ein Loch in den Sand und entspannt im heißen Wasser eines Tümpels, das hin und wieder von der Brandung abgekühlt wird. S. 405

Vögel auf Kapiti Island Auf dieser Insel wimmelt es von faszinierenden Vögeln – Wald-

NORTHLAND
Kauri-Wald

Neuseeland für Abenteurer

Auckland

Hot Water Beach

NORDINSEL

Kaituna

Waitomo Caves
Rotorua

TONGARIRO NP

T a s m a n s e e

Napier

Golden Bay

Kapiti
Island

Neuseeland für Eilige

ABEL TASMAN
NP

Picton

Nelson
Wellington

SÜDINSEL

WEST COAST

Neuseeland ganz natürlich

Franz Josef Glacier

Christchurch

Aoraki/
Mt Cook   Lake Tekapo

Milford Sound   Queens-
town   Wanaka

FIORD-
LAND
NP
Lake
Wakatipu   Nevis Bungy

Pazifik

Te Anau   Dunedin   Otago Peninsula

Invercargill

STEWART ISLAND

N   0   200 km

papageien, Sittichen, Graufächerschwänzen, Zwergkiwis und sogar ein paar der weltweit noch 250 lebenden Takahe. S. 324

Schwimmen mit Robben Man sollte den Delphinen mal eine Pause gönnen: Robben sind sowieso meist verspielter, besonders in dem klaren Wasser des Abel Tasman National Park. S. 565

Sterne gucken Weil die Nächte hier so klar und dunkel sind, wurde Tekapo zum ersten „Starlight Reserve" (Sternenhimmelschutzgebiet) des Landes erklärt. S. 674

Die Tierwelt der Otago Peninsula Vor den Toren Dunedins wartet eine reiche Tierwelt, darunter zwei Pinguinarten, Robben und eine leicht zugängliche Kolonie von Albatrossen. S. 710

Malerischer geht's kaum: die Church of the Good Shepherd am Lake Tekapo

Stewart Island Nachdem man von Papageien-schwärmen begrüßt wurde, geht es zu Sattel-staren, Ziegensittichen und Makomakos auf Ulva Island und dann zu den Kiwis in der Mason Bay. S. 733

Neuseeland für Abenteurer

Nirgendwo sonst auf der Welt haben Adrenalin-junkies so viele Abenteueraktivitäten zur Aus-wahl wie in Neuseeland.

Rafting auf dem Kaituna Der Kaituna bietet eine großartige, üppig grüne Schlucht, steil abfallen-de Stromschnellen und einen 7 m hohen Was-serfall. S. 341

Verborgene Welt Der Untergrund von Waitomo ist mit Kalksteinhöhlen durchzogen; am bes-ten lassen sie sich erkunden, indem man sich langsam in die Tiefe abseilt und dann ein paar Stunden durch die Gewölbe klettert und watet. S. 283

Wandern auf dem Tongariro Alpine Crossing Neuseelands schönste Tageswanderung führt durch die karge Vulkanlandschaft des Tongariro National Park. S. 367

Kajakfahren im Abel Tasman National Park Nach einer Paddeltour auf warmen, ruhigen Ge-wässern campt man an einem goldenen Sand-strand. S. 564

Franz-Josef-Gletscher Mit dem Hubschrauber geht es zunächst auf den Gletscher, wo man an-schließend ein paar Stunden mit einem Guide über Schneefelder und durch Eishöhlen wan-dert. S. 781

Niger Stream Canyoning In den wunderschö-nen Schluchten von Wanaka kann man in tiefe Becken springen und sich an Wasserfällen ab-seilen. S. 852

Bungy-Sprung über dem Nevis Wenn schon, denn schon: Acht Sekunden freier Fall von einer 134 m hohen Gondel über einem Fluss. S. 812

Radfahren im Wakatipu Basin Einfache Stre-cken an Seen entlang, tolle Geländefahrten und die einzigen mit Seilbahn erreichbaren Abfahr-ten für Mountainbiker in Neuseeland machen Queenstown zum perfekten Ziel für Radfahrer. S. 814

Klima und Reisezeit

Die sonnigen Sommermonate (Oktober bis April) sind die beliebteste Reisezeit für Neuseelandbesucher. Dafür hält der Winter tolle Ski- und Snowboardpisten bereit, und die Tage sind in dieser Zeit oft klar und freundlich, wenn auch kühl. Der hohe Norden wird gern als „winterloser Norden" bezeichnet, obwohl die kältere Jahreszeit selbst in dieser subtropischen Gegend frisch sein kann. Der tiefe Süden ist die kälteste Ecke des Landes – Surfer brauchen hier das ganze Jahr über einen Neoprenanzug.

Angesichts der Lage des Landes mitten im Ozean überrascht es nicht, dass Neuseelands Klima von der See geprägt ist. In den Sommermonaten Dezember bis März ist es warm, und selbst im Winter wird es niemals wirklich kalt.

Das Wetter wird erheblich von den vorherrschenden Westwinden bestimmt. Sie nehmen über der Tasmansee Feuchtigkeit auf, die sich in den westlichen Hälften beider Hauptinseln wieder abregnet. Die Südinsel bekommt dabei den Löwenanteil ab, die Westküste und Fiordland zählen sogar zu den regenreichsten Regionen der Erde. Die ganz Neuseeland der Länge nach durchziehenden Bergketten halten eine Menge Regen von den östlichen Landesteilen ab, die sich deshalb insgesamt trockener präsentieren.

Im Süden des Landes ist es im Schnitt ein paar Grad kühler als im übrigen Neuseeland, während das subtropische Auckland und Northland eine deutlich höhere Luftfeuchtigkeit aufzuweisen haben. Auf der Nordinsel geht der feuchtwarme Sommer praktisch unbemerkt in einen nasskalten Winter über. Je weiter man hingegen nach Süden kommt, desto ausgeprägter zeigen sich die vier verschiedenen Jahreszeiten.

Die meisten Leute kommen im Sommer nach Neuseeland, doch man kann das Land das ganze Jahr über bereisen, solange man seine Ziele mit Bedacht wählt. Im **Sommer** von Dezember bis März sind alle touristischen Einrichtungen geöffnet. Die neuseeländische Bevölkerung verreist in Massen zwischen Weihnachten und Mitte Januar, was erhebliche Engpässe bei den Unterkünften zur Folge haben kann. Der Großteil der ausländischen Touristen besucht das Land während der **Übergangszeiten**, d. h. im Oktober, November und April. Dann sind die Sehenswürdigkeiten nicht so überlaufen, und auch eine Unterkunft ist einfacher zu bekommen. Der **Winter** (Mai bis September) ist die

Am nördlichsten Punkt: Cape Reinga

feuchteste, kälteste und folglich am wenigsten beliebte Reisezeit, es sei denn, man ist Wintersportfan. Im Winter gewinnen Südwinde gegenüber den Westwinden die Oberhand und sorgen an der Westküste häufig für kaltes, trockenes und wolkenloses Wetter. Die Neuseeländischen Alpen und die zentrale Nordinsel bekommen starke Schneefälle ab und machen Neuseeland zu einem der abwechslungsreichsten und am wenigsten besuchten Ski- und Snowboardgebiete überhaupt.

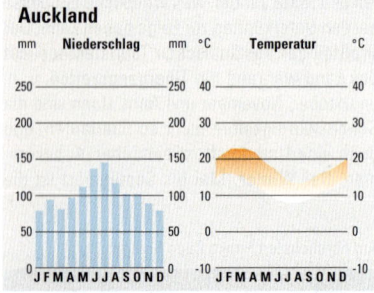

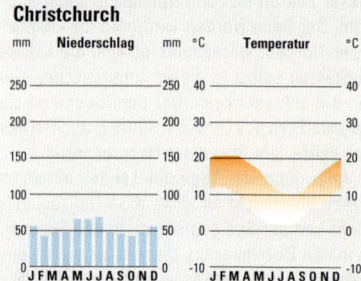

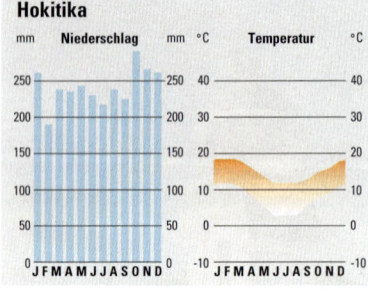

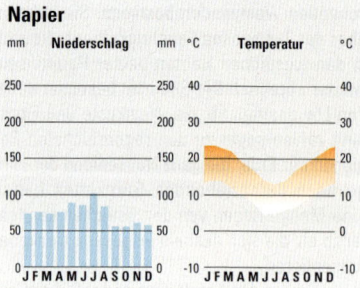

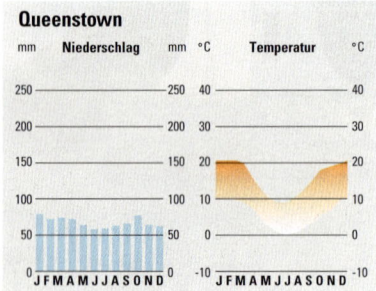

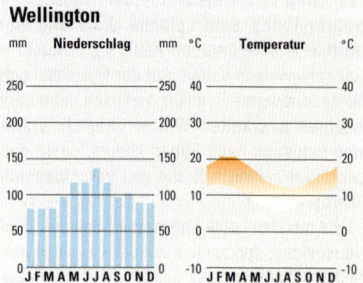

Reisekosten

Aufgrund des starken neuseeländischen Dollars und infolge der globalen Finanzkrise gilt Neuseeland nicht als Billigreiseland. Jedoch bekommt man für sein Geld auch ziemlich viel geboten, da die Standards hoch sind. Die durchschnittlichen **täglichen Ausgaben** können natürlich erheblich variieren; die folgenden Richtwerte gelten pro Person bei zwei zusammen reisenden Personen. Da es viele gute Hostels gibt, können Einzelreisende fast genauso günstig reisen wie Leute, die nicht allein unterwegs sind; wer jedoch ein Einzelzimmer haben möchte, zahlt etwa 30 % mehr.

Leute mit nicht so gut gefüllter Reisekasse können mit $60 pro Tag auskommen, wenn sie mit öffentlichen Verkehrsmitteln reisen, auf Campingplätzen in Hostels übernachten und sich ihre Mahlzeiten überwiegend selbst zubereiten. Mit einem Mietwagen, Übernachtung in günstigen Hotels und gelegentlichen Essen in Restaurants liegt man unterm Strich eher bei $160 pro Tag. Und wer gern in komfortablen B&Bs nächtigt, in netteren Restaurants isst und noch ein paar Touren macht, ist schnell mit mindestens $350 dabei.

Es passiert leicht, dass man sein Budget durch Abenteuertrips und Funsportangebote überstrapaziert – beispielsweise durch Bungy-Jumping oder einen Tandem Fallschirmsprung. Wer also aufs Geld schauen muss, sollte sich vorher genau überlegen, welche Investitionen zur Ankurbelung des Adrenalinhaushalts sich wirklich lohnen.

Der angegebene Preis ist nicht verhandelbar. In der Regel sind die 15 % **Mehrwertsteuer** – Goods and Service Tax (GST) – im Preis inbegriffen, außer in einigen Business-Hotels. Eine GST-Befreiung erfolgt beim Erwerb teurerer Gegenstände, die ausgeführt werden – Kaufbelege aufheben und gekaufte Gegenstände im Handgepäck mitnehmen.

Ermäßigungen für Studenten gibt es selten, aber beim Transport und bei Übernachtungen lässt sich eine Menge Geld sparen, wenn man eine der Backpacker- oder YHA-Karten (S. 84) kauft; **Kinder** und **Senioren** erhalten auf die meisten Zug-, Bus- und Eintrittstickets zu Sehenswürdigkeiten einen Preisnachlass von bis zu 50 %.

Was kostet wie viel?

Verpflegung	
Hauptgericht im Restaurant	ab $25
großes Bier (Pint)	$6–9
Glas Wein	$7–12
Transport	
Busfahrt (Standardpreis)	
Auckland–Rotorua (235 km)	$55
Christchurch–Queenstown (484 km)	$75
Bahn (Standardticket)	
Auckland–Wellington (500 km)	ca. $199
Mietwagen	
Kleinwagen pro Tag, örtlicher Anbieter (bei 2 Wochen Mietdauer im Sommer)	$40–80
Wohnmobil pro Tag (Hochsaison)	$150–400
Fahrradmiete pro Tag	$30–60
Unterkunft	
Bett im Schlafsaal	$20–32
B&B	$120–250
DZ im Motel	$100–250
Home- und Farmstay pro DZ	$100–200
Camping pro Person	$15–25

Travelinfos von A bis Z

Ein Flug um den halben Erdball – um dann festzustellen, dass vieles genauso funktioniert wie zu Hause. Aber nicht alles: Wie nutze ich mein Smartphone clever? Was muss ich beim Schwimmen im Meer beachten? Sind Backpacker-busse etwas für mich? Soll ich ein Wohnmobil mieten oder vielleicht ein Auto kaufen? Und wann ist eigentlich Rugbysaison? Die Travelinfos geben Antworten und Entscheidungshilfen zu all den praktischen Fragen, die sich vor der Reise und unterwegs stellen.

UNTERWEGS IM AORAKI/MOUNT COOK NATIONAL PARK

Kurz und knapp

Flugdauer Frankfurt–Auckland 24 Std.

Einreise Aufenthalt bis zu 3 Monaten: Reisepass, der mind. 3 Monate darüber hinaus gültig ist (EU-Bürger und Schweizer)

Geld Neuseeland-Dollar; viele Hostels und Campingplätze akzeptieren nur Bares

Smartphones In abgelegenen Gebieten lückenhafte Netzabdeckung

Zeitverschiebung Im neuseeländischen Sommer MEZ +12 Std., während der europäischen Sommerzeit +10 Std.

Inhalt

Anreise

Um nach Neuseeland zu gelangen, ist man in der Regel auf einen **Linienflug** angewiesen. Der Preis hängt stets von der Jahreszeit ab: Am teuersten ist der Flug im neuseeländischen Sommer (Dez–Feb). In der Vor- und Nachsaison (Sep–Nov und März–Mai) sinken die Preise, am niedrigsten sind sie im neuseeländischen Winter (Juni–Aug). Zahlreiche Fluggesellschaften bieten dann Flüge für ab etwa 1200 € an, was angesichts der zurückgelegten Entfernung relativ preiswert ist. Wählt man den billigsten Flug, muss man jedoch unter Umständen auf einigen Komfort verzichten.

Auch wenn man noch so schnell in Neuseeland ankommen möchte – v. a. unter gesundheitlichem Aspekt ist ein Zwischenstopp sinnvoll. Die meisten Linienflüge erlauben mehrere **Stopover** entweder in Nordamerika und dem Pazifik oder in Dubai, Asien und Australien. Wer nicht von Australien aus anreist, hat bei den Zielflughäfen nur die Wahl zwischen den internationalen Flughäfen **Auckland** und **Christchurch**. In Christchurch landen weniger Direktflüge, aber viele Linienfluggesellschaften haben ein Codesharing-Abkommen für einen Anschlussflug von Auckland ohne Extrakosten.

Am praktischsten ist ein **Gabelflug** (Hinflug von der einen, Rückflug von der anderen Stadt). Er kostet i. d. R. nicht mehr als ein gewöhnlicher Hin- und Rückflug und hat den Vorteil, dass man nicht wieder an den Ausgangspunkt der Reise zurück muss. Überlegenswert sind auch attraktive **Fly-&-Drive**-Arrangements, die Flug und Mietwagen bzw. Wohnmobil beinhalten.

Touristen und Personen mit einem zeitlich befristeten **Arbeitsvisum** (S. 54) müssen bei der Einreise nach Neuseeland ein Ticket für die Rück- oder Weiterreise vorweisen. Wer ein Rückflugticket hat und länger bleiben oder nicht auf der geplanten Route weiterfliegen will, kann das Flugdatum bei der Fluggesellschaft oder in einem Reisebüro ändern lassen, je nach Nutzungsbedingungen des Flugtickets; häufig ist dafür eine Gebühr fällig. Die Flugroute lässt sich aber nicht so leicht ändern.

Falls Neuseeland nur ein Zwischenziel auf einer längeren Reise ist, kann der Kauf eines **Round-the-World**-Tickets erwogen werden. Bei diesen Tickets stehen entweder etwa ein halbes Dutzend Stopps fest (oft ist Auckland darunter), oder man stellt sich selbst eine Flugroute zusammen, was allerdings in der Regel um einiges teurer ist.

Der **Star Alliance South Pacific Airpass** von Air New Zealand berechtigt zu Einfachflügen innerhalb von Neuseeland oder in drei Zonen eingeteilte Pazifikrundreisen. Ebenso wie RTW-Tickets unterliegt der Kauf bestimmten Sonderbestimmungen und die Zahl der Stopover ist begrenzt.

Weitere Informationen sind im Reisebüro oder bei den Fluggesellschaften erhältlich.

Eine gute **Suchmaschine** für den Preisvergleich ist ⌨ www.swoodoo.com. Die vergünstigten Spezialtarife und befristete Sonderangebote kann man oft nur direkt in den Büros der entsprechenden Fluggesellschaften oder über ihre Websites buchen; sie sind jedoch immer auch in auf Flüge spezialisierten Reisebüros erhältlich.

Air New Zealand
3rd Floor, The Triangle,
5-17 Hammersmith Grove,
London W6 OLG, Großbritannien.
Deutschland: ✆ 0800 183 0619
Schweiz: ✆ 0800 557 778
Österreich: ✆ 0800 295 838

Alle Telefonnummern sind nur aus dem Festnetz erreichbar und gebührenfrei.
⌨ www.airnewzealand.de.

Quantas Airways
In Deutschland:
Postfach 71 01 63,
60491 Frankfurt/Main,
✆ 069 299 571 421,
⌨ www.quantas.com.au.

In Österreich:
c/o BFS Touristik GmbH,
Heiligenstädter Str. 31/2/5,
A-1190 Wien,
✆ 01 587 7771
⌨ www.quantas.com.au.

Botschaften und Konsulate

Neuseeländische Vertretungen im Ausland

Kontaktadressen und Websites neuseeländischer Botschaften und Konsulate im Ausland sind zu finden unter 🖥 www.nzembassy.com.

Australien
Botschaft
Canberra, 📞 02 6270 4211,
✉ nzhccba@bigpond.net.au.
Außerdem Konsulate in Sydney und Melbourne.

Deutschland
Botschaft
Friedrichstr. 60, 10117 Berlin,
📞 030 206 210, 🖨 2062 1114,
🖥 www.nzembassy.com/germany,
✉ nzembber@infoem.org,
🕐 Mo–Do 9–13 und 14–17.30, Fr 9–16.30 Uhr.

Österreich
Botschaft
Mattiellistr. 2-4/3, 1040 Wien,
📞 01 505 3021, 🖨 505 3020,
✉ nzemb@aon.at,
🕐 Mo–Fr 9–17 Uhr.

Schweiz
Generalkonsulat
2 Chemin des Fins, 1218 Grand Saconnex, Genf,
📞 022 929 0350, 🖨 929 0377,
✉ mission.nz@bluewin.ch
🕐 Mo–Fr 8.30–12.30 Uhr.
Postadresse: Case Postale 334, 1211 Genève 19.

Ausländische Vertretungen in Neuseeland

Deutschland
Botschaft
90-92 Hobson St, Thorndon, 6011 Wellington,
📞 04 473 6063, 🖨 473 6069,
✉ info@wellington.diplo.de,
🖥 www.wellington.diplo.de.

Honorarkonsulate
Level 13, PWC Tower, 188 Quay Street,
Auckland 1010,
📞 09 375 8718, 🖨 3655 209.
100A Glandovey Road, Fendalton, Christchurch,
📞 027 537 5906, 🖨 03 344 62 78.

Weniger fliegen – länger bleiben! Reisen und Klimawandel

Der Klimawandel ist vielleicht das dringlichste Thema, mit dem wir uns in Zukunft befassen müssen. Wer reist, erzeugt auch CO_2: Der Flugverkehr trägt mit einem Anteil von bis zu 10 % zur globalen Erwärmung bei. Wir sehen das Reisen dennoch als Bereicherung: Es verbindet Menschen und Kulturen und kann einen wichtigen Beitrag für die wirtschaftliche Entwicklung eines Landes leisten. Reisen bringt aber auch eine Verantwortung mit sich. Dazu gehört darüber nachzudenken, wie oft wir fliegen und was wir tun können, um die Umweltschäden auszugleichen, die wir mit unseren Reisen verursachen. Wir können insgesamt weniger reisen – oder weniger fliegen, länger bleiben und Nachtflüge meiden (da sie mehr Schaden verursachen). Und wir können einen Beitrag an ein Ausgleichsprogramm wie 🖥 **www.atmosfair.de** leisten.

Dabei ermittelt ein Emissionsrechner, wie viel CO_2 der Flug produziert und was es kostet, eine vergleichbare Menge Klimagase einzusparen. Mit dem Betrag werden Projekte in Entwicklungsländern unterstützt, die den Ausstoß von Klimagasen verringern helfen.

nachdenken · klimabewusst reisen

atmosfair

Österreich

Honorargeneralkonsulat
(ohne Passbefugnis)
Level 4, 75 Ghuznee Street, Wellington,
📞 04 384 1402,
🖥 www.bmeia.gv.at.

Honorarkonsulate
22a William Pickering Drive, Rosedale,
0632 Auckland,
📞/📠 09/476 0994.
Ohne Passbefugnis:
19, Joyce Crescent, Ilam,
Christchurch 8041,
📞 03 351 5379.

Schweiz

Botschaft
Embassy of Switzerland, Maritime Tower,
10 Customhouse Quay, Level 12,
Wellington, New Zealand
📞 04 472 1593, 📠 499 6302,
✉ wel.vertretung@eda.admin.ch,
🖥 eda.admin.ch/wellington.
Postadresse: Embassy of Switzerland,
P.O. Box 25004,
Wellington 6146, New Zealand.

Konsulat Auckland
3 Marine Parade, Herne Bay, Auckland 1011,
📞/📠 09 366 0403,
✉ auckland@honrep.ch.

Einkaufen

Eines der beliebtesten Andenken aus Neuseeland ist ein **Schmuckanhänger** aus *greenstone* (Jade) im Maori-Design. Am besten kauft man sie dort, wo das Rohmaterial herstammt, nämlich in der Gegend von Greymouth und Hokitika an der Westküste der Südinsel. Preiswertere Varianten sind aus chinesischer Jade oder minderwertigen Materialien wie Speckstein gefertigt. Man sollte also auf neuseeländischem, vor Ort verarbeitetem *pounamu* bestehen (Kasten S. 776). Ein ähnliches Reiseandenken sind **Knochenschnitzarbeiten**.

Beliebte Mitbringsel sind auch **Lammfell- und Wollprodukte** sowie **Kleidung**, die zumindest teilweise aus Possumfell besteht. Ein sehr guter Überwurf kostet mehr als $1000, Kissenbezüge gibt es schon erheblich günstiger. Schaffelle kosten ab etwa $100.

Im Bereich Outdoor-Garderobe gibt es ein reichhaltiges Angebot, aber interessant sind vor allem die stilvollen Kleidungsstücke aus Merinowolle von Icebreaker, 🖥 www.nz.icebreaker. com, Untouched World, 🖥 www.untouched world.co.nz, und Glowing Sky, 🖥 www.glowing sky.co.nz. Sie sind ziemlich teuer, halten aber warm, fühlen sich gut an und riechen nicht so unangenehm.

Einige neuseeländische Modedesigner sind Weltklasse. Modelle von Karen Walker, Kate Sylvester, Trelise Cooper, Alexandra Owen, Zambesi und World sind teuer, aber einzigartig.

Essen und Trinken

Neuseelands kulinarische Szene ist rundum einfach klasse, von der Qualität der Lebensmittel, über die Zubereitung bis zur Präsentation der Speisen.

Die **gastronomischen Wurzeln** des Landes liegen in der Tradition Großbritanniens – ein unglückseliges Erbe, dem insbesondere von einigen Kiwis der älteren Generation hartnäckig die Treue gehalten wird. Tatsächlich haben die einheimischen Köche erst vor wenigen Jahren die Möglichkeiten entdeckt, die sich ihnen durch lokale, superfrische und qualitativ hochwertige Zutaten bieten. Neben zartem Lamm, saftigem Rindfleisch und Wild sowie köstlichen Meeresfrüchten findet man hier einige der besten Milchprodukte der Welt, dazu Stein- und Kernobst, das zur Erntezeit spottbillig von Ständen am Straßenrand zu haben ist.

All diese Zutaten sind zu einer modernen neuseeländischen Küche verschmolzen, die außerdem Elemente der kalifornischen und zeitgenössischen australischen Küche mit Einflüssen aus dem **Mittelmeerraum**, **Asien** und der **Südsee** kombiniert. Restaurants und Cafés im ganzen Land legen Wert darauf, ihre Speisekarte so

Das Hangi

Um die traditionelle Küche kennenzulernen, sollte man ein **Hangi** besuchen, bei dem verschiedene Gemüse- und Fleischsorten sowie Fisch stundenlang in einem Erdofen gegart werden. Typischerweise wird dieses Mahl bei Familienfeierlichkeiten zubereitet – als Tourist muss man meist zu einer öffentlichen Veranstaltung in Rotorua oder Christchurch gehen, um in den Genuss dieser Spezialität zu kommen. Dort ist man eher zahlender Kunde und kein Gast, aber die Geschmacksnoten eines Hangi sind in der Regel authentisch, auch wenn die Veranstalter manchmal moderne Methoden kreativ anwenden.

Die Zubereitung gestaltet sich wie folgt: Zunächst entfachen die Männer ein Feuer, in dessen Glut sie große Flusssteine legen. Während sich diese langsam erhitzen, wird eine ausreichend große Grube gebuddelt. Die heißen Steine legt man auf den Boden und bedeckt sie mit feuchtem Sackleinen. Unterdessen schneiden die Frauen Lamm, Schwein, Huhn, Fisch, Schalentiere und Gemüse (v. a. die Süßkartoffel Kumara) und machen kleine Portionen, die sie in Blätter wickeln und anschließend in Körben (ursprünglich aus Flachs, heute größtenteils aus Drahtgeflecht) stapeln. Die Körbe werden in der Grube versenkt und das Hangi anschließend zugedeckt, sodass der Dampf und das Aroma nicht verloren gehen. Ein paar Stunden später holt man die Körbe wieder heraus und das Festmahl kann beginnen: Die halb gegarten und halb geräucherten Zutaten sind überaus zart und haben einen leicht erdigen Geschmack.

vielfältig wie möglich zu gestalten, und so tauchen neben dem üblichen Lamm und der Gourmet-Pizza auch Seafood-Linguini, Couscous, Sushi, Thai-Küche, Fleischbällchen aus Wildbret und *chicken korma* auf.

Fleisch und Fisch

Neuseeländer lieben **Fleisch**, und die Qualität ist oft vorzüglich. Neuseeländisches Lamm rangiert oft ganz oben auf der Speisekarte, doch Reh- und Rindfleisch stehen ihm geschmacklich nicht nach.

Bei Neuseelands langer Küstenlinie verwundert es nicht, dass **Fisch** und andere Meeresfrüchte einen bedeutenden Anteil an der hiesigen Küche haben. Das weiße Fleisch des Schnapper *(snapper)* ist fast überall zu haben, aber man findet auch Thunfisch *(tuna)*, Schwertfisch *(John Dory)*, Zackenbarsch *(groper* oder *hapuku*, wie ihn die Maori nennen), Flundern *(flounder)*, Knurrhahn *(gurnard)*, Sandbarsch *(blue cod)* und den festen und köstlichen Tarakihi. Lachs *(salmon)* steht beinahe auf jeder Speisekarte, aber keine Forellen, die weder ge- noch verkauft werden dürfen. (In den meisten Hotelrestaurants ist es jedoch möglich, den eigenen Fang zubereiten zu lassen.) Diese alte Vorschrift diente ursprünglich zum Schutz des Sportangelns, nachdem Forellen im 19. Jh. in Neuseeland eingeführt worden waren.

Alle diese Fische schmecken geräuchert sehr gut, besonders aber Tarakihi, Hapuku, Blue Cod, Marlin und Aal. Eine viel geliebte Delikatesse ist *whitebait*, ein Sammelbegriff für fünf Arten von winzigen, silbernen Fischen, die zwischen August und November v. a. an der Westküste ins Netz gehen und im Ganzen frittiert serviert werden.

Schalentiere sind eine weitere Spezialität Neuseelands. Gelegentlich stößt man auf *tuatua*, die von den Stränden Northlands stammen, aber häufiger sind die leckeren Bluff-Austern (Kasten S. 739), Jakobsmuscheln *(scallops)* und die sensationellen Grünlippenmiesmuscheln *(green-lipped mussels)*, die in Geschmack und Konsistenz kaum zu überbieten sind und im kühlen, klaren Gewässer der Marlborough Sounds, insbesondere um Havelock, gezüchtet werden. Lebende Grünlippenmiesmuscheln sind in jedem guten Supermarkt erhältlich.

Nicht minder köstlich und unbedingt empfehlenswert sind die Langusten *(crayfish)*, die es überall an der Küste gibt, v. a. in der Gegend von Kaikoura und am East Cape.

Maori- und andere Küchen

In neuseeländischen Restaurants stehen selten polynesische oder **Maori-Gerichte** auf der Karte, wenngleich diese Küche in trendbewussten Lokalen durchaus angesagt ist. So kann man dort vielleicht einen *fern frond salad* (Farnkrautsalat) oder ein mit pfeffrigen *horopito*-Blättern eingeriebenes Steak bekommen. Um echtes Maori-Essen kennenzulernen, muss man aber ein Hangi besuchen (Kasten S. 42), am besten in Rotorua. Ein Grundnahrungsmittel der pazifischen Küche ist *kumara* (Süßkartoffel), die vor allem im Hangi oder in frittierter Form auftaucht.

Dank der vielen Zuwanderer aus Süd- und Ostasien hat sich die neuseeländische Restaurantszene in den letzten Jahrzehnten verändert. Heute gibt es kaum eine Stadt ohne ein **indisches** oder **chinesisches Restaurant**. Auch **Thai-Lokale** sind nicht selten, aber um malaysische, singapurische, japanische oder koreanische Küche zu genießen, ist man auf die Großstädte angewiesen. Hier sind seit Kurzem auch wieder **mexikanische Restaurants** zu finden, nachdem diese für eine längere Zeit von der Bildfläche verschwunden waren.

Vegetarisches Essen

Vegetarier, die sich selbst versorgen, können gut leben. Bei Restaurants dagegen verhält sich die Sache etwas anders. Außerhalb großer Zentren sind rein vegetarische Restaurants selten, und man muss auf die vereinzelten fleischfreien Gerichte zurückgreifen, die in den meisten Gaststätten angeboten werden. **Veganer** werden vermutlich eine ungesunde Abhängigkeit von den obligaten Veggieburgern entwickeln. Inzwischen bieten aber auch viele neue Bioläden eine ordentliche Auswahl an Gerichten auf pflanzlicher Basis an. Wer an einer längeren organisierten Tour teilnimmt, auf der das Essen inklusive ist, sollte die Veranstalter rechtzeitig über seine Essgewohnheiten informieren.

Essen gehen

Die Qualität neuseeländischer **Restaurants** und Cafés ist im Allgemeinen fantastisch, die Portionen sind großzügig bemessen, und meist bekommt der Gast wirklich etwas für sein Geld. Hauptgerichte kosten in den meisten Restaurants ab $25, für drei Gänge ohne Getränke muss man mit $55 rechnen. Trinkgeld wird keines erwartet, aber wer sich gut bedient fühlt, darf sich natürlich gern erkenntlich zeigen (etwa 10 % sind angemessen). An gesetzlichen **Feiertagen** wird meist ein Zuschlag (normalerweise 15 %) erhoben, damit die Mitarbeiter für den Verzicht auf die ihnen gesetzlich zustehende Freizeit entschädigt werden.

Das traditionelle neuseeländische Lokal ist der **Tearoom**, größtenteils ein Selbstbedienungslokal mit altmodischer Atmosphäre, billigen Sandwiches, klebrigem Gebäck, ungesunder Kost und mittelmäßigem Kaffee. Man findet solche Tearooms heute noch an bestimmten Stellen auf dem Land, wo Fernbusse manchmal Station machen.

In größeren Städten sind die Tearooms durch **Cafés** ersetzt worden, die von ausgezeichnetem Espresso und Muffins bis zu umfangreichem Frühstück und Mittagessen mit einer Auswahl an Weinen alles verkaufen. Viele schließen bereits um 16 Uhr, andere bleiben geöffnet und verwandeln sich dann in **Restaurants**. Restaurants und Cafés unterscheiden sich kaum – in einem Café bestellt und bezahlt man normalerweise am Tresen vorn und bekommt dann das Essen serviert. In Restaurants ist die Bedienung am Tisch die Regel, aber die Rechnung muss

---

Neuseeland für Naschkatzen

Afghans Der Ursprung des Namens ist unklar, aber die Schoko-Cornflakes-Kekse mit Schokoguss sind ein Dauerbrenner.
Anzac biscuit Kokos-Haferkeks.
Carrot Cake Ein Kiwi-Klassiker, der in Cafés und Tearooms im ganzen Land zu haben ist.
Lamington Ein Biskuitkuchen mit rosa Zuckerguss und Kokosraspeln.
Pavlova Die Baisertorte „Pav" mit ordentlich Schlagsahne und Obst ist der Höhepunkt neuseeländischer Backkunst.

---

nach dem Essen meist am Tresen bezahlt werden.

Restaurants und viele Cafés besitzen eine Schanklizenz, aber manche pflegen auch noch die **BYO**-Tradition (*bring your own*, d. h. man bringt den Alkohol selbst mit). Das Korkgeld beträgt üblicherweise $5–20 pro Flasche, manche Lokale verlangen es aber auch pro Person.

In den meisten Pubs gibt es einfache **Pub Meals**, oft das billigste Essen weit und breit. Auf der Speisekarte stehen so bodenständige Mahlzeiten wie Steak und Pommes, aber auch Lasagne oder Burger, die allesamt weniger als $20 kosten.

Hervorragend essen kann man auch in den guten, aber oft teuren Restaurants der immer zahlreicheren **Weingüter**, die sich insbesondere um die Hauptanbaugebiete Hawke's Bay und Marlborough konzentrieren. Das Essen ist hier fast ausnahmslos gut, wobei viele Gerichte auf die Weine des Guts abgestimmt sind.

Snacks und Takeaways

Typisch für die Großstädte sind die **Food Courts**, die man meist in Einkaufszentren findet und in denen billige Gerichte aus aller Welt angeboten werden. In den traditionellen **Burger Bars** bekommt man Hamburger, die in nichts an die schlappen Teile der internationalen Franchise-Unternehmen erinnern: feste Brötchen mit saftigem Hackfleisch, viel Ketchup, einer ganzen Menge Salat und Tomaten sowie der unverzichtbaren Scheibe Rote Bete. Eine andere Spielart der typischen Kiwi-Snacks sind **Meat Pies**, erhältlich in Bäckereien und aus Warmhaltetheken in Pubs. Die traditionellen Varianten mit Rind- und Hackfleisch werden inzwischen ergänzt durch Füllungen wie Speck und Ei, Wild, Steak und Käse, Steak und Austern, Räucherfisch und Kumara, und zunehmend sind auch vegetarische Pies im Angebot.

Fish 'n' Chips sind ebenfalls beliebt. Sehr häufig wird Hai verwendet – euphemistisch als *lemon fish* oder *flake* bezeichnet –, aber für etwas mehr Geld bekommt man leckerere Fischsorten. Gewöhnungsbedürftig ist der Geschmack der **Paua Fritters**, wofür Teile der Abalone-Meeresschnecke klein gehackt und in Form flacher „Kuchen" frittiert werden.

Selbstversorger

Proviant ist im örtlichen Supermarkt am preiswertesten. Pak 'n Save ist im Allgemeinen der billigste; New World hat normalerweise die beste Auswahl und Qualität. Im Notfall kann man sich auch in einem der zahlreichen Tante-Emma-Läden (*dairies* genannt) versorgen, die nur Basisprodukte führen, aber länger geöff-

Essen und Trinken für Genießer

Eiscreme Waffeleis ist ein Klassiker und wird überall verkauft, aber eines der besten Eisangebote gibt es in gut sortierten Supermärkten, die die Marken Kapiti und Kohu Road auf Lager haben. Beide sind in vielen verschiedenen Geschmacksrichtungen erhältlich.

Marmeladen und Eingemachtes aus eigener Herstellung werden auf verschiedenen Wochenmärkten *(farmers' markets)* verkauft, aber die im Supermarkt erhältlichen Marken Anathoth Farm und Te Horo sind ebenfalls ausgesprochen lecker und preiswert.

Cheese Bland Cheddar ist der Nationalkäse, aber abgesehen davon produziert Neuseeland inzwischen eine große Bandbreite an anderen köstlichen Käsesorten. Weit verbreitet ist die Marke Kapiti, deren Kikorangi-Blauschimmelkäse besonders lecker ist. Ausschau halten sollte man auch nach kleineren Herstellern wie Whitestone, Meyer und Puhoi Valley.

Bier Hier sollte man die gängigen Sorten meiden und stattdessen die Erzeugnisse kleiner Brauereien probieren, z. B. Aucklands Epic, Croucher aus Rotorua, McCashin's aus Stoke außerhalb von Nelson, Emerson's aus Dunedin und die Biere der Invercargill Brewery aus dem tiefen Süden. Die meisten werden in *bottle stores* und besseren Supermärkten verkauft.

net haben. Sie sind genau wie die Geschäfte auf Campingplätzen und in abgelegenen Gegenden, wo es keine Alternative gibt, oft überteuert.

Bessere Lebensmittel bieten dagegen die kleinen, unabhängigen Läden, die überwiegend Biowaren und/oder Erzeugnisse der Region im Angebot haben. Außerdem scheint inzwischen jeder größere Ort einen Bauernmarkt abzuhalten, meistens am Samstag- oder Sonntagvormittag – wir haben einige im Buch aufgeführt.

Getränke

Im ganzen Land haben Cafés und Restaurants mit Schanklizenz eine große Auswahl an neuseeländischen Weinen und Bieren auf Lager, aber die niedrigsten Preise und die ursprünglichste Atmosphäre findet man in einem **Pub**, wo man sich nach der Arbeit zum Biertrinken trifft und wenig Wert auf Ambiente oder schicke Einrichtung legt. In den großen Städten allerdings putzen sich die Pubs infolge der heftigen Konkurrenz durch Cafés immer mehr heraus. Kaum eine Veränderung dagegen spürt man auf dem Land, wo sich Fremde häufig fehl am Platze fühlen – sobald man jedoch am Tresen ins Gespräch kommt, fallen die Barrieren.

Die meisten Kneipen haben unter der Woche theoretisch mindestens bis Mitternacht, am Wochenende sogar bis 4 Uhr morgens oder noch länger geöffnet, aber in der Praxis schließen sie, wenn sie nur wenig Kundschaft haben, oft wesentlich früher. Alkohol darf nur an Personen ab 18 Jahren verkauft werden. Raucher müssen ihrem Laster draußen vor der Tür frönen.

Bier

Bier wird in Neuseeland gerne und viel getrunken. Fast das gesamte Bier des Landes stammt aus zwei großen Brauereien, Lion Nathan und Dominion Breweries (DB), die zahllose Sorten produzieren: Natürlich Lager und Pils sowie schale, tiefbraune Flüssigkeiten, die entweder frisch gezapft oder als *draught* in Flaschen verkauft werden, ein ferner Verwandter des britischen Fassbieres. Ein Dauerbrenner ist Steinlager, das inzwischen auch in einer Variante „ohne Zusatzstoffe" namens Pure auf dem

Top 5: Fish 'n' Chips

- Kai Kart, Steward Island, S. 740
- Kaiaua Fisheries, Kaiaua, S. 185
- The Smokehouse, Mapua, S. 553
- Tiki's Takeaway, Kaikoura, S. 595
- Wellington Seamarket, Wellington, S. 513

Markt ist. Insgesamt gibt es keine großen Unterschiede zwischen den Sorten, mit Ausnahme vielleicht des Alkoholgehalts, der üblicherweise um die 4 % liegt und nur beim sogenannten *export* 5 % beträgt.

Der Bierkonsum sinkt zurzeit allgemein, dafür erleben die **Mikrobrauereien** einen Boom. Näheres darüber auf 🖳 www.realbeer.co.nz und 🖳 www.beertourist.co.nz. Bier vom Fass wird normalerweise in **Pints** (etwas mehr als 0,5 l) ausgeschenkt. Ein „Half Pint" kommt immer in einem 0,3-l-Glas daher und kostet deshalb mehr als den halben Preis eines ganzen Pint. In ländlichen Gegenden halten sich Traditionen länger, weshalb man hier noch einen ganzen **Jug** (1 l) bestellen kann, der dann in die erforderliche Anzahl von Gläsern umgefüllt wird – normalerweise ein **Seven** (0,2 l – so genannt wegen der alten Maßeinheit von sieben Unzen), ein **Ten** (ca. 0,3 l) oder sogar ein **Twelve** (0,35 l).

Die **Preise** variieren enorm, aber mit $6–9 für ein Pint muss man rechnen. Billiger ist es, größere Mengen im *bottle shop* (auch *off-licence* oder *liquor store*) zu kaufen, der eine recht ordentliche Auswahl an Bieren großer und kleinerer Brauereien hat, normalerweise als Sechserpack mit 330-ml-Flaschen (um $12–15) oder in größeren Packungen.

Wein

Die Neuseeländer halten den einheimischen Winzern zu Recht die Treue – schließlich produzieren sie einige der besten Weine der Welt, vor allem Weißweine. Rasch hat sich Neuseeland auf die Spuren der französischen Loire-Region begeben, welche die Maßstäbe für den Sauvignon Blanc setzt, und der hiesige fruchtige Chardonnay sowie der nach Aprikosen und Zitrusfrüchten schmeckende Riesling finden immer mehr Anhänger. **Rotweine** stammten lan-

Bedeutende Weinbaugebiete

Die folgenden Weinbaugegenden sind von Nord nach Süd geordnet:

Henderson und **Kumeu**: Die meisten der Weingüter, 15 km westlich von Auckland, beziehen Trauben aus anderen Gegenden und bieten daher die Gelegenheit, Weine aus dem ganzen Land zu kosten. Zu den Highlights gehören der Chardonnay und Merlot.

Hawke's Bay: Erstklassige Weingegend um Napier und Hastings mit etwa 70 Weingütern, die Besuchern offen stehen; manche bieten auch Führungen und Restaurants. Einige der besten Chardonnays, Sauvignon Blancs und Syrahs des Landes.

Martinborough: Die am einfachsten zugängliche Ansammlung von Weingütern, viele davon in Spaziernähe vom Ort. Edle Pinot Noirs und Cabernet-Sauvignon-Verschnitte.

Marlborough: 70 % der neuseeländischen Trauben werden rund um Blenheim und Renwick angebaut. Eine Riesenauswahl an erstklassigen Weingütern, teilweise mit Restaurants. Berühmt für Sauvignon Blanc, aber auch guter Pinot Noir und exzellente andere aromatische Weißweine.

Central Otago: Wein, der in kühlem Klima gedeiht, an der Grenze der Machbarkeit, überwiegend um Bannockburn nahe Queenstown. Vor allem hervorragende Pinot Noirs.

ge Zeit aus Australien. Hier hat sich jedoch ein Wandel vollzogen, seitdem verbesserte Techniken und klügere Standortwahl die neuseeländischen Rotweine konkurrenzfähig gemacht haben. Es gibt einige ausgezeichnete Cabernet Sauvignons und Merlots (insbesondere von Waiheke Island und der Hawke's Bay), aber die meistgeschätzten Rotweine sind die Pinot Noirs aus Central Otago, Marlborough und Martinborough sowie der Syrah der Hawke's Bay – im Grunde ein Shiraz, der aber dezenter ist als der australische.

Wer **Champagner** mag, bekommt die im Land nach der *méthode traditionelle* (Flaschengärung) hergestellten Schaumweine bereits ab $13 pro Flasche – zu Recht beliebt und fast überall erhältlich wie beispielsweise Montanas Lindauer Brut. Nicht Wenige runden ihren Restaurantbesuch mit einem **Dessertwein** ab (wegen seiner Konsistenz auch *sticky* genannt), produziert aus Trauben, die durch den Botrytis-Pilz am Rebstock schrumpeln.

In den meisten Bars und lizenzierten Restaurants wird eine gute Weinauswahl angeboten, darunter zahlreiche offene Weine ($7–12 pro Glas bzw. ab $8 für Dessertweine). Im Supermarkt oder Bottle Shop gibt es relativ günstige Tropfen bereits ab $11 und viele für $15–25.

Wer vor dem Kauf eine Weinprobe machen möchte, kann eine ganze Reihe von **Weingütern** besuchen, wo man rund ein halbes Dutzend unterschiedlicher Tropfen testen darf – meist gegen eine kleine Gebühr ($10–15), v. a. wenn es sich um „Reserve Wines" handelt. Möchte man sich mit der neuseeländischen Wein-Szene etwas näher beschäftigen, so findet man unter 🖵 www.nzwine.com gute Informationen.

Spirituosen

Der große Renner unter den neuseeländischen Spirituosen ist der **Wodka** namens 42 Below, 🖵 42below.com. Er hat einige Preise gewonnen und wird nicht nur pur, sondern auch in vielen verschiedenen Geschmacksrichtungen angeboten. Seit ihrer Übernahme durch Bacardi 2006 produziert die Firma auch den ausgezeichneten South Gin, 🖵 www.southgin.com. Der Verkaufserfolg dieser Spirituosen hat Nachahmer wie Stolen Rum, 🖵 stolenrum.com, Smoke & Oakum's (Rum), 🖵 gunpowderrum.com, Broken Shed (Wodka), 🖵 brokenshed.com, und andere hervorgebracht.

Vor allem auf der Südinsel werden auch Single Malt **Whiskys** hergestellt, die besten destilliert die New Zealand Malt Whisky Co., 🖵 www.thenzwhisky.com, in Oamaru.

Kleinere Firmen haben sich auf **Fruchtliköre** spezialisiert. Einige sind köstlich, doch für den extrem süßen Likör aus Kiwi- oder Feijoa-Früchten entwickeln nur wenige Besucher eine Vorliebe. Er wird meist in Souvenirläden verkauft.

Tee und Kaffee

An **Tee** bekommt man meist die normalen indischen Mischungen sowie aromatisierte und Kräutertees. Alles, was mit **Kaffee** zu tun hat, wurde zu einer Kunstform erhoben und besitzt mittlerweile eine eigene Terminologie: Ein Espresso im italienischen Stil heißt **Short Black**; ein mit heißem Wasser verdünnter Espresso ist der **Long Black** (manchmal wird dazu ein Krug heißes Wasser auf den Tisch gestellt); der **Flat White** ist ein Espresso mit cremiger heißer Milch. In besseren Cafés sind all diese Varianten auch koffeinfrei, dünner und mit Sojamilch erhältlich.

Feste und Feiertage

Auf der Südhalbkugel fällt Weihnachten in die **Sommerferien**, die von Mitte Dezember bis Ende Januar/Anfang Februar gehen. Vom Boxing Day (26. Dez) bis Anfang Februar strömen die Kiwis in wahren Scharen an die Strände, deshalb sind zu dieser Zeit unglaublich viele Menschen unterwegs. Es ist schwerer, eine Unterkunft zu finden, und die Preise für Motels und Campingplätze ziehen an – seltener für B&B- und Hotelzimmer. Um dem enormen Ansturm Herr zu werden, haben nicht nur die i-SITE-Touristenbüros länger geöffnet, sondern auch viele Touristenattraktionen.

Weitere **Schulferien** gibt es von Mitte bis Ende April für zwei Wochen, von Anfang bis Mitte Juli für 14 Tage sowie in den ersten beiden Oktoberwochen, aber die Auswirkungen sind bei Weitem nicht so schlimm wie im Sommer. **Feiertage** werden in Neuseeland ganz groß geschrieben und es scheint, als ob dann alles unterwegs ist – besser, man sucht sich für diese Tage einen ruhigen Fleck zum Entspannen und reist nicht durch die Gegend.

Jede Region feiert darüber hinaus einmal jährlich ihren **Anniversary Day** zur Erinnerung an die Gründung der ursprünglichen Provinzen Neuseelands. Nachstehend die offiziellen Termine. Das Fest findet aber meistens am nächstgelegenen Montag (manchmal auch Freitag) statt, um ein langes Wochenende genießen zu können.

Viele der unten aufgelisteten Feste werden in den jeweiligen Regionalkapiteln genauer beschrieben.

Januar

Neujahr
(1./2. Jan, Feiertage)
Whaleboat Racing Regatta
Kawhia, 🖳 www.kawhiaharbour.co.nz (1. Jan)
Highland Games
Waipu, 🖳 www.highlandgames.co.nz (1. Jan)
Glenorchy Races
🖳 www.glenorchy-nz.co.nz (1. Samstag)
Wings over Wairarapa
Masterton, 🖳 www.wings.org.nz (Mitte Jan., nur in ungeraden Jahren)
Anniversary Day
Southland (17. Jan, Feiertag in Southland)
Anniversary Day
Wellington (22. Jan, Feiertag in Wellington)
Anniversary Day
Auckland, Northland, Waikato, Coromandel, Taupo und Bay of Plenty (29. Jan, jeweils regionale Feiertage); mit riesiger Segelregatta im Waitemata Harbour von Auckland

Februar

Anniversary Day
Nelson (1. Feb, Feiertag in Nelson)
Waitangi Day
offizielle Veranstaltungen in Waitangi (6. Feb, Feiertag)
Rippon Open Air Festival
Wanaka (erster Samstag in geraden Jahren); mit Top-Kiwi-Bands, s. Kasten S. 852.
Martinborough Fair
Martinborough, 🖳 www.martinboroughfair. org.nz (1. Samstag).
Wine Marlborough Festival
Blenheim, 🖳 www.wine-marlborough-festival.co.nz (2. Samstag)
Coast-to-Coast
Multisport-Rennen, 🖳 www.coasttocoast. co.nz (2. Wochenende)
Out in the park
Wellington, 🖳 www.outinthepark.co.nz (Mitte Feb)
Art Deco Weekend
Napier, 🖳 artdeconapier.com (3. Wochenende)

Wellington Fringe Festival
Wellington, 🖳 www.fringe.org.nz
(Mitte Feb–Anfang März)
Burst: The Festival of Flowers
Christchurch, 🖳 www.festivalofflowers.co.nz
(Mitte Feb–Mitte März)

März
NZ International Arts Festival
Wellington, 🖳 www.nzfestival.co.nz (Ende
Feb–Ende März, nur in geraden Jahren)
Golden Shears
Schafscherwettbewerb, Masterton,
🖳 www.goldenshears.co.nz (letzte Februar-
oder erste Märzwoche)
Martinborough Fair
Martinborough, 🖳 www.martinboroughfair.
org.nz (1. Samstag)
Pasifika Festival
Auckland, 🖳 www.aucklandnz.com/pasifika
(2. Samstag)
Wildfoods Festival
Hokitika, 🖳 www.wildfoods.co.nz (2. Samstag)
WOMAD, Weltmusik-Festival
New Plymouth (Mitte März), S. 297
Round-the-Bays Sunday Fun Run
Auckland, 🖳 www.roundthebays.co.nz
(Mitte März)
Te Houtaewa Challenge und **Te Houtaewa
Surf Challenge**
Ahipara (3. Wochenende), S. 249
Ngaruawahia Maori Regatta
Hamilton (nächster Samstag zum 17. März), S. 274
Anniversary Day
Otago (23. März, Feiertag in Otago)
Anniversary Day
Taranaki (31. März, Feiertag in Taranaki)

April
Karfreitag und Ostersonntag
(Ende März–Ende April)
Royal Easter Show
Auckland, 🖳 www.royaleastershow.co.nz
(Osterwoche)
Warbirds Over Wanaka Airshow
Wanaka (Osterwoche, nur in geraden Jahren),
s. Kasten S. 852
National Jazz Festival
Tauranga, 🖳 www.jazz.org.nz

ANZAC Day
(25. April, Feiertag) Morgenandachten bei
Ehrenmalen im ganzen Land
Festival of Colour
Wanaka (Ende April, findet nur in ungeraden
Jahren statt), 5-tägiges Kulturfestival,
s. Kasten S. 852
Arrowtown Autumn Festival
Arrowtown, 🖳 www.arrowtownautumnfestival.
org.nz (Mitte–Ende April)

Juni
Queen's Birthday
(1. Montag, Feiertag)
Fieldays Agricultural Show
Hamilton, 🖳 www.fieldays.co.nz. Größte Land-
wirtschaftsschau der südlichen Hemisphäre
(an einem Wochenende Mitte Juni)
Matariki
Maori-Neujahr, 🖳 www.matarikievents.co.nz
(Mitte–Ende Juni)
Queenstown Winter Festival
Queenstown, 🖳 www.winterfestival.co.nz
(Ende Juni–Anfang Juli)

Juli/August
New Zealand International Film Festival
🖳 nzff.co.nz, je zwei Wochen in 14 Städten
des Landes (Anfang Juli–Ende Nov)
Deco Winter Weekend
Napier, 🖳 www.artdeconapier.com
(3. Wochenende)
Taranaki International Festival of the Arts
Taranaki (Anfang Aug, nur in ungeraden
Jahren), S. 297

September
Alexandra Blossom Festival
Alexandra, 🖳 www.blossom.co.nz
(Ende Sep–Anfang Okt)
World of Wearable Art Awards (WOW)
Wellington, 🖳 www.worldofwearableart.com
(Ende Sep–Anfang Okt)

Oktober
Labour Day
(4. Montag, Feiertag)
Halloween
(31. Okt)

Taranaki Garden Spectacular
New Plymouth (Ende Okt–Anfang Nov), S. 297

November
Anniversary Day
Hawke's Bay und Marlborough
(1. Nov, jeweils regionaler Feiertag)
Food and Wine
Classic Hawke's Bay, 🖳 www.fawc.co.nz
(Anfang November)
Guy Fawkes' Night Fireworks
(5. Nov)
New Zealand Cup & Show Week
Canterbury, 🖳 www.nzcupandshow.co.nz
(2. Woche)
Anniversary Day
Canterbury (3. Freitag, Feiertag in Canterbury)
Toast Martinborough
🖳 www.toastmartinborough.co.nz (3. Sonntag),
kulinarisches Festival mit Musik

Dezember
Anniversary Day
Westland (1. Dez, Feiertag in Westland)
Festival of Lights
New Plymouth (Mitte Dez–Jan); S. 297
Weihnachten
(25. Dez, Feiertag)
Boxing Day
(26. Dez, Feiertag)
Rhythm and Vines
Gisborne, 🖳 www.rhythmandvines.co.nz,
3-tägiges Musikfestival bis Silvester
(Ende Dez)

Frauen unterwegs

Die männlichen Kiwis haben Frauen gegenüber eine recht aufgeklärte Einstellung, und für Frauen birgt das Reisen in Neuseeland keine besonderen Probleme. Frauen, die trotzdem in Schwierigkeiten geraten, können sich an RPE (Rape Prevention Education), 🖳 www.rpe.org.nz, wenden. Die Organisation unterhält im ganzen Land eine Reihe von Zentren zur Betreuung von Opfern sexueller Gewalt. Wer möchte, kann den Urlaub auch zum Teil über **Women Travel**

New Zealand, 🖳 www.womentravel.co.nz, organisieren. Die Seite bietet Informationen für weibliche Reisende, Links zu Unterkünften und auf Frauen spezialisierte Veranstalter. Eine weitere Infoquelle ist der Women's Bookshop (S. 170) in Auckland, 🖳 www.womensbook shop.co.nz, der auch Lesungen veranstaltet.

Geld

Die neuseeländische Währung ist der Neuseeland-Dollar, auch „Kiwi Dollar" oder „buck", der sich in 100 Cents unterteilt. Es gibt Scheine zu $100, $50, $20, $10 und $5 und Münzen à $2, $1 (beide goldfarben), 50¢, 20¢ und 10¢.

Lebensmittelpreise werden zwar auf den Cent genau angegeben, der Rechnungsbetrag wird jedoch auf 10¢ auf- oder abgerundet. Alle Preise im vorliegenden Buch sind in Neuseeland-Dollar angegeben.

Banken und Geldwechsel

Die großen **Banken** – ASB, ANZ, BNZ, Kiwibank (zu finden in Postämtern), National Bank und Westpac – unterhalten in jedem größeren Ort Filialen, ⏲ Mo–Fr 9.30–16.30 Uhr, in größeren Städten auch zum Teil samstags bis etwa 12.30 Uhr. In Großstädten und Touristenzentren gibt es außerdem **Wechselstuben**, die normalerweise tgl. von 8–20 Uhr geöffnet sind.

Wer im Land arbeiten möchte, braucht u. U. ein neuseeländisches Konto. Mit einer neuseeländischen EFTPOS-Karte (EC-Karte) kann man fast im ganzen Land einkaufen und Bargeld bekommen. Ein Konto ist gewöhnlich innerhalb eines Tages eröffnet; Reisepass nicht vergessen!

Wechselkurse			
1 € = 1,65 $		1 $ = 0,65 €	
1 sFr = 1,58 $		1 $ = 0,80 sFr	

Der aktuelle Wechselkurs kann im Internet unter 🖳 oanda.com abgefragt werden.

Kredit- und EC-Karten

Neuseeland-Besucher nutzen für Einkäufe im Allgemeinen **Kreditkarten** – Visa, Mastercard und, in geringerem Maße, American Express –, die weit verbreitet sind. Viele Hostels, Campingplätze und Homestays akzeptieren aber nur Bargeld. Kreditkarten sind auch nützlich, um Unterkünfte und Transportmittel zu reservieren, und mit der persönlichen Geheimnummer bekommt man an 24 Stunden zugänglichen Geldautomaten, die fast überall zu finden sind, Bargeld. Je nach Kartenvertrag können dabei aber erhebliche Gebühren anfallen. An den meisten Geldautomaten kann man auch mit einer dem Plus- und Cirrus-Netz angeschlossenen internationalen **EC-Karte** Geld abheben.

Karten sperren

Zentrale Sperrnummer: ☎ +49 116116 (gilt nur, wenn das ausstellende Geldinstitut angeschlossen ist, Übersicht: 💻 116116.eu)
Visa: ☎ 0508 600 300 (in Neuseeland)
MasterCard: ☎ 0800 44 9140 (in Neuseeland)
EC-/Maestro: ☎ +49 1805 021021
American Express: ☎ +49 69 97972000, ☎ 0800 656 660 (in Neuseeland)

Gesundheit

Neuseeland birgt keine größeren Gesundheitsrisiken. **Impfungen** sind für die Einreise nicht vorgeschrieben, aber man sollte darauf achten, dass die Auslandskrankenversicherung einen ausreichenden Schutz gewährt – v. a. wenn man beabsichtigt, größere Wanderungen zu unternehmen (Näheres zur Vorbereitung von Wandertouren auf S. 61). Neuseeland hat ein gutes **Gesundheitssystem**. Die Kosten für die medizinische Versorgung sind im internationalen Vergleich relativ niedrig. Obwohl alle Neuselandbesucher in das Unfallentschädigungssystem *(accident compensation scheme)* eingeschlossen sind und das bei einem Unfall einen Teil der Ausgaben für die medizinische Versorgung zurückerstattet, muss man dennoch auf eine hohe Rechnung gefasst sein, wenn die eigene Aus-

☒ Vorschlag für eine Reiseapotheke

- ☐ **Paracetamol** gegen Schmerzen und Fieber
- ☐ **Imodium Akut** gegen Durchfall
- ☐ **Mückenschutz**
- ☐ **Mittel gegen Juckreiz** nach Insektenstichen und bei Allergien
- ☐ **Pflaster und Verbandzeug**
- ☐ **Pinzette**, um Dornen oder Splitter zu entfernen
- ☐ **Wund- und Heilsalbe**
- ☐ **Mittel gegen Reisekrankheit**
- ☐ **Sonnenschutz** mit UVA- und UVB-Filter
- ☐ **Sonnenschutzstift** für die Lippen

landskrankenversicherung nicht die volle Übernahme aller Kosten vorsieht. Bei kleineren Beschwerden kann man einen Arzt aufsuchen (ab etwa \$65) und gegen Rezept jedes erforderliche Medikament in einer Apotheke kaufen.

Sonne und Meer

Ein nicht zu unterschätzendes Gesundheitsrisiko stellt die Sonne dar. Die schädlichen UV-Strahlen sind in Neuseeland weitaus intensiver als in der nördlichen Hemisphäre – im Frühling und Sommer dauert es ohne Sonnenschutz nur zehn Minuten, bis die Haut sich gefährlich rötet. Zwischen 11 und 15 Uhr sollte man daher ganz aufs Sonnenbaden verzichten und generell eine Sonnencreme mit maximalem Lichtschutzfaktor verwenden (alle paar Stunden und nach dem Schwimmen nachcremen). Außerdem sollte man auf Leberflecken am Körper achten und, falls diese sich während oder nach der Reise verändern, sofort einen Arzt aufsuchen.

Der Tod im Meer kommt schnell. Selbst erfahrene Schwimmer sollten unbedingt die **Warnhinweise** beachten (s. Kasten S. 51).

Gefahren in der Natur

Neuseelands Tierwelt ist erstaunlich harmlos. Es gibt keine Schlangen, Skorpione oder andere tückische Tierchen und nur ein paar giftige

Spinnen, die sich allerdings selten zeigen. Seit Jahren ist niemand mehr an einem Spinnenbiss gestorben, doch falls sich nach einem Biss eine auffällige Reaktion einstellen sollte, ist unbedingt ein Arzt oder das nächste Krankenhaus aufzusuchen, wo ein Gegenmittel verabreicht wird. Auch Angriffe von **Haien** sind selten – es ist wahrscheinlicher, dass man von einer starken Strömung erfasst wird als vom Weißen Hai. Trotzdem sollte man beim Schwimmen örtliche Warnungen beachten.

Ein wesentlich größeres Problem stellen **Moskitos** und **Sandfliegen** dar, die aber im Allgemeinen keine gefährlichen Krankheiten übertragen. Die Westküste der Südinsel wird im Sommer am stärksten von den lästigen Tierchen geplagt, sie sind jedoch in geringerer Zahl auch an vielen anderen Orten im Land anzutreffen. Ein natürliches Abwehrmittel ist Lavendelöl. Unbedingt zu vermeiden ist ein Kontakt mit **Giardia**, einem Parasiten, der in vielen Flüssen und Seen des Landes zu Hause ist. Eine Infektion wird durch das Trinken kontaminierten Wassers ausgelöst. Die Symptome treten erst einige Wochen später auf: aufgeblähter Bauch, Krämpfe, starke Durchfälle und Blähungen. Um das Risiko einer Infektion zu verringern, sollte das Trinkwasser mittels Jodtabletten gereinigt (normale Tabletten auf Chlorbasis wirken nicht gegen Giardia), mindestens drei Minuten abgekocht oder durch einen giardia-sicheren Filter (erhältlich in Ausrüstungs- oder Campingläden) gefiltert werden.

Die relativ seltene **Amöbenmeningitis** ist eine weitere Gefahr, die vom Wasser ausgeht. Man kann sie sich in heißen Thermalquellen zuziehen. Während man in kommerziell genutzten Bädern zumeist auf der sicheren Seite ist, sollte man in von Erde umgebenen Naturbecken zur Sicherheit seinen Kopf über Wasser halten. Die Amöbe dringt durch Nase oder Ohren in den Körper ein und nistet sich dann im Hirn ein. Wochen später verursacht sie starke Kopfschmerzen, Nackensteifheit, Überempfindlichkeit gegen Licht und führt schließlich zum Koma. Wer unter einem dieser Symptome leidet, sollte unverzüglich einen Arzt aufsuchen.

Immer zwischen den Flaggen bleiben!

Eine starke Brandung umspült die neuseeländischen Küsten, und selbst geübte Schwimmer kommen trotz scheinbar guter Bedingungen gelegentlich in brenzligen Situationen. In der Ferienhochsaison von Weihnachten bis Ende Januar werden die beliebtesten Strände jeden Tag von etwa 10 bis 17 Uhr überwacht, im restlichen Sommer (November bis Ostern) am Wochenende. Die Rettungsschwimmer stecken am Strand mit zwei rot-gelben Flaggen einen Abschnitt ab, den sie dann überwachen. Folglich sollte man sich im Wasser immer zwischen diesen beiden Flaggen aufhalten!
Bevor man ins Wasser geht ist es ratsam, andere Badende zu beobachten, um zu sehen, ob sie durch eine starke **Küstenströmung** oder Brandungsrückströmung am Strand entlang getrieben werden. Wenn die Brandung Richtung Meer zurückweicht, entsteht eine Art Fluss mit relativ ruhigem, aber strudelreichem Wasser. Zunächst in relativ seichtem Wasser die Kraft der Wellen und der Strömung testen und durch einen Blick zurück zum Handtuch prüfen, wie weit man an der Küste abgedriftet ist. An Brandungsstränden stößt man manchmal urplötzlich auf **Sandbänke**. Genauso schnell kann man auch den Boden unter den Füßen verlieren, wenn man sich von einer Sandbank entfernt. Wer sich auf einem **Boogieboard** treiben lässt, kann ebenfalls rasch abgetrieben werden; daher nie ohne Schwimmflossen auf dem Wasser unterwegs sein.
Wer in **Schwierigkeiten** ist, sollte möglichst nicht in Panik geraten, einen Arm heben und probieren durch Rufen die Aufmerksamkeit anderer Schwimmer oder der Rettungsschwimmer auf sich zu lenken. Außerdem sollte man nicht gegen die Strömung ankämpfen, sondern versuchen, sie zu überschwimmen, oder sich hinaustreiben lassen. Etwa 100 bis 200 m vor der Küste lässt die Strömung oft nach, sodass man von ihr wegschwimmen und sich dann von der Brandung zurück zur Küste treiben lassen kann. Wer sich retten lassen muss, sollte sich mit einer großzügigen **Spende** revanchieren. Rettungsschwimmer sind engagierte Freiwillige, denen es oft an guter Ausrüstung mangelt.

Erdbeben

Neuseeland wird regelmäßig von **Erdbeben** erschüttert (S. 91). Doch obwohl Christchurch 2010 und 2011 von starken Beben heimgesucht wurde, sind die meisten Erdbeben harmlos. Bebt die Erde doch einmal stärker, sollte man sich am besten in einen Türrahmen stellen oder unter einen Tisch kriechen.

Hält man sich im Freien auf, sollte man versuchen, in einem Gebäude Schutz zu suchen; ist dies nicht möglich, hält man sich von Bäumen und Felsvorsprüngen fern, um nicht durch herabfallende Äste oder Steine verletzt zu werden.

Informationen

Fremdenverkehrsämter

Neuseeland wirbt im Ausland über **Tourism New Zealand**, ⌨ www.newzealand.com, um Touristen. Viele Touristeninformationen sowie einige Cafés, Bars und Jugendherbergen verfügen über einen Vorrat an kostenlosen, auf Rucksackreisende ausgerichteten **Zeitungen und Zeitschriften**, die normalerweise voller Werbeanzeigen, aber trotzdem informativ sind. Das beste dieser Blätter ist wahrscheinlich *TNT*, ⌨ www. tntdownunder.com.

Jeder größere Ort hat ein **offizielles i-SITE Visitor Centre**. Mitunter läuft dort ein Video über die Gegend. Die Mitarbeiter sind hilfsbereit und kompetent. Sie händigen nicht nur Stadtpläne und Broschüren aus, sondern reservieren auch kostenlos Unterkünfte, Ausflüge und andere Aktivitäten sowie Transportmittel für die Weiterreise, aber nur mit Veranstaltern, die dort registriert sind. Einige kleinere Veranstalter ziehen es vor, sich nicht registrieren zu lassen. Trotzdem haben sie oft interessante Angebote; wir weisen an den jeweiligen Stellen im Buch auf sie hin.

In den Touristengegenden stößt man daneben auf alle möglichen Einrichtungen, die sich als **unabhängige Informationszentren** ausge-

ben und üblicherweise einem weiteren Zweck dienen – normalerweise werben sie für Veranstalter von Abenteueraktivitäten. Diese Stellen können hilfreich sein, aber man sollte immer im Hinterkopf haben, dass ihre Empfehlungen nicht unbedingt unparteiisch sind.

Weitere nützliche Informationsquellen sind die Büros und Feldforschungszentren des **Department of Conservation** (DOC), ⌨ doc.govt.nz, die sich normalerweise in der Nähe von Naturschutzgebieten und beliebten Wanderrouten befinden und manchmal zugleich als örtliche Touristeninformation fungieren. Sie sind äußerst hilfreich mit Wettervorhersagen, Registrierungsformularen und Karten bestens auf die Bedürfnisse von Wanderern eingestellt. Vielerorts sind in den Zentren außerdem historische und/ oder ökologische Schautafeln sowie audiovisuelle Ausstellungen zu sehen. Die Website des DOC ist eine Fundgrube an Informationen über Umweltfragen und aktuelle Naturschutzbelange, Nationalparks und die großen Wanderrouten (Great Walks).

Landkarten und GPS

Größere Buchläden haben ein passables Angebot an **Landkarten**. **Straßenatlanten** sind in Buchläden und an Tankstellen erhältlich; am detailliertesten sind die von Kiwi Pathfinder, die auch Sehenswürdigkeiten und den Straßenzustand verzeichnen. Interessant ist auch *A Driving Guide to Scenic New Zealand* ($40) mit praktischen Panoramakarten, die einen naturgetreuen Blick aufs Land erlauben. Viele Pkw- und Wohnmobilverleiher bieten außerdem **Navis**, gewöhnlich für $5–15 pro Tag.

Beim Wandern sind allerdings genauere Karten vonnöten. Für alle bekannteren Tracks gibt es mit Fotos illustrierte Karten aus der **Park Map**-Reihe (etwa $19, erhältlich in DOC-Büros und Buchläden).

Die Karten *Topo50* (1:50 000) und *Topo250* (1:250 000) decken das gesamte Land ab. Sie können unter ⌨ linz.govt.nz heruntergeladen oder in i-SITEs, Buch- und Ausrüstungsläden oder DOC-Büros gekauft werden.

Internet und E-Mail

Internetzugang bekommt man fast an jeder Ecke, auch wenn die Verbindungen oft nicht Schwindel erregend schnell sind. Die meisten Touristeninformationen, Backpacker-Hostels, Motels und Campingplätze haben normalerweise internetfähige Computer mit Münzeinwurf (rund $6/Std.). Teurere Unterkünfte verfügen oft über Computer zur kostenlosen Benutzung oder bieten Internetzugang über den mitgebrachten Laptop an. Besser ausgestattet und auch günstiger sind zumeist die überall in den Städten vorhandenen Internetcafés, die $3–6 pro Stunde verlangen. Auch öffentliche Büchereien bieten Internetzugang, zum Teil sogar kostenlos.

Viele Campingplätze, Hostels, Motels und Hotels verfügen über einen **WLAN**-Hotspot, der mittels Kreditkarte oder über die Rezeption zugänglich ist. Einige Telefonzellen von Spark fungieren gleichzeitig als WLAN-Hotspots, allerdings benötigt man eine neuseeländische oder australische Handynummer, um sie zu nutzen. Die Kosten variieren zwischen vielleicht $10 für eine Stunde und $25 für 24 Stunden. Die besseren B&Bs und Hostels haben gewöhnlich kostenloses WLAN in allen Zimmern. Bei Anbietern wie Zenbu, 🖳 www.zenbu.net.nz, kann man das erworbene Guthaben auch zu späteren Zeitpunkten verwenden. Zu beachten ist, dass in Neuseeland meist eine Kilobyte-Obergrenze besteht. Infos zu Mobilfunkanbietern auf S. 71.

Jobben in Neuseeland

Durch einen Gelegenheitsjob in Neuseeland wird man sicher nicht reich, jedoch lassen sich so durchaus Löcher in der Reisekasse stopfen. **Gelegenheitsjobs** finden sich meist in der Tourismusbranche und in Obstanbaugebieten.

In den letzten Jahren ist die Arbeitslosigkeit im Land relativ gering gewesen, sodass man mit den nötigen Papieren ausgestattet ziemlich leicht einen Gelegenheitsjob findet. Für Leute mit den entsprechenden Fähigkeiten sollte auch eine besser bezahlte zeitlich befristete Arbeits-

stelle im Bereich des Möglichen liegen. Am besten wendet man sich an eine Arbeitsvermittlung oder schaut in Jobbörsen wie 🖳 www.seek. co.nz und den Stellenangebotsteil von 🖳 www. trademe.co.nz rein.

Der Mindestlohn für offiziell Beschäftigte über 16 Jahren (mit Ausnahme von 16- oder 17-jährigen Jobanfängern oder Auszubildenden) liegt bei $14,25 pro Stunde. Wer sich nicht mit der neuseeländischen Bürokratie beschäftigen möchte (ein Besuchervisum erlaubt keine Arbeitsaufnahme), kann einfach irgendwo gegen **Kost und Logis** jobben, was allerdings offiziell ebenfalls als Arbeitsaufnahme gilt. Dabei wechselt kein Geld den Besitzer, aber für vier bis sechs Stunden Arbeit täglich erhält man eine kostenlose Schlafstatt und Verpflegung, was eine beliebte und billige Art ist, das Land kennenzulernen.

Farm Helpers in New Zealand (FHiNZ), 🖳 www.fhinz.co.nz, organisiert Aufenthalte auf Farmen, Obstgütern und in Großgärtnereien für Singles, Paare und Familien; Erfahrung wird keine benötigt. FHiNZ verfügt insgesamt über fast 350 Adressen, aufgelistet in einer übers Internet erhältlichen Broschüre ($25), mit Unterkünften, die von schlicht zu recht komfortabel reichen.

Willing Workers on Organic Farms (WWOOF), 🖳 www.wwoof.co.nz, listet in ihrem Führer (Online-Zugang $40, in gedruckter Form $52, inkl. Mitgliedschaft für 1 oder 2 Pers.) über 1000 Anlaufstellen – insbesondere Bauernhöfe, aber auch Obstgüter, Handelsgärtnereien und weitgehend autark lebende Kleinbauern – auf, alle mehr oder weniger an biodynamischer Anbauweise orientiert. Viele Backpacker-Hostels beschäftigen ebenfalls WWOOF-Mitglieder. Ein Mindestaufenthalt von fünf Nächten wird erwartet, üblicherweise bleibt man jedoch länger. Die Interessenten wenden sich direkt an den jeweiligen Gastgeber (am besten mindestens eine Woche im Voraus).

Da es auch hier schwarze Schafe gibt, die die billigen Arbeitskräfte gerne ausnutzen, sollte man sich bereits am Telefon nach den Erwartungen erkundigen. Die Eigentümer werden zwar überprüft, aber besonders **allein reisende Frauen** sollten sich lieber an einen Familienbetrieb wenden.

Eine ähnliche Organisation ist **Help Exchange**, 🖳 www.helpx.net, die im Internet regelmäßig aktualisierte Listen von Farmen, Homestays, B&Bs, Hostels und Lodges veröffentlichen, die eine zusätzliche Hilfe benötigen. Auch hier bekommt man im Gegenzug Kost und Logis. Die kostenlose Registrierung erfolgt online, die Buchung direkt bei der angegebenen Adresse.

Für Leute im Alter von 18 bis 30 Jahren bietet das **Working Holiday Scheme** (WHS) die einfachste Möglichkeit, legal in Neuseeland zu arbeiten. Damit erhält man eine auf 12 Monate befristete Arbeitserlaubnis. Deutsche können in unbegrenzter Zahl von dieser Möglichkeit Gebrauch machen. Für den Antrag, der $165 kostet, benötigt man einen Pass und ein Ticket für den Weiterflug von Neuseeland (oder die finanziellen Mittel dafür). Und man muss nachweisen, dass man sich in der Zeit des Aufenthalts finanziell über Wasser halten kann ($4200 insgesamt). Allerdings ist das Programm nicht dafür gedacht, hauptberuflich in Neuseeland zu arbeiten.

Wer dann später in Neuseeland die Bescheinigung vorlegt, dass er mindestens drei Monate im Bereich Garten- oder Weinbau gearbeitet hat, kann eine Verlängerung des Aufenthalts beantragen, die **Working Holidaymaker Extension** (WHE). Anträge sind zu richten an Immigration New Zealand, ☎ 0508 558 855, 🖳 www.immigration.govt.nz; die entsprechenden Formulare sind von der Website herunterladbar.

Wer illegal in Neuseeland arbeitet, riskiert eine Geldbuße oder die Ausweisung. Es gibt aber eine Reihe anderer Visa-Optionen, z. B. das **Silver Fern Visa** für 20–35-Jährige und Visa für Saisonarbeiter im Garten- oder Weinbau – Näheres beim Immigration Service.

Wer legal in Neuseeland beschäftigt ist, muss beim Inland Revenue Department, 🖳 ird.govt.nz, eine **Steuernummer** beantragen. Das kann zwar bis zu zehn Tagen dauern, aber man darf während der Wartezeit schon arbeiten. Der Einkommensteuersatz liegt bei 10,45 % für die ersten $14 000, 17,5 % bis $34 000 und entsprechend mehr bei höheren Einkommen. Viele Arbeitgeber überweisen den Lohn nur auf ein neuseeländisches **Bankkonto**, das man allerdings ohne Weiteres eröffnen kann (S. 49).

Gelegenheitsarbeit

Einer der wichtigsten Bereiche für Gelegenheitsjobs sind die **Obsternte** und damit verbundene Arbeiten in Obstanbaugebieten. Die Hauptanbaugebiete sind Kerikeri an der Bay of Islands für Zitrusfrüchte und Kiwis, Hastings an der Hawke's Bay für Äpfel, Birnen und Pfirsiche, Tauranga und Te Puke für Kiwis, Blenheim für Trauben und Alexandra und Cromwell in Central Otago für Steinobst. Die meisten Jobs gibt es während der **Erntezeit** (etwa von Januar bis Mai), aber teilweise ist auch außerhalb dieser Zeit problemlos Arbeit zu bekommen. In den wichtigsten Gebieten für Saisonarbeiter sind einige Hostels speziell auf diese Art von Gästen eingestellt, und hier bekommt man auch die besten Informationen über die Jobszene.

Die Obsternte kann eine körperlich anstrengende Arbeit sein, die normalerweise nach der geernteten Menge bezahlt wird. Mit einigem Durchhaltevermögen sind Tagesverdienste bis zu $130 oder mehr für einen Achtstundentag drin. Packarbeiten werden dagegen meist auf Stundenbasis honoriert. **Infos** über die Arbeit als Erntehelfer bieten die Websites 🖳 www.backpackerboard.co.nz, 🖳 www.seasonalwork.co.nz, 🖳 www.picknz.co.nz und 🖳 www.job.co.nz.

Freiwillige Arbeit

Das **Conservation Volunteer Programme** des Department of Conservation, 🖳 doc.govt.nz, ist eine tolle Möglichkeit, einige Zeit im neuseeländischen Wald zu verbringen und gleichzeitig etwas Positives für die Umwelt zu leisten. Zu den möglichen Projekten zählen Fledermausstudien, Kiwi-Beobachtung und -Nestkontrolle sowie handfestere Aufgaben wie Weg- und Hütteninstandsetzung und Baumpflanzung. Man kann nur einen Tag lang oder aber bis zu zwei Wochen mitarbeiten; manchmal ist für Verpflegung und Transport ein kleiner Betrag ($50–200) zu zahlen. Antragsformulare gibt es auf der Website. Diese Projekte sind sehr beliebt und die Arbeitsplätze oft schnell ausgebucht, sodass man sich am besten vor der Ankunft in Neuseeland einen Platz sichert.

Kinder

Neuseeland ist ein kinderfreundliches Land. Fremde Kinder werden zwar nicht ganz so verhätschelt wie in einigen Mittelmeerländern, aber Reisende mit Nachwuchs finden im Allgemeinen weit geöffnete Türen vor. Der lange Flug und die damit verbundene Zeitverschiebung stellen meistens den größten Stressfaktor dar. In den meisten Fällen zahlt es sich aus, die Reise in Etappen zu gestalten oder zumindest darauf zu achten, dass die Airline möglichst viele Angebote zur Unterhaltung ihrer kleinen Fluggäste im Angebot hat.

Die **Unterkunft** in Neuseeland stellt kein Problem dar. Fast alle Motels und Hostels haben Familienzimmer, und Holiday Parks (Campingplätze) bieten in der Regel Units für Selbstversorger an, in denen die ganze Familie Platz findet. Die besseren haben auch Kinderspielplätze und einen Pool.

Wer nach Unabhängigkeit strebt, kann sich ein mittelgroßes **Wohnmobil** mieten, das es auch mit Dusche und Toilette gibt. Der Nachteil:

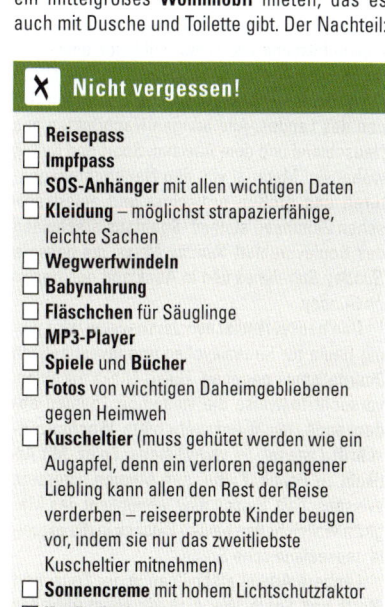

Nicht vergessen!

- ☐ **Reisepass**
- ☐ **Impfpass**
- ☐ **SOS-Anhänger** mit allen wichtigen Daten
- ☐ **Kleidung** – möglichst strapazierfähige, leichte Sachen
- ☐ **Wegwerfwindeln**
- ☐ **Babynahrung**
- ☐ **Fläschchen** für Säuglinge
- ☐ **MP3-Player**
- ☐ **Spiele** und **Bücher**
- ☐ **Fotos** von wichtigen Daheimgebliebenen gegen Heimweh
- ☐ **Kuscheltier** (muss gehütet werden wie ein Augapfel, denn ein verloren gegangener Liebling kann allen den Rest der Reise verderben – reiseerprobte Kinder beugen vor, indem sie nur das zweitliebste Kuscheltier mitnehmen)
- ☐ **Sonnencreme** mit hohem Lichtschutzfaktor
- ☐ **Kopfbedeckung**

Man hockt immer eng aufeinander. Unterwegs gibt es in den meisten Städten und an allen touristischen Orten öffentliche Toiletten, die im Allgemeinen hygienisch einwandfrei sind.

Ältere Kids können auch an **Abenteueraktivitäten** teilnehmen, für die allerdings Beschränkungen gelten können. Bungy-Veranstalter lassen Kinder in der Regel ab zehn Jahren springen, bei größeren Höhen manchmal auch erst ab elf oder zwölf. Rafting ist normalerweise ab zwölf Jahren möglich, es werden aber nicht viele auf Familien zugeschnittene Touren angeboten. Ähnliche Einschränkungen gelten auch für andere Aktivitäten und können bei der Buchung erfragt werden. **Familientickets** kosten meistens so viel wie die Karten für zwei Erwachsene und ein Kind, lohnen sich also erst ab zwei oder mehr Kindern.

In Cafés und **Restaurants** sind Kinder i. d. R. willkommen. Die meisten geben sich Mühe, auch ihre kleinen Gäste ordentlich zu bewirten.

Maße und Elektrizität

In Neuseeland gilt **das metrische System**: Entfernungen werden in Kilometern angegeben; Benzin kauft man pro Liter und Lebensmittel pro Kilo. In Neuseeland liegt die Spannung mit **230–240 Volt** etwas höher als bei uns, was Elektrogeräten normalerweise keine Probleme bereitet. Die Stecker haben allerdings drei flache Stifte, deshalb wird ein Adapter benötigt. Er ist vor Ort und an vielen internationalen Flughäfen erhältlich.

Medien

Für ein Land mit nur 4,35 Mio. Einwohnern wartet Neuseeland mit einer lebendigen Medienszene auf. Auckland behauptet von sich, über mehr Rundfunkstationen pro Kopf als jede andere Stadt der Welt zu verfügen, und in den Zeitschriftenläden finden sich jede Menge neuseeländische Wochen- und Monatsjournale. Die Qualität der Berichterstattung lässt zuweilen etwas zu wünschen übrig, aber zumeist erweist sich Neuseeland als gut informiertes Land. Ein guter Startpunkt im Internet ist 🖳 publicaddress.net, die wichtigste neuseeländische Blogsite.

Fernsehen

Die Neuseeländer empfangen fünf größere kostenlose **Fernsehsender**, einige Lokalsender und Sky TV, das es auch in den meisten Motels gibt.

Der größte Sender ist das staatliche **TVNZ**, das zwei mit Werbeunterbrechungen überfrachtete Kanäle betreibt. TV ONE bietet etwas ältere und vielleicht informativere Programme, TV2 präsentiert sich jünger und unterhaltungsorientierter.

Hauptkonkurrenten sind **TV3**, das etwas zwischen TV ONE und TV2 anzusiedeln ist, und das von Sky TV unterstützte **Prime**, das oft originellere Sendungen bietet. Außerdem gibt es seit 2004 noch **Maori TV**, das vom Staat subventioniert wird, aber auch Werbung sendet. Die auf Maori und Englisch ausgestrahlten Programme sollen der Förderung der Sprache und Kultur der Maori dienen. Neben guten Filmen und tollem Unterricht in der Maori-Sprache gibt es z. B. Maori-Kochsendungen, Lifestyle-Sendungen, Sitcoms sowie Nachrichten und Sportberichterstattung aus Sicht der Maori.

Rundfunk

Neuseeland verfügt nur über wenige landesweite Rundfunksender. Allerdings sind einige kommerzielle Sender im ganzen Land zu empfangen, und nur die Werbung ist dann regional. Auf den angegebenen Websites können die Sender im **Internet** gehört werden.

Politische Informationen und fundierte Berichte über Kunst und Musik liefert der staatlich finanzierte Sender **Radio New Zealand National** (101,0–101,67 FM; 🖳 www.radionz.co.nz), in Deutschland vergleichbar mit dem Deutschlandfunk. **Radio New Zealand Concert** (89–100 FM) bringt vor allem klassische Musik.

Obwohl meist von Amateuren betrieben, haben **studentische Radiosender** oft ein sehr gutes und abwechslungsreiches Programm, jedoch nur in der jeweiligen Unistadt: in Auckland bFM (95,0; 🖳 www.95bfm.co.nz), in Wellington Active (88,6; 🖳 www.radioactive.co.nz), in Christchurch RDU (98,5; 🖳 www.rdu.org.nz) und in Dunedin Radio One (91,0; 🖳 www.r1.co.nz).

Ansonsten wird der Äther von den **kommerziellen Sendern** verstopft. Am interessantesten ist vielleicht noch **KiwiFM** (102,1–102,5; 🖳 www.kiwifm.co.nz) mit einem überwiegend neuseeländischen Musikprogramm, das in Auckland, Wellington und Canterbury zu empfangen ist.

Zeitungen und Zeitschriften

Neuseeland hat keine überregionale **Tageszeitung**, stattdessen vier größere regionale Zeitungen, die alle montags bis samstags erscheinen, sowie zahlreiche kleinere Lokalblätter. Sie sind allesamt politisch eher neutral eingestellt. Die Nordinsel teilen sich der Aucklander *New Zealand Herald*, 🖳 nzherald.co.nz, und die Wellingtoner *Dominion Post*. Auf der Südinsel deckt *The Press* Christchurch und Umgebung ab (die *Dominion Post* und *The Press* sind beide online unter 🖳 www.stuff.co.nz einsehbar) und die *Otago Daily Times*, 🖳 www.odt.co.nz, den tiefen Süden des Landes. Alle bringen Nachrichten aus Neuseeland und dem Ausland, Sport und Kultur, wobei viel Material von den Nachrichtenagenturen und großen britischen und amerikanischen Zeitungen stammt. **Sonntags** erscheinen das Boulevardblatt *Sunday News*, die bessere *Sunday Star-Times* und in Auckland der *Herald on Sunday*.

Den neuseeländischen Journalisten wird wenig Raum für fantasievollen und investigativen Journalismus gegeben. Diese Lücke zu füllen, versucht teilweise die vielfältige Themen abdeckende, leicht linksgerichtete **Wochenzeitschrift** *Listener*, 🖳 www.listener.co.nz. Mit Artikeln zu Politik, Kultur, den Medien, Literatur, Wissenschaft, Reisen usw. ermöglicht das Magazin vielleicht den besten Einblick in die aktuelle neuseeländische Szene.

Längere Artikel erscheinen in der Zeitschrift *North and South*. Wer sich vor allem über das Treiben der Aucklander informieren möchte, sollte einen Blick ins Hochglanzmagazin *Metro*, 🖥 www.metromag.co.nz, werfen. Daneben gibt es noch eine Reihe Zeitschriften zu bestimmten Themen; *Wilderness*, 🖥 www.wilderness mag.co.nz, publiziert Artikel zum Wandern, Kajakfahren, Klettern und Mountainbiking; *Rip it up*, 🖥 www.ripitup.co.nz, ist das beste Musikmagazin.

Die im zweimonatlichen Turnus erscheinende Zeitschrift *Mana*, 🖥 www.mana.co.nz, preist sich als Insidermagazin aus „Maori-Perspektive" an und gewährt einen umfassenden Einblick in eine Parallelwelt, die von den Mainstream-Medien oft völlig vernachlässigt wird.

Öffnungszeiten

In größeren Städten und Touristenzentren werden die Öffnungszeiten locker gehandhabt: Cafés, Bars und Supermärkte sind bis spät abends geöffnet, viele andere Geschäfte ebenfalls auch abends. In ländlichen Gegenden gelten dagegen die klassischen Öffnungszeiten: Mo–Fr 9–17.30, Sa 9–12 Uhr. Auf Touristen abzielende Läden sind jedoch täglich bis 20 Uhr geöffnet.

Eine zunehmende Anzahl von **Supermärkten** hat täglich rund um die Uhr geöffnet und kleine Tante-Emma-Läden (*dairies, corner shops* oder *convenience stores* genannt) schließen erst spät am Abend und sind auch sonntags offen. **Museen** und andere **Sehenswürdigkeiten** öffnen üblicherweise gegen 9 Uhr, was jedoch nicht für ländliche Gebiete gilt, wo sie häufig nur am Nachmittag und/oder an speziellen Tagen ihre Pforten öffnen.

Allgemeine Feier- und Festtage sind auf S. 47 aufgeführt.

Post

In den Postämtern, den sogenannten PostShops (🕐 Mo–Fr 8.30–17 Uhr, in einigen größeren Städten zusätzlich Sa 9 oder 10–12 oder 13 Uhr) sind Briefmarken, Postkarten, Umschläge, Verpackungsmaterial und mehr erhältlich. Briefkäs-

ten in Rot-Silber stehen vor den Postämtern und an Straßenecken und werden täglich geleert.

Pakete zu versenden ist ziemlich teuer, denn die Zustellung erfolgt ausschließlich per Luftpost. In der Regel benötigen die Sendungen bis zu zehn Tage. Pakete, die mit einem Kurierdienst verschickt werden, sind meist in weniger als sechs Tagen am Ziel.

In jeder größeren Stadt gibt es einen Post-Shop, der einen **Poste-Restante-Service** anbietet, d. h. Postsendungen empfängt und bis zu drei Monate lang aufbewahrt (danach geht sie an den Absender zurück). Die Adressen sind in den entsprechenden Kapiteln hier im Buch aufgeführt. Einen Postlagerservice bieten auch viele **Hostels** und **Hotels** an, bevorzugt mit dem Ankunftsdatum des Adressaten auf dem Umschlag.

Reisende mit Behinderungen

Im Allgemeinen ist Neuseeland behindertenfreundlich. Viele öffentliche Gebäude, Galerien und Museen sind **barrierefrei**, und viele Veranstalter tun ihr Möglichstes, um Menschen mit Behinderungen die Teilnahme an Aktivitäten wie Schwimmen mit Delphinen oder Robben zu ermöglichen. Restaurants und öffentliche Nahverkehrsmittel hingegen sind weniger auf Behinderte eingestellt.

Reiseplanung

Reisende mit Behinderungen sollten Reiseagenturen, **Versicherungen** und Reisebegleiter rechtzeitig über die eigenen Grenzen in Kenntnis setzten.

Das Kleingedruckte im Reisekrankenversicherungsvertrag sorgfältig lesen, um sicher zu stellen, dass Menschen mit Behinderung nicht ausgeschlossen sind. Die Reiseagentur kann dafür sorgen, dass die Reise erleichtert wird: Fluggesellschaften und Busunternehmen können mehr tun, wenn sie auf den behinderten Gast vorbereitet sind, z. B. am Flughafen einen Rollstuhl und Extra-Personal bereitstellen. Ein **medizinisches Gutachten** vom Arzt über die eigene Reisetauglichkeit ist äußerst hilfreich; einige Fluggesellschaften und Versicherungen bestehen darauf.

Unterkünfte

Jedes neu errichtete Hotel, Hostel oder Motel muss mindestens ein Zimmer behindertengerecht ausstatten. Auch viele bereits bestehende Unterkünfte haben Zimmer für entsprechende Bedürfnisse umgestaltet, darunter die meisten Jugendherbergen der YHA, einige Motels, Campingplätze und größere Hotels. Bei älteren Gebäuden, Homestays und B&Bs ist am wenigsten mit derartigen Umbauten zu rechnen.

Eine Liste mit behindertenfreundlichen Unterkünften findet man im Internet unter 🖥 www.tourism.net.nz/accommodation/accessible-accommodation.

Transport

Nur wenige Fluggesellschaften, Züge, Fähren und Busse gewähren vollständige Unabhängigkeit. Air New Zealand bietet auf Auslands-, jedoch nicht auf Inlandsflügen einen Rollstuhl, der schmal genug ist, um damit im **Flugzeug** herumzufahren. Die hinteren Toiletten sind größer als die anderen, um Rollstuhlfahrern den Zugang zu erleichtern.

Andere inländische Fluggesellschaften haben schlechtere Einrichtungen für Behinderte. Die Interislander-**Fähren** über die Cook Strait sind für behinderte Reisende einigermaßen zugänglich; das Personal hilft bei Bedarf beim Einsteigen, und es gibt umgebaute Toiletten.

Bei vorheriger Ankündigung stellt die **Bahn** Mitarbeiter bereit, die Rollstuhlfahrern oder Sehbehinderten in den Zug helfen, es ist jedoch nicht möglich, in einem herkömmlichen Rollstuhl im Zug herumzufahren und Behindertentoiletten sind nicht vorhanden. Bei Reisen in **Fernbussen** gibt es ähnliche Probleme.

In den Städten stehen einige auf Rollstuhlfahrer ausgerichtete **Taxis** zur Verfügung, die im Voraus gebucht werden müssen. Sonst helfen Taxifahrer dem behinderten Fahrgast auf den Sitz und transportieren den Rollstuhl im Kofferraum.

Kontakte in Neuseeland

Access Tourism NZ, 🖥 www.accesstourismnz.org.nz. Informativer Blog für Reisende mit Behinderungen.
Disability Resource Centre, 14 Erson Ave, Royal Oak, Auckland, ✆ 09 625 8069, 🖥 www.disabilityresource.org.nz. Allgemeine Hilfestellungen.
DPA, 4. Stock, 173–175 Victoria St, Wellington, ✆ 04 801 9100, 🖥 www.dpa.org.nz. Hilfszentrum mit nützlichen Links auf der Website.
Enable New Zealand, ✆ 0800 362 253, 🖥 www.enable.co.nz. Hilfsorganisation für Menschen mit Behinderungen, nicht speziell für Reisende.

Schwule und Lesben

Obwohl es besonders in ländlichen Gegenden noch immer Ressentiments gibt, leben Homosexuelle in Neuseeland weitgehend unbehelligt. 1986 wurde Homosexualität entkriminalisiert und die sexuelle Mündigkeit auf 16 Jahre heruntergesetzt (genau wie für Heterosexuelle). Es ist strafbar, Homosexuelle und Menschen mit Aids zu diskriminieren (Letztere können daher auch ohne Einschränkung nach Neuseeland einreisen). Eingetragene Lebenspartnerschaften sind seit 2005 erlaubt, und seit 2013 sind auch gleichgeschlechtliche Ehen gesetzlich möglich.

Homosexuelle müssen sich nicht in eigenen Vierteln verschanzen. Selbst in **Auckland** und **Wellington**, den einzigen beiden Städten mit einer lebendigen Schwulen- und Lesbenszene, gibt es keine ausgeprägten Homosexuellen-Viertel, und die meisten Bars und Clubs haben ein gemischtes Publikum. Am größten und aktivsten ist die Szene in Auckland, aber Wellington wirkt aufgrund seiner geringeren Größe zugänglicher und freundlicher. Kleine Schwulen-

und Lesbengemeinden gibt es auch in Christchurch, Nelson und Queenstown.

Die beste lokale Infoquelle ist das Magazin **Express**, ⌨ gayexpresstoday.co.nz. Es erscheint alle 14 Tage und ist kostenlos in nahezu jeder Buchhandlung, in schwulenfreundlichen Cafés und Schwulen-Treffpunkten erhältlich.

Veranstaltungen

Asia Pacific Outgames ⌨ www.asiapacificoutgames.org. 2016 ist Auckland Gastgeber dieser Sportgaudi für Schwule. Erwartet werden Teilnehmer aus über 20 Ländern. Das Event findet zeitgleich mit dem Auckland Pride Festival statt.
Auckland Pride Festival ⌨ www.auckland pridefestival.org.nz (Februar, s. Kasten S. 165).
Gay Ski Week ⌨ www.gayskiweekqt.com. Schwule und Lesben aus Australien und Neuseeland fluten in dieser Woche Christchurch. Es gibt Kabarett-Nächte, Bingo-Abende mit Transvestiten, Livemusik-Events und Partynächte in verschiedenen Veranstaltungsorten rund um Christchurch. Daneben findet sich sogar Zeit zum Skifahren (Ende August bis Anfang September).
Vinegar Hill Summer Camp, auf ⌨ www.facebook.com unter Vinegar Hill Gay Camping zu finden. Das Camp findet jedes Jahr vom 2. Weihnachtstag bis kurz nach Neujahr 5 km nördlich der Kleinstadt Hunterville auf der Nordinsel statt. Dort kommen ein paar hundert homosexuelle Männer und Frauen zum Zelten und Feiern zusammen. Eintritt wird nicht erhoben (nur das Zelten kostet um $5).

Reiseinformationen und Websites

⌨ www.**gaynewzealand.com** Lädt zu einer virtuellen Reise durch das Land mit zahlreichen Hinweisen für Lesben und Schwule ein.
⌨ www.**gaynz.com** Nützliche Website mit allen möglichen Informationen für homo-, bi- und transsexuelle Männer und Frauen, darunter auch Hinweise auf Veranstaltungen für Schwule im ganzen Land.
⌨ www.**gaytravel.co.nz** Schwullesbischer Online-Buchungsdienst für Unterkünfte, Transport etc.
⌨ www.**rainbowtourism.com** Ausgezeichnete Internetseite für schwule und lesbische Traveller in Neuseeland und Australien mit Informationen zu Unterkünften, Veranstaltungen, Clubs und Touren.
⌨ www.**samesextravel.com** Listet Unterkünfte in ganz Neuseeland (und Australien), die von Schwulen und Lesben geführt werden.
⌨ www.**purpleroofs.com** Umfassende Übersicht über schwulenfreundliche Unterkünfte in Neuseeland und viele Infromationen darüber hinaus.

Sicherheit

Neuseelands Kriminalitätsrate ist vergleichbar mit der anderer „Erste-Welt"-Länder. Auch hier kursieren immer wieder irgendwelche Horrorgeschichten über Gewaltverbrechen in den Medien, doch zur Panik besteht kein Anlass. Solange man seinen gesunden Menschenverstand einsetzt, dürfte es keine Probleme geben.

Eine Portion Vorsicht ist in den schäbigeren Vierteln größerer Städte geboten, wo man bei Dunkelheit nicht allein herumspazieren sollte. Ein größeres Sicherheitsrisiko stellen die „**boy racer**" dar, die innenstädtische Straßen als Rennstrecken missbrauchen, wodurch schon Zuschauer und unbeteiligte Passanten zu Tode gekommen sind. Zwar versucht die Polizei das Problem in den Griff zu bekommen, man sollte jedoch spätabends in den Innenstädten auf der Hut sein.

Es kann nie schaden, sich gegen **Diebstahl**, besonders aus **Autos und Wohnmobilen**, zu schützen. Bei Stadtbesuchen sollte man seine Wertsachen nicht im Fahrzeug, sondern in der Unterkunft lassen, aber die Diebe haben es auch auf Fahrzeuge abgesehen, die an den Ausgangspunkten von Wanderwegen oder in der Nähe von Sehenswürdigkeiten stehen. Ver-

Notruf

📞 111 ist die kostenlose Notrufnummer, um die Polizei, Feuerwehr oder einen Krankenwagen zu rufen.

ständlicherweise üben **Wohnmobile** einen ganz besonderen Reiz aus, enthalten sie doch üblicherweise alle Besitztümer und stellen fast immer eine einträgliche Beute dar. Deshalb gilt: Sobald man das Auto verlässt, alle Wertsachen mitnehmen und Taschen außer Sichtweite packen.

Darüber hinaus kann man nicht viel mehr tun, außer vielleicht eine gute Versicherung abzuschließen. Wer auf eine Wanderung geht, sollte seinen Wagen für ein paar Dollar auf einem bewachten Parkplatz abstellen.

Polizei und Gesetz

Wer verhaftet wird, darf sich einen Anwalt nehmen. Wer sich keinen leisten kann, hat das Recht auf einen Pflichtverteidiger. Es ist sehr unwahrscheinlich, dass die zuständige Konsulat Interesse an dem Fall zeigt, es sei denn, der Sachverhalt erweist sich als äußerst ungewöhnlich oder mit deutlichen Widersprüchen behaftet.

Die Gesetze bezüglich **Alkoholkonsums** in der Öffentlichkeit werden traditionell recht milde ausgelegt. Als Reaktion auf Randale haben jedoch einige Kommunen den öffentlichen Konsum von Alkohol gänzlich verboten. Im Allgemeinen wird jedoch niemand behelligt, wenn er am Strand ein Bier oder an einem Picknickplatz ein Glas Wein zu sich nimmt.

Bei **Trunkenheit am Steuer** lässt die Polizei aber nicht mit sich spaßen. Alkoholkontrollen sind weit verbreitet.

Neuseeländisches **Marihuana** steht im Ruf, stark und leicht erhältlich zu sein. Der Besitz ist verboten. Gegen Besitzer größerer Mengen Rauschgift und gegen jegliche Verwicklungen mit **harten Drogen** gehen Polizei und auch Gerichte hart vor und verhängen wirklich lange Haftstrafen.

Diskriminierung

Neuseeländer betrachten sich gern als tolerante, offene Menschen, und ausländische Besucher werden meist herzlich empfangen. Rassismus ist jedoch alles andere als unbekannt, wenngleich kaum mit offener Diskriminierung zu rechnen ist. Auch dürfte es nicht passieren, dass man aufgrund seiner Rasse, Hautfarbe oder seines Geschlechtes abgewiesen wird.

Trotz Bemühungen, gute Beziehungen zwischen **Maori** und **Pakeha** aufrechtzuerhalten, gibt es latente Spannungen. Praktisch seit der Kolonisierung haben Maori eine schlechtere Ausbildung, verdienen weniger und zählen unverhältnismäßig viele Arbeitslose und Verhaftungen.

Die hohe Zahl von **Immigranten aus Ostasien**, insbesondere aus Hongkong, China und Taiwan, hat in jüngerer Zeit die Demografie in Auckland über den Haufen geworfen. Im Zentrum Aucklands gibt es außerdem mehrere englische Sprachschulen, die zumeist von asiatischen Studenten besucht werden. Das hat zur Folge, dass in einigen Stadtteilen (vor allem in Downtown) etablierte Neuseeländer in der Minderheit sind – ein Umstand, den sowohl einige Maori als auch Pakeha als störend empfinden. Offenem Rassismus begegnet man kaum, aber eine gesunde Durchmischung ist ebenso selten zu verzeichnen.

Sport und Aktivitäten

Das Leben in Neuseeland wird bestimmt von „The Great Outdoors", und kein Besuch im Land wäre vollständig, ohne nicht einen großen Teil seiner Zeit in der freien Natur zu verbringen. Die Liebe der Neuseeländer zur Natur manifestiert sich in der einzigartigen Ansammlung von **National-** und **Meeresparks** sowie anderen **Schutzgebieten**, die vom **Department of Conservation** (DOC), 🖳 www.doc.govt.nz, verwaltet werden.

Wichtigste Aufgabe des DOC ist es, die fragile Ökologie zu schützen und gleichzeitig den Ansprüchen des Tourismus zu genügen: Es gibt ein ausgedehntes Netzwerk gut beschilderter Pfade, eine Menge Campingplätze und Hütten, informative Besucherzentren mit Ausstellungen zur örtlichen Geschichte, Flora und Fauna.

Die Gipfel der Southern Alps eignen sich in perfekter Weise zum **Bergsteigen** und **Skifahren**, während die tiefer gelegenen Hänge ideal für mehrtägige **Wanderungen** sind, auf denen man über nicht allzu hohe Pässe von Tal zu Tal – bewachsen mit subtropischem und gemäßigtem Regenwald – marschieren kann. Entlang der Küsten liegen geschützte Lagunen zum **Schwimmen** und **Bootfahren**, aber auch für **Surfer** gibt es genügend Strände, an die erstklassige Wellen branden.

Angesichts dieser natürlichen Gegebenheiten verwundert es kaum, dass sich Neuseeland selbst als Weltzentrum des **Abenteuersports** vermarktet. Überall im Land findet man Orte mit einem Angebot an **Bungy-Jumping**, **Rafting**, **Jetboating**, **Fallschirmspringen** (im Tandem), **Mountainbiking**, **Tauchen** etc. – in der Tat braucht man eigentlich nur einen Wunsch zu äußern und kann fast sicher gehen, dass alles zu seiner Erfüllung unternommen wird. Auch wenn Tausende von Menschen Tag für Tag ohne Zwischenfall an diesen Aktivitäten teilnehmen, variiert die Qualität der **Ausbildung** der Führer sehr. Für viele Veranstalter ist es eine Frage der Ehre, ihren Kunden so viel Angst wie möglich einzujagen. Diese Aufschneiderei sollte nicht mit mangelndem Sicherheitsbewusstsein verwechselt werden. Dennoch bleibt die Tatsache bestehen, dass die Medien in den letzten Jahren immer wieder über Verletzte und sogar Todesfälle berichtet haben – eine tragische Situation, der man mit einem allgemein anerkannten Ausbildungsstandard und internen Sicherheitskursen zu begegnen versucht. Bevor man sich auf eine Abenteuersportart einlässt, gilt es die eigene Versicherung zu überprüfen (S. 88).

Wandern

Einer der Hauptgründe für einen Besuch in Neuseeland ist für viele Leute ausgedehntes Wandern – egal, ob man es nun *tramping, trekking, bushwalking* oder *hiking* nennt.

Unter *tramps* versteht man üblicherweise mehrtägige Wanderungen, die gut erkennbaren Wegen durch relativ unberührte Wildnis folgen, oft in einem der unzähligen Nationalparks des Landes. Unterwegs übernachtet man entweder im eigenen Zelt oder in Hütten, schleppt seine Ausrüstung im Rucksack mit und benötigt daher ein gewisses Maß an **Fitness**.

Wem das zu anspruchsvoll erscheint, der kann sich einer der **geführten Touren** anschließen, bei denen man zumeist in etwas komfortableren Hütten oder luxuriösen Lodges absteigt und sich nicht um das Essen und die Beförderung des Gepäcks kümmern muss. Infos über Veranstalter sind überall im Führer zu finden.

Die beste Zeit zum Wandern ist zwischen Oktober und Mai. Einige der beliebtesten Wege, darunter Milford, Routeburn und Kepler Track, befinden sich in der kühleren südlichen Hälfte der Südinsel, wo die Saison um ein paar Wochen verkürzt ist.

Die Wanderwege

Die frühen Eroberer und Rotwildjäger haben Neuseelands zerklüftetes Terrain mit einem Netz an Pfaden durchzogen, welche das Grundgerüst vieler heutiger Wanderwege darstellen.

Im vorliegenden Führer sind die verschiedenen Schwierigkeitsgrade weitestgehend notiert, als Basis diente das Klassifizierungssystem des DOC: Ein **Path** verläuft fast eben, ist begradigt und häufig sogar mit einem Rollstuhl befahrbar. **Walking Tracks** und **Tramping Tracks** (üblicherweise mit rot-weißen oder orangefarbenen Zeichen an Bäumen markiert) sind wesentlich anstrengender zu meistern, erfordern eine gewisse Fitness und die richtige Ausrüstung. Für die Begehung einer **Route** benötigt man bereits einiges an Erfahrung, da die Wege oftmals nur schlecht bezeichnet sind und oberhalb der Baumgrenze verlaufen.

Die vom DOC angegebenen **Wanderzeiten** können einen gehörig straucheln lassen: Während man die meist von Familien begangenen *paths* locker in der Hälfte der veranschlagten Zeit schafft, fällt es auf den schwierigen *routes* oft schwer, die Zeiten überhaupt einzuhalten (unsere Angaben beziehen sich auf durchschnittlich trainierte Wanderer). Sofern bekannt,

Te Araroa – The Long Pathway

Seit Mitte der 1970er-Jahre hegten die Neuseeländer den Traum eines ununterbrochenen
Wanderwegs von einem Ende des Landes zum
anderen. 2011 war es endlich soweit und Te
Araroa, 💻 www.teararoa.org.nz, wurde unter
Federführung der privaten Stiftung Te Ararora
eingeweiht und verknüpfte das bis dahin exis-
tierende Netzwerk einzelner Wanderwege zu
einem durchgehenden 3000 km langen Fernwanderweg von Cape Reinga nach Bluff. Es
gibt zwar noch Verhandlungen über weitere
Zugänge, aber die unglaublich abwechslungsreiche Strecke selbst ist komplett fertig. Ein
Großteil des Weges führt durch recht abgelegene Regionen, wobei aber mit Absicht kleine
Siedlungen angesteuert werden, damit sich die
Wanderer verpflegen können.
Einige Unentwegte sind die gesamte Strecke
gewandert; sinnvoller ist es allerdings, sich
Teilstrecken zum Wandern auszusuchen.

wurden bei den einzelnen Streckenbeschrei-
bungen im Führer auch die Entfernungen und
die eventuell nötigen Klettereinlagen benannt.

Wertvolle Informationen über Startpunkte und den Verlauf von Wanderwegen, Hütten,
Zeltplätze sowie gute Kartenskizzen sind in den
exzellenten **DOC-Broschüren** (jeweils ca. $1–2
oder als kostenloser Download unter 💻 www.
doc.govt.nz) enthalten. Die **Wanderkarten** in den
DOC-Broschüren dürften ausreichen, solange
die beschriebene Route nicht verlassen wird.

Erfahrene Wanderer, die ihre Routen individuell planen möchten, sollten sich detailliertere
Wanderkarten besorgen, auf denen alle Land-
schaftsmerkmale der Umgebung eingetragen
sind. In den meisten Hütten hängt übrigens die
Kopie einer solchen Karte an der Wand oder ist
auf den Tisch laminiert. Bei der Beschreibung
der Wanderwege in Bezug auf Flüsse haben wir
uns an der natürlichen Fließrichtung orientiert,
d. h. das linksseitige Ufer („true left" genannt)
bezieht sich auf die linke Uferseite flussabwärts
gesehen.

Acht von Neuseelands schönsten und beliebtesten Wanderwegen (darunter eine Kanutour)

wurden vom DOC unter der Bezeichnung **Great
Walks** zusammengefasst und werden in diesem
Reiseführer ausführlich beschrieben. Sie bekommen den Löwenanteil der Finanzen, die das
DOC jährlich zur Instandsetzung der Einrichtungen zur Verfügung hat – dementsprechend gut
und breit sind die Wege, wobei über schlammige Abschnitte Planken und über fast jeden Fluss
eine Brücke führt. Die Great Walks sind also
die Vorzeigewege unter Neuseelands Wanderpfaden.

Der **Zugang** zu den Wegen stellt in viel besuchten Regionen selten ein Problem dar, erfordert aber manchmal eine gewisse Planung.
Meist liegen Start- und Endpunkt einer Wanderung in einiger Entfernung zueinander, sodass
ein eigenes Auto nur hinderlich ist; davon abgesehen scheinen die auf Wanderparkplätzen abgestellten Fahrzeuge wie ein Magnet auf Diebe zu wirken. Während es zu den Great Walks
meist Busverbindungen von den nächstgelegenen größeren Ortschaften gibt, braucht man
bei unbekannteren Wanderwegen schon etwas mehr Geduld, um dorthin zu gelangen – unter dem Stichpunkt „Wanderwege" haben wir
im Index einige der besten dieser Touren aufgelistet.

Übernachtung unterwegs: Hütten und Zeltplätze

Das Hinterland Neuseelands ist mit über
950 **Hütten** übersät, die weniger als eine Tageswanderung voneinander entfernt sind und
oft in herrlicher Landschaft liegen. Bei allen
handelt es sich mehr oder weniger um schlichte
Gemeinschaftsunterkünfte, die vom DOC in vier
verschiedene Kategorien eingeteilt werden.

Basic Huts (kostenlos) sind oft recht primitiv
und auf den bekannten Wanderwegen nur selten
anzutreffen. **Standard Huts** ($5 p. P. und Nacht)
können etwa zwölf Personen aufnehmen und haben Etagenbetten oder Podeste, auf denen man
seine Isomatte und seinen Schlafsack ausrol-
len kann. Ihre Ausstattung ist sehr schlicht: Es
gibt ein Plumpsklo, Trinkwasser, manchmal einen
Holzofen, aber keine Kochgelegenheit.

Serviced Huts ($15) sind größer und haben
20 oder mehr Herbergsbetten mit Matratzen. Zur
Ausstattung gehören Waschbecken und manch-

mal auch eine Toilette mit Wasserspülung. Auch hier muss man seinen eigenen Kocher mitbringen, dafür gibt es eine Heizmöglichkeit. Im Falle eine Kamins/Holzofens wird erwartet, dass man die benutzten Scheite durch neue ersetzt.

Noch etwas luxuriöser geht es in den **Great Walk Huts** ($22–54 pro Erwachsenem und Nacht) zu, die an den Great Walks zu finden sind. Die Hütten sind in mehrere Zimmer mit Etagenbetten unterteilt, es stehen Gaskocher (aber keine Kochutensilien) zur Verfügung, außerdem eine Heizung, ein Trockenraum, Toiletten und manchmal sogar Strom, der über Solarzellen erzeugt wird. Personen unter 18 Jahren bezahlen in den Standard Huts und Serviced Huts nur die Hälfte, während sie in den Great Walk Huts sogar kostenlos übernachten dürfen – die Plätze müssen dennoch im Voraus gebucht werden.

Übernachtungsgebühren werden am besten im Voraus online, im örtlichen DOC-Büro, im Besucherzentrum oder in einer anderen Einrichtung nahe dem Startpunkt entrichtet. Für die Nutzung eines der Great Walks muss man alle Übernachtungstermine in den vorgesehenen Hütten buchen und zahlen. Die Bestätigung muss mitgeführt werden, damit das Personal vor Ort die Kosten für jede Hütte nicht ein zweites Mal in Rechnung stellt. Die Buchungsbestätigung garantiert einem die gebuchten Übernachtungstermine. Diese können online geändert werden, sofern in der gewünschten Hütte ein Platz frei ist.

Wer im Rahmen seines Neuseeland-Aufenthalts viele Wanderungen außerhalb der Great Walks oder auf den Great Walks außerhalb der Saison unternehmen möchte, kann sich einen **Backcountry Hut Pass** ($122,60 für 12 Monate; $92 für 6 Monate) besorgen, mit dem man in allen Standard Huts und Serviced Huts übernachten kann.

Im Winter (Mai–Sep) werden die Hütten der Great Walks in die Kategorie Standard zurückgestuft – und haben dann oft keine Heizung und Kochgelegenheit mehr –, sodass man dann einen Backcountry Hut Pass benutzen kann. Allerdings garantieren weder Pass noch Tickets einen Schlafplatz. Die Betten werden wie bei allen anderen Wanderwegen ohne Reservierungssystem nach dem Prinzip „wer zuerst kommt, mahlt zuerst" vergeben.

Zelten ist auf allen Wanderwegen außer dem Milford Track erlaubt. Bei Zeltplätzen nahe einer Hütte darf man deren sanitäre Einrichtungen und Kochgelegenheiten gerne mitbenutzen.

Ausrüstung

Wanderungen in Neuseeland können in eine unschöne bis gefährliche Erfahrung ausarten, wenn man die falsche Ausrüstung dabeihat. Was die **Bekleidung** angeht, so sollte man sowohl Klamotten für heiße und sonnige Tage als auch für kaltes, windiges und nasses Wetter dabeihaben, da das Wetter plötzlich umschlagen kann. Die schönsten Touren führen durch einige der feuchtesten Regionen der Welt – auf einigen Abschnitten des Milford Track beispielsweise fallen über 6000 mm Regen pro Jahr. Ganz wichtig ist daher eine Regenjacke. Ein früher Aufbruch am Morgen hat oft zur Folge, dass man durch nasses Gras stolzieren muss, weswegen ein Paar kniehohe Gamaschen hervorragende Dienste leisten können.

Bequeme, gut eingelaufene Schuhe, welche die Fesseln stützen, sind ein absolutes Muss – entweder Lederschuhe oder leichte Trekkingschuhe; für den Abend eignen sich dünne Turnschuhe oder Sandalen. Ebenfalls zur Ausrüstung gehören Funktionsunterwäsche, ein warmer, schnell trocknender Pullover (am besten aus Fleece), ein guter Schlafsack, evtl. eine Isomatte und natürlich ein gut sitzender, wasserdichter Rucksack.

Unterwegs gilt es völlig autark zu sein. Auf den Great Walks bedarf es hierfür neben der Nahrung nur der **Kochutensilien**, auf anderen Wanderwegen auch eines Kochers mit Brennstoff. Am schwersten trägt man meist am **Essen**. Gefriergetrocknete Mahlzeiten wiegen zwar kaum etwas und schmecken auch ganz gut, sind aber teuer. Preisbewusste Wanderer bevorzugen daher Nudeln oder Reis, Tütensuppen und -soßen, Müsli, Milchpulver, eventuell Brot und Marmelade oder eine gehaltvolle Erdnussbutter, Süßigkeiten und Knabbermischungen (in Neuseeland *scroggin* genannt) für den Snack zwischendurch sowie Teebeutel, Kaffee und lösliche Getränke („Raro" ist eine gute Marke). Auf allen Hütten gibt es **Trinkwasser**, wohingegen das Wasser aus Seen und Flüssen mit Tablet-

Neuseeland lässt sich problemlos auf eigene Faust bereisen. Wer jedoch in bestimmte Dinge einen tieferen Einblick gewinnen oder einfach nicht die ganze Zeit alleine unterwegs sein möchte, hat die Wahl zwischen den unterschiedlichsten Touren.

Kreuzfahrten

Heritage Expeditions, ☎ 0800 26208873, 🖥 www.heritage-expeditions.com. Große Auswahl an teuren, aber spektakulären Kreuzfahrten zu den subantarktischen Inseln Neuseelands, darunter Antipodes, Auckland, Campbell, zur australischen Maquarie-Insel und sogar an die Küste der Antarktika. Die Preise beginnen bei $6000 für zehn Tage.

Real Journeys, 🖥 www.realjourneys.co.nz. Neben Fahrten zum Mildford Sound und Doubtful Sound bietet Real Journeys auch mehrtägige Kreuzfahrten zum Dusky Sound an (5 Tage ab $2150).

Rad-, Reit- und Kajaktouren

Adventure South, 🖥 advsouth.co.nz. Umweltbewusste Agentur, die Fahrradtouren sowie Exkursionen mit verschiedenen Aktivitäten auf der Südinsel anbietet, bei denen man in stilvollen Lodges oder in Wanderhütten übernachtet. Der sechstägige West Coast Trip ($2340) kann mit dem ebenfalls angebotenen Marlborough Trip zu einer großen Südinsel-Rundreise kombiniert werden. Bei allen Touren ist ein Einzelzimmerzuschlag zu zahlen.

Alpine Horse Safaris, 🖥 www.alpinehorse.co.nz. Treks in North Canterbury und der zentralen Südinsel für erfahrene Reiter einschließlich Verpflegung und Unterkunft entlang alter Goldgräberpfade abseits der Zivilisation oder zumindest abseits der Straßen (3 Tage ab $1090).

Natural High, 🖥 www.naturalhigh.co.nz. Großes Angebot an geführten halbtägigen bis hin zu zweiwöchigen Rad- und Mountainbiketouren. Außerdem Selbstfahrerangebote, Fahrradvermietung und sogar Vermietung von Wohnmobilen mit Fahrradanhängern.

---

ten oder Filtern gereinigt werden sollte, um eine Giardia-Infektion zu vermeiden (S. 51).

Ebenfalls ins Gepäck gehören ein **medizinisches Notfallset** (inklusive Sonnencreme und Insektenmittel), eine **Taschenlampe**, **Kerzen**, **Streichhölzer** oder ein Feuerzeug sowie ein **Kompass**. In den bekanntesten Wandergebieten kann man sich die nötige **Ausrüstung** vor Ort **leihen**. Der Rucksack sollte nie bis zum Bersten vollgestopft werden, da man alles stundenlang und über Tage hinweg mit sich schleppen muss. Zumeist bieten Hotels und Hostels der näheren Umgebung einen Aufbewahrungsservice für überflüssiges Gepäck an, entweder kostenlos oder gegen eine kleine Gebühr.

Sicherheit

Die meisten Leute wandern tage-, ja wochenlang durch Neuseeland und haben nichts weiter zu beklagen als Muskelkater und die juckenden Stiche der nervigen *sandflies*. Trotzdem sollte man das Thema Sicherheit nicht auf die leichte Schulter nehmen: Jedes Jahr gibt es einige Fälle, bei denen Wanderer aus gefährlichen Situationen gerettet oder sogar als vermisst gemeldet werden. Ursache ist meist das **Wetter** – oder besser gesagt: die unzureichende Ausrüstung der Wanderer. Man kann es nicht genug betonen, dass sich selbst im Hochsommer ein warmer, wolkenloser Tag innerhalb von einer Stunde in einen Sturm mit eisigen Temperaturen und dichtem Nebel verwandeln kann. Um eine solche Situation zu vermeiden, sollte man vor dem Aufbruch unbedingt die Wettervorhersage für die Bergregionen (hängt in DOC-Büros aus) verfolgen und warme, wind- und regendichte Kleidung dabeihaben.

Tödliche Unfälle passieren oft bei **Flussdurchquerungen**. Entlang der Great Walks führen immer Brücken über die Flüsse, aber bei den meisten anderen Wegen nicht. Steht man vor einem Fließgewässer, das zu gefährlich erscheint, als

New Zealand Sea Kayak Adventures, 🖵 www.nzkayaktours.com. Geführte Seekajaktouren an der Küste von Northland. Empfehlenswert ist die Tour zur Bay of Islands (3 Tage, $750) oder an die Nordostküste zu den Cavalli Islands und nach Whangaroa Harbour (7 Tage, $1400). Die Touren werden für alle Schwierigkeitsgrade angeboten.

Pacific Cycle Tours, 🖵 www.bike-nz.com. Agentur, die Mountainbike- und Straßentouren sowie Wandertouren mit unterschiedlich hohem Abenteuercharakter auf beiden Inseln anbietet, z. B. eine kombinierte Rad- und Weinverkostungstour (7 Tage, ab $3999).

Pakiri Beach Horse Riding, 🖵 www.horseride-nz.co.nz. Mehrtagestouren durch Wald und an Klippen entlang, darunter eine tolle Tour von Küste zu Küste (7 Tage, $3999).

Pedaltours, 🖵 www.pedaltours.co.nz. Geführte Straßen- und Mountainbiketouren auf beiden Inseln, z. B. einwöchige Fahrt durch den Süden der Südinsel ($2785).

Wandern, Natur und Tierwelt

Active Earth Adventures, 🖵 www.activeearthadventures.com. Geeignet für durchschnittlich trainierte Menschen, die das „andere" Neuseeland kennenlernen möchten. Unterhaltsame und kundige Führer gehen mit kleinen Gruppen zum Wandern, Klettern, Radfahren, Ski Nordisch und Campen in nahezu unberührte Gebiete der Nordinsel. Ab $1095 für 4 Nächte.

Hiking New Zealand, 🖵 www.hikingnewzealand.com. Das umweltbewusste Unternehmen veranstaltet diverse Touren, von Wanderungen durch den äußersten Norden von Northland (6 Tage für $1280) bis zu Bootstouren zu den subantarktischen Inseln (8 Tage für $4100 plus US$375 Landungsgebühr).

Kiwi Wildlife Walks, 🖵 www.nzwalk.com. Professionell geführte Wanderungen, u. a. auf Stewart Island, wo man sich auf die Suche nach Kiwis macht (4 Tage, $2295).

Ruggedy Range, 🖵 ruggedyrange.com. Auf Stewart Island ansässiges Unternehmen mit unterhaltsamen Ausflügen zur Tierbeobachtung (ab 1 Tag und 1 Nacht, $650).

dass man es zu Fuß durchwaten könnte, dann sollte man seinen Instinkten vertrauen – entweder man wartet, bis der Wasserstand fällt, oder man kehrt um. Sollte das Schlimmste geschehen, und man wird vom Wasser mitgerissen, so gilt: Niemals versuchen aufzustehen, weil man sich sonst die Füße zwischen Felsen einklemmen und ertrinken könnte; stattdessen auf den Rücken legen und mit den Beinen voraus treiben lassen, bis man eine Stelle erreicht, an der man ans Ufer schwimmen kann.

Bei Verletzungen oder Orientierungsverlust stehen die Chancen auf Rettung besser, wenn vor dem Aufbruch Freunde oder eine **Person des Vertrauens** am nächsten Etappenziel informiert werden, damit eine überfällige Ankunft auch bemerkt wird. Die DOC-Büros kümmern sich nicht darum, wo Wanderer abgeblieben sind, deshalb sollte man Freunden über 🖵 adventuresmart. org.nz seine Absichten kundtun. Unterwegs sollte man sich zur Sicherheit in die Hüttenbücher

eintragen, damit die einzelnen Etappen im Notfall nachvollziehbar sind. Nach der Wanderung nicht vergessen, sich bei der Kontaktperson wieder abzumelden!

Überhaupt kein Problem in Neuseelands Wildnis sind **Tiere**. Die größten Störenfriede sind die kleinen *sandflies*, deren Stiche teuflisch jucken können, und der Kea, ein Bergpapagei, der mit Vorliebe alles ergreift, was er zu fassen kriegt, um es aus reiner Neugier genüsslich in Stücke zu pflücken.

Wassersport

Das Leben der Neuseeländer ist untrennbar verknüpft mit dem Strand. Einige der schönsten Strände liegen ungeschützt an der Tasmansee oder am Pazifik, was für Schwimmer recht gefährlich sein kann. Zur Sicherheit sollte man deswegen nur an überwachten Abschnitten ins

Wasser gehen. An einigen Stränden tauchen gelegentlich **Haie** auf. Wenn andere Schwimmer plötzlich das rettende Ufer aufsuchen, sollte man unbedingt sofort das Wasser verlassen. Nicht unterschätzen darf man die Kraft der **Sonne** auf der Südhalbkugel, weshalb unbedingt die nötigen Schutzmaßnahmen zu treffen sind (S. 50).

Surfen

Neuseelands Küste bietet die besten Voraussetzungen für **Wellenreiter** und **Windsurfer**. An belebteren Stränden gibt es häufig einen kleinen Laden, der das erforderliche Material – oft auch kleine Boote, Katamarane, Kanus und Stand-UP-Paddling-Surfbretter – im Verleih hat; das Gleiche gilt für viele am Meer gelegene Unterkünfte. Weitere Informationen findet man unter 🖳 www.surf.co.nz und 🖳 www.surf2surf.co.nz.

Segeln

Neuseelands zahlreiche Naturhäfen, übersät mit kleinen Inseln und gesäumt von einsamen Buchten, machen das Segeln zu einem beliebten Freizeitsport der Kiwis. Segelboote sieht man das ganze Jahr über, aber am geschäftigsten geht es natürlich im Sommer zwischen Dezember und März zu. Sofern man nicht Bekanntschaft mit einem „Yachtie" schließt, bleibt nur das **Chartern** eines Segelboots, was üblicherweise sehr teuer und nur mit einem Skipper möglich ist. Etwas günstiger kommt es, an einem der teilweise hervorragenden **Segeltörns** teilzunehmen oder eine kleine Jolle zu mieten, mit dem man vor der Küste kreuzen kann.

Tauchen und Schnorcheln

Die Gewässer rund um Neuseelands Küste bieten exzellente Möglichkeiten zum Tauchen und Schnorcheln. Was sie an Weitsicht, tropischer Wärme und bunten Fischen vermissen lassen, machen sie durch ihre unglaubliche Bandbreite an Revieren wieder wett. Gute Stellen zum **Schnorcheln** findet man praktisch entlang der gesamten Ostküste beider Inseln, am schönsten aber ist es im **Goat Island Marine Reserve** in Northland, wo es direkt vor der Küste eine große Anzahl unterschiedlicher Habitate gibt.

Northland rühmt sich auch einiger **Tauchreviere** von Weltklasse, insbesondere im Poor

Knights Islands Marine Reserve, von Tutukaka aus per Boot erreichbar, sowie nahe der Matauri Bay, wo die *Rainbow Warrior* zum Wracktauchen einlädt. Ein anderes gutes Tauchrevier ist die Küsten vor Great Barrier Island und White Island. Auf der Südinsel gibt es einige spannende Wracks an der Küste vor **Picton** sowie sagenhafte Bestände schwarzer und roter Korallen, die in den **Fjorden** südwestlich vom Milford Sound relativ dicht unter der Wasseroberfläche gedeihen.

Um einen Geschmack von der herrlichen Unterwasserwelt zu bekommen, kann man auch ohne Tauchschein gemeinsam mit einem Lehrer einen sogenannten *resort dive* unternehmen. Wer die Tiefen auf eigene Faust erkunden will, braucht eine PADI-Ausbildung. Mehr Informationen hierzu auf 🖳 divenewzealand.com.

Rafting

Rafting gehört zweifellos zu den spannendsten Abenteueraktivitäten, die Neuseeland zu bieten hat. Bedingt durch das Wetter – und die Besucherzahlen – ist die **Saison** auf die Zeit zwischen Oktober und Mai begrenzt. Badezeug, leichte Schuhe und Handtuch müssen selbst mitgebracht werden. Nach der Sicherheitseinweisung vom Raftguide geht es dann für mehrere Stunden aufs Wasser. Die meisten Anbieter erlauben die Teilnahme übrigens erst ab einem **Mindestalter** von 13 Jahren.

In der Tat gilt jedoch Rafting als risikoreichste Abenteuersportart und hat über die Jahre mehrere Tote gefordert. Die Anbieter haben ihren teilweise schlechten Ruf inzwischen zwar durch selbst auferlegte Ausbildungen verbessert, aber es gibt noch immer genügend „Fluss-Cowboys". Letztendlich sollte man seinem eigenen Instinkt vertrauen und vor allem aber den Anweisungen des Raftguides folgen.

Kanufahren

Neuseeland gilt als Paradies für Paddler und fast überall, wo es Wasser in der Nähe gibt, werden **Kajaks** oder **Kanadier** vermietet. Entweder man paddelt auf eigene Faust los oder schließt sich einer **geführten Tour** an, auf der man auch noch etwas über die jeweilige Gegend lernt. Ganzjähriger Favorit ist der landschaftlich traumhafte **Whanganui River**.

Jetbootfahren

Das seichte Flussnetz im Weideland von Canterbury stellte den Schaffarmer Bill Hamilton vor ein Problem – er löste es, indem er in den frühen 1960er-Jahren das **Hamilton Jetboat** erfand. Damit konnte er auf nur 10 cm tiefem Wasser die erstaunliche Geschwindigkeit von bis zu 80 km/h erreichen.

Seine ersten zahlenden Passagiere beförderte das Jetboat in einem tiefen, glasklaren Abschnitt des Shotover River, auf dem der bahnbrechende *Shotover Jet* auch heute noch seine actionreichen Runden dreht. Wesentlich ruhiger geht es bei den Wilderness Trips zu, die zwei Stunden oder länger dauern können.

Bungy-Jumping und Bridge Swinging

Maximalen Adrenalinausstoß und minimales Risiko erlebt man kaum irgendwo so hautnah wie beim **Bungy-Jumping**. Die erste kommerzielle Anlage entstand auf der 43 m hohen **Kawerau Suspension Bridge** vor den Toren von Queenstown. Sie ist nach wie vor die beliebteste in Neuseeland, weil sie günstig liegt und Gelegenheit bietet, kurz ins Wasser einzutauchen.

Eine interessante Variante ist das **Bridge Swinging**, das einen vergleichbaren Kick bietet: Durch ein Seil abgesichert, stürzen sich die Teilnehmer von einer Brücke in die Tiefe und pendeln mit atemberaubender Geschwindigkeit in der Schlucht.

Seilrutschen (Ziplines)

Es hat lange gedauert, bis in Neuseeland die ersten Seilrutschen aufkamen. Mittlerweile gibt es aber immer mehr Anlagen, darunter in Waiheke Island, Rotorua, Nelson und Queenstown. Bei vielen handelt es sich um einzelne Seilverbindungen über Schluchten oder Flüsse, aber die moderneren Anlagen bieten auch schon aufwendigere Streckenverläufe, bei denen man auf Plattformen hoch oben in den Bäumen umsteigt.

Canyoning

Beim Canyoning erkundet man zusammen mit einem Führer tiefe Schluchten, seilt sich durch Wasserfälle ab, durchwatet Flüsse oder lässt sich hinuntertreiben, springt in tiefe Pools oder rutscht einfach über glatt geschliffene Felsen abwärts. Das Schluchtenabenteuer wird in einer Hand voll Orte angeboten, darunter **Auckland**, **Thames**, **Queenstown** und **Wanaka**.

Bergsteigen

In Neuseeland gibt es wesentlich bessere Möglichkeiten zum Bergsteigen als zum Klettern. Fast alle Routen sind jedoch sehr anspruchsvoll und sollten nur von erfahrenen Leuten mit guter Ausrüstung angegangen werden. Zu den einfachsten Besteigungen gehören der **Mount Ruapehu**, mit 2796 m der höchste Punkt der Nordinsel, und der **Mount Taranaki** bei New Plymouth. Natürlich kann man sich auch einer geführten Tour auf einen von Neuseelands klassischen Gipfeln anschließen, z. B. auf den höchsten Berg des Landes, den **Aoraki/Mount Cook** (3754 m), der vom Bergsteigerzentrum Aoraki/Mount Cook Village bestiegen wird, oder auf Neuseelands schönsten Berg, den pyramidenförmigen **Mount Aspiring** (3030 m) bei Wanaka. In beiden Gebieten gibt es ausreichend Hütten, die sich als Basislager für derartige Unternehmungen anbieten.

Rundflüge, Fallschirmspringen, Parasailing, Drachen- und Gleitschirmfliegen

Fast jeder Ort in Neuseeland scheint einen Landeplatz für Flugzeuge oder Hubschrauber zu besitzen und fast überall findet man jemanden, der mit Freuden – natürlich gegen angemessene Bezahlung – einen **Rundflug** unternimmt. Hubschrauberflüge kosten etwa 50 % mehr als Rundflüge im Flugzeug. Hubschrauber können zwar nicht die gleichen Distanzen wie Flugzeuge zurücklegen, sind dafür aber wesentlich wendiger und landen zwischendurch an beeindruckenden Stellen. Beinahe das gleiche Landschaftserlebnis hat man auch auf einem Linienflug, beispielsweise auf der Strecke von Wanaka oder Queenstown zum Milford Sound, wo man eines der schönsten Gebiete des Fiordland überfliegt.

Mutigere Naturen können sich an einen **Tandem-Fallschirmsprung** wagen und sich von einem Flugzeug aus 2500 m Höhe in die Tiefe stürzen – natürlich unter der Obhut eines qualifizierten Lehrers, der die Kontrolle über den Fallschirm hat und nach etwa 45 Sekunden freiem Fall die Reißleine zieht. Absprünge aus größeren Höhen sind in Neuseeland ebenfalls möglich. Die Tandem-Variante wird auch beim **Gleitschirm-** und **Drachenfliegen** und beim **Parasailing** angeboten.

Die wichtigsten Skigebiete auf der Nordinsel sind **Turoa** und **Whakapapa**, beide am Vulkan Mount Ruapehu.

Die beste Kombination aus wenig übervölkerten Pisten, Partystimmung und fantastischen Schneelandschaften findet man auf der Südinsel. Die wichtigsten kommerziellen Skigebiete sind hier **Porters** und **Mount Hut**, beide nur zwei Stunden Autofahrt von Christchurch entfernt; **Coronet Peak** und **The Remarkables** nahe Queenstown, **Treble Cone**, **Cardrona** und die **Snow Farm**, alle drei von Wanaka aus erreichbar.

Aktuelle Informationen zu Schneeverhältnissen, Pistenkonditionen, Schwierigkeitsgraden und Liftanlagen aller wichtigen Skigebiete sowie Links zu örtlichen Unterkünften und Skiverleihen gibt es unter 💻 www.snow.co.nz.

Wintersport

Neuseelands **Skisaison** (Juni–Okt) beginnt, wenn sich der Schnee bei uns bereits davongemacht hat. In Verbindung mit den bis zu 3000 m hohen Gipfeln der Südinsel ist das Land wie geschaffen für Skifahrer der Nordhalbkugel, die auch im Sommer ihrer Leidenschaft frönen wollen.

Viele Pisten sind auf einheimische Abfahrer ausgerichtet, und besonders an den Osthängen der Southern Alps findet man sogenannte **Club-Skigebiete** mit einer Handvoll Schlepp- und einfacher Sessellifte sowie einer Ansammlung privater Ski-Lodges. Zwar dürfen hier auch Nicht-Mitglieder absteigen, aber einige sind nur mit dem Geländewagen und andere nur mittels eines längeren Fußmarsches erreichbar. Skischulen gibt es kaum.

Natürlich existieren auch rund ein Dutzend Ausnahmen zu dieser Norm: Kommerzielle Skigebiete mit ausgedehnten Pisten, schnellen Sesselliften, Skischulen und einem **Ausrüstungsverleih**. Vergeblich sucht man dagegen nach großen Skizentren wie in Nordamerika oder Europa – stattdessen pendeln die Skifahrer täglich von nahe gelegenen Orten zu den Pisten, was dank der guten Verkehrsanbindung kein Problem darstellt.

Angeln

Rund um Neuseelands Küste werden Kanu-, Segel- und andere Bootstrips angeboten, auf denen sich meistens die Gelegenheit bietet, die Angel auszuwerfen. Zwischen Dezember und Mai suchen Hochseeangler die Gewässer rund um die nördliche Hälfte der Nordinsel nach Marlin, Hai, Thunfisch und anderen kleineren Fischen ab. Informationen über Permits und sonstige Auflagen erteilt die Website des Ministry of Primary Industries, 💻 www.fish.govt.nz.

In den **Flüssen** und **Seen** im Landesinneren tummeln sich Regenbogen- und Bachforellen, Königs- und Atlantiklachse, alle speziell für die Sportfischerei gegen Ende des 19. Jhs. eingeführt. Natürlich gibt es auch hier Gebiete mit einem besonders guten Ruf: Der Lake Taupo ist bekannt für seine Regenbogenforellen; in den Flüssen der Südinsel, v. a. bei Gore, leben die besten Bachforellen des Landes, und die Kiesbettflüsse an den Osthängen der Southern Alps beherbergen riesige Lachse.

Eine **Angellizenz**, die – mit Ausnahme der Region um den Lake Taupo, wo eine örtliche Regelung besteht – sämtliche Seen und Flüsse des Landes abdeckt, kostet pro Jahr $123 und für 24 Stunden $25. Die Ausweise sind überall in Sportläden erhältlich bzw. direkt von der staatlichen Organisation Fish and Game NZ, 🖥 www.fishandgame.org.nz, auf deren Website weitere nützliche Hinweise eingesehen werden können. Eine Übertretung der **Gesetze** wird streng geahndet. Mit der NZ Fishing Rules App ist man auf der sicheren Seite. Rund um den Fisch geht's auch auf den Websites 🖥 www.fishinginnewzealand.com und 🖥 www.fishing.net.nz.

Reiten

Neuseeland hat mehr als genug Platz für **Reittouren** – entlang einsamer Strände, durch Wälder oder über weites Farmland. Überall gibt es Reitställe, die sowohl für Anfänger als auch für Fortgeschrittene das Passende im Programm haben. Häufig werden einwöchige Touren angeboten, bei denen man draußen nächtigt (s. Kasten S. 64). Empfehlenswerte Reitställe sind in den entsprechenden Kapiteln des Führers aufgelistet, weitere findet man unter 🖥 www.truenz.co.nz/horsetrekking.

Mountainbiking

Der rasante Ausbau des **New Zealand Cycle Trail** Wegenetzes, 🖥 www.nzcycletrail.com, hat die Erkundung des Landes per Rad noch nie so einfach und angenehm gemacht wie heute (S. 81). Viele der Strecken eignen sich besonders für Mountainbikes und fügen den ohnehin reichlich vorhandenen Strecken in der Wildnis noch weitere Möglichkeiten hinzu. Die zwei großen Zentren sind Rotorua, das für seine anspruchsvollen Routen durch den Whakarewarewa Forest (alias „The Redwoods", S. 345) berühmt ist, und Queenstown, wo man die ganze Bandbreite von relativ einfachen Querfeldein-Strecken bis hin zu Extremabfahrten und Helibiking vorfindet. Dazwischen gibt es eine Hand voll exquisiter Strecken im Norden der Südinsel. Der 71 km lange **Queen Charlotte Track** ist fast das ganze Jahr über befahrbar, nur die nördlichsten 26 km sind von Dezember bis Februar dicht. Die Fahrt auf dem **Heaphy Track** ist auf die Monate Mai bis September beschränkt. Wer in dieser Zeit in Neuseeland weilt, sollte diese Tour auf keinen Fall auslassen.

Sportveranstaltungen

Wäre Gott ein Rugby-Trainer, wären fast alle Neuseeländer religiöse Fundamentalisten. Im Fernsehen und in Zeitungen dienen die Spielergebnisse und v. a. alle Nachrichten rund um die All Blacks häufig als Aufmacher, und einige Radiostationen berichten über nichts anderes als Sport. Die meisten wichtigen Spiele werden im Fernsehen übertragen, wenngleich zunehmend auf Pay-TV-Kanälen wie Sky TV, was die Menschen scharenweise in Pubs mit Großbildschirmen treibt.

Wer auch nur einen Funken Interesse an Sport oder Kultur der Kiwis hat, sollte während seines Aufenthalts ein Rugby-Spiel besuchen. Termine der wichtigsten Veranstaltungen (und zugleich Infos über den Ticketkauf) findet man in den Lokalzeitungen. **Reservierungen** für die größeren Events übernimmt Ticketek, 🖥 www.ticketek.co.nz. Mit Ausnahme internationaler Begegnungen oder wichtiger Endspiele bekommt man Eintrittskarten eigentlich immer kurz vor dem Spiel am Stadion.

Rugby

Die Gegner erzittern, die Fans johlen, aber kaum jemand bleibt ungerührt bei dem Anblick der 15 stattlichen **All Blacks**, Neuseelands Rugby-Nationalmannschaft, wenn diese vor Spielbeginn ihren berühmten Furcht erregenden Tanz *(haka)* aufführen. Das ist der Moment, in dem den Kiwis das Herz aufgeht und sie wissen, dass ihre Nationalmannschaft zu den besten der Welt gehört. 2011 gewannen die All Blacks beim Endspiel gegen Frankreich auf heimischen Boden in Auckland den **Rugby World Cup**.

Rugby wird im Winter gespielt. Die Saison beginnt mit den **Super 15 Series** (Mitte Februar bis Mai), bei denen Regionalmannschaften der Südhalbkugel (je fünf aus Neuseeland, Südafrika und Australien) gegeneinander antreten und nur die besten vier Teams in die *finals series* einziehen.

Die Besten der Super-15-Teams spielen bei den All Blacks, die im Winter zu ein oder zwei Länderpokalen antreten, darunter die alljährliche **Rugby Championship** (Mitte Juli bis August) gegen Südafrika, Australien und Argentinien.

Spiele zwischen den All Blacks und Australien finden auch im Rahmen des **Bledisloe Cup** statt, der die eine oder die andere Nation ein Jahr lang prahlen lässt.

Die internationale Saison geht über in den **ITM Cup**, der von August bis Ende Oktober unter den Provinzen ausgetragen wird. Während der ITM-Saison kämpfen die Teams auch um den **Ranfurly Shield**, liebevoll „Baumstamm" genannt. Die jeweiligen Halter müssen sich dabei zu Hause den Herausforderern stellen – der Gewinner darf das Ranfurly Shield sein Eigen nennen.

Die **Ticketpreise** für normale Rugby-Begegnungen beginnen bei $15, bei internationalen Begegnungen ist ein ähnlicher Platz ab $45 zu haben. Infos zuhauf gibt's auf der offiziellen Website der NZ Rugby Union, ⌨ www.nzrugby.co.nz.

Die **Rugby League**, ⌨ www.rugbyleague. co.nz und ⌨ www.nzrl.co.nz, wurde schon immer als der kleine Bruder der Rugby Union angesehen, wenngleich Erfolge auf internationaler Ebene ihr Ansehen etwas gehoben haben. Neuseelands einziges Provinzteam von Bedeutung sind die **Warriors** aus Auckland, die während der Saison von März bis Anfang September in Australiens NRL spielen. Heimspiele werden im Mount Smart Stadium abgehalten, wo man praktisch immer Karten bekommt. Die besten acht Mannschaften der Liga erreichen die *finals series* im September.

Cricket

Die meisten Besucher halten sich zwischen Oktober und März in Neuseeland auf, wenn in den Stadien der traditionelle Sommersport des Landes, Cricket, ⌨ www.nzcricket.co.nz, gespielt wird. Die neuseeländische Nationalmannschaft namens **Black Caps** rangiert auf internationaler Ebene lediglich im Mittelfeld, und nur die sporadischen Glanzleistungen, der eine oder andere unerwartete Sieg über Australien sowie die Co-Ausrichtung des Cricket World Cup 2015 halten die Fans bei der Stange. An **Eintrittskarten** vor Ort mangelt es selten, wenngleich die Spiele rund um Weihnachten und Neujahr schnell ausverkauft sind. Gleiches gilt für die internationalen Begegnungen, für die Karten ab etwa $25–30 zu haben sind. Günstiger sind die Karten für normale Spiele.

Andere Sportarten

Sämtliche andere Teamsportarten liegen im Interesse der Bevölkerung weit hinter Rugby und Cricket zurück, nur Frauen-**Korbball**, ⌨ www. netballnz.co.nz, erfreut sich einer enthusiastischen Anhängerschaft. Internationale Spiele der Silver Ferns werden live im Fernsehen übertragen.

Obwohl inzwischen mehr Jugendliche **Fußball** als Rugby spielen, war es erst die Teilnahme der Nationalmannschaft All Whites an der WM 2010 in Südafrika, die dem Sport landesweit zu mehr Aufmerksamkeit verholfen hat. Näheres über Spiele auf Landesebene finden sich unter ⌨ www.nzfootball.co.nz.

Die einzige neuseeländische Mannschaft in der australischen A-League ist Wellington Phoenix, ⌨ wellingtonphoenix.com. Die Saison geht von Oktober bis Anfang April und die Heimspiele von Wellington Phoenix finden im Westpac Stadium von Wellington statt. **Karten** (ab $40) können entweder direkt vor dem Spiel oder über die Website des Teams erstanden werden.

Auckland liegt auf der Route vieler **Segelbootrennen** um die Welt und war zweimal Austragungsort des America's Cup. Neuseelands **olympische Erfolge** reduzieren sich auf gelegentliche Medaillen im Rudern und Segeln sowie eine lange Reihe von Mittelstreckenläufern. Heutzutage werden herausragende Leistungen vor allem in Multi- und Ausdauersport-Wettkämpfen erbracht, z. B. in Triathlons und den Iron-Man-Rennen.

Telefon

Öffentliche Fernsprecher sind in Neuseeland noch recht weit verbreitet, doch die Anzahl sinkt dank der Verbreitung von Handys und der Beliebtheit von Skype und ähnlichen Diensten kontinuierlich. Münztelefone sind selten geworden, aber alle öffentlichen Fernsprecher akzeptieren gängige Kreditkarten, aufladbare Telefonkarten und Telefonkarten mit einmaligem Guthaben. Erhältlich sind die Karten in Postfilialen, Zeitungskiosken, kleinen Lebensmittelläden, Tankstellen, i-SITE-Besucherzentren und Supermärkten.

Telefonkarten mit PIN-Code

Die günstigsten **Ferngespräche** führt man mit Telefonkarten, die über ein wiederauffüllbares Guthabenkonto abgerechnet werden und an jedem Telefon benutzt werden können. Von dieser Art Karten sind zahlreiche Versionen im Umlauf, was sich sehr positiv auf die Kosten auswirkt. Allerdings sollte man sich vor den ganz billigen Karten in Acht nehmen: Diese funktionieren häufig via Internet mit schlechten oder stark zeitversetzten Verbindungen. Da bei den meisten öffentlichen Fernsprechern inzwischen eine Zusatzgebühr pro Minute für Guthabenkarten erhoben wird, sollte man sie nach Möglichkeit über einen Privatanschluss nutzen.

Mobiltelefone

Wer sein Handy nutzen möchte, sollte sich bei seinem Netzbetreiber informieren, ob er für Neuseeland einen **Roaming**-Vertrag besitzt und wie hoch die Gebühren sind (sie können horrend sein). Bei vielen Anbietern lassen sich günstigere Auslandsoptionen inklusive Datenvolumen zubuchen. Mehr zu WLAN auf S. 53.

Vorausgesetzt, man hat ein Handy ohne Netlock, kann man auch eine neuseeländische Prepaid-SIM-Karte kaufen. Den neuseeländischen Mobilfunkmarkt teilen sich drei große Anbieter: Spark, 🖳 spark.co.nz, Vodafone, 🖳 www.vodafone.co.nz und 2degrees, 🖳 www.2degreesmobile.co.nz. In den besiedelten Gebieten ist der Netzempfang hervorragend, in abgelegenen Gebieten eher lückenhaft.

Neuseeländische Handynummern beginnen mit ✆ 021, ✆ 022, ✆ 027 oder ✆ 029.

Transport

Neuseeland ist ein relativ kleines Land, in dem es sich einfach reisen lässt. Zu vielen Zielen besteht irgendeine öffentliche Transportverbindung, wenn auch manchmal nur einmal pro Tag.

Rufnummern und Vorwahlen

Wichtige Rufnummern

Auskunft	✆ 018
Auslandsauskunft	✆ 0172
Notruf (gebührenfrei) Polizei, Krankenwagen und Feuerwehr	✆ 111

Internationale Vorwahlen

Nach der Landesvorwahl wird stets die erste Null der regionalen Vorwahl weggelassen.

Aus Neuseeland

Australien	✆ 0061
Deutschland	✆ 0049
Österreich	✆ 0043
Schweiz	✆ 0041

Aus Deutschland, Österreich und der Schweiz

Neuseeland	✆ 0064

Aus Australien

Neuseeland	✆ 001164

Vorwahlen in Neuseeland

Auch bei Gesprächen zwischen zwei Städten innerhalb eines Bezirks muss manchmal die Vorwahl mitgewählt werden.

Auckland und Northland	✆ 09
Coromandel Peninsula, Bay of Plenty, Waikato und Central Plateau	✆ 07
East Coast, Hawkes Bay, Whanganui, Manawatu und Taranaki	✆ 06
Wellington und Umgebung	✆ 04
Südinsel	✆ 03

Es gibt zwar immer noch ein paar Orte, die ziemlich abgelegen sind, aber auch sie sind mit ein bisschen Geduld und Flexibilität erreichbar.

Inlandsflüge sind bei rechtzeitiger Buchung durchaus bezahlbar, aber nur auf dem Landweg lässt sich die herrliche Landschaft ausgiebig genießen. Am billigsten und einfachsten, aber auch am langsamsten, reist man per **Bus** (coaches oder shuttle buses). Das neuseeländische **Eisenbahnnetz** umfasst dagegen nur we-

Travel Passes

Wer viel mit Bus und Bahn reisen möchte, kann mit den verschiedenen Travel Passes einiges Geld sparen.

Scenic Rail Pass, von Kiwi Rail, 🖥 www. kiwirailscenic.co.nz/scenic-rail-pass. Ermöglicht unbegrenzte Fahrten in den Zügen von Tranz Scenic für 1–3 Wochen (ab $599).

Flexi-Pass, von InterCity/Newmans, 🖥 www. intercity.co.nz. Offeriert Busreisen pro Stunde – je mehr Stunden man kauft, desto billiger wird es. 45 Stunden ($349) werden benötigt, um eine der Hauptinseln zu besichtigen, mindestens 60 Stunden ($449) für eine komplette Tour; wem das noch nicht reicht, der kann auf seinen Pass z. B. 15 Stunden ($117) aufschlagen. Der Flexi-Pass ist ein Jahr gültig. Die Fahrten können online gebucht werden.

New Zealand Travel Passes, 🖥 www.travel pass.co.nz. Vor allem interessant für Reisende, die Neuseeland im Schnelldurchlauf erleben möchten oder müssen. Die Pässe erlauben die umfassende Nutzung des InterCity-Busnetzes und beinhalten eine Überfahrt mit der Fähre und ein paar andere Extras (der billigste Pass kostet $738). In den teureren Pässen ist auch eine Bahnfahrt enthalten.

Schließlich gibt es noch die Pässe der **Back-packer-Tourbusse** (S. 73), die günstiger sind und meistens Partystimmung bieten, aber dafür sind die Fahrzeuge älteren Baujahrs.

nige Strecken, und die Beförderung geht ziemlich ins Geld.

Mietwagen und besonders die kleineren **Wohnmobile** können erstaunlich günstig sein, wenn man die Kosten durch mehrere Personen teilt. Wer einige Monate im Land bleiben möchte, sollte überlegen, ein Auto zu kaufen. Immer häufiger sieht man auch **Radfahrer** durch Neuseelands grüne Landschaft strampeln.

Bei den **Fährverbindungen** hält der Konkurrenzkampf die Preise für Passagiere im Rahmen; der Autotransport kann allerdings ein großes Loch in den Geldbeutel reißen. Auf dem Luft- oder Wasserweg sind einige der vorgelagerten Eilande oder abgeschiedenen Orte auf den bei-

den Hauptinseln zu erreichen, die sich gegen jegliche Art von Erschließung durch Straßen zur Wehr setzen. Dank einer wachsenden Zahl spezieller Touranbieter wird das Vordringen in Wildnisgebiete jedoch immer einfacher.

Fernbusse

Die meisten Orte sind mit Fernbussen *(coaches)* oder den kleineren Shuttle-Bussen erreichbar. Letztere bieten mehr oder weniger den gleichen Service, sind jedoch eher dazu bereit, ihre Passagiere direkt an den Unterkünften abzusetzen oder abzuholen. Im Allgemeinen verkehren die Busse pünktlich und sind komfortabel. Infolge des Konkurrenzkampfes bewegen sich auch die Preise in erträglichem Rahmen. Die größeren Fahrzeuge verfügen meist über eine Klimaanlage, manchmal über WLAN und einige sogar über Toiletten. Alle paar Stunden wird unterwegs ein Stopp eingelegt, meist an einem Rasthaus und manchmal auch kurz an bedeutenden Sehenswürdigkeiten.

Intercity und Newmans

Das größte Busunternehmen ist **InterCity**, das mit seinen erstklassigen Fahrzeugen das ganze Land bedient. **Newmans** gehört zur selben Firma, ist gemäß eigenen Angaben etwas luxuriöser und in erster Linie auf Sightseeingtouren spezialisiert. In Wirklichkeit haben beide Unternehmen jedoch einen gemeinsamen Fahrplan, und InterCity-Pässe gelten oftmals auch für Newmans-Busse (ist im vorliegenden Buch von InterCity die Rede, bezieht sich dies auf den gemeinsamen Service von InterCity und Newmans). Auf einigen Strecken gibt es Ledersitze, USB-Lademöglichkeiten und WLAN.

Der Standardpreis für die einfache Fahrt von Auckland nach Rotorua liegt z. B. bei $55 (nicht erstattungsfähige Tickets gibt es ab $21), von Christchurch nach Queenstown sind es $75 (nicht erstattungsfähige Tickets ab $55). In der Nebensaison fallen die Preise. Die besten Preise gibt es bei frühzeitiger Buchung. Auf allen Strecken gibt es einen Sitzplatz für $1, aber da man diese Tickets ein Jahr im Voraus buchen kann, ist die Wahrscheinlichkeit höher, auf einen Hobbit zu treffen, als ein solches Ticket zu ergattern. YHA-, VIP-, ISIC- und BBH-Karteninhaber erhalten einen kleinen Rabatt auf den Standardtarif, allerdings kommt man mit den verschiedenen nicht erstattungsfähigen Tickets besser weg.

InterCity bietet auf verschiedenen Strecken auch spezielle Travel Passes an. Zu den Travel Passes mit festen Routen gehören die Strecken von Auckland nach Paihia (Bay Escape $119), von Auckland nach Wellington via Matamata (inklusive Ausflug zum Hobbiton Movie Set), Rotorua und Taupo (Big Fish $209) oder von Wellington nach Queenstown entlang der Westküste (West Coast Passport $189). Am unabhängigsten ist man mit dem Flexi Pass (s. Kasten S. 72) oder mit InterCity Flexitrips, 🖥 www. flexitrips.co.nz, das wie ein Gutscheinheft funktioniert. Fünf Fahrscheine kosten $156 ($210 inklusive Interislander-Fähre), aber je mehr Fahrten man kauft, desto billiger wird es.

Backpacker-Busse

Eine der billigsten Reisearten für Leute, die in kurzer Zeit relativ viel sehen möchten, sind die Backpacker-Busse. Allerdings ist es nicht jedermanns Geschmack, mit einer lärmenden Horde von 40 Mitreisenden durch das Land zu fahren, aber wer Partystimmung und das Reisen mit Gleichgesinnten mag, ist hier genau richtig. Üblicherweise kauft man sich für eine vorgegebene Route ein Ticket (bis zu zwölf Monate gültig) und bestimmt dann seine Reisegeschwindigkeit selbst. Man kann entweder einem Bus treu bleiben oder nach einem längeren Zwischenaufenthalt einfach den nächsten nehmen. In der Hochsaison sind die nachfolgenden Busse allerdings oft schon voll besetzt – eine mehrtägige Vorausplanung und -reservierung wird dann unerlässlich. Die Unternehmen halten ihren Betrieb das ganze Jahr über aufrecht, wenngleich im Winter mit eingeschränktem Fahrplan. Bei allen nachfolgend aufgeführten Unternehmen ist es manchmal etwas billiger, die Reise vor der Ankunft in Neuseeland zu buchen (einige Sonderangebote sind nur im Ausland erhältlich). Informationen dazu gibt es auf den Websites. Eine Mitgliedschaft in den Verbänden YHA, VIP, BBH oder ISIC spart zusätzlich ein paar Dollar. Der Ticketpreis beinhaltet in der Regel keine Übernachtungen, Aktivitäten (wenngleich diese oft billiger zu haben sind), Ausflüge oder Essen. Auch die Fährüberfahrt von der Nord- zur Südinsel muss extra bezahlt werden.

Einen sehr naturverbundenen Ansatz bietet **Flying Kiwi Wilderness Expeditions**, 🖥 www.flying kiwi.com, die die Touristenpfade verlassen und lieber campen gehen als in den Hostels der Stadt zu übernachten. Die umgebauten Busse sind mit Fahrrädern, Kanus, Küche, Vorzelt, Kühlschrank, Matratzen, Zelten und heißer Dusche ausgestattet. Beim Kochen und Spülen helfen alle mit. Die Touren werden das ganze Jahr über angeboten, wobei man die gesamte Zeit mit derselben Gruppe verbringt. Im Programm sind verschiedene Touren, darunter der Northern Express (Wellington–Taupo–Auckland, 2 Tage, $296 inkl. Essen und Campinggebühren) oder eine komplette Neuseeland-Rundreise (27 Tage, $3050).

Haka Tours, 🖥 www.hakatours.com, bietet begleitete Reisen in kleinen Gruppen an. Man reist, schläft und frühstückt zusammen (alle Touren sind inkl. Übernachtungen). Wer mögliche Aktivitäten unterwegs im Voraus bucht, spart zusätzlich Geld. Zu den Rundreisen gehören Touren wie die Epic (24 Tage, $3600 inkl. einiger Aktivitäten) und die South Island LICK (7 Tage, $1299 inkl. einer Fahrt mit dem TranzAlpine).

Kiwi Experience, 🖥 www.kiwiexperience.com, genießt den Ruf, partywütige Nachtschwärmer anzuziehen. Das Angebot ist groß, angefangen bei einer Tour von Auckland zum Cape Reinga (mind. 3 Tage, $225) bis zum Whole Kit und Caboodle (mind. 30 Tage, $1935).

Stray, 🖥 www.straytravel.com, sieht sich in der Partytradition noch vor Kiwi Experience angesiedelt, und so fließt das Bier sowohl am Lagerfeuer als auch in den Bars in Strömen. Touren: Südinsel (mind. 16 Tage, $1035), Nordinsel (mind. 13 Tage, $985).

Weitere Busse

Andere Unternehmen konkurrieren direkt mit InterCity/Newmans auf den Hauptrouten und schließen die Lücken im Busnetz. Häufig sind deren Busse auf die Fahrpläne der großen Unternehmen abgestimmt und bedienen auch entlegenere Gebiete. Die Shuttle-Busse sind in der Regel günstiger (manchmal sogar erheblich). Sie sind auch eher bereit, ihre Kunden an der Unterkunft abzuholen oder abzusetzen. Bei längeren Fahrten ist jedoch ein größerer Bus weitaus bequemer.

In den i-SITE-Touristenbüros sind die Fahrpläne der Unternehmen erhältlich, die in der jeweiligen Region operieren, sodass man die Ziele und Preise miteinander vergleichen kann. Die Preisstruktur ist einfach zu durchschauen, da es keine komplizierten Rabattregeln gibt. Als Anhaltspunkte gelten: Auckland–Rotorua um $20, Christchurch–Queenstown um $50.

Im Folgenden sind die wichtigsten **Busgesellschaften** aufgelistet, viele weitere werden in den entsprechenden Kapiteln erwähnt:

Busunternehmen

Atomic Shuttles, ✆ 03 349 0697, 🖵 www.atomictravel.co.nz. Großes Fernbus-Unternehmen auf der Südinsel, das vor allem Langstrecken bedient.
InterCity und **Newmans**, ✆ 09 583 5780, 🖵 intercitycoach.co.nz. Landesweiter Langstreckendienst.
Manabus, 🖵 www.manabus.com.
NakedBus, ✆ 0900 62533, 🖵 www.nakedbus.com. Günstige Busverbindungen auf beiden Hauptinseln. WLAN und Betten im Bus.
Northliner Express, ✆ 09 583 5780, 🖵 www.northliner.co.nz. Busreisen im Northland; gehört zu InterCity.

Eisenbahn

Von Neuseelands Eisenbahnnetz ist nicht mehr viel übrig geblieben. Es gibt **Nahverkehrszüge** in Wellington und Auckland sowie ein paar Verbindungen zwischen Städten. Die noch existierenden **Fernzüge** verkehren alle auf landschaftlich herausragenden Strecken, aber die Waggons zuckeln so langsam dahin, dass sie für die meisten Neuseeländer kein wirklich nützliches Verkehrsmittel darstellen. Aber trotz des sinkenden Standards sind Bahnreisen nach wie vor ein schönes Erlebnis.

Betreiber aller Fernzüge ist **Kiwi Rail Scenic Journeys**, ✆ 04 495 0775 und 0800/872 467, 🖵 www.kiwirailscenic.co.nz. Bedient werden nur drei Strecken. Die Züge haben Panoramafenster oder offene Panoramadecks, zurückklappbare Sitze und Speisewagen, in dem es passables Essen und Bier gibt. Ein Ticket garantiert einen Sitzplatz, wobei die Fahrkartenkontrolle bereits auf dem Bahnsteig stattfindet; Taschen und Koffer werden in einem Gepäckwagen transportiert.

Auf der längsten Fahrt, der Zugverbindung namens Northern Explorer zwischen **Auckland und Wellington**, geht es an den Vulkangipfeln des Tongariro National Park vorbei. Interessante Stopps sind u. a. Otorohanga (wo der Zug von einem Shuttlebus zu den Waitomo Caves erwartet wird) und National Park (Ausgangspunkt für den Mount Ruapehu und den Wanderweg Tongariro Crossing). Der Overlander verlässt Auckland und Wellington gegen 7.35 Uhr und erreicht sein Ziel um 19.20 Uhr.

Auf der Südinsel verbindet der reizvolle Coastal Pacific **Christchurch mit Picton**, eine Fahrt, die zum Teil entlang der Küste führt. Von Oktober bis April verlässt der Zug Christchurch täglich um 7 Uhr, hält unterwegs in Kaikoura (9.54 Uhr) und Blenheim (11.46 Uhr) und erreicht um 12.13 Uhr Picton, wo er sich bereits um 13 Uhr wieder auf die Rückfahrt macht (Blenheim 13.33 Uhr, Kaikoura 15.28 Uhr, Christchurch 18.21 Uhr).

Die lohnenswerteste Bahnreise Neuseelands ist die mit dem TranzAlpine von **Christchurch nach Greymouth** an der Westküste (S. 623). Die **Preise** für Zugtickets sind höher als für Bustickets auf den gleichen Strecken, aber mit Ermäßigungen und einem Travel Pass lässt sich einiges Geld sparen.

Die meisten Passagiere fahren mit dem Standard- oder **Flexi-Fare**-Tarif, der bei Vorausbuchung mit einem Rabatt aufwartet. Bei Stornierungen oder Umbuchungen bis zu 48 Stunden vor Abfahrt wird der Ticketpreis komplett erstattet.

Preisbeispiele für Standard-Tickets: Auckland–Wellington oder Christchurch–Greymouth $199. Senioren (ab 60 Jahren) erhalten auf Standard-Fahrpreise eine Ermäßigung, aber meistens ist es besser, sich einen Scenic Rail Pass (s. Kasten S. 72) zu besorgen.

Abgesehen von einigen Kurzstrecken, die von Dampfloks bedient werden, verkehren die einzigen weiteren Passagierzüge auf dem **Taieri Gorge Railway** (S. 708) zwischen Dunedin und Middlemarch. Auch diese Strecke richtet sich vor allem an Touristen und ist landschaftlich ausgesprochen schön.

Flüge

Viele Touristen beginnen ihre Reise in Auckland und fliegen von Christchurch zurück, sodass sie sich gar nicht um Inlandsflüge kümmern müssen. Wer nur über einen begrenzten Zeitrahmen verfügt, aber dennoch alle wichtigen Sehenswürdigkeiten abklappern möchte, ist hingegen auf **Inlandsflüge** angewiesen, die teilweise erstaunlich günstig zu haben sind.

Inlandsflüge

Wer seine Inlandsflüge lange im Voraus per Internet bucht, kann bis zur Hälfte des Flugpreises sparen. Interessant können auch die von Air New Zealand, 🖳 www.airnewzealand. de, angebotenen Flugpässe sein, die jeder kaufen kann, der mit dieser Fluggesellschaft nach Neuseeland geflogen ist. Mit ihnen lassen sich verschiedene Oneway-Flüge zu einer Reiseroute kombinieren.

Jetstar, 🖳 www.jetstar.com, bietet ähnliche Multistopp-Tickets an, allerdings zu höheren Preisen.

Bei Air New Zealand gibt es außerdem die Regional Gotta Go-Tarife, die man, sofern noch Plätze frei sind, ab 90 Minuten vor Abflug buchen kann. Auf ihrer Discount-Website 🖳 www.grabaseat.co.nz besteht ebenfalls die Möglichkeit, Last-Minute-Flüge zu buchen oder einen billigen Flug bei den wöchentlichen Auktionen zu erstehen.

Das bei weitem größte Unternehmen ist Air New Zealand, das alle größeren sowie zahlreiche kleineren Orte anfliegt (insgesamt 20 Destinationen). Konkurrenz kommt in erster Linie von Jetstar, die nur Auckland, Wellington, Christchurch, Dunedin, Rotorua und Queenstown auf dem Flugplan hat.

Air New Zealand verkauft für seine Flüge nur Tickets der gleichen Klasse, wobei sich die Preise in vier Kategorien staffeln: Zeitlich stark begrenzte Tickets sind am billigsten, während es zu Stoßzeiten weniger günstige Angebote gibt. Jetstar hat ein ähnliches System. So kostet z. B. ein einfacher Flug von Auckland nach Christchurch zum Standardpreis $200, zum Seat+-Bag-Tarif $139, zum Seat-Only-Tarif (kein aufgebenes Gepäck) nur $59 und über die Website 🖳 www.grabaseat.co.nz sogar nur $45.

Zu weiteren gefragten Verbindungen zählen die Flüge von Auckland nach Great Barrier Island, über die Cook Strait sowie von Invercargill nach Stewart Island. Folgende **Fluggesellschaften** bedienen Ziele innerhalb Neuseelands:

Air New Zealand, ✆ 0800 737 000, 🖳 www.airnewzealand.co.nz.
Fly My Sky, ✆ 0800 222 123, 🖳 www.flymysky.co.nz. Flüge zwischen Auckland und Great Barrier Island.
Great Barrier Airlines, ✆ 0800 900 600, 🖳 www.greatbarrierairlines.co.nz. Verbindungen zwischen Auckland, Coromandel, Northland oder Tauranga zur Great Barrier Island.
Jetstar, ✆ 0800 800 995, 🖳 www.jetstar.com.
Soundsair, ✆ 0800 505 005, 🖳 www.sounds air.com. Verbindungen in kleinen Flugzeugen über die Cook Strait.
Stewart Island Flights, ✆ 03 218 9129, 🖳 www.stewartislandflights.com. Regelmäßiger Flugdienst zwischen Invercargill und Stewart Island.

Auto und Wohnmobil

Wer mit einem eigenen Fahrzeug reist, ist natürlich erheblich flexibler und gelangt auch problemlos an Orte, die ansonsten nur schwer zu erreichen sind. Außerdem lässt sich, indem man zeltet oder etwas außerhalb der Stadtzentren übernachtet, einiges an Geld sparen. Für zwei oder mehr Personen kann dies eine sehr günstige Art zu reisen sein. Die Route sollte sorgfältig geplant werden, und es ist sinnvoll, genügend Zeit für Unwägbarkeiten einzuplanen. Viele der Strecken sind enger, steiler und kurviger als man es von zu Hause gewohnt ist.

Um in Neuseeland Auto zu fahren, wird lediglich ein gültiger nationaler Führerschein benötigt, wenngleich ein internationaler Führerschein den Umgang mit Behörden vereinfachen kann. In Neuseeland herrscht **Linksverkehr**. Die Verkehrsschilder entsprechen den unsrigen, und für alle Insassen besteht Gurtpflicht. Geparkt werden darf nur in Fahrtrichtung. Weitere Besonderheiten findet man in der mehrsprachigen Broschüre *What's different about driving in New Zealand*, die von der Transport Agency, 🖳 www.nzta.govt.nz, herausgegeben wird.

Außerhalb geschlossener Ortschaften sind maximal 100 km/h erlaubt, innerhalb von Wohngebieten ist die **Geschwindigkeit** auf 70 km/h oder 50 km/h begrenzt. Bei Geschwindigkeitsübertretungen werden derzeit mindestens $30 fällig. Ein altbekanntes Problem ist Trunkenheit am Steuer: Um die Zahl der tödlichen Verkehrsunfälle herabzusetzen, gibt es Alkoholkontrollen, und die Überschreitung der Promillegrenze von 0,5 wird streng bestraft.

Im Allgemeinen ist der **Straßenzustand** gut und der Verkehr spärlich – zu Staus kommt es nur zu den Hauptverkehrszeiten im Großraum Auckland und Wellington. Die meisten Straßen sind geteert, aber es gibt auch viele Schotterstraßen, die auf Karten deutlich gekennzeichnet sind. Auf den Schotterstraßen kommt man natürlich etwas langsamer voran, und nach heftigen Regenfällen können sie unpassierbar werden. Vor der Abfahrt sollte man daher immer den aktuellen Straßenzustand erfragen. Bei der Fahrzeugmiete muss man darauf achten, dass auch Fahrten auf Schotterstraßen versichert sind. Einige Autoverleiher untersagen aber die Benutzung der schlimmsten Straßen – z. B. im Skippers Canyon und an der Nordspitze der Coromandel Peninsula.

Zu weiteren **Verkehrshindernissen** gehören einspurige Brücken: Schilder vor der Brücke zeigen an, wer Vorfahrt hat. Auf längeren Brücken gibt es auf halber Strecke eine Haltebucht.

Die **Tankstellen** der größeren Städte haben meist rund um die Uhr geöffnet, aber in kleineren Orten schließen sie bereits gegen 20 Uhr.

Wer mit dem eigenen Auto unterwegs und in der Heimat in einem Automobilclub Mitglied ist, kann sich an die **New Zealand Automobile Association** (AA), 🖳 www.aa.co.nz, wenden. Die Mitgliedschaft im deutschen ADAC, DSV, DMYV, DCC und DTC oder deren Pendants in Österreich (ÖCC, ÖAMTC) und der Schweiz (TCS, CCS, SRB, ZKZ, ONST) wird vom neuseeländischen AA in gewissem Rahmen anerkannt, sodass man auch in Neuseeland in den Genuss zahlreicher Leistungen kommt. Dazu zählen beispielsweise ein rund um die Uhr aktiver Pannendienst, ☎ 0800 500 222, kostenloses Kartenmaterial und Unterkunftsverzeichnisse.

Mietwagen

Wer Neuseeland mit dem Mietwagen bereist, startet meist in Auckland und fährt quer über die Nordinsel nach Wellington. Dort wird der erste Wagen stehen gelassen, mit der Fähre nach Picton übergesetzt und ein zweites Auto gemietet, mit dem man dann die Südinsel durchstreift und es in Christchurch wieder abgibt. Diese Tour kann auch in umgekehrter Richtung gemacht werden, was oftmals billiger ist. Oder man nimmt das Auto mit über die Cook Strait, wofür die einheimischen Autovermietungen keinen großen Aufschlag erheben (einige internationale Autovermietungen erlauben die Überfahrt allerdings nicht).

Die **Preise** sind relativ günstig. Ab einer Mietdauer von vier Wochen bekommt man ältere Kleinwagen im Winter (Juni–Aug) schon für weniger als $19 pro Tag. In der Hochsaison steigen die Preise. Die meisten internationalen Firmen sind vor Ort vertreten und bieten neue Autos zu guten Bedingungen an. Einheimische Verleiher können mit einem günstigeren Preis-Leistungs-Verhältnis aufwarten, weil ihre Geschäftskosten niedriger sind und ihr Fuhrpark meist aus älteren, aber nicht minder leistungsfähigen Autos besteht. Noch billiger wird es mit Firmen, die nur lokal vertreten sind; ihre Autos eignen sich jedoch eher für Ausflüge in die nähere Umgebung, da die Firmen keine entsprechende Infrastruktur besitzen, die beispielsweise bei der Passage über die Cook Strait von Nutzen wäre. Kostenlose Pannenhilfe ist bei den meisten enthalten.

In der Hochsaison sollte man nach Möglichkeit im Voraus ein Auto reservieren. Zu anderen Zeiten lassen sich vor Ort häufig günstigere Angebote finden, besonders im Winter (außer in den Skigebieten), wenn man den Preis beinahe selbst bestimmen kann. Bei einer Miete ab vier Tagen werden in der Regel **unbegrenzte Kilometer** gewährt. Die im Folgenden aufgeführten Preise beziehen sich auf die Hauptsaison bei einer Mietdauer von zwei Wochen, allerdings sollte man immer versuchen, ein wenig zu handeln. Im Allgemeinen gilt: Ace, Apex, Omega und Pegasus verleihen neuere Autos zu moderaten Preisen. Die übrigen Mietwagenfirmen versuchen verzweifelt, sich gegenseitig zu unterbieten und haben daher **niedrige Preise**.

Für zwei Mietwochen im Sommer kostet ein **Kleinwagen** (1,3–1,8 l) bei den großen Unternehmen $45–80 und bei einheimischen Verleihern $40–60 pro Tag. Bei einem **Mittelklassewagen** (2–3 l) liegen die Preise zwischen $90–120 bei den großen und zwischen $60 und $70 bei den kleineren lokalen Firmen. Sofern man Neuseeland nicht im Winter bereist und ohne Schneeketten in die Skigebiete fahren möchte, ist ein **4WD** eigentlich unnötig. Er kostet im Allgemeinen $70–140 pro Tag und wird daher sinnvollerweise nur für einzelne Ausflüge gemietet.

Bei einer Mietdauer von mehreren Wochen wird die Gebühr für eine **Einwegmiete**, bei der das Auto an einer anderen Stelle als dem Abholort zurückgegeben wird, normalerweise erlassen; sie liegt bei $200. Mit etwas Verhandlungsgeschick kann man sich von diesen Kosten auch befreien, wenn man von Süden nach Norden reist – während der Saison stehen in Wellington, Picton, Christchurch und Queenstown manchmal so viele Wagen herum, die eigentlich woanders gebraucht würden, dass einige Verleiher interessante Preise für **Rücküberführungen** anbieten. Wie viel Zeit für den Transfer zur Verfügung steht, hängt vom jeweiligen Unternehmen ab.

Wer ein Auto ausleihen will, muss mindestens 21 Jahre alt sein und eine gültige Fahrerlaubnis haben; Fahrer unter 25 Jahren bezahlen oft wesentlich mehr für die Versicherung. Die Kosten für die **Versicherung** sind meist im angeführten Tarif enthalten. Für Glasschäden muss man selbst aufkommen, und die Selbstbeteiligung liegt bei $2000. Bei einigen Billiganbietern und einigen internationalen Firmen beträgt die Selbstbeteiligung bis zu $3500, wenn der Unfall selbst verschuldet wurde. Dieser Betrag lässt sich u. U. auf $350 oder null reduzieren, wenn pro Tag zusätzlich $10–25 für den Collision Damage Waiver bezahlt werden.

Bevor Verleihfirmen einen Wagen aushändigen, verlangen sie vom Kunden einen Kreditkarten-Beleg oder eine Kaution ($2000). Hat man einen Unfall, wird die Kaution zur Bezahlung der Schäden verwendet. In manchen Fällen zahlt man lediglich für den tatsächlichen Schaden, in anderen ist die gesamte Kaution weg, egal wie leicht der Unfall war. Vor Unterschreiben des Vertrags sollte man unbedingt das Kleingedruckte lesen und das Auto nach sichtbaren Schäden untersuchen, damit man am Ende seiner Reise nicht für die Fehler anderer haftbar gemacht wird. Außerdem gilt es, sich zu erkundigen, welche Einschränkungen für die Benutzung bestimmter Straßen gelten.

Neuseeländische Autovermieter
A2B Rentals, ☎ 0800 545 000,
🖥 www.a2b-car-rental.co.nz
Ace Rental Cars, ☎ 0800 502 277,
🖥 www.acerentalcars.co.nz
Apex, ☎ 0800 500 660,
🖥 www.apexrentals.co.nz
Bargain Rental Cars, ☎ 0800 001 122,
🖥 www.bargainrentals.co.nz
Jucy, ☎ 0800 399 736, 🖥 www.jucy.co.nz
Omega, ☎ 0800 525 210,
🖥 www.omegarentalcars.com
Pegasus, ☎ 0800 803 580,
🖥 www.rentalcars.co.nz

Wohnmobil mieten
Den ganzen Sommer über sind Neuseelands Straßen übersät mit Wohnmobilen, hinter deren Steuer fast immer ausländische Urlauber

sitzen. Sie fahren damit kreuz und quer durchs Land, übernachten auf Campingplätzen und campen ab und zu wild. Ein mittleres Wohnmobil birgt genügend Platz für zwei Erwachsene und zwei Kinder und ist mit einem herunterklappbaren Bett und einer Kochnische ausgestattet. Die größeren Modelle bieten vier oder mehr Erwachsenen Platz und besitzen oftmals eine Dusche und sogar eine Toilette.

Die **Mietpreise** für mittlere **Wohnmobile** (bei drei Wochen Dauer) liegen während der Hochsaison (Dez–Feb) bei $150–400 pro Tag, in der Nebensaison zwischen $70–240 pro Tag und fallen im Winter auf $40–150. Zu den bekanntesten Firmen zählen Kea, Britz, Mighty und Maui (die eigentlich zusammengehören); ein paar kleinere Firmen bieten günstigere Preise (mindestens 30 % weniger).

Kleine Campingbusse sind oft beengt und werden vor allem von spartanischen Rucksacktouristen bevorzugt, die bereitwillig auf mehr Komfort verzichten. Sie kosten im Sommer von $60–140, in den Übergangszeiten $30–90 und im Winter $25–35 pro Tag. Der Trend: bemalte Busse mit schrägen Firmennamen wie Escape Rentals oder Wicked Campers. Eine gute Alternative sind die auffälligen, orangefarbenen Fahrzeuge von Spaceships, die einfallsreich umgebaut sind und zwei Erwachsenen Platz bieten. Ebenfalls erschwinglich und darüber hinaus wesentlich romantischer sind die restaurierten VW-Busse von Kiwi Kombis in Auckland, die je nach Zeit und Fahrzeug $130–190 pro Tag verlangen.

Für Wohnmobile besteht keine Kilometerbegrenzung, und man bekommt eine Küchenausrüstung sowie unter Umständen einen kostenlosen Flughafentransfer dazu. Wer sein Fahrzeug für weniger als eine Woche mietet, muss eventuell einen Aufschlag bezahlen (v. a. im Hochsommer). Die Versicherung ist im Preis inbegriffen, wobei die Selbstbeteiligung satte $3000–4000 betragen kann – der zusätzliche Collision Damage Waiver sollte also unbedingt in Erwägung gezogen werden. Ein Großteil der Firmen verleiht für ein paar zusätzliche Dollar auch Campingausrüstung.

Für Wohnmobile wird zwar keine spezielle **Fahrerlaubnis** benötigt, aber man muss sich schon etwas umstellen und vorsichtiger fahren als mit einem Pkw, besonders bei starkem Wind, bei Steigungen und engen Kurven. Wohnmobilverleiher sind:

Wohnmobilverleiher
(mittlere bis große Fahrzeuge)
Adventure, ✆ 0800 123 555,
🖥 www.nzmotorhomes.co.nz
Britz, ✆ 0800 831 900, 🖥 www.britz.com
Eurocampers, ✆ 03 347 3285,
🖥 www.eurocamper.co.nz
Freedom Campers, ✆ 0800 325 939,
🖥 www.freedomcampers.co.nz
Jucy, ✆ 0800 399 736, 🖥 www.jucy.co.nz
Kea Campers, ✆ 0800 520 052,
🖥 www.keacampers.com
Maui, ✆ 0800 651 080, 🖥 www.maui.co.nz
Mighty Cars and Campers, ✆ 0800 422 267,
🖥 www.mightycampers.com

Wohnmobilverleiher
(kleine Fahrzeuge und Umbauten)
Escape, ✆ 0800 216 171,
🖥 www.escaperentals.co.nz
Jucy, ✆ 0800 399 736, 🖥 www.jucy.co.nz
Kiwi Kombis, ✆ 09 533 9335,
🖥 www.kiwikombis.com
Spaceships, ✆ 0800 772 237,
🖥 www.spaceshipsrentals.co.nz
Wicked Campers, ✆ 0800 246 870,
🖥 www.wickedcampers.co.nz

Autokauf

Ein gebrauchtes Auto zu kaufen, kann sich bereits ab einem Aufenthalt von zwei Monaten lohnen und sogar billiger sein als öffentliche Transportmittel. Bei einem extrem billigen Wagen steigt allerdings das Pannenrisiko. Die meisten besorgen sich in Auckland ein Auto und verkaufen es wieder in Christchurch, wo man als Kunde eine entsprechend gute Auswahl und eine bessere Verhandlungsposition hat.

Einige der besten Angebote findet man an den **Anschlagbrettern der Backpacker-Hostels**, wo ältere Autos und Vans für $500–5000 ausgeschrieben werden. Ein halbwegs vernünftiges Gefährt ist ab $3000 zu haben. Es mag keinen Schönheitspreis gewinnen, und bei einem **Privatkauf** besteht auch keine Garantie, dass der Wagen die Urlaubsreise übersteht, dafür bekommt man häufig Campingausrüstung umsonst oder für wenig Geld als Beigabe dazu.

Sicherer, aber auch teurer sind **Händler**, die es in Auckland, Christchurch und Wellington zuhauf gibt und die Autos ab $5000 im Angebot haben. Einige dieser Firmen bieten auch einen **Rückkaufservice** an und nehmen das Auto nach der Tour für etwa die Hälfte des Kaufpreises wieder ab. So vergeudet man keine Urlaubstage mit dem Verkauf des Wagens; auf dem Privatmarkt erzielt man allerdings meist einen wesentlich besseren Preis.

Wer sich zutraut, den Zustand eines Wagens selbst einzuschätzen, kann zu einer **Auktion** gehen (in Auckland und Christchurch wöchentlich); Ort und Zeit werden in der Lokalpresse bekannt gegeben), wo man oft richtige Schnäppchen macht. Achtung: Üblicherweise werden auf das Gebot etwa 10 % **Käuferprämie** aufgeschlagen.

Bevor man den Zuschlag gibt, sollte man auf die Website der NZ Transport Agency, 🖥 www.nzta.govt.nz, und dort zum Menüpunkt My Vehicle gehen. Hier erhält man gute Ratschläge und Warnungen bezüglich des Autokaufs und nützliche Tipps zum Erwerb von Gebrauchtwagen.

Wer sich mit Autos nicht wirklich auskennt, sollte vor dem Kauf auf alle Fälle eine **Autoinspektion** durchführen lassen. Das kostet zwar Geld, aber vielleicht kann man den Kaufpreis danach wegen offenkundiger Mängel herunterhandeln – oder erspart sich eine Enttäuschung. Solche Untersuchungen werden durchgeführt von der AA, ✆ 0800 907 788, 🖥 www.aa.co.nz (Mitglieder $149, Nicht-Mitglieder $169), oder von den Car Inspection Services, ✆ 0800 500 800 für Auckland und Wellington, 🖥 www.carinspections.co.nz.

Ein wichtiger Tipp zum Schluss: Vor Abschluss eines Kaufvertrags unbedingt Lemon-Check, ✆ 0800 536 662, 🖥 www.lemoncheck.co.nz, kontaktieren, um zu erfahren, ob das Auto gestohlen ist oder Schulden darauf lasten, die man mit dem Kauf automatisch übernehmen würde. Die Kosten für die Fahrzeughistorie inklusive Überprüfung des korrekten Tachostandes betragen $20 und für die Überprüfung möglicher ausstehender Schulden weitere $7,50.

Was bei uns der TÜV, ist in Neuseeland der **WOF** (Warrant of Fitness): die Überprüfung eines Autos auf seine Verkehrssicherheit. Der erste WOF wird nach dem dritten Zulassungsjahr fällig. Untersuchungen dieser Art werden von speziellen Werkstätten und Prüfstellen durchgeführt und gelten ein Jahr, wenn das Auto nach dem Jahr 2000 zugelassen wurde, oder sechs Monate bei älteren Autos. Beim Verkauf eines Autos darf die Überprüfung nicht länger als einen Monat zurückliegen. Außerdem sollte das Auto eine gültige **Vehicle licence** („rego") besitzen, die vor Ablauf erneuert werden muss (für Privatfahrzeuge mit Benzinmotor – 1301–2600cc – 6 Monate $290,08, 12 Monate $431,25). Das wird am besten per Post oder in einem der AA-Büros erledigt, geht aber auch online unter 🖥 www.nzta.govt.nz.

Nach dem Kauf eines Autos muss der Zulassungsstelle der **Besitzerwechsel** bekannt gegeben werden, indem Verkäufer und Käufer gemeinsam ein Onlineformular ausfüllen (Käufer können das Formular aber auch bei jedem Postamt oder in einer AA-Filiale ausfüllen und einreichen). Die Kennzeichen verbleiben beim Auto.

Zu guter Letzt wird noch eine **Versicherung** benötigt, entweder Vollkasko oder Haftpflicht, Feuer und Diebstahl. Die Preise differieren teilweise sehr. Eine Haftpflichtversicherung kostet für sechs Monate mindestens $150 (abhängig vom Alter, Dauer des Führerscheinbesitzes, Wert des Autos usw.).

Motorrad

Auch Motorradfahrer benötigen lediglich einen nationalen oder internationalen Führerschein, der selbstverständlich für Krafträder ausgestellt sein muss. Es besteht **Helmpflicht**, und man sollte sich darauf einstellen, ab und zu auch Schotterstraßen zu befahren.

Wer ohne eigenes Motorrad unterwegs ist, kann sich von Unternehmen, die geführte Touren anbieten (s. unten), eine Maschine ausleihen. Ein recht teurer Spaß, denn für ein Motorrad mit 650 ccm bezahlt man im Sommer $110–190 pro Tag und bis zu $350 für eine Harley. Bike Adventure New Zealand, ✆ 0800 498 600, 🖥 www.

bikeadventure.co.nz, bietet 600er Enduros für $95 pro Tag bei Kurzzeitmieten; der Preis fällt auf $50, wenn man die Maschine für zehn Wochen ausleiht. Ansonsten wird man bei denselben Quellen wie beim Autokauf fündig.

Motorradtouren

Die Alternative zum Mieten eines Motorrads ist eine organisierte Tour, mit oder ohne Reiseführung, wobei gewöhnlich sehr gute Unterkünfte und Restaurants gewählt und hervorragende Motorräder gestellt werden.

Adventure New Zealand Motorcycle Tours & Rentals, Nelson, ⌨ www.gotournz.com. Sehr teure Motorradtouren in kleinen Gruppen auf der Südinsel. Die Route kann maßgeschneidert werden, ein Luxusbus begleitet die Teilnehmer, und alles ist auf den höchsten Standard ausgerichtet. Die Preise beginnen bei $9190 für einen 10-tägigen Standardtrip auf einem Durchschnittsmotorrad.

New Zealand Motorcycle Rentals & Tours, ⌨ www.nzbike.com. Hochpreisige Spezialagentur, die geführte All-inclusive-Touren mit Übernachtung in hervorragenden Unterkünften anbietet. Außerdem im Angebot: partiell geführte Touren und Motorradverleih. Eine geführte 19-tägige Tour über beide Inseln kostet bei Übernachtung in Hotels ab $8800 (je nach Motorrad).

Te Waipounamu Motorcycle Hire & Tours, ⌨ www.motorcycle-hire.co.nz. Organisiert Luxustouren durch Neuseeland und verleiht Motorräder (BMW-Maschinen in der Hochsaison $235/Tag).

Fahrrad

Neuseeland lässt sich prima per Rad erkunden. Die Distanzen sind gering, das Klima im Allgemeinen angenehm, der Verkehr dünn und die Landschaft atemberaubend. Fast überall findet man Hostels und Campingplätze, wobei Letztere meist auch Zimmer und Cabins vermieten, sollte einem der Regen doch einmal zusetzen. Allerdings birgt das Land auch ein paar Tücken für Radfahrer: Neuseelands Straßennetz ist so dünn, dass man in vielen Gegenden auf die Hauptstraßen angewiesen ist; Nebenstraßen sind häufig ungeteert; selbst im Sommer fällt einigermaßen viel Regen; und ein Großteil des Landes ist ausgesprochen hügelig.

Die Südinsel eignet sich besser zum Radfahren als die Nordinsel. Der von Nord nach Süd verlaufende Gebirgszug auf der Südinsel bildet praktisch die einzige geografische Barriere, während sowohl ein großer Teil der West- als auch zwei Drittel der Ostküste aus einer Ebene besteht. Auf der Nordinsel hingegen kann man kaum 10 km fahren, ohne auf irgendeinen größeren Hügel zu stoßen, und muss sich mit wesentlich mehr Verkehr herumschlagen – inklusive riesiger Holztransporte.

Für Radfahrer besteht **Helmpflicht**. Wer sich einer geführten Tour anschließen möchte, findet entsprechende Anbieter auf S. 64. Sehr gute **Informationen** zur Planung und Durchführung von Radtouren enthalten die Radführer *Pedallers' Paradise*, ⌨ www.paradise-press.co.nz, Bruce Ringers *New Zealand by Bike* und der Band *Classic New Zealand Cycle Trails* der Gebrüder Kennett.

Da man sich größtenteils auf Teerstraßen fortbewegt und nur gelegentlich auf eine Schotterpiste ausweichen muss, ist ein **Trekkingrad** am besten geeignet. Natürlich leistet auch ein **Mountainbike** gute Dienste, allerdings sollte man dann auf grobe Stollenreifen verzichten, um das Vorankommen nicht unnötig zu erschweren.

Bei einem Aufenthalt von mehreren Wochen ist es billiger, das **eigene Rad** mitzubringen. Viele internationale Fluggesellschaften betrachten Fahrräder lediglich als zusätzliches Gepäckstück und lassen sich den Transport nicht extra bezahlen, sofern man das erlaubte Gesamtgewicht nicht überschreitet. Jedoch verlangen die Airlines die Verpackung in einer **Fahrradtasche**, oder vor der Gepäckaufgabe müssen zumindest die Pedale abgeschraubt, der Lenker quergestellt sowie die Kette abgedeckt werden.

An einigen Flughäfen werden Radkartons verkauft. Sperrige Radtaschen können in den meisten Hostels kostenlos oder gegen eine geringe Gebühr für die Dauer des Aufenthalts gelagert werden – das geht natürlich nur, wenn man vom gleichen Ort wieder zurückfliegt.

Mit seinen bezaubernden Landschaften, Straßen und Campingmöglichkeiten ist Neuseeland seit Langem ein beliebtes Ziel für Radfahrer und macht sich nun auch als Ziel für Offroad-Radtouren einen Namen.

Die Regierung hat 23 sogenannte Great Rides entwickelt: unabhängige, überwiegend Offroad-Strecken, die unter dem Namen **Nga Haerenga**, 🖳 www.nzcycletrail.com, zusammengefasst werden. Die meisten Routen (von ein paar Stunden bis zu mehreren Tagen Dauer) sind mittlerweile eröffnet worden und man hofft, dass das Projekt ähnlich erfolgreich wird wie der Otago Central Rail Trail (s. Kasten S. 860).

Interessierte können vor Ort ein Rad mieten und kürzere Strecken wie die „Mountains to the Sea" im Norden oder die „Old Ghost Road" im Süden in Angriff nehmen oder für einen Monat oder länger herkommen, um alle Strecken zu befahren.

Für kleinere Ausflüge vor Ort kann man sich auch ein **Fahrrad leihen**. Pro Tag ist je nach Ausstattung mit $30–60 zu rechnen, die Monatstarife liegen bei $200–250 für ein Trekkingrad und $300 oder mehr für ein voll gefedertes Mountainbike. Da lohnt es sich schon eher, ein Fahrrad zu kaufen. Für ein neues, voll ausgestattetes Rad werden mindestens $1500 fällig. **Gebrauchtangebote** findet man manchmal in Hostels (unter $500 ist ein recht guter Deal), oft gibt es noch zusätzliche Ausrüstung wie spezielle Kleidung, Helm und Pumpe dazu.

Manche Fahrradläden offerieren eine **Rückkaufgarantie**, die bei etwa 50 % des Kaufpreises liegt. Eine gute Adresse ist Adventure Cycles, 9 Premier Ave, Western Springs, Auckland, ✆ 09 940 2453, 🖳 www.adventure-auckland.co.nz/adventurecycles. Sie bieten auch einen Aufbewahrungsservice für die Fahrradtransporttasche ($20 pro Monat, oder kostenlos, wenn man hier etwas kauft), helfen bei der Zusammenstellung eines „Notfallpakets" mit Ersatzteilen, senden Kleidung und Material hinterher und checken das eigene Fahrrad vor dem Start.

Wer des Radfahrens einmal müde wird oder eine Panne hat, kann seinen Drahtesel gewöhnlich in einen Bus oder Zug ($10–15 pro Fahrt) laden und sich ein wenig erholen. Allerdings ist der Gepäckraum meist begrenzt, daher empfiehlt es sich, möglichst im Voraus einen Platz zu reservieren. Interislander und Blue Bridge verlangen für die Fährüberfahrt von Nord- zu Südinsel $10–15 pro Fahrrad.

Air New Zealand und Jetstar transportieren die Räder kostenlos, wenn sie in einer Radtasche verpackt sind und das erlaubte Gesamtgewicht für das Freigepäck nicht überschritten wird.

Fähren

Die am meisten benutzten (Auto-)Fähren Neuseelands pendeln über die Cook Strait und verbinden Wellington auf der Nord- mit Picton auf der Südinsel (S. 522). Weitere Fähren verkehren von Bluff im Süden der Südinsel nach Stewart Island (nur Personentransport) sowie von Auckland zu den Inseln im Hauraki Gulf, allen voran Waiheke und Great Barrier (Auto- und Personenfähren). Diese Verbindungen werden in den Regionalkapiteln über Stewart Island und Auckland näher erläutert.

Wesentlich mehr Zeit verbringen die meisten Besucher auf **Wassertaxis** oder bei einer der vielen angebotenen **Bootstouren**, sei es zum Beobachten von Walen, Schwimmen mit Delphinen oder einfach nur zum Sightseeing.

Übernachtung

Übernachtungskosten verschlingen einen Großteil des Reisebudgets, doch dafür wird durchgehend ein hoher Standard geboten. Fast jede Stadt besitzt ein Motel oder ein Hostel. Deshalb ist die Suche nach einer Unterkunft selten ein

Problem – obwohl man während der Hochsaison von Weihnachten bis Ende März unbedingt im Voraus reservieren sollte.

Neuseeländer verbringen ihre Ferien meist im eigenen Land, wobei sie sich am liebsten selbst versorgen und einen der zahlreichen, gut ausgestatteten **Campingplätze** (auch Holiday Parks genannt) oder eines der **Motels** besuchen, während sie die auf Pauschaltouristen und Geschäftsleute ausgerichteten **Hotels** eher meiden. Eine verlockende Alternative hierzu sind **Backpacker-Hostels**, **B&Bs**, **Lodges** sowie **Home-** und **Farmstays**, die das gesamte Preisspektrum abdecken – vom schlichten Zimmer in einem unscheinbaren Vororthaus bis zu Luxus pur in einem herrschaftlichen Anwesen auf dem Lande.

Viele Unterkünfte werden inzwischen nach dem landesweiten **Qualmark-System** klassifiziert (🖳 www.qualmark.co.nz). Danach erhalten unterschiedliche Kategorien einen bis fünf Sterne. Viele Unterkünfte sind diesem System nicht angeschlossen, was aber nicht heißt, dass sie nicht ebenso gut oder sogar besser sind.

Informationen über das Campen abseits offizieller Stellplätze sowie über Hütten für Wanderer auf S. 64.

Unterkunftsverzeichnisse und Websites

AA Accommodation Guide
🖳 www.aatravel.co.nz
Jährlich erscheinende, landesweite Publikation auf der Basis von Anzeigen, in der vor allem Motels und Holiday Parks verzeichnet sind. Außerdem ein B&B-Verzeichnis und verschiedene Regionalführer. In den meisten Motels und i-SITE-Touristeninformationen kostenlos erhältlich.

BookABach
🖳 www.bookabach.co.nz
Viele Kiwis besitzen Ferienhäuser (*bach* oder *crib* genannt), die oft an Stränden oder Seen liegen und auch vermietet werden. Um Weihnachten ziehen die Preise stark an, im Winter fallen sie. Manche Besitzer verlangen einen

Unterkünfte buchen

In größeren Städten und an beliebten Reisezielen sollten Unterkünfte von Dezember bis März ein paar Tage im Voraus reserviert werden. Wer ein bestimmtes Haus bevorzugt, bucht am besten schon einige Wochen vorher. Die meisten Neuseeländer machen ab Weihnachten zwei bis drei Wochen Urlaub. Deshalb sind **vom 26. Dezember bis Mitte Januar** alle Unterkünfte in der Nähe eines schönen Strandes oder Sees ausgebucht. Das gilt ganz besonders für Holiday Parks (Campingplätze) und Motels, die dann auch ihre Preise erheblich erhöhen. In Gegenden, die keine neuseeländischen Urlauber anziehen, kann es zu dieser Zeit wiederum recht ruhig zugehen. Die Orte in der Nähe von **Skigebieten** sind gewöhnlich von Juli bis September am vollsten, v. a. an den Wochenenden und in den Schulferien.

Mindestaufenthalt von zwei oder drei Nächten; von Weihnachten bis Ende Februar werden sie nur wochenweise vermietet, dann ziehen die Preise außerdem erheblich an und die Auswahl ist begrenzter. Im Winter kann man dagegen echte Schnäppchen machen. Holiday Houses, 🖳 www.holidayhouses.co.nz, hat ein ähnliches Angebot.

Charming Places to Stay
🖳 www.charmingaccommodation.co.nz
Edel aufgemachter B&B-Führer, der sich insbesondere auf die Unterkünfte mittlerer Kategorie spezialisiert, aber auch Unterkünfte auf dem Land und Farmstays aufführt. Man kann ihn als PDF runterladen, den Katalog gegen Portogebühr anfordern oder (meist kostenlos) in B&Bs bekommen.

Hotels und Motels

In Neuseeland verbergen sich hinter dem Begriff **Hotel** häufig etwas altmodische Pubs, die einst gesetzlich dazu verpflichtet waren, den Kneipengästen auch Zimmer zur Verfügung zu stellen. Viele dieser sogenannten Hotels fungieren schon lange nicht mehr als Unterkunft, andere wurden zu Backpacker-Hostels umfunktioniert, und wieder andere halten die alte Tradition aufrecht. Im besten Fall bieten sie komfortable Zimmer in historischen Gebäuden (für $100–140 pro Nacht). Großstädte sowie Orte mit touristischer Anziehungskraft besitzen auch Hotels im klassischen Sinn ($150–400), die vor allem auf Geschäfts- oder Pauschalreisende ausgerichtet sind. Dementsprechend tief muss man in die Tasche greifen, aber besonders am Wochenende bieten sie oft gute Sonderangebote, die man auf ihren Websites findet.

Neuseeländer selbst bevorzugen auf Reisen meistens die überraschend gut ausgestatteten **Motels** (etwa $100–250), die sich entlang der Einfallstraßen aneinander reihen und deshalb eher für Selbstfahrer geeignet sind. In der Regel handelt es sich um nüchterne, funktionelle Betonblocks, die aber neben Fernsehgerät und Bad auch eine unterschiedlich ausgestattete Küche sowie kostenlosen Tee oder Kaffee zur Verfügung stellen.

Das Zimmerangebot reicht von **Studios**, bestehend aus einem Raum mit Betten, Wasserkocher, Toaster und Mikrowelle, über **Units** mit Schlafzimmer und zumeist getrennter Küche bis zu **Suiten** (gleicher Basispreis wie eine Unit, jeder zusätzliche Erwachsene kostet $20–30 extra), die zwei bis drei Schlafzimmer umfassen und besonders für Gruppen eine günstige Alternative darstellen.

Hinter einem **Motor Inn** ($140–240) oder Ähnlichem verbergen sich meist recht luxuriöse Unterkünfte mit Bar, Restaurant, Swimmingpool und Sauna, deren Zimmer jedoch keine Kochgelegenheit haben.

B&Bs, Lodges und Boutiquehotels

Während viele Familien das ungezwungene Ambiente eines Motels zu schätzen wissen, ziehen Paare häufig ein Homestay oder **B&B** ($120–250) vor. Oft ist es ein einfaches Zimmer, meist ohne eigenes Bad, dafür gibt's ein kleines Frühstück. Aber der Begriff umfasst auch luxuriöse Kolonialvillen, deren Zimmer (mit Bad) herrlich eingerichtet sind und wo man ein üppiges, hausgemachtes Frühstück bekommt. Die Unterkünfte am oberen Ende der Skala – aber auch einige sehr einfache Unterkünfte – nennen sich **Lodges**, **Boutiquehotels** oder „Exclusive Retreats" ($300–2000), wobei sich der außerordentlich gute Service und hohe Standard deutlich im Preis niederschlagen.

In der Nebensaison fallen die Preise, und oft lassen sich richtige Schnäppchen machen. Alleinreisende, die sich mit Hostels nicht anfreunden können, zahlen in einem B&B 60–80 % des Preises für ein Doppelzimmer, manchmal auch nur 50 %.

Home- und Farmstays

Homestays ($120–200) bieten in der Regel ein oder zwei Gästezimmer in einem Privathaus, wo man mit den Besitzern zusammenkommt und gemeinsam das Frühstück einnimmt. Die Übernachtung in einer solchen Unterkunft stellt eine prima Gelegenheit dar, ganz „normale" Neuseeländer kennenzulernen. Außerdem wird man meist sehr gut umsorgt. Es gilt als höflich, seinen Besuch vorher anzumelden, und man soll-

Unterkunftspreise

Die Angaben gelten jeweils für das billigste erhältliche Doppelzimmer in der Hochsaison, wobei kurzzeitige Preisspitzen um Weihnachten und Neujahr weitgehend unberücksichtigt bloibon. Ein Einzelzimmer kostet in der Regel nur 10–20 % weniger als ein Doppelzimmer. Bei Hostels und Campingplätzen mit einzelnen Dorm-Betten ist der volle Preis (ohne Discountkarte) angegeben. YHA-Mitglieder erhalten 10 % Ermäßigung in YHA-Hostels oder Häusern, die mit dem YHA assoziiert sind, BBH-Mitglieder sparen normalerweise $3 in BBH-Unterkünften. Sofern nicht anders angegeben, gelten die Preise für DOC-Hütten und Campingplätze pro Person. In unseren Preisangaben ist immer die Mehrwertsteuer (GST, Goods and Services Tax) von 15 % enthalten.

te ausreichend Bargeld mit sich führen, da eine Bezahlung mit Kreditkarte oder Scheck selten möglich ist.

Die gleiche Art von Unterkunft heißt in ländlichen Gebieten **Farmstay** ($120–200). Auf eigenen Wunsch dürfen die Gäste, die mehrere Tage bleiben, bei der Arbeit auf dem Bauernhof zur Hand gehen. Home- und Farmstays kosten $100–160 pro Doppelzimmer inklusive Frühstück; je nach Bedarf wird auch ein Abendessen ($25–75 p. P.) aufgetischt, und wer den ganzen Tag auf der Farm verbringt, muss für das Mittagessen oder ein Lunchpaket meist nur eine kleine Summe bezahlen.

Hostels, Backpackers und YHAs

Neuseeland bietet mehr als 350 Billig- und Selbstversorger-Unterkünfte, die im Allgemeinen **Hostels** oder **Backpackers** genannt werden und für ein Bett im Schlafsaal $20–32 verlangen. Häufig sind diese Unterkünfte exzellent gelegen und ausgezeichnete Orte, um Gleichgesinnte zu treffen und sich mit Infos zu versorgen.

Die Hostels sind unterschiedlich groß und verfügen über vielleicht nur vier, vielleicht aber auch mehrere hundert Betten. Im Allgemeinen sind die Betten mit Bettwäsche bezogen (wegen der möglichen Verbreitung von Bettwanzen sind Schlafsäcke seit Langem verboten); nur ein eigenes Handtuch muss man mitbringen, oder man leiht es für ein paar Dollar. Zu den Standardeinrichtungen gehören inzwischen Computer mit Internetzugang und vermehrt auch WLAN, wenngleich ein paar ländliche Hostels bewusst auf diese technischen Errungenschaften verzichten.

Je nach Lage findet man häufig auch Swimmingpools, Grillecken, Leihräder und -kanus sowie Infos zu örtlichen Arbeitsmöglichkeiten. In vielen Hostels bekommen die Gäste abschließbare Schränke, für die man jedoch meistens sein eigenes Vorhängeschloss mitbringen muss. Fast alle neuseeländischen Hostels arbeiten mit einheimischen und internationalen Organisationen zusammen, die ihren Mitgliedern

Preisnachlässe bieten, sei es bei Übernachtungen, bei weiteren Reisevorhaben oder bei Abenteueraktivitäten.

Auf dem Grundstück vieler Hostels ist auch Zelten erlaubt (um $20 p. P. inkl. Nutzung der Einrichtungen). Die Preise für ein Bett im **Schlafsaal** *(dorm)* mit 6–12 Pers. liegen bei $20–28 im **Drei- und Vierbettzimmer** *(three-share* bzw. *four-share)* ein paar Dollar höher. Wer mehr Privatsphäre möchte, bekommt zumeist auch **Doppel-** oder **Zweibettzimmer** sowie **Familienzimmer** (bis $55–100 für 2 Pers.), die teureren davon mit eigenem Bad. Alleinreisende, die sich nicht mit einem Dorm anfreunden können, bekommen manchmal ein **Einzelzimmer** für etwa $40–70, und viele größere Unterkünfte (besonders die Hostels von YHA und Base Backpackers) haben auch Dorms nur für Frauen.

YHA-Hostels

Die YHA New Zealand, 🖳 www.yha.co.nz, hat etwa 17 Häuser im ganzen Land. Weitere 27 Hostels sind mit dem Jugendherbergsverband assoziiert. Die Herbergen werden auf Basis eines Wohlfahrtsverbandes betrieben und von gut ausgebildeten Mitarbeitern betreut, die sehr freundlich und kompetent sind. Die neueren Hostels haben mehrere Preise für ihr Konzept der Nachhaltigkeit und des Umweltschutzes gewonnen. Die meisten Jugendherbergen verfügen über Schlafsäle mit Geschlechtertrennung, Doppel- und Familienzimmer. Eine Bar gibt es in keinem der Häuser.

Wer kein Mitglied ist, zahlt den von uns angegebenen Preis, kann aber mit einer Hostelling International Card 10 % sparen. Lohnend ist es, eine Jahresmitgliedschaft für $25 beim YHA New Zealand zu erwerben, denn dann bekommt man neben den erwähnten Preisnachlässen auch kostenlosen WLAN-Zugang in den Hostels und Ermäßigung auf weitere Aktivitäten und Reiseangebote des Verbandes.

Buchungen können entweder online, durch ein anderes Hostel, über die Reservierungszentrale von YHA New Zealand oder als Mitglied auch über den entsprechenden Verband im Heimatland getätigt werden. YHA-Hostels und angeschlossene Unterkünfte sind auf der jährlich aktualisierten YHA Backpacker Map verzeichnet.

Die **Mitgliedschaft** im Deutschen Jugendherbergsverband kostet für Personen unter 27 Jahren 7 € und für Mitglieder ab 27 Jahren, Familien und Partner 22,50 € pro Jahr. In Österreich ist die Mitgliedschaft für Heranwachsende bis 15 Jahre kostenlos. Personen zwischen 16 und 26 Jahren zahlen 15 €, alle anderen 25 €. Eine Mitgliedschaft im Schweizer Jugendherbergsverband kostet bis zum Alter von 18 Jahren 22 sFr pro Jahr; Interessenten ab 18 Jahren zahlen 33 sFr, Familien 44 sFr. Kontaktadressen:

DJH Service GmbH
Bismarckstr. 8, 32756 Detmold,
✆ 05231/74010, 🖵 www.djh-service.de.

Österreichisches Jugendherbergswerk (ÖJHW)
Mariahilferstraße 22-24, Stiege 1,
1. Stock, 1070 Wien,
✆ 01 533 1833, 🖵 www.oejhw.at.

Schweizer Jugendherbergen
Schaffhauser Str. 14, 8042 Zürich,
✆ 044 3601414, 🖵 www.youthhostel.ch.

Backpacker-Hostels
In Neuseeland gibt es viel mehr **Backpackers** als YHAs und überall herrscht eine andere Atmosphäre – die Palette reicht von familiär und ruhig bis zu unpersönlich und partyorientiert. Viele der Backpackers sind assoziiert mit der neuseeländischen Organisation **Budget Backpacker Hostels,** 🖵 www.bbh.co.nz, und mit aktuellen Preisangaben in der Broschüre **BBH Accommodation Guide** aufgelistet, die man überall in den Unterkünften oder im Touristenbüro kostenlos bekommt. Die von den Hostels selbst formulierten Einträge geben nicht vor, objektiv zu sein, aber jedes Hostel bekommt eine Bewertung, die auf einer jährlichen Kundenbefragung und einem Voting im Internet basiert. Jedes Hostel, das bei der Bewertung über 80 % erreicht, ist hervorragend. Unterkünfte, die bei unter 60 % liegen, sollte man mit Vorsicht genießen.

Preisnachlässe gibt's mit der **BBH Club Card** ($45), die pro Übernachtung üblicherweise $3–4 Rabatt bringt. Verteiler der Mitgliedsausweise, die zugleich als wieder aufladbare Telefonkarten fungieren ($20 Anfangssumme), sind die Hostels selbst.

Base und Nomads
Die beiden australasiatischen Hostelketten Nomads, 🖵 www.nomadsworld.com, und Base, 🖵 www.stayatbase.com, unterhalten jeweils rund zehn Hostels in den Touristenzentren Neuseelands. Beide bieten Rabatte, wenn man eine Kundenkarte besitzt oder ein Pauschalangebot bucht.

Unterkunftsoptionen auf Holiday Parks

Tent site ($15–25 p. P.). Normalerweise ein Rasenplatz mit einem Wasserhahn in der Nähe.

Powered site ($18–28 p. P.). Rasen- oder Betonplatz mit Stromanschluss und Abwasserentsorgung *(dump station)* in der Nähe. Bei den besseren Plätzen muss man pro Stellplatz die Gebühr für mindestens zwei Personen zahlen.

Lodge oder Backpackers ($20–30 p. P.). Unterkunft im Dorm, meist 8–12 Betten.

Standard Cabin ($50–90 für 2 Pers. plus $10–15 für jede weitere Pers.). Oft wenig mehr als eine Hütte mit Etagenbetten und eventuell einem Tisch. Für 2–4 Pers., Bettwäsche kostet extra.

Kitchen Cabin ($70–120 für 2 Pers. plus $10–20 für jede weitere Pers.). Wie eine *standard cabin*, aber mit Kochgelegenheit, Tisch und Stühlen, Töpfe und Teller werden gestellt. Meist für 4 Pers.; Bettwäsche kostet extra.

Tourist Cabin/Flat ($80–140 für 2 Pers. plus $15–25 für jede weitere Pers.). Wie eine *kitchen cabin*, aber mit eigener Dusche und WC und evtl. Fernseher. Manchmal auch als *self-contained unit* bezeichnet. Normalerweise für 4 Pers.; Bettwäsche ist manchmal inbegriffen.

Motel Unit ($100–200 für 2 Pers. plus $15–30 für jede weitere Pers.). Größer als eine Cabin und meist mit einem oder zwei separaten Schlafzimmern und TV/DVD. Bettwäsche und Handtücher inbegriffen.

Holiday Parks, Cabins und Zeltplätze

Neuseeland besitzt einige der weltbesten Einrichtungen für Camper, und auch wer mit dieser Art der Übernachtung niemals zuvor zu tun hatte, findet sich oft in **Holiday Parks** (auch **Motor Camps** genannt) wieder. Hier kann man entweder zelten, einen der speziellen Plätze für Wohnmobile *(hook-ups)* belegen oder meistens auch in Dorms, Cabins und Motel Units übernachten. Natürlich gibt es nicht nur solche Riesenanlagen, sondern auch die schlichten, aber dafür meist herrlich gelegenen **DOC-Zeltplätze**.

Zelten bietet sich eher im Sommer (Nov–Mai) an, vor allem auf der Südinsel. Im schlimmsten Fall präsentiert sich Neuseeland feucht, windig und voller gieriger **Insekten**, die – nicht nur – Camper in den Wahnsinn treiben können. Reisende mit Zelt benötigen daher eine anständige Ausrüstung, insbesondere ein gut belüftetes Innenzelt mit einem intakten Fliegengitter.

Am vollsten sind die Motor Camps während der Schulferien, d. h. von Weihnachten bis Ende Januar sowie um Ostern. Während man um diese Zeit so weit wie möglich im Voraus **reservieren** sollte, reicht im Februar und März eine Ankündigung von zwei bis drei Tagen. Auf den DOC-Zeltplätzen kann man üblicherweise nicht reservieren, was fast nie ein Problem darstellt, aber um Weihnachten manchmal in ein schlimmes Gedränge ausartet.

Holiday Parks

Die Holiday Parks liegen typischerweise in den Außenbezirken der Städte und sind fast alle gleichermaßen gut ausgestattet: Sie haben eine Gemeinschaftsküche, einen Fernsehraum, einen Spieleraum, Waschmaschinen und manchmal sogar einen Swimmingpool. Man sollte eigene Töpfe, Teller und Besteck mitbringen, wenngleich einige Plätze auch ein Set vermieten. Selbst wer hier nicht übernachtet, kann oftmals für $2–5 duschen. Zelter bekommen üblicherweise die ruhigste und schattigste Ecke des Platzes zugeteilt und zahlen pro Person durchschnittlich $15–25 (die Angaben im Buch beziehen sich falls nicht anders angegeben immer auf den Preis für eine Person). Oft wird nicht unterschieden zwischen einem Platz für Zelter und für Wohnmobile, die einen Anschluss für Elektrizität haben und hierfür sowie für die Abwasserentsorgung meist $2–5 extra pro Person bezahlen.

Viele Holiday Parks verfügen auch über andere Unterkunftsmöglichkeiten (S. 85). Bettzeug oder Handtücher sind auf den billigeren Plätzen meist nicht im Preis inbegriffen; also Schlafsack mitbringen, sonst muss man Bettwäsche gegen Gebühr leihen (normalerweise $5–15).

Die Holiday Parks arbeiten i. d. R. selbstständig, haben sich aber oft mit landesweiten Organisationen zusammengeschlossen, die einen Mindeststandard garantieren. Es lohnt sich, nach den **Top 10**, 🖥 www.top10.co.nz, Ausschau zu halten, die zwar etwas höhere Preise verlangen als die normalen, dafür aber sehr gute Einrichtungen besitzen. Wer im Besitz einer Mitgliedskarte ist ($49 für zwei Jahre, auch auf einigen Plätzen in Australien gültig), spart bei jeder Übernachtung 10 % und erhält am Ort vielleicht weitere Rabatte.

DOC-Zeltplätze

Nur wenige Holiday Parks können mit der idyllischen Lage der gut 250 **Zeltplätze** mithalten, die das **Department of Conservation**, 🖥 doc. govt.nz, in National- und Meeresparks und anderen Schutzgebieten unterhält. Dies ist Camping in seiner ursprünglichsten Art, wenngleich die meisten Plätze inzwischen fließend Wasser und irgendeine Art von Toilette haben.

Die Plätze sind in den kostenlosen DOC-Broschüren *Conservation Campsites* auf der Nordbzw. Südinsel (erhältlich bei DOC-Büros) aufgelistet und unterteilen sich in fünf Kategorien: **Basic** (kostenlos), d. h. normalerweise nur mit Plumpsklo und Wasser in der Nähe; **Backcountry** ($6), möglicherweise mit Kochgelegenheit und/oder Feuerstelle; **Standard** ($6), mit einem Fahrzeug zugänglich und oft mit Grillplätzen, Feuerstellen, Picknicktischen und Müllbeseitigung; **Scenic** ($10), an Küstenabschnitten, mit Toiletten, fließend kaltem Wasser und teilweise kalten Duschen, Grillplätzen und Abfalleimern sowie **Serviced** ($15), vergleichbar mit den gut ausgestatteten Holiday Parks, aber selten. Kinder erhalten zwischen 5 und 17 Jahren meist 50 % Ermäßigung. Die Plätze in der Kategorie Serviced und einige Plätze der Kategorie Secenic und Standard müssen von Oktober bis April im Voraus gebucht werden.

Wildes Campen

Einer der Vorteile des Reisens mit einem Wohnmobil besteht in der Möglichkeit, ab und zu kostenlos auf Parkplätzen am Straßenrand oder Strand zu übernachten. Das war nie ganz legal, aber solange nur wenige wildes Campen betrieben, kümmerte sich niemand darum. Da diese Übernachtungspraxis jedoch immer beliebter geworden ist und dabei viel Dreck hinterlassen wird, dürfen Kommunen neuerdings **Geldstrafen** (mindestens $200) verhängen, wenn an Orten übernachtet wird, an denen es untersagt ist. Im ganzen Land sind an entsprechenden Stellen „No Camping"-Schilder aufgestellt worden, die Camper dazu zwingen, Plätze außerhalb der Ortschaften zu suchen.

Wildes Campen ist zwar komplizierter geworden, doch der Umgang damit variiert von Ort zu Ort. Fast nirgends wird es gern gesehen, wenn Fahrzeuge ohne Abwassertank wild campen – etwas anderes ist es, wenn man mit einem **autarken Wohnmobil** (mit blauem Zertifikat und einem Aufkleber am Heck) unterwegs ist. Manche Kommunen verhängen ein generelles Abstellverbot in einem Radius von 10 km um Ortschaften, andere weisen wilden Campern bestimmte Plätze zu. Das DOC hat auf die Veränderungen reagiert und mehr Campingplätze eingerichtet. Außerdem können Reisende mit autarken Wohnmobilen im Rahmen des Projekts **Native Parks**, 💻 www.nativeparks.co.nz, kostenlos auf Privatgrundstücken übernachten. Wer Mitglied wird ($75), bekommt einen Führer mit rund 90 Stellflächen.

Im Buch haben wir haben einige der besten Campinggegenden aufgeführt. Wer mehr erfahren möchte, findet auf 💻 www.**camping.org.nz** Richtlinien zum wilden Campen und nützliche Links wie die AA-Karte mit Mülldepots und Toiletten. Darüber hinaus gibt es nützliche Apps, z. B. die kostenlose von 💻 www.campermate.co.nz, die Campingstellen, Toiletten, Budget-Unterkünfte und WLAN-Hotspots im ganzen Land

auflistet. Respect NZ, 💻 www.rankers.co.nz/respect, ist eine Website, die kostenlose und detaillierte Informationen rund ums Campen bereithält und auch als kostenpflichtige App erhältlich ist (Official Camping NZ, $15).

Verhaltenstipps

Mit der Ankunft der **Maori** in dem Land, das sie dann Aotearoa tauften, wurde Neuseeland zu einem Einwanderungsland. Die Vorfahren der heutigen Bewohner stammen meist aus Großbritannien und Irland, sodass die dominierende Kultur nordeuropäisch geprägt ist, aber es sind auch starke Maori- und polynesische Einflüsse vorhanden. Gemäß der Doktrin vom **Bikulturalismus** genießen die Werte der Maori und der Pakeha, der weißen Europäer, zumindest nominell einen gleichwertigen Status. In der Praxis basiert das Regierungs- und Rechtssystem aber auf den jeweiligen Systemen des britischen Mutterlands.

Die **Maori** sind überwiegend Teil der modernen neuseeländischen Gesellschaft. Die ethnischen Spannungen, die zweifellos existieren, entladen sich zumeist im Verborgenen. Als Besucher bekommt man davon wenig mit. **Asiaten** machen inzwischen rund 12 % der Bevölkerung aus, die Maori knapp 15 %. In der Region Auckland liegt der Anteil der Asiaten allerdings bei über 18 %, sodass für die Zukunft eigentlich ein Trikulturalismus angesagt ist.

Trotz dieser ethnischen Mischung wurzelt die **Kiwi-Persönlichkeit** im Kern in dem Traum, sich in einem einzigartigen und manchmal unwirtlichen Land ein besseres Leben zu schaffen. Die Neuseeländer haben eine ungeheure Schwäche für Geschichten über tapfere Kiwis.

Eine große Leidenschaft der Kiwis ist auch der **Sport**. Bei internationalen Wettkämpfen ist das kleine Land schon oft sehr erfolgreich gewesen; das gilt besonders für Rugby. Die Neuseeländer weisen außerdem immer wieder gerne darauf hin, dass sie in einer offenen und egalitären Gesellschaft leben, die gleichgeschlechtliche Ehen erlaubt und sogar ihre Gewässer zur nuklearfreien Zone erklärt hat

(S. 115). Im Allgemeinen herrscht eine **liberale gesellschaftliche Grundeinstellung** vor; heiße Themen sind z. B. japanischer Walfang und Genmanipulation.

Das Verhältnis Neuseelands zu seinem größeren Nachbarn **Australien** auf der anderen Seite des *ditch* (Graben, also die Tasmansee) ist eine unerschöpfliche Quelle der Unterhaltung auf beiden Seiten. Die beiden Verwandten streiten sich gerne, meist verbal, besonders in Sachen Sport. Aber ansonsten stehen sie einander bei, wenn es gegen Dritte geht.

Neuseeländer sind erfrischend locker und gradlinig, und die **Begrüßung** fällt dementsprechend informell aus. Auch der **Kleidungsstil** ist eher relaxt, und wer nicht gerade geschäftlich im Land unterwegs ist, kann Anzug und Krawatte getrost zu Hause lassen. Selbst in den besten Restaurants wird nur adrette Kleidung verlangt.

Das Mindestalter für **Alkoholkonsum** liegt bei 18 Jahren. Es kann vorkommen, dass man sich ausweisen muss, entweder mit einem neuseeländischen Führerschein oder einem Pass – ein ausländischer Führerschein reicht nicht aus. **Rauchen** wird immer mehr zurückgedrängt. Verboten ist es in allen öffentlichen Verkehrsmitteln und Gebäuden sowie an einigen Plätzen im Freien – mehr dazu unter 🖥 www.smokefree.org.nz.

Herrlich unkompliziert ist die neuseeländische Einstellung zum **Trinkgeld**: Es wird nämlich keins erwartet, aber man darf sich für guten Service natürlich trotzdem erkenntlich zeigen.

Krankenhausaufenthalten – kann sehr schnell eine erhebliche Summe zusammenkommen, die aus eigener Tasche bezahlt werden müsste. Ist man jedoch versichert, kann man die Kosten gegen Vorlage der Rechnungen zu Hause geltend machen.

Einschränkungen gibt es natürlich auch hier, besonders bezüglich Zahnbehandlungen (nur Notfallbehandlung) und chronischen Krankheiten (Bedingungen durchlesen).

Die später bei der Versicherung einzureichende Rechnung sollte folgende Angaben enthalten:

- Name, Vorname, Geburtsdatum
- Behandlungsort und -datum
- Diagnose
- erbrachte Leistungen in detaillierter Aufstellung (Beratung, Untersuchungen, Behandlungen, Medikamente, Injektionen, Laborkosten, Krankenhausaufenthalt)
- Unterschrift des behandelnden Arztes und Stempel

Wer im Ausland schwer erkrankt, wird zu Lasten der Versicherung heimgeholt, wenn er plausibel darlegen kann, dass am Urlaubsort keine ausreichende Versorgung gewährleistet ist. Dann geht es mit Linienmaschinen oder auch mit eigens losgeschickten Ambulanzflugzeugen nach Hause.

Versicherungen

Reisekrankenversicherung

Wichtig ist eine ausreichende **Reisekrankenversicherung**. Nur wenige private Krankenkassen bieten weltweiten Schutz im Krankheitsfall, d. h. jeder muss für seine Reise nach Neuseeland eine Auslandskrankenversicherung abschließen. Die meisten Reisebüros und einige Kreditkartenorganisationen bieten derartige Versicherungen an. Bei Krankheit – speziell

Reiserücktrittskostenversicherung

Bei Pauschalreisen ist die Rücktrittskostenversicherung meistens im Preis eingeschlossen (nachfragen). Sie muss in der Regel bis 14 Tage nach Reisebuchung abgeschlossen werden. Die Stornokosten werden beim Tod eines Familienmitglieds oder Reisepartners und im Krankheitsfall übernommen, wenn die Reiseunfähigkeit ärztlich nachgewiesen werden kann. Die Kosten der Versicherung liegen meist bei 20–30 € pro 1000 € Reisepreis.

Reisegepäckversicherung

Wer nicht gerade eine wertvolle Fotoausrüstung zu teuren Sonderkonditionen versichern möchte, kann sich eine Reisegepäckversicherung eigentlich sparen, es sei denn, sie ist Teil eines günstigen Versicherungspakets. Denn die Bedingungen sind immer sehr eng gefasst und oft sind die Versicherer zahlungsunwillig und berufen sich auf die Unachtsamkeit des Reisenden.

Visa

Jeder, der nach Neuseeland reist, braucht einen Pass, der noch mindestens drei Monate über den Aufenthalt hinaus gültig ist. Deutsche, Österreicher und Schweizer benötigen für einen **Aufenthalt von bis zu drei Monaten kein Visum**. Sie erhalten bei der Einreise automatisch ein Visitor's Permit. Voraussetzung ist allerdings, dass ausreichende Mittel und ein Flugticket mit einem Weiterreise-Datum innerhalb der drei visafreien Monate nachgewiesen werden können. Auch **Kinder** und Jugendliche benötigen einen eigenen Pass.

Wer länger als drei Monate in Neuseeland bleiben möchte, muss im Voraus ein **Besuchervisum** bei einer neuseeländischen Botschaft, ⌨ www.nzembassy.com, beantragen. Es kostet $165 für einen Aufenthalt von bis zu neun Monaten. Eine Verlängerung um drei Monate auf zwölf Monate ist möglich. Mehr zu Arbeitsvisa auf S. 54. Nähere Infos bekommt man bei den diplomatischen Vertretungen Neuseelands im Ausland sowie im Internet unter ⌨ www.immigration.govt.nz.

Zeit und Kalender

Die New Zealand Standard Time (NZST) ist der Mitteleuropäischen Zeit (MEZ) um elf Stunden voraus, d. h. wenn es in Neuseeland 12 Uhr mittags ist, ist es in Berlin ein Uhr nachts, während der europäischen Sommerzeit zwei Uhr morgens. Vom ersten Sonntag im Oktober bis zum dritten Sonntag im März wird die Uhr in Neuseeland für die **Sommerzeit** eine Stunde vorgestellt, sodass die Zeitdifferenz zur MEZ dann zwölf Stunden beträgt.

Die **Datumsangabe** in Neuseeland stimmt mit der deutschen überein: 1/4/2016 bedeutet 1. April (und nicht 4. Januar wie in manchen Ländern üblich).

Der neuseeländische Sommer dauert offiziell vom 1. Dezember bis zum 28. (oder 29.) Februar, der Winter vom 1. Juni bis zum 31. August.

Zoll

Neuseeland scheut keine Mühen, um die empfindliche heimische Umwelt zu schützen (⌨ www.biosecurity.govt.nz): Frische und verderbliche Lebensmittel aller Art, Pflanzen oder Teile von Pflanzen, Tiere (tote wie lebende) und Tierzubehör, Holzprodukte (einschließlich Musikinstrumente), Campingausrüstung, Golfschläger, gebrauchte Fahrräder und Wanderschuhe müssen beim Zoll deklariert werden. Campingausrüstung und Wanderschuhe werden eingesammelt, untersucht und falls nötig gesäubert.

Wer diese Vorsichtsmaßnahmen missachtet, muss mit einem drastischen Bußgeld rechnen. Wer es versäumt, frisches Obst, Gemüse und Fleisch in den dafür vorgesehenen Mülleimern zu entsorgen, zahlt auf der Stelle ein Bußgeld von $400 (sogar für eine vergessene Orange im Rucksack). Fertiggerichte werden meistens durchgelassen, sind aber meldepflichtig.

Besucher ab 18 Jahren dürfen folgende Waren **zollfrei** einführen: 200 Zigaretten, oder 250 g Tabak, oder 50 Zigarren; 4,5 l Wein oder Bier; drei Flaschen Spirituosen zu je 1125 ml sowie Geschenke im Wert von $700.

Exportbeschränkungen bestehen in Neuseeland für Tiere, Pflanzen, Antiquitäten und Kunstwerke.

Weitere Auskünfte über Zoll- und Ausfuhrbestimmungen liefert die Website ⌨ www.customs.govt.nz.

Land und Leute

Neuseeland ist ein Mikrokosmos der großartigsten Landschaften der Welt: Gletscher, die in Regenwald übergehen, aktive Vulkane, blubbernde Schlammgeysire und abgelegene Fjorde, in denen Robben spielen. All das in bequemer Nähe zu Städten wie dem kosmopolitischen Auckland oder dem trendigen Wellington. Besondere Erlebnisse sind die exotische Tierwelt, die Gastfreundschaft der Neuseeländer und die faszinierende Maori-Kultur.

MAORI-SCHNITZEREI

Inhalt

Steckbrief Neuseeland

Offizieller Name: New Zealand / Aotearoa (Maori)

Staatsform: parlamentarische Monarchie

Hauptstadt: Wellington (südlichste Hauptstadt der Welt)

Staatsoberhaupt: Königin Elizabeth II., vertreten durch Generalgouverneur Jerry Mateparae

Regierungschef: Premierminister John Key

Fläche: 269 652 km²

Einwohnerzahl: 4 509 900

Anteil der Stadtbevölkerung: fast 90 %

Amtssprachen: Englisch, Maori, Neuseeländische Gebärdensprache

Religionen: 44,3 % Christen, 2,1 % Hindus, 1,4 % Buddhisten, 1,1 % Moslems, 38,5 % nicht religiös

Internetzugang: 91,5 % der Einwohner

Glücksindex: Platz 9 von 158

Pro-Kopf-Einkommen: 35 300 US$

Straßennetz: 94 902 km (34 % davon sind nicht asphaltiert)

Touristen pro Jahr: 2 630 000

Flora und Fauna

Obgleich relativ klein, besitzt Neuseeland einen ungeheuren Naturreichtum: subtropische Wälder, vulkanische Kraterbecken, brodelnde Tümpel und Geysire, zerklüftete Küsten mit goldfarbenen Sandstränden und spektakuläre Gebirgslandschaften. Die vielgestaltige Landschaft bietet einer ungeheuren Fülle von Tieren und Pflanzen einen Lebensraum. Fast 90 % der Pflanzen sind in ihrem Vorkommen auf Neuseeland beschränkt.

Die ruhelosen Inseln

Das älteste im Land gefundene Gestein entstammt vermutlich den kontinentalen Landzungen von Australien und der Antarktis, die wie Neuseeland zum gewaltigen Urkontinent **Gondwanaland** gehörten. Die Inseln entstanden im Zuge der Kontinentaldrift, d. h. jener Bewegung der riesigen, die Erdkruste bildenden Platten, die vor ca. 100 Mio. Jahren einen Inselbogen und einen ozeanischen Graben schuf.

Vor ungefähr 26 Mio. Jahren wurde die neuseeländische Landmasse weiter aus dem Meer angehoben und in ihrer heutigen Erscheinung durch Vulkanismus und kontinuierliche Verschiebungen entlang der Verwerfungslinien, insbesondere im Gebiet der Südalpen auf der Südinsel, geformt. Neuseeland liegt an der Grenze zweier tektonischer Platten, der australischen und der pazifischen. Im Bereich der Nordinsel kollidieren diese beiden, wobei sich die pazifische Platte unter die australische schiebt und dadurch reichlich vulkanische Aktivität begünstigt. An der Südinsel hingegen drückt sich die pazifische Platte über die australische, was den rasanten Aufbau von **Bergen** fördert und die Südalpen formt.

All das Schieben und Drücken beschert Neuseeland nicht weniger als 400 **Erdbeben** pro Jahr, wovon allerdings nur ein Viertel spürbar ist. 2010 und 2011 erschütterten jedoch schwere Erdbeben in Canterbury die Region um Christchurch. Sie forderten zahlreiche Menschenleben und richteten große Schäden an (s. Kasten S. 605).

Die **Vulkane** auf der Nordinsel legen immer wieder eine beeindruckende Aktivität an den Tag. Regelmäßig steigen z. B. Dampfschwaden über White Island in der Bay of Plenty auf, und der Mount Ruapehu meldete sich gleich mit zwei gewaltigen Eruptionen 2006 und 2007.

Das Ende der Isolation

Neuseelands Flora und Fauna entwickelte sich ungestört, bis vor rund 800 Jahren die ersten Menschen Aotearoa erreichten. Vor Ankunft der Maori war das Land dicht mit Wäldern überzogen, die Hunderte Baumarten beherbergten; Robben, Wale und Delphine in den Küstengewässern sowie einige Fledermausarten an Land waren die einzigen Säugetiere in diesem Gebiet. Andere Landsäuger gab es nicht, wodurch die einzigartige Situation geschaffen wurde, dass Vögel jene Position in der Nahrungskette einnahmen, die sonst Säugetiere innehatten. In Ermangelung von Feinden verloren die Vögel allmählich ihr Flugvermögen. Als der Mensch in ihren Naturraum einbrach – zuerst die Maori, die Hunde und auch Ratten mitbrachten, und dann die Pakeha mit all ihren neuen Tierarten –, hatten sie keine Chance. Etliche Arten starben aus, und viele der noch existierenden (s. Kasten S. 92/93) sind stark gefährdet.

Schon Cooks erste Forschungsreisen hinterließen ein zerstörerisches Erbe in Form von Schweinen, Schafen und Kartoffeln. Im frühen 19. Jh. wüteten Wal- und Robbenjäger in den Küstengewässern, an Land wurden riesige Urwaldflächen gerodet und als Weideland nutzbar gemacht. In dem Versuch, Neuseeland in ein „Neuengland" zu verwandeln, vergingen sich die Pioniere weiter am empfindlichen Gleichgewicht des Ökosystems. Ende des 19. Jhs. wurden im ganzen Land „Akklimatisierungsgesellschaften" ins Leben gerufen, die das Ziel hatten, Tiere und Pflanzen aus den europäischen Heimatländern einzuführen. Viele dieser Importe haben Neuseeland überhaupt erst zu einer erfolgreichen Agrarnation werden lassen. Neben nützlichen Spezies wurden jedoch auch zahllose schädliche Tiere und Pflanzen ins

In Neuseeland stehen derzeit 69 Vogel- sowie noch sehr viel mehr Pflanzenspezies auf der Roten Liste der bedrohten Arten der International Union for Conservation of Nature and Natural Resources (IUCN), 🖥 www.iucnredlist.org. Unter den Industrienationen haben nur die Vereinigten Staaten mehr gefährdete Arten zu verzeichnen. Rund 37 % der hiesigen Vogelarten sind vom Aussterben bedroht.

Bedrohte Vogelarten

Graufächerschwanz (Piwakawaka) Der Name dieses in den Wäldern relativ weit verbreiteten Vogels rührt von dem beständigen Auffächern der Schwanzfedern her.

Hihi Kleiner Vogel mit leicht gebogenem Schnabel und auffälligen gelben und weißen Flecken an den Seiten. Es soll nur noch wenige Exemplare geben, einige davon auf den Inseln Kapiti und Tiritiri Matangi.

Kea Der einzige Bergpapagei der Welt (s. Kasten S. 662).

Kiwi im Kasten auf S. 96

Kereru (Kukupa) Mit einem ausgewachsenen Gewicht von ca. 650 g ist die Maorifruchttaube die zweitgrößte Taubenart der Welt. Der hübsche Vogel mit seinem Federkleid in Grün, Purpur und Bronze über einer weißen Brust kann häufig in Tieflandwäldern beobachtet werden.

Kokako Der seltene, schiefergraue Graulappenvogel mit auffälligen blauen Kehllappen ist ein grottenschlechter Flieger. Er lebt hauptsächlich in geschützten Wäldern und auf „Festlandinseln", wo natürliche Feinde durch Fallen in Schach gehalten werden. Eng verwandt mit dem Sattelstar (S. 93) und auf dem $50-Schein abgebildet.

Kuckuckskauz (Ruru) Neuseelands einzige endemische Eule ist meist bei Dunkelheit im Busch zu hören. Mitunter wagt sich der kleine, braun gefiederte Vogel auch in Städte und die dortigen Parkanlagen vor. Der Maori-Name ist eine Nachahmung seines markanten Schreis.

Maorifalke (Karearea) Wird manchmal im Norden der Nordinsel, aber häufiger in den Neuseeländischen Alpen, in Fiordland und in den Wäldern von Westland beobachtet. Neuseelands einziger endemischer Raubvogel hat ein geflecktes Brustgefieder, ein kastanienbraunes Beinkleid und einen spitzen Kopf, der auf dem $20-Schein abgebildet ist.

Kakapo Der einzige flugunfähige Papagei der Welt war einst so weit verbreitet, dass er als Haustier gehalten wurde. Heute ist sein Bestand auf etwa 125 Exemplare geschrumpft, die alle auf zwei raubtierfreien, für Besucher gesperrten Inseln vor der Küste Fiordlands leben.

Makomako (Korimako) Der scheue, blassgrüne Vogel, bekannt für seinen auffälligen „Mackmacko"-Ruf, ist noch relativ weit verbreitet in Wäldern und Buschland.

Land gebracht, die mit den einheimischen um Lebensräume konkurrierten oder ihnen schließlich den Garaus machten.

Das Tiefland

Selbst vom Flughafen ist es nicht weit bis zur nächsten, von einer schützenden Reihe Monterey-Zypressen umstandenen Koppel voller Schafe. Derzeit gibt es rund 30 Mio. **Schafe** in Neuseeland, ungefähr halb so viele wie noch vor drei Jahrzehnten, denn ein Großteil des Weidelands wird heute für andere Zwecke genutzt, z. B. für die Milchwirtschaft. In anderen Gegenden ist man zum Garten- und Weinbau übergegangen. Viele Winzer erzeugen neben Wein auch **Oliven**. Andere wiederum versuchen sich im Anbau von Eichen und Haselnussbäumen, in der Hoffnung, eine Trüffelindustrie aufbauen zu können. Ein nahezu ständiger Begleiter auf dem Weg durch Farmland und Wälder ist der einheimische **Cabbage Tree** (wörtl. „Kohlbaum") oder Ti Kouka, über dessen dünnen, grauen und bis zu 10 m hohen Stamm lanzettförmige Blätter und Hunderte weißer Blüten wachsen.

Sattelstar (Tieke) Dieser seltene, hübsche Vogel ist so groß ist wie eine Drossel und – bis auf das rotbraune Band auf seinem Rücken – schwarz gefiedert.

Saumschnabelente (Whio) Die einzigartige Entenart hält sich meist in Bergbächen auf und sucht dort nach Essbarem. Sie ist eine von vier endemischen Arten und besitzt weltweit keine nahen Verwandten. Zu erkennen ist sie an ihrem blaugrauen Federkleid, das an Brust und Flanken braun gefärbt ist. Weitere charakteristische Merkmale sind ein kurioser, an beiden Seiten mit einer schwarzen, flexiblen Membran ausgestatteter Schnabel sowie gelbe Augen, zu sehen auf dem $10-Dollar-Schein.

Schwarzer Stelzenläufer (Kaki) Der schlanke, schwarz gefiederte Vogel mit langen, roten Beinen zählt zu den seltensten Watvögeln der Welt und ist ausgesprochen scheu. Der Kaki bevorzugt sumpfige Areale und die Umgebung von Flussufern. Die besten Beobachtungsmöglichkeiten bietet ein eigens eingerichtetes Schutzgebiet nahe Twizel (S. 686).

Takahe Der truthahngroße Vogel galt bereits als ausgestorben (S. 873).

Tui Mit seiner weißen Kehle und einem samtigen Federkleid in Grün- und Purpur ist der Tui als Imitator anderer Vogelstimmen und nimmersatter Genießer von Nektar und Früchten bekannt. Sein Gesangsrepertoire ist umfangreicher als das des Makomako, umfasst aber auch einige recht unmelodische Kreisch-, Krächz- und Würgelaute.

Wekaralle Der mit am weitesten verbreitete flugunfähige Vogel Neuseelands ähnelt dem Kiwi, ist jedoch schlanker, weit weniger scheu und besitzt ein dunkelbraunes, von goldgelben Streifen durchsetztes Gefieder, v. a. im Brustbereich. Wie der Kiwi durchstreift auch die Wekaralle in der Dämmerung ihr Revier, lässt sich aber auch häufig am Tag blicken. Nicht wenige der Vögel besitzen gar den Mut und nähern sich Wanderern, um sich kleine Leckerbissen von diesen zu holen.

Ziegensittich (Kakariki) Der grüne Sittich kommt mit gelber, roter oder orangefarbener Stirnhaube vor. Er lebt in vielen Vogelschutzgebieten und auf küstennahen Inseln.

Weitere gefährdete Arten

Tuatara (Brückenechse) Das nachtaktive Reptil ist ein Relikt aus Dinosaurierzeiten und hat sich in den letzten 260 Mio. Jahren kaum verändert. Die Tuatara ernährt sich von Insekten, kleinen Säugetieren und Vogeleiern. Sie kann bis zu 60 cm lang und weit über 100 Jahre alt werden.

Weta Heuschreckenähnliches Insekt, das bereits seit 190 Mio. Jahren in Tieflandwäldern heimisch ist. Mehrere Arten leben im Busch, sind aber schwer zu entdecken, sodass man einer Weta am ehesten in Höhlen und Zoos begegnet. Die imposanteste Art ist die Riesenweta (Wetapunga), mit bis zu 71 g das schwerste Insekt der Erde.

Tieflandwälder

Als die Maori und die frühen europäischen Siedler in Neuseeland eintrafen, überzog noch dichter Wald das Tiefland Aotearoas. Der größte Teil wurde abgeholzt, abgebrannt und gerodet, um Platz für Farmen zu schaffen, doch ein paar Flecken ursprünglichen Waldes haben überdauert. In den Wäldern Northlands, auf der Coromandel Peninsula, an den Westküsten beider Inseln, in der Umgebung von Wellington sowie auf Stewart Island gedeiht eine große Vielfalt einheimischer Bäume. Im Tiefland finden sich zudem 60 endemische Blütenpflanzen, deren Farbspektrum weitgehend auf Weiß und Gelb beschränkt ist, denn angesichts der fehlenden Bienen als Bestäuber waren lebendigere Farben der Blüten gar nicht notwendig.

Neuseelands bekanntesten Baum, den **Kauri**, findet man in Mischwäldern im Tiefland, insbesondere in Northland. Dieser König des Waldes kann über 2000 Jahre alt und bis zu 30 m hoch werden. Maorische Kanubauer schätzten ihn sehr und hielten vor dem Fällen eines Kauris stets eine feierliche Zeremonie ab. Schon bald entdeckten europäische Schiffbauer die Vorzüge des Kauriholzes und zimmerten daraus

Schiffsmasten; viele Kauris wurden aber auch einfach nur zu Holzdielen in den Häusern verbaut. Aus den alten Kauriwäldern gewann man zudem das als Rohstoff geschätzte Kauri-Harz, das im frühen 20. Jh. exportiert wurde. In den letzten Jahrzehnten litten die Kauribestände unter einem Feinwurzelsterben, das von dem pilzähnlichen Erreger *Phytophthora Taxon Agathis* (PTA) verursacht wird. Bis es Wissenschaftlern gelungen ist, den Erreger unter Kontrolle zu bekommen, versuchen die Behörden die weitere Ausbreitung zu stoppen, vor allem in bisher noch nicht befallen Regionen wie der Coromandel Peninsula.

Auf offenen Flächen an Waldrändern und Flussufern saugen Tui (S. 93) Nektar aus den leuchtend gelben Trauben von **Kowhai**-Blüten, der Nationalblume, die vom gleichnamigen Baum herabhängen. Aus dem Holz des Baums wurden früher Kanupaddel und Stiele für Krummäxte gefertigt.

Auf der Nordinsel sowie im nördlichen Drittel der Südinsel wächst Neuseelands einzige einheimische Palme, die **Nikaupalme**, deren schlanker, astloser Stamm eine Höhe von bis zu 30 m erreicht und schmale, glänzende Wedel, lange, stachelige Blüten und rote Früchte trägt.

Der 20 m hohe **Pohutukawa** ist bis nach Otago im Süden verbreitet und wächst in küstennahen Wäldern sowie an Seeufern. Meist um die Weihnachtszeit trägt er karmesinrote Blüten und verleiht den Stränden eine festliche Note. Ebenfalls rot blüht der weithin bekannte **Rata**, der in Wäldern auf der Südinsel sehr häufig ist.

Säugetierplagen

Seit der Besiedelung Neuseelands, sind 43 einheimische Vogelarten ausgestorben, und insgesamt entfallen auf Neuseeland heute 11 % der am stärksten gefährdeten Vogelarten der Welt. Schuld daran tragen die Menschen durch Landnahme und Einführung von neuen Pflanzen und Tieren.

Possums

In der Regel dauert es nicht lange, bis Neuseeland-Besucher Bekanntschaft mit dem nachtaktiven Possum (oder Fuchskusu, *Trichosurus vulpecula*) machen, und sei es nur in Form eines auf der Straße totgefahrenen Exemplars. Quicklebendig kann man Possums meist auf Wandertouren erleben, wenn sie nachts um die Hütten schleichen und ihre Augen das Licht der Taschenlampe reflektieren. Obgleich sie mit ihrem flauschigen Pelz possierlich erscheinen, richten sie enorme **Schäden an Flora und Fauna** an. Bäume verkümmern, weil die Tiere die neuen Triebe abknabbern, außerdem verspeisen sie Vogeleier und töten sogar Küken. Folglich hegen die Neuseeländer einen geradezu pathologischen Hass gegen das ursprünglich aus Australien stammende Beuteltier.

Schon vor der 1840 einsetzenden kontrollierten Zuwanderung aus Europa hatten private Geschäftsleute damit begonnen, die etwa katzengroßen Fuchskusus in Neuseeland auszusetzen, um den Grundstock für eine profitable Pelzindustrie zu legen. Erst um 1930 wurden die Auswilderungen eingestellt und erst 1951 Maßnahmen zur Eindämmung der Plage getroffen: Der Staat führte eine Prämie für jeden getöteten und noch nicht gehäuteten Fuchskusu ein. Noch bis Ende der 1980er-Jahre wurden Possums ihrer **Pelze** wegen getötet, infolge erfolgreicher Pelzgegnerkampagnen fielen jedoch die Preise für Felle ins Bodenlose. Als Folge blieben die Jäger zu Hause, und die Zahl der Possums stieg explosionsartig an. Heute gibt es über 30 Mio. Possums, die Schätzungen zufolge Nacht für Nacht 10 000 t pflanzliche Nahrung verspeisen. Als Träger des Erregers für die Rindertuberkulose gefährden sie zudem die Milchwirtschaft sowie die Rinder- und Wildbestände der Farmen.

Possums sind so weit verbreitet und zahlreich, dass die Jagd kaum noch Auswirkungen zeigt. Der Staat muss jährlich etwa $60 Mio. aufbringen, um die Tiere unter Kontrolle zu halten. Die kostenintensivste Maßnahme ist das Abwerfen von einem unter dem Kürzel „1080" bekannten **Gift** aus der Luft. Die umstrittene Substanz ist in fast allen anderen Ländern der Welt verboten.

Bekannt ist Neuseeland außerdem für seine außergewöhnliche Familie von Koniferen, die **Steineiben** oder Podocarpaceen. Dazu gehört z. B. der majestätische, bis zu 60 m hoch aufragende **Rimu**, der kleine grüne Blüten, rote Zapfen und winzige grüne oder schwarze Früchte trägt. Einst war sein Holz sehr begehrt (und mit Öl gemischte Rimu-Kohle wurde früher als Farbe für Tätowierungen verwendet), doch trotz massiven Einschlags ist er in Mischwäldern bis heute weit verbreitet. Weitere Vertreter der Familie sind **Matai** (engl. *black pine*), **Miro** (engl. *brown pine*), **Kahikatea** (engl. *white pine*) und **Totara**. Letzterer kann 1000 Jahre alt werden und wurde von den Maori für den Bau von Kriegskanus geschätzt.

Unter dem Blätterdach dieser hohen Bäume gedeiht eine unglaubliche Vielzahl an Baumfarnen, die oftmals nur schwer voneinander zu unterscheiden sind. Der bekannteste darunter und gleichzeitig mit dem Status eines Nationalsymbols ausgezeichnet ist der **Ponga**, der bis zu 10 m hoch wird und lange, ausladende Wedel besitzt, die auf der Oberseite matt grün, auf der Unterseite silbrig weiß sind. Der Tieflandwald ist der bevorzugte Lebensraum für die meisten gefährdeten neuseeländischen Vögel (s. Kasten S. 92).

Flüsse, Seen und Feuchtgebiete

Den hohen Bergen und ergiebigen Niederschlägen verdankt Neuseeland seine vielen Flüsse. Vor allem Canterbury und die Region Waitaki zeichnen sich durch verwilderte Flussläufe mit

Wildschweine, Rotwild, Tahre und Gemsen

Als James Cook in den 1770er-Jahren Neuseeland umsegelte, setzte er dort **Schweine** aus, damit er und seine Leute auf den folgenden Reisen etwas Leckeres zum Essen hätten. Die als „Captain Cookers" bezeichneten Wildschweine wühlen noch heute neuseeländischen Boden auf, wenngleich Wildschweinjäger versuchen, ihre Zahl einzudämmen.

Von 1851 bis in die 1930er-Jahre wurden sieben verschiedene Arten **Rotwild** für Freizeitjäger angesiedelt, und noch heute wildern einige Jäger illegal Hirsche aus. Die Behörden reagieren zögerlich bei der Frage einer vollständigen Ausrottung, weil die Jäger über eine starke politische Lobby verfügen. In der ersten Hälfte des 20. Jhs. siedelte die Regierung auch **Tahre** aus dem Himalaja und **Gemsen** aus den europäischen Alpen an, die sich bis heute im Hochland der Südinsel gehalten haben.

Kaninchen und Marder

In den 1840er-Jahren wurden erstmals **Kaninchen** in Neuseeland ausgewildert. Sie stellen keine unmittelbare Gefahr für die einheimische Tierwelt dar, wohl aber die Methoden, die zur Eindämmung der Plage angewandt werden. In den 1880er-Jahren wurden auch **Frettchen**, **Wiesel** und **Hermeline** eingeführt, doch anstatt sich über die Kaninchen herzumachen, fanden diese Vertreter der marderartigen Tiere in den flugunfähigen Vögeln weitaus leichtere Beute.

Hunde, Katzen, Ratten und Mäuse

Wilde **Hunde** können der Versuchung eines flugunfähigen Vogels einfach nicht widerstehen. Eine Studie zu Todesursachen bei ausgewachsenen Streifenkiwis führte zu dem Ergebnis, dass in 76 % aller Fälle Hunde verantwortlich waren. In Neuseeland gibt es Schätzungen zufolge 1,2 Mio. **Katzen**, darunter etwa ein Viertel Wildkatzen. Ihrem Instinkt folgend, töten sie zahlreiche Vögel und Eidechsen.

Die polynesische **Ratte** (Kiore) wurde inzwischen größtenteils von aggressiveren Wanderratten und Schiffsratten verdrängt. Ratten fühlen sich fast überall wohl, ob in Baumspitzen oder im Blattwerk. Sie haben verheerende Auswirkungen auf die Vogel- und Insektenpopulationen und behindern durch das Fressen von Pflanzensamen das natürliche Wachstum im Wald. **Mäuse** sind ein ähnliches Problem.

Der Kiwi

Der flugunfähige, braune, ziemlich unscheinbare Kiwi ist das Nationalsymbol Neuseelands und erfreut sich allseits großer Beliebtheit. Der scheue und nachtaktive Vogel ist ein Vertreter der Familie der Flachbrustvögel, zu der auch Strauß, Emu, Nandu, Kasuar und der seit Langem ausgestorbene Moa gehören, und zählt zu den wenigen Vogelarten der Welt mit einem gut ausgebildeten Geruchssinn. Nachts kann man manchmal Kiwis hören, wie sie durch die Dunkelheit schnüffeln, um durch die am Ende des Schnabels befindlichen Nasenlöcher Würmer, Käfer, Zikadenlarven, Spinnen, aber auch Koura (Flusskrebse), Beeren und den einen oder anderen Frosch aufzuspüren. Kiwis sind zudem mit Tastborsten an der Unterseite ihres Schnabels sowie einem äußerst feinen Gehör ausgestattet. Andere Vögel oder Feinde im eigenen Revier bleiben ihnen von daher nicht lange verborgen und werden ohne Zögern mit den Krallen angegriffen.

Die Weibchen sind größer als die Männchen und legen stattliche Eier, die ungefähr einem Fünftel ihres eigenen Körpergewichts entsprechen. Nach 80 Tagen schlüpfen die **Küken**. Die Brut verlässt bereits vollkommen unabhängig das Nest, ohne von den Eltern gefüttert worden zu sein. Das Schlafbedürfnis eines Kiwis ist mit bis zu 20 Stunden täglich alles andere als knapp bemessen, wodurch sich auch die durchschnittliche **Lebenserwartung** von 20–25 Jahren erklärt.

Schätzungen zufolge gibt es heute nicht einmal mehr 70 000 Exemplare im Land, und die Zahl der wild lebenden Tiere sinkt weiter. Am einfachsten lassen sich Kiwis in einem der **Kiwi Houses** beobachten, die über das ganze Land verteilt sind (z. B. im Zoo von Auckland oder in Otorohanga, Napier, Wellington und Hokitika). Die besten Reviere zum Beobachten von **Kiwis in freier Wildbahn** sind:

Trounson Forest, Northland (S. 263)
Kapiti Island, bei Wellington (S. 324)
Mason Bay, Stewart Insel (S. 736)

Tiritiri Matangi, Auckland (S. 205) –
Okarito, bei Franz Josef Glacier (S. 779) –

Kiwi-Arten

Traditionell werden Kiwis in drei Arten unterteilt: Streifen-, Zwerg- und Haastkiwi. In den letzten Jahrzehnten bestimmte die Genforschung neue Unterarten des Streifenkiwis.

Haastkiwi *(Apteryx haastii)* Roa nennen die Maori diese größte aller Kiwi-Arten. Ausgewachsen wiegt ein Männchen durchschnittlich 2,4 kg und ein Weibchen 3,3 kg. Am wohlsten fühlen sich diese

einem breiten, von mehreren Armen durchzogenen Schotterbett aus und bieten einer Vielzahl von Vögeln, Insekten, Fischen und Pflanzen einen Lebensraum. Hinzu kommen zahlreiche Seen, die Fische und Vögel mit reichlich Nahrung versorgen. Nicht wenige neuseeländische Feuchtgebiete sind auf der anderen Seite für die Landwirtschaft und die Gewinnung von Wohnraum erschlossen und trocken gelegt worden, einige sind jedoch in **Nationalparks und Naturschutzgebieten** erhalten geblieben. In den Feuchtarealen des Tieflands wächst der mit einer Höhe von über 60 m größte einheimische Baum, der **Kahikatea**.

In der Nähe von Seen stößt man fast unweigerlich auf den **Pukeko** (Purpurhuhn). Der vorwiegend dunkel und mittelblau gefiederte Vogel, der auch in Teilen Australiens beheimatet ist, besitzt große Füße, einen orangefarbenen Schnabel und stößt einen schrillen Schrei aus, wenn er aufgescheucht wird. Pukekos sind noch nicht gänzlich flugunfähig, ihre Entwicklung geht jedoch dahin.

Neuseeland wird für seinen Reichtum an Süßwasserfischen gerühmt, insbesondere für seine prächtigen **Bachforellen**, **Regenbogenforellen** und **Lachse**. Sie alle sind eingeführte Arten und haben sich so gut an die Gegebenheiten angepasst, dass sie hier größer werden als in anderen Regionen der Erde. Andererseits wurden durch sie viele einheimische Arten verdrängt.

zähesten Vertreter unter den Kiwis in subalpinen Regionen mit feuchter Moosvegetation. Frühe europäische Entdecker erzählten sich Geschichten von truthahngroßen Kiwis mit mächtigen Spornen an den Beinen und einem Ruf, der lauter als der jeder anderen Tierart war. Immerhin hat die raue Umgebung geholfen, diesen Vögeln die Existenz einigermaßen zu sichern. Die rund 15 000 Vögel leben größtenteils in der nördlichen Hälfte der Südinsel, aber ihre Population nimmt stetig ab.

Zwergkiwi (Pukupuku, *Apteryx owenii*) Bei diesen kleinsten aller Kiwis wiegt ein ausgewachsener Vogel 1100 bis 1300 g. Ein Großteil der Population (ca. 1200 Vögel) lebt auf Kapiti Island. Zwergkiwis verbringen meist paarweise den Tag in ihren Schlupfwinkeln, um sich später getrennten Weges auf Nahrungssuche zu begeben. Nur selten bohren Zwergkiwis im Erdreich nach Nahrung, meist finden sie ihre Beute direkt an der Oberfläche oder im Laubhumus.

Nördlicher Streifenkiwi (*Apteryx mantelli*) Der mittelgroße Kiwi ist die am weitesten verbreitete Art und kommt v. a. auf den zentralen und nördlichen Nordinsel vor, wo etwa 25 000 Exemplare leben. Kennzeichnend sind sein unerschrockener Kampfeinsatz gegenüber Eindringlingen. Sein Verbreitungsgebiet umfasst verschiedenste Vegetationsräume, darunter exotische Wälder ebenso wie karges Farmland auf der Nordinsel.

Okarito-Streifenkiwi (*Apteryx rowi*) Dieser Kiwi galt ursprünglich als Unterart des Streifenkiwi und ist der seltenste Vertreter der Kiwi-Vögel. Nur noch ungefähr 375 Exemplare leben in freier Wildbahn, allesamt im über 11 000 ha großen, südlichen Abschnitt des Okarito Forest im Süden von Westland. Die Vögel haben eine gräuliche Färbung, oft mit weißen Flecken im Gesicht. Männchen und Weibchen teilen sich das Ausbrüten – im Gegensatz zu den meisten anderen Kiwi-Arten, wo das Männchen den Löwenanteil leistet.

Südlicher Streifenkiwi (*Apteryx australis australis*) Mit rund 30 000 Exemplaren ist dies der am meisten verbreitete Kiwi. Eine Unterart ist der seltene **Haast Tokoeka** (*Apteryx australis lawryi*), von dem sich nur noch etwa 400 Exemplare finden, die überwiegend in der Umgebung von Haast heimisch sind. Ihr Verbreitungsgebiet reicht vom Busch bis ins subalpine Grasland, wo sie ihre Nester sogar in den Schnee graben. Die Südlichen Streifenkiwis in Fiordland und auf Stewart Island sind zwar zahlreicher, aber auch ihre Population ist rückläufig. Die Vögel zählen zu den primitivsten, aber auch geselligsten der Kiwi-Familie und können manchmal beobachtet werden, wie sie in nur wenigen Metern Abstand voneinander an der Küste nach Nahrung stochern.

Eine weitere Delikatesse sind einheimische **Aale**. Obwohl sie den Großteil ihres Lebens in neuseeländischen Flüssen verbringen, zieht es sie zum Laichen in die mehr als 2000 km nördlich gelegenen Gewässer um Tonga.

An Flussufern im Mackenzie Country und in Canterbury leistet der stark bedrohte **Schwarze Stelzenläufer** (s. Kasten S. 93) den Anglern Gesellschaft. Der **Gewöhnliche Stelzenläufer**, ein schwarzweiß gefiederter Vogel, konnte sich gegen eingeführte Säugetiere besser behaupten.

Auch der **Schiefschnabel** lebt an den Ufern der verzweigten Flüsse Canterburys. Mit seinem eigentümlich gebogenen Schnabel dreht dieser kleine, weiß und grau gefiederte Vogel Steine um oder zieht Krustentiere aus dem Schlamm.

In schnell fließenden Flüssen ist manchmal die zunehmend seltener werdende **Saumschnabelente** (s. Kasten S. 93) zu sehen.

Das Hochland

Da die Tieflandwälder weitgehend gerodet und in Agrarflächen verwandelt sind, muss man schon in höhere Lagen, um jenes Landschaftsbild zu finden, das die ersten Maori und danach die frühen europäischen Einwanderer begrüßte. Die Nationalparks Tongariro, Whanganui, Taranaki, Nelson Lakes, Arthur's Pass und Aoraki/ Mount Cook sind von ausgedehnten Hochlandwäldern überzogen, in denen v. a. einheimische Buchenarten gedeihen. Im Unterschied zu den **Buchen** der nördlichen Hemisphäre sind die neuseeländischen Arten immergrün. Nahe der Baumgrenze wächst die Südbuchenart **Tawhairauriki** (engl. *mountain beech*) mit ihren spitzen, dunklen Blättern und kleinen roten Blüten bis zu 20 m hoch. Zur selben Gattung gehört die ebenfalls in Hochlagen und oftmals in Mischwäldern vorkommende **Tawhai** (engl. *silver beech*), deren graue Stämme bis zu 30 m hoch werden. Die anderen Vertreter der Südbuchen – die roten und schwarzen Arten – bevorzugen niedrigere Lagen. Zu ihnen gesellt sich häufig der dünne, wuchernde **Manuka** (engl. *tea tree*), der sowohl in alpinen Regionen als auch in Küstengegenden gedeiht.

Neuseeland besitzt 500 Arten von alpinen Blütenpflanzen, die in keiner anderen Erdregion wachsen. Allen voran sei hier die größte Hahnenfußart der Welt genannt, die **Mount Cook Lily** mit ihren ausladenden, weißen Blüten- und gelben Fruchtblättern, die sie zwischen November und Januar zu voller Pracht entfaltet. Beachtung verdient daneben die in Hochlagen der Südinsel wachsende Raoulia-Art mit Namen **Vegetable Sheep**, eine weiße, haarige Polsterpflanze, die sich in Bodennähe ausbreitet und aus der Ferne betrachtet für weidende Schafe gehalten werden könnte.

Die wenigen Vogelarten, die im Hochland leben, sind umso faszinierender. In den Neuseeländischen Alpen sieht und hört man den heiseren **Kea** und vielleicht den **Maorifalken** (beide S. 92). In subalpinen Regionen leben kleinere Vögel wie der gelb-grüne **Felsschlüpfer** und der winzige, grün-blau gefiederte **Zwergschlüpfer**, der in Spiralen durch die Luft flattert. Den subalpinen Lebensraum bevorzugen auch zwei der seltensten Vögel des Landes, die **Takahe** und der **Kakapo** (S. 92), die allerdings nur in zwei streng überwachten Arealen heimisch sind.

Küste, Inseln und Meer

Vor der gezackten, von der Tasmansee und dem Südpazifik umtosten Küste Neuseelands treffen warme und kalte Meeresströmungen aufeinander und sorgen für einen enormen **Fischreichtum** in den Gewässern. Tropische Fischarten wie Barrakuda, Marlin, Hai und Thunfisch werden von der warmen Strömung angelockt, in der ansonsten Hoki, Kahawai, Schnapper, Granatbarsch und Makrelenbarsch heimisch sind. Mit der kalten antarktischen Strömung wiederum kommen Neuseeland-Flussbarsch, Neuseeland-Eisfisch, Trompeterfisch, Morwong sowie Fische, die eine beachtliche Spanne an Wassertemperaturen vertragen, darunter Tarakihi (Großflossen-Morwong), Zackenbarsch und Seebarsch.

Auch Meeressäuger tummeln sich in den Gewässern: Der seltene **Buckelwal** lässt sich gelegentlich vor der Küste Kaikouras und in der Cook Strait blicken. **Pottwale** halten sich das ganze Jahr über im tiefen Seegraben nahe Kaikoura auf. **Orcas** tauchen regelmäßig an Orten auf, an denen es auch Delphine, Robben und andere Walarten gibt. Ein häufiger Besucher ist der **Grindwal**: Bis zu 200 Exemplare ziehen jedes Jahr vor Farewell Spit vorbei. Auch in der Cook Strait und in der Bay of Plenty können Grindwale gesichtet werden.

Ganzjährig sammeln sich **Gewöhnliche Delphine** in der Bay of Plenty, der Bay of Islands und in der Umgebung der Coromandel Peninsula. Von den drei anderen, in neuseeländischen Gewässern vertretenen Arten trifft man den **Großen Tümmler** in der Gegend von Kaikoura und Whakatane fast das ganze Jahr über an, während **Dunkle Delphine** von Oktober bis Mai die Küste der Marlborough Sounds, Fiordlands und Kaikouras aufsuchen. Wiederum das ganze Jahr über kann man vor der Banks Peninsula, den Catlins und ganz im Süden vor Invercargill kleinen Schulen von **Hector-Delphinen** begegnen.

Bis vor Kurzem gab es nur wenige Möglichkeiten, abseits der abgeschiedenen antarktischen Inseln **Neuseeländische Seelöwen** zu Gesicht zu bekommen. Inzwischen jedoch lassen sich diese seltenen Tiere im Gebiet der Catlins und der Otago Peninsula blicken. Weit häufiger an den Küsten anzutreffen ist der größere **Neuseeländische Seebär**. Die besten Chancen zur Beobachtung bieten sich im Sugar Loaf Marine Reserve vor New Plymouth, an der Küste Northlands, in der Bay of Plenty, nahe Kaikoura, um die Otago Peninsula sowie im Abel Tasman National Park. Sowohl Seelöwen als auch Seebären können während der Paarungszeit (Dezember bis Februar) aggressiv werden, weshalb ein Mindestabstand von ca. 30 m in dieser Zeit unbedingt anzuraten ist. **See-Elefanten** paaren sich bis heute an der Küste der Catlins; größere Kolonien leben auf den Inseln vor der Küste.

Neuseeland hat mit 140 Spezies den weltweit größten Artenreichtum an Seevögeln, die von den fischreichen Küstengewässern angelockt werden – unglücklicherweise besitzt das Land aber auch die größte Zahl bedrohter Arten, unter ihnen der majestätische **Königsalbatros**. Wesentlich häufiger dagegen bekommt man **Zwergpinguine** zu Gesicht. Die großen **Gelbaugenpinguine** sind in ihrem Vorkommen auf einen Abschnitt der Ostküste auf der Südinsel zwischen Christchurch bis zu den Catlins beschränkt, während die mit auffälligen breiten, gelben Augenbrauen geschmückten **Dickschnabelpinguine** Fiordland und Stewart Island bevorzugen.

Zu anderen verbreiteten Seevogelarten zählen die an ihrem gelben Kopf und weißen Körper leicht auszumachenden **Australtölpel**, daneben **Kormorane** und **Scharben**, die sich für gewöhnlich an Felsküsten versammeln. Auf und in der Nähe von Inseln wird man wahrscheinlich auch den **Dunklen Sturmtaucher** oder **Titi** sehen, an nahezu allen Stränden wiederum schwarze und schwarz-weiße **Austernfischer**.

Umwelt

Neuseeland eilt der Ruf voraus, „sauber und grün" zu sein, allerdings ist dies mehr dem Zufall als irgendeiner Absicht zuzuschreiben. In Anbetracht einer Bevölkerung von kaum mehr als 4,5 Mio. Einwohnern und einer relativ kurzen Geschichte sollte man annehmen, die Eingriffe in die neuseeländische Natur durch Menschenhand seien nur begrenzt. Tatsächlich hat der Mensch es in weniger als 1000 Jahren (und v. a. während der letzten 150 Jahre) geschafft, ganze drei Viertel der Landfläche für

Schutzgebiete, Parks und Reservate

Die folgenden Schutzgebiete, Parks und Reservate eignen sich hervorragend zur Erkundung der neuseeländischen Tier- und Pflanzenwelt. Eine Übersicht über die neuseeländischen Umwelt- und Tierschutzorganisationen findet sich auf S. 100.

Nordinsel
Bushy Park, Wanganui. S. 304
Goat Island Marine Reserve, Northland. S. 208
Kapiti Island, nahe Wellington. S. 324
Parry Kauri Park, Northland. S. 211
Poor Knights Islands Marine Reserve, Northland. S. 222
Pukaha Mount Bruce National Wildlife Centre, Wairarapa. S. 478
Rangitoto und Motutapu Islands, Auckland. S. 186
Tiritiri Matangi, Auckland. S. 205
Waipoua und Trounson Kauri Forests, Northland. S. 261 und 263
Zealandia: The Karori Sanctuary Experience, Wellington. S. 490

Südinsel
Abel Tasman National Park, im äußersten Nordwesten. S. 562
Aoraki/Mount Cook National Park, in den Neuseeländischen Alpen. S. 678
Fiordland National Park, im äußersten Südwesten. S. 871
Kura Tawhiti (Castle Hill Reserve), im Zentrum zwischen Christchurch und Greymouth. S. 660
Mason Bay, Stewart Island. S. 736
Motuara Island, Marlborough Sounds. S. 534
Oamaru Blue Penguin Colony. S. 644
Orokonui Eco Sanctuary, nahe Dunedin. S. 708
Ulva Island, vor Stewart Island. S. 734

die Nahrungsmittelproduktion und den kommerziellen Waldbau nutzbar zu machen. Lediglich 10 % der ursprünglichen Wälder existieren noch. Dank günstiger Winde und reichlich Regen wird ein Großteil der Umweltverschmutzung erst gar nicht sichtbar und löst sich unbemerkt wieder auf.

Landnutzung

Die europäischen Siedler und später die Veteranen des Ersten Weltkriegs machten in jahrelanger Plackerei oftmals steile, waldbedeckte Hügel nutzbar, die sich praktisch nur für die **Schafzucht** eigneten und sich lediglich zu Zeiten hoher Woll- und Lammpreise als profitabel erwiesen. In den vergangenen Jahren ist die Bewirtschaftung solcher Flächen z. T. so unrentabel geworden, dass manche wieder sich selbst überlassen und im Zuge der Landpachtreform als Naturparks der Öffentlichkeit zugänglich gemacht werden. Weit häufiger werden ärmere Böden für die Anpflanzung von **Kiefern** genutzt, die alle 25 Jahre gefällt werden, was die Anbauflächen in hässliche Felder voller Baumstümpfe verwandelt.

Derweil verschlingt der stetig wachsende **Bedarf an Wohnraum**, Straßen und damit verbundener Infrastruktur produktives Farmland und bedroht die fragilen Feuchtgebiete.

Umweltverschmutzung

In großen Teilen des Landes atmet man saubere Luft und sieht kristallklare Seen und Flüsse, aber mancherorts trügt die Idylle. Aufgrund des schlecht ausgebauten Netzes öffentlicher Verkehrsmittel zählt die Quote der zugelassenen **Kraftfahrzeuge** in Neuseeland zu den höchsten der Welt. Neuseeland importiert in großer Zahl Gebrauchtwagen aus Japan, die in vielen anderen Ländern erst gar nicht eingeführt werden dürften. Regelmäßige Emissionsprüfungen für Kraftfahrzeuge sind nicht vorgeschrieben.

Oft sehen Bergflüsse und Alpenseen so sauber und frisch aus, dass man am liebsten direkt daraus trinken möchte. In den meisten Fällen dürfte das auch kein Problem sein, solange das Wasser keine **Giardia**-Erreger enthält (S. 51). Das ist ein Darmparasit, der einem den Urlaub ohne Weiteres ruinieren kann. Daher ist es ratsam, Trinkwasser grundsätzlich zu desinfizieren.

Einige Süßwasserflüsse auf der Südinsel werden seit Kurzem von **Didymo-Algen** (Didymoshenia geminata) heimgesucht. Bootsausflügler, Angler und Kajakfahrer werden dringend ersucht, die Ausrüstung gründlich zu reinigen, bevor sie sich damit auf einen anderen Fluss begeben, um die Ausbreitung der Alge zu stoppen.

Ein weiteres Problem sind immer intensivere Anbaumethoden in der Landwirtschaft, besonders der Einsatz enormer Mengen an **Dünger**, der Flüsse und Seen des Tieflandes verseucht.

Die Suche nach neuen Energiequellen

Infolge eines gestiegenen Energiebedarfs in der Bevölkerung und des Ausbleibens größerer Investitionen in den letzten 30 Jahren ist die Energieversorgung des Landes unzureichend. **Wasserkraft** und **Erdwärme** können nur rund zwei Drittel des Stromverbrauchs decken, verglichen mit 80 % am Ende des 20. Jhs. Und selbst diese „grünen" Formen der Energiegewinnung sind umstritten. Die Schaffung von Stauseen hat bereits zahllose Habitate zerstört, insbesondere Flussufer, an denen bedrohte Vogelarten leben.

Weitere Erdwärme-Kraftwerke sind geplant, doch den verwertbaren Ressourcen sind Grenzen gesetzt, weil eine zu große Entnahme negative Folgen für Oberflächenphänomene wie Geysire und kochende Schlammbecken hat.

Durch den Bau neuer **Kohlekraftwerke** (und den Umbau von Öl- und Gaskraftwerken) könnte Neuseeland seinen Strombedarf mehr als 100 Jahre decken, aber nur auf Kosten großer Umweltbelastungen. Das Land tut sich auch schwer mit der Ausnutzung von **Windkraft**, denn die Technik stößt wegen der Lärmbelästigung und ästhetischer Bedenken auf erheblichen Widerstand. Die installierte Leistung ist noch sehr gering. Jahrzehntelang hat Neuseeland einen großen Bogen um **Atomkraft** gemacht. Doch das beginnt sich infolge der Energieknappheit und der Auflagen des Kyoto-Protokolls zu ändern.

Geschichte

Viele Neuseeländer europäischer Abstammung betrachteten ihre Nation lange Zeit als Musterbeispiel für eine humane Kolonialisierung. Die Maori sehen das allerdings oft anders. Über Generationen wurde das Unrecht weitererzählt: die Wegnahme des Landes und der Abbau von Rechten, die ihnen, so heißt es, in einem Vertrag zugestanden wurden. Der Geschichtsunterricht in den Schulen hielt sich traditionell an die europäische Sichtweise, bis irgendwann die Version der Europäer sogar die Mythologie der Maori beeinflusste. In den letzten beiden Jahrzehnten haben Historiker jedoch große Teile dessen widerlegt, was viele Neuseeländer als Tatsache betrachten und was sich vielfach als

Konstrukt des späten 19. Jhs. entpuppt. Die damals maßgeblichen Historiker interpretierten die Maori-Überlieferungen dergestalt, dass sie sich gut mit ihren eigenen Theorien vereinbaren ließen, und vernichteten in vielen Fällen sogar Beweise. Der Inhalt dieses Kapitels ist untrennbar mit den Legenden der Maori verwoben und im Zusammenhang mit dem Abschnitt „Maoritanga" (S. 119) besser zu verstehen.

Die Ankunft der Polynesier

Es gilt als erwiesen, dass vor 5000 Jahren erstmals bedeutende Wanderungsbewegungen im südpazifischen Raum stattfanden. Die ersten Bewohner Ozeaniens kamen ursprünglich aus Südostasien. Im Verlauf mehrerer Jahrhunderte zogen sie durch den indonesischen Archipel von einer Insel zur nächsten. Nach etwa tausend Jahren Inselhüpfen waren sie bis Tonga und Samoa vorgedrungen, wo sich allmählich die polynesische Gesellschaft und Kultur herauszubilden begann. Die neuen Bewohner perfektionierten Bootsbau und Navigation so weit, dass immer längere Seereisen in den Bereich des Möglichen rückten. Vor rund tausend Jahren erreichte die polynesische Kultur ihren klassischen Höhepunkt auf den **Gesellschaftsinseln** westlich von Tahiti. Diese bildeten sehr wahrscheinlich den Ausgangspunkt für eine Reihe von Seereisen Richtung Südwesten über Tausende von Kilometern offenen Ozeans, die an den Cook-Inseln vorbeiführten und schließlich an der großen Landmasse endeten, die heute als Neuseeland (Aotearoa) bekannt ist.

Es wird angenommen, dass die Vorfahren der heutigen **Maori** zwischen 1200 und 1300 n. Chr.

ZEITLEISTE	1200–1300 n. Chr.	ca. 1350
	Ankunft der ersten Polynesier	Traditionelles Datum der Ankunft der „Großen Flotte" aus Hawaiki

aus Polynesien kamen und das Land in Doppelrumpfkanus erreichten. Es muss sich um eine geplante Auswanderung gehandelt haben, denn die Neuankömmlinge transportierten auch *kuri* (Hunde) und Nutzpflanzen wie *taro* (stärkehaltige Knollen), Yam-Wurzeln und *kumara* (Süßkartoffeln). Die weit verbreitete Geschichte von einer legendären **Großen Flotte**, die aus sieben Kanus bestand und um 1350 n. Chr. auf neuseeländischem Boden angekommen sein soll, ist wahrscheinlich eine mit viel Fantasie ausgeschmückte viktorianische Adaptation der mündlichen Maori-Überlieferungen, die in der Folge ihrerseits Einzug in die modernen Legenden der Maori gehalten hat.

Die Polynesier fanden ein Land vor, das so viel kälter war als ihre tropische Heimat, dass viele ihrer mitgebrachten Früchte und Pflanzen nicht gedeihen konnten. Dafür existierte ein Übermaß an Beutetieren in Form von Meereslebewesen und flugunfähigen Vögeln, besonders auf der Südinsel, wo sich die meisten Neuankömmlinge niederließen. Die Menschen dieser **Archaischen Periode** werden häufig etwas irreführend als „Moa-Jäger" bezeichnet. Zwar lebten einige von ihnen ohne Zweifel vom Fleisch dieses Riesenvogels, doch in anderen Gegenden des Landes gab es gar keine Moas.

Bereits um 1350 waren an der gesamten Küste Siedlungen entstanden, doch die ersten Spuren von **Ackerbau** sind jünger, was bedeuten könnte, dass Nutzpflanzen erst bei einer späteren Wanderungsbewegung ins Land gebracht wurden. Die Siedlungen könnten aber auch ein Hinweis auf die beginnende Konservierung von Nahrungsmitteln sein, mit der die nicht sesshafte Lebensweise der frühen Jäger ihr Ende fand. Charakteristisch für diesen Beginn der **Klas-**sischen Periode ist die Entstehung von *kainga* (Dörfern) in der Nähe von *kumara*-Anbauflächen, die häufig durch *pa* (befestigte Dörfer) ergänzt wurden, in die sich die Bewohner bei Angriffen feindlich gesinnter Gruppen zurückzogen.

Mit zunehmender Spezialisierung der Aufgaben und abnehmendem Zeitaufwand für Jagd und Ackerbau setzte eine **Blüte des Kunsthandwerks** ein – insbesondere der Schnitz- und Webkunst (S. 123).

Gleichzeitig waren **Kriegshandlungen** an der Tagesordnung. Das Aussterben der leicht zu jagenden Laufvögel und die relativ problemlose Kultivierung von *kumara* auf der wärmeren Nordinsel kennzeichnen den Beginn einer Bevölkerungsverschiebung nach Norden. Als die ersten Europäer eintrafen, lebten bereits 95 % der Bevölkerung auf der Nordinsel, die meisten davon im heutigen Northland.

Die Ankunft der Europäer

Viele Europäer waren von der Existenz einer Terra Australis Incognita überzeugt, eines sagenhaften Landes auf der Südhalbkugel, wo sie Handel zu treiben hofften. 1642 sichtete der Holländer **Abel Tasman**, der für die holländische Ostindien-Kompanie arbeitete, als erster Europäer Aotearoa. Er ging in der Golden Bay vor Anker, wo ein kleines Beiboot zwischen Tasmans beiden Schiffen von einem Maori-Kriegskanu angegriffen wurde. Nachdem vier seiner Männer getötet worden waren, machte Tasman kehrt und floh an der Westküste der Nordinsel entlang nach Norden, um später Tonga und die Fidschi-Inseln auf die europäischen Landkarten

1642	1769	1772
Der Holländer Abel Tasman segelt an der Westküste entlang und ankert in der Golden Bay.	Der Engländer James Cook umsegelt Nord- und Südinsel.	Eine französische Expedition landet in der Bay of Islands. Nach einer ersten Annäherung kommt es zu blutigen Kämpfen.

zu bringen. Der Name Aotearoa wurde später in Anlehnung an die holländische Küstenprovinz Zeeland in „Nieuw Zeeland" geändert.

Über hundert Jahre lang wurde Neuseeland ignoriert, bis **James Cook** (s. Kasten) 1769 auf der ersten seiner drei ausgedehnten Reisen in Aotearoa ankam. Cook fand in den Maori ein kultiviertes Volk mit streng organisierter Gesellschaftsstruktur und beeindruckenden Fähigkeiten vor. Nach zwei unglücklichen Begegnungen bei Gisborne und Napier gelang es Cook erstmals freundschaftliche Kontakte herzustellen. Die Inselbewohner bezeichneten sich fortan im Bemühen um eine Abgrenzung gegenüber den Europäern als *Maori* („normal" oder „unauffällig"), während sie den Neuankömmlingen den Namen *Pakeha* („fremd") gaben.

Auf der Coromandel Peninsula missachtete Cook seine offiziellen Anweisungen, indem er die britische Flagge hisste und das Land offiziell für die Krone in Besitz nahm, ohne die Zustimmung der Maori einzuholen, die ihn dennoch 1773 und 1777 zwei weitere Male empfingen. Die Franzosen zeigten ebenfalls Interesse an Neuseeland. Schon bei seiner Reise 1769 war Cook an dem französischen Seefahrer **Jean François Marie de Surville** in einem Sturm vorbeigesegelt, ohne dass die beiden Schiffe einander bemerkten.

Nach Gründung der Sträflingskolonie Botany Bay im benachbarten Australien war Neuseeland erstmals auch als Handelsgebiet interessant und wurde zwischen Ende des 18. Jhs. und den 30er-Jahren des 19. Jhs. praktisch als Teil Australiens wahrgenommen. 1830 gab es an der neuseeländischen Küste bereits zahlreiche saisonal besiedelte Außenposten der **Robbenjäger**, und schon dreißig Jahre später waren die Meeressäuger so gut wie ausgestorben.

James Cook (1728–1779)

Der aus dem englischen Yorkshire stammende Lieutenant (später Captain) James Cook war ein Navigationsoffizier, der mit der *Endeavour* den Pazifik besegelte, um den Transit der Venus über die Sonnenscheibe zu beobachten. Gemäß den Anweisungen der Admiralität reiste er weiter nach Westen und erreichte schließlich die „Ostseite des von Tasman entdeckten Landes", beobachtete dort „Geist, Wesen, Veranlagung und Anzahl der Eingeborenen" und beauftragte seine Expeditionsbotaniker Banks und Solander mit dem Sammeln zahlreicher Pflanzen.

Im Verlauf von drei Seereisen zwischen 1769 und 1777 verbrachte Cook insgesamt zehn Monate an der Küste Aotearoas und hinterließ seine Spuren in Form zahlreicher Ortsnamen. Einige seiner Karten wurden bis weit ins 20. Jh. verwendet; seine einzigen bedeutenden Fehler bestanden darin, dass er die Banks Peninsula als Insel und Stewart Island als Halbinsel einzeichnete.

In der Zwischenzeit fällte die britische Kriegsmarine massenweise Kauri-Bäume, die sie zum Bau von Schiffsmasten verwendete, während kommerzielle **Holzfäller** die Werften im australischen Sydney belieferten. Zwischen 1820 und 1830 hielten auch **Walfänger** in Neuseeland Einzug und errichteten ihre Basis in Kororareka (heute Russell) in der Bay of Islands, wo sie Maori als Besatzung anheuern und Verpflegung für ihre Schiffe aufnehmen konnten. Einer Mischung aus raubeinigen Walfängern, entflohenen Sträflingen, Schurken und Aben-

1814	1820	1830–1840
Ankunft der ersten Missionare, darunter Samuel Marsden	Reise des Maori-Häuptlings Hongi Hika nach London	Erste Robbenjäger- und Walfängerstationen entstehen an der neuseeländischen Küste.

teurern verdankte Russell in der Folge das Prädikat „Höllenloch der Südsee".

Es dauerte nicht lange, bis die traditionelle Lebensweise der Maori völlig auf der Strecke geblieben war.

Schon bald kam es zu **Stammesfehden** nie gekannten Ausmaßes. Der Hunger nach immer mehr Land war Antrieb für die Raubzüge des Ngati-Toa-Häuptlings **Te Rauparaha** (S. 126), der schon bald die südliche Hälfte der Nordinsel kontrollierte.

Der gewaltige Bedarf an Feuerwaffen brachte die Maori dazu, ihre besten Nahrungsmittel zu verkaufen und sich in ungesunde Gegenden in der Nähe von Sümpfen zurückzuziehen, wo sie sich der Flachsverarbeitung widmen konnten. Die schlechten Lebensbedingungen der Maori begünstigten immer wieder die Ausbreitung aus Europa eingeschleppter **Krankheiten**, Alkohol- und Tabakmissbrauch waren an der Tagesordnung, Maori-Frauen wurden dazu gebracht, sich für weiße Seemänner zu prostituieren, die Stammesstrukturen begannen sich aufzulösen.

Diese Misere fanden 1814 die ersten **Missionare** vor. Besonderes leistete in Neuseeland der aus dem australischen New South Wales kommende und dort noch als brutal verschriene Friedensrichter **Samuel Marsden**, der die Bay of Islands mit der Mission betrat, den Maori Christentum und „Zivilisation" beizubringen und die Seelen der Walfänger und Robbenjäger zu retten. In der Folge errichteten Anglikaner, Methodisten und Katholiken allesamt Missionen auf der gesamten Nordinsel. Sie erklärten, die Maori vor weiterer Ausbeutung bewahren zu wollen, und setzten sich in London und Sydney dafür ein, dass die Handlungen der Pakeha besser kontrolliert wurden. Andererseits zerstörten die Missionare aber auch Kunstwerke, die sie als sexuell zu eindeutig betrachteten, und forderten von den Maori den Verzicht auf Kannibalismus und Sklaverei.

In den 1830er-Jahren waren das Selbstverständnis der Maori und der Glaube an die eigenen Werte im Schwinden begriffen. Der *tohunga* (Priester) war machtlos gegen die neuen europäischen Krankheiten, die von den Missionaren häufig geheilt werden konnten, und langsam glaubten die Maori den Pakeha, wenn diese behaupteten, ihr Volk sei im Aussterben begriffen.

Die Phase der Kolonialisierung

Trotz Cooks Entdeckeranspruch aus dem Jahre 1769 hatten die königlichen Kartografen Neuseeland bis dahin nicht als Besitztum Großbritanniens verzeichnet. Man musste langsam einsehen, dass das Britische Empire aufgrund seiner enormen Größe kaum noch unter Kontrolle zu halten war, und so wurde das für New South Wales geltende Recht 1817 nur unter großem Zögern nominell auch auf Neuseeland übertragen. Auswirkungen waren jedoch kaum zu spüren, da der Gouverneur von New South Wales keine offizielle Vertretung in Neuseeland hatte. Aufgrund der herrschenden Gesetzlosigkeit ersuchte 1831 eine kleine Gruppe von Maori-Häuptlingen aus Northland mit Unterstützung der Church Missionary Society den britischen Monarchen, „Freund und Beschützer dieser Inseln" zu werden. Das besagte Schreiben musste später als Rechtfertigung für die Intervention Großbritanniens herhalten.

1835	1840	1840–1850
Unabhängigkeitserklärung der „United Tribes of New Zealand"	Vertrag von Waitangi und Verlegung der Hauptstadt von Kororareka nach Auckland	Gründung der Städte Auckland, Christchurch, Dunedin, Nelson, New Plymouth, Wanganui und Wellington

Die Reaktion der britischen Krone bestand darin, 1833 den weitgehend inkompetenten **James Busby** als sogenannten „British Resident" nach Neuseeland zu schicken. Seine Mission bestand darin, die Interessen der Krone zu vertreten, Anreize für den Handel zu schaffen, die Beziehungen zu Missionaren und Maori zu pflegen und entflohene Sträflinge zurück nach Sydney zu schaffen. Unter dem Eindruck, Neuseeland würde langsam zur Belastung für New South Wales, hielt der dortige Gouverneur Richard Bourke Gewehre und Soldaten zurück, sodass Busby seine Mission nicht durchzusetzen vermochte. Außerdem ließ Busby sich von **Baron de Thierry** übertölpeln, einem Briten französischer Herkunft, der sich selbst als „Oberhäuptling Neuseelands" bezeichnete und behauptete, er hätte einen Großteil des Distrikts Hokianga von Hongi Hika gekauft, um die Maori vor der Entwürdigung zu bewahren, die er ihnen unter britischer Herrschaft prophezeite. In einem übereilten Entschluss überredete Busby 1835 törichterweise 35 Häuptlinge aus dem Norden dazu, sich als **United Tribes of New Zealand** (Vereinigte Stämme von Neuseeland) für unabhängig zu erklären. Mit diesem Maori-Bündnis sollte der wachsenden Instabilität im Lande entgegengewirkt werden.

Ende der 30er-Jahre des 19. Jhs. lebten rund 2000 Pakeha in Neuseeland, die Mehrheit in der Gegend von Kororareka in der Bay of Islands. Die meisten waren Engländer, doch auch französische Katholiken etablierten sich allmählich, und 1839 wurde der in Großbritannien geborene James Clendon zum amerikanischen Konsul ernannt. Inzwischen begannen sich auch Spekulanten und Siedler für das neue Land zu interessieren. Der australische Sklavereigegner **William Charles Wentworth** hatte die Südinsel und Stewart Island für ein paar Hundert Pfund „gekauft" (es handelte sich um den größten privaten Landkauf der Geschichte, der aber nachträglich per Regierungsbeschluss annulliert wurde). Schließlich begriff auch die britische Admiralität, dass die australischen Sträflingskolonien, ursprünglich nur als angenehm weit entfernte Alternative zu den überfüllten englischen Gefängnissen gedacht, sich langsam zu wertvollen Besitzungen entwickelten.

Infolge der geschilderten Ereignisse und Busbys permanenter Übertreibung, die Maori seien nicht in der Lage, ihre Angelegenheiten eigenständig zu regeln, sah sich die britische Regierung schließlich veranlasst, die Initiative zu ergreifen. Das Ergebnis war der **Vertrag von Waitangi** (S. 109) aus dem Jahre 1840. Das Dokument sollte den Maori dauerhaft ihre Besitzrechte und die Kontrolle über ihr Land sichern, wenn sie im Gegenzug ihre Hoheitsrechte abtraten, der Text machte aber verschiedenste Auslegungen möglich. Das annektierte Land wurde zunächst der australischen Kolonie New South Wales unterstellt, bis Neuseeland ein Jahr später zur eigenständigen Kronkolonie erklärt wurde.

Die Besiedlung durch Europäer

Schon vor der Unterzeichnung des Vertrags von Waitangi gab es Bestrebungen von Seiten der neu gegründeten **New Zealand Company**, eine Siedlung in Port Nicholson, dem heutigen Wellington, zu errichten. Dahinter stand der englische Staatsmann **Edward Gibbon Wakefield**, der Neuseeland als Testgelände für seine Theo-

1852	1858	1858
Neuseeland wird selbstverwaltete Kolonie und in sechs Provinzen unterteilt.	Te Wherowhero, oberster Häuptling der Waikato-Maori, wird zum „König" mehrerer Maori-Stämme gewählt.	Die Einwohnerzahl europäischer Siedler übersteigt erstmals die der Maori.

Hongi Hika

Hongi Hika vom *iwi* der Ngapuhi in der Bay of Islands war der erste Häuptling, der die Bedeutung von Feuerwaffen erkannte. Er hatte bereits mehrere in seinem Besitz, als er 1814 auf den Missionar Thomas Kendall traf. Schon damals ließ er Nutzpflanzen kultivieren, die er bei den Pakeha gegen Schusswaffen eintauschte.

1820 reiste Hongi Hika mit Kendall nach England, um an einer Abhandlung über Vokabular und Grammatik der neuseeländischen Sprache zu arbeiten. Während seines Aufenthalts war er kurzzeitig der gefeierte Star in der feinen Londoner Gesellschaft und wurde König George IV. als „Gleichgestellter" präsentiert. Da er für die meisten Geschenke, mit denen er überhäuft wurde, kaum Verwendung hatte, tauschte er sie gegen 300 Musketen ein.

Hongi Hika gelobte, der absoluten Herrschaft des britischen Oberhauptes nachzueifern, und machte sich auf einen Eroberungsfeldzug, in dessen Verlauf er große Teile der Nordinsel unterwarf. Dabei benutzte er die häufig schlecht gepflegten und unsachgemäß gehandhabten Gewehre eher zur Aufschreckung des Feindes, um diesem dann mit traditionellen Keulen den Garaus zu machen. Die Krieger hielten sich nicht mehr an die vereinbarten Kampfzeiten – traditionell die Phasen zwischen Jagd- und Ackerbausaison – und machten sich an die Begleichung alter Rechnungen, was sehr viele Maori das Leben kostete.

rie der „wissenschaftlichen Kolonialisierung" betrachtete. Von 1839 bis 1843 warb die New Zealand Company fast 19 000 Kolonisten an und siedelte sie in **geplanten Siedlungen** in Wellington, Wanganui, Nelson und New Plymouth an. Die einzige bedeutende, nicht von Wakefield geplante Siedlung war **Auckland**, ein verwahrloster Haufen Hütten am Meer, der zum Entsetzen der Offiziellen der New Zealand Company nach Unterzeichnung des Vertrags von Waitangi zur Hauptstadt gemacht wurde.

Die Company konnte das Land nicht direkt von den Maori kaufen, doch erwarb die Regierung riesige Gebiete und verkaufte sie dann weiter, oftmals für das Zehn- oder Zwanzigfache. 1850 zerfiel die New Zealand Company und hinterließ Siedlungen, die sich angesichts der harten kolonialen Wirklichkeit keinen Deut um Wakefields hochtrabende Theorien scherten

und sich im Wesentlichen aus Arbeitern zusammensetzten, die dem britischen Proletariat und der unteren Mittelklasse entstammten.

1852 wurde Neuseeland eine begrenzte Selbstverwaltung zugestanden, woraufhin die Regierung das Land in die **sechs Provinzen** Auckland, New Plymouth, Wellington, Nelson, Canterbury und Otago aufteilte. Die Provinzregierungen nahmen die Landverkäufe selbst in die Hand und warben in planmäßigen Auswanderungsaktionen willige Siedler mit kostenloser Seereise, Landzuteilungen und Arbeitsplatzgarantie in Straßenbauprojekten an. In der Hoffnung auf ein besseres Leben ohne die unmenschlichen Arbeitsbedingungen in den Fabriken Großbritanniens machten sich viele auf den langen Weg.

Zu jener Zeit hatten die Maori immer noch den besten Grund und Boden in Besitz und mit

1860–1865	1860–1870	1865
Landkriege zwischen Pakeha und Maori	Goldfieber nach mehreren Funden auf der Südinsel	Verlegung der Hauptstadt von Auckland nach Wellington

dem Anbau von Kartoffeln und Weizen ein gutes Auskommen. Sie produzierten nicht nur für den Eigenbedarf, sondern auch für den Export nach Australien, wo der Goldrausch in Victoria eine große Nachfrage geschaffen hatte. Die Pakeha konnten da kaum konkurrieren, und mit dem plötzlichen Sinken der Exportpreise Mitte der 50er-Jahre des 19. Jhs. gewann die **Weidewirtschaft** verstärkt an Bedeutung. Die Krone half mit einer Halbierung der Landpreise und verschaffte damit auch weniger wohlhabenden Siedlern die Möglichkeit des Erwerbs von Grundbesitz.

Die Landkriege zwischen Maori und Pakeha

Die ersten fünf Jahre nach Unterzeichnung des Vertrags von Waitangi waren eine einzige Katastrophe, zunächst unter Gouverneur Hobson und später unter dem halbherzigen FitzRoy. Die Beziehungen zwischen Maori und Pakeha begannen sich zu verschlechtern, als die Hauptstadt von Kororareka nach Auckland verlegt und in der Bay of Islands Steuern erhoben wurden. Der daraus resultierende Rückgang des Handels mit vorbeifahrenden Schiffen beschleunigte die ersten handfesten Auseinandersetzungen. Im Mittelpunkt einer Reihe Aufsehen erregender Zwischenfälle stand der Ngapuhi-Führer **Hone Heke**, der wiederholt den Flaggenmast in Russell fällte, das wichtigste Symbol britischer Autorität. Die Situation verbesserte sich etwas mit der Ernennung von **George Grey**, rückblickend der fähigste aller neuseeländischen Gouverneure, der wie kein anderer dazu beitrug, das Land in seinen Anfangsjahren zu formen.

Schon bald begannen die **Maori**, ihre Kultur an das Zusammenleben mit den Pakeha anzupassen, u. a. durch den Verkauf ihrer Ernte, den Betrieb von Kornmühlen und die Versorgung der weißen Bevölkerung per Küstenschifffahrt. Grey förderte den Anpassungsprozess, indem er Missionsschulen gründete, Arbeitsplätze für Maori in staatlichen Bauvorhaben schuf und Krankenhäuser errichten ließ, in denen sich Maori kostenlos behandeln lassen konnten. Grey tat sein Möglichstes zur Wahrung des Geistes von Waitangi und gewann dabei enormes Ansehen unter den Maori. Bedauerlicherweise versäumte er es, einen Mechanismus zur Weiterführung dieser Politik einzurichten, bevor er 1853 als Gouverneur nach Kapstadt abberufen wurde. Nach der neuseeländischen Verfassung von 1852 besaßen nur Grundbesitzer das Wahlrecht, und da die Maori keinen individuellen Landbesitz kannten, wurden sie von politischen Entscheidungen ausgeschlossen.

Inzwischen stand es außer Frage, dass die Maori mit dem Vertrag von Waitangi übertölpelt worden waren. Der wachsende **Widerstand** gegen weitere Landverkäufe fiel genau in eine Zeit, in der die weißen Siedlergemeinden immer mehr expandierten und den Verkauf riesiger Gebiete als Weideland forderten. In dem Maße, in dem die Infrastruktur der Pakeha sich verbesserte, wurden diese unabhängiger und abweisender gegenüber den Maori, die das Vertrauen in die weiße Regierung zunehmend verloren und ihre Angelegenheiten wieder mit traditionellen Methoden zu regeln begannen. Da die Vorstellungen von Maori und Pakeha unvereinbar schienen und sich die Maori zuneh-

1867	1870–1880	1876
Einführung des Wahlrechts für männliche Maori	Wolle wird zum wichtigsten Exportartikel der neuseeländischen Wirtschaft.	Abschaffung der Provinzregierungen zugunsten einer Zentralregierung in Wellington

mend betrogen fühlten, fassten sie schließlich den Entschluss, ihre Stammesfehden zugunsten eines gemeinsamen Vorgehens zu begraben.

1854, einen Monat bevor die neuseeländische Nationalversammlung zum ersten Mal zusammentrat, trafen sich verschiedene Maori-Stämme, um dem Verfall ihrer Kultur und dem rapiden Landverlust zu begegnen. Die Treffen liefen schließlich darauf hinaus, dass 1858 **Te Wherowhero**, oberster Häuptling der Waikato-Maori, zum „König" gewählt wurde. Hinter dem Anführer der **Königsbewegung** (s. Kasten S. 282) wollten sich die Maori versammeln, um der Pakeha-Expansion Einhalt zu gebieten. Die Mehrheit verhielt sich recht moderat und machte Friedensangebote an die Pakeha, die das Vorgehen der Maori als offene Rebellion werteten.

1860 eskalierte die Situation, als die Regierung Soldaten einsetzte, um einen unrechtmäßigen „Kauf" in Waitara bei New Plymouth gewaltsam durchzusetzen. Die Kämpfe beschränkten sich zunächst auf Taranaki, breiteten sich aber in der Folge auf die gesamte Nordinsel aus und mündeten in die **Landkriege**, die früher von den Pakeha als Maori-Kriege und von den Maori als *te riri Pakeha* („Zorn der Fremden") bezeichnet wurden. Die Maori waren gespalten, und einige Stämme ergriffen die Gelegenheit, um sich zwecks Begleichung alter Rechnungen mit der Regierung zu verbünden.

Anfang der 1860er-Jahre wurde die Zahl der Pakeha-Truppen verdreifacht. Sie bildeten eine effektive Streitmacht gegen die wenig koordiniert vorgehenden Maori. Trotz einiger Achtungserfolge war der Ausgang letztlich unvermeidbar. Ende der 60er-Jahre waren die Kämpfe bereits abgeflaut, doch offiziell Frieden geschlossen wurde erst 1881.

Zahlreiche britische Soldaten, die mit Landbesitz und kostenloser Schiffspassage geködert worden waren, um im Neuseeland in den Militärdienst zu treten, wurden jetzt – ein weiterer Affront gegen die besiegten Maori – in der **Waikato-Region** angesiedelt, die sich bis dahin fest in Maori-Hand befunden hatte. Ein Großteil des fruchtbarsten Landes in der Waikato-Region, der Bay of Plenty und Taranaki wurde konfisziert, wobei auch diejenigen Stämme nicht verschont blieben, die sich während des Krieges loyal verhalten hatten. Ab 1862 durften Privatpersonen Grundbesitz direkt von den Maori erwerben, die dazu gezwungen wurden, den angegebenen Gemeinschaftsbesitz erst auf zehn Personen, später auf eine Person einzugrenzen. Nachdem sie nicht mehr gemeinschaftlich Land besaßen, hatten die ohnmächtigen Maori den gierigen Grundstücksmaklern kaum noch etwas entgegenzusetzen. Die Agenten lockten sie in die Schuldenfalle und boten ihnen anschließend an, ihr Land zu kaufen.

Zwischen 1860 und 1881 stieg die Pakeha-Bevölkerung von 60 000 auf 470 000 an. Die Maori wurden regelrecht an den Rand der Gesellschaft gedrängt, und die angelsächsische Weltsicht begann auf sämtliche Bereiche des neuseeländischen Lebens überzugreifen. Ab 1871 war keine Maori keine Unterrichtssprache in den Schulen mehr.

Als auf der Nordinsel die Landkriege wüteten, wurde die Südinsel vom **Goldfieber** heimgesucht. Zunächst war 1861 in der Nähe von Queenstown Gold gefunden worden. Später kam es zu weiteren Funden an der Westküste. Ein knappes Jahrzehnt lang war Gold das wichtigste Ausfuhrgut Neuseelands. Die nachhaltigste Folge war der demografische Wandel: 1858

1882	1887	1890
Mit dem ersten tiefgekühlten Fleischtransport nach Europa gewinnt die Produktion von Lammfleisch an Bedeutung.	Der erste Nationalpark des Landes wird am Tongariro eingerichtet.	Gewerkschaften gewinnen an politischer Macht; der Liberale John Ballance wird Regierungschef und läutet Arbeitsreformen ein.

Der Vertrag von Waitangi auf Englisch und Maori

Auf Englisch

Die wesentlichen Punkte des englischen Vertrags sind die folgenden:

- Die Häuptlinge treten ihre Hoheitsrechte über Neuseeland an die Königin von England ab.
- Die Königin garantiert den Häuptlingen den „uneingeschränkten, exklusiven und ungestörten Besitz ihres Landes, ihrer Wälder, Fischgründe und anderer Besitztümer, gleich ob kollektives oder individuelles Eigentum".
- Die Krone behält sich das Vorkaufsrecht in Bezug auf den Landbesitz der Maori vor.
- Die Königin gewährt allen Maori die Rechte und Privilegien britischer Staatsbürger.

Auf Maori

Die Übersetzung in die Maori-Sprache lässt jedoch zahlreiche Türchen für Missverständnisse offen, denn Maori ist eher eine idiomatisch und metaphorisch geprägte Sprache, in der ein Wort mehrere Bedeutungen haben kann. Im Folgenden werden die wesentlichen Streitpunkte kurz erläutert.

In der Präambel der englischen Version wird als wesentlicher **Vertragsgegenstand** genannt: Schutz der Interessen der Maori, Schaffung der Voraussetzungen für eine britische Besiedlung und Einsetzung einer Regierung zur Aufrechterhaltung von Frieden und Ordnung. Im Gegensatz dazu liegt der Haupttenor der Maori-Version auf der für die Maori außerordentlich wichtigen Aufrechterhaltung von Rang und Status ihrer Häuptlinge und Stämme.

Im Maori-Text wurde der Begriff **Hoheitsrechte** (engl. *sovereignty*) als *kawanatanga* (engl. *governorship*, etwa: Gouverneursherrschaft) übersetzt, ein Begriff, den die Maori aufgrund ihrer Erfahrung mit der zahnlosen Herrschaft von James Busby assoziierten. Es erscheint unwahrscheinlich, dass den Häuptlingen die Tragweite dessen bewusst war, was sie da aufgaben.

In der Maori-Version garantiert die Krone den *tangata whenua* („Menschen des Landes") das zeitlich unbegrenzte Besitzrecht über ihr Eigentum. Im englischen Text ist dagegen von **individuellen Rechten** auf Eigentum die Rede. Hier handelt es sich möglicherweise um die mutwilligste Fehlübersetzung. In der Realität kam es dann auch immer wieder zu der Situation, dass Maori genötigt wurden, ihr **Land** zu verkaufen, und dass, wenn sie sich weigerten, es ihnen einfach weggenommen wurde.

Der Begriff **Vorkaufsrecht** (engl. *pre-emption*) wurde mit *hokonga* übersetzt, einem Begriff, der nichts weiter bedeutet als „kaufen und verkaufen". Es wird nicht weiter ausgeführt, dass die Krone das Exklusivrecht zum Kauf von Maori-Land erhält, was in der englischen Version deutlich zum Ausdruck kommt. Aus diesem Punkt entstanden später immer wieder Reibereien, wenn Maori Land, an dem die Regierung nicht interessiert war, anderweitig verkaufen wollten.

Auch die Tragweite des Begriffs **britische Staatsbürgerschaft** wurde von den Maori möglicherweise nicht vollständig erfasst. Es ist unklar, ob ihnen bewusst war, dass sie fortan an britisches Recht gebunden sein würden.

1893	1907	1910–1920
Neuseeland führt als erstes Land der Welt das uneingeschränkte Frauenwahlrecht ein.	Die selbstverwaltete Kronkolonie Neuseeland erhält den Status „Dominion" und wird außenpolitisch autonomer.	Zunehmende Organisation der Arbeiterschaft unter der sozialistischen Red Federation mit Streiks in Blackball, Waihi und Auckland

war die schrumpfende Bevölkerung der Maori bereits von der rapide wachsenden Zahl der Pakeha-Siedler übertroffen worden, von denen sich die meisten auf der Südinsel niederließen.

Konsolidierung und soziale Reformen

Die 1870er-Jahre standen ganz im Zeichen der Politik des fähigen Schatzmeisters und späteren Premierministers **Julius Vogel**, der mit Hilfe von Krediten umfangreiche staatliche Bauprojekte initiierte. Innerhalb eines Jahrzehnts schuf er eine Infrastruktur aus besser befahrbaren Straßen, einem gut ausgebauten Eisenbahnnetz, 7000 km Telegrafenleitung und zahlreichen öffentlichen Einrichtungen. Fast das gesamte noch verbliebene kultivierbare Land wurde den Maori abgekauft oder von ihnen gepachtet, und spezielle Gesellschaften wurden mit dem ausdrücklichen Ziel gegründet, die Siedler bei der Akklimatisierung zu unterstützen, das ländliche Neuseeland zu anglisieren und der Landwirtschaft auf die Beine zu helfen.

Da es keinen größeren Ausfuhrmarkt in der Nähe gab und an den Export verderblicher Güter vorerst nicht zu denken war, wurde **Schafwolle** zum wichtigsten Exportartikel. Als 1882 der erste Frachter mit Kühlkammer nach Großbritannien auslief, war auch die Ausfuhr von Fleisch- und Milchprodukten möglich. Das Ereignis markiert einen bedeutenden Wendepunkt, denn in der Folge entwickelte sich Neuseeland zu Großbritanniens „Farm in Übersee" und behielt diese Rolle bis in die 1970er-Jahre.

Zwischen 1879 und 1896 wurde Neuseeland von einer lang andauernden **Wirtschaftskrise** heimgesucht, die weitgehend in die Regierungszeit der konservativen „Continuous Ministry" fiel – der letzten Regierung, die sich aus der kolonialen Oberschicht zusammensetzte. Während jener Periode gewannen die **Gewerkschaften** auf der politischen Bühne an Einfluss und unterstützten die Bildung einer Allianz aus liberalen Gruppierungen und Arbeitervertretern, die 1890 die politische Macht übernahm und eine Periode tief greifender gesellschaftlicher Veränderungen einläutete. Der erste liberale Regierungschef, **John Ballance**, war ein überzeugter Verfechter der staatlichen Intervention und berief den Sozialisten **William Pember Reeves** zu seinem Arbeitsminister. Reeves spielte eine entscheidende Rolle bei der Durchsetzung drastischer arbeitsrechtlicher Reformen, die derart fortschrittlich waren, dass an der Arbeitsgesetzgebung bis 1936 keinerlei Änderungen mehr vorgenommen wurden.

Als Ballance 1892 starb, wurde **Richard „King Dick" Seddon** sein Nachfolger. Der aus dem englischen Lancashire stammende Politiker führte eine gestaffelte Einkommensteuer ein und schaffte die Grundsteuer ab – in der Hoffnung, einige der großen Besitzungen aufzubrechen und Landbesitz auch für Kleinbauern attraktiv zu machen. 1893 wurde Neuseeland weltweit zur ersten Nation, die das **Frauenwahlrecht** einführte (s. Kasten S. 111). 1898 folgte der Aufbau einer **Altersrente**. Die britische Sozialistin und Sozialreformerin Beatrice Webb hielt sich zu jenem Zeitpunkt in Neuseeland auf und kommentierte anerkennend: „Es ist wunderbar, ein Land ohne Millionäre und mit so wenigen Elendsquartieren zu sehen".

1914–1918	1917	1917
Neuseeländische Soldaten kämpfen im Ersten Weltkrieg und erleiden entsetzliche Verluste.	2721 neuseeländische Soldaten sterben in der Schlacht von Gallipoli; knapp 17 000 Neuseeländer lassen ihr Leben im Ersten Weltkrieg.	Die Abstinenzlerbewegung setzt die Schließung der Pubs um 18 Uhr durch (erst 1967 wieder aufgehoben).

Frauenwahlrecht per Zufall

1893 gewährte Neuseeland als erste Nation der Welt auch Frauen das Wahlrecht. Andere Territorien wie Südaustralien und Wyoming hatten dazu mit einem begrenzten Frauenwahlrecht den Weg geebnet, doch Neuseeland ging noch ein gutes Stück weiter. Darauf sind seine Bewohner mächtig stolz, auch wenn das Ergebnis eher einem Zufall entsprang als einer besonders liberalen Denkweise. Nachdem im Parlament über ein radikales Wahlreformgesetz debattiert worden war, ließ Premierminister Seddon einen Zusatz zur Besänftigung der Frauenwahlrechtsbefürworter passieren – in der Annahme, dass der Legislative Council (das 1950 abgeschaffte Oberhaus) ihn ohnehin ablehnen würde. Seddon wies sicherheitshalber ein Ratsmitglied der Liberal Party an, dagegen zu stimmen; erzürnt über diese Einmischung stimmten daraufhin zwei Ratsmitglieder für den Gesetzesvorschlag, sodass dieser schließlich mit 20 zu 18 Stimmen angenommen wurde.

Andere Stimmen behaupten, das Frauenwahlrecht sei eine Reaktion auf die mächtige, quasi-religiöse Abstinenzlerbewegung gewesen. Aus welchen Motiven auch immer, Neuseeland hatte ein Exempel statuiert, dem andere westliche Nationen nach und nach folgten. Erst 1919 erhielten die neuseeländischen Frauen allerdings das Recht, selbst für das Parlament zu kandidieren, und bis 1941 konnten sie nicht Mitglieder des Legislative Council werden.

Anfang des 20. Jhs. war der Lebensstandard der Pakeha einer der höchsten der Welt. Für die **Maori** sah die Sache nicht so rosig aus, ihre Zahl war von geschätzten 200 000 bei Cooks erster Reise auf vermutlich unter 50 000 im Jahre 1896 geschrumpft. Inzwischen bestand zumindest eine erhöhte Resistenz gegen europäische Krankheiten, sodass die Zahl langsam wieder anstieg, begleitet von neuer Hoffnung angesichts der wachsenden Zahl von Maori in parlamentarischen Führungsrollen. **Apirana Ngata**, **Maui Pomare** und **Te Rangi Hiroa** (Peter Buck), die engagiert innerhalb des administrativen und gesetzgeberischen Rahmens wirkten, kamen zu der Überzeugung, dass das Überleben von Maoritanga nur gesichert werden könne, wenn die Maori jene Aspekte ihres traditionellen Lebens abstreiften, die ihnen eine Akzeptanz innerhalb der westlichen Welt verwehrten.

Mit Seddons Tod 1906 erlosch auch die Flamme der liberalen Fackel, wenngleich die Partei noch weitere sechs Jahre an der Macht bleiben sollte. In diesen Zeitraum fällt der Aufstieg der **Red Federation**, einer radikalen sozialistischen Arbeiterorganisation. Die „Red Feds" lehnten das Schlichtungssystem ab, weil die Lohnerhöhungen unter der jeweiligen Inflationsrate blieben und weil das System ein Jahrzehnt lang keinen Arbeitskampf zugelassen hatte. Sie ermutigten die Arbeiter zu **Streiks**, von denen sich der längste in Blackball an der Westküste zutrug, wo die Bergarbeiterorganisation Federation of Miners (und später auch die Federation of Labour) eine dreimonatige Arbeitsniederlegung initiierte.

Als Sieger aus den Wahlen von 1912 ging die **Reform Party** unter William Massey hervor, der von der Unterstützung der Farmer profitierte. Die

1920–1930	1935	1941
Einem Aufschwung folgt die Weltwirtschaftskrise.	Die Labour-Regierung unter M. J. Savage formt den ersten Wohlfahrtsstaat der Welt.	Mit dem Bombenangriff auf Pearl Harbor und Beginn des Zweiten Weltkriegs engagiert sich Neuseeland verstärkt in der Pazifikregion.

politischen Lager waren mittlerweile stark polarisiert, und 1912/13 kam es zu erbitterten Auseinandersetzungen bei einer Reihe von Streiks in den Goldminen von Waihi, den Docks von Timaru und im Hafen von Auckland. Nachdem die Gegner des Schlichtungssystems ihre Werkzeuge niedergelegt hatten, organisierten die Arbeitgeber eine Bewegung von Streikbrechern und wurden dabei von der **Farmers' Union** unterstützt, die ihre berittenen „Special Constables" an die Seite der Regierung stellte. In einer gemeinsamen Aktion unter dem Schutz von Kriegsmarine und Armee brachten sie den Red Feds eine vernichtende Niederlage bei.

Eine Nation wird erwachsen

Die einst nur zögerlich ins Empire eingegliederten Inseln am anderen Ende der Welt hatten sich bald zu einer treu ergebenen Kolonie entwickelt, auf die auch in Krisenzeiten Verlass war. Bereits Ende des 19. Jhs. hatte die junge Nation Großbritannien in Südafrika militärisch unterstützt, und bei Ausbruch des **Ersten Weltkriegs** wurde erneut an die neuseeländische Loyalität appelliert. Inzwischen übertrafen die im Land geborenen Pakeha zahlenmäßig bereits die Einwanderer. 1907 war Neuseeland von einer selbstverwalteten Kronkolonie zu einem Dominion aufgestiegen und somit außenpolitisch autonom, doch dies änderte nichts an dem immer noch ausgeprägten Pflichtgefühl gegenüber dem Mutterland. Insgesamt 10 % der neuseeländischen Bevölkerung dienten im Krieg, 100 000 Mann kämpften in den Schützengräben der türkischen Halbinsel Gallipoli, im flandrischen Passendale und anderswo. 17 000 von ihnen kamen nicht zurück.

Innenpolitisch war die **Abstinenzlerbewegung** wieder aktiv geworden, um den in der Armee grassierenden Lastern zu begegnen, die in ihren Augen der Dämon Alkohol zu verantworten hatte. Mehrere Volksentscheide verhinderten 1911, 1914 und 1919 zwar knapp eine landesweite Prohibition, doch setzten sich die Tugendwächter insoweit durch, als die Schließungszeit für Pubs ab 1917 zunächst für die Dauer des Krieges auf 18 Uhr festgesetzt wurde, was aber erst 1967 wieder rückgängig gemacht wurde.

Der wirtschaftliche Aufschwung während des Ersten Weltkriegs gründete sich auf den hohen Nahrungsmittelbedarf in Großbritannien und hielt bis etwa 1920 an. Die Pakeha unter den Kriegsheimkehrern wurden mit neu erworbenem Weideland entschädigt; die Maori-Heimkehrer erhielten nichts. Neuseeland hatte nach wie vor Wachstum zu verzeichnen, dank einer verbesserten Infrastruktur mit Wasserkraftwerken und neuen Fernstraßen sowie enormer Fortschritte in der Agrartechnik, beispielsweise der Entwicklung von Superphosphatdünger, modernen Melkmaschinen und Traktoren.

Das Land war allerdings nur unzureichend auf die ohne Vorwarnung hereinbrechende **Weltwirtschaftskrise** vorbereitet. Die ohnehin hohe Staatsverschuldung schoss noch weiter in die Höhe, während die Exporteinnahmen sanken und die regierende Reform Party Einschnitte bei den Renten, im Gesundheitswesen und bei den Ausgaben für öffentliche Bauvorhaben machen musste. Der Haushalt konnte nur auf Kosten einer hohen Zahl von Arbeitslosen saniert werden. Premierminister Forbes prägte den Leitsatz „Kein Geld ohne Arbeit" und schickte mehrere Tausend Arbeiter in primitive Camps auf dem

1945	1947	1950
Auf den Schlachtfeldern des Zweiten Weltkriegs sterben fast 12 000 neuseeländische Soldaten.	Neuseeland erlangt die vollständige Unabhängigkeit von Großbritannien.	Abschaffung des Oberhauses im Parlament

Land, wo sie unnötige Arbeiten wie das Anpflanzen von Bäumen und Trockenlegen von Sümpfen zu verrichten hatten.

Im Verlauf der 1920er-Jahre hatte die Labour Party ihre sozialistische Politik verwässert, um Wählerstimmen aus der politischen Mitte für sich zu gewinnen. 1935 kam sie schließlich wieder an die Macht und läutete eine zweite Phase massiver gesellschaftlicher Veränderungen ein. Der Faden wurde dort wieder aufgenommen, wo Seddon aufgehört hatte, und Labour-Führer **Michael Joseph Savage** brachte es auf den Punkt: „Soziale Gerechtigkeit muss das Leitprinzip sein, die Wirtschaftspolitik hat sich nach den gesellschaftlichen Erfordernissen zu richten". Die während der Krise gekürzten Löhne wurden wieder erhöht, öffentliche Bauvorhaben wieder aufgenommen, die Arbeiter erhielten wieder vollen Lohn statt Fürsorge, das Einkommen wurde durch eine gestaffelte Besteuerung schrittweise umverteilt.

Mit einem ganzen Paket von neuen Gesetzen schuf die Regierung nicht nur den ersten, sondern auch den umfassendsten und ausgewogensten **Wohlfahrtsstaat** der Welt, der zum Vorbild für alle folgenden werden sollte. Die Regierung ließ Häuser und Wohnungen bauen und vermietete sie zu günstigen Konditionen, die Renten wurden erhöht, ein Gesundheitssystem garantierte kostenlose medizinische Versorgung, und spezielle Vergünstigungen sorgten für eine Besserstellung von Familien gegenüber Kinderlosen. Das Wohlergehen der Maori stand ebenfalls auf der Tagesordnung. Ihr Lebensstandard sollte auf Pakeha-Niveau angehoben werden, was u. a. mittels einer Erhöhung der Renten und des Arbeitslosengeldes verwirklicht werden konnte. Gesetzesänderungen ebneten den Weg dafür, dass Maori-Land weiterhin als Gemeinschaftsbesitz behandelt, aber mit den Agrarmethoden der Pakeha bewirtschaftet werden konnte. Als Gegenleistung unterstützte die neu gegründete **Ratana Party** mit den vier Parlamentssitzen der Maori die Labour-Regierung, die sich so bis 1949 an der Macht halten konnte.

Als 1941 mit der Bombardierung von Pearl Harbor auf Hawaii durch die Japaner der **Zweite Weltkrieg** den Pazifik erreichte, mussten sich die Neuseeländer mit ihrer Rolle in der internationalen Staatengemeinschaft auseinandersetzen und einsehen, dass sie trotz eines halben Globus Entfernung von Großbritannien militärische Verpflichtungen gegenüber den Vereinigten Staaten hatten. Wie im Ersten Weltkrieg wurden sehr viele Soldaten einberufen, insgesamt etwa ein Drittel der arbeitsfähigen männlichen Bevölkerung. Glücklicherweise waren die Verluste diesmal nicht so verheerend, und an der Heimatfront boomte die Wirtschaft weiter. Neuseeland verfügte in den 40er-Jahren als eines der wohlhabendsten Länder der Welt über eine beneidenswerte Lebensqualität und das sichere Netz eines leistungsfähigen Wohlfahrtsstaates.

Jahre des Wohlstands

Die Reform Party und die Überreste der Liberalen schlossen sich schließlich zur **National Party** zusammen und lösten 1949 die Labour-Regierung ab. Mit antikommunistischer Rhetorik à la McCarthy brandmarkte die Partei militantere Gewerkschafter als Kommunisten, und mit der gewaltsamen **Waterfront-Aussperrung** 1951, als 8000 Hafenarbeiter, die einen Lohnaus-

1951	1960–1970	1975
Neuseeland unterzeichnet das ANZUS-Verteidigungsabkommen mit den USA und Australien.	Beginn einer Einwanderungswelle von den Pazifischen Inseln und zunehmende Urbanisierung der Maori	Gründung des Waitangi Tribunals zur Prüfung von Landansprüchen der Maori

gleich für ihre Überstunden forderten, fünf Monate von ihren Arbeitsplätzen ausgesperrt wurden, zerschlug sie einen Großteil der Macht der Gewerkschaften. Von Ende der 1940er- bis Mitte der 1980er-Jahre blieb die National Party in Neuseeland die stärkste Regierungspartei, unterbrochen nur von zwei dreijährigen Legislaturperioden, in denen Labour an der Macht war. Der in Neuseeland unterschwellig stets präsente Konservatismus hatte endlich seinen Ausdruck gefunden; die meisten Bürger waren mit einer Politik der harten Hand und der Schwächung militanter Gewerkschaften zufrieden.

Ein derart süßes Leben übte auch eine enorme Anziehungskraft auf viele Briten aus, die noch immer unter den Folgen des Zweiten Weltkriegs zu leiden hatten. Neuseeland brauchte Arbeitskräfte, und so wanderten zwischen 1947 und 1975 rund 77 000 Briten als sogenannte **Ten Pound Poms** nach Neuseeland aus, indem sie vom Angebot einer verbilligten Seereise unter Kostenbeteiligung der neuseeländischen Regierung Gebrauch machten. Auch etwa 1000 junge deutsche und österreichische Frauen wurden Mitte der 50er-Jahre mit dem Versprechen auf einen festen Arbeitsplatz nach Neuseeland gelockt.

Der Reichtum des Landes war gleichmäßiger verteilt als anderswo. Eine Ausnahme bildeten auch hier die Maori, die nach dem Zweiten Weltkrieg in großer Zahl in die Städte abwanderten, besonders nach Auckland. In den 1970er-Jahren führte die **Entwurzelung der Maori** in den urbanen Zentren zu sozialen Unruhen, die eine hohe Arbeitslosigkeit unter den Maori und eine unverhältnismäßig hohe Zahl von in Gefängnissen einsitzenden Maori zur Folge hatten.

Die größten wirtschaftspolitischen Reformen wurden zwischen 1957 und 1960 unter der Labour-Regierung von Premierminister **Walter Nash** vorgenommen, der ein Programm zur Verringerung der Exportabhängigkeit der neuseeländischen Wirtschaft auf den Weg brachte. Es folgten der Bau eines Stahlwalzwerks, einer Ölraffinerie, einer Gin-Brennerei, einer Glasfabrik und einer Aluminiumhütte.

Als **Keith Holyoake** 1960 an der Spitze der National Party wieder das Ruder für die Konservativen übernahm, war Großbritannien noch immer der mit Abstand größte Exportmarkt Neuseelands, machte aber bereits erste Annäherungsversuche an die Europäische Gemeinschaft. Das Mutterland war nicht mehr der Beschützer der Inseln wie in früheren Zeiten. Gleiches galt für die **Verteidigungspolitik**, wo Neuseeland sich verstärkt um Verbündete im pazifischen Raum bemühte. Dokumentiert wird diese Richtungsänderung v. a. durch die Unterzeichnung des ANZUS-Verteidigungspaktes zur Bereitstellung gegenseitiger militärischer Hilfe zwischen Australien (A), Neuseeland (NZ) und den Vereinigten Staaten (US).

Schlingerkurs in schwierigen Zeiten

1972 trat Großbritannien der EG bei und Neuseeland fühlte sich betrogen. Noch im gleichen Jahr stiegen die Ölpreise binnen weniger Monate auf das Vierfache; das Finanzministerium hatte plötzlich mit steigenden Kraftstoffpreisen und schwindenden Exporteinnahmen zu kämpfen. Die Labour-Regierung konnte eine Niederlage

1981	1984	1985
Die Gastreise einer nach Apartheid-Aspekten zusammengestellten südafrikanischen Rugby-Mannschaft löst massive Proteste aus.	Ein Protestmarsch zum Parlament (Hikoi) bringt die Entschädigungen der Maori für illegale Landnahme auf die politische Tagesordnung.	Französische Geheimagenten versenken das Greenpeace-Flaggschiff Rainbow Warrior im Hafen von Auckland.

bei den Wahlen 1975 nicht mehr verhindern. An der Spitze der siegreichen National Party stand **Robert „Piggy" Muldoon**, der die Neuverschuldung der Regierung anprangerte, nur um danach noch mehr Kredite aufzunehmen als Labour. Innerhalb kürzester Zeit war Neuseeland im In- und Ausland aufs Höchste verschuldet, die Arbeitslosigkeit war so hoch wie seit Jahrzehnten nicht mehr, und der Lebensstandard begann zu sinken. Zu Tausenden wanderten Neuseeländer aus, bis der „Brain Drain", die Abwanderung der geistigen Elite, kritische Ausmaße anzunehmen begann. Muldoons Lösung hieß „klotzen statt kleckern": **Think Big** wurde zum Oberbegriff für eine Reihe kapitalintensiver petrochemischer Mammutprojekte unter Nutzbarmachung der reichen Erdgasvorkommen Neuseelands. Wirtschaftlich gesehen hatten die Projekte wenig Sinn. Statt auf einheimische Technologie und Arbeitskräfte zu setzen und die Fahrzeuge auf das bereits ausgereifte System mit komprimiertem Erdgas umzustellen, beauftragte Muldoon internationale Konzerne für teures Geld mit der Entwicklung riesiger Verarbeitungsanlagen, die im Ausland hergestellt und später in der Gegend von New Plymouth aufgebaut wurden.

Die Abwässer aus den Fabriken führten wiederholt zur Gefährdung der traditionellen Schalentierfanggründe der Maori, und die *iwi* erhoben daraufhin **Proteste**, die ihnen bedeutende Zugeständnisse einbrachten. Die Maori begannen die Lebensphilosophie der Pakeha in Frage zu stellen und pochten erneut auf den Vertrag von Waitangi. Ihr Ziel war es, die Ungerechtigkeiten und den Unmut zu beseitigen, der sich bereits bei Besetzungen traditionellen Maori-Landes in Bastion Point nahe Auckland

und bei Raglan Luft gemacht hatte. Nach einem Protestmarsch durch die Nordinsel zum Parlament wurde der Regierung schließlich eine Petition übergeben.

Einige Maori suchten in der Bildung von **Banden** ein Ventil für ihre Wut. Insbesondere Gangs wie Black Power und Mongrel Mob verfügen bis heute über erheblichen Einfluss unter jugendlichen Maori. Die Verständigung zwischen den verschiedenen Volksgruppen zu fördern, war nicht Muldoons Stärke. Als illegale **polynesische Einwanderer** von den Inseln im Südpazifik – besonders aus Tonga, Samoa und den Cook-Inseln – in großer Zahl nach Auckland strömten, reagierte er mit der Anweisung an die Polizei, stichprobenartige Razzien im Morgengrauen *(dawn raids)* gegen Aufenthaltsverstöße vorzunehmen und illegale Immigranten auszuweisen.

Muldoon nahm auch eine passive Haltung ein, als es um **sportliche Begegnungen mit Südafrika** ging, und ließ zu, dass die neuseeländischen Rugby-Funktionäre 1976 ein Team der „All Blacks" in Südafrika gegen Mannschaften, die nach Apartheid-Gesichtspunkten ausgewählt worden waren, antreten ließen. Die anderen afrikanischen Nationen antworteten mit einem Boykott der Olympischen Spiele von Montréal und brachten Neuseeland damit in die Rolle des internationalen Außenseiters. 1977 verpflichtete sich Neuseeland mit der Unterzeichnung des Gleneagles-Abkommens zur „energischen Bekämpfung der Missstände der Apartheid", doch schon 1981 lud die New Zealand Rugby Union erneut eine südafrikanische Rugby-Mannschaft zu einer Gastreise ein und löste damit die schwersten zivilen Unruhen seit den Arbeiteraufständen der 1920er-Jahre aus.

1987	1990–1996	1995
Neuseeland wird atomwaffenfreie Zone.	Die Reformpolitik zur Förderung eines freien Marktes wird fortgeführt und der Wohlfahrtsstaat weiter abgebaut.	Frankreich testet erneut Atomwaffen im Pazifik; internationale Proteste sind die Folge.

Wirtschafts- und Wahlrechtsreform

Muldoons Wirtschaftspolitik stellte sich als erfolglos heraus, und 1984 kam Labour unter der Führung von **David Lange** an die Macht. Just in dem Moment, als die Konservativen ihre traditionell rechtslastige Wirtschaftspolitik durch eine „verwaltete Wirtschaft" zu ersetzen begannen, änderte die Labour Party ihre Strategie, ging die enormen ökonomischen Probleme an und verwandelte eine der am stärksten regulierten Volkswirtschaften weltweit in eine deregulierte freie Marktwirtschaft. Der über Jahrzehnte gepflegte Grundsatz, der Staat habe für die schwächsten Glieder der Gesellschaft zu sorgen, wurde zugunsten des Abbaus von Handelsschranken, einer Halbierung des Einkommensteuerhöchstsatzes, der Einführung einer Mehrwertsteuer und der Kürzung von Sozialleistungen über Bord geworfen. Die Arbeitslosigkeit verdoppelte sich auf 12 %, ein Viertel der Arbeitsplätze in der Fertigungsindustrie ging verloren, und die Besserverdienenden profitierten auf Kosten der unteren Einkommensschichten.

Doch nicht auf allen Gebieten war die Labour-Politik so rechtslastig. Eine der ersten Amtshandlungen von Lange bestand darin, US-Schiffen das Anlegen in neuseeländischen Häfen nur zu erlauben, wenn diese erklärten, keine nuklearen Anlagen an Bord zu haben. Die Amerikaner weigerten sich und verabschiedeten sich verärgert aus Neuseelands verteidigungspolitischem Sicherheitsnetz, dem ANZUS-Pakt. Erstmals seit Mitte des 19. Jhs. wurde der Vertrag von Waitangi rechtlich offiziell anerkannt, sodass Maori nunmehr ihre Klagen gegen unrechtmäßige Landnahme rückwirkend bis 1840 vorbringen konnten.

Die Erhöhung der Nettoeinkommen und das damit gesteigerte Vertrauen der Verbraucher kurbelte die Umsätze an und sorgte für einen wirtschaftlichen Aufschwung, der mit dem **Börsenzusammenbruch** von 1987 allerdings ein abruptes Ende fand. Neuseeland wurde besonders hart getroffen. Aus den Wahlen von 1990 ging die National Party unter **Jim Bolger** als Sieger hervor. Angesichts der dramatischen Verschlechterung der Wirtschaftslage führten die Nationalen die von Labour initiierten Reformen des freien Marktes fort, kürzten weiter die Sozialleistungen und schwächten die Gewerkschaften durch die Verabschiedung des Employment Contracts Act, der es den Arbeitgebern ermöglichte, Löhne und Arbeitsbedingungen frei auszuhandeln. Bis Mitte der 1990er-Jahre erholte sich die neuseeländische Wirtschaft auf eindrucksvolle Weise, und was anfangs als tollkühnes Experiment abgetan worden war, wurde jetzt von den Monetaristen als Vorbild für die freien Volkswirtschaften der Welt hingestellt. Derweil wurde die Schere zwischen Arm und Reich im Land der langen weißen Wolke immer größer.

Politischer Wandel

1996 fanden in Neuseeland die ersten Wahlen nach dem Verhältniswahlrecht MMP *(mixed member proportional representation*, s. Kasten S. 117) statt. Danach wehte ein neuer Maori-Wind durchs Parlament, denn plötzlich gab es mehr Maori-Abgeordnete als je zuvor.

Die Unterstützung für Bolger schwand, weil er die Probleme der ersten Koalitionsregierung

1997	1999	2000
Jenny Shipley von der National Party wird Neuseelands erste Premierministerin.	Helen Clark von der Labour Party wird Neuseelands zweite Premierministerin und bleibt für drei Legislaturperioden im Amt.	Das britische System des Ritterschlags wird durch ein neuseeländisches Ehrentitelsystem abgelöst.

LAND UND LEUTE

Neuseeländisches Wahlsystem und Maori-Sitze

Inmitten der Wirtschaftskrise von 1993, als die Unzufriedenheit mit der Politik der beiden großen Parteien einen Höhepunkt erreicht hatte, führte Neuseeland eine Wahlrechtsreform durch. Hatte bisher das parlamentarische System mit Mehrheitswahlrecht nach britischem Muster gegolten, so entschied man sich nun für ein gemischtes Verhältniswahlrecht (*mixed member Proportional*, MMP) nach deutschem Vorbild. Auf diese Weise bekamen die kleineren Parteien einen größeren politischen Einfluss und das neuseeländische Parlament wurde um einige Farbtupfer bereichert.

Von den 120 gewählten Parlamentsabgeordneten wird rund die Hälfte direkt und die andere Hälfte auf der Grundlage von Parteilisten gewählt. Alle Wähler haben zwei Stimmen: eine für den Kandidaten, die zweite für die Partei. Die Zahl der Sitze einer Partei im Abgeordnetenhaus setzt sich zusammen aus den Direktkandidaten plus der Anzahl der Listenabgeordneten, die sich aus dem prozentualen Anteil der Parteistimmen ergibt.

Um im Parlament vertreten zu sein, muss eine Partei mindestens 5 % der Parteistimmen bekommen oder ein Direktmandat gewinnen. In letzterem Fall richtet sich die Zahl der Sitze nach dem Ergebnis der Parteistimmen, auch wenn es unter 5 % geblieben ist. Noch komplizierter wird die Sache dadurch, dass Maori-Wähler entweder nach dem oben beschriebenen System stimmen können oder für einen der sieben Maori-Sitze, für die im ganzen Land kandidiert wird. Kandidaten aller Parteien dürfen sowohl in allgemeinen als auch in Maori-Wahlkreisen antreten, doch in der Regel gehen die Maori-Sitze an Parteien, die sich spezielle Interessen der Maori auf die Fahnen geschrieben haben. Zeitgleich mit der Parlamentswahl 2011 wurde ein Referendum über das neuseeländische Wahlrecht abgehalten. Die überwältigende Mehrheit der Neuseeländer stimmte dafür, das bestehende System beizubehalten.

nach Einführung des neuen Wahlrechts nicht in den Griff bekam, und schließlich wurde er bei einer Art Palastrevolte zum Rücktritt gedrängt. Seine Nachfolgerin **Jenny Shipley** wurde Neuseelands erste Frau auf dem Posten des Premierministers. Bei den folgenden Wahlen 1999 kam aus der linken Ecke plötzlich die **Green Party**, die lange nichts zu sagen gehabt hatte, unter dem Verhältniswahlrecht allerdings deutlich an Einfluss gewann und ins Parlament einzog. Die Grünen bildeten mit Labour unter **Helen Clark**, der ersten gewählten Premierministerin Neuseelands, eine Koalition. Bei dieser Wahl

zogen auch einige Paradiesvögel ins Parlament ein, darunter **Nandor Tanczos** (ein Rastafari) und **Georgina Beyer** (die erste transsexuelle Abgeordnete der Welt).

Die Koalitionsregierung unter Führung der **Labour Party** stoppte die Abholzung der Südbuchenwälder der Westküste, und der Employment Contracts Act wurde durch ein arbeitnehmerfreundlicheres Gesetz abgelöst. In der Bildungs- und Gesundheitspolitik wurden keine Verbesserungen erzielt, doch Clark ging aus der Wahl 2002 mit einer gestärkten Mehrheit hervor.

2003	2003	2004
Der Kronrat in London wird durch den Obersten Gerichtshof (Supreme Court) in Neuseeland als letzte Rechtsinstanz ersetzt.	Die anhaltende ostasiatische Einwanderung bedeutet einen Anstieg der Asiaten auf 10 % der neuseeländischen Gesamtbevölkerung.	„Maori TV" geht auf Sendung – ein Fernsehsender, der sich ganz der Kultur und Sprache der Maori widmet.

Labours Beliebtheit blieb ungebrochen, bis Ende 2003 plötzlich die Debatte um den **Foreshore and Seabed Act** (Küstenvorland- und Meeresbodengesetz) ausbrach. Die Regierung drückte ein Gesetz durch, mit dem allen Bewohnern des Landes der freie Zugang zu den Stränden garantiert werden sollte, indem Küstenlinie und Meeresboden zu Staatseigentum erklärt wurden. Durch die Forcierung dieses Gesetzes fühlten sich viele Maori – traditionell treue Labour-Anhänger – von der Regierung vor den Kopf gestoßen. Als Reaktion trat die Maori-Abgeordnete **Tariana Turia** aus der Labour-Partei aus und gründete die **Maori Party**, die bei den Wahlen 2005 vier von sieben Maori-Sitzen gewinnen konnte. Dennoch schaffte es Labour, auch ohne Unterstützung durch die Maori Party eine Koalition zu zimmern und an der Regierung zu bleiben, wenn auch mit einer wesentlich knapperen Mehrheit.

Diese Querelen und der Wunsch der Wählerschaft nach politischem Wandel hauchten der National Party neues Leben ein. Nach den Wahlen von 2008 bildete die Partei unter dem ehemaligen Devisenhändler **John Key** eine Koalitionsregierung.

Neuseeland heute

Neuseeland hat die jüngste globale Finanzkrise 2008 besser überstanden als viele andere Länder. Die Linke führte das zwar auf ihr solides Finanzmanagement zurück, aber der eigentliche Grund dafür dürften wohl eher die international gestiegenen Preise für Milchprodukte und insbesondere Milchpulver gewesen sein, die sich zwischen 2007 und 2008 nahezu verdoppelten

und ihr hohes Niveau bis 2014 beibehalten konnten. Im ganzen Land sattelten die Schafzüchter auf Milchwirtschaft um, und selbst in Ackerbauregionen wie den Canterbury Plains grasen nun Kühe auf Weiden, die von kilometerlangen Kanälen bewässert werden. Die hohen Mengen an Nährstoffen, die nun in die entleerten Wasserläufe sickern, sind langfristig sicher sehr schädlich, aber die seit 2015 sinkenden Milchpreise werden wohl viele Farmer dazu bringen, diese wenig nachhaltigen Praktiken wieder aufzugeben.

In den frühen 1990er-Jahren gingen rund 15 % der neuseeländischen Milchexporte nach Großbritannien und nur 0,5 % nach China. Dieses Verhältnis hat sich nun umgekehrt: Nur noch 0,3 % der Exporte gehen nach Großbritannien, aber rund 23 % nach China. Der Hauptgrund für diesen Wandel liegt in der Unterzeichnung eines Freihandelsabkommens mit China im Jahr 2008. Bereits 2013 avancierte China mit einem Handelsvolumen von $12 Mrd. (2014 bereits $18 Mrd.) zum größten Handelspartner Neuseelands, knapp vor Australien mit $11 Mrd. und weit vor den USA ($6 Mrd.), Japan ($4 Mrd.) und Korea ($2 Mrd.).

Mit ihrer komfortablen Mehrheit im Parlament versuchte die National Party nun auch die politische Kontrolle in Auckland zu übernehmen. Dazu löste sie die ineffiziente Aufteilung der Metropolregion Auckland in vier Räte unabhängiger Städte, drei Distrikträte und einen Regionalrat zugunsten einer zentralen Verwaltungseinheit, dem Auckland Council, auf. Zum Verdruss der National Party wurde 2010 allerdings der linksgerichtete **Len Brown** erster Bürgermeister der neuen „Supercity". Da der Auckland Council ein ziemlich großes politisches Gewicht besitzt, sind die

2008	2008	2010–2011
John Key von der National Party bildet mit Unterstützung der Maori Party, ACT New Zealand und United Future eine Regierung.	Neuseeland unterzeichnet als erstes westliches Land ein Freihandelsabkommen mit China.	Christchurch wird von mehreren Erdbeben heimgesucht. Das verheerendste, im Februar 2011, kostet 185 Menschen das Leben.

Beziehungen zur Regierung entsprechend angespannt. Ein großer Streitpunkt ist die Senkung der Immobilienpreise, die Auckland zu einer der teuersten Städte der Welt machen. Ärger gibt es auch um die Finanzierung des City Rail Links mit einem 3,4 km langen und $1 Mrd. teuren Tunnel unter dem Central Business District hindurch. Durch dieses Lieblingsprojekt von Len Brown soll der öffentliche Nahverkehr in Auckland drastisch verbessert werden. Durch die Weigerung der Regierung, sich an den Kosten zu beteiligen, droht sich die für 2021 geplante Fertigstellung der Bahnstrecke weiter zu verzögern.

Ende 2010 begann eine traurige Zeit. Im September erschütterte ein Erdbeben der Stärke 7,1 Christchurch. Im November starben 29 Männer bei einer Schlagwetterexplosion in der Pike-River-Mine an der Westküste der Südinsel; es war eines der größten Grubenunglücke Neuseelands seit Jahrzehnten. Im Februar 2011 kamen erneut 185 Menschen bei einem Nachbeben in Christchurch ums Leben (s. Kasten S. 605).

An der politischen Front hob Keys Koalitionsregierung im April 2011 den Foreshore and Seabed Act auf, worauf der Parlamentsabgeordnete **Hone Harawira** aus der Maori Party austrat und die **Mana Party** gründete. Harawira übernahm bei den Wahlen 2011 den Maori-Sitz von Te Tai Tokerau in Northland und blieb der Regierung und der Maori Party ein Dorn im Auge. 2014 verlor er seinen Sitz, nachdem er eine desaströse Allianz mit dem deutschen Internetunternehmer Kim Dotcom eingegangen war.

In der Opposition scheiterten eine Reihe von Labour-Führern an John Key's Popularität. Phil Goff musste nach der Wahl 2011 abtreten, David Shearer trat 2014 an und fuhr Labours schlechtestes Ergebnis seit 1922 ein. Nach dem Wahlergebnis von unter 25 % und nur noch 32 Abgeordneten im Parlament hat nun der ehemalige Gewerkschaftsführer **Andrew Little** die Führung der Labour Partei übernommen.

Maoritanga

Als die Pakeha auf diese Insel kamen, lehrten sie die Maori als Erstes den christlichen Glauben. Sie machten einige Maori zu Pfarrern und Priestern und sagten ihnen, sie sollten gen Himmel blicken und beten; und während sie dies taten, nahmen uns die Pakeha unser Land weg.

Mahuta, Sohn des Maori-Königs Tawhiao, bei einer Rede vor dem New Zealand Legislative Council 1903

Trotz der dominierenden anglo-europäischen Kultur hat die zeitgenössische Maori-Kultur gerade in den letzten Jahren eine unglaubliche Wiederbelebung erfahren. Meist wird der Anteil der Maori an der neuseeländischen Bevölkerung mit 15 % angegeben. Aber auch viele Pakeha haben Maori unter ihren Vorfahren, und die seit dem frühen 19. Jh. möglichen Eheschließungen zwischen Maori und Pakeha haben zu einem komplexen Völkergemisch geführt. Die Abstammung bleibt das Fundament der Maori-Kultur, und das Zugehörigkeitsgefühl wird immer wichtiger. Der Begriff Maoritanga bezeichnet die Lebensweise und Kultur der Maori – die Art und Weise, in der Maori Dinge tun – und umfasst Sozialgefüge, Ethik, Brauchtum, Legenden und Kunst, aber auch die Sprache.

2011	2011	2014
Neuseeland gewinnt die im eigenen Land ausgetragene Rugby-Weltmeisterschaft.	Die National Party unter John Key wird wiedergewählt und bildet eine Minderheitsregierung.	John Key gewinnt zum dritten Mal in Folge die Wahlen.

Maori heute

Die Maori sind in allen Bereichen des gesellschaftlichen Lebens vertreten – als Rechtsanwälte, Parlamentsabgeordnete, Universitätsdozenten, als Persönlichkeiten der Sport-, Musik- und Medienwelt und auch als Generalgouverneur (Vertreter der britischen Königin in Neuseeland). Das Durchschnittseinkommen der Maori liegt jedoch unter dem der Pakeha, fast die Hälfte aller Gefängnisinsassen sind Maori, nur etwa ein Viertel aller Maori verfügt über höhere Bildungsabschlüsse, und die Gesundheitsstatistiken der Maori sind erschreckend – dieses Ungleichgewicht versuchen Aktivisten und Politiker auszugleichen. Viele weiße Neuseeländer bemühen als Beweis für das harmonische Zusammenleben gerne Szenen von Maori und Pakeha, die einträchtig nebeneinander in der Bar sitzen oder als Rugbyspieler gemeinsam für den Sieg kämpfen. Dabei ignorieren sie die schwelende Unzufriedenheit der Maori darüber, wie sie seit Ankunft der ersten Europäer behandelt wurden. Die **Assimilationspolitik** hatte ausschließlich die Anpassung der Maori an die Pakeha im Auge und sah keinerlei Zugeständnisse an das Maoritanga vor. Die Maori nahmen die Lebensweise der Pakeha unglaublich schnell an, zum „Dank" wurden ihnen ihre Sprache und ihr Land weggenommen. Man kann die Bedeutung dessen gar nicht genug hervorheben: Im Glaubenssystem der Maori besitzt jeder Baum, jeder Berg und jede Bucht eine Art eigene übernatürliche Existenz, die von vergangenen Ereignissen und den Taten der Vorfahren herrührt. Es ist daher durchaus kein absurder Vergleich, wenn man den Verlust des Landes mit der Schwächung maorischer Lebenskraft gleichsetzt.

Erst in den 1980er-Jahren wurde die gängelnde Sicht der Pakeha wirklich in Frage gestellt und in der Folge im Land der **Bikulturalismus** akzeptiert. Während die Maori ihr Erbe wiederentdecken und die Pakeha ihre Augen nicht länger vor dem verschließen, was sie seit Generationen umgibt, wird das Wissen um Maoritanga und das Verständnis der Sprache als erstrebenswert und sogar vorteilhaft erachtet. Die Regierungen der jüngsten Vergangenheit haben in verstärktem Maße dem neuerlichen Erlernen der Sprache zu einem enormen Aufschwung verholfen sowie das Wiederaufleben des Interesses an Maori-Kunst und den wachsenden Stolz der Maori auf ihre Identität gefördert.

Der nur zögerlich fortschreitende Wandel hat zu einem verstärkten **Maori-Aktivismus** geführt. Die Debatte hatte 2004 mehr oder weniger direkt die Gründung der Maori Party und in jüngerer Zeit der Mana Party zur Folge. Einigen Aktivisten wie Tame Ite und anderen reicht das noch lange nicht, und so errichteten sie in den Bergen von Te Urewera ein Trainingscamp. 2007 wurde das Camp auf der Nordinsel gestürmt, der Ort Ruatoki in der Nähe des Lagers abgeriegelt und die festgenommenen Aktivisten als Terroristen verhaftet, auch wenn die Anklage später auf „Verstoß gegen die Waffengesetze" abgemildert wurde. Diese unglückliche Aktion der damaligen Labour-Regierung rief unter den Maori Forderungen nach mehr Selbstbestimmung hervor.

Mythologie

Bis heute fußt die Kultur der Maori v. a. auf der mündlichen Überlieferung ihres Kulturguts. Gesänge, Geschichten und Wortrituale besitzen im Alltag und bei Zeremonien eine zentrale Bedeutung. Die verschiedenen Stammesgruppen besaßen oftmals unterschiedliche Geschichten oder zumindest eigene Varianten verbreiteter Motive. Die von bestimmten Theorien besessenen europäischen Historiker jedoch verzerrten nicht selten die gehörten Geschichten und glätteten sie nach eigenem Gusto sogar so weit, dass sie schließlich ein eigenes Maori-Volkstum erschufen. Diese Generalisierung begünstigte wiederum die Entstehung einer gemeinschaftlichen Identität der Maori, und viele der bereinigten Geschichten sind neben den authentischen Legenden Bestandteil der Maori-Tradition.

Schöpfung

Aus dem Ur-Nichts **Te Kore** stiegen **Ranginui**, der Himmelsvater, und **Papatuanuku**, die Erdmutter. Zahlreich waren ihre Nachkommen: **Haumia Tiketike**, Gott der Farnwurzel und aller Waldfrüchte, **Rongo**, Gott der Kumara und der Feldfrüchte, **Tu Matauenga**, Gott des Krie-

Wie Maui die Nordinsel aus dem Meer fischte

Mauis Meisterleistung ist die Erschaffung von **Aotearoa**. Aufgrund seiner Verschlagenheit fuhren Mauis Brüder oft allein zum Fischen und ließen ihn zurück. Eines Morgens jedoch stahl er sich heimlich aufs Boot und versteckte sich. Weit draußen auf dem Meer gab er sich zu erkennen und versprach, ihren bis dahin spärlichen Fang zu vergrößern. Maui hieß sie weiterzufahren, bis sie schließlich weit jenseits ihrer üblichen Fischgründe waren und den Anker warfen. Binnen kurzem füllten die Brüder ihr Kanu mit Fisch, Maui selbst jedoch war noch auf einen anderen Fang aus. Die Brüder hatten nur Spott für Mauis Angelhaken übrig (der insgeheim mit einem Splitter aus dem Kiefer seiner Großmutter versehen war) und wollten ihm keinen Köder geben. Maui schlug sich daraufhin auf die Nase und benetzte den Haken mit seinem eigenen Blut. Schon bald hatte er einen fantastischen Fisch am Haken, der, als er an die Oberfläche trat, sich vor ihnen bis weit in die Ferne ausdehnte. Durch die Beschwörung einer Zauberformel brachte Maui den Fisch dazu, ruhig auf der Oberfläche liegen zu bleiben, wo er zur Nordinsel wurde, die auch als **Te ika a Maui**, der Fisch von Maui, bekannt ist. Während Maui fortging, um den Göttern ein Opfer darzubringen, begannen seine Brüder, den Fisch aufzuschneiden und von ihm zu essen, wodurch an seiner Oberseite Berge und Täler entstanden. Passend zu dieser Legende wird die Südinsel oftmals **Te waka a Maui**, das Kanu von Maui, und Stewart Island der Anker, **Te punga o te waka a Maui**, genannt.

ges, **Tangaroa**, Gott der Meere und allen Lebens darin, **Tawhirimatea**, Gott der Winde, und **Tane Mahuta**, Gott des Waldes. Jahrhundertelang debattierten die Brüder, ob man die Eltern trennen und Licht in das noch während Dunkel lassen sollte. Tawhirimatea war dagegen und zog sich zum Himmel zurück, wo er seinem Groll mit Blitz und Donner noch immer Ausdruck verleiht. Tane Mahuta gelang es, die Eltern auseinander zu drängen, sodass sich das Leben ausbreiten konnte.

Ranginuis Tränen ob der Trennung füllten die Meere, und bis heute zeugen Dunst, Tau und Regen von seinem Kummer. Nach Erschaffung der Lebewesen im Meer, in der Luft und auf dem Land wandten die Götter ihre Aufmerksamkeit den Menschen zu. Da sie aber alle männlich waren, musste zunächst ein weibliches Wesen erschaffen werden. Aus Ton formten sie eine Gestalt, die ihrer Mutter ähnelte, und **Tane** hauchte **Hinetitama**, dem Mädchen der Morgenröte, den Atem des Lebens ein

Maui der Gauner und Kupe der Seefahrer

In der Mythologie der Maori gibt es zahllose Halbgötter in Menschengestalt. Wie kein Zweiter wird von diesen **Maui-Tikitiki-a-Taranga** verehrt, dessen Taten in ganz Polynesien Stoff

für viele Legenden sind. Mit Zaubersprüchen, Tücke und grenzenlosem Mutwillen verstand es Maui, jede Situation zu seinem Vorteil zu nutzen. Ausgerüstet mit dem magischen wie mächtigen Kiefer seiner Großmutter zog er aus, die Welt zu zähmen. Vor ihm war selbst die **Sonne** nicht sicher. Diese hatte sich angewöhnt, so schnell am Himmel vorüberzuziehen, dass den Menschen nicht genügend Zeit für die Bestellung ihrer Felder blieb. Maui flocht mithilfe seines Bruders extrem starke Seile, die sie dann vor der Morgendämmerung über die Höhle der Sonne spannten. Als die Sonne aufging und vom Netz gefangen wurde, hieb Maui mit seinem magischen Kiefer auf sie ein und drängte sie, nicht mehr so schnell ihre Bahn zu ziehen. Es dauerte nicht lange, bis ihr Widerstand gebrochen war und sie gelobte, Mauis Forderung nachzukommen.

Zu Mauis legendären Eskapaden zählt auch die Erschaffung von Aotearoa (s. Kasten), auch wenn die Maori ihre Herkunft historisch nach **Hawaiki** zurückverfolgen, ihrem halblegendären Heimatland in der versprengten polynesischen Inselwelt, wobei die Gesellschaftsinseln und die Cook Islands als Ausgangspunkt am wahrscheinlichsten erscheinen. Nach der Legende war es **Kupe**, der große polynesische Seefahrer, der als Erster Aotearoas Gestade erreichte. Eine Version der Geschichte erzählt von seiner Entschlossenheit, einen großen Oktopus zu töten, der beharrlich seine Köder stahl. In der folgenden Jagd irrte Kupe immer weiter aufs Meer hinaus, bis er schließlich die unbewohnte Küste von Aotearoa, dem „Land der langen weißen Wolke", sichtete. Er gab zahlreichen Merkmalen des Landes einen Namen, dann kehrte er mit einer Beschreibung seiner Reiseroute nach Hawaiki zurück.

Soziale Strukturen und Traditionen

Die Gesellschaft der Maori wird noch immer zum Großteil durch **Stammeszugehörigkeit** bestimmt, wenngleich die Entwurzelung infolge Landflucht manche Bindungen gekappt hat. Im Umfeld des städtischen Lebens sind einige Feinheiten des Maoritanga wiederentdeckt worden, und die grundlegenden Elemente sind nach wie vor von großer Bedeutung. Bei so unterschiedlichen Anlässen wie Totenwachen und Versammlungen der Maori wird auf die Einhaltung des Protokolls sehr geachtet.

Die kleinste Einheit in der Maori-Gesellschaft ist der Familienverband oder *whanau* (wörtl. „Gebären"), der Verwandte ersten Grades ebenso umfasst wie Cousins, Onkel, Tanten oder Nichten. Etwa ein Dutzend *whanau* gemeinsamer Herkunft bilden einen örtlichen Unterstamm oder *hapu* (wörtl. „Trächtigkeit" oder „Schwangerschaft"). *Hapu* waren ursprünglich wirtschaftlich unabhängig und führen bis heute Veranstaltungen von kommunaler Bedeutung durch, in der Regel in ihrem *marae* (S. 123). Benachbarte *hapu* gehören oft demselben Stamm oder *iwi* (wörtl. „Knochen") an, einem vergleichsweise losen Verbund von Maori, die über ein relativ großes geografisches Gebiet verteilt leben. Die rund 30 größeren *iwi* wiederum stehen durch ihre gemeinsamen Vorfahren und deren halb legendäre Kanus oder *waka* in Beziehung. In unruhigen Zeiten schlossen sich *iwi* desselben *waka* zum Schutz zu *tangata whenua* (wörtl. „die Menschen des Landes") zusammen. Der Begriff kann sowohl die Maori als Ganzes bezeichnen als

auch nur ein *hapu*, wenn es sich um örtlich begrenzte Angelegenheiten handelt.

Die wörtlichen Bedeutungen von *whanau*, *hapu* und *iwi* lassen sich als Metaphern für die Beziehungen der Maori zu ihren **Ahnen** oder *tupuna* verstehen, die in ihren Nachfahren fortleben. Der Vergangenheit wird großer Raum in der Gegenwart eingeräumt. Deutlich wird dies im Respekt gegenüber dem *whakapapa*, der persönlichen Ahnenreihe, die bei den Göttern beginnt und über eines der Einwandererkanus *(waka)* führt. Bei formellen Anlässen wie z. B. *hui* (Versammlungen) wird häufig ein *whakapapa* vorgetragen.

Das traditionelle Leben der Maori ist von den beiden Begriffen *tapu* (tabu) und *noa* (alltäglich, nicht *tapu*) durchdrungen, die dem Zwecke der Einhaltung eines Verhaltenskodex dienen: Die Missachtung eines *tapu* führt zur Ächtung und gilt als Auslöser für Krankheiten. Gegenstände, Orte, Verhaltensweisen und selbst Personen können *tapu* sein und erhöhten Respekt fordern – so sind z. B. die Körperteile eines Häuptlings, insbesondere der Kopf, menstruierende Frauen, geweihte Gegenstände, Ohrringe, Schmuckanhänger und Haarkämme, Begräbnisstätten und das im *whakapapa* enthaltene Wissen alle *tapu*. Die traditionelle Verhängung eines *tapu* gewährleistete in kritischen Zeiten die Einträglichkeit von Fischgründen und Wäldern. Dem *tapu* direkt entgegengesetzt ist das *noa*, ein Begriff der auf alltägliche, als unbedenklich geltende Dinge angewandt wird. Ein neues Gebäude ist *tapu*, bis es durch eine besondere Zeremonie *noa* wird.

Menschen, Tiere und Gegenstände, seien sie nun *tapu* oder *noa*, besitzen mauri (Lebenskraft), wairua (Geist, Seele) und mana, was sich etwa als „Ansehen" übersetzen lässt, jedoch eine weiter gefasste Vorstellung von Macht, Einfluss, Charisma und Wohlwollen beinhaltet. Mit der Geburt erlangt man einen gewissen Grad an *mana*, der durch Tapferkeit erhöht, durch Trägheit aber auch eingebüßt werden kann. Der Kannibalismus in Kriegszeiten war zum Teil ein Ritual, mit dem Vertilgen des Herzens eines Gegners jedoch nahm ein Krieger auch dessen *mauri* in sich auf. In ähnlicher Weise erhöht sich das *mana* persönlicher Gegenstände durch das *mana* ihrer Besitzer und wächst sogar bei Weitergabe an Nachkommen. Jede Schwäche im *mana* eines Einzelnen betraf den gesamten *hapu* und erforderte von diesem die Durchführung eines *utu* (eine notwendige Gegenmaßnahme zur Aufrechterhaltung des Gleichgewichts), nicht selten in Form von blutigen Fehden, die mitunter auch in Kriege mündeten und für die Sieger einen weiteren Zuwachs ihres *mana* bedeuteten.

Die Entscheidung über ein *tapu* lag beim *tohunga* (Priester/Fachmann), dem ranghöchsten von vielen Experten im Maoritanga, der auch mit der Stammesgeschichte, dem heiligen Wissen und dem *whakapapa* betraut war und als der irdische Repräsentant göttlicher Macht galt.

Marae

Die Rituale eines *hapu* – *hui* (Versammlungen), *tangi* (Bestattungsrituale) oder *powhiri* (Begrüßungszeremonien) – finden im *marae* statt, das eine Art Gemeindezentrum und Treffpunkt ist, in dem Kulturgut, Protokolle, Bräuche und Lebenskraft der Maori ihren stärksten Ausdruck finden. Streng genommen ist ein *marae* nur ein Hof oder Platz, der Begriff wird jedoch oftmals auf den gesamten Komplex angewendet, der das *whare runanga* (Versammlungshaus oder *whare nui*),

whare manuhiri (Haus für Besucher), *whare kai* (Speisehaus) und ein altes *pataka* (auf Pfählen gebautes Lagerhaus) umfasst. Überall im Land gibt es *marae*, die zu mehr als nur einem *hapu* gehören. In städtischen Gebieten gibt es auch stammesübergreifende *marae*, die zum Teil der Maori-Jugend helfen wollen, zu ihren Wurzeln zurückzufinden.

Besucher, egal ob Maori oder Pakeha, dürfen ein *marae* nicht ohne Aufforderung betreten. Wer also keine persönliche Einladung hat, ist hierfür in der Regel auf eine kommerzielle Tour angewiesen (s. Kasten S. 42). Von eingeladenen Gästen wird eine Spende, *koha*, für den Erhalt des *marae* erwartet, bei Touren ist diese bereits im Preis enthalten. Bei einem Besuch darf nicht vergessen werden, dass das *marae* ein heiliger Ort ist und die Einhaltung des *kawa* (Protokoll) verlangt.

Kunst und Kunsthandwerk

Obgleich die Ursprünge in den Traditionen Ost-Polynesiens begründet liegen, hat die Maori-Kunst im Laufe von über einem halben Jahrtausend der isolierten Entwicklung einzigartige Ausdrucksformen hervorgebracht. In Ermangelung brauchbaren Tons in Ost-Polynesien besaßen bereits die Vorfahren der Maori keine ausgeprägte Töpferkunst und verwandten ihr Talent auf die Bearbeitung von Holz und Stein sowie auf die Webkunst, wobei sie sich gelegentlich naturalistischer Muster, häufiger aber stilisierter Formen bedienten, die die Kunst der Maori so unverwechselbar machen. Wie andere *taonga* (Schätze) auch wurden zahlreiche Kunstwerke dieser Art von Sammlern in viktorianischer Zeit und auch noch danach außer Landes geschafft. Inzwischen werden jedoch seitens der *iwi* und des Te Puni Kokiri (Ministerium für Maori-Entwicklung) Anstrengungen für die Rückführung möglichst vieler *taonga* nach Neuseeland unternommen.

Holzschnitzereien

Die Kunstfertigkeit der Maori offenbart sich am ausdrucksstärksten in den Holzschnitzereien, einer Disziplin, die der Herstellung einer Schöpfkelle ebenso große Sorgfalt beimisst wie den *waka* (Kanus) und *whare whakairo* (verzierte Häuser).

Frühe Schnitzereien zeigen noch die sparsamen, geradlinigen Stilelemente des alten Ost-Polynesiens. Im 15. Jh. wurden diese jedoch von einem geschwungenen Stil abgelöst, dem traditionellere Schnitzer noch heute folgen. In den Wäldern Northlands wurde Kauri-Holz verwendet, in den übrigen Gebieten war das strapazierfähige, aber leicht zu bearbeitende Holz der Totara-Bäume das bevorzugte Material. Anfänglich benutzten die Schnitzer Muscheln und scharfkantige Steine als Arbeitsgerät. Mit der Erfindung von Werkzeugen aus pounamu (eine Form der Jade; S. 124) erlebte die künstlerische Bandbreite einen enormen Schub. Einige Stimmen behaupten, die Qualität habe mit der Ankunft der Europäer abgenommen, und zwar bereits mit dem Verzicht auf phallische Motive, die die Missionare als obszön erachteten. Schon 1844 hatte man die Schnitzkunst in Gebieten mit einer starken Missionars-Präsenz völlig aufgegeben, und der Rückgang hielt bis Ende der 1920er-Jahre an, als der maorische Parlamentsabgeordnete Apirana Ngata in Rotorua das stammesübergreifende **Maori Arts and Crafts Institute** ins Leben rief – ein Fundament, auf dem das Maoritanga sich neu entfalten konnte.

Seit jeher genießen Schnitzer hohes Ansehen. Manche erfahrenen Schnitzer besitzen den Status eines *tohunga* und reisen in Ausübung ihrer Kunst und als Lehrer durchs Land. Die Arbeit als solche ist *tapu*, und als *noa* geltende Gegenstände müssen ferngehalten werden, z. B. gekochte Speisen. Dafür können Frauen, denen dieser Beruf noch bis vor kurzem versperrt war, inzwischen Schnitzerinnen werden.

Der charakteristische **Stil** der maorischen Schnitzkunst zeigt sich in der Formensprache. Plastische Formen werden im Allgemeinen aus einem Stück gearbeitet. Naturgegebenes Aussehen, Form oder Makel des Materials spielen dabei ebenso wenig eine Rolle wie die korrekte perspektivische Darstellung. Landschaftliche Motive finden zwar Verwendung, dienen aber keinem genauen Abbild, sondern der Ausschmückung der allein stehenden zentralen Figuren. Nur selten wird man unverziertes Holz

sehen. Die Grundlage bilden stilistisch bedeutsame Elemente: Spiralen, Gitterwerk und geschwungene organische Formen, die an Farnwedel oder Muscheln erinnern. Auf diese platzieren die Schnitzer ihr eigentliches, oft mit Paua-Muscheln eingelegtes **Motiv**. Am weitesten verbreitet ist die Figur des Ahnen, *hei tiki*, die eine verzerrte menschliche Gestalt zeigt. Fast ebenso häufig ist das mythische *manaia*, eine mit einem Schnabel versehene, vogelähnliche Gestalt mit oft menschlichen Zügen. Ihr nachgeordnet sind Motive wie *pakake* (Wal) und *moko* (Eidechse).

Während alle Arten von Werkzeugen, Waffen und Ornamenten mit einem ähnlichen Grad von handwerklichem Geschick gefertigt wurden, erreichte die Kunst ihren vollkommensten Ausdruck in den **Kriegskanus** *(waka taua)*, die sich der ganze Stolz der Maori-Gemeinden konzentrierte. Großartiges Zierwerk rankte sich um Dollborde, Wasserschöpfer und Paddel, die aufwendigsten Arbeiten blieben jedoch meist in Form eines Geflechts von ineinander verwobenen Spiralen und *manaia*-Figuren dem Bug und dem Achtersteven vorbehalten. Als Waffen und europäische Präsenz den 1860er-Jahren das Gleichgewicht in den Stammeskriegen veränderten, wurde das *waka taua* in seiner Bedeutung vom **geschnitzten Versammlungshaus** *(whare whakairo)* abgelöst.

Jade

Neben Holz verwenden Maori-Schnitzer auch *pounamu* (Jade). In prä-europäischer Zeit entwickelten sich Handelsrouten, auf denen Maori im ganzen Land mit Jade von der Westküste und aus dem Fiordland beliefert wurden. Die Südinsel erhielt gar den Beinamen Te Wai Pounamu ("Wasser der Jade"). Der Stein wurde zu Krummäxten, Meißeln und Keulen für den Zweikampf verarbeitet – Geräte und Werkzeuge, die schon bald eine rituelle Bedeutung erfuhren und nach Ausschmückungen verlangten. Die Härte des Materials bedingt einen verhalteneren Schnitzstil; v. a. *mere* und *patu* sind oft nur zum Teil bearbeitet und zeigen große geschwungene Flächen, die erst am Ende in feinen, kunstvollen Spiralen auslaufen. Bei Schmuckstücken reicht die Palette von einfachen Tropfenanhängern, die als Ohr- oder Halsschmuck getragen werden, bis zu *hei tiki*, die um den Hals getragen werden. Wie andere persönliche Gegenstände auch, insbesondere solche, die dicht am Körper getragen werden, besitzt ein vererbtes *tiki* das *mana* der Vorfahren und nimmt das *mana* des Trägers auf, wodurch es *tapu* wird.

Tätowierungen

Eine stilistische Fortführung der Schnitzkunst ist das *moko*, eine ornamentale und rituelle Form des Tätowierens, die nach dem Kontakt mit Europäern beinahe verschwunden wäre. Frauen hatten *moko* nur auf den Lippen und am Kinn, hochrangige Männer hingegen ließen sich das ganze Gesicht damit schmücken, außerdem Gesäß und Oberschenkel; je großflächiger und verschlungener das *moko*, umso höher der Status. Ein symmetrisches Muster traditioneller Elemente – Sicheln, Spiralen, Farnwedel und andere organische Formen – wurde mit einem *uhi* (Meißel) und Schlegel in das Fleisch gestochen und anschließend Ruß in die Wunde gerieben.

In den letzten zwei Jahrzehnten ist die Tradition des vollständigen Gesichts-*moko* gleichermaßen als Identifikation mit dem Maoritanga und als eigene Kunstform wiederbelebt worden. Seit dem Jahr 1999 haben *moko*-Künstler Anspruch auf Fördermittel der Regierung.

Webarbeiten und Kleidung

Während die Männer schnitzten, widmeten sich die Frauen dem Weben und der Herstellung von Kleidung. Die ersten Polynesier auf den Inseln mussten feststellen, dass ihre Papier-Maulbeerbäume in dem herrschenden feuchtkühlen Klima nicht gedeihen wollten, und mussten nach Alternativen suchen. Schon bald entdeckten sie *harakeke* (Neuseeland-Flachs) als Ersatz und machten ihn zum Grundstoff allen maorischen Fasergewebes. Die starken, biegsamen Fasern wurden als Angelleinen, zur Verschnürung von Äxten und zur Herstellung von Bodenmatten verwendet. Mit der Ankunft der Pakeha nahmen die Maori schnell deren Art sich zu kleiden an, zu zeremoniellen Anlässen jedoch trugen sie weiterhin Umhänge, und diese bilden heute die Basis zeitgenössischer Webkunst.

Flachs wächst überall auf den morastigen Böden im Land. Praktisch in Rohform verarbeitete man die Fasern zu *raranga* (Geflecht) und weiter zu *kete*, henkellosen Körben für das Einsammeln von Muscheln und Kumara, dreieckigen Kanusegeln, Sandalen und *whariki* genannten, gemusterten Bodenmatten, die es noch heute in Versammlungshäusern gibt.

Für feineres Gewebe und Geflecht muss der Flachs in einem aufwendigen Prozess zurechtgeschnitten, eingeweicht und geschlagen werden, damit man am Ende eine festere, flexiblere Faser erhält. Die meisten Fasern werden in naturbelassener Form verarbeitet, Maori-Design verlangt jedoch hin und wieder auch eine **Färbung**: Schwarz wird durch Eintauchen in eine verdünnte Lösung aus der Rinde eines *hinau*-Baums und anschließendes Einreiben mit einem schwarzen, *paru* genannten Sumpfsediment erzielt; rotbraune Farbtöne erfordern das Kochen in einer Tinktur, die aus der Rinde des *tanekaha*-Baums gewonnen wird, und anschließendes Einrollen in heiße Asche; die weniger gebräuchlichen Gelbtöne werden aus der Rinde der Gattung *Coprosma* gewonnen. Sowohl naturbelassene als auch gefärbte Fasern werden für das Weben von **Umhängen**, *whatu kakahu*, verwendet. Dies ist die Krönung der von Maori-Frauen betriebenen Künste, und die schönsten Umhänge gelten als *taonga*. Das gewaltige, inzwischen im Auckland Museum ausgestellte Kriegskanu wurde einst gegen einen besonders prachtvollen Umhang eingetauscht. Mitunter wird die Technik als Fingerweben bezeichnet, da kein Webstuhl benutzt wird und die Frauen ausgehend von einem zwischen zwei Stöcken gespannten Basis-Kettfaden abwärts weben. Durch komplexe Webtechniken entsteht eine Vielzahl verschiedener Gewebestrukturen, die häufig mit *taniko* (farbigen Rändern), in Abständen auf das Gewebe gesetzten Kordeln oder mit prächtigen Federn verziert werden.

Federumhänge *(kahu hururu)* scheinen vor Ankunft der Europäer kaum gebräuchlich gewesen zu sein, in Heldengeschichten tauchen jedoch Schlüsselfiguren in schillernden Kleidungsstücken auf. Der Attraktivität seiner leuchtend gelben **Federn** hat der *huia* wahrscheinlich

Haka

Vor jedem Rugby-Länderspiel versuchen die neuseeländischen All Blacks, ihre Gegner vor Spielbeginn einzuschüchtern, indem sie einen Furcht erregenden Tanz aufführen. Dabei schlagen sie sich auf die Schenkel, lassen die Augen hervortreten und strecken die Zungen heraus. Dieser *haka* des gefürchteten Maori-Häuptlings **Te Rauparaha** (S. 104) ist nur einer von vielen Posentänzen, die durch Zurschaustellung körperlicher Kraft, Beweglichkeit und Entschlossenheit dem Gegner den Wind aus den Segeln nehmen sollen. Es wird angenommen, dass Te Rauparaha seinen *haka* Anfang des 19. Jhs. kreierte, nachdem er sich zuvor in der Kartoffelgrube eines verbündeten Häuptlings vor seinen Feinden versteckt hatte. Als er draußen Geräusche vernahm und vom gleißenden Sonnenlicht geblendet wurde, wähnte er seine Tage gezählt. Doch als seine Augen sich an das Licht gewöhnt hatten, erkannte er die behaarten Beine seines Gastgebers und war so erleichtert, dass er auf der Stelle seinen *haka* aufführte.

Bei Auswärtsspielen gehört der *haka* bereits seit der Großbritannien-Gastreise 1905 zum festen Programm der All Blacks, seit dem World Cup 1987 wird er auch bei Matches in der Heimat aufgeführt. Der Tanz wird normalerweise von einem Maori-Spieler angeführt, der dabei im Sprechgesang folgenden Text vorträgt:

Ringa pakia Klatscht in die Hände und gegen die Schenkel
Uma tiraha Streckt die Brust heraus
Turi whatia Beugt die Knie
Hope whai ake Lasst die Hüfte folgen
Waewae takahia kia kino Stampft mit den Füßen, so stark ihr könnt
Nach einer wirkungsvollen Pause stimmt der Rest der Mannschaft ein:
Ka Mate! Ka Mate! Es ist Tod! Es ist Tod!
Ka Ora! Ka Ora! Es ist Leben! Es ist Leben!
Tenei te ta ngata puhuru huru Dies ist der behaarte Mann
Nana nei i tiki mai Er brachte die Sonne zum Leuchten
Whakawhiti te ra Bleibt Seite an Seite!
A upane ka upane! Die Formation! Haltet sie!
A upane kaupane whiti te ra! Hinein in die leuchtende Sonne!

seine Ausrottung zu verdanken; andere prachtvoll gefiederte Vögel sind inzwischen zu selten, um Federn für Umhänge liefern zu können, sodass heute nur noch sehr selten neue gefertigt werden. Für robustere *para* (Regenumhänge) verwendete man die Wasser abweisenden Blätter des Kohlbaums, für *pukupuku* (Kriegsumhänge) einen groben Kanevas, den Berichten zufolge Speere nicht durchdringen konnten. Einige *pukupuku* wurden zu *kahu kuri* (Umhängen aus Hundefell) umgearbeitet, wobei das **Fell** in vertikalen Streifen angeordnet war und die natürliche Farbe des Fells charakteristische Muster entstehen ließ.

Umhänge spielen bei formellen Anlässen, sei es ein *hui* oder *tangi* im *marae* oder die Auszeichnung mit akademischen oder staatlichen Ehren, noch immer eine wichtige Rolle. Alte Formen werden heute entweder direkt übernommen oder dienen als Inspiration für zeitgenössische Modelle.

Haka, Maori-Tanz und Maori-Musik

Manchen mag die Aufführung des *haka* durch Rugby-Mannschaften, die oft vorwiegend aus Nicht-Maori bestehen, als unangebracht erscheinen, doch ist er derart verwurzelt, dass es auf heftige Gegenwehr stieß, als der Trainer der All Blacks 1996 eine Änderung vorschlug, um die von Te Rauparaha dezimierten Maori-*iwi* zu besänftigen. Der neue, speziell verfertigte *Kapa O Pango haka* wurde 2005 vorgestellt, hat aber die alte Te-Rauparaha-Version nicht vollständig verdrängen können.

Kommerzielle **Maori-Konzerte** (in Rotorua, Christchurch, Queenstown und anderen Orten) umfassen stets auch einen *haka*, meistens ist es die Te-Rauparaha-Version, die fast immer von Männern dargeboten wird. Frauen sind zwar nicht ausgeschlossen, konzentrieren sich aber in der Regel auf **Poi-Tänze**, bei denen an Schnur-Enden befestigte Binsen-Bälle *(raupo)* in schnellen, rhythmischen und ursprünglich der Verbesserung der Körperkoordination und Geschicklichkeit dienenden Bewegungen geschwungen werden.

Die Trommeln Ost-Polynesiens sind nicht bis Neuseeland vorgedrungen, sodass Gesänge und *haka* ohne entsprechende Begleitung bleiben. Der traditionellen Knochenflöte gesellten die Pakeha die Gitarre hinzu, die heute zu **Liedern** *(waiata)* erklingt – relativ moderne Schöpfungen, deren Wirkung gleichermaßen auf Ausdruck, Rhythmus und Text beruht. Mitunter mag der inbrünstige Vortrag in merkwürdigem Widerspruch zur Musik stehen, die häufig auf viktorianische Melodien zurückgeht: Die vielleicht bekanntesten dieser Lieder sind *Pokarekare ana* und *Haere Ra*, die beide nach dem Kontakt mit den Europäern entstanden. Abseits der Touristenkonzerte hat die Maori-Musik in den letzten Jahren eine beeindruckende Entwicklung vollzogen und kann heute auf maorisprachige Radiosender verweisen, die ihr Programm fast ausschließlich mit Klängen von und mit Maori-Musikern gestalten, wobei es häufig Hip-Hop und R&B mit pazifischer Einfärbung zu hören gibt.

Film

In der Folge der in Neuseeland gedrehten *Herr der Ringe*-Filme genoss die neuseeländische Filmindustrie eine ihrer periodischen Hochphasen; die letzte gab es zwischen 1988 und 1994, als sich Streifen wie *The Navigator, An Angel at my Table, The Piano, Once Were Warriors* und *Heavenly Creatures* auch im Ausland großer Aufmerksamkeit erfreuten. Doch während die beteiligten Regisseure und Regisseurinnen Karriere machten, verpuffte der Aufschwung der neuseeländischen Filmbranche sang- und klanglos. Wie den meisten kleinen Ländern fehlen Neuseeland die Ressourcen, die Infrastruktur und die Geldmittel, um auf Dauer eine größere Filmindustrie zu unterhalten.

Dafür wird das Land des Öfteren als relativ preisgünstiger Drehort für amerikanische Fernsehserien und für Filme genutzt, die als Kulisse weite Landschaften benötigen, wie z. B. *Die Chroniken von Narnia*. So ist die Filmindustrie des Landes v. a. dafür bekannt, die technische Ausstattung – die Weta Studios (s. Kasten S. 507) machen Spezialeffekte für Filme auf der ganzen Welt – und Komparsen zur Verfügung zu stellen.

Die große Ausnahme ist der derzeitige Guru der neuseeländischen Filmbranche, Peter Jackson. Nach seiner *Herr-der-Ringe*-Trilogie holte er den *Hobbit* nach Neuseeland; 2014 kam der dritte Teil in die Kinos. Ob Jackson noch einmal den Anstoß für ein goldenes Zeitalter des neuseeländischen Films geben kann, bleibt abzuwarten.

Auckland und Umgebung

Auckland ist die größte Stadt des Landes. Schon beim Landeanflug über den glitzernden Waitemata Harbour mit seinen vielen Segelschiffen begreift man, weshalb die Stadt den Beinamen „City of Sails" trägt. Rund um die Wolkenkratzer der Downtown erheben sich etwa 50 erloschene Vulkane aus einem Meer von Vororten mit adretten Holzhäusern und großzügigen Gärten.

Stefan Loose Traveltipps

1 **Auckland** Das Auckland Museum bietet eine herausragende Ausstellung über die Maori und die pazifischen Inseln, und die Auckland Art Gallery gilt als bestes Museum für neuseeländische Kunst. Einen Einblick in die polynesische Kultur gewährt der Otara Market. S. 131

Karekare und Piha Keine Autostunde von der Großstadt entfernt laden schwarzgoldene Sandstrände vor heimischem Urwald zum Baden, Wellenreiten, Canyoning und Faulenzen ein. S. 179

Rangitoto Island Von der bizarren Vulkaninsel mit ausgedehntem Pohutukawa-Wald genießt man einen herrlichen Blick auf Auckland. S. 186

2 **Great Barrier Island** Wie aus der Zeit gefallen erscheint diese geruhsame Insel mit ihren goldenen Stränden, Berg- und Waldwanderungen, tiefen Hafenbuchten und heißen Quellen. S. 198

Tiritiri Matangi Im wieder aufgeforsteten Wald einer der schönsten Inseln im Hauraki Gulf kann man einigen der seltensten Vogelarten Neuseelands begegnen. S. 205

MAORI AM NATIONALFEIERTAG

MEDLANDS BEACH, GREAT BARRIER ISLAND

Inhalt

N 0   25 km

Whangarei (30 km)

SH12

Dargaville (40 km)

SH1

Port FitzRoy
Great
Barrier
Island

Wellsford

Little
Barrier
Island

Claris

Whangaparapara

Tryphena

H a u r a k i
G u l f

Kawau
Island

SH16

Warkworth

Kaipara
Harbour

Puhoi

Waiwera

Orewa

Whangaparaoa
Peninsula

Tiritiri Matangi
Island

Gulf Harbour
Marina

Helensville

SH16

Kumeu

Huapai

Muriwai

Hillary Trail

Waitakere

Waitemata
Harbour

Rangitoto
Island

Motutapu
Island

Waiheke
Island

Rotoroa
Island

Coromandel

Te Henga

WAITAKERE RANGES

Piha

AUCKLAND

Motuihe Island

Ponui
Island

Coromandel
Peninsula

Karekare

Titirangi

Ambury
Regional
Park

Whitford

Clevedon

Arataki
Visitor
Centre

Auckland
Airport

Whatipu

Manukau
Harbour

SH22

Hunua

Pokeno

HUNUA RANGES

Kaiaua

Firth of
Thames

Thames

Miranda
Shorebird
Centre

SH2

Miranda Hot Springs

SH1

■ Übernachtung	
Ambury Regional Park	3
Miranda Holiday Park	5
Rays Rest Camping Reserve	4
Shakespear Regional Park	2
Wenderholm Regional Park	1

Hamilton (70 km)   Tauranga (90 km)

Auckland ist eine der am dünnsten besiedelten Großstädte der Welt – mit nur 1,5 Mio. Einwohnern auf der Fläche von London. Sobald man einen Blick hinter die glitzernden Ladenfronten wirft, tritt eine bescheidene Kleinstadtatmosphäre mit sehr gemächlicher Lebensart zutage, die allerdings im Vergleich zum Rest des Landes geradezu hektisch erscheinen kann.

Auckland ist außerdem die weltgrößte polynesische Stadt. Etwa 11 % der Bevölkerung betrachten sich als Nachkommen der Maori, 14 % stammen von Familien ab, die in den 1960er- und 1970er-Jahren von anderen Inseln nach Neuseeland einwanderten. Trotzdem war das polynesische Leben der Stadt traditionell auf wenige Enklaven begrenzt. Erst in den letzten zehn Jahren, mit Heranwachsen der zweiten Generation, ist die polynesische Präsenz auch im gesellschaftlichen Leben und ganz besonders in der Kunst und Kultur spürbar geworden.

Viele Reisende bleiben nur gerade lange genug in der Stadt, um die wichtigsten Sehenswürdigkeiten abzuklappern, allen voran das **Auckland Museum** mit seiner unvergleichlichen Sammlung von Schnitzereien und anderen Erzeugnissen der Maori und der Pazifikinseln.

Einen besseren Einblick in die Stadt erhält man bei einem Bummel durch die angesagten zentrumsnahen **Vororte** Ponsonby, Parnell, Newmarket und Devonport.

Außerdem bietet sich Auckland natürlich als Basis zur Erkundung der wilden und einsamen **Surfstrände** der Westküste sowie der **Weingüter** an, die keine Stunde vom Stadtzentrum entfernt liegen. Wer mehr Zeit hat, sollte unbedingt einen Abstecher in die Inselwelt des **Hauraki Gulf** unternehmen: zur zerklüfteten Vulkaninsel **Rangitoto Island**, zum schicken **Waiheke Island** und zum geruhsamen **Great Barrier Island**.

Aucklands **Klima** ist gemäßigt feuchtwarm, aber niemals brütend heiß, denn die Schwüle wird durch eine beständige Meeresbrise gelindert. Die Winter sind im Allgemeinen mild, aber regnerisch. Die durchschnittliche Tagestemperatur beträgt im Januar und Februar 23° C und sinkt im Juli und August auf 14° C.

Auckland

Auckland erstreckt sich über eine Landenge, die durch mehrere Meeresarme fast durchtrennt wird. Im Westen öffnet sich der seichte, verschlammte Manukau Harbour zur Tasmansee und unterbricht über eine kurze Strecke die lange Kette schwarzsandiger Strände, an die ständig hohe Wellen schlagen. Der Waitemata Harbour im Osten der Landenge wurde von den Maori nach seinem „glitzernden Wasser" benannt. Er ist Aucklands Hochseehafen und bildet zugleich die Kulisse für das Zentrum der Stadt. An jedem Sommerwochenende verwandeln sich der Hafen und der angrenzende Hauraki Gulf in ein Farbenmeer aus bunten Segeln.

Zunehmend verlagert sich das Stadtleben auf die Gebiete am Wasser: An den ehemaligen Hafenanlagen liegen Jachten, und in der Umgebung entstehen mehr und mehr Nobelrestaurants und schicke Apartmenthäuser. Heute trifft sich hier die ganze Stadt, und die **Downtown** hat

an Anziehungskraft verloren. Dort versucht man mit der wundervoll renovierten Auckland Art Gallery, Besucher zurückzugewinnen.

Sympathischer als die Queen Street, die Hauptschlagader des Zentrums, wirkt an ihrem oberen Ende die **Karangahape Road**, eine Querstraße mit preiswerteren Läden, exotischen Restaurants und derberen Clubs. Weiter östlich erstreckt sich **The Domain**, eine ausgedehnte Parkanlage, in der sich die meistbesuchte Attraktion der Stadt befindet, das **Auckland Museum** mit faszinierenden Objekten der Maori und der Pazifik-Insulaner.

Das angrenzende **Parnell** bildet mit einer der ältesten Kirchen von Auckland und einigen historischen Häusern das geistliche Herz der Stadt. Am Fuße des Hügels führt der Tamaki Drive an Kelly Tarlton's Sea Life Aquarium vorbei zu den Stadtstränden **Mission Bay** und **St Heliers**.

Westlich des Zentrums passiert man die Cafés, Läden und Bars der **Ponsonby Road**, bevor man **Western Springs** erreicht, wo sich das Verkehrsmuseum MOTAT und der hervorragende Zoo befinden.

Jenseits des Waitemata Harbour ziehen sich die schier endlosen Stadtrandsiedlungen der North Shore bis zum Horizont, doch einen längeren Aufenthalt lohnen nur der alte Vorort **Devonport** direkt am Ufer und vielleicht der lange, goldsandige Strand von **Takapuna**.

Unmittelbar südlich des Zentrums eröffnen zwei der höchsten Punkte Aucklands, der **Maungawhau** (Mount Eden) und der **Maungakiekie** (One Tree Hill) mit dem umliegenden **Cornwall Park** wunderbare Ausblicke auf die Stadt. Sehenswerte Kunst präsentiert die **Pah Homestead**, den Hauptanreiz für einen Abstecher noch weiter nach Süden bildet der samstägliche **Otara Market**.

Geschichte

Die Erdkruste zwischen den beiden Hafenbuchten Waitemata und Manukau ist so dünn, dass das Magma alle paar tausend Jahre einen Spalt findet, unter lautem Getöse an die Oberfläche tritt und einen weiteren Vulkan entstehen lässt. Vor rund 600 Jahren fand die letzte Eruption statt, deren Ergebnis **Rangitoto Island** war. Zeugen dieser Eruption waren einige der frühesten

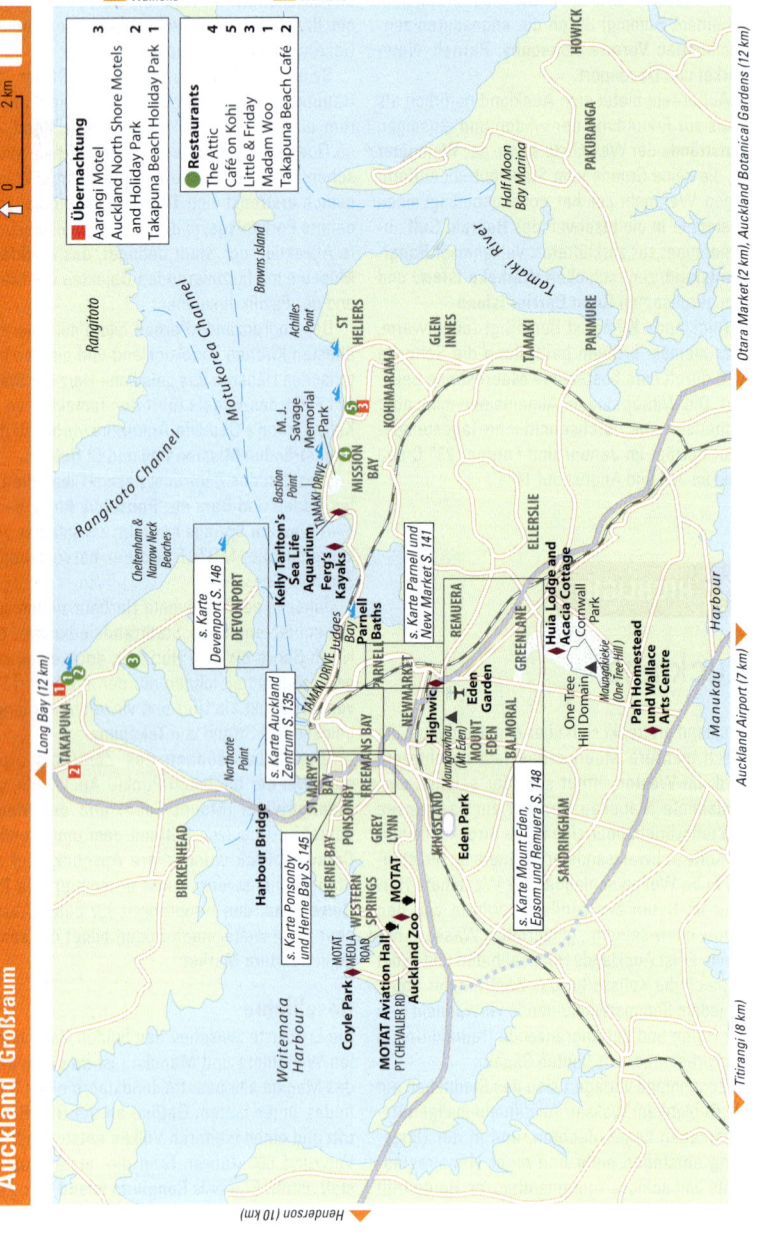

s. Karte Devenport S. 146

s. Karte Auckland Zentrum S. 135

s. Karte Parnell und New Market S. 141

s. Karte Ponsonby und Herne Bay S. 145

s. Karte Mount Eden, Epsom und Remuera S. 148

Übernachtung

Aarangi Motel	3
Auckland North Shore Motels and Holiday Park	2
Takapuna Beach Holiday Park	1

Restaurants

The Attic	4
Café on Kohi	5
Little & Friday	3
Madam Woo	1
Takapuna Beach Café	2

Waiheke   Waiheke

N
0   2 km

HOWICK
PAKURANGA
Half Moon Bay Marina
PANMURE
TAMAKI
GLEN INNES
KOHIMARAMA
ST HELIERS
Achilles Point
M. J. Savage Memorial Park
MISSION BAY
Bastion Point
Browns Island
Rangitoto
Motukorea Channel
Rangitoto Channel
Tamaki River
Manukau Harbour
ELLERSLIE
GREENLANE
REMUERA
Cornwall Park
Huia Lodge and Acacia Cottage
Pah Homestead und Wallace Arts Centre
One Tree Hill Domain
Maungakiekie (One Tree Hill)
BALMORAL
SANDRINGHAM
MOUNT EDEN
Eden Garden
Maungawhau (Mt Eden)
Eden Park
KINGSLAND
GREY LYNN
PONSONBY
FREEMANS BAY
ST MARY'S BAY
HERNE BAY
WESTERN SPRINGS
MOTAT
Auckland Zoo
MOTAT Aviation Hall
Coyle Park
MEOLA ROAD
PT CHEVALIER RD
Waitemata Harbour
BIRKENHEAD
Harbour Bridge
Northcote Point
TAKAPUNA
Cheltenham & Narrow Neck Beaches
DEVONPORT
Kelly Tarlton's Sea Life Aquarium
Ferg's Kayaks
Parnell Baths
PARNELL
NEWMARKET
Highwic
Eden Garden
TAMAKI DRIVE
Judges Bay
St Mary's Bay

Long Bay (12 km)

Titirangi (8 km)

Henderson (10 km)

Auckland Airport (7 km)

Otara Market (2 km), Auckland Botanical Gardens (12 km)

Maori-Bewohner dieser Region, die auf der benachbarten **Motutapu Island** lebten. Ihre Vorfahren sollen der Legende nach am Isthmus von Tamaki gelandet sein, dem schmalsten Stück Land zwischen dem Waitemata Harbour und dem Manukau Harbour.

Wegen der reichen Fanggründe in den beiden Hafenbuchten und des fruchtbaren Bodens der gut zu verteidigenden Vulkanhügel war das Land, das man nicht umsonst auch Tamaki-makau-rau („die Maid mit den 100 Liebhabern") nannte, heiß umkämpft. Gegen Mitte des 18. Jhs. fiel es an **Kiwi Tamaki**, der auf dem Maungakiekie (One Tree Hill) ein 3000 Mann starkes *pa* (Wehrdorf) und auf beinahe allen anderen Vulkanen der Region kleinere Siedlungen errichtete. Doch er unterlag später rivalisierenden *hapu* (Unterstämmen) aus der Gegend des Kaipara Harbour.

Ankunft der Europäer

Nach Ankunft der mit Musketen handelnden **Europäer** in der Bay of Islands zu Beginn des 19. Jhs. konnten die Ngapuhi aus Northland eine Reihe erfolgreicher Beutezüge gegen die Maori am Isthmus von Tamaki durchführen. Eine Pockenepidemie tat das Übrige, und nach nur kurzer Zeit lag die Region praktisch verlassen da, was nach Unterzeichnung des Vertrags von Waitangi (1840) für ihre Wahl zum Standort der neuen Hauptstadt von entscheidender Bedeutung war.

Der schottische Arzt **John Logan Campbell** gehörte zu den wenigen hier ansässigen Europäern, als dieses fruchtbare Land mit leichtem Zugang zu den wichtigsten Fluss- und Seehandelsrouten für 55 Pfund und einige Decken den Besitzer wechselte. Die Kapitale wurde in groben Zügen auf dem Reißbrett geplant, und Campbell konnte aus seinem Heimvorteil Kapital schlagen, indem er durch undurchsichtige Machenschaften bald die Kontrolle über die halbe Stadt gewann und zum Bürgermeister und „Vater von Auckland" avancierte. Nach 1840 war die Bevölkerung durch die vielen Immigranten bereits so angewachsen, dass mehr Land benötigt wurde – was bis zu einem gewissen Grad die **Landkriege** in den 1860er-Jahren heraufbeschwor (S. 107).

Das Ende als Hauptstadt

Während der anschließenden Wirtschaftskrise suchten viele Menschen ihr Glück in den Goldfeldern von Otago. Und nachdem immer mehr europäische Siedler ihren Lebensmittelpunkt nach Süden verlagerten, wurde 1865 schließlich auch die Hauptstadt nach Wellington verlegt, während Auckland zunehmend in Vergessenheit geriet.

Doch dann ging es mit Auckland wieder stetig bergauf, bis die Stadt sogar fast schneller wuchs als das gesamte Land, was in erster Linie auf die zahlreichen **Einwanderer** zurückzuführen ist: zunächst aus Großbritannien und in den 1960er- und 1970er-Jahren auch von den Inseln des Südpazifiks. Mehr als ein halbes Jahrhundert lang strömten Maori aus ländlichen Regionen nach Auckland, und zu ihnen gesellen sich inzwischen auch Einwanderer aus Ostasien.

Inzwischen ist die Bevölkerung des Großraums Auckland zu fast 20 % asiatischer Herkunft; viele der Asiaten wohnen in den Wohnblocks der Innenstadt. Koreanische, thailändische, malaysische, chinesische und japanische Restaurants finden sich nun an jeder Ecke. Fast 40 % der Einwohner Aucklands sind im Ausland geboren, im übrigen Land sind es nur rund 18 %.

Waterfront

🖳 www.waterfrontauckland.co.nz

Im 20. Jhs war das Stadtzentrum von Auckland lange Zeit durch die Hafenanlagen vom Wasser abgeschnitten. Da sich der Hafenbetrieb jedoch immer mehr in den Containerhafen verlagerte, zeigt sich die **Waterfront** inzwischen von ihrer Schokoladenseite.

Den Dreh- und Angelpunkt für die Hafenfähren bildet nach wie vor das im Jahr 1912 erbaute **Ferry Building**, dessen Geschichte und Bedeutung das nahe Seefahrtsmuseum **Voyager** beleuchtet. Der **Viaduct Harbour** und die **Princes Wharf** wurden zur Jahrtausendwende saniert, doch das Zentrum des Geschehens hat sich mittlerweile ein Stückchen weiter nach Westen zum aufgemöbelten **Wynyard Quarter** verlagert.

Voyager: New Zealand Maritime Museum

Quay St, Ecke Hobson St ▪ ⏰ tgl. 9–17 Uhr; Führungen Mo–Fr 10.30 und 13 Uhr ▪ Bootsfahrten $12–35 ▪ ✆ 09 373 0800, 🖵 www.maritime museum.co.nz

Das **Voyager: New Zealand Maritime Museum** widmet sich der Schifffahrtsgeschichte einer Inselnation, für deren Besiedlung, Handel und sportliche Aktivitäten das Meer von jeher eine entscheidende Rolle spielte. Der kurze Film *Te Waka* über eine fiktive Schiffsreise der Maori dient als Einführung in die Ausstellung südpazifischer Ausleger- und Doppelrumpfkanus. Zwischen den verschiedenen Kanuversionen zum Fischen, für Lagunenfahrten und Ozeanüberquerungen findet sich auch die 21 m lange *Taratai*, mit der der neuseeländische Filmemacher und Autor James Siers 1976 über 2400 km weit von Kiribati nach Fiji fuhren.

Das Innere eines Auswandererschiffs und Ausstellungen zu neuseeländischen Küstenhandelsschiffen und Walfängern leiten über zu Blue Water Black Magic, einer Huldigung an Neuseelands berühmtesten Segler Peter Blake. Die Siege beim Whitbread Round the World Race 1990 und bei zwei America's Cups (1995 und 2000) werden natürlich gebührend gewürdigt. Weitere Highlights sind ein frühes Hamilton-Jetboot, das für die seichten Flüsse von Canterbury konstruiert wurde, und eine schöne Sammlung von Galionsfiguren und maritimer Kunst.

Eine **Fahrt** auf der *Ted Ashby*, dem 1990 entstandenen Nachbau eines jener zweimastigen Frachtsegler, die früher die Tidengewässer der Nordinsel befuhren oder auf der *Breeze*, der Replik eines Küstenhandelsschiffs, sollte man lange im Voraus buchen.

Viaduct Harbour und Princes Wharf

Der **Viaduct Harbour** war ein ziemlich schmudeliger Fischereihafen, bis er in Vorbereitung auf Neuseelands erfolgreiche Verteidigung des **America's Cup** im Jahr 2000 einer gründlichen Verschönerungskur unterzogen wurde. Heute prägen Jachten das Bild der Hafenpromenade, die von exklusiven Apartmentbauten und einer Ansammlung belebter Restaurants und Bars gesäumt wird. Weitere Restaurants und Bars lie-

gen an der **Princes Wharf**, die sich bis zum spektakulär gelegenen Hotel Hilton in die Hafenbucht ausdehnt.

Wynyard Quarter

Zu erreichen über die Fußgängerbrücke Wynyard Crossing vom Viaduct Harbour oder mit dem City-Link-Bus ab Queen St ▪ Dockline Tram Nov–19. Dez, Feb–März Sa und So 10–16 Uhr, 20. Dez–Jan tgl. 10–16 Uhr, alle 10 Min. ▪ Erwachsene $2 für einen Tag, unter 16 J. $1 ▪ 🖵 www.aucklandtram.co.nz

Das **Wynyard Quarter** ist eine gelungene Mischung aus einem betriebsamen Fischmarkt, dem Terminal für die Fähren nach Great Barrier Island, einem Park und einigen schön gelegenen Restaurants. Ein sechssteiliges Ensemble alter Industriesilos ist erhalten geblieben und bildet die Kulisse für freitagabendliche Filmvorführungen.

Eine weitere Attraktion ist die **Dockline Tram**, deren restaurierte Wagen aus den 1920er-Jahren eine 1,5 km lange Schleife durch das Gebiet fahren, das sich aber auch problemlos zu Fuß erkunden lässt.

Stadtzentrum

Die **Downtown** von Auckland erstreckt sich vom Wasser Richtung Süden entlang der etwas heruntergekommen **Queen Street**, an der sich vor allem Banken und reichlich langweilige Geschäfte angesiedelt haben. Doch an der Queen Street gibt es nach wie vor einige schöne viktorianische **Geschäftspassagen**, z. B. die Queen's Arcade (Nr. 34) und die Stands Arcade (Nr. 233).

Östlich der Queen Street bilden einige restaurierte Lagerhäuser und neue Büroblocks den lebendigen **Britomart Precinct**; hier finden sich viele der wichtigsten Modeboutiquen der Stadt, am schönsten ist es hier jedoch abends, wenn sich die Restaurants und Bars langsam füllen.

Weiter südlich sollte man die Queen Street verlassen und über die O'Connell und High Street mit ihren Geschäften und Cafés bummeln; dazu gesellen sich hier das kitschig-schöne Civic Theatre, das Kasino, der Skytower und nicht zuletzt die herrlich renovierte und erwei-

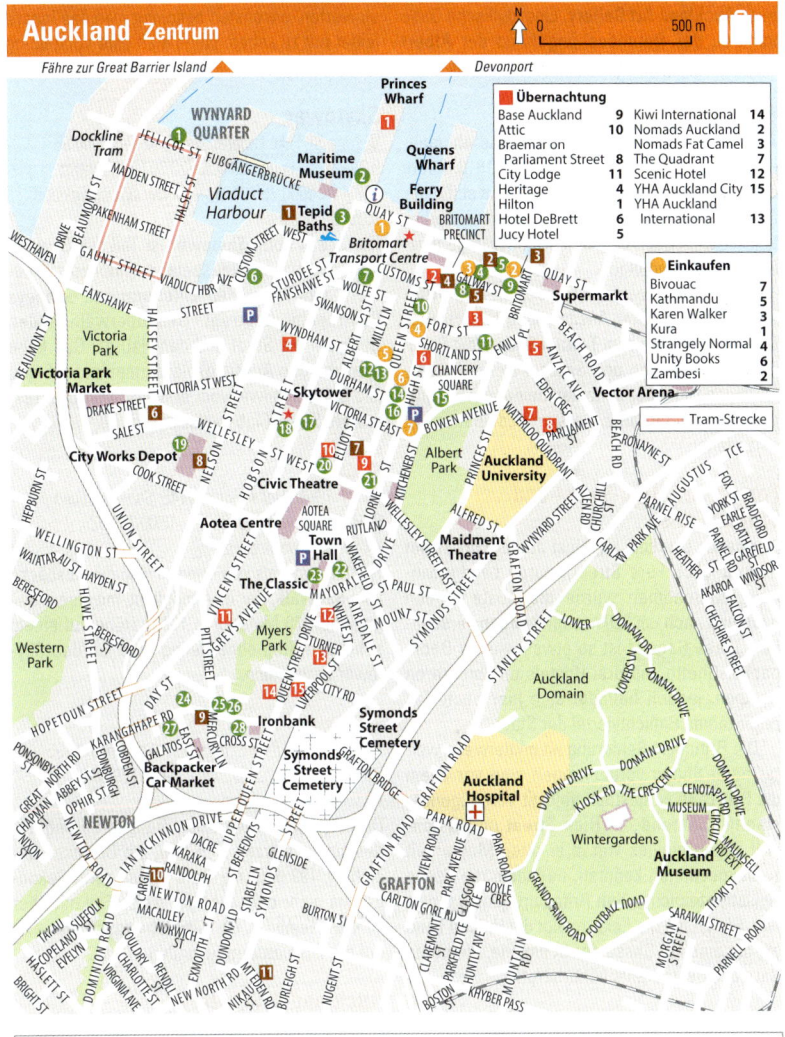

Fähre zur Great Barrier Island   Devonport

N   0   500 m

Übernachtung

Base Auckland	9	Kiwi International	14
Attic	10	Nomads Auckland	2
Braemar on		Nomads Fat Camel	3
Parliament Street	8	The Quadrant	7
City Lodge	11	Scenic Hotel	12
Heritage	4	YHA Auckland City	15
Hilton	1	YHA Auckland	
Hotel DeBrett	6	International	13
Jucy Hotel	5		

Einkaufen

Bivouac	7
Kathmandu	5
Karen Walker	3
Kura	1
Strangely Normal	4
Unity Books	6
Zambesi	2

Tram-Strecke

Cafés und Restaurants

Alleluya	26	Ebisu	5	Misters	13
Bellota	18	Federal Delicatessen	17	Ortolana	4
Better Burger	8	Food Alley	7	Ostro	5
Black Hoof	12	Grand Harbour	6	No. 1 Pancake	21
Bombay Chinese	22	Jack Tar	1	Pok Pok	24
The Botanist	19	Ima	11	Rasoi	25
Cassia	10	Imperial Lane	10	Soul	3
Chuffed	14	Mamak Malaysian	15	Sri Pinang	28
Coco's Cantina	27	Mexico	9	Tanuki's Cave	23
The Depot	17	Mezze Bar	16	Wildfire	2
		Middle East Café	20		

Pubs, Bars und Clubs

1885 Britomart	5	Sweat Shop	
Brew on Quay	3	Brew Kitchen	6
Brothers Beer	8	Tyler St Garage	2
Britomart Country Club	5	Xuxu	4
Cowboy	1		
Galbraith's Alehouse	11		
Family Bar	9		
Globe	7		
Kings Arms	10		
O'Hagan's	1		

terte **Auckland Art Gallery**. Eine idyllische Oase inmitten des Betondschungels ist der **Albert Park** zwischen Art Gallery und Universität.

Britomart Precinct

Am Fuß der Queen Street steht das ehemalige neoklassizistische Postamt von 1910, heute das **Britomart Transport Centre**. Damit sollte der Mythos des Bahnreisens ein wenig wiederbelebt werden, doch es gibt hier nur wenige nützliche Zugverbindungen.

Das Transportzentrum öffnet sich zum **Britomart Precinct**, einer Ansammlung historischer Gebäude rund um dem **Takutai Square** mit Brunnen, Rasenflächen und Sitzsäcken. In die ehrwürdigen Gemäuer scheinen beinahe wöchentlich neue Restaurants, Bars und Edelboutiquen einzuziehen.

Fort Street, High Street und Vulcan Lane

Aucklands Uferlinie lag einst an der **Fort Street** (ursprünglich Fore Street), durch Landgewinnungsmaßnahmen wurde die Küste jedoch nach und nach um 300 m nach Norden verschoben. Diese Gegend ist so etwas wie ein Backpacker-Ghetto, mit drei Hostels und mehreren Kneipen, jedoch befindet sich hier auch das recht zahme Rotlichtviertel der Stadt.

Die Britomart-Sanierung ist mittlerweile weiter nach Süden vorgedrungen, und vor allem die **Fort Lane** ist gestopft voll mit Vergnügungsstätten, während die **High Street** und O'Connell Street einiges von ihrer alten Munterkeit zurückgewinnen konnten, nachdem die Szene zwischenzeitlich in den Britomart abgewandert war. Gleich um die Ecke zweigt die **Vulcan Lane** ab, die einstige Gasse der Schmiede, die heute Bars und Restaurants beherbergt.

Civic Theatre

Eins der markanteren Gebäude der Queen Street ist das im Jugendstil erbaute **Civic Theatre**, an der Kreuzung mit der Wellesley Street. Bei seiner Eröffnung 1929 war es *das* Stadtgespräch; das prunkvolle Interieur im Mogul-Stil zieren Elefanten, Hindugötter, rotäugige Panther und ein künstlicher Sternenhimmel. Vielleicht hat man Glück und kann kurz einen Blick hin-

einwerfen, ansonsten bekommt man das Innere leider nur zu sehen, wenn man eine Vorstellung besucht (S. 168).

Skytower

Victoria St, Ecke Federal St ▪ ⏱ Mo–Do und So 8.30–22.30, Fr und Sa 8.30–23.30 Uhr ▪ Eintritt $28 ▪ ✆ 0800 759 2489, 🖥 www.skycityauckland.co.nz/attractions

Der 328 m hohe **Skytower** ist Teil des Skycity-Komplexes und Neuseelands höchstes Bauwerk, das sogar den Eiffelturm und Sydneys Centrepoint überragt. Den überwältigenden Blick auf die Stadt und den Hauraki Gulf kann man von den Aussichtsplattformen auf 186 und 220 m Höhe sowie vom erstklassigen Drehrestaurant Sugar Club genießen.

SkyWalk

⏱ tgl. 10–18 Uhr ▪ Eintritt $145; Studenten und BBH-Karteninhaber $125 ▪ ✆ 0800 759 925, 🖥 www.skywalk.co.nz

Noch besser als von drinnen sind die Ausblicke vom **SkyWalk**, der es ermöglicht, mit einem Seil gesichert 20 Minuten in 192 m Höhe auf einem schmalen Steg ohne Reling rund um den Skytower zu wandeln.

SkyJump

⏱ tgl. 10–18 Uhr ▪ Eintritt $225; Studenten $195; BBH-Karteninhaber $205 ▪ ✆ 0800 759 586, 🖥 www.skyjump.co.nz

Der **SkyJump** ähnelt einem Bungee-Sprung. Todesmutige stürzen sich hier, am Drahtseil gesichert, 192 m in die Tiefe – gute zehn Sekunden im mehr oder weniger freien Fall mit über 80 km/h Tempo –, um dann überraschend sanft auf der Zielplattform zu landen.

Auckland Art Gallery

Kitchener St, Ecke Wellesley St ▪ ⏱ tgl. 10–17 Uhr; kostenlose Führungen 11.30 und 13.30 Uhr ▪ Eintritt frei ▪ ✆ 09 379 1349, 🖥 www.auckland artgallery.com

Dank einer umfassenden Erweiterung hat das beste Kunstmuseum des Landes nicht nur zahlreiche Architekturpreise gewonnen, sondern ist auch noch besser geworden. Die alten Galerien wurden elegant in das fantastische neue Glaskubus-Atrium mit Kauriholz-Säulen, die sich zu einem waldähnlichen Baldachin verzweigen, integriert. Das Museum öffnet sich zur Straße und zum dahinterliegenden Albert Park, sodass jeder die jährlich wechselnde Hauptskulptur im Atrium betrachten kann. Park und Atrium sieht man auch vom hervorragenden, eleganten und dennoch entspannten Café. Das Museum beherbergt eine bedeutende Sammlung von Kunst aus aller Welt, den Schwerpunkt bildet jedoch die weltweit einzigartige **Sammlung neuseeländischer Kunst**.

Die europäische Sicht auf die Maori

Die idealisierenden Darstellungen der Maori aus Sicht der europäischen Forschungsreisenden werden vor allem von zwei Werken mit gegensätzlichen, jedoch gleichermaßen in die Irre führenden Blickwinkeln verkörpert: Ken-

nett Watkins' *The Legend of the Voyage to New Zealand* von 1912 mit gut genährten, glücklichen „Eingeborenen" an einer friedlichen Lagune, und Charles Goldies *The Arrival of the Maoris in New Zealand* von 1898 nach dem Vorbild von Géricaults *Floß der Medusa,* auf dem vom Hunger gezeichnete, verängstigte Reisende gegen das wilde Meer ankämpfen.

Ein großer Teil der Ausstellung über die ältere Kunst ist Künstlern des Landes gewidmet, die auch von den Maori wegen der getreuen Darstellung ihrer Vorfahren hoch geschätzt werden. **Gottfried Lindauer** kam 1873 nach Neuseeland und verbrachte seine späten Jahre damit, lebensnahe, fast dokumentarische Porträts von *rangatira* (Häuptlingen) sowie von hochgestellten Maori-Persönlichkeiten zu malen, weil er der irrigen Meinung war, dass das Volk der Maori bald aussterben würde.

Die Vulkankegel von Auckland

Im Umkreis von 20 km um die Innenstadt liegen fünfzig kleine Vulkane. Doch im Großen und Ganzen hat die neuseeländische Hauptstadt ihrem geologischen Erbe bislang wenig Respekt gezollt. Selbst die genaue Anzahl scheint unbekannt zu sein, nicht zuletzt deshalb, weil innerhalb der vergangenen 150 Jahre mehrere Kegel verschwunden sind, zumeist durch Schlacke- und Basaltabbau. Die Abtragung eines ganzen Vulkans – das klingt nach einer Herkulesaufgabe, doch die meisten Vulkane sind weniger als 200 m hoch. Und viele sind nicht mehr als kleine Erdhügel, die gerade mal die Häuser ringsum überragen. Die **Maori** erkannten schon früh die Fruchtbarkeit der Vulkanerde und legten auf den unteren Vulkanhängen *kumara*-Pflanzungen an, meistens unter dem Schutz eines *pa* rund um den Gipfel. Die Europäer ihrerseits schätzten diese Erhebungen vor allem als Wasserspeicher, denn die meisten größeren Vulkane haben einen **Kratersee**.

Erst in den letzten paar Jahrzehnten wurde eine Bebauung der Vulkane unterbunden, oft dadurch, dass man sie in Parks verwandelte – 37 Vulkankegel sind inzwischen vollständig oder teilweise geschützt. Laut Stadtverordnung darf der Blick auf manche Gipfel aus bestimmten Richtungen nicht verbaut werden. Trotzdem sollte vor einigen Jahren der Rand eines Kraters für einen Autobahnausbau plattgemacht werden, was in letzter Minute verhindert wurde. Manche halten eine Anerkennung als Unesco-Weltkulturerbe für den besten Schutz, doch die Übertragung einiger Vulkane im Jahr 2014 an ein Maori-Kollektiv aus verschiedenen Stämmen, die historisch bedingte Ansprüche auf den Isthmus von Auckland (Tamaki Makaurau) geltend machten, erscheint erfolgversprechender. 14 Vulkane sind jetzt im Besitz der Maori, obwohl sich das Auckland Council weiter um den Erhalt und die Pflege kümmert.

Entscheidend ist, dass die Vulkane weiterhin zugänglich bleiben, da sie herrliche **Aussichtspunkte** darstellen. Das gilt insbesondere für die zentralen Maungawhau und Maungakiekie, den Maungauika in Devonport sowie die Kuppe von Rangitoto Island, wo man auch Lavahöhlen erkunden kann. Die ältesten Vulkane brachen vor rund 250 000 Jahren aus, aber seit der letzten Eruption sind erst 600 Jahre vergangen, und das Vulkanfeld ist immer noch aktiv. Niemand kann vorhersagen, wann es zum nächsten Ausbruch kommt.

Charles F. Goldie avancierte Anfang des 20. Jhs. zu Neuseelands „Altem Meister" und erlangte internationale Anerkennung für seine emotionaleren Porträts älterer Maori. Dabei malte er häufig nach Fotografien.

Neuseelands Kunst entwächst den Kinderschuhen

Die europäischen Künstler brauchten ein halbes Jahrhundert, um zu erlernen, wie sich das grelle Licht Neuseelands am besten einfangen lässt – ein evolutionärer Prozess, der sich bis in die 1960er- und 1970er-Jahre fortsetzte, als viele Arbeiten mit stark abgegrenzten Flächen in schockierenden Farben an Comics erinnerten.

Besonders beachtenswert sind die Werke von **Rita Angus**, die sich in den 1940er-Jahren mit ihren Landschaftsbildern aus Canterbury und Otago einen Namen machte, von **Colin McCahon**, dessen Begeisterung für die Kraft und Schönheit der neuseeländischen Landschaft bis in die Kiwi-Kunst des späten 20. Jhs. nachwirkte, und von **Gordon Walters**, der seine Inspiration aus der Maori-Ikonografie bezog, wobei er traditionelle Maori-Symbole auf nicht unumstrittene Weise in kraftvolle, grafische Darstellungen verwandelte.

Bei den Neuerwerbungen der jüngeren Zeit handelt es sich häufig um Werke von Maori-Künstlern. Ausgestellt werden normalerweise einige herausragende Arbeiten des Malers **Shane Cotton**, Werke des Künstlers **Ralph Hotere** und Skulpturen des Bildhauers **Michael Parekowhai**, dessen Beitrag für die Biennale in Venedig im Jahr 2011 für einiges Aufsehen sorgte.

Albert Park

Östlich der Queen Street erstreckt sich die viktorianische Gartenanlage **Albert Park**. Ursprünglich befand sich hier einmal ein *pa*, ein befestigtes Maori-Dorf. In den 1840er- und 1850er-Jahren standen auf dem Gelände die Albert-Kasernen. Der Park voller Eichen und Feigenbäume erfreut sich großer Beliebtheit bei Studenten und Büroangestellten, die meist gar nicht ahnen, dass sich unter ihnen ein Labyrinth von Luftschutzbunkern aus dem Zweiten Weltkrieg ausbreitet.

Karangahape Road

An ihrem südlichen Ende steigt die Queen Street an und kreuzt die etwas schmuddelige, aber von Leben strotzende **Karangahape Road** – kurz **K' Road** genannt. Im 19. Jh. wohnten hier wohlhabende Kaufleute, in den 1970er-Jahren war die Straße das Herz von Aucklands polynesischer Gemeinde, später entwickelte sie sich zur anrüchigen Vergnügungsmeile mit Massagesalons, Striptease-Läden und Schwulenclubs. Seit über 30 Jahren laufen Bestrebungen, sie zu einer modernen Einkaufsmeile für die breite Masse aufzupolieren, doch auch wenn die meisten Striptease-Schuppen und Sexshops mittlerweile verschwunden sind, hat sich die Straße ihren ganz eigenen Charakter bewahrt.

Zu vorgerückter Stunde und vor allem an Wochenenden verwandelt sich die Karangahape Road in ein faszinierendes Kaleidoskop aus aufgebrezelten Transvestiten, alkoholisierten Büroangestellten, schwulen Pärchen, Obdachlosen und aus den Vororten angereisten Mittelschicht-Kids.

Entlang der K' Road

Besondere Sehenswürdigkeiten darf man hier nicht erwarten, dafür aber flippige Cafés, Bars und Schallplattenläden, die zwischen bunten indischen und chinesischen Geschäften eingezwängt sind; dazu gibt's ein paar interessante Boutiquen wie The Keep (Nr. 504) und Hailwood (Nr. 516). Einmal hier, kann man auch einen Blick in die Starkwhite Gallery (Nr. 510) mit ihrer zeitgenössischen Kunst werfen.

Architekturfreunde zieht es zur faszinierenden **Ironbank** in der 150 K' Rd, einem achtstöckigen Bürokomplex, der eher fünf rostigen Stahlkästen gleicht. Gegenüber ist die 1920 erbaute **St Kevin's Arcade** gestopft voll mit erlesenen Modegeschäften, schicken Lifestyleläden und trendigen Boutiquen mit den neuesten Modetrends.

Am östlichen Ende der K' Road befindet sich auf dem **Symonds Street Cemetery** das etwas verwahrloste Grab von **William Hobson**, Neuseelands erstem Gouverneur, das fast unter dem gewaltigen Betonbogen der Grafton Bridge verschwindet.

The Domain

The Domain auf den sanften Hängen des erloschenen Vulkans Pukekawa, der seinen Namen „Hügel der bösen Erinnerungen" den blutigen Stammesfehden einer fernen Vergangenheit verdankt, ist der schönste Park der Stadt. Ausgestattet ist er mit allem, was so dazugehört: Musikpavillon, Phoenixpalmen, geometrisch gestaltete Blumenbeete und ausgedehnte Rasenflächen. Im Sommer verwandeln sich die Rugbyfelder in Cricketplätze, und im kleinen Amphitheater des Vulkankraters werden Bühnen für tolle Konzerte unter freiem Himmel errichtet.

Auckland Museum

Auckland Domain ▪ ⏱ tgl. 10–17 Uhr; Maori Cultural Performance tgl. 11, 12 und 13.30 Uhr, Nov–März zusätzl. 14.30 Uhr ▪ Eintritt $25; Maori Cultural Performance $20 ▪ ☎ 09 309 0443, 🖥 www.auckland museum.com ▪ Das Auckland Museum liegt an der Strecke des Coast to Coast Walkway und der City-Tour-Busse. Der Inner-Link-Bus hält an der Parnell Rd, 5 Gehminuten vom Museum

Der höchste Punkt der Domain wird von einem imposanten Gebäude im griechisch-römischen Stil gekrönt, dem **Auckland Museum**, das die weltbeste Sammlung von Kunst der Maori und der Pazifikinseln hütet. Das Museum wurde 1929 als Denkmal für die Gefallenen des Ersten Weltkriegs errichtet und später mehrfach ausgebaut. Zuletzt wurde der Innenhof mit einer Kupferkuppel überdacht. Darunter befindet sich das neue **Atrium** mit einer erstaunlichen Konstruktion aus Kauriholz, die wie ein riesiger, umgedrehter Bienenkorb von der Decke hängt. Mehrmals täglich kündigt der drühnende, durch das gesamte Gebäude zu hörende Klang eines Muschelhorns die 30-minütige **Maori Cultural Performance** mit Gesang und einem furchteinflößenden *haka* an.

Maori Court

Als die traditionellen Maori-Dörfer gegen Ende des 19. Jhs. zu verschwinden begannen, wurden einige der schönsten Beispiele geschnitzter Paneele, Versammlungshäuser und Nahrungsspeicher gerettet und hierher gebracht. Das augenfälligste Exponat ist das **Hotunui**, ein großes, verziertes Versammlungshaus von 1878, das damals schon mit einem Wellblechdach statt des traditionellen Binsendachs ausgestattet wurde. Diese Arbeit zeugt von ungeheurer Kunstfertigkeit: Die Außenwände des Gebäudes zieren groteske Gesichter mit heraushängenden Zungen und glänzenden Augen aus Paua-Muscheln, während das Innere mit wundervollen *tukutuku*-Paneelen ausgestattet ist. Daneben sind die kunstvollen Schnitzereien an Bug und Heck von **Te Toki a Tapiri** zu bewundern. Das 25 m lange *waka taua* (Kriegskanu), das bis zu 100 Krieger aufnehmen konnte, ist das einzig erhaltene Exemplar aus der voreuropäischen Ära.

Exemplarisch für den Übergang von rein polynesischen Motiven zu einem eigenständigen Maori-Stil ist das **Kaitaia Carving** aus dem 14. oder 15. Jh., eine 2,50 m breite Schnitzarbeit aus dem Holz des Totara-Baums. Die koboldhafte zentrale Wächterfigur hat Hände in Form von Eidechsen und ist dem Stil nach polynesisch, aber in der Konzeption typisch Maori.

Pacific Masterpieces

Zu den Highlights gehören exquisite polynesische, melanesische und mikronesische Arbeiten wie eine zeremonielle Essschale mit Perlmutteinlagen von den Salomon-Inseln, rituelle Keulen und eine wunderbar volltönende Schlitztrommel aus Vanuatu. Ebenso faszinierend sind die Textilien, deren Muster eine weitaus größere Vielfalt aufweisen, als man bei den wenigen zur Verfügung stehenden Rohstoffen vermuten möchte.

Pacific Lifeways

Der **Pacific Lifeways Room**, der vor allem das Alltagsleben der Maori und Polynesier zeigt, wird von einer schlichten, aber majestätischen Statue aus dem Holz des Brotfruchtbaums beherrscht. Das Bildnis stammt von den Karolinen und zeigt die bösartige **Kave**, Polynesiens bedeutendste weibliche Gottheit, deren Bedrohlichkeit in dieser friedlichen Gestalt jedoch kaum zu erahnen ist.

Mittelgeschoss

Das Mittelgeschoss des Museums mit den **naturgeschichtlichen Sammlungen** ist eine ungewöhnliche Kombination aus modernen Präsen-

Die Wanderambitionen der meisten Auckland-Besucher gehen nicht über einen Bummel durch die Parkanlage The Domain oder den kurzen Anstieg auf einen der erloschenen Vulkane hinaus. Ehrgeizigere Wanderer können sich z. B. auf **Rangitoto Island** austoben (S. 186) oder sich einzelne Etappen des **Hillary Trail** (S. 178) in den Waitakere Ranges westlich der Stadt vornehmen. Außerdem umfassen auch die meisten Touren zur Westküste (S. 177) kurze Wanderungen.

Auf eigene Faust

Coast to Coast Walkway (16 km einfach, 4 Std.). Die schönsten Sehenswürdigkeiten der Stadt wurden zu dieser Wanderung kombiniert, die quer über die Landenge führt. Der Streckenverlauf kann kostenlos unter 🖥 www.aucklandcity.govt.nz runtergeladen werden und ist auch in der kostenlosen Karte *Explore Central Auckland* eingezeichnet, die überall in der Stadt erhältlich ist. Man kann bis kurz hinter den Maungakiekie wandern (12 km, 3 Std.) und dann von der Manukau Rd mit Bus Nr. 304, 305 oder 312 zurück in die Innenstadt fahren. Oder man wandert die gesamte Strecke und fährt dann mit dem Zug von Onehunga zurück.

North Shore Coastal Walk (23 km einfach). Kostenlose Broschüre in den Touristeninformationen. Das Südende des North Shore Coastal Walk (ein Teil des Fernwanderwegs Te Araroa, der von der Nord- zur Südspitze des Landes führt, s. Kasten S. 62) bildet der Fähranleger in Devonport. Der Weg führt am Navy Museum und in der Nähe des Maungauika vorbei und dann die Küste hinauf an mehreren hübschen Stränden mit Blick auf Rangitoto entlang. Wer mit der Fähre nach Devonport kommt, kann z. B. bis nach Takapuna (10 km, 2–3 Std.) spazieren und von dort mit dem Bus in die Stadt zurückfahren. Schön ist die Wanderung bei Ebbe, wenn man direkt am Wasser entlanglaufen kann.

Geführte Rundgänge

Auckland Walks, 📞 0800 300 100, 🖥 www.aucklandwalks.co.nz. Informative Führungen durch das Stadtzentrum (tgl. 10 Uhr, 2 Std., $35; Buchung notwendig) ab dem Harbour Information Centre im Ferry Building, 99 Quay St.

Tamaki Hikoi, 📞 0800 282 552, 🖥 www.tamakihikoi.co.nz. Die von Maori geführten Rundgänge stellen Auckland (Tamaki Makaurau) aus der Perspektive der Ngati Whatua vor. Zur Auswahl stehen eine Tour durch Pukekawa (Auckland Domain; 1 1/2 Std., $40), eine Führung durch die Maori-Abteilungen im Auckland Museum mit Kulturshow (3 Std., $95) und ein Besuch des Takaparawhau (Bastion Point; 1 Std., $40). Bei den Führungen werden viele Anekdoten erzählt, und man bekommt einen etwas anderen Blick auf die Geschichte der Stadt.

TIME Unlimited, 📞 0800 868 463, 🖥 www.newzealandtours.travel. Die von Maori geführte Stadttour erläutert die Bedeutung von bestimmten Plätzen in der Stadt für die Maori (ganzer Tag, $265). Das „Extra"-Paket ($295) beinhaltet zusätzlich eine Führung durch die Maori-Abteilungen im Auckland Museum und den Besuch der Maori Cultural Performance.

tationen und ausgestopften Vögeln in Vitrinen. Außer sehenswerten Ausstellungsstücken wie dem 3 m großen Riesen-Moa oder einem 800 kg schweren Ammoniten begegnet man auch Dinosauriern, erfährt so einiges über Vulkane und lernt in der Ausstellung **Maori Natural History** allerlei über das ganz spezielle, von westlichem Wissenschaftsdenken unbelastete Verhältnis der Maori zu ihrer Umwelt.

Auf diesem Stockwerk gibt es außerdem diverse interaktive Angebote und „Entdeckungsbereiche" für Kinder.

Obergeschoss

Die Ausstellung **Scars on the Heart**, die das ganze Obergeschoss einnimmt, geht der Frage nach, in welcher Weise Neuseelands nationale Identität durch Kriege mitgeprägt wurde. Die

Landkriege der 1860er-Jahre werden aus Sicht der Maori und der Pakeha beleuchtet. Auch der Erste Weltkrieg wird ausführlich abgehandelt, insbesondere die Schlacht von Gallipoli in der Türkei, bei der es durch Patzer der militärischen Führung zu einem Grabenkrieg mit verheerenden Verlusten für die australischen und neuseeländischen Truppen kam. Beeindruckendes Anschauungsmaterial und Militärmusik begleiten die Filmvorführung über die Pazifik-Feldzüge im Zweiten Weltkrieg und Vietnam.

Wintergardens und Fernz Fernery

Auckland Domain ▪ ⏱ Nov–März Mo–Sa 9–17.30, So 9–19.30 Uhr, April–Okt tgl. 9–16.30 Uhr ▪ Eintritt frei

Die vulkanische Quelle auf dem Gelände wurde von der Auckland Acclimatisation Society genutzt, um europäische Pflanzen zu ziehen und damit die rapide Europäisierung der neuseeländischen Landschaft voranzutreiben. Der Geist dieser Unternehmung lebt in den malerischen **Wintergardens** fort, einem formellen Fischteich zwischen zwei Gewächshäusern, einem mit gemäßigtem und einem mit tropischem Klima. Nebenan wurde eine ehemalige Schlackengrube in die **Fernz Fernery** verwandelt, ein grünes Mini-Tal mit über 100 verschiedenen Farnarten in trockenen, gemäßigten und feuchten Habitaten.

Östlich des Zentrums: Parnell und Newmarket

The Domain trennt das Zentrum vom wohlhabenden **Parnell**, einst das spirituelle Herz der Stadt. Wiederbelebt wurde es in den 1960er-Jahren durch den exzentrischen Träumer und Bauherren **Les Harvey**, der die heruntergekommenen Villen vor den Abrissbirnen der Stadtentwickler rettete. Bis in die 1980er-Jahre war Parnell der einzige Ort in Auckland, wo man samstags einkaufen konnte. Seinen Ruf für schicke Boutiquen und edle Restaurants hat Parnell verloren, aber die Kunstgalerien sind geblieben. Die Parnell Road führt an der **Kathedrale** vorbei Richtung Süden und wird später zum Broadway, der Hauptschlagader von **Newmarket**. Hier

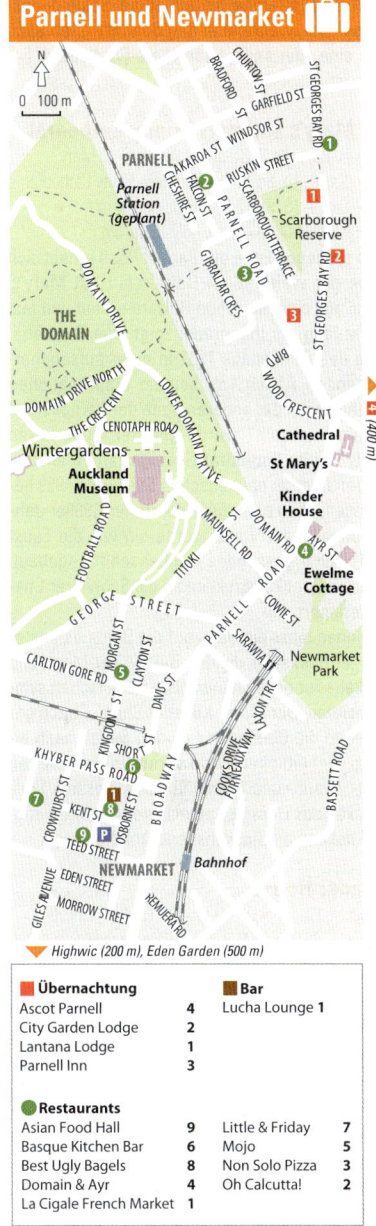

Parnell und Newmarket

Highwic (200 m), Eden Garden (500 m)

🟧 Übernachtung		🟧 Bar	
Ascot Parnell	4	Lucha Lounge	1
City Garden Lodge	2		
Lantana Lodge	1		
Parnell Inn	3		

🟢 Restaurants			
Asian Food Hall	9	Little & Friday	7
Basque Kitchen Bar	6	Mojo	5
Best Ugly Bagels	8	Non Solo Pizza	3
Domain & Ayr	4	Oh Calcutta!	2
La Cigale French Market	1		

gibt es zahlreiche mittelmäßige Bekleidungsgeschäfte, während in den Seitenstraßen auch die eine oder andere schickere Boutique zu finden ist.

St Mary's und Holy Trinity Cathedral

Parnell Rd, Ecke St Stephens Ave ▪ ⏱ St Mary's Mo–Sa 10–16, So 11–16 Uhr; Holy Trinity Cathedral Mo–Sa 10–16, So 12.30–16 Uhr ▪ Eintritt frei ▪ ☎ 09 303 9500, 🖥 www.holy-trinity.org.nz

Am südlichen Ende der Parnell Road erhebt sich eine der weltgrößten Holzkirchen, **St Mary's**, 1886 aus einheimischen Hölzern erbaut und fast 50 m lang. Im Innenraum zeigt eine Fotoserie, wie das Gotteshaus 1982 in einer aufsehenerregenden Aktion von seinem ursprünglichen Standort auf der anderen Seite der Parnell Road hierher „gerollt" wurde, um der moderneren **Holy Trinity Cathedral** Gesellschaft zu leisten. Deren Chor im neugotischen Stil wurde 1959 begonnen, blieb aber bis in die frühen 1990er-Jahre unvollendet. Dann wurde ein wie die Faust aufs Auge passendes Kirchenschiff angebaut, dessen Dachkonstruktion an ein Schweizer Chalet erinnert.

Innen lohnt ein Blick auf die Buntglasfenster an der Rückseite, die den Beitrag der Maori und Pakeha zur neuseeländischen Gesellschaft symbolisieren. Der Maori-Künstler Shane Cotton gestaltete die Glasfenster an den Seiten nach einem einheitlichen Farbkonzept in gedämpften Rot-, Braun- und Grüntönen. Das massive Taufbecken aus Gussglas stammt von der international bekannten Glaskünstlerin Ann Robinson.

Kinder House

2 Ayr St, Parnell ▪ ⏱ Mi–So 12–15 Uhr ▪ Eintritt frei ▪ ☎ 09 379 4008, 🖥 www.kinder.org.nz

Die gotischen Anklänge der nahen St Mary's Church zeugen vom Einfluss des bekannten neuseeländischen Kirchenbaumeisters Frederick Thatcher, der auch das **Kinder House** für den Rektor des neuen Gymnasiums entwarf. Den Posten bekleidete damals John Kinder, ein vollendeter Aquarellmaler und Dokumentarfotograf. Das Gebäude entstand aus roh behauenem Vulkangestein des nahen Maungawhau und beherbergt heute einige interessante Fotos sowie Reproduktionen von Kinders Gemälden.

Ewelme Cottage

14 Ayr St, Parnell ▪ ⏱ So 10.30–16.30 Uhr ▪ Eintritt $8,50 ▪ ☎ 09 524 5729, 🖥 www.historicplaces.org.nz

Einen Eindruck vom Leben der Pioniere in Neuseeland vermittelt das 1864 für einen Geistlichen mit dem wunderbaren Namen Vicesimus Lush errichtete **Ewelme Cottage**. Der Reiz des ganz aus Kauriholz erbauten Gebäudes liegt vor allem in der Einrichtung, die heute noch unverfälscht so zu bewundern ist, wie die Nachfahren von Lush sie bei ihrem Auszug 1968 zurückließen.

Highwic

40 Gillies Ave, Newmarket ▪ ⏱ Mi–So 10.30–16.30 Uhr ▪ Eintritt $10 ▪ ☎ 09 524 5729, 🖥 www.historicplaces.org.nz

Die Holzvilla **Highwic** im gotischen Stil wurde 1862 im Auftrag eines Auktionators und Gutsherrn als Stadtresidenz errichtet. Mit vertikalem Lattenwerk und Holzverzierungen unterscheidet sich das Haus deutlich von der übrigen neuseeländischen Architektur der Zeit. Das insgesamt eher bescheidene Anwesen umfasst diverse Nebengebäude sowie Dienstbotenquartiere und vermittelt einen guten Eindruck von den gegensätzlichen Lebensumständen jener Epoche.

Eden Garden

24 Omana Ave, Newmarket ▪ ⏱ tgl. Sep–April 9–16.30 Uhr, Mai–Aug 9–16 Uhr ▪ Eintritt $8 ▪ ☎ 09 638 8395, 🖥 www.edengarden.co.nz

Der in einem ehemaligen kleinen Steinbruch auf der Ostseite des Mount Eden gelegene **Eden Garden** hält jede Menge Abwechslung bereit: Das ganze Jahr über gibt es hier interessante Dinge zu entdecken, von Farnen, Tulpen, Rosen, Silberbaumgewächsen und einem kleinen Wasserfall bis hin zu Australasiens größter Kameliensammlung, die zwischen April und Oktober in Blüte stehen. Überall laden kleine Senken zum Verweilen ein, und wer möchte, kann sich im sehr guten Bloom Café stärken.

Tamaki Drive

Unmittelbar östlich der Innenstadt erstreckt sich Aucklands beliebte Uferzone mit dem **Tamaki Drive**, der sich über 8 km an den beliebtesten

Stadtstränden – **Mission Bay**, **Kohimarama** und **St Heliers** – sowie an **Kelly Tarlton's** und einigen Aussichtspunkten entlangschlängelt. Im Sommer wimmelt die Uferpromenade von Joggern und Radfahrern.

Kelly Tarlton's Sea Life Aquarium

23 Tamaki Drive, Okahu Bay, 6 km östlich des Zentrums ▪ ⊕ tgl. 9.30–17 Uhr ▪ Eintritt $36, ganztägig gültig; Rabatt auf alle Tickets bei Online-Buchung ▪ Tauchen mit Haien $165 inkl. Eintritt für Besucher mit Tauchschein, ohne Tauchschein $230; Haikäfig-Schnorcheln $95 inkl. Eintritt ▪ ✆ 0800 805 050, 💻 www.kellytarltons.co.nz ▪ Explorer Bus und Stadtbusse 710, 750 und 769 von der Haltestelle Tyler St beim Britomart halten am Eingang; kostenloser Tarlton's-Shuttlebus jeweils zur vollen Stunde (9.30–15.30 Uhr), Abfahrt gegenüber dem Ferry Building, 172 Quay St

Kelly Tarlton's Sea Life Aquarium wurde 1985 eröffnet und war eine Idee des neuseeländischen Tauchers, Schatzsuchers und Bergungsexperten Kelly Tarlton. Er baute einige riesige Wasserbecken um, aus denen zwischen 1910 und 1961 die Abwässer der Stadt mit der ablaufenden Flut in den Waitemata Harbour gespült wurden. Die damals noch revolutionären begehbaren Plexiglastunnel sind heute überall zu finden, aber es ist immer noch ein Erlebnis, auf dem Laufband durch zwei Wasserbecken zu gleiten, in denen sich farbenprächtige Rifffische, Aale und kleine Haie tummeln.

Wer den Meerestieren noch näher kommen möchte, kann eines der Tauchangebote wahrnehmen. In den Aquarien der Abteilung **Stingray Bay** gleiten Stachelrochen mit bis zu 2 m Spann weite durchs Wasser. Neuseeland ist außerdem die Heimat von sechs Pinguinarten, wobei die hier zu sehenden Esels- und Königspinguine sehr viel weiter südlich leben. Man kann die Vögel aus nächster Nähe in ihren eisigen Behausungen (in einem der alten Wasserbecken) sowohl über als auch unter Wasser beobachten.

Scott Base
Einen tieferen Einblick in die Welt der Antarktis erhält man in der **Scott Base**, wo die Aktivitäten der neuseeländischen Antarktisstation und des Antarctic Heritage Trust, der historische Hütten

konserviert, vorgestellt werden. Hier findet sich u. a. ein eindrucksvoller Nachbau der geräumigen Hütte, von der Robert Falcon Scott und seine Mannschaft zu ihrer tragischen Südpol-Expedition 1911–12 aufbrachen. Zu ihrer Einrichtung gehören Erinnerungsstücke an die Expedition und eine Druckerpresse, auf der alle paar Monate die *South Polar Times* gedruckt wurde.

Bastion Point

Von der grasbewachsenen Anhöhe **Bastion Point** (Takaparawhau) bieten sich wunderbare Ausblicke auf den Hauraki Gulf – ein tolles Plätzchen für ein Picknick. Gekrönt wird der Bastion Point durch den **M. J. Savage Memorial Park**. Das nüchterne Art-déco-Denkmal erinnert an den ersten Premierminister der Labour-Partei, der in den späten 1930er-Jahren den Wohlfahrtsstaat einführte. Der Bastion Point war in den 1970er-Jahren Austragungsort einer 17 Monate andauernden Auseinandersetzung zwischen der Polizei und den traditionellen Besitzern des Hügels, den Ngati Whatua, die gegen die Zersplitterung des Areals zu Bauzwecken protestierten. 1977 wurden die Landbesetzer schließlich „entfernt", aber ihr Aufstand ebnete den Weg für einen bedeutenden Wandel in der Haltung der Regierung: Innerhalb einer Dekade gab das Waitangi-Tribunal die Empfehlung, das Gebiet zurückzugeben.

Mission Bay, Kohimarama und St Heliers

Tamaki Drive, 7 km östlich des Zentrums

Die drei von Pohutukawa-Bäumen gesäumten Strände am Tamaki Drive eignen sich vor allem zwischen den Gezeiten zum Schwimmen. Gleich hinter dem Kajak- und Fahrradverleih Fergs (S. 170) erreicht man die **Mission Bay**, deren Strand zu den lohnendsten in Stadtnähe gehört. Hier gibt es normalerweise auch Verleihstationen für Kajaks und Stand-Up-Surfbretter. Direkt am Wasser erstreckt sich eine Grünanlage und daran angrenzend eine Auswahl an munteren Cafés und Restaurants. Bei Ebbe können sich Kinder auf dem **Marmorbrunnen** vergnügen. Hinter der Mission Bay befinden sich meist ruhigere Strände mit Cafés: **Kohimarama** (1 km weiter) und **St Heliers** (wiederum 1 km weiter).

Westlich des Zentrums

Die Vororte im Westen Aucklands entwickelten sich später als ihre östlichen Gegenstücke, vor allem wegen ihrer Entfernung zum Meer, das in früheren Zeiten praktisch der einzige Transportweg war. Ausnahmen waren der zentrumsnahe Vorort **Ponsonby** und **Herne Bay**. Sehenswürdigkeiten gibt es hier kaum, abgesehen von **Western Springs**, Ende des 19. Jhs. die wichtigste Wasserquelle für das aufblühende Auckland. Heute gibt es hier einen netten Park sowie in unmittelbarer Nachbarschaft den hervorragenden **Auckland Zoo** und das Museum of Transport and Technology, kurz **MOTAT** genannt.

Ponsonby

Ponsonby Road war lange Zeit der Inbegriff für Designerklamotten, Cafés und Restaurants zum Sehen und Gesehenwerden für die Anwohner, aber auch für die Bewohner der benachbarten Vororte **Grey Lynn** und **Herne Bay** (Hochburgen für schnieke Medienleute), wo die durchschnittlichen Preise für Immobilien bei fast $2 Mio. liegen. Heute ist dies das teuerste Viertel des Landes, und es ist kaum noch vorstellbar, dass die Mieten hier in 1960er-Jahren so günstig waren, dass viele eingewanderte Pazifikinsulaner zuzogen. In den 1970er-Jahren entwickelte sich Ponsonby zu einer Art Künstlerviertel, das zahlreiche Bohemiens und Künstler anzog.

Die Ponsonby Road selbst ist nicht wirklich schön, aber die Menschen sind es: Musiker, Medienleute und sonstiger, in der neuesten Mode ausstaffierter Jetset treffen sich hier zum Lunch oder zum Plaudern. Wem das alles zu abgehoben klingt, der sollte sich dennoch nicht abschrecken lassen. Ponsonby hat eine lebendige Ausstrahlung mit zahllosen Restaurants, die auch nicht teurer sind als anderswo in der Stadt, und die großen Namen neuseeländischer Modedesigner sind hier ebenfalls vertreten (S. 170).

MOTAT

805 Great North Rd, Western Springs, 5 km südwestlich des Zentrums ▪ ⏰ tgl. 10–17 Uhr ▪ Eintritt $16 ▪ 📞 0800 668 286, 🖥 www.motat.org.nz ▪ zahlreiche Busse, darunter Nr. 030 vom Britonmart

Das etwas heruntergekommene **Museum of Transport and Technology (MOTAT)** lädt zu einem Streifzug durch Neuseelands Verkehrs- und Industriegeschichte ein und bietet Unterhaltung für junge Besucher. Im Mittelpunkt der zahlreichen Schuppen und Hallen steht das restaurierte **Pumpenhaus** von Western Springs. Die gewaltige Balanciermaschine von 1877 beeindruckt gewöhnlich durch ihre majestätische Ruhe, außer wenn der Kesselraum angefeuert wird, was gelegentlich geschieht.

Wie es sich für ein solches Museum in einem Agrarland gehört, findet man hier auch eine eindrucksvolle Sammlung historischer Traktoren. Unter anderem ist hier der Traktor zu sehen, den Edmund Hillary 1958 auf seiner Expedition zum Südpol einsetzte. Außerdem gibt es einige wissenschaftlich orientierte Abteilungen mit Exponaten zum Ausprobieren, ein viktorianisches Dorf sowie einen Schuppen voller Straßenbahnwagen aus der Stadt von 1902 bis 1956.

Eine alte **Straßenbahn** aus Melbourne bringt Besucher (alle 10–30 Min., kostenlos) zur 1 km entfernten **Aviation Display Hall**, einem Hangar mit gewaltigen laminierten Holzbalken. Hier gibt es einige Highlights für Flugzeugfans, u. a. einen der wenigen erhaltenen Lancaster-Bomber aus dem Zweiten Weltkrieg, alte Schädlingsbekämpfungsflugzeuge und fragile Fluggeräte, mit denen einst Touristen zum Fox- und Franz-Josef-Gletscher gebracht wurden.

Auckland Zoo

Motions Rd, Western Springs, 5 km südwestlich des Zentrums ▪ ⏰ tgl. Sep–April 9.30–17.30, Mai–Aug 9.30–17 Uhr; Zeiten für Animal Encounters siehe Website ▪ Eintritt Erw. $28, Kinder $12; Animal Encounters kostenlos ▪ 📞 09 360 3805, 🖥 www.aucklandzoo.co.nz ▪ zu erreichen mit dem Explorer Bus und mit anderen Bussen wie der Nr. 030 vom Britonmart, der 200 m entfernt hält; am Zoo hält auch die Straßenbahn zwischen den beiden MOTAT-Stationen

Der **Auckland Zoo** ist eindeutig der beste Zoo Neuseelands und auf die Tierhaltung in naturnahen Habitaten und auf Nachzuchtprogramme spezialisiert. Die Tropenabteilung lädt zu einem Spaziergang zwischen künstlichen Affeninseln ein, und durch das frei zugängliche Wallaby-

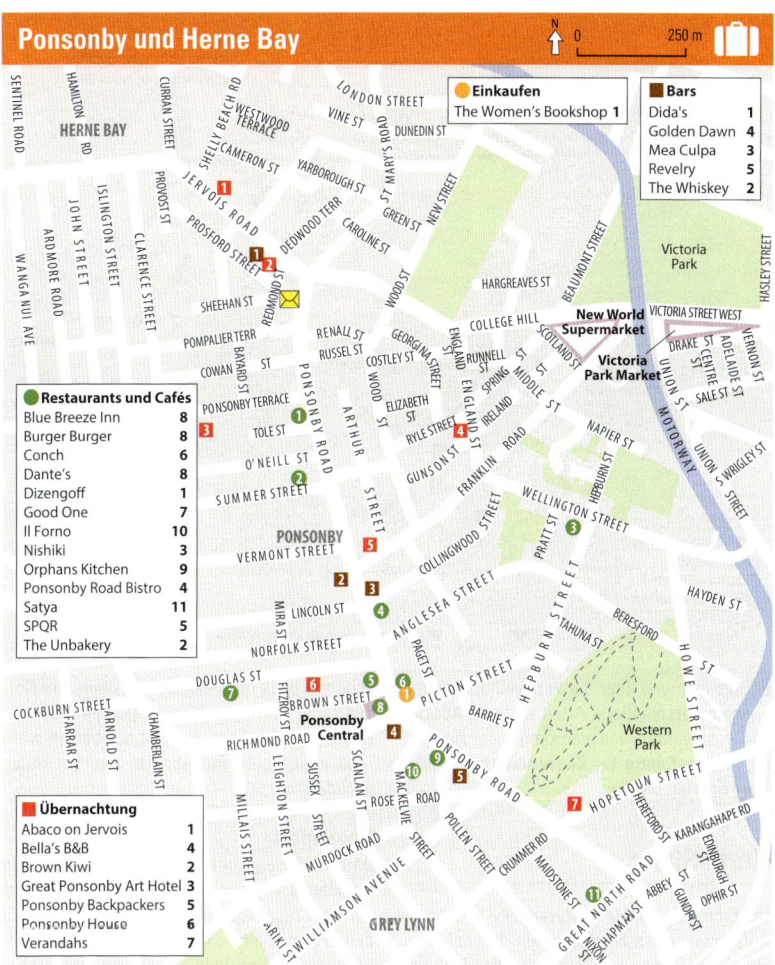

und Emu-Gehege gelangt man zum Areal der Tasmanischen Teufel. Die Anlage „Pridelands" ist mit Nilpferden, Nashörnern, Giraffen, Zebras und Gazellen bevölkert, die durch von Gräben umgebenes Savannengelände streifen.

Sechs neuseeländische Lebensräume (Küsten, Inselwelten, Feuchtgebiete, Wälder, Hochlandgebiete und eine Abteilung für nachtaktive Tiere) sind im **Te Wao Nui** zusammengefasst. Die gesamte Anlage ist wunderschön gestaltet, mit zahlreichen Skulpturen, Wasserspielen und cleveren Details. Besucher können die Tiere hier in einer Umgebung beobachten, die ihren natürlichen Lebensräumen entspricht: Kiwis werden zusammen mit *ruru* (neuseeländischen Eulen) und nachtaktiven Flachsschnecken präsentiert, Tuatara-Reptilien teilen sich eine Insel mit Skinks, Geckos und leuchtend grünen *kakariki* (Sittichen), und Pinguine leben in unmittelbarer Nachbarschaft mit Pelzrobben. Außerdem

AUCKLAND UND UMGEBUNG

Takapuna (5 km) ▲

Narrow Neck Beach (500 m)

Ngataringa Bay

Ngataringa Park

Alison Park

Ngataringa Park

LAKE ROAD

ARIHO TERRACE
EMPIRE ROAD
ALLENBY AVE

WAIRO RD
ASCOT AVE
GROVE RD
VAUXHALL RD
WAIROA RD
GRAHAME RD
CAMBRIA RD
DERBY ST
TAINUI ROAD
CAMBRIA RD

CHELTENHAM

BEACONSFIELD ST

North Shore Coastal Walk
Cheltenham Beach

ABBOTSFORD TERRACE
MOZELEY
VICTORIA AVENUE
OWENS ST
PATUONE AVE
ALBERT ROAD

WATERVIEW ROAD
TSCHENER PARADE
PATLIONE PLACE
EWEN ALISON AVE
HASTINGS STREET
SHOAL BAY
LEONARDS ST
HIGH ST

DEVONPORT
Takarunga (Mt Victoria) ▲

CHURCH ST
VAUXHALL ROAD
BURGESS RD
DOMAIN RD
AUBIN ST

OXFORD TER
ETON AVE
CAMBRIDGE TERR
CHELTENHAM ROAD
TAKARUNGA RD
MACKAY AVE
JUBILEE AVENUE

Gunbattery

Maungauika ▲

North Head Historic Reserve

RUSSEL ROAD
SUMMER ROAD
CAUTLEY RD
KIWI ROAD
ROSLYN TERRACE

CALLIOPE ROAD
HUIA ST
CLARENCE ST
ANNE ST
WYNARD ST
QUEEN'S PARADE
VICTORIA ROAD
BUCHANAN ST
FLAGSTAFF TERRACE
MAYS STREET
KING EDWARD PARADE

KERR ST
RATTRAY ST
TUDOR ST
DUDERS RD

Torpedo Bay

Navy Museum

Windsor Reserve

🛈

■ Übernachtung
Mahoe B&B   3
Parituhu Beachstay 2
Peace & Plenty Inn 1

● **Restaurants**
Bema Takeaways   1
Châteaubriant   1
Devo   4
Manuka   3
Monsoon   2

Fähre nach Auckland (2 km; 15 Min.) ▼

Fähre nach Waiheke (25 km; 40 Min.) ▼

---

erfährt man viel über die verzweifelten Bemühungen, verschiedene Arten vor dem Aussterben zu bewahren, und man kann sogar zuschauen, wie im **Centre for Conservation Medicine** Tiere operiert werden.

North Shore

Die Eröffnung der Hafenbrücke 1959 läutete den Aufschwung des **Nordufers** ein. Bis dahin bestand die Region nur aus einer Handvoll verstreut liegender Gemeinden, die durch Hafenfähren verbunden waren. Schon in den frühen 1970er-Jahren war die Brücke durch den regen Vorortverkehr ständig verstopft – bis eine japanische Firma beidseitig zwei neue Fahrbahnen anbaute (liebevoll „the Nippon Clip-ons" genannt). Die Brücke kann beim Auckland Bridge Climb (S. 168) aus nächster Nähe betrachtet werden.

Das friedliche Küstendorf **Devonport** am südlichen Ende einer langen Reihe ruhiger **Badestrände** bietet von seinen Vulkanspitzen einen

schönen Blick über den Hafen. Weiter im Norden lohnt ein Besuch von **Takapuna**, dessen Badestrand bei Ebbe und Flut nutzbar ist, während einige gute Restaurants zum Verweilen einladen.

Devonport

Das 1840 gegründete **Devonport**, einer von Aucklands ältesten Vororten, ist vom Zentrum mit einer zehnminütigen Fährfahrt erreichbar. Zu den Ersten, die hier ihr Lager aufschlugen, gehörte die Marine, bald gefolgt von wohlhabenden Kaufleuten, die prächtige Villen aus Kauri-Holz errichteten.

Devonports Anziehungskraft offenbart sich bei einem Spaziergang entlang der von Bäumen gesäumten Uferpromenade, beim Besteigen der Vulkane oder bei einer Wanderung über den **North Shore Coastal Walk** (s. Kasten S. 140), um sich dann mit leckerem Fish 'n' Chips am Cheltenham Beach zu sättigen, bevor man eines der in die Jahre gekommenen Kinos (S. 168) besucht.

Navy Museum

64 King Edward Parade, Torpedo Bay ▪ ⏲ tgl.
10–17 Uhr; kostenlose Führungen Sa und So 10.30
und 13.30 Uhr ▪ Eintritt frei ▪ ☎ 09 445 5186,
🖥 www.navymuseum.mil.nz

Ein netter 1 km langer Spaziergang führt vom
Zentrum in Devonport zu dieser ehemaligen
Meeresbergbaustation, wo die üblichen Kanonen, Medaillen und Marineuniformen zu sehen
sind. Dazu gibt es Wissenswertes über die Rolle
der neuseeländischen Marine bei der Schlacht
am Rio de la Plata im Zweiten Weltkrieg oder
über den Protest der HMNZS *Otago* gegen
die französischen Kernwaffentests am Muru-
roa-Atoll 1973. Besucher können morsen, und
Kinder dürfen Uniformen anprobieren. Vom Torpedo Bay Café bieten sich tolle Ausblicke übers
Wasser auf die Stadt.

North Head Historic Reserve

⏲ tgl. 6–22 Uhr, Fahrzeuge 6–20 Uhr ▪ Eintritt frei

Der grasbedeckte Vulkankegel **Maungauika**
(North Head) bewacht den Eingang zum Hafen
und bietet sich an sonnigen Nachmittagen und
ganz besonders bei Segelveranstaltungen als
herrlicher Aussichtsberg an. Für die Maori war
dies ein strategisch wichtiger Punkt, bevor der
junge neuseeländische Staat ihn in die Verte-
idigungsanlage seiner Küste einbezog. Als Folge der Bedrohung seitens Russlands zwischen
1884 und 1886 nach der Eröffnung des Hafens
von Wladiwostok verwandelte sich North Head
in Fort Cautley.

Die Festung wird inzwischen vom DOC verwaltet, und Besucher können die noch verbliebenen Reste besichtigen. Zwei kurze Filme,
die in den Gebäuden auf den Hügeln gezeigt
werden, informieren über ihre einstige Bedeutung. Anschließend kann man die Gegend auf
drei interessanten Rundwegen erkunden (je
15–30 Min.).

Takapuna

Anfahrt von Devonport mit Bus Nr. 813

Das Beste an **Takapuna**, 5 km nördlich von Davenport, ist sein breiter Strand mit goldgelbem
Sand. Hier kann man – und das ist eine Seltenheit an Aucklands Stränden – sogar bei Ebbe
gut schwimmen. Man hat einen ausgezeich-

neten Ausblick hinüber nach Rangitoto, es
gibt Campingmöglichkeiten am Wasser (S. 156)
und einige gute Restaurants (S. 164). Von Davenport führt der North Shore Coastal Walk (S. 140)
hierher.

Südlich des Zentrums

Unmittelbar südlich von Aucklands Zentrum verspricht der höchste Vulkan der Stadt, der **Maungawhau** (Mount Eden), eine überwältigende
Aussicht. Auf seinem benachbarten Zwilling,
dem **Maungakiekie** (One Tree Hill), sind einige
der besterhaltenen Überreste von Terrassen-
anlagen der Maori zu bewundern. Der Cornwall Park drum herum ist einer der schönsten der Stadt, und die nahe Kunstgalerie im
Pah Homestead bildet eine gute Ergänzung zur
Auckland Art Gallery.

Hinter Cornwall Park und Pah Homestead erstreckt sich **South Auckland**, das von den meisten Besuchern links liegen gelassen wird, obwohl fast alle von ihnen am Flughafen von
Mangere ankommen. Rund um das östliche
Ende des Manukau Harbour gelegen, ist dies
der ärmste Teil der Stadt. Aber diese Gegend ist
keine No-go-Zone und lohnt samstagvormittags
auf jeden Fall einen Besuch, denn dann bieten Aucklands polynesische Gemeinde und die
meisten anderen Immigranten-Communities ihre
Waren auf dem **Otara Market** feil. Noch weiter
südlich liegen die **Auckland Botanic Gardens**,
eine gute Gelegenheit für einen entspannten Zwischenstopp auf dem Weg aus der Stadt
hinaus.

Maungawhau (Mount Eden)

2 km südlich vom Zentrum

Mit seinen 196 m ist der **Maungawhau (Mount
Eden)** Aucklands höchster Vulkan. Er überragt
die umliegenden Vorortsiedlungen nur gering-
fügig, aber von dem Parkplatz am Gipfel bietet
sich ein weiter Rundumblick. Da es auf dem Gipfel stets ziemlich voll ist, sollte man ein Stück
den Kraterrand entlangspazieren, um den Ausblick mit etwas mehr Ruhe genießen zu können.
Auch der Coast to Coast Walkway (S. 140) führt
hier entlang.

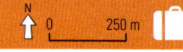
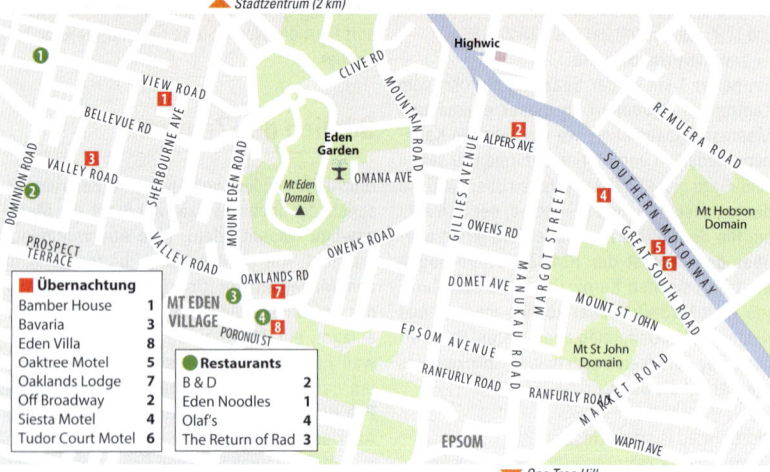

▲ Stadtzentrum (2 km)

Highwic

VIEW ROAD
CLIVE RD
MOUNTAIN ROAD
REMUERA ROAD
BELLEVUE RD
SHERBOURNE AVE
VALLEY ROAD
DOMINION ROAD
MOUNT EDEN ROAD
Eden Garden
ALPERS AVE
GILLIES AVENUE
SOUTHERN MOTORWAY
GREAT SOUTH ROAD

Mt Eden Domain
OMANA AVE
OWENS RD
MARGOT STREET
Mt Hobson Domain

PROSPECT TERRACE
VALLEY ROAD
OAKLANDS RD
OWENS ROAD
DOMET AVE
MANUKAU ROAD
MOUNT ST JOHN
MARKET ROAD

MT EDEN VILLAGE
PORONUI ST
EPSOM AVENUE
Mt St John Domain

RANFURLY ROAD
RANFURLY ROAD
WAPITI AVE

EPSOM

One Tree Hill ▼

Übernachtung

Bamber House	1
Bavaria	3
Eden Villa	8
Oaktree Motel	5
Oaklands Lodge	7
Off Broadway	2
Siesta Motel	4
Tudor Court Motel	6

Restaurants

B & D	2
Eden Noodles	1
Olaf's	4
The Return of Rad	3

One Tree Hill Domain

7 km südlich vom Zentrum ▪ ⏰ tgl. 7–23 Uhr ▪ Eintritt frei ▪ Zugang von der Manukau Rd, erreichbar mit Bus Nr. 305 ab Haltestelle 7055 vor dem Civic Theatre

Der 183 m hohe **Maungakiekie** (One Tree Hill) gehört zu den markantesten Wahrzeichen Aucklands. Er wird von einem 33 m hohen Granit-Obelisken gekrönt – einen Baum sucht man hier allerdings vergebens. Der Ausblick ist ähnlich gut wie auf dem Mount Eden, und die umliegende **One Tree Hill Domain** macht den One Tree Hill insgesamt zum lohnenderen Ziel.

Über ein Jahrhundert lang, bis kurz vor der Ankunft der Europäer, befand sich auf dem Maungakiekie (Berg der Kiekie-Pflanze) eines der größten Wehrdörfer des Landes mit schätzungsweise 4000 Bewohnern. Auf dem Hügel sind noch immer Spuren der umfangreichen Erdarbeiten zu erkennen – darunter verfallene Wohnhäuser und Gruben, in denen *kumara* eingemietet wurden. Als der schottische Arzt und „Vater von Auckland", Sir John Logan Campbell, die Stätte kaufte, war sie bereits verlassen. Campbell war einer von nur zwei Europäern, die zu dem Zeitpunkt, als Auckland seinen Hauptstadt-Status erhielt, in der Gegend ansässig waren.

Cornwall Park

An der Green Lane West, 7 km südlich vom Zentrum ▪ ⏰ tgl. 7 Uhr bis Sonnenuntergang ▪ Eintritt frei ▪ 🖥 www.cornwallpark.co.nz

Die One Tree Hill Domain wird zur Gänze vom **Cornwall Park** umschlossen. Diesen schenkte Sir John Logan Campbell einst den Bürgern von Neuseeland zur Erinnerung an den Besuch des Herzogs und der Herzogin von Cornwall 1901. Es gibt hübsch gestaltete Parkanlagen, doch große Teile des Parks werden landwirtschaftlich genutzt. Von seiner schönsten Seite präsentiert sich der Park um die Weihnachtszeit, wenn die Alleen aus Pohutukawa-Bäumen ihr üppiges rotes Blütenkleid zur Schau stellen.

Huia Lodge und Acacia Cottage

Eingang Green Lane Rd ▪ Huia Lodge ⏰ tgl. 10–16 Uhr, Acacia Cottage ⏰ tgl. 7 Uhr bis Sonnenuntergang ▪ Eintritt frei ▪ Huia Lodge 📞 09 630 8485

Die Einrichtungen im Cornwall Park gruppieren sich um die **Huia Lodge**, die Campbell als Haus für den Verwalter erbauen ließ. Heute beherbergt sie eine kleine Ausstellung mit Informationen über den Park und dessen Gründer. Außerdem ist hier ein **Visitor Centre** untergebracht; eine kostenlose Broschüre informiert über die archäologischen und vulkanischen Stätten auf dem Hügel.

Genau gegenüber der Huia Lodge liegt das **Acacia Cottage**, Campbells altes Wohnhaus und das älteste erhaltene Gebäude der Stadt. Es wurde 1841 aus Kauriholz erbaut und 1920 von der Innenstadt hierher verfrachtet. Die vier Zimmer im Innern des Hauses sind so eingerichtet, wie es in den 1840er-Jahren üblich war.

Pah Homestead und Wallace Arts Centre

72 Hillsborough Rd, 9 km südlich vom Zentrum ▪ ⏰ Di–Fr 10–15, Sa und So 10–17 Uhr ▪ Eintritt frei ▪ ☎ 09 639 2010 ▪ Bus Nr. 299 braucht 30 Min. ab Queen St neben dem Civic Theatre

Einer der besten Gründe für einen Abstecher in den Süden der Stadt ist das **Pah Homestead**, ein Wohngebäude im italienischen Stil auf einem kleinen Hügel, von dem aus man auf die eleganten Zedern und mächtigen großblättrigen Feigen im umliegenden **Monte Cecilia Park** blickt. Bei seiner Fertigstellung 1879 war es das größte Haus in Auckland und berühmt für verschwenderische Feste, die hier stattfanden. Das Gebäude, dessen Holzvertäfelungen und kunstvolles Bossenwerk noch originalgetreu erhalten geblieben sind, diente lange Zeit als Wohnheim.

Wallace Arts Centre

🖳 www.tsbbankwallaceartscentre.org.nz

Obwohl das Haus recht eindrucksvoll ist, rechtfertigt die Architektur des Pah Homestead allein keine Fahrt hierher. Das Innere aber schon, sind hier doch Stücke aus der 7000 Werke umfassenden **Sammlung des Wallace Arts Centre** ausgestellt, die der neuseeländische Agrarindustrielle James Wallace zusammengetragen hat. Mitte der 1960er-Jahre begann Wallace, Werke aufstrebender neuseeländischer Künstler zu sammeln, und er gab auch selbst welche in Auftrag. Das Ergebnis ist eine vielfältige Sammlung mit Werken von Künstlern wie Toss Woollaston, Philip Trusttum und Michael Parakowhai.

Die ausgestellten Werke wechseln ständig, aber besonders sehenswert ist die Galerie im September und Oktober, wenn die Werke der jährlichen Preisträger der Wallace Arts Awards ausgestellt werden. Das angeschlossene Pah

One Tree Hill

Sir John Logan Campbell liegt auf dem Gipfel begraben, wo einst ein einzelner Totara-Baum stand, dem der Hügel seinen englischen Namen verdankt. Er wurde 1852 von Siedlern gefällt. Campbell ließ mehrere Kiefern als Windschutz pflanzen, von denen jedoch nur ein einziges Exemplar bis zur Jahrtausendwende überlebte. Diese Kiefer wurde 1994 erstmals von einem Maori-Aktivisten als Rache für den Verlust des Totara-Baums mit einer Kettensäge attackiert. Ein neuerliches Kettensägemassaker 1999 besiegelte ihr Schicksal: Im Jahr darauf wurde der beschädigte Baum endgültig entfernt. Die Forderungen, einen neuen Baum zu pflanzen, sind in den letzten Jahren einer gewissen Resignation gewichen, und so wird der Hügel wohl solange ein baumloser „None Tree Hill" bleiben, bis die Streitigkeiten um den Vertrag von Watiangi mit dem ortsansässigen Stamm der Whatua beigelegt sind.

Café verfügt über eine Außenterrasse mit Blick auf den Skulpturengarten.

Otara Market

Otara Town Centre, 18 km südöstlich vom Zentrum ▪ ⏰ Sa 6–12 Uhr, der größte Andrang herrscht zwischen 8 und 11 Uhr ▪ 🖳 www.otarafleamarket. co.nz ▪ Autofahrer nehmen von der Süd-Autobahn die East Tamaki Rd (Exit 444). Die Busse Nr. 487 und 497 brauchen ab 55 Customs St East in Downtown rund 50 Min. bis hierher

Samstagmorgens breitet sich der **Otara Market** auf dem Parkplatz des Otara Town Centre aus. Er wird als der größte Maori- und polynesische Markt der Welt angepriesen. Doch er hat weitaus mehr zu bieten und spiegelt die ganze ethnische Vielfalt der Bevölkerung von South Auckland wider. Auch heute noch beeindruckt der Markt durch ein ausgeprägtes polynesisches Flair: Überall erklingen Reggae- und Pasifika-Rhythmen, und in der angrenzenden Gemeindehalle werden *kete* (Webkörbe), *tapa cloth* und Stoffe mit Blumenmustern im Inselstil angeboten. Maorischnitzereien zu zivilen Preisen finden sich neben Sikhs, die Goldschmuck verkaufen,

Koreanern, die DVDs anbieten, und Chinesen, die preiswertes Obst und Gemüse feilbieten.

Dazu gibt es günstige Getränke und **Speisen** im Überfluss: Kaffee und Backwaren, Würstchen, Ziegen-Curry, Schweinefleischtaschen, *whitebait*-Bratlingen und eine klassische Maori-Mahlzeit mit Schweinefleisch, Brunnenkresse, Kürbis und Brot.

Auckland Botanic Gardens

102 Hill Rd, Manurewa, 24 km südöstlich vom Zentrum ▪ ⏱ tgl. Okt–März 6–20, April–Sep 7–18 Uhr, Café tgl. 8–16 Uhr ▪ Eintritt frei ▪ 📞 09 267 1457, 🖵 www.aucklandbotanicgardens.co.nz
Wer mit dem Auto Richtung Süden unterwegs ist, kann nicht weit von der Autobahn eine Pause in den ausgedehnten **Auckland Botanic Gardens** einlegen. Bis zu ihrer Eröffnung 1982 wurde das Gelände landwirtschaftlich genutzt. Es gibt einen schönen Felsengarten, einen Garten für Kinder, eine tolle Abteilung mit afrikanischen Pflanzen und eine mit bedrohten neuseeländischen Arten. Einladende Picknickplätze und das Café Miko runden das Angebot ab.

ÜBERNACHTUNG

Dank der guten Shuttleverbindungen ins Stadtzentrum ist es nicht sinnvoll, am Flughafen zu übernachten. Es ist allerdings keine schlechte Idee, außerhalb des Zentrums eine Bleibe zu suchen, z. B. in **Ponsonby**, 2 km westlich, **Mount Eden**, 2 km südlich, **Parnell**, 2 km östlich und **Devonport**, nur eine kurze Fährfahrt über den Hafen. Hier ist es nicht nur ruhiger als im Stadtzentrum, auch mit Restaurants und Kneipen sind diese Vororte bestens versorgt, und mit den Outer- und Inner-Link-Bussen (S. 173) kommt man gut in die City. Die **Campingplätze** liegen weit außerhalb und sind angesichts der weiten Anfahrt in die Stadt nicht zu empfehlen, außer natürlich man ist man einem Wohnmobil unterwegs.
Von Dezember bis März sollten Unterkünfte frühzeitig gebucht werden. Zu anderen Zeiten entspannt sich die Lage etwas, und in den ruhigen Wintermonaten (Juni–Sep) hat man die Qual der Wahl und kann auf Nachfrage oft erhebliche Preisnachlässe erzielen. Insgesamt

sind die Preise in Auckland etwas höher als im restlichen Land.

Zentrum

Hier findet man internationale Hotelketten (mit entsprechend hohen Preisen, aber durchaus günstigen Wochenend- und Internetangeboten) neben Backpacker-Hostels, von denen viele über eigene Reisebüros verfügen. Die meisten Hostels in der Innenstadt sind recht beengt und beherbergen aufgrund der umliegenden Kneipen und Clubs vor allem feierfreudige Gäste. Bei fast allen Unterkünften muss man für einen Parkplatz extra zahlen.
Attic, 15-31 Wellesley St W, 📞 09 973 5887, 🖵 www.atticbackpackers.co.nz; Karte S. 135. Ein antiker Fahrstuhl bringt die Gäste hinauf in das freundliche, gut geführte Backpacker-Hostel mit 94 Betten, das sich auf einem 5-stöckigen Stadthotel befindet. Selbst die großen Dorms mit 10 und 12 Betten sind geräumig, während die kleineren gemischten und Frauen-Schlafsäle meist sogar Einzel-($34–36) statt Etagenbetten haben. Es gibt einen ruhigen Aufenthaltsraum und einen Außenbereich mit Grillplatz. Große Dorms $29, DZ $84
Base Auckland, 229 Queen St, 📞 0800 227 369, 🖵 www.stayatbase.com; Karte S. 135. Ordentlich gemanagtes Hostel mit 500 Betten in einem 10-stöckigen Bürohaus. Ausgestattet ist es mit einer Bar, großem Internetzentrum, Reisebüro, Jobzentrum, Wäscherei, Gepäckaufbewahrung und Chipkartenzugang zu den Etagen und Gemeinschaftsräumen. Geringer Aufpreis für die kleineren Dorms ($33) und DZ mit Bad und TV ($110). Dorms $30, DZ $90
Braemar on Parliament Street, 7 Parliament St, 📞 09 377 5463, 🖵 www.parliamentstreet.co.nz; Karte S. 135. Einladendes B&B in sehr zentral gelegenem Stadthaus von 1901 mit spätviktorianischem Flair. Zur Auswahl stehen eine große Suite ($350), ein kleineres Zimmer mit eigenem Bad und zwei Zimmer mit Gemeinschaftsbad – alle Badewannen stehen auf Klauenfüßen. Üppiges, nach individuellen Wünschen zubereitetes Frühstück, kostenloses Internet, Gästeparkplatz und jede Menge Umweltbewusstsein. Zimmer ohne Bad $225, mit Bad $250

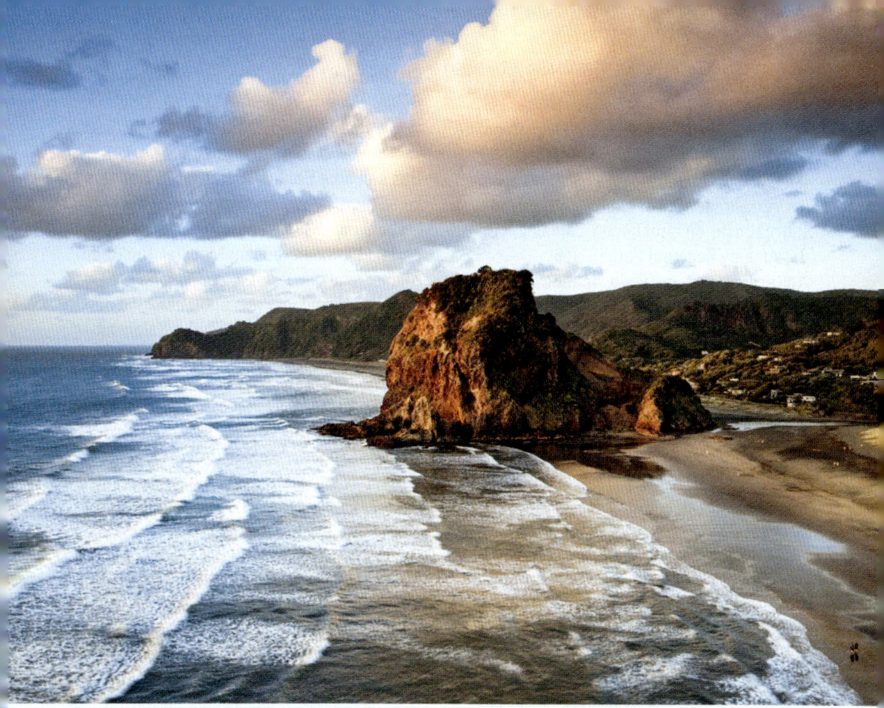
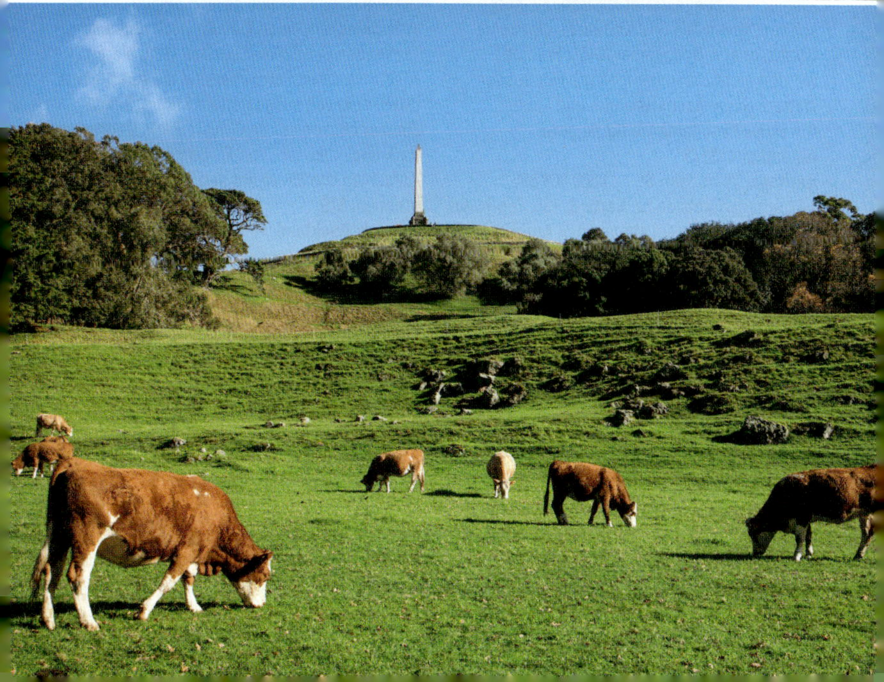

Campingplätze für die erste Nacht

Wer nach einem langen Flug in Flughafennähe einen Mietwagen oder ein Wohnmobil in Empfang nimmt, möchte sich vielleicht nicht gleich ins Verkehrsgewühl der Innenstadt stürzen. Der nächste ansprechende Campingplatz ist der **Ambury Regional Park** (S. 156).

Außerdem gibt es viele schöne **Campingplätze am Strand** nur ein oder zwei Stunden vom Flughafen entfernt, z. B. Miranda Holiday Park (S. 185), Rays Rest Camping Reserve (S. 185), Muriwai Motor Camp (S. 182), Orewa Beach Top 10 Holiday Park (S. 183), Wenderholm Regional Park (S. 184), Piha Domain Motor Camp (S. 180) und Shakespear Regional Park (S. 183).

Wer nur einen Standort für sein mit Toilette und Wassertank ausgestattetes Wohnmobil sucht, findet Infos dazu im Kasten auf S. 156.

City Lodge, 150 Vincent St, ☎ 0800 766 686, 🖳 www.citylodge.co.nz; Karte S. 135. Der vom YMCA betriebene Hotelturm ist voller Doppelzimmer, alle ausgestattet mit Bad, TV, Kühlschrank sowie Tee und Kaffee. Es gibt keine Dorms, aber 4-Bettzimmer ($165, Fremde werden nicht zusammengelegt). Gut ausgestattete Gemeinschaftsküche und Lounge. Attraktive Wochentarife für längere Aufenthalte. $115

Heritage, 35 Hobson St, ☎ 0800 368 888, 🖳 heritagehotels.co.nz; Karte S. 135. Top-Hotel, das zum Teil in einem ehemaligen Kaufhaus untergebracht ist. In den öffentlichen Bereichen fällt der Blick hier und da noch auf alte Dielen und Holzbalken. Das Haus ist erstklassig ausgestattet und bietet von vielen Zimmern Blick über den Hafen oder in das verglaste Restaurant im Atrium. Outdoor-Pool mit Aussicht auf die Stadt. $200

Hilton, Princes Wharf, 147 Quay St, ☎ 09 978 2000, 🖳 www.hilton.com; Karte S. 135. Fantastische Lage auf einem in den Hafen ragenden Pier. Die sehr geschmackvoll eingerichteten Zimmer haben alle Terrasse oder Balkon, aber es lohnt sich, die zusätzlichen $80 für eine schöne Aussicht hinzublättern.

Erstklassiges Restaurant und Cocktailbar Bellini. Valet-Parkservice $35/Tag. $350

🧳 **Hotel DeBrett**, 2 High St, ☎ 09 925 9000, 🖳 www.hoteldebrett.com; Karte S. 135. Das elegante Boutiquehotel mit 25 Zimmern kombiniert seinen Art-déco-Schick mit kräftigen Farben und zusammengewürfeltem, aber perfekt harmonierendem Mobiliar. Die Badezimmer sind umwerfend, *continental breakfast* und WLAN sind im Preis enthalten, und den Gästen steht ein ansprechender Salon mit Selbstbedienungsbar zur Verfügung. Zimmer $330, Suiten $440

Jucy Hotel, 62 Emily Place, ☎ 09 379 6633, 🖳 www.jucyhotel.com; Karte S. 135. Budget-Hotel mit angemessenem Preis-Leistungs-Verhältnis und erstaunlich ruhigen, grellbunt gestalteten Zimmern. Die Zimmer sind nicht gerade groß (und zum Teil recht düster), die mit Bad und TV ($99) sind deutlich netter. Kleine Gemeinschaftsküche und Aufenthaltsraum vorhanden. Parkplätze kosten $15/Tag. DZ $69

Kiwi International, 411 Queen St, ☎ 0800 100 411, 🖳 www.kiwihotel.co.nz; Karte S. 135. Weitläufiges Budget-Hotel mit 120 Zimmern. Die einfachsten haben gerade einmal ein Bett, Waschbecken, einen kleinen Tisch und einen Teekocher. Die Zimmer mit Bad ($99) bieten zusätzlich einen Fernseher und die Apartments ($169) eine voll ausgestattete Küche. Einige Zimmer blicken auf den Myers Park. Begrenzte Parkmöglichkeiten. Von Fr–So wird ein Aufschlag von $5–10 auf den Zimmerpreis erhoben. $79

Nomads Auckland, 16-22 Fort St, ☎ 0508 666 237, 🖳 www.nomadshostels.com; Karte S. 135. Schickes Hostel in einem umgebauten Bürogebäude mit Frauen-Dorms, Küche auf dem Dach und Grillplatz unter freiem Himmel. Dazu Whirlpool, Sauna, sehr brauchbarer Reisebüroschalter und die Fort Street Union Bar (mit preiswertem Essen für Gäste), in der es an den meisten Abenden hoch hergeht. Es gibt Dorms mit 6–12 Betten sowie 4-Bettzimmer mit Bad ($37). Dorms $25, DZ mit Bad $96

Nomads Fat Camel, 38 Fort St, ☎ 09 307 0181, 🖳 www.nomadshostels.com; Karte S. 135. Solides Downtown-Hostel mit gemischten und reinen Frauen-Dorms mit 6 oder 8 Betten (die

Dorms ohne Fenster gehören zu den preis-
wertesten der Stadt, $21), 2-Bettzimmern und
DZ, alle in kleinen Apartments angeordnet,
wobei jede Wohngruppe ihre eigene Küche,
Lounge und Duschen hat. Bar (mit sehr billigen
Mahlzeiten für Gäste) und Reisebüroschalter.
Dorms $24, DZ $72

The Quadrant, 10 Waterloo Quadrant,
✆ 09 984 6000, 🖥 www.thequadrant.
com; Karte S. 135. Die erfrischende 4-Sterne-
Herberge bietet die Eleganz eines Designer-
hotels zu erträglichen Preisen. Die meisten ihrer
270 Zimmer haben Balkone mit tollem Stadt-
und Hafenblick und eine kleine Küchenzeile,
manche sogar Wasch- und Spülmaschine.
Kleine, gemütliche Bar, ein Frühstücks- und
Mittagscafé, Wellnessbereich, Sauna, Fitnessraum und Gratis-WLAN. Studio $165, 1-Bett-
Apartment $180

Scenic Hotel, 380 Queen St, ✆ 09 374 1741,
🖥 www.scenichotelgroup.co.nz; Karte
S. 135. Gutes Mittelklassehotel mit glanzvoll
restaurierter Lobby im Art-déco-Stil. Viele
seiner 100 Zimmer bieten Aussicht auf die
Stadt und/oder voll ausgestattete Küchen.
Zum Angebot gehört auch ein kleiner Fitnessraum. $160

YHA Auckland City, 18 Liverpool St, ✆ 09
309 2802, 🖥 www.yha.co.nz; Karte S. 135.
Große, zentral gelegene Jugendherberge auf
7 Etagen, vorwiegend mit 2-Bettzimmern, DZ
und 4 BZ ($30) – toller Stadtblick aus den
oberen Geschossen – und gut ausgestatteten
Gemeinschaftsbereichen. Für YHA-Mitglieder
1 GB freies WLAN pro Tag. Keine eigenen
Parkplätze. Gemischte und nach Geschlechtern
getrennte Dorms $27, DZ $85

YHA Auckland International, 5 Turner St,
✆ 09 302 8200, 🖥 www.yha.co.nz; Karte
S. 135. Das 168-Bettenhaus ist die bessere der
beiden Jugendherbergen. Mit geräumigen,
nach Geschlechtern getrennten Dorms, 4-Bett-
zimmer ($35), DZ mit Bad ($108), prima Kücheneinrichtungen, TV-Lounge und separatem
Aufenthaltsraum für Ruhebedürftige, Reisebüro
und WLAN im ganzen Haus (für YHA-Mitglieder
1 GB pro Tag frei). Es gibt sogar ein paar
kostenlose Parkplätze; frühzeitig reservieren.
Dorms $28, DZ $94

Parnell

Parnell wartet mit guten B&Bs und Hostels auf,
liegt nahe beim Auckland Museum, bietet viele
Restaurants und Bars sowie gute Inner- und
Outer-Link-Busverbindungen.

Ascot Parnell, St Stephens Ave, ✆ 09 309 9012,
🖥 www.ascotparnell.com; Karte S. 141.
Ruhiges, komfortables B&B unter belgischer
Leitung in einem kleinen, modernen Apartment-
block mit zwei Mini-Suiten und einer geräumigen Harbour Suite. Die riesige Gäste-Lounge
mit Balkon bietet Aussicht auf Stadt und Hafen.
Dazu gibt es einen 12 m langen Pool, einen
gesicherten Parkplatz mit Lift, Gratis-WLAN,
Computernutzung und Abholung vom Flughafen
(gegen eine kleine Gebühr). Sehr empfehlenswert ist der köstliche Flämische Toast zum
Frühstück. Zimmer $225, Hafensuite $265

City Garden Lodge, 25 St George's Bay Rd,
✆ 09 302 0880, 🖥 www.citygardenlodge.co.nz;
Karte S. 141. Freundliche, gut geführte Backpacker-Herberge in einer großen Villa, die
ursprünglich für die Königin von Tonga gebaut
wurde. Außer geräumigen Dorms und ein paar
hübschen DZ gibt es Annehmlichkeiten wie
Wärmflaschen im Winter und sogar ein Yoga-
und Meditationszimmer (auf Wunsch auch
Unterricht). Dorms $28, DZ $72

Lantana Lodge, 60 St George's Bay Rd, ✆ 09
373 4546, 🖥 www.lantanalodge.co.nz; Karte
S. 141. Sauber, freundlich, und mit Platz für
höchstens 25 Gäste; mit kostenlosem WLAN
und heimeliger Atmosphäre. Gemischte
4-Bettzimmer kosten $31. Dorm $27, DZ $72

Parnell Inn, 320 Parnell Rd, ✆ 0800 472 763,
🖥 www.parnellinn.co.nz; Karte S. 141.
Schlichtes, kleines, Hotel direkt im Herzen
von Parnell. Relativ kleine Zimmer, einige auch
mit schöner Aussicht und Kochgelegenheit;
eigener Parkplatz. $105

Top 5: Zimmer mit Aussicht

- **Hilton** S. 152
- **The Quadrant** s. oben links
- **Ascot Parnell** s. oben
- **Peace and Plenty Inn** S. 155
- **Takapuna Beach Holiday Park** S. 156

Ponsonby und Herne Bay

Ponsonby liegt zwar nicht gerade in der Nähe der Hauptsehenswürdigkeiten, dafür gibt's die Ausgeh- und Einkaufsmeile Ponsonby Road, die auch der Inner-Link-Bus anfährt.

Abaco on Jervois, 59 Jervois Rd, ✆ 0800 220066, 🖥 www.abaco.co.nz; Karte S.145. Stylisches Motel mit zahlreichen privaten Parkplätzen, Gratis-WLAN, Sky TV und Klimaanlage in allen Zimmern. Auswahl an kompakten Studios, geräumigen Zimmern mit Kochgelegenheiten und Deluxe-Suiten ($195) mit Whirlpool-Badewannen. $135

🛄 **Bella's B&B**, 33 England St, Freeman's Bay, ✆ 09 378 8819, 🖥 www.bellasbed andbreakfast.co.nz; Karte S. 145. Glamourös eingerichtetes B&B, ideal gelegen für Ponsonby und das Stadtzentrum. Die tadellosen Zimmer, darunter die geräumige City Lights Suite ($295) mit Blick auf die Skyline, reihen sich hinter der prachtvollen Lounge, wo ein erlesenes Frühstück serviert wird. Es gibt sogar eine Bibliothek für Gäste, kostenloses WLAN und genügend Parkplätze. $225

Brown Kiwi, 7 Prosford St, ✆ 09 378 0191, 🖥www.brownkiwi.co.nz; Karte S. 145. Kleines Wohlfühl-Hostel in restaurierter viktorianischer Villa an einer ruhigen Straße in der Nähe der „Café-Zone" von Ponsonby. Gemütlicher Innenhof und winziger Garten. Tagsüber kaum Parkmöglichkeiten, aber gute Busverbindungen. Dorms $29–32, DZ $76

Great Ponsonby Art Hotel, 30 Ponsonby Terrace, ✆ 080 766 792, 🖥 www.greatpons. co.nz; Karte S. 145. Gastfreundliches Boutiquehotel in einer restaurierten Villa von 1898, die ansprechend mit pazifischer Kunst eingerichtet ist. Es gibt luxuriöse Zimmer und Studios für Selbstversorger ($265), alle mit Bad, Sky TV und Gratis-WLAN. Gutes Frühstück, das man aus einer kleinen Speisekarte selbst zusammenmenstellt. DZ $245

🛄 **Ponsonby Backpackers**, 2 Franklin Rd, ✆ 09 360 1311, 🖥 www.ponsonby-backpackers.co.nz; Karte S. 145. Gut geführtes Hostel in einer großen Villa und perfekt in einer Seitenstraße der Ponsonby Rd gelegen. Es gibt zwar die üblichen Hostelangebote und -einrichtungen, aber sie sind durchweg besser

als der Durchschnitt. 4 BZ und Frauen Dorms kosten $32. Dorms $29, DZ $74

🛄 **Ponsonby House**, 8 Douglas St, ✆ 09 361 1368, 🖥 www.ponsonbyhouse.co.nz; Karte S. 145. Bescheidenes, dennoch elegantes B&B in einer schönen alten Villa. In den 3 geräumigen und luftigen Zimmern Darjeeling, Jasmine und Earl Grey wird auch das Frühstück (frische Croissants, Bio-Jogurt usw.) serviert. Die liebenswerten Gastgeber freuen sich, wenn sie mit ihren Gästen plaudern können. Tolle Betten, kostenloses WLAN und Reinigung aller Gegenstände und Bäder mit biologisch abbaubaren und ungiftigen Produkten. $210

🛄 **Verandahs**, 6 Hopetoun St, ✆ 09 360 4180, 🖥 www.verandahs.co.nz; Karte S. 145. Einladende, wunderhübsch eingerichtete Backpacker-Herberge in zwei hochherrschaftlichen Villen (Baujahr 1905) mit Blick auf einen schattigen Park und nur einen Katzensprung vom regen Nachtleben der Ponsonby Rd und K' Rd. Das Hostel hat eine Auswahl an größeren Dorms ohne Etagenbetten, kleinen Dorms ($31) und Zimmern mit Bad ($96). Es gibt einige wenige Parkplätze, und statt TV wird Klavier- und Gitarrenmusik im Aufenthaltsraum bevorzugt. Dorms $29, DZ $79

Newmarket

Newmarket bietet die größte Auswahl an Motels; hier gibt es im Umkreis von 1 km mindestens neun. Sie liegen in der Nähe der Geschäfte von Newmarket, aber recht weit entfernt von den meisten Attraktionen und Stränden.

Oaktree Motel, 104 Great South Rd, ✆ 0800 625 8733, 🖥 www.oaktree.co.nz; Karte S. 148. Ziemlich nobles Motel mit hübsch modernisierten Studios, deren Küchenzeilen allerdings einfach sind, und Apartments mit 1 Schlafzimmer, teils auch mit Klimaanlage. Studios $120, Apartments $195

Off Broadway, 11 Alpers Ave, ✆ 0800 427 623, 🖥 www.offbroadway.co.nz; Karte S. 148. Die auf Geschäftsreisende ausgerichtete Unterkunft bietet Klimaanlage, schalldichte Studios mit Bad und mehrere Suiten mit Whirlpool-Badewannen. Überdachte Parkplätze, Fitnessraum und auf Wunsch Frühstück aufs Zimmer. Studios $127, Suiten $198

Siesta Motel, 70 Great South Rd, ☎ 0800 743 782, 🖥 www.siestamotel.co.nz; Karte S. 148. Nicht mehr taufrisches, aber recht anständiges Motel mit Studios und Units für Selbstversorger ($115), einige davon kürzlich renoviert, alle mit kostenlosem, aber begrenztem WLAN und Sky TV. Studios $105, Apartments $125

Tudor Court Motel, 108 Great South Rd, ☎ 0800 826 878, 🖥 www.tudor.co.nz; Karte S. 148. Das Motel vermietet kleine Hotelzimmer sowie etwas größere mit Küchenzeile ($129). Kostenloses WLAN und Sky TV. $119

Mount Eden

Der Vorort Mount Eden bietet vor allem Hostels und B&Bs. In der Nähe aller hier genannten Unterkünfte verkehrt der Outer-Link-Bus.

Bamber House, 22 View Rd, ☎ 09 623 4267, 🖥 www.bamberhouse.co.nz; Karte S. 148. Geräumiges und gut gemanagtes Hostel, dessen Zimmer sich in einem schnuckligen, zweistöckigen Kolonialhaus, einem hübschen modernen Gebäude und in mehreren Cabins ($90) mit Bad, Heißwasserbereiter und Kühlschrank befinden. Große Rasenfläche vor dem Haus, Gratis-WLAN, Film-, Spiele-, Pizza- und Poker-Abende. Dorms $26, DZ $72

Bavaria, 83 Valley Rd, ☎ 09 638 9641, 🖥 www.bavariabandbhotel.co.nz; Karte S. 148. Der quirlige neue Inhaber hat das B&B mit 11 Zimmern in einer ruhigen Vorortvilla frisch aufgepeppt. Die Zimmer sind luftig und groß, die extra großen Zimmer ($185) bieten Balkone mit Aussicht. Alle Zimmer ohne TV, um Gäste zur Benutzung des Gesellschaftszimmers (mit TV) anzuregen. Kostenloses WLAN und üppiges Frühstück. $145

Eden Villa, 16 Poronui St, ☎ 09 630 1165, 🖥 www.edenvilla.co.nz; Karte S. 148. In dieser herrlichen Villa voller Kunst und Antiquitäten fühlt man sich stets bestens betreut. Das Haus steht nur einen Steinwurf von den Geschäften Mt Edens entfernt in einer ruhigen Seitenstraße. Es gibt 3 Zimmer, von denen eins auf den sonnigen Garten blickt, in dem man bei gutem Wetter auch frühstückt. TV mit Sky gibt es im Aufenthaltsraum, kostenloses WLAN im ganzen Haus. $250

Oaklands Lodge, 5a Oaklands Rd, ☎ 09 638 6545, 🖥 www.oaklands.co.nz; Karte S. 148. Großes, zweistöckiges viktorianisches Haus nahe den Läden von Mount Eden. Hauptsächlich Dorms mit normalen Betten, 4 BZ ($27), gute Küche und diverse Aufenthaltsräume. In den geschäftigeren Monaten Film-, Pizza und Curry-Abende. Dorm $25, DZ $68

Kohimarama

Aarangi Motel, 1 Melanesia Rd, ☎ 09 521 2649, 🖥 www.aarangimotel.co.nz; Karte S. 132. Größter Pluspunkt dieses alternden, aber gepflegten Motels im Hazienda-Stil in einem ruhigen Viertel ist die Nähe zu einem schönen Strand und Café. Mehrere Units mit separatem Schlafzimmer und Kochnische, einige mit Balkon mit Blick auf den kleinen Garten. $190

Devonport

Devonport zeichnet sich durch eine dichte Ansammlung guter B&Bs aus und verfügt über einige recht gute Cafés. Eines der wirklich guten Restaurants der Stadt sucht man hier allerdings vergebens.

Mahoe B&B, 15b King Edward Parade, ☎ 09 445 1515, 🖥 www.mahoe.co.nz; Karte S. 146. Charmante Unterkunft im Herzen von Devonport, ein Stück vom Wasser entfernt, mit geschmackvoller Einrichtung. Entweder B&B im Haupthaus oder voll ausgestattetes, separates Selbstversorger-Apartment. Frühstück kostet $15 p. P. extra. Zimmer $170, Apartment $200

Parituhu Beachstay, 3 King Edward Parade, ☎ 09 445 6559, 🖥 www.parituhu.co.nz; Karte S. 146. Gay-freundliches, von Helen und Lindsay geführtes Budget-B&B im Herzen von Devonport mit Blick auf den Hafen. Nur ein Zimmer mit Bad, Zugang zum abgeschiedenen Garten, Frühstück. $155

Peace & Plenty Inn, 6 Flagstaff Terrace, ☎ 09 445 2925, 🖥 www.peaceandplenty.co.nz; Karte S. 146. B&B in einer prachtvollen Villa im viktorianischen Stil eingerichtet – mit viel Sinn für den Einsatz heimischer Produkte. Kauriholz-Dielen führen zu einer schönen Veranda, vorbei an umwerfenden Zimmern mit frischen Blumen, Sherry und Portwein für die Gäste. An Wochenenden wird Afternoon Tea ($45) angeboten. $310

Wohnmobil-Parkplätze

Der Auckland Council hilft Wohmobilfahrern, die möglichst viele Nächte außerhalb der offiziellen Campingplätze verbringen möchten, mit sogenannten SCC-Parkarealen. Wer mit einem autarken Caravan unterwegs ist, kann hier sein Fahrzeug für $6 pro Nacht abstellen. Einrichtungen gibt es keine. Im Sommer (Okt–Anfang April) darf man sein Fahrzeug nur für eine Nacht abstellen, im Winter auf einigen Plätzen auch 2–3 Nächte. Buchen und bezahlen kann man über 🖥 www.aucklandcouncil.govt.nz (nach SCC suchen), wo man überdies eine vollständige Liste aller Abstellplätze findet, darunter die meisten regionalen Parkplätze und einige reizvolle Orte in den Waitakere Ranges. Einige Möglichkeiten haben wir auch an den entsprechenden Stellen aufgeführt.

Camping

Innerhalb der Stadtgrenzen gibt es mehrere gut ausgestattete **Motor Camps**, die sich zur Übernachtung mit einem Wohnmobil eignen und oft günstige Cabins vermieten; wer kein eigenes Fahrzeug dabeihat, wird aber eine Menge Geld für Busfahrten los. Das schönste Plätzchen, um sein Zelt aufzuschlagen, ist Ambury.

Ambury Regional Park, Mangere, 6 km nördlich vom Flughafen, ☎ 09 366 2000; Karte S. 130. Einfache, ebene Stellplätze (ohne Strom) auf einer Weide mit Blick auf den Manukau Harbour. Schön für eine Erholungspause nach dem Flug. Der benachbarte Farmpark (mit Schweinen, Schafen, Kaninchen usw.) bietet Toiletten und Münz-Duschen. Im Winter vorher anrufen. Camping $13, Wohnmobil $6 pro Nacht

Auckland North Shore Motels and Holiday Park, 52 Northcote Rd, Northcote, ☎ 0508 909 090, 🖥 www.top1.co.nz; Karte S.132. Gut ausgestatteter Platz in der Nähe der Nordautobahn, nur 15 Fahrminuten vom Stadtzentrum. Mit Hallenbad, ausgedehntem Grillbereich und einer Reihe von Ferienwohnungen ($110) und Motel Units ($140). Bus Nr. 922 von der unteren Albert St in der City und weitere Busse halten in der Nähe. Stellplatz Zelt/Wohnmobil $40, Cabin $70

Takapuna Beach Holiday Park, 22 The Promenade, Takapuna, ☎ 09 489 7909, 🖥 www.takapunabeachholidaypark.co.nz; Karte S. 132. Kleiner, perfekt gelegener Caravan Park, der weder sehr gut ausgestattet noch besonders großzügig ist. Aber die Aussicht von den Stellplätzen am Ufer ($47) ist unschlagbar. Häufige Busverbindungen (Nr. 822, 839, 858, 879 usw.) ab unterer Albert St in der Innenstadt. Unbedingt vorher reservieren. Es kann sein, dass der Caravan Park bald geschlossen wird. Camping $42, Cabin mit Küche $72

ESSEN

Auckland ist mit Restaurants bestens versorgt, und das Gebotene ist im Allgemeinen von hoher Qualität. Viele Cafés verwandeln sich abends in Restaurants und am fortgeschrittenen Abend auch schon mal in Kneipen, in denen der Alkohol in Strömen fließt. Das Zentrum der Restaurantszene sind Britomart und Ponsonby, aber es gibt auch an vielen anderen Orten gute Lokale. Viele der hippen Neueröffnungen akzeptieren keine Reservierung, aber man kann die Wartezeit bis zum Freiwerden eines Tisches meist bei einem Drink verbringen.

Waterfront

An schönen Sommerabenden locken die Cafés, Restaurants und Bars an der Princes Wharf, am Viaduct Harbour und im Wynyard Quarter viele Gäste an. Manche Lokale hier sind pompös und unpersönlich, doch die besten (S. 157) bieten köstliches Essen zu traumhafter Aussicht auf den Jachthafen.

Grand Harbour, 18 Customs St West, ☎ 09 3576889, 🖥 www.grandharbour.co.nz; Karte S. 135. Edler als die meisten anderen chinesischen Lokale der Stadt und bei der chinesischen Bevölkerung der Stadt sehr beliebt, vor allem für mittägliche Geschäftsessen. Exzellentes *yum cha* (tgl. 11–15 Uhr). 🕐 tgl. 11–15 und 17.30–22 Uhr.

Jack Tar, North Wharf, Wynyard Quarter, ☎ 09 303 1002, 🖥 www.jacktar.co.nz; Karte S. 135. Toller Ort, um die Nachmittagssonne über den Fischerbooten zu genießen. Ein Bier und Calamares ($18) sind die perfekten Appetizer für

Pizzas ($24), Burger ($18–24) und Schweine-bauch in Hoisinsoße ($29). ⏱ Mo–Do 11.30–22, Fr–So 8–23 Uhr oder später.

Soul, Viaduct Harbour, ☎ 09 356 7249, 🖥 www.soulbar.co.nz; Karte S. 135. Das Kultlokal an der Uferpromenade serviert gehobene, moderne Bistroküche oder auch einfach nur ein Glas Wein; besonders gut schmeckt's auf der Terrasse. Es gibt klassischen *salt and pepper squid* (Tintenfisch; $20), und danach frittierten *hapuku* mit Cassoulet und Salsa Verde ($35). ⏱ tgl. 11–22 Uhr oder viel später.

Wildfire, Princes Wharf, ☎ 09 353 7595, 🖥 www.wildfirerestaurant.co.nz; Karte S. 135. Bombastisches brasilianisches Grillrestaurant mit Tischen am Wasser. Der ideal Ort für einen Caipirinha. Die Attraktion ist das Churrasco ($56), Appetithäppchen nach Tapas-Art, gefolgt von einer großen Auswahl an Fleisch und Seafood, die in Kräutern mariniert, über Manuka-Holzkohle gegrillt und am Tisch von den Grillspießen geschnitten werden. Wer früh kommt, kann die Tapas auslassen und sich gleich das Churrasco Special ($40) gönnen (12–15 Uhr). ⏱ tgl. 12–23 Uhr oder später.

Britomart Precinct
Den fehlenden Blick aufs Meer macht der Britomart Precinct durch seinen urbanen Chic wett. Hier findet man einige der besten Restaurants und edelsten Bars und bei Tag und Nacht reges Leben.

Better Burger, 31 Galway St, ☎ 09 303 2541, 🖥 www.betterburger.co.nz; Karte S. 135. Nichts Besonderes, aber eine Auswahl lecke-rer Burgor wic dcr Double-Cheesburger mit Pommes und einem Milchshake ($14,50). Bier darf man sich vom Britomart Country Club nebenan mitbringen. ⏱ tgl. 12–22 Uhr oder später.

Cassia, 5 Fort Lane, ☎ 09 379 9702, 🖥 www.cassiarestaurant.co.nz; Karte S.135. Currys sucht man hier vergeblich, dafür besinnt sich Küchenchef Sid Sahrawat auf seine Wurzeln und kreiert magische Gerichte aus frischen lokalen Zutaten, die er mit traditionellen indi-schen Gewürzen verfeinert. Köstlich die mit Fenchel gefüllte Brioche mit *chicken tikka* und *kachumber* (je $8), gefolgt von einer Lammhüfte

nach Kerala-Art mit Rettich, Rüben und Safran. ⏱ Mittagessen Mi–Fr 12–15, Abendessen Di–Sa 17.30–23 Uhr.

Ebisu, 116 Quay St, ☎ 09 300 5271, 🖥 www.ebisu.co.nz; Karte S. 135. Erstklassiges, tradi-tionelles japanisches *izakaya* kombiniert mit europäischen Kreationen ergeben einen fantastischen modernen Küchenstil. Besonders lecker sind die Hokkaido-Jakobsmuscheln mit *kumara*-Ingwerpüree und Shiitake-Pilzen ($25) oder das Schnapper-Sashimi mit Jalapeño-Salsa und Zitronen-*wafu*-Dressing ($25). Schönes Ziegeldekor in den Gemäuern der Union Fish Company. Reservierungen nur für das Mittagessen möglich. ⏱ Mo–Fr 12–22 oder später, Sa und So 17–22 Uhr oder später.

Ima, 57 Fort St, ☎ 09 300 7252, 🖥 www.imacuisine.co.nz; Karte S.135. Zwangloses israelisch-nahöstliches Café, in dem alle Ge-richte frisch zubereitet werden, z. B. die besten Falafel der Stadt ($16). Hervorragend ist auch das arabische Hähnchengericht *meschuan* ($30). ⏱ Mo–Fr 12–22, Sa und So Fr 17–22 Uhr oder später.

📖 **Imperial Lane**, 7 Fort Lane, ☎ 09 929 2703, 🖥 www.theimperiallane.co.nz; Karte S. 135. Café und Bar im Industriedesign; tagsüber Kaffee sowie tolle Sandwiches und Backwaren, abends Drinks und Hot Dogs wie *tijuana* gefüllt mit Guacamole, Chipotle und Jalapeños ($11). ⏱ Mo–Do 7.30–19, Fr 7.30–21, Sa und So 9–15 Uhr.

Mexico, 23 Britomart Place, ☎ 09 366 1759, 🖥 www.mexico.net.nz; Karte S.135. Kitschige mexikanische Einrichtung (Totenschädel, Stier-kampffotos und Frida Kahlo-Porträts) und fröhliche Atmosphäre. Mexikanische Speziali-täten werden neu interpretiert, darunter Tacos mit Huhn in *pipian*-Soße, kandierten *pepitas* und Zitronenconfit ($6); Ceviche mit krosser

Top 5: stilvolle Restaurants

■ **Bellota** S. 158
■ **The Depot** S. 159
■ **Orphan's** S. 163
■ **Ortolana** S. 158
■ **Ostro** S. 158

Schweineschwarte und Wassermelone ($16) und *mole quesedillas* mit Huhn ($15). Zum Abschluss kann man ein *agua fresca* mit Koriander und Limette ($4) süffeln oder sich für einen von 60 verschiedenen Tequilas entscheiden. Keine Reservierungen. ⊕ tgl. 12–22 Uhr oder später.

🧳 **Ortolana**, The Pavilions, 31 Tyler St, 📞 09 368 9487, 🖥 www.hipgroup.co.nz/ortolana.html; Karte S. 135. Wer auf schön angerichtete, feine Küche ohne Sperenzchen steht, ist im Ortolana am richtigen Ort. Frische Erzeugnisse von der eigenen Farm und von geprüften Lieferanten werden zu fantasievollen, italienisch angehauchten großen und kleinen Gerichten verarbeitet. Zu den Spezialitäten gehören Schweinefleisch mit *stracciatella* und *piadina* ($16) oder Lamm mit Linsen und Weintrauben in *labneh* ($25). Dazu werden gute, passende Weine angeboten. Nicht gerade billig, aber für ein Essen dieser Qualität völlig in Ordnung. Keine Reservierungen. ⊕ tgl. 7–23 Uhr.

Ostro, 52 Tyler St, 📞 09 280 3789, 🖥 www. seafarers.co.nz; Karte S. 135. Sexy Brasserie und Bar, wo das schnörkellose und dennoch erstklassige Essen fast noch von der spektakulären Lage – eine Seite ist komplett verglast und gibt den Blick auf die Docks und den Hafen frei – übertroffen wird. Ein Besuch lohnt sowohl für ein Menü, z. B. langsam gerösteter Schweinebauch mit karamellisierter Birne, Sellerie-remoulade, Salsa Verde und Schweinekruste ($38), als auch einfach nur für einen Cocktail ($16–18) mit Blick über Britomart. ⊕ tgl. 12–23 Uhr.

Stadtzentrum

Abseits vom Wasser speisen die Angestellten in billigen asiatischen Restaurants und Food Halls, während eine Reihe von Lokalen auch die feineren Geschmäcker und besser gefüllten Brieftaschen befriedigen. Ein kurzer Abschnitt der Federal Street am Fuß des Skytower wartet mit Toprestaurants auf, während einige der alten Werkstätten des Council an der Kreuzung von Wellesley und Nelson Street zum **City Works Depot**, 🖥 www.cityworksdepot.co.nz, umgewandelt wurden. Hier gibt es inmitten von Architektur- Design- und Medienbüros Cafés,

eine Bäckerei, eine Kaffeerösterei und einen Bagel Shop.

🧳 **Bellota**, 91 Federal St, 📞 09 363 6301, 🖥 www.bellota.co.nz; Karte S. 135. Fans des neuseeländischen Starkochs Peter Gordon drängen sich in den Sitznischen des Lokals im 70er-Jahre-Retroschick, um Gordons Fusionsversion der spanischen Tapas-Tradition zu kosten (je ca. $12). Der Name bedeutet „Eichel" und bezieht sich auf die *bellota*-gemästeten Schweine, die eine wichtige Rolle auf der Speisekarte spielen (es gibt aber auch vegetarische Alternativen). ⊕ tgl. 16.30–22.30 Uhr oder später.

Black Hoof, 12 Wyndham St, 📞 09 366 1271, 🖥 www.theblackhoof.co.nz; Karte S. 135. Getrocknete Schinken baumeln über der Bar dieser spanischen Taverne, in der sich ein paar Tapas und die besten Räucherschinken ($14–36 für eine Portion á 40 g) mit einem Glass Sherry als Snack anbieten. Zu krossen Calamares mit Reis, der in Tintenfisch-Tinte gegart ist oder zu gegrilltem Kronfleisch vom Rind mit gebratenem Blumenkohl und Oliven (beides $26) trinkt man am besten einen neuseeländischen oder spani schen Wein. Günstig ist das Mittagsmenü ($20) an Werktagen, das mit einem Glas Wein oder einem anderen Getränk daherkommt. ⊕ Mo–Do 11–22, Fr und Sa 11–23 Uhr.

Bombay Chinese, 370 Queen St, 🖥 www. bombaychinese.co.nz; Karte S. 135. Das Ambiente erinnert zwar an einen Food Court, aber das tut der Qualität der hervorragenden indisch-chinesischen Tellergerichte keinen Abbruch. Für $15 bekommt man riesige Portionen. Unbedingt probieren: Momos, „Chicken 65" mit Ingwer, Knoblauch, Chilis und Samosen oder, falls man sich traut, das superscharfe Death Valley Chicken ($16). ⊕ Mo–Fr 10–21, Sa und So 17–21 Uhr.

🧳 **The Botanist**, City Works Depot, 90 Wellesley St, 📞 09 308 9494, 🖥 www. botanist.co.nz; Karte S. 135. Die Kreativen aus den umliegenden Medien- und Designstudios treffen sich in diesem stylischen Betonbunker, dessen Grau nur durch geschwungene Sperrholzstühle und Blumen von benachbarten Floristen abgemildert wird. Gegessen wird am Gemeinschaftstisch oder an den Theken, wo man Kartoffel- und Cheddar-Waffeln mit Pilzen, Haloumi und blanchiertem grünen Gemüse ($19) oder Lammschulter mit Erbsenpesto und gebratenem Blumenkohl ($14) schlemmt. An manchen Abenden werden Snacks und dazu Qualitätsweine und Bier gereicht. ☉ Mo und Do 7–16, Mi–Fr 7–21 Uhr oder später, Sa und So 8–15 Uhr.

Chuffed, 43 High St, ☏ 09 367 6801, 🖥 www.chuffedcoffee.co.nz; Karte S. 135. Eine Oase für guten Kaffee (auch trendiger „Cold Brew Coffee" ist im Angebot), versteckt in einer unscheinbaren Seitengasse, aber mit schattiger Terrasse und einem Kamin im Freien. Hier genießt man Kleinigkeiten aus der Kühltheke wie hausgemachte *crumpets* (kreisförmige Hefekuchen) mit Erdbeermarmelade und Ricotta ($11) oder einen Salat mit geschmorter Entenkeule ($21). Mit Alkoholkonzession. ☉ Mo–Fr 7–17, Sa 9–17 Uhr.

The Depot, 86 Federal St, ☏ 09 363 7048, 🖥 www.eatatdepot.co.nz; Karte S.135. Die hippe Bar mit Restaurant im Industriechick wird von Starkoch Al Brown betrieben. Kellner mit Tellern voller frischer Austern schlängeln sich an den Bistrotischen vorbei; auf der Karte stehen z. B. in einem Teig mit Cumin ausgebackene Warehouse Tortillas ($18) oder Zitronenhuhn vom Holzkohlengrill mit einem Ragout aus weißen Bohnen ($30). Keine Reservierungen; man kann sich aber auf eine Liste setzen lassen und dann bei einem Sherry im Bellota warten. ☉ tgl. 7 bis ca. 23 Uhr.

Federal Delicatessen, 86 Federal St, ☏ 09 363 7184, 🖥 www.thefed.co.nz; Karte S. 135. Das Diner im Stil eines New Yorker Delis aus den 1950er-Jahren gehört ebenfalls dem Sternekoch Al Brown und kommt frech und selbstbewusst daher. Ob in den olivgrünen Sitzecken oder an der Theke, die Köstlichkeiten wie knusprige *latkes* (Kartoffelpuffer) mit Lachs ($18), getoastetes Reubens-Sandwich ($22) oder Kürbis-Pastete mit Pekannüssen ($10) schmecken in jedem Fall. Die Einheimischen empfinden das Fehlen von Espresso als ein wenig zu authentisch, aber der mit einem bodenlosen Siebfilter gebrühte Kaffee ($3,50) ist auch gut. Alkoholausschank, keine Reservierungen. ☉ tgl. 7–23 Uhr oder später.

Food Alley, 9 Albert St, ☏ 09 373 4917; Karte S. 135. Spartanische, preiswerte Food Hall – die beste in Auckland – mit einem Dutzend Imbissen, die vorwiegend Ostasiatisches brutzeln. ☉ tgl. 10–22 Uhr.

Mamak Malaysian, Chancery Square, 50 Kitchener St, ☏ 09 948 6479; Karte S. 135. Die unglaublich flockigen *roti* werden in diesem kleinen Schnellrestaurant frisch zubereitet. Berühmt ist das *roti*-Chicken Curry ($14.50), aber auch der *salt and pepper squid* ($10) oder das Seafood-*laksa* ($14) sind einen Versuch wert. Zu einem echten malaysischen Mahl gehört schließlich noch ein *teh tarik* (Tee mit Kondensmilch). Alkoholausschank und Gerichte zum Mitnehmen. ☉ Di–So 11.30–15 und 17–21.30 Uhr.

Mezze Bar, 9 Durham Lane East, ☏ 09 307 2029, 🖥 www.mezzebar.co.nz; Karte S. 135. Lässiges, in stimmungsvollen Sepia-Farben gehaltenes Café mit Restaurant und Bar. Vorwiegend spanische, marokkanische und nahöstliche Gerichte. Leckere Tapas und Mezze ($12–17), Hauptgerichte wie Lamm-Tajine ($30) oder Niçoise-Lachs vom Holzkohlengrill ($27). ☉ Mo–Do und So 7–22.30, Fr und Sa 7–23.30 Uhr.

Middle East Café, 23a Wellesley St West, ☏ 09 379 4843, 🖥 www.middleeastcafe.co.nz; Karte S. 135. Winziges, einfaches Lokal und Imbiss, in dem sich alles – abgesehen vom Essen – ums Kamel dreht; eine Institution in Auckland und zu Recht berühmt für seine *shawarma* (die arabische Kebab-Version) und Falafel ($10) mit cremiger Knoblauch-, würziger Tomaten- oder scharfer Chlll-Soße. Kein Alkoholausschank. ☉ Mo 11–15, Di–Fr 11–15 und 17–22, Sa 17–22, So 17–21 Uhr.

Misters, 12 Wyndham St, ☏ 09 379 9939, 🖥 www.misters.co; Karte S. 135. Großartiges kleines Lokal, in dem die Gerichte überwiegend laktose- und glutenfrei zubereitet werden. Frühstücks- und Mittagskarte mit wechselnden Gerichten wie Buchweizen-Pfannkuchen mit Blaubeeren und Kokosnuss-Jogurt ($10) oder Tabouleh mit Rind- oder Schweinehackbällchen ($14). Mo–Fr 7–15, Sa 8–15 Uhr.

No. 1 Pancake, 10 Wellesley St, Höhe Lorne St; Karte S. 135. Sehr günstiges kleines Lokal für koreanische Pfannkuchen mit köstlichen Füllungen wie Schweinefleisch, roten Bohnen, Huhn und Käse oder Zucker und Zimt für je $3–4,50. ⊙ Mo–Fr 10–19, Sa 11–18 Uhr.

Tanuki's Cave, 319b Queen St, ✆ 09 379 5151, 🖥 www.sakebars.co.nz; Karte S. 135. Exzellente Yakitori- und Sake-Bar im Kellergewölbe und ein eleganteres Restaurant eine Etage höher. Zum Sake oder japanischen Bier kann man hier diverse Köstlichkeiten wie Fleischspießchen (ca. $5 je Spieß), Oktopus-Bällchen ($8) oder ein *yakitori*-Set ($17) probieren. Oft voll, keine Reservierung. ⊙ tgl. 17–23.30 Uhr oder später.

Karangahape Road und Umgebung

In der Karangahape Road herrscht eine relaxte Atmosphäre, mit gemütlichen Cafés und einer Menge preiswerter exotischer Lokale, zu denen sich inzwischen eine Handvoll schickerer Restaurants gesellt hat.

Alleluya, St Kevin's Arcade, 179 K' Rd, ✆ 09 377 8482; Karte S. 135. Schicker Treffpunkt der K' Road-Szene mit Super-Aussicht auf die Stadt und guter, preiswerter Küche. Versteckt in einer hübschen Einkaufspassage aus den 1920er-Jahren. Frühstückstipp: feuriger Burrito ($15), *kedgeree* (Reis mit Fisch und Ei; $15) oder Kaffee und Kuchen. Mit Alkoholausschank. ⊙ Mo–Sa 8–17, So 9–15 Uhr.

Coco's Cantina, 376 K' Rd, ✆ 09 300 7582, 🖥 www.cocoscantina.co.nz; Karte S. 135. Flippiges und sehr beliebtes Restaurant mit großer schwuler Fangemeinde. Auf der kurzen, italienisch inspirierten Karte stehen Dinge wie Arancini-Risotto-Bällchen ($12) oder Steak mit Sardellenbutter und hausgemachten Pommes frites ($30). Die Straßentische sind besonders freitag- und samstagabends ideal, um das Publikum der K' Rd zu beobachten. Keine Reservierungen. ⊙ Di–Sa 17–24 Uhr.

Pok Pok, 261 K' Rd, ✆ 09 963 9987, 🖥 www.pokpokthai.co.nz; Karte S.135. Schön ist das Lokal nicht, aber die leckeren und preiswerten Gerichte sind besser als in den meisten anderen thailändischen Restaurants. Die Frühlingsrollen mit Ente ($8) sind kross und köstlich, die *tom yum*-Garnelen mit Galgant und

Zitronengrass ($20) zergehen auf der Zunge, während die schwarze Schokolade mit Chili-Mousse ($14) und der schwarze Klebereis mit Kokoseiscreme ($10) einfach nur köstlich sind. Alkoholausschank und BYO. Mo–Fr 11–14.30 und 17–22, Sa und So 17–22 Uhr oder später.

Rasoi, 211 K' Rd, ✆ 09 377 7780; Karte S. 135. Preiswertes vegetarisches Café mit südindischer Küche und leckeren indischen Süßigkeiten. *Dosas, uttappams* und *thalis* für $13–20, außerdem ein Maharajah-*thali* mit unbegrenztem Nachschlag für $27. ⊙ Mo–Sa 11–21 Uhr.

Sri Pinang, 356 K' Rd, ✆ 09 358 3886; Karte S. 135. Schlichtes malaiisches Restaurant – zur Einstimmung empfiehlt sich ein halbes Dutzend Saté-Hühnerspieße, danach vielleicht *beef rendang* (in Kokosmilch und Gewürzen geschmortes Rindfleisch) oder *clay pot chicken rice* (Huhn mit Reis aus dem Tontopf), dazu exzellentes Roti-Fladenbrot. Gerichte meist $15–24. Nur BYO, aber Wein und Bier werden im Laden auf der gegenüberliegenden Straßenseite verkauft. ⊙ Mo 17.30–22, Di–Fr 11–14.30 und 17.30–22, Sa 17.30–23 Uhr.

Parnell und Newmarket

Parnell und Newmarket sind sicher keine Orte für trendige Restaurants, aber beide bieten eine respektable Auswahl an guten Lokalen und zahlreiche mittelmäßige Konkurrenten.

Asian Food Hall, Newmarket Plaza, 11 Kent St, ✆ 09 529 1868; Karte S. 141. Ein kleines Stückchen Asien mit malaysischen, thailändischen, japanischen und chinesischen Lokalen, deren landestypischen Gerichte $10–17 kosten. Das Laksa House ist besonders empfehlenswert für seine *wat tan hor* (gebratene Bandnudeln, $12). ⊙ 10.30–21 Uhr.

Basque Kitchen Bar, 61 Davis Crescent, ✆ 09 523 1057 🖥 basque.co.nz; Karte S. 141. In dieser launigen Tapas-Bar kommen sämtliche Weine aus Spanien, und serviert werden z. B. Kroketten mit Serrano-Schinken und Manchego-Käse ($5) oder gegrillter Tintenfisch mit gerösteter Paprika ($14,50). Dazu kann man aus diversen Sherrys wählen ($10–20). ⊙ Mo–Sa 16.30–22 Uhr oder später.

Best Ugly Bagels, 3a Yorke St, Newmarket, ✆ 09 529 5993, 🖥 www.bestugly.co.nz; Karte

S. 141. Die coolste Ecke in den Zentren von Newmarket. Die Bagels nach Montrealer Art werden im Holzkohleofen gebacken und entweder drinnen oder draußen im Hof, der mit einem Kamin bestückt ist, serviert. Sehr gut am Morgen, wenn es Frühstücksbagels gibt; oder man entscheidet sich für Klassiker wie Bagels mit Rauchfleisch, Schweizer- und Habanero-Senf ($10) oder die mit Räucherlachs und Frischkäse ($14). ⊕ Mo–Fr 7–15, Sa und So 7–15 Uhr.

Domain & Air, 492 Parnell Rd, ✆ 09 379 2868; Karte S. 141. In dem modernen Café kann man sich am Gemeinschaftstisch niederlassen oder sich mit einer Zeitschrift ins Eckchen zurückziehen, um Fairtrade-Kaffee mit Biomilch zu trinken. Auf der Karte stehen Bio-Leckereien wie *huevos rancheros* ($16), *bubble and squeak* (Pfannengericht aus Gemüse und Kartoffeln, $18,50) und tolle Salate. ⊕ Mo–Fr 7–15, Sa und So 8–15 Uhr.

La Cigale French Market, 69 St George's Bay Rd, 🖥 www.lacigale.co.nz; Karte S. 141. Schön gekleidete Menschen strömen hier zusammen, um die köstlichen Kleinigkeiten zu probieren, sich mit Picknickzutaten einzudecken oder einfach nur einen Kaffee zu genießen. Hat mit die besten Backwaren in Auckland. ⊕ Sa 8–13.30, So 9–13.30 Uhr.

Little & Friday, 12 Melrose St, Newmarket, ✆ 09 524 8742, 🖥 www.littleandfriday.com; Karte S. 141. Nicht so cool, aber übersichtlicher als das Mutterhaus in Takapuna. Das Café mit Bäckerei in einer Ecke von Martha's, einem Warenhaus für Stoffe, serviert Pasteten, Sandwiches und Kuchen auf hübschen altmodischen Tellern. Unbedingt probieren: Rote-Beete-Quiche ($11) oder eine Birnen und Mandel-Tarte ($8). ⊕ Mo–Fr 8–15.30, Sa und So 9–16 Uhr.

Mojo, 110 Carlton Gore Rd, ✆ 09 524 9619, 🖥 www.mojocoffee.co.nz; Karte S. 141. Die alte Autowerkstatt ist in ein schickes, einladendes Café umgewandelt worden. Guter Kaffee und Muffins ergänzen das Angebot an Gerichten wie Eier mit Rinderhack auf Sauerteigbrot mit Rosmarin oder *piperade* (Eier nach baskischer Art mit Paprika und Tomaten; beide Gerichte je $17). Mo–Fr 7–16.30, Sa und So 8–16.30 Uhr.

Non Solo Pizza, 259 Parnell Rd, ✆ 09 379 5358, 🖥 www.nonsolopizza.co.nz; Karte S. 141. Wie der Name schon sagt, gibt es drinnen oder auf der netten Terrasse nicht nur tolle Pizza mit dünnem Knusperboden und klassisch italienischen Belägen, sondern auch Pastagerichte und diverse *secondi piatti* (Hauptgerichte) wie Entenconfit mit Bohnen und Chorizo ($35). ⊕ tgl. 12–22 Uhr oder später.

Oh Calcutta!, 151 Parnell Rd, ✆ 09 377 9090, 🖥 www.ohcalcutta.co.nz; Karte S. 141. Bronzefarbene Statuen der Gottheiten Shiva und Ganesh wachen über das Wohl der Gäste in diesem klassischen Curry-Restaurant, das die besten Rezepte des Subkontinents – z. B. Garnelenschnitzel nach Malabar-Art mit Koriander und Kokoscreme ($25) – besonders aromatisch zubereitet. Verschiedene *tiffin*-Mittagsmenüs mit drei Curry-Gerichten, Reis, Naan-Brot und Poppadom-Fladen für $25. ⊕ Mi–Fr 12–14, tgl. 17.30–22 Uhr.

Mount Eden und Dominion Road

Die Restaurantszene in Mt Eden wird ständig besser, und entlang der Dominion Road gibt's die dichteste Konzentration an billigen ostasiatischen Lokalen.

B & D, 296c Dominion Rd, ✆ 09 623 2123; Karte S. 148. Man sollte zu zweit herkommen, damit man die Riesenportionen in diesem billigen, freundlichen Restaurant schafft. Die Gerichte wie Nudelsuppen, Dumplings, grüne Bohnen mit Knoblauch und Schweinshack ($14) oder das scharfe Fischfilet ($18) werden mit kostenlosem Jasmintee serviert. Mittagsmenüs für $10 runden das Angebot ab. ⊕ Mo–Sa 9–22, So 9–21 Uhr.

Eden Noodles, 105 Dominion Rd, ✆ 09 630 1899; Karte S. 148. Spezialität dieses beliebten, aber atmosphärefreien Lokals sind handgezogene *dan dan*-Nudeln mit Sichuansoße und kross gebratenes Schweinefleisch. ⊕ Mo–Sa 11–21.30 Uhr.

Olaf's, 1 Stokes Rd, Mt Eden, ✆ 09 638 7593, 🖥 www.olafs.co.nz; Karte S. 148. Lässiges Café, das für seine superben Backwaren berühmt ist. Zu den Spezialitäten des Hauses zählen Rhabarber-*galette* (Bretonischer Buchweizenpfannkuchen) und Ingwerkuchen.

Dazu gibt's eine Reihe portugiesischer Gerichte wie *pastel de nata* und *barquinhos de coco* (alles unter $5). Ebenfalls lecker ist Stangenbaguette mit Backhähnchen ($13,50) oder das Reuben-Sandwich ($14,50). Auch ganze Brote erhältlich. ⏰ Mo und Di 6.30–18, Mi–Fr 6.30–23, Sa 7–23, So 7–17 Uhr.

The Return of Rad, 397 Mt Eden Rd, Mt Eden, ☎ 09 631 5218, 🖥 www.thereturnofrad.co.nz; Karte S. 148. Mit diesem großartigen kleinen Café hat die Hipster Coolnes nun auch in Mt Eden Einzug gehalten. Neben Cold-Drip Single-Origin-Kaffee gibt es exzellenten Espresso. Das smarte Personal laviert geschickt durch das spartanisch mit roten Ziegeln und nackten Glühbirnen ausgestattete Lokal und serviert Pilze mit Ziegenkäse und Trüffelöl ($17), Schweinefleisch *bánh mì* ($13) sowie frisch gepresste Säfte und Smoothies ($7). ⏰ Mo–Fr 6.30–16, Sa 7–16, So 8–16 Uhr.

Tamaki Drive: Okahu Bay und Mission Bay

Das kulinarische Angebot an Aucklands Strandmeile ist durchwachsen, die folgenden Lokale sind aber zuverlässig gut.

The Attic, Level 1, 55 Tamaki Drive, ☎ 09 521 0000, 🖥 www.theatticbar.co.nz; Karte S. 132. Verlässliches Lokal für ein Bier oder einen Cocktail, vor allem dann, wenn man einen Platz auf der Terrasse mit Blick über den Park und auf den Strand ergattert. Das Zapfbier ist etwas fade, aber dafür gibt es guten offenen Wein. Dazu schmecken Schweinerippchen in Jack Daniels BBQ-Soße ($29). ⏰ Mo–Do 16–23, Fr–So 12–23 Uhr oder später.

Café on Kohi, 237 Tamaki Drive, Kohimarama, ☎ 09 528 8335; Karte S. 132. Etwas formeller als andere Cafés am Tamaki Drive, dafür etwas teurer. Der Aufpreis lohnt aber, denn dafür gibt's die besten Caféspeisen in dieser Gegend und tolle Ausblicke über den Strand nach Rangitoto. Im angeschlossenen Store on Kohi, um die Ecke im selben Gebäude, werden tolle Backwaren, Eiscreme und Kaffee zum Mitnehmen an den Strand verkauft. ⏰ tgl. 7–16 Uhr.

Ponsonby

Stylebewusste Feinschmecker sollten sich nach Ponsonby auf den Weg machen, wo cooles Auftreten ebenso viel zählt wie kulinarische Raffinesse. Davon sollte man sich jedoch nicht einschüchtern lassen: Das Essen ist erstklassig und die heftige Konkurrenz sorgt für erschwingliche Preise. Es gibt jede Menge exzellenter Cafés, die laufend schließen und neu eröffnen, und deshalb haben wir ein paar eher unübliche oder versteckt liegende Lokalitäten ausgesucht. Der erste Anlaufpunkt sollte **Ponsonby Central**, 136 Ponsonby Rd, 🖥 www.ponsonbycentral.co.nz, sein, eine dichte Ansammlung von Cafés, Restaurants und Lebensmittelgeschäften, darunter auch eine Crêperie und Kaffeerösterei.

Blue Breeze Inn, 136 Ponsonby Rd, ☎ 09 360 0303, 🖥 www.thebluebreezeinn.co.nz; Karte S. 145. Hawaiianische Bar trifft auf moderne chinesische Küche. In diesem stets belebten Dauerbrenner bildet der Rumcocktail den perfekten Aperitif für Spezialitäten wie Riesengarnelen und Sesam-Dumplings ($12), Szechuan *wagyu*-Tartar ($20) und gebratene Ente mit Hoisinsoße ($30). ⏰ tgl. 12–22 Uhr oder später.

Burger Burger, Ponsonby Central, 136 Ponsonby Rd, ☎ 09 360 8030, 🖥 www.burgerburger.co.nz; Karte S. 145. Typischer Ponsonby-Imbiss, wo der Chickenburger mit *potato skins* und Aioli sowie einem herzhaften Bio-Milchshake oder sogar Champagner serviert wird. Köstlich. ⏰ tgl. 12–21 Uhr oder später.

Conch, 115a Ponsonby Rd, ☎ 09 360 1999, 🖥 www.conch.co.nz; Karte S. 145. Kultiger Vinyl-lastiger Plattenladen, der zunehmend zu einer coolen Café/Bar mutiert. Ideal für einen Kaffee zwischendurch. Oder man setzt sich in eine der Nischen und genießt ein venezolanisches Fladenbrot mit *carnitas* (mexikanisches Schweinefleisch) und Pickles oder eine der Holzofenpizzas ($24) mit einem Caipirinha. ⏰ Mi–So 10–22 Uhr.

Dante's, 136 Ponsonby Rd, ☎ 09 378 4443, 🖥 www.dantespizza.co.nz; Karte S. 145. Man gibt sich schlicht: zur Auswahl stehen nur 6 verschiedene Beläge auf der leckeren Holzofenpizza á la Neapolitana ($24) – man besitzt sogar ein Echtheitszertifikat aus Neapel. Verwendet werden nur absolut frische Zutaten. Weitere Gerichte sucht man vergebens auf der

Karte, und es gibt nur 3 Weine sowie Peroni vom Fass. ⏱ Tgl. 11–22 Uhr.

Dizengoff, 256 Ponsonby Rd, ☎ 09 360 0108; Karte S. 145. Munteres Frühstücks- und Mittagscafé, spezialisiert auf Bagels, jüdische Deli-Favoriten und leckeres gegrilltes Gemüse. Passable Preise, kein Alkoholausschank. ⏱ Mo–Fr 6.30–17, Sa und So 7–17 Uhr.

Good One, 42 Douglas St, ☎ 09 376 2784, 🖥 www.coffeesupreme.com; Karte S. 145. Hippes Café in einer Seitenstraße in einem alten Fabrikgebäude. Gut sind die Gourmet-Pasteten und leckeren Kuchen von Little & Friday, aber die Gäste kommen in erster Linie wegen des hervorragenden Kaffees. ⏱ Mo–Fr 7–15, Sa 8–15, So 9–15 Uhr.

🧳 **Il Forno**, 55 Mckelvie St; Karte S. 145. Ausgezeichnete Bäckerei mit Café; köstliche hausgemachte Kuchen und Gebäck, guter Kaffee, lecker belegte Sandwiches. Mittags Cannelloni, Lasagne und Hühnerschnitzel (10.30–13.30 Uhr; $10). ⏱ tgl. 7–16 Uhr.

Nishiki, 100 Wellington St, ☎ 09 376 7104, 🖥 www.nishiki.co.nz; Karte S. 145. Authentisches, lautes und stets gut besuchtes *izakaya* mit einer riesigen Auswahl an frisch zubereiteten Leckereien. Probieren: Schweinebauch-Spieße ($5), knuspriges *gyoza* ($7), Okra-*tempura* ($7) und Sushi nach Wahl. Mit Alkoholausschank und BYO. ⏱ Di–So 18–22.30 Uhr.

Orphans Kitchen, 118 Ponsonby Rd, ☎ 09 378 7979, 🖥 www.orphanskitchen.co.nz; Karte S. 145. Helles, erfrischendes und fantasievolles Restaurant, wo man nicht reservieren kann und an Gemeinschaftstischen speist. Es gibt gemischte Platten (ca. $26), die ein Gefühl für die Qualität der Gerichte vermitteln, aber dann verzichtet man auf Spezialitäten wie Räucherlachs mit Sellerie, schwarzem Reis, Äpfeln und Radieschen oder Wildkeule mit Kohlrüben, Guaven und Regenbogenmangold. Eine gut durchdachte Weinkarte sorgt für den passenden Tropfen. Wer es weniger abenteuerlich mag, sollte sich am Brunch versuchen. ⏱ Di 17–23, Mi–Sa 7–14 und 17–23, So 7–14 Uhr.

🧳 **Ponsonby Road Bistro**, 165 Ponsonby Rd, ☎ 09 360 1611, 🖥 www.ponsonbyroadbistro.co.nz; Karte S. 145. Die Kreidetafeln mit den aktuellen Tagesgerichten passen zum relaxten Flair dieses Restaurants. Einer Terrine aus Schweinfleisch und Wild mit Backpflaumen und eingelegtem Gemüse ($20) könnte ein gegrilltes Steak mit Pommes ($33) oder eine Pizza ($25) folgen. ⏱ Mo–Fr 12–24, Sa 17.30–24 Uhr.

🧳 **Satya**, 17 Great North Rd, ☎ 09 361 3612, 🖥 www.satya.co.nz; Karte S. 145. Das ausgezeichnete Lokal mit authentischer südindischer Küche bietet mehr als die üblichen Curry-Gerichte, z. B. *bhel puri* (knuspriges Snackgericht mit Puffreis, $8), gefolgt von *murg badami* (mariniertem Mandelhühnchen, $22). Alkoholausschank und BYO. Mittagsgerichte ab $10. ⏱ Mo–Sa 11.30–14.30 und 17.30–22, So 17.30–22 Uhr.

🧳 **SPQR**, 150 Ponsonby Rd, ☎ 09 360 1710, 🖥 www.spqrnz.co.nz; Karte S. 145. Das spärlich beleuchtete Restaurant mit Bar erfreut sich dank seines ausgezeichneten, italienisch angehauchten Essens großer Beliebtheit, besonders auch in der Schwulenszene. Die knusprigen Pizzas ($26) sind erstklassig, und auch der gebratene Schnapper an Safran-Limetten-Risotto ($36) oder das Kalbfleisch-Scallopine ($31) sind gut. Viele kommen aber auch auf einen Drink und um vielleicht die eine oder andere Größe aus dem Film- oder Musikgeschäft zu erspähen. Hervorragende Cocktails und zahlreiche offene Weine. ⏱ tgl. 12–23 Uhr oder viel später.

The Unbakery, 1a Summer St, ☎ 09 555 3278, 🖥 www.littlebirdorganics.co.nz; Karte S. 145. Hier wird nicht nur nicht gebacken, nein: in diesem ach-so-schicken Café wird auch das Frühstück und Mittagessen aus Bio-Rohkost bereitet. Wie wär's mit einem Mais-Taco mit scharf gewürzten mexikanischen Pilzen und gekochten schwarzen Bohnen ($18,50)? Dazu genießt man Kombucha in verschiedenen Geschmacksrichtungen oder kalt gebrauten Filterkaffe mit Eis bzw. Haselnussmilch. Außerdem leckere Kuchen an der Theke. ⏱ tgl. 7–16 Uhr.

Devonport

Bema Takeaways, 87 Vauxhall Rd, ☎ 09 445 4441; Karte S. 146. An einem lauen Abend gibt es kaum etwas Besseres, als am benachbarten Cheltenham Beach Fish 'n' Chips aus der Tüte oder einen ganz gewöhnlichen Burger zu verspeisen. ⊕ tgl. 12–21 Uhr.

Châteaubriant, 87a Vauxhall Rd, ✆ 09 445 002, 💻 www.chateaubriant.co.nz; Karte S. 146. Das kleine Stück Frankreich ist eine Mischung aus *boulangerie, charcuterie* und *fromagerie* in einer gekachelten ehemaligen Metzgerei. Mit sitzt an einem Gemeinschaftstisch und ver-speist ein belegtes Baguette ($8), eine Quiche Lorraine ($6,50) oder ein Éclair. Alternativ kann man auch Baguettes, Grillhähnchen, Käse oder Pasteten für ein Picknick am Strand kaufen. ⊕ Di–So 8–15.30 Uhr oder später.

Devo, 23 Wynyard St; Karte S. 146. Kleines, unscheinbares Lokal, das sich neben ein Eisen-warengeschäft quetscht. Es hat besten Espres-so, glutenfreie Muffins, beides zum Mitnehmen oder man setzt sich hin und genießt die Mor-gensonne. ⊕ Mo–Fr 5.45–13, Sa und So 7–14 Uhr.

Manuka, 49 Victoria Rd, ✆ 09 445 7732, 💻 www.manukarestaurant.co.nz; Karte S. 146. Gutes Restaurant, spezialisiert auf Pasta und Holzofenpizza (ca. $26). Serviert außerdem Speisen wie Caesar Salad mit Hühnchen ($20) und Kürbis-Feta-Ravioli ($22) sowie den ganzen Tag über Snacks und Salate, Kaffee und Kuchen. ⊕ tgl. 7–21 Uhr.

Monsoon, 71 Victoria Rd, ✆ 09 445 4263, 💻 www.monsoonthai.co.nz; Karte S. 146. Thailändisch-malaiisches Restaurant mit schmackhaften Gerichten wie z. B. Fisch oder Garnelen in roter Currysoße ($21). Mit Alko-holausschank und BYO. ⊕ tgl. 17–22 oder 23 Uhr.

Takapuna

Little & Friday, 43 Eversleigh Rd, Bel-mont, ✆ 09 489 8527, 💻 www.littleand friday.com; Karte S. 141. Der Weg zu diesem famosen Café, das sich in einem gesichtslosen Vorort-Einkaufzentrum breitgemacht hat, lohnt allemal. Pasteten, Torten, Gebäck und Kuchen sind einfach magisch. Abends beginnen die sogenannten *Afterhours*, und dann gibt es Pizza oder ein typisches Bistrogericht (beide wechseln tgl. und kosten $18–22, die aktuellen Gerichte stehen auf der Website). ⊕ Café tgl. 8–16, *Afterhours* Di–Sa 17–20 Uhr.

Madam Woo, 486 Lake Rd, 💻 www.madamwoo. co.nz; Karte S. 132. Aucklands neue Filiale dieses Lieblings war überfällig und sie versucht das Original mit seiner lebhaften Atmosphäre und der großen Auswahl an südostasiatisch inspirierten Speisen, für die man sterben möchte, nachzuahmen. Halb Auckland kommt wegen der berühmten *hawker rolls* (Straßen-händler-Brötchen) her. ⊕ tgl. 12–15 und 17.30–22 Uhr.

Takapuna Beach Café, 22 The Promenade, ✆ 09 484 0002, 💻 www.takapunabeachcafe. co.nz; Karte S. 132. Die hohen Preise sind gerechtfertigt, denn die Lage dieses etwas steifen Cafés in Rangitoto ist superb und die Qualität des Essens erstklassig. Lecker sind die Grünkern-Bratlinge mit geräuchertem Barsch, pochierten Eiern und Zitrus-Vinaigrette ($22), die Lammburger mit *labneh* und Pommes ($26). Im angeschlossenen Laden bekommt man Kaffee, Kuchen, Eis und mit die besten Fish 'n' Chips der Stadt zum Mitnehmen – perfekt für den Sonnenuntergang am Meer. ⊕ tgl. 7–18 Uhr oder später.

UNTERHALTUNG UND KULTUR

In Auckland, wo 1,5 Mio. Einwohner unterhalten werden wollen, ist eigentlich immer irgend-etwas los. Eine der besten Möglichkeiten, einheimische Musiker zu erleben, bieten die kostenlosen Sommerkonzerte, die von Jan–März zumeist freitag-, samstag- und sonntag-nachmittags unter dem Motto **Music in Parks**, 💻 musicinparks.co.nz, in The Domain und andernorts stattfinden. Die beste Informations-quelle für Veranstaltungen ist die Website des Radiosenders bFM, 💻 www.95bfm.co.nz, oder 💻 www.undertheradar.co.nz, wo es Links zum Ticketkauf gibt.

Schwule und Lesben

Auckland hat eine eher kleine, aber ziemlich progressive und aktive **Schwulen- und Lesben-szene**. Ihre Schwerpunkte sind die Mainstream-Partymeile vor Ponsonby und die K' Road, wo sich einige Striplokale zwischen die Schwulen-bars und -clubs mischen. Den besten Zugang zur Szene bietet das monatlich erscheinende,

In Auckland finden viele Festivals und alljährlich wiederkehrende Events statt. Im Folgenden einige der besten:

Anniversary Day. Riesige Segelregatta im Aucklander Waitemata Harbour. Letzter Montag im Januar.

International Buskers Festival, ⌨ www.aucklandbuskersfestival.co.nz. Straßenmusikanten aus aller Welt erobern die Stadt. Eintritt frei. Ende Januar.

Laneway Festival, ⌨ www.auckland.lanewayfestival.com. Eintägiges alternatives Musikfestival im Silo Park in Wynyard Quarter mit erstklassigen Bands aus Neuseeland und von Übersee. Letzter Montag im Januar.

Auckland Pride Festival, ⌨ www.aucklandpridefestival.org.nz. Highlight der Schwulenszene mit einer bombastischen Eröffnungsgala, dem eintägigen Big Gay Out Festival (⌨ www.biggayout.co.nz; 2. Sonntag im Februar) im Coyle Park, Point Chevalier, gleich westlich vom Zoo, schwulen Gartenbesuchen, der Pride Parade entlang der Ponsonby Road (3. Samstag im Februar) und einer großen Abschlussparty. 2016 fällt das Pride Festival mit den Asia Pacific Outgames in Auckland zusammen. Drei Wochen im Februar.

Auckland Arts Festival, ⌨ www.aucklandfestival.co.nz. Großes internationales Kulturfestival mit Veranstaltungen von Straßenkunst bis Ballett in der ganzen Stadt. Zwei Wochen Mitte März in jedem ungeraden Jahr.

Pasifika. Rauschende, zweitägige Feier der polynesischen und pazifischen Kultur (mit Musik, Essen und Kunsthandwerk) im Western Springs Park. Eintritt frei. 2. Wochenende im März.

Round the Bays Fun Run, ⌨ www.roundthebays.co.nz. Bis zu 70 000 Teilnehmer joggen 9 km weit auf dem Tamaki Drive. 2. oder 3. Sonntag im März.

Easter Show, ⌨ www.royaleastershow.co.nz. Familienunterhaltung im Kiwi-Stil mit Reitsportdarbietungen, Holzfäller-Show, Weinproben, Kunst- und Kunstgewerbeausstellungen, alles auf dem ASB-Messegelände in Greenlane. Osterwochenende.

International Comedy Festival, ⌨ www.comedyfestival.co.nz. Drei Wochen mit den besten Komikern aus Neuseeland und dem Rest der Welt. Anfang Mai.

Matariki, ⌨ www.matarikifestival.org.nz. Das Neujahr der Maori markiert den Aufgang von Matariki (den Plejaden) am Sternenhimmel und wird mit Musik, Theaterstücken und Ausstellungen überall in der Stadt begangen. Ganzer Juni.

Auckland International Film Festival, ⌨ www.nzff.co.nz. Die Auckland-Etappe der landesweiten Filmtour. Tickets $17. Ende Juli.

Art in the Dark, ⌨ www.artinthedark.co.nz. Mitte November wird der Western Park von Ponsonby zu einer Ausstellungsfläche für Lichtkunst-Installationen. Vier Tage Mitte November.

Christmas in the Park, ⌨ www.christmasinthepark.co.nz. Kostenlose Musik-Extravaganza für Familien in der Domain. Samstagabend Mitte Dezember.

Franklin Road Christmas Lights. Die Bewohner schmücken ihre Häuser mit ausgefallenen Lichterketten. 1.–24. Dezember. Eintritt frei.

kostenlose Magazin **exPress**, ⌨ www.gayexpress.co.nz, das in gay-freundlichen Geschäften, Cafés und Bars ausliegt. Eine gute Alternative ist der ebenfalls kostenlose Veranstaltungskalender von **Gaynz.com**, der schwul-lesbische Hotspots im ganzen Land abdeckt.

Bars, Kneipen und Clubs

Wie im übrigen Land sind die Übergänge zwischen Ess- und Trinklokalen oft fließend. Die nachfolgend aufgeführten Adressen konzentrieren sich in erster Linie aufs Trinken, obwohl selbst Kaschemmen neben Getränken auch billige Kneipenkost anbieten. Die Öffnungszeiten werden locker gehandhabt; viele Lokale schließen am Wochenende erst gegen 3 Uhr. Das Epizentrum der **Clubszene** ist momentan die Gegend um Britomart und Viaduct Harbour, wo Scharen junger Nachtschwärmer zwischen den Bars und Clubs hin und her driften. Sofern keine besonderen Veranstaltungen oder Konzerte anstehen, bieten die meisten Clubs in der ersten Wochenhälfte freien Eintritt; donnerstags kostet der Eintritt dann $5–10, freitags und samstags ab $10 aufwärts. Manche Pubs und Bars laden regelmäßig Live-Musiker ein, beschäftigen DJs oder bieten sonstige Unterhaltung.

In vielen Clubs ist eine Ecke als Bühne eingerichtet, wo nicht nur am Wochenende Topacts der neuseeländischen **Musikszene** oder sogar Bands aus Übersee auftreten. Zwar verirren sich nur wenige bekannte Musiker aus Nordamerika oder Europa nach Neuseeland, aber wenn, dann spielen sie in der Regel nur in Auckland und zwar meist in den größeren Konzerthallen.

Waterfront

Cowboy, 95 Customs St West, ☎ 09 377 7778; Karte S. 135. Bar im Pseudo-Wildweststil, deren Besuch darauf hinausläuft, ein paar Bourbons, Tequilas oder dergleichen zu kippen, sich einen Cowboyhut aufzusetzen und zu Musik aus den 1980er-Jahren abzutanzen. Klingt vielleicht etwas abschreckend, macht richtig Laune. ⊕ tgl. 12–24 Uhr oder später.

O'Hagan's, 103 Customs St West, ☎ 09 363 2106, 🖥 www.ohagans.co.nz; Karte S. 135. Pub im irischen Stil, der sich bis auf den Market Square erstreckt. Guinness, Kilkenny und englische Ales vom Fass; großes Speiseangebot (Hühnchen- oder Pilzpastete plus ein Bier $23), Sportereignisse auf einem Großbildschirm und an Wochenenden ab 23 Uhr Livemusik. ⊕ tgl. 8–22 Uhr oder später.

Britomart

1885 Britomart, 27 Galway St, ☎ 09 551 3100, 🖥 www.1885.co.nz; Karte S. 135. Seit ewigen Zeiten beliebte Martini-Bar und Club, wo fast immer ein oder zwei DJs für die Musik sorgen und die Barmixer ihre Cocktails zur Kunstform erheben. Um in die plüschige, exklusive Basement Bar im Untergeschoss zu gelangen, muss man ein Mitglied kennen. ⊕ Mi–Sa 17–3 Uhr.

Brew on Quay, 102 Quay St, ☎ 09 302 2085, 🖥 www.brewonquay.co.nz; Karte S. 135. Am besten sind die abgetrennten Sitzecken auf dem Dach dieses ehemaligen Hafenpolizeigebäudes. Craft-Bier ist hier der Hit. Das Angebot wechselt laufend, und für $22 kann man 5 verschiedene Sorten probieren. Daneben gibt es ein großes Sortiment an Wein, Whisky (sogar aus Japan, Indien und Neuseeland) und gute Kneipenkost (Mittagsgerichte um $10, sonst ab $20). An Wochenenden Livemusik. ⊕ tgl. 11–23 Uhr oder später.

Britomart Country Club, 31 Galway St, ☎ 09 303 2541, 🖥 www.britomartcountryclub.co.nz; Karte S. 135. Lebhafte Gartenbar, die zum 1885 Britomart gehört. Wenn es regnen sollte, werden Planen aufgespannt und die Bierpreise runtergesetzt. Den Nachmittag kann man mit Kaffee oder frischen Säften einleiten, bevor man zu einem thailändischen Punsch, der in Karaffen ($35) serviert wird, übergeht und sich dazu frittierte *kumara* (Pommes aus Süßkartoffeln), Calamares, Burger und Sandwiches ($8–16) gönnt. DJs an den meisten Abenden. ⊕ tgl. 12–24 Uhr.

Tyler St Garage, 120 Quay St, ☎ 09 300 5279, 🖥 www.tylerstreetgarage.co.nz; Karte S. 135. Stylishe, quirlige Bar mit großer Dachterrasse, auf der man mit Blick über die Kais Cocktails ($12–16) schlürfen kann. Dienstags Pizza zum halben Preis und am Wochenende Livemusik und DJs. ⊕ tgl. 11.30–23 Uhr oder später.

Xuxu, Galway St, Ecke Commerce St, ☎ 09 309 5529, 🖥 www.xuxu.co.nz; Karte S.135. Das Ganze nennt sich zwar Dumpling-Imbiss (das Garnelen-*har gao* und die Teigtaschen mit Hühnerfleisch sind einfach köstlich), ist aber eine exotische kleine Cocktailbar. Perfekt für einen Drink vor dem Abendessen oder einen Absacker am späten Abend. ⊕ Mo–Sa 15 Uhr bis frühmorgens.

Zentrum

Brothers Beer, 90 Wellesley St, ☎ 09 366 6100, 🖥 www.brothersbeer.co.nz; Karte S. 135. Lässiges Brauhaus im City Works Depot, aus dessen Zapfhähnen 18 verschiedene Biersorten fließen, darunter auch selbst gebraute Sorten. Ein Paddel mit 5 Biersorten zum Probieren ($20 für Brüder, $25 für alle anderen) bildet einen guten Anfang, und die Außentische eignen sich hervorragend zum Verspeisen einer der dünnen, krossen Pizzas. ⊕ Di und So 12–20, Mi–Sa 12–22 Uhr.

Globe, unter dem Hostel Base Auckland, 229 Queen St, ✆ 09 357 3980, ⌨ www.globe auckland.wordpress.com; Karte S. 135. Lange, schmale, laute und meist gut gefüllte Kneipe, in der sich vorzugsweise Rucksacktouristen volllaufen lassen. ⊕ tgl. 18 Uhr bis spät.

Sweat Shop Brew Kitchen, 7 Sale St, Freeman's Bay, ✆ 09 307 8148, ⌨ www.sweatshopbrew. co.nz; Karte S. 135. Große, offene Bar in einer ehemaligen Werkhalle (einst eine Kleiderfabrik, daher der Name). Die große Dachterrasse ist der ideale Ort für ein hausgebrautes Bier und eine Fleischplatte vom Grill. ⊕ tgl. 11.30–22 Uhr oder sehr viel länger.

Karangahape Road und Newton

Family Bar, 270 K' Rd, ✆ 09 309 0213, ⌨ www. facebook.com/FamilyBar; Karte S.135. Muntere Bar überwiegend für Schwule und Lesben, aber jeder ist willkommen, um tagsüber ein Bier zu trinken oder abends mehr zu erleben – Mi Karaoke, Do–Sa DJs und Fr und Sa ab 1 Uhr Travestieshows. ⊕ tgl. 9.30–4 Uhr.

Galbraith's Alehouse, 2 Mount Eden Rd, Newton ✆ 09 379 3557, ⌨ www.alehouse.co.nz; Karte S. 135. Aucklands „englischster" Pub mit einigen der besten nach englischer Art (im eigenen Haus) gebrauten Ales von Neuseeland sowie einigen weiteren Gebräuen aus Kleinbrauereien und rund 50 Flaschenbiersorten. Außerdem gute Auswahl an Kneipenkost wie gefüllte Jalapeños ($12), Burger mit Pommes ($18) und Ribeyesteak vom Holzkohlengrill ($25). ⊕ Di–Sa 12–23, So und Mo 12–22 Uhr.

Kings Arms, 59 France St, Newton, ✆ 09 373 3240, ⌨ www.kingsarms.co.nz; Karte S. 135. Beliebter Pub und Auftrittsort von Bands, die noch nicht bekannt genug sind, um größere Lokalitäten zu füllen. So nachmittags Blues. Eintritt gewöhnlich $10–20. ⊕ tgl. 12–23 Uhr oder später.

Ponsonby

🏛 **Dida's**, 54 Jervois Rd, ✆ 09 376 2813, ⌨ www.didas.co.nz; Karte S. 145. Erstklassige Tapas-Bar und Wein-Lounge mit einem schicken Publikum, das auf Ledersofas lümmelnd die fantastische Weinkarte studiert. Auch die kleinen Gerichte stehen dem in nichts nach: in Sherry geschmorter Schweinebauch ($14) oder *buñuelos* (frittierte Teigbällchen) mit Garnelen und Koriander ($9). ⊕ tgl. 12–24 Uhr.

Golden Dawn, 134 Ponsonby Rd, ✆ 09 376 9929, ⌨ www.goldendawn.co.nz; Karte S. 145. Um die nicht ausgeschilderte kleine Eckkneipe zu finden, folgt man entweder dem Lärm oder den coolen Leuten. Die Musik (manchmal live) ist immer gut und ideal, um es sich mit einem Glas Bier oder Wein im schäbigen Innenhof gemütlich zu machen. Es gibt eine kleine, aber durchdachte Speisekarte, oder man isst woanders und kommt wieder, wenn die Stimmung steigt. ⊕ Di–Do 16 Uhr bis früher Morgen, Fr–So 15 Uhr bis früher Morgen.

Mea Culpa, 175 Ponsonby Rd, ✆ 09 376 4460; Karte S. 145. Schnuckelige kleine Bar mit schmiedeeisernen Stühlen draußen auf einem türkischen Teppich. ⊕ Mo–Do 17–1, Fr 17–3, Sa 18–3 Uhr.

Revelry, 106 Ponsonby Rd, ✆ 09 376 8663, ⌨ www.revelry.co.nz; Karte S. 145. Ob draußen auf der Terrasse oder drinnen, die Atmosphäre in diesem unprätentiösen und dennoch ansprechenden Lokal, das den Kolonialstil des alten Shanghai wiederspiegelt, ist stets ausgelassen. Ob Bier, Wein oder die Speisekarte, alles ist gut, aber der eigentliche Renner sind die Cocktails; besonders empfehlenswert ist der Smokin' Tommy auf Tequila-Basis. ⊕ Mo–Do 16–23, Fr und Sa 12–3, So 12–22 Uhr oder später.

The Whiskey, 210 Ponsonby Rd, ✆ 09 361 2666; Karte S. 145. Elegante Bar, die an einen Altherrenclub erinnert – man sitzt auf braunen Ledersofas. An den weiß getünchten Backsteinwänden hängen tolle Fotos von Little Richard, den New York Dolls, Jimi Hendrix u. a. Sehr gute Cocktails ($17–20). ⊕ tgl. 17–3 Uhr.

Newmarket

Lucha Lounge, 1 York St, ✆ 09 524 6001, ⌨ www.luchalounge.co.nz; Karte S. 141.

Winzige, dunkle Bar im Look einer Lounge der 1960er-Jahre und mexikanischen *lucha-libre*-Ringern als Deko-Thema. Skurril, aber es funktioniert. Mexikanische Getränke wie Tecate- und Bohemia-Bier oder Passionsfrucht-Chili-Margarita ($15) passen gut hierher. Am Wochenende spielen laute Bands. ☉ Di–Fr 17 Uhr bis spät, Sa 18 Uhr bis spät.

Klassische Musik, Theater und Comedy

Aucklands Theater-, Klassik- und Comedy-Szene bietet selten Weltbewegendes, aber sie ist relativ rege; fast jeden Abend hat man die Wahl zwischen mehreren Theaterstücken, Comedy, Tanz und Oper.

Aotea Centre, Aotea Square, Queen St, ✆ 09 309 2677, 🖳 www.auchklandlive.co.nz. Neuseelands erstes Opernhaus und Heimatbühne des New Zealand Ballet.

Civic Theatre, Queen St, Ecke Wellesley St, ✆ 09 309 2677, 🖳 www.auchklandlive.co.nz. Sehr schönes Theater, das schon um seiner selbst willen einen Besuch lohnt. Im Juli findet hier das International Film Festival statt, außer dem Musicalaufführungen und Auftritte von Künstlern auf Tournee.

The Classic, 321 Queen St, ✆ 09 373 4321, 🖳 www.comedy.co.nz. Bar und Comedy-Bühne mit Auftritten einheimischer Topkünstler und auswärtiger Comedians auf Tournee. Vorstellungen Mo–Sa, die besten Shows sind die am Wochenende. $25 für den Haupt-Act, $15 für die regelmäßigen Darbietungen Fr/Sa um 22.30 Uhr.

Maidment Theatre, Princess St, Ecke Alfred St, ✆ 09 308 2383, 🖳 www.maidment.auckland.ac.nz. Zwei Universitätstheater – im größeren kommen klassische Stücke zur Aufführung, im kleineren Studio geht es gewagter zu. Hauptbühne der Auckland Theatre Company, 🖳 www.atc.co.nz.

Q, 305 Queen St, ✆ 09 309 9771, 🖳 www.qtheatre.co.nz. Aucklands neueste Bühne, offen für alles – von modernem Maori-Tanz bis zu Avantgarde-Theater und Varietévorstellungen.

Kinos

Academy, 44 Lorne St, ✆ 09 373 2761, 🖳 www.academycinemas.co.nz. Programmkino mit zwei Vorführräumen im Gebäude der Stadtbibliothek.

An Wochentagen vor 17 Uhr und mittwochs ganztägig Eintritt $5.

Rialto, 167 Broadway, Newmarket, ✆ 09 369 2417, 🖳 www.rialto.co.nz. Nettes Kino mit 7 Leinwänden, das auber Mainstream-Produktionen auch abgedrehtere Kinokost zeigt. Ermäßigte Tickets vor 17 Uhr.

Silo Cinema, 🖳 www.silopark.co.nz/silo-park/cinema. Kostenloses Freiluftkino auf der Hauptplaza im Wynyard Quarter. ☉ Dez–März Fr um 21 Uhr, Markstände und Bar ab 17 Uhr.

The Vic, 48 Victoria Rd, Devonport, ✆ 09 446 0100, 🖳 www.thevic.co.nz. Neuseelands ältestes Kino (erbaut 1912) wurde wiederbelebt und zeigt nun aktuelle, aber auch künstlerische Filme. Tickets kosten $14 (Di $11) oder $17 inkl. einer Rückfahrt mit der Fullers-Fähre. Lohnt einen abendlichen Abstecher nach Devonport.

AKTIVITÄTEN UND TOUREN

Die Gewässer der Stadt spielen eine so wichtige Rolle, dass man unbedingt auch auf den Hafen hinausschippern sollte, z. B. bei einer Fährfahrt zu einer der Inseln im Hauraki Gulf (S. 186), bei einer **Kreuzfahrt**, einer **Delphin- und Wal-Safari** oder einer **Seekajaktour**. Außerdem kann man über die Harbour Bridge klettern oder sie mit einem **Bungee-Sprung** bezwingen.

Weitere Aktivitäten in der Nähe in den Kästen auf S. 178 und S. 181.

Auckland Bridge Climb und Bungy

Auckland Bridge Climb, ✆ 0800 286 4958, 🖳 www.aucklandbridgeclimb.co.nz. Diese Touren (3x tgl., $120) bieten Besuchern die Chance, die fantastische Aussicht vom höchsten Punkt über dem Waitemata Harbour (ca. 65 m) zu genießen. 90 Minuten lang (3x tgl., $125) wandert man, mit einem Sicherheitsgurt ans Drahtseil angeleint, über stählerne Laufstege, während die Führer etwas über die technischen Einzelheiten der Brückenkonstruktion erzählen. Höhepunkt ist ein Aussichtspunkt über der Stadt 65 m über dem Waitemata Harbour. Kostenlose Transfers vom Voyager Maritime Museum. Kombiticket mit Bridge Climb und Bungy Jumping $230.

Auckland Bridge Bungy, ℘ 0800 286 4958, 🖳 www.bungy.co.nz. Für Adrenalinjunkies: ein Sprung aus 40 m Höhe, mit Wasserberührung (5x tgl., $160). Kostenlose Transfers vom Voyager Maritime Museum, und zum Angeben gibt's hinterher ein T-Shirt.

Bootstouren

America's Cup Sailing, ℘ 0800 397 567, 🖳 www.exploregroup.co.nz. Am Viaduct Harbour kann man sich auf den alten America's-Cup-Jachten *NZL41* (kam 1995 beim Cup in Japan zum Einsatz) und *NZL68* (neuseeländisches Versuchsboot 2007) als Crewmitglied betätigen. $160 für 2 Std. oder $195 für die Teilnahme an einem 3-stündigen Rennen mit beiden Booten.

Auckland Harbour Cruise, ℘ 09 367 9111, 🖳 www.fullers.co.nz. Fullers bietet eine 2-stündige Hafenrundfahrt (tgl. 10.30 und 13.30 Uhr, $40) an, die vom Ferry Building ablegt und kurze Abstecher zur Harbour Bridge und nach Rangitoto Island umfasst. Wer will, kann auf Rangitoto bleiben und mit einem späteren Schiff zurückfahren; es ist auch eine Fährrückfahrt nach Devonport im Ticket enthalten.

Explore Sailing, ℘ 0800 397 567, 🖳 www. exploregroup.co.nz. Geruhsame Segeltörns (ganzjährig 15.15 Uhr, Nov–März auch 13 Uhr, 1 1/2 Std., $75), Dinner Cruise (Abfahrt 18 Uhr, 2 1/2 Std., $120) und Segeltörn um Waiheke Island mit Rückfahrt per Fähre (Dez–März tgl., Abfahrt 9 Uhr, 3 Std., $85).

Delphin- und Wal-Touren

Whale & Dolphin Safari, Viaduct Harbour, ℘ 0508 365 744 (DOLPHINS), 🖳 www.awads. co.nz. Das ganze Jahr über sind im Hauraki Gulf jede Menge Delphine und Große Tümmler anzutreffen, die im Winter und Frühjahr oft große Schulen bilden; in dieser Zeit nehmen auch die Sichtungen von Bryde- und Schwertwalen (Orcas) zu. Die ebenso informativen wie unterhaltsamen Touren (tgl., 4 1/2 Std., $160) werden mit einem 20 m langen Katamaran durchgeführt. Delphine, die man fast mit Sicherheit zu Gesicht bekommt, sind häufig anhand von Tölpeln auszumachen, die sich auf der Jagd nach Fischen spektakulär ins Meer stürzen.

Wer keinen Meeressäuger sieht, darf ein zweites Mal umsonst mitfahren.

Kajaktouren mit und ohne Angeln

Auckland Sea Kayaks, ℘ 0800 999 089, 🖳 www.aucklandseakayaks.co.nz. Tolle geführte Kajaktouren, u. a. ein einfacher Trip zur Browns Island (4 Std., $135), eine längere Tour nach Rangitoto mit Wanderung zum Gipfel (7 Std., $165), eine Rangitoto-Abendtour mit Blick auf den Sonnenuntergang vom Gipfel und ausgezeichnetem Essen unterwegs (7 Std., $185) sowie verschiedene Touren mit Übernachtung, u. a. mit Camping auf Motuihe Island, wo Kleine Fleckenkiwis leben ($365).

Fergs Kayaks, 12 Tamaki Drive, Okahu Bay, ℘ 09 529 2230, 🖳 www.fergskayaks.co.nz. Der Veranstalter bietet z. B. geführte Touren über den Waitemata Harbour zur 7 km entfernten Rangitoto Island mit Gipfelbesteigung (Start Mo–Fr um 9.30 und 17.30, Sa und So um 9.30 und 16 Uhr, hin und zurück 6 Std., $140; die spätere Abfahrt beinhaltet eine Paddeletappe im Mondlicht oder mit Stirnlampe). Wem das zu weit ist, kann eine 3-km-Paddeltour nach Devonport mit Aufstieg auf den North Head (Abfahrt 9.30 Uhr, 3 Std., $100) unternehmen. Wer lieber auf eigene Faust unterwegs ist, kann sich bei Fergs auch ein Boot ausleihen (Einer-Seekajaks $25/Std., $60/halber Tag; Zweier-Seekajaks $50/Std., $120/halber Tag). Sit-on-Top-Kajaks sind etwas preiswerter. Fahrten nach Rangitoto und Devonport sind mit den Leihkajaks normalerweise nicht erlaubt.

Radfahren

Eine Radtour durch Aucklands hügelige Landschaft kann zur strapaziösen und frustrierenden Erfahrung werden, die durch die mangelnde Rücksichtnahme der Autofahrer nicht erfreulicher wird. Ein paar Gegenden sind jedoch ganz gut per Drahtesel zu erkunden, vor allem der über 10 km lang am Meer verlaufende Tamaki Drive östlich des Zentrums.

Leihräder

Adventure Capital, 23 Commerce St, ℘ 09 3370633, 🖳 www.adventurecapital.co.nz. Praktisch gelegen, in Downtown; die einfachen

Mountainbikes ($15/4 Std., $20/Tag, $60/5 Tage)
sind ideal für Touren durch die Stadt.
Adventure Cycles, 9 Premier Ave, Western
Springs, ℰ 0800 245 3868, 🖵 www.adventure-
auckland.co.nz. Etwas unpraktisch westlich des
Zoos gelegen, aber bestens geeignet für
kurzfristige Fahrradanmietungen (Stadträder
$20/Tag, Mountainbikes $25/Tag); auch Tourenräder ($90/Woche, $200/Monat, Radtaschen
$40/Woche). Vorher anrufen und klären, ob das
gewünschte Rad auch verfügbar ist. ⊕ Do–Mo
7.30–19 Uhr.
Cycle Auckland, Devonport Wharf, ℰ 09
445 1189, 🖵 www.cycleauckland.co.nz. Tolle
Auswahl (ab $28/Tag, $115/Woche) mit unterschiedlichsten Rädern, außerdem selbstge-
führte und geführte Touren. Für Leute, die nicht
nur ziellos in der Stadt herumkurven wollen.
Fergs Kayaks, 12 Tamaki Drive, Okahu Bay,
ℰ 09 529 2230, 🖵 www.fergskayaks.co.nz.
Verleiht Cruiser ($25/2 Std., $60/Tag), mit denen
man toll am Wasser entlangfahren kann.
⊕ tgl.10–17 Uhr.
Natural High, 10 Uenuku Way, ℰ 0800 444 144,
🖵 www.naturalhigh.co.nz. Fahrradtouristen
können hier geführte oder selbst organisierte
Radtouren buchen, Räder mieten oder auch
eigene Räder verkaufen.

Schwimmen

Als Alternative zu den nachfolgend aufge-
führten Bädern (Infos zu diesen und anderen
Bädern unter 🖵 www.aucklandleisure.co. nz)
bieten sich die Strände an der Nordküste an,
S. 186.
Parnell Baths, Judges Bay Rd, ℰ 09 373 3561.
Sehr schönes Salzwasser-Freibad. ⊕ Ende
Nov–Ostern Mo–Fr 6–20, Sa und So 8–20 Uhr.
Tepid Baths, 100 Custom St West, ℰ 09 379
4745, Hallenbad im Stil der Zeit König Edwards
(1901–1910). ⊕ Mo–Fr 5.30–21, Sa und So
7–19 Uhr.

EINKAUFEN

Als größte Stadt Neuseelands bietet Auckland
die besten Einkaufsmöglichkeiten.
Wer nach schicker Mode sucht, wird vor allem
im Britomart und entlang der Ponsonby Road

fündig, wo die großen Modelabels vertreten
sind. In Newmarket findet man ebenfalls
einige bekannte Namen, aber auch eine Reihe
von Outlets, die überwiegend Massenware
verkaufen.

Ausrüstung

Bivouac, 210 Queen St, Zentrum, ℰ 09 366
1966, und 312 Broadway, Newmarket,
🖵 www.bivouac.co.nz. Hat die beste Auswahl
an Outdoor-Ausrüstung. ⊕ Mo–Do 10–18,
Fr 9–19, Sa 10–18, So 10–16 Uhr.
Kathmandu, 151 Queen St, Zentrum, ℰ 09
309 4615, 🖵 www.kathmandu.co.nz. Budget-
Kette für Outdoor-Kleidung, die ständig große
Rabattaktionen am Laufen hat. Niemals den
ausgewiesenen Preis zahlen. Filialen überall in
Auckland und im übrigen Land. ⊕ Mo–Fr 9–18,
Sa und So 10–17 Uhr.

Bücher

Unity Books, 19 High St, Zentrum, ℰ 09
307 0731, 🖵 www.unitybooks.co.nz. Wahrscheinlich der beste unabhängige Buchladen
der Stadt. ⊕ Mo–Do 9–18, Fr 9–19, Sa 10–18,
So 11–17 Uhr.
The Women's Bookshop, 105 Ponsonby Rd,
Ponsonby, ℰ 09 376 4399, 🖵 www.womens
bookshop.co.nz. Hervorragender kleiner Laden
mit kenntnisreichem Personal. Auch Bücher
für Männer im Angebot. ⊕ Mo–Fr 10–18,
Sa und So 10–17 Uhr.

Kunsthandwerk

Auckland Museum Store, ℰ 09 309 2580,
🖵 www.aucklandmuseum.com. Super
Auswahl, angefangen bei Kunsthandwerk
bester Qualität über Kiwiana, Lifstyleprodukte,
Bücher bis hin zu Kinderspielzeug. Die
Einnahmen werden zur Unterstützung des
Museums verwendet. ⊕ tgl. 10–17.
Kura, 188 Quay St, Zentrum, ℰ 09 302 1151,
🖵 www.kuragallery.co.nz. Stilvolle Galerie,
die sich auf moderne Kunst und modernes
Design der Maori spezialisiert hat. Das Angebot
reicht von Lesezeichen mit Perlmutt-Inlays und
Jade-Anhängern bis zu $2000 teuren Korowai-
Federumhängen und wunderschönen Schnitze-
reien. ⊕ Mo–Fr 10–18, Sa und So 11–16 Uhr.

Mode

Karen Walker, 18 Te Ara Tahuhu Walking Street, Britomart, ☎ 09 309 6299, 🖥 www.karenwalker.com. Neuseelands berühmteste Modedesignerin hat bereits Lady Gaga und viele andere eingekleidet. Das Design ist zwischen konservativ und niedlich angesiedelt. Auch sehr gute Brillenmode und schöner Schmuck. Filialen in Newmarket und Ponsonby. ⏱ Mo–Fr 10–18, Sa 10–17, So 11–16 Uhr.

Strangely Normal, 19 O'Connell St, Zentrum, ☎ 09 309 0600, 🖥 www.strangelynormal.com. Pfiffige, moderne Anlehnung an die Herrenmode der 1950er-Jahre. Hier findet man Hemden mit wunderbar frechen Motiven. ⏱ Mo–Fr 10–18, Sa 10–17, So 11–16 Uhr.

Zambezi, 56 Tyler St, Zentrum, ☎ 09 303 1701, 🖥 www.zambesi.co.nz. Traditionsreiches und unkonventionelles Modelabel, das viel Schwarz verwendet. Anders als in den Filialen in Britomart und Newmarket gibt es hier auch Herrenmode. ⏱ Mo–Fr 9.30–17.30, Sa 10–17, So 11–16 Uhr.

SONSTIGES

Apotheken

Medicines to Midnight, 160 Broadway, Newmarket, ☎ 09 520 6634, 🖥 www.medicinestomidnight.co.nz. Die am günstigsten gelegene Apotheke mit langen Öffnungszeiten. ⏱ Mo–Sa 9.30–24, So 10–24 Uhr.
Die Apotheken der Notaufnahmen in den Krankenhäusern haben rund um die Uhr geöffnet.

Autokauf

Allgemeine Hinweise hierzu sind dem Kapitel „Praktische Tipps" (S. 78) zu entnehmen. Gute Möglichkeiten, an ein eigenes Gefährt zu kommen, bieten die Anschlagbretter in den Hostels und die Websites 🖥 www.trademe.co.nz und 🖥 www.autotrader.co.nz. Empfehlenswerte Gebrauchtwagenmärkte:
Backpacker Car World, 19 East St, ☎ 09 377 7761, 🖥 www.backpackercarworld.co.nz. Am Rand der K' Road, wo Backpacker ihre Autos an Gleichgesinnte weiterverkaufen. Auch Versicherungs- und Pannenservice. ⏱ Mo–Fr 9.30–17 Uhr.

Auckland Carfair, Ellerslie Racecourse, Greenlane, ☎ 09 529 2233, 🖥 www.carfair.co.nz. Gut organisierter Automarkt, auf dem Fachleute zur Hand sind, um Autos auf ihre Fahrtüchtigkeit zu überprüfen. ⏱ So 9–12 Uhr.

Automobilclub

Automobile Association, 99 Albert St, ☎ 09 966 8900, 🖥 www.aa.co.nz.

Autovermietungen

Alle internationalen und großen nationalen Autoverleiher haben Zweigstellen nahe des Flughafens und kostenlose Shuttlebusse, die Kunden vom Flughafen abholen. Viele der kleineren Anbieter sind im Zentrum oder in den Vororten ansässig. An der Beach Road in der Innenstadt liegen mehrere Autovermietungen dicht beieinander. Eine Liste der wichtigsten Firmen findet sich auf S. 77.

Bibliotheken

Central City Library, 44-46 Lorne St, ☎ 09 377 0209, 🖥 www.aucklandlibraries.govt.nz. ⏱ Mo–Fr 9–20, Sa und So 10–16 Uhr.

Fahrradverleih

Siehe S. 169.

Frauenzentrum

Auckland Women's Centre, 4 Warnock St, Grey Lynn, ☎ 09 376 3227, 🖥 www.awc.org.nz. Allgemeine Beratung, Fragen zur Gesundheit und eine Bibliothek. ⏱ Mo–Fr 9–16 Uhr.

Gepäckaufbewahrung

Im **Sky City Bus Terminal**, 102 Hobson St, gibt es Schließfächer (tgl. 7–20 Uhr, kleines Gepäck $5/Tag, großes Gepäck $8/Tag, ☎ 09 300 6130). Die meisten größeren **Hostels** bieten einmaligen Übernachtungsgästen langfristige Gepäckaufbewahrung gegen eine geringe Gebühr.

Informationen und Touren

i-SITE: Auckland verfügt im Zentrum über zwei Visitor Centres: 137 Quay St, ☎ 0800 282 552, 🖥 www.aucklandnz.com, ⏱ tgl. 9–17 Uhr (im Sommer auch länger), und eine kleinere Filiale im Sky City Casino, Ecke Victoria und Federal St (gleiche Kontaktdaten), ⏲ tgl. 9–17 Uhr. Beide bieten Informationsbroschüren für das ganze Land sowie einige werbefinanzierte kostenlose Publikationen. Die Filiale an der Devonport Wharf, ✆ 09 365 9906, 🖥 www.devonport.co.nz, ⏲ tgl. 9–17 Uhr, hat neben Karten auch die kostenlose Broschüre *Old Devonport Walk* vorrätig. Ein weiteres i-Site-Büro befindet sich im Flughafen, s. Flüge S. 175.

Büro des Department of Conservation (DOC), im i-SITE in der Quay St, ✆ 09 379 6476, ✉ aucklandvc@doc.govt.nz. Gute Wanderinfos, bietet DOC-Materialien sowie Buchungen für Wanderwege im ganzen Land, ist aber vorwiegend auf die Region um Auckland und den Hauraki Gulf spezialisiert. ⏲ Mitte Okt–April Mo–Fr 9–17, Sa und So 10–16, Mai–Mitte Okt Mo–Fr 9–17 Uhr.

Die **Stadtpläne** in diesem Buch zusammen mit den kostenlosen Plänen in der Reihe *Explore*, die man in den i-Site-Büros, Hotels und Hostels bekommt, sind für die meisten Zwecke ausreichend.

Die beste Infoquelle für Backpacker sind die **Anschlagbretter** in den Hostels, wo sich von Mitfahrgelegenheiten über Autoverkäufe bis zu Jobangeboten alles findet.

Internet

Die **Bibliotheken** bieten kostenlose Computernutzung und WLAN (max. 200 MB/Tag). In den Außenbereichen des Britomart Precinct gibt es ebenfalls kostenloses WLAN (1 GB/Tag).

Medizinische Hilfe

Auckland City Hospital, Park Rd, Grafton, ✆ 09 367 0000.
CityMed, 8 Albert St, ✆ 09 377 5525, 🖥 www.citymed.co.nz. Ärztliche Hilfe und Apotheke im Haus, ⏲ Mo–Fr 8–18 Uhr.
The Travel Doctor, Level 1, 170 Queen St, ✆ 09 373 3531. 🖥 www.traveldoctor.co.nz. Impfungen und Reisemedizin. ⏲ Mo–Fr 9–17 Uhr.

Notruf

Polizei, Feuerwehr und Ambulanz, ✆ 111.
Auckland Central Police Station, ✆ 09 302 6400.

Post

Die Postfiliale in der 24 Wellesley St, ✆ 0800 501 501, bietet Poste-Restante-Service. ⏲ Mo–Fr 8.30–17.30 Uhr.

Schwule und Lesben

Sorgentelefon für Schwule und Lesben, ✆ 0800 688 5463, 🖥 www.outlinenz.com. ⏲ besetzt Mo–Fr 9–21, Sa und So 18–21 Uhr.

Wäschereien

Travellers Laundromat, 458 K' Rd, ✆ 09 376 6062, ⏲ tgl. 5–21.30 Uhr.
Parnell Laundry, 409 Parnell Rd, ✆ 09 373 2680, ⏲ Mo–Fr 8–18, Sa 8–17, So 9–15 Uhr.

NAHVERKEHR

Viele der interessantesten Sehenswürdigkeiten Aucklands sind zu Fuß erreichbar, z. B. über den Coast to Coast Walkway. Dreh- und Angelpunkt von Aucklands bescheidenem Nahverkehrsnetz, das aber immer besser wird, ist das Britomart Transport Centre am Hafenende der Queen Street – hier kommen auch Vorortzüge an, und in der Nähe gibt es zahlreiche Bushaltestellen. **Fähren** über den Hafen verbinden das Stadtzentrum mit dem nahen Vorort Devonport und den Inseln. **Taxis** ordert man am besten telefonisch (S. 174). Das **Parken** ist kein Riesenproblem, aber die einheimischen Autofahrer sind nicht gerade zuvorkommend, weshalb man vielleicht besser daran tut, erst unmittelbar vor der Abreise aus der Stadt ein Auto zu mieten.

Auto

In Auckland selbst lohnt es sich eigentlich nicht, mit dem Auto zu fahren, da alles gut zu Fuß oder mit öffentlichen Verkehrsmitteln zu erreichen ist. Nur wer die Kumeu-Weingüter und die Surferstrände an der West Coast erkunden möchte, benötigt ein eigenes Fahrzeug. Autofahren ist in Auckland nicht besonders schwierig, auch wenn es auf den ersten Blick so aussieht. Am besten meidet man die Stoßzeiten von 7–9 und 16–18.30 Uhr. Das Hauptproblem dürfte der Linksverkehr sein; wer gerade erst aus dem Flieger geklettert ist, sollte sich vielleicht ein, zwei Tage erholen, bevor er sich ins Verkehrsgetümmel stürzt. Die Straßen in der Innenstadt sind alle mit Parkuhren ausgestattet, eine entspanntere Alternative bilden die zahlreichen **Parkhäuser** – Schließzeiten beachten (nicht alle sind rund um die Uhr geöffnet)! Die billigsten Kurzparkmöglichkeiten sind auf der Karte S. 135 eingetragen.

Stadtbusse

Die meisten Nahverkehrsbusse starten nicht direkt am Britomart Transport Centre (S. 136), sondern von den zahlreichen Bushaltestellen im Umkreis von 10 Fußminuten. Das ist etwas verwirrend – am besten fragt man im Britomart nach der jeweiligen Haltestelle oder schaut auf 🖥 www.at.co.nz nach. Für Besucher am nützlichsten sind die unten aufgeführten **Link-Busse**.
Der **Fahrpreis** beträgt etwa $2 nach Newmarket, Parnell, Mount Eden, Kingsland und Ponsonby, $4 nach MOTAT, Zoo und Mission Bay sowie $5 nach St Heliers.

Link-Busse

City Link (Mo–Sa 6.30–23.30 Uhr alle 7–8 Min., So 7–23 Uhr alle 20 Min.; $0,50; für Besitzer einer AT Hop Card kostenlos). Die roten Busse dieser Innenstadtlinie fahren die Queen St von der K' Rd bis zum Britomart Transport Centre hinunter und dann weiter zum Wynyard Quarter.
Inner Link (Mo–Fr 6.30–23, Sa und So 7–23 Uhr; alle 10–15 Min.; $1,90). Die nützlichste Route; die grünen Busse fahren folgende Schleife: City, Parnell, Auckland Museum, Newmarket, K' Rd und Ponsonby. Tickets im Bus.
Outer Link (Mo–Sa 6.30–23, So 7–23 Uhr; alle 15 Min.; $1,80–3,40). Die orangefarbenen Busse fahren eine größere Schleife als die Inner-Link-Busse, u. a. zum Mount Eden und MOTAT und nach Herne Bay. Anschluss an die Inner-Link-Busse in Parnell, beim Auckland Museum, in Newmarket und in Ponsonby.

Andere Buslinien

NiteRider, Fahrplanauskünfte unter 🖥 www.at.co.nz. Eine Reihe von Nachtbussen bringt Nachtschwärmer sicher nach Hause (Sa und So 1–3.30 Uhr, $4,50).

Infos und Ermäßigungen

Informationen zu Aucklands Bussen, Zügen und Fähren erteilt **AT**, ✆ 09 355 3553, 🖥 www.at.co.nz, mit Fahrplanauskünften und einer umfassenden Fahrplanübersicht nebst Verbindungsplaner im Netz. Man kann aber auch beim Britomart die 5 kostenlosen AT-Nahverkehrspläne einstecken; am nützlichsten sind die für die Region Central.
Fahrgäste können in Bussen, Zügen und Fähren zwar bar bezahlen, bequemer und billiger ist es aber, sich eine aufladbare **AT Hop Card** ($5) im Britomart zu besorgen. Mit dieser Guthabenkarte braucht man nicht mit Kleingeld zu hantieren und spart außerdem 10–15 % des normalen Fahrpreises.
Alternativ kann man am Automaten einen **AT Hop Day-Pass** ($16, gültig 24 Std. ab der ersten Benutzung) erwerben. Der Pass gilt für alle Züge und Busse (inkl. der Busse auf Waiheke Island), die Devonport-Fähren, jedoch nicht für die Fähren nach Rangitoto und Waiheke.

Explorer Bus, ✆ 0800 439 756, 🖥 www.explorerbus.co.nz. Zwei Hop-on-Hop-off-Buslinien – man kann auch umsteigen – fahren zu den Hauptsehenswürdigkeiten (Kommentaren zu den Sehenswürdigkeiten; Okt–März 9–16 Uhr alle 30 Min., April–Sep 10–16 Uhr stdl.; Tagespass $45, 2-Tages-Pass $75, bar zu bezahlen).

Fähren

Einst wimmelte die Waitemata Harbour nur so von Fähren, die Pendler aus den Vororten zu ihrer Arbeit ins Zentrum brachten. Noch immer empfehlen sich die Hafenfähren als schnelles und angenehmes Transportmittel, das dazu noch schöne Aussichten verspricht. Wichtigste Ziele: die Inseln im Hauraki Gulf und Devonport; die Fähren nach Rangitoto und einige Fähren nach Waiheke halten auch in Devonport.

Fährgesellschaften

Fullers, ✆ 09 367 9111, 🖥 www.fullers.co.nz. Aucklands größtes Fährunternehmen bietet Verbindungen nach Devonport (Mo–Do 6–23.15, Fr und Sa 6–1, So 7.30–22 Uhr, $6 pro Fahrt,

Fahrräder kostenlos); dies ist die günstigste Bootstour der Stadt. Außerdem Fähren nach Rangitoto und Waiheke.

360 Discovery, ✆ 09 307 8005, 🖥 www. 360discovery.co.nz. Personenfähren nach Tiritiri Matangi, Rotoroa Island und regelmäßige Verbindung über den Hauraki Gulf nach Coromandel Town ($57 einfach): für Reisende ohne Auto eine nette Alternative zum Bus über Thames.

Explore, ✆ 0800 397 567, 🖥 www.exploregroup. co.nz. Fähren nach Waiheke und Motutapu.

Sealink, ✆ 0800 732 546, 🖥 www.sealink.co.nz. Auto- und Personenfähren nach Waiheke und zu den Great Barrier Islands.

Fähren nach:
COROMANDEL Okt–März 5–7x wöchentl., 2 Std.;
DEVONPORT alle 15–30 Min., 10 Min.;
GREAT BARRIER 4–7x wöchentl., 2–5 Std.;
MOTUTAPU im Hochsommer 1x tgl., 30 Min.;
RANGITOTO 5x tgl., 40 Min.;
ROTOROA ISLAND Okt–März 5–7x wöchentl., 1 1/4 Std.;
TIRITIRI MATANGI ISLAND 5x wöchentl., 1 1/2 Std.;
WAIHEKE alle 30 Min., 35–40 Min.

Stadtbahn
Vor Kurzem sind moderne elektrische Züge eingeführt worden, nur fahren sie leider vorwiegend zu Stationen, die für Touristen kaum von Interesse sind. Die einzige Ausnahme bildet die Linie vom Britomart Transport Centre nach Newmarket (alle 10–20 Min., 10 Min. Fahrtdauer). **Tickets** ($2) gibt es im Britomart oder auf den Bahnsteigen. Die geplante Station in Parnell wird vermutlich erst ab 2017 gebaut.

Taxis
Taxistände gibt es an verschiedenen Stellen der Stadt, u. a. an der Queen Street, am Viaduct Harbour und an der K' Road.
Discount, ✆ 09 529 1000, ist besonders billig.
Green Cabs, ✆ 0508 447 336, 🖥 www.green cabs.co.nz. Umweltbewusstes Unternehmen mit Hybrid-Fahrzeugen, etwas höhere Preise. Eine Taxifahrt von der City nach Ponsonby sollte $12–14 kosten.

Auto und Fahrrad
Mietwagen auf S. 77.
Autofahrer, die Richtung Norden wollen, können entweder direkt den SH1 über die Harbour Bridge nehmen oder einen Bogen nach Westen um den Waitemata Harbour fahren, an den Weingütern und den Stränden der West Coast vorbei, um erst in Wellsford wieder auf den SH1 zu treffen. Richtung Süden fährt man entweder den SH1 hinunter nach Hamilton oder biegt Richtung Osten zur Coromandel Peninsula ab, oder man nimmt die langsame Strecke die Seabird Coast hinunter.
Radfahrer müssen auf dem Weg nach Norden statt der Harbour Bridge die Devonport Ferry nehmen, oder man wählt die westliche Route und fährt vielleicht mit einer Stadtbahn bis Waitakere (Fahrradmitnahme frei, nicht zur Rushhour fahren). Radfahrer, die nach Süden wollen, folgen besser der Seabird Coast als dem Southern Motorway, der Hauptroute für Autofahrer Richtung Süden.

Busse
Die Fernbusse von InterCity/Newmans und Northliner kommen am **Sky City Coach Terminal** an. Andere Busse halten vor 172 Quay St, gegenüber dem Ferry Terminal in Downtown.
Go Kiwi, ✆ 07 866 0336, 🖥 www.go-kiwi. co.nz. Tgl. zur Coromandel Peninsula mit Zustieg am Auckland Airport – ideal für Leute, die direkt nach Whitianga wollen.
InterCity, **Newmans**, **Northliner**, **Great Sights**, ✆ 09 583 5780, 🖥 www.intercity.co.nz. Verbindungen ins ganze Land.
NakedBus, ✆ 0900 62 533, 🖥 www.nakedbus. com. Verbindungen ins ganze Land.

Busse nach:
GISBORNE 1x tgl., 9 1/4 Std.;
HAMILTON 25x tgl., 2 Std.;
HASTINGS 1x tgl., 7 1/2 Std.;
KERIKERI 5–6x tgl., 4 1/2 Std.;
NAPIER 1x tgl., 7 Std.;
NATIONAL PARK 1x tgl., 6 Std.;
NEW PLYMOUTH 3x tgl., 6–6 1/2 Std.;

OHAKUNE 1x tgl., 6 1/2 Std.;
PAIHIA 7–8x tgl., 4 Std.;
PALMERSTON NORTH 8x tgl., 9–10 Std.;
ROTORUA 11x tgl., 4 Std.;
TAIHAPE 6x tgl., 7 Std.;
TAUPO 7x tgl., 5 Std.;
TAURANGA 7x tgl., 4 Std.;
THAMES 4x tgl., 1 3/4 Std.;
WAIPU 5–6x tgl., 2 1/4 Std.;
WAITOMO CAVES 1x tgl.; 3 1/2 Std.;
WARKWORTH 5–6x tgl., 1 Std.;
WELLINGTON 7x tgl., 11–12 Std.;
WHANGAREI 5–6x tgl., 2 3/4 Std.;
WHITIANGA 1x tgl., 3 Std.

Eisenbahn

Northern Explorer, ℘ 0800 872 467, ⌨ www.
kiwirailscenic.co.nz. Der Zug aus Wellington,
National Park und Hamilton endet jeden
Di, Fr und So im **Britomart Transport Centre**
am Hafenende der Queen St. Die Züge nach
Süden fahren jeden Mo, Do und Sa.
HAMILTON 3x wöchentl., 2 1/2 Std.;
NATIONAL PARK 3x wöchentl., 5 1/2 Std.;
OHAKUNE 3x wöchentl., 6 Std.;
OTOROHANGA 3x wöchentl., 3 Std.;
PALMERSTON NORTH 3x wöchentl., 8 1/2 Std.;
WELLINGTON 3x wöchentl., 11 1/2 Std.

Fähren

Siehe „Nahverkehr".

Flüge

Der **Auckland International Airport**, ⌨ www.
auckland-airport.co.nz, liegt rund 20 km südlich
des Zentrums im Vorort Mangere.
Zwischen dem internationalen Terminal und
dem Inlandsterminal pendelt ein Shuttlebus
(5–22.20 Uhr, alle 15 Min.). Mit leichtem Gepäck
benötigt man für die Strecke zu Fuß nur etwa
10 Min. – den blau-weißen Linien folgen.
Das gut ausgestattete **i-SITE Visitor Centre** im
International Terminal, ℘ 09 275 6467, ⌚ tgl.
5.30–1.30 Uhr, bietet kostenlose Hotelbuchun-
gen, Gratis-Telefone für Zimmerbuchungen
und kostenlose Duschen.
Außerdem findet man in beiden Terminals Geldautomaten und im internationalen Terminal zu
den Flugkünften geöffnete Wechselstuben.

Transport vom/zum Flughafen:
Vom Flughafen in die Stadt verkehren Busse,
Sammel-Minibusse und Taxis. Ein **Taxi** ins Zentrum, nach Ponsonby oder Parnell kostet rund
$80, nach Northcote oder Devonport über $100.
Der **Airbus Express** (alle 10–30 Min., $16 ein-
fach, $28 hin und zurück, ⌨ www.airbus.co.nz)
ist eine Alternative. Er folgt von beiden Terminals zwei festen Routen in die Stadt (entlang
der Mt Eden Rd oder der Dominion Rd; ca.
45 Min.) Die billigste Möglichkeit in die Stadt zu
kommen ist der Bus Nr. 380 zum Bahnhof Papatoetoe (alle 30–40 Min., Fahrzeit 30 Min., $4 beim
Fahrer zu zahlen). Dort nimmt man den Zug ins
Zentrum (Abfahrten lfd., Fahrzeit 40 Min., $6).
Die meisten Leute nehmen jedoch einen der
Minibusse, die einen Tür-zu-Tür-Service bieten.
Man fragt beim ersten Bus in der Schlange
nach dem Fahrtziel; falls er nicht in den
gewünschten Stadtteil fährt, wird man an den
richtigen Bus verwiesen – die Wartezeit beträgt
selten mehr als eine Viertelstunde. Der Fahrpreis liegt bei $35 nach Downtown und $60 nach
Devonport. Für Gruppen mit gemeinsamem Ziel
gibt es erheblichen Rabatt; pro zusätzlicher
Person kommen lediglich $11 hinzu.
Für den Weg von der Unterkunft zum Flughafen
kann man **Super Shuttle**, ℘ 0800 748 885, oder
eines der o. g. Taxiunternehmen anrufen.

Flüge nach:
BAY OF ISLANDS 4–5x tgl., 45 Min.;
BLENHEIM 4x tgl., 1 Std.;
CHRISTCHURCH 20x tgl., 1 1/4 Std.;
DUNEDIN 3x tgl., 1 3/4 Std.;
GISBORNE 4x tgl., 1 Std.,
GREAT BARRIER ISLAND 6–8x tgl., 40 Min.;
NAPIER/HASTINGS 8x tgl., 1 Std.;
NELSON 9x tgl., 1 1/4 Std.;
NEW PLYMOUTH 5x tgl., 50 Min.;
PALMERSTON NORTH 6x tgl., 1 1/4 Std.;
QUEENSTOWN 6x tgl., 1 3/4 Std.;
ROTORUA 4x tgl., 40 Min.;
TAUPO 2–3x tgl., 45 Min.;
TAURANGA 4–5x tgl., 35 Min.;
WANGANUI 3–4x tgl., 1 Std.;
WELLINGTON 5x tgl., 1 Std.;
WHAKATANE 2–3x tgl., 45 Min.;
WHANGAREI 3–4x tgl., 35 Min.

Westlich von Auckland

Das wahre Neuseeland beginnt für viele in **West Auckland**, wo die Hochhäuser, Vororte und luxussanierten Hafenbereiche von grünen Hügeln und traumhaften Stränden abgelöst werden. Die wuchernden Vororte verlieren sich 20 km westlich des Stadtzentrums zwischen den Ausläufern der **Waitakere Ranges**. Nur gut eine halbe Stunde Autofahrt von der Innenstadt entfernt lockt eine der schönsten Landschaften im Einzugsgebiet von Auckland mit Outdoor-Abenteuern.

Diese grüne Hügellandschaft wirkt immer noch relativ intakt, obwohl sie das nächstgelegene Ausflugsziel für rund 1,5 Mio. Menschen ist. Zahlreiche Wege durch den heimischen Busch laden zu schönen Wanderungen ein. Die fruchtbaren Böden an den östlichen Ausläufern der Waitakeres und vor allem rund um Kumeu sind seit Langem Weinbaugebiete. An heißen Sommertagen strömen Tausende zu dem halben Dutzend **Surfstrände** mit donnernder Brandung, die abgesehen von ein paar Ferienhäusern (*baches* genannt) und dem einen oder anderen Laden praktisch unverbaut sind. Auf den Böden der östlichen Ausläufer der Waitakere Ranges gedeihen alte Weingärten, vor allem rund um **Kumeu**, ein kurzes Stück südöstlich der Ortschaft **Helensville** am Kaipara Harbour in der Nähe der heißen Quellen von **Parakai**.

Aucklands **Stadtbahnen** fahren bis nach Henderson und Waitakere hinaus, man erreicht damit aber nicht die Weingüter oder Strände. Mit dem Auto sind die meisten Strände und Wanderwege am einfachsten über den Waitakere Scenic Drive (Route 24) zu erreichen, der sich von Titirangi in den Vorbergen vorbei am informativen Arataki Visitor Centre durch die Berge windet. Die Ritchies-**Busse** Nr. 060 und 080 verkehren über Henderson nach Kumeu und Huapai; Fahrpläne auf 🖥 maxx.co.nz.

Kumeu und Huapai

Größere Unternehmen in anderen Regionen haben dem ehemals bedeutenden Weinbaugebiet West Auckland inzwischen den Rang abgelau-fen. Die ziemlich seelenlosen Nachbargemeinden **Kumeu** und **Huapai** produzieren aber immer noch einiges an Wein.

Schon 1819 pflanzte der Geistliche Samuel Marsden Weinstöcke bei Kerikeri an der Bay of Islands, angeblich nur für Messwein. Die kommerzielle Weinproduktion kam aber erst in Gang, als Wanderarbeiter aus Dalmatien sich in den 1930er-Jahren dem Weinbau zuwandten. Wie an den Namen der Weinkellereien heute noch zu erkennen, wurden viele von kroatischen Einwandererfamilien gegründet. Die Weinstöcke der Region liefern immer noch Pinot Noir, Pinot Gris und famosen Chardonnay. Wer eine Weinverkostung plant, sollte entweder einen Nichttrinker als Fahrer dabeihaben oder sich den **Fine Wine Tours** anschließen (s. Kasten S. 177). Die kostenlose Broschüre *Kumeu Wine Country* beschreibt ein Dutzend empfehlenswerter Weinkellereien.

Auf ihrem Weingut **Kumeu River**, 550 SH16, 📞 09 412 8415, 🖥 www.kumeuriver.co.nz, erzeugt die Familie Brajkovich einige der besten Chardonnays vor Neuseeland aus Trauben der Region. Das großzügige Verkostungsangebot umfasst u. a. drei Einzellagenweine. 🕐 Mo–Fr 9–17, Sa 11–17 Uhr.

Soljans, 366 SH16, 📞 09 412 2680, 🖥 www.soljans.co.nz, lockt Besucher mit Gratis-Verkostungen und einem schicken, aber relaxten Café, wo man panierten Fisch ($22) oder eine mediterrane Platte für zwei Personen ($55) bestellen kann. Zum Sortiment gehören ein in der Umgebung angebauter Pinot Gris und ein süffiger Muscat. 🕐 tgl. 9–16 Uhr.

ESSEN

🍴 **Hallertau Brewbar & Restaurant**, 1171 Coatsville Riverhead Hwy, abseits des SH16, 📞 09 412 5555, 🖥 www.hallertau.co.nz. Die Mischung aus Bar und zwanglosem Restaurant bietet eine Abwechslung vom ansonsten in der Region üblichen Weintrinken. Hier werden nämlich ausgezeichnete Biere gebraut, z. B. ein Kölsch, ein Schwarzbier und dazu Ales und Cider; zum Probieren gibt's ein Verkostungsset mit 5 Bieren ($14), dazu leichte Gerichte ($14–16), Hauptgerichte wie z. B. Pasta mit Entenconfit oder Steaks ($25–34). 🕐 tgl. 11–24 Uhr.

Touren zur West Coast

Ohne eigenes Fahrzeug kann man den Stränden und Bergen nicht richtig gerecht werden, es sei denn, man schließt sich einer organisierten Tour zur West Coast oder einem Canyoning-Ausflug (S. 181) an. Alle Tourveranstalter holen die Teilnehmer in der Innenstadt von Auckland ab.

Bush & Beach, ☎ 0800 423 224, 🖥 www.bushandbeach.co.nz. Nachmittagstouren ($145) mit einer kurzen Waldwanderung zu Wasserfällen und Kauri-Bäumen und einem Abstecher zum Piha Beach. Bei der lohnenderen Tagestour ($230) wird länger gewandert und mehr Outdoor-Wissen vermittelt.

Fine Wine Tours, ☎ 0800 023 111, 🖥 www.insidertouring.co.nz. Phil Parker veranstaltet halbtägige Kleingruppen-Touren ($199, mit Bierverkostung $229) zu drei Weinkellereien in Kumeu, wobei auch Zeit fürs Mittagessen und einen Besuch in Muriwai eingeplant ist. Im Angebot sind außerdem ganztägige Weintouren nach Kumeu (fünf Winzereien $245, Bierverkostung optional) sowie Touren nach Waiheke Island ($339 inkl. Mittagessen und Verkostung edler Weine, aber ohne Fährfahrt).

TIME Unlimited, ☎ 09 846 3469, 🖥 www.newzealandtours.travel. Persönliche Betreuung und Engagement prägen diese Kleingruppen-Touren, darunter hervorragende Buschwanderungen (an die Gruppenwünsche angepasst) zum Titirangi, Karekare oder Whatipu Beach. Eine Tagestour kostet $295.

The Riverhead, 68 Queen St, Riverhead, ☎ 09 412 8902, 🖥 www.theriverhead.co. nz. Die Mangrovenausläufer des Waitemata Harbour reichen bis zu dieser Kneipe, die zu den ältesten Tavernen Neuseelands gehört. Bei einem Bier kann man Poolbillard in der Bar spielen oder man lässt sich in der Loungebar nieder, wo man bei *salt and pepper squid* ($18), Spareribs mit Fritten ($27) oder einer Pizza ($20) unter Eichen die Gezeiten beobachten kann. 🕐 tgl. 11–22 Uhr oder später.

TRANSPORT

Der **Richies Bus Nr. 60** (Fahrplan unter 🖥 www. at.gov.nz) fährt nach KUMEU und HUAPAI. Vor Ort ist man ohne eigenes Fahrzeug allerdings ziemlich verloren. Daher besser selber fahren oder an einer Weintour teilnehmen.

Die Waitakere Ranges und Strände der West Coast

Aucklands Westgrenze bilden die bewaldeten, bis zu 500 m hohen **Waitakere Ranges**, ein zeitlos beliebtes Wochenendziel der Aucklander. Ihre westlichen Hänge erstrecken sich bis zu den schwarz- und goldsandigen **Stränden** von Whatipu, Karekare, Piha und Muriwai. Diese stürmische Küste bietet mit ihren wilden Wellen und felsigen Landzungen, die von leicht begehbaren Wanderwegen durchzogen werden, einen scharfen Kontrast zu den ruhigen, sanft abfallenden Stränden des Hauraki Gulf.

Beim Volk der Kawerau a Maki hieß die Region Te Wao Nui a Tiriwa, „der große Wald von Tiriwa", eine passende Beschreibung der Kauri-Wälder, welche die Hügel vor der Ankunft der Europäer bedeckten. Bis zur Wende zum 20. Jh. hatten *gumdiggers* den größten Teil des fossilen Kauri-Harzes ausgegraben, doch die Holzfällerei ging bis in die 1940er-Jahre weiter. Dann kaufte des Auckland Council das ausgebeutete Land, legte Stauseen an und wies ein großes Teilstück als **Centennial Memorial Park** aus, mit 200 km Wanderwegen, die zu Aussichtspunkten und zahlreichen Wasserfällen führen.

Arataki Visitor Centre

300 Scenic Drive ▪ 🕐 Sep–April tgl. 9–17, Mai–Aug Mo–Fr 10–16, Sa und So 9–17 Uhr ▪ ☎ 09 817 0077

Die beste Einführung in das Gebiet bietet das **Arataki Visitor Centre**, das man hinter einem gefällten Kauri-Baum, der von Kawarau-a-Maki-Schnitzern in einen beeindruckenden Pfahl *(pou)* verwandelt wurde, betritt. Das Auditorium im Erdgeschoss zeigt einen inspirierenden **Film** über die Waitakeres (12 Min; auf Anfrage; Eintritt

In den Waitakere Ranges gibt es herrliche Wandermöglichkeiten zu Wasserfällen, Kauri-Bäumen und Aussichtspunkten über den wilden Ozean. Der erste Anlaufpunkt ist das Arataki Visitor Centre, wo man viele Infos bekommt. Allerdings beginnen hier nur wenige Wege. Das Kartenmaterial in den kostenlosen Broschüren – *Scenic Drive, Piha, Karekare and Anawhata* etc. – ist für die meisten Wanderungen ausreichend. Für den Hillary Trail benötigt man die detailliertere *Waitakere Ranges Regional Park Recreation Map* ($5).

Waitakere-Wanderungen

Die folgenden Wanderungen sind grob von Süd nach Nord sortiert.

Omanawanui Track, Whatipu (3 km, 2 1/4 Std., 220 m Abstieg). Tolle Aussichten auf den Manukau Harbour und die aufregend gelegene Bar sind der Hauptgrund, um den teilweise steil abfallenden Grat hinabzusteigen. Am besten ist es, wenn man sich am Startpunkt absetzen lassen kann. Oder man integriert den Abstieg in eine 5-stündige Runde auf dem **Whatipu Kura Track**.

Rundweg Zion Hill–Pararaha Valley–Tunnel Point, Karekare (8 km, 4 Std., 200 m Anstieg). Reizvolle Rundwanderung vom Südende des Karekare Beach, der in Teilen der alten Pararaha Tramway-Trasse nach Whatipu folgt. Unterwegs passiert man einen alten Tunnel, der sich als zu eng für eine große Dampflok erwies, deren Heizkessel immer noch an der Küste herumliegt.

Kitekite Falls, Piha (3,5 km, 1 1/2 Std., 220 m Anstieg). Der Rundweg beginnt 1 km außerhalb des Ortes an der Glen Esk Road, die gegenüber der Domain in der Ortsmitte von Piha landeinwärts verläuft. Der teilweise einfache Weg führt an den dreistufigen Kitekite Falls vorbei, unter denen sich ein kühles Becken befindet.

Lion Rock, Piha (500 m hin und zurück, 20–30 Min., 60 m Anstieg). Der anstrengende Aufstieg auf einen Vorsprung, der nach etwa zwei Dritteln des Weges erreicht ist, sollte am besten in den etwas kühleren Abendstunden unternommen werden. Die Spitze des Felsens selbst ist tabu.

Tasman Lookout Track, Piha (600 m hin und zurück, 30–40 Min., 40 m Anstieg). Dieser Weg klettert vom Südende des Strands zu einem Aussichtspunkt über der kleinen Bucht The Gap hinauf, wo bei kräftiger Brandung die spektakuläre Gischtfontäne eines *blowhole* zu bewundern ist.

Auckland City Walk (1 Std., 1,5 km, 50 m Anstieg). Das ist kein Stadtrundgang, sondern ein Rundweg, der durch Buschland und an einem friedlichen Bach entlang führt. Wer mag, macht noch einen abenteuerlichen Abstecher hoch zu einem versteckten Wasserfall.

Hillary Trail

Zu Ehren des weltberühmten, 2008 verstorbenen neuseeländischen Bergsteigers **Sir Edmund Hillary** hat Auckland eine Reihe bereits bestehender Wanderwege durch die Waitakere Ranges zum Hillary Trail, 🖥 www.aucklandcouncil.govt.nz, verbunden (77 km, 3–4 Tage). Der Trail, der vom Arataki Visitor Centre über Whatipu, Karekare, Piha und Te Henga nach Muriwai führt, vermittelt einen umfassenden Eindruck von der Region – aufgeforsteter Regenwald, Kauri-Bestände, felsige Küstenabschnitte, schwarze Sandstrände und Relikte der Vergangenheit. Der höchste Punkt liegt bei nur 390 m, aber der Weg verläuft ständig auf und ab und erfordert eine **mittelmäßige bis gute Kondition**. Die teilweise glitschigen, steilen Pfade und zu durchwatenden Wasserläufe können die Wanderung im Winter sehr erschweren. Zu jeder Jahreszeit benötigen die meisten Wanderer für die letzte, 27 km lange Etappe mindestens zehn Stunden.

Übernachtet wird vorwiegend auf einfachen **Campingplätzen**, zu buchen unter ✆ 09 366 2000 ($5). Nur in Whatipu, Piha und Te Henga gibt es wahlweise auch ein Dach über dem Kopf. Die beste Informationsquelle vor Ort ist das Arataki Visitor Centre (S. 177).

AUCKLAND UND UMGEBUNG

frei). Im Obergeschoss gibt es Ausstellungen zu Schnitzereien und Schaukästen zur Region.

Draußen führen Wanderwege in den wieder aufgeforsteten Wald: ein zehnminütiger **Naturlehrpfad**, auf dem ein rundes Dutzend bemerkenswerte Bäume und Farne ausgeschildert sind, und ein längerer (rund 45 Min.). Dieser hat einen der wenigen ausgewachsenen Kauri-Bestände zum Ziel, die das Wüten der Holzfäller überlebt haben.

In Arataki bekommt man auch Wanderkarten, in denen zahlreiche Wege für **Kurzwanderungen** durch die Hügel verzeichnet sind (s. Kasten S. 178). Bis zu fünf Wohnmobile können bei Visitor Centre für eine Nacht (im Winter zwei Nächte) geparkt werden.

Whatipu

45 km von Aucklands Zentrum an der nördlichen Landspitze an der Einfahrt zum Manukau Harbour

Whatipu, der südlichste Surfstrand von Aucklands West Coast, liegt bei einer Sandbank, die vielen Schiffen zum Verhängnis wurde. Whatipu war kurze Zeit Endpunkt der Küstenstrecke der **Parahara Railway**, die in den 1870er-Jahren Kauri-Holz von der Sägemühle in Karekare über den Strand und die Landzungen beförderte.

Im Laufe der letzten Jahrzehnte hat sich das Meer über einen halben Kilometer zurückgezogen und einen breiten Strand zurückgelassen, hinter dem sich eine Feuchtlandschaft mit Kolbenbäumen, hohem Pampasgras und zahlreichen Wasservögeln erstreckt. Es macht Spaß, diese wilde Gegend zu erkunden. Nach Norden hin erreicht man in etwa 30 Min. die Ballroom Cave am Fuß der Klippen. Innen befindet sich eine rissige Tanzfläche aus Kauriholz aus dem Jahr 1900, die unter einer 5 m hohen Sandschicht begraben ist. Für eine längere Wanderung bietet sich der Omanawanui Track (s. Kasten S. 178) an.

Heute ist der einzige Außenposten der Zivilisation die **Whatipu Lodge** (nur mit Reservierung), ✆ 09 811 8860, 🖳 www.whatipulodge.co.nz, im ehemaligen Wohnhaus eines Sägewerkleiters von 1870. Die Lodge liegt nur eine Fahrstunde von Auckland entfernt und ist eine tolle Basis für die Erkundung dieser wilden Ecke Neuseelands. Das Haus ist nicht ans Stromnetz angeschlossen, sondern lässt nur zeitweise einen Generator laufen. Es gibt eine Gemeinschaftsküche und warme Duschen; Bettzeug oder Schlafsäcke sind mitzubringen. Kein Handyempfang. Zimmer $45 p. P. für eine einmalige Übernachtung, sonst $35 p. P./Nacht; Zeltstellplatz $7,50, DZ $90.

Auf dem Weg nach Whatipu ist der **Huia Foodstore**, 1194 Huia Rd, Huia, 10 km östlich von Whatipu, ✆ 09 811 8113, 🖳 www.thehuiafood store.co.nz, die letzte Möglichkeit, um sich mit Verpflegung einzudecken. In dem traditionellen neuseeländischen Café gibt es frische Backwaren, guten Espresso, Eis, jede Menge Süßigkeiten in Krügen an der Wand und außerdem Gerichte zum Mitnehmen (der Fisch ist von Fr–So besonders frisch). Der Park am Wasser auf der anderen Straßenseite ist der beste Ort, um seine Mahlzeit zu verzehren. 🕐 Mo–Do 8–16, Fr–So 8–19 Uhr, im Winter kürzer.

Karekare

Die wohl netteste Siedlung an der West Coast ist **Karekare**, 17 km westlich vom Arataki Visitor Centre und zu erreichen über die Piha Road. Sie besteht aus ein paar verstreuten Häusern, von denen sich ein Wald bis an den breiten Strand hinunterzieht. Dieses wunderschöne Fleckchen wurde in den 1990er-Jahren schlagartig berühmt, als Jane Campion hier die Strandszenen ihres Films *Das Piano* (1993) drehte.

Rettungsschwimmer des Karekare Surf Club bewachen an den Sommerwochenenden den Strand; alternativ dazu kann man in einem Becken am Fuß der **Karekare Falls** planschen, das in einem fünfminütigen Fußmarsch von der Straße aus zu erreichen ist. Es gibt hier keinerlei Infrastruktur.

Piha

Seit Jahrzehnten ist **Piha**, 20 km westlich vom Arataki Visitor Centre und zu erreichen über die Piha Road, eine Art heiliger Gral der Auckländer: die perfekte Verkörperung eines Westküstenstrands. Das lockt allerdings nicht nur zahlreiche Tagesbesucher an, sondern auch ein Partypublikum, dessen Exzesse dazu führten, dass für Feiertagswochenenden zwischen Sonnenunter- und Sonnenaufgang ein Alkoholverbot verhängt wurde. Trotz der Luxussanierung vieler altmodischer *baches* und der Eröffnung des modernen Piha Cafés hat sich der Ort etwas von seinem rustikalen Charme bewahrt.

Der 3 km lange Strand wird von dicht bewachsenen Hügeln umrahmt. In der Strandmitte erhebt sich Pihas Wahrzeichen, der 101 m hohe **Lion Rock**. Mit etwas Fantasie erinnert dieser Felsen, auf dem sich einst ein Wehrdorf der Maori befand, an einen sitzenden Löwen, der auf das Meer hinausstarrt.

Die meisten Schwimmer zieht es nach **South Piha**, wo der namhaftere der beiden Rettungsschwimmvereine die beste Brandung für sich beansprucht. Der Piha Surf Shop (s. rechts) verkauft und verleiht Ausrüstung. Wer den hohen Wellen nichts abgewinnen kann, sollte sich zu dem kühlen Pool unterhalb der **Kitekite Falls** aufmachen (s. Kasten S. 178).

Der **Piha Surf Shuttle**, ☏ 0800 952 526, ⌨ www.surfshuttle.co.nz, holt seine Fahrgäste von Dez–Feb tgl. (März–Nov je nach Nachfrage) morgens gegen 9 Uhr an der Unterkunft in Auckland ab und fährt um 16 Uhr wieder von Piha zurück ($45 einfach, $70 Hin- und Rückfahrt am selben Tag). Vom internationalen Flughafen fährt ein Shuttle ebenfalls direkt nach Piha ($70).

ÜBERNACHTUNG

Black Sands Lodge, 54 Beach Rd, ☏ 021 969 924, ⌨ www.pihabeach.co.nz. 3 stilvolle *baches*: 1 Strandhäuschen und 2 Suiten – mit großen Terrassen, Fenstertüren und schöner Einrichtung. Die Gastgeber servieren auf Wunsch ein romantisches Vier-Gänge-Dinner in der Suite (um $140 p. P. zzgl. Wein). Cabin $140, Suiten $210

Campervan-Parkplatz, bis zu 5 Wohnmobile dürfen am Ende der Glen Esk Rd für eine Nacht im Sommer oder für zwei Nächte im Winter abgestellt werden. Fünf weitere Parkmöglichkeiten gibt es am Ende der Log Race Rd (s. Kasten S. 156). P. P. $6

📖 **Piha Beachstay** (Jandal Palace), 38 Glenesk Rd, ☏ 09 812 8381, ⌨ www.pihabeachstay.co.nz. Hervorragendes und sehr friedliches modernes Hostel für zehn Pers., versteckt in einem üppig-grünen Tal gelegen.

Kostenloses WLAN, Spät-Checkout und Zimmer mit sonnigen Terrassen (ein Zimmer mit Bad $120). Dorm $33, DZ $86

Piha Domain Motor Camp, 21 Seaview Rd, ☏ 09 812 8815. Nur einen kurzen Bummel vom Strand entfernt, mit Camping auf flachen Stellplätzen, einfachen Einrichtungen, brandneuen Waschräumen und einigen kleinen, gepflegten Cabins. Camping $15, Stellplätze mit Strom $18, Cabins $60

Piha Ocean Lookout, 14 Log Race Rd, ☏ 09 812 8207, ⌨ www.pihaoceanlookoutbandb.co.nz. Hoch auf einer Landzunge, etwa 4 km vom Piha Beach entfernt gelegen, bietet das B&B 2 Zimmer, die aber nur an gemeinsam reisende Familien oder Freunde vermietet werden, da sie sich das Bad und eine Miniküche teilen. Tolle Aussicht von der Lounge oder der Terrasse, wo das liebevoll angerichtete Frühstück serviert wird. Gute Wandermöglichkeiten auf den Klippen, außerdem führt der Hillary Trail am Haus vorbei. $140

Piha Surf Shop, 122 Seaview Rd, ☏ 09 812 8723, ⌨ www.pihasurf.co.nz. Wichtigster Surfertreff etwa 1 km vor dem Strand an der Zufahrtstraße nach Piha. Verschiedene rustikale Wohnwagen für Selbstversorger plus Cabins mit Plumpsklos und einer einzigen Gemeinschaftsdusche. Tolle Ausblicke auf den Strand in der Ferne und alles, was man zum Surfen braucht (s. Kasten S. 181). Wohnwagen und Cabins p. P. $30

ESSEN

Blairs on the Beach, 23 Marine Parade South, ☏ 09 812 8309. Der Dresscode für diesen klassischen neuseeländischen Beach Takeaway lautet: Meersalz in den Haaren und schwarzer Sand an den Füßen – die beste Voraussetzung, um sich leckeren frischen Fisch mit Pommes, herzhafte Burger und getoastete Sandwiches zu holen. Der Schokomilchshake mit einem Schuss Espresso ist ein feiner Ersatz für einen geeisten Mokka. ⏰ tgl. 11–18.30 oder später.

📖 **The Piha Café**, 20 Seaview Rd, ☏ 09 812 8808, ⌨ www.thepihacafe.co.nz. Das einzige echte Café in Piha, locker, aber stilvoll, mit jeder Menge Platz drinnen und draußen. Gute Auswahl an Backwaren, frischen Salaten

Die bewaldeten Hügel und wilden Strände der West Coast bilden die Kulisse für Aktivitäten wie Wanderungen zu Wasserfällen und Aussichtspunkten, Ausritte in den Dünen, Strandsegeln und Canyoning.

Reiten

Muriwai Beach Horse Treks, Coast Rd, ☎ 09 411 8948, 🖥 www.muriwaibeachhorsetreks.co.nz. Der Strand, die Dünen und Kiefernwälder im Norden lassen sich gut auf organisierten Ausritten ($95/2 Std.) erkunden. Beginn der Ausritte tgl. um 10, 14 und im Sommer 16 Uhr, vorsichtshalber vorher anrufen.

Surfen und Strandsegeln

Muriwai Surf School, in Strandnähe, ☎ 021 478 734, 🖥 www.muriwaisurfschool.co.nz. Verleiht Ausrüstung (Brett und Neopren-Anzug $40 für 3 Std.), Bodyboards ($10/Std.) und Mountainbikes ($10/Std.). Surfunterricht (Anfänger $60, Fortgeschrittene $100).

Piha Surf Shop, 122 Seaview Rd, ☎ 09 812 8723, 🖥 www.pihasurf.co.nz. Mike Jolly verkauft hier seine selbst hergestellten Longboards und eine gute Auswahl an Secondhand-Brettern. Auch Surfbrettvermietung (ab $25/3 Std.). Wer seine Surfkünste auffrischen möchte, kann sich von Mike einen Surflehrer vermitteln lassen.

Canyoning

Awol Adventures, ☎ 0800 462 965, 🖥 www.awoladventures.co.nz. Eines der spannendsten Angebote für abenteuerlustige Wasserratten in der Umgebung von Auckland ist das Canyoning – eine Kombination aus Schwimmen, Abseilen, Springen in tiefe Wasserbecken und Hinunterrutschen durch Felsrinnen. Awol hat eine tolle Tour nahe Piha im Programm; Teilnehmer werden in Auckland an der Sky City abgeholt. Die Betonung liegt hier eher auf Abseiling, besonders bei der Ganztagstour für $195. Durch den unteren Abschnitt des Canyons führen die Halbtagstour ($165) und die Nachttour ($185, vorwiegend im Winter), bei der nur Stirnlampen und Glühwürmchen den Weg beleuchten. Die Ausflüge enden mit einem Abstecher zu einem der Surfstrände an der West Coast. Wer richtig fit ist, kann die Ganztagestour durch den Blue Canyon ($195) buchen.

und Thekengerichten, außerdem eine Tafel, auf der Gerichte der Saison (um $15–25) angeschrieben stehen. Der Kaffee ist hervorragend, und es gibt Pizza zum Mitnehmen ($19–25). ⊕ Mo Do 8.30–16 Uhr oder später, Sa und So 8.30–19 oder 20 Uhr.

Piha Surf Lifesaving Club, 23 Marine Parade South, oberhalb des South Piha Beach, ☎ 09 812 8896, 🖥 www.pihaslsc.com. Hier kann man auch essen, aber eigentlich ist es das perfekte Plätzchen für ein Sonnenuntergangsbier. Am Eingang registrieren. ⊕ Okt–April Mo–Fr 17–22, Sa und So 12–22 Uhr.

Cascade Kauri

3 km entlang der Falls Rd, Zufahrt 1,5 km über die vom Scenic Drive abgehende Te Henga Rd ▪ ⊕ Okt–März tgl. 6–21, April–Sep tgl. 8–19 Uhr ▪ Eintritt frei

Die Fahrt durch den Waitakere Golf Club bildet einen merkwürdigen Einstieg zum Cascade Kauri, einem malerischen Stück Wald, das auch als Ark in the Park (Arche im Park) bekannt ist. Forest & Bird ist eine Organisation, die dieses Schutzgebiet pflegt. Ihre freiwilligen Helfer leisten hervorragende Arbeit bei der Ungeziefer- und Unkrautbekämpfung. Dank ihrer Arbeit sind die Bäume hier gesund, und Drosseln, Lappenkrähen und Weißköpfchen konnten wieder angesiedelt werden.

Es gibt längere Wanderwege, aber die beste Einführung bietet der schöne Auckland City Walk (s. Kasten S. 178).

Auf dem hiesigen Wohnmobil-Parkplatz (s. Kasten S. 156) können bis zu fünf Wohnmobile (im Sommer für eine Nacht und im Winter für bis zu drei Nächte lang) abgestellt werden. P. P. $6

Te Henga

Der Strand von **Te Henga** (ehemals Bethells Beach), 27 km nordwestlich des Arataki Visitor Centre, ist nicht so wildromantisch wie der von Karekare, Piha oder Muriwai und hat entsprechend weniger Zulauf; deshalb er im Sommer ein gutes Plätzchen, um den Menschenmassen zu entkommen.

Es gibt hier keine Läden, aber einen Surfclub, ein Café und eine luxuriöse Unterkunft in den drei **Bethells Beach Cottages**, 267 Bethells Rd, ✆ 09 810 9581, 🖳 www.bethellsbeach.com. Die künstlerisch angehauchten Cottages für Selbstversorger liegen auf einem Hügel gleich hinter den Dünen und bieten tolle Ausblicke aufs Meer. Whirlpool und ganzheitliche medizinische Anwendungen sind erhältlich, Proviant muss man mitbringen. $260.

Wer nicht selber kochen möchte, kann das **Bethells Café** aufsuchen, Parkplatz am Hauptstrand jenseits der Bethell Rd, ✆ 09 810 9387, 🖳 www.facebook.com/TheBethellsCafe. Gutes Essen und leckerer Kaffee sind zwar ein guter Grund, an diesem Caravan-Café zu halten, aber noch besser sind die chillige Atmosphäre und die gelegentliche Livemusik. ⏱ Nov Sa und So 10–18, Dez–Feb Fr 17.30–21, Sa und So 10–18 Uhr.

Muriwai

Muriwai, der größte Strandort an der West Coast, liegt 15 km nördlich von Piha und 15 km südwestlich von Huapai. Auch hier schlägt das Meer hohe Wellen und der herrliche Sandstrand erstreckt sich gar über 45 km nach Norden.

Die größte Attraktion findet sich aber am Südende des Strands, wo eine **Brutkolonie Australischer Tölpel** die kleine Motutara Island und Otakamiro Point, die Landzunge zwischen dem Hauptstrand und der Surferbucht Maori Bay, bevölkert. Üblicherweise bevorzugen die Tölpel den Schutz von Inseln – Muriwai ist einer der wenigen Orte, wo sie auch auf dem Festland nisten. Von verschiedenen Plattformen kann man die Tiere hervorragend beobachten. Die Aussichtspunkte sind über kurze Wege in der Nähe des Surfclubs und an der Straße zur Maori Bay zu erreichen.

ÜBERNACHTUNG UND ESSEN

Muriwai Motorcamp, 451 Motutara Rd, ✆ 09 411 9262, 🖳 www.muriwaimotorcamp.co.nz. Schattiger, großzügiger Campingplatz hinter den Dünen. Stellplätze mit Stromanschluss und warmen Duschen (mit $0,50-Münzen), Küche, Waschküche, kleine Lounge. Camping $14

Sand Dunz Café, 455 Motutara Rd, ✆ 09 411 8558. Gutes Café mit Sandwiches und Salaten, Standard-Frühstücks- und Mittagsangebot (zumeist $16–20, bis 16 oder 17 Uhr) sowie Burgern und Pommes zum Mitnehmen. ⏱ tgl. April–Sep 7.30–16 (Takeaway bis 17 Uhr), Okt–März 7.30–19.30 Uhr.

Nördlich von Auckland

40 km nördlich des Stadtzentrums von Auckland gehen die Vororte in die **Hibiscus Coast** über, die bei Pendlern und Ruheständlern immer beliebter wird. Im Zentrum der Region liegen die verstädterte **Whangaparaoa Peninsula** und der nichtssagende Strandort **Orewa**, den man heutzutage normalerweise auf der Nord-Autobahn umfährt. Gleich nördlich davon locken die heißen Quellen von **Waiwera**, die Strand- und Barbecue-Freuden des **Wenderholm Regional Park** und das traditionsreiche Dorf **Puhoi**. Hinter Puhoi beginnt die Region **Northland**; der erste größere Ort ist Warkworth (S. 210).

Orewa und die Whangaparaoa Peninsula

Der schönste Strand der Hibiscus Coast ist der 3 km lange Sandstreifen bei der Rentner- und Schlafsiedlung **Orewa**, die vom markanten zwölfstöckigen Nautilus-Apartmenthaus überragt wird. Der ruhige Ort bietet Unterkünfte, Restaurants und reichlich Gelegenheit zum Schwimmen, Kitesurfen und Stand-Up-Paddling. Südlich von Orewa ragt die **Whangaparaoa Peninsula** 12 km in den Hauraki Gulf hinein und erstreckt sich bis zur Gulf Harbour Marina. Hier starten die Boote zum schönen Vogelschutzgebiet Tiri-tiri Matangi (S. 205).

Shakespear Regional Park

20 km südöstlich von Orewa ▪ ⏱ tgl. Okt–März 6–21, April–Sep 6–19 Uhr

An der Spitze der Whangaparaoa Peninsula liegt der **Shakespear Regional Park**, ein nettes Plätzchen, um schwimmen zu gehen und zu campen. Bei Spaziergängen durch den aufgeforsteten Wald kann man Ziegensittiche, Makomakos und Tuis sichten. Ein raubtiersicherer Zaun soll das Gebiet schützen, und nach umfangreichen Maßnahmen zur Ausrottung von Schädlingen im Jahr 2011 nimmt die Zahl der Vögel wieder zu.

ÜBERNACHTUNG

Orewa Beach Top 10 Holiday Park, 265 Hibiscus Coast Hwy, ☎ 09 426 5832, 🖥 www.orewabeachtop10.co.nz. Großer, sehr guter und beliebter Campingplatz mit Cabins ($80, mit Küche) und Tourist Cabins ($120) am Orewa Beach, der hier von Pohutukawa-Bäumen gesäumt wird. Camping $20, Cabins $64
Pillows Lodge, 412 Hibiscus Coast Hwy, ☎ 09 426 6338, 🖥 www.pillows.co.nz. Zentrales Hostel mit einem Klavier im Aufenthaltsraum. Es gibt zwei Kajaks, die man mieten kann. Die Zimmer mit Bad ($95) und das Familienzimmer ($115) sind mit TV und Kühlschrank ausgestattet. Dorms $31, DZ $85
Shakespear Regional Park, Whangaparaoa Rd, ☎ 09 301 0100, 🖥 www.aucklandcouncil.govt.nz. Großes Campingareal in der Nähe eines tollen Badestrands. Fließendes Wasser, Spültoiletten, Einrichtungen für Wohnmobile vorhanden. Buchung dringend zu empfehlen. Camping p. P. $13, Wohnmobil p. P. $6
Villa Orewa, 264 Hibiscus Coast Hwy, ☎ 09 426 3073, 🖥 www.villaorewa.co.nz. Schickes B&B in einem mediterran anmutenden weißen Haus. Großzügige Zimmer mit Strandblick vom Balkon und leckerem Frühstück. Auf Anfrage ist auch Abendessen erhältlich. $210
Waves, 1 Kohu Rd, beim Hibiscus Coast Hwy, ☎ 0800 426 6889, 🖥 www.waves.co.nz. Das vornehmste Motel des Orts, nur ein paar

Schritte vom Strand, mit Fußbodenheizung und stilvoller Einrichtung. Bester Ausblick von den „Premium"-Zimmern. $180, Premium $210

ESSEN

Alley Katz, 358 Hibiscus Coast Hwy, ☎ 09 426 0548. Relaxtes Café an der Straße und ideal, um in der Morgensonne einen leckeren Frühstückswrap ($10) zu genießen. Außerdem leckere Thekengerichte und Tintenfischsalat ($18). ⏱ tgl. 7–16 Uhr.
Coast Bites and Brews, 342 Hibiscus Coast Hwy, ☎ 09 421 1016, 🖥 www.dcbrewing.co.nz. Lustige Bar, die die ganze Palette an hervorragenden kleinen Craft-Bierflaschen der Deep Creek Brewing im Angebot hat. Dazu gibt es Gerichte wie Skirt Steak Wraps ($21) und Surf-and Turf-Platten ($35). ⏱ tgl. 11–23 Uhr.

SONSTIGES

SUP Shed, 12 Bakehouse Lane, ☎ 09 426 7873, 🖥 www.supshed.com. Vermietung von Stand-Up Paddleboards ($20/Std.) entweder im Geschäft oder den Sommer beim Zelt am Strand. Auch 1-stündige Einweisungen inkl. Boardmiete ($70). ⏱ tgl. 10–17.30 Uhr, im Winter Mo geschl.

TRANSPORT

Die **Busse** Nr. 893–896 aus AUCKLAND (11x tgl., 1 Std.; alle von North Star) fahren im Zentrum von Auckland an der 13 Albert St ab.

Northern Gateway Toll Road

Um die $2,20 Mautgebühr für die letzten 5 km des Northern Motorway von Auckland zu sparen, fährt man in Silverdale ab und folgt dann der Küstenstraße bis Orewa. Der kleine Umweg nimmt nur 10 Minuten mehr Zeit in Anspruch. Ansonsten zahlt man online (🖥 www.tollroad.govt.nz) entweder vor Abfahrt oder bis zu 5 Tage nach der Fahrt. Alternativ kann man auch an den Kiosken entlang der Straße bezahlen.

Waiwera Thermal Resort

21 Waiwera Rd ■ ⊕ Mo–Do und So 9–21, Fr und Sa 9–22 Uhr; Filme tgl. 12, 15 und 19 Uhr ■ Eintritt Erw. $26, Kinder $15 ■ ✆ 0800 WAIWERA, 🖥 www.waiwera.co.nz

Die Küstenstraße führt nördlich von Orewa ins 6 km entfernte **Waiwera**, wo natürliches heißes Thermalwasser in das **Waiwera Thermal Resort** geleitet wird, einen Riesenkomplex mit Wasserrutschen und diversen Innen- und Außenpools, die zwischen 24 und 40 °C warm sind. Wer will, kann sich hier mit allen möglichen Wellness-Behandlungen und Massagen verwöhnen lassen und Holzofenpizza, Burger und Eiscreme essen. Besucher, die in der Gegend übernachten, sollten bei der Unterkunft nach dem Rabatt für temporäre Anwohner fragen.

Wenderholm Regional Park

SH1, 1 km nördlich von Waiwera ■ ⊕ tgl. 6 Uhr bis Sonnenuntergang ■ Eintritt frei ■ Kajakverleih $25/Std. ■ Weihnachten–Mitte Jan tgl., Mitte Jan–Feb nur Sa und So

Der **Wenderholm Regional Park** erstreckt sich zwischen der Mündung des Puhoi River und einem ausgedehnten Sandstrand. Es gibt hier per Münzeinwurf betriebene Grills und kalte Duschen. Drei Stunden vor und nach Tidehochwasser werden Sit-on-top-Kajaks verliehen. Wanderwege von 20 Min. bis 2 Std. Länge winden sich durch Nikaupalmenhaine voller Vögel zu einem Aussichtspunkt auf der Landzunge.

Couldrey House

⊕ Weihnachten–Ostern tgl.13–16, Ostern–Weihnachten Sa und So 13–16 Uhr ■ Eintritt $5 ■ ✆ 09 528 3713, 🖥 www.historiccouldreyhouse.co.nz

Das Couldrey House ist ein Strandhaus aus den 1860er-Jahren und diente einst als Winterquartier. Das häufig umgebaute Haus ist heute wieder der größtenteils im Stil der damaligen Zeit eingerichtet.

ÜBERNACHTUNG UND ESSEN

Wenderholm Camping, SH1, 1 km nördlich von Waiwera, ✆ 09 366 2000. Neuer, großer Schischka-Zeltplatz neben dem Schischka

House mit Toiletten und Trinkwasserversorgung, aber wenig Schatten. Wohnmobile dürfen für eine Nacht auf dem Hauptparkplatz abgestellt werden (Zufahrt nur, wenn die Parktore geöffnet sind). Camping p. P. $13, Wohnmobile p. P. $6

Puhoi

Das winzige Dörfchen **Puhoi**, 6 km nördlich von Waiwera, wurde von erzkatholischen böhmischen Einwanderern gegründet, die 1863 aus der heutigen Tschechischen Republik herkamen. Der Boden hier war so karg, dass die Siedler ihren Lebensunterhalt durch Holzfällerei aufbessern mussten. Aber sie hielten durch, und auch heute noch wird in der hölzernen **Peter-und-Pauls-Kirche** von 1881 die katholische Messe gelesen.

Gegenüber bietet Puhoi River Canoe Hire, ✆ 09 422 0891, 🖥 www.puhoirivercanoes.co.nz (Reservierung erforderlich), leichte körperliche Betätigung in Form von **Kajak- oder Kanutouren**. Man kann von hier aus auf eigene Faust flussabwärts nach Wenderholm paddeln (2 Std., $50, inkl. Abholung); ⊕ Sep–Juni tgl.

Puhoi Bohemian Museum

⊕ Weihnachten–Ostern tgl. 13–16, Ostern–Weihnachten Sa, So und Schulferien 13–16 Uhr ■ Eintritt $3 ■ ✆ 09 422 0472, 🖥 www.puhoi historicalsociety.org.nz

Die meisten Reisenden statten nur dem Pub einen Besuch ab, dabei ist auch das **Puhoi Bohemian Museum** in der früheren Klosterschule einen Blick wert, vor allem das historische Modell des Dorfs; es zeigt Puhoi um 1900.

ESSEN UND UNTERHALTUNG

Puhoi Pub, Puhoi Rd, ✆ 09 422 0812. Echter Kiwi-Pubklassiker von 1879, der mit zahlreichen Fotos und Erinnerungsstücken aus der Zeit der frühen Siedler geschmückt ist, u. a. mit den Hörnern berühmter Ochsengespanne, die bei der Rodung des dichten Waldes eingesetzt wurden. Interessant ist das Kommen und Gehen im Biergarten zu beobachten. ⊕ tgl. 10–19 Uhr, am Wochenende länger.

Puhoi Valley Café & Cheese Store, 275 Ahuroa Rd, rund 3 km nördlich, ☎ 09 422 0670, 🖥 www.puhoivalley.co.nz. Gratis-Verkostung von köstlichem Käse, sämiger Eiscreme und Sorbets mit Waldbeeren, alles vor Ort gefertigt. Aber auch das Café lohnt einen Besuch. 🕐 Mo–Fr 10–16, Sa und So 9–17 Uhr.

Südöstlich von Auckland

Reisende mit weniger Zeit, die Richtung Süden unterwegs sind, fahren meist auf direktem Weg nach Hamilton oder biegen bei Pokeno nach Thames und zur Coromandel Peninsula ab – und verpassen so die bescheidenen Attraktionen des **Firth of Thames**, eines Seitenarms des Hauraki Gulf, der den Süden Aucklands von der Coromandel Peninsula trennt. Seine windumtoste Westküste besteht zum Teil aus übereinander abgelagerten Muschelbänken.

Ein Großteil dieses Küstenstreifens wurde in Farmland verwandelt, aber es entstehen immer noch neue Muschelbänke, die man entlang der sogenannten **Seabird Coast** in Augenschein nehmen kann. Besonders für Fahrradfahrer eignet sich die Küstenstraße von Aucklands Stadtzentrum über Tamaki Drive, Panmure, und Howick bis zum Küstenort Clevedon.

Kaiaua

Das Dorf besteht aus kaum mehr als einem Pub, einem Imbiss und einem Jachthafen, in dem sich ein halbes Dutzend Boote zwischen die Mangroven quetschen. Hier sieht es noch so aus wie in weiten Teilen des Landes vor 50 Jahren.

Miranda Shorebird Centre
283 East Coast Rd, 7 km südlich von Kaiaua ▪ 🕐 tgl. 9–17 Uhr, im Sommer oft länger ▪ Eintritt frei ▪ ☎ 09 232 2781, 🖥 www.miranda-shorebird.org.nz
In der Hochsaison von Januar bis März ist das bescheidene **Miranda Shorebird Centre** von begeisterten Vogelfreunden belagert. Sie können

Tipps zu den interessantesten aktuellen Sichtungen und Beobachtungsplätzen am Spazierweg zum Aussichtspunkt (1 Std. hin und zurück) geben. Es werden gute Naturkundebücher angeboten, außerdem lockt eine Sonnenterrasse.

Fast ein Viertel aller bekannten Spezies küstenbewohnender Zugvögel besucht die Region. Im Sommer der Südhalbkugel (September bis März) sind hier arktische Zugvögel zu beobachten, die aus dem 15 000 km entfernten Alaska und Sibirien einfliegen. Optimal ist eine Vogelbeobachtung in den zwei Stunden, während der die Flut ihren Höhepunkt erreicht hat.

Miranda Hot Springs
Front Miranda Rd, 10 km südlich von Miranda ▪ 🕐 tgl. 9–21.30 Uhr ▪ Eintritt $14, private Whirlpools $15 p. P. für 30 Min., Kombiticket $24 p. P. ▪ ☎ 07 867 3055, 🖥 www.mirandahotsprings.co.nz
Nur 20 Autominuten von Thames entfernt liegen die leicht alkalischen **Miranda Hot Springs** mit einem großen warmen Schwimmbecken (36–38 °C), einem kühleren Kinderbecken und Whirlpools aus Kauri-Holz (40–41 °C).

ÜBERNACHTUNG UND ESSEN

Kaiaua Fisheries, 939 East Coast Rd, Kaiaua, ☎ 09 232 2776. Man kann im kleinen Restaurant speisen, aber schöner ist es, Fish 'n' Chips (ca. $8) zum Mitnehmen zu ordern und diese am Wasser zu verzehren. 🕐 tgl. 9–20.30 Uhr. **Miranda Holiday Park**, Miranda Hot Springs, ☎ 0800 833 144, 🖥 www.mirandaholidaypark. co.nz. Erstklassiger Campingplatz mit separatem Zeltbereich, **Miranda Shorebird Centre**, 283 East Coast Rd, 7 km südlich von Kaiaua, ☎ 09 232 2781, 🖥 www.miranda-shorebird. org.nz. Vogelfreunde können hier in 4- bis 6-Bettzimmern oder Units für Selbstversorger nächtigen. Gute Küche und sonnige Veranda. Proviant und Bettzeug mitbringen oder Letzteres für $5 leihen. Dorms $25, Units $95 **Rays Rest**, 5 km südlich von Kaiaua. Wohnmobile mit Toilette dürfen bis zu zwei Nächte am Ufer parken (kostenlos). Wenn es hier voll ist, kampieren manche außerhalb des markierten Bereichs (was man unterlassen sollte). Im Ort gibt es kostenlose öffentliche Toiletten.

Inseln im Hauraki Gulf

Aucklands größter Schatz ist der von Inseln übersäte **Hauraki Gulf**, ein 70 km² großer Meereseinschnitt nordöstlich der Stadt. Auf Maori bedeutet *hauraki* „Wind aus dem Norden" – tatsächlich aber liegt der Golf im Windschatten der Great Barrier Island, die ihn auch vor der Dünung des Ozeans schützt und dadurch optimale Bedingungen für Segler schafft. Die meisten von ihnen wollen über den Golf kreuzen oder angeln, aber wer zwischendurch gerne mal an Land geht, kann einige der 47 Inseln besuchen, die als Freizeitgebiete oder als Schutzgebiete für bedrohte Tierarten ausgewiesen sind (in letzterem Falle sind sie nur mit Permit zugänglich).

Am nächsten zu Auckland befindet sich das unbewohnte **Rangitoto**, ein flacher Lavakegel, dessen Erscheinungsbild die Hafenlandschaft bestimmt. Die bevölkerungsreichste Golf-Insel ist **Waiheke** mit sandigen Stränden und einigen erstklassigen Weingütern. Auf der benachbarten **Rotoroa Island** war Wein zeitweise streng verboten: Die Insel beherbergte früher ein Entzugszentrum der Heilsarmee; heute ist sie jedoch für Tagesbesucher zugänglich.

Viel urtümlicher als Waiheke erscheint **Great Barrier Island**, die mit sandigen Surfstränden, Wanderpfaden durch hügeliges Gelände und ausgezeichneten Aussichten für Angler aufwartet.

Das Department of Conservation (DOC) gewährt bedingt Zugang zu einigen unter Schutz stehenden Inseln. So können Besucher während eines Tagesausflugs zum Eiland **Tiritiri Matangi** einige der seltensten Vogelspezies der Welt beobachten.

Rangitoto Island und Motutapu Island

Der niedrige Kegel von **Rangitoto Island**, 10 km nordöstlich des Stadtzentrums, ist für jeden Aucklander ein vertrauter Anblick. Doch nur wenige von ihnen haben schon mal einen Fuß auf die Insel gesetzt, die eine sonderbare Landschaft aus zerklüftetem schwarzem Lavagestein und den größten Pohutukawa-Wald der Welt besitzt. Gleich daneben erstreckt sich die sehr viel ältere **Motutapu Island** („heilige Insel"), die mit Rangitoto durch einen schmalen Damm verbunden ist.

Ein Tagesausflug reicht, um die Atmosphäre von Rangitoto auf sich wirken zu lassen, die obligatorische Wanderung zum Gipfel zu absolvieren, der traumhafte Aussicht auf die Stadt und den Hauraki Gulf bietet, und noch ein paar Wanderwege zu erkunden. Wer länger bleiben will, kann sein Zelt auf dem schlichten Campingplatz an der Home Bay von Motutapu aufschlagen – allerdings bedeutet das einen dreistündigen Fußmarsch von der Rangitoto Wharf. Zwei verschiedene Fährgesellschaften fahren zu den beiden Inseln. Leider kann man bei beiden keine Einzeltickets, sondern nur Rückfahrkarten buchen.

Geschichte

Rangitoto ist Aucklands jüngster und größter **Vulkan**, dessen Entstehung vor rund 600 Jahren von den Motutapu-Maori beobachtet wurde; die das Eiland nach dem atemberaubenden Spektakel, das seiner Entstehung vorausging, „blutroter Himmel" nannten.

Die Regierung kaufte Rangitoto im Jahr 1854 für 15 Pfund und nutzte es als militärischen Beobachtungsposten und **Arbeitslager** für Gefangene. Ab den 1890er-Jahren wurden einige Areale der Insel zum Kampieren verpachtet; auf ihnen entstanden alsbald ungenehmigte **Baches**. Um 1937 gab es bereits über 100 dieser provisorischen Unterkünfte; danach wurde weiteren Neubauten ein gesetzlicher Riegel vorgeschoben. Erst in den letzten Jahren erkannte man den kulturellen Wert dieser einzigartigen Ansammlung von Häusern aus den 1920er- und 1930er-Jahren. Die schönsten Exemplare der verbliebenen 34 Häuschen wurden für die Nachwelt restauriert.

Flora und Fauna

Rangitotos fehlender Erdboden und das poröse Gestein schufen ungewöhnliche Voraussetzungen für die **Pflanzenwelt**. Da es nur wenige Insekten auf der Insel gibt, zieht es auch

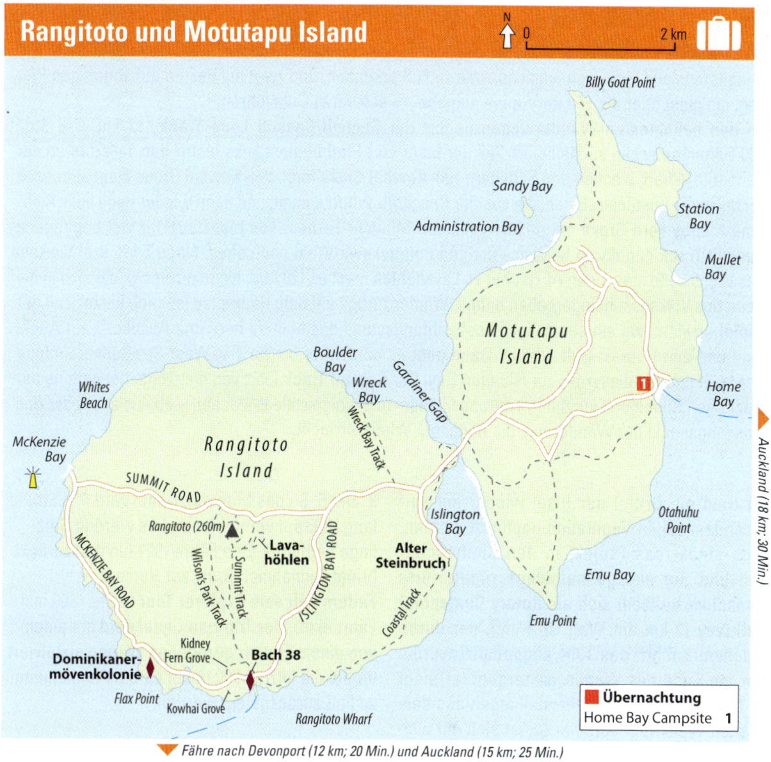

Billy Goat Point

Sandy Bay

Administration Bay

Station Bay

Mullet Bay

Motutapu Island

Boulder Bay

Wreck Bay

Gardiner Gap

Whites Beach

Home Bay

McKenzie Bay

Wreck Bay Track

Rangitoto Island

SUMMIT ROAD

Rangitoto (260m)

Lava-höhlen

Alter Steinbruch

Islington Bay

Otahuhu Point

Wilsons Park Track

Summit Track

ISLINGTON BAY ROAD

MCKENZIE BAY ROAD

Emu Bay

Coastal Track

Emu Point

Dominikaner-mövenkolonie

Kidney Fern Grove

Bach 38

Flax Point

Kowhai Grove

Rangitoto Wharf

AUCKLAND UND UMGEBUNG

Auckland (18 km; 30 Min.)

■ **Übernachtung**
Home Bay Campsite **1**

Fähre nach Devonport (12 km; 20 Min.) und Auckland (15 km; 25 Min.)

entsprechend wenige Vögel hierher, was eine unheimliche Stille zur Folge hat. Die extremen Lebensbedingungen haben zu einigen **botanischen Anomalien** geführt: Sowohl Epiphyten als auch Feuchtigkeit liebende Mangroven gedeihen direkt auf der Lava; in Meereshöhe findet man alpine Moose; und der Pohutukawa hat sich mit seinem nahen Verwandten, dem nördlichen Rata-Baum, gekreuzt und unglaublich bunte Blüten hervorgebracht.

Seit die Insel von Possums, Wallabys und sogar Ratten befreit wurde, gedeihen die Pohutukawa-Bestände besser. Das DOC hat **heimische Vogelarten** wie den Takahe, Sattelvogel und Weißköpfchen in Motutapu ansiedeln können. Auch die heimischen Wellensittiche (Kakariki) sind wieder zurückgekehrt und brüten zum ersten Mal seit über 100 Jahren wieder hier.

Bach 38

Nahe der Rangitoto Wharf ▪ ⏲ nur nach vorheriger Anmeldung ▪ Eintritt frei ▪ ✆ 09 445 1894, 🖥 www.rangitoto.org
Bach 38 wurde wieder in den Zustand der 1930er-Jahre zurückversetzt und kann von außen besichtigt werden. Wer Glück hat, erwischt einen der Tage, an denen der Rangitoto Island Historic Conservation Trust das Haus zur Besichtigung öffnet. Der Trust restauriert noch weitere *baches,* was jedoch einige Zeit in Anspruch nehmen wird.

Motutapu

Die Landschaft von Motutapu zeigt ein typisch ländliches Neuseeland mit Weiden, Zäunen auf den Hügelkämmen und Macrocarpa-Windschutzpflanzungen, aber nach Plänen des DOC-

Rangitoto Summit Walk

Rangitoto Island lässt sich am schönsten zu Fuß erkunden, und zwar am besten auf schattigen Pfaden, die nicht über die von der Sonne aufgeheizte schwarze Lava führen.

Zu den beliebtesten Wanderwegen gehört der **Summit/Coastal Loop Track** (12 km, 5–6 Std., 260 Höhenmeter) im südöstlichen Teil der Insel. Der Pfad beginnt links hinter den Toiletten an der Rangitoto Wharf, wo man den Schildern zum **Kowhai Grove** folgt. Von Kowhai Grove biegt man nach rechts in die Küstenstraße ab, die von der Rangitoto Wharf kommt, und dann wieder nach links Richtung **Kidney Fern Grove** mit ungewöhnlichen Miniatur-Farnen. Von hier führt der viel begangene **Summit Track** nun durch teilweise dichten Pohutukawa-Wald nach oben. Nach etwa drei Vierteln des Wegs kann man einen Abstecher zu **Lavahöhlen** machen (20 Min. hin und zurück), die sich in die Seite des Vulkans hineingegraben haben. Wieder zurück auf dem Hauptpfad ist nach kurzer Zeit der **Gipfel** erreicht, wo ein ehemaliger Beobachtungsstand des Militärs herrliche Ausblicke auf Auckland und den Hauraki Gulf erlaubt. Dann geht es nordwärts bis zur Ost-West-Straßenverbindung der Insel und auf dieser bis zur Islington Bay. Der **Coastal Track** führt von hier zunächst entlang der Bucht gen Süden und kürzt dann durchs Inland – und einige stille Wäldchen – ab, bis er wieder den Ausgangspunkt der Wanderung, die Rangitoto Wharf, erreicht.

soll rund ein Drittel der Insel wieder mit seiner endemischen Vegetation bepflanzt werden. Noch steckt das Projekt in den Kinderschuhen, und die einzige halbwegs renaturierte Landschaft befindet sich am **Rotary Centennial Walkway** (2 km ein Weg, 40 Min.), der durch Buschwerk führt, das 1994 angepflanzt wurde. Wer am Ende des Weges weitergeht, erreicht die Überreste von Geschützstellungen aus dem Zweiten Weltkrieg. Von hier bietet sich ein weiter Blick über das wunderschöne Küstengebiet.

ÜBERNACHTUNG

Home Bay Campsite, Ostseite von Motutapu, www.doc.govt.nz. Die einzige Übernachtungsmöglichkeit auf den beiden Inseln ist dieser einfache, aber nette und geräumige DOC-Zeltplatz am Strand mit Toiletten und Wasseranschluss. In der Saison gelangt man mit der Fähre von Explore hin oder in 3 Std. zu Fuß von der Rangitoto Wharf. Für die Zeit von Weihnachten bis Ende Jan. Vorausbuchen. $6

SONSTIGES

Aktivitäten
Der **Motutapu Restoration Trust**, www.motutapu.org.nz, organisiert Tagesausflüge für freiwillige Naturschutzhelfer (meistens 1.,

3. und 5. So des Monats). Dabei wird 4–5 Std. lang Unkraut vernichtet und es werden Setzlinge gepflanzt. Eine Fähre ($21 hin und zurück) bringt Teilnehmer direkt zur Home Bay.

Fullers Volcanic Explorer Tour (2 Std., $60 inkl. Fährticket). Der Trip zum Gipfel wird mit einem von einem Traktor gezogenen Wagen absolviert, wobei die letzten 900 m auf einem Plankenweg zu Fuß zurückgelegt werden.

Ausrüstung
Besucher sollten vor der Tour ihre Taschen auf blinde Passagiere untersuchen (auf diese Weise sind wirklich schon Mäuse hergelangt) und ihre Schuhe von Samen reinigen, um keine invasiven Unkräuter einzuschleppen. Es gibt zwar öffentliche **Toiletten**, ansonsten aber keinerlei Einrichtungen auf Rangitoto – man muss also alles mitbringen, was man braucht – so auch stabile Schuhe zum Schutz vor den scharfkantigen Felsen, eine Kopfbedeckung gegen die Sonne und einen Regenschutz. Wer wandern möchte, sollte viel Trinkwasser sowie eine Taschenlampe für die Lavahöhlen mitnehmen.

FÄHREN
Fullers, 09 367 9111, www.fullers.co.nz. Die Fähren von Fullers benötigen 25 Min. bis zur

Rangitoto Wharf (2–4x tgl., $29 hin und zurück), die meisten Fährschiffe halten auch in Devonport. Wer samstags oder sonntags mit der Fähre um 7.30 Uhr fährt, zahlt hin und zurück nur $18. **Explore**, ☏ 0800 397 567, 🖥 www.exploregroup.co.nz. Die Fähren von Explore pendeln zwischen dem Fährgebäude und der Motutapu Home Bay (1.–21. Dez Sa und So 1–2x tgl., 22. Dez–Jan tgl. 1–2x, Zeiten für die übrige Saison siehe Website; $32 hin und zurück).

Waiheke Island

Das ländliche **Waiheke**, 20 km östlich von Auckland, ist die zweitgrößte der Golf-Inseln und die bei weitem bevölkerungsreichste, besonders im Sommer, wenn Ausflügler die Einwohnerzahl von 8000 auf gut das Vierfache steigen lassen. Der Verkehr verläuft jedoch nicht nur in eine Richtung, denn dank der schnellen und häufigen Fährverbindungen pendeln viele Insulaner täglich in die Stadt. Dennoch ist Waiheke mit seinen Sandstränden an der Nordküste und einigen hervorragenden Weingütern sehr beliebt bei Besuchern aus Übersee, die sich an diesem friedlichen Ort gern vom Jetlag erholen oder hier vor dem Heimflug noch ein paar faule Tage verbringen. Am vollsten wird es an den Sommerwochenenden und im Januar, wenn die Aucklander in Massen herbeiströmen und oft Veranstaltungen mit Livemusik stattfinden.

Rund um **Oneroa** drängen sich die meisten Menschen, Cafés und Restaurants. Hier kann man auch baden, aber Besucher steuern vorwiegend andere Teile der Insel an. Die schönsten Strände liegen östlich von Oneroa: Im fast kreisrunden **Enclosure Bay** kann man herrlich schnorcheln, am **Palm Beach** lässt es sich gut schwimmen und **Onetangi** zieht die Surfer an. Weiteren Zeitvertreib versprechen kurze, aber oft steile **Wanderwege** um Buchten und über Landzungen rund um die Insel, Weinkellereien oder, für Aktive, Kajaktouren und Segeltörns.

Geschichte

Zu den **ersten Europäern**, die ihren Fuß auf Waiheke Island setzten, gehörte **Samuel Marsden**, der 1818 hier predigte und bei Matiatia eine Mission gründete. Danach durchlief das Eiland die übliche Abfolge von Abholzung der Kauri-Bäume, Kauri-Harz-Gewinnung und Landrodung für Farmen. Schließlich begann die wunderschöne Küstenlandschaft als Ort für opulente Picknicks an Beliebtheit zu gewinnen und ganze Bootsladungen vornehm gekleideter Viktorianer überschwemmten Waiheke.

Mit der Erschließung ging es anfangs nur langsam voran, aber die billigen Grundstücke zogen alsbald **Maler und Kunsthandwerker** nach Waiheke. Andere folgten, als die Verbindungen von Auckland immer besser und schneller wurden.

Oneroa und Umgebung

Die meisten Fähren legen an der Matiatia Wharf an. Sie liegt 2 km Fußweg oder eine kurze Busfahrt von der größten Siedlung **Oneroa** entfernt, deren Hauptstraße am i-SITE, mehreren Cafés und Restaurants, der Bibliothek und einem Kino vorbeiführt. Gleich in der Nähe gibt es Unterkünfte und Weingüter. Nach Süden hin befindet sich der seichte Blackpool Beach, während der Hügel im Norden steil zur sandigen Oneroa Bay abfällt. Dies ist ein schöner Ort zum Baden; wenn allerdings die sommerlichen Besucher überhandnehmen, finden sich am östlichen Ende einige ruhigere Fleckchen zwischen den Felsen. Sie sind aber nur bei Ebbe zugänglich.

Whittaker's Musical Experience

2 Korora St ▪ 🕐 tgl. 13–16 Uhr, Vorführungen Sa 13.30 Uhr ▪ Eintritt frei, Vorführungen $12,50 ▪ ☏ 09 372 5573, 🖥 www.musicalmuseum.org

Die einzige echte Sehenswürdigkeit in Oneroa ist das etwas eigenartige Whittaker's Musical Experience, ein Raum voller Flageolette, Akkordeons, mechanische Klaviere und Xylophone. Außerdem stehen hier ein restaurierter Steinway-Flügel von 1896 sowie einer, der dem polnischen Pianisten Ignacy Jan Paderewski gehört hat. Auf den meisten dürfen die Besucher auch spielen; ab und an gibt es Klangdarbietungen von Profis.

Ostend Market

Ostend Hall, Ostend Rd, Ecke Belgium St ▪ 🕐 Sa 7.30–12 Uhr ▪ 🖥 www.ostendmarketwaiheke.co.nz

Waiheke Island

Coromandel (1 Std. 10 Min.)

N 0   2 km

Restaurants,
Cafés und Bars
1. Casita Miro — 2
2. Charlie Farley's — 1
3. Poderi Crisci — 4
   Stonyridge — 3

Übernachtung
- Kina Backpackers — 2
- Heartsong Retreat — 3
- Onetangi Beachfront Apartments — 1
- Whakanewha Regional Park — 4

Thumb Point

Hooks Bay

Garden Bay

Potatoa Island

Rotoroa Island

Ponui Island

Fort Stony Batter

Stony Batter (220 m)

Huse Bay

Opopo Bay

Man O' War Bay

Waiheke Channel

Omaru Bay

Orapiu

Connells Bay Sculpture Park

Cowes Bay Road

Te Matuku Bay

Cactus Bay

Man O' War Bay Road

Maunganui (231 m)

Awaawaroa Bay

Onetangi Bay

EcoZip Adventures

The Hay Paddock

TRIG HILL RD

Cascades Waterfall

Onetangi

Thompsons Point

Obsidian

Nikau Track

Central Track

Rocky Bay

Onetangi

Stonyridge

ONETANGI

Ostend Market

Wild On Waiheke

Palm Beach Store

Ostend

Putiki Bay

PALM BEACH

SURFDALE

Enclosure Bay

Kennedy Point

Half Moon Bay (45–60 Min.)

Matiatia–Owhanake–Oneroa Loop

Hekerua Bay

Oneroa Bay

Oneroa

BLACKPOOL

Blackpool

Surfdale

Huruhi Bay

Owhanake Bay

Matiatia Headland North

Matiatia Wharf

Te Atawhai Whenua Reserve

Matiatia Bay

Matiatia Headland South

s. Karte Oneroa S. 192

Auckland (35 Min.)

Auckland (50 Min.)

Die Hauptstraße von Waiheke windet sich von Oneroa aus gen Osten durch die benachbarten Siedlungen Little Oneroa, Blackpool und Surfdale bis zum Gewerbegebiet **Ostend**. Dieser Ort ist eigentlich nur wegen des **Ostend Market** interessant, auf dem es Bioprodukte, Kunst und Kunsthandwerk, Imbissstände, Massagen, Irisdiagnostik und heimische Unterhaltungskünstler gibt. Nur Barzahlung möglich.

Palm Beach und Onetangi

Palm Beach liegt 4 km östlich von Oneroa ▪ Onetangi liegt 9 km östlich von Oneroa

Palm Beach beansprucht ein ordentliches Stück der Nordküste. Die Häuser ziehen sich bis zum Sandstrand hinunter, der durch Felsen von der Nacktbadezone am westlichen Ende getrennt ist. Der längste und am wenigsten geschützte Strand der Insel ist der **Onetangi Beach**, im Sommer gleichermaßen beliebt bei Surfern und Badenden und Austragungsort von Pferderennen (🖥 www.onetangibeachraces.co.nz), Sandburgenbau- und Tauziehwettbewerben.

Stony Batter Historic Reserve und Fort Stony Batter

Stony Batter Historic Reserve ⊕ rund um die Uhr, Eintritt frei ▪ Fort Stony Batter ⊕ gewöhnlich tgl. 10–15 Uhr, aber am besten vorher anrufen ▪ Eintritt $8, Führung $15; nur Barzahlung ▪ 📞 021 043 8821

Östlich von Onetangi gibt es kaum noch Häuser, sondern bloß offenes Farmland, Weingärten und das frei zugängliche **Stony Batter Historic Reserve**, eine Ansammlung von Verteidigungsanlagen aus dem Zweiten Weltkrieg am Nordostzipfel der Insel, 23 km von Matiatia Wharf. Vom Parkplatz sind es 20 Minuten zu Fuß bis zum Reserve, wo man herumwandern oder das **Fort Stony Batter** erkunden kann, ein Labyrinth aus Betontunneln und Geschützstellungen. Besucher können die Anlage auf eigene Faust erkunden (Taschenlampen-Verleih $5) oder sich einer Führung anschließen.

Connells Bay Sculpture Park

142 Cowes Bay Road, 20 km östlich von Oneroa ▪ ⊕ Ende Okt–Ende April tgl., nur gebuchte Führungen möglich ▪ Eintritt $30 ▪ 📞 09 372 895, 🖥 www.connellsbay.co.nz

Man sollte rechtzeitig buchen und sich einige Stunden für diesen fantastischen Privatweg mit zeitgenössischen Skulpturen freihalten. Die kleinen Besuchergruppen werden von den beiden Sammlern und Besitzern John und Jo Gow geführt. Nachdem das ehemalige Weideland wieder in ursprüngliches Busch- und Waldland zurückverwandelt wurde, haben die Gows die Creme der neuseeländischen Bildhauer – Michael Parekowhai, Jeff Thompson, Chris Booth, Fatu Feu'u – beauftragt, Skulpturen zu schaffen, die sich in die renaturierte Landschaft einfügen. Das Ergebnis sind einige der umfassendsten Arbeiten, die diese Künstler je in Angriff genommen haben. Der Fortgang der Arbeiten und die verschiedenen Entwicklungsstadien werden in Filmen und Modellen gezeigt, aber den eigentlichen Höhepunkt bilden die Skulpturen selbst: ein massiver Baumstumpf, der in eine Skulptur verwandelt wurde, die einem *moai* von den Osterinseln ähnelt, eine an die Natur angepasste Stahlwand, eine Napfschnecke aus rostfreiem Stahl usw.

ÜBERNACHTUNG

Unterkünfte gibt es reichlich; nur in den drei Wochen nach Weihnachten und an Sommerwochenenden kann es eng werden. Oneroa verfügt über gute Busverbindungen, Geschäfte und Restaurants, doch viele Besucher quartieren sich lieber an ruhigeren **Stränden** wie Palm Beach oder Onetangi ein. Viele Unterkünfte verlangen am Wochenende 2 Nächte Mindestaufenthalt.

Oneroa, Little Oneroa und Blackpool

Como Bach, 30 The Esplanade, 🖥 www.visit waiheke.co.nz; Karte S. 192. Eines der praktischen (und erschwinglicheren) Ferienhäuser, die über diese Website vermietet werden. Der Preis für das kleine Haus mit 2 Schlafzimmern am sonnigen Strand gilt für 4 Pers. $250

Fossil Bay Lodge, 58 Korora Rd, Oneroa, 🖥 www.fossilbay.net; Karte S. 192. Ein paar zwanglose Hütten für 2 Pers. und „luxuriöse" Zelte, 5 Min. zu Fuß von einem so gut wie privaten Strand auf einer Bio-Farm 1 km außerhalb des Orts. Schöne Gemeinschaftsbereiche

N 0   500 m

Auckland (35 Min.)

Oneroa
Bay

Hekerua
Bay

Sand
Bay

KORORA RD

KARU RD

DELAMORE DRIVE

TIR RD

KORORA RD

WAIKARE RD

Fähre Waiheke
Bike
Hire
Matiatia   OCEAN VIEW RD
Wharf   Waiheke Car and
Scooter Hire
Ross
Adventures
MATIATIA
Te Atāwhai
Whenua
Reserve

Whittaker's Music Museum,
Bücherei und
Waiheke Island
Community Cinema

KUA KA RD

Onya
Bikes

BEACH PARADE

Little
Oneroa

NEWTON RD

QUEENS DR

MCINTOSH
RD

QUEENS DR

MAKO ST

RIDGE RD

WEKA RD

PURIRI
RD

OCEAN VIEW RD

TUI ST

MATAI RD

TAWA ST

GOODWIN AVE

HEKERUA RD

FRANK ST

PACIFIC PARADE

NICK JOHNSTONE DR

Cable Bay

CHURCH BAY ROAD

HURUHI RD

TAHATAI RD

NIKAU RD

MANUKA RD

NIKAU RD

MOA AVE

KIWI ST

HULA ST

MAKORA AVE

RATA ST

MANA AVE

MAORI RD

BURRELL RD

LANNAN RD

SURFDALE RD

PARK RD

MOANA AVE

BERES

FORD AVE

TETLEY RD

BEATTY PARADE

Blackpool
Beach

THE ESPLANADE

MARAM AVE

BLAKE

MIAMI AVE

NIKAU

HAMILTON

ALISON

NELSON AVE

OCEAN RD

MITCHELL RD

● Restaurants, Cafés und Bars	
Cable Bay	5
Cove Bites and Brews	2
Dragonfired	4
Frenchöt	6
The Oyster Inn	3
Sand Bar	2
Solar	1

■ Übernachtung	
Como Bach	6
Fossil Bay Lodge	1
Hekerua Lodge	4
The Oyster Inn	3
Punga Lodge	5
SeaDream	2

und viel Privatsphäre. Diverse Cabins (auch für 1 Pers., $50). Mindestaufenthalt 2 Nächte (Weihnachten–Jan 3 Nächte). Zelt $90, Cabin $80

Hekerua Lodge, 11 Hekerua Rd, Little Oneroa, ☎ 09 372 8990, 🖥 www.hekerualodge.co.nz; Karte s. oben. Fröhliche und oft lebhafte Backpacker-Herberge im friedlichen Busch, 10 Min. zu Fuß von Oneroa. Es gibt einen kleinen Pool, Tischtennis und einen Volleyball-Platz, der oft von Zelten ($18) umringt ist. Auch einige DZ mit Bad ($120). Mindestaufenthalt 2 Nächte. Dorms $30, DZ $90

The Oyster Inn, 124 Ocean View Rd, ☎ 09 372 2222, 🖥 www.theoysterinn.co.nz; Karte s. o. Wie das gleichnamige Restaurant sind alle 3 luxuriösen Zimmer in Weiß gehalten und vermitteln Strandfeeling – dabei ist man mitten im Herzen von Oneroa. Frühstück und Transfer von und zur Fähre ist im Preis inkl. An Wochenenden Mindestaufenthalt 2 Nächte. $285

Punga Lodge, 223 Ocean View Rd, Little Oneroa, ☎ 09 372 6675, 🖥 www.punga lodge.co.nz; Karte s. oben. Nettes und sehr gastfreundliches B&B, schön gelegen inmitten von Busch und nahe dem Oneroa Beach. Die hilfreichen Inhaber halten ihre Gäste mit Tee und frisch gebackenen Muffins bei Laune. Übernachtung in komfortablen, geräumigen DZ mit Bad und Veranda (inkl. Frühstück) oder in einem der 4 Selbstversorger-Apartments unterschiedlicher Größe. Kostenloser Whirlpool, günstige Preise außerhalb der Saison. Betreibt auch die nahe gelegene Tawa Lodge, die über preisgünstige B&B-DZ mit Gemeinschaftsbad ($110) sowie ein komfortables „Cottage" mit herrlichem Meerblick verfügt. Kostenloses WLAN. Zimmer ohne Bad $120, B&B-Zimmer $145

SeaDream, 35 Waikare Rd, ☎ 09 372 8991, 🖥 www.seadream.co.nz; Karte s. oben. 2 gemütlich eingerichtete Apartments für Selbstversorger. Perfekte Lage, nur wenige Schritte von Oneroas Restaurants entfernt und mit herrlichem Blick von der Terrasse auf die Bucht. $200

Onetangi

Kina Backpackers, 421 Sea View Rd, Onetangi, ☎ 09 372 8971, 🖥 www.kinabackpackers.co.nz; Karte S. 190. Relaxtes Hostel auf einer Landzunge gleich oberhalb vom Onetangi Beach. Von den Hängematten oder den Sitzsäcken auf dem Rasen bietet sich ein fantastischer Blick aufs Meer. Die Unterkunft ist etwas rustikal. 14 Zimmer sind mit 2 Etagenbetten ausgestattet, und es gibt eine Reihe größerer Dorms, gute Bäder, preiswertes WLAN und kostenlose Transfers von und zur Fähre. Auf Voucher achten (liegen manchmal bei i-SITE aus), mit denen man 10 % Rabatt erhält. Dorms $28, DZ p. P. $35

Onetangi Beach Apartments, 5 Fourth Ave, ☏ 0800 663 826, 🖥 www.onetangi.co.nz; Karte S. 190. Schicke Motelapartments, die nur durch eine Straße vom Onetangi Beach getrennt sind. Selbstversorger-Unterkünfte mit Sky TV und DVD-Playern, kostenloser Sauna- und Whirlpoolnutzung. Kajak- und Paddleboardverleih. Apartments $190, am Strand $215

Rocky Bay

Heartsong Retreat, 8 Omiha Rd, ☏ 09 372 2039, 🖥 www.heartsongretreat.co.nz; Karte S. 190. Ruhige Öko-Unterkunft in idyllischer Buschlage mit Meerblick. Zur Auswahl stehen 2 elegant eingerichtete B&B-Suiten im Haupthaus, eine Cabaña für Selbstversorger und ein reizendes Cottage. Alle Gäste haben Zugang zum großen Warmwasser-Pool, einem Bootshaus und Kajaks. Auf Wunsch Massagen und verschiedene ganzheitliche Behandlungen. Suiten und Cabaña $395, Cottage $450

Whakanewha Regional Park, ☏ 09 366 2000; Karte S. 190. Der einzige offizielle Campingplatz der Insel ist einfach ausgestattet, liegt aber sehr schön an einer Gezeitenbucht. Spültoilctten, Trinkwasser und kostenlose Gasgrills, aber keine Duschen. Die nächste Bushaltestelle ist 2 km entfernt. Campervans mit Toilette und Wassertank dürfen im Sommer 1 und im Winter 3 Nächte bleiben. Im Jan und Feb sollte reserviert werden. Van p. P. $6, Camping $10

ESSEN UND UNTERHALTUNG

Auckländer verbinden mit Waiheke ausgiebige Mahlzeiten auf den Weingütern, daher haben wir hier einige der besten Optionen (überall auch Weinproben möglich) gelistet. Die meisten anderen Restaurants drängen sich in Oneroa;

außerdem gibt es noch ein paar Lokale an den Stränden. **Livemusik** wird vor allem am Wochenende geboten; die beste Anlaufstelle ist die Sand Bar in Ostend.

Oneroa und Surfdale

Cable Bay, 12 Nick Johnstone Drive, 1 km westlich, ☏ 09 372 5889, 🖥 www.cablebay.co.nz; Karte S. 193. Sehr moderne Weinkellerei mit herausragenden Weinen, zwei Restaurants und großartigen Ausblicken über einen Rasen voller Sitzsäcke bis nach Auckland. Im noblen **Dining Room** gibt es Gerichte von der Karte (Hauptgerichte um $38) sowie Verkostungen (8-Gänge-Dinner $110, mit passenden Weinen $160), während sich das **Verandah** für einen zwangloseren Drink und in der Freiluftküche angerichtete Platten für mehrere Personen empfiehlt. Weinverkostungen gibt's für $2 je Probe (sowohl der Rosé als auch der Syrah sind köstlich). Das Weingut erreicht man nach 15 Min. Fußweg vom Matiatia Ferry Terminal den Hügel hinauf. Weinprobe tgl. 11–17 Uhr. ☉ Dining Room tgl. 12–15 und 18–22 Uhr, Veranda, tgl. 11 Uhr bis spät.

Cove Bites and Brews, 149 Ocean View Rd, ☏ 09 372 8209, 🖥 www.dcbrewing.co.nz; Karte S. 192. Legerer Ort mit einer fantastischen Meerblick-Terrasse. Ideal, um ein Bier der Deep Creek Brewing Co zu genießen und sich dabei an einem der mit Rippchen, Calamares, Lammspießen und Dips vollgeladenen Surf-and-Turf-„Paddel" ($35) zu sättigen. ☉ tgl. 11–23 Uhr.

Dragonfired, Little Oneroa Beach, ☏ 021 922 289; Karte S. 192. Typisch Waiheke – ein Wohnwagen am Strand mit Holzkohlenofen. Wie wäre es z. B. mit einer perfekten Pizza Margherita ($12, Extrabelag je $2)? Mit einem Drink aus dem nahen Laden kann man es sich anschließend am Strand gemütlich machen. ☉ nur im Sommer tgl. 10.30–20 Uhr.

Frenchôt, 8 Miami Ave, Surfdale, ☏ 09 372 3400, 🖥 www.frenchot.com; Karte S. 192. Traditionelle französische Bäckerei und Crêperie, von der aus man bei einem Kaffee und einem *pain aux raisins* die Straße überblickt. Oder man setzt sich in den geräumigen Hof und genießt ein kleines Frühstück mit einer *galette* ($13) oder einen Apfel-, Karamell- und Mandel-Crêpe

($10). Das Bistro im ersten Stock serviert klassische französische Gerichte wie Enten-confit und Bouillabaisse (beide $32). ◷ Café Di–So 8–16, Bistro Mi–Sa 18–22 Uhr.
The Oyster Inn, 124 Ocean View Rd, ✆ 09 372 2222, 🖥 www.theoysterinn.co.nz; Karte S. 192. Die besten Plätze dieses schicken Strandrestaurants mit Bar sind die auf der Veranda, wo man Leute beobachten kann. Die Preise sind für Waiheke ziemlich günstig. Einer Vorspeise mit heimischen Austern ($5–6/Stück) könnte ein Risotto aus Krebsen und Brunnen-kresse ($28) oder ein panierter Fisch mit drei-fach frittierten Pommes ($26) folgen. Gute Auswahl an Inselweinen und klassischen Cocktails als Begleitung zum Essen. ◷ Mo–Fr 12–22 Uhr oder später, Sa und So 11–22 Uhr oder später.
Sand Bar, 153 Ocean View Rd, ✆ 09 372 9458, 🖥 www.sandbar.co.nz; Karte S. 192. Elegante kleine Bar, perfekt für einen Cocktail auf der Terrasse bei Sonnenuntergang; Burger ($17),

Pizzas ($12–19) und Tintenfisch mit Salz und Pfeffer liefern eine gute Entschuldigung, länger zu verweilen. Am Wochenende legen oft DJs auf. ◷ tgl. 12–22 Uhr oder später, im Winter Mo und Di geschl.
Solar, 139 Ocean View Rd, ✆ 09 372 2133, 🖥 www.solarwaiheke.co.nz; Karte S. 192. Chilliger Ort zum Abhängen und zum Beobachten der Einheimischen, die für einen Kaffee oder etwas zu essen herbeiströmen. Die Zutaten für die Bio-Gerichte stammen über-wiegend aus der Region. Das neuseeländische Frühstück (ca. $18) oder einen Beef Burger und Fritten ($15) und ein Fassbier der Waiheke Island Brewing Co nimmt man entweder drinnen auf Retro-Lehnstühlen oder draußen im Garten mit Blick aufs Meer ein. Kostenloses WLAN. ◷ Mo–Do und So 8.30–15, Fr und Sa 8.30–21 Uhr.
Waiheke Island Community Cinema, 2 Koroka Rd, ✆ 09 372 4240, 🖥 www.waihekecinema. co.nz; Karte S. 192. Zeigt aktuelle Filme.

Wanderungen auf Waiheke

Manchmal fühlt es sich gut an, sich seine leckere Mahlzeit auf einem Weingut vorher zu verdienen, oder die Kalorien nach dem Essen wieder abzuarbeiten. Eine Reihe von Broschüren (kostenlos beim i-SITE-Büro erhältlich) ergänzen die von uns vorgeschlagenen Wanderungen.

Matiatia Headland North (Rundweg, 2–3 Std., Hügelland). Eine der malerischsten Wanderungen auf der Insel berührt abgelegene Strände und windgepeitschte Landzungen, auf denen einige der schönsten modernen Herrenhäuser Neuseelands stehen, viele davon mit Skulpturengärten. Man wandert von Oneroa nach Matiatia und vervollständigt die Runde durch das Te Atawhai Whenua Reserve (s. u.).

Matiatia Headland South (Rundweg, 3–4 Std., Hügelland). Unschwer mit seinem nördlichen Gegen-stück kombinierbar, folgt dieser Weg den Felskuppen südlich von Matiatia und führt dann in einem Bogen zurück, vorbei an drei Weingütern (für Weinproben geöffnet), darunter auch Cable Bay (S. 193).

Nikau Track (Rundweg, 4 km, 2 Std., 100 m Anstieg). Der Weg beginnt am Whakanewha Regio-nal Park (S. 193) und führt durch Feuchtgebiete uns heimische Wälder bis zum schönen Cascades Waterfall. Der Rückweg erfolgt über den Central Track.

Onetangi Wine Trophy Trail (1–4 Std.). Kurze Wanderung über Felder und durch Weinbaugebiete. Unterwegs kann man auf den Weingütern The Hay Paddock (451b Seaview Rd) und Obsidian (22 Te Makiri Rd) Wein kosten und in der Casita Miro (S. 195) zur Weinprobe etwas essen. Man stellt das Auto bei The Hay Paddock ab und spaziert an der Casita Miro vorbei zum Obsidian. Dort kehrt man um und gönnt sich auf dem Rückweg etwas zu essen und zu trinken. ◷ Nov–März 11.30–15.30 Uhr.

Te Atawhai Whenua Reserve (30 Min.). Schöne Alternative zum Weg neben der durch den Wald füh-renden Straße zwischen der Matiatia-Fähre und Oneroa. Startpunkt ist das südliche Ende des Stran-des von Matiatia.

Onetangi und Umgebung

Casita Miro, 3 Brown Rd, ✆ 09 372 7854, 🖳 www.casitamiro.co.nz; Karte S. 190. Man kann die erstklassigen Weine kosten (5 für $15), aber der eigentliche Grund für einen Besuch sind die mediterran inspirierten Gerichte wie *harira* ($8), Lamm-und-Feigen-Tajine mit Pistazien ($26), 18 Monate gereifter Serrano-Schinken ($20) und Cloudy Bay-Venusmuscheln mit Graupen und Sherry ($17). Zur Auswahl stehen Tische im rustikalen Glaspavillon mit Blick auf die Weine oder in der Freiluftbar voller Mosaike im Stil von Gaudís Parc Güell. Hier wie dort sitzt es sich wunderbar. ☉ Do–Mo 12–15, Fr und Sa auch 18–22 Uhr.

Charlie Farley's, 21 The Strand, ✆ 09 372 4106, 🖳 www.charliefarleys.co.nz; Karte S. 190. Unaufgeregtes Café mit Alkoholausschank, dem üblichen neuseeländischen Frühstücksangebot ($16–20) und Gerichten wie Tintenfisch mit Wasabi- und Limettenmayonnaise ($20) oder Fisch des Tages ($29). Am besten schmeckt es mit einem Sundowner beim Blick über das Meer. Gratis-WLAN. ☉ Di–So 8.30–22 Uhr oder später.

Poderi Crisci, 205 Awaawaroa Rd, Awaawaroa Bay, 7 km südöstlich von Onetangi, ✆ 09 372 2148, 🖳 www.podericrisci.co.nz; Karte S. 190. Um in diesem familiengeführten Winzerei-Restaurant am fernen Ende der Insel zu speisen, sollte man sich Zeit nehmen. In der großen Gartenküche werden moderne Variationen traditioneller italienischer Gerichte gezaubert, darunter Carpaccio vom Tintenfisch mit dicken Bohnen und Chili-Zitrusfrüchte-Salsa ($21) oder Lammspieße mit sautierten Artischocken ($34). Typisch sind die abendlichen Degustationen ($120–135, passende Weine inkl.) und das gemütliche sonntägliche „*long lunch*" (ab $70). Auch Weinproben. Unbedingt reservieren. ☉ Ende Okt–Ostern Mo–Mi und So 12 Uhr bis Sonnenuntergang, Do–Sa 12–23 Uhr. Winteröffnungszeiten werden auf der Website bekanntgegeben.

Stonyridge, 80 Onetangi Rd, ✆ 09 372 8822, 🖳 www.stonyridge.co.nz; Karte S. 190. Keins der Weingüter auf Waiheke genießt ein höheres Ansehen als Stonyridge, wo der biologisch hergestellte Waiheke Larose, einer der weltbesten Rotweine nach Bordaux-Art, gekeltert wird. Die meisten Jahrgänge sind bereits verkauft (ab $250 pro Flasche), bevor sie überhaupt abgefüllt werden. Entsprechend limitiert ist der Verkauf von Weinen aus dem eigenen Keller. Weinproben gibt es natürlich trotzdem ($7 für 3 der weniger teuren Weine, $30 für die 3 Premiumweine inkl. einem Schluck Larose), außerdem eine Führung mit Weinprobe (Sa und So 11.30 Uhr, $10), und man kann Olivenöl von den ältesten Olivenbäumen Neuseelands (die allerdings erst in den 1980er-Jahren gepflanzt wurden) testen. Schön ist auch ein Mittagessen im Freien mit Blick auf die Reben. Auf der Terrasse werden diverse Platten und im Restaurant Köstlichkeiten wie Jakobsmuscheln mit Erbspüree ($18) oder Lammkarree im Kräutermantel ($39) serviert. Ein Glas Larose kostet $46. ☉ tgl. 11.30–17 Uhr.

AKTIVITÄTEN UND TOUREN

Für Leute ohne Fahrzeug sind organisierte Touren die einfachste Art, zu den Weingütern zu gelangen und mehr von der Insel zu sehen.

Touren

Ananda Tours, ✆ 09 372 7530, 🖳 www.ananda.co.nz. Der auf der Insel ansässige Veranstalter bietet speziell auf die Teilnehmer zugeschnittene Wein-, Öko-, Kunst- und Rundtouren an (ab $110 p. P.; Mindestteilnehmerzahl erforderlich). Die Touren sind auf die Ankunftszeiten der Fähren abgestimmt. Tipp: die Gourmet Food and Wine Tour ($120), besonders Sa inkl. Ostend Market.

Fullers, ✆ 09 3697 9111, 🖳 www.fullers.co.nz. Veranstaltet verschiedene Touren, die mit den Ankunftszeiten der Fähren abgestimmt sind, unter anderem eine **Explorer Tour**, die das ganze Jahr tgl. um 10, 11 und 12 Uhr von Auckland startet. Der Preis von $52 beinhaltet die Fährfahrt hin und zurück (die Rückfahrt muss nicht am selben Tag angetreten werden), eine 1 1/2-stündige Inselrundfahrt sowie eine Tageskarte für den Inselbus, mit dem man Waiheke danach auf eigene Faust erkunden kann. Fullers' **Wine on Waiheke Tour** (Mi–So,

Start von Auckland um 13 Uhr, $119, ohne Mittagessen $89) umfasst dasselbe und 3 Std. auf drei Top-Weingütern der Insel.
Hike Bike Ako, ☎ 021 465 373, 🖥 www. hikebikeako.co.nz. Ako ist das Maori-Wort für „lernen", und auf der akademisch geführten Halbtagestour (3 Std., $99) oder Ganztagestour (5 Std., $159 inkl. Mittagessen) wird man ganz sicher eine Menge über die Welt der Maori und über Waiheke lernen. Die Touren sind eine Kombination aus einfachen Spaziergängen und gemütlichen Radfahrten, je nach Wunsch der Gruppe. Meist gibt es auch eine Weinprobe. Die Touren starten vom Matiatia Ferry Terminal (Buchung notwendig; tgl. 9.50 und 13.50 Uhr).

Kajakfahren

Ross Adventures, ☎ 09 372 5550, 🖥 kayak waiheke.co.nz. Diverse geführte Kajaktouren mit Start in Matiatia: Halbtagstouren ($125), Ganztagstouren mit Shuttle-Service zurück zum Ausgangspunkt ($195 inkl. einem guten Mittagessen). Außerdem verleihen sie diverse Kajaks wie Sit-Up-Kajaks ($50/3 Std.), Seekajaks ab $110 für einen halben Tag oder sogar zum Angeln umgerüstete Kajaks ($90 für einen halben Tag).

Ziplines

EcoZip Adventures, 150 Trig Hill Rd, 2 km südlich von Onetangi, ☎ 09 372 5646, 🖥 www.ecozipadventures.co.nz. Schon bevor man EcoZip Adventures am Ende der Trig Hill Road betritt, genießt man einen herrlichen Blick über Waiheke. Einmal angegurtet, gibt es ein Trio unglaublich steiler, 200 m langer Seilrutschen. Abrunden lässt sich das Erlebnis mit einem schönen und informativen Spaziergang durch den Busch zurück zur Basisstation. Im Preis von $99 ist die Abholung von der Matiatia Wharf enthalten. ⊕ tgl. 9–17 Uhr.

SONSTIGES

Autovermietungen

Car and Scooter Hire, Matiatia Wharf, ☎ 09 372 3339, 🖥 www.rentmewaiheke.co.nz. Preiswerte Scooter ($59/Tag), Autos (ab $69)

und Allradfahrzeuge ($79). Berechnet wird nach Kalendertag; bringt man das Auto erst am Folgetag bis 10 Uhr zurück, werden nur $15 Nachtzuschlag erhoben.

Fahrradverleih

Onya Bikes of Waiheke, Matiatia Wharf und 124 Ocean View Rd, ☎ 09 372 4428, 🖥 www. ecyclesnz.com. Waiheke ist ausgesprochen hügelig, sodass es sinnvoll sein kann, ein E-Bike zu mieten. Bei Onya gibt es Räder mit Akkus für Kurzstrecken ($50/Tag) und solche, mit denen man gerade so einmal um die Insel kommt ($60/Tag). Normale Räder kosten $35/Tag.
Waiheke Bike Hire, Matiatia Wharf, ☎ 09 372 7937, 🖥 www.waihekebikehire.co.nz. Fahrräder kosten hier $35/Tag.

Geld

An der Hauptstraße gibt es Banken.

Informationen

i-SITE, 118 Ocean View Rd, Oneroa, ☎ 09 372 1234, 🖥 www.waiheke.aucklandnz.com. Hier gibt es die unentbehrliche Gratisbroschüre *Island of Wine* mit Karte sowie die *Waiheke Art Map*, die über 30 Besuchern offenstehende Galerien und Ateliers listet. ⊕ Mo–Sa 9–17, So 9.30–16 Uhr.
Jeden Donnerstag kommt die *Gulf News* ($2, 🖥 www.waihekegulfnews.co.nz) heraus, die über sämtliche Veranstaltungen auf der Insel informiert.

Internet

Kostenloser Internetzugang in der schönen neuen **Bibliothek**, 131 Ocean View Rd. ⊕ Mo–Fr 9–18, Sa und So 10–16 Uhr.

Veranstaltungen

Die Highlights in der Sommersaison auf Waiheke sind das jährliche **Jazz Festival** (Osterwochenende; 🖥 www. waihekejazz festival.co.nz) und in ungeraden Jahren das kostenlose **Headland Sculpture on the Gulf** (Ende Jan–Mitte Feb; 🖥 www.sculpture onthegulf.co.nz), wenn auf der Landzunge südlich von Matiatia bis runter zur Church

Bay Skulpturen zeitgenössischer Künstler ausgestellt werden.

NAHVERKEHR

Busse

Der Fahrplan der Busse von **Fullers** ist weitgehend auf die Ankunft und Abfahrt der Fähren abgestimmt. Die Busse (Fahrpläne unter ⌨ www.at.govt.nz) fahren über Oneroa, Surfdale und Ostend nach Onetangi und über Oneroa, Little Oneroa und Palm Beach zur Rocky Bay. Fahrscheine ($2–4,50 pro Fahrt, $9 für eine Tageskarte) im Bus.

Taxis

Waiheke Independent Taxis, ✆ 0800 300 372, ⌨ www.waihekeindependenttaxis.co.nz.

TRANSPORT

Die Passagierfähren von **Fullers**, ✆ 09 367 9111, ⌨ www.fullers.co.nz, und von **Explore**, ✆ 0800 397 567, ⌨ www.exploregroup.co.nz, fahren zwischen 6–22 Uhr etwa stdl. vom Ferry Building in AUCKLAND zur Matiatia Wharf, etwas über 1 km von Oneroa, und brauchen für die Überfahrt 35 Min., jeweils $36 hin und zurück, Fahrräder kostenlos. Die Fähren beider Gesellschaften fahren zeitversetzt ab, sodass es tatsächlich alle halbe Stunde eine Verbindung gibt.
An Wochenenden fährt **Sealink**, ✆ 0800 732 546, ⌨ www.sealink.co.nz, dieselbe Route und bietet zusätzlich einen kostenlosen Shuttleservice zwischen Matiatia und Oneroa an. Ende Okt–Feb etwa stdl. von 9–18 Uhr, 40 Min., $15 je Strecke.
Wer länger auf der Insel verweilen will, möchte vielleicht sein eigenes Fahrzeug mitbringen, was mit der **Autofähre Sealink**, ✆ 0800 732 546, ⌨ www.sealink.co.nz, möglich ist (Pkw $152 hin und zurück, p. P. $36,50 hin und zurück); die Schiffe starten ca. stdl. von der Half Moon Bay östlich von Auckland oder weniger häufig von der Wynyard Wharf und brauchen 45 Min. bis zum Kennedy Point auf Waiheke, 4 km südlich von Oneroa.

Rotoroa Island

⌨ www.rotoroa.org.nz

Ein Tagesausflug nach Rotoroa Island hat einiges zu bieten: eine Fahrt über den Hauraki Gulf, ein Bad an einem wundervollen Strand und etwas Aucklander Sozialgeschichte. Über ein Jahrhundert lang war **Rotoroa Island**, vor der Ostspitze von Waiheke Island, ein Rehabilitationszentrum der Heilsarmee für Alkohol- und Drogenabhängige und nicht zugänglich. Heute ist dies eine Art Renaturierungsgebiet, das nach und nach mit einheimischen jungen Bäumen bepflanzt wird. Die Insel konnte außerdem vom Schädlingen befreit werden, und in Zusammenarbeit mit dem Zoo von Auckland wird ein Auswilderungsprogramm für einheimische Tierarten durchgeführt, bei dem u. a. Sattelvögel, Weißköpfchen und im Sommer junge Kiwis angesiedelt werden.
Man kann in etwa einer Stunde die Insel umrunden und kommt unterwegs an Stränden, Landspitzen mit Aussichtspunkten und Skulpturen und mehreren Gebäuden aus der Zeit des Reha-Zentrums vorbei. Proviant kann man auf der Insel nicht kaufen, aber es gibt kostenlose Grillstellen. Es lohnt sich also, Picknickzutaten mitzunehmen.
Die Geschichte von Rotoroa wird im ausgezeichneten **Exhibition Centre** beleuchtet, ◷ gewöhnlich tgl. 10–17 Uhr.

ÜBERNACHTUNG

Superintendent's House, ✆ 0800 768 676, ⌨ www.rotoroa.org.nz, Wer übernachten möchte, kann sich in der schicken, gut ausgestatteten Unterkunft im Stil eines Hostels einquartieren. Schlafsack oder Bettwäsche sowie Verpflegung müssen mitgebracht werden. Außerdem drei superschicke Ferienhäuser für 6–13 Pers. Dorms $35, Ferienhaus $375

TRANSPORT

Fähren von 360 Discovery, ✆ 0800 360 3472, ⌨ www.360discovery.co.nz, steuern Rotoroa auf dem Weg nach Coromandel an (3–7x pro Woche. von Ende Sep–Anfang April; Buchung empfohlen; $50 hin und zurück). Die Fahrt dauert 1 1/4 Std. Man hat gut 4 Std. Zeit auf der Insel.

Great Barrier Island (Aotea)

Die zerklüftete und dünn besiedelte **Great Barrier Island** (Aotea) befindet sich 90 km nordöstlich von Auckland am äußeren Rand des Hauraki Gulf. Das Innere der nur 30 km langen und 15 km breiten Insel ist von einer wilden, gebirgigen Landschaft geprägt, die im Westen zu tiefen Naturhäfen und im Osten zu goldenen Surfstränden ausläuft. Great Barrier Island ist von Auckland in nur einer halben Stunde per Flugzeug zu erreichen, scheint aber Lichtjahre von der Metropole entfernt zu sein. Hier gibt es kein Stromnetz, keine zentrale Wasserversorgung, keine nennenswerten Ortschaften und auch kaum öffentliche Verkehrsmittel.

Ein Großteil des Freizeitvergnügens hier besteht in Sonnenbaden, Spaziergängen zu warmen Quellen und Wanderungen im wilden **Aotea Conservation Park**, einem übersichtlichen Reh- und Possum-freien Waldgebiet, das sich zwischen Port FitzRoy und Whangaparapara über etwa ein Drittel der Insel erstreckt. Man gelangt in kürzester Zeit von kleinen subtropischen Tälern – üppig bewachsen mit Nikaupalmen, Baumfarnen, Rimu- und Kauri-Bäumen – zu Höhenzügen, die von kümmerlichen Manuka-Büschen bedeckt sind. Die Wanderwege ins Inselinnere treffen sich am 621 m hohen **Hirakimata** (Mount Hobson). Er ist von Holzstegen und -treppen umgeben, die Wanderer auf dem Weg halten sollen, damit die hier nistenden **Schwarzsturmvögel** nicht gestört werden. Wer einen durchorganisierten Tagesablauf bevorzugt, kann sich an einen der wenigen Mini-Veranstalter wenden, die ihre Kunden mit Touren und anderen Aktivitäten beschäftigen (S. 203).

Geschichte

Das vulkanische Aotea war eines der ersten Siedlungsgebiete der **Maori** – sie bewohnten hier zahlreiche Wehrdörfer, als Cook 1769 an dem Eiland vorbeisegelte. Er erkannte, dass Aotea die Gewässer des Hauraki Gulf schützte, und taufte die Insel deshalb in Great Barrier Island um. Ab 1791 wurden die Kauri-Bestände der Insel für den Schiffsbau abgeholzt. Die **Holzfällerei** wurde bis 1942 fortgesetzt, lange nachdem man den frühen Kupferbergbau bei Miners Head wieder aufgegeben hatte. In den 1950er-Jahren folgte auf die Holzfällerei und den Abbau von fossilem Kauri-Harz der Bau einer kurzlebigen **Walfangstation** zur Trangewinnung bei Whangaparapara, doch bald beschränkte sich die Insel wieder auf die landwirtschaftliche Bestellung ihrer wenig ergiebigen Lehmböden.

In den 1960er- und 1970er-Jahren kamen viele Alternative auf die Insel. Auch wenn der Idealismus der 70er-Jahre inzwischen einem modernen Pragmatismus Platz gemacht hat, bewahrte sich die Insel eine weitgehende Autarkie. Ihre Bewohner bauen ihr eigenes Gemüse an, jeder hat seine eigene Wasserversorgung, und die Dieselgeneratoren werden mittlerweile durch zahlreiche Windturbinen und Solarmodule unterstützt.

Vor allem lebt die Insel heute aber vom **Tourismus**. Immer mehr wohlhabende Auswärtige legen sich hier ein Ferienhaus zu. Die sprunghaft gestiegenen Grundstückspreise zwingen so manchen Einheimischen mit niedrigem Einkommen, die Insel zu verlassen. Der Bevölkerungsrückgang bei gleichzeitigem Anstieg der Besucherzahlen hat zur Folge, dass im Sommer viele **Aushilfsjobs** auf der Insel zu haben sind.

Tryphena

Das hübsche **Tryphena** (Rangitawhiri) ist der südlichste Hafen und zugleich die größte Siedlung auf der Insel. Es erstreckt sich über vier Buchten: Shoal Bay (wo die Fähren ankommen), Mulberry Grove, Stonewall Village (die größte Siedlung) und Puriri Bay (ein kurzes Stück an der Küste entlang vom Stonewall Village). Tryphena hat abgesehen von einigen guten Unterkünften und Lokalen nicht viel zu bieten. Man kann hier jedoch ganz gut relaxen, baden, kurze Spaziergänge unternehmen oder ein Kajak ausleihen und herumpaddeln.

Medlands Beach

Die meisten Besucher steuern auf direktem Wege den **Medlands Beach** (Oruawharo) an, einen an der Ostküste befindlichen langen Bo-

Great Barrier Island (Aotea)

N

0   5 km

● Restaurants, Cafés und Bars	
Angsana	1
Claris Texas Café	2
Currach Irish Pub	3
Wild Rose Café	3

Needle Point

Aiguilles
Island

Miners
Head

AOTEA
CONSERVATION
PARK

GREAT BARRIER
ISLAND

Katherine
Bay   ● Motairehe

Kawa

Whangapoua Beach

Rakitu
Island

*Whangapoua
Estuary*

⚕ **Whangapoua (DOC)**

Karaka Bay
GLENFERN
SANCTUARY

1

2

● Okiwi

*Harataonga
Bay*

**Akapoua
Bay (DOC)** ⚕

Port FitzRoy

*Kaikoura
Island*

Kaiaara Bay

**Windy
Canyon**

**Pinnacles
Lookout**

3

**Kaiaraara
Hut (DOC)**

▲ *Hirakimata
(Mt Hobson)*

*Port
FitzRoy*

Kiwiriki Bay

AOTEA
CONSERVATION
PARK

🏠 **Mt Heale (DOC)**

⚕ **Awana Beach (DOC)**

Awana

Kiwiriki

Withey's Tk

Kaitoke Creek

The Green (DOC) ⚕

Kaitoke 〰

Crossroads ✈

1

Kaitoke

Whangaparapara ● **5**

**Oreville
Gold Stamping
Battery** ⚔

2 ● Claris

Walfangstation

6

7

8

Okupu

Medlands Beach

St John's

*Blind
Bay*

9

10

11

Social Club
Puriri Bay

Stonewall Village

12

3

Mulberry Grove

14

13

Tryphena Harbour

*Shoal
Bay*

15

*Cape
Barrier*

🟥 **Übernachtung**	
Aotea Lodge	11
Glenfern Cottage	2
Great Barrier Lodge	5
Harataonga Campsite	3
Innkeeper's Lodge	12
Medlands Beach Backpackers	9
Medlands Beach Campsite	10
Mickey's Place	4
Nature's Garden B&B	13
Orama Oasis	1
Stray Possum Lodge	15
Sugarloaf Campground	8
Sugarloaf Chalet	7
Sunset Waterfront Lodge	14
Wiltshire Manor	6

C o l v i l l e

C h a n n e l

▼ Auckland (90 km; Personenfähre 2 Std., Autofähre 4,5 Std.)

gen fast weißen Sandes mit einer vorgelagerten Insel, an den zumeist exzellente Surfwellen branden. Allerdings gibt es hier keine Rettungsschwimmer. Dass die hübsche blau-weiße **St John's Church** ein bisschen fehl am Platz wirkt, ist kein Wunder, denn sie wurde erst 1986 per Frachtkahn vom Festland herübergebracht und dann über die Dünen geschleppt.

Claris

In **Claris** (Kaitoke), nördlich des Medlands Beach, kommen die meisten Flüge an. Das Postamt, zu Ehren des ersten Luftpostdienstes von Great Barrier Pigeon Post (Brieftauben-Post) genannt, soll den ersten Luftpostservice der Welt eingerichtet haben. Man erzählt sich, dass die traurige Nachricht vom Schiffbruch der *SS Wairarapa* an der Nordwestküste von Great Barrier 1898 Auckland erst nach drei Tagen erreichte. Daraufhin richtete die Insel einen **Brieftauben-Postdienst** ein. Die Brieftauben blieben bis 1908 im Dienst.

Crossroads, Whangaparapara und die Straße Richtung Norden

Crossroads, 2 km nördlich von Claris, ist genau das, was sein Name verspricht, denn hier kreuzen sich die Straßen nach Okupu, Port FitzRoy und Whangaparapara.

Die Strecke nach Whangaparapara passiert die kargen Überbleibsel der **Oreville Gold Stamping Battery**, eines Brechwerks, in dem Erzbrocken zerkleinert wurden (unbeschränkter Zugang), und den Startpunkt des Wanderpfads zu den **Kaitoke Hot Springs** (s. Kasten). In **Whangaparapara** kann man im Rahmen eines kleinen Spaziergangs rund um die Bucht die Fundamente einer Walfangstation aus den 1950er-Jahren besichtigen.

Nördlich von Crossroads, an der Straße nach Port FitzRoy, liegen der schöne Surf- und Badestrand der **Awana Bay** und der **Pinnacles Lookout**.

Kurz darauf zweigt ein kurzer Wanderweg zum **Windy Canyon** ab (s. Kasten).

Wandern auf Great Barrier Island

Es gibt eine Reihe von Tageswanderungen im Aotea Conservation Park, die ideal für die Erkundung der Insel sind. Die Broschüren und Karten vom i-SITE reichen für die meisten Touren aus. Man kann die Wege einzeln abwandern, oder man kombiniert sie zu einer Rundwanderung und übernachtet dann in der Kaiaraara-Hütte und der hübschen neuen Mount Heale Hut (S. 202) Shuttlebusse fahren vom Flughafen oder Tryphena zu den Startpunkten der Wanderwege.

Harataonga/Okiwi Coastal Track (12 km eine Strecke, 5 Std., viel Auf und Ab, Startpunkt Harataonga-Campingplatz). Traumhafte Ausblicke auf die Küste bietet die leicht zu begehende alte Küstenstraße, die teils über Privatgrundstücke verläuft. Wanderer können sich von einem der Shuttle-Betreiber am Ende des Wegs bei Okiti abholen lassen oder nur einen Teil der Strecke und dann wieder zurück gehen.

Hirakimata über Windy Canyon (6 km hin und zurück, 3 Std., 400 m Höhenunterschied). Die einfachste Strecke zum höchsten Punkt der Insel führt durch den Windy Canyon, s. oben. Danach folgt man einem breiten Höhenrücken, der weiten Blick auf die Küste gewährt, und kraxelt schließlich über Holzstege und -treppen durch schönen alten Kauri- und Rimu-Wald zum Gipfel.

Kaitoke Hot Springs (6 km hin und zurück, 1 1/2 Std., eben). Der einfache, rollstuhltaugliche Weg führt von einem Parkplatz an der Whangaparapara Road vorbei an der Feuchtlandschaft des Kaitoke Swamp zu den Hot Springs, wo man sich in ein paar aufgestauten Warmwasserbecken aalen kann. Das schönste Becken liegt etwa 50 m stromaufwärts in einer kleinen Kluft (einfach dem Weg folgen).

Windy Canyon (1 km hin und zurück, 20–30 Min., 50 m Höhenunterschied). Einfache Wanderung zu einem Engpass, der seinen Namen den klagenden Lauten verdankt, die hier bei bestimmten Windverhältnissen entstehen. Der schmale Weg windet sich zwischen Nikaupalmen und Baumfarnen zu einem Aussichtspunkt mit Blick auf das Inselinnere und die Küste. Der Startpunkt der Wanderung befindet sich 4 km nordwestlich der Awana Bay.

Port FitzRoy

Der Hafen von **Port FitzRoy** liegt selbst bei stürmischer Witterung meist völlig ruhig da, was die vielen Segler erfreut, die im Sommer hier anlegen. Es gibt einen Laden, eine Burger-Bar und den Port FitzRoy Boat Club. Port FitzRoy ist ein guter Startpunkt für die Erkundung des Aotea Conservation Park, obwohl der riesige Kaiaraara-Kauridamm, einst die Hauptsehenswürdigkeit, 2014 von einer Flutwelle weggerissen wurde.

Glenfern Sanctuary

Glenfern Rd ▪ Führung n. V. $40 ▪ ☎ 09 429 0091, ⌨ www.glenfern.org.nz

Das Nordufer des Hafens bildet die Kotuku Peninsula, die seit 2008 durch einen 2 km langen Raubtierzaun vom Rest der Insel abgetrennt ist. Hier wurde das 2,3 km² große **Glenfern Sanctuary** eingerichtet. Nach erfolgreicher Bekämpfung der Rattenplage im Schutzgebiet erholt sich die Vogelwelt allmählich. Die informativen Führungen beinhalten einen malerischen Baumkronenpfad in den Kauri-Bäumen.

ÜBERNACHTUNG

Neben Lodges der Luxusklasse und Hostels bietet Great Barrier einige wunderbare **Selbstversorger-Cottages**, von denen viele unter ⌨ www.greatbarrierislandtourism.co.nz und ⌨ www.thegreatbarrier.co.nz, gelistet sind. Oft wohnen die Besitzer ganz in der Nähe und versorgen die Gäste auf Wunsch mit Frühstück und manchmal auch mit Abendessen. Wer zwischen Weihnachten bis Mitte Januar, wenn es auf der Insel richtig voll wird, eine Unterkunft sucht, muss weit im Voraus buchen. Es gibt viele einfache DOC-**Campingplätze** (alle auf der Karte S. 199 eingezeichnet; $10; während der Hochsaison unbedingt im Voraus buchen; ⌨ www.doc.govt.nz), alle mit Toiletten, Wasser und kalten Duschen (mit Ausnahme von The Green).

Tryphena und Umgebung

Aotea Lodge, 41 Medland Rd, ggü. Barrier Oasis Lodge, ☎ 09 429 0628. 3 Units mit 1–2 Schlafräumen für Selbstversorger auf einem angenehmen Areal im Landesinneren. nur 600 m vom

Tryphena Harbour entfernt. Wer nur eine Nacht bleibt, zahlt einen Aufschlag von $40. Gute Fähr- und Mietwagenangebote und kostenloses WLAN. $120

Innkeeper's Lodge, Stonewall, Tryphena, ☎ 09 429 0211, ⌨ www.currachirishpub. co.nz. Die beste Unterkunft rund um Tryphena – heimelig, klein und freundlich, in der Nähe des Ladens und mit einem tollen Pub und Restaurant plus Terrasse. Es gibt attraktive Zimmer und ein 4-Bett-Dorm, in dem es laut werden kann, wenn die Gäste des Pubs sich auf den Heimweg machen. Gute Pauschalpakete für Flug-, Transport und Unterkunft. Dorm $35, DZ $130

Nature's Garden B&B, Rosalie Bay Rd, ☎ 09 429 0494, ⌨ www.naturesgardenbandb.co.nz. Wer hier übernachten will braucht ein Fahrzeug. Das B&B verfügt über einen Bio-Macadamia-Garten mit Lilienteichen und heimischen Bäumen. Die 2 Zimmer können nur von Zusammenreisenden gebucht werden und teilen sich Bad und Wohnzimmer. Köstliches Frühstück inkl. $150

Stray Possum Lodge, 64 Cape Barrier Rd, ☎ 0800 767 786, ⌨ www.straypossum.co.nz. Etwas weiter ab vom Schuss draußen im Busch, mit 6-Bett-Dorms, DZ, Cabins und sehr netten Selbstversorger-Chalets (ideal für Gruppen von bis zu 6 Pers., $155). Dazu gehört ein Pizzarestaurant mit Alkohollizenz (in der Regel nur bei Gruppenbuchungen geöffnet). Gäste können sich einen Schlafsack mitbringen oder Bettzeug für $5 mieten. Camping $15, Dorms $27, Zimmer $79

Sunset Waterfront Lodge, Mulberry Grove, Tryphena, ☎ 09 429 0051, ⌨ www.sunset lodge.co.nz. Unterkunft im Motelstil in einer Grünanlage. Nicht direkt am Wasser, aber mit schönem Blick aufs nahe Meer. Zur Wahl stehen A-frame-Hütten für 4 Pers. und ein paar kleinere Studios. Studios $195, A-frames $245

Medlands

Medlands Beach Backpackers and Villas, 9 Mason Rd, ☎ 09 429 0320, ⌨ www. medlandsbeach.com. Schlichtes Hostel mit 4-Bettzimmern, einem Chalet ($80) und zwei Villen ($120) auf einer kleinen Farm, 10 Min. zu Fuß vom Medlands Beach – was besonders bei Surfern großen Anklang findet. Kostenloser Verleih von Boogie Boards an Gäste, aber keine Mahlzeiten und auch keine Läden in der Nähe (Verpflegung muss mitgebracht werden!). Dorm $35, Zimmer $70

Claris, Crossroads und Umgebung

Sugarloaf Chalet, Sugarloaf Rd, Kaitoke, 09 429 0229. Reizendes Selbstversorger-Cottage in rustikalem Schick mit Grillplatz, Feuerstelle und Solarstrom, nur ein paar Schritte von einem hübschen Strand. Die Unterkunft hat echtes Outdoor-Flair – bis hin zur Außendusche und -toilette. $150

Wiltshire Manor, 47 Hector Sanderson Rd, 021 138 7293 jacqui@islandaccommoda tion.co.nz. Gute Lage nur 400 m vom Flughafen. Das Hostel ist absolut spartanisch und verfügt nur über ein 2-Bettzimmer und 2 DZ. $35

Whangaparapara

Great Barrier Lodge, Whangaparapara Harbour, 09 429 0488, www.greatbarrierlodge.com. Die Lodge ist so ziemlich die einzige Einrichtung in Whangaparapara und fungiert gleichzeitig als Lebensmittelladen und Tauchshop. Unterbringung in Zimmern mit Zugang zu einer Gemeinschaftsküche, Selbstversorger-Cottages und Suiten; im Hauptgebäude gibt es ein Bar-Restaurant. Gäste können kostenlos Kajaks benutzen. DZ $99, Cottages $205, Suiten $149

Port FitzRoy

Glenfern Cottage, Glenfern Rd, Port FitzRoy, 09 429 0091, fitzroyhouse.co.nz. Selbstversorger-Cottage (bis 6 Pers.) in Glenfern Sanctuary mit Dielenboden, Blick auf den Hafen und kostenlose Kanu- und Dinghy-Nutzung. Mindestaufenthalt 2 Nächte; bei Aufenthalten ab 3 Nächten gibt es einen Rabatt von $50 pro Übernachtung. $225

Orama Oasis, Karaka Bay, 09 429 0063, www.orama.org.nz. Angenehmes christliches Zentrum, das einen Ferienpark am Wasser betreibt. Dorm-Zimmer mit Etagenbetten ($33), Hütten ($52) und Selbstversorger-Cottages ($195) vorhanden. Pool, Laden, Zugang zu tollen Buschwanderwegen, Angel- und Tauchmöglichkeiten. Camping $25, Cabins $90

Camping und Hütten

Harataonga Campsite, Harataonga. Sehr schöner und schattiger DOC-Platz etwa 300 m hinter dem Strand. Sehr beliebt für Familienurlaub in den zwei Wochen nach Weihnachten. $9,20

Kaiaraara Hut, in der Nähe von Port FitzRoy, doc.govt.nz. Reservierung über DOC. Hütte mit 28 Stockbetten, Wasserversorgung und Holzofen-Heizung. Nicht so gut gelegen wie die Mount-Heale-Hütte. Töpfe, Geschirr und Proviant mitnehmen. $10

Kowhai Glamping, 09 429 0700, www. facebook.com/GreatBarrierIslandEcoExpe riences. Hier kann man einer der herrlichen DOC-Zeltplätze campen, ohne ein eigenes Zelt dabeizuhaben. Die komfortablen, mit Matratzen ausgestatteten Rundzelte werden dort aufgestellt, wo die Gäste sie haben möchte. Die Kochausrüstung kann gemietet werden und sogar Lebensmittel sind erhältlich. Außerdem Fahrradvermietung (über Paradise Cycles) und Angebote für Rad- oder Wandertouren, auf denen die Zelte dort aufgebaut werden, wo man es sich wünscht. 2-Pers.-Zelt ab $120

Medlands Beach Campsite, Medlands Beach. Attraktiver DOC-Platz neben einer Flussmündung, nur durch Dünen von einem wunderschönen Strand getrennt. Im Januar wird es hier sehr voll, zu anderen Zeiten ist man aber vielleicht allein. $10

Mikey's Place, Awana, 09 429 0140. Freundlicher, aber sehr einfacher Zeltplatz 25 km nördlich von Tryphena. Nicht so schön gelegen wie der nahe DOC-Zeltplatz, dafür aber mit warmen Duschen, Toiletten und einer einfachen Küche. $7

Mount Heale Hut. Wunderbare neue 20-Bettenhütte auf einem Sattel unterhalb des Mount Heale mit tollem Blick über den Hauraki Gulf auf Little Barrier Island. Gasherd vorhanden, aber Töpfe, Geschirr und Proviant müssen mitgebracht werden. Keine Reservierung. $15

Sugarloaf Campground, Sugarloaf Rd, Kaitoke, 09 429 0229. Toller privat betriebener Campingplatz am Südende von Kaitoke Beach. Grundausstattung mit Wasserversorgung, Toiletten und Duschen. Gäste sollten sich nach dem Mermaid Pool erkunden, den man bei Ebbe besuchen kann. $10

ESSEN

Da es nur wenige Restaurants gibt, bieten viele Unterkünfte auch Mahlzeiten an. Diejenigen, die das nicht tun, verfügen fast immer über Einrichtungen für Selbstversorger. Die Restaurants wiederum machen oft früher zu (oder öffnen erst gar nicht), wenn nicht genug los ist, deshalb ist eine Tischreservierung ratsam. In Tryphena, Claris, Whangaparapara und Port FitzRoy gibt es Läden, in denen man sich mit Picknickzutaten eindecken kann. Wer abends etwas trinken gehen möchte, tut dies entweder in den Bars der Unterkünfte oder in den „Social Clubs" von Tryphena und Claris.

Angsana, 63 Grays Rd, gleich nördlich von Crossroads, ✆ 09 429 0272. Hochwertige Thai-Küche auf Great Barrier? Was auf den ersten Blick absurd erscheint, erweist sich als echte Bereicherung für die Insel. Die freundliche Bedienung tischt alle erdenklichen Spezialitäten auf (Hauptgerichte um $30). ⏲ Okt–Mai Do–So 18–21 Uhr.

Claris Texas Café, 129 Hector Sanderson Rd, Claris, ✆ 09 429 0811. Bewährtes Café mit sonnigem Hof und Rasen für Kinder zum Spielen. Frühstück, Fischburger mit Pommes ($14), Suppen und fantastische Desserts. Internet vorhanden. ⏲ tgl. 8–16 Uhr.

🧳 **Currach Irish Pub**, Stonewall, Tryphena, ✆ 09 429 0211, 🖥 www.currachirishpub.com. Ein irischer Pub, der so typisch ist, wie man es auf einer südpazifischen Insel kaum erwarten würde – ein Großteil der Einrichtung stammt von der Großmutter des Besitzers, die ihren Pub im irischen County Kerry 1950 zumachte. Guinness und lokales Craft Bier vom Fass und abends leckere Kneipenkost (panierte Jakobsmuscheln mit Pommes $26). Häufig Livemusik; am Do darf jeder mitmachen. ⏲ tgl. 12–22 Uhr oder später.

Wild Rose Café, Stonewall, Tryphena, ✆ 09 4290905. Tagescafé mit Biokost, guten Tees und Säften. Außerdem ein großes Angebot an Frühstücksgerichten, Burgern ($13) und Nachos. ⏲ Mo–Sa 8–17, So 9–17 Uhr.

Angeln und Tauchen

Verschiedene Veranstalter bieten die Möglichkeit, Great Barriers hervorragenden Ruf als Anglerparadies zu testen, z. B. **Freedom Fishing Charters**, Medlands, ✆ 09 429 0861, 🖥 www.freedomfishingcharters.co.nz. Ivan „Skilly" McManaway angelt seit fast 50 Jahren rund um die Insel und nimmt Petrijünger für $125 p. P. (halber Tag, mind. 2 Teilnehmer) mit hinaus. Auf Wunsch veranstaltet er auch Tauchausflüge, bei denen Langusten gesammelt werden.

Golf

Claris Golf Club, Whangaparapara Rd, Claris, ✆ 09 429 0420. 9-Loch-Platz (Par 3) mitten im Wald, über dessen Bahnen mitunter Pukekos stolzieren. Nutzungsgebühr $20, Schlägermiete ab $5. Zur Anlage gehört eine fidele Bar mit billigen Getränken und passablen Speisen, ⏲ Do und So 12–19 Uhr.

Kajakfahren

Kajaks kann man im Mulberry Grove-Laden in Tryphena oder bei Hillary Outdoors in Karaka Bay mieten.

Radfahren

Paradise Cycles, ✆ 09 429 0700, 🖥 www.facebook.com/ParadisecyclesAotea. Es gibt auf der Insel genügend Gründe, wenigstens einmal ein Rad zu mieten. Der Firmensitz ist zwar Whangaparapara, aber Paradise Cycles liefert die Fahrräder an viele Orte der Insel, bietet Workshops und ist eine wahre Fundgrube für Informationen. Empfehlenswerte Routen sind der Te Ahumata Track, Harataonga Coastal Track, Kowhai Track und die Forest Road zwischen Whangaparapara und Port FitzRoy. Kurzzeitmieten ab $25, aber die besten Angebote gibt es für Gruppen, die für einige Tage mieten.

Wandern

Siehe Kasten S. 200.

Wassersport

Hillary Outdoors, Karaka Bay, am Ende der Straße 4 km nördlich von Port FitzRoy, ✆ 0800

688 843, ⌨ www.hillaryoutdoors.co.nz. Wer die Insel vom Wasser her erkunden möchte, kann hier Wassersportgeräte mieten, z. B. Doppel-Seekajak $70/Tag, Dinghy $40/halber Tag, Schnorchelausrüstung $20.

SONSTIGES

Autovermietungen

Oft ist es am praktischsten, sich auf der Insel ein Auto zu mieten.
Aotea Rentals, Tryphena, ✆ 0800 426 832, ⌨ www.aoteacarrentals.co.nz. Autos ab $60/Tag, Motorroller für $49/Tag.
GBI Rent A Car, Claris, ✆ 09 429 0062, ⌨ www.greatbarrierisland.co.nz. Einfache Wagen (ab $40).

Geld

Vielerorts kann mit Kredit- oder Bankkarten bezahlt werden, aber es gibt **keine Banken und Geldautomaten** auf der Insel. Daher ist es ratsam, ausreichend Bargeld mitzubringen.

Handys

Der ziemlich lückenhafte Handyempfang ist in Tryphena und Port FitzRoy noch am besten.

Informationen

i-SITE, Claris Airport, ✆ 0800 468 822, ⌨ www.thegreatbarrier.co.nz. Infos zu allem, was mit Great Barrier zu tun hat, auch zu den DOC-Hütten, Wanderwegen und Zeltplätzen. ⏲ Dez und Jan tgl. 10–17, Feb–Nov tgl. 10–14 Uhr. Viele nützliche Infos findet man im **Internet** unter ⌨ greatbarriernz.com.
DOC, 1 km westlich vom Kai in Port FitzRoy, ✆ 09 429 0044. Ist nur sporadisch besetzt – Infos also am besten in Auckland einholen. ⏲ Mo–Fr 8–16.30 Uhr. Manchmal ist im Sommer in Tryphena ein Ranger anzutreffen.

Internet

Der Internetzugang ist begrenzt, aber es gibt kostenloses WLAN am Claris Airport und in der **Bibliothek**, 75 Hector Sanderson Rd, Claris, ⏲ Mo–Fr 8.30–17 Uhr.
Der **Currach Irish Pub** in Tryphena bietet Gratis-WLAN für Gäste, ebenso das **Claris Texas Café**.

NAHVERKEHR

Busse

Auf Great Barrier Island gibt es nur eine Buslinie mit festem Fahrplan, aber mehrere **Shuttlebusse**. Sie stehen normalerweise bei Ankunft sämtlicher Fähren und Flüge bereit, aber es ist am sichersten, rechtzeitig einen Platz zu reservieren. Betreiber sind:
GBI Shuttle Buses, Claris, ✆ 09 429 0062, ⌨ www.greatbarrierisland.co.nz. Fährt tgl. (außer am Sa und So im Winter) von Tryphena (9.40 Uhr) via Claris (10 Uhr) nach Port FitzRoy (11 Uhr) und zurück nach Claris (12 Uhr) und Tryphena (12.20 Uhr). Die Fahrt von Tryphena nach Port FitzRoy kostet $35. Auch Shuttle-dienste nach Bedarf.
Great Barrier Travel, Tryphena, ✆ 0800 426 832, ⌨ www.greatbarriertravel.co.nz. Shuttle-dienste nach Bedarf. Fahrpreise von Tryphena nach Medlands um $20, Claris $25 und Whangaparapara $35.

TRANSPORT

Fähren

SeaLink, ✆ 0800 732 546, ⌨ www.sealink.co.nz. Die langsamere Autofähre verkehrt ganzjährig und befördert auch Passagiere. Sie fährt von der Brigham Street im Wynyard Quarter von AUCKLAND 3–7x wöchentl. nach Tryphena (4 1/2 Std.) und sporadisch nach Whangaparapara und Port FitzRoy. Preise, jeweils hin und zurück: Fußgänger $95 (Dez und Jan $140), Fahrräder $21, Autos $325 (Dez und Jan $410). Außerdem gibt es eine Express-Fähre (20. Dez–4. Jan an den meisten Tagen und bis Ende April an Wochenenden, 2 Std., $90 je Strecke).

Flüge

Die meisten Flüge ab Auckland International Airport landen auf der Insel in **Claris**, dem Verwaltungssitz der Insel in günstiger Lage zu den schönsten Stränden, Medlands und Awana Bay. Es werden auch Kombinationen aus Flug und Fähre angeboten, und Great Barrier Airlines fliegt auch nach WHANGAREI und WHITIANGA, wobei man auf Great Barrier Zwischenstation machen kann.

FlyMySky, ☎ 0800 222 123, 🖥 www.flymysky. co.nz. Flüge ab AUCKLAND (3–4x tgl., $118 bei Buchung 3 Tage im Voraus).
Great Barrier Airlines (GBA), ☎ 0800 900 600, 🖥 www.greatbarrierairlines.co.nz. Flüge ab AUCKLAND (3–4x tgl., $114 einfach).

Tiritiri Matangi

Das kleine, etwa 220 ha große Inselchen **Tiritiri Matangi** liegt rund 4 km vor der Spitze der Whangaparaoa Peninsula und 30 km nördlich von Auckland und ist ein herrliches „offenes Schutzgebiet", was bedeutet, dass sich die Besucher frei bewegen dürfen. In den raubtierfreien Wäldern kann man mit etwas Glück innerhalb weniger Stunden so seltene Vogelarten wie Takahe, Sattelvogel, Weißköpfchen, Ziegensittich, Langbeinschnäpper, Kokako (Lappenkrähe) und Neuseelandente erspähen. Wer hofft, Zwergkiwis oder Tuataras (Brückenechsen) zu Gesicht zu bekommen, muss sich allerdings nachts auf die Lauer legen.

Vier der auf der Insel angesiedelten Spezies gehören zu den seltensten der Welt, mit Gesamtpopulationen von nur einigen Hundert Tieren. Am auffälligsten ist der flugunfähige **Takahe**, ein schwerfälliger, blaugrüner Vogel von der Größe eines großen Huhns, den man lange Zeit für ausgestorben hielt (S. 873).

Sattelvögel, **Kokakos** und **Hihis** (eine Honigfresser-Art) verstecken sich gern im Busch, kommen aber häufig ins Blickfeld, sobald man sich einige Minuten ruhig an den Weg setzt, vor allem in der Nähe der Fütterungsstationen. Auch **Zwergpinguine** sind das ganze Jahr auf Tiritiri zu sehen.

Auf dem Standardrundweg, der an der Ostküste entlang und zurück über den Ridge Track in der Mitte der Insel führt, kommt man auch am **Hobbs Beach** vorbei, wo man am einzigen Sandstrand ein Bad nehmen kann. Detailliertere Informationen über die Insel findet man unter 🖥 www.tiritirimatangi.org.nz.

Besucher, die mit den regulären Fähren kommen, können an 90-minütigen **Führungen** ($5) teilnehmen, die vom Fähranleger starten und von vogelkundigen Freiwilligen geleitet wer-

den. Sie enden normalerweise in der Nähe des Leuchtturms beim modernen **Interpretation Centre**.

Geschichte

Tiritiri Matangi wurde ursprünglich vom **Maori**-Volk der Kawerau-A-Maki und später von Ngati Paoa besiedelt, die heute beide als die traditionellen Eigentümer der Insel gelten. Sie rodeten einen Teil der ursprünglichen Vegetation. Später wurde der Holzeinschlag von den Europäern fortgesetzt. Zum Glück konnten Tiere wie Possums, Wiesel, Hirsche, Katzen und Wallabys auf der Insel nie Fuß fassen. Daher wurden auf Tiritiri Anfang der 1970er-Jahre, als sich die Landwirtschaft nicht mehr rentierte, über 300 000 **Baumschösslinge** angepflanzt. Obwohl der sich rasch erholende Busch noch längst nicht voll herangewachsen ist, scheinen sich die Vögel hier bereits wohlzufühlen. Das Spektakel der Vogelstimmen in den Wäldern der Insel macht deutlich, wie stark die **Vogelwelt** in anderen Teilen Neuseelands durch tierische Eindringlinge dezimiert wurde.

ÜBERNACHTUNG UND ESSEN

Besucher müssen sich ein **Lunchpaket** mitbringen, denn es gibt keine Verpflegungsmöglichkeit auf der Insel.
Tiritiri Matangi Island Bunkhouse, 🖥 www. doc.govt.nz/tiritiribunkhouse. Als Unterkunft steht eine öffentliche Hütte in der Nähe des Leuchtturms zur Verfügung. Die Betten sollten so früh wie möglich reserviert werden; die Wochenenden sind meist Monate im Voraus ausgebucht. Gäste müssen ihren eigenen Schlafsack und alle benötigte Verpflegung in nagetiersicher verschlossenen Behältern mitbringen. $30

TRANSPORT

360 Discovery Cruises, ☎ 0800 360 3472, 🖥 www.360discovery.co.nz. Tagesausflüge auf die Insel mit fünfstündigem Aufenthalt. (Weihnachten–Mitte Jan tgl., 9 Uhr; übriges Jahr Mi–So und feiertags 9 Uhr; von Auckland $70, von Gulf Harbour $55)

CAPE REINGA

Northland

Kiwis betiteln die schmale Maori-Provinz Northland oft als „Winterless North", eine treffende Bezeichnung für die Zitrusbäume, die Avocado-Plantagen, die Weingüter, das warme aquamarinfarbene Meerwasser und die weißen und goldenen Sandstrände, die die nördlichen Ausläufer der Region so überaus anziehend machen.

Stefan Loose Traveltipps

The Arts Factory, Te Hana Eine waschechte Kiwi-Ikone und ihr Team schaffen aus dem uralten Holz der Sumpf-Kauris wunderschöne Kunstwerke. S. 215

Poor Knights Islands Höhlen, Felsbogen und außergewöhnliche Fische sind ein Fest für Taucher und Schnorchler. S. 222

3 **Bay of Islands** Hier kann man segeln, Kajak fahren, mit Delphinen schwimmen und die Geschichte und Landschaft von Northland kennenlernen. S. 226

Ninety Mile Beach und Cape Reinga An einem der bekanntesten Strände des Landes mit dem Sandboard gewaltige Dünen hinabdüsen und anschließend den reißenden Strudel betrachten, in dem sich Pazifik und Tasmansee vereinen. S. 252

Hokianga Harbour Wo die Abendsonne in einem gewaltigen Farbrausch hinter dem Horizont verschwindet und der Wind mächtige Dünen auftürmt. S. 256

Kauri-Wälder Im Waipoua Kauri Forest stehen der 2000 Jahre alte Tane Mahuta, Neuseelands größter Baum, und viele andere Kauri-Bäume. S. 261

WAIPOUA KAURI FOREST

WAITANGI, MAORI-VERSAMMLUNGSHAUS

Ninety Mile Beach und Cape Reinga

Hokianga Harbour

Bay of Islands

Poor Knights Islands

Kauri-Wälder

The Arts Factory, Te Hana

Inhalt

Northland ragt von Auckland 350 km weit in den subtropischen Norden und trennt dabei den Pazifik von der Tasmansee. Die beiden Meere treffen vor dem Cape Reinga aufeinander, Neuseelands nördlichstem auf dem Straßenweg zugänglichen Punkt. Touristen nähern sich dieser Landspitze zumeist über die Sandpiste des Ninety Mile Beach. Mit der wachsenden Beliebtheit der Region ist auch der Wohlstand etwas gestiegen, sodass die Einstellung gegenüber Besuchern heute positiver und freundlicher ausfällt als noch vor einiger Zeit.

Landschaftlich gesehen teilt sich Northland in zwei Hälften. Die **Ostküste** ist ein Labyrinth aus versteckten Höhlen, und ihre Strände sind ruhig und sicher, denn eine Reihe vorgelagerter Inseln schwächt die gelegentlich aufkommenden Pazifikstürme ab. Der Kontrast zur langen, fast schnurgeraden **Westküste** könnte kaum größer sein: Hier brechen sich die tosenden Wellen der Tasmansee, nur von vereinzelten Buchten aufgehalten. Schwimmen ist aufgrund von Strömungen und fehlender Küstenwache gefährlich. Einige Strände sind sogar als Straßen ausgewiesen, bergen allerdings eine Menge Gefahren für unbesonnene Fahrer. Mietwagen sind zudem nicht für das Fahren am Strand versichert, also besser kein Risiko eingehen. Wer das hügelige **Binnenland** erkunden möchte, muss sich auf lange Fahrten über kurvige Landstraßen einstellen.

Am Ostufer, nördlich des Einzugsbereichs von Auckland, beginnt die ländliche **Matakana Coast**. Sie ist beliebt bei Seglern, die Kawau Island umrunden, und bei Schnorchlern, die die Unterwasserwelt des **Goat Island Marine Reserve** erforschen. Das breite Band der **Bream Bay** führt zu den zerklüfteten Whangarei Heads am Eingang von Northlands Haupthafen und wichtigster Stadt: **Whangarei**. Sie dient als Basis für das neuseeländische Taucherparadies **Poor Knights Islands**.

Touristen, die es eilig haben, steuern meist geradewegs die **Bay of Islands** an. Dieser geschichtsträchtige, zerklüftete, von Inseln übersäte Küstenabschnitt eignet sich hervorragend für Kreuzfahrten, zum Tauchen und – manchmal auch – zum Schwimmen mit Delphinen. Alles nördlich davon wird allgemein als **The Far North** bezeichnet. Anziehungspunkte dieser Region sind die ruhige, abgeschiedene **Whangaroa Harbour**, die **Doubtless Bay** sowie die **Aupori Peninsula**, an deren Westküste sich der **Ninety Mile Beach** bis zum **Cape Reinga** erstreckt.

Im Gegensatz zum Osten ist die Westküste deutlich vom wirtschaftlichen Niedergang nach dem Ende der Kauri-Abholzung gekennzeichnet. Inzwischen beginnen jedoch Milchwirtschaft und Tourismus die Landschaft zu verändern und eine freundlichere Atmosphäre zu schaffen. Vom Ninety Mile Beach im Norden kommend empfiehlt sich hier als erster Halt der **Hokianga Harbour**, einer der größten Naturhäfen Neuseelands, dessen Nordspitze von spektakulären Sanddünen geschmückt wird. Weiter südlich gelangt man in den **Waipoua Forest**, den einzigen größeren Überrest der einst ausgedehnten Kauri-Wälder. Die Geschichte der Kauri-Bäume und Holzfäller wird im ausgezeichneten Kauri Museum in Matakohe dokumentiert.

Geschichte

In Northland spielten sich die meisten der frühen Begegnungen zwischen Maori und europäischen Siedlern ab. Hier wurde auch Neuseelands wichtigstes Dokument, der **Vertrag von Waitangi**, unterzeichnet. Die Maori-Legende berichtet vom großartigen polynesischen Forscher Kupe, der den Hokianga Harbour entdeckte. Das Klima und der Reichtum an Nahrungsmitteln waren genau nach seinem Geschmack, und so ermutigte er sein Volk, sich hier anzusiedeln. Dessen Nachkommen in der Bay of Islands hatten das zweifelhafte Vergnügen, erstmals mit Weißen in Berührung zu kommen, als europäische Walfänger die Gewässer plünderten und Missionare nach neuen Bekehrungswilligen suchten.

Informationen

Die **Website** der Region Northland ist ⌨ www.northlandnz.com.
Der Northland-Distrikt Far North unterhält **i-SITE-Büros** in Paihia, Kaitaia und Opononi; Näheres auf ⌨ www.topofnz.co.nz.

N
0   50 km

SÜDPAZIFIK

TASMANSEE

NORTHLAND

Cape Reinga
Spirits Bay
North Cape
Waitiki Landing
Cape Maria van Diemen
Te Paki
Parengarenga Harbour
Ninety Mile Beach
Te Kao
Great Exhibition Bay
Aupori Peninsula
Houhora
Karikari Peninsula
Pukenui
Whatuwhiwhi
Gumdiggers Park
Doubtless Bay
Hihi
Rangaunu Harbour
Mangonui
Whangaroa Harbour
Cavalli Is
Taipa
Whangaroa
Matauri Bay
Awanui
Kaeo
Kaitaia
Bay of Islands
Tauroa Point
Ahipara
Mangamuka Bridge
10
Waimate North
Kerikeri
Cape Brett
Herekino
Rangiahua
Waitangi
Russell
Whangamumu
Kohukohu
Paihia
Rawene
Kaikohe
Kawakawa
Mitimiti
Ngawha Springs
Poor Knights Island
Omapere
Opononi
12
Hokianga Harbour
Matapouri
Sandy Bay
WAIPOUA KAURI FOREST
12
Tutukaka
Ngunguru
Trounson Kauri Park
Whangarei
Kaihu
Whangarei Heads
Pataua South
Kai Iwi Lakes
14
Ruakaka
Ocean Beach
Dargaville
Waipu Caves
Bream Bay
Hen & Chicken Islands
Baylys Beach
Waipu
Waipu Cove
Mangawhai Heads
12
Brynderwyn
Mangawhai
Matakohe
Arts Factory, Te Hana
Pakiri
Goat Island
Wellsford
Leigh
Poutu
Matakana
1
Kawau Island
Warkworth
Kaipara Harbour

Auckland ▼   ▼ Auckland

Ohne die ganze Tragweite ihres Tuns zu erkennen, verzichteten die Häuptlinge des Nordens schließlich schriftlich auf ihre **Hoheitsrechte**. Im Gegenzug wurden ihnen Landrechte und traditionelle Rechte zugesichert, die jedoch häufig missachtet wurden. Einige Maori in den restlichen Landesteilen sind noch immer der Meinung, dass die fünf nördlichen *iwi* (Stämme) Aotearoa an die Pakeha verschenkt haben.

Als in den neu besiedelten Gebieten weiter südlich fruchtbareres Ackerland entdeckt wurde, plünderten **Kauri-Holzfäller** und *gumdigger* den Busch. Später, als die Rohstoffindustrie schwächer wurde, siedelten sich Pioniere an und wandelten einen Großteil der Gegend in Weideland für die **Milchwirtschaft** um. Die lokalen Molkereien mussten schließen, als halbindustrielle Unternehmen die Verarbeitung zentralisierten, und in der Folge verarmten die kleinen Städte. Heute halten die Anpflanzung schnell wachsender exotischer Bäume und sporadischer Gartenbau die lokale Wirtschaft am Leben.

Transport

Da es in Northland keine Züge und nur wenige Flughäfen gibt, sind Reisende auf Busse oder ein Mietfahrzeug angewiesen. Hier oben verkehren nur wenige öffentliche Verkehrsmittel. **Autofahrern** steht im Wesentlichen nur eine einzige Hauptstraße zur Verfügung, die auf beiden Seiten der Halbinsel an der Küste entlangführt und eine Schleife bildet, den **Twin Coast Discovery Highway**. Man muss sich nicht sklavisch an ihn halten, doch die braunen, mit einem Delphin und einer Welle versehenen Schilder sind eine gute Orientierungshilfe.

Die wichtigste **Busgesellschaft** ist InterCity, ☏ 09 583 5780, ⌨ intercity.co.nz, mit einem großen Streckennetz. Nakedbus, ☏ 0900 62533, ⌨ www.nakedbus.com, und Kiwi Experience, ☏ 09 336 4286, ⌨ www.kiwiexperience.com, bedienen ebenfalls das Gebiet und sind oft eine preiswerte Alternative.

Es bestehen zwar in begrenztem Umfang **Flugverbindungen**, die angesichts der relativ geringen Entfernungen aber kaum von Interesse sind – ausgenommen evtl. die Flüge von Whangarei nach Great Barrier Island mit Great Barrier Airlines, ☏ 0800 900 600, ⌨ www.greatbarrierairlines.co.nz, oder die Rundflüge von Paihia über die Bay of Islands zum Cape Reinga (S. 256).

Die Matakana Coast bis zur Bream Bay

⌨ www.matakanacoast.com

Aucklands Einfluss beginnt zu schwinden, sobald man etwa 50 km nördlich vom Stadtzentrum die **Matakana Coast**, ⌨ www.matakanacoast.com, erreicht. An diesem 30 km langen Küstenabschnitt reihen sich seichte Häfen, von Stränden übersäte Halbinseln und kleine Inseln aneinander. Der von der Hauptstadt ganz verschiedene Charakter offenbart sich insbesondere, sobald man die reizende Ortschaft **Warkworth** hinter sich gelassen hat und Richtung **Kawau Island** oder entlang der Küste zum Dörfchen **Matakana** und zum Schnorchel- und Taucherparadies **Goat Island** fährt.

Die Fahrt von Auckland nach Warkworth ist durch eine 7 km lange Mautstraße ($2,20/Auto, online zahlbar innerhalb von 5 Tagen) schneller geworden, hat aber ein wenig an landschaftlichem Reiz eingebüßt. Wer Zeit hat, sollte die alte Route über Orewa am Hibiscus Coast Highway nehmen und die wunderbaren Ausblicke genießen.

Auf dem SH1 zwischen Warkworth und Waipu gibt es kaum lohnende Stopps – abgesehen von der großartigen Holzschnitzkunst, die im **Te Hana** ausgestellt ist. Die Strecke führt zur Straßenkreuzung von **Brynderwyn**, wo der SH12 nach Dargaville, zum Waipoua Kauri-Wald und zum Hokianga Harbour abzweigt. Die landschaftlich reizvollere Route nach Norden führt hingegen am Ufer der **Bream Bay** entlang. Ihren Namen verdankt die Bucht Captain Cook, der 1770 zu Besuch kam. Bei dieser Gelegenheit zogen seine Männer Tarakihi aus dem Wasser – und hielten den Fisch fälschlicherweise für *bream* (Brasse). Die einzigen Ansiedlungen hier sind die kleinen Strandgemeinden **Mangawhai Heads** und **Waipu Cove** mit Blick auf die **Hen and Chicken Islands**, einen Zufluchtsort für seltene Vögel.

Warkworth

Die Kleinstadt **Warkworth** erwacht erst im Hochsommer zum Leben, wenn zahlreiche Segler ihre Boote in den vielen nahe gelegenen Mündungen und Buchten festmachen. Ab Ende der 1820er-Jahre wimmelte es fast ein Jahrhundert lang auf dem Flussabschnitt im Rücken der Stadt von Booten, auf denen Kauri-Bäume verschifft wurden.

Heute verläuft ein Plankenweg am Ufer, wo die *Jane Gifford*, ⌨ www.janegifford.org.nz, vor Anker liegt. Die generalüberholte Schute durchpflügte früher die Tidengewässer und wird jetzt manchmal für Ausflugsfahrten eingesetzt (1 Std., $20).

Warkworth and Districts Museum

Tudor Collins Drive, 3 km südlich von Warkworth abseits des SH1 ▪ 🕐 tgl. 9–15 Uhr ▪ Eintritt $8 ▪ ⌨ www.wwmuseum.orconhosting.net.nz

Informationen über die Geschichte der Region liefert das **Warkworth and Districts Museum**. Hier sind originalgetreu nachgebildete Wohnräume aus mehreren Epochen zu sehen sowie eine 5 m lange Kette mit 130 Gliedern, die aus einem einzigen Kauri-Stamm geschnitzt wurde.

Bei den beiden uralten Kauris vor dem Museum beginnen zwei hübsche, 20-minütige Naturlehrpfade auf Holzbrettern. Sie führen durch den geschützten Busch des **Parry Kauri Park**. In einer kostenlos am Museumseingang erhältlichen Broschüre werden die Bäume detailliert beschrieben. ⏱ 9 Uhr bis Sonnenuntergang, Eintritt in Form einer Spende.

Brick Bay Sculpture Trail

Arabella Lane, 6 km östlich von Warkworth abseits des SH1 ▪ ⏱ tgl. 10–17 Uhr, letzter Einlass 16 Uhr ▪ Eintritt $12; Weinprobe $5; Olivenölverkostung $8 ▪ ☎ 09 425 4690, 🖥 www.brickbaysculpture.co.nz

Der **Brick Bay Sculpture Trail** bietet eine perfekte Mischung aus Kunsterlebnis und formvollendeter Architektur. Nach einer Stunde auf dem 2 km langen Wald-, Weinberg- und Parkweg, der an über 50 Skulpturen vorbeiführt (alle stehen zum Verkauf und stammen überwiegend von neuseeländischen Künstlern), erwartet den Wanderer im Café eine Belohnung in Form von Weinproben, Olivenölverkostungen und Vorspeisenplatten für zwei Personen ($27).

Sandspit Holiday Park, 1334 Sandspit Rd, ☎ 09 425 8610, 🖥 www.sandspit holidaypark.co.nz. Im Schatten großer Bäume direkt beim Fährenleger für Kowau Island; kostenloser Kanu- und Paddelbootverleih, sichere Bademöglichkeit; nicht weit von einem Surfstrand und einem Internetkiosk. Camping $20, Cabins $70

Warkworth Country House, 18 Wilson Rd, 300 m nördlich des Warkworth and Districts Museum (s. oben), ☎ 09 422 2485, 🖥 www.warkworthcountryhouse.co.nz. Zwei gemütliche Zimmer mit Bad und eigenem Eingang mit kleiner Terrasse, an großem und gepflegtem Garten und mit einem Wald voller Vögel in der Nähe. $120

ESSEN

Warkworth hat recht gute Restaurants zu bieten. Nobler speisen kann man auf den umliegenden Weingütern; Näheres dazu in der Broschüre *Matakana Wine Trail* (S. 212). Proviant gibt's im Supermarkt New World.

Ginger Café 21, Queen St, ☎ 09 422 2298. Guter Kaffee und gute Bagels und Brote aus eigener Herstellung, dazu ein eindrucksvolles Frühstücksangebot und vegetarische Hauptgerichte (etwa $20). Vieles ist gluten- und milchfrei. ⏱ Mo–Fr 6.45–16, Sa und So 7.30–16 Uhr.

Quince Café 10, Elizabeth St, ☎ 09 442 2555. Beliebt für Gerichte wie Lammschenkel mit Erbsen-Linsen-Soße und Minze-Pistazien-Püree (Hauptgerichte ca. $26). Alkohollizenz und BYO. ⏱ Mi–So 9 Uhr bis spät.

Ransom Wines, 46 Valerie Close, 1,5 km vom SH1, südlich von Warkworth, ☎ 09 425 8862, 🖥 www.ransomwines.co.nz. Die Weinkellerei veranstaltet kleine Weinproben an der Tür zum Weinkeller mit Blick auf die Reben ($5 Spende) oder Touren mit Weinprobe für $20. An der Weinbar gibt es neben einer großen Auswahl an Weinen auch Tellergerichte. ⏱ Feb–Dez Di–So und feiertags 10–17, Jan tgl. 10–17 Uhr.

Tahi, 1 Neville St, ☎ 09 422 3674, 🖥 www.tahibar.com. Bier-Bar in einer Gasse gegenüber dem i-SITE mit gutem Angebot an Bieren aus Kleinbrauereien, dazu sättigende Tellergerichte, auch ordentliche Fish 'n' Chips ($17,50). ⏱ tgl. 12 Uhr bis spät.

INFORMATIONEN UND INTERNET

i-SITE Visitor Centre, 1 Baxter St, ☎ 09 425 9081, 🖥 www.warkworthnz.com. Hilft bei Reisebuchungen und hat kostenlosen **Internetzugang**. ⏱ Nov–Ostern Mo–Fr 8.30–17, Sa und So 9–16, Ostern–Okt Mo–Fr 8–17, Sa und So 9–15 Uhr.

TRANSPORT

Die **Busse** von InterCity, Northliner und NakedBus halten vor der Touristeninformation in der Baxter St.
Busse nach AUCKLAND (4x tgl., 1 Std 20 Min.) und WHANGAREI (4x tgl., 2 Std.)

Kawau Island

Kawau Island hat nur rund 70 Einwohner, aber dafür jede Menge Wochenendbesucher, und besteht vorwiegend aus Ferienhäusern mit privaten Anlegestellen.

Mansion House

⏱ Sep–Mai Mo–Fr 12–14, Sa und So 12–15.30 Uhr ▪ Eintritt $4

Die einzigen Sehenswürdigkeiten auf Kawau Island sind das vornehme, mit Kauri-Holz getäfelte **Mansion House** und dessen exotische Gärten. Hier wohnte in den 1860er-Jahren George Grey, damals Gouverneur von Neuseeland, während seiner zweiten Amtszeit. Die Einrichtung sieht in etwa so aus wie zu Greys Zeiten.

Ein kurzer Spaziergang führt durch die Gärten zum kleinen Strand von **Lady's Bay** und von dort zu einem Netz von kurzen Wegen, die sich durch Kiefernwald und Kanukagestrüpp schlängeln. Das beliebteste Ziel für einen Spaziergang sind die Ruinen der alten **Kupfermine** (knapp 1 1/2 Std. hin und zurück).

ESSEN

Mansion House Bay Café, ✆ 09 422 8903. Café mit Alkoholausschank, geöffnet zum Mittagessen und für kleine Gerichte ($10–30). Die meisten Leute kommen im Rahmen einer organisierten Tour hierher, also mittags, aber mit einem Wassertaxi von Kawau Cruises (s. o.) kann man auch zum Abendessen hierher gelangen. ⏱ an Wochenenden und im Sommer fast tgl., genaue Zeiten telefonisch erfragen.
Café Sandspit, am Kai von Sandspit, 8 km östlich von Warkworth. Nettes Café mit Alkoholausschank in einem Holzschuppen, mit passablem Essen; spezialisiert auf Seafood wie Chowder ($13) und Fish 'n' Chips ($17), auch Burger ($14,50). ⏱ tgl. 9–15.30 Uhr.

TRANSPORT UND TOUREN

Die Boote Richtung Kawau Island fahren am Kai von SANDSPIT (Parkgebühr $10/24 Std.) ab, einer kleinen Gemeinde am Matakana-Meeresarm 8 km östlich von Warkworth.

Kawau Cruises, ✆ 0800 111 616, 🖥 www.kawaucruises.co.nz. Betreibt das ganze Jahr über den **Royal Mail Run**, der alle Kais der Insel mit Post, Zeitungen und Lebensmitteln versorgt und 1 1/2 Std. an der Mansion House Bay hält, Abfahrt tgl. 10.30 Uhr, 4 Std., $68 hin und zurück, mit BBQ-Lunch (auf der Hinfahrt an Bord serviert) $90. Kawau Cruises unternimmt auch einen oder zwei Ausflüge zur Mansion House Bay pro Tag. Die Besichtigungszeit dort ist etwa doppelt so lang wie beim Mail Run ($55 hin und zurück).
Blue Adventures, Sandspit Wharf, ✆ 022 630 5705, 🖥 www.blueadventures.co.nz. Verleih und Unterricht für Standup-Paddleboarding ($40 p. P./Std.), Wakeboarding ($100 p. P./Std.; mind. 3 Pers.) und Kitesurfen ($50 p. P./Std.).

Matakana und Umgebung

In den vergangen zehn Jahren hat sich **Matakana**, 9 km nordöstlich von Warkworth, vom unbedeutenden Kreuzungspunkt zweier Landstraßen zum Herzstück einer boomenden Weinregion aufgeschwungen. Der Ort liegt nahe genug bei Auckland, um Wochenendausflügler anzuziehen. Sie kaufen gern auf dem Bauernmarkt am Samstag von 8 bis 13 Uhr ein. Anschließend gehen sie vielleicht ins örtliche kleine Kino, 2 Matakana Valley Rd, ✆ 09 422 9833, 🖥 www.matakanacinemas.co.nz, stöbern in den Geschäften (einer altmodischen Metzgerei, einem exzellenten Buchladen und einem sehr guten Feinkostgeschäft) oder besuchen die Weingüter. In dem fast überall erhältlichen Heftchen *Matakana Wine Trail* sind 18 **Winzereien** und andere Einrichtungen mit Weinbezug beschrieben, die zur Weinprobe einladen (meistens gegen ein geringes Entgelt).

Morris & James Pottery & Tileworks

2 km westlich von Matakana in der Tongue Farm Rd ▪ ⏱ tgl. 9–17 Uhr; Café/Bar 9–16 Uhr; kostenlose Führung tgl. 11.30 Uhr ▪ Eintritt frei ▪ ✆ 09 422 7116, 🖥 www.morrisandjames.co.nz

Wegbereiter für den Umschwung in der Region war **Morris & James Pottery & Tileworks**. Dort werden seit Ende der 1970er-Jahre Terrakotta-

fliesen und große Blumenkübel von Hand hergestellt. Vor dem Besuch im Café kann man eine
kostenlose halbstündige Führung durch die Töp-
ferei unternehmen.

Tawharanui Regional Park

10 km südöstlich von Matakana, an der Takatu Rd
▪ ⏱ tgl. 6 Uhr bis Sonnenuntergang ▪ Eintritt frei

Der **Tawharanui Regional Park** umfasst tolle
Strände und wieder aufgeforsteten Wald. Raubtiere wurden beseitigt, weshalb die Vögel wieder in das **offene Reservat** zurückkehren. Hier
kann man wunderbar schwimmen, tauchen,
picknicken und auf gut begehbaren Wegen
wandern oder radeln. Allerdings muss alles Notwendige mitgebracht werden. Das Einzige, was
es hier gibt, ist ein schöner Campingplatz, ☎ 09
366 2000, 🖥 www.regionalparks.aucklandcoun
cil.govt.nz. Er hat sehr schlichte Zelte und einfache Toilettenhäuschen hinter den Dünen an
der Nordküste. $13

ESSEN

Black Dog Café, 23 Matanka Valley Rd,
☎ 09 422 9130. Beliebt für Kaffee, Schoko-
ladenkuchen, Frühstück, große saftige Burger
($12,50) mit Roter Bete sowie Bagels mit
verschiedenen leckeren Belägen. ⏱ Mo–Fr
7.30–15.30, Sa und So 8–16 Uhr.
Matakana Market Kitchen, 2 Matakana Valley
Rd, ☎ 09 423 0383, 🖥 www.matakanamarket
kitchen.com. Edles und teures Designerrestau-
rant mit großer, glänzender Theke. Speisen:
z. B. Avocado auf Toast ($13), Brunch mit Eiern
aus Freilandhaltung ($16,50–18) und verschie-
dene Hauptgerichte wie Risotto mit Muscheln
und Schnapper ($28). Wer Glutenfreies möchte,
kommt ebenfalls auf seine Kosten. ⏱ tgl. 9 Uhr
bis spät.
Nosh Food Market, 2 Matakana Valley
Rd, ☎ 09 422 9534, 🖥 www.noshfood
market.com. Günstiges, sehr gutes Essen in
einem großen Feinkostladen mit Wurst und
Käse aus der Gegend und Importen aus Italien
und Frankreich. ⏱ Mo–Fr 9–19, Sa und So
7.30–19 Uhr.
Oob Organic Café, 2 Matakana Valley Rd,
☎ 09 422 7797, 🖥 www.blue.co.nz. Traditionelle

Eisdiele mit Bio-Eis ($6), Sorbets und tollen
Smoothies ($7), mit Blaubeeren aus eigenem
Obstgarten. Auch gute Sandwiches und
Kaffee. ⏱ Mo–Fr 10–17, Sa 8–17, So 10–17 Uhr.
Plume, 49a Sharp Rd, ☎ 09 422 7915, 🖥 www.
plumerestaurant.co.nz. Im stilvollen, teuren
Restaurant des Weinguts Heron's Flight mit
offener Küche gibt´s z. B. Rehmedaillons
mit Johannisbeere und Wacholder ($37,50)
oder Garnelenschwanz-Tempura mit Dip ($35).
⏱ Di–So 11–15.30, Fr und Sa auch 18 Uhr
bis spät.

Weingüter

Heron's Flight, 49 Sharp Rd, ☎ 09 950 6643,
🖥 www.heronsflight.co.nz. Hier werden
mit beachtlichen Ergebnissen italienischer
Sangiovese und Dolcetto produziert. Schicke
Winzerei, Weinproben aber nur nach Vereinbarung. ⏱ tgl. ab 11 Uhr.
Hyperion, 188 Tongue Farm Rd, abseits Leigh
Rd, ☎ 09 422 9375, 🖥 www.hyperion-wines.
co.nz. Im Vergleich zu Heron's Flight präsentiert
sich dieses Weingut eher in neuseeländischer
Tradition: mit privater Leidenschaft und dem
einzigen guten nördlich von Auckland gekelter-
ten Cabernet Sauvignon. Es gibt aber auch
andere köstliche Weine, die man alle in einem
kleinen Schuppen verkosten kann. Weinproben
sind kostenlos; für Besuche an Wochen- und
Feiertagen sowie in den Sommerferien vorher
anrufen! ⏱ Sa und So 10–17 Uhr.

Leigh und Goat Island

13 km nordöstlich von Matakana liegt die Ortschaft **Leigh** mit ihrem malerischen Hafen, in
dem hölzerne Fischerboote auf den Wellen tanzen. 4 km weiter nordöstlich befindet sich das
Cape Rodney-Okakari Marine Reserve, üblicherweise nach der kleinen, buschbestandenen
Insel 300 m vor der Küste einfach **Goat Island**
genannt. Gegründet wurde dieses erste Meeresreservat von Neuseeland 1975. Es zieht sich
5 km an der Küste entlang und reicht 800 m weit
ins Meer hinein. Heute wimmelt die hiesige Unterwasserwelt von großen Felshummern, riesigen Schnappern und Rochen. Von Fütterun-

gen wird abgeraten, nachdem insbesondere die Blue Maomaos an der Handfütterung mit Tiefkühlerbsen zu viel Geschmack gefunden hatten und daher häufig Schwimmer und Taucher belästigten.

Der leicht zugängliche Strand (vom Parkplatz am Ende der Straße), das glasklare Wasser, die zahlreichen Unterwasserterrains und die relativ mäßigen Strömungen haben Goat Island zu einem ganzjährig begehrten Tauchspot gemacht. Im Sommer ist die Insel außerdem ein angesagtes Urlaubsziel für Familien. Wer die Ruhe liebt, kommt besser unter der Woche her.

ÜBERNACHTUNG UND ESSEN

Goat Island Camping & Backpackers, 123 Goat Island Rd, ✆ 09 422 6185, 🖥 www.goatislandcamping.co.nz. Rund 500 m abseits des Reservats am Weg nach Goat Island. Vier einfache Cabins und neun einfache Wohnwagen unter Bäumen. Tolle Ausblicke auf die Bucht und Verleih von Schnorchelausrüstung. Nur Barzahlung. Camping $20, Cabins $80

Leigh Fish and Chip Shop, 18 Cumberland St, ✆ 09 422 6035. Vor Ort legendär wegen der köstlichen Fish 'n' Chips, Muschelbratlinge und Burger. Alles unter $15. ⏱ April–Dez Do–So 11–19, Fr und Sa bis 20 Uhr, Dez–Ostern 11–20, Fr und Sa bis 21 Uhr.

The Leigh Sawmill Café, 142 Pakiri Rd, ✆ 09 422 6019, 🖥 www.sawmillcafe.co.nz. Vor allem bekannt als Restaurant und Veranstaltungsort, aber die mit Feingefühl umgebaute Sägemühle bietet auch fünf geräumige DZ mit Bad, ein Selbstversorger-Cottage und zwei Dorms. Im schicken Café gibt's Feinschmecker-Pizza ($25) und Bier aus der benachbarten Kleinbrauerei. Am Wochenende treten in der Regel Livebands auf. ⏱ März–Dez Do 12 Uhr bis spät, Fr–So 10 Uhr bis spät; Dez–Feb tgl. 10 Uhr bis spät.

AKTIVITÄTEN

Bootsausflüge
Glass Bottom Boat, ✆ 09 422 6334, 🖥 www.glassbottomboat.co.nz. Das Glasbodenboot *Aquador* legt vom Strand zu 45-minütigen

Touren ab, die am schönsten bei schönem, ruhigen Wetter sind (im Winter 3x tgl., im Sommer öfter). Am besten vorher anrufen und nach den Wetterbedingungen fragen und reservieren.

Schnorcheln und Tauchen
Schnorchler kommen in den Genuss eines üppigen Kelpwaldes mit vielen bunten Fischen. Wer sich tiefer hinein traut, entdeckt fantastische Meerespanoramen mit unzähligen Schwämmen.

Goat Island Dive, 142a Pakiri Rd, Leigh, ✆ 09 422 6925, 🖥 goatislanddive.co.nz. Äußerst professioneller Anbieter. Vermietet Taucherbrillen, Schnorchel und Flossen ($25) sowie Taucheranzüge (ab $15) und bietet 2-stündige Schnorcheltouren ($75). Außerdem im Programm: Tauchunterricht und Touren zum Goat Island Marine Reserve und noch weiter hinaus. Wer über einen entsprechenden Tauchschein verfügt, kann komplette Tauchausrüstungen mieten (komplett ab $90). ⏱ im Sommer tgl., im Winter am Wochenende.

Goat Island Beach Hire, am Strand, gegenüber der Insel, ✆ 021 460 121, 🖥 www.goatisland beachhire.co.nz. Verleiht Kajaks mit Glasboden (2er $45/ Std.) und normale Kajaks (2er-Kajak $35/Std., 1er $25/Std.), Taucherbrillen, Schnorchel und Flossen ($25) und bietet eine kombinierte Tour mit Glasbodenboot, Kajak und Schnorcheln ($66).

TRANSPORT

Nach Leigh fahren keine öffentlichen Verkehrsmittel. Besucher ohne eigenes Fahrzeug müssen in MATAKANA ein **Taxi** nehmen, z. B. von Matakabs, ✆ 0800 522 743, ca. $40 einfach.

Pakiri

Pakiri, 10 km nördlich von Leigh, besteht in erster Linie aus einem langen weißen Surfstrand hinter Weiden, Dünen und Pohutukawa-Bäumen, die im Dezember rot blühen. Dies ist der perfekte Ort für Strandspaziergänge, Vogelbeobachtungen, Sonnenuntergänge und **Ausritte**.

Pakiri Beach Horse Rides, Rahuikiri Rd, ✆ 09 422 6275, 🖥 horseride-nz.co.nz. Verfügt über wunderbar stimmungsvolle Unterkünfte: Back-packer-Cabins am Fluss, 2-Pers.-Strandhütten für Selbstversorger, eine Familien-Cabin für 7 Pers. und das luxuriöse Strandhaus Ngapeka für bis zu 8 Pers. ($600, Mindestaufenthalt 2 Nächte). Das dazugehörige Café im Stall bietet Proviant sowie einfaches Essen zu günstigen Preisen, ⏰ ca. 9–17 Uhr. Die herrlichen Ausritte ($65/Std., $135/2 Std., $175/halber Tag, $299/Tag inkl. Mittagessen) finden zu jeder Jahreszeit statt. Sie führen am Strand entlang, durch die Dünen, über Flussläufe und Wiesen mit Pohutukawa-Bäumen. Cabins $70, Strand-Cabins $155

Te Hana

Die nächste Möglichkeit, vom SH1 Richtung Norden wieder zur Küste abzuzweigen, ergibt sich im Dörfchen **Te Hana**, 4 km nördlich von Wellsford. Bis vor Kurzem wären die meisten Reisenden einfach durchgefahren, aber es lohnt sich, hier zu halten. Denn in Te Hana ist einer der experimentierfreudigsten und besten Holzbildhauer Neuseelands ansässig.

The Arts Factory

Hinter dem Te Hana Café ▪ Sommer tgl. 9–17, Winter Mo–Fr 9–17 Uhr, Sa und So n. V. ▪ ✆ 09 423 8069, 🖥 www.strongmanishere.com

In Te Hana residiert The Arts Factory, in der der Ausnahmekünstler Kerry Strongman und sein Team atemberaubenden „Schmuck für Riesen" schnitzen – riesige Holzstücke von Sumpf-Kauris, die Tausende Jahre alt sind. Die Arbeiten sind experimentell und einfallsreich gestaltet. Viele sind Neuinterpretationen traditioneller Motive der Maori und anderer alter Völker. Die meisten Stücke haben eines gemeinsam: Sie sind riesig und für große Räume gedacht. Ein Großteil der Werke geht an Galerien und Auftraggeber in Neuseeland und im Ausland, kleinere Arbeiten kann man im Shop kaufen. Besucher dürfen sich im großen Atelier umschauen und bei der Arbeit zusehen.

Te Hana Cultural Experience

317 SH1 ▪ Führung Mi–So 9–17 Uhr zur vollen Stunde; „multicultural package" tgl. 11.30 Uhr (Buchung empfehlenswert) ▪ Führung $36; „multicultural package" $145 ▪ ✆ 09 423 8701, 🖥 www.tehana.co.nz

Auf der anderen Seite des SH1 befinden sich ein *pa* und ein Maori-Dorf, die mit großem finanziellen und materiellen Aufwand und viel Hingabe neu erbaut wurden; beide sind ein Teil der Te Hana Cultural Experience. Bei der 60-minütigen Führung hören die Besucher Geschichten der Maori und schlagen selbst die Kriegstrommel. Daneben gibt es ein „cultural experience package" mit Willkommenszeremonie, einem Mittagsbuffet bzw. Abendessen im *hangi*-Stil, einer Führung und einem Konzert. Sie wird tagsüber und abends angeboten und dauert zweieinhalb Stunden.

Mangawhai Heads und Umgebung

Das winzige **Mangawhai**, 20 km nordöstlich von Te Hana, ist ein landwirtschaftliches Versorgungszentrum und inzwischen auch Feriendorf für Aucklander. Hier gibt's einige Restaurants und am Wochenende einen schicken Bauernmarkt. Von hier hat man auch Zugang zum sehr viel reizvolleren Mangawhai Heads.

Mangawhai Heads

3 km weiter nördlich trifft die Straße bei **Mangawhai Heads** am Mangawhai Harbour auf die Küste. Ferienhäuser überziehen die Hänge hinter dem herrlichen Surfstrand. Abgesehen vom Sommer, wenn viele Kiwis hier ihre Ferien verbringen, geht es in Mangawhai Heads sehr entspannt zu. Das Highlight ist der reizvolle **Mangawhai Cliffs Walkway** (2–3 Std., ganzjährig geöffnet). Zuerst geht es eine Viertelstunde am Strand entlang Richtung Norden, dann immer den orangefarbenen Markierungen nach. Sie weisen den Weg an den Klippen vorbei über Farmland, bis sich der Pfad wieder zum Strand hinabschlängelt. Bei Ebbe kann man auch durch einen kleinen Felsbogen über den Strand zurückmarschieren.

ÜBERNACHTUNG

Coastal Cow Backpackers, 299 Molesworth Drive, ☏ 09 431 5246, 🖥 www.mangawhai backpackers.com. Die Herberge ist in einem hübschen, modernen Haus untergebracht. Dorms $28, Zimmer $66

🧳 **Milestone Cottages by the Sea**, 27 Moir Point Rd, ☏ 09 431 4018, 🖥 www.mile stonecottages.co.nz. Die sechs sehr schönen Cottages aus Holz und Lehmziegeln sind alle luxuriös, aber preisgünstig. Zwei der Cottages bieten Blick aufs Meer, die anderen liegen inmitten von Biogärten und Küstenbusch, einen kurzen Spaziergang von einem versteckten Strand entfernt, wo kostenlos Kajaks zur Verfügung stehen. Alle Cottages sind für Selbstversorger gedacht und haben einen Grillplatz. Lap Pool. Studio $135, Cottages $180

ESSEN

Bennetts Café, 52 Moir St, Mangawhai, ☏ 09 431 5072. Hat ausgezeichnetes Frühstück und recht raffinierte Mittagsgerichte, z. B. Schokoladen-Pancakes mit hausgemachter Haselnusscreme ($18) und Muschelbeignets ($20,50). Auf der anderen Seite des Hofs gibt es einen wunderbaren Chocolatier. ⏰ tgl. 9–17 Uhr.

🧳 **Frog and Kiwi**, 6 Molesworth Drive, Mangawhai, ☏ 09 431 4439. Wie der Name schon andeutet, gibt es hier französisch-neuseeländische Küche, z. B. Schnecken und *sauté de lapin* (Kaninchen mit Dijonsenf, Gurken und Oliven) sowie ein sechsgängiges Probiermenü (mit Getränken, $116). Die meisten Gerichte um die $25. Alkoholausschank. ⏰ tgl. 9–14.30 und 18 Uhr bis später.

Harvest Café, 5 Molesworth Drive, Mangawhai Heads, ☏ 09 431 4111. Munteres, sehr freundliches Café mit hausgemachten Pasteten und Kuchen, abends Tapas ($8–13). ⏰ tgl. 8–17.30, Do–Sa auch 18–23 Uhr.

Mangawhai Tavern, 2 Moir St, Mangawhai, ☏ 09 431 4505, 🖥 www.mangawhaitavern.co. nz. Der Kiwi-Pub mit traditionellen Gerichten zeichnet sich v. a. durch seine schöne Lage aus und ist bekannt als Musikkneipe für in- und ausländische Bands (Fr und Sa). ⏰ tgl. 11–1 Uhr.

🧳 **Sail Rock Café**, 12a Wood St, Mangawhai Heads, ☏ 09 431 4051, 🖥 www.sailrockcafe.co.nz. Das fabelhafte Bistro-Bar-Restaurant serviert Seafood, Angus-Steaks, Tintenfisch und leckeren Karottenkuchen (Hauptgerichte ab $22,50). Samstags Livemusik. Mit Alkoholausschank. ⏰ tgl. 8.30–23 Uhr oder später.

Waipu und Umgebung

Ein schottischer Löwe aus Aberdeen-Granit wacht über das Dorf **Waipu**, 25 km nördlich von Mangawhai. Er verweist auf die 900 schottischen Siedler, die Mitte des 19. Jhs. dem charismatischen Prediger Reverend Norman McLeod hierher folgten. Am Neujahrstag finden in Waipu die **Highland Games**, 🖥 www.highlandgames. co.nz, statt. Bei diesem Fest stemmen die Teilnehmer im Caledonian Park schwere Steine und machen Speerwurf mit Kieferstämmen.

Waipu Museum

36 The Centre ▪ ⏰ Di–Sa 10–16.30, So und Mo 10–16 Uhr ▪ Eintritt $8 ▪ ☏ 09 432 0746, 🖥 www.waipumuseum.com

Das hervorragende **Waipu Museum** widmet sich der beschwerlichen Reise der schottischen Siedler via Nova Scotia, wo Hunger und eine Reihe bitterkalter Winter sie forttrieben nach Australien und weiter nach Neuseeland, wo die strenge Calvinistengemeinde schließlich Fuß fasste. Alles ist wunderbar illustriert, mit vielen verschiedenen Utensilien, darunter McLeods alte Taschenuhr. Die ausgestellten Stammbäume werden gern von Neuseeländern mit schottischen Wurzeln zwecks Ahnenforschung konsultiert. Interessant sind auch die Wechselausstellungen zu schottischen Themen.

Waipu Caves

Gleich hinter dem Tor des Waipu Caves Estate, ca. 16 km vom Ort (ausgeschildert) über Shoemaker und Waipu Caves Rd

Die **Waipu Caves** mit ihren vielen Kalksteinformationen sind ein beliebtes Ausflugsziel. Dort gibt es einen der längsten Stalagmiten Neuseelands zu sehen. Er befindet sich in einer 200 m langen, von Glühwürmchen beleuchteten Höhle. Wer sie besichtigen möchte, besorgt sich eine kostenlose Landkarte im Visitor Centre im Waipu Museum, zieht möglichst alte Kleidung und widerstandsfähiges Schuhwerk an und nimmt zwei gute Taschenlampen mit. Die Höhle ist nach heftigen Regenfällen unpassierbar. Selbst bei gutem Wetter wird man ganz schön schmutzig, aber es gibt eine Kaltwasserdusche an der Mauer abseits der Straße und öffentliche Toiletten in der Anlage.

ÜBERNACHTUNG UND ESSEN

Campingplatz Uretiti Beach, 6 km nördlich von Waipu, am SH1 ausgeschildert. Bei Uretiti liegt ein wunderbarer langer weißer Strand, an dem sich ein einfacher DOC-Campingplatz mit Wasser, Toiletten und kalten Duschen befindet und gleich daneben ein inoffizieller FKK-Strand. $10
Waipu Wanderers, 25 St Mary's Rd, ✆ 09 432 0532, ✉ waipu.wanderers@xtra.co.nz. Die freundliche Budget-Unterkunft hat Betten in einem separaten Haus mit eigener Küche und Badezimmer sowie ein Doppel-, ein Zweibett- und ein Dreibettzimmer. 2 Min. zu Fuß zum Ortskern. Dorm $30, Zimmer $66
Pizza Barn, 2 Cove Rd, ✆ 09 432 1011. In dem ehemaligen Postamt von Waipu; preisgünstiges Mittag- und Abendessen (Hauptgerichte $15–25), darunter Pizza mit allen möglichen köstlichen Belägen. Man kann drinnen in der gemütlichen Bar oder im Gartenzimmer essen, das mit Surfbrettern und einem großen ausgestopften Fisch dekoriert ist. Die Kitschsammlung aus den 50er-Jahren in den Toiletten ist unbedingt einen Blick wert! ⏰ Dez–März tgl. 11.30 Uhr bis spät, April–Nov nur Mi–So; Juni geschl.

Waipu Cove

Camp Waipu Cove, 897 Cove Rd, Waipu Cove, ✆ 09 432 0410, 🖥 www.campwaipucove.com, am Strand. Weitläufige Anlage am Südende der Bream Bay, nördlich von Lang's Beach (im Januar total ausgebucht). Zumeist recht einfache Cabins, jedoch auch einige luxuriösere Units für Selbstversorger. Strandzugang über

einen Fußweg. Stellplatz $23, Selbstversorger-Units $122

🧳 **Waipu Cove Cottages and Camping**, 685 Cove Rd, Waipu Cove, ✆ 09 432 0851, 🖥 www.waipucovecottages.co.nz. Kleinere Anlage neben dem Camp Waipu mit großzügigen Stellplätzen und modernen Cottages ($155). Kostenlose Benutzung von Dingis. Zeltstellplatz $21, DZ $54

INFORMATIONEN UND INTERNET

Das **Visitor Centre**, 36 The Centre, ✆ 09 432 0746, befindet sich im Waipu Museum und wird von Freiwilligen betrieben. ⏰ tgl. 9.30–16.30 Uhr.

TRANSPORT

Die **Busse** von InterCity/Northliner und NakedBus halten auf Anfrage vor dem Geschenkeladen Pear Tree, 13 The Centre, ✆ 09 432 0046, wo auch die Fahrkarten verkauft werden. Busse nach AUCKLAND 4x tgl., 2 1/2 Std.; WHANGAREI 4x tgl., 40 Min.

Whangarei und Umgebung

Ganz in der Nähe von Northlands Hauptstadt **Whangarei** (Fahn-ga-rey ausgesprochen) liegen die ausgedehnten Strände von **Whangarei Heads** und die Weltklasse-Tauchreviere in der Umgebung der **Poor Knights Islands**. Trotzdem machen nur wenige Touristen auf ihrem Weg zur Bay of Islands hier einen Zwischenstopp. Allmählich ändert sich das jedoch. Das neue Town Basin am Fluss hat sich zum Besuchermagnet entwickelt. Von seinen Restaurants aus hat man einen schönen Blick auf die eleganten Jachten und kann auf der Promenade gemütlich am Wasser entlang flanieren, vorbei an Skulpturen ansässiger Künstler. Lohnenswert ist auch der landschaftlich reizvolle Pfad zu den Whangarei Falls.

Whangarei

Das Allerschönste an Whangarei sind die zahlreichen erholsamen Parks und einfachen Wanderwege nur wenige Minuten von der Stadt entfernt. Die besten davon sind in der kostenlos im Visitor Centre erhältlichen Broschüre *Whangarei Walks* beschrieben.

Central Whangarei

Das am Wasser gelegene **Town Basin** ist vorwiegend eine betriebsame Einkaufszone zwischen Lower Dent Street und dem Hatea River. Neben schicken Geschäften und Restaurants befindet sich hier die **Burning Issues Gallery**, eine Glas- und Keramikwerkstatt, wo man beim Glasblasen zuschauen kann, ⏲ tgl. 10–17 Uhr, Eintritt frei. Die zentrale Sehenswürdigkeit ist **Clapham's Clocks** direkt neben Neuseelands größter Sonnenuhr. Zu bewundern sind hier 1300 Uhren – von Kirchturm- bis zu Kuckucksuhren, ⏲ tgl. 9–17 Uhr, Eintritt $8 inkl. Führung.

Whangarei Art Museum
The Hub, Dent St ▪ ⏲ tgl. 10–16 Uhr ▪ Eintritt gegen Spende ▪ ✆ 09 430 4240, 🖳 www.whangareiart museum.co.nz
In den Galerien des Kunstmuseums werden Sonderausstellungen und ein kleiner Teil der Sammlung des Hauses gezeigt. Interessant sind u. a. die Gemälde von E. Kate Mair. Sie gehörte zu den ersten weißen Künstlern, die Maori mit Sympathie darstellten, obwohl sie mit Captain Gilbert Mair verheiratet war, der die Maori sein Leben lang bekämpfte. Leider ist jedoch keines der beiden hier vorhandenen Werke ein Maori-Porträt. Sehenswert ist das recht bekannte Porträt von Harataori Harota Tarapata von Charles F. Goldie (S. 138) sowie ein paar Arbeiten von Gottfried Lindauer (S. 137).

Botanica
Eingang von First Ave oder Cafler Park ▪ ⏲ tgl. 10–16 Uhr ▪ Eintritt frei
Eine Fußgängerbrücke überquert den Bach im Cafler Park und führt zum erholsamen **Botanica**. Im Filmy Fernhouse ist auch die umfangreichste öffentliche Sammlung neuseeländischer Farne untergebracht – mehr als 80 Arten. Wer es ger-

ne warm hat, sollte sich das Snow Conservatory ansehen, eine schweißtreibende subtropische Oase für Orchideen, Zyklamen und Begonien.

Kiwi North
SH14, 6 km südwestlich von Whangarei ▪ **Kiwi North** ⏲ tgl. 10–16 Uhr; Dampflokfahrten 3. So des Monats sowie Schulferien und Feiertage ▪ Kombiticket für Kiwihaus und Museum $15; Dampflok $2,50 ▪ **Whangarei Native Bird Recovery Centre** ⏲ Mo und Fr 13–16.30, Di–Do 10–16.30 Uhr ▪ Eintritt gegen Spende ▪ ✆ 09 438 9630, 🖳 www.kiwinorth.co.nz
Kiwi North besteht aus einem fabelhaften Kiwi-Haus inmitten der aufgemöbelten Anlage eines Museums und des **Heritage Park**. Gleich daneben liegt das **Whangarei Native Bird Recovery Centre**, das jedoch eine eigenständige Einrichtung ist.

Der Stolz von Kiwi North ist ohne Zweifel das sorgfältig designte und großzügig angelegte Kiwi-Gehege. Neben den faszinierenden langschnäbeligen Vögeln leben hier Kuckuckskäuze, Duvaucel-Geckos, Skinks und Tuataras.

Das Museum, ein paar Schritte den Hügel hinauf, zeigt eine faszinierende Sammlung mit einem 200 Jahre alten *waka*, schönen Maori-Umhängen, Hone Hekes (S. 237) Muskete, Informationen über das Ruapekapeka Pa (S. 224) sowie historischen Fotografien.

Drumherum breitet sich der **Heritage Park** mit der **Clarke Homestead** aus – ein seltenes Exemplar eines im Originalzustand erhaltenen, nicht restaurierten Anwesens, das 1886 für den schottischen Arzt Alexander Clarke erbaut wurde. Ein Großteil dessen, was heute noch zu sehen ist, stammt aus dieser Zeit. Nett sind die restaurierten **Dampfloks**, die in der Anlage umherfahren.

Ein Muss für alle Vogelfreunde ist das **Native Bird Recovery Centre**, das verletzte Vögel wieder aufpäppelt. Unter den hier gezeigten temporären und Dauergästen ist meist auch ein sprechender Tui anzutreffen.

Mount Parihaka
1,5 km nordöstlich des Stadtzentrums
Wer das Kriegerdenkmal auf dem Gipfel des 240 m hohen **Mount Parihaka** erklimmt, wird mit weiten Ausblicken über Hafen und Stadt belohnt. Zu erreichen ist es mit dem Auto über

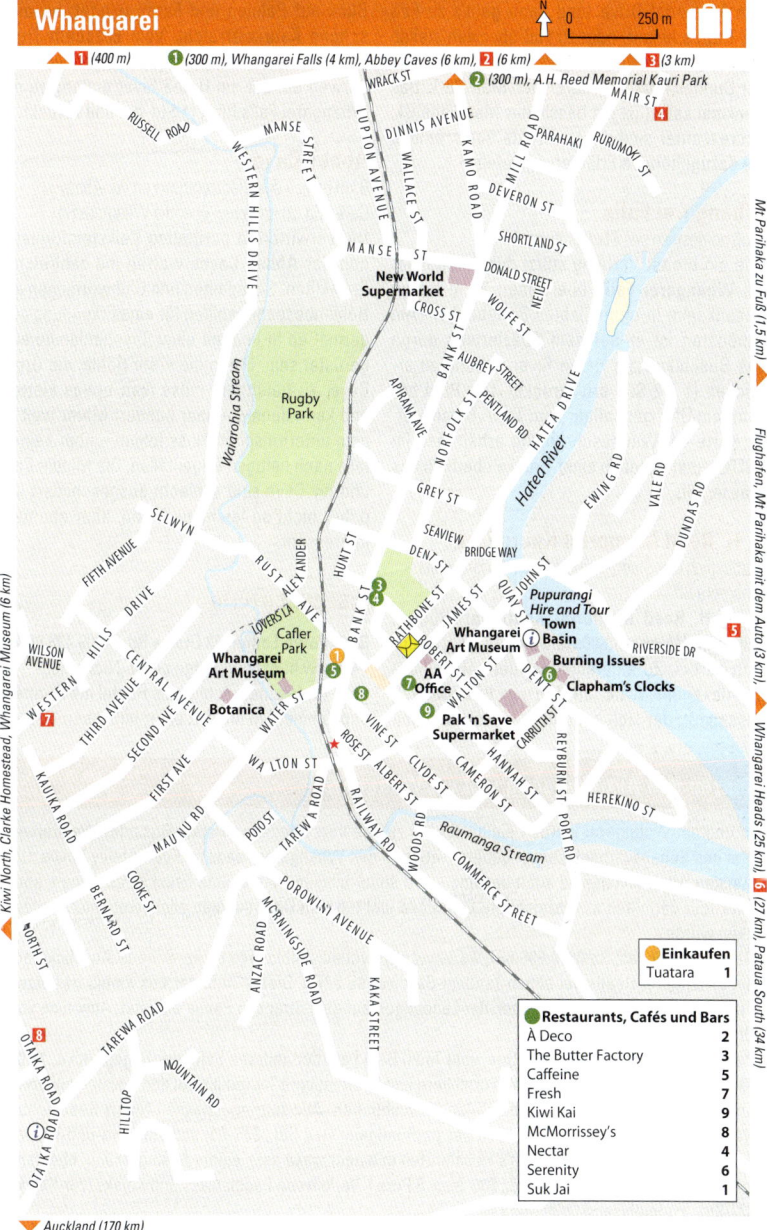

Whangarei

N
0   250 m

▲ 1 (400 m)   ● 1 (300 m), Whangarei Falls (4 km), Abbey Caves (6 km), 2 (6 km) ▲   ▲ 3 (3 km)

▲ 2 (300 m), A.H. Reed Memorial Kauri Park   MAIR ST   4

WRACK ST

RUSSELL ROAD
WESTERN HILLS DRIVE
MANSE STREET
LUPTON AVENUE
DINNIS AVENUE
WALLACE ST
KAMO ROAD
MILL ROAD
PARAHAKI
RURUMOKI ST
DEVERON ST
SHORTLAND ST
MANSE ST
DONALD STREET
NEIL
WOLFE ST

New World Supermarket

CROSS ST
BANK ST
AUBREY STREET
PENTLAND RD
HATEA DRIVE

Waiarohia Stream

Rugby Park

APRAMA AVE
NORFOLK ST
GREY ST

Hatea River

EWING RD
VALE RD
DUNDAS RD

SELWYN
FIFTH AVENUE
WESTERN HILLS DRIVE
RUST AVE
ALEXANDER
HUNT ST
ALEXANDER
SEAVIEW
DENT ST
BRIDGE WAY
QUAY ST JOHN ST

Pupurangi Hire and Tour

Town Basin i

RIVERSIDE DR   5

WILSON AVENUE
CENTRAL AVENUE
THIRD AVENUE
SECOND AVENUE
LOVERS LA
Cafler Park
WATER ST
BANK ST
RATHBONE ST
ROBERT ST
JAMES ST
WALTON ST
CARRUTHERS
DENT ST

Whangarei Art Museum   3
4

Whangarei Art Museum   **Burning Issues**   6

Botanica   1
5   8   AA Office   7   **Clapham's Clocks**

7
9   **Pak 'n Save Supermarket**

FIRST AVE
MAU NU RD
KAUKA ROAD
BERNARD ST
COOKE ST
WALTON ST
TAREWA ROAD
POTO ST
VINE ST
ROSE ST
ALBERT ST
CLYDE ST
RAILWAY RD
SOMME RD
CAMERON ST
HANNAH ST
REYBURN ST
PORT RD
HEREKINO ST

Raumanga Stream

COMMERCE STREET

PORO WINI AVENUE
MCRMINGSIDE ROAD
ANZAC ROAD
KAKA STREET
MOUNTAIN RD
HILLTOP
TAREWA ROAD
OTAIKA ROAD   i

OTAIKA ROAD   8

Mt Parihaka zu Fuß (1,5 km) ▶
Flughafen, Mt Parihaka mit dem Auto (3 km) ▶
Whangarei Heads (25 km), 6 (27 km), Parua South (34 km) ▶

Kiwi North, Clarke Homestead, Whangarei Museum (6 km) ◀
NORTH ST

▼ Auckland (170 km)

● **Einkaufen**	
Tuatara	1

● **Restaurants, Cafés und Bars**	
À Deco	2
The Butter Factory	3
Caffeine	5
Fresh	7
Kiwi Kai	9
McMorrissey's	8
Nectar	4
Serenity	6
Suk Jai	1

den Memorial Drive (und dann geht's zu Fuß die Treppe hinauf) oder zu Fuß über den steilen Ross Track (ein 40-minütiger Anstieg) vom Ende der Dundas Road und durch den Mair Park. Das Denkmal selbst ist ein hässlicher Metallobelisk; interessanter sind die Überreste eines *pa* und die dazugehörigen Erläuterungstafeln.

Whangarei Falls

5 km nordöstlich des Stadtzentrums

Wie ein breiter Vorhang stürzt der Hatea River als **Whangarei Falls** über einen 26 m hohen Basaltkamm in ein beliebtes Badebecken. Am schönsten ist er auf dem Spazierweg durch das Buschland am Hatea River entlang zu erreichen (1 1/2 Std. pro Strecke). Der Pfad beginnt am Ufer gegenüber vom Town Basin – eine Karte mit Wegbeschreibung erhält man im i-SITE – und endet an einer Brücke oberhalb des Wasserfalls.

A. H. Reed Memorial Kauri Park

Nordöstlich des Stadtzentrums, nach 1,5 km an der Whareora Rd

Im **A. H. Reed Memorial Kauri Park** führen schattige Wege an 500 Jahre alten Kauri-Bäumen vorbei. Zu empfehlen ist der zehnminütige Alexander Walk, an den ein **Plankenweg** anschließt, der sich hoch über einem Bach mit Blick auf Palmen und Farne windet, bevor er schöne Kauris erreicht. Vom Elizabeth Track, der am unteren Parkplatz beginnt, geht ein Wanderweg ab, der am Hatea River entlang zu den Whangarei Falls führt (1 Std. hin und zurück).

Abbey Caves

6 km östlich des Stadtzentrums an der Abbey Caves Rd, zu erreichen über die Whareora Rd

Die verwitterten geriffelten Kalksteinformationen der **Abbey Caves** warten mit zahlreichen Stalaktiten, Stalagmiten und Glühwürmchen auf. Höhlenbesucher sollten für eine Erkundung einigermaßen fit und mit einer Taschenlampe ausgerüstet sein. Um in die erste Höhle, die Organ Cave, zu gelangen, muss man etwas klettern und kann dann ein paar hundert Meter weit einem unterirdischen Fluss folgen – aber keinesfalls nach heftigen Regenfällen. Die Middle Cave und Ivy Cave sind schlecht ausgeschildert und daher nicht so leicht zu finden, aber ebenfalls interessant.

Touren und Aktivitäten in und um Whangarei

In und um Whangarei werden einige Touren zu den verschiedenen Parks, Flussufer-Wanderwegen und Sehenswürdigkeiten angeboten, etwa zu den Whangarei Heads und den Abbey Caves. Die meisten Attraktionen sind auch bestens – und sogar billiger – auf eigene Faust zu erreichen, aber eine Tour vermittelt ausgezeichnete Eindrücke und führt an Orte, die man allein wohl nicht entdecken würde.

Ballistic Blondes, ☏ 0800 695 867, 🖥 www.skydiveballisticblondes.co.nz. Schöne Ausblicke auf die Whangarei Heads bei einem Tandem-Skydive (ab $275). Dieser Anbieter aus Paihia ist derzeit der einzige Skydiving-Veranstalter, der Landungen auf dem Strand in Paihia anbietet. Abholung von Unterkünften in Whangarei.

Pupurangi Hire and Tour, Jetty One, vom Town Basin auf der anderen Seite der Segelbrücke, ☏ 09 438 8117, 🖥 www.hirentour.co.nz. Formellere und informativere Touren als bei den meisten anderen, aber mit Mindestteilnehmerzahlen; also vorausbuchen. Alle Touren umfassen Maori-Geschichte, Naturkunde und Anekdoten, so auch der *pa*-Rundgang (1–4 Std., $35–65) und die Flora-und-Fauna-Tour (1 Std., $35). Außerdem gibt's Flussfahrten in einem *waka ama*, einem Auslegerkanu, ebenfalls mit kulturellen Begleitinfos (1 Std., $35; max. 5 Pers.). Verleih von Paddlebikes und Kajaks (2er-Kajaks $22/Std., Paddlebikes $12/30 Min.).

NORTHLAND

von 1903. Es gibt zwei Küchen, ein Bad, Klavier und haufenweise DVDs. Die Betreiber reißen sich ein Bein aus, um ihre Gäste mit Infos zur Region zu versorgen. Bettwäscheverleih $3. Dorms $25, Zimmer inkl. Bettwäsche $55

Little Earth Lodge, 85 Abbey Caves Rd, ☎ 09 430 6562, ⌨ www.littleearthlodge. co.nz. Das Hostel in einem grünen Tal, 7 km nordöstlich von Whangarei und direkt bei den Abbey Caves, hat Einzel-, Doppel- und Dreibettzimmer, teils mit Gartenblick, WLAN und Verleih von Ausrüstung für Höhlenerkundungen. Dorms (keine Etagenbetten) $30, Zimmer $72

Lodge Bordeaux, 361 Western Hills Drive, ☎ 09 438 0404, ⌨ www.lodgebordeaux.co.nz. Hochmodernes Motel. Alle Zimmer mit AC, Fußbodenheizung, Spa und DVD-Player, manche sogar mit Spülmaschine. Im Sommer beheizter Pool im Freien. Studios $195, Suiten $230

Whangarei Falls Holiday Park & Backpackers, Ngunguru Rd in Tikipunga, 5 km außerhalb der Stadt und in Laufweite zu den Whangarei Falls, ☎ 0800 227 222, ⌨ www.whangareifalls.co.nz. Altmodische, einfache, preisgünstige Units. Pool, Whirlpool, WLAN in einer gemütlichen Lounge. Camping $20, Dorms $27, Cabins $60

Whangarei Top 10 Holiday Park, 24 Mair St, ☎ 0800 455 488, ⌨ www.whangareitop10. co.nz. Kleiner, ruhiger und einladender Platz in hübscher Umgebung, 2 km nördlich der Stadt mit einer großen Auswahl an Übernachtungsmöglichkeiten. Camping $26, Cabins $68, Motel Studio $120

Whangarei Views, 5 Kensington Heights Rise, ☎ 09 437 6238, ⌨ www.whangareiviews.co.nz. Endloser Ausblick über die Stadt von moderner, liebevoll in Schuss gehaltener Unterkunft. Die Begeisterung der Besitzer für die Region ist ansteckend, und sie bieten auch Führungen. Zur Auswahl stehen ein gemütliches Zimmer mit Bad samt großer Wanne sowie ein komplett ausgestattetes Selbstversorger-Apartment mit 2 Bädern, Veranda und BBQ. Mindestaufenthalt 2 Nächte. Auf Bestellung kommt das Frühstück auch aufs Zimmer. Apartment $159, Zimmer $120

YHA Whangarei, 52 Punga Grove Ave, ☎ 09 438 8954, ⌨ www.yha.co.nz. Geselliges, gemütliches Hostel, steile 15 Min.

Fußweg vom Stadtzentrum entfernt. Schöne Aussicht auf die Stadt vom Grillbereich und der Terrasse. Ein Stückchen weiter im Wald gibt es Glühwürmchen (Taschenlampen erhältlich). Unterbringung in DZ und Dorms mit 4 und 6 Betten. Kostenloses WLAN. Die freundliche und hilfsbereite Rezeption ist von 13–17 Uhr geschlossen. Dorms $27, Zimmer $58

ESSEN UND UNTERHALTUNG

Preiswerte Lebensmittel erhält man bei **Pak'n' Save**, Robert St, Ecke Carruth St. Außerdem findet in der Stadt jeden Samstag von 6 bis 10.30 Uhr ein quirliger Bauernmarkt in der Water St, gegenüber der Shell-Tankstelle, statt.

À Deco, 70 Kamo Rd, ☎ 09 459 4957, ⌨ www.facebook.com/aDeco.restau rant. Das möglicherweise beste Restaurant von ganz Northland ist in einem eleganten Artdéco-Haus 2 km nördlich der Innenstadt untergebracht. Hier gibt es exquisite Speisen in allerlei ausgefallenen Geschmacksrichtungen, z. B. gegrillten *hapuku* mit Königsgarnelenschwänzen und knusprigen Schalotten (Hauptgerichte $37–40, komplettes Probiermenü mit Wein $145). ☉ Fr ab 12, Di–Sa ab 18 Uhr.

The Butter Factory, 8 Butter Factory Lane, ☎ 09 430 0044, ⌨ www.thebutterfactory.co.nz. Die munterste Bar von Whangarei richtet sich an ein etwas älteres Publikum und serviert Leckereien wie Tapas und Pizza ($14–17). Oft Livemusik oder DJs, teils auch ruhigere Jazz-Abende. Ausgeschenkt werden einheimische Biere und Weine sowie Cocktails mit phantasievollen Namen wie *Purple Death*. ☉ Di–Sa 10–1 Uhr.

Caffeine, 4 Water St. ☎ 09 438 6925, ⌨ www. caffeinecafe.co.nz. Café mit WLAN, leckeren Omeletts ($16,80) und Eggs Benedict ($16,50) zum Frühstück. Außerdem Mittagsgerichte wie Salat mit kurzgebratenen Jakobsmuscheln ($16,50) in großzügigen Portionen sowie vorzüglicher, starker Kaffee. ☉ tgl. 7–15 Uhr.

Fresh, 12 James St. ☎ 09 438 2921. Tagescafé mit Schanklizenz und einem großen Angebot an Panini, Pasta, Frittatas und Salaten, bestehend z. B. aus gegrilltem Gemüse und Quinoa. Außerdem tgl. Lunchspecials ($15–20). ☉ Mo–Fr 8–16, Sa 8–14 Uhr.

Kiwi Kai, 68a Cameron St, ☎ 09 430 2931. Billiger Kiwi-Imbiss mit großen Portionen *hangi*-Speisen, Grillfleisch, Burgern, Pommes, Maori-Brot und Seafood (alles unter $15). ⏲ Mo–Fr 9–18, Sa 8–15 Uhr.

McMorrissey's, 7 Vine St, ☎ 09 430 8081, 🖥 www.mcmorrisseys.co.nz. Irische Kneipe mit einfacher und herzhafter Kneipenkost (um $20) und am Wochenende Livemusik. ⏲ tgl. 11–23 Uhr oder später.

Nectar, 88 Bank St, ☎ 09 438 8084, 🖥 www. nectarcafe.co.nz. Modernes Café/Restaurant, dessen große Fenster auf die Dächer der Innenstadt hinausgehen. Gutes Frühstücksangebot ($13–20) und gesunde Mittagsgerichte wie Thai-Salat ($16,50) und Maisbeignets ($15,50). Auch glutenfreie und vegane Speisen. ⏲ Mo–Fr 7–15.30, Sa 8–14.30 Uhr.

Serenity Café 6, 45 Quay St, Town Basin, ☎ 09 430 0841. Bestes Café im Town Basin, mit hervorragendem, reichhaltigem Frühstück ($9–23) sowie leckeren Mittagsgerichten wie Burger ($9) und BLT-Sandwiches ($12). ⏲ Mo–Sa 7–15, So 8–15 Uhr.

Suk Jai, 93 Kamo Rd, ☎ 09 437 7287. Authentisches Thai-Restaurant mit gutem Service und köstlichen Thai-Klassikern wie Fischküchlein ($7), *gang massaman* ($15,50) und *pad thai* ($14,50). ⏲ Mo–Sa 11.30–14.30 und 17–22 Uhr.

EINKAUFEN

Tuatara, 29 Bank St, ☎ 09 430 0121, 🖥 www. tuataradesignstore.co.nz. Die kleine Galerie in der Nähe des Zentrums zeigt Werke aufstrebender Maori-Künstler und beherbergt einen tollen Laden, der mit allen möglichen Maori-Artikeln zum Stöbern einlädt – von modischer Kleidung über herrlichen Schmuck bis zu Jadeschnitzereien ist alles vertreten. ⏲ Di–Fr 10–16, Sa 8–14 Uhr und nach Vereinbarung.

INFORMATIONEN UND INTERNET

In Whangarei gibt es zwei **i-SITE Visitor Centres** in: 92 Otaika Rd, ☎ 09 438 1079, 🖥 www.whangareinz.com, etwa 2 km südlich der Stadt, ⏲ Nov–Ostern tgl. 9–17 Uhr,

Ostern–Okt Mo–Fr 9–17, Sa und So 9–16.30 Uhr; und eine Niederlassung in The Hub im Town-Basin-Komplex, ☎ 09 430 1188, ⏲ tgl. 9–17 Uhr.

TRANSPORT

Busse

Die Busse von InterCity/Northliner und Naked-Bus halten in der Bank Street, dem Knotenpunkt der Nahverkehrsbusse, die an Werktagen häufig, Sa seltener und So gar nicht verkehren.

Busse nach:
AUCKLAND 4x tgl., 3 Std.;
PAIHIA 4x tgl., 1 1/4 Std.;
WARKWORTH 4x tgl., 2 Std.

Flüge

Der **Onerahi Airport** liegt 5 km östlich von Whangarei und wird von Air New Zealand und Great Barrier Airlines angeflogen. Von hier in die Stadt fahren die City Link Busse und Taxis von **Kiwi Cabs**, ☎ 09 438 4444, ca. $25.

Flüge nach:
AUCKLAND 7–9x tgl., 35 Min.;
GREAT BARRIER ISLAND 1–2x wöchentl., 1/2 Std.;
WELLINGTON Mo–Fr 1x tgl.; 1 Std. 40 Min.

Tutukaka und die Poor Knights Islands

Vom Dörfchen **Tutukaka** – an einem schönen, tief eingeschnittenen Hafen 30 km nordöstlich von Whangarei – legen Boote zu einem der beliebtesten Tauchreviere der Welt ab, dem **Poor Knights Islands Marine Reserve**, 25 km vor der Küste. Dank der warmen East-Auckland-Strömung und der fehlenden Sandablagerungen beträgt die Sicht fast das ganze Jahr über an die 30 m. Im Frühling (ungefähr Okt–Dez) kann sie sich aber wegen Plankton auf 10–15 m beschränken. In diesem meist kristallklaren Gewässer findet sich Neuseelands größte Vielfalt an Meereslebewesen, darunter einige subtropische Arten, die nirgendwo sonst zu entdecken sind, sowie eine faszinierende Unterwasserlandschaft mit nahezu senkrechten, fast 100 m abfallenden Felswänden und -bögen. Einen **Tauchspot** bei den Poor Nights, die Blue Mao Mao Cave, zählte Jacques Cousteau zu den zehn besten Tauchattraktionen der Welt.

Die Poor Knights liegen außerdem an den Wanderrouten verschiedener Walarten: Blau-, Buckel-, Bryde-, Sei- und Minkwale sowie Delphine sind in der Nähe der Inseln keine Seltenheit. Zudem verbergen sich in den Gewässern nördlich und südlich von Tutukaka zwei **Schiffswracks**. Das Überwachungsschiff *HMNZS Tui* wurde 1999 versenkt, um ein künstliches Riff zu bilden. Aufgrund seiner großen Beliebtheit bei Tauchern und Meereslebewesen folgte zwei Jahre später die alte Fregatte *Waikato*. Innerhalb des Reservats liegen unzählige Inseln, von denen jedoch nicht alle betreten werden dürfen. Auf ihnen tummeln sich ungestört Geckos, Eidechsen und Tausende von Tuataras, ihres Zeichens die einzigen Überlebenden einer Gruppe prähistorischer, echsenähnlicher Geschöpfe, die vor 60 Mio. Jahren ausstarben.

Hochseeangeln

Außerhalb vom Poor-Knights-Meeresreservat ist das Hochseeangeln z. B. nach Marlins, Haien und Thunfischen zwischen Dezember und Mai erlaubt. Angler, die ein Charterboot zum Hochseefischen mieten wollen, müssen, wenn sie es sich zu viert teilen, $250–350 pro Tag zahlen. Eine Liste mit Anbietern führt der Whangarei Deep Sea Anglers Club, ✆ 09 434 3818, 🖳 www.sportfishing.co.nz. ⏰ in der Saison tgl. 8–18 Uhr.

Sands Motel, Tutukaka Block Rd, Whangaumu Bay, ✆ 09 434 3747, 🖳 sandsmotel.co.nz. 4 km abseits des Highways, neben einem schönen Strand. Das in den 1960er-Jahren erbaute, ruhige Motel besitzt eine Menge Flair. Gemütliche und gut ausgestattete Units mit zwei Schlafzimmern. $180

Schnappa Rock Café, Marina Rd, ✆ 09 434 3774, 🖳 www.schnapparock.co.nz. Das interessanteste Restaurant am Hafen serviert verführerische (auch vegetarische) Gerichte wie Lammhüfte ($27,50) und Kartoffel-Gnocchi ($27) und Snacks. Es ist ein begehrter Tauchertreff, deshalb am besten im Sommer fürs Abendessen reservieren. ⏰ tgl. ab 8 Uhr bis spät.

Tutukaka Holiday Park, Matapouri Rd, ✆ 09 434 3938, 🖳 tutukaka-holidaypark.co.nz. Ständig wachsende und verbesserte Anlage, nur 2 Min. zu Fuß vom Hafen; im Jan und Feb sehr voll. Saubere und gut ausgestattete Küche und Waschküche. Camping $20, Dorms $27, Cabins $75

Das einzige öffentliche Transportmittel zwischen WHANGAREI und Tutukaka ist der **Tutukaka Shuttle**, ✆ 021 901 408, 🖳 www.coastalcommuter.co.nz. Zu den Abfahrts- und Rückkehrzeiten der Taucherboote kostet die Fahrt einfach $25 und hin und zurück $40, zu anderen Zeiten einfache Fahrt $55.

Tauchen, Schnorcheln und Paddeln

Beim Erkunden der Poor Knights kommen nicht nur erfahrene Taucher, sondern auch Anfänger und Schnorchler voll auf ihre Kosten. Der größte und beste Anbieter und sehr professionell ist **Dive Tutukaka**, Marina Rd, Tutukaka, ✆ 0800 288 882, 🖳 www.diving.co.nz. Abfahrt von November bis April mehrmals täglich in Tutukaka (Abholung von Whangarei ohne Aufpreis) und das restliche Jahr über in der Regel mindestens 1x tgl. Er setzt mehrere Boote ein, auf denen sich normalerweise nur Taucher mit ähnlicher Erfahrung befinden. Bei *two-dive trips* ($169, inkl. Ausrüstung $269) sind auch Schnorchler und Leute, die nicht abtauchen wollen, willkommen ($169), und die an Bord mitgeführten Kajaks stehen jedermann zur Verfügung. Sehr erfahrene Taucher können in zwei Tauchgängen die beiden Wracks erforschen ($199). Für Anfänger eignet sich der *Discover scuba dive* ($299) mit kompletter Ausrüstung; jeder Neuling wird von einem Ausbilder begleitet. Ein 5-tägiger PADI-Open-Water-Kurs kostet $799.

Matapouri und Whale Bay

Matapouri, 6 km nördlich von Tutukaka, ist eine malerische Feriensiedlung an einer Bucht mit weißem Sand. Bei Ebbe ist es möglich, in den *Mermaid Pools* zu baden. Das Wasser dieser etwas oberhalb des Meeres gelegenen Felsenpools ist klar-blau und sicher. Buschbewachsene Landzungen trennen den Strand von Matapouri von der wildwüchsigen Naturlandschaft der **Whale Bay** – 1 km weiter nördlich an der Matapouri Road ausgeschildert und nach einer 20-minütigen Wanderung durch den Busch zu erreichen. Die einzigen Besuchereinrichtungen in dieser Gegend sind ein Geschäft und Imbiss in Matapouri.

Nach Norden zur Bay of Islands

Die Straßen, die zur Küste bei Tutukaka und Matapouri führen, treffen bei **Hikurangi**, 16 km nördlich von Whangarei, auf den SH1. Rund 6 km weiter nördlich gabelt sich die Straße: Auf beiden Strecken gelangt man zur Bay of Islands, wenn auch aus unterschiedlicher Richtung. Wer geradeaus fährt, kommt nach Paihia und hat die Möglichkeit, Abstecher zum Maori-Ort Ruapekapeka Pa und zu den **Hundertwasser-Toiletten** von Kawakawa zu machen. Auf dem Abzweig nach rechts, der Old Russell Road, geht es über eine asphaltierte, aber schmale und kurvige Landstraße nach Russell. Diese 70 km lange Strecke (ca. 2 Std. Fahrzeit) ist die landschaftlich reizvollste Route zur Bay of Islands. Schön ist etwa die Küste am **Whangaruru Harbour**, mit mehreren wundervollen Badebuchten und dem gemischten Kauri-Wald des **Ngaiotonga Scenic Reserve**.

Ruapekapeka Pa

Von Hikurangi 17 km auf dem SH1 Richtung Norden, dann 5 km Richtung Osten (ausgeschildert) ▪ Eintritt frei

Am **Ruapekapeka Pa** wurde 1846 die letzte Schlacht im „Fahnenmastkrieg" geschlagen. Nachdem Hone Heke in Russell wiederholt den Fahnenmast gekappt hatte (S. 237), war es zu neun Monate andauernden Kämpfen gekommen.

In dieser Zeit lernten die Maori, ihre *pa* besser vor britischen Feuerwaffen zu schützen. Der absolute Höhepunkt dieser Entwicklung ist Ruapekapeka, das „Fledermausnest". Dank seiner Lage auf dem Hügel, zwei Reihen von Totara-Palisaden und einem Labyrinth aus Schützengräben und verzweigten Tunneln gelang es Hone Heke und seinen Kriegern, die Stätte zu halten. Allerdings kam im feindlichen Kugelhagel jeder dritte Maori-Krieger um. Infotafeln erzählen die ganze Geschichte; der Verlauf der Schützengräben und die Bunker sind noch deutlich zu sehen.

Kawakawa

Die Kleinstadt **Kawakawa**, 15 km nördlich der Abzweigung nach Ruapekapeka, wäre kaum erwähnenswert – wenn dort nicht in der Hauptstraße Gillies Street die berühmten **Hundertwasser-Toiletten** stehen würden. Kreiert wurden diese Kunstwerke 1997 von Friedensreich Hundertwasser. Der 1928 in Österreich geborene Maler, Architekt, Ökologe und Philosoph lebte von 1975 bis zu seinem Tod im Jahr 2000 in Kawakawa. Die Keramiksäulen am Eingang deuten auf den vielseitigen Einsatz von zerbrochenen Fliesen, farbigen Glasflaschen und gefundenen Gegenständen wie den alten Scharnieren an den gusseisernen Türen im Innern hin. Die meisten Besucher werfen nach einem dezenten Warnhinweis an mögliche Benutzer sowohl einen Blick in die Herren- als auch in die Damentoilette. Die Ortsverwaltung plant die Errichtung eines Hundertwasser Visitor Centre. Wer jetzt schon Genaueres erfahren möchte, geht zum **Kawakawa Museum**, 3 Wynyard St, ✆ 09 404 0406. Es zeigt auf Anfrage zwei DVDs über Hundertwasser, ⏱ Mo–Sa 11–15 Uhr, Eintritt $3.

Vintage Railway

⏱ Fr, Sa und So 10.45, 12, 13.15 und 14.30 Uhr, während der Schulferien tgl. ▪ $12 ▪ ✆ 09 404 0684, 🖳 www.bayofislandsvintagerailway.org.nz

Kawakawa ist die einzige Stadt Neuseelands, auf deren Hauptstraße Bahnschienen verlaufen. Hier lädt die **Vintage Railway** der Bay of Islands zur Fahrt ein. Ihre von Dampf- und Dieselloks gezogenen Waggons aus den 1930er-Jahren rumpeln auf der instand gesetzten alten Bahnstrecke 5 km weit nach Norden bis Taumarere und

wieder zurück. In Zukunft soll die Bahn die 15 km bis zur Küste bei Opua fahren, aber die Arbeiten schreiten nur im gemächlichen Northland-Tempo voran.

ESSEN

Railway Station Café, Gillies St, Kawakawa, ℡ 09 404 1110. Den Zugverkehr kann man bequem von diesem Café aus in Augenschein nehmen – entweder gemütlich von innen oder von den direkt auf dem Bahnsteig aufgestellten Stühlen aus. Es gibt kleine Gerichte, z. B. Toasts für $4. Das hier gestrandete Boot war einst Hundertwassers Studio. ⊙ Di–So 9–16 Uhr.

3 HIGHLIGHT

Bay of Islands

Die **Bay of Islands**, 240 km nördlich von Auckland, lockt mit ihrer prächtigen Küstenlandschaft, ihren verstreuten Inseln und klaren blauen Gewässern Tausende von Besuchern an. Northland besitzt zwar noch andere gleichermaßen malerische Küstengebiete, z. B. die Häfen von Whangaroa und Hokianga, doch einzigartig an der Bay of Islands ist, wie leicht man auf das Meer hinaus- und zwischen den Inseln hindurchfahren kann.

Die Bay of Islands gilt als Wiege der europäischen Besiedlung Neuseelands, was sich in den zahlreichen Kirchen, Missionen und Obstplantagen der Bucht manifestiert. Außerdem hat die Gegend als Schauplatz der Unterzeichnung des **Vertrags von Waitangi** (s. Kasten S. 232) zentrale Bedeutung für die Maori. Der Vertrag ist noch immer das wichtigste Rechtsdokument von Neuseeland.

Überraschenderweise verbringt man in der Bay of Islands die meiste Zeit auf dem Festland, denn auf den Inseln gibt es keine Ansiedlungen. Die meisten Touristen lassen sich im Strandort **Paihia** nieder. Dieser ist bestens auf die Besuchermassen eingerichtet, die an den verschie-

denen Bootstouren und Exkursionen teilnehmen wollen. Außerdem liegt keine andere Stadt näher am Treaty House von **Waitangi**. Das überschaubare, mit der Passagierfähre zu erreichende **Russell**, einige Kilometer entfernt auf der anderen Seite der Bucht (aber immer noch auf der Landseite), ist schöner und erweist sich als fast ebenso günstiger Ausgangspunkt für Bootsfahrten. **Kerikeri**, weiter nordwestlich abseits der Bucht gelegen, ist eng mit der frühen Missionsgeschichte verbunden. Auch das landeinwärts Richtung Westen gelegene **Waimate North** war Sitz einer wichtigen Mission und besitzt immer noch ein Mission House.

1927 kam der amerikanische Western-Schriftsteller **Zane Grey** hierher, um nach Schwertfischen zu jagen. Sein Buch *The Angler's El Dorado* machte die Gegend berühmt. Seitdem finden in der Region allsommerliche Angelwettbewerbe statt – der glitzernde Fang wird anschließend auf den Piers aufgehängt.

Geschichte

Warmes Klima, Seafood im Überfluss und tiefe, geschützte Häfen begünstigten bereits vor Ankunft der Europäer eine dichte **Maori-Besiedlung** in der Bay of Islands. Auf nahezu jeder Landspitze entstand ein *pa*. Auch **Captain Cook** fühlte sich von der geschützten Bucht angezogen. Im Jahre 1769 ging er hier vor Anker und freundete sich mit den Einheimischen an. Drei Jahre später pflegte der Franzose **Marion du Fresne** als erster Europäer intensiveren Kontakt mit den Maori, allerdings sollte es ihm am Ende schlecht ergehen: Infolge eines Missverständnisses (vermutlich ein *tapu* betreffend) wurde er mit 26 seiner Gefolgsmänner getötet. Die Vergeltung der Franzosen ließ nicht lange auf sich warten: Sie zerstörten ein *pa* und töteten Hunderte von Maori.

Anfang des 19. Jhs. waren die Beziehungen zwischen den ortsansässigen Ngapuhi-Maori und den Pakeha-Walfängern noch freundschaftlich, doch dauerte es nicht lange, bis sich die Situation der Maori verschlechterte. Durch die zunehmenden Kontakte zu den Einheimischen verbreiteten sich Schusswaffen, Alkohol sowie die Krankheiten der Alten Welt, und das traditionelle Leben der Maori begann auseinanderzubrechen – ein Prozess, der durch die Ankunft von **Samuel Marsden** 1814 noch beschleunigt wurde, der als erster von vielen nachfolgenden **Missionaren** beabsichtigte, die Maori zum Christentum zu bekehren.

Im Jahre 1833 wurde **James Busby** gesandt, um die Interessen Großbritanniens zu schützen und die brutale Behandlung der Maori durch die Walfänger zu unterbinden. Ohne bewaffnete Unterstützung und juristische Befugnisse konnte er jedoch kaum etwas ausrichten. Die Unterzeichnung des **Vertrags von Waitangi** 1840 ermöglichte eine wirksame Kontrolle, leitete aber gleichzeitig den Bedeutungsverlust der Bay of Islands ein: Die Hauptstadt verlagerte sich von ihrem ursprünglichen Standort Kororareka (heute Russell) zunächst nach Auckland und später nach Wellington.

Paihia und Waitangi

Paihia ist das unbestrittene Zentrum der Region. Das Leben spielt sich auf dem 2 km langen Uferabschnitt ab. Hier drängen sich Motels, Restaurants und Ferienhäuschen und dazwischen Tourveranstalter, Backpacker-Hostels, Party-Bars und Hotels. Die niedrige Bebauung in Paihia passt sich wunderbar den drei malerischen, seichten Buchten mit Blick auf Russell und die Bay of Islands an, die von bewaldeten Hügeln eingerahmt werden.

Eine Tafel vor der heutigen St Paul's Anglican Church, Marsden Rd, markiert die Stelle, an der die nördlichen Häuptlinge 1831 die britische Krone um einen Gesandten baten, der für Gesetz und Ordnung sorgen sollte. 1833 nahm sich König William IV. schließlich ihrer Sorgen an und entsandte den ersten britischen Vertreter **James Busby**. Dieser errichtete ein Haus auf einer Landspitze 2 km nördlich auf der anderen Seite des Waitangi River in **Waitangi** – dem Schauplatz der Unterzeichnung des **Vertrags von Waitangi** sieben Jahre später. Infolge dieses Vertrags wurde die Souveränität des Landes an die Briten abgetreten, welche im Gegenzug Schutz gewähren sollten.

Paihia dient in erster Linie als Ausgangspunkt für eine Erkundung der Bucht. Die Stadt selbst hat keine Sehenswürdigkeiten. Liebhaber von Mangroven haben an dem leicht zu begehenden **Paihia–Opua Coastal Walkway** (6 km, 1 1/2– 2 Std. je Strecke) ihre Freude, der an kleinen, vom Meer ausgehöhlten Buchten vorbeiführt.

Waitangi Treaty Grounds
Tau Henare Drive

Überquert man die Brücke über den Waitangi River, erreicht man die Waitangi Treaty Grounds, wo 1840 Queen Victorias Vertreter William Hobson und annähernd 50 Maori-Häuptlinge den Vertrag von Waitangi (s. Kasten S. 232) unterzeichneten.

Waitangi Visitor Centre and Treaty House
Tau Henare Drive ▪ Visitor Centre and Treaty House ⏰ tgl. Jan und Feb 9–19, März–Dez 9–17 Uhr, Eintritt $25 (gültig an zwei aufeinanderfolgenden Tagen); Kulturshow $10, Führung $10, Kombi-Ticket $ 40 ▪ Culture North Night Show an 4–6 Abenden pro Woche, $60 ▪ Buchung unter ☎ 09 402 5990, ⌨ www.culturenorth.co.nz ▪ ☎ 09 402 7437, ⌨ www.waitangi.net.nz

Das **Waitangi Visitor Centre and Treaty House** ist sowohl für Maori als auch Pakeha der symbolträchtigste Ort Neuseelands und das Zentrum der Identitätssuche der modernen Nation. Mit dem Betrachten der audiovisuellen Präsentation zum historischen Hintergrund, der kleinen Ausstellung mit Maori-Gegenständen und vielleicht noch der Teilnahme an einer kurzen Kulturveranstaltung oder Führung lässt sich gut ein halber Tag verbringen.

Die meisten Besucher bleiben allerdings nur rund zwei Stunden und kommen vielleicht abends wieder hierher zurück, um die **Culture North Night Show** zu erleben. Dabei handelt es sich um eine hervorragende zeitgenössische Annäherung an die Maori-Kultur. Das traditionelle Versammlungshaus bietet dafür den passenden Rahmen. Bei der 1 1/4 Stunden dauernden Vorführung machen die Zuschauer Bekanntschaft mit einer weit verzweigten Familie. In einer mitreißenden Mischung aus Drama, Gesang und Tanz wird die Geschichte der Maori seit der Ankunft von Kupe bis zum heutigen Tag nachgespielt. Kostenlose Abholung aus Paihia ist möglich.

Bay of Islands, Whangaroa Harbour und Doubtless Bay

N

0 ⸺ 10 km

Whangaruru North

Whangaruru
North Head

Ocean Beach

Mimiwhangata
Coastal Park

Pataua South

Whangaruru North

Whangasura
Harbour

Putri Bay

Oakura

Ngaiotonga

Whangamumu

Hole in the Rock

Cape
Brett

Piercy I

Cape Brett
Walkway

Kauri
Grove

Twin Bole
Kauri

Urupukapuka
Island

Rawhiti

Motukiekie I

Motuarua I

Motuarohia I

Russell

Opua

Kawakawa

1

Moerewa

Paihia

Waitangi

Haruru

Haruru
Falls

Purerua
Peninsula

Marsden
Cross

Kerikeri

10

Pakaraka

Waimate
North

Cavalli
Islands

Rainbow
Warrior
Memorial

Matauri Bay

Te Ngaire

St Pauls Rock

Whangaroa

Kaeo

Whangaroa
Harbour

Totara North

Taupo Bay

10

Mangonui

Manginangina
Kauri Walk

Puketi
Recreational
Area

1

Rangiahua

12

Kaikohe

Omahuta
Kauri
Sanctuary

Whatuwhiwhi

Doubtless Bay

Taipa

Kaitaia

Mangamuka
Bridge

Whangarei (40 km)

Whangarei (30 km)

Das **Treaty House** wurde 1833/34 im georgianischen Kolonialstil erbaut. Seine Vorderfenster blicken über ausgedehnte Rasenflächen in Richtung Russell. Die Nordseite der Grünfläche wird vom *whare runanga* – dem **Maori-Versammlungshaus** – gesäumt, das zwischen 1934 und 1940 in gemeinschaftlicher Arbeit aller Maori errichtet wurde. Die kunstvollen Schnitzereien im Inneren repräsentieren sämtliche *iwi* und nicht, wie ansonsten üblich, nur eine ganz bestimmte Stammesgruppe.

Auf dem Gelände des Treaty House befindet sich in einem speziell errichteten Unterstand das weltweit größte **Kriegskanu** *(waka)* Ngatoki Matawhaorua. Benannt wurde es nach dem Schiff, mit dem Kupe Aotearoa entdeckte. Das 35 m lange Boot ist aus zwei großen Kauri-Bäumen hergestellt. Beteiligt waren Mitglieder der fünf nördlichen Stämme. Traditionell wird es jedes Jahr am Waitangi Day zu Wasser gelassen und dabei von 80 Kriegern angetrieben.

Haruru Falls

4 km westlich von Waitangi, zu erreichen über die Hauptstraße

Bei Haruru stürzt der Waitangi River über einen Basaltlavastrom in die Tiefe. Für neuseeländische Verhältnisse ist der Wasserfall nicht übermäßig beeindruckend, aber an seinem Fuße bieten sich gute Bademöglichkeiten. Die Haruru Falls sind auch vom Treaty House über den gemächlichen **Hutia Creek Mangrove Forest Boardwalk** zu erreichen (hin und zurück 2 Std.) oder im Rahmen einer geführten **Kajaktour** (S. 236) durch die Mangrovenwälder.

ÜBERNACHTUNG

Es gibt gute Unterkünfte in allen Preislagen, aber in den Wochen nach Weihnachten erreichen die Motelpreise manchmal schwindelerregende Höhen. Die Preise von B&Bs und Homestays schwanken weniger als die der Motels, und die der Hostels bleiben das ganze Jahr über zumeist stabil. Die Kings Road ist die erste Adresse für Rucksacktouristen. Hier befinden sich eine Reihe meist guter Unterkünfte; im Sommer kann es aber laut werden.

Allegra House, 39 Bayview Rd, 09 402 7932, www.allegra.co.nz. Auswahl zwischen Luxus-B&B oder Selbstversorger-Apartment für 2 Pers. (beide mit AC und Balkon) in einem großen, hellen und modernen Haus auf einem Hügel mit weitem Ausblick auf die Bucht und Jacuzzi unter freiem Himmel. B&B $230, Apartment $285

Bay Adventurer, 26-28 Kings Rd, 09 402 5162, www.bayadventurer.co.nz. Eine Art Luxus-Backpacker-Herberge mit Apartments, einem einladenden Pool, kostenlosem Fahrradverleih, Kajakverleih und Nutzung des nahe gelegenen Tennisplatzes (im Winter kostenlos). Besonders empfehlenswert sind die Zimmer und voll ausgestatteten Selbstversorger-Apartments. Dorms (einige nur für Frauen) $22, Zimmer $85

Bounty Inn, 42 Selwyn Rd, 09 402 7088, www.bountyinn.co.nz. Schönes, zentrales, aber dennoch ruhiges Motel inmitten üppiger Gärten, 100 m vom Strand entfernt, großer Parkplatz abseits der Straße. Die Zimmer ohne Kochgelegenheit sowie die voll ausgestatteten Motel Units sind alle holzvertäfelt und verfügen über Veranda oder Balkon. Kostenloses WLAN. $140

Craicor, 49 Kings Rd, 09 402 7882, www.craicor-accom.co.nz. Zwei geräumige und gepflegte Selbstversorger-Apartments mit begrenztem Meerblick und ein attraktives DZ. Das Preis-Leistungs-Verhältnis ist ausgezeichnet. Auf Anfrage kleines Frühstück für $12. $180

Decks of Paihia B&B, 69 School Rd, 09 402 6146, www.decksofpaihia.co.nz. Freundliches 3-Zimmer-B&B in einem modernen, komfortablen Haus mit Swimmingpool an einem Hang hoch über Paihia. $265

The Mousetrap, 11 Kings Rd, 09 402 8182, www.mousetrap.co.nz. Einladendes, mit Holz getäfeltes und im Seemannsstil eingerichtetes Hostel, das sich von den anderen Backpacker-Herbergen abhebt. Mit seinen über das Gelände verstreuten Zimmern, 3 kleinen Küchen und einem Grillplatz wirkt es richtig anheimelnd. Kostenloser Fahrradverleih und Meerblick. Dorms $29, Zimmer $69

Peppertree Lodge, 15 Kings Rd, 09 402 6122, www.peppertree.co.nz. Sehr sauberes, zentrales Hostel mit geräumigen 8er-Dorms,

Paihia und Waitangi

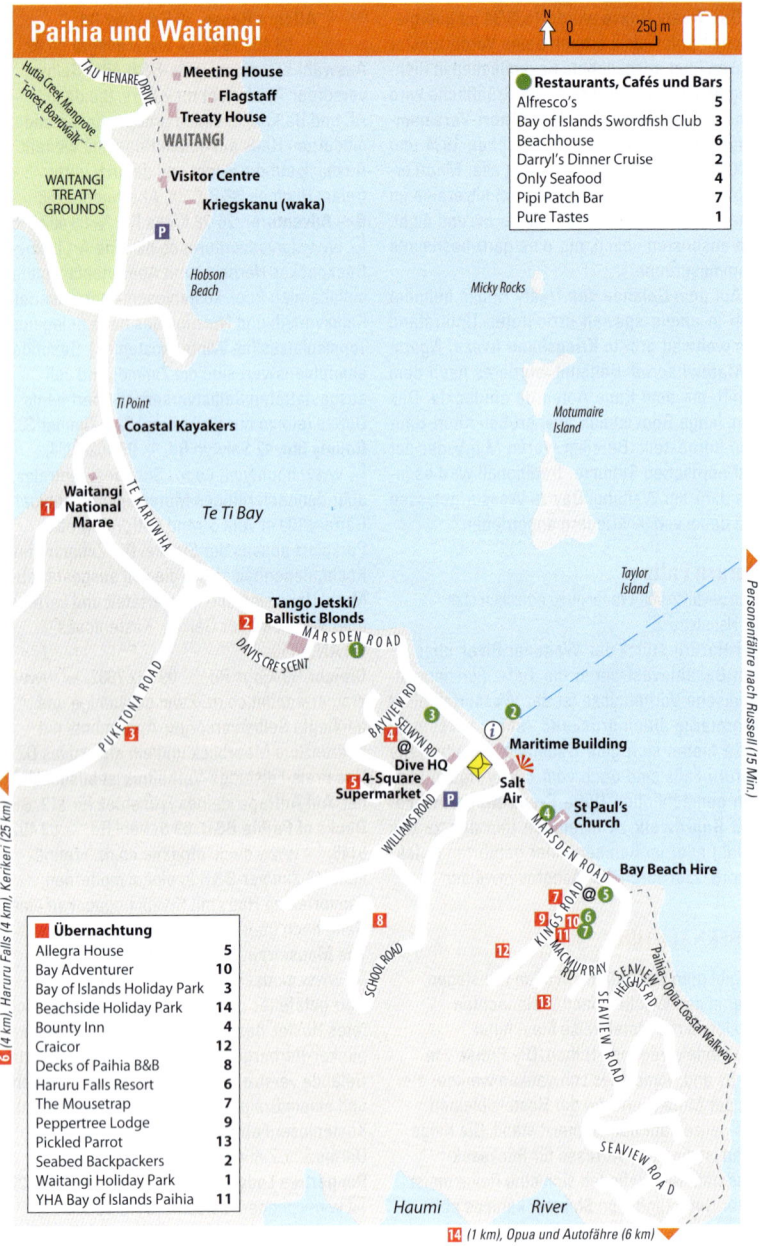

N

0   250 m

Meeting House

Flagstaff

Treaty House

WAITANGI

Visitor Centre

Kriegskanu (waka)

WAITANGI
TREATY
GROUNDS

P

Hutia Creek Mangrove
Forest Boardwalk

TAU HENARE DRIVE

● Restaurants, Cafés und Bars	
Alfresco's	5
Bay of Islands Swordfish Club	3
Beachhouse	6
Darryl's Dinner Cruise	2
Only Seafood	4
Pipi Patch Bar	7
Pure Tastes	1

Hobson
Beach

Micky Rocks

NORTHLAND

Ti Point

Coastal Kayakers

Motumaire
Island

1 **Waitangi
National
Marae**

TE KARUWHA

Te Ti Bay

Taylor
Island

2 **Tango Jetski/
Ballistic Blonds**

MARSDEN ROAD

DAVIS CRESCENT

1

PUKETONA ROAD

BAYVIEW RD

SELWYN RD

3

2

ℹ **Maritime Building**

4 **@**
Dive HQ

5 **4-Square
Supermarket**

WILLIAMS ROAD

P

Salt
Air

4 **St Paul's
Church**

MARSDEN ROAD

Bay Beach Hire

7 **@** **5**

9 **10** **6**

11 **7**

KINGS ROAD

MACMURRAY RD

SEAVIEW HEIGHTS RD

Paihia Opua Coastal Walkway

8

SCHOOL ROAD

12

13

SEAVIEW ROAD

SEAVIEW ROAD

■ Übernachtung	
Allegra House	5
Bay Adventurer	10
Bay of Islands Holiday Park	3
Beachside Holiday Park	14
Bounty Inn	4
Craicor	12
Decks of Paihia B&B	8
Haruru Falls Resort	6
The Mousetrap	7
Peppertree Lodge	9
Pickled Parrot	13
Seabed Backpackers	2
Waitangi Holiday Park	1
YHA Bay of Islands Paihia	11

Personenfähre nach Russell (15 Min.)

6 (4 km), Haruru Falls (4 km), Kerikeri (25 km)

Haumi   River

14 (1 km), Opua und Autofähre (6 km)

4er-Dorms mit Bad, besonders schönen DZ mit Du/WC und einem Apartment zur Selbstverpflegung mit Kochnische ($110). Gäste können kostenlos einen Tennisplatz sowie gute Fahrräder und Kajaks benutzen, überdies steht ein hervorragende DVD-Sammlung zur Verfügung. Okt–April reservieren. Dorms $25, Zimmer $72

Pickled Parrot, Grey's Lane, Nebenstraße der MacMurray Rd, ☎ 09 402 6222, 🖥 www. pickledparrot.co.nz. Papagei Rocky wacht über eines der kleineren und lässigeren Hostels in Paihia mit hübschem Innenhof in zentraler, aber ruhiger Lage. Einzelne Zeltstellplätze ($16), 4er- und 6er-Dorms, EZ, DZ und Zweibettzimmer, alle inkl. kleinem Frühstück und Abholung. Verleih von Fahrrädern und Tennisschlägern. Dorms $26, DZ $66

🛄 **Seabed Backpackers**, 46 Davis Crescent, ☎ 09 402 5567, 🖥 www.seabeds.co.nz. Das beste Hostel der Stadt mit guten Einrichtungen in ehemaligem Motel. Sehr günstige Preise, freundlicher und sachkundiger Betreiber. Dorms $28, DZ mit Bad $85

YHA Bay of Islands Paihia, Kings Rd, Ecke MacMurray Rd, ☎ 09 402 7487, 🖥 www.yha. co.nz. Das gepflegte und gut geführte Hostel mit kundigem Personal und guter Küche zieht eine freundliche Mischung aus Backpackern und Familien an. Die meisten Zimmer und Dorms haben ein Bad. Dorms $25, Zimmer $99

Campingplätze

Bay of Islands Holiday Park, 52 Puketona Rd, ☎ 09 402 6601, 🖥 www.boihacvp.co.nz. Kleine, überaus freundliche Anlage mit modernen Toiletten und Duschen ($2 für 4 Min), einem gepflegten BBQ-Platz an einem Seerosenteich und kostenlosem uneingeschränktem WLAN. In die Stadt ist es zu Fuß nur eine Viertelstunde. Camping $20, Luxusapartments $350

Beachside Holiday Park, SH11, 3 km südlich von Paihia, ☎ 09 402 7678, 🖥 www.beachside holiday.co.nz. Kleiner, ruhiger Platz am Wasser mit guter Küche und Waschküche sowie Dinghy- und Kajakverleih. Camping $26, Cabins $85

🛄 **Haruru Falls Resort Panorama**, Puketona Rd, ☎ 0800 757 525, 🖥 www.harurufalls. co.nz. 4 km nördlich von Paihia. Fabelhafte Lage am Fluss mit faszinierender Aussicht auf die Haruru Falls. Stellplätze am Fluss, außerdem frisch renovierte Hotelzimmer um einen Pool. Grillbereich, eigenes Restaurant mit Bar, Kajak- und Paddlebikeverleih. Camping $22, Zimmer $120

Waitangi Holiday Park, 21 Tahuna Rd, Waitangi, ☎ 09 402 7866, 🖥 www.waitangiholidaypark. co.nz. Der einfache Campingplatz ist der Waitangi am nächsten gelegene; nach Paihia sind es 20 Min. zu Fuß. Stellplätze mit Blick auf den Waitangi River und 4 geräumige Cabins mit Küchenzeile. Camping $22, Cabins $78

ESSEN UND UNTERHALTUNG

Die Auswahl an Lokalen ist in Paihia ziemlich groß, wenn auch mit einzelnen Ausnahmen recht ähnlich, und der Wettbewerb hält die Preise in einem vernünftigen Rahmen. Bei den meisten steht Seafood ganz oben auf der Karte. Die Restaurants eignen sich im Sommer auch gut zum Chillen bei einem kühlen Getränk. Etwas lauter ist es in den Bars in der Kings Road.

🛄 **Alfresco's**, 6 Marsden Rd, ☎ 09 402 6797, 🖥 www.alfrescosrestaurantpaihia. com. Relaxtes Café und Bar, ein nettes Plätzchen für eine Tasse Kaffee, Frühstück, mittags Panini ($17) und abends gute Hauptgerichte (ab $27,50). ⏲ tgl. 7.30 Uhr bis spät.

🛄 **Bay of Islands Swordfish Club**, Marsden Rd, ☎ 09 403 7857. „Swordy's", ein privater Club mit tollem Blick über die Bucht, empfängt Besucher außerhalb der Hochsaison im Sommer mit einigen der billigsten Drinks der Stadt – man braucht sich nur an der Theke einzutragen. Einfaches, aber gutes Essen wie Fish 'n' Chips oder Steak mit Pommes (Hauptgerichte $18–25). ⏲ So–Do ab 16, Fr und Sa ab 12 Uhr.

Beachhouse, 16 Kings Rd, ☎ 09 402 6063. Café und Saftbar. Nach hinten raus liegt die Bar Sand Pit mit Billardtischen, wo in Konkurrenz zur benachbarten Pipi Patch Bar im Sommer fast jeden Abend Livemusik geboten wird. ⏲ tgl. 10 Uhr bis spät.

Darryl's Dinner Cruise, Paihia Wharf, ☎ 0800 334 6637, 🖥 www.dinnercruise.co.nz. Die gemächliche Fahrt (2 1/2 Std., $95) führt um

Der Vertrag von Waitangi

Der Vertrag von Waitangi ist das **Gründungsdokument** des modernen Neuseelands, und seine Auswirkungen prägen die Gesellschaft bis heute. Unterzeichnet wurde er 1840 von zwei vorgeblich souveränen Staaten – dem Vereinigten Königreich einerseits und den United Tribes of New Zealand und weiteren Maori-Anführern andererseits. Bis heute stellt die Vereinbarung ein Schlüsselelement der Beziehung zwischen Ureinwohnern und europäischen Einwanderern dar. Die darin garantierten Rechte der Maori wurden aber nur selten gewahrt, und der Kampf um Anerkennung geht weiter.

Der Vertragsabschluss in Waitangi

Angetrieben von dem Wunsch, die französische Expansion im Pazifik zu stoppen, sowie von der moralischen Verpflichtung der Krone, die Maori vor betrügerischen Landaneignungen seitens der Siedler zu schützen, beauftragten die Briten Kapitän **William Hobson**, die Übertragung der Hoheitsrechte mit „der freien und verständigen Zustimmung der Einheimischen" fair auszuhandeln. Hobson verfasste mithilfe von **James Busby** und anderen Mitarbeitern sowohl den englischen Vertrag als auch eine Maori-Übersetzung. Dem Anschein nach ist der Vertrag eindeutig. Doch im Laufe der Jahre zeigten sich immer deutlicher die Schwierigkeiten mit dem Vorliegen zweier Versionen (S. 109) sowie die Folgen einer Vereinbarung zwischen zwei Völkern mit sehr unterschiedlichen Ansichten über Besitzrechte an Boden und Ressourcen.

Der Vertrag wurde am 5. Februar 1840 einer **Versammlung** von 400 Vertretern der fünf nördlichen Stämme vor Busbys Wohnsitz in Waitangi vorgelegt. Präsentiert wurde er als Vertrag zwischen den Häuptlingen und Queen Victoria. Die Vorzüge wurden ausführlich erläutert und die Kosten heruntergespielt. Da die meisten Häuptlinge kein Englisch verstanden, unterzeichneten sie am 6. Februar die Maori-Version des Vertrags, die noch heute bei den Maori *mana* (Autorität oder Status) genießt.

Der Vertrag nach Waitangi

Dem Beispiel von Waitangi folgte man überall im Land. Sieben Kopien des Vertrags wurden verschickt, um Unterschriften zu sammeln und die Befugnisse der Krone auf die bisher nicht abgedeckten Teile der Nordinsel sowie die Südinsel auszudehnen. Am 21. Mai, noch vor Rücksendung der unterzeichneten Vertragskopien, erhob Hobson im Namen Großbritanniens Anspruch auf Neuseeland: auf die Nordinsel aufgrund der „Abtretung" durch die Maori und auf die Südinsel aufgrund der „Entdeckung" durch Cook, da es trotz einer nicht unerheblichen Maori-Bevölkerung als „ohne Eigentümer" betrachtet wurde.

Als die Zahl der Siedler wuchs und damit die Nachfrage nach Land, wurde den Maori allmählich die Kontrolle über ihre Angelegenheiten entzogen. Dies führte in den 1860er-Jahren zu den **Landkriegen** (S. 107). Im Laufe der Jahrzehnte wurden kleinere Zugeständnisse gemacht, aber bis 1973, als der 6. Februar als **Waitangi Day** zum Nationalfeiertag erklärt wurde, tat sich nicht viel. Allerdings hatten Maori-Gruppen – unterstützt durch eine kleine, aber umtriebige Gruppe von Pakeha – bereits 1971 eine **Kampagne** gegen Waitangi-Gedenkfeiern gestartet. Viele Pakeha distanzierten sich und die Maori selbst waren gespalten: Den wütenden jungen Maori aus den Städten standen die *kaumatua* (Älteren) gegenüber, welche die Aktionen als respektlos gegenüber den Traditionen ansahen.

Verschiedene Strömungen der Maori-Gesellschaft vereinten sich dann beim *hikoi* (Marsch) nach Waitangi, um gegen die Feierlichkeiten 1985 zu protestieren. Dieses Jahr markiert eine Wende: Erstmals wurde ein Maori, **Paul Reeves**, zum Generalgouverneur ernannt, und das **Waitangi-Tribunal** befasste sich mit Landansprüchen der Maori gegenüber der britischen Krone. Die Proteste haben sich fortgesetzt, da eine neuseeländische Regierung nach der anderen sich bis heute nicht dazu durchringen konnte, an den Gedenkfeierlichkeiten in Waitangi teilzunehmen.

18.30 Uhr von der Paihia Wharf den Waitangi River hoch zu den Haruru Falls. Unterwegs werden als Vorspeise Garnelen und Muscheln gereicht und als Hauptspeise T-Bone-Steak, Lamm und Fisch. An Bord gibt es eine Bar, aber Wein darf mitgebracht werden. Es ist eine tolle Möglichkeit, den Sonnenuntergang zu genießen und einen herrlich entspannten Abend zu verbringen. Mindestteilnehmerzahl erforderlich.

Only Seafood, ☎ 09 402 6066, 🖥 www.only seafood.co.nz. Fischliebhaber erfreuen sich hier am Tagesfang ($29,50), Austern in diversen Varianten und Riesengarnelen ($31,50), die sich wunderbar mit einem der vielen einheimischen Weine von der umfangreichen Karte herunter-spülen lassen.

Pure Tastes, 116 Marsden Rd, ☎ 09 402 0003, 🖥 www.paihiabeach.co.nz. Nobles Restaurant im Paihia Beach Resort. Mit dem servierten Frühstück hat man einen guten Start in den Tag. Die Mittagsgerichte (Hauptgerichte um $25), sind fantasievoll zubereitet, aber die Krönung kommt am Abend, z. B. in Form von Lammhüfte ($34), karamellisiertem Schweine-bauch ($32) oder einem 6-Gänge-Probiermenü mit passendem Wein ($150). ⏰ tgl. 8 Uhr bis spät.

SONSTIGES

Fahrradverleih
Bay Beach Hire, am südlichen Ende des Paihia Beach, ☎ 09 402 6078, 🖥 www.bay beachhire.co.nz. Verleiht gute Mountainbikes, $10/Std., $30/Tag.

Informationen und Internet
i-SITE Visitor Centre, The Wharf, 101 Marsden Rd, ☎ 09 402 7345, 🖥 www. visitfarnorthnz.com. Internetzugang und Tourbuchungen, ⏰ tgl. 8–17 Uhr.

Parken
Gestaltet sich in der Hochsaison schwierig. Die besten Chancen hat man auf dem gebührenpflichtigen Parkplatz gegenüber vom Supermarkt 4-Square in der Williams Road.

NAHVERKEHR

Paihia ist nicht groß, alles lässt sich gut zu Fuß erreichen.
Wer schweres Gepäck hat, kann sich an den **Paihia Tuk Tuk Shuttle Service** beim i-SITE wenden, ☎ 027 486 6071. Er befördert 2–6 Pers. innerhalb der Stadt für $5 p. P. von Tür zu Tür und für etwas mehr zu den Haruru Falls.

TRANSPORT

Busse
Die Busse von InterCity/Northliner und Naked-Bus halten in der Marsden Road vor dem wich-tigsten i-SITE Visitor Centre der Bay of Islands.

Busse nach:
AUCKLAND 4–6x tgl., 4 Std.;
KAITAIA 1x tgl., 2 1/4 Std.;
KERIKERI 3x tgl., 1/2 Std.;
MANGONUI 1x tgl., 1 Std. 50 Min.;
WHANGAREI 4–6x tgl.; 1/2 Std.

Flüge
Der Flughafen der Bay of Islands, ☎ 09 407 6133, 🖥 www.bayofislandsairport.co.nz, liegt 22 km nordwestlich bei Kerikeri. Die Abfahrts-zeiten des Super Shuttle Busses ($60 nach Paihia) sind auf die Flüge abgestimmt. Flüge nach AUCKLAND 5–6x tgl., 3/4 Std.

Fährverbindung Paihia–Russell

Auf dem Straßenweg sind es von Paihia nach Russell fast 100 km, aber Autofahrer können die Strecke auf 15 km verkürzen, indem sie die kleine **Autofähre** nehmen, die bei **Opua**, 6 km südlich von Paihia, in 20 Min. den schma-len Veronica Channel überquert: ⏰ tgl. 6.50– 21.50 Uhr etwa alle 20 Min.; Wagen und Fah-rer $11 einfach, Fußgänger/weitere Mitfahrer $1; Ticket an Bord lösen.
Fußgängern bietet sich eine der drei **Passa-gierfähren** (Okt–Mai 7–22, Juni–Sep 7–20 Uhr etwa alle 30 Min.; $7 einfach, $12 hin und zurück; 15 Min.) an, die zwischen den Haupt-anlegestellen von Paihia und Russell pendeln.

Die Inseln

Die Bucht heißt nicht umsonst Bay of Islands. Immerhin gibt es hier sechs große und rund 140 kleine Inseln. Viele sind Teil des DOC-Projekts **Project Island Song**. In dessen Rahmen sollen zahlreiche Inseln von eingeschleppten Raubtieren befreit und in Tierparadiese verwandelt werden. Inzwischen wurden auf vielen Inseln einige typische Vogelarten wieder eingeführt, insbesondere auf **Urupukapuka Island**, das sich mit Hilfe der DOC-Broschüre *Urupukapuka Island Archeological Walk* in ein paar Stunden erkunden lässt. In dem Heftchen sind eine Reihe von Maori-*pa* und -Terrassen beschrieben.

Die bei Weitem bekannteste unter den anderen großen Inseln ist **Motuarohia** (auch **Roberton Island** genannt). Das DOC verwaltet dort den spektakulären zentralen Teil – eine Landenge, die beinahe von zwei kreisförmigen blauen Lagunen durchtrennt wird. Für Hobbytaucher gibt es einen Naturpfad unter Wasser mit beschrifteten Tafeln aus Edelstahl.

Zu den anderen Sehenswürdigkeiten, die von den Schiffen angefahren werden, zählen die **Black Rocks**, kahle kleine Inseln, die sich aus Basaltsäulen gebildet haben. Sie ragen nur 10 m aus dem Wasser, reichen aber steile 30 m tief hinab. Am äußeren Rand der Bucht liegt die felsige Halbinsel **Cape Brett**, die 1769 von Cook nach dem damaligen Marineminister Lord Piercy Brett benannt wurde. Die Schiffstouren führen auch regelmäßig durch das **Hole in the Rock**, einen natürlichen Tunnel durch Piercy Island, der sich bei Dünung als besonders aufregend erweist.

ÜBERNACHTUNG

Urupukapuka Island, 🖥 www.doc.govt.nz. Urupukapuka ist die einzige Insel, auf der übernachtet werden darf. Dort gibt es drei einfache DOC-Campingplätze: Cable Bay, mit Wasseranschluss, Duschen und Toiletten, und Sunset Bay, mit Wasseranschluss und Toiletten, liegen beide an der Südküste; Urupukapuka Bay, mit Wasseranschluss, Duschen und Toiletten, ist der östlichste Zeltplatz auf der Insel. Unbedingt weit im Voraus buchen! $10

Boots- und Segeltouren, Schwimmen mit Delphinen

Um einen umfassenden Eindruck von der Bay of Islands zu gewinnen, muss man sich aufs Wasser hinauswagen. Die Mehrzahl der Touren beginnt in Paihia, allerdings wird bei allen größeren **Bootstouren** und **Ausflügen** in die Bucht auch ein Zwischenstopp in Russell eingelegt. Von Dezember bis März sollte die Reservierung ein paar Tage im Voraus erfolgen. Die meisten Hotels und Motels nehmen Ausflugsbuchungen für ihre Gäste vor, und Hostels können in der Regel einen „Backpacker-Rabatt" von ca. 10 % aushandeln.

Die beiden wichtigsten Anbieter in der Bay sind Fullers Great Sights und Explore NZ/Dolphin Discoveries. Beide haben ein großes Angebot an Sightseeing-, Segel- und Delphintrips. Außerdem kreuzen mehrere kleine **Jachten** mit Platz für meist weniger als ein Dutzend Passagiere auf dem Wasser (normalerweise 6 Std.): Die Konkurrenz ist groß und die Qualität des Gebotenen unterschiedlich. Bei den meisten Ausflugsfahrten und Segeltörns besteht die Gelegenheit, ein wenig zu **schnorcheln**, **Kajak** zu fahren oder zu **angeln**.

Die Bay of Islands eignet sich ausgezeichnet für die **Delphinbeobachtung**. Das ganze Jahr über besteht eine ungefähr 80%-ige Chance, Große Tümmler und Gewöhnliche Delphine zu sehen, von Mai bis Oktober Orkas („Schwertwale") und von August bis Januar Mink- und Bryde-**Wale**.

Wichtig: Es gibt keine Garantie, dass das **Schwimmen mit Delphinen** tatsächlich stattfindet. Wenn die Delphine Junge dabei haben, ist es ohnehin verboten. Und es werden grundsätzlich nur 18 Personen gleichzeitig ins Wasser gelassen. Normalerweise gibt es bei Fehlschlägen das Geld zurück. Die Wahrscheinlichkeit, Delphine zu sehen, ist am größten auf einer Bootsfahrt mit einem Veranstalter, der eine Lizenz fürs Schwimmen mit Delphinen hat und die Tiere aufsuchen darf.

Ecocruz, 📞 0800 432 627, 🖥 www.ecocruz.co. nz. 3-tägige Touren (Okt–April) für bis zu 10 Personen auf dem Zweimaster *Manawanui* um die Bucht. Der Schwerpunkt liegt dabei auf der Würdigung der schönen Landschaft. Ausgezeichnete Verpflegung inkl., ebenso Kajaks, Schnorchel- und Angelausrüstung, jede Menge Fachwissen und Begeisterung. Dormbett $650, Doppelkabine $1500.

Explore NZ/Dolphin Discoveries, ☏ 0800 397567, ▱ www.explorenz.co.nz. Die Pioniere des Schwimmens mit Delphinen in dieser Gegend haben verschiedene Touren im Programm. Zur 4-stündigen *Discover the Bay*-Tour gehören die Fahrt durchs Hole in the Rock, ein Aufenthalt in der Otehei Bay auf Urupukapuka und Delphinbeobachtung ($115); bei der *Swim with Dolphins* geht es hauptsächlich um den direkten Kontakt mit Großen Tümmlern im Wasser (4 Std., $95), und die 10-stündige *Dune Rider*-Tour führt die Besucher am 90 Mile Beach entlang bis nach Cape Reigna ($150).

Fullers Great Sights, ☏ 0800 653 339, ▱ www.dolphincruises.co.nz. Der *Day in the Bay* (Okt–April tgl.; 7 Std., $125) ist vielleicht der beste aller angebotenen Tagestrips. Er beinhaltet einen Abstecher zum Hole in the Rock, einen Stopp auf Urupukapuka und die Gelegenheit, sich umzuschauen, während das Schiff Lebensmittel und die Post abliefert. Möglicherweise lassen sich Delphine blicken, und manchmal kann man sogar mit ihnen schwimmen. Fullers hat auch eine ausgewiesene Tour zum Schwimmen mit Delphinen (2x tgl. 4 Std., $105) im Angebot, im kleinsten Delphinboot der Bucht (35 Passagiere). 10 % Ersparnis bei Online-Buchung.

Mack Attack, ☏ 09 402 8180, ▱ www.mack attack.co.nz. Schnelle Fahrt zum Hole in the Rock und zurück (1 1/2 Std., $99). Gute Wahl für Leute mit wenig Zeit.

Phantom, ☏ 0800 224 421, ▱ www.yacht phantom.com. Nur 10 Personen haben auf dieser hervorragenden Segeljacht mit Heimathafen Russell Platz. Für die Dauer von 6 unvergesslichen Stunden können sie bei der Fahrt durch die Bucht an Deck relaxen oder auch mal das Steuer übernehmen. Inkl. Mittagessen. Nur Okt–April. $110.

R. Tucker Thompson, ☏ 0800 882 537, ▱ www.tucker.co.nz. Sehr schöner, in Northland gebauter Schoner, der mit jeweils bis

zu 20 Passagieren zu Tagesausflügen zu den Inseln ablegt. Bei einem Zwischenstopp hat man Gelegenheit zum Schwimmen und bekommt ein BBQ-Mittagessen (tgl. Nov–April, 6 Std., $145 inkl. Morgentee mit frisch gebackenen Scones). Auch 2-stündige Touren am Spätnachmittag (Nov–März Mi, Fr und So; $65) inkl. Antipasti-Teller.

The Rock, ☏ 0800 762 527, ▱ www. rocktheboat.co.nz. Eine tolle Kombination aus Backpacker-Unterkunft plus Gruppenaktivitäten auf einer umgebauten Autofähre. Die schwimmende Herberge legt spätnachmittags von der Paihia Wharf ab und nimmt Kurs auf einige herrliche Buchten, wo die Gäste angeln, schwimmen, schnorcheln, Kajak fahren und sich abends bis zum Abwinken am Grill bedienen können. Am nächsten Tag folgt ein Spaziergang auf einer Insel, und um 15 Uhr ist man zurück in Paihia. Die Unterbringung erfolgt in Sammelkabinen mit 6 Betten ($221) oder Privatkabinen ($396), alle mit Meerblick, Abendessen und Frühstück inbegriffen; Getränke kosten extra. Schlafsack mitbringen.

Ausflüge von der Bay of Islands

Die Bay of Islands ist das größte Touristenzentrum in Northland und dient als Sprungbrett für Abstecher in den hohen Norden. Dazu gehören insbesondere eintägige Busfahrten zum **Cape Reinga** und **Ninety Mile Beach** (S. 252) – eine anstrengende Fahrt, die 11 Std. dauert, wobei man die meiste Zeit im Fahrzeug verbringt. Ratsamer ist es, nach Mangonui, Kaitaia oder Ahipara hoch zu fahren und dort eine Tour zu buchen oder mit Salt Air zum Cape Reinga zu fliegen (S. 256), inklusive Landung und Fahrt zum Kap.
Fullers Great Sights (s. links) veranstaltet auch eine Bustour namens *Discover Hokianga*, die den Besuch des **Hokianga Harbour**, einen Spaziergang zu den riesigen **Kauri-Bäumen** im Waipoua Forest und einen Abstecher zu den **Wairere Boulders** umfasst (tgl., 8 Std., $115). Es ist jedoch meist besser, auf eigene Faust hochzufahren und mehr Zeit bei den Sehenswürdigkeiten zu verbringen.

Jetskifahren und Skydiving

Ballistic Blondes, 1 Davis Cresent, ☏ 0800 695 867, ⌨ www.skydiveballistic blondes.co.nz. Tandemsprünge aus 3650 m Höhe ($380) und alle möglichen Angebote (S. 220, Whangarei) sowie die einzige Möglichkeit in ganz Neuseeland, am Strand zu landen.

Tango Jetski Adventure, 1 Davis Cresent, ☏ 0800 253 8754, ⌨ www.tangojet skitours.co.nz. Herumsausen auf dem Wasser, z. B. beim 1-stündigen Island Blaster ($180).

Kajakfahren

Coastal Kayakers, Waitangi Bridge, ☏ 09 402 8105, ⌨ www.coastalkayakers.co.nz. Organisiert verschiedenste Ausflüge ab der Paihia Wharf und bietet beispielsweise halbtägige Touren in die Bucht oder stromaufwärts zu den Haruru Falls ($85) an. 3-tägige Camping-Exkursionen stehen zwischen November und Mai auf dem Programm und kosten $685. Auch Kajakverleih ($15/Std., $40 halber Tag).
Pacific Coast Kayaks, ☏ 09 436 1947, ⌨ www. nzseakayaking.co.nz. Veranstaltet wunderschöne Trips, von kurz bis mehrere Tage lang, in den äußeren Bereichen der Bay of Islands und weiter entfernt (ab 2 Std./$40).

Parasailing und Rundflüge

Flying Kiwi, Paihia Wharf, ☏ 0800 359 691, ⌨ www.parasailnz.com. Von einem Speedboot werden Gleitsegler zu 10–15-minütigen Flügen ca. 365 m (Rekordhöhe in Neuseeland) in die Luft gezogen. Einzel- bis Dreierflüge (ab $95).
Salt Air, Marsden Rd, beim Maritime Building, Paihia, ☏ 09 4028 338, ⌨ www.saltair.co.nz. Hubschrauberflüge ($230/20 Min. zum Hole in the Rock, $315/30 Min. die Küste hoch) sowie tolle Flüge mit normalen Flugzeugen zum Cape Reinga (S. 256). Seit Kurzem gibt es eine neue Tour in Zusammenarbeit mit dem Motu Kōkako Ahu Whenua Trust; sie umfasst die Landung auf dem Hole in the Rock und einen von einem Maori geführten Inselrundgang ($595).

Tauchen

Dive HQ, Williams Rd, Paihia, ☏ 0800 107 551, ⌨ www.divenz.com. Tauchausflüge in der Bay of Islands oder zu den Wracks der *Rainbow*

Warrior (s. Kasten S. 246) und der Fregatte *Canterbury*. Dives mit zwei Tankfüllungen inkl. Ausrüstung kosten $239 für Leute mit *Advanced Open Water*-Zertifikat oder höher; $289 für Leute mit *Open Water*-Status und $250 für Anfänger im *Discover Scuba Diving*.
Dive North, ☏ 09 402 5369, ⌨ www.divenorth. co.nz. Der renommierte Anbieter bietet Tauchgänge zum Wrack der *Rainbow Warrior* oder der *Canterbury* ($235 inkl. Ausrüstung, $150 mit eigener Ausrüstung) oder zu beiden Wracks für $325 mit bzw. $285 ohne Ausrüstung.

Russell

Die kleine Hangsiedlung **Russell** – auf einer schmalen Halbinsel, die schlecht auf dem Land-, aber gut auf dem Wasserweg erreichbar ist – erscheint wegen ihrer Abgeschiedenheit wie eine Insel. Während der Sommermonate tummeln sich hier allerdings Massen von Tagesausflüglern, die von den Passagierfähren aus Paihia und den Autofähren aus dem nahe gelegenen Opua an Land strömen, um die historischen Gebäude des Dorfes zu besichtigen oder an der hübschen Uferpromenade entlang zu spazieren.

Geschichte

Das heutige Russell bildet einen Riesenunterschied zu den wilden 1830er-Jahren, als sich im draufgängerischen **Kororareka**, wie Russell damals hieß, Scharen von Wal- und Robbenfängern einfanden. Die Stadt genoss einen Ruf als „Hell Hole of the Pacific". Ungehobeltes Benehmen und übermäßiger Alkoholkonsum dienten als offene Einladung für **Missionare**. Nach und nach bekehrten sie eine ansehnliche Zahl von Leuten und hinterließen die zwei ältesten Gebäude von Russell, die Kirche und die Druckerei zur Herstellung religiöser Schriften.

Nach dem Vertrag nach Waitangi

Im Jahr 1840 hatte sich Kororareka zur größten Siedlung des Landes entwickelt, allerdings zerstritt sich Gouverneur William Hobson nach der Unterzeichnung des **Vertrags von Waitangi** sowohl mit den Maori als auch mit den Siedlern vor Ort und verlagerte daher seine Haupt-

Russell

N ↑ 0 ——— 250 m

Tapeka Point Historic Reserve (1 km)

TITORE WAY
TAPEKA RD

Fahnenmast

FLAGSTAFF HILL HISTORIC RESERVE

FLAGSTAFF RD

KORORAREKA POINT SCENIC RESERVE

WELLINGTON ST

KENT

GOULD ST

PROSPECT

JAMES

LONG BEACH ROAD

QUEENS VIEW

Long Beach

Kororareka Bay

BERESFORD ST

ONEROA RD

RUSSELL HEIGHTS

GRANTS

Fullers Office

ℹ️

CHURCH ST

YORK ST

THE STRAND

CHAPEL ST

BAKER ST

ASH BY

GOULD ST

POMARE RD

Personenfähre nach Paihia (15 Min.)

RSA

@✉

3

Christ Church

HAZARD

Russell Town Hall

PITT

Russell Museum

ROBERTSON

BRIND ROAD

FLORANCE AVENUE

6 (7 km), Okiato (Autofähre, 8 km)

NORTHLAND

Pompallier

MATUWHI

4

5

HOPE AVENUE

stadt weiter nach Süden. Inzwischen hatte die anfängliche Begeisterung der Maori für den Vertrag von Waitangi nachgelassen: Finanzielle Vorteile hatten sich nicht ergeben und die Flagge der Confederation of Tribes, die zwischen 1834 und 1840 vom Flagstaff Hill wehte, war durch den Union Jack ersetzt worden. Man betrachtete dies als Symbol des britischen Betrugs, und die Ablehnung wuchs. An die Spitze dieser neuen Bewegung setzte sich **Hone Heke Pokai**, Häuptling der Ngapuhi und Schwiegersohn von Kerikeris Hongi Hika.

Von Juli 1844 bis März 1845 fällten Hongi und seine Anhänger den Fahnenmast ganze vier Mal, wobei die letzte Attacke den ersten der **Landkriege** auslöste. Dieser wütete fast ein Jahr lang und bedeutete den Niedergang und die nahezu vollständige Zerstörung von Kororareka. Der Ort erstand aus den Ruinen unter dem neuen Namen Russell und wuchs langsam um das Ufer herum zur heutigen friedlichen Siedlung heran.

Pompallier

The Strand ▪ 🕐 tgl. Nov–April 10–17, Mai–Okt 10–16 Uhr ▪ Eintritt $10 ▪ 📞 09 403 9015, 🖥 www.historicplaces.org.nz

Das eindrucksvollste Gebäude Russells ist das faszinierende **Pompallier**, das letzte noch erhaltene Bauwerk der katholischen Mission in

Russell, dem einstigen Zentrum des Katholizismus im westlichen Pazifik. Pompallier wurde 1842 als Druckerei für den französischen römisch-katholischen Bischof Jean Baptiste François Pompallier erbaut, der drei Jahre zuvor angekommen war und feststellen musste, dass das katholische Wort Gottes vor Ort durch anglikanische und methodistische Schriften, die ins Maori übersetzt worden waren, unter Dauerbeschuss stand. Die Missionare errichteten einen eleganten Lehmbau im typischen Stil von Lyon, der Heimatstadt Pompalliers. Presse und Papier wurden importiert, und um Ledereinbände herzustellen, wurde eine Gerberei eingerichtet. Während der folgenden acht Jahre druckte der Bischof über ein Dutzend Titel (insgesamt fast 40 000 Ausgaben), die zu den allerersten Büchern in der Maori-Sprache zählen.

In dem Gebäude, das in den Zustand von 1842 zurückversetzt wurde, stellen Kunsthandwerker heute wieder in Handarbeit Bücher her. Bei den interessanten, kostenlosen Führungen wird in jedem Raum der jeweilige Produktionsvorgang erläutert. In der einzigen noch erhaltenen Gerberei aus der Kolonialzeit in Neuseeland kann man während der Führung sogar selbst aktiv werden.

Christ Church

Robertson Rd

Die cremefarbene **Christ Church** von 1836 ist die älteste noch erhaltene Kirche Neuseelands. Im Gegensatz zu den meisten anderen Kirchen aus der Zeit handelte es sich hier nicht um eine Missionskirche, sondern um das Werk der vor Ort ansässigen Siedler. Mitte des 19. Jhs. wurde die Kirche während des Gerangels zwischen Hone Hekes Kriegern und den Briten belagert, und noch heute sind die Einschlaglöcher von Kugeln zu sehen.

Russell Museum

2 York St ▪ Jan tgl. 10–17, Feb–Dez 10–16 Uhr ▪ Eintritt $10 ▪ 📞 09 403 7701, 💻 www.russell museum.org.nz

Das kleine **Russell Museum** zeigt ein Video zur Stadtgeschichte und präsentiert seine Exponate auf ansprechende Art, darunter ein eindrucksvolles Modell (im Maßstab 1:5) von Cooks *Endeavour*, die 1769 hier vor Anker ging. Ein Spaziergang vom Museum an The Strand entlang führt an dem angesehenen, 1924 gegründeten **Bay of Islands Swordfish Club** sowie am **Duke of Marlborough Hotel** vorbei. Das Originalgebäude an dieser Stelle besaß die erste Schanklizenz von ganz Neuseeland.

Flagstaff Hill und Tapeka Point Historic Reserve

30–40 Min. hin und zurück

Am Ende von The Strand erklimmt ein steiler, kurzer Weg den **Flagstaff Hill** (Maiki). Der heute zu sehende Fahnenmast wurde 1857 errichtet, etwa zwölf Jahre nach der Zerstörung des vierten Masts durch Hone Heke – als versöhnliche Geste seitens eines Sohnes eines der Häuptlinge, die die ursprüngliche Zerstörung angeordnet hatten. Die Flagge der Confederation of Tribes, die nach der Unterzeichnung des Vertrags von Waitangi entfernt wurde, weht an zwölf wichtigen Tagen des Jahres, z. B. an Hone Hekes Todestag. Vom Flagstaff Hill aus erreicht man nach einem weiteren Kilometer das **Tapeka Point Historic Reserve**, eine alte *pa*-Stätte am Ende der Halbinsel mit herrlichen Ausblicken.

Pick me up in Russell

Die meisten Hafenrundfahrten und Delphintrips beginnen in Paihia. Aber Teilnehmer werden (nach vorheriger Reservierung) auch rund 15 Min. später als in Paihia an der Hafenmole von Russell eingesammelt. Gelegentlich ist keine Abholung möglich, aber dann bleibt immer noch die billige, oft verkehrende Passagierfähre zwischen Paihia und Russell.

ÜBERNACHTUNG

Es gibt in Russell weniger Unterkünfte als in Paihia, dafür sind sie exklusiver. Es handelt sich überwiegend um B&Bs und Lodges.
Arcadia Lodge, 10 Florance Ave, 📞 09 403 7756, 💻 www.arcadialodge.co.nz. Stilvolles B&B in einem großen historischen Holzgebäude, umgeben von Terrassen in ruhiger Hügellage mit Blick auf Gärten und die Bucht. 5 der Suiten

SUBTROPISCHE VEGETATION BEI RUSSELL, BAY OF ISLANDS (S. 236)

Der Cape Brett Track

Northlands schönste zweitägige Wanderung ist der nicht ganz einfache, aber geniale **Cape Brett Track** (20 km pro Strecke; 6–8 Std.). Er verläuft auf dem Hügelkamm durchs Zentrum der Halbinsel und erlaubt von beiden Seiten aus hin und wieder einen Blick aufs Meer. Die Strecke ist in der DOC-Broschüre *Cape Brett* beschrieben. Das ehemalige Leuchtturmwärterhaus an der Spitze der Halbinsel dient heute als DOC-Hütte (23 Etagenbetten, $15, der Jahres-Hüttenpass gilt hier nicht), einzige Übernachtungsmöglichkeit am Track selbst. Die Lage mit dem Meer ringsum und dem Ausblick auf das Hole in the Rock hinaus ist schlichtweg traumhaft. Ein Gasherd ist vorhanden, aber keine Küchenutensilien. Camping ist nicht erlaubt.

Der Pfad beginnt in Rawhiti und führt über Privatgelände, deshalb muss eine **Wegegebühr** (*track fee* $30, Tageswanderer $10) entrichtet werden. Diese bezahlt man beim Russell Booking & Information Centre, wo auch die Übernachtung in der DOC-Hütte reserviert wird und man Tipps zum sicheren Parken in Rawhiti erhält. Dort gibt es außerdem nähere Infos zu einem **Wassertaxi** von Russell nach Rawhiti (um $170 für bis zu 6 Pers.), zur Deep Water Cove auf der 2. Hälfte der Wanderwegstrecke ($190) oder nach Cape Brett ($230; nur bei günstiger Wetterlage). Ein sicherer Parkplatz befindet sich bei Hartwells in Kaimarama Bay am Ende der Rawhiti Road (kleine Gebühr).

und Zimmer (eins davon ohne Bad) mit Holzfußboden bieten Meerblick. Die Küche verwendet überwiegend Bio-Zutaten, die aus dem eigenen Garten oder aus der Region stammen. Kostenloses WLAN, keine Kinder unter 15 Jahren und im Sommer Mindestaufenthalt von 2 Tagen. Zimmer $210, Suiten $325

The Duke of Marlborough, 35 The Strand, ℰ 09 403 7829, 💻 www.theduke.co.nz. Von den neuen Betreibern renoviert und modernisiert, mit dem Flair eines alten Kolonialhotels. Einige Zimmer mit Meerblick ($360), andere mit Sonnendecks ($290). Zimmer $165

Hananui Lodge, 4 York St, ℰ 09 403 7875, 💻 www.hananui.co.nz. Effizient geführte, motelähnliche Unterkunft direkt am Wasser. Die schönste Aussicht haben die Waterfront-Suiten, aber auch die Standard-Units, von denen sich ein begrenzter Blick aufs Meer erhaschen lässt, sind nicht zu verachten. Das Spa steht allen Gästen zur Verfügung. Auf der anderen Straßenseite gibt es etwas neuere Apartments mit Großbildfernseher und AC. Units $185, Apartments $210

Motel Russell, 16 Matauwhi Rd, ℰ 0800 240 011, 💻 www.motelrussell.co.nz. Erste Wahl in diesem Motel mit attraktivem Pool in einem subtropischen Garten sind die aufgemöbelten Units. Studios $118, Units mit einem Schlafzimmer $159

Russell Top 10 Holiday Park, Long Beach Rd, ℰ 09 403 7826, 💻 www.russelltop10.co.nz. Zentral gelegener, gut organisierter und sauberer Campingplatz mit Stellplätzen für Zelte und Campervans und großer Auswahl an gut ausgestatteten festen Unterkünften (ab $85). Wohnmobile $52, Units $175

Wainui Lodge, 92d Wahapu Rd, 7 km südlich von Russell, ℰ 09 403 8278, 💻 www.wainuilodge-russell-nz.com. Tolles kleines Backpacker-Hostel mit 2 Zimmern, morgendlichem Vogelgesang und Kajaks, mit denen man vom Mangrovenstrand der Lodge aus lospaddeln kann. Küche und WLAN. Dorm $28, Zimmer $66

Die Auswahl an Restaurants in Russell ist nicht besonders groß, und die Preise sind ziemlich hoch, aber die Qualität lässt nichts zu wünschen übrig. Wer nur etwas trinken möchte, ist oft in den preiswerten Vereinslokalen, in denen auswärtige Besucher meistens willkommen sind, am besten aufgehoben.

Bay of Islands Swordfish Club, 25 The Strand, ℰ 09 402 7773, 💻 www.swordfish.co.nz. Theoretisch ein Verein, aber Gäste müssen sich einfach nur registrieren lassen. Preiswertes Bier, von der Veranda herrlicher Blick auf den Sonnenuntergang und einfaches, aber leckeres und reichhaltiges Kneipenessen (Hauptgerichte ca. $25). ⊙ tgl. 16 Uhr bis spät.

🏠 **Duke of Marlborough**, 35 The Strand, ✆ 09 403 7829, 🖥 www.theduke.co.nz. Sitzplätze am Wasser, Pub und Restaurant mit guter Auswahl an Wein und Bier. Am besten ist jedoch das Essen, schön präsentiert, in kreativen Zusammenstellungen und großzügigen Portionen. Tipp: die 8 Std. lang gegarte Lammschulter am Knochen ($49 für 2 Pers.), sie zergeht auf der Zunge. ⊙ tgl. 7.30 Uhr bis spät.

🏠 **Sally's**, 25 The Strand, ✆ 09 403 7652, 🖥 www.sallysrestaurant.co.nz. Das gemütliche, unaufgeregte, immer gut besuchte Restaurant mit Alkohollizenz ist bekannt für leckeres Seafood, besonders *seafood chowder* ($13). In der Hauptsaison Reservierung empfehlenswert. Hauptgerichte ab $32. ⊙ tgl. 10.30–21 Uhr.

Waterfront Café, 23 The Strand ✆ 09 403 7589, 🖥 www.waterfrontcafe.co.nz. Einfaches Café mit Sitzplätzen am Wasser, tollem Kaffee, zudem Snacks ($5–15), Frühstück den ganzen Tag über und herzhafte Mittagsgerichte. ⊙ tgl. 8–16 Uhr.

SONSTIGES

Informationen
Russell Booking & Information Centre, am Ende des Kais, ✆ 0800 633 255, 🖥 www.russellinfo. co.nz. Buchungen von Touren und Unterkünften. Hat auch die Broschüren *Russell Heritage Trails* und *Bay of Islands Walks* auf Lager. ⊙ Sep–Mai tgl. 7.30–20, Juni–Aug tgl. 8.30–16 Uhr.

Internet
Enterprise Russell, York St, ⊙ tagsüber.

Touren
Fullers Russell Mini Tour, ✆ 0800 646 486, 🖥 www.russellminitours.com. Die Geschichte der Stadt aus der Sicht eines Einheimischen (Okt–April 6x tgl., Mai–Sep 4x tgl., $29).

TRANSPORT

Die meisten Besucher kommen mit der Fähre (s. Kasten S. 233) nach Russell. Es führt aber auch eine Landstraße hierher, s. Kasten S. 240.

Kerikeri

Die Ortschaft **Kerikeri** liegt zwar 25 km nördlich von Paihia und somit geografisch gesehen abseits der Bucht, ist aber dennoch von zentraler historischer Bedeutung für die Bay of Islands. Das Städtchen erstreckt sich entlang einer Hauptstraße und wird von Obstplantagen umgeben, die die wirtschaftliche Stütze des Orts bilden. 2 km östlich der Stadt bahnt sich der schmale Kerikeri Inlet einen Weg vom Meer bis zum **Kerikeri Basin**, dem von Samuel Marsden auserwählten Standort für die zweite Mission der Church Missionary Society in Neuseeland.

Auf den subtropischen Zitrusplantagen werden fast das ganze Jahr über **Saisonarbeiter** gesucht. Die meiste Arbeit gibt es zwischen Januar und Juli, allerdings ist in dieser Zeit auch die Nachfrage nach Arbeit am größten. Als Ansprechpartner eignen sich die Leiter der Hostels und Campingplätze, von denen viele gute Wochenpreise anbieten. In den letzten Jahren hat sich Kerikeri als Standort zahlreicher **Kunsthandwerksläden** einen Namen gemacht, die zwischen den Plantagen verstreut liegen.

Die große Bedeutung Kerikeris in der Vergangenheit zeigt sich am friedlichen Kerikeri Basin etwa 2 km nordöstlich der heutigen Stadt, wo einige historische Gebäude überdauert haben.

Kerikeri Mission House

246 Kerikeri Rd ▪ ⊙ tgl. Nov–April 10–17, Mai–Okt 10–16 Uhr (Café geschlossen); Zutritt nur mit Führung ab 4 Pers.; genaue Zeiten telefonisch erfragen ▪ Eintritt $10 ▪ ✆ 09 407 9326, 🖥 www. historicplaces.org.nz;
Hier begannen im Jahr 1821 die Zimmermänner der Mission mit dem Bau des **Kerikeri Mission House**, dem derzeit ältesten Gebäude Neuseelands im europäischen Stil. Die ersten Bewohner des bescheidenen, zweistöckigen georgianischen Hauses im Kolonialstil – Missionar John Butler und seine Familie – zogen bald weiter, und 1832 befand sich das Haus bereits in der Hand des Missionars und Schmieds James Kemp, der den Bau erweiterte. Nach dem Auszug des letzten Mitglieds der Familie Kemp 1974 wurde das Gebäude restauriert und im Stil des mittleren 19. Jhs. eingerichtet.

N 0 ____ 500 m

Whangaroa (30 km), Kaitaia (100 km)

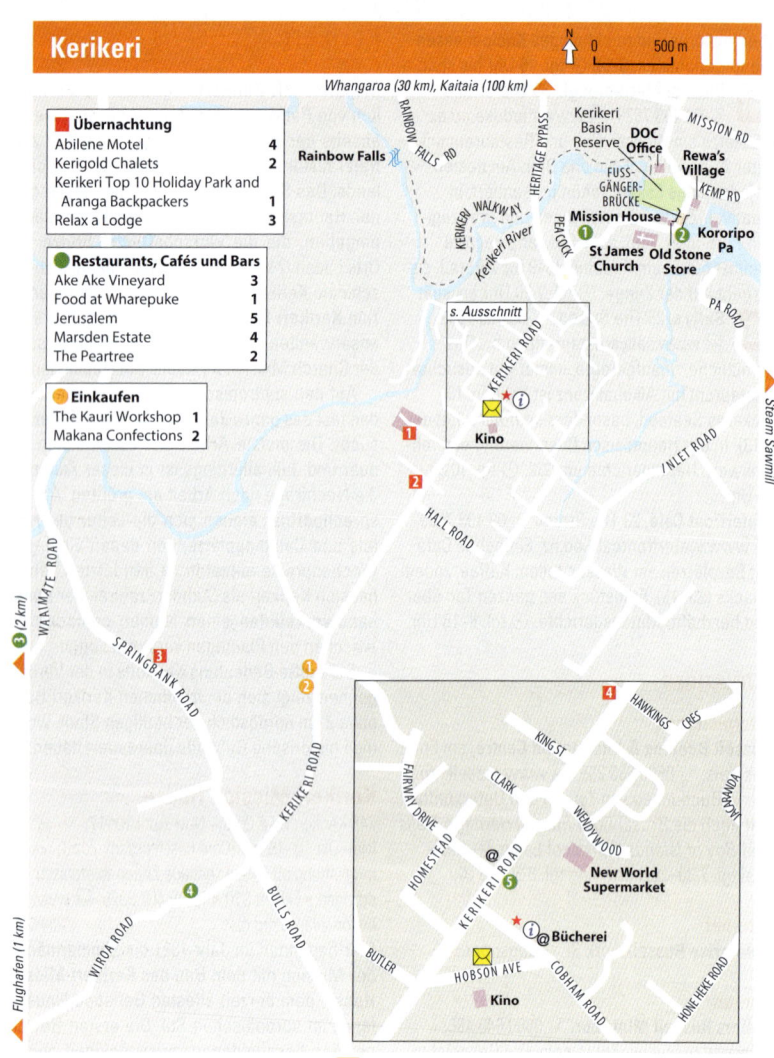

Übernachtung

Abilene Motel	4
Kerigold Chalets	2
Kerikeri Top 10 Holiday Park and	
Aranga Backpackers	1
Relax a Lodge	3

Restaurants, Cafés und Bars

Ake Ake Vineyard	3
Food at Wharepuke	1
Jerusalem	5
Marsden Estate	4
The Peartree	2

Einkaufen

The Kauri Workshop	1
Makana Confections	2

NORTHLAND

Rainbow Falls

RAINBOW FALLS RD

HERITAGE BYPASS

Kerikeri Basin Reserve

DOC Office

MISSION RD

Rewa's Village

KEMP RD

FUSS-GÄNGER-BRÜCKE

KERIKERI WALKWAY

PEACOCK

Kerikeri River

Mission House

St James Church

Old Stone Store

Kororipo Pa

PA ROAD

Steam Sawmill

s. Ausschnitt

KERIKERI ROAD

Kino

'NLET ROAD

HALL ROAD

WAIMATE ROAD

SPRINGBANK ROAD

KERIKERI ROAD

BULLS ROAD

WIROA ROAD

Flughafen (1 km)

HAWKINGS CRES

KING ST

CLARK

FAIRWAY DRIVE

WEDGWOOD

HOMESTEAD

KERIKERI ROAD

New World Supermarket

Bücherei

BUTLER

HOBSON AVE

Kino

COBHAM ROAD

HONE HEKE ROAD

Waitangi (25 km), Paihia (25 km)

Old Stone Store

246 Kerikeri Rd ■ tgl. Nov–April 10–17, Mai–Okt 10–16 Uhr (Café geschl.) ■ Eintritt frei; obere Etagen $10 ■ ☏ 09 407 9326, 🖥 www.historicplaces.org.nz
Die Führungen durchs Mission House beginnen im Nachbarhaus, dem **Old Stone Store**. Es ist das einzige andere noch erhaltene Gebäude der Mission und gleichzeitig das älteste Steingebäude des Landes. Errichtet wurde es weitgehend aus einheimischem Stein, der Sandstein für die Grund- und Eckpfeiler stammt allerdings aus Sydney. Nach seiner Fertigstellung 1836 diente der Store zunächst als zentraler Versorgungsladen für die Church Missionary Society

und danach als Munitionslager für die Truppen, die hier stationiert waren, um Hone Heke zu bekämpfen. Noch später wurde hier mit Kauri-Holz gehandelt, bevor das Haus 1975 schließlich der Öffentlichkeit zugänglich gemacht wurde. Das **Geschäft** im Erdgeschoss bietet fast das gleiche Sortiment wie vor etwa 180 Jahren. In den beiden oberen Stockwerken ist auf einfühlsame Weise die Geschichte der Kontakte zwischen Maori und Europäern und die Bedeutung des Kerikeri Basin beschrieben. Veranschaulicht wird das Ganze durch alte Gerätschaften, darunter eine handbetriebene Getreidemühle von ca. 1820, die als die älteste Maschine des Landes gilt.

Gegenüber vom Old Stone Store führt ein Weg am Fluss entlang zum **Kororipo Pa**. Es steht oben auf einem Hügel an einer scharfen Biegung des Flusses. Von hier aus startete Chief Hongi Hika mit seinen frisch erworbenen Feuerwaffen Angriffe auf andere Stämme.

Rewa's Village

1 Landing Rd ▪ ⊕ tgl. Dez und Jan 9–17, Ende Okt bis April 9.30–16.30, Mai bis Ende Okt 10–16 Uhr ▪ Eintritt $5 ▪ ✆ 09 407 6454, 🖥 www.rewas village.co.nz

Auf einer Fußgängerbrücke geht es übers Wasser zum **Rewa's Village**, 1 Landing Rd. Das rekonstruierte Fischerdorf vermittelt einen interessanten Eindruck vom Leben der Maori vor Ankunft der Europäer. Hier findet sich alles, was dazugehört: ein *marae*, Waffen und Kumara-Lagerräume sowie ein echtes *hangi* mit einem Muschelschalenhaufen daneben.

Kerikeri Basin Reserve

Gegenüber von Rewa's Village

Im **Kerikeri Basin Reserve** beginnt ein Weg, der am Standort des ersten Wasserkraftwerks von Kerikeri (15 Min.) sowie an den Fairy Pools-Badeteichen (35 Min.) vorbeiführt und schließlich die eindrucksvollen **Rainbow Falls** (1 Std.) erreicht. Der Wasserfall ist auch von der Waipapa Road, 3 km nördlich vom Basin, zugänglich.

ÜBERNACHTUNG

In Kerikeri gibt es eine gute Auswahl an Unterkünften aller Kategorien und besonders viele preiswerte Herbergen – eine Folge der Beliebtheit der Gegend bei Saisonarbeitern, die sich längere Zeit hier aufhalten. Die saisonalen Preisschwankungen sind keineswegs so ausgeprägt wie in Paihia, dennoch gestaltet sich die Zimmersuche im Januar schwierig.

Abilene Motel, 136 Kerikeri Rd, ✆ 0800 224 536, 🖥 www.abilenemotel.co.nz. Zentral gelegenes, von Rasenflächen umgebenes älteres Motel mit 10 Units, solarbeheiztem Pool, Spa und Sky TV. Auch einige Familien-Units. Kostenloses WLAN. $130

Kerigold Chalets, 326 Kerikeri Rd, ✆ 0800 537 446, 🖥 www.kerigoldchalets.co.nz. Die modernen, geräumigen und makellosen Chalets haben alle ein Schlafzimmer und eine Küche. Außerdem gibt es einen Pool, einen Grillplatz und auf Wunsch auch Frühstück. Kostenloser Transfer zum Flughafen. $225

🏨 **Kerikeri Top 10 Holiday Park and Aranga Backpackers**, Kerikeri Rd, ✆ 0800 272642, 🖥 www.aranga.co.nz. Die schöne Anlage am Stadtrand beim Fluss hat ein ausgedehntes Campinggelände, gut ausgestattete Standard-Cabins zu günstigen Wochenpreisen, bequeme Selbstversorger-Units und eine separate Backpacker-Abteilung (unterschiedliche Preise je nach Aufenthaltsdauer, meist mind. 1 Woche). Kostenloser Kajakverleih. Dorms $30, Cabins pro Woche $125

Relax a Lodge, SH10, 5 km westlich von Kerikeri, ✆ 09 407 6989, 🖥 www.relaxalodge.co.nz. Erstklassige Zimmer und Cottages auf einer Bio-Zitronenplantage. Die komfortablen Zimmer mit Gemeinschaftsbadezimmer liegen in einem hübschen Holzhaus, und die Cottages sind über den Obstgarten verteilt. Die beiden Besitzer sprechen Deutsch, es gibt kostenloses WLAN, einen Pool und Eier aus Freilandhaltung. $110

ESSEN UND UNTERHALTUNG

🏨 **Food at Wharepuke**, 190 Kerikeri Rd, ✆ 09 407 8936, 🖥 www.foodatwhare puke.co.nz. Wunderbares thailändisch-europäisches Gartencafé mit sehr gutem Essen ($14–39). Außerdem loungige Livemusik. Jeden Freitag Thai-Buffet ($47,50). ⊕ Di–Sa 10–15 und 17–22, So 9–15 Uhr.

Jerusalem, Cobblestone Mall, ✆ 09 407 1001, 🖥 www.cafejerusalem.co.nz. Dieses kleine und freundliche israelische Café mit Schanklizenz lieben die Northlander wegen der authentischen und preiswerten orientalischen Speisen, auch zum Mitnehmen. ⊕ Mo–Sa 10 Uhr bis spät; So (im Sommer) 17 Uhr bis spät.

The Peartree, 215 Kerikeri Rd, ✆ 0508 732 78733, 🖥 www.thepeartree.co.nz. Traumhafte Lage am Kerikeri Basin und am besten für einen Mittags- oder Sonnenuntergangsdrink, aber man kann hier auch essen, drinnen oder auf der Veranda (Hauptgerichte ca. $32). ⊕ tgl. 10 Uhr bis spät.

Weingüter

Ake Ake Vineyard, 165 Waimate North Rd, ✆ 09 407 8230, 🖥 www.akeakevineyard.co.nz. Das Weingut produziert einige hervorragende Weine (darunter Chambourcin, neuerdings das Lieblingskind der Winzer von Northland), die verkostet werden können ($5 oder mit Mittagessen kostenlos). Außerdem werden Führungen angeboten ($5, wird beim Einkauf erstattet) sowie Mittag- und Abendessen (Hauptgerichte $27–35). ⊕ Weinproben Mi–So 10.30–16.30 Uhr, Führungen im Sommer tgl. 11.30 Uhr.

Marsden Estate, Wiroa Rd, ✆ 09 407 9398, 🖥 www.marsdenestate.co.nz. Marsden Estate produziert eine Vielfalt an ausgezeichneten Rot- und Weißweinen (kostenlose Proben möglich) und betreibt ein Restaurant mit erschwinglichen Preisen. Unsere Tipps: französischer Zwiebelkuchen, baskischer Meeresfrüchte-Eintopf und vietnamesischer Salat mit mariniertem Rindfleisch (Hauptgerichte $18–32). ⊕ tgl. Aug–Mai 10–17, Juni und Juli 10–16 Uhr.

Kino

Cathay Cinemas, Hobson Ave, ✆ 09 407 4428. Mit dem Unterhaltungsangebot sieht es in Kerikeri nicht ganz so gut aus. Für alle Fälle gibt es jedoch dieses liebevoll restaurierte Kino, das in drei Sälen Mainstream-Kassenschlager, aber auch anspruchsvollere Filme zeigt. Café mit Alkoholausschank.

Man könnte problemlos ein paar Stunden damit verbringen, die zahlreichen **Kunsthandwerksläden** in der Umgebung von Kerikeri abzuklappern. Ein super Begleiter dabei ist die kostenlose und an zahlreichen Stellen erhältliche Broschüre *Kerikeri Art & Craft Trail*. Die Läden sind in der Regel tgl. von 10–17 Uhr geöffnet.

The Kauri Workshop, 500 Kerikeri Rd, ✆ 09 407 9196. Hat alle erdenklichen Kauri-Produkte auf Lager. ⊕ tgl.

Makana Confections, 504 Kerikeri Rd, ✆ 09 407 6800, 🖥 www.makana.co.nz. Handgefertigte Pralinen; Besucher dürfen bei der Herstellung zusehen und die Leckereien probieren. ⊕ tgl. 9–17.30 Uhr.

Eine offizielle Touristeninformation gibt es nicht. Im Foyer der **Bücherei**, Cobham Rd, liegen aber Informationsbroschüren aus. Kostenloses WLAN. ⊕ Mo–Fr 8–17, Sa 9–14, So 9–13 Uhr.

DOC, 34 Landing Rd, ✆ 09 407 8474. Gibt Ratschläge zu kürzeren Wanderungen und ambitionierteren Treks in den Puketi Forest. ⊕ Mo–Fr 8–16.30 Uhr.

Busse

Die Busse von InterCity/Northliner halten in der Cobham Road.

Busse nach:
AUCKLAND 4x tgl., 5 Std.;
KAITAIA 1x tgl., 1 3/4 Std.;
PAIHIA 4x tgl., 1/2 Std.

Flüge

Air New Zealand-Flüge aus AUCKLAND landen auf dem **Bay of Islands Airport**, ✆ 09 407 6133, 🖥 www.bayofislandsairport. co.nz, 6 km südwestlich der Stadt, von wo der Super Shuttle nach Kerikeri fährt ($12). Flüge nach AUCKLAND 5–6x tgl., 3/4 Std.

Von der Matauri Bay zur Doubtless Bay

Nördlich der Bay of Islands wird es zunehmend ruhiger. Nur wenige Städte entlang der Küste sind von Bedeutung, und die Besucher lassen sich eher von der Idylle der wunderschönen Strände und den reizvollen Whangaroa Harbour anlocken. Erster Halt nördlich von Kerikeri ist die kleine **Matauri Bay**, wo ein Denkmal auf einer Bergspitze an die *Rainbow Warrior*, das Flaggschiff von Greenpeace, erinnert; das Wrack liegt vor der Küste. Eine weitgehend asphaltierte, aber kurvenreiche Nebenstraße führt weiter nach Norden und eröffnet fantastische Meerblicke. Sie passiert Landzungen und Strände, bevor sie den **Whangaroa Harbour** erreicht, einen der schönsten Häfen von Northland und einen tollen Ort zum Segeln und Kajakfahren. Weiter nördlich liegt das Surfer- und Anglerdörfchen **Taupo Bay**.

Noch weiter nordwärts trifft man auf die ausgedehnte **Doubtless Bay**, die von zwei Berühmtheiten entdeckt wurde: Kupe, der Aotearoa angeblich zum ersten Mal in Taipa betrat, und Cook, der 1769 vorbeisegelte und angeblich ausrief: „Doubtless a bay!" („Zweifellos eine Bucht!"). Die Bucht wird im Westen und Norden von der schützenden **Karikari Peninsula** eingerahmt und bietet somit sichere Bedingungen zum Bootfahren. Besonderer Beliebtheit erfreut sie sich bei neuseeländischen Urlaubern. Im Januar schafft man es kaum, bis hierher durchzukommen. In der Nebensaison geht es jedoch erstaunlich ruhig zu, und außer von Dezember bis Februar sind die Zimmerpreise durchaus erschwinglich. Die meisten Versorgungseinrichtungen der Bucht konzentrieren sich auf die Strandsiedlungen an der Südküste der Halbinsel vom malerischen **Mangonui** Richtung Westen – **Coopers Beach**, **Cable Bay** und **Taipa Bay**.

ge **Matauri Bay**, die sich bis zu den **Cavalli Islands** vor der Küste erstreckt. Am Nordende der Hauptbucht beginnt ein gut ausgetretener Trampelpfad (20 Min. hin und zurück; 70 m Höhenunterschied) einen Hügel hoch, auf dem das auffällige **Rainbow Warrior Memorial** des Bildhauers Chris Booth für die *Rainbow Warrior* (s. Kasten S. 246) thront. Das Wrack liegt vor den Cavalli Islands auf Grund. Das Denkmal setzt sich aus einem Steinbogen (der einen Regenbogen symbolisiert) und der bronzenen Schiffsschraube der *Rainbow Warrior* zusammen. Tauchveranstalter mit Sitz in Paihia (S. 236) unternehmen Ausflüge zu dem Wrack. Im April ist die Sicht am besten; von September bis November wird sie manchmal durch Plankton getrübt, ist aber immer noch gut.

Samuel Marsden Memorial Church

Matauri Bay Rd, kurz vor dem Strand

Der Missionar Samuel Marsden ging in Aoteroa zum ersten Mal 1814 in der Matauri Bay an Land, wo er zwischen den Ngati Kura – die sich noch immer im Besitz der Bucht befinden – und einigen Maori aus der Bay of Islands vermittelte. An dieses Ereignis erinnert die malerische, hölzerne **Samuel Marsden Memorial Church**.

Das historische *waka* der Ngati Kura, die *Mataatua*, liegt in den nahe gelegenen Gewässern. Die Erinnerung an dieses legendäre Kanu bewog die Ngati Kura dazu, dem Wrack der *Rainbow Warrior* eine letzte Ruhestätte zu bieten.

ESSEN

Matauri Top Shop, am oberen Ende der Matauri Bay Rd, ✆ 09 405 1040. Die einzige Adresse, um irgendwo etwas zu essen, ist dieser Lebensmittelladen mit preiswertem Café. Sandwiches, Brötchen und Eiscreme (alles unter $12) sowie ein paar Picknickzutaten – vielleicht die bessere Option. ⏱ tgl. ab 8 Uhr (feiertags 9 Uhr), bis nichts mehr los ist.

Matauri Bay

Etwa 20 km nördlich von Kerikeri gewährt ein hoher Bergkamm im Landesinneren einen ersten überwältigenden Blick auf die lange, sandi-

Whangaroa Harbour

Westlich der Matauri Bay liegt der beinahe gänzlich von Land umschlossene, geschützte **Whangaroa Harbour**. Ein Aufenthalt hier erweist sich als idealer Ausgleich zur kommerziellen Bay of Islands, und die Landschaft ist in kleinerem Maßstab ebenso reizvoll. Trotz begrenzterer Möglichkeiten kann man auch hier Bootsfahrten unternehmen und den Hochseefischern Gesellschaft leisten. Die schmalen Buchten werden von Klippen und steilen Hügeln umrahmt; hinter den beiden Siedlungen des Hafens, **Whangaroa** und **Totara North**, erheben sich die kargen Vulkanhügel **St Paul** und gegenüber **St Peter**.

Geschichte

Der Whangaroa Harbour zählt zu den ersten Gebieten in Neuseeland, die von europäischen Pionieren besucht wurden. Die berühmtesten waren die Männer an Bord der *Boyd*, die 1809 hier anlegten, um Kauri-Holz nach Großbritannien zu verschiffen. Ein paar Tage nach Ankunft des Schiffes töteten die einheimischen Maori alle 66 Besatzungsmitglieder und brannten die *Boyd* nieder – als Rache für die schlechte Behandlung Taras, eines hochgeborenen Maori-Seemanns, der anscheinend die Regeln der *Boyd* missachtet hatte. Ein britischer Walfänger rächte diesen Vorfall wiederum, indem er das gesamte Maori-Dorf niederbrannte. Dies war der Auftakt zu einer Reihe von Auseinandersetzungen, die fünf Jahre andauerten.

Später wurden riesige Kauri-Wälder abgeholzt und zu Kleinholz verarbeitet. Selbst wer nur auf der Durchreise ist, sollte die 4 km am Nordufer des Hafens entlang bis Totara North fahren. Die Straße führt nämlich an den Überresten der letzten **Sägemühle** dieser alten Siedlung vorbei. Die Sägemühle stellte 2004 den Betrieb ein.

Französische Atomtests im Pazifik

Die französische Regierung hat stets behauptet, Atomtests seien vollkommen sicher, und jahrzehntelang führte sie Tests auf den kleinen Pazifik-Atollen **Mururoa** und **Fangataufa** durch – beruhigende 15 000 km von Paris entfernt, aber nur 4000 km nordöstlich von Neuseeland.

Im Jahr 1966 missachtete Frankreich das Atomteststoppabkommen von 1963, das Kernwaffenversuche in der Atmosphäre untersagt, und evakuierte die Inselbewohner des Pazifiks aus den Dörfern ihrer Vorfahren. Der Weg war frei für unzählige Tests in den folgenden acht Jahren. Den französischen Behörden zufolge sollte kein radioaktiver Niederschlag jemals eine bewohnte Insel erreichen, und doch wurden immer wieder **Strahlenemissionen** in den nicht gerade nahe gelegenen Gebieten von Samoa, Fiji und sogar in Neuseeland festgestellt. Der wachsende Widerstand in der Öffentlichkeit zwang die Franzosen schließlich, ihre Tests unterirdisch in tiefen Schächten durchzuführen, wo weitere 200 Detonationen erfolgten, welche die geologische Stabilität der empfindlichen Korallenatolle gefährdeten.

1985 organisierte Greenpeace von Neuseeland aus eine Protest-Flotte, die vom Flaggschiff **Rainbow Warrior** angeführt wurde. Bevor die Flotte jedoch von Auckland lossegeln konnte, verübte der französische **Geheimdienst** einen Sabotageakt gegen die *Rainbow Warrior*, indem er zwei Bomben unter der Wasseroberfläche zündete. Als Retter die Leiche des Greenpeace-Fotografen **Fernando Pereira** bargen, wurden zwei Agenten des französischen Geheimdienstes, die sich als Touristen ausgaben, verhaftet. Zunächst wiesen sie alles von sich, aber schließlich war die französische Regierung gezwungen, den laut David Lange (damaliger Premierminister von Neuseeland) „schmutzigen, staatlich unterstützten terroristischen Akt" einzugestehen. Die zwei festgenommenen Agenten wurden zu zehn Jahren Gefängnis verurteilt, allerdings nutzte Frankreich seinen internationalen Einfluss, damit sie ihre Strafe auf einer französischen Pazifikinsel absitzen konnten. Beide durften nach weniger als zwei Jahren als freie Männer nach Frankreich zurückkehren.

Im Jahre 1995 sorgte Frankreich mit der Ankündigung einer weiteren Testreihe für weltweite Entrüstung. Greenpeace entsandte daraufhin die **Rainbow Warrior II**, die von der französischen Marine am zehnten Jahrestag der Versenkung der *Rainbow Warrior* beschlagnahmt wurde. Anfang 1996 erklärten sich die Franzosen endlich bereit, die Atomtests im Pazifik einzustellen.

Kahoe Farms Hostel, SH10, 1,5 km nördlich der Abzweigung nach Totara North, ☎ 09 405 1804, 🖥 kahoefarms.co.nz. Das kleine, extrem gastfreundliche Backpacker-Hostel auf einer Rinderfarm hat Zimmer und ein Dorm in einem Haus sowie weitere Zimmer (manche mit Bad) in einer separaten Villa auf dem Hügel dahinter. Der Besitzer zaubert abends sensationelle Pizza, Pasta und Steaks, morgens ein reichliches Frühstück und guten Espresso. Weitere Pluspunkte: Kajakverleih und Spazierwege zu malerischen Badestellen. Der tgl. verkehrende InterCity/Northliner-Bus passiert die Farm und hält auf Wunsch. Dorm $32, DZ $86

Whangaroa Big Gamefish Club, ☎ 09 405 0399, 🖥 www.whangaroasportfishingclub.co.nz. Wenn die Clubbar darüber geöffnet ist, serviert das Café am Jachthafen Snacks und Mittagessen ($5–24). Sowohl Café als auch Bar bieten angenehme Atmosphäre. Das Essen ist okay, es gibt auch keine Alternative. ⊙ tgl. 10.30–16 Uhr.

Angeln

Whangaroa Big Gamefish Club, ☎ 09 405 0399, 🖥 www.whangaroasportfishingclub.co.nz. Wer am Sportangeln interessiert ist, findet auf der Website Kontaktadressen von Leuten, die weiterhelfen können. Angler sollten jedoch nicht erwarten, dass sie sofort am selben Tag rausfahren können. Die Kosten liegen bei ab $1000/Tag (Köder und Eis extra). Vor den Cavalli Islands kann man mit Marlins rechnen, näher an der Küste mit kleineren Speisefischen.

Kajakfahren

Northland Sea Kayaking, ☎ 09 405 0381, 🖥 www.northlandseakayaking.co.nz. Das sachkundige Unternehmen an der Nordostseite des Hafens veranstaltet im Sommer Kajaktouren (halbtags $90, keine Kreditkarten).

Wandern

Eine der lohnendsten Strecken ist der 15-minütige Weg zum Gipfel von **St Paul** vom oberen Ende der Old Hospital Road in Whan-

garoa (140 m Höhenunterschied). Die letzten paar Meter erfordern eine leichte Kraxeltour an gut befestigten Ketten.
An der Hafennordseite führt der **Wairakau Stream Track** (12 km hin und zurück; 1 1/2–2 Std.) des DOC von Totara North vorbei an Süßwasserteichen, Mangroven und Aussichtspunkten zur Pekapeka Bay.

Taupo Bay

Eine 13 km lange Teerstraße führt vom SH10 nach **Taupo Bay**, einer erfrischend unaufdringlichen Feriensiedlung. Hier gibt es eine Reihe von Bretterbuden am Strand und mit die besten Bedingungen zum Surfen und Angeln von ganz Northland. Wellenreitern aller Stufen bietet **Isobar Surf**, 43 Mako St, ☎ 09 406 0719, 🖥 www.isobarsurf.co.nz, Unterricht an. Die Einheiten beginnen bei $75 für zwei Stunden. Es sind auch Übernachtungen in der Surflodge der Schule möglich (1 Nacht $210, 5 Nächte $199/Nacht).

Der freundliche **Taupo Bay Holiday Park**, 1070 Taupo Bay Rd, ☎ 09 406 0315, 🖥 www.taupobayholidaypark.co.nz, ist eine der wenigen wirklich lohnenden Unterkünfte der Gegend, sehr beliebt bei neuseeländischen Urlaubern wegen der großzügigen Stellplätze, der guten Einrichtungen und der schnörkellosen, aber modernen Cabins für bis zu 5 Personen. Camping $16, Cabins $140.

Mangonui und Umgebung

Mit seinem betriebsamen Fischereihafen und einem traditionellen Lebensmittelgeschäft auf Pfählen über dem Wasser fühlt sich **Mangonui** am geschützten Mangonui Harbour hinter der Doubtless Bay richtig schön altmodisch an. Einige zweistöckige Gebäude mit Holzveranden sind erhalten geblieben, und zwischen den Cafés verbergen sich zahlreiche Kunsthandwerksläden. In erster Linie aber ist Mangonui immer noch ein ganz normales Dorf. Mangonui ist auch ein guter Ausgangspunkt für organisierte Ausflüge zum **Cape Reinga** und **Ninety Mile Beach** (s. Kasten S. 256).

Mangonui bedeutet „großer Hai", in Erinnerung an das *waka* des legendären Häuptlings Moehuri, dem ein Hai den Weg in den Mangonui Harbour gezeigt haben soll. Ihre Entstehung verdankt die Stadt allerdings nicht Haien, sondern Walen und dem Geschäft mit der Versorgung von Walfangschiffen. Später wurde der Walfang vom Kauri-Handel abgelöst, der sich in erster Linie auf das Gebiet um die **Mill Bay** westlich von Mangonui konzentrierte (5 Min. Fußweg).

Weine aus ganz Northland kann man im **Far North Wine Centre**, 60 Waterfront Drive, ☎ 09 406 2485, probieren. Die Auswahl ist beachtlich die Mitarbeiter vom Fach. ⏰ tgl. 11–16 Uhr, im Winter sonntags geschl.

Flax Bush, 50 Waterfront Drive, ☎ 09 406 1510, ⌨ www.flaxbush.co.nz, verkauft von Hand gewebte Flachswaren und anderes Kunstgewerbe der Region zu vernünftigen Preisen. Die geflochtenen Körbe *(kete)* sind ihren Preis wert.

Coopers Beach

Während die Schiffe in Mangonui repariert und neu beladen wurden, landete die Fässer zur Ausbesserung einige Kilometer westlich am Wasserlauf des **Coopers Beach**. Der herrliche, schattige Sandstreifen wird von schönen rotblühenden *Pohutakowa*-Bäumen, aber auch von Motels gesäumt. Im Januar und am Wochenende geht am Strand die Post ab, sonst ist er oft menschenleer.

Cable Bay

3 km westlich von Coopers Beach liegt die kleinere, bei Schwimmern und Surfern beliebte Siedlung **Cable Bay**. Der Taipa River trennt sie vom Stranddorf **Taipa**. An diesem schönen Strand mit rosa Korallensand treffen sich heutzutage Sonnenanbeter und Badenixen, aber historisch bedeutsam ist der Ort, weil Kupe – laut Maori-Legende der Entdecker von Aotearoa – hier zum ersten Mal seinen Fuß aufs Land setzte. Ein Betondenkmal in der Nähe der Shell-Garage am Taipa River erinnert an ihn.

ÜBERNACHTUNG

Beach Lodge, 121 SH10, Coopers Beach, ☎ 09 409 0068, ⌨ www.beachlodge.co.

nz. 5 elegante Strand-Apartments mit eigener Veranda, komplett ausgestatteter Küche und kostenlosem WLAN warten auf Gäste, die aber nicht jünger als 8 Jahre sein dürfen. $400
Carneval, 360 SH10, Cable Bay, ☎ 09 406 1012, ⌨ www.carneval.co.nz. Entspannte, von Schweizern geführte Unterkunft auf einem Hügel oberhalb des Meeres mit gemütlichen, großen Zimmern und tollem Blick auf die Küste. $200

Driftwood Lodge, SH10, Cable Bay, ☎ 09 406 0418, ⌨ www.driftwoodlodge. co.nz. Wunderschöne Lodge unmittelbar am Strand, auf deren breiter Veranda mit Blick auf die Halbinsel Karikari sich abends alle Welt zu einem Absacker und eventuell auch zum Barbecue versammelt. Voll ausgestattete Units, kostenloser Verleih von Dinghies, Kajaks und Boogie Boards. Sehr begehrt, daher frühzeitig reservieren. Kostenloses WLAN. $285
Mangonui Hotel, Waterfront Drive/Beach Rd, Mangonui, ☎ 09 406 0003, ⌨ www.mangonui hotel.co.nz. Jahrhundertealtes, traditionelles Hotel gegenüber dem Hafen mit Terrasse. Die Dorms und Zimmer (EZ $45, DZ haben ein eigenes Bad) wurden freundlich in leuchtenden Farben gestaltet. Die, die über Hafenblick verfügen, sind schnell ausgebucht. Wer so eins haben möchte, muss reservieren oder früh auftauchen. Dorms $30, DZ $100

Swamp Palace und Bush Fairy Dairy

Swamp Palace, Oruru Rd, 7 km südlich von Taipa, ☎ 09 408 7040. Das kuriose Kino befindet sich in der Oruru Community Hall. Gezeigt wird eine wilde Mischung – von Kultfilmen über alte Klassiker bis hin zu den allerneuesten Streifen. Programm und Zeiten telefonisch erfragen!
Bush Fairy Dairy, 1195 Oruru Rd, Peria, 12 km südlich von Taipa, ☎ 09 408 5508. Im Sommer veranstaltet die alternative Kooperative alle paar Wochen einen Sonntagsbasar. Dann gibt es außer Dichterlesungen und Jamsessions am Lagerfeuer auch Verkaufsstände mit Kunsthandwerk und Lebensmitteln. Termine und Zeiten telefonisch erfragen!

Puketiti Lodge, 10 Puketiti Drive, 7 km südlich von Mangonui, ☎ 09 406 0369, 🖳 www.puketiti lodge.co.nz. Verströmt trotz aller Modernität ländliche Atmosphäre. 3 Zimmer mit Bad für bis zu 3 Pers. und ein luxuriöses Dorm, alle mit weitem Ausblick zur Küste. Sämtlichen Gästen stehen das riesige Sonnendeck, die gut ausgestattete Küche und eine Lounge zur Verfügung. Dorm $40, Zimmer $150

ESSEN UND UNTERHALTUNG

Drinks gibt es im Mangonui Hotel, wo am Wochenende häufig Bands spielen.
The Bakerman, 118 Waterfront Rd, ☎ 09 406 1233. Das preiswerte und fröhliche Café bietet Frühstück und Mittagessen, Burger und Brot, alles unter $20. ⊕ tgl. 7–16 Uhr.
Fresh & Tasty, im Mangonui Hotel, Waterfront Drive, ☎ 09 406 0082. Beliebt bei Einheimischen, die gern bereit sind, auf eine tolle Aussicht zu verzichten, wenn es für kürzere Wartezeiten und weniger Geld (unter $15) Essen gibt, das dem der Konkurrenz nachsteht. Für Fischabstinenzler abends auch Braten. ⊕ tgl. 11–20 Uhr.
Mangonui Fish Shop, 137 Waterfront Drive, ☎ 09 406 0478. Das berühmte Fish 'n' Chips-Lokal in idyllischer Lage auf Pfählen im Wasser ist jeden Nachmittag Anlaufstelle der Tourbusse, die vom Cape Reinga zurückkommen. Frischer Fisch, jede Menge Chips, außerdem Seafood-Salate und *seafood chowder* (alles unter $21). Schanklizenz und BYO. ⊕ tgl. 8.30–21 Uhr.
Waterfront Café, Waterfront Drive, ☎ 09 406 0850. Nettes Café/Bar mit Hafenblick, vorzüglichem Kaffee, Frühstück, kleine Mittagssnacks und abends einer großen Auswahl an Hauptgerichten, darunter leckere Pizza, Jakobsmuscheln und frische Austern ($30–38). Manchmal Livemusik. ⊕ tgl. 8 Uhr bis spät.

SONSTIGES

Informationen und Internet
Die ehrenamtlichen Mitarbeiter im **Visitor Centre**, 118 Waterfront Drive, ☎ 09 406 2046, geben Auskunft zu Übernachtungsmöglichkeiten. Außerdem gibt es hier **WLAN**. ⊕ Nov–Ostern tgl. 10–16, Ostern–Okt Di–Sa 10–15 Uhr.

Tauchen
A to Z Diving, Whatuwhiwhi, ☎ 09 408 7077, 🖳 www.atozdiving.co.nz. Tauchgänge vor der Karikari Peninsula (2x Tauchen $185) plus Trips zum Wrack der *Rainbow Warrior* ($230), jeweils inkl. Ausrüstungsverleih.

TRANSPORT

Da es kaum öffentlichen Verkehr gibt, ist ein eigenes Auto ratsam. Die Küste von Mangonui wird vom InterCity/Northliner-Bus befahren, der 1x tgl. zwischen PAIHIA (1 Std. 50 Min.) und KAITAIA (55 Min.) in beide Richtungen verkehrt.

Kaitaia und Umgebung

Kaitaia liegt 40 km westlich von Mangonui, unweit der Kreuzung der beiden Hauptstrecken Richtung Norden. Der Ort eignet sich gut als Ausgangsbasis für Abstecher zum Cape Reinga und Ninety Mile Beach (S. 252), eine äußerst empfehlenswerte Alternative zu den längeren Touren von der Bay of Islands. Viel zu sehen ist in diesem Bauernstädtchen nicht, doch seit 2011 gibt es hier ein gutes Museum. Motorisierte Reisende können sich einen Aufenthalt am herrlichen Strand von **Ahipara** (S. 251) gönnen, um mit dem Sandschlitten die riesigen Dünen hinunter zu rasen oder die alten Gumfields zu besichtigen.

Wer um das dritte Wochenende im März herum in der Gegend ist, kann Läufer aus aller Welt sehen, die an verschiedenen Marathons auf dem Ninety Mile Beach teilnehmen. Einer davon ist die **Te Houtaewa Challenge**, 🖳 www. tehoutaewachallenge.com. Der Name stammt von einem legendären Maori-Athleten. Den Läufen gehen die **Te Houtaewa Waka Ama Surf Challenge**, eine Reihe von *waka*-Rennen in Ahipara sowie das fünftägige **Kai Maori Food Festival** und das **Te Houtaewa Arts & Crafts Festival** (beide in Kaitaia) voraus. Ungefähr um die gleiche Zeit wird der **Snapper Classic** abgehalten, 🖳 www.snapperclassic.co.nz, einer der weltgrößten Wettbewerbe im Brandungsangeln. Auf den größten Schnappbarsch ist ein Preis von $30 000 ausgelobt.

Kaitaia

Als der erste Missionar Joseph Matthews 1832 hierher kam, um nach einem Missionsstandort Ausschau zu halten, befand sich an dieser Stelle bereits ein Maori-Dorf. Der Schutz der Mission lockte in der Folge europäische Viehzüchter an. In den 1880er-Jahren fielen dann die *gumdiggers* in großen Scharen ein, um die Kauri-Harz-Depots um den Lake Ohia und Ahipara zu plündern. Unter den frühen Ankömmlingen befanden sich viele junge Kroaten, die vor den harten Bedingungen in ihrer Heimat (damals Teil des österreichisch-ungarischen Reichs) geflohen waren. Heute erinnert nur noch ein serbokroatisches Empfangsschild am Ortseingang an die einstigen Zuwanderer.

Te Ahu Far North Regional Museum

Matthews Ave, Ecke South Rd ▪ ⊕ Mo–Fr 10–16, Sa 10–15 Uhr ▪ Eintritt $4 ▪ ✆ 0800 920 029, 🖳 www.teahuheritage.co.nz

Den besten Einblick in die Gegend gewinnt man im **Te Ahu Far North Regional Museum**, mit einer faszinierenden Ausstellung über das Leben vor Ort und die Lokalgeschichte, auch die der Gumfields von Ahipara. Ein Highlight der Sammlung ist die Nachbildung einer Schnitzerei aus dem 12. oder 13. Jh., des Kaitaia Carving (das Original befindet sich im Auckland Museum). Sie ist ein wunderbares Beispiel für die Übergangsperiode, während der die polynesische Kunst allmählich Maori-Züge anzunehmen begann.

ÜBERNACHTUNG

Abgesehen von der Hauptsaison nach Weihnachten herrscht kein Mangel an Gästebetten, und die Preise sind in der Regel niedriger als in den Küstenresorts im Osten.
Loredo, 25 North Rd, ✆ 0800 456 733, 🖳 www.loredomotel.co.nz. Das saubere, makellose und sehr beliebte Motel 1 km nördlich der Innenstadt hat einfache, aber gemütliche Units sowie einen Pool, Spa und Grillbereich. $142

🛏 **Mainstreet Lodge**, 235 Commerce St, ✆ 09 408 1275, 🖳 www.mainstreetlodge.co.nz. Einladendes, gut ausgestattetes Hostel, gut besucht von Reisenden, die unterwegs zum Kap sind, denn Tourteilnehmer werden am Hostel abgeholt. Man kann einen Knochenschnitzkurs machen. Dorms $27, Zimmer $72
Waters Edge, 25b Kitchener St, ✆ 09 408 0870, 🖳 www.watersedgebandbkaitaia.co.nz. Attraktives B&B in modernem Vorortshaus mit üppigem Garten, Pool und gemütlichen Zimmern. Auf Wunsch auch Abendessen. $120

ESSEN UND UNTERHALTUNG

🍴 **Beachcomber**, 222 Commerce St, ✆ 09 408 2010, 🖳 www.beachcomber.net.nz. Das Angebot im wahrscheinlich besten Restaurant von Kaitaia besteht aus nicht sehr ausgefallenen Fleisch- und Fischgerichten (mittags $17, abends Hauptgerichte ab $28), jeweils inkl. Selbstbedienung an der Salatbar. Tipps: Pasta mit Garnelen, Chili und Zitrone oder die Lammhüfte. ⊕ Mo–Fr ab 11, Sa ab 17 Uhr.

🍴 **Birdie's**, 14 Commerce St, ✆ 09 408 4935. Fantastisches altmodisches Café mit innovativen modernen Akzenten, dazu große Portionen herzhafter Kiwi-Gerichte zu moderaten Preisen (Hauptgerichte $15–25). ⊕ tgl. 8–15.30, im Sommer auch ab 18 Uhr bis spät.

INFORMATIONEN UND INTERNET

i-SITE Visitor Centre, Matthews Ave, Ecke South Rd, im Te Ahu Centre, ✆ 09 408 9450, 🖳 www.northlandnz.com. Verkauft Busfahrkarten, vermietet Sandtoboggans ($10/Tag) und hat DOC-Broschüren wie *Kaitaia Area Walks* und *Cape Reinga and Te Paki Walks*. Außerdem **Internetzugang**. ⊕ tgl. 8.30–17 Uhr.

TRANSPORT

Busse

Der InterCity/Northliner-Bus hält nicht weit vom Te Ahu Centre, South Rd, Ecke Matthews Ave. Busse 1x tgl. nach KERIKERI (1 3/4 Std.) und PAIHIA (2 1/4 Std.).

Flüge

Den Flughafen 9 km nördlich der Stadt bei Awanui erreicht man per Taxi-Shuttle, ✆ 09 408 0116. Flüge nach AUCKLAND 1–4x tgl., 3/4 Std.

Ahipara

Am südlichen Ende des Ninety Mile Beach liegt 15 km westlich von Kaitaia **Ahipara**, eine abgeschiedene Streusiedlung an der Westküste, die um die hiesigen Gumfields entstand. Weiter nördlich zieht sich ein 100 km langer Sandstreifen an der Küste entlang, während im Süden die Hochflächen des Ahipara Plateau wie ein Faltenwurf von goldenen Dünen zum Meer hin abfallen. Strand und Plateau treffen an der **Shipwreck Bay** zusammen, einem Surf- und Badestrand. Ihren Namen verdankt die Bucht dem Wrack der *Favourite*, die 1870 hier Schiffbruch erlitt. Ein Teil des Schiffes ragt bei Ebbe aus dem Sand heraus. Der etwa 5 km lange Spaziergang bei Ebbe über die von Wellen geformte vulkanische Felsenterrasse um mehrere Buchten herum zu den Dünen dauert ungefähr eine Stunde, die meisten legen die Strecke allerdings per Quad- oder Mountainbike zurück.

Die Gumfields

Auf einem sandigen Dünenplateau südlich des Orts

Zur Blütezeit Anfang des 20. Jhs. ernährten die heute öden **Gumfields** drei Hotels und 2000 Leute. Anders als auf den meisten anderen Feldern, wo die *gumdiggers* mal hier, mal da probehalber bohrten und gruben, wurde die Erde hier systematisch abgegraben, gewaschen und gesiebt, um das wertvolle Kauri-Harz zu gewinnen (s. Kasten S. 262). Heute sind auf dem Plateau keine Maschinen oder Hütten mehr zu sehen, stattdessen sind die Gumfields jetzt eine beinahe unheimliche, fast menschenleere und märchenhaft schöne Landschaft.

ÜBERNACHTUNG

Ahipara ist ein schönerer Ort zum Übernachten als Kaitaia. Allerdings gibt es hier weder vernünftige öffentliche Transportmittel noch einen Supermarkt oder eine Bank.

NORTHLAND

Aktivitäten in Ahipara

Die Dünen und Gumfields lassen sich am besten im Rahmen einer geführten **Quadbike-Tour** erkunden. Was den Zugang zu den Gumfields über den Shipwreck Beach angeht, gab es in letzter Zeit jedoch einige Probleme zwischen den Touranbietern und den örtlichen Maori. Aktuelle Infos haben die unten aufgeführten Guides.

Wanderungen

Foreshore Road Walk (500 m, 10 Min. hin und zurück). Eine kurze, aber dennoch lohnende Wanderung vom Ende der Foreshore Road zum westlichen Ende des Strands und einem Aussichtspunkt mit spektakulärem Blick bis zum Cape Reinga.

Gumfields Walk (Rundstrecke 12 km; kostenlose Wanderkarten und Gezeitentabelle beim Ahipara Adventure Centre und im Kaitaia i-SITE). Wer gut zu Fuß ist, kann eine sechsstündige Wanderung auf einem Abschnitt des gezeitenabhängigen Gumfields Walk unternehmen, die bei der Brücke an der Shipwreck Bay beginnt. Der Weg führt in eine gottverlassene Dünenlandschaft und dann am Strand entlang zurück. Wer die Wanderung unternimmt, sollte jemandem Bescheid sagen und viel Wasser mitnehmen.

Tourveranstalter

Tua Tua Tours, ✆ 0800 494 288, 🖥 www.ahipara.co.nz/tuatuatours. Verschiedene Qaudbiketouren zu den Gumfields und Dünen mit der Möglichkeit zum Sandboarding. Ab $100.

Ahipara Adventure Centre, 15 Takahe St, ✆ 09 409 2055, 🖥 www.ahiparaadventure.co.nz. Vermietung von Einer-Quadbikes ($95/Std., $150/2 Std.), außerdem Verleih von Surfboards ($30/halber Tag) und Kajaks ($25/Std.) sowie „Blo-Karts" (ein Landsegler im Miniformat, $45/30 Min.).

Ahipara Horse Treks, Foreshore Rd, ✆ 09-409 4122 oder 027 333 8645. Zweistündige Ausritte am Strand oder über Farmland ($60).

Ahipara Bay Motel, 22 Reef View Rd, ✆ 09 408 2010, 🖥 www.ahiparabaymotel.co.nz. Einige hübsche, ältere Motel Units, 6 Luxus-Units mit Meerblick und ein Restaurant. $110

🏕 **Ahipara Holiday Park**, 164 Takahe St, ✆ 09 409 4864, 🖥 www.ahiparaholiday park.co.nz. Der beste Campingplatz der Gegend liegt nur 300 m vom Meer entfernt. Jh-Mitglieder erhalten Rabatt. Camping $21, Cabins $70

Beach Abode, 11 Korora St, ✆ 09 409 4070, 🖥 www.beachabode.co.nz. 3 gut ausgestattete Units mit kostenlosem WLAN, komplett eingerichteter Küche, BBQ, Veranda und Meerblick. Für Kinder eher nicht geeignet. $145

🏕 **Endless Summer Lodge**, 245 Foreshore Rd, ✆ 09 409 4181, 🖥 www.endless summer.co.nz. Gut gemanagtes, gastfreundliches Hostel in einem bezaubernden Holzhaus Baujahr 1880, nur durch die Straße vom Strand getrennt. Gemütliche DZ und 4er-Dorms. BBQ, kostenlose Boogieboards und Surfbrettverleih; Surfunterricht wird organisiert. Reservierung nur per Telefon. Dorms $28, Zimmer $66

ESSEN

Bayview Restaurant and Bar, im Ahipara Bay Motel, 22 Reef View Rd, ✆ 09 408 2010, 🖥 www.ahiparabaymotel.co.nz. Annehmbares Restaurant mit Alkohollizenz, Meerblick und traditionellen Gerichten wie *seafood chowder* ($12,50), Lammsteaks mit Minzsoße ($26,50) und Tagesfisch ($25). ⏱ tgl. 11.30–23 Uhr.

Gumdiggers Café, Takahe Rd, ✆ 09 409 2012. Café und Takeaway. Guter Kaffee, Kuchen und Snacks sowie Frühstück, alles max. $22. ⏱ tgl. 7–14 Uhr, Weihnachten–Feb auch abends.

Ninety Mile Beach und Cape Reinga

Northlands äußerste Spitze ist die **Aupori Peninsula**, eine schmale, 100 km lange Landzunge mit festen, grasbedeckten Dünen, die in einer Gruppe von unruhigen, 60 Mio. Jahre alten Meeresvulkanen endet. Die Maori kennen die Halbinsel unter dem Namen Te Hika o te Ika („Fischschwanz") – in Anlehnung an die Legende von Maui, der „den Fisch" (die Nordinsel) aus dem Meer zog, während er in seinem „Kanu" (die Südinsel) saß.

Der nördlichste zugängliche Punkt ist das **Cape Reinga**, laut Maori der Ort, wo die Seelen der verstorbenen Maori aus dem Diesseits entschwinden. Die Reise der Seelen beginnt mit einem Rutsch an den Wurzeln eines 800 Jahre alten Pohutukawa-Baums hinunter in den Ozean. Danach tauchen sie wieder auf und erklimmen Ohaua, die höchste der Three Kings Islands, um ein letztes Mal Lebewohl zu sagen, bevor sie zu ihren Vorfahren nach Hawaiki zurückkehren. Die Seelen erreichen Cape Reinga entlang des an der Westseite der Halbinsel verlaufenden **Ninety Mile Beach**, der tatsächlich nur 64 Meilen (103 km) lang ist. Die meisten Besucher folgen dem Weg der Seelen, allerdings in modernen Bussen, die speziell dafür ausgerüstet sind, über den harten Sand am Rande der Brandung zu rasen (offiziell Teil des staatlichen Highway-Netzes) und dann den Treibsand am Te Paki Stream zu bewältigen, um anschließend zur Straße zurückzukehren.

Für viele Leute ist **Sandboarden** auf einem Boogieboard oder auf einem sichereren und langsameren Schlitten über die Dünen am Fluss das Highlight hier.

Die Hauptstraße führt mehr oder weniger durch die Mitte der Halbinsel, von wo aus die Sicht auf die Westküste durch einen schmalen Streifen von Kiefernwald – den **Aupori Forest** – versperrt ist. Die Wälder und **Rinderfarmen**, die einen Großteil der restlichen Halbinsel bedecken, waren einst die Domäne der *gumdigger*, die Anfang des 20. Jhs. in dieser Gegend sehr aktiv waren.

Transport zum Kap

Ohne eigenes Fahrzeug lassen sich der phänomenal lange Ninety Mile Beach und die wilde Schönheit des Cape Reinga am besten auf einer Busfahrt erkunden. Die Touren beschreiben alle einen Kreis um die Aupori Peninsula herum und führen in einer Richtung den SH1 und in der anderen den Ninety Mile Beach entlang. Die Reihenfolge ist abhängig von den Gezeiten.

Von Kaitaia und Ahipara

Far North Outback Adventures, Ahipara, ☎ 09 408 0927, 🖥 www.farnorthtours.co.nz. Exklusive, maßgeschneiderte Geländewagentouren (8 Std.; $650 für bis zu 2 Pers., $700 für 3–6 Pers.), Morning Tea und Lunch inkl. Die Touren weichen von den ausgetretenen Pfaden ab und führen auch zum weißen Sandstrand der Great Exhibition Bay, wo neben der Flora und Fauna archäologische Stätten erkundet werden.

Harrisons Cape Runner, Kaitaia, ☎ 09 408 1033, 🖥 www.ahipara.co.nz/caperunner. Die preiswerte, einfache Bus-Standardtour (8 Std., $50) umfasst das Kap, den Strand, Abholung und Mittagsimbiss.

Sand Safaris, Kaitaia, ☎ 0800 869 090, 🖥 www.sandsafaris.co.nz. Preiswerte 8-stündige Tour für $50, ganz ähnlich wie die von Harrisons, aber mit Abholung in Ahipara ($5 extra) und einer Maori-Begrüßung. Mittagsimbiss inbegriffen.

Von Paihia

Awesome NZ, ☎ 0800 653 339, 🖥 www.awesomenz.com. Eine Kap-Busfahrt, die eher für Abenteuerlustige gedacht ist. Die meiste Zeit ist für Sandboarding reserviert. Mittägliche Fish 'n' Chips in Mangonui kosten extra. $124.

Dune-Rider, ☎ 09 402 8681, 🖥 www.explorenz.co.nz. Individuelle Touren zum Kap und Strand in einem bequemen Bus mit Vierradantrieb und 36 verstellbaren Sitzen. Umfasst einen Abstecher in den Gumdiggers Park und Lunch. $145.

Salt Air, ☎ 0800 475 582, 🖥 www.saltair.co.nz. Flug nach Waitiki, von wo aus der letzte Abschnitt nach Cape Reinga mit einem Geländefahrzeug zurückgelegt wird. Im Preis von $425 sind Erfrischungen in Tapotupotu Bay sowie Sandboarding und ein Flug über die Bay of Islands enthalten.

Bustouren beginnen in Kaitaia, Mangonui und Paihia in der Bay of Islands. Die meisten Busse starten in Paihia, allerdings brauchen sie auch am längsten (11 Std.). Abfahrt tgl. gegen 7.30 Uhr nach Kerikeri, Mangonui und Awanui, zurück geht es via Kaitaia und Puketi Forest; unterwegs werden weitere Passagiere aufgenommen. Bei Touren, die weiter nördlich beginnen, verbringt man weniger Zeit im Bus und hat mehr Muße zur Erkundung der Gegend.

Einige Veranstalter bieten etwas persönlichere Touren in Allradfahrzeugen mit zwei bis sechs Teilnehmern.

Mit dem eigenen Fahrzeug

Miet- und Privatwagen sind für eine Fahrt über den Ninety Mile Beach nicht versichert – und das aus gutem Grund. Fahrzeuge bleiben häufig im Sand stecken und werden dann von ihren Insassen zurückgelassen. Weit und breit findet sich kein Rettungsdienst, der schnell genug da wäre, um das Fahrzeug vor der Flut zu retten. Und ein Mobilfunknetz ist hier so gut wie nicht vorhanden. So endet das Abenteuer unter Umständen mit einem sehr langen Fußmarsch. **Der Strand ist für Autos mit Zweiradgetriebe nicht geeignet**, selbst wenn das Wetter gut aussieht – es kann sich im Handumdrehen ändern.

Wer unbedingt mit dem eigenen Auto die 70 km lange Spritztour am Strand unternehmen möchte, sollte vor Ort Ratschläge einholen und das Auto auf die Strapazen vorbereiten: Es empfiehlt sich, ein Wasser abweisendes Mittel auf die Zündanlage zu sprühen (CRC ist eine verbreitete Marke). Die Tour muss mit der Ebbe zusammenfallen, d. h. man sollte zwei Stunden nach dem Höchststand des Wassers losfahren und vorzugsweise die gleiche Richtung wie der Busverkehr desselben Tages einschlagen. Es empfiehlt sich, auf trockenem, aber festem Sand zu bleiben, weiche Sandstellen zu meiden und die Fahrt zu verlangsamen. Überall am Strand können plötzlich Wasserläufe und Rinnsale auftauchen. Auch wenn sie ungefährlich aussehen, können sie tief sein und das könnte bei hoher Geschwindigkeit ernste Folgen haben.

NORTHLAND

Auch auf Sand ist langsames Fahren angesagt, weil die Vorderräder plötzlich in einer Kuhle hängenbleiben und das Fahrzeug zum Umkippen bringen können. Auch Fußgänger stellen eine Gefahr dar. Man sollte sie weit umfahren, da sie wegen des lauten Meeresrauschens ein von hinten heran kommendes Auto eventuell nicht hören. Wer irgendwo stecken bleibt, sollte auf keinen Fall die Räder durchdrehen lassen und sich damit noch tiefer eingraben. Erst einmal versuchen, langsam rückwärts zu setzen; falls das nicht geht, muss hinter jedem Rad Sand ausgegraben werden, um so eine Rampe zu schaffen. Dann versucht man es erneut. Wenn selbst das nichts nützt, kann die Zugkraft durch die Verringerung des Reifendrucks auf ca. 0,7 bar verbessert werden. Nicht vergessen, die Reifen später wieder aufzupumpen, da sie sonst leicht überhitzen oder sich auf festen Straßen einfach von der Felge lösen können.

Zufahrtsstellen zum Strand gibt es mehrere, die zwei von den Tourbussen genutzten sind aber die für normale Fahrzeuge einzig realistischen: Die südliche Zugangsstelle bildet die **Waipapakauri Ramp**, 6 km nördlich von Awanui, während die gefährlichere nördliche am **Te Paki Stream** entlang führt, wo ein Stück Treibsand auf einem Fluss zu bewältigen ist – im niedrigen Gang starten und niemals anhalten, egal wie verlockend die Dünen auch erscheinen mögen!

Wie im restlichen ländlichen Northland gibt es auch auf der Aupori Peninsula nur wenige Versorgungseinrichtungen. Sporadisch finden sich entlang der Strecke **Unterkünfte** – schön gelegene DOC-Campingplätze, Motels, Lodges und Hostels. Es gibt einige **Lokale**, die allerdings nur bis ca. 20 Uhr geöffnet haben. Es ist ratsam, in Houhora aufzutanken, denn in Waitiki ist nicht immer **Benzin** zu haben. **Informationen** erteilen die i-SITE-Filialen in Paihia (S. 233), Kaitaia (S. 250) und, falls man vom Hokianga Harbour kommt, in Opononi (S. 260).

Awanui

In **Awanui**, 8 km nördlich von Kaitaia am SH1, treffen die östliche und westliche Straße Richtung Norden zusammen. Awanui ist die Maori-Bezeichnung für „Großer Fluss". Inzwischen sieht man aber nur noch eine Biegung an einem Bach, der höchstens zeitweilig Wasser führt. An diesem lauschigen Plätzchen hat sich das tagsüber geöffnete Big River Café angesiedelt, wo leichte Mahlzeiten zu haben sind.

Ancient Kauri Kingdom

229 SH 1F, 1 km nördlich von Awanui ▪ ◷ tgl. 8.30–17.30 Uhr, im Sommer länger ▪ Eintritt frei ▪ ☎ 09 406 7172, ▭ www.ancientkauri.co.nz
Fast alle Busse zum Cape Reinga halten am **Ancient Kauri Kingdom**, einer stillgelegten Molkerei, die inzwischen als Sägemühle dient. Heute werden hier riesige Kauri-Baumstämme aus den Sümpfen – wo sie seit rund 45 000 Jahren liegen – zugeschnitten. Man kann beobachten, wie das Holz zu Schalen, Skulpturen und Schneidebrettchen verarbeitet wird (alles steht zum Verkauf). Auf jeden Fall sollte man über die Wendeltreppe zum Zwischengeschoss hinaufsteigen. Die Treppe wurde aus dem größten Stück Sumpf-Kauri-Stamm gehauen, das jemals ausgegraben wurde – ein Monstrum mit einem Durchmesser von 3,50 m.

Gumdiggers Park Ancient Buried Kauri Forest

171 Heath Rd, 3 km abseits vom SH1 ▪ ◷ Sommer tgl. 9–17 Uhr ▪ Eintritt $12 ▪ ☎ 09 406 7166, ▭ www.gumdiggerspark.co.nz
Der angenehm untouristische **Gumdiggers Park Ancient Buried Kauri Forest** ist die schönste Sehenswürdigkeit der Gegend. Durch den schattigen Manukawald verläuft ein halbstündiger Naturlehrpfad. Es wurden Löcher ausgehoben, um die Methoden des Gumdigging zu zeigen. In den Hütten am Wegrand lassen sich die damaligen Lebensbedingungen studieren, außerdem ist eine kleine Kauri-Harz-Sammlung zu sehen. An einem längeren Weg durch den Wald wird auf Informationstafeln darüber spekuliert, was die gewaltigen Kauri-Bäume vor Tausenden von Jahren umgeworfen haben kann: eine Flutwelle, ein Meteor oder ein Erdbeben. Faszinierend sind auch die riesigen Stämme 100 000 Jahre alter Kauris.

Der südliche Haupteingang zum Ninety Mile Beach, **Waipapakauri Ramp**, liegt gleich südlich von der Abzweigung zum Park.

Houhora und Pukenui

Etwa 30 km nördlich von Awanui befinden sich die beiden größten Siedlungen der Aupori Peninsula: das weitläufige **Houhora** und das betriebsame Fischerdorf **Pukenui** 2 km südlich, wo die Aussichten auf einen Fang vom Kai recht gut sind. In Houhora zweigt eine 3 km lange Nebenstraße nach Osten Richtung **Houhora Heads** ab.

Rund 10 km weiter nördlich befindet sich die Abzweigung zum **Rarawa Beach** mit einem tollen DOC-Campingplatz (s. unten).

ÜBERNACHTUNG UND ESSEN

Rarawa Beach Campsite, 10 km nördlich von Pukenui, zu erreichen über eine ausgeschilderte Nebenstraße, 🖳 www.doc.govt.nz. Der angenehm schattige DOC-Campingplatz erstreckt sich hinter dem strahlend weißen Sandstrand; toll zum Vogelbeobachten und Baden in der Lagune. Die paradiesischen Verhältnisse trübt nur eins: extrem viele Mücken. Wasseranschluss, Toiletten und kalte Duschen. Nicht im Voraus buchbar. $6

🛏 **Wagener Holiday Park**, 3 km südlich von Pukenui, abseits des SH1, ☎ 09 409 8511, 🖳 www.wagenerholidaypark.co.nz. Schön gelegener, altmodischer städtischer Campingplatz mit preisgünstiger Unterbringung in Zelten und Cabins, allesamt unter hohen Bäumen und mit tollem Meerblick; nur 500 m von der Houhora Wharf. Camping $20, Cabins $58

Houhora Tavern, Saleyard Ave, beim SH1, Pukenui, ☎ 09 409 8805, 🖳 www.houhora tavern.co.nz. Der nördlichste Pub Neuseelands, aus dem 19. Jh., mit Rasenflächen am Wasser und tollem Ausblick. Hier gibt es einfache Kost wie Fisch oder Burger mit Pommes, Pasteten usw., alles für unter $25. ⏱ tgl. 9–23 Uhr, Küche 9–16 und 17–20 Uhr.

🛏 **Pukenui Pacific Bar and Café**, 816 Far North Rd (SH1), ☎ 09 409 8816. Preiswertes Café/Bar und der einzige Takeaway nördlich von Kaitaia (Hauptgerichte $10–25). Den riesigen Burger namens PukuNui (Maori für „großer Magen") schafft kaum ein Gast. ⏱ tgl. 7–21 Uhr.

Parengarenga Harbour

Von Te Kao 12 km Richtung Norden auf dem SH1, dann über die Paua Rd

Am **Parengarenga Harbour** wurden 1985 die von einer Jacht aus Neukaledonien gelieferten Haftminen abgeladen, mit denen die *Rainbow Warrior* zerstört wurde. Die Kurven entlang der Strecke eröffnen gelegentlich Blicke auf den Quarzsand der südlichen Landzunge der Bucht. Ende Februar und Anfang März verwandelt sich das reine Weiß in eine schwarze Fläche – wenn Hunderttausende von **Pfuhlschnepfen** sich hier vor ihrer 12 000 km langen Reise nach Sibirien versammeln. Hier ist Mückenschutzmittel ein absolutes Muss.

Waitiki Landing bis Spirits Bay

Der letzte erwähnenswerte Ort, bevor das Land im Ozean verschwindet, ist **Waitiki Landing**, 21 km vor Cape Reinga. Wer zur Spirits Bay unterwegs ist, hat hier die letzte Gelegenheit, sich mit Benzin und Milch zu versorgen. Von Waitiki Landing windet sich eine unbefestigte Straße 15 km bis zur atemberaubenden und normalerweise verlassenen 7 km langen **Spirits Bay** (Kapowairau). Hier gibt's einen DOC-Campingplatz (s. unten).

ÜBERNACHTUNG

Campingplatz Kapowairua (Spirits Bay), Spirits Bay Rd, 16 km von Waitiki Landing. Einfacher DOC-Platz mit Wohnmobilzufahrt und Stellplätzen unter Manuka-Bäumen. Kalte Duschen, Wasser und Toiletten. Der Platz ist ideal zum Angeln, Baden und Wandern. $6

Te Paki

Die Hauptstraße (SH1) führt weiter Richtung Cape Reinga und passiert nach etwa 4 km eine Abzweigung zur **Te Paki Stream-Zufahrt** zum Ninety Mile Beach, wo sich ein Parkplatz und ein kleiner Picknickplatz befinden. Außerdem beginnt hier ein 20-minütiger Wanderweg zu mehreren riesigen Sanddünen, ideal zum **Sandboarding** oder **Tobogganing**. Die Ausrüstung wird von mehreren Anbietern nördlich von Kaitaia verliehen. Oder man ruft vorher bei Ahikaa Adventures an, ☎ 09 409 8228, 🖥 www.ahikaa-adventures.co.nz. Der Veranstalter am Te Paki zugewandten Straßenende direkt bei den Dünen hat ebenfalls Bretter.

Cape Reinga

Die letzte Etappe vor **Cape Reinga** (Te Rerenga Wairua: die „Stelle, durch die die Seelen verschwinden") führt durch hügeliges Gebiet und eröffnet schließlich eine sensationelle Aussicht auf die Tasmansee und die riesigen Dünen an ihrer Küste. Am Ende der Straße liegt ein Parkplatz mit Toiletten. Vor dort aus führt ein 800 m langer Lehrpfad zum **Leuchtturm** am Cape Reinga, der auf einer Landspitze 165 m hoch über der Colombia Bank thront. Hier prallen die Wellen der Tasmansee und des Pazifiks schäumend aufeinander. An klaren Tagen bietet sich von dieser Stelle ein prächtiger Blick nach Osten auf die Surville Cliffs des North Cape, nach Westen zum Cape Maria van Diemen und nach Norden zu den felsigen **Three Kings Islands** 57 km vor der Küste, so benannt, weil Abel Tasman die Inseln zum ersten Mal am Vorabend des Dreikönigstags 1643 betrat.

ÜBERNACHTUNG

Campingplatz Tapotupotu Bay, Tapotupotu Rd, 3 km südlich des Cape Reinga, 🖥 www.doc.govt.nz. Stiller DOC-Platz mit Toiletten, kalten Duschen, Wasseranschluss und im Sommer jeder Menge Mücken. Schön gelegen, dort wo die Flussmündung auf den Strand trifft. Beliebter Picknickstopp von Tourbussen. $6

Hokianga Harbour

Südlich von Kaitaia schlängeln sich die schmalen, von Mangroven gesäumten Meeresarme des **Hokianga Harbour** tief ins Landesinnere – vorbei an winzigen, fast vergessenen Gemeinden. Diese idyllische Gegend eignet sich hervorragend zum Ausspannen. Am Südufer bringt das

Cape Reinga: Spazier- und Wanderwege

Beim Parkplatz von Cape Reinga zweigen zwei empfehlenswerte kurze Spazierwege ab; beide sind Teil des viel längeren Cape Reinga Coastal Walkway. Alle drei nachstehend genannten Wanderungen sind in der DOC-Broschüre *Cape Reinga and Te Paki Walks* beschrieben, die auch eine nützliche Umgebungskarte enthält und u. a. in Kaitaia erhältlich ist. Gewarnt werden muss vor **gefährlichen Strömungen**, die Schwimmer an allen Stränden dieser Gegend aufs offene Meer hinausziehen können. Außerdem kann das Wetter jederzeit umschlagen. Am besten lässt man sich am Ende der Wanderung von einem der hiesigen Busunternehmen abholen.

Cape Reinga Coastal Walkway (38 km einfach, 2 Tage; es geht ständig auf und ab). Der spektakuläre und zunehmend beliebte Küstenwanderweg beginnt bei Kapowairua (Spirits Bay), führt nach Westen bis Cape Reinga, weiter zum Cape Maria van Diemen, dann nach Südosten zum nördlichsten Abschnitt des Ninety Mile Beach und schließlich an den beeindruckenden Dünen am Te Paki Stream entlang. Voraussetzungen sind ausreichende Fitness und die Fähigkeit, sich selbst zu versorgen, denn es gibt lediglich zwei DOC-Campingplätze und ein paar inoffizielle Zeltplätze ohne Garantie auf Wasser. Nur selten trifft man auf Bäche mit Süßwasser. An Mückenschutzmittel denken!

Sandy Bay (3 km hin und zurück; 200 m Höhenunterschied auf dem Rückweg; 50–90 Min.). Pfad nach Westen durch eine Landschaft aus Sträuchern und Büschen zu einer schönen Höhle. Wer mag, kann noch bis zur malerischen Tapotupotu Bay marschieren (weitere 3 km einfach; 1–2 Std.).

Te Werahi Beach (2,5 km hin und zurück; 200 m Höhenunterschied auf dem Rückweg; 40 Min.–1 Std.). Stetig abfallender Pfad nach Westen mit Blick auf Cape Maria van Diemen.

fantastische tiefblaue Wasser die **Sanddünen** von North Head schön zur Geltung. Am besten zu sehen sind die Dünen von der felsigen Landspitze des South Head hoch über der tückischen Sandbank Hokianga Bar. Zu erreichen sind sie mit dem Boot. Dort angekommen empfiehlt sich Sandboarding oder eine der fantastischen Touren von Sandtrails Hokianga. Die hohen Wälder unmittelbar südlich eignen sich hervorragend zum Wandern, und die riesigen Kauri-Bäume des Waipoua Forest liegen ebenfalls in erreichbarer Nähe.

In der Region Hokianga und Waipoua ist das Fortkommen ohne eigenes **Transportmittel** ziemlich schwierig, aber immerhin dreht der Magic-Bus im Sommer mehrmals die Woche eine Runde von Paihia via Rawene und Omapere nach Auckland. Wichtig zu wissen: Zwischen Kaitaia und Dargaville 170 km weiter südlich gibt es **keine Banken**. Und die Geldautomaten in Rawene und Omapere nehmen nur einige wenige Karten an, deshalb Bargeld mitbringen.

Geschichte

Der Überlieferung zufolge verließ hier der großartige polynesische Entdecker **Kupe** im 10. Jh. Aotearoa, um in seine Heimat Hawaiki zurückzukehren. Der Hafen wurde daher unter dem Namen Hokianganui-a-Kupe – „Ort der großartigen Rückkehr von Kupe" – bekannt. Cook erspähte Hokianga Heads schon 1770 von Bord der *Endeavour*, bemerkte aber nicht, was dahinter lag.

Der Hafen wurde demnach erst 1819 „entdeckt", als ein Missionar den Hügel von der Bay of Islands aus überquerte. Bald darauf folgten Katholiken, Anglikaner und Methodisten, bekehrten die einheimischen Ngapuhi, gewannen ihr Vertrauen, schlossen Mischehen und errichteten integrierte Gemeinden von Maori und Europäern, die bis heute existieren. Es dauerte nicht lange, bis die Hokianga-Gegend der Bay of Islands ernsthafte Konkurrenz machte – und auch einige Triumphe verzeichnete: Der europäische Bootsbau nahm hier 1826 seinen Anfang, die erste Signalstation eröffnete zwei Jahre später, und im selben Jahr wurde hier die erste katholische Messe abgehalten.

Nach dem Ende des Fällens und Verarbeitens von Kauri-Bäumen (S. 262) entwickelte sich Ho-

kianga zum ökonomischen Provinznest. Während der letzten paar Jahrzehnte jedoch haben Städter, Künstler und Kunsthandwerker hier billige Grundstücke erworben. Sie haben sich in **Kohukohu** an der Nordküste, in **Rawene**, eine kurze Fährfahrt entfernt im Süden, sowie in den beiden größeren – aber immer noch kleinen – Ferienorten **Opononi** und **Omapere** unweit des Hafeneingangs gegenüber den Dünen niedergelassen. Es empfiehlt sich, abends rechtzeitig für eine warme Mahlzeit zu sorgen, denn hier schließen die Geschäfte schon um 19 Uhr.

Kohukohu

Südlich von Kaitaia schlängelt sich der hügelige SH1 40 km lang durch die bewaldeten Mangamuka Ranges und erreicht schließlich **Mangamuka Bridge**, von wo eine ebenso beschwerliche Straße in das Dorf **Kohukohu** am nördlichsten Arm des Hokianga Harbour führt. Kohukohu war einst das Zentrum von Hokiangas Kauri-Industrie. Die anschließenden Jahre des Niedergangs konnten nur teilweise durch den Zustrom von Aussteigern aufgehalten werden. Der Ort besteht zu einem großen Teil aus jahrhundertealten Holzhäusern.

Village Arts Gallery

1376 Kohukohu Rd ▪ ⏱ tgl. 10–16 ▪ Eintritt frei ▪ ☎ 09 405 5827, 🖳 www.villagearts.co.nz
Es lohnt, einen Blick in die gemeindeeigene **Village Arts Gallery** zu werfen. Sie setzt sich erfolgreich für die Verbreitung der Arbeiten von Hokiangas Künstlern ein. Die ausgestellten Gemälde, Skulpturen, Fotos, Steampunk-Modelle und Textilien sind viel hochwertiger, als man es hier in der tiefsten Provinz erwarten würde. 4 km östlich von Kohukohu trifft man bei Narrows Landing auf die nördliche Endstation der **Hokianga Vehicle Ferry**, S. 258.

ÜBERNACHTUNG UND ESSEN

The Tree House, 168 West Coast Rd, 2 km westlich der Fähranlegestelle, ☎ 09 405 5855, 🖳 www.treehouse.co.nz. Diese Herberge ist das denkbar reizvollste Fleckchen zum süßen Nichtstun. Die Unterkünfte verteilen sich zwischen Bäumen und bestehen aus 2 geräumigen Dorms ($21), Doppel- und Zweibett-Cabins mit Terrasse und einem gut ausgestatteten Bus in einer Nussbaumplantage. Bettzeug wird gestellt, Leihgebühr für Handtücher $3. Camping $20, Dorms $32

🛏️ **The Koke Pub**, 1372 Kohukohu Rd, ☎ 09 405 5808. Das beste Lokal im Ort serviert köstliches Frühstück, Snacks und Mittagessen. Dazu guter Kaffee, Abendessen mit Schweinebraten und Seafood aus eigenen Gewässern. Jeden Do Livemusik. 🕐 Küche So–Mi 8–20, Do–Sa 8 Uhr bis spät, Pub tgl. 11 Uhr bis spät.

Rawene und Umgebung

Das reizvoll gelegene **Rawene** nimmt die Spitze von Herd's Point ein, der Halbinsel auf halbem Weg die Bucht hinauf. Trotz fast vollständiger Isolation durch das Watt bei Ebbe wurde Rawene dank seiner strategischen Lage zum Standort einer Sägemühle auserwählt, die das Material für die hübschen Holzgebäude der Stadt lieferte. Einige der Häuser thronen auf Pfählen.

Clendon House

Clendon Esplanade, 🕐 Nov–April Sa und So 10–16, Mai–Okt So 10–16 Uhr, in den Schulferien länger ▪ Eintritt $10

Die einzige bedeutende Sehenswürdigkeit des Ortes, das **Clendon House**, war der letzte Wohnsitz des US-Konsuls James Clendon, einer Schlüsselfigur zur Anfangszeit der Kolonie. In jungen Jahren transportierte Clendon Strafgefangene auf seinem Schiff nach Australien, später ließ er sich in Neuseeland nieder. Hier freundete er sich mit einem Maori an und beteiligte sich an den Verhandlungen, die zum Vertrag von Waitangi führten. Das Haus wurde fast ganz aus Kauri-Holz erbaut. Ein Raum im Erdgeschoss neben der Veranda diente als Postamt und wurde auch so belassen.

Die Clendon Esplanade führt zum **Mangrove Walkway**. Ein Spaziergang auf diesem hübschen Plankenweg durch die Uferlandschaft dauert hin und zurück eine Viertelstunde. Unterwegs informieren Tafeln über das Leben in den Gezeitenpools und die Sägemühle, die hier früher in Betrieb war.

Wairere Boulders

70 McDonnell Rd, 14 km nördlich des SH12 (ausgeschildert), 40 km nordöstlich von Rawene ▪ 🕐 tgl. von der Morgen- bis zur Abenddämmerung ▪ Eintritt $15 ▪ ☎ 09 401 9935, 🖥️ www.waireboulders.co.nz

Wairere Boulders ist ein von Privatleuten verwalteter Park mit gewaltigen, 2,8 Mio. Jahre alten, von Wind und Wetter geschliffenen Basaltfelsen, die etwas an Wellblech erinnern. Der im Alleingang begehbare Haupt-Rundwanderweg (40 Min.) ist ein schmaler Pfad, der sich zwischen Felsbrocken hindurchschlängelt und über einen Fluss führt. Mit den am Wegrand aufgestellten Hinweistafeln hat er etwas von einem Naturlehrpfad. Es gibt noch ein paar andere Rundwanderwege sowie einen Pfad durch das mit Regenwald bestandene Tal hoch zu einem schönen Aussichtspunkt.

Wairere liegt ziemlich weitab vom Schuss; am besten bringt man Proviant mit und macht sich hier einen schönen Nachmittag.

ÜBERNACHTUNG UND ESSEN

Rawene Holiday Park, 1 Marmon St, 1,5 km von der Fähranlegestelle, ☎ 09 405 7720, 🖥️ www.raweneholidaypark.co.nz. Der einfache Platz auf einem Hügel mit Hafenblick umfasst

Hokianga Vehicle Ferry

Die einzige Möglichkeit, den Hokianga zu überqueren, ist, abgesehen von einer ziemlich langen Fahrt um die Bucht herum, eine Fahrt mit der Hokianga Vehicle Ferry (Fahrzeug und Fahrer $20 einfach, Wohnmobil und Fahrer $40, Autopassagiere und Fußgänger $2 pro Strecke). Die Fähre verkehrt regelmäßig zwischen **Narrows Landing**, 4 km östlich von Kohukohu am Nordufer, und **Rawene** im Süden. Die Fahrt dauert 15 Minuten. Abfahrt nach Norden jeweils zur halben Stunde (7.30–19.30 Uhr), nach Süden jeweils zur vollen Stunde (ca. 7–20 Uhr).

geschützte Zeltstellplätze und preisgünstige, geräumige Cabins auf Lichtungen im Wald. Die Aussicht vom Pool und der Gemeinschaftsküche ist spektakulär, sonders bei Sonnenuntergang. Camping $16, Dorms $20, Cabins $40

Boatshed Café, 8 Clendon Esplanade, 📞 09 405 7728. Das nur tagsüber geöffnete Café mit Schanklizenz steht auf Pfählen über dem Wasser. Hier gibt's Zeitschriften zum Lesen auf der Sonnenterrasse und zum Essen Feinschmecker-Pizza, hausgemachte Muffins und Suppen ($5–25). Auch guter Espresso schon ab $5. ⊙ tgl. 8.30–16.30 Uhr.

TRANSPORT

Von Rawene verkehrt stdl. eine **Fähre** nach KOHUKOHU (20 Min.).

Opononi und Omapere

Die zwei kleinen Dörfer **Opononi** und **Omapere** 20 km westlich von Rawene reihen sich über 4 km nahtlos am Südufer des Hokianga Harbour aneinander und bieten eine prächtige Aussicht auf die mächtigen Sanddünen an der Nordseite. Die Dünen lassen sich entweder zu Fuß oder mit dem Strandbuggy erkunden (s. rechts). Einen Blick aus der Ferne auf die Dünen erlaubt das **Arai te Uru Reserve**. Dieser wunderbare Aussichtspunkt liegt an der Signal Station Road, 1 km südlich von Omapere. Viele Besucher nehmen von den beiden Dörfern aus auch an organisierten Touren zu den weiter südlich gelegenen Kauri-Wäldern teil (S. 261).

Waiotemarama Bush Walk

647 Waiotemarama Gorge Rd, 8 km südöstlich von Opononi ▪ 2 km langer Rundweg

Bei Labyrinth Woodworks (S. 260) beginnt der **Waiotemarama Bush Walk**, die beste und beliebteste Kurzwanderung der Gegend. Der Rundweg führt durch ein hübsches Tal voller Farne, Nikaupalmen und Kauri-Bäume. Nach einem zehnminütigen Spaziergang gelangt man zu einem Wasserfall mit einem kleinen Badeteich, und nach weiteren zehn Minuten ist der erste Kauri-Baum erreicht.

Touren und Aktivitäten

Die Dünen lassen sich gut im Rahmen einer Kultur-, Geschichts- und Abenteuertour im Strandbuggy entdecken. Man kann sie aber auch einfach nur per Plastikuntersatz hinunterrutschen. Außerdem können sich Besucher hier im Knochenschnitzen auf Maori-Art versuchen oder den nahen Kauri-Riesen einen Besuch abstatten.

Kunsthandwerk

Hokianga Bone Carving Studio, 15 Ahika St, Omapere, 📞 09 405 8061, ✉ hokiangabonecarvingstudio@gmail.com. Hier kann man einen unterhaltsamen und gleichzeitig kreativen Tag mit Knochenschnitzen verbringen, und zwar unter fachmännischer Anleitung des Maori Jim Taranaki, eines erfahrenen Schnitzers. Interessierte müssen sich anmelden, sollten schon eine Vorstellung davon haben, was sie schnitzen möchten, und sich darauf einstellen, den ganzen Tag bis zur Vollendung des Kunstwerks dranzubleiben. Keine Sorge: Im Preis ist reichlich Verpflegung enthalten.

Touren

Hokianga Express, 📞 09 4058872 oder 021 405 872, 🖥 www.hokiangaexpress.webs.com. Das Wassertaxi ($25) fährt tgl. ab 10 Uhr vom Bootsanleger in Opononi zu den Sanddünen. Die Passagiere werden samt Sandboards bei den Dünen abgeladen und zwei Stunden später wieder eingesammelt.

Footprints Waipoua, 334 SH12, Omapere, 📞 09 405 8207, 🖥 www.footprintswaipoua.co.nz. Bietet ausgezeichnete geführte Spaziergänge zu den Kauri-Bäumen im Waipoua Forest (S. 261). Der beste Spaziergang heißt *Twilight Encounter* ($85) und führt bei Dämmerung durch den Wald zu den beiden höchsten Bäumen. Unterwegs sieht man vielleicht Riesen-Kaurischnecken und Ruru (neuseeländische Eulen). Der tiefere Sinn der Wanderung liegt aber darin, im Schutz der Dunkelheit in den Wald hineinzulauschen und ihn zu spüren. Das Ganze hat eine starke spirituelle Maori-Komponente, mit Geschichtenerzählen, Gesang und Musik. Die Teilnehmer werden von Unterkünften in Opononi und Omapere abgeholt.

ÜBERNACHTUNG

Copthorne Hotel & Resort, SH12, Omapere, ℡ 09 405 8737, 🖥 www.milleniumhotels.co.nz. Das beste unter den Hotels, gegenüber den Dünen; solarbeheizter Pool, nette Bar und Restaurant mit Schanklizenz. Verschiedene Unterkünfte, darunter attraktive Zimmer mit Blick aufs Wasser. $240

Globetrekkers Lodge, SH12, Omapere, ℡ 09 405 8183, 🖥 www.globetrekkers lodge.com. Sehr einladendes Hostel, teilweise mit Hafenblick; geräumige, gut belüftete 5- und 6-Bett-Dorms. Auf TV wurde absichtlich verzichtet, stattdessen trifft man sich abends beim Barbecue. Dorms $29, DZ $67

Hokianga Haven, 226 SH12, Omapere, ℡ 09 405 8285, 🖥 www.hokiangahaven. co.nz. Die Betreiberin vermietet ihre beiden wunderschön eingerichteten B&B-Zimmer mit Bad und traumhafter Sicht auf die Dünen und das Meer nur zusammen. Mindestaufenthalt 2 Nächte. $180

McKenzie's Accommodation, 4 Pioneers Walk, Omapere, ℡ 09 405 8068, 🖥 www.mckenzies accommodation.co.nz. Unterbringung am Strand, entweder in einem großen B&B-Zimmer

---

Opo, der Delphin

Im Sommer 1955/56 gelangte Opononi zu landesweiter Berühmtheit: Ein wilder Großer Tümmler, den die Anwohner Opo tauften, begann mit den Kindern im flachen Wasser zu spielen und führte Tricks mit Strandbällen vor. Weihnachtsurlauber verstopften die schmalen unbefestigten Straßen, Filmteams wurden losgeschickt und Tierschutzgesetze ausgearbeitet. Musiker aus Auckland bastelten sogar einen Song mit dem Titel *Opo The Crazy Dolphin*. Das Lied wurde binnen eines Tages geschrieben und aufgenommen. Als es den Radiosender erreichte, traf gleichzeitig die Nachricht ein, dass Opo unter ungeklärten Umständen erschossen worden war. Im i-SITE läuft ein kurzes Video im typischen Dokumentarstil der 1950er-Jahre. Es vermittelt einen guten Eindruck vom damaligen Riesenrummel um Opo.

---

mit Du/WC und separatem Eingang, das als DZ oder Dreibettzimmer vermietet wird, oder in einem Selbstversorger-Cottage mit 2 Schlafzimmern. Zimmer (2 Pers.) $120, Cottage $110

Opononi Beach Holiday Park, am SH12, Opononi, ℡ 09 405 8791, 🖥 www.opononi holidaypark.co.nz. Großer, einfacher Campingplatz mit Wasch- und Kocheinrichtungen. Ohne Wohnmobil ist man in den Selbstversorger-Cabins gut aufgehoben. Camping $17, Cabins $60

ESSEN

Copthorne Hotel & Resort, SH12, Omapere, ℡ 09 405 8737, 🖥 www.milleniumhotels.co.nz. Hat das beste Essen im Ort, sowohl im eleganten Restaurant *Bryers Room* (Hauptgerichte um $40) als auch im *House Bar Bistro* (Hauptgerichte um $30). Von beiden bieten sich herrliche Ausblicke über Wiesen und die Bucht bis zu den Sanddünen. Zu empfehlen sind Gerichte mit Maori-Einschlag, z. B. Bread-and-Butter-Pudding mit *titoki*-Likör. ⏲ tgl. 8 Uhr bis spät.

Opononi Hotel, SH12, Opononi, ℡ 09 405 8858, 🖥 www.opononihotel.com. Der gut besuchte Pub hat preiswerte Küche. Tipp: *surf und turf* ($29,50). Im Sommer treten manchmal Kiwi-Bands auf. ⏲ tgl. 11–23 Uhr.

Opo Takeaways, SH12, Opononi. Großzügig gefüllte Burger und sehr gute Fish 'n' Chips, außerdem Muschel- und *paua*-Bratlinge. Fisch je nach Sorte $4–6 pro Stück. ⏲ tgl. 10–19, im Sommer bis 21 Uhr.

EINKAUFEN

Hoki Smoki, 1 km südlich von Omapere am SH12 ausgeschildert. Hervorragende Fischräucherei mit Verkauf. Geöffnet, wenn das Schild draußen steht.

Labyrinth Woodworks, 647 Waiotemarama Gorge Rd, 8 km südöstlich von Opononi, ℡ 09 405 4581, 🖥 www.nzanity.co.nz. Einer der besten Kunsthandwerksläden der Region. Er verkauft u. a. Kauri-Holz-Schnitzereien und hervorragende Holzdrucke. Kunden können sich die Zeit auch mit komplizierten Puzzles oder einem Irrgang durch ein hohes Heckenlabyrinth vertreiben. ⏲ tgl. 9–17 Uhr.

INFORMATIONEN

i-SITE Visitor Centre, 29 SH12, etwas außerhalb von Opononi, ℡ 09 405 8869, 🖥 www. hokianga.co.nz oder visitfarnorthnz.com. Informationen über die nähere Umgebung und den Waipoua Kauri Forest (s. unten) sowie Buchung von Unterkünften und Internetzugang. ⏱ tgl. Nov–April 8.30–17, Mai–Okt 9–17 Uhr.

TRANSPORT

Wer die Region eingehender kennen lernen möchte, braucht ein **Auto**. Die **Busse** des Northliner Express bedienen hier zwar ein paar Strecken, aber das Angebot ist spärlich.

Die Kauri-Wälder

Northland, Auckland und die Coromandel Peninsula waren einst von Mischwald bedeckt, der von den mächtigen Kauri-Bäumen (s. Kasten S. 262), der zweitgrößten Baumart der Welt, dominiert wurde. Anfang des 20. Jhs. hatten habgierige Europäer fast den gesamten Bestand gefällt, und die einzigen zusammenhängenden Überreste waren in den Kauri-Wäldern von **Waipoua** und **Trounson** südlich des Hokianga Harbour zu finden. Kleinere Kauri-Bestände gibt es in ganz Northland, aber drei Viertel aller noch existierenden alten Bäume wachsen in diesen zwei kleinen Wäldern, die zusammen knapp 100 km^2 umfassen. Wanderwege führen zu den berühmten Exemplaren, neben denen Tataire-, Kohokohe- und Towai-Bäume wachsen.

In dieser Gegend ist das Te Roroa-Volk beheimatet, das traditionell sparsam mit den Kauri-Bäumen umging. Das Fällen und Bearbeiten der Riesenbäume gestaltete sich wegen der einfachen Werkzeuge schwierig – diese Aufgabe behielt man sich für große Projekte, z. B. den Bau von Kriegskanus, vor. Die Europäer brachten Metallwerkzeuge, Ochsengespanne, Räder und Winden mit, die die Abholzung erleichterten, und Ende des 19. Jhs. waren die meisten Bäume bereits verschwunden. Die Bemühun-

gen verschiedener Umweltorganisationen trugen schließlich 1952 Früchte, als ein Großteil des verbliebenen Waldes zum **Waipoua Sanctuary** erklärt wurde. Heute ist das Fällen von Kauri-Bäumen gesetzlich verboten – außer in Ausnahmefällen, z. B. bei kranken oder abgestorbenen Bäumen oder zum Bau eines Zeremonialkanus.

Gleich südlich des Trounson Forest befinden sich die **Kai Iwi Lakes**, drei beliebte, von Dünen gesäumte Seen, an denen es im Sommer recht voll wird.

Waipoua Kauri Forest

SH12, 15 km südlich von Omapere

Südlich des Hokianga Harbour geht es durch Farmland nach **Waimamaku**. Anschließend kurvt der Highway fast 20 km durch die alten Kauris des **Waipoua Kauri Forest**. Rund 8 km südlich von Waimamaku erreicht man einen kleinen Parkplatz; von dort sind es zu Fuß nur drei Minuten zum mächtigsten Baum von Neuseeland, dem rund 2500 Jahre alten Tane Mahuta („Gott des Waldes"). Er ragt als 6 m breite Wand 18 m in die Höhe, bis die niedrigsten Äste erreicht sind, in denen es von Epiphyten wimmelt.

Etwa 1 km südlich am SH12 gelangt man nach zehn Minuten zu einer Lichtung. Drei verschiedene Wege führen von hier aus zu bemerkenswerten Bäumen. Auf dem kürzesten (hin und zurück 5 Min.) geht es zu vergleichsweise schlanken Kauri-Bäumen, den **Four Sisters**. Ein zweiter Weg (hin und zurück 30 Min.) windet sich zwischen zahlreichen großen Bäumen hindurch zum **Te Matua Ngahere** („Vater des Waldes"), dem zweitgrößten Baum von Neuseeland nach dem Tane Mahuta. Er ist aber dicker und eigentlich noch majestätischer. Der dritte Weg, der **Yakas Track** (hin und zurück 3 km; 1 Std.), führt zu der dichten Ansammlung von Bäumen im Cathedral Grove. Der größte unter ihnen ist der **Yakas Kauri**, benannt nach dem altgedienten Buschmann Nicholas Yakas.

Rund 9 km südlich von Tane Mahuta steht das **Te Rorua Waipoua Visitor Centre**, wo es Ausstellungen und Infobroschüren zum Wald und seiner Geschichte gibt. ⏱ tgl. 8.30–16.30 Uhr.

Der Kauri-Baum und seine Verwendung

Der Kauri-Baum *(Agathis australis)* zählt neben den Sequoias (Mammutbäumen) zu den größten Bäumen der Welt. Im Gegensatz zu den Sequoias, die sich nicht als Möbelholz eignen, liefern die Kauri-Bäume wunderschönes Holz – eine Tatsache, die ihr Verschwinden beschleunigte und jene Industrien entstehen ließ, die Neuseelands Wirtschaft in der zweiten Hälfte des 19. Jhs. beherrschten.

Kauri ist eine Fichtenart, die heute nur noch in Neuseeland wächst, obwohl sie früher auch in Australien und Südostasien vorkam. Dort finden sich noch immer enge Artgenossen. Überreste von Kauri-Wäldern sind in ganz Neuseeland zu entdecken. Als der Mensch auf der Bildfläche erschien, hatte sich der Bestand allerdings auf Northland, Auckland, die Coromandel Peninsula und Nord-Waikato reduziert. Einzelne Bäume werden über 2000 Jahre alt, 50 m hoch und 20 m dick. Am Ende, wenn ihr verwesender Kern zu schwach geworden ist, um das enorme Gewicht zu tragen, stürzen sie um.

Kauri-Holzfäller

Maori haben seit langer Zeit ausgewachsene Kauri-Bäume für Einbaumkanus verwendet. Dagegen interessierten sich die **europäischen Holzfäller** anfänglich für die jungen Bäume („rickers"), die ideale Masten für Segelschiffe darstellten. Aber auch die dickeren Bäume erfreuten sich aufgrund ihrer Widerstandsfähigkeit, einfachen Bearbeitung und ihres makellosen Holzes mit feiner, gerader Maserung größter Beliebtheit.

Um die riesigen Baumstämme aus dem Busch zu schaffen, war der ganze Einfallsreichtum der Holzfäller gefragt. Auf halbwegs ebenem Terrain band man Ochsenwagen zusammen, die die Stämme über primitive Straßen oder Schienen zogen. In steilerem Gelände wurden pferdebetriebene Winden eingesetzt. In den schmalen Tälern von Northland und der Coromandel Peninsula bauten Holzfäller bis zu 20 m hohe und 60 m breite Dämme aus Kauri-Stämmen. Bäume am Rande der Täler wurden gefällt, während sich das Wasser anstaute. Beim Öffnen der Dämme wurden die Bäume dann talabwärts in die Buchten gespült und von dort mit Flößen zu den Sägewerken transportiert.

Gumdiggers

Sobald ein Gebiet abgeholzt war, fanden sich in der Regel die *gumdiggers* ein. Wie die meisten Fichtenarten sondert der Kauri-Baum dickes **Harz** ab, um Narben abzudecken. Es sammelt sich an den Seiten der Stämme und um den Fuß des Baums. In voreuropäischen Zeiten kauten Maori das Harz, stellten Fackeln daraus her, um die Fische bei Nacht anzulocken, und verbrannten das pulverisierte Harz, um ein Pigment für *moko* (traditionelle Tätowierungen) zu gewinnen.

Kaum stiegen die Pakeha ins Geschäft ein, exportierte man das Harz auch schon als Rohmaterial für Möbelpolitur, Linoleum, Zahnprothesen und edle Bucheinbände. Als auf dem Erdboden kein Harz mehr zu finden war, begannen die Harzgräber – überwiegend Dalmatier, aber auch Maori, Chinesen und Malaysier –, lange Speere in die Erde zu stoßen und mit Spaten Stücke hervorzuholen. An anderer Stelle wurde die Erde ausgegraben und gewaschen, um das Harz zu gewinnen.

Fast das gesamte neuseeländische Harz wurde exportiert, allerdings hatte Anfang des 20. Jhs. bereits das Kunstharz den Markt erobert. Heute dient Kauri-Harz noch immer als eine der besten Grundlagen für Musikinstrumentenlacke, einen Bedarf, den gelegentliche Zufallsfunde decken.

Zukunftsaussichten

Seit einigen Jahren bedroht eine neue Krankheit namens PTA oder *kauri dieback*, 🖥 www.kauridie back.co.nz, die Kauris. Die befallenen Bäume bekommen gelbe Blätter und tote Äste und sondern in Erdbodennähe Harztropfen ab, bis schließlich der ganze Baum stirbt. Die Krankheit wird über Humus und Wasser übertragen. Deshalb sollten Spaziergänger immer auf den Wald- und Plankenwegen bleiben und nach dem Besuch in einem Kauri-Wald die Schuhe gründlich säubern.

ÜBERNACHTUNG UND ESSEN

Kaihu Farm Hostel, 3344 SH12, Kaihu, 23 km südlich des Visitor Centre, ✆ 09 439 4004. Die rustikalen Zimmer sind sauber und gemütlich. Im Wald kann man Glühwürmchen sehen und eine Wanderung (7 km) zu den Trounson-Kauris unternehmen. Dorm $23, Zimmer $56.

Morrell's Café, 7235 SH12, Waimamaku, ✆ 09 405 4545. Im besten Café der Gegend bekommt man den ganzen Tag über Frühstücksmenüs für unter $25, u. a. Burger, Wraps, Salate (unter $12) sowie Muschelsuppe ($10). ⏲ tgl. 9–16 Uhr.

EINKAUFEN

Katui Kauri Gum Store, SH12, 9 km südlich des Te Roroa Waipoua Visitor Centre, ✆ 09 439 4733. Der auf charmante Art exzentrische Laden bietet kleine Stücke Kauri-Harz, Kauri-Harz-Schnitzereien und Holz mit Harzeinlagerungen zu recht vernünftigen Preisen. ⏲ tgl. 8.30 Uhr bis spät.

Trounson Kauri Park

Am SH12 ausgeschildert, dann 7 km eine unbefestigte Nebenstraße entlang

Eine kleine, aber schöne Kauri-Ansammlung findet sich im **Trounson Kauri Park**, wo sich der **Trounson Kauri Walk** (40 Min.) durch den Regenwald windet. Seit 1997 werden hier Raubtiere, die die einheimische Vogelwelt bedrohen (Possums, Hermeline, Wiesel, Wildkatzen, Hunde und Igel), gejagt, um eine „Insel" zu schaffen, wo der Streifenkiwi der Nordinsel ungestört gedeihen kann. Die Zahl der Kiwis ist bereits erheblich gestiegen. Wer hier übernachtet, kann Kiwis, Langfühlerschrecken und Glühwürmchen sehen. Einen **Rundgang** durch den Wald kann man auf eigene Faust unternehmen, der Kauri Coast Top 10 Holiday Park (s. unten) bietet auch einen geführten Abendspaziergang an.

ÜBERNACHTUNG

Kauri Coast Top 10 Holiday Park, Trounson Park Rd, abseits des SH12, ✆ 09 439 0621, 🖥 www.kauricoasttop10.co.nz.

Traditioneller Kiwi-Campingplatz mit sauberen Gemeinschaftsbereichen und Duschen sowie gepflegten Stellplätzen. Außerdem kleine Cabins ($10 extra für Küche) und geräumige Motel Units. Abends wird ein 2-stündiger Kauri-Wald-Spaziergang ($20, Tagesgäste $30) angeboten. Camping $21, Cabins $85

Trounson Kauri Park Campground, am SH12 ausgeschildert, 17 km südlich des Waipoua Forest. Einfacher, beliebter DOC-Platz mit Stellplätzen an einem Kauri-Hain, mit Küche, Toiletten, Leitungswasser, warmen Duschen. Keine Reservierungsmöglichkeit. $10

Der nördliche Kaipara Harbour

Südlich der Kauri-Wälder befindet sich das Ufer des **Kaipara Harbour**, Neuseelands größter Naturhafen. Früher verbanden Segelboote die Milchbetriebe und Holzfällersiedlungen am Ufer miteinander. Kauri-Holz wurde von der größten nördlichen Stadt **Dargaville** exportiert. Allerdings scheiterten die instabilen Boote oftmals an der Sandbank Kaipara Bar und viele wurden schließlich am **Ripiro Beach** an Land gespült, mit 108 km der längste Strand Neuseelands.

Dargaville und Umgebung

Das verschlafene **Dargaville**, 50 km südlich von Trounson, das von der Milchwirtschaft und dem Kumara-Anbau lebt, wurde 1872 vom Australier Joseph McMullen Dargaville als Hafen am Northern Wairoa River gegründet. Schiffe kamen in den Hafen, um Kauri-Holz und Harz zu verladen (S. 262), das von dalmatinischen Siedlern gewonnen wurde. Letztere machten im frühen 20. Jh. einen großen Teil der Gemeinde aus.

Dargaville Museum

Harding Park, 2 km westlich der Stadt ▪ ⏲ tgl. Okt–März 9–17, April–Sep 9–16 Uhr ▪ Eintritt $15 ▪ ✆ 09 439 7555, 🖥 www.dargavillemuseum.co.nz

Dem überraschend guten **Dargaville Museum** dienen zwei gerettete Masten von der *Rainbow Warrior* (s. Kasten S. 246) als Erkennungszeichen. Das Museum zeigt Exponate, die aus Wanderdünen geborgen wurden, darunter sogar Schiffswracks. Das einzige präeuropäische Artefakt ist das *waka* Ngati Whatua, das von 1809 bis 1972 unter dem Sand des North Head des Kaipara Harbour begraben lag und als eines von wenigen Kanus gänzlich mit Steinwerkzeugen hergestellt wurde. Glanzstück der schönen Sammlung von Kauri-Harz ist ein 84 kg schweres Stück – angeblich das größte, das jemals gefunden wurde.

Woodturners Kauri Gallery & Working Studio

4 Murdoch St (SH12) ▪ ⏱ tgl. 9 Uhr bis Einbruch der Dunkelheit ▪ ☎ 09 439 4975, 🖥 www.thewoodturnersstudio.co.nz

Am Westende der Stadt zeigt der Drechslermeister Rick Taylor in der **Woodturners Kauri Gallery & Working Studio**, was man mit den vielfältigen Maserungen und Farben von Kauri-Holz alles machen kann. Wer einen längeren Aufenthalt plant, kann auch an einem Kurs teilnehmen.

Baylys Beach und Ripiro Beach

14 km westlich von Dargaville, zu erreichen über eine Nebenstraße

Baylys Beach ist eine Ansammlung von größtenteils Ferienhäusern am mittleren Abschnitt des über 100 km langen **Ripiro Beach**. Der Strand ist für seine Beweglichkeit bekannt: Durch eine einzige Tide werden oft mehrere Meter Strand verschoben, und im Laufe der Jahrhunderte wurden dem Meer auf diese Weise riesige Gebiete abgewonnen. Die Anker und Buge lange verschollener Wracks tauchen in regelmäßigen Abständen im Sand auf. Wie anderswo an der Westküste erweist sich auch hier das Schwimmen aufgrund ausgeprägter Gezeiten und fehlender Küstenwache als gefährlich. Dafür lädt der Strand zu langen Spaziergängen ein. Wenn der Ostwind bläst, wird der Küstenabschnitt von Drachen geschmückt, die vom Ufer aus hoch steigen und Angelschnüre hinter sich herziehen. Man lässt sie 20 Minuten schweben, danach werden sie eingezogen, oft mit daran baumelnden Fischen.

ÜBERNACHTUNG

🛏 **Baylys Beach Holiday Park**, 22 Seaview Rd, Baylys Beach, ☎ 09 439 6349, 🖥 www.baylysbeach.co.nz. Tipptopp in Schuss gehaltener Platz unweit vom Strand; gute Stellplätze, geräumige Units, saubere Cabins. Auch Quadbikeverleih. Camping $16, Cabins $65

🛄 **Commercial Hotel**, 75 River Rd, Dargaville, ☎ 09 439 0878. Hotel im Kolonialstil am Fluss, kürzlich renoviert. Die netten Zimmer sind geräumig, haben gebohnerte Holzfußböden und große Fenster, aber meist kein eigenes Bad. Gutes Frühstück und jede Menge Infos über die Gegend. Zimmer $85, mit Bad $135

Dargaville Holiday Park, 10 Onslow St, Dargaville, ☎ 0800 114 441, 🖥 www.dargavilleholiday.co.nz. 10 Min. Fußweg von der Stadt auf einem parkähnlichen Gelände. Gepflegte, einfache Cabins und gemütliche Units. Gut für Kinder, auch wegen dem großen Freibad nebenan. Camping $21, Cabins $55

Greenhouse Hostel, 15 Gordon St, Dargaville, ☎ 09 439 6342, ✉ greenhousebackpackers@ihug.co.nz. Zimmer und Dorms in einem ehemaligen Schulgebäude aus den 1920er-Jahren im Stadtzentrum. Altmodisch, aber sauber und ordentlich. Sehr preisgünstige DZ, Bettzeug, Gemeinschaftsküche. ⏱ Juni–Aug geschlossen. Dorms (keine Etagenbetten) $28, DZ $70

🛄 **Kauri House Lodge**, 60 Bowen St, Dargaville, ☎ 09 439 8082, 🖥 www.kaurihouselodge.co.nz. Die luxuriösesten Zimmer der Stadt in einer sympathisch unaufdringlichen, aber riesigen und tollen Kauri-Villa. Große Zimmer mit Bad, Billardraum, Bibliothek, Pool und kostenloses WLAN. $250

ESSEN

🍴 **Blah Blah Blah**, 101 Victoria St, Dargaville, ☎ 09 439 6300. Café mit Schanklizenz, spezialisiert auf Gerichte, die aus den berühmten Kumara von Dargaville hergestellt werden, z. B. Kumara-Muschel-Suppe ($15); gut ist auch die Lammstelzenpastete ($26). Außerdem guter Kaffee und Kuchen aus eigener Herstellung sowie Frühstück. ⏱ Di–Sa 9 Uhr bis spät; Küche schließt um 21 Uhr.

Shiraz, 17 Hokianga Rd, Dargaville, ☎ 09 439 0024, ⌨ www.shiraz-nz.co.nz. Restaurant und Imbiss, serviert nordindische Speisen sowie Seafood und Pizza. Annehmbare Currys, alle Speisen unter $25. Um die Pizza besser einen Bogen machen. ☉ Mo–Sa 8–15 Uhr.

🏠 **The Funky Fish**, 34 Seaview Rd, Baylys Beach, ☎ 09 439 8883, ⌨ www.funky fish.co.nz. Das moderne Café mit lockerer Atmosphäre hat leckere Fish'n'Chips, in Bierteig gebackenen Heringskönig mit Zitrone und Salat, außerdem abwechslungsreiches Abendessen à la carte und eine lässige Gartenbar (Gerichte $10–35). Zum Abendessen im Sommer und ganzjährig Sonntagmittags unbedingt reservieren. ☉ Sommer Mi–So 11 Uhr bis spät, Winter Di und Mi 17 Uhr bis spät, Do–So 11 Uhr bis spät.

INFORMATIONEN UND TOUREN

In Dargaville gibt es keine offizielle **Touristeninformation**, jedoch sind in der Woodturners Kauri Gallery (S. 264) Infos erhältlich.

The Kumara Box, 503 Pouto Rd, etwas südlich von Dargaville, ☎ 09 439 7108, ⌨ www.kumara box.co.nz. Unaufgeregte Touren rund um eine Kumara-Farm im Herzen des Kumara-Anbaugebiets, sehr charmant, engagiert und einfallsreich. Mit einer Kumara-Bahn fährt man vorbei an der kleinsten Kirche in Northland zu einer Scheune, wo es ein selbst produziertes Video über die Kumara und die Gegend zu sehen gibt.

TRANSPORT

Die Buslinien nach Dargaville sind eingestellt worden; eigenes Fahrzeug erforderlich.

Tokatoka Peak

SH12; 17 km südwestlich von Dargaville

Von Dargaville führt der SH12 durch plattes Farmland 17 km nach Süden zum 180 m hohen **Tokatoka Peak**. Vom Gipfel dieses erloschenen Vulkans bietet sich ein wunderschöner Panoramablick. Zu erreichen ist er über einen mühsamen zehnminütigen Weg, der 1 km abseits des SH12 unweit des Tokatoka Pub beginnt.

Matakohe und das Kauri Museum

30 km südöstlich des Tokatoka Peak am SH12 ■ Kauri Museum ■ Church Rd ■ ☉ tgl. 9–17 Uhr ■ Eintritt $25 ■ ☎ 09 431 7417, ⌨ www.kaurimuseum.com

Das sehenswerteste Museum des Nordens und eines der besten kleinen Museen des Landes ist das **Kauri Museum** im Weiler **Matakohe**. Für eine Besichtigung sollte man mindestens drei Stunden einplanen. Das Museum befasst sich mit dem Einfluss des Kauri-Baums auf das Leben der Pioniere in Northland, deren Existenz sich auf das hervorragende Holz und das begehrte Harz *(gum)* des Baums gründete. Im Zentrum der Ausstellung stehen die behelfsmäßigen Siedlungen um die Holzfällercamps, die Gumfields sowie das Leben der Kaufleute, die zu den Wenigen gehörten, die sich die feinen Kauri-Möbel und das schön bearbeitete Kauri-Harz leisten konnten. Diagramme beweisen, dass sogar der Tane Mahuta im Vergleich zu den Baumriesen der Urzeit ein Zwerg ist. Der Geruch nach frischem Sägemehl weist den Weg zur nachgebauten, dampfbetriebenen Sägemühle. Außerdem beherbergt das Museum eine tolle Sammlung von Kauri-Möbeln, -Booten und -Harzen.

ÜBERNACHTUNG UND ESSEN

Gumdiggers Café, Church Rd, gegenüber vom Museum, ☎ 09 431 7075. Das Museumscafé lädt zum Verweilen vor oder nach dem Besuch der Ausstellungen ein. Es gibt Wraps, Pasteten, Burger, Sandwiches und Kuchen, alles frisch und für unter $20. ☉ tgl. 8.30–17 Uhr.

Matakohe Holiday Park, ☎ 0800 431 6431, ⌨ www.matakoheholidaypark.co.nz. Gepflegter kleiner Campingplatz an einem Hang mit tollem Hafenblick, 500 m hinter dem Museum. Camping $19, Cabins $65

🏠 **Petite Provence**, 703c Tinopai Rd, 9 km südlich von Matakohe, ☎ 09 431 7552, ⌨ www.petiteprovence.co.nz. Reizendes B&B in ländlicher Umgebung mit Aussicht auf den Kaipara Harbour. Geschmackvoll eingerichtete, gemütliche Zimmer, auf Wunsch auch köstliches Abendessen ($45, BYO). $160

MAUNGA TARANAKI

Westliche Nordinsel

Auf der westlichen Nordinsel herrscht ein feuchteres Klima als im Osten. Der Regen lässt üppige Wälder gedeihen, hat im porösen Kalkstein fantastische Höhlen geformt und geht auf dem Gipfel des Taranaki als Schnee nieder. Die Flüsse münden in die Tasmansee, deren hohe Wellen faszinierende Küstenlandschaften mit schroffen Landspitzen und Felstürmen geschaffen haben.

Stefan Loose Traveltipps

Raglan Auf Neuseelands tollsten Wellen reiten, in der Bucht Kajak fahren oder einfach nur die entspannte Atmosphäre des Hafenorts auf sich wirken lassen. S. 276

4 **Waitomo** Die Abenteuertrips durch die Höhlenlabyrinthe, oft märchenhaft von Glühwürmchen erleuchtet, gehören zu den besten der Welt. S. 283

Egmont National Park Schöne Wanderungen führen um oder auf den kegelförmigen Vulkanberg Taranaki, den zweithöchsten Berg der Nordinsel. S. 298

Forgotten World Highway Durch wildromantische Landschaft geht es zur selbst ernannten Dorfrepublik Whangamomona, wo Reisende ihren Pass abstempeln lassen können. S. 305

5 **Whanganui River** Eine dreitägige Kanutour erkundet die Schluchten und sanften Stromschnellen des längsten schiffbaren Flusses Neuseelands. S. 306

Kapiti Island Tagsüber sind in diesem Schutzgebiet seltene einheimische Vogelarten zu beobachten; wer über Nacht bleibt, kann sogar Kiwis erspähen. S. 324

AUF DEM WHANGANUI RIVER

BLÜTE DES POHUTUKAWA-BAUMS

Raglan
Waitomo
Forgotten World Highway
Whanganui River
Egmont National Park
Kapiti Island

Inhalt

Die westliche Nordinsel hat eine bewegte Geschichte. Im Naturhafen **Kawhia** an der Westküste landeten vor Jahrhunderten die Tainui. Ihr Kanu wurde an der Stelle begraben, an der sie das Land betraten. Der Baum, an dem sie es festmachten, steht immer noch. Kawhia ist außerdem Geburtsort des großen Maori-Häuptlings **Te Rauparaha**, der sein Volk auf der Flucht vor besser bewaffneten Stämmen aus der Waikato-Region nach Kapiti Island und von dort weiter auf die Südinsel führte.

Wer von Norden kommt, erreicht zuerst die landwirtschaftliche Region **Waikato** mit der Provinzhauptstadt **Hamilton** in ihrem Zentrum. Hamilton selbst hat nicht viel zu bieten, aber in der unmittelbaren Umgebung findet sich die eine oder andere Attraktion. Das nahe **Raglan** lockt mit einem Weltklasse-Surfstrand, einigen tollen Unterkünften und Lokalen in einer wunderbar entspannten Atmosphäre. Südöstlich von Hamilton bezirzt am SH1 der Ort **Cambridge** mit ein wenig englischem Charme. Ein Muss für *Herr der Ringe-* und *Der Hobbit*-Fans sind die **Hobbiton**-Touren bei Matamata.

Im Süden schließt sich an Waikato das historisch bedeutsame **King Country** an, dessen Name auf die Maori-Königsbewegung (S. 282) zurückgeht. Es handelt sich um die letzte bedeutende Maori-Bastion Neuseelands, die sich schließlich der Kolonisation beugen musste. Zu den Naturwundern der Region gehören die berühmten **Waitomo Caves** mit bizarren Kalksteinformationen und „Glühwürmchengrotten", die sich auf wunderbaren Abenteuertouren erkunden lassen.

Weiter südlich liegt die Halbinsel Taranaki, die auf der Landkarte an einen überdimensionalen Daumenabdruck erinnert und vom symmetrischen Vulkankegel des **Taranaki** (Mt Egmont) im Zentrum des **Egmont National Park** beherrscht wird. Am Fuße des Vulkans lohnt **New Plymouth** einen Besuch wegen seiner ausgezeichneten Galerie für zeitgenössische Kunst und der zahlreichen, leicht zugänglichen **Surfstrände**.

Das landeinwärts gelegene **Taumarunui** ist eine gute Ausgangsbasis für mehrtägige Kanutouren auf dem Whanganui River durch das Herz des üppig grünen **Whanganui National Park**. Der Fluss durchschneidet das hübsche

Künstlerstädtchen **Wanganui**, dessen Vergangenheit als Flusshafen auf einer Ausflugsfahrt mit einem restaurierten Schaufelraddampfer wieder lebendig wird.

Rund 60 km weiter südöstlich liegt im Zentrum der fruchtbaren, von Milchwirtschaft geprägten Region Manawatu die Universitätsstadt **Palmerston North**. Eine Handvoll ländlicher Ortschaften säumt den Highway Richtung Süden zur Kapiti Coast. Hier dient der relaxte Strandort **Paraparaumu** als Ausgangspunkt für Bootsfahrten zum paradiesischen Vogelschutzgebiet **Kapiti Island**.

Transport

Die Hauptbahnstrecke von Auckland nach Wellington führt nur durch einen Teil der Region. Von Oktober bis April gibt es in beide Richtungen täglich einen **Zug** (von Mai bis September nur freitags, samstags und sonntags). Außerdem verkehren häufige Pendlerzüge zwischen Wellington und Waikanae.

Die meisten **Fernbusse** betreiben InterCity/Newmans/Great Sights und NakedBus, die ihr Netz teils von regionalen Busunternehmen abdecken lassen.

Hamilton

Hamilton am Ufer des träge dahinfließenden grünen Waikato River ist Neuseelands viertgrößte Stadt, aber eher ein regionales Zentrum als ein Touristenziel. Immerhin liegt die Stadt in Reichweite einiger Topziele der Nordinsel, wie der Surfstrände von Raglan, der Waitomo Caves und Auckland (127 km nördlich). In der Stadt selbst ist nicht allzu viel zu sehen, aber es lohnt sich durchaus, ein paar Stunden für eine Besichtigung des ausgezeichneten **Waikato Museum** und einen Abstecher in die friedlichen **Hamilton Gardens** zu investieren. Dank der Universität gibt es zumindest in den Unterrichtsmonaten auch so etwas wie ein Nachtleben. Für Teetrinker bietet sich ein Besuch des **Zealong Tea Estate** an.

Mitte Juni findet im Mystery Creek Events Centre vor den Toren der Stadt jedes Jahr das viertägige Festival **Fieldays**, ⌨ www.fieldays.

N

0   50 km

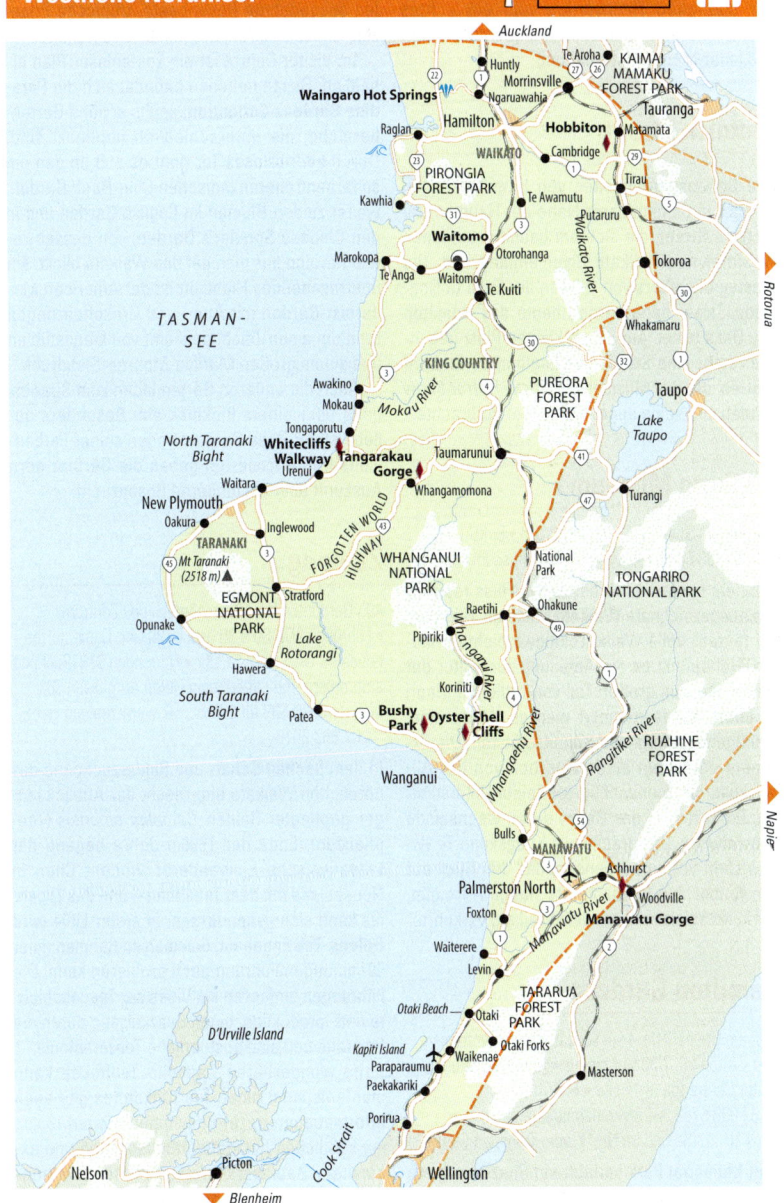

Auckland

Te Aroha
KAIMAI
MAMAKU
FOREST PARK
Huntly
Morrinsville
Waingaro Hot Springs
Ngaruawahia
Tauranga
Raglan
Hamilton
Hobbiton
Matamata
WAIKATO
Cambridge
PIRONGIA
FOREST PARK
Te Awamutu
Tirau
Kawhia
Putaruru
Waitomo
Otorohanga
Tokoroa
Marokopa
Te Anga
Waitomo
Te Kuiti
Whakamaru

T A S M A N -
S E E

KING COUNTRY
Awakino
Mokau
Mokau River
PUREORA
FOREST PARK
Taupo
Tongaporutu
North Taranaki
Bight
Whitecliffs
Walkway
Tangarakau
Gorge
Taumarunui
Lake
Taupo
Urenui
Waitara
Whangamomona
Turangi
New Plymouth
Oakura
Inglewood
FORGOTTEN WORLD HIGHWAY
TARANAKI
Mt Taranaki
(2518 m) ▲
WHANGANUI
NATIONAL
PARK
National
Park
TONGARIRO
NATIONAL
PARK
Stratford
EGMONT
NATIONAL
PARK
Raetihi
Ohakune
Opunake
Lake
Rotorangi
Pipiriki
Hawera
South Taranaki
Bight
Koriniti
Patea
Bushy
Park
Oyster Shell
Cliffs
RUAHINE
FOREST
PARK
Wanganui
Bulls
MANAWATU
Ashhurst
Palmerston North
Woodville
Foxton
Manawatu Gorge
Waiterere
Levin
TARARUA
FOREST
PARK
Otaki Beach
Otaki
Otaki Forks
Kapiti Island
Waikanae
Paraparaumu
Masterton
Paekakariki
Porirua
Nelson
Picton
Cook Strait
Wellington
Blenheim

Waikato River
Mokau River
Whanganui River
Whangaehu River
Rangitikei River
Manawatu River

Rotorua

Napier

WESTLICHE NORDINSEL

co.nz, statt, die größte Landwirtschaftsschau der südlichen Hemisphäre und ein echtes Kiwi-Event mit Schafschur, Pflügewettkämpfen und jeder Menge Unterhaltung.

Victoria Street

Alle Sehenswürdigkeiten von Hamilton liegen an oder in unmittelbarer Nähe der Hauptstraße **Victoria Street**, die sich am baumbestandenen Westufer des Waikato River entlangzieht. Die **Wesley Chambers** von 1924 an der Ecke Collingwood Street beherbergen heute das Hamilton City Oaks Hotel. Auf einem kleinen Platz gegenüber steht eine Statue des Engländers **Richard O'Brien**, der das Musical *The Rocky Horror Show* schrieb und seine Jugendjahre hier verbrachte.

Waikato Museum

1 Grantham St ▪ ⏰ tgl. 10–16.30 Uhr ▪ Eintritt frei ▪ ✆ 07 838 6606, 🖥 www.waikatomuseum.co.nz

In einem modernen Gebäude am Fluss residiert das ausgezeichnete **Waikato Museum**. Hier wird auf fantasievolle Weise Lokalgeschichte erläutert, Höhepunkt ist die Abteilung zur Kultur der **Tainui**, die zum großen Teil von örtlichen Maori kuratiert wurde. Gezeigt werden Werkzeuge, Ritualgegenstände und Schnitzarbeiten. Die Exponate vermitteln einen Eindruck von der Alltagskultur der vier wichtigsten Tainui-Unterstämme. Ergänzt wird das Ganze durch wechselnde Kunstobjekte. Das prachtvolle Kriegskanu *Te Winika* steht vor einem Fenster, das den Blick auf den Rumpf des Raddampfers *Rangiriri* freigibt, der in Kolonialzeiten auf dem Waikato verkehrte.

Hamilton Gardens

Cobham Drive (SH1), 4 km südöstlich des Zentrums ▪ ⏰ Gärten tgl. 7.30 Uhr bis zur Abenddämmerung; Visitor Centre tgl. 9–17 Uhr ▪ Eintritt frei ▪ ✆ 07 838 6782, 🖥 www.hamiltongardens.co.nz ▪ Bus Nr. 10 (Sa und So Nr. 17) vom Transport Centre

Vom Memorial Park verläuft ein Spazierweg am Fluss entlang zu den riesigen, nicht eingezäun-

ten **Hamilton Gardens**. Zu den Attraktionen zählen ausgedehnte Rosenbeete, tropische Pflanzen, Rhododendren, Magnolien und Kakteen.

Im Visitor Centre ist ein kostenloser Plan erhältlich. Gleich nebenan befindet sich die **Paradise Gardens Collection**, sechs schöne Gartenbereiche, die unterschiedlich bepflanzt sind. Durch ein reizloses Tor geht es z. B. in den um so farbenfroheren indischen Char Bagh Garden, weiter zu den Blumen im English Garden und in den Chinese Scholar's Garden, von dessen rotem Pavillon aus man auf den Waikato blickt. Ein überraschendes Highlight ist der American Modernist Garden mit Aloe- und Graspflanzungen rund um einen Teich, gesäumt von Liegestühlen und einem großen Marilyn-Monroe-Siebdruck.

Auch die anderen Gärten laden zum Spaziergang oder einem Picknick ein. Besonders beliebt ist der Rose Garden wegen seiner Farbenvielfalt. Interessierten geben die Gärtner gern Auskunft über die moderne Rosenzucht.

Zealong

495 Gordonton Rd, 13 km nördlich des Zentrums ▪ Führungen Di–So 9.30 und 14.30 Uhr; Camellia Teahouse ⏰ Di–So 10–17 Uhr ▪ Führungen $18 (Buchung empfohlen); Tee mit beliebig vielen Aufgüssen $8; *signature tea* $39 für 1 Pers., 🖥 www.zealong.co.nz; ✆ 07 853 3018

In dem flachen Schaf- und Rinderzuchtland des nördlichen Waikato überrascht der Anblick langer gepflegter Reihen *Camellia sinensis* (Teepflanzen). Ende der 1990er-Jahre begann der taiwanesische Einwanderer Vincent Chen in Neuseeland mit dem Teeanbau – und das Ergebnis kann sich sehen lassen. In erster Linie wird **Oolong-Tee** angebaut, den man im Rahmen einer 50-minütigen Führung auch probieren kann. Die **Führungen** umfassen ein Video zur Teegeschichte und -produktion, einen Spaziergang durch die Plantage und eine ausführliche Teezeremonie.

Im wunderbaren Camellia Teahouse kann man entspannt einen Tee trinken (es gibt auch Informationen dazu) oder einen *signature tea* mit köstlichen herzhaften Kleinigkeiten und exquisitem Backwerk probieren. Auch Mittagessen und diverse Kuchen werden serviert.

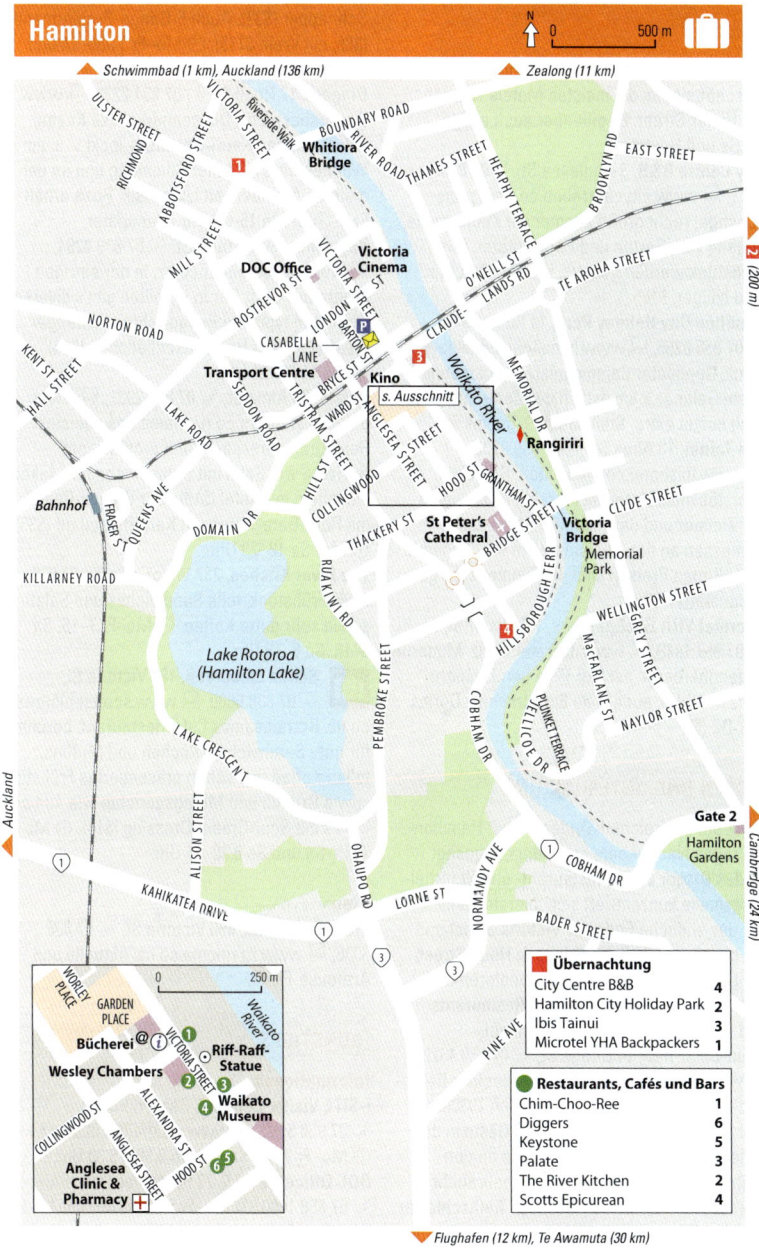

Hamilton

N ↑ 0 — 500 m

Schwimmbad (1 km), Auckland (136 km) Zealong (11 km)

ULSTER STREET
RICHMOND
ABBOTSFORD STREET
VICTORIA STREET
Riverside Walk
1
BOUNDARY ROAD
RIVER ROAD
THAMES STREET
HEAPHY TERRACE
BROOKLYN RD
EAST STREET

Whitiora Bridge

MILL STREET

NORTON ROAD

KENT STREET
HALL STREET
FRASER ST
QUEENS AVE

Bahnhof

KILLARNEY ROAD

DOC Office
ROSTREVOR ST
VICTORIA STREET
LONDON ST
BARTON ST

Victoria Cinema

O'NEILL ST
LANDS RD
TE AROHA STREET

2 (200 m)

P
3
CLAUDE ST
Waikato River
MEMORIAL DR

CASABELLA LANE

Transport Centre
SEDDON ROAD
TRISTRAM STREET
BRYCE STREET
WARD STREET

Kino
ANGLESEA STREET
GRANTHAM ST
HOOD ST

s. Ausschnitt

Rangiriri

LAKE ROAD

HILL ST
COLLINGWOOD ST

THACKERY STREET
RUAKIWI RD

St Peter's Cathedral

BRIDGE STREET
HILLSBOROUGH TERR

Victoria Bridge
Memorial Park

CLYDE STREET

4

WELLINGTON STREET
MacFARLANE ST
GREY STREET
NAYLOR STREET

DOMAIN DR

Lake Rotoroa (Hamilton Lake)

PEMBROKE STREET

COBHAM DR
PELLICOE DR
PLUNKET TERRACE

LAKE CRESCENT

ALISON STREET
OHAUPO RD

KAHIKATEA DRIVE

LORNE ST

NORMANDY AVE

1

Auckland

1

1

3

3

COBHAM DR

Gate 2
Hamilton Gardens

Cambridge (24 km)

BADER STREET
PINE AVE

Flughafen (12 km), Te Awamuta (30 km)

WORLEY PLACE
GARDEN PLACE

0 — 250 m

Bücherei @ ⓘ **1** ● **Riff-Raff-Statue**
Wesley Chambers
VICTORIA STREET
Waikato River

2 ●
3 ●
4 ● **Waikato Museum**

ALEXANDRA ST
ANGLESEA STREET
COLLINGWOOD ST
HOOD ST

6 ● **5** ●

Anglesea Clinic & Pharmacy ✚

🟥 **Übernachtung**

City Centre B&B	**4**
Hamilton City Holiday Park	**2**
Ibis Tainui	**3**
Microtel YHA Backpackers	**1**

🟢 **Restaurants, Cafés und Bars**

Chim-Choo-Ree	**1**
Diggers	**6**
Keystone	**5**
Palate	**3**
The River Kitchen	**2**
Scotts Epicurean	**4**

Hamilton bietet vor allem Motelzimmer für Geschäftsleute; die meisten Motels säumen die Ulster Street. Es gibt aber auch einige B&Bs und Hostels.

City Centre B&B, 3 Anglesea St, ✆ 07 838 1671, ⌨ www.citycentrebnb.co.nz. 2 preisgünstige, recht große Zimmer mit Küchenzeile, Zugang zum Garten und Pool. Zutaten fürs Frühstück werden gestellt. Weitere Nächte sind billiger. $165

Hamilton City Holiday Park, 14 Ruakura Rd, ✆ 07 855 8255, ⌨ www.hamiltoncityholidaypark. co.nz. Gepflegter Campingplatz auf parkähnlichem Gelände 2 km östlich des Zentrums. Bettzeug kostet extra. Stellplatz $19, Cabins $48

Ibis Tainui, 18 Alma St, ✆ 07 859 9200, ⌨ www.ibishotel.com/hamilton. Schickes achtstöckiges Hotel mit Flussblick von vielen der Zimmer und der Restaurantterrasse. Gemessen an den besonders am Wochenende gemäßigten Preisen sind die Zimmer sehr gut ausgestattet. $89

Microtel YHA Backpackers, 140 Ulster St, ✆ 07 957 1848, ⌨ www.microtel.co.nz. Moderne Jugendherberge mit Sky TV in den Zimmern (teils mit Bad), auch viele Einzelzimmer. Dorms $29, DZ $69

ESSEN UND UNTERHALTUNG

Dank der zahlreichen Studenten hat Hamilton ein reges Nachtleben; besonders angesagt ist das Digger's. Die Restaurant- und Unterhaltungsmeile konzentriert sich in erster Linie auf das südliche Ende der Victoria Street und die gleich um die Ecke gelegene Hood Street, wo Lokale tagsüber als **Cafés** fungieren und sich zu vorgerückter Stunde in **Restaurants** und noch später in **Bars** verwandeln.

Chim-Choo-Ree, 14 Bridge St, ✆ 07 839 4329, ⌨ www.chimchooree.co.nz. Ein nackter Betonboden und Lampenschirme aus den 1930er- und 1940er-Jahren begrüßen die Gäste in dem beliebten Bistro, in dem die Stühle an den Wänden hängen, wenn sie nicht gebraucht werden. Als Vorspeise gibt's z. B. Tunfischtartar mit Miso-Mayonnaise ($19) und als Hauptgang Schnapper ($37). Auch 5-Gänge-Probiermenü ($85, mit Wein $115). ⏰ Mo–Fr 11.30–14 und 17 Uhr bis spät, Sa 17 Uhr bis spät.

Diggers, 17 Hood St, ✆ 07 834 2228, ⌨ www.diggersbar.co.nz. Die schnörkellose Kneipe mit der langen Kauri-Holztheke lockt v. a. am Wochenende mit toller Stimmung und an den meisten Abenden mit Livemusik. Pizza erhältlich. ⏰ Di–So 15–22 Uhr oder später.

Keystone, 150 Victoria St, ✆ 07 839 4294, ⌨ www.keystonebar.co.nz. In der einzigen Monteith's Craft Bar in Hamilton gibt's diverse Biere und typische Pubgerichte wie *hanger steak* ($16) und Hackfleischbällchen ($14). ⏰ tgl. 11.30–24 Uhr.

Palate, 20 Alma St, ✆ 07 834 2921, ⌨ www.palaterestaurant.co.nz. Hamiltons edelstes Restaurant, entspannt und professionell. Gerichte wie Salat mit Schweinebauch, Jakobsmuscheln mit Apfel ($19) oder Wagyu-Ravioli mit Rote-Bete-Püree auf Kartoffelauflauf ($35). ⏰ Mo–Sa 18–23 Uhr.

The River Kitchen, 237 Victoria St, ✆ 07 839 2906. Frühstück, tolle Sandwiches und Salate sowie sehr guter Kaffee. ⏰ Mo–Fr 7–16, Sa 8–16, So 8–15 Uhr.

Scotts Epicurean, 181 Victoria St, ✆ 07 839 6680, ⌨ www.scottsepicurean. co.nz. Betriebsames Café-Restaurant, berühmt für gute Sandwiches, Kuchen und Muffins, tollen Kaffee und schön präsentiertes Frühstück sowie Brunch und Mittagsgerichte wie *kumara cakes* mit Sour-Cream-Dressing ($14). ⏰ Mo–Fr 7–15, Sa und So 8.30–16 Uhr.

Kino

Victoria Cinema, 690 Victoria St, ✆ 07 838 3036, ⌨ www.nzcinema.co.nz. Aktuelle und Arthouse-Filme.

SONSTIGES

Informationen

i-SITE Visitor Centre, 5 Garden Place, ✆ 07 958 5960, ⌨ www.visithamilton.co.nz. ⏰ Mo–Fr 9–17, Sa und So 9.30–15.30 Uhr.

DOC Office, Level 5, 73 Rostrevor St, ✆ 07 858 1000. ⏰ Mo–Fr 8.30–16.30 Uhr. Wanderinformationen und Hüttenpässe.

Internet
Kostenloses WLAN rund um den **Garden Place** und ebenfalls kostenloses WLAN in der **Central Library**, 9 Garden Place, ✆ 07 838 6826, ⏰ Mo–Fr 9.30–20, Sa 9–16, So 12–15.30 Uhr.

NAHVERKEHR

Stadtbusse
Busit, ✆ 0800 4287 5463, 🖥 www.busit.co.nz. Stadtbusse sowie Busse ab Transport Centre nach Cambridge, Te Awamutu, Raglan und Paeroa; kostenlose Fahrpläne gibt's im Transport Centre und im i-SITE. Ein Einzelfahrschein für $3,10 gilt innerhalb der Stadtgrenzen 2 Std. lang, mit Umsteigen.

Taxis
Taxistand beim Transport Centre. Bei **Hamilton Taxis** Taxibestellung: ✆ 0800 477 477.

TRANSPORT

Busse
Transport Centre, 373 Anglesea St, Ecke Bryce St. Der moderne Busbahnhof im Zentrum ist Knotenpunkt für Regional- und Fernbusse. Gepäck-Schließfächer ($4). Verkauf von Tickets für InterCity und NakedBus. ⏰ Mo–Do 7–18, Fr 7–19, Sa 9–16.30, So 9–16 Uhr.

Busse nach:
AUCKLAND 16–19x tgl., 2 Std.;
CAMBRIDGE 12x tgl., 1/2 Std.;
MATAMATA 4x tgl., 1 Std.;
NEW PLYMOUTH 4x tgl., 4 Std.;
NGARUAWAHIA 14–16x tgl., 15 Min.;
OTOROHANGA 5x tgl., 1 Std.;
PAEROA 2x tgl., 1 1/2 Std.;
RAGLAN 2–3x tgl.,1 Std.;
ROTORUA 8x tgl., 1 3/4 Std.;
TAUPO 6x tgl., 2–3 Std.;
TAURANGA 4x tgl., 1 3/4 Std.;
TE AROHA 3x tgl., 1 Std.;
TE AWAMUTU 8x tgl., 1/2 Std.;
TE KUITI 4x tgl., 1–1 3/4 Std.;
THAMES 2x tgl., 1 3/4 Std.;
TIRAU 11x tgl., 1/2–1 Std.;

WANGANUI 2x tgl., 6–8 Std.;
WELLINGTON 7x tgl., 9 Std.

Eisenbahn
Bahnhof, Fraser St, im Vorort Frankton, knapp 2 km westlich des Stadtzentrums. Bus Nr. 3 fährt von hier aus zum Transport Centre, wo auch Bahnfahrkarten erhältlich sind.

Züge nach:
AUCKLAND 3–7x wöchentl., 2 1/2 Std.;
WELLINGTON 3–7x wöchentl., 9 1/2 Std.

Flüge
Der Flughafen von Hamilton liegt 15 km südlich der Stadt. Von hier verkehrt der **Super Shuttle**, ✆ 0800 748 885, ins Zentrum (Fahrpreis $23).

Flüge nach:
AUCKLAND 3x tgl., 1/2 Std.;
CHRISTCHURCH 2x tgl., 1 3/4 Std.

Rund um Hamilton

Hamilton eignet sich gut als Basis für die Erkundung der Region Waikato, wo es einige Sehenswürdigkeiten zu entdecken gibt. Auf der Strecke von Auckland Richtung Süden ist der erste interessante Ort das für die Maori bedeutsame **Ngaruawahia**. Wer auf dem Weg nach Raglan ist, kann Ngaruawahia auslassen und auf eine Nebenstraße Richtung **Waingaro Hot Springs** abbiegen. Kunstfreunde sollten Richtung Osten zur **Wallace Gallery** fahren, Hobbit-Fans zieht es nach **Hobbiton** in der Nähe von Matamata. Cambridge und Tirau südöstlich von Hamilton sind eigentlich nur Zwischenstopps auf dem Weg nach Taupo. **Te Awamutu** im Süden zelebriert sein Maori-, Pakeha- und Finn-Brothers-Erbe.

Waingaro Hot Springs

Waingaro Rd, 40 km nordwestlich von Hamilton ▪ ⏰ tgl. 9–21.30 Uhr ▪ Eintritt $11; Warmwasserrutsche $6 extra (ganzer Tag) ▪ ✆ 07 825 4761, 🖥 www.waingarohotsprings.co.nz

WESTLICHE NORDINSEL

Wer von Auckland nach Raglan unterwegs ist, kann einen Zwischenstopp bei den altmodischen **Waingaro Hot Springs** einlegen, die mit ihren drei Warmwasserbecken und Neuseelands längster offener Warmwasserrutsche ein echtes Stück Kiwi-Freizeitkultur bieten.

Ngaruawahia

Das historisch und kulturell bedeutsame landwirtschaftliche Zentrum **Ngaruhawahia**, 18 km nordwestlich von Hamilton am SH1, liegt am Zusammenfluss von Waikato und Waipa. Beide Flüsse waren einst wichtige Kanurouten der Maori.

Hier hatte die **Königsbewegung** (S. 282) ihre Wurzeln. Der Ort ist heute noch Sitz der Maori-Könige und war 1995 Schauplatz der Unterzeichnung des Raupatu Land Settlement, mit dem die neuseeländische Regierung der Tainui-Stammesföderation Entschädigungszahlungen für die gewaltsame Landnahme in den 1860er-Jahren zubilligte.

Die Maori-Tradition ist besonders eindrucksvoll am **Regatta Day** zu erleben. Er wird alljährlich an dem Samstag veranstaltet, der dem 17. März am nächsten liegt. Auf beiden Flüssen ziehen dann prächtig verzierte Kriegskanus am Maori-König vorbei, und am **Turangawaewae Marae** (an der unmittelbar nördlich der Brücke vom SH1 abzweigenden River Road, nur am Regatta Day geöffnet) finden Hürdenläufe und ähnliche Wettkämpfe statt.

Wallace Gallery

167 Thames St, Morrinsville, 33 km nordöstlich von Hamilton ▪ ⏲ Di–So 10–16 Uhr ▪ Eintritt frei ▪ ☎ 07 889 7791, ⌨ www.morrinsvillegallery.org.nz

Im gesichtslosen Agrarort **Morrinsville** überrascht diese kleine, aber sehr gute Galerie, ein Ableger des Wallace Arts Centre (S. 149) in Auckland. Sie befindet sich im ehemaligen Postamt aus der Mitte des 20. Jhs. Die wechselnden Ausstellungen präsentieren Werke der umfassenden Wallace-Sammlung von zeitgenössischer neuseeländischer Kunst.

Matamata

Die auf Milchwirtschaft und Rennpferdezucht spezialisierte Gemeinde **Matamata**, 63 km östlich von Hamilton, gelangte vor ein paar Jahren zu plötzlichem Ruhm, als hier die Hobbiton-Szenen für die *Herr der Ringe-Trilogie* gedreht wurden (in der deutschen Fassung heißt das Hobbitdorf „Hobbingen"). Im Ortszentrum stehen ein paar lebensechte Figuren aus dem *Herrn der Ringe*, doch der Hobbiton-Drehort auf einer Schafsfarm 16 km südwestlich des Orts ist nur im Rahmen einer Führung zu besichtigen.

Hobbiton Movie Set und Farm Tours

501 Buckland Rd, 16 km südöstlich von Matamata ▪ Führungen tgl. alle 15–30 Min. ▪ Eintritt $75 ▪ ☎ 07 888 9913, ⌨ www.hobbitontours.com ▪ kostenloser Shuttle vom i-SITE in Matamata oder per Tour von Rotorua (2x tgl., $110)

Zwischen den Dreharbeiten für die drei *Herr der Ringe*-Filme von Peter Jackson Anfang der 2000er-Jahre hatte man die Filmsets größtenteils abgebaut. Nach den Dreharbeiten für den *Hobbit* Ende 2011 wurden alle Kulissen stehen gelassen. Besucher können nun über einen Hügel mit 42 Hobbithöhlenfassaden spazieren. Die Schornsteine erscheinen verrußt, das Moos an den Zäunen sieht völlig echt aus, und es gibt einen Obstgarten mit Apfel- und Birnbäumen. Auf der anderen Seite des Sees haben die Filmemacher zwei reetgedeckte Gebäude errichtet: eine Wassermühle, die über eine „Steinbrücke" mit dem Gasthaus „Zum Grünen Drachen" verbunden ist. Eingefleischte Anhänger werden ihre Freude daran haben, im echten Hobbiton umher wandern zu können. Weniger enthusiastische Fans finden die Führungen wahrscheinlich eher etwas zu lang und überteuert.

ESSEN

Workman's Café & Bar, 52 Broadway, ☎ 07 888 5498. Flippiges Café mit Schanklizenz und viel Elan. Bestens geeignet für Kaffee, Kuchen und Snacks, geboten werden aber auch Gerichte wie Rindfleischsalat mit Rübchen ($22). ⏲ Di 16–21, Mi–So 7–21 Uhr oder später.

i-SITE, 45 Broadway, ✆ 07 888 7260, 🖥 www. matamatanz.co.nz. Informationen und Internetzugang. ⊕ Mo–Fr 9–17, Sa und So 9–14.30 Uhr. InterCity- und NakedBus-**Busse** auf der Strecke Auckland–Rotorua halten am i-SITE.

Busse nach:
AUCKLAND 1x tgl., 3 Std.;
HAMILTON 4x tgl., 1 Std.;
ROTORUA 1x tgl., 50 Min.;
TAURANGA 3x tgl., 1 Std.

Cambridge

Cambridge, 24 km südöstlich von Hamilton, wurde 1864 als Milizstützpunkt am oberen Ende des schiffbaren Abschnitts des Waikato River gegründet und ist heute von Gestüten umgeben. Es besitzt sogar einen **Equine Stars Walk of Fame** mit Mosaiken der hier gezüchteten Turniersieger. Beim i-SITE gibt es eine Broschüre für einen Stadtrundgang (etwa 1 Std.), um die eleganten **Gebäude aus dem 19. und 20. Jh.** zu besichtigen.

ESSEN

The Deli on the Corner, 48 Victoria St, ✆ 07 827 5370. Das beste Café am Ort residiert im großzügigen Triangle Building von 1920. Hervorragende Sandwiches, Pasteten und Wraps sowie Brunch-Gerichte wie Sahnepilze auf Toast ($14; bis 14 Uhr). Sehr guter Kaffee, dazu Muffins, Brotpudding mit Beeren ($6) und Eiscreme. ⊕ Mo–Fr 8–17, Sa 8–16, So 9–15 Uhr.

INFORMATIONEN UND INTERNET

i-SITE Visitor Centre, Queen St, Ecke Victoria St, ✆ 07 823 3456, 🖥 www.cambridge.co.nz. Im ehemaligen Büchereigebäude, mit **Internetzugang**. ⊕ Mo–Fr 9–17, Sa und So 10–16 Uhr.

TRANSPORT

Busse von InterCity und NakedBus halten auf der Route AUCKLAND–WELLINGTON 50 m vom i-SITE in der Lake Street. BusIt, ✆ 0800 287 5463, 🖥 www.busit.co.nz, betreibt eine Busverbindung von HAMILTON (12x tgl., 1/2 Std.), die vor 36 Victoria St hält. Zudem gibt es Busse nach MATAMATA 1–2x tgl., 1/2 Std., und TAURANGA 1–2 x tgl., 1 1/2 Std.

Tirau

Fast jeder scheint im landwirtschaftlich geprägten Ort **Tirau**, 55 km südöstlich von Hamilton, eine Kaffeepause einzulegen. Der Highway durch den Ort ist komplett von Wellblechbauten gesäumt. Alles begann mit einem Wollgeschäft in einem Wellblechschaf, gefolgt von einem Schäferhund, in dem das **i-SITE** residiert. Die Wellblechbauten sind inzwischen zum Wahrzeichen des Orts geworden, und Blechbauten und -schilder finden sich an jeder Ecke.

ESSEN

Beanz & Machines, 1 Hillcrest St, ✆ 07 883 1146. Kleine Rösterei mit begrenztem Speiseangebot, aber erstklassigem Kaffee und allem möglichen Kaffeezubehör. ⊕ tgl. 7–16 Uhr.

INFORMATIONEN

i-SITE, SH1, ✆ 07 883 1202, 🖥 www.tirauinfo.co.nz, ⊕ tgl. 9–17 Uhr.

Te Awamutu

„TA", wie die Einheimischen ihre Stadt nennen, ist musik- und militärhistorisch interessant. Der Geburtsort der Brüder Tim und Neil Finn, die mit **Crowded House** zu musikalischem Ruhm gelangten, liegt 30 km südlich von Hamilton inmitten von Hügeln und Kuhweiden vor der Kulisse des Mount Pirongia.

Das i-SITE befindet sich gegenüber den weitläufigen **Rosengärten**, die sich von November bis Mai von ihrer schönsten Seite zeigen, Eintritt frei, ⊕ durchgehend. Außerdem gibt es beim i-SITE den Schlüssel zur Garnisonskirche **St John's** von 1854, die gegenüber in der Arawata Street steht. Im Innern der Kirche findet sich eine in Maori-Sprache verfasste Würdigung jener Maori, die trotz Beschuss auf das Schlachtfeld robbten, um verwundeten britischen Soldaten Wasser zu bringen.

Te Awamutu Museum

135 Roche St ▪ ⏲ Mo–Fr 10–16, Sa 10–16 Uhr ▪ Eintritt frei ▪ ✆ 07 872 0085, 🖥 www.tamuseum. org.nz

Das **Te Awamutu Museum** zeigt interessante Ausstellungen über die europäischen Siedler und die Landkriege, außerdem über die Finn-Brüder. Im Raum mit den Maori-Artefakten ist vor allem **Uenuku** bemerkenswert, eine 2,7 m hohe Darstellung einer Maori-Gottheit. Sie hat nur wenig mit anderen Schnitzarbeiten der Maori gemein, was für die These spricht, dass das Werk vor 1500 entstand.

ESSEN

Empire Espresso Bar, 65 Sloane St, ✆ 07 871 2095, 🖥 www.facebook.com/Empire EspressoEatery. Schickes kleines Café im Eingang eines ehemaligen Kinos von 1915 mit tollen kleinen Speisen am Tresen, kleinem Frühstück und Mittagessen wie Cajun-Huhn mit Hummus und Salat ($16). Zum Kaffee passen gut die Passionsfrucht-Macadamia-Makronen. ⏲ Mo–Fr 6–15.30, Sa 6–14.30 Uhr.
Fahrenheit, 13 Roche St, ✆ 07 871 5429, 🖥 www.fahrenheitrestaurant.co.nz. An einem sonnigen Nachmittag lassen sich auf der Terrasse an der Hauptstraße gut ein Bier, Fish 'n' Chips ($18) oder Tapas ($12) wie *duck rillette* oder Calamari genießen. ⏲ Di–So 11–22 Uhr oder später.

INFORMATIONEN UND TOUREN

i-SITE Visitor Centre, 1 Gorst Ave, ✆ 07 871 3259, 🖥 www.teawamutuinfo.com. Infos sowie kostenlose warme Duschen. ⏲ Mo–Fr 9–17, Sa und So 10–16 Uhr.
Finn Tour. Fans der Finn-Brüder können anhand eines im i-SITE erhältlichen Büchleins

($5) einen Rundgang zu den für die Brüder prägenden Orten unternehmen – ziemlich unspektakulär.

TRANSPORT

Die **Busse** von InterCity und NakedBus halten am i-SITE Visitor Centre. BusIt-Busse verkehren nach HAMILTON (8x tgl., 1/2 Std.), 🖥 www. busit.co.nz. Außerdem gibt es Busse nach OTOROHANGA (5x tgl., 20 Min.).

Raglan

Viele Urlauber bleiben weit länger als geplant im kleinen **Raglan**, 48 km westlich von Hamilton, am Südufer des großen, malerischen Naturhafens Whaingaroa Harbour. Sie können sich nur schwer von der hiesigen Künstler- und Kunsthandwerksszene und der lockeren Surfergemeinde losreißen. Surfer wiederum zieht es nach Raglan, weil es hier mit die besten „Lefthander" der Welt gibt.

Cafés, Banken und Kneipen säumen die von Palmen beschattete **Bow Street**, an deren Westende der Hafen liegt. Von Spaziergängen an der Küste abgesehen bietet die Stadt kaum Attraktionen, sodass es die meisten Besucher gleich an die Surfstrände 8 km südlich zieht.

Dort sowie noch weiter südlich bei den **Bridal Veil Falls** bieten sich gute Wander- und Reitmöglichkeiten. Weite Ausblicke auf den Raglan Harbour und die Küste entlang eröffnen sich vom Gipfel des **Mount Karioi** (755 m), der über eine kurvenreiche Schotterstraße zu erreichen ist.

Geschichte

Den südlichen Horizont dominiert der **Mount Karioi**, nach der Maori-Legende das eigentliche Ziel des großen Wanderkanus Tainui. Doch an der Hafeneinfahrt versperrte eine Sandbank den Weg, weshalb die Maori den Hafen Whangaroa („lange Reise") nannten. Um Verwechslungen mit einem gleichnamigen Ort zu vermeiden, wurde der Name später in Whaingaroa geändert. 1855 schließlich wurde Whaingaroa nach einem tragischen britischen Helden des Krimkriegs in Raglan umgetauft.

Raglan Museum

15 Wainui Rd ▪ ⏰ Nov–März Mo–Sa 9–19, So 9.30–18, April–Okt Mo–Fr 9.30–17.30, Sa und So 9.30–17 Uhr ▪ Eintritt $2 ▪ ✆ 07 825 0556, 🖵 www.raglanmuseum.co.nz

Über das i-SITE-Büro hat man Zugang zu diesem kleinen Museum mit bescheidenen Ausstellungen zur Geschichte der Gegend. Für Surffans besonders interessant ist ein kurzer Film, in dem gezeigt wird, wie man in den 1970er-Jahren mit Computern die besten Tage für eine Fahrt an die Küste errechnen wollte.

Old School Arts Centre

Stewart St ▪ ✆ 07 825 0023, 🖵 www.raglanarts centre.co.nz

Raglan beherbergt eine Handvoll Galerien wie das **Old School Arts Centre**, das von der Künstlergemeinde der Stadt betrieben wird. Hier findet jeden zweiten Sonntag im Monat von 10 bis 14 Uhr ein interessanter **Markt** mit regionalen Erzeugnissen statt, 🖵 www.raglanmarket.com. Außerdem gibt das Arts Centre die kostenlose Broschüre *Raglan Arts Trail* heraus.

Te Kopua und Ocean Beach

Der sicherste Badestrand ist **Te Kopua** mitten in der Stadt, zu erreichen über die Fußgängerbrücke am unteren Ende der Bow Street oder mit dem Auto über Wainui Road und Marine Parade. Der schwarze Sand sieht zwar nicht so ansprechend aus, aber dennoch ist der Strand beliebt; es gibt auch Grillplätze und einen Kinderspielplatz. **Ocean Beach**, unmittelbar außerhalb der Stadt an der Wainui Road auf dem Weg nach Whale Bay, bietet großartige Ausblicke auf die Fels- und Sandzunge, die die Hafeneinfahrt abschirmt, und ist ein hübscher Ort für ein Picknick. Aufgrund der starken Unterströmungen ist das Schwimmen hier jedoch gefährlich. Die berühmten **Surfstrände** liegen rund 8 km außerhalb der Stadt (s. Kasten S. 278).

Te Toto und Mount Karioi Track

Beide Wege beginnen 12 km südlich von Raglan an der Whaanga Rd ▪ **Te Toto** 2 km hin und zurück, 1 Std., 200 m Anstieg auf dem Rückweg ▪ **Karioi** 8 km hin und zurück, 5–6 Std., 650 m Anstieg, bei schlechtem Wetter nicht zu empfehlen

Die Möglichkeit für eine kurze Wanderung bietet der **Te Toto Track**, der von einem Parkplatz aus durch Küstenwald steil bergab zum grünen Ufer des Te Toto Stream führt. Von hier gelangt man anschließend recht einfach zum Steinstrand.

Am selben Parkplatz beginnt auch der sehr viel anstrengendere **Mount Karioi Track**. Er folgt einem Kammweg mit Manuka-Bäumen, in dessen Verlauf die Ausblicke auf die Küste immer beeindruckender werden. Nach einer Wanderung durch dichten Wald und einem kurzen Leiterabstieg gelangt man zum letzten steilen Aufstieg, der mithilfe von fest verankerten Ketten absolviert wird.

Bridal Veil Falls

20 km südöstlich von Raglan

Die **Bridal Veil Falls** verstecken sich mitten im dichten Wald; der Wasserfall ist von der Straße nach Kawhia ausgeschildert. Das Wasser der „Brautschleierfälle" stürzt eine 55 m hohe Felswand hinab in ein grün schimmerndes Becken. Vom Parkplatz sind es etwa zehn Minuten zum unteren Ende des Wasserfalls; für den Rückweg bergauf braucht man ungefähr doppelt so lange.

ÜBERNACHTUNG

Bow Street Studios, 1 Bow St, ✆ 07 825 0551, 🖵 www.bowstreet.co.nz. Alle 7 Units mit separatem Schlafzimmer bieten von der oberen Etage Blick auf die Hafenbucht sowie eine subtropische Terrasse an der Küche/Lounge. Sehr durchdacht, geschmückt mit neuseeländischer Kunst. Außerdem hübsches Cottage mit 2 Schlafzimmern. $230
Harbourview Hotel, 14 Bow St, W 07 825 8010, ✉ harbourviewhotel@vodafone.co.nz. Das alte Stadthotel wartet mit Veranden zur Hauptstraße, netten Zimmern, Sportbar und Restaurant auf. $80
Karioi Lodge, 5 Whaanga Rd, Whale Bay, ✆ 07 825 7873, 🖵 www.karioilodge.co.nz. Dieses angenehme Hostel liegt tief im endemischen Küstenwald 8 km südwestlich von Raglan. 4er-Dorms, DZ, Wohnmobilplätze am Hang, Gemeinschaftsküche, Sauna, Fahrradverleih und Zugang zu Bergpfaden. Kostenlose

Tolle Wellen gibt es rund um Neuseeland, aber Raglan ist mit seinen perfekten Wellenlinien das Top-Surferziel des Landes. Für unerfahrene Surfer eignet sich am besten der **Ngarunui Beach**, 5 km südlich von Raglan, denn dort gibt es keine Felsbrocken. Die interessantesten Brecher für Fortgeschrittene finden sich dagegen in der **Manu Bay** (Waireki) und **Whale Bay**, beide rund 8 km südlich der Stadt. Hier wurde in den 1960er-Jahren der Kult-Surffilm *The Endless Summer* gedreht.

Auch für Nicht-Surfer hat Raglan einiges zu bieten. So kann man z. B. per Kajak die **Pancake Rocks** auf der anderen Seite des Whaingaroa Harbour erkunden. Im Landesinneren bieten sich Möglichkeiten zu Reit- und Mountainbike-Ausflügen.

Surfen und Kitesurfen

GAgRAglan, Volcom Lane, ✆ 07 825 8702, 🖳 www.gagraglan.com. Kitesurfing-Kurse ab $60/Std. für Anfänger, mit Ausfahrt aufs Wasser bis $80.

Raglan Kitesurfing, Lost Lane, ✆ 07 825 8402, 🖳 www.raglankitesurfing.com. Für Anfänger gibt es Einzelstunden à $80.

Raglan Surfing School, Whale Bay, ✆ 07 825 7873, 🖳 www.raglansurfingschool.co.nz. Die wichtigste Surfschule vor Ort. Unterschiedliche Kurse, u. a. Einweisung für Anfänger mit Softboards (3 Std., in der Gruppe $89, Einzelunterricht $149) sowie Ausrüstungsverleih (halber Tag ab $35).

Erkundung der Hafenbucht

Raglan Backpackers, ✆ 07 825 0515, 🖳 www.raglanbackpackers.co.nz. Hier kann man Sit-on-top-Kajaks leihen (1er $35/3 Std., 2er $45/4 Std.) und damit gleich beim Hostel loslegen und den Hafen erkunden. Besonders interessant sind die Pancake Rocks auf der anderen Seite, leicht in 15–20 Min. zu erreichen. $5 Rabatt für Hostel-Gäste.

Raglan Kayak, ✆ 07 825 8862, 🖳 www.raglaneco.co.nz. „Kayak ‚n' Coffee"-Tour (3 Std., $75) über die Hafenbucht zu den Pancake Rocks; Leihkajaks (1er $40/halber Tag, $50/ganzer Tag).

Wahine Moe, Raglan Wharf, ✆ 07 825 7873, 🖳 www.raglanboatcharters.co.nz. Schöne 2-stündige Sonnenuntergangsbootstouren ($49) über den Raglan Harbour. Inklusive Grillsandwich; Bar an Bord. ◷ Dez–März Do–So.

Reiten

Extreme Horse Adventures, Ruapuke, 20 km südwestlich von Raglan, ✆ 07 825 0059, 🖳 www.wildcoast.co.nz. Knapp 3-stündige Reitausflüge durch Waldgelände bis zum Ruapuke Beach ($120 p. P.). Preisgünstige Abholung für Gruppen ab 4 Pers.

Magic Mountain Horse Treks, 334 Houchen Rd, 15 km südlich von Raglan, ✆ 07 825 6892, 🖳 www.magicmountain.co.nz. Wer von Raglan 8 km auf dem SH23 nach Osten, dann 6 km die Te Mata Road hinauffährt und noch 3 km der Houchen Road folgt, kommt zu Magic Mountain Horse Treks. Einstündige Ausritte über Farmland ($50), 2-stündige zu den Bridal Veil Falls ($100, nur mit Reservierung, ab 2 Personen).

Radfahren

Cyclery Raglan, 24b Stewart St, ✆ 07 825 0309, 🖳 www.cycleryraglan.co.nz. In der Umgebung von Raglan finden sich tolle, teils recht anspruchsvolle Möglichkeiten zum Mountainbiken, und die Leute hier kennen sich bestens aus. Ihre Spezialität sind selbst geführte Touren inklusive Mountainbikeverleih ($20/4 Std.): z. B. Round Mt Karioi (45 km, $30), Sonnenuntergangsabfahrt Ruapuke Thunder ($40 inkl. Transfer per Auto) oder 2-Tage-Tour zu Kalksteinhöhlen mit Übernachtung inkl. Frühstück in einer Cabin ($180).

WESTLICHE NORDINSEL

Abholung aus Raglan. Betreibt auch die Raglan Surfing School. Dorms $30, DZ $75

Raglan Backpackers, 6 Nero St, ☎ 07 825 0515, 🖳 www.raglanbackpackers. co.nz. Backpacker-Herberge im Stadtzentrum rund um einen Garten voller Hängematten direkt an der Hafenbucht. Kostenlose Nutzung von Kajaks, Fahrrädern, Golfschlägern, Angelausrüstung, Whirlpool und Sauna. Preiswerter Surfboardverleih ($25/halben Tag inkl. Neoprenanzug). Auch Surfunterricht. Dorms $27, DZ $72

Raglan Kopua Holiday Park, Marine Parade, ☎ 07 825 8283, 🖳 www.raglanholidaypark.co. nz. Zentral gelegener Campingplatz, manchmal etwas laut und überfüllt, mit unterschiedlichen Cabins. 1 km von der Stadt, aber auch direkt über eine Fußgängerbrücke zu erreichen. Günstige Lage bei Te Kopua, dem sichersten Badestrand der Bucht. Camping $23, Cabins $100

Sleeping Lady Lodgings, 5 Whaanga Rd, Whale Bay, ☎ 07 825 7873, 🖳 www.sleepinglady.co. nz. Zur Karioi Lodge (s. oben) gehört auch ein halbes Dutzend schöner Ferienhäuser für Selbstversorger, großzügig verteilt im Küstenbusch 8 km südwestlich von Raglan, für 2–12 Pers. (bei Zweierbelegung bis zu $260 pro Nacht, jede zusätzliche Pers. zahlt $35). In der Hauptsaison gilt eine Mindestaufenthaltsdauer von 2 Nächten. $99

Solscape Eco Retreat, Wainui Rd, Manu Bay, 6 km südlich von Raglan, ☎ 07 825 8268, 🖳 www.solscape.co.nz. Außergewöhnliche Unterkunft (YHA-assoziiert) in fantasievoll umgebauten Eisenbahnwaggons und Cottages (ab $180) auf einem Hügel mit Rundumblick. Mit selbst gebauter Solar-Warmwasseranlage, solarbetriebenen LED-Leuchten, Tipis und Öko-Units aus Holz und Lehmziegeln. Kostenlose Abholung aus Raglan und Surfunterricht. Camping $16, Tipis $34 p. P.

ESSEN

Zu Raglans besonderer Ausstrahlung tragen seine relaxten Cafés bei – ideal fürs Frühstück nach dem Surfen oder einfach zum entspannten Schmausen. Die meisten scharen sich um die Kreuzung der Bow Street mit der Wainui Road.

Im Winter fallen die Öffnungszeiten wesentlich kürzer aus, und manchmal machen die Cafés nach Lust und Laune auf oder zu.

Food Department Raglan Roast, 45 Wainui Road, ☎ 07 282 0248. Auf der hübschen Terrasse dieses ungezwungenen Pizzalokals kann man sich zu mehreren die großen, außergewöhnlichen Pizzas (ab $18) schmecken lassen. Es gibt auch liebevoll eingerichtete Zimmer mit Holzmöbeln im Garten dahinter ($110). ⏲ tgl. 7–20.30 Uhr.

Harbourview Hotel, 14 Bow St, ☎ 07 825 8010. Bewährter Hotel-Pub mit preiswerten Gerichten (Hauptgerichte $23–30). Kneipenkost: z. B. Burger, Nachos und *seafood chowder* (alles ca. $15), Bier vom Fass und offene Weine. ⏲ Mo–Sa 10–24, So 10–22 Uhr.

Orca Restaurant & Bar, 2 Wallis St, ☎ 07 825 6543, 🖳 www.orcarestaurant. co.nz. Raglans bestes Restaurant serviert zwanglosen Brunch und abends hervorragende moderne Kiwi-Küche, meist an die Jahreszeit angepasst (Hauptgerichte $20–30). Die dazugehörige Bar hat eine Terrasse mit Blick auf die Hafenbucht. Regelmäßig Livebands (Fr Eintritt frei, Sa $5–10). ⏲ Mo–Fr 10–22, Sa und So 9–22 Uhr. Bar je nach Andrang bis 1 Uhr.

Raglan Roast, Volcom Lane, ☎ 07 825 8702, 🖳 www.raglanroast.co.nz. Dieses winzige, nur tagsüber geöffnete Lokal in einem Gässchen neben dem GAgRAglan-Surfshop hat ein paar Tische vor der Tür stehen. Sein umwerfender Kaffee wird im Haus geröstet. Außer Keksen keine Speisen, aber die Gäste dürfen sich gern etwas mithringen. ⏲ Mo–Sa 7.30–17, So 8–17 Uhr.

The Shack, 19 Bow St, ☎ 07 825 0027, 🖳 www.theshackraglan.com. Moderne Café-Bar mit lockerem Flair, interessantem einheimischen Stammpublikum und einer Riesenauswahl kreativer Gerichte. Kostenloses, aber begrenztes WLAN. ⏲ Mo–Mi 8–17, Do und So 8–21, Fr und Sa 8–22 Uhr.

SONSTIGES

Informationen
i-SITE, 13 Wainui Rd, ☎ 07 825 0556, 🖳 www. raglan.org.nz. Hilft bei der Suche nach Unter-

künften, auch Ferienhäuser und -wohnungen.
⊕ Nov–April Mo–Sa 9.30–18, April–Nov
Mo–Fr 9.30–16, Fr 10–17.30, Sa und So 10–16,
So 9.30–17 Uhr.

Internet

In der **Bibliothek**, 7 Bow St,
⊕ Mo–Fr 9.30–17, Sa 9.30–12.30 Uhr.

TRANSPORT

Vor dem i-SITE halten die **Busse** der Busit-
Linie 23 von und nach HAMILTON (2–3x tgl.,
1 Std.), 🖳 www.busit.co.nz.

Kawhia

WESTLICHE NORDINSEL

Museum, Kaora St ▪ ⊕ Okt–März tgl. 11–16 Uhr,
April–Nov Mi–So 12–15 Uhr ▪ Eintritt frei

Das kleine Nest **Kawhia**, 55 km südlich von Raglan (und ähnlich weit entfernt vom südöstlich
gelegenen Otorohanga) am Nordende des Naturhafens Kawhia Harbour, erwacht im Sommer
aus seinem Schlummer, wenn sich zu seinen
rund 600 Einwohnern über 4000 neuseeländische Urlauber gesellen. Sie streben zum
Ocean Beach, wo die heißen Quellen **Te Puia
Hot Springs** aus dem schwarzen Sand hervor-
blubbern. Heute ist Kawhia in ganz Neuseeland
wegen der jährlich am 1. Januar stattfindenden
Walboot-Regatta bekannt, bei der sich die 11 m
langen Ruderboote mit je fünf Mann Besatzung
spannende Rennen durch die Bucht liefern. Die
einzige weitere Sehenswürdigkeit ist das kleine
Kawhia Museum.
   Das Ortszentrum erstreckt sich entlang der
Jervois Street. Hier gibt es eine Tankstelle und
eine Handvoll Geschäfte, die gleichzeitig als Cafés fungieren.

Geschichte

Legenden berichten, wie die **Tainui** im Jahr
1350 in ihrem Ahnen-*waka* (Kanu) hier ankamen und sich für die nächsten 300 Jahre hier
niederließen. Nach dauernden Angriffen der
besser bewaffneten Waikato-Maori führte der
Tainui-Häuptling Te Rauparaha sein Volk 1821
schließlich auf die relativ sichere Kapiti-Insel.

Als das erste *waka* in Kawhia landete, wurde es an einem Pohutukawa-Baum festgebun-
den, der den Namen **Tangi te Korowhiti** erhielt.
Er steht heute noch am Ufer in der Kaora Street,
nicht weit von der Abzweigung der Moke Street
(800 m westlich des Museums auf dem Gelände des Maketu Marae), und ist problemlos über
einen am Wasser entlangführenden Fußweg zu
erreichen. Das Tainui-Kanu selbst liegt unter einer grasbewachsenen Kuppe oberhalb des Versammlungshauses **Maketu Marae** vergraben,
ein Stück weiter die Kaora Street hinauf am Karewa Beach. Die heiligen Steine *Hani* und *Puna*
markieren Heck und Bug des Kanus.

Te Puia Hot Springs

Nach 4 km an der Tainui-Kawhia Forest Rd

Vom Parkplatz am Ende der Straße führt ein
Weg über die Dünen zum Meer. Es empfiehlt
sich, eine Stunde vor oder nach Niedrigwasser
herzukommen. Die Gezeiten können beim Museum oder in den Geschäften des Orts erfragt
werden, ebenso die genaue Wegbeschreibung,
denn es ist oft schwierig, die Quellen ausfindig
zu machen, falls nicht schon andere Quellen-
sucher flache Gruben ausgehoben haben. Vorsicht: Auf dem schwarzen Sand kann man sich
leicht die nackten Füße verbrennen, und wegen
der gefährlichen Brandungsrückströmung sollte
man hier nicht schwimmen gehen!

ÜBERNACHTUNG UND ESSEN

Annie's, 146 Jervois St, ✆ 07 871 0198. Das
beste der wenigen Cafés im Ort, mit Tischen
auf dem Rasen gleich hinter dem Haus oder
auf der Terrasse davor mit Blick auf die Hafenbucht. Kaffee, Sandwiches, Milchshakes
und z. B. Fisch, Chips und Salat ($18). Internet.
⊕ tgl. 9–16 Uhr oder später.
Kawhia Camping Ground, 73 Moke St,
✆ 07 871 0863, 🖳 www.kawhiacampingground.
co.nz. Schattiger und recht einfacher Familienplatz, eine Querstraße vom Strand entfernt.
Camping $18, Cabins $60
Kawhia Beachside S-cape, 225 Pouewe St
(SH31), ✆ 07 871 0727, 🖳 www.kawhiabeach
sidescape.co.nz. Campingplatz am Wasser,
der auch Kajaks verleiht ($11/Std.). Die Cabins

sind ein wenig schmuddelig, aber die Cottages sind modern. Camping $30, Cabins $60

Kawhias urtypischer Sattmacher sind Fish 'n' Chips von einem der **Imbisse** am Kai mit Blick auf den Hafen. Danach schmeckt gut ein Bier im sehr traditionellen **Kawhia Hotel** in der Jervois St.

Im Kawhia Museum befindet sich ein kleines **Visitor Centre**, 🖵 www.kawhiaharbour.co.nz. Hier kann man sich auch nach Rundfahrten über die Hafenbucht erkundigen, die gewöhnlich in den Sommermonaten angeboten werden. ⊙ Okt–März tgl. 11–16, April–Nov Mi–So 12–15 Uhr.

Es gibt keine öffentlichen Verkehrsmittel nach Kawhia – man benötigt also ein eigenes Fahrzeug.

King Country und Waitomo

Die Region landeinwärts von Kawhia und südlich von Hamilton wird **King Country** genannt, weil König Tawhiao und Mitglieder der **Königsbewegung** (s. Kasten S. 282) hier Zuflucht suchten, als sie während der Landkriege nach Süden vertrieben wurden. Schon bald fürchteten die Pakeha die Gegend als unwegsames Maori-Gebiet, dem Europäer lieber fernblieben. Doch die Ruhe in den Wäldern währte nicht lange: Nach dem Frieden von 1881 kamen Horden von Holzfällern.

Touristen interessieren sich vor allem für **Waitomo**, einen winzigen Ort inmitten einer dramatischen Karstlandschaft voller Kalksteinhöhlen, die Glühwürmchen mit Licht erfüllen. Nördlich dieses Ortes liegt das kleine Milchwirtschaftszentrum **Otorohanga** mit einem Kiwi-Haus und allerlei „Kiwiana". Südlich von Waitomo kommt man nach **Te Kuiti**, das in den

1860er-Jahren den Maori-Rebellen Te Kooti aufnahm, der sich mit einem Versammlungshaus voll prachtvoller Schnitzereien revanchierte.

Von Te Kuiti führt der SH4 südwärts nach **Taumarunui**, das Zugang zum Whanganui River bietet und Ausgangspunkt des **Forgotten World Highway** ist (S. 305).

Otorohanga

Die rund 30 km südlich von Te Awamutu inmitten von Schafs- und Rinderweiden gelegene Stadt **Otorohanga** huldigt allem typisch Neuseeländischen mit Straßenschildern, die Kiwi-Motive tragen, und einer Reihe von Vitrinen mit „Kiwiana" am **Ed Hillary Walkway**, der neben der ANZ-Bank von der Maniapoto Street abzweigt. Einige Exponate sind auch in der Maniapoto Street zu finden; hier verkauft der John Haddad Menswear Store (Nr. 65) Kiwi-Klassiker wie Hüte und Wachsjacken.

Otorohanga Kiwi House & Native Bird Park

20 Alex Telfer Drive, abseits der Kakamutu Rd
▪ ⊙ Sep–Mai tgl. 9.30–16.30, Juni–Aug 9–16 Uhr; Kiwi-Fütterung tgl. um 13.30 Uhr und 15.30 Uhr
▪ Eintritt $24 ▪ 📞 07 873 7391, 🖵 www.kiwi house.org.nz

Otorohanga ist stolz darauf, eines der besten Kiwi-Häuser des Landes zu besitzen. Im schön angelegten Kiwi-Nachthaus erhalten die Besucher eine Einführung in die Lebensweise des menschenscheuen kleinen Laufvogels. Außerdem beherbergen fast alle in Neuseeland heimischen Vogelarten; viele davon sind in einer begehbaren Voliere untergebracht. Man kann auch einer Kiwi-Fütterung beiwohnen oder an einer Abenddämmerungstour teilnehmen.

Otorohanga Holiday Park, 20 Huiputea Drive, 📞 07 873 7253, 🖵 www.kiwiholidaypark.co.nz. Gut ausgestatteter, zentraler Campingplatz im Ortszentrum mit modernen Einrichtungen und WLAN in der ganzen Anlage. Auch Buchung von Waitomo-Touren. Camping $17,50, Cabin $64

Origin Coffee Station, 7 Wahanui St, ✆ 07 873 8550, ⌨ www.origincoffee.co.nz. Der beste Kaffee im Ort wird im alten Bahnhof von Otorohanga serviert; er stammt direkt aus Malawi, wo der Betreiber des Cafés einst Kaffee anbaute. Essen selbst mitbringen. ⊙ Mo–Fr 8.30–16.30 Uhr.

The Thirsty Weta, 57 Maniapoto St, ✆ 07 873 6699, ⌨ www.theweta.co.nz. Hier hat man die besten Chancen auf ein Bier in der Sonne – oder man probiert eins der herzhaften Gerichte wie Grünschal-Muscheln in Chili und Kokosnuss ($18). Freitagabends Livemusik, kostenloses WLAN. ⊙ tgl. 10–1 Uhr.

SONSTIGES

Informationen

i-SITE Visitor Centre, 27 Turongo St, ✆ 07 873 8951, ⌨ www.otorohanga.co.nz. ⊙ Mo–Fr 9–17, Sa und So 10–14 Uhr.

Internet

Kostenloses WLAN bietet die **Bücherei** neben dem i-SITE.

TRANSPORT

Busse

InterCity, ⌨ www.intercity.co.nz, und **NakedBus**, ⌨ https://nakedbus.com, halten am SH3 im Ortszentrum.

Busse nach:
HAMILTON 5x tgl., 1 Std.;
TE KUITI 5x tgl., 15–50 Min.;
WAITOMO 5x tgl., 15 Min.

Eisenbahn

Der Bahnhof liegt am Wahanui Crescent im Ortszentrum. Züge verkehren nach NATIONAL PARK (3–7x wöchentl., 2 1/4 Std.) und WELLINGTON (3–7x wöchentl., 9 Std.).

Die Königsbewegung

Bevor die Europäer kamen, galt die Loyalität der Maori ausschließlich ihrer Familie und dem eigenen Stamm. Doch angesichts zunehmender Streitereien mit landhungrigen europäischen Siedlern begruben viele Stämme ihre jahrhundertealten Fehden zugunsten eines gemeinsamen Vorgehens gegen die Pakeha. Der **Maori-Nationalismus** steigerte sich angesichts eklatant ungerechter Behandlung seitens der Pakeha und des zunehmenden Drucks, ihr Land zu „verkaufen".

1856 machten sich die einflussreichen Otaki-Maori auf die Suche nach einem Häuptling, der die ungleichen Stämme gegen die Europäer einen sollte. 1858 wählten die Waikato, die Taupo und einige andere, größtenteils vom Tainui-Kanu abstammende Stämme **Te Wherowhero** zu ihrem gemeinsamen Führer. Der neu gewählte König nahm den Titel **Potatau I**. an und errichtete seine Residenz in **Ngaruawahia**, bis heute das Zentrum der Königsbewegung.

Nach einer Landnahme bei Waitara in der Nähe von New Plymouth kam es schließlich zum bewaffneten Konflikt. Schon bald breiteten sich die **Kämpfe** über die gesamte Zentralregion der Nordinsel aus. Zunächst errangen die Truppen der Königsbewegung einen bemerkenswerten Sieg bei Gate Pa in der Bay of Plenty, wurden aber schließlich bei Te Ranga überwältigt.

Einige Maori-Stämme sahen in dem Krieg die Gelegenheit, alte Rechnungen zu begleichen, und schlugen sich auf die Seite der Engländer. In einer Reihe von Schlachten am Waikato River zwangen sie die Königstreuen immer weiter nach Süden und brachten ihnen schließlich 1864 bei Orakau eine vernichtende **Niederlage** bei. Der König zog sich mit seiner Gefolgschaft in eine Region südlich des Puniu River zurück, die deshalb später die Bezeichnung **King Country** erhielt. Dort lebten die Flüchtlinge praktisch ohne Kontakt zu Europäern, bis **König Tawhiao**, der 1860 die Thronfolge angetreten hatte, 1881 Frieden schloss.

Auch wenn sie keineswegs von der Gesamtheit der Maori unterstützt wird, spielt die lockere Koalition der Königsbewegung eine bedeutende Rolle bei der aktuellen Neubewertung der Beziehungen zwischen Maori und Pakeha.

Waitomo

Rund 16 km südlich von Otorohanga und 8 km westlich vom SH3 liegt **Waitomo**, ein kleines Dorf mit weniger als 50 Einwohnern und großem Ruf für unvergessliche **Höhlenbesichtigungen** und grandiose Karstformationen. Der Name Waitomo bedeutet „Schacht, durch den Wasser eintritt". Der immer noch andauernde Prozess der **Höhlenbildung** geht auf das Zusammenspiel von Regenwasser und Kohlendioxid aus der Luft zurück, die zusammen eine schwache Säure bilden. Sie zerfrisst den Kalkstein und sorgt für Risse und Fugen. Im weiteren Verlauf dieses Prozesses bilden sich ganze Höhlen heraus. Alljährlich verschwinden auf diese Weise 70 m^3 Kalkstein. Viele der Höhlen werden durch **Glühwürmchen** märchenhaft erleuchtet.

Besichtigung der Höhlen

Nur ein Bruchteil der insgesamt 45 km langen unterirdischen Passagen kann im Rahmen von **Führungen** besichtigt werden. Die Veranstalter pachten bestimmte Zugangswege von den Farmern; deshalb bietet jeder Veranstalter andere Höhlen an (s. Kasten S. 285).

Grundsätzlich kann es bei starken **Regenfällen** zu Stornierungen kommen, wenn der Wasserpegel zu sehr ansteigt. Das ist an etwa zehn Tagen im Jahr der Fall. Deshalb sollte man die Wetterprognose im Auge behalten und bei der Planung berücksichtigen.

Waitomo Caves Discovery Centre

Beim i-SITE, 21 Waitomo Caves Rd ▪ ⏰ tgl. 26. Dez–Jan 8.30–18.45, Feb 8.30–18, März 8.45–17.30, April–20. Okt 9–17, 21. Okt–24. Dez 9–17.30 Uhr ▪ Eintritt $5, im Rahmen von vielen Höhlentouren frei oder ermäßigt ▪ ✆ 07 878 7640, 🖥 www.waitomocaves.com

Zum Verständnis des Höhlenabenteuers empfiehlt sich ein Besuch im kleinen **Waitomo Caves Discovery Centre**. Das Centre zeigt informative Ausstellungen zur Geologie und Geschichte der Höhlen, interaktive Präsentationen zum Lebenszyklus der Glühwürmchen und Höhlen-Wetas (Langfühlerschrecken) sowie auf Anfrage eine kostenlose 18-minütige Multimediashow. Wer Bedenken wegen enger unterirdischer Passagen hat, kann hier beim „Höhlenkriechen" sein Nervenkostüm (und seinen Hüftumfang) prüfen.

Waitomo Glowworm Caves

39 Waitomo Caves Rd ▪ ⏰ tgl. 9–17 Uhr, plus Abendtouren im Sommer; 45-minütige Führungen jede halbe Stunde ▪ $49; Kombitickets: mit Aranui-Höhle $70, mit Ruakuri-Höhle $85, alle 3 Höhlen $93 ▪ ✆ 0800 456 922, 🖥 www.waitomo.com

Waitomos ursprüngliches Höhlenerlebnis sind die 500 m westlich des i-SITE gelegenen **Waitomo Glowworm Caves**. Sie locken mit befestigten

Glühwürmchen

Sie sind in ganz Neuseeland anzutreffen, meistens in Höhlen, aber auch an dunklen und feuchten Felsüberhängen im Busch. Ihr Erkennungsmerkmal ist ein bläulich-grünes Glimmen in der Dunkelheit. Doch das neuseeländische Glühwürmchen *(Arachnocampa luminosa)* ist weder Wurm noch Käfer, sondern die etwa streichholzgroße **Larve einer Pilzmückenart**. An der Höhlendecke klebend produziert die Larve 20–30 Schleimfäden, die sie als klebrige „Angeln" ein paar Zentimeter herabhängen lässt. Angezogen von ihrem hocheffizienten chemischen Licht, verfangen sich andere Insekten in den Fäden und werden anschließend von dem „Glühwürmchen" verspeist.
Die sechs bis neun Monate dauernde Larvenphase ist die einzige Zeit im **Lebenszyklus** des Insekts, in der es Nahrung aufnehmen kann. Während der folgenden zweiwöchigen Puppenphase bildet es sich zur erwachsenen Pilzmücke heraus. Da die Insekten nur eine Lebenserwartung von ein paar Tagen haben, begibt sich das Weibchen in den dunklen Höhlen unverzüglich auf eine fieberhafte Partnersuche, bei der das schimmernde Licht Orientierungshilfe leistet. Nach der Befruchtung legt es um die 100 Eier ab, aus denen nach zwei bis drei Wochen neue „Glühwürmchen" schlüpfen, um den Zyklus von vorn zu beginnen.

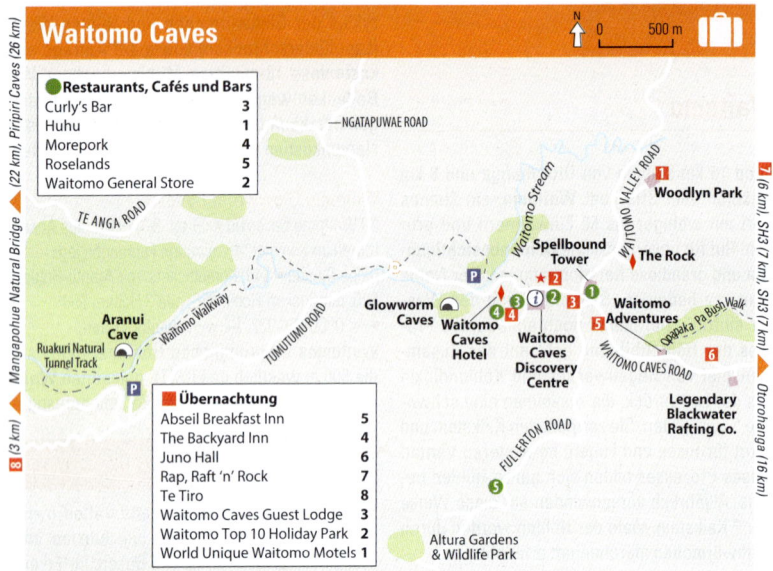

● Restaurants, Cafés und Bars

Curly's Bar	3
Huhu	1
Morepork	4
Roselands	5
Waitomo General Store	2

■ Übernachtung

Abseil Breakfast Inn	5
The Backyard Inn	4
Juno Hall	6
Rap, Raft 'n' Rock	7
Te Tiro	8
Waitomo Caves Guest Lodge	3
Waitomo Top 10 Holiday Park	2
World Unique Waitomo Motels	1

(22 km), Piripiri Caves (26 km)

Mangapohue Natural Bridge ◀

⑧ (3 km)

NGATAPUWAE ROAD

TE ANGA ROAD

Waitomo Stream

Aranui Cave

Ruakuri Natural Tunnel Track

Waitomo Walkway

TUMUTUMU ROAD

Glowworm Caves

Waitomo Caves Hotel

Waitomo Caves Discovery Centre

FULLERTON ROAD

Altura Gardens & Wildlife Park

WAITOMO VALLEY ROAD

Woodlyn Park

Spellbound Tower

The Rock

Waitomo Adventures

WAITOMO CAVES ROAD

Opapaka Pa Bush Walk

Legendary Blackwater Rafting Co.

⑦ (6 km), SH3 (7 km), SH3 (7 km) ▶

Otorohanga (16 km) ▶

Wegen, effektvoller Ausleuchtung der interessantesten Stalaktiten und Stalagmiten und einer Bootsfahrt durch eine Grotte, die vom gespenstisch blassgrünen Licht unzähliger Glühwürmchen erhellt wird. Der recht hohe Preis wird etwas günstiger, wenn man Kombitickets erwirbt, die auch für die Ruakkuri- und/oder Aranui-Höhle gelten. Wer mindestens 48 Stunden im Voraus online bucht, erhält außerdem 10 % Rabatt. Am wenigsten Andrang herrscht bei der jeweils ersten und letzten Tour des Tages.

Ruakuri- und Aranui-Höhle

Ruakuri Scenic Reserve, 3,5 km westlich des i-SITE ▪ **Ruakuri Führungen** tgl. 9, 10, 11, 12.30, 13.30, 14.30 und 15.30 Uhr; 2 Std., davon 90 Min. unter der Erde, $69 ▪ **Aranui Führungen** tgl. 9.30, 11, 13, 14.30 und 16 Uhr; 45 Min., $49 ▪ ☎ 0800 782 587, 🖥 www.waitomo.com

In die „Höhle der Hunde" (Ruakuri) gelangen Besucher durch einen riesigen, dramatisch beleuchteten Spalt. Der längste geführte Höhlenspaziergang in Waitomo folgt erhöhten Wegen, die spektakuläre, subtil beleuchtete Abschnitte miteinander verbinden. Dabei erläutern Guides

den Entstehungsprozess der Höhlen und den Lebenszyklus der Glühwürmchen; angereichert wird das Ganze mit Maori-Legenden. An dieser Führung können auch Rollstuhlfahrer teilnehmen.

Beim Glowworm Caves Office gibt es auch Eintrittskarten für Führungen durch die **Aranui Cave**. Die Höhle ist zwar nur 250 m lang, mit ihren hohen Decken und großartigen Stalaktiten und Stalagmiten aus geologischer Sicht aber sehr eindrucksvoll. Hier gibt's zwar keine Glühwürmchen zu sehen, dafür aber Höhlen-Wetas.

Spellbound

10 Waitomo Caves Rd ▪ Führungen Juli–Mai 2–6x tgl. ▪ 3 Std. ▪ $75 ▪ ☎ 0800 773 552, 🖥 www.glowworm.co.nz

Ein einfaches, aber eindrucksvolles Höhlenerlebnis bieten diese beiden Höhlen. Die Tour beginnt mit einer ruhigen Bootsfahrt auf einem unterirdischen Bach unter einem prächtigen Glühwürmchenhimmel. Die zweite Höhle beherbergt die schöneren Kalksteinformationen und ein Moa-Skelett.

Woodlyn Park

1177 Waitomo Valley Rd, 1 km nördlich von Waitomo ▪ Show tgl. 13.30 Uhr ▪ $27 ▪ ☎ 07 878 6666, ⌨ www.woodlynpark.co.nz

Bei starkem Regen, wenn man nicht in die Höhlen kann, bietet der **Woodlyn Park** eine Alternative: Eine Scheune wird hier zum Schauplatz für die unterhaltsame einstündige **Billy Black's Kiwi Culture Show**. Dabei wir ein schräger Blick auf die Geschichte von Holzfällerei und Landwirtschaft in Neuseeland geworfen, mit jeder Menge Publikumsbeteiligung z. B. beim Schafscheren und Holzhacken, immer gewürzt mit einer Prise Kiwi-Humor. Selbst wer normalerweise vor solchen Veranstaltungen zurückschreckt, sollte hier über seinen Schatten springen – es lohnt sich!

ÜBERNACHTUNG

Für Rucksackreisende ist gut gesorgt, doch andere Übernachtungsmöglichkeiten sind rar. Eine Reservierung ist daher anzuraten,

Veranstalter von Abenteuer-Höhlentouren

In Waitomo locken viele Adrenalin treibende **Höhlenabenteuer**, für die vor allem von November bis Januar eine Reservierung unbedingt ratsam ist. Bei den meisten dieser Touren werden die Teilnehmer mit Neoprenanzug, Spezialhelm samt Stirnlampe und Gummistiefeln ausstaffiert. Kinder unter 12 Jahren (oder unter einem bestimmten Mindestgewicht) sind bei den Abenteuertouren normalerweise nicht zugelassen; bei den riskanteren Touren beträgt das Mindestalter sogar 16 Jahre.

Einige Höhlen sind nur durch **Abseilen** zugänglich. Bei manchen Touren wird auch **Cave Tubing** („Blackwater-Rafting") geboten. Dabei treiben die Teilnehmer, in einen Gummiring gezwängt, gemächlich (meistens jedenfalls) durch einen stockfinsteren Höhlenabschnitt und können zu den Glühwürmchen-Galaxien an der Höhlendecke aufschauen.

The Legendary Black Water Rafting Co., 585 Waitomo Caves Rd, ☎ 0800 228 464, ⌨ www.waitomo.com. Bietet unterschiedliche Touren in die Ruakuri Cave: Black Labyrinth (3 Std., 1 Std. unter der Erde, $128) beinhaltet zwei kleine Sprünge von einem unterirdischen Wasserfall und eine idyllische Floßfahrt durch eine Glühwürmchenhöhle. Zur etwas abenteuerlicheren Variante Black Abyss (5 Std., 2–3 Std. unter der Erde, $231) gehören zudem ein 35-m-Seilabstieg, eine unheimliche Seilrutschpartie in der Dunkelheit und eine spannende Kletterpartie zwei kurze Wasserfälle hinauf zurück zur Oberfläche. Wer nicht nass werden, aber auf Adrenalin nicht verzichten möchte, kommt bei der Black Odyssey Tour (5 Std., $179) auf seine Kosten; hier geht es an Hochseilen und Seilrutschen durch die Höhlen – nur etwas für Schwindelfreie.

Rap, Raft 'n' Rock, 95 Waitomo Caves Rd/SH37, 8 km östlich des i-SITE und 1 km von der Abzweigung vom SH3, ☎ 0800 228 372, ⌨ www.caveraft.com. Die Kleingruppen-Touren (5 Std., $250) beginnen mit einem Seilabstieg aus 27 m Höhe in eine Glühwürmchenhöhle, die dann teils zu Fuß, teils im Autoreifen treibend erkundet wird. Den Abschluss bildet eine Felskletterpartie zurück zum Ausgangspunkt.

Waitomo Adventures, Waitomo Caves Rd, ☎ 0800 924 866, ⌨ www.waitomo.co.nz. Der professionelle Veranstalter bietet fünf verschiedene Touren an. Besonders beliebt ist die Lost-World-Tour (4 Std., $360), eine nervenkitzelnde Abseilaktion 100 m tief in einen farnüberwucherten Felsschlund hinab, gefolgt von einem relativ trockenen Höhlengang, bevor es über eine scheinbar endlose Leiter wieder nach oben geht. Besonders passionierte Höhlenforscher sollten sich Lost World Epic (7 Std., $515, inkl. Mittagessen im Untergrund und Grill-Abendessen an der Oberfläche) vormerken: Nach dem Abseilen folgt eine mehrstündige „Feuchtwanderung" flussaufwärts durch Engstellen und hinter einem kleinen Wasserfall entlang zu einer funkelnden Glühwürmchengrotte. Außerdem gibt es noch einen Cave-Tubing-Trip ohne Abseilen (4 Std., $190), die Abseil-Aktivtour Haggas Honking Holes (4 Std., $275) sowie St Benedict's Cavern (3 1/2 Std., $190), eine Trockentour mit Abseilen und einer Seilrutsche. Wer mehr als 12 Stunden im Voraus bucht, spart jeweils 20 %.

ganz besonders in der Zeit von November bis Januar.

Abseil Breakfast Inn, 709 Waitomo Caves Rd, ℰ 07 878 7815, 🖥 www.abseilinn.co.nz. Gemütliches und stilvolles B&B 400 m östlich des Museums auf einer Anhöhe mit großartigem Ausblick von den 4 individuell eingerichteten Zimmern und der Grillterrasse. Kostenloses WLAN, herausragendes Frühstück. $180

The Backyard Inn, School Rd, ℰ 07 347 0931, 🖥 www.thebackyardinn.co.nz. Ein etwas seelenloses 120-Betten-Hostel im Herzen Waitomos mit Betten und Zimmern in einer Lodge, separaten Chalets mit Bad und hauseigenem Café (S. 287). Auch Camping möglich ($20 p. P.). Dorms $29, Chalet $87

Juno Hall, 600 Waitomo Caves Rd, 1 km östlich von Waitomo, ℰ 07 878 7649, 🖥 www.juno waitomo.co.nz. Gemütliches, gut ausgestattetes YHA-assoziiertes Hostel in einem Holzgebäude auf einem Hügel. Pool, Grillplatz, Tennisplatz und die Gelegenheit, Tierbabys von Hand zu

Wandern in und um Waitomo

Ruakuri Bushwalk (2 km hin und zurück, 45 Min.). Dieser Weg zählt zu den beeindruckendsten Kurzwanderwegen Neuseelands. Er beginnt am Parkplatz der Aranui Cave an der Tumutumu Road (3,5 km Richtung Westen) und folgt dem Waitomo über Plankenwege und Fußpfade an Höhleneingängen vorbei. Man geht gebückt unter Vorsprüngen hindurch und schlängelt sich durch kurze Tunnel, bis man schließlich eine riesige Höhle erreicht, wo der kleine Fluss für kurze Zeit unter der Erde verschwindet. Besonders märchenhaft ist diese Wanderung bei Dunkelheit, wenn unzählige Glühwürmchen leuchten. Am besten in der Abenddämmerung starten.

Waitomo Walkway (4 km einfach, 1 Std.). Der Ort Waitomo und der Ruakuri Bushwalk sind durch diesen netten Wanderweg miteinander verbunden. Er beginnt gegenüber dem i-SITE, führt in den Wald und folgt anschließend dem Verlauf des Flüsschens Waitomo bis zum Parkplatz der Aranui Cave. Zusammen bilden die beiden Wege eine tolle dreistündige Wanderung.

füttern. Einige kostenlose Stellplätze ($19 p. P.). Dorms $30, DZ $74

Rap, **Raft 'n' Rock**, 95 Waitomo Caves Rd/SH37, 8 km östlich des i-SITE, 1 km von der Abzweigung vom SH3, ℰ 0800 228 372, 🖥 www.caveraft.com. Die anheimelnde Backpacker-Herberge wird von einem Anbieter für Höhlen-Abenteuertouren betrieben. Bunt gestrichene Dorms für 10 Pers., gemütlicher Gemeinschaftsraum, Küche und Hof. Dorms $30, DZ $70

Te Tiro, 9 km westlich von Waitomo, ℰ 07 878 6328, 🖥 www.waitomocavesnz.com. Schöne Selbstversorger-Cottages mit toller Aussicht und einer Glühwürmchen-Grotte. Frühstückszutaten sind im Preis inkl., aber darüber hinausgehende Verpflegung (Grill vorhanden) muss mitgebracht werden. $140

Waitomo Caves Guest Lodge, 7 Te Anga Rd, 100 m östlich des Museums, ℰ 07 878 7641, 🖥 www.waitomocavesguestlodge.co.nz. 8 preiswerte, komfortable Zimmer (einige in Cabins mit gutem Blick) an einem Hang mit schönem Garten. Kleines Frühstück inkl. $110

Waitomo Top 10 Holiday Park, 12 Waitomo Caves Rd, ℰ 07 878 7639, 🖥 www.waitomo park.co.nz. Gut ausgestatteter Campingplatz mitten im Ort mit zahlreichen neuen Cabins, Pool und Whirlpool. Camping $21, Cabins $95

🧳 **World Unique Waitomo Motels**, 1177 Waitomo Valley Rd, 1 km nördlich, ℰ 07 878 6666, 🖥 www.woodlynpark.co.nz. Äußerst eigenwilliges „Motel" auf dem Gelände von Billy Black's Kiwi Culture Show (S. 285). Die Gäste nächtigen in einem ausrangierten Bristol-Frachtflugzeug mit zwei komfortablen Units für Selbstversorger, einem Eisenbahnwaggon von 1914 mit einer 3-Zimmer-Unit, zwei „Hobbithöhlen" im Berghang mit runden Eingängen oder einem umgebauten Patrouillenboot aus dem Zweiten Weltkrieg. Für Dez–Feb mindestens einen Monat im Voraus reservieren. Wohnmobile mit eigener Toilette können hier kostenlos parken. $175

ESSEN

Curly's Bar, School Rd, ℰ 07 878 8448. Früher oder später landet jeder in diesem urtümlichen Kiwi-Pub, um sich ein Gläschen in geselliger

Runde oder eine preiswerte Mahlzeit wie Steak, Seafood, Burger & Co. zu gönnen (Hauptgerichte meist $15–25). Gelegentlich gibt's Livemusik. ⊕ tgl. 11–2 Uhr.

Huhu, 10 Waitomo Caves Rd, ✆ 07 878 6674, ⌨ www.huhucafe.co.nz. Feinste Küche in einem Café mit einer kurzen Mittagskarte wie Suppe mit *rewana* (weichem Maori-Brot) mit Kräuterbutter und Abendgerichten wie Schweinlende in Speck ($31) und Lamm-Curry ($28), am Abend reservieren. King Country Brewing Company-Bier gibt's vom Fass und weitere Biere aus der Gegend unten in der neuen Kneipe. Im Huhu Tower können auch 2 Personen übernachten ($130). ⊕ tgl. 16–21 Uhr oder später.

Morepork, School Rd, ✆ 07 878 3395, ⌨ www.waitomokiwipaka.co.nz. Café mit Alkoholausschank, Frühstücks-, Mittags- und Abendgerichten, u. a. Pizza, Thai-Curry und Fettuccine ($18–22). ⊕ tgl. 8–22 Uhr.

Roselands, 579 Fullerton Rd, 3 km südlich vom i-SITE, ✆ 07 878 7611, ⌨ www.roselands-restaurant.co.nz. Fisch oder Fleisch (nach vorheriger Absprache auch vegetarische Alternativen) brutzeln auf dem Terrassengrill dieses Restaurants mit Garten in wunderschöner Hanglage. Menü $30. ⊕ tgl. 11.30–15 Uhr zum Mittagessen, Abendessen nur mit Reservierung.

Waitomo General Store, 15 Waitomo Caves Rd, ✆ 07 878 8613. Moderne Variante eines klassischen Gemischtwarenladens mit Lebensmitteln, Bio-Fleisch und Eiscreme, dazu exzellenter Kaffee, leckere Pasteten und verschiedene Frühstücksgerichte, darunter *eggs benny* ($16). ⊕ tgl. 7.30–18 Uhr oder später.

SONSTIGES

i-SITE Visitor Centre, 21 Waitomo Caves Rd, im Waitomo Caves Discovery Centre, ✆ 07 878 7640, ⌨ www.waitomodiscovery.org. Das überaus informative Centre ist Buchungsstelle für Höhlentouren, Zug- und Bustickets, fungiert als **Postamt** und bietet **Internetzugang**. Hier ist auch die kostenlose Karte *Waitomo Caves* erhältlich, auf der auch Wanderungen

in der Gegend verzeichnet sind. ⊕ tgl. 8.45–17.30 Uhr.

Es gibt in Waitomo einen Geldautomaten, aber keine Banken, Tankstellen oder Supermärkte. Die nächsten Einrichtungen dieser Art sind in Otorohanga und Te Kuiti.

TRANSPORT

Busse

Die InterCity- und NakedBus-Busse halten in OTOROHANGA, 15 km entfernt. Von dort befördert der **Waitomo Shuttle**, ✆ 0800 808 279, Besucher nach Waitomo (einfache Strecke $12, vorausbuchen!).
Die Great-Sights-Busse von InterCity auf der Strecke Auckland–Rotorua halten tgl. in Waitomo, ebenso die Busse von **Waitomo Wanderer**, ✆ 800 000 4321, ⌨ www.travel headfirst.com, aus Rotorua (nach vorheriger Buchung auch aus Taupo). Bustickets sind im i-SITE erhältlich.

Busse nach:

AUCKLAND zumeist 1x tgl., 4 1/4 Std.;
OTOROHANGA 5x tgl., 15 Min.;
ROTORUA 2x tgl., 2–2 1/2 Std.

Eisenbahn

Der nächste Bahnhof ist in Otorohanga. Tickets gibt's im i-SITE.

Mangapohue Natural Bridge

Te Anga Rd, 24 km westlich von Waitomo

Die schönste kostenlose Kalkstein-Attraktion der Gegend ist die **Mangapohue Natural Bridge**, zu erreichen über einen einfachen, viertelstündigen Rundwanderweg. Es handelt sich um die Reste einer eingestürzten Höhlendecke, die jetzt einen Doppelbogen über einer engen Kalksteinschlucht bilden. Besonders eindrucksvoll wirkt das bei Dunkelheit, wenn Glühwürmchen an der Unterseite der Bögen glimmen. Bei Tageslicht ist es interessant, hinter der Brücke noch weiter zu gehen: Der Weg führt durch Weideland an rund 35 Mio. Jahre alten Fossilien von Riesenaustern vorbei.

Piripiri Caves und Marakopa Falls

Te Anga Rd, 4 km westlich der Mangapohue Natural Bridge

Ein fünfminütiger Weg führt durch einen Wald voller verwitterter Kalksteinfelsen zu den **Piripiri Caves**. Im Oyster Room im Innern der Höhle braucht man eine anständige Taschenlampe (und eine zweite für den Notfall), um versteinerte Riesenaustern zu besichtigen. Glühwürmchen gibt es hier allerdings nicht. Rund 1 km von hier führt ein weiterer Wanderweg (15 Min. hin und zurück) durch einen Dschungel aus Tawa-, Pukatea- und Kohekohe-Bäumen zu einem der spektakulärsten Wasserfälle der Region, den mehrstufigen, 30 m hohen **Marokopa Falls**.

Te Kuiti

Te Kuiti, die „Schererhauptstadt der Welt", 19 km südlich von Waitomo, begrüßt Besucher mit der 7 m hohen Statue eines Schafscherers am Südende der Rora Street. Ende März oder Anfang April finden hier die neuseeländischen **Shearing and Wool Handling Championships** statt. Genauere Infos gibt das i-SITE Visitor Centre, Rora St, ✆ 07 878 8077, 🖥 www.waitomo. govt.nz, das auch Unterkünfte buchen kann und Informationen über Aktivitäten und Transport bereithält; ⊕ Mo–Fr 9–17, Sa und So 10–14 Uhr.

Am Südende der Rora Street steht an der Awakino Road das **Versammlungshaus** Te Tokanganui-a-noho mit prächtigen Schnitzereien. Der Maori-Rebell Te Kooti hinterließ es im 19. Jh. als Dankeschön für die ihm gewährte Zuflucht.

🧳 Die mit Abstand beste Adresse zum Essen in Te Kuiti (und die Anreise von Waitomo wert) ist das hippe, nur tagsüber geöffnete **Bosco Café**, 57 Te Kumi Rd (SH3), 1 km nördlich des Ortszentrums, ✆ 07 878 3633, 🖥 www.bosco cafe.me, mit sensationellem Fairtrade-Kaffee, Smoothies, Pasteten und diversen Frühstücks- und Mittagsgerichten. Eggs Benedict gibt's für $21,50 und den Kiwi-Burger für $22,50. ⊕ tgl. 8–17 Uhr.

Zur Taranaki Peninsula

Südwestlich von Te Kuiti läuft der **SH3** schnurstracks auf die Küste der Tasmansee zu. Er passiert den kleinen Fischerort **Mokau**, wo von Mitte August bis November große Schwärme winziger Jungfische gefangen und in den örtlichen Cafés als delikate *whitebait* aufgetischt werden. Anschließend windet er sich durch kleine Dörfer, die zwischen den Stränden und den Höhenzügen des Landesinneren liegen. Hauptattraktion für Besucher dieser Region ist der wunderbare **Whitecliffs Walkway**. Schließlich öffnet sich die Landschaft und geht in die **Taranaki Plains** gleich nördlich von New Plymouth über.

48 km südlich von Mokau sorgt eine ausgezeichnete Kleinstbrauerei von internationalem Renommee für Erfrischung: **Mike's Organic Brewery**, 487 Mokau Rd (SH3), ✆ 05 0846 4537, 🖥 www.organicbeer.co.nz, braut acht Bio-Biere unter Verwendung von Regenwasser. Die Biere kann man zum Mitnehmen kaufen oder im Garten ein Probierset mit vier kleinen Gläsern ($12) trinken; dazu gibt's Pasteten mit Pommes ($14) oder Pizza. ⊕ tgl. 10–18 Uhr.

Whitecliffs Walkway

Beginn an der Pukearuhe Rd, abseits des SH3, 11 km nordwestlich von Mimi, das wiederum 47 km südlich von Mokau liegt ▪ 5 km hin und zurück, 4–7 Std., flach

Diese Wanderung ist zwar als 4- bis 7-stündige Schleife über die Hügel und zurück am Strand gedacht. Doch der wirklich spannende Teil ist der Strandabschnitt, der hier beschrieben ist. Wer den ganzen Rundweg gehen möchte, sollte zwei Stunden vor Niedrigwasser starten, aber der kurze Spaziergang am Strand lohnt sich zu jeder Zeit. Los geht's an der steilen Pukearuhe-Bootsrampe, dann vorbei an hohen Sandsteinklippen und weiter am Strand entlang Richtung Norden. Unterwegs warten Steinfelder und die eine oder andere Bachüberquerung, bis man zum **Te Horo Stock Tunnel** gelangt; die 80 m lange Passage wurde in den 1870er-Jahren durch den Fels gebohrt, damit das Vieh am Strand entlanggetrieben werden konnte. Der Tunnel ist offiziell gesperrt, soll jedoch instand gesetzt werden. Zurück geht's über den Strand, oder man folgt den Walkway-Schildern über die Hügel.

Taranaki

Die Provinz **Taranaki** (liebevoll zu „the 'naki" abgekürzt) ist auf der Landkarte als deutliche Ausbuchtung im Westen der Nordinsel auszumachen und bildet eine Halbinsel, in deren Zentrum der **Maunga Taranaki** (früher Mount Egmont) liegt, ein eleganter Vulkankegel, dessen schneebedeckter Gipfel in 2518 m Höhe über der subtropischen Küste thront. Früh am Morgen und kurz vor Sonnenuntergang ist der Gipfel meist sichtbar. Doch im Laufe des Tages bilden sich oft Wolken – der Fluch aller Gipfelstürmer, die nach der Plackerei um den Ausblick betrogen werden.

Taranakis rührige Provinzhauptstadt **New Plymouth** ist eine geeignete Ausgangsbasis für Tagestouren in den **Egmont National Park** rund um den Berg oder zum Wellenreiter- und Windsurfmekka **Oakura**. Die Reize des ländlichen Taranaki, zu denen der sogenannte **Surf Highway** gehört, lassen sich am besten auf einer ein- bis zweitägigen Rundfahrt um den Berg erkunden.

Geschichte

Nach einer Maori-Legende ließ sich der Berg-Halbgott Taranaki hier nieder. Er hatte seinen Platz bereits fest eingenommen, als er vom ersten europäischen Seefahrer gesichtet wurde, der in dieser Gegend auftauchte, Captain **James Cook**. Dieser taufte den Gipfel nach dem ersten Lord der britischen Admiralität Mount Egmont. Anfang des 19. Jhs. lebten nur noch wenige **Maori** in der Region, da sich viele wegen der alljährlichen Überfälle feindlicher Stämme aus dem Norden mit Te Rauparaha nach Kapiti Island zurückgezogen hatten. Dieser Umstand kam den Engländern **John Lowe und Richard Barrett** gelegen; sie errichteten 1828 am Ngamotu Beach am Nordufer der Halbinsel einen Handels- und Walfangposten.

1841 entsandte die **Plymouth Company** sechs Schiffe mit englischen Kolonisten nach Neuseeland, um den Außenposten von Lowe und Barrett zu besiedeln. Die vorwiegend aus dem Südwesten Englands stammenden Siedler nannten ihre Gemeinde **New Plymouth**. Heute ist sie die größte Stadt der Region.

Als ab Mitte des 19. Jhs. viele Maori in ihre ursprüngliche Heimat zurückkehrten, kam es zu Auseinandersetzungen um Land, das an die Siedler verkauft worden war. Die Feindseligkeiten kulminierten ab 1860 in den zehn Jahre andauernden **Taranaki Land Wars**. Die kriegerischen Streitigkeiten lähmten die Entwicklung der Region und führten in der Folge zu zahlreichen **Klagen der Maori**.

New Plymouth

Die kleine, aber geschäftige Stadt **New Plymouth** an der Nordküste der Halbinsel ist das wirtschaftliche Zentrum von Taranaki und in ganz Neuseeland für ihre Konzerte und Kunstfestivals bekannt. Der Hafen **Port Taranaki** am Rande der Stadt ist das westliche Tor nach Neuseeland und der einzige internationale Tiefwasserhafen an der Westküste. Die Attraktionen der Stadt beschränken sich hauptsächlich auf **Kunst** und **Gärten**, doch die Stadt selbst verströmt auch eine angenehme Atmosphäre.

Unmittelbar vor der Küste liegt das Schutzgebiet **Sugar Loaf Protected Area**, ein Refugium für Tiere über und unter Wasser.

Govett-Brewster Art Gallery

42 Queen St ▪ ⏰ tgl. 10–17 Uhr ▪ Eintritt frei ▪ ☎ 06 759 6060, 🖥 www.govettbrewster.com

Die **Govett-Brewster Art Gallery** ist eine der besten Galerien für zeitgenössische Kunst in ganz Neuseeland. Sie hütet eine riesige Sammlung von Arbeiten von Len Lye (s. Kasten S. 295). Zur Zeit der Drucklegung entstand gerade eine schicke neue Len Lye Gallery nebenan. Mit deren Eröffnung werden Besucher erstmals Zugang zu einer umfangreichen Sammlung von Werken dieses visionären Künstlers erhalten. Außerdem gehören zur Galerie eine gute Kunstbuchhandlung und ein ausgezeichnetes Café (S. 296).

Wind Wand

Unübersehbar erhebt sich im Zentrum von New Plymouth der **Wind Wand**, ein schlankes, knallrotes, 45 m hohes Carbonfaserrohr mit einer Leuchtkugel auf der Spitze, die im Dunkeln

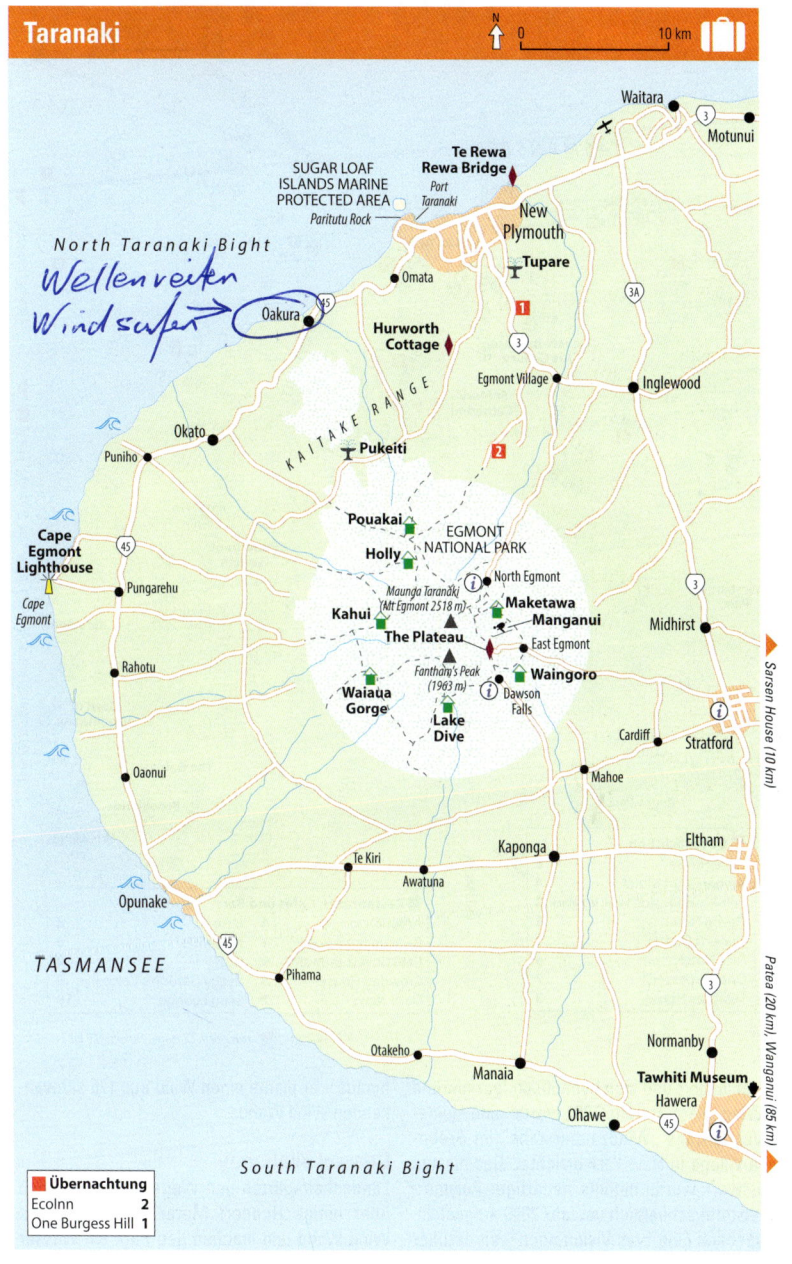

SUGAR LOAF
ISLANDS MARINE
PROTECTED AREA
*Port
Taranaki*
Paritutu Rock

**Te Rewa
Rewa Bridge**

Waitara

Motunui

3

**New
Plymouth**

Tupare

North Taranaki Bight

*Wellenreiten
Windsurfen*

Oakura   45

● Omata

3A

**Hurworth
Cottage**

1

3

Egmont Village

● Inglewood

Okato

K A I T A K E   R A N G E

● Puniho

✈ **Pukeiti**

2

Pouakai

Holly

**EGMONT
NATIONAL PARK**

North Egmont

3

**Cape
Egmont
Lighthouse**

45

● Pungarehu

*Cape
Egmont*

Kahui

*Maunga Taranaki
(Mt Egmont 2518 m)*

**Maketawa
Manganui**

East Egmont

Midhirst

● Rahotu

The Plateau

*Fantham's Peak
(1963 m)*

Dawson
Falls

Waingoro

Cardiff

Stratford

**Waiaua
Gorge**

**Lake
Dive**

Mahoe

● Oaonui

Te Kiri

Awatuna

Kaponga

Eltham

T A S M A N S E E

Opunake

45

● Pihama

3

Otakeho

Manaia

Normanby

Tawhiti Museum

Hawera

45

Ohawe

South Taranaki Bight

Sarsen House (10 km)

Patea (20 km), Wanganui (85 km)

■ Übernachtung
EcoInn   **2**
One Burgess Hill **1**

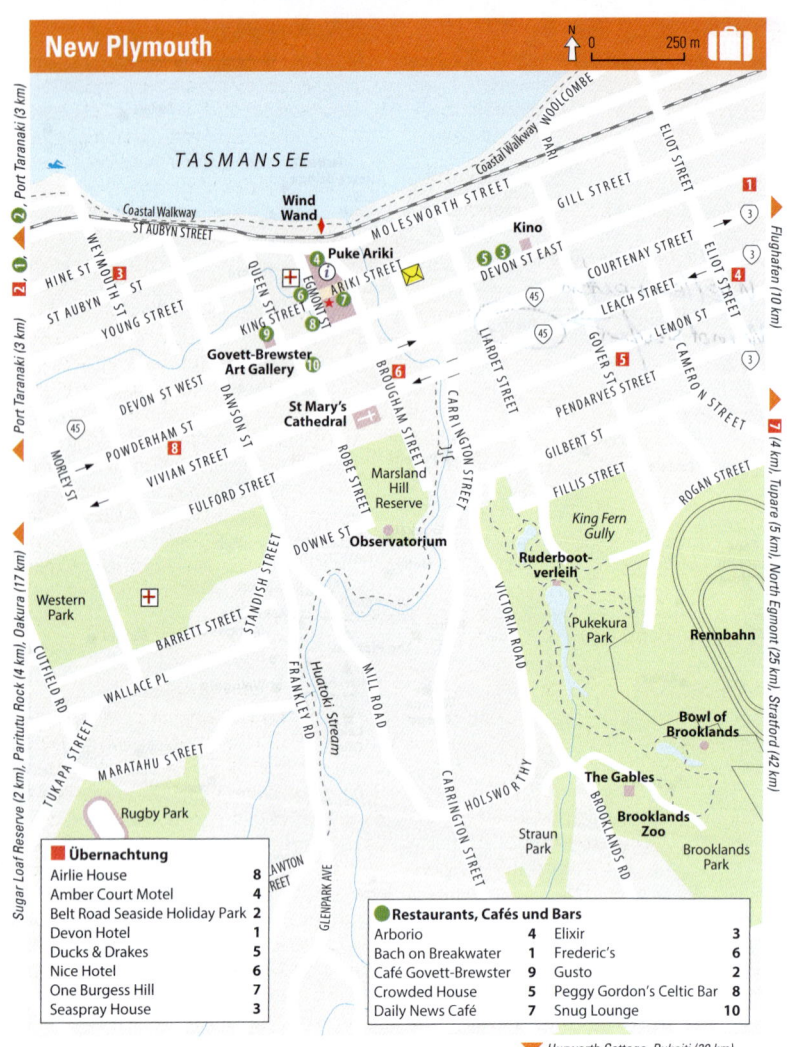

T A S M A N S E E

Coastal Walkway   WOOLLCOMBE

Coastal Walkway   ST AUBYN STREET   MOLESWORTH STREET   GILL STREET   ELIOT STREET

1   Flughafen (10 km)

Wind
Wand

Puke Ariki

WEYMOUTH ST   Kino

HINE ST   **3**   QUEEN STREET   EGMONT ST   ARIKI STREET   **5**   DEVON ST EAST   COURTENAY STREET   ELIOT STREET   **4**

ST AUBYN   ST

YOUNG STREET   KING STREET   **8**   LEACH STREET   LEMON ST

Govett-Brewster
Art Gallery   **10**   BRUGHAM STREET   **45**   GOVER STREET   **5**   CAMERON STREET

DEVON ST WEST   DAWSON ST   **6**   LIARDET STREET   PENDARVES STREET   ROGAN STREET

POWDERHAM ST   **8**   **St Mary's**
Cathedral   CARRINGTON STREET   GILBERT ST

MORLEY ST   VIVIAN STREET   ROBE STREET   FILLIS STREET

FULFORD STREET   Marsland
Hill
Reserve   King Fern
Gully

DOWNE ST   **Observatorium**   **Ruderboot-**
verleih

Western
Park   STANDISH STREET   VICTORIA ROAD   Pukekura
Park   **Rennbahn**

BARRETT STREET   Huatoki Stream   MILL ROAD   **Bowl of**
Brooklands

CUTFIELD RD   WALLACE PL   FRANKLEY RD   **The Gables**

TUKAPA STREET   MARATAHU STREET   CARRINGTON STREET   HOLSWORTHY   BROOKLANDS RD   **Brooklands**
Zoo

Rugby Park   Straun
Park   Brooklands
Park

LAWTON STREET   GLENPARK AVE

■ Übernachtung	
Airlie House	8
Amber Court Motel	4
Belt Road Seaside Holiday Park	2
Devon Hotel	1
Ducks & Drakes	5
Nice Hotel	6
One Burgess Hill	7
Seaspray House	3

● Restaurants, Cafés und Bars			
Arborio	4	Elixir	3
Bach on Breakwater	1	Frederic's	6
Café Govett-Brewster	9	Gusto	2
Crowded House	5	Peggy Gordon's Celtic Bar	8
Daily News Café	7	Snug Lounge	10

▼ Hurworth Cottage, Pukeiti (20 km)

Port Taranaki (3 km), Oakura (17 km)

2 Port Taranaki (3 km)

Sugar Loaf Reserve (2 km), Paritutu Rock (4 km), Oakura (17 km)

WESTLICHE NORDINSEL

7 (4 km), Tupare (5 km), North Egmont (25 km), Stratford (42 km)

rot schimmert und sich hypnotisch faszinierend im Wind wiegt. Bereits 1962 wurde eine kleinere Version des „Windzauberstabs" im Greenwich Village in New York errichtet. Das hiesige Kunstwerk wurde mithilfe neuartiger Polymerkunststoffe schließlich im Jahr 2000 aufgestellt. Tatsächlich ging Lyes Vision noch weit darüber hinaus – er plante einen Wald aus 125 schwankenden Wind Wands.

Coastal Walkway

Landschaftsgärten und Wege erstrecken sich über einige Hundert Meter beiderseits des Wind Wand und machen den Park am Wasser zu einem netten Ziel für einen abendlichen Bummel. Ehrgeizigeren Wanderern und Radlern steht der **Coastal Walkway** zur Verfügung, der sich 3 km Richtung Westen bis zum Hafen und 7 km Richtung Osten bis zum Bell Block am Wasser hinzieht.

Am besten geht man 2 km Richtung Osten zum East End Reserve; hier gibt es einen Fahrradverleih (S. 297) und das Big Wave Café. Weitere 2 km östlich wird die Flussmündung des Waiwhakaiho von der atemberaubenden, 83 m langen **Te Rewa Rewa Bridge** aus weißem Stahl überspannt. Sie soll eine Welle zum Vorbild gehabt haben, aber viele vergleichen sie mit einem Walskelett. Bei gutem Wetter findet man in der Nähe oft einen Kaffeewagen.

Puke Ariki

1 Ariki St ▪ Mo, Di, Do und Fr 9–18, Mi 9–21, Sa und So 9–17 Uhr; Richmond Cottage Sa und So 11–15.30 Uhr ▪ Eintritt frei ▪ ✆ 06 759 6060, ⌨ www.pukeariki.com

Den Dreh- und Angelpunkt der Stadt bildet der Komplex **Puke Ariki**. Er beherbergt das i-SITE Visitor Centre (S. 297), die Stadtbibliothek, Ausstellungsflächen und ein interaktives **Regionalmuseum**. Besonders gut sind die Sonderausstellungen, aber es gibt auch eine umfangreiche Maori-Abteilung sowie Vulkangestein- und Holzschnitzereien in einem Stil, der nur in Taranaki zu finden ist.

Auf dem Museumsgelände steht auch das Steinhaus **Richmond Cottage**, das 1854 für den aus New Plymouth stammenden Parlamentsabgeordneten Christopher William Richmond errichtet und 1962 an seinen gegenwärtigen Standort verlegt wurde.

St Mary's Cathedral

37 Vivian St ▪ Eintritt frei ▪ ✆ 06 758 3111, ⌨ www.taranakicathedral.org.nz

Die von Frederick Thatcher entworfene **St Mary's Church** stammt aus dem Jahr 1845 und ist damit die älteste steinerne Kirche in Neuseeland. Der strenge Bau mit imposantem Interieur aus dunklem Holz beherbergt ein beeindruckendes Maori-Denkmal von 1972 mit Schnitzereien und *tukutuku*-Geflecht. 2010 wurde die Kirche zur Kathedrale Taranakis erhoben.

Pukekura Park und Brooklands Park

Haupteingänge Liardet St und Brooklands Park Drive ▪ ◷ tgl. Sonnenauf- bis Sonnenuntergang ▪ Eintritt frei ▪ **Gables** Sa und So 13–16 Uhr, Eintritt frei ▪ **Ruderboote** Dez–Feb tgl. 11–16 und 19–22 Uhr, ▪ $10/30 Min. ⌨ www.pukekura.org.nz

Pukekura Park und Brooklands Park sind im Grunde zwei Teile eines einzigen großen Parks. Er gehört zu den schönsten Stadtparks Neuseelands, in dem auch das Festival of Lights und WOMAD (S. 297) stattfinden. Der Pukekura Park umfasst Gewächshäuser, einen See mit Bootsverleih und ein Cricketfeld. Im freier gestalteten Brooklands Park auf dem Gelände einer ehemaligen Farm gibt es außer dem Amphitheater **Bowl of Brooklands**, in dem bekannte Künstler auftreten, auch zahlreiche uralte Bäume, darunter einen 2000 Jahre alten Puriri und einen gewaltigen Ginkgo. In der Nähe befindet sich in einem ehemaligen Kolonialkrankenhaus von 1847 das **Gables**, das eine Kunstgalerie und ein kleines Medizinmuseum umfasst. In der Nähe des renovierten Pukekura Teahouse kann man **Ruderboote** leihen.

Paritutu Rock

4 km westlich des Stadtzentrums

Der Hafen von New Plymouth erstreckt sich am Fuß des 200 m hohen **Paritutu Rock**, der für die Maori eine große kulturelle Bedeutung besitzt und eine nahezu perfekte natürliche Festung bildet, die auch heute noch die Grenze zwischen den Territorien Taranaki und Te Atiawa markiert. Wer will, kann ihn ersteigen. Der Zugang liegt an einem Parkplatz am Centennial Drive, der von der Vivian Street ausgeschildert ist. Es handelt sich um eine steile Kletterpartie von 20–50 Minuten Dauer hin und zurück. Ein Stahlseil bietet Halt, und als Belohnung wartet oben ein großartiger Ausblick auf die Küste.

Sugar Loaf Islands Marine Protected Area

1-stündige Bootstouren ▪ 2–3x tgl., je nach Wetter ▪ $40 ▪ ✆ 06 758 9133, ⌨ www.chaddycharters.co.nz

Ein paar Hundert Meter vor der Küste von North Taranaki liegt eine Gruppe von Felsinseln, erodierte Überbleibsel uralter Vulkane, Lebensraum für seltene Pflanzen, Zwergpinguine, Sturmvögel und Dunkle Sturmtaucher. Die umliegenden Gewässer bilden das vom DOC verwaltete Schutzgebiet **Sugar Loaf Marine Reserve**. Hier leben rund 89 Fischarten und eine Fülle farbenprächtiger Seeanemonen, Schwämme und Algen in unterseeischen Schluchten. Außerdem sind hier vorbeiziehende Buckelwale (Aug–Sep) und Delphine (Okt–Dez) zu beobachten. Neuseelands nördlichste Kolonie Neuseeländischer Seebären bevölkert die Felsen der Gezeitenzone.

Die Inseln selbst dürfen nicht betreten werden, doch **Chaddy's Charters** veranstaltet unterhaltsame **Bootsausflüge**.

Tupare

487 Mangorei Rd, 6 km südöstlich des Stadtzentrums ▪ ⏰ tgl. 9–20 Uhr; Cottage-Führungen Okt–März Fr–Mo 11 Uhr ▪ Eintritt frei
▪ ☎ 0800 736 222, 🖥 www.tupare.info
Der fruchtbare Vulkanboden und das feuchte Klima in Taranaki bilden eine sehr gute Grundlage für einige wunderbare Gärten. Der in den 1930er-Jahren angelegte **Tupare** ist ein besonders schönes Beispiel. Hier können Besucher zwischen Ahorn-Bäumen, Azaleen und Rhododendren umherbummeln und in dem hübschen **Gardener's Cottage** mehr über die Geschichte des Gartens erfahren. So richtig erschließt sich das Ganze aber erst bei einer Führung durch das originelle **Arts-and-Crafts-Haus** des bekannten neuseeländischen Architekten James Chapman-Taylor.

Hurworth Cottage

906 Carrington Rd, 9 km südlich des Stadtzentrums ▪ ⏰ Sa und So 11–15 Uhr und n. V.
▪ Eintritt $5 ▪ ☎ 06 753 3593, 🖥 www.historic places.org.nz
Das reizende historische **Hurworth Cottage** wurde 1856 für Harry Atkinson erbaut, später viermaliger Premierminister Neuseelands, der für das Frauenwahlrecht und den Sozialstaat eintrat. Das schlichte Häuschen mit zwei Zimmern ist das einzige, das die Landkriege der 1860er-Jahre überstanden hat, und es ist heute noch so eingerichtet, wie in der Mitte des 19. Jhs. Interessant sind die alten Kohle-Graffiti; eines zeigt einen Maori-Krieger mit Ganzgesichts-*moko*.

Pukeiti

2290 Carrington Rd, 23 km südwestlich des Stadtzentrums ▪ ⏰ tgl. 9–17 Uhr, Café Mi–So 10–16 Uhr ▪ Eintritt frei ▪ ☎ 0800 736 222, 🖥 www.pukeiti.org.nz
Pukeiti, auf 370 m Höhe am Nordhang der Pouakai Range gelegen, ist der schönste öffentliche Garten in Taranaki. Er wurde 1951 von Douglas Cook gegründet, der auch für das Eastwoodhill Arboretum in Gisborne (S. 451) verantwortlich war. Für Neuseelands größten Bestand an Rhododendren und Azaleen benötigte er allerdings ein kühleres und feuchteres Klima. Der Garten ist eine kunterbunte Ansammlung wunderschöner Blüten mit Waldwegen und grünen Alleen. Stärkung bietet das Founders Café.

ÜBERNACHTUNG

New Plymouth bietet eine Reihe von Unterkünften zu moderaten Preisen. Weitere Übernachtungsmöglichkeiten gibt es in der Nähe der Stadt, etwa im Surfstrandort Oakura (S. 301) oder an den Hängen des Taranaki (S. 290). Motels säumen die Zufahrtsstraßen ins Zentrum.
Airlie House, 161 Powderham St, ☎ 06 757 8866, 🖥 www.airliehouse.co.nz; Karte S. 292. Elegantes B&B in einer geräumigen Villa aus den 1880er-Jahren, modern einrichtet. Der „Drawing Room" mit Sitzbank in der Fensternische und das Studioapartment mit Küche verfügen jeweils über ein eigenes Bad. Das Badezimmer des „Garden Room" mit Blick auf die blühenden Vorgarten hat sogar eine Wanne mit Klauenfüßen. Hunderte DVDs und hervorragendes Frühstück. $180
Amber Court Motel, 61 Eliot Street, ☎ 0800 654 800, 🖥 www.ambercourtmotel.co.nz; Karte S. 292. Günstiges Motel in zentraler Lage nahe des Highway und fußläufig zum Zentrum. Die geräumigen Zimmer haben eine separate Küche. Es gibt eine Gemeinschaftswaschmaschine und ein kleines Hallenbad. $118
Belt Road Seaside Holiday Park, 2 Belt Rd, ☎ 0800 804 204, 🖥 www.beltroad.co.nz; Karte S. 292. Schön und zumeist geschützt gelegener Platz auf Klippen am Meer, zu Fuß 25 Min. vom Stadtzentrum. Leider gilt in der Hauptsaison einen Mindestaufenthalt von 3 Nächten. Camping $20, Cabins $70

Devon Hotel, 390 Devon St East, ☎ 0800 843 338, 🖥 www.devonhotel.co.nz; Karte S. 292. Schickes Businesshotel mit beheiztem Pool und Jacuzzi, unterschiedlichen Zimmern und einigen geräumigen Suiten sowie Buffet-Restaurant und kostenlosem Fahrradverleih. Kostenlos sind auch das WLAN und die Benutzung des nahegelegenen Fitnesscenters. $149

Ducks & Drakes, 48 Lemon St, ☎ 06 758 0403, 🖥 www.ducksanddrakes.co.nz; Karte S. 292. Reizendes Haus aus den 1920er-Jahren mit geräumiger Küche und Lounge voller Bücher sowie hellen und luftigen Backpacker-Zimmern nebenan. Die Benutzung der hauseigenen Sauna kostet $5 p. P. Dorm ab $32, Cottage ab $130

🎒 **Nice Hotel**, 71 Brougham St, ☎ 06 758 6423, 🖥 www.nicehotel.co.nz; Karte S. 292. Rechtzeitige Reservierung ist ratsam, um eins der 7 individuell eingerichteten Zimmer in dieser charmanten Herberge abzustauben, die mit Designer-Bädern, zeitgenössischer Kunst und luxuriösen Details erfreut. Das dazugehörige Restaurant Table (nur Abendessen; Hauptgerichte rund $35) genießt einen guten Ruf für seine französisch inspirierte Küche. $250

One Burgess Hill, 1 Burgess Hill Rd, 5 km südlich des Stadtzentrums, ☎ 06 757 2056, 🖥 www.oneburgesshill.co.nz; Karte S. 292. Auf einer erhöhten Landspitze, mit tollem Ausblick über den Waiwhakaiho River und einen bewaldeten Hang voller Baumfarne. 15 moderne Apartments (teil mit offenem Kamin). Zur Ausstattung gehören ultramoderne Küchen und geradezu dekadente Bäder. Studio $140, Apartment mit 1 Schlafzimmer $175

🎒 **Seaspray House**, 13 Weymouth St, ☎ 06 759 8934, 🖥 www.seasprayhouse.co.nz; Karte S. 292. Keine Etagenbetten, kein TV, und drinnen sind keine Schuhe erlaubt – in diesem zentralen Hostel mit nur 14 Betten kann man sich bestens entspannen. Handtuchverleih. ⏱ Juni–Aug geschl. Dorms $33, DZ $78

Len Lyle

Auf einmal hatte ich einen Geistesblitz: Wenn sich Musik komponieren lässt, kann man vielleicht auch Bewegungen komponieren.

Bis vor Kurzem war der neuseeländische Bildhauer, Filmemacher und Konzeptkünstler **Len Lye** (1901–80) abseits der Kunstwelt recht unbekannt, inzwischen jedoch wird seinem Werk die verdiente Anerkennung zuteil. Der in Christchurch gebürtige Lye entwickelte schon früh eine Faszination für Bewegung: Bereits gegen Ende seiner Teenagerjahre experimentierte er mit **kinetischen Skulpturen**. Er verknüpfte die indigene Kunst mit den Maximen der europäischen Futuristen und Surrealisten und experimentierte mit Skulpturen, Batiken, Malerei, Fotografie und animierten „**kameralosen" Filmen** (Filmstreifen, die er aufwendig mit Schablonen, Einritzungen und Zeichnungen bearbeitete). Zum Teil arbeitete Lye an seinen Filmen in London, doch am Ende des Zweiten Weltkriegs landete er wie andere europäische Künstler in New York. Hier fand er zur Bildhauerei zurück und entdeckte für sich die Flexibilität von Edelstahl-Stangen und -Streifen, aus denen er abstrakte „konkrete Bewegungsskulpturen" schuf. Die unregelmäßigen Bewegungen dieser motorbetriebenen Skulpturen verleihen ihnen etwas Anarchistisches. Das zeigt sich besonders deutlich an seinem bekanntesten Werk, *Trilogy* von 1977 (bekannter unter dem Titel *Flip and Two Twisters*): drei von Motoren bewegte Bleche, die in Schwingung versetzt werden und sich verbiegen.

Kurz vor Lyes Tod in New York 1980 half sein Freund und Förderer John Matthews aus New Plymouth bei der Gründung der **Len Lye Foundation**, die die meisten der weltweit verstreuten Arbeiten Lyes in der Govett-Brewster Art Gallery zusammenführte. Die Stiftung hatte sich auch der Förderung von Lyes Werk verschrieben. Das sichtbarste und größte Ergebnis dieser Bemühungen ist der *Wind Wand*. Die Stiftung trug außerdem entscheidend zur Entstehung des *Water Whirler* in Wellington (S. 499) bei.

Die meisten Cafés, Restaurants und Kneipen von New Plymouth befinden sich an der sogenannten Devon Mile, womit der Abschnitt der Devon Street zwischen Dawson Street und Eliot Street gemeint ist. In letzter Zeit ist ein zweiter kulinarischer Hotspot am Port Taranaki, mit Blick aufs Wasser, entstanden.

Arborio, St Aubyn St, im Puke Ariki, mit Blick auf den Wind Wand, ☏ 06 759 1241, 🖥 www.arborio.co.nz; Karte S. 292. Modernes Café mit Alkoholausschank und köstlichen Gerichten wie frittiertem Calamari ($19), gebratenem Lammrücken ($39) oder selbstgeräuchertem Lachs ($37). Pizzas gibt's nur abends (rund $23). Besser reservieren, besonders die Tische auf der Terrasse am Wasser (innen kann es sehr dunkel sein). ⊕ tgl. 9–22 Uhr oder später.

Bach on the Breakwater, Ocean View Parade, Port Taranaki, ☏ 06 769 6967, 🖥 www.bachon breakwater.co.nz; Karte S. 292. Das rustikale Café mit Holzterrasse zum Hafen serviert tagsüber zu moderaten Preisen Snacks wie Nachos ($16), abends traditionelle Küche, z. B. Pies ($27) oder Lammkeule ($28). Alkoholausschank. ⊕ Mi und Do 9.30–16, Fr–So 9.30–22 Uhr.

Café Govett-Brewster, Queen St, ☏ 06 759 6060, 🖥 www.govettbrewster. com; Karte S. 292. Das luftige Museumscafé ist selbst schon ein Kunstwerk, was jedoch nicht von dem tollen Essen und Kaffee ablenken sollte: gute Muffins, zum Frühstück Eggs Benedict ($17,50) oder Salate mit Roter Bete, Minze, Mandeln und gegrilltem Halloumi. ⊕ Mo–Fr 8–14.30, Sa und So 9–14.30 Uhr.

Crowded House, 93 Devon St East, ☏ 06 759 4921, 🖥 www.crowdedhouse.co.nz; Karte S. 292. Standard-Innenstadtbar, oft voll, vor allem wenn es ein interessantes Spiel im Fernsehen gibt. Monteith's-Biere vom Fass, gute Huhn-und-Schinken-Burger mit Pommes oder grünes Thai-Curry (beides $19,50). ⊕ tgl. 10–22 Uhr oder später.

Daily News Café, Level 1 in der Stadtbücherei, 1 Ariki St; Karte S. 292. Kleines, ruhiges Café, das tagsüber aktuelle nationale und internationale Tageszeitungen, Kaffee und Snacks bietet. ⊕ tgl. 9.30–15.30 Uhr.

Elixir, 117 Devon St East, ☏ 06 769 9902, 🖥 www.elixircafe.co.nz; Karte S. 292. Cooles Café, dessen Wände mit Plakaten für bevorstehende Festivals und Konzerte gepflastert sind. Hier gibt es frisch gebackene Muffins, Bagels, Wraps und leckere Hauptgerichte ($17–24) wie Pfeffergarnelen Szechuan-Art und Calamari. Mit Alkoholausschank, ab 18 Uhr auch BYO. ⊕ Mo 7–16.30, Di–Do 7–21.30, Fr und Sa 7.30–22, So 8–16 Uhr.

Frederic's, 34 Egmont St, ☏ 06 759 1227, 🖥 www.frederics.co.nz; Karte S. 292. In dieser freundlichen Kneipe trinkt man diverse Sorten Bier, Cider und Weine vorwiegend aus Neuseeland. Meist recht ruhig, aber gegen Ende der Woche mehr Betrieb. ⊕ Mo–So 11 Uhr bis spät.

Gusto, Ocean View Parade, Port Taranaki, ☏ 06 759 8133, 🖥 www.gustotaranaki.co.nz; Karte S. 292. Edles Restaurant im minimalistischen Schick mit Hafenblick, versteckt im halbindustriellen Jachthafen, bietet ausgezeichnete moderne Gerichte wie Muscheln ($13) und Kleine Pilgermuscheln in Pancetta ($23) als Vorspeise; die Auswahl der Hauptgerichte reicht von Tagesfisch bis gedünstete Lammlende ($28–42). ⊕ Mo–Fr 10–22, Sa 9–22, So 9–15 Uhr.

Peggy Gordon's Celtic Bar, 58 Egmont St, ☏ 06 758 8561, 🖥 www.peggygordons.com; Karte S. 292. Große Auswahl an Whisky-Sorten, 12 Biere vom Fass, preiswerte Mahlzeiten (Guinness-Grillrippchen $15.50, Kabeljau in Kilkenny-Bierteig $18.50) und regelmäßig irische Livemusik – das alles kommt bei Einheimischen und Reisenden gleichermaßen gut an. In der Basement Bar treten alternative Bands auf. ⊕ tgl. 10–22 Uhr oder später.

Snug Lounge, 134 Devon St West. ☏ 06 757 9130, 🖥 snuglounge.co.nz; Karte S. 292. Diese Edelausgabe einer Eckkneipe im klassischen White Hart Hotel präsentiert sich mit behaglichen Sitzmöbeln, Kissen mit Falz und alten Tapeten an den Wänden, die teilweise freigelegt sind, um zu zeigen, wie sich die Tapetenmode im Lauf der Jahrzehnte geändert hat. Die meisten Gäste kommen der leckeren Cocktails und des Ambientes wegen her, aber auch das Yakitori ist nicht zu verachten. ⊕ tgl. 15 Uhr bis spät.

WESTLICHE NORDINSEL

Feste

Festival of Lights (Mitte Dez–Jan jeden Abend von Einbruch der Dunkelheit bis 22.45 Uhr, Eintritt frei; 🖥 www.festivaloflights.co.nz). An Sommerabenden kann man über märchenhaft illuminierte Wege zwischen angestrahlten Bäumen schlendern und in Ruderbooten mit Lichtergirlanden auf dem See herumschippern. An den meisten Abenden erklingt dazu Livemusik.

Taranaki Garden Spectacular (Ende Okt–Anfang Nov; 🖥 www.taft.co.nz). Zehntägige Feier für die schönen Gärten der Region, in einer Zeit, in der die Rhododendren farbenprächtig blühen.

Taranaki International Arts Festival (2 Wochen Anfang Aug; 🖥 www.taft.co.nz). In jedem ungeraden Jahr, mit einem breiten Angebot an Musik, Filmen und Theater in der ganzen Stadt.

WOMAD (Mitte März; 🖥 www.taft.co.nz). Bei dem alljährlich stattfindenden 3-tägigen Weltmusikfestival treten im Brooklands Park Hunderte von Künstlern aus aller Welt auf sechs Bühnen auf; dazu gibt es Workshops und einen „Global Village"-Markt.

Informationen

i-SITE, 65 St Aubyn St, im Foyer des Puke Ariki Museum, ✆ 06 759 6060, 🖥 www.taranaki.co. nz. Hier bekommt man auch Informationen über und Hüttentickets für den Egmont National Park. ◷ Mo–Fr 9–18, Mi bis 21, Sa und So 9–17 Uhr.

Internet

Die **Bücherei**, 1 Ariki St, bietet kostenlosen Internetzugang; ◷ Mo–Fr 9–18, Mi bis 21, Sa und So 9–17 Uhr.

Kino

Arthouse Cinema, 73 Devon St West, ✆ 06 757 3650, 🖥 www.arthousecinema.co.nz. Zu den Filmen kann man ein Glas Wein genießen.

Event Cinema, 119–125 Devon St East, ✆ 06 759 9077, 🖥 www.eventcinemas.co.nz. Zeigt Mainstream-Filme.

Observatorium

New Plymouth Observatory, Robe St, Marsland Hill Reserve. Mitglieder der Astronomical Society zeigen Besuchern die Highlights des Abendhimmels ($5). Di Sommer 20–22, Winter 19.30–21.30 Uhr.

CityLink, ✆ 0800 872 287, 🖥 www.trc.govt.nz/bus-routes, betreibt die Regionalbusse, doch das Streckennetz ist nicht besonders umfangreich. Nützlich sind die Busse nach Tupare und Oakura, die jedoch nicht häufig fahren.

Cycle Inn, 133 Devon St East, ✆ 06 758 7418, 🖥 www.cycleinn.co.nz, verleiht Stadträder für $20/Tag oder $10/2Std.; ◷ Mo–Fr 8.30–17, Sa 9–16, So 10–14 Uhr.

Wind Wanderers, East End Reserve, ✆ 027 358 1182, 🖥 www.windwanderer.co.nz, verleiht Cruiser (1 Std. $15, jede weitere $5) und vierrädrige Tretbuggies ($15/20 Min.) zur Erkundung des Coastal Walkway.

Busse

InterCity/Newmans und NakedBus halten am Busbahnhof in der 19 Ariki St, nicht weit vom i-SITE Visitor Centre.

Busse nach:
AUCKLAND 3x tgl., 6–6 1/2 Std.;
HAMILTON 4x tgl., 4 Std.;
HAWERA 3x tgl., 50 Min.–1 1/4 Std.;
TE KUITI 4x tgl., 2 1/2 Std.;
WANGANUI 2x tgl., 2 1/2 Std.;
WELLINGTON 2x tgl., 7 Std.

Flüge

Der Flughafen liegt 12 km nordöstlich der Stadt.
Scott's Airport Shuttle Service, ✆ 06 769 5974 oder 0800 373 001, 🖥 www.npairportshuttle. co.nz, setzt Fahrgäste auf Wunsch überall im Stadtzentrum ab (ab $18 für 1, $22 für 2 Pers.). Die Shuttles warten auf alle ankommenden Flüge, eine Reservierung ist ratsam.

Flüge nach:
AUCKLAND 5–8x tgl., 3/4 Std.;
NELSON 1x tgl., 1 Std.;
WELLINGTON 4–5x tgl., 55 Min.

Egmont National Park

Der **Taranaki** (alias Mount Egmont), ein schlummernder Vulkan, der zuletzt 1755 ausbrach, dominiert das gesamte westliche Drittel der Nordinsel. Der häufig mit dem japanischen Fuji verglichene Berg bildet einen fast perfekten Kegel von 2518 m Höhe. Das Kegelprofil wird im Osten und Westen allerdings durch den Nebengipfel **Fantham's Peak** (1692 m) gestört. Im Winter ist der Taranaki schneebedeckt; im Sommer bleibt dagegen nur der Krater weiß. Der Berg liegt im Zentrum des **Egmont National Park**, dessen Grenze einen Kreis von 10 km Radius um den Taranaki bildet. Dieser Kreis wird lediglich im Norden unterbrochen, wo der Park die Bergketten **Pouakai Range** und **Kaitake Range** einschließt, ältere und verwitterte Verwandte des Taranaki.

Die unteren Hänge des von Weide- und Ackerland umgebenen Bergs sind mit Wald bedeckt. Mit zunehmender Höhe wird dieser von verkrüppelten Bäumen abgelöst, die von den ständigen Windböen Schlagseite haben. In noch größerer Höhe weicht die Vegetation einer losen Vulkanschlacke, die den Aufstieg zum Gipfel sehr mühsam macht.

Drei asphaltierte Straßen führen die Ostseite des Bergs hinauf. Sie enden alle auf knapp halber Höhe an Parkplätzen, von denen sich ein 140 km langes Netz von Wanderwegen in alle Richtungen des Parks verzweigt. Von diesen Ausgangspunkten ist **North Egmont** von New Plymouth aus am einfachsten zu erreichen. Die Anfahrt nach **East Egmont** führt dafür etwas höher hinauf. Besonders gute kurze Wanderrouten finden sich in der Umgebung von **Dawson Falls**. Das i-SITE in New Plymouth hält jede Menge Informationen über den Park bereit.

Alle drei Ausgangspunkte liegen nicht mehr als eine Stunde Fahrzeit von New Plymouth entfernt. Es gibt aber auch jeweils Unterkünfte in unmittelbarer Nähe, sodass Besucher im Park selbst nächtigen können. Besonders engagierte Wanderer nehmen den Gipfel in Angriff – der Aufstieg ist allerdings nicht zu unterschätzen, und es sind hier auch schon Leute umgekommen. Für Wanderer, die mehr als einen Tag auf dem Taranaki verbringen wollen, könnte der abwechslungsreiche **Pouakai Circuit** oder der anspruchsvolle **Around the Mountain Circuit** das Richtige sein.

North Egmont

Der bequemste Zugang von New Plymouth zum Nationalpark ist der 13 km südöstlich der Provinzhauptstadt am SH3 gelegene Ort **Egmont**

Sicherheit auf der Gipfelroute

Der Aufstieg zum Gipfel ist zwar nicht zu unterschätzen, mit durchschnittlicher körperlicher Fitness aber durchaus als lange Tagestour zu bewältigen, wenn man vor 7.30 Uhr aufbricht. Die Wandersaison dauert in der Regel von Januar bis Mitte April.

Im Winter haben Freizeitwanderer in größeren Höhen nichts verloren. Selbst während der Wandersaison kann es zu beängstigend schnellen Wetterumschwüngen kommen, gelegentlich sogar mit Schneefall. Auch Wanderer, die morgens bei schönem Wetter aufbrechen, müssen sich später am Tag oft durch tief hängende Wolken kämpfen.

Da es leider immer wieder zu tödlichen Unfällen kommt, sollte man die **Wanderhinweise** auf S. 299 beachten, die aktuelle **Wettervorhersage** auf 🖥 www.metservice.com/mountain/egmont-national-park beherzigen und sich vorher unbedingt in einem der örtlichen Visitor Centres oder DOC-Büros beraten lassen. Außerdem sollte man mindestens einen Wandergefährten oder einen Bergführer mitnehmen und in seiner Unterkunft oder unter 🖥 www.adventuresmart.org.nz eine **Notiz mit dem Wanderziel** hinterlegen.

Zu jeder Jahreszeit ist **warme Kleidung** mitzuführen. Es ist – außer im Januar und Februar – auch sehr ratsam, **Steigeisen** und einen **Eispickel** mitzunehmen (und damit umgehen zu können); diese können bei Kiwi Outdoors, 18 Ariki St, New Plymouth, ☎ 06 758 4152, 🖥 www.outdoorgurus.co.nz, ausgeliehen werden (ab $55); ⏱ Mo–Fr 8.30–17, Sa 9.30–14.30, im Sommer auch So 10–14 Uhr.

Village. Von dort aus führt die 16 km lange, asphaltierte, aber kurvenreiche Egmont Road den Berg hinauf nach **North Egmont** (936 m), dem besten Ausgangspunkt für den Pouakai Circuit, Gipfelbesteigungen und mehrere einfachere Wanderungen.

Die Gipfelroute

10 km hin und zurück, 7–10 Std., 1560 m Anstieg

Die Route zum Gipfel, auf ganzer Länge mit Stangen markiert, beginnt am Parkplatz North Egmont und folgt anfänglich der geschotterten Translator Road zur Tahurangi Lodge, einer Privathütte des Taranaki Alpine Club. Eine Holztreppe führt zur North Ridge hinauf; dann geht es über Schlackenhänge die Lizard Ridge hinauf bis zum Krater. Nach Überquerung der eisigen Passagen am Kraterrand und eines kurzen Schlackenhangs erreicht man schließlich den Gipfel und genießt von oben bei guten Bedingungen traumhafte Ausblicke über das westliche Drittel der Nordinsel.

Pouakai Circuit

Ganzjährig, aber von Mai bis Sep ist mit Schnee zu rechnen; vorher beim DOC informieren
■ 24 km Rundweg, 2–3 Tage; Weg verläuft auf Höhen von 700–1300 m

Der reizvolle Pouakai Circuit führt durch Feuchtgebiete, subalpine Tussock-Felder und steile Schluchten mit Farnen. Ein großer Teil des Weges verläuft oberhalb der Baumgrenze, sodass sich weite Aussichten über die Ebene und die Küste eröffnen. Der Weg ist stellenweise steil und nicht so gut ausgebaut wie die Great Walks, aber die Mühe lohnt sich. An der Route liegen zwei Hütten mit Campingmöglichkeiten (S. 300).

Veronica Loop Track

2,5 km Rundweg, 2 Std., 200 m Anstieg

Der recht anstrengende Rundwanderweg klettert über Stufen einen bewaldeten und mit Gestrüpp bedeckten Bergrücken hinauf, vorbei an einem Denkmal für Arthur Ambury, einen Bergsteiger, der bei einem Rettungseinsatz umkam. Dann folgt ein kurzer Aufstieg (vorbei an einem Schild, das hinunter zum Parkplatz weist) zu einem tollen Aussichtspunkt mit Blick auf die uralten Lavaströme Humphries Castle sowie auf

---

Around the Mountain Circuit

Die Rundstrecke um den Berg (44 km, 3–5 Tage) ist etwas für erfahrene Kletterer. Sie beschreibt in einer Höhe zwischen 500 und 1500 m eine unregelmäßige Schleife um den Taranaki. Da der Weg nicht immer und überall instand gehalten wird, sollte man sich vor dem Aufbruch beim DOC über den aktuellen Zustand informieren und eine detaillierte topografische Wanderkarte kaufen.
Von Dezember bis Februar schmilzt der Schnee meist so weit, dass gut trainierte Wanderer die noch anstrengendere **High Level Route** in Angriff nehmen können, die durch einige Abkürzungen über höher gelegene Hänge etwa einen Tag kürzer ist als die untere Route.
Am Weg liegen, gut verteilt, 6 **Hütten**. Wer keinen vom DOC ausgestellten Jahreshüttenpass besitzt, muss sich in einem der DOC Visitor Centres Hüttentickets besorgen. **Camping** (an der Kahui Hut kostenlos) ist nur neben den Hütten gestattet. Hütten $15, Kahui Hut $5

New Plymouth und die Küste. Anschließend geht es wieder hinunter und weiter auf dem Rundweg. Diese Route eignet sich für Wanderer, die wenig Zeit, aber viel Energie haben.

East Egmont

East Egmont ist von Stratford (S. 301) aus zu erreichen. Von dort führt die Pembroke Road 14 km Richtung Westen zum Hotel Stratford Mountain House und anschließend 3 km weiter zu **The Plateau**, einem schroffen, windgepeitschten Fleckchen in 1172 m Höhe, dem höchsten auf der Straße erreichbaren Punkt am Berg. The Plateau liegt an der oberen Route des Around the Mountain Circuit (s. Kasten) und dient im Winter als Parkplatz für die kleine **Manganui Ski Area**, 🖳 www.skitaranaki.co.nz.

Curtis Falls Track

3,5 km hin und zurück, 2–3 Std., 120 m Anstieg

Am Hotel Mountain House beginnt als Teil des tiefer verlaufenden Rundwanderwegs Around the Mountain Circuit (s. Kasten) der kurze, aber recht anstrengende Curtis Falls Track. Er durchquert mithilfe von Stufen und Leitern mehrere tiefe Schluchten und erreicht Manganui River Gorge, von wo er am Flussbett entlang (kein ausgewiesener Track und keine Schilder) zum Fuß eines Wasserfalls führt.

Enchanted Track
6 km hin und zurück, 3 Std., 300 m Anstieg
Nachdem man am Hotel Mountain House geparkt hat, geht man die Straße zu The Plateau hinauf; dann geht's Richtung Süden und hinunter zum Enchanted Track, der seinen Namen den tollen Ausblicken Richtung Osten verdankt. Beim Abstieg lässt sich gut beobachten, wie sich die Vegetation verändert.

Dawson Falls
Visitor Centre ⊕ Do–So und feiertags 8–16.30 Uhr
Die südlichste Zufahrt auf den Taranaki führt über die Manaia Road zum rund 23 km westlich von Stratford und 900 m über dem Meeresspiegel gelegenen **Dawson Falls**. Hier befindet sich das **Dawson Falls Visitor Centre**. Vor dem Centre steht ein imposanter, 8 m hoher *pou whenua* (geschnitzter Pfahl), auf dem berühmte Maori-Persönlichkeiten der Region abgebildet sind.

Kapuni Loop Track
2 km Rundweg, 1 Std., 100 m Anstieg
Dieser nette Wanderweg führt durch den **Goblin Forest** mit seinen verdrehten und verkrüppelten Bäumen und Baumstämmen voller Farne und Moose. Nach einer Weile erreicht man Dawson Falls, wo der Kapuni Stream am Ende eines alten Lavastroms 17 m in die Tiefe stürzt. Auf dem Rückweg kommt man einem Schuppen mit der winzigen **Dawson Falls Power Station** vorbei. Das historische Wasserkraftwerk wurde 1935 erbaut, um das **Dawson Falls Mountain Lodge** mit Strom zu versorgen.

Wilkies Pool Loop Track
2,3 km Rundweg, 1 Std., 100 m Anstieg
Dieser Weg führt vom Visitor Centre von Dawson Falls durch weiteren „Goblin Forest" hinauf zu einer Reihe einzelner Becken, die vom Kapuni Stream ausgewaschen wurden. Auf den nassen Felsen ist Vorsicht geboten. Doch der üppige Wald in der Umgebung lohnt die Mühe.

North Egmont
The Camphouse, North Egmont, ☎ 06 278 6523 oder 06 756 9093, 🖥 www.doc.govt.co.nz. Die große Berghütte von 1891 ist heute ein sehr schlichtes, aber gemütliches Hostel mit beheiztem Gemeinschaftsraum, komplett ausgestatteter Küche und warmen Duschen. Check-in beim Mountain Café. Dorms $25
Am **Pouakai Circuit** liegen zwei Hütten: die Holly Hut (32 Betten) und die Pouakai Hut (16 Betten). Hier gilt: Wer zuerst kommt, wohnt zuerst. Hüttenpässe sind gültig. $15
Mountain Café, North Egmont, im Visitor Centre. Behagliches Café mit gutem Blick und tollem Frühstück ($14–19, den ganzen Tag erhältlich), Suppen ($12) und Burgern ($18). ⊕ tgl. 9–15 Uhr.

East Egmont
Stratford Mountain House, Pembroke Rd, 14 km westlich von Stratford, ☎ 06 765 6100, 🖥 www.stratfordmountainhouse.co.nz. Schön gelegene Lodge 4 km weit im Park und auf 850 m Höhe. Zehn sehr komfortable Zimmer, alle mit Whirlpool. Außer einer geräumigen Lounge gibt's auch noch ein Café und Restaurant mit Blick auf die Spitze des Taranaki. Ein typisches Mittagsgericht ist Hühnchensalat ($17), auf der guten Abendkarte stehen z. B. Schweinebauch auf asiatischem Gemüse oder Steak mit Pommes (um $32). Restaurant ⊕ Mi–So 9–21 Uhr oder später. Nur Übernachtung $195

Dawson Falls
Dawson Falls Mountain Lodge, ☎ 06 765 5457, 🖥 www.dawsonfallsmountainlodge.kiwi.nz. Die Fahrt zu dieser alpinen Lodge mit Zimmern mit Bad führt durch einen Wald. Im gemütlichen Restaurant (Fr und Sa ab 17 Uhr) gibt es z. B. gegrillten Schnapper ($35) und Reh im Speckmantel ($45). $190
Konini Lodge, ☎ 06 756 0990, 🖥 www.doc.govt. nz. Eine Art riesige, vom DOC betriebene Berghütte mit 38 Betten in 3er- und 8er-Zimmern, warmen Duschen und Küche mit Kochgelegenheiten und Kühlschränken. Schlafsack, Handtuch, Proviant sowie Kochutensilien mitbringen und nach dem Essen saubermachen! $25

WESTLICHE NORDINSEL

Guides

Mehrere Guides bieten Buschwanderungen, Gipfeltouren und weitere, technisch anspruchsvollere Unternehmungen an. Im Sommer nimmt ein Führer normalerweise bis zu zehn Personen auf Wanderungen oder Gipfelbesteigungen, Felsklettertouren usw. mit, im Winter dagegen meist nur zwei Personen. Die Preise liegen bei $300 pro Tag, zuzüglich rund $50 für jede weitere Person. Anbieter: **Top Guides**, ✆ 0800 448 433, 🖥 www.topguides.co.nz, **Adventure Dynamics**, ✆ 06 751 3589, 🖥 www.adventuredynamics. co.nz.

Informationen

North Egmont Visitor Centre, am Ende der Egmont Rd, ✆ 06 756 0990, 🖥 www.doc.govt.nz. Das wichtigste Informationszentrum im Park mit Ausstellungen zum Berg, Karten aller Wege, schönen Aussichtsfenstern, Wettervorhersagen und einem recht guten Café. ⊙ tgl. 9–16 Uhr.

Cruise New Zealand, ✆ 0800 688 687, 🖂 kirkstall@xtra.co.nz. Betreibt Shuttlebusse zum Mount Egmont (hin und zurück $50). Die Abholung bei Unterkünften in New Plymouth erfolgt gegen 7 Uhr, und noch vor 8 Uhr ist man in North Egmont; zurück geht's gegen 16 Uhr.

Stratford

Etwa auf halber Strecke zwischen New Plymouth und Hawera liegt **Stratford**, der östliche Zugang zu den Hängen des Taranaki, insbesondere nach East Egmont und Dawson Falls. Wer zur zentralen Nordinsel unterwegs ist, findet hier den Ausgangspunkt des malerischen Forgotten World Highway (S. 305). Die Hauptsehenswürdigkeit des Orts ist sein kitschiger pseudo-elisabethanischer **Uhrenturm**, der 1996 gebaut wurde. Um 10, 13, 15 und 19 Uhr erscheinen lebensgroße Romeo-und-Julia-Figuren, dazu erklingen Shakespeare-Zitate. Alle Straßen sind nach Figuren aus Shakespeare-Stücken benannt. In einem Gässchen gegenüber dem Uhrenturm befindet sich das **i-SITE Visitor Centre**, Prospero Place, ✆ 0800 765 6708, 🖥 www.stratford.govt. nz. ⊙ Mo–Fr 8.30–17, Sa und So 10–15 Uhr.

Eastern Taranaki Experience, ✆ 06 765 7482, 🖥 www.eastern-taranaki.co.nz, befördert Besucher per **Allradfahrzeug** zum Berg ($40–60 für eine Gruppe von 1–5 Pers.).

SH45: der Surf Highway

Die beste Route um die Taranaki-Halbinsel ist der **Surf Highway** (SH45) zwischen New Plymouth und Hawera. Er verläuft größtenteils etwa 3 km vor der Küste, wobei immer wieder kleine Stichstraßen zu winzigen, unbewohnten Buchten abzweigen. Die Strecke ist zwar nur rund 100 km lang, kann aber mit Abstechern zu den hübschen Stränden gut einen halben Tag in Anspruch nehmen. Wer auf den verlässlichen Wellen reiten will, sollte noch mehr Zeit einplanen.

Auch die Bedingungen zum **Windsurfen** und **Kiteboarden** sind gut, denn hier weht fast beständig auflandiger Wind. Surfstrände gibt es eine Menge; die dazugehörige Infrastruktur findet sich hauptsächlich in **Oakura** und im ruhigeren **Opunake**. Zwischen den beiden Ortschaften liegt **Cape Egmont** mit seinem malerischen Leuchtturm.

Oakura

Der Ort 17 km entfernt von New Plymouth ist im Grunde ein Pendlervorort der Provinzhauptstadt, hat sich aber dank der Surfer und einiger flippiger **Kunsthandwerksläden** und **Cafés** am SH45 einen Hauch von Gegenkultur bewahrt. Oakura hat kein Visitor Centre, aber die Bibliothek in der 16 Donnelly St, ✆ 06 759 6060, kann mit Auskünften aushelfen. ⊙ Mo, Mi und Fr 12–18, Di, Do und Sa 9–13 Uhr. Unterricht im Standup-Paddleboarding gibt's bei Vertigo, 605 Main St, ✆ 06 752 7363, 🖥 www.vertigosurf.com für $80/Std.

Ahu Ahu Beach Villas, 321 Ahu Ahu Rd, ✆ 06 752 7370, 🖥 www.ahu.co.nz. 4 luxuriöse, wunderschöne Villen für Selbstversorger auf einer Anhöhe am Ozean, errichtet aus französischen Tonfliesen, Kaibohlen und recycelten Baumaterialien. In den 3 Villen können bis zu 4 Pers. unterkommen und im Studio 2 Pers. Von ihm hat man Blick aufs Meer. In der neuen Oraukawa Lodge ($650) gibt es zwei Zimmer und 2 Badezimmer; mit großen Falttüren lässt sich der Wohnraum quasi nach außen erweitern. $295

Butlers Reef, 1133 South Rd (SH45), ☎ 06 752 7765, 🖥 www.butlersreef.co.nz. Der quirlige Pub ist das Herz des Nachtlebens von Oakura, mit herzhaften Mahlzeiten wie Fisch im Bierteigmantel mit Pommes ($20), regelmäßigen Events und im Sommer jeder Menge Konzerten. Es gibt auch einen Getränkeladen mit Bier und Wein. ⊙ tgl. 11–22 Uhr oder später.

Oakura Beach Holiday Park, 2 Jans Terrace, ☎ 06 752 7861, 🖥 www.oakurabeach.com. Perfekt gelegener Platz mit alternden, aber guten Einrichtungen. Einige Zeltstellplätze sind nur zwei Schritte von dem schwarzsandigen Strand entfernt, und es gibt Cabins auf einer kleinen Anhöhe mit atemberaubenden Blicken auf die Bucht. Camping $22, Cabins $120

Cape Egmont und Opunake

Bei Pungarehu, 25 km südwestlich von Oakura, zweigt die Cape Road 5 km nach Westen ab zum gusseisernen Turm des **Cape Egmont Lighthouse**. Der Leuchtturm wurde 1877 von der nördlich von Wellington gelegenen Insel Mana hierher verfrachtet und steht auf einer Anhöhe am westlichsten Punkt des Kaps an der windgepeitschten Küste Taranakis. Mit dem schneebedeckten Berg als Kulisse ist dies besonders bei Sonnenuntergang ein herrliches Fleckchen Erde.

Opunake, 20 km südlich vom Cape Egmont, ist ein großes Dorf mit schönem Sandstrand. Außer schwimmen, surfen und angeln gibt es hier nicht viel zu tun. Im Sommer ist der Strand bewacht (Jan tgl. 10–18, Feb und März Sa und So 10–17 Uhr). Surfboards verleiht The Opunake Surf Co (Dreamtime), Havelock St, Ecke Tasman St.

ÜBERNACHTUNG UND ESSEN

Opunake Beach Holiday Park, Beach Rd, ☎ 0800 758 009, 🖥 www.opunakebeachnz.

co.nz. Freundlicher Platz mit einem goldenen Strand mit guter Brandung fast direkt vor der Haustür. Camping $20, Units $120

Sugar Juice Café, 42 Tasman St, ☎ 06 761 7062. Das bunt eingerichtete Café bietet viel Sorgfalt zubereitete Speisen, z. B. stattliche Frühstücksportionen wie Wiesenchampignons, Spinat, Frühstücksspeck und Ei ($18) sowie Thekenkost alter Schule (Quiche, Wurstbrötchen, Kuchen usw.) und große Pizzas ($26). Mit Alkoholausschank. ⊙ Di 9–15, Mi–So 9–21 Uhr oder später.

Hawera

Die im Osten und Westen um den Taranaki führenden Routen treffen sich in **Hawera**, das von sanft-hügeligem Weideland umgeben ist. Hawera dient in erster Linie als Versorgungs- und Verwaltungszentrum für die Farmer der Gegend und ist Standort der größten **Molkerei** der Welt, gleich südlich der Stadt. Hier werden 20 % der neuseeländischen Milchproduktion verarbeitet. Die Milch stammt größtenteils von Kühen, die auf Taranakis fruchtbaren Vulkanböden weiden, wird aber auch per Eisenbahn aus anderen Regionen der Nordinsel angeliefert.

Das Wahrzeichen der Stadt ist der alte **Hawera Water Tower**, 55 High St, ein 54 m hoher Betonbau von 1914, der eine famose Aussicht über South Taranaki eröffnet – im i-SITE nach dem Schlüssel fragen! ⊙ Mo–Fr 8.30–17.15, Sa und So 10–15 Uhr, Eintritt $2,50.

Morrieson's Café and Bar

58 Victoria St • ⊙ tgl. 11–21 Uhr oder später

Ronald Hugh Morrieson, einer der bekanntesten Autoren Neuseelands, verbrachte sein ganzes Leben in Hawera. Er schrieb amüsante Schauerromane über das Kleinstadtleben, liebte Jazz und genehmigte sich gern den einen oder anderen Drink. Sein einziges – aber sehr passendes – Denkmal ist **Morrieson's Café and Bar**. Morriesons altes Wohnhaus musste für ein KFC Platz machen, aber der Kamin und die Treppe wurden hierher verfrachtet. Die Tischplatten bestehen aus Holz, das aus dem Haus gerettet wurde. Einige seiner Bücher sind auf dem Kaminsims aufgestapelt, und auf der Theke findet sich eine kurze Biografie des Schriftstellers.

Tawhiti Museum and Bush Railway

401 Ohangai Rd, 4 km nordöstlich von Hawera
■ **Museum** ⏲ 2. Weihnachtsfeiertag–Jan tgl. 10–16, Jan–Mai Fr–Mo 10–16, Juni–Aug So 10–16 Uhr, Eintritt $15 ■ **Bush Railway** ⏲ erster So des Monats plus die meisten Feiertage; in den Schulferien jeden So, $5 ■ ✆ 06 278 6837, ⌨ www.tawhiti museum.co.nz

Das faszinierende **Tawhiti Museum and Bush Railway** beleuchtet das gesellschaftliche und technische Erbe der Maori und Pakeha der Region mit zahlreichen lebensgroßen Figuren, für die Einheimische Modell standen. Weitere Highlights sind das Diorama, das mit 800 Miniaturfiguren die sogenannten Musketenkriege der 1820er-Jahre nachstellt, eine außergewöhnliche Schilderung der Landkriege der 1860er-Jahre aus dem Blickwinkel eines britischen Deserteurs und die kleine **Bush Railway**, die 1 km weit durch eine Ausstellung über die Geschichte der Holzwirtschaft von Taranaki zuckelt. Zum Museum gehört auch ein gutes Café.

Il Chefs, 47 High St, ✆ 06 278 4444, ⌨ www. twochefs.co.nz. Das beste Restaurant in Hawera erfreut durch Zutaten aus der Umgebung und frisch zubereitete Gerichte. Mittags gibt's z. B. süß-scharfe Frühlingsrollen mit *pulled pork* ($19,50), für Steakfreunde kommt abends Ribeye-Filet mit Knoblauch-Rosmarin *fondant potato* ($39) auf den Tisch. ⏲ Mo 17–22, Di–Sa 11–14 und 17–22 Uhr oder später, So 11–14 und 17–22 Uhr.

Marracbo, die Gasse bei 172 High St entlang, ✆ 06 278 5334. Das beste Café der Stadt wartet mit Frühstücksgerichten, Thekenkost und substanzielleren Hauptgerichten (ca. $20) auf. ⏲ Mo–Do 8.30–16, Fr und Sa 8.30–22 Uhr oder später, So 9–16 Uhr.

Tairoa Lodge, 3 Pouawai St, ✆ 06 278 8603, ⌨ www.tairoa-lodge.co.nz. B&B in wunderbarem zweistöckigen Haus von 1875 mit Pool auf einem schönem Grundstück am Stadtrand.

3 geschmackvoll eingerichtete Zimmer mit Bad im Haupthaus, ein Selbstversorger-Cottage für 6 Pers. und das modernere Gatehouse mit 3 Schlafzimmern. B&B $195, Cottage und Gatehouse $245

Wheatly Downs Farmstay, 484 Ararata St, 5 km hinter dem Tawhiti Museum, ✆ 06 278 6523, ⌨ www.mttaranaki.co.nz. Eine nette Unterkunft etwas außerhalb der Stadt bietet diese idyllische Schaf- und Rinderfarm. Zeltstellplätze $20 p. P./Tag. Dorms $30, DZ $75

i-SITE Visitor Centre, 55 High St, am Fuß des Wasserturms, ✆ 06 278 8599, ⌨ www. southtaranaki.com. ⏲ Mo–Fr 8.30–17, Sa und So 10–15 Uhr.

InterCity und NakedBus halten alle am i-SITE. **Busse** nach NEW PLYMOUTH (3x tgl., 50 Min.– 1 1/4 Std.) und WANGANUI (2x tgl., 1 1/4 Std.).

Patea

Hinter Hawera verläuft der SH3 durch Agrarland und mitten durch **Patea**, den einzigen größeren Ort zwischen Hawera und Wanganui. Am westlichen Ende seiner Hauptstraße erinnert ein Modell des *Aotea-Kanus* an die Besiedlung der Gegend durch Turi und sein *hapu*. Patea hat einen guten **Surfstrand** an der Mündung des Patea River (nicht baden!) und einen sicheren **Süßwasser-Badetümpel** unterhalb der Manawapou-Befestigungsreste und des *pa*-Geländes.

Museum of South Taranaki

127 Egmont St ■ ⏲ tgl. 10–16 Uhr ■ Eintritt gegen Spende ■ ✆ 06 273 8354

Das **Museum of South Taranaki**, Aotea Utangunui auf Maori, erzählt die Geschichte der Stadt und seines Schlachthofs, der 1982 geschlossen wurde. Interessant sind die **Waitore-Artefakte**, Holzwerkzeuge und Schnitzereien aus dem frühen 15. Jh., die zwischen 1968 und 1978 in einem Sumpf in der Umgebung gefunden wurden.

Bushy Park

791 Rangitatau East Rd, 47 km südöstlich von Patea, 16 km nordwestlich von Wanganui ▪ ◷ tgl. 10–17 Uhr ▪ Eintritt $6 ▪ ✆ 03 342 9879, 🖥 www.bushypark sanctuary.org.nz

Eine gut ausgeschilderte Seitenstraße führt vom SH3 8 km ostwärts nach **Bushy Park**, einer reizenden historischen Farm in einer Waldlandschaft voller Wanderwege. Das von einem 5 km langen Zaun umgebene Gelände bietet als offizielles **Vogelschutzgebiet** u. a. Langbeinschnäppern, Neuseeland-Kuckuckskäuzen, Lappenstaren, Schwärmen von Maorifruchttauben und Nördlichen Streifenkiwis Zuflucht.

Taumarunui

Taumarunui, 83 km südlich von Te Kuiti am nördlichen Ende des Forgotten World Highway (mit dazugehörigem Radweg), ist Ausgangspunkt für Kanutrips auf dem Whanganui River (S. 306). Der Ort am Zusammenfluss von Ongarue und Whanganui wurde erst spät von Europäern besiedelt: Sie trafen ab 1908 in größerer Zahl ein, nachdem die Eisenbahn bis hierher vorgedrungen war.

Raurimu Spiral

37 km südlich von Taumarunui von einem ausgeschilderten Aussichtspunkt am SH4 zu sehen ▪ Abfahrten im Sommer tgl. um 12 Uhr ▪ $48 einfach, $96 hin und zurück

Es hatte sich als schwierig erwiesen, für die vom Tongariro National Park kommende Eisenbahn auf dem steilen Abstieg Richtung Norden nach Taumarunui eine geeignete Streckenführung zu finden. Bauinspektor R. W. Holmes ersann schließlich die ausgeklügelte **Raurimu Spiral**, eine bautechnische Leistung, bei der Brücken und Tunnel so kombiniert wurden, dass sich die Trasse spiralförmig nach unten windet. Für diejenigen, die nur hin- und wieder zurückfahren wollen, ist die Fahrt über die „Spirale" von Taumarunui zum National Park jedoch ziemlich teuer.

ÜBERNACHTUNG UND ESSEN

Jasmine's, 43 Hakiaha St (SH4), ✆ 07 895 5822. Leicht bizarre Mischung aus traditionellem Thai-Restaurant und Standard-Kiwi-Café. Kaffee und Kuchen, Frühstück mit Schinken und Eiern, außerdem z. B. Seafood-*pad thai* ($12,50) oder *jungle curry* ($16). BYO (Wein). ◷ tgl. 7–21 Uhr. **Kelly's Motel**, 10 River Rd, ✆ 07 895 8175, 🖥 www.www.kellysmotel.co.nz. Kleines und alterndes, aber dennoch behagliches Motel abseits des Highways am westlichen Ortsrand mit Studios, Units mit 2 Schlafzimmern. $80 **Taumarunui Holiday Park**, SH4 3 km östlich, ✆ 0800 473 281, 🖥 www.taumarunuiholiday park.co.nz. Kleiner, gut geführter Platz zwischen dem Whanganui River und einem Wäldchen am Beginn des am Fluss verlaufenden Mananui Walkway (3 km). Einfache, aber nette holzvertäfelte Cabins, Selbstversorger-Cottage für 7 Pers. und ein schöner Kinderspielplatz. Camping $18, Cabins $55

INFORMATIONEN

i-SITE, 116 Hakiaha St, am Bahnhof, ✆ 07 895 7494, 🖥 www.visitruapehu.com. Besitzt ein Bahnmodell der Raurimu Spiral, Internetzugang und verkauft Hütten- und Campingpässe für den Whanganui National Park. ◷ tgl. 8.30–17.30 Uhr.

TRANSPORT

Der Bahnhof befindet sich in der Hakiaha St; vor dem Bahnhof halten auch die Busse.

Busse
Busse nach:
HAMILTON 1x tgl., 2 1/4 Std.;
NATIONAL PARK 1x tgl., 1/2 Std.;
TE KUITI 1x tgl., 1 Std.;
WANGANUI 1x tgl., 2 3/4 Std.

Eisenbahn
Züge nach:
AUCKLAND 3–7x wöchentl., 5 Std.;
NATIONAL PARK 3–7x wöchentl., 50 Min.;
WANGANUI 1x tgl., 2 3/4 Std.;
WELLINGTON 1x tgl., 7 1/2 Std.

Forgotten World Highway

Ein urtümlich-ländliches Neuseeland-Erlebnis ist der **Forgotten World Highway** (SH43) zwischen Taumarunui und Stratford. Die Landstraße windet sich über 155 km durch die hügelige Landschaft westlich von Taumarunui. Abgesehen von einem 12 km langen Abschnitt durch die Tangarakau-Schlucht ist die Straße auf ganzer Länge asphaltiert, aber Autofahrer sollten für die Strecke dennoch gute drei Stunden einplanen und vor dem Start auf jeden Fall volltanken, denn es gibt auf der ganzen Route **keine Tankstelle**. Ein Großteil der Strecke ist auf der Karte Whanganui National Park (S. 307) verzeichnet.

Tangarakau Gorge

58 km westlich von Taumarunui

Nachdem der SH43 die landwirtschaftlich geprägte Umgebung von Taumarunui hinter sich gelassen hat, geht es in vielen Kurven durch die Kalksteinschlucht **Tangarakau Gorge**, wo am Flussufer steile, mit Gestrüpp bedeckte Felsen aufragen – vielleicht das größte Highlight der Fahrt. Am Eingang der Schlucht weist ein kleines Schild auf einen kurzen Weg hin, der zur malerischen **Grabstätte von Joshua Morgan** führt, der letzten Ruhestätte eines Landvermessers aus Pioniertagen. Auf dem Kamm einer Hügelkette geht es durch den dunklen, engen **Moki Tunnel**, bis schließlich Whangamomona erreicht ist.

Whangamomona

Normalerweise zählt der Ort, 88 km südwestlich von Taumarunui, nur zehn Einwohner, doch in ungeraden Jahren fallen im Januar ganze Besucherhorden zur örtlichen Unabhängigkeitsfeier ein. Das Dorf erklärte sich nämlich am 28. Oktober 1989 zur unabhängigen Republik, nachdem die Regierung die Provinzgrenzen so verschoben hatte, dass es fortan nicht mehr zu Taranaki gehören sollte. Im Zentrum der Feierlichkeiten

steht das 1911 erbaute Whangamomona Hotel. Dort können Besucher das ganze Jahr über ihren Reisepass abstempeln lassen oder für $1 sogar einen whangamomonischen Pass erstehen.

Hinter Whangamomona klettert der SH43 im Schatten steiler Felswände bergauf und bietet schöne Ausblicke auf die **Taranaki Plains**, bevor er seinen Abstieg in das flache Weideland beginnt und schließlich in **Stratford** ankommt, wo der von einer permanenten Schneekuppe bedeckte Vulkankegel des Taranaki zu sehen ist.

ÜBERNACHTUNG UND ESSEN

Campingplatz Ohinepane, 21 km westlich von Taumarunui, ⌨ www.doc.govt.nz. Friedvoller grasbedeckter DOC-Platz am Whanganui River mit Wasseranschluss und Plumpsklos; vielleicht leisten einem Kanufahrer Gesellschaft, die hier ihre erste Nacht auf der Fahrt flussabwärts von Taumarunui verbringen. $10
Whangamomona Domain Camp, Whangamomona Rd, ✆ 06 762 5822, ⌨ www.whangamomonacamp.webs.com. Einfacher Platz in friedvoller Lage mit Wohnmobil-Anschlüssen, einfachen Cabins (Bettzeug mitbringen) und Duschen ($2), nahe dem Whangamomona Hotel. Camping $10, 2er-Cabins $20
Whangamomona Hotel, Ohura Rd, ✆ 06 762 5823, ⌨ www.whangamomonahotel.co.nz. Das klassische Landhotel mit Pub hat durch die Renovierung nichts von seinem Charakter eingebüßt. Geräumige Zimmer mit Gemeinschaftsbädern; kleines Frühstück inbegriffen. Der Pub bietet einfache Kneipenkost (Hauptgerichte $10–20). $150

Whanganui National Park

Auf seinem Weg von den Hängen des Mount Tongariro im Norden bis zu seiner Mündung in die Tasmansee bei Wanganui durchströmt der smaragdgrüne **Whanganui River** den **Whanganui National Park**, ein riesiges, kaum bewohntes und unwegsames Buschland östlich von

Taranaki. Der Park ist von einem der größten **Tieflandwälder** der Nordinsel bedeckt, der auf einem Bett aus weichem Sandstein und Schiefergestein steht, das im Laufe der Zeit zu tiefen Schluchten, spitzen Bergrücken, glatten Felsen und Wasserfällen erodierte.

Unter dem Dach der Südbuchen und breitblättrigen Podocarpen (Steineibengewächse) wächst ein unteres „Stockwerk" aus Baumfarnen und Kletterpflanzen, das sich vielerorts bis ans Flussufer erstreckt. Die überaus reiche und lautstarke **Vogelwelt** ist mit Maorifruchttaube, Graufächerschwanz, Tui, Langbeinschnäpper, Riroriro *(Gerygone igata)*, Maorischnäpper und Streifenkiwi vertreten.

Der Whanganui National Park lässt sich am besten auf einer mehrtägigen **Kanutour** durch die Wildnis erkunden, wobei auf Campingplätzen am Fluss übernachtet wird. Die Kanutrips enden meist in der kleinen Siedlung **Pipiriki**, von wo aus Jetbootbetreiber Touren weiter flussaufwärts zur **Bridge to Nowhere** anbieten.

Wer nicht an einer Flusstour teilnimmt, kann stattdessen die Straßen am Rande des Nationalparks abfahren. Der Forgotten World Highway (SH43) streift den Park im Nordwesten, doch nur die gewundene **Whanganui River Road** führt längere Zeit am Fluss entlang.

Geschichte

Der Whanganui ist mit 329 km der längste schiffbare Fluss Neuseelands. Er spielt eine bedeutende Rolle im Leben der hiesigen **Maori**, die glauben, dass an jeder Biegung des Flusses ein *kaitiaki* (Wächter) über die *mauri* (Lebenskraft) wacht. Das *mana* der alten Ufersiedlungen hing von einer gesicherten Nahrungsversorgung und der Pflege des eigenen Lebensraums ab: An den Ufern wurden geschützte Terrassen kultiviert, im Fluss legte man raffiniert konstruierte Fischreusen zum Fang von Aalen und Neunaugen aus.

In den 1840er-Jahren trafen die ersten europäischen **Missionare** ein. Als Nächste kamen die **Händler**, und ab 1891 beförderten regelmäßige Schiffsverbindungen Passagiere und Fracht zu den Siedlern in Pipiriki und Taumarunui. Anfang des 20. Jhs. schipperten Schaufelraddampfer **Touristen** zu vornehmen Hotels, die auf dem Weg zur Zentralregion der Nordinsel lagen.

Die Bemühungen der Europäer, dieser wilden Landschaft ihren Stempel aufzudrücken, standen oft unter einem schlechten Stern. 1917 wurde das **Mangapurua Valley** im Herzen des Parks für eine Besiedlung durch Soldaten erschlossen, die im Ersten Weltkrieg gekämpft hatten, doch schon in den 1930er-Jahren hatten viele davon ihre Farmen wegen wirtschaftlicher Schwierigkeiten und der abgeschiedenen Lage wieder aufgegeben.

1936 wurde eine Betonbrücke über das Mangapurua Valley eröffnet, doch nach einer schweren Überschwemmung im Jahr 1942 sperrte man die Brücke, siedelte die drei verbliebenen Familien um und erklärte das Tal offiziell für geschlossen. Heute sind die einzigen Spuren der früheren Besiedlung die Reste der Landstraße, ein paar alte Zäune, Grüppchen exotischer Bäume, die von den Farmern angepflanzt wurden, vereinzelte Ziegelschornsteine und die **Bridge to Nowhere**.

Die wiedergewonnene Einsamkeit zog Einsiedler und Visionäre an. Der berühmteste von ihnen war der Dichter **James K. Baxter** (S. 311). Auf dem Whanganui wurde übrigens der Film *River Queen* (2005) von Vincent Ward gedreht.

5 **HIGHLIGHT**

Touren auf dem Whanganui River

Kanus, Kajaks und Jetboote sind auf dem Fluss unterwegs und ermöglichen jedem Touristen eine maßgeschneiderte Tour. Der Fluss hat größtenteils den Schwierigkeitsgrad I (unterbrochen von ein paar Stromschnellen mit Schwierigkeitsgrad II) und eignet sich daher hervorragend für Kanuten mit wenig oder gar keiner Erfahrung. Dennoch darf der Fluss nicht unterschätzt werden; vor Antritt der Tour sollte man sich bei den Bootsverleihern nach eventuellen gefährlichen Strömungen erkundigen.

Der Fluss ist das ganze Jahr über befahrbar, doch die **Paddelsaison** geht von Oktober

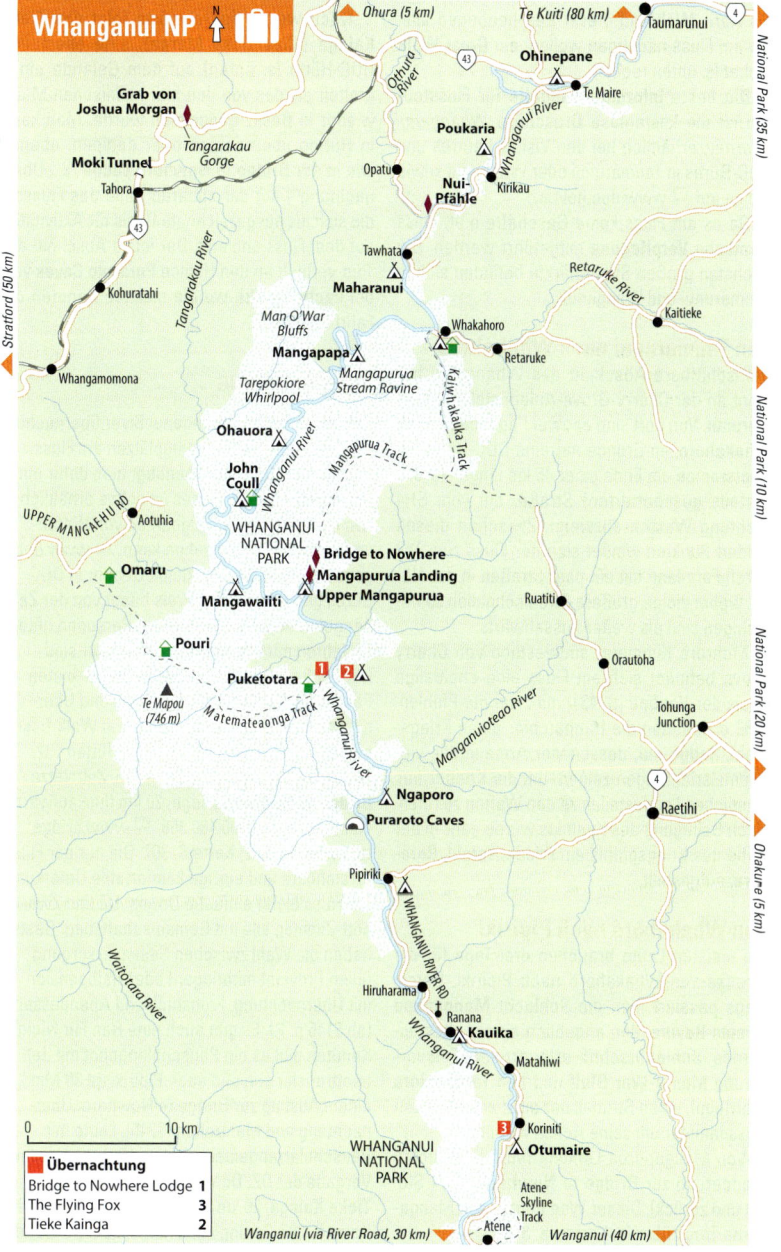

Whanganui NP

Ohura (5 km)
Te Kuiti (80 km)
Taumarunui
4

Ohura River
43
Ohinepane
Te Maire
Whanganui River

Grab von
Joshua Morgan
Poukaria
Tangarakau
Gorge

Moki Tunnel
Opatu
Kirikau
Nui-
Pfähle

Tahora
43
Tawhata

Kohuratahi
Maharanui
Whakahoro
Retaruke River
Kaitieke

Man O'War
Bluffs
Retaruke
Whangamomona
Mangapapa
Mangapurua
Stream Ravine

Tangarakau River
Tarepokiore
Whirlpool
Kaiwhakauka Track

Ohauora
Mangapurua Track

John
Coull
Whanganui River

UPPER MANGAEHU RD
Aotuhia
WHANGANUI
NATIONAL
PARK

Omaru
Bridge to Nowhere
Mangapurua Landing
Upper Mangapurua
Ruatiti

Mangawaiiti
Orautoha

Pouri
Puketotara
1
2
Tohunga
Junction

Te Mapou
(746 m)
Matemateaonga Track
Whanganui River
Manganuioteao River
4
Raetihi

Ngaporo
Puraroto Caves

Waitotara River
Pipiriki

WHANGANUI RIVER RD
Hiruharama
Ranana
Kauika
Whanganui River
Matahiwi

0   10 km
3
Koriniti
Otumaire

WHANGANUI
NATIONAL
PARK
Atene
Skyline
Track

Übernachtung
Bridge to Nowhere Lodge   **1**
The Flying Fox   **3**
Tieke Kainga   **2**

Wanganui (via River Road, 30 km)
Atene
Wanganui (40 km)

National Park (35 km)
National Park (10 km)
National Park (20 km)
Ohakure (5 km)

WESTLICHE NORDINSEL

Stratford (50 km)

bis April. Während dieser Zeit benötigen alle, die am Fluss nächtigen wollen, ein **Great Walk Ticket** (s. unten rechts).

Die beste **Informationsquelle** für Flusstouren ist die kostenlose Broschüre *Whanganui Journey*, erhältlich bei den Visitor Centres und DOC-Büros in Taumarunui oder Wanganui sowie online auf 🖥 www.doc.govt.nz.

Da es am Fluss keine Geschäfte gibt, muss sämtliche **Verpflegung** mitgeführt werden. Die nächsten großen Supermärkte befinden sich in Taumarunui und Wanganui.

Von Taumarunui nach Whakahoro

Der schiffbare Abschnitt des Whanganui beginnt an der Cherry-Grove-Anlegestelle in **Taumarunui**. Von dort sind es zwei Paddeltage nach **Whakahoro**, im Grunde nur eine DOC-Hütte mit Bootsrampe am Ende einer 45 km langen (größtenteils geschotterten) Straße, die vom SH4 Richtung Westen abzweigt. Zwischen diesen beiden Punkten windet sich der Fluss zum Teil durch Farmland mit ein paar Straßen in der Nähe, wobei einige größere Stromschnellen zu bewältigen sind als weiter flussabwärts.

Mehrere Kilometer südwestlich von Cherry Grove befindet sich am Fluss eine ehemalige Basis der Hauhau (S. 431) mit zwei *nui*-Pfählen. 1862 errichteten die Hauhau hier einen Kriegspfahl, **Rongo-nui**, dessen vier Arme in alle vier Himmelsrichtungen zeigen, um die Krieger aus sämtlichen Landesteilen zu den Waffen zu rufen. Nach Beilegung des Konflikts wurde ganz in der Nähe des Kriegspfahls ein Friedenspfahl, **Rerekore**, aufgestellt.

Von Whakahoro nach Pipiriki

Die meisten Leute brauchen drei Tage für die Strecke von Whakahoro nach Pipiriki. Unterwegs passiert man die Schlucht **Mangapapa Stream Ravine**, den angeblich an ein altes, eisernes Schlachtschiff erinnernden Felsvorsprung **Man-o-War Bluff** und den **Tarepokiore Whirlpool**, einen Strudel, der einst einen ganzen Flussdampfer um seine Achse wirbelte.

Von Mangapurua Landing führt eine leichte Wanderung zur **Bridge to Nowhere** (1 1/4 Std. hin und zurück). Dieser Weg geht in den Mangapurua Track über (s. Kasten S. 310).

Noch weiter flussabwärts folgt das **Tieke Kainga** (alias Tieke Marae), eine ehemalige DOC-Hütte (s. unten) auf dem Gelände eines uralten *pa*, das von den hier heimischen Maori wieder in Besitz genommen wurde. Man kann in Hütten übernachten oder campen, ebenso wie in der **Bridge to Nowhere Lodge** (s. „Übernachtung") auf der anderen Seite des Flusses, die sich als ausgezeichnete Basis für Aktivitäten auf dem Fluss anbietet. Der letzte Abschnitt der Tour verläuft an den Höhlen **Puraroto Caves** vorbei nach **Pipiriki**, wo die meisten Kanuten die Fahrt beenden.

ÜBERNACHTUNG

Kanuten auf dem Whanganui River übernachten in Hütten oder auf Campingplätzen am Fluss. Im Sommer (Okt–April) benötigt man dafür ein **Great Walk Ticket**; dieses ist online erhältlich (wo man auch die Verfügbarkeit von Hütten- und Zeltplätzen nachsehen kann, 🖥 www.doc. govt.nz) sowie für eine kleine Gebühr in DOC-Büros und i-SITEs. Der Preis hängt von der Zahl der gebuchten Unterkünfte ab; Personen unter 18 Jahren nächtigen gratis. Im Winter sind Hüttenpässe gültig. Viele Veranstalter bieten Pakete mit Kanuverleih, Transfers und Übernachtung, in denen auch das Great Walk Ticket enthalten ist. Preise im Sommer: Hütten $32, Zeltplätze $14; Winter: Hütten $15, Zeltplätze $10

Bridge to Nowhere Lodge, 20 km flussaufwärts von Pipiriki, ✆ 0800 480 308, 🖥 www.bridge tonowhere.co.nz; Karte S. 307. Die nur per Fluss erreichbare und einzige komfortable Unterkunft am Fluss bietet einfache Dorms, DZ und Zweibett-Zimmer, alle mit Gemeinschaftsbad. Gäste haben die Wahl zwischen Selbstversorgung (allen Proviant mitbringen) oder Halbpension mit Übernachtung, Frühstück und Abendessen (ab $145 p. P.). Es gibt auch eine Bar. Für Nicht-Kanuten gibt es ein Pauschalangebot mit Jetboottransfer von und nach Pipiriki (je 30 Min.), einem Ausflug zur Bridge to Nowhere, Übernachtung und Mahlzeiten ($245). Leute mit Pauschalarrangements haben Vorrang bei der Vergabe der DZ. Dorms $50, DZ $100

Tieke Kainga, 20 km flussaufwärts von Pipiriki; Karte S. 307. Zwanglose ehemalige DOC-Hütte

am anderen Flussufer, wo man gegen eine kleine Spende in großen Hütten übernachten oder auf Terrassen am Fluss zelten kann. Alkohol ist auf dem Gelände nicht erlaubt. Falls zufällig einer der Maori-Hausmeister zugegen ist, kann daraus ein zwangloses kulturelles Erlebnis werden. Eine Reservierung ist über die Bridge to Nowhere Lodge möglich, aber nicht zwingend erforderlich.

SONSTIGES

Informationen

Die meisten Tourenveranstalter und Unterkünfte am Fluss sind auf der Seite 🖥 www.whanganuiriver.co.nz verzeichnet.

Kanu- und Jetboottouren

Awa Tours, ✆ 02 7895 5261, 🖥 www.awa tours.co.nz. Die ausgezeichneten Kanutouren (3 Tage, $770) ab Whakahoro auf dem landschaftlich schönen mittleren Flussabschnitt sollen auch den kulturellen Austausch fördern. So lernen die Teilnehmer unterwegs, den Fluss und die Umgebung aus der Maori-Perspektive zu sehen, unternehmen Buschwanderungen und nächtigen in *marae*-Unterkünften.

Blazing Paddles, 1033 SH4, 10 km südlich von Taumarunui, ✆ 0800 252 946, 🖥 www.blazing paddles.co.nz. Preisgünstiger Ausrüstungsverleih von 1 Std. bis zu 5 Tagen für Kanutouren auf eigene Faust, Preise inkl. Transfer und Great Walk Ticket.

Bridge to Nowhere, ✆ 0800 480 308, 🖥 www.bridgetonowhere.co.nz. Beliebte und regelmäßig stattfindende Jetboottouren ab Pipiriki, v. a. zur Bridge of Nowhere (4 Std., $130 hin

und zurück). Sehr gut ist auch die Möglichkeit, die letzten 10 km flussabwärts bis Pipiriki in 1 oder 2 Std. mit dem Kanu zurück zu paddeln ($145). Auch Mountainbiking auf dem Mangapurua (s. Kasten).

Wades Landing Outdoors, ✆ 0800 226 631, 🖥 www.whanganui.co.nz. Der Veranstalter mit Sitz in Whakahoro bietet eintägige Jetboot- und Kajaktrips ($165) sowie Kanu- bzw. Kajaktouren in Eigenregie, z. B. 3 Tage von Whakahoro nach Pipiriki ($170), und die DOC „Great Walk" Tour; sie führt 5 Tage lang den gesamten befahrbaren Teil des Flusses entlang ($190).

Whanganui Scenic Experience, ✆ 0800 945 335, 🖥 www.whanganuiscenicjet.com. Diverse Jetboot- und Kanutouren, z. B. ein 8-stündiger Ausflug zur Bridge of Nowhere ($195) und eine aufregende Fahrt mit dem Jetboot durch Wanganui (Dauer 20 Min./$65).

Yeti Tours, W 0800 322 388, 🖥 www.yetitours.co.nz. Geführte Flusstouren ab Ohakune von 2–5 Tagen ($420–895), inkl. Transfer zu Startpunkten für Wanderungen oder Flusstouren. Der Veranstalter vermietet Ausrüstung (Kanus/Kajaks ab $175/2 Tage, Campingausrüstung ab $35 für 1 Pers. und 3 Tage) und bietet jede Menge Tipps und Unterstützung.

Whanganui River Road

Die südlichen Ausläufer des Nationalparks sind von dem kleinen Ort Raetihi am SH4 nahe Ohakune oder von Wanganui (S. 312) aus über die **Whanganui River Road** zu erreichen. Die Straße führt am östlichen Flussufer entlang von **Pipiriki** 79 km flussabwärts bis nach **Upokongaro**, in un-

---

Wandern und Radfahren auf dem Mangapurua Track

Einer der wenigen Wege zur Erkundung der tiefen, wilden Täler und von Busch überwucherten Hänge ist der wunderbare **Mangapurua Track** (eine Strecke 40 km; 3 Tage; 660 m Anstieg), der durch teils überwuchertes ehemaliges Farmland führt. Natürlich kann man hier wandern, besser eignet sich der Track aber für eine tolle und mittelmäßig anstrengende **Mountainbiketour**. Der Veranstalter Bridge to Nowhere, ✆ 0800 480 308, 🖥 www.bridgetonowhere.co.nz, bietet ein Mangapurua Trail Package ($285) inkl. Transfers, Abholung per Jetboot am Mangapurua Landing, Übernachtung in einer Lodge am Fluss und Kanufahrt flussabwärts zurück. Fahrradverleih kostet zusätzlich $50 bzw. $95 für ein vollgefedertes Bike. Von Oktober bis April sind die Bedingungen am besten.

mittelbarer Nähe von Wanganui. Die gewundene Straße ist erst seit 2014 durchgehend asphaltiert und nimmt selbst bei besten Bedingungen mindestens zwei Stunden in Anspruch.

Die 1934 eröffnete Landstraße schlängelt sich zwischen Fluss, Weideland und den stark bewaldeten Ausläufern des Whanganui National Park dahin und bildet die Versorgungsader für die rund 400 Bewohner der Gegend. Es gibt so gut wie keine **Versorgungseinrichtungen** an der Strecke, d. h. keine Geschäfte, Kneipen oder Tankstellen und nur ganz wenige Übernachtungsmöglichkeiten. Wer die Straße nicht selbst befahren mag, kann sich einer Bustour von Wanganui aus anschließen (s. Kasten). Eine genaue Beschreibung der Straße findet sich in der kostenlosen, in i-SITE- und DOC-Filialen sowie auf 🖳 www.wanganui.com erhältlichen Broschüre *Whanganui River Road*, mit Sehenswürdigkeiten und Entfernungen von Wanganui.

Pipiriki

Die südlichen Ausläufer des Whanganui National Park erreicht man von Raetihi über die kurvenreiche, 27 km lange Straße nach Pipiriki am Whanganui River. Das winzige **Pipiriki**, 76 km nördlich von Wanganui, ist der Endpunkt von Kanutrips und der Abfahrtsort für Jetbootfahrten flussaufwärts. Einige Anbieter unterhalten Snackbars, die geöffnet sind, wenn genug Leute vor Ort sind.

Hiruharama

13 km südlich von Pipiriki und 64 km nördlich von Wanganui liegt Hiruharama (Maori für „Jerusalem"), ehemals ein Maori-Dorf mit katholischer Mission. Heute ist Hiruharama vor allem als der Ort bekannt, an dem die **Kommune von James K. Baxter** Anfang der 1970er-Jahre ihre kurze Blütezeit erlebte. Neben Baxter, einem der berühmtesten (und berüchtigtsten) Dichter Neuseelands, ließen sich Hunderte seiner Anhänger in dieser Gegend nieder. Baxter konvertierte zum katholischen Glauben, war aber gleichzeitig ein überzeugter Verfechter der freien Liebe auf seiner Suche nach dem „Neuen Jerusalem". Er war der religiöse Führer einer Anhängerschar, die sich als *nga moki* („die Vaterlosen") bezeichnete und sich nach seinem Tod im Jahr 1972 schnell auflöste.

Whanganui River Road Mail Tour

Wenn die Zeit nicht reicht, ein paar Tage durch den Whanganui National Park zu paddeln, bleibt als nette Alternative eine **Whanganui River Road Mail Tour**, W 06 345 3475, 🖳 www.whanganuitours.co.nz. Es handelt sich um einen echten Postzustelldienst, der bei den Häusern der Postempfänger an der Strecke, aber auch an touristisch interessanten Stellen anhält. Da die Tour (tgl., $63) früh startet (die Teilnehmer können nach Vereinbarung von Unterkünften in Wanganui abgeholt werden) und u. U. bis zum Spätnachmittag dauert, sollten die Teilnehmer sich entweder Proviant mitbringen oder das für $12 angebotene Mittagessen bestellen, denn unterwegs gibt es nirgends Stärkung zu kaufen.

Außerdem werden Kanutouren ab Pipiriki, ein Shuttleservice für Wanderer und Jetboottouren angeboten.

Moutoa Island und Ranana

Moutoa Island, 59 km nördlich von Wanganui, war 1854 Schauplatz einer erbitterten Schlacht, bei der die Maori vom Unterlauf des Flusses die aufständischen Hauhau-Krieger besiegten und damit sowohl das *mana* des Flusses als auch das Leben der flussabwärts in Wanganui lebenden europäischen Siedler retteten. 1 km weiter liegt die winzige Ortschaft **Ranana** (engl. London) mit einer katholischen Missionskirche, in der auch heute noch Messen abgehalten werden.

Koriniti

Die einzige nennenswerte Siedlung an diesem Abschnitt der River Road ist **Koriniti**, 45 km nördlich von Wanganui. Der Ort hat eine reizende kleine Kirche und drei traditionelle Maori-Gebäude (alle in derselben Nebenstraße); am interessantesten ist das Versammlungshaus aus den 1920er-Jahren. Es handelt sich um eine private Siedlung. Besucher können die Kirche betreten, sollten sich aber ansonsten mit dem Blick von der Straße begnügen, sofern sie nicht ausdrücklich eingeladen werden. Angemessen ist eine Spende von $2 oder $3.

WESTLICHE NORDINSEL

The Flying Fox, Koriniti, 📞 06 342 8160, 💻 www.theflyingfox.co.nz; Karte S. 307. Dieses wunderbar abgelegene, romantische Refugium ist per Boot oder mit einer rustikalen Seilbahn zu erreichen (unbedingt reservieren). Drei fantasievolle, aus Fundstücken und recycelten Baumaterialien errichtete Unterkünfte bringen den Gästen das Outdoor-Leben zwischen Biogärten und Busch nahe. Mit Holz beheizte Busch-Badewannen, Solarduschen, geruchlose Komposttoiletten und ein paar Spinnen, die die Moskitos in Schach halten, tragen zur besonderen Atmosphäre bei. Das James K Cottage für 5 Pers., das Brewhouse für 3 Pers. und der einem Zigeuner-wagen nachempfundene Glory Cart ($100) sind allesamt mit Einrichtungen für Selbstversorger und einer faszinierenden Sammlung von Büchern, Vinyl-LPs und CDs ausgestattet. Außerdem besteht auch die Möglichkeit zu campen. Die Gäste können sich selbst verpflegen oder nach Vorbestellung Frühstück (größtenteils aus Bioprodukten) bekommen und **Kanutouren** buchen (ab $85/3 Std.). Kostenloses WLAN. Camping $20, Brewers Cottage und James K $200

Atene und die Oyster Shell Cliffs

Atene 35 km nördlich von Wanganui ▪ Oyster Shell Cliffs 8 km südlich von Atene

Der **Atene Viewpoint Walk** (5 km hin und zurück, 2 Std., 100 m Anstieg) bietet wunderbare Aussichten auf den Berg Puketapu, der einst eine vom Whanganui umflossene Halbinsel war. Der Flussschiffer Alexander Hatrick sah eine Möglichkeit, auf seinen Fahrten Zeit zu sparen, indem er sich eine „Abkürzung" durch die Landbrücke schuf, sodass die Flussschleife um den Berg herum schließlich austrocknete.

Der Viewpoint Walk ist der erste Abschnitt des **Atene Skyline Track** (18 km Rundwanderung, 6–8 Std.), der im weiten Bogen einem sanft ansteigenden Höhenrücken folgt und zuletzt 2 km an der Straße entlang zum Startpunkt zurückführt. Weiter flussabwärts säumen die **Oyster Shell Cliffs** die Straße, steile Felswände mit eingebetteten Resten von Austernschalen.

Aramoana Summit

17 km nordwestlich von Wanganui

Bald darauf schraubt sich die Straße zum **Aramoana Lookout** hinauf, der einen letzten Blick auf den Fluss in der Tiefe gewährt. An klaren Tagen kann man bis zum Mount Ruapehu am nordöstlichen Horizont schauen. Von dem Punkt, an dem die River Road auf den SH4 stößt, sind es noch 14 km bis nach Wanganui.

Wanganui

Wanganui hat einen gewissen altmodischen Charme, eine Gemächlichkeit, die gut zu seinem träge dahinströmenden Fluss passt. Die Stadt am Ufer des **Whanganui River** gehört zu den ältesten in Neuseeland und wurde dank ihrer Verbindungen ins Landesinnere sowie der Küstenanbindung an die Häfen von Wellington und New Plymouth zum Zentrum des frühen Handels mit Europa. Der Flussverkehr ist schon lange stillgelegt, und der Hafen von Wanganui ist nur noch ein Schatten vergangener Tage. Die 42 000 Einwohner zählende Stadt wirkt größer, als sie eigentlich ist – es gibt sogar eine kleine Oper. Dank niedriger Lebenshaltungskosten ist hier eine blühende Künstlergemeinde entstanden, und man kann hier gut etwas Zeit verbringen.

Das kulturelle Herz der Stadt schlägt rund um den Pukenamu, einen grasbewachsenen Hügel, der 1832 Schauplatz des letzten Stammeskrieges von Wanganui war. Auf dem Gelände, das heute **Queen's Park** heißt, stehen drei der bedeutendsten Gebäude der Stadt.

Geschichte

Als in den 1830er-Jahren die ersten Europäer in der Gegend eintrafen, kam es schon sehr bald zu **Landstreitigkeiten** mit der ansässigen Maori-Bevölkerung. Transaktionen, die von den Maori als ritueller Austausch von Geschenken gewertet wurden, betrachtete die New Zealand Company als erfolgreichen Abschluss des Erwerbs von Wanganui und größerer Landstriche in der Umgebung. Ungeachtet dieses Missverständnisses ging die Besiedlung stetig weiter. Zu offenen Feindseligkeiten kam es erst mit dem **Gilfillan-Massaker** im Jahr 1847. Nachdem ein Maori versehentlich verletzt worden war, übten seine Stammesgenossen *utu* (Vergeltung), indem sie vier Mitglieder der Familie Gilfillan töteten.

Weitere gewalttätige Zwischenfälle kulminierten schließlich in der **Schlacht von St John's Hill**, die allerdings zu keiner Entscheidung führte. Im darauffolgenden Jahr wurden die Streitigkeiten durch Zahlung einer Summe von 1000 Pfund Sterling an die Maori zunächst beigelegt. Erst in den 1990er-Jahren kam es mit der Besetzung der zentral gelegenen Moutoa Gardens erneut zu Spannungen. Unstimmigkeiten gibt es auch um die Schreibung des Stadtnamens (s. Kasten).

Sarjeant Gallery

Queens Park ■ ⏲ tgl. 10.30–16.30 Uhr ■ Eintritt frei
■ ✆ 06 349 0506, 🖳 www.sarjeant.org.nz

Die strahlend weiße **Sarjeant Gallery** oben auf einem Hügel residiert in einem der eindrucksvollsten Bauten von Wanganui. Es handelt sich um ein 1919 aus Oamaru-Stein erbautes Gebäude mit einer prächtigen Kuppel, die das Sonnenlicht filtert. Die hoch geschätzte permanen-

---

---

te Sammlung konzentriert sich auf koloniale und zeitgenössische neuseeländische Kunst und Fotografie, die zum Teil im Rahmen von vierteljährlich wechselnden Ausstellungen gezeigt werden.

Gleich nördlich der Sarjeant Gallery steht an der Cameron St, Ecke Bell St, eines der ältesten Gebäude von Wanganui, das holzverschalte **Tylee Cottage** von 1853, das heute als Unterkunft für die „Residenzkünstler" der Galerie dient. Diese Künstler tragen in großem Maße zur zeitgenössischen Sammlung des Museums bei.

Ein Ableger der Sarjeant Gallery, **The Quay Gallery**, befindet sich im i-SITE und bietet ebenfalls sehr gute Ausstellungen.

Whanganui Regional Museum

Watt St ■ ⏲ tgl. 10–16.30 Uhr ■ Eintritt frei
■ ✆ 06 349 1110, 🖳 www.wrm.org.nz

Südwestlich der Sarjeant Gallery führen die als Veteran Steps bezeichneten Treppenstufen Richtung Stadtzentrum und zum 1892 gegründeten **Whanganui Regional Museum**. Es beherbergt eine hervorragende Sammlung von Maori-Exponaten und drei beeindruckende Kanus, die im zentralen Innenhof ausgestellt sind. In den kleineren Räumen hängen Porträts von Gottfried Lindauer, die Maori in Zeremonialtracht und mit *moko* (traditionellen Tätowierungen) zeigen. Sehenswert sind auch die Fotos vom Flussalltag und die Modelle alter Maori-Fischfallen.

Moutoa Gardens

An der Flussbiegung um das Stadtzentrum liegen die **Moutoa Gardens**, eine kleine, aber historisch bedeutsame Grünfläche an der Somme Parade. Traditionell kampierten die Maori hier während der Fischfangsaison, bis sich die Pakeha-Siedler den Flecken aneigneten und ihn in Market Place umbenannten. Hier unterzeichneten die Maori das Dokument, mit dem sie dem „Verkauf" von Wanganui zustimmten. Dieses Thema kam am Waitangi Day 1995 wieder auf den Tisch, als alte – und auch ein paar neuere –

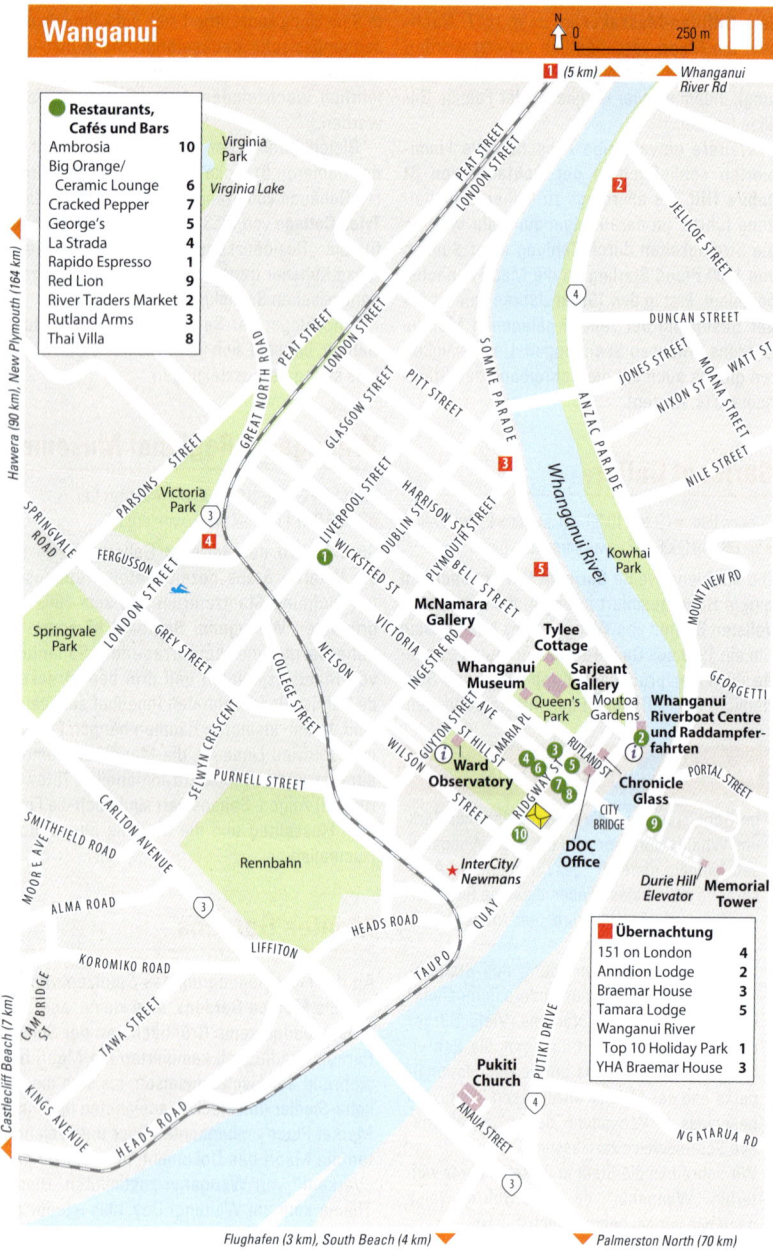

N
0 _____ 250 m

Restaurants, Cafés und Bars

Ambrosia	10
Big Orange/	
Ceramic Lounge	6
Cracked Pepper	7
George's	5
La Strada	4
Rapido Espresso	1
Red Lion	9
River Traders Market	2
Rutland Arms	3
Thai Villa	8

WESTLICHE NORDINSEL

Hawera (90 km), New Plymouth (164 km)

Castlecliff Beach (7 km)

Virginia Park

Virginia Lake

1 (5 km)

Whanganui River Rd

PEAT STREET

LONDON STREET

JELLICOE STREET

2

DUNCAN STREET

JONES STREET

NIXON STREET

MOANA STREET

WATT ST

NILE STREET

ANZAC PARADE

SOMME PARADE

GREAT NORTH ROAD

PEAT STREET

LONDON STREET

GLASGOW STREET

PITT STREET

4

Whanganui River

Kowhai Park

MOUNT VIEW RD

PARSONS STREET

Victoria Park

3

4

LIVERPOOL STREET

HARRISON ST

DUBLIN STREET

ST STREET

PLYMOUTH STREET

BELL STREET

3

SPRINGVALE ROAD

FERGUSSON STREET

LONDON STREET

GREY STREET

WICKSTEED ST

1

VICTORIA

INGESTRE RD

Springvale Park

NELSON

COLLEGE STREET

SELWYN CRESCENT

McNamara Gallery

Whanganui Museum

Ward Observatory

Queen's Park

5

Tylee Cottage

Sarjeant Gallery

Moutoa Gardens

GUYTON STREET

ST HILL ST

ST MARIA PL

RIDGWAY ST

WILSON STREET

RUTLAND ST

3

4 6 5
8 7

10

i

Whanganui Riverboat Centre und Raddampfer- fahrten

2

i

GEORGETTI

PORTAL STREET

Chronicle Glass

9

CITY BRIDGE

DOC Office

PURNELL STREET

CARLTON AVENUE

MOORE AVE

SMITHFIELD ROAD

ALMA ROAD

Rennbahn

HEADS ROAD

QUAY

TAUPO

InterCity/ Newmans

Durie Hill Elevator

Memorial Tower

KOROMIKO ROAD

3

LIFFITON

CAMBRIDGE ST

TAWA STREET

KINGS AVENUE

HEADS ROAD

PUTIKI DRIVE

Pukiti Church

ANAUA STREET

4

NGATARUA RD

3

Übernachtung

151 on London	4
Anndion Lodge	2
Braemar House	3
Tamara Lodge	5
Wanganui River	
Top 10 Holiday Park	1
YHA Braemar House	3

Flughafen (3 km), South Beach (4 km)

Palmerston North (70 km)

Wunden aufbrachen und die Situation zu eska-
lieren drohte. Die Maori besetzten die Moutoa
Gardens 83 Tage lang und beanspruchten sie
als Maori-Land. Die Angelegenheit endete friedlich vor Gericht, führte aber auf beiden Seiten zu
Verbitterung.

2001 hatte sich die Stimmung so weit beruhigt, dass sich Regierung, Stadtrat und die lokalen *iwi* darauf einigten, die Moutoa Gardens gemeinsam zu verwalten.

Schaufelraddampfer Waimarie

1a Taupo Quay ▪ ⏱ tgl. 11 Uhr ▪ $39 ▪
✆ 06 347 1863, ⌨ www.riverboats.co.nz

Wanganuis Geschichte ist untrennbar mit dem
Whanganui River verknüpft, und obwohl der
kommerzielle Flussverkehr praktisch zum Erlie-
gen gekommen ist, können Besucher den Fluss
immer noch mit dem historischen **Schaufelraddampfer Waimarie** erkunden.

Der letzte erhaltene Raddampfer Neuseelands bricht täglich zu seiner zweistündigen
Fahrt. Die schnaufende Dampfmaschine und
die das Wasser durchschneidenden Schaufeln
schaffen eine beruhigende Klangkulisse für den
sonnigen Nachmittag an Deck. Wahlweise kann
man sich zu Scones und Tee (oder Wein) in den
holzvertäfelten Salon zurückziehen.

Whanganui Riverboat Museum

1a Taupo Quay ▪ ⏱ Mo–Sa 9–16, So 10–14 Uhr ▪
Eintritt frei ▪ ✆ 06 347 1863, ⌨ www.riverboats.co.nz

Die Restaurierung des Raddampfers *Waimarie* erfolgte im von alten Lagerhäusern und Geschäften flankierten **Whanganui Riverboat Museum**, neben dem Anleger für die Flussfahrten.
Das in einem zweistöckigen Gebäude mit Holz-
gebälk aus dem Jahr 1881 untergebrachte Museum beleuchtet die Geschichte des Flusses
und seine besondere Bedeutung für die Entwicklung der Stadt. Zu sehen ist auch die teilweise restaurierte MV *Ongarue*, die von 1900 bis
1957 auf dem Fluss verkehrte.

Durie Hill Elevator und Memorial Tower

Elevator ⏱ Mo–Fr 8–18, Sa und So 10–17 Uhr,
$2 einfach ▪ **Tower** ⏱ tgl. 8 Uhr bis Einbruch der
Dunkelheit, Eintritt frei

Nach Überquerung der City Bridge erreicht man
das Ostufer des Flusses und geht direkt auf den
Durie Hill Elevator zu. Ein geschnitztes Maori-
Tor bildet den Eingang zu einem 213 m langen
Tunnel, an dessen Ende ein historischer Aufzug
von 1919 seine Fahrgäste 66 m durch das Inne-

Glasbläserei und Fotografie in Wanganui

In Wanganui befindet sich Neuseelands einzige Glasbläserschule, und die Stadt beherbergt rund
drei Dutzend **Glaskünstler**, die sich zur Wanganui Glass Group, ⌨ www.wanganuiglass.com,
zusammengeschlossen haben. Viele davon arbeiten in Privateliers, die jedes Jahr im März ihre
Türen für das allgemeine Publikum öffnen – die Daten und Routen dieser Aktion der „Offenen Ateliers" sind unter ⌨ www.openstudio.co.nz zu finden. Das jährliche **Wanganui Festival of Glass** findet Ende September/Anfang Oktober statt. In Wanganui ist außerdem eine der wenigen auf Fotografie spezialisierten Galerien Neuseelands ansässig.
Chronicle Glass Studio, 2 Rutland St, ✆ 06 347 1921, ⌨ www.chronicleglass.co.nz. Das ganze Jahr
über führen die bekannten Glaskünstler Katie Brown und Lyndsay Patterson in ihrem Atelier die
Kunst des Glasblasens vor; in der dazugehörigen Galerie sind teils wundervolle Stücke zu bestaunen. Besucher können bei einem 40-minütigen Schnellkurs ($100, nur mit Anmeldung) ihren eigenen
Briefbeschwerer fertigen oder gleich einen Wochenendkurs in Glasbläserei buchen ($390).
McNamara Gallery, 190 Wickstead St, ✆ 06 348 7320, ⌨ www.mcnamara.co.nz. Paul McNama-
ras kleine Fotogalerie wartet immer mit interessanten Arbeiten auf. ⏱ gewöhnlich Di–Sa 11–15 Uhr,
aber besser vorher anrufen.

re eines Hügels auf dessen Gipfel transportiert. Oben gibt es zwei ausgezeichnete Aussichtspunkte, die einen weiten Blick über die Stadt, die Küste und ins Landesinnere eröffnen. Der Aussichtspunkt oberhalb des Maschinenraums für den Aufzug ist die leichtere Variante, doch die lohnendere liegt noch 176 Stufen höher auf dem rund 34 m hohen **Memorial Tower**. Wer für den Rückweg in die Stadt die 191 Stufen hinunter zum Fluss auf sich nimmt, wird mit sehr schönen Ansichten belohnt.

ÜBERNACHTUNG

151 on London, 151 London St, ℘ 0800 151 566, 🖥 www.151onlondon.co.nz. Modernes Motel mit verschiedenen Studios und Suiten, schicken TVs, Breitband-Internet, Klimaanlage, kleinem Fitnessraum und Café. Kostenloses, aber eingeschränktes WLAN. $120

Anndion Lodge, 143 Anzac Parade, ℘ 0800 343 056, 🖥 www.anndionlodge.co.nz. Professionelle Kombination aus schickem Hostel und sehr komfortabler Lodge in drei Vororthäusern. Keine Dorms, sondern komfortable Zimmer mit Gemeinschaftsbad, Zimmer mit Bad sowie Suiten mit 1 oder 2 Schlafzimmern, alles im etwas kitschigen schwarz-roten Farbkonzept. Gemeinschaftsküche mit Brotbackautomat und Spülmaschine, hübscher Grillplatz, Swimmingpool, Whirlpool und Sauna, kostenloses WLAN, Gratisfahrten in die Stadt und Restaurant. DZ $88, mit Bad $130

Braemar House, 2 Plymouth St, ℘ 06 348 2301, 🖥 www.braemarhouse.co.nz. Günstiges B&B in hübschem Haus von 1895, umgeben von Rasenflächen. Einige der Zimmer mit Gemeinschaftsbädern gehen nach vorn auf eine sonnige Veranda. Im hinteren Teil ist ein YHA-Hostel untergebracht (s. unten). Ein *continental breakfast* kostet $20 p. P. extra. $100

Tamara Lodge, 24 Somme Parade, ℘ 06 347 6300, 🖥 www.tamaralodge.com. Gepflegter, großer Altbau mit hübschem Garten und geselliger Atmosphäre, die zahlreiche junge Rucksacktouristen anlockt. Komfortable 4er-Dorms, DZ und 2-Bett-Zimmer (einige mit Bad), außerdem Balkon mit Blick auf den Fluss und ein Trampolin im Garten. Fahrräder und Musik-instrumente können zum Nulltarif genutzt werden. Uneingeschränktes, kostenloses und schnelles WLAN. Dorm $28, Zimmer $70

Wanganui River Top 10 Holiday Park, 460 Somme Parade, ℘ 0800 272 664, 🖥 www.wrivertop10.co.nz. Gepflegter Platz 6 km nordöstlich des Stadtzentrums am Fluss im Schatten riesiger Bäume. Verleih von Kajaks und Jetskis. Camping $48, Cabins $70

YHA Braemar House, 2 Plymouth St, ℘ 06 348 2301, 🖥 www.braemarhouse.co.nz. Einladendes Hostel im Braemar House B&B. Gästezimmer, nach Geschlechtern getrennte Dorms, Küche, gemütliche Lounge und ruhige Atmosphäre. Dorm $30, Hostel-Zimmer $60

ESSEN UND UNTERHALTUNG

Ambrosia, 63a Ridgeway St, ℘ 06 348 5542. Tolles kleines Feinkostgeschäft mit allen möglichen Leckereien aus Neuseeland und der ganzen Welt, darunter Bio-Wurst, Käse und Olivenöl aus Wanganui, erstklassige Bagels, Backwaren, Kaffee zum Mitnehmen. ⏰ Mo 8.30–16, Di–Fr 8.30–17, Sa 9–14 Uhr.

Big Orange/Ceramic Lounge, 51 Victoria Ave, ℘ 06 348 4449. Zwei Namen, ein Laden: Das beliebte Café Big Orange verwandelt sich abends in das hippe Restaurant/Cocktailbar Ceramic Lounge, mit z. B. Schweinemedaillons auf Gnocchi ($27), gefolgt von Piña-Colada-Sago ($13). ⏰ Mo und Di 7–17, Mi–Fr 7.30–20.30 Uhr oder später, Sa 8.30–20.30 Uhr oder später, So 8.30–17 Uhr.

Cracked Pepper, 21 Victoria Ave, ℘ 06 345 0444. Café mit Alkoholausschank, serviert tagsüber Gourmetversionen beliebter Klassiker wie *lamb's fry and bacon* (gebratene Lammleber mit Speck), Calamari-Risotto und leckeren Caesar Salad mit Huhn, alles unter $20. Leckeres Frühstück, z. B Eggs Benedict. ⏰ Mo–Sa 7.30–16.30 Uhr.

George's, 40 Victoria Ave, ℘ 06 345 7937. Der alteingesessene Fish 'n' Chips-Imbiss mit Speiseraum verkauft auch preiswerten frischen Fisch. ⏰ Mo–Sa 8.30–19.30, Fr bis 20.30 Uhr.

La Strada, 13 Victoria Ave, ℘ 06 345 9797, 🖥 www.lastradarestaurant.co.nz. In dem italienisch-spanisch geprägten Restaurant gibt's kleine Speisen à la Tapashäppchen und frisch gebackene Pizza. Gegessen wird wahlweise an Tischen im Freien neben der Hauptstraße oder im Innenraum mit seinen gemütlichen Nischen, der funkigen Einrichtung und den rohen Backsteinwänden. ☺ So–Do 11–14 und 17 Uhr bis spät, Fr und Sa 11 Uhr bis spät.

Rapido Espresso, 71 Liverpool St, ☎ 06 347 9475. Cooles Café in einer Villa mit Sofas und erstklassigem Bio-Kaffee, dazu Muffins, Kuchen und mittags Sandwiches mit und ohne Wurst ($6–7,50). ☺ Mo–Fr 7.30–18, Sa 9–15 Uhr.

Red Lion, 45 Anzac Parade, ☎ 06 348 4080, 🖥 www.redlioninn.co.nz. In diesem stimmungsvollen Pub am Fluss schlägt das Puls der Stadt. Spezielle Essensangebote und muntere Atmosphäre, wenn das Wochenende naht. Freitags ist Happy Hour, und Montag oder Dienstag gibt es abends Burger für $8. ☺ tgl. 11–22 Uhr oder später.

River Traders Market, Taupo Quay, hinter dem i-SITE, 🖥 www.therivertraders.co.nz. Sehr beliebter Lebensmittel- und Kunsthandwerksmarkt bei jedem Wetter. ☺ Sa 9–13 Uhr.

The Rutland Arms, Victoria Ave Ecke Ridgway St, ☎ 06 347 7677, 🖥 www.rutlandarms.co.nz. Das zentral gelegene, freundliche Pub lädt zu jeder Tageszeit zu einem entspannten Drink ein. Außerdem gibt es einfaches Kneipenessen wie neuseeländische Lammlende ($33,50) und *chicken supreme* ($29,50). ☺ tgl. 9 Uhr bis spät.

Thai Villa, 7 Victoria Ave, ☎ 06 348 9089. Sehr gutes Thai-Restaurant mit allen Klassikern ($18–21) sowie Gerichten von der heißen Platte wie Weeping Tiger mit mariniertem Rindfleisch und Gemüse ($23). Alkoholausschank und BYO. ☺ Di–Sa 17–22.30 Uhr.

SONSTIGES

Informationen

DOC Office, 35 Taupo Quay, ☎ 06 348 8475. Verkauf von Hütten- und Camping-Pässen für den Whanganui National Park, ☺ Mo–Fr 8–17 Uhr.

i-SITE, 31 Taupo Quay, ☎ 06 349 0508, 🖥 www.wanganui.com. Kostenloser Internetzugang, WLAN und Fahrpläne für die örtlichen Tranzit-Busse. Auch Verkauf von Hütten- und Camping-Pässen für den Whanganui National Park. ☺ Mo–Fr 8.30–17, Sa und So 9–16 Uhr.

Kino

Embassy 3 Cinema, 34 Victoria Ave, ☎ 06 345 7958, 🖥 www.embassy3.co.nz. Das einzige Kino in Wanganui, ein Art-déco-Gebäude aus den 1950er-Jahren, zeigt Mainstream-Filme.

Observatorium

Ward Observatory, Hill St. An jedem klaren Freitagabend können Interessierte in dieser wunderbaren Sternwarte von 1901 durch ein 24-cm-Linsenfernrohr schauen ($2 Spende). Außerhalb der normalen Zeiten kann eine Himmelsbeobachtung über das i-SITE arrangiert werden. ☺ Okt–März Fr 20.30, April–Sep Fr 20 Uhr.

NAHVERKEHR

Stadtbusse

Tranzit Buses, ☎ 06 345 4433, 🖥 www.horizons.govt.nz. Begrenztes Streckennetz von Mo–Sa innerhalb der Stadt (Einheitspreis $2).

Taxis

Wanganui Taxis, ☎ 0800 343 5555.

TRANSPORT

Busse

Die InterCity-Busse halten am **Wanganui Travel Centre**, 156 Ridgway St, ☎ 06 345 4433. NakedBus hält vor dem i-SITE.

Busse nach:
AUCKLAND 1x tgl., 8 1/2 Std.
HAMILTON 2x tgl., 5 3/4 Std.;
NEW PLYMOUTH 2x tgl., 2 1/2 Std.;
PALMERSTON NORTH 3x tgl., 1 1/4 Std.;
TAUMARUNUI 1x tgl., 2 3/4 Std.;
WELLINGTON 3x tgl., 4 1/4 Std.

Flüge

Der Flughafen befindet sich 7 km südwestlich von Wanganui, 🖥 www.wanganuiairport.co.nz. Ein Taxi in die Stadt kostet ca. $25. Flüge 3–4x tgl. nach AUCKLAND (1 Std.).

Palmerston North und Umgebung

Palmerston North ist eine der größten Städte im Landesinneren Neuseelands und die florierende Hauptstadt der Provinz Manawatu. Das „North" trägt „Palmy" im Namen zur Unterscheidung von der Ortschaft Palmerston bei Dunedin. Die Stadt zählt rund 80 000 Einwohner, das muntere Studentenvolk der **Massey University** mitgerechnet.

Nach ihrem Anschluss an das Eisenbahnnetz 1886 gedieh die Stadt dank ihrer strategischen Lage am Schnittpunkt mehrerer Straßen- und Gleisverbindungen prächtig. Dieser Wohlstand ist heute noch an einigen schönen öffentlichen Gebäuden zu erkennen, zu denen insbesondere das ausgezeichnete Museum mit Galerie und die fantastische Bibliothek zählen. Monty-Python-Mitglied John Cleese äußerte sich allerdings wenig beeindruckt: „Wenn man sich umbringen will, aber nicht den Mut dazu hat, dürfte ein Besuch in Palmerston North es auch tun." Die Stadt revanchierte sich, indem sie ihre Müllkippe nach ihm benannte.

Das wichtigste Kulturereignis der Stadt ist das **Festival of Cultures**, 🖥 www.foc.co.nz, das jedes Jahr Ende März um den Square herum stattfindet; freitagabends gibt's dann ein Laternenfest und samstags einen Kunstgewerbe-, Essens- und Musikmarkt. Künstler, die vorher beim WOMAD in New Plymouth aufgetreten sind, spielen dann oft hier.

The Square

Das **Zentrum** der Stadt bildet **The Square**, eine schicke Grünanlage mit einem eleganten Uhrturm. Der benachbarte **Te Marae o Hine**, der „Hof der Tochter des Friedens", wartet mit zwei 5 m hohen Maori-Figuren des renommierten Künstlers John Bevan Ford auf. Der Maori-Name wurde 1878 vom Häuptling der Ngati Raukawa in der Hoffnung vorgeschlagen, die Beziehungen zwischen den Manawatu-Maori und den ins Land strömenden Pakeha mögen auf Dauer von Liebe und Frieden geprägt sein. Aus dem architektonischen Mischmasch rund um den Square sticht die **City Library**, ein postmoderner Umbau eines Kaufhauses von 1927 von Ian Athfield, heraus.

Te Manawa

326 Main St ▪ 🕐 tgl. 10–17 Uhr ▪ Eintritt frei ▪ 📞 06 355 5000, 🖥 www.temanawa.co.nz

Den kulturellen Mittelpunkt der Stadt bildet der Komplex **Te Manawa** mit gut konzipierten Ausstellungen zur Kultur der Maori und zum Leben in der Provinz Manawatu nach Ankunft der Europäer. Einige der besten Exponate finden sich in der Abteilung Te Awa, in der alle Aspekte des Manawatu River von Geologie und Ökologie bis zum Dasein von Insekten und einheimischen Fischen abgehandelt werden. In allen Abteilungen gibt es jede Menge interaktive Exponate für Kinder.

Nebenan zeigt die **Art Gallery** Maori- und Pakeha-Kunst aus ihrer eigenen Sammlung sowie Wechselausstellungen.

Manawatu Gorge

15 km nordöstlich von Palmerston North

Die Ortschaft **Ashhurst** liegt nordöstlich von Palmerston North am Eingang der **Manawatu Gorge** (Te Apiti in der Maori-Sprache), einer engen, 10 km langen Schlucht, durch die sich eine Bahnstrecke, die SH3 und der Manawatu River zwängen. Die Mündung der Schlucht wird von den Hängen der Ruahine- und Tararua-Bergketten eingerahmt, auf denen die größten Windparks der südlichen Hemisphäre einen imposanten Anblick bieten. Die Schlucht ist zu Fuß auf dem Manawatu Gorge Track zu erkunden (eine Strecke 3–4 Std.); das i-SITE informiert über Transportmöglichkeiten zur Schlucht. Eine Alternative ist eine Jetboottour (S. 320).

ÜBERNACHTUNG

In Palmerston North gibt es unzählige Motels. Meist lässt sich in der Fitzherbert Avenue auch ohne Vorbuchung etwas Passendes finden.

Acacia Court Motel, 374 Tremaine Ave, ℡ 0800 685 586, ⌨ www.acaciacourtmotel.co. nz. Freundliches Motel alter Schule mit guten Preisen für makellos saubere, wenn auch etwas schäbige Selbstversorger-Units (einige mit Platz für 5 Pers.) mit Sky TV und Parkplatz. $98

Arena Lodge, 74 Pascal St, ℡ 0800 881 255 oder 06 357 5577, ⌨ www.arenalodge.co.nz. Schickes modernes Motel in ruhiger Lage 1 km westlich des Square mit verschiedenen Luxuszimmern, einige mit Grillbereich und Whirlpool. $140

Palmerston North Holiday Park, 133 Dittmer Drive, ℡ 06 358 0349, ⌨ www.palmerstonnorth holidaypark.co.nz. Ruhiger (manchmal fast schon unheimlich) und schattiger Campingplatz mit einfachen Einrichtungen 2 km südlich der Stadt in der Nähe des Manawatu River. Camping $35, Cabins $58

Pepper Tree, 121 Grey St, ℡ 06 355 4054, ⌨ www.peppertreehostel.co.nz. Das beste der wenigen Hostels der Stadt, in freundlicher und gemütlicher Villa in fußläufiger Nähe zum Hauptplatz. Dorms $30, DZ $74

Plum Trees Lodge, 97 Russell St, ℡ 06 358 7813, ⌨ www.plumtreeslodge.co.nz. Reizendes, geschmackvoll eingerichtetes Loft für Selbstversorger in einer ruhigen Vorortstraße. Auf dem von Grün umgebenen Balkon können die Gäste je nach Jahreszeit ihre Pflaumen selbst ernten. Die Zutaten für ein üppiges Frühstück werden bereitgestellt. $155

Rose City Motel, 120–122 Fitzherbert Ave, ℡ 06 356 5388, ⌨ www.rosecitymotel. co.nz. Eines der vielen Motels in dieser Straße. Es hat moderne und erstaunlich große Zimmer mit Küche, einige davon mit Spa-Bad. Kostenloses WLAN. $128

ESSEN UND UNTERHALTUNG

Dank der studentischen Bevölkerung bietet Palmerston North eine dynamische Restaurant-Szene. Die meisten Lokale liegen im Umkreis des Square.

Barista, 59 George St, ℡ 06 357 2614, ⌨ www. barista.co.nz. Die minimalistische Espresso-Bar, die mit freiliegenden Rohren und Beton industriellen Charme versprüht, mahlt ihren

Kaffee selbst und serviert tollen Kuchen, Snacks und sättigende Mahlzeiten wie Lachsfilet und Tagesfisch (beides $30), dazu gibt es eine hervorragende Auswahl neuseeländischer Weine. Sonntags wird *high tea* angeboten (15–17 Uhr, $24) und samstagabends Livejazz. ⊙ tgl. 8–22 Uhr oder viel später.

Brewers Apprentice, 334 Church St, ℡ 06 358 8888, ⌨ www.brewersapprentice.co.nz. Quirliger, moderner Monteith's-Pub mit vielen Sitzplätzen im Freien und einem guten Angebot an Kneipenkost wie marktfrischer pfannengebratener Fisch mit Kartoffelgratin ($31). ⊙ Mo–Mi 16–22 Uhr oder später, Do–So 10–22 Uhr oder später.

Café Cuba, 236 Cuba St, ℡ 06 356 5750, ⌨ www.cafecuba.co.nz. Dieses flippige, von früh bis spät geöffnete Café ist längst eine lokale Institution. Hier gibt es Frühstück, den ganzen Tag über Brunch, Mittagessen unter $20, Abendessen wie Lammkoteletts mit Parmesankruste ($31), jede Menge vegetarische Angebote, hippes Personal und gewöhnlich freitag- oder samstagabends Livemusik. Schanklizenz und BYO. ⊙ tgl. 7–22 Uhr.

Café Express, 41 The Square, ℡ 06 353 8440, ⌨ www.cafeexpress.net.nz. Das Café am Marktplatz ist der ideale Ort um zu beobachten, wie Palmy morgens zum Leben erwacht. Wie wär's zum Frühstück mit Eggs Benedict ($15,90) oder Buttermilch-Pancakes ($15,40), dazu starken Kaffee? Mittags empfehlen sich Risotto, Pasta und Steak (ca. $23). ⊙ Mo–Fr 7–16, Sa und So 8–16 Uhr.

The Fish, Regent Arcade, 57 Broadway Ave, ℡ 06 357 9845. Coole kleine Cocktail- und Weinbar, wo donnerstag- und freitagabends ein DJ auflegt. ⊙ Mi 16–23, Do 16–1, Fr und Sa 16–3 Uhr.

Thai House, 84 Fitzherbert Ave, ℡ 06 357 0885. Freundliches Thai-Restaurant mit den üblichen Thai-Gerichten und scharfen Currys. ⊙ tgl. 16.30–22 Uhr.

Tomato, 72 George St, ℡ 06 357 6663. Verblasste neuseeländische Landschaften und eine Theke aus Paua-Muscheln verleihen dem entspannten Café ein gewisses Retro-Flair. Zum Frühstück gibt's beispielsweise Avocadopüree ($15,90) oder Gumbo ($16,90), als Haupt-

gerichte Kaninchen-Pie ($24,90) oder nach 17.30 Uhr Pizza (ab $12,90). ⊕ Mo–Mi 7–15, Do und Sa 7–21, So 7–16 Uhr.
Yeda, 78 Broadway Ave, ✆ 06 358 3978, 🖥 www.yeda.co.nz. Panasiatisches Restaurant mit Cocktailbar; gut sind der gedämpfte Fisch mit Ingwer und Soja ($17,50), ebenso die Brötchen mit gegrilltem Schweinefleisch ($5). ⊕ tgl. 11–21 Uhr.

Kino
Downtown Cinemas, 70 Broadway Ave, ✆ 06 355 5655, 🖥 www.dtcinemas.co.nz. Mainstream- und Arthouse-Filme.

Theater
Centrepoint, 280 Church St, ✆ 06 354 5740, 🖥 www.centrepoint.co.nz. Das einzige professionelle Provinztheater Neuseelands mit 135 Plätzen und Aufführungen von April bis Weihnachten.

SONSTIGES

Informationen
i-SITE Visitor Centre, The Square, ✆ 06 358 8414, 🖥 www.manawatunz.co.nz. DOC-Broschüren und Hüttentickets sowie Duschen ($2; mit Handtuch $4). Parken ist hier etwas problematisch. ⊕ Mo–Fr 9–17, Sa und So 9–15 Uhr.

Internet
Im Zentrum von Palmerston North gibt es kostenloses WLAN (begrenzt auf 100 Mb/Monat).

Touren
Manawatu Gorge Jet, ✆ 0800 945 335, 🖥 www.manawatugorgejet.com. Spannende 25-minütige Jetbootfahrten durch die Manawatu Gorge ($75).

NAHVERKEHR

Stadtbusse
Stadtbusse fahren von der Main St, in der Nähe des i-SITE Visitor Centre, verschiedene Rundkurse ab; Einzelfahrschein $2,50. Fahrpläne gibt es im i-SITE.

Taxis
Palmerston North Taxis, ✆ 06 355 5333.

TRANSPORT

Busse
Die InterCity-Busse halten am **Palmerston North Travel Centre**, Pitt St, Ecke Main St. NakedBus-Busse halten vor dem i-SITE.

Busse nach:
AUCKLAND 3x tgl., 9 Std.;
HASTINGS 2x tgl., 2 1/2 Std.;
NAPIER 2x tgl., 3 Std.;
PARAPARAUMU 6x tgl., 1 1/2 Std.;
ROTORUA 2x tgl., 5 1/2 Std.;
TAUPO 3x tgl., 4 Std.;
WANGANUI 3x tgl., 1–3 3/4 Std.;
WELLINGTON 6x tgl., 2 1/2 Std.

Eisenbahn
Der Bahnhof liegt an der Matthews Ave, ca. 1,5 km nordwestlich des Stadtzentrums.

Züge nach:
AUCKLAND 3x wöchentl., 8 3/4 Std.;
HAMILTON 3x wöchentl., 6 1/2 Std.;
WELLINGTON 3–8x wöchentl., 2 Std.

Flüge
Der Flughafen liegt 3 km nordöstlich der Stadt. SuperShuttle, ✆ 0800 748 885, 🖥 www.pnairport.co.nz, betreibt Shuttlebusse in die Stadt ($18 für 1 Pers., $22 für 2 Pers.).

Flüge nach:
AUCKLAND 5x tgl., 1 Std.;
CHRISTCHURCH 4x tgl., 1 1/4 Std.;
WELLINGTON 2x tgl., 1/2 Std.

Foxton und Umgebung

Die interessanteste Ortschaft der Region Horowhenua ist **Foxton**, 38 km südwestlich von Palmerston North. Ihre breite Hauptstraße – die parallel zum SH1 verläuft – säumen nostalgisch anmutende Ladenfassaden. Archäologische Funde lassen den Schluss zu, dass schon zwischen 1400 und 1650 halbnomadische **Moa-Jäger** in der Umgebung von Foxton ansässig waren, bevor hier größere Stammessiedlungen entstanden. Die ersten **Europäer** kamen zu Beginn des 19. Jhs., ließen sich zunächst an der Mündung des Manawatu River nieder und gründeten dann an einem Nebenfluss Foxton. Die Siedlung entwickelte sich rasch zum wichtigsten Zentrum der **Flachsverarbeitung** in Neuseeland, die 1985 endgültig ein Ende fand. Auf einem **historischen Rundgang** durch die Stadt wird auf 28 Tafeln diese Geschichte erzählt.

Neben der Windmühle entsteht gerade der neue Kulturkomplex **Te Awahou–Nieuwe Stroom**, der an das Erbe der Maori sowie das hier ausgeprägte neuseeländisch-niederländische Erbe erinnern soll. Daneben wird es auch ein Besucherzentrum und eine Bücherei geben. Über den neuesten Stand informiert die Internetseite 🖵 www.tans.org.nz.

Rund 5 km entfernt erstreckt sich der lange **Foxton Beach** mit guten Surfmöglichkeiten, einem sicheren Badestrand und vielfältiger Vogelwelt im Bereich der Manawatu-Flussmündung.

De Molen

Main St ▪ ⏱ tgl. 10–16 Uhr ▪ Führungen $5 ▪
✆ 06 363 5601, 🖵 www.demolenfoxton.org.nz

Das Ortsbild von Foxton dominiert **de Molen**, der funktionsfähige moderne Nachbau einer holländischen **Windmühle** aus dem 17. Jh. Besucher können das Mahlwerk besichtigen und an den drei oder vier Tagen im Monat, wenn die Mühle in Betrieb ist, zusehen, wie Vollkornmehl produziert wird. Im Erdgeschoss gibt es holländische Spezialitäten und die vor Ort produzierte Limonade Foxton Fizz in vielerlei Geschmacksrichtungen zu kaufen.

Flax Stripper Museum

Main St ▪ ⏱ tgl. 13–15 Uhr ▪ Eintritt $5 ▪
✆ 06 363 6846

Einen groben Überblick über die Geschichte der Flachsverarbeitung gibt das **Flax Stripper Mu-**seum. Es zeigt handgefertigte Körbe und Umhänge aus Flachs *(harakeke)*, wie sie von den Maori der Gegend perfektioniert wurden. Der Schwerpunkt des Museums liegt jedoch auf der europäischen Flachsverarbeitung; an Sümpfen und Flussufern des Manawatu und Horowhenua wurde Flachs angebaut, und die Fasern wurden dann im In- und Ausland zu Bindegarn, Faserputz und Teppichen weiterverarbeitet. Das Museumspersonal führt die laute Flachsschälmaschine vor, erklärt faszinierende historische Details und erläutert die Vorzüge der verschiedenen angepflanzten Flachsarten.

Papaitonga Scenic Reserve

Abseits des SH1, 23 km südlich von Foxton

Die Hauptrouten Richtung Süden treffen in der schmucklosen Stadt **Levin** aufeinander, dem Verwaltungszentrum der Region Horowhenua. Gleich südlich der Stadt führt im **Papaitonga Scenic Reserve** ein Plankenweg zum Papaitonga Lookout (20 Min. hin und zurück) mit tollem Blick auf den Lake Papaitonga. Die umliegenden Feuchtgebiete sind eine Zufluchtsstätte für zahlreiche seltene Vögel, darunter das Südsee-Sumpfhuhn, die Australische Rohrdommel und den Maoritaucher.

Kapiti Coast

Der schmale Landstreifen zwischen der zerklüfteten, unwirtlichen **Tararua Range** und der Tasmansee ist als Kapiti Coast bekannt, ein von Wellingtons Pendlervorstädten und Golfplätzen geprägter Küstenstreifen. Doch es gibt auch weite Strände, einige kleinere Sehenswürdigkeiten sowie 5 km vor der Küste die bewaldete **Kapiti Island**, ein wunderbares Vogelschutzgebiet.

Durch die Küstenstädte verläuft die Bahnlinie von Auckland nach Wellington. Sehr viel mehr Züge verkehren im Pendlergebiet südlich von Waikanae. Die Küstenorte werden auch von den größeren Busgesellschaften angefahren; abseits des SH1 sind die Transportmöglichkeiten jedoch sehr eingeschränkt.

Otaki

20 km südlich von Levin liegt an einem breiten, verzweigten Abschnitt des Otaki River der von Obst- und Gemüsegärten umgebene Ort **Otaki**. Die meiste Zeit des Jahres ist Otaki ein ruhiges Plätzchen mit ausgeprägter Maori-Tradition (es war der erste neuseeländische Ort mit zweisprachigen Straßenschildern), doch ab Weihnachten, wenn die Kiwi-Urlauber in Massen einfallen, platzt es rund einen Monat lang fast aus den Nähten.

Otaki besteht aus drei Teilen: dem Bahnhof und i-SITE Visitor Centre am SH1, der Ortschaft Otaki, 2 km weiter in Richtung Meer an der Mill Road, und dem **Strand**, noch einmal 3 km weiter an der Mill Road, der im Sommer zur Sicherheit der Badegäste von Rettungsschwimmern bewacht wird, der sogenannten „Surf Patrol". Am Nordufer des Flusses kann man mit Wohnmobilen mit eigener Toilette frei campen.

Am SH1 gibt es rund 20 **Designer-Outlets**, vor allem für Damenmode, aber auch von Outdoor-Ausrüstern wie Kathmandu und Icebreaker.

Rangiatea Church

33 Te Rauparaha St, 200 m westlich des SH1 ▪ ⊕ Besichtigung Mo–Fr 9.30–13.30 Uhr, Führungen Mo–Sa 10 und 14 Uhr ▪ Eintritt frei; Führungen $35 ▪ ✆ 06 364 6838

Die **Rangiatea Church** ist ein originalgetreuer Nachbau des ursprünglichen Gebäudes von 1849, das weithin als die schönste Maori-Kirche Neuseelands galt, aber 1995 durch einen Brandanschlag zerstört wurde. Das neue Gotteshaus wurde 2003 eingeweiht. Das Innere ist schlicht; die Wände zieren *tukutuku*, deren Muster die Sterne am Firmament und die Verstorbenen symbolisieren. Die Dachsparren sind mit Maori-Motiven bemalt, die Hammerhaie darstellen – Symbole der Macht und Ehre. Ein wunderschönes Modell des *Tainui waka* konnte vor den Flammen gerettet werden.

River Cottage, SH1, 1 km südlich, ✆ 06 364 6359. Lockeres Café am Straßenrand mit jeder Menge Plätzen im Garten. Kaffee und Kuchen, Backwaren und z. B. Pizza mit Kürbis, Spinat und Oliven ($16). ⊕ tgl. 8.30–16 Uhr.

i-SITE Visitor Centre, 239 SH1, ✆ 06 364 7620. In einem schönen hölzernen Gerichtsgebäude von 1891, das seit seiner Erbauung zweimal umgesetzt wurde. Hier gibt es Hüttenpässe für die Wanderwege im Tararua Forest Park und in der Schlucht des Otaki River Richtung Osten. ⊕ Mo–Fr 9–17, Sa 10–15, So 10–14 Uhr.

Waikanae

14 km südlich von Otaki liegt **Waikanae**, das aus einer Ortschaft am Highway und einem 4 km entfernten Strandort besteht. Letzterer ist über die Te Moana Road zu erreichen. Der von Dünen gesäumte **Strand** lädt zum gefahrlosen Baden ein.

Nga Manu Nature Reserve

Ngarara Rd, Anfahrt über die vom SH1 abzweigende Te Moana Rd, nach gut 1 km rechts in die Ngarara Rd abbiegen, dann weitere 3 km bis zum Schutzgebiet ▪ ⊕ tgl. 10–17 Uhr ▪ Eintritt $15 ▪ ✆ 04 293 4131, 🖥 www.ngamanu.co.nz

Das nahe gelegene **Nga Manu Nature Reserve**, 🖥 www.ngamanu.co.nz, ist ein ausgedehntes, künstlich angelegtes Vogelschutzgebiet mit leichten Spazierwegen und einigen Picknickplätzen. Ein 1,5 km langer Rundwanderweg führt durch verschiedene Lebensräume, von Teichen und Buschland bis zu Sumpf und Küstenwald. Außerdem gibt es ein Nachttierhaus mit Kiwis, Kuckuckskäuzen und der seltenen Reptilienart *tuatara* (Brückenechse) und mehrere begehbare Vogelgehege, in denen sich Keas und Kakas tummeln. Täglich um 14 Uhr findet eine Aalfütterung statt.

Southward Car Museum

Otaihanga Rd, 3 km südlich von Waikanae ▪ ⊕ tgl. Nov–April 9–17, Mai–Okt 9–16.30 Uhr ▪ Eintritt $10 ▪ ✆ 04 297 1221, 🖥 www.southwardcarmuseum.co.nz

Das **Southward Car Museum** unterhält mit über 250 Fahrzeugen eine der größten Sammlungen von Autos, Feuerwehrwagen und Motorrädern in ganz Australasien. Zu den Schmuckstücken zählen Marlene Dietrichs Rolls-Royce, ein Stutz Racher von 1915 und ein Mercedes-Benz mit Flügeltüren von 1955. Dazu findet man eines der futuristischen weißen Gefährte aus dem Woody-Allen-Film *Der Schläfer* von 1973 sowie einige in neuseeländischen Schuppen handgebaute Modelle.

Paraparaumu

7 km südlich von Waikanae und 45 km nördlich von Wellington liegt **Paraparaumu** (von den Einheimischen gern zu „Paraparam" abgekürzt), die größte Stadt an der Kapiti Coast und einziger Ausgangspunkt für eine Überfahrt nach Kapiti Island. Diese erstreckt sich gegenüber dem langen Sandstrand **Paraparaumu Beach**, 3 km vom Ort an der Kapiti Road. Paraparaumu bietet sichere Bademöglichkeiten, Unterkünfte und einige Restaurants.

ÜBERNACHTUNG UND ESSEN

Paraparaumu wartet mit einem angemessenen Angebot an Unterkünften auf. Wohnmobile mit eigener Toilette können am Paraparaumu Beach gegenüber Marine Parade Nr. 54, 62 und 69 campen.
Barnacles Seaside Inn, 3 Marine Parade, Paraparaumu Beach, ✆ 04 902 5856, 🖥 www.seasideyha.co.nz. Das ehemalige Hotel in einem großen Holzbau von 1923 auf der vom Strand abgewandten Seite der Straße vermietet anheimelnde, mit antiken Möbeln eingerichtete Zimmer ohne eigenes Bad sowie Dorms. Dorm $29, DZ $72
Earthbush, 197 Main North Rd, 3 km nördlich der Stadt, ✆ 04 298 7224, 🖥 www.earthbush bedandbreakfast.co.nz. Umweltfreundliches, modernes Haus mit sehr gemütlichen Zimmern, die beide auf einen hübschen Garten hinausgehen. Köstliches Frühstück mit Eiern aus Freilandhaltung. $150
Kapiti Court Motel, 341 Kapiti Rd, ✆ 0800 526 683, 🖥 www.kapiticourtmotel.co.nz. Bei den Geschäften, 2 Gehminuten vom Strand, ruhig, mit Pool. Die netten Zimmer haben

2 Einzelbetten oder ein Doppelbett, manche eine Küche. $120
Fed Up Fast Foods, 40 Marine Parade, ✆ 04 902 6686. Serviert einfache, aber gute und frisch zubereitete Gerichte, u. a. die besten Fish 'n' Chips der Gegend und leckere Kapiti-Eiscreme, auch zum Mitnehmen. Tagesgerichte für unter $10. ⏰ tgl. 11–20.30 Uhr.
Kapiti Cheeses & Ice Cream, Lindale Centre, 2 km nördlich der Stadt am SH1, ✆ 04 298 1352, 🖥 www.kapiticollection.co.nz. Hier kann man diverse Käsesorten oder Eiscreme in exotischen Geschmacksrichtungen wie *gingernut* (Pfeffernuss) oder *fig-and-honey* (Feige und Honig) probieren. ⏰ tgl. 9–17 Uhr.
Muang Thai, 22 Maclean St, ✆ 04 902 9699. Das kleine Lokal serviert sehr gute Thai-Gerichte wie *pad thai* und Currys (alle ca. $15). ⏰ Mo–Do 17–22, Fr und Sa 17–23 Uhr.

INFORMATIONEN

i-SITE, 134 Rimu Rd, ✆ 04 298 8195. Infos zu lokalen Attraktionen und Einrichtungen des DOC und Hilfe bei der Beschaffung von Zugangsgenehmigungen für Kapiti Island. ⏰ Mo–Fr 9–17, Sa und So 10–14 Uhr.

TRANSPORT

Busse
InterCity und NakedBus halten am Bahnhof. Busse nach WELLINGTON fahren stündlich (1 Std.).

Eisenbahn
Der *Overlander* und die Wellingtoner Tranz-Metro-Pendlerzüge halten gegenüber vom Einkaufszentrum Coastlands.

Züge nach:
PAEKAKARIKI alle 30 Min., 17 Min.;
PLIMMERTON alle 30 Min., 1/2 Std.;
PORIRUA alle 30 Min., 3/4 Std.;
WELLINGTON alle 30 Min., 1 1/4 Std.

Flüge
Der **Paraparaumu Airport**, 🖥 www.kapiti coastairport.co.nz, auf halber Strecke zwischen

dem SH1 und dem Strand, wird von Air New Zealand und Air2There, 🖥 www.air2there.com, angeflogen.

Flüge nach:
AUCKLAND 2–3x tgl., 1 1/4 Std.;
BLENHEIM 1–3x tgl., 40 Min.;
NELSON 1–3x tgl., 1/4 Std.

Kapiti Island

Kapiti Island gehört zu den schönsten und am leichtesten zugänglichen **Inselschutzgebieten** Neuseelands, nur eine 15-minütige Bootsfahrt vom Paraparaumu Beach entfernt. Das 10 x 2 km große Eiland ist ein zauberhafter Flecken Erde, der seltenen Vögeln Zuflucht bietet.

1824 eroberte der legendäre Maori-Häuptling **Te Rauparaha** (der Erfinder des bekanntesten *haka*-Tanzes) mit seinem Stamm Ngati Toa die Insel, die bis dahin von anderen Maori bewohnt worden war, und nutzte sie bis zu seinem Tod 1849 als Stützpunkt. Die Insel hat für die Maori eine enorme spirituelle Bedeutung und wurde bereits 1897 zum Schutzgebiet erklärt.

Die zweite Januarhälfte und der Februar eignen sich am besten für einen Besuch, da sich die **Vogelwelt** dann von ihrer aktivsten Seite zeigt. Zu den Arten, die das ganze Jahr über zu sehen sind, zählen Kaka (ein Waldpapagei, der sich bisweilen sogar auf Kopf oder Schulter von Wanderern niederlässt), Wekaralle, Ziegensittich, Weißköpfchen, Tui, Makomako, Graufächerschwanz, Ringeltaube und Langbeinschnäpper. Wer Glück hat, erspäht sogar einen der 300 Takahe, die es auf der Welt noch gibt.

Das **North End** der Insel (das ungefähr ein Zehntel ihrer Gesamtfläche einnimmt) gehört ebenfalls zum Kapiti Nature Reserve, steht allerdings unter einer anderen Verwaltung und besitzt einen eigenen Eingang. An der **Okupe Lagoon** leben eine Königslöffler-Kolonie sowie zahlreiche seltene Waldvögel und Kiwis.

Die Meeresenge zwischen Kapiti Island und Paraparaumu wurde zum Meeresschutzgebiet erklärt, dessen außergewöhnlich klares Wasser großartige Bedingungen zum **Schnorcheln** zwischen den ufernahen Felsen bietet (wer keine eigene Ausrüstung hat, kann sie bei der Kapiti Nature Lodge leihen). Westlich und nördlich der Insel finden sich die schönsten **Tauchreviere**; die Tauchausrüstung muss man allerdings selbst mitbringen.

Da das DOC verständlicherweise die Wiedereinschleppung von Schädlingen verhindern möchte, werden die Taschen aller Inselbesucher nach Säugetieren durchsucht. Die touristischen Einrichtungen beschränken sich auf Toiletten und einen Unterstand bei der Anlegestelle. Proviant und Trinkwasser müssen selbst mitgebracht und sämtliche Abfälle wieder mit zurück genommen werden.

Wandern auf Kapiti Island

Die Insel kann auf zwei ziemlich steilen **Wanderwegen** erforscht werden, dem **Trig Track** und dem **Wilkinson Track**, die eigentlich einen Rundwanderweg bilden, da sie in der Nähe des höchsten Punktes der Insel, des Tuteremoana (521 m), zusammentreffen. Von seinem Gipfel genießt man einen spektakulären Ausblick.
Die größte Vogelvielfalt findet sich allerdings in den tieferen Lagen und zeigt sich am wahrscheinlichsten demjenigen, der sich Zeit lässt, keinen Lärm macht und häufige Zwischenstopps einlegt (insgesamt 3 Std. sollten mindestens veranschlagt werden).

ÜBERNACHTUNG UND ESSEN

Kapiti Nature Lodge, Waiorua Bay, 📞 06 362 6606, 🖥 www.kapitiislandnaturetours.co.nz. Am Rande des nördlichen Reservats liegt ein Stückchen Privatland, das den Nachfahren von Te Rauparaha gehört. Hier befindet sich die einzige, aber ausgezeichnete Unterkunft der Insel, eine einfache, aber sehr gemütliche Lodge, in der bei den Mahlzeiten (z. B. frisches Seafood) eine familiäre Stimmung herrscht. In den Cabins können bis zu 5 Pers. übernachten. Auf dem Freizeitprogramm stehen zwei ausgezeichnete Tageswanderungen (einmal

WESTLICHE NORDINSEL

Strand, einmal Busch) und nächtliche Kiwi-Beobachtungstouren (mit guten Erfolgsaussichten, da es schätzungsweise über 1200 Kiwis auf der Insel gibt). Bei einer Tagestour für $165 sind Fähre, DOC-Permit, Mittagessen und eine einstündige geführte Wanderung inklusive. Auf Wunsch wird auch Transport von und nach Wellington geboten. P. P. $355 inkl. Mahlzeiten, mit Bad $405

TRANSPORT

Die beiden DOC-zertifizierten Tourbetreiber **Kapiti Marine Charter**, ☎ 0800 433 779, 🖥 www.kapitimarinecharter.co.nz, und **Kapiti Tours**, ☎ 0800 527 484, 🖥 www.kapititours.co.nz, bieten Bootsfahrten zur Insel mit Inselrundgang ab $75. Die Boote legen i. d. R. etwa um 9 Uhr vom Strand beim Kapiti Boating Club ab und kehren gegen 15.30 Uhr zurück; wer möchte, kann sich gegen eine Zusatzgebühr von $10 zum North End befördern lassen.

Paekakariki und Umgebung

Ganz im Süden der Kapiti Coast liegt das winzige, aber quicklebendige Dorf **Paekakariki**. Familien sollten sich gleich zum 6,5 km² großen **Queen Elizabeth Park** auf den Weg machen. Dieser ist von MacKays Crossings am SH1 und von der Esplanade in Raumati zugänglich. ⏱ tgl. 8–20 Uhr. Am Parkeingang MacKays Crossings befindet sich das **Tramway Museum**, ☎ 04 292 8361, 🖥 www.wellingtontrams.org.nz, von dem aus historische Straßenbahnen der Stadt Wellington über eine 2 km lange Gleisstrecke zum Strand fahren. ⏱ Sa und So 11–16.30 Uhr, im Jan tgl., Straßenbahnfahrt $8.

Die benachbarten **Stables on the Park**, ☎ 04 298 4609, 🖥 www.stablesonthepark.co.nz, bieten Ausritte und Ponyreiten für Kinder an (ab $25). ⏱ Sa und So 10.30–15.30 Uhr.

Pataka Museum of Arts and Cultures

22 km südlich von Paekakariki, Norrie St, Ecke Parumoana St ▪ ⏱ Mo–Sa 10–16.30, So 11–16.30 Uhr ▪ Eintritt frei ▪ ☎ 04 237 1511, 🖥 www.pataka.org.nz

Nur 20 km nördlich von Wellington liegt die rasch wachsende Satellitenstadt **Porirua**. Hier lohnt sich ein kurzer Zwischenstopp beim hervorragenden **Pataka Museum of Arts and Cultures**. Es zeigt wechselnde Ausstellungen von führenden Vertretern der zeitgenössischen neuseeländischen Kunst und regelmäßige Maori-Tanzdarbietungen.

ÜBERNACHTUNG UND ESSEN

Hilltop Hideaway, 11 Wellington Rd, Paekakariki, ☎ 04 902 5967, 🖥 www.welling tonbeachbackpackers.co.nz. Ehemaliges Hostel in Bahnhofsnähe mit nur 2 preisgünstigen Doppelzimmern mit Bad, beide mit kleiner Küche und Terrasse, eins mit tollem Sonnenuntergangsblick aufs Meer. Rabatt bei längerem Aufenthalt. $80

📖 **Moana Lodge**, 49 Moana Rd, Plimmerton, ☎ 04 233 2010, 🖥 www.moanalodge.co.nz. Die wunderschön gelegene edwardianische Villa gilt seit Langem als eines der besten Hostels von ganz Neuseeland. Sie bietet neben vielen Zimmern mit Meerblick und Dorms mit 4 Betten kostenloses WLAN, Kajaknutzung und eine ausgesprochen freundliche Atmosphäre. Dorm $34, DZ $86
Paekakariki Beachfront B&B, 136 The Parade, Paekakariki, ☎ 04 905 8595, 🖥 www.paeka karikibnb.co.nz. 1 großes Studio für Selbstversorger in Strandnähe, mit einem Doppel- und einem Einzelbett sowie tollem Meerblick. Auf Anfrage kostenlose Abholung vom Bahnhof. $120
Paekakariki Holiday Park, 180 Wellington Rd, Paekakariki, ☎ 04 292 8292, 🖥 www.paeka karikiholidaypark.co.nz. Sehr beliebter und gut ausgestatteter Platz am Südrand des QE Park mit gutem Zugang zu einem sicheren Badestrand. Camping $16, Units $90
The Beach Store, 104 The Parade, Paekakariki, ☎ 04 292 8330, 🖥 www.thebeachstore.co.nz. Eigentlich ein cooler Laden für Designerartikel mit Surfschuppen-Flair und Blick auf Kapiti Island. Beim Stöbern kann man sich mit einem Kaffee oder Saft stärken. ⏱ Do–Sa 9.30–17, So 10–17 Uhr.

HUKA FALLS, TAUPO

Zentrale Nordinsel

Die zentrale Nordinsel hat einige hochkarätige Sehenswürdigkeiten zu bieten, viele eine Folge der vulkanischen Vergangenheit der Region. Hier warten Thermalbäder, Geysire, Vulkane, Wasserfälle, Kraterseen, blubbernde Schlammtümpel und jede Menge Aktivitäten auf Besucher. Rotorua zählt überdies zu den Hauptzentren der Maori-Kultur.

Stefan Loose Traveltipps

Maori-Konzerte mit Hangi Tolle Einführung in Stammesgesänge, Tänze, Lieder, Geschichten und Küche der Maori. S. 340

Kaituna River Die Rafting-Bedingungen auf diesem kurzen Fluss mit den spektakulären, 7 m hohen Tutea Falls sind vom Feinsten. S. 341

6 Wai-O-Tapu Bunt schimmernde Pools, blubbernder Schlamm und ein speiender Geysir sind die Highlights des besten Geothermalgebiets in der Umgebung von Rotorua. S. 347

Lake Taupo Neuseelands größtes Binnengewässer lässt sich auf einer Bootsfahrt oder aus der Luft während eines Fallschirmsprungs bewundern. S. 350

Huka Falls Am schönsten Wasserfall des Landes stürzen jede Sekunde 300 Tonnen Wasser in die Tiefe. S. 358

7 Tongariro Alpine Crossing Die Tageswanderung über Lavaströme und einen Kratergrund, vorbei an Geothermalgebieten sowie an smaragdgrünen und blauen Seen, ist schlicht und ergreifend die schönste Neuseelands. S. 367

EMERALD LAKES, TONGARIRO ALPINE CROSSING

MAORI-RELIEF, LAKE TAUPO

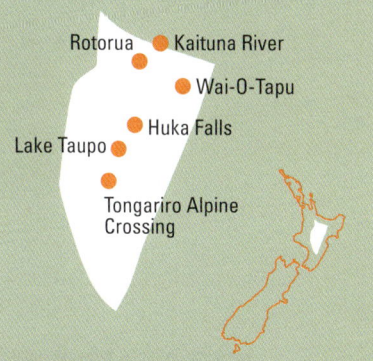

Rotorua — Kaituna River

Wai-O-Tapu

Huka Falls

Lake Taupo

Tongariro Alpine Crossing

Inhalt

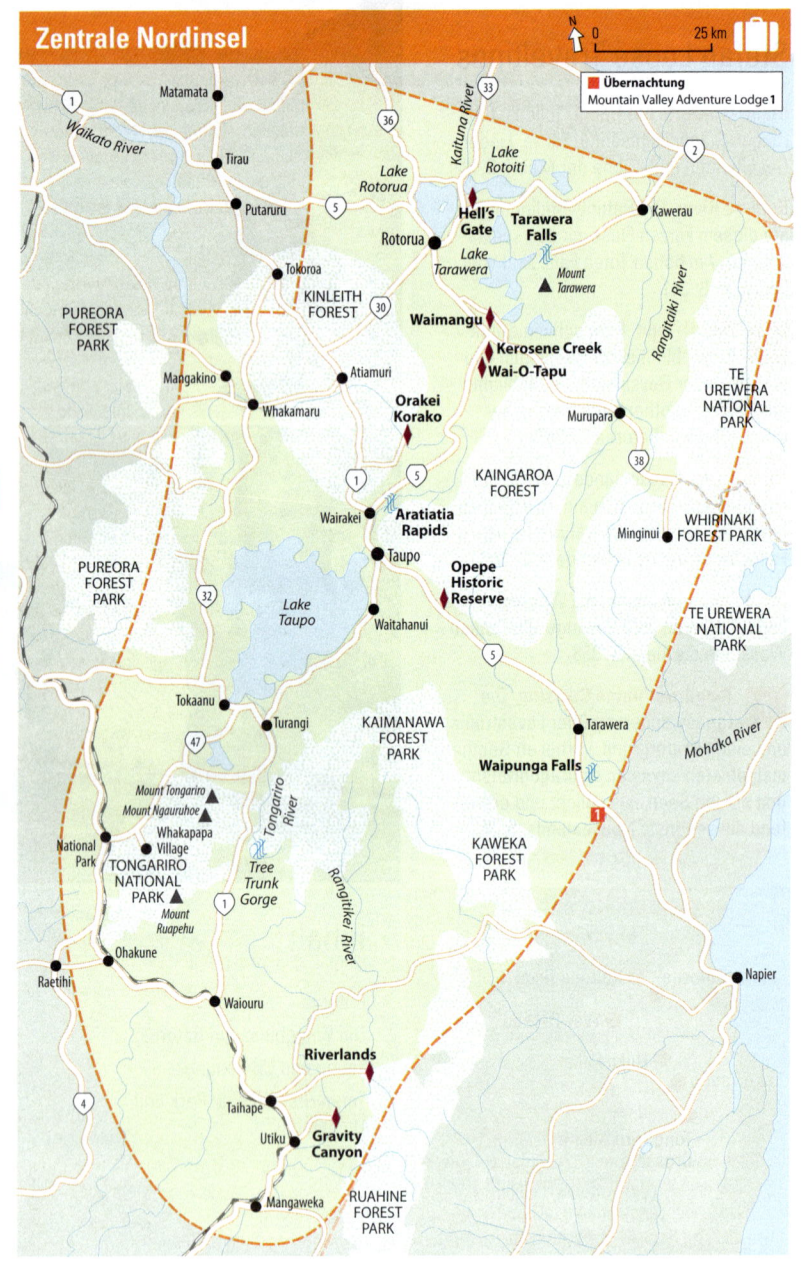

N
0   25 km

Übernachtung
Mountain Valley Adventure Lodge 1

ZENTRALE NORDINSEL

Matamata

Waikato River

Tirau

Putaruru

Lake Rotorua

Tokoroa

KINLEITH FOREST

PUREORA FOREST PARK

Mangakino

Atiamuri

Whakamaru

Lake Rotoiti

Hell's Gate

Rotorua

Tarawera Falls

Kawerau

Lake Tarawera

Mount Tarawera

Waimangu

Kerosene Creek

Wai-O-Tapu

Orakei Korako

Murupara

Rangitaiki River

TE UREWERA NATIONAL PARK

KAINGAROA FOREST

Wairakei

Aratiatia Rapids

Taupo

WHIRINAKI FOREST PARK

Minginui

PUREORA FOREST PARK

Lake Taupo

Waitahanui

Opepe Historic Reserve

TE UREWERA NATIONAL PARK

Tokaanu

Turangi

KAIMANAWA FOREST PARK

Tarawera

Waipunga Falls

Mohaka River

Mount Tongariro
Mount Ngauruhoe
Whakapapa Village

National Park

TONGARIRO NATIONAL PARK

Mount Ruapehu

Tongariro River

Tree Trunk Gorge

Rangitikei River

KAWEKA FOREST PARK

1

Ohakune

Raetihi

Waiouru

Napier

Riverlands

Taihape

Utiku

Gravity Canyon

Mangaweka

RUAHINE FOREST PARK

www.stefan-loose.de/neuseeland

Die zentrale Nordinsel ist in drei geologisch klar zu unterscheidende Abschnitte unterteilt: Tongariro National Park mit seinen drei Vulkanen, Lake Taupo, der größte See des Landes, und die farbenprächtigen Geothermalzonen in der Umgebung von **Rotorua**. Hier spucken Geysire Fontänen heißen Wassers in die Luft, und überall in der Stadt laden Thermalbäder zum Entspannen ein.

Durch den Kontrast mit den riesigen Kiefernbeständen des **Kaingaroa Forest** gewinnt die spektakuläre Vulkanlandschaft noch zusätzlich an Reiz. Es handelt sich um eine der größten Baumanpflanzungen der Welt, deren eng geschlossene Reihen schnell wachsender Monterey-Kiefern *(Pinus radiata)* sich bis zum Horizont erstrecken. In den letzten Jahren hat aufgrund der hohen Weltmarktpreise für Milchpulver zwar ein Umschwenken hin zur Milchwirtschaft stattgefunden, jedoch ist die Forstwirtschaft nach wie vor der bedeutendste Wirtschaftszweig der Region.

Der Rest der zentralen Nordinsel wird grob als **vulkanisches Plateau** bezeichnet. Dieses Hochland ist mit einer Schicht aus Felsen und Asche bedeckt, die vor etwa 2000 Jahren entstand, als ein riesiger Vulkan buchstäblich explodierte. Der daraus resultierende Krater und dessen Umgebung füllten sich mit Wasser und bilden heute den größten See des Landes, den **Lake Taupo**. Das ruhige Gewässer und die den See speisenden Bäche und Flüsse sind ein Mekka für Angler, die es auf Bach- und Regenbogenforellen abgesehen haben. Weitere Touristenmagnete sind die Attraktionen und Aktivitäten in der Nähe der donnernden Stromschnellen des **Waikato River**. Südlich des Sees erheben sich im **Tongariro National Park** drei majestätische Vulkane. Der 1887 gegründete Nationalpark ist ein beliebtes Ziel für Skibegeisterte und im Sommer mit seinen zauberhaften Wegen ein wahres Paradies für Wanderer.

Aufgrund der Hochlage des vulkanischen Plateaus herrscht am Lake Taupo und im Tongariro National Park selbst im Hochsommer ein frisches **Klima**. Im Frühling und Herbst ist es noch einigermaßen warm und überdies nicht so überlaufen wie im Sommer, während man die eiskalten Wintermonate von Mai bis Oktober am besten den Wintersportfreunden überlässt. Die Gegend um Rotorua präsentiert sich dagegen insgesamt gemäßigter, doch auch dort kann es im Winter recht kalt werden, wodurch die heißen Thermalbäder und dampfenden Quellen noch zusätzlich an Reiz gewinnen.

Das Angebot an öffentlichen Verkehrsmitteln in der Region beschränkt sich auf **Busse**, die zumeist von InterCity und NakedBus betrieben werden und von Rotorua über Taupo Richtung Süden nach Turangi, Waiouru und Taihape fahren. Regionale Busunternehmen bedienen die kleineren Orte um den Tongariro-Nationalpark herum und fahren auch zu den Startpunkten der Wanderwege (S. 367).

Rotorua

Wer in **Rotorua** ankommt, muss sich zunächst an die eigentümliche Duftnote der Stadt gewöhnen: Der aus den natürlichen Öffnungen in der Erdkruste aufsteigende Schwefelwasserstoff sorgt dafür, dass ein Geruch von faulen Eiern in der Luft liegt, der allerdings nach ein paar Stunden praktisch nicht mehr wahrgenommen wird. Kein noch so übler Geruch hat es bisher geschafft, die Touristen von dieser kleinen, ordentlichen Stadt am Südufer des **Lake Rotorua** fernzuhalten.

Rotorua ist die Touristenattraktion Nummer eins auf der Nordinsel, denn schließlich handelt es sich um eines der dichtesten und zugänglichsten Geothermalgebiete der Welt. 15 m hohe Geysire schießen inmitten kaleidoskopischer Mineralbecken ihre Fontänen in die Höhe, dampfende Schwaden überziehen kochende Schlammlöcher, verkrustete Minerale hängen wie Stalaktiten von den Sinterterrassen herab – kurz: Vulkanismus, wie er im Buche steht.

Die Vögel am Seeufer sind vom mühevollen Brüten befreit, weil die Erde von allein genügend Wärme spendet. Die Gräber auf den Friedhöfen müssen oberirdisch angelegt werden, weil das Graben im Boden wahrscheinlich eine weitere heiße Quelle zutage fördern würde. Die Hotels sind mit geothermisch erhitzten Bädern ausgestattet, in denen sich die müden Knochen schnell wieder von einem anstrengenden Sightseeing-Tag erholen.

In der gesamten Region vereinigen sich Hitze und Schwefel zu einer praktisch vegetationslosen Landschaft. Nur widerstandsfähige Pflanzen vermögen dem „Atem" der Unterwelt zu trotzen, der in Form heißer Rinnsale, zischender Gase und siedender, als Fumarolen bezeichneter Dampfaustritte aus vulkanischen Erdspalten zutage tritt. Dass hier auch ohne Pflanzen kein Mangel an Farben herrscht, verdankt diese „Hexenküche" den in leuchtend orangen, smaragdgrünen und rostroten Tönen schimmernden Mineralablagerungen an den Rändern der Wasserbecken.

Die permanente hydrothermische Aktivität dieser geologischen Baustelle macht indes nur einen Teil der Anziehungskraft Rotoruas aus. Trotz der zwangsläufig verwässernden Auswirkungen des Tourismus gibt es keine bessere Gelegenheit für eine Einführung in die Werte, Traditionen, Tänze und Gesänge der **Maori** als einen der Konzert- und Hangi-Abende, die überall in und um Rotorua veranstaltet werden.

Die nördliche und südliche Begrenzung Rotoruas bilden zwei alte Dörfer der Ngati Whakaue: das am Seeufer gelegene **Ohinemutu** sowie **Whakarewarewa**. Das originale Bath House befindet sich inmitten der typisch englischen Parkanlage **Government Gardens** und ist heute Bestandteil des **Rotorua Museum**, das die frühen Bemühungen um das Wohl der Kurgäste auf unterhaltsame Weise beleuchtet.

Einige Sehenswürdigkeiten wie das Rotorua Museum und das ursprüngliche Maori-Dorf Ohinemutu am Ufer des **Lake Rotorua** lassen sich an einem halben Tag gut zu Fuß erkunden. Danach kann man sich bei einem Bad in den heißen Becken in einem Vogelschutzgebiet auf der **Mokoia Island** entspannen.

Am südlichen Stadtrand locken das **Whakarewarewa Thermal Village**, in dem die Bewohner inmitten dampfender und kochender Quellen ihrem ganz normalen Tagwerk nachgehen, und nebenan **Te Puia** mit den einzigen natürlichen Geysiren der Gegend und einer faszinierenden Schnitzschule. Fünf bis zehn Kilometer nordwestlich des Zentrums hat **Skyline Skyrides** am **Mount Ngongotaha** verschiedene Fahrgeschäf-

te, bei denen Schwerkraft und Nervenkitzel im Vordergrund stehen.

Der **Rainbow Springs Kiwi Wildlife Park** im Schatten des Berges vermittelt Einblicke in den Lebenszyklus der Forellen und beherbergt zudem das spannende **Kiwi Encounter**. Ein Stück nördlich der Skyline Skyrides sind im **Agrodome** Schafe im wahrsten Sinne des Wortes die Bühnenstars, während der benachbarte Abenteuerpark darauf abzielt, seine Gäste noch mehr Adrenalin produzieren zu lassen als die Skyline Skyrides.

Außerhalb der Stadt liegen einige der schönsten Geothermalgebiete der Region (S. 347).

Geschichte

Die Region Rotorua ist die Heimat des Volkes der **Arawa**. Laut Überlieferung war der *tohunga* (Priester) **Ngatoroirangi** Anführer einer der ersten Expeditionen ins Landesinnere. Er schaffte es bis auf den eisigen Gipfel des Vulkans Tongariro, wo er fürchtete zu erfrieren. Aber seine Gebete zu den Göttern von Hawaiki wurden erhört: Sie schickten das ersehnte Feuer, das sich unter der Erde fortbewegte und dann an die Oberfläche stieß, zunächst auf der vulkanischen Insel White Island in der Bay of Plenty und anschließend an mehreren Punkten auf einer Linie zwischen jener Insel und den drei Vulkanen der zentralen Nordinsel. Ngatoroirangi war gerettet und siedelte sich mit seinen Gefolgsleuten in der Umgebung des Lake Rotoiti („kleiner See") und des Lake Rotorua („zweiter See") an.

Zeit der Kämpfe

Als Vergeltung für einen früheren Überfall befehligte **Hongi Hika**, das Oberhaupt der Northland-Ngapuhi, 1823 einen Angriff auf Rotorua. Seine Truppe war mit Musketen ausgerüstet, die er von den Europäern in der Bay of Islands im Tauschhandel erworben hatte. Die Arawa suchten Zuflucht auf der mitten im Lake Rotorua gelegenen Insel Mokoia Island. Wild entschlossen trugen Hongi Hika und seine Krieger ihre Kanus zwischen den Seen über Land (die Strecke zwischen Lake Rotoiti und Lake Rotoehu heißt noch heute Hongi's Track), und die Ngapuhi besiegten die traditionell bewaffneten Arawa. Während der Landkriege in den 1860er-Jahren unterstütz-

N
0   500 m

Auckland (230 km)

Rainbow Springs (1 km), Skyline Skyrides (1 km), Ngongotaha (5 km)

Lake Rotorua

BENNETTS RD
PANUI RD ROAD
WHITTAKER ROAD
1
ARIARITERANGI STREET
LAKE RD
5
LAKE ROAD
1

St Faith's Anglican Church

Tamatekapua-Versammlungshaus

OHINEMUTU

Lakefront Jetty

TAREWA ROAD
RANOLF STREET
RANGIURU STREET

Kuirau Park

War Memorial Park

Spa at QE

Government Gardens

2
WHAKAUE ST
3 3
5 6
EAST ST
2 6
PUKAKI STREET
6
WHAKATAU STREET
7 11
ARAWA STREET
4 8 9 10
5
4 8 9 10
FENTON STREET
HINEMARU STREET
Rotorua Museum

Blue Baths

9
8
HAUPAPA STREET
12
7
PUKUATUA STREET
AMOHIA STREET
TUTANEKAI ST
10

Polynesian Spa

Readings Cinema
11
HINEMOA STREET
13
14
ERUERA STREET
Basement Cinema
15

AMOHAU STREET
5

PERERIKA STREET
ELIZABETH STREET
JAMES STREET
RANOLF STREET
KING STREET

VICTORIA STREET
RUIHI STREET
HEREWINI ST
UNION ST
EASON ST
TOKO STREET
TE NGAE ROAD
30

MALFROY ROAD
SEDDON STREET
12
FENTON STREET
CARNOT STREET
GREY STREET
LYTTON STREET
ROBERTSON STREET
HOLLAND STREET
TILSLEY STREET
MARGUERITA STREET
SUMNER STREET
PEACE STREET
13
MAIDA VALE STREET
DEVON STREET
14

ZENTRALE NORDINSEL

Flughafen (8 km), Hell's Gate (14 km), Buried Village (15 km), Lake Tarawera (15 km)

▼ **15** (600 m), Whakarewarewa (1 km), Taupo (80 km)

● Restaurants, Cafés und Bars

Abracadabra	**13**
Atticus Finch	**2**
Bistro 1284	**15**
Brew	**3**
Café Ephesus	**6**
Capers Epicurean	**14**
Fat Dog	**9**
Lava Bar	**11**
Leonardo's Pure Italian	**5**
Nuvolari	**7**
The Pheasant Plucker	**10**
Pig & Whistle	**12**
Relish	**8**
Scotty's Bar	**4**
Third Place Café	**1**

■ Übernachtung

The Backyard Inn	**6**
Base Hot Rocks	**7**
Boulevard Motel Rotorua	**12**
Central Backpackers	**10**
Cosy Cottage	**1**
Funky Green Voyager	**11**
Gibson Court Motel	**14**
Havana Motor Lodge	**3**
Novotel	**2**
Princes Gate Hotel	**5**
Regent of Rotorua	**4**
Rotorua Top 10	**9**
Silver Fern Motor Inn	**13**
SilverOaks Geyserland	**15**
YHA Rotorua Treks	**8**

ten die Arawa die Regierungstruppen. Das zahlte sich für sie aus, als sie ein Jahrzehnt später von **Te Kooti** (s. Kasten S. 458) und dessen Truppen angegriffen wurden, denn koloniale Streitkräfte halfen ihnen, die Attacke abzuwehren.

Die Anfänge des Tourismus

Zu jener Zeit hatten bereits einige **Europäer** mehrere Jahre mit den Maori in deren Dörfern Ohinemutu und Whakarewarewa gelebt, doch erst nach der Vertreibung von Te Kooti entstand das heutige Rotorua. Es kamen vermehrt **Touristen** in die Gegend, um die großartigen Sinterfelder Pink and White Terraces zu besuchen. Die Arawa, die bis dahin relativ isoliert von europäischen Einflüssen gelebt hatten, erkannten schnell die Möglichkeiten, die der Fremdenverkehr ihnen bot, und trugen dazu bei, Rotorua zu dem zu machen, was es heute ist. Rotorua wurde zunächst als **Kurort** auf einem Stück Land gegründet, das von den Ngati Whakaue gepachtet worden war. 1885 entstand in dem frisch gebackenen Kurort der Government Sanatorium Complex, wo „Invaliden" Linderung finden sollten.

Government Gardens

In ihrer Gegenüberstellung von Gediegenem und Exotischem sind die **Government Gardens** östlich des Stadtzentrums ein bizarrer Anblick: England im Miniaturformat mitten in Neuseeland. Rentner im blütenweißen Dress spielen Rasenbowling umgeben von schwefligen Dampfspalten, Palmen thronen über Rosengärten, und in der Mitte steht das im Tudor-Stil gehaltene **Badehaus** aus dem Jahr 1908.

Das als großartigstes Heilbad der Südsee gepriesene Badehaus wurde als Therapeutikum gegen Arthritis, Alkoholismus oder Übererregbarkeit errichtet. Dazu mussten sich die Patienten schaurigen Prozeduren wie der Elektrotherapie unterziehen. Das Badehaus erfüllte seine Funktion noch bis 1963, obwohl die großen Heilbäder schon lange vorher aus der Mode gekommen waren. Die moderne und luxuriösere Version eines Kurbades findet sich im **Polynesian Spa** und im **Spa at QE**.

Sicherheit in Rotorua

Ein ständiges Problem in und um Rotorua sind **Diebstähle aus Autos**, wobei die Täter vor allem Fahrzeuge im Visier haben, die in der Nähe von Hostels, an den Ausgangspunkten von Wanderwegen, bei Sehenswürdigkeiten und an anderen unbewachten Orten geparkt sind (zurzeit ist der Kerosene Creek bei Dieben sehr beliebt). Es empfiehlt sich daher, Wertgegenstände mit aufs Zimmer zu nehmen oder im Safe der Unterkunft zu deponieren.

Außerdem liegt die Verbrechensrate in Rotorua höher als im Landesdurchschnitt – man sollte hier also generell etwas auf der Hut sein. Glücklicherweise unterstützt die örtliche Polizei (S. 342) Reisende auf freundliche und effiziente Weise.

Rotorua Museum

Queens Drive, Government Gardens ▪ ⏰ Dez–Feb tgl. 9–18, März–Nov 9–17 Uhr; kostenlose Führungen jeweils zur vollen Stunde ▪ Eintritt $20 ▪ 🖥 www.rotoruamuseum.co.nz

Das alte Badehaus beherbergt heute das wunderbare **Rotorua Museum of Art and History**. Es wurde vor einiger Zeit zum Teil nach den Plänen von 1908 ausgebaut. Die Geschichte des Badehauses erzählt die Ausstellung „Taking the Cure", inmitten der alten Bäder mit ihren grün-weißen Fliesen und frei liegenden Rohren. Mehrere Räume wurden in ihrem Verfall aufgehalten und mit Fotos aus der ruhmreichen Vergangenheit behängt, während ein unterhaltsamer Film die Geschichte der Region und seiner Heilbäder wieder aufleben lässt. Wer mehr vom Innenleben des Gebäudes sehen möchte, geht ins Untergeschoss voller alter Rohre und Schlammbäder. Die Überreste des ursprünglichen Belüftungssystems sind auf dem Weg zu einer tollen Aussichtsplattform auf dem Dach im Dachgeschoss zu sehen.

Neben den hier näher beschriebenen Ausstellungen sollte man sich auch die bewegende Schau zum **Maori Battalion** ansehen, einem Infanteriebattaillon der neuseeländischen Armee im Zweiten Weltkrieg; dazu wird ein interessantes halbstündiges Video gezeigt.

Die Te-Arawa-Abteilung

Der kleine, aber vorzügliche Abschnitt **Te Arawa** präsentiert die seit Langem bewunderten Werke der Arawa-Schnitzer, die Rotorua bereits vor der Landung der ersten Europäer zu einer Hochburg der Schnitzkunst machten. Zahlreiche Arbeiten wurden aus europäischen Sammlungen zurückgeholt und befinden sich unter den hervorragend gearbeiteten Figuren, Hundefellumhängen, Jadewaffen und reich verzierten Giebelbrettern, die hier alle auf beeindruckende Weise in Szene gesetzt werden. Zu den wertvollsten Stücken zählen die Flöte des legendären Liebhabers Tutanekai, eine ungewöhnlich schöne Göttin aus Bimsstein und einige seltene, mit Steinwerkzeugen hergestellte Schnitzarbeiten aus dem 18. Jh.

Der Ausbruch des Tarawera

Eine weitere Ausstellung beschäftigt sich mit den dramatischen Ereignissen rund um den Vulkanausbruch des Tarawera. Die umfangreichen Exponate beinhalten eine informative Reliefkarte der Region, Augenzeugenberichte, eine multimediale Präsentation und Fotos von den aschebedeckten Hotels in Te Wairoa und Rotomahana, die heute beide nicht mehr existieren.

Polynesian Spa

Hinemoa St, am See ▪ ⏰ tgl. 8–23 Uhr; Wellnessanwendungen tgl. 10–19 Uhr ▪ Adult Pools $27; Private Pools $18 p. P./30 Min., mit Seeblick $27/30 Min.; Lake Spa $45; Family Spa $39 für bis zu 2 Erw. und 4 Kinder; Wellnessanwendungen ab $130/45 Min. erhältlich tgl. im Lake Spa (inkl. Eintritt zum Lake Spa) ▪ ☎ 07 348 1328, 🖥 www.polynesianspa.co.nz

Der größtenteils unter freiem Himmel angesiedelte Komplex des **Polynesian Spa** setzt sich aus vier separaten Bereichen zusammen. Die Mehrzahl der Gäste tummelt sich in den sieben **Adult Pools** (36–42 °C) um die historischen Becken Radium Pool und Priest Pool herum. Die historischen Pools dürfen nicht betreten werden, aber das Wasser aus dem Priest Pool, das besonders Arthritis und Rheuma lindern soll, wird in drei der anderen Pools gespeist.

Wer sich nur eine halbe Stunde lang im Wasser aalen möchte, ist in den **Private Pools** für je zwei bis drei Personen besser aufgehoben. Mehr Exklusivität bietet der benachbarte **Lake Spa** mit seinen attraktiv gestalteten, flachen Felsbädern, die um einen abgeschlossenen Entspannungsbereich mit Bar gruppiert sind. Im Voraus reservieren sollte man Massagen, Schlammpackungen und Verwöhnkuren. Kinder kommen im **Family Spa** auf ihre Kosten, das ein 33 °C warmes Schwimmbecken, zwei Mineralpools und eine Wasserrutsche zu bieten hat.

Blue Baths

Queens Drive, Government Gardens ▪ ⏰ Nov–März tgl. 10–18, April–Okt 12–18 Uhr ▪ Eintritt $11 ▪ 🖥 www.bluebaths.co.nz

Während das Hauptbadehaus der Gesundheit gewidmet war, diente die benachbarte, 1933 er-

---

Die Liebesgeschichte von Hinemoa und Tutanekai

Die Maori-Liebesgeschichte von **Hinemoa und Tutanekai** macht bereits seit Jahrhunderten an den Ufern des Lake Rotorua die Runde. Die Geschichte erzählt von zwei Liebenden, dem jungen Häuptling Tutanekai von der Insel Mokoia und seiner aus vornehmem Hause stammenden Geliebten Hinemoa, deren Familie ihr verbot, den unehelich geborenen Tutanekai zu heiraten. Um sie an einem Zusammentreffen mit ihm zu hindern, wuchtete die Familie ihr schweres *waka* (Kanu) auf den Strand. Doch der Wind trug nachts die klagenden Klänge von Tutanekais Flöte über den See, bis es die verliebte Hinemoa nicht mehr aushielt und den Entschluss fasste, zur Insel zu schwimmen. Als sie auf der Insel ankam, hatte sich Tutanekai aber bereits in sein *whare* zurückgezogen und schlafen gelegt. Weil Hinemoa ohne Kleidung das Dorf nicht betreten durfte, legte sie sich in eine heiße Quelle. Bald kam Tutanekais Sklave vorbei, um Wasser zu holen. Hinemoa lockte ihn zu sich, entriss ihm seine Kürbisflasche, zerschlug sie und schickte ihn zurück zu seinem Herrn. Der zornige Tutanekai ging zur Quelle, um den Vorfall zu untersuchen und landete direkt in den offenen Armen von Hinemoa.

Touren und Aktivitäten auf dem Lake Rotorua und auf Mokoia Island

Bei der Lakefront Jetty am Lake Rotorua, am nördlichen Ende der Tutaneka Street, werden Kajaks, Tretboote u. Ä. vermietet. Außerdem fahren von hier die Boote zur 7 km nördlich gelegenen Insel **Mokoia Island**. Das ist ein raubtierfreies Vogelschutzgebiet mit einem langjährigen Zuchtprogramm für die Lappenkrähe, den Sattelstar und den Langbeinschnäpper. Besser bekannt ist die Insel allerdings aufgrund der Legende von **Hinemoa und Tutanekai** (S. 333). Der Standort von Tutanekais *whare* und Hinemoa's Pool können im Rahmen von Inselführungen besichtigt werden.

Rotorua genießt bei Anglern zu Recht einen hervorragenden Ruf für seine wunderbaren Bedingungen zum Forellenfischen. Das **Angeln** auf den 16 herrlichen Seen um Rotorua herum und besonders auf dem Lake Rotorua selbst könnte landschaftlich kaum schöner sein und ist durch den Kampf mit sich heftig wehrenden Regenbogenforellen gekennzeichnet.

Bootsfahrten

Lakeland Queen, ✆ 0800 572 784, 🖥 www.lakelandqueen.co.nz. Gemächliche Fahrten auf dem See mit einem nachgebauten Raddampfer: Es werden verschiedene Rundfahrten inkl. einer Mahlzeit geboten (Frühstück $40, Mittagessen $50, Kaffee $25, BBQ-Abendessen $49).

Angeln

O'Keefe's, 1113 Eruera St, ✆ 07 346 0178, 🖥 www.okeefesfishing.co.nz. Bietet aktuelle Berichte über den Zustand der Seen und Flüsse und hält auch die kostenlose, von Fish and Game New Zealand herausgegebene Broschüre *Lake Rotorua & Tributaries* bereit, in der die Angelvorschriften erläutert werden. Außerdem stellen die Mitarbeiter Kontakte zu Angelführern („fly-fishing guides") her, die pro Tag ca. $500 verlangen. Informationen zu Angellizenzen auf S. 68. ⏲ Mo–Do 8.30–17, Fr 8.30–17.30, Sa 9–14 Uhr.

Jetbootfahrten

Kawarau Jet, ✆ 07 343 7600, 🖥 www.nzjetboat.co.nz. Bietet Fahrten über den See (30 Min., $85) sowie zum Ohau Channel und Lake Rotoiti (2 1/2 Std., $125). Dazu gehört eine Stunde Aufenthalt bei den heißen Quellen von Manupirua, die nur mit dem Boot zu erreichen sind.

Touren

Mokoia Island WaiOra, ✆ 07 345 7456, 🖥 facebook.com/Mokoiaisland. Bietet geführte Touren nach Mokoia Island (2 1/2 Std., $69); Schwerpunkte dabei sind Maori-Kultur und Naturschutz.

öffnete Badeanstalt **Blue Baths** einzig und allein dem Amüsement. Das im kalifornischen Missionsstil errichtete Gebäude zählte zu den ersten öffentlichen Bädern, in denen das gemeinsame Planschen beider Geschlechter erlaubt war.

Es musste 1982 geschlossen werden, ist inzwischen aber wieder teilweise eröffnet, mit einem Freibad (29–33 °C) und zwei kleineren Becken (38–40 °C). Ein Großteil des Komplexes wird heute für private Veranstaltungen genutzt und ist deshalb am Wochenende nicht selten geschlossen.

The Spa at QE

1073 Whakaue St ▪ ⏲ Mo–Fr 9–21, Sa 9–17 Uhr ▪ Gemeinschaftsbecken $6; privates Becken $12; Anwendungen $35–150 ✆ 07 343 1665, 🖥 www.spaatqe.co.nz

Der Geist des ursprünglichen Badehauses lebt fort im **Spa at QE**. Hier stehen therapeutische Heilanwendungen im Mittelpunkt. Das Bad macht einen klinischen, etwas heruntergekommenen Eindruck, aber die Anwendungsbereiche werden nach und nach saniert.

Man kann in den mit alkalischem Wasser von der Rachel Spring gespeisten Privatbecken baden, ein entspannendes Schlammbad nehmen oder sich eine Wassermassage verpassen lassen.

Ohinemutu

Am Seeufer, 500 m nördlich der Stadtmitte
▪ $2 Spende ▪ ✆ 07 348 0189 oder 0800-527 8767
Bevor Rotorua entstand, war Ohinemutu die größte Maori-Ansiedlung der Gegend. Auch heute noch ist Ohinemutu fest in Maori-Hand. Neben den heißen Quellen ist die kleine Fachwerkkirche **St Faith's Anglican Church** interessant, die 1914 ihre Vorgängerin von 1885 ersetzte. Die Innenwände sind fast lückenlos mit Schnitzereien oder *tukutuku* (Holzflechtarbeiten) bedeckt. Hauptattraktion ist ein Fenster mit einer in einen Maori-Umhang und Federn gehüllten Christus-Figur, die so ausgerichtet wurde, dass sie auf dem Wasser des Sees zu wandeln scheint.

Am gegenüberliegenden Ende des kleinen Platzes vor der Kirche steht das ebenfalls mit wunderschönen Schnitzereien geschmückte **Tamatekapua-Versammlungshaus**. Die besten Arbeiten (einige davon fast 200 Jahre alt) werden allerdings im Innern unzugänglich aufbewahrt. Interessierte können sich telefonisch nach einer Führung erkundigen.

Whakarewarewa Thermal Reserve

17 Tryon St, 3 km südlich des Zentrums ▪ ⏰ tgl. Nov–März 9–17, April–Okt 9–16 Uhr; kostenlose einstündige Führungen zur vollen Stunde ▪ Eintritt $49,90; Kulturveranstaltung mit Hangi tagsüber $98; Abendshow mit Hangi $151 ▪ ✆ 07 348 9047, 🖳 www.tepuia.com

Das der Stadt am nächsten gelegene Thermalgebiet ist die **Whakarewarewa Thermal Reserve**. Rund zwei Drittel der aktiven Thermalzone bilden heute **Te Puia**. Hier führen Spazierwege an wabernden Schlammtümpeln, schwefelhaltigen Quellen und den spektakulärsten Geysiren Neuseelands vorbei, dem 7 m hohen **Prince of Wales' Feathers** und dem 15 m hohen **Pohutu** („großer Spritzer"). Bis 2000 hatte Letzterer

mehrmals täglich seine Fontäne losgelassen, doch dann überraschte er alle, als er plötzlich noch nie da gewesene 329 Tage ununterbrochen spuckte. Danach beruhigte er sich wieder ein wenig und ist momentan etwa zwei- bis dreimal pro Stunde kurz nach dem zweiten Geysir aktiv.

Zum Komplex gehören auch ein **Nachttierhaus** mit Kiwis, ein nachgebautes, für Zeremonien benutztes **Maori-Dorf** und ein **Arts and Crafts Institute**, wo versierte Kunsthandwerker Flachsröcke und zum Teil riesige Schnitzarbeiten produzieren. Kleinere Arbeiten werden im recht teuren Laden zum Verkauf angeboten.

Whakarewarewa Thermal Village

9a Tukiterangi St ▪ ⏰ tgl. 8.30–17 Uhr ▪ Führungen stdl. $35; Hangi (12–14 Uhr) $31; kostenlose kulturelle Aufführung 11.15 und 14 Uhr ▪ ✆ 07 349 3463, 🖳 www.whakarewarewa.com

Der Rest der Thermalzone steht unter der Schirmherrschaft von **Whakarewarewa: The Thermal Village**. Im Gegensatz zu den anderen Thermalgebieten handelt es sich hier um ein normales, bewohntes Dorf, das bereits vor Ankunft der Europäer gegründet wurde und umsichtig modernisiert wird. Hier geht es nicht in erster Linie um Geysire, sondern darum, wie sich die Maori ihr Leben in diesem einzigartigen Umfeld eingerichtet haben. Besucher können einfach durchs Dorf schlendern, eine kostenlose kulturelle **Aufführung** besuchen und an einem **Hangi** teilnehmen. Wer will, kann Maiskolben kaufen ($2), die in einem der natürlichen Dampfkessel gegart wurden.

Nordwest-Rotorua

Abgesehen von den Besucherströmen in den Geothermalgebieten spielen sich die meisten Tagesaktivitäten in Rotorua an den Hängen des **Mount Ngongotaha** ab, 5–10 km nordwestlich des Zentrums. Dieses Gebiet wird immer mehr von Vorortbebauung in Beschlag genommen.

Skyline Skyrides

185 Fairy Springs Rd, 4 km nordwestlich des Zentrums von Rotorua ▪ ⏰ tgl. 9 Uhr bis spät ▪ Gondel $27; Gondel und Luge $38–59;

Gondel, 3 Luge-Fahrten und Zoom Zipline $75 ▪ 📞 07 347 0027, 💻 www.skylineskyrides.co.nz/rotorua
Bei den **Skyline Skyrides** befördern Gondeln die Fahrgäste 200 m hoch zur obersten Station an der Flanke des Berges mit Ausblicken auf den See und die Stadt. Oben im Buffet-Restaurant gibt es Mittag- und Abendessen (S. 340).

Je nach Lust und Laune erkundet man den Berg oder nutzt die Einrichtungen. Zur Auswahl stehen z. B. die **Luge**, eine Art Plastikschlitten auf Rädern, und die **Zoom Zipline**. Die Zipline führt 383 m den Mount Ngongotaha hinab. An zwei parallelen Drahtseilen können sich zwei Personen gleichzeitig in die Tiefe stürzen. Wem das nicht genügt, der kann sich anschließend noch vom 10 m hohen **Quickijump** rückwärts herunter fallen lassen. Ein höherer Quickijump ist in Planung.

Rainbow Springs Kiwi Wildlife Park

Fairy Springs Rd, 4 km vom Zentrum ▪ **Wildlife Park** 🕐 tgl. 8–21.30, im Sommer bis 22.30 Uhr ▪ Eintritt $40 ▪ **Kiwi Encounter** 🕐 tgl. 10–16 Uhr; Führungen ab 10 Uhr zur vollen Stunde ▪ Kombiticket mit Rainbow Springs $35 ▪ 📞 07 350 0440, 💻 www.rainbowsprings.co.nz
Am Fuß des Mount Ngongotaha liegen Forellenbecken, die **Rainbow Springs**, die durch Naturlehrpfade miteinander verbunden sind und Prachtexemplare von Regenbogen- und Bachforellen beherbergen. Außerdem gibt es hier mehrere Volieren, eine Tuatara, einen plappernden Kea und ein Kiwi-Nachthaus. Die Eintrittskarte ist 24 Stunden gültig, sodass man abends wiederkommen kann. Dann sind Bäume und Becken bunt ausgeleuchtet, und die Kiwis sind in ihrem recht naturgetreuen Gehege unterwegs.

Ein weiteres Highlight ist das **Kiwi Encounter**. Während einer 30-minütigen Führung wird gezeigt, wie die Eier in verschiedenen Stadien der Entwicklung im Inkubator ausgebrütet werden. Der krönende Abschluss ist ein kurzer Blick auf Kiwis.

Paradise Valley Springs

467 Paradise Valley Rd, 11 km westlich des Zentrums ▪ 🕐 tgl. 8–17 Uhr ▪ Eintritt $30 ▪ 📞 07 348 9667, 💻 www.paradisev.co.nz

Bei den **Paradise Valley Springs** gibt es sogar Löwen. In einem Waldgebiet führen ordentlich instand gehaltene Wege zu Forellenbecken, durch ein wildromantisches Sumpfgebiet, zu einem Vogelhaus mit Keas und zu einem Gehege mit Tahr, Wallabys und Wildschweinen. Von einem erhöhten Plankenweg bietet sich ein hervorragender „Einblick" in den neuseeländischen Wald. Der Besuchermagnet sind aber natürlich die Löwen, die täglich um 14.30 Uhr gefüttert werden. Wenn gerade Nachwuchs im Alter von vier Wochen bis einem Jahr vorhanden ist, darf dieser auch gestreichelt werden.

Agrodome

Western Rd, Ngongotaha, 10 km nördlich des Zentrums ▪ Vorführungen 9.30, 11 und 14.30 Uhr ▪ Show $32,50; Farmtour und Show $62 ▪ 📞 07 357 1050, 💻 www.agrodome.co.nz
Fast alle Rundreisebusse auf der Nordinsel halten am **Agrodome**. Die Hauptattraktion ist eine professionell gestaltete, einstündige **Schafshow**. Obwohl zweifellos recht kitschig, ist das Spektakel doch stets unterhaltsam: 19 Schafböcke werden auf die Bühne gelockt, um die verschiedenen Züchtungen Neuseelands zu repräsentieren, Schafe werden geschoren, Lämmer mit der Flasche gefüttert und Schäferhunde vorgeführt. Anschließend müssen die Hunde draußen zeigen, was sie können. Außerdem gibt es noch eine einstündige Farmtour.

Agroventures

1335 Paradise Valley Rd, 10 km vom Zentrum ▪ 🕐 tgl. 9–17 Uhr ▪ Bungy-Sprung $109; Swoop, Agrojet, Freefall Extreme und Shweeb einzeln $49, 2 $79, alle 4 mit Bungy-Sprung $189 ▪ 📞 0800 949 888, 💻 www.agroventures.co.nz
Auf die Klientel der Adrenalinsüchtigen hat es das benachbarte **Agroventures** abgesehen. Zu den Attraktionen zählen ein **Bungy-Sprung** aus 43 m Höhe, der schaukelartige **Swoop** und der **Agrojet**, wo dreisitzige Rennboote (angeblich die schnellsten Neuseelands) über einen kurzen Parcours rasen. Der **Freefall Extreme** simuliert den freien Fall à la Skydiving, indem man per Propellerwind zunächst 5 m in die Höhe geblasen wird, um anschließend auf einem aufgespannten Sicherheitsnetz zu landen.

Bei der Fahrradschwebebahn **Shweeb** kann man mit in Plastikkabinen eingehüllten Liegerädern gegen die Zeit oder gegen andere Teilnehmer Rennen fahren. Es ist besser, als es sich anhört, vor allem, wenn man zwei Teams zusammenbekommt.

Canopy Tours

SH5, Höhe Western Rd, 10 km vom Zentrum
■ ⏱ tgl. 9–17 Uhr ■ $45 pro Fahrt ■ ✆ 0800 227 474, 🖥 www.zorb.com

Bei **Canopy Tours** in den grünen Urwäldern des Mamaku Plateaus finden die Besucher eine andere Art von Abenteuer. Die dreistündige Ziplining-Tour führt durch unberührten Wald über Plattformen hoch in den Rimu-Bäumen, erfüllt vom Gesang der Rotkehlchen, Kuckuckskäuze und anderen einheimischen Vögeln. In einer Höhe von bis zu 44 m geht es über farnbewachsene Schluchten, in die knorrige bemooste Bäume hineinragen. Das Unternehmen hat Unsummen in Fallen investiert, um den Wald von schädlichen Tieren wie Ratten aller Art zu befreien und den seltenen Vögel eine Überlebenschance zu geben. Das Gebiet konnte so in seinen ursprünglichen paradiesischen Zustand vor dem Eingreifen der Europäer zurück verwandelt werden. Für den Moa und den Haastadler ist es zwar zu spät, aber viele einheimische Vögel sind wieder da. Geplant ist die Umzäunung eines großen Gebiets als Schutz gegen Schädlinge, sodass vielleicht auch der Kiwi wieder angesiedelt werden kann.

ÜBERNACHTUNG

Rotorua wartet mit einem breiten Angebot an Unterkünften auf, und selbst die günstigsten haben ein **Thermalbad**, das allerdings in den seltensten Fällen von heilsamem Mineralwasser gespeist wird. Die **Hostels** sind alle zu Fuß vom Zentrum aus zu erreichen. Die meisten **Motels** liegen an der Fenton St Richtung Süden nach Whakarewarewa. Der Wettbewerb ist hart, und in der Nebensaison fallen die Preise deshalb dramatisch. Das Angebot an **B&Bs** und **Gästehäusern** fällt weitaus geringer aus. Rotoruas **Hotels** bedienen in erster Linie Reisebusgruppen und sind teuer.

Stadtzentrum

The Backyard Inn, 60 Tarewa Rd, ✆ 07 347 0931, 🖥 www.thebackyardinn.co.nz; Karte S. 331. Gut organisierter Komplex, nur 10 Min. zu Fuß vom Zentrum gegenüber vom Kuirau Park, aber weit genug außerhalb, um nächtlichem Partylärm zu entgehen. Ausgezeichnetes, preiswertes Café und Restaurant mit Alkoholausschank und kleiner Whirlpool. Dorms $29, Chalets $87

Base Hot Rocks, 1286 Arawa St, ✆ 0800 227 396, 🖥 www.stayatbase.com. Karte S. 331. Großes, lebhaftes Hostel, ein Dauerbrenner bei den Fahrgästen der Backpacker-Tourbusse. Die Annehmlichkeiten beinhalten einen beheizten Whirlpool und Schwimmbad unter freiem Himmel sowie die Lava Bar nebenan. Unterbringung größtenteils in 8er-Dorms (alle mit Bad) und in einem Frauen-Dorm ($29). Dorms $24, DZ $38

Boulevard Motel Rotorua, 265 Fenton St, ✆ 07 348 2074, 🖥 www.boulevardrotorua. co.nz; Karte S. 331. Schick eingerichtetes, gut geführtes Motel mit Zimmern verschiedener Größe und einigen der besten Mineralbecken der Stadt, dazu beheizter Swimmingpool, Spa und kostenloses WLAN. $128

Central Backpackers, 1076 Pukuatua St, ✆ 07 349 3285, 🖥 www.bbh.co.nz; Karte S. 331. Kleines, gemütliches Hostel mit bequemen Betten (keine Stockbetten) in 4er- und 6er-Dorms und DZ. Spa-Pool vorhanden. Dorms $25, DZ und Zweibettzimmer $59

Cosy Cottage, 67 Whittaker Rd, ✆ 07 348 3793, 🖥 www.cosycottage. co.nz; Karte S. 331. Freundlicher Holiday Park 2 km außerhalb der Stadt mit einer großen Auswahl an komfortablen Cabins und Selbstversorger-Cottages. Einige Stellplätze befinden sich auf geothermisch aufgeheiztem Boden, was im Winter unbezahlbar ist. Swimmingpool, 2 schöne Mineralbecken, Dampfboxen zum Kochen nach Hangi-Art, Fahrradverleih und direkter Zugang zu einem Strand am See, wo man sich sein eigenes heißes Badebecken graben kann. Camping $42, Cabins $75, Cottages $105

Funky Green Voyager, 4 Union St, ✆ 07 346 1754, 🖥 www.bbh.co.nz; Karte S. 331. Lockeres Hostel in einem Vorort 10 Min. zu Fuß vom

Zentrum, mit ungezwungener, kommunenartiger Atmosphäre. Einige DZ haben ein eigenes Bad. Die Kücheneinrichtung ist ausgezeichnet, dazu gibt es einen gemütlichen Aufenthaltsraum ohne TV. Dorms $25, DZ $61

Gibson Court Motel, 10 Gibson St, 📞 07 346 2822, 🖥 www.gibsoncourt motel.co.nz: Karte S. 331. Das einladende Motel in ruhiger Lage hat 10 Units mit separatem Schlafzimmer. Sie sind nicht mehr ganz taufrisch, dafür aber ausgesprochen preisgünstig, fast alle besitzen nämlich ein eigenes Mineralbecken auf einer abgeschlossenen schattigen Terrasse. Kostenloses WLAN. $95

Havana Motor Lodge, 1078 Whakaue St, 📞 0800 333 799, 🖥 www.havanarotorua.co.nz/ Karte S. 331. Ruhiges, in der Nähe des Seeufers gelegenes Motel mit großem Grundstück, beheiztem Pool und zwei kleinen Mineralbecken. $105

Novotel, Tutanekai St, 📞 07 3463 888, 🖥 www. novotelrotorua.co.nz; Karte S. 331. Gehobenes Kettenhotel in Seenähe und direkt bei ein paar guten Restaurants, mit Pool, Fitnessstudio und Business Centre. Die Zimmerpreise variieren stark; spezielle Angebote auf der Website. $179

Princes Gate Hotel, 1057 Arawa St, 📞 0800 500 705, 🖥 www.princesgate.co.nz/ Karte S. 331. Das einzige noch erhaltene Hotel aus alten Zeiten. Die Zimmer und Suiten des reizenden Holzgebäudes von 1897 wurden renoviert und präsentieren sich im Gegensatz zur urigen Lounge und Bar jetzt modern. $165

Regent of Rotorua, 1191 Pukaki St, 📞 0508 734 368, 🖥 www.regentrotorua.co.nz/ Karte S. 331. Die makellos weißen Studio-Suiten des renovierten Motels aus den 1950er-Jahren verfügen über schöne Bäder und eine Einrichtung wie in einem Hochglanzmagazin. WLAN und iPod-Dockingstationen sind Standard, außerdem gibt's einen beheizten Pool im Freien sowie ein Mineralbecken und ein kleines Fitnessstudio. Stilvolles Restaurant mit Bar. $200

Silver Fern Motor Inn, 326 Fenton St, 📞 0800 118 808, 🖥 www.silverfernmotorinn.co.nz; Karte S. 331. Modernes Spitzenmotel: geräumige renovierte Studios und Units mit Schlafzimmer, alle mit Whirlpool, Satelliten-TV, sonnigen Balkonen und viel Platz. Hilfsbereite Mitarbeiter, Stadträder zur kostenlosen

Benutzung und kostenloses WLAN. Studios $145, Units mit separatem Schlafzimmer $180

SilverOaks Geyserland, 424 Fenton St, 📞 0800 881 882, 🖥 www.silveroaks.co.nz; Karte S. 331. Recht komfortables Hotel für Geschäftsreisende. Wer früh bucht, bekommt vielleicht eins der Zimmer im 3. oder 4. Stock mit genialem Blick auf das Thermalgebiet Whakarewarewa. $82

YHA Rotorua Treks, 1278 Haupapa St, 📞 07 349 4088, 🖥 www.yha.co.nz; Karte S. 331. Makellos sauberes 180-Betten-Hostel mit geräumigen, geschmackvoll eingerichteten Gemeinschaftsbereichen sowie großer Küche und umweltfreundlicher Ausrichtung. Normale Betten in den meisten Dorms, Frauen-Dorm. Dorms $26, Zimmer $81

Camping

Rotorua Top 10, 1495 Pukuatua St, 📞 07 348 1886, 🖥 www.rotoruatop10.co.nz; Karte S. 331. Der dem Stadtzentrum am nächsten gelegene Campingplatz, gut ausgestattet u. a. mit Swimmingpool und 2 Whirlpools. Camping $44, Cabins $100

Umgebung von Rotorua

Aroden, 2 Hilton Rd, nahe der Tarawera Rd, 4 km von Rotorua, 📞 07 345 6303, 🖥 www.babs. co.nz/aroden; Karte S. 344. Komfortables B&B in großem Holzhaus mit nett eingerichteten Zimmern, Büchern und Spielen in der Lounge, leckerem Frühstück und üppigem Garten – zur Begrüßung gibt's neuseeländischen Wein. $145

Blue Lake Top 10, 723 Tarawera Rd, Blue Lake, 9 km südöstlich von Rotorua, 📞 0800 808 292, 🖥 www.bluelaketop10.co.nz; Karte S. 344. Gut gemanagter Platz auf dem Land, nur durch die Straße vom Blue Lake getrennt. Zu den Einrichtungen zählen ein Spielezimmer und ein Spa-Pool. Camping $18, Cabins $75

Koura Lodge, 209 Kawaha Point Rd, 5 km nördlich vom Zentrum von Rotorua, 📞 07 348 5868, 🖥 www.kouralodge.co.nz; Karte S. 344. Stilvolle Lodge mit Sauna und Whirlpool direkt am Wasser. Kajaks, Tennisplatz und Bootsanleger z. B. für Rundflüge mit Wasserflugzeugen. Dezent und geschmackvoll eingerichtete, gut ausgestattete Zimmer, gemütliche Gästelounge

fürs Frühstücksbuffet. Am schönsten sind die Zimmer am See im Hauptgebäude. $345
The Lake House, 6 Cooper Ave, Holdens Bay, 7 km nordöstlich der Stadt, ☎ 07 345 3313, 🖳 www.thelakehouse.co.nz; Karte S. 344. Dezent luxuriöses B&B in wunderschöner Lage direkt am Seeufer. 2 Zimmer mit Bad und sonniger Terrasse. Zu den Extras zählen ein großer Whirlpool und die kostenlose Benutzung von Kajaks. Liebevolles Detail: Kinder können in der Ship's Cabin in Etagenbetten schlafen ($50), wenn keine anderen Gäste zugegen sind. Mindestaufenthalt 2 Nächte. Kostenloses WLAN. $225

ESSEN

Restaurants mit ausländischer Küche, von koreanisch bis tunesisch, sowie einige qualitativ ansprechende Restaurants konzentrieren sich am zum See hin gelegenen Ende der Tutanekai St, der sogenannten „Eat Street". Ansonsten gibt es jede Menge tolle Cafés in der Stadt.
Donnerstags findet ab 17 Uhr in der Tutanekai Street ein **Abendmarkt** mit zahlreichen Essensständen statt; auch Kunsthandwerk wird dort verkauft.
Abracadabra, 1263 Amohia St, ☎ 07 348 3883, 🖳 www.abracadabracafe.com; Karte S. 331. Mehr oder weniger marokkanisches Café und Restaurant mit verschiedenen kleinen Räumen und maghrebinischer Hintergrundmusik. Neben Kaffee und Mandelkuchen gibt's z. B. Falafelburger, Tapas ($9–14) und Abendgerichte wie Hühnchen mit Pilzen und Seafood-Tajine (Hauptgerichte $22,50 30). ⏲ DI–Sa 10.30–23, So 10–15 Uhr.
Atticus Finch, Eat Streat, ☎ 07 460 0400, 🖳 www.atticusfinch.co.nz; Karte S. 331. Neues und sehr empfehlenswertes Restaurant in der Eat Streat. Hier werden in lockerer Atmosphäre offene Weine und Gerichte zum Teilen serviert, z. B. die Lachsplatte ($18), *skirt steak* ($19) und Salat aus gebratener Rote Beete ($10). ⏲ tgl. 9 Uhr bis spät.
Bistro 1284, 1284 Eruera St, ☎ 07 346 1284, 🖳 www.bistro1284.co.nz; Karte S. 331. Weiße Tischtücher täuschen über die relativ lockere

Atmosphäre im besten Restaurant Rotoruas hinweg. Hier gibt's köstliches Essen, darunter Hauptgerichte ($35–39) wie frischer Fisch oder Lammkotelett. ⏲ Di–Sa 17 Uhr bis spät.
Café Ephesus, 1107 Tutanekai St, ☎ 07 349 1735; Karte S. 331. Bescheidenes und preiswertes Lokal, wo ohne viel Brimborium großzügige Portionen türkischer, mediterraner und orientalischer Gerichte serviert werden, z. B. Pasta, *dolmades*, *güveç* und Kebab (ca. $15). ⏲ Di–So mittags und abends.
Capers Epicurean, 1181 Eruera St, ☎ 07 348 8818, 🖳 www.capers.co.nz; Karte S. 331. Eine geräumige Kombination aus Café und Delikatessengeschäft. Wunderbares Frühstück, außerdem bunte Salate, prall gefüllte Panini und eine tolle Auswahl an Abendgerichten wie doppelt gegarte Entenbrust oder Lachs à la South Island mit Klebreis ($31,90). ⏲ tgl. 7–21 Uhr.
Fat Dog, 1161 Arawa St, ☎ 07 347 7586, 🖳 www.fatdogcafe.co.nz; Karte S. 331. In dem entspannten Café mit Bar gibt es große Portionen handfester Kost. Zum Frühstück beispielsweise die Fat Dog Works, mittags Salate, Panini und riesige Hamburger ($18,60– 19,90), abends dann Hauptgerichte wie kurz gebratener Schwertfisch ($29) und *Scotch fillet* ($30). ⏲ So–Mi. 7–21, Do–Sa 7–21.30 Uhr.
Leonardo's Pure Italian, 1176 Pukaki St, ☎ 07 347 7084; Karte S. 331. Das kleine italienische Restaurant gilt bei vielen als das beste der Stadt, daher auf jeden Fall reservieren. Die Betreiber Leonardo und Yuka behandeln ihre Gäste wie Freunde und servieren wenige, aber hervorragend zubereitete Spezialitäten wie Lendensteak mit Provolone und Rucola ($12,50 je 100 g) und Leonardos Hühnchen ($35,50) im Pancetta-Mantel. ⏲ So–Mi 17–21.30, Do–Sa 11.30–14 und 17–21.30 Uhr.
Nuvolari, 1122 Tutanekai St, ☎ 07 348 1122, 🖳 www.nuvolari.co.nz; Karte S. 331. Die Mittagsgerichte ($9,20) stammen aus der ganzen Welt, aber die abendlichen Pizzas, Antipasti-Platten, Pasta- und Hauptgerichte wie Jakobsmuscheln auf Kürbis-Risotto ($29,90) entsprechen voll und ganz der Selbstvermarktung als italienisches Restaurant. ⏲ tgl. 11.30 Uhr bis spät.

Okere Falls Store, 757a SH33, 15 km nordöstlich der Stadt, ☎ 07 362 4944, 🖥 www.okerefalls store.co.nz; Karte S. 344. Ein großer Biergarten (im Winter gibt's hier Fr, Sa und So von 17 bis 21 Uhr Lagerfeuerabende) umgibt diesen tollen Feinkost- und Gemischtwarenladen mit Café. Auch auf der großen Terrasse vor dem Café kann man gut Gemüse-Frittata, gebackene Kartoffeln mit Ricotta oder Rindfleisch-Lasagne ($9) speisen. ⏲ tgl. 7–19 Uhr.

Relish, 1149 Tutanekai St, ☎ 07 343 9195, 🖥 www.relishcafe.co.nz; Karte S. 331. Tolles Café mit Alkoholausschank und sehr guten Snacks, köstlichem Kuchen und Kaffee. Außerdem Abendessen wie Calamari ($15) und Fettuccine mit geräuchertem Hühnchen ($24), dazu ein wechselndes Angebot an Tapas und eine kleine Auswahl an Holzofenpizzas. ⏲ Mo und Di 7–16, Mi–Fr 7–21, Sa 8–21, So 8–16 Uhr.

🔶 **Stratosfare**, Skyline Rotorua, ☎ 07 347 0037, 🖥 www.skyline.co.nz; Karte S. 344. Das noble Buffet-Restaurant am Berg oberhalb der Skyline-Gondel (S. 335) bietet wunderbare Ausblicke auf Rotorua. Doch auch die Gerichte können sich sehen lassen, z. B. nach Wunsch zubereitetes Steak und Seafood, üppige Salate und ein Dessert-Buffet, das jedes Kinderherz höher schlagen lässt. Der Wein stammt von der angeschlossenen Winzrei Volcanic Hills. Mittagessen und Gondelfahrt $54, Abendessen und Gondel $76. ⏲ tgl. 11.30–14 und 17.30 Uhr bis spät.

Third Place Café, 35 Lake Road, ☎ 07 349 4852, 🖥 www.thirdplacecafe.co.nz; Karte S. 331. Bei den Einheimischen beliebtes Café mit Blick auf den See. Frühstück den ganzen Tag ($16,50) und Brunch mit marokkanischem Hühnchensalat oder *steak sammie* und Fritten ($18,50). ⏲ Mo–Fr 7.30–16, Sa & So 7.30–15.30 Uhr. Feiertags geschl.

UNTERHALTUNG UND KULTUR

Das Nachtleben ist eher dürftig. Ein paar gute Kneipen sorgen für Unterhaltung, und fast jeder Besucher verbringt einen Abend bei einem Maori-Konzert und Hangi in einem der Hotels oder vorzugsweise in einem der Maori-*maraes* vor den Toren der Stadt.

Maori-Konzerte und Hangis

In Rotorua bieten sich mehr Gelegenheiten als andernorts, um ein zur Perfektion gegartes Hangi aus dem Erdofen und ein Maori-Konzert zu genießen. Die Darbietung besteht normalerweise aus einer 1-stündigen Vorführung mit traditionellen Tänzen, Liedern und Stammesgesängen. Die Aufführungen in den größeren Hotels machen oft einen etwas künstlichen Eindruck, deshalb sind die unten aufgeführten „Maori Experiences" (tgl., mit Reservierung, Beginn gegen 18 Uhr, 3–4 Std.) vorzuziehen. Die Gäste werden mit Bussen von den Unterkünften in Rotorua abgeholt. Die Gäste erhalten eine Einweisung bezüglich der auf einem *marae* üblichen Gebräuche und Verhaltensregeln und werden mit einem Willkommensritual begrüßt (s. Kasten S. 42).

Mitai, ☎ 07 343 9132, 🖥 www.mitai.co.nz. Alle Standardelemente der Maori-Veranstaltungen werden hier sehr schön ausgeführt. Das ausgezeichnete Hangi wird im Erdofen zubereitet, und die Veranstaltung findet praktischerweise neben Rainbow Springs statt. Das bietet Gelegenheit zu einem schönen abendlichen Waldspaziergang an einer wunderbar klaren Quelle vorbei. Die Quelle speist einen Fluss, auf dem dann bei Fackelschein ein *waka* mit voller Besatzung ankommt. $116.

Tamaki Maori Village, ☎ 07 349 2999, 🖥 www. maoriculture.co.nz. Der Maori-Veranstalter fährt seine Gäste mit mehreren Bussen in ein speziell zu diesem Zweck errichtetes Maori-Dorf südlich der Stadt und heißt sie auf Furcht erregende Weise willkommen. Alles ist sehr professionell gestaltet, sodass kaum Kritik anzubringen ist. Die große Beliebtheit dieser Tour ist zugleich ihr großer Nachteil, denn die Sicht kann schon mal beeinträchtigt sein. Dafür ist aber das Hangi gut und das Ganze ein erinnerungswürdiges Erlebnis. $110.

Te Po, ☎ 07 348 9047, 🖥 www.tepuia.com. Bei dieser rundum professionellen Veranstaltung in einem traditionellen Versammlungshaus in Te Puia (S. 335) sollten Besucher saubere Socken tragen, denn hier muss man sich seiner Schuhe entledigen, und Männer sitzen vorne. Das Hangi ist Spitzenklasse. Zum Abschluss gibt es eine Führung durch das geothermale Tal, in dem dann hoffentlich ein Geysir seine angestrahlte Fontäne in den Himmel schickt. $115, mit normalem Eintritt zu Te Puia $151.

Kneipen und Clubs

Brew, Eat Streat, ✆ 07 346 0976, 💻 www.brewpub.co.nz; Karte S. 331. Hier gibt es Craft Beer für Kenner und zwar die eigenen Sorten mit dem Namen Croucher Brewing vom Fass sowie ständig wechselnde andere neuseeländische Craft-Biere. Wer das Abendessen verpasst hat, kann sich ab 22 Uhr von der Spezialkarte noch Pizza und andere Gerichte bestellen. ⌚ tgl. 11 Uhr bis spät.

Lava Bar, im Hostel Base Hot Rocks (S. 337); Karte S. 331. Die Kneipe, in der v. a. Rucksackreisende, Rafting-Guides und Einheimische verkehren, hat billige Getränke, günstiges Essen und Themenabende. Außerdem Billardtisch. ⌚ tgl. 17.30–3 Uhr.

The Pheasant Plucker, 1153 Arawa St, ✆ 07 343 7071; Karte S. 331. Gesellige Bar mit Livemusik – dienstags offene Bühne, freitags und samstags Coverbands. ⌚ Di–Sa 17–3 Uhr.

Pig & Whistle, Haupapa St, Ecke Tutanekai St, ✆ 07 347 3025, 💻 www.pigandwhistle.co.nz; Karte S. 331. Ein lebhafter, aber lockerer Pub in einer ehemaligen Polizeiwache mit Garten-Bar. Do–Sa gastieren Bands. *Bar meals* wie Burger (ca. $20) und Fish 'n' Chips ($23,70) bis 22 Uhr. ⌚ tgl. 11.30 Uhr bis spät.

Scotty's Bar, 1104 Tutanekai St, ✆ 07 348 1810; Karte S. 331. Winzige Cocktail- und Weinbar inmitten der Restaurants. ⌚ tgl. 12–3 Uhr.

Kino

Basement Cinema, 1140 Hinemoa St, ✆ 07 350 1400, 💻 www.basementcinema.co.nz. Off-Kino mit 2 Sälen und Café mit Schanklizenz.

Readings Cinema, 1263 Eruera St, ✆ 07 349 0061, 💻 www.readingcinemas.co.nz. Das Multiplex-Kino zeigt aktuelle Mainstream-Filme.

AKTIVITÄTEN

Rafting, Kajakfahren und Sledging

Rotorua hat einen guten Ruf, wenn es um Abenteueraktivitäten auf den Wildwasserflüssen ind der Umgebung geht, nicht nur per Raft oder Kajak (meistens in Tandemkajaks mit Führer), sondern auch per Sledging, eine noch drastischere Form der Stromschnellennavigation, bei der man mit einer Sicherheitsausrüstung auf einen schwimmenden Plastikschlitten geschnallt wird (nur für sehr gute Schwimmer zu empfehlen). Zwischen September und Mai herrscht kein Mangel an Anbietern; die beliebtesten Flüsse sind zusammen mit empfohlenen Veranstaltern unten aufgeführt. Man kann auch Kajaks ausleihen, Unterricht im Kajakfahren nehmen und an geführten Kajaktouren zu verschiedenen größeren Seen rund um Rotorua teilnehmen. Der Schwerpunkt liegt dabei auf schöner Landschaft, Baden in heißen Quellen und gelegentlich auch Angeln. Abenteuerlustige können auch einen mehrtägigen Wildnis-Raftingtrip auf dem Motu River am East Cape (s. Kasten S. 432) in Erwägung ziehen.

Flüsse

Kaituna River Der größte Teil des Rummels bezieht sich auf diesen mit Schwierigkeitsgrad IV eingestuften Fluss. Genauer gesagt, einen 2 km langen Abschnitt des Flusses, nachdem er 20 km nördlich von Rotorua den Lake Rotoiti verlässt, mit den spektakulären, 7 m hohen Tuteas Falls (Sledger umgehen die Fälle allerdings zu Fuß).

Wairoa River Der Star unter den Wildgewässern ist dieser mit Schwierigkeitsgrad IV+ ausgewiesene Fluss. Für den 80 Autokilometer nördlich von Rotorua bei Tauranga gelegenen Flussabschnitt werden regelmäßig die Staudammtore geöffnet, um ausreichend Wildwasser zur Verfügung zu stellen (Dez–März jeden So, Sep–Nov und April und Mai jeden 2. So). Der Fluss gilt als eine der besten Kurzstrecken der Welt.

Rangitaiki River Wer vom Boot aus auch noch ein wenig von der Landschaft mitbekommen möchte, ist auf diesem mit Schwierigkeitsgrad III eingestuften Fluss gut aufgehoben. Sein Highlight ist Jeff's Joy, ein Gefälle des Schwierigkeitsgrades IV.

Anbieter

Kaitiaki Adventures, ✆ 0800 338 736, 💻 www.kaitiaki.co.nz. Professioneller Veranstalter,

ZENTRALE NORDINSEL

der Rafting- und Sledging-Touren mit kulturereller Komponente anbietet, da die Bedeutung der Flüsse für die Maori beschrieben wird. Neben Trips auf dem Kaituna (Rafting $95, Sledging $109) gibt es auch Sonntagstouren auf dem Wairoa (Rafting $99, Sledging $299). Sledger bekommen auf diesem schwierigen Fluss pro Person einen Begleiter zugeordnet. Daneben gibt es Trips auf dem sanfteren Rangitikei River ($125 mit warmen Becken). **Kaituna Kayaks**, ☎ 07 362 4486, 🖥 www.kaitunakayaks.com. Fahrten mit dem Tandem-Kajak auf dem Kaituna River, die über die Tutea Falls führen ($199). Auch Unterricht im Wildwasser-Kajakfahren.
Raftabout/Sledgeabout, ☎ 0800 723 822, 🖥 www.raftabout.co.nz. Neben Rafting- ($105) und Sledgingtouren ($129) auf dem Kaituna im Sommer auch Sonntagstouren auf dem Wairoa ($115 inkl. Mittagessen) sowie einige Trips auf dem Rangitikei ($139). Außerdem wird eine Vielfalt an Kombipaketen mit anderen Abenteueraktivitäten angeboten.

TOUREN

Geyser Link, ☎ 0800 004 321, 🖥 www.travelheadfirst.com. Bietet Touren nach Waimangu und Wai-O-Tapu (ganzer Tag $125) und Kombiangebote inkl. Hobbiton und Whakarewarewa Thermal Village.
Grumpy's Tours & Transfers, ☎ 07 348 2229, 🖥 www.grumpys.co.nz. Veranstaltet verschiedene unterhaltsame Touren, z. B. nach Wai-O-Tapu ($70) oder Hawkes Bay ($700 für bis zu 6 Pers.) oder durch die Stadt.
Tim's Thermal Shuttle, ☎ 0274 945 508, 🖥 www.thermalshuttle.co.nz. Transport nach Waimangu, Wai-O-Tapu und Te Puia (ab $17,50).

SONSTIGES

Autovermietungen
Die meisten großen Autoverleiher haben Filialen in Rotorua. Die besten Deals und den besten Service bietet jedoch meist **Pegasus** am Flughafen, 247 Te Ngae Rd, ☎ 0800 803 580, 🖥 www.rentalcars.co.nz: ab $45 pro Tag inkl. Anlieferung des Fahrzeugs. Bei kurzer Miet-

dauer oder Einwegmieten kann der Tagespreis jedoch erheblich höher ausfallen.

Fahrradverleih
Lady Jane's Ice Cream Parlour, 1092 Tutanekai St, ☎ 07 347 9340. Vermietet Fahrräder für $30/Tag.

Informationen
i-SITE Visitor Centre, 1167 Fenton St, ☎ 07 343 1730, 🖥 www.rotoruanz.com. Infos zu Rotorua und Umgebung, zu DOC-Angelegenheiten und zum Reisen in Neuseeland allgemein. Außerdem gibt's hier den kostenlosen wöchentlich erscheinenden Besucherguide. ⏲ tgl. 7.30–18, im Sommer 7.30–19 Uhr.

Internet
Bücherei, 1127 Haupapa St, ☎ 07 348 1000, 🖥 www.rotorualibrary.govt.nz. Internetzugang über kostenloses uneingeschränktes WLAN und Computer (bis zu 30 Min. gratis). ⏲ Mo–Mi und Fr 9.30–18, Do 9.30–20, Sa 9.30–16 Uhr.

Medizinische Hilfe
Apotheke: **Lakes Care Pharmacy**, 1155 Tutanekai St, ☎ 07 348 4385, ⏲ tgl. 8.30–21.30 Uhr. Notfallhilfe: **Lakes Care**, Arawa St, Ecke Tutanekai St, ☎ 07 348 1000, ⏲ tgl. 8–22 Uhr.

Polizei
1190-1214 Fenton St, ☎ 07 348 0099.

Post
Hauptpost, Pukuatua St, Ecke Tutanekai St, mit Schalter für Poste Restante.

NAHVERKEHR

Stadtbusse
Cityride, ☎ 0800 442 928, 🖥 www.baybus.co.nz. Dünnes Streckennetz mit Mittelpunkt in der Pukuatua St zwischen Tutanekai St und Amohia St. Die nützlichsten Linien sind die 1 (zu den Skyline Skyrides, nach Rainbow Springs und zum Agrodome) und die 2 (nach Te Puia). Busse verkehren auf beiden Strecken tgl. alle 30 Min. von ca. 6.30–18.30 Uhr (So stdl., nicht an Feiertagen). Einzelfahrschein $2,50, Tageskarte $7,80.

Busse

InterCity und NakedBus halten vor dem i-SITE in der Fenton Street.

Busse nach:
AUCKLAND 5x tgl., 4 1/4 Std.;
GISBORNE 1x tgl., 5 Std.;
HAMILTON 5x tgl., 2 Std.;
OPOTIKI 1x tgl., 2 1/2 Std.;
PALMERSTON NORTH 2x tgl., 5 3/4 Std.;
TAUPO 5x tgl., 1 1/4 Std.;
TAURANGA 2x tgl., 1 3/4 Std.;
WAITOMO 1x tgl., 2 3/4 Std.;
WHAKATANE 1x tgl., 1 3/4 Std.

Flüge

Der Flughafen, SH30, 🖥 www.rotorua-airport. co.nz, liegt 8 km nordöstlich der Stadt am See- ufer. Ein **Taxi** ins Zentrum von Rotura kostet ca. $40, z. B. mit Rotorua Taxi, ✆ 07 348 1111. Mo–Fr fährt jede halbe Stunde (So stdl., nicht an Feiertagen) der **Cityride-Bus** Nr. 3 ins Zentrum ($2,30). Mit **Grumpy's Tours & Transfers** (S. 342) pro Strecke ab $30.

Flüge nach:
AUCKLAND 2–4x tgl., 40 Min.;
CHRISTCHURCH 3x tgl., 1 3/4 Std.;
QUEENSTOWN 3x tgl., 3 1/4 Std.
(über Christchurch);
WELLINGTON 2x tgl., 1 1/4 Std.
Außerdem gibt es Direktflüge von SYDNEY nach Rotorua.

Die Umgebung von Rotorua

Viele der besten Sehenswürdigkeiten der Ge- gend liegen außerhalb der Stadt, doch zahlrei- che Reiseveranstalter (S. 342) bieten Hin- und Rücktransport oder Rundfahrten an, sodass bei- nahe jede denkbare Kombination von Sehens- würdigkeiten und alle möglichen **Abenteuer- Aktivitäten** im Rahmen eines Tagesausflugs

buchbar sind. Eilige können die weniger inter- essanten Sehenswürdigkeiten am Ostufer des Lake Rotorua schnell abhaken, um mehr Zeit für das nur selten überlaufene Thermalgebiet **Hell's Gate** und einen Besuch bei den **Tutea Falls** zu haben, wo man Rafter bei ihrem Sturz über den Wasserfall beobachten kann.

Die Attraktionen südöstlich von Rotorua ha- ben größtenteils auf die eine oder andere Weise mit dem **Lake Tarawera** zu tun und mit der zer- klüfteten Reihe von Vulkangipfeln und Kratern an seinem Südostufer, die gemeinsam als **Mount Tarawera** bezeichnet werden.

Einst befand sich hier Neuseelands Touris- tenattraktion Nummer eins, die **Pink and White Terraces**, eine rosafarbene und eine weiße Serie von Terrassen aus Kieselsinter. Ein jä- hes Ende fand dieses Naturwunder am Abend des 10. Juni 1886, als der zuvor lange untäti- ge Mount Tarawera bei einer gewaltigen Erup- tion in zwei Teile zerbrach, dabei eine riesige, 17 km lange Spalte mit 22 Kratern hinterließ und über 15 000 km² Fläche in Schlamm und Schla- cke tauchte. Die Pink and White Terraces wur- den zerschmettert, von Asche und Lava zuge- schüttet und in den Tiefen des Lake Rotomahana begraben.

Die Eruptionen zerstörten nicht nur die frü- heste Touristenattraktion der Region, sondern auch die nächstgelegene Siedlung Te Wairoa, heute **Buried Village** genannt. Gleichzeitig ent- stand das **Waimangu Volcanic Valley**. Dieses zählt zu den besten Geothermalgebieten der Re- gion, zusammen mit dem bunten **Wai-O-Tapu**, das mit dem **Lady Knox Geyser** beeindruckt –

Rundflüge ab Rotorua

Die Landschaft um Rotorua bietet aus der Luft einen atemberaubenden Anblick, besonders der vulkanische Rücken mit dem Mount Tara- wera im Zentrum.
Volcanic Air Safaris, ✆ 0800 800 848, 🖥 www. volcanicair.co.nz. Veranstaltet u. a. Rundflüge mit Wasserflugzeugen über den Tarawera und Orakei Korako (2 1/4 Std., $455) und Hub- schrauberflüge mit einer Landung auf White Island ($835).

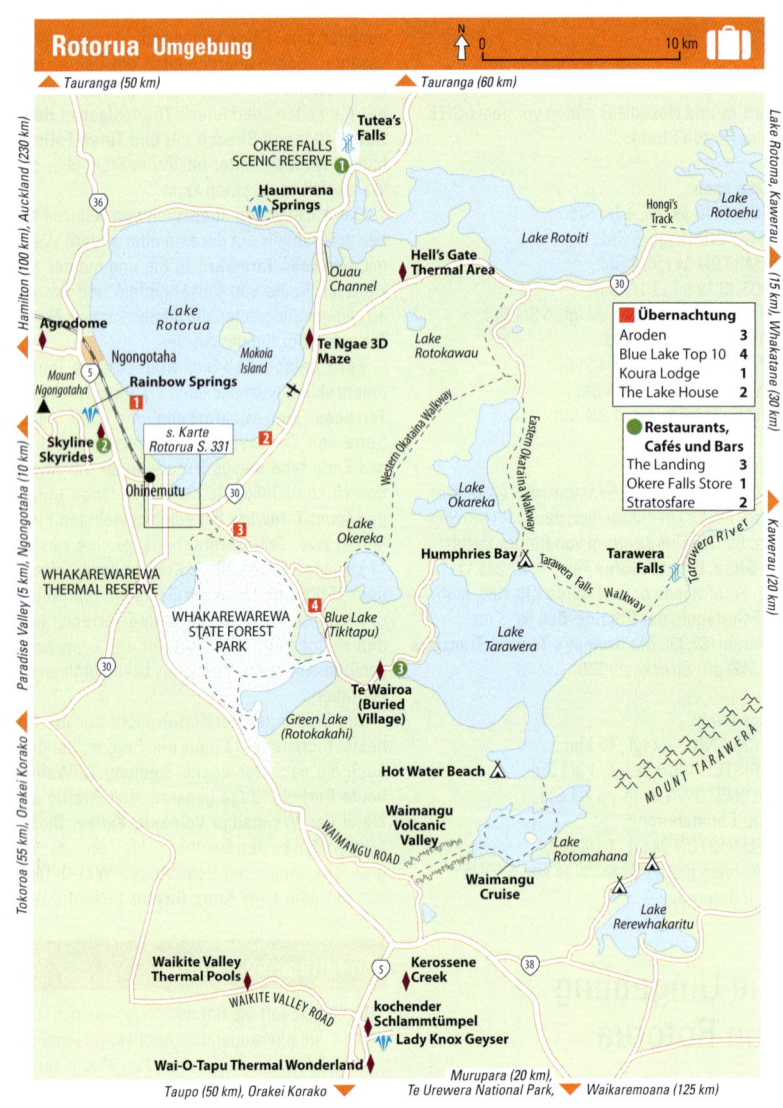

N
0   10 km

Tauranga (50 km)

Tauranga (60 km)

Lake Rotoma, Kawerau (15 km), Whakatane (30 km)

Hamilton (100 km), Auckland (230 km)

Paradise Valley (5 km), Ngongotaha (10 km)

Tokoroa (55 km), Orakei Korako

Kawerau (20 km)

Tutea's Falls

OKERE FALLS SCENIC RESERVE
1

Haumurana Springs

Hongi's Track

Lake Rotoehu

Lake Rotoiti

Lake Rotorua

Ouau Channel

Hell's Gate Thermal Area

36

Agrodome

Ngongotaha

Mokoia Island

Te Ngae 3D Maze

Lake Rotokawau

Mount Ngongotaha

Rainbow Springs
1

30

Skyline Skyrides
2

s. Karte Rotorua S. 331

2

Ohinemutu

30

3

Lake Okareka

Western Okataina Walkway

Eastern Okataina Walkway

WHAKAREWAREWA THERMAL RESERVE

Lake Okereka

Humphries Bay

Tarawera Falls

Tarawera Falls

Tarawera River

Tarawera Falls Walkway

WHAKAREWAREWA STATE FOREST PARK

4

Blue Lake (Tikitapu)

Lake Tarawera

MOUNT TARAWERA

Green Lake (Rotokakahi)

Te Wairoa (Buried Village)
3

Hot Water Beach

Waimangu Volcanic Valley

Lake Rotomahana

WAIMANGU ROAD

Waimangu Cruise

Lake Rerewhakaaitu

Waikite Valley Thermal Pools

5

Kerossene Creek

38

WAIKITE VALLEY ROAD

kochender Schlammtümpel

Lady Knox Geyser

Wai-O-Tapu Thermal Wonderland

Taupo (50 km), Orakei Korako

Murupara (20 km), Te Urewera National Park, Waikaremoana (125 km)

⬛ Übernachtung	
Aroden	3
Blue Lake Top 10	4
Koura Lodge	1
The Lake House	2

● Restaurants, Cafés und Bars	
The Landing	3
Okere Falls Store	1
Stratosfare	2

Schlammtöpfe und Wasserbecken in schillernden Farben.

Weitere interessante Thermalzonen in der Umgebung von Rotorua sind **Kerosene Creek** mit den
besten kostenlos nutzbaren heißen Becken der

Gegend und **Orakei Korako**, wo sich die geothermischen Phänomene in friedvoller Umgebung erleben lassen. Der **Whirinaki Forest Park** an der
Straße zum Lake Waikaremoana bietet tolle Möglichkeiten zum Wandern und Mountainbiking.

Okere Falls Scenic Reserve

Trout Pool Rd, abseits des SH33, 21 km vom Zentrum von Rotorua

Der SH33 führt nach Norden Richtung Tauranga. Nach 6 km weisen Schilder den Weg in die Trout Pool Road zum **Okere Falls Scenic Reserve** am beliebten Rafting-Fluss Kaituna River. Von dem ersten Parkplatz nach 400 m in der Trout Pool Road führt ein breiter Wanderweg am Fluss entlang zu einem zweiten Parkplatz (2,5 km hin und zurück, 40–60 Min.). Der Weg eröffnet einige flüchtige Blicke auf den durch die Schlucht wirbelnden Fluss und führt zu einer Aussichtsplattform, wo man Rafter dabei beobachten kann, wie sie die 7 m hohen **Tutea Falls** hinabstürzen.

Von dieser Stelle führen Stufen durch kurze Tunnel in den steilen Felswänden am Wasserfall zu den **Tutea Caves**. In den Höhlen suchten Maori-Frauen und -Kinder angeblich Zuflucht während der Angriffe rivalisierender Stämme. Nach dem Ausflug kann man sich im wunderbaren Café Okere Falls Store (S. 340) stärken.

Hell's Gate

SH30, 14 km nordöstlich vom Stadtzentrum ▪ **Geothermal Walk** ⏰ tgl. 8.30–20.30 Uhr ▪ Eintritt $35 ▪ Mud Spa ⏰ tgl. 8.30–22 Uhr ▪ Hot Pools $20 ▪ 📞 07 345 3151, 🖥 www.hellsgate.co.nz

Die meisten Autofahrer bleiben auf dem SH30 und fahren weiter zum **Hell's Gate**. Das Gebiet ist die kleinste der bedeutenden Thermalzonen, aber auch eine der aktivsten. Die heftige Aktivität kann allerdings nicht darüber hinwegtäuschen, dass es hier nicht besonders viele Attraktionen gibt. Die einzigen echten Highlights sind der blubbernde Schlammkessel Devil's Cauldron und der Thermalwasserfall **Kakahi Falls**.

Der eigentliche Besuchermagnet ist das **Mud Spa**, wo man sich ein Bad in den schwefelhaltigen heißen Quellen, ein Schlammbad oder eine Massage gönnen kann (Anwendungen ab $85). Im Angebot sind auch mehrere Kombipakete inkl. Busfahrt von Rotorua.

Die Seen im Norden

Lake Rotoiti bedeutet übersetzt „kleiner See", jedoch ist dies in Wirklichkeit der zweitgrößte der Region. Durch den schmalen Ohau Channel ist er mit dem Lake Rotorua verbunden. Zusammen mit den Nachbarseen **Lake Rotoehu** und **Lake Rotoma** bildet diese Seenkette einen Teil der traditionellen Kanuroute von der Küste ins Landesinnere. Auf dem Abschnitt zwischen Lake Rotoiti und Lake Rotoehu soll auch der Ngapuhi-Häuptling Hongi Hika mit seinen Kriegern auf einem seiner Eroberungszüge die Kanus über Land getragen haben, weshalb dieser hübsche Waldpfad heute als **Hongi's Track** bezeichnet wird (3 km hin und zurück, 1 Std.).

Whakarewarewa State Forest

Eintritt frei, man braucht aber die wasserfeste Karte ($5) oder das Buch ($10) mit den Trails, erhältlich im Visitor Centre und in Fahrradläden in der Stadt ▪ weitere Informationen auf 🖥 www.riderotorua.com und 🖥 www.redwoods.co.nz ▪ Southstar Shuttles, 🖥 www.southstaradventures.com, unterhält ganzjährig am Wochenende einen Shuttlebus zur Spitze des Berges ($10) ▪ Mountain Bike Rotorua, ✉ mtbrotorua@gmail.com, verleiht Fahrräder ▪ Zugang vom Parkplatz an der Waipa Mill Rd, 5 km südlich der Stadt (Anfahrt über den SH38)

Nur 15 Minuten Fahrt vom Zentrum Rotoruas entfernt befindet sich das beste und am leichtesten zugängliche Gelände für **Mountainbiker** auf der Nordinsel. Ein großer Bereich des aus Redwoods, Tannen, Kiefern und Baumfarnen bestehenden **Whakarewarewa Forest** ist mit einspurigen Wegen durchzogen. Insgesamt gibt es hier rund 70 km Mountainbike-Strecke, die in über einem Dutzend Rundkursen in 6 verschiedenen Schwierigkeitsgraden angeordnet sind.

Blue Lake und Green Lake

Etwa 10 km südöstlich von Rotorua erreicht die Tarawera Road das bunt schimmernde Wasser des **Blue Lake** (Tikitapu) mit Campingplatz, Rundwanderweg (S. 338 und S. 346) und siche-

Um Rotorua herum gibt es zwar keine längeren Wanderwege, dafür aber Gelegenheiten zu mehreren guten Tageswanderungen. Die Stadt eignet sich zudem hervorragend als Basis für Ausflüge in den Whirinaki Forest oder weiter zum Lake Waikaremoana. Im i-SITE in Rotorua und in den Visitor Centres des DOC gibt es Broschüren für die folgenden Wanderungen.

Blue Lake (5,5 km Rundweg, 2 Std., 500 m Anstieg). Der Rundweg um den Blue Lake beginnt beim Blue Lake Holiday Park 9 km südöstlich von Rotorua und führt durch nachwachsenden Wald, Douglastannen-Pflanzungen und an ein paar Sandstränden vorbei, die zu einem Bad einladen. Der einzige Anstieg führt vom See zu einem Aussichtspunkt.

Hamurana Springs Recreation Reserve (1,5 km Rundweg, 45 Min., zumeist eben). Der einfache Weg am Ufer des Lake Rotorua 24 km nördlich der Stadt windet sich durch ein Redwood-Wäldchen zur größten Quelle der Nordinsel. Hier sprudeln stündlich fast 5 Mio. Liter Wasser aus der Erde.

Lake Okareka Walkway (5 km hin und zurück, gut 1 Std., zumeist eben). Dieser Lehrpfad am Okareka-See 12 km südöstlich von Rotorua führt überwiegend durch Farmland und hier und da auch durch nachwachsenden Wald. Ein hübscher Plankenweg leitet Wanderer über ein Feuchtgebiet zu einer Vogelbeobachtungsstation.

Okere Falls Scenic Reserve (2,5 km hin und zurück, 40 Min.–1 Std.). Der einfache Spaziergang 18 km nördlich von Rotorua bietet Ausblicke auf den Kaituna River mit Raftern, die spektakulär die Tutea Falls hinabjagen.

Whakarewarewa State Forest Park. Durch den Versuchswald am Rand von Rotorua führen mehrere einfache Wege. Die Bäume im Redwood Grove wachsen hier dreimal so schnell wie in ihrer kalifornischen Heimat. Karten gibt es im i-SITE (S. 342). Der Park ist auch als Mountainbiking-Revier bekannt (s. unten).

rem Badestrand. Ein Stückchen weiter eröffnet sich von einem Aussichtspunkt auf einem Bergkamm ein Blick auf den Blue Lake und den **Green Lake** (Rotokakahi). Letzterer befindet sich in Privatbesitz, weswegen hier Angeln und Bootfahren verboten sind. Von hier führt die Tarawera Road weiter ans Ufer des 15 km südöstlich von Rotorua gelegenen Lake Tarawera.

Buried Village und Lake Tarawera

Buried Village, 1180 Tarawera Rd ▪ ⏰ tgl. Nov–März 9–17, April–Okt 9–16.30 Uhr ▪ Eintritt $32,50 ▪ ☎ 07 362 8287, 🖥 www.buriedvillage.co.nz

Am Eingang zum **Buried Village**, kurz vor Erreichen des Ufers des Lake Tarawera, befindet sich ein **Museum**, das die Atmosphäre des Ortes zu seiner Blütezeit und unmittelbar nach der Katastrophe auf hervorragende Weise einfängt. Es bedient sich dazu zahlreicher Fotos, ei-

niger schöner Aquatinta von den Pink and White Terraces und mehrerer ascheverkrusteter Gerätschaften. Die Maori-Ortschaft und die europäische Siedlung hier waren beim Ausbruch des Tarawera größer als das heutige Rotorua. Ab dem Museum finden tgl. kostenlose **Führungen** statt (genaue Zeiten telefonisch erfragen), doch man kann auch auf eigene Faust durch das verschüttete Dorf spazieren. Ein Großteil des Ortes wurde in den 1930er- und 1940er-Jahren wieder freigelegt, ergänzt durch einige Nachbauten.

Die halb verschütteten *whare* und das Fundament des Rotomahana Hotel sind von mustergültig gemähten Rasenflächen umgeben, auf denen mittlerweile europäische Obstbäume wachsen und säuberlich eingezäunt eine perfekte Reihe ausgewachsener Pappeln steht. Jenseits des Geländes führt eine Reihe steiler Stufen und glitschiger Holzstege neben dem Wasserfall **Te Wairoa Falls** den Hügel hinunter, bevor der Weg auf der gegenüberliegenden Seite durch Farne wieder ansteigt. Wer hungrig geworden ist, kann sich im Café der Anlage stärken.

Die Tarawera Road endet 2 km weiter am Ufer des **Lake Tarawera**, hinter dem der Berg aufragt. Wer möchte, gönnt sich am See im eher durchschnittlichen Café Landing, 📞 07 362 8590, einen Kaffee oder ein Bier. Die Angestellten des Café The Landing informieren über Möglichkeiten, sich aufs Wasser zu begeben. In den wärmeren Monaten kann man Sit-on-top-Kajaks ausleihen ($25/Std.).

Waimangu Volcanic Valley

587 Waimangu Rd, 5 km östlich des SH5 ▪ 🕑 tgl. Jan 8.30–18 (letzter Einlass 16.40 Uhr), Feb–Dez 8.30–17 Uhr (letzter Einlass 15.40 Uhr) ▪ Spazierengehen und Wandern $36; 45-minütige Seerundfahrt $42,50; Kombitickets $78,50 ▪ 📞 07 366 6137, 🖥 www.waimangu.co.nz

19 km südöstlich von Rotorua liegt am Südrand des 1886 von der Tarawera-Eruption geschaffenen Grabenbruchs das **Waimangu Volcanic Valley**. Waimangu ist eines der jüngsten Thermalgebiete der Welt. Im Visitor Centre gibt es eine umfassende Broschüre für eine Erkundung des Gebiets. Vom Centre führt ein Spazierweg an einem Flüsschen entlang den Berg hinunter. Er windet sich durch ein von Büschen und endemischen Pflanzen bewachsenes Tal, dessen Vegetation sich seit dem Ausbruch von 1886 langsam regeneriert. Dieser Prozess wird regelmäßig von kleineren Eruptionen unterbrochen. Bei einem Ausbruch 1917 entstand der großartige heiße Teich **Frying Pan Lake** mit 100 m Durchmesser.

Beeindruckende Mengen emporquellenden heißen Wassers sind auch die Attraktion des **Inferno Crater**, der die Form eines auf den Kopf gestellten Kegels hat und dessen taubenblaues Wasser zum Teil von faszinierenden Dampfmustern verdunkelt wird. Sein Wasserpegel steigt und fällt streng nach einem 38-tägigen Zyklus.

Der Spazierweg durch das Tal endet am Ufer des **Lake Rotomahana**, dessen landschaftliche Kulisse von den rostroten Flanken des Mount Tarawera beherrscht wird. Vom Anleger aus fahren ständig Shuttlebusse zurück zum Visitor Centre. Hier starten auch Seerundfahrten, die am dampfenden Felsen und dem ehemaligen Standort der Pink and White Terraces vorbeiführen.

Kerosene Creek

Anfahrt erfolgt 1 km südlich der Kreuzung des SH5 über den SH38 Richtung Osten und die Schotterstraße Old Waiotapu Road, dann 2 km bis zum Parkplatz

Wer gern gratis in natürlicher Umgebung in warmem Wasser planscht, sollte sich zum 27 km südlich von Rotorua gelegenen **Kerosene Creek** auf den Weg machen. Der Bach hat gewöhnlich die Temperatur eines warmen Bades und ergießt sich über eine 1 m hohe Stufe in ein hübsches großes Becken. Bach und Becken sind immer zugänglich, und am Wochenende finden sich hier gelegentlich Partygruppen ein. Zelten ist in der Umgebung verboten. Vorsicht: Aus auf dem Parkplatz abgestellten Autos sind schon Sachen gestohlen worden.

6 **HIGHLIGHT**

Wai-O-Tapu

201 Waiotapu Loop Rd, nicht weit vom SH5 ▪ 🕑 April–Okt 8.30–17 Uhr; letzter Einlass 15.45 Uhr, Nov–März 8.30–18 Uhr; letzter Einlass 16.45 ▪ Eintritt $32,50 ▪ 📞 07 366 6333, 🖥 www.waiotapu.co.nz

10 km südlich von Waimangu liegt die bunteste und vielfältigste Thermalzone der Gegend, das **Wai-O-Tapu Thermal Wonderland**, 🖥 www.geyserland.co.nz. Jeden Vormittag um 10.15 Uhr wird der 10 m hohe **Geysir Lady Knox** von einem Angestellten mit seifigen Tensiden künstlich zum Ausbruch gebracht. Wer das Schauspiel verpasst, darf am nächsten Tag mit derselben Eintrittskarte noch einmal wiederkommen.

Danach fahren die Besucher 1 km zum Hauptgelände, wo sich ein rund einstündiger Rundwanderweg durch ein Gebiet aus kleinen Seen schlängelt, die jeweils die Färbung der in ihnen gelösten Chemikalien angenommen haben, u. a. Schwefel (gelb), Mangan (violett) und Arsen (grün). Die schmatzenden, wabernden Schlammpfuhle und eine Reihe zischender und grollender Krater verblassen etwas im Vergleich zu den ständig wechselnden Regenbogenfarben des Pools **Artist's Palette** und dem herrlich perlenden **Champagne Pool**, einem kreisförmigen, flaschengrünen Kessel, der in Dampfwirbel gehüllt und von Versinterungen in dunklem Orange eingerahmt ist.

Bei der Rückfahrt zur Hauptstraße lohnt ein kurzer Umweg zu einem riesigen, aktiven **kochenden Schlammtümpel**, der vor sich hin blubbert und dabei konzentrische Muster bildet.

Orakei Korako

494 Orakei Korako Rd ▪ ⊙ Okt–März tgl. 8–16.30, April–Sep 8–16 Uhr ▪ Eintritt $36, inkl. Fahrt mit dem Shuttleboot ▪ ✆ 07 378 3131, ▭ www.orakeikorako.co.nz

Rund 60 km südwestlich von Rotorua, zu erreichen über den SH1 (14 km) oder den SH5 (21 km), liegt das stimmungsvolle Thermalgebiet **Orakei Korako**, mit dampfenden Fumarolen, blubbernden Becken und nur wenigen Besuchern. Nach einer kurzen Bootsfahrt über den Waikato River erreicht man einen einstündigen Wanderweg zur **Ruatapu Cave**, in der sich früher Maori-Frauen auf bestimmte Zeremonien vorbereiteten – daher der Name Orakei Korako, „Ort des Schmückens".

Orakei Korako ist auch mit dem **Jetboot** auf dem Waikato River zu erreichen, mit NZ Riverjet, ✆ 0800 748 375, ▭ www.riverjet.co.nz, am SH5 an der Tutukau Road, 44 km südlich von Rotorua und fast 20 km südlich von Wai-O-Tapu. Die Riverjet Thermal Safari (3 Std., $169) umfasst die Jetbootfahrt und den Eintritt zum Thermalgebiet.

Te Urewera

Auf halbem Weg zwischen Waimangu und Wai-O-Tapu, 25 km südlich von Rotorua, verläuft der SH38 Richtung Südosten durch die einförmigen Kiefernwälder des Kaingaroa Forest hin zu den zerklüfteten Gipfeln von **Te Urewera**. Das ist eine riesige unberührte Wildnis zwischen den Seen um Rotorua einerseits und der Poverty Bay und dem East Cape andererseits. Der Kaingaroa

Forest endet erst nach 40 km dort, wo die Straße bei der überwiegend von Maori bewohnten Holzverarbeitungsstadt **Murupara** über den Rangitikei River führt.

Das **Te Urewera Area Office** des DOC, 1 km südöstlich von Murupara am SH38, ✆ 07 366 1080, hat jede Menge Informationen über den Park und den Lake Waikaremoana (S. 454). ⊙ Nov–April Mo–Fr 8–17, Sa und So 9–15, Mai–Okt Mo–Fr 8–17 Uhr.

Whirinaki Forest Park

Rund 30 km südlich von Murupara erstreckt sich südöstlich des Te Urewera National Park der wunderbare, aber nur von wenigen Reisenden besuchte **Whirinaki Forest Park**, dessen Baumbestände zu den dichtesten und eindrucksvollsten der Nordinsel zählen. Nach einer intensiv geführten Auseinandersetzung steht das Wildnisparadies für Wanderer und Mountainbiker heute unter Naturschutz.

Der Wald lässt sich sehr schön auf einer Wanderung auf dem gut ausgebauten **Whirinaki Track** (4 Std. hin und zurück) erkunden. Der Weg führt an mächtigen Podocarpaceen und dem Whaiti-nui-a-tio Canyon entlang, in dem sich ein Fluss über ein altes Lavafeld und die Whirinaki Falls hinunter ergießt. Man kann dem Weg einfach so weit folgen, wie man möchte, und dann zurückgehen. Der Park hat aber ein ganzes Netz an Wegen, sodass Wanderungen von bis zu fünf Tagen Dauer möglich sind.

Der Prospekt *Ride Whirinaki* ($2, erhältlich in den DOC-Zentren, z. B. in Murupara) enthält ein paar tolle Mountainbikerouten in der Gegend (2 Std.–2 Tage); ein Fahrrad muss man selbst mitbringen (S. 342). Erkunden lässt sich das Gebiet außerdem auf einer geführten Tagestour mit Whirinaki Rainforest Experiences, ✆ 0800 869 255, ▭ www.whirinaki.com ($155). Die freundlichen, engagierten Guides erläutern den Wald und seine Geschichte aus der Perspektive der Maori.

Auf einer mehrtägigen Wanderung durch den Whirinaki kann man entweder zelten oder in den einfachen DOC-**Hütten**, die über den Park verteilt sind, nächtigen. Camping $5, Hütte $10.

Taupo und Umgebung

Der 80 km südlich von Rotorua im Herzen der Nordinsel gelegene aufblühende Ferienort **Taupo** erstreckt sich am Nordostufer des **Lake Taupo**, dem größten Binnengewässer Neuseelands. Bei entsprechenden Sichtverhältnissen sind 30 km südwestlich die drei schneebedeckten Vulkane des Tongariro National Park zu sehen. Das von der glasklaren Oberfläche des Wassers reflektierte Licht sorgt in Kombination mit der Höhenlage von 360 m für Lichtverhältnisse, die ein wenig an die Alpen erinnern, und der beinahe unwirklich tiefblaue Waikato River (in der Maori-Sprache „fließendes Wasser") tritt hier seine lange Reise zur Tasmansee an. See- und Flussufer werden von Grünanlagen gesäumt.

Seit Jahrzehnten strömen neuseeländische Familien nach Taupo, um dort ihre Ferien zu verleben. In Taupo gibt es freilich auch einiges zu sehen und zu unternehmen, beispielsweise die spektakulären Stromschnellen im geothermisch aktiven Gebiet unmittelbar nördlich der Stadt. Andere Urlauber kommen eigens zum **Fallschirmspringen** – die Stadt ist ein Eldorado für Fallschirmspringer – und wegen der fantastischen Möglichkeiten zum Fischen.

Die Gewässer um Taupo zählen nämlich zu den ergiebigsten **Forellenfanggründen** der Welt. Sie erstrecken sich nach Süden bis Turangi und zum Tongariro River und genießen einen ausgezeichneten Ruf wegen der Qualität der hier heimischen Fische. Das ganze Jahr über sieht man Boote mit ausgeworfenen Leinen auf dem See treiben, und besonders abends tummeln sich in den Flussmündungen Angler.

Taupo

Im von Hochhäusern verschonten Zentrum von **Taupo** liegt kein Punkt mehr als fünf Minuten zu Fuß vom Waikato River oder Lake Taupo entfernt, die den Ort im Norden bzw. Westen umschließen. Im Süden ziehen sich die Vororte über die sanften Hügel. Ein Großteil der geschäftlichen Aktivitäten spielt sich an der Tongariro Street und der passend benannten Lake Terrace ab. Taupo eignet sich vor allem als Basis für die Erkundung der Umgebung (S. 358) mit den Huka Falls, Aratiatia Rapids, Wairakei Terraces und dem Geothermalgebiet Craters of the Moon.

Geschichte

Das Volk der Tuwharetoa siedelt schon seit Jahrhunderten in der Gegend. Die Europäer zeigten erst im Verlauf der Landkriege in den 1860er-Jahren Interesse an der Region, als Soldaten der Armed Constabulary Jagd auf **Te Kooti** machten (S. 458). Nachdem sie eines Abends im Juni 1869 ihr Lager 17 km südöstlich von Taupo in Opepe (am heutigen SH5) aufgeschlagen hatten, wurden sie aus dem Hinterhalt von Te Kootis Männern angegriffen. Als Reaktion auf den Überfall, bei dem neun ihrer Soldaten getötet wurden, errichteten die Pakeha Garnisonen in

---

Lake Taupo

Der **Lake Taupo** (616 km^2, 185 m Tiefe) ist aus geologischer Sicht ein „Säugling". Eine bedeutende Rolle für seine Entstehung spielte der Vulkan Taupo, der 186 n. Chr. ausbrach und 24 km^3 Felsen, Schutt und Asche in den Himmel spuckte. Ein Großteil der Nordinsel wurde dabei mit einer dicken Bimssteinschicht bedeckt, und die Asche wurde so hoch in die Atmosphäre geschleudert, dass sie um die ganze Erde getragen wurde. Bei der Entleerung der unterirdischen Magma-Kammer stürzte der Erdboden ein und schuf einen riesigen, steilwandigen **Krater**, der sich mit Wasser füllte und einen Teil des heutigen Lake Taupo bildet.

Es fällt schwer, diesen friedlichen, wunderschönen See mit derart kolossaler Gewalt zu assoziieren, selbst wenn die Beweise direkt vor Augen liegen: Ganze Strände bestehen aus federleichtem Eruptivgestein, das bei stärkerem Wind über den See getrieben wird. Vulkanologen sind immer noch mit der Untersuchung des Taupo beschäftigt, der zurzeit als untätig eingeschätzt wird.

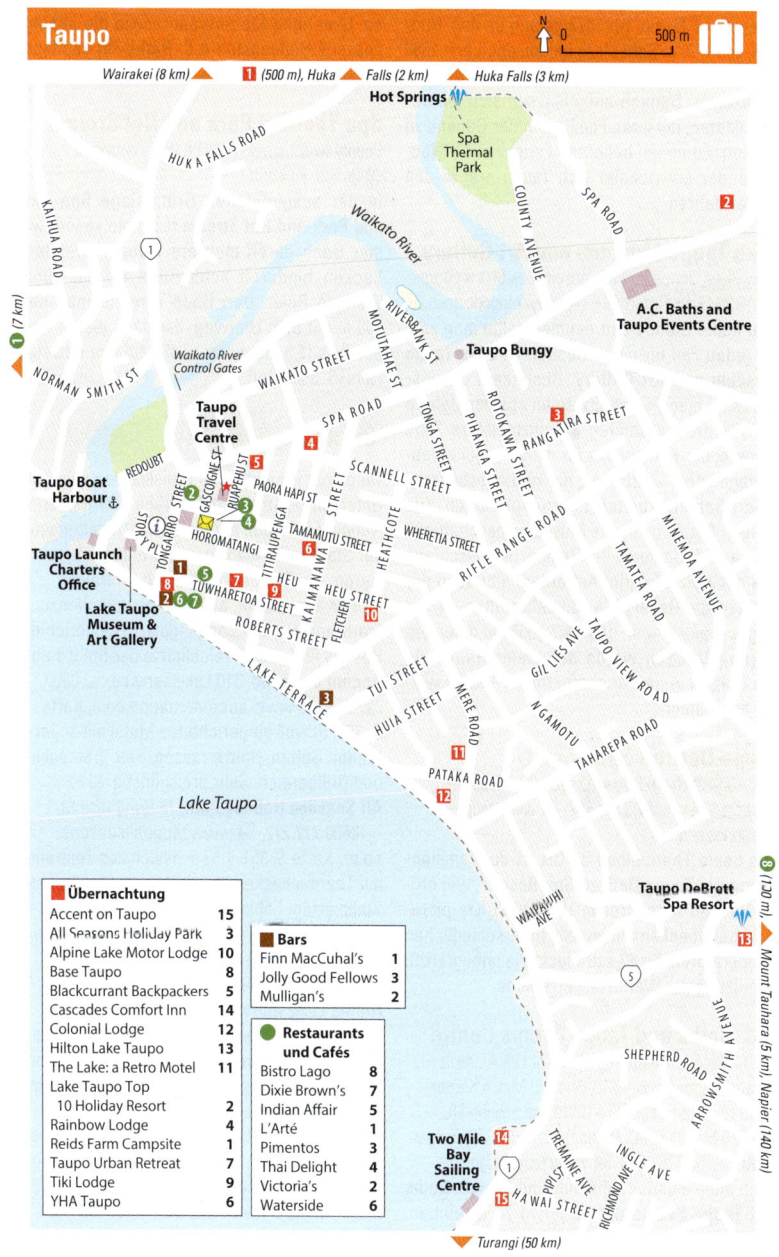

Übernachtung

Accent on Taupo	15
All Seasons Holiday Park	3
Alpine Lake Motor Lodge	10
Base Taupo	8
Blackcurrant Backpackers	5
Cascades Comfort Inn	14
Colonial Lodge	12
Hilton Lake Taupo	13
The Lake: a Retro Motel	11
Lake Taupo Top 10 Holiday Resort	2
Rainbow Lodge	4
Reids Farm Campsite	1
Taupo Urban Retreat	7
Tiki Lodge	9
YHA Taupo	6

Bars

Finn MacCuhal's	1
Jolly Good Fellows	3
Mulligan's	2

Restaurants und Cafés

Bistro Lago	8
Dixie Brown's	7
Indian Affair	5
L'Arté	1
Pimentos	3
Thai Delight	4
Victoria's	2
Waterside	6

ZENTRALE NORDINSEL

Opepe und Taupo. Ab 1877 gelang es den Truppen, Te Kooti in Schach zu halten, doch erst 1886 wurde die Armed Constabulary aus der Gegend abgezogen. Danach entschlossen sich mehrere Soldaten, mit ihren Familien in der Gegend zu bleiben. Zu einem beliebten Ferienziel für Neuseeländer entwickelte sich Taupo erst in den 1950er-Jahren.

Lake Taupo Museum and Art Gallery

Story Place, Tongariro Park, abseits des SH1 ▪ ⏱ tgl. 10–16.30 Uhr ▪ Eintritt $5 ▪ 🖥 www.taupodc.govt.nz
Eine halbe Stunde Zeit nehmen sollte man sich auf jeden Fall für einen Besuch im **Lake Taupo Museum and Art Gallery**. Besonders sehenswert sind hier die Schnitzereien aus den Jahren 1927/28 des berühmten Schnitzmeisters Tene Waitere, der Kunstwerke für *marae* in ganz Neuseeland schuf – Arbeiten, die zu den schönsten Maori-Schnitzarbeiten überhaupt zählen. Die übrigen Abteilungen des Museums beschäftigen sich mit der Geologie der Region, dem Fischfang und der Holzindustrie. Außerdem gibt es in der Tuwharetoa Gallery ein 150 Jahre altes, 14,5 m langes *waka* (Kanu), das 1967 im Wald gefunden wurde. Draußen wurde der atemberaubende Ora Garden in ganzer geothermaler Pracht wieder hergestellt.

Taupo DeBrett Spa Resort

3 km südöstlich am SH5 ▪ ⏱ tgl. 8.30–21.30 Uhr ▪ Eintritt $22 ▪ 📞 07 377 6502, 🖥 www.taupo hotsprings.com
Das beste Thermalbad im Ort ist das familienorientierte **Taupo DeBrett Spa Resort**: zwei große Becken unter freiem Himmel sowie private Mineralbecken mit jeweils unterschiedlichen Temperaturen; für $7 extra lockt die unbegrenzte Benutzung der Warmwasserrutsche.

A.C. Baths and Taupo Events Centre

A.C. Baths Ave ▪ **Bäder** ⏱ tgl. 6–21 Uhr ▪ Eintritt $7; private Thermalbecken $10/Pers./30 Min. ▪ **Kletterwand** ⏱ unterschiedlich ▪ Gurte und Schuhe $8, plus $10 Eintritt ▪ **A.C. Baths** 📞 07 376 0350, **Events Centre** 📞 07 376 0350, 🖥 www.taupodc.govt.nz
Auch ohne eigenes Fahrzeug sind die **A.C. Baths and Taupo Events Centre** leicht zu erreichen. Zum Komplex gehören eine Sporthalle und ei-

ne 12 m hohe Kletterwand sowie die alteingesessene Badeanstalt **A.C. Baths** mit gepflegten Schwimm- und Thermalbecken.

Spa Thermal Park and Hot Stream

County Ave, 1 km nordöstlich vom Zentrum ▪ ⏱ 24 Std. ▪ Eintritt frei
In der ausgedehnten Grünanlage **Spa Thermal Park and Hot Stream** fließt ein kleiner warmer Bach durch mehrere wunderbare Badebecken hindurch schließlich in den kühlen Waikato River. Den Bach erreicht man nach 400 m auf dem Uferweg, der dann weiter flussabwärts (2,8 km einfach, 45 Min.) zu den Huka Falls (S. 358) führt.

Taupo hat in sämtlichen Preisklassen sehr gute Unterkünfte; aufgrund der Nähe zum Tongariro National Park und der vielen Veranstaltungen in der Stadt sollte man zu jeder Jahreszeit reservieren. Am Seeufer reihen sich zahlreiche Motels aneinander, auf den Rasenflächen am Stadtrand wurden Campingplätze eingerichtet. Hostels finden sich reichlich in der Stadt selbst.
Accent on Taupo, 310 Lake Terrace, 📞 0800 222 368, 🖥 www.accentontaupo.com; Karte S. 351. Stilvoll eingerichtetes Motel mit superbreiten Betten, Holzterrassen, Spa, Trampolin und Grillbereich. Sehr preisgünstig. $120
All Seasons Holiday Park, 16 Rangatira St, 📞 0800 777 272, 🖥 www.taupoallseasons. co.nz; Karte S. 351. 1,5 km östlich des Zentrums mit Thermalbecken, durch Hecken abgetrennten Stellplätzen, Cabins (manche mit Küche) und mehreren Selbstversorger-Units (Bettwäsche $5) sowie Budget-Zimmern in einer Lodge. Camping $24, Cabins $82
Alpine Lake Motor Lodge, 141 Heu Heu St, 📞 0800 400 141, 🖥 www.alpinelake.co.nz; Karte S. 351. Eines der neueren Motels der Stadt mit Fußbodenheizung, DVD-Playern, kostenlosem Breitband-Internet und Whirlpool in den meisten Units. Die meisten Units verfügen auch über Kochgelegenheit, einige sogar über einen eigenen Grill auf blickgeschützten Terrassen. $135
Base Taupo, 7 Tuwharetoa St, 📞 07 377 4464, 🖥 www.stayatbase.com; Karte S. 351. Das

120-Betten-Hostel im Herzen des Kneipen-viertels von Taupo hat eine schöne Terrasse mit Seeblick und die üblichen Einrichtungen (u. a. WLAN in der Lobby). Außerdem beherbergt es die Frauenabteilung Sanctuary ($30) und die begehrte Bar Element. Dorms $25, Zimmer mit Bad $76

Blackcurrant Backpackers, 20 Taniwha St, ✆ 07 378 9292, 🖥 www.blackcurrant bp.co.nz; Karte S. 351. Helles, modernes Hostel mit einem Hofgarten in der Mitte, einer für ein Hostel unübertroffenen Küche und freund-lichem Empfang, keine Etagenbetten. Auf der Veranda lässt sich wunderbar der Sonnenunter-gang über dem See genießen. Dorms $27, DZ mit Bad $78

Cascades Comfort Inn, 303 Lake Terrace, SH1, Two Mile Bay, ✆ 0800 996 997, 🖥 www. cascades.co.nz; Karte S. 351. Ideal gelegenes Motel mit Units am Wasser oder Zugang zu einem attraktiven beheizten Pool. Die Apart-ments sind geräumig und bieten eine voll aus-gestattete Küche, Schlafzimmer im Zwischen-geschoss, Patio und Jacuzzi. $89

Colonial Lodge, 134 Lake Terrace, ✆ 0800 353 636, 🖥 www.colonial.co.nz; Karte S. 351. Zu den Highlights in diesem effizient geführten Motel zählen Doppel-Whirlpools in den Bädern, kleine Küchen, riesige TVs und schnelles, kostenloses WLAN. Die Zimmer im oberen Geschoss haben sonnige Balkone. $100

Hilton Lake Taupo, 80 Napier–Taupo Hwy, ✆ 07 378 7080, 🖥 www.hilton.com/laketaupo; Karte S. 351. Dieses Hilton-Hotel besteht aus dem schön restaurierten Originalhotel von 1889 mit Zimmern und Blick auf den fernen See sowie einem modernen Flügel mit Suiten und Apartments. Ergänzt wird das Ensemble durch das hervorragende Bistro Lago (S. 356) und die heißen Quellen nebenan – was will man mehr? $179

The Lake: a Retro Motel, 63 Mere Rd, ✆ 07 378 4222, 🖥 www.thelakeonline. co.nz; Karte S. 351. Das allererste Motel in Taupo hat sich auf seine Wurzeln besonnen, mit auffallendem schwarzen Exterieur und den im Stil der 1960er- und 70er-Jahre eingerich-teten Zimmern, die zumeist auf einen Garten mit schwarz-weißen Möbeln hinausgehen.

Kostenloses WLAN in allen Zimmern. Studio $125, Units mit separatem Schlafzimmer $145

Lake Taupo Top 10 Holiday Resort, 28 Centen-nial Drive, 2 km nordöstlich der Stadt, ✆ 0800 322 121, 🖥 www.taupotop10.co.nz; Karte S. 351. Großzügige und bestens organisierte Anlage mit Swimmingpool, Volleyballplatz, Tennisplatz, Spielezimmer, Kinderspielplatz und Freiluft-schach. Die Bäder haben Fußbodenheizung. Camping $25, Cabins $100

Rainbow Lodge, 99 Titiraupenga St, ✆ 07 378 5754, 🖥 www.rainbowlodge.co.nz; Karte S. 351. Großes, ungezwungenes, über drei Gebäude verteiltes Backpacker Hostel mit angenehmem Aufenthaltsraum, Sauna, sicheren Parkplätzen und einigen Details, die für Gemütlichkeit sorgen. Jede Menge Informationen zur Umge-bung, Fahrradverleih für $20/Tag. 6er- bis 9er-Dorms (Frauen-Dorm auf Anfrage) sowie einige preisgünstige DZ und Zweibettzimmer mit Bad, TV und Patio. Kostenlose Abholung vom Bus-bahnhof. Dorms $24, Zimmer $62

Reids Farm Campsite, 3 km nördlich von Taupo an der Huka Falls Rd; Karte S. 351. Großer, kostenloser Campingplatz direkt am Waikato River nur 1 km flussaufwärts von der exklusiven Huka Lodge. Wegen des improvisierten Slalom-kurses ist die Stelle bei Kajakfahrern sehr beliebt. Maximale Aufenthaltsdauer 7 beliebige Nächte innerhalb von 2 Wochen. ⏰ April–Ende Okt geschl. Kostenlos

Taupo Urban Retreat, 65 Heuheu St, ✆ 0800 872 261, 🖥 www.tur.co.nz; Karte S. 351. 96-Betten-Oase im Herzen der Stadt mit eigener Hausbar, kleinem Garten, 1 Std. kostnlosem Internet, ermäßigten Fitnessstudio-Karten, Fahrradverleih ($20/Tag) und Parkplatz. Beliebte Anlaufstelle der Backpacker-Busse. Tolle 4er-Dorms mit Seeblick, andere Dorms z. T. ohne Fenster. Dorms $25, DZ mit Bad $75

Tiki Lodge, 104 Tuwharetoa St, ✆ 0800 845 456, 🖥 www.tikilodge.co.nz; Karte S. 351. Bestes der „Flashpacker-Hostels" in der Stadt. Geräu-mige Küche und Lounge, Spa und hübscher Balkon mit Seeblick. Dorms $25, DZ mit Bad und kleiner Küche $80

YHA Taupo, 56 Kaimanawa St, ✆ 07 378 3311, 🖥 www.yha.co.nz; Karte S. 351. Einladendes modernes YHA-Hostel in Stadtnähe. Schöner

In Taupo werden zahlreiche Freizeitaktivitäten angeboten, die für Ebbe in der Urlaubskasse sorgen. In der Umgebung bieten sich tolle **Mountainbike**-Trails, von denen viele von Bike Taupo, 🖥 www.biketaupo.org.nz, unterhalten werden.

Dank der reizvollen Landschaft und der günstigen Preise ist Taupo angeblich das Gebiet mit den meisten Tandem-**Fallschirmsprüngen** weltweit. Alle Veranstalter bieten Sprünge aus 12 000 Fuß (3658 m) mit 45 Sekunden freiem Fall für $249, aus 15 000 Fuß (4572 m) bei 1 Minute freiem Fall für $339.

Bootsrundfahrten führen zu faszinierenden, modernen Felsgravuren der Maori an der 8 km südwestlich gelegenen Bucht Mine Bay. Alle Bootstouren finden je nach Wetter zwei- bis dreimal tgl. statt und können über das Taupo Charters Office, ☎ 07 378 3444, am Bootshafen gebucht werden. Auch mit verschiedenen geführten **Kajaktouren** gelangt man zu den Felsgravuren. Neuseelands rigide Angelvorschriften untersagen den Verkauf von Forellen. Wer also Appetit auf diesen köstlichen Fisch verspürt, muss sich schon selbst einen fangen, was am einfachsten von einem Charter-Boot aus zu bewerkstelligen ist. Die in den Lake Taupo mündenden Flüsse sind die Domäne der Fliegenfischer. Das **Taupo Launch Charters Office**, am Bootshafen, ☎ 07 378 9794, vermittelt schnell ein geeignetes Boot. Es gibt keine Mindestteilnehmerzahl, aber natürlich ist es umso billiger, je mehr Personen mitfahren. Von Mitte Dez–Feb sollte man im Voraus reservieren. Die Bootsanbieter halten sämtliche benötigte Ausrüstung bereit und besorgen auch den notwendigen Angelschein, die Taupo District Fishing Licence ($17/24 Std.). Das Charter Office verfügt außerdem über eine Liste von Angelführern, die um die $300 für einen halben Tag verlangen.

Mountainbiking

Huka Falls Walkway Die landschaftlich schöne Strecke führt vom Spa Thermal Park Richtung Norden zu den Huka Falls (4 km einfach) und weiter zum Aratiatia Dam (zusätzlich 8 km einfach).

W2K Der anspruchsvolle Singletrail (16 km einfach, mit zusätzlicher 10-km-Schleife) beginnt an der Whakaipo Bay 20 km westlich von Taupo und endet in Kinloch. Wer nicht auf demselben Weg zurückfahren möchte, sollte sich abholen lassen (rund 40 Straßenkilometer).

Wairakei Forest Hier starten bei der Basis von Helistar Helicopters, 3 km nördlich von Taupo, mehrere tolle Rundwege. Rapid Sensations (S. 357) bietet geführte Touren durch den Wald ($108/2 Std.). Fahrradverleih auf S. 357.

Fallschirmspringen

Taupo Tandem Skydiving, ☎ 0800 826 336, 🖥 www.tts.net.nz. Seit 1992 in Betrieb.

Skydive Taupo, ☎ 0800 586 766, 🖥 www.skydivetaupo.co.nz. Professionelle Anleitung. Die Teilnehmer können sich in einer Limousine abholen lassen.

Bungy-Jumping

Taupo Bungy, 202 Spa Rd, ☎ 0800 888 408, 🖥 www.taupobungy.co.nz. Der Waikato River wirbelt an einem der schönsten Bungy-Standorte Neuseelands vorbei. Die Plattform ragt 20 m über den Fluss, sodass man beim 47 m hohen Sprung auf Wunsch auch kurz eintauchen kann. Bungy-Sprung $169, Swing solo/Tandem $119/238, Swing-Bungy-Combo $238. ⏰ im Sommer tgl. 9.30–18.30, im Winter an Wochentagen 9.30–16, an Wochenenden 9.30–17 Uhr.

Rundflüge

Helistar Helicopters, ☎ 0800 435 478, 🖥 www.helicoptertours.co.nz. Veranstaltet die besten Hubschrauberflüge, z. B. über die Huka Falls (10 Min., $99) und zum Tongariro World Heritage Park (1 1/2 Std., $740).

Taupo's Float Plane, ☎ 07 378 7500, 🖳 www.tauposfloatplane.co.nz. Rundflüge an Bord von Wasserflugzeugen über den Lake Taupo und seine Umgebung (10 Min,. $105). Ein Flug zum Mount Ruapehu (60 Min.) kostet $395.

Bootsausflüge

The Barbary Unterhaltsame Rundfahrten (2 1/2 Std., $40) an Bord der *Barbary*, einer zweimastigen Segeljacht Baujahr 1926, die sich angeblich früher einmal im Besitz von Errol Flynn befand, der sie beim Poker gewonnen haben soll. Es geht ganz nah heran an die Felsgravuren der Maori, und wer mag, kann schwimmen. Das Boot ist wegen seines Elektromotors das leiseste auf dem See, was die Fahrt ausgesprochen ruhig und erholsam macht.

Ernest Kemp Nachbau eines Dampfschiffes aus den 1920er-Jahren, das in rund 2 Std. zu den Felsgravuren und zurück tuckert ($40).

Fearless Bei den entspannten Rundfahren mit der komfortablen *Fearless* (2 Std., $40) wird bei den Maori-Felsgravuren ein Badestopp eingelegt, und der freundliche Skipper gibt ein Getränk aus.

Kajakfahren und Wassersport

Rapid Sensations, ☎ 0800 353 435, 🖳 www.rapids.co.nz. Kajaktouren zu den Felsgravuren ($98/3 Std. auf dem Wasser) und Raftingtrips ($129) auf dem Tongariro River.

Taupo Kayaking Adventures, ☎ 027 480 1231, 🖳 www.tka.co.nz. Bietet Halbtages-Kajaktrips zu den Felsgravuren ($100) sowie auf Anfrage verschiedene andere Touren, beispielsweise Angeltouren im Kajak.

2MileBay Watersports Centre, Two Mile Bay, ☎ 07 378 3299, 🖳 www.sailingcentre.co.nz. Verleiht Katamarane ($60/Std.), Windsurfers ($30/Std.) und Segelboote (ab $50/Std.). ⏱ im Sommer tgl. 9–17 Uhr, sonst sporadisch.

Jetbootfahren

Huka Falls Jet, ☎ 0800 485 2538, 🖳 www.hukafallsjet.com. Der Friede am Huka Prawn Park (S. 358) wird regelmäßig durch Jetboote ($115/30 Min.) gestört, die über den Fluss rasen und dabei auf dem Weg zu den Huka Falls 360-Grad-Drehungen hinlegen.

Rapids Jet, Rapids Rd, 3 km hinter dem Aratiatia Dam ☎ 0800 727 437, 🖳 www.rapidsjet.com. Dies ist die einzig wahre Wildwasser-Jetboot-Tour ($105) der Nordinsel. Auf und ab geht die furiose Höllenfahrt durch die Nga-Awapura-Stromschnellen, wobei das Boot teilweise komplett vom Wasser abhebt. Sicherheitshinweise genau beachten, festhalten und mental darauf einstellen, nass zu werden!

Angeln

White Striker, ☎ 07 378 2736, 🖳 www.troutcatching.com. Hat jede Menge Ortskenntnis und gute Erfolgsquoten. Das kleinste Boot bietet Platz für 4 Pers. (1 Std., $110).

Taupo Rod and Tackle, 7 Tongariro St, ☎ 07 378 5337, 🖳 www.tauporodandtackle.co.nz. Hier können Angler eine Angelausrüstung leihen und sich dann ihr eigenes Plätzchen suchen. Die Chancen auf einen guten Fang steigen deutlich, wenn man einen Angelführer engagiert.

Reiten

Taupo Horse Treks, Karapiti Rd, ☎ 0800 244 3987, 🖳 www.taupohorsetreks.co.nz. 1-stündige ($70) und 2-stündige ($140) Ausritte durch die herrlichen Kiefernwälder in der Umgebung der Craters of the Moon.

See- und Bergblick von der Küche und vom Balkon mit Grill. Spa Pool, Volleyballfeld und Garten mit Hängematten. Dorms mit 8 Etagenbetten oder 4 normalen Betten. Dorms $26, Zimmer $77,80

ESSEN

Taupo hat zahlreiche gute Cafés und Restaurants, darunter viele asiatische Restaurants.
Bistro Lago, im Hilton Lake Taupo (S. 351), ☎ 07 377 1400; Karte S. 351. Bestes Restaurant der Stadt, im schön modernisierten alten Flügel des Hotels. Toller Service, tadellose Präsentation und köstliches Essen, das kaum teurer ist als in weit schlechteren Restaurants (Fish 'n' Chips $32, Taupo Rinderfilet $42). ⏱ tgl. 9 Uhr bis spät.
Dixie Browns, ☎ 07 378 8444, 🖥 www.dixie browns.co.nz. Karte S. 351 Der richtige Ort für ein entspanntes Mittagessen am See. Zu den hochwertigen Gerichten gehören Butterhühnchen ($16,90) und Gourmet-Pizzas (ab $14,90). Professionell-freundlicher Service und viele Tische im Freien. Kostenloses WLAN auf Anfrage. ⏱ tgl. 6–22 Uhr.
Indian Affair, 34 Ruapehu St, ☎ 07 378 2295; Karte S. 351. Superleckere Currys in schickem modernem Ambiente. Tolle Auswahl für Vegetarier, z. B. *malai kofta* ($17,90), göttliches *paneer makhani* (selbst gemachter indischer Käse in Tomaten-Sahne-Soße, $16,90). Sehr gut ist das goanische Fisch-Curry ($22,90). ⏱ tgl. 11.30–14 und 17 Uhr bis spät.
L'Arte, 255 Mapara Rd, Acacia Bay, ☎ 07 378 2962, 🖥 www.larte.co.nz; Karte S. 351. Nach einer reizvollen 8 km langen Fahrt um die Spitze des Lake Taupo herum ist dieser ländliche Skulpturengarten mit urigen Kunstwerken erreicht. Köstliches Essen, darunter mit knusprigem Frühstücksspeck und Avocado oder Eggs Benedict belegte Maisküchlein und hausgemachte Kartoffelpuffer mit Sauce Hollandaise ($13). Außerdem leckere Getränke, z. B. heiße Zitrone mit Honig und Ingwer. Serviert wird drinnen oder draußen auf der schattigen Terrasse. Alkoholausschank. ⏱ Mi–So 8–16 Uhr, meist auch feiertags.
Pimentos, 17 Tamamutu St, ☎ 07 377 4549; Karte S. 351. Zwangloses zentral gelegenes

Restaurant mit modernen Varianten klassischer Gerichte wie marinierter Schweinelende auf gerösteten Kumara-Kartoffeln. Hauptgerichte ca. $30. ⏱ tgl. 12–15 und 18–23 Uhr.
Thai Delight, 19 Tamamutu St, ☎ 07 378 9554, 🖥 www.thaidelight.co.nz; Karte S. 351. Köstliche Currys sowie Fleisch- und Seafood-Gerichte. ⏱ Di–So mittags ab 11.30 und abends ab 17 Uhr.
Victoria's, 127 Tongariro St, ☎ 07 376 7310, 🖥 www.victorias.co.nz; Karte S. 351. Morgens empfehlen sich Eggs Benedict auf Kartoffelküchlein ($17) und abends kleinere Tellergerichte wie die Platte mit Käse aus der Region ($16) oder Rindfleischbällchen ($9). Zum Nachtisch empfehlen sich in beiden Fällen die köstlichen Kuchen aus der Auslage. ⏱ Mo 7.30–17, Di–Fr 7.30 Uhr bis spät, Sa 8.30 Uhr bis spät, So 8.30–17 Uhr.
Waterside, 3 Tongariro St, ☎ 07 378 6894, 🖥 www.waterside.co.nz; Karte S. 351. Reichhaltiges warmes Frühstück, mittags Fisch im Bierteigmantel mit Pommes ($23,90) und *seafood chowder* ($11,90), abends Gerichte wie Brathühnchen ($26,90) oder Surf 'n' Turf (a $27,50) mit Käseplatte. ⏱ tgl. 11 Uhr bis spät.

UNTERHALTUNG

Finn MacCuhal's, Tongariro St, Ecke Tuwharetoa St, ☎ 07 378 6165, 🖥 www.finns.co.nz; Karte S. 351. Der große Irish Pub ist gleichermaßen bei Einheimischen wie Rucksackreisenden beliebt. Man kommt in erster Linie wegen des Guinness, doch es gibt auch gute Steaks und Fish'n'Chips (Hauptgerichte $19,20–29,90). Sie bereiten auch gern den selbst gefangenen Fisch zu ($20). ⏱ tgl. 17 Uhr bis spät.
Jolly Good Fellows, 76-80 Lake Terrace, ☎ 07 378 0457, 🖥 www.jollygoodfellows.co.nz; Karte S. 351. Taupos Version eines britischen Pub, nicht ganz stilecht, aber mit einer ausgezeichneten Auswahl an gezapften Bieren und netter Eckkneipenatmosphäre. Auch Kneipenessen nach englischer Tradition, z. B. Lammhaxe und Fish 'n' Chips (ca. $20). ⏱ tgl. 10 Uhr bis spät.
Mulligan's, 15 Tongariro St, ☎ 07 376 9100, 🖥 www.mulligansbar.co.nz; Karte S. 351.

Schummriger Irish Pub mit Stout vom Fass, schelmischem Kiwi-Personal hinter dem Tresen, Billardtisch, Livemusik, Quiz-Abenden und riesigen Essensportionen (Hauptgerichte $19–25). Beliebt bei Einheimischen und Tourbussen. ⏲ tgl. 16 Uhr bis spät.

SONSTIGES

Autovermietungen
Pegasus Rental Cars, ✆ 0800 803 580, 🖥 www.rentalcars.co.nz. Hat meist die besten Preise (ab $45/Tag), aber Kurz- oder Einwegmieten können erheblich teurer sein.

Fahrradverleih
Die meisten Hostels verfügen über einfache Fahrräder für ihre Gäste.
Pack & Pedal, 5 Tamamutu St, ✆ 07 377 4346, 🖥 www.skiandbiketaupo.wix.com/pack-and-pedal. Verleiht Mountainbikes ab $40 für 4 Std. bzw. $60 den ganzen Tag.
Rapid Sensations, 413 Huka Falls Rd, ✆ 0800 35 34 35, 🖥 www.rapids.co.nz. Geführte Touren im Wairakei Forest (s. Kasten S. 354) und Mountainbikeverleih ab $40/2 Std. oder $60/Tag.

Informationen
i-SITE Visitor Centre, 30 Tongariro St, ✆ 0800 525 382, 🖥 www.greatlaketaupo.com, ⏲ tgl. 8.30–17 Uhr.
Experience Taupo, 29 Tongariro St, ✆ 0800 368 775, 🖥 www.experiencetaupo.com. Hat ebenfalls gute Infos, bewirbt aber besonders die Angebote der Veranstalter, die als Sponsoren fungieren. ⏲ tgl. Okt–April 9–19, Mai–Sep 9–18 Uhr.

Medizinische Hilfe
Apotheke: **Unichem Mainstreet Pharmacy**, Heu Heu St, Ecke Tongariro St, ✆ 07 378 2636, ⏲ tgl. 8.30–20.30 Uhr.
Ärztliche Hilfe: **Taupo Health Centre**, 113 Heu Heu St, ✆ 07 378 7060, 🖥 www.taupohealth.co.nz, ⏲ Mo–Fr 8–17.30 Uhr.

Polizei
21 Story Place, beim Lake Taupo Museum and Art Gallery, ✆ 07 378 6060.

Post
Horomatangi St, Ecke Ruapehu St, ✆ 07 378 9093, im Postamt ist ein Schalter für Poste Restante.

NAHVERKEHR

Stadtbusse
Wer kein eigenes Fahrzeug hat, kann mit **Shuttle 2U**, ✆ 07 376 7638, 🖥 www.shuttle2u.co.nz, die wichtigsten Attraktionen anfahren und unterwegs beliebig ein- und aussteigen, inkl. Abholung von der Unterkunft. Auch Transfer vom/zum Flughafen. ⏲ rund um die Uhr.

Taxis
Taupo Taxis, ✆ 07 378 5100.
Top Cabs, ✆ 07 378 9250.

TRANSPORT

Busse
InterCity- und Newmans-Busse halten am Taupo Travel Centre, 16 Gascoigne St, ✆ 07 378 9005, mitten in der Stadt, Busse von NakedBus halten vor dem i-SITE Visitor Centre in der Tongariro St.

Busse nach:
AUCKLAND 4x tgl., 5 1/2 Std.;
HAMILTON 4x tgl., 3 Std.;
HASTINGS 2x tgl., 2 3/4 Std.;
NAPIER 2x tgl., 2 1/4 Std.;
PALMERSTON NORTH 2x tgl., 4 1/4 Std.;
ROTORUA 4x tgl., 1 1/4 Std.;
TAIHAPE 4x tgl., 2 Std.;
TAURANGA 2x tgl., 3 1/4 Std.;
TURANGI 4x tgl., 55 Min.;
WELLINGTON 4x tgl., 6 1/2 Std.

Flüge
Der kleine Flughafen von Taupo, 🖥 www.taupoairport.co.nz, liegt 10 km südlich des Zentrums und wird von Air New Zealand angeflogen.

Flüge nach:
AUCKLAND 2x tgl., 50 Min.
WELLINGTON 2x tgl., 1 Std.

ZENTRALE NORDINSEL

Die Umgebung von Taupo

In der unmittelbaren Umgebung von Taupo häufen sich nur wenige Minuten voneinander entfernt hinreißende Naturwunder. Hier erwarten den Besucher kochende Schlammtümpel, der zischende Dampf des geothermischen Kraftwerks Wairakei und der Waikato River, dessen klares, tiefblaues Wasser sich wild wirbelnd seinen Weg über Stromschnellen und durch tiefe Schluchten nach Norden bahnt. Die meisten Sehenswürdigkeiten und Aktivitäten befinden sich in 10 km Umkreis von Taupo am Waikato River und sind mit den Touranbietern erreichbar.

Hula Falls Road

Die **Huka Falls Road** zweigt 2 km nördlich der Stadt vom SH1 ab. Sie führt am kostenlosen Campingplatz Reids Farm (S. 353) vorbei und erreicht schon bald die großartigen **Huka Falls**. Hier zwängt sich der zu den wasserreichsten Flüssen Neuseelands zählende Waikato River in einen engen Trichter, um sich dann über eine 9 m hohe Bruchkante in einen wild schäumenden Strudel zu ergießen. Der Parkplatz ist nur bis 18 Uhr geöffnet, aber das Parken außerhalb der Begrenzung ist gestattet. Der Wasserfall selbst ist rund um die Uhr zugänglich.

Volcanic Activity Centre

Karetoto Rd, Ecke Huka Falls Rd ▪ ⏰ Mo–Fr 9–17, Sa und So 10–16 Uhr ▪ Eintritt $12 ▪ ✆ 07 374 8375, 🖥 www.volcanoes.co.nz

Das **Volcanic Activity Centre** ist ein lehrreiches Museum, dessen umfangreiche Informationstexte von Fotos und interaktiven Computeranimationen aufgelockert werden, in denen sich alles um Vulkanismus dreht. Zu den Highlights zählen mehrere gleichzeitig laufende Filme, ein Seismograph, der die von Sensoren am Mount Ruapehu erfassten Bewegungen aufzeichnet, ein Erdbebensimulator und eine große Reliefkarte der „Taupo Volcanic Zone", die sich vom Mount Ruapehu bis nach White Island erstreckt.

Huka Prawn Park

Karetoto Rd ▪ ⏰ tgl. Dez und Jan 9–16, Feb–Nov 9.30–15.30 Uhr ▪ Eintritt $28 ▪ ✆ 07 374 8474, 🖥 www.hukaprawnpark.co.nz

Die neue Umgehungsstraße liegt zwischen dem geothermischen Kraftwerk Wairakei und dem **Huka Prawn Park**. Ein Teil der überschüssigen Wärme wird in die großen Teiche des Parks geleitet, in denen tropische Garnelen gezüchtet werden. Hier kann man an den Teichen entlang und über einen Waldweg spazieren sowie auch Garnelen fischen. Serviert werden die Gaumenfreuden im **Restaurant** am Ufer des Waikato.

Craters of the Moon

Karapiti Rd, abseits des SH1 ▪ ⏰ tgl. Dez–6. April 8.30–18, 7. April–Nov 8.30–17.30 Uhr, je nach Tageslicht ▪ Eintritt $8 ▪ 🖥 www.cratersofthe moon.co.nz

Die Huka Falls Rd bildet eine Schleife und mündet schließlich wieder auf den SH1. Praktisch gegenüber zweigt die Karapiti Rd Richtung Westen zu den **Craters of the Moon** ab. Dieses Thermalgebiet entstand in den 1950er-Jahren nach dem Bau des geothermischen Kraftwerks Wairakei, der drastische Veränderungen der unterirdischen Hydrodynamik zur Folge hatte. Der hervorquellende Dampf ist so heftig, dass man auf den insgesamt 3 km langen Fußwegen festes Schuhwerk tragen muss. Vorbei geht es an wild rülpsenden Fumarolen und riesigen, grollenden Löchern, die einen stechenden Geruch nach faulen Eiern ausstoßen.

Wairakei Terraces

SH1, 3 km nördlich der Craters of the Moon ▪ ⏰ tgl. 8.30–17 Uhr ▪ Eintritt Walkway $18; Thermalbäder $25; Maori Cultural Experience ab 18 Uhr, mit Reservierung, $104 ▪ ✆ 07 378 0913, 🖥 www.wairakeiterraces.co.nz

Glänzende, unter Hochdruck stehende Dampfrohre winden sich unter dem SH1 zum Wärmekraftwerk Wairakei. Was der mineralienreiche heiße Dampf an Schöpfungen hervorbringen kann, zeigt sich an den nahen **Wairakei Terraces**, wo heißes Wasser über künstlich angelegte Terrassen und Becken geleitet wird. Das Ganze ist quasi eine Rekonstruktion der zerstörten Pink und White Terraces in Rotorua und wächst seit Ende der 1990er-Jahre heran.

Pfade führen durch das benachbarte Maori-Modelldorf, das anlässlich der **Maori Cultural Experience** zum Leben erwacht. Das

Thermalbad (nur für Erwachsene) eignet sich herrlich zum Abschalten. Bei der angenehm unaufgeregten Abendveranstaltung erhalten Besucher eine gute Einführung in die Kultur der Maori. Abgerundet wird der Abend durch ein Hangi, einen Haka und andere Tanzdarbietungen.

Aratiatia Rapids

2 km flussabwärts vom Wairakei-Kraftwerk
■ beste Besuchszeit Okt–März 10, 12, 14 und 16, April–Sep 10, 12 und 14 Uhr

Der Aratiatia Dam bremst den Waikato unmittelbar oberhalb der **Aratiatia Rapids**, einer Serie von Katarakten, die zu Taupos ältesten Sehenswürdigkeiten zählen. Als in den 1950er-Jahren Pläne zur Umleitung des Flusses unter Umgehung der Stromschnellen publik wurden, waren die Proteste in der Öffentlichkeit so groß, dass die Pläne geändert wurden. Es war jedoch bei weitem kein Sieg auf der ganzen Linie, denn die meiste Zeit über sind die Stromschnellen gar nicht zu sehen. Lediglich 3–4-mal tgl. kann man sie eine halbe Stunde lang in voller Pracht erleben.

Dazu nehmen die Besucher Aufstellung auf der Staumauer oder an zwei flussabwärts liegenden Aussichtspunkten und warten auf die Sirene zur Ankündigung des bizarren Schauspiels. Dabei verwandelt sich ein ausgetrockneter Wasserlauf nach Öffnung der Schleusentore in ein Inferno aus stürzenden Wassermassen und tobenden Strudeln, um schließlich wieder zu einem zahmen Tröpfeln zu versiegen. Jetbootfahrten auf S. 355.

Von Taupo nach Napier

Beim Verlassen von Taupo bleibt der SH1 in Ufernähe und führt Richtung Südwesten nach Turangi (S. 362), während der SH5 nach Südosten Richtung Napier abzweigt. Letztere ist eine kurvenreiche, aber zunehmend schneller werdende Strecke (1 1/2 Std.) durch einen der abgelegensten Landstriche der Nordinsel. Ein Großteil des ersten Straßenabschnitts führt durch die **Kaingaroa Plains**, eine bis auf die 100 km nach Norden reichenden Kiefernpflan-

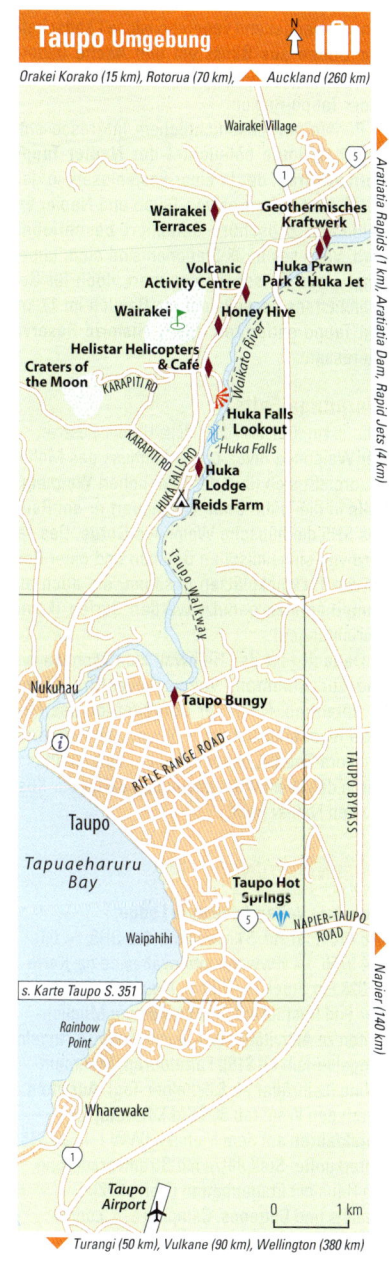

Taupo Umgebung

Orakei Korako (15 km), Rotorua (70 km), Auckland (260 km)

Wairakei Village

Wairakei Terraces

Geothermisches Kraftwerk

Volcanic Activity Centre

Huka Prawn Park & Huka Jet

Wairakei

Honey Hive

Helistar Helicopters & Café

Craters of the Moon

KARAPITI RD

Waikato River

Huka Falls Lookout

Huka Falls

KARAPITI RD

HUKA FALLS RD

Huka Lodge

Reids Farm

Taupo Walkway

Aratiatia Rapids (1 km), Aratiatia Dam, Rapid Jets (4 km)

Nukuhau

Taupo Bungy

RIFLE RANGE ROAD

Taupo

TAUPO BYPASS

Tapuaeharuru Bay

Taupo Hot Springs

NAPIER-TAUPO ROAD

Waipahihi

Napier (140 km)

s. Karte Taupo S. 351

Rainbow Point

Wharewake

Taupo Airport

0   1 km

Turangi (50 km), Vulkane (90 km), Wellington (380 km)

ZENTRALE NORDINSEL

zungen weitgehend vegetationslose Landschaft. Der Boden aus Bimsstein und Asche bildete sich nach dem apokalyptischen Vulkanausbruch in der Taupo-Region.

Punkte von geschichtlichem Interesse entlang der Route beleuchtet der **Napier-Taupo Heritage Trail**, der in einer kostenlosen, in den i-SITE Visitor Centres von Taupo und Napier erhältlichen Broschüre detailliert beschrieben wird. Viele seiner 35 Stationen sind nicht unbedingt einen Zwischenstopp wert, doch für Geschichtsfans ist vielleicht ein Besuch im 17 km von Taupo entfernten **Opepe Historic Reserve** interessant.

Waipunga Falls

SH5, 35 km südöstlich des Opepe Historic Reserve

Der Waipunga River, ein Nebenfluss des Mohaka, ergießt sich über die 30 m hohen **Waipunga Falls** in die Tiefe. Dann durchquert er am Rand des SH5 die hübsche Waipunga Gorge. Das Tal wird von einheimischen Bäumen und einer Reihe von Picknickplätzen gesäumt, die auch als **Campingplätze** genutzt werden dürfen (keine Einrichtungen).

Danach fällt der Highway zum Mohaka hin und zur Mountain Valley Adventure Lodge (s. unten) ab. Nach der Überquerung des Mohaka River erklimmt der Highway den Höhenzug Titiokura Saddle, bevor es endgültig bergab und durch das Weinanbaugebiet **Esk Valley** zur Küste nach Napier geht.

ÜBERNACHTUNG

Mountain Valley Adventure Lodge, 408 McVicar Rd, 5 km südlich des SH5, ✆ 06 834 9756, 🖥 www.mountainvalley.co.nz; Karte S. 328 Ein Stück ländliches Neuseeland mit Bar und Restaurant am Fluss sowie Möglichkeiten zu Aktivitäten wie beispielsweise Angeln (Angelverleih ab $15), Farmtouren, Mountainbiking (Leihräder ab $35/halber Tag), **Ausritten** durch den Wald (ab $65/Std.), **Rafting** und **Kajakfahren** auf dem Mohaka (WW I–II, ab $65). Unterkünfte: Stellplätze mit Stromversorgung, ein Haus mit Etagenbetten (Dorm $22), Chalets und Cottages. Camping $16, Lodge-Zimmer $75

Tongariro National Park und Umgebung

Das Nationalparksystem Neuseelands verdankt seine Entstehung zum großen Teil dem Weitblick des Tuwharetoa-Häuptlings Te Heu Heu Tukino IV. Während der Auseinandersetzungen mit den landhungrigen Pakeha im ausgehenden 19. Jh. erkannte er, dass die Maori nur eine einzige Chance hatten, ihr heiliges Land zu retten und intakt zu halten: Sie mussten es der neuseeländischen Nation zum Geschenk machen – unter der Bedingung, dass es weder besiedelt noch verschandelt werden dürfe. 1887 wurde sein Geschenk zur Keimzelle des ersten öffentlichen Schutzgebietes Neuseelands, **Tongariro National Park**, der aufgrund seiner einzigartigen Landschaft und kulturellen Bedeutung (s. Kasten S. 364) 1991 zum **Unesco-Welterbe** erklärt wurde.

Die meisten Besucher steuern geradewegs die drei großartigen Vulkane im Innern des Nationalparks an. Bei den steil aus der öden Hochebene aufragenden Gipfeln handelt es sich um den breitschultrigen Ski-Berg **Ruapehu** (2797 m), seinen kleineren Bruder **Tongariro** (1968 m) und den zwischen beiden eingekeilten, perfekt geformten Schichtkegel **Ngauruhoe** (2287 m). Der Nationalpark umschließt eine der atemberaubendsten Landschaften der Nordinsel – eine märchenhafte Mischung aus halbtrockenen Ebenen, dampfenden Fumarolen, kristallklaren Seen und Bächen, ursprünglichem Regenwald sowie Eis und Schnee in Hülle und Fülle. Die unwirtlicheren vulkanischen Gebiete mussten als Drehorte für Mordor und Mount Doom in *Herr der Ringe* herhalten.

All dies dient als Kulisse für zwei überaus lohnenswerte Wanderrouten, die eintägige **Tongariro Alpine Crossing** und den drei- bis viertägigen **Tongariro Northern Circuit**, der zu Neuseelands Great Walks zählt. Die Vegetation der weitläufigen Hochebene westlich der Vulkane besteht aus Buschland und goldfarbenen Tussock-Grasbüscheln, während sich im Regenschatten der Berge auf der Ostseite die Lavageröllwüste **Rangipo Desert** ausbreitet. Auch

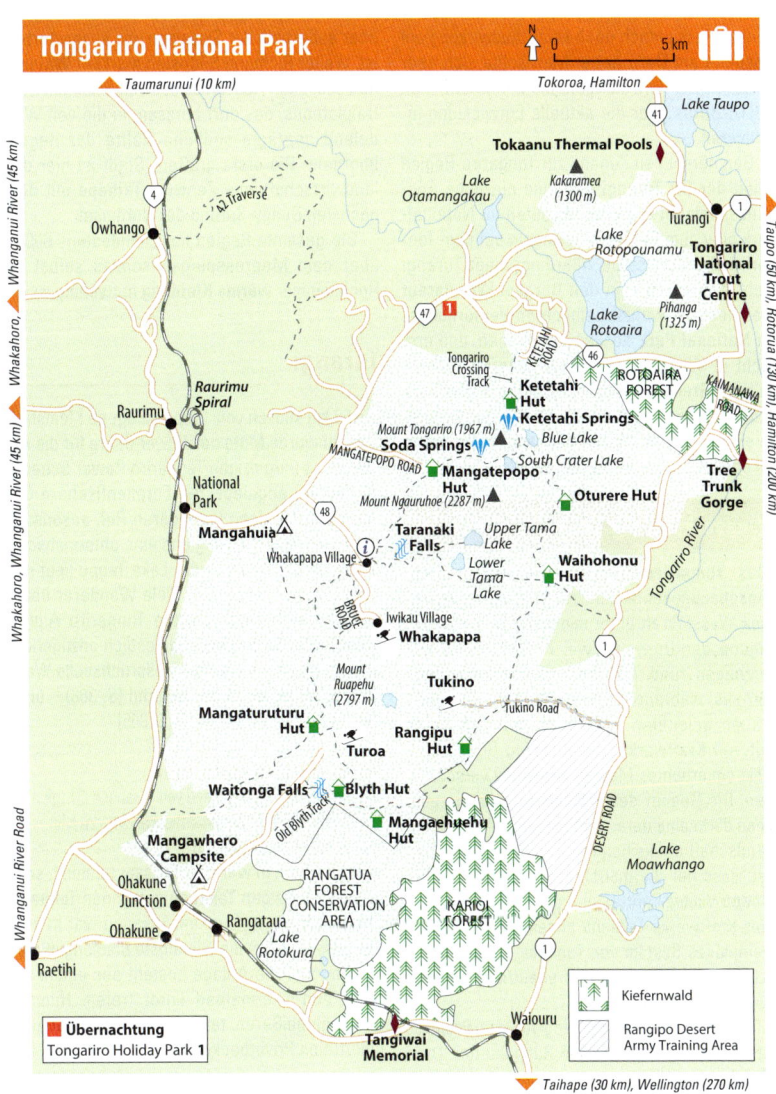

N 0   5 km

Taumarunui (10 km)   Tokoroa, Hamilton

Lake Taupo

Tokaanu Thermal Pools

Kakaramea (1300 m)

Turangi

Lake Otamangakau

Owhango

AZ Traverse

Lake Rotopounamu

Tongariro National Trout Centre

Lake Rotoaira

Pihanga (1325 m)

Tongariro Crossing Track

KETETAHI ROAD

ROTOAIRA FOREST

Raurimu Spiral

Raurimu

Ketetahi Hut
Ketetahi Springs

Mount Tongariro (1967 m)   *Blue Lake*

Soda Springs

MANGATEPOPO ROAD

South Crater Lake

Tree Trunk Gorge

KAIMANAWA ROAD

National Park

Mangatepopo Hut

Mount Ngauruhoe (2287 m)   **Oturere Hut**

Mangahuia

Taranaki Falls

Upper Tama Lake

Waihohonu Hut

Tongariro River

Whakapapa Village

Lower Tama Lake

BRUCE ROAD

Iwikau Village
Whakapapa

Mount Ruapehu (2797 m)

Tukino

Tukino Road

Mangaturuturu Hut

Turoa

Rangipu Hut

Waitonga Falls   **Blyth Hut**

Old Blyth Track

Mangaehuehu Hut

DESERT ROAD

Lake Moawhango

Mangawhero Campsite

Ohakune Junction

RANGATUA FOREST CONSERVATION AREA

KAROI FOREST

Ohakune   Rangataua

Lake Rotokura

Raetihi

Whanganui River Road

ZENTRALE NORDINSEL

Taupo (50 km), Rotorua (130 km), Hamilton (200 km)

Whakahoro, Whanganui River (45 km)

Whakahoro, Whanganui River (45 km)

Waiouru

Kiefernwald

Rangipo Desert Army Training Area

■ **Übernachtung**
Tongariro Holiday Park 1

Tangiwai Memorial

Taihape (30 km), Wellington (270 km)

wenn es sich streng genommen nicht um eine Wüste handelt, so präsentiert sie sich doch als beeindruckend trostlose und karge Ödnis, bedeckt von einer dicken Schicht Asche, die von dem Vulkanausbruch im Jahr 186 n. Chr. herrührt. Der Ruapehu meldet sich ab und an zu Wort (zuletzt 2007), indem er den Kratersee an seinem Fuß in Form gewaltiger Schlamm- und Schuttströme, die als „Lahare" bezeichnet werden, entleert. 2011 wurde die Vorwarnstufe des **Mount Ruapehu** auf Stufe 1 (Zeichen vulkanischer Aktivität) erhöht, was bei Redaktionsschluss jedoch noch keine Auswirkung auf Besuche am Berg hatte. Man sollte sich aber bei den DOC-Vertretungen und in den örtlichen i-SITE-Büros über die aktuelle Entwicklung informieren.

Den nördlichen Zugang zur Tongariro-Region bildet der Ort **Turangi**, der eine nützliche Ausgangsbasis für die Wanderrouten im Nationalpark oder zum Rafting und Angeln auf dem Tongariro River darstellt. Allerdings liegt Turangi nicht wirklich nah an den Bergen. Wer darauf Wert legt, ist wahrscheinlich im Versorgungsort **National Park** besser aufgehoben, und erst recht in **Whakapapa Village**, das sich innerhalb der Grenzen des Nationalparks 1200 m über dem Meeresspiegel an die Flanke des Ruapehu schmiegt. Der südliche Zugang ist **Ohakune**, ein etwas attraktiverer Ort als National Park, der

aber außerhalb der Skisaison wie ausgestorben ist. Weiter Richtung Südosten markiert **Waiouru** den südlichen Abschluss des vulkanischen Zentralplateaus, das dort langsam in die von Weideland geprägte südliche Hälfte der Region übergeht. Die erste größere Stadt ist hier das landwirtschaftliche Zentrum **Taihape** mit dem höchsten Bungy-Sprung der Nordinsel.

Die gesamte Region liegt mindestens 600 m über dem Meeresspiegel, sodass selbst im Hochsommer **warme Kleidung** notwendig ist.

Turangi

Die 50 km südlich von Taupo gelegene Kleinstadt **Turangi** wurde Mitte der 1960er-Jahre für die Arbeiter des ehrgeizigen Tongariro Power Scheme (s. Kasten) angelegt. Bei Forellenfischern genießt der Ort einen legendären Ruf, ansonsten ist er jedoch recht ruhig und eine untouristische Alternative zu Taupo – der Lake Taupo liegt nur 4 km nördlich der Stadt. Viele Wanderer übernachten in Turangi, um den Tongariro Alpine Crossing (S. 367) 40 km südwestlich anzugehen, aber es gibt auch weniger anspruchsvolle Wandermöglichkeiten in der Gegend (S. 368) – über diese informiert das i-SITE (S. 365).

Tokaanu Thermal Pools

Mangaroa Rd, 5 km westlich von Turangi ▪ ⏰ tgl. 10–21 Uhr ▪ Eintritt $6; Privatbecken $10/20 Min., inkl. Eintritt ▪ ✆ 07 386 8575

Wer sich gern in warmem Wasser tummelt, sollte im winzigen **Tokaanu** gelegenen **Tokaanu Thermal Pools** aufsuchen. Tokaanu war in voreuropäischer Zeit die wichtigste Siedlung in dieser Gegend. Die Anlage besteht aus einem öffentlichen Thermalbad unter freiem Himmel und noch heißeren, teilweise eingezäunten und chlorfreien Privatbecken.

Tongariro River Loop Track

Beginnt am Ende der Koura St ▪ 4 km

Der hübsche Rundwanderweg **Tongariro River Loop Track** (1 Std.) beginnt an der Fußgängerbrücke Major Jones Footbridge am Ende der Koura St am Stadtrand und führt am rechten Flussufer entlang nach Norden. Es geht an zwei

Turangi ist als Basis zum **Forellenfischen** auf dem Lake Taupo und am Tongariro River international bekannt. Das i-SITE hilft gern bei der Vermittlung eines Angelführers und verkauft auch die notwendige Angellizenz ($17/Tag). Ein **Angelführer** für einen halben Tag kostet inkl. Ausrüstung etwa $300. Sporting Life, The Mall, ☎ 07 386 8996, 💻 www.sportinglife-turangi.co.nz, verkauft und verleiht Angelausrüstung und bietet auf der Website jede Menge Informationen.

Rotorua und Taihape haben wildere **Rafting**-Flüsse, aber der Tongariro River ist eine landschaftlich reizvolle Alternative mit schönen Schluchten, nicht so anspruchsvollen Stromschnellen und der Chance, die vom Aussterben bedrohte Saumschnabelente *(whio)* zu sehen. Familien mit kleineren Kindern sollten sich für den unteren Abschnitt (WW II) entscheiden, wer es etwas turbulenter mag, für den oberen Abschnitt (WW III).

Rafting New Zealand, 41 Ngawaka Place, ☎ 0800 865 226, 💻 www.raftingnewzealand.com. Touren inkl. Wasserfallsprung und viele Infos zur kulturellen Bedeutung des Flusses (4 Std., $129).

Tongariro River Rafting, Atirau Rd, bei Firestone Tyres, ☎ 0800 101 024, 💻 www.trr.co.nz. Bietet einen guten WW-III-Trip ($125), eine Familienfahrt auf dem WW-II-Abschnitt (1 1/4 Std. auf dem Wasser, $85) und Dez–Mai eine **Raftingtour für Angler**, bei der man an ansonsten unzugänglichen Stellen am Fluss Gelegenheit zum Angeln bekommt. Bei $700 pro Tag für max. 3 Pers. kaum mehr, als man sonst nur für einen Angelguide zahlen würde. Außerdem Mountainbike-Verleih ($50/Tag).

Aussichtspunkten vorbei und über eine Klippe, bevor man den Fluss überquert und am gegenüberliegenden Ufer zurückkehrt.

Lake Rotopounamu Circuit

Abseits des SH47, 10 km südlich von Turangi ■ 5 km
Der beliebte **Lake Rotopounamu Circuit** führt durch von einheimischen Vögeln bewohnten Wald um den unberührten „Greenstone-See". Der einfache Weg ist gut ausgebaut und somit auch für Kinderwagen geeignet (90 Min.).

ÜBERNACHTUNG

Turangi hat eine ordentliche Auswahl an Unterkünften. Die billigeren Optionen konzentrieren sich im Zentrum, die nobleren Lodges und B&Bs weiter östlich am Tongariro River.
Club Habitat, 25 Ohuanga Rd, ☎ 07 386 7492, 💻 www.clubhabitat.co.nz. Riesiger Komplex eines ehemaligen Arbeiter-Camps, günstig, aber recht abgenutzt, mit Ausnahme der renovierten „executive units" ($125). Geräumige Spielebar, Speisekomplex, Spa und Sauna. Camping $15, Dorms $25
Creel Lodge, 183 Taupahi Rd, ☎ 07 386 8081, 💻 www.creel.co.nz. Einfacher, gut geführter, vorwiegend auf Angler ausgerichteter Motel-

Komplex. Units für Selbstversorger mit 1 oder 2 Schlafzimmern auf einem Gelände, das zum Fluss hinunter führt. Grillbereich. $135
Extreme Backpackers, 26 Ngawaka Place, ☎ 07 386 8949, 💻 www.extremebackpackers. co.nz. Einfach ausgestattete Zimmer, zentraler Innenhof, eine gute Kletterwand ($15, für Gäste $10) und ein freundliches Café. Die sympathischen Gastgeber kümmern sich gut um ihre Gäste. Dorms $26, Zimmer $64
Parklands, SH1, Ecke Arahori St, ☎ 0800 456 284, 💻 www.parklandsmotorlodge.co.nz. Große Motor Lodge mit Studio Units und geräumigen modernisierten Units sowie Pool, Spielezimmer und kleinem Restaurant. Studios $115, Units $140
Riverstone Backpackers, 222 Tautahanga Rd, ☎ 07 386 7004, 💻 www.riverstonebackpackers. co.nz. Hübsches kleines Hostel. Gut ausgestattete moderne Küche, Kräutergarten, Fahrradverleih. Dorms $35, Zimmer $74
🧳 **Tongariro Holiday Park**, SH47, ☎ 07 386 8062, 💻 www.thp.co.nz. Die beste Ausgangsbasis für die Tongariro Alpine Crossing (S. 367). Geboten werden Stellplätze mit Strom und verschiedene Cabins sowie eine Gemeinschaftsküche und eine modernisierte Duschanlage. Die Mitarbeiter können auf Wunsch für

Gäste den Transportservice Tongariro Expeditions buchen, der hier täglich Leute abholt
und absetzt. Camping $44, Cabins $60
Tongariro River Motel, SH1, Ecke Link Rd,
📞 0800 187 688, 🖥 www.tongarirorivermotel.
co.nz. Einfaches, aber behagliches Motel,
das nicht nur wegen der Angelständer und
des Fischräucherofens besonders bei Anglern
beliebt ist. Der Inhaber betreibt eine interessante Website zu Turangi und v. a. zum
Forellenfischen. $90

ESSEN

Das Restaurantangebot in Turangi hat sich in
den letzten Jahren verbessert: Einige schicke
Cafés und Restaurants servieren inzwischen
moderne neuseeländische Küche. Selbstversorger steuern den Supermarkt New World
im Stadtzentrum an.
Oreti, 88 Pukawa Rd, Pukawa, 📞 07 386 7070,
🖥 www.oretivillage.co.nz. Die Stars auf der
Abendkarte in diesem romantischen Restaurant
8 km nordwestlich von Turangi am Ufer des Lake
Taupo sind Angus-Ribeye-Filet mit *vigneronne*

sauce, kurzgebratene Lammlende ($34) und
Schokoladen-Toffee-Fondant. ⏱ Sa und So
ab 9, Do–So 12–15, Di–So 18 Uhr bis spät.
River Vineyard Restaurant, 134 Grace Rd,
📞 07 386 6704, 🖥 www.riverwines.co.nz. Weingut am Fluss, 4 km nördlich der Stadt abseits des
SH1, mit Frühstück zur Stärkung vor den Wanderungen, Mittag- und Abendessen (Hauptgerichte
$30–34). ⏱ Di–So 10 Uhr bis spät.
Tongariro Lodge, 83 Grace Rd, 📞 07 386 7946,
🖥 www.tongarirolodge.co.nz. Das Restaurant
in der Tongariro Lodge bietet einfallsreiche
Hauptgerichte ($24–40) wie Pilz-Tofu-Klöße,
Hawke's-Bay-Lamm und Wildkarree mit Gemüse
der Saison. Die Lodge wartet außerdem mit
teuren, aber luxuriösen Chalets und Häuschen
auf (ab $392 p. P.). ⏱ tgl. 18–22 Uhr.
Turangi Bridge Motel, SH1, 800 m nördlich von
Turangi, 📞 07 386 8804, 🖥 www.bridgefishing
lodge.co.nz. Hier lässt man sich am Kamin z. B.
Knoblauchgarnelen ($29) oder Lammstelzen
($27) schmecken. ⏱ Mo–So 6–21 Uhr.
Turangi Tavern, Pihanga Road, 📞 07 386 6071.
Klassischer Kiwi-Pub mit Rechnung auf dem
Bierdeckel, Bier vom Fass und Kneipenessen

Legenden der Berge

Als Te Heu Heu Tukino IV. die Vulkane im Herzen Tongariros der Krone vermachte, war er von dem
spirituellen Bedürfnis beseelt, sie zu schützen. Nach Überlieferung der Maori besitzt jeder Berg im
Nationalpark eine ausgeprägte Persönlichkeit und ist ein Symbol für die Verbindung zwischen Natur
und Zivilisation. Der Legende nach gruppierten sich früher zahlreiche kleinere Berge um die dominierenden Vulkane Ruapehu, Tongariro, Ngauruhoe und Taranaki. Zu ihnen zählte auch der einzige
weibliche, die wunderschöne Pihanga im nördlichen Abschnitt des heutigen Nationalparks. **Pihanga**
wurde von vielen anderen Bergen verehrt, liebte ihrerseits aber nur **Tongariro**, den Sieger in zahlreichen Kämpfen mit ihren anderen Freiern.
Bei einem besonders erbittert geführten Kampf wurde Tongariro in die Knie gezwungen und verlor
die Spitze seines Kopfes, was seine heutige Form erklärt. **Taranaki** besiegte Ngauruhoe, doch als er
es mit Ruapehu aufnahm, war er bereits zu erschöpft und wurde schwer verwundet. Taranaki floh
und hinterließ bei seiner Flucht an die Westküste der Nordinsel eine große Furche, durch die heute
der Whanganui River fließt.
Dem Stamm der Tuwharetoa waren die Berge so heilig, dass sie ihren Blick abwendeten, wenn sie
an ihnen vorbeikamen und in ihrer Nähe weder aßen noch Feuer machten. Das *tapu* (Tabu) reicht
bis in die Zeit zurück, als ihr legendärer Ahne **Ngatoroirangi** hier ankam, um das Zentrum der Nordinsel in Besitz zu nehmen. Nachdem er den Tongariro mit *tapu* belegt hatte, machte er sich an die
Besteigung des Berges. Als jedoch seine Männer während seiner Abwesenheit ihr Fastengelöbnis
brachen, schickten die erzürnten Götter einen Schneesturm, der Ngatoroirangi das Leben gekostet
hätte, wäre er nicht von gütiger gestimmten Göttern in Hawaiki gerettet worden.

vom Tresen, z. B. Schweinefleisch mit Kraut-salat ($16) oder Würstchen mit Kartoffelpüree ($17). ⏰ tgl. 11 Uhr bis spät.

i-SITE Visitor Centre, Ngawaka Place, 📞 0800 288 726, 🖥 www.laketauponz.com. Verkauf von Bustickets, Angelscheinen für die Region Taupo, Landkarten, DOC-Wanderbroschüren und Hüttentickets, außerdem kostenloser Zimmerbuchungsservice und Internetzugang/WLAN. ⏰ tgl. 8.30–17 Uhr.

Ein eigenes Fahrzeug macht das Leben in dieser Gegend leichter, doch es existiert auch ein vernünftiges Netz von **Shuttlebussen** entlang der wichtigsten Strecken und zu den Ausgangspunkten der Wanderwege (S. 372).

Busse von InterCity halten beim i-SITE Visitor Centre, Ngawaka Place. Ebenso die Busse von Tongariro Expeditions auf ihrem Weg von Taupo zum Wanderweg Tongariro Alpine Crossing – allerdings nicht bei schlechtem Wetter.

Busse nach:
AUCKLAND 3x tgl., 6 Std.;
WELLINGTON 4x tgl., 5 3/4 Std.

Whakapapa und Umgebung

Gut 45 km südlich von Turangi am SH48 schmiegt sich die einzige Siedlung im Innern des Tongariro National Park, das winzige **Whakapapa**, an die unteren Hänge des Mount Ruapehu, im Hintergrund die von Schnee bedeckten Hänge des Vulkans, die das Skigebiet Whakapapa bilden.

Whakapapa erfreut sich großer Beliebtheit bei Wanderfreunden als gute Ausgangsbasis sowohl für Kurzwanderungen als auch für die Langstreckenrouten Tongariro Northern Circuit und Round the Mountain Track (S. 371). Die einfacheren Wanderwege sind in der DOC-Bro-

schüre *Walks in and around Tongariro National Park* (Download auf 🖥 www.doc.govt.nz) beschrieben. Zu den sehr guten zählen der **Whakapapa Nature Walk** (1 km, 20–30 Min.), in dessen Mittelpunkt die einzigartige Flora des Nationalparks steht, der **Taranaki Falls Walk** (6 km, 2 Std.), der durch offene Tussock-Steppe und Buschland zu einer Stelle führt, wo der Wairere Stream 20 m tief über die Abbruchkante eines alten Lavastroms stürzt, und der **Silica Rapids Walk** (7 km, 2 1/2 Std.), der an einem Flüsschen entlang durch Südbuchenwälder zu einer cremefarbenen Sinterterrasse führt.

Ruapehu-Crater-Rim-Wanderung

5–8 Std. hin und zurück ▪ Vom Parkplatz Iwikau Village 15 km hin und zurück, 1000 m Anstieg ▪ Vom oberen Ende des Sessellifts Waterfall Express 9 km hin und zurück, 650 m Anstieg ▪ Sessellift Nov–April je nach Wetter 9–16 Uhr ▪ $30 hin und zurück

Erheblich steiler und anstrengender gestaltet sich die Wanderung **Ruapehu Crater Rim**. Dafür wird man aber mit dem dramatischen Ausblick auf die Silhouette der Cathedral Rocks und nach Westen auf den Mount Taranaki belohnt. Die Wanderung kann vom Parkplatz beim Iwikau Village in Angriff genommen werden, schöner ist sie allerdings vom oberen Ende des Sessellifts Waterfall Express. Dadurch erspart man sich den langen Weg durch eine karge Felslandschaft. Vom Sessellift ist der Weg nicht ausgeschildert; von Weihnachten bis zum ersten Schneefall ist der Anstieg in normalen Wanderschuhen und ohne Steigeisen zu bewältigen. Es werden auch geführte Kraterwanderungen angeboten (S. 367).

Iwikau Village

Ab Whakapapa heißt der SH48 Bruce Road und erreicht nach 6 km **Iwikau Village**, das zwischen Ende Juni und Mitte Oktober zu einer wuselnden Masse aus Skibrillen und ausgebeulten Snowboarder-Hosen mutiert. Beim Knoll Ridge Café (S. 366) beginnen geführte Bergwanderungen.

In Whakapapa gibt es nur eine begrenzte Anzahl an Unterkünften, die daher häufig weit im Voraus ausgebucht sind. Während der Skisaison und in den Weihnachtsferien empfiehlt es sich, so früh wie möglich zu reservieren.

Chateau Tongariro, SH48, ✆ 0800 242 832, 🖥 www.chateau.co.nz. Das auffälligste Haus im Ort ist ein massiver, 1929 errichteter Ziegelbau im vornehmen Gewand, einschließlich einer riesigen Lounge mit Snooker-Tisch und herrlichem Blick auf den Berg. Selbst wenn man hier nicht übernachtet, lohnt ein Abstecher auf eine Tasse Tee. Für Gäste stehen der höchste 9-Loch-Golfplatz Neuseelands, Tennisplätze, ein kleines Hallenschwimmbad und ein Fitnessraum zur Verfügung. Die Zimmer wurden nach internationalem Hotelstandard modernisiert, wobei nur die teureren viel Platz und gute Ausblicke bieten. Sie befinden sich meist im 2004 recht unauffällig hinzugefügten neuen Flügel. Im Frühjahr und Herbst werden auf der Hotel-Website oft Sonderrabatte angeboten. Standard-Zimmer $195, Premium-Zimmer $280

Discovery, SH47, 1,1 km südlich der Abzweigung des SH48, ✆ 07 892 2744, 🖥 www.discovery.net.nz. Fünf Autominuten nordwestlich vom Whakapapa Village mit Blick auf die Vulkane des Tongariro und einem breiten Angebot an Unterkünften, z. B. Chalets mit separatem Schlafzimmer, Küche und Bad ($285). Camping $22, Backpacker-DZ $115

Mangahuia Campsite, abseits des SH47 nahe der Abzweigung nach Whakapapa. Einfacher DOC-Campingplatz an einem Bach mit 17 Stellplätzen, Toiletten, fließend Wasser, Picknicktischen und geschütztem Kochbereich. Nicht reservierbar, Gebühr am Reservierungsstand hinterlegen. $6

Skotel, 100 m den Berg hinauf neben dem Chateau Tongariro, ✆ 0800 756 835, 🖥 www.skotel.com. Komplex mit 3er-Dorms, DZ mit Bad, Sauna und Restaurant/Bar. Es gibt auch ein paar Cabins mit voll ausgestatteter Kochnische für bis zu 6 Pers. ($225). Während der Skisaison schnellen die Preise nach oben. Backpacker-Zimmer $65, Standard-Zimmer $140

Whakapapa Holiday Park, gegenüber dem DOC-Büro, ✆ 07 892 3897, 🖥 www.whakapapa.net.nz. Die beste Option für den kleinen Geldbeutel liegt sehr schön in einem Waldstück.

Stellplätze mit und ohne Strom sowie Units mit Bad ($109) und Cabins ohne Bad. Camping $19, Dorms $25

ESSEN

Fergussons Café, gegenüber dem DOC-Büro, 🖥 www.chateau.co.nz/fergussons-cafe. Frühstück, Snacks, gut belegte Sandwiches (Gerichte $6,50–16,50). ⏱ tgl. 7–18 Uhr.

Knoll Ridge Café, 🖥 www.mtruapehu.com. Das moderne Café ist das höchstgelegene Neuseelands (2020 m) und bietet neben weiten Ausblicken typische Bergkost (Gerichte $5,50–10,50). ⏱ Winter und Dez–Ostern tgl. 9.30–15.30 Uhr.

Lorenz's Café, vom Whakapapa Village 5 km den Berg hinauf, 🖥 www.mtruapehu.com. Das schlichte Café an der Talstation des Sessellifts zum Knoll Ridge hat sowohl Snacks als auch größere Gerichte im Angebot (Hauptgerichte $12–25). ⏱ tgl. morgens und mittags.

Pihanga Café and T Bar, im Chateau Tongariro, ✆ 0800 242 832, 🖥 www.chateau.co.nz. Das (günstigere) Café im Chateau bietet gehobene Kneipenkost wie Rindfleisch-Carpaccio-Salat für $15,50 oder Wildbretwürste aus eigener Herstellung für $22. ⏱ tgl. 11.30 Uhr bis spät.

Ruapehu Room, im Chateau Tongariro, ✆ 0800 242 832, 🖥 www.chateau.co.nz. Wer sich für die Bewältigung einer langen Wanderstrecke belohnen möchte, steuert am besten den Ruapehu Room an und gönnt sich eine sehr gute Mahlzeit à la carte zu entsprechenden Preisen (Hauptgerichte $30–38). Im Fokus steht erstklassiges Fleisch wie Chateaubriand, Lammkarree, Wild und Wildschwein. Für das Abendessen und sonntägliche Mittagessen muss man reservieren; angemessene Kleidung ist erwünscht (keine Jeans oder T-Shirts). ⏱ tgl. zum Frühstück 6.30–10 und abends ab 18.30 Uhr, So Mittagessen ab 12 Uhr.

The Terrace Restaurant & Bar, im Skotel, ✆ 0800 756 835. Bistro-Speisen bei gutem Preis-Leistungs-Verhältnis, z. B. Burger ($22,50), gebratene Polenta oder Porterhouse Steak ($31,50); mit gut besuchter Bar. ⏱ tgl. Abendessen 18–21 Uhr.

Tussock Pub, unten im Dorf, ✆ 07 892 3809, 🖥 www.chateau.co.nz. Die sehr stimmungsvolle Kneipe mit Großbildschirm ist die billigste Adresse zum Essen (Burger $18, Pizzas $17) und Trinken und auch ein beliebter Treffpunkt der Einheimischen. ⏲ tgl. 15 Uhr bis spät.

INFORMATIONEN UND TOUREN

DOC, SH 38, ✆ 07 892 3729, ✉ tongarirovc@ doc.govt.nz. Hier gibt es Landkarten und Prospekte, außerdem eine Vielzahl von Exponaten zum Nationalpark, darunter das winzige Ski History Museum und 2 Videofilme (zusammen $5, einzeln je $3), die auf Wunsch gezeigt werden. ⏲ tgl. Dez–Feb 8–18, März–Nov 8–17 Uhr.
Mt Ruapehu Guided Tours, ✆ 07 892 4000, 🖥 www.mtruapehu.com. Geführte Kraterwanderungen (Mitte Dez–Mai je nach Wetter tgl. 8.30 Uhr, Rückkehr ca. 16 Uhr, $99 inkl. Lift). Unterwegs erfährt man einiges über die Geologie und Flora am Berg.

NAHVERKEHR

In Whakapapa sind keine **Schneeketten** erhältlich; man muss also selbst welche mitbringen oder auf einen der **Shuttlebusse** ausweichen, die die Unterkünfte in der Gegend anfahren. Mindestens stündlich verkehrt der Mountain Shuttle, ✆ 0800 117 686.

TRANSPORT

Die einzigen **Busverbindungen** nach Whakapapa sind die Shuttlebusse aus TURANGI (2x tgl.) und NATIONAL PARK (3–5x tgl.), Sie halten in der Nähe des Visitor Centre. Auch verkehrt 1x tgl. ein NakedBus.

Wandern im Tongariro National Park

Der Tongariro National Park beherbergt einige der schönsten Wanderwege der Nordinsel, die ein spektakuläres vulkanisches Terrain erschließen. Die Route **Tongariro Crossing** gilt als beste Tageswanderung Neuseelands; daneben gibt es einige längere Strecken, vor allem den 3–4-tägigen **Tongariro Northern Circuit**. Der Mount Ruapehu hat den gleichermaßen anstrengenden wie lohnenswerten **Crater Rim Hike** (S. 365) und den Rundwanderweg **Round the Mountain Track** aufzuweisen. Letzterer präsentiert sich nicht ganz so abwechslungsreich wie die Tongariro-Wanderrouten, ist dafür aber auch wesentlich weniger frequentiert. Beide Wege sind am besten von Whakapapa aus zugänglich.

Das **Wetter** in den Bergen, 🖥 www.metservice.com, kann extrem schnell umschlagen, sodass die üblichen Vorkehrungen getroffen werden sollten. Selbst an brütend heißen Sommertagen kann es infolge der Höhenlage und extremer Winde auf den Bergkämmen sehr frisch werden, und auch ein Sturm bricht zuweilen völlig unvorbereitet und mit erschreckender Plötzlichkeit herein. Zwischen Ende März und Ende November muss jederzeit mit Schnee auf den Wegen gerechnet werden. Wer in dieser Zeit eine lange Wanderung plant, sollte sich vor Ort nach den aktuellen Bedingungen erkundigen.

Es ist stets warme und regenfeste **Kleidung** anzuraten. Wer den steilen Vulkankegel des Mount Ngauruhoe erklimmen möchte, sollte zusätzlich Handschuhe und lange Hosen zum Schutz vor den scharfkantigen Schlackefelsen mitnehmen. Auf den meisten Wegen ist die Versorgung mit **Wasser** eher dürftig, daher viel zu trinken mitnehmen. Informationen zum Wandern im Winter auf S. 368.

7 HIGHLIGHT

Tongariro Alpine Crossing
19,4 km, 6–8 Std., 750 m Anstieg ▪ Alle Shuttlebusse setzen ihre Fahrgäste zwischen 6 und 9 Uhr am Parkplatz am Ende der Mangatepopo Rd ab, um sie gegen 15–16.30 Uhr an der Ketetahi Rd wieder abzuholen

In der Sommersaison (gewöhnlich Mitte Nov–April) ist die **Tongariro Alpine Crossing** die mit Abstand beliebteste Wanderroute der Region, und das aus gutem Grund: Innerhalb weniger Stunden klettert man über erstarrte Lavaflüsse,

ZENTRALE NORDINSEL

Wandern im Winter

Nach dem ersten Schneefall gegen Ende April sind die Tongariro Alpine Crossing und die längeren Wanderwege mit normaler Ausrüstung nicht mehr zu bewältigen. Mit Steigeisen und Eispickel bewaffnet lassen sich hier im Winter jedoch tolle Bergwanderungen unternehmen. Natürlich ist es auf den Wegen dann erheblich stiller. Die Great-Walks-Hütten an der Tongariro Alpine Crossing und am Tongariro Northern Circuit sind dann zwar nicht mehr mit Kochgelegenheiten ausgestattet, aber dafür billiger ($15,30 statt $31). Die Hütten am Round the Mountain Track kosten das ganze Jahr dasselbe. Weitere Informationen zu Wetter und Ausrüstung auf S. 370.

Für weniger erfahrene Wanderer gibt es normalerweise von Juni bis Oktober entlang weiter Abschnitte der Tongariro Alpine Crossing **geführte Wanderungen** inkl. Einführung in die Benutzung von Eisaxt und Steigeisen, die gestellt werden. Tongariro Expeditions, ℡ 07 377 0435, 🖥 www.thetongarirocrossing. co.nz, verlangt $175 ab National Park, Turangi und Taupo. Im Sommer braucht man nicht unbedingt einen Führer, aber im Winter (Juni–Oktober) auf alle Fälle. Adrift Outdoors in National Park, ℡ 07 892 2751, 🖥 www.adriftnz. co.nz, veranstaltet eine winterliche Alpine Crossing ($175) und im Sommer kurze Wanderungen ab $95.

Vom Parkplatz Mangatepopo zum Mangatepopo Saddle

Fast alle Wanderer begehen die Route von Westen nach Osten, wodurch man sich 400 m Anstieg spart. Vom Ausgangspunkt **Mangatepopo Road** geht es während der ersten Stunde relativ sanft am Flüsschen Mangatepopo entlang und an der gleichnamigen Hütte (mit Toiletten) vorbei. Die Strecke wird dann steiler und führt durch rissige schwarze Lavaströme auf den **Mangatepopo Saddle** und über einen kurzen Seitenweg zu den **Soda Springs**, einer kleinen Wildblumenoase inmitten einer ansonsten vegetationslosen Landschaft. Hier gibt es auch Toiletten, aber Papier muss jeder selbst mitbringen.

Der Sattel markiert den Beginn des Hochlandes zwischen dem wuchtigen und uralten Mount Tongariro und seinem jugendlichen Nachbarn **Mount Ngauruhoe** (Lord-of-the-Rings-Fans eher als Mount Doom bekannt), den man von hier aus besteigen kann (2 km hin und zurück, 2–3 Std., 600 m Anstieg), ohne den Shuttlebus am Ende des Tages zu verpassen. Der 35 Grad steile Anstieg ist anstrengend, erfreut sich aber großer Beliebtheit – wegen des exzellenten Panoramas vom gezahnten Kraterrand und wegen der aufregenden Rutschpartie beim Abstieg.

Vom Mangatepopo Saddle zur Ketetahi Hut

Vom Mangatepopo Saddle führt der Wanderweg über die flache Pfanne des **South Crater** und anschließend auf den Rand des **Red Crater**, wo oft der aus Fumarolen hervorquellender Dampf die purpurroten und schwarzen Kesselwände einhüllt. Jetzt folgt der schwierigste und steilste Teil des Abstiegs zu den **Emerald Lakes**. Ungeübte Wanderer rutschen den Abhang eher etwas unbeholfen herab, während andere mit irrer Geschwindigkeit an ihnen vorbei sprinten. Dieser Abschnitt ist relativ kurz, aber dafür umso farbenfroher. Unten erwarten den Wanderer die Emerald Lakes, deren trübes Wasser in Schattierungen zwischen Jadegrün und Zartblau schimmert.

Ab hier geht es entspannt bergab, nur zwischendurch mal kurz hinauf zum kristallklaren **Blue Lake**. Es folgt die Umrundung des **North Crater** mit schönen Ausblicken beim Abstieg

durchquert einen Kraterboden, passiert eine aktive Geothermalzone, sieht wunderschön ruhige, smaragdgrüne und blaue Seen und bekommt Gelegenheit zur Besteigung des Schlackekegels Mount Ngauruhoe. Selbst ohne diese Anhäufung an Highlights wäre es immer noch eine sehr schöne Wanderroute mit unterschiedlichsten Szenerien.

An Wochenenden und im Hochsommer absolvieren täglich bis zu 700 Menschen die Route. Daher ist es eine Überlegung wert, auf Frühjahr oder Herbst auszuweichen und die Wochenenden zu meiden. Um den Massen zu entgehen, kann man auch einen der frühesten Shuttlebusse nehmen und ihnen vorausgehen.

Die Skigebiete am Mount Ruapehu

Der Mount Ruapehu weist die bedeutendsten Skigebiete der Nordinsel auf: **Whakapapa** und **Turoa**. Jedes Wochenende zwischen Ende Juni und Mitte Oktober kommen Skibegeisterte nach Whakapapa an der Nordwestflanke des Mount Ruapehu oder nach Turoa am Südhang. Beide haben einen ausgezeichneten Ruf bei Anfängern und Fortgeschrittenen, und die Beschaffenheit der vulkanischen Formationen sorgt für ein Übermaß an traumhaften, natürlichen Halfpipes für Snowboarder.

Tickets und Ausrüstung

Mt Ruapehu, ⌨ www.mtruapehu.com, verwaltet beide Skigebiete. Ein **Skipass** für eines der beiden Gebiete kostet jeweils $99 pro Tag. Es gibt auch Pauschalpakete für Anfänger ($112) inkl. Leihausrüstung, knapp 2 Std. Unterricht und Skipass für die Anfängerpisten. Der **Skiverleih** nimmt pro Tag $39 (für Skier, Stiefel und Skistöcke) bzw. $47 (für Snowboards und Stiefel). Mehrere Verleiher in National Park, Ohakune und Turangi bieten günstige Preise und eine große Auswahl an Ausrüstung.

Übernachtung

In den beiden Skigebieten gibt es **keine öffentlichen Unterkünfte**. Zwar unterhalten die Skiclubs Dutzende von Chalets am Fuße der Lifte in Iwikau Village bei Whakapapa, doch Gelegenheitsbesucher müssen (falls sie nicht als Gast in eine der Lodges eingeladen sind) mit den Unterkünften 6 km weiter unten in Whakapapa Village oder im 22 km entfernten National Park vorliebnehmen. Klassischer Übernachtungsort für das Skigebiet Turoa ist Ohakune.

Skigebiete

Mit über 60 gepflegten Pisten (2 für Anfänger, 40 für Fortgeschrittene, 20 für erfahrene Skifahrer), einem Dutzend größeren Sessel- und Schleppliften und dem speziell für Anfänger reservierten Areal Happy Valley ist **Whakapapa** das größte und meistbesuchte Skigebiet Neuseelands. Es überbrückt 675 m Höhenunterschied und bietet Kunstschneemaschinen, Skischulen, einen riesigen Ausrüstungsverleih und ein paar Cafés/Bars. Die Anfahrt erfolgt über die gebührenfreie Asphaltstraße Bruce Road; Schneeketten sind nicht erhältlich (S. 367). Busse verkehren regelmäßig von Whakapapa Village, National Park, Turangi und Taupo. ☉ in der Regel Ende Juni–Mitte Okt.

Das Skigebiet **Turoa** bietet mit 720 m den größten Höhenunterschied aller Skigebiete des Landes und ein befahrbares Gebiet, das in der Größe mit Whakapapa vergleichbar ist. Seine breiten, gepflegten Pisten (3 für Anfänger, 11 für Fortgeschrittene, über ein Dutzend für erfahrene Skifahrer) sind besonders für Skiläufer mit durchschnittlichen Fähigkeiten ausgelegt. Außerdem verfügt der nahe gelegene Ort **Ohakune** über das beste Après-Ski-Angebot der Region. Im Regelfall ist es möglich, ohne Ketten von Ohakune über die asphaltierte und gebührenfreie, 17 km lange Zufahrtsstraße nach oben zu fahren, wo es ebenfalls kostenlose Parkmöglichkeiten gibt. Bei Bedarf steht ein Schneekettenservice bereit ($30, nur Bargeld). Mehrere Shuttlebusse verkehren zwischen Ohakune und Turoa (Fahrpreis etwa $30 hin und zurück). ☉ Saison normalerweise Mitte/Ende Juni–Mitte Okt.

über mit goldgelben Grasbüscheln bewachsene Hänge auf gut präparierten Wegen zur **Ketetahi Hut**, einer Raststation mit Blick auf die Seen Lake Rotoaira und Lake Taupo – und Toiletten!

Von der Ketetahi Hut zum Parkplatz Ketetahi
Der letzte Teil des Abstiegs führt durch schattigen Busch an einem Flüsschen entlang. Beim gemütlichen Gehen unter Bäumen können sich die müden Glieder erholen, besonders an heißen Tagen. Auf einem etwa 700 m langen Abschnitt ist jedoch eine gewisse Vorsicht geboten; hier ist die Gefahr von vulkanischen Schlammströmen etwas höher, daher sollte man bis zum Parkplatz an der Ketetahi Road nicht trödeln.

Tongariro Northern Circuit Skigebiete

42 km, 3–4 Tage bei gemächlichem Tempo
■ Hauptzugangsort ist Whakapapa

Wer die Route Tongariro Alpine Crossing ansprechend findet, aber nach einer größeren Herausforderung sucht, entscheidet sich für den **Tongariro Northern Circuit**, der zu Neuseelands Great Walks zählt. In der Sommersaison (etwa Okt–April) gelten die Hütten – Mangatepopo, Ketetahi, Waihohonu und Oturere – als **Great-Walks-Hütten**. Dann sind sie mit Gaskochern, jedoch nicht mit Pfannen, Töpfen und Geschirr ausgestattet. Camper können die Hütteneinrichtungen mitbenutzen. Der Rundweg wird normalerweise im Uhrzeigersinn begangen.

Von Whakapapa zur Mangatepopo Hut

9 km, 2–3 Std., 50 m Anstieg

Dieser Abschnitt lässt sich einsparen, indem man einen Shuttlebus zum Parkplatz Mangatepopo nimmt. Der Wanderweg führt durch Tussock-Steppe und über zahlreiche Bäche, bevor er in der Nähe der Mangatepopo Hut auf die Route Tongariro Alpine Crossing trifft. Der Streckenabschnitt ist nach schweren Regenfällen aufgeweicht, aber in der Regel noch passierbar.

Von der Mangatepopo Hut zu den Emerald Lakes

6 km, 3–4 Std., 660 m Anstieg

Die Route ist identisch mit der Tongariro Alpine Crossing, danach eröffnen sich zwei Alternativen: Entweder man folgt weiter der Route Tongariro Alpine Crossing bis **zur Ketetahi Hut** (4 km, 2–3 Std., 400 m Abstieg) und kehrt am nächsten Tag zur Weggabelung bei den Seen zurück, oder man biegt direkt nach rechts ab. Der Weg führt vorbei an schwarzen Lavaströmen von Ausbrüchen des Ngauruhoe 1949 und 1954. Vom Red Crater führt oben eine abgesteckte Route (nach links) zum Tongariro Summit, während der Hauptweg am Kraterrand weiterführt.

Emerald Lakes zur Oturere Hut

5 km, 1–2 Std., 500 m Abstieg

Durch eine surreale Lavageröllwüste, die von den Ausbrüchen des Red Crater stammt, geht es Richtung Rangipo Desert und Oturere Hut; dabei bieten sich spektakuläre Ausblicke auf das Otu-rere Valley, die Kaimanawa Ranges und die Rangipo Desert

Oturere Hut zur Waihohonu Hut

8 km, 2–3 Std., 250 m Abstieg

Dieser Abschnitt führt zunächst durch offenes, leicht hügeliges Land und über Geröllfelder, bevor man einen Zweig des Waihohonu Stream durchquert. Danach geht es bergab durch Südbuchenwälder, bevor man nach einer letzten Kletterpartie über einen Bergrücken die Hütte erreicht, wo man sein Gepäck loswerden und zu den 20 Min. entfernten Quellen Ohinepango Springs weitermarschieren kann.

Waihohonu Hut nach Whakapapa

14 km, 5–6 Std., 200 m Anstieg

Die letzte Etappe führt zwischen Ngauruhoe und Ruapehu hindurch und vorbei an der Old Waihohonu Hut (keine Übernachtungsmöglichkeit), einer ehemaligen Postkutschenstation, die 1901 an der alten Landstraße errichtet wurde. Anschließend geht der Weg an dem Flüsschen Waihohonu Stream entlang auf den ungeschützten **Tama Saddle**. Gut 1 km weiter zweigen zwei Wanderwege zu den Kraterseen Lower Tama Lake (20 Min. hin und zurück) und Upper Tama Lake (1 Std. hin und zurück) ab. Wer kaltes Wasser nicht scheut, kann in diesen Seen baden. Da vom Tama Saddle zurück nach Whakapapa nur mit 2 Std. Fußmarsch durch eine Grasbüschellandschaft zu rechnen ist, bleibt in der Regel noch Zeit für einen Abstecher zum Wasserfall **Taranaki Falls**.

Round the Mountain Track

71 km, 4–5 Tage ■ Hauptzugangsort ist Whakapapa

Der anspruchsvolle **Round the Mountain Track** führt um den Mount Ruapehu herum und lässt sich am einfachsten von Whakapapa aus bewältigen. Der Round the Mountain Track kann auch mit dem Northern Circuit zu einem anstrengenden 5- oder 6-tägigen Marsch um alle drei Berge kombiniert werden.

ÜBERNACHTUNG

Die einzigen Übernachtungsmöglichkeiten, mit Ausnahme der Unterkünfte in Whakapapa,

Busse im Tongariro National Park

Ein paar InterCity-Busse passieren den Tongariro National Park, aber meist werden die zum Park verkehrenden Busse von kleineren, vielfach mit Backpacker-Hostels zusammenarbeitenden Unternehmen betrieben. Wer in einem der unten genannten Orte nächtigt, kann aus einer Reihe von Anbietern wählen, die mehr oder weniger denselben Service bieten. Darunter gibt es meist einen für Frühaufsteher, die somit bereits vor dem ersten Besucheransturm am Ort des Geschehens eintreffen. Wir haben die größeren, zuverlässigen Anbieter aufgelistet. Nähere Auskünfte über die verschiedenen Angebote erteilen die Unterkünfte und die Touristeninformationen. Für den Hin- und Rücktransfer zur Tongariro Alpine Crossing verlangen die meisten Unternehmen ca. $35.

Ab National Park

Zahlreiche Shuttlebusse fahren im Sommer zu den Ausgangspunkten der Wanderwege und im Winter zu den Skigebieten. Howard's Lodge, The Park und YHA National Park Backpackers (S. 373) bieten z. B. eigene Busse.

Ab Ohakune

Ruapehu Connexions, ☏ 0800 462 824, 🖥 www.ruapehuconnexions.co.nz. Unterhält Shuttleservices für die Tongariro Alpine Crossing, die Skigebiete und zum Nachtleben ins Stadtzentrum von Ohakune. Abholung auf Wunsch auch in Turoa, Whakapapa und anderen Orten.

Ab Taupo

Tongariro Expeditions, ☏ 07 377 0435, 🖥 www.thetongarirocrossing.co.nz. Bietet gute Verbindungen in den Nationalpark. Wer jedoch von Taupo aus die Tongariro Alpine Crossing gehen möchte, muss extrem früh aufstehen, um dann trotzdem mit dem großen Pulk loszugehen.

Ab Turangi

Mountain Shuttle, ☏ 0800 117 686, 🖥 www.tongarirocrossing.com. Hat ganzjährig Shuttles zur Tongariro Alpine Crossing und zu den Skigebieten. Mountain Shuttle setzt mehrere Busse am Tag zur Crossing ein, den frühsten gegen 6 Uhr.
Extreme Backpackers, ☏ 07 386 8949 (S. 363). Bietet ebenfalls ganzjährig Shuttles zur Alpine Crossing und zu den Skigebieten.

Ab Whakapapa

Mehrere Shuttlebusse kommen hier auf ihrem Weg zum Ausgangspunkt der Tongariro Alpine Crossing vorbei, am häufigsten der Mountain Shuttle (s. oben).

---

sind **Wanderhütten** und die dazugehörigen **Zeltplätze**. Hüttentickets können im Voraus in den DOC-Büros Whakapapa und Ohakune oder im i-SITE von Turangi gekauft werden. Wer vor Ort beim Hüttenaufseher bezahlt, muss $5 extra hinlegen.

Round the Mountain Track

Hüttenpässe sind nicht gültig in der Great-Walks-Hütte Waihohonu Hut, die man jedoch online reservieren kann. Für alle anderen

Hütten sind die Hüttenpässe gültig. Personen unter 18 Jahren übernachten gratis. Hütte $15, Waihohonu-Hütte $32, Camping $5, Camping an der Waihohonu-Hütte $14

Tongariro Northern Circuit

Mangatepopo, Ketetahi, Waihohonu und Oturere sind allesamt Great-Walks-Hütten und online buchbar. Personen unter 18 Jahren dürfen gratis übernachten. Hütten $32, im Winter $15

INFORMATIONEN

Die informativen **DOC-Broschüren** zu den Wanderrouten, erhältlich in den i-SITE Visitor Centres in Taupo und Turangi, sind für die meisten Wanderer ausreichend; wer mehr möchte, besorgt sich die *Parkmap* ($19) für die Region.

TRANSPORT

Die meisten Wanderer gehen die Tongariro Alpine Crossing und den Tongariro Northern Circuit vom Parkplatz am Ende der Mangatepopo Rd, abseits des SH47. Da die Parkplätze an beiden Enden der Alpine Crossing dafür berüchtigt sind, dass häufig Autos aufgebrochen werden, empfiehlt es sich, das Fahrzeug in Ohakune, Turangi, National Park oder Whakapapa stehen zu lassen und einen der Shuttlebusse zu nehmen (S. 367).

National Park

Der wohlklingende Name vermag nicht über die Eintönigkeit dieses kleinen, 15 km westlich von Whakapapa Village gelegenen Ortes hinwegzutäuschen. Es handelt sich um eine öde Ansammlung von Chalets inmitten einer struppig bewachsenen Ebene. Seine Existenz verdankt der Ort den vielen Skifahrern und Wanderern im benachbarten Nationalpark sowie den Paddlern, die zum Whanganui River unterwegs sind. Da in Whakapapa Village nur wenige Unterkünfte zur Verfügung stehen, sind viele Besucher auf National Park angewiesen und lassen sich mit Shuttlebussen (S. 367) zu den Skipisten und Tongariro-Wanderwegen fahren.

Tupapakurua Falls Track

4–5 Std. hin und zurück

Bei schlechtem Wetter bietet sich eine Wanderung auf dem **Tupapakurua Falls Track** an. Der Weg verläuft durch Waldgebiete, sodass man einen gewissen Wetterschutz genießt. Er folgt zunächst nördlich vom Bahnhof der Schotterstraße Fisher Road und biegt dann nach 2 km (30 Min.) bei einem kleinen Parkplatz links in einen Pfad zu einer Sitzbank (weitere 20 Min.) mit tollem Ausblick nach Westen Richtung Mount Taranaki ab. Nach einer weiteren Stunde kommt ein kleiner Canyon mit Ausblick auf die schmalen, 50 m hohen Tupapakurua Falls.

ÜBERNACHTUNG

Während der **Skisaison**, wenn die Nachfrage nach Unterkünften besonders am Wochenende und in den Schulferien hoch ist, liegen die Preise deutlich höher als angegeben. Zwischen Weihnachten und Ende Januar kann es dann noch einmal voll werden, doch ansonsten herrscht keine Knappheit. Ein halbes Dutzend Unterkünfte bieten sowohl Dorms als auch Doppelzimmer (z. T. mit Bad), und alle unterhalten entweder eigene **Shuttles zu den Wanderwegen** (gewöhnlich $40 für Hin- und Rückfahrt) oder kooperieren mit einem der Anbieter.

Howard's Lodge, Carroll St, ☎ 07 892 2827, 🖥 www.howardslodge.co.nz. Gute Lodge mit eigener Küche und Lounge für diejenigen, die in den DZ übernachten. Außerdem Spa, Verleih von Sportausrüstung (Skier $33, Snowboards $40) und Mountainbikes ($60/Tag). Bei einigen Preisen ist der Transfer zur Tongariro Crossing inbegriffen. Mindestaufenthalt 2 Nächte. Dorms $30, Zimmer $75

The Park, SH4, Ecke Millar St, ☎ 07 892 2748, 🖥 www.the-park.co.nz. Die größte Lodge des Orts ist ein gut geführter 82-Zimmer-Komplex mit Bar, Restaurant und Spa. Allerdings haben die Zimmer keinen Bergblick. Dorms $35, Zimmer $79

Plateau Lodge, Carroll St, ☎ 0800 861 861, 🖥 www.plateaulodge.co.nz. Entspannte Skichalet-Atmosphäre und breites Angebot an Unterkünften, z.B. Zimmer mit Bad ($115) sowie Spa. Kostenloses WLAN und Gästetelefon. Dorms $30, Zimmer $75

Tongariro Crossing Lodge, Carroll St, ☎ 07 892 2688, 🖥 www.tongarirocrossinglodge. co.nz. Urige, im Kolonialstil eingerichtete ehemalige Postkutschenstation mit recht persönlicher Atmosphäre. Alle 6 Zimmer mit Bad. Es gibt auch Frühstück (nicht inkl.). $140

YHA National Park Backpackers, Finlay St, ☎ 07 892 2870, 🖥 www.npbp.co.nz. Recht

einfaches YHA-Hostel mit eigener Kletterwand ($15 inkl. Ausrüstung und Einweisung).
Dorms $26, Zimmer $62

ESSEN UND UNTERHALTUNG

Alle genannten Lodges haben Einrichtungen
für Selbstversorger, und The Park verfügt
über ein eigenes Restaurant mit guten, unauf-
wendigen Mahlzeiten.

Macrocarpa Café, 3 Waimarino Tokaanu Rd,
📞 07 892 2911, 🖥 www.macrocarpacafe.
co.nz. Das beliebte Café fungiert auch
als Post, Besucherzentrum und allgemeiner
Treffpunkt für die Einwohner des Orts. Sättigende
Gerichte, z. B. Frühstück für $9 und Lunch-
pakete (hauptsächlich für die Wanderer).
🕐 tgl. 7–18 Uhr.

42 Traverse

Die Mountainbikeroute **42 Traverse** (46 km einfach, 4–6 Std.) in der Nähe des Ortes National Park – oft fälschlicherweise 42nd Traverse
genannt – ist seit Langem bei neuseeländischen Bikern beliebt. Zumeist folgt sie einer
schmalen Allradpiste durch recht abgelegenes
Terrain mit tollen Abfahrten (insgesamt 500 m
Nettogefälle), ein paar Flussbettendurchque-
rungen und jeder Menge stimmungsvollem
Wald.
Die Route ist fahrtechnisch nicht besonders
anspruchsvoll. Es geht aber 300 Höhenmeter hinauf; einigermaßen erfahrene und fitte
Fahrer benötigen etwa 4 bis 6 Stunden für die
Strecke. Am besten fährt man die Traverse
von National Park, wo sich bei den Unterkünften auch Transfers zum Anfang und vom Ende
der Route für normalerweise insgesamt $35
organisieren lassen. Einige Unterkünfte verleihen auch Räder, andernfalls gibt es welche
bei Kiwi Mountain Bikes in der Schnapps Bar,
📞 0800 562 4537, 🖥 www.kiwimountainbikes.
co.nz: $65 für die 42 Traverse. Außerdem ver-
anstaltet Kiwi Mountain Bikes geführte Touren
auf dem zumeist bergab verlaufenden **Fishers
Track** (17 km, 520 m Gefälle, $99) mit Abholung
am Endpunkt.

Schnapps Bar, SH4, 📞 07 892 2788, 🖥 www.
schnappsbarruapehu.com. Geschmorte Lamm-
stelzen mit Minzjus erfreuen sich in diesem
großen, orangefarbenen Pub am Ortseingang
besonders großer Beliebtheit. Auch Burger
und große Portionen Fish 'n' Chips ($20,50). Im
Winter wird am Wochenende Frühstück angeboten, außerdem gibt es zuweilen Konzerte und
Sportübertragungen. 🕐 tgl. 12 Uhr bis spät.

🧳 **The Station**, am Bahnhof, 📞 07 892 2881,
🖥 www.thestationcafe.co.nz. Das
Restaurant ist allein schon ein Grund für eine
Fahrt nach National Park: Serviert werden hier
reichhaltiges warmes Frühstück, attraktive
Thekenkost (auch zum Mitnehmen), Mittagsspeisen wie *seafood chowder* und abends
exquisite Gerichte wie in Dill und Zitrone mari-
nierten Lachs oder Rinderfilet mit einer französischen Senf-Jus (Hauptgerichte um die $30),
gekrönt von köstlichen Desserts ($14). 🕐 tgl.
10 Uhr bis spät.

SONSTIGES

Geld
In der Tankstelle am SH4 gibt es einen
Geldautomaten, 🕐 gewöhnlich tgl.
7.30–19 Uhr, auch die Schnapps Bar verfügt
über einen.

Informationen
National Park besitzt kein i-SITE, Besucher-
informationen bekommt man jedoch im
Macrocarpa Café, das auch Postdienst-
leistungen bietet.

TRANSPORT

Busse
Die aus Taumarunui, Turangi und Ohakune
kommenden Busse von InterCity halten nicht
weit vom Bahnhof in der Carroll St beim
National Park Hotel. Busfahrkarten gibt es
in der Howard's Lodge (S. 373). Busse nach
AUCKLAND 2x tgl., 7 Std.

Eisenbahn
Die Züge halten am Bahnhof in der
Station Road.

Züge nach:
AUCKLAND 3–7x wöchentl., 5 1/2 Std.;
OHAKUNE 3–7x wöchentl., 1/2 Std.;
PALMERSTON NORTH 3–7x wöchentl.,
3 3/4 Std.;
WELLINGTON 3–7x wöchentl., 5 1/2 Std.

Ohakune

Das 35 km südlich von National Park gelegene **Ohakune** wird von Lodges im Alpenhüttenstil und Skiausrüstern beherrscht, die auf den massiven Ansturm der Wintersport-Enthusiasten eingestellt sind, der jedes Jahr Mitte Juni einsetzt und bis Ende Oktober anhält.

Außerhalb dieser Zeit präsentiert sich Ohakune eher ruhig, obwohl immer mehr Restaurants und Bars ganzjährig geöffnet haben, um sich das Sommergeschäft nicht entgehen zu lassen. Die Sommertouristen kommen, um auf der der Old Coach Road zu **wandern**, von hier zur Tongariro Alpine Crossing aufzubrechen oder sich auf eine Flusstour auf dem Whanganui River (S. 306) vorzubereiten.

ÜBERNACHTUNG

In Ohakune gibt es jede Menge Unterkünfte, doch viele sind außerhalb der Skisaison geschlossen und im Winter ausgebucht. Während der Saison liegen die Preise um ein Drittel höher als unten angegeben.
In vielen Unterkünften gilt besonders am Wochenende ein Mindestaufenthalt von zwei Nächten.
Wer mit dem Bus anreist, wird es wahrscheinlich praktischer finden, in der Stadt anstatt in Ohakune Junction abzusteigen.
Hobbit Motor Lodge, 80 Goldfinch St, ✆ 06 385 8248, 🖥 www.the-hobbit.co.nz. Auf halbem Weg zwischen Ort und Ohakune Junction, mit motelähnlichen Einrichtungen, darunter ein Open-Air-Spa. Das Angebot reicht von Dorms über einfache Studios und Studios mit Bad bis hin zu Apartments ab $189. Dorms $25, Studios $99
Ohakune Top 10 Holiday Park, 5 Moore St, ✆ 06 385 8561, 🖥 www.ohakune.net.nz.

Direkt am Waldrand, aber dennoch zentral gelegener, gepflegter Campingplatz. Unterschiedliche einfache Cabins, teils mit Küche ($90). Camping $21, Cabins $71
Powderhorn Chateau, 194 Mangawhero Terrace, Ohakune Junction, ✆ 06 385 8888, 🖥 www.powderhorn.co.nz. Hotel am unteren Ende der Ohakune Mountain Rd in einem kolossalen Blockhaus mit großen, gemütlichen Zimmern. Die besten haben Balkon und Blick auf den Wald. Großer Hot Pool. $240
Rimu Park Lodge, 27 Rimu St, Ohakune Junction, ✆ 06 385 9023, 🖥 www.rimu park.co.nz. Eine der größten Unterkünfte in Ohakune, eine Villa Baujahr 1914. 6er-Dorms und DZ, einfache Cabins, Units mit Bad (Studios $90, mit separatem Schlafzimmer $140), einige schicke moderne Apartments, ein voll ausgestattetes Selbstversorger-Chalet und 2 Eisenbahnwaggons ($120), die zu separaten Units mit eigenem Aufenthaltsraum und Schlafbereich umgestaltet wurden. Dorms $20, Zimmer $80
The River Lodge, 206 Mangawhero River Rd, ✆ 06 385 4771, 🖥 www.theriverlodge.co.nz. Einladende, gut ausgestattete Lodge-Zimmer und 2 Cabins, alles zumeist mit Bergblick, in wunderbar friedvoller parkähnlicher Umgebung mit Buchen an einem kleinen Forellenflüsschen. Dazu Lounge-Bereiche, DVDs, Bücher und Spiele sowie Spa Pool draußen. Nach 5 km an der Straße Richtung Raetihi ausgeschildert. Zimmer $195, Chalets $225
Station Lodge, 60 Thames St, ✆ 06 385 8797, 🖥 www.stationlodge.co.nz. Beliebte, gut ausgestattete Lodge: Dorms, Chalets und tolle Einrichtungen wie Open-Air-Spa und kostenlos zu nutzende Stadträder, dazu Verleih von Mountainbikes, Skier und Snowboards. Dorms $27, DZ $65
Whare Ora, 1 Kaha St, Rangataua, ✆ 06 385 9385, 🖥 www.whareoralodge.co.nz. Hübsches B&B in großem Haus mit netten Gastgebern 5 km östlich von Ohakune. Das Zimmer unten hat einen Whirlpool und blickt auf einen reizenden Garten, die große Suite unterm Dach ($325) bietet wunderschönen Bergblick. Auf Wunsch 3-Gänge-Abendmahlzeiten für $80 inkl. Wein. $255

Outdoor-Aktivitäten in der Umgebung von Ohakune

In der Umgebung von Ohakune gibt es zahlreiche **Wanderwege**, von denen die meisten in der Broschüre *Walks in and around Tongariro National Park* (Download auf 🖥 www.doc.govt.nz) aufgeführt sind. Hier ein Überblick über die besten Wege. Da sie rutschig sein können, sollte man sich –
v. a. im Winter – vorher nach ihrem Zustand erkundigen. Die meisten Wege sind für **Mountainbiker**
gesperrt; diese können aber die Ohakune Mountain Road hinabdüsen (1000 m Gefälle auf 17 km).

Wanderungen

Lake Surprise (9 km hin u. zurück, 5 Std.). Die hügelige Route verläuft über ein Teilstück des Round
the Mountain Track (S. 371) zu einem seichten See. Sie beginnt bei Kilometer 15 der Ohakune Mountain Rd und führt an vulkanischem Trümmergestein vorbei, das von den Ausbrüchen von 1975 und
1995 stammt.

Mangawhero Forest Walk (3 km Rundweg, 1 Std.). Der beste der kürzeren Wege ist ein gut gekennzeichneter Rundwanderweg, der am unteren Ende der Ohakune Mountain Road beginnt.

Old Coach Road (11 km hin und zurück, 3 Std. einfach). Der tolle einfache Wander- und Mountain-
bike-Pfad führt durch herrlichen einheimischen Wald, bietet weite Ausblicke über Farmland und
passiert einen heute unbenutzten Tunnel. Das Ganze ist gewürzt mit viel Geschichte, die auf Infotafeln am Wegesrand erläutert wird. Vom Ende der Marshalls Road, 2 km nordwestlich von Ohakune Junction, folgt der Weg zum Teil einem Pfad, der es Eisenbahnfahrgästen zwischen Auckland
und Wellington ab 1906 für ein paar Jahre ermöglichte, eine Lücke in der damals noch unfertigen
Strecke zu schließen. Ein Highlight der Straße ist das schmale, 290 m lange Hopruwhenua Viaduct,
das Teil der Bahnstrecke war, aber durch Streckenbegradigungen in den 1980er-Jahren überflüssig
wurde. Die Website 🖥 www.ohakunecoachroad.co.nz bietet Hintergrundinformationen, darunter
einige tolle alte Fotos. Auch das DOC wartet mit Infos zu der Route auf.

Waitonga Falls Walk (4 km hin u. zurück, 1 1/4 Std.). Die Waldwanderung beginnt bei Kilometer 11
der Ohakune Mountain Road und führt zu einem spektakulären, 39 m hohen Wasserfall.

Reiten

Ruapehu Homestead, 4 km östlich von Ohakune am SH49, ✆ 027 267 7057. 1- bis 2 1/2-stündige Ausritte ab $40/Std., durch Wald oder über offenes Farmland.

Mountainbiking

TCB, 27 Ayr St, ✆ 06 385 8433, 🖥 www.tcbskiandboard.co.nz. Vermietet Nov–Juni Mountainbikes
für ab $50/Tag. Mit Ruapehu Connexions (S. 377) gelangt man samt Bike für $15 ans obere Ende der
alten Coach Road.

YHA LKNZ Backpackers, 1 Rata St, Ohakune
Central, ✆ 06 385 9169, 🖥 www.localknow
ledgenz.com. Gutes YHA-assoziiertes Hostel.
Die Betreiber sind große Naturfreunde und
bieten Shuttles zu den Aktivitäten. Dorms $30,
DZ mit Bad $89

ESSEN UND UNTERHALTUNG

Während der Skisaison ist Ohakune Junction
mit seinen beliebten Bars abends das Maß aller

Dinge. Im Sommer hingegen ist man im
Zentrum von Ohakune besser aufgehoben.
The Bearing Point, 55 Clyde St, Central
Ohakune, ✆ 06 385 9006. Treffpunkt der
Einheimischen. Geboten werden internationale Gerichte wie vegetarisches *korma* oder
thailändisches Seafood-Curry (Hauptgerichte
um die $30). Lockere Bar. ⏰ Di–So 18 Uhr
bis spät.
Cyprus Tree, 77 Clyde St, Central Ohakune,
✆ 06 385 8857, 🖥 www.thecyprustree.co.nz.

Café/Bar/Restaurant mit Ledersofas und bollerndem Kaminfeuer, bietet moderne Variationen klassischer italienischer Gerichte plus einige Steak- und Fischgerichte und Desserts. Den Tagesfisch gibt's für $28, *Scotch fillet* für $32. ⊕ Brunch tgl. ab 10 Uhr, Abendessen ab 17 Uhr bis spät.

Matterhorn, im Powderhorn Chateau (S. 375). Tolles Essen in nobler, aber entspannter Atmosphäre, z. B. Entenbrust mit 5 Gewürzen (Hauptgerichte $27–36), ⊕ saisonal, nur mit Reservierung.

Misha's Italian Café & Restaurant, 55 Clyde St, Central Ohakune, ✆ 06 385 8346. Authentische italienische Küche, u. a. *scallopinne masala* (in Masala-Wein flambiertes, sehr fein geschnittenes Schweinefleisch) und täglich wechselnde Desserts aus eigener Herstellung. ⊕ tgl. 17 Uhr bis spät.

Powderkeg, im Powderhorn Chateau (S. 375).Die zwanglose und gewöhnlich sehr lebhafte Brasserie/Bar mit Après-Ski-Stimmung ist gut für Hamburger, Pizzas und eine kleine, aber sehr gute Auswahl an Hauptgerichten, beispielsweise Burger ($20) und Pizzas ($22), viele davon auch vegetarisch. ⊕ tgl. 7 Uhr bis spät.

Utopia, 47 Clyde St, Central Ohakune, ✆ 06 385 9120. Hat Frühstück, leichtes Mittagessen und den besten Kaffee des Orts (Hauptgerichte $9,50–19,50). Kostenloses WLAN. ⊕ tgl. 8–15 Uhr.

INFORMATIONEN

i-SITE und DOC, 54 Clyde St, ✆ 06 385 8427, 🖵 www.visitruapehu.com. ⊕ i-SITE tgl. 9–17 Uhr, DOC unterschiedlich, auf jeden Fall aber Mi–So 9–17 Uhr.

NAHVERKEHR

Ruapehu Connexions, ✆ 0800 462 824, 🖵 www.ruapehuconnexions.co.nz. Shuttles für die Stadt und die Region, u. a. in der Skisaison einen Abendshuttle zwischen Ortszentrum und Ohakune Junction (tgl. von 18 Uhr, bis die letzte Kneipe schließt; $5 einfach).

TRANSPORT

Busse

Die Busse von InterCity halten auf der Route HAMILTON–TAUMARUNUI–WANGANUI in der Nähe des i-SITE Visitor Centre im Zentrum von Ohakune, 2 km südwestlich des Bahnhofs.

Busse nach:

AUCKLAND 1x tgl., 6 1/2 Std.; WELLINGTON 1x tgl., 5 1/4 Std.

Eisenbahn

Die Eisenbahn hält auf der Linie Auckland–Wellington am Bahnhof in Ohakune Junction.

Züge nach:

AUCKLAND 3–7x wöchentl., 6 1/2 Std.; WELLINGTON 3–7x wöchentl., 5 1/2 Std.

Desert Road

Südlich von Turangi verläuft der SH1 östlich des Tongariro National Park in etwa parallel zum Tongariro River Richtung Süden. Der etwas unheimliche, landschaftlich sehr schöne Highway heißt auf diesem Abschnitt **Desert Road** und verdankt diesen Namen der den Elementen ausgesetzten unfruchtbaren Geröllebene **Rangipo Desert**, die er durchschneidet. Es handelt sich allerdings nicht um eine richtige Wüste, denn dafür fällt hier zu viel Regen. Im Winter kann die Straße nach Schneefällen gesperrt sein, also sollte man sich vor der Fahrt nach den Straßenverhältnissen erkundigen. Anfangs führt die Straße noch durch tiefen Kiefernwald, um bald darauf anzusteigen und großartige Blicke auf den Ruapehu, Ngauruhoe und Tongariro im Westen freizugeben. Die vegetationslose Vulkanlandschaft bietet eine spektakuläre Kulisse und erfährt durch die drei aus der trostlosen Grasbüschelsteppe herausragenden Reihen von Strommasten fast noch ein zusätzliches Maß an Urwüchsigkeit.

Die Desert Road und die an den Westflanken von Ruapehu, Ngauruhoe and Tongariro entlang laufenden Landstraßen treffen in **Waiouru** zusammen, einer nicht gerade aufregenden, 800 m ü. d. M. liegenden Aneinanderreihung von Tankstellen und Tearooms inmitten der unfruchtbaren Grasbüschel-Einöde in unmittelbarer Nachbarschaft zum größten **Militärstützpunkt** Neuseelands.

National Army Museum

SH1, Höhe Hassett Drive, Waiouru ▪ ⏱ tgl. 9–16.30 Uhr ▪ Eintritt $15 ▪ ✆ 06 387 6911, 🖥 www.army museum.co.nz

Betonbunker beherbergen das **National Army Museum**, ein Schaufenster der militärischen Konflikte mit neuseeländischer Beteiligung, von den Kriegen zwischen Maori und Pakeha über die Burenkriege in Südafrika bis zu den beiden Weltkriegen und Neuseelands Engagement in Vietnam. Völlig unerwartet trifft einen die ungeheure Wirkung der **Gedenkmauer** Roimata Pounamu („Tränen auf Jade"). In die Mauer eingraviert sind Name, Dienstgrad und Todesort jedes einzelnen der rund 33 000 Neuseeländer, die in verschiedenen Kriegen gefallen sind. Für den Besuch des Museums sind etwa 1 1/2 Stunden zu veranschlagen. Für Kinder gibt es ein interessantes **Discovery Centre**; das Museumscafé ist wohl das beste **Café** in der Gegend.

Taihape und Umgebung

30 km hinter Waiouru verlässt der SH1 das vulkanische Plateau und führt hinab zum landwirtschaftlichen Versorgungszentrum **Taihape** im Herzen des Rangitikei District. Der Hauptgrund dafür, hier einen Stopp einzulegen, besteht darin, dass sich in der hügeligen Landschaft östlich von Taihape nicht nur eine der aufregendsten Wildwasser-Strecken Neuseelands, sondern auch der höchste Bungy-Sprung der Nordinsel verbirgt. Taihape selbst vermarktet sich als „Gummistiefelhauptstadt Neuseelands". Dieser Titel findet seinen Ausdruck in der Wellblechskulptur eines Gummistiefels und wird jedes Jahr im März gebührend gefeiert: **Gumboot Day** ist eine nicht ganz ernst gemeinte Verherrlichung dieser urneuseeländischen Fußbekleidung. Einer der Höhepunkte ist der Gummistiefelweitwurf.

Gravity Canyon

332 Mokai Rd; in Utiku vom SH1 abbiegen und der Beschilderung Richtung Osten folgen, auch zu erreichen vom River Valley über Schotterstraßen ▪ ⏱ tgl. 10–16 Uhr ▪ Bungy-Sprung $179; Flying Fox $155; Bridge Swing $159 ▪ ✆ 0800 802 864, 🖥 www.gravitycanyon.co.nz

Wer das Abenteuer sucht, sollte gleich zum Gravity Canyon fahren. Dort befinden sich neben einem 80 m hohen **Bungy-Sprung** der längste und schnellste **Flying Fox** Neuseelands, eine 175 m hohe und 1 km lange Seilrutsche, bei der man Geschwindigkeiten von bis zu 160 km/h erreicht, sowie ein Brücken-**Swing** mit 50 m freiem Fall. Beim Bungy-Sprung gibt es einen Speziallift, der einen auf die Brücke bringt.

Rafting auf dem Rangitikei

Die mit Schwierigkeitsgrad V eingestufte Passage durch die Schlucht des **Rangitikei River** zählt zu den härtesten Wildwasser-Rafting-Strecken Neuseelands. Der 2–3-stündige Höllentrip beinhaltet gleich 10 wilde Stromschnellen. Veranstaltet werden die **Rafting-Touren** auf dem Rangitikei von Mangaweka aus, oder direkter von der Abenteuerlodge River Valley am Fluss.
Mangaweka Adventure Company, SH1, Mangaweka Village, ✆ 0800 655 747, 🖥 www.mangaweka. co.nz. Verschiedene Kajak- und Wildwasser-Raftingtrips, u. a. eine Fahrt durch die Rangitikei Gorge (WW V; $175), außerdem familienorientierte Rafting-Trips (ab $90) und Zweitagestrips (ab $469 inkl. Essen) mit Zelten am Fluss. Informationen zum Campen auf S. 379.
River Valley, 30 km östlich von Taihape, ✆ 06 388 1444, 🖥 www.rivervalley.co.nz. Ganzjährig Vormittags- und manchmal auch Nachmittagstrips ($175). Bietet außerdem landschaftlich reizvolle Rafting-Touren ($175) auf dem ruhigeren, mit Schwierigkeitsgrad II eingestuften Abschnitt unmittelbar flussabwärts der Lodge, dazu einige Mehrtages-Exkursionen. Informationen zur Übernachtung in der River Valley Lodge (S. 379).

ÜBERNACHTUNG

 River Valley, Pukoekahu, ☎ 06 388 1444, 🖥 www.rivervalley.co.nz. In der Abenteuerlodge, die vor allem für ihre Raftingtrips (s. Kasten S. 378) bekannt ist, wohnen die Gäste in 6er-Dorms (inkl. Bettwäsche) bzw. in den angenehmen Zimmern oder campen ($18). Es gibt eine Gästeküche, es werden aber auch preiswerte Mahlzeiten serviert. Auf dem Gelände befindet sich eine Bar. Alle Gäste haben Zugang zu einem Pétanque-Feld, einem Volleyballplatz und (gegen eine kleine Gebühr) einer holzgefeuerten und einer Infrarotsauna sowie einem Spa Pool mit Flussblick. Im Sommer werden außerdem Massagen angeboten. Dorms $31, Zimmer $169

Safari Motel, 18 Mataroa Rd, ☎ 06 388 1116, 🖥 www.safarimotel.co.nz. Der NakedBus hält gegenüber von diesem sauberen, schnörkellosen Motel 1 km nördlich des Orts am SH1, aber Gäste werden auch am Visitor Centre abgeholt. Die größeren Studios verfügen über kleine Küchen, wie auch die Apartments mit separatem Schlafzimmer. Zimmer $80, Apartments $120

Taihape Motels, Kuku St, Höhe Robin St, ☎ 0800 200 029, 🖥 www.taihapemotels.co.nz. Sehr günstiges, zentral gelegenes Motel mit makellos sauberen Zimmern und 3 Ferienwohnungen für bis zu 8 Pers. (Preise auf Anfrage). Zimmer $70

ESSEN

Brown Sugar Café, Huia St, ☎ 06 388 1886. Cottage-ähnliches Café mit leckeren Speisen wie gegrilltem Brie mit Huhn, Gemüse-Samosas und großen griechischen Salaten (Gerichte $12–19). ⏱ tgl. 7–15.30 Uhr.

Soul Food Café, 69 Hautapu St, ☎ 06 388 0176. Beliebtes Café mit ganztägig serviertem reichhaltigem Frühstück, z. B. Pancakes, Maisbeignets und *farmers brekkie* (Hackfleisch auf Vollkorntoast mit Relish für $11) und mittags z. B. Steak-Sandwich ($17,50) oder Butterhühnchen ($16,50). Freitagsabends wird Pizza gebacken. ⏱ Sa–Do 8–16, Fr 8–20 Uhr.

SONSTIGES

Informationen
Information Centre, 90–92 Hautapu St, Bücherei, ☎ 06 388 0604, 🖥 www.taihapu.co.nz. ⏱ tgl. 9–17 Uhr. Informationen finden sich zudem auf 🖥 www.rangitikei.com.

Touren
River Valley, ☎ 06 388 1444, 🖥 rivervalley.co.nz. Tolle Ausritte ($109/2 Std.) über Farmland mit Ausblicken auf die zerklüftete Landschaft.

TRANSPORT

Busse
InterCity-Busse halten in der Kuku St, um die Ecke vom Information Centre, NakedBus hält beim Restaurant Gumboot Manor im Norden.

Busse nach:
AUCKLAND 3x tgl., 7 Std.;
TAUPO 4x tgl., 2 Std.;
TURANGI 4x tgl., 1 1/4 Std.;
WELLINGTON 4x tgl., 4 1/4 Std.

Eisenbahn
Der Bahnhof liegt eine Querstraße westlich des Information Centre in der Robin St.

Züge nach:
AUCKLAND 3–7x wöchentl., 7 3/4 Std.;
WELLINGTON 3–7x wöchentl., 4 3/4 Std.

Mangaweka

SH1, 24 km südlich von Taihape

Ein Flugzeug vom Typ DC3 markiert am SH1 das verfallene Dörfchen **Mangaweka**, Hauptquartier der Mangaweka Adventure Company, die eine Reihe von Wildwasser-, **Rafting**- und Kajaktrips anbietet (s. Kasten S. 378). Das Unternehmen unterhält zudem 1 km östlich vom SH1 einen hübschen einfachen **Campingplatz** mit einigen Stellplätzen am Wasser, Bademöglichkeiten und Duschen für $2. Hier sollen auch weitere Unterkünfte und eine Bar entstehen – aktuelle Infos auf der Website; Camping $9.

CATHEDRAL COVE, COROMANDEL PENINSULA

Coromandel Peninsula, Bay of Plenty und East Cape

Die Ostküste der Nordinsel gehört zu den zauberhaftesten Küstenabschnitten des Landes. Mit Regenwald und endlosen Stränden lockt die Coromandel Peninsula Besucher in Scharen an. Ihre Küste geht in die Bay of Plenty über, wo noch mehr Strände und Inseln warten. Weiter östlich liegt das wenig besuchte East Cape: Nirgendwo sonst ist die Maori-Kultur noch so präsent.

Stefan Loose Traveltipps

Te Aroha Im alten Kurort laden heiße Quellen zum Verjüngungsbad ein. S. 385

Kauaeranga Valley Höhepunkt einer Wanderung auf die Pinnacles ist der Blick auf die beiden Küsten der Coromandel Peninsula. S. 394

Driving Creek Railway Die Schmalspurbahn fährt durch dichten Busch zu einem tollen Aussichtspunkt. S. 396

Hot Water Beach Mit der Schaufel ein Loch in den Sand buddeln und im heißen Thermalwasser entspannen. S. 405

Glühwürmchen-Kajaktour Paddeltour durch eine Märchenschlucht mit stecknadelgroßen blaugrünen Lichtern. S. 419

Mataatua Wharenui Eines der schönsten Versammlungshäuser ist nach über einem Jahrhundert an seinen Ursprungsort zurückgekehrt. S. 426

White Island Auf der Vulkaninsel lässt sich eine Mondlandschaft bestaunen. S. 426

East Cape Das wilde, einsame Maori-Gebiet bietet Gelegenheit, Land und Leute kennenzulernen. S. 434

BEI COROMANDEL, DRIVING CREEK RAILWAY

AM EAST CAPE

Driving Creek Railway
Hot Water Beach
Kauaeranga Valley
Te Aroha
White Island
Glühwürmchen-Kajaktour
East Cape
Mataatua Wharenui

Inhalt

Great Barrier
Island

Mercury
Islands

Fletcher
Bay
Coromandel
Walkway

▲ Mt Moehau

Cape
Colville
Colville

Mercury
Bay

Hauraki
Gulf

Whitianga

Hot Water
Beach

Coromandel

25 Tairua

CURULU
COROMANDEL
FOREST PARK

COROMANDEL
PENINSULA

Tapu

25

Firth of
Thames

Mayor Island

Whangamata

Bay of Plenty

Thames

25A

26

Papakura

Miranda

Ngatea

25

Waihi

2

Paeroa

Waihi Beach

Matakana
Island

Motiti Island

Mt
Maunganui

Papamoa
Beach

Maketu

Hauraki
Plains

Karangahake
Gorge

Katikati

Omokoroa

Tauranga

Te Puke

2

27

Te Aroha

▲ Mt Te Aroha

1

KAIMAI MAMAKU
FOREST PARK

33

29

Morrinsville

36

26

27

Rotorua

Hamilton

5

Auckland (10 km)

Taupo (85 km) ▼

Bei der Anreise von Auckland nach Coromandel passiert man zunächst die von Milchwirtschaft geprägten **Hauraki Plains** südlich der Coromandel Peninsula, wo einige angenehme Überraschungen wie das Kurbad **Te Aroha**, am Fuß des Mount Te Aroha, und die faszinierende **Karangahake Gorge** warten.

Die teilweise immer noch ungezähmte **Coromandel Peninsula** im Norden besticht durch eine großartige Küstenlandschaft, in der man wunderbare Wanderungen entlang ursprünglicher Strände oder durch hügeliges Gelände mit üppigem Regenwald unternehmen kann. Ihre beiden Küsten unterscheiden sich gewaltig: Die im Westen ist weitaus zerklüfteter und daher stimmungsvoller und bietet außerdem leich-

teren Zugang zu den Vulkanhügeln und uralten Kauri-Bäumen im **Coromandel Forest**. Als Basis für dessen Erkundung eignen sich am besten das geschichtsträchtige **Thames** oder das malerische **Coromandel**, das inmitten einer sanften Hügellandschaft neben einem schönen Hafen liegt.

Die Städte **Whangamata** und **Whitianga** an der Ostküste sind mit ausgedehnten Sandstränden und einem Riesenangebot an Wassersportaktivitäten gesegnet. Whitianga liegt zudem in der Nähe des **Hot Water Beach**, unter dem natürliche Thermalquellen verborgen liegen, und vor der Küste erstreckt sich das **Cathedral Cove Marine Reserve**, das ideal zur Delphinbeobachtung und zum Schnorcheln ist.

Lottin Point Hicks Bay Onepota Bay Te Araroa *East Cape*
Cape Runaway
Waiapu Bay
Waihau Bay Tikitiki
Maraehako Bay *Mt Raukumara* Ruatoria
Whanarua Bay Ruakokore *W A I A P U*
White Island *M O U N T A I N S*
(Whakaari) Te Kaha *Mt Hikurangi* Waipiro Bay
Omaio RAUKUMARA FOREST PARK
Motu River 35 Tokomaru Bay
35 *Anaura Bay*
Whale Island **EAST CAPE**
(Moutohora) Tirohanga Tolaga Bay
Opotiki
Matata Whakatane Ohope
Edgecumbe 2 Te Karaka Whangara
34 2 Taneatua *Waioeka Gorge*
30 *Whakatane River* *Waioeka River* 2 *Motu River* Gisborne
Rangitaiki River Matawai 2
TE UREWERA NATIONAL PARK

Napier (166 km) ▼

Von der Goldstadt **Waihi** am südlichen Ende der Coromandel Peninsula verläuft die **Bay
of Plenty** nach Südosten bis Opotiki. Parallel zur
Bucht verläuft der Pacific Coast Highway (SH2).
Ihren Namen bekam die „Bucht des Überflus-
ses" 1769 von Kapitän James Cook, der überrascht war, so viele Maori-Siedlungen vorzufin-
den, die von reichen Ressourcen lebten und ihn
großzügig mit Vorräten versorgten. Diese Ära
des Friedens wurde in den 1860er-Jahren durch
die Landkriege erschüttert: Heftige Kämpfe führten damals zur Errichtung von Garnisonen in
Tauranga und Whakatane.

In der Bay of Plenty herrscht das beste Klima
der Nordinsel, was die Gegend zu einem hervorragenden Obstanbaugebiet (v. a. Zitrus- und
Kiwifrüchte) macht. Obwohl sich die Küste besonders bei einheimischen Urlaubern großer
Beliebtheit erfreut, ist sie bis heute relativ unbe-
rührt. Hier gibt es tolle Surfstrände und andere
Wassersportangebote.

Im Westteil der Bucht liegt eines der am
schnellsten wachsenden urbanen Gebiete des
Landes. Es besteht aus **Tauranga** und dem angrenzenden Badeort **Mount Maunganui**. **Whakatane** im Osten ist der Ausgangspunkt für
Bootstrips zur aktiven Vulkaninsel **White Island**,
für Schwimmen mit Delphinen und Rafting auf
dem **Motu River**.

Einen Gegensatz zur Coromandel Peninsula
und zur Bay of Plenty bildet das zerklüftete und
spärlich besiedelte **East Cape**. Mit ihrer drama-

tischen Küste vor der Kulisse der **Waiapu Mountains** und ihrer reichen Maori-Geschichte vermittelt diese isolierte Region einen Eindruck von einer weitgehend der Vergangenheit angehörenden, traditionelleren Lebensweise.

Die Hauraki Plains

Südlich der Coromandel Peninsula erstrecken sich die fruchtbaren **Hauraki Plains**, ein in Farmgelände verwandeltes ehemaliges Sumpfgebiet. Seine Nordgrenze bildet die Firth of Thames, dem mehrere andere Flüsse zustreben.

Der Verkehrsknotenpunkt der Plains ist **Paeroa**. Es hat nicht viel zu bieten, ist aber ein guter Ausgangspunkt für Wanderungen in der majestätischen **Karangahake Gorge**, die fast bis Waihi reicht. Das wahre Kleinod der Gegend ist jedoch die edwardianische Kurstadt **Te Aroha** (kaum größer als ein Dorf) am südlichen Ende der Hauraki Plains. Von hier empfiehlt sich eine Besteigung des Mount Te Aroha. Zurück im Ort kann man in den Thermalquellen entspannen.

Paeroa

Paeroa, 120 km südöstlich von Auckland, ist den Neuseeländern als Geburtsort von **Lemon and Paeroa** (L&P) ein Begriff. Dieses legendäre Erfrischungsgetränk auf der Basis einheimischen Mineralwassers trat 1907 seinen Siegeszug an. Inzwischen wird der Drink jedoch von Coca-Cola produziert. Das L&P-Logo prangt auf unzähligen Ladenfassaden überall in der Stadt, und die und eine gigantische braune L&P-Flasche ziert denkmalsgleich die Kreuzung von SH2 und SH26.

ESSEN

L&P Café & Bar, SH2, Ecke Seymour St, ✆ 07 862 7773, 🖳 www.www.lpcafe.co.nz. Hat Eiscreme mit L&P-Geschmack, Fernfahrer-Frühstück, z. B. Hühnchen-Pie mit Salat ($7,50), Corned Beef mit Kartoffelpüree ($22,50) und Knurrhahn in L&P-Teig mit Pommes ($19,50). ⊕ Mo–Mi 8–15, Do–So 8–19.30 Uhr.

Paeroa Information Centre, SH2, Ecke Seymour St, ✆ 07 862 8636. Besucher können hier erfahren, wie man die Zeit in Paeroa verbringt, und L&P-Souvenirs kaufen. ⊕ tgl. 9–15 Uhr.

Busse

Busse von InterCity und NakedBus der Strecke Auckland–Tauranga halten beide vor dem Information Centre.
Hamilton's Busit, ✆ 0800 428 748, 🖳 www.busit.co.nz, verkehrt zwischen Hamilton und Paeroa via Te Aroha und fährt von Coromandel nach Hamilton via Thames, Paeroa und Te Aroha.

Busse nach:
AUCKLAND 3x tgl., 2 1/2 Std.;
HAMILTON 1x tgl., 1 1/2 Std.;
TE AROHA 1x tgl., 20 Min.;
THAMES 1x tgl., 1/2 Std.

Karangahake Gorge

SH2, 8 km östlich von Paeroa

In der **Karangahake Gorge** setzte 1875 Coromandels erster Goldrausch ein. Heute ist schwer vorstellbar, dass es an diesem friedlichen Ort um die Wende zum 20. Jh. hoch herging. Durch die steilwandige Schlucht schlängelt sich der SH2 entlang dem Ohinemuri River bis Waihi.

Die größte (aber immer noch winzige) Ortschaft ist **Karangahake**, wo bei einem Parkplatz mehrere hervorragende **Wanderpfade** abgehen. Sie führen an Flüssen entlang und vorbei an alten Goldminenruinen. Die unterschiedlichen Routen (von 20 Minuten bis zu einigen Stunden) sind ausführlich in der DOC-Broschüre *Karangahake Gorge* beschrieben. Ein Stück weiter liegt das winzige **Waikino**, der westliche Endbahnhof der Goldfields Railway (S. 412).

Karangahake Tunnel Loop Walk
3 km; 45 Min.; überwiegend flach
In Karangahake gelangt man über eine Fußgänger-Hängebrücke über den Fluss zu einem

Rundweg, der am Ohinemuri River flussaufwärts führt. Unterwegs passiert man die Überreste alter Goldminen, wieder aufgeforstetes Buschland, und in der Schlucht hangelt sich der Pfad spektakulär an den Felsen entlang. Das Ende des Rundgangs ist erreicht, wenn man den Fluss über- und einen 1 km langen Tunnel (ausreichend beleuchtet) teilweise durchquert hat.

Karangahake Gorge Historic Walkway

Der **Karangahake Gorge Historic Walkway** verläuft 7 km an einer ausrangierten Bahnlinie entlang und führt durch die gesamte Schlucht nach Osten bis zum Waikino Station Café. Einen Abschnitt teilt er sich mit dem Karangahake Loop Walk (s. oben). Er ist Teil des National Cycle Network und des Hauraki Rail Trail, 🖳 www.haurakirailtrail.co.nz. Die Leute vom Rail Trail helfen auch beim Fahrradverleih und Shuttleservice.

Victoria Battery

Am östlichen Ende der Karangahake Gorge liegen die Überreste der **Victoria Battery**. Von 1897 bis 1952 wurde hier das in der Region gewonnene Golderz verarbeitet. Zweitweise war es die größte Anlage dieser Art in Australasien. Erklärungen zu den mysteriösen Zementfundamenten sind Infotafeln zu entnehmen. Am Mittwoch und Sonntag sowie an Feiertagen verkehrt eine Straßenbahn zwischen 10 und 15 Uhr, und oben auf dem Hügel gibt es ein Museum, 🖳 www.vbts.org.nz. Auf Wunsch setzen die ehrenamtlichen Mitarbeiter zu Demonstrationszwecken gern die Stampfmaschinen in Gang.

ÜBERNACHTUNG UND ESSEN

🏠 Bistro at The Falls Retreat, 25 Waitawheta Rd, gegenüber den Owharoa Falls, ✆ 07 863 8770, 🖳 www.fallsretreat.co.nz. Das ruhige, hübsche Café und Restaurant mit schattigen Tischen im Freien und einem rustikal-modernen Innenraum hat leckere Holzofenpizza, aber auch Räucherente ($25) sowie Abend-Hauptgerichte wie Porchetta mit zweimal gebackenem *kumara*-Soufflé ($32). Köstliche Desserts. Die Eigentümer vermieten auch ein idyllisches Selbstversorger-Cottage,

✆ 07 212 8087, $150. ⊕ Jan und Feb tgl. 11–22, März–Dez Mi–So 11–20.30 Uhr.

Ohinemuri Estate Winery and Café, 21 Moresby St, ✆ 07 862 8874, 🖳 www.ohinemuri.co.nz. Auf dem idyllischen Weingut mit Restaurant und Übernachtungsmöglichkeit kann man edle Tropfen und kleine, feine Speisen wie Winzer-Platten ($48) kosten und in einem Selbstversorger-Apartment mit 4 Schlafgelegenheiten unter einem 300 Jahre alten Totara übernachten ($135, ab 2 Übernachtungen etwas günstiger). ⊕ tgl. 10– 17 Uhr, im Winter Mo und Di geschlossen.

Waikino Station Café, SH2, 13 km östlich von Paeroa, ✆ 07 863 8640. Der Originalbahnhof Waikino (wird immer noch von der Goldfields Railway aus Waihi angefahren) bildet eine wundervolle Kulisse für dieses gute Café, wo im Winter ein Feuer im Kamin prasselt. Frühstück, Burger ($13,50–18,50), Kaffee und Kuchen. ⊕ tgl. 9.30–16 Uhr (bei wenig Betrieb etwas früher).

Te Aroha

Am Rande der Hauraki Plains, 21 km südlich von Paeroa, liegt die Kleinstadt **Te Aroha**, die für das einzige edwardianische Kurbad Neuseelands bekannt ist. Der kleine, gepflegte Ort schmiegt sich an die bewaldeten Hänge des **Kaimai Mamaku Forest Park**. Überragt wird das einladende Fleckchen Erde vom 954 m hohen **Mount Te Aroha**, einem beliebten Ziel für Wanderer. Das Städtchen ist eine gute Ausgangsbasis für den entspannten Hauraki Rail Trail.

Einrichtungen von Interesse – Banken, Post, Bücherei – liegen an oder in der Nähe der Whitaker Street. Das altmodische Flair des Ortes wird noch verstärkt durch eine alte Luftschutzsirene, die täglich um 8, 13 (im Winter 12) und 17 Uhr heult. Manche Leute richten bis heute ihren Tagesablauf danach aus.

Geschichte

Die Stadt wurde 1880 am äußersten schiffbaren Abschnitt des Waihou River gegründet. In dem darauffolgenden Jahr fand man reiche Goldvorkommen am Mount Te Aroha, was einen enormen **Goldrausch** auslöste, der bis 1921 andauerte. Innerhalb weniger Monate nach Gründung des Ortes errichtete die Bevölkerung um eine Gruppe von heißen Sodaquellen die attraktive **Hot Springs Domain**, ein etwa 18 ha großes Areal aus Rasenflächen und Rosenrabatten – bereits zehn Jahre später Neuseelands beliebtester Mineralbadkomplex. Inzwischen hat man das schöne Ensemble der Originalgebäude liebevoll restauriert und durch modernere, aus den Quellen und dem nahe gelegenen **Mokena Geysir** gespeiste Badebecken ergänzt.

Te Aroha Mineral Spas

Hot Springs Domain ▪ ⏰ Mo–Do 10.30–21, Fr–So 10.30–22 Uhr ▪ Eintritt $18 p. P. für 30 Min., mind. 2 Pers.; Reservierung erforderlich ▪ ☎ 07 884 8717, 🖥 www.tearohamineralspas.co.nz

Im Mittelpunkt von Te Aroha stehen die deutlich ausgeschilderten **Mineral Spas**. Dort wird das seidenweiche Mineralwasser des Mokena Geyser in kleine Badebecken geleitet. Die Temperatur liegt bei 40 °C, ist aber regulierbar. Wer sich eine Aromatherapie gönnen möchte, nimmt eine frei stehende Kingsize-Badewanne, in die ein paar Tropfen Badeöl gegeben werden. Klares, sprudelndes Badewasser gibt es in den sechs Holzwannen mit Platz für acht Personen. Das alkalische Wasser soll z. B. gegen Arthritis helfen und dem Körper auch schädliche Schwermetalle entziehen. Weil die Hitze aber auch Nebenwirkungen (Schwindel etc.) haben kann, darf man nicht allein baden. Es sind auch verschiedene Wellness- und Massagebehandlungen im Angebot.

Te Aroha Leisure Pools

Hot Springs Domain ▪ ⏰ Mo–Fr 10–17.45, Sa und So 10–18.45 Uhr; Spa-Pool tgl. 11–16 Uhr; Café Di–So 9–15 Uhr ▪ Tageskarte $7 plus $2 für das Spa ▪ ☎ 07 884 4498, 🖥 www.tearohaleisurepools.co.nz

Eher an ein Freibad für die ganze Familie erinnern die **Te Aroha Leisure Pools** mit ganz normalem, gechlortem Wasser. Ungefähr 32 °C herrschen in dem 20 m langen Hauptbecken, rund 38 °C im Spa. Außerdem gibt es ein 32 °C warmes Kinderbecken und in der Nähe ein kostenloses, 36 °C warmes Fußmassage-Spa – herrlich nach einer Wanderung auf den Mount Te Aroha. In der benachbarten Holzhütte ist ein nettes **Café** mit Blick über die Domain untergebracht.

Mokena Geyser

Hot Springs Domain

Am Hang hinter den Mokena Spa Baths liegt der launenhafte **Mokena Geysir**, angeblich der einzige heiße Sodageysir der Welt. An guten Tagen schießt sein Strahl etwa alle 40 Minuten bis zu 4 m hoch. Weil er die Kurbäder versorgen muss, kann er sich nicht immer zu Höchstleistungen aufschwingen – die beste Zeit, um ihn in Aktion zu erleben, ist zwischen 12 und 14 Uhr. Ein Kaffee oder ein Buch helfen über die Wartezeit.

Te Aroha and District Museum

⏰ tgl. Nov–Ostern 11–16, Ostern–Okt 12–15 Uhr ▪ Eintritt $4 ▪ ☎ 07 884 4427, 🖥 www.tearoha-museum.com

In einem alten Sanatorium direkt unterhalb der Kuranlage vor dem Krocketrasen ist das städtische **Museum** untergebracht. Zu den zahlreichen Ausstellungsstücken gehören u. a. zwei wunderschön verzierte viktorianische Royal-Doulton-Waschschüsseln, eine chemische Analyse des örtlichen Heilwassers und Überreste des Kraftwerks in Pelton.

Mount Te Aroha

Unmittelbar östlich der Hot Springs Domain

In dem Städtchen an den Bergausläufern beginnt ein Weg zum Gipfel des **Mount Te Aroha**, welcher der Sage nach vom jungen Arawa-Häuptling Kahumatamomoe getauft wurde. Dieser hatte sich im weiten Sumpfgebiet verirrt, als er sich auf dem Heimweg nach Maketu in der Bay of Plenty befand. Kahumatamomoe erklomm den Berg, erspähte von oben die vertraute Uferlinie und nannte den Gipfel zu Ehren seines Vaters und seiner Verwandten Te Aroha („Liebe"). Es gibt viele neue Mountainbike-Wege, aber auch genügend Spazierwege, die Betätigungsmöglichkeiten für mindestens einen Tag bieten; auf dem Bald Spur Track und dem Summit Track macht das Wandern am meisten Spaß.

Bald Spur Track

Hin und zurück 3 km; 1 1/2 Std.; 900 m Höhenunterschied

Die lohnendste Kurzwanderung ist der Auf- und Abstieg von der Hot Springs Domain. Sie führt durch eine idyllische *puriri*- und Farnsenke und dann steil bergauf zu einer Bank und einem Aussichtspunkt namens Whakapipi oder **Bald Spur**. Mit seiner tollen Aussicht über die Stadt und die Felder ringsum eignet sich der Ort besonders gut für einen Besuch vor dem Frühstück oder vor Sonnenuntergang.

Summit Track

Hin und zurück 8 km; 4–6 Std.; 900 m Höhenunterschied

Dieser relativ anstrengende Anstieg ist die Fortsetzung des Bald Spur Track. Der Weg bis zum Kaimai-Mamaku Forest Park ist steil, wird aber noch anspruchsvoller, bevor der Fernsehturm auf dem Gipfel erreicht ist. Als Belohnung wartet (zumindest an klaren Tagen) ein Rundumblick, der bis Ruapehu und Taranaki reicht. Man kann auf gleichem Weg zurückkehren oder den längeren **Tui Mine Track** (weitere 1–2 Std.) nehmen.

ÜBERNACHTUNG

Aroha Mountain Lodge, 5 Boundary St, ☎ 07 884 8134, 🖥 www.arohamountainlodge.co.nz. 2 Bungalows mit gut ausgestatteten Zimmern direkt neben der Hot Springs Domain und nicht weit davon entfernt Selbstversorger-Cottages mit bis zu 8 Schlafgelegenheiten. Frühstück kostet $20 p. P. DZ $145, Cottages $295
The Nunnery, 16 Burgess St, ☎ 07 884 4436, 🖥 www.thenunnery.co.nz. Das ehemalige Nonnenkloster liegt nahe zur Stadt und den Sehenswürdigkeiten und hat jetzt klimatisierte Zimmer. Freundliche Atmosphäre. DZ $85, Studio $105
Te Aroha Holiday Park, 217 Stanley Rd, ☎ 07 884 9567, 🖥 www.tearohaholidaypark.co.nz. Campingplatz 3 km südlich des Ortes inmitten von mächtigen Eichen nahe der Straße Richtung Hamilton (SH26). Besitzt ein von Mineralwasser gespeistes Felsbecken (abends zum Baden geöffnet), einen Flying Fox, ein großer, nur im Sommer geöffneter Pool und eine Auswahl bunt zusammengewürfelter Wohngebäude (Bettzeug mitbringen). Kostenloses WLAN. Camping $18, On-site-Vans $48, Cabins $53

Te Aroha Landing, 29 Terminus St, ☎ 0800 002 990, 🖥 www.talanding.co.nz. Kleine, aber ganz neue Anlage direkt am Fluss mit schön ausgestatteten Häusern, einem geräumigen Studio und ein paar funkigen Chalets. Kajaks und Lizenz zum Forellenangeln erhältlich. USB-Ladevorrichtungen und kostenloses WLAN. Auf der Website gibt es günstige Pauschalangebote inkl. Tour nach Hobbiton. Chalet $150, Haus $170

ESSEN

Banco, 174 Whitaker St, ☎ 07 884 7574. Das Lokal in einem bezaubernden ehemaligen Bankgebäude ist eine gelungene Mischung aus Café, Secondhand-Klamottenladen und Kunstgalerie. Hinter dem Haus gibt es eine sonnige Terrasse. Wer etwas Handfesteres als Kaffee und Kuchen haben möchte, kann z. B. Salat mit geräucherten Hühnchenstreifen ($14,50) bestellen. ⏰ Mi–So 9–15 Uhr.
Ironique, 159 Whitaker St, ☎ 07 884 8489, 🖥 www.ironique.co.nz. Das freundliche Lokal empfiehlt sich für Frühstück, Mittagessen (Suppe $13), Snacks und Abendessen, z. B. Burger und Pommes ($17,50) oder einen Wintereintopf mit Lamm und Minze ($17,50). Auch gut fürs abendliche Bier oder das Pub-Quiz am Dienstag.⏰ Di–Sa 5.30–20, So 9–16.30 Uhr.
Organic Health Shop, 9 Lawrence Avenue, ☎ 07 884 9696. Hier lässt man sich die leckeren Kuchen schmecken (z. B. Karamellkuchen oder ein Schokotörtchen mit frischer Banane für $6,50) oder die fantasievollen Hauptgerichte (Spargel und Limonen-Frittata für $6,90) – natürlich nur, weil alles so gesund ist! ⏰ Mo–Fr 8–16.30, Sa 8–16 Uhr.
Palace Hotel, 165 Whitaker St, ☎ 07 884 4536, 🖥 www.palacehoteltearoha.co.nz. Typisch neuseeländische Kneipe mit Spielautomaten, freitags Livemusik und Hauptgerichten für $12 (Abendessen Mi–Mo). ⏰ Mo–Do 9–20, Fr und Sa 9 Uhr bis spät, So 11 Uhr bis spät.

INFORMATIONEN

i-SITE, 102 Whitaker St, bei der Domain, ☎ 07 884 8052, 🖥 www.tearohanz.co.nz. Allgemeine und DOC-Infos sowie Broschüren, die schöne Tageswanderungen in der Gegend beschreiben. Die Touristeninformation besteht seit 1894 und ist damit die älteste in Neuseeland. Hier gibt es auch Informationen über **Fahrradverleih** für den Fahrrad-Trail. ⏰ Mo–Fr 9.30–17, Sa und So 9.30–16 Uhr.

TRANSPORT

Busse der in Hamilton beheimateten Gesellschaft Busit, ✆ 0800 428 748, 🖥 www.busit.co.nz, halten an der Kenrick St auf der SH26. Busse nach HAMILTON 2x tgl., 1 Std. 5 Min.; PAEROA 1x tgl., 20 Min.

Die Coromandel Peninsula

Die gebirgige **Coromandel Peninsula** trennt den Hauraki Gulf vom Pazifik. Sie besitzt wunderbare Surf- und Badestrände und ein angenehm mildes Klima. Im **Westen** fallen Klippen und Hügel steil zum Meer ab und lassen wenig Platz für einen schmalen Küstenstreifen. Reichlich Schatten spenden die hier gedeihenden **Pohutukawa**-Bäume, die von Mitte November bis Dezember ihre üppige rote Blütenpracht entfalten. Die Strände liegen meist geschützt und eignen sich für Erkundungstouren, allerdings kann man vielerorts nur bei Flut schwimmen.

Die meisten Leute zieht es ohnehin an die **Ostküste**, denn dort liegen ausgedehnte weiße Sandstrände mit eindrucksvoller, wenngleich manchmal gefährlicher Brandung. Am unteren Ende der Halbinsel wartet die frühere Goldgräberstadt **Thames** mit ihrem reichen Erbe auf und bietet sich als guter Ausgangspunkt für eine Erkundung des bewaldeten **Kauaeranga Valley** an, durch das zahlreiche Wanderwege führen. Weiter nördlich empfiehlt sich in der hübschen Kleinstadt **Coromandel** eine Fahrt mit der **Driving Creek Railway**. Außerdem beginnt ganz in der Nähe die **309 Road**, die quer über die Halbinsel verläuft und an den Waiau Waterworks sowie einem imposanten Kauri-Wald vorbeiführt.

Wer jedoch wahre Abgeschiedenheit sucht, sollte das winzige **Colville** und die Nordspitze der Halbinsel ansteuern.

Der geteerte SH25 hingegen führt von Coromandel gen Osten zur **Mercury Bay**, deren Mittelpunkt die reizvolle Stadt **Whitianga** ist. Nahebei lockt der **Hot Water Beach** täglich Hunderte von Besuchern an, die Löcher in den Sand buddeln, um sich anschließend im warmen Wasser zu entspannen. Andere Urlauber wiederum ziehen das **Cathedral Cove Marine Reserve** mit seinen fantastischen Buchten und hervorragenden Schnorchelbedingungen vor.

Noch mehr Strände reihen sich an der Küste weiter südlich aneinander: in der Gegend von **Whangamata** sowie bei **Waihi Beach**. Letzteren trennen rund 10 km Ackergelände und Obstgärten vom benachbarten Waihi.

Wer zwischen Mitte November und Anfang Dezember in der Gegend ist, kann das **Pohutukawa Festival**, 🖥 www.pohutukawafestival.co.nz, erleben. Während die Halbinsel in den lilafarbenen Blüten dieses Küstenbaumes erstrahlt, finden Picknicks und jede Menge Musikveranstaltungen statt.

Die Coromandel Peninsula zählt zu den beliebtesten Ferienzielen der Nordinsel. Vor allem von Ende Dezember bis Januar geht es hier äußerst lebhaft zu, und das bleibt so bis Ende März. In dieser Zeit kann sich die Unterkunftssuche extrem schwierig gestalten, weshalb eine möglichst frühe Reservierung unumgänglich ist – nie weniger als 2 Tage im Voraus! Während der restlichen Zeit hält sich die Besucherzahl in Grenzen (abgesehen von langen Wochenenden), und im Winter ist ein Großteil der Halbinsel verlassen, obwohl das Klima fast das ganze Jahr über mild bleibt.

Auf der Coromandel Peninsula ist wildes Zelten streng verboten und wird härter bestraft als anderswo. Abgesehen von den offiziellen **Campingplätzen** ist Campen nur an wenigen Stellen erlaubt. Näheres auf 🖥 www.tcdc.govt.nz.

Geschichte

Die zerklüftete **Coromandel Range** im Landesinneren – vor Millionen von Jahren durch vulkanische Aktivität entstanden und seither von dichtem Regenwald bedeckt – teilt die Halb-

Coromandel Peninsula

0   15 km

Fletcher Bay
Cape Colville
Port Jackson
Poley Bay
Coromandel Walkway
Stony Bay
Port Charles

Fantail Bay
Mt Moehau (892 m)

PAZIFIK

Waikawau Bay
Little Bay

Colville

Mercury Islands

Kennedy Bay

New Chums Bay
Whangapoua
Driving Creek Railway
Te Rerenga
Matarangi
Kuaotunu

Coromandel
25

Mercury Bay

Hauraki Gulf

The Waterworks
Castle Rock (521 m)
Waiau Falls
Kauri Grove

CATHEDRAL COVE MARINE RESERVE

Whitianga

Manaia

309 Road

Cooks Beach

Cathedral Cove
Hahei

Kereta

Hot Water Beach

Whenuakite

C O R O M A N D E L

Coroglen

Tapu

s. Karte Whitianga Umgebung S. 404
25

Pohutukawa Coast

Rapaura Watergardens
Square Kauri

Tairua
Pauanui

Te Puru
COROMANDEL FOREST PARK
Pinnacles Hut

R A N G E

Firth of Thames

Crosbies Hut
DOC Whangaiterenga
The Pinnacles (759 m)

Hikuai

Broken Hills

Opoutere

DOC Visitor Centre

Whangaiterenga Valley

Thames
25A
DOC Shag Stream

Kopu

Miranda

Pipiroa
25

Whangamata

Ngatea
2

Wentworth Falls
Wentworth Valley
25

Waihou River

Hauraki Plains

COROMANDEL FOREST PARK

Hauraki Rail Trail

26

Paeroa

27

Karangahake Gorge
Waikino
Waihi
Waihi Beach

Victoria Battery
2

KAIMAI-MAMAKU FOREST PARK

▼ Te Aroha (10 km)   ▼ Tauranga (57 km)

COROMANDEL PENINSULA, BAY OF PLENTY UND EAST CAPE

insel in zwei Hälften. Die Bergkette wird von den Maori als Kanu gedeutet: Der **Mount Moehau** an der Nordspitze von Coromandel soll den Bug darstellen und der Mount Te Aroha im Süden, am Rande der Hauraki Plains, das Heck.

Abgesehen von den Goldrauschjahren blieb die Halbinsel größtenteils unerschlossen. Erst in den 1960er- und 1970er-Jahren lockte sie viele Hippies, **Künstler** und New-Age-Anhänger an. Daneben schufen bzw. schaffen Maler, Töpfer und Kunsthandwerker zum Teil bemerkenswerte Arbeiten; die i-SITEs haben detaillierte Informationen zu den über die Halbinsel verstreuten Werkstätten.

Inzwischen lassen sich immer mehr Aucklander hier nieder oder pendeln. Sie verwandeln nach und nach ihre alten *baches* (kleine Ferienhäuser, meist aus Holz) in kostspielige Designeranwesen, wodurch sowohl das Ansehen der Region als auch die Lebenshaltungskosten steigen.

Transport

Ein eigenes Fahrzeug erlaubt die größtmögliche Flexibilität. Zwar haben einige Straßen in entlegenen Ecken nur Schotterbelag, doch bei vernünftiger Fahrweise lassen sich eigentlich alle problemlos bewältigen.

Zu den wichtigsten **Busgesellschaften** der Halbinsel zählt **InterCity**, ☎ 09 583 5780, 🖳 www.intercity.co.nz, deren Busse zwei Routen bedienen: die von Thames Richtung Norden nach Coromandel und hinüber nach Whitianga (2x tgl.) sowie die von Coromandel durch Thames bis nach Hamilton (1x tgl.). **NakedBus** (telefonische Auskunft für $2 pro Min. unter ☎ 0900 62533, 🖳 www.nakedbus.com) fährt von Whitianga nach Ngatea (1x tgl.), wo Anschluss an die NakedBusse der Strecke Auckland–Tauranga besteht. Die in Whitianga beheimatete Gesellschaft **Go Kiwi**, ☎ 866 0336, 🖳 www.go-kiwi.co.nz, fährt von Whitianga zum Auckland Airport sowie nach Auckland via Hahei, Tairua, Whangamata und Thames sowie nach Whitianga (1x tgl.) und wieder zurück.

Eine ausgezeichnete Art die Coromandel Peninsula zu entdecken, ist per **Fahrrad**. Eine Rundfahrt mit genügend Badepausen dürfte drei bis vier Tage in Anspruch nehmen. Leihräder gibt es z. B. im Paki Paki Bike Shop (S. 393).

Thames

Die ehemalige Goldgräberstadt **Thames** ist das Eingangstor zur Coromandel-Halbinsel und ihr wichtigstes Versorgungszentrum. Sie liegt zwischen dem Firth of Thames und der Coromandel Range und wirkt erfrischend unprätentiös. Mit dem guten Angebot an Gästebetten, Lokalen, Verkehrsverbindungen und meist relativ niedrigen Preisen stellt Thames eine hervorragende Ausgangsbasis für Abstecher zu weiter nördlich gelegenen Zielen dar.

Ihren Reiz verdankt die Stadt der Goldgräbervergangenheit. Es lässt sich gut ein halber Tag mit der Besichtigung der hiesigen Museen zubringen. Da alle von Freiwilligen betreut werden, haben sie leider unterschiedliche Öffnungszeiten. An Sommerwochenenden haben die meisten geöffnet.

Liebhaber viktorianischer **Architektur** können mithilfe der Pläne in den beiden kostenlosen Broschüren *Historic Grahamstown* und *Historic Shortland & Tararu* ein paar schöne Stadtspaziergänge abklappern.

Geschichte

Eigentlich nahm die Stadt ihren Anfang als zwei Niederlassungen: Grahamstown im Norden und Shortland im Süden. 1867 wurde in einem kleinen Flussbett bei Thames goldhaltiger Quarz entdeckt, und nur vier Jahre später hatte sich Grahamstown zur größten Stadt Neuseelands gemausert. Zur Goldförderung waren aber teure Maschinen notwendig, deshalb verlor der Goldbergbau bereits in den 1880er-Jahren an Bedeutung und geriet nach 1913 fast vollständig in Vergessenheit.

Goldmine Experience

SH25, Ecke Moanataiari Creek Rd ∎ ⏰ 26. Dez–März tgl. 10–16, April–24. Dez Sa und So 10–13 Uhr ∎ Eintritt $15 ∎ ☎ 07 868 8514, 🖳 www.goldmine-experience.co.nz

Die einzige Möglichkeit, eine gute Vorstellung davon zu bekommen, wie der Alltag eines Minenarbeiters in Thames aussah, bietet die Teilnahme an der ehrenamtlich geführten **Goldmine Experience**. Die informative, 40-minütige Tour führt durch die alte, unterirdische Erzbrech-

1 (1,5 km), **2** (2,5 km), ▲ Butterfly & Orchid Garden (2,5 km), Coromandel (55 km), Whitianga (100 km)

COROMANDEL
FOREST PARK

25

FERGUSSON DRIVE
KURANUI STREET
BEACH ROAD
TARARU ROAD

Goldmine
Experience

WAIOTAHI CREEK ROAD

BURKE STREET

WW1 Memorial
und Aussichtspunkt

WILLIAMSON ST
CAMPBELL ST
KIRKWOOD ST

3

ALBERT ST
COCHRANE ST

Historical
Museum

Museum of
Technology

School of Mines und
Mineralogical Museum

MARTHA ST
BELLA STREET

KARAKA ROAD

Organic
Co-op

❶ ❷
3 PAHAU ST

Karaka Bird Hide

AMY ST

Embassy
Cinema

BROWN STREET
QUEEN STREET

WALTER ST
WALTER ST

MARY STREET

✚

4

Pak 'n Save

MACKAY STREET

SEALEY STREET

Paki Paki

POLLEN STREET

❹

Goldfields Mall

Firth of Thames

RICHMOND STREET

Hauraki Rail
Trail Base

MACKAY STREET

ROLLESTON STREET

❺

Kauaeranga Valley (13 km) ►

WILLOUGHBY STREET

★ **5**
ⓘ

GREY STREET

JELLICOE CRESCENT

FENTON STREET

BANKS STREET

6

Kauaeranga River

25

◼ Übernachtung

Coastal Motor Lodge	1
Cotswold Cottage	7
Cruz 'n' Stop	4
Dickson Holiday Park	2
Gateway Backpackers	5
Rolleston Motel	6
Sunkist	3

● Restaurants, Cafés und Bars

Brew	5
Café Melbourne	1
Food for Thought	4
Grahamstown Bar & Diner	3
Kopu Station Hotel	6
Organic Co-op	2
Sola Café	2

7 (2 km), ❻ (4 km) ▼

COROMANDEL PENINSULA, BAY OF PLENTY UND EAST CAPE

anlage. Den schmalen, horizontalen Schacht haben nur mit Schaufeln bewaffnete Bergleute aus Cornwall gegraben. Besucher können nach Gold schürfen und im Bürogebäude von 1914 ein Video anschauen, das Minenarbeiter bei der Arbeit zeigt.

School of Mines & Mineralogical Museum

Cochrane St, Ecke Brown St ▪ ⏲ Jan und Feb tgl. 11–15, März–Dez Mi–So 11–15 Uhr ▪ Eintritt $10 ▪ ☎ 07 868 6227, ☐ www.thamesschoolofmines.co.nz

Die Glücksritter, die in Scharen nach Thames kamen, hatten keine oder wenig Bergwerkserfahrung. Die ambitionierteren unter ihnen besuchten daher diese **Bergbauschule**, die von 1886 bis 1954 in Betrieb war. Ehrenamtliche Museumsführer zeigen voller Begeisterung ein altes Chemielabor mit einer wunderschönen Präzisionswaage und den Testraum, wo Goldschürfer ihre Erzfunde einer Qualitätsprüfung unterziehen lassen konnten.

Museum of Technology und Thames Historical Museum

Museum of Technology Bella St, Ecke Waiokaraka Rd ▪ ⏲ Normalerweise Sa und So 10–15 Uhr ▪ Eintritt $5 ▪ ☎ 07 868 8696, ☐ www.bellastreet pumphouse.com ▪ Thames Historical Museum Cochrane St, Ecke Pollen St ▪ ⏲ tgl. 13–16 Uhr ▪ Eintritt $5

Die großen Maschinen sind verschwunden, aber das 1898 erbaute **Pumpenhaus** (auch Bella Street Pumphouse Museum genannt), das den Großteil der Minen von Thames trocken hielt, ist immer noch da. Ein Stückchen die Straße hoch liegt das Thames **Historical Museum**, das sich der Sozialgeschichte der Stadt widmet. Die Klassenzimmer des ehemaligen Schulgebäudes sind wie Goldgräberhütten eingerichtet, und es werden Geschichten aus der Goldrauschzeit erzählt.

Butterfly and Orchid Garden

Dickson Holiday Park, 115 Victoria St, abseits SH25, 3,5 km nördlich ▪ ⏲ Sep–Mai tgl. 9.30–1.30 Uhr ▪ Eintritt $12 ▪ ☎ 07 868 8080, ☐ www.butterfly.co.nz

Im tropischen Gewächshaus des magischen **Butterfly and Orchid Garden** lässt sich zwischen Hunderten Schmetterlingen wunderbar

ein meditatives halbes Stündchen verbringen. Hier sind immer ungefähr 20 bis 30 Spezies anzutreffen.

ÜBERNACHTUNG

Coastal Motor Lodge, 608 Tararu Rd (SH25), 2,5 km nördlich der Stadt, ☎ 07 868 6843, ☐ www.stayatcoastal.co.nz. Komplex mit gut ausgestatteten „Cottage"-Units und geräumigen schwarzen A-frame-Chalets (alle mit Bad und jeweils für 2 Pers.) auf einem weitläufigen Gelände, manche mit Blick über den Firth. WLAN gratis. Cottages $145, Chalets $190

Cotswold Cottage, 46 Maramarahi Rd, 3 km südlich der Stadt, abseits des SH25, ☎ 07 868 6306, ☐ www.cotswoldcottage.co.nz. Die restaurierte Villa aus den 1920er-Jahren in einem Garten am Stadtrand mit herrlicher Aussicht über den angrenzenden Fluss und die Hügel hat ein Gäste-Spa und 3 renovierte Zimmer mit Bad (eins mit Himmelbett). Ein köstliches warmes Frühstück ist im Preis inbegriffen (super Kaffee und Pancakes; auf Anfrage gibt's auch Abendessen für etwa $45. $200

Cruz 'n' Stop, 309 Mary St, ☎ 07 868 9833, ☐ www.campervancruznstopcom.com. Geteerter Platz mitten in der Stadt; Stellplätze mit Anschlüssen, eine Dusche, Toiletten und eine kleine Lounge mit TV. Pro Van $30

Dickson Holiday Park, Victoria St, 3,5 km nördlich des Zentrums, abseits des SH25, ☎ 07 868 7308, ☐ www.dicksonpark.co.nz. Großer, gut gepflegter Campingplatz in einem hübschen Tal ($37 für 2 Pers.). Gute Einrichtungen inkl. Pool. Auf Wunsch kostenlose Abholung von Thames. Dorms $25, Motel Units $136

Gateway Backpackers, 209 Mackay St, ☎ 07 868 6339. Der Empfang ist äußerst freundlich in diesem kuschligen Hostel nahe dem i-SITE und der Bushaltestelle, untergebracht in zwei Holzhäusern mit einem Innenhof. Gäste können kostenlos Fahrräder leihen. Dorms $27, DZ $66

Rolleston Motel, 105 Rolleston St, ☎ 09 868 8091, ☐ www.rollestonmotel.co.nz. Typisches Motel der 1970er (kürzlich modernisiert) in einer stillen Nebenstraße. Alle Units habe eine kleine Terrasse; sehr gepflegt, Pool, Whirlpool und Grillstelle. $125

Sunkist, 506 Brown St, ☎ 07 868 8808, 💻 www.sunkistbackpackers.com. Stimmungsvolles Hostel in einem ehemaligen Pub aus den 1860er-Jahren mit großem Balkon und Hängematten im Garten. Die Serviceleistungen umfassen u. a. Geländewagenvermietung. Auf Anfrage halten die InterCity-Busse direkt vor der Tür, man kann sich aber auch kostenlos von der Bushaltestelle abholen lassen. Dorms $26, DZ $75

ESSEN UND UNTERHALTUNG

Brew, 200 Richmond St ☎ 07 868 5558. Das entspannte Tagescafé verwandelt sich abends in einen Gastro-Pub. Das hauseigene Foundry Pale Ale passt wunderbar zu dem schmackhaften niedertemperatur-gegarten Schweinebauch ($26). Ab und zu Livemusik und Dichterlesungen. ⏲ Mo–Fr 8–22 oder später, Sa und So 9–22 Uhr oder später.

Café Melbourne, im The Depot, 715 Pollen St, ☎ 07 868 3159, 💻 www.cafemelbourne.co.nz. Die Damen, die hier zu Mittag essen, schätzen die urbane Atmosphäre dieses Cafés, oder sie gönnen sich vielleicht nur eines der ungewöhnlichen Frühstücksgerichte, dazu einen *flat white* (mit Latte Art verzierter Cappuccino/Cappuccino mit dünner Milchschaumdecke). Außerdem gibt es z. B. leckeres Fisch-Curry ($19) oder Zitronentörtchen für $4,50 aus der Kuchenvitrine. Das ausgezeichnete Deli Bite nebenan verkauft auch frisches Brot. ⏲ Mo–Do 8–17, Fr 8–21, Sa und So 9–16 Uhr.

Food for Thought, 574 Pollen St, ☎ 07 868 6065. Das preiswerte Café ist in Neuseeland für seine hausgemachten Pasteten (vor allem die vegetarischen für $4) schon mehrfach ausgezeichnet worden. Daneben hat es eine verführerische Auswahl an Kuchen und ausgezeichneten Kaffee. ⏲ Mo–Fr 6–15.30, Sa 6–14 Uhr.

Grahamstown Bar & Diner, 700 Pollen St, ☎ 09 868 6008. In der beliebten Bar trifft man sich gern auf ein Bier und/oder zum Essen. Zu den üppigen Speisen gehören u. a. Nachos ($15), Salat mit gebratenem Gemüse ($18,50) oder Lammkotelett mit Kartoffelpüree ($29,50). ⏲ Mo–Mi 11–21, Do und Fr 11–21.30, Sa 8.30–21.30, So 8.30–21 Uhr.

Kopu Station Hotel, 1 Kopu Rd, Kopu, 5 km südlich der Stadt, ☎ 07 868 7916. Das „Kopu" zählt zu den Lieblingsbühnen verschiedener regelmäßig auftretender Livebands. Es ist ein ungezwungenes Lokal mit einer umfangreichen Getränkekarte, Steinplattengrills und einem Biergarten. ⏲ tgl. 10–23 Uhr oder später.

Organic Co-op, 736 Pollen St, ☎ 07 868 8797. Der gemeinnützige Laden hat Biolebensmittel, auch Gemüse, Eier und Tiefkühlfleisch. ⏲ Mo–Fr 9–17, Sa 9–12 Uhr.

📖 **Sola Café**, 720b Pollen St, ☎ 07 868 8781, 💻 www.solacafe.co.nz. Relaxtes Künstlercafé mit Kuchen, himmlischem Kaffee, Salaten und vegetarischen Gerichten, von Frühstück und Frittatas bis zu Wraps und Enchiladas (meist $12,50). Es gibt auch ein paar vegane und glutenfreie Gerichte sowie Tische hinten im Hof. ⏲ So–Fr 8–16, Sa 7.30–16 Uhr.

SONSTIGES

Autovermietungen

Davy Rentals, 731 Pollen St, ☎ 07 868 7153, 💻 www.davyrentals.co.nz. Hat billige Mietwagen für $40–65/Tag und lässt sie auch auf die rauesten Straßen der Halbinsel los. ⏲ Mo–Fr 7.30– 17 Uhr.

Sunkist (s. links oben) verleiht RAV4s für $85/Tag oder $55/Tag für 2 Wochen.

Fahrradverleih

Paki Paki Bike Shop, 535 Pollen St, ☎ 07 867 9026, 💻 www.pakipakibikeshop.co.nz. Verleiht Trail Bikes und Hybrid-Tourenräder ($30/Tag), mit denen man die Stadt und Umgebung erkunden kann. ⏲ Mo–Fr 9–17, Sa 9–13 Uhr.

Informationen

i-SITE Visitor Centre, 206 Pollen St, ☎ 07 868 7284, 💻 www.thamesinfo.co.nz. Bus-fahrkarten und AA-Service. ⏲ Nov–April Mo–Fr 8.30–17, Sa und So 9–16, Mai–Okt Mo–Fr 9–15, Sa 9–13, So 12–16 Uhr.

Touren

Wer der Zivilisation den Rücken kehren möchte, meldet sich bei **Canyonz**, ☎ 0800 422 696, 💻 www.canyonz.co.nz, zum Canyoning durch den berühmten Sleeping God Canyon an. Hier geht es unter Anleitung mit Abseilen, Springen und Kriechen durch den Canyon und jeder Teilnehmer darf stolz Beweisfotos mit nach Hause nehmen. Abholung beim i-Site ($360).

Kino
Embassy Cinema, 708 Pollen St, ✆ 07 868 6602, 🖥 www.cinemathames.co.nz. Zeigt eine Fülle an Filmen in 3 Sälen (20 verschiedene pro Woche), Mi ermäßigter Eintritt.

NAHVERKEHR

Busse
Sunkist (S. 393) unterhält einen Shuttleservice zum Ende der Kauaeranga Valley Road (hin und zurück $39; mind. 2 Pers.).

Taxis
Thames Taxis, ✆ 07 868 3100. So geschlossen.

TRANSPORT

Die **Busse** von NakedBus, Go Kiwi und InterCity halten vor dem i-SITE.

Busse nach:
AUCKLAND 5x tgl., 2 Std.;
COROMANDEL 2x tgl., 2 Std.;
TAURANGA 3x tgl., 2 Std.;
WHITIANGA 2x tgl., 2 1/4 Std.

Kauaeranga Valley

Östlich von Thames erstreckt sich das tiefe **Kauaeranga Valley** in Richtung des Gebirgszugs, der die Coromandel Peninsula der Länge nach durchzieht. Diese zerklüftete Landschaft mit ihren steilen Klippen und Schluchten wird von den **Pinnacles** (759 m) überragt, wo sich ein fantastischer Ausblick über den Wald mit seinen alten Rata-, Rimu- und Kauri-Beständen bis hin zu beiden Küsten bietet. Man erreicht das Gebiet über die landschaftlich ansprechende, größtenteils geteerte Kauaeranga Valley Road, die sich 21 km weit am Fluss entlangschlängelt und von

der einige der schönsten Wanderwege in der Coromandel Range abgehen.

Dass die Pfade so gut erreichbar sind, verführt manche Wanderer dazu, sie nicht so ernst zu nehmen wie andere Wanderpfade. Doch bei schlechtem Wetter lauern dort alle möglichen Gefahren, deshalb muss man gut vorbereitet und ausgerüstet sein (S. 61).

Übrigens: Die durch Sporen in der Erde verursachte *kauri dieback disease* (s. Kasten S. 262) kommt in den Kauri-Wäldern von Coromandel nicht vor. Damit das so bleibt, sollten Besucher, die kürzlich durch einen Wald in Auckland oder Northland gestreift sind, ihre Schuhe besonders gründlich reinigen.

ÜBERNACHTUNG

Die hier aufgeführten Campingplätze sind die besten von 8 sehr ähnlichen DOC-Campingplätzen, 🖥 www.doc.govt.nz. Alle liegen entlang der Kauaeranga Valley Rd, 14–23 km östlich von Thames. Die beiden Hütten lassen sich nur zu Fuß im Rahmen der Kauaeranga-Wanderungen (s. Kasten S. 395) erreichen.

Crosbies Hut. Relativ neue 10-Etagenbettenhütte, am günstigsten erreichbar auf der Rundwanderung Wainora–Booms Flat. Matratzen und Holzofen vorhanden, aber kein Gaskocher. Geeignet für Wanderer auf der Suche nach einer ruhigeren Alternative zur Pinnacles Hut. $15

Pinnacles Hut und Campsite, 🖥 www.doc.govt. nz. Diese große, vergleichsweise noble 80-Etagenbettenhütte zählt zu den begehrtesten unter den DOC-Hütten, besonders samstagabends und während der Schulferien. Sie liegt wunderschön auf einer Anhöhe, rund 3 Std. Fußweg vom Ende der Straße entfernt, und ist immer bewirtschaftet. Es gibt auch einen Campingplatz im Wald am Fluss neben der Hütte. Buchung online; *backcountry hut passes* gelten hier nicht. Hütte $15, Camping $5

Shag Stream, 14 km entlang der Kauaeranga Valley Rd von Thames. Der DOC-Campingplatz, der Thames am nächsten ist. Eine schlichte gerodete Stelle im Busch direkt beim DOC Visitor Centre. Plumpsklos und Flusswasser (muss gereinigt werden) vorhanden. $10

Whangaiterenga, 19 km entlang der Kauaeranga Valley Rd von Thames. Der hübscheste der Campingplätze am Straßenrand und der einzige mit Spültoiletten. Wasser bietet der Fluss, aber es muss gereinigt werden. $10

INFORMATIONEN

DOC Visitor Centre, 14 km auf der Kauaeranga Valley Rd, ☏ 07 867 9080. Ausgezeichnetes Infobüro mit einer sehenswerten Ausstellung über die frühere Kauri-Abholzung im Tal, großen Landkarten und einer 40-minütigen DVD zur Geschichte der Holzfällerei. Hier lohnt sich der Kauf der Broschüre *Kauaeranga Valley Recreation* ($2) mit Routenbeschreibungen der Wanderwege oder der Karte *Hikuai Topo50 map BB35* im Maßstab 1:50 000 ($9). Auch Gepäckaufbewahrung ($2 für ein kleines Schließfach). Die Mitarbeiter verkaufen Hüttentickets, aber billiger bekommt man sie online (auf dem PC vor Ort). ☉ 26. Dez–April tgl. 8.30–17, Mai–Dez tgl. 9–16 Uhr, bei schwierigen Wetterbedingungen geschlossen.

Die Pohutukawa Coast

Von Thames schlängelt sich der SH25 gen Norden, bis er nach 58 km den Ort Coromandel erreicht. Die Straße folgt der felsigen Uferlinie der sogenannten **Pohutukawa Coast** (benannt nach den hier zahlreichen Pohutakawa-Bäumen) und passiert eine Reihe kleiner Sandbuchten, in denen zumeist ein paar Häuschen oder ein Campingplatz liegen.

Tapu–Coroglen Road

Hügel und sandfarbene Klippen bestimmen die ersten 19 km bis **Tapu**, wo die landschaftlich schöne **Tapu–Coroglen Road** zur Ostküste Coromandels abzweigt. Es ist eine bezaubernde,

Wanderungen im Kauaeranga Valley

Cookson Kauri Track (6 km hin und zurück, 3–4 Std.). Mittelschwerer, gut ausgebauter Pfad zu ein paar großen Kauris – so ziemlich die einzigen, die in der Gegend noch stehen. Beginnt am Campingplatz Wainora, 7 km hinter dem DOC-Büro.

Kahikatea Walk (900 m hin und zurück, 20 Min.). Seichter Spaziergang vom DOC-Büro zu einem maßstabsgetreuen Modell eines Kauri-Schwemmdammes, von denen es einst in diesem Wald sehr viele gab.

Nature Walk zum Hoffman's Pool (1,5 km Rundstrecke, 30 Min.). Die kurze, einfache Rundstrecke beginnt 1,5 km hinter dem DOC-Büro – dank Informationstafeln eine prima Einführung in den endemischen Wald des Tals. Der Weg endet an einem sandigen Flussbecken mit einem tiefen Badeteich, ein ideales Plätzchen zum Picknicken und Schwimmen. Zurück geht's entweder auf dem gleichen Pfad oder entlang der Straße.

Pinnacles Hut–Billygoat Basin Walk (18 km, 8 Std.). Normalerweise eine Zwei-Tages-Wanderung mit einer Übernachtung in der Pinnacles Hut (S. 394). Sie vermittelt einen guten Eindruck von der Region. Sie beginnt am Ende der Straße und führt die ersten 2–3 Std. am Webb Creek entlang auf einem (teilweise sehr steilen) Pfad hoch zur Pinnacles Hut, den die Waldarbeiter in den 1920er-Jahren mit ihren Packpferden begingen. Von der Hütte aus ist es ein steiler, 50-minütiger Anstieg. Es gibt einige Abschnitte auf kurzen Leitern, die zu den Zacken der Pinnacles führen. Unterwegs eröffnen sich märchenhafte Ausblicke. Auf dem Rückweg hält man sich hinter der Hydro-Kreuzung Richtung Süden und marschiert durch das Billygoat Basin, wo Infotafeln die Geschichte der Holzfällerei erzählen.

Wainora–Booms Flat Circuit (15 km Rundstrecke, 7 Std.). Der wunderbare Tagesausflug beginnt auf dem Cookson Kauri Track. „Höhepunkt" ist der sagenhafte Rundumblick auf 549 m. Weiter geht es auf einem gewundenen Pfad zum Orange Peel Corner und dann abwärts nach Booms Flat. Mit Übernachtung in der Crosbies Hut (S. 394) wird daraus eine Zwei-Tages-Wanderung. Dann kommen weitere 4 Std. Wanderzeit hinzu. Bei Regenwetter sollte man den Booms Flat Track nicht begehen.

28 km lange Strecke. Die Straße ist zwar schmal, aber gut befahrbar. Sie lässt die Felder und Weiden der Küste hinter sich und erklimmt das hügelige Rückgrat der Halbinsel. Danach fällt sie ab bis Coroglen, wo man auf die Hauptstraße trifft, die Whitianga und Whangamata verbindet.

Rapaura Watergardens

586 Tapu–Coroglen Rd ▪ ⏰ tgl. 9–17 Uhr ▪ Eintritt $15 ▪ 📞 07 868 4821, 🖥 www.rapaura watergardens.co.nz

Selbst wenn man nicht die gesamte Strecke Tapu–Coroglen zurücklegen möchte, lohnt der 6 km lange Abstecher zu den **Rapaura Watergardens**, einer angelegten „Wildnis" mit Busch und Blumen, Seerosenteichen und zahlreichen Pfaden. Es gibt einige Picknickplätze, ein ausgezeichnetes, nur im Sommer geöffnetes Café und Übernachtungsmöglichkeiten (s. unten).

Square Kauri

Tapu–Coroglen Rd, 3 km östlich der Rapaura Watergardens

In der Nähe des höchsten Punktes der Straße weist ein unscheinbares Schild den Weg zum **Square Kauri**, kurz vor einer kleinen Brücke. Steile Stufen durch Busch (175 m, 10 Min.) führen zu dem 1200 Jahre alten Giganten (41 m hoch und 9 m breit), dessen ungewöhnlicher Wuchs ihn vor den Holzfällern rettete.

ÜBERNACHTUNG

Rapaura Watergardens, 586 Tapu–Coroglen Rd, 📞 07 868 4821, 🖥 www.rapaurawatergardens. co.nz. Gäste haben die Wahl zwischen einem reizenden Luxus-Cottage für 2 Pers. und einer schlichten Lodge mit 2 Schlafzimmern. Sobald die Tagesbesucher abgereist sind, hat man die Watergardens für sich allein. Cottage $165, Lodge $285

Coromandel und Umgebung

Die nördlichste Stadt von Bedeutung auf der Halbinsel ist das bezaubernde kleine **Coromandel**, 58 km hinter Thames, das zu Füßen schroffer Hügel am oberen Ende des Coromandel Har-

bour liegt. Südlich wird aus dem SH25 die Tiki Road, die sich später gabelt: Die Wharf Road säumt den Hafen, die Kapanga Road dagegen führt schnurstracks in die Innenstadt. Diese besteht aus malerischen Holzgebäuden, zwischen denen sich zwei Supermärkte, Tankstellen, eine Bank, einige Cafés und Kunstgewerbeläden verstecken. Ein paar Querstraßen weiter heißt die Verkehrsader Rings Road und verlässt die Stadt nach Norden in Richtung der Hauptsehenswürdigkeiten: die **Erzbrechanlage** und der **Driving Creek Railway**.

Driving Creek Railway and Potteries

380 Driving Creek Rd, 3,5 km nördlich der Stadt ▪ Bahnfahrt tgl. 10.15 und 14 Uhr; bis zu 4 weitere pro Tag in den Schulferien; 1 Std. hin und zurück, besser vorbuchen ▪ $30 ▪ **Töpferei** ⏰ tgl. 10–16 Uhr ▪ Eintritt frei ▪ 📞 07 866 8703, 🖥 www.drivingcreek railway.co.nz

Die **Driving Creek Railway and Potteries** ist die einzige Schmalspurbahn des Landes. Sie wurde größtenteils von Hand erbaut und war die Idee des ortsansässigen Töpfers und Eisenbahn-Enthusiasten Barry Brickell, der sich damit Zugang zum lehmhaltigen Hügelland verschaffen wollte.

Auf dem reizvollen, von Kommentaren begleiteten Trip eröffnen sich spektakuläre Ausblicke von einem hölzernen Aussichtsturm, dem Eyefull Tower. Außerdem lassen sich einige bautechnische Meisterleistungen bewundern. Die 3 km lange Fahrt beginnt und endet bei den Werkstätten, wo alle möglichen Töpferwaren aus Steingut und Terrakotta zu sehen sind.

Coromandel Goldfields Centre & Stamper Battery

410 Buffalo Rd, 2 km nördlich der Stadt ▪ 1-stündige Führung möglich, Zeiten beim i-SITE erfragen ▪ $15 ▪ 🖥 www.coromandelstamperbattery.weebly.com, ⏰ im Sommer tgl. 10–15 Uhr, im Winter nach Vereinbarung

Die faszinierende Einrichtung erschließt sich am besten auf einer der fachmännisch geführten Touren (im Sommer zu jeder vollen Stunde und abends auch eine Tour mit Gänsehauteffekt). Hierbei wird Coromandels Goldgräbergeschichte wieder zum Leben erweckt und erläutert, wie Golderz gewonnen und gereinigt wurde. Es wird

sogar Neuseelands größtes Wasserrad ange-
worfen, das die noch völlig intakte Erzbrechanlage von 1899 antreibt.

Long Bay Kauri Grove

Wharf Rd, 3 km westlich der Stadt ▪ Rundgang
40 Min.

Von dem hübschen Strand in **Long Bay** lässt sich
ein angenehmer Spaziergang durch ein land-
schaftliches Schutzgebiet unternehmen. Der
markierte Rundweg beginnt etwa 100 m hinter
dem Long Bay Motor Camp und führt durch den
Busch zu einem uralten Kauri-Baum hinauf. An
der Kreuzung mit einer Schotterstraße zweigt
man rechts ab nach Tucks Bay und folgt dem
Küstenpfad zurück. Ausgangspunkt des Wegs
ist ein Wegweiser, 100 m innerhalb des Long
Bay Motor Camp.

ÜBERNACHTUNG

Anchor Lodge, 448 Wharf Rd, ✆ 07 866 7992,
🖥 www.anchorlodgecoromandel.co.nz.
Modernes, gut geführtes Motel mit beheiztem
Pool, Spa und allen möglichen Unterkünften,
darunter eine Backpackerhostel-Abteilung und
im Busch gelegene, einladende Units mit 2
Schlafzimmern. Dorms $29, Motel Units $145,
Suiten $185–340

Buffalo Lodge, Buffalo Rd, ✆ 07 866 8960,
🖥 www.buffalolodge.co.nz. Künstlerin Evelyne
hat ihr Wohnhaus hoch oben im Busch nördlich
der Stadt selbst entworfen. Von den 3 Gästezimmern (alle mit eigener Veranda) eröffnen
sich atemberaubende Ausblicke auf die See.
Zum Frühstück (glutenfreie Pancakes auf
Wunsch) gibt es Eier von den freilaufenden
Hühnern, falls die Gastgeberin welche findet.
Für Kinder nicht geeignet. ⊕ Mai–Sep
geschl. $220

Coromandel Colonial Cottages, 1737 Rings Rd,
1,5 km nördlich der Stadt, ✆ 07 866 8857,
🖥 www.corocottagesmotel.co.nz. 8 schmucke
weiße Holz-Cottages (manche mit 6 Schlafplätzen) in einem ruhigen Garten. Großer,
solarbeheizter Pool, Kinderspielplatz und BBQ-
Bereich. $170

Coromandel Top 10 Holiday Park, 636 Rings Rd,
✆ 0800 267 646, 🖥 www.coromandelholiday

park.co.nz. Auf dem weitläufigen Gelände
3 Min. zu Fuß nördlich der Stadt hat man die
Wahl zwischen einem Hostel mit allem Drum
und Dran, Wohnwagenunterkunft sowie gut
ausgestatteten Motel Units. Beheizter Pool für
alle, auch Fahrradverleih. Camping $22, Cabins
$75, Motel Units $140

Hush, 425 Driving Creek Rd, ✆ 07
866 7771, 🖥 www.hushaccommodation.
co.nz. Hier gibt es nicht irgendwelche Cabins,
sondern stylisch-moderne Hush-Cabins mit
Essecke, Kühlschrank, eventuell TV, frischer
Baumwollbettwäsche und praktischen Dingen
wie Schirme. Die Hütten liegen alle einzeln
versteckt im Busch, wo die Gäste von den
Vögeln geweckt werden, bevor sie sich in
der Gemeinschaftsküche im Freien Frühstück
machen. Daneben gibt es noch das Selbstversorgerhaus Petite ($140). Cabins $120, mit
Bad $145

Jacaranda Lodge, 3 km südlich des Ortes in
der 3195 Tiki Rd (SH25), ✆ 07 866 8002, 🖥 www.
jacarandalodge.co.nz. B&B inmitten von
Farmland mit 5 pieksauberen und gut durch-
dachten Zimmern (die meisten mit Bad). Auch
eine umfangreiche DVD-Sammlung von
Neuseelandfilmen und leckeres kontinentales
Frühstück, u. a. mit hausgemachtem Müsli,
Säften und Marmeladen aus dem eigenen
Obstgarten. $150, mit Bad $190

Lion's Den, 126 Tiki Rd, ✆ 07 866 8157,
🖥 www.lionsdenhostel.co.nz. Kuschliges
kleines Hostel, sehr beliebt bei Rucksackreisenden, denn es hat gemütliche, Gemein-
schaftsräume, einen tropischen Garten und
eine lockere WG-Atmosphäre. In Stadt- und
Buschwanderwege-Nähe, Dusche im Freien,
kosmetische Behandlung (Gesicht ab $35).
Dorms $27, DZ $62

Long Bay Motor Camp, 3200 Long Bay Rd,
3 km westlich der Stadt, ✆ 07 866 8720,
🖥 www.longbaymotorcamp.co.nz. Ruhiger
Platz am Strand; tolle Sonnenuntergangs-
Aussicht, ungefährliches Schwimmen,
Buschwanderungen und Kajakverleih ($10/Std.).
Es stehen auch Stellplätze ohne Anschlüsse in
der versteckten Tucks Bay zur Verfügung, 1 km
Fahrt durch den Busch oder 5 Min. Fußweg
übers Gelände. Camping $20, Cabins $65

Tidewater Tourist Park, 270 Tiki Rd, ☏ 07 866 8888, 🖥 www.tidewater.co.nz. Komfortables Motel und angegliedertes YHA-Hostel auf großem Gelände, rund 200 m vom Zentrum nahe dem Hafen. BBQ-Bereich, Fahrräder und Kajaks für Gäste. Geräumige Ferienhaus-Units mit bis zu 6 Schlafgelegenheiten ($160). Eigenes Zelt aufstellen $15, Dorms $30, DZ $60

Tui Lodge, 60b Whangapoua Rd, nahe dem SH25, ☏ 07 866 8237, 🖥 www.coromandel tuilodge.co.nz. Sehr nette und günstige Backpacker-Unterkunft in verwinkeltem Haus mit Garten; 10 Min. zu Fuß südlich der Stadt, die InterCity-Busse halten vor der Tür. Dorms, viele Doppelzimmer. Kostenlos: Benutzung der Waschmaschine; Tee, Kaffee, frisches Obst (zur Erntezeit), Barbecue und Fahrräder. Dorms $28, DZ $70

ESSEN UND UNTERHALTUNG

In Little Coromandel gibt es überproportional viele Lokale und ein paar ausgezeichnete Fischgeschäfte.

Coromandel Hotel, 611 Kapanga Rd, ☏ 07 866 8760, 🖥 www.coromandelhotel.co.nz. Selbst Farmer und Fischer haben Mühe mit den Portionen in dieser traditionellen Kneipe, die bei Einheimischen „Top Pub" heißt. Man kann außer den typischen Kneipengerichten z. B. Hühnchen-Bananen-Curry ($22) in der Gaststube verspeisen oder sich einfach mit einem Getränk in den Biergarten setzen. ⏲ tgl. 11–22 Uhr oder später.

Coromandel Mussel Kitchen, SH25, Ecke 309 Rd, 4 km südlich der Stadt, ☏ 07 866 7245, 🖥 www.musselkitchen.co.nz. Die Inhaber dieses Straßenlokals züchten ihre erstklassigen Muscheln selbst. Das Highlight sind Muscheleintöpfe ($19,50) mit Sauerteigbrot, das in eine Brühe aus grünem Curry oder Sahne und Knoblauch getunkt wird. Auch *mussel chowder* und Café-Spezialitäten. ⏲ tgl. 9.30–16, im Sommer bis 21 Uhr.

Coromandel Oyster Company, 1611 Tiki Rd (SH25), 5 km südlich der Stadt, ☏ 07 866 8028. Muscheln, Jakobsmuscheln und knackfrische Austern. *Chowder* aus Muscheln oder Austern auch zum Mitnehmen ($7). ⏲ tgl. 8–18 Uhr.

Coromandel Smoking Company, 70 Tiki Rd ☏ 0800 327 668, 🖥 www.corosmoke.co.nz. Ausgezeichnetes Geschäft, das hausgeräucherten Fisch (z. B. warm und kalt geräucherten Lachs) und Schalentiere verkauft. Eine Top-Adresse für Picknickzutaten. ⏲ tgl. 9–17 Uhr.

🧳 **Driving Creek Café**, 180 Driving Creek Rd, 3,5 km nördlich der Stadt, ☏ 07 866 7066, 🖥 www.drivingcreekcafe.com. Ungezwungenes und freundliches vegetarisches (und überwiegend Bio-) Café mit gutem Kaffee, Frühstück, Smoothies, Frühstücksgerichten mit Bananenpfannkuchen ($15) und Mittagessen. Veranda und Garten bieten tolle Ausblicke. Manchmal Livemusik. Toller Secondhand-Buchladen. ⏲ Fr–Di 9.30–16 Uhr.

Peppertree, 31 Kapanga Rd, ☏ 07 866 8211. 🖥 www.peppertreerestaurant.co.nz. Das eleganteste Restaurant von Coromandel hat Sitzgelegenheiten drinnen – im Winter prasselt ein Feuer im offenen Kamin – und draußen im Garten. Mittags gibt's z. B. Zucchini-Curry-Burger mit Pommes ($17) und abends Filetsteak mit Jakobsmuscheln im Speckmantel ($37). ⏲ tgl. 10–21 Uhr.

Star and Garter, 5 Kapanga Rd, ☏ 07 866 8503, 🖥 www.starandgarter.co.nz. Luftige Bar, Baujahr 1873, und überdachter Biergarten mitten in der Stadt. Hier trifft sich ein bunt gemischtes Publikum bei einer super Auswahl an Monteith's-Brauerzeugnissen und Weinen. ⏲ tgl. 11–1 Uhr.

Umu, 22 Wharf Rd, ☏ 07 866 8618. Beliebt sind hier die Pizzas, z. B. Greames Spezialpizza, aber auch die anderen Gerichte lohnen sich: *Umu-style* Frühstück mit gebackenen Bohnen, Ei und Bacon ($16), mittags vielleicht asiatischer Hühnchen-Kohlsalat ($18,50), und abends ist schon die Brûlée aus Kokosnuss und Sago das Herkommen wert. ⏲ tgl. 8.30–22 Uhr oder später.

INFORMATIONEN

i-SITE, 8 Kapanga Rd, ☏ 07 866 8598, 🖥 www. thecoromandel.co.nz. DOC-Broschüren und Gezeitentabelle für den Hot Water Beach. ⏲ tgl. 10–16 Uhr.

Auto

Einer von mehreren Mietwagenanbietern ist die **Coromandel-Tankstelle**, 226 Wharf Rd, ℘ 07 866 8736; sie gestattet auch Fahrten auf den unbefestigten Straßen nördlich von Colville. $65 pro 24 Std.

Shuttlebus

Zwei Tour- und Shuttlebus-Betreiber bieten entspannte (da man die Aussicht genießen kann und sich nicht aufs Fahren konzentrieren muss) Fahrten zu den Sehenswürdigkeiten und in Richtung Norden. Sie bedienen auch den Coromandel Walkway (S. 401); die Wanderer werden an einem Ende abgesetzt und am anderen abgeholt.
Coromandel Discovery, ℘ 0800 668 175, 🖥 www.coromandeldiscovery.co.nz. Startet in Fletcher Bay. Hin und zurück $125; Tee, Kaffee und Plätzchen sind gratis.
Coromandel Adventures, ℘ 0800 462 676, 🖥 www.coromandeladventures.co.nz. Abfahrt in Stony Bay. Wer noch Energie hat, kann am Ende auch noch den Muriwai Walk machen (hin und zurück $115; zwischendurch Gelegenheit, sich ein warmes Getränk zuzubereiten).

Taxis

Coromandel Cabs, ℘ 07 866 8927, 🖥 www. coromandelcabs.co.nz. Fährt auch zu den Wanderstartpunkten.

Busse

InterCity nach THAMES (2x tgl., 1 1/4 Std.) und WHITIANGA (2x tgl., 1 Std.). Sie halten auf dem Parkplatz gegenüber dem i-SITE.

Fähren

360 Discovery, ℘ 09 307 8005, 🖥 www.360 discovery.co.nz. Die Passagierfähre zwischen Auckland und Hannafords Wharf, 7 km südlich von Coromandel, verkehrt 3–7x wöchentl. (2 Std.). Im Preis der einfachen Fahrkarte für $55 ist die Busfahrt in die Stadt enthalten.

Northern Coromandel Peninsula

Die Landschaft an der Spitze von Coromandel ist noch wilder als der Rest der Halbinsel – im Inland bestimmen dicht bewachsene Hügel das Bild, und an der felsigen Küste verbergen sich einsame Strände mit schäumender Brandung. Die Straßen säumen uralte Pohutukawa-Bäume, die zwischen Anfang November und Januar leuchtend rot blühen.

In diesem fast unbewohnten Landstrich gibt es, abgesehen von ein paar wunderbar einfachen Campingmöglichkeiten, nur **wenige Versorgungseinrichtungen**, sodass man seine Vorräte unbedingt vor dem Aufbruch in Coromandel aufstocken sollte.

Die einzige nennenswerte Ortschaft ist das winzige Colville. Nördlich davon wird die nun unbefestigte Straße schmaler, rauer und staubiger. 3 km hinter Colville gabelt sich die Straße. Nach rechts geht's Richtung Osten über die Berge nach Stony Bay und zum Südende des Coromandel Walkway. Der linke Abzweig führt 35 km immer an der Küste entlang Richtung Norden nach Port Jackson und Fletcher Bay an der äußersten Spitze der Halbinsel. Bei gutem Wetter ist bis Fletcher Bay mit einer Stunde Fahrzeit zu rechnen.

Colville

Von Coromandel bis kurz hinter **Colville** ist die Straße asphaltiert. Die kleine Ortschaft liegt inmitten eines friedlichen Tals und besteht aus wenig mehr als einem Postamt, einer Tankstelle, einem geöffneten Café und dem Colville General Store, ℘ 07 866 6805, wo man Verpflegung für die Weiterreise nach Norden einkaufen kann.

Port Jackson

Auf halber Strecke der Straße zum Zipfel der Halbinsel, 19 km nordwestlich von Colville, liegt eine ausgediente Anlegestelle aus Granitstein. Danach führt die Straße über direkt am Ufer aufragende Berge landeinwärts nach **Port Jackson**. Der Ort besteht aus ganzen zwei Häusern und einem 1 km langen, zum Schwimmen geeig-

COROMANDEL PENINSULA, BAY OF PLENTY UND EAST CAPE

neten Sandstrand. Dahinter liegen ein grasbewachsenes DOC-Reservat (ein ideales Picknickplätzchen) und ein Campingplatz.

Fletcher Bay

Hinter Port Jackson verschlechtert sich die Straße. Nach 6 km ist der wundervolle Strand der sehr gut zum Schwimmen geeigneten **Fletcher Bay** erreicht.

Hinter dem Strand befinden sich ein weiterer DOC-Campingplatz und ein Backpacker. Das östliche Ende der Bucht markiert den Beginn des **Coromandel Walkway**.

Stony Bay

Die **Stony Bay** am südlichen Ende des Coromandel Walkway ist über zwei gefährlich schmale und kurvige Schotterstraßen zu erreichen: Die eine führt gleich hinter Coromandel via Little Bay über die Coromandel Range und die andere von Colville über die Moehau Range. Beide treffen vor der Feriensiedlung **Port Charles**, 14 km von Colville entfernt, zusammen und legen die letzten 6 km in die Stony Bay gemeinsam zurück; auch hier befindet sich ein schöner DOC-Campingplatz.

ÜBERNACHTUNG

Bis auf wenige Ausnahmen beschränken sich die Übernachtungsmöglichkeiten auf Camping. Um dem wilden Campen einen Riegel vorzuschieben, hat das DOC auf der nördlichen Halbinsel fünf Campingplätze (Karte S. 389) direkt am Wasser eingerichtet. Drei davon sind nachstehend gelistet. In den ersten zwei Wochen nach Weihnachten sind sie meist komplett ausgebucht, im restlichen Jahr ist man in dieser wildromantischen Gegend oft ganz allein. Besucher dürfen nichts weiter als Toiletten und kalte Duschen erwarten.

Colville Farm, 2140 Colville Rd, 1,5 km südlich von Colville, ☎ 07 866 6820, 🖳 www.colville farmholidays.co.nz. Wunderschönes Gehöft mit Zeltplätzen ($12, Benutzung der Backpacker-Einrichtungen $2 extra), Backpackerbetten in 1 Cottage, 2 rustikalen Busch-Lodges und 2 Selbstversorger-Ferienhäusern mit toller Aussicht ($120). Dorm $25, Lodge $85

Fantail Bay Campsite, 22 km nördlich von Colville, 🖳 www.doc.govt.nz. Ziemlich kleiner DOC-Platz am Strand zwischen Farmland. Er hat Platz für 100 Gäste, die sich Spülklosetts, Flusswasser und kalte Duschen teilen. Im Sommer geht nichts ohne Reservierung. $10

Fletcher Bay Backpackers, Fletcher Bay, 34 km nördlich von Colville, ☎ 07 866 6685, 🖳 www.doc.govt.nz. Schnörkelloses Hostel in erstklassiger Lage auf einer Anhöhe, 400 m vom Strand mit Blick auf den Campingplatz. In jedem der 4 Zimmer stehen 2 Etagenbetten, Bettzeug wird gestellt. $25

Fletcher Bay Campsite, 34 km nördlich von Colville, 🖳 www.doc.govt.nz. Der abgelegenste der DOC-Plätze bietet Aussicht auf die Inseln Great Barrier und Little Barrier. Er verfügt über Spülklos, Flusswasser und kalte Duschen. Obwohl er 250 Pers. fasst, ist in den beiden Wochen nach Weihnachten eine Reservierung unumgänglich. $10

INFORMATIONEN

Bevor man sich auf den Weg macht, unbedingt im Informationszentrum in Coromandel-Stadt, 8 Kapanga Rd, ☎ 07 866 8598, 🖳 www.thecoro mandel.co.nz, den **Straßenzustand** erfragen, den Tank füllen und sich auf vorsichtiges, langsames Fahren einstellen. Hier oben besteht kein Grund zur Hektik. ⊙ tgl. 10–16 Uhr.

REITEN

Colville Farm, 2140 Colville Rd, 1,5 km südlich von Colville, ☎ 07 866 6820, 🖳 www.colville farmholidays.co.nz. Auf der Schaf- und Rinderfarm werden geführte Ausritte organisiert. Auch längere Ausflüge in den Busch oder zum Strand. ($40/Std.; $150/5 Std.).

Von Coromandel nach Whitianga

Die Fahrt von Coromandel Richtung Osten über die Berge nach Whitianga lässt sich in weniger als einer Stunde zurücklegen. Man kann sich aber auch sehr viel mehr Zeit für die beiden zur Auswahl stehenden, umwerfend **schönen Straßen** nehmen: Die kurvenreiche **309 Road** (33 km, davon 14 km Schotterpiste, keine öffentlichen Verkehrsmittel) verläuft die meiste Zeit durch Busch am Rückgrat der Halbinsel entlang. Auf dem 360 m hohen Sattel taucht die Straße wieder aus dem Busch auf und schlängelt sich zur Küste hinunter.

Die Hauptstraße **SH25** dagegen windet sich durch das bewaldete Bergland und dann hinab zum Meer, vorbei an den verlassenen Stränden von Whangapoua und Kuaotunu.

309 Road

Auf der 309 Road laufen über eine Strecke von etwa 3 km häufig Schweine umher. Die freundlichen Tiere und ihr Besitzer Stu sind in Coromandel weltberühmt.

The Waterworks

471 The 309 Rd ▪ ⏲ tgl. Nov–April 10–18, Mai–Okt 10–16 Uhr ▪ Eintritt $24 ▪ ✆ 07 866 7191, 🖥 www.thewaterworks.co.nz

Im Garten **The Waterworks**, nach 5 km auf der **309 Road**, kann man gut ein paar erholsame Stunden verbringen. Besucher können sich dort mit allen möglichen durch Wasserkraft betriebenen Gerätschaften vergnügen. Das Highlight ist eine riesige Uhr, deren Pendel von einem Wasserstrahl angeschoben wird. Ein Café lädt zum Einkehren ein, außerdem Schwimmsachen für ein Bad im Teich nicht vergessen! Man sollte auch einen Blick auf die Quelle werfen, die alles in der Anlage – ganz ohne Strom – antreibt.

Castle Rock

100 m hinter The Waterworks ▪ hin und zurück 2 km, 40 Min.–1 1/2 Std.

Eine holprige Zufahrtstraße führt Richtung Norden über eine Furt und dann 3 km steil bergauf an den Startpunkt des Wegs zum **Castle Rock**, dem am leichtesten erreichbaren Gipfel der Coromandel Peninsula. Der letzte Abschnitt des Anstiegs auf den 521 m hohen Gipfel des alten Vulkankegels ist beschwerlich. Als Belohnung warten dann aber fantastische Ausblicke.

Waiau Falls und „Siamese Kauri"

309 Rd, 2,5 km südöstlich des Castle Rock

Der Wasserfall **Waiau Falls**, der sich über eine Felswand in ein Becken ergießt, ist nicht überwältigend hoch, liegt dafür aber direkt neben der Straße und bietet eine ausgezeichnete Möglichkeit zur Abkühlung. Nach weiteren 500 m markiert ein Parkplatz den Beginn des einfachen Spaziergangs zum wunderschönen **Kauri Grove** (1 km, 1/2 Std. hin und zurück) und dem sogenannten „Siamese Kauri" ein Stück dahinter. Es ist einer der besten Orte Neuseelands, um einen Eindruck von der ungeheuren Größe der Kauri-Riesen zu bekommen.

Whangapoua und New Chums Beach

Der **SH25** verläuft von Coromandel durch üppigen Wald und vorbei an einigen hübschen, abgeschiedenen Strandsiedlungen mit Campingplätzen. Nach etwa 14 km zweigt die 5 km lange Landstraße zum verschlafenen Dorf und weißen Sandstrand von **Whangapoua** ab.

Am Straßenende führt ein schöner Bush-Spaziergang (von der rechten Weggabelung Richtung Stadt) zum **New Chums Beach**

Coromandel Walkway und Radweg

Wer andere sportliche Betätigung als Schwimmen und Angeln sucht, kann die Wanderung von der Fletcher Bay zur Stony Bay oder umgekehrt über den **Coromandel Walkway** (11 km, 3 Std. einfach) unternehmen. Sie beginnt am südlichen Strandende in der Fletcher Bay und führt zuerst über die sanften Hügel an der Küste, wo sich Weiden und Busch abwechseln, dann durch wilderes Terrain vorbei an einer Reihe winziger Buchten. Unterwegs eröffnen **Aussichtspunkte** atemberaubende Blicke auf die Küste und den Pazifik. In der **Stony Bay** lädt eine Flussmündung zum sicheren Baden ein. Die DOC-Broschüre *Coromandel Recreation Information* enthält eine kurze Beschreibung des Wegs und eine Karte; der Pfad ist aber so deutlich markiert, dass man ihn auch ohne Karte findet. Näheres zur Anfahrt per Shuttlebus aus Coromandel-Stadt auf S. 399.

(nur bei Ebbe begehbar; insgesamt 4 km; 1 Std.), einem der schönsten, naturbelassenen Strände Neuseelands.

Stargazers Astronomy Tours

392 SH25 ▪ Buchung erforderlich ▪ 1–1 1/2 Std. ▪ Eintritt $50 ▪ ✆ 07 866 5343, ▭ www.stargazers bb.com

Dank der geringen Lichtverschmutzung kann der Nachthimmel in Neuseeland umwerfend sein. Doch erst Alastair Brickell (Cousin des berühmteren Barry Brickell, S. 396) versetzt die Besucher so richtig in Erstaunen. Er erklärt das Universum mit Hilfe von allerlei Instrumentarien, aber seine Begeisterung und sein Humor machen die Tour zu einem ganz besonderen Erlebnis. Wer sich nicht von den Sternen losreißen will, kann übernachten (s. rechts).

Kuaotunu

Rund 30 km hinter Coromandel erreicht der SH25 das winzige **Kuaotunu** an einem herrlichen weißen Sandstrand. Das stille Dörfchen bietet ein paar Unterkünfte und eine tolle Pizzeria Der SH25 führt anschließend durch Farmland in die Mercury Bay und nach Whitianga.

ÜBERNACHTUNG UND ESSEN

Kuaotunu Bay Lodge B&B, SH25, ✆ 07 866 4396, ▭ www.kuaotunubay.co.nz. Stilvoller Luxus in einem modernen Haus mit fabelhafter Aussicht von den zu den Zimmern gehörenden Balkonen. Kostenloses WLAN, von Dez–März Mindestaufenthalt 2 Nächte. $295
Kuaotunu Camp Ground, 33 Bluff Rd, ✆ 07 866 5628, ▭ www.kcg2008.co.nz. Ordentlicher Platz mit Kajakverleih und Fish-'n'-Chips-Shop. Der Strand liegt direkt gegenüber auf der anderen Straßenseite. Camping $20, Cabins $65

Luke's Kitchen, 20 Blackjack Rd, nahe SH25, ✆ 07 866 4480. Das einzige Speiselokal von Kuaotunu, aber dafür ist es super. Es gibt eine Bar, ein Café, Sitzgelegenheiten im Freien und eine neue Galerie für Kunst aus der Region. Bei der schönen Aussicht schmecken der Kaffee mit einem herzhaften Scone oder eine der köstlichen Pizzas (z. B. die *Never Fail*

mit frischem Fisch, Zucchini und Aioli für $28). Im Sommer abends oft Livemusik. ⏰ tgl. im Sommer 8–21 Uhr, im Winter Fr–So 8.30–15 Uhr.
Stargazers B&B, 392 SH25, 2 km südlich von Kauotunu, ✆ 07 866 5343, ▭ www.stargazers bb.com. In diesem schönen Haus im Busch kann man nur eine Nacht bleiben und darf ganz allein die Lounge nutzen. Das Frühstück wird auf der großen Terrasse serviert, Ferngläser zur Vogel- und Sternbetrachtung werden bereitgestellt. Im modernisierten Miner's Cottage den Hügel hinunter können Selbstversorger unterkommen und mit etwas Glück auch Glühwürmchen sichten. $250

Whitianga und Umgebung

Whitianga liegt dort, wo der Whitianga Harbour auf den langen, weißen **Buffalo Beach** an der **Mercury Bay** trifft. Das unaufgeregte Städtchen eignet sich prima zum ein- oder zweitägigen Ausspannen. Wer möchte, kann an einem Knochenschnitzkurs teilnehmen oder in den Warmwasserbecken von The Lost Spring planschen. Whitianga ist auch ein gutes Sprungbrett für halb- und ganztägige Ausflüge zu einigen der Topspots von Coromandel.

Nach einer kurzen Fahrt mit der Passagierfähre durch die schmale Hafenöffnung der **Ferry Landing** lassen sich zahlreiche traumhafte Strände wie **Lonely Bay** erreichen. Außerhalb der Saison präsentieren sie sich oft menschenleer, doch von Dezember bis Februar sind ruhige Fleckchen Mangelware.

Per Bus ab Ferry Landing (oder per Auto via Whenuakite nach Süden) gelangt man zur **Cathedral Cove**, einer faszinierenden Felsformation mit ausgezeichneten Möglichkeiten zum Schwimmen, außerdem zum magischen **Hot Water Beach** mit seinen natürlichen Thermalquellen.

Das **Te Whanganui-A-Hei (Cathedral Cove) Marine Reserve** bietet hervorragende Bedingungen zum Tauchen. Oft zeigen sich Große Tümmler und Orkas. Hauptziel der **Bootstouren** und **Kajaktrips** von Hahei und Whitianga aus sind die verschiedenen vorgelagerten Vulkaninseln und Meereshöhlen.

▲ **1** *(500 m)*, Coromandel *(40 km)*

JACKMAN AVENUE

MEADOW DRIVE

BRUCE ST

HALLIGAN ROAD

BUFFALO BEACH ROAD

Buffalo Beach

PARK LN

COOK DRIVE

PROTEA CRES

SPRINGBOK AVE

The Lost Spring

EYRE ST

HANNAN RD

KENNETH AVE

WHITBY AVE

THE ESPLANADE

MILL RD

MONK ST

Mercury Twin Cinemas

New World Supermarket

LEE STREET

JOAN GASKELL DRIVE

Countdown Supermarket

TUDOR GROVE

COGHILL ST

CAMPBELL STREET

COGHILL ST

Apotheke

BLACKSMITH LA

Dive Zone

ALBERT STREET

OWEN STREET

VICTORIA ST

Bay Carving

CHOLMONDELEY CRES

NICHOLAS AVE

BRYCE ST

5 **The Bone Studio**

DUNDAS STREET

Lyon Park

WHITE STREET

6

Mercury Bay

3 **Whitianga Ferry Wharf**

Personen-fähre

Mercury Bay Museum

PURANGI ROAD

FERRY LANDING

Whitianga Harbour

Flughafen (3 km), Whenuakite (26 km), Whangamata (80 km)

Shakespeare Lookout, Hahei (15 km), Cathedral Cove (17 km), Hot Water Beach (20 km)

COROMANDEL PENINSULA, BAY OF PLENTY UND EAST CAPE

■ Übernachtung	
Beachfront Resort	1
Cat's Pyjamas	3
Mana-Nui Motor Lodge	4
Mercury Bay Holiday Park	6
On the Beach Backpackers Lodge	2
Turtle Cove	5

● Restaurants, Cafés und Bars	
Blue Ginger	1
Café Nina	3
Coghill House Café	4
Salt Restaurant and Bar	5
Squids	2

Mercury Bay Museum

11 The Esplanade ▪ ⊕ tgl. 10–16 Uhr ▪ Eintritt $7,50 ▪ ☎ 07 866 0730, 🖥 www.ercurybay museum.co.nz

In einer alten Butterfabrik an der Esplanade ist das **Mercury Bay Museum** untergebracht. Es er- zählt von der Kauri-Nutzung, den ersten Sied- lern und der Hochseefischerei. Highlight ist die Abteilung zu den frühen Entdeckungsreisenden, insbesondere dem Maori-Pionier Kupe, der vor rund 1000 Jahren hier in der Nähe an Land ge- gangen sein soll.

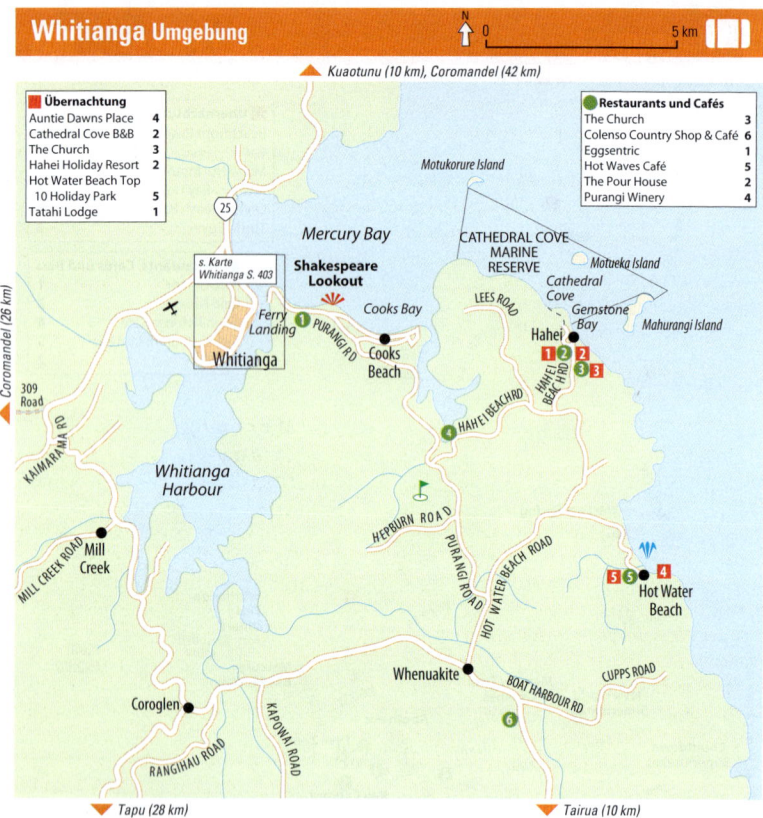

N
0   5 km

▲ Kuaotunu (10 km), Coromandel (42 km)

■ Übernachtung
Auntie Dawns Place	4
Cathedral Cove B&B	2
The Church	3
Hahei Holiday Resort	2
Hot Water Beach Top 10 Holiday Park	5
Tatahi Lodge	1

● Restaurants und Cafés
The Church	3
Colenso Country Shop & Café	6
Eggsentric	1
Hot Waves Café	5
The Pour House	2
Purangi Winery	4

Motukorure Island

Mercury Bay

s. Karte
Whitianga S. 403

Shakespeare Lookout

CATHEDRAL COVE
MARINE
RESERVE

Motueka Island

Cathedral
Cove

Gemstone
Bay

Mahurangi Island

LEES ROAD

Cooks Bay

Ferry
Landing

PURANGI RD

Whitianga

Cooks
Beach

Hahei

309
Road

KAIMARA RD

HAHEI BEACH RD

Whitianga
Harbour

HEPBURN ROAD

PURANGI ROAD

Mill
Creek

MILL CREEK ROAD

HOT WATER BEACH ROAD

Hot Water
Beach

Whenuakite

BOAT HARBOUR RD

CUPPS ROAD

Coroglen

KAPOWAI ROAD

RANGIHAU ROAD

▼ Tapu (28 km)

▼ Tairua (10 km)

Coromandel (26 km)

Shakespeare Lookout

1,5 km östlich von Ferry Landing, dann 1 km
bergauf ■ Eintritt frei

Anscheinend hatten die Klippen unter dem
Shakespeare Lookout früher einmal Ähnlichkeit
mit dem Profil des Dichters, doch heute sucht
man sie vergeblich und konzentriert sich besser auf die Aussicht. Nach Osten geht der Blick
zum Cooks Beach und zur Mercury Bay hinüber,
nach Westen zum Buffalo Beach und nach Norden zum Mount Maungatawhiri. Mit Wegweisern
versehene Pfade (2 km einfach; 30 Min.) führen vom Parkplatz zur verschwiegenen Lonely
Bay und weiter zum beliebten Familienurlaubs-
ziel **Cooks Beach**, das auch von der Hauptstraße
2 km weiter östlich aus erreichbar ist.

Hahei

Der kleine Strandort **Hahei**, 6 km östlich von
Cooks Beach (10 Straßenkilometer), verfügt über
einen Laden, ein paar Unterkünfte und Esslokale.
Er ist Ausgangspunkt für Boots-, Kajak- und
Tauchausflüge ins **Te Whanganui-A-Hei (Cathedral Cove) Marine Reserve** (s. Kasten S. 406), das
sich auch auf dem Cathedral Cove Walk erreichen lässt.

Cathedral Cove Walk

Hin und zurück 5 km; 1 1/2 Std.; 300 m Anstieg auf
dem Rückweg

Der **Cathedral Cove Walk**, ein hügeliger Küstenpfad von einem Parkplatz an der Grange Road
ausgehend, ist fast ein Muss. Er ist stellenweise

recht steil und führt zumeist durch Kiefernwäld-chen, wobei sich zwischendurch immer wieder wunderbare Meerblicke eröffnen. Als Entschä-digung warten zwei perfekte Strände, die von einem kathedralenartigen Felsbogen getrennt werden.

Stufen führen hinab zum **Mare's Leg Cove**, einem traumhaften Badestrand. Durch den Bo-gen geht's zum nächsten Strand, dem **Cathedral Cove**. Seit schon einmal Steine aus der Bogen-decke gefallen sind, warnen DOC-Schilder vor dem Betreten (eventuelle Absperrbänder ernst nehmen!). Wer vom Hahei Beach hierher spa-zieren möchte, folgt dem Pfad am Nordende des Strandes. Nach rund 20 Min. ist der Parkplatz am Start des Wanderwegs erreicht.

Gemstone Bay und Stingray Bay

Nach einem kurzen Fußmarsch auf dem Cathe-dral Cove Walk zweigt ein fünfminütiger Pfad zur **Gemstone Bay** ab, wo man wunderbar schnor-cheln kann. Zwischen 50 m und 150 m vor der Küste erklären DOC-Schilder auf Bojen die Wun-der der verschiedenen Meereshabitate unter-halb der Wasseroberfläche. Ausrüstung verleiht Cathedral Cove Dive (s. Kasten S. 407).

Stingray Bay, ein Stück weiter am Cathedral Cove Walk ausgeschildert, ist ein perfekter wei-ßer Sandstrand. Selbst wenn Cathedral Cove brummt, ist es hier oft menschenleer.

Hot Water Beach

15 km südöstlich von Whitianga, aber über 30 km auf dem Straßenweg

Der **Hot Water Beach** ist eines der beliebtes-ten Reiseziele der Coromandel Peninsula, denn hier kann sich jeder selbst ein eigenes Badebe-cken mit warmem Wasser am Rande der Bran-dung graben. Die heißen Quellen, die unter dem Sand sprudeln, können allerdings nur zwei Stun-den vor bzw. nach Ebbe (Infos über die Gezei-ten im i-SITE von Whitianga oder in der Lokal-zeitung) genutzt werden. Interessierte spazieren einfach 100 m über den Sand zum Felsausläufer, der den Strand teilt, buddeln ein Loch und ent-spannen sich im heißen Wasser, während die Wellen des aufsteigenden Meers für Erfrischung sorgen. Um sich so ein „Spa" zu graben, ist eine Schaufel notwendig. Man kann eine in der Un-

terkunft, im örtlichen Café oder im Hot Waves Café (S. 408) für $5 plus $20 Kaution ausleihen.

Der Ansturm auf die Quellen ist so groß (in Stoßzeiten suchen sich hier bis zu 500 Men-schen), dass manche lieber nachts herkom-men. Dann braucht man außer einem Spaten auch eine Taschenlampe. Wegen gefährlicher **Unterströmung** ist beim Schwimmen an diesem Strand große Vorsicht geboten (s. Kasten S. 51). Näheres zu Unterkünften und einem Café in Strandnähe auf s. unten und S. 408.

Als eines der Haupttouristenzentren der Coromandel Peninsula bietet Whitianga eine große Auswahl an Unterkünften, weitere Schlafgelegenheiten gibt's in Hot Water Beach, Hahei und Kuaotunu (S. 402), 16 km nördlich. Im Sommer sollte man rechtzeitig reservieren. Die Preise liegen generell etwas höher als in den restlichen Teilen der Halbinsel, insbesondere in Unterkünften mit Blick aufs Meer und bei Kurzaufenthalten während der Hochsaison.

Whitianga

Beachfront Resort, 113 Buffalo Beach Rd, ☏ 07 866 5637, ▭ www.beachfrontresort.co.nz; Karte S. 403. Luxuriöses und trotzdem kinderfreund-liches Motel direkt am Strand – mit 8 geräumi-gen Units mit Meerblick und Balkon. Für Gäste stehen Kajaks, Boogie Boards sowie ein Whirl-pool und ein BBQ-Bereich zur Verfügung. $200

Cat's Pyjamas, 12 Albert St, W 07 866 4663, ▭ www.cats-pyjamas.co.nz; Karte S. 403. Dieses gemütliche, zentral gelegene Hostel, 2 Min. Fußweg von der Innenstadt und vom Strand, hat mit Graffitis verzierte Gemein-schaftsbereiche und einen sonnigen Patio. Im größten Dorm mit 10 Betten sorgen Kunststoff-wände für etwas Privatsphäre. Dorms $25, DZ $60

Mana-Nui Motor Lodge, 20 Albert St, ☏ 07 866 5599, ▭ www.mananui.co.nz; Karte S. 403. Zentral gelegenes, komfortables Motel mit 12 komplett ausgestatteten ebenerdigen Selbstversorger-Units (manche mit Zweibett-zimmer), Pool und Spa. Äußerst liebenswürdige Betreiber. $130

Bootsausflüge

Alle Ausflüge führen grob ins gleiche Gebiet zwischen Whitianga und Hot Water Beach, unter anderem zur Cathedral Cove und dem dazugehörigen Meeresschutzgebiet.

Cave Cruzer Adventures, Whitianga Wharf, ✆ 0800 427 893, 🖥 www.cavecruzer.co.nz. RIB-Touren am Shakespeare Cliff vorbei zur Cathedral Cove und weiter. Abfahrt der Expresstour um 9 und 16.30 Uhr (etwas über 1 Std.; $50). Eine längere und gemütlichere Version davon beginnt um 10.30 und 13.30 Uhr (etwas über 2 Std.; $75).

Glass Bottom Boat, Whitianga Wharf, ✆ 07 876 1962, 🖥 www.glassbottomboatwhitianga.co.nz. Bei den zweistündigen Trips ($95) eröffnet sich ein Blick in die Unterwasserwelt. Start tgl. 10.30 und 13.30 Uhr, im Sommer öfter.

Hahei Explorer, Hahei, ✆ 07 866 3910, 🖥 www.haheiexplorer.co.nz. Begleitet von unterhaltsamen Kommentaren führt das Schlauchboot mit kleinen Gruppen einstündige Meereshöhlenerkundungen zur Cathedral Cove und zu einem beeindruckenden Blowhole durch (2–4 Fahrten tgl.; Zeiten erfragen; $75).

Kajakfahren

Cathedral Cove Kayak Tours, 88 Hahei Beach Rd, Hahei, ✆ 0800 529 258, 🖥 www.seakayaktours.co.nz. In Hahei Beach beginnen professionelle geführte Seekajaktouren. Sie dauern einen halben Tag ($105) und haben entweder Cathedral Cove und die vorgelagerten Inseln zum Ziel oder die Meereshöhlen im Süden. Bei Ganztagstrips ($170) werden alle genannten Orte angesteuert. Zum Angebot gehören auch kürzere, aber wunderschöne Paddeltouren in der Morgen- und Abenddämmerung (nur Dez–Feb; $105). Abholung ab Ferry Landing möglich.

Mercury Bay Holiday Park, 121 Albert St, ✆ 07 866 5579, 🖥 www.mercurybayholidaypark.co.nz; Karte S. 403. Preisgekröntes, windgeschütztes Gelände ca. 700 m vom Zentrum entfernt, BBQs, ein Pool und kostenloser Spatenverleih für den Hot Water Beach. Camping $20, Motel Units $135

🧳 **On the Beach Backpackers Lodge**, 46 Buffalo Beach Rd, ✆ 07 866 5380, 🖥 www.coromandelbackpackers.com; Karte S. 403. Whitiangas bestes, YHA-assoziiertes Hostel liegt 10 Min. zu Fuß nördlich der Stadt an der Straße hinterm Strand. Zwei der Schlafsäle haben ein eigenes Bad, und die meisten DZ befinden sich in Selbstversorger-Units mit Bad und BBQ. Benutzung von Kajaks, Boogie Boards und Spaten für den Hot Water Beach kostenlos; Fahrradverleih möglich. Dorms $26, DZ $80

Turtle Cove, 14 Bryce St, ✆ 07 867 1517, 🖥 www.turtlecove.co.nz; Karte S. 403. Liegt nur 5 Min. Fußweg von Stadt und Strand entfernt. Die gut ausgestattete Unterkunft hat geschmackvolle Zimmer (teils mit Bad) im Hauptgebäude (in den DZ nahe der Lounge kann es schon mal laut werden) und Cabins im Garten. Billard, Frühstück und Ortsgespräche sind kostenlos. Dorms $27, DZ $70

Hahei

Cathedral Cove B&B, 14 Cathedral Court, ✆ 021 722 402, 🖥 www.cathedralcovebandb.co.nz; Karte S. 404. Die Eigentümer dieses modernen, umweltfreundlichen B&B scheinen an alles gedacht zu haben: Spaten und Taschenlampen für den Hot Water Beach, Sonnenschirme für den Strand vor der Tür, Büchertausch und mehr. Die holzvertäfelten Zimmer sind sehr gemütlich und das Frühstück ist erstklassig. $230

The Church, 87 Beach Rd, ✆ 07 866 3533, 🖥 www.thechurchhahei.co.nz; Karte S. 404. Eine hübsche Ansammlung selbst gebauter Cottages zwischen Grünflächen. Alle sind sonnig, die meisten haben Oberlichter und manche einen Holzofen. *Continental breakfast* auf Wunsch. Studios $140, Selbstversorger-Cottages $215

Knochenschnitzen

Bay Carving, 5 Coghill St, ☎ 021 105 2151, 🖳 www.baycarving.com. Der deutsche Schnitzprofi Roland Baumgart veranstaltet kurze (1 1/2–2 Std.) Kurse (ab $45) mit genauen Vorgaben.

The Bone Studio, 6b Bryce St, ☎ 07 866 2158, 🖳 www.carving.co.nz. Die Stücke von Meisterschnitzer Ian Thorne finden Absatz in Galerien in ganz Neuseeland. Thorne nimmt immer nur ein paar Schüler auf einmal an. Er gibt die nötigen Anweisungen und ermuntert die Teilnehmer, ihrer Kreativität freien Lauf zu lassen. Reservierung erforderlich. $120/Tag.

Tauchen

Wer im Cathedral Cove Marine Reserve und vor der Küste tauchen und/oder schnorcheln möchte, hat die Wahl zwischen zwei Veranstaltern, die beide sowohl Anfänger- als auch Fortgeschrittenenkurse anbieten.

Cathedral Cove Dive, 48 Hahei Beach Rd, Hahei, ☎ 07 866 3955, 🖳 www.cathedralcovedive.co.nz. Das freundliche Familienunternehmen liegt super günstig, um schnell zum Marine Reserve zu gelangen. Hier kann man eine Taucherausrüstung für die Gemstone Bay ausleihen ($20), an einem Schnorcheltrip vom Boot aus teilnehmen ($85 inkl. Ausrüstung) oder einen Tauchtrip buchen (1 Tauchgang $120; 2 Tauchgänge $225; Equipment inkl.). Für Unerfahrene gibt es ein Schnuppertauchen (Discover Scuba Dive $195).

Dive Zone, 7 Blacksmith Lane, Whitianga, ☎ 07 867 1580, 🖳 www.divezonewhitianga.co.nz. Breites Angebot an Schnorchel- und Tauchtrips ($225 für 2 Tauchgänge mit Ausrüstung) plus Schnorcheln oder Tauchen vom Kanadier aus – das macht Spaß und ist für gewöhnlich billiger als Tauchen vom Boot.

Hahei Holiday Resort, Harsant Ave, ☎ 07 866 3889, 🖳 www.haheiholidays.co.nz; Karte S. 404. 500-Meter-Anlage direkt am Strand. Restaurants in der Nähe; in Laufdistanz zur Cathedral Cove. Die Auswahl an Unterbringungsmöglichkeiten umfasst Stellplätze mit Strom direkt am Strand ($40 für 2 Pers.), Dorms in einer schlichten Backpacker-Lodge und komfortable Selbstverpfleger-Bungalows mit Meerblick ($260). Cabins $80, Cottages $170

Tatahi Lodge, 13 Grange Rd, ☎ 07 866 3992, 🖳 www.tatahilodge.co.nz; Karte S. 404. Lodge in ruhiger Lage, nur ein paar Schritte von Cafés und Geschäften entfernt mit leichtem Zugang zur Cathedral Cove. Selbstversorger-Units ($220), Backpacker-Unterkünfte und ein versteckt gelegenes Cottage für 5 Pers. ($260). Spaten kostenlos. Dorms $32, Studios $155

Hot Water Beach

Auntie Dawns Place, 15 Radar Rd, ☎ 07 866 3707, 🖳 www.auntiedawn.co.nz; Karte S. 404. Das Haus mit Blick auf den Strand zeichnet sich durch echte Kiwi-Gastlichkeit aus. Zwei einfache, aber komfortable Selbstversorger-Apartments für 2 Pers. und ein Wohnwagen, 3 Min. zu Fuß über einen versteckten Pfad vom Hot Water Beach entfernt. Hier werden schon seit Jahrzehnten Gäste umsorgt. $120

Hot Water Beach Top 10 Holiday Park, 790 Hot Water Beach Rd, ☎ 800 246 823, 🖳 www.hotwaterbeachtop10.co.nz; Karte S. 404. Freundliche Eigentümer und moderne Einrichtungen sowie eine sonnige, verglaste Gästelounge und ein Laden, wo im Sommer frische Fish 'n' Chips zu haben sind. Es gibt auch eine Extraabteilung für Familien mit Angehörigen unter 25 Jahren. Die Älteren werden also nicht vom Kiwi Experience Bus gestört. Camping $21, Cabins $80, Chalets mit Bad $150

ESSEN UND UNTERHALTUNG

Whitianga

Blue Ginger, 10 Blacksmith Lane, ☎ 07 867 1777, 🖳 www.blueginger.co.nz; Karte

S. 403. Das ausgezeichnete kleine Lokal hat Leckerbissen wie *banh mi* ($12,50) und *beef rendang* ($22). Auch Takeaway. Freitags gibt es zusätzlich Donuts. ◷ im Sommer tgl. 10.30–22 (nachmittags 1 Std. geschl.), im Winter Di–Fr 11–14, Sa 17.30 Uhr bis spät.

Café Nina, 20 Victoria St, ✆ 07 866 5440; Karte S. 403. Café in einem der ältesten Cottages von Whitianga mit frisch zubereitetem Essen wie Caesar Salad ($16), oder vegetarischen, veganen und glutenfreien Gerichten, z. B. Spanakopita ($8,50). Auch guter Kaffee und selbst gebackener Möhrenkuchen. Schöne Terrasse. ◷ tgl. 8–15 Uhr oder später.

Coghill House Café, 10 Coghill St. ✆ 07 866 0592, ⌨ www.thecog.co.nz; Karte S. 403. Relaxtes Café, toll zum Frühstücken ($10–18), außerdem Snacks wie Wurstbrötchen. ◷ tgl. 7–16.30 Uhr.

Salt Restaurant and Bar, im Whitianga Marina Hotel, The Esplanade, ✆ 07 866 5818, ⌨ www. salt-whitianga.co.nz; Karte S. 403. Freundliche Café-Bar zum Mittag- und Abendessen mit Blick auf den Jachthafen. Serviert klassische Abendgerichte à la carte (unter $36), z. B. Ziegenkäse und Lauchravioli. Im Sommer treten manchmal Bands auf. ◷ tgl. 11.30–22 Uhr oder später.

Squids, 15/1 Blacksmith Lane, ✆ 07 867 1710; Karte S. 403. Weinstube, bestens geeignet für einen gemütlichen Abend bei ein paar Drinks und preiswertem, sättigendem Essen (die meisten Abendgerichte unter $30), z. B. 1 kg Muscheltopf mit Pommes. ◷ im Winter Mo–Sa 12–14 und 17.30–21, im Sommer tgl. 15.30–21 Uhr oder später.

Ferry Landing

Eggcentric, 1049 Purangi Rd, Flaxmill Bay, 1 km westlich von Ferry Landing, ✆ 07 866 0307, ⌨ www.eggsentriccafe.co.nz; Karte S. 404. Das hippe Lokal hat Tische draußen in einem Garten voller Skulpturen und drinnen in einem farbenfrohen Raum, wo vor allem Fr abends Livekonzerte, Dichterlesungen usw. stattfinden. Dazu gibt's einfache, aber umwerfende Gerichte wie frische Jakobsmuscheln in sämiger Macadamia-Panade ($20) und abends meistens irgendwas mit Seafood, z. B. eine Platte ($45) mit Langusten, Jakobs-

und Venusmuscheln. Auch das hausgemachte Eis ist lecker. ◷ Di–So 9–22 Uhr.

Hahei

The Church, 87 Beach Rd ✆ 07 866 3797, ⌨ www.thechurchhahei.co.nz; Karte S. 404. Die ehemalige hölzerne Methodistenkirche wurde von Taumarunui hierher geschafft und bildet einen bezaubernden Rahmen für dieses klassische Tapas-Restaurant (Platten $6–26). Man geht am besten zu zweit und gönnt sich die Hausplatte (ab 2 Pers. $42 p. P.). Dazu exzellente Weine. ◷ tgl. 17.30–22 Uhr, im Winter aber häufig geschlossen, wenn nicht viel los ist.

The Pour House, 7 Grange Rd, ✆ 07 866 3354, ⌨ www.coromandelbrewingcompany.co.nz; Karte S. 404. Restaurant/Bar der Coromandel Brewing Company, wo neben ihrem besten Bier auch großzügige Portionen an Burgern, Fish 'n' Chips und Gourmet-Pizzas ($20–25) serviert werden. ◷ im Winter Mo–Fr 15–22, Sa und So 12 Uhr bis spät, im Sommer tgl. 11 Uhr bis spät.

Hot Water Beach

Hot Waves Café, 8 Pye Place ✆ 07 866 3887; Karte S. 404 Stilvolles Café mit Schanklizenz, Essbereich und Sitzgelegenheiten in einem einladenden Garten. Kleine Gerichte wie griechischer Bauernsalat oder Frühstücks-Burrito ($12–16), Snacks und hervorragender Kaffee. Büchertausch. ◷ tgl. 8.30–16 Uhr.

Purangi

Purangi Winery, 450 Purangi Road, ✆ 07 866 3724; Karte S. 404. Rustikale Bar mit Fußball, Snooker und Tischtennis und schöner Gartenanlage. Holzofenpizza (z. B. eine süße Variante mit Banane, Beeren und Schokolade für $20). Die Auswahl an Getränken ist groß, z. B. Feijoa- und Apfel-Cider, Zitronengin oder Sauvignon Blanc vom eigenen Weingut. ◷ Weinprobe tgl. 10–18, Essen 12–20, Bar 10 Uhr bis spät.

Whenuakite

Colenso Country Shop & Café, SH25, 2 km südlich von Whenuakite, ✆ 07 866 0323, ⌨ www.colensocafe.co.nz; Karte S. 4404. Die Gäste des hervorragenden Cafés können sich in dem freundlichen Garten, auf der sonnigen Veranda oder drinnen niederlassen und sich leckere Sachen wie Tarte aus Oliven und sonnengetrockneten Tomaten mit Salat ($15), Lamm-Pie ($6,50), saftige Kuchen und ausgezeichneten Kaffee schmecken lassen. ⊙ Okt–April tgl. 10–17, Mai–Juli und Sep tgl. 10–16 Uhr.

INFORMATIONEN

i-SITE, 66 Albert St, ✆ 07 866 5555, 🖥 www.thecoromandel.com. Auch **Internetzugang**. ⊙ Weihnachten–Jan tgl. 9–17, Feb–24. Dez Mo–Fr 9–17, Sa und So 9–16 Uhr.

NAHVERKEHR

Auto

Die Autofahrt nach Hahei und zum Hot Water Beach dauert rund eine halbe Stunde. Zuerst geht es 25 km auf dem SH2 Richtung Südosten nach Whenuakite, dann zweigt man nördlich auf Nebenstraßen ab.

Busse

BusIt, ✆ 0800 427 546, 🖥 www.busit.co.nz, fährt zwischen dem 25. Dez und Anfang Feb ungefähr 4x tgl., an Silvester öfter ($3 einfach) von Ferry Landing nach Cooks Beach, Hahei und Hot Water Beach. **Cathedral Cove Shuttles**, ✆ 027 422 5899, 🖥 www.cathedralcove shuttles.co.nz, ist ein Taxiservice zwischen Ferry Landing, Cooks Beach, Hahei und Hot Water Beach. Mit **NakedBus** kann man von Whitianga aus rund 4 Std. lang entweder den Hot Water Beach oder Hahei besuchen und dann den Bus nach Tairua nehmen.

Schiffe

Die Passagierfähre, 🖥 www.whitiangaferry.co.nz, zwischen Whitianga Wharf und Ferry Landing fährt etwa alle 10 Min. und benötigt 3 Min. für die Überfahrt ($3 einfach, $5 hin und zurück).

Fahrradverleih

Hahei Beach Bikes, 2 Margot Place, ✆ 021 028 64594, 🖥 www.haheibeachbikes.co.nz. Am besten im Voraus buchen, insbesondere bei Treffpunkt an Ferry Landing. Abholung auch bei Cathedral Cove Dive möglich. Zum Fahrrad gibt es einen Spaten für den Hot Water Beach bzw. eine Aufbewahrungsbox ($45/Tag). ⊙ tgl. 8–18 Uhr.

TRANSPORT

Busse

NakedBus und InterCity-Busse setzen ihre Passagiere bei den Unterkünften in der Stadt oder vor dem i-SITE ab. Wer nach Tauranga möchte, muss entweder in Thames (InterCity) oder in Ngatea (NakedBus) umsteigen.

Busse nach:

NGATEA 1x tgl., 1 1/4 Std.;
TAURANGA 2x tgl., 2–3 Std.;
THAMES 2x tgl., 1 3/4 Std.

Flüge

Der Flughafen liegt 4 km südlich des Stadtzentrums. Angeflogen wird er von **Sunair**, ✆ 0800 786 247, 🖥 www.sunair.co.nz. Ein Taxi in die Stadt kostet rund $15; z. B. von **Whiti City Cabs**, ✆ 07 866 4777.

Flüge nach:

AUCKLAND 2x tgl., 1/2 Std.;
GREAT BARRIER ISLAND 1x tgl., 1/2 Std.

Tairua

Am SH25, 22 km südlich von Hot Water Beach und 44 km von Whitianga, liegt das hübsche Örtchen **Tairua**. Zwei einander gegenüber liegende Halbinseln, die sich fast berühren, trennen die besonders bei Kiwi-Touristen beliebte Ortschaft von den tosenden Pazifikwellen. Eine der Landzungen wird von den Bauten der sehr exklusiven Siedlung **Pauanui** in Beschlag genommen, die andere wird vom mächtigen Vulkan **Mount Paku** gekrönt. Man kann ihn besteigen (10 Min. Aufstieg vom Parkplatz, 30 Min. vom Strand) und die spektakuläre Aussicht über die Stadt und die Strände genießen.

Die Mitarbeiter in Tairuas **Touristeninformation**, 223 Main St, ✆ 07 864 7575, 🖥 www.tairua.

info, vermitteln Unterkünfte und verkaufen Bustickets. ⏰ Mo–Fr 9–17, Sa und So 9–16 Uhr. Vor dem Büro halten täglich **Busse** von NakedBus und InterCity aus Auckland, Thames und Whitianga. Eine Passagierfähre (5 Min.) verbindet Tairua und Pauanui. Von Dezember bis Ostern verkehrt sie alle 2 Stunden von 9–17 Uhr ($8 hin und zurück, $5 einfach; aktuellen Fahrplan beim Informationszentrum checken).

Opoutere

Rund 20 km südlich von Tairua führt eine 5 km lange Landstraße nach **Opoutere**, einem winzigen Küstenort am Fuß eines Berges. Er besitzt einen wunderschönen, wilden und von Kiefern gesäumten **Surfstrand** aus weißem Sand. Die mit Pohutukawa-Bäumen bestandene Zufahrtsstraße, die vom SH25 abzweigt, verläuft direkt am Ufer des Wharekawa Harbour entlang. Dort laden Feuchtgebiete zur Vogelbeobachtung, das Watt zur Muschelsuche und die relativ ruhigen Gewässer zum Kajakfahren ein.

Opoutere Beach

1 km östlich von Opoutere

Vom Strandparkplatz an der Kreuzung der Straßen nach Opoutere und Ohui gelangt man über eine Fußgängerbrücke zu zwei Wegen, die beide nach rund zehn Minuten am **Strand** enden: Linker Hand geht es geradewegs durch den Wald an den für gewöhnlich verlassenen Strand, während der nach rechts abzweigende Pfad der Flussmündung bis zum **Wharekawa Harbour Sandspit Wildlife Refuge** folgt. Dort brüten zwischen November und März die vom Aussterben bedrohten Maori-Regenpfeifer.

Am Opoutere Beach herrscht eine starke Unterströmung und es gibt keine Küstenwacht – schwimmen ist hier lebensgefährlich! Es handelt sich um einen inoffiziellen FKK-Strand, aber selbst wer Klamotten anhat, sollte sich gut mit Mückenschutzmittel einschmieren.

Mount Maungaruawahine

2 km hin und zurück; 40–50 Min.

Um die Aussicht über das Mündungsdelta und die Küste zu genießen, nimmt man am besten den **Mount Maungaruawahine** in Angriff. Der Weg verläuft im Schatten knorriger Pohutukawa- und anderer einheimischer Bäume zum Gipfel, wo sich ein weiter Ausblick eröffnet. Er beginnt kurz vor dem Eingang zum YHA (s. unten).

ÜBERNACHTUNG UND ESSEN

Opoutere Coastal Camping, 460 Ohui Rd, 700 m hinter dem YHA, ✆ 07 865 9152, 🖥 www.opouterebeach.co.nz. Gepflegter Campingplatz auf einer versteckten Waldlichtung mit direktem Strandzugang. Auch rustikale Hütten mit begrenzter Ausstattung, aber toller Aussicht sowie ein paar komfortablere Chalets ($140). ⏰ Mai–Ende Okt geschl. Camping $23, Cabins $100

YHA Opoutere, Opoutere Rd, ✆ 07 865 9072, 🖥 www.yha.co.nz. Old-school im doppelten Wortsinn. Das traditionelle YHA ist in einem Schulgebäude von 1908 und in den umliegenden Holzgebäuden untergebracht; mitten im Busch voller Vogelgezwitscher. Kostenlose Kajakbenutzung und Gelegenheit zum nächtlichen Glühwürmchenbeobachten. Auch Kakas lassen sich manchmal sehen. ⏰ Mai–Ende Okt So–Do geschl. Dorms $27, Zimmer $80 Besucher müssen **Verpflegung** mitbringen, weil es keinen Laden und in beiden Unterkünften nur einige Grundnahrungsmittel zu kaufen gibt.

TRANSPORT

Es gibt keine regelmäßigen **Busverbindungen**, aber man kann sich nach Vereinbarung von Go Kiwi (S. 390) absetzen und wieder abholen lassen.

Whangamata

Der Sommerbadeort **Whangamata** 15 km südlich von Opoutere, wird auf drei Seiten vom Wasser und auf der vierten Seite von buschbestandenen Hügeln eingerahmt. Vom Whangamata Harbour bis zur Mündung des **Otahu River** erstreckt sich der 4 km lange, herrliche Sandstreifen **Ocean Beach**. Bei der Sandbank am Ende der Bucht gibt es eine ausgezeichnete nach links brechende Brandung, die viele **Surfer** anzieht. Mitten durch den überschaubaren Ortskern verläuft die Port Road, die Verlängerung des SH25.

Wentworth Falls

Der Pfad beginnt beim DOC-Campingplatz (s. unten), nach 5 km auf der Wentworth Valley Rd, die rund 2 km südlich der Stadt vom SH25 abzweigt ▪ Wanderung: 10 km hin und zurück, 2 Std.

Ein paar herrliche Stunden lassen sich beim Spaziergang zu den **Wentworth Falls** im Wentworth Valley verbringen. Das Tal liegt am Fuß der Coromandel Range, 7 km südwestlich der Stadt. Auf gut instand gehaltenen Pfaden geht es vorbei an kleinen Badestellen ins Herz der Berge zu den zweistufigen, 50 m hohen Wasserfällen, wo die meisten Wanderer umkehren. Am besten ist der Wasserfall von einer kleinen Plattform aus zu bestaunen.

Breakers Motel, 318 Heatherington Rd, ✆ 0800 865 8464, ▭ www.breakersmotel.co.nz. Modernes Motel mit geräumigen Units, viele davon mit Aussicht auf den Bootshafen und Spa-Pool. Es gibt einen großen Swimmingpool und Frühstück auf Wunsch. $175

Brenton Lodge, 2 Brenton Place, ✆ 07 865 8400, ▭ www.brentonlodge.co.nz. Attraktive Unterkunft in Grünanlage am Ortsrand. 2 liebevoll eingerichtete Cottages (mit 2 Schlafgelegenheiten) und 2 Suiten, außerdem blitzsauberer Swimmingpool, Spa, frische Blumen, hausgemachte Schokoladen und vorzügliches Frühstück. 3-Gänge-Abendessen auf Wunsch. $435

Southpacific Accommodation, Port Rd, Ecke Mayfair Ave, ✆ 07 865 9580, ▭ thesouthpacific.co.nz. Ein makelloses Motel (manche Zimmer mit voll ausgestatteter Küche) und Konferenzzentrum. Gäste dürfen kostenlos Kajaks und Surfbretter benutzen. Units $150

Wentworth Valley Campground, Wentworth Valley Rd, 7 km südwestlich von Whangamata, ✆ 07 865 7032, ▭ www.wentworthvalleycamp.co.nz. Entspannter DOC-Campingplatz mit Zeltstellplätzen am Fluss, Grillstellen, Eisverkauf im Büro und münzbetriebenen warmen Duschen direkt am Anfang des Wegs zu den Wentworth Falls. $10

Argo, 328A Ocean Rd, ✆ 07 865 7157, ▭ www.argorestaurant.co.nz. Im besten Restaurant Whangamatas fällt die Speisekarte selbstbewusst kurz aus. Hauptgerichte kosten $33, aber es empfiehlt sich eine Beilage für $8. Große Auswahl an einheimischen Weinen und Craft Beer. ⏲ Jan–März tgl. 8.30–23.30, April–Dez 17.30–22 Uhr.

Minato Sushi, 713 Port Rd, ✆ 07 865 8680. Erstklassiges, nur tagsüber geöffnetes Sushi-Lokal mit sorgfältig zubereitetem Fisch; eine Spezialität sind die Sushi-Platten für 2 Pers. ($38). ⏲ Mo–Sa 8.30–14 Uhr.

Six Forty Six, 646 Port Rd, ✆ 07 865 6117. Das moderne Café hat Frühstück, Kuchen, guten Kaffee. Königsgarnelen-Taco ($14). ⏲ tgl. 8–16, im Sommer Fr und Sa sogar 8–21 Uhr.

Informationen

Das **i-SITE**, 616 Port Rd, ✆ 07 865 8340, ▭ www.thecoromandel.com/whangamata, hat **Internetzugang**. ⏲ Mo–Sa 10–17, So 9–14 bzw. Okt–März 9–17 Uhr.

Aktivitäten

Whangamata Surf Shop, 634 Port Rd, ✆ 07 865 8252, ▭ www.whangamatasurfschool.co.nz. Zahlreiche Shops an der Port Rd vermieten Bretter und Zubehör und arrangieren Surfunterricht, aber nur eine wird von den Eltern von Surfchampion Ella Williams betrieben. 1 Std. Einzelunterricht kostet $80. ⏲ Mo–Sa 9–17 Uhr.

Pedal and Paddle, 100 Hunt Rd, ✆ 07 865 8096, ▭ www.pedalandpaddlenz.com. Fachmännischer Verleih von Bikes, Kajaks und SUP Boards. Über die Webseite oder per Telefon gibt es sämtliche Details zur großen Auswahl und Ratschläge zu Inseltouren oder zum Mountainbikepark Whangamata Ridges. Zweierkajak $70/Tag, SUP $20/Std. und $70/Tag, Straßenbike $30/Tag, Mountainbike $50/Tag.

COROMANDEL PENINSULA, BAY OF PLENTY UND EAST CAPE

Touren

Kiwi Dundee Adventures, ☏ 07 865 8809, 🖥 www.kiwidundee.co.nz. Der engagierte Umweltschützer Doug Johansen (alias „Kiwi Dundee") veranstaltet verschiedene ein- bis mehrtägige Ökotouren mit Kiwi Dundee Adventures. Dabei hat man die Gelegenheit, Tiere in freier Wildbahn zu erleben und abseits der Touristenpfade zu wandern. Tagesausflüge inkl. Mittagessen und Abholung aus Tairua, Pauanui und Whangamata $245. Sehr früh buchen.

TRANSPORT

Die **Busse** von Go Kiwi, ☏ 0800 446 549, 🖥 www.go-kiwi.co.nz, fahren von Auckland via Thames nach Whangamata (in Hikuai umsteigen).

Busse nach:
AUCKLAND 1x tgl., 3 Std. 10 Min.;
THAMES 1x tgl., 1 Std.

Waihi und Umgebung

SH25 und SH2 treffen bei der am südlichsten gelegenen Stadt der Coromandel Peninsula aufeinander: **Waihi**, 30 km südlich von Whangamata. In der Kleinstadt sollte man einen kurzen Stopp einlegen, um etwas über ihre Goldgräbergeschichte zu erfahren.

Geschichte

Der wertvolle Bodenschatz wurde hier 1878 entdeckt, der richtige Boom setzte aber erst 1894 ein, als es gelang, Gold mittels einer Zyanidlösung zu extrahieren. Der Untertagebau kam 1952 zum Stillstand, aber die Suche nach dem wertvollen Metall wurde 1987 wieder angekurbelt und konzentriert sich heute auf die im Tagebau betriebene **Martha Mine**. Der Tagebau lohnt sich jedoch immer weniger (mögliche Schließung 2020), aber nach der Entdeckung neuer Erzadern wird ein erneuter Grubenabbau erwogen.

Cornish Pumphouse

Seddon St ▪ Eintritt frei
In den letzten Jahren hat sich die leere Betonhülle eines dreistöckigen **Pumpenhauses** von

1903 im Cornwall-Stil zum Wahrzeichen der Stadt entwickelt. Früher hielt die Anlage den Minenschacht trocken, indem sie pro Stunde 300 t Wasser abpumpte. Später balancierte der Bau in zunehmend gefährlicher Position am Rand des Tagebaubergwerks. 2006 wurde er schließlich in einer drei Monate andauernden Aktion an seine heutige Stelle verfrachtet. So wurde auch der weitere Ausbau der Mine ermöglicht.

Waihi Arts Centre & Museum

54 Kenny St ▪ ⏱ Jan So–Mo 12–15, Do und Fr 10–15, Feb–Dez Do–Mo 12–15 Uhr ▪ Eintritt $5 ▪ ☏ 07 863 8386, 🖥 www.waihimuseum.co.nz
Die spannende Ausstellung im **Waihi Arts Centre & Museum** befasst sich mit dem Minenalltag. Ausführliche Betrachtung lohnen das Diorama der Victoria Battery und das Modell der ursprünglichen Waihi-Mine. Es gibt auch ein paar in Formaldehyd konservierte Daumen zu sehen. Manche Kumpel hackten sich nämlich damals einen Daumen ab, um eine Entschädigung von umgerechnet etwa 580 Euro zu kassieren.

Gold Discovery Centre

126 Seddon St ▪ ⏱ tgl. 9–17 Uhr ▪ Eintritt $25, mit Tour durch die Mine $46 ▪ ☏ 07 863 9015, 🖥 www.golddiscoverycentre.co.nz
Recht aufwendig präsentiert das Zentrum alles Wissenswerte ums Thema Gold. Die Besucher sollen und dürfen sich aktiv betätigen, z. B. am pneumatischen Bohrer. Sie dürfen Dynamit hochgehen lassen, ihr Glück beim Kartenspiel versuchen und Goldbarren stemmen.

Goldfields Railway

Am Ende der Wrigley St ▪ ⏱ Wochenende, Feiertag und Schulferien tgl. 10, 11.45 und 13.45, sonst Mo–Fr 11.45 Uhr ▪ einfach $12, hin und zurück $18 ▪ ☏ 07 863 9020, 🖥 www.waihirail.co.nz
Die aus den 1930er-Jahren stammende Diesellok der **Goldfields Railway** befährt das ganze Jahr über die 6 km lange Strecke westwärts nach Waikino in der nahe gelegenen **Karangahake Gorge** (S. 384). Die Fahrt hin und zurück dauert rund eine Stunde. Unterwegs bieten sich atemberaubende Ausblicke auf den Ohinemuri River. Wer noch mehr von der Landschaft genießen möchte, leiht sich ein Fahrrad und radelt zurück.

Waihi Beach

11 km östlich von Waihi

Der 9 km lange goldene Sandstrand **Waihi Beach** ist einer der sichersten Badestrände des Landes. Die Region wirkt zwar etwas abgelegen, bietet aber einen hervorragenden Campingplatz, der den Abstecher von der SH2 lohnt.

ÜBERNACHTUNG UND ESSEN

Bowentown Beach Holiday Park, 510 Seaforth Rd, Bowentown Beach, ☏ 0800 143 769, 🖥 www.bowentown.co.nz. Abgeschiedener Platz am südlichen Strandende mit zahlreichen Wassersportmöglichkeiten. Neue Duschen und Fernsehraum. Rad- und Kajakverleih für Gäste. Camping $26, Cabins $75, Apartments $160

The Porch, 23 Wilson Rd, Waihi Beach, ☏ 07 863 1330, 🖥 www.theporch.co.nz. Das kulinarische Epizentrum von Waihi Beach hat alles parat, von heißer Schokolade mit Chili und Kuchen bis zu Abendgerichten wie Hähnchenbrust mit gebackener *kumara* ($28). ⏲ im Winter Mo–Do und So 8–16, Fr und Sa 8–23, im Sommer tgl. 8–23 Uhr.

Ti-Tree Café, 14 Haszard St, Waihi, ☏ 07 863 8668. In dem entzückenden Café mit Garten gibt es Speisen wie Kürbis-Feta-Frittata ($16,50), glutenfreie Leckereien und „weltberühmten" *chowder*, abends auch Holzofenpizza ($18–26). Gelegentlich Livemusik. ⏲ Mo–Sa 6.30–15, Do und Fr auch 17.30–20.30 Uhr.

Waitete Restaurant, 31 Orchard Rd, 1,5 km westlich von Waihi, ☏ 07 863 8980, 🖥 www.waitete.co.nz. Eine Kombination aus Restaurant, Café und Eisdiele, wo erstklassige Eiscreme aus natürlichen Zutaten und fettfreie Sorbets aus der kleinen Fabrik auf dem Gelände verkauft werden. Mittagessen mit Gerichten wie Samosa und Salat ($17). Abends geht's vornehmer zu, z. B. bei gegrilltem Schweinebauch mit Blaubeersoße und Kürbispüree ($32). ⏲ tgl. 11–16 und 18–22 Uhr.

INFORMATIONEN UND TOUREN

i-SITE, 126 Seddon St, ☏ 07 863 6715, 🖥 www.waihi.org.nz. Infozentrum im gleichen Gebäude

wie das Minentourbüro und die Minenausstellung (s. o.). **Internetzugang** gegen Gebühr. ⏲ tgl. 9–17 Uhr.

Waihi-Goldminenbesichtigungstour, ☏ 07 863 9015, 🖥 www.waihigoldminetours.co.nz. Abholung beim i-SITE. Als Ergänzung zum Discovery Centre bietet die Minengesellschaft eine 1 1/2-stündige Führung an (Mo–Sa 10.30 und 12.30 Uhr; $29, mit Discovery Centre $46).

TRANSPORT

Busse

Busse von InterCity und NakedBus halten auf ihrer Strecke Auckland–Tauranga vor dem Visitor Centre in Waihi.

Busse nach:
AUCKLAND 4x tgl., 3 Std.;
TAURANGA 4x tgl., 1 Std.

Katikati

Südlich von Waihi führt die Küstenlinie ostwärts in die Bay of Plenty hinein. Die mit Busch überzogenen Berge bleiben zurück und weichen einer weniger schroffen, offeneren Landschaft: Zwischen sanften Hügeln liegen breite, immergrüne Agrargürtel mit den wertvollen Kiwi-Obstgärten. Im Sommer gibt es an unzähligen **Straßenständen** Kiwifrüchte von den Plantagen zu kaufen, oft zu Schleuderpreisen.

Die Bay of Plenty

Die **Bay of Plenty** nimmt das ausgedehnte Terrain zwischen der Coromandel Peninsula und dem East Cape ein. Der fruchtbare Landstrich ist für seine Kiwiplantagen berühmt. In der westlichen Bay of Plenty dreht sich alles um die wohlhabende und rasch wachsende Hafenstadt **Tauranga** und ihren Strandvorort, **Mount Maunganui**. Sie bilden einen großen Ballungsraum um die glitzernden Arme des Tauranga Harbour.

Beide Städte besitzen eine blühende Restaurant- und Kneipenszene, es werden Bootsausflüge und Delphintouren arrangiert. An Land sollte man der modernen Kunstgalerie einen Besuch abstatten.

Außerhalb der Stadt bieten sich Möglichkeiten zum Paddeln und Glühwürmchenbeobachten oder ein Picknick an den reizvollen Badepools der **McLaren Falls** an. Je weiter man auf dem Pacific Coast Highway (SH2) nach Südosten fährt, desto geringer wird der städtische Einfluss. Hier geht das Leben noch einen gemächlichen Gang. Die Plantagen weichen nach und nach weiten Schafweiden. Der aufmerksame Beobachter wird außerdem eine allmähliche Änderung der Bevölkerungsstruktur bemerken – die östliche Bay of Plenty ist überwiegend Maori-Land.

Tauranga

Sobald man den Ring von Vororten durchdrungen hat, zeigt sich, dass die Stadtmitte **Taurangas** („sicherer Hafen") von einer ungezügelten Bebauung verschont geblieben ist. Das Zentrum duckt sich auf eine schmale Halbinsel und bietet neben einem reizvollen Uferbereich auch zahlreiche Stadtparks und kleine Grünanlagen. Man kann locker einen halben Tag damit zubringen, die Kunstgalerie zu besichtigen, am Hafen entlangzuschlendern oder die Geschäfte, Restaurants und Bars im überschaubaren Zentrum zwischen Tauranga Harbour und Waikareao Estuary abzuklappern. Im Sommer zieht es die meisten Besucher aber schnell zum Mount Maunganui (S. 420).

Geschichte

1864 wurde die kleine Gemeinde Tauranga zum Schauplatz der **Schlacht von Gate Pa**, einer der entscheidendsten Kampfhandlungen in den **Landkriegen**. Im Januar schickte die Regierung Truppen hierher, um zwei Befestigungsanlagen zu bauen, mit Hilfe derer die in der Waikato-Region kämpfenden Gefolgsmänner des Maori-Königs Potatau I. von Vorräten und Verstärkung abgeschnitten werden sollten. Die meisten einheimischen Ngaiterangi kehrten sofort aus der Waikato-Region zurück und errichteten unweit des Missionsgebiets in aller Eile ein befestigtes

Dorf *(pa)*, von dem aus sie die Soldaten herausforderten. Im April wurde das unter dem Namen Gate Pa bekannte Dorf von den Regierungstruppen eingekreist. Trotz ihrer Übermacht verloren die Briten etwa ein Drittel ihrer Streitkräfte, und bei Einbruch der Dunkelheit schlüpften die Ngaiterangi durch die britischen Reihen, um in der Waikato-Region weiterzukämpfen.

Die Havarie der Rena

In Oktober 2011 geriet die Region in den Fokus der Weltöffentlichkeit, als das Containerschiff *Rena* 20 km nordöstlich von Mount Maunganui auf das **Astrolabe Reef** auflief. Die Bilder des schwer angeschlagenen Schiffs und der Rettungsmannschaften, die verzweifelt versuchten, Strände und Vögel vor dem Ölteppich zu retten, gingen um die Welt. Inzwischen scheint sich die Lage beruhigt zu haben. Das Schiff (jetzt in zwei Teilen) liegt aber immer noch auf dem Riff.

Tauranga Art Gallery

108 Willow St ▪ ⏰ tgl. 10–16.30 Uhr ▪ Eintritt frei ▪ ✆ 07 578 7933, 🖥 www.artgallery.org.nz
Eine 15 Jahre andauernde Kampagne war notwendig, um der Stadt eine zeitgemäße kulturelle Sehenswürdigkeit zu verschaffen. Das Ergebnis ist die 2007 eröffnete **Tauranga Art Gallery** in einem alten Bankgebäude. Das stromlinienförmige Innere beherbergt auf zwei Etagen erstklassige nationale und internationale Wanderausstellungen.

Te Awanui und Robbins Park

The Strand ▪ Eintritt frei
Unter einem Schutzdach ist das **Te Awanui** ausgestellt, ein kunstvoll geschnitztes traditionelles **Kriegskanu**, das immer noch bei feierlichen Anlässen im Hafen zum Einsatz kommt. Am The Strand weiter nördlich liegt der **Robbins Park**, ein Grünstreifen mit Rosengarten, Begonienhaus und schönem Blick auf den Mount Maunganui. Hier befand sich die Monmouth Redoubt aus den Neuseelandkriegen (S. 107).

The Elms Mission House

Mission St ▪ ⏰ Feiertage, Mi, Sa und So 14–16 Uhr sowie nach Absprache ▪ Eintritt $5 ▪ ✆ 07 577 9772, 🖥 www.theelms.org.nz

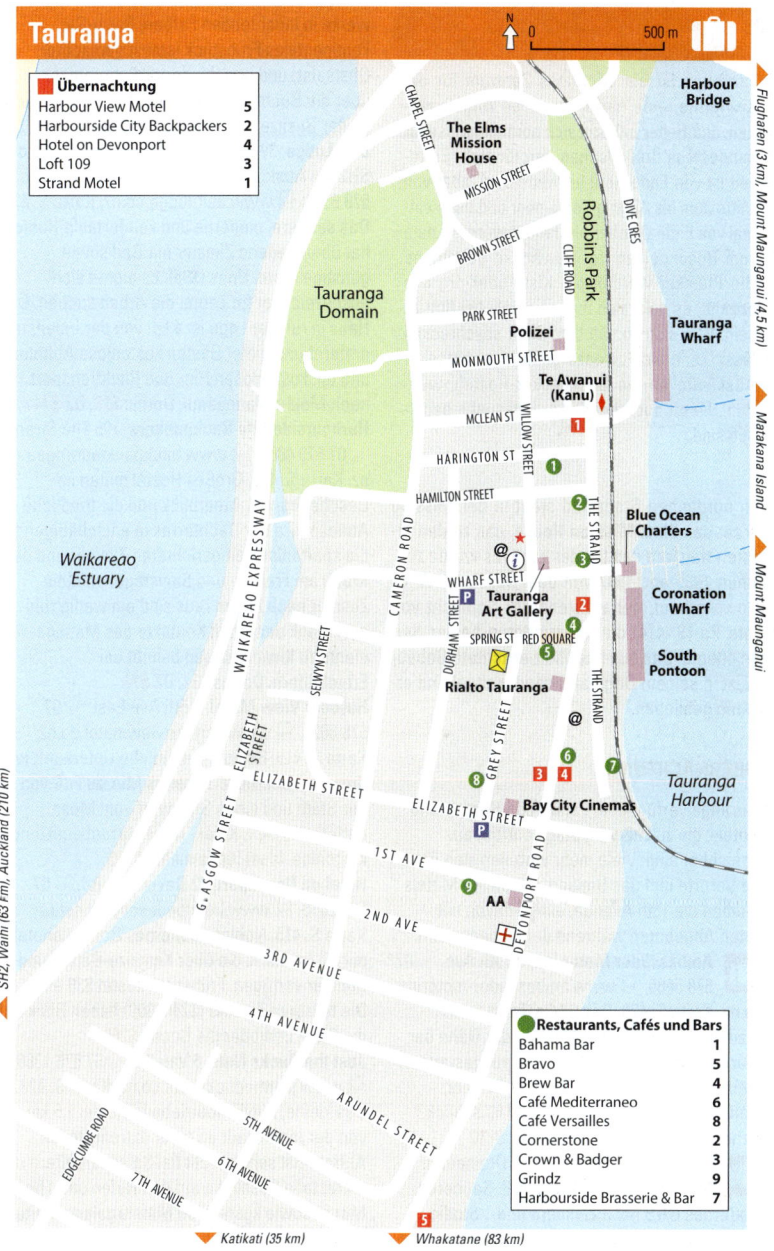

Tauranga

N
0   500 m

Harbour Bridge

Flughafen (3 km), Mount Maunganui (4,5 km)

Matakana Island

Mount Maunganui

SH2, Waihi (63 km), Auckland (210 km)

Katikati (35 km)

Whakatane (83 km)

■ Übernachtung

Harbour View Motel	5
Harbourside City Backpackers	2
Hotel on Devonport	4
Loft 109	3
Strand Motel	1

● Restaurants, Cafés und Bars

Bahama Bar	1
Bravo	5
Brew Bar	4
Café Mediterraneo	6
Café Versailles	8
Cornerstone	2
Crown & Badger	3
Grindz	9
Harbourside Brasserie & Bar	7

The Elms Mission House

CHAPEL STREET
MISSION STREET
BROWN STREET
Tauranga Domain
PARK STREET
Polizei
MONMOUTH STREET
MCLEAN ST
HARINGTON ST
HAMILTON STREET
WILLOW STREET
CLIFF ROAD
DIVE CRES
Robbins Park
Tauranga Wharf
Te Awanui (Kanu)

Waikareao Estuary

WAIKAREAO EXPRESSWAY
CAMERON ROAD
SELWYN STREET
ELIZABETH STREET
GLASGOW STREET

WHARF STREET
Tauranga Art Gallery
SPRING ST   RED SQUARE
Rialto Tauranga
DURHAM STREET
GREY STREET
THE STRAND

Blue Ocean Charters
Coronation Wharf
South Pontoon

Bay City Cinemas
ELIZABETH STREET
1ST AVE
AA
2ND AVE
3RD AVENUE
4TH AVENUE
ARUNDEL STREET
5TH AVENUE
6TH AVENUE
7TH AVENUE
EDGECUMBE ROAD
DEVONPORT ROAD

Tauranga Harbour

COROMANDEL PENINSULA, BAY OF PLENTY UND EAST CAPE

Tauranga ist ein wichtiges Zentrum für die **Kiwiernte**, eine harte, stachlige Angelegenheit, und Helfer müssen sich normalerweise für mindestens drei Wochen verpflichten. Erntezeit ist von Ende April bis Mitte Juni, aber von Mitte Juni bis Anfang September und noch einmal von Ende Oktober bis Januar werden Leute zum Beschneiden der Gewächse gebraucht. Die Pflücker werden pro Kiste oder pro Kilo bezahlt, es geht also darum, möglichst flott zu sein. Wer sich von all dem nicht abschrecken lässt, kann sich zwecks genauerer, aktueller Auskünfte an die Backpacker-Hostels wenden, die oft auch bei der Arbeitssuche behilflich sind.

Am nördlichen Stadtrand steht in der Mission Street das **Elms Mission House**, das zu den ältesten Häusern des Landes zählt. Es wurde zwischen 1835 und 1847 von dem Missionar A. N. Brown erbaut, der während der Schlacht von Gate Pa (S. 414) die Verwundeten beider Seiten pflegte. Das aus Kauriholz errichtete Gebäude ist in seinem Originalzustand weitgehend erhalten geblieben.

ÜBERNACHTUNG

Tauranga verfügt über zahlreiche Hostels und Motels, die zu Fuß vom Stadtzentrum aus erreichbar sind. Viele mehr verteilen sich über die Vororte und das Umland. Unzählige Motels säumen die 15th Avenue, einige davon mit guten Angeboten während der Nebensaison.

Ambassador Motor Inn, 9 15th Ave, ℰ 07 578 5665, ⌨ www.ambassador-motorinn.co.nz; Karte S. 423. Das 6 Min. Fahrt vom Stadtzentrum entfernte Motel in der Nähe der Uferböschung hat begehrte, gut ausgestattete, preiswerte Units und luxuriösere Zimmer, manche mit Whirlpool, einige mit Flussblick. Beheizter Pool auf dem Gelände. $110

Arthouse, 11 Beach Road, Otumoetai, ℰ 07 578 0560; Karte S. 423. Sauberes, modernes B&B mit 3 Zimmern und 1 Studio-Suite, 30 Min. Fußweg vom Zentrum. Kunstwerke in leuchtenden Farben, Retro-Stil, kontinentales Frühstück (selbst gemachter Obstsalat) und ungehinderter Panoramablick über die Bucht bis zum Mount Maunganiu. Ach ja, der Besitzer ist überaus hilfsbereit. $100

Bell Lodge, 39 Bell St, unweit Waihi Rd (von der SH2 die Ausfahrt Otumoetai nehmen), ℰ 07 578 6344, ⌨ www.bell-lodge.co.nz; Karte S. 423. Das saubere, moderne und komfortable Hostel hat überwiegend Zimmer mit Bad sowie günstige Motel Units ($95). Es eignet sich ausgezeichnet für Leute, die Arbeit suchen. Das Haus in ruhiger Lage ist 4 km von der Innenstadt entfernt und bietet Gästen kostenlose Abholung und tgl. kostenlosen Hin- und Rücktransport nach Mount Maunganui. Dorms $28, DZ $74

Harbourside City Backpackers, 105 The Strand, ℰ 07 579 4066, ⌨ www.backpacktauranga.co.nz; Karte S. 415. Großes Hostel mitten im Geschehen. Der Meerblick und die friedliche Atmosphäre der Dachterrasse entschädigen für die spartanisch eingerichteten Zimmer und den Krach am Freitag- und Samstagabend (die Zimmer nach hinten raus sind ein wenig ruhiger). Dank der guten Kontakte des Managements zu Kiwiplantagen beliebt bei Erntehelfern. Dorms $32, DZ $74

Harbour View Motel, 7 5th Ave East, ℰ 07 578 8621, ⌨ www.harbourviewmotel.co.nz; Karte S. 415. Ruhige, gemütliche Unterkunft (vor Kurzem modernisiert), nur 15 Min. zu Fuß von der Stadt und einen Steinwurf vom Meer entfernt. WLAN, Kajak- und Fahrradbenutzung kostenlos. Ideal für Familien. $125

Hotel on Devonport, 72 Devonport Rd, ℰ 07 578 2668, ⌨ www.hotelondevonport.net.nz; Karte S. 415. Nobles, modernes Boutiquehotel mit 38 Zimmern, die über Kingsize-Betten und Minibar verfügen. Frühstück kostet $30 extra. Die teureren Zimmer ($240–300) haben Blick auf die Stadt und/oder die Bucht. $200

Just the Ducks Nuts, 6 Vale St, ℰ 07 576 1366, ⌨ www.justtheducksnuts.co.nz; Karte S. 423. Das kleine, familienbetriebene Hostel 1,5 km von der Innenstadt an einer extrem steilen Auffahrt ist sehr beliebt bei Saisonarbeitern und bietet tolle Ausblicke auf den Hafen und The Mount sowie kostenlose Mitfahrgelegenheiten. Dorms $27, DZ $66

Loft 109, 109 Devonport Rd, ☎ 07 579 5638, 🖥 www.loft109.co.nz; Karte S. 415. Kleines, zentral gelegenes, freundliches Hostel in einer Stadtvilla mit Sonnendeck und Seemannsdekor. Extra Schlafsaal nur für Frauen. Dorms $30, DZ $74

Strand Motel, The Strand, ☎ 07 578 5807, 🖥 www.strandmotel.co.nz; Karte S. 415. Preiswert, zentral und in Ufernähe gelegen, allerdings etwas abgenutzt und an einer ziemlich lauten Ecke. Die meisten der komplett ausgestatteten Units haben Meerblick. $95

Camping

Silver Birch Family Holiday Park, 101 Turret Rd, ☎ 07 578 4603, 🖥 www.silverbirch.co.nz; Karte S. 423. Relativ zentraler Campingplatz direkt am Flussufer; Thermalbecken, Kinderspielplatz und familiäre Atmosphäre. Camping (2 Pers.) $30, Cabins $60

ESSEN

Die meisten Cafés und Restaurants von **Tauranga** liegen im Stadtzentrum – insbesondere in der Devonport Road und The Strand. Frische Lebensmittel bekommt man am Samstagvormittag auf dem Bauermarkt, ⏲ 8–12 Uhr, bei der Tauranga Primary School, 31 5th Ave.

Bravo, Red Square, ☎ 07 578 4700, 🖥 www.cafebravo.co.nz; Karte S. 415. Cooles, minimalistisches Café und Restaurant mit Tischen in der Fußgängerzone; bietet hervorragendes Tresenessen oder z. B. French Toast mit karamellisiertem Apfel ($17) oder Calamari-Curry ($18,50). ⏲ im Winter Mo–Do 8–16.30, Fr 8–17, Sa und So 8.30–17, Nov–Feb Di–Sa Abendessen bis 21 Uhr.

Café Mediterraneo, 62 Devonport Rd, ☎ 07 577 0487; Karte S. 415. Das beliebte Café, auch The Med genannt, hat gute Frühstücksangebote wie Rhabarberkompott mit Porridge ($9,50), Leckeres von der warmen Theke und *specials* (auf einem großen Stück Packpapier an der Wand angeschrieben), z. B. Räucherlachs mit Kapern in Wein-Sahnesoße (Gerichte $9–19). ⏲ Mo–Fr 7–16, Sa 7.30–16, So 8–16 Uhr.

Café Versailles, 107 Grey St, ☎ 07 571 1480, 🖥 www.cafe-versailles.net; Karte S. 415. In dem preisgekrönten Restaurant

Tuhua (Mayor Island)

Die auf Ökotourismus ausgerichtete Insel **Tuhua** (Mayor Island) ist ein schlummernder Vulkankegel in der Bay of Plenty. Man erreicht sie per Boot von Tauranga, 40 km südlich. Der Krater ist fast gänzlich überwuchert. Die Insel bietet wunderbare **Wanderwege** durch Landschaften mit einer kunterbunten Vogelwelt. Dazu zählen Arten wie Maori-Glockenhonigfresser, Tuis, Ringeltauben, Fächerschwänze, Maorigerygonen, Graumantel-Brillenvögel, Kakas, Neuseeland-Kuckuckskäuze, Bronzekuckucke und Eisvögel. Da sie auf der Insel keine natürlichen Feinde haben, sind die Vögel recht zutraulich und lassen sich aus der Nähe betrachten. Auf dem Eiland tummeln sich allerdings besonders viele **Wespen**, weswegen Allergiker unbedingt die nötigen Medikamente einpacken oder dem Risiko ganz aus dem Weg gehen sollten. Ein Drittel der Inselküste hat man zum **Meeresreservat** ernannt. Dort herrschen ausgezeichnete Bedingungen zum **Schnorcheln**, und auf vielen Ausflugsbooten kann man Schnorchelausrüstung ausleihen (rund $20/Tag).

Touren und Übernachtung

Blue Ocean Charters, ☎ 0800 224 278, 🖥 www.blueocean.co.nz, veranstaltet im Sommer mehrmals in der Woche Tagesausflüge zur Insel (7–17.30 Uhr; $130) mit rund 8 Std. Aufenthalt an Land. Das reicht geradeso zum Erkunden der Insel. Aber lohnender ist ein Besuch mit einer Übernachtung in einer der schlichten Cabins ($35; ☎ 07 578 7677, ✉ taurangainfo@doc.govt.nz) oder auf dem Zeltplatz ($15 p. P.) in Opo, der Anlegebucht für Ausflugsdampfer. Blue Ocean verlangt von Passagieren, die erst am nächsten Tag zurückfahren, nicht mehr Geld. Damit Tuhua weiterhin schädlingsfrei bleibt, muss das gesamte Gepäck gründlich nach blinden Passagieren durchsucht werden.

mit dem super Service dürfen sich Gäste wie Gott in Frankreich fühlen. Es hat eine traumhafte Auswahl an typisch französischen Leckerbissen, von Schnecken ($18) bis *Boeuf bourguignon* ($29) und atemberaubenden Crêpes Suzette. ☉ Mo–Sa 15.30–21 Uhr oder später.

Grindz, 50 First Ave, ✆ 07 579 0017; Karte S. 415. Gemütliches Café mit kostenlosem WLAN, schwungvollem Cappuccino, unwiderstehlichem Kuchen, den größten „Mini"-Wurstbrötchen und unzähligen Michsorten (Soja, Reis, Mandel, glutenfrei, Kokos). ☉ Mo–Fr 7–16, Sa 8–15.30, So 8.30–15 Uhr.

Harbourside Brasserie & Bar, unter der Eisenbahnbrücke am südlichen Ende von The Strand, ✆ 07 571 0520, 🖵 www.harbourside tauranga.co.nz; Karte S. 415. Das Nobelrestaurant unter der Eisenbahnbrücke in einem Bootsschuppen hat nur eine kleine, aber himmlische Speisekarte: etwa ein halbes Dutzend Austern mit *yuzu kosho* ($24), gefolgt von Pekingente ($36). ☉ tgl. 11.30–22 Uhr.

UNTERHALTUNG

Tauranga ist derzeit die Partyhochburg der Region – im Sommer tobt die Party am Strand bis in die frühen Morgenstunden.

Clubs und Bars

Bahama Bar, 10 Harington St; Karte S. 415. Zugegeben: Die Kneipe ist kitschig (Surfbretter, Palmen) und es gibt sie seit Jahren, aber hier werden immer noch die besten Partys gefeiert. Über Dreißigjährige gehen am besten gleich weiter. ☉ Mi 21 Uhr bis spät, Do–Sa 22–3 Uhr.

Brew Bar, 107 The Strand, ✆ 07 578 3543, 🖵 www.brewpub.co.nz; Karte S. 415. Das Craft Beer, die nette Bedienung, entspannte Atmosphäre und Livemusik am Wochenende würden eigentlich schon reichen. Aber diese wunderbare Bar hat noch mehr zu bieten: einfaches Essen gut zubereitet, z. B. Schweinebauch mit gebratenem Kohl für $27, und professionelle Bierverkostung (am 1. Mi des Monats, 18 Uhr, $20). ☉ Mo und Di 16 Uhr bis spät, Mi–So 11 Uhr bis spät.

Cornerstone, 55 The Strand, ✆ 07 928 1120, 🖵 www.cornerstonepub.net.nz; Karte S. 415. Im Sommer ab ca. 22 Uhr Livemusik, meistens Coverbands. Aber auch zu anderen Zeiten gibt es gute Musik, z. B. sonntags nachmittags, da wird gejammt. ☉ Mo–Fr 10 Uhr bis spät, Sa und So 8.30 bis spät.

Crown & Badger, The Strand, Ecke Wharf St, ✆ 07 571 3038, 🖵 www.crownandbadger.co.nz; Karte S. 415. Äußerst lebendiger englischer Pub mit ordentlichem Bierangebot und sehr preisgünstigen Gerichten wie Pfeffersteak ($27). ☉ tgl. 9–22 Uhr oder später.

Kinos

Bay City Cinemas, 45 Elizabeth St, ✆ 07 577 0800, 🖵 www.baycitycinemas.co.nz; Karte S. 415. Das moderne Cineplexkino zeigt vorwiegend Mainstreamfilme. Dienstags Preisnachlass.

Rialto Tauranga, 21 Devonport Rd, ✆ 07 577 0445, 🖵 www.rialtotauranga.co.nz; Karte S. 415. Das Filmkunstkino mit drei Leinwänden zeigt anspruchsvolle Produktionen in edlem Ambiente. Ermäßigung vor 17 Uhr und am Di.

SONSTIGES

Fahrräder

Cycle Tauranga, 50 Wharf St, ✆ 0800 253 525, 🖵 www.cycletauranga.co.nz. Verleih von Hybridrädern für die Erkundung von Stadt und Umgebung ($20/2 Std.; $49/Tag).

Informationen

i-SITE 95, Willow St ✆ 07 578 8103, 🖵 www.bayofplentynz.com. ☉ tgl. 8.30–17 Uhr.

DOC, 253 Chadwick Rd, Greerton, 6 km südlich der Innenstadt von Tauranga, ✆ 07 578 7677. Hier gibt es Auskünfte über die Charterboote nach Mayor Island. ☉ Mo–Fr 8–16.30 Uhr.

Internet

Bücherei, Wharf, Ecke Willow St. Internet kostenlos. ☉ Mo–Fr 9.30–17.30 und Mi bis 19, Sa 9.30–16, So 11.30–16 Uhr.

Gateway Cyber Café, 50 Devonport Rd. Verlangt $1/30 Min. und $15/Tag. ☉ Sa–Di 9–18, Mi–Fr 9–22 Uhr.

Wer die Region Tauranga und Mount Maunganui bereist, sollte sich unbedingt einmal aufs Wasser begeben. Eine ganze Bootsflotte steht bereit, um Ausflügler auf Rundfahrten, zum Angeln, Segeln und Schwimmen mit Delphinen sowie hinaus nach Tuhua (Mayor Island) mitzunehmen. Einige Ausflugsdampfer fahren an der kürzlich renovierten Tauranga Wharf ab, andere an der Tauranga Bridge Marina an der dem Mount Maunganui zugewandten Hafenseite.

Angeln

Blue Ocean Charters, Tauranga Bridge Marina, ☎ 0800 224 278, 🖥 www.blueocean.co.nz. Angelchartertrips für die Jagd nach Hochseefischen wie Marlin oder Thunfisch (Dez–April). Man muss das Boot chartern (ab $1250/Tag), kann sich manchmal aber auch einer Gruppe anschließen. Wer sich mit Küstenfischen wie Schnapper und Tarakihi zufrieden gibt, ist mit $100 p. P. dabei; Angel und Köder kosten $30 extra.

Deep Star Charters, ☎ 07 575 8917, 🖥 www.deepstarcharters.co.nz. Veranstaltet Trips zum Küstenfischen ($80/Tag plus $30 für Angel und Köder) sowie Hapukutrips mit Übernachtung ($140 inkl. Frühstück, Angel $30), bei denen morgens an der Küste geangelt und später Jagd auf Hochseefische in der Umgebung von Mayor Island gemacht wird.

Delphinbeobachtung

Dolphin Seafaris, ☎ 0800 326 8747, 🖥 www.nzdolphin.com. Fünfstündige Fahrten ($140) mit einer überzeugten Walfanggegnercrew. Das Schiff legt normalerweise (wenn es das Wetter zulässt) von Nov–Mai tgl. um 8 Uhr ab.
Wenn sich keine Delphine sehen lassen, kann man ein zweites Mal kostenlos mitfahren.

Seekajak- und Glühwürmchentouren

Canoe & Kayak, 5 MacDonald St, Mount Maunganui, ☎ 07 574 7415, 🖥 www.canoeandkayak.co.nz. Preiswerte, geführte Kajaktrips entweder um den Berg herum (3–4 Std.; $129) oder auf dem Lake McLaren in eine bezaubernde, sehr dicht belaubte Schlucht (3 Std.; 1 1/2 Std. paddeln; $99). Die Lake-McLaren-Tour wird normalerweise auch in der Dämmerung angeboten, wenn die Schlucht vor Glühwürmchen wimmelt. Bei Drucklegung fand diese wegen eines Erdrutsches nicht statt; aktuelle Lage erfragen.

Waimarino, 36 Taniwha Place, Bethlehem, ☎ 07 576 4233, 🖥 www.waimarino.com. Kajaktrips und Paddeltouren auf den ruhigeren Abschnitten des Wairoa River in Eigenregie ($65) sowie in die Glühwürmchenschlucht beim Lake McLaren, sofern angeboten ($120, mit Gourmet-Dinner $190).

Surfen

Discovery Surf, 167 Marine Parade, Mount Maunganui, ☎ 027 632 7873, 🖥 www.discoverysurf.co.nz. Einer von mehreren Veranstaltern am Mount, die Surfstunden anbieten: 2-stündige Gruppenkurse für Anfänger und Fortgeschrittene ($90) sowie 2-stündigen Privatunterricht ($160 für 1 Pers., $210 für 2 Pers.).

NAHVERKEHR

Tauranga und Mount Maunganui trennen 6 km. Dazwischen liegen die 3,5 km lange Tauranga Harbour Bridge und ein zum Port of Tauranga gehöriges Industriegelände.

Busse

Bayhopper, ☎ 0800 422 9287, 🖥 www.baybus.co.nz, verkehrt in der Region mit Haltestellen in fast allen Orten der nahen Umgebung. Linien Nr. 1 und 2 pendeln zwischen Tauranga und Mount Maunganui. Einfach $3, Tageskarte $7.

Taxis

Tauranga Mount Taxis, ✆ 07 578 6086.
Ein Taxistand befindet sich in der Hamilton St
(zwischen The Strand und Willow St) in
Tauranga. Die Fahrt zwischen Tauranga und
Mount Maunganui kostet ca. $30.

TRANSPORT

Busse

InterCity und NakedBus-Langstreckenbusse
halten vor dem i-SITE in Tauranga.

Busse nach:
AUCKLAND 9x tgl., 3 3/4 Std.;
HAMILTON 4x tgl., 2 Std.;
NAPIER 2x tgl., 2 3/4 Std.;
ROTORUA 4x tgl., 1 1/2 Std.;
TAUPO 5x tgl., 2 Std. 50 Min.;
THAMES 4x tgl., 1 3/4 Std.;
WELLINGTON 1x tgl., 8 1/2 Std.

Flüge

Der Flughafen liegt etwa auf halbem Weg
zwischen Tauranga und Mount Maunganui.
In beide Städte (jeweils ca. 3 km) fahren
Busse der Linie Nr. 2. Abends ist der Busverkehr jedoch stark eingeschränkt, sodass
man vielleicht lieber ein Taxi nehmen sollte:
Die Fahrt kostet in beide Orte rund $15.

Flüge nach:
AUCKLAND 5x tgl., 35 Min.;
CHRISTCHURCH 2x tgl., 1 Std. 50 Min.;
WELLINGTON 4x tgl., 1 1/4 Std.

Mount Maunganui

Taurangas Nachbarbadeort **Mount Maunganui**,
der meist von der Sonne verwöhnt wird, duckt
sich unter den erloschenen Vulkan mit gleichem
Namen. Die ehemalige Insel wird heute durch
einen schmalen Sanddünenstreifen mit dem
Festland verbunden, und darauf erstreckt sich
„The Mount", wie das Städtchen gemeinhin genannt wird. Die Kette aus Apartmentblocks, Geschäften, Restaurants und anderen Häusern ist
keine Augenweide, aber der 20 km lange goldene **Ocean Beach** entschädigt für alles. Er ist toll
zum Schwimmen, Surfen und Beachvolleyball-
spielen, und in der Nähe warten gute Restaurants und Bars, wo sich Gott und die Welt zum
Sundowner trifft. The Mount ist bei neuseeländischen Urlaubern unglaublich angesagt, was
dem Ort den Ruf einer Partylocation eingebracht
hat. Besonders zum Jahreswechsel ist hier viel
los, und dann sind Gästebetten Mangelware.

Bergerkundung

Wanderweg: 3 km; 45 Min. ▪ Gipfelwanderung:
2 km einfach; 1 Std.
Die grasbewachsenen Hänge des Mount
(Mauao in Maori) ragen 232 m über dem goldenen Strand empor und laden zur Erkundung
ein. Ein überwiegend ebener **Wanderweg** führt
im Schatten alter Pohutukawa-Bäume um den
Fuß des Berges und bietet tolle Ausblicke auf
die Bucht. Von diesem Weg zweigt ein zweiter
zum **Gipfel** ab, der gegen Ende sehr anstrengend wird. Doch als Belohnung winkt eine herrliche Aussicht über die Küste bis nach Matakana Island.

Hot Saltwater Pools

9 Adams Ave ▪ ⏰ Mo–Sa 6–22, So 8–22 Uhr ▪
Öffentlicher Pool $10,80; eigenes Badebecken ohne
Poolbenutzung $15,60 pro 30 Min. ▪ ✆ 07 577 8551,
🖳 www.tcal.co.nz
In den von der Einkaufsmeile und dem Mount
eingerahmten **Hot Saltwater Pools** wird geothermisches Grundwasser genutzt, um Meerwasser
zu erhitzen, das in familienfreundliche, gechlorte
Open-Air-Pools mit 33–39 °C geleitet wird.

ÜBERNACHTUNG

Die meisten Unterkünfte von Mount Manganui
sind auf Kiwi-Langzeiturlauber ausgerichtet.
Es finden sich aber auch Apartments für
Kurzaufenthalte und Motels sowie zwei gute
Hostels.
Mount Backpackers, 87 Maunganui Rd
✆ 07 575 0860, 🖳 www.mountbackpackers.co.
nz; Karte S. 421. Ein kleines Hostel mitten im
Getümmel, d. h. in Nähe der Restaurants, Bars
und des Strands. Surfbrettverleih und Unterricht
(2 Std. für Anfänger $75). Dorms $28, Zimmer $80

Mount Maunganui Beachside Holiday Park, 1 Adams Ave, ☎ 0800 682 3224, 🖥 www. mountbeachside.co.nz; Karte s. rechts. Großer, gut ausgestatteter terrassierter Campingplatz nahe dem Strand, schöne Lage neben den warmen Salzwasser-Pools und direkt am Fuße des Mount. Überwiegend Stellplätze, aber auch ein paar schlichte Cabins. Camping $63, Cabins $130

Pacific Coast Lodge Backpackers, 432 Maunganui Rd, ☎ 07 574 9601, 🖥 www.pacificcoast lodge.co.nz; Karte s. rechts. Riesiges Hostel mit guten Einrichtungen und starkem Ökobewusstsein, allerdings etwa 25 Min. zu Fuß von den Restaurants und Kneipen am Strand entfernt; geräumige Dorms, große Küche und BBQ-Bereich. NakedBus hält vor der Tür. Dorms $28, DZ $82

Seagulls Guesthouse, 12 Hinau St, ☎ 07 574 2099, 🖥 www.seagullsguesthouse. co.nz; Karte s. rechts. Sauberes, einwandfrei in Schuss gehaltener Backpacker der gehobenen Art mit gut ausgestatteter Küche. Fahrrad- und Surfbrettverleih ($25/Tag) und kleines Frühstück ($8). Fast alle Gäste bekommen ein DZ oder Zweibettzimmer, denn es gibt nur einen einzigen 3-Bett-Schlafsaal. Dorm $30, DZ $74

ESSEN UND UNTERHALTUNG

Mount Maunganui kann mit der Restaurant-Bandbreite und den kulinarischen Hotspots von Tauranga nicht mithalten. Es gibt aber eine Menge von Lokalen im Stadtkern in der Maunganui Road und an der Hafenpromenade vor den Apartmenthausern.

Café Eighty-Eight, 88 Maunganui Rd, ☎ 07 574 0384; Karte s. rechts. Es gehört schon eine Menge Standhaftigkeit dazu, vor der verführerischen Auswahl an Kuchen in diesem modernen Café mit seinem gemütlichen Innenleben und einem kleinen Patio nicht schwach zu werden. Wer das schafft, kann auch die leckeren Frühstücksgerichte oder einen Hühnchen-Ananas-Burger auf jamaikanische Art ($19,50) probieren. Auch die heiße Schokolade ist erste Sahne. 🕐 tgl. 7–16 Uhr.

Deckchair, 2 Marine Parade, unter den Twin Towers, ☎ 07 572 0942; Karte s. rechts. Ein

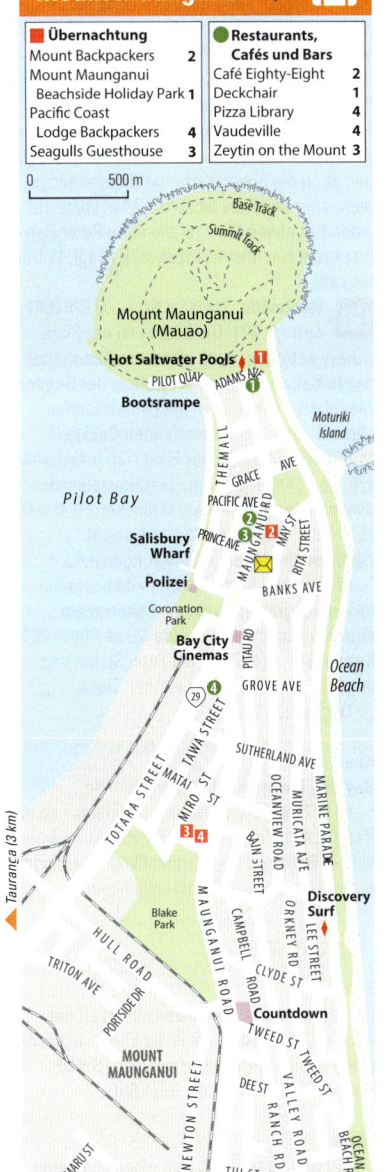

Mount Maunganui

■ Übernachtung		● Restaurants,	
Mount Backpackers	2	**Cafés und Bars**	
Mount Maunganui		Café Eighty-Eight	2
Beachside Holiday Park	1	Deckchair	1
Pacific Coast		Pizza Library	4
Lodge Backpackers	4	Vaudeville	4
Seagulls Guesthouse	3	Zeytin on the Mount	3

0   500 m

herrliches Plätzchen zum Frühstücken, für einen Morgenkaffee inklusive Blick aufs Meer oder ein Mittagessen, z. B. Hühnchen-Caesar Salad ($21). Auch Muffins im Angebot. ⊙ tgl. 6.30–16 Uhr.

Pizza Library, 314 Rata St, ✆ 07 574 2928, 🖳 www.thepizzalibrary.co.nz; Karte S. 421. Im ganzen Ort sieht man ihre Auslieferungswagen, und auch die Speisekarte hat Unterhaltungswert, aber die Pizza ist spitze. Man sollte auf jeden Fall etwas Platz für die süße Peter Pan Pizza zum Nachtisch lassen ($7). ⊙ tgl. 11 Uhr bis spät.

Vaudeville, 314 Rata St, ✆ 07 575 0087; Karte S. 421. Die Leute von der Pizza Library betreiben auch diese entspannt-alternative Bar, die wohl beliebteste in der Gegend. Hier plauscht man gern mit Einheimischen, genießt einen der umwerfenden Cocktails (z. B. Carey Martin) oder lässt sich unterhalten, z. B. von Sänger-Poeten, dem Hauspianisten Jimbob oder einem Feuerschlucker. ⊙ Mo–Do 16 Uhr bis spät, Fr–So 13 Uhr bis spät.

Zeytin on the Mount, 118 Maunganui Rd, ✆ 07 574 3040; Karte S. 421. In dem legeren türkischen Restaurant mit mediterranem Einschlag kommen u. a. eine Meze-Platte ($28), Kebab ($25) oder Pizza mit Feta, Spinat und gegrilltem Gemüse ($23) auf den Tisch. ⊙ Di–So 9–21 Uhr.

Kino

Bay City Cinemas, 249 Maunganui Rd, ✆ 07 577 0900, 🖳 www.baycitycinemas.co.nz; Karte S. 421. Zeigt ebenso wie das Schwesterkino in Tauranga Mainstreamfilme, allerdings in nicht ganz so noblen Räumlichkeiten.

TRANSPORT

Busse

Einige Busse von **NakedBus** halten an der Pacific Coast Lodge. Oft ist es aber praktischer, einen Bus in Tauranga zu nehmen (S. 420). Nach AUCKLAND 2x tgl., 3 3/4 Std.

Flüge

Mount Maunganui teilt sich einen Flughafen mit Tauranga (S. 420).

Die Umgebung von Tauranga und Mount Maunganui

Hinter dem fruchtbaren Landstrich landeinwärts von Tauranga und Mount Maunganui ragen die Höhenzüge des Kaimai-Mamaku Forest Park auf. Die Flüsse, die sich von diesen Hängen herab in die Küstentiefebene ergießen, speisen die McLaren Falls des Wairoa River, der beim Erlebnispark Waimarino ins Meer mündet.

Waimarino

36 Taniwha Place, Bethlehem, 8 km westlich der Stadt ▪ Tageskarte $42; unter 16 J. $32 ▪ ✆ 07 576 4233, 🖳 www.waimarino.com

Der **Erlebnispark** am Wairoa River ist bestens geeignet für Groß und Klein. Besucher können schwimmen, sich an der Outdoor-Kletterwand auspowern, in Paddel- und Tretbooten herumschippern und sich im The Blob, einer Art Riesenluftkissen, in die Höhe katapultieren lassen. Es werden auch Kajaktrips (s. Kasten S. 419) sowie Kajakverleih angeboten.

McLaren Falls

McLaren Falls Rd, abseits SH29, 18 km südwestlich von Tauranga ▪ Wasserfallspeisung an Sonntagen Ende Dez–Anfang April wöchentl.; Sep–Anfang Dez und Ende April–Mai jede 2. Woche ▪ 🖳 www. kaimaicanoeclub.org.nz

Normalerweise leitet ein Damm das Wasser der 15 m hohen **McLaren Falls** um, aber an bestimmten Sonntagen darf es dank des Kaimai Canoe Club den Wasserfall speisen (genaue Daten auf der Website). Dann herrscht unten am **Wairoa River** helle Aufregung. Hunderte von Rafting- und Kajak-Begeisterte versammeln sich, um die Stromschnellen des Wairoa River (WW IV–V; s. Kasten S. 419) zu bezwingen. An anderen Tagen strömen die Einheimischen in Scharen hierher, um sich in den vielen seichten Badepools zu vergnügen. Proviant und Sonnenschutz mitbringen.

McLaren Falls Park

⊙ tgl. Okt–April 7.30–19.30, Mai–Sep 7.30–17.30 Uhr Ein Stück flussaufwärts wurde eine 190 ha große Fläche in einen hübschen **Uferpark** rund

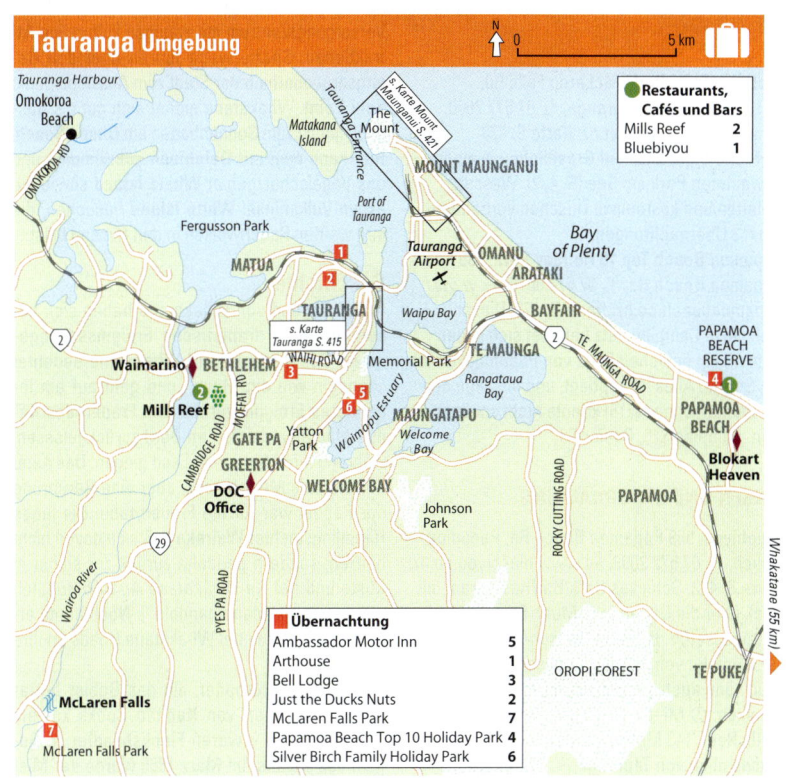

Tauranga Harbour
Omokoroa
Beach

Matakana
Island

The
Mount

MOUNT MAUNGANUI

Port of
Tauranga

Fergusson Park

**●Restaurants,
Cafés und Bars**
Mills Reef   **2**
Bluebiyou   **1**

Bay
of Plenty

MATUA   Tauranga
               Airport   OMANU
1   ARATAKI
2
TAURANGA   Waipu Bay   BAYFAIR
s. Karte
Tauranga S. 415   TE MAUNGA   TE MAUNGA ROAD   PAPAMOA
                                                              BEACH
Waimarino BETHLEHEM WAIHI ROAD Memorial Park   RESERVE
3   Rangataua   **4** **1**
2   Bay
Mills Reef   PAPAMOA
          5   BEACH
          6 MAUNGATAPU
GATE PA   Yatton   Welcome   Blokart
          Park   Bay   Heaven
GREERTON
          WELCOME BAY   PAPAMOA
DOC
Office   Johnson
                    Park

Wairoa River

McLaren Falls
7
McLaren Falls Park

Whakatane (55 km)

OROPI FOREST   TE PUKE

🛏 Übernachtung
Ambassador Motor Inn   5
Arthouse   1
Bell Lodge   3
Just the Ducks Nuts   2
McLaren Falls Park   7
Papamoa Beach Top 10 Holiday Park   4
Silver Birch Family Holiday Park   6

um den Lake McLaren verwandelt. Seine Highlights sind der Campingplatz (S. 424), der leicht zu bewältigende Waterfall Track durch eine Glühwürmchensenke und ausgezeichnete Glühwürmchen-Kajaktouren (s. Kasten S. 419).

Papamoa Beach

Blokart Heaven, 176 Parton Rd ▪ $30/30 Min., mit Einweisung ▪ ✆ 07 542 4033, 🖥 www.blokartheaven.co.nz

Mount Maunganuis Ocean Beach erstreckt sich 20 km Richtung Osten bis zum **Papamoa Beach**, einer tollen Ecke zum Surfen und Schwimmen abseits vom Hype von The Mount. In Papamoa befindet sich die erste offizielle **Blokart-Rennbahn** der Welt: Blokart Heaven. Es handelt sich um Gokartwagen mit Segel. Bei gutem Wind erreichen sie eine Geschwindigkeit von bis zu 60 km/h. Das Ganze hängt natürlich vom Wetter ab – bei Windstille tut's ein Driftkart.

Te Puke

Kiwi360 ⏰ tgl. Sommer 9–18; Winter 9–17 Uhr; Café tgl. 9–15 Uhr ▪ 45-minütige Führung $20 ▪ ✆ 07 573 6340, 🖥 www.kiwi360.com

Te Puke, 12 km südöstlich von Papamoa Beach, ist die Kiwifrucht-Hauptstadt Neuseelands. Den lebenden Beweis dafür tritt **Kiwi360** an, 6 km östlich der Innenstadt. Die gewaltige, von einer riesigen surrealen Kiwischeibe gekrönte Plantage ist eine Art landwirtschaftlicher Themenpark. Hier gibt es informative Führungen, einen Souvenirladen, wo man getrocknete Kiwifrüchte, Kiwilikör und Kiwiwein probieren kann, und ein Café, in dem Kiwi-Muffins, Kiwikekse und Kiwi-Pancakes zu haben sind.

COROMANDEL PENINSULA, BAY OF PLENTY UND EAST CAPE

McLaren Falls Park, McLaren Falls Rd, 11 km südlich von Tauranga, ☎ 07 577 7000, 🖥 www.tauranga.govt.nz; Karte S. 423. Einfache Stellplätze auf Grasflächen in einem bewaldeten Park am See (S. 422). Wasser, Toiletten und kostenlose Duschen vorhanden. Max. 3 Übernachtungen. $5

Papamoa Beach Top 10 Holiday Park, 535 Papamoa Beach Rd, ☎ 07 572 0816, 🖥 www. papamoabeach.co.nz; Karte S. 423. Dieser makellose Campingplatz befindet sich in der Domain am östlichen Ende von Papamoa, direkt am Strand. Alles ist gepflegt, und die Lage der Strandhäuschen ($215) könnte nicht schöner sein. Camping $25, Cabins $88

Bluebiyou, 559 Papamoa Beach Rd, Papamoa Beach, ☎ 07 572 2099, 🖥 www.bluebiyou.co.nz; Karte S. 423. Schickes Café/Bar/Restaurant mit Blick über die Dünen aufs Meer. Sehr gut zum Mittagessen, z. B. marokkanisches Hühnchen ($23) gefolgt von Schoko-Cheesecake ($12,50). Man kann auch nur auf einen Drink vorbeikommen. ⊕ Mi–Sa 12–22 Uhr, So 11–22 Uhr.

Mills Reef, 143 Moffat Rd, Bethlehem, 8 km südwestlich von Tauranga, ☎ 07 576 8800, 🖥 www.millsreef.co.nz; Karte S. 423. Wer tagsüber herkommt, kann im Restaurant oder auf der Terrasse zu Mittag essen (Platte für 2 Pers. $45) und dazu gratis die hauseigenen Weine verkosten (tgl. 10–17 Uhr). Zum Dinner geht es feiner zu, bei Gerichten wie Lamm-Rillettes mit Mandelkruste ($32,50). Im Sommer gibt's um die Mittagszeit Livemusik. ⊕ Mo–Mi 11.30–15, Do–Sa 10.30–15, Fr und Sa auch 17–22 Uhr.

Whakatane und Umgebung

Die 13 000 Einwohner zählende Stadt **Whakatane** liegt 65 km östlich von Te Puke und erstreckt sich über flaches Farmland entlang des unteren Whakatane River, kurz vor dessen Mündung in den Ozean. Sie blickt auf eine bewegte Geschichte zurück, ist heute aber ein eher beschauliches Versorgungszentrum mit wenigen kulturellen Attraktionen. Spazierwege führen über den Gebirgsgrat oberhalb der Stadt zum Aussichtspunkt **Kohi Point**. Whakatane eignet sich gut als Ausgangspunkt zum Sonnenbaden am **Ohope Beach**. Hier kann man **mit Delphinen schwimmen** und das Vogelschutzgebiet **Whale Island** sowie die aktive Vulkaninsel **White Island** besuchen, die ihre weißen Rauchwolken in den Himmel bläst.

Geschichte

In der Gegend von Whakatane haben sich besonders viele dramatische Ereignisse abgespielt. Der Maori-Begriff Whakatane bedeutet „handeln wie ein Mann" und geht auf ein legendäres Ereignis zurück: Die Frauen des Kanus *Mataatua* wurden an Bord zurückgelassen, während ihre Männer an Land gingen. Das Kanu driftete aufs Meer hinaus, aber eine Berührung der Paddel war für die Frauen tabu. Die junge Häuptlingstochter **Wairaka** ließ sich davon nicht beirren, sondern paddelte zurück zur sicheren Küste und rief *Ka Whakatane Au i Ah au* („Ich werde wie ein Mann handeln"). Noch heute erinnert eine Statue bei Whakatane Heads an ihre Heldentat.

Die ersten Europäer, die das Gebiet betraten – abgesehen von Kapitän Cooks kurzem Zwischenstopp – waren **Flachshändler** zu Beginn des 19. Jhs. Im März 1865 wurde der Missionar **Carl Völkner** in Opotiki ermordet und der Regierungsvertreter **James Falloon** traf ein, um den Mord zu untersuchen. Anhänger der fanatischen Maori-Sekte Hauhau (s. Kasten S. 431) attackierten das Schiff von Falloon und töteten ihn und seine Mannschaft. Als Reaktion darauf rief die Regierung das **Kriegsrecht** aus.

Bis zum Ende des Jahres waren große Teile der Bay of Plenty konfisziert und Whakatane eine Militärfestung geworden. Das veranlasste **Te Kooti** (s. Kasten S. 458) 1869 dazu, Whakatane als Ziel für einen Großangriff auszuwählen. Doch seine Maori-Truppen wurden schließlich in die Hügel von Urewera zurückgetrieben.

Pohaturoa
The Strand

Whakatanes Wahrzeichen ist der große Felsen **Pohaturoa** („langer Fels"). Dieses Maori-Heilig-

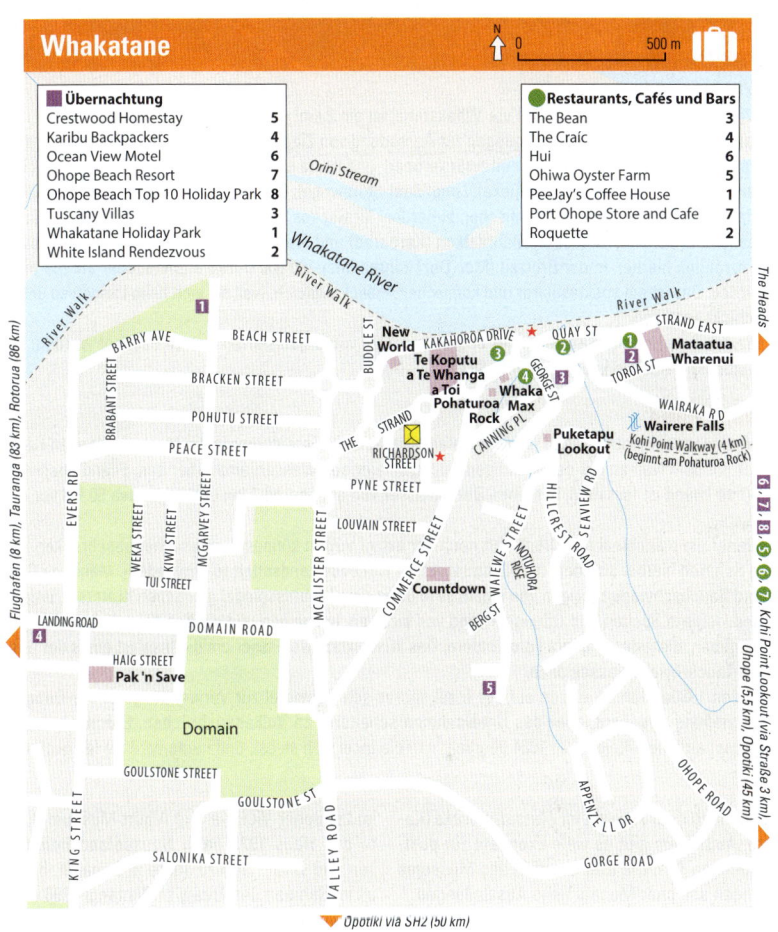

Whakatane

■ Übernachtung

Crestwood Homestay	5
Karibu Backpackers	4
Ocean View Motel	6
Ohope Beach Resort	7
Ohope Beach Top 10 Holiday Park	8
Tuscany Villas	3
Whakatane Holiday Park	1
White Island Rendezvous	2

● Restaurants, Cafés und Bars

The Bean	3
The Craíc	4
Hui	6
Ohiwa Oyster Farm	5
PeeJay's Coffee House	1
Port Ohope Store and Cafe	7
Roquette	2

Orini Stream

Whakatane River

River Walk

River Walk

The Heads

STRAND EAST

QUAY ST

BUDDLE ST

New World

KAKAHOROA DRIVE

Te Koputu a Te Whanga a Toi

Pohaturoa Rock

Whaka Max

GEORGE ST

Mataatua Wharenui

TOROA ST

WAIRAKA RD

Wairere Falls

Kohi Point Walkway (4 km) (beginnt am Pohaturoa Rock)

THE STRAND

RICHARDSON STREET

CANNING PL

Puketapu Lookout

BEACH STREET

BARRY AVE

BRACKEN STREET

POHUTU STREET

PEACE STREET

BRABANT STREET

EVERS RD

WEKA STREET

KIWI STREET

McGARVEY STREET

TUI STREET

McALISTER STREET

LOUVAIN STREET

PYNE STREET

COMMERCE STREET

WAIEWE STREET

MOTUHORA RISE

HILLCREST ROAD

SEAVIEW RD

Countdown

BERG ST

LANDING ROAD

DOMAIN ROAD

HAIG STREET

Pak 'n Save

Domain

GOULSTONE STREET

GOULSTONE ST

KING STREET

SALONIKA STREET

VALLEY ROAD

APPENZELL DR

OHOPE ROAD

GORGE ROAD

Flughafen (8 km), Tauranga (83 km), Rotorua (86 km)

Kohi Point Lookout (via Straße 3 km), Ohope (5,5 km), Opotiki (45 km)

Opotiki via SH2 (50 km)

tum steht in einem kleinen Park mit Bänken und einem schwarzen Marmordenkmal für Te Hurinui Apanui, einen großen Häuptling, der die Vorzüge des Friedens propagierte und von den Pakeha und Maori gleichermaßen betrauert wird.

Wairere Falls
Wairaka Rd

Früher schlugen die Meereswellen an die Felsen, die heute die Stadt einrahmen. Wer von Pohaturoa aus am Felsrand entlanggeht, gelangt zum Fuß der **Wairere Falls**. Einst versorgten sie die Stadt mit Wasser und lieferten Energie zum Betreiben von Mühlen. Heute darf die Kaskade ungehindert hinabstürzen und bietet nach Regengüssen einen imposanten Anblick.

Te Koputu a Te Whanga a Toi
Kakahoroa Drive ▪ ⏰ Mo–Fr 9–17, Sa und So 10–14 Uhr ▪ $5 Spende ▪ ☎ 07 306 0509, ▢ www.whakatanemuseum.org.nz

Der neueste kulturelle Hotspot der östlichen Bay of Plenty **Te Koputu a Te Whanga a Toi** zeigt eine Ausstellung zur Frühzeit der Maori in Neusee-

Whale Island

Whale Island (Motohora), 10 km vor Whakatane, ist ein 2 km² großes, DOC überwachtes Gebiet, wo vor Jahrzehnten große Anstrengungen zur Ausrottung von Ziegen und Ratten unternommen wurden. Der Busch hat sich die Insel schnell zurückerobert, und heute ist sie ein Vogelschutzgebiet, ein sicherer Hafen für Sattelvögel (oder Tieke), Langflügel-Sturmvögel, Dunkle Sturmtaucher, Zwergpinguine, Maori-Regenpfeifer und Austernfischer, außerdem zwei Arten von Geckos, zwei Arten von Skinken und Tuataras; manchmal verirren sich auch Maorifalken (Karearea) und Nordinsel-Kaka (Waldpapageien) sowie Pelzrobben hierher. In der Brutzeit (Mai–Dez) kehren über 100 000 Dunkelsturmtaucher auf die Insel zurück. Das ist ein spektakulärer und komischer Anblick zugleich, weil sie sich beim Landen so ungeschickt anstellen.

Die Insel darf nur im Rahmen einer begrenzten Zahl von organisierten Touren besucht werden. Ein 4-stündiger Ausflug kostet ungefähr $95.

White Island

Whakatanes Hauptattraktion ist White Island (Whaakari). Getauft wurde die Insel von Kapitän Cook, der mit dem Namen auf den ständigen Dunstschleier aus Wasserdampf über dem Eiland anspielte. White Island ist fast rund, hat einen Durchmesser von annähernd 2 km und liegt etwa 50 km vor der Küste.

Weder die manchmal raue Überfahrt noch der aktive Vulkan können die Besucher abschrecken, die in Scharen hierher strömen, um die außerirdisch wirkende Landschaft zu bewundern. Mächtige Gas- und Rauchschwaden steigen von einem 60 m unter dem Meeresspiegel gelegenen Kratersee empor, und kleinere Spalten und Öffnungen sind von bizarren, hellgelben und weißen Kristallablagerungen umgeben, die jeden Tag ihre Form ändern. Das kristallklare Gewässer um die Insel ist eines der besten Tauchreviere Neuseelands.

In den 1880er-Jahren wurde auf der Insel sporadisch Schwefel zur Verwendung bei der Düngerherstellung abgebaut, aber das Unternehmen scheiterte an Vulkanausbrüchen, Erdrutschen und wirtschaftlichen Pleiten. Ab 1934 überließ man die Insel sich selbst, und heute wird sie lediglich von

land, nach ihrer Ankunft im *Mataatua waka* (Kanu). Außerdem gibt es viele Exponate zur postkolonialen Ära. Die drei Galerien des Museums bringen alle paar Monate neue Ausstellungen.

Mataatua Wharenui

105 Muriwai Drive ▪ ⏱ Dez–April Mo–Fr 9–16 Uhr, Mai–Nov tgl. 9.30–15.30 Uhr ▪ Eintritt Visitor Centre frei; Führung $29,50, mit Hangi-Mittagessen $45 ▪ ☎ 07 308 4271, 🖥 www.mataatua.com

Das „Haus, das nach Hause kam", **Mataatua Wharenui**, ist eines der schönsten (und größten) geschnitzten Versammlungshäuser, die noch erhalten sind. Das Volk der Ngati Awa hatte es 1875 erbaut. 1879 wurde das Haus auf die Reise geschickt, um Neuseeland bei der British Empire Exhibition in Sydney zu repräsentieren. Nach einem langen Zwangsaufenthalt

im Londoner Victoria and Albert Museum durfte das Haus 1925 nach Neuseeland heimreisen und verbrachte 70 Jahre in Dunedin, bevor es im Rahmen des Treaty of Waitangi 1996 endlich wieder seinen rechtmäßigen Besitzern, den Ngati Awa, zurückgegeben wurde. Vor der kulturellen Führung lohnt sich auf alle Fälle der ergreifende Film über die Geschichte des Hauses.

River Walk

Ein Fußweg folgt der Böschung am Südufer des Whakatane River 4 km weit bis zur Flussmündung. Am reizvollsten ist das 2 km lange Stück von der Innenstadt bis zu den Whakatane Heads – ein wunderschöner Nachmittagsspaziergang. Unterwegs passiert man zwei Nachbildungen des *Mataatua*-Kanus in einem Reservat (per Auto über den Muriwai Drive erreichbar) sowie die

60 000 Schwalbensturmvögeln und 10 000 Tölpeln bevölkert. Die Insel darf nur im Rahmen einer organisierten Boots- oder Hubschraubertour besucht werden.

Touren und Aktivitäten auf und in der Umgebung der Inseln

Die meisten Besucher kommen mit dem Veranstalter White Island Tours auf die Inseln – er steuert die Inseln an, wann immer das Wetter es erlaubt. Man kann aber auch per Hubschrauber anreisen, einen Tauchausflug unternehmen oder von Dezember bis März zum Beobachten und Schwimmen mit Delphinen hierherkommen. Jeder Veranstalter, der außerhalb dieser Monate Touren anbietet, ist entweder sehr optimistisch oder ein Betrüger.

Dive Works Charters, 96 The Strand, ☏ 0800 354 7737, 🖥 www.whaleislandtours.com. Hervorragende Ausflüge zum Schwimmen mit Delphinen und Robben (3–4 Std.; $160) bei Whale Island und White Island sowie Ökotouren nach Whale Island ($120, 3 Std. Aufenthalt auf der Insel) und Tauch-/Schnorchelausflüge.

Frontier Helicopters, ☏ 0800 804 354, 🖥 www.vulcanheli.co.nz. Die Flüge, bei denen White Island aus der Luft betrachtet wird (2 Std.; $650 p. P. bei 2 Pers.), starten am Whakatane Airport. Zum Ausflug gehört eine 1-stündige Wanderung über die Insel zum Kraterrand, zu Fumarolen und dem alten Schwefelwerk.

White Island Tours (auch bekannt als Pee Jay), 15 The Strand East, ☏ 0800 733 529, 🖥 www.white island.co.nz. Der 6-stündige Ausflug ($185) nach White Island muss mindestens zwei Tage im Voraus gebucht werden. Man verbringt zwei Stunden auf der Insel und bekommt unter anderem Gelegenheit, am Kraterrand zu stehen (mit Gasmaske) und in den dampfenden Kratersee hinabzuschauen. Außerdem wird der Standort der Schwefelfabrik von 1923 besichtigt. Da Whale Island näher am Festland liegt, finden die Touren häufig statt, wenn schlechtes Wetter den Zugang zu White Island verhindert. Sie dauern in etwas drei Stunden ($95) und sind abhängig von der Teilnehmerzahl (daher im Voraus buchen). Die Morgentour wird das ganze Jahr über angeboten. Bei den Touren in der Abenddämmerung (Mai bis Dezember) bekommen die Teilnehmer Helme zum Schutz gegen Dunkle Sturmtaucher.

Muriwai-Höhle und genießt den Blick über den Fluss zu einer Bronzestatue von Wairaka auf einem Felsen.

Kohi Point und Ohope Walk

5,5 km einfach; 2 Std. ■ Routenbeschreibung auf einem kostenlosen Faltblatt beim i-SITE

Die interessanteste Wanderung dieser Gegend beginnt in der Stadtmitte und folgt dem Nga Tapuwae o Toi ("heilige Fußstapfen von Toi") Walkway, der das Gebiet des großen Stammesführers Toi durchquert und am **Kohi Point** endet – mit Panoramablicken auf Whakatane, Whale Island, White Island und Te Urewera. Von Kohi Point geht's weiter durch die Otarawairere Bay (1 Std. vor und nach Flut kein Durchkommen) zum Ohope Beach und von dort zurück nach Whakatane mit dem Bayhopper Bus (S. 430).

Ohope

Die Siedlung **Ohope** zieht sich 7 km östlich von Whakatane am Strand entlang bis zum Beginn des **Ohiwa Harbour**. Ohiwa ("Ort der Wachsamkeit") ist ein bekannter Sammelplatz für Muscheln sowie Standort mehrerer *pa*. Ansonsten ist der Ort in erster Linie ein Strandresort und ein guter Ausgangspunkt für eine Erkundung von Whakatane ($3 einfache Fahrt mit dem Bayhopper Bus) und Umgebung.

ÜBERNACHTUNG

Whakatane

Whakatane hat eine passable Auswahl an Unterkünften, darunter viele Mittelklassemotels. Man kann aber auch gut hinter dem Berg in Ohope Beach absteigen.

Crestwood Homestay, 2 Crestwood Rise, ☏ 07 308 7554, 🖵 www.crestwood-homestay.co.nz. Attraktives, freundliches B&B in ruhiger Hügellage mit schöner Aussicht, 20 Min. zu Fuß vom Zentrum entfernt. Auf Bestellung gibt es Abendessen ($50 inkl. Wein). Die Eigentümerin ist Mitglied der Whakatane Coastguard und zeigt Gästen gern die Zentrale der Küstenwacht. $160

Karibu Backpackers, 13 Landing Rd, 1,5 km südwestlich vom Zentrum, ☏ 07 307 8276, 🖵 www.karibubackpackers.co.nz. Ein Vorstadthaus, das in ein gut geführtes, einladendes Hostel umgewandelt wurde. Es verfügt über einen hübschen Garten, in dem Zelte aufgestellt werden können ($16), sowie einen Privatparkplatz. Kostenlose Abholung an der Bushaltestelle. Dorms $27, Zimmer $74

Tuscany Villas, 57 The Strand, ☏ 07 308 2244, 🖵 www.tuscanyvillas.co.nz. Das luxuriöse Motor Inn hat frisch modernisierte Studios und Suiten, alle mit Küchenzeile und kostenlosem WLAN. Die 1-Schlafzimmer-Suiten besitzen einen Whirlpool. Studio $145, Suite $195

Whakatane Holiday Park, McGarvey Rd, ☏ 07 308 8694, 🖵 www.whakataneholidaypark.co.nz. Windgeschützter Campingplatz 10 Min. über den Damm zu Fuß von The Strand entfernt. Preisanstieg um ein Viertel von Weihnachten bis Anfang Feb. Camping $15, Selbstversorger-Apartments $85

White Island Rendezvous, 15 The Strand East, ☏ 07 308 9588, 🖵 www.whiteisland.co.nz. Makelloses sauberes, mehrstöckiges Motel im Mittelmeerstil, gegenüber der Anlegestelle. Einige Zimmer mit Whirlpool, alle mit Sky-TV, kostenlosem WLAN und Mikrowelle. Auf dem Gelände befindet sich das beliebte Café PeeJay's Coffee House, s. unten. Nebenan steht eine schöne Kauri-Villa mit B&B-Service (Frühstück kommt aus dem Café). $140

Ohope

Ocean View Motel, 18/2 West End, Ohope Beach, ☏ 07 312 5665, 🖵 www.oceanview motel.co.nz. Total gemütliches Motel am westlichen Strandende, wo man gefahrlos schwimmen und Bushwalks unternehmen kann. Kostenlos gibt's: Wäscheservice, Fahrrad-, Kajak-, Surfbrett- und Boogieboardverleih

sowie WLAN. Jede der Selbstversorger-Units hat Meerblick. Zimmer $160

Ohope Beach Resort, 307 Harbour Rd, 10 km östlich von Whakatane, ☏ 0800 464 673, 🖵 www.ohopebeachresort.net. 21 elegante Apartments mit Balkon und Blick aufs Wasser. Alle haben Geschirrspüler, Waschmaschine, WLAN und AC. Die Gäste teilen sich Sauna, Petanque, Fitnessraum, Tennisplatz und 3 Pools. 2-Zimmer-Apt. $220, Penthouse $320

🧳 **Ohope Beach Top 10 Holiday Park**, 367 Harbour Rd, 10 km östlich von Whakatane, ☏ 0800 264 673, 🖵 www.www.ohope beach.co.nz. Schicker Ferienpark am Ohope Beach, u. a. mit einer Wasserrutsche und im Sommer kostenlosem Kinderunterhaltungsprogramm. Höhere Preise von Weihnachten bis Anfang Februar. Camping $24, Motel Units $144

ESSEN UND UNTERHALTUNG

Whakatane

The Bean, 72 The Strand East, ☏ 07 307 0494, 🖵 www.thebeancafe.co.nz. Ungezwungenes Tagescafé und Kaffeerösterei, weshalb man mit einem raffinierten Gebräu zum Frühstück, Sandwich oder Gebäck aus eigener Herstellung rechnen darf. Kostenl. WLAN. ⏰ Mo–Fr 7–16, Sa 8–15, So 9–15 Uhr.

The Craíc, im Whakatane Hotel, 79 The Strand, ☏ 07 307 1670. Stimmungsvolle irische Bar, die auch günstiges Essen hat. Jeden Freitagabend und manchmal sonntagnachmittags Livemusik und Tanz. ⏰ tgl. 12–21 Uhr oder viel länger.

🧳 **PeeJay's Coffee House**, 15 The Strand, im White Island Rendezvous Motel, ☏ 07 308 9589, 🖵 www.whiteisland.co.nz. Gut zum Frühstücken, für Snacks und Mittagessen. Vor einem morgendlichen Bootsausflug reicht vielleicht ein Espresso. Leute mit Zeit können sich entspannen, das kostenl. WLAN nutzen oder sich das dick mit Pilzen und Chorizo belegte Ciabatta ($15,50) schmecken lassen. Es gibt auch Getränke mit Alkohol. ⏰ tgl. 6.30–14 Uhr.

Roquette, 23 Quay St, ☏ 07 307 0722, 🖵 www.roquette-restaurant.co.nz. In dem besten Restaurant (mit Bar) von Whakatane bekommt man z. B. Seafood mit Pappardelle ($34). ⏰ Mo–Sa 10–22 Uhr.

OBEN WHITE ISLAND (S. 426); **UNTEN** RUAKOKORE CHURCH, EAST CAPE (S. 436)

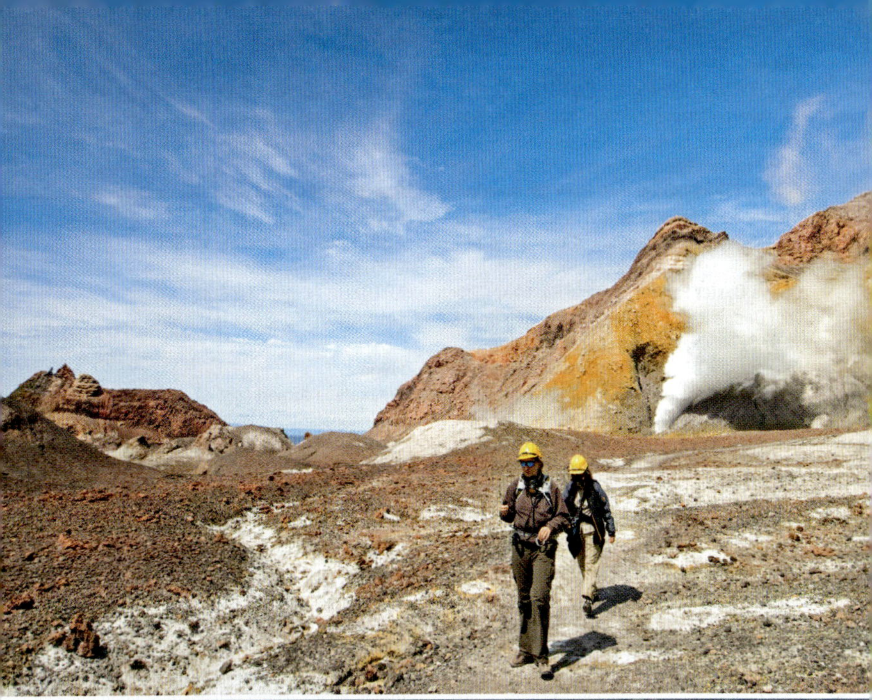
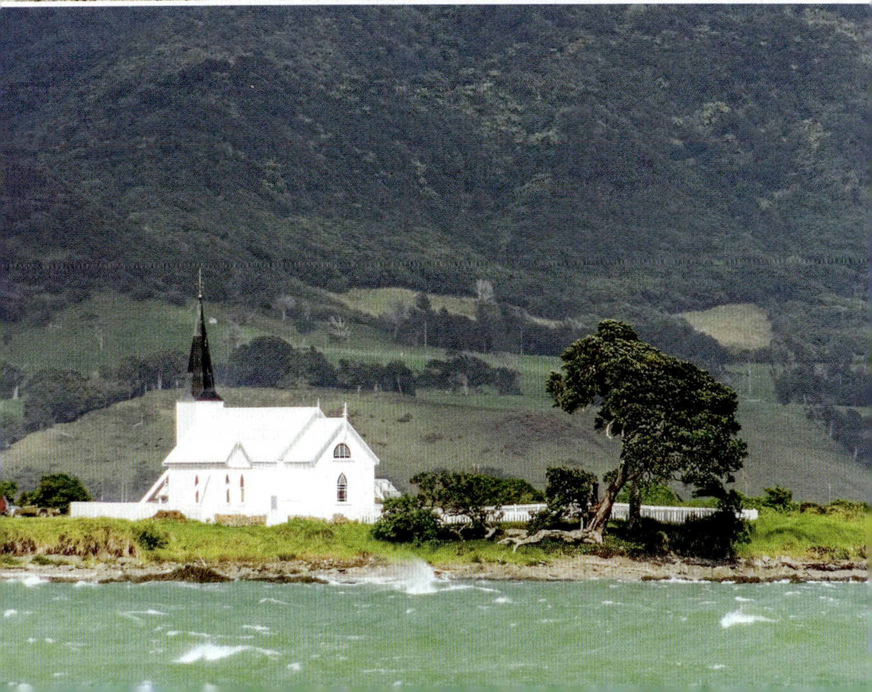

Ohope

Hui, 19 Pohutukawa Ave, ☎ 07 312 5623, 🖳 www.huibarandgrill.com. Mit seinem glatten Zementboden ist dieses Restaurant plus Bar auf Leute mit sandigen Füßen eingestellt. Auf der hinteren Terrasse hat man Blick auf den Ohope Beach. Zu Essen gibt es z. B. Muscheln ($16) oder Wild mit Brombeerjus ($30). Ab und zu Livemusik. ⏲ tgl. 8.30–22 Uhr oder später.

Ohiwa Oyster Farm, 11 Wainui Rd, 1 km südlich vom Ohope Beach an der Straße nach Opotiki, ☎ 07 312 4565. In dem Schuppen am Ohiwa Harbour gibt's billiges, frisches Seafood zu kaufen, u. a. Austern und Räucherfisch. An den Picknicktischen am Ufer schmecken die Fish 'n' Chips besonders gut. ⏲ tgl. 9–21.30 Uhr.

Port Ohope Store and Café, 311 Harbour Rd, ☎ 07 312 4707. Café mit Alkoholausschank und Blick auf Hafen und Meer. Gutes Frühstück, auch Fish 'n' Chips und Verleih von SUP Boards ($45/90 Min). ⏲ tgl. 7.30–22 Uhr.

Informationen und Internet

i-SITE, Quay St, Ecke Kakahoroa Drive, ☎ 07 306 2030, 🖳 www.whakatane.com. Großes Angebot an DOC-Broschüren und Informationen über Wanderungen in der Umgebung. Außerdem Fahrradverleih und kostenloser **Internetzugang**. ⏲ Mo–Fr 8–17, Sa und So 10–16 Uhr. In der Bücherei, 49, Kakahora Drive, kann das Internet 30 Min. lang kostenlos genutzt werden. ⏲ Mo–Fr 9–17, Sa und So 10–14 Uhr.

Jetbootfahrten

Kiwi Jet Tours, ☎ 0800 800 538, 🖳 www. kiwijetboattours.com. Schnellboottouren unter Leitung eines ehemaligen Weltmeisters im Jetbootfahren. Er bringt die Teilnehmer vom Matahina Dam, 25 km südlich von Whakatane, über einige nicht allzu reißende Stromschnellen zu den wunderschönen Aniwhenua Falls ($95).

TRANSPORT

Busse

Bayhopper, ☎ 0800 422 928, 🖳 www.baybus. co.nz, fährt nach Tauranga, Ohope ($3 einfach)

und Opotiki (Mo und Mi). Die Busse von Inter-City und NakedBus auf dem Weg von Rotorua nach Gisborne über den SH2 halten 2x tgl. in jeder Richtung vor dem i-SITE Visitor Centre.

Busse nach:
GISBORNE 2x tgl., 3 Std.;
OHOPE Mo–Sa 4–6x tgl., 1/2 Std.;
OPOTIKI 2x tgl., 40 Min.;
ROTORUA 2x tgl., 1 1/2 Std.;
TAURANGA Mo–Sa 1x tgl., 2 Std.

Flüge

Whakatane Airport liegt ca. 10 km westlich der Innenstadt und ist mit einem Shuttle-Taxi von **Dial-A-Cab**, ☎ 0800 308 0222, zu erreichen (ca. $25). **Air Chathams**, 🖳 www.airchathams. co.nz, pendelt tgl. zwischen Whakatane und AUCKLAND (3/4 Std.). Tickets gibt es auch online.

Opotiki

Opotiki, 46 km östlich von Whakatane (über die Ohope Road), ist die östlichste Stadt in der Bay of Plenty. Das von üppig grüner Landschaft und Stränden umgebene Opotiki ist auch Ausgangsbasis (und letzte Versorgungsstation) für die Wildnis des East Cape und für Trips zum abgeschiedenen, traumhaft schönen Motu River.

Die wenigen Sehenswürdigkeiten der Stadt verzögern die Abreise nur unwesentlich. Von Opotiki führt der SH2 landeinwärts zu den großstädtischeren Angeboten von **Gisborne** (S. 445). Der SH35 dagegen schlängelt sich um das **East Cape** (S. 434) herum, immer in Reichweite der zerklüfteten, windgepeitschten Küste.

Opotiki Museum

123 Church St ■ ⏲ Mo–Fr 10–16, Sa 10–14 Uhr ■ Eintritt $10

Alle historisch bedeutenden Gebäude von Opotiki versammeln sich an der Kreuzung von Elliott Street und Church Street, darunter das **Opotiki Museum**. Es nimmt den ganzen Häuserblock zwischen Elliot und Kelly Street ein. Die Ausstellung umfasst neben typischen Kleinstadtexponaten die erlesenen Tanewhirinaki Carvings, eine Maori-Skulpturensammlung, die lange Zeit das Auckland Museum zeigte. Keinesfalls auslassen sollte man den zum Museum gehörenden Krämerladen Shalfoon & Francis in der Church Street 129. Der altmodische Gemischtwarenladen aus den 1870er-Jahren ist vollgestopft mit alten Schreibmaschinen, Keksdosen und anderen Artikeln, die damals zum Sortiment eines Haushaltsgeschäfts gehörten.

St Stephen's Church

Church St, gegenüber dem Museum ▪ Mo–Fr 10–16, Sa 10–14 Uhr; wenn geschl., Schlüssel im Museum holen ▪ Eintritt frei

Das unschuldige Aussehen der weißen, aus Schindeln erbauten **St Stephen's Church** lässt nicht vermuten, dass sich hier einst ein berühmter Mordfall zutrug: Im März 1865 soll an dieser Stelle der hiesige Missionar **Carl Völkner** getötet worden sein, nachdem der Prophet Kereopa Te Rau aus den Reihen der militanten Hauhau-Sekte (s. Kasten) die Leute gegen ihn aufgewiegelt hatte. Einen Blick lohnen die prächtigen Wandverkleidungen um den Altar und Völkners Grabstein an der rückwärtigen Kirchenmauer.

Hukutaia Domain

⊕ tgl. Sonnenauf- bis Sonnenuntergang

Ein wunderschönes Fleckchen ist die kleine, unberührte **Opotiki (Hukutaia) Domain** mit einheimischer Flora, darunter ein Puriri-Baum, der von 500 v. Chr. datieren soll und von den hiesigen Maori als Begräbnisbaum genutzt wurde. Es gibt auch einen Aussichtspunkt mit schönem Blick über das Waioeka Valley und eine Reihe kurzer, interessanter Pfade durch den Regenwald. Anfahrt: von der Innenstadt auf der Church Street nach Süden bis zur Waioeka River Bridge, über die Brücke, dann nach links in die Woodlands Road; nach 7 km ist die Domain erreicht.

ÜBERNACHTUNG

Aurum, 213 Ohiwa Beach Rd, 13 km westlich der Stadt, ✆ 07 315 4737, 🖥 www.aurumretreat.co.nz. Tolle Selbstversorger-Zimmer mit voll ausgestatteter Küche und traumhaftem Meerblick. Die Sufi-Architektur verleiht der Anlage etwas Erhabenes. Im Freien gibt's ein holzbefeuertes Bad. Auf Vorbestellung bekommen die Gäste Frühstück ($15). $160

Beyond the Dunes, 12 Wairakaia Rd, 5 km östlich der Stadt, ✆ 021 123 0789, 🖥 www.bookabach.co.nz/13241. Schlichte, moderne *bach* für Selbstversorger, nur durch die Dünen von einem langen Badestrand getrennt. Ein wunderbares Plätzchen für ein, zwei Tage in völliger Abgeschiedenheit. $90

Capeview Cottage, Tablelands Rd, 8 km südöstlich der Stadt, ✆ 0800 227 384, 🖥 www.capeview.co.nz. Luxuriöses Selbstversorger-Cottage umgeben von Kiwibäumen, mit weitem

COROMANDEL PENINSULA, BAY OF PLENTY UND EAST CAPE

Küstenblick, Whirlpool im Freien und einer kleinen Bibliothek. Die Gastgeber sind umweltbewusst und kennen sich hervorragend in der Umgebung aus. $145

Central Oasis Backpackers, 30 King St, ℡ 07 315 5165, ✉ centraloasis@hotmail.com. Freundliches, von Deutschen geführtes Hostel in einer verwinkelten Villa im Stadtzentrum mit 1 Doppelzimmer, 2 Zweibettzimmern und einem 3-Bett-Schlafsaal. Dorm $23, DZ $56

Ohiwa Beach Holiday Park, Ohiwa Harbour Rd, nahe SH2, 15 km westlich der Stadt, ℡ 07 315 4741, 🖥 www.ohiwaholidays.co.nz. Dieses wenig bekannte Schmuckstück ist einer der besten Campingplätze der Gegend. Er liegt direkt am Strand, wo man gefahrlos baden kann, und wird gern von Glühwürmchen

Rafting auf dem Motu River

Einige der besten Raftingtrips in Neuseeland werden auf dem **Motu River** (WW III–IV) angeboten, der durch die Schluchten und Täler der abgelegenen Raukumara Range bis in die Bay of Plenty fließt. 1981, nach einer groß angelegten Kampagne gegen Wasserkraftwerke, wurde der Motu River zu Neuseelands erstem „wilden und landschaftlich reizvollen" Fluss ernannt. Die Benutzung von Geländewagen, Hubschraubern und Jetbooten ermöglicht ein- bis zweitägige Trips in der Region. Um jedoch einen tieferen Einblick in dieses abgelegene Gebiet zu gewinnen, sollte man eine Raftingtour ins Auge fassen, bei der man mehrere Tage völlig von der Zivilisation abgeschnitten ist – ein einmaliges und faszinierendes Erlebnis.

Wet 'n' Wild Rafting, Rotorua, ℡ 0800 462 723, 🖥 www.wetnwildrafting.co.nz, unternimmt von Opotiki aus unterschiedliche Touren. Das Angebot reicht von zweitägigen Ausflügen (mit Beförderung im Hubschrauber $995) bis zu fünftägigen Abenteuertrips ($995, ohne Hubschrauberbeförderung) vom Quellfluss zum Meer. Für Transport und gute Verpflegung ist in jedem Fall gesorgt; Zelt und Schlafsack kann man selber mitbringen oder bei Wet 'n' Wild mieten.

besucht. Kajakverleih und ein Hüpfkissen – ungeheuer beliebt bei Kindern (und manchem Erwachsenen). Camping $19, Cabins $65

🧳 **Opotiki Beach House**, 7 Appleton Rd, abseits des SH2 und 5 km westlich von Opotiki, ℡ 07 315 5117, 🖥 www.opotikibeach house.co.nz. Dieser legere Strandtreff ist das beste Hostel von Opotiki. Kostenloser Kajak- und Surfbrettverleih. Dorms $30, DZ $66

ESSEN

1759 Masonic Hotel, 121 Church St, ℡ 07 315 8284. Irische Pub-Atmosphäre in einem Hinterzimmer mit rohen Backsteinwänden und günstige, üppige Gerichte wie Steak, Fish 'n' Chips ($22). Auch die *brandy snaps* sind ziemlich gut ($6,50). ⏰ tgl. 10–22 Uhr.

Beyond the Bean, auf dem Waiotahi-Beach-Rastplatz am SH2, 6 km westlich des Ortes. Kaffeestand der Besitzer des Beyond the Dunes. Hier gibt's importierten italienischen Kaffee, eine kleine Auswahl an selbst gemachtem Kuchen und Tresengerichte. ⏰ Mo 6.30–12, Di–Fr 6.30–14 Uhr.

Hot Bread Shop & Illy Café, 43 St John St, ℡ 07 315 6795. Bäckerei/Café mit gutem Kaffee; leckeren Blechkuchen, Pies, Brunch und Snacks (BLT $13,90). ⏰ tgl. 5–17 Uhr.

Ocean Seafoods Fish and Chips, 90 Church St, ℡ 07 315 6335. Das beste Fischgeschäft im Ort hat Fish 'n' Chips für rund $8, außerdem Burger und die üblichen Kiwi-Snacks. ⏰ tgl. 9–21 Uhr.

🧳 **Two Fish**, 102 Church St, ℡ 07 315 5448. Ein Café mit zusammengewürfelten Möbeln und einem Hang zu hochwertigem, selbst gemachtem Essen. Gut zum Frühstücken und für leckere Muffins (z. B. Himbeer und Limone) oder einen Imbiss (z. B. Chicken Wraps). Braut auch den besten Espresso weit und breit. ⏰ Mo–Fr 8–15, Sa 8–14 Uhr.

SONSTIGES

Informationen

i-SITE/DOC, 70 Bridge St, ℡ 07 315 3031, 🖥 www.opotikinz.com. Das Gemeinschaftsbüro von i-SITE und DOC hat massenhaft Informationen zum East Cape, außerdem Münzduschen.

Opotiki: Touren und Aktivitäten

In Opotiki spielen sich fast alle Freizeitaktivitäten auf dem Wasser oder den Motu-Trails ab.

Angeln und Paddeln

Marine Life Tours, 16 Wharf St, ☎ 027 350 4910, 🖥 www.marinelifetours.com. Dieser Anbieter veranstaltet Brandungsangeltrips (2-stündige Tour für 2 Pers. inkl. Ausrüstung $80), hat aber auch für die Errichtung des Opotiki Community Reef gesorgt, mit dessen Hilfe die Fischbestände erhalten bleiben sollen. Genaueres dazu erfahren Interessierte bei einer 1-stündigen Tour ($20). Das beste Angebot ist die 10 km lange Paddeltour in Eigenregie auf einem leicht zu bewältigenden Abschnitt des Waioeka River (3–4 Std., $80).

Travel Shop, 104 Church St, ☎ 07 315 8881, ✉ travelshop@xtra.co.nz. Verleiht Kajaks (1/2 Tag $30, ganzer Tag $40) für eigenverantwortliche Paddeltouren. Transport kann arrangiert werden.

Mountainbiking auf den Motu-Trails

Diese drei neuen Trails (🖥 www.motutrails.co.nz) lassen sich entweder in einer zweitägigen Mammut-Rundtour kombinieren oder je nach Fähigkeit und Enthusiasmus einzeln befahren. Am beliebtesten ist der 11 km lange Dunes Trail; er verläuft über flaches Gelände und bietet fantastische Ausblicke. Der Motu Road Trail (67 km) wird meist von Matawai aus gestartet und ist als mittelschwer eingestuft. Er stellt eine prima Herausforderung dar und geht entlang der alten Kutschenroute mit ein paar Steigungen. Der Pakihi Track führt 44 km lang meist durch Buschgebiet, und auch wenn es immer nur bergab geht, kommt das Herz dabei ganz schön auf Touren. Er gilt als fortgeschritten, weil er an ein paar schroffen Abhängen entlang läuft; also keine Eile und besser mal absteigen und schieben. Die beiden nachstehend genannten Unternehmen bieten Pauschaltouren; wer ein paar Tage im Voraus bucht, kann vielleicht einer Gruppe zugeteilt werden und so Geld sparen.

Motu Trails Ltd, ☎ 07 315 5864, 🖥 www.motucycletrails.com. Ngaio und ihr Team empfehlen den Radlern die ihrer Erfahrung entsprechende Tour. Radverleih für den Pakihi Track ($65/Tag) oder den Dunes Trail ($50/Tag). Das Shuttle nach Matawai kostet $50, verkehrt aber nur bei einer Mindestteilnehmerzahl. Es gibt auch Schlafsäle ($30) und einen gesicherten Parkplatz nahe dem Zentrum von Opotiki.

Bushaven, ☎ 07 929 7564, 🖥 www.hireandshuttle.co.nz. Dieser Verleiher am Fuß des Pakihi Track bietet verschiedene Unterkünfte (Cabin $90) und Dienste. Ihr Shuttle nach Matawai kostet fast dasselbe wie bei Motu Trails (ab $50, Mindestteilnehmerzahl). Mountainbikes gibt es ab $50 pro Tag.

⊕ Weihnachten–Jan tgl. 8–17, Feb–Weihnachten Mo–Fr 9–16.30, Sa und So 9–13 Uhr.

Internet
Bücherei, 101 Church St. WLAN oder 30 Min. an einem Terminal kostenlos. ⊕ Mo–Fr 9–17, Sa 9–13 Uhr.
Im **Travel Shop** (s. unten) kosten 30 Min. Internetbenutzung $2.

Fahrradverleih
Travel Shop, 104 Church St, ☎ 07 315 8881, ✉ travelshop@xtra.co.nz. Dieses Reisebüro verleiht Fahrräder und Mountainbikes,

Surfbretter und Kajaks (halber Tag jeweils $30, ganzer Tag $40); auf Wunsch auch Transport.

TRANSPORT

Busse
Die Busse von InterCity- und NakedBus der Strecke Whakatane–Gisborne halten vor dem Bread Shop Café an der Bridge St, Ecke St John St. Bayhopper-Busse nach Whakatane (Mo und Mi) und Potaka über Omaio, Te Kaha und Waihau Bay (nur Di und Do) fahren im Stadtzentrum an der Kreuzung Elliot St und St John St ab.

COROMANDEL PENINSULA BAY OF PLENTY UND EAST CAPE

Busse nach:
GISBORNE (über den SH2) 2x tgl., 2 1/2 Std.;
HICKS BAY (über den SH35) 1x wöchentl., 3 Std.;
ROTORUA 2x tgl., 2 1/2 Std.;
WHAKATANE 2–4x tgl., 1 Std.

Die Waioeka-Gorge-Route

Von Opotiki biegt der **SH2** gen Süden ins 137 km entfernte **Gisborne** ab und passiert auf seiner Berg- und Talroute mehrere kleine Siedlungen sowie die mit Busch bewachsene **Waioeka Gorge**. Dies ist eine der landschaftlich reizvollsten Strecken Neuseelands. Die Straße verläuft 30 km am Fluss entlang, bevor sie die schmale, steile Waioeka Gorge passiert und schließlich auf der anderen Seite hügeliges Weideland erreicht und zu den Ebenen abfällt. Von dort geht es pfeilgerade durch Plantagen, Weinberge und Schafweiden nach Gisborne.

Die einzige **Tankstelle** entlang der Strecke befindet sich in Matawai. Aber da sie nur eingeschränkte Öffnungszeiten hat, sollten Autofahrer auf jeden Fall in Opotiki auftanken, bzw. von Süden her kommend, in Gisborne.

Waioeka Gorge Walks
Es lohnt sich, auf den ersten 72 km bis Matawai eine Pause einzulegen, um sich die Beine zu vertreten. Zu beiden Seiten zweigen nämlich interessante **Wanderwege** ab (Details im i-SITE von Opotiki).

Das East Cape

Nur wenige Besucher verirren sich ans **East Cape** (auch Eastland genannt), das Stückchen Land, das nordöstlich von Opotiki und nördlich von Gisborne in den Südpazifik hinausragt. Es ist ein unverdorbenes Fleckchen Erde, das einen Eindruck davon vermittelt, wie Neuseeland früher einmal ausgesehen hat. Zwischen Opotiki und Gisborne zieht sich der wunderschöne **Pacific Coast Highway** (SH35) einmal rund um die Halbinsel (330 km) und bietet bei gutem Wetter spektakuläre Ausblicke auf die wilde Küste.

Schon kurz hinter Opotiki macht sich ein gemächlicherer Lebensrhythmus bemerkbar, eindrucksvoll unterstrichen von gelegentlichen Reitern, die auf ihren Pferden über die Straße zockeln. **Maori** machen einen bedeutenden Prozentsatz der Bevölkerung aus – über 80 % des Grundbesitzes liegen in Händen von Maori.

Die Aktivitäten am East Cape drehen sich fast alle um Wassersport. Allerdings gibt es auch einige **Wanderwege**, und fast überall bieten sich Gelegenheiten zum **Reiten** – entweder über die langen Strände oder durchs fast unberührte Buschland. Die Ortschaften haben in der Regel kaum etwas zu bieten, weswegen man seine Übernachtungen eher in einer Unterkunft auf dem Land, vielleicht in einer Felshöhle oder an einem Strand, einplanen sollte.

Durch das Landesinnere ziehen sich die wenig einladenden **Waiapu Mountains**, zu denen die nordöstliche Raukumara Range sowie der Raukumara Forest Park mit seiner typisch neuseeländischen Flora gehören. Man könnte sich kaum eine schönere Kulisse für die Küstenlandschaft vorstellen als die zerklüfteten Gipfel von Hikurangi, Whanokao, Aroangi, Wharekia und Tatai, allerdings sind die Berge nur durch Maori-Land zugänglich und erfordern eine **Erlaubnis**.

Entlang der Strecke gibt es mehrere **Hostels**, hin und wieder auch ein Motel oder B&B, aber Luxusunterkünfte darf man hier nicht erwarten. Abgesehen von ein paar zu Pubs und Motels gehörenden Steak-and-Chips-Läden gibt es am ganzen East Cape nichts, was als Restaurant durchgehen könnte. Deshalb muss man sich auf Selberkochen einstellen oder ein paar Tage lang von Sandwiches und Fish 'n' Chips leben. Selbstversorger können in kleinen Lebensmittelgeschäften einkaufen. Viele Läden schließen aber schon um 17 Uhr.

Fast alle Besucher übernachten auf **Campingplätzen**. Wildes Campen am Strand ist verboten, aber von Mitte September bis Mitte April sind von Waipiro Bay bis zum Rand von Gisborne sechs Stellen für *freedom camping* ausgewiesen. Dafür ist ein Permit notwendig ($16/2 aufeinanderfolgende Nächte, $31/10, $66/28, gültig für bis zu 6 Pers.), erhältlich bei den i-SITEs in Opotiki und Gisborne. Es herrschen strenge Regeln, die aber durchaus sinnvoll sind, und ab

COROMANDEL PENINSULA, BAY OF PLENTY UND EAST CAPE

Der Legende nach wurde einst ein großer *ariki* (Anführer) des East Cape von rivalisierenden Stammesangehörigen ertränkt, woraufhin seine jüngste Tochter Rache schwor und bei der Geburt ihres Sohnes Tuwhakairiora darauf hoffte, dieser würde ihr Versprechen einlösen. Als junger Mann ging **Tuwhakairiora** auf Reisen und traf ein Mädchen namens **Ruataupare**, die ihn zu ihrem Vater brachte – zufällig der Häuptling der Gegend. Ein Gewitter signalisierte der Gemeinde, dass sie wichtigen Besuch hatte, und man erlaubte daher Tuwhakairiora, Ruataupare zu heiraten und in Te Araroa zu leben. Als er sämtliche *hapu* (kleinere Stammesgruppen) der Gegend zusammenrief, um den Tod seines Großvaters zu rächen, machten sich viele Krieger auf den Weg nach Whareponga und plünderten das dortige *pa*.

Tuwhakairiora ging als Krieger in die Geschichte ein und beherrschte das gesamte Gebiet von Tolaga Bay bis Cape Runaway (sämtliche heutigen Maori-Familien der Region stammen von ihm ab). Im Laufe der Jahre jedoch wurde Ruataupares Eifersucht auf den Einfluss ihres Mannes immer größer. Stets bezeichnete man ihre heranwachsenden Kinder als Nachkommen des großen Tuwhakairiora, während ihr eigener Name fast nie auftauchte. Deshalb kehrte sie schließlich zu ihrem Volk in der **Tokomaru Bay** zurück, wo sie alle Krieger um sich versammelte und den rivalisierenden Stämmen den Krieg erklärte. Die siegreiche Ruataupare avancierte zum „Häuptling" von Tokomaru Bay.

Eine zweite Legende, die diesen wilden Landstrich geprägt hat, handelt von der Rivalität zwischen zwei Männern: **Paoa**, einem ausgezeichneten Seefahrer, und **Rongokaka**, der für seine Riesenschritte bekannt war. Zur damaligen Zeit lebte in Hauraki ein wunderschönes Mädchen namens Muriwhenua, und viele machten sich auf den Weg, sie zu erobern. Paoa brach sehr bald auf, aber sein Konkurrent brauchte nur einen einzigen Schritt, um ihn zu überholen. Der Wettlauf setzte sich entlang der Küste fort, wo Rongokaka riesige Fußstapfen hinterließ – den deutlichsten auf einem Felsen am Matakaoa Point, im Norden der Hicks Bay. Auch die **Waiapu Mountains** gehen aufs Konto der beiden Widersacher: Paoa, überwältigt von Rongokakas Geschwindigkeit, stellte seinem Rivalen bei Tokomaru Bay eine Falle, indem er die Krone eines riesigen Totara-Baums an einem Hügel festband. Rongokaka aber entdeckte das Hindernis und kappte die Seile. Durch das heftige Zurückschnellen des Baums in seine ursprüngliche Position wurden so starke Schwingungen ausgelöst, dass sich der Mount Hikurangi teilweise spaltete und die anderen Berggipfel der Umgebung entstehen ließ. Zuletzt überquerte Rongokaka mit einem einzigen Riesenschritt die Bay of Plenty und stapfte weiter nach Hauraki, wo er um die Hand seiner Angebeteten anhielt.

und zu kommen Inspektoren vorbei, die auf deren Einhaltung achten. Offenes Feuer ist verboten. Camper müssen über ein Wohnwagenklo oder eine chemische Toilette verfügen.

Am East Cape gibt es **keine i-SITE-Büros** oder offizielle Visitor Centres. Darum sollten sich Besucher in Opotiki oder Gisborne mit Infomaterial eindecken. Der jährlich erscheinende *Pacific Coast Highway Guide*, ⌨ www.pacific coasthighwayguide.co.nz, hat nützliche Informationen; allerdings müssen die Betreiber für den Eintrag zahlen. Die einzige **Bank** mit Geldautomat der Region befindet sich in Ruatoria. Der Mobiltelefonempfang beschränkt sich auf die Umgebung von Opotiki und die Region zwischen Te Araroa und Gisborne (Vodafone) sowie Tokomaru Bay und Gisborne (Telecom).

Transport

Die Straße um das East Cape ist auf ganzer Länge asphaltiert. Allerdings windet sie sich durch so viele kleine Buchten, dass die Fahrt von Opotiki nach Gisborne Cape volle 6 Std. dauert, ohne Aufenthalt. **Tankstellen** sind Mangelware, liegen weit auseinander und manchmal geht ihnen der Sprit aus. Am besten stehen die Chancen in Te Araroa, Ruatoria und Tolaga Bay, aber es ist allemal besser, vor dem Start vollzutanken.

Öffentliche Transportmittel beschränken sich auf unregelmäßig verkehrende **Busse** und Kurierdienste, die auch Passagiere mitnehmen. BayHopper, ☎ 0800 422 928, 💻 www.baybus.co.nz, fährt nur dienstags und donnerstags von Potaka (westlich der Hicks Bay) nach Opotiki und zurück. Eine Reservierung ist nicht notwendig, bezahlt wird beim Einsteigen. Cooks Couriers, ☎ 06 864 4711, fährt von Te Araroa nach Gisborne und zurück (nur Mo–Sa) und sammelt unterwegs Pakete ein. Zurzeit hapert es noch mit den Anschlüssen der Busdienste, daher lässt sich die Reise ohne Trampen kaum bewältigen.

Mit dem Hop-on-Hop-off-Pass *East Bro* des Anbieters Stray, ☎ 09 526 2140, 💻 www.straytravel.co.nz, lässt sich von November bis April (mind. 3 Tage; $325) das gesamte Kap befahren. Los geht's in Rotorua, der Bus hält in Maraehako Bay, Te Araroa und Gisborne.

Von Opotiki bis Waihau Bay

Die Straße von Opotiki nach **Waihau Bay** ist 103 km lang und verläuft in der Regel dicht am Meer. An vielen Stellen windet sie sich über hohe Klippen hinab zu einem einsamen, von Treibholz übersäten Strand. Das Holz schwemmen die zahlreichen Flüsse herbei, die von der Raukumara Range herab ins Meer fließen und manchmal erfrischende Süßwasser-Badebecken aushöhlen. An diesem Abschnitt des East Cape halten sich die meisten Besucher am liebsten und längsten auf. Denn alle paar Kilometer findet sich ein familienfreundlicher Campingplatz unweit vom Meer, und fast überall werden zahlreiche Aktivitäten angeboten – man kann Boogie Boards oder Kajaks ausleihen, an einem geführten Angel- oder Tauchtrip teilnehmen oder auf dem Pferderücken oder Fahrrad versteckte Buchten auskundschaften.

Omaio

Hinter Opotiki passiert man zuerst Tirohanga, den vorerst letzten richtigen Badestrand. Nach 40 km geht es über den **Motu River**, wo man sich einer Jetboottour anschließen kann. 12 km danach taucht **Omaio** auf. Hier befinden sich ein Laden mit Tankstelle und Takeaways sowie Hoani Waititi Reserve (s. rechts), einer der wenigen kostenlosen Campingplätze des East Cape.

Te Kaha
13 km östlich von Omaio

Te Kaha zieht sich 7 km weit halbmondförmig am Highway entlang. Die Ortschaft wartet mit spektakulären Landzungen und einem verlassenen, von Treibholz übersäten Strand auf, an dem man sicher schwimmen kann. Außerdem hat sie ein paar gute Unterkünfte und ist der Punkt auf dem Festland, der der rund 50 km vor der Küste gelegenen White Island am nächsten liegt.

Whanarua Bay und Maraehako Bay

Man sieht White Island auch noch während der 16 km langen Weiterfahrt zu den kleinen Gemeinden **Whanarua Bay** und **Maraehako Bay**. Bei Letzterer handelt es sich um zwei felsgesäumte Buchten, getrennt durch eine steinige Landzunge. Mit ihren guten Übernachtungsmöglichkeiten, einem Café im Pacific Coast Macadamias (S. 437) und einem Restaurant im Te Kaha Beach Resort ist diese Ecke eine der besten der Region, um ein paar Tage mit Schwimmen und Streifzügen zu verbummeln.

Ruakokore Church

Der SH35 schlängelt sich 13 km an der Küste entlang bis **Ruakokore**, wo eine malerische, weiße Anglikaner-Kirche umgeben vom blauen Ozean auf einem Landvorsprung thront. Die Kirche wurde 1895 erbaut und ist meistens geöffnet. Unter dem Gebäude wohnen Zwergpinguine.

Waihau Bay

Von der Ruakokore Church sind es 5 km bis **Waihau Bay**, einer halbrunden Sand- und Grasbucht, ideal zum Schwimmen, Surfen und Paddeln. Wegen der zahlreich vorhandenen Krustentiere und Plattfische ist der Kai neben der Kombination aus Laden, Postamt und Tankstelle ein vielversprechender Ort zum Fischen und Angeln.

ÜBERNACHTUNG UND ESSEN

Omaio

Hoani Waititi Reserve, Omaio Marae Rd, gegenüber vom Geschäft. Ein spartanischer Campingplatz auf einer von Pohutukawa gesäumten Grasfläche. Wer hier ein Zelt aufstellen möchte, muss sich sein Wasser selbst mitbringen und die öffentlichen Toiletten 500 m weiter benutzen. Kostenlos

Oariki Coastal Cottage, Maraenui, fast 40 km östlich von Opotiki, ☎ 07 325 2678, 🖥 www. bookabach.co.nz/6515, ✉ oariki@xtra.co.nz. Hier entspannen die Gäste entweder vor dem Kamin im Selbstversorger-Cottage oder im B&B im Haupthaus. Beide sind gänzlich von Busch umgeben und haben Ausblick aufs Meer. Es besteht Gelegenheit zum Fischen. Die Wegbeschreibung erfährt man telefonisch, dabei lässt sich auch ein 3-Gänge-Abendessen ($40) buchen. Cottage $140, B&B $120

Te Kaha

Te Kaha Homestead, SH35, ☎ 07 325 2194, ✉ paora@hotmail.com. Supergemütliches Hostel direkt am Meer mit Freiluft-Spa, Strandzugang und Möglichkeiten zum Kajak- und Jetskifahren sowie Angeln. Hier wird nach Maori-/irischer Art mit viel Gesang und Musik Party gemacht. In den Dorms kommen 6–12 Pers. unter, und auf Vorbestellung gibt es auch Abendessen. Dorms $30, DZ $80

Te Kaha Beach Resort, SH35, ☎ 07 325 2830, 🖥 www.www.tekahabeachresort.com. Das moderne, stromlinienförmige, 3-stöckige Hotel hat Ferienapartments mit voll ausgestatteter Küche, einen Pool, ein Restaurant und eine Bar mit 180-Grad-Meerblick. Studio $145

Tui Lodge, 200 Copenhagen Rd, ☎ 07 325 2922, 🖥 www.www.tuilodge.co.nz. Das geräumige, herrlich abgeschiedene B&B auf einem großen Gelände landeinwärts hinter dem Te Kaha Beach Resort hat Zimmer mit Bad und auf Wunsch Abendessen ($37,50). $165

Whanarua Bay und Maraehako Bay

Maraehako Bay Retreat, SH35, ☎ 07 325 2648, 🖥 www.www.maraehako.co. nz. Paradiesisches, rustikales Hostel in einer Felsbucht mit einem sicheren, blickgeschützten Badestrand am Wasser. Es verleiht kostenlos Kajaks und veranstaltet Angel- und Tauchexpeditionen, Touren zur Wal- und Delphinbeobachtung sowie Ausritte. Camping $20, Dorms $28, DZ $66

Maraehako Camping Ground, SH35, ☎ 07 325 2901. Der einfache Campingplatz am östlichen Ende der steinigen Maraehako Bay gehört derselben gastfreundlichen Maori-Familie wie das Maraehako Bay Retreat. Er verfügt über Toiletten, Solarduschen und viel Platz zum Zeltaufstellen. Camping $16

Pacific Coast Macadamias, SH35 ☎ 07 325 2960, 🖥 www.macanuts.co.nz. Das unscheinbare Café zwischen Nussbäumen hat hausgemachte Macadamia-Leckereien wie Muffins und Eiscreme sowie guten Kaffee. Die Angestellten sagen einem auch gern, wie man zum Wasserfall kommt. 🕐 Okt–April tgl. 10–15 Uhr, im Jan länger.

The Homestead, SH35 ☎ 07 325 2071, 🖥 www. homesteadonthebay.co.nz. Das attraktive B&B auf einer sonnenverwöhnten Klippe mit sagenhafter Aussicht besitzt nur 2 Gästezimmer, die sich ein Bad teilen. Auf Bestellung 3-Gänge-Abendessen ($50 mit Wein). $190

Waihau Bay

Oceanside Apartments, Oruaiti Beach, 5 km östlich von Waihau Bay, ☎ 07 325 3699, 🖥 www.waihaubay.co.nz. 2 geräumige Selbstversorger-Units (eins mit 7 Schlafgelegenheiten) an der Straße vor einem sicheren Sandstrand. Tauch- und Angeltrips sowie Kajakverleih lassen sich organisieren. Weihnachten–Ostern Mindestaufenthalt 2 Nächte. $130

Waihau Bay Holiday Park, SH35, 3 km östlich von Waihau Bay, ☎ 07 315 3031. Einfacher Campingplatz, durch die SH35 vom Strand getrennt. Ordentliche Ausstattung und eigener Laden. Camping $16, Units $110

Von Cape Runaway bis Waipiro Bay

Nach der Waihau Bay führt der Highway noch ein paar Kilometer an der Küste entlang, bevor er beim **Cape Runaway**, dem nördlichsten Punkt des East Cape, ins Hinterland abbiegt. Auf den nächsten 125 km bekommt man das Meer nur selten zu Gesicht – mit Ausnahme von **Hicks Bay**, **Te Araroa** und des **East Cape**.

COROMANDEL PENINSULA, BAY OF PLENTY UND EAST CAPE

Manuka-Öl vom East Cape

Das australische Teebaumöl ist für seine antiseptische Wirkung berühmt. Das Öl des fast identischen neuseeländischen *manuka* ist genauso gut. Aber 1992 wurde darüber hinaus festgestellt, dass Manuka-Öl vom East Cape besonders starke antibakterielle und antimykotische Eigenschaften besitzt. In der kleinen Fabrik in der 4464 Te Araroa Rd, 2 km westlich von Te Araroa, ☎ 0508 626 852, 🖥 www. manuka products.co.nz, ◷ Nov–April Mo–Fr 8.30–16, Sa und So 8.30–14, Mai–Okt Mo–Fr 8.30–16 Uhr, wird aus den Zweigen der in der Umgebung wachsenden Manuka-Büsche das ätherische Öl destilliert. Es werden keine Fabrikbesichtigungen angeboten, doch viele Manuka-Produkte wie Seifen, Heilsalben und Duftöle (alles Exportprodukte) sind im dazugehörigen Laden/Café erhältlich, wo man auch Manuka-Tee probieren kann.

Hicks Bay und Onepoto Bay

Der kleine Küstenort **Hicks Bay** (Wharekahika), 44 km östlich von Waihau Bay, verbirgt sich zwischen einer Landzunge und einem felsigen Küstenabschnitt auf etwa halbem Weg des SH35. Gefahrlos schwimmen kann man am Strand von **Onepoto Bay** (der Südecke der größeren Hicks Bay), und die Gegend eignet sich als Basis für einen Besuch des East Cape Lighthouse.

In der Region gibt es zahlreiche *pa*-Standorte in unterschiedlichen Stadien der Restaurierung. In der Wharf Road, die vom SH35 abzweigt und nach Hicks Bay hineinführt, gibt es einen Gemischtwarenladen und einen Take away.

Te Araroa

Von Hicks Bay klettert der SH35 über einen Hügel und fällt anschließend wieder zur Küste ab, zur gewaltigen Brandung der Kawakawa Bay. An deren Ostende liegt das Dörfchen **Te Araroa** („langer Pfad") genau zwischen Opotiki und Gisborne. Es war einst die Domäne des berühmten Maori-Kriegers Tuwhakairiora sowie des legendären Paikea, der hier angeblich auf dem Rücken eines Wals eintraf. Ironischerweise betrieben die ersten Europäer in dieser Gegend

ausgerechnet eine **Walfangstation** nahe der heutigen Ortschaft. Derzeit besteht die Siedlung aus einer Benzinpumpe, zwei Geschäften und einem Imbiss, der leckere **Fish 'n' Chips** anbietet, ◷ tgl. zum Mittagessen und 16–18 Uhr).

Auf dem Schulgelände in der Moana Parade steht ein **Pohutukawa-Baum**. Er ist so riesengroß, dass man den Beteuerungen, es handele sich um den größten von ganz Neuseeland, gern Glauben schenkt.

East Cape Lighthouse

21 km östlich von Te Araroa über eine ungeteerte Straße ▪ Dem Wegweiser am Strand nach Osten folgen

Das **East Cape Lighthouse** markiert Neuseelands östlichsten Punkt. Die atemberaubende Küstenstrecke von Te Araroa endet an einem winzigen Parkplatz, von wo 757 Stufen zum Leuchtturm auf dem Gipfel eines 140 m hohen Hügels führen. Die Stelle bietet viel Atmosphäre und eine schöne Aussicht landeinwärts auf die Raukamura Range sowie in Richtung Meer auf East Island (ein Vogelschutzgebiet) direkt vor der Küste.

St Mary's Church

SH35, Tikitiki ▪ ◷ meist tgl. ▪ Eintritt gegen Spende

Von Te Araroa zieht sich der SH35 24 km weit durch Weideland landeinwärts, bevor er nach 24 km **Tikitiki** erreicht. Dort steht am Ortseingang eine sehenswerte anglikanische Kirche. Hinter dem schlichten Äußeren verbergen sich kunstvolle *tukutuku* und typische Maori-Schnitzereien. Ungewöhnlicherweise sind selbst die Buntglasfenster mit Maori-Motiven geschmückt, und die Dachbalken haben die gleiche Farbe wie die Versammlungshäuser der Maori.

Waipiro Bay

In Kopuaroa, zurück auf der SH35 und 17 km südlich vom Abzweig Ruatoria, führt eine Ringstraße (der südliche Abschnitt ist asphaltiert und in besserem Zustand als der nördliche) nach **Waipiro Bay** (6 km). Der ehemals pulsierende Hafen ist heute ein idyllisches Fleckchen mit einer Backsteinkirche und ein paar Häusern. Hier kann man prima schwimmen oder einfach am Strand sitzen und träumen.

Hicks Bay

Hicks Bay Motel Lodge, 5198 Te Araroa Rd, (SH35), 2 km östlich von Hicks Bay, ℡ 06 864 4880, 🖥 www.hicksbaymotel.co.nz. Ein Komplex aus gut ausgestatteten Hotelzimmern aus den 1960er-Jahren (manche mit 4 Stockbetten, andere mit einer Küchenzeile im Motelstil) in einem weitläufigen Gelände auf dem Berg mit Blick über Onepoto und die Hicks Bays. Von hier hat man faszinierende Ausblick. Es gibt ein Restaurant mit Schanklizenz (🕐 tgl. 7–8 und 18–19 Uhr), eine Bar sowie Zugang zu einer Glühwürmchengrotte. Dorms $50, DZ $110

Te Araroa

Te Araroa Holiday Park, 4814 Te Araroa Rd (SH35), 6 km westlich der Stadt, ℡ 06 864 4873, 🖥 www.teararoaholidaypark.co.nz. Campingplatz mit einem im Sommer geöffneten Imbisswagen und Minisupermarkt. Seekajak- und Mountainbikeverleih. Camping $15, Cabins $55, Motelzimmer $140

Von Tokomaru Bay bis Gisborne

Bei **Tokomaru Bay** verlässt die Straße das Busch- und Weideland im Landesinnern und eröffnet eine prächtige Aussicht auf die schöne Ostküste der Nordinsel.

Auf den verbleibenden 80 km bis Gisborne führt die Strecke größtenteils durchs Hinterland, gibt aber häufig Blicke auf weite Buchten mit tosender Brandung frei, die entweder direkt über den SH35 oder kurze Landstraßen zu erreichen sind.

Touren und Aktivitäten zwischen Cape Runaway und Waipiro Bay

Die nordöstlichen Ausläufer des East Cape lohnen unbedingt einen Aufenthalt. Hier kann man reiten, etwas über die Maorikultur erfahren und über die Hänge des geheiligten Mount Hikurangi wandern.
Eastender Horse Treks, ℡ 021 0258 0172, 🖥 www.eastenderhorsetreks.co.nz. Der Anbieter veranstaltet hervorragende Ausritte, darunter auch Strandtouren ($85/2 Std.). Im Voraus buchen!
Matakaoa Cultural Tours, 141 Onepoto Rd, Hicks Bay, ℡ 021 885 602, ✉ aniph407@gmail.com. Wer eine Ahnung davon bekommen möchte, wie es sich anfühlt Maori in Hicks Bay zu sein, sollte sich dieser Tour anschließen. Sie führt an Orte, die den Maori wichtig sind, und manchmal auch in einige Privathäuser (2–3 Std.; $50).

Mount Hikurangi Trek

Der 1754 m hohe Mount Hikurangi, 25 km westlich von Ruatoria, ist der höchste nichtvulkanische Berg der Nordinsel. Es ist die erste Stelle auf dem neuseeländischen Festland, wo man die Sonne aufgehen sieht. Der Ort ist den Maori heilig, denn hier landete Maui (S. 121) mit seinem *waka*, nachdem er North Island aus dem Meer geangelt hatte. Auf 1000 m Höhe wurden zur Feier des neuen Jahrtausends zehn riesige **Schnitzereien** aufgestellt.
Dieses hügelige Gebiet westlich von Ruatoria untersteht der **Raukumara Conservation Area**, zu der auch die Oberläufe mehrerer Flüsse gehören, die sich in die Bay of Plenty ergießen. Das Terrain ist unwirtlich und der Zugang unterliegt Beschränkungen. Das hält die meisten Leute vom Besuch des Parks ab, aber der vierstündige Aufstieg zum Mount Hikurangi (hin und zurück 20 km; 8–16 Std.; 1500 m Höhenunterschied) ist durchaus machbar. Wanderer sollten sich aber lieber zwei Tage Zeit nehmen und auf halber Höhe eine Übernachtung in der rustikalen Mt Hikurangi Hut ($15) einschieben. Das Land gehört den Ngati Porou, deshalb muss man sich zwecks Zugangsgenehmigung und Bezahlung der Hüttengebühren an **Te Runanga O Ngati Porou**, 1 Barry's Ave, Ruatoria, ℡ 06 864 9004, ✉ pbrooking@tronp.org.nz, wenden.
Wer Näheres über die Kultur der Ngati Porou erfahren möchte, sollte sich nach einer individuellen Führung erkundigen.

COROMANDEL PENINSULA, BAY OF PLENTY UND EAST CAPE

Tokomaru Bay

Tokomaru Bay (schlicht „Toko" genannt), 40 km
südlich von Ruatoria, ist ein herrliches Plätzchen, um für einen Tag das hügelige Umland,
die felsigen Landzungen sowie den ausgedehnten **Strand** zu erkunden. Im Meer vor dem mit
Treibholz übersäten Strand kann man sehr gut
schwimmen.

Anaura Bay

Rund 23 km südlich von Tokomaru führt eine 7 km lange Teerstraße über den Hügel nach
Anaura Bay, einem begehrten **Surfspot** mit einem breiten Sandstrand und einer zerklüfteten Küstenlinie. Am Nordende der Bucht (nach
4 km Schotterstraße) befindet sich das **Anaura
Scenic Reserve**. Das ausgedehnte Buschgelände ist für seine riesigen Puriri-Bäume und artenreiche einheimische Vogelwelt berühmt.

Nicht weit von der Stelle, wo die Straße en-
det, beginnt der am Reservat ausgeschilderte
Anaura Bay Walkway (3,5 km Rundweg; 2 Std.).
Der Wanderweg folgt dem Lauf des Waipare
Stream in dichten grünen Busch hinein, führt
aus dem Tal eine sanfte Böschung hoch und auf
ein mit Büschen bestandenes Gelände hinaus.
Anschließend beschreibt er einen Bogen zurück
Richtung Bucht und zu einem Aussichtspunkt
mit überwältigenden Ausblicken.

Tolaga Bay

Tolaga Bay (Uawa), 36 km südlich von Tokomaru,
ist der erste Ort hinter Opotiki, der ein Gefühl von
Wohlstand und Lebendigkeit vermittelt. 800 Menschen leben in dieser Gemeinde, einer der besser versorgten des East Cape: Es gibt einen Supermarkt, eine Tankstelle und ein paar Cafés. Die
Bucht, in der James Cook 1769 mit seiner Mannschaft landete, wird von zwei zerklüfteten Landzungen eingerahmt. Die Expeditionsteilnehmer
sind in den Straßennamen der Stadt verewigt:
Banks, Solander, Forester und natürlich Cook.

Tolaga Bay Wharf
Wharf Rd
Das Prunkstück von Tolaga Bay ist die 660 m
lange **Tolaga Bay Wharf**, wohl der längste beto-
nierte Kai der südlichen Erdhalbkugel. Er wurde
Ende der 1920er-Jahre zur Abwicklung der Ver-

sorgungsschiffe erbaut und verläuft parallel zu
den steil aufragenden Sandsteinklippen. Als der
Schiffsbau 1963 eingestellt wurde, verlor er seine Funktion.

Cooks Cove Walkway
1 km südlich der Stadt an der Wharf Rd ▪ 5,8 km;
hin und zurück 2 1/2 Std.
Der **Cove Walkway** ist der beste Kurzwander-
weg in der Tolaga Bay. Erst geht es durch Felder, dann auf oft glitschigem Untergrund durch
Buschland bergauf zu einer Stelle mit fantastischem Ausblick auf Cook's Cove. Der Pfad führt
anschließend hinab zur Bucht, wo eine Gedenk-
tafel an den berühmten Kapitän erinnert.

Whangara
Informative Ausflüge mit Besuch eines marae, Tipuna
Tours ▪ ab $70 ▪ ✆ 027 240 4493 oder 06 862 6118
Der 47 km lange Abschnitt von Tolaga Bay bis
Gisborne gestaltet sich nach Süden hin immer
zahmer und langweiliger und besteht überwiegend aus Ackerland. Die Straße schlängelt sich
durch weitere kleine Buchten und erlaubt gelegentlich Panoramablicke aufs Meer. Unterwegs
passiert man die Abfahrt nach **Whangara**, wo
der Film *Whale Rider* gedreht wurde.

Hinter Whangara hält Reisende eigentlich
nichts mehr davon ab, ohne Unterbrechung bis
Gisborne durchzufahren – höchstens ein Wellen-
ritt auf der berühmten Brandung im Surf-Mekka
Wainui Beach, 9 km von der Stadt entfernt.

ÜBERNACHTUNG UND ESSEN

Tokomaru Bay
Stranded in Paradise, 21 Potae St, ✆ 06
864 5870, 🖥 www.stranded-in-paradise.
net. Das kleine und freundliche Hostel hat Loft-
ähnliche Zimmer, Schlafsäle für max. 3 Pers.,
Komposttoiletten, super Zeltstellplätze und
ein paar bezaubernde Cabins (eine davon für
1 Pers.; $45), alle an einem Hang mit sagenhaf-
tem Meerblick. Angel-, Surfbrett- und Kajakverleih ($5; ab 2 Übernachtungen kostenlos).
Auf Anfrage Reittour mit dem Ortspolizisten.
Camping $20, Dorms $30, DZ und Cabins $70
Te Puka Tavern, 153 Beach Road ✆ 06 864 5466,
🖥 www.tepukatavern.co.nz. Aufgehübschter

typischer Kiwi-Pub mit Kaffeemaschine, Internet und anständigem Essen wie Seafood und Steak mit Eiern ($25). Es ist das einzige Lokal im Ort mit Alkoholausschank und wird am Wochenende oft rappelvoll. Vier Gästezimmer mit phänomenalem Meerblick. ⏱ tgl. 11–22 Uhr oder später, im Winter Mo und Di abends geschl. $160

Anaura Bay

Anaura Bay Campsite. Sehr einfacher DOC-Platz in traumhafter Lage am Strand und Ausgangspunkt des Anaura Bay Walkway. Wasser vorhanden, aber keine Toilette, daher Chemieklo oder Auffangbehälter mitbringen. Von Dez–Feb gibt es aber eine Entsorgungsstation. Ostern–Ende Okt geschl. $6

Anaura Bay Motor Camp, ☎ 06 862 6380. Am Südende der Bucht in Traumlage am Strand.

Die Waschräume befinden sich im ausgedienten Schulhaus, außerdem gibt's einen Laden mit dem Allernötigsten. Kein Mobilfunkempfang, dafür kostenloses WLAN. Camping $16, Stellplatz mit Anschluss $18

Tolaga Bay

Tolaga Bay Holiday Park, 167 Wharf Rd ☎ 06 862 6716, 🖥 www.tolagabayholidaypark.co.nz. Strandcampingplatz mit Gemischtwarenladen, Grillstelle, Kajakverleih, zauberhafter Aussicht und einer Handvoll Cabins sowie anderen Unterbringungsmöglichkeiten. Camping $16, Cabin am Strand $90

Tolaga Bay Inn, 12 Cook St, ☎ 06 862 6856. Im besten Lokal der Bay bekommt man Muffins, Kaffee oder Leckeres wie Ciabatta mit Hühnchen ($18) oder Eggs Benedict mit Lachs ($17,50). ⏱ tgl. 9–19 Uhr.

Poverty Bay, Hawke's Bay und das Wairarapa

An der trockenen und sonnigen Ostküste der Nordinsel werden einige der besten Weine des Landes produziert. Hauptattraktion ist die bezaubernde Stadt Napier mit ihrer Ansammlung sehenswerter Art-déco-Bauten. Wanderer kommen im Te Urewera National Park auf ihre Kosten, etwa bei der viertägigen Wanderung um den malerischen Lake Waikaremoana.

Stefan Loose Traveltipps

Lake Waikaremoana Der malerische See lädt zu Spaziergängen oder einer mehrtägigen Wanderung auf dem schönsten Rundwanderweg der Nordinsel ein. S. 454

8 **Napier** An wunderbaren Art-déco-Bauten vorbei schlendert man zur Meerespromenade von Napier. S. 459

Mit Haien schwimmen Nur Wagemutige trauen sich in das Haifischbecken des National Aquarium von Napier. S. 461

Weingüter Im Wine Country von Hawke's Bay lassen sich Weine verkosten oder vom hübschen Martinborough aus fast ein Dutzend ausgezeichnete Weingüter besuchen. S. 467 und S. 483

Cape Kidnappers Im Rahmen einer Tour oder auf eigene Faust geht es zu einer der weltweit größten Tölpelkolonien auf dem Festland. S. 470

Pukaha Mount Bruce National Wildlife Centre Dank der heroischen Anstrengungen, die in diesem Vogelschutzgebiet unternommen werden, können Besucher hier einige der seltensten Vögel der Welt beobachten. S. 478

AUSFLUG ZUM CAPE KIDNAPPERS, HASTINGS

ART DÉCO IN NAPIER

Inhalt

Lake Waikaremoana

Napier

Wine Country,
Hawke's Bay

Cape Kidnappers

Pukaha Mount Bruce
National Wildlife Centre

Von der östlichen Spitze der Nordinsel erstreckt sich ein Gebirgszug über 650 km nach Südwesten bis zum Rande von Wellington und grenzt so die Ostküste vom Rest der Insel ab. Die Gebirgszüge Raukumara, Kaweka, Ruahine, Tararua und Rimutaka schützen einen Großteil der Küste vor den vorherrschenden Westwinden und werfen einen langen Regenschatten – zum Leidwesen der Schafbauern, die jeden Sommer zuschauen müssen, wie ihr Land ausdörrt und sich braun färbt. Diese Weiden werden zunehmend in Weinanbaugebiete verwandelt – die Regionen Poverty Bay, Hawke's Bay und das Wairarapa genießen inzwischen weltweites Renommee für ihre Weine.

Kein Besucher kommt an **Poverty Bay** vorbei. Der Hauptort der Region ist **Gisborne**. Die Stelle, an der sich die Stadt heute befindet, war das Erste, was Cook auf seiner Expedition 1769 von Neuseeland erblickte. Da er aber nicht viel mehr als kampfbereite Maori entdeckte, nannte er die Bucht Poverty Bay und segelte weiter nach Süden zu einem Landstrich, den er später dem Helden seiner Kindheit, Admiral Sir Edward Hawke, zu Ehren Hawke Bay taufte. Hier, bei **Cape Kidnappers**, hatte Cook einen kriegerischen Zusammenstoß mit Maori. Heute ist das Kap die Heimat einer riesigen Tölpelkolonie.

Hawke's Bay – wie die gesamte Provinz rings um die Bucht inzwischen heißt – gilt schon lange als die „Obstschale Neuseelands". Zur Erntezeit biegen sich die Zweige der Obstbäume unter dem Gewicht von Äpfeln, Birnen und Pfirsichen. Man besucht die Gegend am besten von der am Meer gelegenen Stadt **Napier** aus. Sie ist berühmt für ihre Art-déco-Bauten, die nach dem katastrophalen Erdbeben von 1931 errichtet wurden. Das benachbarte **Hastings** erlitt ein ähnliches Schicksal; beim Wiederaufbau mischten die Architekten unter die Art-déco-Gebäude aber auch Häuser im Spanish-Mission-Stil. Doch die hiesige Architektur verführt kaum einen Touristen zu einem längeren Aufenthalt. Die meisten Besucher zieht es bald weiter südwärts in die Schafzuchtregion des **Wairarapa** und die sehr bequem zu erreichenden Weingüter von **Martinborough**.

Das bergige Innere dieser Region ist nicht leicht zugänglich, da sich nur sechs Straßen über die volle Länge der Bergkette winden oder diese durchschneiden. Der anstrengende, landschaftlich reizvolle SH38 bahnt sich von der Kleinstadt **Wairoa** seinen Weg nach Nordwesten. Wairoa ist damit das Tor zu den abgeschiedenen bewaldeten Bergen der **Te-Urewera-Region** und zum wunderschönen **Lake Waikaremoana**, um den der viertägige Lake Waikaremoana Track führt.

Transport

Die einzigen **Passagierzüge** in der Region werden von Tranz Metro, ✆ 0800 801 700, 🖥 www.metlink.org.nz, betrieben und pendeln zwischen den größten Städten des Wairarapa (Masterton, Carterton und Featherston) und Wellington. Ein **Bus** von InterCity, 🖥 www.intercity.co.nz, verkehrt täglich zwischen Gisborne und Napier. Zwei weitere fahren Richtung Süden nach Wellington, nehmen allerdings die Strecke durch Palmerston North an Dannevirke vorbei und lassen das Wairarapa links liegen. NakedBus, 🖥 www.nakedbus.co.nz, fährt zweimal täglich von Napier und Hastings nach Wellington – ebenfalls via Palmerston North.

Gisborne und Umgebung

Gisborne

Gisborne ist die am östlichsten gelegene Stadt Neuseelands. Deshalb geht hier morgens die Sonne zuerst auf. Die Tatsache, dass Gisborne rundherum von Bergen umgeben ist, setzte der Ausdehnung des Ortes natürliche Grenzen. Niedrige Schindelhäuser säumen die breiten Straßen, und dicht am Pazifik, dem Hafen und den drei Flüssen Taruheru, Turanganui und Waimata erstrecken sich Parklandschaften.

Geschichte

Im Oktober 1769 setzte **James Cook** hier erstmals einen Fuß auf den Boden von Aotearoa – und geriet sofort in Konflikt mit den einheimi-

schen Maori. Eine Statue am Ufer erinnert heute an dieses Ereignis. Die Landestelle nannte er **Poverty Bay** („Bucht der Armut"), da „sie nicht einen einzigen Gegenstand bot, den wir haben wollten, außer etwas Brennholz". Trotz der Fruchtbarkeit der Umgebung blieb der Name hängen. Viele Maori bevorzugen allerdings die Bezeichnung **Turanganui a Kiwa**, die einen berühmten polynesischen Seefahrer ehrt.

Bis Anfang des 19. Jhs. war Poverty Bay fest in Maori-Hand, und nur wenige Pakeha zogen hierher, da sie sowohl von der Hauhau-Rebellion als auch vom Aufstand unter Führung Te Kootis (s. Kasten S. 458) abgeschreckt wurden. Erst in den 1870er-Jahren fühlten **Europäer** sich sicher genug, in größerer Zahl hierher zu kommen. Nachdem in den 1920ern ein ordentlicher Hafen gebaut war, ging es mit der Schafzucht und dem Gemüseanbau rasch bergauf. In jüngster Zeit kamen noch Weinbau und Forstwirtschaft hinzu.

Heute ist das Zahlenverhältnis von Gisbornes Maori- und Pakeha-Bevölkerung fast genau 50:50. Ihre beschauliche Gangart und relaxte Strandkultur machen die Stadt zur begehrten Anlaufstelle von Urlaubern auf der Suche nach Sonne und Meer.

Statue und Anlegestelle von Cook

Die Statuen von Young und Cook stehen beide im Park am Westufer der Flussmündung ▪ Cooks Anlegestelle befindet sich am gegenüberliegenden Flussufer an der Kaiti Beach Rd

Die meisten Highlights hier haben mit der historisch bedeutsamen Landung von James Cook und den daraus folgenden Kontakten zwischen der Maori- und der Pakeha-Kultur zu tun. Der Erste von Cooks Crew, der ein paar Tage vor der Landung die Berge von Aotearoa erspähte, war der zwölfjährige Schiffsjunge Nick Young. Zum Dank hielt Cook die weiße, felsige Landspitze 10 km südlich von Gisborne auf der anderen Seite der Poverty Bay auf seiner Karte als „Young Nick's Head" fest. Dem scharfsichtigen Young wurde mit einer Statue auf der Westseite der Flussmündung in Gisborne ein Denkmal gesetzt. Nicht weit davon steht eine **Statue von James Cook** auf einer steinernen Halbkugel. Ein grauer Obelisk am östlichen Flussufer kennzeichnet die Stelle, wo Cook an Land ging.

James Cook Observatory

Titirangi Drive ▪ Öffentliche Sternenbeobachtung jeden Di; außerhalb der Sommerzeit (DST) letzter Einlass 19.30 Uhr; während der Sommerzeit 20.30 Uhr ▪ Eintritt $5 ▪ Zugang vom Titirangi Domain über einen zum Titirangi Drive führenden Fußweg

Hinter der Titirangi Domain klettert der Titirangi Drive den **Kaiti Hill** hinauf zur **Cook Plaza**, wo eine Skulptur steht, die Cook darstellen soll. Den höchsten Punkt des Kaiti Hill nimmt das **James Cook Observatory** ein, das jeden Dienstag öffentliche Sterngucker-Nächte veranstaltet und auch Laienforscher an sein Teleskop lässt – vor ein paar Jahren hat einer von ihnen einen Planeten entdeckt.

Te Poho-o-Rawiri Meeting House

Queens Drive ▪ Anmeldung bei Mihi Aston unter ✆ 06 863 2350 ▪ Eintritt gegen Spende

Auf der östlichen Seite des Kaiti Hill befindet sich das **Te Poho-o-Rawiri Meeting House**, eines der größten des Landes. Das großartige Innere ist mit kunstvollen Holzschnitzereien, durchsetzt mit wunderbar abwechslungsreichen geometrischen *tukutuku* (Wandverkleidungen), verziert. Am Fuß der beiden Stützpfeiler bilden kunstvoll geschnitzte Kriegerstatuen einen schönen Kontrast zu den jüngeren Arbeiten an den Wänden. Wie die meisten *marae* ist es nicht leicht zugänglich. Mit etwas Glück kann man sich aber einer größeren gebuchten Besuchergruppe anschließen. Nur mit Reservierung.

Tairawhiti Museum

10 Stout St ▪ ⏱ Jan tgl. 10–16, Feb–Dez Mo–Sa 10–16, So 13.30–16 Uhr ▪ Eintritt $5; Mo frei ▪ ✆ 06 867 2728, ⌨ www.tairawhitimuseum.org.nz

Am anderen Ufer ein gutes Stück weiter nördlich liegt das **Tairawhiti Museum**, 10 Stout St. In den maritimen Flügel wurden das originale Ruderhaus und die Kapitänsunterkunft der 12 000 t schweren *Star of Canada*, die 1912 am Riff vor Gisbornes Kaiti Beach auf Grund lief, geschickt

---

Gisborne: Touren und Aktivitäten

Gisborne bietet eine der seltenen Gelegenheiten in Neuseeland, **Haie** zu beobachten – allerdings in der sicheren Umgebung eines Aquariums. Auch das **Riff** lohnt einen Blick, und wer Lust hat, kann aufs Surfbrett steigen. Ebenfalls beliebt sind **Weintouren**, die zudem eine ausgezeichnete Möglichkeit darstellen, die Landschaft ringsum zu betrachten.

Blitz Surf, 34 Wainui Road, ✆ 06 868 4428, ⌨ www.blitzsurf.co.nz. Die hilfsbereiten Mitarbeiter des gut bestückten Ladens geben auch Tipps zu örtlichen Surfbedingungen sowie Kurse: Einzel- ($75) und Gruppenunterricht ($50, max. 6 Pers./Gruppe) für SUP oder Surfen, einschließlich Ausrüstung und Transport. Außerdem gibt's noch weitere 2 Stunden Verleih gratis, damit man üben kann. Eine SUP-Ausrüstung kostet $40 für einen halben Tag. ⏱ Mo–Fr 9–17.30, Sa 9–16, So 10–15 Uhr.

Dive Tatapouri, Tatapouri, 14 km nordöstlich von Gisborne, ✆ 06 868 5153, ⌨ www.divetatapouri. com. Veranstaltet Öko-Rifftouren ($45): Bei Ebbe waten die Teilnehmer zum Riff hinaus und füttern dort von Hand Rochen, Königsmakrelen und Kraken. Für $70 kann man auch mit Rochen schnorcheln. Beides nur mit Reservierung.

Gisborne Wine Tours, Shed 3, 50 The Esplanade, ✆ 06 867 4085, ⌨ www.gisbornewine.co.nz. Die 5-stündige Tour besucht 3 (tgl. wechselnde) Weinkeller. Im Preis von $110 sind sämtliche Verkostungen sowie ein Antipasti-Mittagessen an einer der Locations enthalten. Abfahrt tgl. 11 Uhr am Gisborne Wine Centre. Max. 8, mind. 2 Pers.; nur mit Reservierung.

Surfing With Frank, ✆ 06 867 0823, ⌨ www.surfingwithfrank.com. Gisborne ist für seine tolle Brandung bekannt. Frank Russell ist ein alter Hase im Metier und macht praktisch aus jedem einen Surfer. Privatunterricht $90; Gruppenstunde $60 inkl. Brett- und Wetsuitverleih; max. 4 Pers. pro Gruppe.

Tipuna Tours, ✆ 027 240 4493 oder 06 862 6118. Eine ausgezeichnete Möglichkeit, mehr über die Region zu erfahren, ist ein Ausflug mit diesem Veranstalter, der *cultural interpretation tours* (ab $70) mit Besuch in einem *marae* oder Ausflug nach Whangara (S. 440) anbietet.

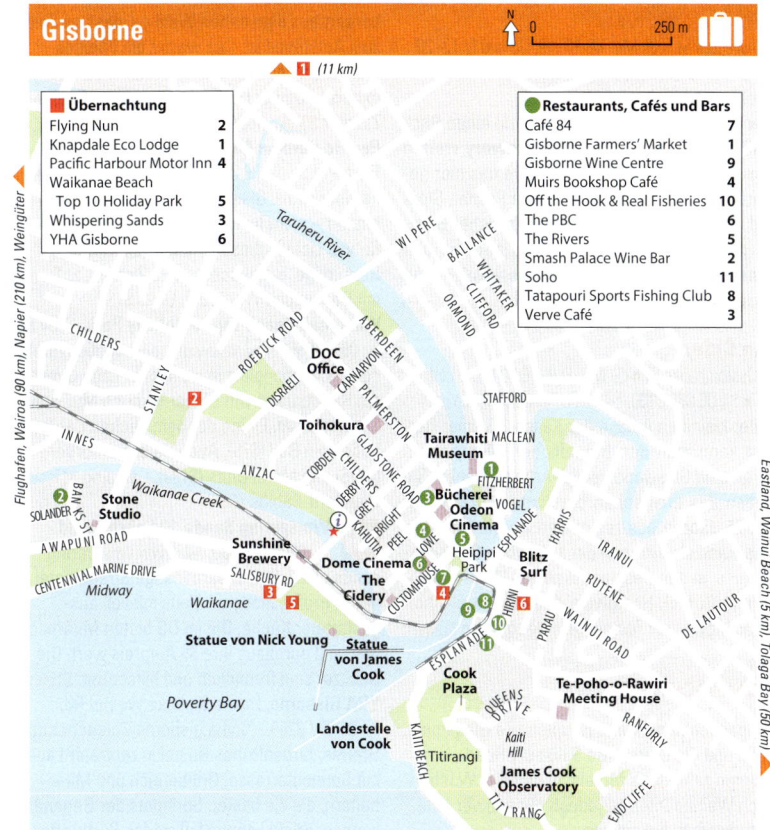

Gisborne

N 0 ——— 250 m

(11 km)

■ Übernachtung
Flying Nun	2
Knapdale Eco Lodge	1
Pacific Harbour Motor Inn	4
Waikanae Beach Top 10 Holiday Park	5
Whispering Sands	3
YHA Gisborne	6

● Restaurants, Cafés und Bars
Café 84	7
Gisborne Farmers' Market	1
Gisborne Wine Centre	9
Muirs Bookshop Café	4
Off the Hook & Real Fisheries	10
The PBC	6
The Rivers	5
Smash Palace Wine Bar	2
Soho	11
Tatapouri Sports Fishing Club	8
Verve Café	3

Flughafen, Wairoa (90 km), Napier (210 km), Weingüter

Taruheru River

WI PERE · BALLANCE · WHITAKER · CLIFFORD · ORMOND

CHILDERS · STANLEY · DISRAELI · ROEBUCK ROAD · CARNARVON · ABERDEEN · PALMERSTON

DOC Office

STAFFORD

INNES · ANZAC · CORDEN · CHILDERS · DERBY · GLADSTONE ROAD

Toihokura

Tairawhiti Museum · MACLEAN · FITZHERBERT

Stone Studio · SOLANDER · BANKS ST · AWAPUNI ROAD · CENTENNIAL · MARINE DRIVE

Waikanae Creek

GREY · KAHUTIA · PEEL · BRIGHT · LOWE

Bücherei · Odeon Cinema · VOGEL · ESPLANADE · HARRIS · IRANUI

Sunshine Brewery · SALISBURY RD · Midway · Waikanae

Dome Cinema · The Cidery · CUSTOMHOUSE

Heipipi Park · Blitz Surf · RUTENE · WAINUI ROAD · DE LAUTOUR

HIRINI · PARAU

Statue von Nick Young · Statue von James Cook

Cook Plaza · Te-Poho-o-Rawiri Meeting House · QUEENS DRIVE · RANFURLY

Poverty Bay

Landestelle von Cook · KAITI BEACH · Titirangi · ESPLANADE

Kaiti Hill · James Cook Observatory · TITI RANGI · ENDCLIFFE

Eastland, Wainui Beach (5 km), Tolaga Bay (50 km)

POVERTY BAY, HAWKE'S BAY UND DAS WAIRARAPA

---

integriert. Exponate zur Bedeutung der Schifffahrt und ein Devotionalienschrein für den hiesigen Surfsport runden die Ausstellung ab.

Draußen stehen mehrere nicht mehr genutzte Häuser aus der gesamten Region, besonders hervorzuheben sind darunter das **Wyllie Cottage** von 1872, das älteste erhaltene Haus der Stadt, und das **Sled House**, das zur Zeit des Hauhau-Aufstands auf Kufen erbaut wurde, damit es beim ersten Anzeichen von Unruhen von einem Ochsengespann fortgezogen werden konnte. Nebenan ist ein auffallendes neues Gedenkhaus, das an die 28th Maori Battalion C Company erinnert, ein freiwilliges Schützenregiment aus dem Zweiten Weltkrieg.

Toihoukura

Cobden St, nahe der Kreuzung mit der Gladstone Road • ⊙ Mo–Fr 9–17 Uhr, während des Semesters nur nach Vereinbarung ▪ ✆ 06 868 0847 ▪ Eintritt frei

Die auffällige Skulptur einer Walschwanzflosse kündet von der **Toihoukura**, ✆ 06 868 0347, einer Akademie für Maori-Kunst. Neben der Restaurierung alter Schnitzereien der Maori werden hier Studenten in der mündlich überlieferten Geschichte und den Traditionen maorischer Formensprache unterrichtet. Neuinterpretationen mit modernen Materialien und Techniken werden gefördert. Die Ergebnisse sind lebendige wie eindrucksvolle Werke. Ausstellungsstücke sind meist verkäuflich; ein großartiges Souvenir!

Sunshine Brewery

49 Awapuni St • ⏰ Mo–Mi 15–19, Do und Fr 12–20, Sa 12–20, So 12–18 Uhr • ✆ 06 867 7777, 🖥 www.sunshinebrewery.co.nz

Wer jetzt Durst bekommen hat, kann einen Blick in die Minibrauerei **Sunshine Brewery** werfen und anschließend in der Zapfstube das hier gebraute Gisborne Gold Lager sowie Pilsner, Stout und ein respektables Ale nach englischer Brauart probieren. Die Biere gibt es auch in den Kneipen der Stadt, aber im Brauereiladen sind sie am billigsten.

The Cidery

91 Customhouse St • ⏰ Mo–Fr 9–16.30 Uhr • Eintritt frei • ✆ 06 868 8300, 🖥 www.harvestcider.co.nz

In der kleinsten Anlage der Kelterei Bulmer Harvest kann man den freundlichen Mitarbeitern durch eine Glaswand bei der Arbeit zusehen. Sie stellen das inzwischen berühmte Getränk hier seit 25 Jahren aus regionalen Äpfeln her. Wer mag, kann sich Proben der köstlichen Cider-Sorten (u. a. in den Geschmacksnoten Wassermelone und Gurke), Honigwein *(mead)* und alkoholfreies Ingwerbier *(ginger beer)* kredenzen lassen.

ÜBERNACHTUNG

Die palmenbestandene Hauptstraße Gladstone Road und die Uferstraße Salisbury Road säumen zahlreiche Motels. In den vier Wochen nach Weihnachten ist jedoch nur schwer eine Unterkunft zu bekommen.

Flying Nun, 147 Roebuck Rd, ✆ 06 868 0461. 15 Min. Fußmarsch von der Stadt. Etwas mitgenommene Unterkunft in ehemaligem Nonnenkloster. Einige der geräumigen Dorms gehen auf eine große Veranda hinaus. Etwas beengte DZ, dafür sehr preiswerte EZ. Auf dem weitläufigen Gelände gibt es einen Grillbereich und ein Spielzimmer. Nur Barzahlung. Dorms $24, EZ $40, DZ und Zweibettzimmer $58

🧳 **Knapdale Eco Lodge**, 114 Snowsill Rd, Waihirere, 13 km nordwestlich von Gisborne, ✆ 06 862 5444, 🖥 www.knapdale.co.nz. Luxuslodge auf einer beschaulichen Farm mit Hühnern, Rotwild und Pferden. Der Hof wird überwiegend nach Permakultur-Prinzipien bewirtschaftet. Morgens kündigt ein Vogel-

konzert aus dem nahen Wald an, dass es Zeit zum Aufstehen ist – es wartet ein üppiges Frühstück. Feinschmecker sollten sich fürs exquisite Dinner ($85 p. P.) anmelden. Deluxe-Zimmer $398, „Romance"-Zimmer $472

Pacific Harbour Motor Inn, Reads Quay, Ecke Pitt St, ✆ 06 867 8847, 🖥 www.pacific-harbour.co.nz. Glasbausteine und Panoramafenster – manche mit Hafenblick – sorgen für viel Licht in diesem modernen Motel. Geräumige, gut ausgestattete Zimmer, z. T. mit Balkon und Whirlpool. Units $130

Waikanae Beach Top 10 Holiday Park, Grey St, ✆ 06 867 5634, 🖥 www.gisborneholidaypark.co.nz. Campingplatz in idyllischer Lage direkt am Hauptstrand von Gisborne, nur 5 Min. vom Stadtzentrum. Einige der gemütlichen Cabins haben ein Bad ($75). Auch Selbstversorger-($115) und Motel Units ($139). Camping $18, Standard-Cabins $65

🧳 **Whispering Sands**, 22 Salisbury Rd, ✆ 0800 405 030, 🖥 www.whispering sands.co.nz. Das supergünstige Strandmotel hat 14 große, moderne Units mit voll ausgestatteter Küche. Die im OG bieten Meerblick und sind durchaus ihre $5 Aufpreis wert. Die Besitzer sind freundlich und hilfsbereit. $150

YHA Gisborne, Harris St, Ecke Wainui Rd, ✆ 06 867 3269, ✉ yha.gisborne@clear.net.nz. Großes, farbenfrohes Hostel in zentraler Lage mit Sonnenterrasse, Grillbereich und Mitarbeitern, die die besten Surfspots der Gegend kennen. Gäste können Fahrräder, Surfbretter und Tauchanzüge für $25/Tag leihen. Zweibettzimmer und DZ, eines mit Bad. Wer den Busfahrer nett bittet, wird vielleicht vor der Tür abgesetzt. Dorms $26, Zimmer $58

ESSEN

Café 84, 14 Childers Rd, ✆ 06 868 6516. Tagescafé mit Schanklizenz, kostenlosem WLAN und authentisch hawaiischer Deko. Gute Tagesgerichte; man kann aber auch eigene Saftmischungen und Omeletts kreieren ($14 mit 3 Füllungen). Alle Gerichte unter $20. ⏰ Di–Fr 7–2, Sa 8–14 Uhr.

Gisborne Farmers' Market, Parkplatz der Army Hall, Fitzherbert, Ecke Stout St, www.gisbornefarmersmarket.co.nz. Auf dem gut besuchten Markt sind leckeres Obst und Gemüse zu haben, Fleisch, Käse, Bio-Lebensmittel und Backwaren. ⏲ Sa 9.30–12.30 Uhr.

Muirs Bookshop Café, 62 Gladstone Rd. Kleines Café über dem besten Buchladen von Gisborne neben der Secondhand-Abteilung. Vom sonnigen Balkon lässt sich bei Panini, Salaten und leckerem Kuchen das Treiben auf der Straße beobachten. Der Preis der meisten Speisen liegt unter $12. ⏲ Mo–Fr 8.30–15.30, Sa 9–15 Uhr.

Off the Hook & Real Fisheries, The Esplanade, Höhe Crawford Rd, ☎ 06 868 1644. Im besten Fish 'n' Chip-Takeaway der Stadt wird frischer Fisch entsprechend den Kundenwünschen zubereitet, darunter Schnapper und Terakihi ($14 mit Pommes). Real Fisheries, Teil des Unternehmens, ist eine prima Adresse für fangfrischen Fisch. ⏲ Di 10–17, Mi und Do 10–18, Fr 10–20 Uhr; Real Fisheries ⏲ Mo und Di 9–17, Mi und Do 9–18, Fr 9–20 Uhr.

The PBC (Poverty Bay Club), 38 Childers Rd, Ecke Customhouse St, hinter dem 1874 Café,

Soho, 2 Crawford Rd, Wharfside, ☎ 06 868 3888. Ziemlich durchschnittliche Bar (dunkles Holz und gedämpftes Licht), die aber am Freitag- und Samstagabend bei Livebands und dem gelegentlichen DJ auflebt. Die eklektische Speisekarte enthält z. B. Wagyu-Rind mit Kürbispüree ($38) und Carbonara-Risotto ($20). ⏲ Di–Fr 11 Uhr bis spät, Sa 9 Uhr bis spät.

Tatapouri Sports Fishing Club, The Esplanade, ☎ 06 868 4756. Nettes Vereinslokal direkt am Kai. An Tischen auf der Veranda gibt es Seafood, Steaks oder Burger (alles unter $30). Nichtmitglieder sind willkommen, sie müssen sich nur eintragen: Anmeldung an der Bar. ⏲ Mo und Di 11–20, Mi und Do 11–24, Fr und Sa 10–24, So 10–23 Uhr.

Verve Café, 121 Gladstone Rd, ☎ 06 868 9095. Cooles, aber unprätentiöses Café und Restaurant, das tagsüber ausgezeichnetes Essen zu moderaten Preisen bietet, darunter Hühnchen-Sandwiches ($18), Muffins und Kuchen (Hauptgerichte bis $25). Zeigt Wanderausstellungen mit Werken aufstrebender lokaler Künstler. ⏲ Mo–Fr 7.30–17.30, Sa und So 8–15 Uhr.

UNTERHALTUNG

Gisborne Wine Centre, 50 The Esplanade, ☎ 06 867 4085, 🖥 www.gisbornewine.co.nz. In dieser Kooperative regionaler Weinproduzenten bekommt man eine Karte örtlicher Winzer und Infos dazu, welche Keller offene Türen haben (man kann auch gleich einen Termin machen). Außerdem kann man eine Tour buchen, eine Weinprobe machen oder eine Platte mit regionalen Leckereien kaufen und dazu ein Glas oder eine Flasche Wein genießen. ⏲ im Winter tgl. 12–18 Uhr, im Sommer Mo und Di 12–18, Mi und Do 12–20, Fr 12–22, Sa und So 12–20 Uhr.

The PBC (Poverty Bay Club), 38 Childers Rd, Ecke Customhouse St, ☎ 06 863 2006, 🖥 www.thepovertybayclub.co.nz. Coole, schummrige Bar/Club mit langer Theke, Ledersofas und klassischen Getränken bei sanfter Hintergrundmusik. Gelegentlich $5 Eintritt. ⏲ Mi–Fr 17 Uhr bis spät, Sa 20 Uhr bis spät, So 17.30 Uhr bis spät.

The Rivers, Gladstone Rd, Ecke Reads Quay, ☎ 06 863 3733. Geselliger Irish Pub mit gutem Guinness und einer Auswahl an herzhaften Gerichten, darunter Steak, Hühnchen und Fisch ($16–33). Beliebt bei Familien. ⏲ Mo bis Sa 11 Uhr bis spät, So 12 Uhr bis spät.

Smash Palace Wine Bar, 24 Banks St, ☎ 06 867 7769. Wunderbar kauzige Bar in Wellblechschuppen-Ambiente, wo sich Arbeiter des nahen Industriegebiets ebenso wie Angestellte in Anzug und Krawatte wohl fühlen. Das Essensangebot umfasst hauptsächlich Snacks, darunter scharfe Pizza ($20) und Nachos ($15). Livemusik von Blues bis Heavy Metal, meistens an den Wochenenden und im Sommer. ⏲ Di–Do 15 Uhr bis spät, Fr 14 Uhr bis spät, So 4.30 Uhr bis spät.

Kinos

Dome Cinema, The Poverty Bay Club, 38 Childers Rd, ☎ 083 243 005, 🖥 www.domecinema.co.nz. Ausgezeichnetes Independentkino mit Sitzsäcken, Bar und einer erlesenen Auswahl sehenswerter Filme. Auf die Leinwand kommen sie im alten Billardzimmer.

Odeon Cinema, 79 Gladstone Rd, ☎ 06 867 3339. Das zentral gelegene Kino zeigt aktuelle Mainstream-Blockbuster.

i-SITE, 209 Grey St, ℘ 06 868 6139, 🖥 www. gisbornenz.com. Bietet Internetzugang und eine Ausstellung zur Geschichte der Region sowie einen Minigolfplatz. Vermietet Angelruten, Fahrräder (s. u.) und Skateboards für den Park gegenüber und gibt Tipps zu freiem Campen ($16/2 Nächte bis $66/28 Nächte). ⊕ Dez–Ostern Mo–Sa 8.30–18, So 10–16, Ostern–Nov Mo–Sa 8.30–16, So 10–16 Uhr.

DOC, 63 Carnarvon St, ℘ 06 869 0460. Hat viele Informationen zu Wanderungen inner- und außerhalb der Umgebung von Gisborne. Verkauft auch Hüttenpässe. ⊕ Mo–Fr 8–17 Uhr. Internetzugang und kostenloses WLAN in der **Stadtbibliothek**, 35 Peel St, ⊕ Mo und Mi–Fr 9.30–17.30, Di 9.30–20, Sa 9.30–13 Uhr. Kostenloses WLAN gibt's auch im **CBD**.

NAHVERKEHR

In der Stadt ist alles gut zu Fuß zu erreichen. **Gisborne Cycle Tour Company**, ℘ 06 927 7021, 🖥 www.gisbornecycletours.co.nz, vermietet auch Fahrräder und Mountainbikes ab $50/Tag und bietet Pakete für geführte oder eigenständige Touren durch die Weingüter (ab $100). Räder können am i-SITE abgeholt werden.

TRANSPORT

Busse
Die Busse von NakedBus und InterCity halten am i-SITE.

Busse nach:
AUCKLAND 1x tgl., 9 1/2 Std.;
HASTINGS 1x tgl., 5 Std.;
NAPIER 2x tgl., 4 Std.;
OPOTIKI via SH2 2x tgl., 2 Std.;
ROTORUA 1x tgl., 5 Std.;
WAIROA 1x tgl., 1 1/2 Std.;
WHAKATANE 2x tgl., 3 Std.

Flüge
Der Flughafen von Gisborne liegt etwa 2 km westlich des Zentrums und ist per Taxi ($20) erreichbar – z. B. Gisborne Taxis, ℘ 06 867 2222.

Flüge nach:
AUCKLAND 5x tgl., 1 Std.;
WELLINGTON 3–4x tgl., 1 1/4 Std.
Außerdem Verbindungen nach ROTORUA, HAMILTON, TAURANGA, NAPIER UND PALMERSON NORTH.

Die Umgebung von Gisborne

In der Nähe von Gisborne lassen sich gut ein, zwei schöne Tage verbringen. An erster Stelle bietet sich natürlich ein Besuch auf einem **Weingut** an. Außerdem kann man kleine Wanderungen unternehmen und alle möglichen Sehenswürdigkeiten besichtigen.

Die Weingüter, 🖥 www.gisbornewine.co.nz, liegen in einer Schwemmlandebene im Schutz der Raukumara Range und sind mit intensivem Sonnenschein und einer kühlen Meeresbrise gesegnet. Die Region hat sich einen Ruf als „Arbeitstier" erworben, das riesige Mengen an süffigem Chardonnay produziert. Auf vielen Gütern sind Besucher willkommen, wenn sie vorher anrufen. Einige Güter haben im Sommer auch regelmäßig für Weinproben geöffnet.

Wer kein Auto hat, mietet am besten ein **Fahrrad** oder schließt sich einer Tour durch die Weingüter an (s. Kasten S. 446).

Bushmere Estate
166 Main Rd South, 6 km nordwestlich von Gisborne ▪ Verkostung meist Do–So; vorsichtshalber anrufen ▪ ℘ 06 868 9317 ▪ 🖥 www.bushmere.com
Seitdem die Nachfrage nach Chardonnay zurückgegangen ist, haben sich viele der kleineren Weinbauern der Poverty Bay auf den Anbau anspruchsvollerer Reben (zusammen mit Viognier und Gewürztraminer) verlegt und produzieren inzwischen hochwertigere Weine. Eines dieser Weingüter ist das **Bushmere Estate**. Hier gibt es auch ein gutes Café, das wunderschön zwischen Weinreben liegt und bei den Einheimischen eine beliebte Adresse sonntags zum Mittagessen ist.

Millton
199 Papatu Rd, 11 km südwestlich von Gisborne ▪ Verkostung tgl. 10–17 Uhr ▪ ℘ 06 862 8680, 🖥 www.millton.co.nz

Millton ist eines der wenigen ökologischen Weingüter Neuseelands, die biodynamische Prinzipien anwenden. Die Zeit des Pflanzens, Erntens und der Flaschenabfüllung wird jeweils von den Mondphasen diktiert, was dazu beiträgt, dass hier köstliche Weine produziert werden (insbesondere Chardonnay, Chenin Blanc und Viognier), die laut Hersteller auch von Leuten, die auf andere Weine allergisch reagieren, bedenkenlos genossen werden können. Bei einer Käse- oder Wurstplatte lässt sich der Wein hier in aller Ruhe genießen.

Eastwoodhill Arboretum

Wharekopae Rd, 35 km nordwestlich von Gisborne ▪ ⏱ tgl. 9–17 Uhr ▪ Eintritt $15 ▪ ✆ 06 863 9003, 🖥 www.eastwoodhill.org.nz

Neuseelands größte Sammlung an Bäumen der nördlichen Hemisphäre im **Eastwoodhill Arboretum** besucht man am besten mit einer Flasche Wein und einem vollen Picknickkorb ausgerüstet. Die Anpflanzung begann 1918 und wurde zum Lebenswerk von William Douglas Cook, der während des Ersten Weltkriegs einen Erholungsaufenthalt in England verbracht und eine Vorliebe für britische Gärten und Parks entwickelt hatte. Er fürchtete, dass der Krieg die großen europäischen Anwesen und die Geninformation ihrer Baumbestände zerstören könnte, und importierte so viel Material wie möglich. Cook starb 1967. Zahlreiche Wege führen durch eine einzigartige Parklandschaft mit über 3500 Baumarten, in der sowohl Bäume aus warmen als auch kalten Klimazonen gedeihen.

Rere Rockslide

12 km hinter dem Eastwoodhill Arboretum, Zufahrt von der Wharekopae Rd

Hinter den 10 m hohen **Rere Falls** des Wharekopae River führt ein Spazierpfad entlang. Das eigentliche Highlight ist aber die **Rere Rockslide**, rund 2 km flussaufwärts (frei zugänglich). Dort stürzt der Fluss einen 20 m breiten und 60 m langen, glatt geschliffenen Felshang hinunter – eine geniale Rutschbahn. Im Sommer gibt es wenig Wasser und viele Algen, deshalb rutscht man rasend schnell ins Becken hinab. Weil der Wharekopae im Winter mehr Wasser führt, ist die Rutschfahrt dann nicht ganz so bombas-

tisch (aber immer noch aufregend genug) und kälter. Die Rutschunterlage muss mitgebracht werden – ein Boogie Board, ein Autoreifen oder ein altes Plastikteil. Bevor es losgeht, sollte man sich von den Einheimischen ein paar Insider- und Sicherheitstipps geben lassen.

Die Straße nach Napier

Die 213 km lange Strecke von Gisborne nach Napier lässt sich leicht an einem Tag bewältigen. Unterwegs bleibt genügend Zeit für kurze Stopps an landschaftlich reizvollen und anderen interessanten Stellen. Der **SH2** führt von Gisborne nach Süden, wobei die Weingärten der Poverty Bay dem Hügelland des Wharerata State Forest Platz machen, ehe **Morere** erreicht ist. Von dort ist es nur ein Katzensprung auf dem SH2 bis zum Abzweig nach Osten zur **Mahia Peninsula**. Auf dem SH2 Richtung Westen geht es nach Wairoa, von dort aus nach Te Urewera (S. 348) und Lake Waikaremoana oder weiter nach Napier mit einem Abstecher zum **Boundary Scenic Reserve**.

Morere und Morere Hot Springs

SH2, 50 km südlich von Gisborne ▪ ⏱ tgl. 10–17 Uhr, im Sommer bei Betrieb länger ▪ Eintritt $10; eigenes Badebecken $5 extra für 30 Min. ▪ ✆ 06 837 8856, 🖥 www.morerehotsprings.co.nz

Das winzige **Morere** ist vor allem für sein extrem salzhaltiges, angenehm schwefelfreies Wasser bekannt: Fossiles Meerwasser wurde tief unter der Erde erhitzt und konzentriert. Dieses steigt entlang eines kleinen Baches, der sich durch einen der letzten Küstenurwälder der Ostküste windet, nach oben. Um die Becken herum finden sich Grillplätze, von denen viele Pfade an Tawa-, Rimu-, Totara- und Matai-Bäumen vorbei in alle Richtungen abgehen. Ein kurzer Spaziergang am Fluss entlang (10 Min.) führt zu den Nikau Plunge Pools, mineralhaltigen Teichen. Sehr schön ist auch der Mangakawa Track (3 km; 2 Std.): von den Quellen aus durch unberührten Busch zu einem Birkenwäldchen und wieder zurück.

Morere Hot Springs Lodge & Cabins, SH2, ✆ 06 837 8824, 🖳 www.morerehotsprings.co. nz. Ein herrlich entspanntes Plätzchen mit Selbstversorger-Unterkünften auf einem gepflegten Bauernhof mit Badeteich. Fast alles Notwendige muss mitgebracht werden. Cabins $90, Cottage $120

Morere Tearooms & Camping Ground, westlich von Nuhaka am SH2, ✆ 06 837 8792. Typischer Kiwi-Campingplatz zwischen Bäumen mit guten Zeltstellplätzen, spartanischen Cabins und schlichten Gemeinschaftseinrichtungen, aber besser ausgestatteten Selbstversorger-Units. Für teueres Geld gibt's ein bescheidenes Sortiment an Grundversorgungsartikeln in den Tearooms. Teestuben ⏰ tgl. 8–17 Uhr, ab Dez länger. Camping $18.50, Cabins $55, Selbstversorger-Units $95

Mahia Peninsula

In Nuhaka, 8 km südlich von Morere, streift die Schnellstraße kurz die Küste und biegt dann scharf nach rechts Richtung Wairoa ab, während die Nuhaka-Opoutama Road nach Osten zur **Mahia Peninsula** führt, einer prominenten Landzunge, die die Hawke Bay von der Poverty Bay trennt. Surfer lieben die rauere, dem Wind ausgesetzte Seite. An den ruhigeren Stränden der windgeschützten Seite dagegen kann man gefahrlos baden und Boot fahren. Abgesehen vom *mad month* nach Weihnachten ist dies ein total entspanntes Plätzchen für einen Zwischenstopp.

Die größte Ortschaft der Halbinsel, **Mahia Beach**, liegt 15 km weiter. Von 2008 bis 2009 genoss sie landesweite Berühmtheit, als Moko, ein verspielter Delphin, mit den Schwimmern flirtete. Er ist seitdem aber nicht mehr zurückgekehrt.

Café Mahia, 476 Mahia East Coast Rd. In dem Café mit Alkoholausschank gibt's himmlische Lammbrötchen und hausgemachte Marme-

laden. Kein Gericht auf der Speisekarte liegt über $20 – Kaffee und Kuchen oder ein Sandwich reichen aber prima zum Sattwerden. ⏰ tgl. 11–14 Uhr, Dez und Jan länger.

Mahia Beach Holiday Park, 43 Moana Drive, Mahia Beach ✆ 06 837 5830, 🖳 www. mahiabeach.com. Weitläufiger Campingplatz, schlichte Ferienhütten und etwas schickere Motel Units auf einer Wiese unweit vom Strand, wo es im Sommer rappelvoll wird. Der Laden im Bürogebäude hat das Allernotwendigste. Camping $21, Cabins $75, Motel Units $125

Sunset Point Bar and Bistro, 2 Newcastle St ✆ 06 837 5071. Abgesehen von Takeaways beschränkt sich das Verpflegungsangebot in Mahia auf dieses betriebsame Lokal, wo es herzhafte Mahlzeiten – Steaks, Langusten etc. ($15–34) gibt. Der Spirituosenverkauf schließt um 22, die Küche um 20 Uhr. In der Hochsaison gibt es am Wochenende oft Livemusik. ⏰ Di–Do 16 Uhr bis spät, Fr–So 12 Uhr bis spät.

Wairoa

Das verschlafene **Wairoa**, etwa 40 km westlich der Nuhaka-Kreuzung, ist der Ausgangspunkt für Abstecher zum Lake Waikaremoana. Viele Wanderer ziehen es jedoch vor, von Gisborne oder Napier aus loszuziehen und keinen Staub aufzuwirbeln in diesem verträumten Versorgungsstädtchen für die umliegenden Farmen. Es liegt am Ufer des breiten, von Trauerweiden gesäumten Wairoa River, 2 km von der Flussmündung entfernt. Wairoa bietet ein hübsches Museum sowie Gelegenheit zum Essengehen oder Einkaufen von Proviant für den Waikaremoana Track (S. 454).

Wairoa Museum

142 Marine Parade ▪ ⏰ Mo–Fr 10–16, Sa 10–12 Uhr ▪ Eintritt gegen Spende

Das **Wairoa Museum** erzählt auf anschauliche Weise von den Ereignissen vergangener Tage, z. B. vom katastrophalen Zyklon Bola, der 1988 die Region verwüstete. Im Museum steht auch eine wunderschön geschnitzte Maorifigur aus dem frühen 18. Jh.

Riverside Motor Camp, 19 Marine Parade, ✆ 06 838 6301, 💻 www.riversidemotorcamp. co.nz. Schlicht und nicht mehr ganz taufrisch, aber sauber. On-site Vans, ein wenig noblere Cabins, außerdem Zeltstellplätze ($20) und ein sehr spartanisches Hostel mit Lounge und Veranda. Der Platz liegt an einer relativ schmalen Uferstelle, 2 Fußminuten vom SH2. Dorms $30, Cabins mit Küche $70

Vista Motor Lodge, am SH2 nördlich der Wairoa-Brücke, ✆ 0800 284 782, 💻 www. vistamotorlodge.co.nz. Das einzige erwähnenswerte Motel am Ort ist nicht mehr taufrisch, sein Geld aber immer noch einigermaßen wert. Gemütliche Units, gepflegte Grünflächen, beheizter Pool. Das hauseigene Restaurant hat Mo–Fr abends geöffnet. $120

Café 287. 3 km südlich am SH2, ✆ 06 838 6601. Der Imbiss am Straßenrand mit Übernachtungsmöglichkeit hat herzhaftes, hausgemachtes Frühstück sowie Mittag- und Abendessen von Fettuccini bis Steaks ($15–30). Es gibt auch ein paar Cabins für Übernachtungsgäste. ⏲ tgl. 7.30–16 Uhr.

Eastend Café, 250 Marine Parade, ✆ 06 838 6070. Das erstaunlich großstädtisch anmutende Etablissement mit Schanklizenz ist eins der beiden besten Tageslokale. Hier gibt es z. B. Sandwiches mit Bacon, Salat und Tomate, Steak-Burger ($8–18) sowie sündhaft guten Kuchen und Kaffee. Manchmal Livemusik ⏲ Di–Fr 7–16, Sa und So 8–16 Uhr.

📖 **Osler's Bakery & Café**, 116 Marine Parade. Diese Bäckerei ist aus Wairoa nicht wegzudenken. Zur Auswahl stehen rund 20 verführerische Pies. ⏲ Mo–Fr 4.30–16.30, Sa, So und Feiertage 6–15 Uhr.

The Saloon, 248 Marine Parade. Die originelle Bar ist momentan nur freitags zum äußerst beliebten Dinner mit Livemusik geöffnet (ab 18.30 Uhr, Reservierung erforderlich, Tagesmenü $15, Getränke $5 zusätzlich). Im Inneren warten ein riesiger Snooker-Tisch sowie Jeffs umfangreiche Plattensammlung. Das alte Gaiety

Theatre hinter dem Haus zeigt gelegentlich Filme. ⏲ Fr 18 Uhr bis spät.

Wairoa Home Grown Market. The Greenhouse Garden Centre & Café, 21 Mahia Ave (SH2). Wairoas Bauernmarkt wird auf dem Parkplatz des Gartencenters aufgebaut und eignet sich hervorragend für einen Imbiss oder einen Proviantankauf für den Ausflug zum Lake Waikaremoana. ⏲ Sa 8–11 Uhr.

i-SITE, SH2, Ecke Queen St, ✆ 06 838 7440, 💻 www.visitwairoa.govt.nz. Die Öffnungszeiten sind auf die Ankunft der Busse abgestimmt. Verkauf von DOC-Hüttentickets, Buchung eines Shuttleservice zum/vom Lake Waikaremoana und Internetzugang. Hat auch Infos zu kostenlosen Campingplätzen in der Umgebung. ⏲ Mo– Fr 8–17, Sa und So 10–11 und 15.15–16 Uhr.

Big Bush Lake Waikaremoana Shuttle Service, ✆ 06 837 3777. Befördert Passagiere auf Anfrage zum See und zurück ($50 p. P., je nach Passagierzahl).

Die InterCity-**Busse** halten tgl. vor dem i-SITE.

Busse nach:
GISBORNE 1x tgl., 1 1/2 Std.;
NAPIER 1x tgl., 2 1/2 Std.

Boundary Stream Scenic Reserve

Abseits des SH2 bei Tutira und nach 15 km Richtung Nordwesten auf der Pohakura Rd

Hinter Wairoa wird die Straße Richtung Napier erheblich schmaler, steiler und kurviger. Autofahrer sollten es langsam angehen lassen und für die Strecke gute anderthalb Stunden einplanen. Man sollte sich auch Zeit für den Besuch des idyllischen **Boundary Stream Scenic Reserve** nehmen, einer „Festlandinsel", auf der u. a. braune Nordinsel-Kiwis, Nordinsel-Kakas und selten auch Neuseelandfalken nisten. Das Reservat durchziehen mehrere Wanderwege, darunter einer zum Aussichtspunkt Bell Rock (5 km hin und zurück; 3 Std.). Es führt auch einer bis zum entlegenen Ende des Reservats zum 58 m hohen Shine Falls inmitten üppiger Vegetation.

Te Urewera

Te Urewera, 65 km nordwestlich von Wairoa, wurde 2014 als juristische Person anerkannt. Das bedeutet, dass das Gebiet die gleichen Rechte besitzt wie eine lebende Person und niemandes Eigentum ist. Juristisch ist das bislang in ganz Neuseeland und möglicherweise weltweit einmalig. Die Bedürfnisse von Te Urewera werden inzwischen von einer Art Vormundschaftsgremium verwaltet, bestehend aus Vertretern des britischen Königshauses und der Tuhoe (von jedem *hapu*). Das Gebiet erstreckt sich quer über das gebirgige Rückgrat der Nordinsel und umschließt das mit 2120 km^2 größte Urwaldgebiet außerhalb von Fiordland. Durch das Unterholz streifen Hirsche und Wildschweine, und in den herabstürzenden Flüssen wimmelt es von Forellen.

Zwar führt eine Straße, der SH38, durch das Innere, aber um einen echten Eindruck von diesem Ort zu bekommen, muss man hier Wanderungen unternehmen. Viele wählen hierfür den Lake Waikaremoana Track, der zu den schönsten viertägigen Wanderrouten der Nordinsel zählt. Der Pfad führt um den **Lake Waikaremoana**, den „See des sich kräuselnden Wassers", am südlichen Ende des Parks. Der See ist das unbestrittene Highlight der Region: Mit seinem tiefen, klaren Wasser, den weißen Sandstränden und Felsklippen ist er ein idealer Ort zum Schwimmen, Tauchen, Angeln und Paddeln.

Die Gegend ist äußerst spärlich besiedelt. Aber 20 % der Tuhoe, genannt: die „Kinder des Nebels", leben noch hier, überwiegend in der Umgebung des Dorfes **Ruatahuna**. Die meisten Touristen steuern aber gleich **Waikaremoana** an, das nur aus einem Visitor Centre und einem Motor Camp direkt am Seeufer besteht. Vom

Motor Camp abgesehen gibt es auch im weiter südlich gelegenen, stillen Dörfchen **Tuai** noch ein paar Sachen zu kaufen. Ansonsten ist man auf sich selbst gestellt.

Lake Waikaremoana

Der von Busch umschlossene **Lake Waikaremoana** nimmt ein großes Becken in einer Höhe von über 585 m ein. Er wird nur mit Mühe von den Panekiri- und Ngamoko-Bergen aufgehalten. Der See entstand vor etwa 2200 Jahren, als sich eine riesige Felsbank aus Sandstein vom Ngamoko-Gebirge löste und den Fluss blockierte, der einst die Täler bewässerte. Inzwischen wurden zwei der Halbinseln mit Raubtierzäunen versehen, um **Kiwis** neu anzusiedeln.

Lake Waikaremoana Track
■ 46 km; 3–4 Tage; 1150 m Steigung

Der **Lake Waikaremoana Track** ist einer der neuseeländischen Great Walks und rangiert unter den beliebtesten mehrtägigen Wanderungen Neuseelands. Die abgesehen von der kräftezehrenden Klettertour am ersten Tag relativ einfache Wanderung bietet zahlreiche Gelegenheiten zum Angeln und Schwimmen. Detaillierte Wanderinformationen finden sich in der DOC-Broschüre *Lake Waikaremoana Track*. Wer will, kann sich zusätzlich die beiden *Topo50*-Karten im Maßstab 1:50 000 besorgen, in denen die gesamte Rundwanderung eingezeichnet ist.

Die Wintermonate (Juni–Sep) können kalt und feucht ausfallen, deshalb sind die Frühling und Herbst die besten Zeiten für den Track. Wanderer müssen aber zu jeder Jahreszeit damit rechnen, dass es schneit, und entsprechend ausgerüstet sein. Jede Hütte verfügt über Trinkwasser, Toiletten und einen Heizofen, doch ein **Kocher**, **Brennstoff und Essen** müssen mitgebracht werden. Auf den Zeltplätzen gibt es nur Wasser und Toiletten.

Für geübte Wanderer reichen drei Tage aus, aber die meisten nehmen sich vier Tage Zeit. Übernachtet wird in den fünf Great Walk-Hütten und/oder auf den fünf ausgewiesenen **Campingplätzen** am Seeufer. Bei Begehung im Uhrzeigersinn – wie hier beschrieben – fällt der ers-

Taita a Makora Campsite (4 km), Murupara (65 km), Rotorua (130 km)

Startpunkt Hopuruahine Track

Waihoroihika Str

Privat-gelände

Whanganui Hut

Tauwhare Falls

Mokau Track

Waihirere Bluff

Mokau Stream

Mokau Falls

Waipai-Ruapani-Waikareiti-Rundweg

Tapuaenui

Mokau Landing

Aniwaniwa Falls

Waiharuru

Te Totara Bay

Marauiti Hut

Te Kopua Bay

Marauiti

Maraunui Bay

Te Wharua Stream

Lake Waikaremoana

Sandy Bay Hut

Lake Waikareiti

Aniwaniwa Stream

Papakorito Falls

Aniwaniwa Visitor Centre

Waikaremoana Holiday Park

NGAMOKO RANGE

Tawa Track

Ngamoko Track

Old Maori Trail

Ngamoko-Kaitawa Track

Korokoro

Korokoro Falls

Waiopaoa Hut

PANEKIRI RANGE

Panekiri Bluff

Panekiri Hut

Startpunkt Onepoto Track

Onepoto

Onepoto Caves

Tuai

Lake Whakamarino

Lake Whakamarino Lodge

Wairoa (50 km)

te Abschnitt am anstrengendsten aus, daher viel Trinkwasser mitnehmen.

Die meisten Wanderer wählen die **Route im Uhrzeigersinn** um den See, bei der der erste Abschnitt (der Anstieg zum Panekiri Bluff und dessen Überquerung) der anstrengendste ist, landschaftlich aber sehr reizvoll. Wenn das Wetter nicht gut aussieht, kann man die Buchung durchaus ändern (beim Visitor Centre von Aniwaniwa) und entgegen dem Uhrzeigersinn wandern, in der Hoffnung, dass sich die Wetterlage bessert. Da es auf der gesamten Wanderung keinen Handyempfang gibt, ist es ratsam, sich beim Visitor Centre einen Notfunksender (*Personal Locator Beacon*) auszuleihen.

Von Onepoto zur Panekiri Hut

■ 9 km; 4–5 Std.; 750 m Steigung; 150 m Gefälle
Ausgangspunkt ist ein Unterstand am Seeufer nahe dem SH38. Der Pfad steigt steil an und passiert dabei eine von den Soldaten der Armed Constabulary zur Verfolgung von Te Kooti (s. Kasten S. 458) errichtete Redoute. Weiter

bergauf geht es bis zum Pukenui-Markierungspunkt und ab dort am Bergkamm entlang. Stufen führen eine Felsklippe hinauf zur Panekiri Hut. Sie befindet sich in atemberaubender Lage am Rande der Felsen, die zum See tief unten abfallen. Zelten ist in dieser empfindlichen Natur allerdings verboten. Wer unbedingt zelten möchte, muss weiter bis nach Waiopaoa gehen – vom Startpunkt anstrengende acht Stunden Fußmarsch entfernt.

Von der Panekiri Hut zur Waiopaoa Hut

■ 7,5 km; 3–4 Std.; 600 m Gefälle
Hinter der Panekiri Hut geht es allmählich den Berg hinab, dann rapide abwärts durch ein oft matschiges Gebiet, wo aus dem Boden ragende Baumwurzeln willkommenen Halt bieten. Gelegentliche Seeblicke und der Übergang von Birkenwäldern zu üppigem Steineibenwald machen diesen Abschnitt bis zur Waiopaoa Hut und dem Zeltplatz hinunter zu einer reizvollen, wenngleich anspruchsvollen Wanderung.

Von der Waiopaoa Hut zur Marauiti Hut

11 km; 4–5 Std.; 100 m Steigung

Der Weg folgt überwiegend dem Seeufer, zu Beginn über Grasland und durch Kanuka-Dickicht, wo ein Nebenpfad zum Korokoro-Zeltplatz (gleich hinter der Abzweigung, 1 1/2 Std. von der Waiopaoa Hut entfernt) und von dort weiter zu den eindrucksvollen 20 m hohen Korokoro Falls (45–60 Min. hin und zurück) führt. Der Hauptpfad steigt unterdessen leicht an und führt an kaum zugänglichen Buchten vorbei, bis er schließlich den Maraunui-Zeltplatz erreicht und, nachdem er den niedrigen Ausläufer Whakaneke Spur erklommen hat, zur Marauiti Hut am Ufer hinabsteigt.

Von der Marauiti Hut zur Waiharuru Hut

6 km; 2 Std.; 150 m Steigung

Hinter der Marauiti Hut führt der Pfad über die Brücke des Flusses, der in die Marauiti Bay fließt, und am reizenden weißen Sandstrand der Te Kopua Bay vorbei. Dann steigt er einen leichten Bergsattel hinauf, bevor er zur Te Totara Bay abfällt und dem See bis zur großen Waiharuru Hut mit Zeltplatz folgt.

Von der Waiharuru Hut zur Whanganui Hut

5,3 km; 2–3 Std.; 100 m Steigung

Dies ist eine kurze Wanderung über die Landenge bis zum Tapuaenui-Zeltplatz und noch ein Stück weiter. Der Weg folgt dem Seeufer bis zur romantischen alten Whanganui Hut. Sie steht an einem Fluss und hat eingebaute dreistöckige Etagenbetten.

Von der Whanganui Hut nach Hopuruahine

5 km; 2–3 Std.; 50 m Steigung

Die letzte Etappe ist die kürzeste und gemütlichste. Der Track zieht sich am See entlang bis zum Abholungspunkt der Wassertaxis (45 Min.). Anschließend führt er an der mit Gras bewachsenen Niederung am Hopuruahine River entlang. Dann überquert er eine Hängebrücke bis zur Zufahrtstraße, wo sich ein Campingplatz befindet.

Kurzwanderungen am Lake Waikaremoana

Das vom DOC geleitete Aniwaniwa Visitor Centre und der Waikaremoana Holiday Park sind darauf vorbereitet, Wanderern zu helfen, den Lake Waikaremoana Track zu bewältigen. Wer jedoch keine drei- oder viertägige Wanderung unternehmen und dennoch etwas von der Atmosphäre einfangen möchte, begibt sich auf eine oder mehrere lohnende Kurzwanderungen, die in der DOC-Broschüre *Lake Waikaremoana Walks* beschrieben sind.

Gut geeignet für Einsteiger ist der Weg zu den **Papakorito Falls**, einem 20 Meter breiten Wasservorhang 2 km östlich vom Visitor Centre, der leicht zu bewältigende **Hinerau Track** (1 km; 20 Min. hin und zurück; 50 m Steigung), der beim Visitor Centre startet und zu den doppelstöckigen **Aniwaniwa Falls** führt, oder der **Black Beech Track** (2 km; 30 Min. einfach; 50 m Gefälle), der der alten Straße vom Visitor Centre zum Waikaremoana Motor Camp folgt.

In etwa 2 Std. kann man die **Onepoto Caves** (9 km südlich des Holiday Park an der SH38) besichtigen, Kalksteinhöhlen, die durch den gleichen Erdrutsch entstanden sind wie der See. Achtung: Taschenlampe und feste Schuhe mitnehmen, der Höhlenboden ist uneben und glitschig.

Wer etwa einen Tag Zeit hat, sollte den **Waipai-Ruapani-Waikareiti-Rundweg** in Angriff nehmen (17 km; 5–6 Std.; 300 m Steigung). Er beginnt 200 m nördlich des Visitor Centre und schlängelt sich durch dichten Birkenwald am Lake Ruapani vorbei zum wunderschönen und ruhigen **Lake Waikareiti**. Dort kann man ein Ruderboot mieten (rund $20 für einen halben Tag). Allerdings ist Vorausplanung notwendig, da der Schlüssel für das Bootshaus im Aniwaniwa Visitor Centre aufbewahrt wird. Zurück geht es entweder auf dem Waikareiti Track (2 Std. hin und zurück), oder man wandert ums Nordufer des Sees herum (3 Std. einfache Strecke) und übernachtet in der **Sandy Bay Hut** mit 18 Stockbetten für $15.

ÜBERNACHTUNG

Lake Waikaremoana

Lake Whakamarino Lodge, 15 km südlich vom Visitor Centre im Ort Tuai, ℡ 06 837 387, 🖳 www.lakelodge.co.nz. Verfügt über schlichte Zimmer und edlere Selbstversorger-Units – schön gelegen am forellenreichen Lake Whaka-marino. Schnell ausgebucht, daher zeitig reser-vieren. Abendessen für $30 kann 2 Tage im Voraus bestellt werden. Dorms $40, Units $140

Mokau Landing Am SH38, 11 km nordwestlich vom Visitor Centre. Ein großer, grasbewachse-ner DOC-Campingplatz zwischen Busch und See mit fließendem Wasser und Toiletten. Nur 1,5 km von den Mokau Falls. $7

Taita a Makora Campsite, SH38, 22 km nord-westlich vom Visitor Centre. Sehr einfacher DOC-Zeltplatz mit Toiletten und Wasser aus einem nahen Fluss, das zum Trinken gereinigt werden muss. Kostenlos

Waikaremoana Holiday Park, am SH38, 2 km südlich des Visitor Centre, ℡ 06 837 3826, 🖳 www.waikaremoana.co.nz. Gut ausgestattet, mit Campingbereich, Holzhütten, größeren Ferienapartments und frei stehenden Well-blech-Chalets ($100). Laden, Gemeinschafts-küche und Essbereich vorhanden. Duschen für Nichtgäste ($5). Camping $15, Cabins $65

Lake Waikaremoana Track

Die DOC-Hütten und Campingplätze Panekiri, Waiopaoa, Marauiti, Waiharuru und Whanga-nui, 🖳 www.doc.govz.nz, sind alle Great-Walk-Hütten und müssen reserviert werden, ebenso die anderen Campingplätze. Das lässt sich online unter 🖳 www.doc.govt.nz erledigen. Allerdings führt kein Weg am Aniwaniwa Visitor Centre vorbei, denn dort muss das Great Walk Ticket abgeholt werden. Außerhalb der Oster-woche und Weihnachten stehen die Chancen auf einen freien Platz sehr viel besser. Back-country-Hüttenpässe gelten hier nicht. Unter 18-Jährige frei. Hütten $32, Camping $14

ESSEN

Das am nächsten gelegene richtige Restaurant befindet sich mehr als 60 km entfernt in Wairoa.

Um die **Verpflegung** muss man sich also weit-gehend selbst kümmern. Im Waikaremoana Holiday Park gibt es einige Lebensmittel. Man kann sich vielleicht auch beim District Club in Tuai, ℡ 06 837 3885, anmelden. Ansonsten sind auf Anfrage Mahlzeiten in der Lake Whakama-rino Lodge erhältlich; Hauptgerichte ca. $25. Am besten ist es, eigene Vorräte mitzubringen.

SONSTIGES

Angeln

David Dods, 4939 Main Rd (SH38), ℡ 06 837 3988, 🖳 www.nztroutfishing.co.nz. Der Wai-karemoana-See ist weltweit einer der besten Fanggründe für braune Forellen. Ob Profi oder Anfänger – David hat das richtige Angebot für jeden, von seinem unterhaltsamen Angler-garn ganz zu schweigen. $150 für einen einfachen Ausflug, $750 für rund 5 Std., inkl. Mittagessen (geräucherte Forelle und Wein); zu mehreren verteilen sich die Kosten. Betreibt auch ein Backpacker-Hostel und ein B&B.

Geführte Wanderungen

Walking Legends, ℡ 0800 925 569, 🖳 www. walkinglegends.co. Bietet 4-tägige geführte Wanderungen ($1450) mit begeisterten, fachkun-digen Führern. Übernachtet wird in denselben DOC-Hütten, die auch die anderen Wanderer nutzen. Los geht's in Rotorua, ausgezeichnete Mahlzeiten und Wein gehören zum Service. Einzig einen kleinen Rucksack muss man selbst tragen. Die längste Tagesroute nimmt rund 7 Std. in Anspruch, und meist bleibt sogar noch genügend Zeit, um Forellen zu angeln.

Gepäcktransport

Big Bush, ℡ 06 837 3777, 🖳 www.lakewaikare moana.co.nz. Organisiert einen Gepäcktrans-port zwischen den meisten Hütten, sodass man unbeschwert wandern kann. Das lohnt sich finanziell aber nur für Gruppen ab 4 Pers.

Informationen

Aniwaniwa Visitor Centre, am See im alten Rangerhaus, ℡ 06 837 3803, ✉ teurewerava@ doc.govt.nz. In dem vom DOC betriebenen Visitor Centre müssen die Buchungen für die

Hütten des Lake Waikaremoana Track vorgenommen werden. Man kann hier Notfunksender ausleihen. ⏰ Okt–April tgl. 8–16.45, Mai–Sep 8–16.15 Uhr.

NAHVERKEHR

Auto

Man kann die beiden Ausgangspunkte des Lake Waikaremoana Track mit dem **Auto** erreichen, aber dort ist es schon mehrfach zu Diebstählen gekommen. Deshalb stellen viele Leute ihr Fahrzeug lieber auf dem kostenlosen Parkplatz beim Waikaremoana Holiday Park ab und nehmen von dort einen Bus oder ein Boot. Die einzige **Tankstelle** zwischen Wairoa und Murupara befindet sich im Waikaremoana Holiday Park.

Busse und Boote

Big Bush, ☎ 06 837 3777, verlangt rund $55 fürs Hinbringen und Abholen. Außerdem bieten sie im Sommer oft einen Wassertaxi-Service zu jedem beliebigen Ort, von dem aus man losgehen möchte, sodass es möglich ist, kleinere Abschnitte zu wandern, indem man vorher vereinbart, von einem bestimmten Strand abgeholt zu werden.

TRANSPORT

Am einfachsten lässt sich der Lake Waikaremoana von Wairoa auf dem SH38 erreichen, der weiter nach Murupara und Rotorua führt. Zwischen Lake Waikaremoana und Murupara liegen jedoch fast 10 km knochenharter Schotterpiste. Wer also diese Route fahren möchte, sollte sich beraten lassen, die Broschüre *Te Urewera Rainforest Route* kaufen und vor allem langsam fahren.
Der **Big Bush Lake Waikaremoana Shuttle Service**, ☎ 06 837 3777, 🖥 www.lakewaikaremoana.co.nz, fährt von Wairoa aus zum See.

Te Kooti Rikirangi

Te Kooti Rikirangi war einer der meistgefeierten Maori-„Rebellen" und ein Dorn im Auge der Kolonialregierung in den Landkriegen der 1860er- und 1870er-Jahre. Als brillanter Stratege behielt er ein halbes Jahrzehnt hindurch die Oberhand über den Berggrat der Nordinsel und entging geschickt der größten Fahndung in der neuseeländischen Geschichte.

Te Kooti wurde um 1830 nahe Gisborne geboren. Mitte der 1860er-Jahre kämpfte er für die Regierung gegen die **Hauhau-Bewegung**, einen pseudo-christlichen Kult, der 1862 in Taranaki begründet wurde. Der Kult breitete sich bis zur Ostküste aus, wo Te Kooti 1866 ungerechtfertigterweise angeklagt wurde, mit den Hauhau-Anhängern unter einer Decke zu stecken. Nachdem man ihm die Gerichtsverhandlung, die er gefordert hatte, verwehrt hatte, sperrte man ihn zusammen mit 300 seiner angeblichen Bundesgenossen auf den **Chatham Islands** ein. 1867 starb er beinahe am Fieber, erholte sich jedoch wieder und behauptete, eine göttliche Offenbarung gehabt zu haben. Er gründete eine neue Religion, **Ringatu** („die erhobene Hand"), die noch heute ungefähr 13 000 Anhänger zählt. Ringatu orientierte sich an der Hauhau-Bewegung, entwickelte sich jedoch zu einer ureigenen Maori-Version des Katholizismus. Manche behaupten, dass Te Kooti sich selbst als eine Art Moses betrachtete – offenbar liebte er es, seine Hand in Phosphor zu tauchen, sodass sie, wenn er sie hob, hell zu glühen schien.

Nach zwei Jahren auf den Chathams besetzten Te Kooti und seine Mitgefangenen ein Schiff, mit dem ihnen eine dramatische Flucht zurück zur Poverty Bay gelang. Te Kooti suchte Schutz in den Bergen der **Urewera Range**, dicht gefolgt von der Armed Constabulary (einer bewaffneten Polizeitruppe), die ihn erbarmungslos jagte. Dennoch führte Te Kooti erfolgreiche Rachefeldzüge gegen Regierungstruppen in Whakatane in der Bay of Plenty, in Mohaka in Hawke's Bay und in Rotorua durch. Mit dem Ende der Landkriege 1872 suchte Te Kooti in dem sicheren Maori-Land **King Country** Zuflucht. 1883 wurde er schließlich begnadigt, und 1891 wurde ihm ein Stück Land nahe Whakatane übereignet, wo er die letzten zwei Jahre seines Lebens verbrachte.

Napier

Die Hafenstadt **Napier** ist dank des mediterranen Klimas, der erschwinglichen Preise und einer der weltweit schönsten Ansammlungen von Art-déco-Häusern eine der liebenswertesten „Metropolen" Neuseelands. Die sehenswerten Gebäude der Stadt wurden nach dem schrecklichen Erdbeben von 1931 erbaut. Mit einer Bevölkerungszahl von 54 000 ist Napier die größte Stadt in Hawke's Bay.

In Napiers gitternetzartig angelegtem Geschäftszentrum wurden die Straßen auf Geheiß des Land Commissioners Alfred Domett Mitte des 19. Jhs. nach britischen Schriftstellern benannt: Tennyson, Thackeray, Byron usw. Mitten hindurch führt die teilweise in eine Fußgängerzone mit Terrakottapflaster und Palmen verwandelte Hauptstraße **Emerson Street**, die vom Clive Square Richtung Meer auf die von Norfolk-Tannen gesäumte **Marine Parade** stößt, den Hauptstrand von Napier.

Nordöstlich des Bluff Hill liegt ungefähr 5 km vom Zentrum entfernt **Ahuriri**, die Siedlung, der Napier seine Existenz verdankt. Heute wimmelt es dort von trendigen Restaurants, Cafés, Bars und Boutiquen. Von Napier aus lassen sich gut Ausflüge zur Tölpelkolonie am Cape Kidnappers (S. 470) sowie zu den zahlreichen Weingütern in den Ebenen ringsum unternehmen (S. 468).

Geschichte

1769 segelte James Cook an **Ahuriri**, dem heutigen Napier, vorbei und bemerkte dabei den vom Meer umgebenen Bluff Hill, hinter dem sich eine großartige Salzwasserlagune verbirgt – der einzige nennenswerte geschützte Ankerplatz zwischen Gisborne und Wellington. Dennoch ankerte er ein Stück weiter südlich, vor dem aufgrund einer alles andere als freundlichen Begegnung mit dem Volk der **Ngati Kahungunu** später Cape Kidnappers genannten Kap. Etwa 30 Jahre später war Ahuriri beinahe verlassen, da die Ngati Kahungunu von mit Gewehren ausgestatteten Rivalen vertrieben worden waren. Während des unsicheren Friedens der ersten Kolonialjahre kehrten Maori in die Gegend um Napier zurück. Die **Landkriege** der 1860er-Jahre überstand die Stadt relativ unbeschadet. Der Hafen florierte, doch bis Anfang des 20. Jhs. war alles vorhandene Land erschöpft.

Das Erdbeben

Alles änderte sich schlagartig am Morgen des 3. Februar 1931, als die Stadt von einem **Erdbeben** der Stärke 7,9 erschüttert wurde, einem der stärksten in der Geschichte Neuseelands. In den nächsten zwei Wochen folgten über 600 Nachbeben. 258 Menschen kamen in der Bucht um, 162 davon allein in Napier. Viele der Holzbauten haben – bis auf die Schornsteine – überlebt. Der Rest wurde jedoch von Bränden zerstört, die hier unkontrolliert wüteten (die Feuerwehr kam nicht mehr über die schwer beschädigte Straße, ihre Schläuche waren mit Kies vom Strand verstopft). Dass die Six Sisters an der Marine Parade vor dem Feuer gerettet wurden, verdankten sie nur der Meeresbrise. 300 km² Neuland waren gewaltsam dem Ozean entrissen worden – genug Platz, um den Flughafen der Hawke's Bay zu bauen und die Stadt auszudehnen.

Napier ergriff die Gelegenheit, um neu anzufangen: Die Straßenbahn verschwand, die Telefonleitungen wurden unterirdisch verlegt, die Straßen verbreitert. Dem Geist der Zeit entsprechend wurde fast alles nach den Ideen der **Art-déco-Bewegung** gestaltet. Dieser simultane Wiederaufbau hat Napier eine stilistische Uniformität verliehen – und es zu einer der größten Ansammlungen von Art-déco-Häusern gemacht.

Marine Parade

Napiers Hauptanziehungspunkt ist die **Marine Parade**, ein 2 km langer Boulevard, den stattliche Norfolk-Tannen säumen. Auf der einen Seite begrenzen die Promenade Hotels, Motels, B&Bs, Hostels, Geschäfte und Restaurants, auf der anderen ein dunkelgrauer Kieselstreifen. Dies ist der **Hauptstrand** von Napier, aber zum Schwimmen ist es hier zu gefährlich – 30 km weiter nördlich in Waipatiki bzw. 35 km südlich in Waimarama oder Ocean Beach sind sie da-

Napier

N ↑ 0 — 500 m

0 — 250 m

Napier Prison 🅿50

Clyde Road

New Zealand Wine Centre ❶

Shakespeare Rd

Milton Road

Cameron Rd

Browning

Brewster

Byron Parade

Fish Bike (Leihräder)

Daily Telegraph Building (Deco) **1**

DOC Office

Ocean Spa

❷ Pania of the Reef

❷

Municipal Theatre (Deco)

3

❸❹

MTG

The Art Deco Shop

Tennyson Street

❺

❼

ASB Bank (Deco)

Sound Shell

4

Emerson St

Carlyle Street

Craven

Clive Sq

Dickens Street

Dalton Street

Marine Parade

❽

Opossum World

ℹ️ Putting Green Sunken Garden

Countdown Supermarket

Station

Bücherei

❾

Hastings Street

🔟

Reading Cinema

Pak'n Save

Wellesley Rd

Munroe St

5
6
7
8

THE ESPLANADE

MAIN ROAD

✈ Flug-hafen

WESTSHORE

WATCHMAN RD

Westshore Beach

⑨ (9 km), Taupo (140 km), Gisborne (210 km)

Hawke Bay

Perfume Pt

Meeanee Quay

Inner Harbour

Pandora Road

Wes Quay

Lever Street

Battery

Bridge St

Hyderabad Rd

Thames St

Globe Theatrette ⑪

Hardinge Road

Waghorne Street

⑬
⑭

National Tobacco Co. Building (Deco)

Ahuriri

⑮
⑯

Shakespeare Rd

Breakwater Rd

Bluff Hill

Coote Rd

Centennial Gardens

🅿50

s. Ausschnitt

Hospital Terr

Napier Terr

Hospital Hill

Classic Sheepskins ♦

Milton Road

Shakespeare Rd

Tennyson Street

Hastings Parade

Tamatea Drive

Taradale Road

Alpers Terr

Thackeray Street

Carnell Street

Herrick Street

Kennedy Rd

Douglas McLean Ave

Georges Dr

Vigor Brown Street

Nelson Park

🔟

Munroe Street

Latham Street

Wellesley Road

Nelson Cr

⑪

Marine

Tom Parker Ave

Riverbend Road

Marewa

⑫

Barker Road

🅿2

National Aquarium of New Zealand

Restaurants, Cafés und Bars

Boardwalk	11
The Cabana	1
Café Divine	3
Groove Kitchen Espresso	6
Guffle	2
Hep Set Mooch	16
Kilim	9
Kitchen Table	7
Master of India	14
Milk & Honey	12
Mister D	4
Pacifica	10
Provedore	15
The Rose	8
Three Doors Up	13
Ujazi Café	5

Übernachtung

The County Hotel	2
Criterion Art Deco	4
Gardner Court Motel	10
The Green House on the Hill	3
Kennedy Park Top 10	12
Mon Logis Guesthouse	11
Napier Beach	9
The Nautilus	8
Sea Breeze B&B	6
Stables Lodge	7
Wally's	1
YHA Napier	5

Taradale-Wein- ▼ güter (4 km) Hastings ▼ (16 km), Südliches Hawke's Bay Hastings (16 km), Cape Kidnappers ▼ (25 km)

für besser geeignet. Ein viel genutzter Fuß- und Radweg auf der dem Meer zugewandten Seite der Marine Parade verbindet eine Reihe von Attraktionen miteinander. Er beginnt am Hafen von Napier am Nordende der Stadt und führt am Fuß des Bluff Hill vorbei zum **Ocean Spa**.

Ocean Spa

42 Marine Parade ▪ ⊙ Mo–Sa 6–22, So 8–22 Uhr ▪ Eintritt $10,70 ▪ ✆ 06 835 8553, ▢ www.ocean spa.co.nz

Der weitläufige Komplex aus Glas und Beton am Wasser namens **Ocean Spa** lockt mit einem Fitnessstudio und warmen Salzwasserbecken (36–38°C). Zum Verwöhnprogramm gehören Whirlpools, Unterwassermassagen, Hamam, Sauna, Massagen ($40/30 Min.), Schönheitsbehandlungen und ein sogenannter Lap Pool (26°C) für Gymnastikübungen, alles mit Blick aufs Meer. Dank der langen Öffnungszeiten und dem warmen Wasser lässt sich hier ein äußerst entspannter Sommerabend verbringen.

MTG

1 Tennyson St ▪ tgl. 10–18 Uhr ▪ Eintritt $10 ▪ ✆ 06 835 7781 ▪ ▢ www.mtghawkesbay.com

Gegenüber der Pania-Statue (s. Kasten) steht das schick aufgemöbelte Museum mit Kunstgalerie, genannt: **MTG**. Der helle, geräumige Bau bietet eine schöne Aussicht auf die Stadt und die Bucht. Im Untergeschoss befindet sich eine ständige Ausstellung über das Erdbeben mit Berichten von Überlebenden – wie etwa den Seeleuten, die plötzlich mit einem vom Meeresboden hochgeschleuderten „Geisterschiff" konfrontiert waren. Der Rest der Räume ist Wechselausstellungen mit dem Schwerpunkt Design und dekorativer Kunst gewidmet.

Opossum World

157 Marine Parade ▪ ⊙ Mo–Fr 9.30–17, plus Sa und So im Sommer 10–15 Uhr ▪ Eintritt frei ▪ ✆ 06835 7697, ▢ www.opossumworld.co.nz

Die meisten Besucher können wohl kaum verstehen, warum die meisten Kiwis auf diese scheinbar so possierlichen Tierchen so wütend sind. Das ändert sich, sobald man die Ausstellung bei **Oppossum World** betritt, nach eigenem Bekunden ein „einzigartiges Shopping- und Bil-

dungserlebnis". 70 Mio. der ursprünglich aus Australien eingeführten Tiere vertilgen jede Nacht 21 000 Tonnen Vegetation. Ohne Kontrolle sähe das Land bald wie die Mojave-Wüste aus. Opossumfell hält sagenhaft warm, und im Laden werden Pelzmützen, -handschuhe usw. verkauft.

National Aquarium of New Zealand

546 Marine Parade ▪ ⊙ tgl. 9–17 Uhr; Fütterungszeiten stehen auf der Website; „Behind the Scenes"-Tour tgl. mit Reservierung ▪ Eintritt $20; „Behind the Scenes"-Tour tgl. nach Reservierung; „Animal Close Encounters"-Tour $65; mit Haien schnorcheln $82/30 Min. (inkl. Ausrüstung); mit Haien tauchen (nur mit Tauchschein) $82, oder $127 inkl. Ausrüstung ▪ ✆ 06 834 1404, ▢ www.nationalaquarium.co.nz

Das **National Aquarium of New Zealand** gehört zu den besten des Landes und präsentiert charakteristische Meereslandschaften aus aller Welt. Die größte Attraktion ist das **Ozeanbecken**, durch dessen Tunnel Rochen und verschiedene Haie von Nahem zu erblicken sind – nach Vereinbarung kann man auch mit ihnen schwimmen. Handfütterungen finden im **Riffbecken** statt. Außerdem gibt es ein neu-

---

Pania of the Reef

Südlich des Ocean Spa (s. oben links) steht eine Bronzestatue von **Pania**. Einheimische Maori erzählen gern die Geschichte von der wunderschönen Meerjungfrau, die jeden Abend vom Wasserreich des Tangaroa, dem Gott des Ozeans, zu einer Süßwasserquelle nahe dem Fuße des Bluff Hill schwamm, um dort ihren Durst zu stillen und am nächsten Morgen wieder zu ihrem Volk zurückzukehren. Eines Abends wurde sie von einem jungen Häuptling entdeckt, der um sie warb und wollte, dass sie an Land bliebe. Sie heirateten schließlich, doch als Pania ihrer Verwandtschaft einen Abschiedsbesuch abstattete, hielt diese sie gewaltsam in den salzigen Tiefen des Meeres zurück, und sie verwandelte sich in einen Stein, der heute als **Pania Reef** bekannt ist. Fischer und Taucher behaupten immer noch, sie könnten sie sehen, wie sie ihre Arme zum Ufer ausstreckt.

es Becken für kleine, gerettete Pinguine mit Liveübertragung aus ihren Höhlen sowie Fenstern, durch die man sie beobachten kann. Das Museum umfasst auch interessante Abteilungen zu den neuseeländischen Brückenechsen *(tuatara)* und ein Kiwi-Nachthaus.

Bluff Hill

Im Norden stößt das Zentrum Napiers an die steilen Hänge des **Bluff Hill**, eines 3 km langen Hügels, der eine begehrte Wohngegend ist. Am östlichen Gipfel kann man vom **Bluff Hill Domain Lookout** (🕐 tgl. 7 Uhr bis zur Abenddämmerung) den Blick bis nach Cape Kidnappers im Westen und bis zur Mahia-Halbinsel im Osten schweifen lassen.

Napier Prison

55 Coote Rd ▪ 🕐 tgl. 9–18 Uhr, 1x monatlich R16 Night Tour ▪ $20 (inkl. Audiotour); R16 Night Tour $25 ▪ ✆ 06 835 9933, 🖥 www.napierprison.com

Südlich vom Bluff Hill steht das **Napier Prison**. Das 1862 erbaute und 1993 geschlossene Gefängnis verbirgt sich hinter einer mächtigen Sandsteinmauer. Das hier ist aber nicht Alcatraz, sondern ein Gefängnis nach Kiwi-Art – Bretter und Wellblech – mit einer bewegten Geschichte. Es beherbergte nicht nur hartgesottene Verbrecher, sondern auch Frauen, Kinder und psychisch Kranke. Mehrere Zellen wurden im Originalzustand belassen. Wer im Voraus bucht und beim Datum flexibel ist, kann an einer Führung teilnehmen ($25). Ansonsten gibt es noch eine einstündige Audiotour oder die R16 Night Tour mit gespenstischen Einlagen.

Ahuriri

5 km nordwestlich der Innenstadt

Die europäischen Ursprünge Napiers liegen am heutigen Hafen in **Ahuriri**. James Cook entdeckte dort in der Flussmündung einen sicheren Liegeplatz für die *Endeavour*, und um diesen natürlichen Hafen wuchs die neue Ansiedlung. Als später der Industriehafen um die Landzunge weiter nach Süden zog, fiel Ahuriri in die Bedeutungslosigkeit. Erst seit in den letzten Jahren die alten Wollmagazine und Lagerhäuser im inneren Hafen (genannt „Iron Pot") sowie die Uferpromenade durch schummrige Bars und Cafés neu belebt worden sind, herrscht ab Donnerstagabend das ganze Wochenende hindurch wieder reges Treiben.

National Tobacco Company Building

Bridge St, Ecke Ossian St

Am Tag lässt sich ein hübscher Spaziergang durch das Gebiet von Ahuriri unternehmen, wirklich sehenswert ist aber nur das **National Tobacco Company Building**. Es ist wahrscheinlich mit Abstand das am häufigsten abgelichtete Art-déco-Motiv von Napier und weist einen dekorativen Reichtum auf, der bei Industriebauten selten ist, darunter Art-Nouveau-Motive wie Rosen und *raupo* (eine Art neuseeländische Seebinse).

Sheepskin Tannery

22 Thames St ▪ Führungen Mo–Fr 11 und 14 Uhr ▪ Eintritt frei ▪ ✆ 06 835 9662, 🖥 www.classic sheepskins.co.nz

Classic Sheepskins veranstaltet einmalige Führungen durch seine **Gerberei**. Bei der Gelegenheit kann man Produkte zum Herstellerpreis kaufen, darunter Thor Boots, das Kiwi-Äquivalent von Ugg Boots (Stiefel aus Schafsleder).

ÜBERNACHTUNG

Abgesehen von dem üblichen Mangel an Unterkünften in den vier Wochen nach Weihnachten und während der Feste im Februar (s. Kasten S. 466), dürfte es keine Probleme geben, in Napier unterzukommen. Es gibt Dutzende **Motels**, viele davon in Westshore, einem Vorort am Strand, ein paar Kilometer vom Zentrum entfernt neben dem SH2 Richtung Norden. Die Marine Parade im Zentrum bietet preiswerte **Hostels** und vornehme **B&Bs**. **The County Hotel**, 12 Browning St, ✆ 06 835 7800, 🖥 www.countyhotel.co.nz. Elegantes, hübsch eingerichtetes Business- und Touristenhotel im ehemaligen Rathaus aus der Zeit König

Art déco in Napier

Nach dem Erdbeben von 1931 wurde Napier im angesagtesten Architekturstil jener Zeit wieder aufgebaut: **Art déco**. Er bedeutete den Inbegriff der Moderne, verherrlichte den Fortschritt, das Industriezeitalter und einen verschwenderischen Lebensstil nach dem Vorbild des Großen Gatsby. Doch die Weltwirtschaftskrise machte dem Überschwang ein Ende, weshalb Napiers Art-déco-Version von den Entbehrungen jener Ära geprägt ist.

Gleichzeitig ließen sich die Architekten vom kalifornischen Santa Barbara inspirieren, das nur sechs Jahre zuvor das gleiche Schicksal erlitten hatte wie Napier und aus den Trümmern wiederauferstanden war. Sie übernahmen die Brunnen (ein Symbol der Erneuerung), aufgehende Sonnen, Zickzackleisten, Blitze und Riffelungen, um den äußerst formalisierten, aber asymmetrischen Designs zusätzlichen Reiz zu verleihen. Der in den 1980er-Jahren gegründete **Art Deco Trust** setzt sich für den Erhalt der Gebäude ein und unterstützt Ladenbesitzer finanziell bei der Hervorhebung charakteristischer architektonischer Details in originalgetreuen Pastellfarben.

Besucher können sich einen Eindruck vom Art déco in Napier verschaffen, indem sie das halbe Dutzend Straßen im Stadtzentrum entlangspazieren, vor allem die **Emerson Street**. Besondere Erwähnung verdient hier die **ASB Bank** an der Ecke zur Hastings Street. In der Tennyson Street sollte man nach dem Gebäude des **Daily Telegraph** mit stilisierten Brunnen und dem **Municipal Theatre** Ausschau halten. Letzteres wurde Ende der 1930er-Jahre in auffallend geometrischer Form erbaut.

Entdeckungstouren durch das Art-déco-Napier

Aufmerksame Beobachter finden den klassischen Jugendstil überall, doch für eine systematische Erkundung des Art déco in Napier sollte man die Angebote eines oder mehrerer der nachstehend gelisteten Anbieter in Anspruch nehmen.

The Art Deco Shop, 163 Tennyson St, 🖥 www.artdeconapier.com. Abgesehen vom Warensortiment bietet der Laden auch ein 20-minütiges Video zur Einführung ($5) und eine Broschüre ($9) zu einem **Art Deco Walk** auf eigene Faust im Stadtzentrum (1,5 km; 1 1/2–2 Std.). Die meisten Mitarbeiter (und Führer) arbeiten ehrenamtlich; alle werfen sich gern in stilgerechte Kleidung.

Art Deco Afternoon Walking Tour. Echte Art-déco-Liebhaber treffen sich zu dieser 2-stündigen Tour (April–Sep tgl. 14 Uhr, $20), die das Napier der 1930er-Jahre anhand vieler Anekdoten wieder zum Leben erweckt und Gelegenheit bietet, sich ungeniert im Innern der Läden und Banken umzuschauen. In der Hochsaison gibt es zusätzlich eine kürzere Führung (Okt–März 17 Uhr, 1 1/2 Std., $19, Jan–März 10 Uhr, 1 Std., $17). Treffpunkt am i-SITE.

Der Art Deco Trust veranstaltet **Vintage Deco Car Tours** und eine **Deco Tour**, 7 Tennyson St, ✆ 06 835 0022, 🖥 www.artdeconapier.com. Die Oldtimerfahrt (1 1/4 Std.; $160 für max. 4 Pers.) findet nur statt, wenn ein Fahrzeug zur Verfügung steht. Bei der Deco Tour (tgl. 11.30 Uhr; 1 1/4 Std., $40) im Minibus werden auch die außerhalb des Stadtkerns gelegenen Jugendstil-Highlights besichtigt.

Edwards, eines der wenigen Häuser, die das Erdbeben von 1931 überstanden. Es hat 18 luxuriöse Zimmer (teils mit altmodischer Badewanne), ein gutes Restaurant und eine Bar. Nach Sonderangeboten fragen. $315
Criterion Art Deco, 48 Emerson St, ✆ 06 835 2059, 🖥 www.criterionartdeco.co.nz. Zentral gelegenes 60-Betten-Hostel in einem Art-déco-Gebäude, einem ehemaligen Hotel. Preiswerte Dorms (z. T. nach Geschlechtern getrennt) und

DZ, einige davon mit Bad. Große Gemeinschaftsbereiche (sogar mit Billardtisch), aber kleine Küche. Kleines Frühstück inkl. Dorms $28, DZ $66
Gardner Court Motel, 16 Nelson Crescent, ✆ 0800 000 830, 🖥 www.gardnercourtmotel.co.nz. Besonders einladendes, ruhiges, sauberes und relativ zentrales Old-School-Motel mit einem mittels Sonnenenergie beheizten Pool und schlichten Motel-

zimmern zu unschlagbaren Preisen. Das ganz große Plus sind die Hingabe und die Freundlichkeit der langjährigen Besitzer. $110

The Green House on the Hill, 18b Milton Oaks, Bluff Hill, ✆ 06 835 4475, 🖥 www.the-greenhouse.co.nz. Freundliche, vegetarischen Frühstückspension mit herzlicher Atmosphäre. Zur Auswahl stehen eine Suite mit Bad und eine weitere mit zwei Zimmern und Bad. Liebevoll zubereitetes Frühstück. Kostenloses WLAN. $135

Kennedy Park Top 10, 11 Storkey St, abseits der Kennedy Rd, ✆ 0800 457 275, 🖥 www.kennedypark.co.nz. Der nur 2 km von der Innenstadt entfernte gut gemanagte Campingplatz hat jede Menge Stellplätze mit Anschlüssen (2 Pers. $48), einen Pool, eine Grillstelle, einen Kinderspielplatz, zahlreiche Cabins und Units sowie ein Restaurant. Einfache Cabin $63, Motel Units $121

Mon Logis Guesthouse, 415 Marine Parade, ✆ 06 835 2125, 🖥 www.monlogis.co.nz. 4 Zimmer mit Gemeinschaftsbalkon und Meerblick in einem 100-jährigen Holzhaus. Der freundliche, gut informierte französische Besitzer kümmert sich rührend um die Gäste und sorgt für ein köstliches Frühstück. $180, mit Meerblick $240

Napier Beach, 10 Gill Rd, Bay View, 9 km Strand nördlich von Napier, ✆ 0800 287 275, 🖥 www.napierbeach.co.nz. Der einladende Campingplatz am Strand mit peppiger Rezeption und WLAN hat nur im Sommer geöffnet und ist ein gutes Gegenmittel zur tristen Atmosphäre im Kennedy Park. Wer ein paar Dollar mehr hinlegt, bekommt einen Stellplatz am Strand mit grandioser Aussicht (Stellplatz $22, mit Elektroanschluss $24). Für $179 gibt's sogar ein Motel Unit am Strand. Cabins $109, Units $159

The Nautilus, 387 Marine Parade, ✆ 0508 628 845, 🖥 www.nautilusnapier.co.nz. Modernes, gehobenes Motel, alle Zimmer mit Meerblick, Jacuzzi oder Spa-Badewanne, Balkon und Zimmerservice. Zur Anlage gehört ein kleines Restaurant, kostenl. WLAN. Studios $175, Apartments $225

🧳 **Sea Breeze B&B**, 281 Marine Parade, ✆ 06 835 8067, 🖥 seabreezebnb.co.nz. Viktorianische Villa am Wasser mit 3 opulent

nach Themen eingerichteten Gästezimmern – das im indischen und das im chinesischen Stil haben ein Bad, das türkische hat ein eigenes, abgetrenntes Badezimmer. Die Eigentümer scheuen keine Mühen, damit die Gäste sich wohlfühlen. Allen stehen eine Küche und die Lounge mit Meerblick zur Verfügung. Großzügiges SB-Continental-Frühstück. $130

Stables Lodge, 370 Hastings St, ✆ 06 835 6242, 🖥 www.stableslodge.co.nz. Kleines, freundliches, gemütliches 38-Betten-Hostel mit Zimmern rund um einen Patio. Kostenloser Internetzugang, Hängematten, Büchertausch und Grillstelle als Ausweichmöglichkeit zur kleinen, aber voll ausgestatteten Küche tragen zu der geselligen Atmosphäre bei. Dorms $25, Zimmer $64

Wally's, 7 Cathedral Lane, ✆ 06 833 7930, 🖥 www.wallysbackpackers.co.nz. Zentrales Hostel in zwei Villen aus den 1920er-Jahren sowie einem Cottage, das als 8-Zimmer-Dorm dient. Halbwegs komfortable Zimmer, riesige DVD-Sammlung und ein paar Parkplätze abseits der Straße. Dorms $21, Zimmer $56

🧳 **YHA Napier**, 277 Marine Parade, ✆ 06 835 7039, 🖥 www.yha.co.nz. Das geräumige Hostel verteilt sich über drei historische Schindelhäuser am Wasser. Einige Zimmer haben Meerblick, es gibt kostenloses WLAN, eine gerade noch ausreichend große Küche und eine Grillstelle im sonnigen Hinterhof. Dorms $26, DZ $69

ESSEN UND UNTERHALTUNG

Sowohl im Zentrum als auch in der Vorstadt Ahuriri kann man gut essen. Zum Ausgehen sind die großen Bars in Ahuriri allerdings besser. Es gibt zwei große, zentrale Supermärkte in der Munroe St: Countdown, Hausnr. 1, und Pak 'n Save, Hausnummer 25, beide 🕐 tgl. 7–22 Uhr.

Das Unterhaltungsangebot der Stadt ist nicht besonders aufregend, es sei denn, man ist gerade in Napier, wenn ein **Festival** stattfindet (s. Kasten S. 466).

In einigen Bars gibt es jedoch am Wochenende und – wenn Bands auf Tournee vorbeikommen – manchmal **Livemusik**.

Das **Veranstaltungsprogramm** ist in den Donnerstags- und Freitagsausgaben der Zeitung *Hawke's Bay Today* nachzulesen.

Zentrum

The Cabana, 11 Shakespeare Rd, ☎ 06 835 1102, 🖥 www.cabana.net.nz. Dieser Veranstaltungsort für Gastbands und -shows stellt manches Großstadtangebot in den Schatten. Wer nicht wenigstens einmal reingeschaut hat, ist nicht in Napier gewesen. Je nach Veranstaltung wird manchmal Eintritt (meist $10) verlangt. ☉ Do–Sa 20–1, manchmal auch So–Mi 20–24 Uhr.

Café Divine, 53 Hastings St, ☎ 06 835 6218. Das Café mit Schanklizenz ist mit seinen gesunden, hausgemachten Filoteigtaschen und Wraps, einem himmlischen *seafood chowder* ($13,50) und anderen billigen Frühstücks- und Mittagsgerichten ist bei Einheimischen und Touristen gleichermaßen beliebt und hält wirklich, was sein Name verspricht. ☉ tgl. 6.30–17 Uhr.

Groove Kitchen Espresso, 112 Tennyson St, ☎ 06 835 8530. Cooles Café mit unwiderstehlichem Kaffee, guter Musik und leckerem Essen – gut ist z. B. der Jammin' Salmon mit Rösti, Spinat, frischem Pesto und pochierten Eiern. Am letzten Samstag im Monat gibt's eine Danceparty ($10). ☉ Mo–Fr 8–14, Sa und So 9–15 Uhr.

Guffle, 29a Hastings St, ☎ 06 7835 8847. Für den Besuch dieser coolen kleinen Cocktail- und Weinbar sollte man sich ein klein wenig in Schale schmeißen. Im Guffle gibt's die besten Drinks der Stadt und immer tolle Musik, manchmal auch Filmklassiker und Livemusik. Wenn es unbedingt sein muss, kommt auch eine Portion Fritten auf den Tisch, sonntags im Sommer manchmal auch Pizza. Der Renner sind aber die phänomenal guten Cocktails. ☉ Mo–Sa 16–24 Uhr.

Kilim, 193 Hastings St, ☎ 06 835 9100. Dank BYO-Wein ohne Entkorkungsgebühr und preiswertem türkischem Essen (auch zum Mitnehmen) immer gut besucht. Hauptgerichte (um $16,50), z. B. Köfte, Falafel und Spinat-Börek. Der Service ist nicht gerade berauschend, aber die Gerichte sind lecker und sättigend. ☉ So–Do 11–21, Fr und Sa 11–21.30 Uhr.

Kitchen Table, 138 Tennyson St, ☎ 06 835 8142. Das gemeinnützige Café unter Familienführung setzt mit kitschigem Fünfzigerjahre-Dekor (handgestrickte Teewärmer und grelle Tapete) einen knalligen Kontrapunkt zum strengen Art-déco-Stil im restlichen Napier. Sofas verteilen sich über den großen Saal, auf dessen Bühne etwa einmal monatlich Livemusik gespielt wird. Es gibt alkoholische Getränke, Kaffee, Obst-Crumble ($13), Gerichte wie *sweetcorn stack* ($18) und außerdem eine kleine Fotogalerie. ☉ Mo–Sa 9–15 Uhr.

Mister D, 47 Tennyson St, ☎ 06 835 8530, 🖥 www.misterd.co.nz. Tolle Zutaten in liebevoller Zubereitung. Wer Fleisch liebt, sollte Napier nicht verlassen, ohne die Markravioli ($24,50) zu probieren, während Süßschnäbel ihre Vorliebe mit hausgemachten Donuts zum Selberfüllen (Vanillecreme, Gelee oder Schoko $6) befriedigen können. ☉ So–Mi 7.30–16, Do–Sa 7.30–23 Uhr.

Pacifica, 209 Marine Parade, ☎ 06 835 5022, 🖥 www.pacificarestaurant.co.nz. In dem etwas zu sehr gestylten Restaurant wird überwiegend Seafood in einer leicht irritierenden Form von *nouvelle cuisine* serviert (z. B. Sago mit Grünschalmuscheln). Es gibt nur das Degustationsmenü für $40 – allerdings verdoppelt sich der Preis mit den vorgeschlagenen Weinen. Bei gutem Wetter sitzt man sehr schön im Garten. ☉ Mo–Fr 18 Uhr bis spät.

The Rose, 72 Hastings St, ☎ 06 835 8689. Große Bar mit Sportübertragung, Livemusik am Donnerstag und Sonntag, regelmäßigen Quizabenden und günstigem Pubessen (meist $15–20). ☉ tgl. 11 Uhr bis spät.

Ujazi Café, 28 Tennyson St, ☎ 06 835 1490. Napiers ältestes Café hat gutes Frühstück (auch vegetarisch) und Mittagessen: Quiches und Salate, außerdem Fruchtsorbets und guter, starker Fairtrade-Kaffee sowie himmlische Puddingschnitten, Gerichte um $15–25. ☉ tgl. 8–17 Uhr.

Ahuriri

Boardwalk, 8 Hardinge Rd, ☎ 06 834 1168, 🖥 www.boardwalknapier.co.nz. Sieht von außen wie eine ganz gewöhnliche Strandbar mit Café aus. Dahinter verbirgt

Das **Mission Concert**, 🖵 www.missionconcert.
co.nz, findet normalerweise zwischen Januar
und März statt. Dabei tritt jedes Mal ein international bekannter Sänger auf der Mission
Estate Winery vor etwa 25 000 Gästen im Freien
auf. Hier gaben sich z. B. schon Ronan Keating,
Eric Clapton und Rod Stewart die Ehre.

Art Deco Weekend, 🖵 www.artdeconapier.
com. Zum Jugendstil-Festprogramm gehören
Stadtführungen, Besichtigungen von ansonsten nicht zugänglichen Art-déco-Privathäu-
sern, Radtouren, Picknicks, zu denen man im
Stil der 1930er-Jahre gekleidet erscheinen soll,
Champagnerfrühstück, „Depression Dinner",
Stummfilme und Ähnliches. Normalerweise am
3. Februarwochenende.

sich aber eine wunderschöne Freiluftbar mit
überdachter Restaurantterrasse, beide mit
tollem Meerblick. Die Speisekarte hat Menüs
mit Fixpreis ($21–32), die aber angesichts des
Ausblicks und der Atmosphäre erstaunlich
günstig sind. ⏰ Mo–Fr 9 Uhr bis spät, Sa und
So 8 Uhr bis spät.

Hep Set Mooch, 58 West Quay, ✆ 06 833 6332,
🖵 www.shed2.co.nz/hep_set_mooch. Lockeres
Tagescafé in einem großen umgebauten Lagerschuppen. Die freundlichen Mitarbeiter servieren verschiedene Frühstücksgerichte (z. B.
Porridge mit Apfelkompott), leckere Muffins
sowie Omelettes, Blätterteigpasteten und Salate,
(Höchstpreis $25). ⏰ tgl. 8–15 Uhr.

Master of India, 79 Ahuriri Shopping Centre,
✆ 06 834 3440. Stilvolles Curry-Restaurant mit
Schanklizenz und großer Auswahl authentischer
Speisen, darunter auch viele vegetarische. Die
meisten Hauptgerichte unter $25. Auch Take-
away. ⏰ Do–Sa 11.30–14 und 17.30 Uhr bis spät.

Milk & Honey, Crown Hotel, Bridge St, Ecke
Hardinge Rd, ✆ 06 833 6099, 🖵 www.themilk
andhoney.co.nz. Das schicke Restaurant/Bar
mit poliertem Holz und Meerblick verdankt
seine Beliebtheit nicht zuletzt der modernen
mediterranen Speisekarte (Hauptgerichte um
$30). Gut sind die Thunfischvorspeise mit
Wasabi und Sesam ($15) und die langsam

gegarte Lammhaxe mit Gorgonzola-Gnocchi
($27). Man kann aber auch einfach auf
einen Syrah oder Espresso herkommen.
⏰ tgl. 7–22 Uhr.

Provedore, 60 West Quay, ✆ 06 834 0189.
In dem angesagten Café/Bar mit europäischem
Touch gibt's Tapas ($7–16,50), DJs und manch-
mal Livemusik – super Location für einen
schönen Abend. ⏰ Mi und Do 16–22, Fr 16–1,
Sa 12–1 und So 12–22 Uhr bis spät.

Three Doors Up, 3 Waghorne St, ✆ 06 834
0835, 🖵 www.threedoorsup.co.nz. Ein gutes,
Restaurant mit Alkoholausschank, legerem
Ambiente und erschwinglichen Preisen, daher
steht es auch bei den Anwohnern hoch im
Kurs. Die italienisch angehauchten Gerichte
sind teilweise etwas schwer (Jakobsmuscheln
mit Gorgonzola und Sahne), aber alles ist lecker
(Hauptgerichte $22–36). Nebenan ist die Bar
Four Doors Down, ⏰ Mi–So, die am Freitag-
nachmittag und Sonntagabend Livemusik bietet.
⏰ tgl. 17.30 Uhr bis spät.

SONSTIGES

Autovermietungen

Auto Rental, ✆ 06 834 0045, 🖵 www.autorental
vehicles.co.nz, und **Pegasus**, ✆ 06 843 7020,
🖵 www.rentalcars.co.nz, bieten Fahrzeuge
ab $40 pro Tag.

Informationen und Internet

i-SITE, 100 Marine Parade, ✆ 06 834 1911,
🖵 www.hawkesbaynz.com. Die Mitarbeiter
geben Auskunft darüber, wann die Gezeiten für
den Besuch der Tölpelkolonie günstig sind und
reservieren Reise- und Wanderwege/Hütten-
tickets. Außerdem gibt's hier **Internetzugang**.
⏰ tgl. 9–17 Uhr.

DOC, 59 Marine Parade, ✆ 06 834 3111.
Infos über Wanderungen in die abgeschiedenen
Kaweka- und Ruahine-Berge im Westen.
⏰ Mo–Fr 9–16.15 Uhr.

Kinos

Globe Theatrette, 15 Hardinge Rd, Ahuriri,
✆ 06 833 6011, 🖵 www.globenapier.co.nz.
Das winzige Kino mit Ledersitzen zeigt eine
Mischung aus Mainstream und Programmkino.

Reading Cinema, 154 Station St, ☎ 06 831 0600, 🖳 www.readingcinemas.co.nz. Zeigt die üblichen Kassenschlager.

NAHVERKEHR

Busse
Die lokalen Busse von **GoBay**, ☎ 06 878 9250, 🖳 www.hbrc.govt.nz/Services/Transport, fahren ab Dalton St und sind vor allem dann praktisch, wenn man nach Hastings und Havelock North will. Außerdem bedient die Linie die Church Rd und die Mission Estate Winery.

Fahrräder
Napiers zentrale Sehenswürdigkeiten lassen sich gut zu Fuß besuchen.
Die Stadt und ihre Umgebung kann man aber auch wunderbar auf insgesamt 130 km Radwegen erkunden.
Stahlesel (einschließlich Elektroräder) ab $50 pro Tag verleiht z. B. **Fish Bike**, 26 Marine Parade, ☎ 06 833 6979, 🖳 www.fishbike.co.nz. ⏲ tgl. 9–17 Uhr.

Taxis
Napier Taxis, ☎ 06 835 7777.

TRANSPORT

Busse
InterCity- und NakedBus-Busse halten in der Carlyle St am Civil Square.

Busse nach:
AUCKLAND 1x tgl., 6 Std.;
DANNEVIRKE 5x tgl., 2 Std.;
GISBORNE 1 tgl., 4 Std.;
HASTINGS 7x tgl., 1/2 Std.;
NORSEWOOD 4–5x tgl., 1 Std. 40 Min.;
PALMERSTON NORTH 4–5x tgl., 2 3/4 Std.;
TAUPO 4x tgl., 2 Std.;
WELLINGTON 4–5x tgl., 5 1/4 Std.

Flüge
Flüge aus Auckland, Wellington, Christchurch, Rotuora, Tauranga und Gisborne kommen am Hawke's Bay Airport, 5 km nördlich der Stadt am SH2, an. Busse von **Super Shuttle**, ☎ 0800 748 885, 🖳 www.supershuttle.co.nz, fahren für rund $20 in die Stadt.

Flüge nach:
AUCKLAND 5–8x tgl., 1 Std.;
CHRISTCHURCH 2–3x tgl., 1 Std. 35 Min.;
WELLINGTON 3–5x tgl., 1 Std.

Cape Kidnappers

Als James Cook in diese Gegend kam, bemerkten Maori-Händler zwei junge tahitianische Dolmetscher an Bord der *Endeavour* und glaubten, diese würden gegen ihren Willen dort festgehalten. Daher entführten sie einen von ihnen und ruderten davon. Der Junge floh zum Schiff zurück, doch Cook kennzeichnete den Ort auf seiner Karte als Cape Kidnappers.

Weder Cook noch Joseph Banks, die beide sorgfältig über die gesehene Flora und Fauna Buch führten, erwähnten **Tölpel** auf den zahlreichen Felsspitzen, die das Ende der Halbinsel bilden. Doch hundert Jahre später wurde von etwa 20 Paaren berichtet, heute sind es über 16 000 Vögel. Kein Besuch in Napier und Hastings wäre vollständig ohne einen Abstecher zu dieser weltweit am besten zugänglichen Festlandkolonie (s. Kasten S. 470).

Das Weinanbaugebiet der Hawke's Bay

Napier und Hastings werden fast gänzlich vom **Wine Country** der Hawke's Bay umschlossen, einem der größten und meistgelobten Weinanbaugebiete Neuseelands. Durch die Region mit vorwiegend hochkarätigen Boutique-Kellereien schlängelt sich der **Hawke's Bay Wine Trail**. Diese Weinstraße führt an gut 30 Weingütern vorbei, von denen manche kostenlose Weinproben bieten. Viele haben ein Restaurant oder zumindest einen Picknickplatz.

Das Klima der Hawke's Bay ist ganz ähnlich wie das der französischen Bordeaux-Region,

POVERTY BAY, HAWKE'S BAY UND DAS WAIRARAPA

In der Region gibt es über 70 Weingüter. Im Folgenden nur eine Auswahl der beliebtesten, mit dem Schwerpunkt auf solchen, die sich für ein Mittagessen empfehlen oder die neben der obligatorischen Weinprobe noch andere Reize bieten. Es ist allerdings durchaus möglich, dass der gleiche Wein im Supermarkt billiger ist als beim Hersteller selbst.

Die am nächsten bei Napier gelegenen Wingüter befinden sich 8 km südwestlich im Vorort **Taradale**. Außerhalb von **Havelock North**, 5 km südöstlich von Hastings, und 10 km nordwestlich in der Nähe von **Fernhill** – dem am schnellsten wachsenden Weinanbaugebiet der Hawke's Bay – liegen ebenfalls eine Reihe Weingüter. Die meisten haben im Sommer tgl. 10–17 Uhr geöffnet, aber wenn nicht viel los ist, sind sie manchmal am Mo, Di und sogar Mi geschlossen.

Die hervorragendsten **Weingutrestaurants** sind die von Black Barn, Elephant Hill, Mission Estate und Te Awa.

Black Barn, Black Barn Rd, Havelock North, ☏ 06 877 7985, 🖳 www.blackbarn.com. Designer-Weingut mit kostenloser Weinprobe, einem Mittagsbistro und Café (Hauptgerichte um $35), einer kleinen Kunstgalerie, Bauernhofmarkt und Amphitheater mit Veranstaltungen im Sommer, inkl. Freiluftkino. ⊕ Verkostung tgl. 10–17 Uhr; Bistro und Café Mo und Do geschl.; Hofmarkt Dez–Feb 9–12 Uhr.

Church Road, 150 Church Rd, Taradale, ☏ 06 844 2053, 🖳 www.churchroad.co.nz. Renommiertes Weingut mit einem interessanten Museum (Führung $15) und kostenloser Weinprobe, oft vom berühmten Church Road Chardonnay (Probe von lange gelagerten, hochwertigen *reserve wines* wird extra berechnet). Eine Platte mit Appetithäppchen für 1 oder 2 Pers. kostet $48, Käseplatte $28. ⊕ Tour tgl. 11 und 14 Uhr; Verkostung tgl. 10–17 Uhr.

Elephant Hill, 86 Clifton Rd, Te Awanga, ☏ 06 872 6060, 🖳 www.elephanthill.co.nz. Das Weingut mit ausgefallener Architektur, Boutiqueweinen und einem edlen zum Mittag- und Abendessen geöffneten Restaurant/Bar (Hauptgerichte $30–35) produziert renommierten Chardonnay, Rosé und Syrah. Die Verkostungsgebühr von $5 wird beim Kauf einer Flasche ersetzt. ⊕ Verkostung tgl. im Winter 11–16, Sommer 10–17 Uhr.

Mission Estate, 198 Church Rd, Taradale, ☏ 06 845 9350, Restaurantreservierung unter ☏ 06 845 9354, 🖳 www.missionestate.co.nz. Das älteste Weingut Neuseelands lohnt nicht nur wegen ihrer Schlüsselposition in der Entwicklung der Weinindustrie von Hawke's Bay einen Besuch. Sie bietet gut organisierte, kostenlose Führungen, an deren Ende eine Weinprobe steht. Auch ohne Tour ist die Ver-

deshalb werden hier ausgezeichneter **Chardonnay** und viel **Merlot** gekeltert. Inzwischen arbeiten viele Winzer daran, Hawke's Bay zum neuseeländischen Avantgardehersteller von Syrah zu machen, einer edleren Version des australischen Shiraz (obwohl er aus der gleichen Rebsorte hergestellt wird), der aber den ursprünglichen europäischen Namen trägt. Der Wine Trail überschneidet sich zu einem großen Teil mit den Art und Food Trails (s. Kasten).

Geschichte

Hawke's Bay ist Neuseelands älteste Weinanbauregion: Die ersten Weinstöcke wurden hier 1851 von französischen Missionaren angepflanzt,

aber erst 50 Jahre später gesellten sich andere Weingüter hinzu. Sie bevorzugten die Kiesböden der Flussterrassen des Tutaekuri, Ngaruroro und Tukituki, die die Hitze des Tages speichern und wo die feuchte Meeresbrise nicht hingelangt. In diesem Gebiet – den sogenannten **Gimblett Gravels** – produzieren die Weingärten der **Gimblett Road** zunehmend Spitzenweine.

New Zealand Wine Centre

1 Shakespeare Rd, Napier ■ ⊕ tgl. Dez–Feb 10–19; März–Nov 10–18 Uhr ■ $29; nur Verkostung $14 ■ ☏ 06 835 5326, 🖳 www.nzwinecentre.co.nz

Bevor man eine Weingüterbesichtigung macht, lohnt sich ein Besuch im **New Zealand Wine**

POVERTY BAY, HAWKE'S BAY UND DAS WAIRARAPA

kostung gratis. Auf dem Gelände gibt es auch eine Kunstausstellung und ein À-la-carte-Restaurant. Das Mittag- und Abendessen wird auf der Terrasse oder im alten Klostergebäude eingenommen. Eine Portion Räucherlachs ist beispielsweise für etwa $18, Schweinefilet für $32 zu haben. ⏰ Führungen tgl. 10.30 und 14 Uhr, Verkostung Mo–Sa 9–17, So 10–16.30 Uhr.

Ngatarawa, 305 Ngatarawa Rd, Bridge Pa, ☎ 06 879 7603, 🖥 www.ngatarawa.co.nz. Gutes kleines Weingut mit kostenloser Probe von Qualitätsweinen in 100 Jahre alten Stallungen mit hübschen Picknickstellen und einem Bouleplatz. ⏰ Verkostungen tgl. 11–17 Uhr.

Salvare, 403 Ngatarawa Rd, Bridge Pa, ☎ 06 874 9409, 🖥 www.salvare.co.nz. Praktisch ein Ein-Mann-Betrieb, wo Besucher individuell beraten werden. Weinprobe kostenlos und zwei verschiedene Olivenöle und Vinaigrettes als Kostprobe. ⏰ Verkostungen im Sommer tgl. 10.30–16.30, Winter Do–Mo 10.30–16, Di und Mi 10.30–15 Uhr.

Te Awa, 2375 SH50, Fernhill, ☎ 06 879 7602, 🖥 www.teawa.com. Nahe der für ihre Weine berühmten Gimblett Road; produziert hervorragende Rotweine (Merlot und Cabernet Merlot), die aromatischer und lebendiger als viele ihrer Hawke's-Bay-Konkurrenten sind. Weinprobe kostenlos. Ein Mittagessen in diesem Winzerrestaurant, einem der vorzüglichsten Neuseelands, ist ein denkwürdiges Erlebnis. An Tischen drinnen oder draußen werden raffinierte Speisen wie Rinderfilet mit Kürbispüree ($34) aufgetragen. Und natürlich gibt es zu jedem Gericht den passenden Wein. ⏰ Verkostungen tgl. 10–16 Uhr.

Te Mata, 349 Te Mata Rd, Havelock North, ☎ 06 877 4399, 🖥 www.temata.co.nz. Neuseelands ältestes Weingut produziert heute von Hand Spitzenweine in relativ kleinen Mengen. An erster Stelle rangiert der bordeauxähnliche Coleraine, einer der absoluten Top-Rotweine Neuseelands. Kostenlose Weinprobe, Führungen (tgl. Weihnachten–Anfang Feb) und als zusätzliches Highlight das wegen seiner Architektur umstrittene Gebäude nach Entwürfen von Ian Athfield. ⏰ Verkostungen Mo–Fr 8.30–17, Sa 10–17, So 11–16 Uhr.

Trinity Hill, 2396 SH50, Fernhill, ☎ 06 879 7778, 🖥 www.trinityhill.com. Modernes Weingut im Gebiet der Gimblett Road, das ausgezeichnete Rotweine und Chardonnay produziert. Die Kellerei ist landesweit führend im Experimentieren mit Rebsorten wie Montepulciano, Tempranillo und Arneis und keltert sogar einen Portwein aus der Touriga Nacional (einer roten Rebsorte aus Portugal). Weinproben sind kostenlos, und wer möchte, kann sich einen Picknickkorb für ca. $25 zusammenstellen lassen und den Inhalt auf dem Gelände verspeisen. ⏰ Verkostungen tgl. Okt–April 10–17, Mai–Sep 11–16 Uhr.

Centre, das in einem schönen Jugendstilgebäude untergebracht ist. Hier lernt man erst mal in der Theorie, wie sich die verschiedenen Weine geschmacklich unterscheiden. Anschließend geht's zur Verkostung von sechs Weinen in ein kleines Kino, wo auf dem Bildschirm Winzer ihre Produkte anpreisen. Zum Zentrum gehören auch ein Museum und Aromaräume.

TOUREN

Man kann natürlich mit dem Auto zu den Weingärten fahren. Aber wer sich einer organisierten Tour anschließt, braucht keinen enthaltsamen Fahrer zu suchen. Es werden mindestens ein halbes Dutzend Touren angeboten. Die meisten besuchen im Laufe eines Vor- oder Nachmittags vier oder fünf Weingüter. Die Veranstalter sind überwiegend in Napier angesiedelt, holen Teilnehmer aber auch in Hastings und Havelock North ab, normalerweise kostenlos. Es besteht auch die Möglichkeit, nach Anleitung, aber auf eigene Faust, mit dem Rad loszustrampeln.

Grape Escape, ☎ 0800 100 489, 🖥 www. grapeescapenz.co.nz. Halbtägige Ausflüge ($70) mit Besuch von 4 oder 5 Weingütern und Verkostung von etwa 30 verschiedenen Weinen mit Käse. Pickup und Dropoff bei Unterkünften in Napier, Hastings und Havelock.

POVERTY BAY, HAWKE'S BAY UND DAS WAIRARAPA

Die Tölpel von Cape Kidnappers

Tölpel sind große Vögel, die an ihrer goldgelb-schwarzen Kopfzeichnung zu erkennen sind. Sie können bis zu 30 Jahre alt werden und kommen im Juni zum Nisten ans Cape Kidnappers. Die Eier legen sie von Anfang Juli bis Oktober; die Jungen schlüpfen etwa sechs Wochen später. Sobald sie flügge sind, ungefähr im Alter von 15 Wochen, begeben sich die jungen Tölpel auf ihren Jungfernflug, ein Marathon über 3000 km bis nach Australien. Während der **Brutzeit** (Juli–Mitte Okt) ist das Kap für die Öffentlichkeit nicht zugänglich. Außerhalb dieser Zeit dürfen die beiden Kolonien Plateau und Black Reef besucht werden. Bei Ersterer kommt man bis auf einen Meter an die Vögel heran.

Praktische Informationen

Es gibt drei verschiedene Möglichkeiten (zu Fuß oder mit zwei Tourveranstaltern), die Tölpel zu besuchen: Die Ausgangspunkte befinden sich alle in den benachbarten Siedlungen **Clifton** und **Te Awanga**, 20 km südöstlich von Napier; gegen Aufpreis kann man sich vom Veranstalter auch abholen lassen. Die meisten Touren hängen von den Gezeiten ab, da sie unterhalb von 100 m hohen Klippen am Strand entlang führen.

Am billigsten ist es, die 11 km von Clifton unter 100 m hohen Felsen (Vorsicht: Steinschlag) am Strand entlang zu spazieren (Ende Okt–April; etwa 6 Std. hin und zurück). Eine Genehmigung ist nicht erforderlich, aber man muss den **Gezeitenplan** studieren und sich im DOC oder den i-SITEs in Hastings oder Napier den nützlichen *Guide to Cape Kidnappers* besorgen. Aufbruch ist in Clifton etwa drei Stunden nach der Flut. Zurück geht es auf keinen Fall später als anderthalb Stunden nach Ebbe. Am Strand angekommen geht es 25 schweißtreibende Minuten nach oben zur Plateau Colony. Der Pfad führt über Privatgelände, ist aber deutlich zu erkennen.

Gannet Beach Adventures, ☎ 0800 426 638, 🖥 www.gannets.com. Das ist die traditionelle Tölpel-Tour, eine Fahrt in von einem Traktor gezogenen Anhängern über den Strand. Dabei bietet sich reichlich Gelegenheit, die Landschaft zu studieren und die Vögel aus nächster Nähe zu beobachten. Die Tour endet an einem DOC-Unterstand, von wo man 25 Min. zum Plateau hochkraxeln muss. Dort bleibt eine halbe Stunde Zeit, um die Vögel zu studieren. Für zusätzliche $45 kann man sich auch am i-SITE in Napier, Havelock North oder Hastings abholen lassen. ⏲ tgl. Ende Okt bis Anfang Mai; 4 Std.; $42).

Gannet Safaris, ☎ 06 875 800 0888, 🖥 www.gannetsafaris.com. Wer keine Lust auf die Kraxeltour hat, mehr Zeit bei den Vögeln verbringen und Genaueres über die luxuriöse Unterbringung auf der spektakulären Summerlee Station erfahren möchte, ist hier richtig. Per Minibus geht es über das Gelände der Station und weiter durch eine malerische Landschaft mit fantastischen Ausblicken auf die Kolonien. Dort bleibt fast eine Stunde zum Tölpelgucken (3 Std., $75, oder $105 mit Abholung in Napier oder Hastings).

On Yer Bike, 12543 SH50, Hastings, ☎ 06 650 4627, 🖥 www.onyerbikehb.co.nz. Zur Auswahl stehen eine Reihe leichter Routen – von 5 km mit Besuch von 5 Weingütern bis zu 23 km mit 9 Weingärten. Für $60 gibt es die Fahrräder (Tandems verfügbar) für einen ganzen Tag, eine Streckenkarte, einen Pannendienst sowie ein Lunchpaket ($60).

Vince's World of Wine, ☎ 06 836 6705. Der Guide ist unterhaltsam und kennt sich gut aus, und der Zeitplan ist flexibel. Ein Halb-tagestrip umfasst 4 bis 5 Weingüter ($65) inkl. Abholung in Napier.

INFORMATIONEN

Bei den **i-SITE-Büros** der Region ist die kostenfreie Broschüre *Hawke's Bay Wine Trail* mit Beschreibungen der Weingüter erhältlich. Die besten Weingüter finden sich im Kasten auf S. 468. Im kostenlosen Heft *Hawke's Bay Art Guide* sind die Adressen und Wegbeschrei-

N ↑

Taupo (130 km) ▲ Wairoa ▲ (105 km), Lake Waikaremoana (170 km), Gisborne (200 km)

Eskdale 5 2

Bay View
1

Hawke Bay

Rissington

Hawke's Bay Airport ✈

Dartmoor

Westshore

Tutaekuri River Puketapu

Mission Estate

Napier

Church Road

50

TARADALE

2

Omahu

Ngaruoro River 50

Awatoto

Fernhill

Pakowhai

Clive

Trinity Hill

Te Awa

Haumoana

GIMBLET RD

NGATARAWA RD

Salvare

Flaxmere

Ngatarawa

50

1

2 2

Elephant Hill

Te Awanga

Tölpel-kolonie

Hastings

Clifton

Cape Kidnappers

3

Te Mata

2 3

Black Barn

Pakipaki

4

Havelock North

Te Mata Peak (399 m) ▲

Mt Erin (490 m) ▲

WAIMARAMA RD

OCEAN BEACH RD

Tukituki River

Ocean Beach

0 — 5 km

Waimarama

🟢 **Restaurants und Cafés**	
Bay Espresso	2
Hawthorne Espresso Bar	3
Mamacita	3
Pipi	3
Roosters Brewhouse	1
Rose & Shamrock	3

🟥 **Übernachtung**	
Havelock House	4
Hawthorne Country House	3
Napier Beach	1
Village Motel	2

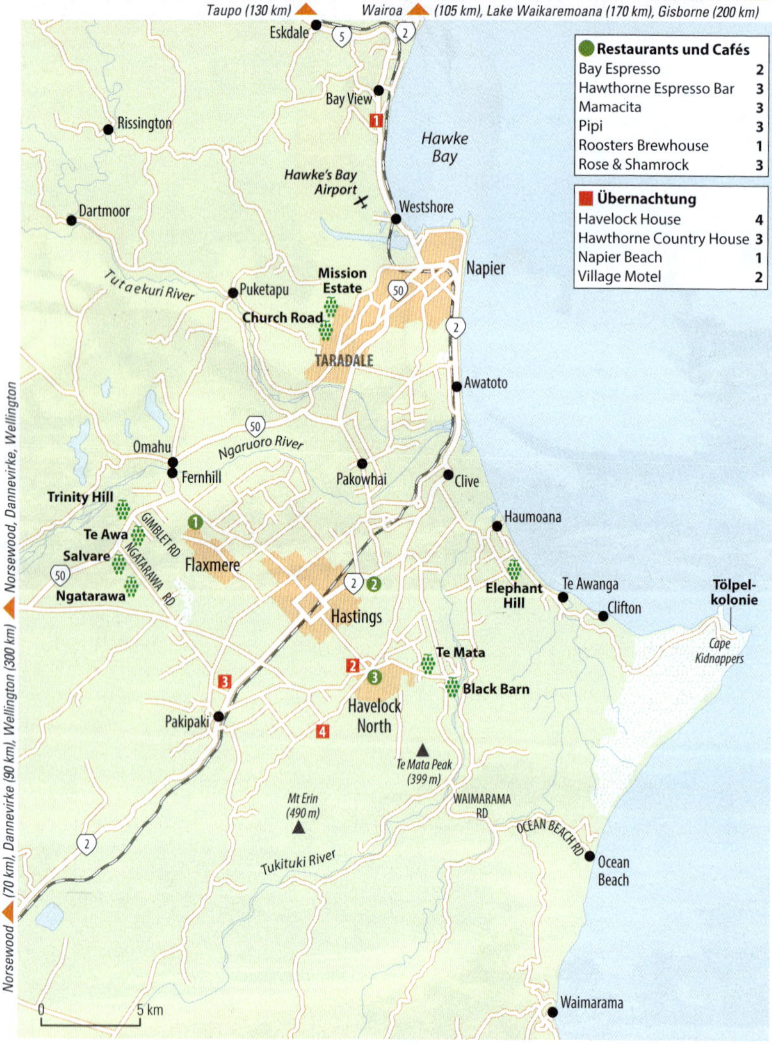

bungen zu den Studios, Werkstätten und Galerien einiger der talentiertesten Maler, Bildhauer, Töpfer und Kunsthandwerker der Gegend aufgeführt. Die Gratisbroschüre *Hawke's Bay Food Trail* enthält eine Land-karte, auf der neben Gourmetcafés und -Restaurants alle möglichen Stellen einge-zeichnet sind, wo Qualitätsprodukte herge-stellt und verkauft werden – von Schoko-laden über Olivenöl bis Käse.

Hastings

Früher machte Hastings, durch das umliegende Ackerland und Obstgärten reich geworden, dem 20 km nördlich gelegenen Napier seine Rolle als wichtigste Stadt von Hawke's Bay streitig. Doch seitdem Napier zum Touristenzentrum aufgestiegen ist, muss Hastings sich trotz seines hübschen Stadtkerns mit dem zweiten Platz begnügen. Die sehenswerten Gebäude der Innenstadt wurden nach dem Erdbeben 1931 erbaut, das auch Napier erschütterte. Im Unterschied zu Napier blieb Hastings aber von den schlimmsten Auswirkungen durch nachfolgende Brände verschont.

Nach dem Erdbeben orientierte Hastings sich am kalifornischen **Spanish-Mission-Baustil**. Ein paar Schlüsselgebäude mit roh verputzten Außenwänden, Bogenfenstern, kleinen Balkonen, Säulen und mit Terrakotta-Ziegeln gedeckten Dächern gaben den Ton an. Die schönsten Beispiele sind auf einem einstündigen Rundgang auf eigene Faust zu besichtigen, indem man die Broschüre *Art Deco Hastings* ($2 im i-SITE) zu Hilfe nimmt. Bei Zeitmangel kann man sich auf die Heretaunga Street East beschränken. Dort steht das **Westerman's Building** mit seinen einmaligen Bronzearbeiten und prächtigen Bleiverglasungen. Das **Hawke's Bay Opera House**, an der Ecke zur Hastings Street, wurde 15 Jahre vor dem Erdbeben erbaut, erhielt aber nach einem Umbau die schönste Fassade der Region im Spanish-Mission-Stil.

Hastings ist hauptsächlich eine Alternative zu Napier als Ausgangspunkt für eine Tour des Weinanbaugebiets von Hawke's Bay, denn die meisten Weingärten sind von hier aus einfach zu erreichen. Neben Trauben werden in Hastings bis heute auch Äpfel, Birnen und Pfirsiche angebaut. Und die Obsternte schafft Arbeitsplätze (S. 476).

Te Mata Peak

Te Mata Peak Rd ▪ 🖵 www.tematapark.co.nz
Auf dem Weg von Hastings zum Vorort Havelock North rückt die Kette von Kalksteinfelsen ins Blickfeld, die den 399 m hohen **Te Mata Peak** bilden. Die Te Mata Peak Road windet sich den Hügel hinauf zu einem wunderschönen Aussichtspunkt, der sich vor allem zum Sonnenuntergang lohnt. Der Blick reicht über die fruchtbaren Ebenen, nach Norden über die Hawke's Bay und Cape Kidnappers und nach Osten zum wellenumtosten Ocean Beach und Waimarama, den Hauptstränden von Hastings und Havelock North. **Airplay Paragliding**, ✆ 06 845 1977, 🖵 www.airplay.co.nz, bietet Tandem-Gleitschirmflüge vom Te Mata Peak (15 Min.; $140).

An einem Parkplatz auf halber Höhe der Te Mata Peak Road zweigen nicht allzu anspruchsvolle **Spazierwege** ab. Sie führen durch Waldstücke und ein Feuchtgebiet zum Gipfel (hin und zurück 2–3 Std.).

ÜBERNACHTUNG

Die Unterkunftslage in Hastings hängt stark von der Erntezeit ab: Von Mitte Feb bis Mai hat man kaum eine Chance, in einer der billigeren Unterkünfte für Selbstversorger und Langzeitgäste ein Bett zu finden, es sei denn, man bucht schon Monate vorher. Wer motorisiert ist, kann aber gut ins benachbarte Napier (S. 462) ausweichen. Anspruchsvollere Quartiere gibt es in Havelock North, wo B&Bs und schicke Häuser für Selbstversorger das Gros stellen.

Hastings

A1 Backpackers, 122 Stortford St, ✆ 06 873 4285, 🖵 www.a1backpackers.co.nz; Karte S. 474. Im Unterschied zu anderen Hostels in Hastings fühlt sich das ruhig gelegene A1 in einer gepflegten Villa nicht wie ein reines Erntehelfercamp an. Der hilfsbereite Eigentümer ist ein begeisterter Wanderer. Die Schlafsäle sind brauchbar, aber die DZ fallen komfortabler aus. Parkplätze abseits der Straße. Dorms $26, Zimmer $60

Hastings Top 10 Holiday Park, 610 Windsor Ave, ✆ 06 878 6692, 🖵 www.hastingstop10.co.nz; Karte S. 474. Reizvoller Campingplatz am Rande von Windsor Park, mit Zeltplätzen ($22), einer Reihe moderner Units und guten Einrichtungen; zur Obstpflücksaison ist es hier jedoch sehr voll. Cabins $80, Apartment mit Service $160

Hastings

N ↑ 0 ———— 500 m

Napier (18 km)

Hawke's Bay Showgrounds

Kino
Go Bay

Hawke's Bay Racing Centre

Hastings City Art Gallery & Library

Hawke's Bay Opera House

Windsor Park

Vidal Estate

🟢 **Restaurants, Cafés und Bars**

Bay Espresso	3
Common Room	7
Hawke's Bay Farmers' Market	2
Opera Kitchen	6
Roosters Brewhouse	1
Rush Munro's	4
Sutto Café	5
Vidal Estate	8

🟥 **Übernachtung**

A1 Backpackers	1
Hastings Top 10 Holiday Park	4
Hawthorne Country House	5
The Rotten Apple	3
Travellers Lodge	2

Südliches Hawke's Bay, Wellington (315 km)

Havelock North (2 km)

Hawthorne Country House, 1420 Railway Rd South (SH2), 6 km südwestlich von Hastings, ✆ 06 878 0035, 🖥 www.hawthorne. co.nz; s. Karte oben. Sehr einladendes B&B in einer prachtvollen Villa aus der Zeit König Edwards, umgeben von Krocketflächen und Ackerland. Die 4 stilvoll eingerichteten Zimmer mit Bad, das köstliche Frühstück, der Nachmittagstee und die Getränke mit Canapés machen daraus eine echte Wohlfühloase. $350

The Rotten Apple, 114 Heretaunga St East, ✆ 06 878 4363, 🖥 www.rottenapple.co.nz; s. Karte oben. Zentral gelegenes Hostel mit quirliger Atmosphäre, jeder Menge Unterstützung für potenzielle Saisonarbeiter und

niedrigen Wochenmieten. Untergebracht in einem alten Hotel mit schlichten Zimmern und ebensolchen Einrichtungen. Das kostenlose WLAN reicht mindestens für eine E-Mail an Mama. Dorms $26, Zimmer $70

Travellers Lodge, 606 St Aubyn St West, ✆ 06 878 7108, 🖥 www.tlodge.co.nz; s. Karte oben. Hostel in zwei Vororthäusern, mit Fahrradverleih, kostenpflichtigem WLAN und Parkgelegenheit in einer Seitenstraße. Unterschiedliche Zimmer, alle ziemlich schlicht, aber jede Menge Betten. Von Nov–Mai logiert hier eine bunte Mischung aus Kiwi-Erntehelfern und ausländischen Travellern. Die Ausstattung ist eher spartanisch. Dorms $26, Zimmer $60

POVERTY BAY, HAWKE'S BAY UND DAS WAIRARAPA

Havelock North

Havelock House, 77 Endsleigh Rd, 3 km südwestlich, nahe Middle Rd, ☎ 06 877 5439, 🖥 www.havelockhouse.co.nz; Karte S. 472. Das geräumige Haus in ruhiger Waldlage hat 3 große Gästezimmer, alle mit großen Betten und hochwertiger Ausstattung, 2 mit bequemen Badewannen. Gästen stehen eine großzügige Lounge (mit Snooker-Tisch), ein Tennisplatz und ein Pool zur Verfügung. Außerdem gibt es noch ein Häuschen mit 2 Schlafzimmern, Terrasse und Grillplatz. Zimmer $180, Zimmer mit Spa-Badezimmer $255

Village Motel, Te Aute, Ecke Porter St, ☎ 06 877 5401, 🖥 www.villagemotel.co.nz; Karte S. 472. Zentral gelegenes Motel unter freundlicher Leitung. Die kürzlich renovierten Zimmer haben alle Klimaanlage und Spa-Pool. Frühstück auf Anfrage. Studio $165, Apartment $185

ESSEN UND UNTERHALTUNG

Für einen Ort seiner Größe hat Hastings relativ wenige gute Lokale. Aber in dem nahe gelegenen Havelock North machen ständig neue Restaurants auf, und außerdem kann man auch auf den **Weingütern** ringsum nicht billig, aber gut essen (s. Kasten S. 468).

Hastings

Bay Espresso, 141 Karamu Rd, 3 km östlich von Hastings, ☎ 06 876 5782, 🖥 www.bayespresso.co.nz; Karte S. 474. Besonders am Wochenende ist das rustikale Café mit vielen Sitzgelegenheiten im Garten ein begehrtes Ausflugsziel. Hier gibt's vorzüglichen Kaffee und *lunch specials* ($14–20). Hungrige sollten sich ans Orchardists Big Breakfast mit Chorizo und Blutwurst ($18,50) halten. ⏲ Mo–Fr 7–16, Sa und So 8–16 Uhr.

Common Room, 227 Heretaunga St East, ☎ 027 656 8959, 🖥 www.commonroombar.com; Karte S 474. Die Weinbar mit fadenscheinigen Sofas hat eine einfache Einlassregelung: Idioten verboten. Hin und wieder legen DJs auf, aber meist spielen Livebands alles von Electronica bis Country. Eintritt normalerweise gegen eine kleine Spende. Günstige Getränke und leckere Paella. ⏲ Mi und Do 16 Uhr bis spät, Fr 15 Uhr

bis spät, Sa 16 Uhr bis spät, im Sommer So 13–19.30 Uhr.

Hawke's Bay Farmers' Market, Hawke's Bay Showgrounds, Kenilworth Rd; Karte S. 474. An einem schönen Wochenende sollte man das Frühstück ausfallen lassen und gleich nach dem Aufstehen diesen tollen Markt aufsuchen. Er beherbergt unzählige Stände (im Winter in der Halle) mit frischen Produkten der Region, Kaffee und Backwaren. ⏲ Sa 7–10.30, So 8.30–12.30 Uhr, Okt–April auch Do 17–21 Uhr.

Opera Kitchen, 312 Eastbourne St East, ☎ 06 870 6020, 🖥 www.operakitchen. co.nz; Karte S. 474. In dem klassischen Café mit Alkoholausschank werden Erzeugnisse der Region zu einfachen, aber köstlichen Gerichten (unter $25) verarbeitet. ⏲ Mo–Fr 7.30–16, Sa und So 9–15 Uhr.

Roosters Brewhouse, 1470 Omahu Rd, 7 km nordwestlich, ☎ 06 879 4127; Karte S. 474. Die Mikrobrauerei bietet natürlich gebrautes Bier, das man am besten im netten Café oder draußen an Gartentischen probiert, während man sich einfache Speisen zu vernünftigen Preisen schmecken lässt. Außerdem kostenlose Proben ihres englischen Ales sowie ihrer Lager- und dunklen Biere. Hin und wieder Livemusik. ⏲ Mo–Fr 10–19, Sa 14–19 Uhr.

Rush Munro's, 704 Heretaunga St West; Karte S. 474. Die kleine Eisdiele mit Tischen im Garten ist seit über 80 Jahren ein Renner. Nostalgische Gefühle weckt das *ice cream soda* ($4). ⏲ Mo–Fr 11–17, Sa und So 11–18 Uhr.

Sutto Café, 103-5 King St, ☎ 06 878 4163; Karte S. 474. Suttos hat neben der üblichen Auswahl an Essen von der Theke interessante Tagosgerichte (z. B. warmer Rindfleischsalat mit „tropischen Ölen", $17,80) und ist bei Berufstätigen in der Mittagspause beliebt. ⏲ Mo–Fr 7–16.30, Sa und So 8–15 Uhr.

Vidal Estate, 913 Aubyn St East, ☎ 06 872 7440, 🖥 www.vidal.co.nz; Karte S. 474. In diesem renommierten, einem preisgekrönten Weingut angeschlossenen und etwas förmlichen Restaurant kommen vorwiegend Gerichte aus Bioprodukten der Region auf den Tisch. Das Ergebnis ist lecker, aber teuer (Abendgerichte $27–40). Zu empfehlen sind die Menüs (3-Gang-Mittagsmenü $29, Abendmenü $63). Am Wochen-

ende geht ohne Reservierung gar nichts.
🕐 Mo–Sa 11.30 Uhr bis spät, So 11.30–15 Uhr.

Havelock North

Hawthorne Espresso Bar, 23 Napier Rd, ☎ 06 877 1113; Karte S. 472. Kaffeerösterei mit winzigem Café. Hier gibt es perfekte Drinks und die besten Scones weit und breit. Am 1. Samstag im Monat findet außerdem ein Kunsthandwerksmarkt statt. 🕐 Mo–Fr 8.30–16, Sa 9–0.30 Uhr.
Mamacita, 12 Havelock Rd, ☎ 06 877 6200, 🖥 www.mamacita.co.nz; Karte S 472. Kleine Karte mit Tacos, *quesadillas* und Tagesgerichten wie in Kaffee geschmortem Schweinefleisch ($15) und eine ebenso kurze Getränkekarte. Keine Reservierung. 🕐 Di–So 16.30–22 Uhr.
Pipi, 16 Joll Rd, Havelock North, ☎ 06 877 8993, 🖥 www.pipicafe.co.nz; Karte S. 472. Das pinkfarbene, lässige und sehr populäre Café mit Pizzeria ist echt cool. Nichts passt hier zusammen, und trotzdem ist das Gesamtbild stimmig. Die Gäste holen ihre Getränke selbst aus dem Kühlschrank und geben beim Bezahlen an, was sie getrunken haben. Auch das Essen ist klasse, z. B. Fishcakes mit Püree aus weißen Bohnen ($22) oder ausgezeichnete Pizza (ab $16). Dazu gibt's eine gigantische Auswahl an neuseeländischen Weinen. 🕐 Di–So 16–22 Uhr.
Rose & Shamrock, 15 Napier Rd, ☎ 06 877 2999, 🖥 www.roseandshamrock.co.nz; Karte S. 472. Einigermaßen gelungene Nachahmung eines Pubs mit 24 irischen, englischen und neuseeländischen Bieren vom Fass, preiswerten *bar meals* ($18–30), Quizabenden und gelegentlich irischer Folk-Livemusik. 🕐 tgl. 10.30 Uhr bis spät.
Hawke's Bay Opera House, 101 Hastings St South, ☎ 06 871 5280, 🖥 www.hawkesbayoperahouse.co.nz; Karte S. 474. Da das Gebäude den neuesten Erdbebenstandards nicht mehr entspricht, ist es derzeit geschlossen. Zum Zeitpunkt der Recherche sollte eine erneute Prüfung stattfinden.

SONSTIGES

Informationen

i-SITE Hastings, 100 Heretaunga St East, ☎ 06 873 0080, 🖥 www.visithastings.co.nz. Infobroschüren zu den Weingütern, Souvenirshop und Busfahrkarten. 🕐 Mo–Fr 9–17, Sa 9–15, So 10–14 Uhr.
i-SITE Havelock North, Middle Rd Ecke Te Aute Rd, ☎ 06 877 9600, 🖥 www.visithastings.co.nz. Hilft auch bei Zimmerbuchung und Mietfahrrädern. 🕐 Mo–Fr 10–17, Sa 9–16, So 9–15 Uhr.

Internet

Hastings Library, Eastbourne, Ecke Warren St. Bietet WLAN ($2,50/30 Min. bzw. 15 MB) sowie Internetstationen ($1/15 Min.). Das CBD hat kostenloses WLAN. 🕐 Mo 10–17, Di 9–20, Mi–Fr 9–17, Sa 10–16, So 13–16 Uhr.

Obsternte

Die Obsternte beginnt im Februar und dauert 3 oder 4 Monate. Sie bietet Gelegenheit, sich als **Saisonarbeiter** zu verdingen – sofern man Lust hat, in mühsamer Plackerei und für wenig Geld Obst zu pflücken, nachzulesen oder abzupacken. Der Job kann leicht vor Ort organisiert werden; die Hostels sind diesbezüglich die beste Informationsquelle. Reisende sollten sich jedoch im Klaren darüber sein, dass sie in Konkurrenz zu Einheimischen und erfahrenen Wanderarbeitern stehen. Näheres zur Saisonarbeit auf S. 53

TRANSPORT

Busse

Fernbusse halten an der Russell Street North, ein paar Schritte vom i-SITE. Die Busse des städtischen Anbieters **GoBay**, ☎ 06 878 9250, fahren nach Napier (1x tgl. zwischen 8 und 18 Uhr, etwa 2 Std.) und Havelock North (Mo–Fr 4x tgl.), Abfahrt an der Bibliothek.

Busse nach:
AUCKLAND 1x tgl., 8 Std.;
DANNEVIRKE 5x tgl., 1 1/2 Std.;
GISBORNE 1x tgl., 5 Std.;
NAPIER 7x tgl., 1/2 Std.;
NORSEWOOD 4x tgl., 1 Std.;
TAUPO 4–5x tgl., 2 1/2 Std.;
WELLINGTON 4x tgl., 4–5 Std.

Flüge

Am **Hawke's Bay Airport**, rund 20 km nördlich der Stadt am SH2, landen regelmäßige Direkt-

flüge aus Auckland, Wellington, Christchurch, Rotorua, Tauranga und Gisbourne.
Zum Flughafen fahren der **Super Shuttle**, ✆ 0800 748 885, 🖥 www.supershuttle.co.nz, der für die Fahrt nach Hastings $43 und nach Havelock North $45 verlangt, sowie der **Village Shuttle**, ✆ 0800 777 796, 🖥 www.villageshuttle.co.nz, der etwa $5 weniger kostet.

Flüge nach:
AUCKLAND 5–8x tgl., 1 Std.;
CHRISTCHURCH 2–3x tgl., 1 1/2 Std.;
WELLINGTON 3–5x tgl.; 1 Std.

Taxis
Hastings Taxis, ✆ 06 878 5055.

Die südliche Hawke's Bay

Südlich von Hastings verläuft die Hauptstraße (SH2) durch die endlosen Schafweiden der **südlichen Hawke's Bay**, einer für Touristen wenig spannenden Gegend. Kleine Bauerndörfer zeugen von den Pionieren, überwiegend Dänen und Norweger, die diese Ecke Neuseelands urbar machten. Während der Landkriege in den 1860er-Jahren füllten sie die Lücke, die die ausbleibenden britischen Einwanderer hinterließen.

Norsewood

Wer es nicht besonders eilig hat, kann ein paar kurze Stopps in „skandinavischen" Siedlungen einlegen, beispielsweise im Dorf **Norsewood**, 45 km südlich von Hastings, auf einem Hügel gelegen. Es besteht eigentlich nur aus einer stillen Straße (westlich der SH2), die von der nach norwegischem Vorbild erbauten Kirche am Café Norsewood vorbei zu einem gläsernen Bootshaus führt. Dort steht das Fischerboot *Bindalsfaering*, ein Geschenk der norwegischen Regierung anlässlich Norsewoods Hundertjahrfeier 1972.

Dannevirke

Rund 20 km südlich von Norsewood feiert das Bauernstädtchen **Dannevirke** sein dänisches Erbe mit einer modernen Windmühle auf dem Copenhagen Square an der Hauptstraße. Für eine Verschnaufpause eignet sich das Black Stump Café in der 21 High St, 🕐 Di–Fr 10 Uhr bis spät, Sa 9 Uhr bis spät, So 10–15 Uhr.

Südlich von Dannevirke sind es auf dem SH2 noch 25 km bis **Woodville**, wo der SH3 nach Westen abzweigt. Er führt durch die Manawatu Gorge nach Palmerston North. Der SH2 dagegen verläuft nach Süden ins Wairarapa.

Das Wairarapa

Der größte Teil der Region **Wairarapa** ist urtypisches neuseeländisches Schafzuchtgebiet: mit weißen Tupfern durchsetzte grüne Hügel bis zum Horizont. In den letzten Jahren profitiert die südliche Hälfte dieser Region jedoch zunehmend von Tagesausflüglern und Wochenendtouristen, die von Boutiquehotels und guten Restaurants angelockt werden – und nicht zuletzt von den zahlreichen Weingütern rund um **Martinborough**, der Weinhauptstadt der Re-

Ein langer Name und eine Flöte

Besucher mit Sinn für Skurriles können von Hastings aus einen Umweg über den SH52 machen. Diese 120 km lange, asphaltierte Straße führt 50 km südlich von Hastings zum uninteressanten Waipukurau, beschreibt dann einen Bogen nach Osten, um bei Dannevirke wieder auf die Hauptstraße zu stoßen. Fast 50 km südlich von Waipukurau befindet sich ein Hügel. Und diesen Hügel kennzeichnet ein Schild mit der Aufschrift: *aumatawhaka-tangihangakoauauotamateaturipukakapikimaungahoronukuupokaiwhenuakitanatahu*. Es handelt sich um einen der längsten Ortsnamen der Welt. Übersetzt bedeutet er ungefähr „der Hügel, wo Tamatea, Umsegler des Landes, für seine Liebste Flöte spielte".

gion. Martinborough und Greytown sind die anziehendsten Städte des Wairarapa. Nördlich des wichtigsten Versorgungszentrums der Region, Masterton, bietet das **Pukaha Mount Bruce National Wildlife Centre** eine hervorragende Gelegenheit, ein aktives Vogelschutzzentrum zu erleben.

Zurück an der Küste ist die beschauliche Feriensiedlung **Castlepoint** ein herrlicher Ort zum Schwimmen und Surfen, während **Cape Palliser** mit seiner spektakulären Küstenlandschaft zu Spaziergängen in stürmischer, erfrischender Brise einlädt. Nach Überquerung der **Rimutaka Range** Richtung Wellington ist das Hutt Valley erreicht. Es besteht überwiegend aus Pendlersiedlungen, die Besuchern wenig zu bieten haben. Der erste lohnenswerte Stopp ist Petone, am Rand der Hauptstadt.

Geschichte

In den 1840er-Jahren wurde auf dem fruchtbaren Schwemmland in der Nähe des heutigen Martinborough die erste Schaffarm Neuseelands errichtet. Damit war auch ein erster Schritt für die Erschließung des Landes durch die progressive **Small Farms Association** (SFA) getan. Diese Organisation hatte Joseph Masters, ein Böttcher aus Derbyshire, ins Leben gerufen, um landlosen Siedlern die Gelegenheit zu verschaffen, Kleinbauern zu werden. Er gewann die Unterstützung des liberalen Gouverneurs George Grey, auf dessen Vorschlag hin die SFA den Maori 1853 Land für die Gründung von zwei Ortschaften abkaufte: Masterton und Greytown.

Anfangs blühte **Greytown**, doch die Streckenführung der Bahn begünstigte **Masterton**, das heute in erster Linie für seinen jährlichen Golden Shears-Schafscherwettbewerb berühmt ist.

Tui Brewery

SH2 Mangatainoka, 10 km südlich von Woodville ▪ ⏲ Mo–Do 10–16, Fr–So 10–17 Uhr; Führungen tgl. 11 und 14 Uhr (nur mit Anmeldung) ▪ Eintritt zum Museum frei; Bierprobe $20; Führung $25 ▪ ☎ 06 376 0815, ⌨ www.tui.co.nz

Die Nordhälfte des Wairarapa unterscheidet sich kaum von der südlichen Hawke's Bay. Aber ein Kurzaufenthalt in der **Tui Brewery** lohnt sich auf jeden Fall. Hier wird das Bier gebraut, das sich mit seinen „Yeah. Right"-Reklameschildern eine begeisterte Anhängerschaft erobert hat. Das kleine, humorvolle Museum wurde von Henry Wagstaff gegründet (der sich selbst als „talentlosen Käseproduzenten" bezeichnet) und hat nebenan eine Bar, deren gute Kiwi-Kost auf die Biere abgestimmt ist. Besucher können mehrere Biere probieren und das Glas behalten, oder an einer Führung teilnehmen.

Ekehatuna

Information Centre 23 Main Street, 30 km südlich der Tui Brewery ▪ ⏲ tgl. 10–16 Uhr ▪ ☎ 06 375 8545, ⌨ www.eketahunakiwicountry.co.nz

Ekehatuna gilt landesweit als Niemandsland und steht auch dazu. Außer einem großen Modell eines Kiwis gibt es hier nicht viel zu sehen, dafür kann man bei Lazy Graze an der Hauptstraße einen guten Kaffee bekommen. Außerdem lohnt sich ein kurzer Boxenstopp, einfach, um zu sehen, wie das Leben in einer ländlichen Kleinstadt hier so ist.

Pukaha Mount Bruce National Wildlife Centre

SH2, 10 km südlich von Ekehatuna ▪ ⏲ tgl. 9–16.30 Uhr; Uhrzeiten der Fütterungen und Vorträge stehen auf der Website ▪ Eintritt $20 ▪ Führung tgl. 11 und 13 Uhr ($45 inkl. Eintritt); Nachtwanderung Sa 2 1/2 Std. $35; „Look-out Lunch" $60 inkl. Picknick; Führung hinter den Kulissen $125 ▪ ☎ 06 375 8004, ⌨ www.pukaha.org.nz

Das **Pukaha Mount Bruce National Wildlife Centre** ist einer der besten Orte des Landes, um bedrohte einheimische Vogelarten zu beobachten, u. a. Graulappenvogel (Kokako), Saumschnabelente (Whio), Kakariki, Hihi, Kiwi und Takahe. Sie leben in Volieren entlang eines 1 km langen Weges durch den Wald. Im nachtaktiven **Kiwihaus** wohnt Manukara (ein seltener weißer Kiwi), außerdem gibt es eine **Kiwizucht** (nach den Küken fragen!).

Jenseits der Volieren wird ein riesiges Waldstück dafür genutzt, Vögel wieder an das Leben in Freiheit zu gewöhnen. Besucher können eigenes Essen im Picknickbereich verspeisen oder ins hauseigene Café gehen – aber Vorsicht: die Kakas werfen einem gern den Kaffee um.

ÜBERNACHTUNG

The Hut, ℡ 06 375 8681, 💻 www.thehut. co.nz. Traditionelle *bach* hoch über dem Wildlife Centre (40 Min. Aufstieg) mit Wanne im Freien für ein romantisches Open-Air-Bad und eine mit Holz gefeuerte Kochstelle. Gäste können bei den Eigentümern gegen Aufpreis einen Geländewagentransport bestellen. $100

Masterton und Umgebung

Obgleich es die größte Stadt des Wairarapa ist, hat **Masterton** am Fuß der Tararua Range, etwa 30 km südlich von Pukaha Mount Bruce, Touristen nicht besonders viel zu bieten. Das Geschäftsviertel erstreckt sich über die Parallelstraßen Chapel, Queen und Dixon. Der **Queen Elizabeth Park** im Osten der Stadt lädt zu einem Spaziergang zwischen Blumenbeeten ein.

Aratoi
Bruce St, Ecke Dixon St, gegenüber dem Queen Elizabeth Park ▪ ⊕ tgl. 10–16.30 Uhr ▪ Eintritt gegen Spende ▪ ℡ 06 370 0001, 💻 www.aratoi.co.nz
Das Museum gewährt Einblicke in die Geschichte der Wairarapa-Region und zeigt mitunter auch exzellente Kunst. Unter anderem ist die Stätte des ältesten Maori-Hauses (1180 n. Chr.) in Neuseeland zu sehen, Teil einer archäologischen Ausstellung von Fundstücken aus Omoekau, Palliser Bay. Zu den interessantesten Stücken der Kunstabteilung zählt eine kinetische Skulptur von Tony Nicholls, inspiriert durch Len Lye.

Wool Shed (Nationalmuseum für Schafe und Schafscheren)
12 Dixon St ▪ ⊕ tgl. 10–16 Uhr ▪ Eintritt $8 ▪ ℡ 06 378 8008, 💻 www.thewoolshednz.com
Das ausgezeichnete Museum ist ganz der Wolle gewidmet; mittwochs kann man sogar weben lernen. Untergebracht in zwei 100 Jahre alten Schurschuppen, die aus dem ländlichen Wairarapa hierher verfrachtet wurden, zeigt es alle möglichen Utensilien und nostalgisches wie neueres Filmmaterial über die richtige Technik der Schur. Auch die Nachbildung eines Umhangs aus dem *Herrn der Ringe* ist zu sehen.

Tararua Forest Park
Anfahrt vom SH2, 25 km westlich von Masterton
Der **Tararua Forest Park**, der die Hügel im Westen der Stadt bedeckt, bietet einige ausgezeichnete Wandermöglichkeiten durch Birken- und Steineibenwälder bis in subalpine Höhen. Aber Vorsicht: Die Gegend ist für ihr wechselhaftes Wetter berühmt-berüchtigt. Erfahrene Wanderer sollten den **Holdsworth–Jumbo Tramp** erwägen, eine lohnenswerte zwölfstündige Rundwanderung. Sie lässt sich in zwei oder mehr bequeme Tagesmärsche aufsplitten, mit Übernachtung in einer der Hütten ($15), die in gleichmäßigen Abständen am Wegrand stehen. Der Wanderpfad beginnt bei der rustikalen Holdsworth Lodge (S. 480). Tagesausflügler können gemütliche Spaziergänge am Flussufer (1–2 Std.) unternehmen oder in drei Stunden über einfaches Gelände zur gemütlichen, mit Stockbetten versehenen Atiwhakatu Hut ($5) hinüberwandern.

Golden Shears

Die größte Veranstaltung der Stadt ist der jährliche **Golden-Shears-Schafscherwettbewerb**, 💻 www.goldenshears.co.nz, praktisch die Olympischen Spiele der Wollbranche. Er wird an drei Tagen bis zum ersten Samstag im März abgehalten. Die Wettkämpfer strömen aus der ganzen Welt herbei, um ihre Geschicklichkeit mit dem Handapparat zu demonstrieren. Ein erstklassiger Schafscherer kann ein Schaffell in weniger als einer Minute entfernen, doch um die höchste Punktzahl zu bekommen, ist nicht nur Schnelligkeit, sondern auch Können gefragt. Der Eintritt zu den Vorentscheidungen beträgt nur ein paar Dollar; um die spannenden Finalkämpfe am Freitag- und Samstagabend mitzuerleben, ist eine Buchung lange im Voraus erforderlich.

ÜBERNACHTUNG

Cornwall Park, 119 Cornwall St, 2 km westlich vom Stadtzentrum, ☎ 06 378 2939, 🖥 www.cornwallparkmotel.co.nz. Sauberes, ruhiges Motel vom alten Schlag mit kostenlosem WLAN, Pool und Whirlpool. Es ist ein wenig verschlissen, aber alles funktioniert, und die Units weisen ein super Preis-Leistungs-Verhältnis auf. $104

Holdsworth Lodge, 25 km westlich von Masterton am Ende der Norfolk Rd, abseits des SH2 nach Süden, 🖥 www.doc.govt.nz. Die Backcountry-Hütte ist wahrscheinlich nur für Leute interessant, die auf dem Powell–Jumbo-Wanderweg (s. oben) unterwegs sind. Reservierung beim DOC, 🖥 www.doc.govt.nz, unerlässlich. Zeltstellplatz $12, Lodge $25

Mawley Park Motor Camp, 55 Oxford St, ☎ 06 378 6454, 🖥 www.mawleypark.co.nz. Mastertons beste Budgetunterkunft. Der Platz am Fluss hat Stellplätze zwischen Bäumen ($15), Backpacker-Unterkünfte ($25), einige Units mit Bad sowie eine ganze Palette altmodischer Cabins und Motel Units. Cabins $60, mit Bad $85

ESSEN UND UNTERHALTUNG

Café Strada, 232 Queen St, ☎ 06 378 8450, 🖥 www.cafestrada.co.nz. Nimmt den Spitzenplatz unter den Esslokalen und Kneipen der Stadt ein. Tagsüber gibt's schmackhafte Meals und Snacks und abends hochwertiges, erschwingliches Essen (unter $30). Alkoholausschank und kostenloses WLAN. ⏲ tgl. 8–20.30 Uhr.

Clareville Bakery, 3340 SH2, Clareville, ☎ 06 379 5333. Die umgebaute Kirche mit Alkoholausschank hat alles von der preisgekrönten Pastete (Lammkotelett mit Süßkartoffeln) bis zum großartigen Essen von der Theke und den guten Cafégerichten (*basque eggs* $18). Am Mittwochabend ist formelleres Dinieren bei Livemusik angesagt. ⏲ Mo und Di 7–16, Mi 7–23.30, Do–Sa 7–16 Uhr.

Entice im Aratoi, Bruce, Ecke Dixon St, ☎ 06 377 3166, 🖥 www.aratoi.co.nz. Das Café des Museums hat hervorragende kleine Gerichte, darunter sündhaft leckere Muffins und Sandwiches sowie tollen Kaffee. Keine Speise über $20. ⏲ tgl. 8–16 Uhr.

King Street Live, 21 King St, ☎ 06 370 4332, 🖥 www.kingstreetlive.co.nz. Unerwartet tolle Livebühne, an deren Bar regionale Weine und interessante Snacks *(paua wantan)* serviert werden. Tickets $5–35. ⏲ Do–Sa 17 Uhr bis spät.

INFORMATIONEN

i-SITE, Bruce St, Ecke Dixon Street, ☎ 06 370 0900, 🖥 www.wairarapanz.com. Die hilfsbereiten Mitarbeiter bieten neben den üblichen Dienstleistungen auch Infos zu den Wanderwegen der Gegend an. ⏲ Mo–Fr 9–17, Sa und So 10–16 Uhr.

TRANSPORT

Busse

Busse von **Tranzit**, ☎ 0800 471 227, Richtung Norden nach Palmersong North halten an der Haltestelle Palmerston North, 316 Queen St, nicht weit vom i-SITE.

Busse nach:
CARTERTON Mo–Fr 7x tgl.,
Sa 3x tgl., 15 Min.;
FEATHERSTON Mo–Fr 7x tgl.,
Sa 3x tgl., 40 Min.;
GREYTOWN Mo–Fr 7x tgl., Sa 3x tgl.,
25 Min.;
PALMERSTON NORTH So und Di–Do 1x tgl.,
Fr 2x tgl., 1 1/2 Std.

Eisenbahn

Züge von **TranzMetro**, ☎ 04 801 7000, 🖥 www.metlink.org.nz, verkehren zwischen Wellington und dem Bahnhof von Masterton, 15 Min. zu Fuß vom Zentrum am Ende der Perry St, oder man ruft ein Taxi vom Rideshop, ☎ 06 377 4231.

Züge nach:
CARTERTON Mo–Fr 5x tgl.,
am Wochenende 2x tgl., 20 Min.;
FEATHERSTON Mo–Fr 5x tgl.,
am Wochenende 2x tgl., 3/4 Std.;
WELLINGTON Mo–Fr 5x tgl.,
am Wochenende 2x tgl., 1 1/2 Std.

Castlepoint

Die 300 km lange Küste zwischen dem Cape Kidnappers nahe Napier südwärts bis zum Cape Palliser ist öde, verlassen und fast gänzlich unzugänglich – abgesehen von **Castlepoint**, 65 km östlich von Masterton, wo frühe Forschungsreisende eine willkommene Unterbrechung in der „senkrechten Reihe von Klippen" fanden.

Ein **Leuchtturm** beherrscht den Felsenhügel, der durch einen schmalen, wie eine Sanduhr geformten doppelten **Strand** mit dem Festland verbunden ist. Dieser umschließt eine **Lagune**, die The Basin genannt wird.

Im Sommer wimmelt es von Surfern und Familien aus dem Wairarapa, die zum Baden hierher kommen, aber wenn das Wetter umschlägt, verwandelt sich der Strand in eine ziemlich raue Küstenlandschaft. Abgesehen von Surfern unternehmen die meisten Leute nur einen Tagesausflug nach Castlepoint. Wer sich fürs Bleiben entscheidet, muss alles Notwendige mitbringen.

ÜBERNACHTUNG

Castlepoint Holiday Park & Motels,
✆ 06 372 6705, ⌨ www.castlepoint.co.nz.
Der typische Kiwi-Urlaubercampingplatz liegt in traumhafter Lage und in Hörweite der wilden Brandung. Er bietet eine breite Palette einigermaßen gut in Schuss gehaltener Unterbringungsmöglichkeiten. Camping 2 Pers. $36, Cabins mit Küche $85, Cottages und Motel Units $140–200

Carterton

Das Versorgungsstädtchen **Carterton**, 15 km südlich von Masterton, hat nur ein Highlight: **Paua World**, 54 Kent St, ⌨ www.pauaworld.com, wo Erzeugnisse aus der schönen Paua-Muschel verkauft werden, von herrlich kitschigen Kühlschrankmagneten bis zu elegantem Schmuck. Die Fabrik beliefert nahezu jeden Touristenladen des Landes, und man kann kostenlos einen Rundgang unternehmen, um zu sehen, wie die Sachen gemacht werden.

Stonehenge Aotearoa

51 Ahiaruhe Rd, 12 km südöstlich von Carterton ▪ Sep–Mai Mi–So 10–16 Uhr, Weihnachten bis Mitte Jan tgl., Mai–Aug am Wochenende 10–16 Uhr ▪ Führung Sa und So 11 Uhr, und 27. Dez–19. Jan tgl. (Reservierung empfohlen) ▪ Eintritt $16 ▪ ✆ 06 377 1600, ⌨ www.stonehenge-aotearoa.co.nz

Wie eine Vision aus dem steinzeitlichen Britannien erscheint auf einem Hügel inmitten von Farmland **Stonehenge Aotearoa**. Aussehen und Größe ähneln zwar dem englischen Original, aber das hier ist ein modernes Gebilde aus Holz und Beton, das als „Freilicht-Observatorium" dient. Im Rahmen einer 90-minütigen Führung wird eine faszinierende Fülle von Informationen geboten, angefangen von nüchterner Astronomie bis hin zu Maori-Legenden und vergleichenden Religionsmythen.

Rund 5 km südlich von Carterton führt eine Holperstraße 15 km nach Westen in die Ausläufer der Tararua Range zur **Waiohine Gorge**. Der malerische Wasserfall bildet eine wunderschöne Kulisse für ein Picknick.

Greytown

Das 9 km südlich von Carterton gelegene hübsche **Greytown** wurde 1853 erbaut und hat sich noch etwas von seiner ursprünglichen viktorianischen Atmosphäre bewahrt. Die ehemals größte Siedlung im Wairarapa verfiel, als sie beim Bau der Eisenbahnlinie links liegen gelassen wurde. Erst als die Einwohner von Wellington Greytowns Urlaubspotenzial entdeckten, erwachte der Ort wieder zum Leben. Die zweigeschossigen Holzgebäude am Highway beherbergen heute Kunstgalerien, „Sammlerläden", exquisite Cafés und schicke B&Bs. Einen tollen Metzger gibt's hier auch (67 Main St).

Cobblestones Early Settlers Museum

169 Main St ▪ ⌚ Do–Mo 10–16 Uhr; Druckerei am Wochenende 13–16 Uhr ▪ Eintritt $5 ▪ ✆ 06 304 9687, ⌨ www.cobblestonesmuseum.org.nz

Historische Gebäude aus der Region sind hier neben den ursprünglichen Stallungen von Greytown inmitten eines schönen Gartens neu aufgebaut worden – eines davon beherbergt das Schoc, eine Chocolaterie, die sich allein schon wegen des Geruchs lohnt.

Es macht Spaß, ein oder zwei Stunden herumzulaufen, in alle Fenster zu schauen und die Funktion alter Werkzeuge zu erraten. Zur Anlage gehören eine **Druckerei** und ein schickes neues Eingangsgebäude mit Kutschen und einem *waka*-Kanu.

ÜBERNACHTUNG

Ein großer Teil der Übernachtungsoptionen zielt auf die Schickeria ab – trotzdem ist hier noch mehr Auswahl für Traveller mit kleinem Budget als etwa in Martinborough.

Greytown Camp Ground, Kuratawhiti St, ✆ 06 304 9387, 🖥 www.greytowncampground. co.nz. Einfacher Campingplatz mit 2 Versorgungsblöcken. Direkt nebenan befinden sich ein großer Kinderspielplatz sowie das städtische Schwimmbad und Tennisplätze. $14

Oak Estate, 2 Hospital Rd, ✆ 0800 843 625, 🖥 www.oakestate.co.nz. Schicke Motel Units, jedes mit eigener schattiger Terrasse, weniger als 10 Min. zu Fuß vom Zentrum. Die Studios sind geräumig und haben alle kostenloses WLAN. Auch Pétanque-Spieler kommen auf ihre Kosten. $130

Saddlery, 17 Main St, ✆ 06 304 7228, 🖥 www.thesaddlery.co.nz. Das stilvoll renovierte, luxuriöse B&B hat nur 3 Zimmer mit Bad und freundliche, hilfsbereite Gastgeber. Das Zimmer im Erdgeschoss war früher die Vorratskammer und punktet heute mit einer charmanten, altmodischen Badewanne. Das Frühstück besteht aus frischem Obst, hausgemachtem Müsli und Marmeladen mit Früchten aus dem eigenen Garten. Gegen $25 Aufpreis gibt es sogar ein „echt deutsches" Frühstück mit Pickles, gekochten Eiern und Käse. $185

TurkeyRed, 53 Main St, ✆ 06 304 9569, 🖥 www.turkeyredhotel.co.nz. Die fröhlich dekorierten Zimmer im Obergeschoss eines alten Hotels haben gemeinsame Bäder und können etwas laut sein. Hinten ist noch ein kleines, etwas beengtes Backpacker-Hostel. Dorm $35, DZ $95

ESSEN UND UNTERHALTUNG

Die Restaurants sind tendenziell eher fein, es gibt aber auch ein paar gute, einfache Lokale.

Cahoots Café, 97 Main St, ✆ 06 304 8480. Das kleine Nachbarschaftscafé ist vielleicht nicht so cool und stylish wie die neuere Konkurrenz, hat aber tollen Kaffee, und die freundlichen Mitarbeiter zaubern in der winzigen Küche großzügige Essensportionen. ⊕ Mo–Fr 7–15, Sa und So 8–16 Uhr.

Cuckoo, 128 Main St, ✆ 06 304 8992. Peppiger Pizza-Pasta-Schuppen (gut ist die Pizza „Kiwi" mit Süßkartoffeln und Lamm-Chorizo, $23,50). Es gibt sogar Frühstückspizza. Immer noch nicht satt? Keine Sorge, auch *cheesecake* ist zu haben. ⊕ Mi–So 10–20.30 Uhr.

French Baker, 81 Main St. Leckeres Brot, Sandwiches, Gebäck, Räucherfischpasteten und Kuchen (alles unter $18). ⊕ Mo–Fr 7.30–15, Sa und So 7.30–16 Uhr.

Main Street Deli, 88 Main St, ✆ 06 304 9022. Das altbewährte Café ist eine prima Adresse für Suppen und Sandwiches (alle unter $18) sowie größere Gerichte zu moderaten Preisen. Der Laden verfügt auch über ein beachtliches Käsesortiment – ein hervorragender Belag für Brot vom French Baker. ⊕ tgl. 8–17 Uhr.

Salute, 83 Main St, ✆ 06 304 9825. Beliebtes Lokal mit innovativen Tapas ($9–18), z. B. Chicken Wings à la *ras el Hanout* oder knuspriges Lamm mit Quitten. ⊕ Mi–Sa 12–22, So 10.30–15 Uhr.

INFORMATIONEN

Information Centre, 115 Main St. Hat massenhaft gut strukturierte Informationen zu regionalen Aktivitäten. Auch außerhalb der Personalzeiten geöffnet, damit man sich mit Material eindecken kann. ⊕ Büro besetzt Fr 14–16, Sa und So 11–15 Uhr.

TRANSPORT

Tranzit-Busse, ✆ 0800 471 227, pendeln zwischen Greytown, MARTINBOROUGH und dem Bahnhof Featherston mit Anschluss an

Ata Rangi, Puruatanga Rd, ✆ 06 306 9570, ⌨ www.atarangi.co.nz. Einer der besten neuseeländischen Pinot-Noir-Hersteller. Er keltert aber auch den ausgezeichneten Célèbre, eine Mischung aus Merlot und Syrah, sowie ein paar süffige Chardonnays. Ein guter erster Anlaufpunkt, da zentral gelegen. Servicegebühr für Verkostung $5 (wird nicht rückerstattet). ⏱ Mo–Fr 13–15, Sa und So 12–16 Uhr.

Margrain Vineyard, Huangarua, Ecke Ponatahi Rd, ✆ 06 306 9292, ⌨ www.margrainvineyard. co.nz. Hier kann man erstklassigen Wein einfach an der Kellertür kaufen. Serviert erschwingliche Gerichte (nichts teurer als $20) im tollen kleinen Old Winery Café, ⏱ normalerweise Fr–So, im Sommer auch Mi und Do, mittags, mit Blick auf die Weinstöcke. Hat äußerst amüsante Verkostungsnotizen. Verkostung $5. ⏱ Labour Day-Wochenende (Okt) bis Ostern Fr–So 11–17 Uhr, 1. Jan–6. Feb tgl. 11–17 Uhr, Ostern–Labour Day-Wochenende Sa 11–17, So 11–16 Uhr.

Martinborough Brewery, 8 Ohio St, ✆ 06 306 6249, ⌨ www.martinboroughbeer.com. Neue Boutiquebrauerei mit Verkostungsraum. Gut ist das Black Nectar, ein *oyster stout*, das wie die meisten traditionellen Biere mit regionalem Wasser gebraut wird. ⏱ Do–Sa 11–19, So und Mon 11–16 Uhr.

Palliser, Kitchener St, ✆ 06 306 9019, ⌨ www.palliser.co.nz. Dieses wegbereitende Weingut von Martinborough bemüht sich um eine umweltschonende Produktion und bringt dabei Spitzenweine hervor. Veranstaltet auch Kochkurse. Für Weinproben zahlen Gäste eine Gebühr von $5. ⏱ tgl. 10.30–16 Uhr.

Vynfields, 22 Omarere Rd, ✆ 06 306 9901, ⌨ www.vynfields.com. Hier kann man wahlweise auf dem offenen Rasen, in lauschigen Lauben oder drinnen in der eleganten Villa fünf Weine verkosten (Achtel $15, Viertel $20). Dazu werden Antipasti-Teller ($32) und Suppe ($18) serviert. Weinprobe kostenlos. ⏱ Mi–Mo 11–16 Uhr.

die Nahverkehrszüge der **Tranz Metro**, ✆ 04 801 7000, aus WELLINGTON. Ausstieg am Four Square.

Martinborough

Der kleine Ort **Martinborough**, 18 km südlich von Greytown, hat sich zum Zentrum einer Weinregion gemausert, die einige der besten Rotweine Neuseelands produziert. Da es nur einen Steinwurf von Wellington entfernt ist, kommt an Wochenenden die städtische Schickeria hierher, um ihre auf Hochglanz polierten Geländewagen in den Weingütern vollzuladen. Am Montag und Dienstag ist dann fast alles geschlossen, weil Martinborough sich vom Wochenende erholen muss.

Viel los ist auch beim **Toast Martinborough**, ⌨ www.toastmartinborough.co.nz, einem Weinfest im November mit internationalen Liveauftritten, sowie während der beiden Jahrmärkte des **Martinborough Fair** (erster Samstag im Februar und März, ⌨ www.martinboroughfair. org.nz) – zwei riesigen ländlichen Festen, bei denen die Hauptstraßen mit Kunsthandwerksständen vollgestellt sind.

Wenn nicht gerade ein Festival stattfindet, empfiehlt sich als erste Anlaufstelle das **Martinborough Wine Centre** (S. 484).

Geschichte

Martinborough fristete über ein Jahrhundert lang ein Dasein als unbedeutendes landwirtschaftliches Zentrum, bis die ersten vier Weingüter das Gebiet als die kühlste, trockenste und am stärksten den Winden ausgesetzte Weinanbauregion der Nordinsel neu erfanden: Ata Rangi, Dry River, Chifney und Martinborough produzierten alle ihre ersten Jahrgänge im Jahr 1984.

Dank Wind abwehrender Schutzpflanzungen können die Weingüter herausragenden Pinot Noir, sehr guten Cabernet Sauvignon, fruchtigen Chardonnay und aromatischen Riesling herstellen.

▲ Featherston (18 km)

Palliser

Margrain

Schubert
Vineyard

HUANGARUA ROAD

PURUTANGA ROAD

KITCHENER STREET

STREET

PRINCESS STREET

PANAMA   STREET

BROADWAY STREET

Martinborough
ⓘ Wine Centre

CAMBRIDGE STREET

Ata
Rangi

ROBERTS STREET

OHIO STREET

KANSAS ST

Martinborough
Brewery

TEXAS ST

STRASBOURG STREET

COLOGNE STREET

NEWYORK STREET

The
Square

NAPLES STREET

TEXAS ST

Murdoch James Estate Winery (9 km), Lake Ferry (35 km), Cape Palliser (65 km)

GREY STREET

VENICE STREET

KANSAS ST

CORK   STREET

OXFORD STREET

STREET

Vynfields Estate Winery (100 m)

WELD STREET

JELLICOE STREET

DUBLIN STREET

SACKVILLE   STREET

SUEZ   STREET

REGENT STREET

DANIEL STREET

MALCOLM STREET

REGENT STREET

▬ Übernachtung	
Martinborough Top 10 Holiday Park	1
Martinborough Hotel	4
The Old Manse	2
Straw House	3

● Restaurants, Cafés und Bars	
Café Medici	3
Circus Cinema Restaurant and Bar	5
Ingredient	2
Micro	1
Pinocchio	3
The Village Café	4

Martinborough Wine Centre

6 Kitchener St ▪ ⏰ tgl. 10–17 Uhr, im Sommer auch Fr und Sa 10–19 Uhr ▪ $2–5 pro Verkostung ▪ 📞 06 306 9040, 🖥 www.martinboroughwinecentre.co.nz
Hier dürfen potenzielle Kunden kostenlos monatlich wechselnde Tropfen hiesiger Weingüter probieren. Außerdem stehen 15 weitere regionale Weine für Proben zur Auswahl. Man kann sich auch auf Bänken im Hof niederlassen und geruhsam ein ganzes Glas leeren.

ÜBERNACHTUNG

Während der Festivals und an Sommerwochenenden sind freie Betten Mangelware.

Martinborough Hotel, Memorial Square, 📞 06 306 9350, 🖥 www.martinboroughhotel.co.nz. Das hübsch restaurierte Grandhotel von Martinborough hat Zimmer im Obergeschoss des alten Gebäudes (mit Glastüren auf eine Veranda hinaus) und moderne rund um den Garten, alle gepflegt und geräumig. Zum Hotel gehören auch ein gutes Restaurant und eine bei Weingutbesitzern, Bauern und Besuchern gleichermaßen beliebte Bar. $200
Martinborough Top 10 Holiday Park, 10 Dublin St West, 📞 06 306 8946, 🖥 www.martinborough holidaypark.com. Vorbildlich gepflegter Campingplatz, 10 Min. zu Fuß vom Ortskern mit kostenlosem und unbegrenztem WLAN,

Pétanque und Fahrradverleih. Die Zeltplätze sind von den Wohnwagenstellplätzen getrennt, außerdem gibt's gemütliche Cabins. Der Inhaber ist über alle Veranstaltungen im Ort bestens informiert. Camping $42, Cabins $80, Motel Units $129

The Old Manse, 19 Grey St, ℅ 06 306 8599, ▭ www.oldmanse.co.nz. Das Boutique-B&B bietet fünf Zimmer mit Bad in einer herrlichen alten Villa inmitten von Weinstöcken am Ortsrand. DZ $180, Suite mit altmodischer Badwanne $225

Straw House, 22-24 Cambridge Rd, ℅ 06 306 8577, ▭ www.thestrawhouse. co.nz. Ein Studio und ein Selbstversorger-Bungalow mit 2 Schlafzimmern, beide stilvoll und aufwendig ausgestattet. Reichlich Frühstückszutaten. Kleiner Rabatt bei 2 Nächte oder mehr Übernachtungen. Studio $150, Bungalow $270

ESSEN UND UNTERHALTUNG

Zu einem Besuch in Martinborough gehört unbedingt ein Mittagessen mit Häppchen zwischen Weinreben. Aber auch im Ort gibt es ein paar vorzügliche, mehr oder weniger teure Restaurants.

Café Medici, 9 Kitchener St, ℅ 06 306 9965. In dem gut besuchten, zum Frühstück und Mittagessen geöffneten Café mit hervorragendem Service erfreuen sich die Gäste an Köstlichkeiten wie *pizzette* mit Oliven, Salami und Sardellen ($16,50) und leckeren Abendgerichten wie einem ganzen Brathuhn mit Ziegenkäse für 2 Pers. ($49,50). ⊕ tgl. 8.30–16.30, Sommer auch Do–Sa 18.30 Uhr bis spät.

Circus Cinema Restaurant and Bar, 34 Jellicoe St, ℅ 06 306 9442, ▭ www. circus.net.nz. In der bezaubernden Bar werden die Gäste mit erstklassigem Kaffee verwöhnt und im geschmackvoll schlichten Restaurant mit Meze-Tellern, „Film-Pizza" – Dr. Evil kommt mit Chorizo, Bacon, schwarzen Oliven und Chili daher – und himmlischen Desserts (unter $34). Obendrein gibt es ein HD-Kino mit 2 Sälen und einer Vorliebe für Arthouse-Klassiker. Also zurücklehnen, Film gucken und ab und zu ein Schlückchen Wein nehmen – ein Schulter-

klopfen bedeutet, dass die Nachspeise im Anmarsch ist. ⊕ Mi–Mo 16 Uhr bis spät.

Ingredient, 8 Kitchener St. Eines der besten Geschäfte für lokale Delikatessen wie Oliven, Käse und Aufschnitt. Es gibt aber auch Esstische, an denen man eine Käseplatte verzehren und ein Glas Wein dazu trinken kann. ⊕ Mo–Fr 8–16, Sa und So 8–16.30 Uhr.

Micro, 14c Ohio St, ℅ 06 306 9716. Nomen est omen: Sowohl die Weinbar als auch der Innenhof sind winzig, die servierten Portionen ebenfalls. Aber irgendwie passen trotzdem mehrere Dutzend Mikrobiere und feine Weine auf die Karte. Wenn nicht zu viel Betrieb ist, kann man eine Weinprobenauswahl bestellen ($22). ⊕ Mo, Do und Fr 16 Uhr bis spät, Sa und So 3–21 Uhr.

Pinocchio, 3 Kitchener St, ℅ 06 306 6094. Wunderbar unaufdringliches Restaurant mit feinem Abendmenü (z. B. Entenschlegelconfit auf Süßkartoffelgratin, $30) und verführerischem Brunch im Hof aus saisonalen neuseeländischen Zutaten ($16–21). Reservieren lohnt sich. ⊕ Mi und Do 11 Uhr bis spät, Fr und Sa 8.30 Uhr bis spät, So 8.30–19.30 Uhr.

The Village Café, 6 Kitchener St, ℅ 06 306 8814. Tagescafé im rustikal-schicken Scheunenlook mit Pergola im Innenhof. Auf der Speisekarte (alles unter $25) stehen leckerer Brunch, Pizza, Salat und guter Espresso. Besonders schmackhaft: Garnelen-*laksa* ($15,50). Kostenloses WLAN. ⊕ tgl. 8–16, So auch 18–21 Uhr.

SONSTIGES

Informationen
i-SITE, 18 Kitchener St, ℅ 06 306 5010, ▭ www.wairarapa.com. Informationsmaterial zu den Weingütern der Umgebung, darunter auch die Broschüre *Wairarapa Wine Trail*. Die Mitarbeiter vermitteln auch Hotelzimmer und Leihräder. ⊕ Di–Sa 9–17, So und Mo 10–16 Uhr.

Fahrradverleih
Ein Fahrrad für die Tour durch die Weinberge bekommt man für $25/Tag bei **Christina Estate**, 28 Puruatanga Rd, ℅ 06 306 8920, für $40/Tag im **Martinborough Wine Centre** oder für $40/Tag

bei **March Hare**, am i-SITE, ℡ 027 515 3780, 🖥 www.march-hare.co.nz.

Weingüter

Mehr als ein Dutzend **Weingüter** (S. 483) lassen sich zu Fuß oder mit dem Fahrrad erreichen. Die dafür notwendigen Informationen finden sich im fast überall erhältlichen Gratisheftchen *Wairarapa Wine Trail*. Im Sommer haben die Kellereien normalerweise am Wochenende von 11–16 Uhr geöffnet, in der Wochenmitte kürzer. Sie verlangen meist $5 Eintrittsgebühr, die bei Weinkauf erstattet wird.

TRANSPORT

Busse von **Tranzit**, ℡ 0800 471 227, die zwischen GREYTOWN, FEATHERSTON, MASTERTON und Martinborough pendeln, sind auf den Fahrplan der Nahverkehrszüge von **Tranz Metro**, ℡ 04 801 700, aus WELLINGTON abgestimmt und halten schräg gegenüber vom i-SITE sowie am Martinborough Wine Centre.

Cape Palliser

Die relative Betriebsamkeit von Martinborough steht in starkem Kontrast zur einsamen und windgepeitschten Küste um das **Cape Palliser**, 60 km weiter südlich. Das Kap, der südlichste Punkt der Nordinsel, wurde nach James Cooks Mentor, Konteradmiral Sir Hugh Palliser, benannt. Abgesehen von einigen leichten Wanderungen und der Gelegenheit, Pelzrobben aus nächster Nähe zu sehen, gibt es nicht viel zu tun, zumal Schwimmen hier gefährlich ist und das Wetter leicht umschlägt.

Lake Ferry

Von Martinborough aus führt eine befestigte Straße 35 km südlich nach **Lake Ferry**, einem winzigen Dörfchen am sandigen Ufer des Lake Onoke. So ziemlich das Einzige, was man hier anstellen kann, ist abschalten und sich erholen. Möglicherweise mit Übernachtung oder nur bei einer Stärkung im Lake Ferry Hotel (s. rechts).

Putangirua Pinnacles

13 km südlich von Lake Ferry

Die Straße nach Cape Palliser schlängelt sich nun 13 km weit durch die Küstenhügel, bis sie nahe dem **Putangirua Pinnacles** aufs Meer stößt. Diese bis zu 50 m hohen grauen, weichen Felstürme und Klippen wurden von Wind und Regen geformt.

Am Parkplatz gibt es Grillstellen und einen DOC-**Campingplatz** (s. unten). Von hier aus führt ein leichter, rund zweistündiger Spaziergang durchs Flussbett zum Fuß der Pinnacles, dann zu einer Aussichtsstelle hoch und anschließend auf einem schönen Buschpfad am Felsrand wieder zurück.

Ngawi

Hinter den Pinnacles verläuft die asphaltierte Straße 15 km an der zerklüfteten, ungeschützten Küste entlang nach **Ngawi**, einem kleinen Fischerdorf. Bis zum eigentlichen Kap sind es noch fünf anstrengende Kilometer.

Hier liegt unweit der Straße eine **Pelzrobbenkolonie**, überragt von dem hundert Jahre alten **Cape Palliser Lighthouse**, das auf einem Hügel 60 m über dem Meer am Ende von etwa 250 Stufen steht. Es ist nicht schwer, bis auf 20 m dicht an die Robben heranzukommen, aber wenn sie sich bedroht fühlen, werden sie aggressiv. Von Robbenjungen sollte man daher Abstand halten, sonst beißen die Eltern zu. Man darf auch niemals einer Robbe den Weg zum Meer versperren.

ÜBERNACHTUNG UND ESSEN

Lake Ferry Hotel, 2 Lake Ferry Rd, Lake Ferry, ℡ 06 307 7831, 🖥 www.lakeferryhotel.co.nz. Das am weitesten südlich gelegene Hotel/Restaurant der Nordinsel ist an einem sonnigen Nachmittag ein malerisches Plätzchen für Fish 'n' Chips auf dem Weg zurück nach Martinborough. Das Hotel hat eine traditionelle, öffentliche Kiwi-Bar und einen Garten mit Blick auf das Wasser sowie ein etwas förmlicheres Restaurant – wer an einem Schönwetter-Wochenende einen freien Tisch bekommen will, muss früh herkommen. Dorms $30, Zimmer $75

Lake Ferry Holiday Park, Lake Ferry, ☏ 06 307 7873, 🖥 www.lakeferryholidaypark.co.nz. Superbillig und ein wenig beengter als das Lake Ferry Hotel, aber trotzdem nicht weit von dessen Pub entfernt. Unterbringung entweder auf dem Campingplatz, in Cabins oder im Selbstversorger-Unit (nur ein einziges; $85). Eine Gemeinschaftsküche, Duschen, TV und ein Waschsalon sind vorhanden. Camping $15, Cabins $60

Putangirua Pinnacles Campsite. Zwischen Lake Ferry und Cape Palliser. Der einzige Luxus dieses fußläufig zu den Pinnacles gelegenen DOC-Campingplatzes sind die Aussicht auf die Cook Strait und ein Kieselstrand gleich auf der anderen Straßenseite. Hier kann es ziemlich windig werden. Es gibt aber fließendes Wasser und Toiletten. Camping $6

POVERTY BAY, HAWKE'S BAY UND DAS WAIRARAPA

WOHNHÄUSER IN WELLINGTON

9 Wellington und Umgebung

Viele Reisende halten Neuseeland für ein Land mit spektakulären Landschaften und weniger spektakulären Städten – das ändert sich schlagartig, wenn sie nach Wellington kommen. Die lebendigste Stadt des Landes beansprucht für sich den Status als Kulturhauptstadt und ist auf jeden Fall einen mehrtägigen Aufenthalt wert. Wer kann, sollte sogar länger bleiben.

Stefan Loose Traveltipps

Te Papa Das innovative Nationalmuseum veranschaulicht mit beeindruckenden Ausstellungsreihen, interaktiver Technologie und der herausragendsten Kunstsammlung des Landes die Natur- und Kulturgeschichte Neuseelands. S. 495

Cuba Street Leute beobachten, Café-Hopping und Schaufensterbummel auf der alternativsten Flaniermeile der Stadt. S. 499

Parliamentary District Beim Besuch des Regierungssitzes und der angeschlossenen Institutionen kann man Dokumente betrachten, die Meilensteine auf dem Weg zur Nation waren. S. 500

Zealandia: the Karori Sanctuary Experience Einheimische Vögel fühlen sich in dem reizvollen Schutzgebiet vor den Toren Wellingtons wieder heimisch. S. 506

Weta Workshop Mitarbeiter führen Besucher bei dieser Special-Effects-Schmiede hinter die Kulissen. S. 507

Nachtleben Wellington ist Neuseelands bestes Ausgehpflaster: coolen Cocktailbars, lebhafte Pubs und szenige Clubs – die Auswahl ist riesig. S. 514.

WELLINGTON CABLE CAR

KARORI SANCTUARY EXPERIENCE

Inhalt

Mit rund 190 000 Einwohnern (450 000 im städtischen Großraum) ist Wellington die drittgrößte Stadt Neuseelands. Während jedoch in Auckland hauptsächlich die Wirtschaft wächst – und mit ihr das Selbstbewusstsein seiner Einwohner – strebt Wellington nach Höherem: Die „Wellingtonians" haben die beste **Café-, Ausgeh-** und **Kunstszene** des Landes hervorgebracht. Das wird besonders im Spätsommer deutlich, wenn verschiedene Kunst- und Kleinkunst-**Festivals** (s. Kasten S. 517) stattfinden. Daneben ist die Stadt auch der wichtigste Ausgangspunkt für Reisen zur Südinsel.

Zwischen dem glitzernden Wellington Harbour und der rauen Cook Strait zwingen die umliegenden Hügel Wellington zu einem kompakten Zentrum, das überwiegend auf dem Meer abgewonnenem Land erbaut ist. Eine anziehende Mischung aus historischer und moderner Architektur erstreckt sich bis in die lebendige Uferzone mit ihren Stränden, Jachthäfen und restaurierten Lagerhäusern. Viktorianische und edwardianische Schindelvillen und Bungalows ziehen sich die steilen Hänge bis zum umliegenden Park- und Waldgürtel hoch. Dieser bildet eine natürliche Barriere gegen weitere Bebauung. Viele Häuser sind nur über schmale Serpentinen zugänglich, einige sogar nur über eine steile Treppe, die bisweilen von einer kleinen Seilbahn flankiert wird, um Lebensmittel und alles mögliche Andere zum Haus zu befördern.

„Welly" ist als Neuseelands **Windy City** berüchtigt: Die Cook Strait zwischen Nord- und Südinsel wirkt wie ein riesiger Trichter, der den Wind bündelt und dabei auch die Luft in Wellington aufpeitscht – ein Effekt, der durch die Korridore zwischen den hoch aufragenden Bürotürmen noch verstärkt wird.

Wellingtons Stadtkern lässt sich prima zu Fuß erkunden. Das Herzstück von Wellingtons Innenstadt zieht sich vom Bahnhof durchs Geschäfts- und Shoppingzentrum **Lambton Quay** nach Süden bis **Courtenay Place**. Die Hauptgegenden zum Aus- und Essengehen liegen in der Umgebung der Willis Street, der Courtenay Place, der flippigen Cuba Street und der Queens Wharf am Wasser. Viele Sehenswürdigkeiten befinden sich vom zentralen **Civic Square** aus gesehen beiderseits der Hafenbucht, darunter

das absolute Highlight der Stadt, das avantgardistische Nationalmuseum **Te Papa**. Auch einen Blick Wert ist das runderneuerte **Museum of Wellington City and Sea**, das sich der Geschichte der Stadt, den Maori und der Seefahrt widmet. Politiker und Beamte bevölkern die Straßen des **Parliamentary District**. In der Nähe lädt **Katherine Mansfield's Birthplace**, die im Stil der damaligen Zeit möblierte „Kinderstube" von Neuseelands berühmtester Kurzgeschichtenautorin, zu einem Besuch ein.

Vom Stadtzentrum aus kann man außerdem zu Fuß oder mit dem Fahrrad die **Oriental Parade** entlang und zu einem der Aussichtspunkte wie jenem auf dem **Mount Victoria** hoch spazieren oder fahren, oder aber die **Cable Car** nach Kelburn nehmen. Von Kelburn geht es entweder durch die formellen **Botanical Gardens** wieder nach unten, oder man wandert noch ein Stück weiter hinaus und schaut sich die wichtige Arbeit an, die im **Zealandia: the Karori Sanctuary Experience** und im **Otari-Wilton's Bush** geleistet wird, dem einzigen öffentlichen botanischen Garten des Landes, der sich ausschließlich der einheimischen Flora widmet. Zealandia und Otari-Wilton's Bush sind Teil des **Town Belt**, ein Grünstreifen, der die Hügel rings um die Innenstadt umspannt und schöne Wanderwege sowie einige der umwerfendsten Aussichtspunkte der Stadt bietet. Östlich der Stadt liegen die ruhigen Vororte und Strände der **Miramar Peninsula**, heute v. a. bekannt als Standort von „Wellywood", dem Herzen der hiesigen Filmindustrie – kaum zu übersehen dank des neuen hollywoodartigen Schriftzugs.

Faszinierende **Wanderungen** führen z. B. zur Robbenkolonie von Red Rocks, aber auch die vielen Wandermöglichkeiten innerhalb der Stadt sind sehr reizvoll, insbesondere der **Southern Walkway**.

Und irgendwann während des Aufenthalts in der Stadt am Wasser muss natürlich eine Bootsfahrt zum friedlichen Tierschutzgebiet **Matiu/ Somes Island** unternommen werden.

Wellington ist auch eine gute Ausgangsbasis für Ausflüge nach **Kapiti Island** (S. 324) und ins Weingebiet des **Wairarapa** – nähere Infos zu Weintouren von Wellington aus in den Kästen auf S. 483 und 495.

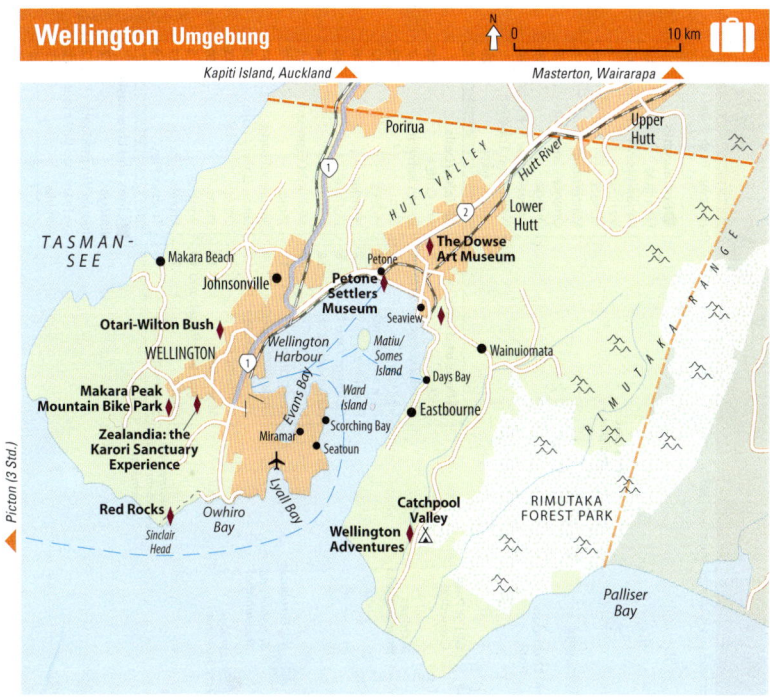

N   0   10 km

Kapiti Island, Auckland ▲   Masterton, Wairarapa ▲

Porirua

Upper Hutt

HUTT VALLEY   Hutt River

② Lower Hutt

TASMAN-SEE

Makara Beach ●

Petone

The Dowse Art Museum ◆

Johnsonville ●

Petone Settlers Museum ◆

Seaview

Otari-Wilton Bush ◆

Wellington Harbour

Matiu/Somes Island

Wainuiomata ●

WELLINGTON

①

Days Bay ●

Makara Peak Mountain Bike Park ◆

Ward Island

Eastbourne ●

Zealandia: the Karori Sanctuary Experience ◆

Miramar

Scorching Bay ●

Seatoun

RIMUTAKA FOREST PARK

Picton (3 Std.) ◀

Red Rocks ◆

Owhiro Bay

Catchpool Valley

Sinclair Head

Wellington Adventures ◆ ⚠

Palliser Bay

RIMUTAKA RANGE

Evans Bay

Lyall Bay

Geschichte

Der mündlichen Überlieferung der Maori zufolge zog der Halbgott **Maui** die Nordinsel wie einen Fisch aus dem Meer, wobei der Wellington Harbour das Maul des Fisches bildete. Zahlreiche *iwi* siedelten rund um die Bucht, darunter die Ngati Tara, welche die reichen Fischgründe und die geschützte Lage zu schätzen wussten. Sowohl Abel Tasman (1642) als auch Kapitän Cook (1773) wurden von heftigen Stürmen daran gehindert, in den Wellington Harbour einzulaufen. Abgesehen von ein paar Robben- und Walfängern hielt die erste Welle **europäischer Siedler** erst 1840 Einzug. Die Neuankömmlinge ließen sich auf einem großen Stück Land in der Bucht nieder, das die New Zealand Company erworben hatte.

Die erste Siedlung, Britannia genannt, entstand am Nordostufer im heutigen Petone. Doch bald darauf führte der Hutt River Hochwasser und zwang die Menschen zum Umzug in sicherere Gebiete: Zum einen auf die andere Seite der Bucht nach Lambton Harbour (wo schließlich die Innenstadt erwuchs) und zum anderen in die relativ flache Gegend bei Thorndon, das damals noch dicht am Wasser lag. Die Siedlung wurde nach dem Herzog von Wellington (dem „Eisernen Herzog"), britischer Feldmarschall und Minister, umbenannt, und man begann damit, dem Meer neues Land abzutrotzen – ein Prozess, der über 100 Jahre andauerte.

1865 löste das prosperierende Wellington Auckland als **Hauptstadt** Neuseelands ab. Um die Jahrhundertwende war die ursprüngliche Küstenlinie von Lambton Harbour praktisch nicht mehr erkennbar, sondern übersät von Lagerhäusern und Geschäften. Wellington war zum Dreh- und Angelpunkt der Küstenschifffahrt geworden und ist seither eine wohlhabende Stadt.

Wellington Zentrum

Matiu/Somes Island ▲

0   250 m

Geburtshaus von Katherine Mansfield (100 m), Interislander Ferry Terminal (700 m), Otari-Wilton Bush (6 km)

■ Übernachtung

Apollo Lodge Motel &	9
Majoribanks Apartments	
Austinvilla B&B	14
Base Wellington	8
Booklovers B&B	15
Cambridge Hotel	10
CQ Hotels	12
Gourmet Stay	13
Halswell Lodge	11
Hotel Waterloo	1
Museum Hotel	3
Nomads Capital	6
Ohotel	4
Trinity Hotel	4
Waterfront Motorhome Park	2
YHA Wellington City	7

● Restaurants

Floriditas	12
Logan-Brown	17
MariLuca	1
Masala	11
Matterhorn	8
Oriental Kingdom	9
Ortega	16
Sweet Mother's Kitchen	14
Wellington Trawling	
Sea Market	20

● Cafés/Delis

Aro Coffee	18
Beach Babylon	7
Ekim	23
Fidel's	22
Hangar	6
L'affare	25
Lamason	4
Midnight Espresso	15
Mojo	2
Moore Wilson's	24
Nikau Gallery Café	3
Olive	13
Plum	10
Poneke	5
Prefab	21
Trisha's Pies	19

■ Pubs und Bars

Alice	16
The Backbencher Pub	1
Crumpet	5
Fork and Brewer	3
Foxglove	2
Goldings Free Dive	8
Hawthorne Lounge	18
Hopgarden	20
The Library	11
Little Beer Quarter	4
The Malthouse	9
Matterhorn	6
Motel Bar	13
Rogue and Vagabond	10
S&M's	14
Southern Cross	19

● Clubs und Livemusik

Bodega	7
Boogie Wonderland	12
San Francisco Bathhouse	15
Valhalla	17

Picton (3 Std.)

Oriental Bay

Lambton Harbour

ORIENTAL PARK

ORIENTAL BAY

PALLISER ROAD

Charles Plimmer Park

Mount Victoria Lookout

Town Belt

UPOKO RD

Freyberg Pool

Bus Tunnel

MT VICTORIA

AUSTIN ST

PORRITT AVE

PIRIE STREET

QUEEN STREET

BROUGHAM STREET

ELIZABETH STREET

MAJORIBANKS STREET

HOME ST

LLOYD ST

NELSON ST

ELLICE ST

Basin Reserve

SUSSEX ST

TASMAN ST

BUCKLE STREET

ARTHUR STREET

WEBB STREET

TORRENS STREET

ARLINGTON STREET

HOPPER STREET

THOMPSON STREET

NAIRN STREET

BROOKLYN RD

Colonial Cottage Museum

EPUNI ST

ARO STREET

Garage Project Brewery

TE ARO

BULLER ST

THE TERRACE

Kelburn Park

Victoria University

KELBURN PARADE

SALAMANCA ROAD

GLASGOW STREET

CENTRAL TERR

UPLAND RD

A RAWHITI TERR

New World Supermarket

Bats Theatre

Embassy Theatre

Waitangi Park

HAWKER STREET

CABLE STREET

HERD STREET

ROXBURGH ST

KENT TERRACE

CAMBRIDGE TERRACE

LORNE ST

TORY STREET

COLLEGE ST

HAINING ST

Parrot Dog Brewery

Chaffers Marina

Chaffers Dock Atrium

Te Papa: Museum of New Zealand

Hikitia

Te Raukura

Circa

WAKEFIELD STREET

Opera House

Nga Taonga Sound & Vision

COURTENAY PLACE

BLAIR ST

ALLEN ST

FORRESTERS LANE

TENNYSON ST

JESSIE ST

WIGAN ST

FREDERICK ST

Lighthouse Cinema

MC Gaming

MARION ST

TARANAKI STREET

VIVIAN STREET

Ferg's Kayaks

TSB Bank Arena

Water Whirler

Museum of Wellington

Frank Kitts Park

City-to-Sea Bridge

City Gallery

Central Library

Unity Books

New World Metro

AA

HUNTER ST

WILLESTON ST

VICTORIA ST

HARRIS ST

JERVOIS QUAY

CIVIC SQUARE

MERCER ST

BOND ST

MAINNERS ST

DOC Office

WILLIS STREET

DIXON ST

GHUZNEE STREET

MANNERS ST

EVA ST

Arty Bee's

Cuba Mall

Pegasus

On Yer Bike

The Occasional Brewer

GARRETT ST

LEFTBANK

CUBA ST

VICTORIA ST

ABEL SMITH STREET

BOULCOTT ST

THE TERRACE

WELLINGTON UND UMGEBUNG

Um den Civic Square

Der **Civic Square**, ein beliebter Ort für Veranstaltungen unter freiem Himmel, wurde Anfang der 1990er-Jahre von Neuseelands einflussreichstem und begabtestem modernen Architekten, **Ian Athfield**, umfassend erneuert. Der Platz ist eine gelungene Synthese aus Alt und Neu, geraden und geschwungenen Linien. Zahlreiche interessante **Skulpturen** schmücken die Freifläche. Eine davon ist *Ferns* von Neil Dawson, eine aus Metallfarnwedeln geformte Kugel, die förmlich über dem Platz zu schweben scheint.

Central Library

65 Victoria St ▪ ⊕ Mo–Fr 9.30–20.30, Sa 9.30–17, So 13–16 Uhr

Das faszinierendste Gebäude ist die herrliche **Central Library**, die ebenfalls dem Ideengut von Athfield entstammt. Die 1991 eingeweihte Bibliothek ist ein geräumiges Hightech-Gebäude aus Stahl, Stein, Glas und Holz. Sein ganzes Innenleben – Belüftungsschächte, Wasserrohre – liegt offen. Athfield schuf auch die Nikaupalmen aus Stahl, die den Bau stützen und mit dem übrigen Civic Square verbinden.

City Gallery Wellington

101 Wakefield St ▪ Eintritt gegen Spende ▪ ✆ 04 801 3021, ⌨ www.citygallery.org.nz

Das eindrucksvolle Art-déco-Gebäude aus dem Jahr 1939 beherbergt die **City Gallery Wellington**, wo zeitgenössische Arbeiten nationaler und internationaler Künstler ausgestellt werden. Die meisten Ausstellungen sind kostenlos. Die Michael Hirschfeld Gallery im Obergeschoss ist den Arbeiten von Wellingtoner Künstlern vorbehalten. Über Bildschirme im Auditorium flimmern Arbeiten mit Bezug zu Ausstellungen im Haus sowie Filme, die sich um einige der zahlreichen in Wellington stattfindenden Filmfestivals (s. Kasten S. 507) drehen. Das elegante Nikau Gallery Café (S. 512) besitzt eine Terrasse.

City-to-Sea Bridge

Östlich des Civic Square über den Jervois Quay

Die auffällige, moderne **City-to-Sea Bridge** auf der gegenüberliegenden Seite des Platzes wurde absichtlich so breit konzipiert, damit der lange vernachlässigte Uferbezirk so nahtlos wie möglich an die Innenstadt angebunden wird. Die Brücke ist mit Holzskulpturen von Vögeln, Walen und religiösen Motiven des Maori-Künstlers Para Matchitt verziert und symbolisiert die Ankunft der Maori und der europäischen Siedler.

Hikitia

Südöstlich des Civic Square entlang der Uferpromenade ▪ ⌨ www.hikitia.com

Auf dem Weg nach Te Raukura und Te Papa kommt man vorbei an der **Hikitia**, dem wahrscheinlich weltweit ältesten dampfbetriebenen Kranschiff, das noch aktiv ist. Es ist v. a. dafür bekannt, während des Zweiten Weltkriegs die Zerstörung des Hafens verhindert zu haben. Damals brach an Bord des US-Versorgungsschiffs John Davenport ein Feuer aus, das im Hafen vor Anker lag. Bevor seine Ladung – Munition – im Hafen explodieren konnte, wurde sie von der Hikitia abtransportiert. Später konnte die Feuerwehr den Brand löschen. Ein Besuch an Bord ist derzeit leider nicht möglich.

Te Raukura

Gegenüber der Hikitia am Odlins Square, zwischen der City-to-Sea Bridge und dem Te Papa ▪ ⊕ Okt–Apr Mo–Fr 7.30 Uhr–Sonnenuntergang, Sa und So 8 Uhr–Sonnenuntergang, Mai–Sept Mo–Fr 8 Uhr–Sonnenuntergang, Sa und So 9 Uhr–Sonnenuntergang ▪ Eintritt frei ▪ ✆ 0508 386 2846, ⌨ www.wharewakaoponeke.co.nz

Das Konferenzzentrum mit Galerie beherbergt zwei wunderschöne zeremonielle *waka* sowie das Karaka Café. Der Komplex ist in drei Bereiche aufgeteilt: *Wharewaka* (*waka*-Haus), *Whare Tapere* (Veranstaltungshaus) und *Wharekai* (Restaurant), in dem gutes Hangi serviert wird

Flat Earth, ✆ 0800 775 805, 🖥 www.flatearth.co.nz. Der exklusive Veranstalter legt großen Wert auf zuvorkommende Betreuung. Eine seiner Touren führt zu den Highlights von Wellington City, außerdem hat er Landschafts- und Ökotouren sowie mehrere Filmtouren im Programm (ab $175).

Movie Tours, ✆ 027 419 3077, 🖥 www.adventuresafari.co.nz. Touren mit Filmthemen, z. B. die halbtägige Wellington Movie Tour mit Besuch der Weta Cave ($70).

Tranzit Tours, ✆ 06 370 6600, 🖥 www.tranzittours.co.nz. Beliebte Tagestouren in die Wairarapa-Region (S. 477), darunter die Martinborough Wine Tour ($197).

Wellington Rover, ✆ 0800 426 211, 🖥 www.wellingtonrover.co.nz. Halbtägige Minibustouren zu den Sehenswürdigkeiten der Stadt, einschließlich einer Fahrt mit der Cable Car sowie Besuch bei den Seehunden und einem Windpark oder in der Weta-Höhle und einiger Drehorte vom *Herrn der Ringe* ($95, 2x tgl.). Es gibt auch eine ganztägige LOTR-Tour mit stilechtem Mittagessen und Besichtigung weiterer Drehorte im Hutt Valley ($190).

Zest Food Tours, ✆ 04 801 9198, 🖥 www.zestfoodtours.co.nz. Die Feinschmeckertouren mit Verkostung steuern Kaffeeröstereien, Schokoladenfabriken, Käsereien, Imkereien und mehr an (Mo–Sa, ab $169).

(Einzelportion $22). Moderne Versionen traditioneller Maori-Designs und -Schnitzereien verwandeln den gesamten Bau in ein symbolisches *waka* mit Verbindung zu Kupe, dem großen Steuermann der Maori-Legenden.

Südlich des Civic Square

Besucher verbringen meist einen Großteil ihrer Zeit in der Gegend südlich des Civic Square mit der Besichtigung von **Te Papa** und beim Essen und Trinken im Einzugsbereich von **Cuba Street** und **Courtenay Place**. Darüber sollte man aber nicht die **Oriental Parade** vergessen – ein wunderbarer Spazierweg mit Aussicht auf den Hafen, einem kleinen Strand und der Möglichkeit, zur Spitze des **Mount Victoria** hochzuwandern.

Te Papa: Museum of New Zealand

55 Cable St ▪ 🕐 tgl. 10–18, Do 10–21 Uhr; Führungen Nov–März tgl. 10.15–11, 12, 13, 14 und 15, April–Okt 10.15, 12 und 14 Uhr, zusätzliche Führung

ganzjährig Do 19 Uhr ▪ Eintritt frei; Führung $14, Audioguide $5 ▪ ✆ 04 381 7000, 🖥 www.tepapa. govt.nz

Das **Museum of New Zealand**, genannt **Te Papa**, wird ständig erweitert. Es ist mehrere Abstecher wert, denn die Ausstellungen bieten locker Unterhaltung für einen ganzen Tag. Ein paar Cafés sorgen zwischendurch für neue Energie. Das fünfstöckige Gebäude am Wasser feiert alles Neuseeländische. Nach eingehenden Konsultationen mit verschiedenen *iwi* (Stämmen) öffnete das Museum Anfang 1998 seine Pforten. Mit seiner Kombination aus neuester Technologie und interaktiven Ausstellungsstücken richtet es sich nicht nur an Erwachsene, sondern auch an Kinder. Für Letztere wurden eigens bestimmte „Discovery"-Zonen mit Sachen zum Anfassen geschaffen. Es lohnt sich, für $3 den *Te Papa Explorer* zu erstehen. Das Heft enthält Rundgänge wie „Te Papa für Eilige" oder „Te Papa für Kids". Für Interessierte gibt's auch wunderbare **Führungen**.

Level 2

Am interessantesten präsentiert sich Te Papa auf **Level 2**. Zu den Highlights gehören eine interaktive Ausstellung über Erdbeben und Vulkane, in der die Besucher ein täuschend echtes Erdbeben in einem Haus miterleben, den Ausbruch des Mount Ruapehu verfolgen und erfahren, wie die Maori sich derlei Naturgewalten erklären. Besucher können sich auch über Neuseelands Ökosysteme informieren und den Riesenkalmar bestaunen. Level 2 bietet außerdem Zugang zu **Bush City**, einer Art Neuseeland im Miniaturformat unter freiem Himmel mit einheimischen Pflanzen, Höhlen und einer Hängebrücke.

Level 4

Die Hauptausstellung setzt sich auf **Level 4** mit einer hervorragenden Maori-Abteilung fort. Hier befindet sich ein **aktives Marae** mit einem symbolischen modernen Versammlungshaus. Es unterscheidet sich wesentlich von den klassischen *marae* im Land und wird von einem heiligen Block aus *pounamu* (Neuseeländische Jade) geschützt. Hinter den Schranktüren im hinteren Bereich finden sich humorvolle Bilder, die die große Bedeutung des Ortes illustrieren. In dem Haus stellen verschiedene *iwi* in wechselnden Ausstellungen ihre ureigenste Kunst und Kultur vor. Der Bummel durch die angrenzenden Räume zu den Themen Land und Leute, Geschichte, Handel und Kultur führt auch an einem Ochsen aus Cornedbeef-Dosen von Michel Tuffery und einem Surfbrett aus Abalonemuscheln von Brian O'Connor vorbei.

Level 5

Level 5 ist der **nationalen Kunstsammlung** vorbehalten. Zu sehen ist eine wechselnde Ausstellung von Gemälden und Skulpturen, in der sämtliche Lichtgestalten der neuseeländischen Kunst aus Vergangenheit und Gegenwart vertreten sind – Colin McCahon, Rita Angus, Ralph Hotere, Don Binney, Michael Smither und Shane Cotton, um nur einige zu nennen, deren Arbeiten eine nähere Betrachtung wert sind.

Oriental Parade

Unmittelbar östlich von Te Papa liegt der **Waitangi Park**, ein kleines urbanes Feuchtgebiet. Am Ende der Herd Street erstreckt sich das aufpolierte **Chaffers Dock**. Abgesehen von Cafés befindet sich hier auch ein Atrium, in dem sonntagmorgens der Wellingtoner Bauernmarkt (S. 511) stattfindet.

Am Park beginnt die **Oriental Parade**, Wellingtons elegante Uferpromenade. Die von Norfolk-Tannen gesäumte Prachtstraße zieht sich an der **Oriental Bay** entlang. Es gibt hier sogar einen **Sandstrand**, der 2003 mit Sand von der anderen Seite der Cook Strait angelegt wurde. Von Interesse sind der Freyberg-Pool (s. „Schwimmbäder" S. 520) und einige Restaurants, aber Sehenswürdigkeiten als solche gibt es nicht. Wer will, kann den Spaziergang auf einen ganzen Nachmittag ausdehnen und bis zum Charles Plimmer Park und über den Southern Walkway (s. Kasten S. 505) auf den Gipfel des **Mount Victoria** laufen.

Mount Victoria

Mit 196 m Höhe ist der **Mount Victoria Lookout** einer der schönsten Aussichtspunkte Wellingtons. Von hier eröffnet sich ein weites Panorama auf die Stadt, die Hafenbucht, die Docks und weiter bis zum Hutt Valley. Zu Fuß ist der Weg zwar schöner, aber man kann den Gipfel auch mit dem Bus (Nr. 20, nur Mo–Fr) erreichen. Wer mit dem eigenen Auto unterwegs ist, folgt der Hawker Street (eine Seitenstraße der Majoribanks Street) und biegt dann in die Palliser Road ein, die sich zum Aussichtspunkt nach oben windet.

Nga Taonga Sound and Vision

84 Taranaki St, Ecke Ghuznee St ▪ ⊕ Mo und Di 9.30–17, Mi–Fr 9.30–19, Sa 16–19 Uhr; Abendvorführungen Mi–Sa 19 Uhr ▪ Eintritt frei; Abendvorführungen $8–10 ▪ ✆ 04 384 7647, 🖥 www.ngataonga.org.nz

Das hervorragende **New Zealand Film Archive** besitzt eine kleine Ausstellung zum Thema Film. Das Tolle aber ist, dass hier auf Monitoren in der Medienbibliothek oder in dem kleinen Kinosaal kostenlos so gut wie jeder jemals in Neuseeland gedrehte Film angeschaut werden kann, außerdem Fernsehsendungen, alte Werbespots und Home Movies. Im Kino gibt es Abendvorstellungen, und nirgendwo sonst in der Stadt bekommt man guten Kaffee zu einem so günstigen Preis.

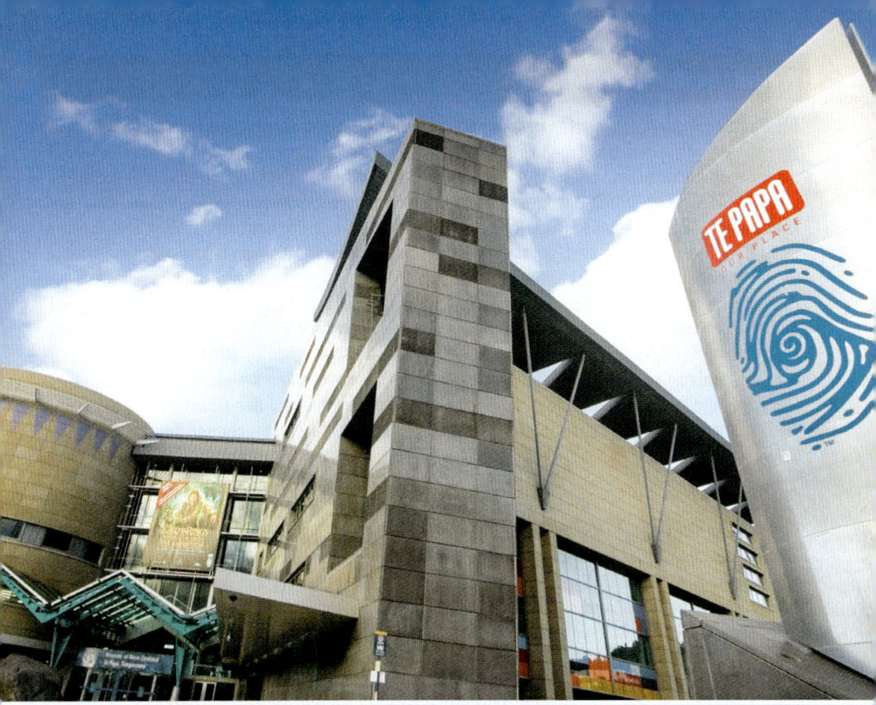
TE PAPA
OUR PLACE

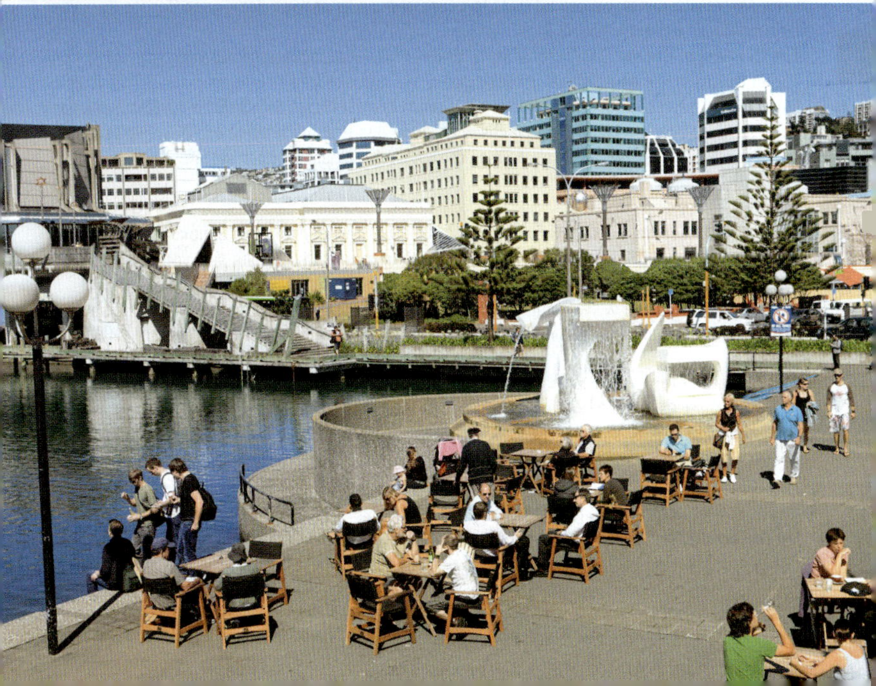

Wellington für Gourmets

Die Begründer der renommierten Restaurant- und Café-Szene sind inzwischen derart etabliert, dass sie neue Wege suchen. Das Ergebnis sind junge Kaffeekünstler, die weniger an der Brühtechnik und mehr an Bohne und Geschmack interessiert sind. An der Bierfront sehen sich Brauerei-Institutionen wie Macs nicht nur mit Gegenwind von großen Spezialitätenbrauern wie Tuatara und Emerons konfrontiert. Auch originelle kleine Newcomer wie The Garage Project und das Fork and Brewer (S. 511), die flexibel genug sind, um ständig Neues zu produzieren, mischen kräftig mit (die aktuellsten Infos stehen auf ⌨ www.craftbeercapital.com).

Überall halten Food Trucks Einzug (z. B. Ekim, S. 511), die Enklave Eva St punktet mit Fix & Fogg und dessen heiß begehrter Erdnussbutter, und dann gibt es noch die Wellington Chocolate Factory, die ihren Rohstoff von privaten Kakaobohnenplantagen bezieht (wer die unveredelte heiße Schokolade probiert, entdeckt so komplexe Geschmacksnoten wie bei einem edlen Wein).

Besucher, die beim Kosten solcher handgemachten Spezialitäten auf den Geschmack gekommen sind, können sich auch selbst an der Herstellung versuchen – entsprechende Touren s. Kasten S. 495.

Kurse

L'affare, 27 College St, ☏ 04 385 9748, ⌨ www.laffare.co.nz. 2-stündiger Kurs ($140) zur Herstellung espressobasierter Getränke. Im Preis enthalten ist das Buch *How to Make Really Good Coffee*.

Flight School, ☏ 04 212 4547, ⌨ www.flightcoffee.co.nz. Halbtägige Kurse, bei denen man drei verschiedene Kaffeebrühtechniken ($60) lernt, oder erfährt, wie sich durch Schulung des Geschmacks- und Geruchssinns der Kaffeegenuss verstärken lässt ($80).

Mojo Shed, 13, 37 Customhouse Quay, ☏ 04 385 3001, ⌨ www.mojocoffee.co.nz. 3-stündiger Einzelkurs ($175) zur Herstellung des perfekten Milchkaffees. Wer das geschafft hat, kann sich noch der Latte-Macchiato-Kunst widmen ($175/2 Std.). Hier ist auch landesweit der einzige Barista-Kurs von City and Guilds zu haben ($595/3 Tage).

The Occasional Brewer, 211 Victoria St, ☏ 04 384 8268, ⌨ theoccasionalbrewer.co.nz. Lohnt sich nur für Besucher, die einen Monat in Wellington sind – und zum Trinken braucht man auch noch Zeit. Einen Abend lang braut jeder Teilnehmer 40 l eigenes Bier ($149 zzgl. $55–$100 für die Flaschen), das dann ein paar Wochen unter dem wachsamen Auge des Brauers fermentiert. Anschließend füllt man es selbst in Flaschen ab. Danach muss es sich noch ein paar Wochen setzen.

Essen

Wellington Chocolate Factory, 3 Eva St, ☏ 04 385 7555. Unwiderstehliche Schokotafeln in kleiner Auflage sowie heiße Schokolade. Wer eine Führung mitmachen will, sollte sich vorher telefonisch nach einem Termin erkundigen. ⏰ Mo–Sa 10–18, So 11–16 Uhr.

Fix & Fogg, 5 Eva St, ⌨ www.fixandfogg.co.nz. Zwecks Kostprobe einfach ans Fenster klopfen. Einkaufen kann man auf der anderen Straßenseite in der Chocolate Factory.

Mikrobrauereien

Garage Project, 68 Aro St, ☏ 04 384 3076, ⌨ www.garageproject.co.nz. An der alten Tankstelle stehen heute keine Autos, sondern Bierfans, die ihre Flaschen wieder mit Venusian Pale Ale oder Day of the Dead (mit Chili) auffüllen wollen. ⏰ So und Mo 12–18, Di–Do 12–20, Fr und Sa 12–21 Uhr.

Parrot Dog, 29 Vivian St, ☏ 04 384 3076, ⌨ www.parrotdog.co.nz. Kleine Brauerei im Zentrum, wo man kostenlose Proben der neuesten Sorten oder Flaschen zum Mitnehmen bekommt und ein Auge auf den Brauprozess werfen kann. Klassiker des Hauses ist das erfrischende Bitter Bitch mit 5,8 % Alkohol. ⏰ Mo–Do 10–18, Fr 10–20, Sa 12–18 Uhr.

Gruppen von etwa zehn Personen können den Vorführungsraum kostenlos reservieren – der ideale Ort für einen *LOTR*-Marathon.

Courtenay Place und Cuba Street

Wellingtons Vergnügungsviertel konzentriert sich um **Courtenay Place** und **Cuba Street**. Die nach einem Einwandererschiff benannte Cuba Street und ihre Nebenstraßen bilden Wellingtons „alternatives" Viertel mit Fashion Outlets, Szeneläden, Secondhand-Buchhandlungen, Schallplattenläden, coolen Cafés und angesagten Bars und Restaurants. Zwischen Dixon Street und Ghuznee Street verpasst der bunte und mittlerweile Kult gewordene **Bucket Fountain**, der 1969 installiert wurde, immer noch ahnungslosen Passanten aus heiterem Himmel eine Dusche.

Colonial Cottage Museum

68 Nairn St ▪ ⊙ Weihnachten–Mitte Feb tgl. 12–16 Uhr, Mitte Feb bis Weihnachten Sa und So 12–16 Uhr, Führungen stdl. 12–15 Uhr ▪ \$8 ▪ 🖥 www.colonialcottagemuseum.co.nz

Fans historischer Häuser haben sicher ihre Freude am putzigen **Colonial Cottage Museum**, dem ältesten Gebäude der Innenstadt. Obwohl es von 1858 datiert (zwei Dekaden ins viktorianische Zeitalter hinein), ist es im spätgeorgianischen Stil erbaut. Die Einrichtung vermittelt den Eindruck, als sei die Familie bloß mal schnell zum Sonntagsgottesdienst gegangen.

Nördlich des Civic Square

In der Umgebung der **Queens Wharf** am Hafen sind teure Wohnblocks mit Hafensicht, das Museum of Wellington City and Sea, verschiedene Bars und Restaurants sowie die Kaffeerösterei **Mojo** (S. 512) angesiedelt. Das kommerzielle

Herz von Wellington schlägt am Lambton Quay. Er verläuft nach Norden zum **Parliamentary District**, dem Verwaltungszentrum der Stadt. Es bildet den Südrand von **Thorndon**, dem ältesten Vorort Wellingtons, wo sich der **Katherine Mansfield Birthplace** befindet.

Frank Kitts Park und Umgebung

Water Whirler ⊙ stdl. 10–15 außer 14 und 18–22 Uhr; 5–10 Min. ▪ Plimmer's Ark ⊙ Mo–Fr 9–18 Uhr, Sa und So 11–15 Uhr; Eintritt frei

Nördlich des Civic Square erstreckt sich der **Frank Kitts Park**, wo der Mast der *Wahine* (s. unten) mahnend in die Höhe ragt. Ein paar Meter davon entfernt steht seit 2006 der **Water Whirler**, eine kinetische Skulptur von Len Lye (S. 295), die in einer Abfolge von komplexen und immer schnelleren Drehungen Wasser versprüht. Das Spektakel gibt es ungefähr jeweils zur vollen Stunde zu bestaunen. In der Old Bank Arcade zwischen Skulptur und Museum of Wellington (s. unten) befindet sich **Plimmer's Ark**. Hier liegen die Überreste des Holzsegelschiffs *Inconstant*. 1850 wurde es von John Plimmer an Land gezogen und zu einem Handelskai umgebaut, wo es zur Keimzelle der kommerziellen Tätigkeit in der wachsenden Stadt wurde.

Museum of Wellington City and Sea

3 Jervois Quay ▪ ⊙ tgl. 10–17 Uhr; 30-minütige Führung So 14 Uhr ▪ Eintritt frei; Ship 'n' Chip (5 Std.) \$39 ▪ ✆ 04 472 8904, 🖥 www.museums wellington.org.nz

In der Nähe der Queens Wharf befindet sich das **Museum of Wellington City and Sea**. Es ist in einem alten viktorianischen Zolllager untergebracht. Hier entfaltet sich Wellingtons gesellschaftliche und maritime Geschichte durch schön in Szene gesetzte Exponate über die frühe Besiedlung durch Maori und Europäer und das Seefahrererbe der Stadt. Das Erdgeschoss zeigt eine Chronik der wichtigsten historischen Ereignisse. Den ersten Stock bestimmt die Ausstellung zur *Wahine*-Katastrophe. Sie erinnert an den 10. April 1968, als die Inselfähre *Wahine* bei ihrem Untergang 52 Menschen in den Tod riss.

Mit der Eröffnung des neuen Obergeschosses wird sich das Ausstellungsangebot um praktisch den gesamten Fundus des Museums erweitern. Im Programm sind auch Rundfahrten, darunter die beliebte Tour **Ship 'n' Chip** mit Überfahrt zur Matiu/Somes Island (s. Kasten S. 508) und Fish 'n' Chips zum Mittagessen.

Lambton Quay

Als traditionelle Haupteinkaufs- und Geschäftsstraße Wellingtons bildete der **Lambton Quay** ursprünglich die Uferpromenade, wurde aber durch Landgewinnungsprojekte und die dort gebauten Docks vom Wasser abgeschnitten. Es geht entweder auf dem Lambton Quay immer geradeaus bis zum Parliamentary District, oder mit der **Cable Car** (s. Kasten S. 501) nach oben und durch den Botanischen Garten wieder runter.

Botanic Gardens

Eingänge an Glenmore St, Salamanca Rd, Upland Rd und an der Cable Car ▪ ⏲ tgl. Sonnenauf- bis Sonnen-untergang ▪ Eintritt frei

Vom Aussichtspunkt an der Bergstation der Cable Car eröffnen sich wunderbare Blicke auf die Stadt. Hier befindet man sich am höchsten Punkt der **Botanic Gardens** von Wellington, die sich oberhalb der Stadt über eine riesige Grünanlage mit zahlreichen Spazierwegen erstrecken. Eine kostenlose Broschüre mit Karte ist im Cable Car Museum erhältlich.

Lady Norwood Rose Garden und Begonia House

⏲ Begonia House Okt–April tgl. 9–17, Mai–Sep 10–15 Uhr ▪ Eintritt frei

Der meistbesuchte Bereich des Botanischen Gartens ist der duftende **Lady Norwood Rose Garden**: 300 verschiedene Rosenarten umschließen einen Brunnen und sind selbst von einem mit Kletterrosen bewachsenen Säulengang umgeben. Das benachbarte **Begonia House** be-

steht aus zwei Abteilungen: einer tropischen mit einem romantischen Seerosenteich, und einer gemäßigten, wo im Sommer Begonien und Gloxinien und im Winter Alpenveilchen, Orchideen und Springkraut blühen.

Carter Observatory

⏲ Mo, Mi, Do und Fr 10–17, Di und Sa 10–23, So 10–17.30 Uhr; Planetariumsvorführung: Mo–Fr 11, 12.30 und 15 Uhr, Sa und So 10.15 Uhr und danach zur vollen Stunde; Abendvorführungen Di und Sa 18, 19 und 20 Uhr (reservieren!) ▪ Ausstellung $10; 45-minütige Planetariumsvorführung (einschl. Ausstellung) $18,15 ▪ ☎ 04 910 3140, 🖳 www.carterobservatory.org

Zwei Minuten zu Fuß von der Endhaltestelle der Cable Car wartet das fantastische **Carter Observatory** (Bj. 1941), wo Vorführungen zum südlichen Sternenhimmel über Neuseeland gezeigt werden. Zu den behandelten Themen zählen u. a. die Astronomie der Maori und der pazifischen Inselbewohner, Astronomische Navigation und moderne Planetenforschung. Besonders interessant sind ein Teleskop aus der Zeit von Kapitän Cook, ein Stück Mondgestein, das man anfassen darf, sowie die Simulation eines Raketenstarts. Auch die Planetariumsvorführungen mit Blick in den Nachthimmel sollte man sich nicht entgehen lassen. Je nach Wetter dürfen Besucher spätabends noch einen Blick durchs Teleskop werfen.

Parliamentary District

Das nördliche Ende des Lambton Quay markiert den Anfang des **Parliamentary District** – besonders schön sind die Fußgängerampeln mit der Silhouette der Frauenrechtlerin Kate Sheppard. Der Stadtteil wird von den grandiosen **Old Government Buildings** beherrscht. Auf den ersten Blick scheinen sie aus cremefarbenem Stein zu bestehen, erst bei näherer Betrachtung offenbart sich, dass die Gebäude aus Holz sind. Die Planung stammt aus der Feder des Architekten William Clayton (1823–1877). Bei der Fertigstellung 1876 war es das größte Gebäude Neuseelands und ist bis heute – abgesehen von einer Tempelhalle in Japan – das größte Holzgebäude der Welt. Hier ist heute die juristische Fakultät der Victoria University untergebracht. Trotzdem kann man normalerweise kurz reinschauen und im eleganten Treppenhaus die Fotos von historischen Demonstrationen und Protestveranstaltungen betrachten, die vor dem Gebäude abgehalten wurden.

Die Parliament Buildings

⊕ tgl. 10–16 Uhr ■ Kostenlose 1-stündige Führung zur vollen Stunde ■ ✆ 04 817 9503, ▭ www.parliament.nz

Auf der anderen Seite des Lambton Quay stehen die **Parliament Buildings**, Sitz der neuseeländischen Regierung. Die drei Bauwerke sind höchst eigenwillig, fügen sich aber auf harmonische Weise zusammen. Das auffälligste Gebäude ist der modernistische **Beehive** („Bienenstock"), ein aus sieben Stufen bestehender, stumpfer Kegel, in dem das Kabinett und die Büros der Minister untergebracht sind. Das Gebäude wurde 1964 von dem britischen Architekten Sir Basil Spence konzipiert, doch die Bauarbeiten dauerten bis 1982 an, sechs Jahre nach dem Tod des Architekten. Der Beehive ist direkt mit dem edwardianisch-neoklassizistischen **Parliament House** verbunden, einem großartigen, autoritär wirkenden Regierungssitz – ein krasser Gegensatz zur verspielt-neugotischen **Parliamentary Library**, die eher pompös und sakral wirkt.

Die Führungen, zu deren Highlights auch die beindruckende **Maori Affairs Select Committee Room** gehört, beginnen beim Besucherzentrum im Erdgeschoss des Beehive. Der eine oder andere Abgeordnete ist schon mal auf der anderen Seite der Molesworth Street im **Backbencher Pub** (S. 514) anzutreffen.

Archives New Zealand

10 Mulgrave St ■ ⊕ Mo–Fr 9–17 Uhr ■ Eintritt frei ■ ✆ 04 499 5595, ▭ www.archives.govt.nz

Highlight des Nationalarchivs ist das Original des in Maori-Sprache abgefassten *Vertrags von Waitangi* (s. Kasten S. 109 und 232) im schummrigen Gewölbe des Constitution Room. Das Original hat die Wasserschäden und Nagetierangriffe im Untergrund der Old Government Buildings nur knapp überlebt, bevor es 1908 wiedergefunden wurde. Verschiedene Kopien waren im Umlauf, um die Unterschriften aller Maori-Häuptlinge zu sammeln – ein ziemlich planloser Vorgang. Noch immer wird diskutiert, ob das Dokument in die National Libriary umgesiedelt werden soll, aber es gibt hier noch mehr wichtige Dokumente zu sehen, z. B. die Unabhängigkeitserklärung der nördlichen Häuptlinge von 1835 und diverse Maori-Petitionen, die bis 1909 zurückreichen und Vertragsbrüche beklagen.

Interessant ist auch die **Petition für das Frauenwahlrecht aus dem Jahr 1893**, organisiert von der berühmten neuseeländischen Frauenrechtlerin Kate Sheppard, die auch auf der Zehndollarnote zu sehen ist. Dies war ihr dritter Versuch, bei dem sie 32 000 Unterschriften zu-

---

Eine Fahrt mit der Cable Car

Auch wer ansonsten keine öffentlichen Verkehrsmittel in Wellington benutzt, sollte auf keinen Fall die kurze und landschaftlich schöne Fahrt mit der **Cable Car** auslassen, die den grünen Vorort Kelburn und den oberen Abschnitt des Botanischen Gartens zum Ziel hat. Die leuchtend roten Wagen beginnen ihren steilen Aufstieg alle 10 Min. an der Talstation in der unmittelbar vom Lambton Quay abzweigenden Cable Car Lane. Unterwegs machen sie an drei Stationen Halt und bieten wundervolle Ausblicke auf die Stadt und den Hafen. ⊕ Mo–Fr 7–22, Sa 8.30–22, So 9–21 Uhr, $4 einfache Fahrt, hin und zurück $7,50.

An der oberen Endstation in der Upland Road beherbergt das **Cable Car Museum** den alten elektrischen Antriebsmotor, ein Gewirr von Kabeln, 200 Jahre alte Waggons und ein Info Centre mit jeder Menge Hintergrundinformationen zu dieser und anderen Seilbahnen aus aller Welt. Sehenswert sind auch die Kurzfilme, v. a. der zu den rund 400 Mini-Seilbahnen, die für viele Wellingtoner bis heute die einzige Möglichkeit darstellen, ihr Grundstück zu erreichen. ⊕ Ostern bis Nov tgl. 10–17, Nov bis Ostern tgl. 9.30–17.30 Uhr, Eintritt frei.

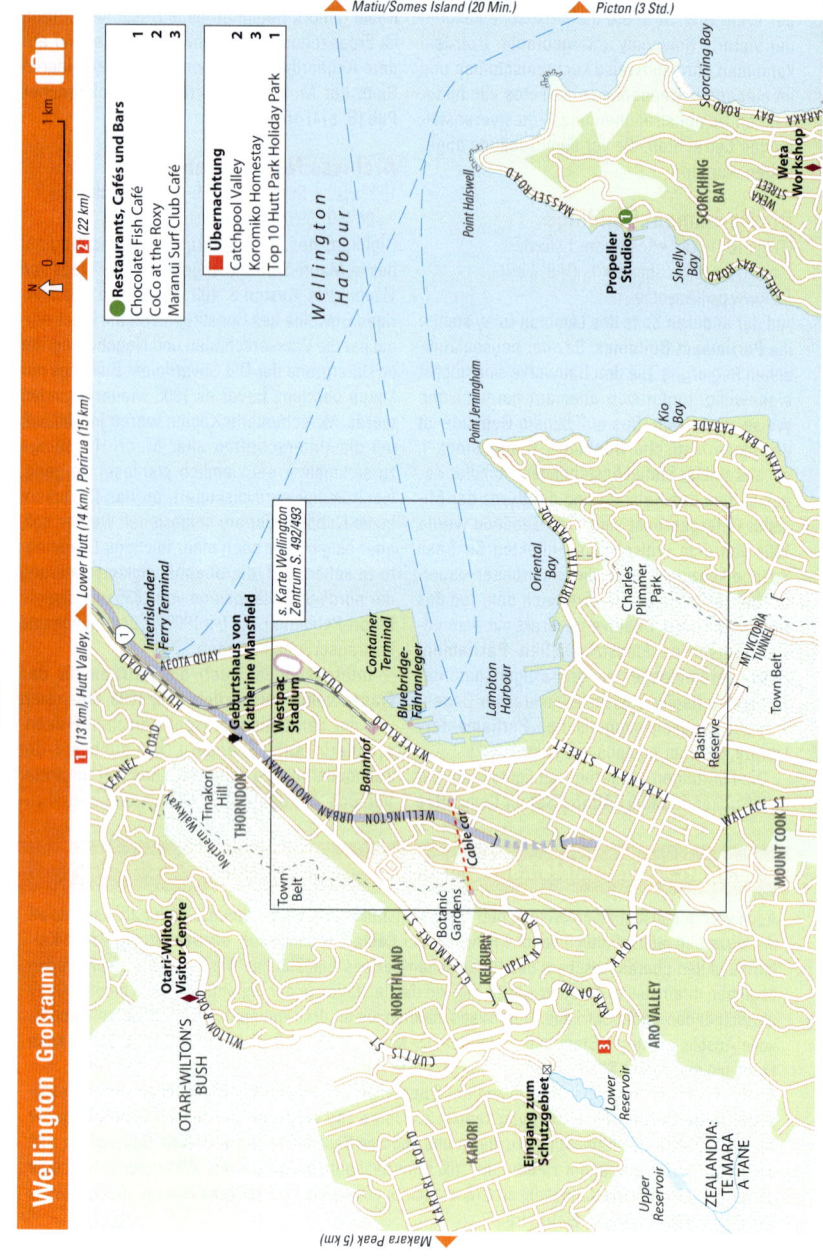

▲ Matiu/Somes Island (20 Min.)   ▲ Picton (3 Std.)

N
0   1 km

Restaurants, Cafés und Bars
● Chocolate Fish Café   1
CoCo at the Roxy   2
Maranui Surf Club Café   3

Übernachtung
■ Catchpool Valley   2
Koromiko Homestay   3
Top 10 Hutt Park Holiday Park 1

1 (13 km), Hutt Valley ▲ Lower Hutt (14 km), Porirua (15 km)   ▲ **2** (22 km)

Wellington Harbour

Scorching Bay
WEKA STREET
MASSEY ROAD
Point Halswell
SCORCHING BAY
Weta Workshop
Propeller Studios **1**
Shelly Bay
SHELLY BAY ROAD
Kio Bay
Point Jerningham
EVAN'S BAY PARADE

Interislander Ferry Terminal
AEOTA QUAY
HUTT ROAD
KAISER ROAD
Geburtshaus von Katherine Mansfield
Westpac Stadium
Container Terminal
Bluebridge-Fähranleger
s. Karte Wellington Zentrum S. 492/493
Oriental Bay
ORIENTAL PARADE
Charles Plimmer Park
MT VICTORIA TUNNEL
Town Belt
Lambton Harbour
WATERLOO QUAY
Bahnhof
THORNDON
Northern Walkway
Tinakori Hill
WELLINGTON URBAN MOTORWAY
Cable Car
TARANAKI STREET
Basin Reserve
WALLACE ST
MOUNT COOK

Town Belt
Botanic Gardens
GLENMORE ST
KELBURN
UPLAND RD
NORTHLAND
ARO ST
ARO VALLEY
KARORI ROAD

Otari-Wilton Visitor Centre
WILTON ROAD
OTARI-WILTON'S BUSH
CURTIS ST
KARORI
Eingang zum Schutzgebiet ⊠
Lower Reservoir
3
Upper Reservoir
ZEALANDIA: TE MARA A TANE
RAROA RD

▲ Makara Peak (5 km)

Dorset Point

Worser Bay

SEATOUN

SEATOUN

DUNDAS ST

Breaker Bay

Breaker Bay

BREAKER BAY

ROAD

BREAKER BAY

Palmer Head

MIRAMAR

PARK ROAD

PARA STREET

IRA ST

BROADWAY

BAY ROAD

MIRAMAR AVE

MIRAMAR DR

Roxy Cinema

CALABAR

Wellington International Airport

P

P

MOA POINT ROAD

Evans Bay

COBHAM DRIVE

Marina

KILBIRNIE

RONGOTAI RD

LYALL BAY

LYALL PARADE

LYALL

Lyall Bay

RACHINE ST

Alexandra Park

CONSTABLE ST

NEWTOWN

Southern Walkway

THE ESPLANADE

Taputeranga Island

RIDDIFORD

ADELAIDE ROAD

Mornington Golf Course

ADELAIDE ROAD

ISLAND BAY

THE PARADE

Island Bay

MILLS ROAD

OWHIRO ROAD

OWHIRO ROAD

HAPPY VALLEY ROAD

BROOKLYN

HAPPY VALLEY

OWHIRO BAY

BAY PARADE

THE ESPLANADE

Dive Wellington

OWHIRO

Brooklyn Hill-Windkraftanlage

Sinclair Head

Red Rocks Coastal Walk

▲ Red Rocks (2 km)

Katherine Mansfield

Katherine Mansfield Beauchamp (1888–1923) ist Neuseelands berühmteste Verfasserin von Kurzgeschichten. Im Laufe ihres kurzen Lebens revolutionierte sie dieses Genre, indem sie nicht die Handlung, sondern die poetische Erzählkunst in den Mittelpunkt rückte. Virginia Woolf schrieb, Mansfields Werke seien „die einzige literarische Leistung, auf die ich jemals neidisch war".

Mansfield lebte fünf Jahre lang in Wellington in der Tinakori Road, zusammen mit ihren Eltern, drei Schwestern und der geliebten Großmutter. Die Örtlichkeiten sind in mehreren ihrer Geschichten beschrieben, besonders in *Prelude* und *A Birthday*. Später siedelte die Familie in ein wesentlich eleganteres Haus im heutigen westlichen Vorort Karori über. Mit 19 Jahren zog Katherine nach Europa. Sie starb im Alter von 34 Jahren in Frankreich an Tuberkulose.

sammenbrachte (ein Viertel der weiblichen Bevölkerung). In der Folge erteilte Neuseeland als erstes Land der Welt Frauen das Wahlrecht.

Old St Paul's Cathedral

Mulgrave, Ecke Pipitea St ▪ ⏲ tgl. 9.30–17 Uhr ▪ Eintritt frei; Führungen $5 (45 Min.) ▪ ✆ 04 473 6722, ▭ www.oldstpauls.co.nz

Von 1866 bis 1964 fungierte die bescheiden wirkende **Old St Paul's Cathedral** als Pfarrkirche von Thorndon. Nachdem der heutige Parliamentary District von neuseeländischen Ministerien vereinnahmt wurde, konnten nur noch anhaltende öffentliche Proteste in den 1960er-Jahren das Gotteshaus, eine der schönsten europäischen Holzkirchen des Landes, vor dem Abriss bewahren. Ungewöhnlich für ein Gotteshaus im Stil der englischen Frühgotik, wurde es aus nachdunkelnden einheimischen Hölzern errichtet. Schöne Buntglasfenster tauchen den Innenraum in vielfarbiges Licht.

St Paul's Cathedral

Molesworth, Ecke Hill St ▪ ⏲ tgl. 8.30–16.30 Uhr ▪ Eintritt frei ▪ ▭ www.wellingtoncathedral.org.nz

Old St Paul's steht in auffallendem Kontrast zu ihrem modernen Nachfolger, der **St Paul's Cathedral**. Die kuriose Stilmischung aus Byzanz und Santa Fé wurde in den 1930er-Jahren von dem berühmten Kirchenarchitekten Cecil Wood aus Christchurch entworfen. Queen Elizabeth II. legte 1954 den Grundstein, doch vollendet wurde die Kathedrale erst 1998. in dem riesigen Innenraum wirkt das Chorgestühl aus dunklem Holz winzig und seltsam fehl am Platze bei all dem rosa Beton. Die auffällige Orgel wurde übrigens in London gebaut. Sie stand ursprünglich in der Old St Paul's.

Katherine Mansfield Birthplace

25 Tinakori Rd ▪ ✆ 04 473 7268,
▭ www.katherinemansfield.com ▪
⏲ Di–So 10–16 Uhr ▪ $8 ▪ Bus Nr. 14 hält in der nahe gelegenen Park St

Läuft man 10 Min. zu Fuß von der St Paul's Cathedral durch Thorndon nach Norden, erreicht man das **Geburtshaus von Katherine Mansfield**. In diesem bescheidenen Holzhaus mit kleinem Garten verbrachte die weltberühmte Autorin (s. Kasten) ihre Kindheit. Das Haus, das einen viktorianisch-edwardianischen Charme ausstrahlt, weist ein ungewöhnliches, für die damalige Zeit avantgardistisches Dekor auf, stark beeinflusst von der Kultur Japans und dem Ästhetizismus.

Ein Raum im Obergeschoss beleuchtet das Leben der Autorin näher und zeigt Schwarz-Weiß-Fotos sowie Videos, darunter das exzellente *A Woman and a Writer*.

Die Vororte

Wellingtons Vororte lassen sich vom Zentrum aus problemlos erreichen. Ein paar Kilometer nördlich vom bahnbrechenden **Zealandia: the Karori Sanctuary Experience** befindet sich das schöne Waldstück **Otari-Wilson's Bush**. Durch den grünen Town Belt verlaufen einige schöne Wanderwege. Hinter dem Grüngürtel wartet die stille **Scorching Bay** auf der **Miramar Peninsula**, wo sich die Wellingtoner Filmindustrie niedergelassen hat.

Der bewaldete, die Stadt umgebende Town Belt bietet ausgezeichnete Wandermöglichkeiten, groß-artige Ausblicke auf Wellington und die Gelegenheit zum Beobachten von Robben an der Südküste. Detaillierte Broschüren zum Thema sind kostenlos im i-SITE erhältlich (S. 519).

Red Rocks Coastal Walk

- einfach 4 km, hin und zurück 2–3 Std.

Die einfache Wanderung führt südlich von Wellington an der Küste entlang von Owhiro Bay nach Sinclair Head, wo eine Junggesellenkolonie neuseeländischer **Pelzrobben** jedes Jahr (Mai–Okt) Quartier bezieht. Die Wanderung folgt einer rauen Piste und hat die Red Rocks zum Ziel – gut erhal-tene Lavakissen, die vor rund 200 Mio. Jahren durch einen Vulkanausbruch unter Wasser gebildet und danach von Eisenoxid rot gefärbt wurden.

Der Weg beginnt ungefähr 7 km südlich des Stadtzentrums bei den Toren zu einem Steinbruch am westlichen Ende der Owhiro Bay Parade, wo es einen Parkplatz gibt. Die Anfahrt mit dem **Bus** erfolgt vom Courtney Place Richtung Osten mit der häufig verkehrenden Nr. 1 zur Island Bay; an der Kreu-zung von Reef Street und Parade aussteigen und die letzten 2,5 km zum Startpunkt des Wanderwegs laufen. Eine Alternative ist die Linie 4 (nur zur Hauptverkehrszeit), die ihren Weg bis Happy Valley fortsetzt, was rund 1 km vom Coastal Walk entfernt liegt.

Southern Walkway

- 11 km, 4–5 Std.

Der Weg durchquert den Town Belt im Süden des Zentrums, zwischen der Oriental Bay und der Island Bay, und ist bis auf ein paar steile Abschnitte sehr leicht zu begehen. Unterwegs genießt man herrliche Ausblicke auf Hafenbucht und Innenstadt und erspäht Graufächerschwanz, Riroriro und Silberbrillenvogel; der beste **Badestrand** liegt in der Island Bay.

Die Wanderung kann in jede Richtung gestartet werden und ist deutlich mit orangenen Pfeilen mar-kiert. Zum Startpunkt in Zentrumsnähe geht man die Oriental Parade entlang (oder nimmt **Bus** Nr. 14 oder 24) bis zum Eingang des Charles Plimmer Park unmittelbar hinter der Hausnummer 350. Wer lieber in der entgegengesetzten Richtung läuft, nimmt den Bus Nr. 1 in die Island Bay und folgt den Schildern vom nahen Shorland Park.

Northern Walkway

- 16 km, 4–5 Std.

Der Weg verläuft durch einen ruhigen Abschnitt des Town Belt im Norden des Zentrums und bie-tet spektakuläre Aussichton. Auf der Strecke zwischen Kelburn und dem Vorort Johnsonville wer-den fünf verschiedene Gebiete – Botanic Gardens, Tinakori Hill, Trelissick Park, Khandallah Park und Johnsonville Park – durchquert, die auch von diversen Vorortstraßen und mit öffentlichen Verkehrs-mitteln zugänglich sind. Zu den Attraktionen entlang der Strecke zählen die **Vogelwelt** auf dem Tina-kori Hill (Tui, Graufächerschwanz, Eisvogel, Riroriro und Graurückiger Brillenvogel), der junge, ende-mische Wald **Ngaio Gorge** im Trelissick Park, ein fantastischer Blick über die Stadt und den Hafen bis zu den Rimutaka und Tararua Ranges von einem Aussichtspunkt auf dem **Mount Kaukau** (430 m) und im **Johnsonville Park** ein stillgelegter, in den nackten Fels gehauener Straßentunnel.

Startmöglichkeiten sind die obere Endstation der Cable Car (von da Richtung Norden durch den Botanischen Garten) oder der Wanderweg am Tinakori Hill, zu erreichen indem man von der Glen-more Street in die ansteigende St Mary Street einbiegt und an deren Ende den orangenen Pfeilen durch den Wald folgt. Wer die Wanderung lieber am nördlichen Ende beginnt, nimmt den **Zug** zur Raroa Station (Linie Johnsonville).

Zealandia: Te Mara a Tane

31 Waiapu Rd ▪ ☎ 04 920 9200, 🖥 www.visit
zealandia.com ▪ 🕐 Nov–März tgl. 9–17 Uhr,
April–Okt 10–17 Uhr; 2 1/2-stündige Nachtführungen
nur April–Okt Mi und Fr–So 30 Min. vor Sonnenuntergang ▪ Eintritt $17,50; Nachtführung $85 inkl.
Eintritt (buchen!) ▪ 2 km zu Fuß von der oberen
Endhaltestelle der Cable Car, dann weiter mit dem
kostenlosen Shuttle vom i-SITE (ab 9.45 Uhr etwa
stdl.; 10 Min.) oder mit der Buslinie 3 von Lambton
Quay oder Courtenay Place

Nur etwa 3 km westlich der Innenstadt liegt im
Vorort Karori eine Oase: das Schutzgebiet **Zealandia**. Es ist nach dem neuseeländischen Mi-
krokontinent benannt, der sich vor rund 85 Mio.
Jahren von Gondwanaland abgespalten hat. Seit
Ende der 1990er-Jahre arbeitet das 253 ha große Schutzgebiet mit Erfolg an der Wiederher-
stellung des ursprünglichen Naturzustands. Das
Reservat wurde um zwei alte Trinkwasserreser-
voirs (auf die bei Wasserknappheit immer noch
zurückgegriffen wird) angelegt und mit einem
8,6 km langen, **raubtiersicheren Zaun** versehen.
   Der Wald wird erst in rund 500 Jahren vollständig ausgewachsen sein. Doch schon heute

Die schönste Aussicht der Stadt

Wem das Panorama vom Mount Victoria noch
nicht ausreicht, der findet weiter westlich
den **Brooklyn Hill**, leicht zu erkennen an seiner 32 m hohen **Windkraftanlage**. Unter dem
Surren der Propeller bietet sich ein fantastischer Blick über die Stadt bis zu den Kaikoura
Ranges auf der Südinsel. Die Demonstra-
tionsanlage ist seit 1993 in Betrieb und liefert
Energie für bis zu 100 Haushalte. Um den
Brooklyn Hill mit dem Auto zu erreichen,
biegt man von der Brooklyn Road am Ende
der Victoria Street links in die Ohiro Road und
anschließend beim Einkaufszentrum rechts in
die Todman Street ein, wo Schilder den Weg
zur Turbine weisen. Die Straße ist Okt–April
ab 20 Uhr und Mai–Sep ab 17 Uhr geschlossen. Man kann auch mit dem Bus Nr. 7 (hält
in der Victoria Street im Zentrum) fahren, der
3 km vor dem Gipfel hält.

kann man auf 32 km Spazierwegen (teils eben,
teils recht felsig) Vogelstimmen hören, die sonst
fast nirgendwo mehr zu vernehmen sind.

Durchs Schutzgebiet wandern

Es lohnt sich, mindestens einen halben Tag hier
zu verbringen. Von getarnten Ausgucken lassen
sich Vögel beobachten, und Besucher können
die ersten paar Meter eines Goldminenschachts
aus dem Karori-Goldrausch von 1869 begehen.
Kostenlose Tagestouren helfen, die Vögel zu
identifizieren (wochentags 11.15 und 13.15 Uhr,
an Wochenenden und Feiertagen zusätzlich um
12.15 und 14.15 Uhr). Es gibt auch Nachttouren,
bei denen man die Kakas beim Fressen beobachten, Glühwürmchen bewundern und wahrscheinlich auch Kiwis bei der Nahrungssuche
hören kann. Der Eintrittspreis beinhaltet den Zugang zum Besucherzentrum von Zealandia. Stärken kann man sich im Café auf dem Gelände.

Otari-Wilton's Bush

160 Wilton Rd, 5 km nordwestlich des Zentrums ▪
🕐 tgl. Sonnenauf- bis untergang; Besucherzentrum
9–16 Uhr ▪ Eintritt frei ▪ Zu Fuß 3 km von Zealandia
oder Bus 14 vom Lambton Interchange (alle 30 Min.)

Wer den neuseeländischen Wald so erleben
will, wie er sich vor Ankunft der Menschen präsentierte, sollte sich den **Otari-Wilton's Bush** ansehen. Was heute vom ursprünglichen Wald aus
Podocarpaceen und Nördlichen Ratabäumen
noch übrig ist (einschließlich eines 800 Jahre alten Rimu-Baums), wurde 1860 von einem gewissen Job Wilton eingezäunt und bildet den Kern
dieses 0,8 km^2 großen Schutzgebiets.

Wellington Harbour

Vom Wasser aus präsentiert sich der **Wellington
Harbour** am schönsten. Entsprechend gut ist das
Angebot an Wassersportaktivitäten (s. Kasten
S. 518). Zum Zeitpunkt unserer Recherchen waren Segelangebote spärlich. Eine andere Möglichkeit, die Aussicht auf den Hafen zu genießen,
ist eine Fährfahrt zur **Matiu/Somes Island**.

Hutt Valley

15 km nordöstlich des Zentrums an der SH2 ▪ ☎ 04
560 4715, 🖳 www.huttvalleynz.com ▪ Informationen
beim i-SITE in Hutt Valley, 25 Laings Rd, ⏰ Mo–Fr
9–17, Sa und So 10–14 Uhr

Am nördlichen Ende des Hafens beginnt das
Flachland des Hutt Valley, durch Pendlerzüge
und Busse über den SH2 mit der Stadt verbunden. Das Petone Settlers Museum erinnert an
die Gründung von Wellington, während Lower
Hutt mit dem stadtnächsten Campingplatz
(S. 510) und einer tollen Kunstgalerie aufwartet. Außerdem liegt es auf dem Weg zum wilden
Rimutaka Forest Park.

Petone Settlers Museum

The Esplanade, 2,5 km östlich des Bahnhofs von
Petone ▪ ☎ 04 568 8373, 🖳 www.petonesettlers.
org.nz ▪ ⏰ Mi–So 10–16 Uhr ▪ Eintritt frei ▪ Bus 81,
83, 84 oder der orangefarbene Flyer (91) ab Courtenay
Place und Lambton Quay

Die Vorstadt Petone befindet sich an dem Ort
der ersten – wenngleich kurzlebigen – europäischen Besiedlung in der Region Wellington. Das
Petone Settlers Museum ist in einem auffälligen alten Badepavillon untergebracht, welcher
anlässlich der hundertjährigen Ankunft der ersten britischen Einwanderer gebaut wurde und
mit wunderschönen Mosaiken geschmückt ist.
Das Museum erzählt von den Lebensumständen
der ersten hier ansässigen Maori und den später hinzugekommenen kolonialen Siedlern.

Dowse Art Museum

45 Laings Rd, 2 km westl. des Bahnhofs Waterloo ▪
⏰ tgl. 10–17 Uhr; Café Mo–Do 8–16.30, Fr 8–19.30,
Sa 9–16.30, So 10–16.30 Uhr, 1. Do im Monat bis
21 Uhr für Livejazz ▪ Eintritt gegen Spende ▪ ☎ 04
570 6500, 🖳 www.dowse.org.nz ▪ Bus 81, 83 oder
der orangefarbene Flyer ab Courtenay Place und
Lambton Quay

6 km nördlich von Petone, im weitläufigen **Lower
Hutt**, liegt das 2006 von Ian Athfield umwerfend
modernisierte **Dowse Art Museum**. Die gut kon-

„Wellywood" und Weta-Workshop

Wellington ist die Hauptstadt der neuseeländischen **Filmindustrie**, die sich auf die etwa 12 km
südöstlich des Zentrums gelegene Miramar Peninsula konzentriert. Die im Zweiten Weltkrieg hier
errichteten, schon lange verwaisten Verteidigungsanlagen boten sich regelrecht für den Umbau in
Filmstudios an. Die traumhafte Landschaft ringsum diente als **Kulisse** für zahlreiche Streifen, darunter *Herr der Ringe, King Kong* und *Der Hobbit*-. Herr-der-Ringe-Produzent Peter Jackson wohnt
immer noch hier draußen. Seine Special-Effects-Firma Weta, die er sich mit Richard Taylor, Tania
Rodger und Jamie Selkirk teilt, ist in Miramar beheimatet. Sie ist zwar die zweitgrößte **Digital-
schmiede** der Welt, aber dennoch erfrischend bescheiden.
Beim Besuch des Studios **Weta Cave**, Camperdown Rd, Ecke Weka St, ☎ 04 909 4000, 🖳 www.
wetanz.co.nz, ⏰ tgl. 9–17.30 Uhr, Eintritt frei, Anfahrt mit der Buslinie 2 vom Zentrum, bekommt man
einen faszinierenden 20-minütigen Film übers Filmemachen zu sehen. Außerdem können Besucher
vor dem Eingang den Fußabdruck von King Kong bestaunen, einen Blick ins kleine Museum werfen
und im Museumsshop handgefertigte Figuren, Limited-Edition-Sammlerstücke sowie Movie-Loca-
tionguides (ab $45) kaufen. Wer etwas über die Vorgänge hinter den Kulissen erfahren möchte,
schließt sich einer **Workshop Tour** an, die von einem Crewmitglied geleitet wird ($24). Da Parkplätze
auf der Peninsula rar sind, bucht man am besten eine Weta's There and Back Again Tour ($65 inkl.
Abholung vom i-Site, Einführungs-DVD und ein wenig Location-Sightseeing unterwegs) oder einer
Movie Tour, s. S. 495.
Mehr über die neuseeländische Filmindustrie erfährt man bei **Nga Taonga Sound and Vision** (S. 496)
in der Innenstadt. Dort werden auf Wunsch auch kostenlos Neuseelandfilme gezeigt.

zipierten Räume zeigen Wechselausstellungen, avantgardistisches Kunsthandwerk aus der eigenen Sammlung sowie wunderschöne *pataka*-Kunstwerke. Empfehlenswert ist auch ein Besuch im **Reka**, dem hauseigenen Café mit Schanklizenz.

Rimutaka Forest Park

Haupteingang direkt südlich von Lower Hutt und 20 km von Wellington entlang der Coast Rd ▪ ⏱ 8 Uhr bis Sonnenuntergang ▪ Das DOC in Wellington verkauft die nützliche Broschüre Catchpool Valley/Rimutaka Forest Park ▪ Keine Buslinie hält in der Nähe; am besten selbst fahren oder ein Taxi nehmen

Der **Rimutaka Forest Park** ist ein beliebtes Naherholungsgebiet für die Bewohner von Wellington. Der Park lädt zu diversen Spaziergängen und leichten **Tageswanderungen** im attraktiven

Catchpool Valley ein und besitzt Picknick- und Grilleinrichtungen sowie einen gut geführten **DOC-Campingplatz** (S. 510). Vom ausgeschilderten Haupteingang aus schlängelt sich die Catchpool Road zum Parkplatz weitere 2 km hinauf. Hier beginnen die meisten Wanderungen.

ÜBERNACHTUNG

In der Innenstadt von Wellington gibt es jede Menge Unterkünfte, darunter ein paar ausgezeichnete **Hostels**. **B&Bs** werden immer seltener, aber dafür steigt die Zahl gut ausgestatteter **Apartments**. Frühstücken (oder brunchen) gehen gehört zum Besuch von Wellington unbedingt dazu. Daher muss es vielleicht keine Unterkunft sein, bei der das Frühstück im Preis enthalten ist. Zentral gelegene **Motels** sind Mangelware, aber zahlreiche auf Geschäftsleute ausgerichtete

Matiu/Somes Island

Einer der schönsten Tagesausflüge von Wellington aus führt zu dem in den nördlichen Ausläufern des Wellington Harbour gelegenen Eiland **Matiu/Somes Island**. Der legendäre Seefahrer Kupe soll die Insel im 10. Jh. Matiu („Frieden") getauft haben. Seine Nachkommen lebten auf der Insel, bis sie Ende der 1830er-Jahre von europäischen Siedlern vertrieben wurden. Die Neuankömmlinge benannten die Insel nach dem stellvertretenden Gouverneur der New Zealand Company, Joseph Somes, die das Stück Land „gekauft" hatte.

Anfang der 1980er-Jahre erkannte man das Naturschutzpotenzial der Insel. Inzwischen steht sie unter Verwaltung des DOC, das sich unermüdlich um die **Wiederbelebung der einheimischen Vegetation** kümmert und die historisch wertvollen alten Gebäude restauriert. Alle früher eingeführten Raubsäuger wurden auf der Insel ausgerottet, um stattdessen einheimische Arten wieder anzusiedeln. Bereits jetzt fühlen sich hier sieben Reptilienarten, der Kakariki (Ziegensittich), North Island Robins, Zwergpinguine, die Langfühlerschrecke Weta und die urzeitliche Brückenechse Tuatara heimisch und vermehren sich eifrig.

Zugang, Information und Unterkünfte

Anfahrt mit der **Dominion Post Ferry**, ☎ 04 499 3339, 🖥 www.eastbywest.co.nz (wochentags 3–4x tgl., am Wochenende öfter; 20 Min. einfach; hin und zurück $22), die auf der Fahrt zur Days Bay bei der Insel hält. Bis zu fünf Stunden Besichtigungszeit bleiben, ehe man die letzte Fähre zurück nach Wellington besteigen muss. Der Fährfahrplan ist wetterabhängig, deshalb vorher anrufen und sich die Abfahrtszeiten durchgeben lassen.

Vom Anleger am nordöstlichen Ende der Insel führt eine Teerstraße 400 m bergauf zum **DOC Field Centre**, das in einem ehemaligen Krankenhaus untergebracht ist. Dort gibt es Karten der Insel (auch im DOC-Büro in der Stadt erhältlich, S. 519). Viele Besucher nehmen sich etwas zum Picknicken mit auf die Insel. Es ist zu beachten, dass es sich um ein Schutzgebiet handelt – Rauchen sowie offene Feuer sind streng verboten. Infos zum Camping auf der Insel auf S. 510.

Hotels haben günstige Sonderangebote, besonders am Wochenende. Wer's gern etwas ruhiger hat, entscheidet sich für ein Viertel außerhalb des Zentrums und fährt mit dem Auto oder öffentlichen Verkehrsmitteln in die Stadt.

Apollo Lodge Motel & Majoribanks Apartments, 49 Majoribanks St, ☎ 0800 361 645, 🖳 www.apollo-lodge.co.nz; Karte S. 492–493. Ansprechendes, renoviertes Motel mittlerer Größe mit modernen Zimmern (manche im edwardianischen Stil). Die Apartments eignen sich auch sehr gut für längere Aufenthalte. Preise auf Anfrage. $150

Austinvilla B&B, 11 Austin St, Mt Victoria, ☎ 04 385 8334, 🖳 www.austinvilla.co.nz; Karte S. 492–493. Zwei hübsche und sehr ruhige Apartments (eines ein Studio, das andere mit separatem Schlafzimmer und kleinem Garten), beide mit Badewanne, kleinem Frühstück und Parkplatz abseits der Straße. Die elegante Villa im Grünen ist 10 Min. zu Fuß von Courtenay Place entfernt. Für Kleinkinder ungeeignet. Studio $205, 1-Zimmer-Appartment $245

Base Wellington, 21-23 Cambridge Terrace, ☎ 04 801 5666, 🖳 www.stayatbase.com; Karte S. 492–493. Schickes, gut organisiertes Hostel mit 280 Betten in einem ehemaligen Bürogebäude. Hat u. a. billigen Internetzugang, abschließbare Schränke, Parkplätze ($15/Nacht) und die Bar Basement, wo Themenabende veranstaltet werden. Bei den Zimmern für Frauen ($3 Aufpreis pro Nacht) ist kostenloser Sekt im Preis inbegriffen. Dorms $24, Zimmer mit Bad $110

Booklovers B&B, 123 Pirie St, Mount Victoria, ☎ 04 384 2714, 🖳 www.booklovers.co.nz; Karte S. 492–493. Was Charme und Komfort angeht, gibt es kaum etwas Besseres als dieses literarisch angehauchte 3-Zimmer-B&B in einer stilvollen viktorianischen Villa 10 Min. zu Fuß von Courtenay Place und Mount Victoria Park. Bücher in allen Zimmern; zu jeder halbwegs vertretbaren Tageszeit wird ein üppiges warmes Frühstück serviert. $240

Cambridge Hotel, 28 Cambridge Terrace, ☎ 0800 375 021, 🖳 www.cambridgehotel.co.nz; Karte S. 492–493. Das renovierte Hotel aus den 1930er-Jahren dient teilweise als Hostel, zum Teil als Unterkunft für Langzeitmieter und

Arbeiter. Bar und Restaurant sind beliebt und günstig, die 4- bis 8-Bett-Dorms sind geräumig und die Hotelzimmer zwar etwas klein, dafür aber preiswert. Dorms $26, Zimmer mit Bad $99

CQ Hotels, 223 Cuba St, ☎ 04 385 2156, 🖳 www.hotelwellington.co.nz; Karte S. 492–493. Die beiden Hotels im Herzen der Cuba Street werden mit hohem Anspruch von der gleichen Familie geführt und teilen sich Swimmingpool, Café, Bar, Fitnessraum, Restaurant, WLAN und kostenpflichtigen Parkplatz. Die Zimmer im Comfort sind teilweise klein, dafür alle mit Bad, stilvoll und günstig. Das Quality ist hingegen luxuriöser und bietet auch schicke Apartments mit Küchenzeile ($409). Comfort $139, Quality $219

Gourmet Stay, 25 Frederick St, ☎ 04 801 6800, 🖳 www.gourmetstay.co.nz; Karte S. 492–493. Der moderne „Flashpacker" am schicken Ende der Stadt nutzt jede Ecke, um 3er-Dorms und Doppelzimmer (z. T. mit Bad) unterzubringen. Auf der anderen Seite des Innenhofs sind noch 3 Motel Units. Es gibt kostenloses WLAN, ein Café im Erdgeschoss und Gästeparkplätze abseits der Straße ($10/Nacht). Dorm $45, Motel Units $195

Halswell Lodge, 21 Kent Terrace, ☎ 04 385 0196, 🖳 www.halswell.co.nz; Karte S. 492–493. Komfortables, zentrales, einladendes Haus mit schlichten, günstigen Hotelzimmern, eher teuren Motel Units und wunderschönen Luxuszimmern (mit Spa $165) in einer von der Straße zurückversetzten Lodge. Kostenlose, von der Straße entfernte Parkplätze. Zimmer $105, Motel Units $145

Hotel Waterloo, 1 Bunny St, ☎ 04 473 8482, 🖳 www.downtownbackpackers.co.nz; Karte S. 492–493. Großes Art-déco-Hostel im Waterloo Hotel. Günstig gelegen für Zug, Bus und Fähre. Die Dorms und Zimmer (z. T. mit Bad) sind in Ordnung, außerdem gibt's eine günstige Bar sowie ein Café im Ballsaal des einst glanzvollen Hotels. Dorms $29, Zi mit Bad $115

Koromiko Homestay, 11 Koromiko Rd, Aro Valley, ☎ 04 938 6539, 🖳 www.koromikohomestay.co.nz; Karte S. 502–503. Zentrales B&B für „gay men and their friends" in einer ruhigen Straße mit Blick auf den Hafen. 2 DZ und ein EZ teilen sich ein Bad. Draußen ist noch ein

„Gartenbad" für 2 Pers. mit Blick auf die Stadt; Essen auf Anfrage ($25 inkl. Wein). $135

Museum Hotel, 90 Cable St, ☎ 0800 994 335, 🖥 www.museumhotel.co.nz; Karte S. 492–493. Als das Te Papa gebaut wurde, musste das Business-Hotel mit schwarzer Fassade auf Bahnschienen zur anderen Straßenseite gezogen werden (daher der Spitzname „Museum Hotel de Wheels"). Die gemütlichen Zimmer zieren moderne neuseeländische Kunstwerke. Für den gebotenen hohen Standard sind die Preise vernünftig; Angebote auf der Website. Zimmer $229, mit Hafenblick $270

Nomads Capital, 118 Wakefield St, ☎ 0508 666 237, 🖥 www.nomadscapital.com; Karte S. 492–493. Komfortables 180-Betten-Hostel (die obersten Stockbetten sind nichts für Leute mit Höhenangst) in der Innenstadt mit dazugehörigem Backpacker-Bar/Café namens **Blend**. Es gibt Frauen-Dorms ($7 Aufpreis) und „Elite"-DZ mit Bad ($110). Dorms $29, Standard-DZ $95

🧳 **Ohotel**, 66 Oriental Parade, ☎ 04 803 0600, 🖥 www.ohtel.com; Karte S. 492–493. Edles Boutiquehotel gegenüber dem Waitangi Park an der Oriental Parade mit bewachtem Parkplatz, kostenlosem WLAN, Fitnessraum und Sauna. Zu jedem der 10 mit Hightech-Multimediaanlagen, Designer- und handverlesenen Retromöbeln von der Mitte des 20. Jhs. ausgestatteten Zimmer gehört ein Verwöhn-Badezimmer (manche mit 2-Pers.-Badewanne, nicht alle mit Badezimmertür). $295

Trinity Hotel, 166 Willis St, ☎ 04 801 8118, 🖥 www.trinityhotel.co.nz; Karte S. 492–493. Alle 60 Zimmer in diesem komfortablen, gut geführten Budgethotel haben kostenloses WLAN und Sky TV. Auf dem Gelände befinden sich ein Restaurant, eine Bar und ein Parkplatz ($15; reservieren!). Die Wochenendspecials ($120) locken mit einem Fläschchen Sekt, warmem Frühstück und *late checkout*. $130

🧳 **YHA Wellington City**, 292 Wakefield St, ☎ 04 801 7280, 🖥 www.yha.co.nz; Karte S. 492–493. Die preisgekrönte 320-Betten-Herberge ist eines der besten – und umweltfreundlichsten – Hostels Neuseelands. Sie liegt mitten im Stadtzentrum, und von einigen Zimmern im oberen Stockwerk hat man einen tollen Blick auf die Hafenbucht. Geräumige

Gemeinschaftsbereiche inklusive Tischfußball und Großbildfernsehzimmer, eine gut ausgestattete Küche, Fahrradaufbewahrung, Espressobar, Info- und Reisebüroschalter. Regelmäßig finden Aktivitäten wie gemeinsames Abendessen ($7–10) statt. Viele der DZ, Zweibettzimmer und 4- oder 6-Bett-Dorms haben ein Bad. Dorms $30, Zimmer $95

Camping

Catchpool Valley, Rimutaka Forest Park, 30 km östlich von Wellington; Karte S. 491. Einladender Drive-in-Campingplatz des DOC am Ufer des Catchpool mit warmen Duschen, Toiletten, Wasseranschlüssen und Grillstellen. Die 150 Stellplätze verteilen sich unter hohen Bäumen. $10

🧳 **Matiu/Somes Island**, DOC-Campingplatz für 12 Pers. im Tierschutzgebiet auf Matiu/Somes Island (S. 491) in der Mitte des Wellington Harbour mit toller Aussicht auf die Stadt. WC, Wasserhähne und Küche mit Gasflammen vorhanden, alles andere muss man selbst mitbringen. Reservierungen laufen über den DOC, nähere Infos gibt's beim i-SITE in Wellington. $10

Top 10 Hutt Park Holiday Park, 95 Hutt Park Rd, Lower Hutt, ☎ 0800 948 686, 🖥 www.wellingtontontop.co.nz; Karte S. 491. Der Wellington am nächsten gelegene Campingplatz befindet sich 12 km nördlich vom Zentrum am nordöstlichen Ufer der Bucht. Strände, Geschäfte und Buschwanderungen in der Nähe, Anfahrt mit Bus Nr. 81–85 von Courtenay Place und Lambton Interchange. Gute Auswahl an Unterkünften, vom Camping ($45 pro Stellplatz) bis zum Motel Unit mit Sky TV ($130). Cabins mit Küche $80, Units $115

Waterfront Motorhome Park, Waterloo Quay, ☎ 0800 948 686, 🖥 www.wwmp.co.nz; Karte S. 492–493. 30 Stellplätze mit Elektroanschluss – nicht mehr als ein städtischer Parkplatz mit Sanitärblock. Tagsüber ist der Geschäftsführer da, sonst am Automaten zahlen. $50

ESSEN

Wellington besitzt pro Kopf mehr Speiselokale als New York. Der Standard ist bemerkenswert hoch, und zwar in jeder Preisklasse. Eigentlich ist es nicht notwendig, das Stadtzentrum zu verlassen; ein paar gute, außerhalb gelegene Optionen sind dennoch hier aufgeführt. In der selbst ernannten **Kaffee**-Hauptstadt (Wellington hat inzwischen fast 20 unabhängige Röstereien) ist das edle Gebräu natürlich überall zu haben.

Feinschmecker können sich einer Gourmettour anschließen (s. Kasten S. 498). Interessante Ecken für Leute, die gern mal abseits der viel besuchten Gegenden essen gehen, sind z. B. Newtown und das Aro Valley.

In den Straßen im Umkreis von **Courtenay Place** und **Cuba Street** wimmelt es von neuseeländischen und internationalen Restaurants – von billigen Indern und Studentencafés bis zu noblen, preisgekrönten Gourmettempeln, wo die Crème de la Crème der neuseeländischen Küchenchefs den Kochlöffel schwingt. In zahlreichen Restaurants gibt es preiswerte Mittagsmenüs. Innovatives und meistens sehr günstiges Essen haben auch viele Pubs und Bars (S. 514).

Lebensmittel bekommt man bei Moore Wilson's oder in den drei zentral gelegenen New World-Supermärkten: 68 Willis St; im Bahnhof und (der größte) am östlichen Ende der Wakefield Street. Am Samstagmorgen findet unten am Parkplatz in der Nähe des Te Papa ein **Gourmetmarkt** und am Sonntagmorgen ein **Obst- und Gemüsemarkt** statt und im nahe gelegenen Chaffers Dock Atrium bauen Landwirte zur gleichen Zeit einen **Farmers' Market** mit Ständen voller Produkte auf.

Zentrum

Aro Coffee, 90 Aro St, ☎ 04 384 4970; Karte S. 492–493. Das beste der Cafés in den Holzhäusern des Aro Valley bietet selbst gerösteten Kaffee aus handveredelten Bohnen. Dazu gibt's eine kleine, aber feine Brunchkarte, auf der z. B. hausgemachte *Baked Beans* mit Spiegelei und Chorizo ($17) stehen. ⏰ Mo–Fr 7.30–16, Sa und So 9–17 Uhr.

Beach Babylon, EG, 232 Oriental Parade, ☎ 04 801 7717; Karte S. 492–493. Das im Stil einer Kiwi-*bach* gestaltete Lokal bietet alles vom ungezwungenen Brunch bis zum stilvollen Dinner mit Retrotouch: Kiever Kotelett ($28) oder Hackbraten ($26), zum Nachtisch Banananensplit ($10). Die Cocktails sind gut, aber Alkoholika dürfen auch mitgebracht werden. ⏰ tgl. 8 Uhr bis spät.

Ekim, 257 Cuba St; Karte S. 492–493. Vom Wohnwagen und Bus (mit Schanklizenz) aus werden Milchshakes und Burger zum Mitnehmen oder im Hof essen verkauft. Zur Auswahl stehen neben Burgern mit Fleisch sage und schreibe sechs vegetarische, alle veredelt mit Mikes nach Geheimrezept zubereiteter Soße. Manchmal gibt's DJs oder Livemusik. ⏰ tgl. 11–21 Uhr.

Fidel's, 234 Cuba St, ☎ 04 801 6868, 🖥 www.fidelscafe.com; Karte S. 492–493. Das ewig hippe und belebte Café am unkonventionellen Südende der Cuba St ist mit alten Castro-Bildern tapeziert und breitet sich auch im ehemaligen Friseurladen nebenan sowie im Innenhof aus. Auf der Karte stehen Havana-Kaffee aus regionaler Röstung, vegane Muffins und supergünstiges Essen (Hauptgerichte $10–24). ⏰ Mo–Fr 7.30–22, Sa 8–22 und So 9–22 Uhr.

Floridita's, 161 Cuba St, ☎ 04 381 2212; Karte S. 492–493. Das schicke, luftige Café ist immer gut besucht. Neben dem wunderbaren Frühstück für $13–24 stehen auf der kurzen, aber innovativen Karte Mittagsgerichte wie Risotto mit Erbspüree ($23,50), Abendgerichte wie Lamm vom Holzkohlegrill ($32,50) und die Spezialität des Hauses: *amaretto afogatto* ($15). ⏰ Mo–Sa 7–22, So 7–21,30 Uhr.

Fork and Brewer, 14 Bond St, ☎ 04 472 0033, 🖥 www.forkandbrewer.co.nz; Karte S. 492–493. Eine schlichte Treppe führt in den Himmel der Biertrinker – allein schon der Hopfengeruch! Bei etwa 30 regelmäßig wechselnden Bieren und 2 Apfelweinen vom Fass (darunter ein hausgemachter) ist ein Probierset mit 4 Sorten ($15) die beste Wahl. Die Biere passen ideal zum guten Pubessen (Gerichte meist unter $25). Das Vorzeigebier ist das APA Base Isolator (6,3 %), aber es gibt auch Spezialitäten wie das Tainted Love (mit Joghurtkulturen). ⏰ Mo–Do 11.30–10.30, Fr und Sa 11.30–1.30 Uhr.

Hangar, 171-7 Willis St (Dixon, Ecke Willis St, Eingang in der Dixon St), ☎ 04 830 0909; Karte S. 492–493. Kaffeekenner können hier ihren

Gaumen testen, denn jede sortenreine Röstung hat eine eigene Probierkarte. Zur Auswahl stehen auch kalt gebrühter Kaffee und Filterkaffee. *Eggs Benjamin* ($18) sind eine hauseigene Variante von Eggs Benedict: pochierte Eier mit Sauce Hollandaise und Blutwurst oder *kimchi*. Schanklizenz. ⏱ Mo und Di 7–17, Mi–Fr 7–1, Sa 8–1, So 8–17 Uhr.

🧳 **Lamason**, Lombard, Ecke Bond St, ☎ 04 473 1632; Karte S. 492–493. Die unaufdringliche Kaffeebar versteckt sich in der Lombard Street unter einem Parkplatz. Die freundlichen Inhaber sind leidenschaftliche Kaffeeliebhaber und brühen weichen, aromatischen Kaffee nach der Vakuum- oder Filtermethode. ⏱ Mo–Fr 7–16.30, Sa 9.30–15 Uhr.

Logan-Brown, 192 Cuba St, ☎ 04 801 5114; Karte S. 492–493. Hier hält die Ikone des schicken Essens Hof. Die ehemalige Domäne eines neuseeländischen TV-Kochs genießt nach wie vor den Ruf eines der besten (und teuersten) kulinarischen Tempel der Stadt. Zu den Hauptgerichten gehören Lammkarree mit Saubohnen ($49), z. B. begleitet von einem 2009er Central Otago Pinot Noir, der dem Gaumen schmeichelt, wenn auch nicht dem Geldbeutel ($80). Samstags gibt es ausschließlich Degustationsmenüs ($95–125 ohne Wein). ⏱ Fr und Sa 12–15 Uhr zum Mittagessen und *high tea*, Di–Sa ab 17.30 Uhr.

MariLuca, 55-57 Mulgrave St, ☎ 04 499 5590, 🖥 www.mariluca.co.nz; Karte S. 492–493. Guter, günstiger Italiener, der dem Motto sizilianischer Großväter folgt: „Fleisch macht Fleisch, Brot macht Bauch, Wein macht Tanz". Die Speisekarte ist saisonal, alles wird selbst und hauptsächlich aus Biozutaten hergestellt, und die Weinkarte ist schier unendlich. Ein guter Boxenstopp bei der Besichtigung des Parlamentsviertels. ⏱ Mittagessen Di–Fr 11.30–14.30, Abendessen Mo–Sa 17.30–24 Uhr.

Masala, 2 Allen St, ☎ 04 385 2012; Karte S. 492–493. Eine stilvolle Alternative zu den meisten anderen indischen Lokalen in Wellington. Die Currys (mittags Hauptgerichte unter $13, abends unter $20), von klassisch bis innovativ, lassen nichts zu wünschen übrig. Schanklizenz und BYO. ⏱ Mittagessen Mo–Sa 11–14, Abendessen tgl. 17 Uhr bis spät.

Matterhorn, 106 Cuba St, ☎ 04 384 3359, 🖥 www.matterhorn.co.nz; Karte S. 492–493. Das Lokal am Ende eines langen holzgetäfelten Korridors in einem Kaffeehaus aus den 1960er-Jahren ist eine gelungene Mischung aus gemütlicher Bar (S. 515) und Nobelrestaurant. Das Essen kommt etwas ausgefallen daher (Abendhauptgerichte $28–34), beispielsweise in Form von *coddled egg* (ähnlich wie pochiertes Ei) mit Chicken Wings im Speckmantel oder einer gemischten Schweinefleischplatte; der Sonntagabend-Rostbraten ($25) genießt Kultstatus. ⏱ Mo–Sa 15 Uhr bis spät, So 13 Uhr bis spät.

🧳 **Midnight Espresso**, 178 Cuba St, ☎ 04 384 7014; Karte S. 492–493. In dem Künstlertreff und Paradies für Koffeinjunkies mit Postern und Flyern an der Info-Pinnwand, Kunstwerken, Wandgemälden und Spielautomat kommen Havana-Kaffee sowie Snacks von der Lebensmitteltheke und warme Speisen (viele vegetarisch oder vegan) für unter $18 auf den Tisch. ⏱ Mo–Fr 7–3, Sa und So 8–3 Uhr.

Mojo, 37 Customhouse Quay, ☎ 04 385 3001, 🖥 www.mojocoffee.co.nz; Karte S. 492–493. Fast jeden Tag kann man hier im Hauptquartier einer der renommiertesten Wellingtoner Röstereien zusehen, wie die Bohnen geröstet und gemischt werden und im Laden Bohnenkaffee kaufen. In dem Gebäude dahinter ist das röstereieigene Café untergebracht. ⏱ Café Mo–Fr 7–17, Sa und So 9–16 Uhr; Laden Mo–Fr 7.30–15.30 Uhr.

🧳 **Moore Wilson's**, Tory, Ecke College St; Karte S. 492–493. Dieser etwas versteckte Feinkostladen samt Fleischerei und Bäckerei ist eine super Adresse für hochwertige Picknickzutaten, darunter lang gereifter Hausmacherkäse. Am Quellwasserbrunnen draußen vor der Tür können Passanten kostenlos ihre Wasserflaschen mit Trinkwasser auffüllen. ⏱ Mo–Fr 7.30–17, Sa 7.30–18, So 9–17 Uhr.

🧳 **Nikau Gallery Café**, City Gallery Wellington, Civic Square, ☎ 04 801 4168, 🖥 www.nikaucafe.co.nz; Karte S. 492–493. Stilvoll-modernes Tagescafé mit Terrasse, ausgezeichnetem Kaffee und preiswerter Mahlzeiten aus saisonalen Zutaten. Tipp: Kedgeree mit selbst geräuchertem Fisch

($23,50), dazu hausgemachte Limo oder einer der guten Weine. ⊙ Mo–Fr 7–16, Sa 8–16 Uhr.
Olive, 170 Cuba St, ✆ 04 802 5266; Karte S. 492–493. Entspanntes und gemütliches Café mit einer schlichten Holzeinrichtung, das vorwiegend Bioprodukte auf den Tisch bringt und bei den Einheimischen beliebt ist. Hervorragend für Kaffee und Kuchen, aber auch leckeres Frühstück wie hausgemachtes Müsli und Mittagessen, z. B. *sweet corn custard* (Maispudding). Tipp für den Abend (Hauptgerichte $27–38): der in der Pfanne gebratene Fisch. Montags BYO. ⊙ Mo–Fr 8–21.20, Sa 9–21.30, So 9–16.30 Uhr.
Oriental Kingdom, Left Bank, ✆ 04 381 3303; Karte S. 492–493. Das große, schlichte Café ist ein Lieblingstreff trendiger junger Wellingtonians. Jedes der hier aufgetragenen panasiatischen Gerichte ist knackfrisch, billig (Hauptgerichte $9–11) und köstlich, besonders die dampfend heißen Laksas und Roti. Schanklizenz und BYO. ⊙ tgl. 11–22 Uhr.
Ortega, 16 Marjoribanks St, ✆ 04 382 9559, 🖥 www.ortega.co.nz; Karte S. 492–493. Die selbsternannte „Fischhütte" im Bistrostil bietet exzellente Meeresfrüchte in entspannter Atmosphäre. Es gibt Abendessen (Hauptgerichte um $38) und Nachtisch mit Dessertwein. Man kann aber auch einfach auf ein Gläschen Oloroso-Sherry an der Bar hereinschauen. ⊙ Di–Sa 17.30 Uhr bis spät.
Plum, 103 Cuba St, ✆ 04 384 8881, 🖥 www. plumcafe.co.nz; Karte S. 492–493. Das mit dunklem Holz ausgekleidete Café ist das perfekte Plätzchen für ein regenerierendes „Plumster"-Katerfrühstück mit Eiern, Würstchen, Frühstücksspeck, gebackenen Tomaten, gegrillten Wildpilzen und mehr ($22); gibt's auch vegetarisch mit Rösti ($22). Schanklizenz. ⊙ Di–Sa 9–22, So und Mo 9–18 Uhr.
Poneke, 1 Clyde Quay Wharf, ✆ 04 979 9283; Karte S. 492–493. Martin Bosley hat sein feines Restaurant geschlossen und stattdessen ein Café aufgemacht – aber was für eins! Es lohnt sich allein schon für die leckeren Backwaren, aber es gibt auch prima Hauptgerichte ($20–27 ohne Beilagen) wie im Ganzen gebackene Flunder und „irrwitzig klebrige" Spareribs. ⊙ Mo–Fr 7–22, Sa und So 8–22 Uhr.

Prefab, 14 Jessie St, ✆ 04 385 2263, 🖥 www. pre-fab.co.nz; Karte S. 492–493. In diesem luftigen Café im Industriechick röstet der Übervater des neuseeländischen Espresso höchstpersönlich die Bohnen. An der Theke kann man ihm dabei zusehen. Effizienter Service, frisches Brot, herrliches saisonales Essen (Mittagessen $16–25). Selbst die Kaffeetassen sind perfekt. ⊙ Mo–Fr 7–16, Sa 8–15.30 Uhr.

🏛 **Sweet Mother's Kitchen**, 5 Courtenay Place, ✆ 04 385 4444, 🖥 www.sweet motherskitchen.co.nz; Karte S. 492–493. Zum Frühstück Beignets ($5,50), als Zwischenmahlzeit ein Po Boy (belegtes Baguette; für $12,50), zum Aufwärmen eine Schüssel *gumbo* ($16,50) und als Nachspeise Pecan- und Bourbon-Pie ($8) – kein Wunder, dass das Lokal so beliebt ist. Schanklizenz. ⊙ tgl. 8 Uhr bis spät.
Trisha's Pies, 32 Cambridge Terrace, ✆ 04 801 5506; Karte S. 492–493. Der traditionelle Pie-Laden ist in Wellington längst eine Institution mit einer Riesenauswahl hausgemachter Pies. Sehr gut sind die Steak-Varianten und die vegetarischen Pasteten (alles unter $6). ⊙ Mo–Fr 6–15.30, Sa 9–14 Uhr.
Wellington Trawling Sea Market, 220 Cuba St, ✆ 04 384 8461; Karte S. 492–493. Der beste Fish-'n'-Chip-Laden der Stadt verkauft auch rohen Fisch. Für alle, die ihn nicht selbst kochen wollen, wird er auf Bestellung zubereitet und zusammen mit frittierten Paua-Muscheln oder Austern serviert. Fischgerichte kosten unter $15. ⊙ Mo–Do und Sa 7–20.30, Fr 7–21, So 8–20 Uhr.

Vororte

Chocolate Fish Café, 100 Shelly Bay Rd, gegenüber dem Propeller Studio, Shelly Bay, 🖥 www.chocolatefishcafe.co.nz; Karte S. 502–503. An seiner früheren Adresse in der Scorching Bay war das Lokal der Lieblingstreff der *Herr der Ringe*-Filmcrew. An seinem neuen Standort auf dem ehemaligen Luftwaffenstützpunkt in der Shelly Bay präsentiert es sich als Grillrestaurant. An Tischen drinnen oder draußen gibt es Sandwiches direkt vom Grill ($10–20) sowie leckere selbst gebackene Muffins, Kuchen und Gebäck. Schanklizenz. ⊙ tgl. 8.30–17 Uhr.

CoCo at The Roxy, 5 Park Road, Miramar, ☎ 04 388 5555, 🖥 www.cocoattheroxy.co.nz; Karte S. 502–503. Stilvolle Bar und Speisesaal im großen Foyer des Kinos Roxy (S. 517). Das Essen (Hauptgerichte $15–25) übertrifft sogar fast das atemberaubende Ambiente. Der Fokus liegt auf saisonalen Zutaten aus regionaler Produktion – wer besonderes Glück hat, bekommt den Burger aus 8 Std. geschmortem Rinderbäckchen ($19,50). Der siebte Himmel! ⏲ tgl. 9–22.30 Uhr.

🏢 **Maranui Surf Club Café**, Maranui Surf Life Saving Club, The Parade, Lyall Bay, ☎ 04 387 4539, 🖥 www.maranuicafe.co.nz; Karte S. 502–503. Das Café im obersten Stock mit Balkon zum Strand und zur Einflugschneise des Flughafens ist der Liebling der Einheimischen. Buntes Retrodekor im Strandlook, großzügiges Frühstück, tolle Salate, Schoko-Kokoskuchen (alles unter $20) und Schanklizenz sorgen für gute Stimmung. Fast nirgends sonst kann man so gemütlich den Fliegern nachträumen, v. a. am Wochenende. ⏲ tgl. 7–17 Uhr.

UNTERHALTUNG UND KULTUR

Die meisten **Pubs** und **Bars** haben täglich von etwa 11 Uhr bis Mitternacht oder später geöffnet. Der Unterschied zwischen Bars und **Clubs** ist oft fließend; in vielen Bars gibt's abends Tanz bei Livemusik zum Nulltarif, v. a. am Wochenende. Haus- und Gast-DJs sorgen hier wie dort mit einem bunten Soundmix für Party- oder Clubatmosphäre. Rund um die Cuba Street findet man das beste Nachtleben im ganzen Land. Meist nur wenige Schritte voneinander entfernt liegen Nachtcafés, Bars und Clubs. Wellingtons **Schwulen- und Lesbenszene** verteilt sich auf die Lokale in der Innenstadt, reiht sich aber größtenteils nahtlos in die allgemeine Café-/Bar-Szene ein. Zumindest im Stadtzentrum müssen sich Schwule, Lesben, Trans- und Bisexuelle keine Zurückhaltung auferlegen. Aktuelle Infos bringen 🖥 www.gaynz. com und die kostenlose, monatlich erscheinende Zeitung *Express*, 🖥 www.gayexpress. co.nz. Einmal im Jahr, meist um den Valentinstag herum, findet das Out in the Park Festival, 🖥 www.outinthepark.co.nz, statt.

🏢 **Alice**, Forresters Lane, abseits der Tory St; Karte S. 492–493. Am anderen Ende derselben Gasse, in der auch das „Motel" liegt, weist ein neonbeleuchteter Hase, der in einem Loch verschwindet, den Weg durch einen kurvenreichen Korridor in diese von Lewis Carroll inspirierte Fantasiewelt. Die Cocktails (z. B. Mad Hatter's Tea Party – Vanillewodka und geeister Pfefferminztee) werden in Teekannen und Porzellantassen serviert. Eine Durchgangstür verbindet das Alice mit dem Boogie Wonderland (S. 516). ⏲ Mi–Sa 17–3 Uhr.

The Backbencher Pub, 34 Molesworth St, Ecke Kate Sheppard St, ☎ 04 472 3065, 🖥 www.backbencher.co.nz; Karte S. 492–493. Ein Favorit bei den Parlamentsabgeordneten und Beamten, nicht nur wegen der satirischen Cartoons, sondern v. a. wegen der gemütlichen Atmosphäre, gut einem Dutzend Biersorten vom Fass und der herzhaften Kost. ⏲ tgl. 7–23 Uhr.

Crumpet, 109 Manners St, ☎ 04 803 3846; Karte S. 492–493. Sieht aus wie eine englische Teestube und hat in der Tat hervorragende Crumpets ($8) und tollen Kaffee. Der Knüller sind jedoch die Drinks. Gut ist z. B. der Gin Shrubb ($10,50), aber man kann dem Barkeeper auch einfach sagen, wie man sich gerade fühlt und bekommt dazu etwas Passendes gemixt. ⏲ So–Do 10–23, Fr und Sa 10–3 Uhr.

Foxglove, 33 Queens Wharf, ☎ 04 460 9410, 🖥 www.foxglovebar.co.nz; Karte S. 492–493. Die Bar hat gutes Essen, einen schönen Blick auf den Hafen und ist beliebt bei den Einheimischen. Wirklich ungewöhnlich ist der Kleiderschrank im 1. Stock, durch den man in eine gemütliche Cocktailbar mit DJs gelangt. ⏲ tgl. 11.30 Uhr bis spät.

Goldings Free Dive, 14 Leeds St, ☎ 04 381 3616, 🖥 www.goldingsfreedive.co.nz; Karte S. 492–493. Kleine Bar mit noch kleinerem Balkon, auf dem sich Büroangestellte, Familien und Hipster drängen. Kurze, aber knackige Karte mit Mikrobrauereibieren, Apfelweinen, neuseeländischen Weinen und sechs Limos vom Fass. Manche Gäste kommen aber nur wegen der original italienischen Pizza. ⏲ Mo–Do 12–22.30, Fr und Sa 12 Uhr bis „wenn's ruhiger wird".

Hawthorn Lounge, 82 Tory St, ☎ 04 890 3724; Karte S. 492–493. Eine unauffällige Treppe führt zu der Cocktailbar mit dunklem Holz und weichen Sesseln. Die Getränkekarte mit witzig benannten und fachmännisch gemixten Drinks wechselt oft. ⏰ Di–Fr 18 Uhr bis frühe Morgenstunden, Sa 19–3 Uhr.

Hopgarden, 13 Pirie St, ☎ 04 801 8807, 🖥 www.thehopgarden.co.nz; Karte S. 492–493. Hinter einer Hobbit-Tür verbirgt sich eine vor neugierigen Blicken geschützte Freiluftbar mit einem schicken Speiseraum im hinteren Bereich. Es gibt eine gute Auswahl an Mikrobieren, sehr gute Snacks (von frittierten Speckkrusten bis zu Arancini) und feines Essen (Hauptgerichte unter $30). Unbedingt Platz lassen für die Beignets ($14)! ⏰ Mo und Di 15 Uhr bis spät, Mi–Fr 11.30 Uhr bis spät, Sa und So 10.30 Uhr bis spät.

The Library, Level 1, 53 Courtenay Place, ☎ 04 382 8593, 🖥 www.thelibrary.co.nz; Karte S. 492–493. Ultracoole Cocktailbar voller Bücherregale in mehreren Zimmern (darunter eines mit Badewanne, das aussieht wie Omas Wohnzimmer). Hier findet jeder ein gemütliches Eck, um bei Livemusik an einem Cocktail zu nippen. Die Bedienung ist nicht gerade für Geschwindigkeit bekannt. ⏰ So–Do 17 Uhr bis spät, Fr und Sa 16 Uhr bis spät.

Little Beer Quarter, 6 Edward St, ☎ 04 803 3304, 🖥 www.littlebeerquarter.co.nz; Karte S. 492–493. Eine angemessen schummrige Bar, in der man gemütlich ein paar *sausage rolls* ($11) knabbern und dazu ein Mikrobier zischen kann. ⏰ Di–Sa 12–3, Mo 15.30–3 Uhr, So 15 Uhr bis spät.

The Malthouse, 48 Courtenay Place, ☎ 04 802 5484, 🖥 www.themalthouse.co.nz; Karte S. 492–493. In dem kuschligen Biertrinkerparadies mit tiefen Sofas, hohen Hockern und polierten Holztischen werden rund 30 verschiedene Biere gezapft und dazu rund 150 unterschiedliche Flaschenbiere geköpft. Jedes einzelne ist mit einer ausführlichen Geschmacksbeschreibung des führenden neuseeländischen Bierexperten Neil Miller versehen. Es gibt auch eine großartige Auswahl an Malt Whisky. ⏰ So und Mo 15–23 Uhr, Di und Mi 15 Uhr bis spät.

Matterhorn, 106 Cuba St, ☎ 04 384 3359, 🖥 www.matterhorn.co.nz; Karte S. 492–493. Megacoole Cocktailbar mit Restaurant (S. 512); regelmäßig Live- und Electronic-Musik. Ein guter Auftakt zum Abend ist der Martini mit Basilikum und Manukahonig. Die Preise sind gesalzen, doch die Ausgabe lohnt sich. ⏰ Mo–Sa 15 Uhr bis spät, So 13 Uhr bis spät.

Motel Bar, Foresters Lane, ☎ 04 384 9084; Karte S. 492–493. Diese verschwiegene Bar mit einem winzigen Schild, Überwachungskamera und elektrischem Türöffner erreicht man von einer schmalen Gasse her. Der Schuppen war früher dermaßen exklusiv, dass angeblich sogar Liv Tyler abgewiesen wurde, als sie in Wellington *Herr der Ringe* drehte. Mit den intimen Nischen, coolen Sounds und anständigen Cocktails besitzt das Motel immer noch das gewisse Etwas. ⏰ Mo–Do 17–3, Fr und Sa 18–3 Uhr.

Rogue and Vagabond, 18 Garrett St, ☎ 04 381 2321, 🖥 www.rogueandvagabond.co.nz; Karte S. 492–493. Es sieht nicht spektakulär aus, hat aber eine gute Auswahl an Mikrobieren, sättigendes Kneipenessen und mindestens 4x die Woche Livemusik (Jazz, Blues, Funk). Außerdem liegt das Lokal im Glover Park und hat für seine Gäste dort Sitzsäcke hingestellt. Und dann ist da auch noch Bruce … ⏰ tgl. 11 Uhr bis spät.

S&M's, 176 Cuba St, ☎ 04 802 5335, 🖥 www.scottyandmals.co.nz; Karte S. 492–493. Schicke und angesagte Alternative-Bar mit freundlicher Atmosphäre, DJ an Fr und Sa. Hin und wieder spielt eine Liveband auf der Eckbühne, im Untergeschoss finden private Events statt. Essen gibt bei Midnight Espresso bestellt. ⏰ Di–Do und So 17–24, Fr 17–3, Sa 19–3 Uhr.

Southern Cross, 35 Abel Smith St, ☎ 04 384 9085, 🖥 www.thecross.co.nz; Karte S. 492–493. Die riesige Bar ist in gemütliche Bereiche unterteilt, darunter eine beheizte Pergola im balinesischen Stil (im Winter gibt's Wärmflaschen und warme Decken), und bietet Veranstaltungen für jeden Geschmack, vom Strickzirkel (Mo) über Musikquiz-Abende (Do) bis zu Tanzstunden (So) und Livemusik (Mi und Wochenende). Dazu eine beachtliche Auswahl neuseeländischer Biere vom Fass und klasse Kneipenkost, z. B. eine Portion *cheerios*

(neuseeländische Cocktailwürstchen).
🕐 9 Uhr bis spät.

Clubs und Livemusik

Regelmäßig treten in der ganzen Stadt Live-bands auf. Es lohnt sich also, die oben aufge-führten Bars und die unten aufgeführten Clubs abzuklappern, aber auch die kleineren Lokale oder größeren Hallen wie die TBS Bank Arena. Hin und wieder gibt's im Frank Kitts Park am Hafen oder auf dem Civic Square kostenlose Konzerte.

Bodega, 101 Ghuznee St, 📞 04 384 8212, 🖥 www.bodega.co.nz; Karte S. 492–493. Wellingtons ältestes Lokal mit Auftritten erfolgreicher Kiwi-Bands sowie der einen oder anderen abgefahrenen internationalen Truppe. 🕐 meist Di–Fr 16–3, Sa 20–3 Uhr.

Boogie Wonderland, 25 Courtenay Place; Karte S. 492–493. Für Fans von Schlaghosen, Disco und Spiegelkugeln. Voll im Retro-Rausch und unglaublich beliebt. Ausgelassen und herrlich kitschig. Kostenloser Zutritt durch das Alice. Ein-tritt normalerweise $10–20. 🕐 Mi–Sa 22–2 Uhr.

San Francisco Bathhouse, 171 Cuba St, 📞 04 801 6797, 🖥 www.sfbh.co.nz; Karte S. 492–493. Weder wird hier gebadet, noch hat der Laden irgendeinen Bezug zu San Francisco, dafür ist er die begehrteste Indie-, Alternative Rock- und Reggae-Adresse, mit einem Balkon, der einen Blick auf das bunte Treiben der Cuba Street erlaubt. Erstklassige Kiwi-Bands und die eine oder andere internationale Gruppe auf Tournee geben sich hier die Ehre. Eintritt zu den meisten Gigs um $15–60, manche sind kostenlos. 🕐 Do–So 15 Uhr bis spät, Di und Mi 15–1 Uhr.

Valhalla, 154 Vivian St; Karte S. 492–493. Gutbesuchte, renommierte Musikbühne mit Metal-Tradition. Aber auch sonst wird alles Mögliche geboten von Hardcore und Goth bis hin zu Ukelele-Musik, dargeboten vom New-comer bis zum Star. Gelegentlich $5–10 Eintritt. 🕐 Mi–Sa 5 Uhr bis spät (Livebands ab 20 Uhr).

Klassische Musik und Theater

Die **darstellenden Künste** sind in Wellington gut vertreten. Die Stadt besitzt 4 Theater und ist die Heimat des Royal New Zealand Ballet, des New Zealand Symphony Orchestra und verschiede-

ner Opern- und Tanzensembles. Die beste Informationsquelle für derartige Veranstal-tungen ist die Broschüre *Wellington – What's On*, die im i-SITE und in vielen Unterkünften ausliegt. Ähnliche Auflistungen findet man in der Wochenendausgabe der *Dominion Post*, 🖥 www.dompost.co.nz.

Tickets sind direkt am Veranstaltungsort er-hältlich oder gegen eine kleine Vorverkaufs-gebühr bei **Ticketek**, am Michael Fowler Centre, 111 Wakefield St, 📞 0800 842 538, 🖥 www. ticketek.co.nz.

Bats Theatre, 1 Kent Terrace, 📞 04 384 3840, 🖥 www.ticketek.co.nz, 📞 04 802 4175, 🖥 www.bats.co.nz. Theater mit Schwerpunkt auf alternativen Stücken zu erschwinglichen Preisen (normalerweise unter $20), das durch Peter Jackson vor der Abrissbirne gerettet wurde. Besitzer einer Backpacker Card bekommen Rabatt.

Circa, 1 Taranaki St, Ecke Cable St, 📞 04 801 7992, 🖥 www.circa.co.nz. Eines der inno-vativsten professionellen Theater des Landes, das einige der berühmtesten neuseeländi-schen Regisseure und Schauspieler hervor-gebracht hat.

Michael Fowler Centre, 111 Wakefield St, 📞 04 801 4231, 🖥 www.pwv.co.nz. In dem preisgekrönten Bau stehen Comedy, klassische Musik und Ballett auf dem Programm.

Opera House, 111-113 Manners St, 📞 04 801 4231, 🖥 www.pwv.co.nz. Opern, Ballett und Musicals auf Tournee. Vom Foyer aus kann man sich ins Crumpet schleichen.

St James Theatre, 77-87 Courtenay Place, 📞 04 801 4231, 🖥 www.pwv.co.nz. Das renovierte Theater in einem Gebäude von 1912 ist Hauptauftrittsort des Royal New Zealand Ballet, außerdem werden Opern, Tanz, Musicals und Theaterstücke aufgeführt. Es gibt ein Café mit Alkoholausschank, das vor und nach den Vorstellungen seine Türen öffnet.

Westpac Stadium (Wellington Regional Sta-dium), Featherston St, 📞 04 473 3881, 🖥 www. westpacstadium.co.nz. In der „Keksdose", wie Spötter das moderne, zweckdienliche Stadion wegen seiner Eisenverkleidung nennen, werden Rugby- und Cricketspiele abgehalten. Gele-gentlich finden hier auch Rockkonzerte statt.

In Wellington ist es jederzeit gut möglich, dass der Besuch mit irgendeinem Festival zusammenfällt. Das Visitor Centre hat sämtliche Informationen, im Folgenden sind die größten Anlässe chronologisch gelistet.

Summer City Festival, 🖥 www.wellington.govt.nz. Von der Stadtverwaltung geförderte, kostenlose Konzert- und Veranstaltungsreihe in der ganzen Stadt. Januar–März.

Wellington Fringe Festival, 🖥 www.fringe.org.nz. Das energiegeladene Kunstfestival läuft etwa parallel zum International Arts Festival und belebt die Innenstadt von Wellington mit Theateraufführungen drinnen und draußen. Meist Ende Februar oder Anfang März.

New Zealand International Arts Festival, 🖥 www.nzfestival.nzpost.co.nz. Das größte Kulturevent des Landes zieht Top-Künstler aus aller Welt an. Nach dem Vorbild des Edinburgher Fringe Festivals umfasst das Programm Kunstausstellungen aller Richtungen, klassische Musik, Jazz und Pop, Opern, Puppenspiel, Cabaret, Dichterlesungen, traditionellen Maori-Tanz, modernes Ballett und experimentelle Werke. Die meisten Veranstaltungsorte liegen in der Innenstadt. In geraden Jahren meist im Februar und März.

Wellington Film Festival, 🖥 www.enzedff.co.nz. Der Wellingtoner Teil des landesweiten Festivals zeigt in der ganzen Stadt Filme abseits des Massengeschmacks. Tickets um $18. Meist Ende Juli bis Anfang August.

Wellington on a Plate, 🖥 www.wellingtononaplate.com. Mit diesem Festival feiert die Hauptstadt ihre kulinarischen Erzeugnisse mit Verkostungen, Talkshows und Gourmet-Führungen sowie preisreduzierten Menüs in Toprestaurants. In den letzten beiden Augustwochen.

World of WearableArt (WOW), 🖥 www.worldofwearableart.com. Die Tickets für dieses Spektakel gehen weg wie warme Semmeln. Beim WOW werden bei bizarren Modenschauen verrückte Klamotten vorgeführt. Üblicherweise in den letzten beiden Septemberwochen.

Kinos

Zusätzlich zu seinen zahlreichen Multiplexkinos besitzt Wellington etliche Programmkinos. Ein paar Dollar lassen sich meist sparen, wenn man eine Vorstellung tagsüber oder Anfang der Woche besucht.

Embassy, 10 Kent Terrace, ☎ 04 384 7657, 🖥 www.deluxe.co.nz. Auf der großen Leinwand laufen aktuelle Kinohits und Independent Filme.

Lighthouse, 29 Wigan St, ☎ 04 385 3337, 🖥 www.lighthousecuba.co.nz. Luxuriöses, modernes Kino mit 3 kleinen Leinwänden, leckeren Pasteten und einem gemischten Programm aus Theater- und Opernübertragungen sowie Mainstream- und Programmkino.

Nga Taonga Sound and Vision, 84 Taranaki St, Ecke Ghuznee St, ☎ 04 384 7647, 🖥 www.ngataonga.org.nz. Günstiger Kaffee, auskunftsfreudige Mitarbeiter, Abendvorführungen. Näheres auf S. 496.

Paramount, 25 Courtenay Place, ☎ 04 384 4080, 🖥 www.paramount.co.nz. Zentral gelegenes Multiplexkino von 1917, das Arthouse- und Mainstream-Filme zeigt; Mitnahme von Getränken in den Kinosaal ist erlaubt.

Reading Cinemas, 100 Courtenay Place, ☎ 04 801 4601, 🖥 www.readingcinemas.co.nz. Bedient größtenteils den Massengeschmack. Karten für die plüschigen Lounge-Sitze gibt's ab $20, mit Essen- und Getränkeservice am Platz.

The Roxy, 5 Park Rd, Miramar, ☎ 04 388 5555, 🖥 www.roxycinema.co.nz. Das Roxy ist liebevoll im Stil der 1930er-Jahre runderneuert worden. Neben den beiden Kinosälen nennt es die großartige Cocktailbar Coco (S. 514) mit Restaurant sein Eigen, wo sonntags um 17 Uhr Jazzbands Premierenfeeling verbreiten. Liebevolle Details wie die Bronzeskulptur von Gollum, aber auch die Türgriffe und Toiletten sind ein Augenschmaus für alle Fans. ⏰ tgl. 9 bis etwa 22 Uhr.

WELLINGTON UND UMGEBUNG

Aktivitäten in Wellington

Die Windbedingungen im Hafen sind ideal zum Windsurfen und Kiten, v. a. in der Kio Bay und der Evans Bay. Aber auch Kajakfahrer und Taucher haben hier ihren Spaß.

Bei gutem Wetter gibt es nichts Schöneres als eine Radtour über die **Küstenstraßen** östlich der Stadt. Los geht's auf der Oriental Parade nach Osten und immer am Meer entlang, soweit die Puste reicht, vielleicht sogar am Flughafen vorbei und um die Nordspitze der Miramar Peninsula bis Scorching Bay und Seatoun (25–30 km eine Strecke).

Zahlreiche **Offroad-Strecken** sind in der kostenlosen Broschüre *Mountain Biking in Wellington City* (liegt im i-SITE aus) verzeichnet. Sie enthält Karten der am besten geeigneten und nach einer kurzen Fahrt von der Stadt aus erreichbaren Gegenden. Besonders toll sind z. B. die Küstenstrecke nach Red Rocks (s. Kasten S. 505) und die Wanderwege um den Mount Victoria (S. 496).

Auf dem Land sind Quadbikes, Inline-Skates und Klettern beliebt. **Ferg's Kayaks** (s. unten) verleiht Inline-Skates ($20/2 Std., $25/3 Std.), perfekt für den nahe gelegenen Frank Kitts Park oder das Gebiet um die Oriental Parade. Ferg's hat auch eine gute und beliebte Kletterhalle ($15, Klettergurt und Schuhe je $4).

Informationen zu Wanderungen rund um Wellington im Kasten auf S. 505.

Wassersport

Dive Wellington, 432 The Esplanade, Island Bay, ☎ 04 939 3483, 🖳 www.divewellington.co.nz. Tauchcharter zur Fregatte Wellington, die 2005 fünf Minuten Bootsfahrt vor der Küste in 21 m Tiefe versenkt wurde (2 Tauchgänge mit Leihausrüstung $120). Man kann aber auch einfach über die Straße ins Meeresschutzgebiet laufen ($40/Tag). Weitere Angebote richten sich an Taucher mit nur einer Berechtigung bis 18 m. Außerdem gibt es Kurse für jedes Niveau, auch für Anfänger. Eine der wenigen Aktivitäten, die unabhängig von Wind und Wetter ist.

EINKAUFEN

Buchläden

Unity Books, 57 Willis St, ☎ 04 499 4245, 🖳 www.unitybooks.co.nz, ⏰ Mo–Do 9–18, Fr 9–19, Sa 10–17, So 11–17 Uhr, hat die beste Buchauswahl zu Neuseeland. Mainstream-Bücher haben **Whitcoulls**, mit Filialen an 226 Lambton Quay und 91 Cuba St. Gute Antiquariate sind **Pegasus**, 204a Left Bank Cuba Mall, und **Arty Bee's Books**, 106 Manners St.

Camping- und Outdoor-Ausrüstung

Ein paar gute Läden wie **Bivouac**, **Macpac** und **Kathmandu** findet man rund um die Kreuzung von Willis und Mercer Street.

SONSTIGES

Apotheken

Urgent Pharmacy, 17 Adelaide Rd, Newtown, ☎ 04 385 8810. ⏰–Fr 9–23, Sa, So, Fei 8–23 Uhr.

Automobilclub

Automobile Association (AA), 342–352 Lambton Quay, ☎ 04 931 9999.

Autovermietungen

Neben den unter „Traveltipps" (S. 77) aufgeführten Vermietungen haben folgende neuseeländische Anbieter gute Preise:
Ace Rentals, 126 Hutt Rd, ☎ 0800 535 500, 🖳 www.acerentalcars.co.nz.
Rent-a-Dent, 24 Tacy St, Kilbirnie, ☎ 0800 736 823, 🖳 www.rentadent.co.nz.

Bibliothek

Wellington Central Library, 65 Victoria St, ☎ 04 801 4040, ⏰ Mo–Fr 9.30–20.30, Sa 9.30–17, So 13–16 Uhr.

Fahrräder

On Yer Bike, 81 Vivian St, ☎ 04 384 8480, verleiht Straßen- und Stadträder für $40/Tag und hat Tipps zu Touren parat. Informationen

WELLINGTON UND UMGEBUNG

Ferg's Kayaks Shed, 6 Queens Wharf, ☎ 04 499 8898, 🖥 www.fergskayaks.co.nz. Verleiht Stand-Up-Paddleboards ($25/Std.), Sit-on-Top-Kajaks (Einsitzer $30/2 Std., Zweisitzer $40/2 Std.) und Seekajaks (Einsitzer $35/2 Std., Zweisitzer $50/2 Std.). Auch unterhaltsame Paddeltouren: die beste heißt *Lights at Night* und führt bei gutem Wetter nachts durch die Bucht, tolle Stadtansichten, Fotomotive und leichtes Abendessen inklusive (Di 17.30–21 Uhr, ab 4 Pers. $85 p. P., bei 2 Pers. $105 p. P., im Voraus buchen).
Wildwinds, 36 Customhouse Quay, ☎ 04 473 3458, 🖥 www.wildwinds.co.nz. Bietet einen Windsurf-Schnupperkurs (2 Std., $110) sowie einen Anfängerkurs (2x 3 Std., $295).

Fahrräder und Quadbikes

Makara Peak Mountain Bike Park, 116–122 South Karori Rd, etwa 8 km westlich des Zentrums, 🖥 www.makarapeak.org.nz; Karte S. 491. Passionierte Mountainbiker sollten das 2,5 km² große Gebiet mit Wäldern, Wiesen und Feldern ansteuern, in dessen Mittelpunkt der 412 m hohe Makara Peak steht, der etwa 8 km westlich von Downtown Wellington jenseits von Karori liegt. Der Eintritt ist kostenlos und streckenmäßig ist für jeden Geschmack was dabei.
Mud Cycles, 421 Karori Rd, 2 km vor dem Makara Peak Mountain Bike Park, ☎ 04 476 4961, 🖥 www.mudcycles.co.nz. Verleiht Hardtail-Mountainbikes ($35/1/2 Tag, $60/Tag) und Fullys ($50/halber Tag, $70/Tag). Ein längerer Verleih ist auch möglich. Helm und Trailkarten sind im Preis inklusive.
Wellington Adventures, 1960 Coast Rd, Wainuiomata, ☎ 0800 948 6386, 🖥 www.wellingtonadventures.co.nz; Karte S. 491. Ambitionierte Kilometerfresser mit Vorliebe für atemberaubende Aussichten sind hier richtig. Die Tour beginnt auf einer Farm, wo der erste Ausblick schon spektakulär ist. Sie gehört zu den günstigsten, besten und technisch anspruchsvollsten Quadbikeangeboten in Neuseeland. Die Fahrt durch Küstenbusch, Ackerland, Wald, Flussbetten und Strand bietet zahlreiche Highlights (halber Tag $229, ganzer Tag $329).

zu Mountainbikeverleih und Makara Peak Mountain Bike Park s. Kasten.

Geld
Geld wechseln kann man am besten bei der **ANZ**, 215–229 Lambton Quay, der **BNZ**, 38 Willis St, oder bei **Travelex**, 120 Lambton Quay.

Informationen
i-SITE, Wakefiled, Ecke Victoria St, ☎ 0800 933 536, 🖥 www.wellington.nz.com. Hat die üblichen Broschüren und Karten sowie das praktische Gratisheft *Wellington: Official Visitor Guide* und Internetstationen ($8/Std.). ⏱ tgl. 8.30–17, an Feiertagen 11–16 Uhr.
DOC, 18 Manners St, ☎ 04 384 7770. Hat stapelweise Infos zu Wanderungen rund um Wellington, verkauft Hüttentickets und vergibt die Erlaubnis zum Besuch der Kapiti Island (beides auch online). ⏱ Mo–Fr 9–17, Sa 10–15.30 Uhr.

Internet
Zahlreiche Anbieter gibt's am Courtenay Place. Der Tarif beträgt im Schnitt $4–5/Std. Kostenlosen Zugang in der Stadtbücherei; im i-SITE kostet es $4–8/Std.

Medizinische Hilfe
After Hours Medical Centre, 17 Adelaide Rd, Newtown, nahe Basin Reserve, ☎ 04 384 4944, ⏱ tgl. 8–23 Uhr.
Wellington Hospital, Riddiford St, Newtown, ☎ 04 385 5999.

Notfälle
Polizei, Feuerwehr und Krankenwagen ☎ 111. Die Wellington Central Police Station liegt an der Victoria St, Ecke Harris St, ☎ 04 381 2000.

Post
Es gibt mehrere Postämter in der Innenstadt. Ein Poste-Restante-Schalter findet sich in der 2 Manners Street.

Schwimmbäder

Freyberg Pool and Fitness Centre, 139 Oriental Parade, ℘ 04 801 4530. Hallenbad (33 m, $5,90), Dampfbad, Fitnessbereich (auch Kurse), Spas, Saunas und Massagen. ⊕ tgl. 6–21 Uhr.

Thorndon Pool, 26 Murphy St, Eintritt $5,30. Das Freibad mit einem beheizten, rund 30 m langen Becken liegt in der Nähe des Parliamentary District. ⊕ Okt–April Mo–Do 6.30–20, Fr 6.30–19, Sa und So 7.30–18.30 Uhr.

NAHVERKEHR

Auto

Das Fahren im Zentrum ist ziemlich einfach, wenn man sich erst einmal an das ausgedehnte Einbahnstraßensystem gewöhnt hat.

In Downtown finden sich unter der Woche keine kostenlosen **Parkplätze**. Dafür darf am Samstag bis zu 2 Std. und am Sonntag den ganzen Tag umsonst geparkt werden. Gebührenpflichtige Parkplätze sind reichlich vorhanden, die meisten städtischen kosten unter der Woche um $4/Std. (nachts und am Wochenende meistens weniger). Oft beträgt die Höchstgebühr für einen ganzen Tag $15, vorausgesetzt, man stellt sein Auto vor 9 Uhr ab. Der Parkplatz am Te Papa Museum eignet sich für Wohnmobile, mehrere andere gibt es in der Nähe. Wer sein Fahrzeug nicht dauernd von einem Parkplatz zum nächsten bewegen möchte, findet auch einige Parkplätze, die $25–50 für 24 Std. verlangen.

Fahrscheine für den Nahverkehr

Der nützliche **Metlink Explorer** ($21) erlaubt seinem Käufer unbegrenzte Bus- und Zugfahrten im ganzen Stadtgebiet ab 9 Uhr wochentags und am Wochenende ganztägig. Erhältlich ist er bei Busfahrern, Zugbegleitern und den Fahrkartenschaltern von Tranz Metro.

Informationen zu **Regionalzügen und -bussen** bieten die kostenlose *Metlink Network Map* sowie alle Einzelfahrpläne, die im Besucherzentrum und am Bahnhof ausliegen. Weitere Infos auch telefonisch und im Internet unter ℘ 0800 801 700, 🖥 www.metlink.org.nz.

Die meisten Straßen in der Innenstadt sind mit **Parkuhren** versehen (in der Regel Mo–Do und am Wochenende 8–18, Fr 8–20 Uhr, $4/Std., sonst kostenlos), wo die maximale Standzeit 2 Std. beträgt. Etwas weiter außerhalb kann man mit **Coupon** parken (Mo–Fr 8–18 Uhr), d. h. die ersten 2 Std. sind gratis, danach muss ein Parkschein ($7,50/Tag) hinter die Windschutzscheibe gelegt werden. Die Coupons sind in Lebensmittelgeschäften und an Tankstellen erhältlich.

Nahverkehrszüge

Tranz Metro, ℘ 0800 801 700, 🖥 www.tranzmetro.co.nz, betreibt Vorortzüge ab dem Bahnhof Bunny Street. Züge ins Hutt Valley (S. 507) und zur Kapiti Coast (S. 321) fahren von hier ungefähr halbstündlich nach WATERLOO (Ausgangspunkt für Lower Hutt; 20 Min., $5,50), PORIRUA (20 Min., $6,50), PLIMMERTON (30 Min., $8) und PARAPARAUMU (1 Std., $11,50). Die Strecke nach JOHNSONVILLE (Raroa, 20 Min., $5) ist praktisch für Leute, die den Northern Walkway (S. 505) begehen möchten. Fahrten außerhalb der Stoßzeiten (meist nicht vor 9 Uhr oder zwischen 16 und 19 Uhr) sind etwas günstiger.

Das **Rover Ticket** (Tageskarte $14) berechtigt zu Fahrten in allen Zügen werktags nach 9 Uhr und ganztägig am Wochenende. Gruppen von bis zu 4 Pers. können mit einem Rover-Sammelfahrschein (*group Rover ticket*; $40) Geld sparen. Ein Wochenend-Rover-Ticket ($21) gilt ab Fr 16.30 bis 24 Uhr am So. Fahrräder dürfen kostenlos mit. Die Tickets gibt es im Zug oder im TranzRail Travel Centre am Hauptbahnhof.

Stadtbusse

Wellington verfügt über ein umfangreiches Bus- und Trolleybusnetz mit dem gleich westlich des Bahnhofs gelegenen Busbahnhof **Lambton Interchange** als Zentrum.

Fahrscheine können direkt beim Busfahrer gekauft werden. Sie kosten $1–1,50 innerhalb des Zentrums, danach findet ein Zonensystem Anwendung: Jede neue Zone kostet $1,50 zusätzlich. Bei ausgiebiger Nutzung des Bussystems lohnt sich der Kauf der **Stored Value Card** (erhältlich im Bus), die jede Fahrt um

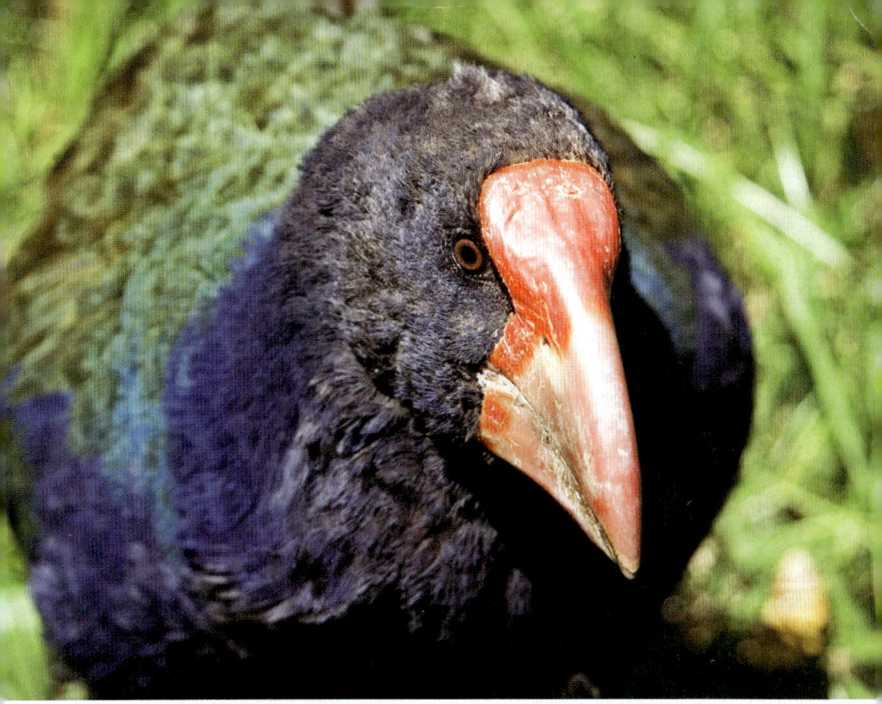
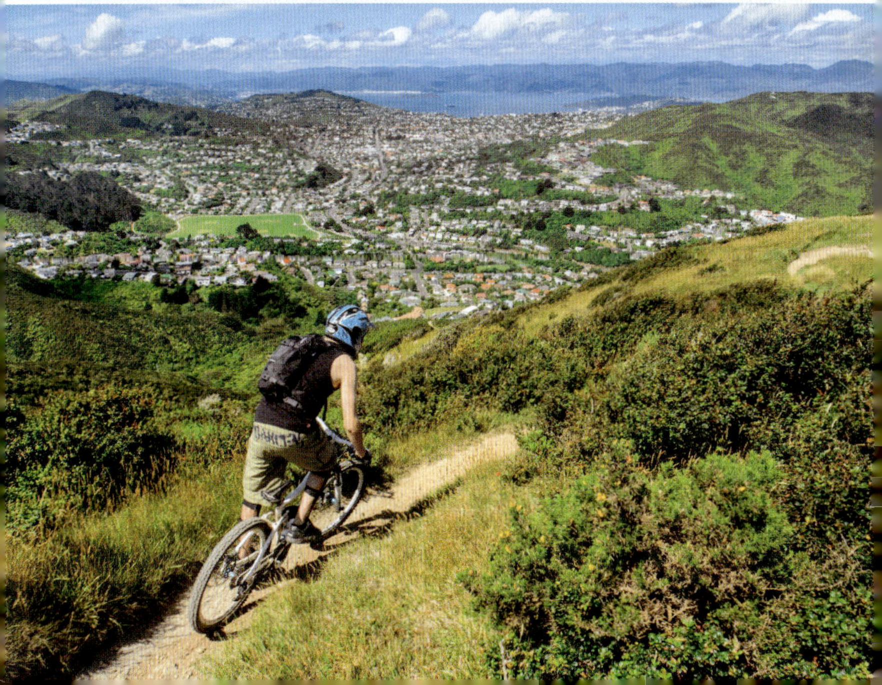

etwa 20 % billiger macht. Der **After-Midnight**-Bus (Sa und So stdl. 1–3 Uhr) für Nachtschwärmer fährt rund um den Courtenay Place und kostet $6–13.

Taxis

Taxis bekommt man fast überall in der Stadt, aber die offiziellen Taxistände sind am Bahnhof, an der Whitmore St zwischen Lambton Quay und Featherston St, vor dem James Smith Hotel am Lambton Quay, Willis St, Ecke Bond St, am Courtenay Place, Ecke Taranaki St, sowie an der Kreuzung Willis St und Aro St. Zwei der bekannteren Taxiunternehmen sind **Green Cabs**, ✆ 0508 447 336, und **Wellington Combined Taxis**, ✆ 04 384 4444.

TRANSPORT

Auto

Sowohl der SH1 von Norden her durch Porirua als auch der SH2 (Teil des mit einem Weintraubensymbol gekennzeichneten Classic New Zealand Wine Trail) durch Lower Hutt münden jeweils in kurze Stadtautobahnen und vereinigen sich dann zu einer Schnellstraße, die bei schöner Aussicht am Hafen entlang direkt ins Zentrum führt. Hinweise bezüglich Parkmöglichkeiten auf S. 520.
Wer von der Südinsel herkommt oder dorthin möchte, findet rechts Näheres zum Überqueren der Cook Strait .

Busse

Busse von Nakedbus und InterCity halten neben Bahnsteig 9 am Hauptbahnhof

Busse nach:

AUCKLAND 6x tgl., 11 Std.;
NAPIER 5x tgl., 5 1/4 Std.;
NEW PLYMOUTH 1–2x tgl., 6 1/2 Std.;
PALMERSTON NORTH 12–14x tgl., 2 1/4 Std.;
PARAPARAUMU 13–15x tgl., 50 Min.;
ROTORUA 4–5x tgl., 7 Std.;
TAUPO 8–9x tgl., 6 Std.

Eisenbahn

Der Hauptbahnhof liegt in der Bunny Street.

Der *Northern-Explorer* der Strecke Auckland–Wellington (S. 74) fährt Di, Fr und So nach Auckland, zurück geht's am Mo, Do und Sa.

Züge nach:

AUCKLAND via Hamilton Di, Fr und So 1x tgl., 11 Std.;
HAMILTON 1x tgl., 9 1/2 Std.;
HUTT CENTRAL/WATERLOO alle 30 Min., 20 Min.;
MASTERTON 1–6x tgl., 1 1/2 Std.;
NATIONAL PARK Di, Fr und So 1x tgl., 5 Std. 20 Min.;
OTAKI Mo–Fr 1x tgl., 1 1/4 Std.;
OTOROHANGA Di, Fr und So 1x tgl., 8 Std.;
PALMERSTON NORTH So–Fr 1–2x tgl., 2 Std.;
PARAPARAUMU alle 30 Min., 1 Std.

Fähren

Der Fähranleger von **Interislander**, ✆ 0800 802 802, 🖳 www.interislander.co.nz, liegt 1 km nördlich des Bahnhofs, der von **Bluebridge**, ✆ 0800 844 844, 🖳 www.bluebridge.co.nz, gleich gegenüber des Bahnhofs. Beide Anbieter fahren ganzjährig über die Cook Strait nach PICTON (6–9x tgl, 3 Std.). Die Überfahrt kann rau sein, dafür führt sie durch den Marlborough Sound. Beide Anbieter haben verschiedene Preiskategorien mit variierender Flexibilität; Stornobedingungen vor der Buchung prüfen!
Bei **Interislander** liegen die Fahrpreise um $65–75 pro Passagier, $208–318 für ein Auto mit Fahrer und $15 für ein Fahrrad.
Bei der **Kaitaki** und **Aratere**-Fähre von Interislander gibt's die Fahrkarte „Kaitaki Plus" ($45 Aufpreis, nur für Fahrgäste über 18 J.) mit privater Lounge, Gratis-Essen, Zeitungen und Internet.
Zum Fährableger von Interislander fahren Shuttlebusse (Abfahrt jeweils 50 Min. vor der Fähre nahe Bahnsteig 9 am Bahnhof; $2) und Backpacker-Busse, die Base- und YHA-Hostels bedienen und über diese gebucht werden können ($3). Die Abfahrt ist auf die Fähre um 8.30 Uhr abgestimmt.
Bei Bluebridge liegen die Preise meist bei $53–73 pro einfache Fahrt und Fahrgast, $173–245 pro Auto bis 5,5 m Länge mit Fahrer

und $10 pro Fahrrad. Die Autovermietungen Ace, Apex, Maui und Jucy erlauben die Überfahrt per Fähre mit ihren Fahrzeugen (S. 518).

Flüge

Der **Wellington International Airport**, 🖳 www.wlg-airport.co.nz, liegt 10 km südöstlich des Stadtzentrums und ist die Drehscheibe für etwa 15 Flughäfen in ganz Neuseeland sowie für internationale Flüge aus Australien. Wer fliegt, spart sich möglicherweise eine unruhige Fahrt mit der Fähre (s. oben), verpasst aber auch die Passage durch den Malborough Sound. **Soundsair**, 📞 0800 505 005, 🖳 www.soundsair.co.nz, fliegt von Wellington nach Picton und Blenheim (einfach $109) sowie nach Nelson ($130).

Taxis vom Flughafen ins Zentrum kosten etwa $35. **Green Cabs**, 📞 0508 447 336, verwendet Hybridautos, die **Wellington Combined Taxis**, 📞 04 384 4444, sind als CO2-neutral zertifiziert. Die **Busse** des **Airport Flyer** (tgl. 6.30–21.25 Uhr, Mo–Fr alle 10–20 Min., Sa und So 7–20.45 Uhr alle 20–30 Min.) verlangen $9 für die 15-minütige Fahrt ins Zentrum. **Super Shuttle**, 📞 0800 748 885 oder 📞 09 522 5100, 🖳 www.supershuttle.co.nz, berechnet ab $20 für den ersten Fahrgast ins Zentrum und $5 für jeden weiteren zum gleichen Ziel.

Flüge nach:

AUCKLAND 14–20x tgl., 1 Std.;
BLENHEIM 10–14x tgl., 25 Min.;
CHRISTCHURCH 14x tgl., 3/4 Std.;
DUNEDIN 3–5x tgl., 1 1/4 Std.;
GISBORNE 2–4x tgl., 1 Std.;
HAMILTON 4–7 tgl., 1 1/4 Std.;
NAPIER/HASTINGS 5–7x tgl., 55 Min.;
NELSON 3–5x tgl., 40 Min.;
NEW PLYMOUTH 4x tgl., 55 Min.;
PALMERSTON NORTH 1–3x tgl., 35 Min.;
PICTON 4–6x tgl., 25 Min.;
ROTORUA 3x tgl., 1 Std.;
TAURANGA 3–5x tgl., 1 1/4 Std.;
TIMARU 2–4x tgl., 1 Std.

WELLINGTON UND UMGEBUNG

SEAWARD KAIKOURA RANGE, KAIKOURA

Marlborough, Nelson und Kaikoura

Der nördliche Teil der Südinsel verzaubert nicht wenige Besucher im Handumdrehen: tief eingeschnittene Buchten in den abgeschiedenen Fjorden der Marlborough Sounds, Bilderbuchstrände in der Umgebung von Nelson, eine beeindruckende Vielfalt an Nationalparks, erstklassige Weingüter in Marlborough
und Naturwunder in Kaikoura.

Stefan Loose Traveltipps

Queen Charlotte Track Auf dieser mehrtägigen Wanderung kann man in tollen Hostels und B&Bs übernachten und das Gepäck transportieren lassen. S. 534

Nelson Künstlergemeinde, Weinberge, tolles Klima: Nelson gehört zum Pflichtprogramm jeder Marlborough-Reise. S. 542

10 **Abel Tasman National Park** Kristallklares Wasser und goldgelbe Strände sind die Belohnung für Wanderungen entlang des Coast Track oder nach einer Kajaktour. S. 557

Farewell Spit Dieser einzigartige Teil Neuseelands lässt sich nur im Rahmen der Farewell Spit Safari besuchen. S. 573

Heaphy Track Die spektakuläre Landschaft macht den Wanderweg zu einem der schönsten im Land. S. 575

Marlborough Wine Country Leckere Kostproben in Neuseelands berühmtester Weinregion. S. 582

11 **Kaikoura** Das hübsche Städtchen ist Ausgangspunkt für Walbeobachtungs- und Delphintouren. S. 589

LAKE ROTOITI, NELSON LAKES NATIONAL PARK

ABEL TASMAN NATIONAL PARK

Farewell Spit
Heaphy Track
Abel Tasman National Park
Nelson
Queen Charlotte Track
Marlborough Wine Country
Kaikoura

Inhalt

Cape Farewell
Wharariki
Pillar Point
Farewell Spit
Puponga Point

Golden Bay

Collingwood

Onekaka
Takaka   Pohara
Heaphy Track

KAHURANGI NATIONAL PARK

Kohaihai Bluff

Karamea

Leslie Karamea Track

Wangapeka Track

Abel Tasman Coast Track

ABEL TASMAN NATIONAL PARK

D'Urville Island

French Pass

Marlborough Sounds

Marahau

60

Motueka

61

Tasman Bay

Rabbit Island

Nelson

Richmond   Stoke

Kohatu

Rai Valley

Canvastown

Queen Charlotte Track
Ship Cove

Nydia Bay

Anakiwa

Havelock

Picton

Port Underwood

→ Wellington

MOUNT RICHMOND FOREST PARK

RICHMOND RANGE

6

Kawatiri Junction

67

Renwick

63

Blenheim

Wairau River

Seddon

Lake Grassmere

Westport
Lyell
Buller River
6

Murchison

St Arnaud
Lake Rotoiti

Lake Rotoroa

NELSON LAKES NATIONAL PARK

→ Greymouth

PAPAROA NATIONAL PARK

69

Reefton

VICTORIA FOREST PARK

65

7

Molesworth

Awatere River

MOLESWORTH ROAD (SAISONAL)

Clarence River

INLAND KAIKOURA RANGE

SEAWARD KAIKOURA RANGE

Mt Fyffe

Ohau Point

1

Mount Lyford

70

Kaikoura

HANMER FOREST PARK

Hanmer Springs

Mount Lyford Village

LAKE SUMNER FOREST PARK

ARTHUR'S PASS NATIONAL PARK

7

Culverden

Cheviot

Gore Bay

7

Waipara

73

1

Amberley

▽ Christchurch

Die meisten Touristen legen mit der Fähre in **Picton** an. Dieser im Winter recht trostlose Ort erwacht erst im Sommer zum Leben. Er liegt inmitten der wunderschönen Fjordlandschaft der **Marlborough Sounds**. Das Wasser der Buchten umspült winzige Strände und wacklige Schiffsmolen, während das Ufer zu steilen, bewaldeten Hügeln und kargen Weiden ansteigt. Westlich von Picton trifft man auf das lebendige **Nelson**, Ausgangspunkt für Abstecher in die wilde

Schönheit des **Abel Tasman National Park** mit einigen der schönsten Wanderwege und herrlichsten Strände Neuseelands. Und noch weiter nördlich garantiert die relativ abgeschiedene **Golden Bay** einige friedliche Tage bei durchgehend recht gutem Wetter. An ihrem westlichen Ende läuft die geschwungene Bucht in der langen Sandbank **Farewell Spit** aus, die trotz ihres wüstenhaften Charakters einen einmaligen Lebensraum für die unterschiedlichsten Tiere darstellt. Sie grenzt an den **Kahurangi National Park**, durch den sich der anspruchsvolle **Heaphy Track** bis zur Westküste zieht.

Die am wenigsten besuchte der herrlichen Landschaften ist der **Nelson Lakes National Park**, der in erster Linie für einsame Wanderungen zu den alpinen Seen oder zum Angeln interessant ist. Der nahe gelegene **Buller River** lockt auch Rafting- und Kajakfreunde an.

Südlich von Picton empfiehlt sich eine feuchtfröhliche Tour durch Marlborough, Neuseelands berühmteste Weinregion mit den bescheidenen Städtchen **Blenheim** und **Renwick**. Ein bis zwei Übernachtungen in einem ländlichen B&B und Besichtigungen der Kellereien mit Weinproben sorgen für einen willkommenen Ausgleich zu den Aktivitäten in den Nationalparks und sind die richtige Einstimmung auf ein paar Tage Ökotourismus in **Kaikoura** mit zwei großen Attraktionen: der Walbeobachtung und dem Schwimmen mit Delphinen und Robben.

Das **Klima** der Region ist das ganze Jahr über angenehm mild und von viel Sonnenschein geprägt. Vor allem Blenheim und Nelson streiten sich regelmäßig um die Ehre, die Stadt mit den meisten Sonnentagen in Neuseeland zu sein.

Die Marlborough Sounds

In den malerischen **Marlborough Sounds** lassen sich vor lauter Buchten, Inseln und Halbinseln das Festland und dessen üppige Wildnis kaum ausmachen. Große Teile dieser Region sind nur übers Meer zugänglich, das den vermutlich besten Aussichtspunkt darstellt. In der Gegend gibt

es neben einigen Farmen auch Zuchtanlagen für Lachse und Muscheln sowie Schutzgebiete – eine Mischung aus Inseln, Küstenabschnitten und Landflächen.

Dreh- und Angelpunkt der Marlborough Sounds ist **Picton** mit seinem immensen Angebot an Touren – sei es per Boot oder zu Fuß auf dem **Queen Charlotte Sound**, wo Kreuzfahrtschiffe und Wassertaxis Zugang zum lohnenden und sehr gut zu bewältigenden **Queen Charlotte Track** bieten. Richtung Westen windet sich der steile Queen Charlotte Drive zur kleinen Gemeinde **Havelock** hinauf, die für ihre Grünlippenmiesmuscheln berühmt ist. Danach bieten sich der spektakuläre **Pelorus Sound** für eine Erkundungstour und eine Fahrt über Nebenstraßen bzw. eine Bootsfahrt zum malerischen **French Pass** an.

Picton

Das kleine **Picton**, Ziel der Fähren aus Wellington, liegt landschaftlich schön zwischen Bergen und dem Queen Charlotte Sound. Viele legen hier vor der Weiterreise nur eine Kaffeepause ein, dabei eignet sich Picton wunderbar als Basis für eine Erkundung des **Queen Charlotte Track**, der mit Wassertaxis zu erreichen ist. Ansonsten haben die örtlichen Veranstalter tolle **Kreuzfahrten** und **Kajaktouren** im Programm.

Picton selbst hat ebenfalls einige Sehenswürdigkeiten zu bieten und ist auch keine schlechte Basis für Abstecher in die **Weinregion** um Blenheim, die nur eine halbe Autostunde südlich liegt.

Geschichte

Bereits 1827 gab es eine europäische Walfangstation in der Region, doch zu einer richtigen Siedlung wuchs Picton erst heran, nachdem die New Zealand Company den Standort der heutigen Stadt im Jahre 1848 für 300 britische Pfund erworben hatte. Picton erlebte die Blütezeit als Hafen und **Versorgungszentrum** für die südlich gelegenen Wairau Plains, v. a. aber als günstigster Hafen für den Schiffsverkehr zwischen Nord- und Südinsel.

D'Urville
Island

French Pass

1 French Pass

Admiralty
Bay

Bulwer

T a s m a n   B a y

MAUD ISLAND
(TIERSCHUTZGEBIET)

*Croisilles
Harbour*

Penzance

Tennyson Inlet

Duncan Bay

Crail
Bay

*Ronga
Saddle*

Okiwi
Bay

Nelson (37 km)

6

Nydia DOC

Nydia Track

Nydia Bay

4 **Nydia
Lodge**

Pelorus   Sound

5 **6**

Kenepuru

Rai Valley

Te Mahia

9

*Mt Rutland
(1008 m)*

Kaiuma
Bay

Mahau Sound

KENEPURU ROAD

Davies Bay
DOC

Mistletoe
Bay

6

Pelorus
Bridge

15

Canvastown

KAIUMA BAY ROAD

Havelock

13

**Waterways
Boating
Safaris**

11

12

Anakiwa

QUEEN
CHARLOTTE DRIVE

*Tirimoana
Jetty*

14

QUEEN CHARLOTTE DRIVE

6

1

Koromiko

Blenheim (40 km)

Blenheim (25 km)

MARLBOROUGH, NELSON UND KAIKOURA

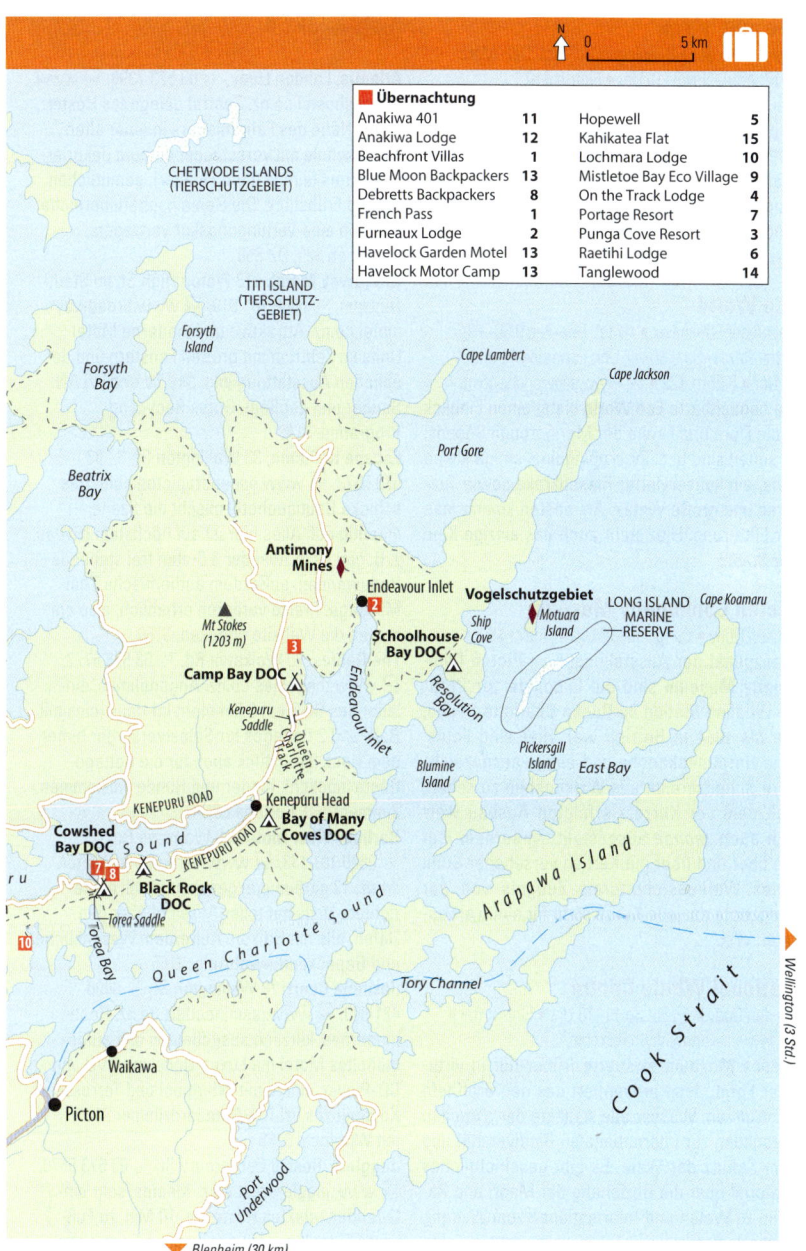

N
0   5 km

Übernachtung

Anakiwa 401	**11**	Hopewell	**5**
Anakiwa Lodge	**12**	Kahikatea Flat	**15**
Beachfront Villas	**1**	Lochmara Lodge	**10**
Blue Moon Backpackers	**13**	Mistletoe Bay Eco Village	**9**
Debretts Backpackers	**8**	On the Track Lodge	**4**
French Pass	**1**	Portage Resort	**7**
Furneaux Lodge	**2**	Punga Cove Resort	**3**
Havelock Garden Motel	**13**	Raetihi Lodge	**6**
Havelock Motor Camp	**13**	Tanglewood	**14**

CHETWODE ISLANDS
(TIERSCHUTZGEBIET)

TITI ISLAND
(TIERSCHUTZ-
GEBIET)

Forsyth
Island

Forsyth
Bay

Cape Lambert

Cape Jackson

Beatrix
Bay

Port Gore

**Antimony
Mines**

Endeavour Inlet

Vogelschutzgebiet

LONG ISLAND
MARINE
RESERVE

Cape Koamaru

Mt Stokes
(1203 m)

3

Ship
Cove

Motuara
Island

**Schoolhouse
Bay DOC**

Camp Bay DOC

Resolution
Bay

Pickersgill
Island

East Bay

Kenepuru
Saddle

Blumine
Island

KENEPURU ROAD

Kenepuru Head
Bay of Many
Coves DOC

**Cowshed
Bay DOC**

S o u n d

7 **8**

KENEPURU ROAD

**Black Rock
DOC**

Queen Charlotte Sound

Arapawa Island

10

Torea Saddle

Torea Bay

Tory Channel

C o o k   S t r a i t

Wellington (3 Std.)

Waikawa

Picton

Port
Underwood

Blenheim (30 km)

MARLBOROUGH, NELSON UND KAIKOURA

Die Edwin Fox

In der Nähe des Fähranlegers ▪ ⏲ tgl. Dez–März 9–17, April–Nov 9–15 Uhr ▪ Eintritt $10

Am westlichen Ende der mit Phönixpalmen aufgepeppten Uferstraße liegt der Rumpf der in Kalkutta gebauten **Edwin Fox**. Das 1853 vom Stapel gelassene Schiff diente im Krimkrieg als Truppentransporter und verfrachtete Strafgefangene nach Australien, bevor es Siedler nach Neuseeland brachte.

Eco World

Neben der Edwin Fox ▪ ⏲ tgl. Dez–Feb 9.30–19, März–Dez Fr–So 9.30–17 Uhr; Fütterung 11 und 14 Uhr ▪ Eintritt $22 ▪ 🖳 www.ecoworldnz.co.nz

Die benachbarte **Eco World** bietet einen Einblick in die Flora und Fauna der Marlborough Sounds; zu sehen sind u. a. Zwergpinguine, einige kleine Haie, ein konservierter Riesenkrake sowie Tuataras und große Wetas. Am besten kommt man zur Fütterung. Hier steht auch das einzige Kino der Stadt.

Picton Community Museum

London Quay ▪ ⏲ tgl. 10–16 Uhr ▪ Eintritt $5

Glanzpunkt der Ausstellungen im **Picton Community Museum** sind die Exponate zur Perano Whaling Station im Queen Charlotte Sound, die bis 1964 in Betrieb war. Hier sind Fotos, eine Harpunenkanone und einige ausgezeichnete Schnitzereien aus Walknochen zu sehen. Seit dem vor Kurzem erfolgten Ausbau werden auch *taonga* ausgestellt. Außerdem legt ein über und über mit Kerben versehener Stuhl eines Walaussichtsturms Zeugnis von der Fangquote ab; jede Kerbe steht für einen erbeuteten Wal.

National Whale Centre

London Quay ▪ ⏲ Di–So 11–18 Uhr ▪ Eintritt frei ▪ 🖳 www.aworldwithwhales.com

Dieses Museum existierte früher nur in virtueller Form. Jetzt präsentiert das neu eröffnete Zentrum am Wasser alle Aspekte der aktuellen Forschung zur internationalen Biodiversität und zum Schutz der Wale. Es gibt geschichtliches Material über die Beziehung der Maori und Pakeha zu Walen und Informationen zum Walfang in der Region.

Atlantis, London Quay, ✆ 03 573 7390, 🖳 www.atlantishostel.co.nz. Zentral gelegenes Hostel in der Nähe des Fähranlegers in einer alten Tauchschule mit verschiedenen bunt dekorierten Dorms (einige ohne Fenster), gemütlichen DZ und Frühstück. Die Gemeinschaftsbereiche könnten eine Verjüngungskur vertragen. Dorms ab $23, DZ $58

Broadway Motel, 113 Picton High St, im Stadtzentrum, ✆ 0800 101 919, 🖳 www.broadway motel.co.nz. Attraktive und moderne Motel Units im Zentrum mit großen Fenstern und der üblichen Ausstattung inkl. Sky TV und WLAN. Sauber und gepflegt. Gutes Recycling-Programm. $149

Escape to Picton, 33 Wellington St, ✆ 03 573 5573, 🖳 www.escapetopicton.com. Das schicke Boutiquehotel mischt die Szene mächtig auf: Alles hier ist auf höchstem Niveau, z. B. gibt es in zwei der 3 Suiten frei stehende Badewannen, außerdem authentische Thai-Massage. Preise variieren erheblich, also am besten die Website checken. $350

The Gables, 20 Waikawa Rd, ✆ 03 573 6772, 🖳 www.thegables.co.nz. Angenehmes, einladendes B&B mit 3 Zimmern im Haus (eins mit Bad) und 2 Cottages für Selbstversorger hinter dem Haus (Frühstück auch für die Cottage-Gäste möglich). Kinder und Hunde willkommen. Zimmer $160, Cottages $175

Harbour View Motel, 30 Waikawa Rd, ✆ 0800 101 133, 🖳 www.harbourviewpicton. co.nz. 12 geräumige, geschmackvoll eingerichtete Units mit toller Aussicht über den Hafen, alle mit Balkon. Außerdem Waschküche und Gepäckaufbewahrung. $165

Jasmine Court, 78 Wellington St, ✆ 0800 421 999, 🖳 www.jasminecourt.co.nz. Hochmodernes, kürzlich ausgebautes und aufgemöbeltes Motel mit Luxus-Units, mit DVD und CD-Player, einige mit Whirlpool und Terrasse. Kostenloses WLAN. Standardzimmer $165, mit Whirlpool $185

Jugglers' Rest, 8 Canterbury St, ✆ 03 573 5570, 🖳 www.jugglersrest.com. Kleines, sehr einladendes relaxtes Hostel ca. 10 Min. zu Fuß vom Fähranleger mit geräumigen Dorms ohne

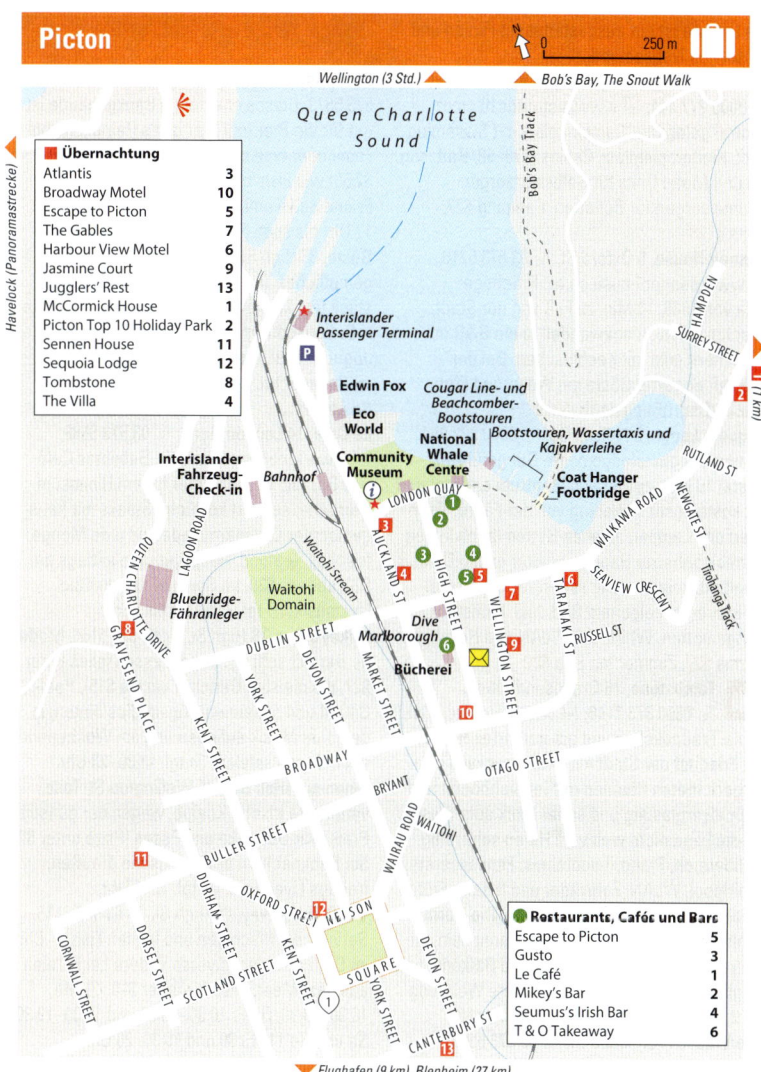

Wellington (3 Std.) ▲ ▲ Bob's Bay, The Snout Walk

Queen Charlotte Sound

0   250 m

Havelock (Panoramastrecke) ◄

■ Übernachtung

Atlantis	3
Broadway Motel	10
Escape to Picton	5
The Gables	7
Harbour View Motel	6
Jasmine Court	9
Jugglers' Rest	13
McCormick House	1
Picton Top 10 Holiday Park	2
Sennen House	11
Sequoia Lodge	12
Tombstone	8
The Villa	4

Interislander Passenger Terminal

Edwin Fox

Eco World

Interislander Fahrzeug-Check-in

Bahnhof

Community Museum

National Whale Centre

Cougar Line- und Beachcomber-Bootstouren

Bootstouren, Wassertaxis und Kajakverleihe

Coat Hanger Footbridge

LONDON QUAY

HAMPDEN
SURREY STREET
RUTLAND ST
NEWGATE ST
WAIKAWA ROAD
SEAVIEW CRESCENT
TARANAKI ST
RUSSELL ST
Tirohanga Track

QUEEN CHARLOTTE DRIVE
LAGOON ROAD
GRAVESEND PLACE
KENT STREET
YORK STREET
DEVON STREET
AUCKLAND ST
HIGH STREET
MARKET STREET
WELLINGTON STREET
Waitohi-Stream

Bluebridge-Fähranleger

Waitohi Domain

Dive Marlborough

Bücherei

DUBLIN STREET
BROADWAY
BRYANT
WAIRAU ROAD
WAITOHI
OTAGO STREET
BULLER STREET
DURHAM STREET
OXFORD STREET
NELSON
CORNWALL STREET
DORSET STREET
SCOTLAND STREET
KENT STREET
SQUARE
DEVON STREET
YORK STREET
CANTERBURY ST

● Restaurants, Cafés und Bars

Escape to Picton	5
Gusto	3
Le Café	1
Mikey's Bar	2
Seumus's Irish Bar	4
T & O Takeaway	6

▼ Flughafen (9 km), Blenheim (27 km)

Etagenbetten und 2 ruhigen Cabins im Garten. Ökologisch ausgerichtet; der Gemüsegarten steht den Gästen offen. Frühstück mit hausgemachter Marmelade und frischem Brot buchbar. ⊕ Juni–Sep geschl. Dorm $33, Zimmer $70

McCormick House, 21 Leicester St, ✆ 03 573 5253, 🖥 www.mccormickhouse.co.nz. Stilvolle edwardianische Villa mit einem Treppenhaus aus Rimuholz, 3 luxuriösen, individuell gestalteten Zimmern und üppigem Frühstück aus einheimischen Produkten.

MARLBOROUGH, NELSON UND KAIKOURA

Die Lounge ist gut ausgestattet mit Filmen und Musik aus Neuseeland. $350

Picton Top 10 Holiday Park, 78 Waikawa Rd, ℡ 0800 277 444, 🖥 www.pictontop10.co.nz. Zentral gelegener Campingplatz mit Swimmingpool, Kinderspielplatz, Cabins ($78–98, Bettzeug $5) und Motel Units für Selbstversorger. Bäume sorgen für Schatten. Camping $22, Units $128

Sennen House, 9 Oxford St, ℡ 03 573 5216, 🖥 www.sennenhouse.co.nz. Prächtige Villa von 1886, 10 Min. zu Fuß von der Stadt, geschmackvoll umgewandelt in ein B&B mit 3 Zimmern, alle mit Kochnischen. Bei der Ankunft erwartet Gäste ein Wein- und Frühstücks-Begrüßungskorb. $319

Sequoia Lodge, 3 Nelson Sq, ℡ 0800 222 257, 🖥 www.sequoialodge.co.nz. Gut geführtes Hostel 10 Min. zu Fuß vom Zentrum entfernt und mit kostenloser Abholung von der Fähre. Tischchen und Lampen an allen Betten (auch in den Dorms), beheizte Handtuchhalter in den DZ und Zweibettzimmer sowie separater Schlafsaal für Frauen mit eigenem Bad. Inkl. Frühstück, Hängematten, Whirlpool, WLAN und Heimkino. Dorms $27, Zimmer mit Bad $80

Tombstone, 16 Gravesend Place, ℡ 0800 573 7116, 🖥 www.tombstonebp.co.nz. Freundliches und gut geführtes Hostel am Friedhof der Stadt mit geschmackvoll eingerichteten Räumen mit Teppichböden und Doppelverglasung und super Blick aufs Wasser, für die Lage nicht weit vom Hafen sehr ruhig. Grillbereich, Piano, Tischtennis, Fitnessgeräte, Whirlpool, WLAN, Fahrräder und frische Frühstücks-Scones – alles inbegriffen. Die Dorms können nach Geschlechtern getrennt sein, die DZ verfügen über Heizdecken und Balkone, und es gibt auch eine voll ausgestattete Wohnung für 2 Pers. ($118). Dorms $27, Zimmer $82

The Villa, 34 Auckland St, ℡ 03 573 6598, 🖥 www.thevilla.co.nz. Gutes, YHA-assoziiertes Hostel in zentraler Lage in 2 Häusern mit modernerem Nebengebäude. Wenn es voll ist, kann es etwas eng werden, aber es gibt zahlreiche Anreize zum Nulltarif wie Fahrräder, WLAN, Jacuzzi, Fitnessraum und Apple Crumble im Winter. Auch Dorm nur für Frauen mit 6 Betten ($29). Dorm $27, Zimmer $72

ESSEN UND UNTERHALTUNG

Escape to Picton, 33 Wellington St, ℡ 03 573 5573. Dieses ehemalige Bankgebäude ist gut für ein Bier (nur hier gibt's Heineken vom Fass) oder typische Bistrogerichte ($17,50–32,50) wie Fish 'n' Chips in der Luxusversion. Fr und Sa Livemusik. ⏰ Mo–Fr 10–14.30 und 17 Uhr bis spät, Sa und So 10 Uhr bis spät.

Gusto, 33 High St, ℡ 03 573 7171. Beliebtes, gemütliches Tagescafé mit köstlichem Frühstück und kleinem Angebot an Tagesgerichten, z. B. Couscous mit mariniertem Lamm und Joghurt ($19), Kuchen und guter Kaffee. ⏰ Sommer tgl. 7.30–14.30 Uhr, im Winter Sa geschl.

Le Café, 14 London Quay, ℡ 03 573 5588, 🖥 www.lecafepicton.co.nz. Beliebtes Café und Bar mit Tischen unter freiem Himmel in Ufernähe, serviert köstliche Steaks mit hausgemachter Chilimarmelade und jede Menge frisches Seafood. Hauptgerichte mittags um $20, abends $30. Im Sommer regelmäßig Livemusik. ⏰ tgl. 7.30 Uhr bis spät.

Mikey's Bar, 18 High St, ℡ 03 573 5164. Moderne Bar mit sehr günstigem Essen (alles unter $27, die meisten Gerichte um die $15), Pool-Billard und scheunenartigem Club hinten, in dem DJs Musik auflegen und am Wochenende auch Bands spielen. ⏰ tgl. 11.30–23 Uhr.

Seumus's Irish Bar, 25 Wellington St. Tolle, verlotterte irische Kneipe, wegen der günstigen Preise für Getränke und Essen (Pizza unter $21) bei Backpackern beliebt. Tische draußen, freitags Livemusik. ⏰ tgl. 15–1 Uhr.

T & O Takeaway, 85 High St, ℡ 03 573 6115. Serviert die frischesten und besten Fish 'n' Chips im Ort, außerdem diverse andere Leckereien aus dem Meer, alles für unter $10. ⏰ Mo 16.30–19.30, Di–Fr 10.30–13.30 und 16.30–19.30, Sa und So 11–13.30 und 16.30–20 Uhr.

AKTIVITÄTEN

Tauchen

Dive Marlborough, 59 High St, ℡ 03 573 7831, 🖥 www.godive.co.nz. Bietet Schnuppertauchen ($225), geführte Tauchtage mit Doppelflasche ($185) sowie 24-stündige Bootstouren ($330 inkl.

Ausrüstung) mit Wracktauchen. Letzteres bei der *Mikhail Lermontov*, einem sowjetischen Kreuzfahrtschiff, das 1986 auf Grund lief und so zum größten Taucherwrack der südlichen Hemisphäre wurde. Für diese Tauchgänge braucht man Erfahrung in kaltem Wasser bis 30 m Tiefe. Außerdem Ausflüge in den Abel Tasman und die Gewässer vor Kaikoura.

Touren
Ausführliche Informationen über Touren ins Marlborough Wine Country auf S. 587. Die meisten Anbieter holen Teilnehmer aus Picton ab.

SONSTIGES

Autovermietungen
Am Fährterminal und in der Stadt findet man Niederlassungen der meisten großen internationalen und neuseeländischen Unternehmen. Der i-SITE hat eine Liste.

Gepäckaufbewahrung
Die meisten Unterkünfte verwahren Gepäck für Wanderer auf dem QCT. Beim i-SITE gibt es große Schließfächer ($4/Tag).

Informationen
Das kombinierte **i-SITE Visitor Centre** und **DOC-Büro**, ✆ 03 520 3113, 🖵 www.marl borough.com, 5 Min. zu Fuß vom Fährterminal am Ufer des Sounds. Es hat Unmengen von Infos und Broschüren zur Stadt und über die Südinsel, u. a. kostenlose Stadtpläne von Picton und Blenheim und eine kostenlose DOC-Broschüre zum Queen Charlotte Track. ⏱ Mo–Fr 9–17, Sa und So 8–16 Uhr; im Sommer jeden Tag 1 Std. länger.

Internet
Kostenloser Zugang in der **Bücherei**, 67 High St, ⏱ Mo–Fr 8–17, Sa 10–13, So 13.30–16.30 Uhr. Außerdem gibt's Gratis-WLAN im Stadtzentrum.

NAHVERKEHR

Rural Mail Bus Service
Bei diesem Busdienst, ✆ 027 255 8882, handelt es sich um einen Minivan der Post, der Orte wie Havelock und Anakiwa am südlichen Ende des QCT anfährt. Es gibt tgl. mehrere Touren; Fahrpreise ab $15.

Taxis
Picton Shuttles, ✆ 027 696 5207.

Wassertaxis
Einige Unternehmen steuern Ziele am Sound an und bieten auch Rundfahrten an (s. Kasten S. 536). **Beachcomber Fun Cruises**, ✆ 0800 624 526, 🖵 www.beachcombercruises.co.nz; Cougar Line, ✆ 0800 504 090, 🖵 www.cougarline.co.nz; Arrow, ✆ 03 573 8229, 🖵 www.arrowwater taxis.co.nz.

Wanderungen um Picton herum

Die besten Wege um Picton herum führen durch die Victoria Domain, eine zumeist bewaldete Halbinsel gleich östlich von Picton. Da sich diese Wege irgendwann kreuzen, kann das Ganze ein bisschen verwirrend sein; es sind jedoch vielerorts kostenlose Karten erhältlich.
Bob's Bay Track (1 km einfach, 30 Min., leicht hügelig). Der Track beginnt am Shelly Beach und führt am Ufer entlang zu einem Bade- und Picknickstrand. Unterwegs bieten sich tolle Ausblicke auf den Fähranleger und in den Queen Charlotte Sound. Von Bob's Bay führt ein kurzer, aber steiler Weg hinauf zum Parkplatz Harbour View.
The Snout (5 km einfach, 1 1/4 Std., 200 m Anstieg auf dem Rückweg). Vom Parkplatz Harbour View folgt der Weg dem Kamm am Aussichtspunkt Queen Charlotte View vorbei zur Spitze der Halbinsel; der Maori-Name Te Ihumoeone-ihu bedeutet übersetzt „die Nase des Sandwurms".
Tirohanga Track (3 km einfach, 1 1/4 Std., 300 m Anstieg). Recht anstrengender Weg von der Newgate Street die Berge hinter Picton hinauf, vorbei am schönen Hilltop Viewpoint.

MARLBOROUGH, NELSON UND KAIKOURA

Busse

Alle Busse halten direkt vor dem Fährterminal und am i-SITE.
Atomic Shuttles, ℡ 03 349 0697, 🖳 www.atomictravel.co.nz, **NakedBus**, 🖳 www.nakedbus.com und **InterCity**, ℡ 09 583 5780, 🖳 www.intercitycoach.co.nz, verkehren zwischen Picton und Christchurch. **Richies**, ℡ 03 578 5467, nach Blenheim, ebenso InterCity ($10–16).

Busse nach:

BLENHEIM 8x tgl., 30–40 Min.;
CHRISTCHURCH 4–5x tgl., 5–5 1/2 Std.;
KAIKOURA 4–5x tgl., 2 1/4 Std.;
NELSON 5x tgl., 2 Std.

Eisenbahn

1x tgl. (Okt–April) verkehrt der *TranzCoastal* über Blenheim und Kaikoura nach Christchurch (einfache Fahrt ab $75). Die Interislander-Fähren sind auf die Abfahrtszeiten der Züge abgestimmt.

Fähren

Interislander-Fährpassagiere ohne Fahrzeug kommen in der Nähe des Stadtzentrums an, Passagiere von **Bluebridge** und alle Passagiere mit Fahrzeugen etwa 1 km westlich des Stadtzentrums.
Täglich gibt es 6–9 Verbindungen nach WELLINGTON.

Flüge

Der Flughafen liegt 9 km südlich der Stadt.
Soundsair, ℡ 0800 505 005, 🖳 www.soundsair.com, fliegt 6x tgl. nach Wellington (1/2 Std.). Ein Bus bringt Neuankömmlinge für $7 nach Picton.
Nähere Informationen zum Transport zwischen Nord- und Südinsel auf S. 523.

Queen Charlotte Sound

Picton ist ein hübsches kleines Städtchen, aber die wahre Schönheit der Region entfaltet sich erst im **Queen Charlotte Sound**. Die wild zerklüf-tete Landschaft besticht durch stimmungsvolle, malerische Buchten mit lauschigen Sandstränden, Landzungen und abgeschiedenen Inseln. Mehrere Halbinseln bieten Schutz vor den Stürmen und viele einsame Plätzchen für Fischer und Kajakfahrer.

Um einen ersten Eindruck von den Wasserwegen zu gewinnen, empfiehlt sich einer der zahlreichen Bootsausflüge von Picton. Wer die Landschaft ausgiebig genießen möchte, sollte eine **Kajaktour** durch die Buchten oder eine **Wanderung** über den Queen Charlotte Track unternehmen. Auch **Tauchen** bietet sich an, beispielsweise am riesigen Wrack eines sowjetischen Kreuzfahrtschiffes, der Mikhail Lermontov (S. 532).

Motuara Island

Zwei Sehenswürdigkeiten am Ende des Queen Charlotte Sound haben in den meisten Reiseplänen ihren Platz. Eine ist **Motuara Island**, ein vom DOC verwaltetes, raubtierfreies Tierschutzgebiet, in dem sich Sattelstare, Grauschnäpper, Makomakos und einige Okarito-Streifenkiwis heimisch fühlen. Die Vögel sind in der Regel recht furchtlos und wagen sich nahe an die Besucher heran. Die hiesigen Zwergpinguine benutzen übrigens statt eigener Nester lieber die bereitgestellten Kästen. Von Oktober bis Dezember kann man die Deckel vorsichtig hochheben und die Pinguinbabys bestaunen.

Direkt gegenüber von Motuara Island liegt die **Ship Cove**, jene Bucht, in der Kapitän Cook auf seinen drei Neuseelandreisen insgesamt 168 Tage verbrachte. Ein großes Denkmal – ein ziemlich langweiliger Klotz mit Kanonen drum herum – erinnert an seine fünf Aufenthalte.

Queen Charlotte Track

Der **Queen Charlotte Track** (QCT, 71 km einfach, 3–5 Tage, ganzjährig), 🖳 www.qctrack.co.nz, ist ein von spektakulärer Landschaft gekennzeichneter Fernwanderweg mit zum Teil traumhaften Ausblicken auf die Bergketten und Küstenwälder am Queen Charlotte und Kenepuru Sound. Der Weg ist breit, relativ leicht zu bewältigen und unterscheidet sich von anderen mehrtägigen Wanderungen durch zahlreiche schöne Unterkünfte entlang der Route. Es gibt jedoch keine DOC-Hütten.

Die An- und Abfahrt erfolgt im Allgemeinen von und nach Picton per Wassertaxi, das auch den täglichen **Gepäcktransport** von einem Etappenziel zum nächsten übernehmen kann. Da die Boote unterwegs in zahlreichen Buchten anlegen, können weniger ambitionierte Wanderer sich auch mit kürzeren Abschnitten begnügen, Tageswanderungen von Picton aus unternehmen oder den Track im Rahmen einer geführten Wanderung (S. 538) erkunden.

Die Route

Ein Großteil des Wegs führt über Weideland und offene, nur mit Stechginster bewachsene Hügel, aber sowohl am Beginn als auch am Ende des QCT erstrecken sich auch Waldreservate. Entlang der Hauptstrecke bieten sich immer wieder Abstecher an: Von der Ship Cove gelangt man über einen kurzen Pfad zu einem hübschen Wasserfall mitten im Wald; eine Kletterpartie führt hinunter in die Bay of Many Coves und ein weiterer Streifzug zu den Antimony Mines (Vorsicht: offene Schächte, unbedingt dem gekennzeichneten Weg folgen).

Wer den gesamten Track in drei Tagen zurückzulegen beabsichtigt, sollte am ersten Tag frühzeitig in der Ship Cove starten und am Abend die Camp Bay erreichen. Es folgt ein langer Tag nach Portage, gefolgt von einem relativ leichten Schlusstag.

Ship Cove nach Resolution Bay

4,5 km, 1–2 Std., 200 Höhenmeter

Der Weg klettert von der Ship Cove durch ein Waldgebiet steil landeinwärts zu einem Aussichtspunkt mit tollem Blick auf Motuara Island, bevor er zur Resolution Bay (4,5 km, 2 Std.) abfällt. An der Resolution Bay gibt es einen DOC-Campingplatz.

Resolution Bay nach Endeavour Inlet

11 km, 3–5 Std., 200 Höhenmeter

Folgt einem alten Trampelpfad über den Bergrücken zur Furneaux Lodge und zum Endeavour Resort.

Endeavour Inlet nach Camp Bay

11,5 km, 3–4 Std., 100 Höhenmeter

Küstenwanderung durch Wald mit vielfältiger Vogelwelt, DOC-Campingplatz und Lodges.

Camp Bay nach Portage

24,5 km, 6–8 Std., 650 Höhenmeter

Der längste Abschnitt ohne richtiges Dach über dem Kopf (nur zwei DOC-Campingplätze) ist auch der lohnendste, denn er führt größtenteils über einen Gebirgskamm mit Ausblicken auf das Meer und die Buchten zu beiden Seiten.

Portage nach Mistletoe Bay

7,5 km, 3–4 Std., 450 Höhenmeter

Einer steilen Kletterpartie zu Beginn folgt ein angenehmer Spaziergang durch eine Mischvegetation aus Teebäumen, Stechginster und

MARLBOROUGH, NELSON UND KAIKOURA

Ständig flitzen die Wassertaxis im Queen Charlotte Sound hin und her, um Wanderer zum QCT oder Gäste zu ihren Unterkünften zu bringen. Wer nur einmal kurz aufs Wasser hinaus möchte, ist damit möglicherweise schon ausreichend bedient, doch mehrere Veranstalter bieten auch Kreuzfahrten durch die Fjordlandschaft an.

Beachcomber Cruises, ℡ 0800 624 526, 🖳 www.beachcombercruises.co.nz. Mehrere Veranstalter bieten Kreuzfahrten durch den Queen Charlotte Sound und den Pelorus Sound an, doch etwas ganz Besonderes sind die so genannten **Rural Mail Runs**, die beispielsweise an einem entlegenen Gehöft halten, um dort die Post abzuliefern. Die Fahrten führen entlang goldgelber Strände und von Busch bedeckter Küstenabschnitte, und bisweilen wird der Zustelldienst sogar von Delphinen eskortiert. Der Nachteil ist, dass man nicht aussteigen oder zwischendurch baden gehen kann. Der vierstündige **Magic Mail Run** (Mo–Sa 13.30 Uhr, 4 Std., $97) startet ab Picton. Zwar werden drei unterschiedliche Routen an verschiedenen Tagen der Woche bedient, sie unterscheiden sich aber nicht allzu groß. Im Sommer fahren alle ins Endeavour Inlet, an einer Lachszuchtfarm vorbei und bieten Gelegenheit zu einem viertelstündigen Landgang in der Ship Cove. Weitere Postbootrouten gibt es im **Pelorus Sound** ab Havelock (S. 539). Außerdem bietet Beachcomber Fun Cruises Ausflüge in die Ship Cove (3 Std., $81) und nach Motuara Island (3 Std., $85).

Cougar Line, ℡ 0800 504 090, 🖳 www.cougarline.co.nz. Der Konkurrent der Beachcomber Cruises bietet ähnliche Touren, darunter eine Ship Cove Cruise ($85) sowie fahrplanmäßige und Charter-Wassertaxiverbindungen.

Dolphin Watch Nature Tours, London Quay, ℡ 0800 945 354, 🖳 www.naturetours.co.nz. Naturtrips vom Feinsten (alle Okt–April), darunter Delphintouren (2–4 Std., nur Tour $99, inkl. Schwimmen $165) mit Dunklen Delphinen, Gewöhnlichen Delphinen, Großen Tümmlern oder den endemischen Hectordelphinen. Wer neben Delphinen auch noch etwas Anderes sehen möchte, kann an einem Ausflug nach Motuara Island (45 Min., mit Führung $99) oder zur Ship Cove (45 Min., ohne Führung $99) teilnehmen und sich bei beiden Touren auch zum Wandern auf dem QCT absetzen lassen. Für Vogelfreunde gibt's die Birdwatchers Expedition, tgl. 13.30 Uhr, $99.

Buschwerk mit der Möglichkeit, in der Lochmara Lodge (ca. 2 km abseits des Tracks) einzukehren.

Mistletoe Bay nach Anakiwa

12,5 km, 3–4 Std., 100 Höhenmeter

Folgt einem alten Trampelpfad ein gutes Stück oberhalb des Wassers mit fantastischen Ausblicken und führt gegen Ende durch einen Abschnitt zauberhaften Küstenwaldes.

ÜBERNACHTUNG

Eine **Reservierung** ist unerlässlich. Viele der kleineren Unterkünfte akzeptieren keine Zahlung per Kreditkarte, weshalb genügend **Bargeld** mitgeführt werden muss. Die 6 **DOC**-Campingplätze kosten $6 pro Nacht und haben

fließend Wasser und Toiletten, aber nur 4 haben einen Zugang für Wassertaxis. Die folgenden Unterkünfte sind geografisch von Nord nach Süd aufgelistet. Die Kilometerangaben beziehen sich auf die Entfernung von Ship Cove:

Anakiwa 401, Anakiwa, km 71, ℡ 03 574 1388, 🖳 www.anakiwa401.co.nz. Wunderbares, renoviertes Hostel mit Hängematten im Garten, kostenlosen Kajaks, einem Windsurfbrett ($25), Espressomaschine und einem Kaffeewagen direkt darunter (nachmittags geöffnet). Tolle Basis für Wanderungen auf dem südlichen Teil des Tracks. Neben einem 2-Bettzimmer und den DZ gibt es auch ein Apartment für Selbstversorger mit Platz für 4 Pers. Bett $40, Zimmer $85

Anakiwa Lodge, 9 Lady Cobham Grove, Anakiwa, ℡ 03 574 2115, 🖳 www.anakiwa.co.nz.

Myths and Legends Eco Tours, ☏ 03 573 6901, 🖥 www.eco-tours.co.nz. Von einem alteingesessenen Pakeha und seiner Maori-Frau geführte Touren in einem Kauri-Boot aus den 1930er-Jahren, bei denen auch die Geschichte und Kultur der Region beleuchtet wird ($200/4 Std., $250/8 Std. inkl. Mittagessen; alle Touren ab mind. 2 Pers.).

Queen Charlotte Steam Ship Company, ☏ 03 573 7443, 🖥 www.steamshipping.co.nz. Einstündige Touren in unmittelbarer Umgebung von Picton mit dem Nachbau eines kleinen Dampfers von 1920 (Abfahrt zur vollen Stunde vom Short Finger Jetty; $30).

Waterways Boating Safaris, nach 7 km an der Kenepuru Road, ☏ 03 574 1372, 🖥 www.waterways. co.nz. Hier dürfen die Gäste selbst ans Steuer: Kleine Flotten von speziell designten 2-Pers.-Motorbooten werden durch den Kenepuru Sound geführt (halber Tag $100, ganzer Tag $150). Guide Leicester nimmt die Passagiere mit zu abgelegenen Buchten und Waldwegen sowie zu einer Muschelfarm.

Kajaktouren

Viele Touristen machen sich ohne Umschweife auf den Weg zum Abel Tasman National Park und übersehen dabei die atemberaubende Landschaft, die sich bei Kajaktouren im Queen Charlotte Sound eröffnet. Außerdem sind hier vergleichsweise wenige andere Boote unterwegs.

Marlborough Sounds Adventure Company, London Quay, ☏ 0800 283 283, 🖥 www.marlborough sounds.co.nz. Sympathischer, professioneller Veranstalter, der eine enorme Vielfalt an geführten Kajaktouren anbietet, darunter Halbtags-Paddeltouren ab Picton (Okt–April tgl., 4 Std., $95), eine gemächliche Tagestour (7 Std., $130), eine nur am ersten Tag begleitete 2-tägige Tour ($190) und eine gänzlich begleitete 3-tägige Tour in die entlegenen Winkel der Fjordlandschaft ($595). Kajaks zur Miete gibt es für $60/Tag oder $100/2 Tage.

Sea Kayak Adventures, bei der Abzweigung nach Anakiwa, ☏ 03 574 2765, 🖥 www.nzseakayaking. com. Kleiner, aber gut geführter Anbieter mit viel Engagement. Geführte Halbtages- ($85) und Tagestour ($125 inkl. Mittagessen), 2-tägige geführte Tour mit Mahlzeiten ($295) sowie verschiedene Kombination aus Paddeln und Wandern oder Radfahren. Hier kann man wirklich die Ruhe der Sounds erleben. Mietkajaks kosten $60/Tag, $100/2 Tage und $125/3 Tage.

Gemütliche YHA-assoziierte Jugendherberge etwa 400 m vom Ende des Tracks mit 10 Betten, Internet und WLAN, Abendessen ($16, Pizza vorbestellen), kostenlosen Kajaks und Whirlpool. Dorm $35, Deluxe $136

Debretts Backpackers, Kenepuru Rd, km 51, ☏ 03 573 4522, 🖥 www.stayportage.co.nz. Ruhiges Hostel mit 15 Betten und tollem Ausblick auf Portage Bay und Kenepuru Sound. 30 Min. zu Fuß von Torea Bay oder Abholung mit dem Taxi. Dorm $45 (Bettzeug $5), DZ $100

Furneaux Lodge, Endeavour Inlet, km 14, ☏ 03 579 8259, 🖥 www.furneaux.co.nz. Eine der größeren Lodges auf einem 100 Jahre alten Anwesen mit attraktiven Gärten. Unterkünfte von einfachen Dorms bis zu Cottages für Selbstversorger ($336). Hervorragendes Restaurant, gesellige Bar, Internetzugang und Telefon. Cabin $54 (p. P.), Suite $305

🛏 **Hopewell**, Double Bay, Kenepuru Sound, ☏ 03 573 4341, 🖥 www.hope well.co.nz. In diesem tollen Hostel braucht man schon mehrere Nächte, um die traumhafte und ruhige Umgebung richtig genießen zu können. Die freundlichen Gastgeber bieten: Whirlpool am Wasser, Kajaks ($20), Angeln, Mountainbikes, ab und zu ein kostenloses Abendessen mit *kai moana* sowie Ausflüge zu einer Muschelzuchtanlage und Segeltörns. Die Anreise erfolgt entweder per Auto (eine anstrengende Fahrt über die Kenepuru Road, 2–3 Std.) oder mit mehreren Wassertaxis ab Picton ($65 p. P. pro Strecke): im Hostel genau erfragen. ⏱ Juni–Aug geschl. Dorms $40, DZ $140

Lochmara Lodge, Lochmara Bay, km 58, ☎ 03 573 4554, 🖥 www.lochmaralodge.co.nz. Schöne Öko-Unterkunft mit Café, Bar und Kunstgalerie an der Lochmara Bay. Kajaks können umsonst genutzt werden. Außerdem gibt es ein Badehaus ($60 für 2 Pers./Std.), und es werden Massagen angeboten. Alle Zimmer haben Bad und kostenloses WLAN. Die Lodge liegt fast eine Stunde Fußmarsch vom QCT entfernt; ab Picton kommt man in 20 Min. mit dem Wassertaxi hierher ($45, Abfahrt in Picton tgl. um 9, 12.30, 15.15 und 17.30 Uhr). ⏻ Juni–Aug geschl. Units $130, Chalets $280

Mistletoe Bay Eco Village, Mistletoe Bay, km 65, ☎ 03 573 4048, 🖥 www.mistletoebay.co.nz. Familienfreundliche, rustikale Anlage mit Straßenanbindung. Unterkünfte: Whare (8 Cabins mit Gemeinschaftsküche), Jo House (Selbstversorger-Cottage) sowie Dorms und Zeltstellplätze ($32 für 2 Pers.) mit Camper-Küche und Münzduschen ($2). Laden für Bioprodukte, Fleisch, Eier und Kaffee. Backpacker-Unterkunft $30, Whare und Jo House $140

Portage Resort, Kenepuru Rd, km51, ☎ 0800 762 442, 🖥 www.portage.co.nz. Resorthotel mit unterschiedlichen Unterbringungsmöglichkeiten, Pool, Restaurant und Bar am Sound. 30 Min. zu Fuß von Torea Bay oder Taxi schicken lassen. DZ $195, Suite $299

Raetihi Lodge, Double Bay, Kenepuru Sound, ☎ 03 573 4300, 🖥 www.raetihilodge.co.nz. Neue Besitzer haben diese kleine Lodge mit internationalem Strandflair aufgemöbelt. Unterschiedliche Betätigungsmöglichkeiten: Angelzeug-, SUP Board- und Kajakverleih, Mountainbiking, Krocket auf der Wiese oder eine entspannende Massage vor einem Gourmet-Abendessen (Hauptgerichte $26–35). Zimmer mit Bergblick $227, mit Meerblick $333.

Tanglewood, 1744 Queen Charlotte Drive, Anakiwa, ☎ 03 574 2080, 🖥 www.tanglewood.net.nz. Familien-B&B mit nur 4 Zimmern mit Bad in schönem Waldgebiet, dessen riesige Baumfarne gern von Kererus besucht werden. $155

INFORMATIONEN UND ZUGANG

Das **i-SITE in Picton** kann bei der Planung der Wanderung behilflich sein, und hier gibt es auch die kostenlose DOC-Broschüre *Queen Charlotte Track Visitor Guide*. Weitere Infos auf 🖥 www.doc.govt.nz und 🖥 www.qctrack.co. nz. Der Track verläuft teilweise über privates Land, weshalb von Personen über 15 Jahren auf diesen Abschnitten eine Gebühr erhoben wird. Die Queen Charlotte Track Land Cooperative Passes sind in den i-SITEs in Picton und Blenheim und in einigen Unterkünften am Track erhältlich. Ein Tagespass kostet $10, ein Pass für bis zu fünf aufeinanderfolgende Tage $18, ein Jahrespass $25.

Wanderer legen die Strecke im Normalfall **von Norden nach Süden** (also von Ship Cove nach Anakiwa) zurück und lassen sich von Wassertaxis absetzen und abholen.

Einige Abschnitte des QCT sind auch **von der Kenepuru Road** zugänglich, doch es gibt keine öffentlichen Verkehrsmittel.

In Anakiwa besteht keine Möglichkeit, das Auto über Nacht abzustellen, man gelangt jedoch mit dem Rural Mail Bus Service (S. 533) hierher.

Alle **Wassertaxi-Unternehmen** bieten Standardpakete mit Transfer zur Ship Cove, Gepäcktransport und Abholung aus Anakiwa für ca. $100 (Fahrpläne vergleichen).

Der **Fahrradtransport** kostet $5 pro Fahrt, die Beförderung von 2er-Kajaks $30.

GEFÜHRTE WANDERUNGEN

Marlborough Sounds Adventure Company (s. Kasten S. 535) hat die sogenannten *Freedom Walks* im Programm (4 Tage ab $745, 5 Tage ab $875, mit Lunchpaketen), mit Übernachtungen in der Furneaux Lodge, im Punga Cove Resort und im Portage Resort. Bei den geführten Wanderungen (4 Tage $1795, 5 Tage $2250) mit voller Verpflegung gibt's einen Abstecher zur Motuara Island und die Möglichkeit zum Kajakfahren. Beim 3-tägigen *Ultimate Sounds Adventure* ($1060) ist jeweils ein Tag mit Wandern, Kajakfahren und Radfahren vorgesehen.

Beachcomber Fun Cruises (S. 533) hat eine Reihe von Tageswanderungen ($67–77) im Programm. **Cougar Line** bietet 1- bis 5-stündige Wanderungen an ($80).

Queen Charlotte Drive

Der 35 km lange **Queen Charlotte Drive** zwischen Picton und Havelock verläuft durch das Flachland am Rande des Queen Charlotte Sound nach Westen und erklimmt dann einen Hügel mit Blick über den Pelorus Sound, bevor er zum SH6 und nach Havelock hinunterführt. Die kurvenreiche Fahrt geht nur langsam voran, doch manch einer lässt es absichtlich noch ruhiger angehen, um einige Wanderungen durch die geschützten Buchten oder den Cullen Track – mit spektakulären Ausblicken nach nur 10 Min. – in den Ausflug einzubauen.

Angesichts der Tatsache, dass Wassertaxis für einen bequemen Zugang zu herrlich abgelegenen Zielen sorgen, erscheint es ein wenig abwegig, die Marlborough Sounds mit dem Auto erkunden zu wollen. Das trifft erst recht zu, wenn man die größtenteils asphaltierten, aber schmalen und kurvenreichen Straßen der Gegend bedenkt, auf denen durchschnittlich kaum mehr als 40 km/h zu schaffen sind. Wer es dennoch versucht, wird mit zauberhaften Ausblicken durch die Farnbäume hindurch auf die Buchten mit türkis schimmerndem Wasser entschädigt.

Etwa 18 km westlich von Picton zweigt eine schmale Straße vom Queen Charlotte Drive Richtung Norden nach **Anakiwa** zum südlichen Endpunkt des QCT ab. Dort befinden sich ein Bootssteg, von dem Wassertaxis zurück nach Picton fahren, außerdem die Unterkünfte Anakiwa Lodge und Anakiwa 401 (beide S. 536).

Kenepuru Road

Zurück auf dem Queen Charlotte Drive zweigt nach ein paar Kilometern die **Kenepuru Road** nach rechts ab und führt anschließend 75 km an der Küste des Kenepuru Sound entlang. Es gibt viele malerische Buchten und Ausblicke an der Strecke, und die Straße bietet an mehreren Stellen Zugang zum QCT und führt an einigen DOC-Campingplätzen und Unterkünften vorbei, darunter Debretts Backpackers und Punga Cove (S. 538). Die Straße endet am Hostel Hopewell Backpackers (S. 537).

Havelock und der Pelorus Sound

Die verschlafene Ortschaft **Havelock** ist eigentlich nur wegen des sensationellen **Pelorus Sound** von Interesse, ein aufregendes Labyrinth aus steilen Buchten, geschwungenen Stränden und tief eingeschnittenen Wasserwegen, umgeben von Wäldern und majestätischen Bergen. Fast jede Bucht beherbergt eine Zuchtstation für Grünlippenmiesmuscheln, weshalb Havelock als Hauptstadt dieser zweischaligen Weichtiere gilt. Kaum einer verlässt den Ort, ohne einen dieser erlesenen Happen probiert zu haben. Selbstversorger können sich im **Supermarkt Four Square** mit frischen Muscheln eindecken.

Pelorus Mail Boat

Di, Do und Fr 9.30 Uhr ▪ Eintritt $128, Kinder unter 16 J. frei ▪ ☎ 03 574 1088, 🖵 www.mail-boat.co.nz ▪ Zubringerbusservice in Blenheim und Picton

Die schönsten Ecken des Pelorus Sound lassen sich bei einer Fahrt mit dem Postschiff **Pelorus Mail Boat** kennenlernen, das jeweils zu einer anderen Route ablegt. Reizvoll sind alle Strecken: Es wird Halt an einer Muschelfarm gemacht und Post, eventuell frische Lebensmittel oder Unterlagen für den Fernschulunterricht der Kinder abgeliefert. Am abwechslungsreichsten ist die Freitagstour, dafür sind die anderen Touren flexibler und bieten vielleicht bessere Möglichkeiten zur Delphinbeobachtung und für kurze Landgänge. Rückkehr ist jeweils am späten Nachmittag, also am besten Proviant einpacken.

Pelorus Bridge Scenic Reserve

18 km westlich von Havelock

Das **Pelorus Bridge Scenic Reserve** wartet mit einem großartigen Baumbestand auf, der unzähligen Tuis, Riroriros und Makomakos einen Lebensraum bietet. Das Landschaftsschutzgebiet ist im Sommer verständlicherweise sehr beliebt. Zu den Besuchereinrichtungen gehören ein einfacher **DOC-Campingplatz** (s. unten) sowie ein **DOC-Büro** neben einem kleinen Tagescafé.

Die Spazierwege sind zumeist relativ flach und gut markiert, für ein wenig Nervenkitzel sorgt eine Hängebrücke: Der **Totara Walk**

Nydia Track

Für herrliche Buschwanderungen gemeinsam mit anderen Wanderern bietet sich der **Nydia Track** an. Für die Strecke von 27 km braucht man 2 Tage hin und zurück und startet am besten in Havelock (Details in der DOC-Broschüre *The Nydia Track*). Der Weg führt über Reitpfade durch Weideland, aufgeforstete Wälder und Buchenhaine und an der Nydia Bay entlang. Unterwegs bieten sich wunderbare Ausblicke vom Kaiuma Saddle (387 m) und Nydia Saddle (347 m). Der erste Tag (5–6 Std.) ist angenehm, aber der zweite (4–5 Std.) ist absolut Spitze.

Startpunkt ist Kaiuma Bay. Dahin kommt man am einfachsten mit dem Wassertaxi von Havelock aus (ab $30). Mit dem Auto dauert es rund 1 1/2 Stunden: vom SH6 12 km westlich von Havelock auf die Daltons Road abfahren. **Endpunkt** ist Duncan Bay im Tennyson Inlet, etwa 1 Stunde Autofahrt von Havelock. Mountainbiken (am besten von Duncan Bay aus) ist ganzjährig gestattet. Allerdings stellt dies schon bei trockenem Wetter eine ziemliche Herausforderung dar und ist bei Regen fast unmöglich.

Paketangebote und Campingplätze

Wer's bequem haben möchte, kauft ein **Paket** für $150 in der *On the Track Lodge* (S. 541; ☎ 03 579 8411, 🖳 www.nydiatrack.org.nz). Es umfasst die Unterbringung für 1 Nacht im eigenen Zimmer, Wassertaxi oder Shuttle zum Startpunkt und am Ende Rücktransport nach Havelock. Für große Gruppen bietet sich die *DOC Nydia Lodge* ($15 p. P.) an. Am nördlichen Ende der Nydia Bay sowie in der Harvey Bay, 3 km von der Endhaltestelle in der Duncan Bay, gibt's auch **Campingplätze** ($6).

(1,5 km hin und zurück, 1/2 Std.) und der **Circle Walk** (1 km hin und zurück, 1/2 Std.) führen durch das tiefer gelegene Waldland, für das die Gegend bekannt ist, während der **Trig K Track** (2,5 km einfach, 2 Std.) nach einem steten Anstieg auf 417 m einen herrlichen Ausblick auf das gesamte Gebiet eröffnet. Wer das alles aus einer anderen Perspektive erleben möchte, kann auch mit Pelorus Eco Tours den Fluss hinunterbrausen.

Der SH6 führt Richtung Westen vorbei am Abzweig zum French Pass beim kleinen Ort Rai Valley und dann hinter Happy Valley Adventures (s. Kasten S. 547) über die Berge in Richtung Nelson.

French Pass

Von Rai Valley winden sich schmale Straßen Richtung Norden zum French Pass, eine zweistündige, 60 km lange Fahrt durch vereinzelte Waldbestände in einer von der Schafzucht und von Kiefernplantagen geprägten Landschaft. Schließlich erreicht man den French Pass, einen schmalen Kanal zwischen dem Festland und D'Urville Island, in dem der französische Entdecker Dumont d'Urville mit seinem Boot von

kräftigen Strudeln herumgewirbelt wurde. Wer zur Mittagszeit hier ist, kann leicht nachvollziehen, warum diese Gewässer so gefürchtet waren. Am besten ist das Schauspiel von zwei kurzen Wegen in der **French Pass Scenic Reserve** zu beobachten, 1 km vor dem Ende der Straße in French Pass.

Die winzige Siedlung **French Pass** besteht eigentlich nur aus dem Bootsanleger, einem kleinen Laden, einem einfachen DOC-**Campingplatz** (s. unten) und den **Beachfront Villas** (s. unten).

ÜBERNACHTUNG

Havelock

Blue Moon Backpackers, 48 Main Rd, ☎ 03 574 2212, ✉ bookings@bluemoonhavelock.co. nz. Zentral gelegenes Hostel mit kleinen, gemütlichen Zimmern und guten Gemeinschaftseinrichtungen. Freundliche und sehr hilfsbereite Gastgeber. Dorm $25, Zimmer $76

🧳 **Havelock Garden Motel**, 71 Main Rd, ☎ 03 574 2387, 🖳 www.gardenmotels. com. Etwas ältere, gepflegte Units für Selbstversorger in schönem Garten mit Bäumen. Hilfsbereite Gastgeber. Studio $125, Unit $140

Havelock Motor Camp, 24 Inglis St, ℘ 03 5742339, 🖥 www.havelockmotorcamp.co.nz, von der Main Rd ab, fast mitten im Ort. Einfacher Platz mit guten Einrichtungen. Im Sommer empfiehlt es sich vorauszubuchen. Camping $30 (2 Pers.), Cabins $50

Pelorus Bridge Scenic Reserve
Campingplatz Kahikatea Flat, ℘ 03 571 6019. Einfacher DOC-Platz mit toll gelegenem Küchenblock sowie Toiletten, warmen Duschen und Leitungswasser. Camping $15

Pelorus Sound
On the Track Lodge, Nydia Bay, Pelorus Sound, ℘ 03 579 8411, 🖥 www.nydia track.org.nz. Liegt direkt am Nydia Track und ist nur per Boot, Fahrrad oder zu Fuß erreichbar (s. Kasten S. 540). Der Besuch lohnt sich auch für Nichtwanderer. Die Gäste werden auf echte Kiwi-Art willkommen geheißen und können leckeren Kuchen genießen und in einem modernisierten Rundzelt-Dorm, Chalets oder einem Eisenbahnwagen nächtigen. Es gibt heißes Wasser und holzbefeuerte Zentralheizung. Die Nutzung des Whirlpools, von Kajaks, Angelruten und Dinghis ist gratis. Verköstigung: frisch gekochte Mahlzeiten (Hauptgerichte $20), Frühstück ($15) mit frischen Croissants und großes Lunchpaket ($20). Dorm $60, DZ $130

French Pass
Beachfront Villas, ℘ 03 576 5204, 🖥 www. seasafaris.co.nz. B&B-Unterkunft am Strand mit Selbstversorger-Units, alle mit Grill und Terrasse. Auf Wunsch sind Mahlzeiten erhältlich ($42). ⊙ Juni–Sep geschl. $162
Campingplatz French Pass. Einfacher DOC-Platz mit 16 Stellplätzen, Wasseranschluss, Toiletten und kalten Duschen. Buchung ist erforderlich zwischen 1. Dez und 28. Feb. $10

ESSEN

Havelock Hotel, 54 Main Rd, Havelock ℘ 03 574 2412. Einfache Gerichte für unter $30, darunter Steak und Chips, Fish 'n' Chips und Burger und Chips sowie Muschelgerichte. ⊙ tgl. 11 Uhr bis spät, Küche bis 21 Uhr.

Mussel Pot, 73 Main Rd, Havelock, ℘ 03 574 2824, 🖥 www.themusselpot.co.nz. Hierher kommt man gern für Selfies mit den riesigen Grünschalmuscheln oder den Schellfisch in allen möglichen Variationen: dampfgegart, geräuchert, mariniert, gegrillt, im Teigmantel oder als Eintopf. Probierteller für 2 Pers. $46. ⊙ Sep–Juni tgl. 10.30–14.45 und 17.30–21 Uhr.
Slip Inn, Havelock Marina, ℘ 03 574 2345, 🖥 www.slipinn.co.nz. Das Lokal am Hafen mit großen Fenstern und Veranden serviert gute Muschelgerichte ($16,50 für 1 kg in Weißweinsoße) und außerdem etwas phantasievollere Gerichte wie Pizzas ($18–30). Auch gut für einen Kaffee oder einen abendlichen Drink. ⊙ tgl. 8 Uhr bis spät.

AKTIVITÄTEN

Foxy Lady, Havelock, ℘ 0508 428 35625, 🖥 www.pelorussoundwatertaxis.co.nz. Mit seiner 18 m langen *Foxy Lady* (9 Schlafplätze) ist Bruce sowohl Wassertaxichauffeur als auch Veranstalter von Angelausflügen und mehrtägigen Touren. Dies geschieht im Verbund mit der *On the Track Lodge* und Sea Kayak Adventures (S. 537). Die Pelorus Loop Tour ($850) umfasst den Nydia Track, eine Übernachtung an Bord der *Foxy Lady* und eine Übernachtung in der *On the Track Lodge* sowie eine Fahrt durch Pelorus Sound und Tennyson Inlet und ein paar Wanderungen.
Pelorus Eco Adventures, 48 Main Rd, Havelock, ℘ 0800 252 663, 🖥 www.kayak-newzealand. com. Veranstaltet Touren in aufblasbaren Kajaks den Pelorus River hinunter. Auf der leichtgängigen Tour wird öfter Halt gemacht, um die schöne Natur zu erkunden. Bevor die Totara Flats erreicht werden, dürfen Hobbitfans eine Stelle bewundern, an der eine berühmte Szene gedreht wurde. ($165).

INFORMATIONEN

Havelock Info Centre, 46 Main Rd, im Rutherford YHA, ℘ 03 574 2104, 🖥 www.havelock infocentre.co.nz, führt Buchungen durch und fungiert überdies als örtliche DOC-Vertretung. ⊙ tgl. 8.30–21.30 Uhr.

Alle **Busse** zwischen PICTON und NELSON halten auch in Havelock. Nahverkehrsbusse und **Wassertaxis** bieten Verbindungen zum KENEPURU SOUND und zum PELORUS SOUND.

Nelson

In einer ausgedehnten Küstenebene zwischen der Arthur Range und der Richmond Range liegt das lebendige und verführerische Städtchen **Nelson**. Auf den ersten Blick erscheint der Ort gar nicht so sehenswert, doch die Region um Nelson zählt inzwischen zu den beliebtesten Urlaubszielen Neuseelands. Das warme und sonnige Klima, gute Strände in der Nähe und eine Fülle lohnender Weinkellereien in der Umgebung sind starke Argumente sowohl für Besucher als auch für Künstler. Daneben eignet sich Nelson auch hervorragend als Ausgangspunkt für Ausflüge zur Golden Bay und in diverse Nationalparks.

Die **Suter Gallery** und der **Saturday Market** im Zentrum von Nelson sind ebenfalls gute Gründe für einen Aufenthalt in der Stadt, doch die meisten zieht es schon bald in die Umgebung, besonders an den **Tahunanui Beach** und in den westlichen Vorort **Stoke** mit seinem faszinierenden Museum **World of WearableArt**. Selbst ein **Tagesausflug** in den Abel Tasman ist von Nelson möglich: Wer einen frühen Bus nimmt, hat Zeit für eine Wassertaxifahrt und ein paar Stunden Wandern auf dem Coast Track.

Mitte Oktober bietet das **Nelson Arts Festival**, ⌨ www.nelsonfestivals.co.nz, Kulturveranstaltungen wie Theater, Lesungen, Musik und Straßenkunst, entweder kostenlos oder sehr günstig (12 Tage). Das **Nelson Jazz & Blues Festival**, ⌨ www.nelsonjazzfest.co.nz, an verschiedenen Orten der Stadt beginnt Anfang Januar (5 Tage).

Geschichte

Als eine der ältesten Siedlungen Neuseelands ist Nelson von großer historischer Bedeutung. Mitte des 16. Jhs. besiedelten die **Ngati Tumatakokiri** große Teile der Gegend um Nelson. Einige „empfingen" **Abel Tasmans** Langboote in der

Murderer's Bay (heute Golden Bay) und töteten vier Männer aus der Mannschaft des holländischen Entdeckers. Als die Europäer schließlich mit ernsteren Absichten zurückkehrten, hatte sich die Zahl der Maori durch blutige Stammeskriege bereits drastisch reduziert.

Obwohl sich das nächste *pa* erst bei Motueka befand, konnten Landstreitigkeiten nicht verhindert werden. Sie gipfelten 1843 in Kämpfen, bekannt als **Wairau Affray**. Trotz Zusicherung seitens der Häuptlinge Te Rauparaha und Te Rangihaeata, der Einsetzung eines Landkommissars zuzustimmen und dessen Entscheidungen zu akzeptieren, sandte die New Zealand Company präventiv Landvermesser nach Süden in die Wairau Plains. Bei den dadurch ausgelösten Gefechten wurde Te Rangihaeatas Frau getötet, woraufhin der Häuptling und seine Männer 22 Europäer töteten – was den Rest jedoch nicht davon abhielt, auch weiterhin Land zu erwerben. Und die Zahl der europäischen Siedler in der Region stieg in der Folgezeit wieder durch die Ankunft von Einwanderern aus Deutschland.

Christ Church Cathedral

Trafalgar St ▪ ⏰ tgl. 9–17 Uhr (wenn kein Gottesdienst stattfindet) ▪ Spende erbeten

Nelsons ebenmäßiges Straßenbild wird von der grauen **Christ Church Cathedral** beherrscht, die auf einem Hügel thront und ungewöhnlicherweise nach Norden in Richtung Meer ausgerichtet ist. Der ursprüngliche Entwurf des englischen Architekten Frank Peck von 1924 wurde im Laufe der Zeit mehrfach abgeändert, da das Geld fehlte, dann kam auch noch der Zweite Weltkrieg, und selbst heute noch sieht der Kirchturm aus, als wäre er noch nicht fertig. Das Innere wird von wunderschönen Buntglasfenstern erhellt – zehn bemerkenswerte Beispiele verstecken sich in einer kleinen Kapelle rechts des Hauptaltars.

Nelson Provincial Museum

Hardy St, Ecke Trafalgar St ▪ ⏰ Mo–Fr 10–17, Sa und So 10–16.30 Uhr ▪ Eintritt $5 ▪ ✆ 03 548 9588, ⌨ www.nelsonmuseum.co.nz.

Nelson

N 0 ——— 250 m

Bars, Clubs und Livemusik

The Boat House	1
The Free House	3
Sprig & Fern	2/4
The Vic	5

Restaurants

Boat Shed Café	1
East St	11
Harry's Bar	10
Hopgoods	10
Indian Café	4
Kush	9
Morrison St Café	8
Nicola's Cantina	7
Swedish Bakery & Café	3
Tong Tara	6
Tozzetti Panetteria	2
Yaza	5

Übernachtung

The Baywick Inn	11
The Bug	16
Kings Gate Motel	4
Maitai Valley Motor Camp	14
Nelson City Holiday Park	17
Paradiso Backpackers	6
Prince Albert	13
Riverlodge Motel	8
Shortbread Cottage	7
South St Cottages	12
Sussex House B&B	3
Tahuna Beach Holiday Park	10
Tasman Bay	5
Trampers Rest	15
Wakefield Quay House	1
Wheelhouse Inn	2
YHA Nelson City	9

Suter Art Gallery

28 Halifax St ■ ⏲ tgl. 10.30–16.30 Uhr ■ Eintritt $3, Sa frei ■ 🖥 www.thesuter.org.nz

Das **Nelson Provincial Museum** zeigt Exponate, die auf interessante, frische Weise die lokale Geschichte sehr informativ und lebendig präsentieren. Besonderes Augenmerk verdienen die kostbaren Gegenstände verschiedener *iwi* wie eine schöne Keule aus Knochen, ein Umhang aus Neuseeland-Flachs und Federn und die *tukutuku*-Paneele sowie eine Sammlung traditioneller Musikinstrumente der Maori. Im Obergeschoss wird eine Ausstellung zum Thema Erster Weltkrieg und dessen Auswirkungen auf die Bevölkerung gezeigt.

Unmittelbar östlich des Zentrums erstrecken sich die hübschen viktorianischen **Queens Gardens**. Hier befindet sich auch die ursprüngliche **Suter Art Gallery**. Da sie zurzeit vergrößert wird, hat man Teile der Sammlung, das Café und den Shop vorübergehend in die Halifax St verlegt. Ausgestellt werden Aquarelle, u. a. von John Gully, sowie Ölgemälde von **Toss Wool-**

MARLBOROUGH, NELSON UND KAIKOURA

Iaston, einem der Begründer der modernistischen Bewegung in Neuseeland in den 1930er- und 1940er-Jahren, als verschiedene Künstler versuchten, eine von Großbritannien losgelöste eigenständige Kunst zu schaffen. Interessant ist auch Gottfried Lindauers Gemälde von Huria Matenga, einer Maori-Frau, die 1863 dabei half, Menschen aus dem Wrack der sinkenden *Delaware* zu retten.

Botanical Reserve

Zugang Milton St, Ecke Hardy St ▪ ⏰ frei zugänglich ▪ Eintritt frei

Am östlichen Ende der Bridge Street liegt das **Botanical Reserve**, wo 1870 das erste Rugby-Match Neuseelands stattfand. Vom Hügel dahinter, der angeblich die geografische Mitte Neuseelands markiert, bietet sich ein guter Ausblick auf die Stadt.

Founders Park und Miyazu Gardens

87 Atawhai Drive ▪ ⏰ tgl. 10–16.30 Uhr, Miyazu Gardens ⏰ tgl. 8 Uhr bis Sonnenuntergang ▪ Eintritt $7, Gärten frei

Etwa 1 km nördlich des Botanischen Gartens befindet sich der **Founders Park**, der anhand von hierher versetzten Originalgebäuden und Nachbauten eine eher bereinigte Version der frühen neuseeländischen Kolonialgeschichte bietet. Eine Oase der Ruhe mit Teichen, Kirsch-

bäumen und traditionellen Brücken sind die benachbarten reizvollen **Miyazu Gardens** im japanischen Stil, ein Symbol für die Freundschaft zwischen Nelson und der Partnerstadt Miyazu.

Tahunanui Beach

4 km nordwestlich der Innenstadt ▪ gute Busanbindung auf dem SH6

Die Haven Road (SH6) führt Richtung Nordwesten aus dem Zentrum heraus und heißt in ihrer Verlängerung **Wakefield Quay**, eine beliebte Uferpromenade zum Bummeln, aber in erster Linie als Standort des Boat Shed Café (S. 546) bekannt, das hier malerisch über das Wasser ragt.

Ein schöner Spaziergang führt zum **Tahunanui Beach Reserve**, einem lang gezogenen, goldenen Sandstrand vor der Kulisse von Grasland und Wanderdünen. An dem sicheren Badestrand entspannt sich Nelson an sonnigen Wochenenden. In der Parklandschaft dahinter verbergen sich ein Vergnügungspark, ein Zoo sowie mehrere Kinderspielplätze.

World of WearableArt (WOW)

95 Quarantine Rd ▪ ⏰ tgl. 10–17 Uhr ▪ Eintritt $24 ▪ 🖥 www.wowcars.co.nz

Rund 3 km außerhalb von Nelson erreicht der SH6 das ausgeschilderte Museum **World of WearableArt and Classic Cars (WOW)**, ein Schaukasten für chromblitzende Automobile älterer und neuerer Bauart sowie für die besten Modelle der jährlich stattfindenden Wearable-Art Shows, bei denen Kleidungskunstwerke aus den ungewöhnlichsten Materialien präsentiert werden. In einem Nebentrakt sind Autos aus der 2. Hälfte des vorigen Jahrhunderts, u. a. der schnellste Mini der Welt, ausgestellt.

ÜBERNACHTUNG

Nelson hat eine breite Auswahl an Unterkünften, die meisten davon liegen direkt in der Innenstadt. Schöne B&Bs und tolle Hostels sind in Hülle und Fülle vorhanden, und auch

Campingplätze findet man nicht weit von der Stadt entfernt.

The Baywick Inn, 51 Domett St, ✆ 03 545 6514, 🖳 www.baywick.com. Reizend restaurierte, zweistöckige Villa Baujahr 1885 in friedlicher Lage mit Blick auf den Maitai River. Luxuriös ausgestattete Zimmer, 2 davon in einem neuen Cottage hinter der Villa ($225 pro Zimmer, $450 für Selbstversorger-Apartment). Die Gäste werden herzlich mit Nachmittagstee empfangen und können Platten mit regionalen Antipasti vorbestellen ($50–60). Kostenloses WLAN. $165

The Bug, 226 Vanguard St, ✆ 03 539 4227, 🖳 www.thebug.co.nz. Tolles, einladendes 46-Betten-Hostel etwa 1 km von der Innenstadt, geschmückt mit VW-Käfer-Erinnerungsstücken. Fahrradnutzung und WLAN gratis, Hängematte, Tischfußball und Frauen-Dorm, kein TV. Kostenloser Transport ins Zentrum. Dorm $28, Zimmer $80

Kings Gate Motel, 21 Trafalgar St, ✆ 0800 104 022, 🖳 www.kingsgatemotel.co.nz. Zentral gelegenes Motel mit gemütlichen, gepflegten Studios und Units mit Küche, Whirlpool, Pool und kostenlosem WLAN. $149

Maitai Valley Motor Camp, 472 Maitai Valley Rd, ✆ 03 548 7729, 🖳 www.mvmc.co.nz. Einfacher Campingplatz in Waldlage am Maitai River 7 km südöstlich von Nelson. Gute Bademöglichkeiten. Camping $8, Cabin $50

Nelson City Holiday Park, 230 Vanguard Rd, ✆ 0800 778 898, 🖳 www.nelsonholidaypark.co. nz. Kleiner, sehr gepflegter und gut gelegener Caravanpark mit nur begrenztem Platz für Zelte ($42 für 2 Pers.), aber dafür verschiedenen Unterkünften von einfachen bis besseren Cabins mit Küche ($85) und Units mit separatem Schlafzimmer. Fahrräder für $35/Tag. Cabins $60, Units $150

Paradiso Backpackers, 42 Weka St, ✆ 03 546 6703, 🖳 www.backpackernelson.co.nz. Großes Hostel in umgebauter Villa und neueren Nebengebäuden mit insgesamt 140 Betten. Pool, Whirlpool, Sauna, Volleyball und kostenloses WLAN. Die etwas teureren Motel Units nebenan sind geräumiger und ruhiger. Im Sommer meist sehr voll. Dorms $26, Zimmer $66

Prince Albert, 113 Nile St, ✆ 03 548 8477, 🖳 www.theprincealbert.co.nz. Traditionelle Stadtteilkneipe mit Backpacker-Zimmern, alle mit Bad. In einem kleinen Hof gibt es Hänge-

Kunst und Kunsthandwerk in Nelson

Viele der Künstler und Kunsthandwerker der Region zeigen ihre Werke in Galerien außerhalb von Nelson (S. 550). Man kann sich aber auch in Nelson selbst einen Eindruck vom Angebot verschaffen. Gute Startpunkte sind:

Craig Potton Gallery, 255 Hardy St, ✆ 03 548 9554. Die Galerie zeigt vorwiegend bekannte Landschaftsfotografien des Künstlers, aber auch ein paar Gemälde. ⏲ Mo–Fr 10–17, Sa 10–14 Uhr.

Jens Hansen, 320 Trafalgar Square, 🖳 www.jenshansen.com. Für Herr-der-Ringe-Fans bietet sich ein Besuch beim Juwelier Jens Hansen an. Er fertigte sowohl den „Einen Ring" als auch weitere Exemplare für verschiedene Schauspieler an. Nachbildungen sind erhältlich, aber auch anderer, origineller Schmuck. ⏲ Mo–Fr 9–17, Sa 9–14, im Sommer auch So 10–13 Uhr.

Red Art Gallery, 1 Bridge St, ✆ 03 548 2170. Sehr freundliche Galerie mit Café, hat sich auf Kunst, Design, Drucke und Schmuck aus Neuseeland spezialisiert. ⏲ Mo–Fr 8–16, Sa und So 9–14 Uhr.

South Street Gallery, 10 Nile St West, an der Ecke zur South Street, einer der ältesten Straßen in Nelson mit einer Reihe hübscher Arbeiterhäuschen, ✆ 03 548 8117, 🖳 www.nelsonpottery.co.nz. Die Galerie ist auf Töpferwaren aus der Gegend spezialisiert. ⏲ Mo–Fr 8.30–16.30, Sa und So 10–16 Uhr.

Stephan Gillberg Bone Carving, 87 Green St, ✆ 03 546 4275, 🖳 www.carvingbone.co.nz. Eine Möglichkeit, sich künstlerisch zu entfalten, bietet die Knochenschnitzerei. Nach einem eintägigen Workshop sollte man mit einem schönen Schmuckanhänger nach Hause gehen und etwas über Herstellungsprozess und Symbolik gelernt haben. $79 inkl. Abholung von der Unterkunft um 9.30 Uhr.

matten, und die Betreiber geben sich viel Mühe, den Aufenthalt angenehm zu gestalten. Kostenlos sind Parkplatz, Frühstück, Fahrradverleih und WLAN. Dorm $27, DZ $80

Riverlodge Motel, 31 Collingwood St, ☎ 03 548 3094, 🖥 www.riverlodgenelson.co.nz. Eines der besseren Motels, alle Units sind sauber, komfortabel und mit gutem Preis-Leistungs-Verhältnis. Alle verfügen über Sky-TV, Zugang zu einer Gästewaschküche und gute Duschen, einige über einen Whirlpool. Kontinentales Frühstück erhältlich. Studio $130, Unit $150

🧳 **Shortbread Cottage**, 33 Trafalgar St, ☎ 03 546 6681, 🖥 www.shortbreadcottage.co. nz. Charmantes Hostel mit blank polierten Holzböden und nur 13 Betten – besser reservieren. Internet und Frühstück kostenlos, dazu eine behagliche, ruhige Atmosphäre und Spezialitäten des Hauses (z. B. Verkauf von Shortbread für wohltätige Zwecke). Dorm $38, Zimmer $64

South St Cottages, South St, ☎ 0800 292 535, 🖥 www.cottageaccommodation.co.nz. Ein bezauberndes Cottage aus den 1860er-Jahren in der hübschesten Straße der Stadt für Selbstversorger. Frühstückszutaten stellen die kenntnisreichen Besitzer. Charmant altmodisch, aber mit allen modernen Annehmlichkeiten. $230

Sussex House B&B, 238 Bridge St, ☎ 03 548 9972, 🖥 www.sussex.co.nz. Charmantes B&B mit 5 Zimmern in zentral gelegener Villa aus den 1880er-Jahren und freundlichen Gastgebern (kürzlich mit neuen Betten ausgestattet). Alle Zimmer haben ein eigenes Bad, zwei besitzen Zugang zu einer hübschen Veranda. Tolles reichhaltiges Frühstück, kostenloses Internet. $170

Tahuna Beach Holiday Park, 70 Beach Rd, Tahunanui, ☎ 0800 500 501, 🖥 www.tahuna beach.co.nz. Ein riesiger Campingplatz nur fünf Gehminuten vom Tahunanui Beach. Große Auswahl an Unterkünften, außerdem jede Menge Einrichtungen, u. a. Minigolf- und Kinderspielplatz. Im Sommer weit im Voraus buchen. Camping $18, Selbstversorger-Unit $120

Tasman Bay, 10 Weka St, ☎ 0800 222 572, 🖥 www.tasmanbaybackpackers.co.nz. Das komfortable Hostel ist nur einen Katzensprung vom Zentrum entfernt und eine gute Wahl. Saubere, große Zimmer (einige mit Bad) und

ein engagiertes, freundliches Management. Kostenlose Fahrradbenutzung und jeden Abend Schokoladenpudding gratis. Dorm $26, DZ $85

Trampers Rest, 31 Alton St, ☎ 03 545 7477. Gemütliches Backpacker-Hostel mit nur 8 Betten in vergleichsweise kleinen Zimmern in einer hübschen Villa. Der Gastgeber, ein Vollblut-Wanderer, ist eine prima Infoquelle und stellt kostenlos Fahrräder für Touren durch Nelson zur Verfügung. Im winzigen Garten lädt eine Hängematte zum Entspannen ein. WLAN kostenlos. Dorm $29, DZ $70

🧳 **Wakefield Quay House**, 385 Wakefield Quay, ☎ 03 546 7275, 🖥 www.wakefield quay.co.nz. Tolles B&B mit atemberaubenden Ausblicken aufs Meer und Haulashore Island, aber auch etwas Straßenlärm. 2 schön eingerichtete Zimmer. Um 18 Uhr gibt's Getränke, außerdem ein tolles Frühstück. Mindestaufenthalt 2 Nächte. $350

🧳 **Wheelhouse Inn**, 41 Whitby Rd, ☎ 03 546 8391, 🖥 www.wheelhouse.co.nz. 5 modernisierte Apartments für Selbstversorger auf einem Hügel 2 km westlich der Innenstadt, mit tollem Ausblick auf die Bucht. Alle Apartments mit komplett ausgestatteter Küche, Waschmaschine, TV/DVD, Internet und Grill. Weit im Voraus buchen. $180

🧳 **YHA Nelson City**, 59 Rutherford St, ☎ 03 545 9988, 🖥 www.yha.co.nz. Das beste Hostel in Nelson, mit 2 Küchen, vielen Gemeinschaftsbereichen, Tischfußball, Tischtennis und einer Infrarotsauna; verschiedene Unterkünfte, darunter Familienzimmer mit Verbindungstür und 2 Units für Behinderte. Sehr hilfsbereites Personal. Dorms $31, DZ $88

ESSEN

Der beneidenswerte Lebensstil von Nelson spiegelt sich in der großen Auswahl guter Lokale wider, die sich alle rund um das Stadtzentrum konzentrieren. Abseits davon gibt es exzellentes Essen am Wasser, an der Mapua Wharf sowie auf den **Weingütern**.

Boat Shed Café, 350 Wakefield Quay, ☎ 03 546 9783, 🖥 www.boatshedcafe.co.nz. Umgebauter Bootsschuppen auf Stelzen mit schönem Blick auf die Tasman Bay und dazu fabelhaftem

Essen – grandios für romantische Abendessen bei Sonnenuntergang sowie für ein entspanntes Mittagsmahl. Menü „Trust the Chef": 4 kleine Gänge für $65, mit Dessert $77,50. ⊙ Mo–Fr 9.30 Uhr bis spät, Sa und So 10 Uhr bis spät.

East St, 335 Trafalgar Square East, ✆ 03 970 0575. Funkiges vegetarisches Café mit Bar und Tischen im Freien im Untergeschoss eines Hostels. Daher sind die Essensportionen auch üppig und günstig (alles unter $23). Ab und zu Livemusik. Auch die Getränkepreise sorgen dafür, dass sich Einheimische und Backpacker hier wohl fühlen. ⊙ tgl. 12–23 Uhr.

Harry's Bar, 296 Trafalgar St, ✆ 03 539 0905, 🖵 www.harrysnelson.co.nz. Lässig-coole Cocktailbar, angeschlossen an ein asiatisches Restaurant mit gutem, preisgünstigem Essen wie sehr guter knuspriger Ente oder Chilisalz-Tintenfisch. ⊙ Di–Sa 16 Uhr bis spät.

Hopgoods, 284 Trafalgar St, ✆ 03 545 7191, 🖵 www.hopgoods.co.nz. Eines von Nelsons nobelsten Restaurants mit regem Betrieb auch an den Tischen draußen und saisonal wechselnder Speisekarte. Der Koch verarbeitet die einheimischen Produkte aus biologischem Anbau zu traditionellen, europäisch ange-

Aktivitäten in und um Nelson

Quads und Skywire

Happy Valley Adventures, 194 Cable Bay Rd, 17 km nordöstlich von Nelson am SH6, ✆ 03 545 0304, 🖵 www.happyvalleyadventures.co.nz. Das riesige hügelige Waldgelände mit 40 km Tracks wird mit Quads erkundet. Es geht vorbei an gigantischen Matai-Bäumen mit informativen Zwischenstopps zum Thema Wald, bis schließlich der höchste Punkt erreicht ist, von dem sich ein weites Panorama auf die Cable Bay eröffnet. Die beliebtesten Touren sind Bayview Circuit (2 Std., Fahrer $130, Beifahrer $35) und der auf erfahrenere Quadbiker zugeschnittene Blue Hill Ride (3 Std., $180, keine Beifahrer zugelassen). Happy Valley Adventures betreiben auch den Skywire ($85), eine viersitzige, etwa 80 km/h schnelle Seilbahn, die ca. 1 km über ein bewaldetes Tal „fliegt" und dann zurück zum tollen Café mit Panoramaterrasse. Der Ausblick von der Seilbahn ist spektakulär, die Rückfahrt, bei der man rückwärts unterwegs ist, finden manche jedoch etwas beängstigend.

Paragliding

Nelson Paragliding, ✆ 03 544 1182, 🖵 www.nelsonparagliding.co.nz. Bei der haarsträubenden Anfahrt zum Startpunkt auf dem Berg entfaltet sich eine spektakuläre Landschaft. Dann rennt man los, was das Zeug hält, um plötzlich von ruhigen Aufwinden zu einem gespenstisch stillen Flug hinausgetragen zu werden, der eine gute Viertelstunde dauert. Tandemflug $180, ein Tag Einführungsunterricht $250.

Kajakfahren und Segeln

Cable Bay Kayaks, bei Happy Valley, ✆ 03 545 0332, 🖵 www.cablebaykayaks.co.nz. Bietet eine erfrischende Alternative zum Trubel am Abel Tasman. Bei den Halb- ($85) und Ganztagestouren ($145, Mittagessen selbst mitbringen) haben die Teilnehmer Gelegenheit zur Erkundung der Höhlen an der schönen Küste und zum Schnorcheln.

Sail Nelson, ✆ 03 546 7275, 🖵 www.sailnelson.co.nz. Bietet tolle Segelkurse mit Vollverpflegung (2 Tage für Anfänger $695, 5-tägige Zertifikatskurse $1845) auf einer 10-m-Jacht, gewöhnlich um D'Urville Island und den Abel Tasman herum. Die Kurse für 2–4 Pers. finden zu festen Terminen statt.

Klettern

Vertical Limits, 34 Vanguard St, ✆ 0508 837 842, 🖵 www.verticallimits.co.nz. Bei schlechtem Wetter bietet sich die Felskletterhalle an ($17 inkl. Klettergurt), für Klettern im Freien werden Ganztagestouren angeboten. ⊙ Mo–Do 15–21, Fr 12–17, Sa 12–18, So 12–16 Uhr.

hauchten Gerichten, darunter Rinderfilet mit überbackenen Pilzen, Polenta und Brennnesselsalsa ($37,50). ⊕ Mo–Sa 17.30–21.30, Fr auch 11.30–14 Uhr.

🏠 **Indian Café**, 94 Collingwood St, ✆ 03 548 4089. Das beste indische Restaurant der Stadt, in einer historischen Villa untergebracht, bietet alle Klassiker der indischen Küche sowie zwei sehr fantasievolle Variationen, alles für rund $18. Außerdem gibt's eine Karte für Gerichte zum Mitnehmen ($10–20). ⊕ Mo–Fr 12–14 und tgl. 17 Uhr bis spät.

Kush, 5 Church St, ✆ 03 394 793, 🖳 www.kush. co.nz. Abgedrehtes Café mit Schanklizenz, das nach dem gleichnamigen Königreich in Äthiopien benannt ist, in dem die ersten Kaffeetrinker der Welt residiert haben sollen. Die Einrichtung aus den 1970er-Jahren ist nicht mehr ganz so kitschig, aber der Kaffee ist immer noch spitze. Einfache, aber köstliche Tresenkost und sonntags legendärer Brunch. WLAN. ⊕ Mo–Do 7.30–16, Fr und Sa 7.30–14, So 9–14 Uhr.

Morrison St Café, 244 Hardy St, ✆ 03 548 8110, 🖳 www.morrisonstreetcafe.co.nz. Hübsches Café mit sehr köstlichem Brunch, Mittagessen und Snacks. Viele Gerichte sind glutenfrei und beinhalten auch keine Milchprodukte. Die Wände schmückt Kunst aus der Gegend, und auch draußen gibt's genügend Platz zum Probieren der interessanten Gerichte ($11–22) und für den hervorragenden Kaffee. ⊕ Mo–Fr 7.30–16, Sa 8.30–16, So 9–16 Uhr.

Nicola's Cantina, 6 Church St, ✆ 03 548 8761. Mexikanische Standards (Tacos, Burrito, *quesadillas, Huevos rancheros*). Alles unter $22, auch Cocktails. ⊕ Di–Sa 11.30–14 und 17–21 Uhr.

🏠 **Swedish Bakery & Café**, 54 Bridge St, ✆ 03 546 8685, 🖳 www.theswedish bakery.co.nz. Winziges Café mit schwedischen Marzipanspezialitäten und Sandwiches, z. B. mit schwedischen Fleischklößchen und Roter Bete. ⊕ Mo–Fr 8.30–15.30, Sa 9.30–13.30 Uhr.

Tong Tara, 142 Hardy St, ✆ 03 548 8997, 🖳 www.tongthai.co.nz. Traditionelles Thai-Restaurant der Oberklasse. In entspannter Atmosphäre genießt man u. a. *moo kum wan* oder *tom yum* mit einheimischen Muscheln. Fast alle Gerichte um die $20. BYO. ⊕ Di–So 11 Uhr bis spät.

Tozzetti Panetteria, 41 Halifax St. Tolle kleine Bäckerei mit frischen Sandwiches, guten Pasteten, Muffins und köstlichen Kuchen und Brot (alles unter $15). Besonders gut sind die Fischpasteten. ⊕ Di–Fr 7–16, Sa 7.30–12 Uhr.

🏠 **Yaza**, Montgomery Square. Angesagtes, extrem cooles Café mit Schanklizenz und ausgezeichnetem Frühstück und Mittagessen, berühmt sind hier aber v. a. die leckeren *cheese scones* (Speisen zumeist $5–20). Gelegentlich interessante Veranstaltungen wie Lyriklesungen, Livemusik und Vorträge. ⊕ Mo–Fr 8–17, Sa 7–16, So 8–16 Uhr.

UNTERHALTUNG

Wenn in den Nachbarorten die Gehsteige hochgeklappt werden, tobt in Nelson das Leben – zumindest am Wochenende. Am meisten los ist in den Lokalen am Trafalgar Square und in der Bridge Street zwischen Trafalgar Street und Collingwood Street. Häufig gibt es Livemusik, Karaoke und DJ-Nächte. Infos im Veranstaltungsblatt der *Star Times*.

The Boat House, 326 Wakefield Quay, ✆ 03 548 7646. Nicht weit vom Boat Shed Café (S. 546), mit tollem Blick auf die Tasman Bay: privater Club mit Alkohollizenz, gegründet in den 1980er-Jahren zur Rettung eines Ruderclubhauses von 1906, eines großen Schuppens auf Stelzen über dem Wasser. Heute ist der Club für die Öffentlichkeit zugänglich und ein renommierter und sehr stimmungsvoller Veranstaltungsort für Konzerte (Eintritt $10–20), außerdem gibt's köstliches Kneipenessen (Hauptgerichte $16–22). ⊕ Mi–Fr 11–14, Fr außerdem 17 Uhr bis spät.

🏠 **The Free House**, 95 Collingwood St, ✆ 03 548 9391, 🖳 www.thefreehouse.co.nz. Toller Pub in einer ehemaligen Kirche mit den einzigen Handpumpen der Stadt – ideal für die Biere aus den Kleinbrauereien der Region. Es gibt auch Essen, aber man bestellt besser an der Bar etwas vom Indian Café gegenüber. Oft Filme und Livemusik im Beduinenzelt vorne. ⊕ Mo–Do 15–22.30, Fr 15–24, Sa 12–24, So 12–22.30 Uhr.

🏠 **Sprig & Fern**, 280 Hardy St, 🖳 www. sprigandfern.co.nz. Ableger der Nelsoner Institution im Zentrum (s. unten), mit großem Hof hinterm Haus. Tolles Bier vom Fass (Probiersets mit 6 Bieren $17), gute Pub-Atmosphäre, und man hat die Möglichkeit, etwas von draußen zum Essen zu bestellen. Beliebt bei Einheimischen und etwas günstiger als das Free House. ⊕ tgl. 11–22 Uhr.

Sprig & Fern, 134 Milton St, 🖳 www.sprigand fern.co.nz/taverns. In eine gemütliche Bar umgebaute Vorortvilla mit Kaminfeuer und vor Ort gebrauten Sprig & Fern-Bieren, z. B. Lager, Weizenbier, Porter und Ale, außerdem Beeren-cider und Weine aus der Region. Wer möchte, kann sich nebenan Fish 'n' Chips besorgen und diese mitbringen. ⊕ tgl. 10–22 Uhr.

The Vic, 281 Trafalgar St, 🖳 www.vicbrewbar. co.nz. Sehr gute Version der Mac's-Brauerei-kneipen, die es inzwischen im ganzen Land gibt. Lebendige Atmosphäre, gutes Bier und preisgünstiges Kneipenessen ($16–29), jedoch gewöhnlich eher nicht so tolle Livemusik (Fr und Sa). ⊕ Mo–Fr 11–23, Sa und So 9–23 Uhr.

Kino und Theater

State Cinema 6, 91 Trafalgar St, ✆ 03 548 0808, 🖳 www.statecinemas.co.nz. Zeigt neue Filme. Kino in der **Suter Art Gallery**, 208 Bridge St, ✆ 03 548 0808, 🖳 www.statecinemas.co.nz. Kürzlich renoviertes Programmkino zeigt meist anspruchsvollere und ausländische Filme.

Nelson Theatre Royal, 78 Rutherford St, ✆ 03 548 3083. Das Theater bietet traditionelle Gastspiele, eigene Produktionen und Varieté-theater.

SONSTIGES

Apotheke

Prices Pharmacy, Hardy St, Ecke Collingwood St. ⊕ Mo–Fr 8–20, Sa 9–20, So 10–18 Uhr.

Autovermietungen

Die Tagesmiete beginnt bei $80 und reduziert sich bei einer Woche Mietdauer auf $40 pro Tag.
Apex, ✆ 03 546 9028;
Hardy Cars, ✆ 03 548 1681;
Nelson Car Hire, ✆ 0800 283 545, 🖳 www.nelsoncarhire.co.nz;
Rent-a-Dent, ✆ 03 546 9890;
Thrifty, ✆ 03 547 5563.

Fahrradverleih

Aurora Bike Barn, 114 Hardy St, ✆ 03 548 1666. Fahrräder ab $20/halber Tag und Mountainbikes ($50). Auch Informationen zu Wanderwegen.
A2B Ecycle, 8a Nile St, ✆ 021 222 7260, 🖳 www.a2b-ecycle.co.nz. Verleih von Elektro-fahrrädern für $45/halber Tag.

Radwege

Informationen zum Great Taste Trail, Dun Mountain und Abel Tasman National Park sind auf 🖳 www.heartofbiking.org.nz zu finden.

Gepäckaufbewahrung

In Schließfächern im **i-SITE** ($6/12 Std.) und bei **Aurora** ($5/Tag) möglich.

Informationen

i-SITE Visitor Centre, Trafalgar St, Ecke Halifax St, ✆ 03 548 2304, 🖳 www.nelsonnz.com. ⊕ Mo–Fr 8.30–17, Sa und So 9–16 Uhr.
DOC Visitor Centre, im selben Gebäude, ✆ 03 546 9339, Buchungen für Tracks und alle Infos zu den Nationalparks der Umgebung, einschließlich Gezeitentabellen für den Abel Tasman National Park. ⊕ wie i-SITE.

Internet

Gratis in der **Stadtbücherei**, 27 Halifax St, ⊕ Mo–Fr 10–18, Sa 10–13, So 13–16 Uhr.
Aurora, 161 Trafalgar St, ist nicht teuer.

Medizinische Hilfe

Ärztliche Hilfe: Nelson Region After Hours and Duty Doctor, 96 Waimea Rd, ✆ 03 546 8881, ⊕ tgl. 8–22 Uhr.

Post

209 Hardy St, ⊕ Mo–Fr 8–17.30, Sa 8–13 Uhr.

NAHVERKEHR

Busse

SBL, Terminal in der 27 Bridge St, ✆ 03 548 3290, 🖳 www.nelsoncoaches.co.nz, fährt zum Tahunanui Beach und nach Stoke.

Taxis

Nelson City Taxis, ✆ 03 548 8225.

Busse

Die Busse von Abel Tasman Coachlines halten in der 27 Bridge Street; die anderen Unternehmen setzen ihre Passagiere vor dem i-SITE Visitor Centre ab.

Abel Tasman Coachlines, ☎ 03 548 0285, 🖥 www.abeltasmantravel.co.nz. Busse fahren im Sommer tgl. um 7.45 Uhr ab Nelson nach Mapua ($10) und über Motueka ($12) nach Marahau ($20), hier besteht Anschluss an die Boote in den Abel Tasman National Park.

Goldenbay Coachlines, ☎ 03 525 8352, 🖥 www.goldenbaycoachlines.co.nz, fährt von Nelson auch nach Takaka ($37) an der Golden Bay, mit Anschluss zum Heaphy Track ($57).

Busse nach:

BLENHEIM 3–4x tgl., 1 1/4 Std.;
COLLINGWOOD 1x tgl., 3 Std.;
FOX GLACIER 1–2x tgl., 10 1/2 Std.;
FRANZ JOSEF 1–2x tgl., 9 Std.;
GREYMOUTH 1–2x tgl., 6 Std.;
HEAPHY TRACK 1x tgl., 3 1/2 Std.;
KAWATIRI JUNCTION (für Nelson Lakes) 1–2x tgl., 1 Std.;
MOTUEKA 3x tgl., 1 Std.;
MURCHISON 1–2x tgl., 2 Std.;
PICTON 3–4x tgl., 2 1/4 Std.;
PUNAKAIKI 1–2x tgl., 4 3/4 Std.;
TAKAKA 1x tgl., 2 1/2 Std.;
WESTPORT 1–2x tgl., 3 1/2 Std.

Flüge

Der Flughafen von Nelson befindet sich 8 km westlich des Stadtzentrums.

Zu den meisten Flügen verkehren Minibusse von **Super Shuttle**, ☎ 0800 748 885, $19 für 1 Pers., $23 für 2 Pers.

Oder man nimmt ein Taxi zum Flughafen, ☎ 03 548 8225, $27.

Flüge nach:

AUCKLAND 9–11x tgl., 1 Std. 25 Min.;
CHRISTCHURCH 5–7x tgl., 50 Min.;
WELLINGTON 13–17x tgl., 35 Min.

Die Straße zum Abel Tasman

Ein Aufenthalt in Nelson macht auch deshalb so viel Spaß, weil viele Attraktionen unmittelbar vor der Haustür liegen. Das gilt vor allem für die ausgezeichneten **Weingüter** westlich der Stadt. Die hiesigen Reben schätzen die Kombination aus natürlichem Quellwasser, dem sonnigsten Klima Neuseelands und fruchtbaren Böden, während das sanfte Licht, die natürlichen Rohstoffe in Form von Lehm und die herrliche Landschaft viele **Künstler** aus nah und fern angezogen haben.

Fast alle interessanten Punkte liegen am oder in unmittelbarer Nähe des SH60, der von Richmond nordwärts in Richtung Motueka durch eine ländliche Landschaft mit Ausblicken aufs Meer führt. Einige Kilometer weiter nördlich zweigt vom SH60 der Moutere Highway nach links Richtung Upper Moutere (S. 552) ab. Fast direkt gegenüber der Abzweigung führt die Redwood Road an der Weinkellerei Seifried (S. 552) vorbei und weiter zur **Rabbit Island**, einem der beliebtesten Strände der Gegend.

Auf der Fahrt von Nelson nach Motueka zeigt sich die Region von ihrer schönsten Seite und bietet genügend Reize für ein paar entspannte Tage. Wer sich gründlicher informieren möchte, sollte sich entsprechende Broschüren wie *Nelson Wine Guide, Nelson Craft Beer Trail, Art & Craft Nelson* und *Nelson's Creative Pathways* besorgen, die alle kostenlos in den Visitor Centres erhältlich sind. Das einige Kilometer nördlich gelegene **Motueka** dient als praktischster Stützpunkt für Touren in den Abel-Tasman-Nationalpark.

Zwar verkehren Busse auf der Straße zum Abel Tasman, jedoch halten sie nur in Motueka. Für alle anderen Ziele benötigt man also ein eigenes Fahrzeug oder schließt sich **organisierten Touren** an, die teilweise eine Kombination aus Weingütern und Kunstgalerien beinhalten. Bay Tours, ☎ 0800 229 868, 🖥 www.baytours nelson.co.nz, bietet Nachmittagstouren (3–4 Weingüter, $70) und Tagestouren (5–6 Weingüter, $90).

N ↑ 0   10 km

▲ **1** (2 km), **1** (5 km), **2** (10 km)

● Restaurants, Cafés und Bars

The Boat House	9
Boat Shed Café	10
Chokdee	3
Elevation	4
Golden Bear Brewing Company	7
Hot Mama's	3
The Hop Federation	2
Jester House	6
Moutere Inn	8
Red Beret	3
Riwaka Hotel	1
Ginger Dynamite	2
Smiths Veggie Sales	2
The Smokehouse	7
Swinging Sultan	3
T.O.A.D. Hall	5

■ Übernachtung

Atholwood	12
Avalon Manor Motel	7
The Boot	10
Eden's Edge	3
Equestrian Lodge Motel	6
Fernwood Holiday Park	9
Hat Trick Lodge	6
Mapua Leisure Park	11
Motueka Beach Reserve	8
Motueka Top 10 Holiday Park	4
Pah Rd B&B	1
The Resurgence	2
Rowan Cottage	4
Tahuna Beach Holiday Park	12
Treedimensions Organic Farmstay	5
Wakefield Quay House	13
Wheelhouse Inn	13
YHA Motueka	7

Motueka

Tasman Bay

Tasman

Neudorf · Glover's

UPPER MOUTERE

Woollaston Estates

Kahurangi Estates

Bronte Gallery · **Playhouse Café and Theatre**

Seifried Estate

Höglund Art Glass

Mapua

Rabbit Island

Nelson

Bell Island

Beast Island

WOW

Richmond

Tapawera

GOLDEN DOWNS FOREST

▼ *St Arnaud (65 km)*

Waimea Inlet und Umgebung

Höglund Art Glass

Lansdowne Rd ▪ ⏰ tgl. 10–17 Uhr ▪ 📞 03 544 6500, 🖥 www.hoglundartglass.com

Der Highway 6 erreicht 15 km südwestlich von Nelson die Stadt Richmond, wo der SH60 nach Norden Richtung **Waimea Inlet** und Motueka abzweigt. Näher am Wasser verläuft teilweise die alte Straße nach Motueka. Freunde des Kunsthandwerks schauen nach 5 km sicher bei **Höglund Art Glass** vorbei, Neuseelands sehr schickem Glasbläserzentrum von internationalem Rang. In der Galerie ist eine erstaunliche Viel-

falt der hier entstandenen skandinavisch beeinflussten Arbeiten zu bestaunen. Das Glasmuseum bietet eine Einführung in die Geschichte und Technik der Glasbläserei. In der Hauptwerkstatt kann von Dezember bis April der Produktionsprozess verfolgt werden. Die Preise beginnen bei etwa $49 und schnellen von dort in die Höhe.

Playhouse Café and Theatre

171 Westdale Rd ▪ 📞 03 540 2985 ▪ ⏰ Sommer Di–So 11–23 Uhr, Winter meist nur am Wochenende (s. Website) ▪ 🖥 www.playhousecafe.co.nz ▪ Eintritt bei Livemusik $5–15 ▪ Kostenlose Abholung von Mapua (plus Rückfahrt)

MARLBOROUGH, NELSON UND KAIKOURA

Vom SH60 zweigt nach rechts die Westdale Road ab. Hier befindet sich eine Einrichtung, die durchaus einen Abstecher lohnt: Das **Playhouse Café and Theatre** ist ein Veranstaltungsort mit Alkoholausschank und tagsüber interessantem Essen sowie abends einem vielfältigen Veranstaltungsprogramm. Der höhlenartige Konzertsaal mit Ausstattung im Hundertwasser-Stil bietet nicht nur Konzerte, sondern auch Vorträge, Themenabende, Theater, Kabarett und Gastspiele internationaler Künstler.

Bronte Gallery

122 Bronte Rd East ▪ ⏲ tgl. 9–17.30 Uhr ▪
🖳 www.brontegallery.co.nz

Vom SH60 gelangt man dann über die Bronte Rd East nach 1,5 km zur **Bronte Gallery**, wo der international anerkannte Keramikkünstler Darryl Robertson seine individuellen Töpferwaren kreiert und auch interessante Ölgemälde von Lesley Jacka Robertson zu sehen sind. Nebenan gibt es eine Unterkunft in Form des luxuriösen **Atholwood**, 118 Bronte Rd East, ☎ 03 540 2925, 🖳 www.atholwood.co.nz, mit gemütlichen Zimmern, Swimmingpool, Spa und einem Gelände aus Gärten und Wald bis hinunter zum Waimea Inlet. Frühstück ist im Preis, der bis auf rund $425 steigen kann, inbegriffen; $350.

Das Weingebiet um Upper Moutere

Ein schöner Tagesausflug führt in die Weinanbaugebiete um Nelson (s. Kasten); am besten bewaffnet mit der kostenlosen Broschüre *Nelson Wine Guide*, die eine Karte enthält und die Öffnungszeiten der Weingüter verzeichnet (im Sommer gewöhnlich tgl. 10–16.30 Uhr). Den Mit-

Weingüter in der Umgebung von Upper Moutere

Glover's, Gardner Valley Rd, ☎ 03 543 2698, 🖳 www.glovers-vineyard.co.nz. Kleiner Betrieb unter Leitung des etwas exzentrischen Dave Glover, der einst auf sich aufmerksam machte, indem er eine Wagner-CD in jedes nach Übersee verschickte Paket steckte. Wagner läuft auch heute noch meist im Hintergrund, während man kostenlos europäisch anmutende Tropfen probiert, darunter tanninhaltige Rotweine (Pinot Noir und Cabernet Sauvignon) und säurehaltige Weißweine (Sauvignon Blanc und Riesling). ⏲ tgl. 10–17 Uhr.

Kahurangi, Sunrise Rd, ☎ 03 543 2983, 🖳 www.kahurangiwine.com. Angesehene Weinkellerei mit Probiermöglichkeit ($2 für 4 Weine). Beliebt wegen des Cafés mit Holzofenpizza ($10–25). Nicht zu verachten ist auch das hier produzierte Olivenöl. ⏲ tgl. 10–16.30 Uhr.

Neudorf, Neudorf Rd, Upper Moutere, ☎ 03 543 2643, 🖳 www.neudorf.co.nz. Weinkellerei in einem niedrigen, mit Ranken bedeckten Holzgebäude; Sitzgelegenheiten unter freiem Himmel im Schatten hoher Bäume. Ein reizender Ort für kostenlose Proben der Weine, von denen einige aus über 30 Jahre alten Reben gewonnen wurden. Eine Probe des Moutere Chardonnay und des Pinot Noir, zwei der besten des Landes, kostet $2,50. ⏲ tgl. 10–17 Uhr, an Wochenenden im Mai, Juni und September sowie den ganzen Juli und August geschl.

Seifried, SH60, Kreuzung Redwood Rd, ☎ 03 544 1600, 🖳 www.seifried.co.nz. Die größte Weinkellerei der Gegend bietet Proben ($6) ihrer reichen Auswahl an Weinen (etwas Besonderes für Neuseeland sind der österreichische Gewürztraminer und Zweigelt) und teures Essen im Restaurant, das ziemlich edel wirken möchte. ⏲ tgl. 10–16.30 Uhr.

Woollaston Estates, 243 Old Coach Rd, ☎ 03 543 2817, 🖳 www.woollaston.co.nz. Schicke, faszinierende Bio-Weinkellerei in den Moutere Hills; auf den Dächern der Gebäude wächst Tussock-Gras. Es lohnt sich, im Restaurant einen Probierteller ($35) bestellen oder kostenlos die Weine des Guts verkosten und die Ausblicke über die Reben hinüber zur Küste genießen. Eine riesige Stahlskulptur begrüßt die Besucher, und zur Kunstsammlung gehören auch Werke von Toss Woollaston (S. 543). ⏲ tgl. 11–16.30 Uhr.

telpunkt der Weingegend bildet das winzige Dorf **Upper Moutere**. Hier sind im Old Post Office bei **Moutere Gold**, 1381 Moutere Hwy, vor Ort hergestellte Lebensmittel wie Eingemachtes und Käse zu finden; ⏰ tgl. 10–16 Uhr, im Winter Sa geschl.

Das **Moutere Inn**, 1406 Moutere Hwy, ☎ 03 543 2759, 🖥 www.moutereinn.co.nz, behauptet von sich, die älteste Kneipe Neuseelands zu sein, und hält heute erfolgreich die Balance zwischen Dorfkneipe, Brauerei und Tempel für Connaisseurs mit 16 Zapfhähnen. Neben guten Snacks und Hauptgerichten ($15–25) kann man auch ein Probierset mit vier Bieren oder einfach ein Glas Wein genießen – im Angebot sind rund 30 verschiedene Weine, dazu 13 Single-Malt-Whiskys und sechs Sorten Tequila. ⏰ Do–So 12–21 Uhr oder später.

Mapua

Rund 34 km von Nelson entfernt und wenige Kilometer abseits des SH60 liegt **Mapua** mit Blick auf Rabbit Island und das malerische Waimea Estuary. Der idyllische Ort lädt zu einem Spaziergang oder Imbiss ein. Nachdem man einen Blick in die Coolstore Gallery geworfen hat, kann man sich dem Hauptzweck des Besuchs hier widmen, nämlich dem Essen und Trinken.

Rabbit Island

Vom Mapua Wharf setzt die Mapua Ferry, ☎ 03 540 3095, Sep–April tgl. jede Std. von 10–17 Uhr zur Insel über; Mi und an Winterwochenenden 10–16 Uhr ($8 einfach, $12 hin und zurück) ▪ Trail Journeys, 🖥 www.trailjourneys.co.nz, verleiht Fahrräder zum Erkunden der Insel für $45/Tag

Vor oder nach einem guten Essen in Mapua bietet sich eine Fahrt mit der Fähre hinüber nach **Rabbit Island** (Moturoa) an. Wer auf der Insel nicht an Land geht und nur die Bootsfahrt macht, zahlt bloß $5. Die Fährverbindung entstand im Rahmen des Nelson Tasman Cycle Trail; auf der Insel gibt es 14 km Radwege.

ÜBERNACHTUNG

Atholwood, 118 Bronte Rd East, ☎ 03 540 2925, 🖥 www.atholwood.co.nz. Luxusunterkunft

neben der Bronte Gallery (S. 552) mit komfortablen Zimmern, Pool, Whirlpool, gepflegten Gärten und Buschgelände bis hinunter zum Waimea Inlet. B&B $425, Selbstversorger-Zimmer $350

The Boot, 320 Aporo Rd, 7 km nördlich von Mapua in Tasman, ☎ 03 526 6742, 🖥 www.theboot.co.nz. Zum Café Jester House (s. unten) gehört The Boot, ein riesiger roter Märchenstiefel mit luxuriösem Loungebereich, romantischem Schlafzimmer und kleiner Gartenterrasse. B&B $300

Mapua Leisure Park, 33 Toru St, ☎ 03 540 2666, 🖥 www.mapualeisurepark.co.nz. Verschiedene Unterkünfte (teilweise vor Kurzem modernisiert), darunter Cabins und Motel Units (ab $138), in wunderbarer Umgebung. Im Sommer hat auch das Boatshed Café mit Bar geöffnet. Im Februar und März kann man sich hier aller Kleidung entledigen, aber es kommen auch jede Menge Nicht-FKKler her. Camping am Strand $28, Cabins mit Küche $99

ESSEN UND UNTERHALTUNG

Golden Bear Brewing Company, 12 Aranui Rd, ☎ 03 540 3210, 🖥 goldenbearbrewing.com. Erstklassige Mikrobrauerei mit eleganten Lager- und spitzigen Pale Ales, die man mitnehmen (am besten holt man sich ein Fat Toad und dazu Fish 'n' Chips aus dem Smokehouse) oder im Innenraum vor der Kulisse von Braureitanks trinken kann. Dort werden auch ein paar amerikanisch angehauchte mexikanische Speisen serviert. Sonntagnachmittags gibt's oft Livemusik. ⏰ Mi–Fr 16–20, Sa und So 12–ca. 20 Uhr.

Jester House, 7 km nördlich von Mapua in Tasman, ☎ 03 526 6742, 🖥 jester house.co.nz. Das ausgezeichnete Tagescafé mit Schanklizenz ist sehr beliebt, denn es bietet leckeres Essen, Tische im Garten, Lauben und für die Kinder ein Riesenschachspiel und zahme Aale. Die Speisen sind alle hausgemacht und erschwinglich, und der Kaffee ist stark. ⏰ Sep–Mai tgl. 9–17, Mai–Aug Do–So 9–16.30 Uhr.

The Smokehouse Shed 2 & 3, Aranui Rd, ☎ 03 540 2280, 🖥 smokehouse.co.nz. Verkauft köstlichen über Manukaholz geräu-

cherten Fisch, eine weithin bekannte Fisch-
pastete und hervorragende Fish 'n' Chips. Am
besten bringt man einen Laib Brot und eine
Flasche Wein mit und veranstaltet ein Picknick
auf einer der Bänke am ruhigen Ende der
Anlegestelle. ◷ So–Do 11–19.30, Fr und Sa
11–20 Uhr.

Motueka

47 km nordwestlich von Nelson liegt das wachsende Städtchen **Motueka**, das sich inzwischen
fest als Basis für Ausflüge in den Abel Tasman
National Park (S. 557) etabliert hat und mit einem umfassenden Buchungssystem sowie zahlreichen Unterkünften und Ausrüstungsver-
leihern aufwartet. In letzter Zeit hat sich der
Ort auch selbst einige eindrucksvolle Attraktionen zugelegt, vor allem rund um den Flugplatz, wo man **Flüge** mit Ultraleichtflugzeugen
und Hubschraubern unternehmen kann (s. Kasten S. 557).

Der Name Motueka bedeutet „Insel des
Weka", ein Hinweis darauf, dass diese hier in
Hülle und Fülle vorkommenden Vögel für die
Maori eine wichtige Nahrungsquelle darstellten. 1842 kamen die ersten europäischen Siedler in die Gegend und etablierten Landwirtschaft
und Gartenbau; zunächst wurde v. a. Hopfen angebaut, inzwischen ergänzt durch Steinobst und
Wein. Für die Erntearbeit werden oft, besonders von Dezember bis März, **Saisonarbeiter
benötigt.**

Motueka Quay
Motueka erstreckt sich entlang des SH60, von
dem einige ruhigere Nebenstraßen abzweigen.
Etwa fünf Gehminuten die alte Wharf Road hinunter gelangt man zum **Motueka Quay**, wo der
Geist des einst so geschäftigen Hafens zwischen den kargen Überresten der alten Molen
noch deutlich zu spüren ist. Nur 1500 m die Old
Wharf Road hinunter rostet der Schiffsrumpf der
in Schottland gebauten *Janie Seddon* vor sich
hin. Benannt wurde das Schiff nach der Tochter
von Richard Seddon, dem Premierminister Neuseelands von 1893 bis zu seinem Tod 1906. Am
Public Wharf ist freies Campen gestattet.

Motueka District Museum
140 High St ▪ ◷ Dez–März Mo–Fr 10–15 und So
10–14, April–Nov Di–Fr 10–15 Uhr ▪ Spende $2
Das winzige **Motueka District Museum** zeigt
u. a. einige Maori- und europäische Artefakte
aus der Gegend. Im Foyer findet man die *Motueka Carvings*, einen modernen Fries aus vier
Paneelen mit den Darstellungen der Gewerbe,
die die Menschen an der Tasman Bay traditionell ernährten.

Avalon Manor Motel, 314 High St,
✆ 0800 282 566, ▭ www.avalonmotels.co.nz.
Gut ausgestattetes modernes Motel mit
16 geräumigen und gemütlichen Units mit
Sky TV, gepflegtem Garten und kostenlosem
DVD-Verleih und WLAN. $160

Eden's Edge, 137 Lodder Lane, Riwaka,
✆ 03 528 4242, ▭ www.edensedge.co.
nz. Sehr gemütliches und preisgünstiges Hostel
in ländlicher Umgebung an einem Apfelgarten
4 km nördlich vom Ort. Garten, Pool, Unterstell-
möglichkeit für Fahrräder und sehr nett
eingerichtete Zimmer, teils mit Bad, sowie
4-Bett-Dorms. Dorm $29, Zimmer mit Bad $82
Equestrian Lodge Motel, Tudor St, ✆ 0800
668 782, ▭ www.equestrianlodge.co.nz. Gepflegtes, edleres Motel in einem Wohngebiet,
5 Min. vom Ortszentrum, mit behaglichen Units
an einer großen Rasenfläche mit Pool. $170
Fernwood Holiday Park, 519 High St South,
✆ 03 528 7488, ▭ www.fernwoodholidaypark.
co.nz. Kleine Anlage mit Baumbestand. WLAN
ist kostenlos. Pool, Fernsehzimmer, Vögel in
einer Voliere, Kräutergarten, Fahrradverleih
und kleiner Laden. Es wird so viel wie möglich
recycelt. Camping $17, Cabins $65
Hat Trick Lodge, 25 Wallace St, ✆ 03 528 5353,
▭ www.hattricklodge.co.nz. Das moderne
Hostel gegenüber vom i-SITE bietet einen
hohen Standard. Geräumige, gut ausgestattete
Küche und Lounge, Fahrradverleih, kostenlose
Gepäckaufbewahrung, separater Frauen-Dorm
sowie Familienzimmer mit Bad und Küche.
Dorm $27, Zimmer $62
Motueka Beach Reserve, Wharf Rd, 4 km
südöstlich der Stadt. Parkplätze für Wohn-

mobile am Wasser, Toiletten und kalte Duschen nebenan, außerdem Grillstellen und Picknicktische. Jeweils nur für 2 Nächte erlaubt. Kostenlos.

Motueka Top 10 Holiday Park, 10 Fearon St, ✆ 03 528 7189, 🖥 www.motuekatop10.co.nz. Campingplatz nur 1 km nördlich der Ortsmitte, mit verschiedenen Unterkünften auf grünem Gelände. Gepflegte Einrichtungen, darunter ein beheizbarer Pool und ein Whirlpool. Stellplätze $45, Units $125

Pah Rd B&B, 83 Riwaka Kaiteriteri Rd, ✆ 03 528 5410, 🖥 www.pahrd.co.nz. Der Familiengarten beherbergt 2 Units, und man ist in wenigen Minuten am Strand. Das „Strohpressen"-Studio hat ein Freiluftbadezimmer mit feuerbeheizter Badewanne und eine Küche; das Cottage ist weniger extravagant. Im Preis inbegriffen ist ein kontinentales Frühstück mit vielen frischen Zutaten: Joghurt, Müsli, Brot und Eier. $150

The Resurgence, Riwaka Valley Rd, 12 km nordwestlich von Motueka, ✆ 03 528 4664, 🖥 www.resurgence.co.nz. Erholsame Boutique-Lodge in der Nähe der Stelle, wo der Riwaka River wieder aus dem Takaka Hill auftaucht – daher der Name. Große Liebe zum Detail, egal ob bei der umweltfreundlichen Ausstattung oder den erstklassigen Mahlzeiten ($90). Pool und Spa draußen, Fitnessraum und Waldwege, verschiedene Zimmer und Cabins. $545

Rowan Cottage, 27 Fearon St, ✆ 03 528 6492, 🖥 www.rowancottage.net. Geschmackvolles kleines Cottage in liebevoll gepflegtem Garten mit Selbstversorger-Gästezimmer mit eigenem Eingang und Bad. Die Gäste können einen Grill benutzen. Kleines Frühstück ($20). $130

Treedimensions Organic Farmstay, Shaggery Rd, 10 km westlich von Motueka, ✆ 03 528 8718, 🖥 www.treedimensions.co.nz. Attraktive und preisgünstige Zimmer für Selbstversorger mit Terrasse sowie ein Biogarten mit Unmengen verschiedener Obst- und Gemüsesorten. $135

YHA Motueka, 310 High St, ✆ 03 528 9229, 🖥 www.laughingkiwi.co.nz. Freundliche, zentral gelegene Backpacker-Unterkunft in 3 Häusern. Die Dorms und Zimmer sind geräumig, außerdem gibt es ein Selbstversorger-

Cottage ($130), viele Tische und Stühle im Freien, BBQ sowie kostenlose Nutzung von WLAN und Whirlpool. Dorm $28, Zimmer $66

ESSEN UND UNTERHALTUNG

Chokdee, 109 High St, ✆ 03 528 0318. Zuverlässig gute Thai-Küche zu vernünftigen Preisen ($9–29), auch zum Mitnehmen. Mit Alkoholausschank. ⏲ tgl. 11–14 und 17 Uhr bis spät.

Elevation, 218 High St. Café mit Alkohollizenz und dem besten Essen des Orts, darunter tolles Frühstück und Hauptgerichte wie honiggeräuchertes Schweinefleisch aus eigener Herstellung – alles unter $25. ⏲ tgl. 8–20 Uhr.

Ginger Dynamite, School Rd, Ecke Main Rd, 7,5 km von der Stadt entfernt. Der 50er-Jahre-Kitsch aus dem alten Great Universal Store ist noch da, aber selbst aus dem Pappbecher schmeckt der Kaffee himmlisch. Kuchen gibt es immer, die selbst gemachten Pies aber nur manchmal. ⏲ tgl. 8–15 Uhr.

Gecko, 23b Wallace St, ✆ 03 528 9996, 🖥 www.geckotheatre.co.nz. Kino mit 2 kleinen Sälen, Di und Mi Ermäßigung. In bequemen Sitzen kann man hier neben den gängigen Hits auch Arthouse-Filme sehen.

The Hop Federation, 483 Main Rd, Riwaka, ✆ 03 528 0486, 🖥 www.hopfederation.co.nz. Die mit viel Sorgfalt hergestellten Craft Biere dieser kleinen Brauerei kann man vor Ort verkosten oder auch mitnehmen, darunter das hervorragende Red IPA. ⏲ tgl. 11–18 Uhr.

Hot Mama's, 105 High St, ✆ 03 528 7039, 🖥 www.hotmamas.co.nz. Nachdem das Hot Mama's über lange Jahre das coolste Lokal am Ort gewesen ist, mussten die Betreiber ihr Angebot an Livemusik zurückfahren, bringen dafür aber mehr Specials auf den Tisch: Pasta, Fisch, Rinderfilet und Wild (um die $19–28). Die Speisekarte wechselt regelmäßig, wobei der Schwerpunkt auf regionalen Produkten liegt. ⏲ tgl. 8.30–21.30 Uhr.

Red Beret, 147 High St, ✆ 03 528 0087. Sehr gutes Café mit ganztägigem Frühstück und köstlichen Riesenstücken Kuchen; mittags gibt es Blätterteig-Wraps, Pastagerichte, Gourmet-Hamburger und tolle Pilze mit Balsamico ($16). ⏲ tgl. 7.30–16 Uhr.

In der Umgebung von Motueka befinden sich einige wunderbare Wanderwege, aber auch Aktivitäten wie Fallschirmspringen und Tandem-Paragliding erfreuen sich großer Beliebtheit.

Wandern

Einige der besten subalpinen Wanderungen im Norden der Südinsel führen um den 1795 m hohen **Mount Arthur** und das dazugehörige Hochplateau mit der Bezeichnung **Mount Arthur Tablelands**. Informationen hierzu liefert die im Visitor Centre von Motueka erhältliche DOC-Broschüre *The Cobb Valley, Mount Arthur and the Tablelands*. Es verirren sich traditionell nur wenige Besucher hierher, sodass man sich größtenteils in tierischer Gesellschaft wiederfindet.

Hauptausgangspunkt ist der Flora-Parkplatz in 930 m Höhe am Ende der Graham Valley Road, die 30 km südwestlich von Motueka vom SH61 abzweigt. Vom Parkplatz bietet sich eine zwei- bis dreistündige Rundwanderung an: Innerhalb einer Stunde erreicht man die **Mount Arthur Hut** ($15), von der sich faszinierende Ausblicke auf das Tiefland eröffnen, dessen südliche Kulisse vom Mount Arthur beherrscht wird. Von hier folgt man einem Kamm hinunter zur **Flora Hut** (gratis) und dann einer Schotterstraße zurück zum Parkplatz. Von der Mount Arthur Hut ist der Gipfel des Mount Arthur in 3 Std. zu erreichen.

Fallschirmspringen

Skydive Abel Tasman, Flugplatz Motueka, 3 km südwestlich der Stadt, ☎ 0800 422 899, ⌨ www.sky dive.co.nz. Die Gegend um Motueka gilt als eines der zehn besten Fallschirmreviere der Welt, haupt-

Riwaka Hotel, Main Rd, Riwaka, ☎ 03 528 7110, ⌨ www.riwakahotel.co.nz. Typische Stadtteilkneipe mit entsprechendem Essen, aber gleichzeitig treten hier auch die Topbands des Landes auf. Wer schick essen möchte, geht nach hinten ins Nobelrestaurant und genießt z. B. Lammkottelet mit geräucherter Paprikapolenta ($33). ⊕ tgl. 12 Uhr bis spät, Restaurant im Sommer tgl. 17.30 Uhr bis spät, April–Dez Mi–So.

Smiths Veggie Sales, 524 Main Rd, Riwaka. Mr und Mrs Smith verkaufen schon seit Jahren frisches Gemüse aus ihrem Garten, aber jetzt gibt es auch Frühstück, Kuchen und getoastete Sandwiches (alles unter $20). ⊕ Mo–Sa 7–17.30, So 7–16 Uhr.

State Cinema, Old Wharf Rd, ☎ 03 528 8648, ⌨ www.statecinemas.co.nz. Hier herrscht der aktuelle Mainstream.

Swinging Sultan, 172 High St, ☎ 03 528 8909. Orientalischer Imbiss mit ein paar Tischen auf dem Bürgersteig. Alle Speisen ($9–12) auch zum Mitnehmen. ⊕ tgl. 8.30–20 Uhr.

T.O.A.D. Hall, 502 High St, 3 km südlich vom Stadtzentrum entfernt Richtung Nelson, ⌨ www.toadhallmotueka.co.nz.

Verkauf von Bio-Obst und Gemüse, leckerem Brot und vorzüglichem hausgemachtem Eis; auch Pasteten, Bagels, ordentliches Frühstück und guter Kaffee, der in einem hübschen Garten genossen werden kann. Im Sommer Freitag- und Samstagabend Livemusik. ⊕ tgl. 8–17, im Sommer Do–So 8–22 Uhr.

SONSTIGES

Informationen

i-SITE Visitor Centre, Wallace St, ☎ 03 528 6543, ⌨ www.abeltasmanisite.co.nz. Anlaufstelle für die Organisation einer Exkursion in den Nationalpark und zum Heaphy Track. WLAN ($5/24 Std.) und Hilfe bei der Suche nach Gelegenheitsjobs. 1 Std. kostenloses WLAN gibt's im Ortszentrum. ⊕ Dez–März Mo–Fr 8.30–17.30, Sa und So 9–17, April–Nov Mo–Fr 9–17, Sa und So 9–16.30 Uhr.

Fahrradverleih

Trail Journeys, Mapua Wharf, ☎ 03 540 3095, ⌨ www.trailjourneys.co.nz. Verleiht unterschiedliche Fahrradtypen ($45/Tag).

sächlich weil hier Sprünge aus 16 500 Fuß (etwa 5000 m; 75 Sek. freier Fall; $399) und 13 000 Fuß (knapp 4000 m; 50 Sek. freier Fall; $299) angeboten werden, und das vor wunderbarer Kulisse.

Kunstfliegen

Uflyextreme, Hangar 2, Flugplatz Motueka, 3 km südwestlich der Stadt, ☎ 0800 360 180, 🖥 www.uflyextreme.co.nz. Ohne vorheriges Training kann man hier in einer Pitts Special fliegen und verschiedene Kunststücke vollführen (insgesamt muss man rund 1 Std. am Flugplatz einplanen). Der Adrenalinrausch dabei ist einfach unbeschreiblich! Man kann auch mit einem Fluglehrer fliegen, der einem kurz nach dem Start die Kontrolle über das Flugzeug überlässt (15 Min. $395, 15 Min. plus Video $455, 20 Min. $495, zwei 20-minütige Flüge und 1 1/2 Std. Einweisung $850).

Hubschrauber- und Ultraleichtflüge sowie Tandem-Drachenfliegen

Uflyheli, Queen Victoria St, Flugplatz Motueka, 3 km südwestlich der Stadt, ☎ 0800 835 943 🖥 www.uflyheli.co.nz. Nach kurzer Einweisung übernimmt man die Kontrolle über einen zweisitzigen R22-Hubschrauber (30 Min. $350, 1 Std. $650) und übt einfaches Vorwärtsfliegen, Rotieren und Schweben. **Tasman Sky Adventures**, College St, Flugplatz Motueka, 3 km südwestlich der Stadt, ☎ 0800 114 386, 🖥 www.skyadventures.co.nz. Hier erlebt man einige der schönsten Landschaften der Region als Passagier in einem Ultraleichtflugzeug (15 Min. $105, 30 Min. mit Flug über Teile des Abel Tasman National Park $205). Angeboten werden außerdem Tandem-Drachenflüge, bei denen der Drachen von einem Ultraleichtflugzeug in die Höhe gezogen wird (15 Min. $195, 30 Min. $330).

Wheelie Fantastic, Mapua Wharf, ☎ 03 543 2245, 🖥 www.wheeliefantastic.co.nz. $30/Tag. Beide Unternehmen helfen bei der Routenplanung und geben Hinweise zum Taste Trail.

Touren

Bay Tours, ☎ 0800 229 868, 🖥 www.baytours nelson.co.nz, bietet u. a. Nachmittagstouren zu Weingütern (2–4 Güter, $98) oder Ganztagestouren (3–4 Weingüter und Besuch bei Künstlern, $238).

Outdoor-Ausrüstung

Hostels verleihen oft Ausrüstung. Alles Notwendige zu kaufen und Infos über die Gegend gibt es bei **Coppins**, 255 High St, ☎ 03 528 7296. ⏱ Labour-Wochenende bis Ostern Mo–Fr 8.30–17.30, Sa 9–16, So 10–16, im Winter Mo–Fr 9–17.30, Sa 9–14 Uhr.

TRANSPORT

Die **Busse** halten in der Wallace Street in der Nähe des i-SITE Visitor Centre.

Busse nach:
COLLINGWOOD 1x tgl., 1 1/2 Std.;
HEAPHY TRACK 1x tgl., 2 1/4 Std.;
KAITERITERI 3x tgl., 20 Min.;
MARAHAU 4x tgl., 40–50 Min.;
NELSON 5x tgl., 1 Std.;
TAKAKA 2x tgl., 1 1/4 Std.;
TOTARANUI 1x tgl., 2 1/4 Std.

10 HIGHLIGHT

Abel Tasman National Park und Umgebung

Der wunderschöne, 60 km nördlich von Nelson gelegene Abel Tasman National Park genießt internationale Anerkennung und lockt den ganzen Sommer über Scharen von Wanderern, Kajakfahrern und Tagesausflüglern an. Obwohl er mit einer Größe von 20 x 25 km Neuseelands kleinster Nationalpark ist, nimmt er die Massen noch erstaunlich gut auf. Seine einzigartige Schönheit verdankt der Park den goldenen Sandstränden, dem kristallklaren Wasser und dem üppig grünen Busch, der immer wieder von Granitfelsen unterbrochen wird und eine vielfältige Vogelwelt beheimatet.

Ziel der meisten Besucher sind die Küstenabschnitte. Andere bewandern den **Abel Tasman Coast Track** mit seiner pittoresken Mischung aus dichtem Küstenwald, sanften Anstiegen zu Aussichtspunkten und einigen idyllischen Stränden. Die fast allgegenwärtigen Wassertaxis machen es möglich, bestimmte Kurzabschnitte zum Wandern auszuwählen oder sich zurückfahren zu lassen, wenn man erschöpft ist.

Außerdem lässt sich der Park wunderbar per **Kajak** erkunden, unterbrochen von einem gemütlichen Mittagessen an einem schönen Sandstrand, bevor man am Nachmittag langsam Richtung Campingplatz oder Hütte paddelt. Wandern und Kajak fahren lassen sich auch kombinieren, und daneben bietet das klare Wasser Gelegenheit zum **Segeln**. Eine luxuriösere Unterbringung als die Hütten und Zeltplätze bieten die schönen Lodges im Park.

Wer seinen Ausflug in den Abel Tasman im Voraus plant, kann sich von Nelson direkt in den Park bringen lassen, sodass es dann unnötig ist, zunächst in einem der Orte in der Nähe des Parks zu übernachten. Jedoch sind auch diese Orte durchaus einen Aufenthalt wert. Für die Organisation eines Parkbesuchs auf eigene Faust eignet sich am besten das Versorgungszentrum **Motueka** (S. 554), die meisten Kajaktouren und Wassertaxis starten jedoch vom winzigen **Marahau** am Südende des Parks. Einige Touren beginnen auch im kleinen **Kaiteriteri**, das viele Übernachtungsmöglichkeiten und einen wunderschönen Strand hat. Die nördlichsten Ausläufer des Abel Tasman sind von **Takaka** (S. 567) aus zugänglich, von wo der Abel Tasman Drive zu den am Coast Track gelegenen Orten **Wainui**, **Awaroa** und **Totaranui** führt.

Geschichte

Seit etwa 1500 bevölkern **Maori** diese Gegend. Sie lebten in saisonalen Lagern entlang der Küste sowie in einigen permanenten Siedlungen um die Mündung des Awaroa River. 1642 ankerte **Abel Tasman** mit seinen beiden Schiffen nahe Wainui in der Golden Bay und verlor bei einem Gefecht mit den Ngati Tumatakokiri vier seiner Männer. Kurz darauf kehrte er der Küste wieder den Rücken. Im Jahre 1827 erkundete der Franzose **Dumont d'Urville** das Gebiet zwischen Marahau und der Torrent Bay. Eine ernsthafte **europäische Besiedlung** sollte jedoch erst 23 Jahre später beginnen. Die Siedler hackten, förderten, verbrannten und fällten, bis nur noch Stechginster und Farn übrig waren. Glücklicherweise hat ihre Invasion kaum bleibende Spuren hinterlassen, und die Vegetation konnte sich über die Jahre hinweg weitgehend erholen.

Flora und Fauna

Der Abel Tasman National Park bietet eine reiche **Pflanzenwelt**. Die feuchten Schluchten werden von Buchen dominiert, und in rauerer, windigerer Umgebung gedeihen vor allem Kanuka-Bäume.

Zu den hier beheimateten **Vögeln** zählen Tuis, einheimische Tauben, Makomakos (zu erkennen an ihrem unverwechselbaren Ruf) und Graufächerschwänze, die sich von Insekten ernähren. Mit etwas Glück erspäht man auch die flugunfähigen Wekarallen. An den Stränden sieht man bisweilen die durch ihren orangefarbenen Schnabel auffallenden Austernfischer sowie Kormorane, die auf der Jagd nach Fischen in große Tiefen abtauchen.

Vor der Küste liegt das **Tonga Island Marine Reserve**, ein Meeresschutzgebiet, das die **Pelzrobbenkolonie** auf der Insel und die Küstengewässer mit ihrem vielfältigen Tierleben schützt.

Kaiteriteri

Der kleine Ferienort **Kaiteriteri**, 15 km nördlich von Motueka und unmittelbar südlich vom Abel Tasman National Park, steht ganz oben auf der Rangliste der beliebtesten Sommerferienziele der Kiwis. Von Weihnachten bis Ende Januar droht er aus allen Nähten zu platzen, danach ist es bis Mitte März immer noch recht voll. Die Beliebtheit ist nachvollziehbar angesichts der schönen und relativ ungefährlichen Badesträn-

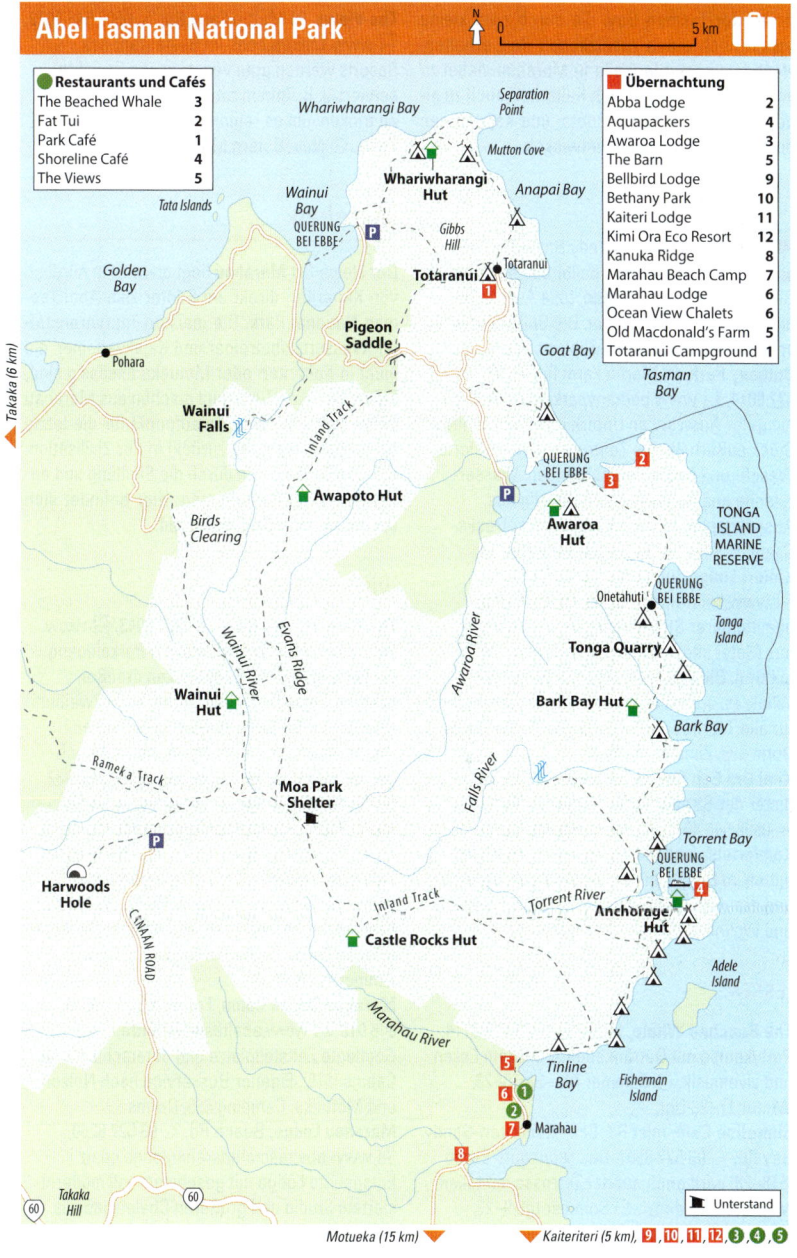

Abel Tasman National Park

N ↑ 0 — 5 km

Restaurants und Cafés
The Beached Whale	3
Fat Tui	2
Park Café	1
Shoreline Café	4
The Views	5

Übernachtung
Abba Lodge	2
Aquapackers	4
Awaroa Lodge	3
The Barn	5
Bellbird Lodge	9
Bethany Park	10
Kaiteri Lodge	11
Kimi Ora Eco Resort	12
Kanuka Ridge	8
Marahau Beach Camp	7
Marahau Lodge	6
Ocean View Chalets	6
Old Macdonald's Farm	5
Totaranui Campground	1

Whariwharangi Bay
Separation Point
Mutton Cove
Wainui Bay
Anapai Bay
QUERUNG BEI EBBE
Tata Islands
Gibbs Hill
Golden Bay
Totaranui
Whariwharangi Hut
Totaranui
Pigeon Saddle
Goat Bay
Tasman Bay
Takaka (6 km)
Pohara
Wainui Falls
Inland Track
Birds Clearing
Awapoto Hut
QUERUNG BEI EBBE
Awaroa Hut
TONGA ISLAND MARINE RESERVE
Onetahuti
QUERUNG BEI EBBE
Tonga Island
Wainui River
Evans Ridge
Tonga Quarry
Wainui Hut
Bark Bay Hut
Bark Bay
Rameka Track
Falls River
Moa Park Shelter
Harwoods Hole
Inland Track
Torrent Bay
QUERUNG BEI EBBE
Torrent River
Anchorage Hut
CANNAN ROAD
Castle Rocks Hut
Adele Island
Marahau River
Tinline Bay
Fisherman Island
Takaka Hill
60
Marahau

🏠 Unterstand

de an der Tasman Bay, die durch zwei kleine Inseln noch einen zusätzlichen Reiz erhalten. Nachdem es mittlerweile in Marahau vielen zu voll geworden ist, hat sich Kaiteriteri auch zu einer Ausweichbasis für Boots- und Kajaktouren durch den Nationalpark entwickelt.

ÜBERNACHTUNG

Bellbird Lodge, Sandy Bay Rd, ✆ 03 527 8555, 🖥 www.bellbirdlodge.com. Bietet 2 komfortable Suiten, tolle Ausblicke und freundliche Gastgeber. Die Stille wird nur vom Gesang der Vögel durchbrochen. $350
Bethany Park, 88 Martin Farm Rd, ✆ 03 527 8014, 🖥 www.bethanypark.co.nz. Anlage mit guter Auswahl an Unterkünften ein kleines Stück außerhalb des Zentrums, modernisierte Wasch- und Kücheneinrichtungen, Wasserrutsche und Spielbereiche. Günstig als Ausgangspunkt für die Mountainbiketracks. Camping $25 (2 Pers.), Cabins mit Bad $85
Kaiteri Lodge, Inlet Rd, ✆ 508 524 8114, 🖥 www.kaiterilodge.co.nz. Unterkunft in unmittelbarer Strandnähe, eine Mischform aus Motel und Hostel mit 8er-Dorms und DZ mit Bad. Die Lodge direkt beim Beached Whale (s. unten) ist der wichtigste Anlaufpunkt für alle Tourbusse wie etwa Kiwi Experience. Dorm $35, Zimmer mit Bad $160
Kimi Ora Eco Resort, Martin Farm Rd, 1 km hinter der Strandstraße ausgeschildert, ✆ 0508 546 4672, 🖥 www.kimiora.com. Komfortable und sehr erholsame Unterkunft mitten im Busch, mit beheizten Pools drinnen und draußen. Die Betonung liegt auf Fitness und Wellness. Studio $179, Suiten $219

ESSEN

The Beached Whale, Inlet Rd, ✆ 03 527 8114. Partykneipe mit Getränkedeals, billigem Essen und Livemusik. ⏰ Sommer Mo–Sa 15–23, Winter 17–23 Uhr.
Shoreline Café, Inlet Rd, Ecke Kaiteriteri-Sandy Bay Rd, ✆ 03 527 8507. Das recht gute Essen ($18–28) wird auch auf der Terrasse mit tollem Meerblick kredenzt. ⏰ Sommer tgl. 9–22, Winter 9–18 Uhr.

The Views, 99 Martin Farm Rd, ✆ 0508 546 4672, 🖥 www.kimiora.com. Im Restaurant des Resorts werden gute vegetarische Gerichte serviert, z. B. Tofu in rotem Kokoscurry für $24. Zu trinken gibt es regionale Weine, Biere und Säfte. ⏰ Nov–Ostern Mo–Sa 18–21 Uhr.

Marahau

Der kleine Ort **Marahau** liegt etwa 8 km nördlich von Kaiteriteri direkt am Südtor zum Abel Tasman National Park. Die meisten Tourveranstalter, Wassertaxibetreiber und Kajakverleiher, die nicht in Kaiteriteri oder Motueka ansässig sind, haben hier ihre Büros und machen aus Marahau einen sehr beliebten Anlaufpunkt für die letzte Nacht (bzw. die erste zurück) in der Zivilisation. Die Straße zieht sich durch die Siedlung und endet direkt am Parkeingang. Hier befindet sich ein unbesetzter **DOC-Infostand**.

ÜBERNACHTUNG

The Barn, Harvey Rd, ✆ 03 527 8043, 🖥 www.barn.co.nz. Munteres Hostel am Parkeingang mit Feuerstelle und Badebecken draußen auf dem Gelände. Neben Dorms auch Zweibettzimmer und DZ ($80), zumeist in einfachen Hütten. Auch für Camper geeignet, mit Kochgelegenheit draußen. Camping $20, Dorm $32
Kanuka Ridge, 21 Moss Rd, ✆ 03 527 8435, 🖥 www.abeltasmanbackpackers.co.nz. Friedvolles Hostel an einem Hang oberhalb des Strands mit nur einem Dorm und mehreren Zimmern mitten im Wald. WLAN und Fahrradverleih sind kostenlos, ebenso die guten Infos zu Trails. ⏰ Juni–Sep geschl. Dorm $30, Zimmer mit Bad $91
Marahau Beach Camp, Franklin St, ✆ 0800 808 018, 🖥 www.abeltasmancentre.co.nz. Gepflegte Zeltstellplätze und unterschiedliche Cabins ($70). Eigener Busservice nach Nelson und Motueka. Camping $35, Dorms $22
Marahau Lodge, Beach Rd, ✆ 03 527 8250, 🖥 www.abeltasmanmarahaulodge.co.nz. Entspannte Lodge mit geschmackvoll modernisiertem Studio und größeren Chalets jeweils mit eigener Terrasse auf begrüntem Gelände.

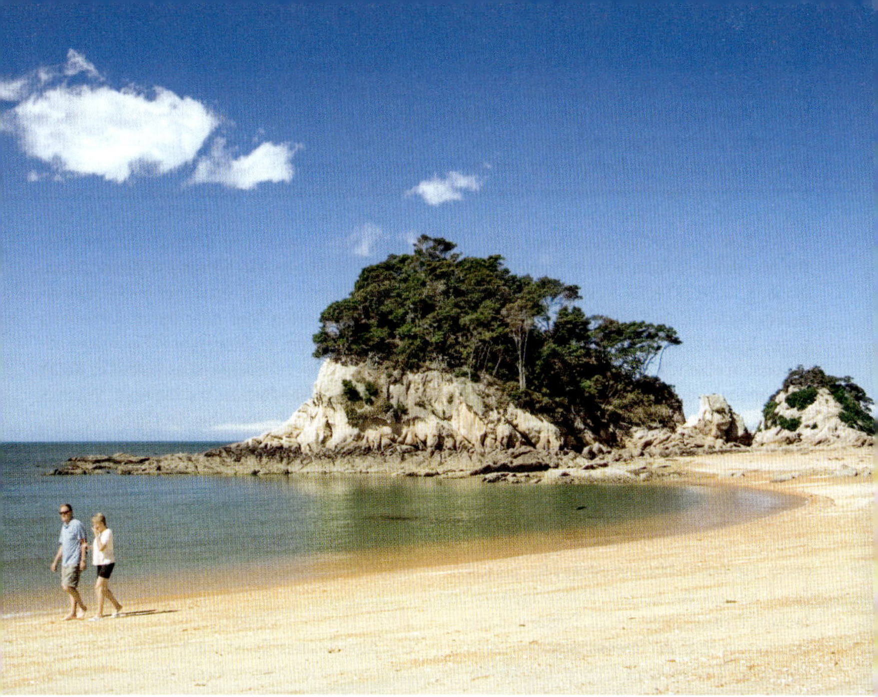
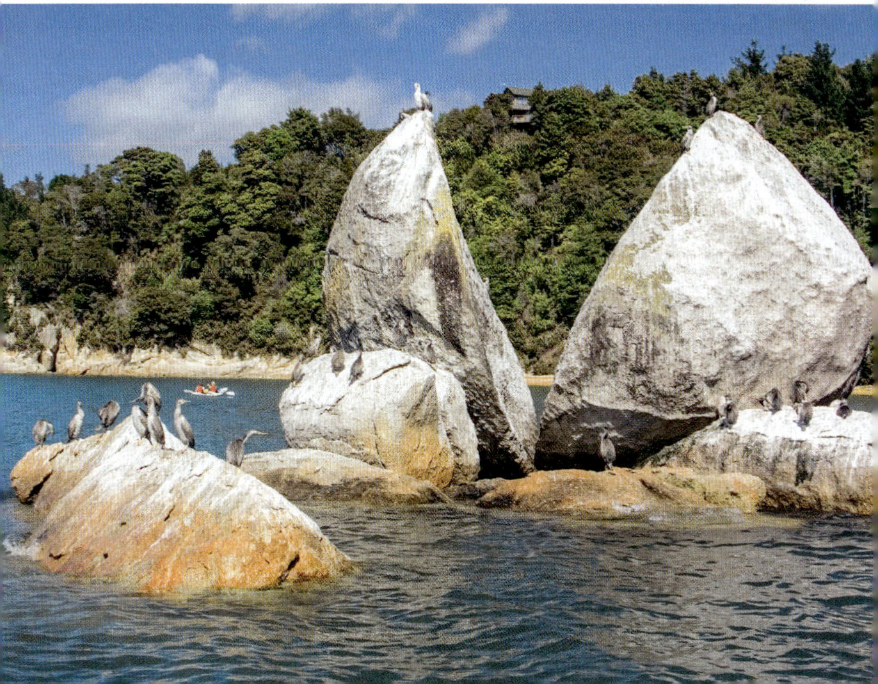

Whirlpool und Sauna. Das Frühstück wird auf Wunsch aufs Zimmer gebracht. $175

Ocean View Chalets, Beach Rd, ✆ 03 527 8232, 🖳 www.accommodationabeltasman.co.nz. 10 Holz-Chalets mit geräumigen und gemütlichen Zimmern, alle mit Balkon und Blick auf das ferne Meer vom Bett aus. ⏰ ganzjährig. Studio $145, Unit für Selbstversorger $185

Old Macdonald's Farm, Harvey Rd, am Parkeingang, ✆ 03 527 8288, 🖳 www.oldmacs.co. nz. Familienfarm mit Cabins, Cottages und einem Studio für Selbstversorger ($ 80–150), ansonsten aber v. a. Campingplatz am Wald mit Badegelegenheiten. Sichere Parkmöglichkeit ($6/Nacht), gut ausgestatteter Laden und Gepäckaufbewahrung. Camping $16, Dorm $28

ESSEN

🧳 **Fat Tui**, 11 Marahau Valley Rd, bei Kahu Kayaks. An diesem Imbisswagen werden leckere Fish 'n' Chips ($9,50), Salate und tolle Hamburger (z. B. mit marokkanischem Lammfleisch für $14) verkauft. ⏰ Sep–Dez Mi–So 12–21, Jan–April tgl. 8–20 Uhr.

🧳 **Park Café**, 1 Harveys Rd, ✆ 03 527 8270, 🖳 www.parkcafe.co.nz. Legendäres Café für erschöpfte Wanderer am Beginn des Tracks. Hat gutes Mittagessen, aromatischen Kaffee, erfrischendes Bier und köstliches Abendessen ($19–32) sowie leckere Desserts ($12). ⏰ tgl. 8–20 Uhr.

Abel Tasman National Park

Es gibt unzählige Möglichkeiten, den Abel Tasman National Park zu entdecken. Für welche Kombination von Aktivitäten man sich auch entscheidet – es gibt fast immer einen Veranstalter, der sie möglich macht. Nur relativ wenige Besucher wandern über den **Inland Track**, die meisten bleiben auf dem **Coast Track**, an dem die Küste von klarem Wasser und guten Möglichkeiten zum Schnorcheln in idyllischen Buchten gekennzeichnet ist. Hier finden sich in Küstennähe auch die meisten Unterkünfte, vom Campingplatz am Strand bis zur exklusiven Lodge.

Wassertaxis setzen ihre Fahrgäste auf Wunsch an der Küste bis hinauf nach Totaranui ab und geben unterwegs häufig sogar Kommentare ab, doch es gibt auch spezielle **Kreuzfahrten**, z. B. zur Robbenkolonie im Tonga Island Marine Reserve oder zum Split Apple Rock, einem großen Felsen, der in zwei Hälften zerplatzt ist.

Die verwirrende und unübersichtliche Küstenlinie lässt sich am besten per **Kajak** erkunden (s. Kasten S. 564), entweder im Rahmen einer organisierten Tour oder durch Anmietung eines Kajaks, um die Gewässer in Eigenregie abzupaddeln. Am schönsten ist es vielleicht, **Kajak fahren und Wandern** zu kombinieren. Wilsons (S. 565) bietet z. B. zwei- bis fünftägige Wander- und Kajaktouren ($800–1870) mit Übernachtung in den beiden bequemen Lodges des Unternehmens am Track in Torrent Bay und Awaroa.

Der Parkabschnitt nördlich von Totaranui ist für Wassertaxis und organisierte Kajaktouren tabu, sodass dieser Teil erheblich ruhiger ist.

Abel Tasman Coast Track

Der **Abel Tasman Coast Track** (60 km, 3–5 Tage) zählt zu den leichtesten Great Walks in Neuseeland und ist selbst von Leuten zu bewältigen, die so gut wie nie wandern. Empfehlenswert ist auf jeden Fall die DOC-Broschüre *Abel Tasman Coast Track*. Mangelnde Fitness ist kein Hinderungsgrund, kann man doch jederzeit bestimmte Abschnitte per Wassertaxi überbrücken oder sich zum Wandern einfach nur die Rosinen herauspicken. Die Zugänge zu den Strandabschnitten sind klar gekennzeichnet, und man befindet sich nie mehr als vier Stunden von einer Hütte bzw. zwei Stunden von einem Campingplatz entfernt. Bei trockener Witterung sind nicht einmal feste Wanderschuhe Bedingung, denn dann lässt sich der Track auch problemlos in Turnschuhen bewältigen.

Aus den genannten Gründen ist der Coast Track extrem beliebt, besonders zwischen Dezember und Ende Februar, wenn einige Abschnitte wie eine „Wanderautobahn" anmuten. Der Abschnitt nördlich von Totaranui ist in der Regel weniger überlaufen.

Die **Route** passiert breite, goldfarbene Strände, an denen sich smaragdgrüne Wellen brechen. Bizarre Granitformationen trennen die einzelnen Buchten. Zwischendurch muss man immer wieder einen der Küstenhügel überwinden, was auf den sanft ansteigenden Zickzackwegen jedoch kein Problem darstellt.

Die größte Schwierigkeit bei der Planung bildet der **gezeitenabhängige Abschnitt** über das Awaroa Estuary. Es empfiehlt sich, bei Ebbe am Nachmittag gen Süden bzw. am Vormittag gen Norden aufzubrechen. Selbst bei Ebbe wird man sich aber ein Paar nasse Füße holen. Zuvor sollte man sich auch um den Rücktransport kümmern (S. 564). Im Winter (Mai–Sep) kann man die Strecke von Totaranui bis Wainui Bay mit dem Mountainbike zurücklegen. Unterkünfte am Track s. S. 564.

Marahau nach Anchorage
- 12,4 km, 4 Std.

Wegen des direkten Zugangs von Marahau ist dieser Abschnitt besonders beliebt. Die Vegetation ist hier nicht so schön, jedoch hat man Zugang zu einigen wunderbaren Stränden. Es geht zunächst über einen Plankenweg über das Delta und dann weiter zur Tinline Bay. Danach gelangen die Wanderer zu einem Aussichtspunkt mit Blick auf Fisherman Island und Adele Island. Der Weg schlängelt sich nun durch Täler mit Buchenwald und hohen Kanuka-Bäumen, bevor er in Anchorage (neue Hütte, Campingplatz und im Sommer geöffnetes Hostel vor der Küste) wieder aus dem Busch auftaucht.

Anchorage nach Bark Bay
- 8,7 km, 3 Std.

Es empfiehlt sich, die Torrent Bay 2 Std. vor oder nach Ebbe zu durchqueren, denn sonst muss man eine zusätzliche Stunde um die Bucht herumlaufen, um die kleine Siedlung Torrent Bay zu erreichen. Nach der Bucht klettert der Weg durch Kiefernwald nach oben zum herrlichen Falls River, der auf einer 47 m langen Hängebrücke überquert wird. Von dort sind die Bark Bay Hut und Campingplätze nur noch 1 Std. entfernt.

Bark Bay nach Awaroa
- 11,5 km, 4 Std.

Nach Überquerung oder Umgehung des Bark Bay Estuary geht man zunächst landeinwärts, erreicht aber schon bei Tonga Quarry wieder die Küste. Hier gibt es einen Campingplatz und Ausblicke auf Tonga Island und den Marine Reserve. Bald darauf ist der Strand bei Onetahuti erreicht. Anschließend klettert der Weg auf den Tonga Saddle, um wieder zum Awaroa Inlet hinunterzuführen, wo es einige Häuser und eine DOC-Hütte mit Campingplatz gibt. Von dort ist es auch nicht mehr weit zur Awaroa Lodge mit Restaurant und Bar.

Awaroa nach Totaranui
- 7,1 km, 2 1/2 Std.

Zunächst muss das Awaroa Estuary durchquert werden, was nur 1 1/2 Std. vor bzw. nach Ebbe möglich ist. Anschließend geht es entlang der Goat Bay zu einem Aussichtspunkt am Skinner Point und hinunter nach Totaranui mit einem tollen Strand und einem großen Campingplatz.

Totaranui nach Whariwharangi
- 9,8 km, 3 1/2 Std.

Nach Umrundung des Totaranui Estuary geht es über felsige Landspitzen bis zur Mutton Cove. Danach wechseln Strauchwerk und Strände einander ab, und es bietet sich ein Abstecher zum Separation Point mit Aussichtspunkt und Pelzrobbenkolonie an. Schließlich führt der Weg zur Hütte in Whariwharangi.

Whariwharangi nach Wainui
- 5,5 km, 1 1/2 Std.

Eine leichte Wanderung führt zur Straße östlich der Wainui Bay, wo Busse bereitstehen, doch es ist auch möglich, die Wainui Bay zu durchqueren (2 Std. vor bis 2 Std. nach Ebbe) oder zu umlaufen. Wer sich für letztere Option entscheidet, kann unterwegs noch die kurze Wanderung zu den Wainui Falls in Angriff nehmen.

Inland Track

Der anstrengende **Inland Track** (41 km, 3 Tage) zwischen Marahau und Totaranui ist weitaus weniger beliebt als der Coast Track. Er erfordert eine gute Kondition und ordentliche Wanderausrüstung. Die Route lässt sich mit dem Coast Track zu einem Rundwanderweg von knapp einer Woche kombinieren und ist in einer DOC-Broschüre beschrieben. Der Weg führt vom Meer zur **Evans Ridge** hinauf und passiert

Zwar werden hier auch Aktivitäten wie Tauchen, Bootsrundfahrten und geführte Wanderungen angeboten. Doch zu den schönsten Arten, die abgelegeneren Küstenstriche des Parks zu erkunden, zählen eindeutig Seekajaktouren.

Kajaktouren

Das Erlebnis, sanft durch kleine Buchten zu paddeln und sich dabei vielleicht von Robben oder Delphinen begleiten zu lassen, ist nur schwer zu toppen. Eine kurze Pause zum Baden an einem goldgelben Strand, und weiter geht es zu einem Campingplatz, wo man das Bierchen in einem Bach kalt stellt.

Marahau am südlichen Ende des Parks ist das Zentrum der Kajakszene. Die meisten Veranstalter bieten ein ähnliches Programm aus 1- bis 5-tägigen geführten Touren sowie „Freedom Rentals". Der Anfangsabschnitt der Kajakroute, nördlich von Marahau, trägt den Spitznamen „Mad Mile", doch der Stau löst sich relativ schnell auf.

Bei den **geführten Trips** wird das Kajak fahren normalerweise mit Wandern und Wassertaxifahrten kombiniert, zuweilen auch mit Übernachtungen und dem Besuch einer Robbenkolonie. Wer eine mehrtägige Tour unternimmt, erhält obendrein Übernachtung und Verpflegung sowie mehr Zeit für Erkundungen.

Bei den „Freedom Rentals" erhält man gewöhnlich an Land eine Einführung und wird dann in Doppelkajaks aufs Meer geschickt. Es ist nicht erlaubt, solo zu fahren oder über Abel Head am Nordende des Tonga Island Marine Reserve hinaus nach Norden vorzudringen. Die Bedingungen für das Paddeln sind normalerweise gut, sodass auch relative Anfänger keine Probleme haben sollten. Wer sich trotzdem nicht sicher ist, sollte sich für einen geführten Trip entscheiden. Die **Tagesmietpreise** liegen bei $80 p. P. am ersten Tag, $120 für 2 Tage. Wer das Kajak nicht zum Mietort zurückbringen möchte, paddelt nur hin und kommt mit dem Wassertaxi zurück ($200 für 3 Tage). Die meisten Veranstalter bieten außerdem den Verleih von Campingausrüstung und Abstellmöglichkeiten für Fahrzeuge und sind das ganze Jahr über tätig, allerdings mit eingeschränktem Angebot im Winter.

Anbieter von Abenteuertrips

Abel Tasman Canyons, 📞 0800 863 472, 🖥 www.abeltasmancanyons.co.nz. Das machen nicht so viele: Abseilen und sich Wasserfälle herunter stürzen. Der Torrent River ($259 inkl. Mittagessen und Wassertaxi) bietet sich als Einstieg an. Wer möchte, kann 8 m tief springen und dann bei Aquapackers übernachten, bevor es zu Fuß und per Kajak weitergeht ($415). Sämtliche Ausrüstung wird gestellt.

Abel Tasman Charters, 📞 0800 223 522, 🖥 www.abeltasmancharters.co.nz. Startet mit einem kleinen Boot in der Nähe von Kaiteriteri; der Fahrplan ist flexibel und kann von den Fahrgästen mitgestaltet werden (nur Nov–April, $245). In der Regel werden Robben und der Split Apple Rock besichtigt, und es gibt Zeit an Land sowie mittags ein gutes Picknick.

unterwegs sehr schöne Aussichtspunkte – zu den Highlights zählen der **Pigeon Saddle**, das Sumpfgebiet **Moa Park** und die mondähnliche Landschaft Canaan. Unterwegs besteht die Möglichkeit zu einem Abstecher zum Harwoods Hole.

Auf dem Inland Track ist Camping nicht zu empfehlen, dafür gibt es drei nicht reservierbare **DOC-Hütten** ($5 oder Hütten-Jahrespass). Wasservorräte und Toiletten sind vorhanden, Kochgelegenheiten dagegen nicht.

ÜBERNACHTUNG UND ESSEN

Im Gegensatz zu vielen anderen neuseeländischen Nationalparks bietet der Abel Tasman eine ganze Reihe von Übernachtungsmöglichkeiten, die entweder mit dem Boot oder über

Abel Tasman Kayaks, 273 Sandy Bays Rd, Marahau, ☎ 0800 732 529, 🖥 www.abeltasmankayaks. co.nz. Spezialisten für Kajaktouren mit Sitz in Marahau. Halbtags- ($130) und Ganztagstouren ($110–225) plus Halbtagestouren zum Robbenschutzgebiet ($199), alle mit Wassertaxifahrt am Park entlang. Außerdem Touren mit Übernachtung und Verpflegung (ab $220) sowie Kajakverleih.

Abel Tasman Sailing, ☎ 0800 467 245, 🖥 www.sailingadventures.co.nz. Segeltörns auf einem von drei Katamaranen, auch mit Wanderungen, Robbenbeobachtung und Kajakfahrten. Außerdem Touren mit Übernachtung ($94–219) und Bootscharter.

Abel Tasman Sea Shuttle, ☎ 0800 732 748, 🖥 www.abeltasmanseashuttles.co.nz. Wassertaxis ab Kaiteriteri sowie Rundfahrten (halber Tag $45, ganzer Tag $76), auch kombinierbar mit Wandern (ab $66). Wer Tonga Island ansteuert, hat auch die Möglichkeit, die Unterwasserwelt von einem Halbtauchboot aus zu bewundern ($35).

Aquataxi, ☎ 0800 278 282, 🖥 www.aquataxi.co.nz. Wassertaxis ab Marahau und Kaiteriteri sowie Rundfahrten ($67–82).

Golden Bay Kayaks, ☎ 03 525 9095, 🖥 www.goldenbaykayaks.co.nz. Sehr empfehlenswerter Anbieter mit Sitz in Pohara und der einzige, der sich auf den ruhigeren Norden des Parks spezialisiert hat. Geführte Halbtagstrips ($85) und ungeführte Trips mit Übernachtung ($90). Auch Kajakverleih: Zweierkajaks halber Tag $90, ganzer Tag $110, Sit-on-top-Kajaks $25/Std.; außerdem Standup-Paddleboards $15–20/Std.

Kahu Kayaks, ☎ 03 527 8300, 🖥 www.kahukayaks.co.nz. Anbieter in Marahau, der beim Kajakverleih und den organisierten Touren oft ein wenig günstiger ist als die Konkurrenz. Schön ist die Tour Swingers Delight ($160) mit 3 Std. Paddeln auf der Mad Mile und danach einem Besuch der Robbenkolonie, einer Küstenwanderung (2 1/2 Std.) und schließlich der Rückfahrt mit dem Wassertaxi nach Marahau.

Kaiteriteri Kayaks, ☎ 0800 252 925, 🖥 www.seakayak.co.nz. Geführte Touren ab Kaiteriteri, z. B. eine Halbtagestour zum Split Apple Rock ($80), eine Ganztagstour mit Wassertaxifahrt zum Onetahuti Beach, Paddeln zur Tonga Island und den Robben, Mittagessen und Paddeln zur Anchorage Bay, um von dort mit dem Wassertaxi zurückzufahren ($199). Außerdem verschiedene Kombitouren.

The Sea Kayak Company, 506 High St, Motueka, ☎ 0508 252 925, 🖥 www.seakayaknz.co.nz. Der in Motueka ansässige Familienbetrieb bietet Halbtagestrips (Tonga Island $190), Mehrtagesexkursionen (3 Tage $540) und Kajakverleih ($65 p. P./Tag, weniger an den Folgetagen). Im Service inbegriffen sind: Warmwasserduschen, WLAN, Parkplatz und Abholung in Motueka.

Wilsons, ☎ 0800 223 582, 🖥 www.abeltasman.co.nz. Alteingesessener Veranstalter mit breitem Angebot, u. a. einer halbtägigen Kajaktour zum Split Apple ($85), einer fünftägigen Wandertour mit drei Tagen Wandern und zwei Tagen Entspannung bei luxuriösen Strandlodges ($2100, mit allen Mahlzeiten), Ausflügen auf einem geräumigen Katamaran von Kaiteriteri nach Totaranui und zurück und der Tour *Seals and Beach* (6–8 Std., $68) mit einer Fahrt um die Robbenkolonie auf Tonga Island herum und viel Zeit für die Wanderung von Tonga Quarry zum Medlands Beach und zum Baden.

den Coast Track zugänglich sind. Die meisten Besucher übernachten in den vier **DOC-Hütten**, die jeweils ca. 4 Std. Fußweg voneinander entfernt an der Küste verstreut liegen. Abgehärtete Wanderer bevorzugen die **DOC-Campingplätze**, von denen sich insgesamt 18 an der Küste verteilen und die allesamt am Strand oder in der Nähe einer DOC-Hütte liegen (deren Einrichtungen allerdings nicht mitbenutzt werden dürfen). Das ganze Jahr über muss für alle Hütten und Zeltplätze eine **Buchung** vorgenommen werden; im Sommer sollte diese mindestens eine Woche im Voraus erfolgen. Buchung online auf 🖥 www.doc.govt.nz oder bei einem i-SITE Visitor Centre. Außerdem sind private Unterkünfte vorhanden, und es werden Mehrtagestouren angeboten. Wilsons (s. Kasten) bietet drei- bis fünftägige geführte Wander-

und Kajaktrips mit komfortabler Übernachtung in den beiden am Track gelegenen Lodges des Unternehmens (Torrent Bay und Awaroa).

Hütten: In den Hütten gibt es Wasser, Heizung, gute Toiletten, einfache, aber bequeme Etagenbetten, aber keine Kochgelegenheiten; daher einem Schlafsack, Campingkocher, Geschirr und Besteck, Lebensmittel und eine Taschenlampe mitbringen. Der Aufenthalt ist im Sommer auf maximal 2 Nächte beschränkt. $32

Campingplätze: Auf allen 18 DOC-Plätzen gibt es Wasser und Toiletten. Wer sich fürs Zelten entscheidet, muss mehr Ausrüstung mitführen und benötigt einen Riesenvorrat an Insektenschutzmittel gegen die Sandfliegen. Der Aufenthalt ist im Sommer auf zwei Nächte beschränkt. Nur auf den Zeltplätzen Anchorage und Bark Bay dürfen Lagerfeuer entzündet werden. $14

Abba Lodge, Awaroa Bay, ℡ 03 528 8758, 🖥 www.abbalodge.hostel.com. Das neueste Hostel im Park, mit eigener Pizzeria, nicht weit vom Restaurant und der Bar der Awaroa Lodge. ◷ Mai–Sep geschl. Dorms $50, DZ $125

Aquapackers, Anchorage, ℡ 0800 430 744, 🖥 www.aquapackers.co.nz. Das teure Hostel bietet Dorms mit Bettzeug und DZ auf zwei umgebauten Booten, die während des Sommers vor der Küste von Anchorage Bay ankern (kostenlose Fähre vom Strand zum Boot). Das Pauschalangebot beinhaltet abendliches Barbecue, ein einfaches Frühstück und Zugang zu einer Bar. ◷ nur Sep–Mai. Dorm $75, DZ $199

Awaroa Lodge, Awaroa, ℡ 03 528 8758, 🖥 www.awaroalodge.co.nz. Im Busch verborgene, gehobene Lodge mit schönen Zimmern inkl. Bad, Suiten und großartigen Ausblicken auf das umliegende Feuchtgebiet. Das erstklassige Restaurant (Hauptgerichte ca. $40) bereitet Speisen mit biologisch-organischen Zutaten aus dem eigenen Garten zu. Wanderer und Kurzbesucher können hier einen Kaffee am riesigen Kamin trinken. Die Lodge orientiert sich allerdings an betuchteren Gästen, die per Wassertaxi oder mit dem Hubschrauber ankommen. ◷ Mai–Sep geschl. $290

🏕 **Totaranui Campground**, Totaranui, 🖥 www.doc.govt.nz. Der riesige Campingplatz mit Platz für 850 Pers. ist die einzige mit dem Auto erreichbare Übernachtungs-möglichkeit an der Küste des Abel Tasman Parks. Im Sommer wird es hier so voll, dass Stellplätze für die Zeit von Weihnachten bis Ende Januar nur online gebucht werden können. Im separaten Bereich für Wanderer gibt es jedoch gewöhnlich noch ein freies Plätzchen (max. 1 Nacht). $14

INFORMATIONEN

Die Hauptinformationsquellen zum Abel Tasman National Park sind die **i-SITEs** von Nelson, Motueka und Takaka, wo Boote, Kajaks, Hütten- und Camping-Tickets, Transportmittel und Unterkünfte reserviert werden können. An den Parkeingängen von Marahau und Totaranui gibt es außerdem **unbesetzte DOC-Unterstände** mit Gezeitentabellen und Sicherheitshinweisen.

TRANSPORT

Der Zugang zum Park erfolgt im Allgemeinen zu Fuß oder mit dem Boot, doch es führen auch zwei Straßen zu den Eingängen, im Süden nach Marahau und im Norden nach Totaranui.

Busse

Die besten Busverbindungen in der Region bieten **Abel Tasman Coachlines**, Nelson, ℡ 03 548 0285, 🖥 www.abeltasmantravel. co.nz, deren Busse 2–3× tgl. zwischen Motueka, Kaiteriteri und Marahau verkehren. Eine praktische Verbindung bietet der Bus, der um 7.45 Uhr in NELSON abfährt und Motueka (1 Std., $12 einfach) sowie Marahau (1 3/4 Std., $20) ansteuert. Wer möchte, kann von hier ein Boot zu Zielen im Park nehmen. Die Busse von **Golden Bay Coachlines**, ℡ 03 525 8352, 🖥 www.goldenbaycoachlines.co.nz, verbinden Takaka und Motueka (7.45 Uhr im Sommer, $28) sowie Totaranui ($38).

Wassertaxis

Mit Hilfe der Wassertaxis ab KAITERITERI und MARAHAU lassen sich ausgesuchte Abschnitte des Tracks abwandern, oder man kann sich einfach zu einem Strand schippern lassen und später wieder zurückfahren. Haltestellen sind

die 6 Strände an der Küste – **Anchorage**,
Torrent Bay, **Bark Bay**, **Onetahuti**, **Awaroa**
und **Totaranui**. Es gibt hauptsächlich 3 Anbieter,
die fahrplanmäßig 2–5x tgl. vom Südende des
Parks nach Totaranui und zurück fahren und
sich auch preislich kaum unterscheiden.
Am besten nimmt man einfach, was einem am
besten in den Zeitplan passt, oder man wendet
sich an **Aquataxi** ℘ 0800 278 282, ⌨ www.
aquataxi.co.nz. Eine einfache Fahrt ab Marahau
kostet etwa $35 nach Anchorage und Torrent
Bay, $40 nach Bark Bay, $42 nach Onetahuti,
$45 nach Awaroa und $47 nach Totaranui.

Golden Bay

An der Nordwestspitze der Südinsel beschreibt
die **Golden Bay** einen eleganten Bogen vom
nördlichen Rand des Abel Tasman National
Park bis zum **Farewell Spit**, einem Sandstreifen, der 25 km weit ins Meer hinausragt und eine faszinierende Tierwelt beheimatet. Auf drei
Seiten von bewaldeten Bergen eingeschlossen,
konnte sich die traumhafte Bucht dank ihrer
Unzugänglichkeit viel von ihrer Ursprünglich-
keit bewahren.

Die Wainui Bay, etwas östlich von **Takaka**,
dem Hauptort an der Golden Bay, ist wahrscheinlich der Ort, an dem Abel Tasman das erste Mal an der neuseeländischen Küste vor Anker ging und sich damit als erster Europäer in
Aotearoa einen Platz in den Geschichtsbüchern
sicherte.

Der **Takaka Hill** schirmt die Gemeinden in der
Bucht nach außen hin ab, hält ihre Größe überschaubar und erklärt zum Teil auch ihren Geist
der Unabhängigkeit und die Tatsache, dass sich
so viele Kunsthandwerker, Künstler und andere
Menschen auf der Suche nach einem alternativen Lebensstil von der Gegend angezogen fühlen. Besonders beliebt war und ist die Golden
Bay bei deutschsprachigen Migranten, die fast
vier Prozent der 5000 Bewohner ausmachen.
Sonnig, schön und voller faszinierender Sehenswürdigkeiten, lohnt die Golden Bay sicher einen
mehrtägigen Aufenthalt und verführt Besucher
auch durchaus zum längeren Verweilen.

Takaka Hill

Die einzige Verbindung zur Golden Bay außer
per Flugzeug ist der durchgehend asphaltierte,
aber sehr kurvenreiche SH60 über den **Takaka
Hill** am Rande des Abel Tasman National Park.
Während der Fahrt bieten sich prächtige Aussichten auf die Berge und die Meereslandschaft
zwischen Nelson und D'Urville Island.

Harwoods Hole
Zugang von der Canaan Rd

Gut 20 km nördlich von Motueka zweigt auf dem
Takaka Hill die unbefestigte Canaan Road ab und
erreicht nach 11 km einen Parkplatz. Von hier gelangt man zum **Harwoods Hole**, einem riesigen
Höhlenschacht von 176 m Tiefe und über 50 m
Durchmesser, der die Verbindung zu einem ausgedehnten Höhlensystem bildet. An den Rand
des Schachts führt ein Wanderweg (6 km hin und
zurück, 1 1/2 Std., größtenteils eben) durch Buchenwald und dann ein ausgetrocknetes Flussbett entlang bis zum Hole. Es gibt keine Aussichtsplattform, und nur besonders Tollkühne
wagen sich an den Rand des Schachts! Ein Gelände an der Canaan Road, 3 km vor dem Parkplatz, war einer von mehreren Drehorten der Gegend für *Herr der Ringe* und die Hobbit-Filme.

Rameka Track
5 km, 3 Std. einfach, 750 m Abstieg

Mountainbiker haben hier oben die Qual der
Wahl: Am Parkplatz am Ende der Straße beginnt der tolle **Canaan Downs Track**; der ausgeschilderte **Rameka Track** folgt einer der ersten
vermessenen Strecken ins Takaka Valley. Unterwegs führt er durch das mit einheimischen
Bäumen bepflanzte Gebiet Great Expectations.
Wer Glück hat, findet unten einen netten Autofahrer, der ihn wieder mit auf den Berg nimmt.

Takaka und Umgebung

Der kleine Ort **Takaka** knapp 60 km nördlich von
Motueka ist die größte Siedlung an der Golden
Bay und richtet sich zunehmend auf Sommer-
touristen aus, dient aber nach wie vor auch als
Versorgungszentrum für einheimische Farmer

und barfüßige Hippies, die in Tipis oder Hütten wohnen und Touristen ihr Kunsthandwerk oder ihre Heilkräfte anbieten. Richtung Nordwesten führt der SH60 parallel zur wunderschönen Bucht über Collingwood zum Farewell Spit. Östlich der Stadt windet sich der Abel Tasman Drive am sicheren Badestrand **Pohara** und einigen kleineren Sehenswürdigkeiten vorbei zum nördlichen Abschnitt des Abel Tasman National Park.

Das Herz von Takaka schlägt in der Commercial Street (SH60), wo Golden Bay Organics (Nr. 47) und die Monza Gallery (Nr. 25) einen guten Eindruck vom Geist des Ortes vermitteln.

Golden Bay Museum

73 Commercial St ▪ ⊕ Mo–Fr 10–16, Sa und So 10–13 Uhr ▪ Eintritt gegen Spende

Das **Golden Bay Museum** zeigt ein detailliertes Diorama von Abel Tasmans Landung in der Wainui Bay (1642) und alle möglichen Stücke von Kontaktlinsen aus den 1950er-Jahren bis hin zum Skelett eines Pilotwals. Außerdem behandelt es die Geschichte der Maori und der Wirtschaft der Gegend.

Te Waikoropupu Springs

4 km nördlich von Takaka, abseits des SH60

Die **Te Waikoropupu Springs** sind die größten Quellen der südlichen Hemisphäre. Zwischen alten Goldstollen und nachwachsendem Wald verstecken sich kristallklare Süßwasserquellen; eine erzeugt die Dancing Sands, so genannt, weil der vom aufsprudelnden Wasser bewegte Sand regelrecht zu tanzen scheint. Daran entlang führt ein Weg, der zu einem angenehmen Spaziergang einlädt (hin und zurück 1 km, 30 Min.).

Wild Earth

McCallum Rd, 6 km südöstlich von Takaka ▪
⊕ Ende Sep–April Mi–So und in den Schulferien 10–17 Uhr ▪ Eintritt $10 (frei für diejenigen, die nebenan einen Lachs gefangen haben) ▪ ☏ 03 525 8261, ⌨ www.wildearthnaturepark.co.nz

Wer möchte, kann dem Strom der Familien zum Ufer des Anatoki River folgen, insbesondere zu diesem Bauernhof, wo man u. a. Lamas, Esel, Emus, Schweinchen und Kaninchen füttern kann. Auf ein kostenloses Mittagessen aus sind auch die Anatoki-Aale, die im Fluss vorkommen und hier seit 1914 gefüttert werden. Von einem an einem Stock aufgespießten Stückchen Fleisch angelockt, richten sich die Aale aus dem Wasser auf. Im Café werden Bio-Leckereien serviert.

Anatoki Salmon

230 McCallum Rd, 6 km südöstlich von Takaka ▪
⊕ Weihnachten–Feb tgl. 9–18, März–Dez Mo–So 9.30–16 Uhr ▪ Eintritt frei ▪ ☏ 03 525 7251, ⌨ www.anatokisalmon.co.nz

Bei **Anatoki Salmon** können Besucher in der Zuchtstation aufgezogenen Fisch angeln. Man zahlt nur für den Köder und das, was man fängt ($21/kg Königslachs). Der gefangene Fisch kann als Sashimi zubereitet, geräuchert oder gegrillt und anschließend vor Ort verzehrt oder auch mitgenommen werden. Wer beim Angeln so gar kein Glück hatte, kann im Café mit Schanklizenz alles kaufen, was mit Lachs zu tun hat.

Abel Tasman Drive

Östlich von Takaka führt der **Abel Tasman Drive** zunächst vorbei an der kleinen, am Wasser gelegenen Siedlung Pohara und spaltet sich dann in drei Straßen, die alle an einem Zugangspunkt zum Abel Tasman Coast Track enden: Awaroa, Totaranui und Wainui Bay – s. Karte S. 559.

Rawhiti Cave

3 Std. hin und zurück ▪ Infoblatt beim DOC

Vom Abel Tasman Drive führt ein schlecht ausgeschilderter Weg, der bei nassem Wetter gefährlich rutschig sein kann und auch durch ein Flussbett führt, zu einer Aussichtsplattform über der **Rawhiti Cave**, in deren gähnendem Schlund unzählige Stalaktiten zu bewundern sind. Wanderschuhe anziehen, Taschenlampe und Ersatzbatterien mitnehmen.

Grove Scenic Reserve

7 km von Takaka ▪ ⊕ unbeschränkter Zugang ▪ Eintritt frei

In Takaka ist das wundervolle **Grove Scenic Reserve** ausgeschildert. An diesem mystisch anmutenden Ort, der direkt aus der Artussage stammen könnte, sprießen mächtige Rata-Bäume aus eigenartig geformten Kalksteinfelsen empor. Ein zehnminütiger Spaziergang führt zu einem schmalen Spalt in einer Felswand, wo ein Aussichtspunkt weite Ausblicke auf die Küste und Strände in der Umgebung von Pohara freigibt.

Pohara

Espresso Ship, ⊕ Nov–Mai Di–Sa 10–16.30 Uhr, vorsichtshalber nachsehen, ob das Schild aushängt

Pohara, 10 km östlich von Takaka, bietet ein paar Unterkünfte und Lokale sowie einen netten Sandstrand und gegenüber einer hässlichen ehemaligen Zementfabrik einen Bootsanleger. Unter den hier vor Anker liegenden Fischerbooten und Jachten befindet sich das **Espresso Ship**, auf dem ausgezeichneter Bio-Kaffee geröstet und auch serviert wird. Wer etwas essen möchte, muss sich dies selbst mitbringen. Bei dem Schiff handelt es sich um Jacques Cousteaus altes Boot *Physalie*. Mit etwas Glück darf man für $25 eine Nacht an Bord verbringen. Stachelrochenfütterung um 14 Uhr.

Gleich um die Ecke liegen der hübsche **Tata Beach** und der Anfang eines Weges zu den **Wainui Falls** (40 Min. hin und zurück), wo Nikau-Palmen am Flussufer Schatten spenden und die recht hübschen Wasserfälle von Sprühwasser umnebelt werden.

Tui Community

Die Schotterstraße zur Wainui Bay passiert die **Tui Community**, eine der letzten noch existierenden Kommunen, die in den 1970er-Jahren an der Golden Bay gegründet wurden, und endet am nördlichsten Zugangspunkt zum Abel Tasman Coast Track. Die anderen Straßenzweige führen zum Awaroa Estuary und zum goldenen **Totaranui Beach**. Hier beim Totaranui Campground (S. 570 beenden viele ihre Küstenwanderung.

ÜBERNACHTUNG

Die Golden Bay gilt sowohl bei Kiwis als auch bei ausländischen Touristen als beliebtes Ferienziel. Dementsprechend gibt es in und um Takaka viele gute Unterkünfte, vom Hostel bis zur schicken Lodge. Die Campingmöglichkeiten reichen von großen, offiziellen Plätzen bis zu kleinen Stellplätzen am Straßenrand, wo man sein Wohnmobil über Nacht parken kann.

Takaka

Annie's Nirvana Lodge, 25 Motupipi St, ✆ 03 525 8766, ⌨ www.nirvanalodge.co.nz. Sehr engagiert geführtes YHA-Hostel mitten in der Stadt. Gemütliche Atmosphäre, 2 Küchen, 1 Frauen-Dorm, schöner Garten und kostenlose Fahrradbenutzung. Besonders hübsch sind die 3 DZ im Garten. Dorm $28, Zimmer $65

Autumn Farm Lodge, 3 km südlich von Takaka am SH60, ✆ 03 525 9013, ⌨ www.autumnfarm.com. Eine charmante Schwulen-Lodge auf großem Gelände mit komfortablen Zimmern, großem Badehaus und ungezwungener Atmosphäre (wer möchte, darf auch nackt herumlaufen). Über Neujahr findet jährlich ein 8-tägiges Gay-Sommercamp statt. Reservierung wird dringend empfohlen. Hostel $40, B&B $140

Golden Bay Motel, 132 Commercial St, ✆ 0800 401 212, ⌨ www.goldenbaymotel. co.nz. Gepflegtes kleines Motel mit eigenen Parkplätzen und unschlagbar preisgünstigen, großzügig bemessenen, gemütlichen und sauberen Zimmern, etwa 5 Fußminuten vom Zentrum entfernt. Eingeschränktes WLAN kostenlos. Studio $125, Motel Unit $135

Kiwiana, 73 Motupipi St, ✆ 03 525 7676, ⌨ www.kiwianabackpackers.co.nz. Sehr gepflegtes und gut geführtes Hostel in einer großen Villa. Pool-Billard und Tischtennis, Jacuzzi und Grillbereich im netten Garten, außerdem kostenlose Fahrradbenutzung. ⊕ Juli und Aug geschlossen. Dorm $28, Zimmer $66

Mohua Motels, SH60, am südlichen Ortseingang. ✆ 03 525 7222, ⌨ www.mohua motels.com. Das neuste Motel in Takaka, mit schönen, gut ausgestatteten Units, Sky-TV und Internet im Zimmer. Rund um einen Parkplatz 5 Fußminuten von den Geschäften entfernt. $155

Shady Rest, 139 Commercial St, ✆ 03 525 9669, ⌨ www.shadyrest.co.nz. Hübsches, zentral gelegenes B&B in einem alten ehemaligen Arzthaus. Gemütliche, holzvertäfelte Zimmer mit Bad. Reichhaltiges Frühstück, solarbeheiztes Bad draußen und hübscher Garten bis hinunter zu einem friedvollen Bach. $150

Umgebung von Takaka

🏠 **Adrift**, Tukurua Rd, 17 km nördlich von Takaka, 📞 03 525 8353, 💻 www.adrift. co.nz. 5 wunderhübsche Cottages für Selbstversorger und ein Studio, alle schick-modern eingerichtet und mit direktem Zugang über den Rasen zum Strand. Alle Zimmer haben Meerblick, toll für ein entspanntes Frühstück im Bett! Doppel-Whirlpools, kostenlose Kajakbenutzung und kleine Pinguinkolonie – hier möchte man nie wieder weg! Studio $260, Cottages $360

🏠 **Golden Bay Hideaway**, 220 Mc Share Rd, Wainui Bay, 23 km östlich von Takaka, 📞 03 525 7184, 💻 www.goldenbayhideaway. co.nz. Wunderbares Plätzchen nahe des nördlichen Endes des Abel Tasman Coast Track. 2 Ökofreundliche Häuser, ein „Hippie"-Haus für 4 Pers. und ein schöner Wohnbus. Tolle Ausblicke, ein Bad draußen und Zutaten für Frühstück und Abendessen runden das tolle Angebot ab. Wohnbus $170, Öko-Haus $225

Laidback Lodge, 23 Ironworks Rd, 13 km nördlich von Takaka, 📞 03 525 6244, 💻 www. laidbacklodge.co.nz. Kiwiana-*bach*-Unterkunft mit Hütte und Wohnwagen auf einer von Ponga-Bäumen umgebenen Wiese. Wer mag, gönnt sich vor dem Schlafengehen ein Bad unter dem Sternenhimmel oder ein Bier im nahe gelegenen Mussel Inn. $160

Pohara Beach Top 10 Holiday Park, 809 Abel Tasman Drive, 📞 0800 764 272, 💻 www. poharabeach.com. Beliebter, gut ausgestatteter Campingplatz am Strand mit verschiedensten Unterkünften, auch Cabins ($61–101), hervorragenden Gemeinschaftseinrichtungen und sehr hilfsbereiten Betreibern. Camping $20, Motel $132

🏠 **Sans Souci Inn**, Richmond Rd, Pohara Beach, 10 km östlich von Takaka, 📞 03 525 8663, 💻 www.sanssouciinn.co.nz. Reizvolles B&B unter Schweizer Führung in einem Gebäude aus Lehmziegeln, mit handgefertigten Bodenfliesen und Rasen auf dem Dach. Die 6 Zimmer teilen sich einen großen Sanitärbereich mit Badewanne, Duschen und Kompostklos. Außerdem Selbstversorger-Cottage für 4 Pers. und ausgezeichnetes Restaurant (S. 571). Gäste können die Küche

benutzen oder sich ein köstliches Frühstück ($9–15) vorsetzen lassen. ⏰ Juli–Mitte Sep geschl. Zimmer $120, Cottage $160

🏠 **Shambhala**, SH60, 16 km nördlich von Takaka in Onekaka, 📞 03 525 8463, 💻 www.shambhala.co.nz. Einladendes, spirituell angehauchtes Hostel mit kostenlosen Yoga- und Meditationsstunden, 2 km einen Weg hinunter, der fast genau gegenüber vom Mussel Inn abzweigt, von wo Gäste abgeholt werden können. Dorms im Haupthaus, außerdem geräumige 2-Bettzimmer und DZ mit schönem Meerblick in separatem Gebäude mit solarbeheizten Duschen und Kompostklos. Schöner verwilderter Garten und Strandzugang. ⏰ Juni–Okt geschl. Camping und Wohnmobile $20, DZ $68

Totaranui Campground, 26 km östlich von Takaka (S. 567). Großer, beliebter Campingplatz im Abel Tasman National Park, mit Laden, Wasseranschluss, Toiletten, Picknicktischen und kalten Duschen. Vorausbuchen! $15

Waitapu Bridge, 4 km nördlich von Takaka am SH60. Kostenloser Campingplatz am Fluss für Wohnmobile mit eigener Toilette. Höchstaufenthalt 2 Nächte. Kostenlos

ESSEN UND UNTERHALTUNG

In Takaka gibt es einige gute Lokale, weitere ein paar Kilometer außerhalb. Drinks und Musik sind am besten im Wholemeal Café, Roots, The Brigand und Mussel Inn.

Takaka

The Brigand, 90 Commercial St, 📞 03 525 9636. Relaxtes Restaurant mit Bar. Serviert Burger, Rippchen und Lachs (Hauptgerichte $24–34). Mit reichlich Platz draußen und an mehreren Abenden der Woche Livemusik, donnerstags offene Bühne. ⏰ tgl. 11 Uhr bis spät.

Dangerous Kitchen, 46a Commercial St, 📞 für Takeaway 03/525 8686. Großes, preisgünstiges, sehr beliebtes Café mit Tischen unter freiem Himmel, spezialisiert auf exotische Pizza-Varianten ($15–28), Wraps, gutes Frühstück (unter $20) und Salate. Auch Gerichte zum Mitnehmen und Alkoholausschank. ⏰ Mo–Sa 9–20.30 Uhr, im Sommer bis spät.

Infusion, 30 Commercial St. Der einzige von Deutschen geführte Teesalon der Südinsel, mit dem besten Brot und den leckersten Backwaren an der Golden Bay und 30 Sorten Tee. ⏱ Mo–Fr 9–17, Sa 9–15, im Sommer 8–18 Uhr.

🏨 **Roots Bar**, 1 Commercial St. Gut zubereitete neuseeländische Tapas (alles unter $16) sowie Bier und Cider von Sprig & Fern in Nelson. Dazu ertönt Reggae, Roots oder Drum 'n' Bass. Am Wochenende spielen bis spät in die Nacht Bands oder legen DJs auf (manchmal $10 Eintritt). ⏱ Di–So 16 Uhr bis spät.

Schnapp Dragon, 1 Hoody Alley, abseits der Commercial St im Ortszentrum, ✆ 03 525 9899, 🖥 www.schnappdragon.co.nz. Der sehr engagierte Eigentümer der einzigen Brennerei in Takaka serviert Weltklasse-Whisky, Rum, der die meisten karibischen Produkte in den Schatten stellt, Liköre und Honigsekt. ⏱ Mo–Fr 9–17, Sa 10–17 Uhr.

TLC (The Little Café), 65A Commercial St. Winziges Café mit Tischen unter einer Sumpfeiche an der Hauptstraße. Hier gibt's den besten Kaffee an der Golden Bay sowie Thekenkost. ⏱ Mo–Fr 9.30–16 Uhr.

Village Theatre, 32 Commercial St, ✆ 03 525 8483, 🖥 www.villagetheatre.org.nz. Kleines, unkommerzielles Kino, führt Theaterstücke und Opern auf und spielt Kino-Blockbuster.

🏨 **Wholemeal Café**, 60 Commercial St. Eine Institution in Takaka, die immer für ein halbes Stündchen bei Kaffee und Kuchen gut ist. Pizza, bunte und gesunde Salate, Fisch-,

Fleisch- und vegetarische Gerichte ($10–22) im geräumigen Speisesaal oder auf der Terrasse. ⏱ tgl. 7.30–16 Uhr, bei Veranstaltungen (z. B. im Winter freitags Curry-Abend) und im Sommer länger.

Umgebung von Takaka

🏨 **Mussel Inn**, SH60, 18 km nördlich von Takaka 🖥 www.musselinn.co.nz. Ein absolutes Muss – schönes Holzgebäude, eingerichtet mit sperrigen, aber gemütlichen Holzmöbeln und Werken einheimischer Künstler. Hier kann man essen, Wein, Cidre oder hausgebrautes Bier trinken, lesen, Schach spielen oder Livemusik hören. Stets einfaches, frisches und gesundes Essen, Tipps: Muscheln ($18), Pasteten, offene Burger mit Fisch, Fleisch oder Falafel sowie sehr guter Kuchen. ⏱ tgl. 11 Uhr bis spät, Aug und Sep geschlossen.

Penguin Café, 822 Abel Tasman Drive, Pohara, 🖥 www.penguincafe.co.nz. Café/Restaurant und Bar, mit viel Platz, lohnt die Anfahrt von Takaka allein für einen Kaffee oder ein Bier auf der Sonnenterrasse an der Straße. Schön präsentierte Gerichte wie Lachs und Seafood-Pizza. Hauptgerichte $22–36. ⏱ Di–So 11 Uhr bis spät, Mo 16 Uhr bis spät.

Sans Souci Inn, Richmond Rd, Pohara Beach, 10 km östlich von Takaka, ✆ 03 525 8663, 🖥 www.sanssouciinn.co.nz. Einfaches Restaurant mit Tagesmenü aus frisch zubereiteten, fantasievollen Speisen – z. B. mit Anatoki-Lachs, Rinderfilet oder etwas Vegetarischem (um die $35). Außerdem köstliche Desserts.

Die Straße nach Collingwood: Kunst und Kunsthandwerk

Viele der besten Künstler und Kunsthandwerker der Region haben sich an der Straße von Takaka nach Collingwood angesiedelt, sodass sich auf der kurvenreichen Strecke mancherlei Gelegenheit zu einem Galeriebesuch bietet, am besten ausgerüstet mit der Broschüre *Golden Bay Arts Trail*. Die Galerien sind normalerweise tgl. von 10 bis 16.30 Uhr geöffnet, und zwei der besten sind:

Onekaka Arts, 13 km nördlich von Takaka, ✆ 03 525 7366, 🖥 www.onekakaarts.co.nz. Handgefertigter Silberschmuck von Peter Meares und Grant Muir sowie Jadearbeiten von Geoff Williams. ⏱ Öffnungszeiten telefonisch erfragen.

Estuary Arts, 22 km nördlich von Takaka, ✆ 03 524 8466, 🖥 www.estuaryarts.co.nz. Rosie Little und Bruce Hamlin fertigen bunte, von der Pazifikregion inspirierte Glasobjekte, kunstvolle Reliefkacheln und Keramikskulpturen an. Little malt außerdem stimmungsvolle Landschaftsbilder. ⏱ Okt–Mitte April Mi–So 9–17 Uhr, im Jan auch Mo und Di.

MARLBOROUGH, NELSON UND KAIKOURA

Eine Reservierung sehr zu empfehlen. Mit
Schanklizenz. ⏱ Okt–Ostern, Abendessen
meist um 19 Uhr.

Toto's Café, Totoranui Rd, Wainui Bay,
20 km östlich von Takaka, davon 2 km
über eine Schotterstraße. Cob-Café und Galerie,
mit Wasserkraft betrieben, fantastische Ausblicke. Die hervorragende Pizza kommt aus dem
Lehmofen (klein $12, groß $22). Gut ist auch der
Anatoki-Räucherlachs mit frischem Oregano
aus dem Blumenbeet. ⏱ Sommer tgl. 10–17 Uhr,
Winter nur am Wochenende.

SONSTIGES

Fahrradverleih

Die meisten Hostels verleihen kostenlos
Fahrräder an ihre Gäste.
The Quiet Revolution, 11 Commercial St,
✆ 03 525 9555. Fahrräder $25/Tag ($65 für den
Gebrauch abseits der Straßen) und Verkauf der
Broschüre *Fat Tyre Fun* ($2) mit über ein Dut-
zend erstklassiger Mountainbikestrecken in der
Golden Bay. ⏱ Sa nachmittags und So geschl.

Taxi

MaxiCab Shuttles, ✆ 03 525 7365. Lohnt sich
eigentlich nur für längere Strecken nach
außerhalb (im Ort nicht nötig).

Informationen

Golden Bay Visitor Centre, am SH60 (von Süden
kommend bei der Ortseinfahrt), ✆ 03 525 9136,
🖥 www.goldenbay.co.nz. Buchungsservice für
die Hütten im Nationalpark und Organisation
von Mietwagen.
DOC, 62 Commercial St, ✆ 03 525 8026. Sämtliche Auskünfte zum Wandern, Radfahren,
Angeln und Umweltschutz. Die Mitarbeiter
kennen den aktuellen Zustand der Wegstrecken
und geben Tipps. ⏱ Mo–Fr 10.30–12.30 und
13.30–15, Dez–Ostern 9–16 Uhr.

Internet

Bibliothek, 3 Junction St. Bietet neben
Terminals 1 Std. kostenloses WLAN. ⏱ Mo–Do
9.30–17, Fr 9.30–18, Sa 9.30–12.30 Uhr.
Außerdem mehrere Internetcafés in der
Commercial St.

TRANSPORT

Busse

Golden Bay Coachlines, ✆ 03 525 8352,
🖥 www.goldenbaycoachlines.co.nz, fährt von
Nelson via Takaka nordwärts nach Collingwood
und zum Heaphy Track sowie Richtung Osten
nach Totaranui. In Takaka halten die Busse
beim i-SITE am SH60.

Busse nach:
COLLINGWOOD 2x tgl., 20 Min.;
HEAPHY TRACK 2x tgl., 1 Std.;
MOTUEKA 1x tgl., 1 1/4 Std.;
NELSON 1x tgl., 2 1/4 Std.;
TOTARANUI 1x tgl., 1 Std.

Flüge

Golden Bay Air, ✆ 03 525 8725,
🖥 www.goldenair.co.nz, fliegt nach
WELLINGTON 1–4x tgl., 50 Min.

Collingwood und Umgebung

Collingwood Museum und Aorere Centre,
⏱ tgl. 9–18 Uhr ▪ Eintritt gegen Spende

Die nördlichste nennenswerte Siedlung in der
Region der Golden Bay ist **Collingwood** auf einem Streifen Land zwischen dem offenen Meer
und dem Ruataniwha Inlet. Der Ort besteht aus
kaum mehr als einem Laden, zwei Cafés, einem
netten Pub und einigen Unterkünften. Er ist vor
allem als Basis für Touren zum **Farewell Spit**
(s. Kasten S. 573) von Interesse. Dabei war das
heutige Collingwood in den 1850er-Jahren sogar
kurzzeitig als neuseeländische Hauptstadt im Gespräch. Es wurden bereits Straßenpläne angefertigt, doch mit dem langsam versiegenden Gold
schwand auch der Enthusiasmus. Über die Details unterrichten das **Collingwood Museum** und
das **Aorere Centre**. Letzteres präsentiert anhand
von Multimedia-Displays naturkundliche und kul-
turhistorische Informationen.

Devil's Boots
7 km südwestlich von Collingwood
Südwestlich von Collingwood zieht sich das
Aorere Valley zum Beginn des Heaphy Tracks.

Zwei Kalksteinsockel stützen zu beiden Seiten der Straße einen bizarren Felsüberhang, **Devil's Boots** genannt, weil sein Aussehen an zwei Füße erinnert, die aus dem Boden emporragen und an ihren Sohlen mit Sträuchern bewachsen sind. Etwa 4 km weiter ist das tolle Café **The Naked Possum** (S. 574) ausgeschildert. Es liegt am Beginn des schönen **Kaituna Track** (2 Std. hin und zurück), eines Waldwegs vorbei an alten Goldwaschanlagen zu den Kaituna Forks.

Langford's Store

Bainham, 18 km südwestlich von Collingwood ∎
⊕ 2. Weihnachtsfeiertag–Ostern tgl. 9–18, sonst Sa–Do 8.30–16.30 Uhr, Juli und Aug geschl.
Der wundervolle **Langford's Store** ist eine Kombination aus Lebensmittelladen und Postamt und wurde 1928 von den Vorfahren der heutigen Besitzer erbaut. Hier scheint sich seitdem wenig verändert zu haben: Die Betreiber halten sogar die handbetriebene Rechenmaschine für zu modern und stellen die Rechnung lieber auf Papier aus. Außerdem gibt es hier guten Kaffee und Kuchen, die im Garten hinter dem Haus oder im musealen Lagerraum genossen werden können. Schwimmen kann man in den beliebten **Salisbury Falls**, 5 km von hier.

ÜBERNACHTUNG

Collingwood Motor Camp, 6 William St, Collingwood, ✆ 03 524 8149. Traditioneller, einfacher Campingplatz, im Sommer sehr voll (vorausbuchen!), mit einigen Holzcabins ($56) und sehr viel schickeren Selbstversorger-Units. Camping $15, Units $70
Collingwood Park Motel, 1 Tasman St, Collingwood, ✆ 0800 270 520, ▭ www.collingwoodpark.co.nz. Preisgünstige Units auf einem kleinen, modernen, zentral gelegenen Gelände an der Flussmündung. Im schotenförmigen „Eco Pod" können 2 Pers. urig übernachten ($95). Die Zimmer sind gemütlich und sauber, die Betreiber freundlich. WLAN gratis. $130
Somerset House, 12 Gibbs Rd, Collingwood, ✆ 03 524 8624, ▭ www.backpackerscollingwood.co.nz. Ruhiges Hostel mit ordentlichen, sauberen und gemütlichen Zimmern sowie

Blick aufs Meer und die Flussmündung. Kajakverleih, Frühstück und Fahrradbenutzung kostenlos. Die Besitzer organisieren Mietwagen und Transport vom und zum Heaphy Track und Abel Tasman. Dorm $31, Zimmer $76

ESSEN

Courthouse, 11 Elizabeth St, Collingwood, ✆ 03 524 8025. In diesem kleinen Café, das bei Einheimischen und Besuchern beliebt ist, gibt es Tresenessen und ein paar Spezialitäten, z. B. gegrillten Halloumi-Käse mit Kapernsalsa ($18). Abends machen sie Gourmet-Pizza zum Mitnehmen. ⊕ Do–Di 8–16 sowie Do & Sa 17–20 Uhr.

Touren zum Farewell Spit

Eine Tour zum Farewell Spit, etwa 22 km nördlich von Collingwood, ist etwas typisch Neuseeländisches, das man nicht versäumen sollte. Zur Zeit der Recherche war allerdings nur ein Tourveranstalter empfehlenswert.
Farewell Spit Eco Tours, Tasman St, Collingwood, ✆ 0800 808 257, ▭ www.farewellspit.com. Dieser Veranstalter ist seit 1946 im Gewerbe. Die *Farewell Spit Eco Tour* (6 1/2 Std., $145) führt in einem Allradfahrzeug über die sandige Landspitze bis zum Leuchtturm. Unterwegs werden die interessanten Kommentare mit lokalen Überlieferungen gewürzt. Tagsüber bekommt man jede Menge Vögel, Robben (und manchmal auch Seelöwen) und Fossilien zu sehen, erklimmt eine gigantische Sanddüne und sieht bei Ebbe Schiffswracks aus dem Schlick ragen.
Die eher ökologisch ausgerichtete *Gannet Colony Tour* (6 1/2 Std., $155) beinhaltet einen Großteil der oben genannten Attraktionen und wird durch einen 20-minütigen Spaziergang zur großen Tölpelkolonie am äußersten Ende der Sandbank ergänzt.
Die Touren finden ganzjährig statt, wobei die Abfahrtszeiten gezeitenabhängig sind (der Website entnehmen!). Auf beiden Touren bekommt man gegen Aufpreis auch Mittagessen ($10).

The Naked Possum, 14 km südwestlich von Collingwood, ausgeschildert nach 2 km an einer unbefestigten Straße ab der Brücke über den Kaituna, ✆ 03 524 8433, 🖥 www.nakedpossum. com. Das Tagescafé am Waldrand bietet viel Platz zum Draußensitzen, dazu erstklassige Café-Speisen und *bush tucker* („Waldessen"). Probieren kann man z. B. einen Tahr-Burger ($21) oder eine Pastete mit Ziegenfleisch und Curry ($25). Hinunterspülen lässt sich das Ganze mit einem Glas Bier aus dem Mussel Inn (S. 571). Berühmt ist auch der Wildbeeren-kuchen. Die Kissen im Café sind mit Possumfell bezogen. 🕐 tgl. 10–16 Uhr, Fr abends länger, im Winter Mo und Di geschl.

Die Straße zum Farewell Spit

Nördlich von Collingwood umrundet die Straße das Ruataniwha Inlet und passiert nach 10 km das Hostel The Innlet (S. 575). Anschließend folgt die Straße weiter der Küste, bis nach 11 km der Ort **Puponga** an der Nordspitze der Südinsel erreicht ist. Eine Übernachtungsmöglichkeit bietet hier das Farewell Gardens Motor Camp (s. unten rechts). 2 km weiter befindet sich der **Puponga Farm Park**, eine öffentlich zugängliche Schaffarm; nähere Informationen sind im Visitor Centre erhältlich.

Farewell Spit

Vom Puponga Farm Park eröffnen sich schöne Ausblicke auf die Landzunge **Farewell Spit**, die sich über 25 km nach Osten erstreckt und oft mit Baumstämmen übersät ist, die von der Westküste hochgeschwemmt wurden. Ihren Namen erhielt sie 1770 von Kapitän Cook, der damit das Ende seines Besuchs markierte.

Die riesige Sandbank ist ein international bedeutendes **Naturschutzgebiet** mit einer Vielzahl an Lebensräumen für Vögel: Salzsumpf, offenes Watt, Frisch- und Brackwasserseen und Sanddünen.

Mit über 100 Vogelarten, darunter Keas und Löffler, gilt Farewell Spit als Paradies für Ornithologen. Jedes Jahr legen Tausende von Wattvögeln – z. B. Uferschnepfen, Große Brachvögel und Regenpfeifer – die 12 000 km lange Stre-

cke von Sibirien zurück, um dem harten arktischen Winter zu entgehen. Auf der Sandbank leben Kolonien von brütenden Raubseeschwalben. Außerdem kann man Falken, Wekarallen, Große Raubmöwen (Skuas) sowie eine große Anzahl von Trauerschwänen erspähen. Auf andere Tierarten scheint die Sandbank dagegen eine fatale Anziehungskraft auszuüben: An ihrer Küste stranden besonders häufig Wale, und es scheint, als leide deren Navigationssinn unter der ungewöhnlichen Form von Farewell Spit.

Zwei kurze **Wanderwege** (2,5 km bzw. 4 km) beginnen direkt am Visitor Centre und eröffnen eine schöne Aussicht auf die außergewöhnliche Landschaft. Ansonsten darf die Landzunge nur im Rahmen von organisierten Touren ab Collingwood (S. 572) betreten werden.

Cape Farewell

Von der Landzunge weg nach Westen führen Wanderwege zum **Cape Farewell**, dem nördlichsten Punkt der Südinsel, zum atemberaubend gelegenen Leuchtturm **Pillar Point Lighthouse** und weiter zum wellenumtosten **Wharariki Beach**. Wer innerhalb von zwei Stunden vor oder nach Ebbe hierher kommt, kann zu einigen Seehöhlen gehen, in denen es sich Robben gemütlich machen.

INFORMATIONEN UND AKTIVITÄTEN

Das **Farewell Spit Café**, neben dem Puponga Farm Park, ✆ 03 524 8454, fungiert als **Visitor Centre** für den Farewell Spit, 🕐 tgl. 9–17 Uhr. Weitere Infos gibt es auf 🖥 www.doc.govt.nz, wo man auch die Broschüre *Farewell Spit and Puponga Farm Park* herunterladen kann. **Cape Farewell Horse Treks**, ✆ 03 524 8031, 🖥 www.horsetreksnz.com. Bietet **Ausritte**, die zu den landschaftlich spektakulärsten auf der Südinsel zählen. Im Programm sind zwar keine Ausritte zum Farewell Spit, dafür aber zum Pillar Point (90 Min., $70), Puponga Beach (90 Min., $80) und Wharariki Beach (3 Std., $140).

ÜBERNACHTUNG

Farewell Gardens Motor Camp, 37-39 Seddon St, Puponga, ✆ 03 524 8445, 🖥 www.farewell

gardens.co.nz. Idyllisches Fleckchen am Meer am Anfang des Farewell Spit, mit verschiedenen Übernachtungsmöglichkeiten, sowohl für Familien als auch für Backpacker. Zwei Küchen, Lounge, Grill, Waschmaschine und Trockner sowie warme Duschen und kostenlose Fahrradbenutzung. Camping $16, Cabins mit Bad $85

The Innlet, 839 Collingwood Puponga Rd, ✆ 03 524 8040, 🖳 www.theinnlet.co.nz. Das ausgezeichnete Hostel bietet ein paar zauberhafte Garten-Cottages, mehrere beheizte Badebecken im Wald und viel Platz zum Campen. Dorm $31, Zimmer $75

Wharariki Holiday Park, Wharariki Beach, Cape Farewell, ✆ 03 524 8507, 🖳 www. whararikibeachholidaypark.co.nz. 30 Zeltstellplätze, eine Backpacker-Lodge, Cabins sowie zahlreiche Einrichtungen wie Gemeinschaftsküche, Kühl- und Gefrierschrank, Grill, warme Duschen (mit Münzeinwurf), Waschmaschinen sowie Kaffee- und Imbisswagen. ⊙ im Sommer tgl. 9–16 Uhr. Camping $18, Cabin $80

Kahurangi National Park

Der riesige **Kahurangi National Park** umfasst beinahe den gesamten nordwestlichen Teil der Südinsel. Zu dem 4000 km² großen Areal gehören u. a. die feuchte Westseite der **Wakamarama Range** sowie die beiden Kalksteingipfel **Mount Owen** und **Mount Arthur**. Das Gebiet beheimatet mehr als die Hälfte aller einheimischen Pflanzenarten Neuseelands sowie einen Großteil der alpinen Flora des Landes. Im einsamen Innern des Parks haben Vögel und andere Tiere Zuflucht gefunden, darunter eine sehr seltene, Fleisch fressende Schneckenart und die riesige Höhlenspinne Gradungula.

Landschaftlich am reizvollsten ist der **Heaphy Track** (78 km, 4–5 Tage), einer von Neuseelands Great Walks. Er verbindet die Golden Bay mit dem Kohaihai Bluff an der Westküste. Die Wanderung ist erheblich anspruchsvoller als der Abel Tasman Coast Track, entschädigt da-

für aber mit der Schönheit seiner vielfältigen Landschaften: wilde Flüsse, ausgedehnte Tussock-Ebenen, üppige Wälder sowie Nikau-Palmenhaine. Benannt wurde der Weg nach Charles Heaphy, dem ersten Europäer, der die Strecke 1846 in Begleitung von Thomas Brunner und dem Maori-Führer Kehu bewältigte. Maori pflegten die Gegend schon seit langem auf ihrem Weg ins zentrale Westland zu durchwandern, um an der Westküste nach *pounamu* zur Herstellung von Waffen, Schmuck und Werkzeugen zu suchen.

Die **DOC-Broschüre** *Heaphy Track* ist in den Touristeninformationen oder im Internet erhältlich und enthält eine Karte, die zum Wandern ausreicht, doch kann es auf keinen Fall schaden, die *Kahurangi Park Map* ($19) im Maßstab 1 : 150 000 mitzunehmen.

Der Anbieter **Bush and Beyond Guided Walks**, ✆ 021 0270 8209, 🖳 www.naturetreks. co.nz, veranstaltet hervorragende geführte Wanderungen über den Track und durch andere Gebiete des Parks. Die ökologisch ausgerichteten, fünftägigen Ausflüge kosten $1850.

Heaphy Track

90 % aller Wanderer begehen den **Heaphy Track** von Osten nach Westen, um den harten Anstieg gleich am Anfang zu bewältigen und an den folgenden Tagen leichteres Terrain vor sich zu haben.

Von der **Brown Hut zur Perry Saddle Hut** (17 km, 5 Std., 800 Höhenmeter) geht es auf einer alten Kutschenstraße stetig bergan, am Aorere-Campingplatz vorbei zu Flanagans Corner hinauf, mit 915 m der höchste Punkt des Tracks.

Danach erwartet die Wanderer ein leichtes Stück: Von der **Perry Saddle Hut zur Gouland Downs Hut** (7 km, 2 Std., 200 Höhenmeter) geht es über den Perry Saddle durch Tussock-Grasland ins Tal, bevor man über natürliche Kalksteinbrücken die schöne kleine Hütte mit acht Schlafplätzen erreicht. Anschließend wird Gouland Downs durchquert, eine mit Flachs und Tussockgras bewachsene Ebene, bis man zur **Saxon Hut** gelangt (5 km, 1 1/2 Std., 200 m Abstieg).

Auf dem Weg von hier zur **James Mackay Hut** (12 km, 3 Std., 400 Höhenmeter) passiert man weite Grasflächen und quert mehrmals kleine Bäche, die in den Heaphy River münden. Wer die nötige Energie aufbringt, kann am selben Tag noch die **Lewis Hut** (12,5 km, 3–4 Std., 700 m Abstieg) erreichen, ein Paradies für Nikaupalmen – und nervtötende Sandfliegen. Es ist möglich, von hier aus an einem Tag das Ende des Tracks zu erreichen, doch mehr Spaß macht es, sich etwas Zeit zu lassen und in der **Heaphy Hut** (8 km, 2–3 Std., 100 Höhenmeter) einzukehren, die nahe der Stelle liegt, wo sich der Heaphy River mit viel Getöse ins Meer ergießt.

Am letzten Tag geht es dann gemütlich an der Küste entlang zum **Kohaihai Shelter** (16 km, 5 Std., 100 Höhenmeter). Am Crayfish Point führt der Weg für kurze Zeit am Strand entlang, den man allerdings eine Stunde vor bzw. nach der Flut meiden sollte – länger, wenn es stürmisch ist. Vom Scott's Beach muss man schließlich über den Kohaihai Bluff zum Parkplatz Kohaihai Shelter am anderen Ende marschieren, wo hoffentlich schon ein Fahrzeug zur Abholung bereitsteht.

Der Track lässt sich innerhalb von zwei bis drei Tagen auch mit dem **Mountainbike** absolvieren, allerdings nur im Winter (Mai–Sep).

ÜBERNACHTUNG

Über die Strecke verteilen sich 7 **Hütten**, die ganzjährig im Voraus gebucht und bezahlt werden müssen ($32; Online-Buchung auf 🖥 www.doc.govt.nz), allesamt ausgestattet mit Heizung, Wasser und Toiletten (zumeist Spülklosetts); alle außer der Brown Hut und der Gouland Downs Hut bieten Kochgelegenheiten, doch einen Kocher und Campinggeschirr muss man selbst mitbringen.

Daneben gibt es 9 ausgewiesene **Campingplätze**, die ebenfalls zwingend vorab gebucht werden müssen ($14), größtenteils in der Nähe der Hütten, deren Einrichtungen man allerdings nicht nutzen darf.

Der Aufenthalt beschränkt sich auf 2 Nächte pro Hütte oder Zeltplatz. Versorgungsstellen gibt es unterwegs keine, sodass man alle Vorräte mitbringen muss. Vorsicht ist geboten

angesichts der plötzlichen Wetterumschwünge und Legionen von Sandfliegen.

TRANSPORT

Das westliche Ende des Heaphy Track ist mehr als 400 km Autofahrt vom östlichen Ende entfernt. Wer einen Teil seines Gepäcks oder sein Fahrzeug am Weganfang zurücklässt, muss den gesamten Weg wieder zurücklaufen, eine lange Busfahrt antreten oder zum Ausgangspunkt in Nelson, Motueka oder Takaka zurückfliegen. Die Transportmöglichkeiten zum/vom Track bestehen nur von Ende Oktober bis Mitte April. Im Winter verkehren auf der Strecke nur Taxis.

Auf der Ostküstenseite beginnt der Track bei der **Brown Hut**, 28 km südwestlich von Collingwood. **Golden Bay Coachlines** bedient den Ausgangspunkt von Nelson (Abfahrt 15.15 Uhr, $57), Motueka (16.30 Uhr, $47), Takaka (9.15 Uhr, $35) und Collingwood (9.35 Uhr, $32) aus. Endpunkt an der Westküste ist der 10 km nördlich von Karamea gelegene **Kohaihai Shelter**. Selbst mit den besten Verbindungen muss man sowohl in Karamea als auch in Nelson übernachten, bevor man wieder nach Takaka zurückkommt. Vermeiden kann man dies mit den im Folgenden genannten Veranstaltern. **Adventure Flights**, 📞 0800 150 338, 🖥 www. adventureflightsgoldenbay.co.nz. Per Flugzeug ist es möglich, noch am Tag der Beendigung der Tour zum eigenen Auto zurück zu kommen. Die Leute von Adventure Flights holen oder setzen die Wanderer bzw. Biker an beiden Enden ab ($200–265; Bikes $20 extra).

Trek Express, 📞 0800 128 735, 🖥 www.trek express.co.nz. Zunächst geht es von einem der vielen Startpunkte (am billigsten von Mapua aus) zur Brown Hut, einige Tage später erfolgt die Abholung am Kohaihai Shelter mit Rückfahrt am selben Abend (alles in allem $115).

Heaphy Track Help, Takaka, 📞 03 525 9576, 🖥 www.heaphytrackhelp.co.nz. Eine andere Möglichkeit bietet Derry Kingston, der einem das eigene Auto gegen eine Gebühr von $290 plus Benzinkosten nach Karamea bringt; dann geht er über den Track zurück und übergibt einem unterwegs die Schlüssel.

Nelson Lakes National Park und Umgebung

Der knapp 120 km südwestlich von Nelson an der Nordgrenze der Neuseeländischen Alpen gelegene **Nelson Lakes National Park** ist durch zwei Gletscherseen, **Rotoiti** („Kleiner See") und **Rotoroa** („Langer See"), gekennzeichnet. Beide sind von Bergen umgeben und in dunkle Wälder aus Südbuchen und Steineiben gebettet. Gemeinsam bilden sie die Quelle des Buller River, und in den Wäldern und Hügeln ihrer Umgebung tummeln sich unzählige Vögel. Wandern ist zweifelsohne die Hauptaktivität, mit der sich hier gut und gern eine Woche verbringen lässt.

St Arnaud

St Arnaud (ausgesprochen „Snt-ar-nard") ist ein kleines Nest am Nordufer des Lake Rotoiti mit ungefähr 100 Einwohnern, aber über 400 Häusern, die größtenteils von neuseeländischen Urlaubern genutzt werden. Der Ort dient Anglern, Kajakfahrern und Seglern als Basis.

ÜBERNACHTUNG UND ESSEN

Alpine Lodge, gegenüber dem Village Alpine Store, ☎ 03 521 1869, 🖥 www.alpinelodge.co.nz. Der Besitzerfamilie liegen die Seen besonders am Herzen. Bis zum Lake Rotoiti sind es nur 10 Min. zu Fuß. In mehreren Holzgebäuden gibt es Dorms, Budget-Zimmer ($69) und

Wanderungen um die Nelson Lakes

Mit 270 km Wanderwegen und 20 Cabins bietet die Gegend jede Menge Optionen für Naturfreunde. Für Tageswanderungen gibt es die DOC-Broschüren *Walks In Nelson Lakes National Park*. Für die beiden mehrtägigen Wanderungen sind eigene Informationsbroschüren sowie die Karte *Nelson Lakes National Park* im Maßstab 1:100 000 ($19) erhältlich. Der Blue Lake hat angeblich das klarste Wasser der Welt; die Wanderung von der West Sabine Hut dorthin schließt eine Übernachtung ein.
Bei den beiden längeren Wanderungen handelt es sich um alpine Tracks, die gutes Schuhwerk und warme, Wasser abweisende Kleidung erfordern (Schneefälle sind das ganze Jahr über möglich); zwischen April und November ist zudem Steigeisen nötig. Beide Tracks beginnen 7 km vom Ort entfernt beim Parkplatz am Mount Robert. Da es auf dem Parkplatz schon einige Einbrüche in Autos gab, ist die Gepäckaufbewahrung im DOC-Zentrum ratsam. Die folgenden Wanderungen sind in etwa nach ihrem Schwierigkeitsgrad sortiert.

Bellbird Walk
■ Ab Kerr Bay, St Arnaud, 10–15 Min., Rundwanderweg, eben
In einfachen Windungen geht es durch Südbuchenwald, der vom Gesang der Tuis, Makomakos und Graufächerschwänze widerhallt – dank dem Rotoiti Nature Recovery Project, einem Versuch, die einheimische Tier- und Pflanzenwelt mittels Fallen und Gift vor eingeschleppten Plagen wie Possums, Ratten, Hermelinen oder Wespen zu schützen. Seit Ende der 90er-Jahre werden in ganz Neuseeland zahlreiche solcher isolierten Gebiete, sogenannte *mainland islands* („Festlandinseln"), eingerichtet und beginnen augenscheinlich Früchte zu tragen. Am frühen Abend singen die Vögel besonders laut.

Honeydew Walk
■ Ab Kerr Bay, St Arnaud, 30–45 Min., Rundwanderweg, eben
Die Verlängerung des Bellbird Walk heißt so, weil die Rinde der Buchen entlang dieser Strecke mit Honigtau überzogen ist, der Tuis und Makomakos anlockt.

Whisky Falls
■ Ab Mt Robert Trailhead, 10 km, 3–5 Std. hin und zurück, 100 Höhenmeter

Hotelzimmer, außerdem ein Restaurant, eine Bar und ein Spa. Im Café werden starker Kaffee, hausgemachte Kuchen, Snacks und Abendessen wie Steaks, Fisch und Burger serviert. ⊙ Juni geschl. Dorm $29, DZ $155
Kerr Bay Campsite, am Seeufer, 500 m vom Alpine Village Store. Einfacher DOC-Platz mit Münzduschen ($1), Toiletten, Wasseranschluss und Kochgelegenheiten. $10
Nelson Lakes Motels und **Travers-Sabine Lodge**, SH63, 150 m von der Alpine Lodge entfernt, ☎ 03 521 1887, 🖳 www.nelsonlakes.co.nz. Ersteres ist ein mittelgroßes Hostel mit DZ, Zweibettzimmern und Dorms, Küche, TV und vielen Informationen, das zweite nebenan ist eine Anlage mit komfortablen Holz-Chalets für Selbstversorger. Beide bieten Zugang zu

einem Whirlpool. Dorms $26, DZ $65, Selbstversorger-Units $125
St Arnaud Village Alpine Store, 74 Main Rd, ☎ 03 521 1854. Dies ist der Mittelpunkt des Orts. Hier gibt's Benzin, Alkohol, Lebensmittel – auch frische – und Fish 'n' Chips (Fr und Sa). ⊙ Mo–Sa 8–18, So 8.30–17.30 Uhr.

Tophouse, Tophouse Rd, 8 km nordöstlich von St Arnaud, ☎ 0800 544 545, 🖳 www.tophouse.co.nz. Ehemaliges Viehtreiber- und Kutschenstopp-Gasthaus von 1887 mit gemütlichem Kaminfeuer und viktorianischer Einrichtung. Hier gibt's Devonshire Tea, Mittagessen und Abendmenüs ($40), außerdem den kleinsten Pub des Landes mit super Bier aus der Region. Unterbringung in Zimmern mit Gemeinschaftsbad oder draußen in recht

Von dem Parkplatz an der Mount Robert Road führt der Lakeside Trail zu einem 40 m hohen Wasserfall, der von Moosen und Farnen umgeben und häufig in dichten Nebel gehüllt ist, was besonders nach Regenfällen ein eindrucksvoller Anblick ist. Seinen Namen hat der Wasserfall von den Resten einer illegalen Whiskydestille, die man hier in den 1880er Jahren entdeckte.

Mount Robert Circuit
■ Ab Mt Robert Trailhead, 9 km, 3–4 Std., Rundwanderweg, 600 Höhenmeter
Der ausgezeichnete Track um den Mt Robert erklimmt zunächst den steilen Pinchgut Track und durchquert dann den Wald zur Bushline Hut ($15), bevor er im Zickzack den Paddy's Track hinunter wieder zum Ausgangspunkt führt.

Angelus Hut Loop
■ Ab Mt Robert Trailhead, 28 km, 2 Tage, Rundwanderweg, 1000 Höhenmeter
Eine der beliebtesten Wanderungen mit Übernachtung führt über die ungeschützte Robert Ridge zum schönen Angelus Basin mit einer schicken neuen Hütte (Okt–April $20, Buchung erforderlich, Camping $10; Mai–Sep $15) und einem kleinen Bergsee, dem Lake Angelus. Zwei Wege vervollständigen die Rundroute: der steile Cascade Track sowie der Speargrass Track, eine Ausweichroute bei schlechtem Wetter.

Travers-Sabine Circuit
■ Ab Kerr Bay, St. Arnaud, 80 km, 4–7 Tage, 1200 Höhenmeter
Der Fernwanderweg wird nicht in einem Atemzug mit Neuseelands Great Walks genannt und ist folglich weniger überlaufen, aber nicht minder spektakulär. Er dringt tief in abgelegene Regionen mit Seen, Tussock-Feldern, 2000 m hohen Bergen und dem Travers Saddle (1780 m) vor. Im Hochsommer blühen am Wegrand Butterblumen, Gänseblümchen, Sonnentau und Glockenblumen. Der Weg erfordert ein gutes Maß an Fitness, ist aber gut zu verfolgen, und über die meisten Bäche gibt es Brücken. Entlang des Wegs stehen insgesamt elf Hütten (zumeist $15; Tickets beim DOC erhältlich) zur Verfügung, außerdem drei Zeltplätze. Offenes Feuer ist nicht gestattet – also Kocher und Brennstoff mitbringen.

modernen motelähnlichen Cabins. Cabins $85, B&B $185

West Bay Campsite, 3 km von St Arnaud. Einfacher DOC-Platz mit zwei separaten Campingbereichen mit kleinem Baumbestand sowie Wasseranschluss, kalten Duschen und Toiletten. ☉ Mai–Nov geschl. $6

INFORMATIONEN UND AKTIVITÄTEN

DOC Visitor Centre, View Rd, ✆ 03 521 1806, liefert sämtliche Informationen zu Aktivitäten und Unterkünften in der Gegend.
Gepäckaufbewahrung $1/Tag. ☉ tgl. 8–16.30, im Sommer bis 17 Uhr.
Rotoiti Water Taxis, ✆ 027 702 278, ⌨ www. rotoitiwatertaxis.co.nz. Die Agentur bietet nach Vereinbarung Seerundfahrten ($40 p. P., mind. $160), und man kann auch Kajaks (halber Tag $50) und Kanus (halber Tag $60) leihen.

NAHVERKEHR

Rotoiti Water Taxis, ✆ 021 702 278, ⌨ www. rotoitiwatertaxis.co.nz, fahren von St Arnaud zum Südende des Lake Rotoiti ($100 für bis zu 3 Pers., dann $30 p. P.), sodass man also nicht den ganzen Weg laufen muss, wenn man am Südende des Sees wandern möchte.

TRANSPORT

Zu erreichen ist die Gegend mit den Bussen von **Nelson Lakes Shuttles**, ✆ 03 547 6896, ⌨ www.nelsonlakesshuttles.co.nz. Die Firma bietet einen Busservice von NELSON ($45 p. P., Dez–April 3x wöchentl.) sowie Verbindungen zwischen St Arnaud und dem Parkplatz am MOUNT ROBERT und LAKE ROTOROA.

Lake Rotoroa

20 km nordwestlich von St Arnaud, zu erreichen über die Gowan Valley Rd

Der reizende **Lake Rotoroa** wirkt noch abgeschiedener als die Gegend um St Arnaud. An der Spitze des Sees liegt ein DOC-Campingplatz, wo ein paar kurze Wanderwege beginnen.

Lake Rotoroa Water Taxis, ✆ 03 523 9199, befahren den See in ganzer Länge ($40 p. P., mind. $160) zur Sabine Hut am Travers-Sabine Circuit (S. 579).

Murchison

Murchison, 125 km südwestlich von Nelson und 60 km westlich von St Arnaud, ist eine kleine ehemalige Goldgräberstadt und heute in erster Linie bei Anglern und Jägern sowie bei Raftern und Kajakern beliebt. Der nahe Buller River wird von mehreren Nebenflüssen gespeist und bietet beste Bedingungen für Wildwasserrafting und zahlreiche Gelegenheiten zum Lachsfischen.

Hinter Murchison führt der SH6 am Fluss entlang durch die Buller Gorge nach Westport an der **Westküste**; die Strecke ist im Kapitel „Westküste" (S. 748) beschrieben.

Murchison Museum

60 Fairfax St ▪ ☉ Mo–Sa 11–15 Uhr ▪ Spende erbeten
Alles, was in Murchison wichtig ist, befindet sich am SH6, der Murchison als **Waller Street** durchläuft, und an der ihn kreuzenden **Fairfax Street**. Geschichten aus der Region füllen das im ehemaligen Postamt von 1911 untergebrachte **Murchison Museum**. Zur Sammlung gehören neben Fotos und Zeitungsausschnitten auch Maori-Axtköpfe, chinesische Töpferwaren und Opiumflaschen aus der Zeit des Goldrauschs.

ÜBERNACHTUNG UND ESSEN

Commercial Hotel, 37 Fairfax St, ✆ 03 523 9696, ⌨ www.thecommercialhotel.co.nz. Umgestalteter Kiwi-Pub, der sich jetzt mehr dem Essen als dem Trinken widmet. Neben einem Restaurant im Zebrastreifen-Look gibt es ein separates Café mit Kinderspielecke. Alle Gerichte von den Burgern und Pies bis zur Aioli werden frisch zubereitet. ☉ Bar tgl. 14–22, Café tgl. 9–14.30, Restaurant tgl. 17–20 Uhr, im Winter Mo–Mi geschl.
Cowshed, 37 Waller St, ✆ 03 523 9523. Das kleine Café mit BYO hinter dem Lazy Cow serviert frisches, schmackhaftes Mittagessen wie Romanesco-Käse ($10) und Abendmenüs mit

Jede Menge Spaß bringen die ausgezeichneten Rafting- und Kajaktouren auf den Flüssen Buller, Mokihinui und Karamea in atemberaubender Landschaft und teils auf Wildwasser.

Ultimate Descents, 38 Waller St, ☎ 0800 748 377, 🖥 www.rivers.co.nz. Der Veranstalter bietet von Anfang Sep bis Ende Mai regelmäßig Touren auf dem Buller River (Schwierigkeitsgrad III–IV, 4 1/2 Std., $130). Man verbringt mind. 2 Std. auf dem Wasser. Daneben gibt es die sanfteren Raftingtouren für Familien (Schwierigkeitsgrad II–III, 4 1/2 Std., $115). Informationen über mehrtägige Trips auf den Flüssen Mokihinui und Karamea und Zugang per Helikopter bietet die Website des Unternehmens (ab $500).

New Zealand Kayak School, 111 Waller St, ☎ 03 523 9611, 🖥 www.nzkayakschool.com. International anerkannte Kajakschule mit Unterricht für Anfänger und Fortgeschrittene; 4 Tage Intensivunterricht $895 inkl. Unterkunft im Hostel der Schule. ⏲ Okt–April.

2 Gängen für $38, z. B. Wild mit Schokoladen-Braise. ⏲ Mi–So 12–16 und Mi–Sa 18–21 Uhr.
Kiwi Park, 170 Fairfax St, 1 km südlich vom Stadtzentrum, ☎ 03 523 9248, 🖥 www.kiwipark. co.nz. Holiday Park mit Streichelzoo, gepflegten Cabins ($70) und guten Einrichtungen. Camping $36, Motel Units $135
Lazy Cow, 37 Waller St, ☎ 03 523 9451, 🖥 www.lazycow.co.nz. Kleines Hostel in der Ortsmitte mit geselliger Atmosphäre, sauberen und gemütlichen Zimmern, Fahrradverleih, Pizzaofen und Whirlpool. Dorms $30, DZ $90
Mataki Motel, 34 Hotham St, ca. 1 km vor der Stadt, ☎ 0800 279 088, 🖥 www.matakimotel. co.nz. Sauberes und ruhiges Motel mit recht gemütlichen, geräumigen Zimmern; Units teils mit voll ausgestatteter Küche. $100
Murchison Lodge, 15 Grey St, ☎ 0800 523 9196, 🖥 www.murchisonlodge.co.nz. Komfortable und gesellige Öko-Lodge mit großen Zimmern, Willkommensdrinks und warmem Frühstück. Die Eier fürs Frühstück legen die eigenen Hühner, zu denen sich auf dem Gelände Kühe und Schweine gesellen. Kostenloses WLAN. $150
Rivers Café, 51 Fairfax St, ☎ 03 523 9009, 🖥 www.riverscafemurchison.co.nz. Bietet in entspanntem Ambiente neben gutem Kaffee auch Mahlzeiten wie Burger mit Pommes ($18) oder Kürbis mit Feta-Salat ($18). Schanklizenz. ⏲ Sommer tgl. 8.30–21.30, Winter 9–14 Uhr.
Riverside Holiday Park, SH6, 1,5 km östlich des Orts, ☎ 03 523 9591, 🖥 www.riverside murchison.co.nz. Einfacher, bei Raftern und Kajakfahrern beliebter Campingplatz am wilden

Buller River, mit zahlreichen Stellplätzen, guten Einrichtungen, verschiedenen gepflegten und preisgünstigen Cabins, einem Café sowie hilfsbereiten Betreibern. Camping $20 (2 Pers.), Motel-DZ $110

INFORMATIONEN UND AKTIVITÄTEN

Geld
In der Waller St 32, nahe der Bushaltestelle, gibt es einen Geldautomaten.

Informationen
Die Mitarbeiter des **Museums** versorgen Besucher gern mit Broschüren und Infos.

Goldwäsche
Murchison ist einer der wenigen Orte in Neuseeland, in denen man Gold waschen kann: Die Broschüre *Recreational Gold Panning* ist im Museum erhältlich. Die notwendige Ausrüstung (z. B. Pfanne für $10) gibt's bei **Hodgson's**, 46 Fairfax St, ⏲ Mo–Fr 8–17, Sa 10–31 Uhr.

Tageswanderungen
Die DOC-Broschüre *Murchison Day Walks* informiert über den **Skyline Walk** (3 km hin und zurück, 1 1/2 Std.): Durch einheimischen Wald geht es hinauf zum Höhenrücken über Murchison, von wo man eine herrliche Aussicht über den Ort und den Zusammenfluss von Buller, Matakitaki, Maruia und Matiri genießt. Die Strecke beginnt an der Kreuzung des SH6 mit der Matakitaki West Bank Rd.

Busse halten am westlichen Ende der Waller St.

Busse nach:
GREYMOUTH 1–2x tgl., 4 Std.;
NELSON 1–2x tgl., 2 Std.;
PUNAKAIKI 1–2x tgl., 2 Std. 50 Min.;
WESTPORT 1–2x tgl., 1 1/2 Std.

Das Marlborough Wine Country

Noch Anfang der 1970er-Jahre galt es als unwahrscheinlich, dass in dieser Gegend jemals Wein produziert würde. Inzwischen hat der hiesige **Sauvignon Blanc** der neuseeländischen Weinwirtschaft auch zu internationalem Ruhm verholfen, und heute ist das Marlborough Wine Country mit fast 60 % der nationalen Traubenernte die größte Weinanbaugebiet des gesamten Landes. Viele Weinkellereien unternehmen alle möglichen Anstrengungen, um Besucher anzulocken, und werben mit auffälliger Architektur, noblen Restaurants, interessanter Kunst und raffinierter Küche. Die vielen Wochenendausflügler sorgten für die Entstehung exklusiver B&Bs in der Region, die sich gegenseitig durch ein immer größeres Luxusangebot auszustechen versuchen. Wer so etwas sucht, braucht sich gar nicht lange in **Blenheim** selbst aufzuhalten, zumal die meisten Weingüter ohnehin näher an der unauffälligen Kleinstadt **Renwick** 10 km weiter westlich liegen. Die besten Weingüter sind auf S. 587 aufgeführt.

Blenheim

Anfang der 70er-Jahre lag das 27 km südlich von Picton entfernte **Blenheim** noch inmitten ausgedehnter Weideflächen. Heute ist das ziemlich verschlafene Städtchen auf allen Seiten von Weinbergen umgeben, die zu den fruchtbarsten und qualitativ besten im Land zählen. Da daher viele Besucher in die Gegend kommen, hat sich in Blenheim inzwischen eine passable Café-Szene entwickelt, jedoch besitzt der Ort abgesehen von den Weingütern kaum nennenswerte Sehenswürdigkeiten.

Omaka Aviation Heritage Centre

79 Aerodrome Rd, 4 km südwestlich der Stadt ▪ ⊕ tgl. 10–16 Uhr ▪ Eintritt $25 ▪ 🖳 www.omaka.org.nz

Die bei Weitem unterhaltsamste Sehenswürdigkeit in Blenheim ist das neben einem Flugfeld gelegene **Omaka Aviation Heritage Centre**. In zwei großen Hangars sind 21 Flugzeuge aus dem Ersten Weltkrieg untergebracht, einige davon noch flugfähige Originale, und authentische Nachbauten wie die einzigartige deutsche Halberstadt D.IV. Viele sind mit erstaunlich realistischen Dioramen in Szene gesetzt, die von der Firma Weta Workshop des Regisseurs Peter Jackson angefertigt wurden. Jackson gehört ein großer Teil der Sammlung, und er ist Vorsitzender des Trusts, der das Museum ins Leben rief.

Brayshaw Heritage Park und Marlborough Museum

New Renwick Rd, 2,5 km südlich von Blenheim ▪ ⊕ Museum tgl. 10–16 Uhr ▪ Eintritt $10 (einige Weingüter vergeben Gutscheine)

Der **Brayshaw Heritage Park** beherbergt alte Gebäude, Fahrzeuge und landwirtschaftliche Geräte. Der beste Teil des Parks ist das **Marlborough Museum** mit einer kleinen Maori-Sammlung und einer Ausstellung über den Weinanbau der Region.

Die Weinregion wartet mit zahlreichen teuren Luxusunterkünften in Blenheim selbst auf. Budget-Unterkünfte sind meistens mit Saisonarbeitern belegt, aber es gibt auch ein sehr gutes Hostel in Renwick (S. 585). In der ersten Februarwoche sind fast alle Zimmer schon lange im Voraus ausgebucht, denn dann ist Festivalsaison.

Bings Motel, 29 Maxwell Rd, ☎ 03 578 6199, ✉ email@bingsmotel.co.nz; Karte S. 583. Klassisches Motel in einer ehemaligen Kaserne in der Nähe des Zentrums mit viel Platz und günstigen Preisen. $94

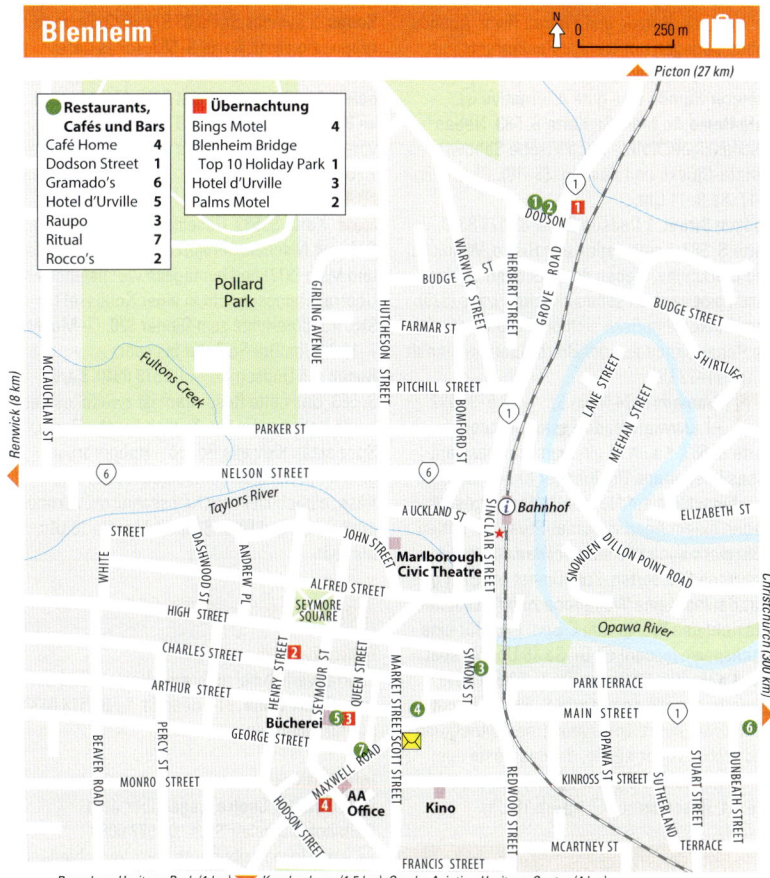

N   0   250 m

Picton (27 km)

**Restaurants,
Cafés und Bars**
Café Home   4
Dodson Street   1
Gramado's   6
Hotel d'Urville   5
Raupo   3
Ritual   7
Rocco's   2

Übernachtung
Bings Motel   4
Blenheim Bridge
 Top 10 Holiday Park 1
Hotel d'Urville   3
Palms Motel   2

Renwick (8 km)

Christchurch (300 km)

Pollard
Park

Fultons Creek

WARWICK ST
HERBERT STREET
GROVE ROAD
BUDGE STREET
SHIRTLUF
GIRLING AVENUE
HUTCHESON STREET
BUDGE ST
FARMAR ST
LANE STREET
MEEHAN STREET
Taylors River
PITCHILL STREET
BOMFORD ST
PARKER ST
NELSON STREET
A UCKLAND ST
Bahnhof
ELIZABETH ST
STREET
JOHN STREET
SINCLAIR STREET
WHITE
DASHWOOD ST
ANDREW PL
**Marlborough
Civic Theatre**
SNOWDEN
DILLON POINT ROAD
ALFRED STREET
Opawa River
HIGH STREET
SEYMORE
SQUARE
CHARLES STREET
HENRY STREET
SEYMOUR ST
QUEEN STREET
SYMONS ST
PARK TERRACE
ARTHUR STREET
MARKET STREET
MAIN STREET
Bücherei
PERCY ST
GEORGE STREET
SCOTT STREET
OPAWA ST
STUART STREET
DUNBEATH STREET
BEAVER ROAD
MONRO STREET
MAXWELL ROAD
KINROSS ST STREET
SUTHERLAND
HODSON STREET
REDWOOD STREET
**AA
Office**
Kino
MCARTNEY ST
TERRACE
FRANCIS STREET

Brayshaw Heritage Park (1 km), ▼ Krankenhaus (1,5 km), Omaka Aviation Heritage Centre (4 km)

Blenheim Bridge Top 10 Holiday Park, 78 Grove Rd, ☎ 0800 268 666, ⌨ www.blenheim top10.co.nz; Karte s. oben. Zentral, aber ein wenig zu nah an der Hauptstraße und der Eisenbahnstrecke. Hat die üblichen Einrichtungen sowie Tretautos, Elektroräder, gemütliche Selbstversorger-Units und Cabins ($78–87). Camping $38, Unit $120

Hotel d'Urville, 52 Queen St, ☎ 03 577 9945, ⌨ www.durville.com; Karte s. oben. Früher eine Bank, jetzt ein schickes, stilvolles kleines Hotel mit Restaurant und Cocktailbar direkt im Stadtzentrum. Die beste Unterkunft der Stadt mit sehr empfehlenswertem Restaurant. Kostenloses WLAN für Gäste. $290

Palms Motel, 78 Charles St, ☎ 0800 256 725, ⌨ www.blenheimpalmsmotel.co.nz; Karte s. o. Schön eingerichtetes zentrales Motel mit kostenlosem WLAN, Sky-TV und diversen Units, darunter einige mit Whirlpool. Warmes Frühstück erhältlich ($19). $150

ESSEN

Eine Besichtigung der Weingüter lässt sich gut mit einem Mittagessen verbinden, besonders

bei Hunter's, Herzog und Wairau River. Abends haben dagegen nur wenige Restaurants auf den Weingütern geöffnet, sodass Blenheim zu späterer Stunde eine gute Alternative ist.
Café Home, 1c Main St; Karte S. 583. Neben erstklassigem Kaffee auch frische Sandwiches, Frittata-Stücke und Kuchen ($8–18). ⏱ Mo–Fr 8–17, Sa 9–14 Uhr.
Dodson Street, 1 Dodson St, ✆ 03 577 8348; Karte S. 583. Kombination aus Bistro, Weinlokal und Bierkneipe. Neben dem üblichen Kneipen-essen gibt es auch schmackhafte Pizzas ($20). Zum Trinken empfiehlt sich ein Probierset oder ein Renaissance aus der Bierbrauerei nebenan. ⏱ tgl. 11–23 Uhr.

🏨 **Gramado's**, 74 Main St, ✆ 03 579 1192, 🖥 www.gramadosrestaurant.com; Karte S. 583. Kaum zu glauben: ein brasiliani-sches Restaurant. Die Inhaber haben sich geschmacklich auf Neuseeländer eingestellt. Neben einem Aged Wakanui-Steak mit Fritten ($36) gibt's auch köstliche *feijoada* ($29) mit mehreren Chilisorten. Zum Dienst am Gast ge-hört Saulos kleine Weinprobe zum Aussuchen des richtigen Weins zum Essen. Platz für eine Nachspeise lassen! ⏱ Di–So 16 Uhr bis spät.
Hotel d'Urville, 52 Queen St, ✆ 03 577 9945, 🖥 www.durville.com; Karte S. 583. Sehr gutes Restaurant mit stilvoller moderner Einrichtung und erstklassiger Küche, die das Beste aus dem saisonalen Angebot macht. Hauptgerichte $26–34. Reservieren! ⏱ tgl. ab 18 Uhr.

Weinfestival

Am zweiten Samstag im Februar findet das einzige größere Ereignis der Region statt: das **Marlborough Wine Festival**, 🖥 www.wine-marlborough-festival.co.nz. Etwa 8000 Weinfreunde machen sich zum Weinprodu-zenten Montana Brancott auf den Weg, wo an unzähligen Zelten Wein und Essen angeboten werden und dazu Livemusik erklingt. Eintritt $48, inkl. Glas.
Richies, ✆ 03 578 5467, setzt Busse zum Fes-tivalgelände ein. Die Rückfahrkarte kostet von der Stadt und vom Flughafen aus $20, von Pic-ton $30.

Raupo, 2 Symons St, ✆ 03 577 8822, 🖥 www.raupocafe.co.nz; Karte S. 583. Tolles Café mit Terrasse am Opawa River und ausgezeich-netem Mittagessen (meist $22), Abendessen im Bistro-Stil ($28–34) und *high tea*, sowohl vor- als auch nachmittags ($17,50). ⏱ tgl. 7.30–23 Uhr.

🏨 **Ritual**, 10 Maxwell Rd, ✆ 03 578 6939; Karte S. 583. Geselliges, lizensiertes Café mit Nischen, serviert Burritos mit Tempeh und Miso ($17) und ein täglich wechselndes Überraschungsgericht in einer Schüssel für $10. Hauptgerichte zum Dinner $20. ⏱ Mo–Mi 7–16.30 Uhr, Do–Sa 7 Uhr bis spät.
Rocco's, 5 Dodson St, ✆ 03 578 6940; Karte S. 583. Das nette Restaurant ist zweifellos der beste Italiener am Ort. Täglich frische Pasta, Spezialität: Kiev alla Rocco – Hühnerbrust gefüllt mit Schinken, Knoblauchbutter und Käse, eingehüllt in ein Kalbsschnitzel. Alkohol-ausschank und BYO ($10). ⏱ Mo–Sa 18 Uhr bis spät.

SONSTIGES

Fahrradverleih
Fahrradverleih bei mehreren Hostels und bei **AvantiPlus Cycle**, 61 Queen St, ✆ 03 578 0433, $40 für einen Tag.

Informationen
i-SITE Visitor Centre, gegenüber dem Bahnhof, 8 Sinclair St, ✆ 03 577 8080, 🖥 www.lovemarlborough.com. Verschiedene Broschüren, darunter die Karte *Marlborough Wine Trail* und die Broschüre *Art and Craft Trail* (beide kostenlos). ⏱ Mo–Fr 8.30–17, Sa und So 10–15 Uhr.

Internet
Freies WLAN im Ortszentrum und in der **Bücherei**, 33 Arthur St, ⏱ Mo–Fr 9–18, Sa 10–13, So 13.30–16.30 Uhr.

TRANSPORT

Busse
Alle Fernbusse halten vor dem **i-SITE Visitor Centre**, direkt vor dem Bahnhof.

Busse nach:
CHRISTCHURCH 3x tgl., 5 Std.;
NELSON 1–2x tgl., 1 3/4 Std.;
PICTON 5x tgl., 1/2 Std.

Eisenbahn
1x tgl. fährt ein Zug nach PICTON (Okt–April)
und über Kaikoura nach CHRISTCHURCH
(Okt–April).

Flüge
Der Flughafen liegt 7 km westlich der
Stadt. **Marlborough Taxis**, ✆ 03 577 5511,
nimmt $30 für die Fahrt in die Stadt.

Flüge nach:
AUCKLAND 3x tgl., 1 Std. 25 Min.;
CHRISTCHURCH 2–3x tgl., 50 Min.;
PARAPARAUMU 1–3x tgl., 25 Min.;
WELLINGTON 11–13x tgl., 25 Min.

Wine Country

Im Schutz der Berge der Richmond Range erhalten die fruchtbaren Ebenen am Wairau River in
der Umgebung von Blenheim und Renwick um
die 2500 Stunden Sonnenschein pro Jahr, unter
dem die Trauben heranreifen. Man schätzt dieses Anbaugebiet besonders für den Sauvignon
Blanc, aber es wird auch leckerer Chardonnay
und Pinot Noir produziert (auch für leckeren
Sekt). Darüber hinaus hat sich die Region als
Produzent von vorzüglichem Olivenöl einen Namen gemacht.

ÜBERNACHTUNG

Olde Millhouse, 9 Wilson St, Renwick,
✆ 0800 653 262, 🖥 www.oldemillhouse.co.nz;
Karte S. 586. Ein reizendes B&B mit 3 Zimmern
in einem Bauerngarten, wo ein kleines Frühstück serviert werden kann. Fahrradverleih
(auch an Nichtgäste) möglich, Whirlpool, Gratis-
WLAN und kostenloser Flughafentransfer. $175

Peppertree, 3284 SH1, ✆ 03 520 9200,
🖥 www.thepeppertree.co.nz; Karte
S. 586. Luxuriöses Boutique-B&B mit 5 individuell gestalteten Zimmern in einem fachgerecht

restaurierten viktorianischen Haus. Die baum-
bestandene Anlage umfasst kunstvoll ange-
legte Gärten, einen Weingarten (Chardonnay),
einen Olivenhain, Petanque-Platz, Pool, eine
Krocketwiese und einen großen Ententeich.
Die äußerst zuvorkommenden schweizerischen
Besitzer servieren zum im Preis enthaltenen
Frühstück Bircher-Müsli, selbst gebackenes
Brot und Eingemachtes. $595

St Leonard's Vineyard Cottages, 18 St Leonard's
Rd, ✆ 03 577 8328, 🖥 www.stleonards.co.nz;
Karte S. 586. Hier wurden ehemalige Hof-
gebäude wunderbar in rustikal-luxuriöse Selbstversorger-Unterkünfte für 2–5 Pers. umgebaut.
Sie sind alle mit voll eingerichteter Küche,
Wärmepumpe, TV und kostenlosem WLAN
ausgestattet. Außerdem gibt's einen beheizten
Pool, kostenlosen Radverleih und Grillbereiche,
und das alles auf einem Gelände inmitten der
Weinreben. Zutaten fürs Frühstück werden
gestellt. Old Dairy (für 2 Pers.) $120, Woolshed
(für bis zu 5 Pers.) $320

Watson's Way Backpackers, 56 High St,
Renwick, ✆ 03 572 8228, 🖥 www.
watsonswaylodge.com; Karte S.586. Das mit
Abstand beste Hostel in Marlborough: eine
sehr gemütliche Unterkunft in schattigem
Garten mit BBQ-Bereich; in der Nähe vieler
Weingüter. Schicke Zimmer, preisgünstiger
Fahrradverleih, Pool im Freien. Sehr hilfsbereite
Besitzer, öffentlicher Tennisplatz nebenan.
🕑 Sep geschl. Dorm $30, DZ $88

ESSEN UND UNTERHALTUNG

Renwick
The Argosy Global Café, 760 Middle Renwick
Rd, östlich des Orts, ✆ 03 572 5034, 🖥 www.
argosy-cafe.co.nz; Karte S.586. Modernes
Restaurant mit großer Auswahl, auch Pizza und
ein Pint Bier für $25. Schanklizenz. 🕑 Mi–Sa
11–21, So 11–17 Uhr.

Cork and Keg, Inkerman St; Karte S. 586.
Freundliche Kneipe mit guter Auswahl an Bieren
von Kleinbrauereien der Südinsel, u. a. dem
örtlich gebrauten Moa-Bier. Pubgerichte ganztägig $12–24. 🕑 tgl. 12–23 Uhr.

Moa Bar, 258 Jacksons Rd, 2 km östlich des
Ortes, ✆ 03 572 5149, 🖥 www.moabeer.com;

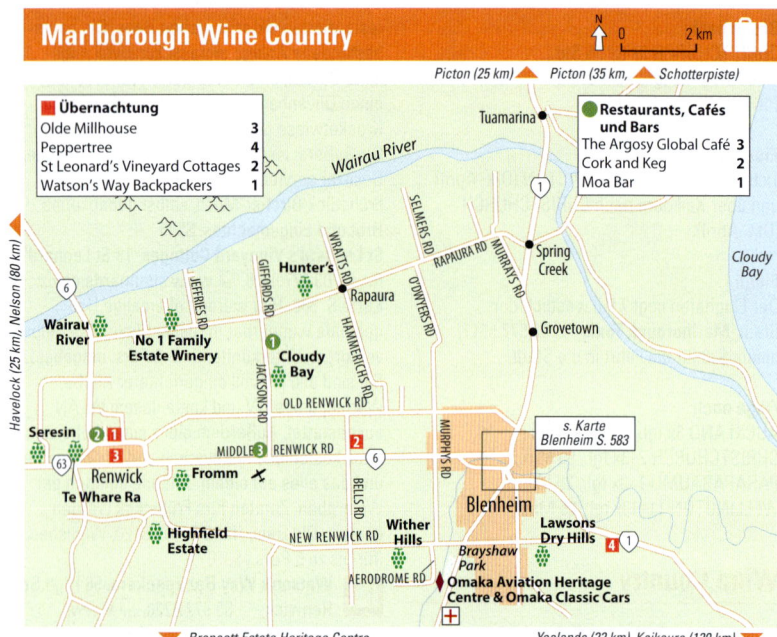

Marlborough Wine Country

N ↑   0 ——— 2 km

Picton (25 km) ▲   Picton (35 km, ▲ Schotterpiste)

■ Übernachtung
Olde Millhouse	3
Peppertree	4
St Leonard's Vineyard Cottages	2
Watson's Way Backpackers	1

● Restaurants, Cafés und Bars
The Argosy Global Café	3
Cork and Keg	2
Moa Bar	1

Tuamarina

Wairau River

SELMERS RD · RAPAURA RD · MURRAYS RD · WRAITS RD · O'DWYERS RD · GIFFORDS RD · JEFFRIES RD · HAMMERICHS RD · JACKSONS RD · OLD RENWICK RD · MIDDLE RENWICK RD · MURPHYS RD · BELLS RD · NEW RENWICK RD · AERODROME RD

Spring Creek

Cloudy Bay

6 — Hunter's — Rapaura

Wairau River

No 1 Family Estate Winery

Cloudy Bay

Grovetown

Seresin — 2 ■1

■3 — Renwick — Te Whare Ra — 63

MIDDLE 3 RENWICK RD — 2 — 6

Fromm ✈

s. Karte Blenheim S. 583

Blenheim

Highfield Estate — Wither Hills — Lawsons Dry Halls — 4 1

Brayshaw Park

Omaka Aviation Heritage Centre & Omaka Classic Cars ✚

▼ Brancott Estate Heritage Centre

Yealands (22 km), Kaikoura (120 km) ▼

Havelock (25 km), Nelson (80 km)

Karte S. 586. Die kleine, moderne Bar führt Biere (mindestens 20 Sorten) und Cider der Moa-Brauerei. Tipp: Ein Five Hop mit Renwick Pie. Probe $5. ⊕ tgl 11–18 Uhr.

Weingüter

Brancott Estate, 180 Brancott Rd, 5 km südlich von Renwick am SH1, ✆ 03 520 6975, ⌨ www.brancottestate.com. Guter Startpunkt für die Erkundung der Weinregion. Montana gab Anfang der 70er-Jahre den Startschuss für den Weinanbau und betreibt hier heute das größte Weingut Neuseelands. Es wird bevorzugt von Reisebussen angefahren. Kostenlose Weinproben (3 Weine), Probe von Sauvignon Blanc mit Erklärungen (tgl. 11 und 14 Uhr, $18) und Fahrradtour durch die Weingärten (nur mit Vorausbuchung, 13 Uhr, $35). Interessant ist auch das auf einer Anhöhe gelegene Restaurant und das Heritage Centre; hier werden gutes Essen und Ausblicke geboten. ⊕ Kellerei tgl. 10–16.30 Uhr.

Cloudy Bay, Jacksons Rd, ✆ 03 520 9197, ⌨ www.cloudybay.co.nz. Mit dem Sauvignon Blanc aus Marlborough gelang Neuseeland Ende der 80er-Jahre der internationale Durchbruch als Weinland, und der Sauvignon aus Cloudy Bay war das Flaggschiff. Er und die anderen erstklassigen Weine können natürlich probiert werden. Preise: $5 (2 Weine) und $10 (5 Weine). Die Bar, die zum Wein Seafood anbietet, ist an Wochenenden und im Sommer jeden Tag. geöffnet. ⊕ tgl. 10–17 Uhr.

Fromm, Godfrey Rd, ✆ 03 572 9355, ⌨ www.frommwineries.com. Weingut mit überwiegend Rotweinen: hervorragender Pinot Noir, würziger Syrah sowie Malbec. Begeistert wahre Weinliebhaber – die Produkte können mit Erzeugnissen aus aller Welt mithalten. Weinprobe $5. ⊕ tgl. 11–17 Uhr.

Highfield Estate, Brookby Rd, ✆ 03 572 9244, ⌨ www.highfield.co.nz. Leicht zu erkennen an dem toskanisch anmutenden Turm mit toller Aussicht. Die Weinproben sind kostenlos. ⊕ tgl. 10–17 Uhr (im Winter nach Vereinbarung).

Hunter's, Rapaura Rd, ✆ 03 572 8489, ⌨ www.hunters.co.nz. Jane Hunter gilt als eine der

MARLBOROUGH, NELSON UND KAIKOURA

Weinproben und Touren in Marlborough

Die Weinbauregion erschließt sich am besten bei Weinproben und Touren. Es bringt nichts, sich zu viele Weingüter an einem Tag vorzunehmen, denn bei den meisten geht es eher um eine gemütliche Weinprobe, für die man Zeit mitbringen sollte. Zwar versenden die meisten Weingüter ihren Wein auch kistenweise ins Ausland, jedoch ist der finanzielle Aufwand meist zu hoch, sodass man sich besser darauf beschränkt, den Wein bei einem Picknick oder in einem BYO-Restaurant zu genießen.

Weinproben

Rund 50 **Weinkellereien** bieten in dieser Region Weinverkostungen an (meistens gegen einen geringen Unkostenbeitrag, der, sollte man sich zum Kauf von Wein entschließen, auf den Kaufpreis angerechnet wird). Einige Weingüter veranstalten auch kurze Führungen, betreiben ein Restaurant auf dem Gelände oder arbeiten mit anderen Produzenten, beispielsweise von Olivenöl, zusammen.

Die meisten namhaften Weinkellereien befinden sich in der Nähe von Renwick oder etwas weiter nördlich an der Raupara Road. Sie sind alle (mit Öffnungszeiten und Einrichtungen) in dem kostenlosen Blatt *Marlborough Wine Trail* und der entsprechenden App (🖥 www.wine-marlborough.co.nz) aufgeführt.

Die **Öffnungszeiten** sind im Allgemeinen tgl. 10–16 oder 17 Uhr, im Winter jedoch stark eingeschränkt.

Mit diesen Informationen ist man bestens gerüstet für einen Tag in den Weinreben, vorzugsweise mit einem Mittagessen in einem der Weingutrestaurants. Es gibt hier nur wenige Weine, die deutlich unter $20 pro Flasche kosten, und da die Kellereien ihre Restaurants auch zur Selbstdarstellung nutzen, muss man dort in der Regel ebenfalls tief in die Tasche greifen.

Weintouren

Eine Besichtigung mehrerer Kellereien bringt einen offensichtlichen Nachteil für den Fahrer mit sich. Die Alternative ist eine organisierte Weintour.

Highlight Wine Tours, 📞 03 577 9046, 🖥 www.highlightwinetours.co.nz. Nachmittags- ($55), Halbtages- ($65) und Ganztagstouren ($75, mit Lunchstopp, Essen muss aber selbst bezahlt werden).

Marlborough Wine Tours, 📞 03 578 9515, 🖥 www.marlboroughwinetours.co.nz. Bietet einige der günstigsten Touren, z. B. 3 Std. ($55), 5 Std. ($70) und 7 Std. ($195) mit Zeit zum Mittagessen (nicht im Preis inbegriffen) bei einer der Kellereien.

Sounds Connection, 📞 0800 742 866, 🖥 www.soundsconnection.co.nz. Halbtägige Tour mit 4–5 Weinkellereien ($69), ganztägige Rundfahrt mit 6–7 Weingütern ($95, ohne Mittagessen).

Wine Tours by Bike, 📞 03 527 7954, 🖥 www.winetoursbybike.co.nz. Relativ teurer Fahrradverleih ($45 für 5 Std.), dafür sind aber Abholung von Unterkünften und Hilfe bei Fahrradpannen inbegriffen.

Ausflüge in die Natur

Wer die Landschaft aus einer anderen kulturellen und geologischen Perspektive betrachten möchte, sollte sich einer Ökotour von Driftwood anschließen.

Driftwood Retreat and Eco-Tours, 📞 03 577 7651, 🖥 www.driftwoodecotours.co.nz. Betreiber Will kennt sich bestens in der Geschichte der Maori und Pakeha Blenheims aus. Er bietet die unterschiedlichsten Touren an, z. B. eine entspannte Paddeltour durch die Lagune mit ihren Löffelreihern ($70) oder eine 4WD-Tour über eine Schafstation ($325/8 Std.) Die Abholung von Blenheim ist kostenlos, von Picton kostet sie $25.

besten weiblichen Weinproduzenten der Welt. Weinproben (kostenlos), Kunstgalerie, Gartenanlage und familienfreundliches Café mit Snack-Platten ($14,50). ☉ Kellerei tgl. 9.30–16.30 Uhr.

Lawsons Dry Hills, Alabama Rd, ✆ 03 578 7674, 🖳 www.lawsonsdryhills.co.nz. Ein vielfach ausgezeichnetes Weingut mit hervorragendem Pinot Noir, Pinot Gris, Gewürztraminer und Sauvignon Blanc. Kostenlose Weinproben. ☉ Kellerei tgl. 10–17 Uhr.

No 1 Family Estate, 196 Rapaura Rd, ✆ 03 572 9876, 🖳 www.no1familyestate.co.nz. Die bekannteste und beste Sektkellerei der Gegend. Kostenlose Proben. ☉ tgl. 10–16.30 Uhr.

Seresin, Bedford Rd, ✆ 03 572 9408, 🖳 www. seresin.co.nz. Stilvolles Weingut mit einem auffälligen Handabdruck als Logo. Die Weine kommen ausschließlich aus biologisch-organisch angebauten Trauben. Gutes Olivenöl, außerdem Marmelade und Seife. Weinproben kostenlos. ☉ tgl. 10–16.30 Uhr.

Te Whare Ra, 56 Anglesea St, Renwick, ✆ 03 572 8581, 🖳 www.twrwines.co.nz. Wunderbares kleines Weingut, auf dem die Besitzerfamilie die Trauben immer noch per Hand erntet und verarbeitet. Auf den kostenlosen Weinproben kann man u. a. Riesling und Syrah verkosten. ☉ Nov–März Mo–Fr 11–16.30, Sa und So 12–16 Uhr, April–Okt nur nach Vereinbarung.

Wither Hills, 211 New Renwick Rd, ✆ 03 520 8284, 🖳 www.witherhills.co.nz. Auffallende Weinkellerei mit viel Beton und Tussockgras. Proben $5, beliebt sind besonders der Chardonnay, Pinot Noir und Sauvignon Blanc (darunter v. a. der Rarangi aus Trauben von einem einzigen Weinberg). Spaziergang durch die Rebstöcke 11.30 und 14.30 Uhr (40 Min; $20). ☉ tgl. 10–16.30 Uhr.

Yealands, Awatere Valley, ✆ 03 575 7618, 🖳 www.yealands.co.nz. Bei der Fahrt auf der weißen Straße tut sich die neuseeländische Vision eines Weinguts auf: 1500 Babydoll Schafe, eine Unmenge von Hühnern und klassische Musik, die die Reben bis hinunter zum Meer beschallt. Nicht nur die Geschichte des Guts überzeugt, sondern auch der Wein. Weinprobe ist kostenlos (u. a. „Portwein" und Tempranillo). ☉ tgl. 10–16.30 Uhr.

Die Straße zur Kaikoura Coast

Der 130 km lange Abschnitt des SH1 von Blenheim nach Kaikoura zwischen der Küste zur Linken und der Seaward Kaikoura Range zur Rechten zählt zu den spektakulärsten Küstenstraßen Neuseelands. Es empfiehlt sich, unterwegs häufiger anzuhalten, um die herrliche Landschaft zu genießen. Rund 20 km südlich von Blenheim weist ein Schild den Weg zur **Molesworth Station** (s. Kasten) und nach **Hanmer Springs**.

Der **Lake Grassmere** 50 km südlich von Blenheim ist ein riesiger, seichter Salzsee, aus dem jedes Jahr 70 000 t Tafelsalz gewonnen werden. Radfahrer übernachten gern 20 km südlich der Salzfabrik im kleinen, aber sehr hübschen Pedallers Rest Cycle Stop (S. 589).

Hinter dem Lake Grassmere folgt der SH1 der Küste mit grauen Kieselstränden, die an mehreren Stellen zugänglich sind. Knapp 90 km südlich

Fahrt durch die Molesworth Station

Wer auf der Acheron Road die **Molesworth Station**, mit 1800 km^2 Neuseelands größte Farm, durchfahren möchte, muss dafür die richtige Zeit abpassen: Der mittlere, 59 km lange Abschnitt der Straße ist jeden Sommer nur einige Monate lang für die Öffentlichkeit passierbar (Okt–April). Die Straße führt durch eine beeindruckende Berglandschaft mit Lehmziegelhäusern und hoch aufragenden Gipfeln. Die Fahrt von Blenheim nach Hanmer Springs (210 km) dauert über fünf Stunden, meist auf Schotter, und unterwegs gibt es keine Tankstellen.

Camping ist nur beim Molesworth Cob Cottage und beim Acheron Accommodation House (jeweils $6) erlaubt. Aktuelle Informationen in der DOC-Broschüre *Molesworth* ($2) oder auf der DOC-Website, 🖳 www.doc.govt.nz.

Molesworth Tour Company, ✆ 03 572 8025, 🖳 www.molesworthtours.co.nz. Dieser Veranstalter bietet 2- bis 4-tägige Touren ($220–1835) sowie etwas günstigere Radtouren.

von Blenheim ragt der felsige **Kekerengu Point** ins Meer und bietet sich als perfekter Zwischenstopp an, nicht nur wegen der malerischen Küste, sondern auch, um in The Store (s. unten) einen Happen zu essen.

Ohau Point

35 km südlich des Kekerengu Point

Den schönsten Abschnitt der Küste markiert der **Ohau Point** mit der größten Robbenkolonie derSüdinsel, wo sich (meistens) in weniger als 20 m Entfernung Dutzende – wenn nicht gar Hunderte – Robben auf den Felsen lümmeln. Direkt vor dem Ohau Point führt der **Ohau Stream Walk** (15 Min. hin und zurück) durch den Wald zu einem schönen Wasserfall und Becken, wo in den Monaten Oktober und November manchmal junge Robben zu finden sind. Dann sollte man sich leise nähern, Abstand halten (10 m) und der Robbe nicht den Weg zum Wasser abschneiden.

Die hiesige Küste ist auch ein idealer Lebensraum für Langusten, die von den Einheimischen an der Straße verkauft werden, vor allem in **Rakautara** (s. unten).

ÜBERNACHTUNG UND ESSEN

Cay's Crays und Nin's Bins, Rakautara, 3 km südlich des Ohau Point. Hier bieten Wagen an der Straße köstliche gekochte Langusten für $50–90 an. ☉ tgl. nach Lust und Laune der Inhaber.

Pedallers Rest Cycle Stop, Lake Grassmere, 1,5 km abseits des SH1, ✆ 03 575 6708, ✉ pedallers@ruralinzone.net. Kleine, freundliche und gemütliche Unterkunft, die gern von Radlern angesteuert wird, aber auch Nichtradler willkommen heißt. Die Abzweigung zur Unterkunft ist an einem Wassertank und einem Schild an der Straße zu erkennen. Mit kleinem Geschäft, Bettzeug inkl. Dorm $20, Camping $15

The Store, Kekerengu Point, ✆ 03 575 8600. Café in toller Lage mit Burgern ($21,50), Fish 'n' Chips ($20), Kuchen und Kaffee. Mit Alkoholausschank; beliebt bei Tourbussen. ☉ tgl. 8–16 Uhr.

Kaikoura

130 km südlich von Blenheim und 180 km nördlich von Christchurch liegt, von der **Kaikoura Peninsula** geschützt, in spektakulärer Lage zwischen Bergen und Meer die kleine Stadt Kaikoura. Vor der Küste fällt der Meeresboden jäh in den 1 km tiefen Kaikoura Canyon ab. Hier treffen warme subtropische und kalte subantarktische Strömungen aufeinander und bilden ein nährstoffreiches Gemisch, das Fische und mit ihnen Seevögel und Meeressäugetiere in großer Zahl und Vielfalt anlockt. Über die Jahre kamen immer mehr Touristen in den kleinen Ort, so dass **Walbeobachtung** und **Schwimmen mit Delphinen** zu einem großen Geschäft geworden sind.

Die Anwesenheit erwartungsfroher Touristen hat auch zur Entstehung mehrerer ökologisch ausgerichteter Unternehmen gesorgt, die Schwimmen mit Robben, Seekajak fahren und Wandern anbieten.

Geschichte

Kaikoura verdankt seinen Namen einem alten **Maori**-Entdecker, der hier eine Rast einlegte, um Langusten zu verspeisen. Diese schmeckten ihm so gut, dass er den Ort *kai* (Essen) *koura* (Langusten) nannte.

Die **Ngai Tahu** lebten hier vom Reichtum an Land und im Meer, bis sie um 1830 durch den kriegerischen Te Rauparaha dezimiert wurden. Die ersten **europäischen Siedler** in der Region waren Walfänger, die hier Anfang der 1840er-Jahre landeten und denen alsbald Farmer folgten – ihr mühsamer Alltag wird im Kaikoura Museum sowie im faszinierenderen Fyffe House dokumentiert.

Kaikoura dämmerte bis Ende der 1980er-Jahre so vor sich hin, bis die **Walbeobachtung** die Stadt plötzlich für den Tourismus interessant machte. Seither ist der Ort stetig gewachsen und kommerzieller geworden, hat sich aber seine kleinstädtische Atmosphäre nach wie vor bewahrt.

Kaikoura Marine Aquarium

Wakatu Quay ▪ ⏱ Sommer tgl. 10–17,
Winter 11–16 Uhr ▪ Eintritt $8

Die kleine Anlage beherbergt zwei Streichel-
becken und einen riesigen präparierten Tintenfisch. Die „Ausstellungsstücke" sind all die
Fische, die die ansässigen Fischer von ihren
Touren mitbringen und auch wieder freilassen,
falls die Tiere leiden. Zu sehen sind u. a. Langusten, Kraken, Paua und Seepferdchen und feste
Ausstellungen zum Thema Umwelt und Ökologie
in der Region.

Kaikoura Museum

14 Ludstone Rd ▪ ⏱ Mo–Fr 10–16.30, Sa und So
14–16 Uhr ▪ Eintritt $5

Das Kaikoura Museum zieht nach und nach in
ein neues Gebäude gegenüber dem i-SITE im
Ortszentrum um. Seine Maori-Abteilung zeigt
u. a. die verschiedenen Arbeitsschritte, die nötig sind, um aus einer Muschelschale einen wirkungsvollen Angelhaken herzustellen. Hinter
dem Museum befindet sich ein Gefängnis vom
Beginn des 20. Jhs., das bis 1980 genutzt wurde.

Fyffe House

62 Avoca St ▪ ⏱ Okt–April tgl. 10–17, Mai–Sep
Do–Mo 10–16 Uhr ▪ Eintritt $10

Auf der Halbinsel lohnt ein Besuch des **Fyffe
House**. Das wunderschön gelegene Walfän-
ger-Cottage ist das älteste Gebäude der Stadt.
Es gehörte ursprünglich zur 1842 von Robert
Fyffe gegründeten Waiopuka Whaling Station
und ruht noch immer auf dem alten Walknochen-
fundament. 1860 wurde es von Fyffe erweitert;
einige Räume sehen noch so aus wie in jener
Zeit, während andere zeigen, wie das Haus aussah, als 1980 der letzte Bewohner auszog.

Vom Cottage kann man der Avoca Street
bis zu einem Parkplatz (Ausgangspunkt für den
Wanderweg Kaikoura Peninsula Walkway,
s. Kasten S. 594) folgen, wo sich des Öfteren
Pelzrobben auf den flachen Meeresfelsen lümmeln. Die Stelle eignet sich auch zum Beobach-

ten der verschiedenen Vögel, die in den Felsenpools auf die Suche nach Nahrung gehen.

Maori Leap Cave

2 km südlich von Kaikoura am SH1 ▪ 45-minütige
Touren tgl. 10.30–15.30 Uhr jeweils zur halben
Stunde ▪ $15 ▪ ☎ 03 319 5023

Die **Maori Leap Cave** mit einigen bemerkenswerten Kalksteinformationen ist nach einem
Maori-Krieger benannt, der sich auf der Flucht
vor Kriegern eines verfeindeten Stammes vom
Hügel oberhalb der Höhle in den Tod stürzte. Außerdem findet man hier Höhlenkorallen und -al-
gen, die in der feuchten Höhle überleben, indem
sie Dunkelheit in Energie verwandeln.

ÜBERNACHTUNG

Das Angebot an Unterkünften ist recht breit.
Die meisten liegen am SH1 (Beach Road) gleich
nördlich der Ortsmitte, an der Esplanade und
auf der Halbinsel östlich der Stadt.

🧳 **Albatross Backpacker Inn**, 1 Toruquay St,
☎ 800 222 247, 🖥 www.albatross-
kaikoura.co.nz. Coole Unterkunft in einem
umgewandelten Post- und Fernmeldeamt mit
hell gestrichenen Zimmern, z. B. dem hübschen
Hobbit-Dorm. Die gepflegten Außenanlagen
mit BBQ sorgen an schönen Tagen für Wohl-
befinden. Dorm $29, Zimmer $74

Alpine-Pacific Holiday Park, 69 Beach Rd,
☎ 0800 692 322, 🖥 www.alpine-pacific.co.nz.
Schattiger Platz in zentraler Lage. Viel Komfort
(Pool und Whirlpool unter freiem Himmel) und
Unterbringung in verschiedenartigen Unterkünf-
ten. Camping $46, Motel Unit für 2 Pers. $130
Anchor Inn Motel, 208 Esplanade, ☎ 0800
720 033, 🖥 www.anchorinn.co.nz. Luxuriöses
Motel mit geschmackvoll eingerichteten AC-
Units, einige mit Whirlpool. WLAN kostenlos.
$185, mit Meerblick $195

🧳 **Bay Cottages**, 29 South Parade, South
Bay, ☎ 03 319 5506, 🖥 www.baycotta-
ges.co.nz. Motelähnliche Selbstversorger-Units
in ruhiger Lage, rund 2 km außerhalb der Stadt
auf der Südseite der Halbinsel. Der Besitzer ist
außergewöhnlich herzlich. $130

N   0   500 m

Blenheim (120 km)

Maori Leap Cave, ◀ (7 km), Flughafen (8 km), (15 km), Christchurch (180 km)

Übernachtung

Albatross Backpacker Inn	5
Alpine-Pacific Holiday Park	7
Anchor Inn Motel	12
Bay Cottages	16
Bayview Homestay	17
Bendamere House	2
Dolphin Lodge	3
Dusky Lodge	9
Kaikoura Coastal Camping	11
Kaikoura Peketa Beach Holiday Park	10
The Lazy Shag	11
Miharotia	15
Nikau Lodge	4
Panorama Motel	14
Sunrise Lodge	8
Waves on the Esplanade	6
YHA Maui	13

Bücherei
Supermarkt

Bahnhof

Whale Watch Kaikoura

Garden of Remembrance

s. Ausschnitt

Kaikoura Helicopters
Bahnhof
Whale Watch Kaikoura

SÜDPAZIFIK

Kaikoura Museum

DOC Office

Garden of Remembrance

Rennbahn

Wharf
Marine Aquarium

SÜDPAZIFIK

Fyffe House

Aussichtspunkt

South Bay

Armers Beach

Point Kean

Robben-kolonie

Scenic Reserve

Scenic Reserve

Möwen-kolonie

Whalers Bay

Robbenkolonie

Meeres-höhlen

Atia Point

Robbenkolonie

Restaurants, Cafés und Bars

The Beach House	1
Café Encounter	8
Green Dolphin	9
Hislop's Café	2
Kaikoura Cheese	6
Kaikoura Seafood BBQ	10
Strawbery Tree	5
Tiki's Takeaways	4
Tuti	3
Whaler Bar and Restaurant	7

Bayview Homestay, 296 Scarborough St, ✆ 03 319 5480, 🖥 www.bayviewhomestay.word press.com. Die Seelen dieses überaus reizen-den traditionellen Homestays sind Margaret Woodill, die in diesem Haus seit über 70 Jahren lebt, und ihre Tochter. Hübscher Garten mit Pool, einfache Zimmer mit Zugang von außen und eigenem Bad. $130

Bendamere House, 37 Adelphi Terrace, ✆ 0800 107 770, 🖥 www.bendamere.co.nz.

Touren und Aktivitäten in und um Kaikoura

Nur 1 km vor der Halbinsel versammeln sich im nahrungsreichen, 1000 m tiefen Kaikoura Canyon unzählige Meeressäugetiere, darunter 14 Walarten, und dementsprechend viele Touristen, um sie zu beobachten. Hier zeigen sich regelmäßig gigantische **Pottwale** (ganzjährig), **Delphine** (ganzjährig), vorbeiziehende **Buckelwale** (Juni–Juli) und **Schwertwale** (Dez–Feb).

Da sich „Whale Watching" und „Dolphin Swimming" sehr großer Beliebtheit erfreuen, buchen viele Besucher bereits lange im Voraus. Bei **schlechtem Wetter** wird die See aber leider sehr unruhig, sodass Touren oft abgesagt werden müssen. Wer das Erlebnis auf keinen Fall verpassen möchte, sollte sich mit ein paar Tagen Aufenthalt etwas Flexibilität verschaffen.

Walbeobachtung

Whale Watch Kaikoura, The Whaleway Station, Whaleway Rd, ☎ 0800 655 121, ⌨ www.whale watch.co.nz. Vom Büro des von Maori geführten Unternehmens am Bahnhof geht es mit dem Bus zur South Bay, wo ein schneller Katamaran einige Kilometer aufs Meer hinausfährt (2 1/2 Std. auf See, $145). Wenn alles normal läuft, lassen sich unterwegs ein oder zwei Wale sichten, dazu Delphine und Seevögel. Wenn sich keine Wale zeigen, erhält man 80 % des Fahrpreises erstattet. Im Büro sind Tabletten und Armbänder gegen Seekrankheit erhältlich – besonders nachmittags eine gute Investition.

Wings Over Whales, ☎ 0800 226 629, ⌨ www.whales.co.nz. Eine Alternative ist die Walbeobachtung aus der Luft im Rahmen eines 30-minütigen Rundflugs ($180). Zwischen Ortszentrum und Flugplatz verkehrt ein Shuttle ($10 p. P. je Strecke). Fernglas mitnehmen!

Kaikoura Helicopters, ☎ 0800 455 4354, ⌨ www.worldofwhales.co.nz. Bietet 30-minütige (2 Pers. je $325) und 40-minütige Hubschrauberflüge (2 Pers. je $395) sowie andere Hubschraubertouren. Der Vorteil eines Hubschraubers gegenüber einem Flugzeug besteht natürlich darin, dass er über besonders schönen Stellen längere Zeit schweben kann.

Schwimmen mit Delphinen und Robben

Dolphin Encounter, 96 Esplanade, ☎ 0800 733 365, ⌨ www.dolphin.co.nz. Die Boote des sehr professionellen Anbieters brechen von November bis April tgl. um 5.30, 8.30 und 12.30 Uhr zu Touren auf, mit Schwimmen $170, nur Beobachtung $90. Je mehr man umhertaucht, desto neugieriger werden die Delphine. Mit Vorliebe lauschen sie den Geräuschen, die man durch den Schnorchel ausstößt. Man sollte sich allerdings nicht zu sehr mitreißen lassen: Delphine neigen dazu, immer kleinere Kreise zu ziehen, sodass man leicht die Orientierung verlieren kann. Für die Hochsaison von Dezem-

Auf dem Grundstück einer großen Villa auf einem Hügel 5 gehobene Zimmer mit Blick über die Bucht. Herzhaftes Frühstück, hilfsbereiter Besitzer. In fußläufiger Nähe zum Zentrum. Spezialangebote s. Website. $250

Dolphin Lodge, 15 Deal St, ☎ 03 319 5842, ⌨ www.dolphinlodge.co.nz. Kleines Hostel mit Garten mit Whirlpool, Hängematte und Meerblick. Dorms und nette kleine DZ, Fahrräder $5/Tag. Kein TV, dafür WLAN und ein schöner Kaminofen. Dorm $28, Zimmer $62

Dusky Lodge, 67 Beach Rd, ☎ 03 319 5959, ⌨ www.duskylodge.com. Gut geführtes Hostel

mit über 120 Betten sowie Sauna, Whirlpool, Swimmingpool, Restaurant, Kaminfeuer und großer Terrasse. Außerdem eine Etage mit Deluxe-Zimmern mit Bad und Flachbildschirm-TVs, eigener Lounge und Küche. Beliebt bei Gruppen. Kostenlose Abholung auf Anfrage. Dorm $26, DZ $80

Kaikoura Coastal Camping, SH1, etwa 15 km südlich von Kaikoura, ☎ 03 319 5348, ⌨ www.kaikouracamping.co.nz. Eine Kette von schönen Familien-Campingplätzen (davon 3 am Meer). Der nördlichste, Paia Point, hat keinen Strom; die anderen bieten Stellplätze

ber bis Februar sollte man drei bis vier Wochen im Voraus buchen, auch wenn manchmal kurzfristig noch Plätze frei werden.

Seal Swim Kaikoura, 58 Westend, ☎ 0800 732 579, 🖥 www.sealswimkaikoura.co.nz. Mit Robben zu schwimmen macht genauso viel Spaß wie das Schwimmen mit Delphinen, da Robben in der Regel noch neugieriger sind. Touren von der Küste aus $80, flexiblere Bootstouren (insgesamt 2–2 1/2 Std.) $110. Es muss recht viel geschwommen werden, ist also nicht schlecht, wenn man Erfahrung im Schnorcheln hat. ⏱ nur Okt–Mai.

Vogelbeobachtung, Seekajakfahren und Tauchen

Albatross Encounter, 96 Esplanade, ☎ 0800 733 365, 🖥 www.albatrossencounter.co.nz. Fans von Meeresvögeln kommen voll auf ihre Kosten, wenn es mit einem kleinen Boot 1–2 km aufs Meer hinaus geht (2–3x tgl., 2–3 Std., $110). Dort werden Köder ausgeworfen, um alle möglichen Seevögel anzulocken, darunter Krähenscharben, Mollymauks, Tölpel, Sturmvögel und Albatrosse, die alle erstaunlich nah kommen. Wegen der relativ geschützten Lage finden die Touren oft auch dann statt, wenn die größeren Boote nicht auslaufen können.

Kaikoura Kayaks, 19 Killarney St, ☎ 0800 452 456, 🖥 www.kaikourakayaks.co.nz. Bietet ganzjährig und z. T. auch bei schlechteren Wetterbedingungen Touren an. Am lohnendsten sind wohl die halbtägigen Seal-Kayaking-Touren ($95), erfahrene Paddler können jedoch auch Kajaks leihen ($70 halber, $85 ganzer Tag) oder ein Sit-on-Top-Kajak ausleihen ($30/Std.).

Dive Kaikoura, 13 Yarmouth St, ☎ 0800 348 352, 🖥 www.divekaikoura.co.nz. Tauchtrips für Anfänger und für Taucher mit Tauchschein (mit Doppelflasche, $250).

Maori-Touren

Maori Tours Kaikoura, ☎ 0800 866 267, 🖥 www.maoritours.co.nz. Veranstaltet verschiedene Touren zum Thema Maori-Kultur, die von dem ehemaligen Skipper eines Walbeobachtungsbootes und seiner Familie geleitet werden. Die halbtägigen Touren ($134) beinhalten verschiedene Sehenswürdigkeiten, Geschichten, Erläuterungen kultureller Unterschiede und das Erlernen eines Liedes.

Fliegen

Pilot a Plane, Kaikoura Airfield, SH1, ☎ 03 319 6579, 🖥 www.airkaikoura.co.nz. Wer gern Pilot spielt, kann hier 20 Min. lang das Ruder übernehmen – ein Adrenalinschub vor der Kulisse einer großartigen Landschaft ($120). Das Unternehmen bietet auch verschiedene Charterflüge zur Walbeobachtung.

mit Anschlüssen und Duschen. Paia Point $12, andere Plätze $16

Kaikoura Peketa Beach Holiday Park, 665 SH1, 8 km südlich von Kaikoura, ☎ 03 319 6299, 🖥 www.kaikourapeketabeach.co.nz. Friedlicher Campingplatz am Strand, bei Familien und Surfern beliebt, die von den ausgezeichneten Wellen angelockt werden. Minigolf, Flying Fox, kleiner Laden und WLAN. Camping $16, Cabin $65

The Lazy Shag, 37 Beach Rd, ☎ 03 319 6662, 🖥 www.lazy-shag.co.nz. Funktionales Hostel, in dem der Komfort der Gäste an erster Stelle steht. Ruhige Zimmer, große, gut ausgestattete Aufenthaltsräume; alle Dorms, Zweibettzimmer und DZ mit Bad. Dorm $27, Zimmer $66

Miharotia, 274 Scarborough St, ☎ 03 319 7497, 🖥 www.miharotia.co.nz. Elegantes B&B in modernem Haus mit 3 Zimmern, alle schön eingerichtet und mit Zugang über eine Terrasse zum Whirlpool im Freien. Toller Ausblick auf Berge und Ozean, hervorragendes Frühstück. $349

Nikau Lodge, 53 Deal St, ☎ 03 319 6973, 🖥 www.nikaulodge.com. Reizendes Holzhaus von 1925 mit 5 Zimmern mit Bad; 4 davon bieten einen großartigen Blick auf die Berge oder das Meer. Kostenloses WLAN, Jacuzzi, gutes

MARLBOROUGH, NELSON UND KAIKOURA

Kaikoura bietet nicht nur Meeressäuger, sondern in der Umgebung auch die Gelegenheit zu zwei kürzeren und zwei längeren Wanderungen.

Tageswanderungen

Kaikoura Peninsula Walkway (11 km, Rundwanderweg, 3 Std., leicht hügelig). Eine tolle Rundwanderung über die Halbinsel, beschrieben in der DOC-Broschüre *The Peninsula Walkway*, die im i-SITE erhältlich ist. Die Route folgt der Esplanade vorbei am Fyffe House zur Robbenkolonie. Von hier geht's über die grasbewachsenen Klippen zur South Bay. Unterwegs zweigen mehrere Wege über die Halbinsel zurück zum Startpunkt ab. Zu sehen sind vielleicht Weißkopflach- und Dominikanermöwen, Austernfänger, Reiher und Scharben. Vorsicht im September und Oktober: Wenn nistende Möwen ihre Nester bedroht sehen, können sie angreifen! Interessant ist auch ein eingezäuntes kleines Reservat, in dem Huttonsturmtaucher Schutz finden.

Mount Fyffe (16 km hin und zurück, 6–8 Std., 1400 Höhenmeter Aufstieg). In der DOC-Broschüre *Mount Fyffe and the Seaward Kaikoura Range* sind mehrere Wanderungen in Ortsnähe beschrieben. Die schönste davon ist vielleicht diese anstrengende auf den 1602 m hohen Mount Fyffe. Der Weg beginnt an einem schlecht ausgeschilderten Parkplatz 12 km nordwestlich der Stadt und folgt einer Allradpiste bis zum Gipfel, von wo sich grandiose Ausblicke auf die Halbinsel und die Küste bieten.

Mehrtägige Wanderungen

Kaikoura Wilderness Walks, ☎ 0800 945 337, 🖥 www.kaikourawilderness.co.nz. Schöne Kombination aus geführter Wanderung durch grandiose Landschaft im Hinterland von Kaikoura und Übernachtung in der luxuriösen, abgeschiedenen Shearwater Lodge an der Baumgrenze auf 1000 m Höhe, in Zimmern mit Bad und mit 3-Gänge-Mahlzeiten. Nach der Abholung in Kaikoura und einer kurzen Fahrt geht es am ersten Tag (8,5 km einfache Strecke, 6 Std., 700 Höhenmeter Anstieg) stetig bergauf zur Lodge, wo nach einem Willkommenstrunk am Kaminfeuer das Abendessen serviert wird. Am zweiten Tag erkundet man die Gegend um die Lodge herum oder geht wieder hinunter ins Tal, was ansonsten am dritten Tag geschieht. $1795. Okt–März.

Kaikoura Coast Track, ☎ 03 319 2715, 🖥 www.kaikouratrack.co.nz. Die Mischung aus wilder Küstenlandschaft, landwirtschaftlich genutztem Land und nachwachsendem Wald sorgt für eine angenehme Wanderung über privates Land und auf eigene Faust (37 km, 3 Tage, 600 Höhenmeter Anstieg, $215). Das eigentliche Erlebnis besteht jedoch darin, das Landleben kennenzulernen und sich bei den zwei Übernachtungen mit den Bauernfamilien zu unterhalten. Die Wanderung beginnt (und endet) 45 km südlich von Kaikoura am Beach House, 356 Conway Flat Rd, Ngaroma (sich vom Busfahrer an der Brücke absetzen lassen) und führt dann die Hawkeswood Range hinauf, wobei sich spektakuläre Ausblicke auf die Berge der Seaward Kaikoura Range bieten. Die Zahl der zugelassenen Wanderer ist begrenzt, also rechtzeitig buchen! Die Gebühr beinhaltet Gepäcktransport und drei Übernachtungen in warmen Cottages mit Etagenbetten ($20 für Bettzeug), komplett ausgestatteten Küchen und Duschen; auf Wunsch sind frische Farmprodukte, Milch, Brot und hausgemachte Mahlzeiten erhältlich. Frühstück $15, Abendessen $60

Frühstück. Zimmer im Erdgeschoss $220, mit Ausblick $280

🏨 **Panorama Motel**, 266 Esplanade, ☎ 0800 288 299, 🖥 www.panoramamotel.co.nz. Saubere Units mit Chalet-Atmosphäre und fantastischem Ausblick; die Units im Obergeschoss haben die bessere Aussicht und sind $25 teurer. $135

Sunrise Lodge, 74 Beach Rd, ☎ 03 319 7444, ✉ sunrisehostel@xtra.co.nz. Kleines Hostel nur 2 Min. zu Fuß. von Whale Watch, keine Etagenbetten, max. 4 Pers. pro Zimmer. WLAN-

Kontingent und Fahrradverleih kostenlos. Dorm $28, Zimmer $79

Waves on the Esplanade, 78 Esplanade, ☎ 0800 319 589, 🖥 www.kaikouraapartments.co.nz. Luxuriöse motelähnliche Apartments mit 2 Schlafzimmern, Balkon, Meerblick, komplett ausgestatteter Küche, Waschmaschine und Zugang zu einem Whirlpool. Verleih von Fahrrädern und Sit-on-Top-Kajaks kostenlos. $270

YHA Maui, 270 Esplanade, ☎ 03 319 5931, 🖥 www.yha.co.nz. Komfortables, preisgünstiges Hostel mit renovierten Bädern und 4-Bett-Dorms, das vor allem vom Foyer und von der Küche sagenhafte Ausblicke auf Meer und Berge bietet. Dorm $34, Zimmer $90

ESSEN UND UNTERHALTUNG

Obwohl Kaikoura ein kleiner Ort ist, sorgt der stete Besucherstrom für ein ordentliches Angebot an Cafés und Restaurants. Allerdings sind die Preise eher gehoben, besonders wenn man die örtlichen Langusten probieren möchte. Diese werden aber auch fertig zubereitet an Ständen entlang des SH1 nördlich der Stadt angeboten.

The Beach House, 39 Beach Rd ☎ 03 319 6030. Treffpunkt der Coolen in Kaikoura, trotz des katastrophalen Service. Guter Kaffee zum umfangreichen Frühstück ($10–20) sowie u. a. *seafood chowder* und Panini zum Mittagessen. Alkoholausschank. ⏱ tgl. 8.30–16 Uhr.

Café Encounter, 96 Esplanade, ☎ 0800 733 365. In diesem Café mit Schanklizenz gibt es wahrscheinlich den besten Kaffee der Stadt. Ein Besuch lohnt sich, nicht nur vor oder nach dem Schwimmen mit den Delfinen. Alle Backwaren werden frisch vor Ort zubereitet. ⏱ Sommer 7–17, Winter 7.30–16 Uhr.

Green Dolphin, 12 Avoca St, ☎ 03 319 6666, 🖥 www.greendolphinkaikoura.com. Die großen Fenster mit Meerblick machen das Restaurant zum perfekten Ort für ein Abendessen. Die kleine Karte bietet modern ausgerichtete Speisen, z. B. eine halbe Languste für $60 und andere Hauptgerichte für rund $30, wie einen fantastischen Fischeintopf. ⏱ tgl. 17 Uhr bis spät.

Hislop's Café, 33 Beach Rd, ☎ 03 319 6971, 🖥 www.hislops-wholefoods.co.nz. Bestes Café in Kaikoura und ein Muss, wenn

es Kaffee und Kuchen sein soll. Daneben gibt es Bio-Mahlzeiten (z. T. vegetarisch und/oder glutenfrei), schmackhaftes Seafood, tgl. frisch gebackenes Brot und Weine. Sitzplätze auch draußen. ⏱ Mi–So 9–21 Uhr.

Kaikoura Cheese, 45 West End, 🖥 www.kaikouracheese.co.nz. Preisgekrönter Käse, z. B. *labneh* und authentischer *fromage blanc* sowie Salami und andere Picknickzutaten. ⏱ tgl. 10–17.30 Uhr.

Kaikoura Seafood BBQ, Armers Beach, ☎ 027 376 3619. Einfache, mit Salat und Reis servierte Seafoodgerichte an einem Imbisswagen mit ein paar Tischen an der Straße. ⏱ tgl. 10.30 Uhr bis zur Abenddämmerung.

Strawberry Tree, 21 Westend, ☎ 03 319 6451. Geselliger, irisch angehauchter Pub, bei Einheimischen und Touristen gleichermaßen beliebt. Speisekarte mit Schwerpunkt auf Seafood. ⏱ tgl. 15–23 Uhr.

Tiki's Takeaways, 18 West End. Der Imbiss, dessen Fisch- und Langustengerichte mit köstlichen Pommes jedes Picknick oder den Sonnenuntergang am Wasser perfekt machen, hat schon mehrere Auszeichnungen erhalten. Auch die Chicken Nuggets sind superlecker. ⏱ tgl. 12–20.30 Uhr.

Tuti, 35 Beach Rd, ☎ 03 319 3370, 🖥 www.tutis.co.nz. Das beliebte, moderne Restaurant serviert Kiwi-Klassiker (z. B. pfannengebratenen Akaroa-Lachs) und authentische Gerichte aus Singapur und der Malaiischen Halbinsel wie Garnelen-Satay. Je nach Hunger und Anspruch reichen hier $40 p. P. ⏱ Mo–Sa 17–23 Uhr.

Whaler Bar and Restaurant, 49-51 Westend, ☎ 03 319 3333. Die Montieth's Bar bietet billiges Essen in großen Portionen (das Steak-Special für $18,50 ist unschlagbar), verschiedene Biere und im Sommer Livemusik. ⏱ tgl. 11–23 Uhr.

SONSTIGES

Fahrradverleih
Coastal Sport, 24 Westend, ☎ 03 319 5028, $30 halber, $40 ganzer Tag.

Informationen
i-SITE Visitor Centre, Westend, ☎ 03 319 5641, 🖥 www.kaikoura.co.nz. Erledigung der meisten

DOC-Anfragen; Gepäckaufbewahrung $2.
🕐 tgl. 9–17 Uhr.

Internet
Bücherei, in der Harakeke Mall,
134 Beach Rd. $6/Std.

Taxis
Kaikoura Shuttles, 📞 03 319 6166.

TRANSPORT

Busse
InterCity- und Atomic-Busse der Linie Picton–
Blenheim–Christchurch halten am großen
Parkplatz in der Straße Westend, nahe dem
Visitor Centre.

Busse nach:
CHRISTCHURCH 3x tgl., 2 Std. 50 Min;
PICTON 3x tgl., 2 1/4 Std.

Eisenbahn
Der TranzCoastal (Okt–April 1x tgl.) zwischen
PICTON und CHRISTCHURCH hält in der
Whaleway Station Road.

Südlich von Kaikoura

Von Kaikoura aus führt der SH70 südlich am
Skigebiet von Mount Lyford (s. Kasten) vorbei
nach Hanmer Springs. Der SH 1 hingegen folgt
zunächst einem 20 km langen Abschnitt entlang der reizvollen Felsküste, wendet sich dann
landeinwärts und führt für den Rest der Strecke
durch Farmland bis Christchurch.

Wer mehr von der Küste sehen möchte, kann
über den ausgezeichneten, in Privatbesitz befindlichen Kaikoura Coast Track (S. 594) wandern. Weinfreunde sollten im **Waipara Valley**,
130 km südlich von Kaikoura, einen Zwischenstopp einlegen. Die Kreuzung von SH 1 und SH
7 (führt nach Hanmer Springs) markiert den Mittelpunkt einer Gegend, die zu den am schnellsten wachsenden Weinanbaugebieten Neuseelands zählt und sehr gute Weine hervorbringt,
v. a. Pinot Noir und Riesling. Etwa ein Dutzend

Von Kaikoura führt der landschaftlich reizvolle SH70 zum Skigebiet am Mount Lyford,
das im Winter mit die besten Gelegenheiten
zum Skifahren auf der nördlichen Südinsel
bietet; 🖥 www.mtlyford.co.nz, 🕐 Mitte Juni–
Mitte Okt. Das Areal ist klein und verfügt über
geringe Liftkapazitäten ($70/Tag), ist aber für
Anfänger wie Fortgeschrittene gleichermaßen
geeignet und nur ganz selten überlaufen.
Mount Lyford Lodge, 10 Mount Lyford Forest
Drive, 📞 03 315 6446, 🖥 www.mtlyfordlodge.
co.nz. Die beste Unterkunft für Leute, die am
Mount Lyford Ski fahren wollen, mit Wohnmobilstellplätzen, Dorms und Zimmern sowie
einladendem Restaurant und Bar. Dorm $30,
Zimmer $90.

Weingüter bietet Weinproben, und einige haben
auch Restaurants. Rund 10 km südlich befindet
sich der aufstrebende Ort **Amberley**, die größte
Ansiedlung zwischen Kaikoura und Christchurch.

ESSEN UND UNTERHALTUNG

Die **Weingüter** befinden sich alle im Umkreis
von 5 km um Waipara.

Black Estate, 614 Omihi Road, nahe SH1,
8 km nördlich der Kreuzung mit SH 7,
📞 03 314 6085, 🖥 www.blackestate.co.nz.
Freundliches Slow-food-Restaurant an einem
Berghang mit Blick auf die Weinreben. Es gibt
Gerichte wie Entenkeulen-Confit und Salat mit
Babymöhren und warmen Linsen ($38), dazu
ein Glas Rosé oder Riesling aus Eigenanbau.
Kostenlose Weinproben. 🕐 Mi–So 10–16 Uhr.
Little Vintage Espresso, 20 Markham St,
Amberley, 📞 03 314 9580. In diesem bei
Einheimischen beliebten Café wird praktisch
alles selbst gemacht. Man trinkt einfach nur
einen Kaffee oder genießt eine Zimtschnecke,
eine Eisschokolade oder vielleicht ein Frühstücks-Burrito. 🕐 Mo–Sa 7.30–16 Uhr.
Pegasus Bay, 4 km südlich der Kreuzung, dann
3 km Richtung Osten, 📞 03 314 6869, 🖥 www.
pegasusbay.com. Dieses Weingut präsentiert
sich relativ nobel: Hier sind die Gäste in einem

der besten Weingutrestaurants des Landes von moderner Kunst umgeben. Wie wär's mit Rehkeule Denver und Black Pudding, Spinat und Butternuss-Püree ($42)? Zu jedem Gang gibt es eine Weinempfehlung (alle Weine können auch verkostet werden). ⏰ Winzerei tgl. 10–17, Restaurant Do–Mo 12–16 Uhr.

Pukeko Junction Café & Deli, 458 Ashworths Rd (SH1), 6 km südlich von Amberley, ✆ 03 314 8834, 🖥 www.pukeko junction.co.nz. Wunderbares Straßencafé mit sonniger Terrasse. Auf dem Speisezettel

stehen Bacon und Pancakes mit Ahornsirup ($18), Lammschenkel-Pie ($10) oder z. B. Früchtemuffins ($4). Im Weinladen nebenan kann man Wein aus der Gegend probieren und erstehen. ⏰ tgl. 9–16 Uhr.

Waipara Springs, 4 km nördlich von Waipara, ✆ 03 314 6777, 🖥 www.waiparasprings.co.nz. Das familienfreundliche Gartenrestaurant (Hauptgerichte $22–29, Seafood-Platten für 3 Pers. $60) bietet zu seinen Tagesgerichten immer frisch gebackenes Vollkornbrot. Weinprobe $5. ⏰ tgl. 11–17 Uhr.

MARLBOROUGH, NELSON UND KAIKOURA

AKAROA HARBOUR, BANKS PENINSULA

Von Christchurch nach Süden

Mit ihrer mitunter atemberaubenden und sehr abwechslungsreichen Landschaft kommt die Ostküste der Südinsel den Erwartungen vieler Neuseelandbesucher näher als jeder andere Landesteil. Vor der Kulisse der Neuseeländischen Alpen im Westen führt der Weg von Christchurch durch die fruchtbaren Canterbury Plains bis zur zerklüfteten Region North Otago.

Stefan Loose Traveltipps

Der Wiederaufbau von Christchurch
Während die Stadt sich wieder aufrappelt, kann man die elegante Cardboard Cathedral, die umgestaltete Knox Church und jede Menge wunderbarer Straßenkunst bewundern. S. 605

Lyttelton Christchurchs quirliger Vorort bietet sich als schönes Ausflugsziel an, dank seiner Restaurants und Kneipen vor allem am Abend S. 624

Akaroa Im französisch angehauchten Akaroa auf der Banks Peninsula kann man in romantischen B&Bs übernachten und mit Hector-Delphinen schwimmen. S. 629

Timaru Das Te Ana Rock Art Centre widmet sich der Maori-Felskunst der Gegend und bietet faszinierende Führungen. S. 637

Oamaru Der Historic District mit seinen neoklassizistischen Gebäuden macht die Stadt zur idealen Basis für einen Besuch bei den Pinguinen. S. 641

Moeraki Boulders Wie Kunstwerke liegen die einzigartigen zwei Meter hohen, von der Natur kugelrund geformten Felsen in der Brandung. S. 648

KAHRFAHRT AUF DEM AVON, CHRISTCHURCH

STELZENLÄUFER, HISTORIC PRECINCT, OAMARU

Christchurch
Lyttelton
Akaroa
Timaru
Oamaru
Moeraki Boulders

Inhalt

▲ Arthur's Pass (75 km)   ▲ Kaikoura (135 km)

CRAIGIEBURN
FOREST PARK

Lake
Coleridge

Mt Arrowsmith
(2795 m)

Rakaia River

Oxford

Leithfield

Amberley

Rangiora

Springfield

Sheffield

Kaiapoi

Belfast

*Pegasus
Bay*

Waimakariri River

73

73

72

CHRISTCHURCH

Mount Hutt ▲

Templeton

Lyttelton

Methven

Dunsandel

77

Ashburton River

Mt Somers

Rakaia

75

Lake
Ellesmere

72

Ashburton

*Banks
Peninsula*

Akaroa

1

Rangitata River

TWO THUMB RANGE

8

79

Geraldine

79

Fairlie

Pheasant Point

Temuka

8

Cave

Timaru

PAZIFIK

Waimate

82

1

83

Waitaki River

Pukeuri

Totara Estate

Oamaru

Clarks Mill

Hampden

85

Moeraki Boulders

Moeraki

Shag Point

Palmerston

1

▼ Dunedin (55 km)

◀ Lake Tekapo, Aoraki/Mount Cook

◀ Omarama, Aoraki/Mount Cook

◀ Pigroot

Christchurch

In der fruchtbaren Schwemmlandebene Canterbury Plains und mit den Neuseeländischen Alpen im Westen als beeindruckender Kulisse liegt am Pazifischen Ozean **Christchurch**, die drittgrößte Stadt des Landes und das wichtigste Zentrum der Südinsel. Leider wurde Christchurch 2010 und 2011 von einer Reihe verheerender Erdbeben schwer beschädigt. Die Erde hat größtenteils aufgehört zu beben und der Wiederaufbau ist in vollem Gang, doch bis die materiellen und seelischen Schäden behoben sind, wird es noch Jahrzehnte dauern. Von den Verwüstungen war auch der Strandvorort Sumner betroffen, ebenso wie der Hafenort Lyttelton auf der anderen Seite der kahlen Port Hills. Jedoch haben Widerstandskraft und der Gestaltungswille der Bewohner einige kreative Neuerungen hervorgebracht.

Die Halbinsel **Banks Peninsula** mit ihren zahlreichen Buchten und Naturhäfen südlich von Christchurch lässt sich am besten vom schmucken „französischen Dorf" **Akaroa** aus erkunden. Südlich von Christchurch zieht sich die Fernstraße SH1 durch die Canterbury Plains. Die Ebene ist ein bunter Flickenteppich aus fruchtbaren, von riesigen Anlagen bewässerten Feldern, begrenzt von langen, mit angeschwemmtem Treibholz übersäten Kieselstränden. Die alteingesessenen Siedlungen an der Küste zeugen von dem Wohlstand, den die Landwirtschaft dieser Region brachte.

Die erste große Ansiedlung in dieser Gegend ist die Hafenstadt **Timaru**, in deren Nähe sich einige **Felsmalereien der Maori** befinden, die davon künden, dass die Region auf eine längere Geschichte zurückblicken kann, als die aufgesetzte europäische Atmosphäre vermuten lässt. Auf der Fahrt in die zerklüftetere Region **North Otago** ändert sich das landschaftliche Bild erneut und geht in küstennahe Hügel und abbröckelnde Klippen über.

Die charmanteste Stadt der Gegend ist **Oamaru** mit seinen hübschen Geschäftsgebäuden aus dem 19. Jh. mit leicht zugänglichen **Pinguinkolonien**. Im weiteren Verlauf führt der Highway Richtung Dunedin an den geheimnisvollen Steinkugeln **Moeraki Boulders** vorbei, die ihre Entstehung einer Kombination aus unterirdischem Druck und Erosion verdanken.

Es wird noch lange dauern, bis sich **Christchurch** (auf Maori: Otautahi), die größte Stadt der Südinsel, von den verheerenden Erdstößen erholt haben wird, die sie 2010 und 2011 erschütterten. Ein Großteil der Innenstadt wurde verwüstet, weite Flächen sind Brachland, und ständig werden Straßen gesperrt und der Verkehr umgeleitet. Inzwischen jedoch haben Baukräne die Stelle der Abrissbirnen eingenommen. In den nächsten Jahren wird der Wiederaufbau der Stadt – eine der faszinierendsten Neuseelands – eine spannende Zeit bescheren.

Vor allem ist es keine Stadt, die man meiden sollte. Vieles von dem, was Christchurch vor den Beben anziehend machte, ist immer noch da, und die Bezeichnung „Gartenstadt" trifft nach wie vor zu. Ein Gang (oder eine Fahrt im Stechkahn) durch den **Botanischen Garten** lässt sich wunderbar mit einem Besuch des **Canterbury Museum** und einer Besichtigung der **Art Gallery** sowie des nahen **Arts Centre** kombinieren. Besonders interessant ist aber das neu Entstandene. Die sehenswerten neuen Bauten beschränken sich auf die herrliche **Cardboard Cathedral** und das innovative Einkaufszentrum **Re:START**, doch überall im Zentrum stolpert man über gestalterischen Erfindungsgeist engagierter Bürgerprojekte. Brachflächen wurden in fantasievolle Gärten verwandelt oder werden für Kunstinstallationen genutzt, Mauern mit beeindruckenden Malereien verziert, und man trifft auf witzige Lückenbüßer wie Astroturf-Minigolfplätze, eine übergroße Loungesuite oder eine Musikecke, wo jeder nach Herzenslust auf einen Stück Stahlblech herumtrommeln kann. Und das Zentrum gewinnt langsam sein an die Vororte verlorenes Nachtleben wieder zurück; jede Woche wird irgendwo in der Victoria Street, High Street und New Regent Street etwas Neues eröffnet.

Hinter dem weiten, offenen **Hagley Park** geht es durch das hübsche, bewaldete **Mona Vale** und das historische **Riccarton Bush** nach Westen Richtung Flughafen und zum spektakulären **International Antarctic Centre**. Exotische Tiere bevölkern den **Orana Wildlife Park**, Vertreter

Orana Park (3 km)   ▲ Kaikoura (190 km)

◄ Willowbank (1 km)

GARDINERS ROAD

HIGHSTEAD ROAD

SAWYERS ARMS ROAD

NORTHCOTE ROAD

GRIMSEYS RD

WINTERS ROAD

WALTERS ROAD

MAIREHAU ROAD

EXPRESSWAY

MARSHLAND ROAD

LAKE TERRACE ROAD

LAKE ROAD

HAREWOOD ROAD

1

74

CRANFORD STREET

INNES ROAD

HILLS ROAD

NORTH PDE

Avon River

◄ Antarctic Centre (3 km)

FARRINGTON AVE

CONDELL AVE

PAPANUI ROAD

ST ALBANS STREET

ST ALBANS

GREERS ROAD

WAIRAKEI RD

AORANGI ROAD

HEATON ST

ROSSALL ST

Merivale Mall

HOLLY RD

CANON ST

N AVON RD

RICHMOND

STANMORE RD

WOODHAM ROAD

1

CLYDE ROAD

GLANDOVEY RD

STROWAN

MERIVALE

2

3

4

CARLTON MILL

VICTORIA ST

COLOMBO ST

MANCHESTER ST

BARBADOES ST

FITZGERALD AVE

5

2

WORCESTER ST

Jellie Park

MEMORIAL AVENUE

FENDALTON RD

FENDALTON

Mona Vale Gardens

HARPER AVE

North Hagley Park

ROLLESTON AVE

Botanic Gardens & Museum

CATHEDRAL SQ

HEREFORD ST

OLLIVERS ROAD

ALDWINS RD

CREYKE RD

University of Canterbury

Deans Cottage

ILAM ROAD

KOTARE ST

TOTARA KAHU RD

CLYDE RD

KILMARNOCK ST

7 **3**

DEANS AVE

RICCARTON AVE

CASHEL ST

TUAM ST

ST ASAPH ST

MADRAS ST

DURHAM ST

MONTREAL ST

◄ Arthur's Pass (150 km)

Riccarton Bush

6

8

RICCARTON ROAD

MANDEVILLE ST

CLARENCE ST

South Hagley Park

HAGLEY AVE

MOORHOUSE AVENUE

WALTHAM RD

LINWOOD

ILAM ROAD

MIDDLETON RD

WHARENUI RD

Riccarton Shopping Mall

MATIPO ST

Bahnhof

9

◄ (80 km)

HANSONS LA

BLENHEIM ROAD

RICCARTON

Addington Raceway A & P Showgrounds

5

6

ADDINGTON

SELWYN STREET

ANTIGUA ST

COLOMBO ST

MILTON ST

WORDSWORTH ST

OPAWA ROAD

WILSONS ROAD

ENSORS RD

◄ Air Force Museum (3 km), Ashburton

73

ANNEX

BIRMINGHAM RD

SOUTHERN MOTORWAY

LINCOLN ROAD

HOON HAY ROAD

SPREYDON

BARRINGTON STREET

TENNYSON ST

CENTAURUS RD

75

HILLMORTON

HASWELL ROAD

HENDERSON ROAD

SPARKS ROAD

Pioneer

CENTAURUS ROAD

◄ (80 km)

75

HOON HAY

DYERS PASS ROAD

HACKTHORNE RD

HUNTSBURY

◄ Akaroa (80 km)

CASHMERE ROAD

CASHMERE

Sign of the Takahe

15

Mount Vernon Park

s. Karte Christchurch Zentrum S. 606/607

s. Karte Christchurch Zentrum S. 606/607

▼ Governors Bay (8 km)

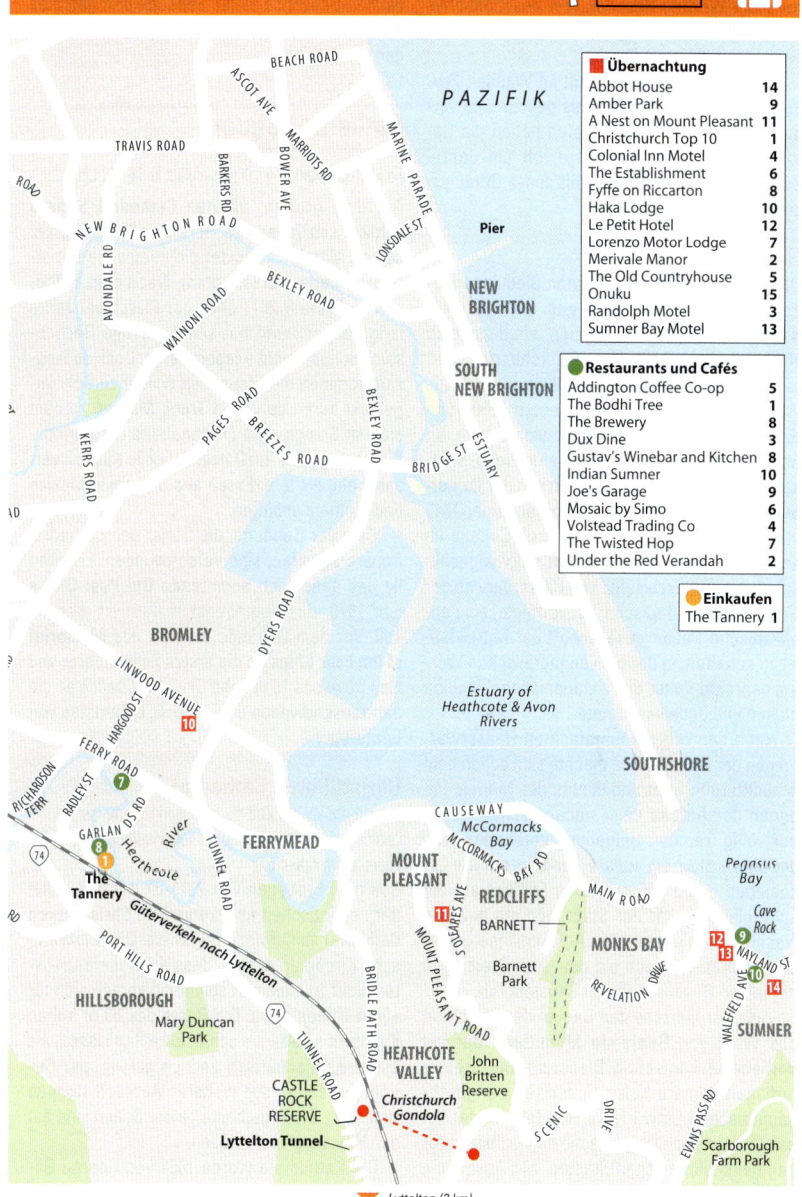

PAZIFIK

BEACH ROAD

ASCOT AVE

MARRIOTS RD

TRAVIS ROAD

BOWER AVE

BARKERS RD

MARINE PARADE

LONSDALE ST

Pier

NEW BRIGHTON ROAD

AVONDALE RD

NEW BRIGHTON ROAD

ROAD

BEXLEY ROAD

NEW BRIGHTON

WAINONI ROAD

BEXLEY ROAD

SOUTH NEW BRIGHTON

KERRS ROAD

PAGES ROAD

BREEZES ROAD

BEXLEY ROAD

BRIDGE ST

ESTUARY

DYERS ROAD

BROMLEY

Estuary of Heathcote & Avon Rivers

LINWOOD AVENUE

HARGOOD ST

10

RICHARDSON TERR

FERRY ROAD

RADLEY ST

River

SOUTHSHORE

7

GARLANDS RD

Heathcote

TUNNEL ROAD

FERRYMEAD

CAUSEWAY

McCormacks Bay

MCCORMACKS BAY RD

74

1

The Tannery

Güterverkehr nach Lyttelton

MOUNT PLEASANT

ST ANDREWS AVE

REDCLIFFS

MAIN ROAD

Pegasus Bay

Cave Rock

PORT HILLS ROAD

11

BARNETT

12

9

NAYLAND ST

13

HILLSBOROUGH

74

Mary Duncan Park

MOUNT PLEASANT ROAD

Barnett Park

MONKS BAY

REVELATION DRIVE

WALEFIELD AVE

10

14

TUNNEL ROAD

BRIDLE PATH ROAD

HEATHCOTE VALLEY

John Britten Reserve

SUMNER

CASTLE ROCK RESERVE

Christchurch Gondola

Lyttelton Tunnel

SCENIC DRIVE

EVANS PASS RD

Scarborough Farm Park

Lyttelton (3 km)

■ Übernachtung

Abbot House	14
Amber Park	9
A Nest on Mount Pleasant	11
Christchurch Top 10	1
Colonial Inn Motel	4
The Establishment	6
Fyffe on Riccarton	8
Haka Lodge	10
Le Petit Hotel	12
Lorenzo Motor Lodge	7
Merivale Manor	2
The Old Countryhouse	5
Onuku	15
Randolph Motel	3
Sumner Bay Motel	13

● Restaurants und Cafés

Addington Coffee Co-op	5
The Bodhi Tree	1
The Brewery	8
Dux Dine	3
Gustav's Winebar and Kitchen	8
Indian Sumner	10
Joe's Garage	9
Mosaic by Simo	6
Volstead Trading Co	4
The Twisted Hop	7
Under the Red Verandah	2

● Einkaufen

The Tannery	1

der einheimischen Tierwelt dagegen das **Willowbank Wildlife Reserve**. Wer beschauliches Strandleben sucht, begibt sich zu dem am Pazifik gelegenen Vorort **Sumner**.

Christchurch ist eine Stadt im Wandel: Provisorien halten sich länger als geplant und versprochene Fertigstellungsdaten haben die Gewohnheit, sich zu verzögern, oft um Jahre. Zurzeit ist es noch ratsamer als sonst, Öffnungszeiten doppelt zu checken.

Geschichte

Die in der Region in verstreuten Siedlungen lebenden Maori arbeiteten eng mit den Brüdern Deans (S. 610) zusammen, als diese sich 1843 hier niederließen. Das benachbarte Lyttelton hatte sich schon in den 1830er-Jahren als Walfanghafen etabliert. Hier legten 1850 auch die **First Four Ships**, die ersten vier Schiffe, an und brachten Pilger mit, die eine neue Siedlung gründen wollten. Sie waren von der **Canterbury Association** geschickt worden, einer 1849 von Mitgliedern des Christ Church College im englischen Oxford gegründeten Kolonialgesellschaft mit dem Erzbischof von Canterbury an der Spitze, die das utopische Ziel verfolgte, eine anglikanische Mustergesellschaft der Mittelklasse zu schaffen, in der die von moralischen Werten geprägte Kultur des viktorianischen England blühen und gedeihen konnte.

Nach den religiös angefachten Heilserwartungen der Anfangstage machte sich schon bald Ernüchterung breit angesichts der Mühen, mit denen der Aufbau einer neuen Existenz in einer völlig fremden Umgebung verbunden war. Jedoch hatten die Ideale der Canterbury Association einen tiefgreifenden Einfluss auf die kulturelle Identität der Stadt, und die direkten Nachfahren dieser ersten Ankömmlinge genießen auch heute noch ein gewisses Prestige in der feinen Gesellschaft von Christchurch.

Viele der hübschesten Bauten der Stadt sind das Werk von **Benjamin Mountford**, der mit Vorliebe vulkanischen Blaustein und cremefarbenen Oamaru-Kalkstein für seine englisch-neugotischen Entwürfe verwendete. In der Tat galt Christchurch lange als die englischste unter den neuseeländischen Städten. Mit Ausnahme einiger weniger Ecken am Ufer des von Trauer-weiden bestandenen Avon und der neoklassizistischen Bauweise vieler Gebäude dort galt dies jedoch schon lange vor den jüngsten Zerstörungen nicht mehr.

Cathedral Square

Food Truck Market ▪ ⊕ Nov–März Fr 16–22 Uhr

Auf dem großen, offenen **Cathedral Square** schlägt seit jeher das Herz von Christchurch; seinen Mittelpunkt bildet die ehemalige Christ-Church Cathedral (s. unten). Nach dem Erdbeben im Februar 2011 blieb der Platz zwei Jahre lang gesperrt und hat seine einstige Betriebsamkeit noch nicht wiedererlangt. Doch so langsam kommen die Menschen wieder zurück, angelockt durch den **Food Truck Market**, zu dem sich im Sommer am Freitagabend rund um die Kirche ungefähr ein Dutzend mobile Küchen versammeln, die u. a. Essen aus Sri Lanka, Mexiko und Vietnam anbieten.

Viele der Gebäude, die früher den Cathedral Square säumten, sind verschwunden. Erhalten ist das italienisch anmutende **Old Post Office** von 1879, das demnächst restauriert werden soll. Vor dem Gebäude erinnert das **Memorial of the Four Ships** an die ersten Einwanderer und Neil Dawsons 18 m hohe Skulptur *Chalice* an die Jahrtausendwende und den 150. Geburtstag von Canterbury.

ChristChurch Cathedral

Bis auf absehbare Zeit geschlossen ▪ 🖥 www.cathedralconversations.co.nz, 🖥 www.restorechristchurchcathedral.co.nz

Seit dem Erdbeben von 2011 ist das Schicksal der neugotischen anglikanischen **ChristChurch Cathedral** immer noch ungewiss. Die Anglikanische Kirche entschied, dass die Reparaturkosten nicht zu stemmen seien und sprach sich für einen Neubau aus. Die Reste des 63 m hohen Kirchturms hatte sie schon abreißen lassen, als es Denkmalschützern endlich gelang, per Gerichtsbeschluss den weiteren Abbruch stoppen zu lassen. Die Argumente beider Seiten sind auf den Websites nachzulesen.

Die Kathedrale wurde 1858 von George Gilbert Scott (Architekt der Londoner St Pancras Station) ursprünglich in Holzbauweise geplant. Der Entwurf wurde später von Benjamin Mountford überarbeitet, die Kirche aus Stein gebaut und 1904 fertiggestellt. Die 2013 von dem Künstler Chris Heaphy errichtete **Skulptur** *Planted Whare* – ein Gerüst aus Plastikbrotkörben, in denen Pflanzen wachsen – soll später als Tor zum Kirchenfriedhof dienen.

New Regent Street

⌨ www.newregentstreet.co.nz

Die erste Einkaufsstraße, die im Zentrum wieder aufmachte, war die kleine **New Regent Street**, eine in den 1930er-Jahren im spanischen Missionsstil erbaute, in Nord-Süd-Richtung verlaufende Häuserzeile. Dazwischen rattert die historische Christchurch Tram (s. Kasten S. 612) entlang. Die hübschen pastellfarbenen Häuser wirken angesichts all der leeren Flächen ringsum etwas verloren, aber der Besuch lohnt sich, denn neben einigen verlockenden Geschäften (S. 621) sind hier die interessantesten Cafés und Bars im Zentrum zu finden.

Cardboard Cathedral

234 Hereford St, mit Blick auf den Latimer Square ▪ ⌚ tgl. Nov–März 9–17, April–Okt 9–17 Uhr ▪ ✆ 03 366 0046, ⌨ www.cardboardcathedral.org.nz

Das erste größere Gebäude, das sich aus den Trümmern erhob, war die **Transitional Cathedral**, erbaut nach einem kostenlosen Entwurf des japanischen „Katastrophenarchitekten"

Erdbeben und Wiederaufbau

Da es in der zweiten Hälfte des 20. Jhs. in der Umgebung von Christchurch kein wirklich schweres Erdbeben mehr gegeben hatte, war niemand darauf gefasst, und das Beben der Stärke 7,1, das die Stadt am 4. September 2010 um 4.35 Uhr erschütterte, kam völlig unerwartet. Ein paar Schornsteine stürzten ein, aber es entstanden keine größeren Schäden und es gab keine Toten. Doch beim nächsten Beben (Stärke 6,3 auf der Richterskala), das sich am 22. Februar 2011 um die Mittagszeit ereignete, sah die Sache ganz anders aus. Es zerstörte die komplette Innenstadt und forderte 185 Todesopfer, zumeist in eingestürzten Gebäuden.

Die älteren, wohlhabenderen Vororte im Westen außerhalb des Zentrums waren auf gutem Boden erbaut worden und überstanden die Beben ziemlich unbeschadet. Viele Gebäude in den östlichen Vororten dagegen standen auf befestigtem Sumpf, der zu **Liquefaktion (Verflüssigung)** neigte: Untergrund, der sich bei dem Erdbeben in eine Art Treibsand verwandelte. Häuserfundamente versanken in der Erde, Straßen warfen sich auf und aus geborstenen Wasserrohren schoss eine Mischung aus Grundwasser und Geröll.

Die ersten, die anschließend einen Großteil der Schäden beseitigten, waren rund 2500 Studenten der Canterbury University. In der Innenstadt wurde eine 3 km² große **Sperrzone** eingerichtet, die fast das gesamten Zentrum umfasste, um Gebäude abzureißen und die Straßen wieder benutzbar zu machen. Länger als zwei Jahre hat es gedauert, bis das, was vom Zentrum übrig war, der Öffentlichkeit wieder zugänglich gemacht werden konnte. Die Regierung berief den durchsetzungsstarken Gerry Brownlee zum Minister und übertrug ihm die Verantwortung für die für den **Wiederaufbau** zuständige Canterbury Earthquake Recovery Authority.

Trotz umfassendem Einsatz geht es mit dem Wiederaufbau der Stadt frustrierend langsam voran. Nach intensiven öffentlichen Diskussionen geht der Plan dahin, eine grünere und kompaktere Innenstadt mit mehr Lebensqualität zu errichten. Offene Flächen östlich der Manchester Street und südlich der Tuam Street werden ein Zentrum mit wichtigen Ankerpunkten umrahmen: Justizgebäude, Gesundheitszentrum, Kongresszentrum, Darstellende Künste, Sportanlagen und ein Busbahnhof. Der 23-stöckige Pacific Tower aus der Zeit vor dem Erdbeben steht noch und ist nach wie vor das höchste Gebäude der Stadt. Künftige Neubauten werden sich jedoch wahrscheinlich auf höchstens sieben Stockwerke beschränken.

VON CHRISTCHURCH NACH SÜDEN

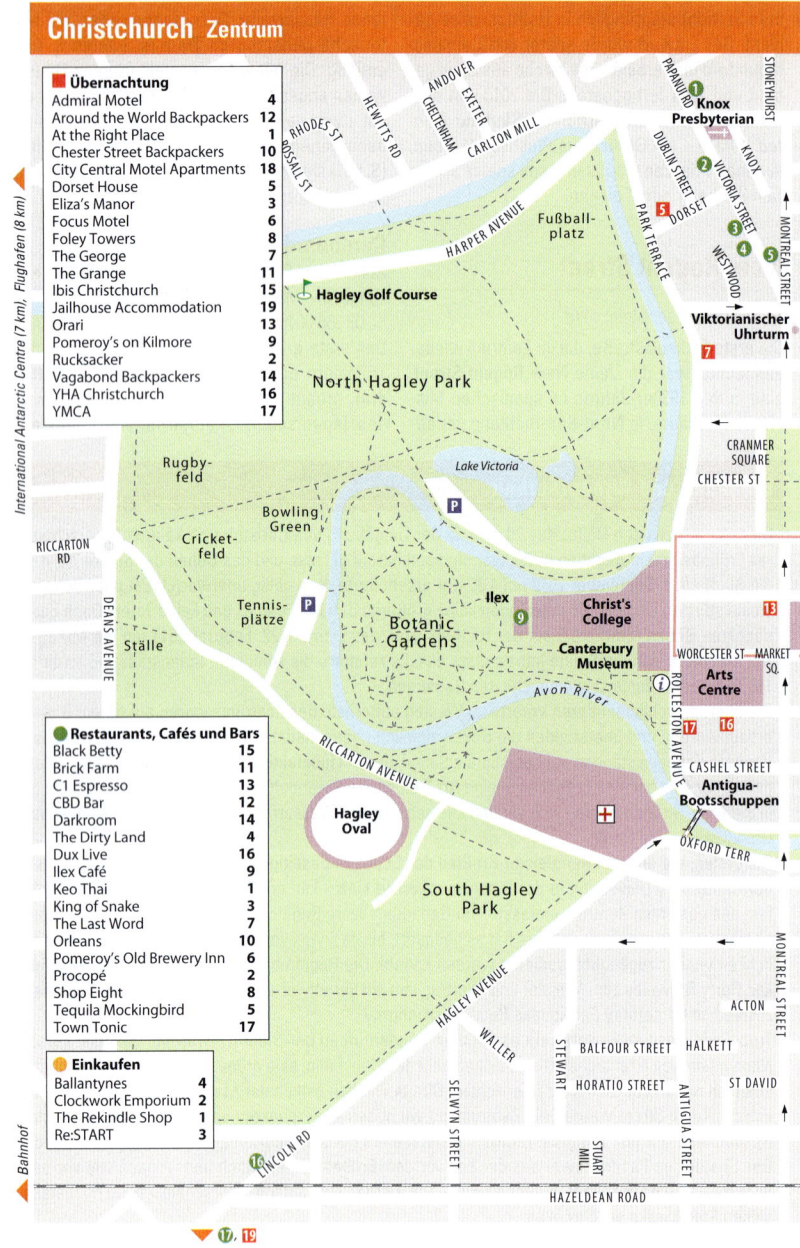

Christchurch Zentrum

■ Übernachtung

Admiral Motel	4
Around the World Backpackers	12
At the Right Place	1
Chester Street Backpackers	10
City Central Motel Apartments	18
Dorset House	5
Eliza's Manor	3
Focus Motel	6
Foley Towers	8
The George	7
The Grange	11
Ibis Christchurch	15
Jailhouse Accommodation	19
Orari	13
Pomeroy's on Kilmore	9
Rucksacker	2
Vagabond Backpackers	14
YHA Christchurch	16
YMCA	17

● Restaurants, Cafés und Bars

Black Betty	15
Brick Farm	11
C1 Espresso	13
CBD Bar	12
Darkroom	14
The Dirty Land	4
Dux Live	16
Ilex Café	9
Keo Thai	1
King of Snake	3
The Last Word	7
Orleans	10
Pomeroy's Old Brewery Inn	6
Procopé	2
Shop Eight	8
Tequila Mockingbird	5
Town Tonic	17

● Einkaufen

Ballantynes	4
Clockwork Emporium	2
The Rekindle Shop	1
Re:START	3

International Antarctic Centre (7 km), Flughafen (8 km)

Bahnhof

VON CHRISTCHURCH NACH SÜDEN

Knox Presbyterian

Viktorianischer Uhrturm

Fußballplatz

Hagley Golf Course

North Hagley Park

Rugbyfeld

Lake Victoria

CRANMER SQUARE

CHESTER ST

Bowling Green

Cricketfeld

RICCARTON RD

DEANS AVENUE

Tennisplätze

Ställe

Botanic Gardens

Ilex

Christ's College

Canterbury Museum

Arts Centre

WORCESTER ST

MARKET SQ.

Avon River

ROLLESTON AVENUE

RICCARTON AVENUE

Hagley Oval

South Hagley Park

CASHEL STREET

AntiguaBootsschuppen

OXFORD TERR

HAGLEY AVENUE

MONTREAL STREET

ACTON

WALLER

STEWART

BALFOUR STREET

HALKETT

SELWYN STREET

HORATIO STREET

ANTIGUA STREET

ST DAVID

STUART MILL

LINCOLN RD

HAZELDEAN ROAD

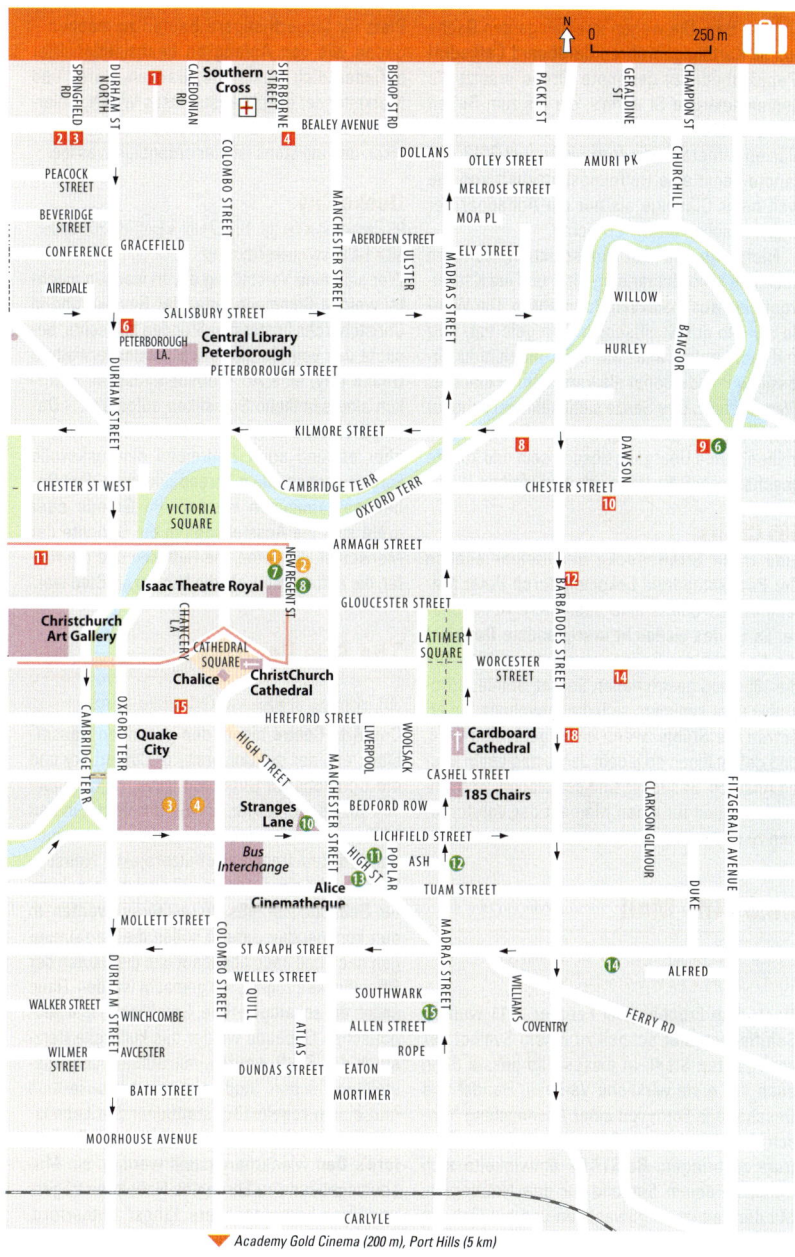

Southern Cross

Central Library Peterborough

Isaac Theatre Royal

Christchurch Art Gallery

Chalice

ChristChurch Cathedral

Quake City

Cardboard Cathedral

185 Chairs

Stranges Lane

Bus Interchange

Alice Cinematheque

Academy Gold Cinema (200 m), Port Hills (5 km)

0   250 m

N

SPRINGFIELD RD
DURHAM ST NORTH
CALEDONIAN RD
SHERBORNE STREET
BISHOP ST RD
PACKE ST
GERALDINE ST
CHAMPION ST
BEALEY AVENUE
DOLLANS
OTLEY STREET
AMURI PK
CHURCHILL
PEACOCK STREET
COLOMBO STREET
MELROSE STREET
MOA PL
BEVERIDGE STREET
MANCHESTER STREET
ABERDEEN STREET
ULSTER
ELY STREET
CONFERENCE
GRACEFIELD
MADRAS STREET
WILLOW
BANGOR
AIREDALE
SALISBURY STREET
HURLEY
PETERBOROUGH LA.
PETERBOROUGH STREET
DURHAM STREET
KILMORE STREET
CHESTER ST WEST
CAMBRIDGE TERR
OXFORD TERR
CHESTER STREET
DAWSON
VICTORIA SQUARE
ARMAGH STREET
NEW REGENT ST
CHANCERY LA
CATHEDRAL SQUARE
GLOUCESTER STREET
LATIMER SQUARE
WORCESTER STREET
BARBADOES STREET
CAMBRIDGE TERR
OXFORD TERR
HEREFORD STREET
HIGH STREET
LIVERPOOL
WOOLSACK
CASHEL STREET
FITZGERALD AVENUE
CLARKSON GILMOUR
MANCHESTER STREET
BEDFORD ROW
LICHFIELD STREET
POPLAR
ASH
HIGH ST
DUKE
TUAM STREET
MOLLETT STREET
COLOMBO STREET
ST ASAPH STREET
WELLES STREET
MADRAS STREET
ALFRED
WALKER STREET
WINCHCOMBE
QUILL
SOUTHWARK
WILLIAMS
FERRY RD
WILMER STREET
AVCESTER
ATLAS
ALLEN STREET
COVENTRY
ROPE
BATH STREET
DUNDAS STREET
EATON
MORTIMER
MOORHOUSE AVENUE
CARLYLE

Shigeru Ban. Die wegen ihres eleganten Dachs aus 98 Kartonagenröhren **Cardboard Cathedral** (Pappkathedrale) genannte Kirche ersetzt die Gemeindekirche St John's, die bis zum Beben hier stand. Das helle Gotteshaus mit 700 Sitzplätzen öffnete seine Tore im August 2013 und sandte damit eine Hoffnungsbotschaft aus, die weit mehr Gläubige als nur die Anhänger der anglikanischen Kirche erreichte.

Nicht nur die Dachkonstruktion, sondern auch das Kreuz hinter dem Altar und die Kanzelfront sind aus massiven Pappröhren. Die Wände wurden aus Schiffscontainern gefertigt, Holz und Stahl halten alles aufrecht und lichtdurchlässiges Polycarbonat als Verschalung dient als Wetterschutz. Das Ganze sieht sehr viel schöner aus, als es klingen mag, und das Bauwerk soll mehr als eine Übergangslösung sein und könnte geschätzt noch 50 Jahre erhalten bleiben.

185 Chairs

Eine triste Straßenecke unmittelbar südlich der Pappkathedrale bekommt durch Peter Majendies *185 Chairs* eine besondere Atmosphäre. Es ist das vielleicht ergreifendste **Denkmal** für die Toten des Bebens vom Februar 2011. Um die 185 weiß gestrichenen Sessel, Stühle, Bürostühle usw. kümmern sich die Anwohner. Sie ersetzen die Stühle, wenn einer gestohlen wird, und geben ihnen an jedem Jahrestag einen neuen Anstrich. Besucher sind eingeladen, sich hinzusetzen und für einen Moment der Verstorbenen zu gedenken.

Re:START Mall

Cashel St ▪ ⏰ Mo–Fr 10–17.30, Sa und So 10–17.30 Uhr ▪ 🖥 www.restart.org.nz

Nach dem Erdbeben im Februar 2011 wurden **Schiffscontainer** schnell zu einem Symbol der verwüsteten Stadt. In dieses Bild passte denn auch der erste wirkliche Versuch, Handel und Geschäfte in Form von einer Ansammlung fröhlich bunt gestrichener Container zurück ins Zentrum zu bringen. **Re:START** entwickelte sich rasch zu einem Sinnbild für den Neubeginn. Mit der Zeit ist es gewachsen und hat sich ein wenig weiter die Straße hinunter verlagert, um

Platz für längerfristigere Bauten zu machen – genau wie von Anfang an beabsichtigt. Hier befinden sich Geschäfte, Banken, Cafés und Marktstände, es gibt kostenloses WLAN, Solarphone-Ladestationen, Straßenkünstler und -Musiker, und meistens ist hier ordentlich was los.

Quake City

99 Cashel St ▪ ⏰ tgl. 10–17 Uhr ▪ Eintritt $20, Kinder $8 ▪ 🖥 www.quakecity.co.nz

Wer sich eine Vorstellung davon machen möchte, welche Stimmung unter der Bevölkerung in Christchurchs finstersten Stunden herrschte, besucht das vom Canterbury Museum verwaltete **Quake City**, eine Art Erdbebenmuseum. Natürlich sind sämtliche Statistiken aufgeführt – Daten, Stärke der Erdstöße, Grad der Zerstörung –, aber es sind auch zahlreiche eindrucksvolle Fotos zu sehen, die während und nach dem Beben aufgenommen wurden. Im Grunde aber dreht sich die Ausstellung um die Berichte der Menschen, die Toten, die Hilflosen und die Helfer, die auftauchten, als die Not am größten war.

The Arts Centre

301 Montreal St ▪ 🖥 www.artscentre.org.nz

Das **Arts Centre** nimmt den gesamten Häuserblock ein, der die University of Canterbury und die Christchurch Girls' and Boys' High School von 1874 beherbergte, bis die Universität in den 1970er-Jahren umzog. Inzwischen ist es eines der größten Denkmalschutzprojekte Neuseelands, und die meisten der 23 denkmalgeschützten Gebäude hier müssen restauriert werden. In den kommenden Jahren sollen die Umzäunungen nach und nach abgebaut und die Bauten der Öffentlichkeit zugänglich gemacht werden. Dann sollen die schattigen Höfe, Grasflächen und neugotischen Gebäude wieder das kulturelle Herzstück der Stadt werden, mit Bühnen und Ausstellungsflächen, Studios, einem Arthouse-Kino und einem regelmäßig stattfindenden Lebensmittelmarkt. Unter anderem soll auch **Rutherford's Den** wiederhergestellt werden, ein Museumsgebäude zu Ehren des Nobelpreisträgers und Atomkernentdeckers Ernest Rutherford, dessen Porträt die $100-Banknote ziert.

Christchurch Art Gallery

Worcester Blvd, Ecke Montreal St ▪ ⏰ tgl. 10–17 Uhr, Mi bis 21 Uhr ▪ Eintritt frei ▪ ☎ 03 941 7300, 🖥 www.christchurchartgallery.org.nz

Nach 2011 wurde in der größtenteils intakt gebliebenen **Christchurch Art Gallery** mit ihrer eindrucksvollen Frontfassade aus geschwungenen Glaselementen, die in unregelmäßigen Winkeln zusammentreffen, das Hauptquartier des Zivilschutzes eingerichtet, und sie bildete damals die Kulisse für zahllose Fernsehinterviews. Die Galerie war zeitweise geschlossen, doch das Management blieb bemerkenswert aktiv. Mit seinem Programm **Outer Spaces** hat es andere öffentliche Gebäude mit Kunstwerken versehen, temporäre Shows auf die Beine gestellt und die Kunst hinaus in den öffentlichen Raum getragen. Gemälde aus der Galerie wurden überall im Zentrum an Mauern gemalt, oft riesengroß und aus der Nähe ganz erstaunlich – besonderes Augenmerk verdient Tony Fomisons faszinierend finsteres Wandgemälde *No!*, nahe der Ecke Tuam St und High St.

Seit dem Wiedereröffnung Ende 2015 zeigt die Galerie neben Neuerwerbungen auch weiterhin Arbeiten von Künstlern aus Christchurch und Canterbury. Die europäische Tradition der Landschaftsmalerei ist stark vertreten, zum Beispiel durch Gemälde des 19. Jhs. von Charles Goldie und den holländischen Wahl-Neuseeländer Petrus van der Velden. Unter den neueren Werken rangiert beispielsweise *Cass* von Rita Angus, das einen einsamen Reisenden auf einem desolaten Bahnhof (der heute an der *TranzAlpine*-Strecke liegt) zeigt. Sehenswert sind auch Arbeiten aus den 1930er- und 1940er-Jahren von Frances Hodgkins und die Fotografien von Neil und Fiona Pardington.

Canterbury Museum

Rolleston Ave ▪ ⏰ tgl. Okt–März 9–17.30, April–Sep 9–17 Uhr ▪ Eintritt frei ▪ ☎ 03 366 5000, 🖥 www.canterburymuseum.com

Benjamin Mountfords neugotisches **Canterbury Museum** von 1870 unternimmt einen breiten Streifzug durch die Geschichte der Provinz und darüber hinaus. Klassische Dioramen zeigen dunkelhäutige Einheimische, die Moa jagen, fischen und Gravuren an Höhlenwänden anbringen. Sie bilden den Hintergrund für die ausgezeichnete Maori-Sammlung mit wunderschönen Schnitzereien und Webarbeiten. Canterburys Verbindungen zur Polarforschung veranschaulichen ein wackliger Motortraktor, der 1914–17 bei den Expeditionen von Shackleton zum Einsatz kam, ein Ferguson-Traktor, der im Rahmen von Edmund Hillarys Vorstoß 1958 das erste Fahrzeug war, das den Pol erreichte, und der weitaus robustere Sno-Cat, den der Brite Vivian Fuchs bei der gleichen Expedition benutzte.

Ein Schrein für Kiwi-Kitsch ist das **Fred and Myrtle's Paua Shell House**, das ursprünglich in Bluff stand. Nebenan befindet sich das **Christ's College**, die elitärste Privatschule der Stadt. Die viktorianische Architektur des Baus trug zwar Schäden davon, die Schule ist aber weiterhin geöffnet.

Botanic Gardens

Haupteingang Rolleston Ave ▪ ⏰ tgl. 7 Uhr bis 30 Min. nach Sonnenuntergang, ⏰ Visitor Centre tgl. 8.30–17 Uhr ▪ Eintritt frei ▪

In den **Botanic Gardens** arbeitet man seit 1863 nach Kräften daran, dass Christchurch seinem Ruf als „Garden City" gerecht wird. Hier findet sich eine beachtliche Vielfalt an einheimischen und exotischen Pflanzen und Bäumen. Im Sommer und Herbst stellen die mehrjährigen Pflanzen regelmäßig ein strahlend schönes Farbenmeer zur Schau. Zum Komplex gehört auch ein Kräutergarten mit verschiedenen Gewürz- und Heilpflanzen, die bezaubernde Düfte verströmen. Einen erholsamen Bummel ermöglicht der ab Dezember erblühende Rose Garden mit über 250 Rosenarten.

Antigua Boat Sheds

2 Cambridge Terrace ▪ ⏰ Okt–April 9–18, Mai–Sep 10–16 Uhr ▪ Paddelboot für zwei $25/30 Min., Einerkanu $12/Stdt., Zweierkanu $24/Std., Ruderboot $35/Std. ▪ ☎ 03 366 5885, 🖥 www.boatsheds.co.nz

VON CHRISTCHURCH NACH SÜDEN

Der Botanische Garten schmiegt sich in eine Schleife des Avon, den man von den **Antigua Boat Sheds** aus per gemietetem Kanu, Paddel- oder Ruderboot erkunden kann.

Wer es ganz entspannt mag, schließt sich einer Tour mit einem Stechkahn an (s. Kasten S. 613).

Hagley Park

Hinter dem Botanischen Garten windet sich der Avon River durch die Bäume, Wiesen und Sportplätze des **Hagley Park**, der sich über 2 km² gleich westlich der Innenstadt ausbreitet. Am Wochenende scheint sich hier die gesamte Bevölkerung von Christchurch zu versammeln, um zu bummeln, sich sportlich zu betätigen oder ein Cricketmatch im neuen Hagley Oval zu verfolgen, in dem im Jahr 2015 der Cricket World Cup ausgetragen wurde.

Victoria Street

Die vom Zentrum nach Nordwesten verlaufende **Victoria Street** ist eine der lebendigsten Straßen von Christchurch. Sie zweigt am Victoria Square ab, führt an der erdbebengeschädigten **Town Hall** und dem liebevoll restaurierten **Victoria Clock Tower** von 1860 vorbei und erreicht schließlich die Restaurant- und Bar-Hotspots in der Umgebung der Knox Presbyterian Church.

Knox Presbyterian Church
Bealey Ave, Ecke Victoria St
Eine der gelungensten Synthesen aus alter und neuer Christchurch-Architektur offenbart ein Blick ins Innere dieser ehemals typisch viktorianisch-gotischen Kirche. Nachdem sie mit nackten Betonsäulen gestützt und so vor dem Einsturz bewahrt wurde, konnte viel von der alten Gebäudestruktur gerettet werden, sie hat allerdings eine Kupferverkleidung bekommen. Das ansehnliche Ergebnis präsentiert die Kirche nun so außen modern und im Innern in Harmonie mit dem, was erhalten werden konnte.

Mona Vale

63 Fendalton Rd ▪ ☉ Gelände tgl. von 7 Uhr bis Sonnenuntergang ▪ Eintritt frei

Ein Picknickkorb und eine Flasche Rosé sind die perfekten Begleiter für einen Besuch dieser kompakten, sehr englischen Gartenanlage am Ufer des trägen Avon River. Das Gelände gehörte ursprünglich zum Riccarton-Bush-Anwesen der Familie Deans (s. unten).

Rings um das beim Erdbeben beschädigte English Arts and Crafts-Gebäude von 1897 liegen wunderbare Rabatten mit Rosen und Fuchsien zwischen Magnolien und Rhododendronbüschen.

Riccarton Bush

16 Kahu Rd, Riccarton, 3 km westlich der Innenstadt ▪ ☉ tgl. Sonnenauf- bis Sonnenuntergang ▪ Eintritt frei ▪ Bus P fährt ganz in der Nähe vorbei

Der südwestlich im Vorort Riccarton gelegene **Riccarton Bush** (auch als Deans Bush bezeichnet) ist ein 12 ha großes Waldstück mit mehreren 500 Jahre alten und bis zu 25 m hohen Kahikatea-Bäumen. Das Überleben dieses wertvollen Bestands hat die Nachwelt vor allem den schottischen Brüdern William und John Deans zu verdanken, die 1843 (sieben Jahre vor der Stadtgründung) in die Gegend kamen und irgendwie der Versuchung widerstanden, ihren gesamten Grundbesitz der sofortigen holzwirtschaftlichen Nutzung zuzuführen.

Heute führt ein Betonpfad (20–30 Min.) durch den von einem Raubtier-Schutzzaun umgebenen Wald, Schilder benennen die hier wachsenden Arten. Samstags ist hier jede Menge los, denn dann findet der Farmers' Market (S. 618) statt.

Deans Cottage
☉ tgl. 9 Uhr bis Sonnenuntergang ▪ Eintritt frei
Das aus Matai-Holz gebaute winzige **Deans Cottage** wurde von den Gebrüdern Deans ein paar Monate nach ihrer Ankunft gebaut. In den 1970er-Jahren wurde es an den Eingang zum Riccarton Bush geschafft und ist eingerichtet wie zu Lebzeiten der Deans.

Riccarton House

Komplette Führung So–Fr 14 Uhr, 1 1/4 Std., $18 ▪
Mini-Führung Sa 10–12.30 Uhr, 20 Min., $5 ▪ ✆ 03
341 1018, 🖵 www.riccartonhouse.co.nz

John Deans Frau Jane und ihr gemeinsamer
Sohn John waren die treibende Kraft hinter der
Entstehung der prunkvollen viktorianischen Villa
Riccarton House gleich neben dem Deans Cottage. Mit dem Bau wurde 1856 auf einem von
Ngai Tahu gemieteten Grundstück begonnen.
Das Gebäude wurde zweimal erweitert und
nach den Erdbeben gründlich restauriert und so
in das elegante, dreistöckige Schindelhaus von
heute verwandelt – im Grunde ist es der Wohnsitz von Christchurchs Gründerfamilie.

International Antarctic Centre

38 Orchard Rd, ein gemütlicher, 10-minütiger Spaziergang vom Flughafen – immer den Pinguinfußstapfen
nach ▪ ⏰ tgl. 9–17.30 Uhr ▪ Eintritt $59, Xpress Ticket
$39, Rabatt bei Onlinekauf ▪ Pinguinfütterung 10.30,
13.30 und 15.30 Uhr ▪ ✆ 03 357 0519, 🖵 www.
iceberg.co.nz ▪ Der kostenlose Shuttlebus Penguin
Express fährt von der Innenstadt stdl. hierher

Seit Mitte der 1950er-Jahre dient der Flughafen
von Christchurch als Ausgangspunkt für Flüge in
die US-amerikanischen und neuseeländischen
Forschungsstationen in der Antarktis. Wer sich
für das Polargebiet interessiert, kann im **International Antarctic Centre** locker einen halben
Tag zubringen. Zwar ist der Eintrittspreis recht
hoch, aber die Ausstellungsstücke sind faszinierend und werden ansprechend präsentiert. Außerdem können Besucher bei der Fütterung der
Zwergpinguine zuschauen.

In der *Snow and Ice Experience* ziehen sich
die Besucher eine Daunenjacke an und setzen
sich einem simulierten Sturm bei minus 18 °C
Eiseskälte aus. Ein weiteres Highlight ist *Beyond
the Frozen Sunset*, ein wunderbares HD-Video
mit tollen Filmaufnahmen der Dry Valleys und
endloser Eiswüsten. Das reguläre Eintrittsticket
(nicht aber Xpress) gilt auch für eine unterhaltsame 4D-Vorstellung sowie beliebig viele Fahrten mit dem **Hägglund Ride**, einer 10-minütigen
Holperfahrt (Start alle 20 Min.) in einem fünf Tonnen schweren Polarbuggy.

Orana Wildlife Park

McLeans Island Rd, 20 km westlich vom
Stadtzentrum ▪ ⏰ tgl. 10–17 Uhr, Lion Encounter
tgl. 14.30 Uhr (vorab buchen) ▪ Eintritt $28,
Lion Encounter zusätzlich $33 ▪ ✆ 03 359 7109,
🖵 www.oranawildlifepark.co.nz

Die Fütterungszeiten in diesem gut organisierten Tierpark mit dem Schwerpunkt auf Tieren
der afrikanischen Savanne sind so über den Tag
verteilt, dass es immer wieder etwas zu sehen
gibt. Man kann sogar Giraffen per Hand füttern
und sich beim **Lion Encounter** auf einem Lkw
mit Gitterkäfig auf eine Tour durch das Groß-
katzengehege begeben. Neuseeland ist durch
Kiwis, Tuataras, ein Vogel- und ein Geckohaus
vertreten.

Willowbank Wildlife Reserve

60 Hussey Rd, 10 km nordwestlich des Zentrums ▪
⏰ tgl. Nov–März 9.30–19, April–Okt 9.30–17 Uhr ▪
Eintritt $28 ▪ ✆ 03 359 6226, 🖵 www.willowbank.
co.nz ▪ im Zentrum den Blue-Line-Bus nehmen,
dann umsteigen in die Nr. 107

Bei Weitem nicht so aufregend wie der Orana
Park, dafür überschaubarer und persönlicher
präsentiert sich das Wildschutzgebiet **Willowbank Wildlife Reserve**. Hier gibt es einige Volieren mit einheimischen Vögeln, darunter auch
ein Kiwi House, in dem Eier bebrütet und Jung-
tiere großgezogen werden. Die Exoten sind vertreten durch Affen, Otter, Papageien und Maka-
ken, die alle in recht naturalistischen Habitaten
gehalten werden.

Sumner

13 km südöstlich des Zentrums ▪ Bus Nr. 3 vom
Zentrum

Die Flüsse Heathcote und Avon münden in die
Pegasus Bay bei **Redcliffs**, wo eine doppelt-
stöckige Reihe von Schiffscontainern die Straße vor dem Geröllschutt schützt, der von den
Felsen oben herunterfällt – früher standen dort
die Häuser mit der spektakulärsten Aussicht von
ganz Christchurch.

Rund 3 km südöstlich liegt der schönste Strandvorort der Stadt: **Sumner**, eine von Norfolk-Araukarien gesäumte Ansiedlung mit Läden, Restaurants, Cafés, Weinbars und Surf-Buden, alle mit Blick auf einen breiten, goldenen Sandstrand. Der Ort wurde nach Dr. J. B. Sumner benannt, seines Zeichens Erzbischof von Canterbury und in den 1850er-Jahren Präsident der Canterbury Association. Auch Sumner wurde von den Erdbeben stark in Mitleidenschaft gezogen, hat sich davon aber schneller erholt als andere Gegenden. Im Mittelpunkt des Geschehens steht immer noch das Strandleben mit seiner Hauptattraktion, dem wie ein Schweizer Käse von Höhlen durchlöcherten **Cave Rock**.

Taylor's Mistake

4 km südöstlich von Sumner

Das beste **Surfrevier** der Stadt liegt in **Taylor's Mistake**, zu erreichen über die Nayland Street.

Der Ort mit dem schmalen Strand wurde der lokalen Legende zufolge nach einem Schiff benannt, das hier auf Grund lief, nachdem der Kapitän die Bucht mit der Einfahrt zum Naturhafen Lyttelton Harbour verwechselt hatte.

Von Sumner aus kann man auf einem kurvenreichen Pfad um **Scarborough Head** hierher spazieren (je Strecke 1 Std., 3 km) und die wunderbaren Ausblicke aufs Meer genießen – The Esplanade nach Süden bis zur Scarborough Road folgen und dann immer an der Küste entlang bis zur Whitewash Head Road.

Godley Head

Die Evans Pass Road klettert südlich von Sumner hoch zum **Godley Head**, dem Wachposten über der Zufahrt zum Lyttelton Harbour. Dieses spektakuläre, vom DOC verwaltete Fleckchen Erde mit hohen Klippen und wunderbarer Aussicht ist wunderbarer Platz für ein Picknick.

Touren und Aktivitäten in und um Christchurch

Christchurch ist eine gute Basis für die Erkundung der Umgebung, und es bieten sich etliche Möglichkeiten, aktiv zu werden.

Ballonfahrten

Ballooning Canterbury, ✆ 0508 422 556, 🖥 www.ballooningcanterbury.com. Schwebe-Rundflüge am frühen Morgen mit herrlicher Aussicht auf Christchurch, Berge und Küste ($320).

Stadt-, Segway- und Radtouren

Christchurch Rebuild Tour, ✆ 0800 500 929, 🖥 www.redbus.co.nz. Recht biedere, aber informative 90-minütige Bustour durch das Zentrum ($29). Die Strecke richtet sich nach dem, was gerade am interessantesten ist, führt aber immer an der Cardboard Cathedral vorbei. Tgl. um 11.30 und 13 Uhr.

Christchurch Tram, ✆ 03 366 7830, 🖥 www.welcomeaboard.co.nz. Die Straßenbahn beschreibt einen 3 km langen Bogen am Arts Centre vorbei über die New Regent Street, an der Re:START Mall und dem Cathedral Square vorbei. Der Fahrer kommentiert unterwegs die Sehenswürdigkeiten, Abfahrt alle 10 Min. Die Tram nahm erst 1995 ihren Betrieb wieder auf, doch die Wagen sind überwiegend liebevoll restaurierte Originale, die zwischen 1908 und 1925 erbaut wurden. Mit dem Ticket für $15 kann man einen ganzen Tag lang unbegrenzt aus- und zusteigen, Kinder fahren kostenlos. Es gibt sogar eine Restaurant-Tram (tgl. 19–21.30 Uhr, $95), die ihre Runde dreht, während die Fahrgäste dinieren, Abfahrt an der Cathedral Junction. Okt–März 9–18, April–Sep 10–17 Uhr.

Discover Christchurch Tours, ✆ 0800 141 149, 🖥 www.hasslefree.co.nz. Unterhaltsame Touren in einem offenen Doppeldeckerbus. Zur Wahl stehen die Central City Tour (2–7x tgl., 1 Std., $32) zu den meisten Sehenswürdigkeiten im Innenstadtbereich und die Discover Christchurch Tour (2–3x tgl., 3 1/2 Std., $69), die auch Mona Vale, Sumner und die Port Hills einschließt.

Mountain Bike Adventure Company, ✆ 0800 424 534, 🖥 www.cyclehire-tours.co.nz. Radverleih für kürzere und längere Strecken bietet die auf eine kombinierte Seilbahnfahrt auf den Mount Cavendish

Das verzweigte Wegenetz führt an Hinterlassenschaften aus dem Zweiten Weltkrieg vorbei, darunter finstere Tunnels und Spähposten, die wie Vogelnester an den Felsen kleben. Von hier aus gelangt man zu Fuß hinunter zu den winzigen Küstenorten Boulder Bay und Taylor's Mistake.

Christchurch Gondola

10 Bridle Path Rd, Heathcote, 10 km südöstlich des Zentrums ▪ ⏰ tgl. 10–17 Uhr ▪ Eintritt $25 ▪ ✆ 03 384 0310, ⌨ www.welcomeaboard.co.nz ▪ Anfahrt mit einem Shuttle ab Canterbury Museum (Rückfahrkarte $10) und dem Lyttelton-Bus Nr. 28

Den schnellsten Zugang zu tollen Ausblicken und leichten Wanderwegen bietet eine Fahrt mit der Seilbahn **Christchurch Gondola**. Die Gondeln erklimmen den 945 m hohen Gipfel des **Mount Cavendish**. Wer die Neuseeländischen Alpen im besten und schönsten Licht erstrahlen sehen möchte, muss früh aufbrechen. Auf dem Gipfel angekommen, laden einige Spazierwege zur Erkundung der Umgebung ein. Ansonsten kann man auch mit der Seilbahn hochfahren und mit einem von der Mountain Bike Adventure Company (s. Kasten S. 612) geliehenen Bike runterdüsen.

Port Hills

5–15 km südlich und südöstlich der Innenstadt

Vor den Beben war eine abendliche Fahrt auf der **Summit Road** in den **Port Hills** eine der angenehmsten Aktivitäten, die Christchurch zu bieten hatte. Doch die Straßen, Wege und Mountainbikepfade sind nur zum Teil wieder zugänglich und der Aktionsradius für Erkundungen ist immer noch eingeschränkt. Die Summit

und Abfahrt per Rad spezialisierte Firma. Das Ticket ($60) gilt für eine Gondelfahrt, erlaubt genügend Zeit um sich oben umzuschauen und dann mit dem Rad die 16 Straßenkilometer zurückzulegen oder mit dem Mountainbike *offroad* herunterzufahren. Unbedingt vorbuchen.

Rebuild Bike Tour, ✆ 0800 733 257, ⌨ www.chchbiketours.co.nz. Das Fahrrad bietet die Möglichkeit, jederzeit abzusteigen und sich ausgefallene Straßenkunst aus der Nähe anzusehen, und ist daher das perfekte Transportmittel zur Erkundung des neu im Entstehen begriffenen Stadtzentrums. Zusätzlich zu den 2-stündigen Touren in kleinen Gruppen gibt es am Samstagmorgen eine Tour zum Christchurch Farmers' Market ($50) oder die Gourmet Bike Tour (3 Std., $160) inklusive Mittagessen in einem spannenden Lokal. Tgl. 10 und 14 Uhr.

Urban Wheels, ✆ 03 942 8834, ⌨ www.urbanwheels.co.nz. Segwaytouren mit allen Vorteilen eines Fahrrads, aber schneller, unkonventioneller und lustiger. Man kann sich entweder für die Rebuild Zone Tour entscheiden oder für die Combo Tour (beide 2 Std., $109), die den Hagley Park und Mona Vale umfasst.

Hochlandtour

Alpine Safari, ✆ 0800 427 753, ⌨ www.hasslefree.co.nz. Eine prima Alternative zu einem ganzen Tag im *TranzAlpine*-Zug besteht darin, 10 Std. im Jetboat auf dem Waimakariri River zu verbringen, in einem Geländewagen querfeldein über eine Schaf- und Rinderfarm im Hochland zu holpern und von Arthur's Pass mit dem *TranzAlpine* wieder zurückzufahren ($419).

Stechkahnfahrt

Welcome Aboard, ✆ 03 366 0337, ⌨ www.welcomeaboard.co.nz. Adrett mit Blazern und Strohhüten bekleidete Bootsführer staken die Passagierboote eine halbe Stunde lang sanft durch den Fluss, entweder von den Antigua Boat Sheds aus durch den Botanischen Garten oder von der Worcester St Bridge aus durch die Innenstadt. Tgl. Okt–März 9–18, April–Sep 10–16 Uhr.

Road war das Lieblingskind des liberalen Parlamentariers und Umweltschützers Harry Ell, der sich fürs Gemeinwohl einsetzte und u. a. davon träumte, zwischen Christchurch und Akaroa vierzehn Raststätten einzurichten. Bei seinem Tod 1934 waren nur vier gebaut worden. Wer über die **Dyers Pass Road** (zwischen der Stadt und Governors Bay) fährt, kommt an der schönsten davon vorbei: Das **Sign of the Takahe**, ein schlossähnlicher Bau in gotischem Stil, hat unter dem Erdbeben gelitten, soll aber 2016 wieder öffnen, möglicherweise erneut als nobles Restaurant, so wie früher.

ÜBERNACHTUNG

Christchurch hat Mühe, die bei den Erdbeben zerstörten Unterkünfte zu ersetzen, und es kommt oft zu Engpässen. Als Ausweichquartiere dienen die **Motels**, die vor allem die Papanui Road nordwestlich der Innenstadt sowie die Riccarton Road westlich des Hagley Park säumen. Die meisten **Campingplätze** befinden sich in fußläufiger Nähe zu einer Bushaltestelle, und **Freedom Camping** (wildes Campen) in Campervans mit Chemietoilette und Wassertank ist überall möglich. Die meisten Unterkünfte (auch Hostels) sind auf späte Ankunft und frühe Abreise vorbereitet. Bei der Reservierung sollte man aber das Datum zur Sicherheit überprüfen und unbedingt vorbuchen, besonders von Dez–März. Neueröffnungen finden sich unter 🖥 www.christchurchnz.com.

Zentrum

Admiral Motel, 168 Bealey Ave, ✆ 03 379 3554, 🖥 www.admiralmotel.co.nz; Karte S. 606–607. Sehr preisgünstiges Motel mit Grill, Picknicktischen und Spielplatz im Garten und makellos sauberen Zimmern. $115

Around the World Backpackers, 314 Barbadoes St, ✆ 03 365 4363, 🖥 www.aroundtheworld.co.nz; Karte S. S. 606–607. Das gut gemanagte, kompakte Hostel hat Dorms mit Gemeinschaftsbad, DZ und 2-Bett-Zimmer sowie ein „Liebesnest" hinter dem Haus ($80). Gratis-WLAN, billiger Fahrradverleih, Hängematten im Garten und sonntags kostenloses BBQ. Dorm $31, DZ $76

At the Right Place, 85 Bealey Ave, ✆ 0800 778 787, 🖥 www.atrp.co.nz; Karte S. 606–607. Dieses ruhige Haus am Ende einer 70 m langen Einfahrt bietet Backpacker-Unterkünfte mit moderner Küchenausstattung und Lounge mit Sky TV sowie helle Studios im Motelstil ($129). Dorms $30, DZ $85

Chester Street Backpackers, 148 Chester St East, ✆ 03 377 1897, 🖥 www.chesterst.co.nz; Karte S. 606–607. Das kleinste Hostel der Stadt mit nur 13 Betten in gemütlichen, farbenfrohen DZ, einem 3-Bett-Dorm und einem Selbstversorger-Cottage ($130). Kleiner Parkplatz und netter Garten. Der Betreiber verkauft auch Wohnmobile. Dorm $30, DZ $66

City Central Motel Apartments, 252 Barbados St, ✆ 0800 379 0540, 🖥 www.citycentral. co.nz; Karte S. 606–607. Modernisiertes Motel mit stilvollen Zimmern und Parkplätzen abseits der Straße. Liegt an einer verkehrsreichen Kreuzung, aber die Fenster sind doppelverglast. $135

Dorset House, 1 Dorset St, ✆ 03 366 8268 und 0800 367 738, 🖥 www.dorset.co.nz; Karte S. 606–607. Das geräumige, sehr umweltbewusste Hostel in einem hübsch renovierten Haus von 1871 in einer ruhigen Gegend bietet stabile Betten (keine Stockbetten) und sogar einen Bademantelverleih. Außerdem gibt's Parkplätze abseits der Straße, Sky TV und ein Badebecken in einer riesigen Lounge mit Buntglasfenstern sowie Gratis-WLAN. Auch Selbstversorgerapartments. Dorms $39, Zimmer $99

Eliza's Manor, 82 Bealey Ave, ✆ 03 366 859, 🖥 www.elizas.co.nz; Karte S. 606–607. Luxus-B&B in prächtigem Haus von 1861 mit 8 Zimmern, alle im Stil der damaligen Zeit eingerichtet und mit Wärmepumpen ausgestattet. Empfehlenswert sind die geräumigeren%Heritage-Zimmer ($345). $235

Focus Motel, 344 Durham St North, ✆ 03 943 0800, 🖥 www.focusmotel.com; Karte S. 606–607. Motel in zentraler Lage mit modernen Studios und größeren Units, teils mit Whirlpool, alle mit Ledersofas und Küche. $150

Foley Towers, 208 Kilmore St, ✆ 03 366 9720, 🖥 www.backpack.co.nz/foley.html; Karte

S. 606–607. Das recht große, um zwei alte Häuser aufgebaute Hostel hat es geschafft, sich eine intime Atmosphäre zu bewahren; dazu tragen auch die aufmerksamen Angestellten, der nette Garten und die vielen DZ und 2-Bett-Zimmer (mit Bad $78) bei. Dorms $30, DZ $72

The George, 50 Park Terrace, ℡ 0800 100 220, 🖥 www.thegeorge.com; Karte S. 606–607. Eines der schönsten städtischen Boutiquehotels des Landes, elegant renoviert. Tolle Kunst, coole Bar und edles Restaurant Pescatore mit Blick auf den Hagley Park. $450

The Grange, 56 Armagh St, ℡ 03 366 2850, 🖥 www.thegrange.co.nz; Karte S. 606–607. Klassisches 6-Zimmer-B&B in einem entzückenden, denkmalgeschützten edwardianischen Wohnhaus. Dahinter gibt's einen schicken Motelanbau mit Studios und größeren Apartments um einen geschützten Hof. Studios $145, B&B $195

Ibis Christchurch, 107 Hereford St, ℡ 03 367 8666, 🖥 www.ibis.com; Karte S. 606–607. Modernes Businesshotel ohne Schnickschnack; es war eins der ersten, die im Zentrum wieder öffneten. Die Zimmer sind klein, aber geschmackvoll eingerichtet und haben Kühlschrank, Tee- und Kaffeekocher und TV. Zum Haus gehören ein Restaurant und eine Bar. $180

Jailhouse Accommodation, 338 Lincoln Rd, ℡ 03 982 7777 und 0800 524 546, 🖥 www.jail.co.nz; Karte S. 606–607. Das viktorianische Gefängnis, das noch bis 1999 genutzt wurde, ist mit viel Fantasie in ein stimmungsvolles Hostel mit DZ und Dorms umgebaut worden. Die Mitarbeiter sind sehr hilfsbereit, und die Benutzung des Billardtischs ist kostenlos. Ein paar Zellen wurden im ursprünglichen Zustand belassen. Der Orange Bus fährt bis vor die Tür. Dorms $33, DZ $92

Orari, 42 Gloucester St, ℡ 03 365 6569, 🖥 www.orari.net.nz; Karte S. 606–607. Ein zwanglos geführtes, mit Kunst geschmücktes B&B in großem Haus von 1893. 10 sonnige Zimmer, alle mit TV, Telefon, Kunst an den Wänden und Bad (eins mit Wanne). Parkplatz abseits der Straße, Willkommenswein, GratisWLAN und warmes Frühstück inkl. $205

Pomeroy's on Kilmore, 284 Kilmore St, ℡ 033 374 3532, 🖥 www.pomeroysonkilmore.co.nz; Karte S. 606–607. Das gemütlich B&B liegt praktischerweise direkt neben dem Pub des Besitzers. Es hat 5 Zimmer, manche mit Zugang zum hübschen Garten. Kleines Frühstück inkl. $145

Rucksacker, 70 Bealey Ave, ℡ 03 377 7931, 🖥 www.rucksacker.com; Karte S. 606–607. Freundliches Hostel in einem 100 Jahre alten Holzhaus mit geselligem Garten und Grillbereich, günstigem Fahrradverleih und einigen Parkplätzen sowie Frauen-Dorm. Dorms $27, DZ $66

Vagabond Backpackers, 232 Worcester St, ℡ 0800 824 428, 🖥 www.vagabondhostel.co.nz; Karte S. 606–607. Sehr freundliches Haus mit nur 30 Betten, einige davon in einem Anbau. Gepflegt, ruhig und sauber. Privatparkplatz, Grillmöglichkeit und reizender Garten. 2 DZ in einem Selbstversorger-Apartment. Dorms $27, DZ $64

YMCA Christchurch, 35 Hereford St, ℡ 03 379 9536, 🖥 www.yha.co.nz; Karte S. 606–607. Sehr zentrales, hypermodernes YMCA mit spartanisch eingerichteten Dorms, EZ, einfachen DZ und Deluxe-DZ mit Bad ($125), Tee/Kaffee und TV. Gäste erhalten erhebliche Rabatte für Fitnesszentrum, Squash-Plätze, Kletterwand und Sauna. Café. Dorms $33, DZ $85

Merivale

Colonial Inn Motel, 43 Papanui Rd, ℡ 0800 111 232, 🖥 www. colonialinnmotel.co.nz; Karte S. 602–603. Modernes Motel mit sauberen, komfortablen Units, darunter einigen riesigen Units mit 2 oder 3 Schlafzimmern, und mit überdachten Parkplätzen. Die Units im Obergeschoss gehen auf einen Gemeinschaftsbalkon hinaus. $130

Merivale Manor, 122 Papanui Rd, ℡ 03 667 1554, 🖥 www.merivalemanor.co.nz; Karte S. 602–603. Im Mittelpunkt der luxuriösen Unterkunft steht eine Villa von 1882 mit 3 im Stil der damaligen Zeit möblierten Suiten und mehreren Studioapartments. Die Spa-Studios in einem separaten Gebäude sind moderner eingerichtet, und alle sind für Selbstversorger gedacht; Cerealien, Milch, Brot und Aufstrich werden bereitgestellt, aber in der Nähe gibt es auch zahlreiche gute Frühstückslokale. Studios $160, Suiten $235

Randolph, 79 Papanui Rd, ☎ 0800 537 366, 🖥 www.randolphmotel.co.nz; Karte S. 602–603. Ausgezeichnetes modernes Motel auf einem Grundstück im Schatten einer riesigen Buche. Die Zimmer sind extrem gut ausgestattet, u. a. mit Kochgelegenheit, TV/DVD, Stereoanlage und Waschmaschine. Die DeluxeZimmer verfügen über einen Doppel-Whirlpool, und es gibt sogar ein kleines Fitnesscenter für Gäste. $170

Riccarton und westliches Christchurch

The Establishment, 50 Clyde Rd, Ilam, ☎ 0800 378 225, 🖥 www.theestablishment.net.nz; Karte S. 602–603. Schicke, modern Boutiquelodge außerhalb vom Zentrum mit 3 hervorragend ausgestatteten Suiten, die alle Zugang zu einer Gästelounge mit Veranda haben. Auch erstklassiges Frühstück. $395

Fyffe on Riccarton, 208 Riccarton Rd, ☎ 0800 341 3274, 🖥 www.fyffeonriccarton.co.nz; Karte S. 602–603. Stilvolles Motel mit extrabreiten Betten, Doppelverglasung und DVD-Playern. Die teureren Units haben einen Whirlpool. $140

Lorenzo Motor Lodge, 36 Riccarton Rd, ☎ 0800 456 736, 🖥 www.lorenzomotorlodge. co.nz; Karte S. 602–603. Schickes Hotel mit recht großen Studio-Units sowie Suiten mit 2er-Whirlpools. Freier Zutritt zum Fitnesscenter auf der anderen Straßenseite und kostenloses WLAN. $165

Port Hills

Onuku, 27 Harry Ell Drive, Cashmere, 7 km südlich des CBD, ☎ 03 332 7296, 🖥 www.onukubedandbreakfast.co.nz; Karte S. 602–603. Einladendes B&B in einem stilvollen modernen Haus in den Port Hills mit fabelhafter Aussicht auf die Stadt und Wander- sowie Mountainbikemöglichkeiten. Die Zimmer sind einfach, aber geschmackvoll und haben gemütliche Betten. Das große Frühstück gibt ordentlich Kraft, um den Tag in Angriff zu nehmen. $160

Östliches Christchurch und Sumner

Der am Meer gelegene Vorort Sumner (S. 611) hat einige schöne Unterkünfte und ist schnell mit den oft verkehrenden Stadtbussen zu erreichen.

A Nest on Mount Pleasant, 24 Toledo Place, Mount Pleasant, 9 km südöstlich des Zentrums, ☎ 03 384 9485, 🖥 www.anestbnb.co.nz; Karte S. 602–603. Diese freundliche Unterkunft macht ihrem Namen alle Ehre und blickt auf eine üppig grüne Schlucht hinab. Die Gastgeber geben sich viel Mühe, den Aufenthalt so angenehm wie möglich zu gestalten. $135

Abbott House, 104 Nayland St, Sumner, ☎ 0800 020 654, 🖥 www.abbotthouse.co.nz; Karte S. 602–603. Die attraktiv restaurierte 1870er-Jahre-Villa bietet einen Block vom Strand entfernt Unterkunft in einem Studio mit Küchenzeile oder einer Suite mit großem Wohnzimmer, Küche und Waschmaschine. Beide Einheiten mit TV/DVD, privatem Eingang und Zutaten für ein Frühstück. Studio $120, Suite $140

Haka Lodge, 518 Linwood Ave, Woolston, ☎ 03 980 4252, 🖥 www.hakalodge.com; Karte S. 602–603. Das chillige Haus aus den 1970ern kompensiert seine ungünstige Lage durch kleine Preise, ein gemütliches Kaminfeuer in der Lounge, einen ausgezeichneten Gemüsegarten, DZ mit Balkon und sogar ein Apartment mit 2 Schlafzimmern. Dorms $33, DZ $84

Le Petit Hotel, 16 Marriner St, Sumner, ☎ 03326 6675, 🖥 www.lepetithotel. co.nz; Karte S. 602–603. B&B mit französisch angehauchter Einrichtung, luftigen Zimmern mit Balkon oder Terrasse, TV und kostenlosem WLAN. Das Frühstück wird bei gutem Wetter draußen serviert. $149

The Old Countryhouse, 437 Gloucester St, City, ☎ 03 381 5504, 🖥 www.oldcountry house.co.nz; Karte S. 602–603. Ruhiges, edles Hostel, bestehend aus 3 geräumigen Bungalows mit Holzfußboden. Jeder verfügt über eine eigene Küche und Lounge und einige Doppelzimmer mit Bad ($145). Es gibt eine Menge Platz, kostenlose Kräuter und Limonen, solide Tische und Betten (vom Eigentümer selbst gezimmert), einen Spa-Pool, Sauna, kostenloses WLAN und Parkplätze abseits der Straße. Zu erreichen mit Bus Nr. 60. Dorms $42, DZ $110

Sumner Bay Motel, 26 Marriner St, Sumner, ✆ 0800 496 949, 🖥 www.sumnermotel.co.nz; Karte S. 602–603. Das stilvolle Motel bietet einen Block vom Strand entfernt Studios und Apartments mit 2 Schlafzimmern, Balkon oder Terrasse, Sky TV, Gratis-WLAN und DVD-Player. DZ $159

Camping

Amber Park, 308 Blenheim Rd, Upper Riccarton, ✆ 03 348 3327, 🖥 www.amberpark.co.nz; Karte S. 602–603. Großer, grasbewachsener Platz mit allen Annehmlichkeiten und Motel Units mit Bad ($128), nur 4 km südlich vom Zentrum. Zu erreichen mit Bus 80; der Bahnhof liegt in der Nähe. Stellplätze $42, Cabins mit Bad $72, Motel Units $78

Christchurch Top 10, 39 Meadow St, Papanui, ✆ 0800 396 323, 🖥 www.meadowpark.co.nz; Karte S. 602–603. 6 km nördlich des Stadtzentrums am SH74, zu erreichen mit dem Blue Bus vom Zentrum. Großer Platz in der Nähe von Supermärkten und Restaurants, mit allen möglichen Einrichtungen wie Selbstversorger-Chalets ($105), Motel Units ($145) und einem beheizten Hallenbad. Camping $42, Cabins $83

ESSEN UND UNTERHALTUNG

Nach den Erdbeben zogen viele Restaurants und Bars hinaus in die Vororte. Doch mit dem voranschreitenden Wiederaufbau kehrt die Szene rasch ins Zentrum zurück. Die belebteste Gegend ist die Victoria Street, aber auch an der High Street gegenüber dem Cathedral Square siedeln sich immer mehr Lokale an.

Zentrum

Black Betty, 165 Madras St, ✆ 03 365 8522, 🖥 www.blackbetty.co.nz; Karte S. 606–607. Das beste Café in diesem Teil der Stadt. Viel Sperrholz, ordentlicher Kaffee und zum Brunch ($14,50) gibt's Speisen wie *shakshouka*. Limitiertes Gratis-WLAN. ⏲ Mo–Fr 7.30–16, Sa und So 8–16 Uhr.

🛍 **Brick Farm**, 172 High St, ✆ 03 366 5369, 🖥 www.brickfarm.co.nz; Karte S. 606–607. Ein Juwel inmitten der noch gezeichneten High Street ist dieses schicke Bistro/Bar auf drei Etagen einer ehemaligen koreanischen Karaokebar. Auf der Speisekarte stehen Produkte der Saison, das Bier stammt überwiegend aus Christchurch-Brauereien und der Wein aus Waipara. Gäste dürfen sich auf Leckeres wie Lamm *en croute* mit Blumenkohlpüree ($30) oder Tintenfischrisotto mit Tintenfischringen ($31) freuen oder kommen einfach auf einen Cocktail im obersten Stockwerk vorbei. ⏲ Mi–Fr 15 Uhr bis spät, Sa 10 Uhr bis spät, So 10–17 Uhr.

🛍 **C1 Espresso**, 185 High St, ✆ 03 379 1917, 🖥 www.c1espresso.co.nz; Karte S. 606–607. Fabelhaftes, lizensiertes Café in einem eleganten ehemaligen Postamt von 1930. Morgens gibt's ausgezeichneten Kaffee und Frühstück, z. B. Corn Fritters mit Koriander ($18), später am Tag kann man drei *sliders* (Sandwiches, $20) bestellen, die per Druckluft durch eine Röhre bis an den Tisch „geschossen" werden. ⏲ tgl. 7–22 Uhr.

CBD Bar, 208 Madras St, 🖥 www.cbdbar.co.nz; Karte S. 606–607. Wer keine Lust hat, bis zur Tannery hinauszufahren, trinkt das Bier von Cassels & Sons einfach hier, begleitet von einer knusprigen Holzofenpizza ($18–22). ⏲ tgl. 11 Uhr bis spät.

Darkroom, 336 St Asaph St, ✆ 03 974 2425, 🖥 www.darkroom.bar; Karte S. 606–607. In der Studentenbar plus Musikbühne treten überwiegend neue Musiktalente auf. ⏲ Mi 17–24, Do 17–1, Fr und Sa 17–3 Uhr.

The Dirty Land, 131 Victoria St, ✆ 03 365 534, 🖥 www.thedirtyland.co.nz; Karte S. 606–607. In dieser gut besuchten, aber entspannten, gemütlichen Bar schnappt man sich einen *Frangelico sour* und lässt sich in einer Nische nieder, wo das Essen direkt aus der Küche des benachbarten Mexicano's serviert wird, z. B. Tacos mit Schweinefleischstreifen und Thunfisch-Tostadas ($8–10). ⏲ tgl. 16–2 Uhr.

Keo Thai, 4 Papanui Rd, ✆ 03 355 6229, 🖥 www.keothai.co.nz; Karte S. 606–607. Authentische Thai-Gerichte in elegantem Speisesaal hinter einem Innenhof voller Pflanzen. An Hauptgerichten ($20–29) gibt's alles von mildem *pad thai* bis zu feurigem *nua nam tok* (Rindfleischsalat). Tolle Weinkarte. ⏲ Mo und Di 17–22, Mi–So 12–15 und 17 Uhr bis spät.

King of Snake, 145 Victoria St, ☎ 03 365 7363, 🖳 www.kingofsnake.co.nz; Karte S. 606–607. Das dunkle, gemütliche Innere dieses oft rappelvollen Lokals ist typisch für eine Kneipe. Aber das Essen ist das eines Sternerestaurants, vom Mt-Cook-Lachs mit weißem Bio-Miso ($21) übers Curry mit Penang-Rinderbäckchen ($34) bis zur karamellisierten Mango-Tarte-Tatin ($13). ⏱ Mo–Fr 11.30 Uhr bis spät, Sa und So 16 Uhr bis spät.

The Last Word, 31 New Regent St, ☎ 03 928 2381, 🖳 www.lastword.co.nz; Karte S. 606–607. Bei mehr als 200 Single-Malt- und Blend-Whiskys (abgesehen von den üblichen Ländern auch aus Wales, Schweden und Indien) reicht ein einziger Besuch in dieser heimeligen Bar längst nicht aus. ⏱ Mo–Mi 16–24, Do–Sa 16–2, So 14–24 Uhr.

Orleans, 89 Lichfield St, ☎ 03 365 7312, 🖳 www.orleans.co.nz; Karte S. 606–607. Das beste unter den Lokalen rings um den zentralen Platz des Stranges Lane Einkaufszentrums. Meistens sitzen die Gäste dicht gedrängt in diesem Laden mit Louisiana-Thema und versuchen, nicht mit der Soße ihres Schweinefleisch-Po Boy ($9) zu kleckern, oder löffeln Gumbo mit einer Scheibe Maisbrot ($24). Meist dringt vom Hof musikalische Unterhaltung herein. ⏱ tgl. 11.30–23 Uhr oder viel später.

Pomeroy's Old Brewery Inn, 292 Kilmore St, ☎ 03 365 1523, 🖳 www.pomeroysonkilmore.co.nz; Karte S. 606–607. Englisches Pub-Flair verströmt diese solide Backsteinkneipe, in der neben anderen neuseeländischen Bieren auch die hausgebrauten Four Avenues Craft-Biere ausgeschenkt werden – 4 Kostproben für $17. Außerdem gibt's hervorragende Whiskys und Weine als Begleiter der leckeren Kneipenkost: Hühnchen- und Schweinefleischterrine ($16), Rib-Eye-Steak in einer Pfefferkörnerjus ($34) und Fish 'n' Chips mit Erbspüree ($24). An mehreren Abenden die Woche spielen Bands. ⏱ Pub Di–Do 15 Uhr bis spät, Fr–So 12 Uhr bis spät; Restaurant Di–Do 15–22, Fr–So 12–22 Uhr.

Procopé, 165 Victoria St, ☎ 03 379 4299, 🖳 www.procope.co.nz; Karte S. 606–607. Ein hübsches kleines Café (nach dem ältesten Café von Paris benannt), in dem man zum Frühstück z. B. French Toast mit schwarzen Doris-

Pflaumen ($16) oder zum Mittagessen Salat mit Hühnchenfleisch, Walnüssen und Rosmarin ($16) bekommt. ⏱ Mo–Fr 7–17, Sa und So 8–16 Uhr.

Shop Eight, 8 New Regent St, ☎ 03 390 0199, 🖳 www.shopeight.co.nz; Karte S. 606–607. Vornehme Kühle charakterisiert dieses Restaurant plus Cocktailbar mit Tischen und Stühlen von Rekindle (S. 621). Auf der schmalen Karte stehen kleine Speisen ($20) aus Bio-Zutaten der Region. Das könnten grüne Bohnen und Aal mit scharfer Soße, Ei und Haselnüssen oder Ziegenconsommé mit Austernpilzen und Trüffeln sein. ⏱ Di–Fr 16 Uhr bis spät, Sa 14 Uhr bis spät.

Tequila Mockingbird, 98 Victoria St, ☎ 03 365 8565, 🖳 www.tequilamockingbird.co.nz; Karte S. 606–607. In dem lateinamerikanisch-karibisch angehauchten Restaurant mit Bar schlürfen die Gäste Tequila-Eistee oder Sangria und machen sich über Platten für 2 Pers. mit Chili Rellenos ($12), Schweinefleisch-Albondigas ($14) und chilenischen Empanadas ($10) her. Später verlagert sich die Action dann in die angrenzende Revival Bar. ⏱ Mo–Do 16–22 Uhr oder später, Fr–So 9.30–22 Uhr oder später.

Riccarton und westliches Christchurch

The Bodhi Tree, 397 Ilam Rd, Bryndwr, ☎ 03 377 6808, 🖳 www.thebodhitree.co.nz; Karte S. 602–603. In dem sehr beliebten birmanischen Restaurant gibt es kleine Platten für 2 Pers. ($14–22), darunter der in der ganzen Stadt berühmte Teeblattsalat, außerdem Fischfilet mit Tamarinde, Koriander, Chili und Tomaten und Schälerbsen-Tofu-Salat. Schanklizenz und BYO. ⏱ Di–Sa 18–22 Uhr.

Christchurch Farmers' Market, Riccarton House, 16 Kahu Rd, Riccarton, ☎ 03 348 6190, 🖳 www.christchurchfarmersmarket.co.nz; Karte S. 602–603. Auf dem alten Bauernmarkt der Stadt, sind Produkte direkt vom Erzeuger, Bäcker, der Brauerei usw. zu haben. Außerdem im Angebot: *ready-to-eat* Feinschmeckerpasteten, Posh Porridge und goanische Spezialität sowie Bagels, Blumen, Salami und jede Menge Backwaren. Hunger mitbringen! ⏱ Sa 9–13 Uhr.

Dux Dine, 28 Riccarton Rd, Riccarton, ☎ 03 348 1436, 🖳 www.duxdine.co.nz; Karte

S. 602–603. Die gutbetuchten „Fendalton-Luncher" frequentieren gern dieses hübsche Café und Restaurant in einem über 100 Jahre alten ehemaligen Bahnwärterhaus. Die Abwesenheit von Fleischgerichten unterstreicht nur den Einfallsreichtum der Speisekarte, auf der u. a. Huevos Rancheros ($18), Erbsen- und Haloumi-Bratlinge ($27) und gebackener Fisch mit gebratenen Polentastreifen ($27) stehen. Man kann sich aber auch einfach zum Kaffeetrinken in den Garten setzen und köstlichen Kuchen dazu essen. ⏲ Mo–Fr 7–22, Sa und So 9–22 Uhr.

Volstead Trading Co, 55 Riccarton Rd, Riccarton, ✆ 03 343 6688, 🖥 www.volstead.co.nz; Karte S. 602–603. Die mit alten Sofas und Gartentischen möblierte, etwas „grungy" wirkende Craft-Bierbar besticht durch mehr als ein Dutzend Biere vom Fass, die aus Brauereien in aller Welt, aber auch von den Mikrobrauereien Raindogs und Golden Eagle ein Haus weiter stammen. Die Burger, Burritos und Zwiebelringe sind so lecker, dass man gern wiederkommt. ⏲ tgl. 12–23 Uhr.

Addington

🏨 **Addington Coffee Co-op**, 297 Lincoln Rd, ✆ 03 943 1662, 🖥 www.addingtoncoffee.org.nz; Karte S. 602–603. Fabelhaftes, lockeres Café in einer ehemaligen Autowerkstatt, die den Erdbeben widerstanden hat. Am besten lässt man sich auf ein altes Sofa fallen, probiert den hauseigenen Jailbreaker Coffee und bestellt dazu vielleicht einen Pilztoast ($16) oder gedämpftes Obst mit Bananenfilo ($15). Wer bar bezahlt, entrichtet eine Spende für die Fairtrade Kaffee- und Kakaolieferanten, von denen die Firma ihre Bohnen bezieht. Und während man isst, kann man die Reiseklamotten waschen: in einer Ecke steht eine Waschmaschine. ⏲ Mo–Fr 7.30–16, Sa und So 9–16 Uhr.

Dux Live, 363 Lincoln Rd, ✆ 03 366 6919, 🖥 www.duxlive.co.nz; Karte S. 606–607. Bei aufstrebenden und weniger bekannten Tourneegruppen beliebte Bühne mit viel feuchtfröhlichem Publikum und reichlich Dubstep und Drum 'n' Bass. Pizza und Burger tragen ein wenig zum Senken des Alkoholpegels bei. ⏲ Mi–Fr 16 Uhr bis spät, So 18 Uhr bis spät.

Mosaic by Simo, 3/300 Lincoln Rd, ✆ 03 338 2882, 🖥 www.simos.co.nz; Karte S. 602–603. Die Speisen in dem schlichten Imbiss und Takeaway stecken bis obenhin voll mit marokkanischen und andalusischen Aromen. Die Mezze, Filopäckchen und Tajines kann man auch einzeln bestellen, aber am besten nimmt man eine Platte für zwei ($30–50), vielleicht marokkanische Dips mit *dukkah*, Rindfleischbällchen und Lamm-Köfte mit Sumach. ⏲ Mo–Sa 9–21 Uhr.

Town Tonic, 335 Lincoln Rd, ✆ 03 338 1150, 🖥 www.facebook.com/thetowntonic; Karte S. 606–607. Einladendes, gut besuchtes Café und Restaurant mit offener Küche, in der innovative Gerichte aus frischen, zumeist regionalen Zutaten gezaubert werden. Morgens gibt's Bio-Grapefruitsaft und Bircher-Müsli, später klassisches Reuben-Sandwich ($16) und Gerichte für 2 Personen ($12–24), z. B. eine Wurstplatte oder karamellisierte Süßkartoffel-Ravioli. Das Degustationsmenü (erhältlich Mi und Do, $85) ist erste Sahne, und Besuchern einer Vorstellung im Court Theatre wird ein Express 2-Gänge-Menü geboten (17–18 Uhr, $35). ⏲ Mo–Fr 7.30–1, Sa 11–1 Uhr.

Östliches Christchurch und Sumner

🏨 **The Brewery**, 3 Garlands Rd, Woolston, ✆ 03 389 5359, 🖥 www.casselsbrewery.co.nz; Karte S. 602–603. Das Aushängeschild von The Tannery (S. 621) ist auch als Cassels & Sons bekannt, der Markenname himmlischer Ales, Craft- und Lagerbiere, die hier auf dem Gelände in einem holzbefeuerten Kessel gebraut worden. Ein paar Krüge passen perfekt zu einer dünnkrustigen Holzofenpizza ($18–22), einem panierten Schweineschnitzel ($25) oder Fisch im Bierteigmantel mit Pommes ($26). Montags ist Quizabend, und später in der Woche gibt's DJs oder Livemusik. ⏲ tgl. 7–22 Uhr oder später.

Gustav's Winebar and Kitchen, 3 Garlands Rd, Woolston, ✆ 03 389 5544, 🖥 www.gustavs.co.nz; Karte S. 602–603. Bestes Comfort Food im europäischen Jahrhundertwende-Ambiente eines weiteren Tannery-Ablegers. Jede Menge Cassels & Sons-Biere vom Fass, aber der Fokus liegt auf exzellenten Weinen als Begleitung zu

VON CHRISTCHURCH NACH SÜDEN

Tapas wie Lamm-Köfte und Ceviche (beides $11) oder einer Platte mit *sliders* (Sandwiches, $24). Das Hauptspeisenangebot umfasst den Rinderbraten ($44), für den das Lokal stadtberühmt ist, und in Alufolie gegartes Seafood mit Kräuterbutter und Langustenglasur ($30). ⊕ tgl. 11–22 Uhr oder später.

Indian Sumner, 11a Wakefield Ave, Sumner, ✆ 03 326 4777, 🖳 www.indiansumner.com; Karte S. 602–603. Hervorragende Currys an Tischen im Freien, zum Mitnehmen oder mit etwas Glück auch in den etwas engen, aber stimmungsvollen Räumlichkeiten. Kleine, aber feine Auswahl an Hauptgerichten ($15–20). ⊕ tgl. 17–22 Uhr.

Joe's Garage, 19 Marriner St, Sumner, ✆ 03 962 2233, 🖳 www.joes.co.nz; Karte S. 602–603. Funkiges Café in Sumner mit super Espresso, kostenlosem WLAN und Gerichten wie Frühstücksburrito ($18), Beefburger und handgeschnittene Fritten ($18) oder thailändischem Rindfleischsalat ($19). Abends werden auch Pizzas ($20) gebacken. ⊕ Mo und Di 7–17, Mi–So 7–20 Uhr oder später.

Twisted Hop, 616 Ferry Rd, ✆ 03 943 4681, 🖳 www.thetwistedhop.co.nz; Karte S. 602–603. Einst im Zentrum ansässig, jetzt weiter draußen neu angesiedelt. Neben den eigenen, von Hand gepumpten Bieren nach englischer Braukunst wird hier exzellentes Pubfood serviert, z. B. Mowbray-Schweinefleischpastete ($10) und Salat mit Lammrückenstreifen ($26). Quizabende, manchmal auch Livemusik. ⊕ Mo–Fr 15–22 Uhr oder später, Sa 12–23, So 12–21 Uhr.

🎭 **Under the Red Verandah**, 29 Tancred St, Linwood, ✆ 03 381 1109, 🖳 www.utrv. co.nz; Karte S. 602–603. In diesem Lokal, das die Beben überlebt hat und mittags sehr begehrt ist, wird alles hausgemacht. An Tischen im teilweise wiederhergestellten Gebäude an der Originalstätte oder draußen im Hof kann man sich das köstliche Essen von der Theke schmecken lassen: Broccoli- und Blauschimmelkäse-Tarte, *spanakopita* und *steak and onion pie* (jeweils $9,50, mit Salat $15) – oder ein Mittagsgericht wie *corn fritter stack* mit Bacon ($23,50). ⊕ Mo–Fr 7.30–16, Sa und So 8.30–16 Uhr.

KULTUR

Theater

Court Theatre, Bernard St, Addington, ✆ 09 963 0870 und 0800 333 100, 🖳 www.courttheatre.org.nz; Karte S. 606–607. Christchurchs wichtigstes Theater ist aus dem zerstörten Arts in dieses Fabrikgebäude mit großer Hauptbühne und Studio umgezogen. Karten sind normalerweise an der Kasse erhältlich, also einfach hingehen. Am Wochenende kann man sich auch die Impro-Comedy-Show *Scared Scriptless* (Fr und Sa 22.15 Uhr, $16) anschauen.

Isaac Theatre Royal, 145 Gloucester St, ✆ 03 366 6326, 🖳 www.isaactheatreroyal.co.nz; Karte S. 606–607. Auf die Bühne dieses prächtigen Theaters, das mit Unterstützung von Sir Ian McKellen wieder aufgebaut wurde, kommen Musicals, Ballett, Pantomime und Livemusik. Abgesehen vom Bühnenportal, einer reich verzierten Deckenkuppel und der Fassade aus Backstein und Oamaru-Stein ist kaum noch etwas im Originalzustand erhalten, aber das neue Stuckwerk und die zeitgemäßen Einrichtungen konnten dem alten Geist des Theaters nichts anhaben. Die hintere Außenmauer des Gebäudes ziert Owen Dippies fantastisches Wandgemälde *Ballerina*.

Kinos

Academy Gold Cinema, Unit 22, 363 Colombo St, Sydenham, ✆ 03 377 9911, 🖳 www.artfilms.co.nz. Der Kinokomplex mit drei Sälen ist das größte Arthouse-Kino von Christchurch.

Alice Cinematheque, 209 Tuam St, City, ✆ 03 365 0615, 🖳 www.aliceinvideoland.co.nz. Das kleine 2-Säle-Kino hat eine umfangreiche DVD-Auswahl und zeigt die besten Kunst- und ausländischen Streifen, normalerweise in 3 Vorstellungen pro Tag. $16. ⊕ Shop tgl. 9–22 Uhr.

Hollywood Cinema, 28 Marriner St, Sumner, ✆ 03 326 6102, 🖳 www.hollywoodcinema.co.nz. In dem netten kleinen Haus mit drei Leinwänden werden neue Streifen gezeigt. In Zusammenarbeit mit Indian Sumner gibt's für $30 ein Pauschalpaket aus Filmvorführung und Curryessen.

Nur wenige Geschäfte sind in die Innenstadt zurückgekehrt, daher kauft man Waren des täglichen Bedarfs am besten in Vorort-Malls wie Westfield Riccarton, 129 Riccarton Rd.
Ballantynes, 43 Lichfield St, ℰ 03379 7400, 🖳 www.ballantynes.com; Karte S. 606–607. Altehrwürdiges Kaufhaus in einem modernen Gebäude, das die Erdbeben überlebt hat. ⏲ Mo–Fr 9–17.30, Sa 9–17, So 10–17 Uhr.
Clockwork Emporium and Café, 32 New Regent St, ℰ 03 365 9126, 🖳 www.clockworkcafe. co.nz; Karte S. 606–607. Steampunk Concept Store, wo viktorianische Old World auf Sci-fi trifft. Besucher dürfen mit Lasergewehren, Zylindern, Korsetts, Scones und Tee rechnen. ⏲ tgl. 10–17 Uhr.
The Rekindle Shop, 35 New Regent St, 🖳 www.rekindle.org.nz; Karte S. 606–607. Outlet einer sozial engagierten Designerfirma, deren Ursprung in der Wiederverwendung von Holzabfällen aus den vom Erdbeben betroffenen Stadtteilen liegt. Wunderschöne Tische, Stühle und Holzschmuck. ⏲ Mi–So 12–17 Uhr.
Re:START, Cashel St; Karte S. 606–607. Die „Einkaufsmeile" befindet sich immer noch im Herzen des Zentrums. Zu den Geschäften gehören die hervorragende Johnson's Grocery, eine Filiale der unabhängigen Buchhandlung Scorpio Books, ein Ableger des Outdoor-bekleidungsriesen Kathmandu sowie eine Handvoll schicker Modegeschäfte. ⏲ normalerweise tgl. 10–17 Uhr.
The Tannery, 3 Garlands Rd, 🖳 www. thetannery.co.nz; Karte S. 602–603. Nach den Beben verwandelte Alisdair Cassels (Chef der Cassels & Sons Brewery) die seit Langem leer stehenden Woolston-Tanneries-Gebäude in eine viktorianische Shopping-Arkade nach dem Vorbild von Sydneys Strand Arcade. Was mit ein paar Läden begann, ist zu einer Ansammlung von mehr als 50 Einzelhändlern – Bücher, Fahrräder, nachhaltige Bekleidung, Delikatessengeschäft, Schuhe, sogar ein Spa und eine moderne Apotheke – und mehreren guten Esslokalen angewachsen. ⏲ Geschäfte normalerweise tgl. 10–17 Uhr.

Apotheken
Eine bis 23 Uhr geöffnete Apotheke hat die **24 Hour Surgery**, ℰ 03 366 4439.

Büchereien
An der Kreuzung von Colombo St und Gloucester St, in der Nähe des Cathedral Square, soll eine neue Bibliothek gebaut werden. Bis dahin übernimmt die **Central Library Peterborough**, 91 Peterborough St, die Ausleihe. Kostenloses WLAN. ⏲ Mo–Fr 9–18, Sa und So 10–17 Uhr.

Geld
Einige Banken haben im neuen Einkaufsviertel Re:START (s. o.) temporäre Filialen eröffnet. Die meisten Banken verfügen außerdem über Niederlassungen in den Vororten, z. B. in der Riccarton Shopping Mall in der Riccarton Rd.

Gepäckaufbewahrung
Die meisten Hostels bieten Gepäckaufbewahrung an (in der Regel nicht mehr als $5 pro Tag). Gepäckaufbewahrung am Flughafen s. S. 624.

Informationen
i-SITE Visitor Centre, z. Zt. in der Rolleston Ave, neben dem Canterbury Museum, ℰ 03 379 9629 und 0800 423 783, 🖳 www.christch urchnz.com, wird aber wahrscheinlich ins Arts Centre umziehen. Die Mitarbeiter erledigen Buchungen für einen Großteil der Südinsel, und es sollte auch einen Schalter des Department of Conservation mit stapelweise Wanderbroschüren geben. ⏲ Nov–Mitte Jan tgl. 8.30–18, Mitte Jan–März 8.30–19, April–Okt 8.30–17 Uhr.

Medizinische Hilfe
Christchurch Hospital, Oxford Terrace, Ecke Riccarton Ave, ℰ 03 364 0640.
24 Hour Surgery, Bealey Ave, Ecke Colombo St, ℰ 03 365 7777. Hier bekommt man jederzeit ärztliche Hilfe ohne Voranmeldung.

Notruf
ℰ 111; **Central Police Station**, 62 St Asaph St, ℰ 03 363 7400. Wird wahrscheinlich ins neue

Justice Precinct unziehen: südlich der Lichfield St, zwischen Durham St und Colombo St.

Post
Ein Postamt gibt es im Einkaufszentrum Re:START.

NAHVERKEHR

Auto
Als Autofahrer hat man es in Christchurch trotz der durch die Beben verursachten Schäden nicht schwer; Straßensperrungen sind gut ausgeschildert. Die meisten **Parkplätze** in der Innenstadt sind mit Parkuhren versehen und gebührenpflichtig (an Sonn- und Feiertagen gratis). Günstige Parkplätze gibt es im Hagley Park, Eingang Armagh Street (die ersten 3 Std. und am Wochenende ganztags kostenlos). Es gibt Dutzende Autovermietungen in Christchurch, die meisten davon am Flughafen.
Backpackers Car Market, 33 Battersea St, Sydenham, 1,5 km südlich vom Cathedral Square, ✆ 03 377 3177, 💻 www.backpacker carschristchurch.co.nz. Eignet sich prima, um ohne große Umstände Fahrzeuge von anderen Travellern zu kaufen. ◷ tgl. 9.30–17 Uhr.

Fahrrad
Angesichts der relativ ruhigen Straßen und des ebenen Geländes in der Stadt eignen sich auch Fahrräder ideal zur Erkundung der etwas abgelegeneren Vororte.
Antigua Boat Sheds Bike Hire, 2 Cambridge Terrace, ✆ 03 366 5885, 💻 www.boatsheds. co.nz. Leihgebühr für 2 Std. $15, für einen ganzen Tag $30.
The Vintage Peddler, ✆ 03 365 6530, 💻 www. vintagepeddler.co.nz. Vermietet Retrobikes für gemütliches Radeln ab $15 für 2 Std.

Stadtbusse
Bei Erscheinen dieses Buchs sollten sämtliche Stadtbusse am neuen **Bus Interchange** in der Colombo St südlich der Lichfield St abfahren. Es sind mehrere Busgesellschaften im Einsatz, doch werden sie gemeinschaftlich unter dem Namen **Metro**, ✆ 03 366 8855, 💻 www.metro info.org.nz, betrieben, Infoschalter ◷ Mo–Sa

7–19, So 9–19 Uhr. Auf der Website findet sich ein guter Routenplaner.
Mit Ausnahme des Flughafenbusses beträgt der **Fahrpreis** in der City Zone einschließlich Sumner und Lyttelton $3,50. Bei mehrtägigem Aufenthalt lohnt sich der Kauf einer **Metrocard** (Gebühr $10 plus mind. $10 Aufladegebühr), die bei der City Bus Exchange erhältlich ist. Der normale Fahrpreis reduziert sich damit auf $2,30, und wer an einem Tag schon zweimal bezahlt hat, fährt den Rest des Tages umsonst. Die meisten Busse verkehren von 6.30 Uhr bis ungefähr Mitternacht; ein Ticket ist bis zu 2 Std. und nur in eine Fahrtrichtung gültig.

Taxis
Blue Star, ✆ 03 379 9799;
Gold Band, ✆ 03 379 5795.

TRANSPORT

Busse
Die Fernbusse fahren an verwirrend vielen Stellen der Stadt ab, und diese Abfahrtsorte können sich jederzeit ändern. Daher muss man sich bei der jeweiligen Busgesellschaft nach den aktuellen Haltestellen erkundigen.
Busgesellschaften
Akaroa French Connection, ✆ 0800 800 575, 💻 www.akaroabus.co.nz. Tgl. um 8.45 Uhr (im Sommer öfter) nach Akaroa.
Akaroa Shuttle, ✆ 0800 800 929, 💻 www. akaroashuttle.co.nz. 1–3x tgl. nach Akaroa.
Atomic Shuttles, ✆ 03 439 0697, 💻 www. atomictravel.co.nz. Richtung Norden nach Kaikoura, Blenheim und Picton; Richtung Süden nach Timaru, Oamaru und Dunedin; Richtung Westen nach Greymouth, ins Landesinnere über Geraldine und Twizel nach Wanaka und Queenstown.
Hanmer Connection, ✆ 0800 242 663, 💻 www.atsnz.com. 2x tgl. nach Hanmer Springs und zurück.
Hanmer Shuttle, ✆ 0800 800 575, 💻 www.akaroabus.co.nz. 1x tgl. von Hanmer Springs nach Christchurch und zurück.
InterCity/Newmans, ✆ 03 365 1113, 💻 www.intercitycoach.co.nz. Richtung Norden nach Kaikoura, Blenheim, Picton und Nelson;

Richtung Süden nach Timaru, Oamaru, Dunedin und Invercargill; ins Landesinnere nach Methven, Aoraki Mount Cook, Wanaka und Queenstown.

Knightrider, ℡ 0800 317 057, 🖵 www.knight rider.co.nz. Von Christchurch (15.30 Uhr) via Flughafen, Timaru und Oamaru nach Dunedin (21.30 Uhr), anschließend über Nacht zurück, Ankunft in Christchurch um 3.15 Uhr) und am Flughafen um 3.30 Uhr. Der Fahrpreis erlaubt Aus- und Zusteigen entlang der Strecke.

Methven Travel, ℡ 0800 684 888, 03 302 8106, 🖵 www.methventravel.co.nz. Im Winter tgl. vom Zentrum und Flughafen nach Methven, im Sommer nur sporadisch. Fahrplan s. Website.

NakedBus, 🖵 www.nakedbus.com. Tgl. nach Dunedin, Picton und Queenstown über Wanaka.

West Coast Shuttle, ℡ 03 768 0028, 🖵 www. westcoastshuttle.co.nz. 1x tgl. von Greymouth nach Christchurch und nachmittags zurück.

Busse nach:
AKAROA 2–3x tgl., 1 1/2 Std.;
AORAKI MOUNT COOK 1x tgl., 5 1/4 Std.;
ARTHUR'S PASS 2x tgl., 2 1/2 Std.;
BLENHEIM 3–5x tgl., 4 3/4–5 1/2 Std.;
DUNEDIN 5–6x tgl., 6 Std.;
GERALDINE 4x tgl., 2 Std.;
GREYMOUTH 2x tgl., 4 Std.;
HANMER SPRINGS 3x tgl., 2 Std.;

HOKITIKA 1x tgl., 4 1/2 Std.;
KAIKOURA 3–5x tgl., 2 1/2 Std.;
LYTTELTON alle 15–30 Min., 35 Min.;
METHVEN 3–7x wöchentl., 1 1/2 Std.;
OAMARU 5–6x tgl., 4 Std.;
PICTON 3–5x tgl., 5–5 1/2 Std.;
QUEENSTOWN 5–6x tgl., 7–8 Std.;
TEKAPO 4–5x tgl., 3–4 Std.;
TIMARU 5–6x tgl., 2 1/2 Std.;
TWIZEL 4–5x tgl., 4–5 Std.;
WANAKA 4–5x tgl., 7–8 Std.

Eisenbahn

Der **Bahnhof**, Fahrplaninformationen ℡ 0800 872 467, liegt gut 2 km südwestlich des Cathedral Square am Troup Drive, Tower Junction, unweit des Hagley Park. Von hier verkehren auf landschaftlich sehr reizvollen Strecken zwei Passagierzüge: Der nur im Sommer eingesetzte Coastal Pacific (mit Panoramafenstern) nach Picton (mit Anschluss an die Fähren zur Nordinsel) und der TranzAlpine, der innerhalb eines Tages nach Greymouth und zurück fährt (s. Kasten).

Steve's Airport Shuttle, ℡ 0800 101 021, bedient auch den Bahnhof ($7 ins Zentrum).

Züge nach:
ARTHUR'S PASS 1x tgl., 2 1/4 Std.;
BLENHEIM 1x tgl. im Sommer, 4 3/4 Std.;

Der TranzAlpine

Einer der beliebtesten Tagesausflüge von Christchurch ist eine Fahrt mit dem TranzAlpine, 🖵 www. kiwirailscenic.co.nz. Dieser **Touristenzug** fährt durch die Southern Alps nach Greymouth an der Westküste. Fahrtdauer 4 1/2 Std. pro Strecke; um die Hälfte ermäßigte, termingebundene Tickets erhält man bei langer Vorausbuchung, sonst kostet die einfache Fahrt, $199. Die wunderschöne Landschaft auf der 231 km langen **Strecke**, die über zahlreiche Viadukte und durch 19 Tunnel führt, können die Fahrgäste durch die großen Panoramafenster und vom seitlich offenen Aussichtswaggon aus genießen. Nach einer Pause am höchsten Punkt der Fahrt, Arthur's Pass, geht es wieder hinunter durch den 8,5 km langen Otira Tunnel, der unter dem 920 m hohen Pass zur Westküste führt. Wer mit dem Auto unterwegs ist, steigt am besten in Darfield, 45 km westlich von Christchurch, in den Zug ein und spart sich die Fahrt durch die Vororte und das Flachland. Es gibt auch die Möglichkeit, in Moana auszusteigen, dort am See ein Mittagessen zu genießen und den Zug auf seiner Rückfahrt wieder zu besteigen – besser als ein hastiger Snack in Greymouth.

Der Zug fährt jeden Morgen um 8.15 Uhr in Christchurch ab und kommt gegen 18 Uhr wieder zurück. Die Fahrt mit dem TranzAlpine kann auch im Rahmen einer Hochlandtour (s. Kasten S. 613) unternommen werden.

VON CHRISTCHURCH NACH SÜDEN

GREYMOUTH 1x tgl., 4 1/2 Std.;
KAIKOURA 1x tgl. im Sommer, 3 Std.;
PICTON 1x tgl. im Sommer, 5 1/4 Std.

Flüge

Der **Christchurch Airport**, ✆ 03 358 5029,
🖥 www.christchurchairport.co.nz, liegt 10 km
nordwestlich des Stadtzentrums. Der Terminal
ist rund um die Uhr geöffnet, und es gibt Geldautomaten, Wechselstuben, einen Vodafone
Shop, wo man sein Handy aufladen kann, und
ein neues i-SITE Visitor Centre, das bei ankommenden internationalen Flügen geöffnet ist.
Eine Tafel mit Telefonnummern hilft bei der
Reservierung von Gratis-Hotels und Mietwagen.
Gepäckaufbewahrung bei Luggage Solutions,
✆ 03 358 8027, 🖥 www.luggagesolutions.co.nz,
Koffer oder Rucksack $15 pro Tag, $30 über
Nacht, ⊙ tgl. 4.30–18.30 Uhr. Auch Fahrradaufbewahrung für $30.

Flughafentransport

Der Bus **29** fährt vom Flughafen direkt in die
Stadt (alle 30 Min., Fahrzeit 40 Min., $8),
genauso wie die Stadtbusse Nr. 3, 10 und 29
($7,50 einfach), die Purple Line dagegen (alle
30 Min., Fahrzeit 55 Min., $8) nimmt eine längere
Strecke an der Universität vorbei, über die
Riccarton Road und durch den Hagley Park.
Steve's Airport Shuttle, ✆ 0800 101 021, bringt
Fahrgäste zur gewünschten Adresse ($20 p. P.,
zusätzliche Person $5). Wer **zum Flughafen**
fahren möchte, bucht am Abend zuvor ein
Shuttle und wird am nächsten Tag abgeholt.
Ein **Taxi** vom Flughafen in die Stadt oder
umgekehrt kostet $50–60.

Flüge nach:

AUCKLAND 2x tgl., 1 Std. 20 Min.;
BLENHEIM 1–3x tgl., 50 Min.;
DUNEDIN 6x tgl., 1 Std.;
HOKITIKA 2–4x tgl., 40 Min.;
INVERCARGILL 4–6x tgl., 1 Std. 25 Min.;
NAPIER/HASTINGS 2x tgl., 1 1/2 Std.;
NELSON 4–6x tgl., 50 Min.;
PALMERSTON NORTH 2–3x tgl., 1 Std. 10 Min.;
QUEENSTOWN 4x tgl., 1 Std.;
ROTORUA 3x tgl., 1 3/4 Std.;
WELLINGTON 12x tgl., 1 Std.

Lyttelton

Das nur 12 km südöstlich des Zentrums von
Christchurch gelegene **Lyttelton** stellt einen
wunderbaren Kontrast zur Großstadt dar. Klein
und kompakt klammert es sich an die steilen
Nordhänge der Port Hills. Die Bebauung zieht
sich hinab bis zu den Docks des versunkenen Vulkankraters, der den Naturhafen **Lyttelton Harbour** bildet. Die attraktive Lage des Ortes und die originellen Cafés und Restaurants
lockten zunehmend Stadtflüchtlinge an, aber in
erster Linie ist Lyttelton eine Hafenstadt. Leider
wurde der Ort von den Erdbeben schwer getroffen und verlor viele historische Sehenswürdigkeiten – nicht zuletzt die **Timeball Station** aus
dem 19. Jh. – und auch seine Infrastruktur hat
stark gelitten. Die Bewohner von Lyttelton lie
ßen den Mut aber nicht sinken, und eine Zeitlang sah es so aus, als würde jeder versuchen,
in Schiffscontainern ein behelfsmäßiges Café
auf die Beine zu stellen. Die Reste der zerstörten
Gebäude sind längst weggeschafft worden. Und
obwohl nicht viel neugebaut wurde, kehren die
alteingesessenen Geschäfte wieder zur Hauptgeschäftsstraße **London Street** und in die Umgebung des in neuem Glanz erstrahlenden **Albion
Square** zurück.

Torpedo Boat Museum

Ausgeschildert an einem 5 Min. langen Fußweg
am Ufer von einem Parkplatz am Charlotte
Jane Quay, rund 1 km westlich der Stadt ▪
⊙ Dez–April Di, Do, Sa und So 13–15, Mai–Nov
Sa und So 13–15 Uhr ▪ $5 ▪ ✆ 03 328 9093,
🖥 www.lytteltonheritage.co.nz

Beim Besuch dieses kleinen Museums in einem
1874 erbauten ehemaligen Sprengstoffmagazin erschließt sich die maritime Bedeutung
von Lyttelton. Nach der russischen Invasion in
Afghanistan 1885 verbreitete sich im Westpazifik
die Furcht vor einer weiteren Expansion Russlands. Neuseeland antwortete darauf mit dem
Bau eines Torpedoboots, um Lyttelton Harbour
zu beschützen. Das für einen Angriff auf ein
feindliches Schiff gerüstete Schnellboot kam nie
zum Einsatz, aber seine restaurierten Überreste sind hier zusammen mit einem spannenden
Video zu sehen.

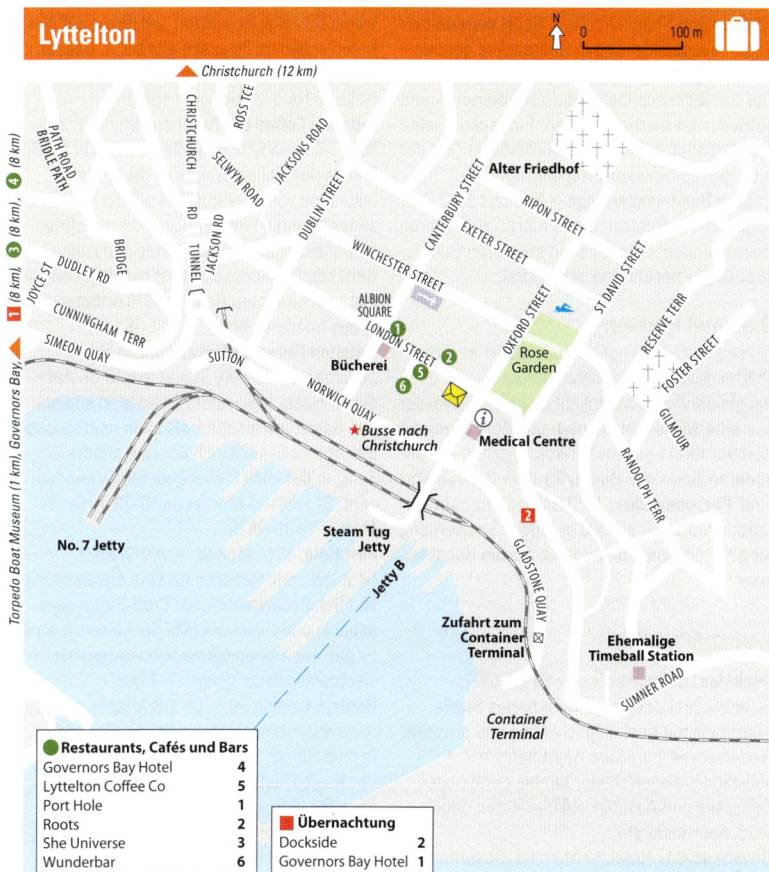

Christchurch (12 km)

CHRISTCHURCH
ROSS TCE
SELWYN ROAD
JACKSONS ROAD
DUBLIN STREET
CANTERBURY STREET
EXETER STREET
RIPON STREET
Alter Friedhof
WINCHESTER STREET
ST DAVID STREET
OXFORD STREET
RESERVE TERR
FOSTER STREET
GILMOUR
RANDOLPH TERR

RD
JACKSON RD
TUNNEL
BRIDGE
JOYCE ST
DUDLEY RD
CUNNINGHAM TERR
SIMEON QUAY
PATH ROAD BRIDLE PATH
1 (8 km)
3 (8 km) 4 (8 km)
Torpedo Boat Museum (1 km), Governors Bay

ALBION SQUARE
LONDON STREET
Bücherei
1
5
6
2
NORWICH QUAY
★ Busse nach Christchurch
ℹ
Medical Centre
Rose Garden

SUTTON

No. 7 Jetty
Steam Tug Jetty
2
GLADSTONE QUAY
Jetty B
Zufahrt zum Container Terminal ✉
Ehemalige Timeball Station
SUMNER ROAD
Container Terminal

Restaurants, Cafés und Bars
Governors Bay Hotel	4
Lyttelton Coffee Co	5
Port Hole	1
Roots	2
She Universe	3
Wunderbar	6

Übernachtung
Dockside	2
Governors Bay Hotel	1

Steam Tug Lyttelton

No.2 Wharf ▪ Rundfahrten normalerweise von Weihnachten bis April So 14.30 Uhr ▪ 90 Min. ▪ $25; Reservierung erforderlich ▪ ✆ 03 328 8954, 🖥 www.tuglyttelton.co.nz

Wer ein Stück lebende Geschichte erfahren möchte, nimmt an einer Rundfahrt auf diesem wunderbaren alten Schiff teil, dem älteren der beiden Dampfer, die in Neuseeland noch fahrbereit sind. Das 1907 in Glasgow gebaute Schiff kam gleich nach dem Stapellauf zum Einsatz, um Shackletons *Nimrod* ein Stück auf dem Weg in die Antarktis zu ziehen. 1970 endete der Dienst des Schleppers, er wird jedoch von passionierten Freiwilligen voll einsatzbereit gehalten; sie bieten auch die Hafenrundfahrten an. Besonders eindrucksvoll ist der Heizungsraum: lauter glänzendes Messing und geölte Kolben.

Quail Island

Überfahrt zur Insel mit Black Cat Cruises Okt–April tgl. 10.20, Dez—März außerdem 12.20 Uhr ▪ $25 hin und zurück, nur Barzahlung ▪ ✆ 03 384 0621

Mitten in der Hafenbucht liegt **Quail Island**. Von 1907 bis 1925 diente das 1 km2 große Eiland als Leprakolonie, und in den Zeiten der Südpolexpeditionen von Shackelton und Scott wurden hier Hunde ausgebildet und in Quarantäne gehalten. Heutzutage ist Quail Island in erster Linie ein Ziel für Tagesausflügler, die zum Wandern und Schwimmen hierherkommen. Einpacken sollte man Proviant, ausreichend Trinkwasser (auf der Insel gibt es keins) und Regenkleidung.

Zwei **Rundwanderwege** (1 Std. und 2 1/2 Std.) beginnen am Bootssteg und führen zu sicheren Badestränden und vorbei an mehreren Schiffswracks, die bei Ebbe zu sehen sind.

Diamond Harbour

Fähren alle 30–60 Min.; Fahrdauer 10 Min. ▪ $5,60 einfach ▪ 🖥 diamondharbour.org.nz
Bei gleißendem Sonnenlicht funkelt das Wasser wie eine Million Diamanten vor dem **Diamond Harbour** direkt gegenüber von Lyttelton auf der anderen Seite der Bucht. Zu dem Ort verkehrt eine **Personenfähre**. In Diamond Harbour angekommen, wird ein 500 m langer Spaziergang bergauf mit einem tollen Blick auf die Bucht belohnt.

ÜBERNACHTUNG

Dockside, 22 Sumner Rd, 📞 03 325 5707, 🖥 www.dockside.co.nz. Sehr nettes Studio-Apartment mit Kochmöglichkeiten und privatem Garten sowie 2 größere Apartments mit vollständig eingerichteter Küche, geräumigen Terrassen und Ausblick auf den Hafen. Studio $120, Apartment $140

Governors Bay Hotel, 52 Main Rd, Governors Bay, 8 km westlich von Lyttelton, 📞 03 329 9433, 🖥 www.governorsbayhotel.co.nz. Das renovierte Hotel aus der Kolonialzeit hat einfache Zimmer ohne Bad über der Bar, die meisten davon mit gemeinschaftlich genutztem Balkon und großartigem Blick auf die Bucht. $110

ESSEN UND UNTERHALTUNG

Governors Bay Hotel, Main Rd, Governors Bay, 8 km westlich von Lyttelton, 📞 03 329 9433, 🖥 www.governorsbayhotel.co.nz. Hier kann man in einem historischen Hotel gehobene Kneipenkost verzehren oder bei

einem Bier draußen sitzen und direkt auf den Hafen schauen. Zu essen gibt's u. a. Caesar Salad ($23) und Rinderfilet auf Kräuterrösti ($35). 🕐 tgl. 9–21 Uhr oder später.

Lyttelton Coffee Co, 29 London St, 📞 03 328 8096, 🖥 www.lytteltoncoffee.co.nz. Zur großen Freude der Einheimischen ist diese feste Institution von Lyttelton 2014 wieder an ihren angestammten Platz zurückgekehrt. Coffee Co hat ausgezeichneten Kaffee und kleine Gerichte. Die Atmosphäre ist gesellig, und aus den Lautsprechern Baujahr 1970 ertönt sicher etwas Interessantes. 🕐 tgl. 7–16 Uhr.

Lyttelton Farmers Market, London St, zwischen Canterbury St und Oxford St. Auf dieser Fiesta regionaler Produkte ist sowohl fürs Samstagsfrühstück als auch -mittagessen gesorgt. Es handelt sich um eine autofreie Zone, in der auch immer gute Musik geboten wird. 🕐 Farmers Market Sa 10–13, Artisan Market So 10–14 Uhr.

Port Hole, 42 London St, 📞 021 328 977, 🖥 www.portholebar.co.nz. Eine Ansammlung von Schiffscontainern, wo Craft-Bier ausgeschenkt und Livemusik (Mi–So) gemacht wird. Es gibt auch einen versteckten Garten mit Tischtennisplatte. 🕐 tgl. 11–1 Uhr.

Roots, 8 London St, 📞 03 328 7658, 🖥 www.rootsrestaurant.co.nz. Ein Foodie-Paradies, in dem Fleisch in jeder Variante und Zutaten der Region kunstfertig in exquisite kleine Gerichte verwandelt werden. Alle Speisen sind Degustationsgerichte ($125 für 8 Gänge, $205 mit passenden Weinen), und beim Auftragen erklären die Mitarbeiter die jeweiligen Zubereitungsarten. 🕐 Mi–So 12–15, Di–Sa auch 18–22 Uhr.

She Universe, 79 Main Rd, Governors Bay, 📞 03 329 9825, 🖥 www.shechocolat.com. Öko-Schokolade gilt in diesem Café, wo es dekadent dicke heiße Schokolade zu trinken und Schokolade zum Mitnehmen gibt, als Superfood. Im dazugehörigen Restaurant (Hauptgerichte $17–25) genießt man sowohl an Tische drinnen als auch draußen auf der Veranda einen sagenhaften Hafenblick. Interessierte können sogar zur Schokoladen-Schule gehen (Tageskurs ab $275). 🕐 Mo, Di, Do und Fr 10–16, Sa und So 10–17 Uhr.

Wunderbar, 19 London St, 🖥 www.wunderbar.
co.nz. Hinter dem Supermarkt führt eine eiserne
Feuerleiter zu dieser Spätnacht-Absturzkneipe
und Club, „geschmückt" mit zerknittertem
Velour, grusligen Puppenkopflampen u. Ä. Die
Terrasse mit Aussicht auf die Anlegestellen ist
prima für einen ruhigen Drink abseits vom
Geschehen, das *open mike* (Di), Dichterlesung,
Livemusik (Mi–Sa), Stand-up Comedy oder ein
Film-noir-Abend sein kann. ⏰ Mo–Fr 17 Uhr
bis spät, Sa und So 13 Uhr bis noch später.

INFORMATIONEN

Lyttelton Harbour Information Centre,
20 Oxford St, ✆ 03 328 9093, 🖥 www.lyttelton
harbour.info. ⏰ Mo–Sa 10–16, So 11–15 Uhr.
Eine weitere gute Informationsquelle ist
🖥 www.lyttelton.net.nz.

TRANSPORT

Der schnellste Weg von CHRISTCHURCH nach
Lyttelton dauert nur rund 20 Autominuten und
führt durch den 2 km langen Lyttelton Tunnel.
Buslinie Nr. 28 fährt alle 20–60 Min. vom Stadtzentrum von Christchurch ab (ca. 30 Min., $2,50)
und hält am Norwich Quay.

Banks Peninsula

Wer mit dem Flugzeug in Christchurch landet,
wird beeindruckt sein von dem spektakulären
Kontrast zwischen den flachen Canterbury
Plains und der rauen, zerklüfteten Topografie
der **Banks Peninsula**. Als James Cook 1769 an
der vulkanischen, daumenförmig in die Canter-
bury-Bucht ragenden Halbinsel vorbeisegelte, kartografierte er sie versehentlich als Insel
und benannte sie nach seinem Expeditionsbotaniker Joseph Banks. Damals war es ein Irrtum,
doch ursprünglich handelte es sich bei der Ba-
saltmasse tatsächlich um eine Insel, die erst mit
dem Land verbunden wurde, als die Flüsse von
den Osthängen der Neuseeländischen Alpen
große Mengen Schwemmsand mitbrachten, der
sich im Tal ablagerte.

Der fruchtbare vulkanische Boden in den
Tälern der Banks Peninsula begünstigte das
Wachstum endemischer Bäume wie Totara, Matai und Kahikatea, die – zusammen mit den in
den Buchten im Überfluss vorhandenen Scha-
lentieren – schon vor eintausend Jahren Maori
in die Gegend lockten. Die Bäume, die nicht
unverzüglich der Brandrodung zum Opfer fielen, wurden später zur Beute der europäischen
Holzfäller. Heute präsentiert sich die Halbinsel
größtenteils kahl; lediglich Büschelgras bedeckt
teilweise die hügelige Landschaft, und hier und
da zeigen sich kleine Ecken mit nachwachsendem einheimischem Wald.

Der Naturhafen Lyttelton Harbour (S. 624), der
erste von zwei massiven, unter Wasser liegenden Kraterkesseln, trennt die Banks Peninsula
vom übrigen Canterbury. Am Ufer des zweiten
Kessels liegt das malerische, gern von Touristen besuchte Städtchen **Akaroa**. Sein anmutiges
Flair verdankt es den französischen Stadtgrün-
dern. Die Banks Peninsula wird von einem Netz
schmaler, kurvenreicher Landstraßen durchzogen, die sich an den Kraterrändern entlangwin-
den und in herrlich ruhige Buchten hinabführen.
Früher wimmelten sie von Schiffswerften, Wal-
und Robbenfangschiffen, aber heute kommen
außer im Sommer kaum noch Leute her.

Trotz ihrer überwiegend ausgedörrten Graslandschaft ist die Banks Peninsula ein sehr beliebtes Ausflugsziel, denn sie bietet relativ
leichte, dabei aber landschaftlich sehr schöne
Wanderwege mit weitem Ausblick, vorbei an uralten Lavaströmen und Zeugnissen früher Maori-
und europäischer Siedler. Für die kleineren Orte
in den verstockten Buchten ist ein eigenes Fahr
zeug nötig. Wer die Halbinsel mit dem **Fahrrad**
befahren möchte, sollte sich darüber im Klaren
sein, dass sie extrem hügelig ist und die Verbin-
dungsstrecken zwischen Summit Road und den
verschiedenen Buchten teilweise sehr steil sind.

Lake Ellesmere und Little River

Eine halbe Autostunde südlich von Christchurch
verläuft der SH75 am brackigen Süßwassersee
Lake Ellesmere (Waihora) und weiter am **Lake
Forsyth** (Wairewa) vorbei zum Dorf **Little River**.

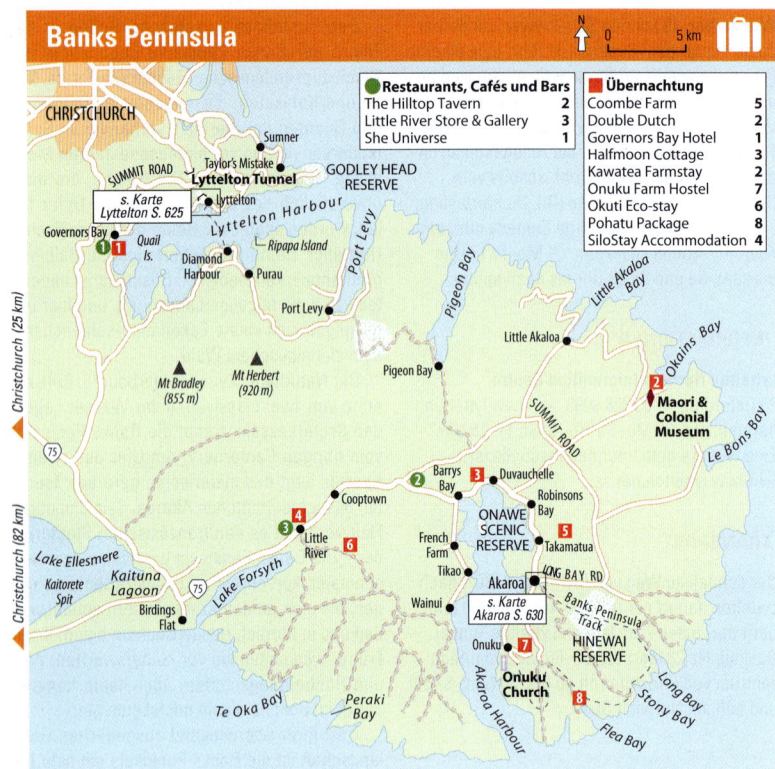

Restaurants, Cafés und Bars
The Hilltop Tavern	2
Little River Store & Gallery	3
She Universe	1

Übernachtung
Coombe Farm	5
Double Dutch	2
Governors Bay Hotel	1
Halfmoon Cottage	3
Kawatea Farmstay	2
Onuku Farm Hostel	7
Okuti Eco-stay	6
Pohatu Package	8
SiloStay Accommodation	4

CHRISTCHURCH

Sumner

SUMMIT ROAD

Taylor's Mistake

Lyttelton Tunnel

GODLEY HEAD RESERVE

s. Karte Lyttelton S. 625

Lyttelton

Lyttelton Harbour

Governors Bay

Quail Is.

Diamond Harbour

Purau

Ripapa Island

Port Levy

Port Levy

Pigeon Bay

Little Akaloa

Little Akaloa Bay

Okains Bay

Mt Bradley (855 m)

Mt Herbert (920 m)

Pigeon Bay

SUMMIT ROAD

Maori & Colonial Museum

Le Bons Bay

Christchurch (25 km)

Christchurch (82 km)

75

Lake Ellesmere

Kaituna Lagoon

Kaitorete Spit

Lake Forsyth

Barrys Bay

Cooptown

Little River

ONAWE SCENIC RESERVE

Duvauchelle

Robinsons Bay

French Farm

Tikao

Takamatua

Akaroa

s. Karte Akaroa S. 630

LONG BAY RD

Banks Peninsula Track

Birdings Flat

Wainui

HINEWAI RESERVE

Te Oka Bay

Peraki Bay

Akaroa Harbour

Onuku

Onuku Church

Long Bay

Stony Bay

Flea Bay

Einen Besuch lohnt die 53 km südlich von Christchurch gelegene Ortschaft in erster Linie wegen des Little River Store und seiner günstigen Ausgangslage zum Little River Railtrail. Wer sich körperlich betätigen möchte, dem bietet ein Abschnitt des **Little River Railtrail**, 💻 www.littleriverrailtrail.co.nz, dazu Gelegenheit. Der 49 km lange Radweg führt von Christchurch am Lake Lake Ellesmere vorbei und vom Lake Forsyth nach Little River. Fahrräder verleiht Natural High in Christchurch, 📞 03 982 2966, 💻 www.naturalhigh.co.nz – auch eintägige geführte Radtouren ($160) auf dem Little River Railtrail an.

ÜBERNACHTUNG UND ESSEN

Little River Store & Gallery, SH75, Little River, 📞 03 325 1944, 💻 www.littlerivergallery.com;

Karte s. oben. Gutes kleines Café mit angrenzender Kunstgalerie und Lebensmittelgeschäft. Die überwiegend aus der Kühltheke stammenden Speisen (Gerichte $8–18) werden durch einfallsreiche Salate ergänzt und können drinnen oder im sonnigen Hof verzehrt werden. 🕐 Mo–Do 7.30–16, Fr–So 7.30–16.30 Uhr.

Okuti Eco-stay, 216 Okuti Valley Rd, 4 km südöstlich von Little River, 📞 03 325 1913, 💻 www.okuti.co.nz; Karte s. oben. Friedlicher, einladender ländlicher Garten mit TV-freier Unterbringung in einer ziemlich luxuriösen Jurte, einem Tipi, einem House Truck oder einem Studio mit Lehmziegelwänden. Die Gäste teilen sich eine Küche im Garten (und können sich kostenlos an den Kräutern vom Kräuterbeet bedienen), den Wald, die Wiesen und den Teich mit Dinghy sowie das Trampolin, das nicht nur

VON CHRISTCHURCH NACH SÜDEN

den Kindern gefällt. Wer eigenes Bettzeug mitbringt, spart $10. Pro Person $50
SiloStay Accommodation, 4201 SH75, Little River, ✆ 03 325 1977, 🖳 www.silostay.kiwi.nz; Karte S. 628. Etwas seltsame, aber sehr gemütliche Apartments (werden saubergemacht), jedes in einem Silo aus Wellblech, wie man sie überall auf neuseeländischen Farmen findet. In diesem Fall sind die zweistöckigen, mit Wolle isolierten Silos schön eingerichtet und verfügen über Internetzugang und Satellitenfernsehen; das ist auch gut so, denn mit der Aussicht ist es nicht weit her. $220

Barry's Bay

Barry's Bay Cheese ⊕ tgl. 9–17 Uhr ▪ Käseherstellung Okt–Mai ▪ ✆ 03 304 5809, 🖳 www.barrysbaycheese.co.nz

Ab Little River klettert der SH75 die Hügel hinauf, die Akaroa Harbour vom Rest der Banks Peninsula trennen, und führt dann hinunter nach **Barry's Bay** mit der Käserei **Barry's Bay Cheese**, ✆ 03 304 5809, 🖳 www.barrysbaycheese.co.nz. Hier kann man kostenlos Käse probieren und sich ein Video zur Käseherstellung anschauen.

ÜBERNACHTUNG UND ESSEN

Halfmoon Cottage, SH75, gleich östlich von Barry's Bay, ✆ 03 304 5050, 🖳 www.halfmoon. co.nz, Karte S. 628. Kleines, wunderbar relaxtes Hostel in einer Villa von 1896 mit hübschem Garten gegenüber vom Strand. ⊕ Juni–Aug oft geschlossen, Dorm $30, DZ $78.

🛏 **The Hilltop Tavern**, 5207 Christchurch Akaroa Rd, (SH75), ✆ 03 325 1005, 🖳 www.thehilltop.co.nz; Karte S. 628. Die traumhafte Aussicht auf den 450 m weiter unten liegenden Akaroa Harbour ist der Hauptanreiz dafür, dieses hervorragende Pub ungefähr auf halbem Weg zwischen Little River und Akaroa aufzusuchen. Im Sommer sind die Stühle auf dem Sonnendeck und die Sitzsäcke im Gras voller Gäste, die Nachos ($18) oder Holzofenpizza ($25) verdrücken und hiesige Craft-Biere trinken oder ausgezeichnete Eiscreme löffeln. Am Wochenende kommen die Leute von fern

und nah, um erstklassige lokale Bands zu hören: Programm siehe Website. *Self-contained* Campervans, also solche mit eigenem Wasser und Entsorgungssystem, dürfen über Nacht auf dem Platzplatz bleiben. ⊕ tgl. 10–19 Uhr, wenn Gigs stattfinden oder viel los ist, schließt der Laden sehr viel später.

Akaroa

Der Küstenort **Akaroa** („Langer Hafen") liegt 85 km von Christchurch entfernt am Ostufer des Naturhafens Akaroa Harbour und trägt das Etikett **Neuseelands französische Siedlung**. Gewiss, die ersten Siedler kamen aus Frankreich, und einige französische Bauwerke sind ebenso erhalten wie ein paar französische Straßennamen, aber damit hat es sich auch eigentlich schon.

Akaroa ist ein hübscher Ort mit schmalen Straßen und Kolonialgebäuden in einer landschaftlich schönen Umgebung, in der man sich mit ein paar weniger abenteuerlichen Aktivitäten und einem einzigartigen Schwimmerlebnis mit Delphinen die Zeit vertreiben kann. Für Bewegung sorgt der Wanderweg **Banks Peninsula Track**, dessen Start und Ziel ganz in der Nähe liegt (s. Kasten S. 632). Am ehesten eignet sich Akaroa aber für Touristen, die es auf geruhsame Spaziergänge, gutes Essen mit Wein und ein bequemes Bett abgesehen haben. Weil der Ort das bieten kann, ist er ein begehrtes Kiwi-Urlaubsziel; ungefähr zwei Drittel der Häuser sind *baches* (Feriendomizile), die Zahl der permanenten Dorfbewohner beträgt nur ungefähr 600.

Seitdem der Kreuzfahrtanleger von Lyttelton durch die Erdbeben zerstört wurde, stören jetzt tagsüber immer wieder Kreuzfahrtschiffe die Ruhe Akaroas. Während die Passagiere per Bus nach Christchurch geschafft werden, eine Delphinbeobachtungstour unternehmen oder einfach in den Galerien und Geschäften stöbern, liegen die Schiffe im Hafen vor Anker.

Geschichte

Einst war diese Gegend die Domäne des obersten Häuptlings der Ngai Tahu, Temaiharanui. 1838 erwarb der französische Kommandant

⚠ 🚂 **1** (4 km), Hinewai Reserve (8 km), Christchurch (82 km)

● Restaurants, Cafés und Bars

Bully Hayes	4
HarBar	3
L'Escargot Rouge	5
The Little Bistro	1
Vangioni's	2

Children's Bay

MORGAN'S ROAD

OLD COACH ROAD

TIROHANGA

Woodills Track

Jubilee Park

WOODILLS ROAD

Grehan Stream

RUE GREHAN

RUE VIARD

🟧 **3** (2 km)

4

LIBEAU

St Patrick's

Akaroa Harbour

BRITTAN

RUE LAVAUD

POMPALLIER

1 ● Orion Powerhouse Gallery

2

▲ L'Aube Hill

RUE JOLIE

RUE CROIX

5 🟥

Artisans Gallery

French Cemetery

L'Aube Hill Reserve

Custom House

6 🟥

ℹ Akaroa Adventure Centre

Daly's Wharf

$ Akaroa Museum

SETTLERS HILL

Kriegsdenkmal

3

St Peter's

DE MALMANCHE

RUE BALGUERIE

RUE BENOIT

Balguerie Stream

SMITH STREET

MUTER ST

JULIUS ARMSTRONG

Landestelle der französischen Siedler

Captain Hector's

4

POMPEY'S PL

7 🟥 The Giant's House

CACHALOT

Black Cat Cruises

Main Wharf

5 Akaroa Dolphins

CHURCH

RUE JOLIE

PENLINGTON

WATSON STREET

French Bay

8

@ Bücherei und Akaroa Cinema

AUBREY

BRUCE TERR

SEAVIEW

SELWYN AVE

FLEUR

Waln ut Stream

Stanley Park

Britomart Memorial (500 m)

Glen Bay

BEACH ROAD

AUBREY

WILLIAM ST

PERCY STREET

KOWHAI GR

Hutchinson Reserve

Garden of Tane & Akaroa Domain

NEWTON

AYLMER'S VALLEY RD

Aylmer's Stream

🟧 **9** (6km), Onuku-kirche (5 km)

HEMPELMAN DR

ONUKU ROAD

LIGHTHOUSE

■ Übernachtung

Akaroa Top 10 Holiday Park	2
Akaroa Village Inn	8
Beaufort House	4
Chez La Mer Backpackers	5
Coombe Farm	1
Criterion Motel	6
The Giant's House	7
Onuku Farm Hostel	9
Tree Crop Farm	3

Jean Langlois, wie er glaubte, die gesamte Halbinsel im Tauschhandel für Waren. Dann kehrte er nach Frankreich zurück und ermutigte risikofreudige Siedler dazu, eine neue französische Kolonie zu gründen. In der Zwischenzeit ent-

sandten die Engländer William Hobson, um als Vizegouverneur die Kontrolle über sämtliche Ländereien zu übernehmen, die er kaufen konnte. Nur sechs Tage bevor die Franzosen im Hafen einliefen, hissten die Engländer in Akaroa die britische Flagge. Lavauds Passagiere entschlossen sich trotzdem zu bleiben, sodass die erste offizielle Siedlung unter britischer Oberhoheit aus 63 Franzosen und sechs Deutschen bestand.

Akaroa Museum
71 Rue Lavaud ▪ ⏱ Okt–April tgl. 10.30–16.30, Mai–Nov 10.30–16 Uhr ▪ Eintritt frei ▪ ☎ 03 304 1013, 🖥 www.akaroamuseum.org.nz
Die Qualität der Ausstellung im **Akaroa Museum** übertrifft die der meisten anderen Kleinstadtmuseen um ein Vielfaches. Die Exponate drehen sich um die Geschichte der Walfänger und die Besiedlung der Halbinsel und umfassen faszinierende Fotografien der frühen französischen und deutschen Kolonisten.

Zum Museum gehört auch das **Langlois-Eteveneaux Cottage** aus den frühen 1840er-Jahren, das wohl z. T. noch in Frankreich zusammengebaut und dann nach Neuseeland verschifft wurde. Weitere Bestandteile des Komplexes sind das ehemalige **Court House** und das winzige **Old Custom House**.

The Giant's House Mosaic und Sculpture Garden
68 Rue Balguerie ▪ ⏱ Weihnachten bis März tgl. 12–17, April bis Weihnachten 14–16 Uhr ▪ Eintritt $20 ▪ 🖥 www.thegiantshouse.co.nz
Auf keinen Fall verpassen sollte man **The Giant's House**, das Haus der Bildhauerin Josie Martin und ein lebendiges Zeugnis ihres Schaffens. Alle Räume, der Garten und sogar die Garagenauffahrt sind Plattformen, auf denen sie ihr Talent demonstriert. Mosaike, Betonskulpturen und Plastiken als Sitzgelegenheiten in den versteckten Winkeln des Grundstücks bestechen allesamt durch ihre äußerst frische und positive Ausdruckskraft. Im Sommer hat ein kleines Café geöffnet und Josie stellt in einer Galerie ihre Kunstwerke aus.

Orion Powerhouse Gallery
1 Rue Pompallier ▪ ⏱ während Ausstellungen tgl. 10–16 Uhr ▪ Spende erbeten ▪ ☎ 03 304 7245, 🖥 www.akaroagenerator.org.nz
Als einer der ersten Orte in Canterbury erhielt Akaroa Strom: 1911 wurde ein kleines Wasserkraftwerk in Betrieb genommen. In dem gedrungenen Gebäude ist bis heute das originale Pelton-Rad untergebracht, das den Strom für die Stadt erzeugte. Jetzt finden hier Ausstellungen und manchmal Konzerte mit akustischer Musik statt.

French Cemetery
Der **French Cemetery** am nördlichen Ortsrand ist über einen Fußweg erreichbar, der von der Rue Pompallier zum Schutzgebiet L'Aube Hill führt. Der Friedhof war die erste geweihte Begräbnisstätte Canterburys, wurde jedoch arg vernachlässigt, bis die Leichname 1925 an einen zentralen Platz umgebettet wurden, der durch einen einzigen Gedenkstein gekennzeichnet ist.

Onuku-Kirche
Onuku Rd, 5 km südlich von Akaroa ▪ ⏱ tagsüber ▪ Eintritt frei
Diese kleine, von einem ordentlichen Lattenzaun umgebene Kapelle mit 60 Sitzplätzen ist die einzige auf der Halbinsel noch erhaltene Maori-Kirche. Die Einheimischen nennen sie The Kaik (möglicherweise eine Verballhornung von *kainga*, d. h. Dorf), erbaut wurde sie 1876 für die zahlenstarke Maori-Gemeinde, die hier beheimatet war. Seit 1963 hat man in der Kirche aber nur noch Hochzeiten und Taufen abgehalten. Sehenswert sind die geschnitzten Leichterplanken und der reich verzierte Altar.

Akaroa hat Übernachtungsmöglichkeiten für jedes Budget, doch die besten sind auf Wochenendausflügler eingestellt, die hier einige reizende B&Bs, Lodges, Hotels und Motels finden.
Akaroa Top 10 Holiday Park, 96 Morgan's Rd, über Old Coach Rd, ☎ 0800 727 525, 🖥 www. akaroa-holidaypark.co.nz; Karte S. 630. Der Platz erstreckt sich über einen terrassenförmigen Hang mit Blick auf Hafen und Hauptstraße. Moderne Einrichtungen, Pool und Selbstversorger-Units ($135). Aus Richtung Norden kommend nach einem kleinen blauen Wohnwagenschild Ausschau halten, ca. 500 m vor Erreichen des Dorfs. Camping $40, Cabins $72

Akaroa Village Inn, 81 Beach Rd, ☎ 0800 695 2000, 🖥 www.akaroavillagein.co.nz; Karte S. 630. Größerer Komplex mit wahrscheinlich dem breitesten Angebot an Unterkünften im Ort, darunter zahlreiche Selbstversorger-Apartments, mehrere davon mit 2 Schlafzimmern und einige mit schönem Blick auf den Hafen ($350). Studio Units $200, Apartments $255

🧳 **Beaufort House**, 42 Rue Grehan, ☎ 03 304 7517, 🖥 www.beauforthouse.co.nz; Karte S. 630. Das entzückende B&B in einem wunderschönen alten Wohnhaus hat 4 mit Antiquitäten eingerichtete Zimmer, entweder mit angeschlossenem oder privatem Bad am Gang (2 davon mit tiefen Badewannen). Den Gästen steht eine herrliche Lounge zur Verfügung, und das Frühstück ist eine üppige Angelegenheit, die oft mit einem Kaffee auf der Veranda abgeschlossen wird, von der man auf das wunderschöne Anwesen blickt. Um das Ganze noch zu toppen, gibt es sogar einen kleinen Weingarten; der dort angebaute Pinot Noir und Chardonnay wird den Gästen normalerweise zusammen mit Schnittchen als Willkommensgruß gereicht. $350

Chez La Mer Backpackers, 50 Rue Lavaud, ☎ 03 304 7024, 🖥 www.chezlamer.co.nz; Karte S. 630. Preiswerte, sehr gute Unterkunft in einem historischen Gebäude von 1871. Gemütliche Atmosphäre mit nettem Garten, Hängematte und Kochbereich im Freien. Hilfsbereite Mitarbeiter, kostenlose Benutzung von Fahrrädern und Angelruten, Karten für Wanderungen in der Gegend. Einige Zimmer mit Bad ($83) und Gratis-WLAN. Dorms $28, Zimmer $73

🧳 **Coombe Farm**, 18 Old Le Bons Track, 4 km nördlich von Akaroa, ☎ 03 304 7239, 🖥 www.coombefarm.co.nz; Karte S. 630. Es gibt zwar eine Gästelounge voller Bücher und DVDs, aber der eigentliche soziale Mittelpunkt des einladenden B&B auf der betriebsamen Farm ist die Küche. Es gibt 2 sehr geräumige Zimmer im Bauernhaus sowie die rustikale Shepherd's Hut mit eigenem Bad im Freien und Dusche auf dem Sonnendeck über dem Fluss. Das Frühstück stellt man sich selbst aus einem Korb voller Zutaten zusammen. Ein absolutes Muss ist der 5-minütige Bushwalk am Fluss direkt beim Haus oder eine etwas anstrengendere Wanderung zu einem Wasserfall hoch. ⊘ Juni–Sep geschl. Hütte $160, Zimmer $170

Banks Peninsula Track

Eine wunderbare Alternative zu den DOC-Tracks und den Great Walks ist der **Banks Peninsula Track**, ein 35 km langer Privatwanderweg (4 Tage $255–295, 2 Tage $160–185, 🖥 www.bankstrack.co.nz, Mai–Sep geschl.) mit Meeresklippen, Vulkanlandschaften, Sandstränden, üppigem einheimischem Wald und Ausblicken auf diverse Buchten. Unterwegs kommt man gut in Kontakt mit den Einheimischen. Zu den Highlights gehören Pinguine gucken und eine Kajakfahrt mit Pohatu Penguins (s. Kasten S. 635), herrlich rustikal in Stony Bay absteigen und eine Übernachtung in einem von der Schriftstellerin Fiona Farrell und ihrem Gatten verwalteten Bauerhaus.

Dies ist kein Weg für einen strammen Marsch. Er eignet sich eher für eine gesellige Wanderung, am besten über vier Tage mit viel Zeit zum Baden und zum Entspannen. Beide Wanderungen verlaufen auf der gleichen Strecke: Die 4-Tages-Version dürfen jeden Tag nur zwölf Personen in Angriff nehmen, die 2-Tage-Version nur vier, also sollte man den Track weit im Voraus **buchen**.

Der Track erfordert **körperliche Fitness**, doch da jeden Abend ein Etagenbett in der Hütte reserviert ist, kann jeder sein Wandertempo selbst bestimmen. Die **Gebühr** beinhaltet den Transport zum Startpunkt in Akaroa sowie die Unterkunft an der Strecke (mit Duschen, komplett ausgestatteter Küche, Strom und begrenzter Versorgung mit Lebensmitteln). Auf der 4-Tage-Wanderung steht für jede Übernachtung außerdem ein privates Doppelzimmer zur Verfügung (für zusätzlich $75 pro Nacht). Mitzubringen ist **Proviant** für mindestens die ersten 2 Tage; Möglichkeiten zur Aufstockung gibt es in kleinen Läden in Stony Bay und in Otanerito Beach. Begrenzt ist auch der Transport des Gepäcks zur nächsten Station der Wanderung möglich, s. Website.

Criterion Motel, 75 Rue Jolie, ✆ 0800 252 762, 🖥 www.holidayakaroa.com; Karte S. 630. Tiptop geführtes modernes Motel mit geräumigen Zimmern, von denen jedes Fußbodenheizung, Doppelverglasung und einen Balkon besitzt. Den besten Hafenblick haben die im obersten Stock ($190). Dank spätem Checkout und großzügig bemessenem Gratis-WLAN ein echt guter Deal. Units $150

The Giant's House, 68 Rue Balguerie, ✆ 03 304 7501, 🖥 www.thegiantshouse.co.nz; Karte S. 630. Unterkunft in einer lebendigen Kunstgalerie (S. 631) in und um ein Haus aus dem Jahr 1881. Die großen Zimmer (mit und ohne Bad) sind kühn konstruiert, z. B. mit einem Schiff als Bett oder einem Treibhaus als Wintergarten. Morgens gibt es ein köstliches Frühstück. Erhebliche Preisnachlässe bei mehrtägigen Aufenthalten. DZ $300

Onuku Farm Hostel, 6 km südlich der Stadt, zu erreichen über die Onuku Rd, ✆ 03 304 7066, 🖥 www.onukufarm.com; Karte S. 630. Abgeschiedene, herrliche Unterkunft oberhalb der Bucht auf einer Schaffarm. Übernachtungsmöglichkeiten im Hauptgebäude in DZ (manche mit schönem Ausblick,$80) und Dorms (darunter ein 6-Stockbetten-Schlafsaal mit Bad, nur für Frauen). Kein TV, und der Internetanschluss ist versteckt. Draußen gibt's einen Zeltplatz ($15 p. P.) mit Hängematten, außerdem ein weiteres Dorm mit Outdoorküche und -duschen, sowie mehrere *stargazers* – eine Art hölzerne Zelte (Schlafsack muss mitgebracht werden; $20 p. P.), einige davon mit traumhafter Aussicht. Der Campervanpark ($15 p. P.) hat seine eigene Küche sowie Sanitärblock. Ringsherum gibt es Wanderwege, und im Sommer veranstalten das Hostel Touren zum Schwimmen mit Delphinen ($110, max. 6 Pers.). Nur Barzahlung. ⏰ Mai–Sep geschl. Dorms $28, Zimmer $66

Pohatu Package, Flea Bay, ✆ 03 304 8542, 🖥 www.pohatu.co.nz; Karte S. 628. Bietet nicht nur Unterbringung, sondern auch die Möglichkeit, eine Nacht in der Pinguinkolonie Pohatu (s. Kasten S. 635) zu verbringen. Das 24-Std.-Paket umfasst den 4WD-Transport von Akaroa, die Pinguintour, Gelegenheit zum Bewandern eines Abschnitts des Banks Peninsula Track,

schwimmen im Meer, eine Paddeltour durchs Meeresschutzgebiet ($20 extra) und Übernachtung in einer recht rustikalen, aber gemütlichen Selbstversorger-Unterkunft. Zusätzliche Nacht $90. $130

Tree Crop Farm, Rue Grehan, ✆ 03 304 7158, 🖥 www.treecropfarm.com; Karte S. 630. Romantische Unterkunft mit Kerzenlicht 2 km außerhalb von Akaroa in 4 rustikalen Cabins auf einer privaten Farm. Das Verwöhnprogramm umfasst mit Holz beheizte Bäder unter Sternen und späten Checkout. Nicht jedermanns Geschmack, aber einzigartig. Bei der „Farm" ringsum handelt es sich eher um eine gezähmte, von Pfaden durchzogene Wildnis. $200

ESSEN

Akaroa hat einige sehr gute Restaurants, die allerdings eher der gehobenen Preislage angehören. Die Abhängigkeit vom Sommertourismus bringt es aber mit sich, dass viele Lokale im Winter begrenzte Öffnungszeiten haben oder schließen. Selbstversorger können beim atmodischen **Akaroa Butcher & Deli**, 67 Rue Lavaud, selbst gemachte Wurst sowie Barry's Bay-Käse und Olivenöl aus der Region einkaufen.

Bully Hayes, 57 Beach Rd, ✆ 03 304 7533, 🖥 www.bullyhayes.co.nz; Karte S. 630. Das nach dem amerikanischen Piraten William Henry „Bully" Hayes, der im 19. Jh. in den hiesigen Gewässern sein Unwesen trieb, benannte und stets gut besuchte Restaurant serviert neben reichhaltigem Frühstück sensationelle Seafood-Platten, unter anderem mit saftigem Akaroa-Lachs, und andere feine Abendgerichte wie Brathühnchen in Trüffelbutter (die meisten Hauptgerichte $35–43). ⏰ tgl. 8–21 Uhr oder später.

HarBar, 83 Rue Jolie, ✆ 03 304 8889, 🖥 www.facebook.com/harbarakaroa; Karte S. 630. Die Strandbar ist der perfekte Ort, um mit einem Craft-Bier in der Hand den Sonnenuntergang zu genießen. Wenn's dann so langsam kühl wird, gesellt man sich um den Kamin und bestellt etwas von der Tapas-Karte. ⏰ Mo–Fr 11–22, Sa und So 10–22 Uhr.

L'Escargot Rouge, 67 Beach Rd, 🖥 www.lescargotrouge.co.nz; Karte S. 630. Schickes

Wer mehr tun möchte als Pinot Gris schlürfen und durch die Galerien bummeln, hat in Akaroa die Qual der Wahl aus einem breiten Angebot an Aktivitäten. Am tollsten ist das Beobachten von und sogar Schwimmen mit **Hector-Delphinen**, den mit weniger als 1,4 m langen kleinsten unter den Delphinen. Sie sind verspielt, und kleine Herden haben meistens Spaß daran, sich Schwimmern zu nähern, besonders in Sommer. Man kann sie vielleicht auch bei einer Hafenrundfahrt oder einer Paddeltour im Kajak sehen. Mit 7000 an der neuseeländischen Ostküste lebenden Tieren sind die Hector-Delphine relativ zahlreich, aber die westliche Unterart – der Maui-Delphin – ist beinahe ausgestorben.

Postzustellungstouren
Eastern Bays Scenic Mail Run, ☏ 03 304 7784. Per Minibus (max. 8 Pers.) geht es kurvenreich hoch zum Kraterrand und daran entlang, unterwegs wird auf Farmen und in Ortschaften wie Le Bons Bay und Okains Bay die Post ausgeteilt. Eine tolle Möglichkeit, die Gegend zu sehen. $75 für 5 Std.; am Tag vorher zwischen 17 und 19 Uhr anrufen und rückbestätigen.

Schwimmen mit Delphinen, Hafenrundfahrten und Segeln
Black Cat, Main Wharf, Beach Rd, ☏ 03 304 7641, 🖥 www.blackcat.co.nz. Der erfahrene Veranstalter bietet 3-stündige Ausflüge zum Schwimmen mit Delphinen (Dez–März 8.30, 11.30, 13.30 und 15.30 Uhr, Sep–Nov, April und Mai 11.30 und 13.30 Uhr, schwimmen $150, beobachten $79; falls sich keine Delphine blicken lassen, gibt's einen Teil des Betrags zurück). Nachdem das Boot draußen auf dem Meer bei den Delphinen angekommen ist, beobachten die Veranstalter die Tiere erst einmal, um zu sehen, ob man wirklich ins Wasser gehen kann. Black Cat veranstaltet auch 2-stündige Hafenrundfahrten (ganzjährig um 13.30 Uhr, Nov–April auch um 11 Uhr, $74) in großen Booten zur Mündung der Bucht; unterwegs sieht man eine sehr schöne vulkanische Meereshöhle mit hohen Wänden, Tüpfelkormorane und Höhlen, in denen sich manchmal Zwergpinguine aufhalten.

Akaroa Dolphins, 65 Beach Rd, ☏ 0800 990 102, 🖥 www.akaroadolphins.co.nz. Weniger Teilnehmer und kleinere Boote als bei Black Cat lassen diese Hafenrundfahrten (tgl. Nov–April 10.15, 12.45 und 15.15, Mai–Okt 12.45 Uhr, $74) familiärer wirken. Der Verlauf ist derselbe, und meistens sind Delphine zu sehen. Der Veranstalter legt den Fokus auf regionale Geschichte, Maori-Erbe und das Beobachten von Mantel- und Rotschnabelmöwen, Sturmvögel, Seeschwalben und Schwarzbrauenalbatrosse.

Fox II Sailing Adventures, ☏ 0800 369 7245, 🖥 akaroafoxsail.co.nz. Ein Törn mit der 1922 aus Kauriholz erbauten Ketsch mit ihren roten Segeln ist eine stimmungsvolle und umweltfreundliche Alternative zu den anderen Rundfahrten ($75). Wann immer das Wetter es zulässt, setzen die Betreiber die Segel und fahren normalerweise Richtung Akaroa Heads; unterwegs kann man oft Delphine und Robben erspähen. Ende Dez–Mai tgl. um 10.30 und 13.30 Uhr, Abfahrt an der Daly's Wharf.

EcoSeaker, ☏ 0800 326 794, 🖥 www.ecoseaker.co.nz. Dieser speziellere Veranstalter von Touren zum Schwimmen mit Delphinen nimmt jeweils nur 6 Schwimmer in einem robusten Schlauchboot mit und bleibt mehr als 2 Stunden auf dem Wasser. Nov–April 1–2x tgl. Schwimmen $130, beobachten $70.

Kajakfahren, SUP Boarding und Radfahren
Akaroa Adventure Centre, 74a Rue Lavaud, ☏ 03 304 7784, 🖂 AkaroaAdventureCentre@gmail.com. Betreibt die Touristeninformation und organisiert Stand-up-Paddelbootverleih (1 Std./$20, 4 Std./$45), Fahrradverleih (4 Std./$35), auch Ganztagsausleihe möglich, bei der man hoch über der Stadt abgesetzt wird und die 13 km zurück bergab fährt ($65), und sogar motorisierte Skateboards (20 Min./$20).

Captain Hector's Canoe & Boat Hire, 65 Beach Rd, ☏ 0800 990 102, 🖥 www.akaroadolphins.co.nz. Captain Hector's vermietet Einer- und Zweier-Seekajaks ($45 p. P./Tag), Paddelboote, Waterbikes, Kanus und Ruderboote.

Akaroa Guided Sea Kayaking Safari, Treffpunkt vor dem The Green Café, 37 Rue Lavaud, ☏ 0800 300 068, 🖥 www.akaroakayaks.com. Geführte Kajaktouren in kleinen Gruppen mit Gelegenheit zum Schwimmen und der Chance, Delphine zu sehen. Die 3-stündigen Touren ($125) finden nur Nov–April statt, Abfahrt 7.30 und 11.30 Uhr.

Pinguin- und Robbenbeobachtung

Akaroa Seal Colony Safari, ☏ 03 304 7255, 🖥 www.sealtours.co.nz. Fahrten in klimatisierten Fahrzeugen mit Vierradantrieb zur Beobachtung von Pelzrobben an der östlichen Spitze der Halbinsel. Abfahrt im Zentrum von Akaroa tgl. 9.30 und 13 Uhr, $80, Dauer 2 1/2 Std., max. 6 Pers.

Pohatu Penguins, ☏ 03 304 8552, 🖥 www.pohatu.co.nz. Wer Pinguine aus nächster Nähe sehen möchte, sollte diese Tour zu der Farm an der Flea Bay am Banks Peninsula Track (S. 632) buchen. Dort kümmern sich Shireen und Francis Helps seit Jahrzehnten um Weißflügelpinguine. Ihre Abendtour (2–3 Std., $75) beginnt vor Einsetzen der Dämmerung und ist lang genug, um in Ruhe die Pinguine auf ihrer täglichen Heimkehr vom Fischefangen beobachten zu können. Diese Beobachtungen dienen gleichzeitig der Pinguinüberwachung. Bei der nachmittäglichen Nature Tour (13.30 Uhr, $65) sieht man die Pinguine in ihren Nistkästen und erfährt viel über den Alltag auf einer Schaffarm. Wer Pinguine (und eventuell Hector-Delphine) vom Wasser aus sehen möchte, schließt sich einer der angebotenen Kajaktouren an (4 Std., tgl. um 12 Uhr, $90). Alle Ausflüge umfassen die Abholung von Akaroa. Billiger wird's, wenn man selbst zur Farm fährt, aber die Straße dorthin ist steil und nur mit einem Allradfahrzeug zu bewältigen.

Wanderungen

Wer keine Zeit für den Banks Peninsula Track (s. Kasten S. 632) hat, kann kürzere Wanderungen unternehmen, die ebenfalls schön sind. Nähere Auskünfte unter 🖥 www.bankspeninsulawalks.co.nz; detaillierte Karten werden im Akaroa Adventure Centre verkauft.

Skyline Circuit (10 km, 4 Std. hin und zurück). Die beste Wanderung um Akaroa umrundet die Hügel über der Stadt auf dem Purple Peak Track, auf dem es zum Buschland des Hinewai Reserve geht.

Beach Road–Glen Bay–Red House Bay (5 km einfach, 1 1/4 Std.). Der Spaziergang am Ufer entlang auf der Beach Road Richtung Glen Bay zum Holz-Leuchtturm, der bis 1890 auf der Landzunge Akaroa Head stand. Eine Viertelstunde weiter Richtung Akaroa Head folgt die Bucht **Red House Bay**, die 1830 Schauplatz eines blutigen Massakers war: Der berüchtigte Häuptling Te Rauparaha von der Nordinsel bestach damals den Kapitän der englischen Brigg *Elizabeth* mit Flachs, seine Maori-Krieger an Bord des Schiffs zu verstecken und seine nichts ahnenden, von Temaiharanui angeführten Feinde unter einem Vorwand an Bord zu locken, wo Te Rauparaha und seine Männer sie niedermetzelten, um ihre Opfer dann am Strand zu verspeisen.

Onuku Road (5 km einfach, 1 1/4 Std.). Die Onuku Road führt landeinwärts zum Onuku Farm Hostel (S. 633) und nach Onuku Marae mit einer hübschen kleinen Kirche aus dem 19. Jh.

Reiten

Kate Tapley Horse Treks, Brocherie's Rd, ☏ 03 329 0160, 🖥 www.akaroariding.co.nz. Etwa 15 Autominuten östlich von Akaroa, zu erreichen über die Long Bay Road. Ausritte ab $110/2 Std.

Angeln und Tauchen

Akaroa Fishing and Dive Charters, Daly's Wharf, ☏ 03 304 7220, 🖥 www.akaroafishing.co.nz. Verschiedene Angeltouren (ab $90 für bis zu 3 Std. Angeln in der Hafenbucht inkl. Angelausrüstung, Köder und Fischreinigung und -verpackung) sowie Tauch- und Schnorchel-Chartertouren.

Lokal mit französischem Frühstücksangebot sowie tagsüber verlockender Tresenkost (Gerichte $5–10). ⊕ tgl. 8–16 Uhr.

The Little Bistro, 33a Rue Lavaud, ✆ 03 304 7314, 🖥 www.thelittlebistro.co.nz; Karte S. 630. In ein klassisches Bistro, dessen 30 Sitzplätze so dicht beisammenstehen, dass die Gäste sehr gesellig Schulter an Schulter sitzen. Die Küche benutzt Produkte der Region und zaubert daraus Sachen wie Canterbury-Steak mit Anchovisbutter ($39) oder ein Gericht mit fangfrischem Fisch (am Schwarzen Brett angeschlagen), dazu gibt's Weine, überwiegend aus Canterbury. Als Nachtisch empfiehlt sich die hauseigene Version von *Eton mess* ($15). ⊕ Di–Sa 17.30–22 Uhr.

Vangioni's, 40f Rue Lavaud, Eingang in der Rue Britain, ✆ 03 304 7714, 🖥 www.vangionis.co.nz; Karte S. 630. An einem lauschigen Abend bietet der Garten hier ein wunderbares Ambiente für ein Abendessen mit hervorragenden Trattoria-Speisen, köstlichen Tapas (darunter die Platte mit Rauchfleisch aus der eigenen Räucher-stube, $26), toller Pizza ($26–31) und Hauptge-richten wie Räucherlachs-Gnocchi mit Salbei-Sahnesoße ($35). Bei schlechtem Wetter kann man die gemütliche Bar aufsuchen. ⊕ Mi–So 17 Uhr bis spät, im Hochsommer auch zum Mittagessen.

SONSTIGES

Geld
BNZ, Bank mit Geldautomat gegenüber dem Akaroa Adventure Centre, ⊕ Mo–Fr 9.30–16.30 Uhr.

Informationen
Akaroa Adventure Centre, 74a Rue Lavaud, ✆ 03 304 7784, ✉ AkaroaAdventureCentre@gmail.com. Das kommerzielle Informations-zentrum promotet die Stadt, verkauft Wander-karten und versucht unaufdringlich, seine eigenen Abenteueraktivitäten an den Mann zu bringen. Im selben Gebäude ist auch das Postamt, außerdem gibt es eine Gepäckauf-bewahrung ($5/Tag). ⊕ Nov–April tgl. 9–18 Uhr oder später, Mai–Okt tgl. 10–16 Uhr. Infos finden sich auch auf auf 🖥 www.akaroa.com.

Internet
In der Bücherei, 2 Selwyn Ave, ⊕ Mo–Fr 10–16.30, Sa 10–13 Uhr, gibt's kostenloses WLAN, ebenso im angrenzenden Kinocafé.

Kino
Akaroa Cinema, Rue Jolie, Ecke Selwyn Ave, ✆ 03 304 7678, 🖥 www.cinecafé.co.nz. Wer nicht so auf Blockbuster steht, dem könnte das Programm dieses kleinen Kinos zusagen, das Kunstfilme, ausländische, klassische und neue Filme zeigt. Im Foyer befindet sich das Ciné Café, wo man ein Glas Wein kaufen und mit in den Saal nehmen kann. Eintrittskarte $15.

TRANSPORT

Auto
Die Hauptstraße von Christchurch nach Akaroa ist der Highway **SH75** über Little River. Er ist kurvenreich und stellenweise steil, die Fahrt dauert ungefähr 90 Min.
Man kann aber auch die längere, anstrengen-dere, aber landschaftlich reizvolle Streck von der Hilltop Tavern am Kraterrand entlang nach Akaroa nehmen.

Busse
Von Christchurch (1 1/2 Std., Abfahrt vor dem Canterbury Museum) verkehren zur Haltestelle am Akaroa Adventure Centre **Akaroa Shuttle**, ✆ 0800 500 929, 🖥 www.akaroashuttle.co.nz, Nov–April 3x tgl., Mai–Okt 1x tgl., hin und zurück $50, und **Akaroa French Connection**, ✆ 0800 800 575, 🖥 www.akaroabus.co.nz, 1x tgl., $45 hin und zurück.

Östlich von Akaroa

Für einen schönen Tagesausflug in die Gegend östlich von Akaroa bietet sich eine Fahrt auf der **Summit Road** an, die am Krater des 600 m hohen Akaroa verläuft. Von der Hochebene (wo im No-vember der Ginster blüht) zweigen kurvenreiche Straßen ab, die hinunter zu romantischen Buch-ten mit einsamen Stränden führen. Von einst vielleicht blühenden Orten ist oft nur noch ein Schulhaus oder ein Laden übrig, die beide ums

Überleben ringen. Da es kaum direkte Verbindungsstraßen gibt, dauert die Erforschung der Gegend wahrscheinlich länger als erwartet.

Le Bons Bay und Okains Bay

Das grüne Le Bons Bay ist eine friedliche kleine Gemeinde mit einigen Ferienhäusern und einem herrlichen **Sandstrand**, der zu beiden Seiten von Klippen eingerahmt wird und zum Spazierengehen und relativ gefahrlosen Baden einlädt.

Okains Bay ist besonders im Januar ein beliebtes Urlaubs- und Ausflugsziel mit einigen wenigen ständigen Einwohnern. Der Strand und die von dem Flüsschen **Opara Stream** gebildete, friedliche Lagune eignen sich hervorragend zum Schwimmen und Bootfahren, doch der triftigste Grund für einen Abstecher in die Bucht ist das Museum.

Okains Bay Maori and Colonial Museum

1146 Okains Bay Rd ▪ ⏰ tgl. 10–17 Uhr ▪ Eintritt $10 ▪ ☎ 03 304 8611, 🖥 www.okainsbaymuseum.co.nz

Der einheimische Sammler Murray Thacker hat eine der besten Sammlungen von Maori-Artefakten auf der Südinsel zusammengetragen, die hier gezeigt werden, darunter wunderbare *hei tiki* (Anhänger mit einer geschnitzten menschlichen Figur) verschiedener Stilrichtungen. Weitere Ausstellungsstücke sind ein „Gottesstock" von 1400, ein Kriegskanu von 1867 und ein schönes Versammlungshaus mit erlesenen symbolischen Figuren, geschnitzt von dem herausragenden Künstler John Rua. Zu den draußen aufgebauten europäischen Gebäuden zählen ein Bretterstall und ein Cottage aus großen Totaraholzplanken.

ÜBERNACHTUNG UND ESSEN

Double Dutch, 32 Chorlton Rd, ☎ 03 304 7229, 🖥 www.doubledutch.co.nz; Karte S. 628. Gemütliches, gutes Hostel in einem geräumigen modernen Haus mit nur 7 Betten. Vom Gefühl her ist es mehr eine WG als ein Hostel. Zimmer mit Bad $86. ⏰ Juni–Aug geschlossen. Dorms $32, DZ $78

Kawatea Farmstay, 1048 Okains Bay Rd, ☎ 03 304 8621, 🖥 www.kawateafarmstay.co.nz; Karte S. 628. Die ca. 100 Jahre alte Pionierfarm

inmitten üppiger Gärten wird durch einen 5 km langen, landschaftlich schönen Küstenstreifen begrenzt. Vermietet werden 3 Zimmer und ein hübsches Loft, Abendessen gibt es auf Wunsch. $130

Nach Süden Richtung Otago

Von Christchurch Richtung Süden bahnt sich der SH1 in schnurgerader Linie seinen Weg durch die **Canterbury Plains** und führt durch kleine Ortschaften, die als Versorgungszentren der umliegenden Farmen des fruchtbaren Flachlands dienen. Viele von ihnen sind durch intensive Milchwirtschaft zu Reichtum gekommen. Im Westen wird die Strecke von den **Neuseeländischen Alpen** flankiert, die bei klarem Wetter einen traumhaften Anblick bieten. Alles in allem handelt es sich aber um eine recht eintönige Landschaft, die nur hier und da von den breiten Kiesbetten der Flüsse unterbrochen wird, die normalerweise nicht mehr sind als ein Rinnsal unter langen Brücken (die längste befindet sich unmittelbar nördlich von Rakaia), bei ausgiebigen Regenfällen aber enorm anschwellen können.

Am Ende der Canterbury Plains liegt das eher unscheinbare **Timaru**. Von dort führt der SH8 ins Landesinnere nach Fairlie, Lake Tekapo und Mount Cook. Der Küsten-Highway verläuft durch eine Landschaft aus wogenden Hügeln weiter gen Süden in die architektonisch ansprechende Stadt **Oamaru** und zu den einzigartigen und faszinierenden **Moeraki Boulders**. Hier beginnt auch das Land der **Pinguine** mit mehreren Gelegenheiten für einen Zwischenstopp zum Beobachten von Zwerg- und Gelbaugenpinguinen.

Timaru

100 km südwestlich von Rakaia wird nach einer rund zweistündigen Fahrt von Christchurch die 28 000 Einwohner zählende Hafenstadt **Timaru** erreicht. Die Stadt ist nicht sonderlich interes-

sant, doch das Museum, die Gemäldegalerie und das **Rock Art Centre** lohnen jeweils ungefähr eine Stunde Besichtigungszeit. Und abends kann man Pinguine beobachten.

Geschichte

Der Name des Ortes ist von *Te Maru* abgeleitet, was auf Maori „schützender Ort" bedeutet. Timaru war früher die einzige geschützte Stelle für die *waka* der Maori auf dem Weg von der Banks Peninsula nach Oamaru. Den Grundstein für die europäische Besiedlung legte 1837 Joseph Price, der etwas südlich der heutigen Stadt bei Patiti Point eine **Walfangstation** gründete.

Der heutige Ort verdankt seine Existenz den Engländern **George und Robert Rhodes**, die 1839 die erste Rinderzucht auf der Südinsel begründeten. Ein willkommenes Nebenprodukt der Landgewinnung für die Errichtung des Hafens 1877 war der schöne Sandstrand Caroline Bay. Um Neujahr herum zieht es heute immer noch viele Urlauber in den ehemals beliebten Badeort.

Felsenkunst der Maori

Vor rund 500 Jahren durchstreiften Moa-Jäger die Küstenebene im südlichen Canterbury und nördlichen Otago. Die Maori hinterließen Spuren ihres Aufenthalts an den Wänden und Decken einiger offener Kalksteinhöhlen. In der Umgebung von Timaru, Geraldine und Fairlie gibt es über 300 **Felszeichnungen**.

Die besten Höhlenzeichnungen sind in den Museen der Region zu bewundern, allen voran das Te Ana Maori Rock Art Centre in Timaru (s. rechts oben) und im North Otago Museum von Oamaru (S. 641). Rund 95 % der noch an Ort und Stelle verbliebenen, oft schwierig auszumachenden Zeichnungen befinden sich auf privatem Grund und Boden und wurden z. T. im Zuge falsch verstandener Restaurierungsbemühungen im 19. Jh. entstellt. Das lohnendste Ziel ist **Frenchman's Gully**, wo Moas und eine stilisierte Vogelmenschenfigur zu sehen sind. Führungen bietet das Te Ana Maori Rock Art Centre.

Te Ana: Ngai Tahu Maori Rock Art Centre

2 George St ▪ tgl. 10–17, Mai–Okt 10–15 Uhr ▪ 1-stündige Führung $20, 3-stündige Führung zu den Felskunststätten Nov–April $125 (inkl. Transport und Erfrischungen; reservieren!) ▪ 📞 03 684 9141, 🖥 www.teana.co.nz

Die Felsenkunst an originaler Stelle zu sehen, ist ein großartiges Erlebnis, aber mehr über die Hintergründe erfährt man in diesem gut konzipierten Museum im 1876 aus vulkanischem Blaustein erbauten **Landing Service Building**. Luftaufnahmen vermitteln einen geografischen Eindruck von der Lage der Felskunststätten, die Fotos von Fiona Pardington (sie hat Ngai-Tahu-Wurzeln) zeigen die Malereien selbst, und Displays illustrieren den Alltag jener Zeit. Es gibt sogar eine modernere Version eines Binsengeflechtkanus, wie es früher benutzt wurde. Eine weitere Abteilung beschäftigt sich mit der Verbreitung von Maori-Design in den 1960er- und 1970er-Jahren und präsentiert Streichholzschachteln, Aschenbecher und Erdnussbutterdosen, die mit Felskunst-Abbildungen verziert sind.

South Canterbury Museum

Perth St ▪ 🕐 Di–Fr 10–16.30, Sa und So 13.30–16.30 Uhr ▪ Eintritt frei ▪ 📞 03 687 7212, 🖥 museum.timaru.govt.nz

Die meisten Besucher dieses kleinen Regionalmuseums wollen in erster Linie die fragile Nachbildung des **Flugzeugs** aus dem Jahr 1902 sehen, mit dem der aus Temuka stammende **Richard Pearse** seinen viel beachteten Versuch des ersten motorbetriebenen Fluges der Welt unternahm. Das war im Jahr 1902, einige Monate vor dem Flug der Gebrüder Wright. Das Flugzeug von Pearse war dem seiner Rivalen technisch weit überlegen, doch Pearse fand, dass sein erster Flug weder ausreichend kontrolliert noch lang genug war, um als gelungen zu zählen.

Ansonsten erzählt das Museum die Geschichte der hiesigen Maori (die ein ausgeprägteres Jäger-und-Sammler-Leben führten als ihre nördlichen Verwandten) und der Walfangstation, die sich in den späten 1830er- und frühen 1840er-Jahren am Patiti Point befand.

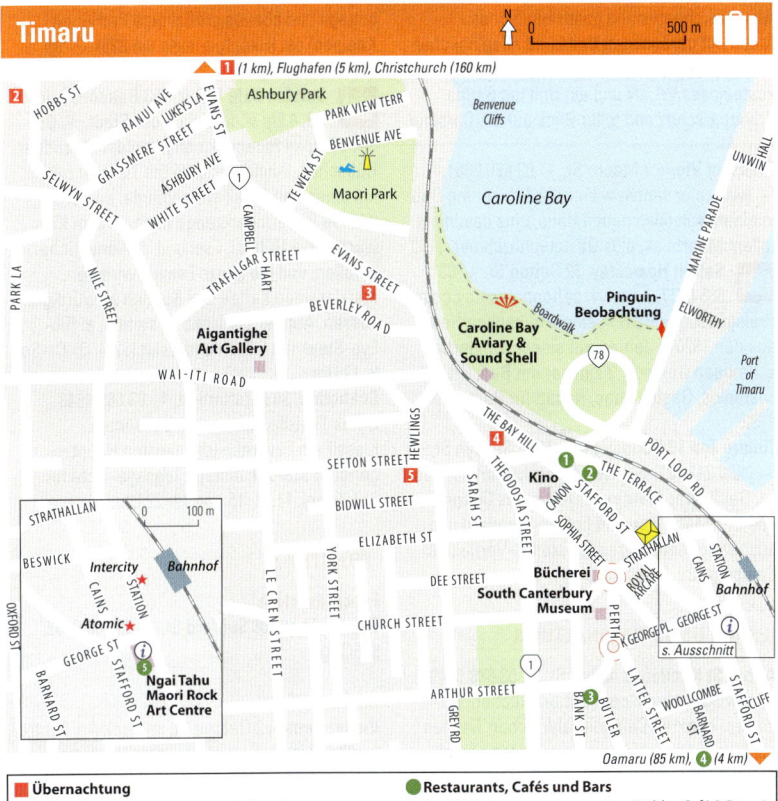

(1 km), Flughafen (5 km), Christchurch (160 km)

■ Übernachtung			
1873 Wanderer Backpackers	3	Sefton Homestay	5
Panorama Motor Lodge	4	Timaru Top 10	
Pleasant View	1	Holiday Park	2

● Restaurants, Cafés und Bars			
Arthur St Kitchen	3	Stables Café & Bar	4
Ginger and Garlic	1	Sukhothai	2
Speights Ale House	5		

Aigantighe Art Gallery

49 Wai-iti Rd ■ ⏰ Di–Fr 10–16, Sa und So 12–16 Uhr ■ Eintritt frei ■ ✆ 03 688 4424, 🖥 www.timaru.govt.nz/art-gallery

In einem vornehmen alten Haus, das früher den gälischen Namen Aigantighe („zu Hause") trug, ist die **Aigantighe Art Gallery** untergebracht. Viele der ursprünglichen Merkmale des historischen Gebäudes blieben erhalten und bilden den passenden Rahmen für eine ausgezeichnete permanente Sammlung, die nach dem Rotationsprinzip gezeigt wird. Zum Bestand gehören vier bedeutende Werke des in Timaru geborenen Künstlers Colin McCahon sowie Arbeiten von Frances Hodgkins, C. F. Goldie und dem hochproduktiven Landschaftsrealisten Austen Deans.

ÜBERNACHTUNG

1873 Wanderer Backpackers, 24 Evans St, ✆ 03 688 8795, 🖥 www.bbh.co.nz. Kleiner, effizient gemanagter Backpacker mit gemischten und für Frauen reservierten Dorms (manche etwas hellhörig), gut ausgestatteter Küche und Parkplätzen. Dorms $28, DZ $65

Panorama Motor Lodge, 52 The Bay Hill, ✆ 0800 103 310, 🖥 www.panorama.net.nz.

VON CHRISTCHURCH NACH SÜDEN

Ausgezeichnetes und gastfreundliches Motel mit geräumigen Units und allen üblichen Einrichtungen, dazu Spa-Pool, Jacuzzis, kostenloses WLAN und ein Unit mit Sauna. Privatparkplatz und toller Blick auf die Caroline Bay. $135

Pleasant View, 2 Moore St, ℡ 03 686 6651, 💻 www.pleasantview.co.nz. 2 Zimmer mit Bad in einem stilvollen neuen Haus, eins davon mit tollem Meerblick, plus Gästewohnzimmer. $130

Sefton Homestay, 32 Sefton St, ℡ 03 688 0017, 💻 www.seftonhomestay.co.nz. Preisgünstiges B&B in einem hübschen Haus aus den 1920er-Jahren auf einem wunderbar schattigen Gelände. 2 Zimmer mit Bad; WLAN kostenlos, Gästelounge, Rabatt für Radfahrer. $130

Timaru Top 10 Holiday Park, 154a Selwyn St, ℡ 0800 242 121, 💻 www.timaruholidaypark.co. nz. Gepflegter Platz in der Nähe des Golfplatzes und des Maori Park mit hohem Standard und ausgezeichnetem Preis-Leistungs-Verhältnis. Camping $39, Cabins $69

ESSEN UND UNTERHALTUNG

Arthur St Kitchen, 8 Arthur St, ℡ 03 688 9449, 💻 www.facebook.com/arthurstkitchen. In diesem relaxten Café mit zahlreichen Tischen auch vor und hinter dem Haus bilden pastellgrüne Wände den Rahmen für Ausstellungen lokaler Künstler. Es gibt Kaffee und Kuchen, eine Frühstückskarte mit eher unauffälliger Auswahl und Mittagsgerichte. ⊙ Mo–Fr 7–17.30, Sa 9–15 Uhr.

Ginger and Garlic, 335 Stafford St, ℡ 03 688 3981, 💻 www.gingerandgarlic. co.nz. Das edelste Restaurant der Stadt residiert in einem schönen alten Holzgebäude mit weiten Ausblicken über die Caroline Bay. Auf die Gäste warten Hauptgerichte wie Entenbrust mit Wasabi-Zwiebel-*bhaji* und Zwiebelsuppe mit Honig, gefolgt von Karamell-*wontons* mit Vanilleeis und Schokotörtchen. (Hauptgerichte $30–40). Platz lassen für die köstlichen Desserts! ⊙ Mo–Fr mittags, Mo–Sa abends.

Speights Ale House, 2 George St, ℡ 03 686 6030, 💻 www.timarualehouse.co.nz. In der beliebten Kneipe im Rock Art Centre gibt's

mittags und abends großzügige Portionen Kneipenkost (Hauptgerichte um $25). ⊙ tgl. 11.30 Uhr bis spät.

Stables Café & Bar, 253 Beaconsfield Rd, 4 km südwestlich der Stadt, ℡ 03 684 5617, 💻 facebook.com/stablescafeandbar. Hübsches, ländliches Café mit Tischen rund um umgewandelte Farmgebäude, an deren Wände Bauernwerkzeuge hängen. Den Kids werden die Hühner, Esel und Wellensittiche gefallen, und die ganze Familie wird den erstklassigen Kaffee und Kuchen zu würdigen wissen. Auf der Speisekarte steht u. a. Rib-Eye-Steak mit Fritten und Salat ($22). ⊙ Di–So 9–17 Uhr.

Sukhothai, 303 Stafford St, ℡ 03 688 4843. Gutes Thai-Restaurant mit bekannten Klassikern Favoriten (die meisten Hauptgerichte $18–25); mittags Tagesgerichte für $13. ⊙ tgl. 11.30–15 und 17–22 Uhr.

SONSTIGES

Fahrradverleih
The Cyclery, 106 Stafford St, ℡ 03 688 8892, $35/Tag.

Informationen
Visitor Centre, 2 George St, im Rock Art Centre, ℡ 03 687 9997, 💻 www.southcanterbury. org.nz. ⊙ Mo–Fr 10–16, Sa und So 10–15 Uhr, im Sommer länger.

Internet
Die Bibliothek in der Sophia St bietet kostenlose Computerbenutzung und WLAN. ⊙ Mo, Mi und Fr 9–20, Di und Do 9–18, Sa 10–13, So 13–16 Uhr.

NAHVERKEHR

Stadtbusse
Betreiber des lokalen Busnetzes von Timaru ist **Metro**, ℡ 03 688 5544, 💻 www.metroinfo.co. nz/timaru. Einzelfahrschein innerhalb der Stadt und in die Vororte $2, nach Temuka $4,80. Tickets im i-SITE.

Taxis
Timaru Taxis, ℡ 03 688 8899.

Busse

InterCity-Busse halten vor dem Bahnhof (keine Personenzüge), die Busse von NakedBus und Atomic halten vor dem Visitor Centre.

Busse nach:

CHRISTCHURCH 5–6x tgl., 2 1/2 Std.;
DUNEDIN 5–6x tgl., 3 1/2 Std.;
OAMARU 5–6x tgl., 1 Std.

Flüge

Der Flughafen liegt 13 km nördlich des Stadtzentrums an der Falvey Road.
Flüge nach WELLINGTON 3–4x tgl., 1 1/4 Std.

Oamaru

Die 85 km südlich von Timaru am SH1 gelegene frühere Hafenstadt **Oamaru** ist eine der verführerischsten Provinzstädte Neuseelands, in der sich ohne weiteres ein bis zwei erholsame Tage verbringen lassen. Am reizvollsten sind zunächst die Kolonien von sowohl Zwerg- als auch Gelbaugenpinguinen unmittelbar außerhalb der Stadt. Die Stadt selbst hat aber auch ihren Reiz, vor allem der gut erhaltene, kompakte **Victorian Precinct** mit vornehmen öffentlichen Bauten und Handelshäusern, die aus dem auffälligen, cremefarbenen Kalkstein gebaut wurden, der in der Umgebung von Oamaru häufig anzutreffen ist.

Wer es einrichten kann, sollte Oamaru zwischen November und Januar besuchen, dann sind die Pinguine am zahlreichsten zur Stelle. Eine gute Zeit ist im November. Dann finden die **Victorian Heritage Celebrations** (⌨ www.vhc.co.nz) statt: Die Straßen des Victorian Precinct werden in eine Rennstrecke für Hochräder umfunktioniert, die von Einheimischen in viktorianischer Kleidung angefeuert werden.

Geschichte

In der Vergangenheit boten die Kalksteinfelsen der Umgebung den Maori Schutz und lieferten später das Rohmaterial für die ehrgeizigen Bauvorhaben der europäischen Einwanderer. Als Versorgungszentrum für die Glücksritter während des Goldrauschs und dank verschiedener wirtschaftlicher Standbeine (Holzgewinnung, Landwirtschaft und Steinbrüche) gelangte Oamaru zu einigem Wohlstand. 1874 wurde der Hafen für **Einwanderer** geöffnet. Allerdings kenterten viele Schiffe in den tückischen Gewässern. Nach der Blütezeit ging es wirtschaftlich mit der Stadt bergab (wie es auch in den Werken der aus Oamaru stammenden Schriftstellerin **Janet Frame** zum Ausdruck kommt), und erst in jüngerer Vergangenheit erwachte Oamaru wieder zu neuem Leben.

Thames Street

In der Thames Street zeigt Oamarus **Victorian Precinct** sein repräsentatives Gesicht und versammelt den Großteil der öffentlichen Gebäude. Auf der einen Seite reihen sich das Opera House von 1906, das palladianische Courthouse, das klassisch proportionierte Athenaeum (in dem jetzt das North Otago Museum untergebracht ist), das First Post Office sowie das Former Post Office, dessen Turm 1903 von Thomas Forrester, dem Sohn des Architekten, hinzugefügt wurde.

Gegenüber stehen zwei elegante Gebäude von R. A. Lawson: Die imposante **National Bank** weist die wahrscheinlich stilechteste neoklassizistische Fassade der ganzen Stadt auf; in ihrem nobleren Nachbargebäude ist jetzt die **Forrester Gallery** untergebracht.

North Otago Museum

60 Thames St ▪ ⏱ Mo–Fr 10.30–16.30, Sa und So 13–16.30 Uhr ▪ Eintritt frei ▪ ✆ 03 433 0852, ⌨ www.northotagomuseum.co.nz
Das 1882 erbaute Athenaeum beherbergt das **North Otago Museum**. Ein zehnminütiges Video informiert eingangs über die eher bescheidene Sammlung mit Gegenständen aus Oamaru-Stein, Stücken zur Geschichte von Nord-Otago, der Geologie der Umgebung und der Felskunst der Maori. In dem Gebäude war früher eine Leihbibliothek untergebracht, in der die aus der Stadt stammende Schriftstellerin Janet Frame während ihrer Jugendjahre viel Zeit verbrachte. Ihre Schreibmaschine steht noch hier und bildet das Kernstück einer Ausstellung über ihr Leben und Werk.

Oamaru

N   0   500 m

1 (200 m), **2** (1km), **3** (2km), **1** (18 km), Timaru (84 km) ▲

■ Übernachtung

Ambassador Motor Lodge	1
Chillawhile	2
Criterion Hotel	10
Glencoe Campsite	7
Holmes Hill Motel	6
Northstar	3
Oamaru Creek B&B	4
Oamaru Harbour Tourist Park	8
Oamaru Top 10 Holiday Park	5
Old Bones Lodge	9

Victorian Precinct

● Einkaufen

Adventure NZ Books	3
Michael O'Brien Bookbinder	2
Oamaru's Farmers' Market	1
New Zealand Whisky Company	5
Slightly Foxed	4

● Restaurants, Cafés und Bars

Birdlands Wine Co	9
Criterion Bar	8
Cucina 1871	6
Dilaans	3
Portside	5
Riverstone Kitchen	1
Scotts Brewing Co	4
Tees St	7
Whitestone Cheese	2

Glen Waren Reserve

Glen Eden Reserve

Janet Frame House

Kino

PAZIFIK

ehemaliger Bahnhof

Oamaru Gardens

Courthouse
Bücherei
North Otago Museum
District Court
District Council Building
Former Post Office
National Bank
Forrester Gallery
First Post Office
Historischer Bahnhof
Steampunk HQ
St Luke's
Woolstore Complex
Buchbinder
Smith's Grain Store
Harbour Board Office
Loan & Mercantile

Oamaru Creek

Steampunk HQ

Historischer Zug   *Friendly Bay*

Zwergpinguin-kolonie

Aussichts-punkt

9 (6 km), ▼ Küstenstraße zur SH1   ▼ Beobachtungspunkt für Gelbaugenpinguine (2 km)

First Post Office

12 Thames St

Ein wenig unstimmig fügt sich das italienisch anmutende **First Post Office** aus dem Jahr 1864 ein, das älteste aller Whitestone-Bauwerke Oamarus und das einzige in der Stadt noch ver- bleibende Werk des in Australien geborenen Architekten W. H. Clayton (1823–1877 – er immigrierte 1863). Clayton entwarf Dunedins All Saints' Church und Edinburgh House, ehe er zum ersten – und einzigen – Kolonialarchitekten des Landes berufen wurde.

Forrester Gallery

9 Thames St ▪ ⏰ tgl. 10.30–16.30 Uhr ▪ Eintritt frei
▪ 📞 03 433 0853, 🖥 www.forrestergallery.com

In R. A. Lawsons neoklassizistischem Bankgebäude ist jetzt die wichtigste **Kunstgalerie** der
Stadt untergebracht. Sie präsentiert ein ansehn-
liches Programm aus Wanderausstellungen zeitgenössischer und traditioneller Kunst. Daneben
ist fast immer etwas Spannendes zu sehen, darunter ausgewählte Stücke aus der eigenen permanenten Sammlung. Besondere Beachtung
verdienen die Arbeiten des bedeutenden neuseeländischen Künstlers Colin McCahon und
des aus Oamaru stammenden Malers Colin
Wheeler.

Tyne Street und Harbour Street

Südlich der Thames Street Richtung Wasser
kommt man durch die Itchen Street ins ehemalige Geschäftsviertel der Stadt, das ebenfalls
von Whitestone-Architektur beherrscht wird.
Die Gegend entwickelt sich immer mehr zum
Szeneviertel, wo man gut einen Kaffee oder
ein Bier trinken kann, um danach in den Läden,
Kunstgalerien und kleinen Museen herumzu-
stöbern. Einen Besuch sollte man möglichst
aufs Wochenende legen, wenn mehr los ist: An
einem verregneten Mittwoch hat kaum etwas
geöffnet.

   Am Beginn der **Tyne Street** liegen der **Woolstore Complex** (s. rechts) und das Criterion Hotel, gefolgt von Oamarus eleganten alten Union
Offices von 1877. Der stattliche, 1882 von dem
Steinmetz James Johnson errichtete **Smiths
Grain Store** nebenan gilt als der am reichsten
verzierte Getreidespeicher im Land.

   In der parallel zur Tyne Street verlaufenden
Harbour Street finden sich weitere ehemalige Handelshäuser. Das 1876 erbaute **Harbour
Board Office** war eines der ersten öffentlichen
Gebäude Oamarus, das von den äußerst produk-
tiven Architekten Forrester und Lemon entworfen wurde. Im Erdgeschoss wird auf Informationstafeln die Geschichte des Oamaru Harbour
erzählt und auch der Einfluss der beiden Architekten auf die Stadt erläutert. Die Straße endet
an dem massiven, 1882 erbauten Woll- und Getreidespeicher **Loan & Mercantile**, der einmal
der größte von ganz Neuseeland war.

Steampunk HQ

1 Itchen St ▪ ⏰ tgl. 10–17 Uhr ▪ Eintritt $10 ▪
🖥 www.steampunknz.co.nz

Dank diesem herrlich skurrilen Museum hat
sich Oamaru zur neuseeländischen Steam-
punk-Hauptstadt gemausert. Draußen steht eine gepimpte Dampfmaschine, die (für $2) dampft
und blinkt, und innen eröffnet sich eine Welt,
die das Werk eines modernen Jules Verne oder
H. G. Wells sein könnte. Viele davon ist eigentlich Müll, der in einer fantasievollen Synthese
aus pseudo-viktorianisch und retro-futuristisch
ein neues Gesicht bekommt. Besondere Highlights sind die *Infinity Portal Experience* und die
beiden Kurzfilme. Steampunk hat sogar ange-
kündigt, einen **Kinderspielplatz** anzulegen und
will am Hafenende der Wansbeck St ein Café
einrichten.

Woolstore Complex und Oamaru Auto Collection

1 Tyne St ▪ ⏰ tgl. 10–16.30 Uhr ▪ Eintritt frei ▪
⏰ Oamaru Auto Collection tgl. 10–16.30 Uhr,
Eintritt $10

Der **Woolstore Complex** beherbergt das *Woolstore Café* und zwei Stockwerke voller Boutiquen und Galerien, in denen sonntags, wenn
der Markt stattfindet, am meisten Betrieb
herrscht. Motorsportfans zieht es zur **Oamaru Auto Collection**, wo rund 30 Vintage-, historische und klassische Fahrzeuge zu sehen sind,
darunter vielleicht ein als Rennwagen zurecht-
gemachter Audi Quattro.

Janet Frame House

56 Eden St ▪ ⏰ Nov.–April tgl. 14–16 Uhr ▪ Eintritt $5
▪ 📞 03 434 2300, 🖥 www.jfestrust.org.nz

Das **Janet Frame House** ist das bescheidene
Haus, in dem eine der bedeutendsten Schrift-
stellerinnen Neuseelands ihre Kindheit verbrachte. Nach einem Rundgang durch das in
den Zustand der 1930er-Jahre zurückversetzte
Gebäude kann man sich anhören, wie die Autorin selbst einen Ausschnitt aus *Owls Do Cry* (dt.
Wenn Eulen schreien) liest, der von eben jenem
Sofa handelt, auf dem man gerade sitzt. Fans
der Autorin können außerdem dem **Janet Frame
Trail** folgen; eine Broschüre hierzu ist im i-SITE
erhältlich.

Die Pinguinkolonien

Penguins-Crossing: abends $65 für 2 1/2–3 Std., morgens $40 für 1 Std. ▪ 📞 0800 304 333, 🖥 www.travelheadfirst.com

Oamaru ist insofern einzigartig, als sich in unmittelbarer Nähe der Stadt zwei Kolonien mit **Gelbaugen-** und **Zwergpinguinen** befinden, die zu Fuß vom Zentrum aus zu erreichen sind. Normalerweise ist es möglich, beide Kolonien an einem Abend zu sehen, denn die Gelbaugen kommen gewöhnlich etwas früher an Land als die Zwerge. Da Pinguine äußerst scheu und leicht zu verschrecken sind, sollte man keinen Lärm machen und zu den Tieren mindestens 10 m Abstand halten. Sind die Pinguine verängstigt, kehren sie häufig mehrere Stunden nicht zu ihren Nestern zurück, selbst wenn sie Küken zu füttern haben.

Eine gute Möglichkeit zum Beobachten von Gelbaugen- und Zwergpinguinen ist der (kommentierte) Tür-zu-Tür-Busservice **Penguins Crossing**. Bei der Abendtour geht es nach einem

---

Oamaru Whitestone

Sein besonderes Erscheinungsbild verdankt Oamaru dem lokalen **Kalkstein**, der vor den Toren der Stadt immer noch geschlagen wird. Dieser Stein, der umso härter wird, je mehr er den Elementen ausgesetzt ist, lässt sich im frisch gehauenen Zustand leicht mit herkömmlichen Handwerkzeugen aus Metall bearbeiten. Unter Berücksichtigung des damals vorherrschenden neoklassizistischen Stils ließen die Architekten ihrer Fantasie freien Lauf, und die Handwerker hatten weitgehend freie Hand bei der Gestaltung kannelierter Pilaster, detailverliebter Giebeldreiecke und eleganter korinthischer Säulen, die mit ganzen Wäldern aus Akanthusblättern verziert wurden.

Den Charakter Oamarus prägten vor allem der Architekt **R. A. Lawson** und die Firma **Forrester and Lemon**, die gemeinsam zwischen 1871 und 1883 die meisten der prächtigen Bauwerke schufen. Oamaru-Kalkstein wird auch heute noch für den Bau moderner Gebäude verwendet, z. B. für das Waitaki Aquatic Centre im Takaro Park.

Besuch bei den Gelbaugenpinguinen rechtzeitig zur Ankunft der Zwergpinguine zu deren Kolonie (Eintritt inkl.). Abfahrt der Tour am Morgen ist vor Sonnenaufgang, damit man den morgendlichen Aufbruch der Gelbaugenpinguine Richtung Meer beobachten kann.

Zwergpinguinkolonie

2 Waterfront Rd, 1,5 km südöstlich des Stadtzentrums ▪ 🕐 tgl. 10 Uhr bis 2 Std. vor Dunkelheit ▪ Tagestour $10, geführte Tagestour $16, Evening Viewing $28, Premium Evening Viewing $40, 15 % Ermäßigung für Senioren, Studenten usw. ▪ 📞 03 4331195, 🖥 www.penguins.co.nzam

Zwergpinguine *(blue penguins, fairy penguins* oder *korora)* sind die kleinsten unter den Pinguinen. Sie kommen überall an der Küste Neuseelands sowie an den Ufern Südaustraliens vor, lassen sich aber am besten in der Umgebung von Oamaru beobachten. Manche nisten sogar unter den Gebäuden am Wasser, und wer sich gleich nach Sonnenuntergang ans Ufer setzt, sieht höchstwahrscheinlich ein paar Pinguine vorbeiwatscheln. In einem organisierterem und informativeren Rahmen sieht man die Vögel bei der **Blue Penguin Colony**. Bei einem Besuch tagsüber kann man Videos über die Pinguine und mit etwas Glück auch brütende Pinguine sehen. Lohnenswerter ist wahrscheinlich eine **abendliche Beobachtung** *(evening viewing)* von der 350 Plätze bietenden Tribüne aus.

Wer während der Brutsaison (Juni–Dez) hier ist, bekommt auch Küken zu Gesicht und hört sie nach ihren Eltern schreien, die im Meer nach Nahrung jagen. Wenn die erwachsenen Pinguine in der Dämmerung grüppchenweise zurückkehren, klettern sie das steile Ufer hinauf und watscheln an der Tribüne vorbei zu ihren Nestern. In der Hochsaison (Nov–Mitte Feb) zeigen sich manchmal bis zu 200 Pinguine an einem Abend; im März, Juni und August dagegen oft nur ein Dutzend.

Wer das Standardprogramm ein wenig zu oberflächlich findet, kann sich einer **geführten Tagestour** (30–40 Min.) anschließen oder etwas mehr Geld ausgeben und das abendliche **Premium Viewing** wählen, bei dem man bequemere Sitzgelegenheiten näher bei den Tieren bekommt und direkt durch die Pinguinkolonie marschiert.

Adventure NZ Books, 7 Harbour St, ☎ 03 434 7756, 🖥 www.adventurebooks.co.nz. Seltene, neue und antiquarische Bücher zum Thema Reisen, Abenteuer usw. ⏱ tgl. 10.30–16.30 Uhr.

Michael O'Brien Bookbinder, 7 Tyne St, ☎ 03 434 9277, 🖥 www.bookbinder.co.nz. Hier kann man Michael dabei zusehen, wie er zwischen den alten Druckermaschinen im stimmungsvollen alten Union-Büro kostbare Bücher bindet und restauriert. Neue handgebundene Bücher gibt es in verschiedenen Größen und Ausführungen zu kaufen ($30–700), manche im Ledereinband. Wer beim Zuschauen Lust bekommen hat, selber buchbinderisch tätig zu werden, kann sich nach den angebotenen eintägigen Buchbindekursen erkundigen ($175). ⏱ Mo–Fr 14–18 Uhr oder nach Vereinbarung.

Oamaru's Farmers' Market, Wansbeck St, Ecke Tyne St, 🖥 www.oamarufarmersmarket.co.nz. Zwei Dutzend Stände, ein Kaffeeausschank und Livemusik bringen Leben in den Historic District. ⏱ So 9.30–13 Uhr.

New Zealand Whisky Company, 14 Harbour St, ☎ 03 434 8842, 🖥 www.thenzwhisky.com. Als 1997 die südlichste Whiskybrennerei Neuseelands dichtmachte, blieben fast 500 Fässer des guten Stoffs in einem Lagerschuppen in Oamarus Historic District zurück. Die Vorräte schwinden, aber es steht immer noch eine faszinierend große Auswahl Single Malts und Blends (bis ins Jahr 1987 zurückgehend) zum Verkauf; manche für bis zu $400. Zum Probieren gibt's Gläschen einzeln ($5–7) oder im Viererpack ($18–20). ⏱ tgl. 10.30–16.30 Uhr.

Slightly Foxed, 11 Tyne St, ☎ 03 434 2155, 🖥 www.slightlyfoxed.co.nz. Sagenhafte Auswahl an gut erhaltenen Secondhandbüchern und Klassikern sowie eine Kiste mit Erstausgaben von Janet Frame. ⏱ Mo–Sa 10–17, So 10–16 Uhr.

Gelbaugenpinguinkolonie

Bushy Beach, zu erreichen über die Bushy Beach Rd

Die wesentlich größeren **Gelbaugenpinguine** nisten in kleineren Gruppen, halten dafür aber zivilere Zeiten ein, denn sie kehren meist schon am späten Nachmittag oder frühen Abend zurück (die besten Monate sind Okt–Feb). Die Gelbaugenpinguine kommen meist am Strand **Bushy Beach** an, 2 km südlich von Oamaru. Am Strand kann man von einem Beobachtungsstand aus verfolgen, wie die Gelbaugenpinguine über den Strand watscheln.

ÜBERNACHTUNG

In Oamaru eine Unterkunft zu finden ist selten schwierig; von Dezember bis März lohnt es sich allerdings, ein oder zwei Tage im Voraus zu buchen.

Ambassador Motor Lodge, 296 Thames St, ☎ 0800 437 214, 🖥 www.ambassadoroamaru.co.nz. Das gepflegte und recht zentral gelegene Motel hat unterschiedliche Units, darunter einige mit Jacuzzi ($149). Bei der Ankunft gibt es sogar frisch gebackene Muffins. $129

Chillawhile, 1 Frome St, ☎ 03 437 0168, 🖥 www.chillawhile.co.nz. Lockeres Hostel in einem weitläufigen Haus 2 km nördlich der Stadtmitte. Extra-Räume zum Musikmachen mit Gitarre und Orgel, Malen und Trommeln. Mit gemeinsamen Mahlzeiten und Sitzecken in den Dorms wird viel Wert auf Gesellligkeit gelegt. Dorms $28, DZ $72

Criterion Hotel, 3 Tyne St, ☎ 03 434 6247, 🖥 www.criterionhotel.co.nz. Dieses 1877 aus Whitestone erbaute Hotel ist die einzige Übernachtungsmöglichkeit im Victorian Precinct. Es hat schlichte Zimmer (die meisten mit Gemeinschaftsbad) über der Bar (kann am Wochenende laut sein) und einen Frühstücksraum, wo sich die Gäste selbst bedienen. $90, mit Bad $120

Glencoe Campsite, Tulliemet Rd, 2 km westlich von Herbert, das 22 km südlich von Oamaru liegt. Der sehr angenehme, grasbewachsene DOC-Campingplatz befindet sich in günstiger Lage zu den Moeraki Boulders und hat einen Pfad, der zu einer Badestelle im Fluss führt. In Herbert die Ord St nehmen, dann den Wegweisern zur Glencoe Domain folgen. $6

Holmes Hill Motel, 92 Wansbeck St, ☎ 03 434 7548, 🖥 www.holmeshillmotel.co.nz. Das klassische 60er-Jahre-Motel hat diverse Studios und 2-Schlafzimmer-Units ($100), alle mit voll ausgestatteter Küche, Gratis-WLAN und Zugang zu einem Garten mit Kinderspielplatz. $90

Northstar, 495a SH1, ☎ 03 437 1190, 🖥 www.northstarmotel.co.nz. Runderneuertes Motel 3 km nördlich der Stadt mit stilvollen Units und hervorragendem Restaurant, das auch Nichtgästen offensteht. $140

Oamaru Creek, 24 Reed St, ☎ 03 434 1190, 🖥 www.oamarucreek.co.nz. Freundliches Homestay-B&B mit großen Zimmern (die meisten mit Bad) und fantastischem Frühstück. Gesellige und gut informierte Besitzer. Kostenloses WLAN. $130

Oamaru Harbour Tourist Park, Esplanade, ☎ 03 434 5260, 🖥 www.oamaruharbour.co.nz. Fester Campervan-Parkplatz unweit vom Meer mit Stromanschlüssen, kostenl. WLAN sowie Küchenbenutzung und Duschen. Vans $35

Oamaru Top 10 Holiday Park, 30 Chelmer St, ☎ 0800 280 202, 🖥 www.oamarutop10.co.nz. Campingplatz in geschützter Lage in der Nähe der Oamaru Gardens. Stellplätze $40, Cabins $65, Motel Units $105

Old Bones Lodge, 468 Beach Rd, Kakanui, ☎ 03 434 8115, 🖥 www.oldbones.co.nz. Tolles Hostel der gehobenen Klasse an der Küste 6 km südlich der Stadt, zu erreichen über die Wharfe Rd. Nur 8 DZ mit Gemeinschaftsbad und 2-Bett-Zimmer. Geräumige, gemütliche Lounge/Küche ohne TV. Gratis-WLAN und Fußbodenheizung in den Gästezimmern. Man kann sich massieren lassen und einen der 6 Whirlpools mit Blick auf den Wasserfall oder aufs Meer benutzen ($25 p. P.). Pro Person: Campervan-Parkplatz $20, Zimmer $45

ESSEN UND UNTERHALTUNG

Die meisten Lokale der Stadt liegen in der Umgebung der Thames Street. Wer einen Ausflug zu den Moeraki Boulders macht, kann im fabelhaften Fleur's Place (S. 649) einkehren. Richtung Norden eignet sich die Riverstone Kitchen (s. rechts) gut für ein Mittagsmahl.

Birdlands Wine Co, 3 Harbour St, ☎ 03 434 2185. Die kleine Weinbar mit guter Musik, Craft-Bier und Wein hat auch Tische draußen. Echter Betrieb setzt erst ab ca. 23 Uhr ein. 🕐 Fr 16.30–2, Sa 18–2 Uhr.

Criterion Bar, im Criterion Hotel, 3 Tyne St, ☎ 03 434 6247, 🖥 www.criterionhotel.co.nz. Bar im Stil eines viktorianischen englischen Pubs mit langem Holztresen. Preiswertes Essen in großen Portionen, z. B. *bangers and mash* ($17) und einige altbewährte Biersorten, darunter Emerson's Bookbinder oder hiesiges Scott's. 🕐 tgl. 10–22 Uhr oder später.

Cucina 1871, 1 Tees St, ☎ 03 434 5696. Freundliches, gut besuchtes italienisches Restaurant mit großem Angebot an Pasta, Polenta und Pizza (meist $25–35) und einer klassischen Weinkarte. 🕐 Mo–Sa 16–22 Uhr oder später.

Dilaans, 263 Thames St. Preisgünstiger türkischer Imbiss und Café. Hier gießen die Gäste zwei verschiedene Soßen über das Hühnchen-Shishkebab und spülen es mit Apfeltee hinunter (Gerichte $10–17). 🕐 tgl. 11–22 Uhr.

Portside, 2 Waterfront Rd, ☎ 03 434 3400. Die Veranda dieses entspannten Restaurants am Hafen ist die perfekte Location für einen Sundowner. Man kann sich aber auch Gerichte wie gegrillten Seebarsch mit Jakobsmuscheln, Garnelen und Krabben in einer Chili-Limettenbrühe ($29) schmecken lassen. 🕐 Do–Di 11–21 Uhr oder später.

Riverstone Kitchen, 1431 SH1, 19 km nördlich von Oamaru, 66 km südlich von Timaru, ☎ 03 431 3505, 🖥 www.riverstonekitchen.co.nz. Mit die besten Speisen überhaupt, serviert in aufgeräumt-ländlichem Ambiente. Hier werden üppige Abendgerichte aufgetragen, aber das Lokal ist auch gut für ein Mittagsmahl auf der Durchreise. Dann darf mit Gerichten wie langsam gegartem Schweinefleisch mit Polentapüree und gekochtem Blattgemüse ($29) gerechnet werden, eventuell gefolgt von Blaubeertorte mit Holundereis ($8). 🕐 Mo 9–17, Do–So 9–17 und 18–22 Uhr.

Scotts Brewing Co, 1 Wansbeck St, ☎ 03 434 2244, 🖥 www.scottsbrewing.co.nz. Wer möchte, kann auf der Veranda eine Pizza essen und ein Glas Wein dazu trinken, aber eigentlich geht es hier um das Bier, das auf dem Gelände gebraut wird und auch glutenfrei erhältlich ist. Man kann probieren ($3), sich eine Flasche zum Mitnehmen abfüllen oder bleiben und alle möglichen hiesigen und hochwertigen auswärtigen Biere genießen. ⏲ tgl 11–19.30 Uhr, an Sommerwochenenden später.

🏪 **Tees St**, 3 Tees St, 📞 03 434 7004, 💻 www.facebook.com/Teesstreet. In diesem modernen Café wird viel Sorgfalt sowohl aufs Essen als auch aufs Dekor verwendet. Zum Brunch gibt's Leckeres wie Haloumi- und Shiitake-Bratlinge oder himmlische Fischtacos (um $20). Auch Kaffee und Espresso sind überragend gut. ⏲ Mo–Fr 6.30–16, Sa und So 7.30–16 Uhr.

Whitestone Cheese, 3 Torridge St, 📞 03 434 8098, 💻 www.whitestonecheese.co.nz. Die Käsefabrik produziert hervorragenden Käse, darunter den cremigen Windsor Blue, für den Whitstone berühmt ist. Besucher können den Käse des Tages kostenlos probieren, ansonsten gibt's auch Verkostungsteller mit 5 Käsesorten für $7. Toll ist auch der Zitronen-Käsekuchen ($8). Hinten kann man einen Blick auf die Produktion werfen (am besten Mo–Fr vor 12 Uhr). ⏲ Mo–Fr 9–17, Sa und So 10–16 Uhr.

SONSTIGES

Büchereien
Oamaru Public Library, 62 Thames St, ⏲ Mo–Fr 9.30–17.30, Sa 10–12.30 Uhr.

Fahrrad- und Bootsverleih
Oamaru Harbour Tourist Park, in The Esplanade. Verleih von Hybridrädern ($35/Tag), Kanus und Paddelbooten (jeweils $20/Std.).

Alps 2 Ocean Cycle Trail

Wer einen Teil oder den gesamten Alps 2 Ocean Cycle Trail (s. Kasten S. 686) befahren möchte, wendet sich an Trail Adventures, 📞 027 937 447, 💻 www.trailadventures.co.nz. Der Veranstalter bietet alles Notwendige, vom schlichten Fahrradverleih ($35/Tag) und Tagesausflügen durch das Waitaki Valley bis zu Komplettservice für Radtouren in Eigenregie.

Informationen
i-SITE, 1 Thames St, 📞 03 434 1656, 💻 www.visitoamaru.co.nz. Bietet nützliche Broschüren für Stadtrundgänge in Eigenregie. ⏲ tgl. 9–17 Uhr.

Internet
Kostenloses WLAN gibt's im i-SITE und in der Bücherei.

TRANSPORT

Die auf der Strecke Christchurch–Dunedin verkehrenden Busse von InterCity und Naked-Bus halten in der Eden St, Ecke Thames St. Das in Oamaru ansässige Unternehmen Coastline Tours, 📞 03 434 7744, 💻 www.coastline-tours.co.nz, fährt nach Dunedin und lässt Passagiere in Moeraki aussteigen.

Busse nach:
CHRISTCHURCH 6x tgl., 4 Std.;
DUNEDIN 5–6x tgl., 2 Std.;
TIMARU 6x tgl., 1 Std.

Totara Estate

SH1, 8 km südlich von Oamaru ▪ ⏲ Sep–Mai tgl. 10–16 Uhr ▪ Eintritt $10 ▪ 📞 03 433 1269, 💻 www.totaraestate.co.nz

Es ist durchaus keine schlechte Idee, eine halbe Stunde auf dem **Totara Estate** zu verbringen, dem Geburtsort der neuseeländischen Fleischindustrie. Bis Anfang der 1880er-Jahre war Neuseeland ein großer Wollexporteur mit einem Fleischüberschuss, während in den aufstrebenden Industriestädten Großbritanniens die Menschen hungerten. Die Lösung des Problems kam 1882, als der Dreimaster *Dunedin* mit kohlengefeuerten Gefriergeräten ausgerüstet und mit Lammfleisch vom Totara Estate beladen wurde.

Das Estate präsentiert sich heute als historischer Park mit Rasenflächen und soliden Kalksteingebäuden, in denen ein kleines Museum sowie im Originalzustand erhaltene Ställe, Kornspeicher und eine Schmiede untergebracht sind. Das Fundament und die Überreste des ehemaligen Schlachthauses bilden die Basis für weitere Rekonstruktionen, die eine Vorstellung davon vermitteln, wie der Alltag hier einmal ausgesehen haben mag.

Clarks Mill

SH1, 12 km südlich von Oamaru ▪ ⊕ Nov–Jan, März und April So 13–15, Feb tgl. 10–16 Uhr ▪ Eintritt $10, bei Betrieb $15 ▪ Mühlenbetrieb jeden letzten So im Monat plus Do 11 Uhr und So 14 Uhr im Feb ▪ ✆ 03 433 1269, 🖥 www.historicplaces.org.nz

Bei richtigem Timing lässt sich der Besuch des Totara Estate mit dem der vierstöckigen **historischen Getreidemühle** auf dem Farmgelände verbinden, der einzigen noch im Original erhaltenen wasserbetriebenen Mühle des Landes. Das Wasserrad ist längst verschwunden, doch sonst hat sich seit 1866 nicht viel verändert. Damals brachte ihre Fertigstellung endlich Mehl für ein Land, das im Getreide ertrank; davor musste Mehl aus Australien importiert werden. Ein geführter Rundgang ist durchaus stimmungsvoll und informativ, aber längst nicht so toll, wie ein Besuch zu den Zeiten, wenn sich die Mühle ächzend und klappernd dreht.

Moeraki Boulders

SH1, 40 km südlich von Oamaru und 3 km südlich von Hampden ▪ Zugang von einem DOC-Parkplatz aus über einen 300 m langen Fußweg oder direkt über einen kurzen Privatweg ($2 in eine „honesty box"); für die Gäste des benachbarten Cafés, ⊕ Nov–März 8–17.30, April–Okt 9–17 Uhr, ist der Zutritt kostenlos

Die großen runden grauen **Moeraki Boulders**, 2 km vor dem Dorf Moeraki, liegen teilweise versunken an der Gezeitenlinie im Sand. Unter der glatten Oberfläche verbirgt sich ein wabenförmig ausgehöhlter Kern, der bei einigen zerbrochenen Steinen zu sehen ist. Die Felsen ruhten einst tief in den Schieferklippen an Land. Während die Brandung die Klippen auswusch, fielen die glatten Steinkugeln heraus und bildeten als Folge weiterer Erosion ihre auffällige, „aderige" Oberfläche heraus. Ursprünglich bestanden die Felsen aus einem Kalkkristallkern, der Minerale aus der näheren Umgebung anzog und sich so vergrößerte. Dieser Prozess setzte vor über 60 Mio. Jahren ein, als sich schlammige Sedimente mit Muschel- und Pflanzenresten auf dem Meeresboden anlagerten. In der Größe reichen die Moeraki-Felsen von kleinen Kügelchen bis zu großen, runden Steinkugeln (manche haben fast 2 m Durchmesser), doch über die Jahre wurden viele kleinere Exemplare von Souvenirjägern fortgeschafft, sodass nur diejenigen übrig blieben, die nicht zu transportieren sind.

Die Maori nannten die Felsen „Te Kaihinaki" (Vorratskörbe) und glaubten, dass sie von dem Wrack eines Kanus stammten, dessen Besatzung sich auf der Suche nach *pounamu* (Jade) befunden hatte. Einige der Moeraki Boulders wurden als *hinaki* (Körbe) angesehen, die runderen als Kalebassen und die unregelmäßiger geformten ein Stückchen weiter am Strand als versteinerte Kumara aus dem Nahrungsvorrat des Kanus.

Moeraki

Vom malerischen und friedvollen Fischerdorf **Moeraki**, 2 km weiter südlich, hat man über den Strand Zugang zu den Boulders. Hier bieten sich gute Chancen, Gelbaugenpinguine aus der Nähe zu sehen. Dazu fährt man zum weißen Holzleuchtturm am **Katiki Point** (1 km vom SH1 Richtung Meer, dann 5 km über eine unbefestigte Straße) und folgt weiter den Schildern einen Pfad hinunter zu einem Hort. Dort lässt sich der Strand überblicken, an den die Gelbaugenpinguine nach einem harten Arbeitstag als Fischer auf See zwischen 15.30 Uhr und Einbruch der Dunkelheit zurückkehren. Auch rekeln sich hier an den Stränden Robben. Ein zweiter Pfad führt zu einer Stelle, wo früher ein befestigtes Maori-Dorf *(pa)* stand. Seine Bedeutung wird auf einer Tafel erklärt.

ÜBERNACHTUNG

Moeraki Beach Motels, Cleddy St, Ecke Haven St, ✆ 03 439 4862, 🖥 www.moerakibeach motels.co.nz. 4 Units mit Blick auf die Bucht;

die Betreiber verwalten auch eine Reihe von Ferienhäusern im Dorf. $105

Moeraki Boulders Kiwi Holiday Park, 2 Lincoln St, Hampden, 6 km nördlich von Moeraki, ☏ 03 439 4439, ⌨ www.moerakiboulders holidaypark.co.nz. Einladender, von Schweizern geführte Campingplatz, nur ein paar Schritte vom Strand, über den man in 30 Min. zu den Moeraki Boulders spazieren oder mit einem Fahrrad ($5) hinfahren kann. Es gibt eine Menge grasbewachsener Stellplätze, eine ordentliche Auswahl überdachter Unterkünfte (Cabins $60, Tourist Flats und Motel Units $100), gute Duschen und Kajakverleih ($5/Std.). Camping $13, Dorm $25

Moeraki Village Holiday Park, 114 Haven St, ☏ 03 439 4759, ⌨ www.moerakivillageholiday park.co.nz. Gute Lage oberhalb des Jachthafens und nur 50 m vom Strand entfernt. Camping pro Stellplatz $32, Cabins $60, Motel Units $115

Three Bays, 39 Cardiff St, ☏ 03 439 4520, ⌨ www.threebays.co.nz. Reizende Selbstversorger-Unit auf den Hügeln mit weiten Ausblicken über den Ort hin zu den Boulders. $170

ESSEN

Fleur's Place, The Old Jetty, ☏ 03 439 4480, ⌨ www.fleursplace.com. Fleur Sullivan lässt den Fisch durch seine Knackfrische für sich selbst sprechen. Der wunderbar rustikale Wellblechschuppen am Wasser zieht Feinschmecker aus Dunedin und Promis wie Gwyneth Paltrow und Rick Stein an. Am besten bestellt man eine Platte für 2 Pers. ($75) mit 5 verschiedenen Sorten fangfrischem Fisch, der mit Soßen nach Wahl serviert wird. Fürs Abendessen auf jeden Fall einen Tisch reservieren! Eventuell bietet sich hier auch die Chance, Fleisch vom Dunkelsturmtaucher zu probieren. Die meisten Hauptgerichte kosten $35–40. ⏲ Mi–So 9.30–23 Uhr.

TRANSPORT

Die meisten **Busse** halten nicht in Moeraki. Aber die Busse von Coastline Tours, ☏ 03 434 7744, ⌨ www.coastline-tours.co.nz, bringen Fahrgäste auf der Fahrt von OAMARU nach DUNEDIN (nur Mo–Fr) bis in die Dorfmitte und holen sie rund 6 Std. später auf dem Rückweg Richtung Norden wieder ab.

Shag Point und Matakaea Scenic Reserve

10 km südlich vom Dorf Moeraki biegt eine Nebenstraße vom SH1 ab und führt zum windgepeitschten **Shag Point** und zum **Matakaea Scenic Reserve**. Auf den Felsen am Meer tummeln sich oft Pelzrobben, und von einer Aussichtsplattform sind in der Ferne Gelbaugenpinguine zu sehen.

FELSLANDSCHAFT, KURA TAWHITI

Zentrale Südinsel

Die zentrale Südinsel zählt zu den abwechslungsreichsten, faszinierendsten und spektakulärsten Landschaften Neuseelands, mit endlosen Weideflächen, urwüchsigen Wäldern und jeder Menge Geschichten, die Zeugnis ablegen von den Anstrengungen des Menschen, in dieser rauen Region Fuß zu fassen.

Stefan Loose Traveltipps

Skifahren Mit moderaten Preisen und wenig Andrang zählen die Skigebiete in der Cragieburn Range und am Mount Hutt zu den besten des Landes. S. 658 und S. 669

Arthur's Pass Wanderungen eröffnen faszinierende Einblicke in eine Landschaft von unglaublicher Schönheit. S. 661

Rafting auf dem Rangitata Der Fluss zählt zu den besten Wildwasserrevieren Neuseelands. Die Touren beginnen im Peel Forest, in Geraldine oder als Tagesausflug in Christchurch. S. 670

Lake Tekapo Tagsüber fasziniert der See mit seinem milchig-blauen Wasser, abends der Blick vom Mount John Observatory auf den umwerfend klaren Sternenhimmel. S. 674

12 **Aoraki/Mount Cook** Auf einer Bootstour oder besser noch per Kajak kann man die Gletscher unterhalb des höchsten Gipfels Neuseelands aus nächster Nähe erleben. S. 678

Segelfliegen Die zentrale Südinsel bietet um Omarama herum traumhafte Bedingungen für Segelflieger. S. 688

TASMAN GLACIER

COLLIE DOG MONUMENT, TEKAPO

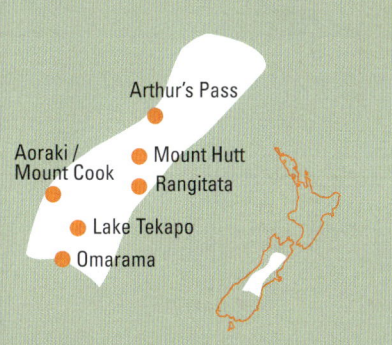

Arthur's Pass

Aoraki / Mount Cook

Mount Hutt

Rangitata

Lake Tekapo

Omarama

Inhalt

N

0   30 km

Murchison ▲ (85 km), Nelson (210 km)   Kaikoura (70 km) ▲

Reefton

HANMER
FOREST PARK   Hanmer Springs
65   Ski Area

7   Springs   Maruia   Lewis Pass   Hanmer
Junction   Springs   (907 m)   Springs

Waiau River

LAKE SUMNER
7   FOREST PARK

Hurunui River

6   Lake
Sumner   7   1

Greymouth   Waipara

Lake
Brunner   ARTHUR'S PASS
NATIONAL PARK   Pegasus
73   Otira   Bay
Arthur's Pass   Temple   Porters,
(920 m)   Basin   Mount Cheeseman
Hokitika   Arthur's   Broken River
Pass Village   Craigieburn Valley
Lake   CRAIGIEBURN   Lake Pearson   Waimakariri River
Kaniere   FOREST PARK   Cave Stream
Kura   Scenic Reserve   Christchurch
Tawhiti
KOROWAI/TORLESSE   Springfield
TUSSOCKLANDS PARK   Porters
Lake Coleridge   Pass   73   Darfield   75
Lake   (939 m)
Lyndon   72
Mount Hutt   Washpen
MOUNT HUTT   Falls
FOREST   Rakaia   Lake
Gorge   Rakaia River   Ellesmere
AWA AWA   Methven
RATA RESERVE
Ashburton River   Sharplin Falls   1
Mt Somers   Staveley
Rangitata River   Mt Somers
Franz Josef   Mt Sunday   PEEL
Glacier   FOREST   Ashburton
WESTLAND   Peel
NATIONAL   Forest
PARK   AORAKI/MOUNT COOK
NATIONAL PARK   Arundel
Aoraki/   79
Mt Cook   Lake   Roundhill   GERALDINE   Geraldine
(3754 m)   Tekapo   Mt   DOWNS
Aoraki/Mount Cook   Dobson
Mount John   Lake   Fairlie
80   Tekapo
8   8   Timaru
Lake
Pukaki

OHAU
FOREST

Mt Brewster   Lake
(2423 m)   Ohau   Twizel
Ohau   Lake
Benmore   Lake
Clay   Omarama Lake   Waitaki
Cliffs   8   Aviemore   82   Waitaki
Lindis   Otematata 83   River
Pass   Kurow
(971 m)   Duntroon   83

Cromwell (90 km) ▼   Naseby (40 km) ▼   ▼ Oamaru (15 km)

SOUTHERN ALPS

Akaroa (40 km) ▶

Die bei weitem markanteste Naturerscheinung der zentralen Südinsel ist die vereiste Bergkette der **Neuseeländischen Alpen (Southern Alps)**. In ihrem Verlauf nach Süden bildet sie das Rückgrat der Region und umfasst mit dem 3754 m hohen **Aoraki/Mount Cook** den höchsten Berg Neuseelands.

Im Sommer ist das **Klima** auf der zentralen Südinsel im Allgemeinen heiß und trocken, wobei das Grasland an den langen Tagen völlig verdorrt. Zur Freude der Skifahrer auf den vielen Pisten fallen die Niederschläge im Winter als Schnee. Dieses Klima begünstigt eine seltene, teils sogar einzigartige alpine **Flora und Fauna**, darunter die berühmte Mount-Cook-Lilie, die größte Bergbutterblume der Welt, und der Kea, der spitzbübische einzige Bergpapagei auf dem Globus.

An der Straße von Christchurch nach Nordwesten über den bewaldeten **Lewis Pass** laden der beschauliche Kurort **Hanmer Springs** und weiter westlich die heißen Quellen von **Maruia Springs** zu einem Zwischenstopp ein. Weiter südlich erklimmen Straße und Eisenbahn den spektakulären **Arthur's Pass National Park** mit einer Vielzahl von spannenden Tagesrouten und längeren Treks.

Südlich von Christchurch führen Straßen durch die Canterbury Plains in die kleine, aber lebendige Siedlung **Methven**, im Winter das Tor zum Skigebiet am **Mount Hutt**, im Sommer Ausgangspunkt für Erkundungen des **Mount Somers**, an dem es oft trocken ist, wenn am Arthur's Pass Wolken und Regen das Bild bestimmen. Die südliche Hälfte der Region geht in das **Mackenzie Country** über, eine sonnenverbrannte Graslandschaft mit schier endlosen Schafweiden. In wunderschönen Blautönen spiegeln sich hier die gletschergespeisten Seen **Lake Tekapo** und **Lake Pukaki**. Eine wahrhaft majestätische Kulisse für diesen Landstrich bilden die mächtigen Erhebungen der Neuseeländischen Alpen. Das **Aoraki/Mount Cook Village** am Fuße des gleichnamigen Bergs ist Ausgangspunkt für zahlreiche Wanderwege, einzigartige Gletscherseetouren sowie per Hubschrauber zugängliche Ski- und Wanderrouten.

Viele Touristen suchen sich mittlerweile eine Unterkunft im knapp eine Autostunde südlich gelegenen **Twizel**, das ursprünglich als Quartier für die Bauarbeiter eines Wasserkraftwerks entstand und von Staudämmen und Kanälen umgeben ist. Noch weiter südlich führt die Straße auf dem Weg nach Wanaka und Queenstown durch die Segelflughauptstadt Neuseelands, **Omarama**, und anschließend über den tollen Lindis Pass.

Transport

Busverbindungen bestehen ab Christchurch in Richtung Norden nach Hanmer (jedoch nicht weiter über den Lewis Pass nach Nelson), Richtung Westen nach Arthur's Pass sowie Richtung Südwesten nach Methven. Atomic, InterCity/Newmans/Great Sights und NakedBus fahren durchs Mackenzie Country nach Wanaka und Queenstown. Nur Great Sights bietet eine direkte Verbindung nach Aoraki/Mount Cook, sodass es oft praktischer (und billiger) ist, nach Tekapo zu fahren und dort in einen Bus von The Cook Connection, ☏ 0800 266 526, ⌨ www.cook connect.co.nz, über Twizel nach Aoraki/Mount Cook umzusteigen.

Der **TranzAlpine** (S. 623) stellt die einzige Zugverbindung in dieser Region dar: Er verbindet Christchurch über den Arthur's Pass mit Greymouth an der Westküste (tgl., 4 1/2 Std.).

Hanmer Springs und Lewis Pass

Die nördlichste Strecke durch die Berge ist der SH7, der in etwa dem Verlauf einer Route folgt, die sowohl den Maori als auch den frühen Pakeha als nützliche Verbindung zwischen Ost- und Westküste diente. Eine Nebenstraße führt zum Kurort **Hanmer Springs**, im Sommer eine beliebte Ausgangsbasis für Wanderungen und im Winter eine ebenso praktische Station für Wintersportbegeisterte, die das Skigebiet **Hanmer Springs Ski Area** zum Ziel haben. Rund 60 km weiter westlich erreicht der SH7 den **Lewis Pass**. Auf dem Weg hinunter zur Westküste lockt **Maruia Springs** mit seinen dampfenden Thermalquellen.

Hanmer Springs

Rund 125 km von Christchurch zweigt eine Nebenstraße vom SH7 zum 9 km entfernten Kurort **Hanmer Springs** ab, der malerisch am Rand eines breiten, fruchtbaren Talkessels am Fuß der Neuseeländischen Alpen liegt. Die Thermalquellen werden von Regenwasser gespeist, das durch Felsspalten in den Hanmer Mountains sickert. Dabei absorbiert es Mineralien und wird durch die natürliche Erdwärme erhitzt – ein Prozess, der fast zwei Jahrhunderte dauert –, bevor das Wasser in den berühmten Thermalquellen von Hanmer an die Oberfläche tritt. Den Ortsmittelpunkt bildet die von Eichen gesäumte **Amuri Avenue**; sie führt an den Quellen, am i-SITE Visitor Centre, an den Geschäften und an dem schattigen Park vorbei, dem die Stadt ihr ruhiges und beschauliches Flair verdankt.

Hanmer Springs Thermal Pools and Spa

42 Amuri Ave ▪ ⏲ Becken tgl. 10–21 Uhr, Spa tgl. 10–19 Uhr, Café tgl. 10–17.30 Uhr ▪ Eintritt $20, Handtuchmiete $5, Wasserrutschen $10 extra, Einzelbecken $30 p. P. für 30 Min. (mind. 2 Pers., inkl. allgemeinem Eintritt) ▪ ☎ 03 315 0000 für die Pools, ☎ 03 315 0029 für das Spa, 🖥 www.hanmersprings.co.nz

Egal wie das Wetter ist, ein entspannender Besuch in den **Hanmer Springs Thermal Pools & Spa** ist immer eine gute Idee. Man kann in zwölf landschaftsarchitektonisch gestalteten Thermalbecken, deren Wasser zwischen 33 °C und 42 °C heiß ist, baden oder sich in zwei Frischwasser-Schwimmbecken im etwa 29 °C warmem Wasser „abkühlen". Außerdem locken drei Wasserrutschen, ein halbes Dutzend Einzelbecken sowie das Garden House Café. Nebenan bietet ein stilvolles **Spa** Verwöhnanwendungen und eine Reihe von Massagen (ab $75).

Queen Mary Hospital Historic Reserve

Haupteingang in der Amuri Ave ▪ ⏲ jederzeit ▪ Eintritt frei

Das **Queen Mary Hospital** war früher Neuseelands berühmtestes Rehabilitationszentrum für Alkoholiker und Drogensüchtige und schloss erst 2003 seine Pforten. Im Ersten Weltkrieg diente der Komplex zur Erholung für Soldaten mit Kriegsneurosen, später diente er als psychiatrische Klinik. Die Gebäude sind nicht zugänglich, aber man kann über das schattige Gelände bummeln und sich die gut erhaltenen Fassaden der Gebäude anschauen.

ÜBERNACHTUNG

Hanmer Springs wartet mit einem guten Angebot an Unterkünften auf. Da es aber ein beliebtes Ziel für Wochenendausflüge ist, sollte man das ganze Jahr über rechtzeitig eine Unterkunft reservieren. Neben dem Campingplatz bieten auch Hanmer Backpackers und Jack in the Green die Möglichkeit ein Zelt aufzubauen.

Cheltenham House, 13 Cheltenham St, ☎ 03 315 7545, 🖥 www.cheltenham. co.nz. Bestes B&B der Stadt. 4 große Zimmer in einem Haus aus den 30er-Jahren. Billiard-Zimmer und 2 Cottages im liebevoll gepflegten Garten. Abendliche Drinks, Whirlpool und WLAN inkl. Das ausgezeichnete Frühstück wird auf den Zimmern serviert. Außerdem gibt es zwei moderne Häuser für Selbstversorger mit 4 Schlafzimmern. B&B-DZ $235, Haus $320

Greenacres, 84 Conical Hill Rd, ☎ 0800 822 262, 🖥 www.greenacresmotel.co.nz. Sehr ruhiges Motel am Fuß des Conical Hill mit Chalets mit 1 oder 2 Schlafzimmern rund um eine Rasenfläche, Whirlpool ($4 p. P.) und kostenloses WLAN in der ganzen Anlage. $135

Hanmer Backpackers, 41 Conical Hill Rd, ☎ 03 315 7196, 🖥 www.hanmerbackpackers. co.nz. Herzerwärmend gemütliches, chaletartiges Hostel mitten im Ort mit TV-freier Lounge voller Bücher, makellosen Einrichtungen, geselliger Terrasse mit Grill und allerlei kostenlosen Dreingaben wie Kaffee aus der Presskanne. Auf dem kleinen Rasenstück kann man auch zelten. Dorm $28, DZ $64

Jack in the Green, 3 Devon St, nur 10 Min. zu Fuß vom Zentrum, ☎ 03 315 5111, 🖥 www. jackinthegreen.co.nz. Freundliches, geschmackvoll eingerichtetes BBH-Hostel mit geräumige Zimmern in 2 umgebauten Häusern und Chalets mit großem Garten. Außerdem jede Menge Platz für Zelte und Wohnmobile und Dorms ohne Etagenbetten. Dorms $29, DZ $70

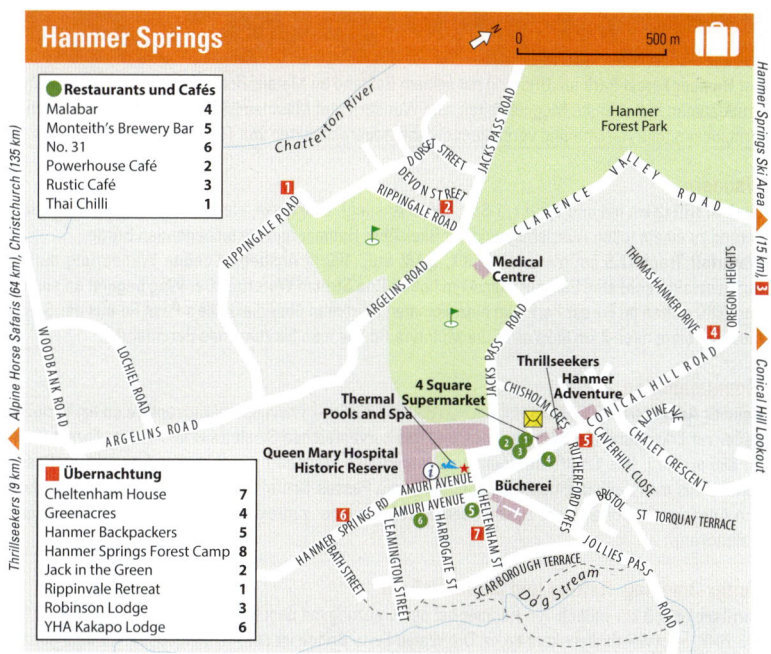

Hanmer Springs

0 — 500 m

Hanmer Springs Ski Area

Hammer Springs Ski Area (15 km)

Conical Hill Lookout

Christchurch (135 km)

Alpine Horse Safaris (64 km), Christchurch (135 km)

Thrillseekers (9 km),

Restaurants und Cafés

Malabar	4
Monteith's Brewery Bar	5
No. 31	6
Powerhouse Café	2
Rustic Café	3
Thai Chilli	1

Übernachtung

Cheltenham House	7
Greenacres	4
Hanmer Backpackers	5
Hanmer Springs Forest Camp	8
Jack in the Green	2
Rippinvale Retreat	1
Robinson Lodge	3
YHA Kakapo Lodge	6

Chatterton River
DORSET STREET
DEVON STREET
RIPPINGALE ROAD
JACKS PASS ROAD
CLARENCE VALLEY ROAD
Hanmer Forest Park
THOMAS HANMER DRIVE
OREGON HEIGHTS
Medical Centre
ARGELINS ROAD
JACKS PASS ROAD
Thrillseekers Hanmer Adventure
4 Square Supermarket
Thermal Pools and Spa
CHISHOLM CRES
CONICAL HILL ROAD
ALPINE AVE
CHALET CRESCENT
CAVERHILL CLOSE
RUTHERFORD CRES
Queen Mary Hospital Historic Reserve
Bücherei
AMURI AVENUE
BRISTOL ST TORQUAY TERRACE
HANMER SPRINGS RD
HANMER BATH STREET
LEAMINGTON STREET
HARROGATE ST
CHELTENHAM ST
JOLLIES PASS
SCARBOROUGH TERRACE
Dog Stream
ROAD
WOODBANK ROAD
LOCHIEL ROAD
ARGELINS ROAD

Hanmer Forest Park (500 m), 8 (1,5 km), Molesworth Station (80 km)

Rippinvale Retreat, 68 Rippingale Rd, ☎ 0800 373 098, 💻 www.hanmersprings.net.nz. Nobles B&B am Ortsrand mit nur 2 Suiten, beide schön eingerichtet und mit eigener Terrasse. Das gesunde Gourmet-Frühstück besteht nur aus Bio-Zutaten und wird aufs Zimmer serviert, außerdem gibt's einen Whirlpool und eine Feuerstelle. $355

Robinson Lodge, Hanmer Springs Ski Area, 💻 www.skihanmer.co.nz. Während der Skisaison können Wintersportler in dieser einfachen Backpacker-Lodge mit Schlafsälen übernachten. Proviant (Kochgelegenheiten vorhanden) und Bettzeug muss mitgebracht werden. P. P. $30

YHA Kakapo Lodge, 14 Amuri Ave, ☎ 03 315 7472, 💻 www.kakapolodge.co.nz. Großes, sonnendurchflutetes YHA-assoziiertes Hostel mit modernen, großzügigen Dorms und einem Gemeinschaftsbalkon. In der Eingangshalle gibt es einen Kamin und einen Kiosk. Auch Motel-Units ($100) sind vorhanden. Dorms $28, DZ $66

Camping

Hanmer Springs Forest Camp, 243 Jollies Pass Rd, 2 km östlich von Hanmer, ☎ 03 315 7202, 💻 www.hanmerforestcamp.co.nz. Gemeinde-Campingplatz, der an das Hanmer Forest Reserve grenzt, mit vielen gepflegten, einfachen Cabins und Platz für Zelte; keine Stellplätze mit Stromanschluss. Camping $12, Cabins $40

ESSEN UND UNTERHALTUNG

Malabar, 5 Conical Hill Rd, ☎ 03 315 7745, 💻 www.malabar.co.nz. Modernes Fusion-Restaurant, das asiatisch angehauchte Gerichte wie Canterbury-Lamm nach Art des indischen *rogan josh* ($36) oder Fünfgewürze-Schweinebauch ($34) mit modernem Touch serviert. ⏱ So–Fr 17.30–21.30, Sa 12–22 Uhr.

Monteith's Brewery Bar, 47 Amuri Ave, ☎ 03 315 5133, 💻 www.mbbh.co.nz. Die munterste Kneipe des Orts mit Sport TV und Monteith's vom Fass hat solide Kost wie Kotelett mit Püree

Outdoor-Aktivitäten in Hanmer Springs

Der **Hanmer Forest Park** am Ortsrand mit seinem Bestand an Matais, Rotfichten, Douglastannen und Laubbäumen bietet beste Möglichkeiten zum Wandern und Mountainbikefahren. Etwas weiter entfernt locken tolle Ausritte und verschiedene Abenteueraktivitäten von Thrillseekers am SH7.

Wandern

Conical Hill (2 km hin und zurück, 1 Std., 150 m Anstieg). Eine kurze, steile und lohnende Waldwanderung zu einem tollen Aussichtspunkt mit Blick über Hanmer und die umliegenden Berge.

Waterfall Track (2,5 km hin und zurück, 2 1/2 Std., 400 m Anstieg). Schöne Wanderung durch Buchenwald, recht steil bergauf, zum 41 m hohen Dog Stream Waterfall. Der Weg beginnt an einem Parkplatz mitten im Forest Park. Um hinzukommen fährt man über die Jollie's Pass Rd aus der Stadt raus und biegt nach 2 km links ab in die McIntyre Rd, die man bis zum Ende durchfährt.

Mountainbiking

Hanmer Adventure, 20 Conical Hill Rd, ☎ 0800 368 7386, 🖥 www.hanmeradventure.co.nz. Verleiht Räder zur Erkundung der Schotterwege und des kurvenreichen Singletrails im Hanmer Forest Park für $60 pro Tag. Das Centre übernimmt außerdem den Transport von Bikern auf den Jacks Pass, von wo aus man dann in Eigenregie über die „Twin Passes-Route", ein Weg, der bis auf einen kleinen Anstieg zum Jollies Pass zumeist bergab führt, wieder zurückfährt. ($125, inkl. Eintritt zu Thermalbecken).

Bungy-Jumping, Rafting und Jetbootfahren

Thrillseekers, 9 km südlich von Hanmer bei der Kreuzung mit dem SH7 und 38 Conical Hill Rd, ☎ 03 315 7046, 🖥 www.thrillseekers.co.nz. Die Waiau Ferry Bridge ist der Ausgangspunkt für eine ganze Reihe von Aktivitäten. Angeboten werden landschaftlich reizvolle, 2-stündige Wildwasserfahrten auf dem Waiau River (Schwierigkeitsgrad II, 70–90 Min. auf dem Wasser, Rückfahrt mit dem Jetboat $149), Jetbootfahrten durch die steilen Schluchten der Waiau River Gorge (30 Min. $115), Bungy-Jumping ($169 inkl. T-Shirt) von einer 35 m hohen Plattform auf der Waiau Ferry Bridge sowie Quadtouren (2 Std., $149). Die Touren lassen sich auch kombinieren. Buchen kann man online oder im Büro in Hanmer, 🕐 tgl. 9–15 Uhr.

Reiten

Alpine Horse Safaris, Hawarden, 65 km südlich von Hanmer, ☎ 03 314 4293, 🖥 www.alpinehorse.co.nz. Es werden hier zwar auch kurze Ausritte (2 Std. für $80, halber Tag für $120) angeboten, im Mittelpunkt stehen jedoch 3- bis 12-tägige Querfeldeinritte (ab $1090) über Hochlandfarmen und sogar bis hinunter nach Tekapo; dabei wird in Viehtreiberhütten übernachtet und an Lagerfeuern gegessen. Näheres auf der Website.

Skifahren

Die winzige **Hanmer Springs Ski Area**, ☎ 027 434 1806, 🖥 www.skihanmer.co.nz, abseits der Clarence Valley Rd, 17 km nördlich der Stadt verfügt nur über einen Schlepplift (den längsten Neuseelands) und einen Übungslift sowie einen Anfängerhang, sechs Abfahrten für Fortgeschrittene und fünf Pisten für erfahrene Skifahrer. Die Saison dauert von Mitte Juli bis September. Da die Zufahrtsstrecke berüchtigt schwierig ist, nimmt man besser einen der Shuttlebusse von Hanmer Adventure ($40 hin und zurück), wo man auch Skiausrüstung leihen kann. Wer mit dem eigenen Auto anfährt, benötigt Schneeketten. Oben am Berg bietet die **Robinson Lodge** (S. 655) Ausrüstungsverleih und einfache Backpacker-Unterkünfte.

($27) und Kürbis-Gnocchi mit Blauschimmel-käse ($27). ⊕ tgl. 9–22 Uhr oder später.

🏠 **No. 31**, 31 Amuri Ave, ✆ 03 315 7031. Fine-Dining im Stil von Hanmer Springs. In der Küche werden wunderschön arrangierte neuseeländische Gerichte zubereitet, zu denen man lokale Weine aus der Weinkarte auswählen kann. Empfehlenswert ist Angus-Rinderfilet mit einer Glasur aus schwarzem Knoblauch und Pilzen ($38). Vegetarische Gerichte stehen ebenfalls zur Auswahl. ⊕ tgl. nur zum Abendessen geöffnet.

🏠 **Powerhouse Café**, 8 Jacks Pass Rd, ✆ 03 315 5252. Das moderne Café in einem Gebäude von 1926 hat den besten Kaffee im Ort, leckere, oft glutenfreie Kleinigkeiten, dekadentes Frühstück ($16–19) mit Klassikern wie French Toast und *kedgeree* (Reisgericht mit Fisch und Eiern) und reichhaltige Mittagsgerichte wie *pizza verde* und *coq au vin* (beide $22). ⊕ tgl. 7.30–15 Uhr.

Rustic Café, 8 Conical Hill Rd, ✆ 03 315 7274. Tolles kleines Tapas-Restaurant mit Köstlichkeiten wie in der Pfanne gebratene Chorizo mit gerösteter Paprika, Garnelen in Kokosnusspanade und Halloumi-Bruschetta (je $10–15). ⊕ Do und Fr 9.30–21.30, Sa und So 8–22 Uhr.

Thai Chilli, 12a Conical Hill Rd, ✆ 03 315 5188. Günstiges Thai-Essen in großen Portionen. Hauptgerichte $18–23 sowie Mittagsgerichte für $10 wie *Penang curry* und Jasminreis. Kein Alkoholausschank oder BYO. ⊕ Di–So 11–14.30 und 16.30–21.30 Uhr.

SONSTIGES

Geld
Im Visitor Centre gibt es eine kleine **Bank**, ⊕ Mo–Fr 10–14 Uhr.
Einen **Geldautomaten** findet man vor dem Supermarkt 4 Square an der Amuri Avenue.

Informationen
i-SITE Visitor Centre, 40 Amuri Ave, neben den heißen Quellen, ✆ 03 315 0020, 🖥 www.hanmersprings.co.nz. Hier gibt's die ausgezeichneten Faltblätter *Hanmer Springs Walks* und *Hanmer Springs Mountain Bike Tracks* (je $3). ⊕ tgl. 10–17 Uhr.

TRANSPORT

Zwei Busgesellschaften, **Hanmer Connection**, ✆ 0800 242 663, 🖥 www.hanmerconnection.co.nz, und **Hanmer Tours & Shuttle**, ✆ 03 315 7418, 🖥 www.hanmertours.co.nz, setzen Busse zwischen CHRISTCHURCH (4x tgl., 2 Std.) und Hanmer ein. Ankunft und Abfahrt der Busse an der Haltestelle gleich nördlich der Quellen. Für KAIKOURA muss man zunächst nach Amberley zurückfahren und dort einen Bus nach Norden nehmen. Zur Zeit der Recherche gab es keine Verbindung über den Lewis Pass nach Nelson.

Lewis Pass

Westlich der Abzweigung nach Hanmer Springs erklimmt der SH7 langsam den 65 km entfernten, 864 m hohen **Lewis Pass**. Der im Frühling strahlend gelbe Ginster und die dornigen Matagouri, Manuka- und Kanuka-Teebäume siedelten sich dort an, wo die Farmer aufgeben mussten. Bei der Annäherung an den Pass setzt sich zunehmend eine Vegetation aus Südbuchenwald durch. Wer die Gegend zu Fuß erkunden möchte, besorgt sich am besten im i-SITE in Hanmer Springs die DOC-Broschüre *Lake Sumner and Lewis Pass*, in der knapp ein Dutzend Tages- und Mehrtageswanderungen beschrieben sind.

Maruia Springs

SH7, 75 km westlich von Hanmer Springs ▪ ⊕ tgl. 8–19.30 Uhr ▪ Gemeinschaftsbecken $22, Privatbäder $30 für 45 Min., Handtuchverleih $6 ▪ ✆ 03 523 8840, 🖥 www.maruiasprings.co.nz
8 km westlich des Lewis Pass liegt Maruia Springs, ein weiterer friedlicher Kurort mit **heißen Quellen** am Fluss. Zum Bäderkomplex gehören separate Männer- und Frauen-Badehäuser im japanischen Stil, Einzel-Spas und Pools unter freiem Himmel, deren Wasser je nach Mineralgehalt schwarz bis milchig-weiß aussieht.

Unterkunft bietet das Maruia Springs Resort, ✆ 03 523 8840, 🖥 www.maruiasprings.co.nz, mit einfachen, aber gut ausgestatteten Zimmern mit separaten oder Gemeinschaftsbalkonen mit Blick auf den Garten und die Berge.

ZENTRALE SÜDINSEL

Der Strom für das Hotel wird vom nahen Maruia River generiert. Gäste dürfen sich kostenlos und unbegrenzt in den Thermalquellen aalen. Im Restaurant des Resorts kommen japanische und europäische Mahlzeiten auf den Tisch (Frühstück $11–19, Hauptgerichte $20–30), $159.

Porter's Pass und Craigieburn Range

Sowohl der SH73, der Great Alpine Highway genannt wird, als auch der Touristenzug Tranz-Alpine von Christchurch zum Arthur's Pass führen zunächst durch die fruchtbaren Canterbury Plains und dann am **Waimakariri River** entlang, bevor es durch die **Torlesse Range** hinaufgeht. Dahinter erreicht man ein schönes Hochland, das von kahlen Hügeln umringt wird. Die Straße passiert anschließend die märchenhafte Felslandschaft **Kura Tawhiti** (Castle Hill Conserva-

tion Area) und das **Cave Stream Scenic Reserve**, das Kletterfreunde und Höhlenforscher gleichermaßen begeistert. Nebenstraßen winden sich hinauf zu den verschiedenen Skigebieten.

Springfield

Die Strecke von Christchurch zum Arthur's Pass verläuft bis ins 65 km entfernte **Springfield** mehr oder weniger eben. Das kleine Dorf ist das Tor zu vier Skigebieten in der Umgebung (s. Kasten); in der Nähe locken außerdem Jetbootfahrten auf dem schmalen **Waimakariri River** mit seinem klaren Wasser.

ÜBERNACHTUNG UND ESSEN

Kowai Pass Reserve Campground, Domain Rd, ☎ 03 818 4887. Einfacher, ruhiger Platz mit Stellplätzen mit und ohne Anschlüsse in geschützter Lage; Anmeldung beim Verwalter auf der anderen Seite der Straße. Münzduschen. $7

Skigebiete an der Straße zum Arthur's Pass

Die fünf hier (von Ost nach West) aufgeführten Skigebiete sind vom SH73 leicht zu erreichen. Vier davon liegen in der Craigieburn Range, eines, Temple Basin, etwa 50 km weiter nördlich oberhalb des Arthur's Pass. Sie bieten überwiegend traditionellen, günstigen Wintersport im Stil neuseeländischer Skiclubs mit spektakulären Ausblicken, guter Schneesicherheit und relativ menschenleeren Hängen. Es gibt keine Seilbahnen oder Sessellifte, sondern nur Schlepplifte. Die meisten Skigebiete verfügen auch über Ausrüstungsverleih, einige außerdem über Übernachtungsmöglichkeiten. Die **Saison** läuft im Allgemeinen von Juli bis September, wobei oft auch der Oktober noch recht gut ist. Sämtliche **Informationen** über Schneebedingungen bietet die Website 🖥 www.snow.co.nz.

Skipässe und Transport
Alle Skigebiete bieten jeweils eigene Saisonpässe, viele Wintersportler besorgen sich jedoch den Chill11 Pass ($315 für 5 Tage, 🖥 www.chillout.co.nz), der alle unten genannten Berge plus Hanmer Springs und fünf weitere Gebiete enthält. Smylies (S. 659) in Springfield unterhält regelmäßige Shuttles nach Porters und zu anderen Skigebieten; Preise auf der Website.

Die Skigebiete
Broken River, ☎ 03 318 8713, 🖥 www.brokenriver.co.nz. 110 km von Christchurch, vom SH73 über eine 6 km lange Zufahrtsstraße zu erreichen. Sehr gut ausgestattetes Skigebiet, v. a. für fortgeschrittene Skifahrer, mit gutem Pulverschnee bis spät in der Saison, Möglichkeiten für Nachtfahrten und gutem Snowboard-Revier. Der Parkplatz ist durch eine kostenlose Güterseilbahn, die auch Fahrgäste befördert, mit dem Ticketschalter verbunden. Broken River lässt sich mit dem Skigebiet Craigieburn Valley (nur für erfahrenen Skifahrer) kombinieren. Liftpass $75, abends $40

Smylies, SH73, ☎ 03 318 4740, 🖥 www.smylies. co.nz. Freundliches, von einem japanisch-neuseeländischen Park geführtes YHA-assoziiertes Hostel (auch mit Motelzimmern) mit kostenlosen japanischen Bädern (im Winter tgl., im Sommer auf Wunsch), einer kaminbeheizten Lounge, gemütlichen Zimmern und köstlichen japanischen oder neuseeländischen Abendmahlzeiten ($20) sowie kleinem *(continental)* oder warmem Frühstück ($10–15). Skiverleih vorhanden. Auch Shuttlebusse zu den Skigebieten (s. Kasten) werden geboten. Dorms $35, DZ $80

📖 **Station 73 Café**, King St, 500 m abseits des SH73 (ausgeschildert), ☎ 03 318 4000. Einfaches, aber gepflegtes Café im Bahnhof von Springfield mit Bergblick und Eisenbahntrödel an den Wänden. Neben Kuchen gibt es auch Sandwiches, Pasteten und guten Kaffee. ⏱ tgl. 8.30–15 Uhr, im Sommer länger.

Yello Shack Café, SH73, ☎ 03 318 4880. Fröhliches Café, wo an Wochenenden abends Holzofenpizza auf den Tisch kommt. Die übrige Zeit muss man sich mit leckeren Thekengerichten und hausgemachten Pasteten begnügen, die man bei einem guten Kaffee verspeist. Alkoholausschank. ⏱ Tgl. 8–20 Uhr.

AKTIVITÄTEN

Rubicon Valley Horse Treks, ☎ 03 318 8886, 🖥 www.rubiconvalley.co.nz. Bietet preisgünstige **Ausritte**, von leichten Farmtouren (1 Std., $55) bis zu einer abenteuerlichen Bergtour (mind. 2 Pers., 4 1/2 Std., $285). Wer sich für das Kulturerbe interessiert, kann an einer Tour mit der Postkutsche teilnehmen ($50). Abholung in Springfield.

Waimak Alpine Jet, Rubicon Rd, ☎ 0800 263 626, 🖥 www.waimakalpinejet.co.nz. Bietet preisgünstige Jetboottouren auf den seichten Verästelungen des Waimakariri und durch die enge Waimakariri Gorge. Die Boote folgen der Strecke der TranzAlpine-Zugstrecke. Buchung sehr ratsam. Am besten ist die Canyon Safari (1 Std., $120), aber auch die Adventure Tour (30 Min., $90) hat einiges zu bieten.

Craigieburn Valley, ☎ 03 318 8711, 🖥 www.craigieburn.co.nz. 120 km von Christchurch entfernt, vom SH73 über eine 6 km lange Nebenstraße zu erreichen. Das anspruchsvolle Revier verfügt über drei Schlepplifte für die zumeist steilen Pisten, darunter eine 600 m lange, vertikale Abfahrt ins Middle Basin. Kein Ausrüstungsverleih. Liftpass $72

Mount Cheeseman, ☎ 03 344 3247, 🖥 www.mtcheeseman.co.nz. Gut ausgestattetes, familienorientiertes Skigebiet mit guten Einrichtungen und freundlicher Atmosphäre, 100 km von Christchurch am SH73. Es gibt eine große Auswahl an guten Pisten für Fortgeschrittene und eine Querfeldeinpiste für erfahrene Skifahrer. Liftpass $79

Porters, ☎ 03 318 4002, 🖥 www.skiporters.co.nz. 90 km westlich von Christchurch, vom SH73 aus über eine 6 km lange, unbefestigte Nebenstraße zu erreichen. Das größte kommerzielle Skigebiet der Region bietet eine große Auswahl an Pisten aller Schwierigkeitsgrade und hat gute Angebote für Anfänger. Zur Zeit der Recherche war ein schicker neuer Sessellift im Bau. Gelegentlich benötigt man für die Anfahrt Schneeketten. Oder man nimmt den kostenlosen Shuttle (Buchung erforderlich) zu den Liften, Abfahrt an dem Platz, wo die Autofahrer ihre Schneeketten anlegen. Liftpass $85

Temple Basin, 4 km östlich des Arthur's Pass, ☎ 03 377 7788, 🖥 www.templebasin.co.nz. Dieses Skigebiet ist bei Snowboardern wegen der 430 Höhenmeter überwindenden Abfahrt bekannt. Abends wird es von Flutlicht beleuchtet, und es bietet unterschiedliche Abfahrten, die sich auf vier verschiedene Talkessel verteilen und einfache Unterkünfte. Vom Parkplatz ist es noch eine gute Stunde Fußmarsch bis hoch zum Skigebiet; für die Ausrüstung steht aber ein guter Lift zur Verfügung. Liftpass $67

Das **Station 73 Café** (S. 659) fungiert als Informationszentrum.

Porter's Pass

Rund 10 km westlich von Springfield steigt die Straße dramatisch zur Torless Range an und durchschneidet den gut 210 km² großen **Korowai/Torlesse Tussocklands Park**, der das einzigartige Tussock-Grasland der östlichen Südinsel schützt. Die Straße erreicht schließlich den **Porter's Pass**, der mit 939 m etwas höher ist als der Arthur's Pass 65 km weiter nordwestlich.

Kura Tawhiti (Castle Hill Conservation Area)

SH73 ▪ ⊙ jederzeit ▪ Eintritt frei

Hinter dem Porter's Pass führt der SH73 hinunter in das Castle-Hill-Becken, gesäumt von der Craigieburn Range mit einigen Skigebieten. Die grasbewachsenen Hänge sind im unteren Bereich mit grauen Kalksteinfelsen gespickt, die bis zu 30 m hoch sind und sich zu einem Zentrum für das sogenannte **Bouldering**, eine Art Felsklettern ohne Seil, entwickelt haben und sogar international bekannte Kletterer anlocken. Die Felsen sind für die Maori von spiritueller Bedeutung. Vom Parkplatz der **Castle Hill Conservation Area** winden sich mehrere Wege zwischen den Felsen und grasbewachsenen Hügeln hindurch.

Cave Stream Scenic Reserve

SH7, 6 km nördlich von Kura Tawhiti ▪ ⊙ jederzeit ▪ Eintritt frei

Das Naturschutzgebiet **Cave Stream Scenic Reserve** wird ebenfalls von Kalksteinfelsen beherrscht. Von hier hat man Ausblicke auf die Bergketten Craigieburn Range und Torlesse Range und die seltene Gelegenheit, auf eigene Faust eine **Kalksteinhöhle** zu besichtigen.

Felskunst, Hinweise auf jahreszeitlich vorhandene Lager und der Fund eines uralten, holzgerahmten Flachsrucksacks sowie anderer über 500 Jahre alter Artefakte deuten darauf hin, dass Maori sich einst in der Region aufhielten. Neben Knochen enthält die Höhle große, aber harmlose Weberknechtspinnen, die nur hier und in einer weiteren Höhle auf der Südinsel vorkommen.

Für die **Höhlenerkundung** sollte man zu jeder Jahreszeit warme Kleidung tragen, nicht allein aufbrechen und pro Person mindestens eine Taschenlampe mit Ersatzbatterien und trockene Kleidung zum Wechseln dabeihaben. Die Höhlendurchquerung (560 m, 1 Std.) beginnt an der flussabwärts gelegenen Seite der Höhle mit der Durchquerung eines tiefen Beckens; wenn das Wasser höher als bis zur Hüfte reicht, schnell fließt, aufschäumt und verfärbt ist, sollte die Durchquerung der Höhle nicht unternommen werden. Ansonsten geht man anschließend weiter flussaufwärts. Zwei Hindernisse gilt es entlang des Wegs zu überwinden: eine 1,50 m hohe Felskante etwa auf halber Strecke und ganz am Ende einen 3 m hohen Wasserfall, der mithilfe von Eisensprossen und einer Eisenkette erklommen wird.

ÜBERNACHTUNG UND ESSEN

Craigieburn Shelter Campsite, SH73, 5 km nördlich des Cave Stream Scenic Reserve. Hübscher kleiner DOC-Platz an einem Bach mit Plumpsklos, Wassertank (Wasser entkeimen und Unterstand. Leider auch viele Sandfliegen. $6
Flock Hill Lodge, SH73, 10 km nördlich des Cave Stream Scenic Reserve, ☏ 03 318 8196, 🖵 www.flockhill.co.nz. Unterkünfte auf einer wunderschön gelegenen Hochland-Schaffarm, praktisch gelegen für Kletterer, Skifahrer und Wanderer. Sehr beliebte Hochzeitslocation. 4-Bett-Dorms (Bettzeug $10 extra), separater Koch- und Essraum und Internetzugang per Münzeinwurf sowie Zeltplätze, DZ und ein paar schöne Selbstversorger-Cottages ($155). In dem angeschlossenen Restaurant sind saisonal wechselnde, ausgesprochen leckere Speisen ($26–42) erhältlich. Dorms $31, DZ $90

ZENTRALE SÜDINSEL

Craigieburn Forest Park

SH73, 5 km nördlich des Cave Stream Scenic
Reserve ■ ⏱ jederzeit ■ Eintritt frei

Die Zufahrtsstraße zum Skigebiet Broken River
führt auch zum Craigieburn Shelter (S. 660) und
zum **Craigieburn Forest Park**. Der Park wird
von alpinem Strauchwerk, Tussock-Grasland
und dichtem, moosbewachsenem Südbuchenwald beherrscht, der zwischen Dezember und
Februar Farbtupfer durch scharlachrote Misteln erhält. Eine Vielzahl heimischer Vogelarten
kreischt durch den Wald.

Arthur's Pass National Park

Die spektakulärste der drei Routen über die
Neuseeländischen Alpen verbindet Christchurch mit Greymouth und führt über den **Arthur's Pass**, zum einen als landschaftlich schöne Eisenbahnlinie, zum anderen als der nicht
minder atemberaubende SH73. Den Pass umgibt

der 950 km² großen **Arthur's Pass National Park**
mit seiner bemerkenswerten alpinen Landschaft
und einigen wunderschönen Wanderungen. Inmitten des Parks, am SH73, liegt in einem wald-
reichen U-förmigen Tal auf 737 m Höhe das winzige **Arthur's Pass Village**.

Der Park befindet sich in der Übergangszone
zwischen der feuchten Westküste und der erheblich trockeneren Ostseite der Südinsel: Während das unmittelbar westlich des Passes gelegene Otira ca. 6000 mm Niederschläge pro Jahr
erhält, fällt im 15 km weiter östlich gelegenen
Bealey nur 2000 mm Regen. Daher liegt Arthur's
Pass Village oft unter einer Nebeldecke. Das
Dorf hält nur wenige Unterkünfte und Speiselokale bereit: Wer einige Zeit in der Gegend bleiben möchte, sollte sich mit Proviant versorgen.
Nachts ist es hier oben oft kühl, und manchmal
blockiert Schnee den Pass.

Arthur's Pass

Der **Arthur's Pass** selbst liegt 4 km nördlich des
Dorfs und mit einer Höhe von 920 m fast 200 m
höher. Die Passhöhe markiert ein Obelisk, der

Wanderungen in der Craigieburn Range

Die in den lokalen Visitor Centres erhältliche DOC-Broschüre *Craigieburn Forest Park Day Walks*
beschreibt ein halbes Dutzend Wanderungen im Park. Während einige kurz und einfach sind, erfordern andere – vor allem die Wanderungen in den benachbarten Skigebieten – mehr Erfahrung.
Bealey Spur (14 km hin und zurück, 4–6 Std., 500 m Anstieg). Wenn es zu nass ist, um zum Avalanche
Peak in Arthur's Pass aufzusteigen, ist es am Bealey Spur oft trocken. Der Bealey Spur ist ein lang
gezogener Kamm inmitten von Buchenwald; der Weg belohnt Wanderer mit fabelhaften Ausblicken
auf das Waimakariri Basin. Er endet an einer alten Schaftreiberhütte (6 Betten, kostenlos) inmitten
von subalpinem Gebüsch und Tussock-Gras. Die Wanderung beginnt am Ende der Cloudesley Road
in der Nähe des Bealey Hotel, 14 km südlich des Arthur's Pass Village.
Cass–Lagoon Saddle Track (33 km, 2 Tage, 1300 Höhenmeter Anstieg). Für erfahrene Wanderer bietet sich dieser schöne Rundwanderweg an, mit Übernachtung in der Hamilton Hut (20 Betten, $15)
fast genau auf halber Strecke. Der Track beginnt am östlichen Ende der Straßenbrücke bei Cass und
endet am SH73, 11 km weiter westlich; die Schleife kann mit einem der nicht sehr häufig verkehrenden Busse geschlossen werden. Ein praktisches DOC-Faltblatt (RG12) kann auf 🖵 www.doc.govt.nz
heruntergeladen werden. Beim DOC-Büro in Arthur's Pass ist es ebenfalls erhältlich.
Lyndon Saddle (6 km, 3–4 Std., 500 m Anstieg). Schöner Rundweg vom Craigieburn Shelter durch
Bergbuchenwald hinauf zum tollen Aussichtspunkt Helicopter Hill (1262 m). Über Gletscherterras-
sen geht es weiter zur Zufahrtsstraße zum Skigebiet Broken River und dann am Cave Stream entlang zurück zum Ausgangspunkt.

ZENTRALE SÜDINSEL

dem Bauingenieur **Arthur Dudley Dobson** gewidmet ist. Maori erzählten ihm von dieser Route, die ihnen seit Langem als Verbindung von der Westküste in die Canterbury Plains diente. Dobson vermaß die Passroute 1864, und bereits zwei Jahre später wurde sie von Pferdekutschen auf dem Weg zu den Goldfeldern in Westland genutzt. Das Dorf Arthur's Pass entstand Anfang des 20. Jhs. als Unterkunft für Tunnelgräber und Bahnarbeiter. 1923 wurde die Eisenbahnlinie fertig, genau rechtzeitig zum weltweit einsetzenden Boom des Alpintourismus. Neben schönen Ausblicken lockt hier der Dobson Nature Walk (s. Kasten S. 665).

Gleich westlich des Passes fällt die Straße steil ab über den **Otira Viaduct**, eine 1999 fertiggestellte Betonbrücke über den Fluss in der Tiefe. Die Nebenflüsse sind so wasserreich, dass einer von ihnen als eine Art Wasserfall über die Straße geleitet werden muss – am besten zu sehen von einem kleinen Aussichtspunkt.

ÜBERNACHTUNG

Es gibt eine überschaubare Auswahl an Unterkünften mit gutem Preis-Leistungs-Verhältnis im Dorf – v. a. in der Hauptstraße. In der Hochsaison (Dez–März) ist Vorausbuchung sinnvoll. **Alpine Motel**, 52 Main Rd (SH73), ☏ 03 318 9233, 🖥 www.apam.co.nz. Ein kleines Stück südlich vom Dorf gelegene alte, aber gepflegte Motel Units im Chalet-Stil mit Küche, DVD-Player und Heizdecken. In der Nebensaison Rabatte. Kostenloses WLAN. $125
Bealey Hotel, SH73,10 km südöstlich des Arthur's Pass Village, ☏ 03 318 9277, 🖥 www.bealeyhotel.co.nz. Das historische Hotel auf einer Anhöhe mit tollem Blick auf den breiten Waimakariri River bietet Zimmer im Motelstil. Das Restaurant ist mit Erinnerungsstücken an die Geschichte des Hotels als Station für die Pferdekutschen von Cobb & Co vollgestopft. Auf dem Gelände erinnern lebensgroße Moa-Skulpturen an die angeblichen Sichtungen des lange ausgestorbenen Moas hier in dieser Gegend in den vergangenen Jahrzehnten. Lodge-Zimmer $80, Motel Units $155

🏠 **Mountain House**, ☏ 03 318 9258, 🖥 www.trampers.co.nz. Das mit dem YHA-assoziierte BBH-Hostel hat das größte und vielfältigste Angebot im Dorf. Zum modernen Haupthaus kommen 2 Selbstversorger-Eisenbahner-Cottages aus den 1920er-Jahren mit 4 Schlafzimmern ($340). Im Sommer (gewöhnlich Dez–März) öffnen die Betreiber auch die „Historic Lodge", die stimmungsvolle Original-Jugendherberge aus den 1950er-Jahren. Wer es schicker mag, kann auch eines der beiden Motel Units mit Küchenzeilen, Doppelbetten und Satelliten-TV ($155) beziehen. Außerdem gibt es Caravanstellplätze mit Elektro-Anschlüssen ($22). Dorm $29, DZ $86

Der Kea – Neuseelands trickreicher Bergpapagei

Zu den bleibenden Erinnerungen an eine Reise nach Arthur's Pass und in viele andere Bergregionen der Südinsel zählt der Anblick des hellgrünen **Kea**, der spitzbübisch seinen Schnabel in irgendeine Leckerei steckt oder häufig einfach nur für die Kamera posiert. Mit seinem seltsamen Seitwärtsgang und seiner grenzenlosen Neugier erscheint der einzige Bergpapagei der Welt als liebenswerter Zeitgenosse: Wer in einer Hütte in freier Natur übernachtet, beobachtet nicht selten, wie ein Kea das Wellblechdach hinunterrutscht oder an den Dachnägeln knabbert; doch sobald er ein unbeaufsichtigtes Paar Wanderschuhe entdeckt, macht er sich ohne Umschweife darüber her.

Angesichts seiner verspielten räuberischen Art überrascht es kaum, dass man den Kea früher beschuldigte, Schafe anzugreifen, und so wurden die Vögel regelmäßig von Bauern erschossen. Heutzutage ist die größte Gefahr für den Kea menschliches Essen. Nichtsdestotrotz sind die gefiederten Kleptomanen äußerst hartnäckig. Es ist jedoch auf jeden Fall verboten, sie zu **füttern**, da sie sonst ihre Fähigkeit verlieren, im Winter, wenn die Wanderer wieder fort sind, selbst nach Futter zu suchen, und da es sie sonst zur Straße zieht, wo viele überfahren werden. Es wird geschätzt, dass es heute nur noch etwa 5000 Keas gibt. Weitere Informationen auf 🖥 www.keaconservation.co.nz.

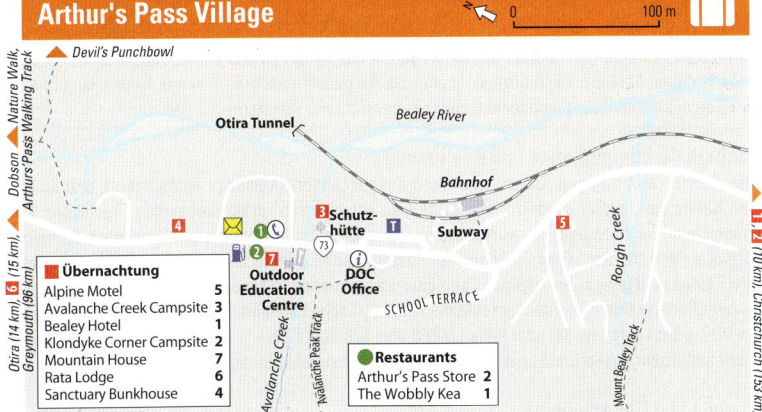

0　　　　100 m

Devil's Punchbowl

Dobson · Nature Walk, Arthur's Pass Walking Track

Otira Tunnel

Bealey River

Bahnhof

Rough Creek

Otira (14 km), Greymouth (96 km) · 6 (15 km)

3 Schutzhütte

Subway

5

1, 2 (10 km), Christchurch (153 km)

4

2 **7**

■ Übernachtung

Alpine Motel	5
Avalanche Creek Campsite	3
Bealey Hotel	1
Klondyke Corner Campsite	2
Mountain House	7
Rata Lodge	6
Sanctuary Bunkhouse	4

Outdoor Education Centre

(i) DOC Office

73

Avalanche Creek

Avalanche Peak Track

SCHOOL TERRACE

Mount Bealey Track

● Restaurants

Arthur's Pass Store	2
The Wobbly Kea	1

Rata Lodge, SH73, Otira, 15 km nördlich des Arthur's Pass Village, ☎ 03 738 2822, 🖥 www.ratalodge.co.nz. Geräumiges, cooles BBH-Hostel am Westrand des Nationalparks. 4-Bett-Dorm, 2 DZ mit Bad und TV und ein kleiner Waldweg mit Glühwürmchen. Proviant selbst mitbringen. Dorms $32, DZ $80

Sanctuary Bunkhouse, 126 Main Rd, SH73, ☎ 03 942 2230, 🖥 www.thesanctuary.co.nz. Schlafsaalunterkunft mit 8 Betten und einem kleinen DZ. Es gibt eine annehmbare Küchenausstattung, einen Aufenthaltsraum und ein Bad mit Glasdach für Sternegucker. Warme Münzduschen, 24 Std. Internetzugang und Wäscheservice sind für alle zugänglich und zahlbar per Geldeinwurf in die Sammelbox. Kein Personal. Dorm $25, DZ $50

Camping

Avalanche Creek Campsite. Main Rd. Einfacher DOC-Platz gleich gegenüber dem DOC-Büro, der eigentlich nur aus einer Rasenfläche und einem Schotter-Parkplatz für Wohnmobile besteht. Trinkwasser, Toiletten und Unterstand. $6

Klondyke Corner Campsite, SH73, 8 km südöstlich vom Dorf. Einfacher, zwischen Straße und Fluss gelegener DOC-Campingplatz mit schöner Aussicht, Plumpsklo und Flusswasser (entkeimen!). $6

ESSEN UND UNTERHALTUNG

Arthur's Pass Store, Main Rd, ☎ 03 318 9235. Frühstück, Pasteten, Sandwiches und sehr guter Kaffee sowie Internetzugang ($2/30 Min.), Geldautomat und ein Getränkeladen. Lebensmittel sind nur sehr begrenzt erhältlich. ⏲ tgl. 8–17 Uhr, im Sommer länger.

The Wobbly Kea, Main Rd, ☎ 03 318 9101, 🖥 www.wobblykea.co.nz. Bevorzugter Treffpunkt für die einheimische Gemeinde. Heiße Schokolade, guter Kaffee und kreative Mittagsspeisen, dazu abends herzhafte Mahlzeiten in großen Portionen; die Pizzas für $32 sind riesig. Gleichzeitig Bar mit gelegentlicher Livemusik. ⏲ Mo–Do und So 8–20, Fr und Sa 8–21 Uhr.

SONSTIGES

Im Laden von Arthur's Pass Village gibt es einen **Geldautomaten**. Das Geschäft betreibt auch die einzige **Zapfsäule** zwischen Springfield und der Westküste.

Informationen

DOC Office, SH73, ☎ 03 318 9211, 🖥 www.arthurspass.com. Ausgezeichnete Touristeninformation mit umfangreicher Ausstellung zu Flora und Fauna, Geologie und regionaler Geschichte. Auf Wunsch wird ein Video zur Geschichte der Postkutschen und der Eisenbahn

ZENTRALE SÜDINSEL

Wanderungen in der Umgebung des Arthur's Pass

Abseits der kürzeren, einfachen Spazierwege um das Arthur's Pass Village herum ist der Arthur's Pass National Park erheblich unzugänglicher als die meisten anderen Parks in Neuseeland und eignet sich deshalb nur für durchschnittlich bis sehr erfahrene Wanderer.

Sicherheit, Informationen und Ausrüstung

Die meisten mehrtägigen Routen sind nicht ausgeschildert (Kompass mitnehmen!), und es müssen Bäche durchwatet werden – man sollte also angemessen vorbereitet sein (s. Traveltipps S. 61) und sich auf 🖳 www.adventuresmart.org.nz registrieren. In der kostenlosen Broschüre *Tramping in Arthur's Pass National Park* sind den wichtigsten Routen „Route Guide"-Zahlen (RG) zugewiesen. Die Routen sind jeweils auf eigenen Faltblättern beschrieben, die man sich auf 🖳 www.doc.govt.nz herunterladen kann. Außerdem braucht man topografische **Landkarten** im Maßstab 1:50 000, die man im DOC-Büro kaufen (je $9) oder leihen ($2,50 plus $20 Pfand für 1–3 Tage) kann. Das DOC-Büro verkauft außerdem Gaskartuschen und bietet eine Gepäckaufbewahrung ($1 pro Gegenstand und Tag).

Zugang und Übernachtung

Bei **West Coast Shuttles** und **Atomic** (Kontaktadressen s. unten) kann man die Anfahrt und Abholung zu und von den Start- und Endpunkten der Wanderung arrangieren. Wichtig ist eine rechtzeitige Anmeldung der Fahrt. Bei einigen Wanderungen muss man zelten oder in DOC-Hütten übernachten, die nicht buchbar sind. Hüttentickets gibt's beim DOC-Büro in Arthur's Pass, oder man benutzt einen Backcountry Hut Pass.

Kurze Wanderungen

Devil's Punchbowl (2 km, 1 Std. hin und zurück, 100 m Anstieg): Der beliebteste kurze Spaziergang in Dorfnähe ist eine Allwetter-Kletterpartie zum Fuß eines 131 m hohen Wasserfalls über zwei Fußgängerbrücken und Zickzackstufen hinauf.

gezeigt ($2). Wetterinfos sind angeschlagen. ⏱ Nov–April 8–17, Mai–Okt 8.30–16.30 Uhr.

TRANSPORT

Busse

West Coast Shuttle, 📞 07 768 0028, 🖳 www.westcoastshuttle.co.nz. Bietet eine tägliche Verbindung von Greymouth nach Christchurch und zurück mit Halt am Laden von Arthur's Pass am Vormittag auf der Fahrt nach Osten und am Nachmittag auf der Fahrt nach Westen. **Atomic Shuttles**, 📞 03 349 0697, 🖳 www.atomictravel.co.nz. Fahren in die andere Richtung: von Christchurch nach Greymouth und zurück.

Busse nach:

CHRISTCHURCH 2x tgl., 2 1/2 Std.;
GREYMOUTH 2x tgl., 1 1/4 Std.

Eisenbahn

Der **TranzAlpine** (s. Kasten S. 623) hält in Arthur's Pass gleich südlich vom Ortszentrum. Den Bahnsteig erreicht man durch die Unterführung gleich gegenüber vom DOC-Büro. Nach CHRISTCHURCH (2 1/2 Std.) sowie nach GREYMOUTH (2 Std.) jeweils 1x tgl.

Das Canterbury-Hochland

Die Ausläufer der Neuseeländischen Alpen im Süden Canterburys bilden die Übergangszone von den flachen Canterbury Plains zum zerklüfteten und spektakulären Hochgebirge. Die wichtigste Strecke durch diese Region ist der SH72 mit dem Beinamen „Inland Scenic Route". Be-

Dobson Nature Walk (1 km hin und zurück, 30 Min.). Entlang dieses einfachen Spaziergangs auf der Passhöhe des Arthur's Pass werden auf Tafeln Erläuterungen zu subalpinen Kräutern, Tussock-Gräsern und Sträuchern geliefert; die schönste Zeit für diese Pflanzen ist Nov–Feb, wenn sie teilweise erblühen. Der Naturlehrpfad ist zu Fuß über den Arthur's Pass Walking Track erreichbar.

Arthur's Pass Walking Track (6,8 km hin und zurück, 3 Std., 200 m Anstieg). Peppiger Waldwanderweg, der das Dorf mit dem Dobson Nature Walk und Arthur's Pass verbindet. Der hübsche Pfad windet sich durch Buchenwald an den Bridal Veil Falls vorbei und passiert die Jack's Hut, eine grüne Wellblechhütte, die einst von Straßenarbeitern genutzt wurde.

Tages- und Mehrtageswanderungen

Avalanche Peak Track (5 km hin und zurück, 6–8 Std., 1000 m Anstieg). Anstrengende Tageswanderung, die sagenhafte Ausblicke auf die umliegende Bergwelt eröffnet. Teile des Tracks sind Wind und Wetter ungeschützt ausgesetzt, daher sollte der Weg nur von gut ausgerüsteten, erfahrenen Wanderern und bei guten Witterungsbedingungen in Angriff genommen werden. Die beste Variante besteht in einem Aufstieg über den spektakulären Avalanche Peak Track, der sich zu einem Rundwanderweg erweitern lässt, indem man über den **Scotts Track** zurückkehrt.

Casey Saddle zum Binser Saddle (RG10, 40 km, 2 Tage, 400 m Anstieg). Mäßig schwerer Rundweg mit großartigen Ausblicken; über leichte Bergrücken und gut gekennzeichnete Wege durch lichten Südbuchenwald mit Übernachtung in der Casey Hut (16 Etagenbetten, $15).

Mingha–Deception (RG6, 25 km, 2 Tage, 400 m Anstieg, 750 m Abstieg). Tolle, aber anspruchsvolle Wanderung mit Übernachtung, die der Route der beschwerlichen Bergetappe beim Coast to Coast Race (S. 772) folgt. Der Abschnitt vom Mingha Valley zum Goat Pass ist markiert, aber der Weg hinab durch das Deception Valley ist es nicht und verlangt außerdem 20–30 Flussdurchquerungen (Wasserstände beobachten!). Zur Übernachtung stehen entweder die Goat Pass Hut (20 Etagenbetten, $5) oder die Upper Deception Hut (6 Etagenbetten, kostenlos) zur Verfügung.

kannt ist das Gebiet in erster Linie wegen des Wintersportorts **Methven**, Ausgangspunkt für die Skipisten am **Mount Hutt**. Im Sommer locken verschiedene Aktivitäten wie Fallschirmspringen und Jetbootfahren sowie einige wunderschöne **Wanderungen** am Mount Somers.

Methven

100 km westlich von Christchurch liegt **Methven**, die Wintersporthauptstadt von Canterbury und in der **Skisaison** von Juni bis Oktober die wichtigste Basis für Ausflüge in das Skigebiet am **Mount Hutt**. Während des restlichen Jahres kann es hier recht ruhig sein, aber im Sommer nutzen viele Besucher den Ort als Ausgangspunkt für Aktivitäten rund um die nahe gelegene **Rakaia Gorge** und die Farm **Washpen Falls** im Norden sowie den **Mount Somers** im Wes-

ten. In dem kleinen Zentrum von Methven gibt es Banken, eine Post, Supermärkte und Ausrüstungsgeschäfte.

NZ Alpine & Agriculture Encounter

Methven Heritage Centre, 160 Main St ▪ ⏱ tgl. 9–17Uhr ▪ Eintritt $12,50 ▪ ✆ 03 302 9666
Seine Lage am Übergang zwischen Ebene und Bergen zelebriert Methven mit diesem neuen, interaktiven **Museum**, das sich mit Wintersport und Landwirtschaft befasst. Besucher können Merino-Wolle spinnen, einen Bagger-Simulator ausprobieren und erhalten Informationen zur Lawinenkontrolle und zur Entstehung des Skigebiets Mount Hutt.

ÜBERNACHTUNG

Abisko Lodge und Campground, 74 Main St, ✆ 03 302 8875, 🖥 www.abisko.co.nz. Eine

Rakaia Gorge (15 km), Mount Hutt (25 km)

Mount Somers (30 km)

Restaurants, Cafés und Bars

The Blue Pub	1
Café 131	5
The Dubliner	4
The Last Post	6
Primo & Secundo	2
Thai Chilli	3

A&P Showgrounds

Methven Heritage Centre

Supermarkt

Big Al's

THE MALL

Supermarkt

Methven Recreation Reserve

Medical Centre
Methven Travel
Bank

Alpine Sports

Cinema Paradiso

Bücherei

Übernachtung

Abisko Lodge and Campground	5
Big Tree Lodge	6
Central Luxury Apartments	4
Mount Hutt Bunkhouse	1
The Lodge	3
Skibo House	2

Ashburton (34 km), SH77

Christchurch (100 km)

prima Unterkunft in der Ortsmitte mit Campingmöglichkeiten, DZ mit Bad und gemütlichen Selbstversorger-Apartments ($205), mit Sauna und Heißwasserbecken (Extragebühr). Stellplatz $30, DZ $145

Big Tree Lodge, 25 South Belt, ☎ 03 302 9575, 🖥 www.bigtreelodge.co.nz. Teurer als die Konkurrenz, aber dafür ist die Waschmaschinenbenutzung und Internet im Übernachtungspreis dieses heimeligen, von Snowboardern geführten Hostels enthalten. Die Zimmer im Haupthaus teilen sich eine Küche und die Bäder. Es gibt auch ein Selbstversorger-Cottage für 3 Pers. ($120). Dorms $40, DZ $79

Central Luxury Apartments, 6 Methven Chertsey Rd, ☎ 03 302 8829, 🖥 www.centralapartmentsmethven.co.nz. Die geräumigen und schicken Selbstversorger-Units sind mit großem TV, Waschmaschine, komplett eingerichteter Küche und Esszimmern ausgestattet. $225

The Lodge, 1 Chertsey Rd, ☎ 03 303 2000, 🖥 www.thelodgenz.com. Großzügig bemessene moderne Zimmer zu überaus vernünftigen Preisen, einige davon mit Whirlpool, sowie beliebtes Bistro mit Bar (S. 667). $119

Mount Hutt Bunkhouse, 8 Lampard St, ☎ 03 302 8894, 🖥 www.mthuttbunkhouse.co.nz. Komfortable BBH Backpacker-Unterkunft in

ZENTRALE SÜDINSEL

zwei Gebäuden. Großer Garten (inkl. Volley-ballplatz), Grillplatz und Lagerfeuer. Dorms $30, DZ $80

Skibo House, 82 Forest Drive, ☎ 03 302 9493, 🖥 www.skibohouse.com. Freundliches B&B in modernem Haus. Toller Bergblick von den meisten Zimmern (ohne Bad). Whirlpool im Freien und hervorragendes Frühstück. B&B $120, Selbstversorger-Units $140

ESSEN UND UNTERHALTUNG

The Blue Pub, 2 Barkers Rd, ☎ 03 302 8046, 🖥 www.thebluepub.co.nz. Das kobaltblau gestrichene Hotel von 1918 ist eine beliebte Anlaufstelle zum Après-Ski. In der belebten Kneipe sind am Wochenende Bands und DJs zu Gast. Das Café/Restaurant serviert herzhafte Gerichte wie Lammschulter mit Kartoffelklößen ($33) und Porterhouse-Steak mit Ei und Pommes frites ($28). ⏰ tgl. 11–22 Uhr oder später.

Café 131, 131 Main Rd, ☎ 03 302 9131. In dem luftigen Art-déco-Café mit Holzböden gibt's nicht nur den besten Kaffee im Ort, sondern auch Kuchen, Thekenspeisen und den ganzen Tag lang Frühstück sowie sättigendes, preisgünstiges Mittagessen wie BLT-Sandwich mit Pommes frites ($17). Auch Büchertausch. ⏰ tgl. 7.30–17.30 Uhr.

Cinema Paradiso, 112 Main St, ☎ 03 302 1957, 🖥 www.cinemaparadiso.co.nz. Wunderbares digitales Kino mit Bar und zwei kleinen Räumen, in denen neu erschienene und Art-House-Filme gezeigt werden.

The Dubliner, 1 Chertзcy Rd, ☎ 03 303 2000, 🖥 www.thelodgenz.com. Bistro-Küche mit guten Pizzas (klein $18, groß $26) und einigen wärmenden irischen Gerichten, darunter Irish Stew ($28,50), die in einem gemütlichen Zimmer mit Kamin und TV serviert werden. ⏰ tgl. 17.30–21.30 Uhr oder später, außerhalb der Skisaison Mo geschl.

The Last Post, 116 Main St, ☎ 03 302 8259, 🖥 www.thelastpostrestaurant.co.nz. Das nobelste Restaurant der Stadt in einem ehemaligen Postamt mit Kaminfeuer bietet z. B. hausgemachtes Maisbrot mit Dips, gedünstetes Lachsfilet ($32) oder Hirschmedaillons mit

kumara ($35). Man kann auch nur einen Cocktail schlürfen. ⏰ Mo–Sa 17–22 Uhr oder später.

🎫 **Primo & Secundo**, 38 McMillan St, ☎ 03 302 9060. Uriges Café in einem Klamotten- und Trödelladen; ganztägig Frühstück ($10–16), guter Kaffee, köstlicher hausgemachter Kuchen und Gerichte wie Suppen, herzhafte Crêpes und *shepherd's pie*. Hinterm Café kann man auch draußen sitzen. ⏰ tgl. 7–17 Uhr.

Thai Chilli, Main Rd, Ecke Forest Drive, ☎ 03 303 3038. Authentische, sorgfältig zubereitete und servierte Thai-Gerichte. Kleine Karte mit *pad Thai*, grünem Curry und mehr, alles unter $23. In der Skisaison lohnt das Büfett am Sonntagabend ($20). ⏰ in der Skisaison tgl. 17–21 Uhr, ansonsten So und Mo geschl.

Aktivitäten rund um Methven

Aoraki Balloon Safaris, ☎ 0800 256 837, 🖥 www.nzballooning.com. Flüge mit dem Heißluftballon über die an einen Flickenteppich erinnernden Felder der Canterbury Plains und die überwältigenden Neuseeländischen Alpen, besonders schön im Winter; die Flüge starten kurz nach Sonnenaufgang, 4 Std., $385 inkl. Sektfrühstück.

Braided Rivers Fishing Guides, ☎ 022 323 3966, 🖥 www.salmonfishingguide.co.nz. Der professionelle Angelführer Ben Haywoods begleitet Touren zum Angeln von Lachs und Forellen (ab $500, alles inklusive) auf dem Rakaia und Waimakariri River.

Discovery Jet, ☎ 0800 538 2628, 🖥 www.discoveryjet.co.nz. Preisgünstige Jetbootfahrten zum oberen Ende der Rakaia Gorge; man kann hin und zurück (45 Min., $99) oder nur einen Weg mitfahren (15 Min., $45) und dann über den Rakaia Gorge Walkway zurückgehen und dabei vielleicht noch ein Picknick einschieben.

Skydiving Kiwis, Ashburton Airport, Seafield Rd, Ashburton, 35 km südlich von Methven, ☎ 0800 359 549, 🖥 www.skydivingkiwis.com. Der sehr professionelle Anbieter veranstaltet Tandemsprünge mit tollem Bergblick (ab $235).

ZENTRALE SÜDINSEL

Informationen

i-SITE, Methven Heritage Centre, 160 Main Rd, ℘ 03 302 8955, 🖥 www.amazingspace.co.nz. Bietet Internetzugang ($2/20 Min.), WLAN ($5/Std.) und einen „snow desk", der in der Skisaison mit Leuten von der Mt Hutt besetzt ist. ⊙ Sep–Mai Mo–Fr 9–17, Sa und So 10–15, Juni–Okt tgl. 9–17 Uhr.

Wintersportausrüstungs- und Fahrradverleih

Alpine Sports, 87 Main St ℘ 03 302 8084, 🖥 www.alpinesports.co.nz. Vermietet und verkauft Skier und andere Skiausrüstung. ⊙ Mai–Okt tgl. 7.30–19 Uhr
Big Al's, Forest Drive, Ecke Main St, ℘ 03 302 8003, 🖥 www.bigals.co.nz. Verleiht Skier und Snowboards sowie im Sommer Fahrräder (Hardtail $45/Tag, voll gefedert $59/Tag); außerdem Informationen zu einem einfachen Rundweg um die Stadt und zum Mount Hutt Bike Park. ⊙ Nov–Mai Di–Fr 9–13 und 15–17.30, Sa 9–13 Uhr, Juni–Okt tgl. 7.30–19.30 Uhr.

Methven Travel bietet **Busse** ab Christchurch (im Sommer 4x wöchentl., in der Skisaison 4x tgl., 1 1/4 Std., $42 einfach); die Busse halten in der Main Street. Methven Travel und Snowman Shuttles, ℘ 0800 766962, 🖥 www.snowmanshuttles.co.nz, fahren zum Skigebiet (S. 669).

Washpen Falls

590 Washpen Rd, Windwhistle, 25 km nordöstlich von Methven ▪ Wandern $10 ▪ ℘ 03 318 6813, 🖥 www.washpenfalls.co.nz

Eines der noch weithin unbekannten Juwele der Region ist die Familienfarm **Washpen Falls**. Hier bietet sich die Gelegenheit zu einer wunderbar vielfältigen Wanderung auf eigene Faust durch einheimischen Wald und über Farmland. Der **Wanderweg** führt zu einem Aussichtspunkt, von dem sich tolle Ausblicke über die Canterbury Plains eröffnen. Zu den Höhepunkten am Weg-rand zählen eine uralte Schlucht vulkanischen Ursprungs, in der die Maori Moas fingen, schöne Abschnitte mit nachwachsendem Wald und natürlich der Wasserfall. Im Büro, einem Wellblechschuppen, gibt es Broschüren mit einer Wegbeschreibung. Der Weg ist kurz, aber teils recht steil: Man sollte dafür zwei Stunden veranschlagen und vielleicht Zutaten für ein Picknick mitnehmen.

Rakaia Gorge

15 km nördlich von Methven

Der milchige Rakaia River tritt aus der gleichnamigen Schlucht hervor, die vor Urzeiten von einem Lavastrom geschaffen wurde und heute an vielen Stellen von nachwachsendem Wald gesäumt wird. Die Schlucht kann man zu Fuß erkunden, aber auf dem Rakaia River werden auch **Jetbootfahrten** angeboten (S. 667). Flussabwärts bildet der Rakaia dann die für die Flüsse auf der Ostseite der Südinsel so typischen Flussverwilderungen.

Hoch über dem Südufer des Flusses, 15 km nördlich von Methven, befindet sich der **Campingplatz** Rakaia Gorge mit Ausblick über die Ebene, Toiletten (ganzjährig) und warmen Duschen. Fußweg zum Fluss vorhanden. (Okt–April), $8,50.

Rakaia Gorge Walkway

10 km, 4 Std. hin und zurück

Der **Rakaia Gorge Walkway** beginnt an einem Parkplatz am östlichen Ufer des Flusses und windet sich das bewaldete Ufer hinauf, bevor er auf einen von Ginster gesäumten Weg trifft, der einst von den Fährleuten benutzt wurde. Dieser Weg folgt dem Rand der Schlucht und führt an einer alten Kohlemine und spektakulären geologischen Erscheinungsformen vorbei, darunter erstarrte Lavaströme aus Rhyolith, Pechstein und Andesit, zum Aussichtspunkt am oberen Ende der Schlucht. Von dort aus beschreibt er einen Bogen zurück. Wer nicht ganz so bewegungsfreudig ist, kann auch nur bis zum unteren Aussichtspunkt über dem Fluss spazieren (3,4 km, 1 Std. hin und zurück).

ZENTRALE SÜDINSEL

Mount Hutt

22 km nordwestlich von Methven ▪ Skipass $95,
Ski-/Snowboard-Ausrüstungsverleih $48 ▪
📞 03 308 5074, 🖥 www.nzski.com

Das Skigebiet am **Mount Hutt** wird häufig als eines der besten Ski- und Snowboardgebiete der Südhalbkugel bezeichnet. Der Höhenunterschied beträgt stattliche 683 m, und es bietet sich eine große Vielfalt an Abfahrten aller Schwierigkeitsgrade. Außerdem gibt es hier die längste Saison (etwa von Juni bis Oktober) sowie Sessellifte und zahlreiche Schneekanonen. Zwar wird am Berg Ausrüstung verliehen, es gibt jedoch keinerlei Unterkünfte, sodass sich die meisten eine Bleibe in Methven suchen und mit den häufig verkehrenden **Shuttlebussen** hin und her fahren ($20 hin und zurück, 45 Min.); Tickets gibt's direkt im Bus oder beim i-SITE, von wo die Busse abfahren.

Mount Somers und Staveley

Der 1687 m hohe Mount Somers erhebt sich jenseits der Ortschaften **Staveley**, 21 km südwestlich von Methven, und **Mount Somers**, 9 km weiter südlich, aus dem Flachland. Der komplett um den Berg herumführende **Mount Somers Track** verläuft als Hochlandwanderweg oft oberhalb der Strauchgrenze und liegt praktischerweise im Regenschatten der Southern Alps. Wenn es in Arthur's Pass regnet und der Mount Cook in Wolken gehüllt ist, bestehen gute Aussichten, dass man hier bei schönem Wetter die Stiefel für eine Wanderung schnüren kann.

Das für Südinsel-Verhältnisse recht sanfte Gelände besteht größtenteils aus Südbuchenwald und offenem Tussock-Grasland, aus dem hier und da Felsinseln hervorragen. Daneben finden sich hier große Flächen relativ unfruchtbaren Bodens, die sich nach starken Regengüssen in Sümpfe verwandeln. Infolge derartiger Bedingungen sind hier neben der Berg-Podocarpacee „Bog Pine" auch Alpentotara, Toatoa, Bergflachs und (wenngleich weniger zahlreich) die seltene Saumschnabelente zuhause. Wer keine lange Wanderung unternehmen möchte, geht nur bis zu den

Sharplin Falls (ab Parkplatz der Sharplin Falls, 3 km nordwestlich von Staveley, entlang der Flynns Rd etwa 1 Std. hin und zurück) oder unternimmt stattdessen einen Ausritt mit Staveley Horse Treks.

ÜBERNACHTUNG UND ESSEN

Staveley
Staveley Village Store, 1 Burgess Rd, 📞 03 303 0859. Der typische Dorfladen bietet guten Kaffee, schmackhaftes Frühstück und Mittagessen, Eiscreme, Lebensmittel und tolle *sausage rolls* in 8 verschiedenen Varianten. 🕐 tgl. 9–16 Uhr, im Winter Mo geschl.
Topp Lodge, 12 Burgess Rd, 📞 03 303 0955. Lynda Topp, eine Hälfte der in Neuseeland äußerst bekannten jodelnden Cowgirl Topp Twins, führt dieses urige B&B in Staveley.

Auf der Suche nach Edoras

Wer sich auf die Suche nach Edoras macht, wird enttäuscht. Obwohl die Film-Crew von *Herr der Ringe: Die zwei Türme* fast ein ganzes Jahr benötigte, um die Hauptstadt von Rohan zu errichten, wurde nach den Filmaufnahmen alles wieder abgebaut. Filmfans können sich lediglich den Mount Sunday ansehen, einen 100 m hohen, von Gletschern flach geschliffenen Felshügel, umgeben von einer Flussebene 48 km westlich des Dorfes Mount Somers. Über die Hälfte der Anfahrt verläuft über Schotterpisten, aber es ist eine schöne Strecke durch ein Tal, das von grasbewachsenen, runden Hügeln gesäumt wird, die schneebedeckten Neuseeländischen Alpen im Hintergrund.

Für die Wanderung über die Felder (und durch zwei Bäche) zum Mount Sunday sollte man eine Stunde einplanen. Von oben kann man dann den Blick über die Umgebung schweifen lassen. Das Blöken der Schafe erinnert aber nur entfernt an Schlachtrufe …

Hassle-free Tours, 📞 0800 427 753, 🖥 hassle free.co.nz, bieten unterhaltsame Tagestouren ab Christchurch hierher ($235 inkl. Mittagessen im Café).

Behagliche Zimmer inkl. warmem Frühstück; Abendessen auf Wunsch ($45), und die Lodge hat eine Schanklizenz. $120

Mount Somers

Mt Somers Domain, Hoods Rd, 1 km abseits des SH72, ✆ 021 176 0677. Billiger Campingplatz neben dem Schwimmbad mit einfacher Toilette und Duschen. Camping/Stellplatz $15, mit Strom $20

Mount Somers Holiday Park, Hoods Rd, 1 km vom SH72 entfernt, ✆ 03 303 9719, 🖥 www.mountsomers.co.nz. Gemütlicher, schattiger Platz mit Stellplätzen mit Stromanschluss ($32), einfachen Cabins (Bettzeug kann geliehen werden) und Cabins mit Bad und Bettzeug ($80). Camping $18, Cabins $55

Mount Somers Store, 59 Pattons Rd, ✆ 03 303 9831. Der klassische Dorfladen verkauft DOC-Hüttentickets, Eiscreme, *sausage rolls* und auch ein paar Lebensmittel. Draußen gibt es zwei Tanksäulen. ⏲ Mo–Sa 8–18, So 9–17 Uhr.

Stronechrubie, Kreuzung Hoods Rd mit der SH72, ✆ 03 303 9814, 🖥 www.stronechrubie.co.nz. Schöne Selbstversorger-Chalets in ländlicher Umgebung und das einzige echte Restaurant der Gegend. Auf den Tisch kommen hier beispielsweise Rindfleisch aus der Region ($38) und gebackener Lachs ($34); dazu gibt es eine hervorragende Weinkarte. Günstige Pakete mit Abendessen und B&B. ⏲ Mi–Sa 18.30–22, So 12–14 Uhr, Reservierung erforderlich. $120

SONSTIGES

Aktivitäten

Staveley Horse Treks, 191 Flynns Rd, ✆ 03 303 0809, ✉ brucegray@clear.net.nz. Bietet einige der besten – und billigsten – Möglichkeiten zu **Ausritten** an den Hängen des Mt Somers (ab $40/Std., Buchung ist sinnvoll, aber nicht unbedingt notwendig).

Informationen

Die Geschäfte in Staveley und Mount Somers halten viele Informationen über die Gegend bereit; im Internet informiert die Website 🖥 www.mtsomers.co.nz.

Peel Forest

35 km südlich von Mount Somers und 12 km westlich des SH72 liegt das winzige Dorf Peel Forest beim **Peel Forest Park**, einem der letzten Gebiete mit ursprünglichem einheimischen Wald und einzelnen uralten Bäumen auf der Ostseite der Südinsel. Hier locken zahlreiche Wanderwege sowie Möglichkeiten zum Reiten und für **Rafting**-Trips durch die Rangitata Gorge.

ÜBERNACHTUNG UND ESSEN

Little Mt Peel Restaurant, ✆ 03 696 3567, 🖥 www.peelforest.co.nz. Das zum Laden gehörende Restaurant hat freitag- und samstagabends länger geöffnet. Dann gibt's Mahlzeiten wie toskanischen Lammsalat ($23) sowie die üblichen Steak- und Seafoodgerichte. ⏲ Mo–Do 9.30–17, Fr und Sa 9.30–21, So 10–17 Uhr.

Peel Forest Campground, ✆ 03 696 3567. Herrlicher, waldiger DOC-Campingplatz am Ufer des Rangitata River. Es gibt Stellplätze mit und ohne Strom und vier einfache Öko-Cabins. Camping $15, Cabins $50

SONSTIGES

Aktivitäten

Peel Forest Horse Trekking, ✆ 0800 022 536, 🖥 www.peelforesthorsetrekking.co.nz. Die wunderbaren Ausritte zur Erkundung des Parks reichen von einer gemächlichen Tour am Fluss entlang (1 Std., $55) bis zu einer Ganztagesexkursion auf den Mount Peel ($380 inkl. Mittagessen) und Mehrtagestouren.

Rangitata Rafts, 15 km nördlich des Peel Forest Store, ✆ 0800 251 251, 🖥 www.rafts.co.nz. Der hochprofessionelle Anbieter veranstaltet in einer steilen Schlucht des Rangitata River mit die besten **Wildwasser-Raftingtrips** Neuseelands (Schwierigkeitsgrad IV–V, Okt–Mai tgl. 11.30 Uhr, $208). Die Touren umfassen 2 Std. auf dem Wasser – plus (für Wagemutige) einen Sprung von einer 10 m hohen Klippe –, ein Mittag-und ein Abendessen vom Grill. Der Transport von Christchurch (2 Std. Fahrt je Strecke) kostet nur $20 extra. Rechtzeitig buchen!

Mount Somers Track

Der subalpine Wanderweg Mount Somers Track (25 km Rundwanderweg, 2–3 Tage, 1000 Höhenmeter Anstieg) ist eine anstrengende Wanderung um den Berg herum, die an verlassenen Kohlebergwerken, vulkanischen Formationen und einem tief eingeschnittenen Canyon vorbeiführt. Der gesamte **Rundweg** ist am besten gegen den Uhrzeigersinn von Staveley aus anzugehen. Im Westen führt eine Straße zum Picknickplatz Woolshed Creek (ab Mount Somers), im Osten zum Parkplatz Sharplins Falls (ab Staveley). Wer also nicht den gesamten Weg gehen möchte, kann eine der Hälften gehen und sich sein Fahrzeug zum Endpunkt der Wanderung bringen lassen.

Tickets und Ausrüstung

Bevor man losgeht, muss man in den Läden in Staveley oder Mount Somers, in einem i-SITE Visitor Centre oder einem DOC-Büro die **Hüttentickets** für die DOC-Hütten kaufen ($15,30 pro Hütte, es gibt kein Buchungssystem). Kocher, Töpfe und Proviant müssen mitgenommen, das Wasser in den Hütten entkeimt werden. Unterwegs weisen in der Regel Markierungsstangen den Weg, oben auf den Hügeln kann man bei Nebel allerdings leicht die Orientierung verlieren, sodass **Karte und Kompass** ins Gepäck gehören.

Transport

Staveley Horse Treks, ☎ 03 303 0809, ✉ brucegray@clear.net.nz, bietet einen Fahrzeugüberführungsdienst für $30: Man wird am Woolshed Creek abgesetzt; anschließend wird das Auto zu einer sicheren Stelle beim Parkplatz Sharplin Falls gefahren und steht somit bereit, wenn man die Wanderung beendet. Außerdem bietet Methven Travel, ☎ 03 302 8106, einen **Shuttleservice** zum Parkplatz Woolshed Creek ($60 für die erste und $20 für jede weitere Person) und zum Parkplatz Sharplin Falls ($45 für die erste und $20 für jede weitere Person).

Die Route

Vom Parkplatz Sharplin Falls zur Pinnacles Hut (6 km, 3 1/2 Std., 470 Höhenmeter Anstieg). Der beliebteste Teil des Tracks sind die ersten zwei Kilometer zu den eher bescheidenen Sharplins Falls in einer hübschen Schlucht. Auf diesem Abschnitt gibt es zahlreiche Stufen, die aber gut zu bewältigen sind. Dann führt der Weg stetig durch Buchenwald bergauf, um an der Pinnacles Hut (19 Betten) die Baumgrenze zu erreichen. Die Hütte liegt unterhalb von Felsen, die oft von Kletterern erklommen werden.

Von der Pinnacles Hut zur Woolshed Creek Hut (6,2 km, 3 Std., 265 Höhenmeter Anstieg). Auf der nächsten Etappe geht es von der Hütte zumeist über baumloses Tussock-Grasland auf den 1170 m hohen Sattel. Unterwegs eröffnen sich freie Ausblicke auf die Berge und die Ebene. Beim Abstieg lohnt sich ein fünfminütiger Abstecher zu den Water Caves, wo sich ein Bach durch hausgroße Felsen zwängt. Danach sind es nur noch zehn Minuten zur modernen Woolshed Creek Hut (26 Betten), wo man gut auch zwei Nächte verbringen und den Tag zur Erkundung der umliegenden kleinen Täler und Canyons nutzen kann.

Von der Woolshed Creek Hut zum Parkplatz Sharplin Falls (13,5 km, 8 Std., 400 Höhenmeter Anstieg). Der Weg um die Südseite des Berges präsentiert sich ganz anders als vorher, da man über flaches Land bis zum Meer blicken kann. Es geht durch eine Landschaft aus Hochlandsträuchern (teilweise stark den Elementen ausgesetzt) und Buchenwald. Gleich nach Verlassen der Hütte bietet sich ein kurzer Abstecher zu den Howden Falls an. Danach führt der Weg auf einen Bergrücken, dann über eine grasbewachsene Hochebene; auf halber Strecke dieser Etappe steht ein neuer Unterstand. Nach einem steilen Anstieg durch Buchenwald beginnt der lange Abstieg, zunächst über einen Bergkamm mit tollem Ausblick, dann hinunter in den Wald und zum Parkplatz Sharplin Falls.

ZENTRALE SÜDINSEL

Informationen und Einkaufen

Peel Forest Store, ☎ 03 696 3567, 🖥 www.peelforest.co.nz. Der fantastische Laden fungiert gleichzeitig als Visitor Centre, Buchungsbüro für den DOC-Campingplatz, Postamt und Restaurant. Hier ist auch die DOC-Broschüre *Peel Forest Area* mit halb- bis 6-stündigen Wanderungen erhältlich. ⏰ Mo–Sa 9.30–17, So 10–17 Uhr.

Geraldine

Das prosperierende Agrarzentrum **Geraldine**, 50 km südlich von Mount Somers und 35 km nördlich von Timaru, lohnt mit ihren Kunsthandwerksläden, Galerien und Delikatessenläden, in denen Käse, Marmelade, Wein und Schokolade verkauft werden, einen kurzen Zwischenstopp.

Giant Jersey und Medieval Mosaic

10 Wilson St ▪ ⏰ Sommer Mo–Fr 9–17, Sa und So 10–16, Winter Mo–Sa 10–16 Uhr ▪ Eintritt Giant Jersey per Spende; Wandteppich $2 ▪ ☎ 03 693 9820, 🖥 www.giantjersey.co.nz und 🖥 www.1066.co.nz
Hier hängt ein 5,5 kg schwerer Strickpullover, einer der größten der Welt. Interessanter ist wohl eine 64 m lange Nachbildung des Wandteppichs von Bayeux als Mosaik, das vollständig aus kleinen Stahlplättchen zusammengesetzt ist. Die letzten acht Meter sind eine eigene Interpretation der Künstler Michael und Rachael Linton vom fehlenden letzten Abschnitt des Originalteppichs.

ÜBERNACHTUNG

Geraldine KIWI Holiday Park and Motel, 39 Hislop St, ☎ 03 693 8147, 🖥 www.geraldineholidaypark.co.nz. Gepflegter Platz voller Bäume mit der üblichen Auswahl an Cabins und Selbstversorger-Units ($82) und Fahrradverleih ($5/Std.). Camping $34, Cabins $52
Rawhiti Backpackers, 27 Hewlings St, etwa 1 km südwestlich vom Stadtzentrum, ☎ 03 693 8252, 🖥 www.rawhitibackpackers.co.nz. BBH-Hostel in ehemaliger Geburtsklinik von 1924; pieksaubere Zimmer und Gemeinschaftsbereiche, großer Garten. Dorms $33, DZ $76

ESSEN UND UNTERHALTUNG

Café Plums, 44 Talbot St, ☎ 03 693 9770. Das Café sieht zwar ganz normal aus, hier werden aber wunderbare Pralinen und Kuchen wie Linzer Torte mit Himbeeren und Honig-Nuss-Kuchen (Stück $3,50) hergestellt. Die Frühstückspreise fangen bei vernünftigen $7,50 an. ⏰ Mo–Fr 8–17, Sa 9–14 Uhr.
Verdé Café Deli, 45c Talbot St, ☎ 03 693 9616. In einem geschützten Garten voller Rosen, eine Straße von der Hauptstraße entfernt. Tagsüber die beste Möglichkeit, sich mit klassischen Café-Speisen und verlockendem Brunch zu verpflegen, z. B. Paella mit Erbsen, Spargel und Halloumi oder Lachs auf Feta-Kartoffel-Küchlein (je $18). ⏰ tgl. 9–16 Uhr.
Das wunderbare **Geraldine Cinema**, 84 Talbot St, ☎ 03 693 8118, 🖥 www.geraldinecinema.co.nz, ist ein zwangloses Kino mit Sofas und Sitzkissen und wärmenden Decken im Winter. Manchmal gibt's hier auch Livemusik und sogar Opernaufführungen. ⏰ normalerweise Do–So.

INFORMATIONEN

i-SITE Visitor Centre, Talbot St, Ecke Cox St, ☎ 03 693 1006, 🖥 www.gogeraldine.co.nz. ⏰ Mo–Fr 10–16, Sa und So 10–15 Uhr.
Kiwi Country Tourism Complex, Waihi Terrace, nördliche Verlängerung der Talbot St, ☎ 03 693 1101. Ebenfalls gut für Informationen und Souvenirs. ⏰ tgl. 8–17.30 Uhr.

TRANSPORT

Die **Busse** von Intercity/Newmans halten am Kiwi Country Tourism Complex. Atomic und NakedBus halten in der Cox St nahe dem i-SITE Visitor Centre, genauso wie diejenigen von Budget Shuttles, ☎ 03 615 5119, 🖥 www.budgetshuttles.co.nz, auf ihrer Fahrt von Christchurch nach Timaru.

Busse nach:
AORAKI/MOUNT COOK tgl., 3 Std.;
CHRISTCHURCH 5–6x tgl., 2 1/2 Std.;
QUEENSTOWN 4x tgl., 5–6 Std.;
TIMARU 1–2x tgl., 1/2 Std.

OBEN LAKE TEKAPO (S. 674); UNTEN KEA (S. 662)

ZENTRALE SÜDINSEL

Mackenzie Country

Zwischen den Canterbury Plains und den schneebedeckten Gipfeln der mittleren Südinsel erstreckt sich das **Mackenzie Country**, eine v. a. von Schafen bevölkerte Graslandschaft, die ganzjährig in einem Goldbraunton schimmert. Im November und Dezember wird dieses Bild ergänzt durch violette, rosafarbene und weiße **Lupinen**, die zwar als Unkraut gelten, aber einen herrlichen Anblick bieten.

Licht, das von winzigen Steinpartikeln reflektiert wird, verleiht den gletschergespeisten **Seen** Lake Tekapo, Lake Pukaki und Lake Ohau, die alle in das **Waitaki-Bewässerungssystem** (s. Kasten S. 684) eingebunden sind, einen milchigen Blauschimmer. Die **klare Luft** der auf rund 700 m Höhe gelegenen Region ist in der südlichen Hemisphäre beispiellos; an klaren Tagen bieten sich fantastische Ausblicke auf die Neuseeländischen Alpen, besonders rund um **Tekapo**.

Beherrscht wird die Region vom höchsten Berg Neuseelands, dem **Aoraki/Mount Cook**. Das gleichnamige **Dorf** in der Nähe ist der perfekte Ausgangspunkt für Skisport in den Bergen und Gletscherskitouren.

Tekapo

Der 83 km² große **Lake Tekapo** wird von den Flüssen Cass und Godley gespeist. Den Ausfluss des Sees bildet der **Tekapo River**, der sich an-

---

Touren und Aktivitäten in Tekapo

Der Mount John bietet Gelegenheit zu zwei schönen **Wanderungen**, die zu einer Schleife kombiniert werden können (am besten wählt man die längere, nicht so steile Route bergauf), sowie zu tollen **Sternwartentouren**. Die umliegende Landschaft bildet eine grandiose Kulisse für Bootstouren, Ausritte und Rundflüge.

Wanderungen

Mt John Summit (1 km einfach, 1 Std., 300 m Anstieg). Kurzer steiler Anstieg von den Tekapo Springs über einen Serpentinenweg durch Lärchenwald voller Vögel.

Mt John Lakeshore & Summit (6 km einfach, 3 Std., 300 m Anstieg). Einfacher Spaziergang Richtung Norden am Seeufer entlang, dann langsam über einen langen, windgepeitschten Kamm mit weiten Ausblicken bergauf zum Gipfel.

Sternwartentouren

Wer keine Lust auf eine späte Tour hat, sollte **frühzeitig buchen** (im Sommer gibt es Abfahrten ab 1.30 Uhr in der Früh). Die Teilnehmer werden zwar mit dicken roten Parkas und heißer Schokolade versorgt, trotzdem kann es auf dem Berg empfindlich kalt werden. Die meisten Touren beginnen am Buchungsbüro im Ort, von wo ein Shuttlebus hinauf zum Observatorium fährt. Die Touren finden auch bei Nebel statt. Eine Erstattung des Preises gibt es nur, wenn der Ausflug auf Grund von Wind oder Regen ausfallen muss.

Observatory Day Tour (tgl. 12–15 Uhr auf Anfrage, 30 Min., $20, mind. 2 Pers.). Wer auf eigene Faust mit dem Auto auf den Berg fährt oder hinaufwandert, kann sich dieser Tour anschließen, die beim Astro Café beginnt. Man bekommt dabei einige Observatoriumskuppeln von innen zu sehen, und bei klarer Sicht können die Teilnehmer durch ein Solarteleskop auf die Sonne schauen.

Observatory Night Tour (tgl. nach Sonnenuntergang, ca. 20 Uhr im Winter, 22 Uhr im Sommer, 2 Std., $105). Bei der beliebtesten Tour können die Teilnehmer durch das größte Teleskop, ein 61-cm-Teleskop, schauen und mit etwas Glück das Kreuz des Südens oder die Große Magellansche Wolke bewundern. Außerdem wird gezeigt, wie man die besten Fotos vom Sternenhimmel macht. Wenn der

schließend durchs Mackenzie Basin windet. Im Wasser gelöstes Gesteinsmehl – ultrafeine Felspartikel – verleihen dem Fluss sein milchig-türkises Aussehen.

Der Ort **Tekapo** am Südufer des atemberaubenden Lake Tekapo erfreut sich mit seinen Cafés und Souvenirgeschäften am See und seinen modernen Wohnsiedlungen wachsender Beliebtheit. Reisende verbringen am Seeufer gerne einen sonnigen Nachmittag bei einem Picknick, genießen von einem Whirlpool den Sonnenuntergang und bestaunen den Abendhimmel.

Church of the Good Shepherd

Pioneer Drive ▪ ⏰ tgl. 9–17 Uhr ▪ Eintritt per Spende
Erste Anlaufstelle der meisten Besucher ist die winzige **Church of the Good Shepherd**. Die auf einem kleinen, erhöhten Fundament mit Blick auf den See gerichtete Steinkirche wurde 1935 zum Gedenken an die Pioniere des Mackenzie Country erbaut.

Ungefähr 50 m östlich der Kirche steht das **Collie Dog Monument**, das 1968 von den Schaffarmern des Mackenzie Country als Zeichen ihres tiefen Respekts und ihrer Zuneigung für die Hunde errichtet wurde, ohne die an eine Weidewirtschaft in diesem unwirtlichen Gelände nicht zu denken wäre.

Tekapo Springs

6 Lakeside Drive ▪ ⏰ tgl. 10–21 Uhr ▪ Eintritt $18 ▪ ☎ 0800 235 382, 🖥 www.alpinesprings.co.nz
Dieser Komplex im Freien umfasst ultramoderne warme Becken, die wie Seen geformt und 36 °C

Himmel bedeckt ist, wird einem die Arbeit der Astronomen von den Universitäten Canterbury und Nagoya erläutert.
Sunset Tour (tgl. bei Sonnenuntergang, 2 Std., $140). Wem die Night Tour zu spät endet, der kann auf dieser Tour einen tollen Sonnenuntergang genießen und anschließend durch Teleskope auf den sich verdunkelnden Himmel schauen.
Cowan's Observatory Star Tour (tgl. an klaren Abenden nach Sonnenuntergang, 1 1/4 Std., $90). Eine günstige Tour, die nicht zum Mount John führt, sondern zu Teleskopen auf einem anderen Hügel abseits der – wenigen – Lichter von Tekapo. Wenn es bedeckt ist, bekommt man den gesamten Preis erstattet.

Bootstouren

Cruise Tekapo, ☎ 027 479 7675, 🖥 www.cruisetekapo.co.nz. Verschiedene Touren von einem 20-minütigen Kurztrip ($40) bis zu einer zweistündigen Rundfahrt mit Essen vom Grill (Lachs) auf Motuariki Island (1 1/2–2 Std., $125).

Rundflüge

Air Safaris, ☎ 0800 806 880, 🖥 www.airsafaris.co.nz. Für Leute mit wenig Zeit bietet die „Grand Traverse" einen Rundflug über die Neuseeländischen Alpen zur Westküste mit Ausblicken auf die Gletscher Franz Josef, Fox, Tasman und Mueller sowie auf den Aoraki/Mount Cook (50 Min., $325). Nur Fensterplätze.
Tekapo Helicopters, ☎ 0800 359 835, 🖥 www.tekapohelicopters.co.nz. Rundflüge (20–60 Min., ab $199) mit Landung im Schnee. Am beliebtesten ist der Flug „Mount Cook Adventure" (40 Min., $330), bei dem man auch auf dem ganzjährig zugeschneiten Liebig Dome landet.

Reiten

Mackenzie Alpine Trekking, ☎ 0800 628 269, 🖥 www.maht.co.nz. Reitausflüge von der Balmoral Station, dem Sitz der Veranstalterin, durch atemberaubende Landschaften. ⏰ nur Nov–April, $60/ 1 Std., $140/3 1/2 Std.

bis 40 °C warm sind. Dazu gibt's ein Wellnesscenter (Massagen ab $55 für 30 Min.), im Sommer eine Wasserrutsche, im Winter eine Eisbahn und das ganze Jahr über Rodeln mit dem Reifenschlauch (im Winter auf Schnee, im Sommer auf Teppichen).

Mount John

2 km Fußweg, 9 km entlang der Straße nordwestlich von Tekapo ▪ ✆ 03 680 6960, ☐ www.earthandsky.co.nz

Die weitgehende Abwesenheit von künstlichem Licht liefert perfekte Bedingungen zur Betrachtung des Nachthimmels (Tekapo befindet sich innerhalb des Aoraki Mackenzie International Dark Sky Reserve), und daher stehen auf dem 1000 m hohen **Mount John** Teleskope im Dienst der University of Canterbury und astronomischer Institute aus der ganzen Welt. Auf den Berg führen zwei schöne Wanderungen (s. Kasten S. 674); für die Mühe kann man sich oben im Astro Café belohnen. Höhepunkte sind die verschiedenen Sternwarten- und Himmelsbeobachtungstouren (s. Kasten S. 674). Bei schlechtem Wetter können Zufahrtsstraße und Café geschlossen sein – auf die Hinweise am Beginn des Weges zum Gipfel achten.

ÜBERNACHTUNG

The Chalet Boutique Motel, 14 Pioneer Drive, ✆ 0800 843 242, ☐ www.thechalet.co.nz. 7 wunderschöne, individuell eingerichtete Selbstversorger-Apartments mit Blick auf den See, in hübscher Lage 100 m entlang des Ufers von der Church of the Good Shepherd. $190
Lake Tekapo Motels and Holiday Park, 2 Lakeside Drive, ✆ 03 680 6825, ☐ www.laketekapo-accommodation.co.nz. Großer, gut ausgestatteter Holiday Park 1 km von Tekapo an der Südwestecke des Sees. Das breite Angebot an Unterkunftsarten reicht von Dorms, die sich im separaten Gebäude der ehemaligen Lakefront Lodge Backpackers befinden, über Zeltplätze ($15) bis zu Cabins und Motel Rooms ($130). Fahrradvermietung ($25/halber Tag). Dorms $30, Standard Cabins $85
Peppers Bluewater Resort, ✆ 0800 680 7000, ☐ www.peppers.co.nz/bluewater. Außen-

posten einer australischen Kette mit schicken kleinen Hotelzimmern und größeren Häuschen mit bis zu 3 Schlafzimmern. Irgendwie fehlt es allerdings an Atmosphäre, aber zumindest die teureren Zimmer bieten von ihren Balkonen einen tollen Seeblick. DZ $179, Deluxe-DZ $251
Tailor-made-Tekapo Backpackers, 9-11 Aorangi Crescent, ✆ 03 680 6700, ☐ www.tailor-made-backpackers.co.nz. Freundliches BBH-Hostel in einem Haus, 5 Min. zu Fuß von der Bushaltestelle und den Geschäften. Hübsche, gemütliche Zimmer und gepflegter Garten mit Grillbereich, aber leider kein Ausblick. Dorm $30, DZ $78

YHA Lake Tekapo, 3 Simpson Lane, ✆ 03 680 6857, ☐ www.yha.co.nz. Eine der besten YHA-Herbergen überhaupt, voller Leben und mit einem Aufenthaltsraum mit einem Panoramafenster, das vom Fußboden bis zur Decke reicht und grandiose Ausblicke auf den See ermöglicht. Auch Camping ($18) möglich. Dorms $38, DZ $96

Camping
Lake McGregor, 1 km westlich von Tekapo, dann 9 km Richtung Norden. Einfacher Platz im DOC-Stil auf offenem Gelände an einem hübschen See, mit Toilette und Wasseranschluss. Die Zufahrtsstraße ist größtenteils geschottert. $5

ESSEN

Astro Café, auf dem Mt John. Das Café mit atemberaubenden Ausblicken auf See und Berge bietet Kuchen, Sandwiches, Suppe ($10) und sehr guten Kaffee. ⏲ tgl. 10–17 Uhr.

Kohan, SH8, ✆ 03 680 6688, ☐ www.kohannz.com. Funktionales Ambiente, aber fabelhafte Ausblicke und erschwingliches, erstklassiges japanisches Essen. Bento-Box ab $25, ein Teller „tekapo rolls" kostet $15. BYO und Alkohollizenz. ⏲ tgl. 11–14 und 18–21 Uhr, sonntagabends meist geschl.
Reflections, SH8, ✆ 03 680 6234, ☐ www.reflectionsrestaurant.co.nz. Solides Restaurant mit Terrasse am Rand des Sees. Umfangreiche Speisekarte, z. B. Lachs, Lamm und Rindfleisch. Lecker sind auch die verschiedenen Burger-Kombinationen ($16,50) oder Lachs mit in Butter

gegartem Spinat und Kürbisrisotto ($29). Gratis-WLAN. ⊕ tgl. 7–21 Uhr oder später.

Run 77, SH8, ✆ 03 680 6910. Das tolle Geschäft verkauft Feinkostprodukte und beherbergt das beste Tagescafé im Ort, mit tollem Kaffee und frisch gebackenen kleinen Köstlichkeiten sowie warmen Mahlzeiten. Gut ist das Mackenzie High Country Breakfast ($21,50). Der Service ist allerdings etwas lahm. ⊕ tgl. 7.30–16 Uhr.

SONSTIGES

Geld
Der Geldautomat außerhalb des Restaurants Reflections akzeptiert die meisten Kreditkarten.

Informationen
Das Tekapo i-SITE Visitor ist geschlossen. Tekapo Springs betreibt nun ein eigenes **Infobüro**, ✆ 03 680 6579, gleich neben dem Büro von Earth and Sky. ⊕ Sommer tgl. 10–18, Winter tgl. 9.30–17 Uhr.

TRANSPORT

Die zwischen Christchurch und Queenstown verkehrenden **Busse** halten im Ortszentrum: NakedBus und InterCity/Newmans/Great

Sights vor der Lake Tekapo Tavern, Atomic vor dem Four Square Supermarket. The Cook Connection, ✆ 0800 266 526, 🖥 www.cook connect.co.nz, holt die Fahrgäste von den Unterkünften ab.

Busse nach:
AORAKI/MOUNT COOK 1–2x tgl., 1 1/2 Std.;
CHRISTCHURCH 4x tgl., 3–4 Std.;
QUEENSTOWN 4x tgl., 3–4 Std.;
TWIZEL 4x tgl., 40 Min.

Lake Pukaki

47 km südwestlich von Tekapo

Von Tekapo aus führt der SH8 zum Südufer des 30 km langen **Lake Pukaki**. Das surreal gefärbte Wasser dieses gletschergespeisten Sees bildet den perfekten Vordergrund für den im Norden thronenden Aoraki/Mount Cook und seine schneebedeckten Nachbarn. Diesen Blick genießt man am besten von einem Parkplatz am Straßenrand.

Peters Lookout

1 km hinter dem Aussichtspunkt zweigt der SH80 Richtung Norden zum Aoraki/Mount Cook Village ab, während der SH8 nach weiteren 6 km

Skifahren im Mackenzie Country

Neben dem Gletscherskifahren am Aoraki/Mount Cook bietet das Mackenzie Basin drei Skigebiete, alle in der Regel geöffnet von Ende Juni bis Ende September.

Mount Dobson, von Tekapo auf dem SH8 28 km Richtung Osten, dann 15 km auf einer Schotterstraße Richtung Norden, ✆ 03 685 8039, 🖥 www.dobson.co.nz. Das Skigebiet ist für seinen schönen Pulverschnee, viel Sonne und relativ leere Pisten bekannt und eignet sich für Wintersportfreunde aller Stufen (2 Abfahrten für Anfänger, 6 für Fortgeschrittene und 4 für erfahrene Skifahrer). Es gibt einen Schlepp-, einen Teller- und einen Sessellift. Am Wochenende und in den Ferienzeiten fährt ab Fairlie ein Shuttlebus – Fahrpläne können online eingesehen werden. Skipass $78.

Ohau, 9 km westlich der Lake Ohau Lodge, ✆ 03 438 9885, 🖥 www.ohau.co.nz. Das kleine Areal wartet mit zuverlässigem Pulverschnee und nicht überlaufenen Pisten auf, darunter Abfahrten für Anfänger, Fortgeschrittene und erfahrene Skifahrer. Ausrüstungsverleih und Skischule vor Ort. Skipass $81.

Roundhill, 32 km nördlich von Tekapo, zu erreichen über die Lilybank Rd, ✆ 03 680 6977, 🖥 www. roundhill.co.nz. Vor allem bei Familien sehr beliebtes Skigebiet mit einem langen Schlepplift, zwei Übungsliften und dem weltweit längsten und steilsten Seillift (1,4 km); damit erreicht man einen Gesamthöhenunterschied von 783 m. Die meisten Hänge sind jedoch sanft (aber mit 4 Abfahrten für Experten). Skipass $78.

ZENTRALE SÜDINSEL

Twizel erreicht. Diese gute, zumeist ebene Straße führt vom SH8 55 km lang durch das Tussock-Grasland am Westufer des Lake Pukaki nach Norden. Unterwegs passiert man nach rund 12 km **Peters Lookout**, einen beliebten Aussichtspunkt an der Seeseite der Straße.

12 km nördlich von Twizel befindet sich am SH8 The Pines, ein riesiger, nicht ausgeschilderter **Campingplatz** mit Plumpsklos, einem Wasserhahn und fabelhaften See- und Bergblicken von den Stellplätzen am Wasser; kostenlos.

12 HIGHLIGHT

Aoraki/Mount Cook

Der höchste Gipfel des Landes, der spektakuläre, 3754 m hohe **Mount Cook**, ist immer häufiger auch unter seinem Maori-Namen **Aoraki** („Wolkenaufspießer") bekannt, und die beiden Namen werden oft zu Aoraki/Mount Cook kombiniert. Der Bergriese beherrscht die 700 m² großen **Aoraki/Mount Cook National Park**, der 1986 zum **Weltnaturerbe der Unesco** erklärt wurde. Mit seinen 22 Dreitausendern beherbergt der Nationalpark den Löwenanteil der Hochgebirgslandschaft Neuseelands. Das Gebirge besteht größtenteils aus Grauwacke, einem Sedimentgestein, das sich vor 250 bis 300 Mio. Jahren in einem ozeanischen Graben ablagerte.

Der Aoraki/Mount Cook liegt im Herzen einer einzigartigen Bergwelt, deren alpines Gestein in der Kälte leicht platzt und sich in riesigen Mengen als Schotter auf dem Boden der Täler sammelt. Die in Tussock-Gras gehüllten Ausläufer, wo Mount-Cook-Lilien, Gänseblümchen und Schnee-Enziane blühen, stehen in deutlichem Kontrast zu den unwirtlichen Eisfeldern an den oberen Hängen.

Das Gebiet erschließt sich recht gut im Rahmen von Wanderungen zu großartigen Aussichtspunkten oder zum Ende des 27 km langen **Tasman-Gletschers**, der von den Eisfeldern der stark vergletscherten umliegenden Gipfel gespeist wird.

Das **Wetter** ist für seine plötzlichen Umschwünge bekannt – oft kündigt eine tief liegende Wolkendecke Regenfälle an, und die frische Bergluft reizt die Lungen.

Geschichte

Vor rund 5 Mio. Jahren schob sich die Verwerfung **Alpine Fault** langsam in die Höhe, und allmählich schuf sie so die Neuseeländischen Alpen. Heute setzt sich dieser Prozess in etwa mit der Geschwindigkeit fort, mit der die Erosion für Abtragung sorgt, sodass die Berge ihre Höhe zumindest konstant halten. Allerdings hat 1991 ein gewaltiger Erdrutsch den Gipfel des Aoraki/Mount Cook um 10 m schrumpfen lassen, ein Ereignis, das 70 km entfernt in Twizel mit einem Beben der Stärke 3,9 registriert wurde.

Der Name Mount Cook wurde dem Berg 1851 zu Ehren des großen englischen Seefahrers verliehen. Der Gipfel wurde erstmals 1894 bezwungen, doch weil der Berg den Maori heilig ist, werden Kletterer dazu angehalten, den eigentlichen Gipfel nicht zu betreten.

Sir Edmund Hillary

Sir Edmund Hillary ist seit langem der berühmteste und meistbewunderte Neuseeländer, was sich durch seinen Tod im Alter von 88 Jahren im Jahr 2008 wohl noch verstärkt hat. Es ist zweifelsohne eine bedeutende Leistung, 1953 zusammen mit Tenzing Norgay als erster Bergsteiger überhaupt den Mount Everest bezwungen zu haben. Aber vor allem steht Hillary für bestimmte Eigenschaften, die von den Kiwis besonders geschätzt werden: Fleiß, Unverblümtheit, Ehrlichkeit und v. a. Bescheidenheit. Wie sagte er doch bei seiner Rückkehr von der erfolgreichen Gipfelbesteigung: „Siehst du, George [Mallory], wir haben es dem Scheißkerl gezeigt." So schafft man es in Neuseeland auf den 5-Dollar-Schein!

Hillary wuchs unweit von Auckland auf, kletterte aber in seinen frühen Bergsteigerjahren häufig in der Umgebung von Aoraki/Mount Cook Village, weshalb vor dem Sir Edmund Hillary Alpine Centre eine **Bronzestatue** des jugendlichen Alpinisten steht.

Aoraki/Mount Cook Village

Die einzige Siedlung im Nationalpark ist das winzige **Aoraki/Mount Cook Village**; es liegt 760 m ü. d. M. vor einer traumhaften Kulisse. Es ist hufeisenförmig von Bergen umringt, darunter ist auch der Aoraki/Mount Cook selbst. Fast alles im Dorf wird entweder vom Hotel The Hermitage (mit dem Sir Edmund Hillary Alpine Centre) oder vom DOC (u. a. ein faszinierendes Visitor Centre) betrieben.

DOC Visitor Centre

⊙ tgl. 8.30–17 Uhr ▪ Eintritt frei ▪ ✆ 03 435 1186
Hier kann man seine Wanderabsichten registrieren lassen, Wander- und Wetterinformationen sowie Karten bekommen und erhält einen Einblick in die fesselnde Natur- und Sozialgeschichte der Region – eine schöne Ergänzung zum Sir Edmund Hillary Alpine Centre. Für die Erkundung der auf zwei Etagen verteilten **Ausstellungen** über Klima, Gletscherdynamik, die Geschichte des Alpinismus und die Bedeutung der Region für Forschungsreisende, Wissenschaftler und Kartografen der frühen Pionierzeit sollte man sich eine Stunde Zeit nehmen.

Sir Edmund Hillary Alpine Centre

Im Hotel The Hermitage ▪ ⊙ tgl. 7–20.30 Uhr ▪ Eintritt $20 ▪ ✆ 0800 686 800, 🖥 www.hermitage.co.nz
Die Geschichte des Hotels The Hermitage und seiner Rolle im neuseeländischen Alpinismus wird in diesem kleinen Museum erzählt, und dazu informiert es über die Erschließung der Region und die Bergsteigerkarriere des Namensgebers. Außerdem gibt es hier ein **3-D-Kino** und **Planetarium**; so klärt *Mount Cook Magic* anhand einer Mischung aus Originalfilmsequenzen und Computergrafiken über die Geologie und die kulturelle und sportliche Entwicklung der Bergregion auf. Die Gewinne, die das Alpine Centre abwirft, fließen zum Teil an Hillarys Himalayan Trust.

Wanderungen im Aoraki/ Mount Cook National Park

Die schönen **Wandermöglichkeiten** im Park reichen von leichten Tageswanderungen in direkter Umgebung des Aoraki/Mount Cook Village bis zu spektakulären Bergtouren. Die DOC-Broschüre *Walking and Cycling Tracks in Aoraki/*

Aoraki / Mount Cook Village

Übernachtung		White Horse Hill	1/5
Aoraki/Mount Cook	4	Campsite	
Alpine Lodge		YHA Mount Cook	7
Glentanner Park Centre	9		
The Hermitage	3	● **Restaurants,**	
Mount Cook	6	**Cafés und Bars**	
Backpacker Lodge		Chamois Bar & Grill	3
Mueller Hut	2	The Hermitage	1
Unwin Lodge	8	The Old Mountaineers	2

Mount Cook National Park ($1) beschreibt elf ausgezeichnete Tageswanderungen (10 Min. bis 6 Std.). Von den genannten Basiswegen zweigen jeweils noch längere Wanderwege für ehrgeizigere Kandidaten ab. Das Betreten der Gletscheroberflächen ist nur denjenigen zu empfehlen, die über ausreichende Erfahrung verfügen oder sich in Begleitung einer Person mit entsprechender Erfahrung befinden.

Governors Bush Walk

▪ 2 km hin und zurück vom Dorf, 1 Std.
Die leichteste Wanderung in der Umgebung führt durch einen kleinen Silberbuchenwald mit einer vielfältigen Vogelwelt. Langsam gelangt man hinauf zu einem Aussichtspunkt mit Blick zurück Richtung Aoraki/Mount Cook. Bei schlechtem Wetter ist man relativ geschützt.

ZENTRALE SÜDINSEL

Blue Lakes and Tasman Glacier View

■ 1 km hin und zurück, 40 Min., 100 m Anstieg

Die einfache Wanderung bietet gute Ausblicke auf die unteren Ausläufer des Tasman Glacier, der bis zu 600 m dick und bis zu 3 km breit ist und sich mit einer Geschwindigkeit von 20 cm pro Tag fortbewegt. Die Wanderung beginnt am Parkplatz des **Blue Lakes Shelter**, 8 km Fahrt über die Tasman Valley Road; ein eigenes Fahrzeug ist erforderlich.

Red Tarns Track

■ 4 km hin und zurück vom Dorf, 2 Std., 300 m Anstieg

Die ausgezeichnete, recht einfache Wanderung beinhaltet einen kurzen, steilen Abschnitt, entschädigt aber mit einigen hübschen Wasserbecken, die durch eine Pflanze rot gefärbt sind, und einem ungestörten Panoramablick auf den Aoraki, das Dorf und das Tasman Valley.

Kea Point Track

■ 7 km hin und zurück vom Dorf, 3 km vom Campingplatz Whitehorse Hill, 2 Std., 200 m Anstieg

Die wenig anstrengende, aber lohnende Wanderung führt über sanft gewelltes Grasland zu einem Aussichtspunkt auf der Moränenwand des Mueller Glacier. Von hier fällt der Blick auf den Mueller Lake, in das Tal Richtung Hooker Glacier und auf die Hängegletscher und Eisabbrüche am Mount Sefton.

Hooker Valley Track

■ 9 km hin und zurück ab dem Campingplatz White Horse Hill, 3 Std., 200 m Anstieg

Diese beliebte und ausgezeichnete Wanderroute muss man nicht in ganzer Länge schaffen. Es reicht auch der Weg bis zum Alpine Memorial mit Blick auf die Westflanke des Aoraki/Mount Cook oder über eine Reihe von Hängebrücken bis zum Hooker Lake am Hooker-Gletscher. Wer im Dorf startet, benötigt etwa 1 Std. länger.

Mueller Hut Route

■ 10 km hin und zurück vom Dorf, 6–8 Std., 1000 m Anstieg

Der anspruchsvolle Weg zweigt unmittelbar vor Erreichen des Gletschers vom Kea Point Track ab und führt als von Steinhaufen gekennzeichneter Sealy Tarn Track steil bergauf Richtung Westen. Nachdem man die kleinen Bergseen erreicht hat, wird der Weg zur Hütte alle 200 m von (weniger romantischen, aber deutlicher zu erkennenden) orangefarbenen Dreiecken markiert.

Die letzte Etappe führt über einen losen Schotterhang und einen Bergkamm zur 1800 m hoch gelegenen modernen **Mueller Hut** (S. 682). Das Panorama ist sensationell, und die Stille wird nur durch das Plätschern des Wassers und das heisere Gekreische der Keas durchbrochen. In der kälteren Jahreszeit sind Steigeisen, Eispickel und Erfahrung im winterlichen Bergsteigen erforderlich, jedoch ist die Route von Dezember bis Mitte April gewöhnlich eisfrei. Zu jeder Jahreszeit empfiehlt sich ein Blick in die DOC-Broschüre *Mueller Hut Route* ($2) und eine Registrierung im *Intentions Book*.

ÜBERNACHTUNG

In der Hochsaison zwischen Oktober und April sollte man frühzeitig reservieren.

Aoraki/Mount Cook Alpine Lodge, 101 Bowen Drive, ✆ 0800 680 680, 🖥 www.aorakialpine lodge.co.nz. Hervorragende Unterkunft mit realistischen Preisen. Gemütliche Twins und DZ, Lounge mit fantastischem Ausblick, voll ausgestattete Küche, Terrasse mit Grill. Ein Zimmer mit Ausblick kostet $25 mehr. DZ $164, Familienzimmer $195

Glentanner Park Centre, 18 km südlich am SH8, ✆ 03 435 1855, 🖥 www.glentanner.co.nz. Gut ausgestatteter Komplex mit geschützten Stellplätzen ($19), Gemeinschaftsunterkunft mit 10 Betten (Bettzeug mitbringen oder leihen) und Cabins mit Blick auf die Berge und das Tasman Valley. Geschützter Grillbereich mit Panoramablick. Zum Komplex gehört auch ein Café. Dorms $28,50, Cabins $95

The Hermitage, ✆ 0800 686 800, 🖥 www. hermitage.co.nz. 1868 gegründetes Hotel; nach mehrfachem Neubau heute ein moderner Gebäudekomplex. DZ und Suiten im mehrstöckigen Hauptgebäude (mit schönem Ausblick $100 Aufpreis); dazu kommen Chalets und Motel Units in der Nähe. DZ $255, Motel Units und Chalets $245

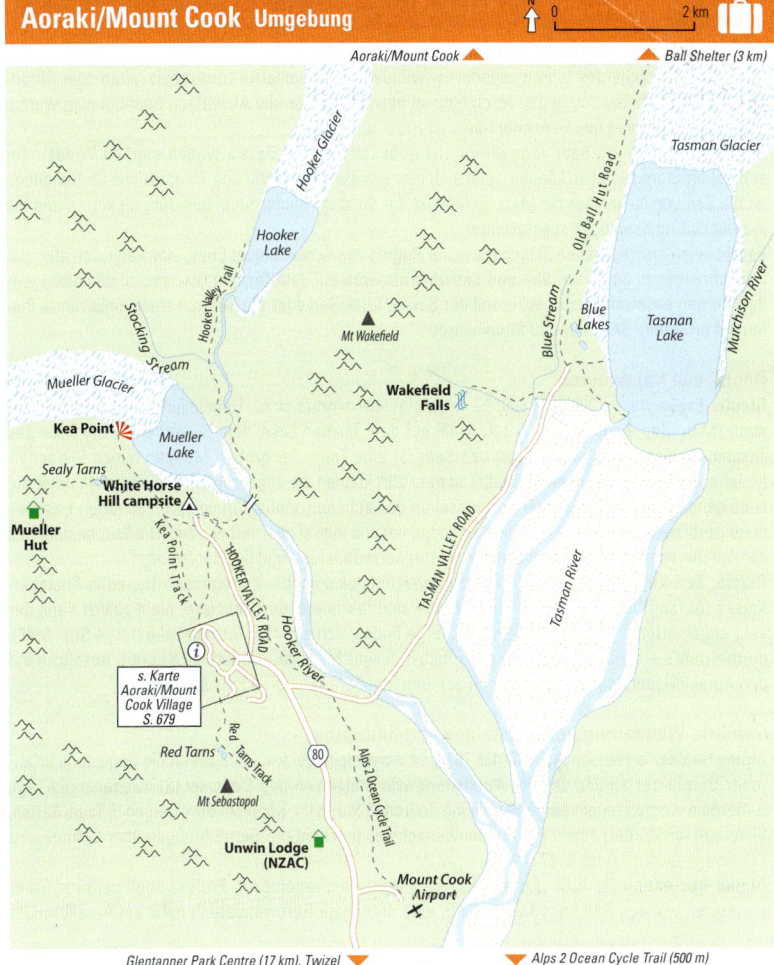

Aoraki/Mount Cook ▲
▲ Ball Shelter (3 km)

Hooker Glacier

Tasman Glacier

Old Ball Hut Road

Hooker Lake

Murchison River

Hooker Valley Trail

Blue Stream

Blue Lakes

Tasman Lake

Mt Wakefield ▲

Stocking Stream

Mueller Glacier

Wakefield Falls

Kea Point

Mueller Lake

Sealy Tarns

White Horse Hill campsite △

Mueller Hut

Kea Point Track

HOOKER VALLEY ROAD

TASMAN VALLEY ROAD

Tasman River

s. Karte Aoraki/Mount Cook Village S. 679

Hooker River

Red Tarns

Red Tarns Track

(80)

Alps 2 Ocean Cycle Trail

Mt Sebastopol ▲

Unwin Lodge (NZAC) ■

Mount Cook Airport ✈

Glentanner Park Centre (17 km), Twizel ▼

▼ Alps 2 Ocean Cycle Trail (500 m)

Mount Cook Backpacker Lodge, ☏ 0800 100 512, 🖥 www.mountcookbackpackers.co.nz. Schickes Hotel in einem ehemaligen Personalquartier mit Gästeküche und der Chamois Bar. 4-Bett-Dorms (alle mit Bad), DZ mit Bad und Units mit eigener Küche ($170). Dorms $38, DZ $135

Unwin Lodge, unweit der Abzweigung zum Flughafen 4 km außerhalb des Dorfes,

☏ 03 435 1100, 🖥 www.alpineclub.org.nz/hut/unwin. Hütte des Alpine Club, auch für Nicht-Mitglieder offen. Einfache Unterkunft im Herbergsstil mit riesigem Gemeinschaftsbereich samt Küche. Waschmaschine und Internetzugang. Eigenes Bettzeug und Verpflegung muss mitgebracht werden. $30

🧳 **YHA Mount Cook**, 1 Bowen Drive, ☏ 03 435 1820, ✉ yhamtck@yha.co.nz.

Solange das Wetter mitspielt, kommt am Aoraki/Mount Cook sicher keine Langeweile auf. Man kann über einen Gletschersee fahren, wunderbar wandern, in traumhafter Landschaft reiten oder Allradfahrten unternehmen sowie den Nachthimmel betrachten. Für alle Aktivitäten benötigt man warme Kleidung, Regenzeug und Sonnencreme.

Rundflüge sollten ein paar Tage im Voraus gebucht werden. Da sie wegen starken Winds oder schlechter Sicht ausfallen können, zahlt sich eine gewisse Flexibilität aus. Hauptsaison für Rundflüge ist die Zeit von November bis März; jedoch ist die Sicht im Winter (Juni und Juli) oft klarer, und die Ausblicke sind dann noch spektakulärer.

Es gibt keine erschlossenen Skigebiete in der Region des Aoraki/Mount Cook, man kann sich aber per Hubschrauber zu geführten **Ski- und Snowboardtouren** auf dem Tasman Glacier und den umliegenden Bergen absetzen lassen. Während der Saison (Juli–Sep oder Okt) warten steile, unberührte Pisten auf erfahrene Skifahrer und Snowboarder.

Boots- und Kajaktouren

Glacier Explorers, ☎ 0800 686 800, ▭ www.glacierexplorers.co.nz. Unheimliche einstündige Bootstour (Mitte Sep–Ende Mai, 3–7x tgl., $145) auf dem Tasman Lake, dem Gletschersee am Fuße des Tasman Glacier. Die graue Färbung des Sees ist eine Folge der großen Mengen feinen Gletscherabriebs, der das Licht reflektiert. Während der Fahrt können die abgebrochenen Eisbrocken unter die Lupe genommen werden, wobei sich zwischen den schönen, wabenförmig durchlöcherten Eiszellen auch Geröllreste zeigen, die vom Eis aufgenommen und mittransportiert wurden. Die Tour besteht aus der Anfahrt vom Dorf, einer halbstündigen Moränenwanderung und der Bootstour.

Glacier Sea-Kayaking, ☎ 03 435 1890, ▭ www.mtcook.com. Die aufregenden Touren in Ausleger-Kajaks (Anfang Okt–April) durch die Eisberge sind faszinierende Erlebnisse, nicht zuletzt dank der sehr engagierten Guides. Die größten Eisberge finden sich auf dem Tasman Lake (tgl., 4 Std., $145); dorthin geht's erst per Minibus, dann per halbstündiger Moränenwanderung. Bessere Ausblicke auf den Aoraki/Mount Cook hat man jedoch auf dem Mueller Lake (tgl., 3 Std., $130).

Geführte Wanderungen, Bergsteigen und Skifahren

Alpine Guides, im Hermitage, ☎ 03 435 1834, ▭ www.alpineguides.co.nz. Bietet die Begleitung erfahrener Bergführer an und verleiht Ausrüstung wie Steigeisen und Eispickel ($12/Gegenstand/Tag). Außerdem werden regelmäßig Helitrekking-Touren (3 Std., 545), Kurse im Bergsteigen (6 Tage, $2250), Skitouren (im Winter) sowie auf Kundenwünsche zugeschnittene Bergführungen über Schnee und Felsen angeboten. ⏱ tgl. 8–17 Uhr.

Alpine Recreation, ☎ 0800 006 096, ▭ www.alpinerecreation.com. Professionell geführte Trekkingtouren wie den Ball Pass Trek ($1220), eine dreitägige Bergwanderung nahe am Aoraki/Mount

Ausgezeichnetes, wenn auch etwas beengtes Hostel mit 76 Betten in einem gemütlichen, modern eingerichteten Holzhaus. Abends Saunanutzung und gut sortierter Laden. Dorms $38, DZ $137

Camping und Hütten

Mueller Hut. Nur Wanderer auf der Mueller Hut Route (S. 680) nächtigen in dieser Hütte mit 28 Betten. Die Schlafplätze können im Sommer online reserviert werden. Bevor man zur Hütte loswandert, sollte man seine Wanderabsichten im Visitor Centre registrieren lassen. Hütte $36, Camping $15

White Horse Hill Campground, Hooker Valley Rd, 2 km nördlich des Dorfs. Friedlicher und zwangloser Campingplatz mit steinigem Untergrund, im Sommer ist das Wasser entkeimt. Er liegt unterhalb des Mount Sefton.

ZENTRALE SÜDINSEL

Cook mit Überquerung des 2130 m hohen **Ball Pass** und Übernachtung in der gemütlichen privaten Caroline Hut.

Southern Alps Guiding, ☎ 03 435 1890, 🖥 www.mtcook.com. Ganztägige geführte Skiausflüge inkl. Mittagessen und zwei sehr langen Wildnisabfahrten (8–12 km, $880), oder eine Abfahrt auf dem Tasman- oder dem noch weniger besuchten Murchison Glacier ($955). Heli-Skiing im Ben Ohau-Gebirge (3 Abfahrten, $825) und regelmäßige Bergtouren werden ebenfalls angeboten.

Rundflüge

Helicopter Line, Glentanner Park, 20 km südlich des Mount Cook Village, ☎ 0800 650 651, 🖥 www.helicopter.co.nz. Vier landschaftlich schöne Hubschrauberrundflüge an Talwänden und Gipfeln entlang, mit Ansichten des Gletscherbruchs Hochstetter Icefall und Landungen im Schnee. Zur Auswahl stehen Alpine Vista (20 Min., $235), Alpine Explorer (35 Min., $355) und Mountain High (40 Min., $440) oder Mount Cook and Glaciers (50 Min., $620) mit Schleife um den Aoraki und Ausblicken zur Westküste, bevor der Tasman Glacier überflogen wird.

Mount Cook Ski Planes, ☎ 0800 800 702, 🖥 www.mtcookskiplanes.com. Der Veranstalter bietet seit 1955 unvergessliche Rundflüge vom Mount Cook Airfield und hat erheblich zur Entwicklung der Schneelandetechnik beigetragen. Die Preise für Rundflüge mit einem Flugzeug und einem Hubschrauber sind gleich, von $245 für 25 Min. bis zum Grand Circle (55 Min., $560) mit Schleife um den Aoraki, kurzer Überquerung der Main Divide, Flug durch enge Täler und Landung auf dem stillen Tasman Glacier zu einem Spaziergang auf dem jungfräulichen Schnee.

Allradfahrten

Tasman Valley 4WD & Argo Tours, ☎ 0800 686 600, 🖥 www.mountcooktours.co.nz. Das Hotel The Hermitage bietet Allradtouren auf der Tasman-Moräne zu ansonsten unzugänglichen Aussichtspunkten (ganzjährig, 2–5× tgl., 1 1/2 Std., $79) – eine gute Alternative bei schlechtem Wetter.

Reiten

Glentanner Park Centre, SH80, 20 km südlich des Dorfs, ☎ 03 435 1855, 🖥 www.glentanner.co.nz. Ein-($70) und zweistündige ($90) Ausritte über einfaches bis mittelschweres Terrain. Die Ausritte werden nur von Nov–April angeboten.

Himmelsbeobachtung

Big Sky, The Hermitage, ☎ 0800 686 800, 🖥 www.hillarycentre.co.nz. Nach einer Einführung im Planetarium folgt draußen eine Betrachtung des südlichen Sternenhimmels. Ganzjährig nach Einbruch der Dunkelheit (2 Std., $62).

Der Platz ist über eine Straße zugänglich oder in 30 Min. zu Fuß vom Dorf über den Kea Point Track. $10

ESSEN

Lebensmittel sind hier nicht billig, und die Auswahl ist sehr begrenzt. Es ist daher ratsam, alles Notwendige aus Twizel mitzubringen.

Chamois Bar & Grill, Mt Cook Backpacker Lodge. Kneipe mit recht gewöhnlichen Mahlzeiten wie Fish 'n' Chips, Rippchen und Pizza, alle Hauptgerichte um $20–30. ⏰ tgl. 17.30 Uhr bis spät.

The Hermitage, ☎ 0800 686 800, 🖥 www.hermitage.co.nz. Das Hotel verfügt über mehrere Cafés, Restaurants und Bars: Das Sir Edmund Hillary Café & Bar serviert auf einer Terrasse mit Mount-Cook-Blick leichte

Gerichte, das Alpine Restaurant bietet Frühstück (*continental* $19, warm $29), Mittag- ($39) und Abendessen ($62) im Buffet-Stil, und der noble Panorama Room, der in erster Linie für Hotelgäste gedacht ist, beeindruckt mit feiner Küche und fantastischen Panoramen (Hauptgerichte ca. $40). Die Snowline Bar schließlich wartet mit tiefen Ledersofas und zauberhaften Ausblicken auf.
🕐 Sir Edmund Hillary Café & Bar tgl. 9–18 Uhr, Alpine Restaurant tgl. 6.30–10, 11.30–14.30 und 18–22 Uhr, Panorama Room tgl. 18–21.30 Uhr, Snowline Bar tgl. 15 Uhr bis spät.

📖 **The Old Mountaineers**, 📞 03 435 1890, 💻 www.mtcook.com. Das Old Mountaineers ist zwar in wenig teuer, aber zweifelsohne das beste Lokal im Ort, mit Kaminfeuer, echter Berghütten-Atmosphäre, bequemen Stühlen, tollen kleinen Speisen wie herzhaften Bio-Burgern ($24) und köstlichen Suppen ($13,50) sowie ausgezeichnetem Kaffee, Bier und Wein. 🕐 tgl. 10–21.30, im Winter tgl. 11–20 Uhr.

Das Waitaki-Wasserkraftprojekt

Das Waitaki-Wasserkraftprojekt deckt mit zwölf Kraftwerken am Waitaki River und dessen Quellflüssen um die Seen Tekapo, Pukaki und Ohau ein Fünftel des Strombedarfs des Landes. Die Verwirklichung des Projekts begann 1935 mit dem Bau des Waitaki-Wasserkraftwerks und dauerte bis 1985, als durch die Einweihung des Kraftwerks Ohau C eines der größten Bauprojekte in der Geschichte Neuseelands abgeschlossen wurde.

In der gesamten Region wird Wasser durch ein Kanalnetz zu einer langen Reihe von Stauseen geleitet und dort mit eindrucksvollen Dämmen aufgestaut; am imposantesten ist der 100 m hohe, aus Erde gebaute **Benmore Dam**, 32 km von Omarama im Waitaki Valley nicht weit vom SH83, der Straße zur Ostküste. Die Dammkrone ist zu Fuß oder mit dem Auto zu erreichen. Man kann auch einen kurzen Rundweg gehen, von dem sich Ausblicke auf den Aoraki/Mount Cook in der Ferne eröffnen.

SONSTIGES

Einkaufen
Grundnahrungsmittel bekommt man im The Hermitage, YHA-Hostel oder in der Alpine Lodge.

Geld
Es gibt weder Bank noch Geldautomat.

Informationen
DOC Office and Visitor Centre, 1 Larch Grove Rd, 📞 03 435 1186, ✉ mtcookvc@doc.govt.nz. Alle möglichen Informationen zu Wanderungen, Hütten und dem Dorf. Außerdem kann man hier seine Wanderpläne registrieren lassen. 🕐 tgl. 8.30–17 Uhr.

Internet
Internetzugang bieten die meisten Unterkünfte und das The Old Mountaineers.

TRANSPORT

Auto
Am besten kauft man genug Benzin, bevor man hierher kommt, denn die Selbstbedienungs-**Tankstelle** 200 m südöstlich des Zentrums akzeptiert nicht alle internationalen Kredit- oder Debitkarten. Im Notfall kann man sich aber an die Rezeption des Hermitage wenden und bekommt dann gegen $5 Extragebühr Benzin.

Busse
Great Sights bietet eine tägliche Verbindung von Christchurch zum Aoraki/Mount Cook Village, während Cook Connection, 📞 0800 266 526, 💻 www.cookconnect.co.nz, Aoraki/Mount Cook mit Twizel und Tekapo verbindet (nur Mitte Sep–Mai).
Alle Busse halten am Parkplatz unweit von The Hermitage und auf Wunsch unterwegs auch am Glentanner Park Centre, an der Unwin Lodge und am YHA-Hostel.

Busse nach:
CHRISTCHURCH 1x tgl., 5 1/2 Std.;
LAKE TEKAPO 1–3x tgl., 1 1/2 Std.;
QUEENSTOWN 1x tgl., 4 Std.;
TWIZEL 1–3x tgl., 1 Std.

Twizel

65 km südlich von Aoraki/Mount Cook und 9 km südlich der Kreuzung von SH8 und SH80 erreicht man den Ort **Twizel**. Er entstand 1966 als Unterkunft für die Bauarbeiter des Waitaki-Wasserkraftprojekts (s. Kasten S. 684) und sollte eigentlich nach Fertigstellung des Projekts 1983 dem Erdboden gleichgemacht werden, doch genügend Bewohner wollten bleiben, weshalb die Siedlung erhalten blieb. Inzwischen hat sich Twizel als Basis für Abstecher in den 45 Minuten Autofahrt entfernten Mount Cook National Park, zum malerischen Lake Ohau und zum Segelflugzentrum Omarama etabliert, und im Sommer ist hier recht viel los.

Kaki/Black Stilt Visitor Hide

3 km südlich von Twizel am SH8 ▪ Führungen (über das Twizel Information Centre buchbar) tgl. 10 Uhr ▪ $12, mindestens 3 Pers. ▪ ☎ 03 435 3124

Die Hauptattraktion von Twizel ist das zum Schutz des bedrohten Schwarzen Stelzenläufers (Kaki) geschaffene **Kaki/Black Stilt Visitor Hide**. Dort versuchen die engagierten Mitarbeiter, den seltensten Stelzvogel der Welt vor dem Aussterben zu retten. 1981 existierten nur noch 23 Vögel. 2014 wurden wieder mehr als 100 Tiere gesichtet.

ÜBERNACHTUNG

Twizel wartet mit einem guten Angebot an Unterkünften auf, die aufgrund der Nähe zum Aoraki/Mount Cook ist von Weihnachten bis mindestens Ende Februar eine Reservierung sehr zu empfehlen.

Aoraki Lodge, 32 Mackenzie Drive, ☎ 03 435 0300, 🖥 www.aorakilodge.co.nz. Einladendes B&B in der Ortsmitte mit 4 Zimmern mit Bad, alle mit separatem Zugang, und hübschem Rosengarten. $220

Der The Alps 2 Ocean Cycle Trail

Der Alps 2 Ocean Cycle Trail, 🖥 www.alps2ocean.com, verläuft über 300 km von den Southern Alps zum Pazifik und ist damit der längste durchgehende Radweg im Nga Haerenga-Wegenetz (S. 81). An vielen Abschnitten wurde zur Zeit der Recherche noch gearbeitet, aber mittlerweile ist die gesamte Strecke befahrbar und ausgeschildert.

Radler können entweder im Mount Cook Village (Helikopter-Hopser über den Tasman River $125) oder vom Lake Tekapo starten. Die beiden Wege treffen sich vor Twizel und führen dann um den Lake Ohau herum. Weiter geht es Richtung Südosten an einigen Seen und Staudämmen vorbei, die das Waitaki-Wasserkraftprojekt (s. Kasten S. 684) bilden, bevor sich die Strecke durch das Weinland um Kurow windet und schließlich die Küste bei Omaru erreicht.

Am besten lassen sich die teilweise sehr holprigen Wege mit einem Mountainbike bewältigen. Jeder, der halbwegs fit ist, kann die Route fahren, die in acht Tagesetappen mit jeweils durchschnittlich 30–40 km Länge eingeteilt ist. Zahlreiche örtliche Veranstalter vermieten Räder und organisieren den Gepäcktransport entlang der einzelnen Abschnitte, aber die Tour kann auch sehr gut in Eigenregie gemacht werden.

Fahrradvermietung

Cycle Journeys, 2a Wairepo Rd, Twizel, ☎ 03 435 0578, 🖥 www.cyclejourneys.co.nz. Bietet eine breite Palette an Dienstleistungen und Touren, angefangen bei geführten Mehrtagestouren über Transferdienste, Gepäcktransport ($15 je Etappe) und Fahrradvermietung ($45/Tag).

The Jollie Biker, 193 Glen Lyon Rd, Twizel, ☎ 03 435 0517, 🖥 www.thejolliebiker.co.nz. Wird von einem örtlichen Biker betrieben, der sich auf die erste Hälfte des Weges von Mt Cook nach Omarama spezialisiert hat: Fahrrad- ($45) und Fahrradtaschenvermietung ($15), verschiedene Transportmöglichkeiten und Pauschalangebote. Dem Betreiber gehören auch zwei winzige Cottages in Twizel ($150).

High Country Lodge & Backpackers, 23 Mackenzie Drive, ☎ 03 435 0671, 🖥 www.highcountrylodge.co.nz. Ein Dorf im Dorf: riesige ehemalige Siedlung der Kraftwerksarbeiter mit bis zu 280 Schlafplätzen in kasernenartigen Holzgebäuden und neueren Motel Units ($125), im Sommer stets voll. Dorms $32, Zimmer $78

Mountain Chalet Motels, Wairepo Rd, ☎ 03 435 0785, 🖥 www.mountainchalets.co.nz. Von Licht durchflutete, separat stehende A-frame-Chalets mit tollem Preis-Leistungs-Verhältnis. In der benachbarten Lodge stehen verwohnte, aber bequeme Backpacker-Unterkünfte zur Verfügung. Dorms $30, Chalets $120

Omahau Downs, SH8, 2 km nördlich des Orts, ☎ 03 435 0199, 🖥 www.omahau.co.nz. Hübsche Unterkunft mit 4 modernen Zimmern mit Bad und tollem Blick auf den Aoraki/Mount Cook sowie 3 Selbstversorger-Cottages auf dem Farmgelände. Holzbeheiztes Bad im Freien ($20). ☉ Juni–Aug geschl. DZ $135, Cottage $125

Twizel Holiday Park, 122 Mackenzie Drive, ☎ 03 435 0507, 🖥 twizelholidaypark.co.nz. Großer Campingplatz mit Stellplätzen mit Strom, dazu einige Cabins, Cottages ($115) und Zimmer mit Bad am Nordrand der Stadt. Stellplatz mit Strom $36, einfache Cabins $60

ESSEN UND UNTERHALTUNG

Poppies, 1 Benmore Place, ☎ 03 435 0848, 🖥 www.poppiescafe.com. Elegantes Lokal mit Böden aus poliertem Beton und Regalen voller Feinkostartikel; tolle Café-Speisen sowie ausgezeichnetes Mittagessen wie Burger aus Wildfleisch mit Rote-Beete-Chutney ($18,50) und Burritos mit Bohnen ($14,50) aus meist biologisch erzeugten Zutaten aus dem eigenen Garten des Betreibers. Abends ist die Auswahl identisch, aber die Preise sind höher. ☉ tgl. 9 Uhr bis spät.

Shawty's, 4 Market Place, ☎ 03 435 3155, 🖥 www.shawtys.co.nz. Restaurant und Loungebar mit gutem Kaffee, köstlichem Frühstück und großzügigem Mittagessen; abends kommt die übliche Auswahl an Fleisch- und Fischgerichten aus der Küche. Allerdings gibt es ausgefallene Pizzen wie Lamm Souvlaki-

($18) oder „Herbivore"-Pizza ($16). Lockeres Ambiente. ☉ tgl. 8.30 Uhr bis spät.

AKTIVITÄTEN

The Helicopters Line, ☎ 0800 650 652, 🖥 www.helicopter.co.nz, bietet Flüge zum Mount Cook ($295–730). Diese sind zwar teurer als vom Aoraki/Mount Cook Village, aber dafür ist man länger in der Luft.

One Ring Tours, ☎ 0800 213 868, 🖥 www.lordoftheringstour.com. Mit diesem Veranstalter kommt man aus dem eher wenig ansehnlichen Twizel hinaus in das wunderschöne umliegende Flachland, wo die Schlachtenszenen auf den Pelennor-Feldern gefilmt wurden (tgl. 9 und 13.30 Uhr, 1 Std., $64; 2 Std. $84).

SONSTIGES

Post, **Bank** und Geldautomat befinden sich im Marketplace Shopping Centre.

Informationen

Information Centre, Marketplace, ☎ 03 435 3124, 🖥 www.twizel.info. ☉ Mo–Fr 8.30–17, Sa 10.30–14.30 Uhr.

TRANSPORT

Die **Busse** von Atomic, NakedBus und InterCity/Newmans/Great Sights halten auf ihrer Fahrt zwischen Queenstown und Christchurch am Parkplatz beim Marketplace. Cook Connection bietet Busse nach Tekapo und Aoraki/Mount Cook.

Busse nach:
AORAKI/MOUNT COOK 2x tgl., 1 Std.;
CHRISTCHURCH 4x tgl., 5 Std.;
OMARAMA 4x tgl., 1/2 Std.;
QUEENSTOWN 4x tgl., 3 Std.

Lake Ohau und Ohau Skifield

25 km westlich von Twizel führt die schmale Lake Ohau Road zum idyllischen **Lake Ohau**, der versteckt inmitten von Südbuchenwäldern

liegt. In der Umgebung des Sees finden sich einige auffällige Naturerscheinungen, z. B. die sogenannten „kettle lakes" (kleine Vertiefungen, die vom geschmolzenen Eis eines geschrumpften Gletschers hinterlassen werden) und Uferterrassen, die bei Sonnenuntergang im Sommer das Licht reflektieren.

Der **Ohau Forest** nordwestlich des Sees wird von zahlreichen Wanderwegen (1/2–4 Std.) durchzogen, die in der DOC-Broschüre *Ruataniwha Conservation Park* beschrieben sind. Erhältlich ist die Broschüre z. B. in der wundervoll gelegenen **Lake Ohau Lodge**, Lake Ohau Rd, ✆ 03 438 9885, 🖳 www.ohau.co.nz, im Sommer ein beliebter Haltepunkt auf den Routen vieler Bustouren; abends ist es hier sehr viel ruhiger. Gäste der 62-Betten-Lodge wie auch andere Besucher können sich hier Frühstück (einfach/warm $16/22) und Abendessen ($44) vorbestellen, und die gut bestückte Bar lädt zu einem Drink ein. Die Lake Ohau Lodge verkauft auch Benzin und organisiert im Winter einen Shuttle zum Skigebiet Ohau (s. Kasten S. 687; $25 hin und zurück); Camping $12, Stellplätze mit Strom $15, DZ $109.

Omarama

Südlich von Twizel durchquert der SH8 Tussock-Gras- und Schafweideland, bis er 30 km weiter **Omarama** (Maori für „Ort des Lichts") erreicht. Der Ort ist bekannt für seine **Clay Cliffs** gleich außerhalb des Orts sowie die fantastischen Bedingungen zum **Segelfliegen**.

Omarama Hot Tubs

25 Omarama Ave (SH8) ▪ 🕐 tgl. 10–22 Uhr ▪
Hot Tubs $90 für 2 Pers. für 90 Min., Hot Tub und Sauna $140 für 2 Pers., Handtuchmiete $5 ▪
✆ 03 438 9703, 🖳 www.hottubsomarama.co.nz
Bei den **Omarama Hot Tubs** gibt es keine heißen Quellen, lediglich zehn sehr schön gestaltete individuelle Becken im Freien, die mit über Holz erhitztem Bergwasser gefüllt sind. Obwohl alles sehr offen wirkt, haben Fremde keinen Einblick in die eigene Badeidylle. Für $7 p. P. dürfen Besucher die heißen Duschen benutzen, und in den Massageräumen kann man sich ab $60 für

30 Minuten eine Massage gönnen. Außerdem gibt's hier ein kleines **Informationszentrum**, das auch Hotelreservierungen und Buchungen für Transporte vornimmt.

Clay Cliffs Scenic Reserve

15 km von Omarama, von der SH8, 5 km nördlich von Omarama, nach Westen abbiegen ▪ 🕐 jederzeit ▪ Eintritt $5, zu zahlen bei den Omarama Hot Tubs
Eine unbefestigte Straße führt zum **Clay Cliffs Scenic Reserve**, wo der verzweigte Ahuriri River eine malerische Kulisse bildet für eine bizarre Ansammlung von kahlen Pfeilern und kantigen Graten, die durch Schluchten getrennt sind. Die Felsformationen entstanden, als das Land durch die Ostler-Verwerfung um 100 m angehoben wurde und damit Schottergesteine an die Oberfläche gelangten, die in unterschiedlicher Weise auf die Witterungseinflüsse reagierten. Ein steiniger Pfad windet sich um den Fuß der Felslandschaft, und schmalere Pfade führen hinauf.

ÜBERNACHTUNG UND ESSEN

Ahuriri Bridge Campsite, SH8, 3 km nördlich des Orts. Hübscher, friedlicher, schattiger

DOC-Platz am Ahuriri River, perfekt für Leute mit Zelt oder Wohnmobil. Mit Plumpsklos und Wasser aus dem Fluss. Kostenlos

Ahuriri Motels, SH83, 500 m östlich von er Kreuzung mit der SH3, 📞 03 438 9451, 🖥 www.ahuririmotels.co.nz. Gut geführter Komplex am östlichen Rand der Stadt. Große Auswahl an Stellplätzen mit Strom ($18), ungewöhnlich große 2- und 3-Bettzimmer für Backpacker, hübsch einge-richtete Gemeinschaftsbereiche und eine Handvoll Motel Units für Selbstversorger mit den besten Betten weit und breit. Backpacker $30, Motel Units $100

Buscot Station, ca. 9 km nördlich von Omarama am SH8, 📞 03 438 9646. Sehr ruhige, gemütliche Unterkünfte auf einer kunterbunten Farm inmitten von Gemüsebeeten. Die meisten Zimmer haben Blick aufs Tal, und es gibt einen Schlafsaal mit 10 Betten. Abho-lung kann bei vorheriger Anmeldung arrangiert werden. Dorms $25, DZ $60

Ladybird Hill, 1 Pinot Noir Court, 📞 03 438 9550, 🖥 www.ladybirdhill.co.nz. Von der SH8 abgehen am westlichen Stadtrand gelegen, bietet das „Hill" einen Weingarten, Fischteiche, aus denen man seinen eigenen Lachs angeln kann ($38/Fisch) und ein Restaurant mit Alkoholausschank. Auf der Speisekarte stehen lokale Spezialitäten wie Ziegenkäsesalat ($16.50) und Sandbarsch in krossem Teigmantel mit Pommes und Erbspüree ($27). ⏲ Mi und So 10–16, Do–Sa 10 Uhr bis spät; Juni und Juli geschl.

Sierra Motels, 22 Omarama Ave, 📞 0800 743 772, 🖥 www.omarama.co.nz. Freund-liches Motel mit 14 frisch renovierten Units, alle mit Sky TV, kleiner oder kompletter Küche sowie eigenem Angelköderladen. Beliebt bei Radfahrern, die den Alps-to-Ocean-Trail fahren. $125

The Wrinkly Rams, 24 Omarama Ave (SH8), 📞 03 438 9751, 🖥 www.thewrinklyrams.co.nz. Das beste Essen in Omarama mit erstklassigen Café- und Kneipenspeisen und Alkoholaus-schank. Außerdem regelmäßig Schafscher-vorführungen. Ganztägig Frühstück ($18) und schmackhafte Suppen ($10). ⏲ tgl. 8–20 Uhr oder später.

Busse ab der zentralen Kreuzung nach:
CHRISTCHURCH 4x tgl., 4–5 1/2 Std.;
QUEENSTOWN 4x tgl., 2 1/2 Std.;
TWIZEL 4x tgl., 1/2 Std.

ZENTRALE SÜDINSEL

Von Dunedin nach Stewart Island

Im Südosten der Südinsel liegen einige der am seltensten besuchten Gegenden Neuseelands, obwohl sich hier echte Kleinode verbergen. Die von Neugotik geprägte Küstenstadt Dunedin mit ihrer Universität und einer starken schottischen Tradition ist eine Stätte der Gelehrsamkeit und Kultur. Ansonsten spielt in der Region die Natur die Hauptrolle.

Stefan Loose Traveltipps

13 **Dunedin** Neuseelands „schottische Stadt" wartet mit gotischer Architektur sowie einer lebhaften Studentenszene auf. S. 693

Taieri Gorge Railway Die Bahnlinie führt durch die zerklüftete Taieri Gorge und lässt sich mit einer Radtour auf dem Otago Central Rail Trail kombinieren. S. 698

14 **Otago Peninsula** Bei einer Umrundung der bezaubernden Küste per Kajak, Boot oder auf vier Rädern bekommt man zahlreiche Tiere und Pflanzen aus nächster Nähe zu sehen. S. 710

15 **Catlins Coast** Ein versteinerter Wald, Pinguine und Delphine sind Highlights an dieser wilden Küste. S. 716

Invercargill Die Stadt bietet die einmalige Gelegenheit, Tuataras (Brückenechsen) aus der Nähe zu betrachten. Außerdem lockt das edle Gebräu der Invercargill Brewery. S. 727

16 **Stewart Island** Die Insel lockt mit tollen Möglichkeiten zur Vogelbeobachtung und anderen Outdoor-Aktivitäten. S. 733

GELBAUGENPINGUIN (HOHO)

ST. PAUL'S CATHEDRAL, DUNEDIN

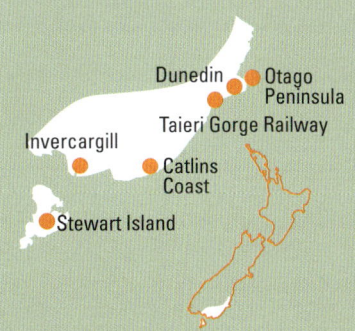

Inhalt

Wanaka (50 km), Haast (185 km) ▲▲ ▲ Aoraki / Mt Cook (200 km)   Oamaru, Palmerston (60 km), Christchurch (300 km) ▲

Palmerston

enstown

THE REMARKABLES

Alexandra

Middlemarch

Aramoana

87

Port Chalmers

EYRE MOUNTAINS

6

Clutha River

Mosgiel

Outram

Otago Peninsula

Dunedin

Mataura River

Brighton

Taieri River

Lawrence

8

SOUTHERN SCENIC ROUTE

1

Te Anau (60 km) ▲

Milton

94

Tapanui

90

Balclutha

Te Anau (85 km) ▲

Mandeville

6

Gore

1

92

Owaka

Nugget Point

96

96

CATLINS FOREST PARK

CATLINS COAST

1

Papatonai

SOUTHERN SCENIC ROUTE

92

Tokanui

Riverton

99

Invercargill

Waikawa

Bluff

Dog Island

Foveaux Strait

Ruapuke Island

PAZIFIK

Codfish Island

Mt Anglem

Muttonbird Islands

Oban (Halfmoon Bay)

Mason Bay

RAKIURA NAT. PARK

Stewart Island

Muttonbird Islands

Port Pegasus

VON DUNEDIN NACH STEWART ISLAND

Dunedin ist ein guter Ausgangspunkt für eine Erkundung des Südostens. Nicht weit von der Stadt entfernt befindet sich die windgepeitschte **Otago Peninsula**, ein Paradies für Wildtiere. Ringsum bestehen ausgezeichnete Möglichkeiten zum Beobachten von Zwerg- und Gelbaugenpinguinen sowie Pelzrobben und Albatrossen. Südlich von Dunedin tun sich an der wildromantischen **Catlins Coast** weitere erstklassige Tierbeobachtungsmöglichkeiten in unverfälschter Wildnis auf. Im Provinzstädtchen **Invercargill** starten die Überfahrten nach Stewart Island. Die drittgrößte Insel Neuseelands ist von unberührten Wäldern bedeckt und ein idealer Ort zum Kiwispotting.

Der Name Dunedin („Danídin" ausgesprochen) beruht auf der gälischen Übersetzung von „Edinburgh", und viele Straßen und Viertel tragen dieselben Namen wie die Schwesterstadt in Schottland. So überrascht es nicht, dass Dunedin auch den Beinamen „Edinburgh des Südens" trägt.

Die von schottischen Siedlern gegründete Stadt avancierte in den 1860er- und 1870er-Jahren zum Versorgungszentrum für die Goldgräberorte im binnenländischen Central Otago. Von dieser Zeit zeugt eine zentrale Gruppe beeindruckender Gebäude im neugotischen aus vulkanischem Tonsandstein *(bluestone)* und cremefarbenem Kalkstein.

In **Port Chalmers** am Stadtrand von Dunedin herrscht eine ungezwungenere Atmosphäre. Ein Abstecher dorthin lässt sich gut mit dem Besuch des nahe gelegenen **Orokonui Ecosanctuary** verbinden. Auf der dem Hafen gegenüberliegenden **Otago Peninsula** gibt es zahlreiche Wildschutzgebiete. Hier wetteifern Pinguine, Albatrosse und Robben mit dem **Larnach Castle** und dem dazugehörigen Gelände um die Gunst der Besucher. Dicht bewaldete Hügel reichen dort bis zu der von zahlreichen Felsbuchten, langen Sandstränden und spektakulären geologischen Formationen durchsetzten **Catlins Coast** hinab.

Neuseelands südlichste Stadt **Invercargill** liegt inmitten der saftigen Weiden von Southland. Sie dient als Sprungbrett nach **Bluff**, der ältesten europäischen Stadt des Landes, sowie zur magischen **Stewart Island**. Zu dieser drittgrößten Insel Neuseelands zieht es bisher noch

relativ wenige Besucher, doch wer den Weg auf sich nimmt, wird mit einer reichen Vogelwelt belohnt, besonders in der Mason Bay und auf **Ulva Island**.

Neuseeländer aus dem Norden machen sich einen Spaß daraus, über das Wetter der südlichen Südinsel herzuziehen, und in der Tat wird es umso nasser, je weiter man nach Süden vordringt. Die beste **Reisezeit** für diese Region ist im Allgemeinen November bis April. Dann erreichen die Mittagstemperaturen durchschnittlich 20 °C. Außerdem ist dies die beste Zeit für die Tierbeobachtung, da sie sich mit der Paarungszeit vieler Arten überschneidet.

Dunedin

Die vom gotischen Baustil geprägte Hafenstadt Dunedin ist die größte Stadt im Südteil der South Island. Zu ihren rund 120 000 Einwohnern gesellen sich zusätzlich 25 000 Studenten der **University of Otago**, die zur lebendigen Kulturszene und zu einem munteren Nachtleben beitragen, besonders während des Semesters.

In den letzten Jahrzehnten ist wenig Geld in die Erhaltung der Stadt geflossen, daher sehen manche Ecken etwas renovierungsbedürftig aus. Seit Dunedin von der Unesco zur Stadt der Literatur erklärt und 2014 in einem landesweiten Wettbewerb dazu auserkoren wurde, ein ultraschnelles Breitbandinternet zu bekommen, geht es allerdings langsam aufwärts. Der einst heruntergekommene Warehouse District zwischen Prince's Street und den Eisenbahnschienen hat sich in eine Bühne für Straßenkünstler verwandelt und zieht immer mehr hippe Geschäfte und Restaurants an.

Dunedin erstreckt sich zwar bis zu den Vororthügeln und Surfstränden, aber der Stadtkern rund um **The Octagon** ist kompakt und überschaubar. Die gepflegte, baumbestandene Grünfläche wird gesäumt von der Kunstgalerie, den verschnörkelten **Municipal Chambers** und der

St Paul's Cathedral. Weiter draußen liegen das eindrucksvolle **Toitu Otago Settlers Museum** und die beschaulichen **Chinese Gardens**. Unbedingt sehenswert ist die in der Nähe des chinesischen Gartens gelegene **Dunedin Railway Station**, selbst wenn man nicht mit der betagten **Taieri Gorge Railway** fahren möchte.

Bier und Schokolade stehen im Mittelpunkt der Führungen durch die **Cadbury World** und die **Speight's Brewery Tour**. Nördlich der Innenstadt vermittelt Olveston einen Eindruck von den Glanzzeiten Dunedins; zur Vertiefung der Stadtgeschichtskenntnisse geht's anschließend ins **Otago Museum**. Der **Botanische Garten** dehnt sich aus bis hinauf zum Denkmal auf dem Signal Hill. Dort eröffnet sich ein Ausblick über den **Otago Harbour**, eine geschützte Meeresbucht, 22 km lang und stellenweise nicht breiter als ein Fluss. Eine schützende Bastion zwischen dem Hafen und dem offenen Meer bildet die zauberhafte **Otago Peninsula** (S. 710).

Nach einer kurzen Busfahrt ist die steilste Straße der Welt erreicht: die **Baldwin Street**. Und auch zu den Sandstränden von **St Clair** und **St Kilda** gelangt man mühelos per Stadtbus.

Geschichte

Seit etwa 1300 n. Chr. gingen **Maori** in den reichen Küstengewässern nahe gelegener Buchten auf Fischfang, jagten etwas weiter im Landesinnern Moa, Enten und Süßwasserfische und handelten mit den *iwi* weiter im Norden. Schließlich gründeten sie eine Siedlung nahe der Hafeneinfahrt und tauften sie Otakou (ausgesprochen „O-tar-go"), die Landspitze am Eingang der Bucht nannten sie nach ihrem großen Häuptling Taiaroa.

In den 1820er-Jahren gelangten europäische **Wal- und Robbenfänger** in die Bucht, der einzige geschützte Ankerplatz entlang dieses Küstenabschnitts. Durch die eingeschleppten Krankheiten wurde die einheimische Bevölkerung auf spärliche 110 Einwohner dezimiert; später sorgten Mischehen für einen Wiederanstieg der Bevölkerungszahl.

Ankunft der Schotten

Bereits 1840 wählte die New Zealand Company den Otago Harbour für die Gründung einer **schottischen Siedlung** ausund kaufte Land von den einheimischen Maori. 1848 kamen die ersten Einwanderer an, angeführt von Captain William Cargill und Reverend Thomas Burns. Die Schotten waren jedoch schon bald in der Minderzahl, da im folgenden Jahr englische und irische Siedler eintrafen. Nichtsdestotrotz hatte ihr Eifer bereits ausgereicht, um der Stadt ihren Stempel aufzudrücken.

Ankunft der Goldgräber

1861 entdeckte ein einsamer australischer Glücksritter **Gold** in einem Bach nahe dem heutigen Lawrence, etwa 100 km westlich von Dunedin. Innerhalb von drei Monaten strömten zahlreiche Goldgräber aus Australien herbei, und plötzlich war Dunedin als wichtigster Eingangshafen das Zentrum eines Goldrauschs. Für eine kurze Zeit war sie sogar die größte Stadt Neuseelands. Dieser neu gewonnene Reichtum löste einen Bauboom aus, in dessen Folge die meisten der wichtigen Gebäude der Stadt entstanden wie etwa die Universität.

In den 1870er-Jahren war es mit dem Goldrausch im Wesentlichen vorbei, doch Otago bewahrte sich seine wirtschaftliche Vormachtstellung dank der Reedereien, dem Eisenbahnbau und der Landwirtschaft. Der Niedergang setzte Anfang des 20. Jhs. ein, als sich der Seehandel Großbritanniens mit Eröffnung des Panamakanals im Jahre 1914 nach Auckland verlagerte.

🟥 Übernachtung			
858 George St Motel	1	Dunedin Holiday Park	15
97 Motel	8	Fletcher Lodge	12
Aaron Lodge		Grandview B&B	14
Top 10 Holiday Park	7	Hogwartz	11
Allan Court Motel	3	Hotel St Clair	16
Bluestone on George	4	Hulmes Court	10
The Brothers	9	On Top Backpackers	5
Central Backpackers	6	Sahara Guesthouse	2
Chalet Backpackers	13	& Motel	

🟢 Restaurants und Cafés			
Asian Restaurant	11	Pier 24	14
Best Café	8	Plato	13
The Esplanade	15	Potpourri	
Etrusco	10	Vegetarian Cafe	9
The Good Earth	1	Scotia	4
Highgate Bridge Bakery	5	The Strictly Coffee Co	3
Mazagran	7	Vogel St Kitchen	12
Modaks	2		
Otago Farmers' Market	6		

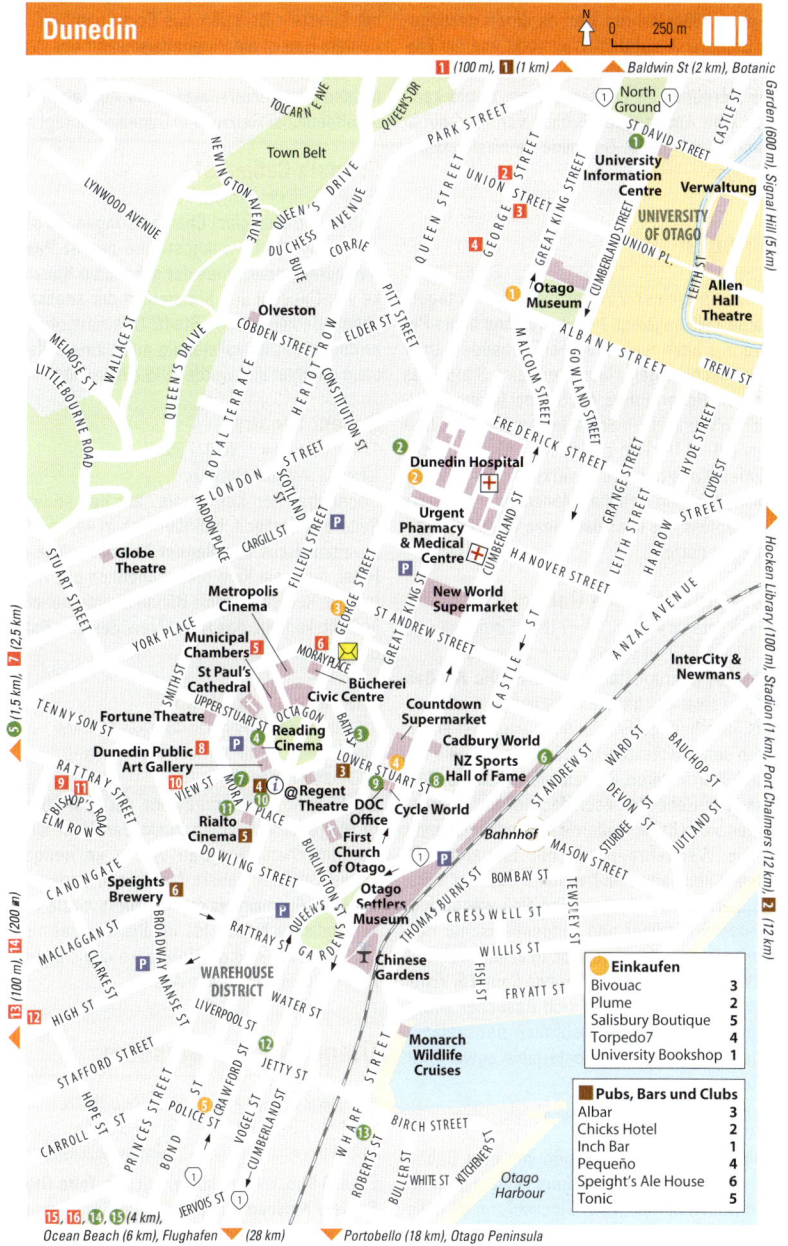

In den 1880er-Jahren kam es durch gestiegene Goldpreise auf dem Weltmarkt und die Entwicklung neuer Geräte zu einer Renaissance des **Bergbaus** im Landesinneren. Heute kann man eine Autostunde nördlich von Dunedin in Macraes die größte Goldmine Neuseelands besichtigen.

Octagon

Dunedins kleiner Zentralplatz, das **Octagon**, wurde 1846 angelegt. Ihn umgibt eine bunte Palette aus alten und modernen Gebäuden. Über dem abschüssigen Platz thront eine Statue des Dichters Robert Burns, ein Symbol für die schottischen Wurzeln der Stadt. Im Sommer wird freitags (10–16 Uhr) an zahlreichen Marktständen lokales Kunsthandwerk verkauft. Zu anderen Zeiten tummeln sich hier Menschen mit Handys und Laptops, die das **kostenlose WLAN** auf dem Octagon nutzen.

Dunedin Public Art Gallery

30 The Octagon ▪ ⏰ tgl. 10–17 Uhr ▪ Eintritt frei ▪ ✆ 03 477 3240, ▭ www.dunedin.art.museum

Die 1884 gegründete **Dunedin Public Art Gallery** ist zwar das älteste Kunstmuseum des Landes, ihre heutige Erscheinung verdankt sie jedoch den Architekten, die 1996 das Dunedin City Council errichteten. Sie renovierten sechs viktorianische Gebäude geschmackvoll und verwandelten sie in helle, moderne Ausstellungsräume.

Die Wendeltreppe in der Eingangshalle stammt noch aus dem Kaufhaus, das hier früher residierte. In der Galerie wird eine wechselnde Ausstellung früher und zeitgenössischer neuseeländischer Kunst gezeigt. In einer Zweigstelle des Wellingtoner **Nga Taonga Sound & Vision Archivo** (S. 496) können sich Besucher außerdem auf Computerbildschirmen neuseeländische Spiel- und Dokumentarfilme sowie Fernsehsendungen anschauen.

Municipal Chambers

Dominiert wird das Octagon von dem Gebäude der **Municipal Chambers**, einem prächtigen Bauwerk mit einem Glockenturm im italienischen Stil, das 1880 eingeweiht wurde. Der

mit Kalkstein-Brekzien aus Port Chambers errichtete Bau ist ein Paradebeispiel für das Werk des schottischen Architekten Robert A. Lawson, dessen Architektursprache das Aussehen vieler öffentlicher Gebäude in Dunedin geprägt hat.

St Paul's Cathedral

⏰ tgl. 10–16 Uhr ▪ Eintritt frei

Neben den Municipal Chambers ragen die steinernen weißen Zwillingstürme der **St Paul's Cathedral** empor, eines der schönsten Bauwerke von Dunedin und Mittelpunkt der anglikanischen Gemeinde der Stadt. Das neugotische Kirchenschiff ist vollständig aus Oamaru-Kalkstein errichtet und wurde 1919 eingeweiht.

Regent Theatre

17 The Octagon ▪ ✆ 03 477 8597, ▭ www.regenttheatre.co.nz

Gegenüber der Kathedrale, auf der anderen Seite des Octagon, befindet sich in einem 1876 erbauten Haus das **Regent Theatre**, einst ein Hotel, dann ein Kino und schließlich ein Theater. Das Regent dient als Bühne für internationale Produktionen, das Royal New Zealand Ballet und für Livemusik.

First Church of Otago

415 Moray Place ▪ Heritage Centre ⏰ Okt–Mai Mo–Fr 10–16, Sa 10–14, Juni–Sep Mo–Sa 10.30–14.30 Uhr ▪ Eintritt frei

Der 60 m hohe steinerne Turm der **First Church of Otago** ist von jedem Punkt der Stadt leicht auszumachen. Der Bau wurde im neugotischen Stil von Robert A. Lawson entworfen und gilt allgemein als die eindrucksvollste neuseeländische Kirche des 19. Jhs. Von besonderem Interesse sind die Holzdecke und die bunte Fensterrosette über dem Altar.

Otago Settlers Museum

31 Queens Gardens ▪ ⏰ tgl. April–Sep 10–16, Okt–März 10–17, Do ganzjährig 10–20 Uhr ▪ Eintritt frei ▪ ✆ 03 477 5052, ▭ www.toituosm.com

Ein $38 Mio. teurer Umbau hat das **Toitu Otago Settlers Museum** zu einer der größten Sehenswürdigkeiten der Stadt gemacht. Die Sammlung

Die geführten oder eigenständig unternommenen Dunedin-**Spaziergänge** sind eine ausgezeichnete Möglichkeit, die verborgenen Seiten der Stadt kennenzulernen. Am Stadtrand eignet sich St Clair zum Surfen. Nur 3 km nordöstlich des Octagon durchziehen **Mountainbike**-Trails das bewaldete Signal Hill Reserve (kostenlose Karte in den Radverleihgeschäften, S. 705). In der Gratisbroschüre *Fat Tyre Trails* sind Halb – und Ganztagswanderungen aufgeführt.

Touren

City Walks, ☎ 0800 925 571, 🖥 www.citywalks.co.nz. Bietet geführte *Heritage Walks* durch die Innenstadt (Mo–Sa 10.30 Uhr, 2 Std., $30) oder den Warehouse District (Mo–Sa 13.30 Uhr, 2 Std., $30). Nachmittags wird eine verkürzte Version der morgendlichen Tour angeboten und mit einem Snack aus Whisky und Haggis aufgepeppt (Mo–Sa 16.30 Uhr, 1 Std., $30).

Dunedin Literary Walk, ☎ 03 470 1109, 🖥 www.researchwrite.co.nz/LiteraryWalk. Jennie Coleman leitet mit Begeisterung die 2-stündigen literarischen Stadtrundgänge (tgl. 10.15 und 14.15 Uhr, $30).

Hair Raiser Tours, ☎ 0800 428 683, 🖥 www.hairraisertours.com. Veranstaltet witzige Geister-Touren wie den Underbelly Crime Walk (Mo–Fr 10.30 und 20 Uhr, $30), den Ghost Walk (tgl. Okt–März 20, April–Sep 18 Uhr, $30) und einen Rundgang über den Friedhof im Norden der Stadt (tgl. Okt–März 21.30, April–Sep 20 Uhr, $30).

Street Art Trail, 🖥 www.dunedinstreetart.com. Mit der Karte vom i-SITE kann man sich auch selber auf den Weg machen und die Graffiti-Reviere der Stadt erkunden. Der von tollen Cafés gesäumte Weg erstreckt sich vom Octagon bis zum Warehouse District, wo sich die Straßenkunst konzentriert, und führt auch am Vogel St Kitchen (S. 703) vorbei.

Schwimmen und Surfen

Esplanade Surf School, am östlichen Ende der Esplanade bei der St Clair Surf Rescue Station, ☎ 0800 484 141, 🖥 www.espsurfschool.co.nz. Surfunterricht, Wetsuit und Brett werden gestellt (Gruppenunterricht $60/90 Min., Einzelunterricht $120/90 Min.). Wer möchte, kann auch bloß Wetsuit und Brett mieten ($40/2 Std.).

Mountainbiking

Offtrack, ☎ 0800 633 872, 🖥 www.offtrack.co.nz. Bietet tolle begleitete Halbtagsfahrten auf einigen der schönsten Singletrack – und 4WD-Tracks Dunedins ($70) plus landschaftlich reizvolle Tagesfahrten in den Catlins ($110) und einen anstrengenden, aber lustigen Tagesausflug ($130) auf der Dunstan Road in die Maniototo-Ebene (s. Kasten S. 709).

dokumentiert 200 Jahre Kolonial- und Sozialgeschichte mit Exponaten, die von Walfangbooten bis zu Waschmaschinen reichen. Besondere Beachtung verdient die Abteilung, die sich mit Transportmitteln beschäftigt. Vermittelt wird das Ganze durch innovative Technologien und viele interaktive Ausstellungen.

Der Museumskomplex besteht aus drei Hauptgebäuden: dem neugeorgianischen Original-Ziegelsteingebäude, einem Jugendstil-Busdepot Baujahr 1939 und dem spektakulären verglasten Eingangsgebäude, in dem die

älteste Lok Neuseelands steht – *Josephine*, die restaurierte Fairlie-Dampflokomotive von 1872.

Chinese Gardens

Rattray, Ecke Cumberland St ▪ ⏰ tgl. 10–17, Do 10–20 Uhr ▪ Eintritt $9, Audioguide $5 ▪ ☎ 03 477 3248, 🖥 www.dunedinchinesegarden.com

Die **Chinese Gardens** eröffneten 2008 als Abschluss eines Projekts, das die Verdienste der chinesischen Goldgräber und deren Nachkommen würdigte. Außerhalb Chinas gibt es nur eine Handvoll klassischer chinesischer Gärten, und dieser ist einer davon. Alles – angefangen von den 970 t Kalkstein bis zu den Gebäuden – wurde von Shanghai hierher verschifft.

Dunedin Railway Station

22 Anzac Ave

Die dank ihrer Türme und Türmchen nicht zu übersehende **Dunedin Railway Station** ist ein imposantes Bauwerk, dessen Fertigstellung 20 Jahre gedauert hat. Der 1906 eröffnete Bahnhof wurde auf einem Grundstück errichtet, das dem Sumpf abgewonnen worden war. Die Haupteingangshalle, die prima erhalten ist, schmücken Majolika-Wandkacheln in sanften Grün-, Gelb- und Creme-Tönen, die Royal Doulton eigens für die New Zealand Rail anfertigte. Der Mosaikboden, eine Huldigung an die Dampflok, besteht aus über 700 000 winzigen Quadraten aus Porzellan. Passagierzüge halten hier nicht mehr, nur noch die Taieri Gorge Railway (S. 708).

Hocken Library

90 Anzac Ave ▪ ⏰ Mo–Fr 9–17, Di bis 21, Sa 9–12 Uhr, Führungen Mi 14 Uhr ▪ Eintritt frei ▪ ✆ 03 479 8874, ▭ www.library.otago.ac.nz/hocken

In der auch für die Öffentlichkeit zugänglichen **Hocken Library** befindet sich die Wissenschaftsabteilung der Universität mit einer beachtlichen Neuseeland- und Pazifiksammlung, die im späten 19. Jh. zusammengetragen wurde. Abgesehen von der im Art-déco-Gebäude einer ehemaligen Molkerei untergebrachten Bücherei gibt es faszinierende Wechselausstellungen zu sehen, und jeden Mittwoch können Besucher bei einer Führung hinter die Kulissen blicken.

Cadbury World

280 Cumberland St ▪ ⏰ Mo–Fr für 75-min. Führung, Sa, So, feiertags und Weihnachten bis Mitte Jan, wenn die Produktion für 45-minütige Führungen

ausgesetzt wird, beide Führungen reservieren ▪ 75-min. Führung $22, 45-min. Führung $16 ▪ ✆ 03 467 7967, ▭ www.cadburyworld.co.nz

Während der Besichtigungen, die von Führern mit großer Begeisterung geleitet werden, erfährt man Unterhaltsames zur Geschichte der Schokolade. In der Fabrik können die Teilnehmer zuschauen, wie an Fließbändern Pralinen, Ostereier usw. hergestellt werden, und große wie kleine Gäste werden mit süßen Kostproben geradezu überschüttet.

Speight's Brewery Tour

200 Rattray St ▪ April–Sep 12, 14 und 18 Uhr, Okt–März 12, 14, 16, 17, 18 und 19 Uhr ▪ Eintritt $28 ▪ ✆ 03 477 7697, ▭ www.speights.co.nz

Ein hoher Backsteinschornstein mit einem steinernen Bierfass obendrauf weist den Weg zur **Speight's Brewery**, einer der ältesten Brauereien Neuseelands, Speight's Gold Medal Ale, das neuseeländische „flüssige Gold", wird seit den späten 1880er-Jahren in Dunedin gebraut und ist bis heute das meistverkaufte Bier des Landes. Eine Kostprobe davon – und von fünf weiteren Bieren – empfiehlt sich als Abschluss der informativen eineinhalbstündigen Führungen. Die Führungen beginnen bei einem **Trinkbrunnen**, der dasselbe süßlich schmeckende Wasser enthält, das auch fürs Brauen verwendet wird. Die Anwohner füllen hier regelmäßig ihre Wasserflaschen.

Olveston

42 Royal Terrace, 15 Min. zu Fuß nordwestlich des Octagon ▪ ⏰ tgl. 9.30, 10.45, 12, 13.30, 14.45 und 16 Uhr nur für 1-stündige Führungen, Reservierung empfohlen ▪ $19 ▪ ✆ 03 477 3320, ▭ www. olveston.co.nz

Olveston ist die historische Vorzeige-Villa Dunedins. Der hochherrschaftliche, vierstöckige Prachtbau aus der Zeit König Edwards wurde um 1906 für den jüdischen Geschäftsmann und Kunstsammler David Theomin erbaut. Das letzte Mitglied der Familie, seine Tochter Dorothy, vermachte vor ihrem Tod 1966 das Haus und dessen Inventar der Stadt Dunedin. Es sieht heute noch so aus, wie sie es zurückließ, und hütet einen Schatz an Kunstwerken und Antiquitäten.

Otago Museum

419 Great King St ▪ ⏰ tgl. 10–17 Uhr, Highlightstour tgl. 14 Uhr ▪ Eintritt frei, Highlightstour Spende erwünscht, Discovery World Tropical Forest $10 ▪ ✆ 03 474 7474, 🖥 www.otagomuseum.govt.nz

Der wichtigste Teil des fesselnden **Otago Museum** ist die faszinierende Abteilung „Southern Land, Southern People" über die Naturgeschichte und das Leben auf der südlichen Südinsel und den subantarktischen Inseln. Es werden interessante Zusammenhänge hergestellt wie zwischen Geologie und Architektur, Klima und Kleidung der Maori oder dem Fischvorkommen und den Erlebnissen der Whitebait-Fischer. Das „Animal Attic" präsentiert sich als zutiefst viktorianisches Sammelsurium von makabren Skeletten und präparierten Tieren. Die Pacific-Cultures-Galerie zeigt einige hervorragende Exponate aus Polynesien und Melanesien. Im Tangata-Whenua-Saal sind Maori-Artefakte zu sehen, und an einem kalten Tag ist der 28 °C (feucht)warme **Tropical Forest** ein herrliches Plätzchen, um sich aufzuwärmen.

University of Otago

Zugang zum Campus von der Cumberland, Ecke Union St ▪ Information Centre tgl. 9–16.30 Uhr

Die **University of Otago**, Neuseelands älteste Universität, wurde 1869 von schottischen Siedlern gegründet. Sie wurde nach dem Vorbild der Glasgow University gestaltet und bald zu einem Komplex von imposanten neugotischen Gebäuden aus blauem Tonsandstein erweitert, unter denen besonders das Verwaltungsgebäude im Herzen des Campus mit seinem neugotischen **Uhrenturm** hervorsticht. Ein Bummel über den Campus entlang der Leith Street führt an den wichtigsten Gebäuden vorbei. Wer mehr sehen und erfahren möchte, kann sich beim Information Centre der Universität oder im i-SITE die Broschüre *University Tour* holen.

Dunedin Botanic Garden

2 km nördlich vom The Octagon entlang der Great King St ▪ ⏰ Sonnenauf- bis untergang ▪ Eintritt frei

Der stille **Dunedin Botanic Garden** am Fuß des Signal Hill wurde 1863 angelegt. Er wird durch den Lindsay Creek in zwei Bereiche geteilt; die Besuchereinrichtungen konzentrieren sich im flachen **Lower Garden**. Der steile **Upper Garden** umfasst ein ausgedehntes Rhododendrontal und ein Arboretum. Weiter den Hügel hinauf gibt es ein Aviarium mit zahlreichen einheimischen Vögeln und plappernden Papageien.

Lower Garden

Infozentrum und Winter Garden ▪ ⏰ tgl. 10–16 Uhr, Alpine House tgl. 9–16 Uhr ▪ ✆ 03 471 9275

Im Lower Garden befindet sich der feuchtwarme Winter Garden, in dessen Treibhäusern tropische Pflanzen gedeihen. Draußen kann man durch Rosen- und Kräutergärten spazieren. Eine weite Parklandschaft trennt den Garten von der Stadt ringsum. Zwischen dem Teekiosk und dem Winter Garden steht ein Infozentrum.

Signal Hill

Signal Hill Rd, 7 km nordöstlich vom The Octagon ▪ Der Opoho-Bus Nr. 11 von der George St Stand 7 hält 2 km vom Gipfel entfernt und fährt am Nordrand des Botanischen Gartens vorbei

Nördlich des Botanischen Gartens bietet sich vom Landschaftsschutzgebiet oben auf dem 393 m hohen **Signal Hill** ein großartiger Ausblick auf Dunedin, die obere Bucht und das Meer. Am Aussichtspunkt erhebt sich das **Centennial Memorial**, ein Denkmal zur Erinnerung an die 100 Jahre britischer Herrschaft (1840–1940) in Folge der Unterzeichnung des Vertrags von Waitangi. Die beiden Bronzestatuen sollen die Vergangenheit und die Zukunft symbolisieren.

Baldwin Street

4,5 km nördlich des Zentrums: Anfahrt über die Great King Street, bis diese zur North Road wird und ab dort der Beschilderung folgen.

Der Normanby-Bus Nr. 9 und St Clair-Normanby-Bus Nr. 28 von der Princess St Stand 2 fährt am Fuß der Baldwin St vorbei

Die **Baldwin Street** stellt einen Weltrekord auf – laut dem *Guinness Buch der Rekorde* stellt sie mit einer höchsten Steigung von 38 % die steilste Straße der Welt dar. Die Aussicht von oben ist nicht schlecht, aber der Weg ist das Ziel; die Anwohner schauen dem fünfminütigen Aufstieg der Touristen amüsiert zu. Als Teil des Chocolate Carnival von Dunedin (Mitte Juli, s. Kasten S. 704) ist die Straße seit 2002 Austragungsort des jährlichen Cadbury Jaffa Race. Dabei kullern Tausende große Jaffas (orangerote, mit Zuckerguss überzogene Schokokugeln) zu Wohlfahrtszwecken die Straße runter.

Ocean Beach und Umgebung

5 km südlich des Stadtzentrums

Die benachbarten Vororte St Clair und St Kilda säumen den langen, unberührten **Ocean Beach**, den zwei vulkanische Landspitzen umschließen. Das Strandende bei **St Clair** eignet sich hervorragend zum Surfen (s. Kasten S. 697) und das weiter östlich bei **St Kilda** gelegene ist prima zum Schwimmen. Beide Strände lassen sich mit zahlreichen Bussen vom The Octagon erreichen.

St Clair Hot Salt Water Pool

The Esplanade ▪ ⊕ Okt–Ende März Mo–Fr 6–19, Sa und So 7–19 Uhr ▪ Eintritt $6 ▪ ✆ 03 455 6352.
Neben der Felsspitze am westlichen Strandende befindet sich der **St Clair Hot Salt Water Pool**, das letzte Freibad dieser Art im Land. Das mit auf 28 °C warmem Salzwasser gefüllte Becken ist ein beliebter Freizeittreff. Von dem kleinen Café aus bietet sich die beste Aussicht am ganzen Strand.

St Kilda und Tomahawk Beach

Etwa 1 km östlich des Salzwasserbads geht der St Clair Beach in **St Kilda** über, wo der Strand relativ sichere Bademöglichkeiten bietet, sofern man zwischen den Flaggen bleibt. Hier patrouillieren im Sommer Rettungsschwimmer. Am östlichen Ende des Strandes trennt eine Landspitze

den Ocean Beach vom kleineren **Tomahawk Beach** (zu gefährlich zum Schwimmen). Er ist oft mit Pferden und Einspännern übersät, die sich auf Trabrennen bei Ebbe vorbereiten.

ÜBERNACHTUNG

Es gibt eine große Auswahl an Unterkünften in Dunedin, die meisten davon liegen im oder nahe dem Zentrum. Wer es eher ländlich mag, sucht sich eine Unterkunft auf der **Otago Peninsula** (S. 714). Auf allen Parkplätzen des Dunedin City Council dürfen kostenlos Wohnmobile abgestellt werden, vorausgesetzt, man bringt alles Notwendige mit. Im Umkreis von 50 m dürfen aber nicht mehr als drei Campervans stehen.

Zentrum

858 George St Motel, 858 George St, ✆ 03 474 0047, 🖳 www.858georgestreetmotel.co.nz. Ein hübsches, modernes Motel, dessen Architektur an alte viktorianische Häuser erinnert, mit 13 großen, luxuriösen Units und noch größeren Suiten, die über eigene Küchen verfügen. Kostenloses WLAN. Studios $140, Suiten $160
97 Motel, 97 Moray Place, ✆ 03 477 2050, 🖳 www.97motel.co.nz. Das sehr zentral gelegene Motel ist besser als es von der Straße her aussieht. Es bietet 40 geräumige Zimmer im ehemaligen Studentenwohnheim-Hochhaus und im neuen zweistöckigen Gebäude. Alle Zimmer haben gute Betten und eine Küchenzeile. Ausreichend Parkplätze vorhanden. $130
Allan Court Motel, 590 George St, ✆ 03 477 7526, 🖳 www.allancourt.co.nz. Zentral gelegenes, gepflegtes Motel aus den 1980ern mit geräumigen Zimmern, 1- und 2-Bettapartments, frisch modernisierten Bädern und netten Details wie Gratis-WLAN und kostenlose Zeitungen. $145
Bluestone on George, 571 George St, ✆ 03 477 9201, 🖳 www.bluestone dunedin.co.nz. 15 Apartments mit hochmoderner Küche, elegantem Bad, Waschmaschine und geschmackvoll zurückhaltender Einrichtung. Kleiner Fitnessraum, Hof und Lounge. $170
The Brothers, 295 Rattray St, ✆ 03 477 0043, 🖳 www.brothershotel.co.nz. Ein 15-Zimmer-Boutiquehotel in einem geschmackvoll

umgestalteten Wohnsitz christlicher Brüder aus den 1920er-Jahren. Schlichtes und modernes Dekor, viele der kompakten Zimmer mit Veranda und tollem Ausblick. Eins ist in der ehemaligen Kapelle untergebracht. Geräumige Lounge, ebenfalls mit Blick über die City, Sky-TV und kostenloses WLAN. Kleines Frühstück inkl. $160

Central Backpackers, 243 Moray Place, ☏ 0800 423 687, ⌨ www.centralbackpackers. co.nz. Effizient geführtes 40-Betten-BBH-Hostel mit bunt gemischter Klientel. Neben kostenlosem WLAN und DVD-Lounge mit Playstation auch Schließfächer und eine zutrauliche Katze. Gäste erhalten Rabatte im benachbarten Internetcafé. Dorms $28, DZ $70

Chalet Backpackers, 296 High St, ☏ 03 479 2075, ⌨ www.chaletbackpackers.co.nz. Gemütliches Hostel mit schönem Hafenblick und guter Küchenausstattung. Lichtdurchflutete Dorms, meist mit 4 Betten, keine Etagenbetten, nette EZ ($43) und DZ. Pool und Piano-Lounge. Im Winter gelegentlich geschl. Dorms $29, Zimmer $66

Fletcher Lodge, 276 High St, ☏ 03 477 5552, ⌨ www.fletcherlodge.co.nz. Der Gast ist König in dieser eleganten Lodge in einem Haus im englischen Adelsstil, 1924 erbaut. Abgesehen von 5 Zimmern und Suiten gibt es noch 2 voll ausgestattete Apartments. Dort ist man zwar unabhängig, verpasst aber die Pracht des Haupthauses. DZ $335, Apartments $650

Grandview B&B, 360 High St, ☏ 03 472 9472, ⌨ www.grandview.co.nz. Sehr einladendes B&B in einem Haus aus den 1860ern mit sagenhafter Aussicht über die Stadt. Von den 5 Zimmern haben 3 ein eigenes Bad. Gutes *continental breakfast* inkl., es gibt aber auch eine komplett ausgestattete Gästeküche, eine Bar und einen Grill auf der Veranda. Außerdem eine Infrarot-Sauna ($5). Kostenloses Internet. DZ $139, mit Bad $179

🏠 **Hogwartz**, 277 Rattray St, ☏ 03 474 1487, ⌨ www.hogwartz.co.nz. Freundliches BBH-Hostel in der ehemaligen Residenz des katholischen Bischofs nahe Stadtzentrum. Keine Stockbetten, manche Zimmer mit Stadtblick. Auch ansprechend modernisierte Selbstversorger-Units in 2 angrenzenden Cottages (ab $96). Verfügt über alle notwendigen Einrich-

tungen, Sonnenterrasse und sogar eine Wäscherei. Im Winter manchmal geschl. Dorm $29, DZ mit Bad $80

Hulmes Court, 52 Tennyson St, ☏ 03 477 5319, ⌨ www.hulmes.co.nz. Architektonisch sind die beiden Häuser (eins im edwardianischen, eins im prächtigeren viktorianischen Stil) ein kleines Stückchen oberhalb vom Octagon nicht ganz stimmig. Aber dafür stimmt der Preis. Große, individuell eingerichtete Zimmer (mehrere mit Bad), Parkplatz und kostenloser Internetzugang. Preis inkl. Frühstück im sonnigen Salon. Zimmer $115, mit Bad $145

On Top Backpackers, Filleul St, Ecke Moray Place, ☏ 0800 668 672, ⌨ www.ontopback packers.co.nz. Zweckmäßiges 90-Betten-Hostel mit 6- bis 8-Bett-Dorms und mehreren DZ mit Bad. Bar, TV, Grillterrasse und Küche mit Aufenthaltsbereich. Kleines Frühstück inkl. Rabatte für YHA- und BBH-Mitglieder. Dorms $27, DZ mit Bad $89

Sahara Guesthouse & Motel, 619 George St, ☏ 03 477 6662, ⌨ www.dunedin-accommoda tion.co.nz. Großes Gästehaus von 1863. Die meisten der nüchtern eingerichteten Zimmer haben Gemeinschaftsbad. Angeschlossen ist ein Motel, dessen Standard-Units ($99) über eigene Bäder und Kochgelegenheiten verfügen. Dazu gibt es einige neu wirkende komfortable Deluxe-Studios ($109). Parkplätze vorhanden. Gemeinschaftsbad $70, mit Bad $90

St Clair

Hotel St Clair, 24 Esplanade, ☏ 03 456 0555, ⌨ www.hotelstclair.com. Das moderne, stilvolle 26-Zimmer-Hotel und sein Restaurant Pier 24 gelten als *der* Mittelpunkt von St Clair. Es bietet geräumige Zimmer mit Badewanne und Minibar. Die preiswerteren Zimmer mit Meerblick sind schnell ausgebucht. DZ $205

Camping

Aaron Lodge Top 10 Holiday Park, 162 Kaikorai Valley Rd, 2,5 km westlich vom Stadtzentrum, ☏ 0800 879 227, ⌨ www.aaronlodgetop10. co.nz. Der geschützte, recht großzügige und gepflegte Platz in den Hügeln hat die für die Top-10-Kette typische Auswahl an Unterkunftsmöglichkeiten und das übliche Vergnügungsangebot. Camping $36, Stellplätze mit Strom $36

Dunedin Holiday Park, 41 Victoria Rd, ☎ 03 455 4690, 🖥 www.dunedinholidaypark. co.nz. Gut ausgestatteter Platz am St Kilda Beach, 5 Automin. vom Zentrum. Zusätzlich großes Angebot an alternativen Unterkunftsmöglichkeiten, falls das Wetter mal nicht mitspielt. kostenloses WLAN und Spielplatz. Camping $36, Stellplätze mit Strom $40

ESSEN

Dunedin hat eine ordentliche Auswahl an Esslokalen, von Cafés bis zu feinen Restaurants, besonders in der Umgebung des Octagon und an der George Street. Spannende Optionen gibt's auch im Vorort Roslyn und im Strandort St Clair. Lebensmittel bekommt man im Supermarkt **Countdown**, 309 Cumberland St.

Zentrum

Asian Restaurant, 43 Moray Place, ☎ 03 477 6673. Das beste chinesische Restaurant der Stadt mit den üblichen Klassikern wie gebratene Nudeln ($7, große Portion $10) in munterer Atmosphäre. Alkoholausschank und BYO. ⏱ Mo–Sa 12–14 und 17–22 Uhr oder später, So 17–22 Uhr.

Best Café, 30 Lower Stuart St, ☎ 03 477 8059. Eine lokale Institution im Retrolook. Auf der Speisekarte stehen 8 Sorten frischer Fisch, dazu Fritten und Weißkohlsalat (1 Stück 11–18,50, 2 Stücke $16–26), Krabbensalat ($10), außerdem je nach Saison Austern und Whitebait-Bratlinge. Alkoholausschank und BYO. ⏱ Mo–Do 11.30–14.30 und 17–20, Fr und Sa 11.30–14.30 und 17–21 Uhr.

Etrusco, First floor, 8 Moray Place, ☎ 03 477 3737, 🖥 www.etrusco.co.nz. Billige und wahnsinnig begehrte von Italienern geführte Pizzeria und Pastaria (mittelgroße Portionen $15–20, große $20–30). Scheint sich auf positive Art seit den 1980ern kaum verändert zu haben. ⏱ tgl. 17.30–22 Uhr oder später.

The Good Earth, 765 Cumberland St, ☎ 03 471 8554. Kunst schmückt die weißen Wände dieses überwiegend Bio- und Fairtrade-Cafés mit Parkblick durch große Fenster. Hier werden

Kaffee, Snacks und Mittagsgerichte wie marokkanisches Hühnchen an Couscous und Salat ($16) gereicht. ⏱ Mo–Fr 7–17, Sa und So 8–17 Uhr.

Mazagran, 36 Moray Place, ☎ 03 477 9959. Das winzige Café bietet tadellosen Espresso und verfügt über eine eigene Rösterei. Der Barista entscheidet jeden Morgen, welche Mischung gerade angesagt ist. Auch Verkauf. ⏱ Mo–Fr 8–17, Sa 10–14 Uhr.

Modaks, 318 George St, ☎ 03 477 6563. Witziges, ausgefallenes Café mit Popart aus örtlicher Produktion an den Wänden und einem umwerfenden Espresso. Jede Menge vegetarische und vegane Speisen sowie fantasievolles Frühstücksangebot. Tipp: das mexikanische Eier-Frühstück ($15), zu dem köstliches, glutenfreies Jalapeño-Brot serviert wird. ⏱ Mo–Fr 7.30–18, Sa und So 8–18 Uhr.

Otago Farmers' Market, auf dem Parkplatz der Dunedin Railway Station, 🖥 www.otago farmersmarket.org.nz. Samstagmorgens stellen hier Obst-, Gemüse- und Seafoodverkäufer aus der Region ihre begehrten Stände auf. ⏱ Sa 8–12 Uhr.

Plato, 2 Birch St, ☎ 03 477 4235, 🖥 www.platocafe.co.nz. Die Einwohner von Dunedin scheuen weder die Straßenüberführungen noch Bahnschienen, um in diesem erstklassigen Bistro – ein niedriger rechteckiger Raum mit Regalen voller skurriler *tchotchkes* (Kleinigkeiten, Tand) – in einem ehemaligen Matrosenheim der 1960er-Jahre einzukehren. Die Speisekarte wechselt laufend, aber stets darf man mit erlesenen Genüssen rechnen. Sogar die Fish 'n' Chips ($38) werden mit einer Algenkruste und Zitronenbutter verfeinert. ⏱ Mittagessen Mi–Sa 12–14, Brunch So 11–15, Abendessen tgl. 18–22 Uhr oder später.

Potpourri Vegetarian Cafe, 97 Lower Stuart St, ☎ 03 477 9983, 🖥 www.potpourrivegetarian cafe.co.nz. Man muss kein Veggie sein, um in dem etablierten vegetarischen Café mit botanischen Zeichnungen an den nackten Ziegelwänden auf seine Kosten zu kommen. Es hat leckere Körner-Fruchtschnitten, leichte Mahlzeiten und herzhafte Gerichte wie Bohnenburrito mit Salat ($15) im Angebot. ⏱ Mo–Fr 8.30–15, Sa 9–15 Uhr.

Scotia, 199 Upper Stuart St, ☏ 03 477 7704, 🖥 www.scotiadunedin.co.nz. Stark schottisch angehauchtes Restaurant und Bar in der behaglichen Atmosphäre eines viktorianischen Reihenhauses. Neben einer großen Whiskyauswahl und freundlichen Service besticht das Kiwi-Bistrofood mit schottischem Beiklang wie *haggis, neeps* und *tatties* (Vorspeise $16, Hauptgericht $26) oder *cranachan fool* (Himbeeren, Haferflocken mit Honig und Whisky-Sahne $14). ⊕ Di–Sa 17 Uhr bis spät.

The Strictly Coffee Co, 23 Bath St, ☏ 03 479 0017, 🖥 www.strictlycoffee.co.nz. Vielleicht der beste Kaffee der Stadt – Verkauf pro Tasse oder pro Kilo – in einem kirschroten Tagescafé im Industriechick, kleiner Patio. ⊕ Mo–Fr 7.30–16 Uhr.

Vogel St Kitchen, 76 Vogel St, ☏ 03 477 3623, 🖥 www.vogelstkitchen.nz. Dunedins coolstes Lokal befindet sich in der mit Graffiti übersäten Vogel Street. Neben warmen Mahlzeiten gibt es hier auch Kaffee und Kuchen. Abgesehen von der „Otakou"-Pizza (mit Muscheln und Sturmvogelfleisch, $18,50) bietet die Speisekarte keine Überraschungen, aber alle Gerichte sind lecker und gekonnt zubereitet. Mittags (11–15 Uhr) stehen Pasta und Steak-Sandwiches (Hauptgerichte $19–24) zur Auswahl, Frühstück und Holzofenpizza (alles $18,50) gibt es den ganzen Tag über. Alkoholausschank und Emerson's vom Fass. ⊕ Di–Do 7.30–16 Uhr, Fr 7.30 Uhr bis spät, Sa 8.30 Uhr bis spät, So 8.30–16 Uhr.

Roslyn

Highgate Bridge Bakery, 300 Highgate, ☏ 03 474 9222. Die wegen der sehr überschaubaren Öffnungszeiten bei den Einheimischen „The Friday Shop" genannte Bäckerei hat himmlisches Gebäck, Quiches und warme Gourmet-Gerichte im Sortiment. Zeitig kommen, denn Jim Byars, der bei Albert Roux gelernt hat, macht sein Geschäft zu, wenn alles ausverkauft ist, und das kann schon um 9 Uhr der Fall sein. Preise ab $5 (für eine kleine Quiche). ⊕ Fr 7.30–16 Uhr.

St Clair

Pier 24, 24 Esplanade, ☏ 03 456 0555, 🖥 www.hotelstclair.co.nz. Modernes Nobelrestaurant mit toller Aussicht auf die Brandung vor St Clair – rangiert unter den Topadressen Dunedins. Man kann zwar auch bloß auf einen Drink herkommen, aber die eigentliche Anziehungskraft geht von den asiatisch angehauchten Speisen aus. Vorspeisen um $22, Hauptgerichte um $34. ⊕ tgl. 7–21 Uhr oder später.

The Esplanade, 2 Esplanade, ☏ 03 456 2544, 🖥 www.esplanade.co. Das schicke italienische Café und Restaurant beginnt den Tag mit einer köstlichen Auswahl an Brunch-Gerichten – besonders lecker sind die gebackenen Eierspeisen. Später am Tag kann man seinen Hunger mit hervorragend zubereiteten italienischen Klassikern von Antipasti ($8–12) bis zu Pizza und Pasta ($21–26) stillen. ⊕ tgl. 9 Uhr bis spät.

UNTERHALTUNG UND KULTUR

Wie in allen anständigen Unistädten wird auch hier gern und oft ins Glas geschaut. In vielen der Dutzenden von **Kneipen und Bars** wird Bier im englischen und deutschen Stil von der besten Kleinbrauerei der Stadt, Emerson's, gezapft. Am Wochenende treten (in den hier genannten Lokalitäten sowie im Chicks in

Rugby in Dunedin

Wer Dunedin in Partystimmung erleben möchte, begibt sich zu einem **Rugbymatch** ins 30 000 Plätze umfassende Forsyth Barr Stadium, 🖥 www.forsythbarrstadium.co.nz, 130 Anzac Avenue, 2 km östlich vom The Octagon. Die Stadt ist stolz darauf, das einzige komplett überdachte, Naturrasen-Stadion zu besitzen, doch die Baukosten von $200 Mio. für die rechtzeitig zum Rugby World Cup 2011 fertig gewordene Anlage stießen nicht überall auf Begeisterung. Highlanders-Super-15-Games finden während der Spielzeit (Ende Feb–Juli) regelmäßig statt, manchmal auch Spiele der All Blacks (meist Mai–Okt). Einen Spielplan erhält man im Laden The Champions of the World store, 8 George St, ☏ 03 477 7852, wo auch Tickets verkauft werden. ⊕ Mo–Fr 9–18, Sa 10–17, So 11–16 Uhr.

Port Chalmers) oft **Bands** aus der Stadt auf –
in den Semesterferien sind manche Tanz-
flächen allerdings verwaist.

Pubs, Bars und Clubs

Albar, 135 Stuart St, ☎ 03 479 2468. Einladende,
beliebte auf Schottisch getrimmte Bar mit
gutem Angebot an Whisky, europäischem und
neuseeländischem Flaschenbier und vielen
lokalen Mikrobrauereibieren vom Fass. Auf der
ansonsten authentischen Tapas-Karte ($5–9)
steht auch schottisches Haggis. Dienstag-
abends ist keltische Gitarrenmusik angesagt,
auch Whiskyverkostung. ⏰ Mo–Sa 11 Uhr bis
spät, So 12 Uhr bis spät.

Inch Bar, 8 Bank St, ☎ 03 473 6496. Die gemütliche Eckkneipe ist eine Abwechslung zu den
Downtownlokalen. Hier gibt's Fassbiere
(darunter Emerson's und Tuatara), Tapas (ab $8)
oder eine Schüssel voll *patatas bravas* ($10).
Regelmäßig Livemusik. ⏰ tgl. 15–23 Uhr oder
später, im Winter Mo geschl.

Pequeño, am Ende der Gasse neben
12 Moray Place, ☎ 03 477 7830, 🖥 www.
pequeno.co.nz. Schummrige Bar mit Ledersofas
und Bänken um den Kamin. Exzellente Weine

und Cocktails, Donnerstagabend Live-Jazz.
(meist Swing oder Funk). ⏰ Mo–Fr 17–1 Uhr
oder später, Sa 19–2 Uhr oder später.

Speight's Ale House, 200 Rattray St, ☎ 03
471 9050, 🖥 www.thealehouse.co.nz. Das gut
besuchte, geräumige Pub von Speight's direkt
bei der Brauerei hat gutes Bier und Essen,
auch wenn die Einrichtung eher kitschig daher-
kommt. ⏰ tgl. 11.30 Uhr bis spät.

Tonic, 138 Princes St, ☎ 03 471 9194, 🖥 www.
tonicbar.co.nz. Wunderbare kleine Bar mit Bier
von jeder guten Kleinbrauerei Neuseelands,
Emerson's vom Fass, einer guten Weinkarte,
Antipasti ($18) und freundlichen Stammgäs-
ten.⏰ Di–Fr 16 Uhr bis spät, Sa 18 Uhr bis spät.

Kinos

Metropolis Cinema, Town Hall, Moray Place,
☎ 03 471 9635, 🖥 www.metrocinema.co.nz.
Mit nur 56 Sitzen ein wunderbarer Ort, um
Arthouse- und Mainstream-Filme für schlappe
$13 anzuschauen. Popcorn ist out, aber einen
Kaffee kann man mit reinnehmen.

Reading Cinemas, 33 The Octagon, ☎ 03
974 6700, 🖥 www.readingcinemas.co.nz. Multiplex-Kino, in dem die aktuellen Blockbuster
laufen. Bar mit Alkoholausschank vorhanden.

Rialto, 11 Moray Place, ☎ 03 474 2200, 🖥 www.
rialto.co.nz. Zeigt Mainstream-Filme, aber auch
den einen oder anderen Experimentalfilm.

Theater und klassische Musik

Abgesehen von den Festivals weist Dunedin
das ganze Jahr über eine pulsierende Thea-
terlandschaft auf, und der Fachbereich Musik
der University of Otago veranstaltet regelmäßig
öffentliche Konzerte (Infos beim i-SITE).

Allen Hall, 90 Union St East, ☎ 03 479 8825.
Bühne der Schauspielschüler der Universität;
meist alternatives Theater, günstiger Eintritt.

Fortune Theatre, 231 Stuart St, ☎ 03 477 8323,
🖥 www.fortunetheatre.co.nz. In einer umgebauten neugotischen Kirche werden neue
Werke neuseeländischer Dramatiker, experi-
mentelles Theater, populäre Stücke im Broad-
way-Stil sowie gelegentlich Musicals aufgeführt. Tickets um $40. Jan–Mitte Feb geschl.

Globe, 104 London St, ☎ 03 477 3274, 🖥 www.
globetheatre.org.nz. Sehr kleines Theater.

Bringt zeitgenössische Stücke, klassisches Drama und experimentelle Arbeiten zur Aufführung. Tickets um $22.
Regent, 18 The Octagon, ℡ 03 477 8597, 🖥 www.regenttheatre.co.nz. Das größte und prächtigste Theater der Stadt dient als Bühne für Musicals, Ballett, Gastaufführungen, Comedy, das New Zealand Symphony Orchestra, die Dunedin's Southern Sinfonia und das Filmfestival der Stadt.

EINKAUFEN

Bivouac, 171 George St, ℡ 03 477 3679, 🖥 www.bivouac.co.nz. Verleih und Verkauf von guter Wander-, Bergsteiger- und Skiausrüstung. ⏰ Mo–Fr 9–17.30, Sa und So 10–16 Uhr.
Plume, 310 George St, ℡ 03 477 9358, 🖥 www.plumestore.com. Das hervorragende Damenmodengeschäft wird von Margi Robertson geführt, der Begründerin des Kiwi-Toplabels Nom*D. ⏰ Mo–Fr 9–17.30, Sa 9–16.30 Uhr.
🏠 **Salisbury Boutique**, 104 Bond St, ℡ 03 477 3933, 🖥 www.salisbury boutique.co.nz. Cooler Designershop in einem aufstrebenden Stadtviertel, gut für Designerklamotten, Schmuck und Kunst. ⏰ Do und Fr 16–20, Sa 11–20 Uhr.
Torpedo7, 70 Stuart St, ℡ 03 474 1211, 🖥 www.torpedo7.co.nz. Outdoorladen mit Dunedins größter Auswahl an Freizeit- und Sportausrüstung. ⏰ Mo–Do 9–17.30, Fr 9–18, Sa 9.30–16, So 10.30–16 Uhr.
University Bookshop, 378 Great King St, gegenüber dem Otago Museum, ℡ 03 477 6978, 🖥 www.unibooks.co.nz. Gut sortiertes, unabhängiges Büchergeschäft auf 2 Etagen. Sonderangebote im Obergeschoss. ⏰ Mo–Fr 8.30–17.30, Sa 10–16, So 11–15 Uhr.

SONSTIGES

Apotheke
Urgent Pharmacy, 95 Hanover St, ℡ 03 477 6344. ⏰ tgl. 10–22 Uhr.

Autovermietungen
Neben den großen internationalen Verleihern gibt es einige gute lokale Mietwagenfirmen,

z. B. **Hirepool**, 66 Cumberland St, ℡ 03 471 9747, 🖥 www.hirepool.co.nz, und **Ace**, am Dunedin Airport, ℡ 0800 502 277, 🖥 www.acerentalcars.co.nz.

Fahrräder
In der Stadt wird gerade ein Radwegnetz angelegt. Bisher ist allerdings erst die Hälfte der Strecke bis Port Chalmers befahrbar.
Cycle World, 67 Stuart St, ℡ 03 477 7473, 🖥 www.cycleworld.co.nz. Vermietet Räder aller Art ab $35/halber Tag oder $50/Tag (Radtaschen $5).
Dunedin Bike Hire, ℡ 0800 480 680, 🖥 www.bikehire.co.nz. Hat E-Bikes ($80/Tag) und Standardräder (ab $40/Tag). Kostenlose Lieferung und Abholung.

Geld
Filialen aller großen **Banken** finden sich in der George Street und Princes Street – alle mit Geldautomaten.
Wer samstags Geld braucht, geht zur **ANZ**, George St, Ecke Hanover St. ⏰ Sa 10–14 Uhr. An Sonn- und Feiertagen bietet das i-SITE einen Geldwechselservice.

Informationen
Dunedin unterhält mit 🖥 www.dunedinnz.com eine ungewöhnlich gute Website voller Infos zu Events und Aktivitäten.
i-SITE, 26 Princes St, ℡ 03 474 3300. Reservierung von Unterkünften, Transportmitteln und Touren. Führt außerdem viele Wander- und Radbroschüren, u. a. *Dunedin: Selected Walks* ($4) mit Beschreibung von 19 Stadtspaziergängen. ⏰ Dez–März Mo–Fr 8.30–18, Sa und So 8.45–18, April–Nov tgl. 8.30–17 Uhr.
DOC, 77 Stuart St, ℡ 03 477 0677. ⏰ Mo–Fr 8.30–17 Uhr.

Internet
Kostenlosen Internetzugang gibt's in der **Dunedin Public Library**, John St, Ecke Stewart St, ℡ 03 474 3690, ⏰ Mo–Fr 9.30–20, Sa und So 11–16 Uhr, und auf dem **Octagon**. Oder man geht ins **A1 Internet Café** gegenüber dem i-SITE ($1/12 Min.). ⏰ tgl. 9.30 Uhr bis spät.

Medizinische Hilfe

Dunedin Hospital, 201 Great King St, ℡ 03 474 0999, nur für Notfälle. Außerhalb der üblichen Sprechzeiten sind Ärzte in der 95 Hanover St, ℡ 03 479 2900, anzutreffen. ⏲ tgl. 8–22 Uhr.

Post

Postamt, 310 Moray Place.

NAHVERKEHR

Auto

Im Stadtkern herrscht ein Einbahnstraßensystem, das in Nord-Süd-Richtung durch die Innenstadt verläuft und die Straßen Cumberland, Castle, Great King und Crawford betrifft. An **Parkplätzen** herrscht kein Mangel. Im Zentrum gibt es einige Verbotszonen, aber auch viele günstige Stellplätze mit Parkuhren. Außerhalb der Innenstadt sind Parkplätze kostenlos.

Stadtbusse

Dunedin besitzt ein effizientes Stadtbusnetz Mo–Fr 7.30–23 Uhr, Sa und So eingeschränkt, 🖥 www.orc.govt.nz. Die Busse sind nummeriert, aber die Nummer ändert sich je nach Fahrtrichtung. In der Regel steht die Fahrtroute vorn auf dem Bus, z. B. Normanby–St Clair (Nr. 28 Richtung Norden, Nr. 8 Richtung Süden). Das ist die nützlichste Strecke; sie führt vom Strand quer durch die Stadt am Botanischen Garten vorbei bis zur Baldwin St.
Der **Fahrpreis** richtet sich nach Zonen: Das Zentrum ist Zone One ($2), Portobello liegt in Zone Seven ($6,70). Alle Busse passieren das Zentrum und halten an Stationen rund um den Octagon oder an der Princes und George St.

Taxis

Funktaxen bietet **Dunedin Taxis**, ℡ 03 477 7777.

TRANSPORT

Busse

Dunedin ist ein regionaler Busverkehrsknotenpunkt. **InterCity/Newmans** (7 Halsey St) fährt via Oamaru und Timaru nach Christchurch, via Alexandra und Cromwell nach Queenstown und via Gore nach Wanaka und Te Anau.

Atomic und **Alpine Connexions**, ℡ 03 443 9120, 🖥 www.alpineconnexions.co.nz, fahren beide ab der Dunedin Railway Station nach Queenstown und Wanaka, während **NakedBus**, 630 Princes St, Christchurch und Invercargill anfährt. **Catch-A-Bus South**, ℡ 03 479 9960, 🖥 www.catchabussouth.co.nz, bietet einen Tür-zu-Tür-Service zwischen Dunedin, Gore und Invercargill; **Knightrider**, ℡ 0800 287 874, 🖥 www.knightrider.co.nz, hat Verbindungen nach Christchurch.

Busse nach:

ALEXANDRA 4x tgl., 3 Std.;
BALCLUTHA 4x tgl., 1 Std.;
CHRISTCHURCH 6x tgl., 6 Std.;
CROMWELL 4x tgl., 3 1/2 Std.;
GORE 4x tgl., 3 Std.;
INVERCARGILL 4–5x tgl., 3 1/2 Std.;
LAWRENCE 4x tgl., 1 1/2 Std.;
OAMARU 6x tgl., 2 Std.;
QUEENSTOWN 4x tgl., 4–5 Std.;
TE ANAU 1x tgl., 4 1/2 Std.;
WANAKA 2–3x tgl., 4 Std.

Eisenbahn

Dunedin liegt nicht an einer der Hauptlinien, nur an der **Taieri Gorge Railway** (s. Kasten S. 708).

Züge nach:

MIDDLEMARCH 1–2x wöchentl., 2 1/2 Std.;
PUKERANGI 1–2x tgl., 2 Std.

Flüge

Der Flughafen von Dunedin befindet sich 22 km südwestlich des Stadtzentrums und 7 km von der SH1 an der SH86. Mehrere Shuttlebusunternehmen, z. B. **Super Shuttle**, ℡ 0800 748 885, 🖥 www.supershuttle.co.nz, verkehren vom Flughafen ins Zentrum ($30 für 1 Pers., $40 für 2) und setzen Passagiere bei Unterkünften in der Innenstadt ab. Ein Taxi kostet um $80.

Flüge nach:

AUCKLAND 3x tgl., 1 Std. 50 Min.;
BRISBANE 3x wöchentl., 3 1/2 Std.;
CHRISTCHURCH 7x tgl., 1 Std.;
WELLINGTON 5x tgl., 1 3/4 Std.
Außerdem Direktflüge nach Australien.

Port Chalmers und Umgebung

Am Westufer des Otago Harbour, 12 km nordöstlich von Dunedin, liegt Port Chalmers, eine kleine historische Stadt mit Containerhafen und einem Anleger für Kreuzfahrtschiffe. Der Ort ist nicht nur für seine Künstler bekannt, sondern auch für den **Hotere Sculpture Garden** am Ende der Constitution Street, ein Erbe des Malers und Bildhauers **Ralph Hotere**, dessen Wahlheimat Port Chalmers war.

Über dem Ort schwebt ein romantischer Hauch von Nostalgie. Viele der aus dem 19. Jh. stammenden Gebäude entlang der Hauptverkehrsstraße George Street wurden jedoch etwas aufgehübscht und beherbergen nun ein paar hippe Geschäfte und Cafés. Und zwei spät-viktorianische Kirchen lenken die Aufmerksamkeit von den Containerkränen ab: die elegante presbyterianische **Iona Church** in der Mount Street mit ihrem spitz zulaufenden Steinturm und die von Robert A. Lawson geschaffene anglikanische **Holy Trinity** aus vulkanischem Naturstein in der Scotia Street.

Zu einem gemütlichen Spaziergang lädt der **Port Chalmers Peninsula Circuit** ein (4 km Rundweg, 1 Std., überwiegend flach). Unterwegs bieten sich Ausblicke auf Goat Island und Quarantine Island im Hafen sowie die Otago Peninsula dahinter: eine Wegskizze bekommt man in der Bücherei.

Geschichte

Port Chalmers wurde 1844 zum Hafen für die geplante schottische Ansiedlung, aus der sich dann Dunedin entwickelte, auserkoren und später Einschiffungshafen mehrerer Expedi-

---

Dunedin und Otago Peninsula: Tourangebote

Mit einem eigenen Fahrzeug lässt sich die Halbinsel zwar problemlos allein erkunden, dennoch empfiehlt sich die Teilnahme an einer der geführten Touren.

4 Nature Tours, ✆ 03 472 7647, 🖥 www.4nature.co.nz. Die Touren mit Schwerpunkt auf Natur und Tierwelt haben die Westseite des Otago Harbour zum Ziel, die Ecosanctuary and Wading Birds Tour (4–5 Std., $120) beispielsweise geht nach Orokonui.

Elm Wildlife Tours, ✆ 0800 356 563, 🖥 www.elmwildlifetours.co.nz. Exzellente, unter ökologischen Gesichtspunkten geführte Nachmittagsbustour von Dunedin aus (in der Regel 5–6 Std., $107), bei der man ein privates Schutzzentrum besucht und zahlreiche Tiere beobachten kann. Wer möchte, kann zusätzlich einen Besuch im Albatross Centre ($142), eine 1-stündige Bootsfahrt auf der *Monarch* ($186) oder eine Kombi aus allem buchen (8 Std., $217). Familien, Rucksackreisende und Studenten erhalten auf allen Ausflügen $10 Rabatt.

Monarch Wildlife Cruises & Tours, 20 Fryatt St, Dunedin, ✆ 0800 666 272, 🖥 www.wildlife.co.nz. Veranstaltet kurze Fahrten auf einem umgebauten Fischerboot mit Kombüse und Alkoholausschank um Taiaroa Head (Okt–März 5x tgl., April–Sep 1–2x tgl., 1 Std., $49) herum. Abfahrt an der Wellers Rock Jetty am Zipfel der Otago Peninsula. Kombinierbar mit einem Abstecher zum Albatross Centre ($85) oder Penguin Place ($89). Wer nicht vorhat, in Eigenregie auf die Halbinsel hinauszufahren, entscheidet sich am besten für die Wildlife Tour (8.30 und 15.30 Uhr, 4 Std., $90). Sie beginnt an der Anlegestelle in Dunedin, umrundet den Taiaroa Head und endet am Wellers Rock, von wo es per Bus nach Dunedin zurückgeht. Es sind auch verschiedene Kombinationen aus Albatros – und Pinguinzentrum-Besuchen möglich.

Wild Earth Adventures, ✆ 03 489 1951, 🖥 www.wildearth.co.nz. Eine oft geradezu magische Perspektive der Küste und der Tierwelt bietet sich auf Seekajaktouren um den Taiaroa Head oder Portobello (beide 4 Std., davon rund 2 Std. auf dem Wasser $115). Ein besonderer Renner unter den übrigen Trips ist die Twilight Tour (Okt–März, 3–5 Std., $115) mit Tierbeobachtung in der Abendstille mit den Lichtern von Dunedin im Hintergrund.

tionen zum Südpol. 1882 wurde von Port Chalmers zum ersten Mal gefrorenes Fleisch nach Großbritannien verschifft; heute sind die Haupteinnahmequellen des Hafens die Ausfuhr von Wolle, Fleisch und Holz sowie die Kreuzfahrtschiffe.

Port Chalmers Maritime Museum

19 Beach St ▪ ⏰ Mo–Fr 10–15, Sa und So 13–16 Uhr ▪ Spende ▪ ✆ 03 472 8233, 🖥 www.portmuseum.org.nz

Beim Hafen trifft die George Street auf die Beach Street, wo in einem ehemaligen Postamt von 1877 ein kleines **Museum** untergebracht ist. Es steckt voller Ausstellungsstücke zur Seefahrt, darunter Schiffsmodelle, und erzählt außerdem die Geschichte von Port Chalmers. Neben dem Museum ist der Nachbau eines alten Bootshauses zu sehen, das dem Containerhafen weichen musste.

Orokonui Ecosanctuary

600 Blueskin Rd, 6 km nördlich von Port Chalmers ▪ ⏰ tgl. 9.30–16.30 Uhr, 1- und 2-stündige Führungen tgl. 11 und 13.30 Uhr, Buchung erforderlich ▪ Eintritt $16, 1-stündige Führung $30, 2-stündige Führung $45 ▪ ✆ 03 482 1755, 🖥 www.orokonui.org.nz

Das nach dem Vorbild des Karori Sanctuary in Wellington (S. 506) gestaltete **Orokonui Ecosanctuary** ist Teil der breiten Angebotspalette an Tierbeobachtungsmöglichkeiten im Umkreis von Dunedin.

Der Rundgang beginnt am umweltfreundlich aus ausgedienten Schiffscontainern gestalteten Visitor Centre. Das Zentrum bietet jede Menge Informationen, und vom Café genießen die Gäste wunderbare Ausblicke aufs Tal. Aber die wirklichen Highlights warten hinter dem 8,7 km langen Raubtierschutzzaun in einem 3 km² großen nachwachsenden Waldgebiet mit teilweise über 100 Jahre alten Bäumen: ausgesiedelte einheimische Vögel, Tuataras und Glattechsen. Zu den Vertretern der Vogelwelt zählen Maorischnäpper, Zwergschlüpfer, Maorigerygonen,

Eine Fahrt mit Dunedins Museumseisenbahn

Am prächtigen Bahnhof von Dunedin beginnen zwei wunderbare Zugfahrten, beide veranstaltet von **Dunedin Railways**, ✆ 03 477 4449, 🖥 www.taieri.co.nz. Eine führt durch die zerklüftete Taieri Gorge ins Binnenland, die andere durch eine spektakuläre Küstenlandschaft Richtung Norden nach Palmerston.

Die Taieri-Gorge-Railway

Bei der 77 km langen Taieri-Gorge-Fahrt nach Nordwesten eröffnet sich eine wilde Gebirgslandschaft. Die zwischen 1879 und 1921 erbaute Bahnlinie war in ihren besten Zeiten 235 km lang und reichte bis in die alte Goldgräberstadt Cromwell. Sie war gebaut worden, um Vorräte von Dunedin und landwirtschaftliche Produkte und Vieh Richtung Hafen zu befördern. Der Handelsverkehr wurde 1990 eingestellt und ein Großteil der Strecke in den Otago Central Rail Trail (s. Kasten S. 860) verwandelt; der spektakulärste Abschnitt durch die Schieferfelsen der Taieri Gorge blieb jedoch bestehen und erfreut heute zu jeder Jahreszeit die Reisenden.

Die meisten Züge fahren bis Pukerangi (58 km von Dunedin), einer einsamen Haltestelle nahe dem höchsten Punkt der Bahnlinie (250 m). Dort wird ein Weilchen angehalten, dann geht's wieder zurück. Einige Züge fahren noch 19 km weiter bis in die alte Goldgräberstadt **Middlemarch** (S. 867).

Fahrt durch die Taieri Gorge

Der klimatisierte Zug setzt sich aus modernen Stahlwaggons mit großen Panoramafenstern und restaurierten Holzwagen aus den 1920er-Jahren zusammen. Für Rucksäcke und Fahrräder gibt es einen Stauraum, zudem verfügt der Zug über eine Snackbar mit Schanklizenz.

Finschias, Sattelstare, Makomakos, Tuis, Grau-fächerschwänze und Kakas. Besucher können auf eigene Faust entlang gut ausgeschilderter Wege durch das Schutzgebiet streifen – ein langer Pfad führt beispielsweise das Tal hinab zu Neuseelands höchstem Baum, einem riesigen Eukalyptus. Aber wer sich einer Führung anschließt, lernt und sieht wesentlich mehr.

Anfahrt entweder mit dem eigenen Fahrzeug (30 Min. von Dunedin) oder im Rahmen einer Wildlifetour (s. Kasten S. 707). Öffentliche Verkehrsmittel halten hier nicht.

ÜBERNACHTUNG UND ESSEN

Abgesehen von den aufgelisteten Esslokalen stehen auch mehrere reizvoll gelegene Picknickstellen entlang der Peninsula Beach Road zur Verfügung, gleich hinter dem Hafen.

Billy Browns, 423 Aramoana Rd, Hamilton Bay, 5,5 km nördlich von Port Chalmers, ☎ 03 472 8323, 🖥 www.billybrowns.co.nz. Das witzig designte First-Class-Hostel liegt isoliert zwischen Ackerland in einer Gegend, in der nur wenige Leute absteigen würden, wenn die Unterbringung nicht so fantastisch wäre. Die Herberge punktet mit umwerfender Aussicht, Kaminfeuer, haufenweise Vinyl und Betten mit Bettzeug, hat aber weder TV noch Internet. Nur 8 Betten, daher vorausbuchen! Dorms $30, Zimmer $75

Carey's Bay Historic Hotel, 17 Macandrew Rd, 1 km nördlich der Stadt, ☎ 03 472 8022, 🖥 www.careysbayhotel.co.nz. „Seemannskneipe" in einem Gebäude Baujahr 1874, dessen Restaurant auf Seafood spezialisiert ist, z. B. großzügig gefüllte Platten mit Jakobsmuscheln, Venusmuscheln, Tintenfisch und Garnelen ($28,50–48). Manchmal Livemusik. 🕐 tgl. 10.30–22 Uhr, im Winter abends geschl.

Chicks Hotel, 2 Mount St, ☎ 03 472 5074. Die geniale Livemusiklocation und Pub in einem charaktervollen Steingebäude von 1876 mit einem Totenkopfsymbol hat für Jamsessions geöffnet und wenn Bands spielen. Ein ganzes Stück außerhalb von Dunedin, aber den Weg wert. 🕐 fast jeden Freitag- und Samstagabend.

Im Sommer fahren normalerweise zwei Züge tgl. von Dunedin nach Pukerangi und zurück (Okt–April tgl. außer Fr und So 9.30 und 14.30 Uhr, hin und zurück $89, einfach $59, hin und zurück 4 Std.). Zweimal in der Woche fährt der Zug von Pukerangi noch weiter bis Middlemarch (Okt–April Fr und So 9.30 Uhr, Rückfahrkarte $110, einfache Strecke $73, hin und zurück 6 Std.). Im Winter fährt tgl. ein Zug. Gelegentlich fällt die Verbindung dann aber auch aus. Die Zeiten vorher auf der Website checken.

Kombination aus Taieri Gorge und Rail Trail

Abgesehen von den Tagesausflügen bietet sich die Bahn auch für eine Fahrt landeinwärts Richtung Wanaka und Queenstown (je $195) an. Ein Bus erwartet die Passagiere in Pukerangi oder Middlemarch und fährt über die Maniototo-Ebene (S. 862) nach Queenstown ($148): Reservierung bei der Dunedin Railway. Auf **Radfahrer** – Räder kosten $10 extra – wartet am Ende des Schienenstrangs der Otago Central Rail Trail. Wer kein eigenes Rad mitbringt, wendet sich an Offtrack (s. Kasten S. 697) oder einen der Rail-Trail-Spezialisten (s. Kasten S. 707).

Der Seasider

Eine völlig andere, aber nicht minder schöne Zugfahrt führt mit dem **TheSeasider** von der Dunedin Railway Station 66 km entlang der Küste gen Norden nach Palmerston. Anfänglich folgt sie der Uferböschung des Otago Harbour, später schlängelt sie sich durch Port Chalmers zur Blueskin Bay. Auf der Strecke jagt ein zauberhafter Ausblick den anderen. Die Touristenbahn (hin und zurück $89, einfache Strecke $59, hin und zurück 4 Std.) verkehrt das ganze Jahr hindurch, allerdings nur sporadisch (Fahrplan s. Website) und legt 45 Min. Kaffeepause in Palmerston ein.

Port Royale, 10 George St, ☎ 03 472 8283. Cooler Laden mit Blick auf die Hauptstraße. Eine super Adresse für vorzüglichen Kaffee und ein Muffin oder ein schlichtes Mittagsgericht wie Bohnen-Speck-Kartoffelpastete mit Salat ($12) und ein Bier im überdachten Patio. ⊕ Mo–Fr 8–16, Sa und So 8.30–16 Uhr.

INFORMATIONEN

Chalmers Library, 20 Beach St, ☎ 03 474 3690. In der Bücherei gibt es Broschüren zur Region und kostenlosen Internetzugang. ⊕ Mo–Mi und Fr 9.30–17.30, Do 9.30–20, Sa 11–14 Uhr.

TRANSPORT

Busse

Bus 14 von DUNEDIN nach Port Chalmers fährt vom Stand 4 gegenüber dem Countdown-Supermarkt in der Cumberland St und hält 25 Min. später in der George St, der Hauptstraße von Port Chambers. Auf der Rückfahrt ist dieser Bus Nr. 13. Sonntags fahren die Busse seltener.

14 HIGHLIGHT

Otago Peninsula

Nordöstlich von Dunedin trennt eine 35 km lange, gebogene Landzunge den Otago Harbour vom Pazifischen Ozean: die **Otago Peninsula**. Vor ihrer spektakulären Bergkulisse bietet die Halbinsel weite Ausblicke auf die Bucht, das Meer und Dunedin und das ganze Jahr über die besten Möglichkeiten, Neuseelands **Meeresbewohner** zu beobachten.

Die lohnendsten Tierbeobachtungsspots liegen an der Spitze der Halbinsel, **Taiaroa Head** (weniger als eine Autostunde von Dunedin). Dort produziert das durch den Kontinentalschelf nach oben gepresste Wasser ständig ein üppiges Nahrungsangebot. An diesem Ort brütet in der weltweit einzigen Festlandkolonie von Albatrossen der majestätische **Königsalbatros**.

Am Ufer tummeln sich außerdem **Pinguine** (Zwergpinguine und die seltenen Gelbaugenpinguine) sowie Neuseeländische Pelzrobben, während die Klippen weitere Seevögel beheimaten, darunter drei Arten von **Scharben**, **Dunkle Sturmtaucher** und verschiedene Möwenarten. An den anderen Stränden und kleinen Buchten der Halbinsel finden sich eine große Vielfalt an Stelz- und Wasservögeln sowie gelegentlich **Neuseeländische Seelöwen**. Vor der Küste sind gelegentlich Killer- und andere **Wale** zu sehen. Früher konnte man die Tiere beobachten, indem man einfach zu einem der Strände wanderte. Die wachsende Zahl an Besuchern und die damit verbundene Unruhe haben dazu geführt, dass einige Strände nur noch im Rahmen einer der angebotenen ausgezeichneten Wildlife-Touren zugänglich sind. Noch immer darf man aber in die **Sandfly Bay** (s. Kasten S. 715) wandern, wo man Seelöwen und eine Hand voll Gelbaugenpinguine sehen kann. Der **Pilots Beach** ist Heimat einer Robbenkolonie und bis zur Abenddämmerung geöffnet, wenn die Zwergpinguine zu ihren Nestern zurückkehren.

Sobald sie den Otago Harbour hinter sich gelassen hat, verlässt die **Portobello Road** auch die südlichen Vororte Dunedins und schlängelt sich an der Küste entlang durch malerische Buchten. Oben auf dem Höhenrücken angelangt, bietet die schmale Highcliff Road eine noch bessere Aussicht über die Hügel und die Küste, bevor sie nach **Portobello** führt. Hat man Portobello passiert, geht es auf der Harington Point Road weiter zum Taiaroa Head.

Highlights, die nicht direkt mit Tieren zu tun haben, sind die wunderbare Parklandschaft von **Glenfalloch**, das vornehme **Larnach Castle** und eine Reihe von **Wanderwegen** über öffentliches und privates Gelände zu faszinierenden Aussichtspunkten und ungewöhnlichen, von Lavaströmen geformten Landschaften.

Glenfalloch Garden

430 Portobello Rd, 10 km östlich von Dunedin ▪ ⊕ tgl. Sonnenauf- bis Sonnenuntergang, Café Sep–April 11–15.30 Uhr ▪ Eintritt $5 ▪ ☎ 03 476 1006, 🖳 www.glenfalloch.co.nz

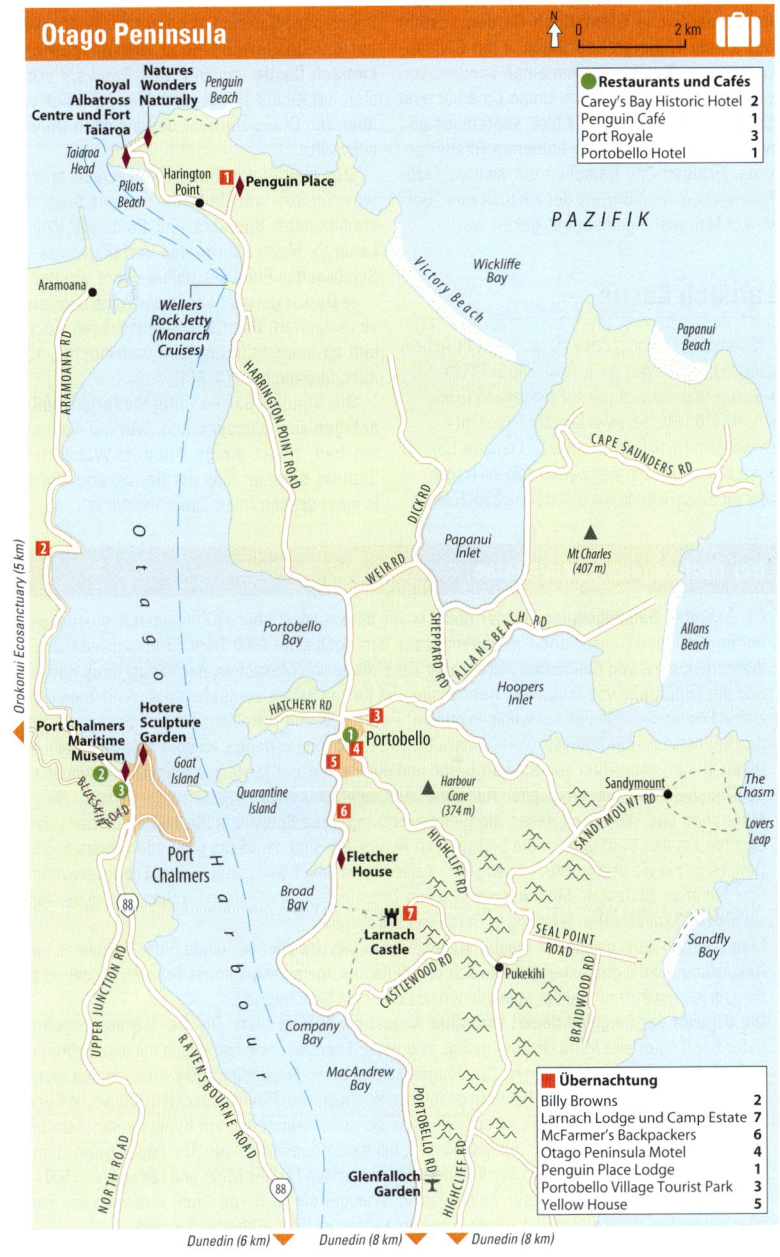

Otago Peninsula

N   0   2 km

● Restaurants und Cafés

Carey's Bay Historic Hotel	2
Penguin Café	1
Port Royale	3
Portobello Hotel	1

Royal Albatross Centre und Fort Taiaroa

Natures Wonders Naturally

Penguin Beach

Taiaroa Head

Pilots Beach

Harington Point

1 Penguin Place

PAZIFIK

Aramoana

ARAMOANA RD

Wellers Rock Jetty (Monarch Cruises)

Wickliffe Bay

Victory Beach

HARRINGTON POINT ROAD

DICK RD

Papanui Beach

CAPE SAUNDERS RD

WEIR RD

SHEPPARD RD

ALLANS BEACH RD

Papanui Inlet

Mt Charles (407 m)

Allans Beach

Orokonui Ecosanctuary (5 km)

2

O t a g o

Portobello Bay

HATCHERY RD

Hooters Inlet

Port Chalmers Maritime Museum

Hotere Sculpture Garden

2 **3**
BLUESKIN ROAD

Goat Island

Quarantine Island

1 **3** Portobello
4
5

6

Harbour Cone (374 m)

Sandymount

SANDYMOUNT RD

The Chasm

Lovers Leap

Port Chalmers

H a r b o u r

◆ Fletcher House

Broad Bay

HIGHCLIFF RD

SEAL POINT ROAD

BRAIDWOOD RD

Sandfly Bay

◆ Larnach Castle **🍴7**

CASTLEWOOD RD

Pukehiki

UPPER JUNCTION RD

88

RAVENSBOURNE ROAD

Company Bay

MacAndrew Bay

PORTOBELLO RD

NORTH ROAD

88

HIGHCLIFF RD

Glenfalloch Garden

◼ Übernachtung

Billy Browns	2
Larnach Lodge und Camp Estate	7
McFarmer's Backpackers	6
Otago Peninsula Motel	4
Penguin Place Lodge	1
Portobello Village Tourist Park	3
Yellow House	5

Dunedin (6 km) ▼   Dunedin (8 km) ▼   Dunedin (8 km) ▼

VON DUNEDIN NACH STEWART ISLAND

Der romantische **Glenfalloch Garden** besteht aus einem 12 ha großen Gelände mit Blumenbeeten und Busch rings um einen Landsitz von 1871. Das darin befindliche kleine Café hat eine Schanklizenz. Zwischen Mitte September und Mitte Oktober entzünden blühende Rhododendren, Azaleen und Kamelien ein wahres Farbfeuerwerk in dem Garten, der kürzlich zum „Garden of National Significance" gekürt wurde.

Larnach Castle

145 Camp Rd, Company Bay ▪ ⏲ tgl. 9–17 Uhr, Außenanlagen tgl. Okt–März 9–19, April–Sep 9–17 Uhr
▪ Schloss und Park $29, nur Außenanlagen $13,50
▪ ✆ 03 476 1616, 🖥 www.larnachcastle.co.nz ▪ Entweder mit dem Peninsula-Bus zur Company Bay und von dort aus 5 km den Wegweisern folgend bergan, oder zur Broad Bay und von dort steilere 2 km Fußweg

In Company Bay sind es noch 4 km landeinwärts auf der Castlewood Road zum neugotischen **Larnach Castle** von1871. Das Bauwerk erhebt sich auf einem Hügel, von dem der Blick weit über den Otago Harbour und bis nach Dunedin schweift.

Das kleine, von Robert A. Lawson entworfene Schloss war Wohnsitz des aus Australien stammenden Bankiers und Politikers William Lanarch. Nach Jahren des Verfalls wurde das Schlösschen Ende der 1960er-Jahre von der Familie Barker gerettet und in der Folge schrittweise restauriert. Das Café im ehemaligen Ballsaal lädt zu einer Stärkung ein; wer möchte, kann auch übernachten (S. 714).

Die in neun Gärten untergliederten **Außenanlagen** sind wunderschön. Wer die Augen offen hält, findet einige Alice-im-Wunderland-Statuen, darunter eine der Grinsekatze, die sich in einer uralten Atlas-Zeder versteckt.

Der Gelbaugenpinguin (Hoiho)

Der bedrohte **Gelbaugenpinguin** oder Hoiho ist die älteste noch lebende Pinguinart und findet sich nur im südlichen Neuseeland – insgesamt leben dort noch etwa 4000 Tiere. Er entwickelte sich in Wäldern, die frei von Raubtieren waren, aber der Einfluss von Menschen, der Verlust ihres Habitats und die Einführung von Frettchen, Hermelinen und Katzen hatten verheerende Auswirkungen. Die kleine Festlandkolonie von nur wenigen hundert Tieren bewohnt Nistplätze, die sich entlang der wilden Südostküste der Südinsel (von Oamaru bis zu den Catlins) verteilen; weitere Kolonien leben am Rande der Küstenwälder von Stewart Island und auf kleinen, der Küste vorgelagerten Inseln sowie auf Neuseelands subantarktischen Auckland und Campbell Islands.

Männchen und Weibchen haben die gleiche Färbung: rosa Schwimmfüße und einen hellgelben Streifen um den Kopf und um die blassgelben Augen. Sie sind ca. 65 cm groß und wiegen 5–6 kg. Damit sind sie die drittgrößte Art nach dem Kaiser – und dem Königspinguin. Ihre Lebenserwartung liegt bei etwa 25 Jahren. Sie **ernähren** sich von Tintenfischen und kleinen Fischen, wobei die Jagd sie bis zu 40 km vom Ufer weg und in Tiefen von 100 m treibt.

Maori tauften diesen seltenen Pinguin **Hoiho**, was so viel wie „der lärmende Rufer" bedeutet, eine Anspielung auf die charakteristischen schrillen Rufe (ein überschwängliches Trillern), mit denen ein Pinguin seinen Partner bei der abendlichen Rückkehr ins Nest begrüßt.

Die **Brutzeit** der Pinguine dauert von Mitte August bis Anfang März. Die Eier werden zwischen Mitte September und Mitte Oktober gelegt, und beide Elternteile wechseln sich mit dem Brüten ab – ein Zeitraum von etwa 43 Tagen. Die Jungen schlüpfen im November und werden in den ersten 6 Wochen ununterbrochen vor Räubern geschützt. Wenn die von Flaum bedeckten Jungvögel 6 oder 7 Wochen alt sind, wachsen sie so schnell, dass sie einen unersättlichen Appetit entwickeln und beide Elternteile täglich fischen gehen müssen, um sie zufriedenzustellen. Die flügge gewordenen Vögel wagen sich Ende Februar oder Anfang März zum ersten Mal ins Meer und reisen bis zu 500 km weit nach Norden zu winterlichen Futterplätzen. Weniger als 15 % von ihnen erreichen das Fortpflanzungsalter, doch diejenigen, die es schaffen, kehren an ihren Geburtsort zurück.

Penguin Place

45 Pakihau Rd, abseits Harington Point Rd, 3 km südlich von Taiaroa Head ▪ ⏲ Okt–März 10.15 Uhr bis später Nachmittag und April–Sep 15.15 Uhr bis später Nachmittag 90-minütige Führungen, Reservierung erforderlich ▪ Eintritt $52 ▪ ☎ 03 478 0286, 🖥 www.penguinplace.co.nz

Das hervorragende Pinguin-Schutzprojekt **Penguin Place** bietet die seltene Gelegenheit, einen geschützten Nistplatz von rund 20 Gelbaugen-pinguinen zu besuchen. Die sorgfältig überwachten und informativen Touren beginnen mit einem Vortrag über Pinguine und deren Schutz, bevor ein Führer die Teilnehmer zur Kolonie am Strand bringt. Dort führen gut getarnte Gräben zu Verstecken in den Dünen, von wo man die Pinguine aus nächster Nähe beobachten und fotografieren kann. Mit den Einnahmen aus den Touren werden Schutzprojekte und eine Station, die sich um verletzte Pinguine kümmert, finanziert. Wer möchte, kann auch hier übernachten (S. 714).

Taiaroa Head

Die weltweit einzige Festlandskolonie von Albatrossen ist am **Taiaroa Head** beheimatet, einem vor Eindringlingen geschützten Vogelparadies. An Land kann man von jeder Stelle aus das ganze Jahr hindurch die Königsalbatrosse im Flug bewundern. Zudem wurde ein kurzer Weg vom Parkplatz des Royal Albatross Centre zu einer Aussichtsplattform angelegt (dem Wegweiser folgen), die faszinierende Einblicke in eine Tüpfelscharbenkolonie erlaubt.

Royal Albatross Centre

1260 Harington Point Rd ▪ ⏲ tgl. 11.30 Uhr bis Sonnenuntergang ▪ Eintritt frei, 60-minütige Albatross Tour $45, 90-minütige Unique Tour $50, Reservierung empfohlen ▪ ☎ 0800 528 767, 🖥 www.albatross.org.nz

Eine interessante Ausstellung zur örtlichen Tierwelt und Geschichte ist im **Royal Albatross Centre** zu sehen. Hier bekommt man auch das Ticket für die ausgezeichnete Albatross Tour. Im Anschluss an einen einführenden Film können die Vögel von einem abgegrenzten Gebiet im Reservat beobachtet werden (Ferngläser werden gestellt); auf einem Bildschirm werden Live-Bilder von der anderen Seite der Kolonie gezeigt.

Als **beste Zeit** für die Vogelbeobachtung gelten die Monate Januar und Februar, wenn die Jungen schlüpfen, und April bis August, wenn die Eltern ihre Jungen füttern. Im September sind Eltern und Jungen zum Aufbruch bereit und neue Brutpaare treffen allmählich ein.

Fort Taiaroa

30-minütige Führung tgl. nach Bedarf ▪ Eintritt $20 ▪ ☎ 0800 528 767

Das Royal Albatross Centre ist der Ausgangspunkt für einen Besuch des **Historic Fort Taiaroa**, ein Labyrinth von Tunneln und Kanonenstellungen, das ursprünglich aus dem Jahr 1885 stammt (als man einen Angriff des zaristischen Russlands fürchtete), aber im Zweiten Weltkrieg neu aufgerüstet wurde. Man erreicht das Fort über ein Tunnelnetz unter der Albatroskolonie und kann es in Eigenregie oder im Rahmen der Unique Taiaroa Tour besichtigen.

Pilots Beach

Zwergpinguinkolonie: Okt–April tgl. bei Abenddämmerung ▪ Eintritt $25 ▪ ☎ 0800 528767, 🖥 www.bluepenguins.co.nz

Viele Sommer lang konnte man ungehindert zum Pilots Beach an der Westseite des Taiaroa Head (vom Parkplatz des Royal Albatross Centre folgt man dem Pfad zur Küste) runterlaufen und dort ganz nah an die Südlichen Seebären herankommen, die sich tagsüber am Strand lümmeln, während abends über hundert Zwergpinguine an Land kommen. Tagsüber ist der Strand immer noch frei zugänglich, aber abends muss man an der offiziellen Blue Penguin Encounter Tour teilnehmen. Sie beinhaltet den kurzen Spaziergang vom Albatross Centre, wo man auch die Tickets kauft, zu einer Reihe von Aussichtsplattformen in den Sanddünen.

Natures Wonders Naturally

Taiaroa Head, 1,5 km hinter dem Albatross Centre ▪ ⏲ 1-stündige Führungen tgl. 10.15 Uhr bis 1 Std. vor Sonnenuntergang ▪ Eintritt $55 ▪ ☎ 0800 246 446, 🖥 www.natureswonders.co.nz

Der Königsalbatros

Der majestätische Albatros, einer der größten Seevögel der Welt, ist ein Objekt der Verehrung und des Aberglaubens: Er gilt als Verkörperung der Seele eines toten Kapitäns, die dazu verdammt ist, ewig über die Ozeane zu ziehen. Der einzelgängerische Vogel verbringt den größten Teil seines Lebens in der Luft oder auf dem Meer.

Das nach dem Wanderalbatros zweitgrößte Exemplar der Albatros-Familie ist der **Königsalbatros** – mit seiner Flügelspannweite von bis zu 3 m ein sehr eindrucksvoller Anblick. Er hat eine Lebenserwartung von 60 Jahren, kann eine Geschwindigkeit von 120 km/h erreichen und pro Jahr bis zu 190 000 km zurücklegen. Der Albatros sucht sich einen Partner fürs ganze Leben, doch trennen sich Männchen und Weibchen, um in entgegengesetzter Richtung die Welt zu umfliegen und alle zwei Jahre einmal zum selben Brutplatz zurückzukehren, wobei sie im Abstand von nur wenigen Tagen nacheinander eintreffen.

Das Weibchen legt pro Brutsaison nur ein Ei (das bis zu 500 g wiegt), und die Eltern wechseln sich über elf Wochen mit dem Brüten ab. Sobald das Küken geschlüpft ist, füttern die Eltern es gemeinsam und schützen es vor Hermelinen, Frettchen, Wildkatzen und Ratten. Knapp ein Jahr nach Beginn des Brutzyklus ist der Jungvogel flügge. Dann verlassen die Eltern die Kolonie, um zum Meer zurückzukehren und den Kreislauf ein Jahr später erneut zu beginnen. Die Jungvögel bleiben dagegen bis zu fünf Jahre auf dem Meer, bevor sie dorthin zurückkehren, wo sie geschlüpft sind.

Die Halbinselstraße endet am **Natures Wonders Naturally**. Perry Reid, der enthusiastische Besitzer dieser Farm, hat das Gelände in einen Ort verwandelt, an dem sich wunderbar Tiere aus nächster Nähe beobachten lassen. Dabei gibt es keine Tierfütterungen oder Nistkästen, nur ungezähmte Natur und freilebende Tiere, die manchmal fast bis auf Armlänge herankommen. Die geländegängigen Argo-Amphibienfahrzeuge, in denen Besucher auf insgesamt 6 km langen, oft steilen Feldwegen herumgefahren werden, fallen etwas aus dem Rahmen. Aber sie bringen die Fahrgäste zu einem sensationellen Aussichtspunkt auf eine Tüpfelscharben-Kolonie, mitten in eine Pelzrobbenkolonie sowie zu einem Versteck über einem unberührten Strandabschnitt, wo fast zu jeder Tageszeit Zwerg- und Gelbaugenpinguine gesichtet werden können.

ÜBERNACHTUNG

Larnach Lodge und **Camp Estate**, Larnach Castle, ☎ 03 476 1616, 🖥 www.larnachcastle. co.nz. 6 gemütliche Zimmer mit Gemeinschaftsbad in umgebauten Ställen und sehr individuell eingerichtete, luxuriösere Zimmer in der Larnach Lodge. Direkt außerhalb des Anwesens bietet das Camp Estate glamouröse Zimmer mit eigenem Kamin ($460) in einem modernen, pseudo-schottischen Herrenhaus mit weitem Hafenblick. Alle Gäste erhalten freien Eintritt zum Castle sowie Frühstück. Auch ein 3-Gänge-Abendessen ($69 p. P. plus Wein) im Speisesaal des Schlösschens kann gebucht werden. Ställe $160, Lodge $290

McFarmer's Backpackers, 774 Portobello Rd, ☎ 03 478 0389, ✉ mcfarmers@xtra.co.nz. Heimelige Unterkunft in einer gemütliche Backpacker-Lodge und einem Cottage mit 2 Schlafzimmern. Der friedliche Ort ohne WLAN, TV oder Telefon liegt in einer wunderbaren Landschaft voller Lämmer. Im Winter gelegentlich geschl. Dorm $33, Cottage$125

Otago Peninsula Motel, 1724 Highcliff Rd, Portobello, ☎ 03 478 0666, 🖥 www.otago peninsulamotel.co.nz. Modernes, gut ausgestattetes Motel mitten im Dorf. Alle 6 Zimmer haben Hafenblick, Whirlpool und kostenloses WLAN. $160

Penguin Place Lodge, 45 Pakihau Rd, ☎ 03 478 0286, 🖥 www.penguinplace.co.nz. Einfaches, aber komfortables Backpacker-Hostel auf dem Hügel über dem Penguin Place. Viele der farbenfrohen 2-Bettzimmer und DZ bieten tollen Blick auf den Hafen. Bettwäsche kann mitgebracht oder für $5 pro Aufenthaltsdauer geliehen werden. Check-in im Sommer vor 18, im Winter vor 16 Uhr. Pro Person $30

Portobello Village Tourist Park, 27 Hereweka St, Portobello, ☎ 03 478 0359, 🖥 www.porto bellopark.co.nz. Schlichter Campingplatz mit einfachen, aber gepflegten Einrichtungen, Budgetzimmern ($60) und luxuriöseren Ferienwohnungen mit Bad, TV und Küchenzeile (ab $115). Bettwäsche $5 p. P./Ü. Camping $16, Stellplätze mit Strom $18

Yellow House, 822 Portobello Rd, 1 km südwestlich von Portobello, ☎ 03 478 1001, 🖥 www. yellowhouse.co.nz. Klassisches B&B mit einem schönen, luftigen Zimmer sowie einer Suite mit Glasdach und Whirlpool in einem separaten Hausflügel. Herrlicher Hafenblick, zwei Katzen und tolles Frühstück. DZ $220, Suite $275

ESSEN

Penguin Café, 1726 High Cliff Rd, Portobello, ☎ 03 478 1055, 🖥 www.penguincafe.net.nz. Die Einrichtung des Cafés ist zwar schlicht, aber es gibt exzellenten Kaffee, eine große Auswahl an

Tees, köstliche Kuchen, warme Speisen sowie Pfannkuchen ($8–14) plus Eiscreme aus eigener Herstellung und leckere Pasteten. Gratis-WLAN. ⏰ Sommer tgl. 8–16, Winter tgl. 9–16 Uhr.

Portobello Hotel, 2 Harington Point Rd, Portobello, ☎ 03 478 0759. Typisches Kiwi-Pub, wo die Gäste an der Theke Sandbarschkuchen ($17,50) oder ein Focaccia-Steaksandwich ($18,50) verzehren, auch vegetarische Gerichte sind erhältlich. ⏰ tgl. 11.30–22 Uhr oder später.

INFORMATIONEN

Im i-SITE in Dunedin (S. 705) den kostenlosen *Visitor's Guide to the Otago Peninsula* besorgen und mitbringen.

TRANSPORT

Auto

Mit eigenem Transportmittel ist die Halbinsel am besten zu erreichen. Entweder über die

---

Wandern auf der Otago Peninsula

Die Broschüre *Otago Peninsula Tracks* (kostenlos erhältlich im i-SITE in Dunedin oder im DOC-Büro) beschreibt kurz mehrere Wanderungen auf der Halbinsel. Zu beachten ist, dass sie durch hügeliges Land führen und z. T. ziemlich steil, aber meist gut ausgewiesen sind. Außerdem kann es hier ganz plötzlich kalt oder feucht werden, selbst an den sonnigsten Tagen.

Lovers Leap und **Chasm** (3 km, 1 Std., in der Ablammsaison von Sep–Okt geschl.). Leicht zugänglicher, mühelos begehbarer Rundweg über Farmland zu schroffen Klippen, die 200 m zum Meer hinabfallen; zu sehen sind eingestürzte Meereshöhlen und Felswände aus mehreren Schichten vulkanischer Lavaströme. Der Weg beginnt 8 km südlich von Portobello am Ende der Sandymount Road, 25 Min. Fahrt vom Zentrum von Dunedin.

Sandfly Bay (hin und zurück 3 km, 1 Std.). Netter Spaziergang über Farmgelände und Dünen hinab zum Strand. Dort lassen sich am Spätnachmittag Gelbaugenpinguine beobachten. Die Tiere leben am südlichen Strandende, wo es einen Ausguck gibt und im Sommer Ranger anwesend sind, die dafür Sorge tragen, dass die Pinguine von den Besuchern nicht gestört werden. Ausgangspunkt ist das Ende der Seal Point Rd, 7 km südwestlich von Portobello.

Tunnel Beach (hin und zurück 1,5 km, 1 Std., 140 m Anstieg auf dem Rückweg, Sep–Okt geschl., um neugeborene Lämmer und ihre Mütter nicht zu stören). Einer der besten Spazierwege Dunedins und dabei der kürzeste und leichteste, mit atemberaubenden Ausblicken auf die Küste. Ein steiler Pfad führt über Weideland zu eindrucksvollen Felsen und einem majestätischen Meeresfelsbogen. Bei Ebbe kann man auch die Stufen eines kurzen, durch den Fels gegrabenen Tunnels zu einem Sandstrand hinabsteigen – ein idyllisches Picknickplätzchen.

Die Strecke beginnt am Parkplatz am Ende der Tunnel Beach Road, 7 km südwestlich der Innenstadt von Dunedin. Busse nach Corstophine (New World Stand 5) halten 1,7 km vom Ausgangspunkt des Spazierwegs; Ausstieg an der Haltestelle Stenhope Crescent.

Tiere beobachten

Bei der Tierbeobachtung sollte man Rücksicht auf die Tiere nehmen, indem man gebührenden Abstand hält (mindestens 10 m) und still ist. **Pinguine** sind besonders scheu und zögern, ans Ufer zu kommen (selbst wenn sie Junge füttern müssen), falls sie Menschen am oder nahe dem Strand erblicken. Im Sommer sollte man auf dem Weg bleiben, da sie während der Nistzeit und während der Mauser sehr empfindlich auf Stress reagieren. Niemals einer **Robbe** oder einem **Seelöwen** den Weg zum Meer versperren – sie können sehr aggressiv werden und sich überraschend schnell bewegen.

kurvenreiche **Portobello Road**, die am westlichen Ufer entlangführt, oder über die **Highcliff Road**, die im Innern der Halbinsel über die Hügel verläuft.

Busse

Der Peninsula Bus Nr. 18 (3–9x tgl., $6,70) fährt von Stand 5 außerhalb des New World Supermarket an der Cumberland Street in DUNEDIN entlang der Küstenstraße bis Portobello (35 Min.). An Werktagen fahren einige der Busse weiter bis Harington Point, 2 km vom Taiaroa Head entfernt. Bus Nr. 17 fährt in die Stadt zurück.

15 **HIGHLIGHT**

Catlins Coast

Die Küstenroute, die Dunedin und Invercargill verbindet und einen Teil der **Southern Scenic Route**, 🖥 www.southernscenicroute.co.nz, bis nach Te Anau in Fiordland ausmacht, ist einer der weniger befahrenen Highways der Südinsel. Er durchquert entlang der **Catlins Coast** einige der ursprünglichsten Landschaften Neuseelands.

Innerhalb dieser Region befinden sich große Gebiete einheimischen Waldes, größtenteils als **Catlins Forest Park** geschützt. Der Park umfasst Rimu, Rata, Kamahi und Silver Beech. Stürmische Südostwinde und das unerbittliche Meer haben die Küste hier zu steilen Klippen, windumtosten Landspitzen, weißen Sandstränden, Felsbuchten und offenen Höhlen geformt, von denen die meisten zugänglich sind. Dieses relativ unberührte Gebiet beherbergt eine reiche **Tierwelt**, darunter mehrere seltene Säugetier- und Seevogelarten. Am besten erkundet man die Catlins Coast, indem man sich mindestens ein paar Tage Zeit lässt.

Vom Nugget Point in South Otago (gleich südöstlich von Balclutha) bis zum Waipapa Point in Southland (60 km südöstlich von Invercargill) wird die wilde Landschaft nicht unterbrochen: Dichter Regenwald weicht offenem Buschwerk, während man durch tiefe Täler fährt und an Felsbuchten, Meeresarmen und Flussmündungen vorbeikommt. Die Küste beheimatet **Pinguine** (sowohl Zwerg- als auch Gelbaugenpinguine), **Delphine**, mehrere Seevogelarten und zu bestimmten Jahreszeiten **Wale** auf der Wanderung. Elefantenrobben, Pelzrobben und immer öfter auch der seltene **Neuseeländische Seelöwe** sind in den Sanddünen anzutreffen, und in den Tiefen des Waldes leben zahlreiche **Vögel**: Tui, Makomako, Riroriro. Wer Geduld mitbringt, kann sogar bunte Bewohner der Baumwipfel wie Kakariki und Mohua erspähen.

Außerhalb der Hauptsiedlung Owaka existieren nur ein paar Unterkünfte. Die Öffnungszeiten von Unterkünften und Restaurant ändern sich von Jahr zu Jahr und je nach Jahreszeit, daher sollte man sich direkt vor Ort oder bei den Visitor Centres erkundigen. Wer mit dem **Wohnmobil** reist, konnte sich früher auf zahlreiche romantische Übernachtungsplätze am Wegrand freuen. Doch Überfüllung und Missbrauch dieser Stellen haben dazu geführt, dass wildes Campen in der Region jetzt verboten ist. Verstöße werden unverzüglich mit einem Busgeld belegt.

Brauchbare **Restaurants** und Cafés sind hier Mangelware. Am besten bringt man genügend Lebensmitteln mit und versorgt sich selbst. Außer in Owaka finden sich kleine Gemischtwarenläden in Kaka Point und Papato-

Touren in die Catlins

Bottom Bus, ☎ 03 477 9083, 🖥 www.travel headfirst.com. Hop-on-hop-off-Service (im Sommer 3x wöchentl.) als Ergänzung zur Kiwi Experience, ist aber weniger auf unbekümmerte Sauftouren ausgerichtet. Der Bus beschreibt einen Bogen von Queenstown nach Dunedin, Invercargill via die Catlins und dann zurück nach Queenstown in 3–7 Tagen ($315). Passagiere können an allen Haltestellen zusteigen. Es bestehen Weiterfahrmöglichkeiten nach Milford Sound und Stewart Island. Tickets sind auch für die Teiletappen Dunedin–Catlins–Invercargill erhältlich und kosten ab $199.

Catlins Wildlife Trackers, Mohua Park, ☎ 0800 228 5467, 🖥 www.catlins-ecotours.co.nz. Fundiertes Wissen über die Ökologie, Geschichte und Geologie der Region vermitteln diese unterhaltsamen und inspirierenden Touren (halbtägige Tour $125 p. P.). Die einzige mehrtägige Tour ist die Catlins Traverse (Nov–März auf Anfrage, 30 km, $1200 p. P., mind. 2 Teilnehmer), eine zweitägige geführte Trekkingtour mit 3 Übernachtungen, Verpflegung und Transport. Vorausbuchung notwendig.

wai. Außerdem gibt's im Curio Bay Holiday Park (S. 725) einen winzigen Laden, der Süßigkeiten und Eis verkauft. Tankstellen sind in den Catlins ebenfalls dünn gesät, und die vorhandenen schließen um etwa 17 Uhr, daher empfiehlt es sich, vor dem Start den Tank zu füllen, danach bekommt nur in Owaka (mit Kreditkarte, 24 Std. geöffnet), Papatowai oder Tokanui **Benzin**. Das Mobilfunknetz ist lückenhaft. Telecom-Empfang gibt's in der Umgebung von Owaka. Bei Redaktionsschluss hatte Vodafone noch kein Netz in der Region, will aber demnächst eins in und um Papatowai einrichten. Auch **Banken** oder Geldautomaten gibt es nicht; viele Einrichtungen akzeptieren Kreditkarten, aber man sollte trotzdem Bargeld mitbringen.

Da es in den Catlins kein i-SITE gibt, sollten sich von Norden anreisende Besucher beim **i-SITE in Balclutha**, 80 km südwestlich von Dunedin, 4 Clyde St, ☎ 03 418 0388, 🖥 www. destiantionclutha.com, ordentlich mit Materi-

al eindecken. Es bietet die üblichen Broschüren, einen Reservierungsservice sowie Internetzugang. ⏰ Nov–März Mo–Fr 8.30–17, Sa und So 9.30–15, April–Okt Mo–Fr 8.30–17, Sa und So 10–14 Uhr.

Durch die Region verläuft die lückenlos geteerte SH92. So gut wie alle Sehenswürdigkeiten an der Catlins Coast sind jedoch nur über Schotterstraßen erreichbar. Ohne eigenes Fahrzeug lässt sich die Region im Rahmen einer organisierten Tour besuchen (s. Kasten).

Geschichte

Maori-Jäger durchstreiften einst die Catlins-Region (eines der letzten Rückzugsgebiete des flugunfähigen Moa), doch um 1700 waren sie weitergezogen. An ihrer Stelle kamen in den 30er-Jahren des 19. Jhs. europäische **Wal- und Robbenfänger**. Zwei Jahrzehnte später, nachdem sie die Meeressäugetiere dezimiert hatten, zogen auch sie weiter.

In der Zwischenzeit war 1840 Captain Edward Cattlin gekommen, um die Schiffbarkeit des Flusses, der seinen (falsch geschriebenen) Namen trägt, zu erforschen. Er erwarb ein Stück Land vom Häuptling der Ngai Tahu, und bald darauf trafen Schiffsladungen von **Holzfällern** ein, angelockt von den großen Steineibenwäldern. Die abgeholzten Täler wurden besiedelt, und die Sägemühlen versorgten Dunedin mit einem Großteil des Holzes, das für den Häuserbau benötigt wurde. 1872 wurde aus den Catlins mehr Holz exportiert als von irgendwo sonst in Neuseeland.

Ab 1879 wurde die Bahnlinie von Balclutha bis in diese Region erweitert, was den Bau neuer Sägemühlen, Schulen und Farmen zur Folge hatte. Der Holzschlag dauerte bis in die 1930er-Jahre an, ließ dann aber allmählich nach. Die heutigen winzigen Siedlungen sind nunmehr geschrumpfte Überbleibsel der einst wohlhabenden Holzindustrie.

Kaka Point

22 km südlich von Balclutha

Der erste Haltepunkt in den Catlins ist **Kaka Point**, eine kleine Feriensiedlung. Der goldene Sandstrand wird im Sommer von Rettungs-

Catlins Coast

Restaurants, Cafés und Bars
Blue Cod Blues	5
The Lumberjack	2
Niagara Falls Café	4
The Point Café	1
The Whistling Frog	3

Dunedin (80 km)

Gore (60 km), Invercargill (124 km)

Invercargill (40 km)

Kaka Point

Nugget Point

Roaring Bay

Balclutha

Pounawea

Surat Bay

Cannibal Bay

Jack's Blowhole

Owaka

Catlins Lake

Purakaunui Falls

PAZIFIK

Owaka River

OWAKA VALLEY RD

Catlins River Wisp Loop Track

Mohua Park

Matai Falls

Tahakopa Bay

Florence Hill Lookout

Papatowai

Lost Gypsy Gallery

Tautuku Boardwalk und Lake Wilkie

Tautuku Bay

McLean Falls

Cathedral Caves

WISP RANGE

Catlins River

BERESFORD RANGE

Tahakopa

Mt Tautuku (690 m)

CATLINS FOREST PARK

Mt Pye (720 m)

Tahakopa River

MACLENNAN RANGE

Black Horn (363 m)

Progress Valley

Bush Cone (397 m)

Waikawa

Porpoise Bay

Curio Bay

Catlins Forest Park

Mokoreta River

Mokoreta (713 m)

FOREST RANGE

Waikawa River

Mt Darby (280 m)

Slope Point

Südlichster Punkt der Südinsel

Tokanui

Otara

Fortrose

Waipapa Point

schwimmern bewacht und eignet sich daher hervorragend zum Schwimmen und Surfen. Gleich hinter der Siedlung liegt ein schönes Naturschutzgebiet, zugänglich über einen einfachen Rundweg (2,5 km, 30 Min., oben von der Tarata bzw. Rata St erreichbar).

Kaka Point Camping Ground, 34 Tarata St, ℡ 03 412 8801, 🖥 www.kakapointcamping.co.nz. Grasbedeckter Zeltplatz auf einem Hügel mit vielen Stellplätzen unter Bäumen. Die Einrichtungen sind einfach, aber alles Notwendige ist vorhanden. Außerdem kostenloses WLAN und preiswerte Cabins (DZ $56). Camping $29 für 2 Pers., Stellplätze mit Strom $32 für 2 Pers. **Molyneux House**, 2 Rimu St, ℡ 03 412 8002, 🖥 www.molyneuxhouse.co.nz. Sehr einladendes B&B in modernem Haus mit nur einer Deluxe-Suite. Sie verfügt über eine Küche und tollen Meerblick von der Veranda. Zutaten für ein Continental-Frühstück werden gestellt. Gratis-WLAN. $190
Nugget View & Kaka Point Motels, 11 Rata St, ℡ 03 412 8602, 🖥 www.catlins.co.nz. Gut ausgestattete Unterkunft mit geräumigen Units für Selbstversorger, fast alle mit Veranda und himmlischem Meerblick. Der Besitzer organisiert Ausflüge in kleinen Gruppen rund um den Nugget Point ($40, für Gäste $35, 2 1/2 Std.) zum Betrachten von Pinguinen und Robben, bei denen man auch etwas über die Lokalgeschichte erfährt. Economy Units $100, Studios $135
The Point Café, 58 Esplanade, ℡ 03 412 8800. Dieses annehmbare Café/Pub ist die einzige Anlaufstelle für Kaffee oder Fish 'n' Chips ($18), am besten aber für ein Bier auf der Terrasse mit Aussicht auf die Brandung. ⊙ tgl. 11–22 Uhr.

Nugget Point

9 km südlich von Kaka Point

Die eigentlichen Catlins beginnen am spektakulären **Nugget Point**, einem steilen, windumtosten Felsvorsprung 133 m über dem Meer. Unmittelbar vor der Küste liegen **The Nuggets**, zerklüftete Felsen, deren Schichten sich im Lau-fe der Jahrhunderte in die Vertikale geneigt haben. Ihr imposanter Anblick lässt sich auf einem ohne große Anstrengung begehbaren, 900 m langen Weg (hin und zurück 30 Min.) genießen. Er endet an einem noch immer aktiven Leuchtturm aus dem Jahre 1870, von wo man eine lautstarke Kolonie Neuseeländischer Pelzrobben beobachten kann. Ein kurzer Pfad führt vom Parkplatz zu einem Aussichtspunkt auf den Klippen mit Blick auf einen Löffelreiher-Brutplatz.

Roaring Bay

In der **Roaring Bay** lassen sich **Gelbaugenpinguine** dabei beobachten (Insektenschutz mitbringen), wie sie im Morgengrauen ihre Nester verlassen und die steilen, grasbedeckten Klippen zum Meer hinunterwatscheln. Etwa zwei Stunden vor Einbruch der Dunkelheit kehren sie dann zurück. Von einem Parkplatz kurz vor dem Ende der Straße geht ein 500 m langer Pfad zu einem modernen Beobachtungsversteck ab.

Cannibal Bay

Der lange, sichelförmige Sandstreifen der **Cannibal Bay** ist ein Rückzugsgebiet für Neuseeländische Seelöwen. Ihren Namen erhielt die Bucht von einem frühen Entdeckungsreisenden, der Menschenknochen vorfand und daraus auf Kannibalismus schloss. Tatsächlich handelte es sich aber um eine Begräbnisstätte der Maori. Vom Nugget Point aus gelangt man hierher, indem man die Straße 6 km wieder zurückfährt, auf die geteerte Straße Richtung Owaka abbiegt und dann erneut zur Küste abzweigt (auf eine schmale, kurvige Schotterpiste), bis man eine Ansammlung von Hütten am Nordende der Bucht erreicht. Es ist ratsam, mindestens 10 m Abstand zu jedem Seelöwen zu halten und den Rückzug anzutreten, sobald einer sich aufrichtet und brüllt.

Owaka und Umgebung

Der einzige Ort nennenswerter Größe in den Catlins ist das Agrarstädtchen Owaka, 18 km südwestlich von Kaka Point. Es besteht aber im Grunde nur aus zwei Häuserzeilen, ein paar Unterkünften, drei Restaurant/Cafés und einer Tankstelle.

Owaka Museum

10 Campbell St ▪ ⏰ Mo–Fr 9.30–13 und 13.30–16.30, Sa und So 10–16 Uhr ▪ Eintritt $5 ▪ 📞 03 415 8323, 🖥 www.owakamuseum.co.nz

Die Ausstellung in dem gut konzipierten Heimatmuseum vermittelt anschaulich die Bedeutung der Region für die Maori. Außerdem beschäftigt sie sich mit den vor der Küste liegenden Schiffswracks und dem Robben- und Walfänger Captain Cattlin.

Zur Anlage gehört auch die Bücherei von Owaka, und die Mitarbeiter versorgen Besucher auf Nachfrage mit Wander- und anderen Infobroschüren für die Gegend.

Jack's Blowhole

10 km südöstlich von Owaka

Eine Fahrt auf einer Schotterpiste am Wasser entlang führt nach Jack's Bay. Hier beginnt ein Pfad über Farmland das Tal hinauf und entlang der Klippen zu **Jack's Blowhole** (20–30 Min., einfach), einem erstaunlich großen und 55 m tiefen Loch im Boden. Es ist über einen 200 m langen Tunnel mit dem Meer verbunden und verdankt seine Entstehung dem Einsturz einer unterirdischen Höhle. Bei Flut steigen Wasserfontänen auf.

Mohua Park

744 Catlins Valley Rd, 10 km südwestlich von Owaka, dann 7,5 km landeinwärts ▪ ⏰ tgl. 9–17 Uhr ▪ Spende willkommen ▪ 📞 03 415 8613

Eine gute Stunde kann man in diesem herrlichen Waldstück in einer Übergangszone zwischen Buchenwald und endemischen Steineiben mit Buschgelände ohne weiteres verbringen. In dem aus den 1920er-Jahren stammenden Wohnhaus der Eigentümer erhalten Besucher eine Broschüre, in der verschiedene mögliche Spazierpfade durch das Gelände beschrieben werden. Im Jahr 2014 wurde die historische Tawanui Railway Station – zwei kleine Wetterschutzhütten – in den Park verlegt. Sie zeigt eine Ausstellung zur Geschichte der Siedlung und der Bahn.

Purakaunui Falls

Purakaunui Falls Rd, 15 km südwestlich von Owaka ▪ hin und zurück 20 Min. Fußweg

Wenn es gerade ordentlich geregnet hat (für die Catlins nicht ungewöhnlich) sollte man unbedingt einen Abstecher zu dem spektakulären, 20 m hohen, dreistufigen Wasserfall in einem bezaubernden Landschaftsschutzgebiet mit Tawai (Silver Beech) und Steineiben unternehmen. Er ist von der Hauptstraße gut ausgeschildert und über einen reizvollen Naturpfad zu erreichen, der an einer Picknickstelle endet.

Matai Falls

Papatowai Hwy, 18 km südwestlich von Owaka ▪ hin und zurück 20–30 Min. Fußweg

Der gemütliche Spaziergang zu den **Matai Falls** ist fast genauso lohnend wie der Anblick des nicht gerade himmelhohen, aber ganz ansehnlichen Wasserfalls selbst. Er rauscht durch das Table Hill Scenic Reserve zwischen 10 m hohen, endemischen Fuchsien (leicht erkennbar an ihrer sich abschälenden, rosagetönten Rinde) hindurch. Im Frühsommer wachsen hier kleine rote und blaue Trompetenblumen.

ÜBERNACHTUNG

Mohua Park, 744 Catlins Valley Rd, 10 km nach Südwesten, dann 7,5 km landeinwärts, 📞 03 415 8613, 🖥 www.catlins-mohuapark.co.nz. 4 wunderbar ruhige Öko-Cottages in abgeschiedener Lage mit Blick auf Farmland. Die Ferienhütten sind für Selbstversorger gedacht, deshalb Proviant mitbringen oder sich zu den Gastgebern Fergus und Mary Sutherland beim hausgemachten Frühstück ($25) oder Abendessen ($75, inkl. Wein) gesellen. Lunchpakete für ein Picknick sind ebenfalls erhältlich. $190

Newhaven Holiday Park, 324 Newhaven Rd, Surat Bay, 5 km östlich von Owaka, 📞 03 415 8834, 🖥 www.newhavenholiday.com. Auf dem kleinen, super in Schuss gehaltenen Campingplatz nur 2 Min. vom Strand stehen rings um eine Wiese einfache Cabins und Touristenapartments für Selbstversorger sowie ein Retro-Caravan ($55), der an die 1970er-Jahre erinnert. Camping $16, Cabins $66

Purakaunui Bay, Purakaunui Bay Rd, 17 km südlich von Owaka. Der DOC-Platz direkt am Meer hat Toiletten, fließendes Wasser, Feuerstellen und ausreichend Feuerholz. Es bestehen gute Möglichkeiten zum Surfen, und direkt vor der Küste befindet sich das Naturschutzgebiet Cosgrove Island. $6

The Split Level, 9 Waikawa Rd, ☏ 03 415 8304, 🖳 www.thesplitlevel.co.nz. Wer direkt in Owaka übernachten möchte, kann sich für dieses einladende Haus aus den 1970ern entscheiden. Es beherbergt einen 4-Bett-Schlafsaal, ein 2BZ und ein DZ, alle in respektvoller Entfernung zur zweckmäßig ausgestatteten Küche/Lounge. In einem separaten Gebäude werden auch Motelzimmer mit Bad ($76) vermietet. Dorm $30, DZ $68

Surat Bay Lodge, Surat Bay Rd, Newhaven, 5 km östlich von Owaka, ☏ 03 415 8099, 🖳 www.suratbay.co.nz. Backpacker-Unterkunft in ruhiger Lage in Strandnähe am Catlins Estuary. Abholung von Owaka, Fahrrad- und Kajakverleih (für Gäste kostenlos). Gratis-WLAN. Dorms $30, Zimmer $76

ESSEN

The Lumberjack, 3 Saunders St, ☏ 03 415 8747, 🖳 www.lumberjackbarandcafe.co.nz. Dieses Lokal ist wahrscheinlich das Beste unter den drei Konkurrenten von Owaka. Die Speisekarte kommt ziemlich altmodisch daher, aber ein handfestes Steak mit drei Soßen und Gemüsebeilage ($29) geht eigentlich immer. ⊙ tgl. 10–21 Uhr oder später, im Winter manchmal geschl.

INFORMATIONEN

Catlins Information Centre, im Owaka Museum, 10 Campbell, ☏ 03 415 8371, 🖳 www.cluthanz. com. Aktuelle Infos zu Unterkünften und Lokalen sowie DOC-Informationen. ⊙ Mo–Fr 9.30–13 und 13.30–16.30, Sa und So 10–16 Uhr.

Papatowai und Umgebung

Auf der Fahrt über den Papatowai Highway (SH92) durch die Catlins nach Südwesten überquert man den Tahakopa River und gelangt dann in die kleine Siedlung **Papatowai**, 26 km südlich von Owaka. Sie bietet einen Gemischtwarenladen, mehrere Wald- und Strandspaziergänge, eine ausgezeichnete Ökotour mit Catlins Wildlife Trackers und ist Ausgangspunkt des **Catlins Top Track** (s. Kasten).

Lost Gypsy Gallery

Papatowai Hwy ▪ ⊙ Sep–April meist tgl. 10–17 Uhr, Mi normalerweise geschl. ▪ Eintritt frei, „Theater" $5
Von der wilden Natur einmal abgesehen, ist die **Lost Gypsy Gallery**, ein wunderbarer alter Bus neben der Hauptstraße, eines der wah-

---

Der Catlins River-Wisp Loop Track

Die einzige lange Wanderung in den Catlins, der Catlins River-Wisp Loop Track, besteht im Wesentlichen aus zwei 12 km langen Pfaden, die zu einem Rundweg verbunden sind, der von zahlreichen Stellen aus zugänglich ist. Das ermöglicht fitten Wanderern, die gesamte Strecke an einem Tag zu laufen, ansonsten kann man aber auch von beiden Enden aus kleinere Etappen begehen.

Die erste Hälfte, der Catlins River Walk (12 km, 5–6 Std.), ist ein gut ausgebauter Wanderweg, der die Tawanui Campsite 18 km westlich von Owaka mit The Wisp verbindet, wo sich ein Picknickplatz und Toiletten befinden. Der Pfad führt über mehrere Hängebrücken und durch einen Wald mit Neuseeländischen Silberbuchen. Im Dezember und Januar bringen die scharlachroten Blüten der heimischen Misteln den Wald um Tawanwui zum Glühen.

Von The Wisp führt der Wisp Loop Walk (12 km, 4–5 Std.) entlang bewaldeter Forstwege und über Höhenlagen zurück nach Tawanui. Eine Verlängerung, der Rocky Knoll Extension Track, führt dagegen zur Rata Range, von der aus sich ein herrlicher Blick auf das Owaka Valley bietet. Weitere Einzelheiten zum Weg gibt es auf der Website des DOC, 🖳 www.doc.govt.nz.

ren Highlights in den Catlins. Das Ganze ist eine Art Wunderland mit Animatroniks-Maschinen und Spielzeug aus recycelten Materialen und alten elektronischen Komponenten – von Blair Somerville. Fast alles kann man auch kaufen, aber seine besten Arbeiten präsentiert Somerville in seinem amüsanten **Winding Thoughts Theatre … of Sorts** gleich hinter dem Bus. Es gibt einen kleinen Kaffeestand, und bei **Catlins Kayaks**, auf dem Parkplatz der Galerie, ✉ catlinskayaks@gmail.com, kann man Kajaks ($45 bis zu 3 Std.) und Stand-Up Paddleboards ($25/Std.) mieten.

Florence Hill Lookout

Papatowai Hwy, 2,5 km südwestlich von Papatowai

Zu einem kurzen Halt an der Hauptstraße lädt der **Florence Hill Lookout** ein. Er gewährt eine Panoramaicht auf die Tautuku Bay, eine zauberhafte, sichelförmige Bucht mit hellem Sand, hinter der sich ein ausgedehnter Wald erstreckt. In der Entfernung erheben sich die wellenumtosten Felstürme der Frances Pillars.

Tautuku Boardwalk und Lake Wilkie

Papatowai Hwy, 5 km südwestlich von Papatowai

Für Vogelfreunde empfiehlt sich ein Bummel entlang des **Tautuku Boardwalk** (20–30 Min. hin und zurück), der über das ans Meer grenzende Sumpfland in ein von Farnsteigern bewohntes Gelände führt. Schön ist aber auch ein Spaziergang zum Lake Wilkie (hin und zurück 20 Min.) durch einen alten Forst mit Erklärungstafeln. Bei dem See handelt es sich um ein Relikt aus der Eiszeit.

Cathedral Caves

Papatowai Hwy, 10 km südwestlich von Papatowai und dann 3 km abseits der Hauptstraße ▪ 2 Std. vor und nach Ebbe zugänglich, sofern geöffnet ▪ Eintritt $5

Die **Cathedral Caves** sind die prächtigsten von etwa 15 Höhlen entlang dieses Küstenabschnitts und wurden mit ihren enorm hohen Wänden vom tosenden Meer geschaffen. Der Pfad, der sich durch einen Mischwald zu einem wunderschönen breiten Strand hinunterwindet, ist nur für 2 Stunden vor und nach der Ebbe zugänglich. Die Höhlen befinden sich am westlichen Ende des Strandes. Die saisonal bedingten Schwankungen des Tidenhubs machen es notwendig,

die Höhlen im Winter zu schließen, da die Wellen dann zuviel Sand aus den Höhlen spülen. Zwischen Oktober und Dezember werden sie wieder geöffnet. Genaueres ist bei den lokalen Besucherzentren zu erfahren oder dem Schild am Eingang zu entnehmen.

McLean Falls

Rewcastle Rd, 11 km südwestlich von Papatowai, dann 3 km abseits der Hauptstraße ▪ hin und zurück 30–40 Min. Fußweg

Zu dem malerischen 22 m hohen **McLean**, mit Abstand dem beeindruckendsten und schönsten Wasserfall der Gegend, geht es auf einem ansteigenden Regenwaldpfad durch Podokarpien und Fuchsien. Er sollte bevorzugt am Spätnachmittag besucht werden, wenn die größte Stufe von der Sonne beleuchtet wird.

ÜBERNACHTUNG UND ESSEN

McLean Falls Holiday Park, 27 Rewcastle Rd, ✆ 03 415 8338, 🖥 www.catlinsnz.com. Professionell gemanagte, erstklassige Campinganlage mit geschützten Stellplätzen, viele mit Strom, die sich Grillplatz, eine enge Küche und eine TV-Lounge teilen. Es gibt Dorms ($39 p. P.), aber auch schnucklige 2-Bett-Cabins ($80, Schlafsack erforderlich), jede mit Tisch und Stühlen auf dem dazugehörigen winzigen Hof. Außerdem eine Auswahl noblerer Unterkünfte, angefangen bei den „Kiwiana"-Cabins ($90) bis hin zu geräumigen Chalets mit 1 Schlafzimmer ($195). Camping $22, Stellplätze mit Strom $24,50

Southern Secret Motel, 2510 Papatowai Hwy, Papatowai ✆ 03 415 8777, 🖥 www.southernsecretmotel.co.nz. Sieht von außen wie ein normales Wohnhaus aus, bietet aber 4 fabelhafte, in den Farben des Pazifiks gestaltete Zimmer mit schmiedeeisernen Betten mit Moskitonetzen sowie einer Filmothek mit über 950 Filmen. Die Eigentümer vermieten außerdem ganz in der Nähe die ausgefallen eingerichteten Selbstversorger-Cottages „Erewhon" und „Lancewood" mit 2 Doppelzimmern (bei einem Aufenthalt von nur einer Nacht Aufpreis $10 p. P.). Motelzimmer $110, Selbstversorger-Cottage $135

VON DUNEDIN NACH STEWART ISLAND

The Whistling Frog, 27 Rewcastle Rd, 📞 03 415 8338, 🖥 www.whistlingfrogcafe.com. In dem behaglichen Kneipencafé auf dem McLean Falls Holiday Park wird besser gekocht als in den meisten anderen Lokalen in den Catlins. Außer den üblichen Kiwi-Frühstücksangeboten dürfen sich die Gäste z. B. auf Rindfleischpastete ($24) und vegetarische *arancini*-Bällchen ($19) freuen. Gute Auswahl an Bieren, Tischweinen, die per Glas serviert werden, und Fassbier aus der eigenen Brauerei. ⏰ Sep–Mai tgl. 8.30–21 Uhr oder später.

Wrights Mill Lodge, 865 Tahakopa Valley Rd, 9 km nordwestlich von Papatowai, 📞 03 204 8424, 🖥 www.catlinsaccommodation.co.nz. Abgelegene Unterkunft im beschaulichen Tahakopa Valley. Die 4 wunderschönen Zimmer (keine Dorms) teilen sich ein Bad und befinden sich in einem 100 Jahre alten Haus mit sonniger Veranda und Grillstelle. $90

Waikawa

Das Fischerdorf **Waikawa**, 38 km westlich von Papatowai, besteht nur aus ein paar Häusern, der malerischen Waikawa St Marys Anglican Church und einem Museum.

Waikawa Museum

604 Niagara Waikawa Highway ▪ ⏰ Sommer tgl. 10–17, Winter tgl. 10–16Uhr ▪ Eintritt per Spende ▪ 📞 03 246 8464

Das kleine **Waikawa Museum** enthält eine interessante Ausstellung zur hiesigen Seefahrer- und Holzfällertradition. Das Museum fungiert gleichzeitig als Visitor Centre, in dem man sich ausführlich über die Hector-Delphine (S. 725) informieren kann, die in der nahen **Curio Bay** recht dicht an die Küste herankommen.

Blue Cod Blues, Niagara Waikawa Rd, Waikawa. Der Imbisswagen am Straßenrand mit einem oder zwei Tischen davor hat exzellente Burger ($7–10) und Fish 'n' Chips ($8,50). ⏰ meist Mo 11–14, Fr–So 11–14 und 16.30–19 Uhr, im Sommer tgl.

Niagara Falls Café, 256 Niagara Waikawa Rd, 4 km nördlich von Waikawa, 📞 03 246 8577, 🖥 www.niagarafallscafe.co.nz. Das umwerfende Café mit Schanklizenz befindet sich im ehemaligen Schulhaus von Niagara zwischen Rasenflächen und Blumenrabatten. Alles wird aus Bio-Zutaten frisch und möglichst schonend zubereitet. Es gibt vorzüglichen Kaffee und Karottenkuchen sowie z. B. Neuseeland-Blaubarsch mit Salat und selbst gebackenem Brot ($26). Auch gluten- und laktosefreie Optionen und erlesene neuseeländische Weine pro Glas. ⏰ tgl. 9–23 Uhr, im Winter manchmal geschl.

Curio Bay und Porpoise Bay

5 km südwestlich von Waikawa ▪ Catlins Surf, 📞 03 246 8552, 🖥 www.catlins-surf.co.nz, vermietet Boards und Wetsuits ($40/3 Std.), veranstaltet Surfkurse ($50/90 Min.) und bietet die Möglichkeit zum Stand-Up-Paddleboarding ($75/2 1/2 Std.)

An der windumtosten Landspitze, die zwei der romantischsten Buchten dieser an zauberhaften Landschaften reichen Region trennt, treffen unterschiedliche Küstenlandschaften aufeinander. Im Norden schlagen gewaltige Brecher an die sandige, sichelförmige **Porpoise Bay**, in deren Wellen oft Hector-Delphine spielen. Die von der Brandung glatt geschliffene **Curio Bay** im Süden ist mit den Resten eines **versteinerten Waldes** aus der Jurazeit übersät – bei Ebbe klar zu erkennen.

Stufen führen zu einem Strand hinab, wo sich stellenweise sogar noch die Jahresringe uralter Bäume ausmachen lassen. Wer kurz vor Sonnenuntergang herkommt, kann beobachten, wie bis zu ein Dutzend Gelbaugenpinguine an Land kommen und zu ihren Nestern watscheln.

Catlins Beach House, 499 Curio Bay Rd, 📞 03 246 8340, 🖥 www.catlinsbeach house.co.nz. Vom Rasen des entspannten Hostels in einem Selbstversorgerhaus ist es bloß ein Schritt bis zum Strand. Das Haus hat nur Platz für 9 Gäste in 2 Doppelzimmern

Neuseeländischer Seelöwe und Hector-Delphin

Zwei äußerst seltene Arten – der Neuseeländische Seelöwe *(Phocarctos hookeri)* und der Hector-Delphin *(Cephalarhynchus hectori)* – sind nur in neuseeländischen Gewässern anzutreffen. Ersterer lebt überwiegend in dem Gebiet um die subantarktischen Auckland Islands, 460 km südlich der Südinsel, aber ein paar Tiere pflanzen sich auch auf der Otago Peninsula, entlang der Catlins Coast und um Stewart Island fort.

Der große, erwachsene männliche **Seelöwe** ist schwarz bis dunkelbraun, hat eine Schultermähne, wiegt bis zu 400 kg und erreicht eine Länge von mehr als 3 m. Ausgewachsene Weibchen sind lederbraun bis silbergrau, wiegen weniger als die Hälfte und sind nur knapp 2 m lang. Sie ernähren sich von Barrakudas, Neuseeland-Eisfischen, Oktopus, Rochen und im Frühling von Schwimmkrabben. Bei der Nahrungssuche können die Seelöwen vier bis fünf Minuten lang bis zu 200 m tief tauchen. Sogar Tiefen von bis zu 500 m wurden beobachtet. Die Jungen werden am Strand geboren und im Alter von etwa 6 Wochen von der Mutter in Grasland, Gebüsch oder Wald gebracht und bis zu einem Jahr lang gesäugt. Im Gegensatz zu Robben haben die Tiere keine Scheu vor Menschen. Wer einem Tier an Land begegnet, sollte mindestens 10 m Abstand halten (während der Fortpflanzungszeit Dez–Feb 30 m) und sich zurückziehen, wenn es sich aufrichtet und brüllt – Seelöwen können sich schnell bewegen.

Der **Hector-Delphin** mit seiner charakteristischen schwarz-weißen Markierung ist die kleinste Delphinart der Welt und auch eine der seltensten – insgesamt gibt es nur knapp 7000 Exemplare. Er ist nur in Neuseelands küstennahen Gewässern anzutreffen (überwiegend um die Südinsel) und konzentriert sich im Osten um die Banks Peninsula, Te Waewae Bay und Porpoise Bay und im Westen auf den Abschnitt zwischen Farewell Spit und Haast. Im Sommer bevorzugt er seichte Gewässer in maximal 1 km Entfernung zur Küste, um Meeräschen, Wellington-Flugkalmare, Neuseeland-Eisfische, Sterngucker und Krabben zu fangen; im Winter wagt er sich selten weiter als 8 km hinaus. Üblicherweise sind die Weibchen etwas größer als die Männchen: 1,20–1,40 m lang und 40–50 kg schwer. Die Jungen kommen zwischen November und Mitte Februar zur Welt und bleiben bis zu zwei Jahre lang an der Seite ihrer Mutter. Im Sommer und Herbst hält sich die kleine Delphinpopulation der Porpoise Bay regelmäßig in der Brandungszone auf und kommt manchmal bis auf 10 m an den Strand heran. Hector-Delphine sind scheue Kreaturen, und jegliche Störung kann negative Auswirkungen auf ihre Nahrungsaufnahme haben.

Wer sich in der Nähe der Tiere aufhält, sollte unbedingt die Regeln des DOC befolgen, die überall angeschlagen sind: Delphine nicht anfassen, füttern, umrunden oder jagen und immer eine angemessene Entfernung einhalten. Es ist auch verboten, in der Nähe von Delphinen mit Jungen zu schwimmen, die meisten haben im Sommer Nachwuchs dabei.

(eins mit Bad) und einem Dorm. Dorms $30, DZ $70

Curio Bay Holiday Houses & Penguin Paradise, ☏ 03 246 8552, ▭ www.catlins-surf.co.nz. Der agile Besitzer von Catlins Surf (s. o.) betreibt 4 Ferienhäuser für Selbstversorger in der Porpoise Bay sowie das Penguin Paradise im nahen Waikawa, das auch auf Backpacker ausgerichtet ist. Die Ferienhäuser, die man auch nur für eine Nacht mieten kann, sind mit Bettwäsche und Handtüchern ausgestattet. Backpacker können den „room and surf class"-

Tarif für günstige $75 buchen. Penguin Paradise $28, Ferienhäuser ab $120

Curio Bay Holiday Park, 601 Curio Bay Rd, ☏ 03 246 8897, ✉ valwhyte@hotmail.com. Dichte Strohmatten schützen die Zelt- und Wohnwagenstellplätze (mit Strom) auf diesem traumhaft schön gelegenen Campingplatz mit Blick auf die Porpoise Bay und Curio Bay vor den manchmal stürmischen Winden. Ein kleiner Minimarkt versorgt mit dem Notwendigsten. Duschen $2 (nur für Gäste). Camping/Stellplatz $10, mit Strom $15

VON DUNEDIN NACH STEWART ISLAND

Slope Point

16 km westlich von Curio Bay

Slope Point, der südlichste Punkt der Südinsel, befindet sich 7 km südlich von Bluff. Ein kurzer Fußmarsch über Schafweiden (40 Min. hin und zurück) führt zu einem windumtosten Felsvorsprung. Ein Schild verrät, dass es noch beachtliche 4803 km bis zum Südpol sind.

ÜBERNACHTUNG

Slope Point Backpackers, 164 Slope Point Rd, ℡ 03 246 8420, 🖵 www.slopepoint.co.nz. Freundliches, superpreiswertes Hostel auf einer Schaffarm, wo Kinder (jeglichen Alters) die Tiere streicheln dürfen. Unterschiedliche Doppelzimmer, Schlafsäle und ein Selbstversorger-Unit ($90), zudem Zeltstellplätze ($15 p. P.) und 2 Wohnwagenstellplätze mit Strom. Dorms $25, DZ $50

Waipapa Point

26 km westlich von Curio Bay

Waipapa Point war im Jahr 1881 Schauplatz des schlimmsten zivilen Schiffbruchs Neuseelands, bei dem 131 Menschen an Bord der SS *Tararua* ihr Leben verloren. Kurze Zeit später wurde der hiesige Leuchtturm errichtet, zu dessen Füßen sich heute **Seelöwen** sonnen.

Gore

70 km westlich von Balclutha und 65 km nordöstlich von Invercargill liegt das beschauliche **Gore**, eine angenehme Zwischenstation an der Kreuzung der Routen von Dunedin nach Te Anau und Invercargill. Der von den Hokonui Hills beherrschte Ort erstreckt sich zu beiden Seiten des Mataura River („rötliche Strudel bildendes Wasser") und nennt sich selbst **Bachforellenhauptstadt**, worauf eine riesige Fischskulptur im Ortszentrum verweist.

Gore bezeichnet sich stolz als Heimat der neuseeländischen **Country Music** (nicht dass ein anderer Ort ihr diesen Titel streitig machen wollte). Einen guten Eindruck davon kann man sich am Wochenende während der **Gold Guitar Week**, ℡ 03 208 1978, 🖵 www.goldguitars. co.nz, machen (Ende Mai und Anfang Juni).

Hokonui Moonshine Museum

Hokonui Heritage Centre, 16 Hokonui Drive ▪ 🕐 Mo–Fr 8.30–17, Sa 9.30–16, So 13–16 Uhr ▪ Eintritt $5

Das unterhaltsame **Hokonui Moonshine Museum** widmet sich der Geschichte der illegalen Schnapsbrennerei. Sie begann 1836 und erreichte während einer regional begrenzten, 50 Jahre währenden Prohibition ab 1903 ihren Höhepunkt. Bis heute wird Alkoholverkauf in diesen Breiten von einer Lizenzvergabekommission kontrolliert. Netterweise gibt es aber am Ende der Besichtigung einen Fingerhut voll Whisky. In ungeraden Jahren findet in Gore das **Hokonui Moonshine Festival**, 🖵 www.moon shinefest.co.nz, statt, bei dem lokale Musikgruppen auftreten. Das Heritage Centre unterhält auch das **Gore Historical Museum**, wo kostbare viktorianische Trachten, traditionelle Haushaltswaren und Angelzubehör zu sehen sind.

Eastern Southland Art Gallery

14 Hokonui Drive ▪ 🕐 Mo–Fr 10–16.30, Sa und So 13–16 Uhr ▪ Eintritt frei

Eine gute Adresse für Kunstfreunde ist die **Eastern Southland Art Gallery**. Sie beherbergt eine neuseelandweit bedeutsame Kunstsammlung. Die Dauerausstellung zeigt eine faszinierende Schenkung des neuseeländischen Sexualwissenschaftlers Dr. John Money, die u. a. kongolesische Zeremonienhelme und lebensgroße Ahnenskulpturen der Bambara umfasst. An Kunstwerken mit neuseeländischen Inhalten sind unter anderem die farbenfrohen Ölgemälde von Rita Angus vertreten, Werke des holländischen Emigranten Theo Schoon und Stücke aus verschiedenen Schaffensphasen von Ralph Hotere, dem vielleicht größten lebenden neuseeländischen Maler.

Old Mandeville Airfield

SH94, 17 km westlich von Gore ■ ⊕ Museum Mo–Fr 9.30–16.30, Sa und So 11–15 Uhr ■ Eintritt $10, Flüge ab $95/10 Min.–$220/30 Min. ✆ 03 208 9755, ⌨ www.croydonaircraft.com

Für Fans alter Flugzeuge lohnt ein Besuch des **Old Mandeville Airfield**, wo man bei der Restaurierung von alten Flugzeugen zuschauen und zu **Rundflügen** abheben kann. Ein **Museum** versammelt viele schöne Flugzeuge.

ÜBERNACHTUNG

Gore Motor Camp, 35 Broughton St, 2 km südlich vom Heritage Centre, ✆ 03 208 4919, ✉ gorecamp@xtra.co.nz. Dieser offene, grasbewachsene Platz grenzt zwar an den SH1, aber um die Einfahrt zu finden, muss man der Beschilderung an der Kitchener St folgen. Neben Stellplätzen mit und ohne Strom gibt es eine Reihe von Cabins zu sehr realistischen Preisen.Kostenlose Abholung vom Stadtzentrum bei zwei oder mehr Reisenden. Gelegentlich Rabatte. Camping $15, Cabins $65
Wentworth Heights, 86a Wentworth St, abseits der SH1, 3 km nordöstlich der Stadt, ✆ 03 208 6476, ⌨ www.wentworthheights.co.nz. Sehr gut ausgestattetes, semi-rustikales B&B mit fabelhaftem Frühstück und äußerst herzlichem Empfang. Der Besitzer Barry Perkins leitet auch Angeltrips. $165

ESSEN

The Green Room, 59 Irk St, ✆ 03 208 1005. Das unprätentiöse Café neben dem St John Theatre in Gore ist eine prima Anlaufstelle für Suppen, Frittatas oder einfach bloß Kaffee und Kuchen. ⊕ Mo–Sa 7.30–16.30 Uhr.
The Howl of the Moon, 2 Main St, ✆ 03 208 3851. In dem großen, aber freundlichen Lokal sind den ganzen Tag über Kaffee und Snacks zu haben. Mittags und abends werden auch warme Mahlzeiten angeboten. Wer es etwas exotischer mag, kann *jerk chicken* mit gebratenem Mais ($29) und Kokosnuss-Käsekuchen ($11) bestellen. Leichte Mahlzeiten kosten ab $20. ⊕ Mo–Sa 7.30–16.30 Uhr.

The Thomas Green, 30 Medway St, ✆ 03 208 9295, ⌨ www.thethomasgreen.co.nz. Großstadtflair im östlichen Southland verbreitet dieses hinter der Fassade eines denkmalgeschützten Gebäudes versteckte Restaurant mit indirekter Beleuchtung usw. Es hat hochkarätige Kneipenkost wie Zucchini- und Feta-Tarte ($12) oder Hähnchenbrust mit Zitronen-Thymian-Glace ($29). ⊕ tgl. 10–22 Uhr oder später.

SONSTIGES

Informationen
16 Hokonui Drive, im Hokonui Heritage Centre, ✆ 03 203 9288, ⌨ www.gorenz.com, ⊕ Mo–Fr 8.30–17, Sa 9.30–16, So 13–16 Uhr. Draußen liegen kostenlose Karten und Broschüren aus.

Forellenangeln
Wer zur **Angelsaison** (Nov–April) in der Gegend ist und es mit einer Bachforelle aufnehmen möchte, wendet sich zwecks Ausrüstungsverleih an **B&B Sports**, 65 Main St, ✆ 03 208 08, wo auch Angellizenzen ($25/Tag) verkauft werden.

TRANSPORT

Busse
Gore liegt an der Hauptstrecke der Busse zwischen Dunedin, Invercargill und Te Anau. Die Busse halten außerhalb des Heritage Centre.

Busse nach:
DUNEDIN 4x tgl., 3 Std.;
INVERCARGILL 4x tgl., 1 Std.;
TE ANAU 1x tgl., 1 3/4 Std.

Invercargill

Für viele Besucher ist **Invercargill** nicht mehr als eine Zwischenstation auf dem Weg nach Stewart Island oder an die Catlins Coast. Jedoch lohnt die Stadt durchaus einen kurzen Aufenthalt. Sie wurde Mitte der 1850er-Jahre gegründet und erstreckt sich über eine ungeschützte, weite Ebene am Anfang des New River Estuary.

Im Jahr 2000 bot die wichtigste Bildungs-einrichtung der Stadt, das Southern Institute of Technology (SIT), Neuseeländern und Australiern kostenlosen und (anderen) Ausländern weitaus günstigeren Unterricht als gewöhnlich. In der Folge schwoll die Einwohnerzahl von Invercargill auf 50 000 an, und die Kultur- und Kneipenszene der Stadt erfuhr eine starke Belebung. Vor Kurzem hat man überdies im Great South Basin vor der Küste von Southland mit der Öl- und Gasförderung begonnen, was einige Investitionen in der Stadt nach sich gezogen hat.

Im Süden der Stadt liegt an der Spitze einer schmalen Landzunge **Bluff**, der Abfahrtspunkt für die Fähren nach **Stewart Island** (S. 733).

Southland Museum and Art Gallery

108 Gala St, beim Queens Park ▪ ⏰ Mo–Fr 9–17, Sa und So 10–17 Uhr ▪ Eintritt per Spende ▪ ✆ 03 219 9069, 🖳 www.southlandmuseum.com

Die Hauptsehenswürdigkeit ist das **Southland Museum and Art Gallery**. Das von einem weißen Pyramidendach gekrönte Gebäude beherbergt eine gute Sammlung auf drei Ebenen. Oben konzentriert sich die Abteilung „Beyond the Roaring Forties" auf die subantarktischen Inseln Neuseelands. Die Ausstellung befasst sich u. a. mit Schiffbrüchigen und Robbenfängern. Auch die Geschichte von Southland wird dargestellt, und eine Treppe tiefer sind Maori-Artefakte zu sehen. Unbedingt den **Tuatara** vorbeizuschauen, kleine Reptilien aus der Dinosaurierzeit, die nirgendwo sonst auf der Welt zu finden sind – z. B. *Henry*, der wahrscheinlich weit über 100 Jahre alt ist. Man kann die Tiere durch das verglaste Tuatarium auf der Rückseite des Ergeschosses vom Museum sehen.

Der Wasserturm

Doon St, Ecke Leet St ▪ ⏰ So und feiertags 13.30–16.30 Uhr ▪ Eintritt $2 ▪ ✆ 03 211 1679

Die östliche Skyline von Invercargill dominiert der 40 m hohe **Wasserturm** aus Backstein. Das romaneske, mehrfarbige Bauwerk wurde 1889 eingeweiht und ist eindeutig pompöser ausgefallen als notwendig. Wer die Treppen im Inneren erklimmt, wird mit der tollsten Aussicht der Stadt belohnt.

Invercargill Brewery

72 Leet St ▪ ⏰ Mo–Sa 10–18 Uhr, Führungen Mo–Fr 13 Uhr ▪ Führung $20 ▪ ✆ 03 214 5070, 🖳 www.invercargillbrewery.co.nz

Bierkenner zieht es sicher in die **Invercargill Brewery**. An Werktagen werden Führungen angeboten, die mit der Verkostung verschiedener Biere enden. Braumeister Steve Nally braut neun verschiedene Sorten wie das Stanley Green Pale Ale, das nach seinem Großvater mütterlicherseits benannt ist, oder das Wasp Honey Pilsner, das mit einem Hauch Kamahi-Honig aus den Catlins aromatisiert wird.

Anderson Park Art Gallery

McIvor Rd an der SH6, 7 km nördlich der Innenstadt ▪ ⏰ Gärten tgl. 8 Uhr bis Sonnenuntergang ▪ Eintritt frei ▪ Ein Taxi ($25 einfach) oder Leihfahrrad nehmen

Am Rande von Invercargill erstreckt sich der hübsche Anderson Park, der die landschaftliche Kulisse für die sehenswerte **Anderson Park Art Gallery** bildet. Das Gebäude wurde 1925 in georgianischem Stil für den örtlichen Geschäftsmann Robert Anderson errichtet. Bei unserer Recherche war das von Cecil Wood entworfene Gebäude geschlossen, um es erdbebensicher umzurüsten. Mitte 2016 soll es aber soweit sein, und dann ist eine der interessantesten unabhängigen Ausstellungen zur neuseeländischen Kunst wieder zugänglich. Aber selbst wenn die Galerie geschlossen ist, sind die Gärten im Sommer auf jeden Fall einen Besuch wert. Interessant ist der hinter dem Haupthaus versteckte *wharepuni* aus den 1920er-Jahren, ein traditionelles hölzernes Versammlungshaus, das die Andersons für Tanzvorführungen nutzten. Eingang und Vorbau sind mit Schnitzereien von Tene Waitere, einem bekannten Künstler aus Rotorua, verziert.

1 (100 m), ▲ **2** (5 km), Anderson Park (5 km), Te Anau (160 km), Queenstown (180 km)

■ **Übernachtung**

295 on Tay	5
Admiral Court Motel and Apartments	6
Invercargill Top 10 Holiday Park	2
Safari Lodge	1
Southern Comfort	3
Tuatara Lodge	4

● **Restaurants, Cafés und Bars**

The Batch	1
King's Fish Supply	7
The Rocks	3
The Seriously Good Chocolate Company	2
Three Bean	6
Tillermans Music Lounge	5
Waxy O'Shea's	4

Queens Park

Teekiosk

Statuen

Winter-
gärten

Rosen-
Gärten

Southland Museum
und Art Gallery

Invercargill
Brewery

Wasser-
turm

E Hayes und
Son Ltd

Bücherei

DOC
Office

Countdown
Supermarket

Town Hall und
Civic Theatre

Kino

Cycle
Surgery

First Presbyterian

Southern
Institute of
Techology

Pak 'n Save
Supermarket

St Mary's
Basilica

Waihopai River

Flughafen (2,5 km), Oreti Beach (9,5 km)

VON DUNEDIN NACH STEWART ISLAND

5 (300 m), **6** (600 m), Dunedin (220 km)

Southland Hospital (2 km), ▼ Bluff (27 km), SH92 nach Balclutha (172 km via Catlins)

Oreti Beach

10 km westlich der Stadt an der Dunns Rd

Die Straße von Invercargill zum **Oreti Beach** endet buchstäblich am Strand. Zwar brettern die Einheimischen ständig mit ihren Autos über den Sand, aber Besucher sollten sich das verkneifen, schon weil es gegen die Vertragsbedingungen für Mietfahrzeuge verstößt.

Der wunderschöne breite Sandstrand, der sich 30 km bis zum Badeort Riverton im Westen windet, gewährt eine herrliche Aussicht auf Stewart Island und Bluff. Im Sommer wird hier gerne gebadet (wenn viel los ist, sind Strandwächter unterwegs), Motorboot und Wasserski gefahren, an windigen Tagen können hier jedoch regelrechte Sandstürme toben.

ÜBERNACHTUNG

Invercargill bietet eine große Auswahl an Unterkünften, vor allem viele Motels, die sich gleich außerhalb des Zentrums entlang der SH1 aufreihen. Das Preisniveau ist überall in Ordnung. Wildcampen ist sowohl in als auch um die Stadt verboten – der nächste DOC-Campingplatz befindet sich in der Colac Bay.

295 on Tay, 295 Tay St, ✆ 0800 295 295, 🖥 www.295ontay.co.nz. Das moderne, komfortable Motel hat langweilige, aber angenehme Zimmer mit komplett eingerichteten Küchen, beheizten Handtuchtrocknern, Heizdecken, Fön und Minibar. Die Units unten verfügen über Jacuzzis. $130

Admiral Court Motel und Apartments, 327 Tay St, ✆ 0800 111 122, 🖥 www.admiralcourt.co.nz. 17 makellos saubere Selbstversorger-Units, Frühstück wird aufs Zimmer geliefert. WLAN und Flughafentransfers. Einige Units mit Badewanne. $120

Invercargill Top 10 Holiday Park, 77 McIvor Rd, 6 km nördlich des Zentrums, ✆ 03 215 9032, 🖥 www.invercargilltop10.co.nz. Der luxuriöse Campingplatz weist den typischen guten Top-10-Standard auf. Grillmöglichkeit und Pizzaofen vorhanden. Stellplätze mit und ohne Strom je $40

🛄 **Safari Lodge**, 51 Herbert St, ✆ 0800 885 557, 🖥 www.safarilodge.co.nz.

Luxuriöses B&B in einer viktorianischen Villa voller Erinnerungsstücke vom Mosambik-Aufenthalt des Eigentümers. Geschmackvoll eingerichtete Zimmer, Billardtisch und Whirlpool. Unbedingt einen Blick wert sind die Oldtimer in der Garage. Frühstück und Sundowner inkl. $280

🛄 **Southern Comfort**, 30 Thomson St, ✆ 03 218 3838, ✉ coupers@xtra.co.nz. Vorort-BBH-Hostel in einer wunderschön erhaltenen viktorianischen Villa. Auf dem Rasen des gepflegten Anwesens steht auch ein Kinderspielhaus, das als kleines DZ ($60) dient. Moderne Küche und kostenlose Gepäckaufbewahrung für Gäste, die einen Ausflug nach Stewart Island unternehmen. Bettwäsche für Schlafsaalbetten kostet $2. Dorms $30, DZ $70

Tuatara Lodge, 30 Dee St, ✆ 0800 488 282, 🖥 www.tuataralodge.co.nz. Freundliches Hostel mit hohen Decken in einem umgebauten Bankgebäude im Herzen der Stadt. Das Haus wirkt zwar etwas heruntergekommen, bietet aber ordentliche Zimmer (einige allerdings fensterlos). Gäste erhalten in dem hervorragenden Café im Erdgeschoss Rabatt. Einige Parkplätze auf dem Gelände. Dorms $25, DZ $69

ESSEN UND UNTERHALTUNG

Das Essen in Invercargill ist üblicherweise deftig und reichlich, doch allmählich macht sich eine leise Verfeinerung breit. Selbstversorger sollten nach lokalem **Seafood** Ausschau halten, besonders den hervorragenden Bluff-Austern (frisch von April–Okt) und dem Neuseeland-Blaubarsch *(blue cod)*. Einige Bars verwandeln sich im Laufe des Abends in Tanzlokale. Normalerweise setzt das Nachtleben aber erst ab Donnerstag ein und ist während des Semesters am lebendigsten.

🛄 **The Batch**, 173 Spey St, ✆ 03 214 6357. Invercargills schönstes modernes Café ist ein heller, luftiger Raum mit Sofas und bequemen Stühlen. Hier darf mit vorzüglichem Kaffee und Brunch-Gerichten wie Kokosnuss-Müsli mit Apfel- und Beerenkompott ($13,50) oder Hackfleisch und verlorene Eier auf Toast ($17) gerechnet werden. Dazu gibt es die am verführerischsten aussehenden Kuchen der Stadt. ⏱ Mo–Do 7–16.30, Fr 7–20, Sa und So 8–16 Uhr.

King's Fish Supply, 59 Ythan St, ✆ 03 218 8450, 🖥 www.kingsfish.co.nz. Wer möchte, kann sich das im Geschäft gekaufte frische Seafood (Preis nach Gewicht) gleich zubereiten lassen ($1 extra). Außerdem gibt es unglaublich preisgünstige köstliche Fish 'n' Chips ($8). ⏱ Mo und Di 8–19, Mi–Sa 8–20, So 16–20 Uhr.

The Rocks, Courtville Place, 101 Dee St, ✆ 03 218 7597, 🖥 www.shop5rocks. Ein Dauerbrenner mit nackten Ziegelsteinwänden und einer bunt gemischten Speisekarte, von sizilianischem Meeresfrüchteeintopf bis Ribeye-Steak mit einer Soße aus Kikorangi-Blauschimmelkäse (jeweils $36,50). Die Mittagskarte ist zwar nicht so ausgefallen, listet aber viele preiswertere Gerichte ($18–23). ⏱ Di–Sa 11–14 und 17–22 Uhr oder später.

The Seriously Good Chocolate Company, 147 Spey St, ✆ 03 218 8060, 🖥 www.seriously goodchocolate.com. Das kleine Café ist eine gute Adresse für einen Imbiss, z. B. einen Hotdog oder Muffin mit Kaffee, aber die eigentliche Zielgruppe sind Schokoladen-Naschkatzen. Die dürfen sich bei einer Tasse köstlicher heißer Schokolade etwas aus dem Riesenangebot an hausgemachten, innovativen Kreationen aussuchen. ⏱ Mo und Di 8–16, Mi–Fr 8–17 Uhr.

Three Bean, 73 Dee St, ✆ 03 214 1914. Beliebtes Frühstücks- und Lunchcafé mit exzellentem Kuchen und Frühstück, starkem Kaffee und leckerem Schinken-Ei-Bagel ($13). Gute Zeitschriften und kostenloses WLAN ⏱ Mo–Fr 7–16, Sa 8.30–14 Uhr.

Tillermans Music Lounge, 16 Don St, ✆ 03 218 9240. Beliebte, hinter einem unscheinbaren Eingang verborgene Bar mit Billardtischen, wo teils recht unkonventionelle Livemusik zu hören ist. ⏱ Fr und Sa 23–3 Uhr.

Waxy O'Shea's, 90 Dee St, ✆ 03 214 0313, 🖥 www.waxys.co.nz. Gesellige, recht authentisch wirkende irische Bar mit guter Musik und gelegentlich Livebands. Gibt's abend's ordentliche *bangers and mash* für $17,50 oder einen *steak and Guiness hotpot* für $20. ⏱ tgl. 11–22 Uhr oder später.

SONSTIGES

Apotheke
Im Supermarkt **Countdown**, Tay St, ⏱ Mo–Do 8.30–20, Fr 8.30–21, Sa und So 9–16 Uhr.

Bücherei
Library, 50 Dee St, ✆ 03 211 1444, ⏱ Mo–Fr 9–19, Sa und So 10–16 Uhr.

Fahrräder
Am günstigsten beim **i-SITE** ($20/halber Tag). Gute Mountainbikes verleiht **Cycle Surgery**, 21 Tay St, ✆ 03 218 8055, für $35/Tag. Hier bekommt man auch Fahrradkarten.

Gepäckaufbewahrung
Im **i-SITE**, aber nur tagsüber (kostenlos).

Informationen
i-SITE, 108 Gala St, ✆ 03 211 0845, 🖥 www. southlandnz.com. Das ausgezeichnete Visitor Centre befindet sich im Foyer des Southland Museum. Neben dem *What's On* (ideal, um sich über lokale Veranstaltungen zu informieren) gibt es hier auch die Broschüre *Invercargill Heritage Trail* mit Beschreibungen wichtiger Bauwerke der Innenstadt. ⏱ Mo–Fr 8–17, Sa und So 8.30–16 Uhr.
DOC, Level 7, 33 Don St, ✆ 03 214 2400. Informationen über Wanderwege und die Tierwelt in den Catlins, auf Stewart Island und in Fiordland. ⏱ Mo–Fr 8–16.30 Uhr.

Internet
Kostenloses WLAN bieten das **Museum**/ **i-SITE** und die **Stadtbibliothek**.

Medizinische Hilfe
Ärztliche Hilfe: Das **Southland Hospital**, Kew Rd, ✆ 03 218 1949, unterhält eine 24 Std. geöffnete Unfallstation und Notaufnahme. Im Krankheitsfall und bei kleineren Unfällen außerhalb der Praxiszeiten hilft **After Hours Doctors** (Terminvereinbarung notwendig), 40 Clyde St, ✆ 03 218 8821, ⏱ Mo–Fr 18–6, Sa und So 9–16 Uhr.

Polizei
117 Don St, ✆ 03 211 0400.

Post

51 Don St, nahe der Kreuzung mit der Kelvin St,
⏱ Mo–Fr 8.30–17, Sa 9–13 Uhr.

NAHVERKEHR

Beim i-SITE ist die praktische Broschüre *Invercargill City Bus Timetable* mit dem Fahrplan der
Stadtbuslinien (nur Mo–Sa, 🖥 www.bussmart.
co.nz) erhältlich. Mo–Sa 9–14.30 Uhr und den
ganzen Samstag über kostet eine Fahrt nur $1.

TRANSPORT

Busse

Die Busse von **InterCity** und **NakedBus** halten
vor dem i-SITE-Büro. **Catch-A-Bus South**, ✆ 03
479 9960, 🖥 www.catchabussouth.co.nz, holt
Fahrgäste auf der tgl. Fahrt nach DUNEDIN von
der Unterkunft oder vom Flughafen ab.

Busse nach:
DUNEDIN 4–5x tgl., 3 1/2 Std.;
GORE 4x tgl., 1 Std.;
QUEENSTOWN 2x tgl., 4 Std.

Flüge

Invercargills Flughafen liegt 3,5 km südwestlich
des Stadtzentrums. Es gibt direkte Verbindungen
mit Christchurch, Wellington und Stewart Island.
Taxis von **Blue Star**, ✆ 03 217 7777, verkehren
vom Flughafen in die Stadt, $20. Parkgebühr auf
dem Flughafenparkplatz $16 für 24 Std., $7 für
48 Std. und dann $5 je weiterer Tag.

Flüge nach:
CHRISTCHURCH 5–7x tgl., 1 1/4 Std.;
STEWART ISLAND 3x tgl., 20 Min.;
WELLINGTON 1–2x tgl., 1 Std. 50 Min.

Bluff

Das kleine, aber quirlige Fischer- und Hafen-
städtchen **Bluff**, 27 km südlich von Invercargill,
breitet sich auf einer schlanken Halbinsel aus.
Auf einer Seite liegt der künstlich angelegte Hafen, auf der anderen die wilde Foveauxstraße.

Bluff ist seit 1824 besiedelt und damit der älteste europäische Ort in Neuseeland. Das Alter
hat deutliche Spuren hinterlassen. Die meisten
Touristen wollen nur möglichst schnell die Fähre
nach Stewart Island besteigen und sind sich gar
nicht bewusst, dass die wunderschön gelegene
Stadt eine ereignisreiche Geschichte und herrliche Kurzwanderungen zu bieten hat.

Die Austern von Bluff (s. Kasten S. 739) stehen im Mittelpunkt des **Bluff Oyster & Food Festival**, 🖥 www.bluffoysterfest.co.nz, das jedes
Jahr am dritten Wochenende im Mai stattfindet.

Bluff Maritime Museum

241 Foreshore Rd, 1 km nördlich des Fährhafens ▪
⏱ Mo–Fr 10–16.30, Sa und So im Sommer 13–17 Uhr
▪ Eintritt $2

Bluffs kleines **Bluff Maritime Museum** zeigt historische Ausstellungsstücke zum Walfang, dem
Bau des Hafens und dem Austernfang sowie
Schiffswracks. Zu den Highlights gehören eine Dampflokomotive und das 1909 vom Stapel
gelaufene Austernboot *Monica II* im Hafen vor
dem Museumsgebäude.

Stirling Point

SH1, 2 km südlich des Fährhafens

Der State Highway 1 endet am **Stirling Point**.
Er ist zwar nicht der südlichste Ort der Südinsel
(das ist Slope Point in den Catlins), aber durchaus ein hübsches Fleckchen. Am Point steht
ein Wegweiser – das Gegenstück zu jenem am
anderen Ende des Landes am Cape Reinga –,
der die Entfernungen zu großen internationalen Städten sowie zum Äquator (5133 km) und
zum Südpol (4810 km) angibt. Diese Stelle bildet auch den südlichen Endpunkt des Te Ara-
roa-Langstreckenwanderwegs, der am Cape
Reinga startet. Am Stirling Point beginnen aber
auch zwei erheblich kürzere Spazierpfade.

In der Nähe des Point sieht man die Skulptur einer Ankerkette im Meer verschwinden. Sie
ist die symbolische Verbindung zwischen Stirling Point und Lee Bay auf Stewart Island, wo
sich eine fast identische Skulptur von Russell

Becks befindet: Gemäß der Maori-Überlieferung ist die Südinsel das Kanu des Halbgottes Maui und Stewart Island *Te Punga o Te Waka a Maui*, „Der Ankerstein von Mauis Kanu".

Wanderungen

Vom Parkplatz am Stirling Point lassen sich zwei leichte Wanderungen unternehmen: Der **Foveaux Walkway** (6,6 km, 2 Std. einfach, überwiegend flach) folgt der Küste zurück in den Ort und bietet großartige Küstenblicke. Der **Topuni Track** (2 km einfache Strecke, 45 Min., 265 m Aufstieg) ist ziemlich steil und erklimmt den **Bluff Hill Lookout**, von dem sich ein Rundblick bis hin zur 35 km entfernten Stewart Island eröffnet. Der Aussichtspunkt ist auch per Straße von Bluff zu erreichen, wenn man der Lee Street, gegenüber dem Fähranleger, 3 km folgt.

Bluff Lodge, 120 Gore St, ☎ 03 212 7106, 🖥 www.blufflodge.co.nz. Das supergünstig in der Nähe der Fähre nach Stewart Island gelegene ehemalige Postamt, Baujahr 1899, beherbergt heute 5- und 7-Bett-Dorms und 3 DZ. Alle teilen sich ein Gemeinschaftsbad und eine Gemeinschaftsküche. Die Zimmer sind nichts Besonderes, aber bei diesen Preisen kann man auch nicht klagen. Bettwäscheverleih für $5 p. P. Dorms $20, DZ $45
Lands End, Stirling Point, ☎ 03 212 7575, 🖥 www.landsendhotel.co.nz. Das Hotel befindet sich oberhalb des berühmten Wegweisers von Stirling Point. Die meisten Zimmer (alle mit Bad) bieten an klaren Tagen einen fantastischen Ausblick. Falls das Wetter einmal nicht mitspielt, gibt es Heizung. Frühstück im Café unten inkl. $160
Johnson's Oysters, 8 Foreshore Rd, ☎ 03 212 8665. Zwischen Juni und August kann man Bluff-Austern in mehreren Läden direkt am Wasser zu Fabrikpreisen kaufen, z. B. in diesem altbewährten Geschäft. ⏲ tgl. 9–16 Uhr.

Das **Bluff Maritime Museum** dient gleichzeitig als Visitor Centre. Besucher sollten sich auf 🖥 www.bluff.co.nz schlau machen und im i-SITE von Invercargill das Blättchen *Bluff Heritage Trail* einstecken.

Busse
Stewart Island Experience, ☎ 0800 000 511, 🖥 www.stewartislandexperience.co.nz, unterhält eine regelmäßige Busverbindung von INVERCarRGILL, einfache Fahrt $24, abgestimmt auf die **Fähre**, die 2–4x tgl. nach STEWART ISLAND übersetzt (1 Std.). Näheres zu den Fähren nach Stewart Island auf S. 743.

16 HIGHLIGHT

Stewart Island

Neuseelands dritte Hauptinsel ist die relativ unbekannte **Stewart Island**, vom Festland durch die Foveauxstraße (s. Kasten S. 739) getrennt. Es handelt sich um ein ganz besonderes Fleckchen Erde mit seltenen Vogelarten, fischreichen Gewässern in der Umgebung und freundlichen Bewohnern.

Der Großteil von Stewart Island ist unbewohnt und von kleinen Buchten, windumtosten Stränden und einem hügeligen Inneren mit Rimu-Wäldern und Granitfelsen geprägt. Der Maori-Name der Insel lautet *Rakiura* („Das Land des glühenden Himmels"). Es wird noch darüber debattiert, ob sich dieser Name auf das **Südlicht** *(Aurora australis)* bezieht, das mitunter in diesen Breiten bewundert werden kann, oder auf die fantastischen Sonnenuntergänge. Mit der Schaffung des **Rakiura National Park** im Jahr 2002 stehen nun ganze 85 % der Insel offiziell unter Naturschutz.

Fast alle der 400 Insulaner wohnen in der einzigen Stadt, **Oban**. Hier legen Schiffe an, landen Flugzeuge und zahlreiche Kaka sorgen mit ihrem Gekreische für die Geräuschkulisse. Viel anstellen lässt sich in Oban nicht, aber die entspannte Inselatmosphäre ist für Neuankömmlinge unwiderstehlich. So mancher Besucher möchte länger bleiben als geplant, vor allem die, die **Wanderwege** durch unberührte Wildnis, eine artenreiche **Tierwelt** und **Seekajaktouren** zu schätzen wissen.

Das ganze Jahr über muss man auf Stewart Island mit **Wetterextremen** (oft mehrere Wetterumschwünge an einem Tag) rechnen. Das gilt erst recht für Wanderer, die mit den stürmischen Winden zu kämpfen haben, die auf direktem Weg über das Meer von der Antarktis auf die Insel treffen. Um Sonne und Regen zu trotzen, empfiehlt es sich, mehrere Lagen Kleidung übereinander zu tragen. Außerdem sollte man Insektenschutzmittel gegen Sandfliegen dabei haben.

Seit 2013 müssen Besucher der Insel eine Gebühr von $5 zahlen. Der Betrag ist normalerweise im Flug- oder Fährpreis enthalten und wird für die Erhaltung und Verbesserung der touristischen Infrastruktur der Insel verwendet.

Geschichte

Die Maori lebten hier schon einige hundert Jahre, ehe Captain Cook 1770 vorbeikam und Rakiura auf seinen Karten irrtümlich als Halbinsel verzeichnete. Später wurde das Eiland nach William Stewart, dem 1. Offizier eines Segelschiffs, das 1809 hierher kam, benannt. Mit der Ankunft der Europäer wurde das Abholzen von Rimus zum wirtschaftlichen Rückgrat der Insel und gab in den 1930er-Jahren 3000 Bewohnern ein Auskommen. Heute sind fast alle Inselbewohner im Naturschutz, der **Fischerei** (Langusten, Neuseeland-Barsche und Paua), der **Fischzucht** (Lachse und Muscheln) und im **Tourismus** beschäftigt.

Oban (Halfmoon Bay)

Verstreut um die reizvolle Halfmoon Bay liegt **Oban** (allgemein auch als Halfmoon Bay bekannt), ein Ort mit kaum mehr als ein paar Dutzend Häusern, einem Visitor Centre, einem winzigen Museum, einer Handvoll Läden und Cafés und einem Hotel mit Kneipe. Auf den Hängen ringsum stehen weitere Häuser, umgeben von Busch. Ohne viel Mühe bekommt man hier Tui, Maori-Fruchttauben und kleine Gruppen kräch-

zender **Kaka** zu sehen – große, rostbraune endemische Papageien, die fast nirgendwo sonst im Land vorkommen.

Rakiura Museum

9 Ayr St ▪ ⏲ Okt–Mai Mo–Sa 10–13.30, So 12–14, Juni–Sep Mo–Fr 10–12, Sa 10–13.30, So 12–14 Uhr ▪ Eintritt $2 ▪ ✆ 03 219 1221

Einen kurzen Besuch lohnt das **Rakiura Museum**. Es erzählt die Geschichte der Region und zeigt u. a. einen Globus von 1816, auf dem Stewart Island noch als Teil der Südinsel dargestellt wird, genauso wie von Cook verzeichnet. Die kleine Maori-Sammlung weist eine seltene Halskette aus Delphinzähnen auf, während die Ausstellung zum Walfang zwei riesige Zähne eines Pottwals einschließt.

Observation Rock

Excelsior Rd, 20 Min. Fußweg vom Zentrum von Oban

Auf einem kurzen Buschpfad geht es zum **Observation Rock**, einer Lichtung mit wundervollem Panoramablick über den Paterson Inlet und den jenseits davon aufragenden höchsten Gipfel der Insel, den Mount Anglem. Bei Sonnenuntergang findet sich nicht selten auch ein Dutzend kreischender Kakas ein.

Ulva Island

Paterson Inlet, 2 km vor der Küste ▪ ⏲ bei Tageslicht ▪ Eintritt frei

Obans Vogelwelt ist für sich schon etwas Besonderes, aber kein Vergleich zu **Ulva Island**, einem 2 km vor der Küste gelegenen Naturschutzgebiet, das dank enormer Anstrengungen der Einheimischen von eingeschleppten Raubtieren befreit wurde. Besucher haben auf einigen leichten Wanderwegen zu abgeschiedenen Stränden die Gelegenheit, mehr einheimische Vögel als in fast jeder anderen Ecke Neuseelands zu beobachten, darunter den bedrohten Sattelstar und seltene Ziegensittiche. Die dichte Vegetation gemäßigten Regenwaldes beherbergt Wekarallen, Makomako, Kaka, Springsittiche, Ziegensittiche, Tui, Graufächerschwänze, Tauben und Rotkehlchen, die sich Besuchern ohne Scheu und voll Neugier nähern.

Übernachtung
Deep Bay Cabin   2
Port of Call   1

Mt Anglem (980 m)

Christmas Village Hut

North West Circuit

F o v e a u x S t r a i t

Murray Beach

Bungaree Hut

R A K I U R A

N A T I O N A L

Port William Hut

Port William

P A R K

Mason Bay (14 km)

Maori Beach

Lee Bay

Kettenglied-Skulptur

Horseshoe Bay

Rakiura Track

Fähre

Bluff (1 Std.)

Freshwater Hut

Wassertaxi-haltestelle

Freshwater River

North Arm

North Arm Hut

Oban

Ackers Point

Halfmoon Bay **1**

s. Karte Oban S. 737

Native Island

2

Ausflugsboote

VON DUNEDIN NACH STEWART ISLAND

Sawdust Bay

Prices Inlet

Whalers Base

Ausflugsboote

Post Office Bay

Sydney Cove

Ausflugsboote

Fred's Camp Hut

Paterson Inlet

Boulder Beach

Ulva Island

Ocean Beach

Pryse Peak Track

Rakeahua Hut (1,5 km)

South West Arm

Big Glory Bay

Muschel- und Lachsfarmen

Alle Besucher kommen in der **Post Office Bay** an. Das dortige ausgediente Postamt ist mehr als 100 Jahre alt und ein Überbleibsel aus jener Zeit, als Ulva Island den Mittelpunkt der Holzfällergemeinde des Paterson Inlet bildete. Ausgerüstet mit der DOC-Broschüre *Ulva Island Te Wharawhara* ($2) kann man die Insel selbstständig durchstreifen. Am besten lernt man die Insel jedoch auf einer **geführten Tour** (s. Kasten S. 736) kennen. Neben dem Sandstrand von

Sydney Cove gibt es einen schönen überdachten Picknickbereich. Informationen zur Anreise auf S. 743.

Whalers Base

An der Küste des Paterson Inlet, 7 km westlich von Oban ▪ Wer nicht im Rahmen einer organisierten Tour kommt, nimmt ein Wassertaxi ($50 hin und zurück); die Betreiber nennen einen Zeitpunkt für die Abholung am Millers Beach

Whalers Base ist ein weiteres Tierparadies, das im Rahmen organisierter Boots- und Paddeltouren besucht werden kann. Das ehemalige Winterquartier norwegischer Walfänger lässt sich über Millars Beach erreichen. Vom überdachten Picknickbereich am Millars Beach führt eine

einfache, 20-minütige Wanderung an der Küste entlang nach Norden durch einheimischen Busch. Mehrere gespenstische Überreste aus der Zeit von 1924–1932, als hier eine Antarktisflotte von Walfangschiffen repariert wurde, sind noch erhalten.

Mason Bay

Anreise von Oban mit dem Flugzeug (S. 743) oder mit dem Wassertaxi (S. 742) zur Freshwater Hut ($60 je Strecke, 40 Min.), dann weiter zu Fuß (15 km, 3–4 Std., flach, aber oft überflutet – Bedingungen vorher abklären)

Stewart Island ist zu einem Synonym für die Beobachtung von **Kiwis** in freier Natur geworden, was auf dem neuseeländischen Festland

---

Spaziergänge in und um Oban

Die DOC-Broschüre *Stewart Island/Rakiura short walks* ($2) beschreibt mehr als ein Dutzend **kürzere Wanderungen** in der Umgebung von Oban, einige der schönsten davon direkt im Ort.

Fuchsia and Raroa ReserveTrack (einfache Strecke 2 km, 30 Min.). Der wenig benutzte Weg führt zum Watercress Beach und windet sich zunächst durch einen Wald von Baumfuchsien, in dem Tuis, Makomakos, Kakas und Tauben leben, bevor er den Trail Park erreicht. Man überquert das Rugby-Feld und gelangt durch Rimu-Wald zum Watercress Beach.

Golden Bay–Deep Bay–Ringaringa (6 km Rundstrecke, 1 1/2–2 Std.). Ausgehend von der Golden Bay folgt der Pfad dem Küstenverlauf nach Osten bis zur Deep Bay, wo er in die Schotterstraße zum Ringaringa Beach mündet. Dort kann man zuerst auf der Straße und dann der Ausschilderung folgend über einen Zaunübertritt bis zum Ringaringa Point weiterlaufen. Hier steht ein Granitkreuz, das an den Missionar Reverend Wohlers und seine Frau erinnert.

Harrold Bay and Ackers Point Lighthouse (hin und zurück 4 km, 2 Std.). Leicht zu bewältigender Küstenpfad mit Gelegenheit, **Zwergpinguine** und **Dunkle Sturmtaucher** zu beobachten, die in der Dämmerung zu ihren Nestern zurückkehren (Nov–Feb). Es geht auf der Straße um die Südseite der Halfmoon Bay herum, dann folgt man der Beschilderung. Nahe dem Ausgangspunkt des Wanderweges lässt sich ein kurzer Abstecher zur **Harrold Bay** unternehmen, wo eines der ältesten europäischen Häuser Neuseelands steht, ein einfaches Steinhaus von 1835. Der Hauptweg führt weiter durch Küstenwald zu einem Leuchtturm und Aussichtspunkt, von wo man die Pinguine beobachten kann, wie sie zu ihren im Wald versteckten Nestern watscheln. Man braucht dafür eine Taschenlampe, sollte den Lichtstrahl aber auf den Boden richten, um die Tiere nicht zu stören.

Horseshoe Point (5 km Rundstrecke, 2 1/2 Std.). Die schöne Wanderung beginnt an der Bragg Bay 2 km nördlich von Oban in der Nähe des etwas vernachlässigten Moturau Moana Native Garden. Der gut sichtbare Weg windet sich an der Küste entlang, führt dann steil hinunter zum abgeschiedenen Dead Man's Beach und Richtung Horseshoe Point wieder hinauf. Hinter dem Punkt weitet sich der Weg und verläuft nun ebenerdig an Baumfarnen, riesigen Zypressen und oberhalb von Buchten voller Algen vorbei in die Horseshoe Bay. Dort biegt man links in die asphaltierte Horseshoe Bay Road ab und kehrt zum Ausgangspunkt zurück.

Moturau Moana Gardens (1 km), Horseshoe Bay (2 km), Rakiura Track, North West Circuit (3,5 km)

Rakiura Track (1 km), Flugplatz (1,3 km)

● **Restaurants, Cafés und Bars**
4-Square	2
Church Hill	1
Kai Kart	5
Kiwi-French Crêpery	3
South Sea Hotel	4

■ **Übernachtung**
Bay Motel	2
Bunkers Backpackers	3
Deep Bay Cabin	6
Glendaruel	8
Port of Call	5
South Sea Hotel	1
Stewart Island Backpackers	4
Stewart Island Lodge	7

● **Einkaufen**
Glowing Sky	1
Outdoor Adventure Shop	2
Stewart Island Gift Shop	3

MAPAU RD
Bathing Beach
HORSESHOE BAY RD
KAMAHI ROAD
Mill Creek
MIRO CRESCENT
Bluff
RATA STREET
MORRIS ST
4-Square Supermarket
Bunkhouse Theatre
Wharf
South Sea Hotel
DOC Office
Halfmoon Bay
Stewart Island Flights
MAIN ROAD
WHLLET ST
DUNDEE STREET
ARGYLE STREET
AYR ST
Rakiura Museum
ELGIN TERRACE
NICOL RD
WHIPP PL
SMITH PL
Walk
Fuchsia
DUNDEE ST
EXCELSIOR RD
Traill Park (Sportplatz)
Scenic Reserve
Raroa Reserve Track
VIEW STREET
Lonnekers Beach (2 km), (3 km)
Ackers Point Lighthouse (3 km)
RANKIN STREET
GOLDEN BAY ROAD
LEONARD ST
Observation Rock
Scenic Reserve
Thule Bay (400 m)
THULE RD
Golden Bay
Watercress Beach
Golden Bay-Deep Bay-Ringaringa Walk
Wharf

Wassertaxis und Boote nach Ulva Island, Millars Beach und Ocean Beach

praktisch nirgendwo mehr möglich ist. In Oban werden zwar Kiwi-Touren angeboten, aber sehr viel abenteuerlicher ist ein selbst organisierter Ausflug zur Mason Bay an der Westküste, wo man in der DOC-Hütte (S. 739) übernachten und sich nach Einbruch der Dunkelheit auf die Suche nach diesen scheuen Tieren machen kann. Hören wird man sie mit einiger Sicherheit, und wer sich nicht gerade trampelnd den Weg durch den Wald bahnt, hat auch eine gute Chance, tatsächlich einen Kiwi zu sehen. Am besten wählt man (ausgerüstet mit einer Taschenlampe, deren Lichtstrahl man allerdings auf den Boden richten muss, um die Vögel nicht zu stören) einen Beobachtungsplatz und wartet, bis sie von allein kommen.

Rakiura Track

39 km Rundstrecke, 2–3 Tage

Die beliebteste mehrtägige Wanderroute auf Stewart Island ist der relativ leichte **Rakiura Track**, einer der Great Walks Neuseelands. Start und Ende der Wanderung ist Oban, bei Transport zum Ausgangs- und vom Endpunkt (jeweils am Ende einer Straße) verkürzt sich die Wegstrecke um 7 km. Praktische Hilfestellung für unterwegs bietet dieDOC-Broschüre *Rakiura Track*. Informationen zu Unterbringung entlang des Tracks auf S. 739.

Wanderern steht es frei, in welcher Richtung sie die ganzjährig geöffnete Route laufen und wie viele Übernachtungen sie in Anspruch nehmen, doch fast alle begehen den Track entgegen dem Uhrzeigersinn. Der Weg führt zunächst durch Wald die Küste entlang, wobei die Abschnitte um die Maori Bay und Port William (1. Hütte) am eindrucksvollsten sind. Anschließend schlängelt sich der Track um eine bewaldete Schlucht zum Paterson Inlet und zur North Arm-Hütte, bevor das letzte Wegstück zurück nach Oban beginnt.

North West Circuit

125 km, 8–12 Tage

Anders als beim Rakiura Track sollten sich nur die härtesten (masochistischsten) Wanderer an den um den nördlichen Inselarm führenden North West Circuit wagen. Angesichts des morastigen Terrains wird der Weg selbst bei günstigen Wetterbedingungen zu einer Kraftprobe – knietiefer Schlamm ist keine Seltenheit. Wer vorab kein Boot oder Charterflugzeug für den Transport von Lebensmitteln in eine der Küstenhütten organisiert, muss zudem sämtlichen Proviant mitschleppen.

Der Weg selbst verläuft abwechselnd an offener Küste vorbei und durch bewaldetes Hügelland. Ein Seitenpfad führt zum 980 m hohen Gipfel des Mount Anglem (11 km hin und zurück, 6 Std.). Die DOC-Broschüre *North West and Southern Circuit Tracks* bietet einen guten Überblick und weist den Weg zu den **10 Hütten** (S. 740), die meisten davon an der Küste. Zelt-

möglichkeiten gibt es keine. Der Weg wird nach einem Sturm allerdings oft umgeleitet. Bevor man losmarschiert, sollte man daher im DOC-Büro vorbeischauen und sich nach der aktuellen Lage erkundigen.

ÜBERNACHTUNG

Überfüllt ist es auf der Insel zwar nie – sie zählt nur etwa 35 000 Übernachtungsgäste pro Jahr –, doch wer zwischen Mitte Dez und Mitte Feb anreist, sollte das meiste vorab buchen. Zwischen November und März können sich die Wanderhütten schnell füllen, sodass es ratsam ist, ein Zelt mitzunehmen.

Oban

Oban besitzt ein einigermaßen breites Angebot an Unterkünften. In der Hauptsaison kann es aber eng werden, und wer mit knappen Budget reist, sollte rechtzeitig reservieren.

Bay Motel, 9 Dundee St, ✆ 03 219 1119, ⌨ www.baymotel.co.nz. Jede der 13 Selbstversorger-Units in diesem Top-Motel hat eine geräumige Veranda mit Blick auf die Stadt und die Bucht. Hochwertige Ausstattung, kostenlose Transfers und super Service. $175

Bunkers Backpackers, 13 Argyle St, ✆ 027 738 1796, ⌨ www.bunkers backpackers.co.nz. Dass man vor Betreten die Schuhe ausziehen muss, verleiht dem Hostel in einer weitläufigen Doppelfrontvilla ein besonders heimeliges Ambiente. Die Gäste versammeln sich zum Erfahrungsaustausch in der Lounge oder auf dem Grillplatz. Außer gemütlichen Doppelzimmern und 2-Bettzimmern mit Gemeinschaftsbad gibt es auch Schlafsäle mit 4 und 6 Betten. Erfreuliche kleine Extras sind kostenloses WLAN und Internet, Gratis-Ortsgespräche und massenhaft DVDs. Dorms $34, DZ $80

Deep Bay Cabin, 22 Deep Bay, ✆ 03 2191219, ✉ wanjengell@xtra. co.nz. Kleine und gemütliche Holz-Cabin für Selbstversorger, versteckt im Wald, mit 4 Schlafplätzen, Küche und einem Kanonenofen. Die Dusche wird mittels einer Handpumpe betrieben. Etwa 20 Min. zu Fuß vom Oban. Ein toller Ort, um sich zurückzuziehen. $60

Glendaruel, 38 Golden Bay Rd, ☎ 03
219 1092, 🖥 www.glendaruel.co.nz.
Komfortables, freundliches B&B in bewaldeter
Umgebung, 10 Min. Fußmarsch vom Ort. Alle
3 Zimmer mit Bad, darunter ein EZ ($120). Eigene
Gästelounge mit Teleskop, sehr aufmerksame
Gastgeberin. $240

Port of Call, Jensen Bay, 2,5 km östlich
der Stadt, ☎ 03 219 1394, 🖥 www.
portofcall.co.nz. Zur Auswahl stehen ein
bezauberndes B&B mit einem Zimmer in einem
großen, sonnendurchfluteten Haus mit Blick
über die Bucht ($385), außerdem ein Selbst-
versorger-*bach* auf der gegenüberliegenden
Straßenseite mit 3 Schlafgelegenheiten,
komplett ausgestatteter Küche und kostenloser
Benutzung des Autos, oder das rustikale,
romantische, für Selbstversorger gedachte
Turner Cottage im Busch am Hang über Oban.
Das Frühstück ($35 für 2 Pers.) wird in alle
Unterkünfte gebracht. Transfers inkl. *Bach* $250,
Cottage $175

South Sea Hotel, 25 Elgin Terrace, ☎ 03
219 1059, 🖥 www.stewart-island.co.nz. Das
100 Jahre alte Gasthaus am Wasser besitzt
altmodische Gästezimmer mit Gemeinschaftsbad und TV; 3 Zimmer haben Meerblick ($115),
aber sie liegen direkt über der lärmigen Bar.
Wer einen leichten Schlaf hat, entscheidet sich
besser für eines der 4 Doppelzimmer ($115)
mit Gemeinschaftsbad in einem Cottage oder
eine der 9 moderneren Units mit Bad und Küche

($165). Beide Optionen befinden sich jeweils
hinter der Bar. DZ ohne Bad $90

Stewart Island Backpackers, 18 Ayr St,
☎ 03 219 1114, 🖥 www.stewartislandback
packers.com. Das größte Hostel der Insel ist
nicht besonders schön, aber es hat große
Gemeinschaftsbereiche, eine Reihe ganz
annehmbare Doppelzimmer und 2-Bettzimmer
sowie 4er-Dorms, alle mit Gemeinschaftsbädern, rings um einen Hof. Camper können ihr
Zelt im Garten hinter dem Haus aufstellen ($20)
und die Hostel-Einrichtungen nutzen. Dorms
$36, DZ $76

Stewart Island Lodge, 14 Nichol Rd, ☎ 0800
656 501, 🖥 www.stewartislandlodge.co.nz.
In dieser hervorragend ausgestatteten Lodge
mit 5 Zimmern an einer Veranda mit grandioser
Aussicht auf die Halfmoon Bay ist der Gast
wirklich König. In der Gäste-Lounge wird das
Frühstück gereicht. Kostenloses WLAN.
🕐 Juni–Aug geschl. Nebensaisonpreise ($195)
im Sep, Okt, April und Mai. $240

DOC-Hütten

Freshwater Die am North West Circuit und
günstig am Weg zur Mason Bay gelegene
16-Etagenbetten-Hütte ist per Wassertaxi von
Oban zu erreichen. Keine Reservierung möglich.
Hüttentickets im DOC in Oban. $5

Mason Bay Besonders Kiwi-Spotter bevorzugen
diese hinter den Dünen versteckte, beheizte
20 Stockbetten-Hütte mit Campingplatz. Keine

Foveauxstraße, Bluff-Austern und Dunkelsturmtaucher

Die Foveauxstraße zwischen South Island und Stewart Island ist als extrem gefährliches, raues
Gewässer gefürchtet, denn sie liegt direkt auf der Westwinddrift der stürmischen Roaring Forties.
In der größtenteils flachen, nur 20 bis 30 m tiefen Wasserstraße herrscht regelmäßig heftiger Seegang – zum Leidwesen zahlreicher Fährpassagiere und Fischer. Eine gefragte Delikatesse der
Gegend sind die süßlich schmeckenden **Bluff-Austern**. Diese Tiefseeschalentiere werden von April
bis Oktober gefangen, in den Fabriken in Bluff verarbeitet und anschließend in das ganze Land
verschickt.

In der Foveauxstraße liegen auch die Titi oder Muttonbird Islands, eine Gruppe von überwucherten
Felsen, auf denen die Maori dieser Region nach traditionellem Recht im April und Anfang Mai Küken
von Dunkelsturmtauchern fangen dürfen. Die Vögel werden traditionell in Algentaschen gepackt
und in ihrem eigenen, mit Salz vermischen Fett gelagert. Das Fleisch der Dunkelsturmtaucher (*titi* auf
Maori) gilt als besonders delikat, aber nur wenige Pakeha können dem sardellenartigen Geschmack
etwas abgewinnen.

Reservierung möglich; Hüttentickets gibt's im DOC in Oban zu kaufen. Hütte $5, Camping frei

North West Circuit Am North West Circuit gibt es 10 Hütten zum Übernachten, darunter zwei am Rakiura Track (S. 738). Eine Übernachtung in den übrigen 8 Hütten (inkl. Freshwater, s. o.) kostet $5 (DOC-Backcountry-Hüttenpass gültig). Man kann aber auch einen North West Circuit Pass erstehen ($35), der zu 10 Hüttenübernachtungen in allen Hütten außer denen entlang des Rakiura Track berechtigt. Hütten $5

Rakiura Track Wanderer müssen Plätze in den beiden Hütten (Port William und North Arm) und auf den 3 Campingplätze (Maori Beach, Port William und North Arm) buchen und im Voraus bezahlen. Man kann online reservieren (dafür steht ein kostenloser Computer im DOC-Büro von Oban bereit) oder einen DOC-Mitarbeiter dazu überreden, das zu erledigen ($2 Reservierungsgebühr). Die Hütten sind nur mit Matratzen, Holzöfen (ausschließlich zum Heizen), Wasser und Toiletten versehen, ein Campingkocher muss mitgebracht werden. Hütten $22, Camping $6

ESSEN

4-Square, 20 Elgin Terrace, ✆ 03 219 1069. Kleiner Supermarkt mit einer erstaunlich großen Auswahl an allem, was Selbstversorger brauchen. Gute Auswahl an verpackten Sandwiches. Wer einen Tag vorher Bescheid sagt, kann sich ein Lunchpaket ($11–13) zusammenstellen lassen. ⏰ tgl. 7.30–19 Uhr.

Church Hill, 36 Kamahi Rd, ✆ 03 219 1123. Das anspruchsvollste Restaurant der Insel versteckt sich in einer Villa auf einem Hügel gleich oberhalb des Fähranlegers. Der Schwerpunkt liegt auf lokalem Seafood, und so finden sich auf der Speisekarte Vorspeisen wie gedämpfte Grünschalmuscheln ($18,50) oder Austern ($21) und als Hauptgericht gebackener Sandbarsch mit brauner Butter und Kumara-Rösti ($36). Auch vegetarische Speisen und eine exzellente Weinkarte. Reservierung empfohlen. ⏰ Nov–Ostern tgl. 17.30–22 Uhr.

Kai Kart, Ayr St, ✆ 03 219 1225. Der legendäre Pie Kart hat nicht nur Kultstatus, sondern auch vorzüglichen Sandbarsch

mit Fritten ($10) und Burger ($12–16) zum Verzehr drinnen, an Picknicktischen draußen oder zum Mitnehmen an den Strand gleich daneben. ⏰ Nov–Ostern tgl. 11.30–14.30 und 17–21 Uhr.

Kiwi-French Crêpery, 6 Main Rd, ✆ 03 219 1422. Das „KFC" ist ein gemütliches kleines Café/Restaurant, wo Buchweizencrêpes, gefüllt mit Schinken und Käse oder Käse, Pesto und Sonnenblumenkernen (jeweils $18) oder Nutella ($12,50) zu haben sind. Außerdem Espresso und Kuchen. ⏰ Okt–Mai tgl. 8–18 oder bis 20.30 Uhr, wenn Reservierungen vorliegen.

South Sea Hotel, 25 Elgin Terrace, ✆ 03 219 1059. Das Inselpub darf als gesellschaftliches Zentrum Obans gelten. Muffins und Kaffee kann man den ganzen Tag über ordern, während mittags und abends herzhafte Kneipenkost auf dem Programm steht. Besonders lecker ist der Sandbarsch in Bierteig mit Pommes ($25). In der gut besuchten Bar wird sonntags ein Pubquiz veranstaltet. ⏰ Frühstück tgl. 7–10.30, Mittagessen 11.30–14, Abendessen 17.30–20 Uhr.

Glowing Sky, Elgin Terrace, ✆ 03 219 1518, 🖥 www.glowingsky.co.nz. Dies ist das Originalgeschäft des Herstellers praktischer und zugleich modischer Bekleidung aus neuseeländischer Merino-Wolle. Inzwischen gibt es Zweigstellen in Wanaka, Waiheke Island, Dunedin und Invercargill (wo die Textilien heutzutage hergestellt werden), aber hier hat alles angefangen. Große Auswahl. ⏰ tgl. 10–17 Uhr, im Sommer länger.

Outdoor Adventure Shop, 14 Main St, ✆ 03 219 1066, 🖥 www.stewartislandoutdoorshop. co.nz. Wer irgendeinen Ausrüstungsgegenstand vergessen hat, kann hier prima nachrüsten. Der Laden hat ein umfangreiches Angebot an Outdoorsachen, die man kaufen oder mieten kann. ⏰ tgl. 10–17 Uhr.

Stewart Island Gift Shop, 20 Main St, ✆ 03 219 1453. Das große Geschäft führt geschmackvolle Souvenirs, deren Design von der Insel inspiriert ist. Alle Produkte werden von Kunsthandwerkern und Künstlern aus Neuseeland hergestellt. ⏰ Okt–Mai tgl. 10.30–17 Uhr.

Dank der ganz unterschiedlichen Sehenswürdigkeiten von Stewart Island bietet sich die Teilnahme an geführten Ausflügen und Touren an. Sowohl Ulva Island als auch die Whalers Base sind Ziele verschiedener Bootstouren in den Paterson Inlet und darüber hinaus. Auch wer Kiwis in freier Wildbahn erleben möchte, muss dafür nicht unbedingt die ganze Insel bis zur Mason Bay durchqueren. Die Gewässer um Stewart Island sind jedoch tückisch; am ruhigsten ist das Wasser von Mai bis August. Nur sehr erfahrene Kajakfahrer sollten sich ohne Begleitung hinauswagen.

Bravo Adventure Cruises, ☎ 03 219 1144, 🖥 www.kiwispotting.co.nz. Abendliche Bootstouren zu abgeschiedenen Winkeln im Paterson Inlet, um den Stewart Island-Streifenkiwi (eine Unterart der Festlandvögel) zu sehen. Die 4-stündigen Ausflüge ($140) beginnen jeden Abend bei Sonnenuntergang am Kai von Oban. Ziel ist die Glory Bay (35 Min.). Dort geht es zu Fuß über eine Landbrücke zum dunklen, windumtosten Ocean Beach, wo Kiwis nach kleinen Krustentieren jagen. Es wird sehr darauf geachtet, dass diese scheuen Vögel nicht gestört werden. Die Touren sind wetterabhängig und sehr populär und sollten weit im Voraus gebucht werden. Man braucht warme Kleidung, festes Schuhwerk, eine Taschenlampe und sollte fit sein, denn es sind rund 2 Std. Fußmarsch angesagt.

Phil's Sea Kayaks, ☎ 03 219 1444, ✉ philskayak@observationrocklodge.co.nz. Hervorragende Paddeltouren um das Paterson Inlet oder entlang der Küste nördlich der Halfmoon Bay. Man erkundet schmale Meeresarme unter dichter Vegetation und sieht jede Menge Vögel. Die Touren werden an die Fähigkeiten und Erfahrungen der Paddler angepasst. Die Preise beginnen bei $90 für einen 2-stündigen Trip bei Sonnenuntergang bis $145 für eine geführte Halbtagestour mit warmen Getränken und Brötchen.

Stewart Island Experience, ☎ 0800 000 511, 🖥 www.stewartislandexperience.co.nz. Der größte Tourveranstalter der Insel führt verschiedene Ausflüge durch und gewährt Teilnehmern, die mehrere Touren buchen, einen kleinen Rabatt. Die Paterson Inlet Cruise (Nov–April 1x tgl., 2 1/2 Std., $90) ist eine Fahrt um die Außenarme des Inlet herum und beinhaltet einen 45-minütigen begleiteten Naturspaziergang über Ulva Island. Bei der Village and Bays Tour (2–3x tgl., 1 1/2 Std., $45) werden die Teilnehmer in einem Minibus herumgefahren.

Stewart Island Fishing, ☎ 03 219 1334, 🖥 www.stewartislandfishing.com. Die *Tequila* läuft 2x tgl. aus und gibt ihren Passagieren die Möglichkeit, das Leben und die Arbeit auf einem kommerziellen Fischkutter kennenzulernen (4 Std., $80). Auf der Fahrt lernt man alles über den Fang von Sandbarschen und ihre Weiterverarbeitung an Bord des Schiffes. Zu guter Letzt darf man seinen eigenen Sandbarsch fangen und mitnehmen. Heiße Getränke und wasserdichte Schutzkleidung werden gestellt.

Ulva's Guided Walks, ☎ 03 219 1216, 🖥 www.ulva.co.nz. Ulva Goodwillie heißt selbst so wie die Insel, die sie regelmäßig im Rahmen hervorragender 3–4-stündiger geführter Wanderungen ($125) vorstellt und dabei viel Wissenswertes über die Flora und Maori-Geschichte vermittelt. Ulva leitet auch Halbtagsausflüge in die ehemalige Maori-Siedlung und frühere Robbenfangstätte bei Port William, eine hervorragende Stelle zum Seevögelbeobachten ($155). In Zusammenarbeit mit anderen Veranstaltern bietet Ulva auch die Tour Birding Bonanza an, eine Kombination aus einer abendlichen Kiwispotting-Expedition, einem Morgen auf Ulva Island und einer Fahrt auf dem Katamaran am Nachmittag (normalerweise von Montagabend bis Dienstagnachmittag, $395). Buchung über den Steward Island Gift Shop in der Main St.

SONSTIGES

Geld

Der einzige Geldautomat der Insel befindet sich im 4-Square und akzeptiert aktuell keine ausländischen Karten. Glücklicherweise kann man aber fast überall mit Kreditkarte bezahlen. Die einzige erwähnenswerte Ausnahme bilden die Wassertaxis. Bargeld bekommt man in der Kiwi-French Crêpery gegen eine Gebühr von $3, allerdings nur, wenn man dort ewas konsumiert.

Gepäckaufbewahrung

Im DOC: kleines Fach ohne Zeitbegrenzung $10, großes $20. Nur während der Öffnungszeiten des Büros zugänglich.

Informationen

DOC/Rakiura National Park Visitor Centre, Main Rd, Oban, ☎ 03 219 0009, 🖥 www.doc. govt.nz. Außer den üblichen DOC-Infos gibt es hier eine ausgezeichnete Ausstellung über die Wanderwege, die Natur- und Besiedlungs-geschichte der Insel, die Schädlingsbekämpfung auf Ulva Island sowie ein paar faszinierende Filme. ⊕ 26. Dez–April tgl. 8–17, Mai–Okt Mo–Fr 8.30–16.30, Sa und So 10–14, Nov–24. Dez Mo–Fr 8–17, Sa und So 9–16 Uhr.
Oban Visitor Centre, The Wharf, ☎ 03 219 0056. Allgemeine Inselinformationen mit Schwer-punkt auf Touren von Stewart Island Experience und Fährfahrten. ⊕ tgl. Nov–April 7.30–18.30, Mai–Okt 8–17 Uhr.

Internet

Kostenloses Internet gibt es im Umkreis des Community Centre sowie in den meisten Unter-künften und Restaurants. Wer kein eigenes Gerät dabei hat, kann im South Sea Hotel ($8/ Std.) oder im DOC-Büro ($2,50/15 Min.) surfen.

Kino

The Bunkhouse Theatre, 10 Main St, ☎ 027 867 9381, 🖥 www.bunkhousetheatre.co.nz. Zeigt zwischen Labour Day und Ostern 3x tgl. *A Local's Tail* (40 Min., $10) – einen skurrilen Film, der einen Einblick in die Geschichte und Kultur der Insel gewährt, „erzählt" von einem Staffordshire Bull Terrier.

Post

Im **Stewart Island Flights Depot**, Elgin St. ⊕ Okt–März Mo–Fr 7.30–17, Sa und So 8.30–16, April–Sep tgl. 8.30–16 Uhr.

Telefon

Das Mobilfunknetz ist gut in Oban, ausreichend in der Umgebung der Buchten nordöstlich

von Oban bis zur Nordspitze der Insel, und überall sonst auf der Insel nicht sehr zuverlässig.

Oban selbst lässt sich gut zu Fuß erkunden, und wer nicht gerade in einer der abgelegene-ren Unterkünfte wohnt, benötigt an Land eigentlich kein Transportmittel. Außer in der direkten Umgebung von Oban gibt es keine Straßen. Wer weiter ins Inselinnere vordringen möchte, ist auf das **Flugzeug**, ein **Wassertaxi** oder gutes Schuhwerk angewiesen.
Stewart Island Experience, ☎ 0800 000 511, 🖥 www.stewartislandexperience.co.nz, vermietet Kleinwagen ($65/4 Std., $95/8–24 Std.), Motorroller ($60/4 Std.) und einfache Mountain-bikes ($29/4 Std., $39/8–24 Std.).
Stewart Island Flights, ☎ 03 218 9129, 🖥 www.stewartislandflights.com, bietet eine „Coast to Coast" Rundtour an. Man fliegt von Oban zum Strand in Mason Bay (sofern Wetter und Tidenhub das zulassen). Dies ist der schnellste Weg, um den abgelegenen Flecken Erde zu erreichen. Die Kosten betragen $217,50 für den Flug zur Mason Bay und die Rückfahrt per Wassertaxi. Mindestteilnehmer-zahl 2 Pers. Am besten vorher anrufen, denn häufig werden mehrere Interessenten zusammengefasst, um den Flug durchführen zu können.
Wassertaxis (meist sind dies PS-starke Schnellboote, die 6–10 Passagiere trans-portieren können) bieten die größte Flexibilität. Zur Auswahl stehen diverse Unternehmen mit fast identischem Service, darunter Ulva Island Ferry, ☎ 03 219 1013, mit regelmäßiger Verbindung nach Ulva Island (nur Mo–Sa, Abfahrt an der Golden Bay Wharf um 9, 12 und 16 Uhr, Abfahrt in Ulva um 12, 16 und 18 Uhr, Hin- und Rückfahrt $20).
Alle anderen Gesellschaften fahren bei Bedarf nach Ulva Island (Hin- und Rückfahrt $25, 10 Min.) und so gut wie zu allen gewünschten Zielen, z. B. Stewart Island Water Taxi, ☎ 03 219 1394, 🖥 www.stewardislandwatertaxi.co. nz, oder Ruggedy Range, ☎ 03 219 1066, 🖥 www.ruggedyrange.com.

TRANSPORT

Flüge

Viele Besucher ziehen den Flug von Invercargill nach Stewart Island der rauen Überfahrt im Schiff vor, aber auch in der Luft kann es ganz schön wacklig zugehen. **Stewart Island Flights**, ☏ 03 218 9129, 💻 www.stewartisland flights.com, bedient die einfache Strecke für $117,50 oder hin und zurück $203. Rabatte für Inhaber eines BBH-, YHA- oder internationalen Studentenausweises. Es besteht auch eine Stand-by-Möglichkeit (Rückflugticket $125). Die besten Chancen hat man, wenn man früh morgens an dem Tag, an dem man fliegen möchte, seinen Namen auf die Liste setzt. Die Flugzeuge landen 3 km westlich der Stadt; der Transport zwischen dem Flugplatz in Oban und der Innenstadt ist im Ticketpreis inbegriffen. Gepäckobergrenze 15 kg p. P., Mitnahme von Campinggas und Benzin verboten. Flüge nach BLUFF bei genügend Nachfrage, 20 Min.; INVERCARGILL 3x tgl., 20 Min.

Schiffe

Die Foveauxstraße steht im Ruf, selbst den robustesten Seeleuten die Mägen umzudrehen. Aber wer viel Gepäck hat, Campingsachen mitbringen oder schlicht Geld sparen möchte, nimmt die Fähre.

Die schnellen Katamarane von **Stewart Island Experience**, ☏ 0800 000 511, 💻 www.stewart islandexperience.co.nz, verkehren zwischen Bluff und dem Anleger in Oban ($75 einfach, $130 hin und zurück), Abfahrt in Bluff um 8 und 17 Uhr (im Winter 16.30 Uhr), im Sommer häufiger.

Ein Shuttlebus bringt die Fahrgäste von INVERCARGILL und vom Flughafen $24 einfach) zur Fähre. Am Terminal in Bluff gibt es bewachte Parkplätze für ungefähr $8 pro Nacht. Schiffe nach BLUFF 2–4x tgl., 1 Std.

Westküste

Das Rückgrat der Südinsel bilden die Neuseeländischen Alpen, welche die Westküste zugleich bestimmen und isolieren. Der kaum 30 km breite, 400 km lange Küstenstreifen ist von nur 32 000 Menschen bewohnt. Wilde Flüsse schießen durch üppigen Wald, vorbei an kristallklaren Seen und dunkelgrünem Weideland hinunter zur Tasmansee. Die Küste selbst ist durch ihre stimmungsvollen Strände geprägt, an die fortwährend hohe Wellen schlagen.

Stefan Loose Traveltipps

Karamea und Oparara Basin Das einsame Karstgebiet lockt mit großen Kalksteinbögen, Höhlen mit uralten Moa-Knochen und erfrischenden Bädern in sanft dahinplätschernden Bächen. S. 759 und S. 761

Pancake Rocks Die seltsame Felsformation sieht aus wie ein Stapel Pfannkuchen und ist besonders bei starkem Seegang beeindruckend, wenn das Wasser in hohen Fontänen aus den Blowholes schießt. S. 765

Okarito Die winzige Siedlung bietet die seltene Möglichkeit, Kiwis in der freien Natur zu sehen und eine Bootsfahrt auf der glasklaren Lagune zu unternehmen. S. 779

17 **Gletscherabenteuer** Wandertouren um und über die Eislandschaften der Gletscher Franz Josef und Fox sind einzigartige Erlebnisse. S. 781 und S. 786

Gillespie Pass Tramp Auf einer dreitägigen Trekkingtour durch die Wildnis des Südlichen Westlands erlebt man die großartige Landschaft der Westküste. S. 792

WANDERN AM FOX GLACIER

BLOWHOLES, PANCAKE ROCKS

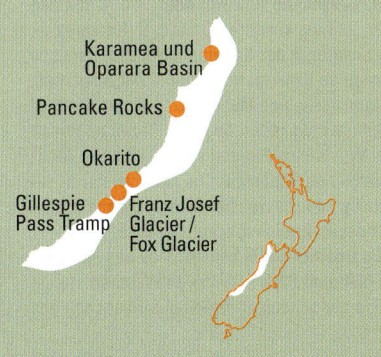

Karamea und Oparara Basin

Pancake Rocks

Okarito

Gillespie Pass Tramp

Franz Josef Glacier / Fox Glacier

Inhalt

Kohaihai River, Heaphy Track,
Kahurangi National Park
Nelson (70 km)

Karamea

Little Wanganui

Wangapeka Tk

Oparara Basin

**Buller Gorge
Swingbridge**

Seddonville
Old Ghost Rd

Ngakawau

Granity · Stockton

Denniston

Lyell

Inangahua
Junction

Westport

Carters Beach
Cape Foulwind
Tauranga Bay

VICTORIA
CONSERVATION
PARK

Reefton

**PAPAROA
NATIONAL
PARK**

Charleston

Waiuta

Hukarere

Punakaiki · Inland
Pack Track

Pancake Rocks

Croesus Tk

Barrytown

Blackball

Stillwater

Rapahoe

Moana

Lake
Brunner

Greymouth

**Brunner
Industrial
Site**

**TASMAN-
SEE**

Lake
Kaniere

Hokitika

Lake
Mahinapua

Ross

Pukekura

Lake
Ianthe

Harihari Coastal Walkway

Harihari

Okarito
Lagoon

Whataroa

Okarito

**AORAKI MOUNT
COOK
NATIONAL
PARK**

**WESTLAND
NATIONAL
PARK**

Franz Josef
Glacier

Mt Tasman
(3498 m)

Lake Matheson

Fox
Glacier

Aoraki Mt Cook
(3754 m)

Gillespies
Beach

Copland Track

Aoraki Mount
Cook Village

**Welcome Flat
Hot Springs**

Bruce Bay

Lake Paringa

Monro Beach
Knight's
Point

Lake Moeraki

**Haast
Pass
(563 m)**

Haast Junction
Haast Beach
Haast
Township

Makarora
River

Hapuka Estuary Walk

**MOUNT ASPIRING
NATIONAL
PARK**

Young R.

Wilkin R.

Makarora

Lake
Hawea

Wanaka (65 km)

Blenheim ▶

(100 km) Lewis Pass (20 km),

Buller River

Ohe Trail

Christchurch (180 km)

Arthur's Pass (15 km) Christchurch (150 km) ▶

Queenstown (150 km) ▶

WESTKÜSTE

Was „The Coast", wie die Westküste im Volks-
mund kurz genannt wird, wirklich einzigartig
macht, sind ihre Bewohner und deren Natur-
verbundenheit. Die sogenannten **Coasters**, viele
davon Nachfahren früher Goldgräber und Bergarbeiter, rühmen sich seit Langem ihrer Fähigkeit, in dieser wilden Landschaft klarzukommen,
und ihr Ruf als unabhängigkeitsliebende, zügel-
lose Biertrinker ist legendär.

Kein Gespräch über die Westküste wäre vollständig ohne eine Erwähnung der sturzbach-
artigen **Regenfälle**, die hier mit tropischer In-
tensität, manchmal gar mehrere Tage am Stück,
niedergehen – überall ergießen sich Wasserfälle über die Felsen, und der Wald leuchtet
in tiefem Grün. So viel Wasser auf einmal hat
allerdings schädliche Auswirkungen auf den
Boden, da sich dadurch der Verwesungsprozess
verzögert und eine torfartige obere Schicht entsteht, aus der alle Mineralien herausgewaschen
sind. Das Ergebnis nennt man *pakihi*, ausge-
laugte und kümmerlich aussehende Weiden, die
einen Großteil des gerodeten Landes der Westküste ausmachen.

Aber nach Regen kommt bekanntlich Sonne,
die hier genauso intensiv ist – im Frühling
herrscht ein ideales Klima für **Whitebait**, Jungfische, die sich in dieser Jahreszeit in großen
Schwärmen in den Flussmündungen tummeln.
Bei Hochwasser schwärmen die Fischer aus
und hoffen auf einen guten Fang der sich stei-
gender Beliebtheit erfreuenden Delikatesse.

Das in der Vergangenheit stetige Auf und Ab
der Region, verursacht vor allem durch Gold und
Kohle, hat zahlreiche Geisterstädte, aber auch
drei bedeutendere Orte hervorgebracht – **Westport**, **Greymouth** und **Hokitika**. Am schönsten
aber sind die kleineren Orte: z. B. **Karamea** an
der Südgrenze des Kahurangi National Park und
Okarito an einer klaren Lagune. Mit Ausnahme
einiger passabler Museen und einer Handvoll
Sehenswürdigkeiten liegt die Anziehungskraft
der Westküste hauptsächlich in ihrer land-
schaftlichen Schönheit: Die Fahrt an der Küste
entlang, egal, in welcher Richtung, zählt zu den
schönsten Straßenstrecken der Welt.

Im **Oparara Basin** bei Karamea und im **Paparoa National Park** südlich von Westport stehen
einige der schönsten Kalksteinformationen des

Landes, darunter riesige Felsbögen und die berühmten Pancake Rocks, während im Westland National Park die eisigen weißen Zungen der beiden Gletscher **Franz Josef** und **Fox** von den Flanken der Neuseeländischen Alpen bis in tiefgrünen Wald, beinahe auf Meereshöhe, hinunterreichen.

Natürlich herrscht auch kein Mangel an **Outdoor-Aktivitäten**, allen voran **Raftingtrips** auf einsamen Wildwasserflüssen, deren Ausgangspunkte oftmals nur per Hubschrauber zu erreichen sind. Die Karstlandschaften bieten fantastische Möglichkeiten für **Höhlentouren**, und Wanderer haben die Qual der Wahl zwischen zahlreichen ausgeschilderten **Trekkingpfaden**, zum Beispiel dem Heaphy Track im Norden, zahlreichen Wanderwegen bei Punakaiki und den Pfaden rund um die Gletscher weiter südlich.

Die meisten Besucher kommen zwischen November und April an die Westküste, aber auch der **Winter** hat seine Vorteile: Die Temperaturen sind dann relativ mild, und es gibt mehr klare Tage. Auch die nervigen Sandfliegen halten sich in dieser Zeit eher zurück. An der Westküste ist es eigentlich nie sehr voll, in der Nebensaison sind jedoch eindeutig mehr freie Unterkünfte zu haben. Allerdings schließen dann auch manche Einrichtungen, und **Exkursionen**, für die eine Mindestteilnehmerzahl erforderlich ist, finden eventuell nicht statt.

Insbesondere die Motels liegen weit über dem sonst auf der Südinsel üblichen Preisniveau. Da die Gegend abgeschieden ist, sind auch die Preise für den täglichen Lebensbedarf etwas höher, und in manchen Fällen lohnt es sich, das Notwendigste schon vorher einzukaufen.

Geschichte

Die Küsten, Flussmündungen und geschützten Buchten von Westland wurden schon früh von den Maori besiedelt. Die wichtigsten Siedlungen lagen vermutlich in der Gegend von Hokitika, wo kein Mangel an *pounamu* (Jade), Fischen und Waldvögeln herrschte. Der Zugang war hauptsächlich über Strände, Flusstäler und Bergpässe möglich, da Kanufahrten über die Tasmansee zu riskant waren.

Die Ankunft der Europäer und der Goldrausch

Kapitän Cook segelte 1770 an der Westküste entlang und beschrieb sie als „ungastliches Ufer. Es gab nur wenig zu entdecken für die frühen europäischen **Forschungsreisenden** wie Thomas Brunner und Charles Heaphy, die 1846 und 1847 unter Führung des Maori Kehu einen Vorstoß wagten. Sie kehrten zurück, ohne das kultivierbare Land gefunden zu haben, von dem sie träumten. Nach einer kürzeren Reise 1861 schrieb Henry Harper, der erste Bischof von Christchurch: „Ich bezweifle, dass eine solche Wildnis jemals kolonisiert wird, außer vielleicht aufgrund der Entdeckung von **Gold**" – prophetische Worte, denn schon zwei Jahre später kursierten Gerüchte über Goldfunde in den Flüssen der Westküste, und ein Jahr später erlebten Greymouth und Hokitika einen Goldrausch der klassischen Art. Der Boom war schnell vorüber, aber inzwischen haben moderne Abbautechniken (und die relativ hohen Goldpreise) die Ausbeutung der Goldminen bei Reefton und Ross wieder profitabel gemacht.

Kohle und Umweltbewusstsein

Mit der Abnahme Goldvorräte wurde **Kohle** zum wichtigsten Bodenschatz und zur Grundlage für langlebigere Städte: Auch heute stammt die Hälfte der Kohle Neuseelands von der Westküste. In den letzten Jahrzehnten ist auch das Bewusstsein für die empfindlichen Ökosysteme der Küste gewachsen, was zu Spannungen zwischen Coastern und Regierung führte – v. a. in Bezug auf das Abholzen einheimischer Hölzer und dessen Auswirkung auf die Umwelt.

Transport

Die einfachste und beste Art der Fortbewegung entlang der Westküste ist ein eigenes **Auto**. Wind und Wetter können das **Radfahren** mühsam machen, aber die Entfernungen zwischen den einzelnen Orten sind nicht allzu groß. Außerdem mangelt es unterwegs nicht an Unterkünften. Öffentliche Verkehrsmittel sind nur eingeschränkt vorhanden: **Züge** fahren nur bis Greymouth, **Busse** sind ebenfalls rar, und Haltestellen gibt es darüberhinaus nur an Ortschaften entlang des SH6. Mit etwas Geduld und Vorausplanung kann man trotzdem viele Sehenswürdigkeiten abklappern – vorausgesetzt, man ist bereit, von der Haltestelle zu Fuß zu gehen.

Die wichtigsten Busverbindungen entlang der Westküste sind die von Nelson zum Fox Glacier und zwischen Franz Josef und Queenstown. Beide Strecken werden von InterCity und Atomic täglich im Verbund bedient. Auf der Linie Greymouth–Christchurch setzt Atomic allerdings eigene Busse ein. NakedBus fährt täglich von Queenstown zu den Gletschern, aber nur dreimal wöchentlich von Franz Josef Richtung Norden nach Nelson.

Höhe geht es auf der 110 m langen Brücke über den Buller River und auf Wunsch mit der **Seilrutsche** zurück – einem 160 m langen Drahtseil, an dem man von der einen auf die andere Seite des Flusses sausen kann, entweder sitzend oder auf dem Bauch liegend. Das jenseitige Uferende durchziehen eine Reihe von **Wanderwegen** unterschiedlicher Länge (15 Min.–1 Std.). Sie führen unter anderem zur Verwerfungslinie des großen Murchison-Erdbebens von 1929, zu Gruben der Bergarbeiter und zu den Ariki Falls (hin und zurück 1 Std.). Außerdem kann man hier Gold waschen und eine Jetbootfahrt unternehmen.

Entlang des Buller River

Auf seinem 169 km langen Weg von der Quelle beim Lake Rotoiti zu seiner Mündung ins Meer bei Westport passiert der **Buller River** eine von Neuseelands fantastischsten Schluchten, die **Buller Gorge**. Die Maori nutzten den Buller River als Verkehrsroute und nannten ihn *Kawatiri*, was übersetzt so viel wie „tief und schnell" bedeutet. Sie zeigten den ersten Europäern, wie man die Stromschnellen meistert – ein Wissen, über das sich heute vor allem die Raftingfans freuen. 1858 entdeckte man Gold im Buller, was einen Goldrausch in **Lyell** auslöste. Die Relikte aus jener Zeit können bei einem Spaziergang auf dem **Lyell Walkway** am südlichen Ende des **Old Ghost Road Cycle Trail** erkundet werden. Der SH6 führt aus Nelson kommend durch Murchison (S. 580) und folgt dem Fluss 11 km weit bis zur **O'Sullivan's Bridge**, wo er nach rechts ins Upper Buller Scenic Reserve Richtung Lyell abbiegt.

Buller Gorge Swingbridge

SH6, 6 km westlich der O'Sullivan's Bridge ▪
🕐 tgl. im Sommer 8–19, im Winter 9–17.30 Uhr, Jetboote im Sommer stdl. 10–16 Uhr, im Winter nach Vereinbarung ▪ Brücke $10, Seilrutsche $30–60, Goldwaschen $12,50, Jetboot 40 Min. $105 ▪
📞 03 523 9809, 🖳 www.bullergorge.co.nz

Besucher betreten den Abenteuer- und Geschichtspark **Buller Gorge Swingbridge** über Neuseelands längste Hängebrücke. In luftiger

Lyell und Lyell Walkway

SH6, 20 km südwestlich der Buller Gorge Swingbridge

Die ehemalige Goldgräberstadt **Lyell** liegt hoch über dem Buller River im Flachland am Lyell Creek und hatte in den 1890er-Jahren fünf Hotels, zwei Banken, zwei Kirchen und sogar eine Zeitung für die 3000 Einwohner. Inzwischen ist im wahrsten Sinne Gras drüber gewachsen. Nur ein paar Überreste sind noch erhalten, die man bei einem Spaziergang auf dem **Lyell Walkway** zu Gesicht bekommt: Terrassen, auf denen einst Hütten standen, die schlichten und windschiefen Grabsteine auf dem Friedhof (hin und zurück 15 Min.) sowie das Croesus-Erzbrechwerk mit zehn Hämmern (hin und zurück 1 1/2 Std.).

Vom Croesus-Werk kann man weiter bergauf auf der ersten Etappe der Old Ghost Road (s. Kasten S. 750) bis zum Old Dray Road Loop (9 km, 2–3 Std.) wandern und passiert dabei weitere verlassene Goldgräbersiedlungen. Gleich neben dem SH6 bei Lyell befindet sich ein DOC-Campingplatz ($6).

Lower Buller Gorge

Beim 17 km westlich von Lyell gelegenen **Inangahua Junction** biegt der SH69 Richtung Süden nach Reefton ab, während der SH6 durch die **Lower Buller Gorge**, den engsten und schönsten Schluchtabschnitt, weiter Richtung Westen nach Westport verläuft. An einigen Stellen wurde die Straße in den nackten Felsen gehauen, besonders spektakulär bei **Hawks Crag**, wo man unter einem Überhang hindurchfährt. Dass

WESTKÜSTE

genau diese Stelle 1926 bei einer Überschwemmung mehrere Meter unter Wasser stand, vermittelt vielleicht einen Eindruck der Wassermassen, die zeitweise durch die Schlucht donnern.

Reefton

Am Ufer des Inangahua River, dort wo die Straßen von Westport, Greymouth und Christchurch aufeinandertreffen, liegt **Reefton**, das seine Existenz reichen Gold führenden Quarzgängen (engl. *reef*) zu verdanken hat. Diese wurden in den 1870er-Jahren so intensiv ausgebeutet, dass Reefton von einigen als „lebendigster und geschäftstüchtigster Ort der Kolonie" bezeichnet wurde. Reefton avancierte zum ersten Ort in Neuseeland (und einem der ersten Orte der Welt) mit einer Straßenbeleuchtung, gespeist von einem hydroelektrischen Generator. Doch diese zukunftsweisenden Aktivitäten ließen bald nach, und in der Folge ging es mit dem Städtchen zumeist eher bergab, wenn auch die Wiedereröffnung einer alten Goldmine am Ortsrand 2007 neue Hoffnung und Geld gebracht hat. Allerdings soll sie bald geschlossen werden.

Wer die historischen Rundgänge und das Museum abgeklappert hat, fährt normalerweise zügig weiter zum Grey Valley. Passionierte Angler finden hier jedoch hervorragende Möglichkeiten zum Flugangeln.

Stadtspaziergänge

Die Sehenswürdigkeiten rund um die Stadt sind über zwei Wege miteinander verbunden. Der etwas trostlose **Historic Walk** (40 Min.) führt durch die Straßen von Reefton, vorbei an den Fassaden einst prächtiger Gebäude. Die Streckenbeschreibung findet man in einer Broschüre, die im i-SITE erhältlich ist. In der Ortsmitte, an der Ecke von Walsh St und Broadway, zeigen die „Bearded Miners" in einem alten **Goldgräber-Cottage** mit Schmiede ihre Schmiedekünste und greifen den Besuchern beim Goldwaschen unter die Arme (tgl. je nach Lust und Laune der „bärtigen Goldgräber"; Eintritt per Spende).

Der **Powerhouse Walk** (40 Min.) führt an dem kaputten Generator vorbei, der einst die berühmten Straßenlaternen von Reefton mit Strom versorgt hat. Der Weg ist nicht ganz so deprimierend, vielleicht weil er am Inangahua River entlang verläuft. Die ausgeschilderte Route beginnt gleich südöstlich der Stadt an der nach Springs Junction führenden Straße.

Blacks Point Museum

Blacks Point, am SH7 Richtung Springs Junction ▪ ⏰ Okt–April Mi–Fr und So 10–12 und 12–15, Sa 13–16 Uhr ▪ Eintritt $5 ▪ ✆ 03 732 8446
Das Wasser für Reeftons ursprüngliches hydroelektrisches System wurde am 2 km entfernten **Blacks Point** abgeleitet, wo in einer ehemaligen Methodistenkapelle das Blacks Point Museum untergebracht ist. Das Museum beleuchtet die Kultur- und Bergbaugeschichte der Gegend und zeigt auf Wunsch eine Werbe-DVD für den heutigen Bergbau am Ort.

ÜBERNACHTUNG

The Old Bread Shop, 155 Buller Rd, ✆ 03 732 8420, 🖥 www.reeftonbackpackers.co.nz. Gemütliches, unprätentiöses Hostel mit vielen DVDs sowie kostenlosen Internetstationen und WLAN in einer alten Bäckerei. Der Inhaber organisiert Kurse im Flugfischen und kann die besten Angelplätze in der Gegend empfehlen. Keine Kreditkarten. Dorms $18, DZ $50

The Old Nurses Home, 104 Shiel St, ✆ 03 732 8881, ✉ info@reeftonaccommodation.co. nz. Das riesige, etwas streng wirkende Haus war einst Reeftons Schwesternheim und ist v. a. bei einheimischen Touristen beliebt. Es hat kleine, angenehme 2-Bettzimmer und Doppelzimmer mit Gemeinschaftsbad. EZ 55, DZ $80

Reef Cottage B&B Inn, 51-55 Broadway, ✆ 03 7328440, 🖥 www.reefcottage.co.nz. Die freundlichste Bleibe der Stadt hat 4 sehr schön eingerichtete Doppelzimmer im viktorianischen und 1920er-Jahre-Stil (alle mit Bad) sowie ein hübsches Café, wo das im Preis enthaltene Frühstück serviert wird (s. unten). DZ $130

Reefton Domain Motor Camp, 1 Ross St, am oberen Ende des Broadway, ✆ 03 732 8477. Der zentral gelegene Campingplatz hat Zelt- und Wohnmobilstellplätze am Inangahua River. Camping $15, Stellplätze mit Strom $20

WESTKÜSTE

Die Old Ghost Road

Die 85 km lange Old Ghost Road, 🖥 www.old ghostroad.org.nz, ein Rad- und Wanderweg, der die beiden Täler Buller und Mokihinui verbindet, ist eine Verknüpfung von Lastentransportpfaden, deren Bau man 1870 voller Optimismus jeweils von Startpunkten in Lyell und Seddonville aus in Angriff genommen hatte. Mit dem Abebben des Goldrauschs verwilderten jedoch die unvollendet gebliebenen Wege. Die Strecke überquert den hügeligen Übergang zwischen der Lyell- und Glasgow-Bergkette und konnte während unserer Recherche bereits begangen werden. Zwei Abschnitte tief in den bewaldeten Hügeln zwischen Ghost Lake und Goat Creek sind 2015 für Mountainbiker geöffnet worden. Sobald die gesamte Route zugänglich ist, kann der anspruchsvolle Weg von Bikern in 2–4 und von Wanderern in 5 Tagen bewältigt werden. Mit Ausnahme der beiden vorhandenen DOC-Hütten müssen Unterkünfte in Gemeinschaftshütten ($15) oder privaten Schlafstätten („sleepouts", d. h. unbeheizte Räume mit Etagenbetten, in denen vier Personen übernachten können, $90) online über die offizielle Website gebucht werden.

Slab Hut Creek, 1 km abseits des SH7, 8 km südlich von Reefton. Der einfache DOC-Campingplatz liegt südlich im Grey Valley, östlich des SH7 in einem ehemaligen Goldgräbergebiet; Gäste können auch heute noch auf Goldsuche gehen. $5

ESSEN

Alfresco's, 16 Broadway, ✆ 03 732 8513. Einladendes Lokal mit originellen „Bergbau-Gerichten" wie „Snowy Battery" (Ribeye-Steak mit panierten Muscheln) oder „Prohibition Pork" (heiße Schinkenscheiben mit Ananassoße). Die Pizzas sind ebenso treffend benannt, z. B. die Meeresfrüchte-Pizza „Quartz Reef" (Hauptgerichte $22,50–30). ⏲ tgl. Mittag- und Abendessen.
Miner's Crib, 54 Broadway, ✆ 03 732 8458. Verlässlich gutes und sättigendes Essen.

Ordentliche Auswahl an Seafood (Kabeljau, Petersfisch, Knurrhahn und panierte Muscheln), aber bekannt ist der Laden vor allem für seine Burger ($6–10). ⏲ Di und Mi 16.30–20, Do–So 11.30–14 und 16.30–21 Uhr.
Reef Cottage Café, 51-55 Broadway, ✆ 03 732 8440. Das stimmungsvolle Holz-Cottage mit offenem Kamin hat englisches Frühstück und leichte Mahlzeiten wie hausgemachte Suppen, Quiches und Sandwiches mit knusprigem Bacon ($6–18,50). ⏲ tgl. Frühstück und Mittagessen.

SONSTIGES

Geld
Bank of New Zealand, 67-69 Broadway, ⏲ Mo–Fr 9–12.30 und 13.30–16.30 Uhr, Geldautomat draußen vor der Tür.

Informationen und Internet
i-SITE/DOC-Büro, 67-69 Broadway, ✆ 03 732 8391, 🖥 www.reefton.co.nz. Hat Internetzugang ($6/Std.), zeigt einen kleinen Nachbau einer Goldmine und vermietet Goldwaschpfannen und Spaten ($5/Tag). Hier bekommt man auch eine Broschüre mit den historischen Spaziergängen und Minenwegen, die in Wander- und Mountainbikestrecken umgewandelt wurden. ⏲ Mo–Fr 9–16.30, Sa 9.30–14, So 9.30–13 Uhr.

TRANSPORT

Die **Busse** von **East West Coaches**, ✆ 03 789 6251, 🖥 www.eastwestcoaches.co.nz, halten auf ihrer Fahrt von Westport nach Christchurch in der Nähe des i-SITE am Broadway, der Hauptstraße von Reefton. Verbindungen bestehen nach Christchurch (6x wöchentl., 4 Std.) und Westport (6x wöchentl., 1 Std.).

Grey Valley

Südwestlich von Reefton folgt der SH7 dem Grey Valley, das auf der Ostseite von den Neuseeländischen Alpen und auf der Westseite von der zerklüfteten Paparoa Range begrenzt wird. Überall kann man beobachten, wie der Wald allmählich wieder die Minenstätten überwuchert, die diese Region einst prägten. Einen Ersatz gibt es bis heute nicht wirklich. Trotzdem überleben viele der kleinen Gemeinden dank ihrer Milchwirtschaft und der Touristen, die die ehemaligen Minenorte **Waiuta** und **Blackball** besuchen oder eine Wanderung auf dem **Croesus Track** unternehmen.

Waiuta

Die erste Kreuzung von Bedeutung liegt 24 km südlich von Reefton in **Hukarere**, wo die Straße Richtung Osten zur Geisterstadt **Waiuta** abzweigt. Nach 17 nur teilweise geteerten Kilometern erreicht man das letzte große Goldgräberzentrum der Westküste, das in den 1930er-Jahren noch 6000 Einwohner zählte.

Sein Niedergang wurde 1951 durch den Einsturz eines Minenschachts eingeleitet, der in fast 900 m Tiefe die Gold führenden Quarzgänge unter sich begrub und eine weitere Förderung unwirtschaftlich machte. Heute existieren nur

noch drei Häuschen, ein Friseur und das alte Postamt. Der stimmungsvolle Ort eignet sich prima zum Herumstrolchen, am besten ausgerüstet mit der informativen Broschüre *Waiuta* (erhältlich im i-SITE von Reefton), aber auch die vielen Hinweisschilder sind sehr hilfreich für einen Rundgang.

Blackball

Das verschlafene **Blackball** ist ein ehemaliger Goldgräber- und Kohlebergbauort auf einer Ebene am Fuße der Paparoa Range. Pendler, Neo-Hippies und verschrobene Typen, die noch immer im Wald auf Jagd gehen und nach Gold suchen, scheinen hier harmonisch zusammenzuleben. Blackball gilt als einer der Geburtsorte der **Labour-Bewegung** (s. Kasten S. 752).

Heute zieht Besucher neben der berühmten Salami (S. 753) hauptsächlich die ländliche Ruhe an, aber auch die schönen Wanderungen durch die Goldminengebiete um Blackball Creek und über den **Croesus Track** (S. 753) auf die windgepeitschten Gipfel der Paparoa Range haben ihren Reiz. Es gibt ein kleines Infozentrum neben dem

Die gefährdeten Wälder von Westland

Anfangs äußerten nur wenige ihre Sorge um den Zustand der wunderbaren Bestände von Südbuchen und Steineiben in Westland. Erst 1970 änderte sich die Situation. Pläne der Regierung sahen vor, die staatlichen Wälder kommerziell zu nutzen, um Orten wie Reefton, in denen der Bergbau aufgegeben werden musste, wirtschaftlich wieder auf die Beine zu helfen. Das allerdings brachte die Umweltschützer auf den Plan. 1986 schlossen die Regierung, die örtlichen Behörden, Umweltschützer und die Holzindustrie mit dem **West Coast Accord** eine Art wackeligen Waffenstillstand. In den 80er- und 90er-Jahren wurden die meisten Wälder nur noch selektiv abgeholzt, wobei oft Hubschrauber herhalten mussten, um die ausgewachsenen Bäume so zu entfernen, dass ihre Nachbarn keinen Schaden davontrugen. Ein solches Vorgehen nützte jedoch Neuseelands gefährdeten Vogelarten – insbesondere Kaka, Springsittich, Kuckuckskauz und Titipounamu – sowie der Langschwanz-Fledermaus herzlich wenig, da sie mit Vorliebe in den Löchern alter Bäume nisten.

Helen Clark von der Labour-Partei setzte 1999 ihr Wahlversprechen in die Tat um und verbot schließlich die weitere Abholzung der einheimischen Wälder auf öffentlichem Land. Dadurch gingen viele kostbare Jobs an der Westküste verloren. Um die lokale Wirtschaft zu unterstützen, half die Regierung mit einem Hilfsfonds in Höhe von 120 Mio. Dollar aus. Trotzdem fühlen sich Tausende betrogen, zumal die Menschen dieser Gegend traditionell stets hinter der Labour-Partei standen. Eine wiedererstarkende Landwirtschaft, steigende Grundstückspreise und der zunehmende Tourismus verschafften Helen Clark etwas Luft zum Atmen, allerdings nur bis zur Wirtschaftskrise und zur Parlamentswahl von 2008, als sie die Mehrheit verlor und John Key mit der National Party die Regierungsgeschäfte übernahm. Das Abholzen einheimischer Wälder auf staatlichem Land ist trotzdem seit 2002 in ganz Neuseeland verboten.

WESTKÜSTE

Während der ersten drei Dekaden des 20. Jhs. stand das Grey Valley im Fokus des aufkeimenden Sozialismus. Sozialistische Funktionäre zogen durch das Tal und konfrontierten die Minenverwalter mit den unmenschlichen Arbeitsbedingungen. 1908 weigerte sich Pat Hickey, ein Minenarbeiter aus Blackball, sein Essen innerhalb der den Arbeitern zustehenden 15-minütigen *crib break* (Mittagspause) aufzuessen – sein Protest zielte darauf, die Pausenzeit auf 30 Minuten zu verlängern, wie das in den benachbarten Minen bereits üblich war. Hickey und sechs seiner Kollegen wurden daraufhin gefeuert. Dies war der Auslöser für den „cribtime strike", einen drei Monate andauernden **Streik**, den die Arbeiter mit £75 Strafe für ihre Aktion zu bezahlen hatten. Niemand besaß das Geld hierfür, und obwohl die Gerichtsvollzieher versuchten, die Besitztümer der Arbeiter zu versteigern, schlossen sich alle zusammen und weigerten sich, auf die Gegenstände zu bieten – schließlich kaufte einer die ganzen Sachen für einen Bruchteil ihres Wertes und verteilte sie danach wieder an die ursprünglichen Besitzer. Der Streik dauerte an, bis schließlich das Wetter den Arbeitern zu Hilfe kam. Zwei Minen in der Nähe wurden überflutet, was die Bosse der nicht betroffenen Mine in Blackball zum Einlenken zwang – die £75 jedoch zog man später von den Löhnen ab.

Die Auseinandersetzung führte zur Gründung der **Miners' Federation**, aus der schließlich die **Federation of Labour** hervorging, heute die wichtigste Gewerkschaftsorganisation des Landes. Eric Beardsleys historische Novelle *Blackball 08* vermittelt ein bewegendes Bild des Streiks.

Formerly The Blackball Hilton (S. 752), wo man eine kostenlose Kartenskizze der Gegend erhält.

Moana und Lake Brunner

In Stillwater zweigt die Teerstraße von Arnold Valley nach Lake Brunner Richtung Südosten ab und stößt nach 55 km zwischen Greymouth und Arthur's Pass auf den SH73. Etwa auf halber Strecke passiert man den Lake Brunner, eine mit Wasser gefüllte Gletschermulde, die besonders bei Forellenanglern sehr beliebt ist. Am nördlichen Seeufer liegt der kleine Ort **Moana**, wo die Kiwis gerne Urlaub machen. Sehenswürdigkeiten und Versorgungseinrichtungen sind allerdings eher dünn gesät. Im Spätsommer, wenn sich der See erwärmt hat, lässt es sich herrlich baden, oder man erkundet die kurzen Wanderwege der Umgebung. Am Ende des Ortes, hinter dem Motor Camp, führt eine Hängebrücke über den Arnold River zum **Rakaitane Track** (hin und zurück 45 Min.) und zum **Lake Side Track** (hin und zurück 60 Min.), Letzterer mit Bergblick.

Brunner Industrial Site

SH7, 2 km westlich von Stillwater ▪ ⏲ jederzeit

Ein hoher Backstein-Schornstein markiert die **Brunner Industrial Site**. Den Weg zu einer schönen alten Hängebrücke (nur für Fußgänger) weisen Infotafeln an der Straße. Die Brücke über den Grey River führt zu den verbliebenen Gebäuden und Überresten kunstfertig angelegter Bienenkorb-Koksöfen.

Auf seinen Erkundungsreisen in den späten 1840er-Jahren bemerkte Thomas Brunner am Fluss ein Kohleflöz, und 1885 wurde hier schließlich die Hälfte der hochwertigen Kohle Neuseelands abgebaut. Außerdem wurden ins gesamte Neuseeland wie auch nach Australien feuerfeste Ziegel exportiert. Das verheerendste Grubenunglück in der Geschichte Neuseelands im Jahr 1896 mit 65 Toten, von denen viele im nahen Stillwater beerdigt wurden, läutete den Niedergang der Stätte ein. In den 1940er-Jahren wurde sie dann endgültig aufgegeben und erst in den frühen 1980er-Jahren aus dem dichten Wald ans Tageslicht befördert.

ÜBERNACHTUNG

Formerly The Blackball Hilton, 26 Hart St, Blackball, 📞 03 732 4705, 🖥 www.blackball hilton.co.nz. Das letzte Hotel aus der Ära des Bergbaus eröffnete 1910 unter dem Namen „Dominion" und nannte sich danach „Hilton", bis eine internationale Hotelkette gleichen Namens dagegen protestierte. Abgesehen von

WESTKÜSTE

Der Croesus Track

Auf der Suche nach neuen Claims arbeiteten sich die Goldgräber langsam ihren Weg den Blackball Creek hinauf. Die kärglichen Überreste dieser Plackerei sind heute der Hauptanziehungspunkt des **Croesus Track**, dessen erste Hälfte leicht an einem Tag von Blackball aus erkundet werden kann. Für die ganze Strecke über die 1200 m hohe Paparoa Range nach Barrytown an der Küste 30 km nördlich von Greymouth benötigt man acht stramme Stunden oder man verteilt das Ganze auf zwei lockere Tage. Für Wanderer reicht die informative DOC-Broschüre *Croesus Track* absolut aus.

Zugang und Übernachtung

Der Track beginnt beim Parkplatz Smoke-ho am Ende einer holprigen, aber passierbaren Piste 7 km nördlich von Blackball und endet am SH6 in Barrytown, wo einmal täglich in jede Richtung ein Bus vorbeikommt. Am einfachsten lässt sich die Anfahrt nach Blackball und die Abholung in Barrytown über das Formerly The Blackball Hilton (S. 752, Preise im Hotel erfragen) organisieren, da es in Barrytown keine Unterkünfte gibt. Die einzige Hütte ist die **Ces Clarke Hut** mit 16 Schlafplätzen ($15 p. P., keine Reservierung möglich), einem Kohleherd, Matratzen und einem herrlichen Panorama.

Der Track

Ein großer Teil des Tracks wurde ursprünglich angelegt, um einen Schienenweg für die Grubenbahn zu schaffen. Dementsprechend weist der Wanderweg nur eine leichte, aber lange Steigung auf. Die Route windet sich zunächst durch Wald mit Steineiben, durchsetzt von Farnen, Moosen und Rankengewächsen, die allmählich in widerstandsfähigere Silberbuchenund oberhalb der Baumgrenze schließlich in alpine Wiesen übergehen. Mittags verbergen sich die Gipfel häufig im Nebel, der vom Meer hereinzieht. Eine halbe Stunde vom Parkplatz Smoke-ho zweigt ein Nebenpfad (hin und zurück 10 Min.) zu einer Stelle ab, an der sich einst die Minerva Battery befand. Gleich hinter der Abzweigung führt der Hauptweg auf einer neueren Hängebrücke oberhalb der Überreste einer alten Holzbrücke über den Clarke Creek. Eine halbe Stunde weiter zweigt ein Pfad zu zwei Lichtungen ab, die einst Perotti's Mill (hin und zurück 10 Min.) und die Croesus Battery (hin und zurück 50 Min.) beherbergten.

Nach einer weiteren knappen Stunde erreicht man den Abzweig Garden Gully, von wo aus es auf einem Seitenpfad zur einfachen Garden Gully Hut (hin und zurück 5 Min.) aus den 1930er-Jahren und zur Garden Gully Battery (hin und zurück 30 Min.) geht. Der Hauptweg macht einen scharfen Knick Richtung Westen, um dann an der Baumgrenze die Ces Clarke Hut zu erreichen; hier sollte man seine Wasserflaschen auffüllen, denn danach gibt es keine Wasserquelle mehr. Zum Kamm des Bergrückens in der Nähe des Mount Ryall (1220 m) geht es noch zwei Stunden auf und ab, ein bisschen mehr, wenn man zusätzlich den Croesus Knob (1204 m) erklimmt. Vom breiten Bergrücken bieten sich wunderbare Ausblicke auf die Küste, die schließlich innerhalb von weniger als drei Stunden über einen steilen, schlecht zu sehenden Waldweg nach Barrytown erreicht wird.

lautstarken Trinkgelagen mit Einheimischen bietet das Hotel eine Reihe ordentlicher Zimmer mit Gemeinschaftsbädern. Frühstück inkl. Im Pub gibt's Kaffee, Mittag- und Abendessen, teilweise mit Blackball-Salami (Hauptgerichte $20–30). DZ $110
Lake Brunner Hotel, 34 Ahau St, Moana, ✆ 03 738 0083, 🖥 www.lakebrunnerresort.net.nz. Eine Anlage mit eleganten Studio Units,

teilweise mit Seeblick. Die Zimmer haben einfache Küchenzeilen, und es gibt eine Bar/Restaurant. $145

ESSEN

Blackball Salami Co, 11 Hilton St, Blackball, ✆ 03 732 4111, 🖥 www. blackballsalami.co.nz. Dieser ausgezeichnete

Laden hat die besten Picknickzutaten, vom Würstchen aus Wildbret bis zu diversen Salamis. ☉ Mo–Fr 8–16, Sa 9–12 Uhr.
Station House Café, 34 Koe St, Moana, ✆ 03 738 0158, ⌨ www.lakebrunner.net. Das Restaurant/Café gegenüber vom Bahnhof öffnet sich auf eine Holzterrasse mit Sonnenschirmen und bietet einen atemberaubenden See- und Bergblick. Es hat Alkoholausschank und das beste Essen weit und breit. Serviert werden verführerisches Mittag- und Abendessen (Hauptgerichte um $30). ☉ Sommer tgl. 10.30–21 Uhr.

TRANSPORT

Da Blackball und Waitua keine regelmäßigen Verkehrsverbindungen haben, müssen Besucher sich hier anders behelfen.

Busse
Der tägliche Bus von **Atomic Shuttles**, ✆ 03 349 0697, ⌨ www.atomictravel.co.nz, auf der Route Christchurch–Greymouth hält am Bahnhof von MOANA in der Ana Street.

Eisenbahn
Der *TranzAlpine*-Zug hält am Bahnhof von MOANA in der Ana Street um 11.47 Uhr auf der Fahrt von Christchurch nach Greymouth und um 14.42 Uhr in der Gegenrichtung.

Westport

Trotz der staatlichen Finanzspritzen, der Einnahmen durch den Tourismus und den Modernisierungsversuchen der Stadtverwaltung bleibt **Westport** in der Vergangenheit kleben. Zu den wenigen Sehenswürdigkeiten zählen die Robbenkolonie am **Cape Foulwind**, der erfrischende Spaziergang zum alten Leuchtturm dahinter und die geisterhaften ehemaligen Kohlestädte des **Rochford Plateau**. Wäre Westport kein Verkehrsknotenpunkt, würde wohl kaum jemand in dem Fischerhafen übernachten – die Verlockungen des Heaphy Tracks (S. 575) und von Karamea 100 km weiter nördlich sind zu stark.

Immerhin findet man hier preisgünstige Unterkünfte, ein interessantes Museum, ein paar Abenteueraktivitäten und das hervorragende **Town House**, ein Restaurant, das auch in Auckland oder Wellington Furore machen würde.

Geschichte
Westport war die erste der Westküsten-Städte und wurde 1861 an der Mündung des Buller River von einem gewissen **Reuben Waite** gegründet. Seinen Lebensunterhalt verdiente Waite mit den Goldgräbern in der Buller Gorge, denen er Lebensmittel verkaufte. Später wendete sich Westport der Kohle zu, und Ingenieure kanalisierten den Fluss, um einen Hafen zu schaffen. Heute liegt der **Hafen** mehr oder weniger still und Westport kämpft weiter ums Überleben.

Coaltown
Im i-SITE-Büro, 123 Palmerston St ▪ ☉ tgl. Nov–April 9–17, Mai–Okt Mo–Fr 9–16.30, Sa und So 10–16 Uhr ▪ Eintritt $10 ▪ ✆ 03 789 6658
Westports Bergbauvergangenheit erwacht in **Coaltown** zum Leben, einem spannenden, fantasievoll gestalteten Museum, das sich dem Kohlerevier am Buller widmet. Gute Filme und Fotografien werden durch riesige Ausstellungsstücke wie eine Lore auf Schienen, einen nachgebauten Stollen und kleinere Gegenstände plastisch ergänzt.

West Coast Brewery
10 Lyndhurst St ▪ ☉ Mo und Di 9.30–17, Mi–Fr 9.30–18 Uhr ▪ Führungen Mo–Fr 15.30 Uhr, Eintritt $10 ▪ ✆ 03 789 6201, ⌨ www.westcoast brewing.co.nz
Bevor man die Stadt wieder verlässt, lohnt ein Besuch der West Coast Brewery, in der das Bier ohne Konservierungsmittel oder chemische Zusätze gebraut wird. Früher war sie für ihr Green Fern Organic Lager berühmt, heute konzentriert sich die Brauerei auf Craft Biere, die landesweit verkauft werden. Führungen enthalten eine Kostprobe von fünf Biersorten, aber wer nicht die ganze Palette durchtesten möchte, kann auch eine eigene Flasche mitbringen und mit einem Gebräu seiner Wahl füllen lassen.

Fishing Wharves

Lagoon

BALFOUR ST

SALISBURY ST

GLADSTON ST

PALMERSTON ST

RUSSELL ST

BRIGHT ST

ROMILLY ST

DERBY ST

1 ❶

NELSON ST

COBDEN ST

OROWAITI RD

2 ❷ 🏨 **Bücherei**

PAKINGTON ST

The West Coast Bush Bath   **NBS Theatre**

HENLEY ST

HUNTER ST

West Coast Brewery

LYNDHURST ST

1 🟥

Coaltown ℹ **2** 🟥

VICTORIA SQUARE

BROUGHAM ST

67

Buller River

Habitat Sports ✉

PALMERSTON ST

QUEEN ST

PEEL ST

3 🟥 **4** 🟥 WAKEFIELD ST

ROMILLY ST

DERBY ST

WATSON ST

DOMETT ST

3 ❸

RUSSELL ST

Supermarkt

RINTOUL ST

🌟 *Caltex Service Station*

FONBLANQUE ST

COLVIN ST

THE ESPLANADE

ADDERLEY ST

5 🟥

MILL ST

ROMILLY ST

DERBY ST

HASELDEN ST

EASTONS RD

KEW RD

BENTHAM ST

DISRAELI ST

ABATTOIR RD

67

ROEBUCK ST

ROBERTSON ST

🟥 Übernachtung	
Archer House	4
Bazil's	2
Bella Vista Motels	5
Seal Colony Top 10 Holiday Park	6
Westport KIWI Holiday Park	1
YHA Westport TripInn	3

🟢 Restaurants und Bars	
Day House	4
Denniston Dog	3
Porto Bello	2
The Town House	1

◄ Carters Beach (5 km), **6** (5 km), Cape Foulwind (12 km), **4** (14 km)

Dennison (25 km), Karamea (100 km) ►

▼ Charleston (17 km), Punakaiki (55 km), Greymouth (100 km)

WESTKÜSTE

Cape Foulwind und Tauranga Bay Seal Colony

12 km westlich der Stadt an der Cape Foulwind Rd Westports spektakulärster Küstenabschnitt verdankt den vielsagenden Namen **Cape Foulwind** Kapitän Cook, der hier im März 1770 mit den Unbilden des Wetters zu kämpfen hatte. Die herr-

liche Landschaft lässt sich am besten auf dem 4 km langen Cape Foulwind Walkway erkunden, wie geschaffen für einen Spaziergang bei Sonnenuntergang zwischen dem alten Leuchtturm, einer Replik von Abel Tasmans Astrolabium und der **Tauranga Bay Seal Colony**, wo man von Aussichtsplattformen eine übel riechende Kolonie von Pelzrobben beobachten kann, die sich am Südende des Wegs befindet. Zwischen Oktober und Januar ist die Zahl der Tiere am höchsten, oft geht sie in die Hunderte – ein Beweis dafür, dass sich die Population nach 150 Jahren Robbenjagd wieder erholt hat. Der Strand an der Tauranga Bay mag vielleicht verlockend aussehen, die See ist hier jedoch tückisch. Empfehlenswert dagegen sind die Verlockungen des Bay House Restaurant (s. rechts unten).

ÜBERNACHTUNG

Wer Mitte Februar in Westport weilt, sollte eine Unterkunft reservieren, da dann der Buller Marathon stattfindet.

Archer House, 75 Queen St, ☎ 03 789 8778, 🖥 www.archerhouse.co.nz. Eine hübsche Villa (Baujahr 1890) mit einer Lounge voller Antiquitäten, schönem Garten und zahlreichen viktorianischen Schnörkeln, darunter eine umlaufende Veranda. Zwei Zimmer haben ein Bad, eines hat ein separates Bad auf der anderen Seite des Flurs. Alle Preise inkl. kleines Frühstück. DZ $225

Bazil's, 54-56 Russell St, ☎ 03 789 6410, 🖥 www.bazils.com. Fröhliches, stets belebtes Hostel mit Doppelzimmern, 2-Bettzimmern und massenhaft Dorms (teilweise sehr beengt). Außerdem Fernsehraum, hübscher Garten mit einem Bereich zum Zelten und überdachter Grillplatz. Auch Surfkurse werden angeboten. Dorms $28, DZ $68

Bella Vista Motels, 314 Palmerston St, ☎ 0800 235 528, 🖥 www.staybellavista.co.nz. Modernes, geschäftsmäßiges Motel nach dem üblichen Strickmuster der Bella-Vista-Motel-Kette. Angenehme, aber anonyme Zimmer. Satelliten-TV, beschränkte Kochmöglichkeit. DZ $130, Spa DZ $140

Seal Colony Top10 Holiday Park, 57 Marine Parade, Carters Beach, 5 km westlich der Stadt, ☎ 0508 937 876, 🖥 www.top10westport.co.nz. Geräumige, voll ausgestattete Anlage mit Cabins und bequemen Motel Units nur einen Katzensprung von einem breiten Strand entfernt. Camping $38, Stellplätze mit Strom $40

Westport KIWI Holiday Park, 31 Domett St, ☎ 03 789 7043, 🖥 www.westportholidaypark.

co.nz. Kleinerer, einfacher Platz in einem Wohngebiet, teilweise durch Wald begrenzt und 10 Min. zu Fuß vom Zentrum. Eigener Minigolf-Platz. Camping $38, Stellplätze mit Strom $40

YHA Westport TripInn, 72 Queen St, ☎ 03 789 7367, 🖥 www.tripinn.co.nz. Freundliche Besitzer und eine energische Runderneuerung haben dem riesigen YHA-Hostel mit 64 Zimmern neues Leben eingehaucht. Ruhig und entspannt mit toller Terrasse, Grill, gut ausgestatteter Küche, Fernsehzimmer, Internetkabinen und WLAN. Campingmöglichkeiten im Garten. Dorms $29, Zimmer $72

ESSEN UND UNTERHALTUNG

Die Pubs sind für die alte Westküstentradition rauer Wochenend-Saufgelage berüchtigt. Wer es etwas entspannter und schicker mag, sollte ins **Port Side Bistro** (S. 757) gehen.

🔲 **Bay House**, Tauranga Bay, 12 km von Westport, ☎ 03 789 4151, 🖥 www.bayhouse.co.nz. Kann die Seehundkolonie einen nicht hier heraus locken – dieses tolle Restaurant und Café sollte es tun! Auf der Terrasse und mit Blick auf die Bucht schwelgen die Gäste zum Brunch oder Abendessen in appetitlichen Gerichten wie Fischsuppe mit Fenchelöl ($14) und Auberginen- und Tomaten-Tarte ($16). Beliebt bei Einheimischen und Besuchern gleichermaßen. ⏰ Mi–So 10–15.30 und 17.30–20.30 Uhr.

Denniston Dog, 18 Wakefield St, ☎ 03 789 5570. Die einzige Café-Bar, die nicht nur ein Pub mit Kaffeemaschine ist, hat eine große Bierauswahl, Kaffee und exzellente kleinere und größere Mahlzeiten ($17–38), die mit kreativen Beilagen serviert werden. Auch ein beschränktes Angebot an vegetarischen Gerichten. ⏰ tgl. Mittag- und Abendessen.

NBS Theatre, 105 Palmerston St, ☎ 03 789 4219, 🖥 www.nbstheatre.co.nz. Wem das Nachtleben zu wüst ist, der kann in dieses moderne Kino mit 2 Leinwänden gehen, wo nationale und internationale Streifen gezeigt werden.

Porto Bello, 62 Palmerston St, ☎ 03 789 8885. Die stilvolle Bar mit Grill hat Pizza ($20) und amerikanisch angehauchte Hauptgerichte ($17–30) von Cajun-Hühnersalat und *gumbo*

WESTKÜSTE

(Eintopfgericht) bis zu Meeresfrüchten. ⏱ tgl. 17 Uhr bis spät.

Port Side Bistro, 13 Cobden St, Ecke Palmerston St, ✆ 03 789 7133, 🖥 www.portsidebistro. co.nz. In dem sehr modern eingerichteten Café-Restaurant gibt's großartigen Kaffee sowie Brunch und mittags und abends eine umfangreiche Speisekarte. Bekannt für seine Fish 'n' Chips mit Salat, Aioli und einem Getränk ($20). Großes Salatbuffet.⏱ Mo–Fr 10 Uhr bis spät, Sa 9 Uhr bis spät, So 9–16 Uhr.

SONSTIGES

Informationen
i-SITE, 123 Palmerston St, ✆ 03 789 6658, 🖥 www.buller.org.nz. Es beherbergt das Coaltown Museum, hat kostenloses WLAN und erledigt für $5 Heaphy-Track-Reservierungen (S. 575). ⏱ Okt–April tgl. 9–17, Mai–Sep Mo–Fr 9–16.30, Sa und So 10–16 Uhr.

Touren
Outwest Tours, ✆ 0800 688 937, 🖥 www. outwest.co.nz. Bietet eine Tour (Reservierungen im i-SITE, $105, mind. 4 Teilnehmer) zum nahe gelegenen Denniston, einer heute größtenteils verlassenen Bergbaustadt (S. 758) und der umliegenden Rochford-Hochebene. Außerdem Allradtouren nach Denniston (6 Std., $95) und zum Tagebau von Stockton (5–6 Std., $55). Und obendrein eine Fahrt ganz ohne das Thema Kohle zur abgelegenen Region um den Awakiri River (6 Std., $95).

NAHVERKEHR

Bei **Buller Taxis**, ✆ 03 789 6900, bekommt man bei Bedarf ein Taxi.
Habitat Sports, 204 Palmerston St, ✆ 03 788 8002, 🖥 www.habitatsports.co.nz. Verleiht Mountainbikes ab $15/Std. Auch Miete für mehrere Tage möglich.

TRANSPORT

Busse
Die Busse von **Karamea Express**, ✆ 03 782 6757), **InterCity** und **NakedBus** halten im i-SITE.

Busse von **East-West**, ✆ 03 789 6251, 🖥 www. eastwestcoaches.co.nz, fahren von der Caltex-Tankstelle an der 197 Palmerston St ab.

Busse nach:
CHRISTCHURCH 6x wöchentl., 4 1/2 Std.;
GREYMOUTH 1–2x tgl., 2 1/4 Std.;
KARAMEA 5–6x wöchentl., 2 Std.;
MURCHISON 1–2x tgl., 1 1/2 Std.;
NELSON 1–2x tgl., 4 Std.;
PUNAKAIKI 2x tgl., 1 Std.

Von Westport bis Karamea

Die Karamea Road (SH67) verläuft parallel zur Küste von Westport nach Karamea, eingezwängt zwischen Tasmansee und dicht mit Wald bewachsenen Hügeln. Die Fahrt dauert knapp zwei Stunden und führt durch winzige Weiler, unter denen viele nicht einmal einen Pub, geschweige denn einen Laden besitzen. Ein paar interessante Sehenswürdigkeiten gibt es trotzdem – allen voran die Kohlestädte um Westport (z. B. **Denniston**). Unterwegs locken abgelegene Unterkünfte.

Nördlich des **Mokihinui River** verlässt die Straße den Küstenstreifen und klettert auf den **Karamea Bluff**, bevor es in ein typisches Milchwirtschaftsgebiet hinuntergeht, das von Hügeln mit einer eher subtropischen Vegetation – charakterisiert durch *Cabbage Trees* und Nikau-Palmen an der Küste – umgeben ist. Am Fuß der Felsklippe markiert **Little Wanganui** die Abzweigung zum Startpunkt der **Wangapeka** (52 km, 3–5 Tage) und **Leslie–Karamea Tracks** (62 km, 6–9 Tage), die durch die Südhälfte des Kahurangi National Park (S. 575) führen.

1846 nahmen Charles Heaphy und Thomas Brunner die Region unter die Lupe und bereiteten den Weg für Goldsucher, die 20 Jahre später Einzug hielten. Es folgten Pioniere, die sich in **Karamea** niederließen, heute eine Basis für Ausflüge zum sehenswerten Kalksteingelände des **Oparara Basin** und zum letzten Abschnitt des **Heaphy Track** (S. 575).

WESTKÜSTE

Die Denniston Self-Acting Incline

1859 entdeckte John Rochford das Coalbrookdale-Flöz, und schon bald füllte sich die Hochebene mit Leben, beschleunigt durch den Bau der **Denniston Self-Acting Incline** im Jahre 1879. Die beeindruckende durch Schwerkraft betriebene Grubenbahn galt zur damaligen Zeit als steilste der Welt: Auf einer Strecke von etwas mehr als 1,7 km wurden 518 Höhenmeter überwunden. Während ihrer 88-jährigen Lebenszeit ratterten täglich über 1000 t Kohle mit der erstaunlichen Geschwindigkeit von 70 km/h hinunter nach Conn's Creek, wo sie für die Weiterreise nach Westport verladen wurden. Anfänglich nahmen auch alle anderen Waren mit Ziel Denniston – Nahrungsmittel, Geräte und Menschen – diesen Weg, nachdem jedoch vier Passagiere von den rasend schnellen Waggons gefallen und zu Tode gekommen waren, baute man 1884 einen Pfad, der das (Über-) Leben auf der Hochebene endlich erleichterte.

Die Grubenbahn stellte 1967 ihren Betrieb ein; wer fit und ehrgeizig ist, kann sich aber auf dem **Denniston Briddle Track** ein Bild machen (einfach 5 km, Anstieg 3 Std., Abstieg 2 Std.). Die Route beginnt am Conn's Creek, 2 km landeinwärts von Waimangaroa und folgt einem nahezu parallel zur 1884 erbauten Bahnlinie verlaufenden Pfad.

Achtung: Zwischen Westport und Karamea gibt es **keine Tankstellen** und das Mobilfunknetz ist schlapp, und in Karamea besteht eine einzige Tankmöglichkeit (im Karamea Visitor Centre, aber nur zu den Öffnungszeiten). Es empfiehlt sich also, in Westport vollzutanken.

Denniston

🕐 Museum/Besucherzentrum ganzjährig nach Vereinbarung 11–15 Uhr ▪ Eintritt per Spende ▪ 📞 03 789 9755

Westports Funktion als Versorgungsposten hing völlig vom Handel mit den Kohlestädten ab, die in solch ungastlichen Regionen lagen, dass man weder Gemüse ziehen noch Schafe züchten konnte – allen voran **Denniston**. Die heute nahezu verlassene Stadt hoch auf dem Rochford Plateau liegt 9 km östlich von Waimangaroa abseits des SH67 und war einst berühmt für seine schwerkraftbetriebene Grubenbahn (s. Kasten). Zur Blütezeit um 1910 zählte der Ort rund 2500 Einwohner, aber Ende der 1960er-Jahre waren die Kohlevorräte schließlich erschöpft. Das Terrain der abgebauten Häuser hatte der Wald schnell zurückerobert. Übrig blieb ein wahrer Schatz an industrieller Vergangenheit. An schönen Tagen ist der Blick fantastisch; bei schlechtem Wetter verleiht feuchter Nebel dem trostlosen Ort eine noch entrücktere Note.

Neben der Aussicht ist die einzige echte Sehenswürdigkeit das alte Schulhaus, heute ein kleines **Museum** und **Visitor Centre**. Ausgestellt sind historische Fotos und Gerätschaften, denen der Kurator Gary James (der mit Begeisterung durchs Museum führt) Leben einzuhauchen vermag. Infos zu Führungen auf S. 757.

Granity

Die winzige Ortschaft Granity 12 km nördlich von Waimangaroa ist ein guter Ort für eine Rast auf dem Weg nach Norden auf dem SH67. Schön ist das **Granity Drifter's Café**, 97 Torea St, 📞 03 782 8808, 🕐 Mi–So 9–16 Uhr, mit regelmäßiger Livemusik. Es hat ein paar warme Speisen und eine Kuchentheke. Bei gutem Wetter bietet sich eine Partie **Schach** auf dem städtischen Schachbrett im rückwärtigen Garten an.

Eine künstlerisch angehauchte Unterkunft ist **Granity Sands Backpackers**, 94 Torea St, 📞 03 782 8558. Das umweltbewusste Hostel liegt nur wenige Schritte vom Strand. Dorms $20, DZ $50.

Alternativ gibt es auch das **Miners on Sea**, 117 Torea St, 📞 03 782 8664, eine kleine Ansammlung schicker, moderner Cabins mit Blick aufs Meer. Die Viersterne-Optionen sind etwas überteuert ($195), dafür sind die Backpacker-Behausungen deutlich bezahlbarer, solange man nichts gegen Gemeinschaftsbäder hat. $65

WESTKÜSTE

Ngakawau und Umgebung

Ungefähr 3 km nördlich von Granity markiert ein Kohledepot den Beginn des schönen **Charming Creek Walk** (5 km einfach, 2 Std., 100 Höhenmeter) entlang eines alten Schienenstrangs, der zwischen den Jahren 1914 und 1958 der Beförderung von Holz und Kohle diente. Die erste halbe Stunde der Wanderung ist eher langweilig, erst nach dem s-förmigen Irishman's Tunnel genießt man faszinierende Ausblicke auf den mit Steinen übersäten Fluss in der Tiefe und – nach Überqueren einer Brücke – auf die Mangatini Falls. Am interessantesten ist der nun folgende Abschnitt bis zum Picknickplatz bei den Überresten der **Watson's Mills** (hin und zurück 2–3 Std.).

ÜBERNACHTUNG

Ngakawaus beste Unterkunft steht am anderen Flussufer nördlich des Dorfs.
Gentle Annie, 15 km nördlich von Ngakaway am SH67, dann 3 km in eine Seitenstraße hinein ☎ 03 782 1826. Entspannte, wunderschön gelegene Bleibe an der Mündung des Mokihinui River neben Gentle Annie Beach. Die Unterkunftspalette reicht von Camping bis zu gut ausgestatteten Family-Cottages mit Meer- oder Flussblick. Im hauseigenen Cowshed Café (Öffnungszeiten telefonisch erfragen) werden Kaffee und Holzofenpizza serviert. Außerdem gibt's Wandermöglichkeiten, ein Labyrinth und Kajakverleih. Camping $12, Cottages $130

 **The Old Slaughterhouse**, 2 km nördlich von Hector am SH67, ☎ 03 782 8333, 🖥 www.oldslaughterhouse.co.nz. Das ruhige Hostel in einem hübschen Holzhaus schmiegt sich an einen Hang und bietet einen herrlichen Ausblick über die Küste. In der Gegend lassen sich wunderbare Waldwanderungen unternehmen und am nahen Strand spielen häufig Hector-Delphine in der Brandung. Es wäre eine Sünde, die Ruhe durch Fernseher, Internet, Waschmaschinen und Haartrockner zu stören – also gibt es sie hier auch nicht. Allerdings gelangt man nur zu Fuß zur Unterkunft (10 Min. vom SH67). Bei vorheriger Anmeldung holen die freundlichen Besitzer das Gepäck jedoch mit dem Quad ab. Dorms $34, DZ $84

Karamea

In **Karamea** (100 km nördlich von Westport) ist im wahrsten Sinne des Wortes das Ende der Straße erreicht: Weiter nach Norden geht's nur zu Fuß auf dem Heaphy Track. Trotz der isolierten Lage wird es hier nicht langweilig. Allein der südliche Teil des **Kahurangi National Park** lohnt einen ein- bis zweitägigen Aufenthalt, aber auch das **Oparara Basin** (S. 761) wartet auf Entdeckung.

1874 war dies ein klassisches **Grenzterritorium**, in dem der Hafen am Karamea River die einzige Verbindung zur Außenwelt darstellte. Die Siedler verdienten sich ihren Lebensunterhalt mit **Gold** und **Flachs**. Sie bauten die erste Straße nach Westport, gerade rechtzeitig vor dem **Erdbeben** von 1929 in Murchison, das den Hafen verlanden ließ und die einzige Straßenverbindung zur Siedlung für Jahre zerstörte. Die letzte große Naturkatastrophe kam 2014 mit dem Zyklon Ita, der große Baumbestände auf den umliegenden Hügeln entwurzelte.

ÜBERNACHTUNG

Karamea Domain, am SH67 zwischen The Last Resort und Karamea Village Hotel, ☎ 03 782 6069. Sehr einfacher Platz; die Gäste benutzen die Duschen und Toiletten der städtischen Sportanlagen. Es gibt eine Küche, einen Aufenthaltsraum und ein Zimmer mit Etagenbetten. Duschen kostet $4 (Vertrauenskasse). Camping $14, Stellplätze mit Strom $15
Karamea Farm Baches, 17 Wharf Rd, ☎ 03 782 6838, 🖥 www.karameamotels.com. Die 7 originellen, bunten Units im Motelstil haben eine voll ausgestattete Küche und geräumige Schlafzimmer. Gleiche Betreiber wie die vom Rongo Backpackers, die 4. Übernachtung ist ebenfalls frei und es gibt ein „Post-Heaphy-Festmahl", wenn man mit mehreren Leuten gewandert ist. DZ $90
The Last Resort, 71 Waverley St (SH67), ☎ 0800 505 042, 🖥 www.lastresort.co.nz. Unterkünfte um eine fantasievoll entworfene Lodge herum mit Restaurant und Bar; 5-Bett-Dorms, schlichte, aber attraktive Lodge-Zimmer, ein paar preiswerte Zimmer mit Gemeinschafts-

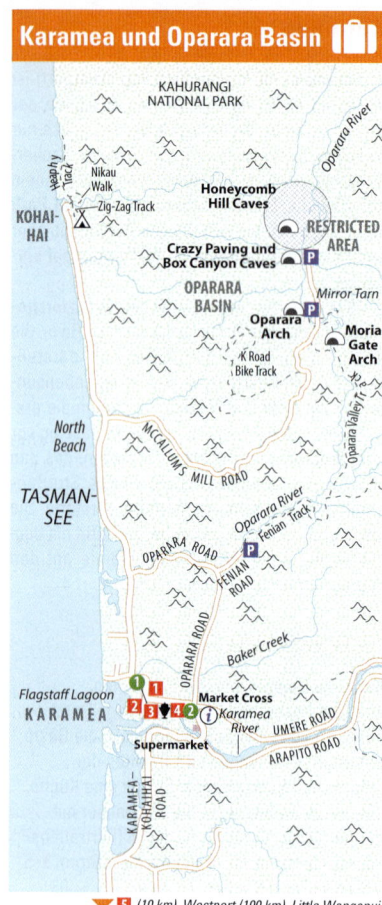

KAHURANGI
NATIONAL PARK

Oparara River

Heaphy Track
Nikau Walk
Zig-Zag Track

KOHAI-
HAI

Honeycomb Hill Caves

RESTRICTED AREA

Crazy Paving und Box Canyon Caves 🅿

OPARARA BASIN

Mirror Tarn

Oparara Arch 🅿

Moria Gate Arch

K Road Bike Track

North Beach

TASMAN-SEE

MCCALLUMS MILL ROAD

Oparara River

Fenian Track

OPARARA ROAD

FENIAN ROAD

OPARARA ROAD

Baker Creek

Flagstaff Lagoon
KARAMEA

Market Cross
Karamea River

UMERE ROAD

Supermarket

ARAPITO ROAD

KARAMEA–KOHAIHAI ROAD

🔻 5 (10 km), Westport (100 km), Little Wanganui

🔴 Übernachtung		🟢 Restaurants und Bars	
Karamea Domain	3	Karamea Village Hotel	1
Karamea Farm Baches	2	The Last Resort	2
The Last Resort	4		
Rongo	1		
Wangapeka Backpackers Retreat and Farmstay	5		

0   3 km   N

(sehr) rustikalen Freiluftbad. Betreibt auch den lokalen Radiosender (107.5FM) – Kunst und Musik bilden einen Bestandteil des täglichen Lebens. 4. Übernachtung gratis. Dorms $30, DZ $75

Wangapeka Backpackers Retreat and Farmstay, Wangapeka Valley Rd, ☏ 03 782 6663, 🖥 www.wangapeka.co.nz. Gemütliches Homestay auf einer Farm mit einheimischem Wald und freundlichen, gut informierten Gastgebern. Wer nach dem Trekking auftanken muss, sollte das Angebot mit Halbpension in Erwägung ziehen (Dorms/DZ mit Frühstück und Abendessen $45/$125). Dorms $20, DZ $75

ESSEN

Karamea Village Hotel, Waverley St, Ecke Wharf Rd, ☏ 03 782 6800. Das Pub ist das beste Esslokal von Karamea, denn es hat riesige Portionen Kneipenkost (Hauptgerichte $16–29) sowie preiswerte Fish 'n' Chips ($10) und köstliche Whitebait-Frikadellen ($16). ⏰ tgl. 10 Uhr bis spät.

The Last Resort, 71 Waverley St (SH67), ☏ 0800 505 042, 🖥 www.lastresort.co.nz. Das förmlichste Restaurant von Karamea (auch wenn das nichts heißen muss) hat Burger und Steaks (Hauptgerichte $20–34). Es gibt aber auch etwas exotischere Speisen wie thailändisches Hühnercurry oder Entenconfit. Snacks werden den ganzen Tag über serviert. Abends sollte man reservieren. ⏰ tgl. 7.30 Uhr bis spät. Kleiner **Supermarkt** am Market Cross.

SONSTIGES

Informationen und Internet

Touristeninformation, Market Cross, 2 km östlich des Zentrums, ☏ 03 782 6652, 🖥 www.karameainfo.co.nz. Internetzugang ($2/30 Min.), um die Hütten am Heaphy Track online zu buchen (details auf S. 575). Der Heaphy Track wird i. d. R. von Norden nach Süden gegangen (Details auf S. 575). Außerdem gibt es die vom DOC herausgegebene Broschüre *Karamea* mit der Beschreibung von gut einem Dutzend Wanderungen in der Umgebung. ⏰ Jan–April tgl. 9–17, Mai–Dez Mo–Fr 9–17, Sa und So 9–13 Uhr.

bad ($72) und attraktive Studios ($130) mit einfachen Küchenzeilen. Dorms $38, DZ $107
Rongo, 130 Waverley St (SH67), ☏ 03 782 6667, 🖥 www.rongobackpackers.com. Das Hostel mit Regenbogenanstrich hat Holzböden, ein Grundstück mit Biogemüsegarten und einem

Fahrräder und Kajaks

Karamea Outdoor Adventures, Market Cross, gegenüber der Touristeninformation, ☎ 03 782 6181, 🖥 www.karameaadventures.co.nz. Verleiht Räder, Kajaks und anderes Equipment zur Erforschung der Flagstaff Lagoon und der umliegenden Flüsse. Preise und Buchungsmodalitäten vorher telefonisch abklären.

TRANSPORT

Auf der Strecke zwischen Karamea und WESTPORT verkehren die Minibusse von **Karamea Express**, ☎ 03 782 6757 (Mo–Sa, $35 pro Strecke). Abholung der Unterkunft in Karamea gegen 8 Uhr und Rückfahrt von Westport um 11.30 Uhr. Die Busse von **Karamea Connections**, ☎ 03 782 6767, 🖥 www.karameaconnections.co.nz, fahren auf Anfrage zum Start- bzw. Endpunkt des **Heaphy Track** in KOHAIHAI ($15) und zu anderen Wanderwegausgangspunkten.

Oparara Basin

Kahurangis schönste Kalksteinformationen liegen 10 km nördlich von Karamea und 15 hügelige Kilometer von der Straße Karamea–Kohaihai im **Oparara Basin** Richtung Binnenland. Das übersichtliche **Karstgebiet** charakterisieren Senken, unterirdische Ströme, Höhlen und Felsbögen, die über Jahrtausende hinweg durch das leicht säurehaltige Wasser geschaffen wurden. Die Region ist die Heimat von Neuseelands größter einheimischer **Spinne**, der harmlosen Gradungula mit einem Durchmesser von rund 15 cm (nur in Höhlen im Kahurangi-Nationalpark anzutreffen), sowie einer seltenen, uralten und primitiven fleischfressenden **Schnecke**, die bis zu 7 cm groß wird und von Regenwürmern lebt. Teefarbene Flüsse bahnen sich ihren Weg über ausgeblichene, weiße Felsen. In schneller fließenden Abschnitten geht die seltene **Saumschnabelente** auf Nahrungssuche. Selbst wer nur ein marginales Interesse an Geologie hat, kann hier einen wunderbaren Nachmittag verbringen – sei es bei einer **Wanderung** oder einem **Picknick** (Insektenschutz nicht vergessen).

Honeycomb Hill Caves

10 km nördlich von Karamea, dann 16 km östlich entlang der McCallums Mill Rd ▪ Touren tgl. um 10 Uhr ab Parkplatz Upper Oparara am fernen Ende der McCallums Mill Rd, 2 1/2 Std., mind. 2 Pers. ▪ $95 ▪ Transferfahrten gibt es von Karamea ▪ ☎ 03 782 6652, 🖥 www.oparara.co.nz

Ebenfalls im Oparara Basin liegen die **Honeycomb Hill Caves**, ein wertvoller Schlüssel zum Verständnis neuseeländischer Fauna. Dank der Sediment-Ablagerungen auf dem Höhlenboden blieben die Skelette uralter Vögel erhalten. Die Höhlen können nur im Rahmen der exzellenten **Honeycomb Hill Caves Tour** besucht werden, wobei man nur einen Teil des ca. 15 km langen Tunnelsystems erkundet. Die Höhlentrips konnten bisher mit der **Honeycomb Hill Arch Kayak Tour**, einer tollen Fahrt durch den Wald und unter einem breiten Kalksteinbogen hindurch, kombiniert werden. Nachdem durch Zyklon Ita der Fluss mit umgestürzten Bäumen blockiert wurde, sind diese Touren ausgesetzt worden. Es lohnt sich nachzufragen, ob sie wieder stattfinden.

Crazy Paving und Box Canyon Caves

Zugang zu Fuß vom Parkplatz Upper Oparara (5 Min.)

Wie in Kalksteingebieten üblich, wechseln die Flüsse häufig ihren Lauf und hinterlassen trockene Höhlen wie die **Crazy Paving** und die größeren **Box Canyon Caves** nahe den Honeycomb Hill Caves (hin und zurück ca. 10 Min.). Beide sind wie geschaffen für das Betrachten von Spinnen und Fossilien (Taschenlampe mitnehmen und auf die rutschigen Böden achten).

Oparara Arch und Moria Gate Arch

3 km vor den Höhlen ab Oparara-Parkplatz ausgeschildert

Die beiden spektakulärsten Kalksteinformationen sind das Ziel zweier schöner, kurzer Waldwanderungen in der Nähe des Oparara River. Am beeindruckendsten ist der **Oparara Arch** (2 km, hin und zurück 40 Min.), ein riesiger, zweistöckiger Felsbogen, 43 m hoch, 79 m breit und 219 m lang, der aus dem Wald emporragt. Fotos kann man gleich vergessen – das passt auf kein Bild.

Auf der gegenüberliegenden Seite der Straße führt ein Pfad (2,2 km, hin und zurück 30 Min.) zum malerischen **Moria Gate Arch**; seinen Na-

WESTKÜSTE

men erhielt er lange bevor das Herr-der-Ringe-Fieber das Land ergriff. Der Weg führt durch einheimischen Wald und endet nach einer kleinen Kraxelei durch eine Höhle (eine Taschenlampe ist sinnvoll) an einem sandigen Flußufer unter dem Bogen. Dieser Spaziergang kann mit einem Abstecher zum klaren **Mirror Tarn** kombiniert werden (4 km, 90 Min. für Felsbogen und See). Wer nicht den gesamten Weg laufen möchte, sollte hinter der kleinen Höhle wenigstens noch bis zum Aussichtspunkt weitergehen, wo sich ein herrlicher Blick auf die Felsformation auftut.

Kohaihai River

Am Ende der Straße, 17 km nördlich von Karamea

Wer nicht den gesamten Heaphy Track gehen möchte, kann zumindest die letzten paar an der Küste verlaufenden Kilometer des Tracks ab der Mündung des Kohaihai River genießen. Bei der Mündung kann man im Fluss schwimmen, und es gibt einen schön gelegenen **DOC-Campingplatz** ($6) sowie massenweise Sandfliegen (das i-SITE in Westport verkauft für $39 engmaschige Jacken und diversen anderen Mückenschutz).

In der Tagesmitte bietet der schattige **Nikau Walk** (1 km, 40 Min. Rundweg) etwas Abkühlung: Er windet sich durch ein Wäldchen voller Nikau-Palmen, Baumfarne und großartiger alter Rata-Bäume, die von Aufsitzerpflanzen überwuchert sind. Ansonsten kann man auf dem Heaphy Track bis zum **Scott's Beach** (5 km, hin und zurück 2 Std.) gehen oder auf der Südseite des Kohaihai River bleiben und über den **Zig-Zag Track** (1,2 km, hin und zurück 40 Min.) zu einem Aussichtspunkt hochsteigen.

Paparoa National Park und Umgebung

Südlich von Westport überquert der SH67 den Buller River und mündet in den SH6, die wichtigste Straße der Westküste. An diesem Küstenstrich liegt die 1500 m hohe Paparoa Range. 1987 wurde das Kalksteingebiet zum **Paparoa National Park** erklärt, einem der kleinsten und am wenigsten bekannten Parks des Landes. Seine Hauptattraktion sind die **Pancake Rocks**, die ihrem Namen alle Ehre machen und an aufeinander gestapelte Pfannkuchen erinnern, wobei die Elemente spektakuläre Löcher in den verwitterten Kalk gegraben haben, durch die bei Flut das Wasser in Fontänen nach oben schießt. Die restlichen Sehenswürdigkeiten des Parks außer Acht zu lassen, hieße jedoch, auf die mysteriöse Welt verschwindender Flüsse, Senkgruben, Höhlen und Kalksteinklippen zu verzichten, die alle miteinander auf den vorzüglichen Wanderwegen der Region zu erreichen sind. Besucherservices finden sich hauptsächlich in **Punakaiki** undbei den Pancake Rocks, wo Buspassagiere einen kurzen Blick auf die Felsformationen erhaschen oder halten, um die obligatorischen Fotos zu schießen. Ein paar Tage Aufenthalt liefern jede Menge toller Wanderungen, Ausritte oder Kanufahrten in den Kalksteinschluchten.

Mitchells Gully Gold Mine

SH6, 22 km südlich von Westport ▪ ⏲ normalerweise 9–16 Uhr ▪ Eintritt $15 ▪ ✆ 03 789 6257

Mitchells Gully Gold Mine, eine historische, familienbetriebene Goldminenanlage, zeigt die traditionellen Methoden, mit denen aus der zementartigen Masse des oxidierten Eisensandes feiner Goldstaub extrahiert wird. Zudem kann man allerlei historische Gerätschaften bewundern und mit einer Erzbahn fahren.

Charleston und Underworld Adventures

SH6, 26 km südlich von Westport ▪ Nile River Rainforest Train (2–3x tgl.) $20, Underworld Rafting (4 Std.) $175, Glowworm Cave Tour (3 Std.) $110, Adventure Caving (5 Std.) $330 ▪ ✆ 03 788 8168, 🖥 www.caverafting.com

Nirgends wurde in der Region ein intensiverer Bergbau betrieben als in **Charleston**, einst eine lebendige Goldgräbermetropole mit 18 000 Einwohnern. Aber auch heute lohnt es sich, herzu-

OBEN MORIA GATE ARCH (S. 761); **UNTEN** KIWI (S. 96)

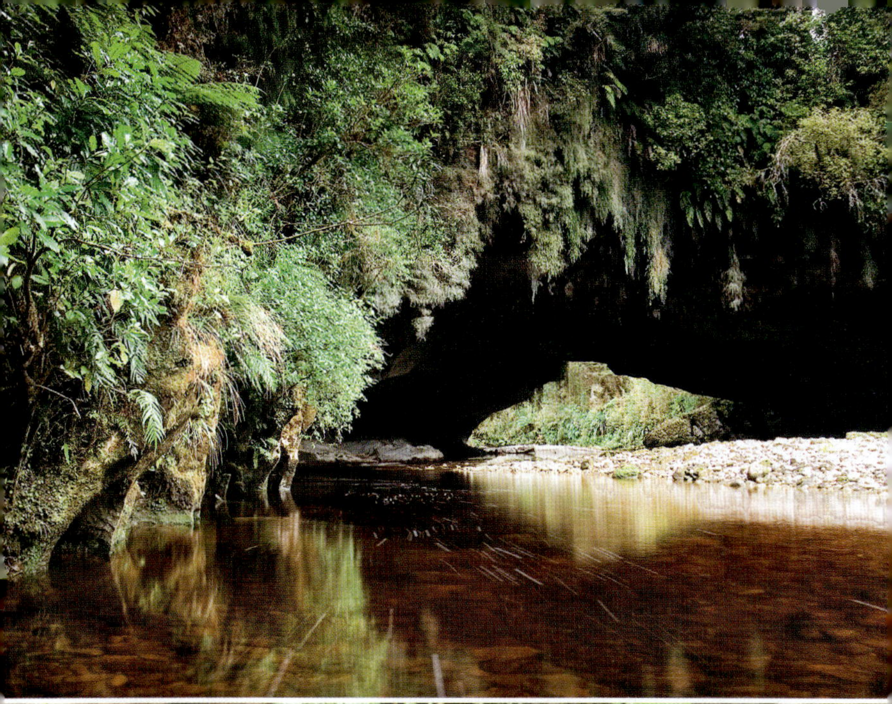
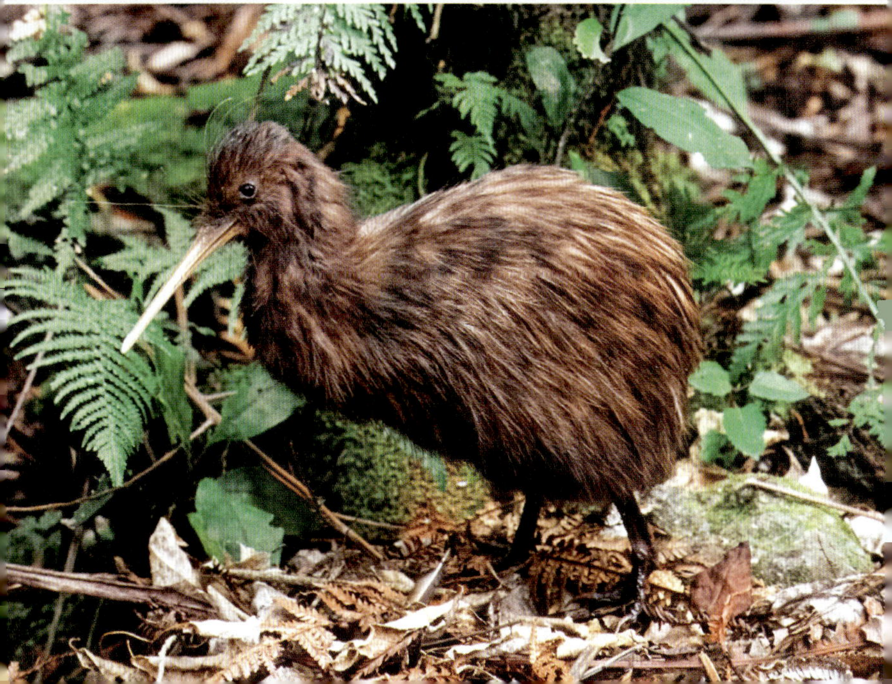

kommen, denn hier ist die Basis von Underworld Adventures. Ein Spaß für alle Altersklassen ist der **Nile River Rainforest Train**, eine 25-minütige Fahrt mit der Schmalspureisenbahn durch Wälder. Die Zugfahrt ist Teil der unterhaltsamen Underworld-Rafting-Höhlentour, die auch eine Wanderung durch ein dramatisches Kalksteintal umfasst, bevor es mit Neoprenanzug und Höhlenhelm per Gummireifen in die Tiefe geht. Die informative Führung durch das Metro-Höhlensystem endet damit, dass man auf Reifen durch die traumhaft erleuchtete Glühwürmchenhöhle und weiter durch eine wunderschöne Schlucht zum Nile River treibt. Ängstlichere Gemüter machen die **Glowworm Cave Tour**, Adrenalinjunkies versuchen sich im **Adventure Caving**.

Beaconstone, Birdsferry Rd, 1 km abseits des SH6, 9 km nördlich von Charleston, ☎ 027 431 0491, 🖥 www.beaconstone.co.nz. Dies ist eines der besten Hostels an der Westküste, umgeben von 100 ha einheimischem Wald mit vielen Wanderwegen. Zu den Unterbringungsmöglichkeiten mit erstklassigem Preis-Leistungs-Verhältnis gehören ein frei stehendes Cottage mit Bergblick sowie attraktive Dorms und Doppelzimmer mit umweltfreundlicher Ausstattung, darunter Biotoiletten und Solarenergie. ⏱ Mai–Sep geschl. Nur Barzahlung. Registriert beim BBH. Dorms $31, DZ $78

Paparoa National Park und Inland Pack Track

Die besten Eindrücke von der dramatischen Kalksteinlandschaft im Paparoa National Park gewinnt man auf einer der vielen möglichen Wanderungen in dem Gebiet. Leider ist der längste und beste Wanderweg, der **Inland Pack Track** (27 km, 2–3 Tage, s. Karte S. 767) 2014 durch den Zyklon Ita so schwer in Mitleidenschaft gezogen worden, dass der Abschnitt zwischen Bullock Creek und Fossil Creek bis auf Weiteres gesperrt werden musste. Beim DOC-Büro in Punakaiki kann man sich über den Stand der Dinge informieren. Sollte der Inland Pack Track nach Erscheinen des Buches immer noch gesperrt sein, bieten sich auch andere, kürzere Wanderungen an.

Kürzere Wanderungen

Punakaiki–Pororari Rivers Loop (12 km, 3 1/2 Std., 100 Höhenmeter). Diese angenehme Route folgt dem Inland Pack Track, der an dieser Stelle begehbar ist, bis zum Pororari River, an dessen Ufer es zwischen fantastischen Kalksteinklippen nach Punakaiki zurückgeht.
Fox River Cave Walk (10 km, 2 1/2 Std., 100 Höhenmeter). Die Wanderung stimmt mit dem letzten Abschnitt des Inland Pack Track überein und reicht von der Mündung des Fox River bis zu den Höhlen; zurück geht es auf demselben Weg.

Praktische Informationen zum Inland Pack Track

Der Startpunkt für den Inland Pack Track liegt 1 km südlich des Visitor Centre von Punakaiki am Südufer des Punakaiki River. Die DOC-Broschüre *Inland Pack Track* enthält alle nötigen Infos für die Wanderung; gut ist auch die Karte *Paparoa National Park* (Maßstab 1:50 000).
Der Inland Pack Track ist am besten von Süden nach Norden zu begehen, was den Vorteil hat, dass man die etwas problematische Abzweigung am Fossil Creek nicht verpasst. Entlang des Weges gibt es keine Hütten; am Ende des ersten langen Tages kann man auch unter einem **Felsüberhang** namens Ballroom Overhang übernachten. Wanderer sollten zum Schutz vor den lästigen Sandfliegen ein **Zelt** einpacken. Sollten die Flüsse Hochwasser führen und ein Fortkommen überraschend vereiteln, muss man außerdem keine feuchte Nacht im Freien verbringen. **Lagerfeuer** sind am Ballroom Overhang erlaubt, aber das DOC empfiehlt die Mitnahme eines Kochers, da brauchbares Holz rar ist. Auf jeden Fall sollte man sich vor dem Aufbruch beim DOC über die **Wetterlage** informieren. Hier liegen auch **Formulare zur Registrierung** bereit, die zur eigenen Sicherheit unbedingt ausgefüllt werden sollten.

Te Miko

SH6, 27 km südlich von Charleston

1846 kletterte Charles Heaphy an wackligen Leitern aus morschen Rata-Reben in zwei Etappen auf die 50 m hohen, senkrechten Klippen von Te Miko, während man seinen Hund an einem Seil nach oben hievte. Die Felsen taufte er später Perpendicular Point, und Te Miko blieb bis 1866 eine unüberwindbare Barriere für Packtiere. Erst im Zuge des Baus der neuen Telegrafenlinie von Westport nach Greymouth schuf man den **Inland Pack Track** (s. Kasten S. 764). Die erst 1927 fertiggestellte Küstenstraße passiert den **Iramahuwhero Point Lookout** mit fantastischem Blick über die Küste bis zu Te Miko.

Punakaiki und die Pancake Rocks

SH6, 32 km südlich von Charleston

Die **Pancake Rocks** bei Punakaiki sind häufig alles, was die Besucher vom Paparoa National Park zu sehen bekommen. Ein geteerter Rundweg führt an der Hauptstraße in 20 Min. zu den Felsen, wo verschiedene Schichten Kalkstein derart verwittert sind, dass sie großen Türmen aufeinander gestapelter Pfannkuchen ähneln. Ursache hierfür ist ein chemischer Prozess, bei dem durch den Druck von übereinander gelagerten Sedimenten abwechselnd feste und weichere Zwischenschichten entstehen. Das ganze

Punakaiki River–Bullock Creek (9,5 km, 4 Std., 220 m Aufstieg, 100 m Abstieg). Der Track verläuft über einen niedrigen Sattel zur Furt des Pororari River und gewährt wunderbare Ausblicke ins Landesinnere bis zur Paparoa Range. Den Bullock Creek sollte man mit Vorsicht durchqueren – nach heftigen Regenfällen ist er unpassierbar.

Bullock Creek–Fox River (10 km, 3–4 Std., 100 m Aufstieg, 150 m Abstieg). Eventuell wird der Weg auf diesem Abschnitt wegen des Zyklons immer noch umgeleitet. Der ursprüngliche Pfad führte auf dieser Etappe an Sumpfland vorbei und kletterte anschließend auf einen Kamm, um sich dann langsam zum Fossil Creek hinabzuwinden. Diesem folgte man, indem man von Pool zu Pool watete, und manchmal musste man auch über umgestürzte Baumstämme klettern. Nach etwa einer halben Stunde steht man an der Mündung des Fossil Creek in den größten Nebenfluss des Fox River, den **Dilemma Creek**. An dieser Stelle steht ein kleines Schild, nach dem man unbedingt Ausschau halten sollte, denn nun folgt der spektakulärste und vermutlich auch der gefährlichste Abschnitt der gesamten Wanderung: Insgesamt muss der Dilemma Creek 18 Mal durchwatet werden, und wer sich bereits bei der ersten Durchquerung schwer tut, sollte lieber umkehren, da es nur noch schlimmer wird. Auf dem unteren Flussabschnitt strömt das Wasser durch einen tiefen Canyon, der auf beiden Seiten von blendend weißen, senkrechten Felswänden begrenzt wird – ein wunderbarer Ort für eine Rast, wenn man irgendwo noch ein sonniges Fleckchen erwischt. Kurz vor der Mündung in den Fox River markiert ein Schild auf der linken Uferseite die Fortführung des eigentlichen Wanderwegs; zur Orientierung dient eine steil aufragende Felswand am rechten Flussufer.

Fox River–Ballroom Overhang (1 km, 30 Min. einfach, leichter Aufstieg). Kurz unterhalb des Zusammenflusses von Dilemma Creek und Fox River führt ein beschilderter Pfad auf die rechte Uferseite des Fox River und kreuzt diesen im weiteren Verlauf noch mehrere Male, bis man schließlich vor dem gigantischen, 100 m langen Kalksteinüberhang namens **Ballroom Overhang** steht, der leicht 100 Campern, für die es hier ein Plumpsklo gibt, Unterschlupf gewähren könnte.

Fox River–Mündung des Fox River (5 km, 2 Std., 100 m Abstieg). Von hier geht es denselben Weg zum Zusammenfluss der beiden Bäche zurück und weiter bis zur Mündung des Fox River. Kurz darauf passiert man die Abzweigung zur interessanten **Fox River Cave** (30 Min.) auf der anderen Flussseite. Der Inland Pack Track endet an einem Parkplatz, der rund 12 km vom Startpunkt entfernt liegt. Derzeit fahren hier Busse in Richtung Süden vorbei (gegen 11.45 und 15.55 Uhr) und nehmen Wanderer mit.

WESTKÜSTE

Felsgebäude ist untergraben von riesigen Meereshöhlen mit sogenannten **Blowholes**, großen Löchern, durch die bei Flut das Wasser nach oben schießt und immense Fontänen produziert.

Weitere Beispiele von Paparoas Karstlandschaft entdeckt man auf verschiedenen anderen Spaziergängen. Bei der **Punakaiki Cavern**, 500 m weiter nördlich, gibt es ein paar Glühwürmchen (am Abend hingehen und Taschenlampe mitnehmen), und 2 km weiter kann man auf dem **Truman Track** (hin und zurück 30 Min.) von der Hauptstraße zu einem kleinen Strand mit interessanten Felsformationen laufen. Neben den Felsen bietet die Umgebung auch diverse Möglichkeiten für Wasserratten, z. B. zum **Schwimmen** in den Flüssen Pororari und Punakaiki sowie am südlichen Ende des Pororari Beach – auch ein guter Ort zum **Surfen**.

Der Straßenabschnitt zwischen Punakaiki und Greymouth verläuft teilweise direkt entlang den Klippen und verspricht eine spektakuläre Fahrt. 2010 kam es zu einer Katastrophe in dieser Region, als eine Explosion im Kohlebergwerk von Pike River 29 Bergarbeiter begrub. Außer zum Fotografieren lohnt einen Stopp eigentlich nur der **Barrytown Knife Maker**, 2662 Coast Rd/SH6, ☎ 0800 256 433, 🖥 www.barrytown knifemaking.com, der Besuchern beibringt, ein eigenes Messer herzustellen ($140, etwa 9.30–16 Uhr). Das winzige **Rapahoe**, 34 km südlich von Punakaiki, hat den vermutlich sichersten Badestrand an der gesamten Küste und ist für seine Edelsteine berühmt. Ein Weg führt zum schönen **Point Elizabeth** (5 km, hin und zurück 2 Std.).

ÜBERNACHTUNG

Hydrangea Cottages, SH6, ☎ 03 731 1839, 🖥 www.pancake-rocks.co.nz. 6 traumhafte, geschmackvoll eingerichtete Selbstversorger-Cottages aus einheimischem Holz und Stein, mit Meerblick. Einige haben eine Badewanne im Freien und eine Terrasse. $220
Punakaiki Beach Camp, SH6, ☎ 03 731 1894, 🖥 www.punakaikibeachcamp.co.nz. Der schöne Wiesencampingplatz ist von Wekarallen und Purpurhühnern bevölkert und hat Zelt- und Wohnwagenstellplätze sowie eine Handvoll Cabins. In praktischer Nähe zu Strand und

Punakaiki Tavern gelegen. Camping $17, Stellplätze mit Strom $20

Punakaiki Beach Hostel, 4 Webb St, ☎ 03 731 1852, 🖥 www.punakaikibeach hostel.co.nz. Luftiges Holzhostel im Strandhauslook mit schönen Gemeinschaftsbereichen, Brettspielen und TV. Im hauseigenen Kiosk kann man frisches Brot, Muffins und einige Grundnahrungsmittel kaufen. Es gibt verschiedene Zimmertypen (ein DZ befindet sich sogar in einem fantastischen umgebauten Lastwagen) und bequeme Dorm-Betten mit Leselampe und Steckdose. Dorms $28, DZ $75
The Rocks Hartmount Place, ☎ 03 731 1141, 🖥 www.therockshomestay.com. Nettes Homestay mit 3 gemütlichen Zimmern, alle mit Bad. Es lohnt sich, etwas mehr für den „Sea Room" ($233) mit Meerblick auszugeben, ansonsten bieten die Bibliothek und der Wintergarten ebenfalls Panorama-Ausblicke. Kostenloses WLAN. Alle Preise inkl. Frühstück. Keine Einrichtungen für Selbstversorger. $205
YHA Punakaiki Te Nikau Retreat, Hartmount Place, 200 m nördlich des Truman Track und 3 km nördlich des i-SITE, ☎ 03 731 1111, 🖥 www.tenikauretreat.co.nz. YHA-assoziiertes Hostel in einer ländlichen Gegend mit Gebäuden, die um einen Hügel voller Nikau-Palmen gruppiert sind. Die meisten Zimmer haben die Bäder und Küchen in unmittelbarer Nachbarschaft – bei der Buchung besser nachfragen, um nachts unerwünscht lange Ausflüge zu vermeiden. Es gibt Dorms und attraktive Doppelzimmer sowie ein paar freistehende Cottages ($100). Auf dem Gelände werden frisches Brot, Muffins und Eier verkauft. Dorms $28, DZ $75

ESSEN

Punakaiki bietet nur wenige Optionen zum Essengehen. Einen Laden gibt's auch nicht, Selbstversorger müssen also alles mitbringen. **Jacob's Grill**, Punakaiki Resort, SH6, 700 m südlich des i-SITE, ☎ 03 731 1168, 🖥 puna kaiki-resort.co.nz. Mit Abstand der schickste Laden in Punakaiki, mit Meerblick und elegant präsentierten Kreationen wie Jakobsmuscheln in Weißwein-Sahnesoße, gefolgt von Hirschmedaillons mit Kartoffelgratin (Hauptgerichte $28–38). Wenn sehr viel los ist, bekommt man nur als Gast des Resorts einen Tisch. ⊕ tgl. Mittag- und Abendessen, mit Reservierung.

Pancake Rocks Café, SH6, neben i-SITE, ✆ 03 731 1873. Auf den Tisch kommen „West Coast"-Frühstück (Speck, Eier, Würstchen, Hash Brown und Toast, $18,50), hausgemachte Pasteten, Sandwiches und Kuchen. Besonders lecker ist der lockere Pfannkuchen mit Kompott oder Speck und Ahornsirup ($17,50). Beliebter Stopp bei Tourbussen. ⊕ Sommer tgl. 8–17.30, Winter tgl. 8–16 Uhr.

Punakaiki Crafts, SH6, beim i-SITE. Kunsthandwerksladen mit kleinem Café, der Kaffee, Kuchen und Sandwiches serviert. ⊕ tgl. 9–mind. 16 Uhr.

Punakaiki Tavern, SH6, 1 km nördlich des i-SITE, ✆ 03 731 1188, 🖥 www.punakaikitavern. co.nz. Schnörkelloses Pub mit günstigem, schlichtem Essen und ordentlichen Portionen (Hauptgerichte $18,50–26). ⊕ tgl. 8 Uhr bis spät.

SONSTIGES

In Punakaiki gibt es weder Benzin noch Geldautomaten – also vorsorgen!

Informationen

DOC/i-SITE SH6, SH6, ✆ 03 731 1895, 🖥 www. doc.govt.nz. Das DOC-Besucherzentrum im Paparoa National Park ist gleichzeitig ein i-SITE mit Exponaten zu allen Aspekten des Parks, Infos zu Aktivitäten, Wanderkarten und Hilfe bei Buchungen. ⊕ tgl. Dez–April 9–18, Mai–Nov 9–16.30 Uhr.

Kajaks

Punakaiki Canoes, SH6, 1 km nördlich der Pancake Rocks, ✆ 03 731 1870, 🖥 www. riverkayaking.co.nz. Der freundliche Laden am Pororari River vermietet Kajaks ($40/2 Std.) und organisiert auf Anfrage geführte Touren (ab $70).

Touren

Punakaiki Horse Treks, SH6, 600 m südlich der Pancake Rocks, ✆ 03 731 1839, 🖥 www. pancake-rocks.co.nz. Für die Ausritte in

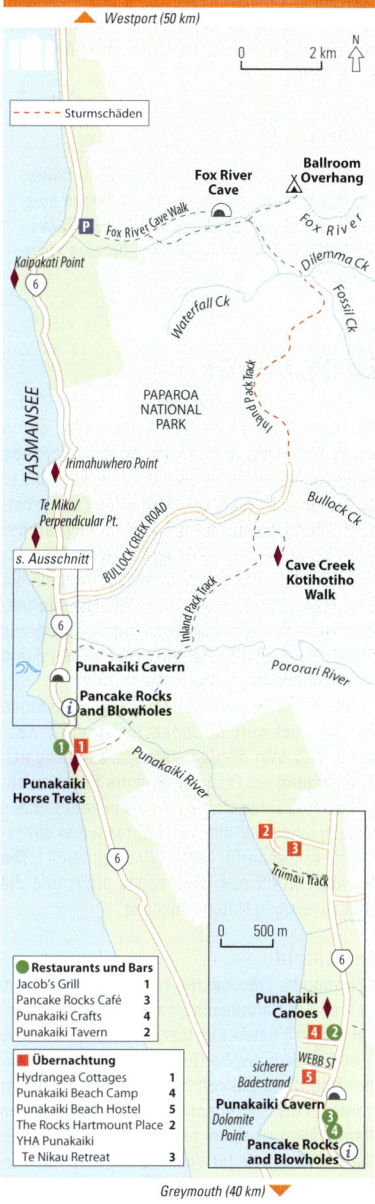

Punakaiki und Inland Pack Track

Westport (50 km)

0   2 km   N

- - - Sturmschäden

Ballroom Overhang

Fox River Cave

Fox River Cave Walk

Fox River

Dilemma Ck

Kaipakati Point

6

Waterfall Ck

Fossil Ck

Inland Pack Track

PAPAROA NATIONAL PARK

Irimahuwhero Point

TASMANSEE

Bullock Ck

Te Miko/ Perpendicular Pt.

s. Ausschnitt

BULLOCK CREEK ROAD

Inland Pack Track

6

Cave Creek Kotihotiho Walk

Pororari River

Punakaiki Cavern

Pancake Rocks and Blowholes

1 1

Punakaiki Horse Treks

Punakaiki River

6

Irimahi Track

2

3

0   500 m

6

Punakaiki Canoes

4 2

WEBB ST

5

sicherer Badestrand

Punakaiki Cavern

Dolomite Point

3

4

Pancake Rocks and Blowholes

Greymouth (40 km)

🔴 Restaurants und Bars

Jacob's Grill	1
Pancake Rocks Café	3
Punakaiki Crafts	4
Punakaiki Tavern	2

🟫 Übernachtung

Hydrangea Cottages	1
Punakaiki Beach Camp	4
Punakaiki Beach Hostel	5
The Rocks Hartmount Place	2
YHA Punakaiki Te Nikau Retreat	3

das Punakaiki Valley sind keine Reitkenntnisse notwendig. Unterwegs wird für eine Erfrischung angehalten, bevor man zum Strand zurückkreitet und durch die Brandung trottet. (Okt–April, 3 Std., $165).

TRANSPORT

Die **Busse** von InterCity und NakedBus halten auf ihrem Weg nach Norden bzw. Süden eine halbe Stunde gegenüber der Pancake Rocks am DOC/i-SITE – genügend Zeit für eine kurze Besichtigung.

Greymouth

Der Grey River bahnt sich seinen Weg durch einen Einschnitt in der küstennahen Rapahoe Range und über eine tückische Sandbank, bis er bei **Greymouth** ins Meer fließt. Die graue, trostlose Stadt ist zwar die größte Siedlung an der Westküste, besitzt aber nur wenige Sehenswürdigkeiten. Doch immerhin ist Greymouth die Endstation des Touristenzugs **TranzAlpine** (immer mehr Reisende kommen mit dem Zug aus Christchurch und mieten hier ein Fahrzeug) und für Autofahrer ein willkommener Halt.

Wie Hokitika genießt auch Greymouth einen Ruf für hochwertige Jadeschnitzerei (s. Kasten S. 776). Wer die Jadegalerien, den obligaten Spaziergang am Flussufer und die Brauerei abgehakt hat, sollte sich aber bald wieder auf den Weg machen, vor allem im Winter, wenn der rasiermesserscharfe, kalte Wind, genannt **„The Barber"** durch das Grey Valley pfeift und die Stadt in eisigen Nebel gehüllt ist.

Geschichte

Greymouths Entwicklung begann in den frühen Jahren des **Goldrauschs**, nachdem man auf dem Land fündig geworden war, das James Mackay 1860 für 150 britische Goldmünzen von den Poutini Ngai Tahu gekauft hatte. Seinen Charakter verdankt die Stadt dem Fluss, der nach starken Regenfällen zu einem reißenden Strom werden kann. Immer wieder wurde die Stadt von verheerenden Überschwemmungen heimgesucht.

Shades of Jade

16 Tainui St ▪ Sep–April Mo–Fr 8.30–17, Sa 10–14.30, So 11–14.30 Uhr, Mai–Aug nur nach Vereinbarung ▪ ☎ 03 768 09794, 🖳 www.shades ofjade.co.nz

Der reizende, besuchenswerte Laden gehört einem einheimischen Jadeschleifer, der seine eigenen, modernen, aus neuseeländischem *pounamu*, Muschelschalen und Knochen gefertigten Waren verkauft, daher die guten Preise. Der Besitzer freut sich, wenn er Besuchern seine Schnitztechniken vorführen kann.

History House Museum

27 Gresson St ▪ ⏲ Mo–Fr 10–16, Sa 10–14 Uhr ▪ $6 ▪ ☎ 03 768 4028, 🖳 www.greydc.govt.nz

Das **History House Museum** unternimmt einen recht gelungenen Versuch, die Geschichte des Grey District zu vermitteln, v. a. die Zeit vor 1920. Allerdings sind viele der ausgestellten Dokumente einfach nur Fotokopien. Gezeigt werden Erinnerungsstücke aus der Seefahrer-, Gold-, Kohle- und Holzverarbeitungsära sowie Fotos aus der Blütezeit der Stadt. Auch der Kampf der Bewohner gegen Überschwemmungen wird umfassend behandelt.

Monteith's Brewing Company

Turumaha St, Ecke Herbert St ▪ ⏲ tgl. 10–20 Uhr, Führungen um 10.30, 15, 16.30 und 18 Uhr ▪ Führung $20 ▪ ☎ 03 768 4149, 🖳 www.monteiths.co.nz

Die **Monteith's Brewing Company** ist eine neue Brauerei, die einen steten Strom von Bierliebhabern anzieht. Die Einheimischen kommen wegen des guten Essens (S. 772), aber man kann auch an einer Führung teilnehmen und zuschauen, wie die Craft-Biere der „Brewer's Series" hergestellt werden. Vor allem morgens besteht die Gelegenheit, den Braumeistern bei der Arbeit zuzuschauen; später am Tag gibt es meist nur die Produktionsstätten zu sehen. Im Preis sind vier Gläser Bier a 0,2 l enthalten, aber Vorsicht: Schon ein Glas Doppelbock kann zur Fahruntüchtigkeit führen.

WESTKÜSTE

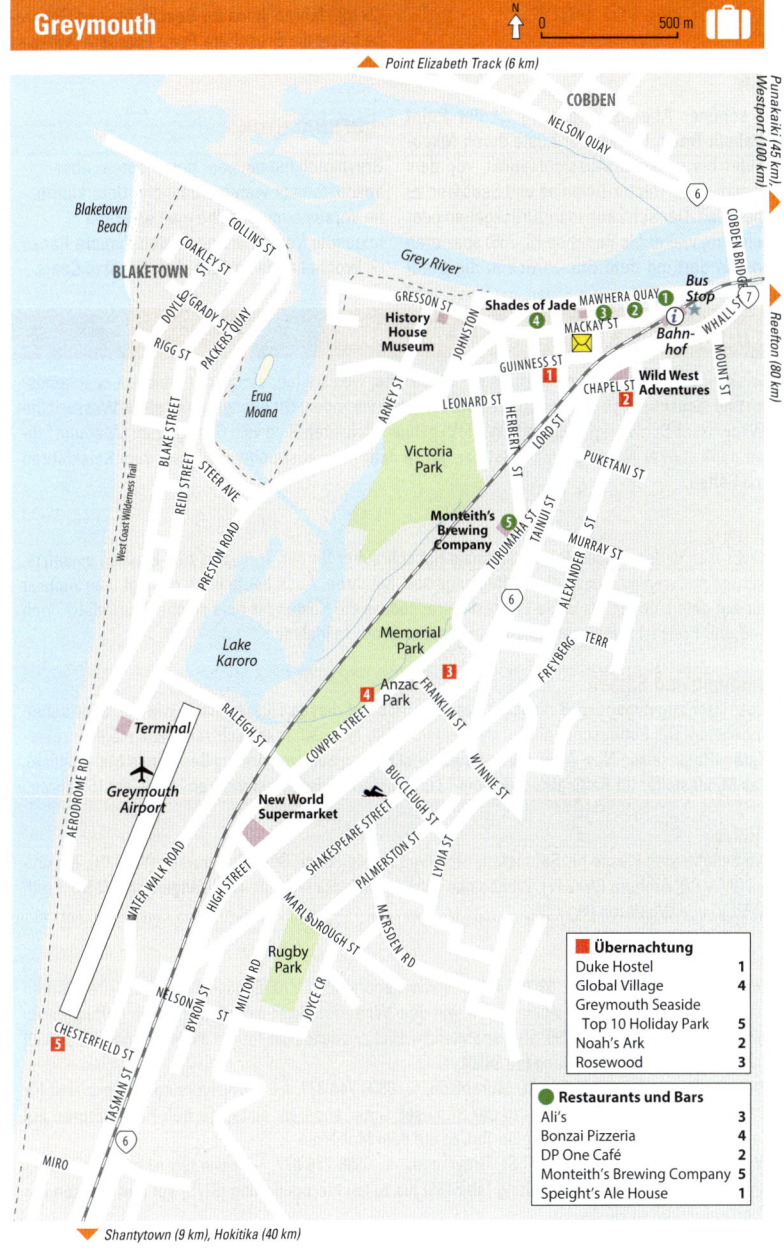

Greymouth

N
0   500 m

▲ Point Elizabeth Track (6 km)

COBDEN

NELSON QUAY

Blaketown Beach

BLAKETOWN

COLLINS ST
COAKLEY ST
DOYLE ST
O'GRADY QUAY
RIGG ST
PACKER QUAY

Grey River

GRESSON ST

JOHNSTON

Shades of Jade 4

History House Museum

MAWHERA QUAY 1
MACKAY ST 3
2
Bahn-hof

Bus Stop ★ i

GUINNESS ST 1

CHAPEL ST 2
Wild West Adventures

COBDEN BRIDGE

WHALLS

MOUNT ST

Erua Moana

BLAKE STREET
REID STREET
STEER AVE

West Coast Wilderness Trail

PRESTON ROAD

ARNEY ST

LEONARD ST

HERBERT ST

LORD ST

PUKETANI ST

Victoria Park

Monteith's Brewing Company 5

TURUMAHA ST
TAINUI ST
ALEXANDER

MURRAY ST

FREYBERG

TERR

6

Lake Karoro

Memorial Park

Anzac Park

3
4

FRANKLIN ST

COWPER STREET

RALEIGH ST

WINNIE ST

Terminal

Greymouth Airport

AERODROME RD

WATER WALK ROAD

New World Supermarket

HIGH STREET

SHAKESPEARE STREET

BUCCLEUGH ST

PALMERSTON ST

LYDIA ST

MERSDEN RD

MARLBOROUGH ST

NELSON ST

BYRON ST

MILTON RD

JOYCE CR

Rugby Park

CHESTERFIELD ST 5

TASMAN ST

6

MIRO

▼ Shantytown (9 km), Hokitika (40 km)

■ **Übernachtung**

Duke Hostel	1
Global Village	4
Greymouth Seaside Top 10 Holiday Park	5
Noah's Ark	2
Rosewood	3

● **Restaurants und Bars**

Ali's	3
Bonzai Pizzeria	4
DP One Café	2
Monteith's Brewing Company	5
Speight's Ale House	1

Punakaiki (45 km), Westport (100 km)

Reefton (80 km)

WESTKÜSTE

Point Elizabeth Track

6 km nördlich der Stadt ∎ hin und zurück 5 km, 90 Min.

Ein schöner Abendspaziergang ist der **Point Elizabeth Track**. Er folgt der Küste durch Nikau-Wälder bis zu einem Aussichtspunkt, von dem aus manchmal Hector-Delphine und Seebären zu sehen sind. Danach kann man zurückgehen oder noch 3 km weiter bis Rapahoe (S. 766) spazieren und von dort mit dem Bus zurück in die Stadt (2x tgl.) fahren. Infos zur Geschichte und Geografie bietet die Broschüre *Point Elizabeth Walkway* ($2), erhälich beim i-SITE in Greymouth.

ÜBERNACHTUNG

Greymouth hat ein paar gute Hostels, aber ansonsten nur wenig erbauliche Unterkünfte. Im Voraus buchen sollte man während folgender Veranstaltungen: den Kumara Races (2. Wochenende im Jan), dem Coast to Coast

---

Rafting auf den Wildflüssen der Westküste

Kajaker und Rafter kommen gern an die Westküste, weil sie hier einige der weltweit spannendsten und landschaftlich schönsten Wildwasserflüsse vorfinden. Oft beängstigend steile Wasserläufe (Wildwasser-Schwierigkeitsgrad WW III–V) bahnen sich ihren Weg vom Gebirge zum Meer und führen dank starker Niederschläge fast das ganze Jahr über ausreichend Wasser zum Kajakfahren und Raften.

Zugang

Bevor man in den 1980er-Jahren erstmals Hubschrauber für den Transport zum Einstieg einsetzte, wurden nur wenige Flüsse dieser Region jemals befahren. Auch heute noch gelangt man zumeist nur auf dem Luftweg ins wilde Landesinnere, sodass die Kosten für eine solche Tour relativ hoch sind. Der Preis ist zumeist abhängig von der Anzahl der Teilnehmer.

Buchung und Saison

Trotz ihrer zunehmenden Beliebtheit werden Trips auf diesen Flüssen nach wie vor eher selten angeboten. Um Enttäuschungen zu vermeiden, sollte man daher so rechtzeitig wie möglich reservieren (Hauptsaison Nov–April, normalerweise ist Rafting aber von Anfang Sept–Ende Mai möglich). Das Mindestalter für Raftingtrips liegt bei 13 und für einige der schwierigeren Flüsse bei 15 Jahren.

Flüsse

Die beliebtesten Flüsse für Raftingfans sind (von Norden nach Süden): Karamea (WW III), Mokihinui (WW IV), Arahura (WW IV), Whitcombe (WW V), Hokitika (WW III–IV), Wanganui (WW III), Perth (WW V) und Whataroa (WW IV).

Anbieter

Eco-Rafting Franz Josef, ✆ 03 755 4254, ▭ www.ecorafting.co.nz. Engagierte Guides leiten Touren mit kleinen Gruppen in der Wildnis, u. a. auf dem Whataroa River nahe Franz Josef. Raftingtouren mit Autoanfahrt kosten ab $90, aber spannender sind zweifellos die Touren mit Helitransfer (ab $350) und die Trips mit Übernachtung (ab $450).

Ultimate Descents, 38 Waller St, Murchison, ✆ 0800 748 377, ▭ www.rivers.co.nz. Spezialist für Raftingtouren in der oberen Hälfte der Südinsel. Unter anderem eintägige Heli-Raftingtouren auf dem Karamea ($500) und zweitägige Touren auf dem Mokihinui.

Wild West Adventures, 8 Whall St, Greymouth, ✆ 0508 286 877, ▭ www.fun-nz.com.Ein breites Angebot vom Hardcore-Heli-Rafting (ab $485) bis zu leichterem Rafting ($175) auf den meisten der oben aufgeführten Flüsse.

Die Möglichkeiten für Aktivitäten rund um Greymouth sind vielfältig. Demnächst kommt noch der fast fertiggestellte West Coast Wilderness Trail hinzu, 🖥 www.westcoastwildernesstrail.co.nz, eine Radstrecke, die Ross, Hokitika und Greymouth verbinden wird.

On Yer Bike, 511 SH6, 5 km nördlich von Greymouth, ☎ 0800 669 372, 🖥 www.onyerbike.co.nz. Adrenalingeladene Aktivitäten auf einem privaten Gelände wie „Extreme Offroading" im Argo, einem Amphibienwagen mit 8 Rädern (ab $50/30 Min.), Quads ($115/Std.) und Karts. Kostenloser Transfer ab Greymouth.

Shantytown, Rutherglen Rd, Paroa, 12 km südlich der Stadt, ☎ 0800 742 689, 🖥 www.shanty town.co.nz. Wer Kinder dabei hat, sollte diesen Nachbau einer Goldgräberstadt mit Aktivitäten wie Dampflokfahrten und Goldwaschen besuchen ($31,50). ⏲ tgl. 8.30–17 Uhr.

Wild West Adventures, 8 Whall St, ☎ 0508 286 877, 🖥 www.fun-nz.com. Einige der besten Aktivitäten der Stadt, vor allem Taniwha Cave Rafting (5 Std., 90–120 Min. unterirdisch, $185), eine einfache Höhlentour inkl. Gummireifen und Glühwürmchen und einem heißen Bad am Schluss. Neoprenanzüge und Helme mit Stirnlampe werden gestellt. Ebenfalls im Angebot: diverse Rafting-, Wander- und Fahrradtouren.

Race (2. Wochenende im Feb, s. Kasten S. 772), dem Hokitika Wildfoods Festival (2. Wochenende im März) und dem Around Brunner Cycle Race (3. Wochenende im April).

Duke Hostel, 27 Guinness St, ☎ 03 768 9470, 🖥 www.duke.co.nz. Gut geführtes, schrill purpur und grün gestrichenes Hostel im Stadtzentrum, mit gut ausgestatteten Doppelzimmern, bequemen Betten und gut informierten, hilfsbereiten Gastgebern, die ihren Gästen jeden Abend eine Suppe (kostenlos) zubereiten. Morgens gibt es Toast und Marmelade. Gratis-WLAN. Dorms $29, DZ $72

Global Village, 42 Cowper St, ☎ 03 768 7272, 🖥 www.globalvillagebackpackers.co.nz. Helles, geräumiges und gut ausgestattetes Hostel, das an Parkland und einen Fluss grenzt. Kreative Zimmer und viele Aktivitäten: kostenloser Fahrrad- und Kajakverleih, Sauna, Spa, kleiner Fitnessraum, an den meisten Abenden wird gegrillt. Alle Betten mit Bettzeug, und es gibt ein paar nach Geschlechtern getrennte Dorms. Dorms $28, Zimmer $70

Greymouth Seaside Top 10 Holiday Park, 2 Chesterfield St, ☎ 0800 867 104, 🖥 www.top10greymouth.co.nz. Der zentraler gelegene und bessere der beiden Motor Parks, direkt am Strand und mit sehr guten Einrichtungen (Abenteuerspielplatz, Spieleraum usw.). Camping mit und ohne Stromanschluss $40

Noah's Ark, 16 Chapel St, ☎ 03 768 4868, 🖥 www.noahsarkbackpackers.co.nz. Großes, gemütliches Hostel in 2-stöckiger Villa. Tolle Veranden, Aufenthaltsraum mit Satelliten-TV, kostenloser Radverleih, Spa. Dorms $27, DZ $70

Rosewood, 20 High St, ☎ 0800 185 748. Attraktives B&B in einem schönen, zweistöckigen Haus aus den 1920er-Jahren (nach der Flagge draußen Ausschau halten): holzvertäfelt, Bleiglasfenster und geschmackvolles Dekor. Alle Zimmer mit eigenem Bad (im Zimmer oder auf dem Flur), im Preis ist ein englisches Frühstück enthalten. DZ $185

ESSEN

Im ruhigen Zentrum von Greymouth gibt es viele gute Cafés, aber nur wenige echte Restaurants. Das bedeutet, dass man sich vor allem abends meist selber versorgen muss.

Ali's, 9 Tainui St, ☎ 03 768 5858. Schlichtes Café mit Schanklizenz, das Snacks sowie Mittag- und Abendessen serviert. Auf der Karte stehen Thai-Currys und Pasta-Gerichte ($18,50–29), außerdem Snacks wie Kartoffel-, Spinat-, Fetabratlinge. ⏲ Di–So 9–21, Mo 9–16.30 Uhr.

Bonzai Pizzeria, 31 Mackay St, ☎ 03 768 4170. Gutbesuchtes Restaurant (Hauptgerichte $14–24) mit typischem Tearoom-Essen sowie Backwaren, Quiches und einem großen

Angebot an leckeren Pizzas; Alkoholausschank.
🕐 Mo und Di 7.30–16.30, Mi–Sa bis spät.
DP One Café, 126 Mawhera Quay. Cooles Café
mit Bildern örtlicher Künstler an den Wänden
und ausrangierten Möbeln als Einrichtung.
Es gibt englisches Frühstück, gefüllte Bagels
und Salate ($8–15), dazu Kaffee, Tee und
Smoothies. 🕐 tgl. 8.30–16 Uhr.

Monteith's Brewing Company, Turumaha
St, Ecke Herbert St, ✆ 03 768 4149,
🖥 www.monteiths.co.nz. Das beliebte Café
gehört zur Brauerei und hat Sitzgelegenheiten
drinnen und draußen. Das Angebot an Speisen
ist überraschend groß, es reicht von Tapas
über Wild bis zu Rippchen und frittierten Snacks
in Bierteig ($7–15). Dazu trinkt man natürlich
ein Bier des Hauses. 🕐 tgl. 10–20 Uhr.
Speight's Ale House, 130 Mawhera Quay,
✆ 03 768 0667, 🖥 www.speights.co.nz. Große
Restaurant-Bar in ehemaligem Verwaltungsgebäude von 1909 mit herzhaften Gerichten
wie Whitebait-Frikadellen, Rumpsteak und

Coast to Coast Race

Die Kiwis sind eine sportbegeisterte Nation
und vom Frühling bis zum Herbst sieht man
jedes Wochenende Massen von Neuseeländern ihre Muskeln stählen und ihre Fertigkeiten
auf Fahrrädern und in Kajaks perfektionieren.
Ziel aller wahren „Multisportler" ist das mör-
derische, 243 km lange **Coast to Coast Race**,
🖥 www.coasttocoast.co.nz, das jedes Jahr
am zweiten Februarwochenende stattfindet.
Gestartet wird vor Sonnenaufgang vom Strand
bei **Kumara Junction**, 15 km südlich von Greymouth. Den Anfang des Wettkampfes bildet ein
Lauf über 3 km, gefolgt von einem 55 km langen
Radrennen bergauf nach Otira, wo die Wettkämpfer der härteste Abschnitt erwartet: Zu
Fuß geht es 33 km auf und ab durch die mit Felsen durchsetzten Flussbetten der Neuseeländischen Alpen, bevor man für mehrere Stunden
im Kajak sitzt und den **Waimakariri River** von
Canterbury bezwingt. Als krönender Abschluss
darf nochmals für 70 km der Fahrradsattel
bestiegen werden, bis **Sumner**, ein Vorort von
Christchurch, erreicht ist.

paniertem Kohlenfisch von Stewart Island,
meist serviert mit einem der hauseigenen Biere.
🕐 tgl. 11 Uhr bis spät, Essen bis 21 Uhr.

SONSTIGES

Informationen und Internet
Touristeninformation, im Bahnhof an der Mackay
Street, ✆ 03 768 5101, 🖥 www.greydistrict.co.nz.
Das gemeinsame Büro von i-SITE und West
Coast Travel Centre hat kostenl.Internetzugang
und die Broschüre *Central West Coast* mit gutem
Stadtplan. 🕐 Mo–Fr 9–17, Sa und So 9.30–16 Uhr.

Fahrräder
Mann Cycles, Mackay St, ✆ 03 768 0255.
Vermietet Fahrräder für $15/Std. Die Hostels
verleihen an ihre Gäste kostenlos Räder.

TRANSPORT

Auto
Viele große **Autovermietungen** haben ein
Büro im Bahnhof.

Busse
Die **InterCity**-Busse Richtung Hokitika, Franz
Josef, Westport und Nelson fahren nach
Eintreffen des *TranzAlpine* ab. **Atomic**, **InterCity**
und **NakedBus** halten am Bahnhof Mackay St.

Busse nach:
ARTHUR'S PASS 2x tgl., 1 1/2 Std.;
CHRISTCHURCH 2x tgl., 4 1/2 Std.;
FOX GLACIER 2x tgl., 3 3/4–4 1/2 Std.;
FRANZ JOSEF 1–2x tgl., 3–3 1/2 Std.;
HOKITIKA 3–5x tgl., 3/4 Std.;
MURCHISON 1x tgl., 4 Std.;
PUNAKAIKI 1–2x tgl., 1 Std.;
WESTPORT 1–2x tgl., 2 1/2 Std.

Eisenbahn
Der *TranzAlpine* (s. Kasten S. 623), Greymouths
einziger Personenzug, hält am Bahnhof an der
Mackay Street.

Züge nach:
ARTHUR'S PASS 1x tgl., 2 1/4 Std.;
CHRISTCHURCH 1x tgl., 4 Std. 20 Min.

WESTKÜSTE

Hokitika und Umgebung

Südlich von Greymouth verläuft der SH6 durch einen recht einsamen Küstenabschnitt, der bis zum 40 km entfernten **Hokitika** keine Sehenswürdigkeiten bietet. „Hoki", wie es liebevoll genannt wird, liegt an einem langen, windgepeitschten und mit Treibholz übersäten dunklen Sandstrand und ist deutlich interessanter als Greymouth. Die Umgebung hat auch für Wanderer einiges zu bieten – z. B. die Hokitika Gorge (S. 778). Die Stadt ist für ihre Kunsthandwerkszene bekannt und hat sich zu einer Künstlerenklave mit vielen Studios, Galerien und Läden entwickelt.

Bewaffnet mit der kostenlosen Broschüre **Hokitika Heritage Walk** vom i-SITE kann man auf eigene Faust die historischen Wahrzeichen der Stadt erkunden. Der restaurierte Hafen am Gibson Quay ist perfekt für einen gemütlichen Abendspaziergang.

Geschichte

Wie die anderen Städte an der Westküste verdankt auch Hokitika seine Existenz dem **Goldrausch** in den 60er-Jahren des 19. Jhs. Hokitika boomte nach den ersten Entdeckungen bei Greymouth und zählte innerhalb von zwei Jahren bereits 6000 Einwohner – heute sind es immerhin noch 4000. Trotz einer gefährlichen Sandbank in der Mündung des Hokitika River avancierte der **Hafen** kurzzeitig zum geschäftigsten des Landes.

Als das Gold schließlich seltener wurde und man immer mehr Wasser zum Auswaschen benötigte, wurde das Unternehmen zu unwirtschaftlich und in der Folge durch Milchwirtschaft und Holzindustrie ersetzt. 1954 schloss man den Hafen, der jedoch in den 90er-Jahren für den Heritage Walk der Stadt wieder hergerichtet wurde.

Hokitika Museum

Carnegie Building, 17 Hamilton St ▪ ⏲ tgl. Sommer Mo–Fr 10–17, Winter 10–14 Uhr ▪ Eintritt $6 ▪ ✆ 03 755 6898

Hokitikas führende Rolle während des Goldrausches bestimmt zu Recht einen großen Teil des **Hokitika Museum**, wo in Endlosschleife ein spannender Film über jene Zeit zu sehen ist. Interessant sind auch die Abteilungen, die sich mit *pounamu* und dem Fischfang an der Westküste beschäftigen, ebenso die Fotos, die das gefährliche Umschiffen der Sandbank in der Flussmündung und die Schwierigkeiten beim Straßenbau in dieser Region dokumentieren.

Sock World Hokitika

27 Sewell St ▪ ⏲ tgl. 9–17 Uhr ▪ Eintritt frei ▪ ✆ 03 755 7251, 🖥 www.autoknitter.com

Ein Besuch der **Sock World Hokitika**, gleichzeitig ein Geschäft für alle möglichen Wollprodukte, ist eine ausgefallene Sache. Das freundliche, kenntnisreiche Personal gibt gern eine Einführung in die größte Sammlung von voll funktionsfähigen alten Sockenstrickmaschinen – einige Maschinen schaffen bis zu zehn Paare pro Stunde.

National Kiwi Centre

64 Tancred St ▪ ⏲ Sommer tgl. 9–17, Winter tgl. 9.30–16.30 Uhr, Aal-Fütterung um 10, 12 und 15 Uhr ▪ Eintritt $22 ▪ ✆ 03 755 5251, 🖥 www.thenational kiwicentre.co.nz

Das private National Kiwi Centre steht auf dem Programm aller Busreisen und verfügt über ein schwach erleuchtetes Noctarium, in dem man ein paar Kiwis dabei beobachten kann, wie sie in den Blättern nach Insekten suchen. Im Aquarium nebenan sind Tuataras zu sehen, „lebende Dinosaurier", die sich in der Sommersonne wärmen. Und zu festgesetzten Zeiten dürfen die Besucher große Aale füttern.

ÜBERNACHTUNG

Unterkünfte sind in Hokitika meist leicht zu finden. Nur während der Kumara Races (2. Wochenende im Januar) und den ganzen Februar über, einschließlich der Zeit des Coast to Coast Race (s. Kasten S. 772) sowie

WESTKÜSTE

1 *(2 km)*, **2** *(12 km)*, Greymouth *(40 km)*, Christchurch *(260 km)*

■ **Übernachtung**		● **Restaurants und Bars**	
252 Beachside	3	Fat Pipi	3
Awatuna Homestead	2	Ocean View	1
Beachfront Hotel	6	Stations Inn	5
Drifting Sands	5	Stella Café	4
Mountain Jade	8	West Coast Wine Co.	2
Shining Star	4		
Teichelmann's B&B	7		
YHA Hokitika			
Birdsong Backpackers	1		

RICHARDS DR.

Glowworm Dell

Friedhof

WHITCOMBE TERR

Flughafen (250 m)

TASMANSEE

REVELL STREET
SEWELL STREET
TUDOR ST
SALE ST
FITZHERBERT ST
BEALEY ST
HALL ST
PARK STREET
TANCRED ST

Hokitika
Glass Studio

Supermarkt

National
Kiwi Centre

Tectonic Jade
Bonz 'n' Stonz

The Regent Cinema

Uhrturm

BRITTAN ST
HAMPDEN STREET

Hokitika
Museum

Sock
World

Mountain Jade

Hokitika
Custom
House

CASS
SQUARE

BEACH ST
HAMILTON ST

GIBSON QUAY

WELD STREET

SALE ST
ROLLESTON ST
STAFFORD STREET
DAVIE ST
JOLLIE ST

(5 km) Lake Mahinapua (12 km),
Lake Kaniere (18 km),
Hokitika Gorge (35 km)

**Signal Station
Lookout**

GIBSON QUAY

HOFFMAN ST
LIVINGSTONE ST

Hokitika River

SH6, Lake Mahinapua (10 km), Gletscher (135 km), Haast (280 km)

während des Wildfoods Festival (s. Kasten S. 776), ist eine Reservierung ratsam.
252 Beachside, 252 Revell St, ☎ 03 755 8773, 🖥 www.252beachside.co.nz. Altmodisches Motel mit Wohnmobilpark einen Block vom Strand, mit Swimmingpool, eingezäuntem Kinderspielplatz und diversen verstaubten, aber bequemen Studios und einer Handvoll Cabins. Die freundlichen Inhaber haben viele Infos zu Aktivitäten in Stadt und Umgebung. Stellplätze mit Strom $40, Studios $135

Awatuna Homestead, SH6, 13 km nördlich von Hokitika, ☎ 03 755 6834, 🖥 www.awatunahomestead.co.nz. Einladendes B&B mit 3 gemütlichen, stilvoll eingerichteten Zimmern und einem Selbstversorger-Apartment. Gut zum Entspannen – es gibt Tiere, selbst angebautes Gemüse, viele Bücher, eine Badewanne im Freien und abendliches Geschichtenerzählen. Auf Wunsch Abendessen. Zimmer $290, Apartments $370

Beachfront Hotel, 111 Revell St, ☎ 03 755 8344, 🖳 www.beachfronthotel.co.nz. Hokititas größtes Hotel verfügt über 50 Zimmer in 2 Gebäuden. Die Zimmer im älteren Block sind sehr durchschnittlich, aber dafür haben es die modernen Zimmer im Erdgeschoss des „Oceanview"-Gebäudes in sich: raumhohe Fenster und Balkone, nur 50 m vom Wasser entfernt. DZ $165, mit Meerblick $185

🏕 **Drifting Sands**, 197 Revell St, ☎ 03 755 7654, 🖳 www.driftingsands.kiwi. Elegant gestaltetes „Boutiquehostel" mit bequemen Betten, einer Lounge mit Kamin und einem Kiespfad direkt zum Strand. Wer ein Zelt hat, das dem Seewind standhält, kann es im Garten aufstellen ($18). Dorms $32, DZ $86

Mountain Jade, 41 Weld St, ☎ 03 755 5185, 🖳 www.mountainjadebackpackers.co.nz. Zentrales, etwas heruntergekommenes BBH-Hostel über dem gleichnamigen Jadestudio. Hat billige Dorms und ein paar enge, gemütliche 2-Bettzimmer mit Blick auf den Parkplatz. Dorms $25, DZ $60

Shining Star, 16 Richards Drive, ☎ 03 755 8921, 🖳 www.accommodationwestcoast.co.nz. Den gepflegten, gut geführten Campingplatz trennt noch nicht mal eine Straße vom Strand. Die stilisierten geometrischen Holzhütten haben alle ein Bad und manche einen tollen Meerblick sowie eine Kochgelegenheit. Stellplätze mit Strom $40, Cabins $95

Teichelmann's B&B, 20 Hamilton St, ☎ 03 755 8232, 🖳 www.teichelmanns.co.nz. Gemütliches, gut ausgestattetes B&B in zentraler Lage mit viel historischem Flair. Die freundlichen Gastgeber vermieten verschiedene Zimmer mit Bad und ein romantisches Garten-Cottage mit Doppel-Whirlpool. Morgens gibt's ein herzhaftes Frühstück. DZ $245, Cottage $255

YHA Hokitika Birdsong Backpackers, 124 Kumara Junction, SH6, 3 km nördlich der Stadt, ☎ 03 755 7179, 🖳 www.birdsong.co.nz. Alteingesessenes, kleines und entspanntes Hostel mit freundlichen Zimmern, in denen jeweils ein Bild des Vogels hängt, nach dem es benannt ist. Badewannen im Freien und Meerblick von der oberen Etage. Rabatte für YHA-/BBH-Mitglieder. Dorms $32, DZ $83

Kostenlose Abendunterhaltung bietet das **Glowworm Dell** („Glühwürmchen-Tal") rund 1 km nördlich des Zentrums am SH6. Der *Hokitika Guardian* (kostenlos beim i-SITE und in der ganzen Stadt erhältlich) enthält einen Veranstaltungskalender.

🍴 **Fat Pipi**, 83a Revell St, ☎ 03 755 6373. Der Laden ist berühmt für seine Pizza-kreationen, z. B. „Greenpiece" (mit Zucchini, Spinat, Pilzen, Feta, Oliven und Pesto aus gebratener roter Paprika) und den riesigen „Whitebait": ein Viertelpfund Whitebait in Rührei mit Mozzarella, Kapern und Zitrone (Pizza $20–26). Alle Gerichte sind zum Mitnehmen, können aber auch drinnen oder im Garten mit Blick aufs Meer verspeist werden. ⏲ tgl. 17–21 Uhr.

Ocean View, 111 Revell St, ☎ 03 755 8344. Restaurant im Beachfront Hotel, mit stilvollem Abendessen à la carte, z. B. Schweinefilet mit Knoblauchmus und viele gute leichte Gerichte (z. B. Risotto mit Großgarnelen). Fensterplätze und Terrasse bieten einen tollen Meerblick. Hauptgerichte $19–37. ⏲ tgl. 18 Uhr bis spät.

🍴 **Stations Inn**, Blue Spur Rd, ☎ 03 755 5499, 🖳 www.stationsinnhokitika.co.nz. Hokitikas einziges Gourmetrestaurant liegt 5 km östlich der Stadt auf dem Weg zum Lake Kaniere. Die Speisekarte wechselt je nach Saison, und es werden nur neuseeländische Zutaten verwendet. Zu den Spezialitäten zählen z. B. geschmortes Kaninchen im Teigmantel mit Süßkartoffelbrei, hausgeräuchertem Marl-borough-Lachs mit selbst gebackenem Roggen-brot sowie Rind- und Lammgerichte (Haupt-gerichte $26,50–38,50). ⏲ Di–Sa 18 Uhr bis spät.

Stella Café, 84 Revell St, ☎ 03 755 5432. Einer der beliebtesten Treffpunkte der Stadt mit leckeren warmen Mahlzeiten und Kaffee. Die Thekengerichte sind allerdings etwas fantasielos. Es gibt einen Kühlraum mit raffinierten Käsesorten und Chutney, stapelweise Zeitschriften und vieles, um die Gäste bei Laune zu halten. Käseplatten ab $20 und Haupt-gerichte ab $22. ⏲ tgl. 8.30–16.30 Uhr, Do–Sa auch zum Abendessen.

🍴 **West Coast Wine Co.**, 108 Revell St, ☎ 03 755 5417, 🖳 www.westcoastwine.co.nz.

WESTKÜSTE

Die Maori verehren *pounamu* (harter Nephrit) und *tangiwai* (der weichere, durchscheinende Bowenit), beide gemeinhin Jade genannt. In der prä-europäischen Kultur von Aotearoa nahm dieses Gestein den Platz haltbarer Metalle ein, sei es zum praktischen Gebrauch, zur Kriegsführung, als Insignien für den Häuptling oder zur Zierde. Auf Maori heißt die gesamte Südinsel **Te Wahi Pounamu** („Jadeort"). Die Fundstätten konzentrieren sich jedoch ausschließlich auf die Gebiete zwischen Greymouth und Hokitika in den Flüssen Taramakau und Arahura, in Anita Bay von Fiordland – wo der wunderschön gesprenkelte *tangiwai* vorkommt – und um die Region des Lake Wakatipu nahe Queenstown.

Der Wert von Jade hat sich über die Jahre kaum vermindert. Ausgrabungsstätten werden schwer bewacht, der Export von Jade ist verboten und in Nationalparks darf man generell nicht auf die Suche gehen; Zuwiderhandlungen gegen diese Auflagen können bis zu $200 000 Strafe und zwei Jahre Gefängnis nach sich ziehen. Der **Preis** hängt entscheidend von der Qualität ab, wobei Summen von $100 000 pro Tonne Jade keine Besonderheit darstellen – und bei Jadeskulpturen und -schmuck ist die Skala nach oben offen. Am anderen Ende der Preisskala kann man bereits für $20 einen einfachen Anhänger erwerben.

Hokitika gilt als Zentrum des Jadehandels. Interessierte sollten jedoch immer im Hinterkopf behalten, dass die größeren **Läden** und **Galerien** fest in die Routen der Tourbusse integriert und die Preise entsprechend hoch sind. In diesen Geschäften kann man einiges über die Qualität des Steins und seine Bearbeitung lernen, aber vor einer Kaufentscheidung lohnt der Blick in einen der vielen kleineren Läden, die oft günstigere Preise haben. Man sollte sich auch nach der Herkunft des Rohmaterials erkundigen – es wird häufig vermutet, dass viele in Neuseeland verkaufte Jade-Produkte aus billigerem ausländischem Stein gefertigt sind.

Winzige Bar in einem Weinladen mit hübschem Innenhof. Gute Getränke und eine kleine Speisekarte mit erlesenen Snacks (um $10) . Für 2016 plant die Wine Co. die Eröffnung des Fire House in der Hamilton St. ☉ Mi und Do 15–20, Fr und Sa 15–22, So 15–18 Uhr.

Kinos

The Regent, 23 Weld St, ✆ 03 755 8101, ⌨ www.hokitikaregent.com. Das 1935 erbaute Art-déco-Kino zeigt Mainstreamfilme mit neuester Technologie.

SONSTIGES

Geld

Die Banken in der Revell Street sind die letzten vor Wanaka, mehr als 400 km weiter südöstlich gelegen. Allerdings gibt es entlang der Strecke inzwischen ein paar Geldautomaten.

Informationen

i-SITE, 36 Weld St, ✆ 03 755 6166, ⌨ www.hokitika.org. Erledigt DOC-Buchungen und ist die beste Infoquelle für den Westland Wilderness Trail, einen viertägigen Offroad-Mountainbiketrail zwischen Greymouth und Ross. ☉ Dez–März tgl. 9–18, April–Nov tgl. 9–17 Uhr.

Touren

Wilderness Wings, ✆ 0800 755 8118, ⌨ www.wildernesswings.co.nz. Die Filiale am Flughafen bietet diverse landschaftlich schöne Flüge an,

Wildfoods Festival

Seit etwa 15 Jahren wird Hokitika mit dem jährlichen **Wildfoods Festival** (2. Sa im März, Karten im Vorverkauf $30, ⌨ www.wildfoods.co.nz) assoziiert, das die Einwohnerzahl des Ortes aufs Vierfache anschwellen lässt. Ungefähr 50 Stände am Cass Square verkaufen Buschdelikatessen wie marinierte Ziegenspieße, Wantan mit Räucheraal, *huhu*-Käferlarven, „Bergaustern" (Schafshoden) und natürlich Whitebait – und dazu gibt's hausgebrautes Bier und Wein von der Südinsel.

WESTKÜSTE

Kunsthandwerk in Hokitika

i-SITE hat einen kostenlosen Stadtplan, auf dem Hokitikas Kunsthandwerksläden, Studios und Galerien eingezeichnet sind. Wer nicht nur einkaufen, sondern auch den Künstlern bei der Arbeit zusehen und hinter die Kulissen schauen möchte, tut das am besten in einem der folgenden Läden:

Arahura Greenstone Tours, ☎ 021 0239 4922, 🖥 www.greenstonetours.co.nz. Hat man die Jadegeschäfte in der Stadt durch, lohnt es sich, mit Tangi, einem erfahrenen Maori-Schnitzer, zum Arahura River rauszufahren. Dabei erfährt man viel über die tiefe Verbindung Ngai Tahu zur Jade und kann sein eigenes *pounamu* suchen (2 Std., $135).

Bonz 'n' Stonz, Carving Studio 16 Hamilton St, ☎ 0800 214 949, 🖥 www.bonz-n-stonz.co.nz. Jadeliebhaber mit eigenen Ambitionen können in diesem tollen Studio selbst das Schnitzen lernen: Der sympathische Inhaber Steve Gwaliasi bietet Interessierten eine persönliche und unvergessliche Einführung in Design und Praxis (2–6 Std., Jade $150, Knochen $85, Muschel $75 oder, wenn man sein eigenes Material mitbringt, $30/Std.).

Hokitika Glass Studio, 9 Weld St, ☎ 03 755 7775, 🖥 www.hokitikaglass.co.nz. Die Glasbläser haben in Hoki ebenfalls eine lange Tradition, am besten wochentags in diesem Studio zu sehen. Hier werden u. a. erlesene Glaspinguine produziert. ⏰ 8.30–17 Uhr.

Tectonic Jade, 67 Revell St, ☎ 03 755 6644, 🖥 www.tectonicjade.com. Eines der interessanteren Jadegeschäfte der Stadt mit einer Sammlung von traditionellen und originellen Designs, die aus ungewöhnlichen *pounamu*-Stücken geschnitzt werden. Im Geschäft befindet sich ein gutes Café, das zwar eher potenzielle Käufer zum Bleiben anregen soll, aber immerhin gibt es für den Einkauf einen guten Kaffee als Dreingabe. ⏰ Sep–März tgl. 9–17.30 Uhr.

u. a. über die Gletscher (35 Min., $285, mind. 2 Pers.) und zum Milford Sound (3 Std., $975).

TRANSPORT

Busse

InterCity und **NakedBus** halten vor dem i-SITE an der Weld St.

Busse nach:

ARTHUR'S PASS 1–2x tgl., 3 1/2 Std.;
CHRISTCHURCH 1x tgl., 5 1/2 Std.;
FOX GLACIER 1–2x tgl., 2 1/2 Std.;
FRANZ JOSEF 1–2x tgl., 2 Std.;
GREYMOUTH 2x tgl., 3/4 Std.;
NELSON 1–2x tgl., 7 Std.;
PUNAKAIKI 1–2x tgl., 1 3/4 Std.;
ROSS 1–2x tgl., 1/2 Std.;
WHATAROA 1–2x tgl., 1 1/2 Std.

Flüge

Der kleine Flughafen liegt 2 km östlich des Zentrums. Von hier bestehen Verbindungen nach CHRISTCHURCH.

Lake Kaniere

19 km östlich von Hokitika

Eine der schönsten Waldlandschaften und die herrlichsten **Wanderwege** dieser Gegend liegen landeinwärts, wo das Hinterland, in dem vor allem Milchwirtschaft betrieben wird, auf die Ausläufer der Neuseeländischen Alpen trifft. Kleinere Nebenstraßen (zunächst der Stafford Street stadtauswärts folgen) ermöglichen eine etwa 70 km lange Spazierfahrt vorbei am 18 km von Hokitika entfernten **Lake Kaniere**.

Der bei Anglern, Wasserskiläufern und Wanderern beliebte **Lake Kaniere** bietet mehrere Picknick- und einfache Campingplätze ($6). Ausführliche Informationen zum Angebot um den See bietet die DOC-Broschüre *Central West Coast: Hokitika*.

Zu den beliebtesten Wanderungen zählt der **Kaniere Water Race Walkway** (9 km einfach, 3 1/2 Std., 100 Höhenmeter), der am nördlichen Seeende beginnt und an einem Kanal entlangführt, der einst die Goldfelder mit Wasser versorgte.

WESTKÜSTE

Hokitika Gorge

35 km östlich von Hokitika

Die Straße am Ostufer des Lake Kaniere passiert die bemoosten Felsen und überirdischen Grüntöne der zauberhaften Dorothy Falls und verläuft schließlich westwärts zu einer Abzweigung Richtung Hokitika Gorge, wo ein leicht zu gehender Pfad (1,2 km, 30 Min. hin und zurück) durch Rimu-Bäume zu einer Hängebrücke über den türkisfarbenen Hokitika River führt.

Von Hokitika zu den Gletschern

Der Highway verläuft für den Großteil der 135 km bis Franz Josef Glacier am Rand der Neuseeländischen Alpen entlang. Auf der Strecke liegen die kleinen Orte **Ross**, **Pukekura** und **Harihari**. Die beliebtesten Attraktionen an dieser Strecke sind **Whataroa** mit seiner **Reiherkolonie** und **Okarito** mit einer hübschen Lagune und der Gelegenheit, **Kiwis** in freier Wildbahn zu erleben.

Etwa 10 km **südlich** von Hokitika am SH6 erreicht man die **Mananui Tramline** (12 km hin und zurück, 4 Std., überwiegend flach; DOC-Broschüre im i-SITE von Hokitika $2), wo sich eine einfache Wanderung oder Radtour mit Picknickmöglichkeit am See unternehmen lässt. Radfahrer können den See umrunden. Nochmals 2 km südlich auf dem SH6 führt der **Mananui Bush Walkway** (hin und zurück 20 Min.) durch Überreste von Küstenwald zu den Dünen. Wer mit Zelt oder Wohnmobil unterwegs ist, findet am **Lake Mahinapua** (1 km südlich, abseits des SH6) einen sehr schönen DOC-**Campingplatz** ($6), wer mit Kindern unterwegs ist, wird vielleicht am Westcoast Treetop Walk Halt machen wollen. Der hohe Eintrittspreis schreckt aber die meisten Leute ab.

Ross

Das Dorf **Ross**, 26 km südlich von Hokitika, liegt unmittelbar auf einem von Neuseelands reichsten **Seifengoldfeldern**, das 2004 allerdings erschöpft war. Inzwischen wurde das Areal umgestaltet und ein See geschaffen. Besucher sollten sich für den gut beschilderten **Water Race Walk** (4 km Rundweg, 1 Std.) Zeit nehmen, der eine Reihe historischer Gebäude und die Stätte des ersten Streiks in einer Goldmine miteinander verbindet. Die **Touristeninformation**, 4 Aylmer St, ☎ 03 755 4077, ⏰ tgl. Dez–März 9–16, April–Nov 9–14 Uhr, mit Museum ($2) zeigt einen interessanten Film zum Goldrausch von 1865, verleiht Goldwaschpfannen ($10) und bietet Goldwaschen mit Treffergarantie ($12,50) an.

De Bakker Cottage

Bold St ▪ ⏰ tgl. Dez–März 9–16, April–Nov 9–14 Uhr ▪ Eintritt frei

In der Hochphase des Goldrausches zählte Ross über 3000 Einwohner, aber schon Anfang des 20. Jhs. hatte sich der Boom wieder gelegt. Man war bereits dabei, alles aufzulösen, als ein paar Goldgräber im Jahr 1909 rund 500 m vom heutigen Visitor Centre entfernt auf den größten Goldklumpen stießen, der in Neuseeland jemals gefunden wurde: den 3,1 kg schweren „**Honourable Roddy**", benannt nach dem damaligen Bergbauminister. Das Nugget wurde von der Regierung gekauft und 1911 George V. als Krönungsgeschenk überreicht. Eine Nachbildung des faustgroßen Goldklumpens befindet sich im **Miner's Cottage** (1885), wo darüberhinaus viele Fotos aus der Zeit des Goldrausches zu sehen sind.

Pukekura

Bushman's Centre ▪ ⏰ tgl. 9–17 Uhr ▪ Eintritt frei, Museum $4 ▪ ☎ 03 755 4144, 🖥 www.pukekura. co.nz

Eine riesige Sandfliege hängt von der Dachtraufe des **Bushman's Centre** im Weiler **Pukekura**, 23 km südlich von Ross. Das dazugehörige, von Spinnweben bedeckte **Museum** erzählt ganz unbekümmert, wie sich manche Menschen dieser Region ernähren, indem sie Holz fällen, Wild einfangen, Jagd auf Possums machen und Torfmoos für ostasiatische Orchideenzüchter anbauen. Das Museum mag nicht jedermanns

WESTKÜSTE

Geschmack sein, aber das **Café** des Zentrums (s. unten) und die Picknickplätze am schönen **Lake Ianthe**, 6 km weiter südlich, sind durchaus einen Halt wert.

Bushman's Centre Café, ☎ 03 755 4144, 🖥 www.pukekura.co.nz. Serviert als Teil seines „Roadkill-Menüs" auch Kaninchen- und Opossum-Pasteten (die aus „gespendeten" Exemplaren bestehen, da die Tiere nicht mehr auf neuseeländischen Speisekarten stehen dürfen). Auf der anderen Straßenseite kann man auch übernachten, und zwar entweder auf dem Zeltplatz oder in einem der Doppelzimmer mit Gemeinschaftsbad und Kochgelegenheit. ⏰ Café tgl. 9–17 Uhr. Camping $10, DZ $45

Harihari

Beim winzigen **Harihari** 23 km weiter südlich landete Guy Menzies, der 1931 als Erster einen Soloflug von Sydney nach Neuseeland unternahm. Ein Nachbau von Menzies' Flugzeug steht beim südlichen Ortseingang im **Guy Menzies Park**. Die teils ungeteerte Whanganui Flat Road verläuft an Menzies' Landeplatz vorbei Richtung Küste und erreicht nach 20 km den Startpunkt des hübschen **Hari Hari Coastal Walkway** (8 km Rundweg, 2–3 Std., kaum Anstiege), der an Whitebait-Angelplätzen vorbei zum Doughboy Lookout (60 m) führt, von dem sich tolle Ausblicke auf die Küste und die Neuseeländischen Alpen bieten. Nach einem Stück an der eindrucksvollen Küste verläuft der Weg durch Kahikatea-Wald und an der Gleistrasse einer ehemaligen Holzfällerbahn entlang zurück. Einige Abschnitte sind nur ab zwei Stunden vor und bis zwei Stunden nach dem Tiefststand der Ebbe zugänglich.

Flaxbush Motel, SH6, ☎ 03 753 3116, ✉ flax bush123@xtra.co.nz. Wen Park und Küstenwanderweg zu einem Aufenthalt bewegen, der kann nicht schöner nächtigen als in dieser einladenden Arche für kranke und verletzte Tiere. Alle Zimmer sind für Selbstversorger eingerichtet. DZ $90, Cottages $120

Whataroa und Waitangiroto-Naturschutzgebiet

SH6, 30 km südlich von Harihari ▪ White Heron Sanctuary Tours Okt–Feb 4x tgl., 2 1/2 Std. ▪ $120, Reservierung empfohlen ▪ ☎ 0800 523 456 oder ☎ 03 753 4120, 🖥 www.whiteherontours.co.nz

Zwischen September und Ende Februar findet sich der elegante Silberreiher (Kotuku) im Waitangiroto Nature Reserve bei **Whataroa** zum Brüten ein, denn hier liegt der landesweit einzige Nistplatz dieser Vögel. Überdies gesellt sich zu den rund 40 Kotuku-Nistpaaren eine etwas größere Zahl von Königslöfflern. Das Schutzgebiet liegt nahe Whataroa, 30 km südlich von Harihari, aber der Zugang wird streng kontrolliert. Ein Besuch ist nur möglich mit den professionellen **White Heron Sanctuary Tours**, die vom Büro in Whataroa starten. Der Ausflug beinhaltet eine Fahrt im Jetboot auf dem hübschen Waitangiroto River sowie eine 30-minütige Beobachtung der Vögel; Ferngläser werden gestellt. Abholung von Franz Josef ist möglich (vorher nach dem Preis erkundigen).

Okarito

Im Jahr 1642 bekam Abel Tasman als erster Europäer Aotearoa, und zwar bei **Okarito**, einer heute abgeschiedenen Siedlung an der Südseite der gleichnamigen Lagune, 13 km südlich von Whataroa und 10 km abseits des SH6. Mitte des 19. Jhs. löste die Entdeckung von Gold einen 18-monatigen Boom aus, in dessen Verlauf entlang der Bucht 50 Läden und Hotels entstanden. Wie in anderen Gebieten auch wurde das Geschäft mit Gold später durch Holzverarbeitung und Flachsproduktion ersetzt, aber die Gemeinde ging dennoch unter und übrig blieben lediglich eine Handvoll Ferienhäuser, ein paar Dutzend ständige Einwohner und die Lagune mit ihrem wundervollen Strand.

WESTKÜSTE

Okarito Natur Tours verkauft in seinen Büros heiße Getränke, ansonsten hat der Ort weder Cafés noch Läden. Besucher sollten also eigene Vorräte mitbringen.

Okarito Beach House & Royal Hostel, The Strand, ☎ 03 753 4080, 🖥 www.okaritobeach house.com. In diesen Gebäuden befinden sich Okaritos angenehmste Unterkunftsmöglichkeiten. Die komfortablen DZ mit Bad und das „Hutel" – ein Cottage für Selbstversorger – sind alle im *beach style* eingerichtet. DZ $85, „Hutel" $120

Okarito Community Campground, Russell Street. Grasbedeckter Zeltplatz am Strand mit Tagesraum, Münzduschen und Feuerstellen – perfekt für ein Lagerfeuer aus Treibholz. $12.50

The School House, The Strand, ☎ 03 752 0796, 🖥 www.doc.govt.nz. Ehemaliges Schulhaus von 1860 neben dem Denkmal zur Erinnerung an die Siedler von Okarito. Hier können bis zu 12 Pers. in Einzelbetten (Bettzeug mitbringen) unterkommen. Allerdings muss das gesamte Haus gebucht werden. Es gibt ein WC und eine voll ausgestattete Küche, aber wer duschen möchte, muss rüber zum Campingplatz. 🕐 Juni–Aug geschl. $100

Touren und Aktivitäten in Okarito

Bei einer Kajak- oder Bootsfahrt ab Okarito können Besucher auf Tuchfühlung mit den 70 Vogelarten der Region gehen, darunter Kotuku (weißer Reiher) und Königslöffler. Bei Wanderführungen hat man gute Chancen, den seltenen Okarito-Kiwi zu sehen.

Wanderungen

Okarito Trig Walk (4 km hin und zurück, 1 1/2 Std., 150 Höhenmeter). Die Route beginnt am südlichen Stadtrand und klettert durch Wald auf eine Landzunge mit fabelhaftem Ausblick über die Lagune und die Neuseeländischen Alpen. An klaren Tagen sieht man sogar den Mt. Cook und den Mt. Tasman.

Three Mile Pack Track (10 km hin und zurück, 3 1/2 Std., 150 Höhenmeter). Diese Wanderung beginnt am selben Ort. Der gut markierte Weg verband einst die Goldrausch-Orte Okarito und Three Mile Lagoon und schlängelt sich durch Küstenwald. In Three Mile Lagoon angekommen, kann man denselben Weg zurücklaufen, oder man wandert bei Ebbe am Strand entlang nach Okarito zurück. Die Gezeiten werden am Beginn des Wanderweges angezeigt.

Tourenanbieter

Okarito Boat Tours, The Strand, ☎ 03 753 4223, 🖥 www.okaritoboattours.co.nz. Keine Lust auf Paddeln? Dann ist eine entspannte Bootsfahrt durch die Lagune und ihre Zuflüsse die Lösung. Bei den Touren am Morgen (1 1/2 Std., $70) kann man prima fotografieren und Vögel beobachten, während später am Tag (1 Std., $45) eher die Landschaft im Vordergrund steht.

Okarito Kiwi Tours, 53 The Strand, ☎ 03 753 4330, 🖥 www.okaritokiwitours.co.nz. Diese hervorragenden, umweltschonenden Waldwanderungen haben den Kiwi im Visier (3–5 Std., $75). Wenn alles gut geht, beginnt die Tour kurz vor Sonnenuntergang und zeigt Teilnehmern den extrem seltenen braunen Okarito-Kiwi. Die ohnehin hohe Trefferquote (95 %) kann man noch mit unauffälliger Kleidung und guten Stiefeln verbessern.

Okarito Nature Tours, ☎ 0800 652 748, 🖥 www.okarito.co.nz. Bietet günstige geführte Kajaktouren (2 Std., $90, mind. 2 Pers.) und vermietet 2er-Kajaks (2 Std. $50, halber Tag $60, ganzer Tag $60, auch längere Mietzeiten möglich), mit denen man die Lagune und ihre bewaldeten Seitenarme erforschen kann. Am schönsten ist es früh am Morgen, wenn das Wasser ruhig ist und die Vögel am aktivsten sind.

WESTKÜSTE

Die Gletscher

Etwa 150 km südlich von Hokitika bahnen sich zwei weiße Eiszungen ihren Weg vom Gebirge bis zum dichten Regenwald der Küstenebene – Grund genug, diese Region in Te Wahipounamu, die South West New Zealand World Heritage Area, einzuschließen. Innerhalb weniger Kilometer fällt das Gelände von über 3000 m fast auf Meereshöhe ab und trägt zwei der größten und faszinierendsten der rund 60 recht ausgedehnten Gletscher, die vom eisigen Rückgrat der Südinsel nach unten strömen und zusammen das Herzstück des zerklüfteten **Westland National Park** bilden: den **Franz-Josef-Gletscher** und den **Fox-Gletscher**.

Das Gebiet ist durch die ungeheuren **Niederschläge** der Westküste geprägt, die mit durchschnittlich mehr als 5000 mm im Jahr zu den stärksten des Landes gehören. Gemeinsam mit dem extremen Neigungswinkel der Westhänge der Neuseeländischen Alpen bereiten diese Bedingungen den Boden für einige der am schnellsten wachsenden Gletscher der Welt – eine halbe Stunde am Fuße der beiden riesigen Eiswände genügt, um irgendwo einen Eisklotz abbrechen zu sehen. Trotzdem konnten diese phänomenalen Geschwindigkeiten dem Schmelzprozess nicht die Stirn bieten, und beide Gletscher sind über mehrere Kilometer zurückgebildet, seitdem Cook sie kurz nach der „Kleinen Eiszeit" zu Gesicht bekam. Weltweit sind Gletscher zwar auf dem Rückzug, aber diese beiden folgen nicht immer dem allgemeinen Trend, sondern wachsen von Zeit zu Zeit – üblicherweise rund fünf Jahre nach besonders heftigen Schneefällen in den Bergen. Die Gletscher waren schon stark auf dem Rückzug, als die ersten Reisenden sie erblickten. Anfangs hießen sie Victoria und Albert, aber 1865 benannte der Geologe Julius von Haast den Franz-Josef-Gletscher nach dem österreichisch-ungarischen Herrscher, und 1872, nach einem Besuch des Premierministers William Fox, wurde der andere Gletscher entsprechend umgetauft.

Das Geschehen rund um die Eiszungen konzentriert sich auf zwei kleine **Dörfer**, die fast gänzlich vom Tourismus leben. Beide liegen in der Nähe der gleichnamigen Gletscher und haben ein vergleichbar großes Angebot an guten **Flugzeug- und Hubschrauber-Flügen**, die mit geführten **Gletscherwanderungen** kombiniert werden. Das bessere Angebot an Unterkünften und Restaurants gibt es in Franz Josef, während Fox Glacier ruhiger ist.

Franz Josef Glacier

Franz Josef Glacier (Waiau) ist der etwas größere der beiden Gletscherorte. Der Franz-Josef-Gletscher ist vom Dorf aus nicht mehr zu sehen, aber die Neuseeländischen Alpen bilden eine wunderbare Kulisse, und die Stadtplaner haben alles getan (u. a. mithilfe steiler Giebeldächer und Holzverkleidungen), um dem Dorf einen alpinen Charakter zu verleihen.

In Franz Josef kann man zum, auf oder um den Gletscher wandern, auf dem nahen Lake Mapourika paddeln oder einen Rundflug über die Berge unternehmen. Früher konnte man zu Fuß auf den Gletscher hinaufsteigen, aber mittlerweile ist das Eis an seinen Enden instabil geworden und so setzen einen die Hubschrauber weiter oben in stabilerem Gelände ab. Entsprechend herrscht auf dem Flugfeld bei gutem Wetter viel Betrieb. Die geführten Wanderungen durch das Gletschertal und Kajaktouren finden mehr oder weniger bei jedem Wetter statt, Rundflüge fallen bei nebligem oder sehr regnerischem Wetter allerdings aus.

Glacier Hot Pools
Cron St ■ ⏰ tgl. 13–21 Uhr, letzter Einlass 20 Uhr ■ Hauptbecken $25, Privatbecken 45 Min. $85 für 2 Pers. ■ 📞 0800 044 044, 🖥 www.glacierhot pools.co.nz

Bei Regen nimmt man am besten ein Bad in den **Glacier Hot Pools**. Die drei öffentlichen Becken werden künstlich auf 36 °C, 38 °C bzw. 40 °C erhitzt und sind von einheimischem Wald umgeben, der größtenteils hierher verpflanzt wurde. Zu den Privatbecken gehören kleine Schuppen mit Duschen. Besonders schön ist ein Bad nach

N 0 — 1 km

Hokitika (135 km) ▲

Fox Glacier (20 km), Haast (145 km) ◀

Waiho River

Canavan
Knob (251 m) ▲

6

s. Detailplan
rechts

6

Tatare Stream

Docherty Creek

Alex Knob Track

Douglas
Walk

P

**Peters
Pool** ◆

**Douglas-
Hängebrücke**

Callery River

P

**Sentinel
Rock**

Alex Knob
(1303 m) ▲

Franz Josef Glacier Valley Walk

Roberts Point Track

◆ **Roberts Point**

Franz Josef
Glacier

■ Übernachtung	
58 On Cron	3
Chateau Franz	7
Franz Josef Top 10 Holiday Park	2
Glow Worm	6
Holly Homestead B&B	1
Punga Grove	5
Rainforest Retreat	4
YHA Franz Josef	8

● Restaurants und Bars	
Blue Ice Café	4
King Tiger	1
The Landing	3
Monsoon	2
Picnics European Bakery	5

KAMAHI CRESCENT

**Glacier Hot
Pools**

Glacier Country

WALLACE ST

6

**West Coast
Wildlife Centre**

Landebahn ✈

COWAN ST

GRAHAM PL

Alpine Adventure Centre
Air Safaris

ATM

Scott Base

Franz Josef Glacier Guides

CONDON ST

CRON ST

P

✝

**i-SITE und
DOC Office** ℹ

St James

6

0 — 100 m

▼ zum Gletscher

---

einer anstrengenden Wanderung; Franz Josef Glacier Guides bieten Kombi-Angebote (s. Kasten S. 784).

West Coast Wildlife Centre

Cowan St, Ecke Cron St ■ 🕐 tgl. ab 9 Uhr, Öffnungszeiten tel. erfragen ■ $55, 24 Std. gültig, „Backstage-Pass" $55 ■ 📞 03 752 0600, 🖥 www.wildkiwi.co.nz
Der riesige Bau, in dem sich einst das Hukawai Glacier Centre befand, beherbergt heute das hochmoderne **West Coast Wildlife Centre** mit

Neuseelands seltensten Kiwis, dem *rowi* und dem *Haast tokoeka*. Als Teil der von der Bank of New Zealand ins Leben gerufenen Operation Nest Egg können Besucher, die sich der „Behind the Scenes"-Tour anschließen, etwa von Juli bis Februar Kiwi-Eier im Inkubator betrachten.

ÜBERNACHTUNG

Dank der Popularität der Gegend und dank Busfahrplänen, die viele Reisende zu einer

WESTKÜSTE

Übernachtung hier zwingen, kann es im Sommer zu Engpässen kommen – zwischen November und März (vor allem im Februar) sollte man daher mind. eine Woche im Voraus reservieren, bei den nobleren Unterkünften auch länger im Voraus.

58 On Cron, 58 Cron St, ☎ 03 752 0627, 🖥 www.58oncron.co.nz. Stilvolle Units mit italienischen Dekostoffen und Queensize- oder Super-Kingsize-Betten, manche mit Whirlpool. Gäste haben Zugang zu einem Gasgrill im Garten mit Baumbestand. DZ $175, Spa-Studios $200

Chateau Franz, 8 Cron St, ☎ 0800 728 372, 🖥 www.chateaufranz.co.nz. Beliebter, auf Backpacker eingestellter Komplex mit viel Atmosphäre. Die geselligen Gemeinschaftsbereiche zieren alte Fotografien und Erinnerungsstücke. Die Dorms gehören zu den preiswertesten der Stadt und werden nach und nach saniert, aber auch die Doppelzimmer sind gut. Kostenlose Suppe und Popcorn sowie ein umfangreicher Eventkalender komplettieren das Angebot. Dorms $25, DZ mit Bad $95

Franz Josef Top 10 Holiday Park, SH6, 1 km nördlich der Stadt, ☎ 03 752 0735, 🖥 www.franzjoseftop10.co.nz. Gut ausgestatteter Campingplatz mit n Zelt- und Wohnmobilstellplätzen sowie Cabins und Units. Die Stellplatzpreise sind p. P. Camping $44, mit Strom $46

Glow Worm, 27 Cron St, ☎ 0800 151 027, 🖥 www.sircedrics.co.nz. Kleines, gemütliches Hostel unter der gleichen Leitung wie Chateau Franz mit gut ausgestatteter Küche, 6-Bett-Dorms, 4-Bettzimmer mit Bad und bequemen Motelzimmern. Suppe, Popcorn und Spa kostenloses Dorms $30, DZ mit Bad $110

🔶 **Holly Homestead B&B**, SH6, 1,5 km nördlich der Stadt, ☎ 03 752 0299, 🖥 www.hollyhomestead.co.nz. Luxus in einem schönen zweistöckigen Haus aus den 1920er-Jahren. Die 5 Zimmer, eines davon eine Super De-luxe King Suite, haben alle ein Bad, eines sogar eine Badewanne. Die Inhaber sind freundlich, die Terrasse hat Bergblick, und im Preis ist ein üppiges Frühstück enthalten. Nachteile: Eignet sich nicht für Kinder unter 12 und ist nur im Sommer geöffnet (saisonale Öffnungszeiten auf telefonische Anfrage). $265

Punga Grove, 40 Cron St, ☎ 03 752 0001, 🖥 www.pungagrove.co.nz. Auswahl an modernen DZ bis hin zu riesigen Apartments mit 2 Betten, alle hübsch möbliert. Am besten sind die Regenwaldstudios, die nach hinten auf den Wald hinaus gehen und mit Gaskamin, Fußbodenheizung und Whirlpool ausgestattet sind. DZ $165, Regenwaldstudio $220

Rainforest Retreat, 46 Cron St, ☎ 03 753 0220, 🖥 www.rainforestretreat.co.nz. Ausgedehnter Komplex mit Hotel, Backpackerunterkunft und Wohnmobilstellplätzen (ab $18 p. P.). Dazu gibt es die Monsoon Bar und ein Restaurant. Die Backpackerzimmer sind bei lauten Tourgruppen beliebt, während die Hotelzimmer glücklicherweise ruhiger und schön im Stil von luxuriösen Blockhütten eingerichtet sind. Außerdem Spa und Sauna. Dorms $30, DZ $160

YHA Franz Josef, 2 Cron St, ☎ 03 752 0754, ✉ franzjosef@yha.co.nz. Moderne, gut geführte Herberge am Ortsrand; die südlichsten Zimmer mit Blick auf den Wald. Große Küche, saubere, komfortable Zimmer (z. T. mit Bad), Barbecue-Bereich und kostenlose Saunanutzung: Ein guter Deal für den Preis! Dorms $27, DZ $88

ESSEN UND UNTERHALTUNG

Die relativ isolierte Lage sorgt in Franz Josef für notorisch hohe Preise. Auch Selbstversorger müssen damit rechnen, für den Einkauf ungewöhnlich viel hinzublättern.

Blue Ice Café, Main Rd, zwischen Cowan St und Condon St, ☎ 03 752 0707. Das moderne Restaurant serviert einfallsreiche Gerichte ($20–36) und Pizzas zum Mitnehmen oder zum Essen in der Bar im ersten Stock, wo Billard (kostenlos) und Musik für lebhaften Betrieb sorgen. ⏱ tgl. 8–21 Uhr, Bar bis spät geöffnet.

🔶 **King Tiger**, 70 Cron St, ☎ 03 752 0060, 🖥 www.kingtiger.co.nz. An der Wand hängen Bilder von Gandhi und Mao, da ist es nicht weiter verwunderlich, dass die Speisekarte in diesem „Eastern Eating House" von Indien bis China mit einem Umweg über Bangkok reicht. Am besten sind die indischen Gerichte, vor allem die köstlichen Currys (alle unter $20), die eine schöne Abwechslung von der Norm bieten. ⏱ tgl. 7.30 Uhr bis spät.

Es ist zwar möglich, allein zum Aussichtspunkt auf den Gletscher zu spazieren, wer aber auf dem Gletscher eine Wanderung machen will, braucht einen Führer. An schönen Tagen wimmelt der Himmel über dem Gletscher von Helikoptern und Leichtflugzeugen, und es herrscht ein ziemlicher Lärm. Kajaktouren in entlegenere Gebiete werden ebenfalls angeboten und sind ein deutlich ruhigeres Erlebnis.

Wanderungen

Glacier Valley Walk (hin und zurück 6 km, 1 1/2 Std.). Diese Route beginnt am Parkplatz 5 km südlich des Ortes und steht ganz oben auf der Liste der Wanderungen. Der Pfad quert Kiesbetten, die von vergangenen Gletscherrückzügen herrühren, und bietet ausreichend Gelegenheit zur Beobachtung kleiner Gletscherseen und einer Verwerfungslinie, die quer durchs Tal verläuft und von tiefen, einander gegenüberliegenden Einschnitten markiert wird. Einer der besten Ausblicke auf den Gletscher bietet sich vom glatt geschliffenen Sentinel Rock, der rund 10 Min. vom Parkplatz entfernt liegt.

Douglas Walk (Rundweg 4 km, 1 Std.). Von einem Parkplatz auf halbem Weg der Zugangsstraße zum Gletscher führt diese Rundwanderung durch Waldgebiete bis zum Peter's Pool, einem Toteis-See, und zur Douglas-Hängebrücke.

Roberts Point Track (hin und zurück 12 km, 5 1/2 Std., 950 Höhenmeter). Erfahrene Wanderer folgen diesem von der Douglas-Hängebrücke abzweigenden Track an der Hendes Hut vorbei zum Roberts Point. Hier oben, hoch über dem Eis, eröffnen sich grandiose Ausblicke. Der Weg ist manchmal recht rutschig und anstrengend, aber die Mühe lohnt sich. (Die Strecke war bei unserer Recherche gesperrt, sollte aber Anfang 2016 wieder begehbar sein.)

Alex Knob Track (hin und zurück 12 km, 8 Std., 1000 Höhenmeter). Diese Route klettert auf der anderen Seite des Gletschertals Richtung Roberts Point durch mehrere Vegetationszonen über den Gletscher hinaus und bietet eine fantastische Aussicht auf das Tal. Der Weg ist zwar länger, aber technisch einfacher als der Roberts Point Track.

Wandern, Heli-Wandern und Eisklettern

Glacier Valley Eco Tours, ☎ 0800 999 739, 🖥 www.glaciervalley.co.nz. Organisiert sehr informative Naturwanderungen durch die Gletschertäler von Franz Josef und Fox (beide 3 Std., $75). Dabei erklimmt man die Moränen und erkundet die Gletscherzungen. Außerdem im Programm: eine Tour zum Lake Matheson (3 Std., $75) und eine Kombitour zum Lake Matheson und Fox-Gletscher (5 Std., $120).

Franz Josef Glacier Guides, SH6, ☎ 0800 484 337, 🖥 www.franzjosefglacier.com. Der angewiesene Veranstalter für Leute, die auf den Gletscher selbst hinauf möchten. Das Know-How der Veranstalter hat allerdings seinen Preis. Der beliebteste Ausflug ist der „Ice Explorer" (4 Std., $325). Er startet mit

The Landing, Main Rd, Ecke Cowan St, ☎ 03 752 0229, 🖥 www.thelandingbar.co.nz. Beliebtes, edel aussehendes Café mit Bar und vielen Tischen im Außenbereich (Terrassenheizung und Feuerstelle vorhanden). Gehaltvolle Hauptgerichte ($19,50–45), eine gute Auswahl an vegetarischen Speisen und leichte Mahlzeiten wie gedämpfte Muscheln in Weißwein sollten alle Geschmäcker zufriedenstellen. ⏱ tgl. 7.30 Uhr bis spät.

Monsoon, 46 Cron St, ☎ 0800 873 346, 🖥 www.rainforestretreat.co.nz. Gesellige Café-Bar im Rainforest Retreat (S. 783) mit sättigenden neuseeländischen Gerichten wie gefülltem Hähnchen mit Bratkartoffeln und Krautsalat. Essen wird bis 21 Uhr serviert, dann beginnt die große Sause. ⏱ tgl. 16.30 Uhr bis spät.

Picnics European Bakery, Main St, ☎ 03 752 0667. Etwas chaotische Bäckerei, in der über allem der Staub von Puderzucker zu liegen scheint. Macht nichts – die Donuts ($4) und Pasteten sind jede Sünde und das Chaos wert. ⏱ tgl. 7.30–17 Uhr.

einem kurzen Hubschrauberflug zum oberen Teil des Gletschers, wo man drei Stunden lang das Eisfeld und faszinierende Eistunnel erkundet, dann fliegt man zurück und kann sich in den Hot Pools aufwärmen. Das Unternehmen veranstaltet auch Heli-Hiking-Touren (3x tgl., 3 Std., $429) mit einem längeren Panoramaflug und einem einfachen Spaziergang sowie abenteuerlichere Klettertouren im Eis (5 Std., $499).

Rundflüge und Fallschirmspringen

Aus Sicherheitsgründen müssen bestimmte Flugbahnen eingehalten werden, was das Angebot der Unternehmen begrenzt. Jugendliche, Studenten, Senioren sowie YHA-Mitglieder und BBH-Karteninhaber erhalten häufig einen Rabatt, und auch alle anderen sollten danach fragen, was zumeist von Erfolg gekrönt ist, wenn sich eine Gruppe von 4–6 Pers. findet. Die meisten Leute bevorzugen einen Rundflug mit dem Hubschrauber. Diese landen alle auf einem Schneefeld hoch über dem Gletscher und lassen während das „Landgangs" die Rotoren laufen: Von einer friedlichen Stimmung kann dabei also nicht die Rede sein. Rundflüge im Flugzeug sind länger und kosten weniger für eine längere Strecke. Mit dem Kufenflugzeug im Schnee zu landen ist außerdem sehr lohnenswert – vor allem, nachdem der Motor aus ist.

Air Safaris, 6 Main Rd, ☎ 0800 723 274, 🖳 www.airsafaris.co.nz. Die Sightseeingrundflüge mit Turboprop-Maschinen sind ruhiger als die anderer Anbieter, aber ohne Landung. Tipp: die Grand Traverse (50 Min., $340).

Fox & Franz Josef Heliservices Alpine Adventure Centre, Main Rd, ☎ 0800 800 793, 🖳 www.scenicflights.co.nz. Der günstigste Anbieter vor Ort. Im Angebot: ein Gletscher plus Landung (20 Min., $195), zwei Gletscher plus Landung (30 Min., $280), zwei Gletscher plus Landung und Mount Cook sowie ein kurzer Abstecher, um einen Blick auf den Tasman-Gletscher zu erhaschen (40 Min., $390).

Skydive Franz, Scott Base, Main Rd, ☎ 0800 458 677, 🖳 www.skydivefranz.co.nz. Das ultimative Abenteuer ist ein Tandemsprung. Dies ist einer der wenigen Orte in Neuseeland, wo kommerzielle Tandemsprünge aus 5490 m Höhe erlaubt sind. (3660 m $319, 4570 m $419, 5490 m $559).

Kajakfahren

Glacier Country, 46 Cron St, ☎ 0800 423 262, 🖳 www.glacierkayaks.com. Bietet wunderbare geführte Kajaktouren auf dem schwarzen Wasser des von Kahikatea-Bäumen und Neuseeland-Flachs umgebenen Lake Mapourika 8 km nördlich der Stadt an. Der beliebte „Classic Trip" (3x tgl., 3 Std., $115) ist morgens – bei Sonne oder Regen – am schönsten, weil sich dann besonders viele Möglichkeiten zum Fotografieren bieten. Es besteht auch die Möglichkeit, Kajaktouren mit Helikopterflügen zu kombinieren.

SONSTIGES

Geld
Es gibt einen Geldautomaten, aber keine Banken.

Informationen
i-SITE/DOC, SH6, ☎ 03 752 0796, ✎ westland npvc@doc.govt.nz. Das hervorragende Büro hat stapelweise Broschüren zu Wanderungen in der Region und aktuelle Wetterberichte – vor größeren Touren also immer hier nachfragen.

🕐 tgl. Nov–März 8.30–18, April–Okt tgl. 8.30–17 Uhr, Sa und So 12–13 Uhr Mittagspause.

Internet
Internetzugang hat die **Scott Base** am SH6. $4/Std., WLAN $4/Tag. 🕐 tgl. 9–18 Uhr.

NAHVERKEHR

Glacier Valley Eco Tours, ☎ 0800 999 739, 🖳 www.glaciervalley.co.nz, bieten einen **Shuttleservice** nach Fahrplan von der Scott

Base zum Ende der Gletscherstraße (im Sommer 6x tgl., hin und zurück $12,50). Auf Anfrage gibt es auch bei **Fox Bus**, ℘ 0800 369 287, einen Shuttle.

TRANSPORT

Die Busse von **InterCity** und **NakedBus** halten am SH6, hier im Ort bekannt als „Main Road", neben dem i-SITE/DOC-Büro. Tickets können in der Scott Base oder bei i-SITE gekauft werden.

Busse nach:
FOX GLACIER 4x tgl., 1/2 Std.;
GREYMOUTH 1–2x tgl., 3–3 1/2–4 Std.;
HOKITIKA 1–2x tgl., 1 3/4–2 1/2 Std.;
MAKARORA 2x tgl., 3–5 Std.;
QUEENSTOWN 2x tgl., 6–8 Std.;
WANAKA 2x tgl., 5–6 1/2 Std.

Fox Glacier

Die Ortschaft **FoxGlacier** (Weheka), 25 km südlich von Franz Josef Glacier, verteilt sich über eine Ebene mit den Flüssen Fox und Cook und dient als Dienstleistungszentrum für die hiesige Landwirtschaft und viele Touristen. Alle wichtigen Einrichtungen liegen am SH6 oder in der Cook Flat Road, die auf dem Weg zum ehemaligen Goldgräberort Gillespies Beach und dessen Robbenkolonie den schönen Lake Matheson passiert. Die Gletscherzunge des Fox-Gletschers befindet sich 6 km südöstlich vom Ort.

Das informative **DOC**-Büro am SH6, ℘ 03 751 0807, ✉ foxglacier@doc.govt.nz, zeigt Exponate mit Schwerpunkt auf Tieflandwäldern und Gletscherbildung und hat aktuelle Informationen zu den Wetter- und sonstigen Bedingungen im Glacier Valley und Umgebung. ⊕ Mo–Fr 10–14 Uhr.

ÜBERNACHTUNG

Das Unterkunftsangebot in Fox ist begrenzt. Wer trotzdem übernachten will, sollte möglichst früh buchen und auf hohe Preise gefasst sein. Der einfache, kostenlose DOC-Campingplatz in Gillespies Beach (s. Kasten S. 789) ist vor allem im Sommer beliebt.

Fox Glacier Lodge, Sullivan Rd, ℘ 0800 369 800, 🖥 www.foxglacierlodge.co.nz. Das Chalet im alpinen Stil hat hübsch eingerichtete Zimmer

---

Kleine Gletscherkunde

Die Existenz eines Gletschers ist immer ein Balanceakt zwischen konkurrierenden Kräften: Der Neuschnee auf dem **Firnfeld** hoch in den Bergen kämpft mit dem schnellen Schmelzen am Ende der **Gletscherzunge** unten im Tal, wobei der Sieger bestimmt, ob der Gletscher wächst oder schrumpft. Aus den dichten Schneemassen bildet sich allmählich klares **Gletschereis**, das sich bis zu dem Punkt auftürmt, wo es unter seinem eigenen Gewicht nach unten zu „fließen" beginnt. Durch Reibung an den Talwänden verlangsamt sich die Bewegung an den Rändern, während das Eis in der Mitte ungehindert talwärts wandert und dadurch das charakteristische wellenförmige Aussehen auf seiner Oberfläche entsteht, das besonders bei so aktiven Gletschern wie Franz Josef und Fox zu beobachten ist. Bei einem jähen Gefälle entsteht ein **Gletscherbruch** mit hoch aufragenden Eisblöcken, Zacken und **Nadeln** (Séracs).

Die Oberfläche ist durchsetzt von **Felsschutt**, der von den Talwänden heruntergefallen ist, aber an vielen Stellen leuchtet das Eis noch durch den Schuttmantel. Die Steine, die mit dem Gletscher in die Tiefe gelangen, werden nach dessen Rückzug als Endmoränen abgelagert. Manchmal hinterlassen rückläufige Gletscher riesige Eisbrocken, die bei ihrer Schmelze **Gletscherseen** bilden. Ein schönes Beispiel ist der Lake Wombat in Franz Josef.

Vergangene Gletscherbewegungen lassen sich am besten entlang der Talwand erkennen, dort, wo der Gletscher die gesamte Vegetation zerstört hat. Beim Fox und Franz Josef hinterließ der mit der Kleinen Eiszeit (18. Jh.) verbundene Eisvorstoß hoch oben an der Talwand eine deutliche Trennlinie zwischen ausgewachsenen Rata-Bäumen und Gebüsch.

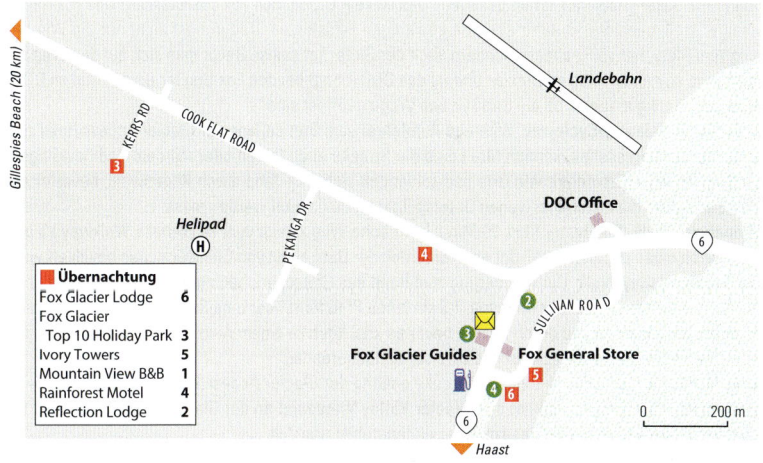

Fox Glacier

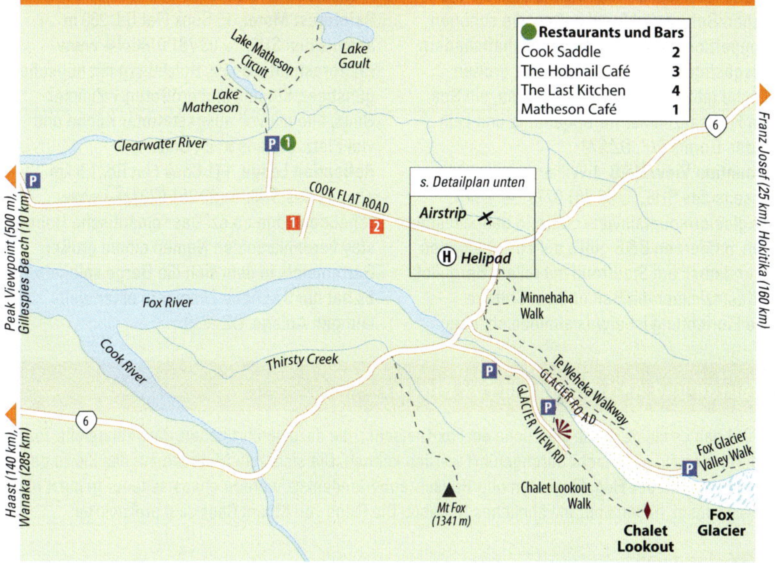

N ↑   0   2 km

s. Detailplan unten

Restaurants und Bars

Cook Saddle	2
The Hobnail Café	3
The Last Kitchen	4
Matheson Café	1

Lake Matheson Circuit

Lake Gault

Lake Matheson

Clearwater River

Franz Josef (25 km), Hokitika (160 km)

6

COOK FLAT ROAD

Airstrip ✈

H Helipad

Minnehaha Walk

Peak Viewpoint (500 m), Gillespies Beach (10 km)

Fox River

Cook River

Thirsty Creek

Te Weheka Walkway

GLACIER VIEW RD

GLACIER RD AD

Fox Glacier Valley Walk

Haast (140 km), Wanaka (285 km)

6

Mt Fox (1341 m)

Chalet Lookout Walk

Chalet Lookout

Fox Glacier

Gillespies Beach (20 km)

Landebahn

KERRS RD

COOK FLAT ROAD

3

Helipad H

PEKANGA DR.

DOC Office

6

4

SULLIVAN ROAD

Übernachtung

Fox Glacier Lodge	6
Fox Glacier	
Top 10 Holiday Park	3
Ivory Towers	5
Mountain View B&B	1
Rainforest Motel	4
Reflection Lodge	2

Fox Glacier Guides

2

3

6

5

Fox General Store

6

0   200 m

Haast

WESTKÜSTE

mit Bad (Frühstücksbuffet inkl.) sowie Apartments und Wohnmobilstellplätze. Stellplätze mit Strom $20, DZ $185
Fox Glacier Top 10 Holiday Park, Kerrs Rd, ☎ 03 751 0821, ▭ www.top10.co.nz. Große

Auswahl an Wohnmobilstellplätzen und geräumigen Units mit tollem Bergblick. Stellplatz mit Strom pro Wohnmobil $45, Studio Units $105
Ivory Towers, Sullivan Rd, ☎ 03 751 0838, ▭ www.ivorytowerslodge.co.nz. Das einzige

echte Backpacker-Hostel in Fox ist freundlich, sauber und farbenfroh. Die meisten Dorms haben Betten und Stockbetten, die schönen Doppelzimmer sind mit Gemeinschaftsbädern ausgestattet. Abgesehen von der großen Küche gibt's auch noch eine Sauna, ein Spa, ein Fernsehzimmer für Regentage und Leihräder. Dorms $27, DZ $74

Mountain View B&B, 1 Williams Drive, 2 km abseits des SH6, ✆ 03 751 0770, 🖥 www.foxglaciermountainview.co.nz. In dem einladenden, modernen B&B gibt's auf einem eigenen Grundstück am Stadtrand mit tollem Bergblick 3 Gästezimmer mit Bad und ein Cottage. Die Einrichtung ist etwas altmodisch, aber die Zimmer und Betten sind ausgezeichnet. Frühstück inkl. DZ $180

Rainforest Motel, 15 Cook Flat Rd, 200 m abseits des SH6, ✆ 03 751 0140, 🖥 www.rainforestmotel.co.nz. Holzhütten mit hübschen, günstigen Studios und größeren 1-Zimmer-Units, alle mit voll ausgestatteter Küche und viel Platz. Studios $145, Units $160

Reflection Lodge, 141 Cook Flat Rd, 1,5 km abseits des SH6, ✆ 03 751 0707, 🖥 www.reflectionlodge.co.nz. Das romantische Homestay verdankt seinen Namen einem großen Gartenteich, in dem sich die Berge spiegeln. Es hat nur 3 schöne Zimmer in einer weitläufigen Anlage. DZ $210

Touren und Aktivitäten am Fox Glacier

2014 gab es einige große Eisbrüche am Fox-Gletscher, die dazu geführt haben, dass zahlreiche Touren durch das Eis nicht mehr durchgeführt werden können. Die sicherste Methode auf das Eis zu gelangen ist heute per Flug. Flughafen und Hubschrauberlandeplatz werden etwas seltener genutzt als in Franz Josef, haben aber ein ähnliches Angebot. Die Flüge von Mount Cook sind preiswerter.

Wanderungen

Den Franz-Josef-Gletscher schon gesehen? Das ist kein Grund, den Fox auszulassen! Das Fox-Tal ist weniger steil, beeindruckt dafür aber mit gewaltigen Felsstürzen. Dadurch ist nicht nur die Wanderung zum Gletscher völlig anders, sondern auch der Gletscher selbst. Bevor man sich auf den Weg ins Tal macht, sollte man sich im *Glacier Update* des DOC (hängt bei den Fox Glacier Guides und im DOC-Büro aus) kundig machen, ob die Straßen und Wege geöffnet sind.

Te Weheka Walkway/Cycleway. Während Autofahrer vom Dorf entlang der Glacier Access Road zum Gletscher durchrauschen, können fitte Leute die Strecke auch laufen oder mit dem Rad bewältigen. Ein Schotterweg verbindet beide Orte und schlängelt sich 4 km lang durch Regenwald, bevor er auf die Straße trifft, die manchmal wegen Unterspülungen umgeleitet werden muss.

Minnehaha Walk (Rundweg, 1 km, 20 Min.). Der flache Weg zweigt vom Te Weheka Walkway ab und führt durch einen üppigen Wald, der nach Einbruch der Dunkelheit von Glühwürmchen bevölkert wird.

Fox Glacier Valley Walk. Die Wanderung zum Rand des Gletschers beginnt beim Parkplatz am Ende der Glacier Access Road. Der unebene, 1,3 km lange Pfad führt über eine Reihe von Erdrutschen verursachte Geröllhaufen und durch Bäche, bevor es steil hoch zu einem Aussichtspunkt geht. Oben hat man einen herrlichen Ausblick auf das vereiste Gletscherende.

River Walk (2 km, 30 Min.). Auf halber Strecke entlang der Glacier Access Road kreuzt der Weg eine historische Hängebrücke und hat den **Glacier Valley Viewpoint** an der Glacier View Road (die 3 km am gegenüberliegenden Ufer des Fox River entlangführt) zum Ziel.

Chalet Lookout Walk (4 km, hin und zurück 1 1/2 Std., 150 Höhenmeter). Diese Route steigt vom Glacier Valley Viewpoint langsam nach oben und gewährt fantastische Ausblicke auf den Gletscher und die Berge. Der Weg passiert den ehemaligen Standort des The Chalet, einer Hütte, von der aus viktorianische Touristen beim Lunch auf die Gletscherzunge blicken konnten. Heute sind sowohl die Hütte als auch das Eis verschwunden. Der Pfad endet an einem Übergang über den Mills Creek, an dem es keine Brücke gibt. Nach starken Regenfällen ist er oft überflutet und wird dann zeitweise gesperrt.

ESSEN

Im **Fox General Store** gibt es ein erstaunlich großes Angebot an Lebensmitteln zu (weniger erstaunlich) hohen Preisen. ⏲ tgl. 8–20 Uhr.

Cook Saddle, SH6, ✆ 03 751 0700, 🖥 www.cooksaddle.co.nz. Bei den Einheimischen beliebter Saloon im Wildweststil mit gutem Essen und Riesenportionen, von Linsenburger bis Spareribs (Hauptgerichte $15–35). Im Sommer regelmäßig Livemusik. ⏲ tgl. 12 Uhr bis spät.

The Hobnail Café, 44 Main Rd/SH6, ✆ 03 751 0825. Im Gebäude der Fox Glacier Guides. Das Café hat eine überdurchschnittlich gute Auswahl an Theken- und appetitlich präsentierten, herzhaften Frühstücksgerichten – besonders lecker: *bubble and squeak* mit Eiern und Bacon ($14). ⏲ tgl. 8–16 Uhr.

🔲 **The Last Kitchen**, Sullivans Rd, Ecke SH6, ✆ 03 751 0058. Dank seiner attraktiven Inneneinrichtung verströmt dieses Restaurant deutlich mehr Atmosphäre als die Konkurrenz. Das übliche Angebot auf der Speisekarte kommt in interessanten Variationen und oft asiatisch angehaucht daher. Beispielsweise wird der Sandbarsch mit Koriander- und Cashew-Pesto verziert und zusammen mit gebratenem Wok-Gemüse ($27) serviert. Hauptgerichte $21–33. Alkoholausschank. ⏲ tgl. 11.30 Uhr bis spät.

Lake Matheson Walk und Peak Viewpoint (Rundweg 4,5 km, 1 Std.). Fast jeder Bildband über Neuseeland enthält ein Foto des Lake Matheson, 5 km westlich der Stadt an der Cook Flat Road, in dem sich Mount Cook und Mount Tasman spiegeln. Ein gut ausgeschilderter Pfad führt durch herrliche Landschaft einmal rund um den See, der durch das Schmelzen eines Eisbergs entstand, den der Fox-Gletscher bei seinem Rückzug vor rund 14 000 Jahren hinterließ. Der Rundgang bietet jedem die Möglichkeit, das berühmte See-Bild zu schießen. Die beste Chance haben Frühaufsteher, die schon vor dem Frühstück losziehen – den Hunger kann man anschließend mit dem hervorragenden Essen im **Matheson Café** (s. oben) am Parkplatz stillen.

Peak Viewpoint. Etwa 5 km hinter dem Lake Matheson an der Straße nach Gillespies Beach bietet der Peak Viewpoint an klaren Tagen einen tollen Blick auf das obere Ende des Fox Glacier und die schneebedeckten Berge.

Wanderungen vom Gillespies Beach. Nach weiteren 20 km vom Fox Glacier Village entlang der Cook Flat Road kommt **Gillespies Beach** in Sicht, eine ehemalige Goldgräbersiedlung mit kleinem Friedhof und einfachem DOC-Campingplatz. Vom Campingplatz führt eine schöne Wanderung parallel zum Strand in nördliche Richtung vorbei an den Überresten eines alten Goldbaggers aus den 1940er-Jahren, der Gillespies Lagoon und einem kurzen Minentunnel über einen oft matschigen Weg zum **Galway Beach** mit dessen **Pelzrobbenkolonie** (3,6 km, hin und zurück, zurück 3 1/2 Std.).

Gletscherwandern, Heli-Wandern und Eisklettern

Fox Glacier Guides, 44 Main Rd/SH6, ✆ 0800 111 600, 🖥 www.foxguides.co.nz. Die Instabilität des Fox-Gletschers hat dazu geführt, dass aktuell nur leichte Wanderungen am Ende der Gletscherzunge (2 Std., $59) oder reine Heli-Touren angeboten werden (Heli-Wandern, 4 Std., $399, Heli-Eisklettern, 8–9 Std., $499), bei denen alle kritischen Stellen überflogen werden.

Rundflüge und Fallschirmspringen

Fox & Franz Josef Heliservices, im Gebäude der Fox Glacier Guides, ✆ 0800 800 793, 🖥 www.scenic-flights.co.nz. Hat ein ähnliches Angebot wie in Franz Josef (s. Kasten S. 784). Zusätzlich kann man auch einen Flug zur Westflanke des Mt. Cook (30 Min., $280) buchen.

Skydive NZ, ✆ 0800 751 0080, 🖥 www.skydivefox.co.nz. Bietet Tandemsprünge aus 3660 m ($249) und 4877 m Höhe ($399). Die Flüge starten von der kleinen Flugpiste in Fox Glacier.

Matheson Café, Cook Flat Rd, ✆ 03 751 0878, 🖥 www.lakematheson.com. Fantastisches Café am Beginn des Wanderwegs um den Lake Matheson mit tollem Bergblick. Super für ein Frühstück ($8,50–19,50), aber auch mittags können sich Wanderer mit einem guten Lammburger belohnen. Nachmittags Kaffee und Kuchen. Wer im Sommer ein Abendessen genießen will, z. B. langsam gegarte Lammschulter mit Erbsenpüree (Hauptgerichte $29–52), sollte reservieren. ⏰ tgl. 8–15 Uhr, Anfang Nov–März bis 21 Uhr.

NAHVERKEHR

Fox Glacier Shuttles & Tours, ✆ 0800 369 287, fährt zum Gletscher (hin und zurück $15) und zum Lake Matheson (hin und zurück $18). Auch Gillespies Beach wird angefahren (Preis auf Anfrage, je nach Passagierzahl).

TRANSPORT

Busse von **InterCity** und **NakedBus** halten bei Fox Glacier Guides im Dorfzentrum.

Busse nach:
FRANZ JOSEF 4x tgl., 1/2 Std.;
GREYMOUTH 1–2x tgl., 4 Std.;
HAAST 2x tgl., 2 1/2 Std.;
HOKITIKA 1–2x tgl., 3 Std.;
MAKARORA 1x tgl., 4 Std.;
NELSON 1–2x tgl., 11 Std.;
QUEENSTOWN 2x tgl., 7 1/2 Std.;
WANAKA 2x tgl., 5–6 Std.

WESTKÜSTE

Südliches Westland und Haast Pass

Südlich der Gletscher wird die Westküste immer einsamer. Viele Reisende bringen die Strecke von den Gletschern nach Wanaka oder Queenstown an einem Tag hinter sich. Dabei verpassen sie jedoch wunderbare Landschaften. Natürlich gibt es auch hier einige Einrichtungen: Die meisten Übernachtungs- und Einkehrmöglichkeiten findet man rund um **Haast**, aber auch unterwegs laden immer mehr Orte zu einem Zwischenstopp ein. Bis 1965 führte nicht einmal eine Straße durch diese Gegend, und erst 1995 wurde der letzte Abschnitt über den Haast Pass asphaltiert.

Der SH6 verläuft größtenteils durchs Landesinnere, passiert den Startpunkt der Wanderung zu den Welcome **Flat Hot Springs** (s. Kasten S. 791) und führt durch moosbedeckte Rimu-Wälder zurück zum Meer, das er am **Knight's Point** erreicht. Am Rande der Haast Coastal Plain mit ihren beeindruckenden **Dünen**, die Seen und einzelnen Kahikatea-Beständen Schutz bieten, geht es nun am Wasser entlang nach Haast. Nach den verstreuten Häusern von Haast führt die Straße Richtung Süden vorbei an **Jackson Bay**, einer alten Siedlung aus Kolonialzeiten. Der SH6 wendet sich von Haast wieder ins Landesinnere und bahnt sich einen Weg über den **Haast Pass** zur ehemaligen Holzfällerstadt **Makarora**, die nicht wirklich zur Westküste gehört, aber feucht genug ist, um einige Charakteristika mit ihr zu teilen, und die außerdem der Startpunkt für eine tolle Wanderung über den **Gillespie Pass** ist.

Paringa River und Lake Paringa

SH6, 17 km südlich von Bruce Bay

Dort, wo der SH6 den **Paringa River** überquert, erinnert eine Plakette an den südlichsten Punkt, den Thomas Brunner 1846–48 bei seinen Forschungsreisen erreichte. Ganz in der Nähe ist eine **Lachsfarm**, wo Tourbusse zu einem überteuerten Imbiss einkehren. Besser ist es, den leckeren Räucherlachs warm oder kalt mitzunehmen und 8 km weiter südlich im einfachen, aber wunderbar gelegenen **DOC-Campingplatz** am Nordufer des Lake Paringa ($6) zu essen.

Monro Beach Walk

SH6, 18 km südlich von Lake Paringa ■
5 km, 1 1/2 Std.

Der **Monro Beach Walk** führt durch einen wunderschönen Wald voller Farne zu einer felsigen Küste, wo man die seltenen **Fjordlandpinguine** sehen kann (v. a. frühmorgens und spätnachmittags). Sie zeigen sich hauptsächlich während der Brutzeit im Frühling, manchmal aber auch während der Mauser zwischen Januar und März. Aber auch ohne Pinguine ist die Wanderung landschaftlich reizvoll und Balsam für die Seele.

Knight's Point und Ship Creek

Knight's Point liegt am SH6, 23 km südlich von Lake Paringa

Am **Knight's Point** kehrt der SH6 zur Küste zurück, wo eine Wegmarkierung der 1965 geschaffenen Straßenverbindung zwischen Westland und Otago gedenkt. 10 kurvige Kilometer weiter, am teefarbenen **Ship Creek**,beginnt die **Haast-Küstenebene**, wo ein Picknickplatz und Schilder an einem einsamen, wilden Strand auf zwei schöne Spaziergänge hinweisen (beide 20 Min.): den **Kahikatea Swamp Forest Walk** (rollstuhlgeeignet), der flussaufwärts durch Kahikatea-Wald zu einem Aussichtspunkt führt, und den **Dune Lake Walk** entlang der Küste zu einem von Dünen umgebenen See voller Schilf.

Vom Ship Creek, der den Beginn der Haast Coastal Plain markiert, sind es nur noch 15 km zu der 700 m langen Haast River Bridge, ihres Zeichens die längste einspurige Brücke des Landes.

Haast

Auf den ersten Blick erscheint **Haast** ziemlich verwirrend, da gleich drei winzige Gemeinden denselben Namen tragen: Kurz nach der Haast River Bridge, an der Kreuzung des SH6 mit der Nebenstraße nach Jackson Bay, liegt **Haast Junction**. Fährt man auf der Jackson Bay Road (S. 794) noch 4 km weiter, erreicht man **Haast Beach**, die größte Siedlung. **Haast Township** wiederum liegt am SH6 Richtung Haast Pass und Wanaka, 3 km hinter Haast Junction. Tankstellen befinden sich in Haast Junction (24 Std.) und in Beach. In Haast Township gibt es einen kleinen Supermarkt mit dem einzigen Geldautomaten.

ÜBERNACHTUNG UND ESSEN

Von Weihnachten bis Ende Februar sollte man in Haast seine Unterkunft im Voraus buchen. Die Öffnungszeiten der Restaurants variieren. **Collyer House B&B**, Nolans Rd, Okuru, am SH6, 13 km südlich von Haast Junction, ✆ 03 750 0022, 🖥 www.collyerhouse.co.nz. Einladende Luxusunterkunft mit 4 modernen Zimmern mit Bad und entferntem Meerblick, Preis inkl. großem englischen Frühstück. DZ $250 **Fantail Café**, Marks Rd, Haast Township, ✆ 03 750 0055. Das freundliche Alltagscafé

Welcome Flat Hot Springs

Die beliebteste **Wanderung** in dieser Region führt zu den Welcome Flat Hot Springs, einer Reihe heißer Pools, in denen jeder ein Fleckchen mit der richtigen Wassertemperatur findet. Praktisch alle Besucher verbringen die Nacht in der angrenzenden Welcome Flat Hut des DOC (31 Betten, $15, Camping $5, Backcountry- und Hüttenpässe sind nicht gültig). Buchen kann man online oder in einem DOC-Büro.

Eine ausführliche Beschreibung des Wegs findet man in der Broschüre *Copland Track to Welcome Flat Hut*, die beim DOC erhältlich ist. **Startpunkt** der Wanderung ist ein Parkplatz am SH6, 26 km südlich von Fox Glacier. InterCity-Busse setzen Wanderer hier ab bzw. sammeln sie nach vorheriger Ankündigung wieder ein. Die **Strecke** vom SH6 nach Welcome Flat (18 km, einfach 6–7 Std., 450 Höhenmeter) ist im Vergleich mit anderen Great Walks eher schwierig zu begehen. Der Pfad (meist gut sichtbar oder mit orangefarbenen Dreiecken markiert) führt am rechten Ufer des Copland River entlang, wobei man unterwegs zahlreiche Bäche durchqueren muss.

Sollten die Flüsse zu viel Wasser führen (was sehr häufig der Fall ist), so gibt es als Alternative einige Brücken, was insgesamt etwa eine Stunde mehr Zeit erfordert. Allerdings ist es empfehlenswert die Wanderung abzubrechen, wenn bereits der erste Bach, der Rough Creek, zuviel Wasser führt, um ihn zu überqueren. Nach starken Regenfällen überflutet er dann nämlich den Weg dahinter.

WESTKÜSTE

mit mehreren Räumen hat Frühstück, z. B. Baconsandwiches ($8), Whitebait-Plätzchen ($13), Kuchen und Kaffee. ⏰ tgl. 8–16 Uhr.

Haast Beach Holiday Park, Jackson Bay Rd, Okuru, 15 km südlich von Haast Junction, 📞 03 750 0860, 🖥 www.haastpark.co.nz. Einfacher Ferienpark unweit von Strand und Hapuka Estuary Walk. Camping p. P. $15, Stellplatz mit Strom p. P. $17

Hard Antler Bar, Marks Rd, Haast Township, 📞 03 750 0034. Die Lieblingsbar der Einheimischen mit Geweihen an den Dachsparren hat große Essensportionen (Hauptgerichte $20–30), z. B. einen herzhaften Wildeintopf, und günstiges Bier ($6). ⏰ tgl. 11–21 Uhr.

Heritage Park Lodge, Marks Rd, Haast Township, 📞 03 750 0868, 🖥 www.heritagepark lodge.co.nz. Das gut geführte Motel ist die beste Unterkunft im Ort, mit komfortablen, geräumigen Studios, echten Wolldecken und Einrichtungen für Selbstversorger. DZ $95

Wilderness Accommodation, Haast Township, 📞 03 750 0029, 🖥 www.wildernessaccom modation.co.nz. Günstige Bleibe, die Hostelzimmer und verschiedene Motel Studio Units kombiniert. Alle haben Zugang zu einem Gemeinschaftsbereich mit Brettspielen und Küche. Der Inhaber kennt sich in der Gegend bestens aus und verleiht Motorroller – ideal für einen Ausflug zur Jackson Bay. Dorms $28, DZ $65

Gillespie Pass: Wilkin–Young Valley Circuit

Der Track über den 1501 m hohen Gillespie Pass verbindet das Tal des oberen Young River mit dem des **Siberia Stream** und des **Wilkin River**. Landschaftlich gesehen kann diese Wanderung mit jeder der wesentlich berühmteren Routen weiter südlich mithalten. Ende 2007 entstand durch einen Erdrutsch ein See und das Tal wurde nur unter der Bedingung wieder für Wanderer geöffnet, dass man es bei starken Regen meidet, da der instabile Damm brechen kann. Bevor man sich auf den Weg macht, sollte man sich daher im DOC-Büro über den Zustand erkundigen.

Die DOC-Broschüre *Gillespie Pass, Wilkin Valley Tracks* ($2) enthält alles Wissenswerte. Hilfreich sind auch die Karten *Makarora* und *Mount Pollux* von Topo50. Die Wanderung kann in kleinere Etappen aufgeteilt werden, indem man Flugzeuge und Jetboote (s. u.) nutzt. Für die gesamte Strecke (58 km) benötigt man drei Tage zu Fuß; vier Tage, wenn man den Abstecher zum Lake Crucible einbaut.

Zugang und Übernachtung

Alle **Hütten** ($15, keine Reservierung möglich) in den Tälern Wilkin und Young sind mit Matratzen und Heizung ausgestattet, besitzen aber keine Kochmöglichkeit. **Hüttentickets** und die ein Jahr gültigen **Hüttenpässe** bekommt man im DOC-Büro von Makarora (S. 795). Üblicherweise beginnt man die Wanderung im Young Valley und läuft das Wilkin Valley wieder hinunter. Zu Beginn muss der verzweigte **Makarora River** durchquert werden; wer keine nassen Füße bekommen möchte oder keine Erfahrung im Überqueren von Flüssen hat, kann mit dem Jetboat (S. 795) zum Ausgangspunkt fahren. Oder man nutzt den **Blue-Young Link Track**, eine Verlängerung des Blue Pools Track, der 9 km nördlich von Makarora den Fluss über eine Hängebrücke überwindet. Bei dieser Variante muss man zusätzlich 7 km bzw. zwei Stunden Wanderung an dem Tag einplanen.

Außerdem ist es eine gute Idee, bereits vor Antritt der Tour eine Abholung per Jetboot in Kerin Forks, dem Endpunkt der Wanderung, zu organisieren, will man sich nicht mit Flussdurchquerungen herumschlagen. Oder man versucht, im Siberia Valley spontan einen Platz im Flieger zu ergattern.

Die Route

Tag 1: Vom Zusammenfluss von Young und Makarora zur Young Hut (20 km, 6–7 Std., 500 Höhenmeter) Das Young Valley ist linker Hand am SH6 (2,5 km nördlich von Makarora) ausgeschildert. Nach dem Zaunübertritt folgt man orangefarbenen Stangen bis zum Zusammenfluss von Young und Makarora. Sobald man den Makarora überwunden hat, folgt der Weg dem linken Ufer des Young River durch

Informationen

DOC Visitor Centre, SH6, Ecke Jackson Bay Rd, Haast Junction, ℡ 03 750 0809, ✉ haastvc @doc.govt.nz. Infotafeln zu allen Aspekten der Umgebung sowie den 20-minütigen Film *Edge of Wilderness* (auf Anfrage, $3). ⏲ tgl. Nov–April 9–18, Mai–Okt 9–16.30 Uhr. Weitere Informationen auf der **Website** unter 🖥 www.haastnz.com.

Touren

Waiatoto River Safaris Hannahs Homestead, Haast-Jackson Bay Rd, ℡ 0800 538 723,

🖥 www.riversafaris.co.nz. Organisiert Jetbootsafaris (Okt–Ende April 3x tgl., 2 Std.,$199) von der Küste bis ins Herz der Berge, mit Betonung auf Geschichte und Landschaft.

Wanna Go Fishing Charters, ℡ 03 750 0134. Halbtägige und ganztägige ($220–250 p. P.) Charterfahrten zum Angeln auf dem Fluss oder im Meer für mind. 4 Pers.

TRANSPORT

InterCity- und **NakedBus-Busse** halten vor dem Fantail Café, aber ohne eigenes Auto ist man hier schlecht dran.

Südbuchenwald nach Young Forks (kostenloser Campingplatz) und, nach der Brücke, dem South Branch. Ein steiler Abschnitt (100 Höhenmeter) führt, u. a. über mehrere instabile Erdrutsche, zum Stag Creek. Von hier geht es stetig durch den Wald bergan zur neuen Young Hut (20 Betten).

Tag 2: Young Hut–Siberia Hut (12 km, 6–8 Std., 700 m Aufstieg, 1000 m Abstieg)

Der nächste anstrengende Tag führt zunächst hinauf zur Baumgrenze, überragt vom 2202 m hohen Mount Awful. Es folgt der steile und lange Aufstieg zum Gillespie-Pass. Erst nach 3 Std. ist der Sattel erreicht, ein faszinierender Ort, der Ausblicke bis auf die schneebedeckten nördlichen Gipfel des Mount Aspiring National Park gewährt. Auf grasbewachsenen Abhängen geht es nun steil hinunter zum Gillespie Stream, dem man bis zu seinem Zusammenfluss mit dem Siberia Stream folgt. Nach einer weiteren Stunde flussabwärts kommt endlich die Siberia Hut in Sicht, in der es im Sommer einen Aufseher gibt. Ganz Konditionsstarke unternehmen zuvor eventuell noch den Abstecher zum Lake Crucible (hin und zurück 4–5 Std.) und laufen erst dann zur Hütte hinunter. Man kann aber auch zwei Nächte in der Hütte verbringen und die Wanderung zum Lake Crucible (13 km, hin und zurück 6–7 Std., 500 Höhenmeter) am nächsten Tag machen.

Abstecher zum Lake Crucible (14 km, hin und zurück 6–7 Std., 500 Höhenmeter).

Von der Siberia Hut folgt man dem linken Ufer des Siberia Stream für kurze Zeit, bis man am anderen Flussufer den kataraktartigen Crucible Stream entdeckt. Dann durchquert man den Siberia Stream und steigt über den Pfad auf, der vom linken Ufer des Crucible Stream in den Wald führt. Die Etappe ist anstrengend, und die Wegmarkierungen sind auf den Wiesen weiter oben manchmal schwer zu finden, aber der Anblick des tiefen Sees mit seinen Eisbergen zu Füßen des Mount Alba lohnt die Mühe auf jeden Fall. Vom **Flugplatz im Siberia Valley** starten regelmäßig Flugzeuge, und vielleicht hat man Glück und kann einen der freien Restplätze ergattern.

Tag 3: Siberia Hut–Kerin Forks (7 km, 2–3 Std., 100 Höhenmeter)

Am südlichen Ende der Siberia Flats betritt man den Wald und steigt auf der linken Uferseite des Siberia Stream im Zickzack abwärts (der Weg führt vom Fluss weg) zum Wilkin River und der **Kerin Forks Hut** (10 Betten), wo sich viele Wanderer von einem Jetboot abholen lassen – da der Makarora River nach heftigen Regenfällen für Fußgänger unpassierbar wird, sollte man diese Art des Rücktransports nutzen. Als Alternative läuft man den letzten Abschnitt von **Kerin Forks nach Makarora** (15 km, 4–5 Std., 100 m Aufstieg, 200 m Abstieg), indem man dem linken Ufer des Wilkin River folgt, den Makarora River oberhalb des Zusammenflusses überquert und an seinem Flussufer zurück nach Makarora läuft.

WESTKÜSTE

Die Straße nach Jackson Bay

Die 50 km lange Strecke ins Fischerdorf Jackson Bay wird nur von einer bescheidenen Anzahl neugieriger Touristen befahren. 4 km hinter Haast Junction ist **Haast Beach** erreicht, das einen kleinen Laden und eine Zapfsäule besitzt.

Hapuka Estuary Walk und Umgebung

10 km von Haast Beach entfernt

Gegenüber dem **Haast Beach Holiday Park** (S. 792) folgt der **Hapuku Estuary Walk** (1 km, 20-minütiger Rundgang) einem erhöhten Plankenweg über eine Brackwasser-Lagune und durch Kowhai-Wald. Besonders schön ist der Spaziergang im Oktober und November, wenn die Bäume leuchtend gelb blühen. Sanddünen bieten dem Rimu- und Kahikatea-Wald Schutz, und man genießt einen Blick auf die **Open Bay Islands**, einst ein Robbenjagdgebiet, heute ein **Schutzgebiet** mit einer recht großen Kolonie von Pelzrobben und Fjordlandpinguinen. Nach der Arawhata Bridge abbiegen und der Straße 3 km bis zum Anfang einer leichten, einstündigen Rundwanderung um **Lake Ellery** folgen.

Jackson Bay

50 km südlich von Haast, an der Straße von Haast nach Jackson Bay, liegt die ehemalige Robbenfangstation **Jackson Bay** im Schutz von Jackson Head, der die heftigen Westwinde etwas abschwächt. Wem die Sandfliegen nichts ausmachen, der kann auf dem **Wharekai Te Kou Walk** (1,6 km, hin und zurück 40 Min.) über die flache Landenge hinter dem Jackson Head zum Ocean Beach spazieren, wo sich neuseeländische Seebären tummeln. Der **Smoothwater Track** (9,4 km, hin und zurück 3–4 Std.) folgt einem alten Siedlerpfad zum gleichnamigen Fluss und führt dann am Smoothwater River entlang zu abgelegenen Smoothwater Bay.

Die Versorgungseinrichtungen in Jackson Bay beschränken sich auf den rustikalen Diner **The Cray Pot**, ✆ 03 750 0035,in einem alten Eisenbahnwaggon.

Zum Essen gibt es Fish 'n' Chips, Fischsuppe u. Ä. (Hauptgerichte $19–28) sowie Tee und Kaffee. ⏲ Mitte Sep–April 12.30–15.30 Uhr, saisonale Öffnungszeiten variieren.

Haast Pass

SH6, östlich von Haast

Von Haast sind es fast 150 km über den niedriger als Arthur's und Lewis Pass gelegenen **Haast Pass** und durch die **Gates of Haast** nach Wanaka. Die Ngai Tahu benutzten diese Route für den Handel mit Jade und zeigten sie vermutlich dem Goldsucher Charles Cameron, der den Haast Pass 1863 als erster Pakeha überquerte. Bald darauf folgte der einflussreichere **Julius von Haast**, der, bescheiden wie er war, die Strecke nach sich selbst benannte.

Von Haast verläuft die Strecke zunächst entlang des breiten **Haast River** und windet sich dann in vielen Kurven den Pass hinauf. Zahlreiche kurze und gut ausgeschilderte Wege, meistens zu Wasserfällen an Nebenflüssen des Haast River, zweigen unterwegs von der Straße ab. Zu den beliebtesten Zielen gehören die **Thunder Creek Falls**, die **Fantail Falls** gleich neben der Straße und der **Blue Pools Walk** zu einem leuchtend blauen Bach, der aus einer engen, eisigen Schlucht sprudelt. Übernachtungsmöglichkeiten an der Strecke bieten die einfachen **DOC-Campingplätze** ($6 p. P.) **Pleasant Flat**, 45 km hinter Haast, und **Cameron Flat**, 10 km vor Makarora.

Makarora

Die Handvoll Häuser, die sich **Makarora** nennt, liegt auf der Hälfte der Strecke zwischen Haast und Wanaka, am nördlichen Rand des **Mount Aspiring National Park**. Wer schon in Vorfreude auf den Komfort in Wanaka und Queenstown ist, wird in diesem Ort kaum verweilen wollen, aber unternehmungslustige Reisende mit ein paar Extra-Tagen im Gepäck können einen der hiesigen Wanderwege ins Auge fassen. In der Nähe von Makarora gibt es zwei **kurze Wanderwege**. Der **Makarora Bush Nature Walk** (15 Min. Rundwanderung) beginnt in der Nähe des DOC-Büros; davon zweigt der **Mount Shrimpton Track** (hin und zurück 5 km, 4–5 Std., 900 Höhenmeter) ab, der durch Silberbuchen steil ansteigt bis zur Baumgrenze, von wo aus man einen fantastischen Blick über das Makarora Valley hat.

WESTKÜSTE

N
0   5 km

Mount Awful
(2202 m)

Gillespie Pass
(1480 m)

North Branch

Young
Forks

Siberia Stream

Young
Hut

Mount Alba
(2355 m)

South Branch

Haast (80 km)

Lake
Crucible

Young River   Ram Flat

Siberia
Hut

Siberia Valley
Airstrip

Mount Kuri
(2134 m)

Mount Turner
(2149 m)

Makarora

Mount Shrimpton (4 km)

Mount Broom
(1966 m)

Newland Stream

Kerin
Forks Flat

Makarora River

Dan's Flat

Kerin
Forks
Hut

Wilkin River

▼ Matukituki Valley (3–4 Tage)   Wanaka (63 km) ▼

ÜBERNACHTUNG UND ESSEN

Boundary Creek, SH6. Ruhiger Campingplatz am oberen Ende des Lake Wanaka. Viele Zeltstellplätze auf der Wiese oder auf Kies in idyllischer Lage. Mit Toiletten und Wassertank. $6
Makarora Tourist Centre, SH6, ☎ 03 443 8372, 🖥 www.makarora.co.nz. Makaroras Epizentrum. Hier gibt's Sprit und eine kleine Auswahl an Lebensmitteln (⏲ Laden tgl. 8–17 Uhr) sowie eine Café-Bar (⏲ tgl. 8 Uhr bis spät) mit Frühstück, Sandwiches, Mittagsbuffet und einfachen Abendgerichten (tgl. 17–20 Uhr) mit Steak, Hühnchen und Vegetarischem (Hauptgerichte $20–30). Campingmöglichkeiten ($12) und verschiedene günstige Unterkünfte. Dorms mit Bad $30, DZ $70

INFORMATIONEN UND TOUREN

DOC, SH6, ☎ 03 443 8365, ✉ mtaspiringgvc@doc.govt.nz. Das Büro hat Informationen

und Hüttenpässe für Wanderungen, vor allem für den Gillespie Pass (s. Kasten S. 792). ⏲ Dez–Feb tgl. 8–17 Uhr, sonst unregelmäßig besetzt.
Siberia Experience, ☎ 0800 345 606, 🖥 www.siberiaexperience.co.nz. Die 4-stündige Siberia-Experience-Tour ($355) umfasst einen Flug in das abgelegene Siberia Valley, eine 3-stündige Wanderung zum Wilkin River und eine Jetbootfahrt zurück nach Makarora. Das Gleiche mit 25-minütigem Flug kostet $455. Außerdem wird noch eine abgeschwächte Variante angeboten (3 1/2 Std., $299).
Wilkin River Jets, ☎ 0800 538 945, 🖥 www.wilkinriverjets.co.nz. Betreibt Jetboot-Taxis von und zu den Wanderwegausgangspunkten am Gillespie Pass ($25 zur Mündung des Young River, $110 von Kerin Forks, mind. 3 Pers.). Auf dem Programm stehen auch eine Reihe Standardtouren mit dem Jetboot sowie Kombinationen aus Helikopterflügen und Jetbootfahrten.

LAKE WAKATIPU, QUEENSTOWN

Queenstown, Wanaka und Central Otago

Umgeben von den feuchten Buchenwäldern und schroffen Felswänden Fiordlands, den schneegekrönten Gipfeln der Neuseeländischen Alpen, den fruchtbaren Ebenen südlich von Canterbury und den Schafsweiden Southlands liegen Queenstown, Wanaka und Central Otago. Unter dem klaren Himmel dieser atemberaubend schönen Region locken Gletscherseen und karge Berge.

Stefan Loose Traveltipps

18 **Queenstown** Nervenkitzel pur
bietet Nevis Bungy mit Neuseelands
höchstem Bungy-Sprung (134 m), aber
auch eine Jetbootfahrt oder ein Rafting-
Ausflug auf dem Shotover River sind
abenteuerlich, ganz zu schweigen von
einem atemberaubenden Heli-Biking-Trip.
S. 801

19 **Routeburn Track** Alpine Landschaften und dichter Wald machen
diesen Wanderweg zu einem der schönsten in Neuseeland. S. 827

Weingüter In Central Otago, dem südlichsten Weinanbaugebiet der Welt, laden
über 20 Weingüter zu einer Verkostung
insbesondere des wunderbaren Pinot Noir
ein. S. 842 und S. 857

Canyoning Mit einem Neoprenanzug
bekleidet geht es in die faszinierenden
Schluchten des Matukituki Valley. S. 848

Otago Central Rail Trail Eine dreitägige
Radtour entlang einer stillgelegten Bahn-
linie durch die ländliche Maniototo-
Region. S. 860

OTAGO CENTRAL RAIL TRAIL

ROUTEBURN TRACK

Routeburn Track

Matukituki Valley

Queenstown

Otago Central Rail Trail

Inhalt

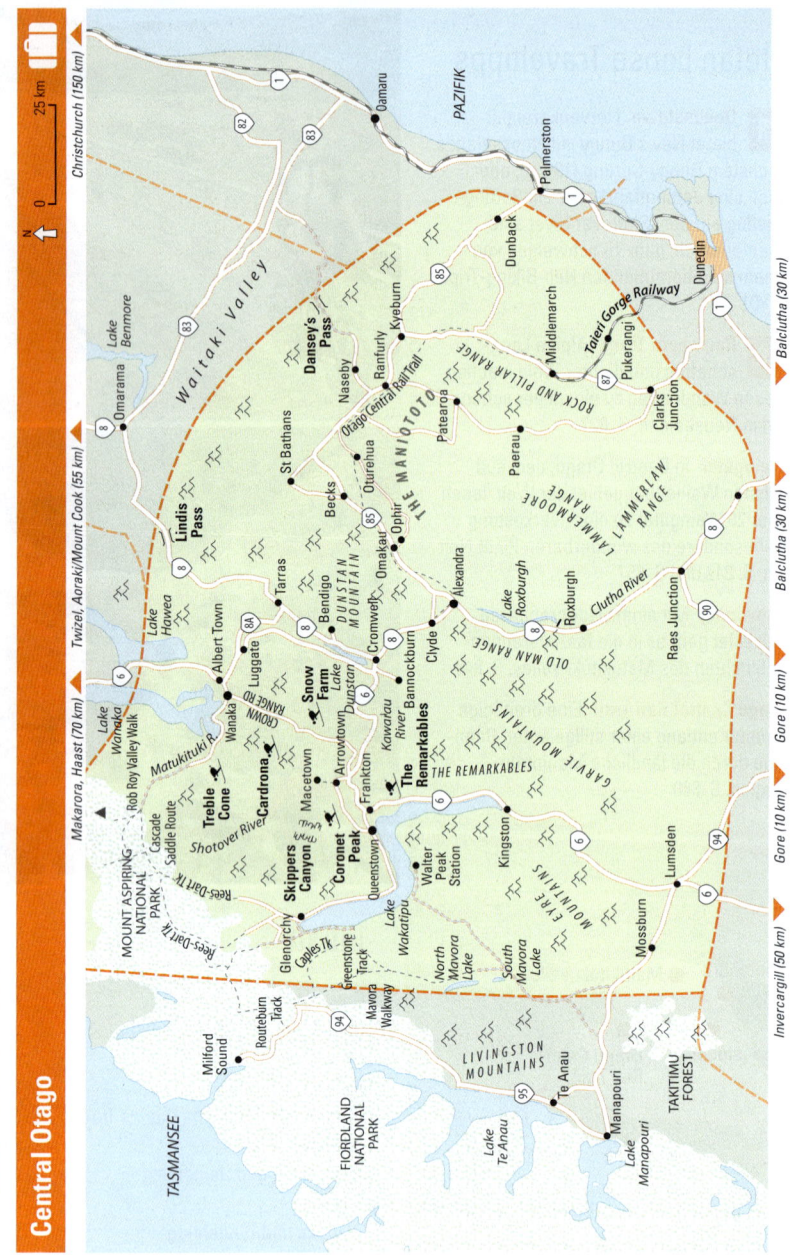

Das Zentrum von Central Otago bildet **Queenstown**, ein rohes Juwel mit traumhaften Ausblicken über den Lake Wakatipu bis zu den zerklüfteten Berggipfeln der Remarkables. Der Ort ist Neuseelands Hauptstadt für Abenteueraktivitäten: Hier lässt sich fast alles arrangieren, was irgendwie Adrenalinschübe auslöst. Weitaus zahmer präsentiert sich dagegen der Ferienort **Wanaka** am stillen Ufer des gleichnamigen Sees. In der gesamten Region finden sich Überreste des Goldrausches des 19. Jhs., besonders in Central Otago, oder „Central", wie die Einheimischen die Gegend rund um **Cromwell** nennen, und in der Landschaft des **Maniototo**, die sich unter einem unbeschreiblich weiten Himmel ausbreitet.

Die gesamte Region wird geprägt durch ihre Flüsse und Seen. Schmelz- und Regenwasser füllen den 70 km langen **Lake Wakatipu**, von dem Queenstown und Umgebung ihren Beinamen **Wakatipu Basin** erhalten haben. Im Osten des Sees liegt die Quelle des Kawarau River, der durch die faszinierende Kawarau Gorge fließt. Unterwegs nimmt er noch das Wasser des Shotover River aus dem Gebiet der ehemaligen Goldfelder bei Skippers auf.

In **Queenstown** werden Aktivitäten wie Bungy-Jumping, Jetbootfahren, Rafting, Fallschirmspringen, Mountainbiking, Paragliding usw. in sehr erfolgreich vermarkteten Paketen angeboten. Aber natürlich muss man nichts davon in Anspruch nehmen. Viele Besucher geben sich damit zufrieden, am Seeufer zu entspannen und in den besten Cafés und Restaurants der Region zu speisen. In der wundervollen Umgebung sind bereits mehrere bekannte Filme gedreht worden, so z. B. einige Szenen aus *Die Chroniken von Narnia*, Teile der *Herr der Ringe*-Trilogie und zuletzt *Der Hobbit*.

Das benachbarte **Arrowtown** bietet eine nette Atempause vom Trubel in Queenstown und vermarktet sein Goldrauscherbe auf angenehme Art und Weise. Inmitten der alten Straßenzüge findet fast jeder etwas, was ihn anspricht: kleine Restaurants, coole Bars, ein alternatives Kino, historische chinesische und Goldgräbersiedlungen und Tagesfahrten zu den verwaisten Goldminen der nahe gelegenen Geisterstadt **Macetown**.

Glenorchy am nördlichen Ende des Lake Wakatipu ist Ausgangspunkt einiger der beliebtesten Wanderungen in Neuseeland. Dank eines guten Transportsystems sind die Startpunkte des sagenhaften **Routeburn Track** sowie der schönen Wanderwege **Caples** und **Greenstone** mühelos zu erreichen. Das Gleiche gilt für den gebirgigen **Rees-Dart Track**, den ersten Abschnitt der schwierigen Cascade Saddle Route. Das mit Gletschern bedeckte „Matterhorn des Südens" bildet das Herzstück des **Mount Aspiring National Park**, der über das bezaubernde Matukituki Valley mit dem Ferienort **Wanaka** am gleichnamigen See verbunden ist. Wanakas geruhsame Atmosphäre steht in absolutem Kontrast zur Hektik von Queenstown, auch wenn es nicht an Veranstaltern mangelt, die alle möglichen Aktivitäten anbieten.

Lake Wanaka und Lake Wakatipu speisen den Clutha River, der sich seinen Weg zur Küste südlich von Dunedin durch Landschaften bahnt, die von der fieberhaften Suche nach **Gold** gezeichnet sind. Rund um die beschaulichen Orte **Cromwell**, **Alexandra** und **Roxburgh** stößt man immer noch auf Zeugnisse der Goldgräberzeit. Die Goldsucher gründeten auch winzige Ortschaften im Maniototo wie **St Bathans** und **Naseby**, reizvolle Orte mit interessanten Relikten aus den Boomjahren.

Von Juni bis Oktober steht die Region ganz im Zeichen des **Wintersports**. Queenstown bildet die Basis für die Abfahrtsskigebiete **Coronet Peak** und **Remarkables**, Wanaka für **Cardona** und **Treble Cone** sowie das nordische Skigebiet **Snow Farm**.

Geschichte

Central Otago war zunächst von Maori besiedelt. Als jedoch in den 1830er-Jahren die ersten Europäer eintrafen, um Land für die Weidewirtschaft aufzukaufen, lebten hier nur noch wenige Ureinwohner. Nach der Gründung von Dunedin 1848 stieg das Interesse der Weißen an der Region; doch alles veränderte sich 1861, als der Australier Gabriel Read am Tuapeka River südlich von Lawrence einige Körnchen **Gold** entdeckte und damit den heftigsten Goldrausch Neuseelands auslöste. Innerhalb weniger Wochen war Dunedin praktisch ausgestorben, und

Gold aus Dreck

Die landläufige Vorstellung vom eifrigen Goldwäscher mit Pelzmütze und Sieb, der das Flussbett hingebungsvoll nach dem wertvollen Metall absucht, ist nicht völlig aus der Luft gegriffen. Das Einzige, was ein Goldschürfer damals benötigte, waren eine Hacke und eine Schaufel, ein **Goldsieb** und vor allem ein spezieller Holzkasten, *rocker* genannt, in dem das Geröll gewaschen wurde. Als die leicht erreichbaren Stellen abgegrast waren, musste man sich andere Möglichkeiten einfallen lassen, um an neues Rohmaterial zu kommen. Am Shotover River wurden Stahlplatten in das Flussbett getrieben und Erdrutsche ausgelöst, die eine Weile die Fluten stauten, sodass sogar ein Tunnel gegraben werden konnte.

Als die Ausbeute geringer wurde, errichtete man Dämme und pumpte das Wasser unter hohem Druck ins Erdreich, woraufhin das goldhaltige Geröll freigesetzt wurde, das man dann entweder im traditionellen Stil von Hand oder mit einer einfachen, nach dem gleichen Prinzip funktionierenden Maschine durchsiebte. Auf eigene Faust arbeitende Goldsucher konnten mit der fortschreitenden **Technisierung** bald nicht mehr mithalten, und viele wanderten zu neuen Goldfeldern ab.

Größere Minengesellschaften setzten **Bagger** ein, die am Ufer verankert waren, aber auf dem Fluss trieben. Mit riesigen Schaufeln wurde das Flussbett ausgehoben, der Ertrag im Sieb sortiert und alles Unbrauchbare ausgespuckt und am Ufer abgelagert.

Das Seifengold von Otago stammt aus unterirdischen Quarzschichten – als die Ausbeute magerer wurde, machte man sich auf die Suche nach der Hauptader. Der **Bergbau** erforderte einen beträchtlichen Einsatz an Maschinerie, und ganze Städte schossen aus dem Boden, um die Arbeiter zu beherbergen. Mit Hämmern, die anfänglich von Wasserkraft, später von Dampfkraft angetrieben wurden, zertrümmerte man die Felsbrocken zu feinem Pulverstaub. Dieser lief auf einem Band über Kupferplatten mit Quecksilberlegierung in Tücher, wo das Gold aufgefangen wurde; der Rest wanderte in einen gusseisernen Kessel. Anschließend trennte man das Gold vom Quecksilber, ein Arbeitsgang, der in späteren Jahren durch die Verwendung von Zyanid erleichtert wurde.

Auch wenn die Ausbeute keineswegs aufsehenerregend ist, gibt es immer noch Menschen, die sich mit Goldwaschen über Wasser halten. Auch größere, finanzkräftige Gesellschaften testen hin und wieder das Potenzial der Region, die laut Aussage eines Bergbauexperten noch immer „a shitload of gold" birgt.

Tausende kampierten auf dem Goldfeld von **Tuapeka** rings um **Gabriels Gully**. 1862 holten die kalifornischen Goldsucher Horatio Hartley und Christopher Reilly ihre ersten Nuggets aus dem Clutha River und hatten innerhalb von drei Monaten stolze 40 kg Gold zusammen. Das gab den Ausschlag für einen noch größeren Goldrausch, in dessen Zentrum diesmal **Cromwell** stand, das praktisch über Nacht zum Leben erwachte.

Gold am Shotover River

Später im Jahre 1862 war Thomas Arthur und Harry Redfern das Glück beim heutigen **Arthur's Point** am Shotover River 5 km nördlich von Queenstown hold, und aus Neuseeland und Australien setzte anschließend ein Massenexodus zu den neuen Feldern am „reichsten Fluss der Welt" ein. Die Hauptgoldader erstreckt sich unter dem **Mount Aurum**, und das Gold wird durch die Zuflüsse des Shotover zu den Goldfeldern transportiert. Bis 1864 waren die Flussufer ausgebeutet, und immer raffiniertere Schürfmethoden mussten entwickelt werden (s. Kasten).

Während im Skippers Canyon weiter nach Gold gesucht wurde, wurde man auch im heutigen **Arrowtown** fündig, der letzten großen Goldgräberstadt. Innerhalb weniger Jahre gingen die Erträge jedoch zurück. Als keine großen Schätze mehr zu holen waren und die Händler ihre Gewinne schwinden sahen, wurden **chinesische Gastarbeiter** angeheuert. Sie durchforsteten die von den Europäern hinterlassenen *tailings* (durchsiebtes Geröll).

Nach dem Goldrausch

Obwohl sich der Goldboom in Central Otago genauso rasch wie anderswo verflüchtigte, dauerte das Goldschürfen in der einen oder anderen Form immerhin fast 40 Jahre an, und der finanzielle Gewinn für die Südinsel war so bedeutsam, dass sie zumindest eine Zeit lang die treibende Wirtschaftskraft Neuseelands war. Dunedin blühte, und mit den Geldern aus den Goldfunden wurden die meisten der eleganten öffentlichen Gebäude errichtet.

Im Laufe der Zeit wurden viele Goldgräber-Claims aufgegeben, was nicht unbedingt an den kläglichen Schürfergebnissen, sondern vielmehr am unwirtlichen Winterwetter, an der Hungersnot, den sinkenden Goldpreisen und der Wasserknappheit lag. Die Goldgräber hinterließen eine Landschaft voller verlassener Stollen, gefährlicher Schächte und merkwürdig aussehender Gerätschaften.

Als sich **Schafzucht** und **Obstanbau** zu den wichtigsten Erwerbszweigen entwickelten, rostete die verlassene Technik jahrzehntelang einfach vor sich hin. Heute stellt die Goldgräberzeit eine wichtige Einnahmequelle für den **Tourismus** der Region dar.

Queenstown

Zweifellos handelt es sich bei Queenstown um das kommerziellste Urlaubsziel Neuseelands. Nicht selten beklagen sich Besucher, dass die Abenteuersport-Metropole des Landes zu überfüllt, zu laut, zu teuer, zu großspurig und Opfer einer hemmungslosen Erschließungs- und Bauwut sei. Das ist nicht ganz falsch: Tagsüber ist Queenstown vom fernen Widerhall der Angst- und Freudenschreie der Adrenalin-Junkies erfüllt und abends quellen aus den Bars die stampfenden Bässe der Musik. Gleichzeitig aber ist es ein malerischer Ort mit einer tollen Auswahl an Restaurants und einigen der nobelsten Unterkünfte des ganzen Landes.

Queenstown genießt man am besten in kleinen Dosen, entweder als Ausgangsbasis für längere Abstecher in die Natur oder um an einer der zahllosen Abenteueraktivitäten teilzunehmen. Am begehrtesten ist zweifellos **Bungy-Jumping**; in der Umgebung der Stadt gibt es drei Basen, die als landschaftlich reizvollste Absprungstellen weltweit gepriesen werden. Abenteuerlustige können das Bungy-Jumping entweder als Einzelaktivität oder als Teil eines Pakets buchen, sei es zusammen mit **Whitewater Rafting** oder **Jetboating** auf dem Shotover River.

Aber auch Besucher, denen mehr nach Entals nach Anspannung zumute ist, kommen auf ihre Kosten. Sie können Spaziergänge am Seeufer entlang und hinauf zu Aussichtspunkten unternehmen, mit der altehrwürdigen *TSS Earnslaw*, dem einzigen noch erhaltenen Dampfer auf dem **Lake Wakatipu**, eine Kreuzfahrt unternehmen, mit der Seilbahn auf **Bob's Peak** fahren und dort die sagenhafte Aussicht über Queenstown und die Remarkables genießen oder sich einer geführten **Weintour** zu den südlichsten Winzereien der Welt anschließen (S. 818). Auch der **Milford Sound** ist von Queenstown aus gut zu erreichen.

Der sommerliche Trubel ist aber noch gar nichts, wenn man ihn mit der Wintersaison vergleicht, während der in- und ausländische Skifahrer in Massen einfallen, um am **Coronet Peak** und in den **Remarkables** – zwei hervorragenden, 30 Min. von Queenstown entfernten Wintersportgebieten – ihrer Leidenschaft zu frönen. Den absoluten Höhepunkt dieser Jahreszeit bildet das jährliche **Queenstown Winter Festival** Ende Juni.

Das Seeufer

An der Marine Parade

An warmen Tagen kann man wunderbar am See relaxen, z. B. auf der Rasenfläche an der Marine Parade. Ganz Hartgesottene nehmen auch ein Bad im See – allerdings liegt die sommerliche Temperatur des Wassers bei ca. 11 °C. Man kann den Fallschirmseglern zuschauen und am Abend den Sonnenuntergang über den Bergen genießen, während die *Earnslaw* zu ihrer letz-

QUEENSTOWN, WANAKA UND CENTRAL OTAGO

Frankton (5 km), Flughafen (6 km), (8 km), Arrowtown (20 km), Milford Sound (290 km)

Frankton (5 km), Arthurs Point (5 km), (6 km), Coronet Peak (16 km), Skippers Road (16 km)

Queenstown Hill (907 m)

Freshchoice Supermarket Raeward Fresh

Skyline Lodge — Bob's Peak

Ziptrek Ecotours The Lodge Bungy & Swing

Ben Lomond Summit Track

Skyline Gondola

Kiwi Birdlife Park

Queenstown Cemetery

Tiki Trail

Bücherei

Alpine Supermarket

DOC Office

Reading Cinemas

Steamer Wharf

Main Town Pier

Eichardt's Hotel

William's Cottage

Lake Wakatipu

Queenstown Bay

Queenstown Gardens

Walter Peak Station (40min)

St Omer Park

Restaurants und Cafés

@ Thai	12
Aggy's Shack	13
Caribe	6
The Cow	8
Fergbaker	3
Fergburger	4
Kappa	7
Madam Woo	11
Patagonia Chocolates	9
Public Kitchen & Bar	14
Rata	1
Vudu Café	5
Vudu Café & Larder	10
Wakatipu Grill	2

Bars

1876	1	The Find	2	
Atlas Beer Café	9	Ivy und Lola's	7	
Bardeaux	5	Pòg Mahone's	6	
The Bunker	4	Vinyl Underground	8	
		The Winery	3	

Übernachtung

12 Mile Delta Campground	17	The Chalet	12
Absoloot	24	The Dairy	20
Base	22	Flaming Kiwi Backpackers	4
Black Sheep	14	Four Seasons Motel	6
Browns Boutique Hotel	21	Historic Stone House	18
Bumbles	8	Little Paradise Lodge	10
Butterfli Lodge	11	The Lodges	16
Caples Court	7	Moke Lake Campsite	25
		Nomads	5
Pinewood	3		
Q Box	1		
Queenstown Lakeview Holiday Park	5		
Queenstown Motel Apartments	13		
Shotover Top 10 Holiday Park	2		
Southern Laughter	19		
YHA Queenstown Central	23		
YHA Queenstown Lakefront	15		

250 m

100 m

ten Tagesfahrt Richtung Walter Peak ausläuft. Die Marine Parade führt Richtung Osten zu den **Queenstown Gardens**, einem hübschen Park auf der Halbinsel zwischen Queenstown Bay und dem Rest des Lake Wakatipu.

Eichardt's Hotel

2 Marine Parade

Von den Zeiten des Goldrauschs ist im Zentrum von Queenstown nur noch wenig zu sehen. Das am See gelegene **Eichardt's Hotel**, das teilweise aus dem Jahr 1871 stammt, haben jedoch schon die Goldsucher frequentiert. Bis Mitte der 1990er-Jahre war im Haus eine Kneipe untergebracht, heute beherbergt es ein superexklusives Boutiquehotel. Gegenüber steht eine Statue des Gründers von Queenstown, William Rees – inklusive Schafsbock.

Das **Williams Cottage** von 1866 weiter die Straße hinunter ist das älteste Haus von Queenstown. Es weist viele ursprüngliche Elemente auf und ist heute ein Designshop.

Kiwi Birdlife Park

Brecon St, am Fuß von Bob's Peak ▪ ☉ Okt–März tgl. 9–17.30, April–Sep 9–17 Uhr; Conservation Show tgl. 11 und 15 Uhr; Kiwi-Fütterung tgl. 10, 12, 13.30 und 16.30 Uhr ▪ Eintritt $43 für 2 aufeinanderfolgende Tage, inkl. Audiotour; Kombiticket mit Skyline Gondola $69 ▪ ✆ 03 442 8059, ▭ www.kiwibird.co.nz

Dieser familiengeführte Wildpark hat sich dem Erhalt der endemischen neuseeländischen Fauna verschrieben. Er liegt auf einem Landstück aus gemischtem heimischem und exotischem Busch mit Pfaden, Teichen und Rasenflächen, dazwischen stehen Volieren und Reptilienhäuser. Der Schwerpunkt liegt – in Zusammenarbeit mit dem Department of Conservation – auf der Nachzucht einiger der seltensten Vögel und Reptilien Neuseelands mit dem Ziel der Auswilderung. Kiwis, Saumschnabelenten, Pateke (Neuseelandente), Wekarallen und Otago Skinks werden so lange aufgezogen, bis sie für sich selbst sorgen und in die Wildnis entlassen werden können.

Man sollte den Besuch so legen, dass er in die Zeit der **Kiwi-Fütterung** im Nachttierhaus

und der äußerst unterhaltsamen 30-minütigen **Conservation Shows** fällt, bei denen Kakarikis (einheimische Sittiche), Kererus (neuseeländische Tauben) und Neuseeland-Stelzenläufer den Zuschauern etwas „vorspielen". Wer eins dieser „Encounters" verpasst, kann mit der gleichen Eintrittskarte an einem anderen Tag noch mal herkommen.

Bob's Peak

Sowohl Skyline Gondola als auch Tiki Trail sind vom Ende der Brecon St her erreichbar ▪ ☉ Seilbahn tgl. 9–21.30 Uhr ▪ $30 hin und zurück ▪ ✆ 03 441 0101, ▭ www.skyline.co.nz

Den schönsten Panoramablick auf Queenstown, den Lake Wakatipu, die Remarkables sowie Cecil und Walter Peak bietet zweifellos **Bob's Peak**, der unmittelbar hinter der Stadt aufragt und innerhalb weniger Minuten mit der 450 Höhenmeter überwindenden **Skyline Gondola** erreichbar ist. Die Bahn endet am Skyline Complex, der Basis für eine Reihe von Aktivitäten.

Abgesehen von den nachstehend aufgeführten Aktivitäten bestehen fantastische Bedingungen für Mountainbiking im **Queenstown Bike Park** (s. Kasten S. 816). Bei den Aktivitäten am Bob's Peak wie **Bungy Jumping, Swinging** und **Tandemfallschirmspringen** ist die Seilbahnfahrt nicht im Preis enthalten. Wer Geld sparen und gleichzeitig etwas für seine Fitness tun möchte, nimmt den steilen **Tiki Trail** (1 Std., 450 m Anstieg) durch die Bäume nach oben.

Skyline Luge

☉ tgl. 10 Uhr bis Sonnenuntergang ▪ Gondola plus 1 Fahrt $39, 2 Fahrten $42, 5 Fahrten $53

Viel Spaß versprechen diese zwei 800 m langen, kurvenreichen Betonbahnen (eine Scenic, eine Advanced), die mit einer Art Plastikschlitten auf Rädern befahren werden – diese verfügen zwar über ein primitives Bremssystem, aber zumindest bei der ersten Fahrt ist Vorsicht geboten.

Ziptrek Ecotours

Touren mehrmals tgl. ▪ 2-stündige Moa-Tour $135, 3-stündige Kea-Tour $185 ▪ ✆ 0800 947 8735, ▭ www.ziptrek.co.nz

Die Veranstalter am Seeufer sind ständig auf Kundenfang. Mehrere von ihnen bieten Bootsrundfahrten an, aber keine ist besser als die mit der *TSS Earnslaw* (s. unten).

Flyboard, ✆ 027 723 2964, 🖥 www.flyboardqt.com. Auf dem Strahl eines Jetskis über und unter Wasser zu reiten ist in tropischen Gewässern sehr lustig, macht aber auch im 11° C kalten Wasser des Wakatipu überraschend viel Spaß. $115.

Hydro Attack, ✆ 0508 493762, 🖥 www.hydroattack.co.nz. Man sitzt hinter einem erfahrenen Piloten in einem in Neuseeland gebauten, 260 PS starken, haifischähnlichen Halb-Unterwasserboot, das aus dem Wasser schießt, unter die Oberfläche taucht und mit bis zum 80 km/h durch den See rast. Tgl. Sommer 8–20, Winter 9–17 Uhr ($169).

Paraflights, Town Pier, ✆ 0800 225520, 🖥 www.paraflights.co.nz. Hierbei kann man sich von einem Boot gezogen bis zu 200 m über den See erheben und 10 Min. die Aussicht genießen, bevor man wieder heruntergelassen wird – in der Theorie funktioniert das Ganze, ohne dass man nass wird. Solo $159, Tandem $129 p. P., Trio $99 p. P.

Watersports Queenstown, südliches Ende der Marine Parade, ✆ 027 787 9979, 🖥 www.watersportsqueenstown.co.nz. Verleiht alle möglichen Wasserfahrzeuge für Ausflüge auf dem Lake Wakatipu, angefangen bei Tretbooten ($20/20 Min.) und Aquabikes ($15/20 Min.) bis zu Paddelbooten ($20/45 Min.) und Kajaks ($25/45 Min.). Auch geführte Kajaktouren auf dem See (halber Tag $139, ganzer Tag $249).

Eine Möglichkeit, von Bob's Peak wieder nach unten zu gelangen, bietet **Ziptrek Ecotours**. Das ist eine etwas merkwürdige Mischung aus Abenteuer – auf Seilrutschen (Ziplines) geht es durch Douglasfichten – und Appell ans Umweltbewusstsein. Letzterer ist für Leute, die sich eh schon zum Naturschutz bekennen, etwas überflüssig. Anderen erscheint das Ganze wohl wie eine Moralpredigt. Aber es ist auf jeden Fall lustig, durch die Bäume zu zippen.

Bei der **Moa-Tour** rutscht man über die ersten vier Ziplines (dreimal 100 m, einmal 300 m) und kommt nicht weit entfernt von der Bergstation der Seilbahn an. Bei der **Kea-Tour** kommen zwei weitere und sehr viel längere und steilere Seilrutschen hinzu, bis man schließlich in der Nähe der Talstation der Seilbahn ankommt. Unbedingt geschlossene Schuhe anziehen. Hoch geht's entweder zu Fuß auf dem Tiki Trail oder mit der Seilbahn (gegen Gebühr).

TSS Earnslaw

Steamer Wharf ▪ ⊙ tgl. Anfang Juli–Mitte Mai, nur 90-minütige Fahrt $55 ▪ ✆ 0800 656 501, 🖥 www.realjourneys.co.nz

Das 1912 gebaute Dampfschiff **TSS Earnslaw** ist der letzte und größte Seedampfer Neuseelands und zählt zu den bleibenden Eindrücken von Queenstown. Von den Bergen ringsherum wird das schrille Tröten der Schiffssirene zurückgeworfen, wenn der liebevoll restaurierte Dampfer laut stampfend an der Steamer Wharf ablegt. Auf Hochglanz poliertes Messing und Holz bestimmen das Bild, selbst die Dampfmaschine erstrahlt noch wie am ersten Tag und darf während der Überfahrt einer näheren Inspektion unterzogen werden.

Walter Peak High Country Farm

Rundfahrt und Farmtour $75 ▪ Rundfahrt, Farmtour und BBQ-Lunch $95 ▪ Rundfahrt, Dinner und Farmshow $120 ▪ Rundfahrt und Ausritt Mitte-Sep–April $116 ▪ geführte Radtour Nov–April $219 ▪ Radfahren auf eigene Faust $70 ▪ Mavora High Country Tour Nov–April $246

Die *Earnslaw* tuckert von Queenstown zur **Walter Peak High Country Farm**, einer Touristenklave am südwestlichen Seeufer. Die Bootsfahrt kann mit allerlei Aktivitäten kombiniert werden. Die meisten Besucher nehmen an der **Farmtour** teil, einer unterhaltsamen, aber geschönten Darstellung vom Leben auf dem Bauern-

QUEENSTOWN, WANAKA UND CENTRAL OTAGO

hof, bei der gezeigt wird, wie Hunde abgerichtet und Schafe geschoren werden. Inbegriffen sind auch Tee und Scones auf dem Rasen. Wer mehr Geld ausgeben möchte, bekommt ein ausgezeichnetes BBQ-Mittagessen mit perfekt gegrilltem Fleisch (und vielen leckeren Salaten). Beim Abend-BBQ gibt's im Prinzip das Gleiche; es findet im Anschluss an eine Schafschervorstellung statt.

Außerdem wird eine Mischung aus **Reiten** plus Tee und Scones geboten. Bei der **Mavora High Country Tour** geht es per Minibus auf der Schotterstraße zu den bezaubernden Mavora Lakes, wo Schlüsselszenen vom *Herrn der Ringe* gedreht wurden, und auch eine leicht zu bewältigende **geführte Radtour** um die Mavora Lakes steht auf dem Programm.

ÜBERNACHTUNG

Queenstown besitzt viele Unterkünfte der unterschiedlichsten Kategorien. Trotzdem übersteigt die Nachfrage im Hochsommer und Winter manchmal das Angebot, und die Preise ziehen dann empfindlich an. Das Angebot an **Budget- und Luxusunterkünften** ist hervorragend, nur in der mittleren Preislage ist es nicht so gut, da die Stadt nur wenige **Motels und B&Bs** in günstiger Lage vorzuweisen hat. In der Nebensaison (April, Mai und Nov) bieten einige Hotels gute Deals. Fast alle Unterkünfte liegen nicht weit vom Zentrum entfernt, aber vielleicht möchte man auch lieber weiter draußen in Richtung Glenorchy oder gar in **Arrowtown** nächtigen.

Zentrum

Absoloot, 50 Beach Rd, ☎ 03 442 9522, 🖥 www.absoloot.co.nz; Karte S. 802. Lebendiges Hostel mitten im Zentrum mit Lounge und ausgezeichnetem Seeblick von einigen Zimmern. Zumeist 6-Bett-Dorms mit Bad, TV und Kühlschrank, aber auch 4-Bett-Gemeinschaftszimmer ($35), einige DZ mit Bad ($125) und kostenloses WLAN. Pokerabende, Billard-Wettbewerbe, Bar-Rabatte, Fahrrad- und Snowboard-Aufbewahrung. Dorms $29, DZ $98
Base Queenstown, 49 Shotover St, ☎ 03 441 1185, 🖥 www.stayatbase.co.nz; Karte S. 802. Riesiges Hostel mit mehr als

---

Wanderungen in der Umgebung von Queenstown

Die meisten der nachfolgend aufgelisteten Wanderwege (in Reihenfolge ihres Schwierigkeitsgrads) sind in der DOC-Broschüre *Wakatipu Walks* beschrieben (Download auf 🖥 www.doc.govt.nz).
One Mile Creek Walkway (6 km hin und zurück, 1 1/2 Std., 50 m Anstieg). Ziemlich leichte Wanderung durch Buchenwald entlang einer 1924 angelegten Pipeline. Beginnt am See beim Kreisverkehr Fernhill und bietet eine gute Möglichkeit zum Kennenlernen der einheimischen Flora und Fauna.
Queenstown Hill Walk (5 km hin und zurück, 2–3 Std., 500 m Anstieg). Der recht steile Weg beginnt am oberen Ende der Belfast Street und führt durch überwiegend exotischen Baumbestand auf den Gipfel des Queenstown Hill (907 m), wo sich ein herrlicher Rundumblick eröffnet.
Ben Lomond Summit Track (11 km hin und zurück, 6–8 Std., 1400 m Anstieg). Tageswanderung auf den 1748 m hohen Ben Lomond, einen der höchsten Berge der Region mit entsprechend rauer Witterung, besonders im Winter, wenn der Pfad verschneit sein kann. Der Ausgangspunkt deckt sich mit dem One Mile Creek Walkway, aber man kann für die erste Etappe auch die Skyline Gondola nehmen und in der Nähe der Absprungrampe für die Gleitschirmflieger mit der Wanderung beginnen. Über Gebirgswiesen geht es zum Ben Lomond Saddle und anschließend steil bergauf zum Gipfel.
Ben Lomond-Moonlight Track (16 km einfach, 8–10 Std., 1400 m Anstieg). Anstrengende, schwer erkennbare Route (v. a. bei Schnee), die verschiedene Wege miteinander kombiniert: den Anstieg zum Ben Lomond Saddle, einen Wanderpfad durch subalpines Gelände zur ehemaligen Goldgräbersiedlung Sefferstown sowie die östlichste Etappe des Moonlight Track zum Arthur's Point. Wer die letzten 5 km zurück nach Queenstown nicht zu Fuß gehen möchte, sollte vor dem Start eine Abholung von Arthur's Point organisieren.

Schlechtwetter-Programm

Falls das Wetter sich von seiner schlechten Seite zeigt und man keine Lust auf die Virtual-Reality-Rides und das Geisterhaus an der Shotover Street hat, bestehen folgende Möglichkeiten:

Alpine Aqualand, 33 Joe O'Connell Drive, Frankton, ☎ 03 450 9005, 🖥 www.sportrec.qldc.govt.nz. Hallenbad mit Hydroslides, „Lazy River" etc. $8. ⏰ Mo–Fr 6–21, Sa und So 8–20 Uhr.

Caddyshack City, 25 Brecon St, ☎ 03 442 6642. Indoor-Minigolf. $19,50. ⏰ tgl. 10–17 Uhr oder länger.

Onsen Hot Pools, 160 Arthur's Point Rd, ☎ 03 442 5707, 🖥 www.onsen.co.nz. Romantische, elegante, künstlich erhitzte Badebecken an einem Hang mit Blick auf den Shotover River. Eine Stunde kostet bei 2 Pers. $44 p. P., bei 4 Pers. $35 p. P. Vorbuchen und den kostenlosen Shuttle nehmen, der in der Shotover St abfährt. ⏰ tgl. 11–22 Uhr.

300 Betten, einem gefragten Buchungsschalter und 24-Stunden-Rezeption. Die Küche ist ein bisschen klein, dafür gibt es im Haus aber ein Restaurant mit Bar. Dorms mit Schließfächern, Toilette und Dusche, außerdem separater Frauen-Dorm ($29) und DZ mit Bad und TV ($109). WLAN $4 p. Tag. Dorms $27, DZ $79

Black Sheep, 13 Frankton Rd, ☎ 0800 743 3778, 🖥 www.blacksheepbackpackers.co.nz; Karte S. 802. Alteingesessenes Hostel in ehemaligem Motel, besonders preisgünstig April–Juni und Sep–Dez (dann ist die Übernachtung $4 p. P. billiger). Dorms zumeist mit 6 Betten, außerdem *deluxe king rooms* ($85) und eine tolle Terrasse mit BBQ, Spa und entspannte Atmosphäre (nach 21 Uhr kein Alkohol). Gratis-WLAN. Dorms $29, DZ $75

Browns Boutique Hotel, 26 Isle St, ☎ 03 441 2050, 🖥 www.brownshotel.co.nz; Karte S. 802. Edle, ruhige Lodge nicht weit vom Zentrum, 10 Zimmer mit kleinen Balkonen und tollem Blick über die Stadt auf die Remarkables. Luxuriöse Gästelounge mit offenem Kamin, im Sommer Frühstück auf der Terrasse. $365

Bumbles, 2 Brunswick St, ☎ 0800 286 2537, 🖥 www.bumblesbackpackers.co.nz; Karte S. 802. Eins der besten Hostels der Stadt, dazu in günstiger Lage nahe dem See, mit tollem Blick von den meisten Zimmern und Gemeinschaftsbereichen. Große Küche, Grillstelle, Parkplätze abseits der Straße, Gratis-WLAN und ein paar kostenlose Leihfahrräder. Dorms $32, DZ $67

Butterfli Lodge, 62 Thompson St, ☎ 03 442 6367, 🖥 www.butterfli.co.nz; Karte S. 802. Kleines Haus hoch am Hang mit grandioser Aussicht über den See; recht weit vom Zentrum, dafür aber gemütlich und freundlich. Gratis-WLAN und ein paar Zeltstellplätze ($18). Rechtzeitige Buchung empfohlen, Mindestaufenthalt 2 Nächte. Dorms $30, DZ $69

Caples Court, 20 Stanley St, ☎ 0800 282 275, 🖥 www.caplescourt.co.nz; Karte S. 802. Reizendes, komfortables Motel; jedes Zimmer ist anders eingerichtet, die meisten haben eine Küche und einen Balkon. 7 der 10 Units bieten einen Blick über Stadt und/oder See, die anderen liegen versteckt in einem ruhigen Garten. Wenn viel los ist, 2 Nächte Mindestaufenthalt. Garten-Units $140, Units mit Seeblick $170

📖 **The Chalet**, 1 Dublin St, ☎ 03 442 7117, 🖥 www.chaletqueenstown.co.nz; Karte S. 802. Das stilvolle und ruhige B&B mit 7 Zimmern befindet sich in einem Haus im Schweizer Stil. Makellose Einrichtung, alle Zimmer mit kleinem Balkon, einige mit Blick auf See und Berge. Eindeutig eine der besten Unterkünfte im Ort. $225

The Dairy, 10 Isle St, ☎ 03 442 5164, 🖥 www.thedairy.co.nz; Karte S. 802. 13-Zimmer-Boutiquehotel mit hübschen, mit neuseeländischer Kunst geschmückten Gemeinschaftsbereichen und gut bestückter Selbstbedienungsbar. Gut ausgestattete, geschmackvoll-modern eingerichtete Zimmer, teils mit Badewanne. Frühstück und Nachmittagstee werden in der ehemaligen *dairy* (Eckladen) serviert. Die Zimmer mit Seeblick lohnen den Aufpreis. $465

📖 **Flaming Kiwi Backpackers**, 39 Robins Rd, ☎ 0800 555775, 🖥 www.flamingkiwi.co.nz; Karte S. 802. Keycard-Zimmerschlüssel, Schließfächer mit Handy- und Laptop-Ladestation und internationale Telefongespräche in viele Länder verraten, dass in diesem zentral gelegenen Hostel viel Wert aufs Detail gelegt wird. Feiern geht nur bis zu einem gewissen Grad (ab 22 Uhr ist Nachtruhe). Kostenl. Fahrradverleih, Frisbees, Jacuzzi und gute Parkplätze abseits der Straße. Dorms $33, DZ $78

Four Seasons Motel, 12 Stanley St, ☎ 03 442 8953, ⌨ www.queenstownmotel.com; Karte S. 802. Renoviertes Motel in der Innenstadt mit Units; angemessene Preise, eigener Parkplatz, gut ausgestattete Küchen, Bergblick, Pool (leider an der Hauptstraße), Spa. $160

Historic Stone House, 47 Hallenstein St, ☎ 03 442 9812, ⌨ www.historicstonehouse. co.nz; Karte S. 802. Das Stonehouse ist ein historisches Steingebäude mit 2 Selbstversorger-Apartments mit separatem Schlafzimmer und 1 Apartment mit 3 Schlafzimmern für 6 Pers. mit offenem Kamin. Stilvolle Einrichtung und ruhige Lage. $225

The Lodges, 8 Lake Esplanade, ☎ 0508 473737, ⌨ www.thelodges.co.nz; Karte S. 802. Renovierte Apartments (vom Studio bis zu 3 Schlafzimmern) am See mit Küchen, Waschmaschinen und Parkplätzen, zumeist mit gutem Seeblick. $185

Nomads, 5 Church St, ☎ 03 441 3922, ⌨ www.nomadsqueenstown.com; Karte S. 802. Großes, recht edles Hostel mit kleiner Küche. Im größten Schlafsaal stehen 12 Betten, es gibt aber auch 4-Bett-Gemeinschaftszimmer ($35) und hervorragende DZ mit TV ($135). Außerdem einen Bereich nur für Frauen, große Lounges und kostenlose Saunabenutzung. Dorms $29, DZ $110

🧳 **Pinewood**, 48 Hamilton Rd, ☎ 0800 746 396, ⌨ www.pinewood.co.nz; Karte S. 802. Mehrere ältere und neuere Selbstversorger-Gebäude inmitten von Grünflächen bilden dieses freundliche Hostel 10 Gehminuten außerhalb des Zentrums. Spa mit Aussicht ($10 für 30 Min.) und DZ mit Bad ($125), die sich eine eigene Küche und Lounge teilen. Fahrradverleih (ab $29 für einen halben Tag) und The Hub mit Frühstück (für Gruppen) und im Sommer Pizza. Dorms $30, DZ $75

🧳 **Queenstown Motel Apartments**, 62 Frankton Rd, ☎ 0800 661 6668, ⌨ www.qma.co.nz; Karte S. 802. Preiswertes

Motel in Stadtnähe mit funktionalen älteren Units (einige mit Seeblick) und 18 neueren, alle recht geschmackvoll eingerichtet (Units mit Seeblick $185). Umweltfreundlich ausgerichtet. Gratis-WLAN. Alte Units $135, neue $165

Southern Laughter, 4 Isle St, ☎ 0800 5284 4837, ⌨ www.sircedrics.co.nz; Karte S. 802. 3 Gebäude mit unterschiedlichen Zimmern (einige mit gemeinsamer Küchennutzung), kostenlosem Spa, Gratis-WLAN und sehr moderaten Preisen. Dorms $27, Zimmer $70

YHA Queenstown Central, 48 Shotover St, ☎ 03 442 7400, ⌨ www.yha.co.nz; Karte S. 802. Mitten im Geschehen und fast wie kleines Hotel, alle Zimmer und sogar die 4 Dorms mit Bad. Hinreichend ausgestattete Küche neben der Lounge mit schönem Seeblick. Außerdem gibt's ein Apartment mit 2 Schlafzimmern. Dorms $38, DZ $110

YHA Queenstown Lakefront, 88 Lake Esplanade, ☎ 03 442 8413, ⌨ www.yha.co.nz; Karte S. 802. Eines der YHA-Vorzeigehäuser Neuseelands in exzellenter, ruhiger Lage 7 Gehminuten vom Zentrum. Überraschend gemütlich. Geräumige 8er-Dorms und 4-Bett-Gemeinschaftszimmer ($35) sowie DZ. Hervorragende Küche mit Essbereich, separate TV- und Ruhelounges, alle mit schönem Seeblick. Dorms $30, DZ $85

Richtung Glenorchy

🧳 **Little Paradise Lodge**, Meilejohn Bay, 28 km außerhalb an der Glenorchy Rd, ☎ 03 442 6196, ⌨ www.littleparadise.co.nz; Karte S. 802. Exzentrisches, alternatives, reizendes Gästehaus nahe dem See inmitten der Paradise Gardens (S. 824), mit handgefertigten Möbeln und Ziegenfellen auf dem Fußboden. Unterbringung in einem 3er-Gemeinschaftszimmer, in Standard-DZ oder einem bezaubernden Ferienhäuschen mit Bad ($140). Kochgelegenheit (Frühstück erhältlich für $15), chlorfreier Pool, Kajakverleih ($10), kostenlose Benutzung von Angelausrüstung. Gemeinschaftszimmer $45, DZ $120

Camping

Wildes Zelten ist nur beschränkt möglich (s. Kasten S. 808), aber der Bezirk Queenstown unterhält ein paar kleine Campingplätze mit Cabins, und es gibt mehrere einfache DOC-Plätze, auf denen es allerdings im Jan, Feb und März recht voll wird.

12-Mile Delta Campground, 11 km westlich von Queenstown Richtung Glenorchy, 🖥 www.12miledelta.co.nz; Karte S. 802. DOC-Platz am See mit Platz für 100 Zelte oder Wohnmobile, einfache Toiletten und fließend Wasser. Nicht der schönste Platz, aber mit Bergpanorama und Zugang zum See. Keine Reservierung. $10

Moke Lake Campsite, 6 km Richtung Glenorchy, dann 4 km die Moke Lake Rd entlang, 🖥 www.12miledelta.co.nz; Karte S. 802. Der beste der DOC-Plätze in schöner, ruhiger Lage am Berg mit 18 Stellplätzen, Seewasser und Toiletten. Keine Reservierung. $10

Q Box, 21 Bowen St, ✆ 03 441 1567, 🖥 www.qbox.co.nz; Karte S. 802. Obwohl er in einem Gewerbegebiet liegt, ist dieser neue kleine Platz recht attraktiv an einem Bach gelegen und bietet zahlreiche Wohnmobil-Stellplätze sowie ein paar Zeltplätze am Rand, dazu Duschen, Küche und eine stilvolle Lounge in Schiffscontainern sowie Waschmaschinen und WLAN. Stellplätze $30, mit Strom $35

Queenstown Lakeview Holiday Park, 45 Brecon St, ✆ 0800 482 735, 🖥 www.holi daypark.net.nz; Karte S. 802. Großer, sehr gut ausgestatteter Platz am Fuß von Bob's Peak mit begrünten, aber nicht sehr schattigen Stellplätzen für Zelte und Wohnmobile (Duschen $2) sowie Studios ohne Küche, Selbstversorger-Units ($145) und relativ luxuriösen Tourist Flats und Apartments ($195), viele mit wunderbarem Bergblick. Unbegrenztes WLAN für $5/Tag. Camping $25, Studios $135

Shotover Top 10 Holiday Park, 70 Arthur's Point Rd, 6 km nördlich von Queenstown, ✆ 0800 786 222, 🖥 www.shotoverholidaypark.co.nz; Karte S. 802. Großer, familienorientierter Holidaypark, eine kurze Autofahrt von der Stadt entfernt, aber auch mit einem relativ oft verkehrenden Bus zu erreichen. Er hat ein breites Angebot an Deluxe Cabins ($75), Selbstversorger-Cabins ($110) und Motel Units mit tgl. Reinigungsservice ($150) sowie eine gut ausgestattete Küche mit Essbereich und preiswertes WLAN. Camping/Stellplatz $45, Cabins $70

ESSEN

Queenstown ist mit der besten Auswahl an Esslokalen in dieser Ecke Neuseelands gesegnet. Viele davon machen das Beste aus dem Klima der Stadt und laden in den

---

Freedom Camping in der Umgebung von Queenstown und Arrowtown

Freies Campen ist in Queenstown und Arrowtown sowie fast am gesamten Seeufer in der Umgebung von Queenstown **nicht gestattet**. An den Zugängen zu bebautem Gelände stehen überall unübersehbar die Schilder: „No Freedom Camping Zone". Außerhalb dieser Gebiete dürfen Campervans mit Chemietoilette und Wassertank üblicherweise maximal zwei Nächte bleiben. Nähere Informationen sind der vor Ort erhältlichen Broschüre *Where Can I Camp?* oder unter 🖥 www.qldc.govt.nz zu entnehmen. Wer innerhalb einer Sperrzone campiert oder mit einem Wohnmobil ohne Chemieklo und -tank beim Freedom Camping erwischt wird, muss wahrscheinlich eine sofort fällige Strafe von $200 bezahlen.

Es gibt genügend wunderbare Stellen für einen Aufenthalt; im Sommer ist es allerdings ratsam, früh aufzutauchen, um einen guten Platz zu erwischen. Hier ein paar gute Locations:

Glenorchy Road, zahlreiche kleine Parkplätze säumen die Straße am Lake Wakatipu Richtung Glenorchy; man muss sich aber mindestens 8 km außerhalb von Queenstown befinden, um nicht mit dem Gesetz in Konflikt zu kommen.

Lake Hayes Reserve, Platz für eine Handvoll Vans am Nordostufer des Lake Hayes abseits der Straße Arrowtown–Lake Hayes.

Shotover River East Parking Area, Shotover Delta Rd. Ein kiesbestreuter Parkplatz für 4–5 Vans neben dem breiten Unterlauf des Shotover River. Zwar in der Nähe des SH6, nachts aber ziemlich ruhig.

Fußgängerzonen und am Wasser auf ihre Terrassen. Die Frühstücks- und Imbisslokale schließen meist gegen 17 Uhr, manche servieren aber auch ein frühes Abendessen, und viele Restaurants verwandeln sich zu fortgeschrittener Stunde in Bars.

@Thai, 3. Stock, 24 Church St, ☎ 03 442 3683, 🖥 www.atthai.co.nz; Karte S. 802. Wunderbar aromatisches Essen, darunter alle Curry- und Nudel-Klassiker, außerdem Garnelensalat mit Chili-Marmelade und Cashew-Nüssen ($24) und *choo chee* – frittierter Sandbarsch mit cremiger roter Curry-paste und Kaffernlimetten-Blättern ($28). *Lunch specials* für $15 und freundlicher Service. ⏲ tgl. außer Di 12–22 Uhr.

Aggy's Shack, Marine Parade, Ecke Church St, ☎ 03 442 4076; Karte S. 802. Die besten Fish 'n' Chips ($15) in der Stadt, außerdem marinierter roher Fisch und Seeigel und sogar Dunkel-sturmtaucher mit Pommes frites ($15); kann alles draußen auf Bänken genossen werden. ⏲ tgl. 11–22 Uhr oder später.

Caribe, 36 The Mall, ☎ 03 442 6658; Karte S. 802. Sonnige Klänge ertönen aus dieser Latino-Küche mit Takeaway und ein paar schlichten Esstischen. Sehr zu empfehlen sind die mexikanischen Gerichte und die vene-zolanischen *arepas*, flache, gefüllte Maismehl-brote ($6–10), am besten mit Hühnchen und Avocado oder gekochtem Schweinebauch (jeweils $10). ⏲ tgl. 11–22 Uhr.

The Cow, Cow Lane, ☎ 03 442 8588, 🖥 www.thecowrestaurant.co.nz; Karte S. 802. Altein-gesessene Pizzeria, in der man sich meist mit anderen einen Tisch teilt. Einfache Pasta-gerichte ($20–22) und traditionelle Pizzas ($30 für eine große). BYO und Schanklizenz. ⏲ tgl. 12–24 Uhr.

Fergbaker, 40 Shotover St, ☎ 03 441 1206; Karte S. 802. Sandwiches, Couscous- und Kichererbsensalat, Pasteten ($6), gutes Brot, Bagels und Süßes. Alles zum Mitnehmen, auch der Kaffee. ⏲ tgl. 6.30–4.30 Uhr.

Fergburger, 42 Shotover St, ☎ 03 441 1232, 🖥 www.fergburger.com; Karte S. 802. Sehr beliebte Hamburger-Bar; verschiedenste Burger-Variationen, auch fleischlos, plus Pommes, dazu Bier und Wein. Mit dem Dawn

Horn ($13) mit Schinken, Eiern und Kartoffel-puffern lässt sich toll der Tag einläuten. ⏲ tgl. 8.30–5 Uhr.

Kappa, 1. Stock, 36a The Mall, ☎ 03 441 1423; Karte S. 802. Günstiger, schlichter Japaner mit gemischten Sushi ($11), Soba- oder Udon-Nudeln ($11–16), Bento-Lunchboxen (ab $13) und Spezialitäten des Hauses wie Neuseeland-Blaubarsch mit Nori-Algen und Spargel-Tempura ($17). ⏲ tgl. 12–14.30 und 19.30–22 Uhr.

Madam Woo, 5 The Mall, ☎ 03 442 9200, 🖥 www.madamwoo.co.nz; Karte S. 802. Modernes malaysisches und chinesisches Street Food trifft auf Queenstown-Schick in einem Ambiente, das an einen süd-ostasiatischen Nachtmarkt mit einem Schuss Raffles erinnert. Auf einen Tisch voller Schüssel-chen, aus denen sich alle bedienen, gehören auf jeden Fall Riesengarnelen und Wasser-kastanienknödel ($9), das aromatische *percik chicken* ($14) und die gedämpften Schweine-rippchen mit Schwarze-Bohnen-Soße ($18). Das Lunch Banquet ($35) ist absolut perfekt. ⏲ tgl. 12–22 Uhr oder später.

Patagonia Chocolates, 50 Beach St, ☎ 03 442 9066, 🖥 www.patagoniachocolates.co.nz; Karte S. 802. Entspanntes Café mit Seeblick und kalorienreichen Schokodrinks (z. B. mit Ingwer, Lavendel, Chili), köstlichem Kuchen und Eis (ab $5) und handgemachten Pralinen. Kosten-loses WLAN, wenn weniger Betrieb herrscht. ⏲ tgl. 9–22 Uhr.

Public Kitchen & Bar, Steamer Wharf, ☎ 03 442 5969, 🖥 www.publickitchen.co.nz; Karte S. 802. In dem klassischen, aber entspannten Restaurant, das auch Tische auf der Veranda am See hat, gibt's lokale Fleisch-spezialitäten auf Platten zum Teilen (kleine rund $16, große $26). Man darf sich auf Lecker-bissen wie Wild-Ossobuco mit gebackenem Kürbispüree oder gebackene Flunder mit Fenchel und Orange freuen. ⏲ tgl. 12–23 Uhr.

Rata, 43 Ballarat St, ☎ 03 442 9393, 🖥 www.ratadining.co.nz; Karte S. 802. Das moderne Toprestaurant von Promikoch Josh Emmet serviert in schlichtem, an Industriechick erin-nerndem Ambiente komplexe moderne neusee-ländische Gerichte wie Merino-Lamm mit gewürzter Aubergine, Artischocke und Parmesanbeignets ($39). Dazu fast 30 verschiedene Weine (viele aus Central Otago). Das 3-gängige Mittagsmenü (tgl. 12–15 Uhr, $30) ist nicht riesig, aber preiswert. ⏱ tgl. 12–23 Uhr.

🧳 **Vudu Café**, 23 Beach St, 📞 03 442 5357, 💻 www.vudu.co.nz; Karte S. 802. Nach wie vor Queenstowns bestes Café, mit bequemen Sitznischen und vielen Magazinen. Tolles Essen, u. a. preiswertes Frühstück, Quiches, Muffins und guter Kaffee sowie sättigendere Gerichte wie Champignon- und Linsenburger ($17) oder Wildfleischburger ($17). Die Frühstücks-Quesadilla ($17,50) ist stadtbekannt. ⏱ tgl. 8–17 Uhr.

Vudu Café & Larder, 16 Rees St, 📞 03 441 8370, 💻 www.vudu.co.nz; Karte S. 802. Größeres und schickeres Schwestercafé des Originals in der Nähe, geschmückt mit einem großen Foto von Queenstown in den 1950er-Jahren; mit einigen Plätzen am See. Tolle Säfte, Smoothies und Bio-Kaffee, außerdem Eier von freilaufenden Hühnern mit geräuchertem *warehou*-Fischküchlein und Rote Bete ($19), Kürbis- und Tofu-*laksa* ($18) und viele verschiedene Wraps. ⏱ tgl. 7.30–18 Uhr.

🧳 **Wakatipu Grill**, Peninsula Rd, 📞 03 450 9400, 💻 www.queenstown.hilton.com; Karte S. 802. Feines Restaurant im Hilton, zu erreichen u. a. mit dem Wassertaxi, mit schöner Seeterrasse. Auf ein halbes Dutzend Stewart-Island-Austern ($25) könnte man ein Perendale-Lamm mit karamelliertem Fenchel und halbtrockenem Pinot-Noir ($38) folgen lassen. ⏱ tgl. 6–10.30 und 16–23 Uhr.

Lebensmittel

Lebensmittel führen z. B. der Alpine Supermarket, 6 Shotover St (⏱ Mo–Sa 7–22, So 9–22 Uhr), Fresh Choice, 64 George Rd (⏱ tgl. 7–24 Uhr) oder der eher auf Feinschmecker ausgerichtete Laden Raeward Fresh, 53 Robins Rd (⏱ Mo–Sa 8–18.30, So 10–18 Uhr). Außerdem gibt's den Remarkables Market (Hawthorn Drive, Frankton, ⏱ Ende Okt–Anfang April Sa 9–14 Uhr, 💻 www.remarkablesmarket.co.nz; Karte S. 822), eine Art Bauernmarkt mit vielen leckeren Lebensmitteln, Kunsthandwerk und Kunstgewerbe.

UNTERHALTUNG

Queenstown hat angeblich mehr Bars pro Kopf als jede andere Stadt des Landes, und die Backpacker nutzen die Auswahl an Bars/Clubs reichlich. Nur selten steht Queenstown jedoch auf dem Tourneeplan namhafter Musikgruppen, die gezeigten Filme entstammen vorwiegend dem Mainstream, und qualitativ hochwertige Kulturereignisse sind eher schwach vertreten. Aber wer will, kann jede Menge Spaß haben. Aktuelle **Veranstaltungshinweise** sind dem kostenlosen Wochenblatt *The Source*, 💻 www.thesourceonline.com, zu entnehmen.

1876, 45 Ballarat St, 📞 03 409 2178, 💻 www.1876.co.nz; Karte S. 802. Lebendiger Pub im alten Gerichtsgebäude mit zahlreichen sonnigen Tischen auf dem Gehweg. Die Essen- und Getränk-Kombos zur Mittagszeit (ab $13,50) sind sehr preisgünstig, daneben gibt es auch klassische Burger und Pommes ($20) oder Kabeljau im Bierteigmantel mit Fritten ($28). DJs legen Mi–So auf. ⏱ tgl. 12–23 Uhr oder viel später.

🧳 **Atlas Beer Café**, Steamer Wharf, Beach St, 📞 03 442 5995, 💻 www.atlasbeercafe.com; Karte S. 802. Gemütliche, bei Einheimischen beliebte Bar mit Blick auf den Anleger der *TSS Earnslaw*. Emerson's wird immer gezapft, ansonsten stehen hervorragende wechselnde Gastbiere zur Auswahl. Auch die Tapas sind gut, absolutes Highlight und Spezialität des Lokals ist aber Rumpsteak mit Pommes und Salat ($19,50). Einiges aus dem Bierverkaufserlös geht in die Unterstützung eines lokalen Mountainbikeclubs. ⏱ tgl. 10–2 Uhr.

🧳 **Bardeaux**, 5 Eureka Arcade, 📞 03 442 8284, 💻 www.goodgroup.co.nz; Karte S. 802. Verführerische kleine Cocktailbar mit Kaminfeuer, wuchtigen Sofas und großer Whisky- und Weinauswahl. Am frühen Abend eher ruhig, ab 23 Uhr viel Trubel. ⏱ tgl. 16–4 Uhr.

The Bunker, Cow Lane, 📞 03 441 8030, 💻 www.thebunker.co.nz; Karte S. 802. Stilvolle und trendige Cocktailbar mit cooler Musik. ⏱ tgl. 17–4 Uhr.

The Find, 53 Shotover St, 📞 03 442 6757, 💻 www.theworldbar.co.nz; Karte S. 802.

Als die alteingesessene *World Bar* abbrannte, „fand" das Management bald diese Räumlichkeiten. Hier treffen sich Freunde bei Cocktails, die in einer Teekanne mit Schnapsgläsern serviert werden (halber Preis während der Happy Hour 21–22 Uhr) und kehren am Ende eines Kneipenzugs noch mal ein, um den Alkoholpegel mit einem *pulled pork*-Burger ($15) zu bekämpfen. Auf der Veranda mit Straßenblick kann man über den Lautsprecherbaum eigene Musik vom Handy hören. ⏲ tgl. 12–4 Uhr.

Ivy and Lola's, 88 Beach St, ☏ 03 441 2155, 🖥 www.ivyandlolas.com; Karte S. 802. Gut besuchtes Restaurant und Bar am See, das tagsüber viel Sonne abbekommt. Ideal für ein *bubble and squeak*-Frühstück ($18) oder ein Rendang-Rinderfleischcurry mit *roti* ($22), aber in erster Linie ein tolles Plätzchen, um bei einem Bier oder Wein den Nachmittag ausklingen zu lassen. ⏲ tgl. 8–23 Uhr.

Póg Mahone's, 14 Rees St, ☏ 03 442 5382, 🖥 www.pogmahones.co.nz; Karte S. 802. Eine der besseren irischen Bars mit offenem Kamin, Tischen im Freien, Guinness vom Fass und herzhaftem Kneipenessen wie Rinderfilet in Whisky-Pfeffersoße ($36) und Irish Stew mit Sodabrot und Gemüse ($20). Draußen angeschlagen stehen die in der Wochenmitte üblichen *two-for-one* Schnäppchen und die Happy-Hour-Angebote (18–19 Uhr). Livemusik tgl. ab 21 Uhr. ⏲ tgl. 11–1 Uhr oder später.

Vinyl Underground, 12 Church St, ☏ 021 112 4061; Karte S. 802. Intime Musikbühne im Keller, jeden Abend mit DJs oder Livemusik (Rock, Hip-Hop, Dubstep), freundlichen Mitarbeitern und Billardtisch. Hier treten die besten Bands auf. ⏲ tgl. 22–4 Uhr.

The Winery, 14 Beach St, ☏ 03 409 2226, 🖥 www.thewinery.co.nz; Karte S. 802. Wer keine Zeit hat, den Winzereien in Gibbston oder Bannockburn (S. 842) einen Besuch abzustatten, kann hier über 80 Weine probieren, die einem aus raffinierten Zapfautomaten serviert werden und im Probierglas (zumeist $2–5), im halben ($5–18) oder ganzen Glas ($10–35) probiert werden können. Wer möchte, kann sich dazu auch eine Käseplatte ($28–34) gönnen. Whiskys gibt's ebenfalls in unterschiedlich großen Gläsern. ⏲ tgl. 10.30–22.30 Uhr.

Maori-Konzerte und Kino

Kiwi Haka, Bob's Peak Complex, ☏ 03 441 0101, 🖥 www.skyline.co.nz; Karte S. 802. Halbstündiges Maori-Konzert tgl. um 17.15, 18, 19.15 und 20 Uhr, $39 exkl. Seilbahnfahrt, Reservierung erforderlich.

Reading Cinemas, 11 The Mall, ☏ 03 442 9990. Zeigt die Mainstream-Streifen. Anspruchsvollere Filme laufen in Arrowtown (S. 840).

TOUREN UND AKTIVITÄTEN

Es gibt wohl nur wenige Orte auf der Welt mit einem solch umfassenden Angebot an Abenteuer-Aktivitäten. Ganz oben auf der Liste vieler steht Bungy-Jumping (s. Kasten S. 812) oder nasses Vergnügen auf den Flüssen Shotover und Kawarau (s. Kasten S. 814). Jede Menge Radtourenvorschläge finden sich im Kasten auf S. 816, noch mehr Touren und Aktivitäten werden weiter unten vorgestellt. Man kann aber auch einfach eine Wanderung unternehmen (s. Kasten S.805) und im Winter die Skihänge ansteuern (s. Kasten S. 820). Bei diesem Riesenangebot ist mancher versucht, an anderer Stelle zu sparen und sein Geld in Queenstown zu verschwenden, doch sollte man wissen, dass die meisten Freizeitaktivitäten hier teurer sind als anderswo im Land. Wer die größtmögliche Leistung fürs Geld haben möchte, sollte die zahlreichen **Kombiangebote** unter die Lupe nehmen, die zwei bis fünf der begehrtesten Aktivitäten beinhalten. So umfasst z. B. das Angebot Awesome Foursome ($655) den 134 m hohen Nevis-Bungy-Sprung, eine Spritztour mit dem Shotover Jet, einen Hubschrauberflug und einen Rafting-Trip auf dem Shotover River.

Ballonfahrten

Sunrise Balloons, ☏ 0800 468 247, 🖥 www.ballooningnz.com. Gestartet wird früh am Morgen, um rechtzeitig in 2000 m Höhe aufzusteigen und die Bergkulisse zu bestaunen. Nach der Landung wird ein Sektfrühstück serviert (3–4 Std., davon ca. 1 Std. in der Luft, Juli–Mitte Mai, wenn es das Wetter zulässt, $475). Abholung in Queenstown und Arrowtown.

Bungy-Jumping und Swinging

Selbst Besucher, die eigentlich gar nicht vorhatten eine Menge Geld dafür hinzulegen, am Ende eines dicken Latexseils zu baumeln, gehen in Queenstown plötzlich zum **Bungy-Jumping**: der traumhaften Landschaft zusammen mit der unermüdlichen Werbung können nur wenige widerstehen. Der Bungy-Pionier **A. J. Hackett** betreibt alle drei Bungy-Stationen um Queenstown und veranstaltet auch **Swinging**, eine nicht minder adrenalinfördernde Alternative mit dem zusätzlichen Kick des weiten Hin- und Herschaukelns in der Luft. T-Shirts zum Angeben und Swingcaps sind im Preis enthalten, und die 15 Min. Ruhm eines jeden Wahnsinnigen werden in allen möglichen Formaten festgehalten ($45 für Fotos, $80 für Video).

The Ledge Bungy und **Swing AJ Hackett**, ☎ 0800 286 495, 🖥 www.bungy.co.nz. Sich nahe der Bergstation der Seilbahn von einer 47 m hohen Plattform zu stürzen, fühlt sich an wie eine Art Tauchflug gen Queenstown. Dank Körpergurt kann man mit Anlauf springen und wenn nicht zu viel los ist auch zusammen mit irgendwelchen „Spielsachen" wie Surfbrettern und Fahrrädern. An gleicher Stelle befindet sich auch der Ledge Swing. Zu erreichen entweder zu Fuß auf dem Tiki Trail (kostenlos) oder gegen Gebühr mit der Skyline Gondola. Die Öffnungszeiten erlauben im Winter nächtliche Jumps und Swings. ☉ normalerweise Sommer 11–19, Winter 16–21 Uhr. Bungy $195, Swing $160.

Kawarau Bungy und **Zipride AJ Hackett**, ☎ 0800 286 495, 🖥 www.bungy.co.nz. Sie misst zwar nur bescheidene 43 m, ist aber die erste kommerzielle Bungy-Location (S. 841) und die einzige in der Gegend von Queenstown, wo man ins Wasser tauchen kann. Auch ein Zipride wird angeboten. Zu erreichen entweder mit eigenem Fahrzeug über den SH6 oder kostenfrei mit einem der zahlreichen Busse von Queenstown (2 1/2 Std. hin und zurück). Bungy $195.

The Nevis Bungy und **Swing AJ Hackett**, ☎ 0800 286 495, 🖥 www.bungy.co.nz. Manche behaupten, dass beim Bungy-Springen nur der erste Meter zählt, aber die Höhe spielt eben doch eine Rolle – und der Nevis ist der höchste Bungy-Sprung Neuseelands: ganze 134 m geht's innerhalb von acht Sekunden freiem Fall in die Tiefe. Die Springer lassen sich von einer teilweise mit Glasboden versehenen Kabine heraus weit über dem Nevis River fallen, einem 32 km östlich von Queenstown gelegenen Zufluss des Kawarau. Man erreicht die Stelle auf dem Weg über Privatgelände, daher müssen Zuschauer $50 hinblättern, bekommen dafür aber eine Fahrt hinaus zur Sprungkabine und eine wundervolle Aussicht obendrein. Bei der benachbarten Nevis Swing stürzt und „schaukelt" man in einem 300 m weiten Bogen. Von Queenstown verkehren mehrmals am Tag (tgl. 8.40–15.20 Uhr) Busse hierher; insgesamt ist für den Ausflug mit 4 Std. zu rechnen. Bungy $275, Swing $195, Kombination aus Swing und Bungy $375.

Shotover Canyon Swing, 37 Shotover St, ☎ 0800 279 464, 🖥 www.canyonswing.co.nz. Eine große Konkurrenz für AJ Hacketts kleinere oder weiter abseits gelegene Swings mit einer totalen Fallhöhe von 60 m und weitem Schaukelradius (109 m) Schleife über dem Shotover River und der Chance, die Rafter unten zu beeindrucken. Man kann vorwärts, rückwärts, auf einer Sitzgelegenheit oder in 60 anderen Variationen springen, sogar mit einem Eimer über dem Kopf. Ein Zuschauer darf kostenlos mitkommen, und das Ganze dauert nur 2 Std. Tgl. 3–10 Abfahrten; $215, zweiter Sprung $35.

Canyoning

Canyoning Queenstown, 39 Camp St, ☎ 03 441 3003, 🖥 www.canyoning.co.nz. Mit Neoprenanzug, Helm und Klettergurt ausgerüstet schwimmt man durch Teiche, rutscht Felsen hinab und springt von Klippen in schmale Schluchten. Bei der Queenstown Adventurer Tour (Okt–April 1–2x tgl., 3–4 Std., $195) wird das Twelve Mile Delta direkt außerhalb der Stadt erforscht. Etwas mehr Ausdauer braucht man für die Routeburn Explorer Tour (Okt–April 1x tgl., 7 Std., $275) mit 20-minütiger Wanderung über den Routeburn Track, um dann einen schmalen Canyon zu erkunden, teils springend und rutschend. Der Anbieter hat aber auch noch anspruchsvollere Ausflüge sowie Heli-Canyoning im Programm.

Drachenfliegen, Gleitschirmfliegen und Fallschirmspringen

An Schönwettertagen mit einer leichten Brise wimmelt es am Himmel über Queenstown von Tandem-Paraglidern, die von Bob's Peak aus starten. In den Genuss längerer Flüge kommt man 10 km nordöstlich der Stadt vom Coronet Peak zum Flight Park an der Malaghans Road. **Extreme Air**, ✆ 021 156 3256, ⌨ www.extremeair.co.nz. Hier können Interessierte das Drachen- und Gleitschirmfliegen erlernen. Tageskurse ab $250.

G Force Paragliding, ✆ 0800 759 688, ⌨ www.skytrek.nzgforce.com. Wer zu einer bestimmten Zeit fliegen möchte, sollte vorher anrufen, ansonsten wartet man an der Bergstation der Seilbahn einfach, bis man an der Reihe ist und seinen 10- bis 15-minütigen Gleitschirmflug antreten kann. Wie viele aktobatische Manöver man ausführt, hängt in erster Linie von einem selber, vom Jumpguide und dem Wetter ab. Wer zu den Hauptbetriebszeiten keine Paraglider am Himmel sieht, braucht erst gar nicht hochzufahren, denn dann herrschen höchstwahrscheinlich ungünstige Wetterbedingen. ⏲ tgl. 9–17 Uhr oder später. $199, um 9 Uhr $179, jeweils ohne Seilbahnfahrt.

NZone, 35 Shotover St, ✆ 0800 376 796, ⌨ www.nzone.biz. Queenstown ist ein teures Pflaster für Tandem-Fallschirmsprünge, doch der Blick über den Lake Wakatipu und die Landung am Fuß der Remarkables entschädigt für die Ausgabe. Sprünge von ca. 3600 m ($339, 45 Sek. freier Fall) und ca. 4500 m ($439, 65 Sek. freier Fall).

Skytrek, 45 Camp St, ✆ 0800 759 873, ⌨ www.skytrek.co.nz. Von Tandem-Experten durchgeführte Paragliding- (15 Min. Flug, $190) und Hang-Gliding-Flüge (10–20 Min. Flug, $210) gibt's im Sommer von der Ausgangsstation auf dem Coronet Peak. Wer möchte, kann auch einen *instruction flight* ($235) buchen und den Drachen selbst fliegen, ausgenommen Take-off und Landung. Im Winter findet Paragliding von der Bergstation der Coronet-Peak-Skilifte aus ($210) und Hang-Gliding oberhalb von Glenorchy ($210) statt.

Jetbootfahren

Vieles spricht dafür, Jetboot-Dollars für günstigere Wildnisfahrten anderswo auszugeben, allerdings lockt Queenstown mit den folgenden ausgezeichneten Optionen.

Dart River Jet Safaris, Mull St, Glenorchy, ✆ 0800 327 853, ⌨ www.dartriver.co.nz. Hervorragende und sehr begehrte Jetboottouren (3 Std. von Glenorchy, 6 Std. von Queenstown, $219 von beiden Orten) durch verschlungene Flussarme zwischen schneebedeckten Berggipfeln an der Grenze des Mount Aspiring National Park und inkl. Fahrt in einem geländegängigen Bus vorbei an Drehorten von *Herr der Ringe* und *Der Hobbit*. Bei der Funyak Safari (7 Std. von Glenorchy, 9 Std. von Queenstown, $319) kommt noch eine flußabwärts führende, stromschnellenfreie Paddeltour im Kanu dazu, einschließlich Buffet-Lunchstopp an der wunderbaren Rockburn Chasm mit ihrem stillen, sauberen Wasser. Touren ganzjährig.

Shotover Jet, Camp St, Ecke Shotover St, ✆ 0800 746 868, ⌨ www.shotoverjet.com. Schick, touristisch und teuer, aber auch sehr aufregend. Mit kostenlosen Bussen werden Teilnehmer zum Arthur's Point gebracht, 5 km nördlich von Queenstown, und dann geht es mit PS-starken Jetbooten flussabwärts durch den Shotover Canyon. Die Beulen in den Booten zeugen von zahlreichen engen Kontakten mit Felsen. 20 Min. mit rasanten Drehungen um die eigene Achse und obligatorischen Duschen sind den allermeisten Teilnehmern lang genug. ⏲ tgl. 8.30–17 Uhr oder später, $129.

Skippers Canyon Jet, ✆ 0800 226 966, ⌨ www.skipperscanyonjet.com. Eine tolle Möglichkeit, die Erkundung der Skippers Road (S. 823) mit Jetboating zwischen den alten Goldminen des oberen Shotover River zu verbinden. Trips (2–3x tgl., 3 Std.) kosten $129 und es gibt verschiedene Kombiangebote. Für zusätzliche $20 bekommt man noch das Beste von der Offroadtour des Veranstalters dazu, und bei der Skippers Quest Combo ($309) einen Raftingtrip auf dem Shotover River. Das ist $30 billiger,

Rafting, River Surfing und Whitewater Sledging

Einige der spannendsten Aktivitäten in der Region Queenstown finden auf oder im Wasser statt – manchmal beides. Nur bei den gemäßigteren Family Adventures besteht die Chance, trocken zu bleiben.

Beim Whitewater Sledging und River Surfing werden die Teilnehmer mit Neoprenanzug, Helm und Flossen sowie einer handlichen Auftriebshilfe ausgestattet und dazu ermutigt, sich in die Fluten zu stürzen. Während Rafter nur relativ wenig Wasserkontakt haben, befindet man sich hierbei mitten in den Wellen, die aus dieser Perspektive riesig erscheinen können. Ein derartiges Abenteuer sollte nur von sicheren Schwimmern gebucht werden, die sich auch in fließenden Gewässern wohlfühlen.

Beim River Surfing klammert man sich an ein modifiziertes Boogy Board und surft die Wellen im Fluss ab.

Eine ähnliche Technik erfordert das Whitewater Sledging: Man hält sich an den Griffen eines „Schlittens" fest und versucht, Arme und Körper stromlinienförmig auszurichten. Beide Aktivitäten werden jetzt von ein und demselben Anbieter durchgeführt.

Die Flüsse

Rafting findet zumeist auf dem **Shotover River** (Schwierigkeitsgrad III–IV) statt, auf Stromschnellen mit vielsagenden Namen wie The Squeeze, The Anvil und The Toilet. Ihre Krönung ist die schwierige Mother-in-Law, die bei Niedrigwasser gewöhnlich auf dem Weg durch den 170 m langen Oxenbridge Tunnel (S. 823) umgangen wird. Das Wasser der 14 km langen Raftstrecke kommt direkt aus den Bergen, weswegen der Pegel übers Jahr gesehen erheblich schwankt. Zur Zeit der Schneeschmelze im Oktober und November geht es auf dem Fluss ordentlich zur Sache, im Spätsommer hingegen wird er zahmer und eignet sich dann vor allem für unerfahrene Rafter. Der Oberlauf des Shotover ist erheblich ruhiger (Schwierigkeitsgrad I–II) und ideal für Familien-Rafting.

Der Shotover River fließt in den größeren **Kawarau River** (Schwierigkeitsgrad II–III). Rafter befahren den 7 km langen, „Dog Leg" genannten Abschnitt, der vier Stromschnellen aufweist (aufregend, aber

als die beiden Fahrten einzeln zu unternehmen, und bedeutet außerdem, dass man für die beiden zusammen nur 4 1/2 Stunden braucht.

Radfahren

Alta, 8 Duke St, ✆ 03 442 4994, 🖳 www.alta.co.nz. Der zuverlässige Anbieter vermietet Hardtails (halber Tag $29, ganzer Tag $49), Freeride- ($69/$109) und Mountainbikes ($89/$139).

Around the Basin Bike Tours, ✆ 0508 782 9253, 🖳 www.aroundthebasin.co.nz. Verleiht Hardtailbikes für $55 pro Tag, sofern man auch ihren Shuttleservice zu und von Stellen entlang des Queenstown Trails nutzt. Toll für One-way-Fahrten, beispielsweise von Queenstown nach Arrowtown oder Arrowtown nach Gibbston (jeweils $35 für 1 Pers., $60 für 2 Pers.). Auch Familien-Pakete mit Begleitfahrzeug sowie geführte Touren.

Charge About Queenstown, ✆ 0800 324 536, 🖳 www.chargeabout.co.nz. Mit einem Elektrobike geht es über den Queenstown Trail (halber Tag $79, ganzer Tag $119). Unterwegs kann man sich an einer Handvoll Ladestationen einen Kaffee gönnen, während das Rad „aufgetankt" wird. Zu mieten bei Alta (s. oben).

Cycle de Vine, ✆ 0800 328 897, 🖳 www.cycledevine.co.nz. Gemächliche 4-stündige geführte Touren über den Queenstown Trail auf Retrorädern mit einer kleinen Weinverkostung in Gibbston. $155.

Fat Tyre Adventures, ✆ 0800 328 897, 🖳 www.fat-tyre.co.nz. Organisiert geführte Touren auf verschiedenen Singletrails mit bis zu 5 Std. im Sattel, darunter einen tollen Trip in die Dunstan Mountains oberhalb von Cromwell (5 Std., $229). Im Angebot sind außerdem Tagestrips, bei denen man mit dem Hubschrauber in die Berge geflogen wird ($549)

QUEENSTOWN, WANAKA UND CENTRAL OTAGO

nicht Angst einjagend) und an dessen Ende das fiese Chinese Dog Leg wartet – angeblich die längste, kommerziell geraftete Stromschnelle Neuseelands. **River Surfers** und **Whitewater Sledgers** wirbeln vom kleinen Roaring-Meg-Kraftwerk aus 5 km weit über den Unterlauf des Kawarau (Schwierigkeitsgrad II–III). Ein paar Mal im Jahr gibt's auch Raftingtrips auf dem abgeschiedenen **Landsborough River** (Schwierigkeitsgrad III), Transport per Flugzeug.

Queenstown Rafting, 35 Shotover St, ☎ 0800 723 8464, 🖥 www.rafting.co.nz. Auch wenn es drei Wildwasser-Raftingunternehmen in der Stadt zu geben scheint, werden in Wirklichkeit alle Rafts von Queenstown Rafting durchgeführt. Anfahrt zum Shotover über die Skippers Road (halber Tag, $209), oder Hinflug per Hubschrauber ($309). Im Winter ist es den meisten Leuten zu kalt, dann fallen alle Touren kürzer aus und umfassen den Hin- und Rückflug im Helikopter. Der Veranstalter bietet auch Rafting auf dem Kawarau (halber Tag, $209, oder $309 mit Hubschraubertransport) und im Sommer ein- oder zweimal monatlich auf dem Landsborough (3 Tage, $1695) einen *fly-in, raft-out* Wildernesstrip mit Camping am Fluss – dabei geht es mehr um das Gesamterlebnis als ums Wildwasserfahren.

Family Adventures, ☎ 0800 472 384, 🖥 www.familyadventures.co.nz. Bieten einen Trip, bei dem man nach einer spektakulären Fahrt per Auto in den Skippers Canyon rund 90 Min. auf dem oberen Shotover River im Schlauchboot auf dem überwiegend ruhigen Wasser (Grad I–II) an Goldgräberrelikten vorbeitreibt und nicht einmal zu paddeln braucht. Tgl. Okt–April, insgesamt 5 Std., Erwachsene $179, Kinder (3–17 J.) $120.

Frogz Whitewater Sledging, ☎ 0800 737 468, 🖥 www.frogz.co.nz. Veranstaltet Sledging-Trips, wobei zweimal der Abschnitt Roaring Meg des Kawarau befahren wird. Abholung in Queenstown und Wanaka. Tgl. Sep–Mai, 5 Std., davon 2 Std. auf dem Wasser, $215.

Serious Fun River Surfing, ☎ 0800 737 468, 🖥 www.riversurfing.co.nz. Je nach Wasserstand entscheidet sich, ob man den Abschnitt Dog Leg oder zweimal den Roaring Meg des Kawarau befährt. In jedem Fall dauert der Ausflug 4 Std., rund 2 Std. davon ist man auf dem Wasser. Tgl. Sep–Mai. Kinder von 8–11 Jahren bekommen sogar einen „private guide". $215.

und neben dem Abenteuer noch in den Genuss herrlicher Landschaft kommt.

Outside Sports, 9 Shotover St, ☎ 03 441 0074, 🖥 www.outsidesports.co.nz. Großer Fahrradverleiher mit entsprechendem Angebot, von Hardtails (halber Tag $35, ganzer Tag $55) über Fullys (halber Tag $55, ganzer Tag $85), anspruchsvolle Downhill-Bikes (halber Tag $79, ganzer Tag $119) bis zu Highspoc Demos (halber Tag $99, ganzer Tag $149).

QBT, ☎ 0800245 3829, 🖥 www.queenstown biketaxis.co.nz. Radshuttleservice, in erster Linie für Downhillers und Cross-Country-Mountainbiker. Abfahrt um 9 und 13 Uhr zum Coronet Peak für die Kombination aus Rude Rock und Zoot ($60).

Rabbit Ridge, 1820 SH6, Gibbston, ☎ 0508 743 372, 🖥 www.rabbitridge.co.nz. Familienorientierter Radpark mit insgesamt 40 km Radwegen, Fahrradverleih und Shuttles zurück nach oben. Eintritt nur $10 für einen Tag. ⏱ tgl. 9–17 Uhr oder später.

Revolution Tours, ☎ 0800 274 334, 🖥 www. revolutiontour.co.nz. Luxuriöser 4-tägiger Trip durch das Hinterland auf der Westseite des Lake Wakatipu bis nach Paradise. Die Tagesetappen auf dem Rad sind kurz, die 3 Übernachtungen in Farmhäusern ($1685).

Torpedo 7, Camp St, Ecke Shotover St, ☎ 03 409 0409, 🖥 www.torpedo7.co.nz/queenstown-bike-rental. Hat ordentliche Mieträder zu erschwinglichen Preisen: Hardtails (halber Tag $35, ganzer Tag $55), Full Suspensions (halber Tag $55, ganzer Tag $79), Downhill (halber Tag $79, ganzer Tag $119). Günstiger wird's mit einem Gondola-Kombipaket.

Vertigo, 4 Brecon St, ☎ 0800 837 8446, 🖥 www. vertigobikes.co.nz. Der Downhill- und Cross-Country-Experte bietet Fahrrad-Shuttleservice, Instruktionen und Verleih von hochwertigen

QUEENSTOWN, WANAKA UND CENTRAL OTAGO

Mit dem Fahrrad durchs Wakatipu Basin

Queenstown ist inzwischen ein Rad-Hotspot mit allem, was dazugehört, von gemütlichen Fahrten auf weichen Seeuferpfaden und erstklassigen Überland-Radwegen bis zu rasanten Abfahrten (hoch geht's mit der Seilbahn) und wunderbarem geführtem Heli-Biking. In allen Fahrradshops in Queenstown (sowie zwei weiteren in Arrowtown) findet man Experten, die gerne den Weg zu den besten Trails erklären. Über Ostern treffen sich Radler aus fern und nah beim zehntägigen **Queenstown Bike Festival**, 🖳 www.queenstownbikefestival.com.

Queenstown Trail

Der Queenstown Trail (🖳 www.queenstowntrail.co.nz) ist ein über 110 km langes Wegenetz aus leicht zu befahrenden Pfaden, die Queenstown und den Lake Wakatipu mit Frankton, Arrowtown und Gibbston verbinden; kostenlose Karten sind weithin erhältlich, und diverse Strecken sind auf der Karte *Queenstown, Umgebung* (S. 822) eingezeichnet. Die Radwege sind so angelegt, dass sich Radfahrer gut in der Gegend bewegen können, ohne die Autostraßen benutzten zu müssen. Meistens handelt es sich um breite Schotterpfade, überwiegend flach oder gemäßigt hügelig, mit einer gelegentlichen steileren Steigung. Der beste Ausgangspunkt von Queenstown ist natürlich das Seeufer oder (etwas abenteuerlicher) Jack's Point. Von Arrowtown geht es am Ufer Arrow River lang, an der Kawarau Bungy-Stelle vorbei in die Weingärten bei Gibbston. Sollten sich das Radeln oder die Weinproben als zu anstrengend erweisen, kann man sogar bei *Around the Basin* oder *QBT* anrufen und sich samt Rad abholen und zurück nach Queenstown bringen lassen.

Queenstown Bike Park

Wer will, kann auf der 4WD-Straße hochradeln, aber fast jeder entscheidet sich dafür, das Rad mit der Skyline Gondola (S. 812) zu transportieren, um dann mehrmals die Abfahrt auf den Tracks zurückzulegen, die von den patenten Mitgliedern des Queenstown Mountain Bike Club (🖳 www.queenstownmtb.co.nz) angelegt wurden. Für den relativ zahmen Hammy's Track braucht man noch nicht einmal ein teures Mountainbike, für die mittelschweren Vertigo und Original Tracks dagegen schon eher, und für die vielen anderen im Park auf jeden Fall – das sind Extremabfahrten. Newcomer schaffen wahrscheinlich 7–8 Abfahrten an einem halben Tag; der Tagesrekord steht bei 41.

Hardtails (halber Tag $39, ganzer Tag $59), Freeride- ($89/$59) und Downhill Bikes ($79/$119). Weitere Angebote: Einführung für den Bike Park ($159) mit Rad, Seilbahnticket für 1/2 Tag und 2 geführten Abfahrten, außerdem fantastisches Heli-Biking (4 Std., $399).

Reiten

Ben Lomond Station, ☎ 0800 236 566, 🖳 www.nzhorsetreks.co.nz. Ausritte für Reiter mit etwas Erfahrung in herrlicher Landschaft – vom leichten Ritt um den Moke Lake (1 1/2 Std., $80) bis zu den Goldgräberrelikten der Historical Mining Sites (3–4 Std., $190). Kostenlose Abholung in und Rücktransport nach Queenstown. Tgl. Okt–April.

Scenic Flights

Viele Veranstalter bieten Rundflüge in Flugzeugen oder Hubschraubern an. Oft beinhalten auch Abenteueraktivitäten einen Hubschrauberflug. Per Flugzeug oder Helikopter gelangt man auch zum Milford Sound.

Air Milford, ☎ 0800 462252, 🖳 www.airmilford.co.nz. Der Milford-Sound-Flugspezialist hat ein breites Angebot, darunter den klassischen *fly/cruise/fly* (4 Std., $569) mit häufig erheblichem Preisnachlass für den frühen Start um 8 Uhr.

Glenorchy Air, ☎ 0800 676264, 🖳 www.trilogytrail.com. Dieses Unternehmen übernahm einen Großteil der Fliegerei für die *Herr der Ringe*-Filmcrew. Abgesehen von Flightseeingtrips in den Milford Sound und um Aoraki/Mt Cook

Für die Skyline Gondola (25. Dez–8. Jan für Fahrräder geschlossen) gibt es verschiedene Pässe, angefangen bei einem Halbtagsticket für $60.

Cross-Country-Trails

Das Wakatipu Basin hat so viele tolle Radwege, dass es echt schwierig ist, einen besonders hervorzuheben. Wer eine 4–6-stündige Rundfahrt machen möchte, sollte aber unbedingt den **Moonlight Trail** wählen, der um den Moke Lake und die Rückseite des Ben Lomond herum zum Arthur's Point führt. Das Ganze fühlt sich an wie eine Abenteuertour in abgeschiedene Regionen, dabei ist man nur ein paar Kilometer von Queenstown entfernt.

Wenn man die Coronet Peak-Straße hochfährt, erreicht man ausgezeichnete Abschnitte mittelschwerer Trails. Zuerst den Rude Rock, der zum Zoot und dann auf dem schmalen Pack Track direkt hinab in den Skippers Canyon führt.

Around the Mountains Trail

Komplett fertig wird er erst 2016, aber schon jetzt sind Radler auf Abschnitten des überwiegend leicht zu bewältigenden Around the Mountains Trail unterwegs (⌨ www.nzcycletrail.com/around-mountains; 180 km; 4–5 Tage), der südlich von Queenstown einen Bogen schlägt und eine Seeüberquerung mit der *TSS Earnslaw* einschließt.

Man kann in Queenstown ein Rad mieten und die Fahrt selbst organisieren, oder sich an Around the Mountains (⌨ www.aroundthemountains.co.nz) wenden.

Radverleih und -touren

Die Entscheidung für ein bestimmtes Rad hängt davon ab, welches Gelände man befahren will. Ein normales Tourenrad ist prima für die bequemen Wege zwischen Queenstown und Frankton, aber für den Großteil des Queenstown Trail ist ein Hardtail MTB von Nutzen. Auf Cross-Country-Trails fährt es sich am besten mit einem Full Suspension- oder Freeride-Rad, und für den Queenstown Bike Park empfiehlt sich unbedingt ein vollverstärktes Downhill Bike samt Fullface-Helm und Schutzkleidung.

steht auch der an *Herrn der Ringe*-Drehorten vorbeiführende Two Ring Trilogy Trail (2 1/2 Std., $385) auf dem Programm.

Scenic Tours, Offroad- und Geländewagentouren

Lord of the Rings Tours, ✆ 0800 568759, ⌨ www.lordoftheringstours.co.nz. Kulissen, Kostüme und verschiedene Drehorte sind im Rahmen der Touren in die Umgebung von Queenstown (3 1/2 Std. für $170 oder 7 Std. für $299), am See hoch nach Glenorchy (6 Std., $249) oder bei Ausflügen inkl. Helikopterflug (7Std., $1650) zu sehen.

Nomad Safaris, 37 Shotover St, ✆ 0800 688 222, ⌨ www.nomadsafaris.co.nz. Der größte Anbieter von Geländewagentouren veranstaltet Landroverfahrten nach Macetown (S. 838), in den Skippers Canyon (S. 821) und mehrere *Herr der Ringe*-Touren unter dem Motto: „Safaris of the Scenes" mit zahlreichen Stopps an den entsprechenden Drehorten. Man kann sich entweder für eine Fahrt durchs Wakatipu Basin in der Umgebung von Queenstown (4 Std., $175) entscheiden, oder für eine nach Glenorchy (4 Std., $175), wo sich zwar weniger, aber vielleicht spektakulärere Locations befinden. Für begeisterte Offroad-Fahrer gibt es Trips, bei denen sie selbst das Lenkrad eines Landrovers übernehmen können.

Off Road Adventures, 61a Shotover St, ✆ 0800 633 7623, ⌨ www.offroad.co.nz. Hier zuckelt man nicht einfach in einer Reihe von Quadbikes hintereinander her, sondern erlebt echten

QUEENSTOWN, WANAKA UND CENTRAL OTAGO

Herr der Ringe- und Hobbit-Touren

Queenstown und seine Umgebung ist die Region mit den meisten *Herr der Ringe*- und *Der Hobbit*-Drehorten des Landes. Einige Kulissen sind sofort wiederzuerkennen, andere wurden digital so stark manipuliert, dass man schon Standbilder aus den Filmen sehen muss, um sie zu erkennen. Mit den Filmen wird eine ganze Tourenindustrie am Leben erhalten, und mit dem *Hobbit* hat dieser Trend noch einmal Auftrieb bekommen. Praktisch jeder Veranstalter von Abenteuertrips im Wakatipu Basin bewirbt seine Touren als „wie in *Herr der Ringe* gesehen" oder „Ausflug nach Mittelerde". Wer unbedingt an einen Ort möchte, an dem auch schon Frodo war, kann sich an einen der unter Jetbooootfahren (S. 813), Scenic Tours, Offroad- und Geländewagentouren (S. 816) und Scenic Flights (S. 817) aufgeführten Veranstalter wenden.

Offroadspaß auf ganz unterschiedlichen Terrains. Das Angebot reicht von einfachen, familientauglichen Quad-Ausflügen (3 Std., $199) bis zur anspruchsvollen Adventure Tour (3Std., $269), bei der man auf einer Hochlandfarm mit dem Motorrad steile Wege erklimmt. Darüber hinaus bestehen jede Menge weiterer adrenalinkickreicher und landschaftlich reizvoller Optionen. Oft billiger als die Konkurrenz. **Paradise Safaris**, 37 Shotover St, ☎ 0800 462248, 🖥 www.infotrack.co.nz. Auf dieser günstigen Geländewagentour lernt man nicht nur Teile von Lothlorien, Isengard etc. kennen, sondern bekommt auch Einblicke in Maori-Legenden und die Geschichte des Goldabbaus. Halber Tag $145, ganzer Tag $299.

Segway-Touren

Segway on Q, ☎, 0800 734 386, 🖥 www.segwayonq.co.nz. Eine tolle, lustige Möglichkeit, sich in der Stadt zu orientieren, sind diese Touren, bei denen innerhalb 1 Std. ordentliche Entfernungen bewältigt werden ($85). Wer sich für die 2-stündige Tour entscheidet, bekommt noch ein paar Anekdoten und Geschichten mehr zu hören ($119).

Via Ferrata und Felsklettern

Climbing Queenstown, 36 Shotover St, ☎ 0800 254 6246, 🖥 www.climbingqueenstown.com. Wer die Felswände um Queenstown erobern möchte, aber keinerlei Klettererfahrung hat, kann sich auf einer Via Ferrata (Klettersteig) einen Eindruck von der Kletterei verschaffen (tgl. 9 und 13.30 Uhr, 4 Std., $159). Diese Art der Klettersteige stammt ursprünglich aus Europa und ermöglichte es den Truppen während der beiden Weltkriege, gebirgiges Terrain zu überwinden. Perfekt ausgestattet klettert man über Stahlsprossen, die in Felswände oberhalb von Queenstown gebohrt wurden, nach oben. Zur Sicherung klinkt man sich in ein langes Stahlkabel ein, das neben dem Trail verläuft. Vorkenntnisse sind nicht erforderlich. Für Leute mit Erfahrung gibt es auch anspruchsvolle Routen. Das Unternehmen bietet auch konventionellere Kletterausflüge sowie Unterricht.

Weintouren

Appellation Central Wine Tours, ☎ 03 442 0246, 🖥 www.appellationcentral.co.nz. Organisiert den informativen und unterhaltsamen Besuch der Weingüter im Gibbston Valley sowie bei Bannockburn und Cromwell in kleinen Gruppen. Zur Auswahl stehen die nachmittägliche Boutique Wine Tour (12–17 Uhr, $185) mit einem Mittagessen in einem der vier angesteuerten Güter sowie die gemächlichere, ganztägige Gourmet Wine Tour (9.30–16.30 Uhr, $230) zu fünf Weingütern inklusive einer Käseprobe, Mittagessen auf einem der Weingüter und Kellereiführung beim Weingut Gibbston Valley (S. 842). Abholung in Queenstown und Arrowtown.

SONSTIGES

Apotheken

Wilkinsons Pharmacy, The Mall, Ecke Rees St, ☎ 03 442 7313, 🕐 tgl. 8.30–22 Uhr.

Autovermietungen

Viele Autoverleiher konkurrieren mit guten Deals in der Stadt und am Flughafen; wer Interesse hat, hält Ausschau nach den Angeboten. Parkplätze im Zentrum sind rar, aber schon ein paar Straßen weiter außerhalb gibt es kostenlose Parkmöglichkeiten.

Bücherei
10 Gorge Rd, ℅ 03 441 0600,
🕐 Mo–Sa 10–17 Uhr.

Fahrradverleih
Das Fahrrad bietet eine der besten Möglichkeiten, die Gegend zu erkunden. Die zahlreichen Verleiher sind auf S. 814 aufgeführt.

Geld
Alle großen Banken unterhalten im Zentrum eine Filiale mit Geldautomaten.

Gepäckaufbewahrung
Viele Unterkünfte bieten Gepäckaufbewahrung, besonders wenn man auf dem Rückweg noch einmal dort übernachtet.
Info&Track, 37 Shotover St, ℅ 0800 462 248, 🖥 www.infotrack.co.nz, nimmt $5/Gepäckstück/Nacht ($3/Tag).
Am Queenstown Airport gibt es Schließfächer ($6/24 Std.).

Gepäcktransfers
Track-Wanderer, die Gepäck von einem Ort zum anderen befördert haben möchten, wenden sich an **Info&Track**, 37 Shotover St, ℅ 0800 462 248, 🖥 www.infotrack.co.nz, die in Zusammenarbeit mit Tracknet, ℅ 0800 483 262, 🖥 www.tracknet.net, Gepäckstücke von Queenstown nach Te Anau ($15 pro Stück) oder Milford Sound ($25) schaffen.

Informationen
i-SITE, Camp St, Ecke Shotover St, ℅ 03 442 4100, 🖥 www.queenstowninformation.co.nz. Übernimmt Buchungen und gibt objektive Ratschläge. 🕐 tgl. 8.30–19 Uhr. In der Shotover St reiht sich außerdem ein kommerzielles Informations- und Reservierungsbüro an andere.
DOC, 50 Stanley St, im 1. Stock des Geschäfts Outside Sports, ℅ 03 442 7935, ✉ queenstownvc@doc.govt.nz, 🕐 Nov–April tgl. 8.30–18, Mai–Okt 8.30–16.30 Uhr. Die richtige Adresse für Infos zum Wandern allgemein sowie zu den Great Walks und Nationalparks.

Internet
Internetzugang bieten die Hostels, aber auch viele Infocentres an der Shotover St versuchen Kunden mit Gratis-WLAN anzulocken. Außerdem gibt's den Global Gossip Hotspot bei Nomad, 5 Church St. MCinternet, im Obergeschoss des O'Connell's Shopping Centre, 30 Camp St, hat eine Reihe von Computern und WLAN für wenig Geld. 🕐 tgl. 8.30–23 Uhr.

Medizinische Hilfe
Queenstown Medical Centre, 9 Isle St, ℅ 03 441 0500, und **Lakes District Hospital**, 20 Douglas St, Frankton, ℅ 03 441 0015.

Outdoorausrüstung
Info&Track, 37 Shotover St, ℅ 0800 462 248, 🖥 www.infotrack.co.nz; Karte S. 802. Verleiht Ausrüstung wie Rucksäcke ($7/Tag), Schlafsäcke ($7) und Kochsets für 2 Pers. ($5) und Zelte ($10).
Small Planet, 17 Shotover St, ℅ 03 442 6393, 🖥 www.smallplanetsports.co.nz; Karte S. 802. Verkauft neue und gebrauchte Sachen, darunter Snowboards, Ski- und Kletterausrüstung sowie Campingzubehör zu guten Preisen (auch Rückkauf sowie Ankauf von gebrauchten Sachen für 25 % Abzug). Außerdem Verleih von Zelten ($12/Tag), Klettergurten ($8/Tag), Kletterreisen ($10/Tag), Lawinenpiepsern ($10/Tag) und GoPro-Kameras ($39/Tag).

Polizei
11 Camp St, ℅ 03 441 1600.

Post
13 Camp St, mit Poste restante,
🕐 Mo–Fr 8.30–17.30, Sa 9–16 Uhr.

NAHVERKEHR

Alle Sehenswürdigkeiten in der Innenstadt von Queenstown lassen sich zu Fuß erreichen. Die meisten Abenteueraktivitäten finden außerhalb der Stadt statt, doch sämtliche Organisatoren unterhalten kostenlose Shuttles zwischen Stadtzentrum und Veranstaltungsort und holen die Teilnehmer in der Stadt oder von ihren Unterkünften ab.

QUEENSTOWN, WANAKA UND CENTRAL OTAGO

Wintersport in Queenstown

Zwei Skigebiete – **Coronet Peak** und die kleineren **Remarkables** – in bequemer Nähe zahlreicher guter Hotels, Restaurants und Après-Ski-Angebote machen Queenstown zum beliebtesten Wintersportort Neuseelands. Das winterliche Highlight ist das zehntägige **Queenstown Winter Festival**, 🖥 www.winterfestival.co.nz, das gegen Ende Juni/Anfang Juli stattfindet und neben klassischen Ski- und Snowboard-Veranstaltungen auch Schneeskulpturen, Ski-Golf sowie viele weitere Unterhaltungsangebote umfasst. Kurz vor der ersten Ferienwoche im September ist alles ausgebucht, und dann findet auch noch die **Gay Ski Week**, 🖥 www.gayskiweekqt.com, statt.

Informationen und Skipässe

Beide Skigebiete (und auch Mount Hutt) werden vom selben Unternehmen betreut, dessen Website, 🖥 www.nzski.com, über die Schneelage informiert und viele praktische Tipps gibt. Tagesliftkarten sind jeweils nur in einem Skigebiet gültig, der Superpass ($98) hingegen gilt sowohl für Coronet als auch The Remarks, das NZSki **Saisonticket** (Frühbucher $999) für alle drei Skigebiete.

Übernachtung und Ausrüstung

In keinem der Skigebiete gibt es **Unterkünfte**, doch verkehren ständig Shuttlebusse von und nach Queenstown (Rückfahrkarte jeweils $118). Empfehlenswerte **Skiverleiher** sind Brown's, 39 Shotover St, ☏ 03 442 4003, 🖥 www.brownsnz.com, und der billigere Outside Sports, 9 Shotover St, ☏ 03 441 0074, 🖥 www.outsidesports.co.nz.

Coronet Peak, ☏ 03 442 4640, 18 km nördlich von Queenstown, wurde 1947 eröffnet und war damit das erste richtige Skigebiet Neuseelands. Dank Schneemaschinen geht die Wintersportsaison bis in den Frühling, eine besonders schöne Zeit, weil der Himmel dann meist blitzblau ist. Es gibt Pisten aller Schwierigkeitsgrade, bei einem Höhenunterschied von fast 500 m. Während der Saison, die normalerweise Anfang Juni beginnt und manchmal bis Mitte Oktober dauert, verkehren auf der Zufahrtsstraße Shuttlebusse von und nach Queenstown. Skipässe kosten derzeit $98 pro Tag (9–16 Uhr); Juli–Mitte Sep kann man Fr und Sa von 16–21 Uhr für zusätzliche $51 die Pisten bei Flutlicht hinunterrauschen.

The Remarkables, ☏ 03 442 4615, 28 km östlich von Queenstown, ist ein Skigebiet, zu dem drei auf der Rückseite der Remarkables gelegene Täler gehören. Es gilt in erster Linie als gutes Übungsgelände für Anfänger, bietet aber auch ein paar anspruchsvollere Pisten für Geübte sowie tolle Möglichkeiten für Skitouren (3 Pisten für Anfänger, 8 für Fortgeschrittene, 18 für erfahrene Skifahrer). Die Talstation der Lifte liegt zwar 500 m höher als diejenige am Coronet Peak, dennoch ist die Saison hier ein wenig kürzer und dauert üblicherweise nur von Ende Juni bis Anfang Oktober. Mit 320 m ist auch der Gesamthöhenunterschied kleiner, doch lassen sich zusätzliche 120 m herausschinden, wenn man abseits der Pisten den landschaftlich fantastischen Homeward Run zur unbefestigten Zufahrtsstraße hinuntersaust und dort einen der zahlreichen kostenlosen Shuttles zurück zum Sessellift nimmt. Eine Tagesliftkarte kostet $91.

Busse

Connectabus, ☏ 03 441 4471, 🖥 www.connectabus.com. Abfahrt bei der O'Connells Mall an der Camp St. Der nützlichste Bus fährt von Queenstown nach Frankton (alle 15 Min., 15–20 Min.) und weiter zum Flughafen. Von Frankton gibt es eine Verbindung nach Arrowtown (ungefähr stdl.), außerdem fährt ein Direktbus von Queenstown über Arthur's Point nach Arrowtown (7x tgl.) Preise für eine einfache Fahrt ab Queenstown: Flughafen $10, Arrowtown $13, Tageskarte $29, 7-Tage-Pass $43, erhältlich in den Bussen.

Taxis

Taxistände in der Camp Street am oberen Ende der Mall sowie in der Shotover Street. **Queenstown Taxis**, ☏ 03 450 3000.

Busse

Alle Busse halten im Zentrum von Queenstown nahe der Kreuzung Camp St und Shotover St, von wo das i-SITE weniger als 100 m entfernt ist und die meisten Unterkünfte in weniger als 15 Min. zu Fuß erreichbar sind.

Atomic fährt nach Christchurch, Dunedin und Greymouth;

InterCity/Newmans, das größte Busunternehmen, fährt alle größeren Zielorte an;

Wanaka Connexions, ℡ 03 443 9120, 🖥 www.alpineconnexions.co.nz, und **Connect Wanaka**, ℡ 0800 405 066, 🖥 www.connect abus.com, fahren nach Wanaka, Letzterer über die spektakuläre Crown Range.

Günstig für Wanderer:

Tracknet, ℡ 0800 483 262, 🖥 www.tracknet .net, fährt relativ regelmäßig nach Te Anau, zum Milford Sound und Milford Track, zum Routeburn Track und nach Invercargill;

Info&Track, ℡ 0800 462 248, 🖥 www.infotrack. co.nz, Busse nach Glenorchy und zum Rees-Dart, Greenstone/Caples und Routeburn Track.

Busse nach:

ALEXANDRA 4x tgl., 1 1/2 Std.;
AORAKI/MOUNT COOK 1x tgl., 4–5 Std.;
ARROWTOWN 14x tgl., 30–40 Min.;
CHRISTCHURCH 3–4x tgl., 7–8 Std.;
CROMWELL 8x tgl., 1 Std.;
DUNEDIN 4x tgl., 4–5 Std.;
FRANZ JOSEF GLACIER 2x tgl., 7–8 Std.;
GLENORCHY 2–5x tgl., 1 Std.;
GREYMOUTH 1x tgl, 9 Std.;
INVERCARGILL 1x tgl., 3 Std.;
TE ANAU 3x tgl , 2 1/4 Std.;
TEKAPO 3–4x tgl., 3–4 Std.;
WANAKA 9x tgl., 1 1/2 Std.

Flüge

Der Flughafen von Queenstown, 🖥 www. queenstownairport.co.nz, liegt bei Frankton, 7 km nordöstlich der Innenstadt. Abgesehen von Inlandsflügen landen hier auch Maschinen von Air New Zealand, Qantas, Jetstar und Virgin Australia aus Ostaustralien. Für den **Transport vom Flughafen** in die Stadt bietet sich der Super Shuttle (Tür-zu-Tür-Service, $20 für 1 Pers., $26 für 2 Pers.) an; auch mit dem Connectabus (s. Nahverkehr S. 820) gelangt man in die Stadt. Queenstown Taxis, ℡ 03 450 3000, verlangt für die Fahrt in die Stadt rund $35; viele große Mietwagenfirmen haben ein Büro am Flughafen oder in der Nähe.

Flüge nach:

AUCKLAND 6x tgl., 1 3/4 Std.;
CHRISTCHURCH 4x tgl., 1 Std.;
WELLINGTON 2x tgl., 1 3/4 Std.

Umgebung von Queenstown

Nur wenige Kilometer von Queenstown entfernt ist der Kommerz schnell vergessen, besonders wenn man die Straße Richtung Glenorchy via **Moke Lake** nimmt, oder bei **Bob's Cove** eine Rast am See einlegt und die skurrilen Pflanzungen in den **Little Paradise Gardens** betrachtet. Reizend anzusehen ist auch das hügelige Ufer des tosenden **Shotover River**, einst ein Paradies der Glücksritter. Früher wurde hier Gold gefunden, heute finden jede Menge Abenteueraktivitäten statt. Der Shotover entspringt in den Richardson Mountains nördlich von Queenstown, fließt durch den beeindruckenden **Skippers Canyon** und mündet unterhalb des Lake Wakatipu in den Kawarau River. Die Skippers Road, die dem Shotover River nur an seinem Oberlauf folgt, zweigt 12 km nördlich von Queenstown von der Coronet Peak Road ab. Man erreicht sie über die Malaghans Road via **Arthur's Point**.

Arthur's Point

Die Gorge Road führt durch ein kleines Gewerbegebiet von Queenstown Richtung **Arthur's Point**, 5 km nördlich von Queenstown, wo die parabelförmige **Edith Cavell Bridge** den Shotover River überspannt. In der Schlucht darunter führt der Shotover Jet (S. 813) Kunststücke vor, und hier enden die Rafting-Touren auf dem Shotover.

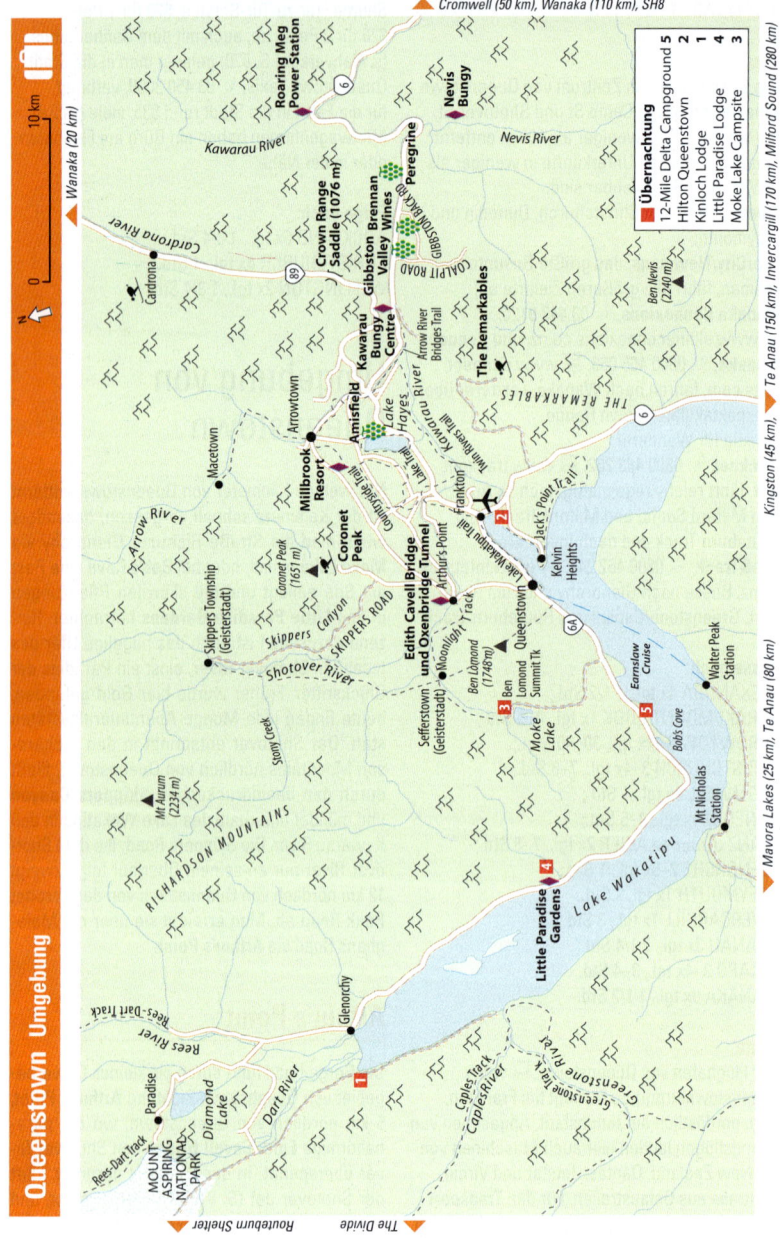

Cromwell (50 km), Wanaka (110 km), SH8

Wanaka (20 km)

10 km

0

N

Übernachtung
12-Mile Delta Campground **5**
Hilton Queenstown **2**
Kinloch Lodge **1**
Little Paradise Lodge **4**
Moke Lake Campsite **3**

Te Anau (150 km), Invercargill (170 km), Milford Sound (280 km)

Roaring Meg Power Station

Nevis Bungy

6

Kawarau River

Nevis River

Crown Range Saddle (1076 m)

Gibbston Brennan Valley Wines

Peregrine

GIBBSTON BACK RD

(COAL PIT ROAD)

Cardrona River

89

Cardrona

Kawarau Bungy Centre

Arrow River Bridges Trail

Ben Nevis (2240 m)

The Remarkables

Arrowtown

Amisfield

Lake Hayes

THE REMARKABLES

Macetown

Millbrook Resort

Arrow River

Kawarau River

Kawarau River

Twin Rivers Trail

Frankton

Kingston (45 km),

6

Coronet Peak (1651 m)

Coronet Peak

Edith Cavell Bridge und Oxenbridge Tunnel

Arthur's Point

Lake Wakatipu

Jack's Point Trail

2

Skippers Township (Geisterstadt)

Skippers Canyon

SKIPPERS ROAD

Moonlight Track

Queenstown

Kelvin Heights

Shotover River

Stony Creek

Sefferstown (Geisterstadt)

Ben Lomond (1748 m)

Ben Lomond Summit Tk

3

Moke Lake

6A

Earnslaw Cruise

Walter Peak Station

Bob's Cove

Mavora Lakes (25 km), Te Anau (80 km)

Mt Aurum (2234 m)

RICHARDSON MOUNTAINS

Mt Nicholas Station

Little Paradise Gardens

4

Lake Wakatipu

Rees River

Rees-Dart Track

Glenorchy

Dart River

Greenstone Track

Greenstone River

Caples Track

Caples River

1

Paradise

Diamond Lake

MOUNT ASPIRING NATIONAL PARK

Rees-Dart Track

Routeburn Shelter

The Divide

Oxenbridge Tunnel

Oxenbridge Tunnel Rd, Arthur's Point

Eine Rafting-Tour auf dem Shotover wird gekrönt mit der Fahrt durch den 170 m langen **Oxenbridge Tunnel**, der um 1911 gegraben wurde, um den Fluss umzuleiten und zu ermöglichen, dass im alten Flussbett nach Gold gesucht werden konnte. In drei Jahren Arbeit fanden die Goldgräber jedoch nur 2,5 kg Gold. Die Tunnelausfahrt erfolgt über die Oxenbridge Tunnel Road.

Skippers Road

Auf der gefährlichen **Skippers Road**, einer schmalen und kurvenreichen unbefestigten Straße, genießen Mietfahrzeuge keinen Versicherungsschutz; die Einheimischen fahren hier ohne Rücksicht auf Verluste und lassen entgegenkommenden Fahrzeugen kaum Platz. Das ist sehr bedauerlich, da die Straße Zugang zu einem Gebiet voller faszinierender Zeugnisse aus der Goldgräberzeit bietet. Einen Eindruck von der Gegend vermitteln die Rafting- und Jetboottouren auf dem Fluss (S. 814), da diese entlang der Skippers Road beginnen. Das Gebiet lässt sich jedoch nur mit einer historisch ausgerichteten Allradtour vollständig erkunden (S. 816).

Nach ihrer Abzweigung von der Coronet Peak Road erreicht die Skippers Road nach zahlreichen Serpentinen den Fluss und eine Stelle namens **Pinchers Bluff**, wo chinesische und europäische Arbeiter die Straße in einen fast senkrecht abfallenden Felsvorsprung trieben, und erreicht schließlich den Ort Skippers. Geschäfte, Cafés oder Ähnliches gibt es an der Straße nicht.

Geschichte

Als die Goldwäscher mechanischen Goldsieben, künstlichen Wasserkanälen und schweren Baggern weichen mussten, wurde eine Straße erforderlich, mit deren Bau 1863 begonnen wurde. 20 Jahre lang schufteten **chinesische Arbeiter**, nur mit Hacken und Schaufeln gerüstet, an der Skippers Road. Diejenigen, die den harten Bedingungen längerfristig standhielten, errichteten anstelle der üblichen Zelte festere Behausungen. Geschäftstüchtige Unternehmer eröffne-ten entlang der 40 km langen Straße insgesamt 27 Hotels, und **Händler** verkauften den Goldgräbern, die häufig an Skorbut litten, frisches Obst und Gemüse zu Wucherpreisen. Um die Wende zum 20. Jh. war der Fluss seiner kostbaren Substanz weitgehend beraubt, doch ein paar **Goldsucher** blieben, und selbst heute noch gibt es eine Handvoll Leute, die sich mit Goldwaschen ihren Lebensunterhalt verdienen.

Skippers Township

29 km nördlich von Queenstown

Die Skippers Road führt flussaufwärts zur **Skippers Bridge**. Sie wurde 1901 in ausreichender Höhe gebaut, um dem Winterhochwasser trotzen zu können, das alle vorherigen Brücken weggeschwemmt hatte. Auf der anderen Seite der Brücke befinden sich die Überreste des Orts **Skippers** mit einst 1500 Einwohnern, die am Ende des Goldrauschs praktisch komplett den Ort verließen. Das alte Schulhaus wurde restauriert, und ringsum liegen die Ruinen einiger anderer Gebäude; insgesamt aber ist es eine gespenstische, menschenleere Siedlung.

Wer möchte, kann auf einem einfachen **DOC-Campingplatz** beim alten Schulhaus und Friedhof übernachten. Er bietet schöne Ausblicke auf die umliegenden Berge und besitzt Toiletten (im Sommer mit Wasserspülung) und Wasseranschluss; ansonsten muss man alles mitbringen; $6.

Richtung Westen nach Glenorchy

In Neuseeland gibt es Hunderte herrlicher Straßenrouten, aber nur wenige übertreffen die 45 km lange Strecke von Queenstown nach Glenorchy am Lake Wakatipu. Majestätische Berglandschaft, wohin das Auge blickt, am eindrucksvollsten oft mit einer Schneekappe oder umhüllt von Gewitterwolken. Unterwegs gibt es zahlreiche Haltepunkte, um den Wagen zu parken und die Aussicht zu genießen. Orte, die einen Aufenthalt lohnen, sind jedoch Fehlanzeige, ausgenommen **Bob's Cove** und die **Little Paradise Gardens**.

Moke Lake

Von Queenstown 6 km Richtung Glenorchy, dann 4 km auf der teilweise unbefestigten Moke Lake Rd

Dieser traumhafte kleine See wird von Bergen eingerahmt. Wenn der DOC-Campingplatz (S. 808) und die angrenzenden Ben Lomond Horse Treks (S. 816) nicht zu sehr überlaufen sind, stellt er ein erstklassiges, friedliches Picknickplätzchen dar, das Lichtjahre vom hektischen Queenstown entfernt zu sein scheint.

Im Januar ist es hier für gewöhnlich warm genug zum Baden, und wer seine eigene Ausrüstung mitbringt, kann wunderbar paddeln und angeln.

Bob's Cove

Glenorchy Rd, 14 km westlich von Queenstown

Die am See verlaufende Straße von Queenstown nach Glenorchy ist eine der landschaftlich reizvollsten in dieser Gegend. Jenseits der Vororte von Queenstown bietet sich als erster Halt Bob's Cove an. Hier lässt sich gut beobachten, dass der Wasserspiegel des Sees alle fünf Minuten um etwa 150 mm schwankt – ein Phänomen, das zwar selten, aber nicht einzigartig ist. Bisher hat man jedoch kaum Erklärungen dafür. Wer am Rand des Sees einen Stock in den Boden steckt, kann das Phänomen bestens beobachten.

Ein kurzer Naturlehrpfad (30–40 Min. hin und zurück) führt durch einen Wald voller Makomakos zu den Überresten einer Kalkbrennerei aus den 1870er-Jahren.

Little Paradise Gardens

Glenorchy Rd, 30 km westlich von Queenstown ▪ ⊕ etwa 9–17 Uhr; wenn das Schild draußen steht, ist geöffnet ▪ Eintritt Okt–April $14, Mai–Sep $10, inkl. Tee oder Kaffee ▪ ✆ 03 442 6196, 🖳 www.littleparadise.co.nz

Das faszinierende halb wilde kleine Paradies ist eine Schöpfung des Schweizer Eigentümers Thomas Schneider, der einen Sinn für alles Ausgefallene hat. Die Anlage mit einer unendlichen Fülle von Pflanzen präsentiert sich fast immer als ein Meer aus Farben, doch nichts ist hier steril oder formell angelegt. Der Garten liegt auf dem 45. Breitengrad, auf halber Strecke zwischen Äquator und Südpol.

Glenorchy

Glenorchy liegt malerisch an der Mündung der Flüsse Rees und Dart in den Lake Wakatipu und ist wie geschaffen für eine Auszeit vom 46 km weiter südöstlich gelegenen Queenstown. Viele Besucher nutzen Glenorchy jedoch nur als Zwischenstation auf dem Weg zu einigen der schönsten Wanderwege, die Neuseeland zu bieten hat – sei es eine Rundwanderung auf dem Rees-Dart Track oder Touren auf dem Routeburn Track, dem Greenstone Track und dem Caples Track. Zwar kommen hier jeden Tag zahlreiche Touristen durch – viele davon, um eine Tour mit dem Dart River Jet zu unternehmen –, doch hat das winzige Glenorchy im Grunde genommen nicht viel mehr zu bieten als eine Tankstelle, ein Postamt, ein Lebensmittelgeschäft, ein paar Kneipen und Cafés sowie eine Handvoll Unterkünfte. Wem auch das noch zu viel Trubel ist, der fährt nach Kinloch, einem Selbstversorger-Retreat, das auf dem Wasserweg nur 3 km von Glenorchy entfernt ist, auf dem Landweg jedoch 25 km.

Der See und die Berge der Umgebung sind in zahlreichen Werbevideos für teure Autos zu sehen, dienen als Kulisse von Hollywoodfilmen und kommen natürlich auch in Jackson/Tolkien-Streifen vor. Wer an speziellen Drehorten interessiert ist, sollte sich der von Nomad Safaris in Queenstown angebotenen Tour „Safari of the Scenes" anschließen (S. 816).

Geschichte

Die fantastische Landschaft um Glenorchy verdankt ihre Schönheit einer Sedimentablagerung am Meeresgrund, die vor ungefähr 220–270 Mio. Jahren erfolgte und sich in die grau-grünen Schiefer und pounamu (Jade) der Forbes Mountains und Humboldt Mountains verwandelte. Die West- und Nordflanken der Forbes Mountains wurden vom Dart Glacier geformt, heute nurmehr eine kurze Gletscherzunge, aber auf dem Höhepunkt seiner Ausdehnung vor 18 000 Jahren das Kernstück eines riesigen Gletschersystems, das den Boden des Lake Wakatipu aushöhlte. Eine Karte der Gegend s. S. 829.

In prä-europäischen Zeiten trug die Ebene am Delta der Flüsse Rees und Dart den Namen **Kotapahau**, „Ort des Rachemords", vielleicht eine Anspielung auf Kämpfe zwischen rivalisierenden Maori-Stämmen um die begehrte **Jade**, die in einigen Abschnitten des Dart River zu finden war. Auch heute noch gibt es dort Jadevorkommen, doch befinden sich diese meist innerhalb der schützenden Grenzen des Mount Aspiring National Parks.

Die ersten **Europäer**, die in diese Gegend vordrangen, waren Goldsucher, Landvermesser und Viehzüchter. Die aufstrebende Gemeinde Glenorchy diente als Versorgungszentrum dieser bunten Mischung, dazu kamen noch Sägemühlen- und Minenarbeitertrupps. Letztere förderten Scheelit, ein Wolframerz, das in der Rüstungsindustrie verwendet wurde.

Obwohl Glenorchy auf dem Landweg nicht erreichbar war, trudelten bereits zu Beginn des 20. Jhs. die ersten **Touristen** ein. Sie überquerten den Lake Wakatipu an Bord der *TSS Earnslaw* und wurden mit Pferdewagen ins 20 km nördlich von Glenorchy gelegene **Paradise** kutschiert, wo sie im Arcadia Homestead unterkamen. Es ist wirklich ein schönes Plätzchen, doch der Name leitet sich wohl eher von den zahlreich in der Gegend vertretenen Paradieskasarkas (einer Entenart) her. Eine Verbindungsstraße zwischen Queenstown und Glenorchy kam erst 1962 zustande. Sie führt durch herrliche Landschaft am Seeufer entlang.

ÜBERNACHTUNG

Außer in Glenorchy kann man auch am Seeufer in Kinloch absteigen, einem erstklassigen, idyllischen Rückzugsort unweit den Startpunkten der Wanderwege Greenstone, Caples und Routeburn – am Ausgangspunkt des Letzteren befindet sich auch ein Campingplatz.

Glenorchy

Camp Glenorchy, 2 Oban St, Glenorchy, 🖳 www.glenorchymarketplace.co.nz. Glenorchys wichtigste Übernachtungsgelegenheit war bei Redaktionsschluss wegen Renovierung geschlossen, sollte aber bald wieder öffnen. Dann stehen die Cabins mit Stockbetten, die Wohnmobilstellplätze mit Anschlüssen sowie ein paar Zeltstellplätze wieder zur Verfügung. **Glenorchy Freedom Camping Site**, am südlichen Ende von Benmore Place, Glenorchy. Weitläufiger Platz zwischen hohen Weiden für *self-contained* Wohnmobile, max. 2 Nächte. Im Sommer empfiehlt es sich früh zu kommen, um einen der begehrten Plätze am See mit Bergblick zu ergattern. Kostenlos

Glenorchy Lake House, 13 Mull St, 📞 03 442 7048, 🖳 www.glenorchylakehouse.co.nz. Zentral gelegene Lodge mit 2 üppig ausgestatteten Zimmern mit geräumiger Lounge, Bergblicken und großem Whirlpool im Freien. Die Gäste erhalten ein Tablett mit Frühstückszutaten und haben das Haus für sich. Abendessen kann man in der Kinloch Lodge, die Gäste per Boot abholt. $295

The Lodge Glenorchy, Mull St, Ecke Argyle St, Glenorchy, 📞 03 442 9968, ✉ graham@thelodgeglenorchy.co.nz. Hübsch renovierte Zimmer mit Kühlschrank, Tee- und Kaffeebereiter und Gratis-WLAN. Am besten lässt man sich ein Zimmer im Dachgeschoss geben; sie sind heller und haben eine schönere Aussicht. $140

Precipice Creek, 48 Nereus Way, Rees Valley, 6 km nördlich von Glenorchy, 📞 0800 442994, 🖳 www.experienceglenorchy.co.nz. Das von Tschechen betriebene B&B hat viele Annehmlichkeiten, spektakuläre Ausblicke von den bezaubernden, außerhalb vom Haupthaus untergebrachten Zimmern sowie köstliches, hausgemachtes Frühstück. $280

Sylvan Campsite, 23 km nordwestlich von Glenorchy in der Nähe des Ausgangspunkts des Routeburn. Einfacher, aber sehr angenehmer DOC-Platz neben dem gurgelnden Route Burn mit Grillstellen, Picknicktischen und Toilette. Buchen spenden Schatten, Wasser gibt's aus dem Bach (entkeimen!), ein einfacher Spaziergang führt zum Lake Sylvan. $6

Kinloch

Kinloch Campsite. Kleiner, sehr netter DOC-Platz am See bei der Kinloch Lodge. Mit Zeltplätzen unter Bäumen, Toilette, Barbecue-Bereich, Picknicktischen und Flusswasser (entkeimen). $6

Aktivitäten um Glenorchy

Fast alle Aktivitäten in und um Glenorchy sind auf Queenstown-Gäste ausgerichtet. Viele kommen mit Reisebussen her, um an der Dart River Jet Safari (S. 813) teilzunehmen. Die Transportmittel Richtung Routeburn und Dart-Canyoning halten nicht im Ort, und die meisten Veranstalter geben noch nicht einmal einen Rabatt, wenn man erst in Glenorchy zusteigt.

Wandern
Glenorchy Walkway (2 km Rundweg, 30–40 Min., eben). Um ein Gefühl für die Gegend zu bekommen, empfiehlt sich dieser Rundgang: Vom Kai am Ende der Islay Street geht es am Seeufer entlang und dann durch Feuchtgebiete einmal um die nahe Lagune.

Reiten
High Country Horses, Priory Rd, 10 km nördlich des Orts, ☎ 03 442 9915, 🖥 www.high-country-horses.co.nz. Glenorchy ist zwar nicht der billigste Ort für Ausritte, dafür ist die Landschaft atemberaubend. Zur Auswahl stehen die Reitausflüge Paradise on the Rees (2 1/2 Std. Reiten, $165, ab Queenstown $185) mit einigen Flussüberquerungen und Besichtigung zahlreicher *Herr der Ringe*-Locations und die anstrengendere Exkursion Mountain High, River Deep (5–6 Std. Reiten, $305) mit Bergbesteigung oder Besuch einer Goldmine. Die Ausflüge werden das ganze Jahr über durchgeführt.

Kajaktouren
Kinloch Kayaks, ☎ 03 442 4900, 🖥 www.kayakkinloch.co.nz. Geführte Sit-on-top-Kajaktouren auf dem etwas launischen Lake Wakatipu bietet die Kinloch Lodge. Man kann dabei die ruhigen Verzweigungen des Dart River erkunden (1 Std. bei Sonnenauf- oder -untergang, $40) oder 2 Std. lang auf dem See bleiben (10 und 14 Uhr, $80). Im Ausflug enthalten sind der Besuch einer alten Sägemühle und leckere hausgemachte Backwaren; zum Abschluss gibt's ein Bad im Outdoor-Whirlpool. Nur im Sommer.
Rippled Earth, ☎ 0800 474 775, 🖥 www.rippledearth.co.nz. Tolle geführte Kajaktrips nach Pigeon oder Pig Island mit 45 Min. Paddeln je Strecke (3 Std., $125, ab Queenstown $145) oder eine Paddeltour zur Kinloch Lodge zum Abendessen, Rückkehr in der Dämmerung (Dez–Mitte März, 3 Std., $160, ab Queenstown $180).

🧳 **Kinloch Lodge**, 862 Kinloch Rd, ☎ 03 4424900, 🖥 www.kinlochlodge.co.nz. 26 km außerhalb von Glenorchy. Engagierte Leitung, kleine, aber komfortable, im viktorianischen Stil eingerichtete Zimmer ($160 inkl. Gratis-WLAN) mit Gemeinschaftsbad in der Heritage Lodge von 1868 und eine herrliche Veranda mit Morgensonne. Daneben liegt die dem YHA angeschlossene *Wilderness Lodge* mit sauberen Selbstversorger-Stockbettzimmern rund um einen gepflegten Rasen; eins der Zimmer hat ein eigenes Bad ($150). Fahrradverleih ($10/Std., $50/Tag), Angelrutenverleih ($15/Tag), geführte Kajaktrips, Transport zum Ende der Tracks. Auch Transfers zum Routeburn und Greenstone/Caples Track, bei 2 Übernachtungen kostenfrei. Dorms $35, Zimmer $90

ESSEN UND UNTERHALTUNG

Café at The Trading Post, 13 Mull St, ☎ 03 442 7084, 🖥 www.glenorchytradingpost.co.nz. Freundlicher kleiner Laden mit Fairtrade-Biokaffee, Frucht-Smoothies ($7) und wunderbaren *cream teas* ($7,50). Esstische drinnen und draußen auf der Wiese. 🕐 Mo–Sa 10–16 Uhr.
Glenorchy Café (alias The GYC), 27 Mull St, im ehemaligen Postamt, ☎ 03 442 9978. Geselliges, sehr beliebtes Café mit vielen gemütlichen Nischen und zahlreichen Tischen

im Freien. Hochbegehrt wegen des umfangreichen GYC-Frühstücks ($19,50), der Suppen,
Gourmetpizzas (nur samstagabends) und
anderer hausgemachter Köstlichkeiten. ⏱ tgl.
8.30–17, Sa im Sommer bis 22 Uhr.

Kinloch Lodge Restaurant, ☎ 03 442 4900,
🖥 www.kinlochlodge.co.nz. Das Herz der Lodge
ist dieses heimelige Lokal mit Seeblick-Veranda,
wo es eine große Auswahl an Frühstücksgerichten und Speisen wie Wildfleischburger
mit Fritten ($20) gibt. Abends (mit Reservierung)
reicht das Angebot von einem Teller Nachos
($18), der zwei kleine Mägen oder einen hungri-
gen Wanderer satt macht, bis zu gegrilltem
Lachs mit Kapernsoße und grünem Gemüse
aus dem Garten ($36). ⏱ Sommer tgl. 8–9.30,
12–15 und 18.30–19.30 Uhr.

INFORMATIONEN

Nichts Offizielles, aber Informationen
bekommt man im Glenorchy Hotel, 42 Mull St,
☎ 03 442 9902, oder im Trading Post (Café),
13 Mull St, ☎ 03 442 7084, 🖥 www.facebook.
com/glenorchytradingpost.

TRANSPORT

Es ist eine schöne Autofahrt von Queenstown
nach Glenorchy, und von hier kann man weiter
zu den Ausgangspunkten der wichtigsten
Wanderwege fahren, wo es überall Parkplätze
gibt. Jedoch enden viele Wanderungen weit
entfernt von ihrem Ausgangspunkt, sodass man
sein Fahrzeug besser in Queenstown oder
Glenorchy stehen lässt und sich mit **Shuttlebussen** zum entsprechenden Startpunkt begibt.
Buckley Transport, ☎ 03 442 8215, 🖥 www.
buckleytransport.co.nz. Tracktransfer zum
Routeburn Shelter, sodass man früh losgehen
kann (9.15 Uhr, $45 ab Queenstown, ganzjährig).
Außerdem gibt es eine Verbindung von dem
anderen Ende des Routeburn Track nach
Queenstown (Abfahrt 14 Uhr, Ankunft an der
Divide, einfache Fahrt $80) sowie ein Paket mit
Hin- und Rücktransport für $115.
Info&Track, ☎ 0800 462 248, 🖥 www.infotrack.
co.nz. Hauptanbieter von Transfers von Queens-
town nach Glenorchy ($21 einfach, $15 für

Fahrräder) und weiter zu den Ausgangspunkten
der Tracks (Dart $52, Greenstone/Caples $52,
Rees $52 und Routeburn $47). Das Routeburn-
Paket kostet $119. Verkehrt nur Ende Okt–
Ende April.

Kinloch Lodge, ☎ 03 442 4900, 🖥 www.
kinlochlodge.co.nz. Betreibt ein regelmäßig
verkehrendes Boot von Glenorchy (Dez–März
Mo–Sa um 12.30 Uhr, kostenlos) und eins auf
Anfrage ($15 p. P. je Strecke, mind. 2 Pers.,
Lunch- und Übernachtungsgäste frei).
Glenorchy Journeys, ☎ 0800 495 687, 🖥 www.
glenorchyjourneys.co.nz. In Glenorchy ansässiger Anbieter mit Verbindungen von Glenorchy
und Queenstown zu allen *trailheads* zu guten
Preisen.

Busse nach:
DART TRACK 1–2x tgl., 40 Min.;
GREENSTONE/CAPLES TRACK 1–2x tgl., 50 Min.;
QUEENSTOWN 2–4x tgl., 1 Std.;
REES TRACK 1–2x tgl., 40 Min.;
ROUTEBURN SHELTER 2–3x tgl., 1/2 Std.

19 HIGHLIGHT

Routeburn Track

🖥 www.doc.govt.nz/routeburntrack

Die Berühmtheit des 32 km langen **Routeburn
Track** wird nur von der des Milford Track übertroffen. Viele Leute sind der Meinung, dem
Routeburn sei der Vorzug zu geben: Die Landschaft gestaltet sich abwechslungsreicher, die
Abstände zwischen den Hütten sind besser
durchdacht, und der Wanderweg verläuft länger
oberhalb der Waldgrenze, weswegen es weniger
Sandfliegen gibt. Zweifellos ist der Routeburn ein
Great Walk und einer der schönsten Wanderwege Neuseelands. Er führt über die Humboldt
Mountains und gewährt Zugang zu Regionen,
die für die Wildnis des Südwestens ganz typisch
sind: bewaldete Täler mit zahlreichen Vögeln und
rauschenden Wasserfällen, Flussebenen, Seen
und atemberaubende Gebirgslandschaften.

QUEENSTOWN, WANAKA UND CENTRAL OTAGO

Die Beschaffenheit des Geländes macht den Routeburn zu einem mittelschweren dreitägigen Wanderweg, wobei die kurzen Entfernungen zwischen den Hütten die Sache wesentlich erleichtern. Wer einigermaßen Kondition besitzt und 5 oder 6 Std. pro Tag einen vollen Rucksack schleppen kann, dürfte kaum Probleme bekommen. Infolge der heftigen Regenfälle in dieser Region kann es allerdings wegen Erdrutsche oder Überschwemmungen zu Schließungen kommen, sogar im Sommer. Der Routeburn kann das ganze Jahr über begangen werden, die **Hauptwandersaison** ist jedoch Oktober bis Ende April. Im **Winter** zeigt sich der Routeburn von einer gänzlich anderen Seite, weshalb eine Begehung gut überlegt sein will: Der Weg ist oft schneebedeckt und extrem rutschig; es herrscht eine große Lawinengefahr, und die Hütten haben keine Heizung. Sehr viel empfehlenswerter sind zu dieser Jahreszeit die Tagestouren vom Routeburn Shelter zur Routeburn Falls Hut sowie von The Divide zur Mackenzie Hut.

Die meisten Wanderer begehen den Routeburn Track von Glenorchy gen Westen in Richtung The Divide. Von dort über die Straße zurück nach Queenstown sind es fast 300 km. Wer also nicht denselben Weg zurückgehen möchte und einen oder zwei weitere Tage Zeit hat, sollte sich überlegen, den Routeburn mit dem Greenstone oder Caples zu einer 3–5-tägigen Rundwanderung zu kombinieren.

Routeburn Shelter zur Routeburn Falls Hut

9 km, 2 1/2–4 Std., 550 m Anstieg

Die ersten 7 km folgen dem Route Burn – einem Zufluss des Dart River – und führen stetig bergan, sind jedoch leicht begehbar. Eine abwechslungsreiche Landschaft mit Wasserfällen und lichtem Buchenwald charakterisiert diese erste Etappe bis zur **Routeburn Flats Hut** und dem nahen Campinglatz, der wunderschön am Rand einer Hochebene liegt. Hier dürfen nur wenige Zelte aufgestellt werden, und den Campern stehen eine offene Feuerstelle sowie ein kleiner Unterstand zur Verfügung.

Bei Übernachtung in Hütten ist man gut beraten, am ersten Tag etwas länger zu wandern und den längeren, steileren und schwierigeren 2 km langen Weg zur traumhaft schön gelegenen **Routeburn Falls Hut** zu nehmen. Sie thront oberhalb der Baumgrenze auf einem Felsvorsprung und erlaubt nach Osten hin Ausblicke zurück auf die Routeburn Flats und den Sugar Loaf (1329 m).

Routeburn Falls Hut zur Lake Mackenzie Hut

11 km, 4–6 Std., 300 m Aufstieg, 350 m Abstieg

Am längsten und anstrengendsten ist der zweite Tag – man verbringt fast den ganzen Tag ungeschützt oberhalb der Waldgrenze, überquert den mit subalpinem Tussock-Gras bewachsenen Harris Saddle (1255 m) und marschiert durch sumpfiges Gelände, auf dem Sonnentau, Wasserschlauch und Orchideen gedeihen. Der Pfad steigt langsam zum **Harris Saddle Shelter** (2–3 Std.) an, wo es Toiletten gibt. An einem klaren Tag sollte man hier den Rucksack abstellen und einen Abstecher auf den 1515 m hohen **Conical Hill** (2 km hin und zurück, mindestens 1 Std., 260 m Aufstieg) machen, um die sagenhafte Aussicht ins Hollyford Valley sowie bis zur Martins Bay und dem Tasmansee zu genießen.

Hinter dem Shelter überquert man die Grenze zwischen dem Mount Aspiring National Park und dem Fiordland National Park und wandert eine ganze Weile oben am Hollyford Valley entlang, bevor es in Spitzkehren zwischen Buchen, Fuchsien und Ribbonwood (einem neuseeländischen Malvengewächs) hindurch zur **Lake Mackenzie Hut** (50 Betten) geht. Der Campingplatz liegt etwas entfernt von der Hütte nahe dem See.

Lake Mackenzie Hut zu The Divide

12 km, 4–5 Std., 300 m Abstieg

Der Pfad verläuft 9 km weit am Berghang entlang durch The Orchard, ein mit Ribbonwood bewachsenes Fleckchen, und an den Earland

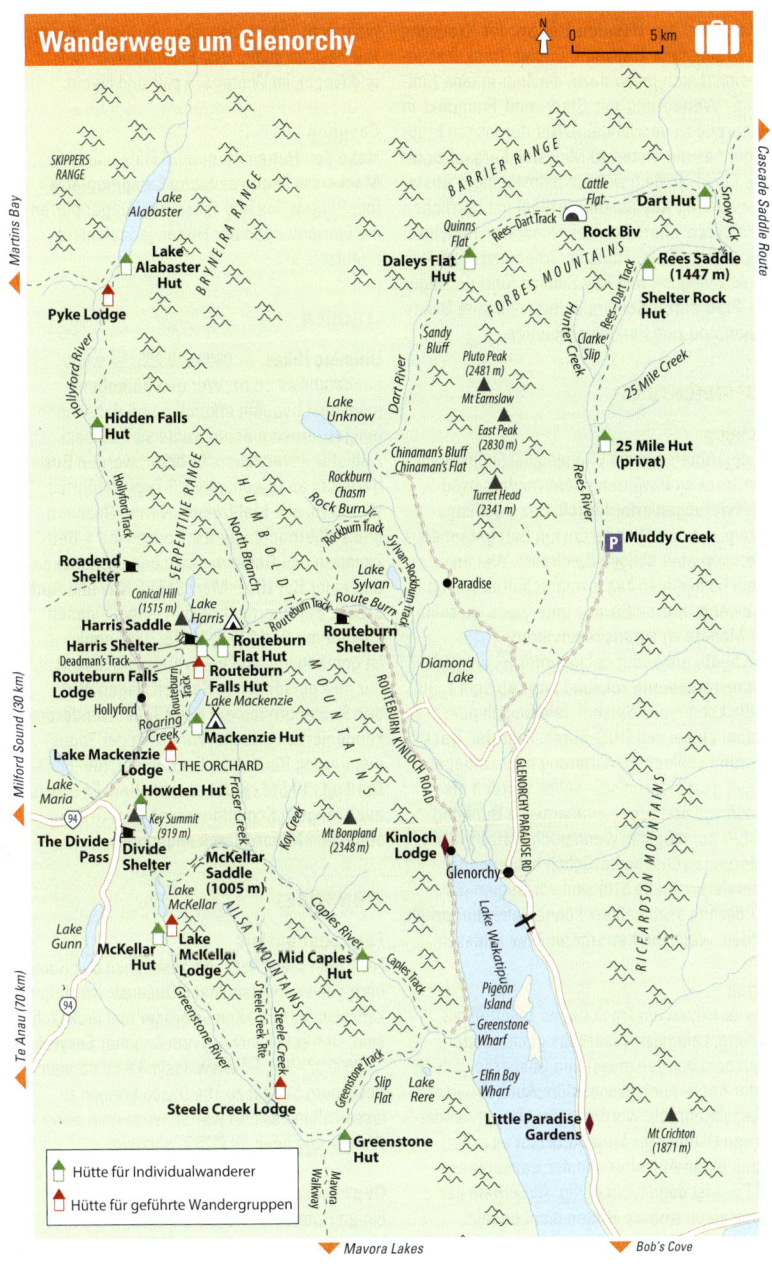

Wanderwege um Glenorchy

N

0   5 km

SKIPPERS RANGE

Martins Bay

Lake Alabaster

BRYNEIRA RANGE

Lake Alabaster Hut

Pyke Lodge

Hollyford River

Hollyford Track

Hidden Falls Hut

SERPENTINE RANGE

HUMBOLDT

North Branch

Roadend Shelter

Conical Hill (1515 m)

Harris Saddle
Lake Harris

Harris Shelter
Deadman's Track
Routeburn Falls Lodge
Hollyford
Routeburn Track

Roaring Creek

Routeburn Flat Hut
Routeburn Falls Hut
Lake Mackenzie

Mackenzie Hut

Lake Mackenzie Lodge

THE ORCHARD

Howden Hut

Fraser Creek

Key Summit (919 m)

The Divide
Divide Shelter

Milford Sound (30 km)

Lake Maria

94

Te Anau (70 km)

Lake Gunn

McKellar Hut

McKellar Saddle (1005 m)

Lake McKellar

Lake McKellar Lodge

ALISA MOUNTAINS

Key Creek

Mt Bonpland (2348 m)

Mid Caples Hut

Caples River

Caples Track

Steele Creek Trk

Steele Creek

Steele Creek Lodge

Greenstone River

Greenstone Track

Slip Flat

Lake Rere

Greenstone Hut

Mavora Walkway

BARRIER RANGE

Cattle Flat

Quinns Flat

Rees–Dart Track

Rock Biv

Dart Hut

Snowy Ck

Cascade Saddle Route

Daleys Flat Hut

FORBES MOUNTAINS

Rees Saddle (1447 m)

Rees–Dart Track

Shelter Rock Hut

Sandy Bluff

Dart River

Lake Unknown

Pluto Peak (2481 m)

Mt Earnslaw

Hunter Creek

Clarke Slip

25 Mile Creek

East Peak (2830 m)

Chinaman's Bluff
Chinaman's Flat

Rockburn Chasm
Rock Burn

Rockburn Track

Turret Head (2341 m)

Sylvan–Rockburn Track

Rees River

25 Mile Hut (privat)

Lake Sylvan
Route Burn

Paradise

Routeburn Shelter

Diamond Lake

ROUTEBURN

KINLOCH ROAD

P Muddy Creek

GLENORCHY PARADISE RD

Mt Bonpland (2348 m)

Kinloch Lodge

Glenorchy

Lake Wakatipu

RICHARDSON MOUNTAINS

Pigeon Island

Greenstone Wharf

Elfin Bay Wharf

Little Paradise Gardens

Mt Crichton (1871 m)

MOUNTAINS

🟢 Hütte für Individualwanderer

🔴 Hütte für geführte Wandergruppen

▼ Mavora Lakes

▼ Bob's Cove

QUEENSTOWN, WANAKA UND CENTRAL OTAGO

Falls vorbei zur **Howden Hut** an der Kreuzung von Greenstone Track und Caples Track (Letzterer eignet sich prima dazu, die Tour in eine fünftägige Wanderung mit Start- und Endpunkt in Glenorchy zu verwandeln). Auf der letzten Etappe geht es die ersten 20 Min. steil bergauf zu einem Punkt, an dem sich ein halbstündiger Abstecher auf den **Key Summit** (919 m) mit herrlichen Aussichten über die drei Flusstäler Hollyford, Eglinton und Greenstone unternehmen lässt. Von der Abzweigung zum Key Summit führt der reguläre Pfad durch Scheinbuchenwald zum Divide Shelter und zum Parkplatz hinunter.

ÜBERNACHTUNG

Buchung

Für die Hütten und die Campingplätze des Routeburn Track sind während der Wandersaison **Reservierungen erforderlich**. Das Buchungssystem, mit dem Wanderern ein Bett garantiert wird, lässt aber einigen Spielraum. Wer an einem bestimmten Tag losmarschieren will oder mit einer größeren Gruppe unterwegs ist, sollte drei Monate im Voraus reservieren.

Man bucht entweder online unter ⌨ www.doc. govt.nz/routeburntrack (und zwar ab dem 1. Juli für die kommende Saison), telefonisch oder persönlich bei den DOC-Büros. Falls der Track aufgrund schlechter Witterung oder Unbegehbarkeit geschlossen sein sollte, werden die Kosten voll erstattet – eine erneute Buchung ist aber nur möglich, wenn noch Plätze frei sind. Änderungswünsche bezüglich bestehender Reservierungen (je $10) sind vor Beginn der Wanderung anzumelden, können aber nur erfüllt werden, wenn die Kapazitäten dies zulassen.

Hütten

Die vier Hütten am Track haben Toiletten mit Spülung, Leitungswasser (das gefiltert oder abgekocht werden muss) und Gasherde, jedoch weder Koch- noch Essgeschirr. Auch Proviant muss mitgebracht werden. In der Hauptwanderzeit von Oktober bis Ende April gibt es in den Hütten einen Aufseher und der Backcountry Hut Pass ist dann nicht gültig. Außerhalb der Hauptsaison sind die Hütten nicht beheizt, werden auch nicht mit Gas versorgt und können

nicht gebucht werden, aber der Backcountry Hut Pass ist gültig. Okt–Ende April $54 p. P. und Nacht, im Winter $15 p. P. und Nacht.

Camping

Nahe den Hütten Routeburn Flats und Lake Mackenzie liegen einfache **Campingplätze** (mit Plumpsklos und Wasser); Camper dürfen die Einrichtungen der Hütten jedoch nicht benutzen. $18

TOUREN

Ultimate Hikes, ☎ 0800 659 255, ⌨ www. ultimatehikes.co.nz. Wer den Routeburn möglichst bequem erkunden und dabei noch einiges lernen möchte, sollte sich diesem Anbieter anvertrauen. Geboten werden Bustransfers ab Queenstown, 3 Tage geführtes Wandern, alle Mahlzeiten, warme Duschen und 2 Übernachtungen in Lodges mit 4-Bett-Zimmern und Gemeinschaftsbad, Bettdecken und einer Bar (Dez–März $1370, Nov und April $1225). Bei Übernachtung in einem eigenen Zimmer mit Bad $1620/$1475. Das Tempo ist gemächlich, und die Wanderer müssen nur ihre persönlichen Sachen tragen. Wer den Routeburn nur auf einer Tageswanderung kennenlernen möchte, kann sich der Tageswanderung Routeburn Encounter (Nov–Ende April tgl., 10 Std., $175) anschließen. Es werden auch längere Kombitouren mit dem Greenstone und Milford Track angeboten.

SONSTIGES

Fahrzeugtransfers

Für 2 oder mehr Pers., die zusammen den Routeburn gehen und dann nach Queenstown zurückkehren möchten, kann es billiger und praktischer sein, sich sein Fahrzeug vom Anbieter **EasyHike**, ☎ 0800 327 944, ⌨ www.easyhike.co.nz, vom Routeburn Shelter zu The Divide bringen zu lassen, damit es dort wartet, wenn man seine Wanderung beendet ($285/Fahrzeug).

Gepäcktransport

Einige Hotels und Hostels in Queenstown bieten Gepäcktransfers (S. 819).

Informationen

Das **DOC** in Queenstown informiert über die aktuellen Wetterbedingungen und den Zustand der Wege; siehe auch 🖥 www.doc.govt.nz/routeburntrack.

Die **DOC-Broschüre** *Routeburn Track* ist okay, besser ist jedoch die *Routeburn, Greenstone and Caples* von NewTopo (1:40 000, $23).

Das DOC kümmert sich nicht um den Verbleib von Wanderern, daher sollte man seine Wanderpläne auf 🖥 www.adventuresmart.org.nz registrieren.

TRANSPORT

Zwar kann man mit dem Auto zum Startpunkt des Routeburn fahren, doch wenn man nicht nur einen Tagesausflug macht, ist es besser, die **Busse** zu benutzen (S. 830). Diese setzen Wanderer gegen 7.30, 10 und 14 Uhr am Routeburn Shelter ab, und es bleibt noch genügend Zeit, um die Routeburn Flats Hut oder die Routeburn Falls Hut zu erreichen und unterwegs noch den North Branch des Route Burn zu erkunden. Fahrten zum Routeburn Shelter kosten $26 ab GLENORCHY und $47 ab QUEENSTOWN.

An **The Divide** (dem westlichen Ende des Routeburn Track) kann man einen der Busse nehmen, die zwischen TE ANAU und dem MILFORD SOUND pendeln. Am besten ist der Anbieter **Tracknet**, 📞 0800 483 262, 🖥 www.tracknet.net, mit Bussen nach Te Anau (10.10, 13.30, 15.15 und 17.45 Uhr, $39) und nach Milford Sound (8.30, 11 und 14.45 Uhr, $35).

Greenstone Track und Caples Track

Der **Greenstone Track** (36 km, 2–3 Tage) und der **Caples Track** (27 km, 2 Tage) verlaufen grob parallel. Beide sind leicht zu bewältigende Pfade und führen durch sanft ansteigende, parallel verlaufende Flusstäler, wo statt reiner Wildnis friedlich weidende Kühe anzutreffen sind. Der Greenstone Track zieht sich durch ein breites, U-förmiges Tal, das einst von einem Seitenarm des gewaltigen Hollyford Glacier geformt wurde. Der Caples Track verläuft über den subalpinen McKellar Saddle ins engere Caples Valley, in dem der Weg sehr nahe am Fluss entlangführt.

Der Greenstone und der Caples können vom Parkplatz Greenstone, 6 km südlich der Kinloch Lodge, zu einer Schleife kombiniert werden, gewöhnlich wird jedoch der Routeburn Track mit dem Greenstone oder dem Caples kombiniert. Beide Tracks sind daher hier als Anschlusswanderung an den Routeburn beschrieben. Die Tracks sind das ganze Jahr über offen, und die Buchungsmodalitäten für Hütten unterliegen keinen saisonalen Änderungen.

Im **Winter** sind die niedriger verlaufenden Greenstone und Caples Tracks nicht ganz so unwirtlich wie der Routeburn, wenngleich auf dem McKellar Saddle oft Schnee liegt. Dafür sind die Hütten entlang dieser Tracks beheizt (S. 832).

Greenstone Track

Ausgehend von der **Howden Hut** passiert der Weg nach 20 Min. den primitiven, aber kostenlosen Greenstone Saddle Campsite. Die anschließenden 7 km (2–2 ½ Std.) folgt der Greenstone Track dem Lake McKellar zur **McKellar Hut** (24 Stockbetten), direkt vor dem Fiordland National Park.

McKellar Hut zur Greenstone Hut

17 km, 4 1/2–6 Std., 100 m Abstieg

Der leicht begehbare Weg beginnt mit der Überquerung des Greenstone River und folgt dann dem linken Flussufer durch ein breites, meist flaches Tal mit Buchenwald. Eine Hängebrücke führt über den Steele Creek, und nach weiteren 2 Std. ist die **Greenstone Hut** (20 Stockbetten) erreicht.

Die Hütte eignet sich als Basislager für einen Abstecher auf dem **Mavora Walkway**, eine einfachen, 2- bis 3-tägigen Wanderung durch offenes Grasland und Buchenwald zu den Mavora Lakes; unterwegs stehen 2 Hütten (je $5) zur Übernachtung bereit.

Greenstone Hut zum Greenstone-Parkplatz

10 km, 3–5 Std., 100 m Abstieg

Der Track folgt den linken Flussufer. Das Tal wird immer schmaler, verengt sich zu einer Schlucht, und bald darauf mündet der Greenstone River in den Caples River, der die müden Wanderer mit mehreren tiefen, hervorragend zum Schwimmen geeigneten Teichen empfängt. Über eine Hängebrücke geht es auf die linke Uferseite des Caples River, wo man auf den Caples Track trifft. Wer nach rechts abbiegt, gelangt zum **Greenstone-Parkplatz** (20–30 Min.); der Weg nach links führt zur Mid Caples Hut (s. unten).

Caples Track

Ebenfalls ausgehend von der Howden Hut verlangt der erste lange Tag (21 km, 6–7 Std.) auf dem Caples Track u. a. einen sehr steilen Zickzackmarsch hoch zum **McKellar Saddle** (1005 m); eine Verkürzung der Tagesetappe ist nicht möglich, da Camping entlang der Strecke nicht gestattet ist. Der Abstieg führt meist an Schneepfählen vorbei, mehrmals über den hier noch „jungen" Caples River und wieder in Buchenwald hinein. Dahinter kommt Grasland und schließlich die **Mid Caples Hut** (24 Stockbetten). Die Greenstone Wharf liegt einen Tagesmarsch weiter.

Mid Caples Hut zur Greenstone Wharf

7 km, 2–3 Std., 100 m Abstieg

Der Pfad quert eine kurze, aber spektakuläre Schlucht und führt danach am linken Flussufer entlang bis zur Gabelung mit dem Greenstone Track, von wo es nur noch 20 Min. zum Parkplatz an der **Greenstone Wharf** sind.

ÜBERNACHTUNG

Der Greenstone und der Caples sind längst nicht so begehrt wie der Routeburn, und es gibt auch kein Reservierungssystem.
Die **Hütten** (2 auf dem Greenstone, 1 auf dem Caples) haben Holzöfen, jedoch gibt es hier keine Gasherde, sodass man neben Proviant und Geschirr auch einen Kocher mitnehmen muss. Für die Hütten braucht man Übernachtungstickets oder eine Jahreskarte (Backcountry Pass). $15
Camper dürfen in Nähe der Hütten campen und deren Außeneinrichtungen nutzen. In beiden Tälern darf man am Rand des Waldes, nicht aber auf offenem Gelände zelten. Wildcamper sollten mindestens 50 m entfernt vom Weg ihr Zelt aufschlagen. $5

INFORMATIONEN

Das **DOC Visitor Centre** in Queenstown informiert über die aktuellen Wetterbedingungen und den Zustand der Wege; siehe auch 🖥 www.doc.govt.nz.
Nützlich sind die **DOC-Broschüren** *Greenstone and Caples Tracks* sowie die NewTopo-Karte *Routeburn, Greenstone and Caples* (1 : 40 000, $23).
Zur eigenen Sicherheit sollte man seine Wanderpläne auf 🖥 www.adventuresmart. org.nz registrieren.

TRANSPORT

Bei der Greenstone Wharf gibt's einen Parkplatz, der für Wanderer, die eine Greenstone-Caples-Schleife absolvieren wollen, praktisch ist. Wer einen der Tracks mit dem Routeburn kombiniert, sollte die *trailhead*-Busse benutzen (S. 827). Die Fahrzeuge von Info&Track ($36 nach Glenorchy, $52 nach Queenstown) und Kinloch Lodge kommen beide gegen 12 Uhr vorbei, die von Glenorchy Journeys ($35/55) um 8, 12 und 16 Uhr. Wer hier vom Track kommt und abgeholt werden möchte, sollte den Bus vorausbuchen.

Rees-Dart Track

Der **Rees-Dart Track** (58 km, 3–4 Tage) verläuft in einem weiten Bogen nördlich von Glenorchy und ist der schwierigste längere Wanderweg in dieser Gegend, was v. a. am gebirgigen Terrain und den Entfernungen zwischen den Hütten liegt: mit 6–8 Std. Wanderzeit pro Tag muss man schon rechnen. Hier lernt man einen klassischen Vertreter der neuseeländischen Wanderwege kennen, die einer einfachen Formel folgen: Fluss durchqueren, zum Pass hochklettern, ins nächste Tal hinuntersteigen, Fluss durchqueren etc.

Im Falle des Rees-Dart Track sind die einzigen Abweichungen ein lohnender Abstecher zum Cascade Saddle. Die Route kann gewöhnlich gut zwischen Dezember und April begangen werden; im Winter ist sie nur etwas für erfahrene Bergsteiger.

Muddy-Creek-Parkplatz zur Shelter Rock Hut

17 km, 6–7 Std., 400 Anstieg

Auf der ersten Etappe folgt man einer Geländewagenspur durch Gras und Kies am linken Ufer des verzweigten unteren Rees River und muss mehrere Male durchs Wasser waten. Mit Blick auf die Gipfel der Forbes Mountains geht es vorbei an der 25 Mile Hut der Rees Valley Station (privat und verfallen) und über den 25 Mile Creek bis zur Mündung des Hunter Creek in den Rees River.

Schon bald darauf steigt das Gelände im Rees Valley erheblich an, und es beginnen die Buchenwälder. Der Track führt dann fast bis zur Baumgrenze hinauf und geht noch 1 km weiter bis zum grasigen Ufer des hier sehr breiten Rees River, wo die letzte Überquerung für diesen Tag ansteht. Am anderen Ufer wartet die **Shelter Rock Hut** (22 Stockbetten).

Shelter Rock Hut zur Dart Hut

9 km, 4–6 Std., 600 m Anstieg, 450 m Abstieg

Die zweite Tagesetappe ist die kürzeste, aber eine der anstrengendsten. Am linken Flussufer des Rees River zieht sich der Pfad 2 km durch subalpine Vegetation und am Kiesufer entlang, überquert dann den Fluss und macht sich an den Anstieg zum 1447 m hohen Rees Saddle. Anschließend geht es steil nach unten Richtung Snowy Creek, der auf der folgenden Strecke rechter Hand des Wanderwegs verläuft und durch eine enge Schlucht rauscht.

Nach etwa 1 km geht es über eine Hängebrücke auf die andere Uferseite, wo ein steiniger, rutschiger Abstieg beginnt. An einer Reihe von Wasserfällen vorbei läuft man der nächsten Flussüberquerung entgegen, kurz vor dem Zusammenfluss von Snowy Creek und Dart River. Auf Grasflächen am rechten Ufer kann gezeltet werden, während am linken Ufer die **Dart Hut** (32 Stockbetten) steht. Viele Wanderer verbringen hier gleich 2 Nächte und erkunden noch die **Cascade Saddle Route** (S. 848).

Dart Hut zur Daleys Flat Hut

16 km, 5–7 Std., 450 m Abstieg

Die Strecke steigt anfänglich ziemlich an und verläuft dann weit oberhalb des Flusses 3 km durch Buchenwald, bevor es zur Cattle Flat hinuntergeht, eine 5 km lange, grasbewachsene Schwemmebene; dieser Abschnitt ist recht kräftezehrend, aber gut markiert. Am Ende der Cattle Flat verschwindet der Weg wieder im Wald und führt bis zur wunderschönen Quinns Flat mehr oder weniger parallel zum Fluss. Die **Daleys Flat Hut** (20 Betten) liegt etwa eine halbe Stunde vom Dart River entfernt am Rande einer Lichtung, ein traumhafter Fleck – gäbe es nicht die Scharen nervtötender Sandfliegen.

Daleys Flat Hut zum Chinaman's Bluff

16 km, 5–7 Std., 100 m Anstieg, 150 m Abstieg

Der Pfad verläuft rund 4 km durch den Wald und dann entlang dem Ufer eines 2014 durch einen Erdrutsch entstandenen Sees. Danach geht es steil nach oben zum Sandy Bluff und wieder hinunter zum Fluss. Von hier ist es ein einfacher Spaziergang am Ufer zum Chinaman's Bluff. Am Chinaman's Bluff kann man in einen Bus von Track Transport steigen oder bis zum **Paradise-Parkplatz** (6 km, 2 Std., kein nennenswertes Gefälle) weitermarschieren.

ÜBERNACHTUNG

Die Hütten auf dem Rees-Dart Track können nicht im Voraus gebucht werden, sondern werden nach dem *first-come, first-served*-System vergeben. Die 3 **Hütten** verfügen über Heizöfen, aber keine Gasherde. Proviant und sämtliches Kochgeschirr müssen mitgebracht werden. Hier gelten der Backcountry Pass, aber auch Backcountry-Hüttentickets. $15 **Zelten** kann man bei den Hütten und überall am Weg (kostenlos), außer auf dem fragilen subalpinen Abschnitt zwischen Shelter Rock Hut and Dart Hut. $5

INFORMATIONEN

Die DOC-Broschüre *The Rees-Dart Track* ist nicht schlecht, aber eine bessere Übersicht über das Terrain bietet die NewTopo-Karte (Maßstab 1:40 000) *Rees-Dart Track* ($23). Das **DOC Visitor Centre** in Queenstown informiert über die aktuellen Wetterbedingungen und den Zustand der Wege; siehe auch ⌨ www.doc.govt.nz. Am besten registriert man seine Wanderpläne auf ⌨ adventuresmart.org.nz.

TRANSPORT

Man kann mit dem **Auto** zum Rees-*trailhead* amParkplatz Muddy Creek, 22 km nördlich von Glenorchy, und zum Dart-*trailhead* am Parkplatz Paradise, 23 km von Glenorchy, fahren. Eine Allradpiste führt weiter zum Chinaman's Bluff, 30 km nördlich von Glenorchy. Gewöhnlich ist es aber einfacher, ab Queenstown oder Glenorchy einen **Shuttlebus** (S. 827) zu nehmen. Aufgrund der Fahrpläne der Zubringershuttles ist es praktischer, den Rees-Dart Track auf dem Hinweg am Rees River und zurück am Dart River zu begehen. Info&Track setzt Wanderer gegen 10 Uhr am Rees-*trailhead* ab und holt sie um 14 Uhr am Chinaman's Bluff ab ($104 für beides ab Queenstown). Glenorchy Journeys ist um 8 und 10 Uhr am Rees und holt Wanderer auf Anfrage am Chinaman's Bluff ab ($110 ebenfalls für beide Fahrten).

Arrowtown und Umgebung

Arrowtown, 23 km nordöstlich von Queenstown am Zusammenfluss des Arrow River und Bush Creek, verströmt noch etwas von der Atmosphäre einer alten Goldgräberstadt, wenngleich das verbliebene historische Flair im Sommer zeitweilig unter dem Ansturm der Touristen verschwindet. Arrowtown ist jedoch keine leere Kulisse, sondern eine ganz normale Ortschaft mit kleinen Lebensmittelläden, Kneipen und einem Postamt sowie tollen Unterkünften und erstklassigen Restaurants. Die Einwohnerzahl von Arrowtown liegt bei etwa 2500, doch im Sommer, wenn die Ferienhäuser vermietet und die Busparkplätze voll sind, erreicht sie fast wieder ihre ehemalige Spitzenzahl von 7000 zur Zeit des **Goldrauschs**.

Arrowtown lässt sich am besten genießen, sobald die Massen abgezogen sind. Wer nur einen Ausflug von Queenstown unternimmt, kann zum Mittagessen herkommen und am Nachmittag wandern, im Fluss baden oder mit dem Rad zum ehemaligen Goldgräberort **Macetown** fahren, um sich abends einen Film anzuschauen oder essen zu gehen und schließlich mit dem Bus nach Queenstown zurückzufahren.

Wer den Ort Ende April besucht, kann das **Autumn Festival**, ⌨ www.arrowtownautumnfestival.org.nz, miterleben, das historische Spaziergänge, Straßentheater und andere Veranstaltungen umfasst.

Geschichte

Im August 1862 entdeckte Jack Tewa oder **Maori Jack**, der als Schafscherer für William Rees arbeitete, Gold im Arrow River. Er war nicht gerade erpicht darauf, Gold zu schürfen, aber die Neuigkeit sprach sich schnell herum und erreichte Leute, die sehr wohl daran interessiert waren.

Darunter war auch der Amerikaner **William Fox**, der bald zur dominanten Goldgräberfigur wurde und es schaffte, seinen Claim geheim zu halten, bis er mehr als 100 kg Gold angehäuft hatte. Die Ortschaft wurde ursprünglich sogar

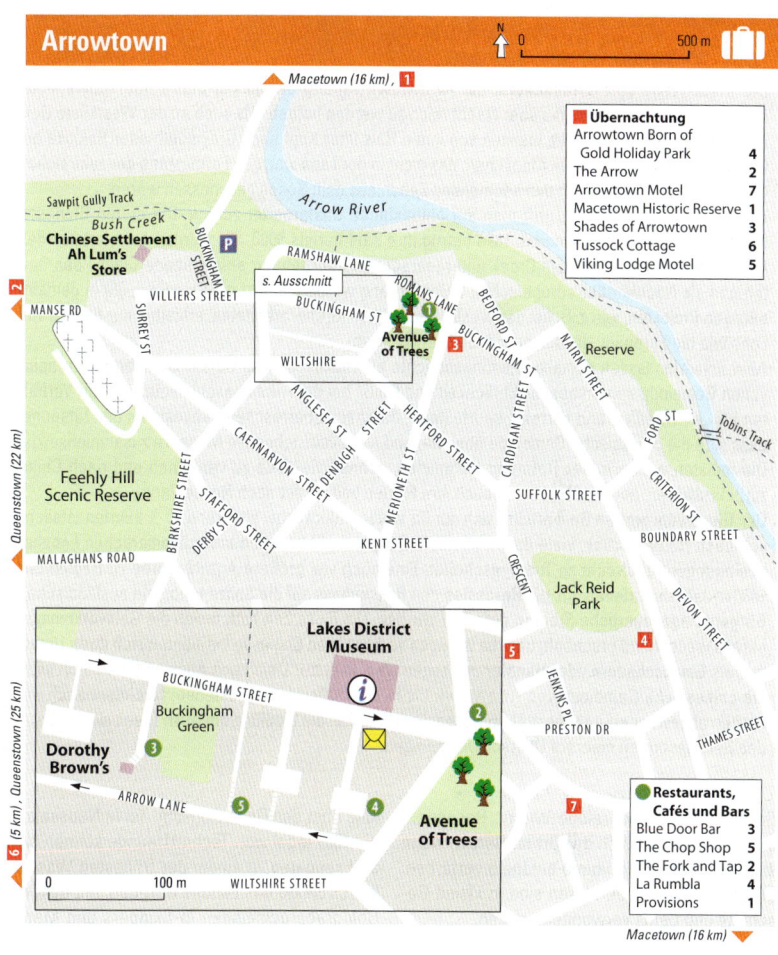

nach ihm benannt, aber später in Arrowtown umgetauft.

Der Arrow River erlangte den Ruf, der weltweit goldreichste Fluss im Verhältnis zu seiner Größe zu sein. Das zog immense Scharen chinesischer Bergarbeiter an, die sich im **Arrowtown Chinese Settlement** niederließen (s. Kasten S. 836), und lockte Glücksritter in die Hügel der Umgebung, wo die Brüder Charley und John Mace den Ort **Macetown** gründeten, heute eine Geisterstadt.

Avenue of Trees

Zwei Reihen von 1867 gepflanzten Platanen und Eichen beschatten die winzigen Goldgräberhütten entlang der malerischen **Avenue of Trees**, Arrowtowns begehrtestem Fotomotiv. Die meisten der ungefähr 60 damals erbauten Hütten sind extrem klein und stehen eng beieinander – was nicht zuletzt auf den Mangel an Bauholz zurückzuführen ist. Die schützenden Berge ringsum bescheren Arrowtown warme, trockene

Das chinesische Erbe von Arrowtown

Die erste Welle von **Goldsuchern**, die Arrowtown Anfang der 1860er-Jahre überschwemmte, bestand aus Glücksrittern, die über Nacht reich zu werden hofften. Als auch an der Westküste Gold entdeckt wurde, brachen die meisten von ihnen Hals über Kopf nach Greymouth oder Hokitika auf und hinterließen ein Häuflein Menschen, das nicht in der Lage war, den Fortbestand der zahlreichen Geschäfte zu sichern, die in den boomenden Zeiten aus dem Boden geschossen waren.

Um das Problem zu lösen, griff man auf **chinesische Gastarbeiter** zurück. Die ersten Chinesen kamen 1866 nach Otago, und um 1870 betrug ihre Zahl bereits 5000. Sie wurden getrennt von den Europäern entlang dem Bush Creek untergebracht und durften nur aufgegebene Claims bearbeiten und als Nachhut der europäischen Schürfer tätig werden. Selbst die Chinesen, die in gemeinnützigen Projekten, wie z. B. bei der presbyterianischen Kirche, arbeiteten, erhielten nur halb so viel Lohn wie die Europäer, die dieselbe Arbeit verrichteten.

Aber immerhin lassen damalige Zeitungsberichte durchblicken, dass viele Mitglieder der europäischen Gemeinde den Chinesen „Ehrlichkeit und Fleiß" bei der Arbeit bescheinigten und ihr Verhalten als „einwandfrei und korrekt" beurteilten – durchaus überraschend angesichts der Tatsache, dass sich die chinesische Gemeinde überwiegend aus alleinstehenden Männern zusammensetzte. Die meisten waren in der Hoffnung gekommen, schnell viel Geld zu verdienen und nach China zurückzukehren, aber später kamen auch ihre Frauen und Kinder nach Neuseeland.

Der Traum vom großen Geld erfüllte sich nur für wenige Glückliche, aber rund 90 % kehrten tatsächlich nach Hause zurück, viele davon in einem Sarg – sie hatten sich unter jämmerlichen Lebensbedingungen regelrecht zu Tode geschuftet. Eine noch viel größere Anzahl wurde zu Beginn der 1880er-Jahre vertrieben, als die **Rezession** den Rassenhass auf die Spitze trieb, und ausländischen Bürgern ungeheuerliche Steuern auferlegt wurden. Um diese Zeit hatten sich die Goldvorkommen bereits weitgehend erschöpft, und die wenigen verbliebenen Chinesen verdienten sich ihren Unterhalt als **Gemüsebauern oder Händler** und zogen weg, in erster Linie nach Auckland. Dennoch blieb die chinesische Gemeinde von Arrowtown bis in die 1920er-Jahre bestehen. Nachdem auch die Letzten abgewandert oder gestorben waren, überließ man die Siedlung am Bush Creek sich selbst – den Rest besorgten mehrere Überschwemmungen.

Sommer und schneereiche Winter. Besonders schön präsentiert sich der Ort im Herbst, wenn sich die vielen Laubbäume goldgelb verfärben. Einige der Goldgräberhütten sind in kleine Geschäfte und Cafés verwandelt worden.

Lakes District Museum

49 Buckingham St ▪ 🕐 tgl. 8.30–17 Uhr ▪ Eintritt $8
▪ 📞 03 442 1824, 🖥 www.museumqueenstown.com

Das **Lakes District Museum** beherbergt Gegenstände, die 1983 im Rahmen der Ausgrabung auf dem Gelände des Chinese Settlement zutage gefördert wurden, und vermittelt ein lebendiges Bild der Lokalgeschichte, besonders vom Leben der (chinesischen) Goldgräber und deren Familien. Dazu gehört auch eine Ausstellung über den Opiumkonsum, der in Neuseeland bis 1901 legal war. Technikfreunde können sich an Exponaten zu einem der frühesten Wasserkraftprojekte des Landes erfreuen, mit dem die Goldgräbergemeinden in Skippers und Macetown mit Strom versorgt wurden. Unten befinden sich noch eine Ausstellung zur alten Brauerei, eine Bäckerei, ein Druckereiraum und ein Schulzimmer.

Arrowtown Chinese Settlement

Am westlichen Ende der Buckingham St ▪
🕐 24 Std. ▪ Eintritt frei

Diese Reihe umfassend restaurierter Gebäuden an einem von Weiden gesäumten, schmalen Abschnitt des Bush Creek ist die besterhal-

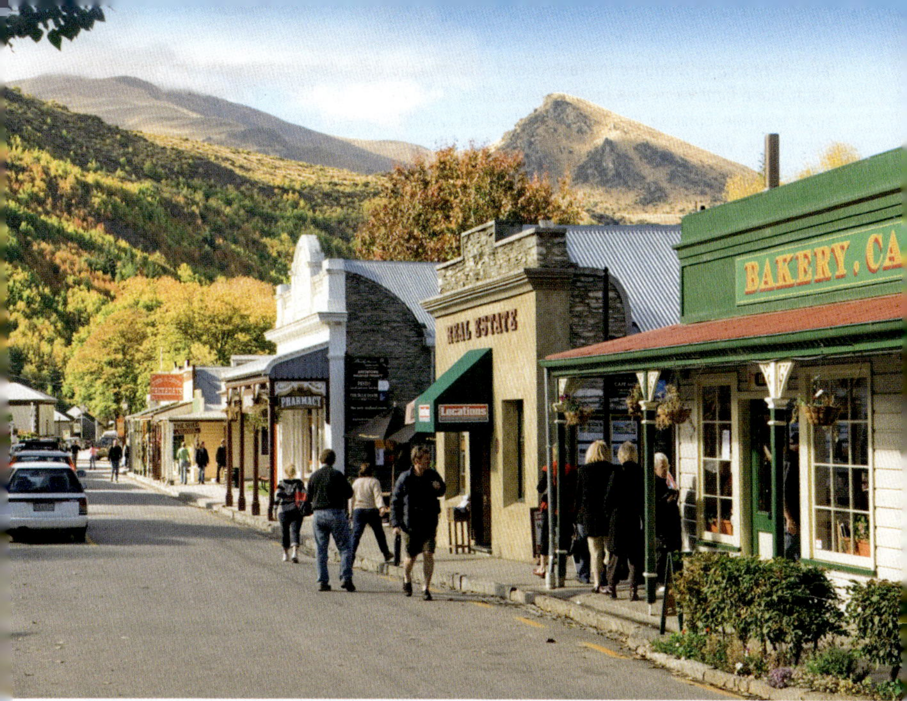
BAKERY, CA
REAL ESTATE
PHARMACY
Locations

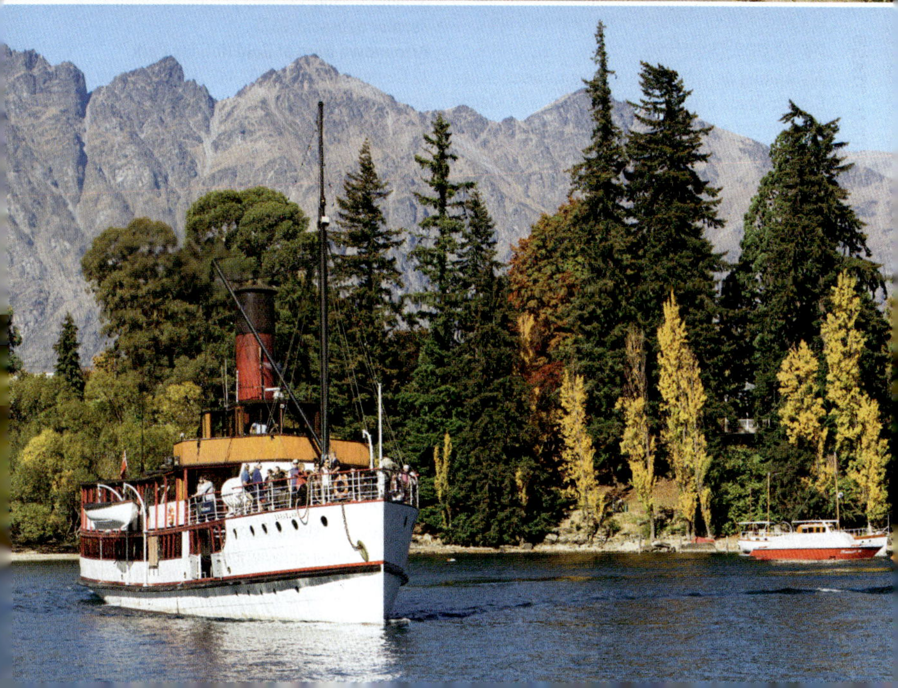

tene chinesische Siedlung in Neuseeland. Sie bietet einen Einblick in eine faszinierende, aber auch traurige Episode der neuseeländischen Geschichte. Viele der Gebäude waren als vorübergehende Behausungen gedacht und wurden erst zu festen Unterkünften, als die Goldgräber älter wurden. Als 1983 mit Ausgrabungen begonnen wurde, stand hier kaum noch etwas. Einige solidere Behausungen haben jedoch überdauert, einige davon sind restauriert worden, und Erläuterungstafeln hauchen ihnen wieder ein wenig Leben ein.

Ah Lum's Store

Das besterhaltene Gebäude ist **Ah Lum's Store**, 1883 für Wong Hop Lee erbaut und von 1909 bis 1927 vermietet an Ah Lum, eine der wichtigsten Persönlichkeiten der chinesischen Gemeinde in ihren späteren Jahren. Ah Lum verkaufte chinesische und europäische Waren und betrieb außerdem eine Opiumhöhle und eine Bank.

Macetown

16 km nördlich von Arrowtown, zu erreichen zu Fuß (s. Kasten S. 839), mit dem Fahrrad (in rund 2 Std.) oder einem Allradfahrzeug

Als Anfang der 1860er-Jahre das Goldfieber den Distrikt Otago erfasste, schwärmten jede Menge Glücksritter aus und ließen kaum einen Flusslauf oder ein Tal unentdeckt. 1862 wurde bei Twelve Mile Seifengold gefunden, und sofort setzte der Run zu der Stelle ein, an der später **Macetown** entstehen sollte. Heute ist es eine Geisterstadt und ein beliebtes Ziel von Mountainbikern, Reitern und Wanderern.

Macetowns Vergangenheit ist die Geschichte von Aufstieg und Verfall: In seiner Glanzzeit besaß der Ort zwei Hotels, ein Postamt und eine Schule. Doch als der Boom vorbei war, konnte er sich nicht wie Queenstown der Landwirtschaft zuwenden, sondern war dem Untergang geweiht. Das Einzige, was von der Stadt erhalten blieb, sind zwei Steingebäude - das restaurierte Haus des Schulmeisters und die Bäckerei. Die Senken und Bachbetten ringsherum sind mit rostigen Gerätschaften übersät und eine Fundgrube für Liebhaber von Industrie-Archäologie.

Die Geländewagenstrecke führt über 22 Furten des Arrow River, und auf den ersten Blick wirkt der Ort etwas enttäuschend. Doch das mit Gras bewachsene Plateau gibt einen tollen Campingplatz ab. Um die einzigartige Atmosphäre richtig genießen zu können, sollte man ein oder zwei Tage - ausgerüstet mit Zelt und ausreichend Vorräten - vor Ort verbringen und die Umgebung in aller Ruhe erkunden.

Die meisten Unterkünfte in Arrowtown haben einen recht hohen Standard und sind weniger frequentiert als die in Queenstown. Derzeit gibt es kein Hostel, aber der Holiday Park hat Budget-Zimmer.

The Arrow, 63 Manse Rd, ☏ 03 409 8600, 🖥 www.thearrow.co.nz. Das einladende private Hotel präsentiert sich in einer perfekten Mischung aus historischem Steincottage (wo jeden Abend Wein serviert wird) und schicken, modernen Zimmern mit poliertem Zementfußboden. Große Fenster geben den Blick auf die Berge frei, den man jeden Morgen in Ruhe genießen kann, denn das Frühstück wird aufs Zimmer gebracht. $375

Arrowtown Born of Gold Holiday Park, 12 Centennial Ave, ☏ 03 442 1876, 🖥 www.arrowtownholidaypark.co.nz. Großzügiger Campingplatz mit modernem Küchen- und Sanitärblock und Tennisplatz, nicht weit vom öffentlichen Freibad. Die Backpacker-Zimmer in der Lodge haben jeweils 4 Betten ($65 für 2 Pers. plus $20 jede weitere; Bettzeug mitbringen oder ausleihen), und es gibt Selbstversorger-Ferienwohnungen ($140). Camping $18, Studios $120

Arrowtown Motel, 48 Adamson Drive, ☏ 0800 246 538, 🖥 www.arrowtownmotel.co.nz. Neue Besitzer haben in dieses komplett renovierte Motel aus den 1970ern etwas Stil (und ihren schwarzen Labrador Baxter) gebracht. Es gibt Gratis-WLAN, BBQ und einen Kinderspielplatz. Der Queenstown-Bus hält vor der Tür. Studios $129, Unit mit 1 Schlafzimmer $139

Macetown Historic Reserve, von Arrowtown 15 km auf einer schwierigen Geländewagenpiste den Arrow River entlang. DOC-Platz mit

QUEENSTOWN, WANAKA UND CENTRAL OTAGO

Gras inmitten von Relikten der Goldgräberzeit, geschützt von niedrigen Steinmauern und Weiden, Platanen und Apfelbäumen. Plumpsklos, Wasser aus einem Bach. Kostenlos

Shades of Arrowtown, 9 Merioneth St, ☎ 03 442 1613, 🖥 www.shadesofarrow town.co.nz. Stilvolles, gut geführtes, modernes Motel mit viel Grün im Ortszentrum. Große Auswahl an Units (meist mit Kochnische oder kompletter Küche) sowie ein Selbstversorger-Cottage für 6 Pers. Units $115, Cottage $200

Viking Lodge Motel, 21 Inverness Crescent, ☎ 0800 181 900, 🖥 www.vikinglodge.co.nz. Ausgezeichnetes Preis-Leistungs-Verhältnis. Chalets mit 1–2 Schlafzimmern, komplett eingerichteter Küche und Satelliten-TV; außerdem Pool und Kinderspielplatz mit Trampolin. $145

ESSEN UND UNTERHALTUNG

Blue Door Bar, 18 Buckingham St, ☎ 03 442 0130. Stylische coole Bar in einem 140 Jahre alten Keller mit Kaminfeuer. Wenn am Mittwochabend die Jam Session (gegen Eintritt) steigt, weicht das romantische Cocktailbarambiente und draußen scheint sich der halbe Ort zu versammeln. ⏰ tgl. 17 Uhr bis spät.

The Chop Shop, 44 Buckingham St, ☎ 03 442 1116. Das tolle Café am Ende eines Sträßchens hat Frühstück und Mittagessen in Sterne-Qualität. Man kann natürlich auch einfach Eier bestellen, aber empfehlenswerter sind z. B. Knödel mit gekochtem Schweinebauch und Ingwerstücken ($16) oder knusprige Shrimp-*huevos rancheros* mit Avocadosalsa ($24). ⏰ tgl. 8–16 Uhr.

The Fork and Tap, 51 Buckingham St, ☎ 03 442 1860, 🖥 www.theforkandtap. co.nz. Ein Lieblingstreff der Macetowner ist dieses Lokal in einem 1865 aus Stein erbauten ehemaligen Bankgebäude mit schattiger Gartenbar. Die Craft-Biere und eine exzellente Auswahl an Weinen aus Central Otago passen prima zu den Salaten, Sandwiches und Platten, die mittags serviert werden. Abends gibt es gute Kneipenkost wie Kabeljau und Pommes ($27), Pizzas ($25) und Wildkanincheneintopf mit Pilzen ($24). Mittwochabends ist irische Musik angesagt. ⏰ tgl. 11–23 Uhr.

Wandern und Radfahren rund um Arrowtown und Macetown

Im Museum von Arrowtown gibt's die Broschüre *Cycle & Walking Trails around Arrowtown* ($1), in der die unten aufgeführten Wanderwege beschrieben sind. Sie erkunden die Geschichte von Arrowtown und die Umgebung der Stadt und folgen den Spuren vieler verstreut liegender Goldgräbersiedlungen, heute v. a. erkennbar an der Bepflanzung mit **Obstbäumen** und Beerensträuchern.

Macetown Ride (32 km hin und zurück, 4–6 Std., 300 m Anstieg). Für den Ausflug nach Macetown sollte man sich einen ganzen Tag Zeit nehmen und einen vollen Picknickkorb mitnehmen. Die Route folgt überwiegend der Geländewagenpiste, geht dann aber in einen einspurigen Pfad über, um die vielen Flussüberquerungen zu umgehen. So kommt man einigermaßen trockenen Fußes nach Macetown, kann sich dort einen schönen Tag machen und schließlich auf ein wohlverdientes Bier nach Arrowtown zurückkehren.

Sawpit Gully (5 km Rundweg, 2–3 Std., 300 m Anstieg). Für die klassische Arrowtown-Rundwanderung sollte man einigermaßen fit sein. Am besten begeht man den Weg gegen den Uhrzeigersinn. Unterwegs macht der Buchenwald subalpinem Tussock-Gras Platz, dann geht es wieder durch Wald, vorbei an verrotteten Relikten der Goldgräberzeit. Die Ausblicke auf die Remarkables und den Lake Hayes sind umwerfend. Anfangs folgt man dem Arrow River Trail parallel zur Straße nach Macetown, biegt dann links in den Sawpit Gully ab und geht eine Schleife zurück nach Arrowtown.

Tobins Track (4,5 km hin und zurück, ca. 1 Std., 260 m Anstieg). Der Fuß- und Radweg ist die schnellste Möglichkeit, die traumhafte Aussicht über Arrowtown und den Lake Hayes genießen zu können. Er beginnt am Ende der Ford St und steigt stetig an. Zurück geht's zu Fuß auf dem gleichen Weg oder mit dem Fahrrad auf dem einspurigen Pfad, der auf den Queenstown-Trail trifft.

QUEENSTOWN, WANAKA UND CENTRAL OTAGO

La Rumbla, Post Office Precinct, 54 Buckingham St, ✆ 03 442 0509, 🖥 www.facebook.com/larumbla.arrowtown. Das Erfolgsrezept dieses unaufgeregten Lokals, das an ein Tapas-Restaurant erinnert, besteht in einer Kombination aus appetitlich angerichtetem Essen, das auf großzügig portionierten „shared plates" zu sehr fairen Preisen serviert wird, Cocktails, preisgünstigen Weinen und manchmal DJs und Livemusik – das Gesamtpaket ist kaum zu übertreffen. 🕐 Di–So 16–22 Uhr oder später.

Provisions, 65 Buckingham St, ✆ 03 442 0714, 🖥 www.provisions.co.nz. Reizendes kleines Café in altem Goldgräberhäuschen mit Sonnenterrasse und Garten. Köstliche Thekenspeisen und Gerichte wie pikante Nierchen auf Toast ($18,50), saisonale Salate. Mit Schanklizenz. 🕐 tgl. 9–17 Uhr.

Kino

Dorothy Brown's, 18 Buckingham St, ✆ 03 442 1964, 🖥 www.dorothybrowns. com. Reizendes, kleines Kino mit zwei Sälen und sehr bequemen Sitzen, zeigt Mainstream- sowie anspruchsvollere Filme ($15,50 oder 18,50). In der fantastischen Bar gibt's Alkohol und Snacks, die ins Kino mitgenommen werden dürfen.

TOUREN

Nomad Safaris, ✆ 0800 688 222, 🖥 www. nomadsafaris.co.nz. Die Ausflüge dieses großen Veranstalters beginnen in Queenstown (4 Std., $175), folgen dem Arrow River und durchqueren diesen auf der Holperpiste nach Macetown über 20 Mal. Auch Abholung in Arrowtown.

Southern Explorer, ✆ 0800 493 975, 🖥 www. southernexplorer.co.nz. Kleiner, in Arrowtown ansässiger Anbieter. Er veranstaltet eine Arrowtown-Geländewagentour (2 1/2 Std., $99) mit Goldwaschen und Besichtigung von *Herr der Ringe*-Drehorten. Bei den Ausflügen nach Macetown (4 Std., $185) macht man sämtliche Flussüberquerungen mit und bekommt die Geschichte der Gegend hautnah vermittelt.

Goldwaschen. Mit einer Pfanne gerüstet (gegen $3 für unbegrenzte Zeit beim Lakes District Museum auszuleihen) kann jeder sein Glück am Arrow River versuchen oder die Pfanne in die salzigen Tümpel beim *Dudley's Cottage,* 4 Buckingham St, neben dem Chinese Settlement, tauchen, um garantiert ein, zwei Goldflöckchen herauszufischen ($10 pro Versuch).

Geführte Wanderungen. Das Lakes District Museum, 49 Buckingham St, ist Ausgangspunkt der Arrowtown Time Walks (Nov–April tgl. 13.30 Uhr, 1 1/2 Std., $20; ✆ 03 442 1824, 🖥 www.arrowtowntimewalks.com), die einen unterhaltsamen Einblick in die Sozialgeschichte der Stadt bieten. Die Teilnehmer besichtigen das alte Gefängnis und erhalten die Möglichkeit, in die Fußstapfen von Nelson Mandela zu treten, der 1999 hier zu Besuch weilte.

SONSTIGES

Fahrradverleih

Arrowtown Bike Hire, 59 Buckingham St, ✆ 0800 224 473, 🖥 www.arrowtownbikehire. co.nz, verleiht Mountainbikes (halber Tag $35, ganzer Tag $49), die bestens für den Einsatz auf dem Queenstown Trail-Wegenetz geeignet sind. Eine Fahrt nach Gibbston ist der perfekte Radausflug, und falls sich jemand in den Winzerei-Probierstuben übernommen hat und nicht mehr zurückradeln möchte, holt die Verleihfirma den Radler samt Rad im Minibus ab ($50).
Die Radwerkstatt **Arrow Bikes**, 4/9 Bush Creek Rd, ✆ 03 409 8140, 🖥 www.arrowbikes.co.nz, vermietet 29er-Hardtails (halber Tag $35, Tag $50), gern zur Benutzung auf dem Macetown Track. Die Räder werden auf Wunsch auch an die Unterkunftsadresse in Arrowtown geliefert.

Informationen

Information Centre, 49 Buckingham St, im Lakes District Museum, ✆ 03 442 1824, 🖥 www. museumqueenstown.com und 🖥 www.arrow town.com. Hier gibt es u. a. die informativen Broschüren *Historic Buildings of Arrowtown* ($1), *Arrowtown Chinese Settlement* ($4) und *Macetown and the Arrow Gorge* ($4). Hat auch Internetzugang und WLAN (beides $5 pro Std.). 🕐 tgl. 8.30–17 Uhr.

Connectabus, ☎ 0800 405 066, ⌨ www. connectabus.com, bietet Busverbindungen im gesamten Wakatipu-Becken. Entweder nimmt man Bus Nr. 11 von Queenstown nach FRANKTON oder die Nr. 10 nach Arrowtown oder kommt direkt über Arthur's Point mit der Nr. 8. Die einfache Fahrkarte kostet $13. Eine Tageskarte kostet $20 (7-Tage-Karte $43); der letzte Bus zurück nach Queenstown fährt um 22.05 Uhr. Busse nach QUEENSTOWN 14x tgl., 30–40 Min.

Gibbston

Nachdem der **Kawarau River** den Lake Wakatipu verlassen hat, nimmt er das Wasser des Shotover River auf und stürzt sich später in die **Kawarau Gorge**. Auf den nächsten 30 km bleibt der Fluss eingezwängt in sein enges Bett, bevor er sich schließlich beim Goldfields Mining Centre in Cromwell (S. 856) in den Lake Dunstan ergießt.

Das Flusstal ist ein wichtiges Ziel der Anbieter von Abenteuertouren aus Queenstown. Das **Gibbston Valley**, mehr oder weniger die ersten 12 km der Schlucht, hat sich jedoch auch mit **Weinbau** einen Namen gemacht. Auch wenn heute weit mehr Wein rund 30 km weiter westlich bei Cromwell und Bannockburn (S. 858) angebaut wird, war die Region Gibbston der Vorreiter im Weinanbau und ist nach wie vor ein bedeutendes Weingebiet. Ein halbes Dutzend Kellereien bieten Weinproben, einige davon haben auch ausgezeichnete Restaurants.

Alle Weingüter lassen sich mit dem eigenen Auto erreichen, doch informativer sind die geführten **Weintouren** ab Queenstown (S. 818).

Kawarau Bridge Bungy Centre

SH6, 23 km östlich von Queenstown ▪ ⏱ tgl. 9.30–17 Uhr ▪ Eintritt frei; Zipride $50; es gibt Altersbegrenzungen ▪ Details zu sämtlichen Bungy-Stellen von Queenstown s. Kasten S. 812

Fast jeder hält hier an, um sich das Treiben am **Kawarau Bridge Bungy Centre** direkt am SH6 anzuschauen. Hier überquerte die alte Straße durch die Schlucht den Fluss über die **Kawarau Gorge Suspension Bridge**, die 1880 errichtet wurde. Und seit 1988 ist hier die erste kommerzielle Bungy-Sprungstelle der Welt in Betrieb. Hier wird immer noch am häufigsten gesprungen, und dies ist die einzige Bungy-Basis der Gegend, wo man auf Wunsch mit dem Kopf ins Wasser eintauchen kann.

Wer sich einen Bungy-Sprung gönnen möchte und es nicht so schlimm findet, dass es mit 43 m Höhe bei weitem nicht der höchste Sprung ist, sollte es hier wagen. Die Umgebung ist toll, und es gibt immer ein Publikum. Zum Angeben gibt's hinterher ein T-Shirt, und auch für die kostenlose Anreise von Queenstown ist gesorgt. Kinder und alle, die sich keinen Bungy-Sprung zutrauen, können auf den **Kawarau Zipride** ausweichen, eine 130 m lange Seilrutsche am Kawarau River, die sitzend, nach Superman-Art oder sogar kopfüber befahren werden kann. Am Ende angekommen wird man dank einer komplizierten Zugtechnik umgedreht und wieder hochgezogen – muss also keinen Schritt machen.

ESSEN UND WEINVERKOSTUNGEN

Die folgenden Weingüter, gelistet nach zunehmender Entfernung von Queenstown, bieten Weinproben an und verfügen z. T. über ausgezeichnete Restaurants.
Amisfield, 10 Lake Hayes Rd, ☎ 03 442 0556, ⌨ www.amisfield.co.nz; Karte S. 822. Eine prima Anlaufstelle zum Essen ist dieses schicke moderne Weingut, das kunstvoll die hiesige Schieferbauweise mit großen Fenstern und altem Holz kombiniert und zahlreiche Terrassentische hat. Am besten nimmt man sich ein paar Stunden Zeit fürs Mittagessen oder ein frühes Abendessen und gönnt sich ein „Trust the Chef"-Menü, bei dem in 3 Gängen 7 Gerichte serviert werden ($65, mit Weinbegleitung und Dessert $120). Weinproben: 5 Weine für $8, darunter der hoch geschätzte Amisfield Pinot Noir. Die Kosten der Proben werden mit dem Preis eines Mittagessens oder Weinkaufs verrechnet. Der Connectabus zwischen Frankton

Ein Lob auf Pinot Noir – die Weinstory von Central Otago

Erst in den 1980er-Jahren wurde in Central Otago mit dem kommerziellen Weinanbau begonnen. Die Güter liegen nahe dem 45. Breitengrad und wurden wegen ihrer Lage in der südlichsten Weinanbauregion der Welt lange Zeit als völlig indiskutabel abgetan. Die heißen, trockenen Sommer, langen, kalten Winter und großen Tagestemperaturschwankungen bringen schwierige Anbaubedingungen mit sich. Daher setzen die Weinbauern auf hochwertige, limitierte Produkte, deren Preise mit $25–40 pro Flasche ungewöhnlich hoch erscheinen – bis man einmal einen der leckeren Tropfen probiert hat.

Schon 1864 erkannte der französische Minenbesitzer **Jean Désiré Feraud**, der das Interesse an seinem Goldclaim beim Frenchman's Point nahe Alexandra verloren hatte, dass sich die Steilhänge am Südufer des **Kawarau River** zum Weinanbau eigneten. Aus Australien brachte er Rebstöcke mit und produzierte bald Weine, die sogar auf Messen ausgezeichnet wurden. Anfang der 1880er-Jahre zog er jedoch nach Dunedin um und kehrte auch dem Wein den Rücken. Ein neuerlicher Anbau von Weinstöcken erfolgte erst 1976 mit der Anlage der Rippon-Weingärten vor den Toren von Wanaka (S. 843). Fünf Jahre später stellte sich heraus, dass auch in der Kawarau Gorge so hervorragende Sorten wie Pinot Gris, Riesling und ganz besonders **Pinot Noir** gediehen. Alan Brady brachte 1987 die ersten kommerziellen Weine seiner Winzerei Gibbston Valley Winery auf den Markt. Seitdem werden überall in der Gegend abschüssige Flussufer, die viel Sonne abbekommen, aber auch etwas Schutz vor dem Winterfrost bieten, zum Weinanbau genutzt. Inzwischen haben die Winzer im Tal zahlreiche Preise gewonnen, besonders für ihren eleganten, fruchtigen Pinot Noir, der den Löwenanteil der Produktion ausmacht. Riesig ist die Ausbeute aber nicht, und die gesamte Region Otago bringt nur verschwindend kleine 2,5 % des Landesertrags hervor. Die Weine werden in Dutzenden Winzereien verkauft, die alle auf der kostenlosen, überall erhältlichen *Central Otago Wine Map* eingetragen sind.

und Arrowtown fährt direkt am Tor vorbei. ⊙ Weinproben tgl. 10–18 Uhr, Bistro tgl. 11.30–20 Uhr (letzte Reservierung für 17.30 Uhr).

Gibbston Valley, 1820 Gibbston Valley Hwy (SH6), ✆ 03 442 6910, 🖥 www.gibbstonvalley.com; Karte S. 822. Gibbstons Winzerei bietet Verkostungen (3 Weine für $5) und Führungen ($15, mit Verkostung von besseren Weinen $25) inkl. Besuch einer „Höhle", die in den späten 1980er-Jahren 80 m tief in die Felsen gesprengt wurde. Auf dem Anwesen gibt's ein beliebtes Gartenrestaurant und eine Käserei (🖥 www.gvcheese.co.nz), wo der köstliche Monk's Gold und der berühmte Balfour (nach Art eines Pecorino) hergestellt werden. Zur Käserei gehört auch ein kleines Café mit Gratis-WLAN. ⊙ tgl. Dez–Feb 10–18, März–Nov 10–17 Uhr.

Peregrine, 2127 Gibbston Valley Hwy, ✆ 03 442 4000, 🖥 www.peregrinewines.co.nz; Karte S. 822. Elegantes Weingut im Industriechick, das kostenlose Proben anbietet. Sehr gute Weine. ⊙ tgl. 10–17 Uhr.

Brennan Wines, 86 Gibbston Back Rd, ✆ 03 442 4315, 🖥 www.brennanwines.co.nz; Karte S. 822. In der engagierten kleinen Familienwinzerei sind kostenlose Proben von fast einem Dutzend Weinen zu haben. Eingeschenkt werden sie im gemütlichen Proberaum mit Blick auf die schroffen Felsen des Nevis Bluff. Die ebenfalls angebotenen Häppchen und Platten genießt man am besten draußen zwischen den Rebstöcken bei einem Gläschen Wein (oder zwei). ⊙ tgl. 10–17 Uhr.

Wanaka und Umgebung

Wanaka, nur 55 km nordöstlich von Queenstown, aber gut anderthalb Autostunden entfernt, fühlt sich relaxter an als Queenstown, denn hier wird nicht so viel Fließbandtourismus betrieben. Es ist ein kleines, überschaubares Städtchen, das eher an ein über seine Grenzen hinausgewachsenes

Dorf erinnert und ein wunderbares Gefühl von Helligkeit und Weite ausstrahlt – ein toller Ort für ein paar Tage Entspannung. Die Lage des Orts am Südufer des **Lake Wanaka** ist einmalig: Hier gehen die mit Pappeln bestandenen Hügel von Central Otago in die atemberaubenden Bergriesen des Mount Aspiring National Park (jedoch nicht in den Mount Aspiring selbst) über.

Wanaka entstand in den 1860er-Jahren als Versorgungsposten für hiesige Claim-Besitzer und umherziehende Goldgräber, kam aber erst gegen Mitte des 20. Jhs. in die Gänge, als die mit Campingausrüstungen und Wohnwagen anrückenden Kiwis das trocken-warme Sommerklima für sich entdeckten.

Wanaka besitzt auch heute nicht mehr als rund 7000 Einwohner, doch in den letzten Jahren hat sich durch eine rege Bautätigkeit einiges in der Stadt getan, und Wanaka ist derzeit einer der am schnellsten wachsenden Orte Neuseelands. Der Ort bietet sich zwar bestens zum Entspannen in Cafés und am Seeufer an, aber es gibt hier keine echten Sehenswürdigkeiten. Wer Museen, eine Mikrobrauerei und Weingärten besuchen möchte, muss die Stadt verlassen. Dasselbe gilt auch für Abenteueraktivitäten, einschließlich Canyoning.

Wanaka ist die perfekte Basis für Wanderungen in der Umgebung, insbesondere im **Mount Aspiring National Park**. In den Wintermonaten gerät Wanakas relative Beschaulichkeit durch die **Ski- und Snowboardfahrer** aus den Fugen, die in Scharen einfallen und die Pisten der **Skigebiete Treble Cone und Cardrona** sowie das nordische Skiterrain **Snow Farm** (s. Kasten S. 845) bevölkern.

Am Ufer des Lake Wanaka

Ein Highlight in Wanaka sind die Rasenflächen, die sich über 1 km am Kieselstrand des Seeufers erstrecken. Dort kann man wunderbar entspannen und einfach die Ausblicke auf die Berge genießen. Im Sommer nutzen viele Menschen dieses Areal zum Sonnenbaden, Picknicken und Entenfüttern, und natürlich kann man alle möglichen Wassergefährte ausleihen, z. B. Sit-on-top-Kajaks und Tretboote.

Rippon Vineyard

246 Mount Aspiring Rd, 3 km westlich des Orts ▪ ⏱ Dez–April tgl. 11–17, Juli–Nov 12–17.30 Uhr ▪ ✆ 03 443 8084, 🖥 www.rippon.co.nz ▪ zu erreichen mit dem Auto von Wanaka oder in 40 Min. zu Fuß über den Waterfall Creek Track am See entlang, dann bergan durch die Weinstöcke

Wer interessante Weine in atemberaubender Landschaft probieren möchte, sollte sich zum **Rippon Vineyard** begeben, dem ältesten Weingut in Central Otago, gegründet 1982. Vom modernen Verkostungsraum auf einem Hügel schweift der Blick über die Weinstöcke und den See auf die Berge. Das nach biologischen und biodynamischen Prinzipien bewirtschaftete Weingut produziert einen sehr guten Pinot Noir, den man auch bei einer kostenlosen Weinprobe verkosten kann. Empfehlenswert sind außerdem der Riesling und der seltene Osteiner Riesling.

Stuart Landsborough's Puzzling World

188 SH84, 2 km östlich des Orts ▪ ⏱ Nov–April tgl. 8.30–17.30, Mai–Okt 8.30–17 Uhr ▪ $14 jeweils für „The Great Maze" oder die „Illusion Rooms", $17,50 für beides ▪ ✆ 03 443 7489, 🖥 www.puzzlingworld.co.nz

Eine Reihe von Araukarien weist den Weg zur **Stuart Landsborough's Puzzling World**. Das Highlight ist „The Great Maze", ein 1500 m langes Holzlabyrinth. Wer sich in dem Irrgarten begibt, muss alle vier Ecktürme erreichen, entweder nach dem Zufallsprinzip (30 Min.–1 Std.) oder in einer bestimmten Reihenfolge (mind. 1 Std.) und dann wieder hinausfinden. Der Großteil der übrigen Räumlichkeiten präsentiert optische Täuschungen und Spielereien, darunter die „Hall of Following Faces", eine Aufreihung von Köpfen berühmter Persönlichkeiten – Einstein, Mutter Teresa etc. –, deren Augen dem Besucher zu folgen scheinen. Welche Tricks Peter Jackson für Hobbits und Co. angewendet hat, erfährt man, geschrumpft auf Hobbitgröße oder gewachsen zu einem Ent, im „Ames Forced Perspective Room". Die neue „Sculptillusion Gallery" stellt

QUEENSTOWN, WANAKA UND CENTRAL OTAGO

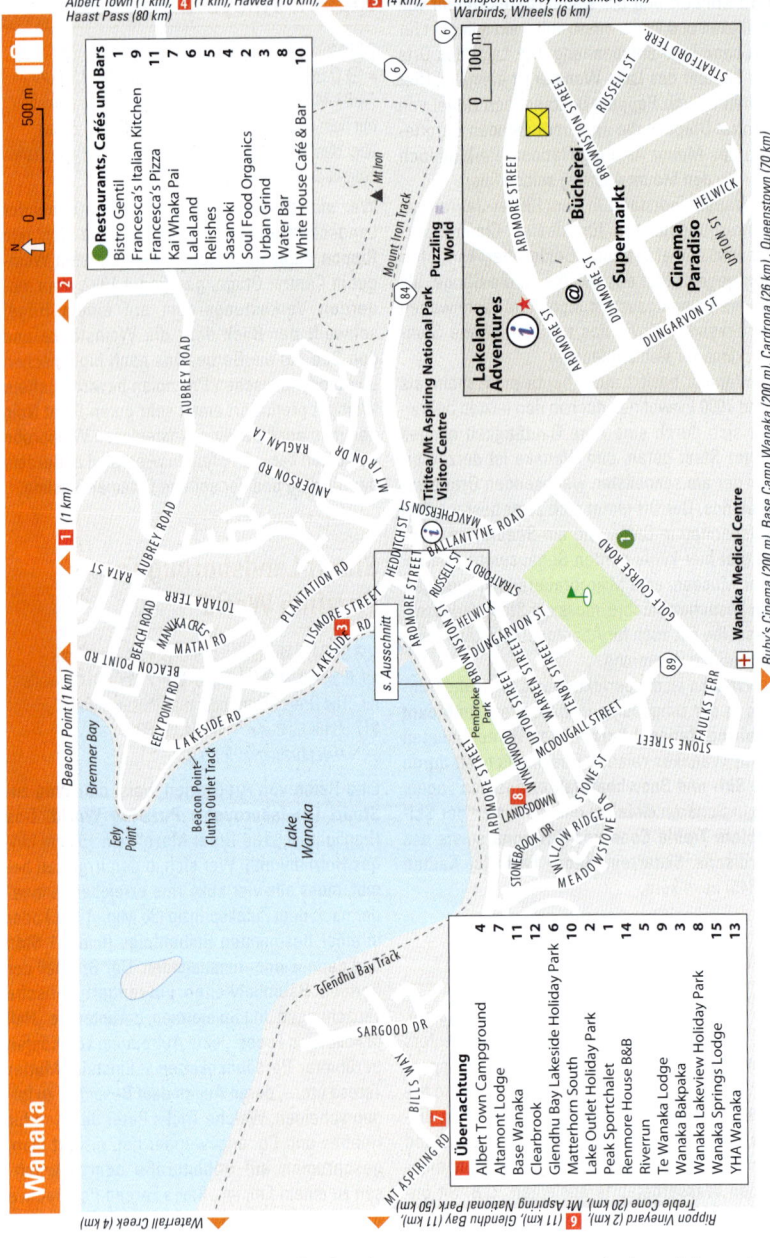

Albert Town (1 km), 4 (1 km), Hawea (10 km), Haast Pass (80 km)

5 (4 km), Transport and Toy Museums (6 km), Warbirds, Wheels (6 km)

● Restaurants, Cafés und Bars

Bistro Gentil	1
Francesca's Italian Kitchen	9
Francesca's Pizza	11
Kai Whaka Pai	7
LaLaLand	6
Relishes	5
Sasanoki	4
Soul Food Organics	2
Urban Grind	3
Water Bar	8
White House Café & Bar	10

■ Übernachtung

Albert Town Campground	4
Altamont Lodge	7
Base Wanaka	11
Clearbrook	12
Glendhu Bay Lakeside Holiday Park	6
Matterhorn South	10
Lake Outlet Holiday Park	2
Peak Sportchalet	1
Renmore House B&B	14
Riverrun	5
Te Wanaka Lodge	9
Wanaka Bakpaka	3
Wanaka Lakeview Holiday Park	8
Wanaka Springs Lodge	15
YHA Wanaka	13

Ruby's Cinema (200 m), Base Camp Wanaka (200 m), Cardona (26 km), Queenstown (70 km)

Rippon Vineyard (2 km), 6 (11 km), Glendhu Bay (11 km), Treble Cone (20 km), Mt Aspiring National Park (50 km)

Waterfall Creek (4 km)

Titea/Mt Aspiring National Park Visitor Centre

Puzzling World

Lakeland Adventures

Bücherei

Supermarkt

Cinema Paradiso

Wanaka Medical Centre

Lake Wanaka

Mt Iron

Im Juni bereitet sich Wanaka auf die Wintersaison vor. Surflehrer mutieren zu zu Snowboardlehrern, und Shuttles fahren in kurzen Abständen zu den Skigebieten hinaus. Für eine Autofahrt in die Skigebiete sind **Schneeketten** erforderlich, die es an Tankstellen in Wanaka zu leihen gibt. Die Radverleiher (S. 854) verlegen sich im Winter auf den Skiverleih, bei Preisen ab $38/Tag für Skier, Stiefel und Stöcke, oder $45/Tag für Brett und Boots. Mit Kombi-Liftpässen für mehrere Tage kann man zwischen Cardrona und Treble Cone hin und her wechseln.

Alpin und nordisch

Das **Cardrona Alpine Resort**, ☎ 0800 440800, ⌨ www.cardrona.com, erstreckt sich über drei Talsenken an den Südosthängen des 1934 m hohen Mount Cardrona und ist über eine 12 km lange, mautfreie Schotterpiste zu erreichen, die 24 km südlich von Wanaka, kurz vor dem Ort Cardrona, vom SH89 abzweigt. Das vorwiegend familienorientierte Skigebiet ist bekannt für trockenen Schnee und zahlreiche einfache Abfahrten. Es gibt Sessellifte sowie drei Schlepplifte für Skischüler. Der maximale Höhenunterschied misst 600 m; allen Wintersportlern stehen drei Terrainparks zur Verfügung. Wintersportler ohne eigenes Fahrzeug gelangen mit Bussen von Wanaka oder Queenstown hierher.

Das Resort bietet eine begrenzte Übernachtungsmöglichkeit direkt am Skihang, entweder in luxuriösen Selbstversorger-Studios für zwei Personen ($270) oder in Apartments mit zwei oder drei Schlafzimmern für maximal zehn Personen ($455). Liftpass $99. ⏰ Ende Juni–Anfang Okt.

Geübte Skifahrer zieht es zu den Steilhängen von **Treble Cone**, ☎ 03 443 7443, ⌨ www.treblecone.co.nz, 22 km westlich von Wanaka, zu erreichen über eine 7 km kostenlose Zufahrtsstraße. Die besondere Anziehungskraft dieser Gegend liegt in ihren baumlosen Hängen in bezaubernder Lage oberhalb des Lake Wanaka mit einem Höhenunterschied von 700 m.

Das Terrain ist sehr abwechslungsreich und umfasst zahlreiche natürliche und künstlich angelegte Abfahrten. Für Anfänger gibt es drei verbesserte, relativ neu präparierte Pisten, und auch Snowboarder kommen auf ihre Kosten. Von Wanaka starten morgens Zubringerbusse, und ein kleiner Shuttlebus bringt Skiläufer vom Beginn der Zufahrtsstraße an der Mount Aspiring Road zu den Liften hinauf. Touren ins Hinterland ab Treble Cone bietet **Aspiring Guides**, ☎ 03 443 9422, ⌨ www.aspiringguides.com ($199). Liftpass $105. ⏰ Ende Juni–Anfang Okt.

Angesichts der Tatsache, dass viele Neuseeländer eingeschworene Abfahrtsläufer sind, stellen die Langlaufloipen von **Snow Farm**, ☎ 03 443 7542, ⌨ www.snowfarmnz.com, eine Überraschung dar. Das Gelände liegt 24 km südlich von Wanaka gegenüber von Cardrona und ist über eine 13 km lange, kurvige Schotterstraße zu erreichen. Von Juli bis September tummeln sich Langläufer auf den insgesamt 55 km umfassenden Loipen. Tageskarte $40, eine Ausrüstung kann für $30 geliehen werden.

Heli-Skiing

Heli-Skiing ist ein teurer Spaß, aber die einzige Möglichkeit, an den Ausgangspunkt der sieben bis zu 1200 Höhenmeter überwindenden Steilabfahrten durch Pulverschnee zu gelangen. Harris Mountains Heli-Ski, ☎ 03 442 6722, ⌨ www.heliski.co.nz, bietet rund 400 verschiedene Flüge zu 200 verschiedenen Gipfeln, vor allem in die **Harris Mountains** zwischen der Crown Range bei Queenstown und dem Mount Aspiring National Park bei Wanaka. Erfahrene Skiläufer profitieren von diesem kostspieligen Erlebnis am meisten.

Der Abflug ist auch von den **Witterungsbedingungen** abhängig, doch während der Saison kann man mit 70%iger Wahrscheinlichkeit abheben – i. d. R. folgt auf vier, fünf Schönwettertage eine Schlechtwetterperiode. Das begehrteste der zahlreichen Angebote ist „The Classic" für $925 mit 4 Abfahrten.

unsere Wahrnehmung u. a. mit einer scheinbar in einer rotierenden Spirale schwebenden Kugel auf die Probe. Genügend Zeit sollte man noch für die kniffligen Puzzles im Café einplanen.

National Transport and Toy Museum

891 Wanaka–Luggate Hwy (SH6), 9 km südöstlich des Orts ▪ ⊕ tgl. 8.30–17 Uhr ▪ Eintritt $15, Familien $35 ▪ ✆ 03 443 8765, ⌨ www.nttmuseum.co.nz

Im **National Transport and Toy Museum** sind alle möglichen faszinierenden alten und neueren Fahrzeuge sowie jede Menge Spielzeug (darunter mehr als 500 Barbie-Puppen) ausgestellt. So findet sich in diesem Sammelsurium etwas für Jung und Alt.

Warbirds & Wheels

11 Lloyd Dunn Ave, Wanaka Airport, 9 km südwestlich des Orts ▪ ⊕ tgl. Nov–April 9–17, Mai–Okt 9–16 Uhr ▪ Eintritt $20 ▪ ✆ 03 443 7010, ⌨ www.warbirdsand wheels.com

Hier findet das Festival Warbirds over Wanaka (s. Kasten S. 852) statt, und in der Hälfte eines Hangars sind mehrere Kampfflugzeuge ausgestellt, darunter ein Strikemaster-Übungsflugzeug, eine Hurricane aus dem Zweiten Weltkrieg und eine Skyhawk, die bis 2002 in der neuseeländischen Luftwaffe eingesetzt war. Das Museum erzählt auch die schillernde Geschichte von Sir Tim Wallis, dem Begründer des Flugfestivals, Flugzeugbesitzer und Pionier des Wildfangs per Hubschrauber in den 1980er-Jahren. Die andere Hälfte des Hangars beherbergt 25 Oldtimer. Die Ausstellungsstücke wechseln jedes halbe Jahr, und gewöhnlich kann man auch in der Werkstatt bei Restaurierungsarbeiten zuschauen.

Cardrona Valley

Die Nachricht von den Goldfunden bei Arrowtown zog schnell zahlreiche Glücksritter an, die sich entlang der Crown Range ins **Cardro-**na Valley wühlten, wo noch im selben Jahr **Gold** entdeckt wurde. Fünf Jahre später wanderten die Europäer zu den neuen Goldfeldern an der Westküste ab und überließen es den chinesischen Immigranten, nach den übersehenen Resten zu graben. Um 1870 waren auch die Chinesen wieder von dannen gezogen.

Die kleine Siedlung **Cardrona**, 25 km südlich von Wanaka, besteht aus einer Handvoll Cottages, einem verwilderten Friedhof, dem Cardrona Hotel (S. 851) und einem alten Ensemble aus Post und Laden.

Die kürzeste und schnellste Verbindung von Wanaka nach Queenstown ist die südlich von hier verlaufende **Crown Range Road** (SH89). Im Winter ist die Straße nach Schneefällen manchmal gesperrt, und Autofahrern, die mit Wohnwagen oder Anhänger unterwegs sind, wird davon abgeraten, sie zu befahren. Aber an einem schönen Tag kommt man in den Genuss einer herrlichen Fahrt durch das grasbewachsene Hochland, vorbei an den Überresten aus der Goldgräber-Vergangenheit des Tals. Auf der Passhöhe (1076 m) bieten sich von einem Aussichtspunkt wunderbare Blicke über Queenstown und den Lake Wakatipu. Danach geht es in steilen Haarnadelkurven hinunter zum SH6, nach Arrowton und Queenstown.

Matukituki Valley und Mount Aspiring National Park

Das **Matukituki Valley** ist so etwas wie der Freizeitpark von Wanaka, ein 60 km langer Arm, der sich von der sonnenverbrannten Landschaft um den Lake Wanaka bis zu den alpinen Ausläufern des Mount Aspiring erstreckt. Skiläufer auf dem Weg zum Treble Cone durchqueren die Schafweiden am Flussufer; Kletterlustige zieht es zu den schroffen Felswänden links und rechts der Straße und Wanderer sowie Bergsteiger in den **Aoraki/Mount Aspiring National Park**. Der Park zählt zu den größten des Landes und reicht vom Haast Pass im Norden bis zum oberen Lake Wakatipu im Süden. Sein Herzstück bildet der pyramidenförmige **Mount Aspiring**, mit 3033 m Neuseelands höchster Berg außerhalb des Aoraki/

In der Umgebung von Wanaka gibt es tolle Wandermöglichkeiten, von leichten bis anspruchsvollen. Eine umfassende Outdoor-Ausrüstung braucht man nicht, lediglich robuste Schuhe, Regenbekleidung, Sonnenschutz und die DOC-Broschüre *Wanaka Outdoor Pursuits* ($3,50, kostenloser Download vom DOC), die eine gute Karte enthält.

Beacon Point-Clutha Outlet Circuit (16 km, 3–5 Std., zumeist eben). Diese lange, aber leichte Wanderung (oder Fahrt) am Fluss- und Seeufer entlang beginnt und endet in Wanaka. Am Seeufer geht es zum Eely Point (15 Min.) mit einer geschützten Bucht, die ein beliebtes Ziel zum Bootfahren und Picknicken ist. Kurz darauf erreicht man die Bremner Bay, und nach weiteren 30 Min. ist der Beacon Point erreicht. Nun kann man entweder auf demselben Weg zurückkehren oder über die Beacon Point Road zum Lake Outlet Holiday Park marschieren und dort in den Outlet Track einbiegen, der nach 4 km die Alison Avenue erreicht und unweit der Albert Town Bridge auf den SH6 stößt. Am Fuß des Mount Iron läuft man zurück nach Wanaka.

Diamond Lake Track (7 km, 2 1/2–3 Std., 400 m Anstieg). Mit großartigen Ausblicken auf den See und die Berge. Ziel ist der 775 m hohe Gipfel des Rocky Mountain, Startpunkt der Parkplatz 18 km westlich von Wanaka an der Mount Aspiring Rd. Es gibt zwar noch zwei kürzere Wanderpfade, doch nur vom Rocky Mountain aus genießt man die fantastische Aussicht.

Glendhu Bay Track (12,5 km einfach, 3–4 Std., minimale Steigung). Das westliche Gegenstück des Beacon Point–Clutha Outlet Circuit verlässt die Roy's Bay und führt durch den Wanaka Station Park und am Rippon Vineyard vorbei zum Waterfall Creek, weiter zur Glendhu Bay und immer entlang den terrassierten Hängen am Seeufer auf den Ironside's Hill. Der Weg darf auch von Radfahrern benutzt werden; man fährt einfach so weit, wie man mag, und dreht dann um.

Mount Iron Track (4,5 km hin und zurück, 1 1/2 Std., 240 m Anstieg). Der von Wanaka am einfachsten erreichbare Wanderpfad führt auf den 549 m hohen Mount Iron. Die Wanderung beginnt 1,5 km östlich von Wanaka am SH84 und führt durch Weideland sowie die vogelreichen Manuka-Wälder des Mount Iron Scenic Reserve über den Südhang zum Gipfel. Von oben bietet sich ein herrlicher Panoramablick. Den Rückweg kann man über den Osthang des Mount Iron antreten und gelangt in Nähe des Eingangs von Puzzling World (S. 843) wieder auf den SH84.

Roy's Peak Track (16 km hin und zurück, 4–6 Std., 1100 m Anstieg). Der Mount Roy Track ist eine erheblich anstrengendere Unternehmung. Er windet sich zum 1578 m hohen Gipfel des Roy's Peak hinauf, wo Wanderer mit der wunderschönen Aussicht über den Lake Wanaka und die ihn umgebenden Gletscher und Berge belohnt werden. Der Pfad, der 7 km westlich von Wanaka an der Mount Aspiring Road beginnt, ist zur Lammzeit vom 1. Oktober bis 10. November gesperrt.

Mount Cook National Park. Fährt man auf dem ungeteerten Abschnitt der Mount Aspiring Road am Matukituki River entlang, ist vom Mount Aspiring nicht viel zu sehen, da der Mount Avalanche und der Avalanche Glacier den Blick verstellen. Zerklüftete Berge bestimmen die Szenerie bis zum **Raspberry Creek**, wo ein Parkplatz und öffentliche Toiletten den Beginn mehrerer wunderschöner Wanderwege im Park markieren. Transportinformationen auf S. 854.

Auf der 55 km langen Strecke zwischen Wanaka und dem Parkplatz am Raspberry Creek verkehren **Busse** von Alpine Connexions, ✆ 03 443 9120, 🖥 www.alpineconnexions.co.nz (Okt–April 1–2x tgl., $40 einfach, Buchung ratsam).

KT Sightseeing, ✆ 0800 272700, 🖥 www.ktsightseeing.co.nz, verlangt für die gleiche Strecke hin und zurück $70.

ÜBERNACHTUNG

In den Hauptreisemonaten Januar, Februar, Juli und August und während großer Events (Kasten S. 852) unbedingt reservieren. Im Ort und am Seeufer ist wildes Camping nicht gestattet.

Wanderungen im Matukituki Valley

Praktisch für diese Wanderungen sind die DOC-Broschüren *Matukituki Valley Tracks* und *Rees and Dart Valleys* (jeweils $2 oder als kostenloses Download von 🖥 www.doc.govt.nz) sowie die topografische Landkarte *Aspiring Flats Topo 50* (CA11, $9 per DOC)). Die Strecken eignen sich nur für relativ sportliche und erfahrene Wanderer, zumal der Park extreme Klimaunterschiede aufweist: Im Matukituki Valley fällt pro Jahr durchschnittlich 500 mm Niederschlag, während auf der westlichen Parkseite rund 6000 mm niedergehen. Die Wanderungen beginnen am Parkplatz Raspberry Creek, rund eine Autostunde von Wanaka entfernt. Mehrere **Hütten** in der Gegend werden vom New Zealand Alpine Club (NZAC) verwaltet, stehen aber jedem offen (Bezahlung im DOC Visitor Centre in Wanaka).

Raspberry Creek zur Aspiring Hut (9 km einfach, 2 1/2–3 Std., 100 m Anstieg). Die populäre und meist sehr idyllische Tageswanderung vom Raspberry Creek zur Aspiring Hut beginnt auf einer Geländewagenpiste, die vom Parkplatz sanft ansteigt und am westlichen Arm des Matukituki River entlangführt. Der Weg wendet sich nur einmal vom Fluss ab, um die Klippen auf der Strecke zum Downs Creek zu umgehen, von wo sich tolle Ausblicke auf den Rob Roy Glacier und den Mount Avalanche eröffnen. Lohnenswert ist der kurze Abstecher zu den **Brides Veil Falls**. Wenig später erreicht man die historische Cascade Hut und nach weiteren 20 Min. die relativ luxuriöse, aus Stein erbaute Aspiring Hut (NZAC, 38 Betten, $30, inkl. Gas), ein beliebtes Basislager für Bergsteiger, die es auf die Gipfel rund um den Mount Aspiring zieht. In Nähe der Hütte kann auch gezeltet werden ($5).

Rob Roy Valley Walk (10 km hin und zurück, 3–4 Std., 300 m Anstieg). Diese zu Recht beliebte Strecke ist kürzer und steiler als der Anstieg zur Aspiring Hut, aber dafür spektakulärer. Vom Raspberry Creek-Parkplatz folgt man 15 Min. dem rechten Ufer des Matukituki bis zu einer Hängebrücke, die auf die linke Uferseite und zum Rob Roy führt. Am Bach entlang geht es durch Buchenwald, der allmählich einer Hochgebirgsvegetation weicht, bis plötzlich am Ende des Tals der Rob Roy Glacier ins Blickfeld kommt. Eco Wanaka Adventures, 📞 0800 926 326, 🖥 www.ecowanaka.co.nz, bieten hier ganztägige geführte Wanderungen inkl. Picknicklunch ($250).

Aspiring Hut bis Pearl Flat (5 km, 1 1/2 Std., 100 m Anstieg). Ein herrlicher Tagesausflug von der Aspiring Hut führt zum Oberlauf des Matukituki River. Man folgt dem Flusslauf abwechselnd durch Wald und offenes Gelände bis zur Pearl Flat. Von hier kann man wieder zurückgehen oder weiter bis zum Talende (S. 846).

Cascade Saddle Route (4–5 Tage einfach). Einer der anstrengendsten Wanderwege in diesem Gebiet ist die Cascade Saddle Route, die die Aspiring Hut im Matukituki Valley mit dem Rees-Dart Track (S. 832) verbindet – eine wunderbare Hochgebirgstour mit atemberaubenden Aussichten auf den Dart Glacier und die Barrier Range. Dieser Track sollte nur bei guten Wetteraussichten und nur von (alpin) erfahrenen Wanderern begangen werden. Es ist ratsam, wasserfeste Kleidung zu tragen, und man muss darauf vorbereitet sein, bei ungünstigen Bedingungen umzukehren. Allerdings lässt sich der Cascade Saddle gewöhnlich von Januar bis März ohne spezielle Bergsteigerausrüstung bewältigen. Die aktuellsten Informationen und eine Broschüre zum Herunterladen finden sich auf 🖥 www.doc.govt.nz.

Auf der Etappe von der **Aspiring Hut zur Dart Hut** (17 km, 8–11 Std., 1350 m Anstieg) lässt der Pfad die Baumgrenze hinter sich und erreicht einen mit Tussock-Gras bewachsenen Gebirgskamm, der bei Nässe oder Schnee rutschig ist. Orangefarbene Pfähle weisen den Weg zu einem Stahlmast auf der höchsten Stelle des Bergrückens (1835 m), zum Cascade Creek hinunter und auf der anderen Talseite wieder bergan zu den alpinen Wiesen am Cascade Saddle. Am Cascade Creek befindet sich eine Toilette für Camper. Wer kein Zelt im Gepäck hat, muss noch 4–5 Std. bis zur **Dart Hut** durchhalten, von wo es auf dem Rees-Dart Track noch zwei Tagesmärsche zurück **nach Glenorchy** sind.

Altamont Lodge, 121 Mount Aspiring Rd, 2 km westlich von Wanaka, ☎ 03 443 8864, 🖥 www.altamontlodge.co.nz. Einladende, holzgetäfelte Wanderer- und Skilodge mit Gemeinschaftsküche, Aufenthaltsraum, Spa und Tennisplatz. Zweckmäßige 2-Bett-Zimmer, DZ und 3-Bett-Zimmer mit Gemeinschaftsbad. $79

Base Wanaka, 73 Brownston St, ☎ 03 443 4291, 🖥 www.stayatbase.co.nz. Zweckmäßiges Hostel mitten im Ort. Die Küche ist eng, aber man kann in die Bar ausweichen, wo preiswerte Gerichte serviert werden. Schicke Zimmer sowie gute Frauen-Dorms ($33), Internet und Buchungsschalter. Dorms $27, DZ mit Bad $90

Clearbrook, 72 Helwick St, ☎ 0800 443 441, 🖥 www.clearbrook.co.nz. Schickes, preisgünstiges Motel mit geschmackvoll eingerichteten Luxus-Units (Studios, Apartments mit 1–2 Schlafzimmern) am Bullock Creek; alle mit TV, Küche mit Geschirrspüler, Waschmaschine und Balkon mit Bergblick. Außerdem Häuser für 6 Pers. ($385). $155

Matterhorn South, 56 Brownston St, ☎ 03 443 1119, l www.matterhornsouth.co.nz. Hostel und Budget-Lodge mit Dorms unterschiedlicher Größe sowie modernen 4er-Zimmern mit Bad, TV, Kühlschrank und Zugang zu toller Küche und Gemeinschaftsraum. Dorms $29, DZ $75

Peak Sportchalet, 36 Hunter Crescent, rund 2 km nördlich vom Ort, ☎ 03 443 6990, 🖥 www.peak-sportchalet.co.nz. Geräumiges Selbstversorger-Studio und Chalet mit 2 Schlafzimmern in einem stillen Teil des Orts, im Besitz von einem netten deutschen Paar. Individuell eingerichtet, Bäder mit Fußbodenheizung, sehr gut isoliert. Frühstücksbuffet $10 extra. Toll für eine Familie oder zwei Paare. Studio $140, Chalet mit 1 Schlafzimmer $160

Renmore House B&B, 44 Upton St, ☎ 03 443 6566, 🖥 www.renmore-house.com. Großes Haus am Bullock Creek. Ziemlich luxuriöse Unterbringung in 3 DZ mit Bad. Überaus freundliche Gastgeber (und ebenso freundliche Katze), kostenlose Fahrradbenutzung. $270

🧳 **Riverrun**, 86 Halliday Rd, 5 km östlich von Wanaka, ☎ 03 443 9049, 🖥 www.riverrun.co.nz. Elegante Lodge in wunderschöner Lage etwas oberhalb des Clutha River

mit 5 schönen DZ mit Bad, sonnigen Veranden und Speisesaal, in dem ein ausgezeichnetes 4-gängiges Abendmenü ($100) serviert wird. Preis inkl. Frühstück und Drink am Abend (reduziert bei einem Aufenthalt von 3 Nächten). $400

🧳 **Te Wanaka Lodge**, 23 Brownston St, ☎ 0800 926 252, 🖥 www.tewanaka.co.nz. Einladende Lodge mit 13 luxuriösen Zimmern mit Bad, Sky-TV und separatem Eingang; außerdem beheizter Whirlpool im schönen Garten, Hausbar, herzhaftes Frühstücksbuffet sowie freundliche und hilfsbereite Gastgeber, die viel über Outdoor-Aktivitäten wissen. Gratis-WLAN. $220

🧳 **Wanaka Bakpaka**, 117 Lakeside Rd, ☎ 03 443 7837, l www.wanakabakpaka.co.nz. Gepflegtes Hostel 5 Gehminuten außerhalb des Zentrums; herrlicher See- und Bergblick (DZ mit Aussicht kosten $90), geruhsame Atmosphäre, im Sommer Grillabende, außerdem Verleih von Fahrrädern ($19/Tag) und jede Menge Platz draußen zum Genießen der Nachmittagssonne. Dorms $29, DZ $70

Wanaka Springs Lodge, 21 Warren St, ☎ 03 443 8421, 🖥 www.wanakasprings.com. Edle Unterkunft mit komfortablen, schön eingerichteten Zimmern, stilvollen Gemeinschaftsräumen und Spa im Garten; gut informierte Besitzer. Etwas billiger ab ab 2 Übernachtungen. $310

🧳 **YHA Wanaka Purple Cow**, 94 Brownston St, ☎ 03 443 1880, 🖥 www.yha.co.nz. Großes, freundliches Hostel mit Dorms mit bis zu 6 Betten, Zimmer alle mit Bad. Außerdem mehrere DZ mit Bad ($98), einige mit Seeblick und TV/DVD ($108), sowie luxuriösere Motel Units ($125). Toller See- und Bergblick durch die großen Panoramafenster der Aufenthaltsräume. Billard (kostenlos), abends Filme, Leihräder. Dorms $29, DZ $88

Campingplätze und Holiday Parks

Albert Town Campground, 6 km nordöstlich von Wanaka am SH6. Offener Campingplatz mit Wasser und Toiletten am Ufer des reißenden Clutha River. Viel Schatten. In den vier Wochen ab Weihnachten sehr voll. $7

Glendhu Bay Lakeside Holiday Park, 1127 Mount Aspiring Rd, 12 km westlich von Wanaka, ☎ 03 443 7243, 🖥 www.glendhubaymotor

camp.co.nz. Wunderschön am See gelegener Familienplatz mit zahlreichen Stellplätzen am Wasser, einem Dorm mit 16 Betten ($20) tollem Blick Richtung Mount Aspiring und Bootsrampe. Camping $16, Cabins $50

📷 **Lake Outlet Holiday Park**, 197 Lake Outlet Rd, 6 km von Wanaka, ☎ 03 443 7478, 🖥 www.lakeoutlet.co.nz. Wunderbar gelegener, großzügig angelegter Campingplatz an der Mündung des Clutha River in den Lake Wanaka – ausgezeichnete Spaziermöglichkeiten am See oder Fluss. Zelt- und Wohnmobilstellplätze und einfache Cabins, teilweise mit Wohnbereich, und ein Cottage mit 6 Schlafgelegenheiten ($250). Fahrradverleih ($20/3 Std.) für Touren auf dem Outlet Track. Camping $14, Cabins $55

Wanaka Lakeview Holiday Park, 212 Brownston St, w 03 443 7883, l www.wanakalakeview. kiwiholidayparks.com. Günstig gelegener Campingplatz, nur 10 Gehminuten vom Zentrum entfernt mit Zeltstellplätzen, Cabins und einem Selbstversorger-Apartment ($100). Camping $18, Standard-Cabins $50

ESSEN UND UNTERHALTUNG

Bistro Gentil, 76a Golf Course Rd, ☎ 03 443 2299, 🖥 www.bistrogentil.co.nz. Klassisches modernes französisches Restaurant mit eleganter Einrichtung (an den Wänden hängt zeitgenössische neuseeländische Kunst) und einer Terrasse mit weitem Blick Richtung See und Berge. Auf dem Speiseplan steht vielleicht Entenleberparfait mit geschlagener Orangenbutter ($20), gefolgt von langsam gegartem Cardrona-Lammrücken mit Kartoffelbrei und Sherry-Jus ($42). Das *Trust-the-chef* Mittagsmenü am Wochenende (3 Gänge für $55) fällt ein wenig leichter aus, dafür kann man in Selbstbedienung aus dem Weinspender mehrere Weine kosten, bevor man sich für einen entscheidet und ein Glas davon bestellt. ⏱ tgl. 11.30–22 Uhr oder später.

📷 **Francesca's Italian Kitchen**, 93 Ardmore St, ☎ 03 443 5599, 🖥 www.fransitalian. co.nz. Hier wimmelt es immer von Gästen, die sich die berühmte gebratene Polenta mit Trüffelöl ($7) oder himmlische Pizzas ($20–25)

schmecken lassen. In dieser modernen Ausgabe eines traditionellen italienischen Lokals werden auch kunstvoll knackfrische Zutaten in Vorspeisen wie Rinder-Carpaccio mit Reggiano und Anchovis ($20) verwandelt. Keinesfalls entgehen lassen darf man sich die herrlich knusprigen Cannoli (jeweils $4). ⏱ tgl. 12–15 und 17–21 Uhr oder später.

Francesca's Pizza, Brownston St, ☎ 0800 464 74992, 🖥 www.francescaspizzas.com. Der Holzofenpizza-Imbisswagen war der Vorgänger von *Francesca's Italian Kitchen*. Unbedingt probieren: die Tartufi mit Pilzen, Parmesan und Trüffelöl ($20). ⏱ tgl. 16–21 Uhr.

Kai Whaka Pai, Ardmore St, Ecke Helwick St, ☎ 03 443 7795. Das tagsüber bei Einheimischen sehr beliebte Lokal bietet Frühstück, Gebäck und hervorragenden Kaffee. An Sommerabenden sorgen Bier und Wein für guten Umsatz, auch an den Straßentischen, und dazu werden z. B. Burger mit Rindfleischstreifen ($19) oder dünnkrustige Pizza ($22) serviert. Es gibt auch mehrere Fassbiere der lokalen Brauerei Wanaka Beerworks. ⏱ tgl. 7–23 Uhr.

LaLaLand, 99 Ardmore St, ☎ 03 443 4911, 🖥 www.facebook.com/lalalandwanaka. Nirgendwo in der Stadt wird so kunstvoll gemixt wie in dieser netten kleinen Cocktailbar. Man kann zum Sundowner herkommen und ihn auf der Veranda mit Seeblick schlürfen, oder bis später warten, wenn der Laden richtig brummt. ⏱ tgl. 16–2.30 Uhr.

📷 **Relishes**, 99 Ardmore St, ☎ 03 443 9018, 🖥 www.relishescafe.co.nz. Alteingesessenes, schlichtes Café, immer gut für einen guten Kaffee und ein Stück Kuchen, hat aber auch leckere Frühstücks-*Quesadillas* mit Räucherlachs ($19) und zum Abendessen Köstlichkeiten wie Lamm mit Horopito-Kruste, Rote-Bete-Gnocchi und Salbeibutter ($35). ⏱ tgl. 7–22 Uhr oder später.

Sasanoki, 26 Ardmore St, ☎ 03 443 6474. Exzellente japanische Speisen zu sehr günstigen Preisen. Ausgezeichnete Udon-Nudeln, Sashimi und Donburi, zumeist $12–14, Bento-Box und ein Sake für unter $25. ⏱ Mo–Fr 11.30–14.30 und 17.30–21, Sa 17.30–21 Uhr.

Soul Food Organics, 74 Ardmore St, ☎ 03 443 7885. Ein unprätentiöses Feinkostgeschäft und Café mit Tischen drinnen und draußen, spezialisiert auf vegetarische sowie milch- und glutenfreie Gerichte. Toller Filterkaffee, Muffins, Frühstück, z. B. mit Gemüseomelett ($14). Im Winter Suppen, im Sommer Salate, außerdem Säfte und Smoothies sowie ein Shake aus Kakao, Datteln und Bananen ($10). ⏲ Mo–Fr 8–18, Sa und So 8–16 Uhr.

Urban Grind, 72 Ardmore St, ✆ 03 443 6748, 🖥 www.urbangrind.co.nz. Schickes, modernes Café mit nackten Backsteinwänden und übergroßen Lampenschirmen. Für einen guten Start in den Tag empfiehlt sich z. B. Avocadopüree mit gebackener Tomate auf Ciabatta ($13). Die Schweinebauchstreifen ($15) und die Kabeljaukroketten ($14) sind ein guter Appetitanreger für eine dünnkrustige Pizza ($20–23) und dazu ein Probiertablett mit 4 verschiedenen Biersorten ($13). ⏲ tgl. 8.30–23 Uhr.

Water Bar, 145 Ardmore St, ✆ 03 443 4345, 🖥 www.waterbarwanaka.co.nz. Am besten kommt man zur Happy Hour (17.30–18.30 Uhr) in diese recht typische Bar am Wasser, besonders freitags, wenn es sogar bis 19.30 Uhr Bier für $4 (und solange der Vorrat reicht kostenl. Schweinebratenbrötchen) gibt. ⏲ tgl. 11–2 Uhr.

📖 **White House Café & Bar**, 33 Dunmore St, ✆ 03 443 9595. Der Besitzer ist exzentrisch, die Karte winzig und die gesamte Einstellung eher relaxt, aber an guten Tagen machen die mediterran angehauchten Hauptgerichte wie der Salat mit Makrelen, Oliven, jungen Kartoffeln und Avocado ($35) oder das Ribeye-Steak mit Roter-Bete-Relish, Mangold und Bratkartoffeln ($40) vieles wieder wett; sehen lassen können sich auf jeden Fall die Desserts. ⏲ Di–So 18–22 Uhr oder später.

Cardrona Valley

Cardrona Hotel, Cardrona, ✆ 03 443 8153, 🖥 www.cardronahotel.co.nz. Das 1863 erbaute Hotel wurde nach Jahren des Verfalls renoviert und 1984 wiedereröffnet; die Fassade ist in der unsanierten Form erhalten geblieben. Im Winter lassen sich die Skifahrer auf den Sofas am Kamin nieder, im Sommer erwacht der Biergarten zum Leben. Tolle Auswahl an Getränken, Mahlzeiten wie Beefburger mit Pommes ($20) oder Schweinebauch asiatisch ($29) sowie

B&B-Unterkünfte. ⏲ Restaurant und Bar tgl. 10–22 Uhr oder später.

Kinos

Cinema Paradiso, 72 Brownston St, ✆ 03 443 1505, 🖥 www.paradiso.net.nz. Auch wenn das Leinwandgeschehen digital gesteuert wird, sitzen die Kinogänger immer noch auf durchgesessenen alten Sofas und Sesseln, auf Flugzeugsitzen und sogar in einem aufgeschnittenen alten Austin. Das witzige Kino mit zwei Leinwänden ist in einer ehemaligen katholischen Kirche untergebracht. Sein Programm reicht von Hollywood bis Arthouse, und in der Filmpause stärken sich die Besucher mit Eiscreme, Keksen, Kaffee oder Alkohol aus dem angeschlossenen Café. Erwachsene $15.

Ruby's, 50 Cardrona Valley Rd, 2 km südlich des Orts, ✆ 03 443 6901, 🖥 www.rubyscinema.co.nz. Zwei schicke kleine digitale Kinos mit 37 bzw. 12 Plätzen und eine intime Cocktailbar. Ausgestattet mit einem Cocktail, einem Glas Wein oder einem Bier sowie ein paar Snacks kann man es sich auf den großen ledernen Fernsehsesseln im Kino bequem machen. Erwachsene $18,50.

TOUREN UND AKTIVITÄTEN

Mit seiner traumhaften Landschaft, dem wolkenlosen Himmel und den erschwinglichen Preisen ist Wanaka ein ausgezeichneter Ort, um sich in die Lüfte zu erheben. Und dank des wunderbaren Sees und mehrerer Flüsse bestehen auch zahlreiche Möglichkeiten, stilvoll nass zu werden.

Buchungen lassen sich über die meisten Unterkünfte, zahlreiche Agenturen oder direkt beim Veranstalter tätigen.

Ausflüge und Aktivitäten auf dem Wasser

Eco Wanaka Adventures, ✆ 0800 926 326, 🖥 www.ecowanaka.co.nz. Sehr informative Rundfahrt (tgl. 9 und 13.30 Uhr, 4 Std., $195) über den Lake Wanaka zum Inselreservat Mou Waho mit seiner Wekarallen-Population. Das Highlight der Naturwanderung auf der Insel ist der Tee-Imbiss oberhalb des malerischen Sees der Insel, und man kann sogar einen Baum pflanzen und so die Wiederaufforstung von Mou Waho unterstützen.

Lakeland Adventures, 100 Ardmore St, ☎ 03 443 7495, 🖥 www.lakelandadventures.co.nz. Organisiert die unterschiedlichsten Aktivitäten, darunter eine geruhsame Seerundfahrt zur Stephensons Island mit kurzem Rundgang auf der Insel (2 Std., $95). Verleiht auch Kajaks ($15 p. P./Std.) und andere Wasserfahrzeuge.

Pioneer Rafting, ☎ 03 443 1246, 🖥 www.eco raft.co.nz. Diese Rafting-Touren auf dem Upper Clutha, WWII (Sep–April tgl., halber Tag $165, ganzer Tag $225) beinhalten auch Skibobfahren, wobei das Hauptaugenmerk der Touren auf dem Genießen der Landschaft und Goldwaschen liegt. Für Familien geeignet.

Wanaka Kayaks, ☎ 0800 926 925, 🖥 www. wanakakayaks.co.nz. Der Kajak- und Paddleboardspezialist mit Verleihstation am Strand ($20–25 p. P./Std.) führt Kajaktrips auf dem See (halber Tag $95, ganzer Tag $189 inkl. BBQ-Lunch) und auf dem Clutha River (3 Std., $149) durch, für die keine Vorerfahrung notwendig ist. Er betreibt auch eine Paddleboardschule mit mehreren kurzen Kursen (darunter in SUP-Yoga), nach dessen Absolvierung man eventuell einen Paddleboardtrip auf dem Fluss unternehmen kann (2 Std., $95).

Wanaka River Journeys, ☎ 0800 544 555, 🖥 www.wanakariverjourneys.co.nz. Preisgünstige Jetboot-Trips (1–2x tgl., 3–4 Std., $229) den Matukituki River hinauf, wobei man herrliche Blicke auf den Mount Aspiring, den Avalanche Glacier, den Mount Avalanche etc. genießt; der Führer weiß viel zu erzählen und unternimmt einen kurzen Spaziergang mit den Teilnehmern.

Canyoning

Deep Canyon, 103 Ardmore St, ☎ 03 443 7922, 🖥 www.deepcanyon.co.nz, organisiert Anfang Okt–März täglich Exkursionen in kleinen Gruppen durch enge Canyons, bei denen gesprungen, gerutscht und abgeseilt werden muss. Warme Schutzkleidung hilft gegen das Gefühl der Verletzbarkeit, und am Ende gibt's ein Picknick. Für Neulinge eignet sich am besten der **Niger Stream** (7–8 Std., $240) entlang einem wunderschönen Fluss mit zahlreichen Sprüngen in tiefe Becken. Für die Tour **Big Nige** (8 Std., $305) benötigt man besser etwas Erfahrung im Abseilen. Sie findet auf dem

---

Events in Wanaka

Silvesterabend, in den letzten Jahren wurde den früher üblichen Exzessen von jugendlichen Silvesterpartygängern ein Riegel vorgeschoben, und jetzt findet eine mehr auf Familien ausgerichtete Feier statt.

Rippon Festival, 🖥 www.ripponfestival.co.nz. Eintägiges Rock-, Roots- und Reggae-Festival mit Top-Kiwi-Bands und traumhafter See- und Bergkulisse sowie munterer Nachfeier. Tickets ca. $135. In jedem geraden Jahr am ersten Samstag im Februar.

A&P Show, 🖥 www.wanakashow.co.nz. Landwirtschaftsschau am Seeufer mit allen möglichen Veranstaltungen wie einem Jack-Russell-Rennen, dazu jede Menge Essen und Trinken. Unterkünfte sind dann allerdings schwer zu ergattern. Am dritten Wochenende im März.

Warbirds Over Wanaka, ☎ 0800 496 620, 🖥 www.warbirdsoverwanaka.com. Die größte Flugschau des Landes, auf dem Flugplatz von Wanaka mit über 50 000 Zuschauern. Tickets Fr $60, Sa $85, So $85, drei Tage $180. Drei Tage zu Ostern in geraden Jahren.

Festival of Colour, 🖥 www.festivalofcolour.co.nz. Kulturfestival mit Ausstellungen, Tanz, Musik und Theater sowie Top-Acts aus Neuseeland, darunter Konzerte des Sinfonieorchesters, in der ganzen Stadt und in Hawea; auch jede Menge Gratis-Veranstaltungen. Mitte April in ungeraden Jahren.

Rhythm & Alps, 🖥 www.rhythmandalps.co.nz. Rund 10 000 Besucher kommen zu diesem zweitägigen Musikfestival im Cardrona Valley, 16 km südlich von Wanaka. Es gibt jede Menge tolle Musik (2014 traten Bastille und London Elektricity sowie zahlreiche Kiwi-Bands auf), und die On-site-Campinglogistik wird von Jahr zu Jahr besser. $159 ($229 mit Camping).

QUEENSTOWN, WANAKA UND CENTRAL OTAGO

gleichen Gelände statt wie der Niger Stream-Trip, beginnt aber weiter flussaufwärts mit ein paar tiefen Abseilstrecken. Weitere noch abenteuerlichere Ausflüge sind im Angebot.

Fallschirmspringen und Gleitschirmfliegen

Skydive Lake Wanaka, Wanaka Airport, ✆ 0800 786 877, ▢ www.skydivewanaka.com. Mit diesem Anbieter kann ein 10-minütiger Rundflug mit einem Tandem-Fallschirmsprung mit 45–60 Sekunden im freien Fall kombiniert werden ($329 von ca. 3600 m, $429 von ca. 4500 m). Kostenlose Abholung von Queenstown. **Wanaka Paragliding**, ✆ 0800 359 754, ▢ www.wanakaparagliding.co.nz. Etwas weniger nervenaufreibend sind Tandem-Gleitschirmflüge vom Skigebiet Treble Cone hinunter zum See (800 m Höhenunterschied, 2 Std., davon 15–20 Min. in der Luft, $215 inkl. Transport).

Geländewagenfahrten

Ridgeline Adventures, ✆ 0800 234000, ▢ www.ridgelinenz.com. Einen Eindruck vom Leben im Hochland vermittelt die Wild Hills Safari (4 Std. $225), bei der abgeschiedenes, hoch gelegenes Farmland mit weitem Blick über den Lake Wanaka besucht wird. Im Angebot sind auch Fotografiertouren sowie kombinierte Touren aus Hubschrauberflug und Jetboatfahrt.

Klettern und Bergsteigen

Aspiring Guides, ✆ 0800 754868, ▢ www.aspiringguides.com. Veranstaltet professionelle 5-tägige Bergtouren auf den Mount Aspiring ($4200) mit Helikopteranflug und Rückkehr zu Fuß sowie ausgezeichnete 7-tägige Summit Weeks ($2990), bei denen ein Guide beim Bezwingen aller möglichen Gipfel hilft oder das erforderliche Wissen vermittelt. **Basecamp Wanaka**, 50 Cardrona Valley Rd, 2 km südlich des Orts, ✆ 03 443 1110, ▢ www.basecampwanaka.co.nz. Beim auf Kinder ausgerichteten Clip 'N Climb drinnen ($20/Std., Kinder $10–16, Turnschuhe mitbringen) kann man alle möglichen Kletterarten ausprobieren. Realistischer ist die erstklassig geformte Kletterwand draußen ($20, mit eigener Ausrüstung $15). Auch Unterricht. ⏲ Mo–Fr 12–20, Sa, So, Feiertage und Schulferien 10–18 Uhr.

Wanaka Rock Climbing, ✆ 03 443 6411, ▢ www.wanakarock.co.nz, bietet eintägige Einführungskurse mit 2–4 Teilnehmern pro Gruppe (halber Tag 140 p. P., ganzer Tag $210). Stellt auch Bergführer für individuelle Klettertrips ($345/Tag).

Radfahren

In Wanaka gibt es mehrere Geschäfte (S. 854), die **Mountainbikes** verleihen und die *Lake Wanaka Cycling Map* ($2) verkaufen, auf der Trails in der Umgebung verzeichnet sind. Zu den schönsten **Radstrecken** der Gegend zählen die ausgezeichnete Albert Town–Luggate-Rundfahrt und der wunderbare, leicht zu bewältigende Beacon Point–Clutha Outlet-Track (s. Kasten S. 847). **Wanaka Bike Tours**, ✆ 0800 743 369, ▢ www.wanakabiketours.co.nz. Der engagierte Anbieter veranstaltet begleitete Fahrten auf den Lakeside- und Clutha-Tracks ($150–199), Backcountry-Radtouren ($249) und sogar Heli-Biking (verschiedene Optionen ab $399).

Reiten

Timber Creek Equestrian Centre, 386 Cardrona Valley Rd, nahe Rippon Vineyard, ✆ 03 443 2933. Bei den auch für Anfänger geeigneten Ritten durch den Rippon Vineyard wird ein Verkostungsstopp eingelegt (1 3/4 Std., $89). Eine ganz entspannte Sache.

Rundflüge

Die Flüge zum Milford Sound sind von Wanaka aus zwar etwas teurer als von Queenstown, dafür ist man etwa 30 Min. länger in der Luft und bekommt eine abwechslungsreichere Landschaft zu sehen – darunter der Mount Aspiring, das Olivine Ice Plateau und die unzugänglichen Seen Alabaster, McKerrow und Tutoko. **Alpine Helicopters**, ✆ 03 443 4000, ▢ www.alpineheli.co.nz. Hubschrauberrundflüge zum Milford Sound mit 1 Landung (2 Std., $795) oder einschließlich West Coast mit einer zusätzlichen Landung (2 1/2–3 Std., $1195). **Southern Alps Air**, ✆ 0800 345 666, ▢ www.southernalpsair.co.nz. Hervorragende Kombination aus Milford Sound-Flug/Rundfahrt/Flug (insgesamt 4 Std., $490), außerdem *scenic flights* um den Mt Aspiring (40 Min., $240) und Transport mit Anschluss an die ebenfalls von Southern Alps Air durchgeführten Ausflüge Siberia Experience und Blue Pools in Makarora (S. 795).

SONSTIGES

Autovermietungen

Wanaka Rentacar, 2 Brownston St, ✆ 03 443 6641, 🖥 www.wanakarentacar.co.nz, bieten die billigsten Mietwagen in Wanaka: rund $40 pro Tag für einen Pkw ohne Kilometerbegrenzung bei längerer Mietdauer.

Fahrradverleih

Zahlreiche Läden in Wanaka vermieten Fahrräder, und viele Hostels und B&Bs halten für ihre Gäste Zweiräder bereit. Aber wer eine richtige Radtour unternehmen möchte, wendet sich besser an einen Fahrradverleiher.

Outside Sports, 17 Dunmore St, ✆ 03 443 7966, 🖥 www.outsidesports.co.nz. Vermietet Tourenräder ($30/4 Std., $50/Tag). ⊕ 9–18 Uhr, während der Hochsaison im Winter und Sommer länger.

Racers Edge, 99 Ardmore St, ✆ 03 443 7882, 🖥 www.racersedge.co.nz. Verleih von Hardtail-Bikes ($30/halber Tag, $50/ganzer Tag) und hochgefederten Tourenrädern ($45/$60), ⊕ tgl. Sommer 9–18, Winter 7.30–19 Uhr. Beide verleihen im Winter auch **Skier**.

Wenn es mehr um stilvolles Radeln und als um sportliche Betätigung geht, empfiehlt sich ein Vintage-Fahrrad von **Hellcat Cycles**, ✆ 022 069 6387, 🖥 www.hellcatcycles.com, für $40/Tag.

Geld

Im Ort gibt es mehrere **Banken** mit Geldautomat und Geldwechselmöglichkeit.

Informationen

i-SITE, 103 Ardmore St, ✆ 03 443 1233, 🖥 www.lakewanaka.co.nz. ⊕ Dez–März tgl. 8.30–18, April–Nov 9–17 Uhr.

DOC Tititea/Mount Aspiring National Park Visitor Centre, SH84, Ecke Ballantyne Rd, 500 m östlich des Ortszentrums, ✆ 03 443 7660, 🖂 mtaspiringvc@doc.govt.nz. Hier gibt's die üblichen DOC-Infos. ⊕ Nov–Ostern tgl. 8–17, Ostern–Okt Mo–Fr 8.30–17, Sa 9.30–16 Uhr.

Internet

Wanaka Internet, 3 Helwick St, ✆ 03 443 7429, nimmt $7/Std. für eine superschnelle Verbindung mit der Möglichkeit, die Nutzung zu unterbrechen, ohne sein Guthaben zu verlieren. ⊕ gewöhnlich tgl. 9–19 Uhr.

Medizinische Hilfe

Apotheke: **Wanaka Pharmacy**, 41 Helwick St, ✆ 03 443 8000, ⊕ tgl. 8.30–19 Uhr.
Ärztliche Hilfe: **Wanaka Medical Centre**, 23 Cardrona Valley Rd, ✆ 03 443 0710, 🖥 www.wanakamedicalcentre.co.nz. ⊕ Sprechstunde Mo–Fr 8.30–18 Uhr sowie 24-Std.-Notdienst.

Outdoor-Ausrüstung

Outside Sports, 17 Dunmore St, ✆ 03 443 7966, 🖥 www.utsidesports.co.nz. Hat so gut wie alles vorrätig, darunter Rucksäcke ($10/Tag), Schlafsäcke ($10), Matten ($5), Wanderschuhe ($8), Wanderstöcke ($5) und Kocher ($5).

Post

39 Ardmore St, ✆ 03 443 8211, ⊕ Mo–Fr 8.30–17, Sa 9–12 Uhr.

Taxi

Yello!, ✆ 0800 443 5555.

NAHVERKEHR

Wanaka ist überschaubar, und im Zentrum lässt sich alles zu Fuß erreichen. Die meisten Unterkünfte liegen weniger als 15 Fußminuten davon entfernt, für längere Ausflüge empfiehlt sich jedoch ein eigenes Transportmittel.

TRANSPORT

Busse

Die Busse halten alle vor der Blockhütte in der 100 Ardmore St.
Alpine Connexions, ✆ 03 443 9120, 🖥 www.alpinecoachlines.co.nz, verkehrt zwischen

Dunedin und Queenstown, z. T. mit Anschlüssen in Cromwell.

Connect Wanaka, ☎ 0800 405 066, ⌨ www.connectabus.com, bietet eine Verbindung nach Queenstown über die Crown Range; beide mit Halt am Flughafen von Queenstown.

Atomic, ☎ 0508 108 359, ⌨ www.atomictravel.co.nz, hat Busse nach Dunedin und Christchurch mit Umsteigen in Cromwell.

Intercity/Newmans kommt auf der Strecke Queenstown–Cromwell–Franz Josef durch Wanaka, aber nicht auf der Fahrt von Queenstown nach Christchurch (Zustieg in Cromwell oder Tarras möglich. Der Taxipreis nach Tarras ist zwar im Fahrkartenpreis enthalten, doch auf dieser Strecke kommt man normalerweise mit NakedBus erheblich billiger weg.

Busse nach:
CHRISTCHURCH 2–3x tgl., 7–8 Std.;
CROMWELL 4x tgl., 3/4–1 Std.;
DUNEDIN 1–2x tgl., 4–4 1/2 Std.;
FRANZ JOSEF GLACIER 1–2x tgl., 7 Std.;
QUEENSTOWN 9x tgl., 1 1/2 Std.

Den SH8 am Clutha River entlang

Der Lake Wanaka speist den **Clutha River** (*Mata-au* auf Maori), den wasserreichsten und mit 338 km zweitlängsten Fluss Neuseelands. In Clyde und Roxburgh wird er durch Dämme in großen Seen gestaut. Der SH8 zwängt sich zwischen die Old Man Range im Osten und die Knobby Range im Westen. Um den Mittellauf des Clutha River, südöstlich von Queenstown und Wanaka, breitet sich eine geschichtsträchtige karge Hügellandschaft mit zahlreichen Zeugnissen der **Goldgräberzeit** der 1860er-Jahre aus.

Die meisten Boomtowns fristeten Anfang des 20. Jhs. nur noch ein kümmerliches Dasein. Einige wenige hielten sich jedoch mit **Obstbau** über Wasser; später kam der Weinanbau hinzu, der sich heute immer weiter ausbreitet. Mittlerweile werden hier einzigartige Weine kreiert, und mit dem **Wein** kamen die Restaurants, sodass die

Region heute auch bei **Gourmets** beliebt ist. Das Angebot an Aktivitäten verblasst zwar im Vergleich zu Queenstown und Wanaka, doch das Gebiet ist dank einiger toller geführter Touren auch ein echtes Paradies für **Mountainbiker**.

Die Rekonstruktion einer Niederlassung des 19. Jhs. in **Cromwell**, 60 km östlich von Queenstown, vermag die Aufmerksamkeit wahrscheinlich nicht lange zu fesseln, aber der Ort ist ein guter Ausgangspunkt für einen Abstecher in die ehemalige Goldgräbersiedlung **Bendigo** und die Weingüter um **Bannockburn**. Die beiden Orte **Clyde** und **Alexandra** haben sich als Ausgangspunkte für den beliebten Otago Central Rail Trail und einiger neuerer Varianten davon etabliert, und **Lawrence** vermarktet seine Rolle als Ort, an dem der Goldrausch seinen Anfang nahm.

Der SH8 folgt dem Lauf des Clutha mehr oder weniger unmittelbar; in der Regel verkehren täglich vier Busse auf der Strecke zwischen Dunedin und Queenstown.

Cromwell

Cromwell, eine eher schmucklose Versorgungsstadt 60 km östlich von Queenstown, versucht sein Goldgräbererbe möglichst umfassend auszuschlachten und den Wein- und Restaurantboom der Region für sich zu nutzen. Leider liegt fast der gesamte historische Kern von Cromwell auf dem Grund des **Lake Dunstan** hinter dem 20 km flussabwärts gelegenen Clyde-Stausee (S. 858).

Cromwell liegt zwar nur 120 km von der Küste entfernt – doch in Neuseeland ist dies die größtmögliche Entfernung zum Meer, die sich erreichen lässt. Deshalb kann die Region eine Art Kontinentalklima vorweisen, das sich wunderbar für den Obstanbau eignet. Auf die Bedeutung des Anbaus von Nektarinen, Pfirsichen, Äpfeln und Birnen weist auch eine 13 m hohe **Obstskulptur** am Highway hin, heute haben jedoch Kirschen und Weintrauben einen größeren Stellenwert.

Geschichte
Kurz nachdem Hartley und Reilly (S. 800) 1862 **Gold** entdeckten, entstand am Zusammenfluss von Kawarau und Clutha eine Siedlung namens

The Junction. Verarmte Goldsucher pflanzten hier die ersten **Obstbäume** der Region, nicht ahnend, dass Cromwell das Zentrum eines Steinobstanbaugebiets werden würde.

Cromwell Historic Precinct

Melmore Terrace ▪ 🖳 www.cromwellheritage precinct.co.nz

Cromwell Historic Precinct ist ein kurzer Straßenzug historischer Häuser am Lake Dunstan. Einige von Überflutung bedrohte Häuser wurden Stein für Stein abgetragen und später hier wieder aufgebaut. Diese Häuser beherbergen jetzt Souvenirgeschäfte, Delikatessenläden und Cafés.

Highlands Motorsport Park

SH6, Ecke Sandflat Rd, 3 km südöstlich von Cromwell ▪ ⏰ tgl. 9–17 Uhr ▪ Go Karts $35, Dirt Buggies $40, Fastlaps $295, Lamborghini $149, Yourlaps $295 ▪ 📞 03 445 4052, 🖳 www.highlands.co.nz

2013 wurde eine **Autorennstrecke** eingeweiht, auf der irgendwann einmal der New Zealand Grand Prix ausgetragen werden soll. In erster Linie stehen die beiden Bahnen jedoch allen zur Verfügung, die Spaß am schnellen Fahren haben. Es gibt alles Mögliche, von Selbstfahrer-Gokarts und Dirt Buggies bis zu Fastlaps in einem Porsche-Rennwagen. Man kann auch eine schnelle (wirklich sehr schnelle) Runde in einem Lamborghini Superleggera drehen oder bei Yourlaps einen Suzuki Swift Sport mehrmals über die Piste jagen, um zu sehen, ob man es aufs Leaderboard schafft.

National Motorsport Museum

⏰ tgl. 9–17 Uhr ▪ Eintritt $20

Bietet einen kleinen, aber faszinierenden Einblick in die (zumindest teilweise) ruhmreiche Autorennsportvergangenheit Neuseelands. Das meiste handelt von den Kiwi-Legenden Bruce McLaren (Gründer des Formel-1-Teams McLaren) und dem Gewinner der Formel-1-Weltmeisterschaft Denny Hulme. Meistens sind neben älteren Rennwagen aller Größen und Modelle auch ein paar neuere McLarens ausgestellt. Ein Highlight ist der 1906 gebaute Darracq, der letzte Überlebende des ursprünglichen Grand Prix von Le Mans.

Goldfields Mining Centre

SH6, 7 km westl. von Cromwell ▪ ⏰ tgl. 9–17.30 Uhr; Führungen zur vollen Stunde ▪ Eintritt $20, Führung $25 ▪ 📞 0800 111 038, 🖳 www.gold fieldsmining.co.nz

Eine Fußgängerbrücke über den Kawarau River führt hinüber zum **Goldfields Mining Centre**, einer alten Goldgräbermine an einem terrassierten Hang mit allerlei Hütten, Wasserrinnen und rostigen Gerätschaften. Am interessantesten ist aber das chinesische Dorf, das ironischerweise erst in den 1990er-Jahren als Filmkulisse entstand.

Wer möchte, kann innerhalb von rund einer Stunde mit einer Karte ausgestattet alles **auf eigene Faust** erkunden, informativer sind allerdings die 50-minütigen **Führungen**. Außerdem gibt es hier das Restaurant Wild Earth sowie die Möglichkeit, Wein zu verkosten (s. unten).

ÜBERNACHTUNG

Burn Cottage Retreat, 168 Burn Cottage Rd, 3 km nördlich des Orts, 📞 03 445 3050, 🖳 www.burncottageretreat.co.nz. 3 sehr gute Selbstversorger-Cottages plus 1 B&B-Zimmer inmitten von Weingärten und einem Funkiengarten. Die Cottages haben sonnige Terrassen und Grillgeräte. B&B $195, Cottages $200

The Chalets,102 Barry Ave, 📞 03 445 1260, 🖳 www.thechaletscromwell.co.nz. Das neue Management möchte die große und etwas abgewohnte ehemalige Sammelunterkunft für Arbeiter in einen guten Campingplatz mit Hostel verwandeln. Keine Dorms, nur DZ und 2-Bett-Zimmer. Schon jetzt beliebt bei Erntehelfern und soll noch besser werden. Camping $15, DZ $70

Colonial Manor Motel, 14 Barry Ave, 📞 0800 428648, 🖳 www.colonialmanor.co.nz. In dem sauberen, einladenden Motel ungefähr auf halbem Weg zwischen Ortszentrum und Historic Precinct ist man gut aufgehoben. Es hat eine ordentliche Auswahl an Zimmern, darunter auch Suiten mit Spa-Bad. $130

Cromwell Top 10 Holiday Park, 1 Alpha St, 📞 0800 107275, 🖳 www.cromwellholidaypark. co.nz. Der große, gut ausgestattete Campingplatz am Stadtrand hat mehrere Cabins mit Bad ($75) und Motel Units ($140). Whirlpool,

TV-Zimmer und Kinderspielplatz mit Trampolin. Camping $40, Cabins $75

Lowburn Freedom Camping, SH6, 4 km nördlich von Cromwell. Auf dem großen, ungeteerten Parkplatz (mit Toiletten) am Seeufer ist bis zu 3 Nächte Freedom Camping erlaubt.

ESSEN

Armando's Italian Kitchen, 71 Melrose Place, Old Cromwell Town, ☏ 03 445 0303, 🖥 www.armandoskitchen.com. Pizza mit Knusperboden ($22), Risottos und spektakuläres *gelato* sowie Kiwi-Cafégerichte gibt's in diesem relaxten Lokal mit Seeblick. ⏰ tgl. 9–16 Uhr.

Jones' Orchards, SH6, 5 km westlich des Orts, ☏ 03 445 0275, 🖥 www.mrsjonesorchard.co.nz. Die Obststände rund um Cromwell werden auch gern von Tourbussen angesteuert, besonders jedoch dieser mit jeder Menge frischem und getrocknetem Obst und super Fruchteis, das man am besten im benachbarten Rosengarten genießt. ⏰ tgl. 8–17 Uhr oder später.

Weingüter

Aurum Wines, SH6, 2 km nördlich von Cromwell, ☏ 03 445 3620, 🖥 www.aurumwines.co.nz. In der freundlichen Winzerei unter neuseeländisch-französischer Leitung werden erlesene Pinot Noirs produziert, aber auch Ausgefalleneres wie ein Blanc de Blanc-Schaumwein und ein köstlicher weißer Portwein. Am besten bringt man sich Proviant für ein Picknick zum Verzehr auf dem Gelände mit. ⏰ tgl. 10–17 Uhr.

Wild Earth Restaurant, Goldfields Mining Centre, ☏ 03 445 4841. Diese Probierstube für die sehr guten Wild-Earth-Weine, insbesondere den Pinot Noir ($5 für 5 Proben, wird bei Kauf ver-rechnet) lässt sich über die Fußgänger-brücke über den Kawarau erreichen. Auf dem Rasen am Fluss werden zu den Weinen passende, in alten französischen Pinot-Noir-Fässern zube-reitete Gerichte serviert, z. B. Muscheln ($15), in Tequila marinierter Lachs ($18) oder gegrillter Halloumi mit Aubergine ($17). ⏰ tgl. 10–17 Uhr.

Wooing Tree, 64 Shortcut Rd, ☏ 03 445 4142, 🖥 www.wooingtree.co.nz. Kleiner Familienbetrieb mitten in Cromwell, dessen süffige

Weine (Proben kostenlos) perfekt zu den Mittagsgerichten passen, die auf dem gepflegten Anwesen serviert werden. Am besten bestellt man eine Lachs- oder Käseplatte (jeweils $20) oder ein BLT ($15) und zum Nachtisch ein Stück Zitrusfrüchtekuchen, dazu ein Glas des delikaten Dessertweins *Tickled Pink.* ⏰ tgl. 10–17 Uhr.

INFORMATIONEN

i-SITE, 2d The Mall, ☏ 03 445 0212, 🖥 www.centralotagonz.com. Hat unter anderem die kostenlosen Broschüren *Discover Cromwell* und *Walk Cromwell* (beide als Downloads erhältlich). Auch beherbergt es ein kleines **Museum** zur Goldgräbergeschichte. ⏰ Nov–März tgl. 9–19, April–Okt 9–17 Uhr.

TRANSPORT

Cromwell dient als Drehscheibe für die **Busse** von InterCity/Newmans, Alpine Connexions, Atomic, NakedBus und Catch-A-Bus. Die Busse halten an der Lode Lane, in unmittelbarer Nähe zu The Mall. Eventuell muss man hier umsteigen.

Busse nach:
ALEXANDRA 4x tgl., 30 Min.;
DUNEDIN 4x tgl., 3 1/2 Std.;
LAWRENCE 4x tgl., 2 Std.;
QUEENSTOWN 7x tgl., 1 Std.;
WANAKA 5x tgl., 3/4 Std.

Bannockburn

In ganz Central Otago finden sich abgelegene, verfallene Siedlungen und Goldwaschanlagen, z. B. im Nevis Valley und in Bendigo (Informationen vor Ort). Die umfassendsten Goldwaschanlagen findet man jedoch im winzigen **Bannockburn** 9 km südwestlich von Cromwell, das heute allerdings mehr für seine Weingüter bekannt ist.

Bannockburn Sluicings

Felton Rd ▪ ⏰ 24 Std. ▪ Eintritt frei
Ausgerüstet mit der von der Website des Cromwell i-SITE downgeloadeten Broschüre *Walk*

Cromwell lässt sich eine Erkundung der **Bannockburn Sluicings** unternehmen. In dieser narbenübersäten Landschaft durchpflügten einst 2000 Glücksritter jeden Zentimeter Boden nach dem kostbaren Metall. Ein anderthalbstündiger Rundgang über das Gelände, auf dem zahlreiche Schautafeln die nötigen Hintergrundinformationen liefern, beginnt 1,5 km außerhalb des Weilers in der Felton Road.

Weingüter

Da Ausflüge zu den Goldfeldern im Allgemeinen durstig machen, sollte man sich die Gelegenheit nicht entgehen lassen, einige der Weingüter von Bannockburn zu besuchen. Hier werden seit den frühen 90er-Jahren Weinstöcke angebaut, aus deren Trauben einige der besten Tropfen Neuseelands entstehen. Insgesamt laden fast ein Dutzend **Weingüter** zu Proben ein; im Winter sollte man seinen Besuch telefonisch ankündigen. Wer sich lieber einer organisierten **Weintour** anschließen möchte, wendet sich an Appellation Central Wine Tours in Queenstown (S. 818).

ESSEN

Carrick, 247 Cairnmuir Rd, ✆ 03 445 3480, 🖳 www.carrick.co.nz. Das Bio-Weingut am Bannockburn Inlet eignet sich toll für eine Probe der ausgezeichneten Weine ($5, wird bei Kauf verrechnet) oder ein Mittagessen, z. B. Entenkeulenconfit, Quinoa und Grünkohl oder gebackener Schweinebauch, Pok Choy, Knoblauch, Miso und Kartoffeln (jeweils $29). Hat sehr guten Pinot Noir sowie Chardonnay, Riesling, Pinot Gris und sogar – ungewöhnlich für diese südliche Lage – Sauvignon Blanc. ⊕ tgl. 11–17 Uhr.

Felton Road, Felton Rd, ✆ 03 445 0885, 🖳 www.feltonroad.com. Es gibt weder etwas zu essen noch sonst etwas Ausgefallenes in diesem Weinkeller mit Aussicht auf die Rebstöcke – aber kostenlose Weinprobe (abgesehen von den allerteuersten) eines des altbewährtesten Produzenten der Region. ⊕ Mo–Fr 14–17 Uhr.

The Kitchen, 430a Bannockburn Rd, ✆ 03 445 1553, 🖳 www.facebook.com/thekitchenbannockburn. Entspanntes, aber klassisches Café in einem modernen Wellblech-

schuppen mit frischen Blumen und aufmerksamer Bedienung. Neben ausgezeichnetem Kaffee und sündhaft leckeren Kuchen gibt es Speisen wie *croque monsieur* ($11) und erstklassige Bacon Butties ($15). Die saisonalen Produkte, die hinter dem Haus wachsen, kommen frisch auf die sehr kurze Wochenend-Abendspeisekarte (Hauptgerichte $30). ⊕ Mi–So 9–15 sowie Fr und Sa 18–21.30 Uhr (Fr und Sa Reservierung ratsam).

Mount Difficulty, 73 Felton Rd, ✆ 03 445 3445, 🖳 www.mtdifficulty.co.nz. Tolle Weine und der ideale Ort, um sie zu probieren, entweder beim Weinkeller oder im Restaurant mit Blick auf die Rebstöcke und die Goldgräberrelikte. Dazu gibt's diverse Platten ($30 und $55) und Hauptgerichte wie gebratene Ente mit Pinot-Noir-Soße und Portobello-Pilzen ($35). ⊕ Weinproben tgl. 10.30–16.30 Uhr oder später, Restaurant tgl. 12–16 Uhr.

Clyde

Südöstlich von Cromwell führt der SH8 rund 20 km durch die windige **Cromwell Gorge** und am Ufer des Lake Dunstan entlang ins beschauliche **Clyde**. Die ehemalige Goldgräberstadt wartet mit guten Unterkünften und Restaurants auf und eignet sich hervorragend als Basis für Erkundungstouren in die Umgebung und auf dem Otago Central Rail Trail (s. Kasten S. 860).

Seit Mitte der 1980er-Jahre wird die Stadt von dem gewaltigen **Clyde Dam** 1 km nördlich beherrscht. Sein Wasser garantiert das Überleben der umliegenden Obstplantagen, und das dazugehörige Kraftwerk deckt 5 % des neuseeländischen Strombedarfs. Der Bau des Staudamms war ursprünglich sehr umstritten, gilt aber als technische Meisterleistung, v. a. wegen seiner speziellen Vorrichtungen zum Schutz vor Erdbeben.

Clyde Museum und Herb Factory Museum

5 Blyth St, Ecke 10 Fache St ▪ ⊕ beide Okt–April Di–So 14–16 Uhr ▪ Einzelticket $3, Kombiticket $5

Neben dem alten steinernen Gerichtsgebäude von 1864 steht das **Clyde Museum**. Es lohnt einen kurzen Abstecher, denn es zeigt eine spannende Ausstellung zu Clydes missglücktem Großen Goldraub von 1870, als ein gewisser George Rennie versuchte, sich mit Goldbarren und Banknoten im Wert von £13 000 aus dem Staub zu machen.

Ein paar Straßen weiter steht das **Herb Factory Museum**, untergebracht in der ersten Kräuterfabrik Neuseelands. Sie entstand in den 1930er-Jahren und verarbeitete den wilden Thymian, der in der Gegend auch heute noch üppig wächst und gedeiht.

ÜBERNACHTUNG

Dunstan House, 29 Sunderland St, ☎ 03 449 2295, ⌨ www.dunstanhouse.co.nz. Nobles B&B mit viel Flair in einer alten Kutschenstation. Die Zimmer (einige mit Bad) sind fantasievoll eingerichtet und haben zum Teil Zugang zur umlaufenden Veranda im 1. Stock. Außerdem stehen jede Menge Unterstellplätze für Fahrräder und in der Lounge ein Klavier zur Verfügung. Zimmer ohne Bad $130, mit Bad $170

 **Olivers**, 34 Sutherland St, ☎ 03 449 2600, ⌨ www.oliverscentralotago.co.nz. Wunderschön umgebautes Haus mit 11 Zimmern im Herzen von Clyde. 5 Zimmer, alle völlig unterschiedlich, befinden sich in den alten Stallungen und bieten eine tolle Balance zwischen alter Einrichtung und modernem Komfort. Besonders ansprechend sind die 5 großzügigen Premium-Zimmer. Ein fabelhaftes Frühstück ist inbegriffen. $215, Premium $365

ESSEN UND UNTERHALTUNG

The Bank Café, 31 Sunderland St, ☎ 03 449 2955. Freundliches Café im Zentrum mit exzellentem Kaffee, Eggs Benedict ($16) und Lamm-Wrap ($13). ⊕ tgl. 9–16 Uhr.

Clyde Bistro, 6 Naylor St, ☎ 03 449 3089, ⌨ www.clydebistro.co.nz. Nach einem Tag im Sattel sind eine klassische Holzofenpizza ($22) und ein Glas Pinot genau das Richtige. ⊕ Sommer tgl. 16 Uhr bis spät, Winter Mi–So 16.30 Uhr bis nicht ganz so spät.

Clyde Cinema, 6a Naylor St, ☎ 03 449 2379, ⌨ www.clydecinema.co.nz. Hier kann man mit einem Glas Wein in der Hand in einen Ledersessel sinken und sich die neuesten Mainstream- und Independent-Streifen anschauen. Eintrittskarte $16,50.

Post Office Café & Bar, 2 Blyth St, ☎ 03 449 2488. Im alten Postamt von 1865 gibt es in der Bar köstliches Post Office Dark Ale, am schönsten ist jedoch der friedvolle Garten, in dem man herzhafte Gerichte wie Nachos ($15) oder Lammfleisch und Gemüse ($31) verspeisen kann. ⊕ tgl. 10–22 Uhr.

TRANSPORT

Auf Wunsch halten **Busse** in Clyde und lassen ihre Passagiere in der Hauptstraße, der Sunderland St, aus- oder einsteigen.

Alexandra

Alexandra, von Einheimischen liebevoll Alex genannt, liegt 10 km südöstlich von Clyde und verdankt seine Entstehung dem Goldrausch von 1862. Der Ort erlebte vier bombastische Jahre, ehe es sich in ein beschauliches und wohlhabendes Versorgungszentrum für die Menschen im Obstanbaugebiet von Central Otago verwandelte. Im Sommer werden an Obstständen köstliche Aprikosen, Pfirsiche und Nektarinen verkauft, im Dezember und Januar Kirschen.

Central Stories

21 Centennial Ave ▪ ⊕ tgl. 9–17 Uhr ▪ Eintritt per Spende ▪ ☎ 03 448 6230, ⌨ www.central stories.co.nz

Ein großes Wasserrad markiert das faszinierende **Central Stories**, das Exponate zur Natur- und Sozialgeschichte der Region zeigt, u. a. zum Weinanbau im südlichsten Anbaugebiet der Welt.

ÜBERNACHTUNG

Alexandra Garden Court, 51 Manuherikia Rd, ☎ 0800 736 116, ⌨ www.alexgardencourtmotel. co.nz. Ruhiges Budget-Motel am Ortsrand mit gepflegten Grünanlagen, Pool, Kinderspielplatz und sauberen, wenn auch nicht besonders stylischen Units. $120

QUEENSTOWN, WANAKA UND CENTRAL OTAGO

Asure Avenue Motels, 117 Centennial Ave, 📞 0800 758 899, 🖥 www.avenue-motel.co.nz. Sehr behagliches, zentral gelegenes Motel mit geschmackvoll eingerichteten Units und Suiten (einige mit Whirlpool und Xbox). Units $130, Suiten $150

Marj's Place, 5 Theyers St, 1 km nordwestlich des Orts, 📞 03 448 7098, 🖥 www.marjsplace. co.nz. Sehr einladendes Hostel mit Homestay in 2 Häusern in einer ruhigen Straße. Homestay-Zimmer mit Gemeinschaftsbad, dafür aber mit Zugang zu Sauna und Whirlpool sowie einer gut ausgestatteten Küche. Die meisten Backpacker nächtigen auf der anderen Straßenseite; gute Ermäßigungen für längere Aufenthalte, z. B. zur Obsternte. Dorms $30, DZ $70

ESSEN

Courthouse Café, 8 Centennial Ave, 📞 03 448 7818, 🖥 www.packingshed company.com. In dem Lokal im alten Gerichtsgebäude von 1878 gibt's köstliches hausgemachtes Essen, z. B. einen Salat mit honigglasiertem Hühnchen ($21), aber auch viele andere frische Salatkreationen, Smoothies,

Radfahren in Central Otago

In der Nachfolge des Vorreiters Otago Central Rail Trail hat Central Otago inzwischen eine große Auswahl interessanter, leichter Radrouten sowie eine ganze Reihe ausgezeichneter Anbieter, die alles Mögliche im Programm haben, vom simplen Radverleih bis zu Gesamtpaketen mit Luxusunterbringung und Transport. Die wichtigsten Unternehmen sind unten aufgeführt.

Otago Central Rail Trail

Zu den schönsten Arten, das Maniototo zu erforschen, gehört eine Radtour auf dem Otago Central Rail Trail (OCRT), einer überwiegend flachen, 150 km langen Strecke von Clyde nach Middlemarch, die durch alle größeren Orte führt, mit Ausnahme von St Bathans und Naseby. Sie folgt dem befestigten Schienenbett der ehemaligen **Otago Central Branch Railway**, geht über umgebaute Eisenbahnbrücken und Viadukte (einige davon mehr als 100 m lang) und passiert wunderschöne Täler und landwirtschaftlich genutzte Ebenen.

Noch bis 1990 ratterten Passagierzüge durch das Maniototo, in Verlängerung der Bahnstrecke der heutigen Taieri Gorge Railway (s. Kasten S. 708). Doch erst Anfang 2000 wurde der Otago Central Rail Trail eröffnet, wodurch die bis dahin strukturschwache Region einen ziemlichen Aufschwung erfuhr. Dort, wo die Strecke sich mit Straßen kreuzt, entstanden alle möglichen Unterkünfte sowie Bars und Cafés, die mit viel Reklame auf sich aufmerksam machen.

Die meisten Leute brauchen für den Trail 3–4 Tage, und in Kombination mit der **Taieri Gorge Railway** ist das eine wunderbare Möglichkeit, die Strecke zwischen Clyde und Dunedin zu zurückzulegen.

Wer sich nur die **Highlights** herauspicken möchte, kann zwei 10 km lange Abschnitte mit Tunnels, Viadukten und interessanten Felsformationen ansteuern: die Strecke Lauder–Auripo im Nordteil und die Strecke Daisybank–Hyde im Ostteil. Für die Tunneldurchfahrten ist eine Taschenlampe praktisch.

Eine Beschreibung der Strecke findet sich in der überall erhältlichen, kostenlosen Broschüre *Otago Central Rail Trail*. Die umfassendsten Infos bietet die Website 🖥 www.otagocentralrailtrail.co.nz; gute praktische Informationen haben auch kommerzielle Seiten wie 🖥 www.otagorailtrail.co.nz und 🖥 www.railtrail.co.nz.

Roxburgh Gorge Trail

Der **Roxburgh Gorge Trail** (10 km+13 km+10 km, 1 Tag; 🖥 www.roxburghgorge.co.nz) wurde in Angriff genommen, nachdem sich der Otago Central Rail Trail als Renner erwiesen hatte, ist aber derzeit noch unterbrochen. Der Roxburgh folgt dem Clutha River südlich von Alexandra nach Lake Rox-

Kaffee und Kuchen. ⏰ Dez–März Mo–Fr 7.30–20, Sa und So 8–20, April–Nov Mo–Fr 7.30–16.30, Sa und So 8–16 Uhr.
Nosh Nosh Swigs, Limerick St, auf dem Parkplatz hinter dem Furniture Court, 🖥 www.noshnoshswigs.co.nz. Gourmetburger plus Suppen, Salate, Sodas und Sundaes zum Verzehr drinnen, draußen auf dem Hof oder zum Mitnehmen. Die Lammschulter, der Falafel und der Knurrhahnburger ($14) schmecken exzellent. Es gibt auch Wein und Bier. Keine Reservierungen möglich. ⏰ Di–Sa 12–21, So 17–21 Uhr.

Altitude Bikes, 88 Centennial Ave, 📞 03 448 8917, 🖥 www.altitudebikes.co.nz. Die zahlreichen baumlosen Hügel in der Umgebung eignen sich ausgezeichnet zum Mountainbiking. Der Anbieter verleiht Mountainbikes (ab $40/Tag) und organisiert alles Nötige für eine Radtour auf eigene Faust auf dem Otago Central Rail Trail (s. Kasten). Außerdem werden geführte Singletrail-Touren angeboten, für die mittelgute oder noch bessere Fertigkeiten erforderlich sind. Am besten ist wohl die

burgh Village, doch der mittlere Abschnitt ist noch nicht fertig. Für $95 kann man die Lücke mit einem Schnellboot von Clutha River Cruises, 📞 0800 258 842, 🖥 www.clutharivercruises.co.nz, überwinden, aber wahrscheinlich ist es bequemer, einfach nur die ersten 10 km von Alex bis Doctor's Point zu radeln und dann umzukehren. Es ist eine herrliche Fahrt durch eine Schieferschlucht, deren Hänge im Frühling mit gelben Lupinen und lila Thymianblüten übersät sind. Wer unterwegs die Augen offenhält, entdeckt Reste alter Minen und die Steinhütte der Leute, die vor langer Zeit hier im Fluss nach Gold suchten.

Clutha Gold Trail
Am Südende des Roxburgh Gorge Trail schließt sich der Clutha Gold Trail an (73 km, 2–3 Tage; 🖥 www.cluthagold.co.nz). Er folgt größtenteils dem Verlauf des Clutha River, bis er schließlich Richtung Lawrence abbiegt.

Fahrradverleih und Tourenpakete
Altitude Bikes, 📞 03 448 8917, 🖥 www.altitudebikes.co.nz. Der in Alexandra beheimatete Veranstalter bietet ein eintägiges, 47 km langes OCRT-Highlights-Paket mit Transport und Radverleih ($89), ein 4-Tages-Arrangement mit B&B-Übernachtung ($649), alle möglichen Mieträder sowie individuell zugeschnittenen Pauschalpakete.
Bike It Now!, 23 Holloway St, Clyde, 📞 0800 245 366, 🖥 www.bikeitnow.co.nz. Ein noch relativ neuer Anbieter, der 27,5- und 29er-Räder (ab $50 pro Tag) verleiht, die bei geführten oder selbst organisierten Touren auf allen Trails der Gegend eingesetzt werden können. Das 3-tägige OCRT-Paket mit Fahrrad, Transport und einfacher Unterbringung ($500) gibt's auch mit gehobener Unterbringung für $585, jeweils inkl. Gepäcktransport. Eine Nobelversion mit 5 Übernachtungen kostet $1075.
Cycle Surgery, 📞 0800 292 534, 🖥 www.cyclesurgery.co.nz. Das in Middlemarch ansässige Unternehmen bietet Fahrradverleih ($35/Tag, Tandems $70, Radtaschen $5), Minibus-Shuttles und maßgeschneiderte Pakete mit Taieri-Gorge-Tickets, Unterkünften, Gepäcktransport und Mahlzeiten, alles für unterschiedlich gefüllte Geldbeutel.
Cycle Trail Tours, 📞 0800 429 253, 🖥 www.notarailtrail.co.nz. Ein Experte für geführte Touren auf dem Roxburgh Trail (1 Tag, $329) und Clutha Gold Trail (2 Tage, $599).
Trail Journeys, 📞 0800 030 381, 🖥 www.railjourneys.co.nz. Mit mehr als 500 Bikes dominiert dieser Anbieter mit Sitz in Clyde die OCRT-Szene. Er bietet Radverleih und Shuttletransporte, seine Spezialität ist jedoch die Gesamtplanung, d. h. Unterbringung, Gepäcktransport usw.

QUEENSTOWN, WANAKA UND CENTRAL OTAGO

Halbtagestour Knobby Range ($155) über Tussock-Grasland und steile felsige Trails. ⏱ Mo–Fr 9–17 Uhr.

Roxburgh

40 km südlich von Alexandra liegt umrahmt von riesigen Obstplantagen die langweilige ehemalige Goldgräbersiedlung **Roxburgh**. Auf den Plantagen gedeihen Pfirsiche, Aprikosen, Äpfel, Himbeeren und Erdbeeren, die von Saisonarbeitern abgeerntet werden; das überschüssige Obst gibt es von Anfang Dezember bis in den Mai hinein an zahllosen Straßenständen zu kaufen. Wer Appetit auf einen richtigen Magenfüller hat, steuert **Jimmy's Pies** an (143 Scotland St, SH8). Die Pasteten, die hier seit 1960 hergestellt werden, gibt es auf der ganzen Südinsel zu kaufen.

Lawrence

Von Roxburgh führt der SH8 ins 60 km östlich gelegene **Lawrence**. Es ist kaum zu glauben, dass dieses verschlafene Bauerndorf mit kaum 550 Einwohnern ab 1861, als der Australier Gabriel Read hier Gold fand, im Brennpunkt frenetischer Aktivitäten stand. 12 000 Goldschürfer versuchten ihr Glück im Gabriel's Gully. Von dem kurzlebigen Boom – er dauerte nur ein knappes

Jahr – zeugen noch ein paar viktorianische Gebäude, die hastig aus verschiedenen Materialien und in unterschiedlichen Stilen errichtet wurden. Einige davon beherbergen mittlerweile edle **Galerien**.

Gabriel's Gully Historic Reserve

3,5 km auf der Gabriel's Gully Rd Richtung Norden ▪ ⏱ 24 Std. ▪ Eintritt frei

Nördlich von Lawrence erläutern Hinweistafeln die Funktion der Goldschürfanlagen, für deren Erkundung etwa eine Stunde zu veranschlagen ist. Einen guten Überblick über die mittlerweile mit Abfallerz aufgefüllte Schlucht bekommt man, wenn man den steilen Hang **Jacob's Ladder** hinaufsteigt. Gabriel's Gully ist auch vom Ort aus auf einer Rundwanderung (8,5 km Rundweg, 2 1/2 Std.) über Farmland zu erreichen.

Das Maniototo

Die interessanteste Strecke von Alexandra zur Ostküste führt über das Maniototo, ein Sammelbegriff für die drei Täler des Manuherikia River, Ida Burn und Taieri River und die sie trennenden, niedrigen Gebirgszüge. Obwohl das Maniototo leicht erreichbar ist, macht die Region einen gottverlassenen Eindruck.

QUEENSTOWN, WANAKA UND CENTRAL OTAGO

Eine Radtour auf dem **Otago Central Rail Trail** (s. Kasten S. 860) ist für viele Leute der Hauptgrund hierherzukommen, doch auch alte Goldgräbersiedlungen wie **St Bathans** und **Naseby** lohnen wegen ihrer stillen Abgeschiedenheit einen Besuch des Maniototo. Den besonderen Reiz der Gegend machen sogar noch kleinere Hinterlassenschaften der Goldgräberzeit aus wie das Postamt in **Ophir** oder die Goldwaschanlagen im **Ida Valley** und die Dutzende kleiner Cottages, von denen viele leer stehen – ein beredte Zeugnisse für das harte Leben in dieser Ecke des Landes.

Geschichte

Wie nicht anders zu erwarten, war es auch hier die Hoffnung auf Gold, die die ersten Europäer anlockte. Ihre Suche wurde in der Nähe von **Naseby** belohnt, aber die Ausbeute nahm schnell ab und bald erwies sich die Landwirtschaft als profitabler – erst recht, als sich die **Eisenbahnbauer** entschieden, die Schienenstrecke von Dunedin nach Alexandra durch die Taieri Gorge und das Maniototo zu führen. 1898 erreichte die Bahnlinie **Ranfurly**, das Naseby schnell als Verwaltungszentrum ablöste. Mit der Stilllegung der Bahnstrecke 1990 geriet die Region weiter ins Abseits; wiederbelebt wurde das Maniototo erst durch den **Otago Central Rail Trail**. In den vergangenen Jahren haben sich Umweltschützer für den Erhalt der Landschaft eingesetzt, die durch das groß angelegte **Project Hayes** bedroht war: Hier sollte Neuseelands größter Windpark entstehen. 2012 zog der Stromerzeuger Meridian Energy seine Pläne zurück.

Transport

Da im Maniototo nur sehr begrenzt öffentliche Verkehrsmittel verkehren, ist man hier am besten mit dem Auto oder dem Fahrrad unterwegs. **Taieri Gorge Railway** (s. Kasten S. 708) fährt täglich von Dunedin zum Otago Rail Trail, freitags und sonntags bis Middlemarch, ansonsten nur bis Pukerangi, sodass man die 18 km bis Middlemarch auf der Straße radeln muss.

Trail Journeys, ℡ 0800 030 381, 🖥 www.trailjourneys.co.nz (Okt–April tgl., Mai–Sep auf Anfrage), unterhält einen Transportservice zwischen Clyde und Middlemarch, der in erster

Linie von Radlern in Anspruch genommen wird, die den Otago Central Rail Trail befahren.

Alpine Connexions, ℡ 03 443 9120, 🖥 www.alpineconnexions.co.nz (Okt–April tgl., Mai–Sep tgl. außer Di und Sa) holt Fahrgäste am Zug in Pukerangi oder Middlemarch ab und fährt durch das Maniototo nach Wanaka und Queenstown.

Omakau und Ophir

Wer Alexandra in nordöstlicher Richtung verlässt, gelangt allmählich auf die Hochebene. Nach 25 km führt die Ophir Bridge Road über eine hübsche alte **Hängebrücke** über den Manuherikia River und erreicht nach einem weiteren Kilometer **Ophir**, die ursprüngliche Goldgräbersiedlung der Gegend. Ophir verfügt auch heute noch über das beeindruckende **Post & Telegraph Office** von 1886 (🕐 Mo–Fr 9–12 Uhr). Das 2 km nördlich gelegene **Omakau** bietet einfache Serviceeinrichtungen.

ÜBERNACHTUNG UND ESSEN

Chatto Creek Tavern, 1544 SH85, 10 km südwestlich von Omakau, ℡ 03 447 3710, 🖥 www.chattocreektavern.co.nz. Der klassische Rail-Trail-Stopp in einem 130 Jahre alten, aus

Schindeln erbauten und mit vielen Erinnerungs-stücken geschmückten Pub hat altmodische, gemütlich rustikale Zimmer. Zu essen gibt's gute Kneipenkost wie Kabeljau mit Pommes oder *pulled pork* im Fladenbrot mit Meerrettich-Sour Cream (jeweils $22). Gemeinschaftszimmer inkl. Frühstück $50, DZ B&B $120

Muddy Creek Café, 2 Harvey St, Omakau, ℡ 03 447 3344. Entspanntes Café mit Fish 'n' Chips ($16), Kürbis-Lasagne ($15), Kaffee, Kuchen, Burgern und getoasteten Sandwiches zum Mitnehmen. ⏲ Mo–Sa 8.30–19, So 10–19 Uhr.

Pitches Store, 45 Swindon St, Ophir, ℡ 03 447 3240, 🖥 www.pitches-store.co.nz. In dem ehemaligen Kaufmannsgebäude wurden einige der nobelsten Gästezimmer des Maniototo eingerichtet, deren rohe Steinwände wunder-bar mit dem edlen modernen Dekor kontras-tieren. Das Café/Restaurant nach vorn hinaus entspricht nicht ganz den Erwartungen, aber die innovative saisonale Speisekarte liegt immer noch ein paar Punkte über dem, was in der Gegend sonst so üblich ist. Es gibt z. B. panier-ten Tintenfisch und Ramen-Nudeln ($19), als Hauptgang Merino-Lammrücken mit *pommes duchesse* ($37) und zum Nachtisch eine Käse-platte ($15–21). ⏲ Restaurant Nov–April tgl. 10–21, Mai–Okt Do, So und Mo 10–16, Fr und Sa 10–21 Uhr. $280

Oturehura

Der SH85 führt am Ida Valley vorbei, doch es lohnt sich ein Abstecher von Omakau, um in **Oturehura** einige der interessantesten histori-schen Stätten des Maniototo zu erkunden.

Hayes Engineering Works

Hayes Rd, Oturehua ▪ ⏲ Sep–Mai tgl. 10–17 Uhr ▪ Eintritt $10, Führungen für Gruppen an „Betriebs-tagen" (Website checken) $15 ▪ ℡ 03 444 5801, 🖥 hayesengineering.co.nz

Auf der ganzen Welt werden Drahtzäune immer noch mit den Vorrichtungen gespannt, die Ernest Hayes 1906 in den **Hayes Engineering Works** er-fand. Heute scheint in der Anlage die Zeit stehen geblieben zu sein. Alles sieht noch so aus wie 1952, als die Firma nach Christchurch umzog.

Neben der Werkstatt stehen das 1895 aus Lehmziegeln erbaute **Cottage**, in dem die Familie lebte (heute ein kleines Museum und Café), so-wie das etwas eigenwillige Haus, das die Fami-lie entwarf und erbaute und immer noch so aus-gestattet ist wie in den 1920er-Jahren.

Gilchrist's General Store

3355 Ida Valley Rd, Oturehua ▪ ⏲ Mo–Fr 7.30–17.30, Sa und So 10–14 Uhr ▪ Eintritt frei ▪ ℡ 03 444 5808

Dieser Lebensmittelladen von 1929 mit Poststel-le, Original-Holzregalen und alten (und neuen) Lebensmitteln ist ein lebendes Museum. Einst bildete der Laden den Mittelpunkt des Tals und hatte sogar zwölf Angestellte, danach ging es bergab, bis das Geschäft kurz vor der Schlie-ßung stand. Doch dann wurde es wiederbe-lebt, und heute kann man hier Pasteten kaufen, im Buchangebot stöbern oder einfach auf ein Schwätzchen hereinkommen.

ESSEN

Ida Valley Kitchen, 3407 Ida Valley Rd, ℡ 03 444 5030. Im besten Café der Region gibt's hervorragenden Kaffee und große Stücke Möhrenkuchen. Gerichte wie den *chicken wrap* ($14) kann man im schicken Café oder sonnigen Garten verzehren. ⏲ Sep–Mai tgl. 9–16 Uhr.

St Bathans

St Bathan's Gallery, ℡ 03 447 3518, 🖥 www.stbathansgallery.co.nz

Der SH85 erreicht nach etwa 60 km in Becks die Abzweigung zur malerischen Goldgräberstadt **St Bathans**, 17 km über die St Bathans Loop Road vom SH85 entfernt. Der Ort erlebte 1863 seine goldene Zeit, doch als in den 1930er-Jah-ren das Gold immer knapper wurde, waren die Boomjahre schnell zu Ende. Im ehemaligen Postamt befindet sich die **St Bathan's Gallery**, in der Fotos und Kupferstiche ausgestellt sind.

Blue Lake

Die wenigen noch erhaltenen Gebäude schau-en auf den wunderschönen **Blue Lake** hinab, wo sich mineralienreiches Wasser in einem

Krater sammelt, der durch die Ausbeutung des einst 120 m hohen Kildare Hill entstand. Ein kurzer Pfad führt vom Hotel zu einer Aussichtsstelle mit Blick über den azurblauen See, heute ein beliebtes Ziel zum Schwimmen und Bootfahren.

ÜBERNACHTUNG UND ESSEN

St Bathans Domain Campsite, Loop Rd, 1,3 km nordwestlich von St Bathans. Einfacher DOC-Platz mit Wasser und Toiletten. Kostenlos
St Bathan's Jail and Constables Cottage, Loop Rd, ✆ 0800 555016, 🖥 www.stbathansnz. co.nz. Gäste haben die Wahl unter einem 1864 erbauten Haus mit 3 Schlafzimmern, modernem Bad und Küche sowie einem hübschen Garten mit Blick auf den Blue Lake und einer Selbstversorger-Unit gleich dahinter, bei der ein kleines Frühstück im Preis enthalten ist. Cottage $220, Jail $145
Vulcan Hotel, Loop Rd, ✆ 03 447 3629. Am alten Holztresen des stimmungsvollen, 1882 erbauten Hotels kommen die Farmer aus der Umgebung und auswärtige Besucher auf ein Bier zusammen. Zu essen gibt es z. B. Schinken-Salat-Tomaten-Sandwich ($15) und Wild in Portwein mit Cranberrysoße ($38), entweder drinnen oder draußen im schattigen Garten. Auch übernachten kann man hier, allerdings soll es im schönsten Zimmer (Nr. 1) spuken. ⊕ Bar und Restaurant tgl. 9–21 oder später. $120

Naseby

25 km östlich von St Bathans und 9 km abseits des SH85 schmiegt sich die kleine Siedlung **Naseby** in rund 600 m Höhe an den Rand des Maniototo. Mit 4000 Einwohnern im Jahr 1865 war Naseby einst die größte Goldgräberstadt der Gegend, zählt heute aber nur noch rund 100 Seelen, die in einer Ansammlung kleiner Häuser (viele davon ursprünglich von Minenarbeitern aus sonnengetrockneten Lehmziegeln erbaut) leben und einen Laden, eine Tankstelle, zwei Pubs, ein Café und einen ausgezeichneten Campingplatz betreiben.

Museen

Early Settlers Museum ⊕ Dez–April Mi–So 13–16 Uhr, Eintritt per Spende ▪ **Jubilee Museum** ⊕ tgl. 10–17 Uhr, Eintritt in der Spende fürs Early Settlers Museum enthalten oder im Gemischtwarenladen eine Wertmarke für $2 holen
Die Geschichte des Ortes und der Region wird im kleinen **Maniototo Early Settlers Museum** an der Kreuzung Earne St und Leven St erzählt. Hier sind massenhaft Schwarz-Weiß-Fotos ehemaliger Bewohner und eine kleine Sammlung von Gegenständen zu sehen, die von chinesischen Bergwerksleuten zurückgelassen wurden.

Gegenüber steht das **Jubilee Museum**, das die Überreste einer alten Uhrmacherwerkstatt und Ausstellungsstücke zum hiesigen Gold Rush der 1860er- und 1870er-Jahre zeigt.

ÜBERNACHTUNG UND ESSEN

Ancient Briton Hotel, 16 Leven St, ✆ 03 444 9992, 🖥 www.ancientbriton.co.nz. Klassischer Kiwi-Pub mit geselliger Bar, einem sonnigen Garten und deftiger Kneipenkost wie *burger and chips* ($17) und gebackenem Schweinebauch mit grünem asiatischem Gemüse ($28). In einem Anbau gibt es einladende Gästezimmer. Kostenloses WLAN. $105
Black Forest Café, 3 Derwent St, ✆ 03 444 9820. Gemütliches Café mit gutem Kaffee und Muffins, tollen Käse-Scones und kleinen Gerichten wie Eggs Benedict ($18) und Frittata ($12). Abendessen n. V. ⊕ tgl. 9–16 Uhr.
Larchview Holiday Park, 8 Swimming Dam Rd, ✆ 03 444 9904, 🖥 www.larchviewholidaypark. co.nz. Hübscher und ruhiger Platz im Wald 5 Fußminuten vom Ort, gegenüber vom beliebten Badesee mit Sprungbrett. Hat auch ein Selbstversorger-Haus ($90). Camping $13, Cabins $52
Naseby Lodge, Derwent St, Ecke Oughter St, ✆ 03 444 8222, 🖥 www.nasebylodge.co.nz. Reizende moderne Lodge mit Selbstversorger-Units mit 1 oder 2 Schlafzimmern, gruppiert um das aus Strohballen errichtete Restaurant, wo erstklassige Steak-, Hühnchen- und Fischgerichte für rund $30 zu haben sind. ⊕ Lodge und Restaurant Dez–April jeden Abend, sonst nur am Wochenende. $170

Old Doctors Residence, 58 Derwent St, ☎ 03 444 977, 🖥 www.olddoctorsresidence.co.nz. Ein fabelhaftes B&B, in dem die Gäste auf schönste Weise umsorgt werden; luxuriöse Unterkunft im aus Lehmziegeln erbauten ehemaligen Milchgeschäft oder in der Suite im alten Behandlungsraum und Wartezimmer der Arztpraxis. Gemütliche Gästelounge und jeden Abend Weinproben mit passendem Essen. $295

AKTIVITÄTEN

Curling

Naseby Curling International, 1057 Channel Rd, ☎ 03 444 9878, 🖥 www.curling.co.nz. Naseby ist die neuseeländische Curling-Hauptstadt. Curling wird an kalten Wintertagen manchmal im Freien gespielt, meist aber in dieser ganzjährig geöffneten Halle; gewöhnlich ist jemand vor Ort, der bei Bedarf die Regeln erklärt. ⊕ tgl. 10–17 Uhr, $30 für 1 1/2 Std.

Mountainbiking

Wer ein eigenes Rad hat, braucht sich nur eine Karte beim Information Centre zu holen und ab geht's in den Wald, den zahlreiche tolle Singletrails durchziehen, die überwiegend leicht hügelig, aber ohne extreme Steigungen sind.

Wandern

One Tree Hill Track (1,6 km, 1 Std. hin und zurück), ist der schönste der drei lokalen Spazierwege. Er beginnt an der Brooms Street im Zentrum und windet sich an honigfarbenen, vom Wasser abgeschliffenen Felsen vorbei die Ostflanke des Hogburn Gully hinauf. Das Information Centre hat Karten, auf denen alle drei eingezeichnet sind.

INFORMATIONEN

Naseby Information Centre, 16 Derwent St, ☎ 03 444 9961, 🖥 www.nasebyinfo.org.nz. Im ehemaligen Postgebäude gibt es den Ortsplan *A Walk Through History* sowie Wanderkarten für den Naseby Forest. ⊕ Weihnachten–Mitte Jan 10–16.30, sonst 11–14 Uhr.

Dansey's Pass

Die schotterige Kyeburn Diggings Road führt von Naseby in östlicher Richtung und erreicht nach 16 km das Dansey's Pass Coach Inn. Auf den restlichen 50 km Richtung Norden nach Duntroon ist der SH83 schmal, kurvenreich und für mittlere und größere Wohnmobile nicht geeignet. Die Strecke an sich ist jedoch sehr reizvoll und führt über einen der letzten unberührten, von offenem Tussock-Grasland gesäumten Hochlandpässe im Land. Zwischen Juni und September ist die Straße nach Schneefällen manchmal gesperrt. Autofahrer sollten sich unbedingt vorher in Naseby nach dem aktuellen Zustand erkundigen. Von der Straße aus sind die Überreste alter Goldminen zu sehen.

ÜBERNACHTUNG UND ESSEN

Dansey's Pass Coach Inn, 781 Kyeburn Diggings, 16 km östlich von Naseby, ☎ 03 444 9048, 🖥 www.danseyspass.co.nz. Das reizende, an der Straße gelegene Gasthaus von 1862 mit Wildwestflair ist das einzige Relikt einer einst blühenden Goldgräberstadt mit 2000 Einwohnern; heute gibt es hier gutes Bier sowie im Wintergarten-Restaurant Mittagessen (z. B. gegrillten Lachs auf Kartoffelküchlein, $20) und Abendessen wie Lammrücken mit marokkanischem Chutney ($30). Wenn nichts los ist, schließt das Lokal früh, daher vorsichtshalber anrufen, um die Fahrt nicht umsonst zu machen. Die 19 Zimmer sind im viktorianischen Stil gehalten, und es gibt kostenloses WLAN. ⊕ tgl. 8–22 Uhr oder später. DZ $140, mit Bad $160

Ranfurly

Centennial Milk Bar ⊕ Di–So Okt–Dez 13–16, Jan–Mai 11–16 Uhr ▪ $2 Spende

Ranfurly ist die größte Siedlung des Maniototo – auch wenn das nicht viel heißen mag. Seit Eröffnung des Rail Trail genießt der überschaubare Ort einen verstärkten Zulauf und vermarktet sich selbst als Neuseelands Zentrum für **Rural Art Deco**. Beachtung verdient jedoch lediglich das ansprechende, beige und grün gestrichene Gebäude der Centennial Milk Bar von 1948 in der Charlemont Street East, in dem jetzt ein Laden mit Art-déco-Gegenständen untergebracht ist. Aber der Ort macht das Beste aus dem Vorhandenen, besonders während des **Rural Art Deco Weekend** Ende Februar.

Komako, 634 Waipiata–Naseby Rd, 3 km südlich des Orts, ✆ 03 444 9324, 🖳 www.komako.net. nz. 3 wunderschöne Cabins direkt am Rail Trail mit tollem Ausblick. Pauschalangebote mit Übernachtung und Dinner, z. B. mit Gegrilltem oder einem Braten. $120

Maniototo Lodge, 3 Ranfurly–Patearoa Rd, 1 km südlich von Ranfurly, ✆ 03 444 9600, 🖳 www.maniototolodge.co.nz. Sehr einladendes B&B in einem soliden Backsteingebäude und ehemaligen Pfarrhaus mit 3 Gästezimmern, die sich ein Bad teilen; Bademäntel werden gestellt. Es gibt selbstgemachtes Gebäck, warmes Frühstück, kostenlosen Transport innerhalb des Orts und jede Menge Regionalinfos. Pro Person $80

Old Post Office Backpackers, 11 Pery St, ✆ 03 444 9588, 🖳 www.oldpobackpackers.co. nz. Sauberes, ordentliches und gut gemanagtes Hostel mit 20 Betten in verschiedenen DZ, 2-Bett-Zimmern und 5-Bett-Dorms. Kleines Frühstück ($11). Im Winter unbedingt vorher anrufen. Dorms $33, Zimmer $75

Ranfurly Holiday Park, Reade St, Ecke Pery St, ✆ 0800 726 387, 🖳 www.ranfurlyholidaypark. co.nz. Lockerer, geräumiger und zentral gelegener Campingplatz ($15), mit Zelt-/Caravanstellplätzen und Stromanschlüssen sowie Units. Cabins $48, Motel Units $105

Ranfurly Lion Hotel, 10 Charlemont St East, ✆ 03 444 9140, 🖳 www.ranfurlyhotel.co.nz. Gutes Hotelrestaurant mit Art-déco-Ambiente; Braten $20, Fish 'n' Chips $25. ⏲ tgl. 7.30–22 Uhr.

i-SITE, 3 Charlemont St East, im ehemaligen Bahnhof, ✆ 03 444 1005, 🖳 www.maniototo. co.nz. Kostenlose audiovisuelle Show über die Region, Ausstellung zur Geschichte der Stadt und der Otago Central Railway. ⏲ Okt–Mai tgl. 9–17.30, Juni–Sep 9–17 Uhr.

Middlemarch

🖳 www.middlemarch.co.nz

Bei Kyeburn, 15 km östlich von Ranfurly, führt der SH85 (vor Ort „The Pigroot" genannt) Richtung Küste hinüber nach Palmerston, der SH87 dagegen nach Süden, wo er sich langsam durch das östliche Maniototo schlängelt, zwischen dem Taieri River auf der einen und der hoch aufragenden Rock and Pillar Range auf der anderen Seite.

50 unwirtliche, aber landschaftlich reizvolle Kilometer weiter südlich liegt die winzige Ortschaft **Middlemarch**, am Ende des Rail Trail und freitags und sonntags die Endhaltestelle der **Taieri Gorge Railway** (S. 708). Viel hat der Ort nicht zu bieten, jedoch haben einige Farmen der Gegend B&B-Unterkünfte, vorwiegend für Rail-Trail-Radler.

Annandale, 1 Snow St, ✆ 03 464 3131, 🖳 www.annandalebnb.co.nz. Bezauberndes, zentral gelegenes B&B in einem charaktervollen Herrenhaus mit gut ausgestatteten Zimmern, modernen Bädern (eins mit Badewanne) und gepflegten Grünanlagen. Zum *continental breakfast* gibt's eingemachtes Obst. $130

Kissing Gate Café, 2 Swansea St (SH87), ✆ 03 464 3224. Hübsches Café in einem alten Holzcottage mit Garten. ⏲ Mo–Do 8.30–16, Fr, Sa und So 8.30–17 Uhr.

The Lodge, 24 Conway St, ✆ 027 228 4789, ✉ enquiries@thelodge-middlemarch.co.nz. Behagliche B&B-Zimmer in zentral gelegener alter Villa, inkl. kleinem Frühstück. Zimmer mit Bad kosten $30 mehr. $100

Middlemarch Holiday Park, 26 Mold St, ✆ 03 464 3776, 🖳 www.middlemarchholiday park.co.nz. In dem einfachen Holidaypark mit Motel Units ($95) am Rand von Middlemarch sind Radfahrer stets willlkommen. Camping $20, Cabins $65

LAKE TE ANAU

Fiordland

Wie keine andere Region Neuseelands umfasst der Südwesten verschiedenste grandiose Landschaften auf kleinem Raum. Über nahezu das gesamte Gebiet erstreckt sich der Fiordland National Park, von der Martins Bay, einst Standort der abgeschiedensten Siedlung Neuseelands, bis zu den Wäldern von Waitutu und zum Preservation Inlet an der Südküste, wo Goldsucher einst eine Reihe kurzlebiger Orte errichteten.

Stefan Loose Traveltipps

Te Anau Ein Hubschrauberflug über die atemberaubende Landschaft um Te Anau ist ein echter Thriller. S. 876

20 **Milford Sound** Ob auf einem Ausflugsdampfer oder im Paddelboot – zwischen den himmelhohen Klippen des weltberühmten Fjords fühlt man sich winzig klein. S. 887

Milford Track Trotz Regen und Sandfliegen gilt diese Wanderung als eine der schönsten der Welt. S. 892

Doubtful Sound Die Schönheit des einsamen Fjords lässt sich am besten im Kajak oder auf einem kleinen Ausflugsboot erkunden. S. 899

Hump Ridge Track Schöne und abwechslungsreiche Wanderwege durchziehen das Gebiet abseits der vielbegangenen Great Walks ganz im Süden. S. 902

FJORDLANDPINGUINE, MILFORD SOUND

HALL ARM, DOUBTFUL SOUND

Inhalt

Fiordland

Übernachtung

Cascade Creek Campsite	2
Deer Flat Campsite	4
Gunns Camp	1
Henry Creek Campsite	6
Knobs Flat	3
Walker Creek Campsite	5

www.stefan-loose.de/neuseeland

Zu den atemberaubenden Landschaften des **Fiordland National Park** gehören zwei der tiefsten Seen des Landes und 15 enge Fjorde. Das Gebiet wartet außerdem mit den höchsten Niederschlagsmengen Neuseelands und einigen der seltensten Vögel der Welt auf. Seine Schönheit ist auch den Vereinten Nationen nicht verborgen geblieben, die fast die gesamte Region – zusammen mit dem Mount Aspiring National Park, Teilen von Westland und dem Gebiet um Aoraki/Mount Cook – zur **Te Wahipounamu World Heritage Area** erklärt haben.

Ein charakteristisches Merkmal von Fiordland ist der häufige **Regen**. Das gilt insbesondere für den Milford Sound, der jährlich bis zu 7000 mm davon abbekommt und damit zu den regenreichsten Gebieten der Welt zählt. Die Siedlungen der Region liegen glücklicherweise im günstigen Regenschatten und erhalten weniger als die Hälfte der Niederschläge von der Küste. Besonders schön präsentiert sich der **Milford Sound** übrigens bei Regen, wenn sich schleierartige Wasserfälle in die Fjorde ergießen, wo Kolonien schwarzer und roter Korallen wachsen und sich Delphine, Pelzrobben und Dickschnabelpinguine tummeln.

Viele Besucher, die von Queenstown mit dem Flugzeug hierherkommen, werden kaum mehr vom Fiordland zu sehen bekommen als den Milford. Einen besseren Eindruck von der Abgeschiedenheit der Gegend erhält man jedoch auf der spektakulären **Milford Road** zwischen dem Sound und **Te Anau**. Noch lohnender ist eine Wanderung auf dem **Milford Track**, oft als schönste Wanderroute der Welt angepriesen, wenngleich andere Routen – v. a. **Hollyford Track** und **Kepler Track** – durchaus mit ihm konkurrieren können.

Der ähnlich wie Te Anau an einem See gelegene Ort **Manapouri** ist das Sprungbrett für Ausflüge zum Wasserkraftwerk West Arm, zum Doubtful Sound und zu den isolierten Fjorden im Süden. Von Manapouri windet sich die **Southern Scenic Route** durch den Westen von Southland und entlang der Südwestküste der Südinsel. Die wichtigsten Orte hier sind **Tuatapere**, Ausgangspunkt des hervorragenden **Hump Ridge Track**, und das hübsche Küstenörtchen **Riverton**.

Geschichte

Fiordlands komplexe geologische Entwicklung erstreckt sich über die letzten 500 Mio. Jahre. Die Granitschichten, die sich unter der Region befinden, wurden tief im Inneren der Erdkruste zusammengepresst und erhitzt, sodass sich dicke Gneisschichten bildeten, die hart und stabil genug waren, um sich zu bis zu tausend Meter hohen Klippen an den Fjorden aufzutürmen. Während der letzten Eiszeit hobelten gewaltige Eismassen die klassischen U-förmigen Täler aus, in die schließlich das Meerwasser drängte und die steilen Fjordlandschaften schuf.

Nach einigen Tagen Aufenthalt im regenreichen und von **Sandfliegen** (namu) geplagten Fiordland leuchtet schnell ein, warum in dieser Gegend kaum Spuren ständiger Maori-Siedlungen zu finden sind, auch wenn die Ureinwohner höchstwahrscheinlich im Sommer zum Jagen hierher kamen und auf der Suche nach neuseeländischer Jade (pounamu) durch das Gebiet zogen. Ebenso wenig begeistert vom Fiordland muss wohl Kapitän **Cook** gewesen sein, als er 1770 seine erste Reise entlang der neuseeländischen Küste unternahm. Ankerplätze gab es kaum, und der finstere Himmel hielt ihn davon ab, in den Dusky Sound zu segeln. Wechselnde Winde ließen eine Fahrt in den Doubtful Sound außerdem zweifelhaft (doubtful) erscheinen. Den Milford Sound hat Cook sogar gänzlich übersehen.

Paradoxerweise war die südliche Fjordregion, die heute ein Revier für abenteuerlustige Wanderer und Angler ist, einst die am besten kartografierte Gegend des Landes. Cook kehrte 1773 hierher zurück, nachdem er vier Monate die südlichen Meere befahren hatte, und verbrachte sechs Wochen im Dusky Sound. Sein Fähnrich, George Vancouver, stattete dem Fjord 1791 einen Besuch ab, und kurz darauf kamen die ersten Robbenjäger und Walfänger. **Europäer** erwarben Land am Ostufer des Lake Te Anau und Lake Manapouri zu Spottpreisen und nutzten es als Weideland, während **Entdeckungsreisende** das Landesinnere erkundeten. Im Vergleich zu ihren Kollegen auf hoher See waren diese Entdecker mehr darauf aus, bleibenden Ruhm zu erlangen, und verewigten sich in den Namen der Pässe, Wasserfälle und Täler,

die ihnen begegneten – Donald Sutherland setzte sich selbst ein Denkmal mit der Benennung
des höchsten Wasserfalls Neuseelands. Quintin
McKinnon erklomm den Mackinnon Pass, konnte die Kartografen jedoch nicht dazu bringen,
seinen Namen korrekt zu schreiben.

Transport
Fast alle **Busse** in Fiordland befahren die Strecke Queenstown–Te Anau–Milford Sound. Die
meisten sind Tourbusse, die ihre Kundschaft an
den üblichen Aussichtspunkten vorbeischleu-
sen; die übrigen sind Linienbusse, die Wanderer zum Start der Tracks fahren. Nur wer absolut
keine Zeit übrig hat, sollte Milford von Queenstown aus besuchen, da man nach der langen

---

Anfahrt nicht allzu viel vom Fjord hat. Weitaus
schöner ist es, eine Nacht in Milford zu verbringen oder von Te Anau aus einen Tagesausflug
zu unternehmen.

Von den **Flugverbindungen** sind in der Regel
nur Rundflüge (S. 891) zum Milford Sound von
Queenstown oder Wanaka von Interesse.

Te Anau

Te Anau, das Tor zu Fiordland, liegt am Ostufer
des gleichnamigen Sees, der zu Neuseelands
tiefsten und schönsten Gewässern gehört. Im
Westen gräbt der See seine Finger tief in die bewaldeten Berge, die so einsam sind, dass ihre
berühmteste Bewohnerin, die **Takahe**, ein halbes Jahrhundert als ausgestorben galt.

Ganz oben auf der To-do-Liste der meisten
Besucher steht der **Milford Track** vom nörd-
lichen Ende des Sees. Näher am Ort beginnt der
Kepler Track (S. 879).

Fiordland Cinema

7 The Lane ▪ ⏰ tgl. 9–20 Uhr, tgl. 4–10 Filmvorführungen ▪ Eintritt $10, $1 Ermäßigung mit
Coupon vom i-SITE ▪ ☎ 03 249 8844, 🖥 www.
fiordlandcinema.co.nz

Das **Fiordland Cinema** zeigt den fantastischen
32-minütigen Film *Ata Whenua: Shadowlands*,
der Fiordland in allen Jahreszeiten aus der Vo-
gelperspektive präsentiert und Lust auf einen
Hubschrauberflug macht (Buchungen im Foyer). Dazwischen laufen Mainstream-Filme; Zuschauer können Kaffee, Bier und Wein mit in
den gemütlichen Kinosaal nehmen.

Te Anau Bird Sanctuary

SH95 ▪ ⏰ jederzeit; Fütterung: im Sommer 9.30,
im Winter 10.30 Uhr ▪ $1–2 Spende

Im DOC-geführten **Te Anau Bird Sanctuary** spazieren Besucher durch einen Park mit Neuseelands seltensten Vögeln (die größtenteils
verletzt waren oder in Gefangenschaft gezüch-

FIORDLAND

Die Takahe

Ein halbes Jahrhundert lang galt der flugunfähige, blaugrüne **Takahe** *(Notornis mantelli)* als ausgestorben. Der plumpe Vogel – ein naher Verwandter des Pukeko – ist so groß wie ein Truthahn und war einst in ganz Neuseeland verbreitet. Doch schon bei Ankunft der Maori war sein Territorium auf den äußersten Süden der Südinsel beschränkt. Als später die Europäer kamen, gab es nur einige wenige Takahe, die von den ersten Siedlern im Fiordland gesichtet wurden. Nach 1898 gab es keine belegbaren Begegnungen mehr. Die wenigen Wanderer und Ornithologen, die danach Spuren gesehen oder in den entlegenen Fiordland-Tälern den Ruf der Takahe gehört haben wollten, wurden als Spinner abgetan.

Der ambitionierte Vogelkundler **Geoffrey Orbell** sammelte die vagen Beweise und konzentrierte seine Suche auf das 500 km^2 große Gebiet der **Murchison Mountains**, die in inselgleicher Lage an drei Seiten von den westlichen Armen des Lake Te Anau umgeben sind und an der vierten Seite an die Wasserscheide grenzen. 1948 wurde seine Beharrlichkeit mit der ersten Sichtung einer Takahe seit 50 Jahren belohnt. Die wenigen noch existierenden Vögel schienen jedoch dem Untergang geweiht: Hirsche fraßen sich unbekümmert ihren Weg durch das Gras, auf das die Takahe für ihr Überleben angewiesen war. Durch selektive Jagd auf die Hirsche wurde die unmittelbare Gefahr beseitigt, dadurch konnte eine weitere Abnahme der Population durch Wiesel und harte Winter jedoch nicht verhindert werden.

Takahe legen meist drei Eier, doch selten überlebt mehr als ein Küken. Durch Entfernen der „überzähligen" Eier und Aufzucht mit Handpuppen konnte das DOC die Bestände allmählich wieder vergrößern. Neuerdings versucht man auch, Vögel, deren eigene Brut nicht geklappt hat, zum Ausbrüten fremder Eier zu bewegen. Außerdem hat das DOC mehrere Takahe-Populationen auf raubtierfreien Inseln angesiedelt – Maud Island in den Marlborough Sounds, Mana Island und Kapiti Island nordwestlich von Wellington sowie Maungatautiri bei Hamilton und Tiritiri Matangi im Hauraki Gulf vor Auckland –, wo sich die Vögel erfolgreich fortpflanzen. Heute gibt es wieder etwa 260 Tiere und es bestehen gute Aussichten, den Vogel in den nächsten zehn Jahren von der Liste der bedrohten Tierarten streichen zu können.

tet wurden), z. B. Kakariki (Papageien), Whio (Saumschnabelenten), Kea und Kaka (Waldpapageien). Der größte Bereich wird von einem Takahe-Pärchen (s. Kasten) bewohnt. Allerdings ist es schwierig, sie zwischen den hohen Grasbüscheln ausfindig zu machen. Am ehesten sieht man sie bei der morgendlichen Fütterung.

Te Anau Glowworm Caves

⏲ tgl. Führung Nov–März 14, 17.45, 19 und 20.15 Uhr, April–Sep 14 und 19 Uhr, 2 1/2 Std. ▪ $75 ▪ ✆ 0800 656 601, ⌨ www.realjourneys.co.nz

Wer nicht vorhat, die noch eindrucksvolleren Höhlen in Waitomo zu besuchen, sollte sich die **Te Anau Glowworm Caves** ansehen. Der Name der Stadt lautet auf Maori korrekt *Te Ana-au* und

bedeutet so viel wie „Höhle mit strudelndem Wasser". Auf der Suche nach dem Namensgeber der Stadt stieß man 1948 auf die Höhlen. Die Führung wirkt etwas übertrieben, umfasst aber eine hübsche Bootsfahrt vom Steg neben dem Besucherzentrum zum Westufer des Lake Te Anau. Danach geht es in kleinen Gruppen unter die Erde: 30 Minuten in einem 200 m langen Abschnitt des Aurora-Höhlensystems, gefolgt von einer kurzen, unterirdischen Bootsfahrt mit Glühwürmchen und mehreren Wasserfällen.

ÜBERNACHTUNG

Am Lakefront Drive und Quintin Drive (ein Häuserblock weiter) gibt es jede Menge Motels. Unterkunftspreise fallen nur zwischen Juni und August merklich und sind in der Zwischensaison (Mitte April–Mai und Sep) teilweise verhandelbar. Wildes Campen ist bis 10 km außerhalb von Te Anau verboten; Verbotsschilder stehen z. T. auch weit außerhalb dieser Zone. Dafür gibt es ein paar günstige DOC-Campingplätze.

Arran Motel, 64 Quintin Drive, ✆ 03 249 8826, 🖳 www.arranmotel.co.nz. Schöne Studios und 2-Zimmer-Units, z. T. mit Kochgelegenheit, kostenloses WLAN. Kleines Frühstück auf Anfrage ($10,50). $155

Bob and Maxine's Backpackers, 20 Paton Place, abseits der Oraka St, ✆ 03 931 3161, ✉ bob.anderson@woosh.co.nz. Scheunenartiges, aber funktionales Hostel in einem neuen Stadtteil am Stadtrand mit schlichten, aber geräumigen und gut geschnittenen 6-Bett-Dorms und einem 2-Bettzimmer mit Bad. Stapelweise DVDs, kostenlose Ortsgespräche, frisches Obst, Fahrräder und sehr billige Transfers zu Wanderwegen. Nur Barzahlung. Dorms $33, 2-Bettzimmer $86

House of Wood, 44 Moana Crescent, ✆ 03 249 8404. Heimeliges B&B im alpinen Chalet-Stil, 2 km vom Stadtzentrum. Leicht angegraute, holzvertäfelte Zimmer (die meisten mit Bad), Teppiche mit Blumenmustern, gemütliche Lounge, kostenlose Fahrräder, üppiges Frühstück mit hausgemachter Marmelade. $155

Radfords on the Lake, 56 Lakefront Drive, ✆ 03 249 9186, 🖳 www.radfordsonthelake. co.nz. Modernes, peinlichst sauberes, gut geführtes Motel mit höchstem Standard. Sehr schöne Zimmer (einige mit tollem Ausblick), kostenloses WLAN und zahllose TV-Sender. Ausreichend Parkplätze. $249

🧳 **Rosie's Backpacker Homestay**, 23 Tom Plato Drive, ✆ 03 249 8431, 🖳 www. rosiesbackpackers.co.nz. Das entspannte, kleine Hostel im Privathaus mit See- und Bergblick hat nur 12 Betten. Bereits seit 20 Jahren teilen Rosie und ihre Familie ihr Heim mit Travellern und noch immer sind sie enthusiastische Gastgeber. Früh buchen – das Haus ist schnell voll. 🕐 Juni und Juli geschl. Dorms $33, DZ $78

Te Anau Lakefront Backpackers, 48 Lakefront Drive, ✆ 03 249 7713, 🖳 www.teanauback packers.co.nz. Alterndes, aber freundliches und gut organisiertes 110-Betten-Hostel in 3 Gebäuden um ein ehemaliges Motel. Dorms

haben meist Bad und Küche, z. T. auch schönen Seeblick. Je 2 Doppelzimmer und ein 2-Bettzimmer teilen sich eine Küche und ein Bad; der gute Grillbereich vermindert auch den Andrang in der Hauptküche. Gut geeignet für Wanderer (Gepäckaufbewahrung $5/Stück). Camper können auf der Wiese hinter dem Haus ein Zelt aufstellen ($18). Dorms $30, DZ $78

🧳 **Te Anau Lodge**, 52 Howden St, ✆ 03 249 7477, 🖳 www.teanaulodge.com. Extrem gemütliche Unterkunft in einem ehemaligen Kloster, das erheblich modernisiert wurde. Die individuellen Zimmer im Stil der 1920er-Jahre haben oft tollen Bergblick. Besonders schön sind die De-luxe-Zimmer ($350). Das ausgezeichnete Frühstück wird in der holzgetäfelten Kapelle (mit Orgel!) serviert, Nachmittagstee und Kuchen werden in der bequemen Lounge oben. $240

YHA Te Anau, 29 Mokonui St, ✆ 03 249 7847, ✉ yha.teanau@yha.co.nz. Komfortables, modernes, zweistöckiges Hostel in zentraler Lage mit 3- bis 8-Bett-Dorms, Doppelzimmer (mit Bad $100), kostenloser Gepäckaufbewahrung, hilfreichem Personal, Lounge mit separatem Fernsehzimmer und Außenterrasse. Es gibt auch ein Familien-Cottage für Selbstversorger mit einem Doppelzimmer und 2-Bettzimmer, die gemeinsam oder getrennt gebucht werden können. Dorms $34, DZ $94

Campingplätze

Fiordland Great Views Holiday Park, SH94, 2 km östlich der Stadt, ✆ 03 249 7059, 🖳 www.fiordlandgreatviewsholidaypark.co.nz. Der günstigste unter Te Anaus großen Ferienparks liegt ein gutes Stück vom See entfernt, bietet aber teilweise einen weiten Bergblick. Die Einrichtung ist recht gut, der Inhaber bietet preiswerte Transfers zum Kepler Track sowie einen Tagestrip nach Milford, inkl. Bootsfahrt, Besuch im Underwater Observatory und Mittagessen ($145). Hat auch Cabins ($54) und Units für Selbstversorger ($120). Camping $16, Stellplätze mit Strom $18

Te Anau Lakeview Holiday Park, 77 Manapouri Rd, 1 km südlich vom Zentrum, ✆ 03 249 7457, 🖳 www.teanauholidaypark.co.nz. Riesige, hervorragend ausgestattete Anlage

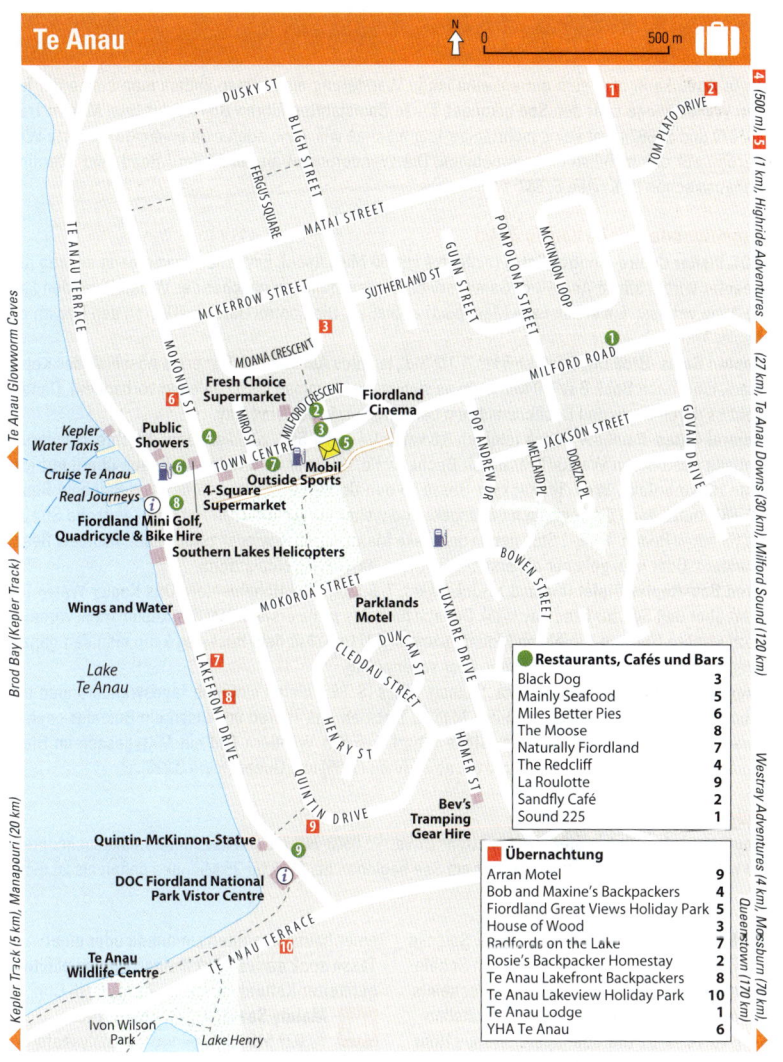

N ↑ 0 — 500 m

DUSKY ST
BLIGH STREET
FERGUS SQUARE
MATAI STREET
MCKERROW STREET
MOANA CRESCENT
SUTHERLAND ST
GUNN STREET
POMPOLONA STREET
MCKINNON LOOP
TOM PLATO DRIVE
MILFORD ROAD
JACKSON STREET
GOVAN DRIVE
DORIZAC PL
MELLAND PL
POP ANDREW DR
MOKONUI ST
TE ANAU TERRACE
MIRO ST
MILFORD CRESCENT
TOWN CENTRE
BOWEN STREET
LUXMORE DRIVE
HOMER ST
HENRY ST
QUINTIN DRIVE
DUNCAN STREET
CLEDDAU STREET
MOKOROA STREET
LAKEFRONT DRIVE
TE ANAU TERRACE

4 (500 m) **5** (1 km) Highride Adventures ▶ (27 km), Te Anau Downs (30 km), Milford Sound (120 km) ▶

Westray Adventures (4 km), Mossburn (70 km), Queenstown (170 km) ▶

Te Anau Glowworm Caves ◀

Brod Bay (Kepler Track) ◀

Kepler Track (5 km), Manapouri (20 km) ◀

Fresh Choice Supermarket
Fiordland Cinema
Kepler Water Taxis
Public Showers
Cruise Te Anau
Real Journeys
Mobil
Outside Sports
4-Square Supermarket
Fiordland Mini Golf, Quadricycle & Bike Hire
Southern Lakes Helicopters
Wings and Water
Lake Te Anau
Parklands Motel
Bev's Tramping Gear Hire
Quintin-McKinnon-Statue
DOC Fiordland National Park Vistor Centre
Te Anau Wildlife Centre
Ivon Wilson Park
Lake Henry

● Restaurants, Cafés und Bars	
Black Dog	3
Mainly Seafood	5
Miles Better Pies	6
The Moose	8
Naturally Fiordland	7
The Redcliff	4
La Roulotte	9
Sandfly Café	2
Sound 225	1

■ Übernachtung	
Arran Motel	9
Bob and Maxine's Backpackers	4
Fiordland Great Views Holiday Park	5
House of Wood	3
Radfords on the Lake	7
Rosie's Backpacker Homestay	2
Te Anau Lakefront Backpackers	8
Te Anau Lakeview Holiday Park	10
Te Anau Lodge	1
YHA Te Anau	6

mit geräumigen Zelt- und Wohnmobilbereichen sowie dem Hostel *Steamers Beach* mit vielen Einzelzimmern, moderner Einrichtung mit Sauna und großer Auswahl an Cabins und Units, darunter die wunderschönen, neuen Marakura-Zimmer ($229) mit unübertroffenem Seeblick. Camping $18, Dorms $29

ESSEN

Das Verköstigungsangebot wird allmählich besser. Selbstversorger können sich in zwei gut sortierten Supermärkten eindecken. Da die meisten Besucher kurz vor einer Wanderung stehen, ist wenig Bedarf an Kneipen.

FIORDLAND

In Te Anau kann man sich gut auf eine lange Wanderung einstimmen, indem man einige der **kurzen Wanderwege** oder den **See** erkundet. Kurze Bootsfahrten führen zum Kepler bzw. Milford Track (S. 879 und S. 882); wer keine mehrtägige Tour machen will, kann auch eine eintägige geführte Wanderung auf einem Teilstück unternehmen. Die Wanderungen an der Milford Road sind allerdings genauso schön (s. Kasten S. 883).

Tageswanderungen von Te Anau

DOC Visitor Centre–Control Gates (einfach 4 km, 50 Min., flach). Einfacher Spaziergang entlang dem Seeufer vorbei am Te Anau Bird Sanctuary bis zu der Stelle, an welcher der Waiau River den Lake Te Anau verlässt, um in den Lake Manapouri zu fließen. Die Control Gates markieren den Beginn des Kepler Track.

Control Gates–Brod Bay (einfach 5 km, 1 1/2 Std., leichtes Auf und Ab). Der erste Abschnitt des Kepler Track führt nach Dock Bay (30 Min.), wo es sich gut schwimmen lässt (Toiletten vorhanden). Danach geht es durch Berg- und Buchenwald zum Campingplatz in der Brod Bay.

Control Gates–Rainbow Reach (einfach 9,5 km, 2 1/4–3 3/4 Std., zumeist flach). Leichte Wanderung entlang des oberen Waiau River durch Buchenwald. Kurz vor dem Rainbow Beach überquert man eine Hängebrücke. Wer die Tracknet-Busse zu den Control Gates und zurück von Rainbow Reach (S. 881) nutzt, kann die Tour auch verlängern und weiter bis zur *Moturau Hut* (6 km einfache Strecke ab Rainbow Reach, 1 1/2–2 Std.) neben dem Lake Manapouri und wieder zurück nach Rainbow Reach wandern. Oder man geht nur die ersten 3 km bis zu einer Aussichtplattform.

Brod Bay–Kepler-Gipfel (hin und zurück 20 km, 7–9 Std., 1000 Höhenmeter). Das Kepler Water Taxi fährt über den See zur Brod Bay ($25). Danach führt das steile erste Drittel des Kepler Track vorbei an der Luxmore Hut zum Gipfel von Mount Luxmore (1471 m). Auf dem Rückweg kann man den ganzen Weg nach Te Anau laufen: ein langer, aber schöner Tag.

Tageswanderung am Milford Track Ultimate Hikes (S. 896) bieten einfache Tageswanderungen entlang des Clinton River am Beginn des Milford Track an. Die Touren umfassen die Busfahrt nach Te Anau Downs, die Bootsfahrt nach Glade Wharf, 5–6 Std. wandern und ein Mittagessen im Glade House von Ultimate Hikes. Nov–April tgl. ab Te Anau ($195) und Queenstown ($295).

Flüge

Southern Lakes Helicopters, 79 Lakefront Drive, ✆ 0508 249 7167, www.southernlakeshelicopters. co.nz. Helikopterflüge vom Landeplatz am See beginnen bei $195 für 25 Min. und gehen bis zu mehr-

Black Dog, 7 The Lane, ✆ 03 249 8844. Schicke City-Bar in der Altstadt von Te Anau: in Schale werfen – oder auch nicht, niemanden scheints zu stören – und einen der Cocktails bestellen ($10). ☉ 17.30–22 Uhr oder später, Happy Hour 17.30–18.30 Uhr.

La Roulotte, Lakeside Drive, gegenüber dem DOC Visitor Centre, ✆ 024 027 4353. Der witzige Caravan ist bei Drucklegung des Buches vielleicht schon wieder verschwunden, aber man sollte dennoch schauen, ober er noch da ist. Hier werden nämlich köstliche Crêpes und leckere Galettes (ab $6) zubereitet, die man mit einer hausgemachten Limonade oder einer Tasse *sock coffee* (durch einen Baumwollfilter gefilterter Kaffee) verspeist. ☉ tgl. 9–16 Uhr.

🧳 **Mainly Seafood**, Te Anau Terrace, ✆ 027 516 5555, 🖥 www.mainlyseafood. co.nz. Der Sandbarschburger ($1) von dieser netten Burgerbude schmeckt besonders gut beim Betrachten des Sonnenuntergangs. Genauso lecker ist der Wildburger ($17) – der Fisherman's Basket mit Meeresfrüchten ($22,50) reicht sogar für 2 (außer man kommt gerade von einer langen Wanderung). ☉ Mo 16–21, Di–So 11.30–21 Uhr.

FIORDLAND

876 TE ANAU | Essen · www.stefan-loose.de/neuseeland

stündigen Rundflügen über den Milford, Doubtful und Dusky Sound. Außerdem im Angebot: Flug zur Luxmore Hut am Kepler Track (S. 880), von der aus man bergab zur Broad Bay wandert und per Wassertaxi zurück nach Te Anau gebracht wird ($185).

Air Fiordland, ✆ 0800 107 505, 🖥 www.airfiordland.com. Einer der besten Deals dieses Anbieters ist die Kombination aus einer Busfahrt zum Milford Sound mit einer Bootsfahrt und dem Rückflug über den Milford Track (ab Te Anau: 6 Std., $485, ab Queenstown: 9 Std., $535).

Wings &Water, Lakefront Drive, ✆ 03 249 7405, 🖥 www.wingsandwater.co.nz. Wasserflugzeuge eignen sich ideal für einen Flug über das südliche Fiordland. Ein kleiner Rundflug (10 Min., $95), Überflug des Kepler Track (20 Min., $225) und Überflug des Doubtful Sound (40 Min., $310) sind nur einige der Optionen. Attraktiv ist auch die Kombination aus Jetbootfahrt über den Waiau River zum Lake Manapouri und Rückflug nach Te Anau (1 Std., $240).

Quadbikes und Reiten

Westray Adventures, 55 Ramparts Rd, abseits des SH94, 5 km westlich von Te Anau, ✆ 03 249 9079, 🖥 www.fiordlandhorse.co.nz. 90-minütige Quadbikefahrt ($99) über eine Schafstation mit faszinierenden Ausblicken auf die Berge um Te Anau. Alle Transfers inkl.
Wer nicht durch die Gegend knattern möchte, entscheidet sich für einen Ausritt (2–3 Std., $95) hinauf zu einem Aussichtspunkt mit Blick über den Lake Te Anau. Für beide Touren sind keine Vorkenntnisse notwendig.

Seerundfahrten, Jetboot- und Kajakfahren

Cruise Te Anau, ✆ 03 249 8005, 🖥 www.cruiseteanau.co.nz. Seerundfahrten an Bord eines Motorbootes aus Kauri-Holz (im Sommer tgl. 10, 13 und 17 Uhr, 3 Std., $90) sowie Fahrten mit Übernachtung (16–9.30 Uhr, inkl. Mahlzeiten, $275).
Luxmore Jet, ✆ 0800 253 826, 🖥 www.luxmorejet.co.nz. Einstündige Jetbootfahrt vorbei an drei Drehorten aus dem *Herrn der Ringe* am friedlichen Waiau River (mehrmals tgl., $99).

Sternenbeobachtung

Astronomy Fiordland, ✆ 05 8267667, 🖥 www.astronomyfiordland.co.nz. Toller Ausflug zum Betrachten des Nachthimmels gleich außerhalb der Stadt, wo ein mobiles Teleskop den Blick auf Planeten, Galaxien und andere astronomische Kuriositäten freigibt (Beginn: gleich nach Sonnenuntergang, im Sommer ca. 22.30 Uhr, Dauer: 1 1/2 Std., $45).

Miles Better Pies, 2 Milford Rd, ✆ 03 249 9044. Das unscheinbare Lokal hat gute Pasteten, die mit Wild, Steak, Pfeffer oder Thai-Hühnchen (jeweils $6) gefüllt sind. Außerdem einige vegetarische Gerichte und Süßspeisen. Wer möchte, kann das Essen auch mitnehmen und am Seeufer verspeisen. ⏲ tgl. 6.30–18 Uhr.

The Moose, 84 Lakefront Drive, ✆ 03 249 7100. Raubeiniges Stammlokal der Einheimischen mit günstigen Drinks und Livemusik an Samstagen. Die Pub-Standardgerichte werden in fast schon ungesund großen Portionen aufgetischt. Ein Mittagessen bekommt man für weniger als $20,

das Abendessen unter $30, und es gibt einen *Sunday roast deal* für $18. ⏲ tgl. 11–23 Uhr oder später.

The Redcliff, 12 Mokonui St, ✆ 03 249 7431, 🖥 www.theredcliff.co.nz. Indem gemütlichen Holz-Cottage verbirgt sich ein halbformelles Restaurant mit dem zuverlässig besten Essen in Fiordland sowie einer einladenden Bar. Es gibt auch Tische im Garten und einen hübschen Erker. Auf der Abendkarte stehen beispielsweise Hasenrückenfilet mit glasierten Babymöhren ($32) oder Ribeye-Steak mit *potato skins* an Trüffel-

FIORDLAND

salz und Pilzmousse ($40). Auf der Karte steht auch ein einziges undefiniertes vegetarisches Gericht. ⊕ Okt–Mai tgl. 17–21.30 Uhr.

Sandfly Café, 9 The Lane, ☎ 03 249 9529. Das beste unter Te Anaus enttäuschenden Cafés ist entspannt und hat viele sonnige Tische an der Straße. Es serviert guten Kaffee, Frühstück, Mittagesgerichte wie z. B. Steaksandwiches ($16) und ansprechende Thekensnacks. ⊕ tgl. 7–16.30 Uhr.

Sound 225, Milford Road, ☎ 03 249 8437. Gerade erst eröffnet, hat sich dieses coole Takeaway bereits zum Renner entwickelt. Der Grund: die leckeren Burger (z. B. mit Fiordland-Wild und Pilzduxelle oder Rindfleisch mit Blauschimmelkäse und krossen Zwiebeln, beide um $15) werden in Brioches serviert. Auch Salate, Chicken Wings und Fisch im Angebot. ⊕ tgl. 11.30–21 Uhr oder später.

SONSTIGES

Apotheke
Fiordland Community Pharmacy, 70 Town Centre, ☎ 03 249 9268. ⊕ Mo–Fr 8.30–18, Sa und So 9–17 Uhr.

Autovermietung
Autovermietung für Milford Sound: **Rent-a-dent** im Parklands Motel, 16 Mokoroa St, ☎ 0800 736 823, 🖥 www.rentadent.co.nz ($89/Tag).

Duschen
Die öffentliche Toilette an der Te Anau Terrace hat auch Duschen ($5) und stellt Shampoo ($5) und Handtücher ($6) zur Verfügung. ⊕ 8.30–18.30 Uhr.

Fahrräder
Verleih bei den Hostels sowie bei **Fiordland Mini Golf, Quadricycle & Bike Hire**, 7 Mokonui St, ☎ 03 249 7211, ($24/halber Tag, $30/Tag) und **Outside Sports**, 38 Town Centre, ☎ 03 249 8195, 🖥 www.outsidesports.co.nz ($30/halber Tag, $50/Tag).

Geld
Banken und Geldautomaten sind am Town Centre zu finden.

Gepäckaufbewahrung
Meist kann man sein Gepäck in der Unterkunft deponieren. Ansonsten hat der Te Anau Lakeview Holiday Park Schließfächer mit unbegrenzter Aufbewahrungsdauer für $10.

Informationen und Touren
i-SITE Town Centre, Ecke Lakefront Drive, ☎ 03 249 8900, 🖥 www.fiordland.org.nz. Die beste Informationsquelle verkauft auch die Tickets für Real Journeys. ⊕ tgl. 8.30–18 Uhr.

DOC Fiordland National Park Visitor Centre, Lakefront Drive, 500 m südlich der Stadt, ☎ 249 7924, ✉ fiordlandvc@doc.govt.nz. Stapelweise Wander- und Hütteninfos sowie eine Buchungsstelle für die Great Walks, ☎ 03 249 8514, ✉ greatwalksbooking@doc.govt.nz. Draußen steht eine Statue des Forschungsreisenden Quintin McKinnon. ⊕ tgl. Nov–April 8–17, Mai–Okt 8.30–16.30 Uhr.

Outdoorausrüstung
Eine gute Anlaufstelle für die Anmietung von Outdoorbedarf ist z. B. **Bev's Tramping Gear Hire**, 16 Homer St, ☎ 03 249 7389, 🖥 www.bevs-hire.co.nz, ⊕ Mo–Sa 9–12 und 17.30–19, So 17.30–19 Uhr. Bezahlung pro Ausrüstungsgegenstand und Tag (Rucksack $15, Schlafsack $15, usw.). Günstiger kommt man mit den verschiedenen Pauschalangeboten für eine komplette Tour weg. Das Great Walks Package ($150) enthält außer Wanderschuhe und Essen alles Nötige für einen 3–4-Tagestrip.
Outside Sports, 38 Town Centre, ☎ 03 249 8195, 🖥 www.outsidesports.co.nz, die stärkste Konkurrenz, bietet alles an Ausrüstung, inkl. Zelt, Rucksack und Schlafsack ($30/4 Tage).

Post
Paper Plus, Town Centre. ⊕ Mo–Fr 8.30–18, Sa 9.30–17.30 Uhr.

NAHVERKEHR

Safer Parking, 48 Caswell Rd, ☎ 03 249 7198, 🖥 www.saferparking.co.nz, bietet bewachtes Parken ($9/Nacht). Tracknet und Real Journeys bieten von hier einen Transfer zu Milford Track, Milford Sound und Doubtful Sound.

FIORDLAND

Viele **Busse** fahren zum Startpunkt der Wanderwege, v. a. Tracknet und Topline Tours (s. u.).

TRANSPORT

InterCity/Newmans/Great Sights befahren
täglich die Strecken Queenstown–Te Anau–
Milford und Te Anau–Gore–Balclutha–Dunedin.
NakedBus setzt früh am Morgen Busse von
Te Anau zum Milford Sound, nach Queenstown
und Invercargill ein.
Tracknet, ☏ 0800 483 262, 🖥 www.tracknet.net,
bedient die Strecke Queenstown–Te Anau–
Milford (hin und zurück, 2x tgl.) und bietet einen
Shuttle zum Kepler Track und nach Manapouri.
Im Sommer fahren Tracknet-Busse auch nach
Tuatapere und Invercargill. Abholung und
Ablieferung jeweils bei zentralen Unterkünften.
Topline Tours, ☏ 03 249 8059, 🖥 www.topline
tours.co.nz, fährt auf Anfrage zum Kepler Track
sowie nach Manapouri.

Busse nach:
THE DIVIDE 3–4x tgl., 1 Std.;
DUNEDIN 1x tgl., 4 1/2 Std.;
INVERCARGILL 2x tgl., 4 Std.;
MANAPOURI 4x tgl., 20 Min.;
MILFORD SOUND mind. 7x tgl., 2 1/2 Std.;
QUEENSTOWN mind. 7x tgl., 2 1/4 Std.;
TUATAPERE im Sommer 3x wöchentl., 1 1/2 Std.

Kepler Track

■ 45–70 km, 3–4 Tage
Der **Kepler Track** wurde 1988 als eine der „Great
Walks" eröffnet. Er sollte ursprünglich den Milford und Routeburn Track entlasten, doch heute
ist der Kepler Track genauso beliebt. Die weit geschwungene, von Te Anau zu Fuß zu erreichende
Rundstrecke führt durch die Kepler Mountains
am westlichen Ufer des Lake Te Anau. Üblicherweise wird der Weg **entgegen dem Uhrzeigersinn** gelaufen, um einen Großteil der Anstiege
gleich am Anfang hinter sich zu bringen. Je nach
Gusto kann man zwischen 45 km (mit Boot und
Bus als Transfer) und 70 km (bei Start und Ende
direkt in Te Anau) zurücklegen.

Die Route ist durchgehend gut begehbar, ge-
wartet und ausgeschildert, lediglich ihre Länge
und vor allem der lange Aufstieg zur Luxmore Hut
zehren an den Kräften. Der Streckenabschnitt
zwischen der Luxmore Hut und Iris Burn wird
nach Schneefällen mitunter gesperrt. Das **National Park Visitor Centre** in Te Anau hat die aktuellsten Wettervorhersagen und Infos zum aktuellen Zustand des Track. Wer den Kepler Track
im Winter wandern möchte, sollte sich auf der
speziellen Winterseite des DOC, 🖥 www.doc.
govt.nz/keplertrack, über die Bedingungen informieren. Die kostenlose DOC-Broschüre *Kepler Track* reicht als Orientierungshilfe aus, detaillierte Auskunft bietet die Karte *Kepler Track* von
New Topo im Maßstab 1:55 000 ($9,90) oder die
Karte *Kepler Track* von Craig Potton Publishing
im Maßstab 1:40 000 ($25), die beide im National
Park Visitor Centre erworben werden können.

Das DOC kümmert sich nicht um die Routen einzelner Wanderer, deshalb sollte man auf
🖥 www.adventuresmart.org.nz sein Wandervorhaben registrieren. Leuchtpistolen können
für $30/3 Tage bei Bev's Tramping Gear (S. 878)
oder der Mobil-Tankstelle in Te Anau gemietet
werden.

Top-Athleten können sich bei der **Kepler
Challenge** (60 km, 1. Sa im Dez) austoben. Dabei muss der Track in unter 5 Std. zurückgelegt
werden. Der aktuelle Rekord von 2013 liegt bei
4 Std. 33 Min. und 37 Sek. und wurde von Martin
Dent aufgestellt.

Te Anau–Control Gates
■ 5 km, 1 Std., flach
Die meisten Wanderer fahren mit dem Bus zu
den Control Gates. Es geht aber auch zu Fuß:
nach Süden über den Lakefront Drive, dann
rechts am Seeufer entlang bis zur Abzweigung
nach rechts, die zu den Control Gates, die den
Wasserzufluss zwischen den Seen Te Anau und
Manapouri regeln, führt. Der Abschnitt ist nicht
besonders spannend, aber schön.

Control Gates–Brod Bay
■ 5,6 km, 1–1 1/2 Std., flach
Die Strecke folgt dem Seeufer um die Dock Bay,
überquert den Coral Creek und führt durch lau-
schige Wälder. Die Brod Bay empfiehlt sich mit

FIORDLAND

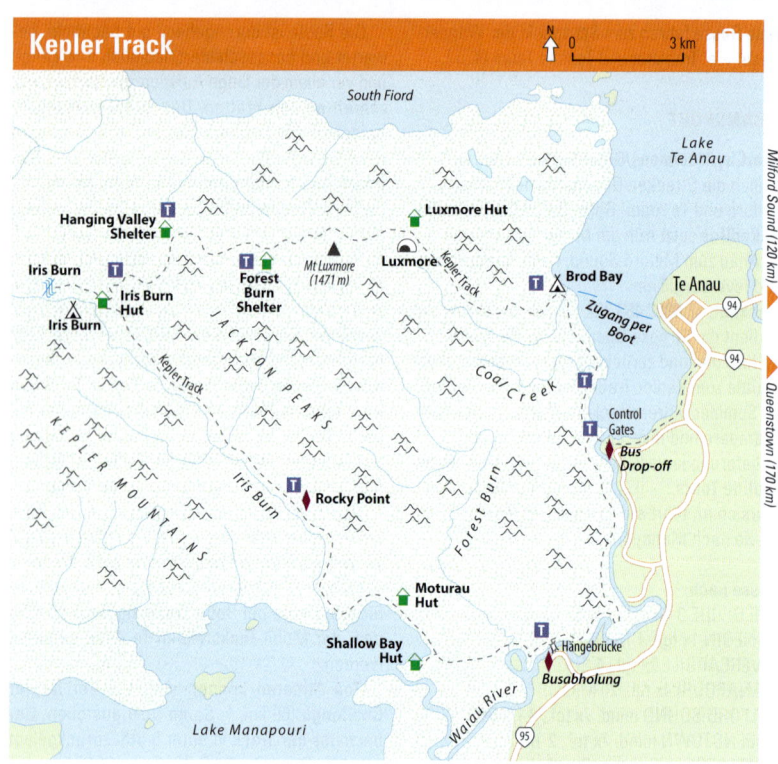

Kepler Track

N
0   3 km

South Fiord

Lake
Te Anau

Milford Sound (120 km)

Hanging Valley
Shelter

Luxmore Hut

Iris Burn

Forest
Burn
Shelter

Mt Luxmore
(1471 m)

Luxmore

Kepler Track

Brod Bay

Te Anau

94

Iris Burn
Hut

Iris Burn

Zugang per
Boot

Queenstown (170 km)

94

J A C K S O N   P E A K S

Coal Creek

Control
Gates

Kepler Track

K E P L E R

Bus
Drop-off

Iris Burn

Rocky Point

Forest Burn

M O U N T A I N S

Moturau
Hut

Shallow Bay
Hut

Hängebrücke

Busabholung

Waiau River

95

Lake Manapouri

Manapouri (9 km)

---

einem Sandstrand als hübscher Ort für ein Bad im See und kann als idyllischer Zeltplatz genutzt werden.

Brod Bay–Luxmore Hut

■ 8,2 km, 3–4 Std., 880 Höhenmeter

Wer kein Zelt dabei hat, muss von der Brod Bay weitergehen und den vom Strand ausgeschilderten Weg in Angriff nehmen. Der steile Aufstieg wird durch den guten Weg etwas gemildert. Nach ca. zwei Stunden erreicht man Kalksteinfelsen, danach ist es noch fast 1 Std. bis zur Baumgrenze und dem herrlichen Ausblick. Die Luxmore Hut liegt nochmals knapp eine Stunde Marsch über der Baumgrenze entfernt. Ein 10-minütiger Spaziergang führt von der Hütte zur unspektakulären Luxmore Cave mit ihren dünnen Stalaktiten.

Luxmore Hut–Iris Burn Hut

■ 14,6 km, 5–6 Std., 300 m Aufstieg, 900 m Abstieg

Die Strecke führt durch offenes, alpines Gelände, in dem jegliches Anzeichen einer Wetterverschlechterung ernst genommen werden muss. Die Route steigt bis zum Luxmore Saddle (1400 m), dem höchsten Punkt des Weges unterhalb des Mt Luxmore an (ein Abstecher zum 1471 m hohen Gipfel ist möglich), dahinter führt sie bergab zur Schutzhütte Forest Burn Shelter. Anschließend folgt sie einem Bergkamm zu einer zweiten Schutzhütte, Hanging Valley Shelter, und biegt schließlich scharf nach Süden ab, an einem weiteren Bergkamm in Richtung Iris Burn entlang. Im Zickzack geht es hinunter in das bewaldete Hanging Valley und weiter bis zum Iris Burn, dem die Strecke bis zur Hütte und dem

FIORDLAND

Zeltplatz auf einer großen, von Tussock-Gras bewachsenen Lichtung folgt. Lohnend ist der einfache Spaziergang zum Iris Burn Waterfall (40 Min. hin und zurück).

Iris Burn Hut–Moturau Hut

■ 16,2 km, 4–6 Std., 300 m Abstieg

Die Etappe von der Iris Burn Hut führt über einen niedrigen Sattel bevor sie stetig hinab an einem Erdrutsch vorbei durch Südbuchenwald und Rodungen entlang des Flussufers führt. Ungefähr auf halber Strecke erreicht man Rocky Point, wo es Toiletten gibt, dahinter schließt sich eine kurze Schlucht an, bevor der Weg über mehrere herrliche Kilometer wieder den Flusslauf begleitet. Kurz bevor der Iris Burn in den Lake Manapouri mündet, schwenkt die Route nach Osten ab und folgt dem Bogen der Shallow Bay zur hübschen Moturau Hut am Seeufer. Wer den Track in 3 Tagen bewältigen will, marschiert 6 km zur Bushaltestelle bei Rainbow Reach weiter.

Moturau Hut–Rainbow Reach

■ 6 km, 1 1/2 Std., flach

Der übliche Endpunkt der Wanderung ist am Rainbow Beach, nach einem leichten Spaziergang durch Buchenwald. Ambitionierte Wanderer können durch Buchenauen am Waiau River weiter zu den Control Gates (weitere 9,5 km, 2–3 Std., minimaler Anstieg) gehen. Unterwegs kann man angeln und schwimmen, aber Vorsicht: Die Strömung ist stark.

ÜBERNACHTUNG

Buchung

Während der Great-Walk-Saison (Ende Okt–Ende April) ist die Vorausbuchung von Hütten verpflichtend. Wanderungen in beide Richtungen, Umkehr und bis zu zwei Übernachtungen pro Hütte sind erlaubt. Interessierte sollten bis zu drei Monate vorausbuchen, vor allem bei einem festen Datumswunsch oder größeren Gruppen. Ab dem 1. Juli kann unter 🖥 www.doc.govt.nz online gebucht werden, es ist aber auch per Post und persönlich in einem DOC-Besucherzentrum möglich ($2). Führen Wetter oder Track-Bedingungen zu einer Sperrung, wird der volle Preis erstattet; eine Umbuchung ist jedoch nur möglich, wenn noch etwas frei ist. Vor dem Start können vorhandene Buchungen geändert werden ($10/Buchung).

Hütten

Die drei größten Hütten – Luxmore (55 Betten), Iris Burn (50 Betten) und Moturau (40 Betten) – haben einen Hüttenwart, Gasherd und WC; Töpfe und Teller muss jeder selbst mitbringen. Die Benutzung der einfachen, sehr kleinen Shallow Bay Hut gleich neben dem Track am Lake Manapouri wird nicht empfohlen. In der Hauptsaison ist der Backcountry-Hüttenpass nicht gültig. Während der Nebensaison gibt es bis zum Frühjahr weder Hüttenwart noch Gasherd oder fließend Wasser und nur Plumpsklos, dafür gilt in dieser Zeit der Hüttenpass. Great-Walk-Saison $54, Nebensaison $15

Camping

Camper müssen den Kepler Track in einer sehr kurzen und zwei sehr langen Etappen in Angriff nehmen und dabei die Campingplätze Brod Bay und Iris Burn benutzen. Beide haben 15 Stellplätze, Plumpsklos und Wasser. Great-Walk-Saison $18, Nebensaison kostenlos

TRANSPORT

Der Kepler Track beginnt an den Control Gates, 5 km südwestlich von Te Anau. Die meisten Wanderer nehmen den Shuttlebus von **Tracknet**, ✆ 0800 483 262, 🖥 www.tracknet.net, der Wanderer Oktober–April um 8.30 und 9.30 Uhr von den Unterkünften im Ort abholt und an den Control Gates absetzt ($6). Die Wanderstrecke wird bevorzugt 9,5 km südlich der Control Gates an der Hängebrücke über den Waiau River beendet, von wo Tracknet um 10, 15 und 17 Uhr zurück nach Te Anau fährt($10). Die 5 km Wegstrecke am See lassen sich einsparen (oder man nutzt sie zum entspannten Einwandern am ersten Tag), wenn man ein Boot vom Pier in Te Anau zur Brod Bay nimmt. Diesen Service bietet **Kepler Water Taxi**, ✆ 03 249 8364, ✉ stevsaunders@xtra.co.nz, um 8.30 und 9.30 Uhr sowie nach Vereinbarung ($25).

Milford Road

Die 120 km lange Straße von Te Anau zum Milford Sound (SH94) darf als eine der schönsten der Welt gelten. Nimmt man jedes sich bietende Fotomotiv zum Anlass für einen Zwischenstopp, lässt sich die zweistündige Fahrt mühelos auf einen ganzen Tag ausdehnen – und noch länger, wenn man einige der wunderschönen Wanderwege entlang der Strecke erkundet (beschrieben in der im National Park Visitor Centre in Te Anau kostenlos erhältlichen Broschüre *Fiordland Day Walks*).

Wer bereits das erste Teilstück den Lake Te Anau entlang unübertrefflich schön findet, wird bei der Fahrt durch das Eglinton Valley kaum noch Worte finden. Hier dringt die Straße in steiles, bewaldetes Bergland vor und windet sich durch eine subalpine Wunderwelt, um dann an die scheinbar unbezwingbaren kahlen Felsen am Talende des Hollyford Valley zu stoßen. Dort bahnt sie sich durch den Homer Tunnel ihren Weg ins steilwandige Cleddau Valley und fällt dann zum Milford Sound ab.

Unterwegs gibt es kaum Häuser, keine Läden oder Tankstellen, aber jede Menge reizende Campingplätze.

Geschichte

Die Maori nutzten die Route entlang der Milford Road schon lange, um in der Anita Bay am Milford Sound nach *pounamu* zu suchen. Eine Straße wurde aber erst 1929 durch eine gigantische Arbeitsbeschaffungsmaßnahme mit 200 Arbeitern verwirklicht. Die größte Herausforderung war dabei der Homer Tunnel, der erst 1953 fertiggestellt wurde.

Eglinton Valley

Kaum lohnenswerte Zwischenstopps bieten sich auf den ersten 30 km von Te Anau Richtung Norden nach **Te Anau Downs**, wo die Boote zum Ausgangspunkt des Milford Track ablegen. Dahinter biegt die Straße nach Osten ab zum **Eglinton Valley** und führt durch Südbuchenwälder, die von offenen Tussock-Graseebenen durchbrochen werden. Die einst als Weideland genutzte Ebene

Schneller zum Milford Sound

Jeder will zum Milford Sound, aber da er ziemlich weit ab vom Schuss liegt, hat man sich von jeher dafür eingesetzt, die Reise abzukürzen.

In den 1990er-Jahren wollte der Ngai Tahu *iwi* eine Schwebebahn von Queenstown durch das Greenstone Valley bis The Divide (nur 40 km von Milford Sound) bauen. Ein Bündnis aus Umweltschützern und Outdoorfans mobilisierte die öffentliche Meinung dagegen und ließ den Plan scheitern. Ein Reiseveranstalter aus Queenstown versuchte diese Idee 2014 allerdings erneut ins Gespräch zu bringen.

Ein anderer Plan sah den Bau eines 11 km langen Tunnels vor, der vom Beginn des Routeburn Track zum Hollyford Valley führen sollte. Damit hätte man Besucher in nur zwei Stunden von Queenstown zum Milford Sound befördern können. Zwar war diese Idee realistischer als viele andere, aber 2013 verwarf die Regierung auch diesen Vorschlag, da der Tunnelbau der Umwelt innerhalb des Nationalparks zu stark geschadet hätte.

Überlegungen, wie man die Westküste und Milford durch eine Straße verbinden könnte, gab es bereits in den 1870er-Jahren. Eine Straßenverbindung zwischen Jackson Bay über das Hollyford Valley nach Milford wäre, so hoffte man, der Schlüssel für die Erschließung dieser wilden Region. Der Bau der Hollyford Valley Road wurde 1936 genehmigt, aber nur 16 km davon wurden je fertiggestellt. Dieser Abschnitt bildet heute die Lower Hollyford Road. Zur Zeit der Recherche gab es einen neuen Vorschlag, der vorsieht, eine 80 km lange Mautstraße entlang nördlichen Küste Fiordlands zu bauen. Dazu werden ausländische Investoren gesucht, die das $230 Mio. teure Projekt finanzieren sollen. Nun bleibt abzuwarten, ob diese Pläne je genehmigt werden.

Alte (Wander-)Hasen machen sich gern über die Touristen lustig, die Zeit, Mühe und Geld in solche Tracks wie Milford und Routeburn investieren, während es entlang der Milford Road viele exzellente, leicht zugängliche Pfade gibt.

Lake Gunn Nature Walk (3 km Rundweg, 45 Min., minimaler Anstieg). Naturlehrpfad, der auch mit dem Rollstuhl befahren werden kann. Beginnt 78 km nördlich von Te Anau.

The Divide–Key Summit hin und zurück (5 km, 2–3 Std., 400 Höhenmeter). Märchenhafte Panoramaaussichten über das Hollyford Valley bis hin zu den Darran und Humboldt Mountains sind der Lohn für diese Wanderung auf dem westlichen Abschnitt des Routeburn Track, der für den Schlussaufstieg auf den 918 m hohen Gipfel vom Great Walk abzweigt. Beginnt 83 km nördlich von Te Anau.

Lake Marian (hin und zurück 5 km, 2–3 Std., 400 Höhenmeter). Malerischer Aufstieg zu einem alpinen See, vorbei an schönen Wasserfällen (hin und zurück 30–40 Min.). Hinter den Wasserfällen führt der Pfad steil bergauf zum überhängenden Tal des Lake Marian und zu fantastischen Aussichtspunkten. Beginnt auf der Lower Hollyford Road, 1 km nach der Abzweigung von der Milford Road und 88 km nördlich von Te Anau.

Gertrude Saddle Route (hin und zurück 10 km, 3–5 Std., 600 Höhenmeter). Ein Weg mit relativ einfachem Beginn im Gertrude Valley, umgeben von senkrechten Felswänden. Anschließend wird der Track steil und ist über der Schneegrenze nicht mehr markiert. Man benötigt einen guten Orientierungssinn und die Karte *Hollyford* von Topo50, um den Weg durch die künstlichen Steinhaufen zu finden, die irreführenderweise von anderen Wanderern errichtet wurden. Hinter dem Black Lake ist der Weg ungeschützt dem Wetter ausgesetzt und nach Regen- und Schneefällen auch gefährlich. Wer es bis zum Sattel geschafft hat, wird dafür mit einem wunderbaren Ausblick über den Milford Sound und den 2756 m hohen Mount Tutoko, dem höchsten Gipfel von Fiordland, belohnt. Start: 98 km nördlich von Te Anau an einem Parkplatz vor dem östlichen Ende des Homer-Tunnels.

kehrt langsam zu ihrem Urzustand zurück. Doch im November und Dezember präsentiert sie sich noch immer als ein Meer aus weißen, rosa- und lilafarbenen Lupinen – schön anzuschauen.

Mirror Lakes

Sehr schöne Berge flankieren das Tal und spiegeln sich bei gutem Wetter in den **Mirror Lakes**, die 58 km nördlich von Te Anau neben der Straße liegen. Auch ohne die Spiegelbilder ist der Ort traumhaft, mit Holzstegen zum flachsgesäumten Wasser (einst das Bett des Eglinton River).

The Divide

84 km nördlich von Te Anau

Nahe dem Ende des Tals wird die Strecke steiler und erreicht 84 km nördlich von Te Anau **The Divide**, den mit 532 m niedrigsten Ost-West-Pass

über die Neuseeländischen Alpen. Hier beginnen und enden die Greenstone, Caples und Routeburn Tracks, wobei Letzterer bis zum Key Summit fortgesetzt werden kann (s. Kasten). Der Parkplatz an The Divide verfügt über Toiletten und eine Hütte für Wanderer mit einem Busfahrplan (3x tgl. zum Milford Sound, 1 1/4 Std., 3–4x tgl. nach Te Anau, 1 Std.). Sicherer ist es allerdings, vorab eine Abholung zu arrangieren, denn hier oben gibt es keinen Handyempfang.

Weiter Richtung Milford fällt die Straße nach nur wenigen Kilometern in das Tal des Hollyford River ab. Ein **Aussichtspunkt** kurz vor der Abzweigung der Hollyford Road bietet den besten Ausblick.

Hollyford Valley

Von The Divide fällt die Milford Road ins **Hollyford Valley** ab, das der Hollyford River ausgehend von seiner Quelle in den Darren Mountains

Der lange, aber meist flache **Hollyford Track** (56 km, 3–4 Tage) verläuft vom Ende der Hollyford Valley Road bis zur Martins Bay entlang des längsten Tals in Fiordland. Mehr als die zu bezwingenden Gebirgskämme sind es die atemberaubende Berglandschaft und die **Wälder** aus Kahikatea, Rimu und Matai sowie der Unterwuchs aus Weinbeere, Fuchsien und Farnen, die den Reiz des Hollyford Track ausmachen. Long Reef am nördlichen Ende der Martins Bay ist Heimat einer **Pelzrobben**-Kolonie, von Sep–Dez kann man auch die seltenen **Dickschnabelpinguine** (Tawaki) sehen.

Die Wanderung ist keine Rundroute. Daher muss man für den Rückweg weitere 3–4 Tage einplanen – es sei denn, man hat genügend Geld für einen Flug von Martins Bay oder die Ausdauer für die anschließende lange und schwierige **Pyke–Big Bay Route** (144 km Rundweg insgesamt 9–10 Tage, Details in der DOC-Broschüre *Pyke–Big Bay Route*).

Saison und Sicherheit

Der Track ist das ganze Jahr über geöffnet, im Winter aber recht schlammig. Jetboote (s. unten) fahren nur während der Saison für geführte Wanderungen auf dem Lake McKerrow. Infos zu aktuellen Bedingungen gibt es in der DOC-Broschüre *Hollyford Track* oder beim DOC in Te Anau. Leuchtpistolen kann man sich bei Bev's Tramping Gear (S. 878) oder der Mobil-Tankstelle in Te Anau ausleihen.

Zugang, Unterkunft und geführte Wanderungen

Die **Busse** von **Tracknet**, ✆ 0800 483 262, 🖥 www.tracknet.net, fahren von Te Anau zum Hollyford Road End (Nov–April Mo, Mi und Fr, $55). Geführte Wandergruppen **fliegen** von der Martins Bay über die Berge zum Milford Sound. Diese Flüge sowie Rückflüge nach Martins Bay veranstalten mehrere Flugunternehmen (S. 891). Die lange Tagesstrecke entlang des hübschen, aber gleichförmigen Lake McKerrow lässt sich erheblich verkürzen, wenn man den **Jetboot-Service** von Hollyford Track zwischen Martins Bay und dem anderen Ende des Lake McKerrow nutzt (Ende Okt–Mitte April, um $110). Für diesen Track gibt es kein **Buchungssystem**. Die meisten DOC-**Hütten** kosten $15/Nacht; der Backcountry-Hüttenpass ist gültig. Alle außer Alabaster Hut (26 Betten) und Martins Bay Hut (24 Betten) haben 12 Betten. Komplette Kochausrüstung mitbringen! **Camping** ist bei allen Hütten erlaubt ($5).

Trips & Tramps, ✆ 0800 305 807, 🖥 www.tripsandtramps.com. Dieser Anbieter bietet das beste Paket: Flug und Transfer vom Flugplatz Milford Sound zum Parkplatz am Hollyford Road End ($225). Das Gleiche ab Te Anau kostet $280.

auf einer Länge von 80 km durchfließt, bevor er an der Martins Bay in die Tasmansee mündet. Die 16 km lange Schotterstraße Lower Hollyford Road bietet Zugang zum Hollyford Track, zum Lake Marian Walk und zum winzigen **Gunns Camp** (auch: Hollyford Camp), nach 8 km entlang der Talstraße.

Das ehemalige Straßenbaucamp bietet heute einfache Unterkünfte (S. 886), ein Museum zu Ehren jener Persönlichkeiten, die das Tal ihr Zuhause nannten, und einen **Laden** mit Wanderbedarf, Postkarten, Büchern und Jade-Souvenirs. Die Straße endet 8 km hinter dem Ort am Beginn des Hollyford Tracks. Hier befindet sich auch der Ausgangspunkt einer kürzeren, steilen

Wanderung zu den 200 m hohen **Humboldt Falls** (hin und zurück 30 Min.).

Gunns Camp Museum

🕐 tgl. Okt–März 8–20, April–Sep 9–19 Uhr
▪ Eintritt $1, für Gäste kostenlos

Für historisch Interessierte lohnt sich der halbstündige Besuch dieser kleinen Sammlung von Artefakten aus der Pionierzeit, mit Erinnerungsstücken aus der ehemaligen Siedlung in Martins Bay und Informationen zu den periodischen Flutkatastrophen sowie zum Bau von Milford Road und Homer Tunnel. Ein Foto aus dem Jahr 1989 zeigt den ehemaligen Inhaber Murry Gunn in seiner Küche.

FIORDLAND

Hollyford Track Guided Walk, ☎ 0800 832 226, 🖳 www.hollyfordtrack.com. Perfekt für a̶
ber ohne großen Rucksack wandern und komfortable Unterkünfte mit herzhaftem Essen b̶
Sachkundige Führer nehmen kleine Gruppen mit auf die 3-tägige Wanderung mit Übernachtung in der
eher luxuriösen Martins Bay Lodge und der Pyke River Lodge. Im Preis ($1995) sind eine Jetbootfahrt
auf dem Lake McKerrow und der Rückflug mit dem Hubschrauber ab Martins Bay enthalten Ende
Okt–Mitte April.

Die Route

Road End–Hidden Falls Hut (9 km, 2–3 Std., minimaler Anstieg). Nach der ersten Hängebrücke
folgt die Strecke einer unbefahrenen Straße entlang des Swamp Creek und dann dem Hollyford
River. Anschließend geht es an der Sunshine Hut von Hollyford Guided Walks vorbei zur Hidden
Falls Hut.
Hidden Falls Hut–Alabaster Hut (10 km, 3–4 Std., 100 Höhenmeter). Ambitionierte Wanderer werden
wahrscheinlich gleich den Weg zur Alabaster Hut in Angriff nehmen wollen. Er führt durch Ribbonwood und Südbuchenwald über den Little Homer Saddle und an den 60 m hohen Little Homer Falls
sowie einer weiteren privaten Hütte vorbei zur DOC-Hütte am Lake Alabaster.
Alabaster Hut–Demon Trail Hut (15 km, 3–4 Std., minimaler Anstieg). Man läuft von der Alabaster Hut
bis zur Hängebrücke über den Pyke River zurück und folgt dann einem schlecht instandgehaltenen
und oft matschigen Weg in Richtung Lake McKerrow. Nach einiger Zeit passiert man einen Neben-
weg, der zur hübsch gelegenen McKerrow Island Hut führt und erreicht schließlich die Demon Trail
Hut neben dem See.
Demon Trail Hut–Hokuri Hut (10 km, 5–6 Std., 100 Höhenmeter). Der technisch schwierigste Streckenabschnitt ist der Weg zur Hokuri Hut. Er verläuft am Seeufer entlang durch unwegsames Terrain und
erfordert einige Flussüberquerungen, bevor er die Hokuri Hut (12 Betten) erreicht.
Hokuri Hut–Martins Bay Hut (13 km, 4–5 Std., minimaler Anstieg). Der letzte Teil der Route passiert
die spärlichen Überreste von Jamestown, einer Siedlung von Viehzüchtern, der nur eine kurze Blüte
in den 1870er-Jahren beschieden war. Dahinter gelangt man zum kleinen, von Hollyford Track Guided
Walks genutzten Flugfeld und dem Dutzend Behausungen von Martins Bay. Niemand lebt hier dauerhaft, nur Angler und Jäger nutzen sie gelegentlich. Parallel zur Martins Bay erreicht der Weg mit vereinzelten Ausblicken auf den Hollyford River schließlich die Martins Bay Hut.

Homer Tunnel

Nach der Abzweigung nach Hollyford verläuft
die Milford Road weiter nach Westen bergauf zur Hollyford-Quelle, gesäumt von Krüppel-
buchen, bis zum riesigen Gletschertal des Gertrude Valley. Durch diese Landschaft voller
Wasserfälle stolzieren viele neugierige **Keas**.
Aber bitte nicht füttern! Menschliche Nahrung
kann sie umbringen.

Anschließend geht es durch den 1200 m langen **Homer Tunnel** durch die Steilwand des Gertrude Valley Richtung Meer. Die Tunnelbau-
arbeiten begannen 1935, doch die Planung stand
von Anfang an unter keinem guten Stern. Im vor-

gesehenen 10 %-igen Gefälle stießen die Bauarbeiter schon bald auf Wasser, das sie unent-
wegt abpumpen mussten. 1948 wurde der Bau
eines Führungstunnels abgeschlossen, der das
Abfließen des Wassers nach Westen ermöglichte. Nachdem man erneut alle verfügbaren
Energien mobilisierte, konnte die erste Straßenverbindung zum Milford Sound 1953 schließlich
fertiggestellt werden. Jedes Jahr im April liefern
sich Einheimische nur mit Turnschuhen bekleidet ein Wettrennen durch den Homer Tunnel.

Trotz einiger Verbesserungen in jüngerer Zeit
ist der schmale und stockfinstere Tunnel bis
heute eine ziemlich raue Angelegenheit. Zu den
Stoßzeiten im Sommer regelt eine **Ampel** den

FIORDLAND

Die wunderbare Landschaft entlang der Milford Road kann schnell vom Autofahren ablenken. Unabhängig von der Jahreszeit müssen Autofahrer außerdem mit starkem Busverkehr rechnen; Richtung Milford ist das Aufkommen zwischen 11 und 12 Uhr am größten, Richtung Te Anau zwischen 15 und 17 Uhr. Abgesehen von dem Laden im Hollyford Valley, 8 km abseits der eigentlichen Route, gibt es bis Milford keine Gelegenheit für den Kauf von **Proviant**. Den Wagen unbedingt in Te Anau auftanken: In Milford gibt es zwar je eine **Zapfsäule** für Benzin und Diesel, aber oft keinen Sprit.

Im Winter (Mai–Okt) ist der durch subalpines Gelände führende Abschnitt der Milford Road eine der **lawinenanfälligsten** Strecken der Welt und wird durch ein hochmodernes Lawinenkontrollsystem überwacht. Wenn notwendig wird nach Sperrung der Straße aus Helikoptern Sprengstoff abgeworfen, um gefährliche Schneeakkumulationen zu lösen. Während dieser Zeit sind Schneeketten vorgeschrieben (an Tankstellen in Te Anau für $25/Tag zu bekommen). Ist Schnee gemeldet, werden Fahrzeuge an einem kleinen Häuschen etwas außerhalb von Te Anau angehalten, wo kontrolliert wird, ob man Schneeketten dabeihat und sie auch aufziehen kann – andernfalls geht's zurück nach Te Anau. Nicht selten kommt es vor, dass die Straße gesperrt wird und Autofahrer in Milford festsitzen. Vor der Abfahrt sollte man sich immer im DOC-Büro in Te Anau nach den Wettervorhersagen erkundigen. Regelmäßig aktualisierte Informationen zum Straßenzustand gibt es auch auf 🖥 www.milfordroad.co.nz.

Verkehr, der dann nur einspurig verläuft (Wartezeiten bis zu 15 Min. sind möglich), sonst muss man auf entgegenkommende Fahrzeuge achten.

The Chasm

Nach dem Homer Tunnel führt die Straße in Serpentinen bergab zum Cleddau River. Etwa 10 km hinter dem Tunnel halten sämtliche Busse bei **The Chasm** und geben ihren Fahrgästen Gelegenheit zu einem kurzen Spaziergang zu den Stromschnellen des Cleddau (hin und zurück 15 Min.), der hier eine tiefe, eindrucksvolle Schlucht in den Fels gefräst hat. Von hier sind es noch 8 km bis zum Milford Sound.

ÜBERNACHTUNG

Camper können auf einem der 12 einfachen DOC-Campingplätze entlang der Milford Road entweder auf Gras oder unter Bäumen nächtigen. Alle haben Plumpsklo, Giardiafreies Flusswasser und meist eine Feuerstelle. Die vollständige Liste steht im DOC-Gratisheft *Conservation Campsites*; die besten Plätze sind hier nach Entfernung von Te Anau aufgeführt.

Cascade Creek, SH94, 77 km nördlich von Te Anau. Der nächste DOC-Campingplatz am Milford Sound (40 km). Bietet auch Kurse im Fliegenfischen. $6

Deer Flat, SH94, 59 km nördlich von Te Anau. DOC-Campingplatz mit Wiesenstellplätzen und schattigen Plätzen unter Buchen. Toiletten und Picknicktische vorhanden. $6

Gunns Camp, 8 km entlang der Lower Hollyford Rd, 🖥 www.gunnscamp.org.nz. Die einzigen Unterkünfte in dieser Gegend sind in diesen Cabins untergebracht, die in den 1930er-Jahren als Familienquartiere für Straßenbauarbeiter dienten. Sie werden ständig modernisiert; neuerdings gibt es Lounge und Küche. Trotzdem ist der schlichte Charakter erhalten geblieben. Die Cabins haben meist Einzelbetten oder Zimmer mit 6 Stockbetten ($25/Bett). Laken werden gestellt, aber man benötigt einen eigenen Schlafsack. Von 7–9 und 18–22 Uhr läuft ein Generator, es gibt mit Holz befeuerte Duschen, aber weder Kühlschränke, Mobilfunk, Telefone und Internet. Einfache Grundnahrungsmittel können im kleinen Laden gekauft werden. Einige Wohnmobilstellplätze. Camping $15, Cabins mit DZ $65

Henry Creek, SH94, 23 km nördlich von Te Anau an der Milford Rd. Der erste DOC-

FIORDLAND

Campingplatz an der Milford Road verteilt seine ansprechenden Stellplätze entlang des Seeufers und im Schutz von Buchen. Plumpsklos und Seewasser. $6

 **Knobs Flat**, SH94, 62 km nördlich von Te Anau, ✆ 03 249 9122, 🖥 www.knobs flat.co.nz. 6 sehr komfortable Motel Units in abgeschiedener Lage mit tollem Talblick von der Veranda. Kein TV oder Mobilfunknetz. Außerdem im Angebot: geführte Wanderungen durch das Eglinton Valley ($20/Std., $75/halber Tag) und Camping (keine Elektroanschlüsse) mit Dusche (für Nichtgäste $5) und gut ausgestatteter Küche. Camping $15, DZ $130
Walker Creek, SH94, 47 km nördlich von Te Anau. Kleiner DOC-Campingplatz mit Talblick 2 km innerhalb des Nationalparks. Bachwasser, Picknicktische, Toiletten und viele geschützte Stellplätze für Wohnmobile. $6

20 HIGHLIGHT

Milford Sound

Milford Sound (Piopiotahi): Der nördlichste und bekannteste der 15 Fjorde in Fiordland erhebt sich mit senkrechten Wänden und vielen Wasserfällen 1200 m über das Meer. Mit 15 km Länge und meist weniger als 1 km Breite gehört er auch zu den schmalsten seiner Art. Sein Name ist irreführend: Ein „Sound" definiert sich als versunkenes Flusstal. Das hier ist aber definitiv ein durch Gletscher geformter Fjord. Die schieren Ausmaße dieses wunderbaren Ortes sind eigentlich nur zu erfassen, wenn gerade ein Schiff durchfährt – selbst die größten Pötte sehen darin aus wie Spielzeuge.

Tatsächlich präsentiert sich der Milford bei Regenwetter am schönsten. Da kann man nur von Glück reden, dass es an über 180 Tagen im Jahr regnet (insgesamt bis zu **7000 mm Niederschlag**). Innerhalb von Minuten nach einem Wolkenbruch schießen Wasserfälle aus sämtlichen Felswänden, und leichter Nebel verleiht dem Ganzen eine überirdische Schönheit. Doch alle Wetterlagen des Milford Sound sind einen Besuch wert: Sonne (doch, die gibt es auch), Regen oder auch Schnee.

Kein anderer Fjord bietet diese spektakuläre **Schönheit**; das wirklich Besondere ist aber der leichte **Zugang**. Der winzige Flughafen kommt selten zur Ruhe, und Busladungen von Besuchern besteigen die Ausflugsdampfer (im Sommer den ganzen Tag, im Frühjahr und Herbst zur Mittagszeit). Aber nicht irritieren lassen: Selbst die Menschenmassen können die Pracht nicht schmälern. Natürlich kann man auch mit dem Auto hierher fahren, aber erst vom Schiff oder Kajak aus entfaltet sich das Panorama in seiner ganzen Pracht.

Geschichte

Die Maori nennen den Fjord **Piopiotahi** („eine einsame Drossel") und schreiben seine Entstehung dem Gott Tu-te-raki-whanoa zu, der an einen anderen Ort gerufen wurde, bevor er einen Weg ins Landesinnere in das Gestein meißeln konnte und hohe Felswände zurücklassen musste. Diese steilen Routen sind heute als Homer Pass und Mackinnon Pass bekannt, wurden aber vermutlich schon früher von den Maori genutzt.

Als erster Europäer soll der Robbenfänger John Grono 1823 in den Piopiotahi gesegelt sein und den Fjord nach seinem Heimathafen in Südwales, Milford Haven, benannt haben. Der Hauptzufluss in den walisischen Milford war der Cleddau, weshalb man den Fluss am Ende des Fjords mit dem gleichen Namen bedachte.

Der erste Siedler war der Schotte **Donald Sutherland**, der sich mit seinem Hund John O'Groat 1877 hier niederließ und unverzüglich eine Reihe strohgedeckter Hütten in der Nachbarschaft des Süßwasserbeckens seiner sogenannten „City of Milford" plante. Zur Finanzierung seiner Erkundungstouren verdingte er sich als Führer einer noch geringen Schar an Besuchern, die von Geschichten über die landschaftliche Pracht angelockt wurden.

Bis 1953 kamen alle Besucher per Boot oder zu Fuß über den Milford Track. Dann machte der Homer Tunnel endlich den Weg frei für den endlosen Strom an Reisebussen zu den Ausflugsschiffen.

FIORDLAND

Der Ort Milford Sound

Am Milford Sound liegt eine winzige Siedlung gleichen Namens. Außer einem Flugplatz, einem Fischerhafen, einer XXL-Kreuzfahrtmole, einem Postamt, einem Pub und ein paar Lodges hat der Ort jedoch nicht viel zu bieten. Wer es bis hierher geschafft hat, ist vor allem von Wasser umgeben und sollte so viel Zeit wie möglich darauf verbringen.

Wenn man sich für die Pionierzeit interessiert, kann man aber auch **Donald Sutherlands Grab** besuchen, das sich hinter dem Pub versteckt.

Auch der 5-minütige **Spaziergang** zum Aussichtspunkt hinter der Mitre Peak Lodge und der **Piopiotahi Foreshore Walk** vom Hauptparkplatz entlang der sandigen Küste und zurück durch Südbuchenwald zur Siedlung (Rundweg 30 Min., eben) lohnen sich.

Mitre Peak

Der Blick auf den Milford Sound wird beherrscht vom unverkennbaren dreieckigen Gipfel des **Mitre Peak** (1692 m).

Die Ähnlichkeit der Bergspitze zum namensgebenden Bischofshut ist eigentlich gar nicht so groß, aber die viktorianischen Pioniere suchten offensichtlich händeringend nach einer Alternative zum Maori-Namen Rahotu, was übersetzt soviel heißt wie „aufrechtes Glied" – die Ähnlichkeit zu einem solchen ist allerdings auch nicht gerade frappierend.

Sinbad Gully

Links fällt der Mitre Peak in die **Sinbad Gully** ab; dieses riesige Tal war in Fiordland die letzte Bastion des **Kakapo**, des größten Papageis der Welt. 1981 wurden hier eine Handvoll Vögel gefunden und mit den ebenfalls gefährdeten Steward-Island-Kakapos gekreuzt. Heute sind alle Exemplare auf raubtierfreien Inseln geschützt. Durch Wieselfallen hofft man, Sinbad Gully wieder sicher genug für die erneute Ansiedlung der Vögel zu machen.

Lady Bowen Falls und Stirling Falls

Nach einem Regenguss könnte man zwar meinen, Milford Sound bestehe komplett aus Wasserfällen. Aber nur zwei davon sind permanent zu sehen. Man betrachtet sie am besten vom Wasser aus. Gleich neben der Ortschaft Milford Sound donnern die 164 m hohen **Lady Bowen Falls** ins Wasser – besonders beeindruckend nach einem Regenguss.

Die 155 m hohen **Stirling Falls** auf halber Höhe des Fjords sind fast genauso imposant und werden von fast allen Ausflugsschiffen und manchen Kajakausflügen angefahren.

Milford Discovery Centre und Underwater Observatory

Harrison Cove, fakultativer Stopp auf den meisten Kreuzfahrten, 30–45 Min. Aufenthalt ▪ $36 ▪ ☎ 0800 246 536, 🖥 www.southerndiscoveries.co.nz

Nach etwa einem Drittel des Weges über den Fjord befindet sich das kürzlich erneuerte **Milford Discovery Centre und Underwater Observatory**. Es handelt sich um eine schwimmende Plattform, verankert in einem Felsen im Meeresschutzgebiet. Eine Wendeltreppe führt 8 m in die Tiefe, wo durch Sichtfenster ein „Unterwassergarten" mit Korallen und Meerespflanzen zu sehen ist, teilweise bevölkert von Haien und Robben. Aber die Hauptattraktion sind die seltenen **Korallen** und Pflanzen. Was sich vielleicht nicht sonderlich aufregend anhört, bietet die wahrscheinlich einzige Möglichkeit, diese Korallen zu Gesicht zu bekommen – es sei denn, man ist ein erfahrener Taucher. Über Wasser sind interessante Infotafeln zur Milford Road, zum Bau des Homer Tunnels sowie zum Bau der Observatory Mitte der 1990er-Jahre angebracht.

ÜBERNACHTUNG UND ESSEN

Blue Duck Bar, SH94, ☎ 03 249 7982. Das schlichte Pub hat Billardtische, Sport-TV und eine kleine Speisekarte mit Pizza, Hähnchen-

FIORDLAND

burger mit Pommes und Spaghetti (alles um $19). ⏱ tgl. Nov–März 12–23 Uhr oder später, April–Okt 16–21 Uhr, Essen 17–21 Uhr.

Blue Duck Café, SH94, ✆ 03 249 7931. Café mit gutem Espresso, Muffins, Sandwiches und Eis. Mittagsbuffet $17–21, die Eckplätze bieten bei gutem Wetter Aussicht auf dem Mitre Peak. ⏱ tgl. Nov–März 8.30–16.30, April–Okt 9–16 Uhr.

Milford Sound Lodge, 1,5 km nach dem Kai, ✆ 03 249 8071, 💻 www.milfordlodge.com. Gut geführte Lodge mit Campingmöglichkeiten ($22), Wohnmobilstellplätzen ($25), großen Dorms, 2-Bettzimmern und Doppelzimmern (mit Gemeinschaftsbad). Wer mit Geld um sich werfen möchte, kann in eines der riesigen Chalets (ab $290) mit großen Fenstern, Fußbodenheizung und großen Betten ziehen. Das exzellente Piopio Café und die komfortable Lounge entschädigen für die enge Küche und den teuren Laden. Am Flussufer stehen 4 schöne Units mit Bad und TV. Im Voraus buchen! Dorms $33, DZ $99

Mitre Peak Lodge, ✆ 03 249 7907. 35-Betten-Hotel aus dem 1950er-Jahren, in dem Teilnehmer geführter Ultimate Hikes-Touren Vorrang haben. Restzimmer können telefonisch reserviert werden. Sie entsprechen nicht den neuesten Standard, die Zimmer mit Blick auf den Mitre Peak dagegen haben moderne Bäder. Checkout um 8.30 Uhr. ⏱ Nov–Mitte April. $200, Fjordblick $250

TRANSPORT

Milford Sound ist ein Wunschziel der meisten Neuseeland-Besucher; während der Saison (Okt–April) haben landesweit jede Menge Veranstalter die Anreise im Angebot. Wer will, kann auch selbst über die Milford Road (S. 882) hinfahren, mit dem Bus anreisen oder direkt von Queenstown nach Wanaka fliegen (S. 821). Manche Unternehmen bieten eine Kombi aus Bus, Boot und Flug an (s. Kasten S. 891).

Busse

Zahlreiche Luxusbusse legen die 5 Std. von Queenstown nach Milford Sound über Te Anau zurück (häufige Fotostopps und Endloskommentare inkl.), halten kurz für die Kreuzfahrt, bevor sie dann wieder nach Queenstown zurückkehren: ein vollgepackter 12–13-Stundentag, der meist um 7 Uhr beginnt. Schöner ist es natürlich, sich in Te Anau einzumieten und dort in den Bus zu steigen. Die Reise dauert dann nur noch entspannte 8 Std. zum Milford Sound und zurück. Dabei erlebt man den spannendsten Abschnitt der Milford Road und die Kreuzfahrt. Die billigsten Busfahrten entalten keine Schiff-

Das empfindliche Ökosystem des Milford Sound

Die Auswüchse des Touristenrummels sowie die Existenz einer kleinen Fischereiflotte verlangen nach Strategien zum Schutz dieses **empfindlichen** Ökosystems. Wie alle Fjorde besitzt der Milford Sound an seiner Mündung eine unterseeische Schwelle, die in diesem Fall nur 70 m unter der Oberfläche liegt, während die tiefste Stelle im Fjord fast 450 m misst. Das verhindert die natürliche Umwälzung des Wassers und die Vermischung des Salzwassers mit den ungeheuren Süßwassermengen, die sich in den Fjord ergießen, wodurch das seltsame Phänomen der **Deep Water Emergence** entsteht. Diese wiederum hat zur Folge, dass die Tanninkonzentration der oberen Süßwasserschicht (meist 2–6 m tief) ansteigt und noch weniger Licht, als ohnehin schon durch den immerwährenden Schatten der steil aufragenden Felswände abgehalten wird, das Wasser durchdringen kann.

Die Folge ist eine relativ karge Gezeitenzone, die einen schmalen, aber überaus reichen und höchst fragilen Streifen lichtscheuer roter und schwarzer **Korallen** schützt. Normalerweise wachsen diese erst in viel größerer Tiefe, gedeihen aber hier dank der dunklen Umgebung prächtig. Bedauerlicherweise verwendet die hiesige Fischereiflotte Hummerreusen, die nicht selten alles Wachstum von den Fjordwänden abrasieren. An der Nordostküste ist ein Schutzgebiet eingerichtet worden, wo derlei Praktiken verboten sind, nach Meinung von Umweltschutzgruppen sollte diese Zone jedoch noch erweitert werden.

FIORDLAND

Wem ein Ganztagestrip von Queenstown nach Milford Sound (Bus/Boot/Bus) zu anstrengend ist und wer das eisige Rückgrat von oben sowie die schöne Milford Road vom Boden aus sehen will, ist mit einer Flug/Boot/Bus- oder Bus/Boot/Flug-Kombination gut bedient. Da Flüge wegen des schlechten Wetters schnell storniert werden, ist es sinnvoller, hinzufliegen, solange die Sonne scheint, und mit dem Bus zurückzufahren. Viele Anbieter haben solche Kombi-Angebote im Programm, die seltsamerweise mehr kosten, als beide Strecken zu fliegen. Übliche Preise: **Air Fiordland** $535, **Milford Sound Select** $599 und **Real Journeys** $584.

fahrt, aber man kann sie nach Ankunft selber organisieren. Die Busse zwischen Milford und The Divide werden von **Tracknet**, ✆ 0800 483 262, 🖥 www.tracknet.nt, eingesetzt.
BBQ Bus, ✆ 03 442 1045, 🖥 www.milford. net.nz. Sehr gute Option von Queenstown inkl. Halt für kurze Waldspaziergänge, Grillen im Hollyford Valley und Fjordrundfahrt (auch mit Flug). Okt–April tgl., Mai, Aug und Sep 5x wöchentl. ($195). Auch ab Te Anau ($165).
Fiordland Tours, ✆ 0800 247 249, 🖥 www. fiordlandtours.co.nz. Kleinbusfahrten von Te Anau nach Milford Sound, mit Abholung an der Unterkunft, guten Kommentaren, Bootsfahrt und hausgemachten Backwaren ($169, Mittagessen $20 Aufschlag).
Jucy, ✆ 0800 500 121, 🖥 www.jucycruize. co.nz. Günstiger Trip von Queenstown für Spätaufsteher. Abfahrt 8.15 Uhr, Anschluss zur Jucy Cruise um 15.15 Uhr und kurzer Halt zum Abendessen in Te Anau. Rückkehr um 21 Uhr ($159).
Milford Sound Select, ✆ 0800 477 479, 🖥 www.milfordsoundselect.co.nz. Mittelgroße Glasdachbusse sind ein schönes Detail dieser sehr preisgünstigen Bus/Boot/Bus-Kombi-Tour von Queenstown ($149).
Real Journeys, ✆ 0800 656 501, 🖥 www. realjourneys.co.nz. Gehobene Bus/Boot/Bus-Kombination von Queenstown mit keilförmigen Glasdachbussen, leicht angewinkelten Sitzen mit Panoramasicht und WLAN. Gute, mehr-

sprachige Kommentare. Fährt ganzjährig ($226), Abholung auch in Te Anau ($170).
Tracknet, ✆ 03 249 7777, 🖥 www.tracknet.net. Günstiger Transfer von Te Anau nach Milford Sound, allerdings mit Umwegen zu den Startpunkten einiger Wanderungen. (Okt–April 3x tgl., $49 einfach).
Trips & Tramps, ✆ 0800 305 807, 🖥 www. tripsandtramps.co.nz. Interaktive, naturorientierte Kleinbusfahrten. Zum Angebot gehören Kombinationen aus Bus-, Schifffahrt und Wanderungen, wobei man entweder selber in 2 Std. auf den Key Summit (s. Kasten S. 883) wandert oder sich kurzen geführten Wanderungen anschließt (10 Std., $159). Eine weitere lohnende Zweitagestour schließt noch einen Ausflug mit dem Kajak ein ($335, ohne Unterkunft).

Busse nach:
THE DIVIDE 4x tgl., 1 1/4 Std.;
QUEENSTOWN mind. 7x tgl., 4 3/4–5 1/2 Std.;
TE ANAU mind. 7x tgl. 2 1/4–2 3/4 Std.

Flüge
Besucher mit akutem Zeitmangel können von Queenstown oder Wanaka aus einen einfachen Überflug des Milford Sound buchen (meist ca. $370). Da die Flugbedingungen jedoch sehr wetterabhängig sind, fliegen die meisten Anbieter nur nach Milford, wenn sie sicher sein können, dass auch der Rückflug klappt.
Air Fiordland, ✆ 0800 103 404, 🖥 www.airfiord land.com. Anbieter in Te Anau mit 4-stündigen Flug/Boot/Flug-Kombinationen ab Queenstown oder Te Anau (jeweils $470).
Real Journeys, ✆ 0800 656 501, 🖥 www. realjourneys.co.nz. Großer Anbieter mit eigenen Ausflugsbooten. Nur Flug $360, Flug/Kreuzfahrt/Flug ab $430.
Wanaka Flightseeing, ✆ 03 443 8787, 🖥 www.flightseeing.co.nz. Flug/Boot/Flug-Kombi-Touren von Wanaka mit besonders schönem Blick auf Mount Aspiring und Olivine Ice Plateau (4 Std., $490).

Flüge nach:
QUEENSTOWN mind. 10x tgl., 35 Min.;
WANAKA 2–3x tgl., 40 Min.

FIORDLAND

Eine Reise zum Milford Sound ohne einen Abstecher aufs Wasser ist nicht komplett. Glücklicherweise mangelt es nicht an entsprechenden lohnenswerten Angeboten.

Tagesrundfahrten

Obgleich imposant, ist der Ausblick vom Ufer auf den Milford Sound nichts im Vergleich zu den Eindrücken, die sich vom Wasser aus bieten. Die meisten Schiffe fahren den Fjord in seiner ganzen Länge ab. Bei den **Stirling Falls** halten die Boote dicht am Fuß des Wasserfalls und geben wagemutigen Passagieren die Gelegenheit, mit dem Wasser auf Tuchfühlung zu gehen.

Die einfachste Variante ist eine der **Tagestouren** (1 1/2–3 Std., im Sommer 20x tgl., im Winter 10x tgl.; im Jan, Feb und März am besten ein paar Tage im Voraus buchen). Zur Auswahl stehen ein großer und komfortabler Katamaran und kleinere Boote mit persönlicherem Charakter. Die meisten Anbieter haben variable **Preise** je nach Tageszeit: Zwischen 11 und 14 Uhr liegen sie 20–30 % über den Preisen um 9 oder 15 Uhr. Ansonsten richten sich die Preise nach Größe des Boots und der Ausflugslänge. Die Kulisse ist natürlich überall gleich schön.

Cruise Milford, ☎ 0800 645367, 🖥 www.cruisemilfordnz.com. Setzt die kleinsten Boote (max. 40 Passagiere) auf dem Sound ein. Der Familienbetrieb ist eine vielversprechende Alternative, wenn man den allgegenwärtigen Tourgruppen entgehen möchte (1 3/4 Std., $70–85).

Go Orange, ☎ 0800 246672, 🖥 www.goorange.co.nz. Preiswerteres Tochterunternehmen von Real Journeys mit guten 2-stündigen Schifffahrten ($55–70). Snacks oder Lunchpakete können hinzugebucht werden (plus $20–$25). Hat auch eine Reihe von Kajaktouren im Angebot.

Jucy Cruise, ☎ 0800 500 121, 🖥 www.jucycruize.co.nz. Spaßbetonte Fahrt (90 Min.–1 3/4 Std., $45–79) auf einem Katamaran, der bis zu 200 Passagiere fasst. Glücklicherweise ist das Schiff selten voll. Für Verpflegung sorgt eine Filiale von Pita Pit an Bord.

Mitre Peak Cruises, ☎ 0800 744 633, 🖥 www.mitrepeak.com. Relativ kleine Boote und der persönlichste Service machen diese 2-stündigen Bootstrips zu Recht besonders attraktiv ($70–82).

Real Journeys, ☎ 0800 656 501, 🖥 www.realjourneys.co.nz. Größter Anbieter mit breiter Auswahl an Booten und professionellem Service. Einfache Fahrten (1 Std. 40 Min., $72–96) und entspanntere Naturtrips (2 Std., $88–98). Mittagessen $17–33, indisches Essen und Sushi müssen vorbestellt werden.

Milford Track

- 54 km, 4 Tage

Wie kein anderer Great Walk ist der **Milford Track** zu einem Symbol für Neuseeland geworden. Der ihm anhaftende Ruf ist teils zufällig, teils historisch bedingt. Aber ohne Zweifel zeigt sich Fiordland auf dem Milford Track von seiner schönsten Seite. Ausgehend von der Nordspitze des Lake Te Anau folgt die Route dem Clinton River in die Berge, überquert den Mackinnon Pass und führt dann am Arthur River entlang zum Milford Sound.

Viele Wanderer betrachten den Track als überreglementiert, teuer und nicht sonderlich abwechslungsreich; andere bemängeln die schlechten Abstände zwischen den Hütten und deren von Sandfliegen heimgesuchte Lage. Zwar ist die Kritik nicht ganz unbegründet – allein die Unterkünfte und der Transport kosten um $370. Doch dafür ist die Route bestens gewartet, und die Hütten sind sauber. Dank der Regelung, dass die Strecke nur in eine Richtung begangen werden darf, kann man außerdem den ganzen Tag wandern, ohne einer Menschenseele zu begegnen. Zudem ist die Strecke anspruchsvoller, als viele glauben: Der einzige schwierige Aufstieg und der lange Marsch zum Boot ab Milford Sound müssen an den letzten beiden Tagen absolviert werden.

Während der Wandersaison (Ende Okt–Ende April) gelten strenge **Buchungsbestimmungen** (S. 896). Außerhalb der Saison empfiehlt sich

Southern Discoveries, ✆ 0800 264 536, 🖥 www.southerndiscoveries.co.nz. Mainstream-Fahrten von der einfachen Rundfahrt (1 3/4 Std., $59–92) bis zum Discover-More-Trip (3 Std., $99) mit Mittagessen und Besuch im Milford Discovery Centre.

Fahrten mit Übernachtung

Alle Fahrten mit Übernachtung werden von **Real Journeys**, ✆ 0800 656 501, 🖥 www.realjourneys. co.nz, in zwei leicht unterschiedlichen Varianten angeboten. Im Sommer absolvieren die beiden Schiffe tgl. von ca. 16.30–9.15 Uhr eine entspannte Fahrt um den Milford Sound und ankern meist an der Fjordmündung im Schutz der **Anita Bay** (oder *Te-Wahi-Takiwai*, dem „Ort von Takiwai"), einem ehemaligen Jadesammelplatz. Neben gutem Essen und einer Übernachtung in der geschützten Harrison Cove bietet sich den Teilnehmern auch die Gelegenheit zum Kajakfahren. Bustransfers oder Bus-Flug-Kombis gibt es von Queenstown und Te Anau.

Milford Wanderer Das Backpacker-Boot hat 36 Kojen, meist enge 2-Bettkabinen mit Gemeinschaftsbad (es gibt aber auch ein paar 4-Bettkabinen). Bettzeug, Handtücher und das herzhafte 3-Gänge-Menü (exkl. Getränke) gleichen die beengten Verhältnisse wieder aus. Nur Nov–März 2-Bettzimmer $335, 4-Bettzimmer $285.

Milford Mariner Recht luxuriöses 60-Kojen-Boot mit halbwegs komfortablen 2-Bett- oder Doppelbettkabinen mit Bad und 3-Gänge-Buffet. Nov–März $415, Sep, Okt und April–Mitte Mai $291.

Kajakfahren

Die Natur des Milford Sound lässt sich am besten vom **Kajak** aus erleben. Dabei hat man die einmalige Chance, seine Fauna aus der Nähe zu sehen und in der Gischt der Wasserfälle zu paddeln.

🛅 **Rosco's Milford Sound Sea Kayaks**, 72 Town Centre, Te Anau, ✆ 0800 476 726, 🖥 www.rosco milfordkayaks.com. Angeboten wird eine große Auswahl an Kajaktrips im Milford Sound mit freundlichen Führern, darunter der wunderbare Trip **Morning Glory** (18 km, 6 Std., $195): Start bei Morgengrauen, Rückfahrt per Wassertaxi. Der **Twilighter Classic** (12 km, 5 Std., $179) am Nachmittag ist ähnlich, wobei die Fahrt meist unruhiger ist und die Gruppe kleiner. Die meisten Trips sind Mitte Okt–Mitte April im Angebot, der **Sunriser** (12 km, 5 Std., $149) findet ganzjährig statt.

die Wanderung allerdings auch nur bedingt: Es gibt dann nur wenige Transportmöglichkeiten, einige Brücken werden entfernt, und Hütten werden nicht beheizt. Andererseits muss man in dieser Zeit nicht im Voraus buchen, und der Backcountry-Hüttenpass ist gültig. Die kostenlose DOC-Broschüre *MilfordTrack* reicht als erste Orientierung aus, detaillierte Auskunft bietet die *Milford Track Parkmap* im Maßstab 1:70 000 ($20).

Der **DOC in Te Anau** hat die neusten Wettervorhersagen und Infos zu Track-Bedingungen. Wanderer werden nicht vom DOC überwacht. Deshalb sollten sie sich auf 🖥 www.adventure smart.org.nz registrieren und dort ihr Wandervorhaben mitteilen. Entlang des Tracks gibt es verschiedene Lawinengebiete – außerhalb der

Saison deshalb auch unbedingt Lawinenwarnungen beim DOC checken! Leuchtpistolen können für $30/3 Tage bei Bev's Tramping Gear (S. 878) oder der Mobil-Tankstelle in Te Anau gemietet werden.

Geschichte

Die **Maori** durchwanderten wahrscheinlich schon früh das Arthur Valley und das Clinton Valley auf der Suche nach *pounamu*, stichhaltige Beweise dafür gibt es jedoch nicht. Als erste **Europäer** kamen die Schotten Donald Sutherland und John Mackay 1880 vom Milford Sound durch das Arthur Valley. Der Legende nach kamen sie auf ihrem Weg an den grandiosen Mackay Falls vorbei und bestimmten dort durch das Werfen einer Münze, nach wem der Was-

FIORDLAND

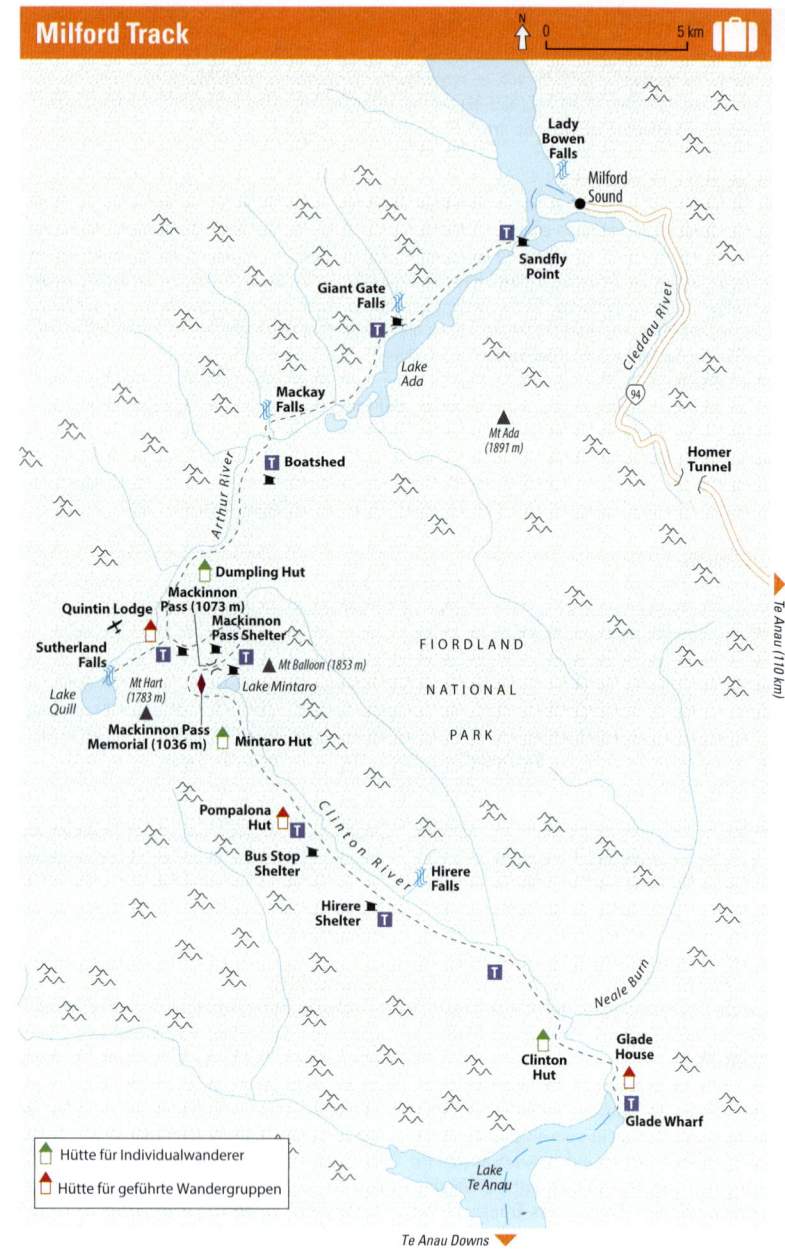

Milford Track

N
0   5 km

Lady Bowen Falls

Milford Sound

T Sandfly Point

Giant Gate Falls

T

Lake Ada

Cleddau River

94

Mackay Falls

Mt Ada (1891 m)

Homer Tunnel

T Boatshed

Arthur River

Dumpling Hut

Mackinnon Pass (1073 m)

Quintin Lodge

Mackinnon Pass Shelter

Sutherland Falls

T

FIORDLAND

Te Anau (110 km)

Lake Quill

Mt Hart (1783 m)

Mt Balloon (1853 m)

Lake Mintaro

NATIONAL

Mackinnon Pass Memorial (1036 m)

Mintaro Hut

PARK

Clinton River

Pompalona Hut

Bus Stop Shelter

Hirere Falls

Hirere Shelter

T

T

Neale Burn

Clinton Hut

Glade House

Glade Wharf

T

Lake Te Anau

Hütte für Individualwanderer

Hütte für geführte Wandergruppen

Te Anau Downs

FIORDLAND

www.stefan-loose.de/neuseeland

serfall benannt werden solle. Gleichzeitig wurde vereinbart, dass der Verlierer dem nächsten Wasserfall an der Strecke seinen Namen geben dürfe. Mackay gewann den ersten Entscheid, bereute sein Glück aber ein paar Tage später, als sie die weit erhabeneren Sutherland Falls passierten. Es ist durchaus denkbar, dass sie auch den benachbarten Mackinnon Pass erklommen, die Ehre der Namensgebung fiel jedoch **Quintin McKinnon** zu, der ihn 1888 in Begleitung von Ernest Mitchell im Auftrag des obersten Landvermessers von Otago, C. W. Adams, zum Zwecke der Erkundung einer Route durch das Clinton Valley überquerte.

Die ersten Touristen

Die Route war Mitte Oktober 1888 vollständig markiert, und schon im folgenden Jahr kamen die ersten **Touristen**, um sich von McKinnon durch das Gelände führen zu lassen. Richtig bekannt wurde die Strecke 1908, als eine Schriftstellerin ihren Eindruck des Milford Track dem Herausgeber des Londoner *Spectator* übermittelte. Sie hatte ihn als „eine bemerkenswerte Wanderung" bezeichnet, in einer Laune redaktionellen Überschwangs wurde der Artikel jedoch als „Die schönste Wanderung der Welt" übertitelt. Von 1903 bis 1966 waren die Wanderungen auf dem Track ein staatliches Monopol und nur geführte Touren waren erlaubt. Hütten deckten noch bis 1969 ihren Bedarf per Pferdetransport.

Für die **Allgemeinheit** wurde der Track erst zugänglich, als sich der Otago Tramping Club 1964 mit einer eigenständigen Wanderung über die bestehenden Bestimmungen hinwegsetzte. 1966 wurden Hütten errichtet; noch im gleichen Jahr kamen die ersten unabhängigen Gruppen.

Glade Wharf–Clinton Hut

■ 5 km, 1–1 1/2 Std., 50 Höhenmeter

Der erste Tag ist ein Kinderspiel. Man geht zunächst 2 km entlang einer Versorgungsroute für das Glade House (nur für geführte Wanderungen). Dahinter führt die Strecke über eine Hängebrücke zum Westufer des gemächlich dahinfließenden Clinton River. Angler können hier ein, zwei Stunden nach Forellen fischen, bevor es weiter durch dichten Südbuchenwald geht, der

gelegentlich Ausblicke auf die jenseits der Clinton Hut aufragenden Berge freigibt. Gleich in der Nähe gibt es einige gute Möglichkeiten zum Baden.

Clinton Hut–Mintaro Hut

■ 16,5 km, 4–7 Std., 350 Höhenmeter

Die Strecke folgt dem westlichen Ufer des Clinton River bis zu dessen Quelle, dem Lake Mintaro, und der Mintaro Hut. Auch dieser Abschnitt ist leicht. Im Verlauf des Marschs kann ein kurzer Abstecher zum Hidden Lake unternommen werden. Von der Abzweigung des Pfads ist bereits der Mackinnon Pass zu sehen. Bis zur Schutzhütte Bus Stop Shelter steigt der Weg ein wenig an, um dann wieder durch flacheres Gelände die Pompolona Hut (nur geführte Touren) zu erreichen. Von dort ist es noch 1 Std. Wegstrecke bis zur Mintaro Hut. Sofern sich ein schöner Sonnenuntergang ankündigt, lohnt es sich, das Gepäck dort abzustellen und auf den Mackinnon Pass zu steigen.

Mintaro Hut–Dumpling Hut

■ 14 km, 5–7 Std., 550 m Aufstieg,
1030 m Abstieg

Die bislang zurückgelegte Strecke hat die Beine kaum auf den anstrengenden dritten Tag vorbereitet. Obwohl der breite Weg auf festem Untergrund durch das Gelände führt und gut gesichert ist, werden Anfänger beim Aufstieg auf den Mackinnon Pass (1 1/2–2 Std.) oftmals außer Puste geraten. Hat man den Wald erst einmal hinter sich gelassen, wird der Aufstieg auf den Passkamm leichter. Oben angekommen lässt sich in atemberaubender Umgebung das Mittagessen genießen. Man muss sich allerdings auf die Gesellschaft von Keas und unablässig über das Gebiet brummende Touristenflugzeuge einstellen. Vom Denkmal zu Ehren von McKinnon und Mitchell am niedrigsten Punkt des Kamms führt der Weg nach Osten und steigt zu einer Schutzhütte (mit Toiletten sowie Gaskocher im Sommer; Übernachtung nicht gestattet) an, die direkt unterhalb des bizarr geformten Mount Balloon liegt. Von dort geht es nur noch (z. T. steil) bergab, zuerst entlang der Flanke des Mount Balloon, dann parallel zum malerischen Roaring Burn hinunter zum Arthur River. Am Zu-

FIORDLAND

sammenfluss der beiden befindet sich die Quin-tin Hut (nur geführte Touren). Zwar ist die Hüt-te in Privatbesitz, die Nutzung der Toiletten und Schutz bei schlechtem Wetter werden jedoch allen Wanderern gewährt – die meisten stellen hier allerdings nur ihr Gepäck ab, um zum Fuß des höchsten Wasserfalls Neuseelands, des 580 m hohen Sutherland Falls, zu laufen (hin und zurück 4 km, 1–1 1/2 Std., 50 Höhenmeter). Von der Quintin Hut ist es noch 1 Std. Wegstrecke zur Dumpling Hut.

Dumpling Hut–Sandfly Point
■ 18 km, 5–6 Std., 125 m Abstieg

Für diese Etappe sind ein früher Aufbruch und steter Marsch erforderlich, um eines der Boo-te (letzte Abfahrt um 16 Uhr) zu erreichen. Nach Regenfällen, wenn zahlreiche Wasserfälle über die Felswände in die Tiefe stürzen und der Art-hur River zu einem imposanten Strom ange-schwollen ist, kann die Strecke besonders reiz-voll sein. Nachdem der Weg zunächst dem Flusslauf bis zum Boatshed folgt, wo es Toilet-ten gibt, überquert er auf einer Hängebrücke den Arthur River und führt zu den grandiosen Mackay Falls. Schön ist auch der Bell Rock, ein ausgehöhlter Stein, in den man hineinklettern kann. Weiter folgt der Weg dem Ufer des Lake Ada, der nach einem Erdrutsch vor 900 Jah-ren entstand und von Sutherland nach dessen schottischer Freundin benannt wurde. Unge-fähr auf halber Uferstrecke gibt es einen klei-nen Rastplatz und die Giant Gate Falls, die sich am besten von der Hängebrücke in Augen-schein nehmen lassen, die am Fuß des Was-serfalls über den Fluss führt. Bis zur Schutzhüt-te am Sandfly Point sind es von hier noch rund 1 1/2 Std. auf einem guten, breiten Weg.

ÜBERNACHTUNG

Buchung
In der Hauptsaison (Ende Okt–Ende April) gilt ein strenges Vorausbuchungssystem. Die Route darf nur von Süden nach Norden gewandert werden, sodass man die erste Nacht in der Clinton Hut, die zweite in der Mintaro Hut und die dritte in der Dumpling Hut verbringen wird. Rückmärsche oder eine zweite Nacht in der gleichen Hütte sind nicht gestattet. Ab dem 1. Juli kann unter 🖥 www.doc.govt.nz kosten-los online gebucht werden, es ist jedoch auch per Post und persönlich ($2) am Great Walks Booking Desk, PO Box 29, Te Anau, ✆ 03 249 8514, ✉ greatwalksbooking@doc.govt.nz, möglich. Die Übernachtungscoupons können in Te Anau bis zu 2 Tage vor Abmarsch abgeholt werden. Wer das Boot um 10.30 Uhr nimmt muss sie spätestens am Tag der Wanderung vor 9 Uhr, wer das Boot am Nachmittag nimmt, vor 11 Uhr abholen. Da die Zahl der Wanderer auf 40 pro Tag begrenzt ist, muss im Voraus gebucht werden. Wer zeitlich flexibel ist, kann 2 Monate vorher buchen; bei festem Datumswunsch oder größeren Gruppen sollten es 6 Monate sein. Sollte die Route aufgrund widriger Wetter- oder Streckenbedingungen gesperrt sein, werden die bezahlten Beträge in voller Höhe erstattet.

Hütten und Camping
Während der Saison sind die 3 Hütten mit 40 Betten bewirtschaftet und haben WC, Wasser (das aber aufbereitet werden muss), Heizung und Gaskocher, aber keine Töpfe und Teller. 3 Nächte kosten $162. In der Neben-saison gibt es weder Hüttenwart noch Gas-kocher und nur Plumpsklos – dafür kostet die Übernachtung dann nur noch $15. Camping ist am Milford Track nicht möglich.

TOUREN

Milford Track Guided Walk, ✆ 0800 659 255, 🖥 www.ultimatehikes.co.nz. Lange Zeit konnte der Milford Track nur im Rahmen einer geführ-ten Wanderung erwandert werden, und für viele Besucher ist das immer noch die beste Option: Teilnehmer müssen weniger Gepäck tragen und kommen in den Genuss bequemer Betten in sauberen, einfachen Hütten sowie vorbereiteter Mahlzeiten und Lunchpaketen. Geschlafen wird in Dorms mit Stockbetten oder im DZ mit Bad. Die 5-Tagestour umfasst eine Einführung in Queenstown, Transport zum Ausgangspunkt und vom Endpunkt der Route, Unterkunft und Verpflegung auf dem Track, eine Nacht in der Mitre Peak Lodge und eine Boots-tour auf dem Sound (Nov–April tgl. Abfahrten).

FIORDLAND

Das gleiche Unternehmen bietet außerdem einegeführte Wanderung über den Routeburn Track. EZ-Zuschlag $600. Rabatte gibt es am Beginn und am Ende der Saison. Stockbett p. P. $2195, DZ p. P. $2605

TRANSPORT

Das einzige **Transportmittel zum Anfangs- und Endpunkt** des Milford Track sind Boote, die entweder vor oder bei Ausstellung der Übernachtungscoupons gebucht und bezahlt werden müssen. Wer die Route auf eigene Faust wandert, muss mit dem Bus von Tracknet von Te Anau ins 30 km nördlich gelegene Te Anau Downs fahren (30 Min., $36) und dann die Fähre von Real Journeys über den Lake Te Anau zur Glade Wharf nehmen (10.30 und 13 Uhr, 1 Std., $81). Eine frühe Abfahrt ist möglich; da der erste Wandertag jedoch sehr kurz ist, kann man auch den späteren Bus um 12.15 Uhr und die Fähre um 13 Uhr nehmen. Am Ende der Wanderstrecke im treffend benannten Sandfly Point nehmen die meisten Wanderer eines der Boote, die nach Milford Sound fahren (Nov–April tgl. 14, 15 und 16 Uhr, 20 Min., $45). Abfahrt der Busse von Tracknet zurück nach Te Anau um 9.30, 14.30 und 17 Uhr (3 Std., $49). In der Nebensaison bietet Cruise Te Anau, ☎ 03 249 8005, 🖥 www.cruise teanau.co.nz, ein komplettes Transportpaket für $180 (nur April–Nov) an.

Manapouri und Lake Manapouri

Sogar unter den vielen Anwärtern auf den Titel „schönster See Neuseelands" sticht der 178 m über dem Meeresspiegel gelegene **Lake Manapouri** mit seinem bewaldeten Ufer und seinen drei ausgeprägten Armen deutlich hervor. Der See besitzt ein riesiges Einzugsgebiet, das alles Wasser, das über den Upper Waiau River vom Lake Te Anau abfließt, sammelt und ein gewaltiges Reservoir an erschließbarer Wasserenergie schafft – ein Umstand, der dem See schon fast zum Verhängnis wurde.

Die kleine Ortschaft **Manapouri** 20 km südlich von Te Anau breitet sich hübsch um das Seeufer am Beginn des Waiau River aus – seit dem Bau des Wasserkraftwerks ein schmaler Seearm mit dem Namen Pearl Harbour. Neben Bootsrundfahrten und Kajaktrips kann man in Manapouri ein paar kurze Wanderungen unternehmen. Unterkünfte und Restaurants sind sehr spärlich.

Manapouri Underground Power Station

Tour Okt–April tgl. 12.30–13.30 Uhr, 3–4 Std., $77

Real Journeys (S. 891) ist der einzige Anbieter mit Zugang zu diesem umstrittenen Wasserkraftwerk. Nach einer Bootsfahrt erhalten Besucher anhand eines Maßstabsmodells im Besucherzentrum einen ersten Eindruck von den Dimensionen der Anlage, dann geht's per Bus durch 2 km lange Tunnel zur Aussichtsplattform in der Maschinenhalle. Vor der Rückfahrt sieht man kurz die freiliegenden Abschnitte der sieben Turbinen sowie einige Infotafeln.

ÜBERNACHTUNG

🏠 **Freestone Backpackers**, 270 Hillside Rd (SH99), 3 km östlich von Manapouri, ☎ 03 249 6893, 🖥 www.freestone.co.nz. Die Unterkunft am Hügel mit tollem See- und Bergblick, Pferden, Hühnern sowie komfortablen Holzchalets (eins mit Bad, $86) fühlt sich nicht wirklich an wie ein Hostel. Die Chalets haben einen Kanonenofen, eine Veranda und eine einfache Kochzeile. Gäste zahlen für die Konzertfahrten (S. 898) des Inhabers nur den Preis, den auch die Einheimischen entrichten. Dorms $30, DZ $66

Manapouri Lakeview Motor Inn, 68 Cathedral Drive, ☎ 03 249 6652, 🖥 www.manapouri.com. Die klassische neuseeländische Motor Lodge bietet selbst von den preiswerten Zimmern einen fantastischen Ausblick auf den See und die Berge. Die Standard Studios ($130) sind mit Betten vollgestellt, aber wer sie nicht alle belegt, ist mit den attraktiveren Superior Studios ($135) besser bedient. Budgetzimmer $96

FIORDLAND

Wanderungen in Manapouri

Die folgenden Wanderungen sind in der DOC-Broschüre *Fiordland Day Walks* näher beschrieben. Details über den Bootszugang zum Hope Arm Track und Circle Track stehen im Abschnitt „Nahverkehr".

Circle Track (7 km, 3–4 Std. Rundwanderung, 330 Höhenmeter). Manapouris beliebteste Wanderung umrundet den See und klettert dann Richtung Südosten auf einen Grat mit atemberaubendem Blick über den See. Anschließend geht's nach Norden und zum Start zurück.

Hope Arm und Back Valley (15 km, 6–7 Std. Rundwanderung, 200 Höhenmeter). Schöner Wanderweg durch Podocarp- und Buchenwald westlich von Manapouri mit großartigem Seeblick und optionalem (oft matschigen) Abstecher zum Lake Rakatu (weitere 2 Std.). Am besten mit Übernachtung in der Hope Arm Hut (12 Betten, $5) oder der Back Valley Hut (4 Betten, kostenlos).

Pearl Harbour–Fraser's Beach (einfach 30 Min.). Anspruchsloser Uferweg durch Buchenwald begleitet von Fächerschwänzen und Brillenvögeln. Folgt z. T. dem Old Coach Road Walk. An klaren Abenden bieten sich umwerfende Ausblicke.

Possum Lodge 13 Murrell Ave, ☎ 03 249 6623, 🖥 www.possumlodge.co.nz. Ansprechend ruhiger, altmodischer, gut geführter Campingplatz mit einem Hostel am Übergang von Waiau River und See. Einige Wohnmobilstellplätze ($37) plus Motel Units ($110) im 1940er-Jahre-Look. Camping pro Stellplatz $32, Dorms $23

ESSEN

Lakeview Café, 68 Cathedral Drive, am Manapouri Lakeview Motor Inn, ☎ 03 249 6652. Das traditionelle Pub bietet einen großartigen Blick über Lake Manapouri. Auf der Karte stehen nur die üblichen Standardgerichte, aber sie werden lecker zubereitet. Außerdem gibt es vegetarische Sachen wie Falafel Burger ($28,50), auch Takeaway. ⏰ Essen tgl. 11–21.30 Uhr.

SONSTIGES

Informationen

Pearl Harbour, ☎ 0800 656 501, 🖥 www.realjourneys.co.nz. Ein paar lokale Informationen gibt's bei der Real-Journeys-Buchungsstelle für den Doubtful Sound. ⏰ Nov–Feb tgl. 7.30–18, März–Okt 8.30–17.30 Uhr.

Touren

Manapouri Lake Cruises, ☎ 03 249 6893, 🖥 www.manapourilakecruises.co.nz. Ein örtlicher Bootseigner und ein Pianist haben sich zusammengetan und bieten jeden Nachmittag (2 Std., $75) und jeden Abend (3 Std., $95–125) Bootsfahrten an. Die Jacht ankert zwischendurch in einer ruhigen Bucht, dann gibt es ein klassisches Klavierkonzert und Erfrischungen (Kaffee und Kuchen oder Wein und Käse).

NAHVERKEHR

Im Ort kommt man gut zu Fuß zurecht. Wer die schönsten Routen wandern will, muss über den knapp 100 m breiten Waiau River übersetzen.

Adventure Kayak & Cruise, 33 Waiau St, neben der Mobil-Tankstelle, ☎ 0800 324 966, 🖥 www.fiordlandadventure.co.nz. Veranstalter von Kajaktouren auf dem Doubtful Sound, der auch Einzel- und Doppelkajaks ($50/Tag, inkl. Westsuits, Thermounterwäsche und VHF-Radio) in seinem Büro in Manapouri vermietet. ⏰ Okt–April tgl., 9–16.30 Uhr.

Adventure Manapouri, ☎ 03 249 8070, 🖥 www.adventuremanapouri.co.nz. Wassertaxifahrten über den Waiau (Okt–April tgl. 11 und 15 Uhr, hin und zurück $15) und Shuttleservice (hin und zurück $20). Verleih von Ruderbooten ($30/Tag).

TRANSPORT

Topline Tours, ☎ 0508 249 8059, 🖥 www.toplinetours.co.nz, verkehren zwischen Te Anau und Manapouri (Okt–April tgl. auf Anfrage, $20). Die Busse von **Real Journeys** in Te Anau mit Anschluss an Boote zum westlichen Arm und Doubtful Sound nehmen z. T. auch Nicht-Bootspassagiere mit, wenn sie nicht voll sind ($42). Busse nach TE ANAU fahren 1–2x tgl. (20 Min.).

FIORDLAND

Doubtful Sound

Mit dem Bau des Manapouri-Wasserkraftwerks wurde auch der **Doubtful Sound** für Besucher zugänglich. Was früher die alleinige Domäne sporadischer Jachten sowie einiger weniger Jäger und Wanderer war, ist nun auch all denjenigen zugänglich, die gewillt sind, ein Boot über den Lake Manapouri zu nehmen und über den Wilmot Pass zu fahren. Neben der unberührten Schönheit gehört die Tierwelt zu den größten Attraktionen, darunter rund 60 **Große Tümmler**, die sich häufig in Nähe von Schiffen und Kajaks tummeln. **Pelzrobben** bevölkern die weiter draußen gelegenen Inseln, **Dickschnabelpinguine** suchen im Oktober und November das Gebiet zum Brüten auf, und der Wald, der bis an die Ufer reicht, beherbergt zahlreiche Kakas, Kiwis und andere seltene Vogelarten.

Rundfahrten und Kajaktrips am Doubtful Sound

Ein Tag (oder noch besser: mehrere) am Doubtful Sound ist ein Höhepunkt jeder Neuseeland-Reise; herrliche Kajaktrips und Bootsfahrten sorgen für unvergessliche Erlebnisse.

Adventure Kayak and Cruise, ℰ 0800 324 966, ⌨ www.fiordlandadventure.co.nz. Günstige Kajaktrips, z. B. eine geführte Ganztagestour mit gut 4–5 Std. Paddeln auf dem Fjord ($245) oder eine Zweitagestour mit Camping am Fjord ($385). Ein tolles Kombipaket umfasst die Tagestour auf dem Doubtful Sound und Campen am Lake Manapouri. Danach lässt der Führer die Gruppe alleine, die am nächsten Tag unter Eigenregie wieder zurückpaddelt ($285). ⏲ Nov–Ende März.

Deep Cove Charters, ℰ 0800 249 682, ⌨ www.deepcovecharters.co.nz. Die kleine, aber moderne *Seafinn* (12 Kojen) bietet hervorragende Übernachtungsfahrten mit viel Platz und engagierter Crew. Passagiere bekommen Fjord und Tierwelt zu sehen, können aber auch Kajak fahren und angeln. Im Vorbeifahren prüft Skipper Chris meist seine Krebsreusen: Was er darin findet, landet auf dem Tisch. Alle Mahlzeiten inklusive, Übernachtung in leicht beengten DZ/2-Bettzimmer mit Gemeinschaftsbad. Fahrten von Nov–März, Preis pro Erw.: Stockbett $500, 2-Bettzimmer $600, DZ $650.

Go Orange, ℰ 0800 246672, ⌨ www.goorange.co.nz. Der Ableger von Real Journeys bietet preisgünstige Tagestouren ($225). Die 3-stündige Bootsfahrt inkl. Kommentare und Mittagessen (ab $20) ist die billigste Möglichkeit, um den Doubtful Sound zu erleben. Das Boot fasst max. 45 Passagiere.

Real Journeys Overnight Cruise, ℰ 0800 656 501, ⌨ www.realjourneys.co.nz. Bei diesem Ausflug verbringen Passagiere eine Nacht vor Anker im Doubtful Sound an Bord der *Fiordland Navigator*, einem modernen Schiff, das aussieht wie ein traditionelles dreimastiges Flachboot. Ein Besuch im Wasserkraftwerk ist nicht inbegriffen, dafür hat man volle 24 Std. Zeit, die wunderbare Landschaft im Kajak oder auch beim Schwimmen zu genießen. Essen und Unterkunft sind hervorragend. Mitte Sep–Mitte Mai. 10 %-iger Nachlass für YHA-Mitglieder. Preis pro Erw.: 4-Bettzimmer $375, DZ/2-Bettzimmer $595, EZ $1041.

Real Journeys Wilderness Cruise, ℰ 0800 656 501, ⌨ www.realjourneys.co.nz. Der Tagestrip auf dem Doubtful Sound umfasst eine Bootsfahrt über Lake Manapouri, einen Besuch im Wasserkraftwerk und eine Busfahrt zur Deep Cove. Darauf folgt eine 3-stündige Bootsfahrt zur Fjordmündung (wo sich die Pelzrobben sonnen) und in die *arms*, stille Seitenarme, in denen man besonders gute Chancen hat, Wildtiere zu sehen. Dann geht's per Bus und Boot zurück. Rundfahrt $265, vorbestelltes Mittagessen $17. ⏲ ganzjährig, 1–2x tgl.

Sea Kayak Fiordland, ℰ 0800 200 434, ⌨ www.seakayakfiordland.co.nz. Die energiegeladenen, eindrucksvollen Kajaktrips ($399) mit Übernachtung laufen inzwischen unter der Regie von Real Journeys: 4–6 Std. im Glasbodenkajak und eine Nacht im einfachen Waldcamp am Fjord garantieren maximale Zeit auf dem Wasser. Auch 3-, 4- und 5-Tagestrips werden angeboten. Mindestalter: 16 Jahre, Essen selbst mitbringen. Keine Vorkenntnisse erforderlich. Hin und wieder gibt's auch einen 6-Tages-Trip mit Kajak und Segeljacht zum Dusky Sound ($2750). ⏲ tgl. Nov–Ende April.

FIORDLAND

Wie in Milford fällt auch im Doubtful Sound endlos viel **Regen**. Aber gerade nach einem Wolkenbruch ist es auch hier am schönsten, denn dann donnert von jedem Felsen ein Wasserfall herab. Die Felsformationen sind nicht ganz so dramatisch wie im Milford Sound, dafür ist der Doubtful Sound sehr viel abgeschiedener. Die Fahrt von Manapouri nach Doubtful Sound dauert zwei Stunden. Um die Schönheit und Einsamkeit des Orts in vollen Zügen genießen zu können, sollte man hier übernachten. Die Kosten sind hoch, und Besucher sind bei Unternehmungen eher auf sich allein gestellt, aber es lohnt sich allein schon wegen der weltabgeschiedenen Lage. Aus genau diesem Grunde wird die Region allerdings auch langsam immer populärer.

Geschichte

Kapitän Cook entdeckte den Doubtful Sound 1770, fuhr jedoch nicht hinein, weil es ihm zweifelhaft *(doubtful)* erschien, ob er in Anbetracht der um die steil aufragenden Fjordwände tosenden Winde wieder würde hinaussegeln können. Bessere Bedingungen fanden die beiden Anführer einer spanischen Expedition, Malaspina und Bauza, vor, die 1793 in den Fjord segelten und Febrero Point, Malaspina Reach sowie Bauza Island zu Namen verhalfen. Bald danach waren die Pelzrobbenkolonien durch Jagd stark dezimiert, und kaum noch jemand verirrte sich in die Gegend, bis in den 1960er-Jahren im Zuge des Wasserkraftwerkbaus die 21 km lange Versorgungsstraße über den **Wilmot Pass** den Westarm des Manapouri mit der Deep Cove verband.

Dusky Sound

Auf ihrer zweiten Reise 1773 erholten sich Kapitän Cook und seine Crew im **DuskySound**, 40 km südlich des Doubtful Sound, sechs Wochen lang von ihrer strapaziösen Überquerung des Südpolarmeers. Die meiste Zeit lagen sie im Pickersgill Harbour; am Astronomer's Point sieht man heute noch, wo Cooks Astronom Bäume fällen ließ, um die Sterne besser anpeilen zu können. Nicht weit entfernt davon bauten Schiffbrüchige in den 1790er-Jahren das erste Haus und Boot im europäischen Stil. Auf Pigeon Island steht die einsame Ruine eines von **Richard Henry**, einem Pionier des neuseeländischen Naturschutzes, erbauten Hauses, der 1894–1908 gegen die Verdrängung gefährdeter Vogelarten durch eingeschleppte Wiesel und Ratten kämpfte.

Sehr wenige Touren kommen hierher – umso schöner für alle, die die Mühe auf sich nehmen. Real Journeys, ☎ 0800 656 501, 🖥 www. realjourneys.co.nz, bietet verschiedene Reisen in der Gegend an. Die kürzeste und preiswerteste ist die **Dusky Sound Discovery Expedition** (weit im Voraus buchen, 4–5 Tage, $1950–$2150), bei der man den Breaksea und Dusky Sound besucht, bevor es mit dem Hubschrauber zurück nach Manapouri geht.

Southern Scenic Route

🖥 www.southernscenicroute.co.nz

Mehr Aufmerksamkeit, als ihm gemeinhin zuteil wird, verdient das Gebiet, wo die saftigen Schafweiden Southlands an den Fiordland National Park stoßen. Die kleinen Orte der sehr ländlichen Region sind durch die unterbewertete **Southern Scenic Route** verbunden. Sie folgt ausgehend von Te Anau via Manapouri dem Tal des Waiau River bis in die höhlenreiche Umgebung von **Clifden** und führt weiter zum SH99. Von Clifden verläuft eine Nebenstraße zum Lake Hauroko, von wo der Dusky Track in Angriff genommen werden kann, während die Southern Scenic Route ihren Weg nach Süden durch die kleinen Orte **Tuatapere** (Ausgangspunkt für die Wanderung auf dem Hump Ridge und South Coast Track) und **Riverton** weiter Richtung Invercargill fortsetzt.

Clifden

90 km südlich von Te Anau liegt **Clifden**. Der Ort ist eigentlich kaum der Rede wert, wäre da nicht die historische **Clifden Suspension Bridge**. Sie ist eine der längsten Brücken der Südinsel und

FIORDLAND

ist seit ihrer Fertigstellung im Jahr 1899 immer noch für Fußgänger passierbar. Amateurhöhlenforscher sollten sich Zeit nehmen, die nahegelegenen **Clifden Caves** zu erkunden.

Clifden Caves
1 km entlang der Clifden Gorge Road
■ ⏱ jederzeit ■ Eintritt frei

In den **Clifden Caves** schlugen einst Maori während sommerlicher Exkursionen ihr Lager auf. Das lange Höhlensystem ist rund 1 km nördlich der Brücke am SH96 ausgeschildert. Auf eigene Faust ist eine Erkundung der an Stalaktiten und Glühwürmchen reichen Höhlen schon ein kleines Abenteuer. Besucher sollten nicht ihre beste Kleidung tragen, da man in einigen Gängen nur kriechend vorankommt; Leuchtstreifen markieren den Weg zu mehreren kurzen Leitern an den steilsten Stellen.

Man sollte sich keinesfalls allein in die Höhlen begeben. Am besten vorher jemanden von dem Vorhaben in Kenntnis setzen und mindestens zwei Taschenlampen mitnehmen. Für den Besuch sind gut 1 1/2 bis 2 Stunden einzuplanen.

Lake Hauroko

Am Ende einer langen Piste 32 km westlich von Clifden harrt **Lake Hauroko**, mit 462 m der tiefste See Neuseelands, seiner Entdeckung. 20 km Schotterstraße sorgen sogar für genügend Einsamkeit zum Nacktbaden. Niedrige bewaldete Hügel säumen ihn und geben den Weg für die „klingenden Winde" frei, nach denen er benannt ist. Der See liegt am südlichen Ende des **Dusty Track**. Er ist einer der längsten und abgelegensten Wanderwege Neuseelands und außerdem erheblich anspruchsvoller als die Great Walks. Erfahrene Wanderer können sich in den DOC-Büros in der Region Informationen zum Track besorgen. An der First Bay endet die Straße. Hier gibt es nur einen Parkplatz und Toiletten; **campen** kann man etwa 7 km vom Seeufer auf dem kostenlosen DOC-Campingplatz Thicket Burn (eine Wiese mit Toiletten und Wasserhähnen).

Tuatapere

Tuatapere breitet sich am Ufer des Waiau River 14 km südlich von Clifden aus. Die größte Stadt im südwestlichen Southland ist eine gute Basis zum Erkunden des südlichen Fiordlands. Früher waren hier jede Menge Sägewerke in Betrieb – die Stadt trug einst den Beinamen „The Hole in the Bush" (das Loch im Busch) –, heute sind nur noch ein einziges davon und ein kleiner Rest Buchen-/Podocarpwald übrig. Nach dem Niedergang der Holzwirtschaft wurde von der Gemeinde der hervorragende **Hump Ridge Track** geschaffen, um mehr Besucher anzuziehen. Er kann ebenso wie der South Coast Track mit spannenden Jetbootfahrten auf dem nahen Wairaurahiri River bei Clifden kombiniert werden.

Die letzten Reste des Waldes – eine spärliche Ansammlung von Südbuchen, Kahikatea und Totara – können am Flussufer in Augenschein genommen werden; die Angestellten des Visitor Centre (s. unten rechts) sind gern bei der Wegsuche behilflich.

Jetboottouren um Lake Hauroko

Zum Kennenlernen der Wildnis um Lake Hauroko kann man sich an eines der Unternehmen wenden, die **Jetboottouren** auf dem See und einem 27 km langen Abschnitt des **Wairaurahiri River** (WW III) anbieten. Die beiden nachfolgenden Anbieter fahren nur bei entsprechender Passagierzahl; am besten mehrere Tage vorher anrufen.

Humpridge Jet, ✆ 0800 270 556, 🖥 www.riverjet.co.nz. Ganztägige Sightseeingtour an die Küste ($225, mittags grillen zzgl. $25): gut 3 Std. auf dem Jetboot, ein paar kurze Wanderungen und jede Menge Jäger- und Fischerlatein aus den 1980er-Jahren. Auch gut als Transfer zum oder vom South Coast Track (einfach $180).

Wairaurahiri Jet, ✆ 0800 376 174, 🖥 www.wjet.co.nz. Dieser Anbieter tritt weitaus professioneller auf. Im Angebot: ein Tagesausflug an die Küste mit Mittags-Barbecue an der Waitutu Lodge (6 Std., $249), Wandertransfers ($189) und im Sommer Sonnenuntergangstrips über den Lake Hauroko und ein Stück auf dem Wairaurahiri River entlang (3 Std., $179).

FIORDLAND

Von Tuatapere aus lassen sich zwei wunderbare und vollkommen unterschiedliche Wanderwege erreichen: der traditionelle **South Coast Track** und der **Hump Ridge Track** mit seiner interessanten Kombination aus Küstenwanderung, historischen Stätten, subalpiner Landschaft und relativ luxuriösen Hütten. Die beiden Wanderungen sind nicht sehr ausführlich in der DOC-Broschüre *Southern Fiordland Tracks* beschrieben.

Beide Tracks führen mehrere Kilometer am selben Küstenabschnitt entlang, der historisch gesehen zu den interessantesten des Landes gehört. Sie folgen teilweise der 100 km langen Route, die 1896 entlang der Südküste zu Goldgräbersiedlungen im südlichsten Fjord des Preservation Inlet angelegt wurde. Dieser Pfad ebnete den Weg für Holzfäller, die in den 1920er-Jahren zuhauf in die Region kamen. Der Transport der Holzstämme in die Sägewerke erfolgte in Förderwagen und führte auf Viadukten über die Flussläufe und Bäche. Vier der schönsten Viadukte sind aufwendig restauriert worden, darunter die 125 m lange Brücke über den Percy Burn, die 35 m hoch aufragt. Ebenso faszinierend sind die Überreste des ehemaligen Sägemühlen-Dorfes **Port Craig**.

Startpunkt beider Tracks ist der Rarakau-Parkplatz, 20 km westlich von Tuatapere. Er ist mit einem Bus (hin und zurück $45) zu erreichen, der vom Hump Ridge Track-Büro betrieben wird. Dort befindet sich auch ein bewachter Parkplatz ($5/Tag). **Jetboote** (s. Kasten S. 901) holen Wanderer an der Mündung des Wairaurahiri River ab oder lassen sie dort aussteigen (einfach $189 p. P.), sodass man per Jetboot oder Minibus nach Tuatapere zurückfahren kann.

South Coast Track

Der **South Coast Track** führt durch das größte neuseeländische Regenwaldgebiet der tieferen Lagen. Zwar ist die Strecke relativ einfach, aber bis zum Big River benötigt man dennoch fast 4 Tage – und muss denselben Weg zurücklaufen, sofern man nicht vorab die Abholung an der Wairaurahiri Hut von einem Jetboot arrangiert hat. Eine beliebte Alternative ist eine 3-tägige Tour, bei der man in der Port Craig School Hut ($15) des DOC übernachtet und die dortige Umgebung erkundet. Am Track liegen zwei weitere Hütten ($5), die 4–7 Std. voneinander entfernt sind; Camping ist kostenlos.

Rarakau–Port Craig School Hut (20 km 5–7 Std., minimaler Anstieg). Am ersten Tag folgt man entweder dem alten Holzfällerpfad oder – bei Ebbe – dem Strand, was ungefähr 30 Min. Marschzeit einspart, bevor sich der Weg durch den Wald nach Port Craig schlängelt.

Port Craig School Hut–Wairaurahiri Hut (16 km, 4–6 Std., 200 Höhenmeter). Auf dieser Etappe führt der Track entlang der alten Bahnlinie und quert drei restaurierte Viadukte (der vierte und größte, der Percy Burn Viadukt, ist langfristig für Wartungsarbeiten gesperrt), bevor er zum Wairaurahiri River abfällt. Eine Alternative ist die Übernachtung in der privaten *Waitutu Lodge* am Ufer des Wairaurahiri (zu buchen über das Visitor Centre in Tuatapere, $30, 🖳 www.waitutu.co.nz). Schlafsack und Essen mitnehmen.

Wairaurahiri Hut–Waitutu Hut (13 km, 4–6 Std., minimaler Anstieg). Dieser Abschnitt führt weitgehend über Maori-Gebiet durch das Küstentiefland zur Waitutu Hut (12 Betten, $5) am rechten Ufer des Waitutu River. Trainierte, erfahrene Wanderer mit Campingausrüstung können von der Waitutu Hut zum Big River (12 km, 5–7 Std., minimaler Anstieg) weiterlaufen, wo die Westies Hut des DOC in einem Höhleneingang sitzt (kostenlos).

Hump Ridge Track

Der privat verwaltete, 62 km lange **Hump Ridge Track** (im Voraus buchen unter ☏ 0800 486 774, 🖳 www.humpridgetrack.co.nz, oder vor Ort in Tuatapere, S. 904) nimmt 3 Tage in Anspruch, mit Übernachtung in 2 komfortablen 32-Bett-Lodges mit Elektrolicht, Gasherd, Kochtöpfen und Geschirr, 8-Bettzimmer, Bier- und Weinausschank (kein BYO), WC, heißen Duschen und vom Lodge-Manager selbst zubereitetem Porridge ($10). Es gibt sogar einen Heli-**Gepäcktransfer** (max. 15 kg, $100/Streckenabschnitt). Dieser lohnt sich vor allem beim ersten Abschnitt, der am steilsten ist.

Der Wanderweg kann z. T. schlammig sein, und abseits der Holzstege befindet man sich schnell mitten in der Wildnis. Die Wanderung erfordert einen guten Trainingsstand und eignet sich nicht für Anfänger oder Kinder unter 10 Jahren. Die Tour wird gegen den Uhrzeigersinn gelaufen. Start und Endpunkt ist Rarakau.

Zu den Übernachtungspaketen in der **Sommersaison** (Ende Okt–Mitte April) gehört der **Freedom Walk** ($170, Schlafsack und Essen mitbringen) mit je einer Nacht in jeder Lodge. Doppelzimmer/2-Bettzimmer mit Bettzeug kosten zusätzlich $100/Zimmer/Nacht. Das Paket **Prime Package** umfasst eine Nacht in Tuatapere, Heli-Gepäcktransfer am 1. Tag sowie heiße Duschen ($450, Start am Do). Bei der 4-tägigen **geführten Wanderung** ($1645, Start am Fr) sind Mahlzeiten, ein kurzer Helikopterflug, Gepäcktransfer auf allen Abschnitten, Privatzimmer in den Lodges und B&B in Tuatapere inbegriffen. **Außerhalb der Saison** ist die Ausstattung der Lodges einfacher und es gibt keinen Gepäcktransfer.

Rarakau–Okaka Lodge (21 km, 7–9 Std., 900 Höhenmeter). Nach einem sensationellen Küstenabschnitt wendet sich der Weg auf Holzstegen landeinwärts durch Wald und dichten Farnbewuchs. Durch Buchenwald geht es steil bergauf zu einem Grat mit freiem Blick über die Te Waewae Bay. Ein Abstecher führt zum Summit Loop Track (30 Min. Rundweg auf Holzstegen) mit malerischen Sandsteinfelsen und schöner Bergflora.

Okaka Lodge–Port Craig Lodge (21 km, 7–9 Std., 100 m Aufstieg, 900 m Abstieg). Der Track folgt nun der Hump Ridge und bietet mehrere Stunden lang magische Aussichten, bevor er über den Edwin Burn Viaduct zum South Coast Track absteigt. Dann geht's über einen alten Schienendamm zum majestätischen Percy Burn Viaduct und weiter nach Port Craig.

Port Craig Lodge–Rarakau (20 km, 5–7 Std., serpentinenreich). Führt durch hohe Rimu-Bäume zur Küste hinunter, vorbei an Sandstränden und an der Küste zurück nach Rarakau.

FIORDLAND

Geschichte

Nach maorischer Legende erlitt Tamateas großes Kriegskanu *Takitimu* an der Schwelle zum
Waiau River in der Te Waewae Bay Schiffbruch
und wurde zu Stein. Der versteinerte Rumpf des
Kanus formte die Takitimu Mountains nördlich
von Tuatapere. Entlang des Flusses errichteten
die Maori Sommerlager, aber erst die Ankunft
europäischer **Pioniere** um 1885 verhalf Tuatapere zu seiner Existenz.

1909 reichte die **Eisenbahnverbindung** von
Invercargill bis hierher und brachte vermehrt
technisches Gerät in die Gegend, um den hiesigen Wald abzuholzen. In jüngerer Vergangenheit
verlagerte sich das Interesse der Holzwirtschaft
weiter nach Westen an den Rand des Fiordland
National Park, wo die maorischen Besitzer in den
1970er-Jahren die Abholzung von Rimu-Bäumen
zuließen. Umweltschützer konnten sich gegenüber dem Umweltministerium schließlich Gehör
verschaffen und die Festschreibung einer um-
weltverträglichen Politik erreichen.

ÜBERNACHTUNG UND ESSEN

Last Light Lodge & Café, 2 Clifden Hwy,
☎ 03 226 6667, 🖥 www.lastlightlodge.com.
Das ehemalige Holzfällercamp ist in einer
schönen Ferienanlage mit einfachen kleinen
Zimmern, 3-Bett-Dorms und einigen Zelt- ($14)
und Wohnmobilstellplätzen ($16) umgewan-
delt worden. Das Café ist hervorragend und
bietet reichlich Sitzplätze im Außenbereich,
Internet und ganztägig eine gute Auswahl an
leckeren Gerichten (z. B. Penne mit Lachs und
Jakobsmuscheln für $25 oder Panini mit geräu-
chertem Hähnchenfleisch für $10). ⏰ Café
tgl. 8–21 Uhr oder später. Dorms $30, DZ $70
**Tuatapere Motel & Shooters Backpackers
Holiday Park**, 73 Main St, ☎ 0800 009 993,
🖥 www.tuatapereaccommodation.co.nz.
Eine etwas seelenlose, aber gut ausgestattete
Kombination aus 4 geräumigen, modernen
Motel Units, Hostel mit Whirlpool ($25/Std.)
und Zelt- ($18) sowie Wohnmobilstellplätzen
($19). Dorms $30, DZ $65

Yesteryear Café, 3a Orawia Rd,
☎ 03 226 6682. Die tolle Hausmannskost
in dieser alten Bäckerei kocht die Inhaberin
Helen selbst in altem Geschirr aus dem
frühen 20. Jh. – eine Hommage an ihre Großmutter und die ihres Mannes, deren Marme-
ladentöpfe die Wände schmücken. Für Pfannkuchen mit Himbeermarmelade und Sahne
wirft sie sogar den alten Kohleofen an.
Ansonsten gibt es Pasteten, Hackfleisch auf
Toast ($9) und jede Menge Backwaren, unter-
malt von 1970er-Jahre-Musik, die auch Oma
gefallen hätte. ⏰ tgl. Okt–April 7–17 Uhr.

INFORMATIONEN

**Hump Ridge Track Buchungsstelle und
Infozentrum**, 31 Orawia Rd, ☎ 03 226 6739.
In erster Linie für Wanderer auf dem Hump
Ridge Track. Kleine Auswahl an Outdoor-
ausrüstungen und jede Menge Informationen
über den Track. Während der Wanderung
kann man im Zentrum sein Gepäck aufbewah-
ren lassen, und die Mitarbeiter helfen beim
Arrangieren von Unterkünften und Transport
vor Ort. Das kostenlose kleine Bushman's
Museum zeigt eine rosarote Version der Pio-
niergeschichte. ⏰tgl. Okt–April 7.30–18 Uhr.

TRANSPORT

Trips & Tramps, ☎ 0800 305 807, 🖥 www.
tripsandtramps.com, betreibt die einzige
regionale Buslinie zwischen Tuatapere und
Te Anau (Nov–Ende April, nur Mo und Do).
Zwischen Tuatapere und Invercargill fährt
kein Bus.

Busse nach:
MANAPOURI 2x wöchentl., 1 1/2 Std.;
TE ANAU 2x wöchentl., 1 3/4 Std.

Monkey Island

23 km südlich von Tuatapere

Südlich von Tuatapere folgt der SH99 den windgepeitschten Klippen um die breite, launische Te
Waewae Bay, wo der Südwind die oft fotogra-
fierten Monterey-Zypressen zu extravaganten
Erscheinungen modelliert hat. Etwa 3 km hinter
der Ortschaft Orepuki zeigen Wegweiser nach

FIORDLAND

Monkey Island. Hier warten ein schöner Strand und ein einfacher, kostenloser Campingplatz mit Plumpsklo.

Cosy Nook

29 km südlich von Tuatapere

4 km weiter auf dem SH99 weist ein Schild nach Westen zum 3 km entfernt gelegenen **Cosy Nook**, einer malerischen Bucht zwischen Granitfelsen, die eher aussieht, als würde sie nach Schottland gehören. Angeblich benannte sie der Schotte George Thomson nach seinem Heimatort in den Highlands. Einst war dieser Fleckchen Erde Standort der größten Maori-Siedlung an diesem Küstenabschnitt. Auf Matariki, einer Insel am Zugang zur Bucht, stand ein *pa* (Fort). Heute gibt es hier nur noch eine Handvoll rustikaler Ferienhäuschen.

Colac Bay

37 km südöstlich von Tuatapere

Dort, wo der Highway wieder zur Küste zurückkehrt, liegt die ruhige Ortschaft **Colac Bay**, deren Namen Walfänger im 18. Jh. vom Namen des Maori-Häuptlings Korako ableiteten. Hier gibt es ein landesweit bekanntes Surfrevier. Außerdem hat der Ort gute Bedingungen für Schwimmer und Speiselokale zu bieten. **Wohnmobile** dürfen über Nacht an der Colac Foreshore Road zwischen Schiffsrampe und Schutzhütte stehen (max. 2 Nächte, kostenlos).

Riverton

Riverton (Aparima) liegt 12 östlich der Colac Bay und ist eine der ältesten Siedlungen des Landes. Sie wurde bereits in den 1790er-Jahren von Walfängern genutzt und formell durch den Walfänger John Howell 1836 gegründet. Howell wird auch die Ehre zuteil, den Grundstein für die heute so erfolgreiche Schafzucht Neuseelands gelegt zu haben. Der kleine Ort breitet sich entlang einer Landzunge zwischen dem Meer und dem Jacob's River Estuary (bestehend aus der Mündung des Aparima und des Pourakino River) aus, wo noch immer Fischerboote ankern. Jenseits von Riverton führt der SH99 wieder landeinwärts und erreicht nach 40 km Invercargill.

Die östliche Verlängerung **der Southern Scenic Route** an der Catlins Coast entlang nach Dunedin wird im Kapitel „Von Dunedin nach Stewart Island" (S. 716) behandelt.

Te Hikoi: Southern Journey

172 Palmerston St ▪ ⏰ tgl. Okt–März 10–17, April–Sep 10–16 Uhr ▪ Eintritt $6 ▪ ✆ 03 234 8260, 🖵 www.tehikoi.co.nz

Wer sich für die Kulturgeschichte der Südküste interessiert, sollte sich eine Stunde Zeit nehmen für dieses gut präsentierte, moderne **Museum**. Schon der Beginn der Ausstellung lohnt sich, mit einem 15-minütigen Film über die unruhigen Zeiten der ersten Europäer. Die Infotafel über ein Maori-Nesträuber-Camp ist nicht so gelungen, dafür veranschaulichen die Exponate zum Nestraub auf den Titi-Inseln und ein saisonaler Nahrungskalender, wie schwierig das Überleben hier im Süden war. Die Europäer, die sich vom Robben- und Walfang sowie bei der Forstwirtschaft ernährten, hatten es auch nicht leichter. Außerdem werden Exponate zu einer chinesischen Goldgräberstadt in Round Hill gezeigt.

ESSEN

Mrs Clark's Café, 108 Palmerston St, ✆ 03 234 8600. Das gutbesuchte Lokal hat den besten Kaffee und Kuchen. Superlecker sind auch die hausgemachten Baked Beans auf Vollkorntoast ($14) oder die Sandbarschfrikadellen mit frischem Salat ($19). ⏰ So–Do 8–15 Uhr, Fr und Sa 8 Uhr bis spät.

FIORDLAND

Anhang

Glossar

ANZAC Australian and New Zealand Army Corps; australisch-neuseeländisches Armeekorps; jede neuseeländische Stadt besitzt ein Denkmal für die ANZAC-Opfer beider Weltkriege

Aotearoa Maori für Neuseeland: „Das Land der langen weißen Wolke"

ariki Oberhaupt eines *iwi*

aroha Liebe

bach (ausgesprochen wie engl. „batch") Ferienhaus; ursprünglich eine Junggesellenunterkunft in Arbeitscamps, inzwischen eine Art nationale Institution in jeder nur denkbaren Form, von einer einfachen Hütte bis zu einer palastähnlichen Residenz

back-blocks abgelegene Gegenden

bludger Schmarotzer, Nichtstuer

bro Abkürzung für *brother;* von Maori oft als Ausdruck der Zuneigung benutzt

BYO Abkürzung für *bring your own* (Alkohol)

Captain Cooker Wildschwein; wahrscheinlich Nachkommen jener Schweine, die bei Cooks erster Reise im Gebiet der Marlborough Sounds freigelassen wurden

chilly bin Kühltasche

choice fantastisch

chook Hühnchen

coaster (Ex-) Bewohner der Westküste auf der Südinsel

cocky Milch- oder Schafbauer

crib auf der Südinsel gebräuchliche Bezeichnung für *bach*

crook krank, unwohl

cuz oder cuzzy Abkürzung für *cousin,* siehe *bro*

dag witzige oder unterhaltsame Person

dairy „Tante-Emma-Laden", der alles Mögliche verkauft und sieben Tage die Woche, manchmal auch 24 Stunden, geöffnet hat

dob in denunzieren von Freunden und Nachbarn bei der Polizei; derzeit gibt es eine „dobber's charter", die Autofahrer dazu ermutigt, verkehrsgefährdende Fahrweisen anderer zur Anzeige zu bringen

DOC Department of Conservation, verwaltet u. a. die Nationalparks und Wanderrouten und ist maßgeblich an der Gestaltung der Umweltpolitik beteiligt

docket Quittung

domain öffentliche Grünanlage

EFTPOS auf Bankkarten basierendes Zahlungssystem in Geschäften, Bars und Restaurants

feijoa fleischige Frucht in Tomatengröße, die in ihrer Konsistenz an eine Melone erinnert und einen scharfen Geschmack hat

footie Rugby, niemals Fußball

freezing works Schlachthaus

Godzone Neuseeland, Abkürzung für „God's own country"

good as (gold) sehr gut, ausgezeichnet

greasies Essen zum Mitnehmen, insbesondere Fish'n'Chips

greenstone neuseeländische Jade, Nephrit; auf Maori *pounamu*

Haere mai Willkommen

haka Maori-Tanz, der als eine Art Drohgebärde jedem Rugbyspiel der All Blacks vorangeht

handle ein großer Krug Bier

hangi Maori-Festmahl, wird im Erdofen zubereitet (S. 42)

hapu kleinere Stammeseinheit der Maori; mehrere *hapu* bilden ein *iwi*

harakeke Flachs

hard case siehe *dag*

hikoi Protestmarsch, oft mehrtägig und über weite Distanzen

hogget das Fleisch eines einjährigen Schafs; älter und geschmackvoller als Lamm, aber nicht so zäh wie Hammel

Hollywood vorgetäuschte oder dramatisierte Sportverletzung, um einen Vorteil zu erlangen

hongi Maori-Gruß durch Aneinanderpressen der Nasen

hoon Rowdy oder Bösewicht

hori Schimpfwort für einen Maori

hot dog Wurst auf einem Spieß, die in Tomatenketchup getunkt wird; was im Rest der Welt als Hot Dog bekannt ist, heißt in Neuseeland „American Hot Dog"

hui Maori-Treffen oder -Versammlung

iwi größte Stammeseinheit der Maori

Jafa Just Another Fucking Aucklander. Abfälliger Ausdruck für die Einwohner von Auckland, z. B. in: „He's a bloody Jafa".

jandals unabdingliches Kiwi-Accessoire: Gummisandalen

jug 1 Liter Bier

kai Ausdruck der Maori für Essen; allgemein verbreitet

ka kite bis dann

ka pai gut, gut gemacht

kaimoana Seafood

kainga Dorf

karanga an Besucher gerichtete Aufforderung, ein *marae* zu betreten

kaumatua Stammesälteste der Maori, ältere Menschen

kawa-marae Etikette oder Protokoll bei einem *marae*-Besuch

kete traditioneller Flechtkorb aus Flachs

kia ora hallo; danke

kiore Polynesische Ratte

Kiwi Spitzname für Neuseeländer, daneben auch der Nationalvogel und das Maskottchen Neuseelands

kiwi fruit Kiwi. Merke: Mit der Kurzform „Kiwis" bezeichnet man in Neuseeland nur die Einheimischen, nie die Früchte!

koha Spende, Geschenk

kohanga reo Vorschule, die ihren Schwerpunkt auf die Erlernung der maorischen Sprache legt (wörtlich „Sprachnest")

kuia weibliche Stammesälteste der Maori

kumara Süßkartoffel

kuri Polynesischer Hund, inzwischen ausgestorben

lay-by Anzahlung auf Waren, die man sich bis zur vollen Bezahlung zurücklegen lässt

mana maorischer Ausdruck für Status, Ansehen, Prestige oder Autorität; wird von allen Neuseeländern verwendet

manaia stilisierter Vogel oder Eidechse, beliebtes Muster in maorischen Schnitzereien

Manchester Bettwäsche bzw. Bettwäscheabteilung eines Kaufhauses

manuhiri Gast oder Besucher, insbesondere eines *marae*

maoritanga Maori-Kultur und -Brauchtum; maorische Lebensphilosophie, S. 119

marae wörtlich „Hof", der Ort vor einem Versammlungshaus, wo Zeremonien durchgeführt werden; auch für einen Komplex um ein Versammlungshaus gebräuchlich

mauri Lebenskraft oder Lebensprinzip

mere Kriegskeule, meist aus Jade

metalled Schotterstraße, wie es sie überall in den ländlichen Gebieten Neuseelands gibt

MMP Mixed Member Proportional, das Wahlsystem Neuseelands, vergleichbar dem deutschen Verhältniswahlrecht

moko traditionelle Körper- und Gesichtstätowierungen, die bei den Maori neuerdings wieder in Mode sind

muttonbird möwengroßer Sturmtaucher, der ein wichtiger Bestandteil der präeuropäischen Nahrung der Maori war und wie öliger, leicht fischiger Hammel schmeckt – daher auch der Name

ngati Präfix, bezeichnet Stammeszugehörigkeit oder Abstammung; auch *ngai* und *ati*

OE Overseas Experience; in der Regel ein Jahr, das Kiwis mit Anfang 20 im Ausland verbringen

pa befestigtes Dorf früherer Zeiten, heute meist verlassene Siedlung auf einem Hügel

paddock Feld

pakeha kein Maori, bezeichnet meist Weiße und wird im Allgemeinen nicht abwertend gebraucht. Wörtlich „fremd", kann aber auch als „Floh" oder „Plage" übersetzt werden; möglicherweise eine Abwandlung von *pakepakeha,* womit menschenähnliche Fabelwesen mit heller Haut gemeint sind

pashing Küssen oder Knutschen

patu kurze Kampfkeule

paua der muskulöse „Fuß" der Abalone-Muschel, oft klein gehackt und frittiert serviert; die Schale wird zu Schmuck verarbeitet

Pavlova Baiser-Torte mit Früchten und Sahne

pike out „kneifen", aufgeben

piss Bier

pissed betrunken

Podocarpaceen in Neuseeland beheimatete Familie der Nadelhölzer, zu der u. a. Rimu, Kahikatea, Matai, Miro und Totara gehören

pohutukawa knorriger einheimischer Baum, der besonders an der Küste der nördlichen Nordinsel zu finden ist. Blüht Mitte Dezember leuchtend rot und wird manchmal als „neuseeländischer Weihnachtsbaum" bezeichnet

poms Briten; nicht unbedingt beleidigend

pounamu Neuseeländische Jade

powhiri traditionelles Willkommensritual in einem *marae*

puha Maori-Wort für Gänsedistel, eine vielblättrige Pflanze, die von den Maori gesammelt und wie Spinat gegessen wird

puku Maori für Magen, Bauch; häufig als Kosename für eine mollige Person gebraucht

rangatira allgemeine Bezeichnung für einen Maori-Häuptling

rapt sehr zufrieden, begeistert

rattle your dags Beeilung!

root Vulgärausdruck für Sex

rooted sehr abgenutzt, nicht zu reparieren

rough as guts schlampig verarbeitet, schlecht funktionierend

sealed road asphaltierte Straße

section Stück Land, meist das ein Haus umgebende Grundstück

she'll be right Das wird schon wieder! Keine Sorge!

shout eine Runde ausgeben, etwas spendieren

skull Bier in sich reinkippen, schnell trinken

smoko kurze Arbeitspause

snarler, snag Wurst

squiz Blick, z. B. in „Give us a squiz"

stoked sehr zufrieden

sweet cool

taiaha langer Schlagstock

tall poppy jemand, der durch besondere Leistungen hervorsticht. „Cutting down tall poppies" bedeutet, jemanden auf das normale Mittelmaß zurückzustutzen

tamarillo leicht bittere, tiefrote Frucht, auch als Baumtomate bekannt

tane Mann

tangata whenua die Menschen des Landes, die Einheimischen

tangi Trauer oder Begräbnis

taniwha Furcht erregender Wassergeist der maorischen Legendenwelt

taonga Schatz, Besitz von großem Wert

tapu verboten oder tabu; häufig in Zusammenhang mit geweihtem Land gebraucht

te reo die maorische Sprache, Maori

tikanga Sitten, Werte und Verhaltensregeln der Maori

tiki Schmuckanhänger in Form einer stilisierten Menschenfigur

tiki tour Führung

togs Badekleidung

tohunga Maori-Priester, Experte in Sachen Maoritanga

true left linker Hand stromabwärts

true right rechter Hand stromabwärts

tukutuku geflochtene Holzgitter, die das Innere eines Versammlungshauses schmücken

tupuna Vorfahren; von großer spiritueller Bedeutung für die Maori

ute Abkürzung für „utility", kleinerer Lieferwagen

varsity Universität

Vegemite oder Marmite dunkler Brotaufstrich aus Hefeextrakt, für die einen ein Graus, von anderen heiß geliebt. Dauerthema ist die Diskussion darüber, was besser schmeckt: Marmite oder das australische Vegemite

wahine Frau

waiata Maori-Lied

wairua Geist, Seele

waka Maori-Kanu

waratah Stock, Latte; bezeichnet Schneemarkierungen entlang der Wanderpfade

wero Herausforderungsritual vor dem Betreten eines *marae*

whakapapa Familienstammbaum oder verwandtschaftliche Beziehung

whanau Großfamilie

whare Haus

whare runanga Versammlungshaus

whare whakairo mit Schnitzereien verziertes Haus

wop-wops abgelegene Gegenden

Index

309 Road 401

A
Abbey Caves 220
Abel Tasman Drive 568
Abel Tasman National Park 557, 562
Ahipara 251
Ahuriri 462
Akaroa 629
Alexandra 859
Alkohol 60
Alps 2 Ocean Cycle Trail 647
Anatoki River 568
Anaura Bay 440
Andrew Little 119
Angeln 68
  Akaroa 635
  Opotiki 433
  Poor Knights Islands 223
  Taupo 355
  Tauranga 419
  Turangi 363
Anreise 39
Aoraki/Mount Cook 678
Aoraki/Mount Cook Village 678
Aotea 198
Aotearoa 27
Aramoana Summit 312
Aratiatia Rapids 359
Arbeitsvisum 39
Arrowtown 834
Art déco 459, 463
Arten, gefährdete 92
Arthur's Pass 661
Arthur's Point 821
Atene 312
Atomtests 246

Auckland 131
  Acacia Cottage 148
  Aktivitäten 168
  Albert Park 138
  Auckland Art Gallery 136
  Auckland Botanic Gardens 150
  Auckland Museum 139
  Auckland Zoo 144
  Auto 172, 174
  Autokauf 171
  Autovermietungen 171
  Bastion Point 143
  Britomart Precinct 136
  Busse 174
  Civic Theatre 136
  Cornwall Park 148
  Devonport 146
  Eden Garden 142
  Einkaufen 170
  Eisenbahn 175
  Ermäßigungen 173
  Essen 156
  Ewelme Cottage 142
  Fähren 173
  Fahrrad 174
  Fernz Fernery 141
  Festivals 165
  Flüge 175
  Fort Street 136
  Geschichte 131
  High Street 136
  Highwic 142
  Holy Trinity Cathedral 142
  Huia Lodge 148
  Karangahape Road 138
  Kelly Tarlton's Sea Life Aquarium 143
  Kinder House 142
  Kohimarama 143
  Kultur 164

  Maori Court 139
  Maungawhau 147
  Medizinische Hilfe 172
  Mission Bay 143
  MOTAT 144
  Nahverkehr 172
  Navy Museum 147
  Newmarket 141
  New Zealand Maritime Museum 134
  North Head Historic Reserve 147
  North Shore 146
  One Tree Hill 149
  One Tree Hill Domain 148
  Otara Market 149
  Pah Homestead 149
  Parnell 141
  Ponsonby 144
  Post 172
  Princes Wharf 134
  Schwulen- und Lesbenszene 164
  Skytower 136
  Spaziergänge 140
  Stadtbahn 174
  Stadtbusse 173
  Stadtzentrum 134
  St Heliers 143
  St Mary's 142
  Takapuna 147
  Tamaki Drive 142
  Taxis 174
  The Domain 139
  Touren 168
  Transport 174
  Übernachtung 150
  Unterhaltung 164
  Viaduct Harbour 134
  Vulcan Lane 136
  Vulkankegel 137
  Wallace Arts Centre 149
  Wanderungen 140
  Wäschereien 172

  Waterfront 133, 142
  Wintergardens 141
  Wynyard Quarter 134
Ausrüstung 63
Auto 75
Autokauf 78
Awanui 254

B
Bach 38 187
Backpacker-Busse 73
Backpackers 84
Ballonfahrten
  Christchurch 612
  Queenstown 811
Banken 49
Banks Peninsula 627
Bannockburn 857
Barry's Bay 629
Baxter, James K. 311
Baylys Beach 264
Bay of Islands 224, 226
Bay of Plenty 413
B&Bs 83
Behinderungen 57
Bergsteigen 67
  Aoraki/Mount Cook 682
Bier 44, 45
Blackball 751
Blenheim 582
Blue Lake 345, 864
Bluff 732
Bluff-Austern 739
Bluff Hill 462
Bob's Cove 824
Bootsfahrten
  Aoraki/Mount Cook 682
  Lake Rotorua 334
  Taupo 355
  Tekapo 675
  Whitianga 406
Botschaften 40
Boundary Stream Scenic Reserve 453
Boutiquehotels 83
Bridal Veil Falls 277

Fundorte für große Momente...
Neuseeland in kleiner Gruppe oder privat entdecken!
www.ae-erlebnisreisen.de

GREEN
TIGER
TRAVEL

individuell & mittendrin

Ihre maßgeschneiderte Reise nach Neuseeland   green-tiger.de   Tel: +49 (0)761 - 211 4848

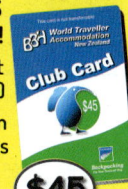

Notizen

Bildnachweis

Impressum

Neuseeland
Stefan Loose Travel Handbücher
6., vollständig überarbeitete Auflage **2016**
© DuMont Reiseverlag, Ostfildern

Übersetzt von „The Rough Guide to New Zealand", 9th Edition,
publiziert von Rough Guides Ltd, 80 Strand, London, WC2R 0RL, 2015
Originaltitel: The Rough Guide to New Zealand
© Rough Guides Limited, 2015

Text © Rough Guides Limited, 2015
Karten © Rough Guides Limited, 2015
Übersetzung © Rough Guides Ltd 2015, DuMont Reiseverlag 2016

Gesamtredaktion und -herstellung
Bintang Buchservice GmbH
Zossener Str. 55/2, 10961 Berlin
www.bintang-berlin.de
Übersetzung: Jürgen Dünnebier, Oliver Fülling, Silvia Mayer, Kathrin Schnellbächer
An früheren Auflagen haben mitgewirkt: Günter Feigel, Meike Höpfner, Anke Munderloh,
Thomas Rach, Inga-Brita Thiele, Jessika Zollickhofer
Redaktion: Silvia Mayer, Thomas Rach
Satz: Britta Dieterle
Karten: Oliver Kiesow, Anja Krapat, Klaus Schindler
Reiseatlas: DuMont Reisekartografie, Fürstenfeldbruck

Printed in Poland

Kartenverzeichnis

Fortsetzung auf S. 924

Kartenlegende

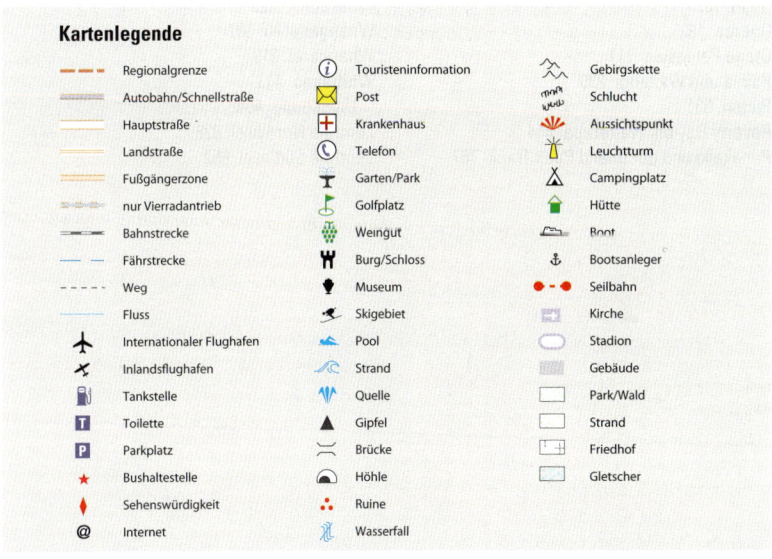

– – –	Regionalgrenze	ⓘ	Touristeninformation	⌒⌒	Gebirgskette
	Autobahn/Schnellstraße	✉	Post		Schlucht
	Hauptstraße	✚	Krankenhaus	☀	Aussichtspunkt
	Landstraße	◔	Telefon	↑	Leuchtturm
	Fußgängerzone	☂	Garten/Park	⚐	Campingplatz
	nur Vierradantrieb	♣	Golfplatz	⌂	Hütte
	Bahnstrecke	♣	Weingut	⌐	Boot
– –	Fährstrecke	♨	Burg/Schloss	⚓	Bootsanleger
- - - - -	Weg	♟	Museum	●–●	Seilbahn
	Fluss	⚒	Skigebiet		Kirche
✈	Internationaler Flughafen	◡	Pool	◯	Stadion
✕	Inlandsflughafen	◠	Strand		Gebäude
⛽	Tankstelle	♒	Quelle		Park/Wald
T	Toilette	▲	Gipfel		Strand
P	Parkplatz	⌣	Brücke	+	Friedhof
★	Bushaltestelle	◠	Höhle		Gletscher
◆	Sehenswürdigkeit	∴	Ruine		
@	Internet	⚱	Wasserfall		

Fortsetzung von S. 923

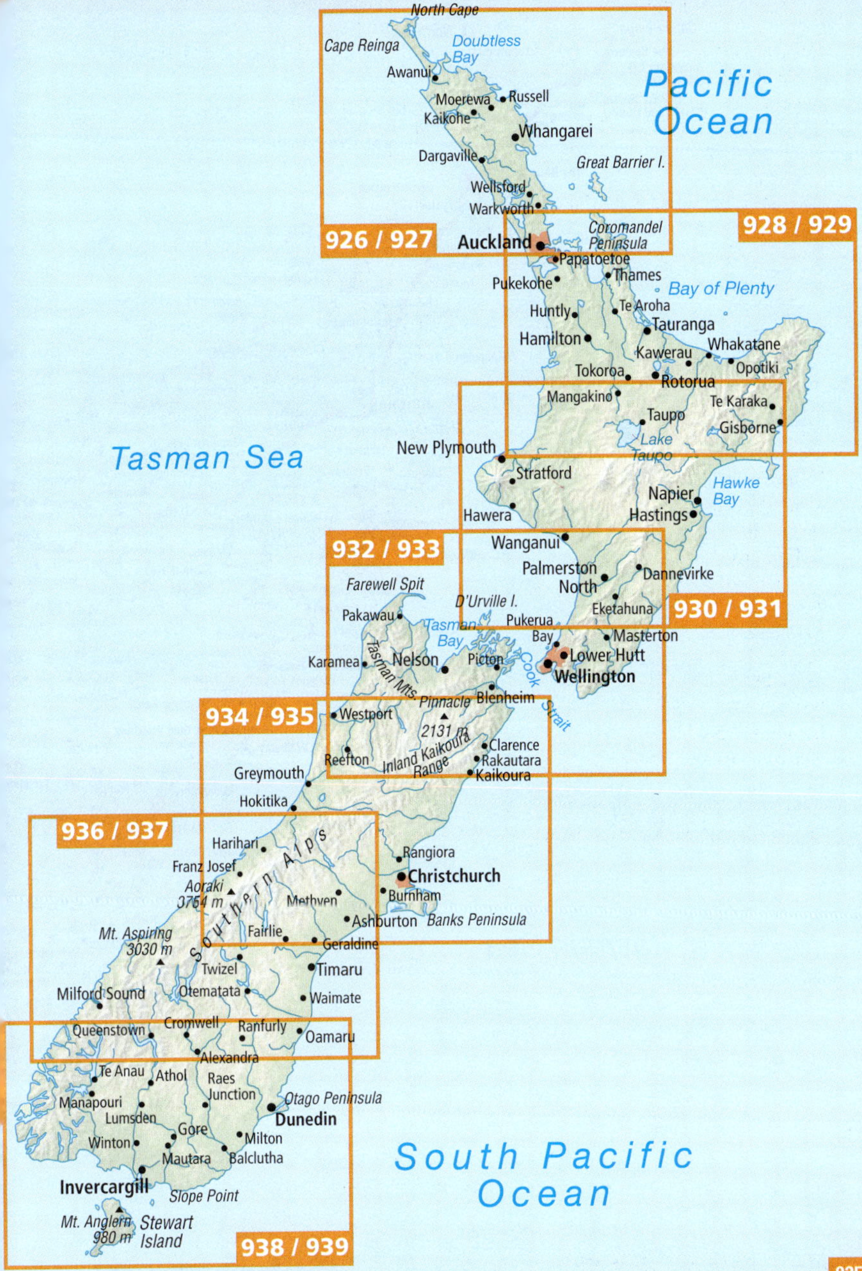
North Cape
Cape Reinga
Doubtless Bay
Awanui
Moerewa
Russell
Kaikohe
Whangarei
Pacific Ocean
Dargaville
Great Barrier I.
Wellsford
Warkworth
926 / 927
Auckland
Coromandel Peninsula
928 / 929
Papatoetoe
Thames
Pukekohe
Bay of Plenty
Huntly
Te Aroha
Tauranga
Hamilton
Whakatane
Kawerau
Opotiki
Tokoroa
Rotorua
Mangakino
Te Karaka
Taupo
Gisborne
Lake Taupo
Tasman Sea
New Plymouth
Stratford
Napier
Hawke Bay
Hastings
Hawera
932 / 933
Wanganui
Palmerston North
Dannevirke
Farewell Spit
D'Urville I.
Eketahuna
930 / 931
Pakawau
Pukerua Bay
Tasman Bay
Masterton
Karamea
Nelson
Picton
Lower Hutt
Tasman Mts.
Cook Strait
Wellington
Pinnacle
Blenheim
934 / 935
Westport
2131 m
Clarence
Reefton
Inland Kaikoura Range
Rakautara
Kaikoura
Greymouth
Hokitika
936 / 937
Harihari
Southern Alps
Franz Josef
Rangiora
Aoraki 3754 m
Christchurch
Methven
Burnham
Ashburton
Banks Peninsula
Mt. Aspiring 3030 m
Fairlie
Geraldine
Twizel
Timaru
Milford Sound
Otematata
Waimate
Queenstown
Cromwell
Ranfurly
Oamaru
Alexandra
Te Anau
Athol
Raes Junction
Otago Peninsula
Manapouri
Lumsden
Dunedin
Gore
Milton
Winton
Mautara
Balclutha
South Pacific Ocean
Invercargill
Slope Point
Mt. Anglem 980 m
Stewart Island
938 / 939

Cape Reinga
Tom Bowling Bay
Spirits Bay
North Cape
Cape Reinga
Kapowairua
Motuopao I.
Cape Maria van Diemen
Te Paki
Te Hapua
Ohao Pt.
Te Paki Stream
(Giant Sand Dunes)
Waitiki Landing
Paua
Parengarenga Harbour
Waratia

Ninety
Tangoake
Te Kao
Great Exhibition Bay
The Bluff
Rarawa Beach
Aupouri (Peninsula)
Ngataki

Mile
Waihopo
Grenville Pt.
Moturoa Is.
Cape Karikari
Houhora
Rangaunu Bay
Karikari
Matai Bay
Merita

Beach
Pukenui
Karikari Peninsula
Whatuwhiwhi
Motutangi
Rangiputa
Tokerau Beach
Doubtless Bay
Whangaroa Bay
Cavalli Is.
Kaimaunu
Berghan Pt.
Stephenson
Waiharara
L. Waiparera
Cable Bay
Taemaro
Taupo Bay
Wainui
Motukawane
Paparore
Unahi Lake Ohia
Taipa
Mangonui
Tauranga Bay
Matauri Bay
Waipapakauri Beach
Kaingaroa
Gumdiggers Park
10 Kahoe
Whangaroa
Takou Bay
Waipapakauri
Kareponia
Oruru
Waitaruke
Kaeo
Otoroa
Te Tii
Pure
Ahipara Bay
Awanui
Peria
Waiare
Kapiro Purerua
Per
Kaitaia
Pamapuria
Victoria Valley
Omaunu
Kaeo
Kerikeri
Ahipara
Pukepoto
Manginangina Scenic Reserve
Waipapa
Waitangi
Tauroa Pt. (Tauroa Peninsula)
Takahue
Mangamuka Bridge
Waihou
Puketona
Pa
Manukau
Broadwood
Mohuiti
Umawera Valley
Waimate North
Opua
Herekino
Awaroa
Te Karae
Rangiahua
Okaihau
1
Ohaeawai
Kaw
Herekino Harbour
Whangape
Runaruna
Wairere Boulders Nature Park
Horeke
L. Omapere
Waic
Pawarenga
Kohukohu
Ngawha
Kaikohe
Moerewa
Panguru
Motukiore
Ruapekapeka
Whangape Harbour
Mitimiti
Rawene
Omanaia
Taheke
Opahi
Rangi Point
Kupar
Tautoro
Kirioke
Hukere
Opononi
Waima
Otaua
Matawaia
Kaikou
Par
Hokianga Harbour
Omapere
Waimamaku
Matarua
Awarua
Pu
Waiotemarama
Wekaweka
Mangar
Twin Bridges
Moengawahine
Maun
Giant Kauri Trees
Tutamoe
Nukutawhiti
Titoki
Waipoua Forest
Katui
Trounson Kauri Park
Parakao
Donnellys Crossing
Aranga
Kiwi Watching
Houto
Avoca
14
Waipoua Coast Walkway
Whatoro
Tangitero
Kai-Iwi Lakes
Kaihu
Maropiu
Waihue
Mamaranui
Avoca
Omana
Omamari
12
Awakino Point
Dargaville
Turiwiri
Arapohue
Baylys Beach
Mt. Wesley
Te Kopuru
Tatarariki
Naumai
Redhill
Ruawai
Matak
Tikinui
M
Te Kowhai
Te Kauri Museum
Taingaehe
Kellys Bay
Rototuna
Kaipara Entrance
L. Mokeno
Pouto
North Head

Tasman Sea

South Pacific Ocean

Bay of Islands
...e & Historic Park
★ Hole in the Rock
Cape Brett
...gaiotonga
Home Pt.
Whangaruru North
Tuparehuia
Oakura Rimariki I.
Whangaruru Harbour
...au
Helena Bay
...awhanga Whananaki
...akapara Poor Knights Islands
Marua Matapouri Sandy Bay
Hikurangi Tutukaka
Kiripaka Ngunguru
Glenbervie Ngunguru Bay
WHANGAREI
Onerahi
Taiharuru
Parua Bay Bream Head
Whangarei Heads
One Tree Taurikura
Point Ocean Beach
...ewhare Marsden
Point Hen and Chicken Is. Mokohinau Is.
...ra Bream Bay Fanal I.
...alpuha Waipu Taranga I.
Waipu Cove
Langs Beach Aiguilles I.
...areretu Mangawhai Heads
...rynderwyn Mangawhai Katherine Motairehe
Harbour Bay Kawa Rakitu I.
Maungaturoto Mangawhai Little Port Fitzroy Okiwi
akanirau Te Arai Point Barrier I. Great Barrier I.
...oreton Bay Te Arai Kaiaraara Hut
Batley Goat Island Whanga-
...opai Te Hana parapara Claris
ruawharo Tomarata Leigh Tryphena
Port Albert Cape Trophena
Wellsford Rodney Cape Barrier
Hoteo Matakana Omaha Bay
North Omaha Tryphena
...pora Sandspit Takatu Pt. Harbour
...ad Kaipara Flats Hauraki Gulf
Glorit Woodcocks Warkworth Kawau I. Maritime Park
Kakanui Ahuroa Algies Bay Channel I. Colville Channel
Mahurangi Cape Colville Cuvier I.
...Harbour Makarau Puhoi Fletcher Bay Stony Bay
Kauka Wainui Waiwera Port Coromandel
Beach pakapa Orewa Tiritiri Matangi I. Jackson Moehau Walkway
...hurst Waitoki Silverdale 892 m Port Charles
Parakai Dairy Flat Waiaro Whangaahei Waikawau Bay Mercury Islands
...Harbour Whangaparaoa Colville Bay Great Mercury I.
...ensville Paremoremo Albany Rakino I. Colville Little Bay Red Mercury I.
...nnet Colony Riverhead North Rangitoto Papaaroha Kennedy Bay
Waimauku Shore Waiheke I. Amadeo Bay Whanga- Otama Beach
iwai Beach Kumeu Takapuna Oneroa Coromandel poua
Hobsonville Ostend Onetangi S. 928 ...andel Te Rerenga Matarangi Coromandel
Te Rerenga Kuaotunu Mercury Bay
...Harbour Whitianga
Cathedral Cove

Hauraki Gulf

Jellicoe Channel

Cradock Channel

Parry Channel

927

Tasman Sea

Hauraki Gulf

Mercury Islands

Cuvier I.

Great Mercury I.

Red Mercury I.

Coromandel

Coromandel Peninsula

Mayor I.

Firth of Thames

Waikato River

AUCKLAND

North Shore

Helensville

Orewa
Silverdale

Whangaparaoa

Henderson

MANUKAU

Papatoetoe

Manurewa

Papakura

Pukekohe

Thames

Paeroa

Waihi

Waihi Beach

Whangamata

Katikati

TAURANGA

Mount Maungan

Te Aroha

HAMILTON

Cambridge

Morrinsville

Ngaruawahia

Huntly

Raglan

Matamata

Te Awamutu

Putaruru

Tokoroa

Rotorua

Otorohanga

Waitomo Caves

Te Kuiti

Taupo

Lake Taupo

Taumarunui

Bridal Veil Falls

Aotea Harbour

Kawhia Harbour

Mokau

White Cliffs

S. 927

S. 930

S. 928

S. 932

S. 933

930

North Taranaki Bight

South Taranaki Bight

Manawatu River

Otorohanga
Kiokio
Wharepapa South
Rotongata
L. Taharoa
Taharoa
Kihikihi
Albatross Pt.
Te Anga
Natural Bridge
Waitomo Village
Whawharua
Mangatutu
Arohe
Awamarino
Waitomo Caves
Te Kumi
Bawarewa
Waip
Marokopa
Marokopa Falls
Ngapaenga
Arapae
Eight Mile Junction
Puketutu
Waipa Valley
Whakar
Mangak
Kiritehere
Ngapaenga
Te Kuiti
Rangitoto
Kopaki
Barryville
Moeatoa
Piopio
Paemako
Te Mapara
Porootarao
Mapiu
Benneydale
Pureora
Piropiro
Tiroa
Waikawau
Waikawau Stock Tunnel
Aria
Mahoenui
Mokauiti
Hauhungaroa Ra
Awakino
Mokau
Otangiwai
Waimiha
Ongarue
Mangakahu Valley
Hauhunga 1078 m
Tongaporutu
Waitaanga
Matiere
Nihotupu
Okahu kura
Oruaiwi
Ngakonui
Pungapunga
Kuratau Junction
White Cliffs
Pukearuhe
Ahititi
Okau
Kotare
Ohura
Taringamotu
Taumarunui
Piriaka
Manunui
Kakaramea To 1301 m
Uruti
Mt. Messenger 306 m
Tatu
Aukopae
Ohinepane
Owhango
Tongariro
Papakai
Waitara
Bell Block
Onaero
Waitoetoe
Tahora
Mt. Damper Fall
Kirikau
Raurimu
Kaitieke
Olo
Mt. Tongariro 1968 m
NEW PLYMOUTH
Brixton
Senty Hill
Forgotten World Adventure Rail Carts
Tahora Saddle
Ohura Falls
Whakahoro
Retaruke
National Park
Erua
Whakapapa Village
Iwikau Village
Omata
Inglewood
Norfolk
Whangamomona Saddle
Whangamomona
Pokaka
Mt. Ruapehu 2797 m (Active Volcan
Lake Mangamahoe Scenic Park
Egmont Village
Tariki
Huiroa
Aotuhia
Whanganui
Horopito
Okato
Tumahu
Mt. Taranaki (Mt. Egmont) 2518 m
Midhirst
Strathmore
Te Wera
Makahu
Bridge to Nowhere
Tohunga Junction
Puniho
Warea
Cardiff
Toko
Douglas
Matemateaonga Range
Whanganui National Park
Raetihi
Ohakune
Karioi
Cape Egmont
Egmont National Park
Stratford
Ngaere
Te Mapou 746 m
Puraroto Caves
Mangaetoroa
Waic
Kapoaiaia Stream
Rahotu
Makaka
Kaponga
Mangatoki
Pipiriki
Taumatatahi
Makahaihe
Army M
Oaonui
Opunake
Te Kiri
Eltham
Te Roti
Makakaho Junction
Jerusalem
Ranana
Reukawa Falls
Bells Junction
Colliers Junction
Ruanui
Pihama
Manaia
Kapuni
Normanby
Tokaora
Ohangai
Tawhiwhi
Matahiwi
Koriniti
Kakatahi
Matarao
Kaupokonui Beach
Ohawe
Hawera
Elvis Presley Museum
Mokoia
Hurleyville
Orangimea
Paparangi
Atene
Parikino
Taihape
Manutahi
Alton
Puau
Downes Hut
Tiraukawa
Otairi
Mangaweka
Kakaramea
Waverley
Pungarehu
Ohingaiti
Patea
Waitotara
Maxwell
Kai Iwi
Westmere
Kauangaroa
Rataiti
Nukumaru
Waiinu Beach
Kai Iwi Beach
Castlecliff Beach
Kaitoke
Fordell
Huntervlile
Rata
Tutaenui
Kiwitea
Cheltenh
WANGANUI
Whangaehu
Ratana
Turakina
Marton
Beaconsfield
Kimbolton
Lake Alice
Halcombe
Tangimoana
Bulls
Santoft
Ohakea
Mount Biggs
Feilding
Aorangi
Bunnythor
As
Himatangi Beach
Glen Oroua
Rongotea
PALMERSTON NORTH
Manawatu Gorge
Foxton Beach
Himitangi
Opiki
Longburn
Linton
Balliance
Foxton
Makerua
Tokomaru
Konini
Poroutawhao
Waitarere
Rangiotu
Shannon
Waiwera
L. Horowhenua
Ihakara
Ohau River

Cape Stephens

Cape Stephens

Rotorua
Kawerau
Putaki L. Okataina
Lake
Tarawera Falls
L. Tarawera
Waimana
Nukuhou North
Tatana
Toatoa
Whitikau
Huiarua

Waipa Village
Horohoro
Waireka
Waimangu
Thermal Valley
Mt. Tarawera
1111 m
Terewhakaaitu
Waihau
Waikirikiri
Tanatana
Oponae
S. 929
Motu
Wairata
Motu Falls
Tauwhareparae
Huanui

Upper
tamuri
Wai-O-Tapu
Thermal Wonderland
L. Rotomahana
Kopuriki
Hopeone
Tawharemanuka
Trafford's
Hill
Matawaï Whatatutu
Maungahaumi
1213 m
Tolaga Bay Cashmer

Drakei Korako
Hidden Valley
Paeroa
979 m
Mihi
Rerewhakaaitu
Kaingaroa
Forest
Galatea
Horomanga
Rakauroa
Arakihi
613 m

Reporoa
Waimahana
Broadlands
Murupara
Maungapohatu
1366 m
Koranga
Otoko
Puha
Te Karaka
Waipaoa

Aratiatia
Rapids
e Moon
Tahoraururi
Rotokawa
Te Whaiti
Ngaputahi
Ruatahuna
Te Waiti
Manuoha
1403 m
Pehiri
Wharekopae
Rere
Ngatapa
Ormond
Makaraka

Huka Falls
Taupo
cia Bay
harewaka
Minginui
Taupeupe
Saddle
National
Apinawiwa
Hangaroa
Waerengaokuri
Manutuke
Matawhero
Gisb

Waitahanui
Itawhi
Rangitaiki
Whirinaki
Forest
L. Waikaremoana
Waikaremoana
Ruakituri
Te Reinga
Waingake
Muriwai
Poverty E
Young Nick

Hatepe
Waitetoko
Te Rangiita
Pohokura
Maungataniwha
1369 m
Karewa
Tuai
Tarapatiki
Rangiahua
Maraetaha
Bartletts

tuoapa
gi
Tarawera
Lake
Waikaremoana
Track
Ardkeen
Marumaru
Morere
Mahanga
Pukenui Beach

Makorako
1727 m
Te Haroto
Kotemaori
Rauplnga
Ohine-
paka
Tuhara
Frasertown
Nuhaka
Oputama
Kopuawhara
Oraka Beach
Mahia
Table Cape

Kaweka
1724 m
Titiokura
Summit
Tutira
Te Pohue
L.
Tutira
Putorlno
Mohaka
Waikokopu
Mahia Beach
Long Pt.
Te Kapu
366 m
Mahia
Peninsula

Kuripapango
Puketitiri
Patoka
Tangolo
Whirinaki
Waipatiki Beach
Hawke Bay
Ahuriri Pt.
Portland I.

whango
Pukeokahu
River Valley
Taoroa
Junction
Willowford
Otamauri
Eskdale
Rissington
Bay View
Westshore
NAPIER
Taradale

Mokai Bridge
Wakarara
Kereru
Fernhill
Flaxmere
Bridge Pa
Maraekakaho
Clive
Haumoana
Gannet Colony
Cape Kidnappers
Clifton

tau
Mangaweka
Upper
1733 m
Kawhatau
Tikokino
Pakipaki
Te Mata Peak
399 m
HASTINGS
Havelock North
Ocean Beach

arimu
Jmutoi
Blackburn
Ashcott
Ruataniwha
Pukehou
Otane
Waimarama

Ruaroa
Takapau
Norsewood
Waipawa
Waipukurau
Hatuma
Patangata
Elsthorpe
Omakere
Kairakau Beach
Mangakuri Beach

Umutaoroa
Matamau
Whetu-
kura
Ormondville
Wanstead
Queroa
Pourerere
Paoanui Pt.

Dannevirke
Kaitoke
Flemington
Wallingford
Aramoana

Mahaharahara
Te Uri
Motea
Porangahau
South Pacific Ocean

dville
Weber
305 m
Taumatawhakatangihangakoauauotamateaturipukakapikimaungahoronukupokaiwhenuakitanatahu

Ngaturi
Coonoor
803 m
Waione
Wimbledon

atua
kunu
Puketoi
Herbertville
Cape Turnagain

Mangatiti
Pongaroa
Rakaunui
Akitio

Tasman Sea

Cape Farewell
Hilltop Walk
Wharariki Beach
Puponga
Port Puponga
Gannet Colony
Farewell Spit
Whanganui Inlet
Seaford
Pakawau
Opou
Golden Bay
Mangarakau
Collingwood
Ruataniwha Inlet
Paturau River
Parapara
Rockville
Separation Pt.
Cape Stepher
Bainham
Puramahoi
Totaranui
Port Hardy
Mt. Stevens
1213 m
Takapou
D'Urville I.
Kahurangi Pt.
Takaka
Pohara
Greville Harbour
Attempt Hi
Heaphy Track
Pupu Springs
Motupipi
Awaroa Bay
Ragged Pt.
729 m
Abel Tasman National Park
Owhata
Atau Papana
French Pass
Wekakura Pt.
Anatok
Hamama
Coast Track
Uruwhenua
Torrent Bay
Adele I.
Mt. Shewel
775 m
Devil River Pk.
1775 m
Upper Takaka
Marahau
Croisilles Harbour
Kahurangi
Scotts Beach
Nikau Palm Walk
Mt. Domett
1823 m
Takaka Hill
Kaiteriteri
Tasman Bay
Cape Soucis
Okiwi Bay
Elaine Bay
Tennyson
Karamea
Cobb Reservoir
Cobb 791 m
Riwaka
Delaware Bay
Pepin I.
Inlet
Caldervale
Oparara Basin
Cobb River
Motueka
Whangamoa
Oparara
Leslie-Karamea Track
Pangatotara
Mariri
Kina Beach
Hira
Carluke
Karamea
Market Cross
National Park
Ngatimoti
Tasman
Ruby Bay
Saddle Hill
1214 m
Rai Valley
Bight
Kongahu
Arapito
Pokororo
Harakeke
Mapua
Wakapuaka
Havelock
Queen Charlotte Drive
Little Wanganui
Mt. Kendall
1911 m
Thorpe
Redwoods
Weimea
Canvastown
Te Namu
Dovedale
Richmond
NELSON
Pelorus Bridge
Corbyvale
Stanley Brook
Brightwater
Stoke
Gentle Annie Point
Tapawera
Marareaua
Foxhill
Hope
Tuamarina
Rapaura
Mokihinui
Rakau
Motupiko
Wakefield
Belgrove
Mt. Richmond
1760 m
Renwick
Wood bourr
Waimarie
Tadmor
Kohatu
Okaramic
Seddonville
Mt. Owen
1875 m
Korere
Hiwipango
Golden Downs
Te Rou
Wairau Valley
Craiglochart
Hector
Ngakawau
Tui
Atapo
Red Hill
1790 m
Hillersden
Rossmore
Charming Creek Walkway
Hope Saddle
637 m
Kikiwa
Wairau River
Altimarlock
Granity
Stockton
Owen River
Glenhope
The Branch
Netherwood
Jordan
Rich
Birchfield
nangaroa
Denniston Incline
Matiri
Kawatiri
Howard Junction
Tophouse
Pinnacle
2131 m
Barometer
1780 m
Denniston
Banbury Coal Mine
Newton Flat
Buller Gorge Swingbridge
Gowanbridge
Rotoroa
Saint Arnaud
Gladstone
estport
Burnetts Face
Long-ford
Murchison
Tutaki
Rossmore
Gorge
Lyell
Inangahua
Six Mile
Rotoiti
Tapuae-o-Uenuku
2885 m
Tiroroa
Berlins
Inangahua
Glengarry
Rainbow Ski Area
Moruia Falls
Paenga
Mt. Travers
2338 m
Molesworth
Rotokohu
Larrrys Creek
Mt. Victoria
1637 m
Nelson Lakes National Park
Dillon Cone
2174 m
Manakau
2610 m
Waihanga
Mt. Una
1582 m
Burnbrae
d Pack
Taipoiti
Reefton
Warwick Junction
Island Saddle
1350 m
Mangamaunu
Mangamai
Maimai
wheraiti
Crushington
Maruia
Mt. Una
2301 m
Mount Fyffe
Hapuku
Rakautara

S. 934
S. 935
Tasman Mts.
Wakamarama Range
Richmond Range
Kaikoura Range
Seaward Kaikoura Range
Inland Kaikoura Range
Spenser Montains
Victoria Range
St. Arnaud Range

1 cm = 16 km   1 : 1.600.000

0   20   40   60 km

South Taranaki Bight

South Pacific Ocean

Waiinu Beach
Kai Iwi Beach
Castlecliff Beach
Westmere
Nuku-maru
Kai Iwi
Waiinu Beach
WANGANUI
Whangaehu
Kaitoke
Fordell
Ratana
Turakina
Obingaiti
Pouhakaura
Upper Kawhatau
1733 m
Blackburn
Ashcott
Hunterville
Inegar Hill
Mangarimu
Umutoi
Takapau
Rakautatahi
Norsewood
Rata
Tutaenui
Beaconsfield
Kimbolton
Apiti
Umutaoroa
Ormondvil
Whetu-kura
Marton
Lake Alice
Santoft
Bulls
Ohakea
Halcombe
Kiwitea
Cheltenham
Ruaroa
Matamau
Dannevirke
S. 930
54
3
Mount Biggs
Feilding
Aorangi
Raumai
Maharahara
Kaitoke
Te
Tangimoana
Rongotea
Bunnythorpe
Ashhurst
Woodville
PALMERSTON NORTH
Glen Oroua
Manawatu Gorge
Ballance
S. 931
Himatangi Beach
Himatangi
Longburn
Rangiotu
Opiki
Linton
Konini
Ngaturi
Coonoor
803 m
Weber
Waione
Foxton Beach
Manawatu River
Foxton
Makerua
Tokomaru
Pahiatua
Kaitawa
Makuri
Puketoi
Mangatiti
Pongaroa
Shannon
Waiwera
Hamua
Tane
Poroutawhao
Waitarere
Ihakara
Newman
Rakaunui
L. Horowhenua
Ohau River
Ohau
Kuhu
Eketahuna
Alfredton
52
Tiraumea
Waikawa Beach
Levin
Kalparoro
Tiraumea
Castle Hill
St. Mary's (Oldest Cath. Mission in NZ)
Otaki Beach
Manakau
Otaki
Te Horo
DOC Wildlife Centre
Pukaha Mt. Bruce
Mataikona
Marlborough Sounds Maritime Park
etwode Is.
yth I.
Kapiti I.
Mitre
Mount Bruce
1571 m
Maurice-ville
Dreyers Rock
Whakataki
Castle Point
Alligator Head
i Bay
Endeavour nlet
Cape Jackson
Kapiti I.
Waikanae
Southward Car Museum
Reikorangi
Paraparaumu
Rings Scenic Tours
(Pelennor Fields)
Raumati
Mt. Hector
1529 m
Opaki
Masterton
Carswell
Tinui
Langdale
Whareama
Motuara Cape
Island
Koamaru
Arapawa I.
Perano Head
Makara Beach
Redwood
Pukerua Bay
Paekakariki
Plimmerton
Mana I.
Porirua
Tawa
Hay-wards
Upper Hutt
Pigeon Bush
Greytown
Carterton
Ore Ore
Blairlogie
Wainuioru
Rewa
Stronvar
579 m
Whareama River
Riverdale Beach
Uruti Pt.
Homewood
50
Ponatahi
Gladstone
Featherston
Kaiwaiwai
Longbush
Ohau Pt.
Cape Terawhiti
Makara
WELLINGTON
East-bourne
Stokes Valley
LOWER HUTT
Wainuio-mata
Martin-borough
Te Wharau
Flat Pt.
Robertson Pt.
gi
Sinclair Head
Baring Head
Turakirae Head
Mt. Matthews
941 m
Wharekauhau
Pirinoa
Lake Ferry
Tuhitarata
Ruakokoputuna
Kahutara
Hinakura
Tutumuri
Mt. Adams
664 m
Glendhu
Pahoaa
Honeycomb Rock
eim
ds
u Lagoon
White Bluffs
hwood
eddon
Clifford Bay
Cape Campbell
Hauwai
Palliser Bay
Putangirua Pinnacles
Te Humenga Pt.
Ngawi
Cape Palliser
Mt. Ross
983 m
aranui
gu

933

Tasman Sea

Waima
Carters Beach
Cape Foulwind
Seal Colony
Tauranga Bay
Wes
Cape Foulwind
Buller C
Charleston
Nile River Caves
Woodpecker Bay
Tiromoana
Mt.
15
Pahautane
Paparoa National Park
Inland F Track
Punakaiki
Mawhe
Pancake Rocks
Huka
Pakiroa Beach
Craigieburn
Barrytown
Atarau
To
Greigs
Ra
Blackball
Ahaur
Rapahoe
Ngahere
7
Nelson C
Runanga
Kamara
Stillwater
Greymouth
Moana
Paroa
Kokiri
K
Aratika
Gladstone
Te Kinga
Kumara Junction
Shantytown
Rotc
Marsden
Awatuna
Kumara
L. Brunner
Seaview
Stafford
Inchbonni
Arahura
Jacks
Hokitika
Blue Spur
73
Kaniere
Turiwhate
Aickens
Mananui
Wainihinihi
Otira
Woodstock
Rimu
L. Mahinapua
Ruatapu
Kokatahi
Arthur's Pass
924 m
Nati
Westcoast Treetop Walk
Ross
Kowhitirangi
Mt. Rolleston
2271 m
Donoghues
Arthur's Pass
Kaniere
Historic Goldfields
Mt. Murchison
Fergusons
Hokitika Gorge
2400 m
Bealey
Pukekura
Mt.
Waitaha
Castle Hill
Abut Head
Herepo
L. Coleridge
Mt. Enys
2195 m
Okarito Lagoon
White Heron Colony
Rotokino
Harihari
Mt. Whitcombe
2644 m
Lake Coleridge
Okarito
Whataroa
Te Taho
Mt. Adams
2223 m
Mt. Arrowsmith
2795 m
Mt. Hutt
2188 m
Kiwi Watching
The Forks
Mapourika
Waiho
Erewhon Station
Mt. Potts
Mt. Taylor
2330 m
Tatare
Lake Matheson
Franz Josel Glacier
Gillespies Beach
Gillespies Pt.
Fox
Mount Cook National Park
Mt. Potts
Helipark
South Branch
Ashburton Gorge
Alford Forest
Mt. Hutt
Staveley
Bushside
Karangarua
Mt. Tasman
3498 m
The Thumbs
Mt. Sunday
(Edoras)
2545 m
Hakatere
Buccleuch
Jacobs River
Fox Glacier
L. Clearwater
Cavendish
Cant
Heretaniwha Pt.
Westland National Park
Aoraki (Mt. Cook)
3724 m
Mesopotamia Station
Mt. Somers
Ashburton Forks
Bruce Bay
Mt. Sefton
3157 m
Mt. Musgrave
2246 m
Montalto
Anama
Greenst
Lake Paringa
Mahitahi
Mount Peel
Mayfield
Lake Paringa
Aoraki Mt. Cook Village
Mt. Peel
1717 m
Ruapuna
raki
Clayton
Peel Forest
Lagmh
Moeraki
Mt. Ward
2644 m
Alexandrina
Sherwood Downs
Carew
79
Ealing
Shattered Peak
Dun Fiunary
2499 m
Mt. John Observatory
Trentham
Woodbury
2089 m
S. 937
Lake Tekapo
Arundell
Mt. Huxley
Burke
Cattle Valley
Glentanner
Flightseeing
Orari
S. 936
Blackball
Pancake Rocks
Pakiroa Beach
Strachan Range
Bannock Brae Range
Liebig Range
Two Thumb Range
Rangitata
Inland Scenic Route 72
Rolleston Range
Birdwood Range
Black Ran

South Pacific Ocean

Pegasus Bay

Nelson Lakes National Park

Lewis Pass National Reserve

St. Arnaud Range

Spenser Mountains

Victoria Range

Inland Kaikoura Range

Seaward Kaikoura Range

Puketeraki Range

Dampier Range

ry Plains

Banks Peninsula

CHRISTCHURCH

Charming Creek Walkway
Stockton
Millerton
ston Incline
bury Coal Mine
Newton Flat
Buller Gorge Swingbridge
Owen River
Hope Saddle 637 m
Atapo
Red Hill 1790 m
Wairau River
Hillersden
Valley
Craiglochart
Rossmore
Dashwood
Seddon
Lake Grassmere
Ha

S. 932

Richmond Brook
Altimarlock
Netherwood
Ward
Mirza
Wharanu
Kekerengu
Parikawa
Clarence
Rakautara
Mangamaunu Beach
Kaikoura
Seal Colony
Kaikoura Peninsula
Whale, Dolphin & Pelagic Bird Watching

S. 933

Maori Leap
Puketa
Hapuru
Goose Bay
Mount Fyffe
Manakau 2610 m
Mangamaunu
Tapuae-o-Uenuku 2885 m
Kaikoura Range
Awatere

Inangahua
Lyell
Murchison
Six Mile
Tutaki
Gowanbridge
Longford
Rotoroa
Saint Arnaud
Kawatiri
Glenhope
Howard Junction
Tophouse
Kikiwa
The Branch
Pinnacle 2131 m
Barometer 1780 m
Jordan
Gladstone
Waihopai
Molesworth

Moruia Falls
Paenga
Mt. Victoria 1637 m
Burnbrae
Warwick Junction
Maruia
Rainbow Ski Area
Mt. Travers 2338 m
Rotoiti
Island Saddle 1350 m
Dillon Cone 2174 m

Reefton
Crushington
Ghost Town
Rahu Saddle
Springs Junction
Lewis Pass 864 m
Maruia Springs
Mt. Rameses 1478 m
Amuri Pass
Boyle Village
Engineers Camp
L. Christabel
Mt. Una 2301 m
Hanmer Rainbow Rd.
Miromiro 1875 m
Jacks Pass
Jollies Pass
Hanmer Range
Mt. Tinline 1747 m
Mt. Lyford Alpine Village
Charwell
Whales Back Saddle
Oaro
Spy Glass Point

Mt. Ajax 1832 m
Mt. Longfellow 1898 m
Hope
Waiau Ferry Bridge
Thrillseeker Canyon
Glynn Wye Station
Hanmer Springs
Waiau
Parnassus
Hawkswood
Conway Flat
Claverly
Hundalee

Mt. Crossley 1987 m
Mt. Binser 1859 m
Culverden
Balmoral
Medbury
Pahau
Rotherham
Red Post Junction
Leamington
Mina
Domett
Spotswood
Cheviot
Gore Bay
Port Robinson
Hurunui Mouth
Blythe Valley

Horsley Down
Masons Flat
Hawarden
Pyramid Valley
Weka Pass
Beckenham Hills
Hurunui
Scargill
Tormore
Waikari
Motunau
Spye
Omihi
Motunau Beach

Whiterock
Glasnevin
Amberley
Balcairn
Waipara
Amberley Beach
Leithfield
Sefton

Loburn North
Loburn
Ashley
Glentui
Coopers Creek
Oxford
Springbank
Rangiora
Cust
Fernside
Ohoka
Woodend
Waikuku Beach
Kaiapoi

View Hill
Springfield
Bexley
The Warren
Waddington
Swannanoa
Eyreton
Belfast
Waimairi Beach
New Brighton

Annat
Sheffield
Homebush
Kirwee
West Melton
Hornby
Sumner
Lyttelton Harbour

Hororata
Charing Cross
Greendale
Aylesbury
Rolleston
Halswell
Oaklands
Lyttelton
Pigeon Bay
Okains Bay
Le Bons Bay

Darfield
Kirwee
Burnham
Allandale
Chorlton
Okains
Pigeon Bay
Le Bons Bay
Hickory Bay

Norwood
Lincoln
Taitapu
Duvauchelle
Akaroa

Te Pirita
Dunsandel
Brookside
Leeston
Motukarara
Ataahua
Little River
Wainui
Onuku

Rakaia
Bankside
Southbridge
Milltown
L. Ellesmere
Birdlings Flat

Overdale
Dromore
Fairton
Pendarves
Seafield
Kyle
Rakaia Huts
Kaitorete Spit

Ashburton
Wakanui
Riverside
Hakatere

Banks Peninsula Track
Banks Peninsula

Tasman Sea

Lake Moeraki
Knights Point

Haast Beach
Okuru
Hannah's Clearing
Haast

Jackson Head
Jackson Bay
Seal Rocks
Jackson Bay
Waiatoto
Cascade Pt.
Neils Beach
Halfway Bluff
Arawata

Cascade River Valley

Mount Aspiring

Mt. Alba
Siberia Experience
Pollux
2355 m
Mal

Dagon
1693 m
2542 m

Awarua Pt.

Big Bay
Pyke Big Bay Track
Mt. Aspiring
3030 m
Haast Pa
563

Long Reef
Martins Bay
Mt. Aspiring
3030 m
Mt. Edward
2586 m
Mount Aspiring

Hollyford Track
Mt. Alta
2347 m

Yates Pt.
McKerrow
National
Rees/Dart Track

Milford Sound
Alabaster
Park

Mt. Tutoko
2746 m
Mt. Earnslaw
2819 m
Centaur Peaks
2518 m
Diamond Lake Track
Maungawera
Albert Town

Seabreeze Pt.
Mitre Peak
1692 m
Poison Bay
Routeburn Track
"Isengard"
"Lothlórien"
"Amon Hen"
Glendhu Bay
Wanaka

Milford Sound
Paradise
Mount Barker
Lugga
Que

Sutherland Sound
Mt. Christina
2502 m
Jetboating
Mt. Cardrona
1934 m

Bligh Sound
Homer Tunnel
Mt. Bonpland
2348 m
Skippers Canyon
Cardrona
Mt. 19

George Sound
The Divide
532 m
Kinloch
Glenorchy
Macetown
Mount Pisa

Sutherland Falls
L. Gunn
Coronet Peak
1646 m
Arrowtown
Lowburn

Milford Track
Cascade Creek
Caples Track
Mount Creighton
Arrow Junction
Gold F

Two Thumb Bay
Knobs Flat
Tooth Pk.
Elfin Bay
Arthurs Pt.
Frankton
Kawarau Gorge
Gold F

Caswell Sound
Mt. McDougall
2036 m
Greenstone Track
2050 m
Queenstown
Fernhill
Closeburn
Kelvin Heights
Bannockburn

Charles Sound
Mirror Lakes
Double Cone
2324 m
Nevis Crossing

Nancy Sound
Fiordland
Walter Peak Station
Lower Nevis
Obeli
1695

son Sound.
Mt. Irene
1879 m
Te Ana-Au Caves
Te Anau Downs
Jade Peak
Kingston

Secretary I.
Mt. Lyall
1905 m
"Fangorn Forest"
Rd. 2035 m

936
National
Kepler Track
S. 938

Scale: 1 cm = 16 km · 1 : 1.600.000 · 0 — 20 — 40 — 60 km

Fergusons · Goldfields · Hokitika Gorge · S. 934 · Mt. Murchison · Mt. Bin 1859 m · Bealey · Case
Pukekura · Black Range · Birdwood Range · 2400 m
Waitaha · Wanganui · Whitcombe · Rolleston Range · 73 · L. Pearson
Abut Head · Herepo · Mt. Whitcombe 2644 m · Rakaia · Castle Hill Village · Mt. Enys 2195 m · Porters Pass 945 m · Springf
White Heron Colony · Harihari · Castle Hill · Craigieburn Range · Broken
Okarito Lagoon · Rotokino · Te Taho · Mt. Arrowsmith 2795 m · Lake Coleridge
Okarito · Whataroa · Mt. Adams 2223 m · Erewhon Station · Ben More 1657 m · Anna Sheffi
Kiwi Watching · The Forks · Havelock · Mt. Potts Helipark · Mt. Hutt 2188 m · Whitecliffs · Glentunnel
Mapourika · Tatare · South Branch · Mt. Taylor 2330 m · Mount Hutt · Windwhistle · S. 77
Gillespies Beach · Lake Matheson · Franz Josef Glacier · Mount Cook National Park · The Thumbs 2545 m · Mt. Sunday (Edoras) · L. Clearwater · Alford Forest · Methv · S. 935
Gillespies Pt. · Fox · Fox Glacier · Mt. Tasman 3498 m · Hakatere · Ashburton Gorge · Staveley · Bushside · Cairnbrae · Te
Karangarua · Aoraki (Mt. Cook) 3724 m · Mesopotamia Station · Mount Somers · Buccleuch · Canterbury
River · Westland National Park · Mt. Sefton 3157 m · Rangitata · Cavendish · Montalto · Ashburton Forks · Greenstreet · Westerfield · Rak
Bannock Brae Range · Aoraki Mt. Cook Village · Mt. Musgrave 2246 m · Anama · Lauriston · Mitcham · Chertsey
Mt. Ward 2644 m · Mt. Peel 1717 m · Mount Peel · Mayfield · Lagmhor · Fairton · Ashbur
Dun Fiunary 2499 m · Clayton · Ruapuna · Lismore · Tinwald · Wakan
Mt. Huxley 2499 m · Glentanner · Mt. John Observatory · Sherwood Downs · Peel Forest · Arundel · Carew · Hinds · Eiffelton · Rivers
Ohau Alpine Village · Flightseeing Grand Traverse · Lake Tekapo · Trentham · Cattle Valley · Ealing · 79 · Ashton · Hakatere
Barrier Range · Mount Cook Lookout · Burke Pass 671 m · Kimbell · Allandale · Geraldine · Orari Bridge · Rangitata · Orton · Longbeach
Lake Pukaki · Winscombe · Fairlie · 79 · Hilton · Geraldine Flat · Orari · Lowcliffe
Plains of Rohan "Eastemnet Gullis" "Pelennor Fields" · Twizel · Grays Hills · Albury · Cricklewood · Epworth · Winchester · Coldstream
L. Ohau · Haldon · Mount Nessing · Pleasant Point · Mawaro · Milford · Canterbury Bight
Mt. St. Mary 2332 m · Clearburn · Black Forest · Cave · Levels · Temuka
Mt. Melina · Benmore · Cannington · Taiko · Seadown · Washdyke
905 m · Omarama · Motukaika · Gleniti · TIMARU
Lindis Pass 971 m · Benmore Dam · Cattle Creek · Struan · Gordons Valley · Southburn · Fairview
Lindis Pk. 1223 m · Otematata · Aviemore · L. Waitaki · Wharua · Pentland Hills · Hook · Otaio · St. Andrews
Lindis Valley · Aviemore · Lake Waitaki · Hakataramea · Waihaorunga · Otaio Beach
Crossing · Kurow · Hakataramea · Kelchers · Makikihi
Cambrians · Kohurau 2008 m · Takiroa Maori Rock Art · Waihao Downs · Studholme
Drybread · Otekaieke · Ikawai · 82 · Morven · Waimate · Arno
85 · Oturehua · Hills Creek · Idaburn · Duntroon · Tawai · 1 · Glenavy
Becks · Kyeburn Diggings · Livingstone · Georgetown · 83 · Peebles · Waitaki
Lauder · Auripo · Ida Valley · Naseby · Mt. Ida 1691 m · Danseys Pass 618 m · Tokarahi · Ngapara · Papakaio · Richmond
Centre · Otago Central Rail Trail · Wedderburn · Tapui · Windsor · Pukeuri
Omakau · Ophir · Ranfurly · Kyeburn · Mt. Pisgah 1643 m · Five Forks · Enfield · Totara Estate · Weston · Oamaru · Blue Penguin Colony
Springvale · Gimmerburn · Whipiata · Kokonga · Red Cutting Summit 640 m · Waihemo · Totara · Reidston · Kakanui · Cape Wanbrow
Galloway · Moa Creek · "Plains of Rohan" "Rohirrim Village" · Patearoa · Morrisons · Hyde · Maheno · Taranui · All Day Bay
lexandra · Poolburn Reservoir · Rock and Pillar Range · Shag · Hampden · Herbert · Waianakarua
Central · Manorburn Reservoir · Macraes Flat · Waynes · Dunback · Moeraki Boulders · Moeraki
ourgh · Paerau · Rock and Pillar · S. 939 · Macraes Gold Mine · Moonlight · Katiki Point · Katiki · Katiki Beach

937

Tasman Sea

Fiordland

S. 936

Cascade Creek
Knobs Flat
Mt. McDougall 2036 m
Caswell Sound
Charles Sound
Nancy Sound
Thompson Sound
Secretary I.

National

Doubtful Sound

Mt. Forbes 1305 m
Dagg Sound

Towing Head

Mt. Kellard 1210 m

Breaksea I.
Breaksea Sound
Resolution I.
Five Fingers Point
Anchor I.
Mt. Clerke 1070 m
Cooper I.
Long I.

Park

West Cape
Cape Providence
Chalky Inlet
Chalky I.
Preservation Inlet
Coal I.
Puysegur Point
Treble Mt. 1049 m

Caples Track
Elfin Bay
Mount Creighton
Greenstone Track 2050 m
Arthur
Queenstown
Fernhill
Closeburn
Mirror Lakes
Walter Peak Station

Mt. Irene 1879 m
Te Ana-Au Caves
Te Anau Downs
Snowdon 1577 m
Mt. Lyall 1905 m
Fangorn Forest
Jade Peak
Mavora Lakes
Kepler Track
Mt. Soaker 1593 m
Spire Peak 1696 m
The Dail
Te Anau

Manapouri Power Station
Wilmot Pass
"Dead Marshes"
L. Manapouri
"River Anduin"
The Key
Five Rivers
Parawa

Mt. Ward 1719 m
Flat Mt. 1768 m
Manapouri
Mossburn
Castlerock
Lums
Lowther
Mt. Solitary 1454 m
Green L.
Monowai
Blackmount
Etal Creek
Josephville
Caroline
Ball

Caroline Pk. 1722 m
Ohai
Opio
Wreys Bush
Dipton West
Dipton
Benmore
Kauana
Otahu Flat
Nightcaps
Scotts
Orawia Gap
Wairio
South Hillend
Otapiri
Limehills
Mt. Aitken 1189 m
Hump Ridge Track
Clifden
Aparima
Pukemaori
Oreti Plains
Drummond
Northope
Winton
Browns
Lochiel
Jetboating
Poteriteri
L. Haurokau
Piko Piko
Tuatapere
Papatotara
Otautau
Ringway
Fairfax
Isla Bank
Ryal Bush
Makarewa

Hakapoua
Te Waewae
Te Tua
Waihoaka
Gummies Bush
Orepuki
Thornbury
Riverton
Wallacetown
Lorneville
INVE
Long Pt. South Coast/ Waitutu Track
Monkey Island Beach
Pahia Pt.
Pahia
Colac Bay
The Rocks
Longwood
Wakapatu
Oreti Beach
Otatara
Centre I.
New River Estuary
Woodend
Awarua
Escape Reefs
Greenhills
Greenpoint
Ocean Beach
Bluff
Dog

Foveaux Strait

Solander I.

Bishop and Clerks Is.
Black Rock Pt.
Ruapuke
Rugged Is.
Mt. Anglem 980 m
North West Circuit Track
Rakiura
Hazelburgh Group
Codfish I.
Rakiura Track
Halfmoon Bay (Oban)
Bench I.
Mason Bay
Ulva Island Bird Sanctuary
Ernest Is.
Mt. Rakeahua 681 m
Kiwi Watching
Port Adventure
Doughboy Bay
National
Mt. Allen 749 m
Shelter Pt.
Breaksea Is.
South Red Head Pt.
Park
Stewart I.
Big Moggy I.
Pearl I.
Big South Cape I.
Port Pegasus
South West Cape
Broad Bay
South Cape

South Pacific Ocean

Legende

1 : 1.600.000

1 cm = 16 km

0   10   20   30   40   50 km

Motorway	Hafen, Ankerplatz
State Highway	Internationaler Flughafen
Hauptstraße	Nationaler Flughafen
Nebenstraße	Sehenswürdigkeit
Straße nicht asphaltiert	Wasserfall
Wanderweg	Leuchtturm
Straße in Bau; Straße in Planung	Bergwerk
Straße für Kfz gesperrt	Berggipfel; Pass
Tunnel	Wanderweg
Eisenbahn	Skigebiet
Fähre, Schiffsverbindung	Badestrand
Nationalpark; Naturpark	Surfen
Vogelschutzgebiet	Tauchen
Meeresschutzgebiet	Paragleiten